Großkommentare der Praxis

Löwe-Rosenberg

Die Strafprozeßordnung und das Gerichtsverfassungsgesetz

Großkommentar

24., neubearbeitete Auflage

herausgegeben von

Peter Rieß

Fünfter Band

§§ 374 bis 474; Nachtrag; EGStPO

Bearbeiter:

§§ 374 bis 406 c, 449 bis 463 d: Günter Wendisch
§§ 406 d bis 406 h, 464 bis 474; EGStPO: Hans Hilger
§§ 407 bis 448: Karl Heinz Gössel

1989

Walter de Gruyter · Berlin · New York

Erscheinungsdaten der Lieferungen:

§§ 374 bis 406 d	(6. Lieferung):	Juli 1985
§§ 406 d bis 406 h	(22. Lieferung):	April 1988
§§ 407 bis 412	(26. Lieferung):	Dezember 1988
§§ 413 bis 448	(23. Lieferung):	November 1988
§§ 449 bis 463 d	(15. Lieferung):	Dezember 1986
§§ 464 bis 474; EGStPO	(21. Lieferung):	April 1988
Nachtrag	(24. Lieferung):	November 1988

CIP-Kurztitelaufnahme der Deutschen Bibliothek

Die Strafprozessordnung und das Gerichtsverfassungsgesetz:
Grosskommentar/Löwe-Rosenberg. Hrsg. von Peter Riess. —
Berlin; New York: de Gruyter

(Grosskommentare der Praxis)
Teilw. verf. von Hanns Dünnebier . . .
NE: Löwe, Ewald [Begr.]; Dünnebier, Hanns [Mitverf.]; Riess, Peter
[Hrsg.]
Bd. 5. §§ 374 bis 474; Nachtrag; EGStPO/Bearb.: Günter Wendisch . . .
— 24., neubearb. Aufl. — 1989
ISBN 3-11-012032-1
NE: Wendisch, Günter [Bearb.]

Printed in Germany.

Satz und Druck: H. Heenemann GmbH & Co, Berlin 42.
Bindearbeiten: Lüderitz & Bauer, Buchgewerbe GmbH, Berlin 61.

Die Bearbeiter der 24. Auflage

Dr. **Hans Dahs,** Rechtsanwalt, Honorarprofessor an der Universität Bonn

Dr. **Karl Heinz Gössel,** Professor an der Universität Erlangen-Nürnberg, Vorsitzender Richter am Landgericht München I

Dr. **Walter Gollwitzer,** Ministerialdirigent im Bayerischen Staatsministerium der Justiz, München

Dr. **Ernst-Walter Hanack,** Professor an der Universität Mainz

Dr. **Hans Hilger,** Oberstaatsanwalt beim Bundesgerichtshof

Dr. **Klaus Lüderssen,** Professor an der Universität Frankfurt am Main

Dr. **Peter Rieß,** Ministerialdirektor im Bundesministerium der Justiz, Honorarprofessor an der Universität Göttingen

Dr. **Gerhard Schäfer,** Vorsitzender Richter am Landgericht Stuttgart

Dr. **Karl Schäfer,** Senatspräsident a. D. in Frankfurt am Main

Günter Wendisch, Generalstaatsanwalt a. D. in Bremen

Inhaltsübersicht

FÜNFTES BUCH

Beteiligung des Verletzten am Verfahren

SECHSTES BUCH

Besondere Arten des Verfahrens

SIEBENTES BUCH

Strafvollstreckung und Kosten des Verfahrens

FÜNFTES BUCH

Beteiligung des Verletzten am Verfahren

Vorbemerkungen

Schrifttum. *Bauer* Zum Begriff des Verletzten in der StPO, JZ **1953** 298; *C. Baumann* Die Stellung des Geschädigten im schweizerischen Strafprozeß (1958); *Brandt* Die verletzte Partei im Strafprozeß, JW **1930.** 891; *v. Deimling* Die Stellung des Verletzen im künftigen Strafprozeß, Diss. Freiburg 1938; *Geerds* Zur Rechtsstellung des Verletzten im Strafprozeß, JZ **1984** 786; *Granderath* Schutz des Tatopfers im Strafverfahren, MDR **1983** 797; *Groth* Die Rechtsstellung des Verletzten im Strafprozeß, ZRP **1984** 336; *Henkel* Die Beteiligung des Verletzten am künftigen Strafverfahren, ZStW **56** (1937) 227; *Hochheuser* Der Verletzte im Strafrecht, Diss. Bochum 1965; *Jung* Die Stellung des Verletzten im Strafprozeß, ZStW **93** (1981) 1147; *Jung* Zur Rechtsstellung des Verletzten im Strafverfahren, JR **1984** 309; *Lang* Verbesserung der Rechtsstellung des Verletzten im Strafverfahren, ZRP **1985** 32; *Luther* Die Rechtsstellung des Geschädigten (Verletzten) im Strafverfahren der DDR, JR **1984** 312; *Maiwald* Die Beteiligung des Verletzten am Strafverfahren, GA **1970** 33; *Meyer-Goßner* Die Rechtsstellung des Verletzten im Strafverfahren, ZRP **1984** 228; *Niederreuther* Die Beteiligung des Verletzten am künftigen Strafverfahren, DStR **1935** 311; *Rehwagen* Der Verletzte im Strafverfahren (Sowjetunion), Diss. München 1974; *Rieß* Die Rechtsstellung des Verletzten im Strafverfahren, Gutachten zum 55. DJT (1984), Verh. des 55. DJT, Bd. I Teil C; *G. Schmidt* Die Stellung des Verletzten im schwedischen Strafprozeß, FS Bockelmann 847; *Schöch* Die Rechtsstellung des Verletzten im Strafverfahren, NStZ **1984** 385; *Sessar* Rolle und Behandlung des Opfers im Strafverfahren — gegenwärtiger Stand und Überlegungen zur Reform, BewHi **1980** 328; *Sessar* Schadenswiedergutmachung in einer künftigen Kriminalpolitik, FS Leferenz 145; *Stanienda* Ein Wort für die durch eine Straftat Geschädigten, NJW **1960** 2230; *Strüwer* Ein Beitrag zur Bestimmung des strafprozessualen Begriffs „Verletzter", Diss. Hamburg 1976; *Weigend* Viktimologische und kriminalpolitische Überlegungen zur Stellung des Verletzten im Strafverfahren, ZStW **96** (1984) 761; *E. Wolf* Die Beteiligung des Verletzten am Strafverfahren, DJZ **1936** 1257; *Zimmermann* Der 55. Deutsche Juristentag in Hamburg 1984, Bericht III. Abteilung: Strafrecht, JZ **1985** 231.

Das Fünfte Buch regelt die Beteiligung des Verletzten am Verfahren; wer **Ver-** **1** **letzter** ist, sagt es nicht. § 374 Abs. 1, § 388 Abs. 1 und 2, § 395 Abs. 2 Nr. 2, aber auch § 403 räumen dem Verletzten zwar besondere Verfahrensrechte ein, eine Begriffserläuterung enthalten sie jedoch genausowenig wie andere Vorschriften der Strafprozeßordnung, die vom Verletzten sprechen (§§ 22, 61 Nr. 2, § 111 b Abs. 3, § 111 e Abs. 4, § 111 g Abs. 1, § 111 h Abs. 1, § 111 i, § 111 k Abs. 1, §§ 171, 172 Abs. 1, § 272 Nr. 4, § 472 a). Auf diese kann mithin schon aus diesem Grunde nicht zurückgegriffen werden. Ein Rückgriff scheidet aber auch deshalb aus, weil wegen der unterschiedlichen Zielrichtungen der Vorschriften dem Begriff Verletzter nicht überall dieselben Grenzen gezogen sind (BGHSt 4 202; 5 87), er mithin keineswegs überall die gleiche Bedeutung (vgl. RGSt 69 108; a. A *Eb. Schmidt* Vor § 374, 9) hat. Der Begriff ist vielmehr nach dem **Zweck der** einzelnen **Vorschrift** bald enger, bald weiter auszulegen (§ 22, 7 ff; *Bauer* 298; *Meyer-Goßner* 229 l. Sp.). Besonders deutlich wird das bei einem Vergleich zwischen §§ 172, 395 Abs. 2 und § 403 auf der einen sowie § 374 Abs. 1 auf der anderen Seite.

Die unterschiedlichen Zielrichtungen lassen es durchaus erwünscht erscheinen, **2** den Begriff des Verletzten im Rahmen des **Klageerzwingungsverfahrens** weit auszule-

Günter Wendisch

gen, wird dem Verletzten dadurch doch ein großzügiger Rechtsschutz gesichert. Der Gesichtspunkt des besonderen Rechtsschutzes rechtfertigt es auch, den Begriff Verletzter im Rahmen des **Anhangsverfahrens** nach §§ 403 ff noch weiter auszulegen (§ 403, 1). Würde der Begriff im Bereich der Privatklage (§ 374 Abs. 1) ähnlich weit gefaßt, könnte geradezu die entgegengesetzte Wirkung eintreten. Denn je weiter der Begriff des Verletzten im **Privatklageverfahren** gefaßt wird, desto weniger kann verhindert werden, daß der Rechtsschutz verkürzt wird oder gar deshalb verloren geht, weil die Pflicht entfällt, die Sache durch den Staatsanwalt aufzuklären (vgl. § 384 Abs. 3)[1].

3   Ein sachgerechtes **Ergebnis** setzt deshalb voraus, daß jede Vorschrift nach ihrem eigenen Sinn und Zweck ausgelegt wird. Bei § 374 Abs. 1 muß die Auslegung daher von der jeweiligen sachlich-rechtlichen Norm ausgehen (*Meyer-Goßner* 229 l. Sp.), deren Verletzung verfolgt wird, bei § 395 Abs. 2 der Auslegung entsprechen, die der Begriff Verletzter durch die Rechtsprechung zu § 172 erfahren hat. Bei § 403 genügt jede unmittelbare Verletzung eines Vermögensanspruchs.

4   Wegen der Einzelheiten vgl. § 374, 4 ff; § 395, 16 und § 403, 1 ff.

5   Die die Stellung des Verletzten insgesamt betreffenden Beratungen des 55. DJT[2] haben den auf eine tiefergreifende Neuordnung zielenden **Reformüberlegungen** besondere Aktualität verliehen. Derzeit befindet sich ein Gesetzentwurf der SPD-Fraktion im Gesetzgebungsverfahren[3], durch den in einem neuen Dritten Abschnitt (§§ 402 a, 402 b) bei Straftaten gegen die sexuelle Selbstbestimmung dem Verletzten auf Antrag ein Rechtsanwalt als Beistand schon im Vorverfahren beizuordnen ist. Weitergehende Überlegungen des Bundesjustizministeriums und in den Fraktionen des Bundestags zielen darauf ab, eine umfassendere Reform vorzunehmen, durch die u. a. die Anschlußbefugnis als Nebenkläger auf schwere Straftaten gegen höchstpersönliche Rechtsgüter erstreckt, die Befugnisse des Nebenklägers neu bestimmt, im Adhäsionsverfahren das Grund- und Teilurteil ermöglicht und ein gesetzliches Akteneinsichtsrecht für den Verletzten geschaffen werden soll. Ferner ist geplant, das Recht des Verletzten auf Hinzuziehung eines Beistands gesetzlich zu regeln. Außerhalb des hier zu behandelnden Fünften Buchs der StPO bewegen sich Überlegungen, zum Schutz der Intimsphäre des Verletzten die Möglichkeiten des Öffentlichkeitsausschlusses zu erweitern[4] und seinen Ersatzanspruch vor den Ansprüchen auf Geldstrafe und Kosten zu bevorzugen.

6   Einzelheiten der **geplanten Änderungen**, die nach den rechtspolitischen Absichtserklärungen rasch verwirklicht werden sollen, sind bei Drucklegung noch nicht bekannt. Sie werden ggf. im Nachtrag zur 24. Auflage erläutert werden.

---

[1] A. A KMR-*Müller* (§ 374, 12): Verletzter ist auch hier – wie bei § 172 – nur der unmittelbar Verletzte, weil in beiden Fällen die Folge der Eigenschaft das Recht des Verletzten sei, in die Strafverfolgung einzugreifen.

[2] Verh. des 55. DJT (1984), Bd. I Teil C (Gutachten *Rieß*); Bd. II Teil L (Referate *Ham-* *merstein*; *Odersky*, Beratung und Beschlußfassung).

[3] Entwurf eines Gesetzes zum besseren Schutz der Opfer von Sexualdelikten, BTDrucks. 10 585.

[4] Vgl. *Rieß* FS Wassermann (1985), 969 ff mit weit. Nachw.

ERSTER ABSCHNITT

Privatklage

Vorbemerkungen

Schrifttum. *Andrae* Ersparnisse ohne gewagte Experimente, JW **1930** 1467; *Andrae* Abbau der Privatklagen, MSchrKrimPsych. **1930** 70; *Buchberger* Ablauf, Kosten und Erfolg des Privatklageverfahrens, SchiedsmZ **1977** 183; *Coenders* Über den Strafantrag und die Privatklage des Nichtverletzten, GerS **83** (1915) 286; *Dempewolf* Handbuch des Privatklagerechts (1971); *Friedländer* Gestaltung des Privatklageverfahrens, Aschrott 548; *Fuld* Gestaltung des Privatklageverfahrens, Aschrott 601; *Gerland* Die systematische Stellung des Privatklageverfahrens im Strafprozeß, GerS **60** (1902) 157; *Gerland* Privatklagesachen, JW **1932** 370; *Gerland* Privatklage und Nebenklage, HdR IV 584; *Gramse* Die Beweisnotlage des Privatklägers, SchiedsmZ **1979** 97, *Gramse* Zulässigkeit und Grenzen der Verwendung von Ton- und Bildaufnahmen als Beweismittel im Strafverfahren (Privatklageverfahren), AnwBl. **1980** 433; *Grebing* Abschaffung oder Reform der Privatklage? GA **1984** 1; *Hartung* Änderung des Privatklageverfahrens? DStR **1942** 43; *von Hentig* Zur Psychologie und Statistik der Privatklage, ZStW **48** (1928) 206; *von Hippel* Privatklage gegen Unbekannt? JW **1928** 2193; *Hirsch* Gegenwart und Zukunft des Privatklageverfahrens, FS Lange 815; *Kade* Die Privatklage in den Strafprozeßordnungen der Jetztzeit, insbesondere in der deutschen StPO (1900); *Kircher* Die Privatklage — Eine strafprozessuale und kriminalpolitische Studie zur Möglichkeit einer Begrenzung des Strafrechts auf prozessuale Wege, Diss. Frankfurt/München 1971, *Koewius* Die Rechtswirklichkeit der Privatklage (1974); *Kronecker* Erörterungen über das Privatklageverfahren, GA **33** (1885) 1; *von Liszt* Die Privatklage in Österreich, Strafrechtliche Aufsätze und Vorträge **1** 36; *Lorenz* Über die Vernehmung des Privatklägers als Zeugen, JR **1950** 106; *Mittermeier* Legalitätsprinzip und Ausdehnung der Privatklage, Aschrott 148; *Oehler* Die Zukunft der Privatklage, SchiedsmZ **1977** 103; *Oetker* Fragen des Privatklageverfahrens gemäß der Notverordnung vom 14. Juni 1932, GerS **102** (1933) 262; *Oettinger* Anklagetätigkeit des Privaten im Strafprozeß (1914); *von Schacky* Das Privatklageverfahren und seine Berechtigung heute, Diss. München 1975; *Schauf* Entkriminalisierungsdiskussion und Aussöhnungsgedanke — Eine Würdigung des Privatklageverfahrens unter dem Aspekt der Entkriminalisierung der Bagatellkriminalität (1983); *W. Schmid* Zur Prozeßfähigkeit des Privat- und Nebenklägers, SchlHA **1981** 153; *Rich. Schmidt* Staatsanwalt und Privatkläger (1891); *Schorn* Das Recht der Privatklage (1967); *Schröder* Änderung des Privatklageverfahrens? DStR **1942** 26; *Seibert* Der arme Privatkläger, MDR **1952** 278; *Steiner* Der Parteibegriff im Privatklageverfahren, Strafrechtl. Abhandlungen (1931) Heft 292; *Thiersch* Anwendungsgebiet und rationale Gestaltung der Privatklage (1901); *Töwe* Die Privatklage GerS **106** (1935) 145; *E. Weber* Die Privatklage hat im Strafrecht keinen Platz, SchiedsmZ **1982** 24; *Werthauer* Die Privatklage (1930); *Wilhelmi* Notverordnung und Privatklage, DJZ **1931** 330; *Woesner* Der Privatkläger in der Hauptverhandlung, NJW **1959** 704; *Zipf* Strafantrag, Privatklage und staatlicher Strafanspruch, GA **1969** 234.

Entstehungsgeschichte. Die Privatklage war als §§ 414 bis 434 Gesetz geworden; ihre jetzige Paragraphenfolge erhielt sie durch die Neubekanntmachung der Strafprozeßordnung vom 22. März 1924 als §§ 374 bis 394. Änderungen hat der Abschnitt erfahren durch: das AGGewVerbrG; das Gesetz über Reichsverweisungen vom 23. 3. 1934 (RGBl. I 213); die Verordnung zur Änderung der Strafvorschriften über fahrlässige Tötung, Körperverletzung und Flucht bei Verkehrsunfällen vom 2. 4. 1940 (RGBl. I 606); die 2. VereinfVO; die Zweite Verordnung zur Durchführung des Strafrechts des Altreichs und der Alpen- und Donau-Reichsgaue vom 20. 1. 1944 (RGBl. I 41); das VereinhG; das 1. und 3. StRÄndG; das StPÄG 1964; das Urheberrechtsgesetz; das Sor-

Günter Wendisch

tenschutzgesetz; das EGOWiG; das 1. StrRG; das EGStGB 1974; das 1. StVRG; das 1. StVRErgG. Auf die Änderungen wird bei den Paragraphen eingegangen, zu denen sie ergangen sind.

1. Entwurf und endgültige Fassung

1   **a)** Der **Entwurf** enthielt zwei die Privatklage betreffende Abschnitte. Der zweite Abschnitt (§§ 356 bis 365) behandelte die prinzipale Privatklage bei Beleidigungen und Körperverletzungen, der erste (§§ 335 bis 355) die subsidiäre Privatklage, welche bei allen übrigen Antragsdelikten statthaft sein sollte. Bei den Beratungen der Reichstagskommission fiel dieser Abschnitt fort; der bisherige zweite wurde — durch Übernahme zahlreicher Vorschriften des früheren ersten Abschnitts — umgearbeitet.

2   **b)** Die **Fassung**, die die Reichstagskommission der Privatklage gegeben hat, hat nicht nur zur Folge gehabt, daß eine Anzahl von — ungeeigneten — Vorschriften aus der Entwurfsfassung des ersten Abschnitts der Privatklage in den nunmehr einzigen (früheren zweiten) Abschnitt übernommen wurden, sondern auch dazu geführt, daß das Privatklageverfahren, wie schon in der ersten Auflage bemerkt (dort Vor § 414, Anm. 1), „auch sonst nicht durchweg sachgemäß gestaltet wurde". An dieser technisch nicht sauber durchgeführten Umgestaltung und den darauf zurückzuführenden Ungereimtheiten krankt das Privatklagerecht trotz einer Reihe kleinerer Verbesserungen noch heute. Die Regelung des Privatklageverfahrens muß daher weiter als wenig sachgemäß bezeichnet werden. *Friedmann* (JW **1916** 345) nennt das Privatklagerecht scharf, aber zutreffend ein „prinzipioses Zwitterding zivilprozessualer und strafprozessualer Grundsätze", *Woesner* (NJW **1959** 704) den Privatkläger eine „systemwidrige Erscheinung" und *Dempewolf* (19) die Regelung der Privatklage „nicht nur äußerst lückenhaft, sondern auch sehr mangelhaft" (so auch *Hirsch*, 817, der für die bisher dem Privatklageweg überlassenen Fälle eine besondere Deliktskategorie mit minderer Sanktion unter der Bezeichnung „Verfehlungen" vorschlägt (828 ff). *Schmitt* (ZStW **89** [1977] 641) bezeichnet das Privatklageverfahren sogar als „in besonderem Maße unsozial": Der an die Stelle des Staatsanwalts tretende Verletzte müsse eine schwere Beweislast und ein erhebliches Kostenrisiko auf sich nehmen; für Alte, Kranke, Schwache und sonstige Randgruppen unserer Gesellschaft käme die Verweisung auf den Weg der Privatklage daher im Ergebnis der Verweigerung des strafrechtlichen Rechtsschutzes gleich[1]. *Rieß* hat deshalb gefordert, die Privatklage abzuschaffen und die im Katalog des § 374 StPO enthaltenen Delikte uneingeschränkt dem (durch die §§ 153 ff StPO) gemilderten Anklagezwang zu unterwerfen (Gutachten, 104; 206) und in Verbindung damit ein allgemeines Sühneverfahren einzuführen. Die Abteilung Strafrecht des 55. DJT hat entgegen den Thesen der beiden Referenten (vgl. *Hammerstein* 5; *Odersky* 15) mit knapper Mehrheit so beschlossen (vgl. Verh. des 55. DJT, Bd. II S. L 189 f, Beschl. III 12; 15).

---

[1] Ähnlich *Arzt* Der Ruf nach Recht und Ordnung (1976), 158 und *Naucke* 51. DJT Gutachten D 112. Allgemein ist festzustellen, daß die Zahl der Gegner der Privatklage wächst. Für ihre Abschaffung plädieren z. B. *Gössel* FS Dünnebier 146; *Grebing* 13 ff; *Kempfler* 122; *Kissel* Der dreistufige Aufbau der ordentlichen Gerichtsbarkeit (1972), 111 f; *Koewius* 166; *v. Lippa* Der Ehrenschutz im deutschen Strafrecht (1966), 106 ff; *Rieß* 55. DJT Gutachten C 104; 206; *v. Schacky* 267 ff; *Weber* SchiedsmZ **1982** 24; für die Beibehaltung sprechen sich dagegen aus *Geerds* SchiedsmZ **1980** 84 und *Rehwagen* 210.

2. Über den **gesetzgeberischen Grund,** das Verfahren für gewisse Straftaten an- **3**
ders als sonst zu regeln, sagen die Motive (*Hahn* Mat. I 277 — Mot. 231): „Beleidigungen und leichte Mißhandlungen sind alltägliche Vorkommnisse; sie berühren das allgemeine Wohl der bürgerlichen Gesellschaft meistens wenig, und selbst für die Beteiligten
haben sie in der Regel eine viel zu geringe Bedeutung, als daß ein rechtliches oder sittli-
ches Bedürfnis vorläge, stets eine Bestrafung herbeizuführen. Darum bildet erfahrungsgemäß die Verfolgung und Bestrafung jener Gesetzesverletzungen nicht die Regel sondern die Ausnahme". Maßgebendes Motiv für die Schaffung der Privatklage war mithin
das Bedürfnis, Bagatellen aus dem Strafverfolgungszwang herauszunehmen und damit
das Legalitätsprinzip und das Klageerzwingungsverfahren zu entlasten (*Maiwald* 46;
Rieß Gutachten, 21). Auf dieser Auffassung beruht auch die Zulässigkeit einer Aufrechnung bei wechselseitigen Vergehen solcher Art (§§ 199, 233 StGB) und das Erfordernis
eines Sühneversuchs bei Hausfriedensbruch, Beleidigung, Verletzung des Briefgeheimnisses, Körperverletzung, Bedrohung und Sachbeschädigung (§ 380).

3. Das Privatklageverfahren ist ein **Strafverfahren,** mit dem das Ziel verfolgt **4**
wird, gegen den Beschuldigten eine kriminelle Strafe zu verhängen, die ebenso voll-
streckt und ins Strafregister eingetragen wird wie eine auf öffentliche Klage erkannte
Strafe[2]. Für den Verletzten bedeutet die Privatklage Strafverfolgungsprivileg und
Strafverfolgungslast zugleich (*Maiwald* 45 f, *Grebing* 2 ff, *Rieß* Gutachten, 21). Für das
Verfahren gelten grundsätzlich die allgemeinen Verfahrensvorschriften (§ 384 Abs. 1
Satz 1) und müssen deshalb von Amts wegen die allgemeinen Prozeßvoraussetzungen
geprüft und Prozeßhindernisse beachtet werden, auch solche, die nur dem Privatkla-
geverfahren eigentümlich sind.

Die **besonderen Voraussetzungen,** unter denen ein Privatklageverfahren zulässig **5**
ist, sind in den §§ 374, 375, 376, 377 Abs. 2 und 3, §§ 380, 391 Abs. 1 und 2, §§ 392, 393
näher umschrieben. Dazu kommen § 13 Abs. 1, § 22 Abs. 3 UWG. Aus § 374 Abs. 3 ergibt
sich, daß von der Befugnis, Privatklage zu erheben (§ 374 Abs. 1 und 2), die Frage streng
zu unterscheiden ist, wer diese **Befugnis** im Verfahren **wahrnehmen** darf. Eine zulässige
Privatklage liegt vor, wenn derjenige sie erhoben hat, der im konkreten Fall die Befugnis
zu ihrer Erhebung wahrnehmen darf[3]. Ob man von Partei- und Prozeßfähigkeit spricht
(so die 19. Auflage) oder von gewissen Voraussetzungen in der Person des Privatklägers
(so *Eb. Schmidt* I 137), ist eine terminologische Frage ohne sachliche Bedeutung.

Ein besonderes Hindernis regelt § 80 JGG: Gegen einen **Jugendlichen** kann keine **6**
Privatklage erhoben werden, wohl aber ist Widerklage gegen einen jugendlichen Privat-
kläger zulässig (vgl. dazu *Pentz* GA **1958** 301, III). Für einen Heranwachsenden gilt die
Ausnahme nicht (§ 109 Abs. 1, Abs. 2 Satz 1 JGG).

4. Ein **Anhangsverfahren** nach §§ 403 ff ist auch im Privatklageverfahren zulässig **7**
und hier noch am ehesten geboten (vgl. § 403, 14).

5. Zuständig für die Verhandlung und Entscheidung über Privatklagen ist der **8**
Strafrichter (§ 25 Nr. 1 GVG). Eine besondere Vorschrift für den Gerichtsstand enthält

---

[2] *Eb. Schmidt* 1; KK-*v. Stackelberg* 1.
[3] OLG Hamm NJW **1961** 2322; *Eb. Schmidt* I
138, 141.

Günter Wendisch

§ 7 Abs. 2 Satz 2 (vgl. dazu BGHSt. **11** 56; § 7, 23). Durch Verbindung nach § 4 können Privatklagesachen auch vor das Schöffengericht oder vor die Große Strafkammer kommen, nicht aber vor das Schwurgericht (§ 384 Abs. 5; KK-*von Stackelberg* 7).

9   6. Daß **Beleidigungen und Körperverletzungen** nicht im Weg des Zivilprozesses verfolgt werden können, folgt aus § 11 EGStPO; jedoch schließt diese Regelung eine bürgerlich-rechtliche vorbeugende Unterlassungsklage neben oder anstelle der Privatklage nicht aus (RG JW **1937** 2352).

10   7. Das Recht zur Privatklage ist eine **Ausnahme vom Legalitätsprinzip**. Daher kann der Privatkläger verzichten, Klage zu erheben (*Kleinknecht/Meyer* 7; 13), sie weitgehend zurücknehmen (§ 391 Abs. 1) oder das Verfahren durch Vergleich beenden (KK-*v. Stackelberg* 5).

11   Wegen der **Zulässigkeit eines** gerichtlichen oder außergerichtlichen **Vergleichs** vgl. die Erläuterungen zu § 391, 14 ff; 23 ff.

12   8. Das Recht zur Privatklage kann zu **sozialen Härten** führen (vgl. *Dempewolf* 17). Was ein Industrieunternehmer als Verletzter in Ausübung seines Rechts an Verfolgungsintensität zu leisten vermag, kann unter Umständen die Möglichkeiten des Staatsanwalts übersteigen, während die eines Privatmannes in der Regel erheblich hinter dessen Möglichkeiten zurückbleiben werden. Das will bei jeder Entscheidung des Gesetzgebers, ob er den Katalog der Privatklagedelikte erweitern soll, etwa um den Diebstahl oder die Unterschlagung geringwertiger Sachen (§ 248 a StGB), wohl bedacht sein.

§ 374

(1) Im Wege der Privatklage können vom Verletzten verfolgt werden, ohne daß es einer vorgängigen Anrufung der Staatsanwaltschaft bedarf,

1. ein Hausfriedensbruch (§ 123 des Strafgesetzbuches),
2. eine Beleidigung (§§ 185 bis 187 a und 189 des Strafgesetzbuches), wenn sie nicht gegen eine der in § 194 Abs. 4 des Strafgesetzbuches genannten politischen Körperschaften gerichtet ist,
3. eine Verletzung des Briefgeheimnisses (§ 202 des Strafgesetzbuches),
4. eine Körperverletzung (§§ 223, 223 a und 230 des Strafgesetzbuches),
5. eine Bedrohung (§ 241 des Strafgesetzbuches),
6. eine Sachbeschädigung (§ 303 des Strafgesetzbuches),
7. eine Straftat nach den §§ 4, 12, 15, 17, 18 und 20 des Gesetzes gegen den unlauteren Wettbewerb,
8. eine Straftat nach § 49[1] des Patentgesetzes, § 49 des Sortenschutzgesetzes, § 16 des Gebrauchsmustergesetzes, § 24 Abs. 3, § 25 Abs. 3, § 26 des Warenzeichengesetzes, § 14 des Geschmacksmustergesetzes, §§ 106 bis 108 des Urheberrechtsgesetzes und § 33 des Gesetzes betreffend das Urheberrecht an Werken der bildenden Künste und der Photographie.

---

[1] Jetzt § 142 PatG in der Bekanntmachung der Neufassung vom 16. 12. 1980 (BGBl. I 1981, 1) in Verb. mit Art. 8 Nr. 64 und Art. 15 des Gemeinschaftspatentgesetzes – GPatG – vom 26. 7. 1979 (BGBl. I 1269).

(2) [1]Die Privatklage kann auch erheben, wer neben dem Verletzten oder an seiner Stelle berechtigt ist, Strafantrag zu stellen. [2]Die in § 77 Abs. 2 des Strafgesetzbuches genannten Personen können die Privatklage auch dann erheben, wenn der von ihnen Berechtigte den Strafantrag gestellt hat.

(3) Hat der Verletzte einen gesetzlichen Vertreter, so wird die Befugnis zur Erhebung der Privatklage durch diesen und, wenn Körperschaften, Gesellschaften und andere Personenvereine, die als solche in bürgerlichen Rechtsstreitigkeiten klagen können, die Verletzten sind, durch dieselben Personen wahrgenommen, durch die sie in bürgerlichen Rechtsstreitigkeiten vertreten werden.

Schrifttum. *Doering* Beleidigung und Privatklage (1971); *Dohna* Neues Mittel des Ehrenschutzes, ZStW **57** (1938) 158; *Kurth* Die Strafbarkeit der im Vollrausch begangenen Privatklagedelikte, NJW **1952** 731; *Raschik* Die Strafbarkeit der im Vollrausch begangenen Privatklagedelikte, NJW **1952** 1045; *W. Schmid* Zur Prozeßfähigkeit des Privat- und Nebenklägers, SchlHA **1981** 153.

Entstehungsgeschichte. Die als § 414 Gesetz gewordene Vorschrift hat ihre jetzige Bezeichnung durch die Bekanntmachung 1924 erhalten. Nach der ursprünglichen Fassung des (§ 414) Absatzes 1 war eine Privatklage nur wegen „Beleidigungen und Körperverletzungen. . ., soweit die Verfolgung nur auf Antrag eintritt" zulässig. Art. III Nr. 6 des Gesetzes vom 11. 3. 1921 (RGBl. 231) erweiterte den Anwendungsbereich der Privatklage um weitere — nunmehr nach Nummern gegliederte — Straftatbestände, nämlich Nr. 1 Hausfriedensbruch, Nr. 4 Bedrohung, Nr. 5 Verletzung fremder Geheimnisse nach § 299 StGB, Nr. 6 Sachbeschädigungen, Nr. 7 Vergehen nach dem UWG und Nr. 8 Vergehen gegen das literarische, künstlerische und gewerbliche Urheberrecht. Beleidigung nach §§ 185 bis 187 und § 189 StGB wurde mit der Einschränkung, daß „nicht eine der in § 197 StGB bezeichneten politischen Körperschaften beleidigt ist", als Nr. 2, Körperverletzung nach §§ 223, 223 a Abs. 1 und § 230 StGB mit der Einschränkung „sofern nicht die Körperverletzung mit Übertretung einer Amts-, Berufs- oder Gewerbspflicht begangen worden ist" als Nr. 3 in diesen Katalog eingestellt. Durch Art. II Nr. 1 der Verordnung vom 2. 4. 1940 (RGBl. I 606) wurde die Beschränkung in Nr. 3 aufgehoben, durch Art. 4 Nr. 5 des 1. StRÄndG die Nr. 2 um § 187 a StGB ergänzt. Mit § 139 UrhG wurden in Nr. 8 „alle Verletzungen des Patent-, Gebrauchsmuster-, Warenzeichen- und Geschmackmusterrechtes, soweit sie als Vergehen strafbar sind, sowie die Vergehen nach §§ 106 bis 108 des Urheberrechtsgesetzes" einbezogen, durch § 55 SortenSchG ihr Anwendungsbereich auf den Sortenschutz, durch Art. 9 Nr. 17 des 1. StRG auf „§ 33 des Gesetzes, betreffend das Urheberrecht an Werken der bildenden Künste und der Photographie" ausgedehnt. Durch Art. 21 Nr. 92 EGStGB 1974 wurden in Absatz 1 Nr. 2 die Verweisung § 197 durch § 194 Abs. 4 und in Nr. 5 die Verweisung § 299 durch § 202 ersetzt. Darüber hinaus wurde in Absatz 2 der Kreis der zur Privatklage Berechtigten dem nach sachlichem Strafrecht zum Strafantrag Berechtigten angepaßt und die gesamte Vorschrift sprachlich neugefaßt.

Günter Wendisch

Übersicht

I. Begriff

1　　**1. Privatklage- und Antragsdelikte.** Der **Begriff** der Privatklagevergehen deckt sich nicht mit dem der Antragsdelikte. So sind gefährliche Körperverletzung (§ 223 a StGB) und Bedrohung (§ 241 StGB) Privatklagedelikte, obwohl sie ohne Antrag verfolgt werden, und können Diebstahl und Unterschlagung geringwertiger Sachen (§ 248 a StGB), sofern die Strafverfolgungsbehörde nicht wegen des besonderen öffentlichen Interesses ein Einschreiten von Amts wegen für erforderlich hält, nur auf Antrag, gleichwohl aber nicht im Privatklageverfahren verfolgt werden. Das gleiche gilt für die Begünstigung, wenn der Begünstiger als Täter oder Teilnehmer der Vortat nur auf Antrag verfolgt werden könnte (§ 257 Abs. 4 StGB), für Hehlerei im Fall des § 259 Abs. 2 StGB, Bagatellbetrug (§ 263 Abs. 4 StGB), Erschleichen von geringwertigen Leistungen (§ 265 a Abs. 3 StGB) und Untreue, wenn der zugefügte Nachteil gering ist (§ 266 Abs. 3 StGB). Strafantragsdelikte sind nach § 205 StGB auch die Verletzung der Vertraulichkeit des Wortes, soweit sie nicht ein Amtsträger oder als für den öffentlichen Dienst besonders Verpflichteter begangen hat (§ 201 Abs. 1 und 2 StGB), die Verletzung des Briefgeheimnisses (§ 202 StGB) und von Privatgeheimnissen (§ 203 StGB) sowie die Verwertung fremder Geheimnisse (§ 204 StGB); im Weg der Privatklage verfolgt werden kann von diesen jedoch nur das Vergehen nach § 202 StGB.

2　　**2. Verletzter.** Wegen des Begriffs vgl. Vor 5. Buch Rdn. 1 bis 3. Wer im Einzelfall Verletzter ist, wird bei den einzelnen Privatdelikten (Rdn. 6 ff) ausgeführt. Welcher der Antragsberechtigten den **Strafantrag** stellen kann, damit ein bestimmter Privatklageberechtigter Privatklage erheben kann, wird in § 375, 3 ff behandelt.

3. Voraussetzung für die Erhebung der Privatklage ist zunächst einmal, daß dem **3** Beschuldigten ein **Privatklagedelikt** vorgeworfen wird. Welche Vergehen darunter fallen, zählt Absatz 1 abschließend auf[2].

II. Privatklagevergehen (Absatz 1 Nr. 1 bis 8)

1. Hausfriedensbruch (§ 123 StGB). Erfaßt wird nur der einfache Hausfriedens- **4** bruch nach § 123 StGB, nicht der schwere nach § 124 StGB (*Dempewolf* 149). **Verletzter** ist der Berechtigte, d. h. regelmäßig der Inhaber des Hausrechts, der über den Zugang zu den Räumen verfügen kann (RGSt **36** 332; KK-*v. Stackelberg* 9.1); mithin der Eigentümer, in gemieteten oder gepachteten Wohnräumen der Mieter oder Pächter, auch der Untermieter; u.U. sogar auch der Untervermieter, nicht dagegen der Hauswirt. Wegen weiterer Einzelfragen vgl. die Kommentare zu § 123 StGB sowie *Dempewolf* 135 bis 151.

2. Beleidigung (§§ 185 bis 187a, 189). Absatz 1 Nr. 2 betrifft nur Beleidigungen **5** des Vierzehnten Abschnitts des Strafgesetzbuchs. Die Beleidigung ausländischer Staatsoberhäupter, Regierungsmitglieder und Diplomaten (§§ 103, 104 a StGB) ist mithin kein Privatklagedelikt. Dagegen sind die Fälle des § 194 Abs. 3 StGB Privatklagevergehen. Die Motive (*Hahn* Mat. 1 278) sagen dazu: „Es ist keineswegs verkannt worden, daß bei der Mehrzahl der Amtsbeleidigungen die Verfolgung von Staats wegen durch das Interesse der öffentlichen Ordnung geboten sein wird. Dagegen konnte nicht anerkannt werden, daß dies bei *allen* **Amtsbeleidigungen** der Fall sei. Es kommen vielfach Beleidigungen eines Beamten in Beziehung auf seinen Beruf in solcher Gestalt vor, daß sie eine Verfolgung durch die Staatsanwaltschaft nicht notwendig erheischen, daß es vielmehr mit der öffentlichen Ordnung wohl vereinbar ist, wenn sie unverfolgt oder der Privatverfolgung überlassen bleiben. Oftmals nämlich steht eine Beleidigung zu dem Amt des Beleidigten in einer nur sehr losen Beziehung, und nicht minder häufig sind es die Fälle, in denen der Beleidigte selbst die Beleidigung hervorgerufen hat". Wenn die Motive hier nur von Beleidigungen eines Beamten „in Beziehung auf seinen Beruf" sprechen, kann daraus gleichwohl nicht gefolgert werden, Beleidigungen, die einem Beamten „während der Ausübung seines Berufes" (§ 194 Abs. 3 Satz 1 StGB) zugefügt werden, müßten ausnahmslos von der Staatsanwaltschaft verfolgt werden.

Verletzter ist in den Fällen der §§ 185 bis 187 a StGB der Beleidigte. Für den Fall **6** des § 189 StGB ist dagegen streitig, wer — aber auch was — verletzt sein kann[3]. Die Frage spielt regelmäßig keine Rolle, weil im Fall des § 189 StGB das Privatklagerecht kraft ausdrücklicher Regelung in erster Linie dem Ehegatten und den Kindern des Verstorbenen zusteht. Leben diese nicht mehr, steht es den Eltern zu; sind auch diese vor Ablauf der Antragsfrist gestorben, können es die Geschwister und Enkel ausüben (§ 194 Abs. 2 Satz 1 in Verb. mit § 77 Abs. 2 StGB). Auf die Frage, wer verletzt ist, kommt es allerdings dann an, wenn ein Privatklagevergehen des privatklageberechtigten Hinterbliebenen mit der Verunglimpfung des Verstorbenen durch den Angeklagten in Zusammen-

---

[2] Wegen der Frage, ob die Aufzählung der Privatklagevergehen nicht besser im Strafgesetzbuch hätte geregelt werden sollen, vgl. *Schneidewin* 100 Jahre Rechtsleben FS DJT (1960) 446, 465 f.

[3] Vgl. dazu LK[9]-*Herdegen* § 189, 2 bis 5; *Schönke/Schröder/Lenckner* § 189, 1; *Rüping* GA **1977** 304.

Günter Wendisch

hang steht (§ 388 Abs. 1 am Ende). Denn alsdann wäre eine Widerklage nur zulässig, wenn der Hinterbliebene als Verletzter des Vergehens nach § 189 StGB anzusehen wäre. Das ist jedoch nicht der Fall (§ 388, 14 und *Schönke/Schröder/Lenckner* § 189, 2). Wegen des Privatklagerechts des **Dienstvorgesetzten** vgl. Rdn. 27, wegen Beleidigungen durch die **Presse** Rdn. 14 f.

7 **3. Verletzung des Briefgeheimnisses (§ 202 StGB). Verletzter** ist bei Briefen bis zum Zugang — Einwurf in den Briefkasten — der Absender, danach der Empfänger[4].

8 **4. Körperverletzung (§§ 223, 223a, 230 StGB).** Kein Privatklagevergehen ist die Körperverletzung im Amt (§ 340 StGB)[5]. Ob die fahrlässige Tötung eine fahrlässige Körperverletzung in sich birgt[6], ist angesichts der Regelung in § 395 Abs. 2 Nr. 1 eine müßige Frage; denn danach können die nächsten Hinterbliebenen sich dem Offizialverfahren der Staatsanwaltschaft wegen fahrlässiger Tötung ohnehin stets als Nebenkläger anschließen; Privatkläger können sie nicht sein, weil sie nicht Verletzte sind.

9 Wegen der **Bejahung des besonderen öffentlichen Interesses** (§ 232 StGB), die den Strafantrag entbehrlich macht und die Annahme des öffentlichen Interesses (§ 376) in sich schließt, vgl. § 376, 1 ff.

10 **5. Bedrohung (§ 241 StGB). Verletzter** ist hier nur der Adressat der Drohung, nicht auch der etwaige Dritte, an dem das angedrohte Verbrechen begangen werden soll[7].

11 **6. Sachbeschädigung (§ 303 StGB). Verletzte** sind Eigentümer und Besitzer, auch mittelbare, z. B. der Hauptmieter trotz Untervermietung (RG JW **1935** 204), aber nicht der Versicherer. Unter Umständen kann auch ein Nichtbesitzer Verletzter sein, so der Käufer, während er die Versendungsgefahr trägt, oder der Unternehmer eines Werkvertrags (RGSt **63** 76 = JW **1929** 1884 mit Anm. *Gerland*).

12 **7. Verletzung von Vorschriften gegen den unlauteren Wettbewerb (§§ 4, 12, 15, 17, 18 und 20 UWG). Verletzte** sind in den Fällen der §§ 4 bis 12 UWG alle Gewerbetreibenden, die Waren oder Leistungen gleicher oder verwandter Art herstellen oder in den Geschäftsverkehr bringen (§ 13 Abs. 1 Satz 2, § 22 UWG), mithin die Mitbewerber, nicht der Dienstherr oder Auftraggeber des Täters (RG JW **1935** 363 mit Anm. *Schäfer*), auch nicht der Geschädigte aus dem Publikum; bei § 15 UWG der Verleumdete; bei §§ 17, 18, 20 UWG die berechtigten Inhaber des Geheimnisses. **Gewerbliche Interessenverbände** sind nicht als Verletzte, sondern nach Absatz 2 Satz 1 privatklageberechtigt.

13 **8. Verletzungen des Patent- und Urheberrechts.** Erfaßt werden Straftaten nach: § 49 (jetzt § 142; vgl. Fußn. 1) in Verb. mit §§ 6, 7 und 8 PatG; § 16 in Verb. mit §§ 5, 6 GebrMG; § 24 Abs. 3, § 25 Abs. 3, § 26 WZG; § 14 in Verb. mit § 5 GeschmMG; §§ 106

---

[4] Vgl. *Dempewolf* 204; KK-*v. Stackelberg* 9.3; **a. A** *Werthauer* 21.

[5] *Hirsch* schlägt vor, auch die gefährliche Körperverletzung (§ 223 a StGB) künftig ausschließlich dem Offizialverfahren zuzuordnen (819). Er begründet seine Ansicht namentlich mit der heutigen allgemeinen Auffassung eines Persönlichkeitsschutzes, der

seinen besonderen Ausdruck auch in der Strafbarkeit des Versuchs in § 223 a Abs. 2 StGB finde.

[6] So BayObLGSt **1953** 131; **anders** RGSt **62** 209; *Eb. Schmidt* 6.

[7] Vgl. LK⁹-*Schäfer* § 241, 8; *Schönke/Schröder/Eser* § 241, 5; KK-*v. Stackelberg* 9.5; **a. A** *Dempewolf* 278.

bis 108 UrhG in Verbindung mit den dort aufgeführten besonderen Tatbeständen des Urheberrechtsgesetzes; sowie § 33 in Verb. mit § 22, 23 KunstUrhG. **Verletzt** ist jeweils der Inhaber des entsprechenden Rechts[8].

III. Verhältnis zu anderen Vergehen

1. Pressevergehen. Einige der Vergehen, die Absatz 1 aufzählt, können durch die **14** **Presse** begangen werden. Das kommt in erster Linie bei Beleidigungen vor, ist aber auch bei Bedrohung (vgl. hier aber § 126 StGB), bei unlauterem Wettbewerb und bei Verletzungen des Urheberrechts möglich. Gleichwohl verlieren diese Vergehen dadurch nicht den Charakter von Privatklagedelikten.

Dagegen sind die in den landesrechtlichen **Nachfolgebestimmungen des früheren** **15** **§ 21 RPrG** aufgeführten Vergehen (z. B. § 22 PrGNRW), die dadurch begangen werden, daß der verantwortliche Redakteur (Verleger, Drucker, Verbreiter) in vorwerfbarer Weise seine Verpflichtung verletzt hat, Druckwerke vom strafbaren Inhalt freizuhalten, Straftaten eigener Art, die nur — auch wenn sie fahrlässig begangen worden sind — von Amts wegen verfolgt werden können. Zwar berührt es zunächst eigentümlich, daß die vorsätzliche Begehung im Privatklageweg verfolgbar ist, der Staatsanwalt dagegen eingreifen muß, wenn der Täter nicht vorsätzlich, sondern nur fahrlässig gehandelt hat. Diese — nur schwer verständlichen — Ungereimtheiten sind letztlich eine späte Folge der technisch nicht sauber durchgeführten Umgestaltung der ursprünglichen Regelung der Privatklage (vgl. dazu Vor § 374 Entstehungsgeschichte). Allzu ungereimte Folgen lassen sich durch verständnisvolle Anwendung einerseits der §§ 153 ff (bei Offizialdelikten) und andererseits der §§ 376, 377 Abs. 2 (bei Privatklagedelikten) vermeiden.

2. Kein Privatklagedelikt ist die **Volltrunkenheit** (§ 323 a StGB), auch dann nicht, **16** wenn die Rauschtat als solche ein Privatklagedelikt wäre[9]. Eine verfahrensrechtliche Unbequemlichkeit kann hier entstehen, wenn zunächst unklar ist, ob der Täter das Privatklagedelikt im Zustand der Volltrunkenheit oder (nur) der verminderten Schuldfähigkeit nach § 21 StGB begangen hat. Gerade diese Grenzziehung bereitet selbst nach erschöpfender Beweisaufnahme vielfach noch erhebliche Schwierigkeiten. Sie wird der Staatsanwalt dadurch überwinden, daß er — wie bei Zweifeln zur Frage Offizial- oder Privatklagedelikt — die öffentliche Klage nach § 376 erhebt oder die Verfolgung nach § 377 Abs. 2 übernimmt.

IV. Konkurrenz

1. Tatmehrheit. Der einfachste Konkurrenzfall ist gegeben, wenn ein Privatkla- **17** gevergehen in Tatmehrheit zu einem Offizialdelikt steht. Abgesehen von einer Einschränkung (Rdn. 18) ist hier ersteres im Privatklage-, letzteres im Amtsverfahren abzuurteilen. Beide Verfahren können nach § 4 miteinander verbunden werden, ohne daß

---

[8] Wegen der Durchführung von Offizialverfahren auf dem Gebiet des gewerblichen Urheberrechts s. *Schramm* 384 sowie *Flechsig* NStZ **1983** 562 und *Nordemann* NStZ **1982** 372.

[9] RGSt **70** 42; **73** 13; LK[9]-*Lay* § 330 a, 114 vorl. Absatz; *Schönke/Schröder/Cramer* § 330 a – jetzt § 323 a –, 29; *Niederreuther* DStR **1936** 244; *Raschik* 1047; KMR-*Müller* 1; *Kleinknecht/Meyer* § 376, 8.

das Privatklagevergehen dadurch diese Eigenschaft verlöre. Nur mit einer Schwurgerichtssache kann eine Privatklagesache nicht verbunden werden (§ 384 Abs. 5). Erscheint
dies doch zweckmäßig, müßte der Staatsanwalt vorher die Verfolgung des Privatklagevergehens nach § 377 Abs. 2 Satz 1 übernehmen. Das kann sich empfehlen, wenn sonst
im Privatklageverfahren — etwa, weil es später zu Ende geht — eine Gesamtstrafe nach
§ 54 StGB gebildet werden müßte.

18   Von der Möglichkeit zweier nebeneinander herlaufender Offizial- und Privatklageverfahren gibt es eine wichtige **Ausnahme,** nämlich dann, wenn eines der beiden Verfahren auch das Delikt des anderen Verfahrens zum Gegenstand der Urteilsfindung i. S.
von § 264 macht. Das ist auch bei Tatmehrheit denkbar. Denn der **verfahrensrechtliche
Begriff der Tat** als eines geschichtlichen Vorgangs, der nach natürlicher Auffassung zu-
sammengehört, kann auch vorliegen, wenn nach sachlichem Recht nicht Tateinheit
(§ 52 StGB), sondern Tatmehrheit (§ 53 StGB) gegeben ist (vgl. Erl. zu § 264). Alsdann
hätte ein Sachurteil Rechtskraftwirkung für *beide* Taten. Für diese Fälle greift deshalb
die Regelung Platz, die sonst nur bei Tateinheit gilt (Rdn. 19 f).

19   2. Steht ein Privatklagedelikt in **Gesetzkonkurrenz** mit einem Offizialdelikt (Sitt-
lichkeitsverbrechen mit Beleidigung, Einbruchdiebstahl mit Hausfriedensbruch und
Sachbeschädigung, Erpressung mit Bedrohung), oder besteht **Tateinheit** zwischen beiden (Meineid mit übler Nachrede), so ist das Privatklageverfahren unzulässig[10]. Ist die
konkurrierende Tat **verjährt,** so hindert sie die Privatklage nicht, solange das Privatklagedelikt unverjährt ist. Entsprechendes gilt, wenn das Offizialdelikt, nicht aber das konkurrierende Privatklagedelikt, unter ein **Straffreiheitsgesetz** fällt. Dagegen wirkt die
Rechtskraft des im Privatklageverfahren entgangenen Sachurteils auch gegenüber dem
tateinheitlichen Offizialdelikt, hindert also dessen Aburteilung, und umgekehrt.

20   3. **Privatklage- oder Offizialdelikt.** Nicht selten ist es **zweifelhaft,** ob der vom Privatkläger vorgetragene Sachverhalt ein Privatklage- oder Offizialdelikt enthält oder ob
jenes mit diesem in Tateinheit oder auch nur engem geschichtlichem Zusammenhang
(§ 264) steht (vgl. Rdn. 18). Endgültig ist diese Frage erst im Urteil zu entscheiden (vgl.
§ 389 Abs. 1); vorläufig beantwortet werden muß sie oft schon früher: so bei der Entscheidung des Gerichts, ob es dem Staatsanwalt die Akten nach § 377 Abs. 1 vorlegen
soll, weil es die Übernahme der Verfolgung durch ihn für geboten hält; ferner bei der
Entscheidung des Staatsanwalts, ob er die Verfolgung nach § 377 Abs. 2 übernehmen
soll; und schließlich wiederum vom Gericht bei der Entscheidung über die Eröffnung
des Hauptverfahrens (§ 383 Abs. 1). In all diesen Fällen ist weder ohne weiteres vor dem
auszugehen, was der Privatkläger behauptet, noch von dem, was Staatsanwalt oder
Richter jetzt schon als feststehend ansehen; abzustellen ist einstweilen noch auf den hinreichenden **Tatverdacht.** Tatsächliche oder rechtliche Meinungsverschiedenheiten zwischen Gericht und Staatsanwaltschaft über die Frage, ob der Verdacht eines Offizialdelikts gegeben ist, werden vor Erlaß des Urteils nicht ausgetragen. Vielmehr handelt jede
der beiden Stellen bei den nach dem Gesetz ihr obliegenden Entscheidungen entsprechend ihrer eigenen tatsächlichen und rechtlichen Beurteilung.

---

[10] RGSt **11** 129; OLG Frankfurt JW **1926**
1477; OLG Neustadt MDR **1952** 955; KK-*v.
Stackelberg* 10 bis 12; KMR-*Müller* 3 bis 6;
Kleinknecht/Meyer § 376, 8; *Gelbert* JR **1933**
43; *Eb. Schmidt* 8; **a.** A KG JW **1929** 1503;
LG Coburg BayJMBl. **1956** 118; vgl. auch
§ 389, 9.

4. Abweichende Ansichten zwischen Richter und Staatsanwalt. Bejaht der **Richter** 21
den Verdacht eines Offizialdelikts, legt er dem Staatsanwalt die Akten nach § 377 Abs. 1
Satz 2 vor; verneint dieser einen solchen Verdacht, gibt er die Akten zurück, ohne daß
jener gehindert wäre, die Klage nach § 383 Abs. 1 zurückzuweisen (KK-*von Stackelberg*
14). Sollte der Beschluß rechtskräftig werden, muß der Richter die Akten ebenso wie
im Fall des § 389 Abs. 2 wieder dem Staatsanwalt zuleiten (RGSt 9 324; vgl. § 383, 15).
Selbst dann bleibt dieser wiederum in seiner Entschließung frei; er kann nur nach § 172
zur Anklage gezwungen werden (vgl. dazu Rdn. 23). Bejaht umgekehrt der **Staatsanwalt**
im Gegensatz zum Gericht den Verdacht eines Offizialdelikts, so erhebt er entweder
von vornherein öffentliche Klage oder übernimmt später die Verfolgung nach § 377
Abs. 2. Dem Richter wiederum bleibt es unbenommen, im ersten Fall das Hauptverfahren
nur wegen des Privatklagedelikts zu eröffnen, im zweiten Fall den Angeklagten
auch im Offizialverfahren nur wegen eines Privatdelikts zu verurteilen.

All das folgt daraus, daß Gericht und Staatsanwaltschaft — mit der einzigen Aus- 22
nahme des § 172 — von einander **unabhängig** sind. Daran ändert sich auch dann nichts,
wenn diese Entscheidungen mit den zulässigen Rechtsmitteln — sofortige Beschwerde
gegen die Nichteröffnung des Hauptverfahrens nach § 210 Abs. 2 oder gegen die Zurückweisung der Privatklage nach § 383 in Verb. mit § 210 Abs. 2; Dienstaufsichtsbeschwerde gegen alle Entscheidungen des Staatsanwalts — in die höhere Instanz gebracht
werden (vgl. RGSt 9 324).

5. Befugnisse des Privatklageberechtigten. Der Privatklageberechtigte hat in 23
jedem Fall die Möglichkeit, die Sache zu einer **gerichtlichen Entscheidung** zu bringen.
Verneint die Staatsanwaltschaft Offizialdelikt *und* Privatklagedelikt und stellt sie das Ermittlungsverfahren aus sachlichen Gründen ein (§ 170 Abs. 2 Satz 1), steht dem Privatkläger als Verletztem das Klageerzwingungsverfahren wegen des Offizialdelikts nach
§ 172 offen, das im Fall des tateinheitlichen Zusammentreffens mit dem Privatklagedelikt, aber auch in dem unter Rdn. 18 behandelten Fall auch dieses mit umfaßt. Er kann
aber auch darauf verzichten und statt dessen Privatklage wegen des Privatklagedelikts
erheben. Er braucht die Staatsanwaltschaft nicht anzurufen (Absatz 1); andererseits
steht ihm das immer frei. Weist der Strafrichter alsdann die Privatklage zurück, weil er
im Gegensatz zum Staatsanwalt ein tateinheitliches Offizialdelikt annimmt, so hat der
Privatkläger — falls die Frist des § 172 Abs. 1 Satz 1 noch nicht verstrichen oder eine
Rechtsmittelbelehrung nach § 172 Abs. 1 Satz 2 unterblieben ist — wiederum die Rechte
eines Verletzten im Klageerzwingungsverfahren[11]. Erhebt die Staatsanwaltschaft öffentliche Klage, kann er zwar keine Privatklage mehr erheben, wohl aber sich als Nebenkläger anschließen. Über die Zulässigkeit des Anschlusses (d. h. sachlich-rechtlich: über
den Verdacht eines tateinheitlichen oder auch nur gesetzlich konkurierenden Privatklagedelikts) entscheidet nach § 396 das Gericht.

6. Ausnahme von Legalitätsprinzip. Streitig ist, wie zu verfahren ist, wenn die 24
Staatsanwaltschaft eine Ausnahme vom Legalitätsprinzip (§§ 153 ff) annimmt und deshalb das Verfahren einstellt. Handelt es sich um ein reines **Offizialdelikt,** kann der Privatklageberechtigte nur Dienstaufsichtsbeschwerde nach § 172 Abs. 1 erheben. Liegt ein
reines **Privatklagedelikt** vor, steht die Einstellung nach §§ 153 ff der Privatklage selbst
dann nicht entgegen, wenn die Generalstaatsanwaltschaft die Dienstaufsichtsbeschwerde zurückgewiesen hat.

---

[11] OLG Neustadt MDR **1961** 955; KK-
    v. Stackelberg 15.

Günter Wendisch

25   Für den Fall der **Tateinheit zwischen Offizial- und Privatklagedelikt** nehmen *Müller* (KMR 11) und *Mayer* (JZ **1955** 603) an, daß Privatklage ausgeschlossen und nur Dienstaufsichtsbeschwerde möglich sei (ebenso *Rieß* § 153, 10). Dem ist entgegenzuhalten, daß der Verletzte damit schutzlos wäre, weil für diese Fälle das Klagerzwingungsverfahren nicht gegeben ist (§ 172 Abs. 2 Satz 3). Allerdings hängt die Einstellung des Verfahrens nach § 153 Abs. 1 Satz 1 und § 153 a Abs. 1 Satz 1 von der Zustimmung des für die Eröffnung des Hauptverfahrens zuständigen Gerichts ab. Jedoch kann dieses sie, wenn ein Fall des § 153 Abs. 1 Satz 1 vorliegt, erteilen, ohne daß es den Privatklageberechtigten gehört hat; auch hat dieser kein Rechtsmittel dagegen.

26   Das **Klageerzwingungsverfahren** ist auch ausgeschlossen, wenn der Staatsanwalt das Verfahren ohne gerichtliche Zustimmung einstellen kann (z. B. nach § 153 Abs. 1 Satz 2, § 153 a Abs. 1 Satz 6, §§ 153 c, 153 d, 154 Abs. 1, § 154 a Abs. 1, § 154 b Abs. 1 bis 3, § 154 c). Es entspricht nicht der Besonderheit und der gesetzlichen Regelung des Privatklageverfahrens, daß der Staatsanwalt in der Lage sein sollte, dieses aus eigener Machtvollkommenheit zu verhindern; das kann er nur, wenn er die Verfolgung selbst übernimmt (vgl. *Gelbert* JR **1933** 42; § 376, 24 ff).

V. Strafantragsrecht (Absatz 2)

27   **1. Dienstvorgesetzter (Satz 1).** Das Recht, **selbständig** auf Bestrafung anzutragen, steht nach § 194 Abs. 3, § 232 Abs. 2 StGB den amtlichen Vorgesetzten — nicht nur den nächsten, sondern auch den höheren — des unmittelbar Beleidigten zu, wenn die Beleidigung (§§ 185 bis 187a, 189) oder Körperverletzung (§§ 223, 223a, 230 StGB) gegen einen Amtsträger, einen für den öffentlichen Dienst besonders Verpflichteten, einen Soldaten der Bundeswehr während der Ausübung seines Dienstes oder in Beziehung auf seinen Dienst oder einen Träger von Ämtern der Kirchen und anderen Religions-Gesellschaften des öffentlichen Rechts begangen worden ist. Dieser Fall spielt für die Erhebung der Privatklage keine große Rolle. Denn regelmäßig wird der Dienstvorgesetzte bei der Entscheidung, ob er Strafantrag stellen oder davon absehen soll, sich danach richten, ob das im öffentlichen Interesse **geboten** erscheint. Ist das zu bejahen, wird in aller Regel der Staatsanwalt öffentliche Klage nach § 376 erheben.

28   **2. Interessenverband.** Im Fall der Bestechung von Angestellten nach § 12 UWG haben — neben dem unmittelbar verletzten Gewerbetreibenden — alle rechtsfähigen Verbände zur Förderung gewerblicher Interessen ein **selbständiges Strafantragsrecht** (§ 22 Abs. 1 in Verb. mit § 13 Abs. 1 Satz 1 UWG).

29   **3. Angehörige (Satz 2).** Der durch Art. 21 Nr. 92 EGStGB 1974 (Entstehungsgeschichte) eingefügte Satz 2 erweitert den Kreis der zur Privatklage Berechtigten in gleicher Weise, wie dies im materiellen Strafrecht § 77 Abs. 2 StGB für die zum Strafantrag Berechtigten tut. Weil diese das Strafantragsrecht aber erst dann haben, wenn der Verletzte gestorben ist, wäre die Erhebung der Privatklage durch die danach Berechtigten ausgeschlossen, wenn der Verletzte vor seinem Tod zwar noch Strafantrag gestellt, aber noch keine Privatklage erhoben hätte. Satz 2 stellt deshalb klar, daß die nach § 77 Abs. 2 StGB zum Strafantrag Berechtigten, nämlich (in folgender Reihenfolge) Ehegatten und — auch nichteheliche — Kinder (§ 77 Abs. 2 Satz 1 StGB), danach Eltern (§ 77 Abs. 2 Satz 2 erster Halbsatz StGB), und zwar sowohl die leiblichen — auch bei nichtehelicher Geburt — als auch die Adoptiveltern (§ 1757 BGB), nicht aber Stief- und Pflegeeltern, und schließlich Geschwister und Enkel (§ 77 Abs. 2 Satz 2 zweiter Halbsatz

StGB), auch in diesem Fall Privatklage erheben können und damit selbst Privatkläger werden. Mit diesem Privatklagerecht nicht zu verwechseln ist das Strafantrags- und Privatklagerecht der Hinterbliebenen wegen Verleumdung des Andenkens eines Verstorbenen. Dieses betrifft einen besonderen Tatbestand, der besonders geregelt ist (Rdn. 10) und deshalb nicht unter Absatz 2 fällt.

Von dem Privatklagerecht nach Absatz 2 zu unterscheiden ist auch das frühere **30** Strafantrags- und Privatklagerecht des **Ehemannes**; dieses ist zufolge Art. 117 GG seit dem 31.3.1953 fortgefallen. Gleichwohl kann eine der Ehefrau widerfahrene Kränkung unter besonderen — wenn auch seltenen — Umständen[12] auch den Ehemann verletzen (BayObLG MDR **1958** 264; OLG Bremen MDR **1962** 234). Solche Umstände können allenfalls angenommen werden, wenn durch die Ehrverletzung der Ehefrau zugleich das Persönlichkeitsbild des Ehemannes „mit der Vorstellung eines Minderwertes belastet", also auch der andere Ehegatte durch die Beleidigung selbst als minderwertig hingestellt wird (BGH — Z — NJW **1970** 1600). Nur für diesen Fall der eigenen Beleidigung steht ihm dann selbstverständlich ein eigenes Privatklagerecht zu. Soweit das abzulehnen ist, sollte allerdings stets geprüft werden, ob einem vom Ehemann gestellten Strafantrag nicht eine Ermächtigung seiner Ehefrau zugrunde liegt (BayObLGSt **1949/51** 579).

4. Der **gesetzliche Vertreter** und der Personensorgeberechtigte eines geschäftsun- **31** fähigen oder beschränkt geschäftsfähigen Verletzten haben nach § 77 Abs. 3 StGB kein selbständiges Antragsrecht und daher auch kein eigenes Privatklagerecht. Sie können die Klage nicht im eigenen Namen, sondern nur im Namen des Verletzten erheben (Absatz 3)[13]; notfalls ist sie so umzudeuten. Der Vertretene kann nicht Zeuge sein (KK-*von Stackelberg* 16), hat aber durchaus eigene **Rechte und Befugnisse** (Rdn. 35 ff).

VI. Privatklagerecht des Strafantragsberechtigten

1. Voraussetzung. Soweit das Privatklagerecht nach Absatz 2 aus dem selbständi- **32** gen Strafantragsrecht hergeleitet wird (Rdn. 27 f), besteht es nur dann, wenn der **Berechtigte** den Strafantrag selbst gestellt hat (KMR-*Müller* 16). Hat nur der beleidigte Beamte Strafantrag gestellt, so kann nicht sein Vorgesetzter Privatklage erheben. Dagegen ist das Umgekehrte möglich[14]. Denn Absatz 1 spricht nur vom Verletzten, nicht vom Antragsberechtigten (vgl. § 375, 3 ff). Hat in den Fällen des Absatzes 1 Nr. 7 (Rdn. 12) ein **Gewerbetreibender** den Strafantrag gestellt, so kann zwar ein anderer Gewerbetreibender, nicht aber ein Interessenverband Privatklage erheben.

Andererseits berechtigt ein von einem nur **beschränkt geschäftsfähigen** (Rdn. **33** 36 ff) Verletzten (§ 114 BGB), der das 18. Lebensjahr vollendet hat (§ 77 Abs. 3 Satz 2 StGB), gestellter Strafantrag den gesetzlichen Vertreter, namens des Verletzten Privatklage zu erheben. Denn das Recht, nach § 77 Abs. 3 Satz 2 StGB selbst Strafantrag zu stellen, steht selbständig neben der Vertretungsbefugnis des gesetzlichen Vertreters. Er läßt diese unberührt, bleibt seinerseits aber auch von ihr unabhängig (*Schönke/Schröder/ Stree* § 77, 32). Ebenso kann umgekehrt der volljährig gewordene Verletzte die Privatklage selbst erheben, wenn sein gesetzlicher Vertreter vor Eintritt der Volljährigkeit den Strafantrag rechtzeitig gestellt hat (vgl. im übrigen Rdn. 39 ff).

---

[12] Vgl. dazu LK[9]-*Herdegen* Vor § 185, 20 ff; *Schönke/Schröder/Lenckner* Vor § 185, 9 ff.

[13] RGSt **29** 140; BayObLGSt **4** (1904) 73; OLG Schleswig SchlHA **1951** 143; KMR-*Müller* 15.

[14] A. A BayObLGSt **1949/51** 579; JZ **1965** 371; KMR-*Müller* 16; *Kleinknecht/Meyer* 6.

Günter Wendisch

34   2. Die **Antragsfrist** läuft für jeden der Berechtigten selbständig. Hatte der Verletzte zur Tatzeit das 18. Lebensjahr noch nicht vollendet, so beginnt für ihn die Frist erst mit Vollendung des 18. Lebensjahres zu laufen (RGSt **69** 378; **73** 115), wenn sie nicht schon abgelaufen war (RGSt **5** 190). Daß er einen zu diesem Zeitpunkt eingetretenen *Teil*ablauf der Frist gegen sich gelten lassen müßte (so RGSt **24** 427), ist nicht folgerichtig und deshalb abzulehnen.

VII. Geschäftsunfähige oder beschränkt geschäftsfähige Privatklageberechtigte (Absatz 3)

1. Allgemein

35   a) **Prozeßfähigkeit trotz gesetzlicher Vertretung.** Geschäftsunfähige (§ 104 BGB), d. h. Kinder unter sieben Jahren, dauernd Geisteskranke sowie wegen Geisteskrankheit Entmündigte; oder beschränkt geschäftsfähige Privatklageberechtigte. d. h. Minderjährige (§ 106 BGB), können die Klage nicht selbst erheben und durchführen; vielmehr können das nur ihre **gesetzlichen Vertreter** für sie tun. Die Vertretung steht dem zu, der das Personensorgerecht hat[15]. Absatz 3 stellt es — teils zu eng, teils zu weit — darauf ab, ob der Verletzte einen gesetzlichen Vertreter hat. In Wahrheit kommt es nicht darauf an, sondern auf das Fehlen der vollen Geschäftsfähigkeit. Nicht alle Geschäftunfähigen haben einen gesetzlichen Vertreter; nicht jeder, der einen gesetzlichen Vertreter hat, ist geschäftsunfähig.

36   Wer einen **Pfleger,** also einen gesetzlichen Vertreter hat, kann selbst Privatklage erheben; und nur er selbst kann es, wenn die Pflegschaft sich hierauf nicht bezieht. Andererseits kann auch ein Geisteskranker, der nicht entmündigt und nicht unter vorläufiger Vormundschaft gestellt ist, also keinen gesetzlichen Vertreter hat, ebensowenig eine Privatklage selbst erheben wie er das hinsichtlich einer Zivilklage könnte (§ 52 ZPO). Hiernach und nicht nach § 77 Abs. 3 StGB richtet sich die Prozeßfähigkeit (ebenso *Schäfer* Einl. Kap. **12** IX 5). Prozeßhandlungen eines Prozeßunfähigen sind unwirksam. Sind sie fristgebunden, kann der gesetzliche Vertreter sie nach Fristablauf nicht mehr mit rechtlicher Wirkung genehmigen (BayObLGSt **1955** 243).

37   b) **Streitige Prozeßfähigkeit.** Solange die Prozeßfähigkeit des Privatklägers streitig oder zweifelhaft ist, muß *für diese Frage* als prozeßfähig behandelt werden (OLG Hamm NJW **1961** 2322). Gegen eine Entscheidung, die seine Prozeßfähigkeit verneint, kann er Rechtsmittel einlegen. Hält auch das Rechtsmittelgericht ihn für prozeßunfähig, verwirft es deshalb das Rechtsmittel als unbegründet, nicht als unzulässig. Bezieht das Rechtsmittel sich jedoch auf andere Umstände, richtet es sich etwa gegen einen Freispruch, oder erstrebt es strengere Bestrafung, so ist es insoweit, wenn der Beschwerdeführer nach Auffassung des Rechtsmittelgerichts prozeßunfähig ist, als unzulässig zu verwerfen.

38   c) **Prozeßunfähigkeit** des Privatklägers führt, wenn sie vor Eröffnung des Hauptverfahrens bemerkt wird oder eintritt, zur Zurückweisung der Privatklage nach § 383 Abs. 1 Satz 1 (OLG Hamm NJW **1961** 2322). Wird sie erst nach Eröffnung bemerkt, hat sie die Einstellung des Verfahrens zur Folge, es sei denn, daß der gesetzliche Vertreter den Mangel heilt, indem er die Erhebung der Privatklage nachträglich genehmigt

---

[15] OLG Hamm VRS **13** 212; NJW **1961** 2322;
W. Schmid SchlHA **1981** 153; KK-*v. Stackelberg* 3; *Kleinknecht/Meyer* 3.

(OLG Frankfurt OLGSt § 374, 1; KMR-*Müller* 18). Das gilt auch in der Rechtsmittelinstanz, vorausgesetzt, daß sie durch ein zulässiges Rechtsmittel angerufen worden ist. Es kann ein Rechtsmittel des Angeklagten sein, aber auch ein Rechtsmittel des Prozeßunfähigen, soweit dieser damit die Anerkennung seiner Prozeßfähigkeit erstrebt. Legt jedoch ein Privatkläger, den die untere Instanz für prozeßfähig, das Berufungs-, Beschwerde- oder Revisionsgericht dagegen für prozeßunfähig hält, Rechtsmittel gegen ein Sachurteil ein, so ist nicht das Verfahren einzustellen, sondern das Rechtsmittel als unzulässig zu verwerfen. Eine Einstellung ist in einem solchen Fall nur auf ein Rechtsmittel des Angeklagten möglich und geboten (unklar insoweit OLG Hamm NJW **1961** 2322).

2. Minderjährige. Nicht prozeßfähig und daher auf die Erhebung der Privatklage **39** durch gesetzliche Vertreter angewiesen sind Minderjährige. Wird der Minderjährige im Lauf des von seinem gesetzlichen Vertreter eingeleiteten Verfahrens volljährig, erlischt die Vertretungsmacht des gesetzlichen Vertreters (OLG Königsberg JW **1930** 1110). Prozeßhandlungen, die dieser jetzt noch vornimmt, können nur durch **Genehmigung** des volljährig Gewordenen wirksam werden (KMR-*Müller* 18). Wird ein Minderjähriger, der ohne Mitwirkung seines gesetzlichen Vertreters, also zunächst unzulässigerweise, eine Privatklage erhoben hatte, im Lauf des Verfahrens volljährig, so wird die Unzulässigkeit der Privatklage geheilt, wenn er das Verfahren fortsetzt[16]. Eine untere **Altersgrenze** für Minderjährige, in deren Namen eine Privatklage erhoben werden kann, gibt es nicht; auch der Säugling ist zur Privatklage berechtigt.

3. Geisteskranke und Entmündigte. Ebenfalls auf die Erhebung der Privatklage **40** durch gesetzliche Vertreter angewiesen sind **Geisteskranke** (§ 104 Nr. 2 BGB), und zwar gleichgültig, ob sie entmündigt oder unter vorläufige Vormundschaft gestellt sind oder nicht. Ihnen gleich stehen schließlich **Entmündigte** — gleichviel, ob mit Recht und aus welchen Gründen — und unter vorläufiger Vormundschaft Stehende.

4. Juristische Personen (z. B. die Gesellschaft mit beschränkter Haftung: BGHSt **41** **6** 186), Vereine (rechtsfähige und nichtrechtsfähige) und prozeßfähige **Handelsgesellschaften** (offene Handelsgesellschaft — § 124 Abs. 1 HGB, Kommanditgesellschaft — § 161 Abs. 2 HGB) bedürfen zur Erhebung der Privatklage ebenfalls gesetzlicher Vertreter. Ob und unter welchen Voraussetzungen juristische Personen und prozeßfähige Gesellschaften **verletzt** sein können, beurteilt sich nach sachlichem Strafrecht; darauf kann hier nicht näher eingegangen werden. Streitig ist das besonders bei der Beleidigung. Daß politische Körperschaften beleidigt werden können, ist angesichts der Fassung von § 194 Abs. 4 StGB freilich unbezweifelbar, in diesem Zusammenhang aber unerheblich, weil Absatz 1 Nr. 2 die Privatklage gegen sie ausdrücklich verbietet[17]. Juristische Personen und Gesellschaften können durch **kreditgefährdende Verleumdung** (§ 187 StGB) verletzt werden und dann auch als Privatkläger auftreten. Ferner können sie in den Fäl-

---

[16] KK-*v. Stackelberg* 4; *Kleinknecht/Meyer* 4.
[17] Zur Beleidigungsfähigkeit anderer juristischer Personen, Gesellschaften und Personengemeinschaften vgl. *Schlosky* DStR **1941** 85; *Werthauer* 24 ff; LK⁹-*Herdegen* Vor § 185, 14 ff; *Schönke/Schröder/Lenckner* Vor § 185, 4 ff; einer politischen Partei: LG Würzburg NJW **1959** 1934 mit zust. Anm. *Lürken*; deren gebietliche Gliederungen und sonstige Unterorganisationen: OLG Düsseldorf NJW **1979** 25; einer Gewerkschaft: BGH – Z – NJW **1971** 1655.

Günter Wendisch

len des Absatzes 1 Nr. 3, 6, 7 und 8 verletzt sein. Die **Familie** kann, selbst wenn man sie als beleidigungsfähig ansehen will, jedenfalls als solche keine Privatklage erheben[18].

42 Der **Wortlaut** des Absatzes 3 **ist** insofern **zu eng**, als er nur vom Verletzten spricht. Juristische Personen können, auch wenn sie nicht selbst die Verletzten sind, ein selbständiges Strafantragsrecht und damit nach Absatz 2 ein eigenes Privatklagerecht haben. Das gilt vor allem in den Fällen des Absatzes 1 Nr. 7 von den gewerblichen Interessenverbänden. Auch sie können natürlich die Privatklage nach Absatz 3 nur durch ihre gesetzlichen Vertreter erheben und durchführen.

5. Als gesetzliche Vertreter kommen in Betracht:

43 a) **Natürliche Personen.** Bei ehelichen Minderjährigen nehmen beide **Eltern** gemeinsam — in sogenannter Gesamtvertretung — die gesetzliche Vertretung wahr (§ 1626 Abs. 2, § 1627 BGB; BVerfGE 10 59; BGHSt 22 103). Stimmen die Eltern im Willen überein, genügt es, daß einer von ihnen die Erklärung abgibt (BayObLGSt **1960** 267). Bei nichtehelichen Kindern nimmt regelmäßig die Mutter die gesetzliche Vertretung wahr (§ 1705 in Verb. mit § 1626 BGB). Bei **geschiedener Ehe** steht das Strafantragsrecht und das Vertretungsrecht für die Privatklage dem Elternteil zu, dem das Vormundschaftsgericht nach § 1671 BGB die elterliche Sorge oder die **Personensorge** übertragen hat.

44 Bei **nicht voll Geschäftsfähigen** kann ein **Vormund,** unter Umständen auch ein Pfleger, gesetzlicher Vertreter sein. Hat der prozeßunfähige Verletzte keinen gesetzlichen Vertreter oder ist dieser verhindert (Rdn. 46), muß das Vormundschaftsgericht einen Pfleger nach §§ 1909 ff BGB bestellen. Entsprechendes gilt, wenn der Verletzte selbst, etwa durch Gebrechlichkeit oder durch Abwesenheit, verhindert ist.

45 b) **Juristische Personen.** Wer juristische Personen und prozeßfähige Gesellschaften zu vertreten hat, richtet sich nach der **Satzung** oder dem **Gesellschaftsvertrag.** Bei Vereinen und Aktiengesellschaften ist es der Vorstand (§ 26 Abs. 2, § 30 BGB, § 78 AktG), bei Gesellschaften mit beschränkter Haftung sind es die Geschäftsführer (§ 35 GmbHG), bei der offenen Handelsgesellschaft die Gesellschafter (§ 125 HGB), bei der Kommanditgesellschaft die persönlich haftenden Gesellschafter (§ 170 HGB). Der Prokurist kommt als Vertreter nur für Privatklagen in Betracht, die der Betrieb eines Handelsgewerbes mit sich bringt (§ 49 Abs. 1 HGB). Das wird bei Klagen wegen Kreditgefährdung (§ 187 StGB) sowie in den Fällen des Absatzes 1 Nr. 7 kaum verneint werden können.

46 **6. Verhinderung des gesetzlichen Vertreters.** Der gesetzliche Vertreter ist verhindert, wenn er selbst der **Beschuldigte** ist. Das gilt schon für den Strafantrag und hat dort zur Folge, daß die Antragsfrist mit der Kenntnis des Verhinderten von der Tat nicht zu laufen beginnt (BGHSt 6 155). Es gilt aber auch für die Befugnis zur Erhebung der Privatklage. Bloße Interessengegensätze bewirken keine Verhinderung.

VIII. Privatklage gegen Jugendliche

47 Gegen Jugendliche ist die Privatklage unzulässig (§ 80 Abs. 1 Satz 1 JGG; Vor § 374, 6; vgl. auch *Schäfer* Einl. Kap. **12**). Dabei kommt es auf das Alter zur Tatzeit an (§ 1 Abs. 2 JGG). Wegen weiterer Einzelheiten vgl. § 376, 27.

---

[18] So im Ergebnis wohl *Mezger* JZ **1951** 521, aber auch *Welzel* MDR **1951** 502; a. A allerdings BGH NJW **1951** 531; BGHSt 6 192; 7 129; **16** 60; BGH NJW **1970** 1600.

§ 375

(1) Sind wegen derselben Straftat mehrere Personen zur Privatklage berechtigt, so ist bei Ausübung dieses Rechts ein jeder von dem anderen unabhängig.

(2) Hat jedoch einer der Berechtigten die Privatklage erhoben, so steht den übrigen nur der Beitritt zu dem eingeleiteten Verfahren, und zwar in der Lage zu, in der es sich zur Zeit der Beitrittserklärung befindet.

(3) Jede in der Sache selbst ergangene Entscheidung äußert zugunsten des Beschuldigten ihre Wirkung auch gegenüber solchen Berechtigten, welche die Privatklage nicht erhoben haben.

Schrifttum. *Oetker* Konkurrenz von Privatklagerechten, FS von Burckhard (1910) 209 ff.

Entstehungsgeschichte. Die als § 415 Gesetz gewordene Vorschrift hat ihre jetzige Bezeichnung durch die Bekanntmachung 1924 erhalten. Durch das Vereinheitlichungsgesetz sind die Absätze 1 und 2 sprachlich geringfügig geändert, durch Art. 21 Nr. 93 EGStGB 1974 in Absatz 1 die Worte „strafbaren Handlung" durch „Straftat" ersetzt worden.

1. Mehrere Klageberechtigte (Absatz 1)

a) Allgemein. Mehrere Berechtigte wegen derselben Straftat können vorhanden **1** sein, entweder weil die Tat mehrere Personen i. S. von § 374 Abs. 1 verletzt hat oder weil außer dem Verletzten ein anderer (Vorgesetzter, Interessenverband; § 374, 27 ff) ein selbständiges Strafantragsrecht und deshalb nach § 374 Abs. 2 ein eigenes Privatklagerecht hat (*Oetker* 209). Die Vorschrift erfaßt beide Fälle.

Den nächstliegenden Fall, daß die mehreren Berechtigten die Privatklage **gemein- 2 sam** erheben, erwähnt das Gesetz nicht. Dennoch ist an der Zulässigkeit eines solchen Vorgehens kein Zweifel (*Eb. Schmidt* 4; *Oetker* 211 f). Besonderer Regelung bedurfte deshalb nur der Fall, daß die mehreren Berechtigten nicht gleichzeitig vorgehen. Absatz 1 besagt in erster Linie, daß alle dazu Berechtigten nicht verpflichtet sind, die Privatklage gemeinsam zu erheben.

b) Privatklage und Strafantrag. Mit dem **Erlöschen der Antragsberechtigung 3** (§ 77 b StGB) oder der Rücknahme des Strafantrags (§ 77 d Abs. 1 StGB) erlischt nach herrschender Meinung auch das Recht, Privatklage zu erheben[1]. Dem ist zuzustimmen,

---

[1] BayObLGSt **1949/51** 579; *Schlüchter* 814.1; *Dempewolf* 281; *Eb. Schmidt* 5; KK- *v. Stackelberg* 6; KMR-*Müller* § 374, 16; *Kleinknecht/Meyer* § 374, 6.

soweit das Privatklagerecht sich aus § 374 Abs. 2 ergibt. Diese Vorschrift stellt in der Tat einen Zusammenhang zwischen Antrag und Privatklage her. Im übrigen aber ist nicht ersichtlich, warum das Privatklagerecht grundsätzlich davon abhängen soll, daß gerade der Privatklageberechtigte den Strafantrag gestellt hat. Weder die Regelung des Antragsrechts im Strafgesetzbuch noch die des Privatklagerechts in der Strafprozeßordnung deuten einen solchen Zusammenhang auch nur an. Beide Regelungen sind von einander unabhängig, da sich nicht einmal die Antragsdelikte mit den Privatklagedelikten decken (§ 374, 1).

4　　Zwar wird man nicht mit *Dempewolf* (172) sagen können, der Strafantrag „gehöre zum Strafrecht" und schaffe „die materiellen Bedingungen für die Strafbarkeit". Er ist nach allgemein anerkannter und richtiger Meinung keine Strafbarkeitsbedingung, sondern eine **Prozeßvoraussetzung.** Aber er ist *eine* Prozeßvoraussetzung, d. h. eine Voraussetzung für ein Sachurteil; die Strafklage — öffentliche oder Privatklage — ist eine *andere.* Das Offizialverfahren setzt voraus, daß einer der dazu Berechtigten, gleichviel welcher, den Strafantrag gestellt hat. Im Privatklageverfahren tritt nach § 374 Abs. 1 der Verletzte (in dieser Eigenschaft, nicht in der des Antragsberechtigten — zum Unterschied von dem Privatklageberechtigten des § 374 Abs. 2) als Privatkläger an die Stelle des Staatsanwalts.

5　　Hat ein Antragsberechtigter den Strafantrag gestellt, so liegt diese erste Voraussetzung vor, und zwar für jede wegen dieser Tat mögliche Strafklage, sei es die öffentliche, sei es die Privatklage eines der dazu Berechtigten. Allerdings kann der Antragsteller durch die Rücknahme des Strafantrags (§ 77 d Abs. 1 StGB) ein **Prozeßhindernis** schaffen. Da er dies auch gegenüber der öffentlichen Klage kann, ist auch das kein Grund, die Privatklage eines anderen Verletzten von vornherein nicht zuzulassen, nur weil dieser andere den Antrag nicht auch seinerseits gestellt hat. Mehr als *ein* Strafantrag ist für die Strafklage nicht nötig[2]. Hat also im Fall des § 374 Abs. 1 Nr. 7 ein Konkurrent des Täters oder ein Interessenverband Strafantrag gestellt, kann ein anderer Konkurrent Privatklage erheben. Hat der Vorgesetzte des Beamten nach § 194 Abs. 3, § 232 Abs. 2 StGB Strafantrag gestellt, kann der Beamte selbst die Privatklage erheben.

6　　c) **Verletzung höchstpersönlicher Rechtsgüter.** Der in der vorhergehenden Randnummer niedergelegte Grundsatz erleidet jedoch in den praktisch wichtigsten Fällen der Verletzung höchstpersönlicher Rechtsgüter — vor allem durch Beleidigung und Körperverletzung — folgende **Ausnahme:** Hat der Täter mehrere Personen durch eine und dieselbe Tat verletzt, liegt in Wahrheit gleichartige Tateinheit (§ 52 StGB) mehrerer Rechtsverletzungen vor, von denen jede einzelne — gleichviel von wem — nur verfolgt werden kann, wenn der durch sie Verletzte selbst oder — in den Fällen des § 194 Abs. 3 und des § 232 Abs. 2 StGB — der Vorgesetzte gerade für ihn Strafantrag gestellt hat. Hat der Täter durch *eine* Beleidigung die Ehre mehrerer verletzt, kann die Straftat auf den Strafantrag eines von ihnen nur unter dem Gesichtspunkt verfolgt werden, daß sie gerade seine Ehre verletze. Auch der Staatsanwalt könnte sie nicht mit der Erwägung verfolgen, sie habe die Ehre eines anderen verletzt. Das ist der Grund, der hier der Privatklage des anderen Verletzten entgegensteht, wenn dieser den Strafantrag nicht selbst — oder für ihn der nach § 374 Abs. 2 Berechtigte — gestellt hat[3]. Dieser Grundsatz ist allerdings auf höchstpersönliche Rechtsgüter beschränkt und gilt z. B. nicht, wenn durch die Beschädigung einer Sache mehrere Personen verletzt worden sind.

---

[2] A. A BayObLG JZ **1965** 371; KK-*v. Stackelberg* § 374, 7; § 375, 2; *Kleinknecht/Meyer* 1 und wohl auch *Schlüchter* 814.2; wie hier *Sarstedt* JZ **1965** 372.

[3] A. A BayObLGSt **34** (1935) 14; wie hier KMR-*Müller* 8.

2. Beitritt (Absatz 2)

a) Allgemein. Der **Beitritt** (Absatz 2) kann schriftlich, zu Protokoll der Geschäfts- **7** stelle oder auch mündlich in der Hauptverhandlung erklärt werden. Er bedarf weder des Inhalts noch der Formen, die für eine Privatklage vorgeschrieben sind (a. A *Oetker* 223, 230). Ein besonderer Sühneversuch (§ 380) ist nicht erforderlich (§ 381, 1). Der Beitritt ist bis zur Rechtskraft des Urteils möglich, also auch noch in der Berufungs- oder Revisionsinstanz; er wird auch durch die Einlegung eines Rechtsmittels erklärt[4].

b) Zusammentreffen von zwei Privatklagen. Streitig ist, wie zu verfahren ist, **8** wenn zwei Privatklagen wegen derselben Tat gleichzeitig oder nacheinander bei Gericht eingehen. *Müller* (KMR 6) meint, grundsätzlich sei bei gleichzeitiger Erhebung gegenseitiger Beitritt nötig, hierdurch würden die Sachen verbunden. *Kleinknecht/Meyer* (2) dagegen sagen, das Gericht müsse sie verbinden. Diese Ansicht verdient als die einfachere den Vorzug[5]. Die beiden Sachen sind von Amts wegen zu verbinden, weil wegen einer Tat nur ein Verfahren rechtshängig sein darf (RGSt. 41 109)[6].

Erhebt einer der Berechtigten die Privatklage nach dem anderen, so will *Dempe-* **9** *wolf* (281) die spätere zurückgewiesen wissen, dann aber wieder den Beitritt gestatten. Dieser Umweg ist weder nötig noch geboten (unnötig umständlich auch OLG Düsseldorf JMBlNRW **1961** 111); vielmehr ist die **spätere Privatklage** ohne weiteres **als Beitritt** zu der früheren zu behandeln[7]. Privatklage und Beitritt sind zwar keine Rechtsmittel; jedoch bestehen keine Bedenken, den allgemeinen Rechtsgedanken des § 300 dahin entsprechend anzuwenden, daß die unzulässige Prozeßhandlung in die zulässige umgedeutet wird (ähnlich *Eb. Schmidt* 6). Dadurch wird weder der Privatkläger, noch der Beitretende, noch der Beschuldigte beschwert; andererseits wird ein Zwischenverfahren erspart.

Hat der Strafrichter aus Rechtsirrtum oder weil er das Nebeneinander von mehre- **10** ren Privatklagen übersehen hat, zwei Urteile erlassen, so kann das **Rechtsmittelgericht** die Verfahren, wenn sie beide dorthin gelangt sind, noch miteinander verbinden (OLG Naumburg JW **1932** 427; a. A *Klee* in seiner Anmerkung dazu). Das Verfahrenshindernis kann auch dadurch beseitigt werden, daß eine der beiden Privatklagen zurückgenommen wird, das ist auch in der Revisionsinstanz noch möglich (OLG Hamm JMBlNRW **1951** 184). Ist dagegen eines der beiden Urteile schon rechtskräftig, muß das andere Verfahren eingestellt werden.

c) Wiederaufnahme. Zum Zweck der Wiederaufnahme will *Müller* (KMR 3) den **11** Beitritt nicht gestatten, weil hier das Verfahren rechtskräftig abgeschlossen ist. Da aber die Rechtskraft ganz allgemein eine Voraussetzung und kein Hindernis der Wiederaufnahme ist, kann sie auch der im Weg des Beitritts erstrebten Wiederaufnahme nicht entgegengehalten werden (vgl. auch § 377, 6; so auch KK-*v. Stackelberg* 7).

---

[4] *Oetker* verlangt nicht nur Einreichung einer besonderen Anklageschrift nach § 381 (223, 230), die nach Inhalt und Form § 200 Abs. 1 entsprechen soll, sondern hält auch einen besonderen Sühneversuch für erforderlich (222, 229); schließlich hält er einen späteren Beitritt nur im Verhältnis von Verletztem und selbständig Antragsberechtigtem (§ 374 Abs. 2) für zulässig (221), lehnt ihn dagegen

zwischen Mitverletzten nach § 374 Abs. 1 ab (231).
[5] So auch BayObLGSt **30** (1931) 227; OLG Naumburg JW **1932** 427; LG Krefeld AnwBl. **1981** 27; *Schlüchter* 814.2; KK-*v. Stackelberg* 6.
[6] Zustimmend jetzt wohl auch KMR-*Müller* 6.
[7] LG Krefeld AnwBl. **1981** 27; KK-*v. Stackelberg* 5; *Kleinknecht/Meyer* 2.

Günter Wendisch

12   **d) Entscheidungsform.** Über die Zulässigkeit des Beitritts entscheidet das Gericht durch **Beschluß** (*Werthauer* 55). Hat der Privatklageberechtigte den Beitritt vor Eröffnung der Hauptverfahrens erklärt, geschieht das im Eröffnungsbeschluß, hat er sie später erklärt, durch besonderen Beschluß. Der Angeklagte hat kein Rechtsmittel gegen die Zulassung, der abgewiesene Beigetretene die einfache Beschwerde. Zulässiger Beitritt macht den Berechtigten zum Privatkläger; er ist nicht etwa weiterhin als „Beigetretener" zu bezeichnen (a. A *Werthauer* 54).

3. Entscheidung in der Sache (Absatz 3)

13   **a) Allgemein.** Unter Entscheidung versteht Absatz 3 nur **rechtskräftige Entscheidungen;** solange sie nicht rechtskräftig sind, kann der Beigetretene sie noch mit Rechtsmitteln anfechten. Der Eintritt der Rechtskraft hat für die Sachentscheidung den Verbrauch der Strafklage wegen derselben Tat (§ 264) zur Folge, und zwar auch, wenn die Entscheidung in einem Offizialverfahren ergangen ist (z. B. Ablehnung der Eröffnung des Hauptverfahrens auf öffentliche Anklage, § 211; OLG Köln NJW **1952** 1152). Ebenso wirken Entscheidungen, die im Privatklageverfahren ergangen und rechtskräftig geworden sind, für ein späteres Offizialverfahren, sei es, daß der Staatsanwalt nach § 377 Abs. 2 die Verfolgung übernimmt, sei es, daß er selbst öffentliche Klage (§ 376) erhebt. Es handelt sich dabei nicht um eine Besonderheit des Privatklageverfahrens, sondern um die allgemeine Wirkung der Rechtskraft überhaupt[8]. Diese beschränkt sich auf Entscheidungen **in der Sache** selbst, denn nur diese sind materieller Rechtskraft fähig. Es muß sich also um Entscheidungen über die Schuld- und Straffrage handeln. In Betracht kommen:

14   **b) Zurückweisungsbeschluß.** Die Zurückweisung der Klage nach § 383 Abs. 1 stellt eine solche Entscheidung dar, wenn sie mit dem Mangel hinreichenden Tatverdachts oder mit sachlich-rechtlichen Erwägungen (fehlende Strafbarkeit) begründet wird. Ist ein solcher Beschluß rechtskräftig, so ist eine neue Strafklage — Anklage oder Privatklage — nur unter den Voraussetzungen des § 211 zulässig; Beitritt ist nicht mehr möglich.

15   **c)** Ein **Sachurteil,** das auf Freispruch, Verurteilung oder Straffreierklärung (§§ 199, 233 StGB) lautet. Zum verurteilenden Erkenntnis ist noch zu bemerken: Absatz 3 spricht nur von der Wirkung zugunsten des Beschuldigten. Damit ist aber nicht gemeint, daß nur Entscheidungen in Betracht kämen, die dem Beschuldigten schlechthin günstig sind. Vielmehr ist auch an die **günstige Wirkung** einer im übrigen ungünstigen Entscheidung zu denken, die mit ihrer Rechtskraft verhindert, daß der Beschuldigte wegen desselben Geschehens noch einmal unter demselben oder einem anderen rechtlichen Gesichtspunkt zur Verantwortung gezogen wird[9].

16   **d)** Die **Einstellung** des Verfahrens **durch Beschluß,** weil die Schuld des Täters gering und die Folgen der Tat unbedeutend seien (§ 383 Abs. 2).

---

[8] Vgl. BayObLGSt **26** (1927) 199; KK- *v. Stackelberg* 8; KMR- *Müller* 10.

[9] *Oetker* unterscheidet auch hier zwischen Entscheidungen, die das Verhalten von Verletzten und Mitantragsberechtigten betreffen und solchen zwischen Mitverletzten. Für erstere besage die gesetzliche Bestimmung nur, was allgemeiner Rechtskraftregel entspreche (236), hinsichtlich der Mitverletzten könne die Verneinung eines Klagerechts nicht die ferner behaupteten beeinflussen, weil dann eine „in der Sache selbst ergangene Entscheidung" gar nicht vorliege (237); Bedeutung habe die Regelung daher nur für die Bejahung des „Anspruchs" durch das rechtskräftige Urteil (238).

e) Auf **Vergleiche** im Privatklageverfahren ist Absatz 3 nicht — auch nicht ent- **17** sprechend — anzuwenden (RGSt **27** 216); ebensowenig auf die **Zurücknahme** der Privatklage. Nach Vergleich und Zurücknahme kann ein anderer Verletzter dem Verfahren freilich nicht mehr beitreten; vielmehr muß er jetzt selbst Privatklage erheben.

f) Wirkung bei Tateinheit mit anderen Delikten. Die unter Rdn. 14 bis 16 aufge- **18** führten Entscheidungen stehen auch der Verfolgung tateinheitlich begangener Delikte entgegen; jedoch ergeben sich im Fall der Einstellung wegen geringer Schuld (Rdn. 16) gewisse Ausnahmen; sie beruhen auf den Erwägungen, die im Fall des § 153 einen Verbrauch der Strafklage ausschließen und hier entsprechend gelten.

4. Andere Entscheidungen. Andere Entscheidungen stehen den anderen Berechtig- **19** ten nicht entgegen, namentlich nicht die **Zurückweisung** der Klage nach § 383 Abs. 1 **aus verfahrensrechtlichen Gründen,** also etwa wegen Fehlens des Strafantrags, des Sühneversuchs oder des Privatklagerechts oder wegen Unzuständigkeit; aber auch nicht das **Urteil,** mit dem die Sache aus verfahrensrechtlichen Gründen, namentlich nach § 389 Abs. 1, eingestellt wird. Nach Rechtskraft dieser Entscheidungen kann der andere Berechtigte aber nicht mehr dem Verfahren beitreten, sondern nur noch selbst Privatklage erheben.

5. Unzulässige Privatklage. Unzulässigkeit der Privatklage macht nicht schon als **20** solche auch den Beitritt unzulässig; sie schadet dem Beitretenden nicht, wenn seine Privatklage zulässig wäre[10]; alsdann bleibt sie als selbständige Klage bestehen und ist auf sie zur Sache zu entscheiden (*Oetker* 224).

6. Widerklage. Die Widerklage (§ 388) ist eine Art der Privatklage, auch i. S. von **21** § 375. Hat A durch eine und dieselbe Tat X und Y verletzt und X seinerseits im Zusammenhang damit A verletzt und hat A Privatklage gegen X, X Widerklage gegen A erhoben oder umgekehrt, so kann Y keine selbständige Privatklage gegen A erheben. Vielmehr kann er nur der Privatklage des A gegen X oder der Widerklage des X gegen A beitreten.

§ 376

Die öffentliche Klage wird wegen der in § 374 bezeichneten Straftaten von der Staatsanwaltschaft nur dann erhoben, wenn dies im öffentlichen Interesse liegt.

Schrifttum. *Kalsbach* Die gerichtliche Nachprüfung von Maßnahmen der Staatsanwaltschaft im Strafverfahren (1967); *Keller* Zur gerichtlichen Kontrolle prozessualer Ermessensentscheidungen der Staatsanwaltschaft, GA **1983** 497; *Kellner* Kann bei einer fahrlässigen Körperverletzung im Straßenverkehr das öffentliche Verfolgungsinteresse noch verneint werden? MDR **1977** 626; *Klußmann* Welche Bedeutung hat eine Einstellungsverfügung nach § 153 Abs. 2 StPO für das Privatklageverfahren bei Tateinheit zwischen Offizialdelikt und Privatklagedelikt, MDR **1974** 362; *Kohlhaas* Antragsdelikte bei Wegfall eines Offizialdelikts, NJW **1954** 1793; *Kuhlmann* Die Einstel-

---

[10] KK-*v. Stackelberg* 4; KMR-*Müller* 7; *Klein-knecht/Meyer* 2 am Ende.

lungsverfügung nach § 153 Abs. 2 StPO bei tateinheitlichem Zusammentreffen von Offizial- und Privatklagedelikten, MDR **1974** 897; *Mühlhaus* Das „besondere öffentliche Interesse" an der Strafverfolgung bei Verkehrsunfällen, JZ **1952** 171; *Oehler* Die amtliche Verfolgung der leichten vorsätzlichen und fahrlässigen Körperverletzung, JZ **1956** 630; *Schramm* Privatklage und öffentliches Interesse, GRUR **1954** 384; *Vogel* Das öffentliche Interesse an der Strafverfolgung und seine prozessuale Bedeutung, Diss. München, 1966.

Entstehungsgeschichte. Die als § 416 Gesetz gewordene Vorschrift hat — bei unverändertem Inhalt — ihre jetzige Bezeichnung durch die Bekanntmachung 1924 erhalten. Durch Art. 21 Nr. 94 EGStGB 1974 sind die Worte „strafbaren Handlungen" durch „Straftaten" ersetzt worden.

I. Interesse

1   **1. Öffentliches Interesse.** Wegen des Begriffs vgl. *Rieß* NStZ **1981** 8 sowie § 153, 25 ff. Sein Vorliegen bewirkt, daß statt der an sich allein gegebenen Privatklage öffentliche Klage erhoben werden kann und wegen des Legalitätsprinzips auch erhoben werden *muß*. Darin erschöpft sich seine Bedeutung. Andere Verfahrensvoraussetzungen kann es nicht ersetzen, Verfahrenshindernisse nicht beseitigen. Namentlich kann es den **Strafantrag** (§ 77 b Abs. 1 StGB) nicht ersetzen. Soweit dieser erforderlich ist, kann die Staatsanwaltschaft öffentliche Klage auch dann nicht erheben, wenn deren Erhebung nach ihrer Auffassung im öffentlichen Interesse nach § 376 läge.

2   **2. Besonderes öffentliches Interesse.** Allein in diesem Punkt unterscheidet sich das öffentliche Interesse von dem **besonderen öffentlichen Interesse des § 232 Abs. 1 Satz 1 StGB.** Sein Vorliegen macht den Strafantrag überflüssig, so daß öffentliche Klage auch gegen den Willen des — ausdrücklich — keinen Strafantrag stellenden Verletzten erhoben werden kann (*Kleinknecht/Meyer* 6). Der Gedanke des § 232 Abs. 1 Satz 1 StGB (vgl. dazu Nr. 234 Abs. 1 RiStBV) kann aber auf andere als die dort genannten Straftaten nicht ausgedehnt werden[1].

---

[1] BGHSt **7** 256; LK⁹-*Mösl* § 61, 4; vgl. auch
Kohlhaas NJW **1954** 1792 und Anm. zu Nr. 1
LM § 232 StGB.

3. Strafantrag. Hat der Verletzte wegen vorsätzlicher oder auch fahrlässiger Kör- **3** perverletzung **Strafantrag** gestellt, so genügt das einfache öffentliche Interesse, um öffentliche Klage zu erheben (*Kleinknecht/Meyer* 6). Hat die Staatsanwaltschaft das besondere öffentliche Interesse bejaht — und damit den Strafantrag ersetzt —, so liegt hierin zugleich die Bejahung des öffentlichen Interesses. In beiden Fällen geht es um die Frage der Befolgung des Legalitätsprinzips. Der unterschiedliche Wortlaut des § 232 Abs. 1 Satz 1 StGB (geboten hält) und des § 376 (im öffentlichen Interesse liegt) ist deshalb für diese Frage bedeutungslos.

4. Vorermittlungen zur Feststellung des öffentlichen Interesses. Um über das Vor- **4** liegen des öffentlichen Interesses befinden zu können, kann die Staatsanwaltschaft erforderlichenfalls **Ermittlungen im vorbereitenden Verfahren** (§§ 160 bis 162) anstellen (KMR-*Müller* 4; vgl. Nr. 86 Abs. 3 RiStBV). Damit wird das öffentliche Interesse nicht etwa schon bejaht. Das ist wichtig, weil die Verletzten nicht selten durch unwahre oder übertreibende Darstellung den Staatsanwalt zur Übernahme der Verfolgung zu bestimmen suchen. Die Staatsanwaltschaft braucht den Verletzten nicht durch Ermittlungen zu unterstützen; sie wird es aber stets tun, wenn dieser selbst nicht dazu in der Lage ist.

5. Folge der Bejahung des öffentlichen Interesses. Hat die Staatsanwaltschaft das **5** öffentliche Interesse bejaht und öffentliche Klage erhoben, kann sich der Privatklageberechtigte dem Verfahren als **Nebenkläger** anschließen (§ 395); einer selbständigen Privatklage stünde die Rechtshängigkeit entgegen.

II. Entscheidung der Staatsanwaltschaft

1. Allgemein. Der Privatklageberechtigte kann bei der Staatsanwaltschaft beantra- **6** gen, öffentliche Klage zu erheben (§ 158). Der Staatsanwalt muß ihn alsdann bescheiden (§ 171; Nrn. 88 ff RiStBV). Ob die Staatsanwaltschaft das öffentliche Interesse an der Verfolgung von Privatklagedelikten — auf Antrag oder von Amts wegen — bejaht, ist Sache ihres Ermessens[2].

2. Verneinung des öffentlichen Interesses. Verneint die Staatsanwaltschaft das öf- **7** fentliche Interesse, so folgt aus § 172 Abs. 2 Satz 3, daß der Verletzte die öffentliche Klage nicht gerichtlich erzwingen kann. Denn der Privatklageberechtigte hat kein Recht auf „öffentliche Klage", mit dieser vertritt die Staatsanwaltschaft nicht sein persönliches Interesse, macht vielmehr das der Allgemeinheit geltend. Wohl aber kann der Verletzte die Verneinung des öffentlichen Interesses im Dienstaufsichtswege — bis zum Justizministerium — nachprüfen lassen[3]. Diese Regelung ist durchaus sinnvoll; sie stellt den Verletzten nicht schutzlos. Da ihm die Privatklage bleibt, wird er auch nicht in seinen Rechten verletzt.

Verfahrensrechtliche Probleme können entstehen, wenn ein Privatklagedelikt mit **8** einer Ordnungswidrigkeit tateinheitlich zusammentrifft. Verneint die Staatsanwaltschaft in einem solchen Fall das öffentliche Interesse an der Strafverfolgung des Privat-

---

[2] Richtlinien für die Ausübung dieses Ermessens finden sich in Nrn. 86 f RiStBV (Allgemeine Grundsätze), 229 (in bezug auf Beleidigungen), 233 f (in bezug auf Körperverletzungen) und 260 f (in bezug auf unlauteren

Wettbewerb sowie Urheber- und Erfinderschutzrechte).
[3] LK-*Hirsch* § 232, 7; KK-*v. Stackelberg* 2; KMR-*Müller* 8; *Kleinknecht/Meyer* 3 sowie § 23 EGGVG, 15; **a. A** *Vogel* NJW **1961** 763.

klagedelikts und stellt sie das Ermittlungsverfahren mit dieser Begründung ein, dann verweist sie regelmäßig zugleich mit der Einstellung den Verletzten auf den Privatklageweg. Darüber hinaus gibt sie die Sache zur Ahndung der in derselben Handlung liegenden Ordnungswidrigkeit an die Verwaltungsbehörde ab. Bei einem solchen Verfahren kann die Gefahr einer Doppel-„Bestrafung" wegen derselben Tat eintreten, wenn der Privatklageberechtigte auf den Hinweis der Staatsanwaltschaft Privatklage erhebt, die zur Bestrafung des Privatbeklagten führt, und die Verwaltungsbehörde, weil sie keine Kenntnis davon hat, ein Bußgeldverfahren durchführt (*Göhler* § 43, 6), das mit einem Bußgeldbescheid abschließt.

9 Ein **weiteres** verfahrensrechtliches **Problem** kann sich ergeben, wenn der Privatklageberechtigte trotz Hinweises keine Privatklage erhoben, der Betroffene aber Einspruch gegen den Bußgeldbescheid wegen der — mit dem Privatklagedelikt tateinheitlich begangenen — Ordnungswidrigkeit eingelegt hat. Denn dann ist der Richter — sofern kein Verfahrenshindernis besteht — nicht nur berechtigt, sondern sogar verpflichtet, in das Strafverfahren überzugehen und den Betroffenen nunmehr unter Aufhebung des Bußgeldbescheides als Angeklagten wegen des Privatklagedelikts zu verurteilen, falls er diesen Tatbestand bejaht (BayObLGSt **1976** 117 = MDR **1977** 246 = VRS **52** 203). Auf dieses Risiko sollte der Betroffene spätestens vor dem Hinweis auf die Möglichkeit der Überleitung hingewiesen werden, zumal da er nach Übergang ins Strafverfahren den Einspruch gegen den Bußgeldbescheid — anders als beim Strafbefehl — nicht mehr zurücknehmen kann[4].

10 **3. Bejahung des öffentlichen Interesses.** Umstritten ist die Frage der gerichtlichen Überprüfbarkeit, wenn die Staatsanwaltschaft das öffentliche Interesse bejaht. Daß für diese Bejahung — ebenso wie für die Bejahung des besonderen öffentlichen Interesses nach § 232 Abs. 1 Satz 1 StGB — keine besondere Form, namentlich keine Schriftform, ja nicht einmal die ausdrückliche Erwähnung in der Anklageschrift erforderlich ist, ist jetzt nahezu einhellig anerkannt[5].

11 Die **herrschende Meinung** verneint die Zulässigkeit gerichtlicher Überprüfung sowohl der Bejahung des öffentlichen Interesses als auch des besonderen öffentlichen Interesses und verweist den Beschuldigten insoweit allein auf den Dienstaufsichtsweg[6]. Nach **anderer Auffassung** soll die Bejahung des öffentlichen Interesses nach § 23 EGGVG angefochten werden können[7]. Nach einer **weiteren Meinung** schließlich soll

---

[4] BayObLGSt **1975** 4 = MDR **1975** 515; vgl. zu dem gesamten Problem auch *Zettel* MDR **1978** 531 und *Kellner* 626, der als Ausweg vorschlägt (628), bei Privatklagedelikten die Überleitung vom Ordnungswidrigkeits- in das Strafverfahren in das Ermessen des Gerichts und der Staatsanwaltschaft zu stellen; es wäre dann möglich, die Tat entsprechend ihrer Charakterisierung entweder als Ordnungswidrigkeit oder als Straftat zu werten. Zu ähnlichen Problemen, die sich bei der Einstellung der Straftat nach § 153 ergeben können, vgl. § 153, 15 f.

[5] BGHSt **6** 282; **16** 225; LK-*Hirsch* § 232, 19 mit zahlreichen weiteren Nachweisen; *Schönke/Schröder/Stree* § 232, 7; KMR-*Müller* 9; *Kleinknecht/Meyer* 6.

[6] BVerfGE **51** 176 = NJW **1979** 1591; RGSt **77** 20; 73; BGHSt **6** 285; **16** 225; **19** 381; BayObLGSt **1949/51** 577; OLG Hamm JMBlNRW **1951** 196;OLG Stuttgart JR **1953** 348; OLG Celle NdsRpfl. **1960** 259; KK-*v. Stackelberg* 3; KMR-*Müller* 8 f; 13 f; *Kleinknecht/Meyer* 6 sowie § 23 EGGVG, 15; *Dreher/Tröndle* § 232, 4; *Lackner* § 232, 3 c; *Preisendanz* § 232, 2 a; *Rietzsch* – unter Auswertung der Entstehungsgeschichte – DJ **1940** 532; *Kohlhaas* 1793; *Mühlhaus* 171; *Oehler* 630.

[7] OLG Bremen MDR **1961** 167; *Thierfelder* DVBl. **1961** 120; NJW **1961** 1101; **1962** 116.

das objektive Bestehen des — besonderen — öffentlichen Interesses eine Verfahrensvoraussetzung für das auf öffentliche Klage gestützte Verfahren sein mit der Folge, daß das mit der Sache befaßte Gericht dieses Vorliegen von Amts wegen nachprüfen und unter Umständen abweichend von der Auffassung der Staatsanwaltschaft verneinen kann[8].

Daß das besondere öffentliche Interesse auch nicht aufgrund einer verwaltungsge- **12** richtlichen Anfechtungsklage überprüft werden kann, hat das Bundesverwaltungsgericht bestätigt (BVerwG NJW **1959** 448).

4. Keine gerichtliche Nachprüfung. Die herrschende Meinung (Rdn. 11), die mit **13** dem Grundgesetz vereinbar ist, namentlich nicht gegen die durch Art. 19 Abs. 4 GG verbürgte Rechtsweggarantie verstößt (BVerfGE **51** 176 = NJW **1979** 1591), verdient Zustimmung. Das Privatklageverfahren stellt eine Ausnahme von dem der Staatsanwaltschaft anvertrauten Legalitätsprinzip (§ 152 Abs. 2) dar (Vor § 374, 10). § 376 beinhaltet — ebenso wie § 232 Abs. 1 Satz 1 letzter Satzteil StGB — die Rückkehr zur Regel, dient damit der Wahrung des Legalitätsprinzips. Dessen Befolgung durch die Staatsanwaltschaft unterliegt — abgesehen vom Klageerzwingungsverfahren, vgl. § 172, 1 — keiner gerichtlichen Kontrolle. Soweit in anderen Fällen (z. B. in § 153 Abs. 1 Satz 1, § 153 a Abs. 1 Satz 1, § 153 b Abs. 1, § 153 e Abs. 1) die Einstellung des Verfahrens oder das Absehen von der Verfolgung von der Zustimmung eines Gerichts abhängig ist, handelt es sich um ein Zusammenwirken von Gericht und Staatsanwaltschaft für Fälle, in denen statt des Legalitätsprinzips das Opportunitätsprinzip gilt.

III. Nachträgliche Änderung der Ansicht zum öffentlichen Interesse

1. Verneinung vor Eröffnung des Hauptverfahrens. Bis zur Eröffnung des Haupt- **14** verfahrens kann die Staatsanwaltschaft das zunächst bejahte **öffentliche Interesse** verneinen. Dann ist der Verletzte auf den Privatklageweg zu verweisen. Hat die Staatsanwaltschaft schon Anklage erhoben, liegt in der Verneinung die zulässige (§ 156) Rücknahme der öffentlichen Klage (*Kleinknecht/Meyer* 7).

Verneint die Staatsanwaltschaft bis zu diesem Zeitpunkt in den in § 232 Abs. 1 **15** Satz 1 StGB genannten Fällen das zunächst bejahte **besondere öffentliche Interesse** und fehlt es an einem Strafantrag, so hat dieser Mangel, weil der Strafantrag Verfahrensvoraussetzung ist, die Einstellung zur Folge (KK-*v. Stackelberg* 5). Liegt ein Strafantrag vor oder holt der Verletzte ihn nach, muß die Staatsanwaltschaft entscheiden, ob sie nur das besondere öffentliche Interesse verneinen, das — allgemeine — öffentliche Interesse aber bejahen will. Tut sie das, ist das Verfahren als Offizialverfahren durchzuführen; verneint sie es, gilt das zu Rdn. 14 Gesagte.

2. Verneinung nach Eröffnung des Hauptverfahrens
a) Öffentliches Interesse. Nach Eröffnung des Hauptverfahrens kommt die Ver- **16** neinung des zunächst bejahten öffentlichen Interesses der Rücknahme der öffentlichen Klage gleich und ist dann ebenso wie diese Rücknahme ausgeschlossen (§ 156; *Klein-*

---

[8] LK-*Hirsch* § 232, 16; *Schönke/Schröder/ Stree* § 232, 3; SK-*Horn* § 232, 4; *Vogel* NJW **1961** 761; *Lüke* JuS **1961** 211; *v. Weber* MDR **1963** 169; *Havekost* DAR **1977** 289; eingeschränkt auch *Keller* GA **1983** 512 ff (nur Überprüfung auf Ermessensfehler).

knecht/Meyer 7); jedoch kann die nachträgliche Verneinung in eine Zustimmung nach § 153 Abs. 2 umgedeutet werden[9].

17   **b)** Für die Verneinung des **besonderen öffentlichen Interesses** nach diesem Zeitpunkt in den Fällen des § 232 Abs. 1 Satz 1 letzter Satzteil StGB gilt folgendes:

18   War **kein Strafantrag** gestellt, hatte die Staatsanwaltschaft diesen vielmehr durch Bejahung des besonderen öffentlichen Interesses ersetzt, kommt die nachträgliche Verneinung der Rücknahme des Strafantrags gleich. Sie ist ebenso wie diese bis zum rechtskräftigen Abschluß des Strafverfahrens zulässig (§ 77 d Abs. 1 StGB) und führt zur Einstellung des Verfahrens (BGHSt **19** 380, *Kleinknecht/Meyer* 7; **a. A** — Rücknahme der Erklärung unzulässig — *Rieß* § 206 a, 46).

19   War **Strafantrag** gestellt, so hat die nachträgliche Verneinung des zunächst bejahten öffentlichen Interesses (nur) die Bedeutung der Rücknahme der öffentlichen Klage und ist wie diese unzulässig (Rdn. 16).

20   **3. Spätere Bejahung.** Die Bejahung des besonderen öffentlichen Interesses kann bis zur rechtskräftigen Entscheidung nachgeholt werden, auch noch in der Revisionsinstanz (BGHSt **6** 283; KMR-*Müller* 12). Die Staatsanwaltschaft kann mit einer solchen Erklärung der Einstellung des Verfahrens zuvorkommen (Rdn. 18), wenn kein wirksamer Strafantrag gestellt oder dieser zurückgenommen war (BayObLGSt **1951** 578).

IV. Konkurrenzfragen bei Gesetzes- oder Tateinheit zwischen Offizial- und Privatklagedelikt

21   **1. Anklage wegen Offizialdelikt.** Erhebt die Staatsanwaltschaft Anklage wegen eines Offizialdelikts, das in Gesetzes- oder Tateinheit mit einem Privatklagedelikt steht (vgl. § 374, 19), so wird dieses — wenn nicht etwa der erforderliche Strafantrag fehlt — ebenfalls **Gegenstand der Urteilsfindung** (§ 264), und zwar selbst dann, wenn die Staatsanwaltschaft den Verletzten wegen des Privatklagedelikts auf den Privatklageweg verwiesen hatte (RGSt **77** 227; KK-*v. Stackelberg* 7). Weder Gericht noch Staatsanwaltschaft dürfen das Privatklagedelikt unberücksichtigt lassen. Eine besondere Privatklage ist später nicht mehr möglich, weil ihr der Verbrauch der Strafklage entgegenstünde.

22   **2. Einstellung des Verfahrens wegen des Offizialdelikts nach § 170 Abs. 2.** Lehnt im Fall der Gesetzes- oder Tateinheit die Staatsanwaltschaft es ab, öffentliche Klage zu erheben, so hat der Verletzte **drei Möglichkeiten;** er kann Dienstaufsichtsbeschwerde einlegen, das Klageerzwingungsverfahren nach § 172, dessen Absatz 2 Satz 3 hier nicht einschlägt, betreiben oder Privatklage erheben. Letztere führt freilich nur zum Erfolg, wenn das Gericht die Gesetzes- oder Tateinheit des Privatklagedelikts mit einem Offizialdelikt verneint (vgl. § 374, 21 ff).

23   Bejaht das Gericht nach verhandelter Sache, daß eine solche Gesetzes- oder Tateinheit vorliege, muß es das Verfahren **nach § 389 Abs. 1 einstellen.** Diese Einstellung verpflichtet die Staatsanwaltschaft gleichwohl nicht zur Anklage (§ 374, 21 ff). Sie stellt den Verletzten auch nicht schutzlos. Ihm bleiben außer der Dienstaufsichtsbeschwerde

---

[9] RGSt **77** 72; OLG Bremen JZ **1956** 663; OLG Karlsruhe VRS **15** 356; *Oehler* 632; **a. A** Rücknahme jederzeit, auch noch in der Revisionsinstanz möglich: BGHSt **19** 377; OLG Düsseldorf NJW **1953** 236; **1970** 1054; OLG Stuttgart NJW **1961** 1126; KG VRS **18** 352; OLG Celle GA **1961** 214; KK-*v. Stackelberg* 6; *Dreher/Tröndle* § 232, 6; *Mühlhaus* 172.

und dem Klagerzwingungsverfahren (vgl. Rdn. 22) — zusätzlich — die Rechtsmittel gegen das einstellende Urteil. Er hat mithin eine Fülle von Rechtsbehelfen, wie sie nicht einmal dem Angeklagten zur Verfügung stehen. Daß sie unter Umständen alle erfolglos bleiben, läßt sich nicht immer verhindern und ist nicht gleichbedeutend mit Schutzlosigkeit. Es ist weder erforderlich, noch entspricht es dem Zweck des § 389, neben § 172 noch ein besonderes Klageerzwingungsverfahren zu schaffen (ebenso KMR-*Müller* § 389, 9).

3. Absehen von der Verfolgung des Offizialdelikts nach § 153 Abs. 1 Satz 1. Sieht **24** die Staatsanwaltschaft im Fall der Gesetzes- oder Tateinheit von der Verfolgung des Offizialdelikts nach § 153 Abs. 1 Satz 1 ab, so wird der Privatklageberechtigte dadurch nicht gehindert, selbst Privatklage zu erheben (§ 374, 23)[10]. *Hellmuth Mayer* (JZ **1955** 603) bezeichnet diese Ansicht als offensichtlich falsch, weil das Gericht das Privatklageverfahren in solchen Fällen nach § 389 Abs. 1 einstellen müsse. Er übersieht, daß die Sache am Schluß der Hauptverhandlung anders aussehen kann als bei der Eröffnung. Der Privatkläger hat ein Recht auf Verhandlung und auf ein Urteil, das er im Fall des § 389 Abs. 1 mit Berufung und Revision anfechten kann.

Freilich wird das Gericht dem Staatsanwalt die nach § 153 Abs. 1 Satz 1 erforder- **25** liche **Zustimmung** zur Einstellung des Verfahrens wegen des Offizialdelikts sinnvollerweise nur dann geben, wenn nach seiner Ansicht die Schuld des Täters auch unter dem Gesichtspunkt des Privatklagedelikts als gering anzusehen wäre und kein öffentliches Interesse an der Verfolgung besteht, was dann folgerichtig zur Einstellung nach § 383 Abs. 2 Satz 1 führen muß. Aber während der Verletzte die Einstellung nach § 153 Abs. 1 Satz 1 nicht anfechten kann (§ 172 Abs. 2 Satz 3), steht ihm gegen die Einstellung nach § 383 Abs. 2 Satz 1 die sofortige Beschwerde zu (§ 383 Abs. 2 Satz 3; vgl. dazu § 383, 32). Ihm diesen Weg nur wegen des tateinheitlichen Offizialdelikts abzuschneiden, geht nicht an.

Führt der Privatklageberechtigte das **Privatklageverfahren** selbst durch, kann der **26** Strafrichter nur das Privatklagedelikt aburteilen. Hinsichtlich des Offizialdelikts bildet die Einstellung nach § 153 Abs. 1 Satz 1 ein Verfahrenshindernis, so daß § 389 Abs. 1 nicht anzuwenden ist. Das Verfahrenshindernis ist allerdings nicht der Verbrauch der Strafklage (RGSt **67** 316); die Staatsanwaltschaft könnte bis zur Rechtskraft des Urteils das Offizialdelikt noch — nach § 377 Abs. 2 — verfolgen und das Hindernis damit beheben. Solange sie das nicht tut, darf und muß das Offizialdelikt unberücksichtigt bleiben. das Urteil verbraucht alsdann die Klage auch für das Offizialdelikt.

V. Jugendliche Beschuldigte

Gegen zur Tatzeit noch **Jugendliche** — nicht Heranwachsende (§ 109 JGG) — ist **27** die Privatklage unzulässig (§ 80 Abs. 1 Satz 1 JGG). Deshalb verfolgt der Staatsanwalt Privatklagedelikte von Jugendlichen nicht nur, wenn das öffentliche Interesse, sondern auch, wenn Gründe der Erziehung oder ein berechtiges Interesse des Verletzten, das dem Erziehungszweck nicht entgegensteht, es erfordern (§ 80 Abs. 1 Satz 2 JGG). Der Verletzte kann hier nicht Nebenkläger werden (§ 80 Abs. 3 JGG).

---

[10] *Eb. Schmidt* 5 f; KK-*v. Stackelberg* 9; *Klußmann* MDR **1974** 363; **a. A** KK-*Schoreit* § 153, 21; *Kuhlmann* MDR **1974** 897; *Kleinknecht/Meyer* 10; *Rieß* § 153, 10.

§ 377

(1) [1]Im Privatklageverfahren ist der Staatsanwalt zu einer Mitwirkung nicht verpflichtet. [2]Das Gericht legt ihm die Akten vor, wenn es die Übernahme der Verfolgung durch ihn für geboten hält.

(2) [1]Auch kann die Staatsanwaltschaft in jeder Lage der Sache bis zum Eintritt der Rechtskraft des Urteils durch eine ausdrückliche Erklärung die Verfolgung übernehmen. [2]In der Einlegung eines Rechtsmittels ist die Übernahme der Verfolgung enthalten.

(3) Übernimmt die Staatsanwaltschaft die Verfolgung, so erhält der Privatkläger die Stellung eines Nebenklägers.

Schrifttum. *Müller-Eversbusch* Die Verfolgung von Privatklagedelikten durch die Staatsanwaltschaft — eine Beschneidung der Aufgaben des Schiedsmanns? SchiedsmZ **1979** 86; *Pentz* Zur Auslegung des § 377 Abs. 2 StPO, MDR **1965** 885.

Entstehungsgeschichte. Die als § 417 Gesetz gewordene Vorschrift hat ihre jetzige Bezeichnung bei unverändertem Inhalt durch die Bekanntmachung 1924 erhalten. Absatz 1 lautete: „In dem Verfahren auf erhobene Privatklage ist die Staatsanwaltschaft zu einer Mitwirkung nicht verpflichtet; es ist ihr jedoch der zu der Hauptverhandlung bestimmte Termin bekanntzugeben." Seine jetzige Fassung erhielt der Absatz durch Art. 9 § 9 Abs. 1 der 2. VereinfVO. Durch Art. 3 Nr. 159 VereinhG wurde sie bestätigt. Absatz 3 wurde sprachlich geringfügig geändert; seine jetzige — sprachlich vereinfachte — Fassung erhielt dieser Absatz durch Art. 1 Nr. 94 des 1. StVRG.

1. Mitwirkung der Staatsanwaltschaft (Absatz 1)

1   **a) Keine Mitwirkungspflicht.** Der Staatsanwalt ist nicht verpflichtet, im Privatklageverfahren mitzuwirken (Absatz 1 Satz 1). Von den meisten Privatklagen erhält er nicht einmal Kenntnis. Denn nach Satz 2 desselben Absatzes legt das Gericht dem Staatsanwalt die Akten (nur) vor, wenn es die Übernahme durch ihn für geboten hält oder wenn es nach verhandelter Sache das Verfahren durch Urteil eingestellt hat, weil der festgestellte Sachverhalt den Verdacht eines Offizialdelikts ergeben hat (§ 389 Abs. 2)[1]. Weil den Staatsanwalt keine Mitwirkungspflicht trifft, entfällt hier schon aus

---

[1] Vgl. auch § 382, wonach ebenfalls keine Mitteilung an die Staatsanwaltschaft vorgesehen ist.

diesem Grund eine Ladungs- oder Zustellungszuständigkeit (auch hilfsweise: vgl. § 36, 10). Nur im Rechtsmittelverfahren gelangen die Akten durch die Hand des Staatsanwalts vom unteren zum oberen Gericht (§ 390 Abs. 3 Satz 1; KK-*v. Stackelberg* 1).

b) Teilnahmerecht. Der Staatsanwalt ist aber, auch wenn er die Verfolgung nicht **2** übernimmt, in jeder Lage des Verfahrens zur Mitwirkung berechtigt; er braucht nicht abzuwarten, ob das Gericht ihm die Akten nach Absatz 1 Satz 2 vorlegt, sondern kann jederzeit von sich aus **Akteneinsicht** verlangen (KK-*v. Stackelberg* 2). Denn Absatz 1 Satz 2 ändert nichts daran, daß die Verantwortung für die Beteiligung oder Nichtbeteiligung des Staatsanwalts bei diesem und nicht beim Gericht liegt. Deshalb muß er sich in die Lage setzen können, darüber zu entscheiden, ob er sich an dem Verfahren beteiligen will. Er kann an der Hauptverhandlung teilnehmen und in ihr Anträge stellen, auch am vorbereitenden Verfahren (des Gerichts) mitwirken, und zwar selbst dann, wenn er die Verfolgung (noch) nicht übernimmt[2]. Stellt der Staatsanwalt Anträge, müssen diese beschieden werden.

Zuständig ist nur der Staatsanwalt bei dem Landgericht, das dem vom Privatklä- **3** ger angerufenen Amtsgericht im Instanzenzug übergeordnet ist, nicht eine andere Staatsanwaltschaft, selbst wenn auch in ihrem Bezirk ein Gerichtsstand gegeben ist[3].

2. Übernahmerecht (Absatz 2)
a) Beginn. Der Staatsanwalt kann die Verfolgung in jeder Lage der Sache (Ab- **4** satz 2 Satz 1) übernehmen. Diese Möglichkeit beginnt mit dem **Eingang** der Privatklage **bei Gericht.** Unter Gericht kann dabei nicht schlechthin jedes, auch das von vornherein mit Sicherheit unzuständige Gericht, verstanden werden; erforderlich, aber auch ausreichend, ist vielmehr der Eingang bei einem Gericht, das für die Entscheidung zuständig sein kann (BGHSt **26** 214, KK-*v. Stackelberg* 4). Vorher würde es sich nicht um die Übernahme der Privatklage nach § 377, sondern um die Erhebung der öffentlichen Klage nach § 376 handeln. Möglich ist die Übernahme aber schon vor Eröffnung des Hauptverfahrens. Sie ist weder im Berufungs- noch im Revisionsrechtszug ausgeschlossen. Eines Antrags des Verletzten bedarf es nicht; sein Widerspruch wäre unbeachtlich. Auch darf aus dem Wort **Verfolgung** nicht geschlossen werden, daß der Staatsanwalt nur übernehmen dürfte, um auf eine Bestrafung hinzuwirken. Er kann die Verfolgung auch oder ausschließlich zu dem Zweck übernehmen, seiner staatlichen Pflicht nach § 160 Abs. 2 zu genügen.

b) Ende. Absatz 2 Satz 1 setzt als Grenze für die Übernahme den **Eintritt der 5** **Rechtskraft** des Urteils fest. Damit wird zugleich gesagt, daß die gewöhnlichen Wirkungen der Rechtskraft auch gegenüber dem Staatsanwalt eintreten. Nur soweit die Sache mit der Rechtskraft überhaupt entschieden ist, steht sie weiteren Schritten des Staatsanwalts entgegen. Das bestätigt eindeutig § 389 Abs. 1, wonach die Rechtskraft des Einstellungsurteils den Staatsanwalt nicht hindert, ihn unter Umständen sogar veranlaßt, nunmehr seinerseits die Verfolgung zu übernehmen. Freilich ist das nicht mehr die **Übernahme eines Privatklageverfahrens**; aber Absatz 2 Satz 1 spricht auch nicht von einer solchen, sondern von der Übernahme der Verfolgung. An der Übernahme des

---

[2] A. A *Werthauer* 71. Die Staatsanwaltschaft ist nicht Gehilfe des Privatklägers und darf sich deshalb in das Privatklageverfahren nicht einmischen, solange sie nur Beobachter ist. Bedenken erhebt (für den Fall des Antrags nach § 154) auch *Rieß* (§ 154, 7), weil dadurch die Interessen des Privatklägers beeinträchtigt werden könnten.
[3] BGHSt **11** 61; *Busch* LM Nr. 1 zu § 7 StPO; KK-*v. Stackelberg* 3.

    Günter Wendisch

Verfahrens kann der Staatsanwalt auch auf andere Weise gehindert werden als durch die Rechtskraft des Urteils, so z. B. durch Rücknahme der Privatklage oder, was als solche gilt (§ 391 Abs. 1 und 2), durch den Tod des Privatklägers (§ 393 Abs. 1) oder den Ablauf der Fortsetzungsfrist (§ 393 Abs. 3) vor der Übernahmeerklärung.

6   **c) Für Wiederaufnahme.** Auf den Ausführungen zu Rdn. 5 ergibt sich, daß entgegen der Ansicht von BayObLGSt **30** 19; *v. Stackelberg* (KK 5); *Müller* (KMR 3); *Kleinknecht/Meyer* (2) und *Eb. Schmidt* (15) aus der Wendung „bis zum Eintritt der Rechtskraft des Urteils" nicht die Folgerung gezogen werden muß, der Staatsanwalt könne nach dessen Rechtskraft die Verfolgung nicht übernehmen, um die Wiederaufnahme des Verfahrens zu beantragen (ebenso *Pentz* MDR **1965** 885). Dafür kann gerade im Privatklageverfahren mit seiner beschränkten Sachaufklärung ein **praktisches Bedürfnis** auftreten, zumal da die Staatsanwaltschaft oft erst nach Rechtskraft von dem Verfahren erfährt. Es ist nicht anzunehmen, daß Absatz 2 diese Frage vor Augen hat und verneinen will (ebenso *Werthauer* 72).

3. Form der Übernahme

7   **a) Grundsatz.** Nicht schon in jedem Antrag oder in jeder Stellungnahme der Staatsanwaltschaft liegt bereits eine Übernahme der Verfolgung, auch nicht in der Mitwirkung in der Hauptverhandlung. Vielmehr verlangt das Gesetz entweder eine **ausdrückliche Erklärung** (Absatz 2 Satz 1) **oder** die **Einlegung eines Rechtsmittels** (Absatz 2 Satz 2). Im ersten Fall wird sie regelmäßig schriftlich, in der Hauptverhandlung kann sie auch mündlich abgegeben werden; im zweiten Fall wird sie fingiert (OLG Saarbrücken OLGSt § 377, 1).

8   **b) Vor Eröffnungsbeschluß.** Die Erklärung der Staatsanwaltschaft liegt vor Eröffnung des Hauptverfahrens in dem eigenen **Antrag** bei dem für das Offizialverfahren zuständigen Gericht, das Hauptverfahren zu eröffnen und Termin zur Hauptverhandlung zu bestimmen (§ 199 Abs. 2; a. A KMR-*Müller* 5). Eine **neue** Anklage braucht die Staatsanwaltschaft nicht zu erheben (OLG Braunschweig OLGSt § 377, 5). Dafür wird die Staatsanwaltschaft ihre Erklärung der Form des § 200 angleichen, um dem Gericht die Eröffnung in der für das Offizialverfahren vorgesehenen Form (§ 207 Abs. 1) zu erleichtern[4]. Eine **eigene Anklageschrift** wird stets geboten sein, wenn Zweifel bestehen, ob die Tat nicht auch als Offizialdelikt zu verfolgen ist[5].

9   **c) Nach Eröffnungsbeschluß** (vgl. § 383 Abs. 1 Satz 2) genügt es für die Übernahme der Verfolgung, daß die Staatsanwaltschaft ihre Absicht dem Richter schriftlich mitteilt; dabei wird sie sich in der Form regelmäßig an § 200 anlehnen. Für einen zusätzlichen oder neuen Eröffnungsbeschluß nach § 207 ist rechtlich kein Raum mehr, nachdem das Gericht das Verfahren nach § 383 Abs. 1 Satz 2 eröffnet hat. Jedoch ist das Gericht nicht gehindert, die an die Form des § 200 angelehnte schriftliche Mitteilung der Staatsanwaltschaft — und zwar regelmäßig zu Beginn der Hauptverhandlung — zu deren Grundlage zu machen[6].

10   **d) In der Hauptverhandlung** genügt die mündliche Erklärung der Übernahme. Als solche gehört sie zu den Förmlichkeiten über den Gang der Hauptverhandlung und ist deshalb in das Protokoll aufzunehmen (§ 273 Abs. 1; *Kleinknecht/Meyer* 8).

---

[4] KMR-*Müller* 7; *Kleinknecht/Meyer* 6.   *Kleinknecht/Meyer* 6.
[5] Vgl. OLG Köln OLGSt § 377 StPO, 9; 11;   [6] KK-*v. Stackelberg* 6; *Kleinknecht/Meyer* 7.

e) Schließlich kann der Staatsanwalt die Verfolgung auch durch **Einlegung eines** 11
Rechtsmittels übernehmen (Absatz 2 Satz 2). Gemeint sind nicht nur Rechtsmittel gegen
das Urteil, sondern auch Beschwerden. Auf den Gegenstand und die Richtung des
Rechtsmittels kommt es nicht an; es kann auch zugunsten des Angeklagten (§ 296 Abs. 2)
eingelegt sein (Rdn. 4; BayObLGSt 30 [1931] 22). Die Einlegung eines Rechtsmittels
enthält von selbst und mit Notwendigkeit die Übernahme der Verfolgung. Der Staatsanwalt kann mithin nicht ein Rechtsmittel einlegen und zugleich erklären, daß er sich
hierauf beschränke und im übrigen die Verfolgung nicht übernehme. Der Antrag des
Staatsanwalts, das Gericht möge sich für örtlich unzuständig erklären, ist keine Übernahme (vgl. BGHSt 11 60), wohl aber ist das die Beschwerde gegen einen Beschluß des
Gerichts, durch den dieses einen dahingehenden Antrag des Beschuldigten abgelehnt
hat.

Der Staatsanwalt kann das Rechtsmittel nur innerhalb der gegen den Privatklä- 12
ger laufenden **Frist** einlegen. Sonst würde das Urteil ohne Zustellung an den Staatsanwalt — sie ist nicht vorgeschrieben — überhaupt nicht rechtskräftig werden[7]. Im übrigen ist der Staatsanwalt auch dann an die Frist des Privatklägers gebunden, wenn er der
Urteilsverkündung selbst beigewohnt hat. Praktische Bedeutung hätte das allerdings
nur, wenn der Privatkläger bei der Verkündung weder anwesend noch vertreten war.
Daß in derartigen ohnehin seltenen Fällen der Staatsanwalt erscheint, obwohl er die
Verfolgung nicht übernommen hat, kommt wohl nicht vor; aber selbst dann hat die
Frage nur Bedeutung, wenn man annimmt, die Frist gegen den Privatkläger beginne
hier erst mit der Zustellung an ihn zu laufen (**a. A** *Sarstedt/Hamm* 64).

4. Grund der Übernahme

a) Bejahung des öffentlichen Interesses. Der Grund der Übernahme kann darin 13
bestehen, daß der Staatsanwalt das öffentliche Interesse nach § 376 bejaht (§ 376, 1).
„Ein öffentliches Interesse wird in der Regel vorliegen, wenn der Rechtsfrieden über
den Lebenskreis des Verletzten hinaus gestört und die Strafverfolgung ein gegenwärtiges Anliegen der Allgemeinheit ist, z. B. wegen des Ausmaßes der Rechtsverletzung,
wegen der Roheit oder Gefährlichkeit der Tat, der niedrigen Beweggründe des Täters
oder der Stellung des Verletzten im öffentlichen Leben" (Nr. 86 Abs. 2 Satz 1 RiStBV).
Darüber hinaus kann es auch dann vorliegen, wenn dem Verletzten wegen seiner persönlichen Beziehung zum Täter nicht zugemutet werden kann, die Privatklage zu erheben, und die Strafverfolgung ein gegenwärtiges Anliegen der Allgemeinheit ist (Nr. 86
Abs. 2 Satz 2 RiStBV).

b) Zweifel, ob Privatklage- oder Offizialdelikt. Hauptgrund für die Übernahme 14
der Verfolgung durch den Staatsanwalt wird regelmäßig sein, daß dieser im Gegensatz
zu Gericht und Privatkläger der Auffassung ist, es läge kein Privatklage- sondern ein
Offizialdelikt vor oder daß jenes mit diesem in Tateinheit stehe[8]. Allerdings meinen das
Landgericht Göttingen (NJW **1956** 882) und *Eb. Schmidt* (5), daß gerade in diesem Fall
die Übernahme unzulässig sei, der Staatsanwalt vielmehr warten müsse, bis das Gericht
das Privatklageverfahren nach § 389 Abs. 1 eingestellt habe; erst dann könne er ein eigenes Verfahren einleiten, während er bis zu diesem Zeitpunkt durch die Rechtshängigkeit daran gehindert sei.

---

[7] KK-*v. Stackelberg* 7; *Kleinknecht/Meyer* 2.   dorf JMBlNRW **1964** 80; KMR-*Müller* 2.
[8] OLG Celle NJW **1962** 1217; OLG Düssel-

Günter Wendisch

15　　Schon letzteres ist fraglich. Gewiß sollte der Staatsanwalt, solange ein Privatklageverfahren anhängig ist, wegen dessen **Rechtshängigkeit** keine öffentliche Klage erheben; gerade um das zu ersparen, ihm aber dennoch die Möglichkeit des Handelns zu geben, eröffnet ihm das Gesetz den Weg der Übernahme. Kommt es gleichwohl zur öffentlichen Klage — etwa weil der Staatsanwalt nichts von der Privatklage weiß oder weil sich die Tateinheit zwischen Privatklage- und Offizialdelikt erst später herausstellt —, wird kaum etwas anderes möglich bleiben, als das Privatklageverfahren einzustellen. Sind aus irgendwelchen Gründen gleichzeitig eine öffentliche Klage und eine Privatklage wegen desselben Geschehens anhängig, muß die **öffentliche Klage Vorrang** haben[9], ohne Rücksicht darauf, ob sie früher anhängig geworden ist oder nicht (a. A *Sperlein* DJ **1938** 945). Aber selbst wenn dem nicht so wäre, könnte die Rechthängigkeit den Staatsanwalt nur an der Erhebung der Anklage, nicht aber an der Übernahme der Verfolgung hindern. Die Gegenmeinung übersieht, daß der **sachlich-rechtliche Gegensatz** von Privatklage- und Offizial*delikten* ein anderer ist als der verfahrensrechtliche von Privatklage- und Offizial*verfahren*.

16　　Ein Privatklageverfahren wird dadurch anhängig, daß eine Privatklage erhoben wird, auch wenn die dem Beschuldigten vorgeworfene Tat kein Privatklagedelikt ist. Ob sie das ist, wird häufig eine zunächst noch offene Frage sein, die erst in dem Verfahren selbst geklärt wird. Sich an dieser Klärung in der Rolle des öffentlichen Klägers zu beteiligen, ist nach Absatz 2 das **prozessuale Recht des Staatsanwalts**. Dabei ist er unabhängig von der tatsächlichen und rechtlichen Auffassung des Gerichts. Über die Frage, ob der Verdacht eines Offizialdelikts oder eines Privatdelikts oder die Möglichkeit einer Tateinheit zwischen beiden besteht, können Gericht und Staatsanwaltschaft durchaus verschiedener Meinung sein. Für die Frage, ob der Staatsanwalt die Verfolgung übernehmen soll, kommt es aber ausschließlich auf *seine* Ansicht an (vgl. § 374, 21).

17　　Man kann das **Recht und** die **Pflicht des Staatsanwalts,** ein Offizialdelikt zu verfolgen, nicht dadurch verkümmern, daß man es davon abhängig macht, ob der Richter nach verhandelter Sache (§ 389) ein Offizialdelikt annimmt. Verneint der Richter ein solches irrig und erläßt er deshalb ein Sachurteil, so könnte der Staatsanwalt nicht einmal ein Rechtsmittel dagegen einlegen; denn auch das wäre ja eine Form der Übernahme, die ihm die Gegenmeinung verwehren will. Wird aber das Urteil (Freispruch oder Verurteilung) im Privatklageverfahren rechtskräftig, ist damit die Strafklage auch hinsichtlich des in dem Geschehen liegenden Offizialdelikts verbraucht. Auf diese Weise würde der Irrtum des Richters erster Instanz dem Staatsanwalt die Hände dergestalt binden, daß er ein Offizialdelikt nicht verfolgen könnte, obwohl er es noch vor Rechtskraft verfolgen will. Das entspricht weder der beiderseitigen Stellung von Richter und Staatsanwalt noch dem Sinn des Privatklageverfahrens und kann nicht richtig sein.

18　　Schließlich wäre der Staatsanwalt auf keinen Fall gehindert, die **Übernahme** zunächst **wegen** des **Privatklagedelikts** zu erklären, ohne etwas von dem Offizialdelikt zu sagen, um erst nachträglich, nachdem er das Verfahren zum öffentlichen gemacht hat, das tateinheitliche Offizialdelikt einzubeziehen und Anträge deswegen zu stellen. Es gäbe keine Möglichkeit, den Staatsanwalt deswegen aus dem inzwischen öffentlich gewordenen Verfahren wieder hinauszudrängen. Er könnte das alsdann ergehende Urteil auch mit Rechtsmitteln angreifen. Die gesetzliche Regelung zwingt keineswegs dazu, derart unaufrichtig vorzugehen. Im Gegenteil liegt bei dem Verdacht, daß in dem der Privatklage zugrundeliegenden Geschehen ein Offizialdelikt enthalten sei, gerade der wichtigste Anwendungsfall für die Übernahme der Verfolgung vor.

---

[9] *Feisenberger* 1 und wohl auch KMR-*Müller*
　　§ 375, 9.

5. Folge der Übernahme (Absatz 3)
a) Öffentliches Verfahren. Die Übernahme hat zur **Folge,** daß das Privatklagever- **19**
fahren zu einem öffentlichen wird, für das alsdann die Vorschriften über das auf öffentliche Klage erhobene Verfahren gelten. Dabei macht es keinen Unterschied, ob die
Übernahme vor oder nach Eröffnung des Hauptverfahrens erklärt wird (ebenso *Eb.*
Schmidt 9). Übernimmt der Staatsanwalt das Verfahren **vor Eröffnung** des Hauptverfahrens, ohne die Eröffnung des Hauptverfahrens zu beantragen, oder beantragt er sogar
ausdrücklich, das Hauptverfahren nicht zu eröffnen, geht der Verletzte damit seines Privatklagerechts nicht verloren. Das Gericht muß alsdann, weil in dem Verhalten des
Staatsanwalts die Aufgabe der Verfolgung zu sehen ist (vgl. Rdn. 24) darüber entscheiden, ob das Hauptverfahren auf die Privatklage zu eröffnen ist. Der Staatsanwalt wird
sein Ausscheiden aus dem Verfahren dadurch verdeutlichen, daß er es — zumal da es re-
gistermäßig als Js-Verfahren ausgewiesen war — einstellt (vgl. Nr. 172 Abs. 2 Satz 2
RiStBV). Es besteht kein Grund, der Staatsanwaltschaft das Recht zur Einstellung zu
versagen[10].

Dagegen kann sie die Privatklage **nicht zurücknehmen,** auch nicht zu dem **20**
Zweck, sie vor einem anderen Gericht neu zu erheben[11]; denn damit würde sie die
Rechte des früheren Privatklägers, der durch die Übernahme Nebenkläger geworden
ist (Rdn. 22), beeinträchtigen. Aus diesem Grund kann die Klage auch nicht zu dem
Zweck zurückgenommen werden, das Verfahren durch Antrag auf Erlaß eines Strafbefehls zu erledigen (KMR-*Müller* 9). Denn auch damit würde der frühere Privatkläger —
zumindest zunächst, unter Umständen aber auch endgültig; vgl. § 395 Abs. 1 Satz 1 letzter Satzteil — seine Rechte als Nebenkläger einbüßen.

Der Staatsanwalt übernimmt das Verfahren in der Lage, in der er es vorfindet, **21**
und setzt es in dieser Lage fort (BGHSt 11 56, 61; *Peters* § 65 I 1). Daraus ergibt sich,
daß die **Zuständigkeit des Strafrichters** (§ 25 Nr. 1 GVG) selbst dann bestehen bleibt,
wenn der Staatsanwalt das Privatklagedelikt bei öffentlicher Anklage vor dem Schöffengericht hätte anklagen müssen mit der Folge, daß Berufungs- oder Revisionsgericht
die Sache nicht wegen sachlicher Unzuständigkeit des Strafrichters zurückverweisen
dürfen[12].

b) Mit der Übernahme der Verfolgung durch den Staatsanwalt fällt dem Privat- **22**
kläger von selbst die Rolle des **Nebenklägers** zu (Absatz 3). Eine Anschlußerklärung
(§ 396 Abs. 1) ist nicht erforderlich[13]. Eine nach § 379 geleistete Sicherheit wird frei. Ein
Sühneversuch (§ 380) entfällt ebenfalls (RGSt 45 222; KK-*v. Stackelberg* 11). Der Bevollmächtigte des zum Nebenkläger gewordenen Privatklägers braucht keine neue
Vollmacht[14]. Der nunmehrige Nebenkläger kann diese Rolle durch ausdrückliche Erklärung aufgegeben (vgl. § 402). Das hat auf den Fortgang des Verfahrens keinen Ein-

---

[10] **A. A** LG Göttingen NJW **1956** 882; KMR-*Müller* 9; vgl. auch Rdn. 24.
[11] BayObLGSt **1962** 77; OLG Braunschweig OLGSt § 377 StPO, 5; *Busch* LM Nr. 1 zu § 7 StPO; KK-*v. Stackelberg* 10; *Kleinknecht/Meyer* 5; a. A OLG Hamburg DJ **1935** 265 mit Anm. *Griesebach.*
[12] KK-*v. Stackelberg* 9; KMR-*Müller* 8; **a. A** *Werthauer* 76 f: Nach der Übernahme richtet sich die Zuständigkeit nach den allgemeinen Grundsätzen des Gerichtsverfassungsgesetzes; eine Berufung geht an diejenige Straf-

kammer über, welche bei öffentlicher Anklage zuständig gewesen wäre; an diese
Kammer muß auch das Revisionsgericht verweisen.
[13] **A. A** *Werthauer* 78: Bisheriger Privatkläger hat nur ein Recht, als Nebenkläger schriftlich beizutreten; *Henkel* 194 Fußn. 3; *Rosenfeld* § 109 Anm. 10.
[14] **A. A** *Werthauer* 81, der deshalb vorschlägt, die Vollmacht zur Privatklage stets auf den Fall zu erstrecken, daß der Privatkläger Nebenkläger wird.

Günter Wendisch

fluß. Soweit in der Erklärung sogleich die **Rücknahme eines Strafantrags** liegt, entzieht sie freilich dem Verfahren eine Voraussetzung, so daß es eingestellt werden muß. Der Tod des nunmehrigen Nebenklägers hat nicht die Einstellung des Verfahrens nach § 393 zur Folge; durch ihn verliert nur die Anschlußerklärung ihre Wirkung (§ 402).

23   c) Bei **Widerklage.** Was von der Übernahme der Verfolgung im Privatklageverfahren gesagt ist, gilt auch von der Widerklage. Bei ihr kann der Staatsanwalt die Verfolgung *gegen* den Privatkläger übernehmen. Er kann sie auch für Privatklage und Widerklage übernehmen. Nach der **Übernahme** durch den Staatsanwalt, d. h. im nunmehr Offizialverfahren, ist **keine Widerklage** mehr zulässig[15]. Widerklage gegen einen Nebenkläger kennt das Gesetz nicht. War die Widerklage schon vor der Übernahme erhoben, wird sie durch die Übernahme allerdings nicht hinfällig. Sie verwandelt sich vielmehr in eine Privatklage, die zunächst noch mit der öffentlichen Klage verbunden ist, von ihr aber durch Gerichtsbeschluß (§ 4) getrennt werden kann. Entsprechendes gilt, wenn der Staatsanwalt die Widerklage übernimmt, für die Privatklage (KK-*v. Stackelberg* 12).

24   6. **Aufgabe der Verfolgung.** Aus den Ausführungen zu Rdn. 19 ergibt sich, daß der Staatsanwalt die von ihm übenommene Verfolgung *vor* Eröffnung des Hauptverfahrens wieder aufgeben kann[16]. *Nach* Eröffnung kann er das nicht mehr (§ 156). Das OLG Saarbrücken (NJW **1959** 163) macht diesen Unterschied nicht, hält vielmehr die Übernahmeerklärung, „da sie eine Prozeßhandlung ist, für unwiderruflich und bindend" (zust. *Schorn* Strafrichter 377). Das ist zu schematisch. Es gibt auch **widerrufliche Prozeßhandlungen.** Der Staatsanwalt kann bis zur Eröffnung des Hauptverfahrens sogar eine von ihm selbst erhobene Anklage zurücknehmen (arg. e contr. § 156). Auch kann er, wenn er das Verfahren durch Einlegen eines Rechtsmittels übernommen hatte, das Rechtsmittel nach allgemeinen Regeln (§§ 302, 303) zurücknehmen. Darin liegt dann ebenfalls die **Rücknahme der Übernahmeerklärung.** Deshalb ist nicht einzusehen, warum er nicht bis zur Eröffnung des Hauptverfahrens wieder aus dem Verfahren sollte ausscheiden können.

§ 378

[1]Der Privatkläger kann im Beistand eines Rechtsanwalts erscheinen oder sich durch einen mit schriftlicher Vollmacht versehenen Rechtsanwalt vertreten lassen. [2]Im letzteren Falle können die Zustellungen an den Privatkläger mit rechtlicher Wirkung an den Anwalt erfolgen.

Entstehungsgeschichte. Die als § 418 Gesetz gewordene Vorschrift hat ihre jetzige Bezeichnung durch die Bekanntmachung 1924 erhalten. Das VereinhG hat sie um folgenden Satz 3 erweitert: „Die Vorschriften des § 146 Abs. 2 und des § 218 Abs. 1 gelten entsprechend." Durch Art. 1 Nr. 17 des 1. StVRErgG ist diese Erweiterung wieder beseitigt worden.

---

[15] *Eb. Schmidt* 14; KMR-*Müller* 12.   **a. A** *Eb. Schmidt* 11; KMR-*Müller* 13.
[16] Vgl. Nr. 172 Abs. 2 Satz 2 und 3 RiStBV;

1. Geltung. Die Vorschrift gilt nur für die **Hauptverhandlung** (Satz 1) und für **1** **Zustellungen** (Satz 2)[1]. Sie stellt klar, daß der Privatkläger grundsätzlich keinen Rechtsanwalt einzuschalten braucht, und zwar weder zur Erhebung der Klage noch während des sonstigen Verfahrens. Er *kann* das, braucht es aber nicht. Er hat ein Recht auf eigene Teilnahme in der Hauptverhandlung auch dann, wenn er einen Anwalt bevollmächtigt hat, kann mithin verlangen, daß das Verfahren ausgesetzt werde, wenn er selbst nicht verhandlungsfähig ist[2]. Nur mit der Akteneinsicht (§ 385 Abs. 3) und mit Revisions- oder Wiederaufnahmeanträgen (§ 390 Abs. 2) muß er einen Anwalt betrauen.

2. Persönliches Erscheinen. Hat der Privatkläger einen Rechtsanwalt bevollmächtigt, ihn in der Hauptverhandlung zu vertreten, braucht er in dieser nicht selbst zu erscheinen. Allerdings kann — und wird — der Privatklagerichter das persönliche Erscheinen des Privatklägers regelmäßig auch dann anordnen, wenn dieser sich durch einen Rechtsanwalt vertreten läßt (§ 387 Abs. 3). Jedoch kann das Gericht ihn nicht vorführen lassen; sein Ausbleiben gilt als Rücknahme der Privatklage (§ 391 Abs. 2).

3. Rechtsanwalt. Wer nicht Rechtsanwalt ist, kann in der Hauptverhandlung **3** nicht als Beistand oder Vertreter des Privatklägers auftreten[3]. **Andere Rechtsbeistände** müssen selbst dann zurückgewiesen werden, wenn sie die Befähigung zum Richteramt haben[4]. Für Hochschullehrer wird man dagegen die Gleichstellung mit dem Rechtsanwalt trotz des Wortlauts annehmen dürfen[5].

In Strafsachen ist es durchaus sinnvoll, die rechtliche Hilfe für den **Angreifer** auf **4** Personen zu beschränken, die nicht nur fachkundig sind, sondern auch standesrechtlicher Aufsicht unterstehen[6]. Damit wird der Privatkläger nicht schlechter gestellt als der Beschuldigte, hat diesem sogar voraus, daß Einleitung und Durchführung des Verfahrens von seinem Willen abhängen. Deshalb ist es sachgemäß, ihn — wenn er glaubt, rechtlichen Beistandes zu bedürfen — auf Rechtsanwälte zu verweisen.

Der Rechtsanwalt kann sich nach § 139 durch einen **Referendar** vertreten lassen **5** (§ 387 Abs. 2). *Eb. Schmidt* (5) hält das für bedenklich, weil die Verantwortung des Referendars bei der (uneingeschränkten) Vertretung eines Privatklägers erheblich größer sei als bei der Verteidigung eines Angeklagten. Dieser Ansicht kann nicht gefolgt werden. Regelmäßig wird für einen Angeklagten in der kleinsten Sache mehr auf dem

---

[1] BayObLGSt **8** (1908) 125; *Feisenberger* 1; *Schlüchter* 819 Fußn. 36; KK-*v. Stackelberg* 3; KMR-*Müller* 2; *Kleinknecht/Meyer* 2; **a. A** OLG Dresden JW **1931** 1394.
[2] OLG Bremen GA **1959** 151; KG JR **1961** 106 mit Anm. *Sarstedt.*
[3] *Brangsch* NJW **1952** 650; KK-*v. Stackelberg* 2; KMR-*Müller* 1; *Kleinknecht/Meyer* 1.
[4] BayObLGSt **1952** 188 = NJW **1953** 76; OLG Hamm JMBlNRW **1959** 128 = AnwBl. **1959** 150; OLG Hamburg GA **1966** 220; LG Traunstein AnwBl. **1961** 296; LG Koblenz AnwBl. **1979** 198; *Kleinknecht/Meyer* 1; KMR-*Müller* 1; *Brangsch* NJW **1952** 650; *Woesner* NJW **1959** 704; **a. A** LG Duisburg JMBlNRW **1949** 126; LG Dortmund Rpfle-

ger **1954** 103; LG Wuppertal JMBlNRW **1959** 257; *Schorn* Rechtsberatungsmißbrauchsgesetz 115 ff und Strafrichter 384.
[5] So auch ausführlich – wenn auch für den Nebenkläger – *Schlund* GA **1970** 329; **a. A** OLG Dresden JW **1931** 1394; KG GA **73** (1929) 206; BayObLGSt **1952** 188 = NJW **1953** 76); OLG Hamm JMBlNRW **1959** 128; *Schlüchter* 819 Fußn. 38; *Woesner* LV Vor § 374, 704; KK-*v. Stackelberg* 2; *Kleinknecht/Meyer* 1 mit der im Ergebnis allgemein übereinstimmenden Begründung, daß die Gleichstellung mit Wortlaut und Entstehungsgeschichte des § 378 nicht zu vereinbaren sei.
[6] Zustimmend *Woesner* LV Vor § 374, 704 Fußn. 3; ebenso *Schlüchter* 819 Fußn. 38.

Spiel stehen als für den Privatkläger in der größten. Schon mit dieser Feststellung dürfte die Grundlage für die Behauptung entfallen, die Verantwortung eines nach § 139 beauftragten Rechtskundigen für den Privatkläger sei höher einzustufen als die eines Verteidigers, der dem gleichen Personenkreis angehört. Weil § 139 nur für Referendare in der zweistufigen Juristenausbildung gilt (§ 5 a DRiG), kann ein Rechtskundiger (**Rechtspraktikant**), der nach der einstufigen Juristenausbildung ausgebildet wird, keine Tätigkeit nach § 139 ausüben (vgl. Erl. zu § 139). Eine Vertretung nach dieser Vorschrift ist selbst dann ausgeschlossen, wenn der Rechtspraktikant zum allgemeinen Vertreter des Rechtsanwalts nach § 53 Abs. 4 Satz 2 BRAO bestellt worden ist. Dieser — zwingende — Schluß folgt aus der Tatsache, daß § 139 in dem die Rechte und Pflichten eines Rechtspraktikanten abschließend regelnden Katalog des § 5 b Abs. 2 DRiG fehlt.

6   **4. Ausnahme.** Eine Ausnahme, als Beistand aufzutreten, besteht für Personen, denen ein selbständiges Strafantragsrecht zusteht (**a. A** *Eb. Schmidt* 3). Jedoch ist diese Ausnahme kaum noch praktisch, seitdem das Dritte Strafrechtsänderungsgesetz das Strafantragsrecht des Ehemannes beseitigt hat (vgl. § 374, 29). Der **gesetzliche Vertreter** hat kein selbständiges Antragsrecht (§ 374, 30); er handelt namens des Prozeßunfähigen, ist mithin kein Beistand i. S. von § 378. Allenfalls käme dafür der dienstliche Vorgesetzte in Betracht, soweit er nach § 374 Abs. 2 Satz 1 privatklageberechtigt ist (§ 194 Abs. 3, § 232 Abs. 2 Satz 1 StGB); jedoch wird auf seinen Strafantrag hin gewöhnlich das öffentliche Interesse an der Strafverfolgung bejaht werden (§ 374, 27), so daß er kaum in die Lage kommt, nach § 378 als Beistand aufzutreten.

7   **5. Fortfall der Beschränkung der Vertretungsmöglichkeit.** Für schriftliche oder zu Protokoll der Geschäftsstelle abgegebene Erklärungen ist die **Vertretungsmöglichkeit** nicht beschränkt; Einschränkungen ergeben sich insoweit nur aus § 385 Abs. 3 und § 390 Abs. 2 (*Kleinknecht/Meyer* 2). Gerade diese Vorschriften zeigen, daß im übrigen an der allgemeinen Möglichkeit, sich durch Bevollmächtigte vertreten zu lassen, auch für den Privatkläger nichts geändert werden sollte. Deshalb kann dieser die Privatklage durch einen Bevollmächtigten erheben und zurücknehmen. Ebenso kann ein Bevollmächtigter Rechtsmittel — auch Revision — einlegen und zurücknehmen oder darauf verzichten. Die Ausnahme des § 390 Abs. 2 bezieht sich nicht auf die Einlegung, sondern nur auf die Begründung der Revision sowie auf Wiederaufnahmeanträge.

8   **Schriftlich** erteilt zu werden braucht die Vollmacht nur für die Vertretung in der Hauptverhandlung (KK-*v. Stackelberg* 4); für das übrige Verfahren, namentlich für die Einlegung von Rechtsmitteln des Privatklägers, genügt mündliche Bevollmächtigung.

9   **6. Zustellungen** können — müssen nicht — an den Anwalt gerichtet werden, wenn er schriftlich bevollmächtigt (vgl. § 37, 39 ff) ist und sich seine schriftliche Vollmacht bei den Akten befindet (OLG Stuttgart OLGSt § 45 StPO, 17). Das gilt auch für die Aufforderung zur Zahlung des Gebührenvorschusses nach § 379 a Abs. 1 (BayObLGSt **1961** 10). Auch eine Zustellung an den Privatkläger selbst ist immer wirksam (vgl. § 37, 63; § 35 a, 7). Wird beiden zugestellt, so richtet sich die Frist nach der zuletzt bewirkten (§ 37 Abs. 2). Der Ansicht von *Eb. Schmidt* (6), bei Zustellung an beide sei die an den Privatkläger selbst für den Fristenlauf maßgebend, kann nicht zugestimmt werden. Satz 2 setzt für **Zustellungen an mehrere Empfangsberechtigte** nicht etwa jedem Zustellungsempfänger eine eigene Frist, geht vielmehr davon aus, daß eine einheitliche Frist gilt. Diese ist nicht nach der ersten, sondern nach der letzten Zustellung zu berechnen. Das bedeutet, daß die durch die erste Zustellung in Lauf gesetzte Frist so lange läuft, bis auch die durch die letzte Zustellung eröffnete Frist abgelaufen ist (§ 37, 60).

Geladen wird der Rechtsanwalt des Privatklägers nach § 218 Satz 1. Auch § 217 **10** findet entsprechende Anwendung[7].

7. Verschulden des Anwalts ist für den Privatkläger unverschuldet nach § 44 Satz **11** 1 und rechtfertigt die **Wiedereinsetzung in den vorigen Stand**[8]. Wegen der Begründung wird auf die Ausführungen zu § 44 (Rdn. 55 bis 61) verwiesen, die sich ausführlich mit der — abweichenden — herrschenden Ansicht von Rechtsprechung und Lehre auseinandersetzen.

§ 379

(1) Der Privatkläger hat für die dem Beschuldigten voraussichtlich erwachsenden Kosten unter denselben Voraussetzungen Sicherheit zu leisten, unter denen in bürgerlichen Rechtsstreitigkeiten der Kläger auf Verlangen des Beklagten Sicherheit wegen der Prozeßkosten zu leisten hat.

(2) Die Sicherheitsleistung ist durch Hinterlegung in barem Geld oder in Wertpapieren zu bewirken.

(3) Für die Höhe der Sicherheit und die Frist zu ihrer Leistung sowie für die Prozeßkostenhilfe gelten dieselben Vorschriften wie in bürgerlichen Rechtsstreitigkeiten.

Schrifttum. *Granicky* Auslagenvorschuß in Privatklagesachen, NJW **1955** 859; *Reiff* Auslagenvorschuß in Privatklagesachen, NJW **1955** 1182; *Seibert* Der arme Privatkläger, MDR **1952** 278; *Thomas* Der Auslagenvorschuß des Privatklägers, AnwBl. **1979** 128; *Wenzel* Auslagenvorschuß und Folgen der Nichtzahlung im Privatklageverfahren, NJW **1964** 2284.

Entstehungsgeschichte. Die als § 419 Gesetz gewordene Bestimmung sah in Absatz 1 neben der Sicherheitsleistung für die dem Beschuldigten voraussichtlich erwachsenden Kosten eine gleiche Verpflichtung hinsichtlich der Kosten der Staatskasse vor. Sie war von Anfang an gegenstandslos, weil der Privatkläger durch die weitergehende Regelung der §§ 83, 84 (jetzt §§ 67, 68) GKG, das gleichzeitig mit der Strafprozeßordnung am 1. 10. 1879 in Kraft getreten war, verpflichtet wurde, einen Gebühren- und Auslagenvorschuß zu zahlen. In die Strafprozeßordnung war die Sicherheitsleistung zugunsten der Staatskasse nur deshalb aufgenommen worden, weil die reichsrechtliche Regelung des Kostenwesens im Gerichtskostengesetz zunächst nur für Zivilsachen, nicht dagegen für Strafsachen in Aussicht genommen war und die spätere umfassendere Regelung erst *nach* den Beratungen der Strafprozeßordnung im Reichstag getroffen wurde. Sie blieb dort bis zum Inkrafttreten des VereinhG, durch dessen Art. 3 Nr. 160 die Sicherheitsleistung zugunsten der Staatskasse in Absatz 1 auch formell beseitigt wurde. Durch Art. 4 Nr. 8 a ProzeßkostenhG sind in Absatz 3 die Worte „das Armenrecht" durch die Worte „die Prozeßkostenhilfe" ersetzt worden. Ihre jetzige Bezeichnung hat die Vorschrift durch die Bekanntmachung 1924 erhalten.

---

[7] OLG Celle MDR **1966** 256; KK-*v. Stackelberg* 6; *Kleinknecht/Meyer* 4.

[8] So auch KK-*v. Stackelberg* 7; **anders** *Maul* (KK § 44, 36).

Übersicht

1. Auslagenvorschuß

1   **a) Umfang.** Nach § 68 Abs. 2 GKG hat der Privatkläger einen zur **Deckung** der Auslagen des Gerichts ausreichenden Vorschuß zu zahlen. Für den Beschuldigten gilt das nur, soweit er Widerklage erhebt; für den Nebenkläger nur, wenn er Berufung oder Revision einlegt (vgl. dazu § 397, 14). Die Vorschußpflicht umfaßt **alle** in dem Kostenverzeichnis unter Nr. 1900 bis 1920 (Anlage 1 zu § 11 Abs. 1 GKG) aufgeführten **Auslagen,** neben den Schreibauslagen, Telegraphen-, Fernschreib- und sonstigen Postgebühren für Zustellungen (Nrn. 1900 bis 1903) in erster Linie Zeugen- und Sachverständigengebühren (Nr. 1904) sowie an Rechtsanwälte zu zahlende Beträge (Nr. 1906). Die Vorschußpflicht **entfällt,** soweit das Gericht von Amts wegen tätig wird (§ 68 Abs. 3 Satz 2 GKG; vgl. dazu aber Rdn. 3), sonst, wenn dem Privatkläger Prozeßkostenhilfe bewilligt ist (Rdn. 18).

2   Der Privatkläger muß den Auslagenvorschuß auch für die vom Beschuldigten benannten **Entlastungszeugen** zahlen, soweit das Gericht ihre Ladung anordnet[1]. Zur einwandfreien Überführung des Beschuldigten gehört auch, daß seine Behauptungen widerlegt werden; das ist aber nicht möglich, wenn die vom Gericht für erforderlich gehaltenen Entlastungszeugen unvernommen bleiben. Das Gericht müßte dann das, was in ihr Wissen gestellt wird, als wahr unterstellen (*Thomas* 130). Zahlt der Privatkläger den Vorschuß für sie nicht, kann das also zum Freispruch führen.

3   **b) Handlungen von Amts wegen.** Zu Unrecht hält *Langmeier* (*Müller/Sax*[6] § 114 GKG, 3a) dem entgegen, daß nach § 68 Abs. 3 Satz 2 GKG in Strafsachen keine Vorschußpflicht für Handlungen bestehe, die von Amts wegen vorgenommen werden. Was der Richter auf **Antrag des Beschuldigten** tut, macht er nicht von Amts wegen. Der vom Landgericht Paderborn (MDR **1958** 445) gezogene Vergleich mit dem Zivilprozeßrecht ist schief; dort gibt es eine Beweislast, hier nicht. Das Landgericht Frankfurt (NJW **1963** 66) hält diese Meinung für „abwegig", weil sie „es einem böswilligen Privatkläger ermöglichen würde, mit einer erdichteten Anklage und Nichtzahlung des geforderten Auslagenvorschusses für den für diese Anklage benannten Zeugen dem Beschul-

---

[1] LG Krefeld JMBlNRW **1955** 21; *Dempewolf* 341; *Granicky* 859; *Thomas* 130; *Wenzel* 2285; **a. A** OLG Düsseldorf JMBlNRW **1955** 286; LG Hagen JMBlNRW **1955** 122; LG Paderborn MDR **1958** 445; LG Karlsruhe NJW **1963** 66; *Reiff* 1182; *Kleinknecht/Meyer* § 379 a, 8.

digten den Makel eines Freispruchs mangels Beweises anhängen und behaupten zu können, daß dieser nur deshalb freigesprochen werden müsse, weil man das Geld für den Zeugen nicht rechtzeitig eingezahlt habe". Hier übersieht das Landgericht § 190 Satz 2 StGB. Die Behauptung, der Beschuldigte habe nur deshalb freigesprochen werden müssen, weil der Privatkläger das Geld für den Zeugen nicht gezahlt habe, enthält die von neuem aufgestellte Behauptung, der Beschuldigte habe das „erdichtete" Privatklagevergehen begangen. Das ist eine üble Nachrede, für die § 190 Satz 2 StGB dem böswilligen Privatkläger den Wahrheitsbeweis abschneidet. Auf eine Privatklage des bisherigen Beschuldigten wäre jenem eine Bestrafung nach § 186 StGB gewiß. Deshalb ist es verfehlt, von dem Makel eines Freispruchs mangels Beweises zu sprechen.

c) **Fälligkeit.** Der Vorschuß wird nicht schon mit Erhebung der Privatklage oder **4** mit Benennung der Zeugen, sondern erst durch die **gerichtliche Anordnung** der Handlung fällig, mit der die Auslagen verbunden sind, so mit der Verfügung, daß die Zeugen zu laden seien. Das Gericht soll die Vornahme der Handlung von der vorherigen Zahlung des Vorschusses abhängig machen (§ 68 Abs. 1 Satz 2 GKG). Es darf dabei aber nicht androhen, es werde das Verfahren einstellen oder die Privatklage zurückweisen, wenn der Privatkläger die Zahlungsfrist versäume; und erst recht darf es eine solche Androhung nicht wahrmachen. Zwar bestimmt § 391 Abs. 2 letzte Alt., das Verfahren einzustellen, wenn der Privatkläger eine Frist nicht eingehalten hat, die ihm unter Androhung der Einstellung des Verfahrens gesetzt war; jedoch gilt diese Regelung nur für Handlungen, die zum Fortgang des Verfahrens bestimmt sind (§ 391, 33; vgl. auch § 379 a, 14 ff); der Beitreibung von Kosten dient er nicht (OLG Hamm JZ **1951** 310; KMR-*Müller* § 391, 12). Auch § 379 a Abs. 3 Satz 1 in Verb. mit dessen Absatz 1 kann nicht Grundlage einer solchen Entscheidung sein, weil er nur die Zurückweisung der Privatklage wegen fruchtlosem Ablauf einer zur Zahlung des Gebührenvorschusses — nicht auch eines Auslagenvorschusses — gesetzten Frist regelt. Wird das Gericht ohne Vorschuß tätig, so bleibt die gerichtliche Handlung trotzdem wirksam (vgl. § 379 a, 11), allerdings kann eine Regreßpflicht entstehen.

d) Wegen des **Gebührenvorschusses** vgl. die Erläuterungen zu § 379 a. **5**

2. Voraussetzungen der Sicherheitsleistung (Absatz 1)

a) **Pflichtiger.** Absatz 1 verweist auf §§ 110 bis 113 ZPO. Danach haben nur **Aus- 6 länder** (§ 110 Abs. 1 Satz 1 ZPO) als Privatkläger dem Beschuldigten unter Umständen für seine Kosten Sicherheit zu leisten. Den Ausländern gleich stehen **Staatenlose**, die keinen Wohnsitz im Inland haben (§ 110 Abs. 1 Satz 2 ZPO). Nicht zu den Ausländern gehören Deutsche mit Wohnsitz in der DDR[2].

Im übrigen kommt es nach § 110 Abs. 2 Nr. 1 ZPO darauf an, ob nach den Geset- **7** zen des Staates, dem der Privatkläger angehört, ein Deutscher im gleichen Fall zur Sicherheitsleistung verpflichtet wäre. Wann das der Fall ist, ist den Kommentaren zur Zivilprozeßordnung zu entnehmen. Die **Befreiung** des ausländischen Privatklägers von der Sicherheitsleistung kann sich auch daraus ergeben, daß die Prozeßgesetze seines Staates überhaupt keine Verpflichtung zur Sicherheitsleistung kennen. Ferner entfällt

---

[2] KG JZ **1952** 83; OLG Karlsruhe MDR **1956** 174; *Tschischgale* JR **1952** 272; *Eb. Schmidt* 3. OLG Hamburg (MDR **1950** 433) läßt die Frage dahingestellt, hält aber Gegenseitigkeit für verbürgt; LG Berlin (NJW **1951** 489) – mit zustimmender Anm. *Gebauer* – verneint auch das, damals wohl zu Unrecht, wie aus KG (Ost) NJW **1952** 189 erhellt.

die Pflicht zur Sicherheitsleistung bei Angehörigen solcher Staaten, für die Art. 17 Haager Abk. in Kraft geblieben oder nach dem Krieg wieder in Kraft gesetzt worden ist[3].

8   b) Nur auf **Verlangen des Beschuldigten** hat der Privatkläger Sicherheit zu leisten. Hat der Beschuldigte durch Unterlassen des Antrags in erster Instanz zu erkennen gegeben, daß er auf Sicherheitsleistung keinen Wert legt oder gar darauf verzichtet, kann er das Sicherheitsverlangen in der Rechtsmittelinstanz nicht erneut stellen[4]. Dazu ist er ausnahmsweise nur dann befugt, wenn die Voraussetzungen für eine Sicherheitsleistung nach § 111 ZPO erst im Lauf des Rechtsstreits eingetreten sind[5].

9   c) **Befreit** von der Sicherheitsleistung ist der Privatkläger, wenn ihm Prozeßkostenhilfe bewilligt wird (§ 122 Abs. 1 Nr. 2 ZPO).

10   **3. Bewirken der Sicherheitsleistung**
      a) Art (Absatz 2). Die Sicherheitsleistung ist durch Hinterlegung in barem Geld oder in Wertpapieren zu bewirken.

11   **b) Höhe (Absatz 3 erster Fall).** Die Höhe der Sicherheit bestimmt das Gericht nach freiem Ermessen (§ 112 Abs. 1 ZPO). Allerdings schränkt § 112 Abs. 2 ZPO diese Ermessensfreiheit stark ein. Denn danach ist der Betrag zugrunde zu legen, den der Beschuldigte wahrscheinlich aufzuwenden haben wird. Dabei müssen von vornherein die **Kosten aller Instanzen** berücksichtigt werden, die in dem Verfahren angerufen werden können, gewöhnlich also auch die Kosten der Berufung und der Revision (OLG Celle NJW **1955** 724). Dem inländischen Beschuldigten darf die Einlegung eines Rechtsmittels nicht dadurch erschwert werden, daß die geleistete Sicherheit seine Kosten für den nächsten Rechtszug nicht mehr deckt. Sind die Kosten der Rechtsmittelinstanzen unberücksichtigt geblieben, kann bei einem Rechtsmittel des Privatklägers weitere Sicherheit verlangt und festgesetzt werden (§§ 111, 112 Abs. 3 ZPO — Ausnahme zu Rdn. 8; so auch OLG Frankfurt NJW **1980** 2032).

12   **c) Frist (Absatz 3 zweiter Fall).** Bei Anordnung der Sicherheitsleistung hat das Gericht dem Privatkläger eine Frist zu bestimmen, innerhalb der er die Sicherheit zu leisten hat (§ 113 Satz 1 ZPO). Die **Folgen der Fristversäumung** richten sich alsdann nicht nach § 391 Abs. 1 oder § 379 a Abs. 3 Satz 1 in Verb. mit Absatz 1 (vgl. Rdn. 4)[6], sondern nach § 113 Satz 2 ZPO. Die Privatklage gilt also nicht schon mit Versäumung der Frist als zurückgenommen; vielmehr bedarf es eines besonderen Gerichtsbeschlusses, der — auf Antrag des Beschuldigten — die Klage „für zurückgenommen erklärt" oder, wenn über ein Rechtsmittel des Klägers zu verhandeln ist, dieses verwirft. Bis zu diesem Beschluß kann der Privatkläger die Sicherheit noch nachholen. Der Beschluß hat auch nicht, wie

---

[3] Das Übereinkommen (BGBl. **1958** II 577) ist in der Bundesrepublik mit dem 1. 1. 1960 wieder in Kraft getreten (BGBl. **1959** II 1388). Im Verhältnis zur Bundesrepublik gilt es für Staatsangehörige von Belgien, Dänemark, Finnland, Frankreich, Israel, Italien, Japan, Jugoslawien, Libanon, Luxemburg, Marokko, den Niederlanden, Norwegen, Österreich, Polen, Portugal, Rumänien, Schweden, der Schweiz, der Sowjetunion, Spanien, der Tschechoslowakei, der Türkei, Ungarn und der Vatikanstadt. Wegen weiterer Einzelheiten vgl. *Baumbach/Lauterbach*, Anhang nach § 110 ZPO.

[4] OLG Frankfurt NJW **1980** 2032; KK-*v. Stackelberg* 2; *Kleinknecht/Meyer* 2.

[5] OLG Celle NJW **1955** 724; KMR-*Müller* 2; offen gelassen von OLG Frankfurt NJW **1980** 2032.

[6] KK-*v. Stackelberg* 3; KMR-*Müller* 5; *Kleinknecht/Meyer* 2.

die Fristversäumung nach § 391 Abs. 2 letzte Alt., die Wirkung, daß die Privatklage nicht von neuem erhoben werden kann (so § 392); denn an eine solche Folge ist in § 113 Satz 2 ZPO nicht gedacht (**a. A** BayObLGSt **1956** 4). Hat der Privatkläger die Frist unverschuldet versäumt, kann er **Wiedereinsetzung** nach §§ 44, 45 beantragen (KK-*v. Stackelberg* 3).

d) Prozeßkostenhilfe (Absatz 3 dritter Fall). Die Vorschrift spricht von der Pro- **13** zeßkostenhilfe zwar nur im Zusammenhang mit der Sicherheit. Das bedeutet aber nicht, daß ihre Bewilligung nur von der Sicherheitsleistung befreie. Vielmehr liegt in der Verweisung auf „dieselben Vorschriften wie in bürgerlichen Rechtsstreitigkeiten" das Gebot, diese — nämlich die §§ 114 ff ZPO — in vollem Umfang anzuwenden. Soweit es sich um die Voraussetzungen und Wirkungen der Prozeßkostenhilfe handelt, ist das unstreitig. **Widersprüchliche Ansichten** bestehen dagegen bzgl. des Verfahrens zu ihrer Bewilligung und hinsichtlich der Beschwerdemöglichkeit (vgl. dazu Rdn. 20 ff).

4. Einzelfragen zur Prozeßkostenhilfe
a) Voraussetzung. Die Bewilligung der Prozeßkostenhilfe setzt zunächst voraus, **14** daß der Privatkläger nach seinen persönlichen und wirtschaftlichen Verhältnissen außerstande ist, die Kosten der Privatklage zu bestreiten (§ 114 Abs. 1 Satz 1, § 115 Abs. 4 ZPO). Dazu hat er einen Antrag zu stellen und diesem eine Erklärung über seine persönlichen und wirtschaftlichen Verhältnisse sowie entsprechende Belege beizufügen (§ 117 Abs. 2 ZPO). Das Gericht kann verlangen, daß der Privatkläger seine Angaben glaubhaft macht; es kann auch eigene Ermittlungen anstellen. Kann es sich dann immer noch nicht ausreichende Gewißheit über die Vermögens- und Einkommensverhältnisse verschaffen, kann es auch eine Auskunft der zuständigen Behörde einholen (§ 118 Abs. 2 ZPO).

Das Landgericht Hamburg (NJW **1949** 317 mit zust. Anm. *Paehler*) hält es für un- **15** zulässig, aus der Beauftragung eines Rechtsanwalts mit der Durchführung eines Privatklageverfahrens zu schließen, der Privatkläger sei nicht mittellos. Unzulässig ist das gewiß nicht, vielmehr ist es eine **Frage der tatsächlichen Beurteilung;** und zweifellos unrichtig ist die Meinung *Paehlers,* das Honorarverhältnis zwischen Privatkläger und Anwalt müsse überhaupt außer Betracht bleiben. Wer öffentliche Mittel in Anspruch nehmen will, muß auf Verlangen erschöpfende Auskunft geben, warum das nötig ist. Dazu kann auch die **Auskunft** gehören, ob, in welcher Höhe und aus welchen Mitteln er den Anwalt bezahlt, wenn das Gericht das wissen will, um sich ein Urteil darüber zu bilden, ob er aus diesen oder anderen Mitteln auch die anderen Kosten tragen kann (**a. A** *Jonas* JW **1937** 581).

Ferner muß die Privatklage hinreichende Aussicht auf Erfolg bieten (§ 114 Abs. 1 **16** Satz 1 letzter Halbs. erster Fall ZPO). Ob dies wegen bloßer Beweisschwierigkeiten verneint werden kann, sollte mit Vorsicht geprüft werden; ob der Privatkläger oder Beschuldigte glaubwürdiger ist, zeigt meist erst die Hauptverhandlung. Die **Erfolgsaussicht** fehlt, wenn zu erwarten ist, daß der Beschuldigte bei wechselseitigen Straftaten nach §§ 199, 233 StGB für straffrei erklärt, oder wenn das Verfahren nach § 383 Abs. 2 Satz 1 wegen geringer Schuld eingestellt wird. Sie ist auch zu verneinen, wenn zwar zu erwarten ist, daß das angefochtene Urteil auf Revision des Nebenklägers wegen Verletzung eines Gesetzes aufgehoben wird, die Aufhebung sich aber nicht auf ein Nebenklagedelikt bezieht (BayObLGSt **1958** 298).

Schließlich darf die Privatklage **nicht mutwillig** sein (§ 114 Abs. 1 Satz 1 letzter **17** Halbs. zweiter Fall ZPO). Das ist regelmäßig anzunehmen, wenn ein Verletzter, der die Kosten selbst tragen müßte, vernünftigerweise von der Privatklage absähe; etwa weil mit einer aussichtsreichen Widerklage zu rechnen ist. **Nur dem Privatkläger** kann Prozeß-

Günter Wendisch

kostenhilfe bewilligt werden, **nicht** dem **Beschuldigten** (BVerfGE 56 185 = NJW **1981** 1034)[7]. Dieser braucht es nicht, da er weder dem Staat noch dem Privatkläger Kostenvorschüsse oder Sicherheit zu leisten hat. Unter den Voraussetzungen des § 140 Abs. 1 Nr. 4, 5 und Abs. 2 (vgl. Erl. zu § 140) ist ihm ein Verteidiger zu bestellen. Schwierigkeit der Rechtslage kommt hier namentlich bei möglicher Anwendbarkeit des § 193 StGB in Betracht.

18   **b) Wirkung.** Hat das Gericht dem Privatkläger Prozeßkostenhilfe bewilligt, braucht er weder Gebühren- noch Auslagenvorschüsse zu leisten (§ 122 Abs. 1 Nr. 1 ZPO). Er ist von der Sicherheitsleistung befreit (§ 122 Abs. 1 Nr. 2 ZPO). Dies hat **praktische Bedeutung** nur für die unmittelbare Ladung von Zeugen nach § 386 Abs. 2 in Verb. mit § 220 Abs. 1; sie ist im Privatklageverfahren freilich besonders wichtig, weil hier das förmliche Beweisantragsrecht des § 244 Abs. 3 nicht gilt (vgl. § 384 Abs. 3 sowie dort. Rdn. 4). Die Prozeßkostenhilfe befreit den Privatkläger nicht von der Verpflichtung, einem unmittelbar geladenen Zeugen nach § 220 Abs. 2 die gesetzliche Entschädigung bar darzubieten oder sie zu hinterlegen; auch ein einkommensschwacher Angeklagter ist davon nicht befreit.

19   Ist dem Privatkläger Prozeßkostenhilfe bewilligt worden, **muß** ihm ein **Rechtsanwalt** beigeordnet werden, soweit eine Vertretung durch Anwälte notwendig oder geboten ist (vgl. § 121 Abs. 1 ZPO). Das ist nach § 390 Abs. 2 für Revisions- und Wiederaufnahmeanträge, nach § 385 Abs. 3 für Akteneinsicht der Fall, im letzteren Fall jedoch nur, soweit diese erforderlich ist. In anderen Fällen **kann** dem Privatkläger ein Anwalt beigeordnet werden (§ 121 Abs. 2 ZPO). Alle diese Wirkungen treten nur für die Instanz ein, für die Prozeßkostenhilfe bewilligt ist (§ 119 Satz 1 ZPO).

5. Verfahren zur Bewilligung der Prozeßkostenhilfe

20   **a) Allgemein.** Seit der Entscheidung RGSt 30 143 vertreten Rechtsprechung und Lehre den Standpunkt, § 379 Abs. 3 (§ 419 Abs. 3 a. F) gelte nur für die Voraussetzungen und Wirkungen der Prozeßkostenhilfe; das **Verfahren** richte sich dagegen nach den allgemeinen Bestimmungen der Strafprozeßordnung[8].

21   Dieser Ansicht wird weiterhin widersprochen. Einmal ergibt der Wortlaut des Absatzes 3 nichts dafür, daß die **Verweisung auf das Zivilprozeßrecht** *nur* für die Voraussetzungen und die Wirkungen der Prozeßkostenhilfe, nicht aber für das Verfahren gelten solle. Auch enthalten die allgemeinen Vorschriften der Strafprozeßordnung keine hierfür ausreichende Verfahrensregelung. So läßt es sich gar nicht umgehen, z. B. die §§ 117, 118, 119, 120, 124 ZPO auch im Privatklageverfahren anzuwenden, weil die Strafprozeßordnung die dort behandelten Verfahrensfragen, die mit den Voraussetzungen und Wirkungen der Prozeßkostenhilfe nichts zu tun haben, nicht regelt. Selbst wo die Strafprozeßordnung Vorschriften enthält, wie etwa § 304 für die Beschwerde, ver-

---

[7] A. A *Hirsch* in seinem Minderheitenvotum: Er will unter Hinweis auf das Gebot der Waffengleichheit vor Gericht – namentlich vor dem Strafgericht – als Teil eines rechtsstaatlich gebotenen fairen Verfahrens dem Beschuldigten Prozeßkostenhilfe zur Erlangung eines anwaltlichen Beistands auch dann – d. h. unabhängig von der Frage, ob etwa wegen rechtlicher oder tatsächlicher Schwierigkeit der Sache die Beiordnung

eines Verteidigers geboten ist – bewilligen, wenn der Privatkläger durch einen Rechtsanwalt vertreten ist (so auch § 121 Abs. 2 Satz 1 letzter Fall ZPO).

[8] BayObLGSt **27** (1928) 82; **1949/51** 242 = NJW **1951** 164; NJW **1954** 1417; OLG Hamm JMBlNRW **1951** 115; OLG Hamburg NJW **1969** 944; KK-*v. Stackelberg* 4; KMR-*Müller* 6; *Kleinknecht/Meyer* 3; a. A OLG Celle NdsRpfl. **1954** 189.

steht es sich keineswegs von selbst, daß sie nach dem Willen des Gesetzes auch in bezug auf die Prozeßkostenhilfe in Privatklagesachen ohne weiteres angewendet werden sollen. Dagegen spricht schon die große Zahl ausdrücklicher **Verweisungen auf Bestimmungen der Strafprozeßordnung** für besondere Einzelfragen: z. B. in § 381 Satz 2, § 383 Abs. 1, §§ 386, 387, aber auch § 384, der nur das *weitere* Verfahren regelt, und § 390 Abs. 1, wonach der Privatkläger die gleichen Rechtsmittel hat, die im Verfahren auf öffentliche Klage der Staatsanwaltschaft zustehen. Letzterer steht aber keine Beschwerde im Verfahren über die Bewilligung von Prozeßkostenhilfe zu, weil es im Offizialverfahren keine Prozeßkostenhilfe gibt; selbst diese ausdrückliche Vorschrift verweist also für die Beschwerde des Privatklägers im Bewilligungsverfahren für die Gewährung von Prozeßkostenhilfe nicht auf § 304.

Hiernach muß grundsätzlich an der Auffassung der früheren Auflagen festgehal- **22** ten werden, daß hinsichtlich der Bewilligung von Prozeßkostenhilfe der Privatkläger dem Kläger im Zivilprozeß gleichsteht und daß sämtliche **Vorschriften der §§ 114 bis 127 ZPO** im Privatklageverfahren entsprechend **anzuwenden** sind (einschränkend OLG Hamburg AnwBl. 1975 404: nicht § 127 ZPO, wohl aber § 124 — jetzt § 126 — ZPO). Zum Teil sind die Folgerungen, die sich daraus ergeben, völlig unstreitig, obwohl sie mit der Meinung, daß für die Prozeßkostenhilfeverfahren das Strafprozeßrecht gelte, nicht zu vereinbaren sind. Im einzelnen ist folgendes zu sagen:

b) Prozeßkostenhilfe wird nur auf **Antrag** bewilligt, der schriftlich oder zu Proto- **23** koll der Geschäftsstelle erklärt werden kann (§ 117 Abs. 1 Satz 1 ZPO). Der Antrag kann vor, gleichzeitig mit oder nach Erhebung der Privatklage gestellt werden, auch in den höheren Instanzen. Die Prozeßkostenhilfe kann mit **Rückwirkung** auf den Zeitpunkt des Antrags bewilligt werden, jedoch nicht mit noch weitergehender Rückwirkung (AG Wolfsburg JVBl. 1960 23). Innerhalb dieser Grenze kann auch ein Anwalt rückwirkend beigeordnet werden, was beim Pflichtverteidiger nicht möglich ist (OLG Düsseldorf JMBlNRW 1952 150). Gleichzeitiges Einreichen des Antrags auf Prozeßkostenhilfe und der Privatklage führt, wenn Prozeßkostenhilfe versagt wird, zur Belastung des Privatklägers mit den Kosten (*Dempewolf* 298).

Die Privatklage kann ebensowenig wie andere Klagen oder Anklagen unter einer **24** **Bedingung** erhoben werden, also auch nicht unter der Bedingung, daß Prozeßkostenhilfe bewilligt werde[9]. Wohl aber kann dem Antrag auf Prozeßkostenhilfe ein Entwurf der beabsichtigten Privatklage beigefügt werden.

c) Glaubhaftmachung. Nach § 118 Abs. 2 ZPO kann das Gericht verlangen, daß **25** der Antragsteller seine tatsächlichen Angaben glaubhaft macht. Jedoch erfordert die entsprechende Anwendung dieser Vorschrift im Privatklageverfahren, daß **eidesstattliche** Versicherungen des Privatklägers und der Zeugen fortfallen. Werden sie vom Antragsteller abgegeben, sind sie nicht anders zu behandeln wie seine sonstigen Angaben; rühren sie von Zeugen her, legen sie diese zu sehr fest. Das Gericht soll nach § 118 Abs. 1 Satz 1 ZPO vor der Bewilligung der Prozeßkostenhilfe den Beschuldigten hören, „wenn dies nicht aus besonderen Gründen unzweckmäßig erscheint". Dieser Ausnahmefall ist in Privatklagesachen ausgeschlossen, weil nach § 382 der Beschuldigte vor Eröffnung des Hauptverfahrens stets gehört werden muß (vgl. auch *Dempewolf* 314). Das Gericht kann selbst Erhebungen anstellen (§ 118 Abs. 2 Satz 2 ZPO), wird sich jedoch meist auf die Anforderung der polizeilichen oder staatsanwaltschaftlichen Ermittlungsakten beschränken.

---

[9] **A. A** LG Frankfurt NJW 1953 798; LG Köln MDR 1958 622.

26　　d) Entschieden wird durch **Beschluß** (§ 127 Abs. 1 ZPO), der im Fall der Versagung zu begründen ist (vgl. § 34). Diesen Beschluß mit der Einstellung des Verfahrens oder mit der Zurückweisung der Privatklage zu verbinden, wird im allgemeinen gegen die Soll-Vorschrift des § 379 a Abs. 2 erster Halbsatz verstoßen (LG Frankfurt NJW **1953** 798). Dagegen kann er mit der Fristbestimmung nach § 379 a Abs. 1 verbunden werden.

27　　e) **Umfang.** Prozeßkostenhilfe kann jeweils **nur für einen Rechtszug** bewilligt werden (§ 119 Satz 1 ZPO). Auch auf Beschwerden erstreckt sie sich ohne besondere Bewilligung nicht. Für die Bewilligung in der höheren Instanz ist nicht der Vorderrichter, sondern das Rechtsmittelgericht zuständig. Die Entscheidung über den Antrag des Privatklägers, ihm zur Rechtfertigung der Revision Prozeßkostenhilfe zu bewilligen, obliegt mithin dem Revisionsgericht[10].

28　　Mit der Aufgabe seiner früheren Rechtsansicht hat das Bayerische Oberste Landesgericht den Bedenken Rechnung getragen, die in früheren Auflagen (vgl. 20., 21. und 22. jeweils Anm. 4 c vierter Absatz), namentlich mit dem Hinweis auf die mühsamen Erwägungen begründet worden waren, die das Gericht anstellen mußte, um dem Strafprozeßrecht überhaupt eine Antwort auf diese Zuständigkeitsfrage abzugewinnen und wie unpraktisch seine Antwort ausfiel. Der früheren Rechtsansicht war darüber hinaus entgegenzuhalten, daß der Vorderrichter in Strafsachen nie damit befaßt ist, die sachlichen Aussichten eines Rechtsmittels zu beurteilen. Insoweit gibt es eine Analogie nur im Zivilprozeßrecht (§ 546 Abs. 1 ZPO), dort aber gerade nicht für die Prozeßkostenhilfe. Greift man schon zu zivilprozessualen Analogien, so ist es sachgemäßer, die Verweisung des Absatzes 3 auch auf die §§ 117, 119 ZPO zu beziehen, was mit dem Wortlaut ohne weiteres zu vereinbaren ist und gerade hier zu einem sachgemäßen Ergebnis führt. Es geht im allgemeinen über die Kraft des Strafrichters, der die angefochtene Entscheidung erlassen hat, die **Aussichten eines** dagegen eingelegten **Rechtsmittels** zu beurteilen. Was die Zivilprozeßordnung dem Zivilsenat des Oberlandesgerichts zutraut (§ 546 Abs. 1 ZPO), kann nicht ohne weiteres auch dem Strafrichter (§ 25 Nr. 1 GVG) zugemutet werden. Allerdings würde seine Entscheidung der Beschwerde unterliegen, und zwar nach hiesiger Ansicht nach § 127 Abs. 2 ZPO (Rdn. 31 f; a. A OLG Hamburg AnwBl. **1975** 404; *Kleinknecht/Meyer* 6).

29　　Weil mit ihr bei Versagung der Prozeßkostenhilfe für die Rechtsmittelinstanz stets zu rechnen wäre, würde dem Rechtsmittelgericht — anders als im Fall des § 546 Abs. 1 ZPO — keine nennenswerte Arbeit abgenommen. Umgekehrt würde die Bewilligung der Prozeßkostenhilfe durch den Vorderrichter dort, wo die Rechtsmittelinstanz das Rechtsmittel für aussichtslos hält, zu ihrer **Mehrbelastung** führen[11].

6. Rechtsmittel

30　　a) Dem **Beschuldigten** steht gegen den Beschluß, dem Privatkläger Prozeßkostenhilfe zu bewilligen, kein Rechtsmittel zu[12]; § 127 Abs. 2 Satz 1 ZPO schließt dieses

---

[10] BayObLGSt **1974** 121 = JR **1975** 425 – unter Aufgabe von BayObLGSt **1954** 3 = NJW **1954** 1417 – mit zust. Anm. *Kunert*; KK-*v. Stackelberg* 5; KMR-*Müller* 9; *Kleinknecht/Meyer* 5; einschränkend OLG Celle NdsRpfl. **1959** 96: das Revisionsgericht soll dann zuständig sein, wenn die Prozeßkostenhilfe nicht nur zur Einlegung und Be-

gründung der Revision, sondern für das ganze Revisionsverfahren beantragt wird.

[11] Wie hier schon OLG Hamburg – 2 StS – MDR **1968** 781; *Eb. Schmidt* 12; KMR-*Müller* 7; *Kleinknecht/Meyer* 5.

[12] KG GA **73** (1929) 204; DStR **1942** 54; 126; *Dempewolf* 458; KMR-*Müller* 10.

aus[13]. Eine Beschwerde des Beschuldigten könnte nur in Betracht gezogen werden, wenn der Privatkläger ihm Sicherheit leisten müßte, also Ausländer ist; diese Möglichkeit kann aber auch in der Zivilprozeßordnung nicht übersehen worden sein (vgl. § 122 Abs. 1 Nr. 2 ZPO). Abgesehen davon geht es den Beschuldigten nichts an, ob der Privatkläger auf eigene Kosten oder auf Staatskosten vorgeht; an seiner Lage ändert das rechtlich nichts. Der Beschuldigte kann allenfalls anregen, dem Privatkläger die Prozeßkostenhilfe — etwa mangels Erfolgsaussicht oder wegen Mutwilligkeit — zu entziehen (§ 124 in Verb. mit § 114 Abs. 1 ZPO); damit kann er sich aber nur an die Instanz wenden, in der die Sache sich gerade befindet.

b) Privatkläger. Diesem steht gegen die **Versagung** der Prozeßkostenhilfe die Beschwerde zu[14]. Das ist nicht zweifelhaft, wenn es sich um einen Beschluß der ersten Instanz handelt. Die Befugnis, Beschwerde einzulegen, folgt nach hiesiger Ansicht aus § 127 Abs. 2 Satz 2, nach Ansicht der Anhänger einer strafprozessualen Verfahrensregelung aus § 304. Unzweifelhaft ist auch, daß **keine weitere Beschwerde** gegeben ist (§ 127 Abs. 2 Satz 3 ZPO, § 310 Abs. 2). Fraglich kann nur sein, ob die Versagung der Prozeßkostenhilfe angefochten werden kann, wenn das Berufungsgericht sie ausgesprochen hat.   **31**

Wer den Standpunkt vertritt, daß das Verfahren sich nach den Vorschriften der Strafprozeßordnung richtet, muß die Frage bejahen[15]. Aber auch für den Vertreter der Ansicht, daß § 127 ZPO entsprechend anzuwenden ist, lautet die Antwort nicht anders. Zwar schließt § 127 Abs. 2 Satz 2 zweiter Halbsatz ZPO die Beschwerde aus, wenn das Berufungsgericht den Beschluß erlassen hat. Die **entsprechende Anwendung** dieser Vorschrift auf das Privatklageverfahren darf aber nicht unberücksichtigt lassen, daß in Zivilsachen das Berufungsgericht entweder das Oberlandesgericht ist, gegen dessen Entscheidungen es keine Beschwerde gibt (§ 567 Abs. 3 Satz 1 ZPO), oder aber das Landgericht, wenn es die letzte Instanz in der Sache selbst ist. Es hätte keinen Sinn, die Prozeßkostenhilfebeschwerde an das Oberlandesgericht zuzulassen, wenn die Sache selbst nicht bis dorthin gelangen kann. § 127 Abs. 2 Satz 2 ZPO soll mithin verhindern, daß der Beschwerderechtszug weiter reicht als der Rechtszug in der Hauptsache[16]. Dieser Sperre bedarf es bei der entsprechenden Anwendung des § 127 ZPO auf das Privatklageverfahren deshalb nicht, weil hier das Berufungsgericht stets das Landgericht und dieses nie die letzte Instanz ist. § 127 Abs. 2 Satz 2 ZPO ist für das Privatklageverfahren so zu lesen, als ob sein zweiter Halbsatz fehle mit der Folge, daß dann auch — ohne Widerspruch zu § 127 Abs. 2 Satz 2 ZPO — gegen den die Prozeßkostenhilfe versagenden Beschluß des Berufungsgerichts die Beschwerde zulässig ist[17].   **32**

7. Widerklage. Die Widerklage ist eine **Unterart der Privatklage.** Auch für sie kann deshalb Prozeßkostenhilfe bewilligt werden. Es erstreckt sich dann aber nicht auf die Verteidigung gegen die Privatklage. Auch dem Nebenkläger kann Prozeßkostenhilfe gewährt werden (§ 397, 9).   **33**

---

[13] So nunmehr auch *Kleinknecht/Meyer* 6; a. A KMR-*Müller* 10.

[14] BayObLGSt **1949/51** 242 = NJW **1951** 164; OLG Hamburg NJW **1969** 944; *Kleinknecht/Meyer* 6.

[15] So BayObLGSt **1949/51** 242 = NJW **1951** 164; OLG Hamm JMBlNRW **1951** 115; OLG Hamburg MDR **1969** 944; *Eb. Schmidt* 13; KK-*v. Stackelberg* 6; KMR-*Müller* 10.

[16] BGHZ **53** 369, 372 = NJW **1970** 1273; OLG Frankfurt Rpfleger **1974** 314; GA **1979**

66 (zu § 120 Abs. 2 StVollzG) sowie OLG Hamm – 1 Ws 112/79 – vom 3. 5. 1979; *Baumbach/Lauterbach* § 127, 7 B; *Stein/Jonas* § 127, 8; *Zöller* § 127 III 2 b; *Keidel/Winkler* Freiwillige Gerichtsbarkeit § 14, 43.

[17] OLG Celle MDR **1957** 347; *Kunert* JR **1975** 428; a. A OLG Hamburg NJW **1969** 944: Beschwerde nach § 304; OLG Frankfurt GA **1979** 66 zu § 120 Abs. 2 StVollzG: Beschwerde unstatthaft.

§ 379 a

(1) Zur Zahlung des Gebührenvorschusses nach § 113 Abs. 1 des Gerichtskostengesetzes soll, sofern nicht dem Privatkläger die Prozeßkostenhilfe bewilligt ist oder Gebührenfreiheit zusteht, vom Gericht eine Frist bestimmt werden; hierbei soll auf die nach Absatz 3 eintretenden Folgen hingewiesen werden.

(2) Vor Zahlung des Vorschusses soll keine gerichtliche Handlung vorgenommen werden, es sei denn, daß glaubhaft gemacht wird, daß die Verzögerung dem Privatkläger einen nicht oder nur schwer zu ersetzenden Nachteil bringen würde.

(3) [1]Nach fruchtlosem Ablauf der nach Absatz 1 gestellten Frist wird die Privatklage zurückgewiesen. [2]Der Beschluß kann mit sofortiger Beschwerde angefochten werden. [3]Er ist von dem Gericht, das ihn erlassen hat, von Amts wegen aufzuheben, wenn sich herausstellt, daß die Zahlung innerhalb der gesetzten Frist eingegangen ist.

Entstehungsgeschichte. Die Vorschrift geht auf Kap. I Art. 10, Erster Teil der Notverordnung vom 14. 6. 1932 (RGBl. I 285) zurück; in die Strafprozeßordnung ist sie durch Art. 3 Nr. 161 VereinhG eingefügt worden. Durch die Neufassung des GKG vom 15. 12. 1975 hat der in Absatz 1 angeführte § 113 GKG die Bezeichnung § 67 und der die Auslagen betreffende § 114 die Bezeichnung § 68 erhalten. Durch Art. 4 Nr. 8 a ProzeßkostenhG sind in Absatz 1 die Worte „das Armenrecht" durch die Worte „die Prozeßkostenhilfe" ersetzt worden.

1. Vorschußpflicht

1   **a) Gebührenvorschuß.** Nach § 67 Abs. 1 GKG hat der Privatkläger — für jede Instanz — einen **Gebührenvorschuß** in Höhe der Hälfte der bei Freispruch oder Straffreierklärung des Beschuldigten im Privatklageverfahren zu erhebenden Gebühr — das sind 40 DM (Nr. 1650 der Anlage 1 zu § 11 Abs. 1 GKG) — für jeden Beschuldigten zu zahlen. Den Widerkläger (§ 67 Abs. 1 Satz 2 GKG) trifft diese Pflicht genausowenig wie den Privatkläger, der sich auf die Widerklage verteidigt[1]. Nur auf den im Eingangssatz angeführten Gebührenvorschuß des Privatklägers beziehen sich die Sollvorschriften der Absätze 1 und 2 und die daran anknüpfenden Regelungen des Absatzes 3.

2   **b)** Der **Auslagenvorschuß** ist in § 68 GKG geregelt; § 379 a ist auf ihn nicht anzuwenden. Soweit der Privatkläger den Auslagenvorschuß nicht zahlt, hat das nicht die Zurückweisung der Privatklage zur Folge, vielmehr unterbleiben die gerichtlichen Hand-

---

[1] OLG Bamberg NJW **1949** 835; KK-*v. Stackelberg* 2; § 388, 9.

lungen, für deren Deckung der Auslagenvorschuß gedacht war (§ 379, 4); es werden mithin keine Zeugen geladen usw. Wird Gebühren- *und* Auslagenvorschuß erfordert und zahlt der Privatkläger nur einen Teilbetrag, ist dieser zunächst auf den Gebührenvorschuß anzurechnen, selbst wenn der Privatkläger etwas anderes bestimmt hat (OLG Celle NdsRpfl. **1956** 171).

c) Befreiung von Vorschußpflicht. Die Bewilligung der Prozeßkostenhilfe (§ 379, **3** 18) befreit von der Vorschußpflicht; ebenso Gebührenfreiheit. Den **Beschuldigten** trifft keine Vorschußpflicht, auch nicht bei Berufung oder Revision. Legt der Privatkläger Berufung oder Revision gegen ein Urteil ein, das auf Privatklage und Widerklage erkannt hat, so trifft ihn die Vorschußpflicht (vgl. § 390 Abs. 4) nur, soweit das Rechtsmittel sich auf die Privatklage bezieht; soweit er dagegen selbst verurteilt worden ist, hat die Nichtzahlung keine nachteiligen Folgen für ihn (OLG Bamberg NJW **1949** 835; *Kleinknecht/ Meyer* 3).

2. Fristsetzung (Absatz 1)
a) Zuständigkeit. Das Gericht soll dem Privatkläger eine Zahlungsfrist setzen. Sie **4** wird durch Beschluß bestimmt, der zuzustellen ist (§ 35); ferner muß die Zahlungsaufforderung die Anordnung durch das Gericht erkennen lassen. Bei der Strafkammer und dem Strafsenat ist mithin nicht der Vorsitzende, sondern das **Kollegium** zuständig[2]. Diese Zuständigkeit führt zu einer sachlich nicht gerechtfertigten Verzögerung (*Sarstedt* JZ **1962** 775).

Das Bayerische Oberste Landesgericht (BayObLGSt **1953** 214 = GA **1954** 377 **5** = VRS **5** 381) meint, die von dem **Vorsitzenden** bestimmte Frist sei nicht unwirksam, sondern nur anfechtbar; gleichwohl dürfe nach ihrem fruchtlosen Ablauf die Berufung nicht nach Absatz 3 Satz 1 (§ 390 Abs. 4) als unzulässig verworfen werden. Dieser Ansicht kann nicht beigetreten werden, läuft sie doch darauf hinaus, daß die nur anfechtbare Verfügung letztlich doch als unwirksam behandelt wird, obwohl sie nicht angefochten worden ist. Allerdings muß das Gericht seine eigene — oder auch von seinem Vorsitzenden getroffene — unzutreffende Entscheidung, die der Rechtskraft nicht fähig ist, von Amts wegen zurücknehmen. Die Fristsetzung ist aber nicht schon deshalb, weil der funktionell unzuständige Vorsitzende sie verfügt hat, sachlich unzutreffend[3].

b) Zahlungsaufforderung und Höhe des Vorschusses. Zu Unrecht meint *Schorn* **6** (Strafrichter 379), die Zahlungsaufforderung sei in das **Ermessen** des Richters gestellt. Sollvorschriften sind keine Kannvorschriften. Ein „Soll" ist für die Behörde, an die es sich richtet, ebenso verbindlich wie ein „Muß" (KMR-*Müller* 1); der Unterschied liegt nur in den Rechtsfolgen. Die Aufforderung zur Zahlung muß die **Höhe des Gebührenvorschusses** enthalten, eine angemessene Frist setzen und auf die Folgen der Fristversäumnis hinweisen[4]. Fehlt die Angabe des Betrags, entfällt die Folge des Absatzes 3. Das gleiche gilt, wenn das Gericht einen zu hohen Gebührenvorschuß bestimmt hat, und zwar selbst dann, wenn der Privatkläger innerhalb der Frist nicht einmal den geschuldeten Vorschuß bezahlt hat[5]. Denn es kann nicht ausgeschlossen werden, daß der

---

[2] OLG Schleswig SchlHA **1957** 105 = GA **1957** 425; LG Aachen NJW **1958** 1599; *Eb. Schmidt* 4; KK-*v. Stackelberg* 3; KMR-*Müller* 4.
[3] Die geschäftsmäßige Bearbeitung ist in den Ländern bundeseinheitlich durch §§ 31, 32 der Kostenverfügung vom 28. 2. 1969 geregelt; vgl. BayJMBl **1969** 73; JMBlNRW **1969** 61.
[4] BayObLGSt **1956** 4; KMR-*Müller* 3.
[5] So für die Berufung BayObLGSt **1954** 74 = NJW **1954** 1735; OLG Schleswig SchlHA **1957** 105 = GA **1957** 427; KK-*v. Stackelberg* 3; *Kleinknecht/Meyer* 1.

Günter Wendisch

Vorschußpflichtige einen richtig berechneten niedrigeren Gebührenvorschuß bezahlt und sich dadurch den Weg zur Hauptverhandlung eröffnet hätte. Diese Erwägung führt wiederum dazu, daß die Privatklage zurückzuweisen ist, wenn der Privatkläger einen zu niedrig bemessenen Vorschuß nicht zahlt.

7   **c) Angemessenheit der Frist.** Die Frist mußt angemessen sein. Das nach Absatz 3 Satz 2 angerufene Beschwerdegericht kann zwar nicht sein eigenes Ermessen walten lassen, wohl aber nachprüfen, ob eine sehr kurze Frist einen **Ermessensmißbrauch** enthält[6]. Im Rechtsmittelverfahren darf die Frist nicht so gesetzt werden, daß sie vor Zustellung des angefochtenen Urteils abläuft; das Oberlandesgericht Düsseldorf (JMBlNRW **1958** 251) meint sogar, sie dürfe vor Ablauf der Begründungsfrist gar nicht gesetzt werden.

8   Die Frist muß dem Vorschußpflichtigen **mitgeteilt** werden, indem ihm entweder eine Ausfertigung oder eine beglaubige Abschrift zugestellt wird (OLG Schleswig SchlHA **1951** 126). Die Übersendung einer nicht beglaubigten Abschrift setzt die Frist nicht in Lauf. Gleichwohl ist sie keine Notfrist i. S. des Zivilprozeßrechts. Beantragt der Vorschußpflichtige vor Fristablauf Prozeßkostenhilfe, so wird die Frist gegenstandslos[7].

9   **d) Wahrung der Frist.** Die Frist wird schon durch **Einzahlung** auf Zahlkarte oder Postanweisung **beim Postamt** oder durch Eingang eines Überweisungsauftrags beim Postgiroamt gewahrt[8]. Bei Zahlung durch Gerichtskostenmarken ist die Frist dagegen nur gewahrt, wenn die Marken innerhalb der Frist bei Gericht eingehen[9]. Die Mitteilung einer Rechtsschutzversicherung, daß sie zur Zahlung des angeforderten Gebührenvorschusses verpflichtet sei und die Anweisung veranlaßt habe, genügt zur Fristwahrung nicht. Jedoch kann sie eine Fristverlängerung von Amts wegen geboten machen[10].

10   Die Frist darf nicht zum Nachweis der Zahlung, sondern nur zur **Zahlung** selbst gesetzt werden[11]; jedoch nicht mehr, wenn die Frist abgelaufen ist[12]. Ihr Ende muß eindeutig erkennbar sein; wird sie als Zeitraum bezeichnet (binnen zwei Wochen), muß der Anfangstermin genannt werden. Das Gericht kann die **Frist** von Amts wegen oder auf Antrag **verlängern** (OLG München HRR **1936** Nr. 1405). Die Fristsetzung ist so lange gegenstandslos, als auf einen Antrag des Privatklägers auf Prozeßkostenhilfe das Bewilligungsverfahren nicht beendet ist (OLG Celle OLGSt § 379 a, 1; KMR-*Müller* 3).

11   **e) Gerichtliche Handlung vor Vorschußzahlung (Absatz 2).** Vor Zahlung soll keine gerichtliche Handlung vorgenommen werden. Ein Verstoß dagegen hat jedoch **keine verfahrensrechtlichen Folgen.** Unterbleibt die Fristsetzung oder nimmt das Gericht eine Handlung schon vor der Vorschußhandlung vor, bleiben diese Handlungen mithin wirksam[13]; auch der Beschuldigte kann sie nicht anfechten. Der Ausnahmefall, daß die

---

[6] Vgl. OLG Celle OLGSt § 379 StPO, 1; KK-*v. Stackelberg* 3; *Kleinknecht/Meyer* 1.

[7] OLG Schleswig JZ **1951** 529; vgl. auch OLG München HRR **1936** Nr. 1405, wonach in einem solchen Fall das Gericht die Frist von Amts wegen verlängern soll.

[8] OLG Hamm NJW **1954** 733; OLG Celle NJW **1966** 1670; OLG Stuttgart MDR **1974** 1037; KK-*v. Stackelberg* 5; KMR-*Müller* 5; a. A unter Hinweis auf § 3 StSäumnG, wonach bei Überweisung auf ein Konto der Steuerbehörde und bei Einzahlung mit Zahlkarte oder Postanweisung der Tag gilt, an dem der Betrag der Steuerbehörde gutge-

schrieben wird: LG Heilbronn NJW **1979** 2219.

[9] OLG Hamm NJW **1960** 547; KK-*v. Stackelberg* 5; KMR-*Müller* 5; *Kleinknecht/Meyer* 4.

[10] OLG Celle NJW **1966** 1670; KK-*v. Stackelberg* 5; KMR-*Müller* 3; 5; *Kleinknecht/Meyer* 4; vgl. auch *Schöndorf* NJW **1966** 2076.

[11] OLG Hamm JMBlNRW **1958** 165; KK-*v. Stackelberg* 5.

[12] OLG Hamm NJW **1973** 1206; KK-*v. Stackelberg* 3; *Kleinknecht/Meyer* 1.

[13] KK-*v. Stackelberg* 4; KMR-*Müller* 7; *Kleinknecht/Meyer* 1.

Verzögerung dem Privatkläger Nachteil bringen würde, kann dann vorliegen, wenn Wiederholungen der Straftat ernstlich zu besorgen sind.

3. Folgen der Fristversäumung (Absatz 3 Satz 1)

a) Allgemein. Die Frist ist versäumt, wenn nicht am letzten Tag gezahlt ist (vgl. **12** Rdn. 9). Dagegen ist der Nachweis der Zahlung zur Fristwahrung nicht erforderlich, wie sich aus Absatz 3 Satz 3 ergibt (KMR-*Müller* 5). Ob den Vorschußpflichtigen ein **Verschulden** trifft, ist unerheblich [14]; jedoch kann er bei unverschuldetem Versäumnis Wiedereinsetzung in den vorigen Stand beantragen [15]. Ist dem Gericht ein Wiedereinsetzungsgrund schon bekannt, ist §45 Abs. 2 Satz 3 zu beachten. Eine gleichwohl beschlossene Zurückweisung kann der Privatkläger nur mit einem **Wiedereinsetzungsantrag**, nicht mit sofortiger Beschwerde bekämpfen. Keinesfalls ist das Gericht verpflichtet, vor der Zurückweisung von sich aus nach Wiedereinsetzungsgründen zu forschen (OLG Bamberg NJW **1949** 835).

Die **Zurückweisung** ist nicht um des Beschuldigten willen, sondern nur im fiskali- **13** schen Interesse vorgeschrieben. Mit ihr soll ein Druck auf den Privatkläger ausgeübt werden, den Vorschuß alsbald zu bezahlen. Der Beschuldigte hat kein Recht auf Zurückweisung, wie schon die Ausnahme des Absatzes 2 ergibt, und er kann sie nicht mit Rechtsmitteln durchsetzen [16]. Denn der Beschuldigte ist nicht in seinem Recht verletzt, wenn die Zurückweisung unterbleibt; ihm muß es gleichgültig sein, ob der Vorschuß rechtzeitig, verspätet oder überhaupt nicht bezahlt ist. Die Zurückweisung der Privatklage würde ihn ohnehin nicht endgültig vor Strafe bewahren (Rdn. 14 ff). Die praktische **Folge** des Zurückweisungsbeschlusses besteht darin, daß eine Gebühr über 20 DM (Nr. 1651 der Anklage 1 zu §11 Abs. 1 GKG) entsteht, die der Privatkläger zu zahlen hat. Die Folge des Absatzes 3 tritt nicht ein, wenn die Frist unangemessen kurz — etwa nur sechs Tage — war (OLG Celle OLGSt §379a, 1).

b) Verhältnis zu §391 Abs. 2. Streitig ist, ob die **Zurückweisung** der Privatklage **14** nach Absatz 3 unter §391 Abs. 2 letzter Fall fällt und damit nach §392 zur Folge hat, daß die Privatklage nicht von neuem erhoben werden kann. Das Bayerische Oberste Landesgericht (BayObLGSt **1956** 4 = NJW **1956** 758) und das Oberlandesgericht Hamm (NJW **1953** 717) sowie *Schorn* (Strafrichter 380), aber auch *von Stackelberg* (KK 7) und *Meyer* (*Kleinknecht/Meyer* 6) bejahen das in entsprechender Anwendung des §391 Abs. 2 mit der Begründung, daß die Androhung, die Privatklage zurückzuweisen, an Wert einbüße, wenn der Privatkläger die Klage erneuern könne, daß die Rechtssicherheit und das Bedürfnis des Beschuldigten diese Lösung verlange und daß diese Auslegung auch der Gesamteinstellung entspräche, die das Gesetz gegenüber dem vermögens- oder einkommensschwachen Privatkläger (*Seibert* MDR **1952** 278) einnähme [17].

Indessen liegt kein Fall vor, wonach der Privatkläger eine Frist nicht eingehalten **15** hätte, die ihm unter Androhung der **Einstellung des Verfahrens** gesetzt war, wie dies aber §391 Abs. 2 letzter Fall fordert. Denn die Einstellung des Verfahrens setzt einen Eröffnungsbeschluß voraus und ist schon deshalb etwas anderes als die Zurückweisung

---

[14] OLG Bamberg NJW **1949** 835; KK-*v. Stackelberg* 5; *Kleinknecht/Meyer* 4.
[15] KMR-*Müller* 6; *Kleinknecht/Meyer* 5.
[16] A. A KMR-*Müller* 10, der dem Beschuldigten die einfache Beschwerde zugestehen will, wenn entgegen seinem Antrag die Privatklage

nach Absatz 3 nicht zurückgewiesen wird, dabei aber einräumt, daß diese Beschwerde durch die Eröffnung des Hauptverfahrens überholt werden könne.
[17] So schon LG Meiningen DR **1941** 382 mit zust. Anm. *Mittelbach*.

Günter Wendisch

der Privatklage (KMR-*Müller* 8). Sie kann auch nicht mit der Einstellung nach § 383 Abs. 2 Satz 1 verglichen werden, zumal da diese weder mit einer Frist noch mit einer Androhung etwas zu tun hat.

16   Die Einstellung kann bei der Fristsetzung nicht angedroht werden. Wenn dem Gesetzgeber im fiskalischen Interesse, um das es in § 379 a ausschließlich geht, die Androhung der gebührenpflichtigen Zurückweisung als Druckmittel nicht genügt hätte, dann hätte er statt der Zurückweisung bestimmt, daß die Fristversäumung als Rücknahme gelte. Die **Rechtssicherheit** und das Interesse des Beschuldigten leiden unter der Möglichkeit erneuter Erhebung der Privatklage nicht mehr, als wenn der Privatkläger mit der Erhebung der Privatklage von vornherein länger gewartet oder die Zahlungsfrist etwa durch einen Antrag auf Prozeßkostenhilfe unterbrochen hätte. Es besteht auch kein Grund, den Privatkläger, den das Gesetz ohnehin ungünstig genug stellt, durch die Auslegung noch ungünstiger zu stellen[18].

17   c) **Rechtsmittel (Absatz 3 Satz 2 und 3).** Gegen die Zurückweisung ist **sofortige Beschwerde** zulässig (Absatz 3 Satz 2), etwa mit der Begründung, die Frist sei bei Eingang der Zahlung noch nicht abgelaufen gewesen. Die Möglichkeit der Abhilfe nach Absatz 3 Satz 3 stellt eine Ausnahme von § 311 Abs. 3 Satz 1 dar, wonach das Gericht zur Abänderung seiner durch sofortige Beschwerde angefochtenen Entscheidung grundsätzlich nicht befugt ist[19]. Den Beschluß nach Absatz 1 über die Zahlungsaufforderung mit Fristsetzung kann der Privatkläger dagegen nur mit **einfacher Beschwerde** anfechten (BayObLG NJW **1955** 1199). Soweit in der Begründung der sofortigen Beschwerde **Wiedereinsetzungsgründe** aufgeführt werden, muß das Gericht, das den Zurückweisungsbeschluß erlassen hat, die Beschwerde als Wiedereinsetzungsantrag nach § 45 behandeln; zu diesem Zweck muß das Beschwerdegericht eine bei ihm eingelegte Beschwerde zuständigkeitshalber an den Erstrichter zurückgeben[20].

4. Weitere Anwendung

18   a) **Nebenkläger.** Den Nebenkläger trifft die Pflicht, einen **Gebührenvorschuß** nach § 67 Abs. 1 Satz 1 GKG zu zahlen nur, soweit er Berufung oder Revision eingelegt oder die Wiederaufnahme des Verfahrens beantragt hat, nicht dagegen im Verfahren des ersten Rechtszuges oder bei Anschluß — einerlei in welcher Instanz — ohne eigene Rechtsmittel. Die frühere Regelung des § 401 Abs. 1 Satz 2, wonach dem Nebenkläger als Rechtsmittelführer zur Zahlung des Gebührenvorschusses nach § 67 Abs. 1 GKG eine Frist zu setzen war mit der Androhung, daß das Rechtsmittel nach fruchtlosem Ablauf verworfen würde, ist durch Art. 1 Nr. 101 Buchst. a des 1. StVRG beseitigt worden (vgl. § 401, Entstehungsgeschichte), weil der mit dieser **Fristsetzung** verbundene Zeitverlust in keinem Verhältnis zu der nur 20 DM, jetzt 40 DM (zufolge Änderung des § 113 Abs. 1 Satz 1 GKG in Verb. mit Nr. 1650 der Anlage 1 zu § 11 Abs. 1 GKG), betragenden Gebühr stand (Begr. BTDrucks. 7 551, S. 93 — zu Nr. 106 sowie OLG Hamm MDR **1985** 251). Für die Verpflichtung zur Zahlung eines **Auslagenvorschusses** gelten die vorstehenden Ausführungen sinngemäß.

19   b) **Widerkläger.** Den Widerkläger trifft — für die erste Instanz — keine Vorschußpflicht hinsichtlich der **Gerichtsgebühr** (§ 67 Abs. 1 Satz 2 GKG), für die Beru-

---

[18] Wie hier *Eb. Schmidt* 6; *Schlüchter* 816; KMR-*Müller* 8.

[19] KK-*v. Stackelberg* 8; KMR-*Müller* 9; *Kleinknecht/Meyer* 7.

[20] § 46, 3; KK-*v. Stackelberg* 8; *Kleinknecht/Meyer* 7.

fungs- oder Revisionsinstanz nur, soweit er in der Rolle als Widerkläger Berufung oder Revision gegen die Entscheidung über die Widerklage eingelegt hat (§§ 388, 390 Abs. 4, § 379 a in Verb. mit § 67 Abs. 1 Satz 1 GKG; vgl. § 388, 26; § 390, 19). Wegen weiterer Einzelheiten vgl. § 390, 15 ff). Für die Vorschußpflicht nach § 68 Abs. 2 in Verb. mit Absatz 1 GKG (**Auslagenvorschuß**) gilt diese Einschränkung nicht. Der Widerkläger hat mithin für jede von ihm beantragte Vornahme einer Handlung, die mit Auslagen verbunden ist, einen zu deren Deckung hinreichenden Vorschuß zu zahlen (§ 388, 25).

§ 380

(1) [1]Wegen Hausfriedensbruchs, Beleidigung, Verletzung des Briefgeheimnisses, Körperverletzung (§§ 223, 230 des Strafgesetzbuches), Bedrohung und Sachbeschädigung ist die Erhebung der Klage erst zulässig, nachdem von einer durch die Landesjustizverwaltung zu bezeichnenden Vergleichsbehörde die Sühne erfolglos versucht worden ist. [2]Der Kläger hat die Bescheinigung hierüber mit der Klage einzureichen.

(2) Die Landesjustizverwaltung kann bestimmen, daß die Vergleichsbehörde ihre Tätigkeit von der Einzahlung eines angemessenen Kostenvorschusses abhängig machen darf.

(3) Die Vorschriften der Absätze 1 und 2 gelten nicht, wenn der amtliche Vorgesetzte nach § 194 Abs. 3 oder § 232 Abs. 2 des Strafgesetzbuches befugt ist, Strafantrag zu stellen.

(4) Wohnen die Parteien nicht in demselben Gemeindebezirk, so kann nach näherer Anordnung der Landesjustizverwaltung von einem Sühneversuch abgesehen werden.

Schrifttum. *Ad. Arndt* Vergleiche im Strafverfahren, NJW **1962** 783; *Brangsch* Die Vertretung im Sühneverfahren vorm Schiedsmann, AnwBl. **1958** 25; *Donnepp* Die Aufgabe des Schiedsmannes in neuer Sicht, SchiedsmZ **1981** 113; *Falke* Das Schiedsmannsinstitut — historische und rechtssoziologische Aspekte, SchiedsmZ **1977** 74; *Fritze* Wesen und Tragweite eines behufs Beendigung des Privatklageverfahrens geschlossenen Vergleichs, GA 51 (1904) 292; *Geerds* Der Schiedsmann in der Strafrechtspflege. Gegenwärtige Funktionen und künftige Möglichkeiten, SchiedsmZ **1980** 73; *Hartung* Welche Wirkung hat der vor der Vergleichsbehörde (§ 380 StPO) geschlossene Vergleich auf das Strafverfahren? ZStW 63 (1951) 412; *Hartung* Die Kosten des Verfahrens beim Vergleich in Privatklagesachen, DRiZ **1953** 225; *Hartung* Handausgabe der Schiedsmannordnung[8] (1949); *Hartung/Jahn* Die Schiedsmannsordnung und das Hessische Schiedsmannsgesetz (1954); *Jäger* Der richterliche Sühnetermin und der Vergleich in Privatklagesachen, DJ **1941** 497; *Katholnigg/Bierstedt* Entwicklungstendenzen bei Schiedsmannsgeschäften und Privatklage, SchiedsmZ **1979** 145; *Kölsch* Kann eine Privatklage, die wegen fehlenden Sühneversuchs gemäß § 383 zurückgewiesen worden ist, erneut erhoben werden? MDR **1975** 903; *Kraus* Ist ein bei Erhebung der Privatklage noch nicht vorgenommener Sühneversuch nachholbar? NJW **1953** 173; *von Kujawa* Beiträge zur Beantwortung einiger Streitfragen bezüglich des Sühneversuchs bei Privatklagesachen, GA 52 (1905) 57; *Lehmann* Die Friedensrichter- und Schiedsmannsordnung, DStR **1935** 298; *Franz Müller* Vergleich in Privatklagesachen, DRiZ **1954** 51; *Wolfgang Müller* Beleidigungen im Sühnetermin, GA **1961** 161; *Oetker* Zur Gestaltung des Friedensverfahrens, GerS 108 (1936) 297; *Reiff* Kann der Sühneversuch in Privatklagesachen nach Klageerhebung nachgeholt werden? DStR **1942** 26 und NJW **1956** 500; *Riechert* Die Anfechtung der Vergleiche in Privatklagesachen, Diss. Hamburg 1954; *Röhl* Der Schiedsmann als Alternative zur Ziviljustiz, SchiedsmZ **1981** 86; *Schäfer* Zur Frage der Einführung eines friedensrichterlichen Verfahrens, DJZ **1936** 408; *Schulte* Die Erweiterung der sachlichen Zuständigkeit der Vergleichsbehörde, insbesondere des Schiedsmannes, SchiedsmZ **1980** 38; *Schulte* Das Recht des Schiedsmannsamtes im Wandel der Zeit, SchiedsmZ

1980 146; *Schulte* Vorschläge des BDS zur Erweiterung der Zuständigkeit des Schiedsmannsamtes und zur Änderung der Schiedsmannsordnungen und -gesetze, SchiedsmZ **1981** 102; *Schumacher* Sühneverfahren gegen Jugendliche, FamRZ **1955** 242; *Stöckel* Sühneversuch im Privatklageverfahren (1982); *Töwe* Der Sühneversuch im neuen Privatklageverfahren, GerS 107 (1936) 222.

Entstehungsgeschichte. Die als § 420 Gesetz gewordene Vorschrift sah einen Sühneversuch nur bei Beleidigungen (mit Ausnahme der „Amtsbeleidigungen") vor. Durch § 36 der EmmingerVO erhielt sie ihren jetzigen Umfang, durch die Bekanntmachung 1924 ihre jetzige Bezeichnung. Art. 21 Nr. 95 EGStGB 1974 hat Absatz 1 Satz 1 und Absatz 3 den geänderten Vorschriften des Besonderen Teils des Strafgesetzbuches redaktionell angepaßt.

Geplante Änderungen. Nach Art. 1 Nr. 28 des StVÄGE 1984 soll in die Klammerverweisung in Absatz 1 § 223 a StGB aufgenommen und damit der Sühneversuch auf die gefährliche Körperverletzung erstreckt werden. S. ggf. die Erläuterungen im Nachtrag zur 24. Auflage.

Übersicht

I. Sühneversuch (Absatz 1)

1 **1. Umfang.** Obwohl der Sühneversuch, der ursprünglich nur bei Beleidigungen — außer Amtsbeleidigungen — vorgesehen war (Entstehungsgeschichte), sich von Anfang an durchaus bewährt hatte, vergingen fast 50 Jahre, bis er auf weitere, wenn auch nicht für alle Privatklagevergehen (so nicht auf gefährliche Körperverletzung — § 223 a StGB — und Straftaten nach § 374 a Abs. 1 Nr. 7 und 8), ausgedehnt wurde. Zwar war schon bei den **Vorberatungen der Reichstagskommission** des Entwurfs einer Strafprozeßordnung (E 1909) angeregt worden, den Sühneversuch auf Amtsbeleidigungen zu erstrecken und ihn im übrigen auch für Körperverletzung, Hausfriedensbruch, Bedrohung und Sachbeschädigung vorzuschreiben, um übereilte Privatklagen wegen dieser Delikte zu verhindern. Jedoch waren die Regierungsvertreter diesen Anträgen entgegengetreten, „weil bei Amtsbeleidigungen ein Zwang zum Sühneversuch nicht angebracht sei. Ein solcher solle vor übereilten Klagen schützen. Dieser Gesichtspunkt falle bei Verletzungen der amtlichen Berufsehre weg. Dem klagenden Vorgesetzten könne vollends

ein Sühneversuch nicht zugemutet werden". Der Erweiterung des Sühneversuchs auch
für die vorstehend aufgeführten weiteren Privatklagevergehen wurde entgegengehalten, daß auch bei ihnen „die Aussicht auf einen Vergleich gering sei, Sachbeschädigungen überdies meist von Personen ausgingen, mit denen ein Sühneversuch dem Verletzten nicht wohl angesonnen werden könne"[1]. Die Anregung wurde daraufhin nicht weiter verfolgt. Eine **weitere Besonderheit** gibt es bei der Bedrohung (§ 241 StGB). Da diese
kein Antragsdelikt ist, bewahrt die Sühne den Beschuldigten nicht mit Sicherheit vor der
Verfolgung durch den Staatsanwalt.

2. Abgrenzung zum Strafantrag. Mit diesem hat der Sühneversuch nichts zu tun. **2**
Letzterer setzt keinen Strafantrag, dieser keinen Sühneversuch voraus (KK-*v. Stackel-*
berg 1). Der Antrag auf Bestimmung eines Sühnetermins enthält niemals einen Strafantrag, weil dieser nicht bei der Vergleichsbehörde, sondern nur bei Gericht, Staatsanwaltschaft oder Polizei angebracht werden kann (§ 158 Abs. 2). Das ist auch vor dem Sühneantrag zulässig, so daß dieser dann immer noch möglich ist, wenn er nur die Erhebung
der Privatklage innerhalb der Verjährungsfrist gewährleistet.

II. Vergleichsbehörde

1. Allgemein. Die Vorschrift überträgt die Einrichtung der Vergleichsbehörde **3**
und die Regelung des Verfahrens vor ihr — auch hinsichtlich der Zulässigkeit, ihre Tätigkeit von der Einzahlung eines angemessenen Kostenvorschusses abhängig zu machen
(Absatz 2) — der **Landesjustizverwaltung.** Dadurch wird jedoch nicht ausgeschlossen,
daß der Landesgesetzgeber sich der Sache annimmt. Von dieser Möglichkeit haben alle
Bundesländer Gebrauch gemacht[2]. Das hat auch einen zwingenden inneren Grund,
nämlich Überlieferungen und Bedürfnisse der einzelnen Länder zu dieser Frage zu berücksichtigen. Sonst wäre das Sühneverfahren besser durch Reichs- oder Bundesgesetz
geregelt worden.

Die Vergleichsbehörden sind zwar **Organe der Rechtspflege** und mit der Justiz- **4**
verwaltung funktionell verbunden (BGHZ **36** 193; KK-*v. Stackelberg* 1). Gleichwohl gehören sie nicht zu ihrem Bereich. Eine Ausnahme bildet allein Bremen, wo das Sühneverfahren zufolge Überlieferung seit jeher vor einer Justizbehörde stattfindet (Rdn. 16)
und damit zum Zuständigkeitsbereich der Justizverwaltung gehört mit der Folge, daß
die Einrichtung der Vergleichsbehörde hier deren Sache ist. Von dieser Ausnahme abgesehen, würde die Justizverwaltung ihren Zuständigkeitsbereich überschreiten, wenn sie
eine andere als eine Justizbehörde — etwa den Schiedsmann oder die Gemeinde — mit
dem Sühneverfahren betrauen wollte.

Aus diesem Grunde kann das in **Süddeutschland** überlieferte Sühneverfahren vor **5**
Gemeindebehörden (Rdn. 9 bis 12) nicht der Regelung durch die Justizverwaltung
überlassen werden. Das gäbe Konflikte mit den Innenverwaltungen. Die innere Ordnung des Staates würde gestört, wollte die Justizverwaltung, sei es auch unter Berufung
auf eine bundesgesetzliche Delegationsnorm, Behörden eines fremden Geschäftsbereichs mit Aufgaben betrauen und das Verfahren vor ihnen regeln. Es bleibt also kaum
etwas anderes übrig als landesgesetzliche Regelung. Freilich wird sie dann bedenklich,
wenn das Landesgesetz — wie z. B. in Bayern (vgl. Rdn. 11) — seinerseits die weiteren
Ausführungsvorschriften einer anderen Stelle überträgt als der Justizverwaltung. Im

---

[1] MatStrRRef. 13. Bd., S. 3397: zu § 383.   [2] Vgl. dazu im einzelnen Rdn. 8 ff.

einzelnen war die Regelung äußerst verschieden. *Drischler* (SchiedsmZ **1958** 121) nannte sie mit Recht „ein Bild deutscher Rechtszersplitterung". Inzwischen ist die Lage durch Bereinigungsgesetze in einigen Ländern etwas übersichtlicher geworden.

6   Der **Landesgesetzgeber** kann für die Verhandlung vor der Vergleichsbehörde Bevollmächtigte und Beistände ausschließen, auch Rechtsanwälte. Soweit aber nach landesrechtlichen Vorschriften die Vergleichsbehörde nach ihrem Ermessen Bevollmächtigte oder Beistände zurückweisen kann, gilt dies nicht mehr für Rechtsanwälte (vgl. § 225 Abs. 1 Satz 2 BRAO).

7   2. Über die **Regelung in den einzelnen Ländern** ist folgendes zu sagen:
8   a) **Früheres Preußen.** Die **preußische Schiedsmannsordnung** vom 29. 3. 1879 (PrGS 321) in der Fassung der Bekanntmachung vom 3. 12. 1924 (PrGS 751), die in den Nachfolgestaaten (Rdn. 13, 18, 20, 22, 24, 25, 27) trotz einiger Änderungen im Kern unverändert geblieben ist, bestimmt bezüglich der Vergleichsbehörde:

§ 33: „Bei nur auf Antrag zu verfolgenden Vergehen des ... (wie § 380 Abs. 1 Satz 1 erste Hälfte) ist der **Schiedsmann** die zum Zweck der Sühneverhandlung zuständige Vergleichsbehörde".

§ 32 Abs. 1, der nach § 34 auf die Sühneverhandlung über die in § 33 genannten Vergehen anzuwenden ist, bestimmt, daß aus den vor einem Schiedsmann geschlossenen Vergleichen ... die **gerichtliche Zwangsvollstreckung** stattfindet.

Bezüglich des **Absehens vom Sühneversuch** heißt es in

§ 36 PrSchiedsmO

(1) [1]Wohnen die Parteien nicht in demselben Gemeindebezirk, so kann das für die Erhebung der Privatklage zuständige Gericht auf Antrag gestatten, daß von dem Sühneversuch abgesehen werde, wenn der Antragsteller von dem Ort, an dem die Verhandlung stattfinden müßte, so weit entfernt wohnt, daß ihm unter Berücksichtigung seiner Verhältnisse und nach den Umständen des Falles nicht zugemutet werden kann, zu der Verhandlung zu erscheinen. [2]Das Gericht kann statt dessen den Antragsteller ermächtigen, sich in dem Sühnetermin vertreten zu lassen. [3]Über das Gesuch des Antragstellers hat das Gericht unverzüglich zu entscheiden.
(2) Gegen die Entscheidung des Gerichts steht den Parteien die sofortige Beschwerde nach den Vorschriften der Strafprozeßordnung zu.

9   b) **Baden-Württemberg.** Durch § 48 Nr. 47 des Gesetzes zur Ausführung des Gerichtsverfassungsgesetzes und von Verfahrensgesetzen der ordentlichen Gerichtsbarkeit vom 16. 12. 1975 (GBl. 868), das am 1. 7. 1976 in Kraft getreten ist (§ 49), ist das Gesetz zur Aufhebung der Gemeindegerichtsbarkeit und zur Regelung des Sühneversuchs in Privatklagesachen vom 19. 10. 1971 (GBl. 397) aufgehoben und durch die §§ 37 bis 41 des neuen Ausführungsgesetzes ersetzt worden. Nach § 37 Satz 1 ist **Vergleichsbehörde** i. S. des § 380 StPO die Gemeinde. Sie untersteht der Fachaufsicht des aufsichtsführenden Richters des örtlich zuständigen Amtsgerichts (§ 41). Nach § 38 Abs. 1 Satz 1 ist aus den vor der Vergleichsbehörde geschlossenen Vergleichen die Zwangsvollstreckung zulässig.

10   **Weitere Vorschriften** über das Sühneverfahren, namentlich zur Vertretung der Parteien im Sühnetermin, den Folgen des Ausbleibens einer Partei sowie den Inhalt der Niederschrift über den Sühneversuch enthält die Verordnung des Justizministeriums vom 23. 10. 1971 (GBl. 422). Zwar wird als deren Ermächtigungsnorm noch § 3 Satz 2 des Gesetzes vom 19. 10. 1971 (GBl. 397) angeführt, der allerdings durch § 48 Nr. 47 des Gesetzes vom 16. 12. 1975 aufgehoben worden ist (vgl. Rdn. 9); gleichwohl gilt die Verordnung deshalb weiter, weil seine Ermächtigungsnorm der in § 38 Abs. 2 AGGVG entspricht.

c) Bayern. Art. 2 BayAGStPO vom 17.11.1956 (BayBS III 149) lautet: **11**

(1) Die Vornahme des Sühneversuchs im Privatklageverfahren wird den Gemeinden übertragen.

(2) Der Sühneversuch entfällt, wenn die Parteien nicht in derselben Gemeinde wohnen.

(3) Das Staatsministerium des Inneren erläßt im Einvernehmen mit dem Staatsministerium der Justiz die erforderlichen Vollzugsvorschriften.

Die aufgrund des Art. 2 Abs. 3 BayAGStPO erlassene **Verordnung über den Süh-**   **12**
neversuch in Privatklagesachen vom 13. 12. 1956 (BayBS I 611) bestimmt, daß für die Vornahme des Sühneversuchs die Gemeinde zuständig ist, in deren Gebiet die Parteien wohnen. Die Entschließung des Bayerischen Staatsministeriums des Inneren vom 29. 1. 1957 (BayBSV I Bd. III 212) hebt hervor, daß der Sühneversuch keine persönliche Dienstaufgabe des ersten Bürgermeisters außerhalb des gemeindlichen Aufgabenbereichs, vielmehr der **Gemeinde** selbst übertragen ist. Welche Stelle der Gemeinde den Sühneversuch **als Vergleichsbehörde** vorzunehmen hat, bestimmt die Gemeindeordnung. Kosten werden nach Art. 6, 15 Abs. 1 BayKG vom 17. 12. 1956 (BayBS III 442) erhoben.

d) Berlin. Nach Art. II des Gesetzes über das Schiedsmannswesen vom 31. 5. 1965   **13**
(GVBl. 705), das am 1. 7. 1965 in Kraft getreten ist, gilt die preußische Schiedsmannsordnung nunmehr als **Berliner Schiedsmannsgesetz** (GVBl. **1965** 707 = GVBl. Sb II 317 — 1) fort. Durch Art. XLVIII des Gesetzes zur Anpassung von Straf- und Bußgeldvorschriften des Landes Berlin an das Bundesrecht (Strafrechtsanpassungsgesetz — StrRAnpG) vom 26. 11. 1974 (GVBl. 2752) ist § 33 SchiedsG an die Änderungen des Strafgesetzbuches angepaßt worden, die dieses durch das Einführungsgesetz (EGStGB 1975) erhalten hat. Seine heutige Fassung hat es durch das Erste Gesetz zur Änderung des Berliner Schiedsmannsgesetzes vom 4. 3. 1977 (GVBl. 582) erhalten.

Die Vorschriften über die **Vergleichsbehörde** (§ 33), die Vollstreckbarkeit aus Ver-   **14**
gleichen, die vor dem Schiedsmann geschlossen worden sind (§ 34 in Verb. mit § 32 Abs. 1), sowie über das Absehen vom Sühneversuch (§ 36) entsprechen der früheren preußischen Regelung (Rdn. 8 ff).

e) Bremen. § 2 AGStPO vom 18. 12. 1958 (SaBremR 312-a-1) in der Fassung von   **15**
Art. 75 AnpassG vom 18. 12. 1974 (GBl. 363) lautet:

Sühneverfahren in Privatklagesachen

[1]Das Sühneverfahren in Privatklagesachen und die Kosten des Sühneverfahrens werden vom Senator für Rechtspflege und Strafvollzug durch Rechtsverordnung geregelt. [2]Der Senator für Rechtspflege und Strafvollzug kann durch Rechtsverordnung

1. aus dem Sühneverfahren geschlossenen Vergleichen die Zwangsvollstreckung und die Kostenfestsetzung zulassen,

2. den Antragsgegnern eine Pflicht zum Erscheinen in der Sühneverhandlung auferlegen und für den Fall der Nichterfüllung dieser Pflicht ein Ordnungsgeld androhen,

3. die Anfechtung der im Sühneverfahren ergehenden Entscheidungen regeln.

Die aufgrund der Ermächtigung in § 2 AGStPO erlassene **Verordnung des Sena-**   **16**
tors für Justiz und Verfassung (jetzt: Rechtspflege und Strafvollzug) vom 30. 12. 1958 (SaBremR 312-a-2) in der Fassung von Art. 1 der Verordnung zur Änderung der Verordnung über das Sühneverfahren in Privatklageverfahren vom 26. 4. 1983 (GBl. 276) bestimmt u. a., daß bei den Amtsgerichten Beamte des gehobenen Justizdienstes (Rechtspfleger) zu Sühnebeamten bestellt werden, und zwar für die Amtsgerichte Bremen und Bremerhaven durch die Präsidenten dieser Gerichte, im übrigen durch den Präsidenten des Landgerichts (§ 1 Abs. 1), daß die Privatklage ohne Sühneversuch erhoben werden

kann, wenn die Parteien nicht in derselben Gemeinde wohnen, es sei denn, daß sie im Bezirk desselben Amtsgerichts wohnen (§ 3)[3], und daß aus den vor dem Sühnebeamten geschlossenen Vergleichen die Zwangsvollstreckung zulässig ist (§ 17).

17   **f) Hamburg.** Hier gilt die **Verordnung über die öffentliche Rechtsauskunfts- und Vergleichsstelle** — ÖRA — vom 4. 2. 1946 (BL 333-a). § 1 Abs. 2 dieser Verordnung verweist auf § 380 StPO. Die ÖRA hat eine Hauptstelle, Bezirksstellen (regelmäßig in den örtlichen Dienststellen der Sozialverwaltungen) und Nebenstellen sowie detachierte Schiedsmänner. Nach § 2 der Verordnung ernennt der Senat die Vorsitzenden der ÖRA im Benehmen mit der Landesjustizverwaltung; die **Schiedsmänner** werden auf seinen Vorschlag von der Justizbehörde ernannt. Nach § 3 sind die Vorsitzer berechtigt, Vollstreckungsklauseln für Vergleiche zu erteilen, die vor der ÖRA im Sühneverfahren geschlossen worden sind. Ergänzt wird die Verordnung durch die **Geschäftsordnung** für die öffentliche Rechtsauskunfts- und Vergleichsstelle vom 8. 1. 1947 (BL 333-a-1), zuletzt geändert durch Verordnung vom 8. 12. 1974 (GVBl. 381).

18   **g) Hessen.** Aufgrund des Art. 11 Nr. 6 des Hessischen Gesetzes zur Anpassung des Landesrechts an das Einführungsgesetz zum Strafgesetzbuch (EGStGB) und das Zweite Gesetz zur Reform des Strafrechts (2. StrRG) vom 4. 9. 1974 (GVBl. I 361) ist der Wortlaut des **Hessischen Schiedsmannsgesetzes** vom 12. 10. 1953 (GVBl. 163) am 13. 2. 1975 (GVBl. I 29 = GVBl. II 29 — 1) in der vom 1. 1. 1975 an geltenden Fassung neu bekanntgemacht worden[4]. Es wird ergänzt durch die Ausführungsverordnung vom 17. 7. 1975 (GVBl. I 187 = GVBl. II 29 — 3).

19   Die Vorschriften über die **Vergleichsbehörde** (§ 33), die Vollstreckbarkeit aus Vergleichen, die vor dem Schiedsmann geschlossen worden sind (§ 34 in Verb. mit § 32 Abs. 1) sowie über das Absehen vom Sühneversuch (§ 36) entsprechen der früheren preußischen Regelung (Rdn. 8 ff).

20   **h) Niedersachsen.** Nach Art. I des Gesetzes über das Schiedsmannswesen vom 6. 1. 1972 (GVBl. 13), das am 1. 7. 1972 in Kraft getreten ist, gilt die preußische Schiedsmannsordnung nunmehr als **Niedersächsische Schiedsmannsordnung** (GVBl. 128) in allen Landesteilen. Durch Art. 39 des Zweiten Gesetzes zur Anpassung von Straf- und Bußgeldvorschriften an das Bundesrecht (Zweites Anpassungsgesetz) vom 2. 12. 1974 (GVBl. 541) ist § 33 SchiedsmO an die Änderungen des Strafgesetzbuchs angepaßt worden, die dieses durch das Einführungsgesetz (EGStGB 1974) erhalten hat.

21   Die Vorschriften über die **Vergleichsbehörde** (§ 33), die Vollstreckbarkeit aus Vergleichen, die vor dem Schiedsmann geschlossen worden sind (§ 34 in Verb. mit § 32 Abs. 1), sowie über das Absehen vom Sühneversuch (§ 36) entsprechen der früheren preußischen Regelung (Rdn. 8 ff). **Verwaltungsvorschriften** zur Niedersächsischen Schiedsmannordnung (so zu § 33) enthält die AV des Nieders. Ministers der Justiz vom 8. 6. 1972 (NdsMBl. 899 = NdsRpfl. 127).

22   **i) Nordrhein-Westfalen.** Nach Art. II des Gesetzes über das Schiedsmannswesen vom 10. 3. 1970 (GVBl. 194), zuletzt geändert durch Art. 7 des Zweiten Gesetzes zur Funktionsreform (2. FRG) vom 18. 9. 1979 (GVBl. 552), gilt die Preußische Schiedsmannsordnung seit dem 1.4.1970 als **Schiedsmannsordnung für das Land Nordrhein-Westfalen** fort.

---

[3] Die Sonderregelung beruht auf der Besonderheit, daß ein Teil des Hafengebiets in Bremerhaven stadtbremisches Gebiet ist, gleichwohl aber zum Bezirk des Amtsgerichts Bremerhaven gehört.

[4] Durch das Gesetz zur Verlagerung von Aufgaben vom 31. 1. 1978 (GVBl. I 109) ist § 8 Abs. 5 geändert worden; die Änderung ist für die hier zu erörternden Fragen ohne Bedeutung.

Die Vorschriften über die **Vergleichsbehörde** (§ 33), die Vollstreckbarkeit aus Ver- **23** gleichen, die vor dem Schiedsmann geschlossen worden sind (§ 34 in Verb. mit § 32 Abs. 1), sowie über das Absehen vom Sühneversuch (§ 36) entsprechen der früheren preußischen Regelung (Rdn. 8 ff). **Verwaltungsvorschriften** zur Schiedsmannsordnung für das Land Nordrhein-Westfalen enthält die Verwaltungsverordnung für das Land Nordrhein-Westfalen (VVSchONW) vom 7. 8. 1970 (MBlNW 1580).

j) Rheinland-Pfalz[5]. Das Landesgesetz über das Schiedsmannswesen (Schieds- **24** mannsordnung — SchO —) vom 14. Dezember 1977 (GVBl. 433 = BS 316-1) hat die unterschiedliche Regelung in den ehemals preußischen, hessischen und bayerischen Landesteilen beseitigt. Anders als in den übrigen Ländern, die sich ganz oder teilweise aus ehemaligen preußischen Gebietsteilen zusammensetzen, hat sich der rheinland-pfälzische Gesetzgeber bei der Novellierung der ehemals preußischen Schiedsmannsordnung, dessen System auch hier die Grundlage des neuen Gesetzes bildet, nicht auf unumgängliche Änderungen beschränkt, sondern den **Sühneversuch** in den §§ 9 bis 30 SchO umfassend *neu* geregelt. Allerdings lehnen sich die mit § 380 Abs. 1 in Zusammenhang stehenden Vorschriften, das sind die §§ 9, 12 und 29 SchO, auch weiterhin inhaltlich an die entsprechenden Vorschriften der früheren preußischen Schiedsmannordnung, nämlich die §§ 33, 36 sowie § 34 in Verb. mit § 32 Abs. 1, an.

k) Saarland. Im Saarland gilt die frühere preußische Schiedsmannsordnung vom **25** 29. 3. 1879 (PrGS 321 = BS Saar 304-1) in der Fassung der Bekanntmachung des Gesetzes Nr. 940 vom 25. 11. 1971 (Amtsbl. 793 = BS Saar 304-1-1) und des Gesetzes Nr. 1012 vom 13. 11. 1974 (Amtsbl. 1011). Durch Art. II des Gesetzes Nr. 940 ist der Geltungsbereich der Schiedsmannsordnung als **Saarländische Schiedsmannsordnung** auf das ganze Saarland erstreckt worden. Sie ist am 1. 4. 1972 in Kraft getreten (Art. III des Gesetzes Nr. 940).

Die Vorschriften über die **Vergleichsbehörde** (§ 33), die Vollstreckbarkeit aus Ver- **26** gleichen, die vor dem Schiedsmann geschlossen worden sind (§ 34 in Verb. mit § 32 Abs. 1), sowie über das Absehen vom Sühneversuch entsprechen der früheren preußischen Regelung (Rdn. 8 ff).

l) Schleswig-Holstein. Die preußische Schiedsmannsordnung in der Fassung der **27** Bekanntmachung vom 3. 12. 1924 (GS 751), zuletzt geändert durch das 2. Gesetz zur Änderung der Schiedsmannsordnung vom 15. 7. 1974 (GVBl. 268), ist unter der neuen Überschrift **Schiedsmannsordnung für das Land Schleswig-Holstein** (Schiedsmannsordnung — SchOSH —) mit Wirkung vom 31. 7. 1974 neu gefaßt worden (GVBl. 271). Sie wird ergänzt durch die Verwaltungsvorschriften zur Schiedsmannsordnung für das Land Schleswig-Holstein (VVSchOSH) vom 8. 11. 1974. Diese sind nicht veröffentlicht worden; jedoch enthalten die Schleswig-Holsteinischen Anzeigen 1974 (S. 204) sowie das Amtsblatt 1974 (S. 896) Hinweise auf sie.

Die Vorschriften über die **Vergleichsbehörde** (§ 33), die Vollstreckbarkeit aus Ver- **28** gleichen, die vor dem Schiedsmann geschlossen worden sind (§ 34 in Verb. mit § 32 Abs. 1), sowie über das Absehen vom Sühneversuch (§ 36) entsprechen der früheren preußischen Regelung (Rdn. 8 ff).

III. Sühneverfahren

1. Prüfung von Amts wegen. Das Erfordernis des Sühneversuchs dient dem öffent- **29** lichen Interesse (vgl. *W. Müller* GA **1961** 162, 6). Der Sühneversuch soll vorbeugen, daß

---

[5] Vgl. zum früheren Recht LR-*Wendisch*[23] § 380, 34 ff.

Privatklagen leichtfertig und übereilt erhoben werden; deren Erhebung soll erheblich erschwert werden, weil „die Beseitigung des Klagerechts durch Vergleich dem Interesse des Staates mehr entspricht als die Verhängung einer Strafe" (*Hahn* Mat. I 277). Deshalb hat das Gericht **von Amts wegen** zu prüfen, ob dem Erfordernis des Sühneversuchs genügt ist; verneinendenfalls muß es die Klage als unzulässig zurückweisen[6]. Ein Verzicht des Beschuldigten ist unbeachtlich. Hiernach muß der Privatkläger bei Erhebung der Klage nachweisen, daß der Sühneversuch stattgefunden hat, aber ohne Erfolg geblieben ist (Absatz 1 Satz 2). Gleichwohl ist das Sühneverfahren noch **kein Strafverfahren,** der Schiedsmann nicht Strafverfolgungsorgan. Deshalb treffen ihn nicht die Belehrungspflichten nach § 136 Abs. 1 Satz 2[7].

30　　Im einzelnen ist bei der Auslegung **Strenge** gegenüber dem Privatkläger geboten, wenn die Vorschrift ihren Zweck erfüllen soll. Seit jeher wird darüber geklagt, daß es einerseits an einem wirksamen Schutz gegen schwere Ehrverletzungen fehle, während andererseits die Gerichte durch eine Vielzahl von Fällen in Atem gehalten werden, die nur „läppische Kleinigkeiten" betreffen. Diese beiden Mißstände stehen in einem gewissen Ursachenzusammenhang zueinander. Gerade weil ein nicht geringer Teil der Privatkläger den Eindruck von Querulanten erweckt, gerät auch der Verfechter eines ernstlichen und berechtigten Interesses leicht in ein falsches Licht, wenn er als Privatkläger aufzutreten gezwungen ist. Damit namentlich diesem der erforderliche wirksame gerichtliche Ehrenschutz gesichert wird, müssen die (allzu) vielen anderen zurückgedrängt werden. Dazu ist der Sühneversuch ein bewährtes Mittel.

31　　**2. Nachreichen der Sühnebescheinigung.** Hat ein Sühneversuch vor dem Einreichen der Klage stattgefunden, kann die Sühnebescheinigung nachgereicht werden[8]. Das Gericht ist zwar nicht verpflichtet, den Privatkläger dazu aufzufordern; jedoch wird sich das stets empfehlen, wenn Grund zu der Annahme besteht, daß der Sühneversuch tatsächlich stattgefunden, der Privatkläger aber vergessen hat, die Bescheinigung vorzulegen; notfalls wird es ihm dazu eine Frist setzen. Solange die Bescheinigung nicht bei Gericht ist, darf die Klage dem Beschuldigten nicht mitgeteilt werden.

3. Nachholen des Sühneversuchs

32　　**a) Allgemein.** Ob auch der Sühneversuch selbst nachgeholt werden kann, ist in Rechtsprechung und Literatur äußerst umstritten (vgl. dazu namentlich *Kraus* NJW **1953** 173)[9]. Die **Frage** ist **zu verneinen.** Schon der Wortlaut des Absatzes 1 Satz 2 ist

---

[6] LG Aachen NJW **1961** 524; LG Hamburg NJW **1973** 382; KK-*v. Stackelberg* 4; *Kleinknecht/Meyer* 5.

[7] KK-*v. Stackelberg* 7; *Kleinknecht/Meyer* 3; a. A *Hartung* SchiedsmO 164, 189, für den das Sühneverfahren ein „Vorverfahren des Privatklageverfahrens" ist. Wegen einer erstrebenswerten Erweiterung der Kompetenzen des Schiedsmanns vgl. *Geerds* 73, 88.

[8] LG Bielefeld JR **1951** 695; LG München NJW **1956** 74; *Dempewolf* 290; *Eb. Schmidt* 4; KK-*v. Stackelberg* 5; KMR-*Müller* 5; *Kleinknecht/Meyer* 4.

[9] Die Zulässigkeit **bejahen:** LG Bielefeld JR **1951** 695; LG Itzehoe SchlHA **1956** 273; nicht ganz klar LG Aachen NJW **1956** 1611; *Kronecker* GA **33** (1885) 7; KMR-*Müller* 5; *Reiff* NJW **1956** 500; *Schorn* Strafrichter 376 („an sich zulässig, aber sinnlos"); *Schlüchter* 813. **Verneint** wird sie von: LG Traunstein NJW **1954** 1737; LG München NJW **1956** 74; LG Würzburg BayJMBl. **1956** 83; LG Essen NJW **1956** 83; LG Münster JMBlNRW **1956** 204; LG Köln JMBlNRW **1961** 20; jetzt auch LG Aachen NJW **1961** 524; LG Hamburg NJW **1973** 382; *Dempewolf* 305; *Gerland* 450; *Hartung* ZStW **63** (1951) 412; **71** (1959) 459; *Kraus* NJW **1953** 173; *v. Kujawa* GA **52** (1905) 60; *Natron* SchiedsmZ **1958** 120; *Schumacher* SchiedsmZ **1956** 161; KK-*v. Stackelberg* 4; 5; *Kleinknecht/Meyer* 4; *Eb. Schmidt* 3.

eindeutig. Weil die Vorschrift die Privatklage erschweren soll (Rdn. 29), gehen alle Argumente fehl, die dem Privatkläger Umstände und Kosten ersparen wollen. Auch kann von einer Erleichterung für diesen nur dann die Rede sein, wenn man dabei an den einzelnen denkt, der — fälschlich — die Klage *vor* dem Sühneversuch eingereicht hat.

Dem wohlverstandenen **Interesse aller Privatkläger** ist weit besser gedient, wenn **33** man sie zwingt, vor Klageerhebung zur Vergleichsbehörde zu gehen. In aussichtslosen Fällen werden sie mit einiger Wahrscheinlichkeit vor Kosten bewahrt. Auch wenn sie zweifelsfrei im Recht sind, ist ihnen nicht selten mit dem, was sie bei einem Vergleich erreichen können (Ehrenerklärung!), mehr gedient als mit der Verurteilung des Gegners zu einer geringen Geldstrafe. Diesen Dienst erweist man ihnen am sichersten durch folgerichtige Festigkeit gegenüber denen, die sich nicht an die Vorschrift halten. Eine einheitliche Handhabung dürfte sich darüber hinaus bei Anwälten und auch auf Geschäftsstellen alsbald herumsprechen; sie würde — bei den sehr beachtlichen Erfolgen der Vergleichsbehörde[10] — die Arbeit der Privatklageabteilungen bei den Gerichten zusätzlich mindern.

b) Wiederholung? Richtig ist, daß der Privatkläger nicht gehindert werden kann, **34** nach **Zurückweisung der Privatklage** den Sühneversuch nachzuholen und — bei erfolglosem Sühneversuch — die Klage von neuem zu erheben[11]. Nicht behoben werden kann der Mangel der fehlenden Klagevoraussetzung dagegen durch Einlegung der Beschwerde gegen den klagezurückweisenden Beschluß (LG Stuttgart NJW **1963** 1793). Der hier vertretenen Ansicht kann nicht entgegengehalten werden, daß auf diese Weise mehr Arbeit für die Gerichte entstünde, und daß der Sühneversuch jetzt ohnehin keine **Erfolgsaussicht** mehr hätte. Abgesehen von der nicht erwiesenen Unterstellung ist es für den Strafrichter keine größere Arbeit, die Privatklage mangels Sühneversuchs zurückzuweisen, als die Nachholung zu verlangen und die Frist zu kontrollieren. Schließlich werden die Erfolgsaussichten des Sühneversuchs sicherlich nicht dadurch herabgesetzt, daß der Privatkläger sieht, er habe einen Fehler gemacht, der ihn — mindestens — 20 DM kostet, daß er erkennt, der Sühneversuch sei keine reine Formsache, sondern werde vom Gericht allen Ernstes verlangt.

Die Kostenerhöhung kann die **Vergleichsbereitschaft** des Privatklägers bei richti- **35** ger Handhabung nicht beeinträchtigen; denn jede Vergleichsbehörde müßte und würde ihm klarmachen, daß er diese Kosten auf alle Fälle selbst tragen muß, weil er sie durch seine eigene Voreiligkeit, Unversöhnlichkeit oder ungenügende Erkundigung selbst verschuldet hat (ebenso *Kölsch* MDR **1975** 903); daß sie ihm rechtskräftig auferlegt sind und daß er sie auch bei völligem Obsiegen mit einer erneuten Privatklage unter keinen Umständen erstattet bekommen kann.

Endlich sollte auch dem Einwand entgegengetreten werden, daß häufig die **Ko- 36** **sten des Anwalts** die Vergleichsbereitschaft in dieser Lage des Verfahrens herabsetzen würden. Zumindest sollte das dann nicht möglich sein, wenn die Vergleichsbehörde Klarheit darüber schafft, daß der Privatkläger die Kosten eines Anwalts, der ihn fälsch-

---

[10] Vgl. *Hartung* DStR **1942** 43; *Hirsch* 816; *Katholnigg/Bierstedt* 145; *Rieß* Gutachten, 24.

[11] OLG Hamm NJW **1984** 249; LG Köln JMBlNRW **1961** 20; LG Stuttgart NJW **1963** 1793; LG Düsseldorf NJW **1965** 1446; LG Lübeck SchlHA **1977** 129; *Kraus* NJW **1953** 173; *Heinrich* NJW **1964** 1087; *Dahs* MDR

1966 607; *Kölsch* MDR **1975** 903; KK-*v. Stackelberg* 6; KMR-*Müller* 6; *Kleinknecht/ Meyer* 6; *Schlüchter* 813; **a. A** LG Bonn NJW **1964** 417 mit abl. Anm. *Heinrich* NJW **1964** 1087, aber auch – mit teilweise anderer Begründung – MDR **1966** 606; LG Verden MDR **1974** 862; **1975** 247; LG Lübeck MDR **1976** 512; LG Kiel SchlHA **1977** 118.

lich vor einem Sühneversuch zur Klage geraten hat, wohl kaum im Vergleichswege oder auf andere Weise vom Beschuldigten erstattet verlangen kann. Soweit Anwaltskosten in den Vergleich überhaupt einbezogen werden, sollten sie auf solche Kosten beschränkt werden, die durch den Antrag auf Sühneversuch entstanden sind (vgl. *Kreuser* SchiedsmZ **1958** 54).

37   **c) Gegenansicht.** Das Landgericht Itzehoe (SchlHA **1956** 273) beruft sich für die Gegenansicht auf *Kronecker* (GA **33** [1885] 7), macht sich aber gerade das Argument nicht zu eigen, das für diesen das allein entscheidende ist: Den Nachteil von der Zurückweisung hätte nicht der Privatkläger, sondern der Angeschuldigte; „denn während ihm dann, wenn der Richter dem Kläger die Nachholung der Sühne mit bestimmter Frist aufgibt, nur während dieser Frist die Klage droht, ist dies bei der Zurückweisung der Klage während des ganzen Restes der Verjährungsfrist … der Fall; während dieser ganzen Frist ist die Neuanstellung zulässig".

38   Das erste stimmt aber nicht. Zunächst wird hier die Chance des Beschuldigten übersehen, sich im Sühnetermin mit dem Privatkläger zu einigen. Vor allem aber beendet der fruchtlose Ablauf dieser Frist nicht die **Klagebefugnis.** *Kronecker* scheint hier § 391 Abs. 2 anwenden zu wollen. Aber vor Eröffnung des Hauptverfahrens kann das Gericht dem Privatkläger keine Frist „unter Androhung der Einstellung" setzen, wie es § 391 Abs. 2 voraussetzt (§ 391, 33; § 379 a, 14 ff; KMR-*Müller* § 391, 12). Denn vor dessen Eröffnung kann der Richter das Verfahren nur nach § 383 Abs. 2 wegen Geringfügigkeit einstellen, die Einstellung darf er aber nie von einer Fristversäumung abhängig machen.

39   Im übrigen kommt bei **unterbliebenem Sühneversuch** keine Einstellung in Betracht, sondern nur die Zurückweisung. Deshalb darf die Einstellung auch nicht angedroht werden, auch nicht, um einen Sühneversuch herbeizuführen; denn dessen Unterlassen kann in keiner Lage des Verfahrens zur Einstellung führen. Das Fehlen des Sühneversuchs hat vielmehr vor dem Eröffnungsbeschluß die Zurückweisung zur Folge; danach ist es für das weitere Verfahren bedeutungslos (OLG Hamburg NJW **1956** 522); vgl. zu der Frage im einzelnen Rdn. 44 ff.

40   **d)** Zu dem **weiteren Einwand** desselben Gerichts (SchlHA **1956** 273), nach der hier vertretenen Meinung lasse sich kaum eine **Befreiung vom Sühneversuch** beantragen, weil die Entscheidung über diesen Antrag die Kenntnis des Gerichts von der Privatklage voraussetze, ist zu bemerken. Nach dem Gesetz ist nur folgende Reihenfolge möglich: Befreiungsantrag — Entscheidung darüber — im Ablehnungsfall Sühneversuch — Erhebung der Privatklage (so auch LG Verden MDR **1974** 862). Der Befreiungsantrag kann — ebenso wie ein Antrag auf Prozeßkostenhilfe (§ 379, 13) — entweder eine eigene Darstellung der Tat usw. enthalten oder auf einen beigefügten Entwurf der beabsichtigten Privatklage Bezug nehmen.

41   **e)** Man kann den Sühneversuch als eine **Klagevoraussetzung**[12] bezeichnen, weil er sich von den gewöhnlichen Prozeßvoraussetzungen dadurch unterscheidet, daß deren Fehlen in jeder Lage des Verfahrens, das Fehlen des Sühneversuchs aber nur bis zum Eröffnungsbeschluß zu berücksichtigen ist. Bei der Rechtsanwendung haben jedoch Begriffe wie Klagevoraussetzung und Prozeßvoraussetzung zu dienen, nicht zu herrschen. Man kann deshalb nicht sagen, wenn schon Prozeßvoraussetzungen (wie der

---

[12] *Schlüchter* 813; KK-*v. Stackelberg* 4; KMR-*Müller* 2 ff; *Kleinknecht/Meyer* 2; vgl. auch OLG Hamburg NJW **1956** 552.

Strafantrag) in jeder Lage des Verfahrens nachgeholt werden könnten, dann müsse das für bloße Klagevoraussetzungen erst recht gelten (*Reiff* NJW **1956** 500). Vielmehr muß man fragen, wodurch sich das Nachholen des Strafantrags und das des Sühneversuchs sachlich unterscheidet.

Der Sühneversuch vor der Vergleichsbehörde, den das Gesetz zeitlich vor die **42** Klageerhebung schaltet, würde erheblich an Aussichten verlieren, wenn er noch unternommen werden könnte, während schon die Privatklage dem Gericht — wenn auch noch unerledigt — vorliegt. (Die Stellung des Strafantrags wird durch die Anhängigkeit des Verfahrens dagegen in keiner Weise gehindert). Würde der Privatkläger jetzt nachgeben, verspielte er die Chance, daß das Gericht dem Angeklagten die bereits entstandenen Gerichts-(und Anwalts-)kosten auferlegt. Unter dieser **Belastung** soll der Sühneversuch nach dem Willen des Gesetzes gerade nicht stehen; deshalb verlangt es ihn vor Klageerhebung. Er wird von ihr dadurch befreit, daß die erste Privatklage auf Kosten des Klägers zurückgewiesen wird.

f) Es ergibt sich die **weitere Folgerung,** daß ein erfolgloser Sühneversuch, der zwi- **43** schen Erhebung und Zurückweisung der ersten Privatklage unternommen worden ist, dem Erfordernis des Absatzes 1 auch für die zweite Privatklage ebenfalls nicht genügt (ebenso *Hartung* ZStW 71 [1959] 469). Das Gesetz meint in Absatz 1 einen Sühneversuch, der angestellt worden ist, während keine Klage bei Gericht anhängig war. Der Privatkläger, der ohne Sühneversuch geklagt hat, muß also entweder erst die Zurückweisung abwarten oder aber die Klage zurücknehmen, ehe der Sühneversuch stattfindet. Bei der Rücknahme muß dieser Grund — Unzulässigkeit mangels Sühneversuchs — ausdrücklich angegeben werden, damit nicht die Folge des § 392 eintritt (§ 392, 2). Andernfalls müßte das Gericht die Klage wieder zurückweisen.

Auch dürfte die Vergleichsbehörde kaum verpflichtet sein, in der Zeit zwischen **44** Erhebung und Erledigung der Privatklage überhaupt einen Sühneversuch anzustellen. Die Bearbeitung von Sachen, die bei Gericht anhängig sind, ist nicht als ihre Aufgabe gekennzeichnet. Daher kann die Vergleichsbehörde dem Antragsteller, der schon die Privatklage bei Gericht eingereicht hat, aufgeben, zunächst deren rechtskräftige Erledigung nachzuweisen.

4. Heilung durch Eröffnungsbeschluß. Der Mangel — Fehlen des erforderlichen **45** Sühneversuchs — wird geheilt, wenn gleichwohl ein Eröffnungsbeschluß ergeht[13]. Trotzdem besteht kein Widerspruch zu der unter Rdn. 40 vertretenen Ansicht. Die Heilung des Mangels folgt nicht, wie bisweilen gesagt wird, aus dem begrifflichen Wesen der Klagevoraussetzung; umgekehrt ist vielmehr der **Sühneversuch** eine **Klagevoraussetzung** (im Gegensatz zur Prozeßvoraussetzung), weil er nur bis zum Eröffnungsbeschluß gefordert werden kann. Der Grund dafür liegt darin, daß der Sühneversuch seinen Zweck, gerichtliche Privatklageverfahren nach Möglichkeit einzuschränken, nach Eröffnung des Hauptverfahrens nicht mehr erfüllen kann. Denn durch die Eröffnung des Hauptverfahrens ist eine neue Prozeßlage geschaffen worden, die den bisherigen mangelhaften Zustand überholt hat (KK-*v. Stackelberg* 8).

Dem Angeklagten können schon Kosten entstanden sein. In dieser Lage des Ver- **46** fahrens verspricht ein **gerichtlicher Vergleichsversuch** (§ 391, 14) bessere Aussicht auf Erfolg. *Ad. Arndt,* der sich grundsätzlich gegen gerichtliche Vergleiche in Privatklage-

---

[13] BayObLG NJW **1958** 1148; OLG Düsseldorf JW **1928** 2291 mit Anm. *Kleinschmidt*; OLG Hamm JMBlNRW **1951** 184; OLG Hamburg NJW **1956** 522; *Schlüchter* 813; KK-*v. Stackelberg* 8; KMR-*Müller* 4; *Kleinknecht/Meyer* 2; a. A *Eb. Schmidt* 1.

sachen wendet (NJW **1962** 783), übersieht dabei die grundsätzliche Entscheidung, die das Gesetz zugunsten solcher Vergleiche getroffen hat. Wo das Landesrecht die **Befreiung vom Sühneversuch** durch Gerichtsbeschluß vorsieht, muß dieser Beschluß vor Erhebung der Privatklage ergangen sein; andernfalls ist die Privatklage unzulässig und wird auch durch nachträgliche Befreiung nicht zulässig, da sie nur ex nunc wirkt[14].

47   **5. Erfolgreicher Sühnevergleich.** War der Sühneversuch erfolgreich, erhält der Antragsteller von der Vergleichsbehörde keine Bescheinigung über die Erfolglosigkeit (*Hartung* ZStW **63** [1951] 312). Demzufolge ist die Privatklage nach Absatz 1 Satz 1 unzulässig. Zudem ist der Vergleich ein **Verfahrenshindernis** (KMR-*Müller* 2). Er beseitigt für den ihn abschließenden Klageberechtigten dessen Klagerecht und ist in jeder Lage des Verfahrens zu berücksichtigen mit der Folge, daß ein gleichvoll angestrengtes Privatklageverfahren eingestellt werden muß. Er berührt aber nicht die Rechte anderer Klageberechtigter oder der Staatsanwaltschaft.

48   Der Vergleich ist nach Landesrecht gewöhnlich **vollstreckbar.** Ob ein vor der Vergleichsbehörde geschlossener Vergleich nach den Vorschriften des Bürgerlichen Rechts angefochten werden kann, mag zweifelhaft sein. Jedenfalls ist aber der in einem solchen Vergleich enthaltene Verzicht auf das Recht, Privatklage zu erheben, nicht anfechtbar (LG Frankfurt NJW **1959** 1454). Das Gericht begründet seinen Standpunkt damit, daß der Sühnevergleich reine Prozeßhandlung sei. Zu demselben Ergebnis kommt *Riechert.* Nach ihm soll der Sühnevergleich eine doppelte Rechtsnatur haben, nämlich zugleich Prozeßhandlung und privatrechtlicher Vertrag sein (40). Zu Recht schließt er dessen Unanfechtbarkeit aber daraus, daß der Grundsatz der Wiederherstellung des Rechtsfriedens dem der unbedingten und uneingeschränkten Rechtsgewährung vorgehe mit der Folge, daß die Normen des Privatrechts über die Anfechtung von Willenserklärungen durch die des Prozeßrechts über die Unanfechtbarkeit von Prozeßhandlungen zurückgedrängt würden (69; **a. A** *Kubisch* NJW **1959** 1935).

49   **6.** Wegen des **gerichtlichen Vergleichs** vgl. § 391, 14; wegen des außergerichtlichen Vergleichs § 391, 23.

IV. Wegfall des Sühneversuchs

50   **1. Allgemein.** Der Sühneversuch ist zunächst einmal entbehrlich, wenn eine Straftat nach Absatz 1 mit einer anderen nach § 374 Abs. 1 Nr. 7 oder 8, für die kein Sühneversuch gefordert wird, zusammentrifft und beide Straftaten eine Tat i. S. von § 264 bilden[15].

51   **2. Beitritt, Widerklage.** Wegen des Fortfalls beim Beitritt vgl. die Ausführungen zu § 375, 7. Bei der **Widerklage** folgt die Entbehrlichkeit des Sühneversuchs zwangsläufig aus der Tatsache, daß bereits ein Privatklageverfahren anhängig ist (§ 388, 9; vgl. auch KMR-*Müller* 7; *Kleinknecht/Meyer* 2).

52   **3. Strafantrag des Vorgesetzten (Absatz 3).** Wegen der Begründung dieser Ausnahme vgl. Rdn. 1. Das Erfordernis des Sühneversuchs entfällt bereits, wenn der Vorgesetzte befugt ist, Strafantrag zu stellen. Er braucht ihn mithin nicht wirklich gestellt zu

---

[14] LG Bochum SchiedsmZ **1958** 33; LG Verden MDR **1974** 862.

[15] KK-*v. Stackelberg* 9; KMR-*Müller* 1; *Kleinknecht/Meyer* 2.

haben und nicht selbst der Privatkläger zu sein; in diesen Fällen bedarf es auch für die Privatklage des Verletzten selbst keines Sühneversuchs[16].

4. Verschiedene Gemeindebezirke (Absatz 4). Schließlich kann der Sühneversuch **53** nach näherer Anordnung der Landesjustizverwaltung entfallen, wenn die Parteien nicht in demselben Gemeindebezirk wohnen. Wegen der Einzelregelungen dieser Anordnungen vgl. die Ausführungen zu den einzelnen Bundesländern (Rdn. 8 ff). Wo eine solche Anordnung fehlt (wie z. B. in Hamburg), wird der Richter nach seinem Ermessen auf Antrag des Privatklägers vom Erfordernis des Sühneversuchs absehen können[17].

5. Jugendlicher Straftäter. Für eine Tat, die der Beschuldigte als Jugendlicher be- **54** gangen hat, kommt ein Sühneversuch nach Absatz 1 schon deshalb nicht in Betracht, weil gegen einen Jugendlichen **keine Privatklage** zulässig ist (§ 80 Abs. 1 Satz 1; vgl. Vor § 374, 4; § 374, 47; § 376, 27). Zwar kann gegen einen jugendlichen Privatkläger Widerklage erhoben werden (§ 80 Abs. 2 JGG; § 388, 1); jedoch erfordert diese keinen Sühneversuch (Rdn. 51; § 388, 9). Ob gleichwohl nach anderen Bestimmungen ein Sühneversuch zulässig ist, richtet sich nach Landesrecht.

V. Straftaten im Sühnetermin

Ob Straftaten, namentlich **Beleidigungen,** die im Sühnetermin begangen werden, **55** ihrerseits zu bestrafen sind, ist nach sachlichem Strafrecht zu beurteilen (vgl. *W. Müller* GA **1961** 162). Abweichend von dessen Ansicht ist dabei zu unterscheiden, um welchen der Tatbestände der §§ 185 ff StGB es sich jeweils handelt. Formalbeleidigungen, tätliche Beleidigungen (§§ 185, 192 StGB) und Verleumdungen (§ 187 StGB) sind auch im Sühnetermin Straftaten und weder durch Rechtfertigungs- noch durch Entschuldigungsgründe gedeckt. Der Wunsch, sich Luft zu machen, muß beherrscht werden; zurücktreten muß auch der Gesichtspunkt, daß nach solchen Entladungen bisweilen die Vergleichsbereitschaft des Unbeherrschten größer wird. Dagegen wird die Wiederholung solcher Tatsachen, in deren Behauptung der Antragsteller eine üble Nachrede (§ 186 StGB) erblickt, häufig gerade im Sühnetermin der Wahrnehmung berechtigter Interessen (§ 193 StGB) dienen. Man muß sich im Sühnetermin darüber unterhalten können, welche Aussichten ein Wahrheitsbeweis hat; dabei wird es meist gar nicht zu vermeiden sein, daß der Beleidiger seine Behauptungen wiederholt, präzisiert und vielleicht sogar noch erweitert (vgl. dazu OLG Braunschweig GA **1962** 83).

§ 381

[1]Die Erhebung der Klage geschieht zu Protokoll der Geschäftsstelle oder durch Einreichung einer Anklageschrift. [2]Die Klage muß den in § 200 Abs. 1 bezeichneten Erfordernissen entsprechen. [3]Mit der Anklageschrift sind zwei Abschriften einzureichen.

Entstehungsgeschichte. Die als § 421 Gesetz gewordene Vorschrift hat ihre jetzige Bezeichnung durch die Bekanntmachung 1924 erhalten.

---

[16] *Eb. Schmidt* 6; KK-*v. Stackelberg* 9; KMR-*Müller* 8; *Kleinknecht/Meyer* 9.

[17] Vgl. LG Hamburg NJW **1973** 382; KK-*v. Stackelberg* 10; *Kleinknecht/Meyer* 10.

Günter Wendisch

1　　1. Die Klage wird bei dem örtlich zuständigen **Amtsgericht** (§§ 7 ff) erhoben (vgl. Vor § 374, 8), und zwar entweder **schriftlich** oder zu Protokoll der Geschäftsstelle. Im ersten Fall muß sie erkennen lassen, wer die Klage erhebt (enger KK-*v. Stackelberg* 2). Dazu braucht das Schriftstück nicht unbedingt eigenhändig unterschrieben zu sein (KMR-*Müller* 2). Briefkopf, Diktatzeichen, Unterstempelung — auch mit Faksimilestempel — oder maschinenschriftliche Namensangabe können genügen.

2　　Wird die Klage zu **Protokoll der Geschäftsstelle** erklärt — es braucht nicht die Geschäftsstelle des zuständigen Gerichts zu sein, denn das Protokoll genügt stets der Schriftform —, so ist sie erst mit dem Eingang beim zuständigen Gericht wirksam erhoben (KK-*v. Stackelberg* 3). Ob der Urkundsbeamte die Verantwortung für die Fassung übernimmt, ist hier — anders als nach § 345 Abs. 2 — unerheblich. Von den beiden Abschriften (Satz 3) ist eine für den Beschuldigten bestimmt (vgl. § 382). Die andere ist für die Staatsanwaltschaft gedacht, der nach der bis 1942 geltenden Fassung des § 382 (vgl. dessen Entstehungsgeschichte) die Privatklage in jedem Fall mitzuteilen war. Bei Klageerhebung zu Protokoll der Geschäftsstelle läßt das Gericht die **Abschriften** fertigen.

3　　2. **Bezugnahme** auf andere Schriftstücke (z. B. auf den Strafantrag) ist zwar nicht zu empfehlen, aber auch nicht schlechthin unzulässig[1]; dann aber muß eine Abschrift der in Bezug genommenen Schriftstücke mit zugestellt werden.

4　　3. **Inhalt.** Die Privatklage muß inhaltlich den Erfordernissen einer — öffentlichen — **Anklageschrift** (§ 200) entsprechen (Satz 2), mithin das Gericht, den Beschuldigten (keine Privatklage gegen Unbekannt, *v. Hippel* JW **1928** 2193; a. A *Hofmann* GA **76** [1932] 16, auch kein Sühneantrag gegen Unbekannt; *Keuser* SchiedsmZ **1958** 165), die verletzte Strafbestimmung und die Beweismittel angeben. Vor allem muß sie die Tat unter Hervorhebung ihrer gesetzlichen Merkmale bezeichnen (vgl. BGHSt **5** 227 = JR **1954** 149 mit Anm. *Görcke;* zu streng in bezug auf die förmlichen Formerfordernisse AG Bonn MDR **1965** 766). Allerdings muß zweifelsfrei erkennbar sein, in welchem genauen Vorgang die Straftat erblickt wird; darauf kommt es wegen des späteren Umfangs der Rechtskraft an.

5　　Die Klage kann nicht von einer **Bedingung** — z. B. Prozeßkostenhilfebewilligung — abhängig gemacht werden[2]. Ob eine Straftat rechtshängig ist, muß wegen der großen Bedeutung dieser Frage jederzeit eindeutig feststehen.

6　　4. Der Privatkläger kann die Klage auch durch **Bevollmächtigte** erheben, die nicht Rechtsanwälte sind (KMR-*Müller* 2). Die Beschränkung auf Rechtsanwälte (§ 378 Satz 1) gilt nur für die Hauptverhandlung (§ 378, 1).

7　　5. Wegen der **Sühnebescheinigung** vgl. § 380, 31; wegen des Gerichtskostenvorschusses § 379 a, 18 ff. Fehlt jene oder hat der Privatklageberechtigte diesen nicht gezahlt oder die Klage nicht vorschriftsmäßig erhoben, so ist sie durch Beschluß zurückzuweisen. Wegen der dagegen zulässigen Rechtsmittel vgl. § 382, 2.

---

[1] BayObLGSt **28** 18 = JW **1928** 2278 mit Anm. *Jonas*; KMR-*Müller* 3.

[2] § 379, 24; KMR-*Müller* 2; a. A LG Frankfurt NJW **1953** 793; LG Köln MDR **1958** 622.

§382

Ist die Klage vorschriftsmäßig erhoben, so teilt das Gericht sie dem Beschuldigten unter Bestimmung einer Frist zur Erklärung mit.

Entstehungsgeschichte. Die als § 422 Gesetz gewordene Vorschrift hat ihre jetzige Bezeichnung durch die Bekanntmachung 1924 erhalten. Sie bestimmte über den geltenden Inhalt hinaus, daß die Klage „der Staatsanwaltschaft zur Kenntnisnahme" mitzuteilen war. Durch Art. 9 § 9 Abs. 2 der 2. VereinfVO wurde dieses Erfordernis gestrichen, nachdem § 377 Abs. 1 durch dieselbe Verordnung das Gericht verpflichtete, dem Staatsanwalt die Akten vorzulegen, wenn es die Übernahme durch ihn für geboten hält. Das VereinhG hat diese Regelung beibehalten.

1. Vorschriftsmäßig erhoben ist die Klage, wenn sie den §§ 379 bis 381 — in **1** Verb. mit § 200 Abs. 1 — entspricht. Nur dies muß der Richter schon vor der Mitteilung an den Beschuldigten prüfen, **Verfahrensvoraussetzungen,** zu denen auch die Zulässigkeit der Privatklage gehört, örtliche Zuständigkeit, rechtliche und tatsächliche Begründung der Klage dagegen erst später (§ 383; KK-*v. Stackelberg* 1). Fehlt es jedoch an der Gerichtsbarkeit gegenüber dem Beschuldigten (§§ 18 ff GVG) oder ist dieser als Abgeordneter unverfolgbar (Art. 46 GG; Ausnahme: § 187 StGB), darf ihm die Klage nicht ohne Genehmigung des Parlaments, die der Privatkläger selbst zu beschaffen hat (Nr. 192 Abs. 7 RiStBV; § 383, 4), mitgeteilt werden, jedenfalls nicht zur Erklärung; denn damit würde Gerichtsbarkeit ausgeübt und der Beschuldigte zur Verantwortung gezogen. In diesen Fällen ist die Privatklage sofort zurückzuweisen. Gegen den Beschluß ist sofortige, nicht einfache Beschwerde gegeben[1]. Die Zustellung einer nicht vorschriftsmäßig erhobenen Privatklage kann **Amtshaftung** auslösen (LG Lüneburg NJW **1961** 2349).

2. Mängel der Klageschrift. Ist die Klage nicht vorschriftsmäßig erhoben, hat das **2** Gericht zu prüfen, ob der Mangel behoben werden kann. Ist das möglich, hat es dem Kläger eine Frist zur Behebung des Mangels zu setzen, z. B. für das Beibringen der Sühnebescheinigung, der Genehmigung des Parlaments, für die Sicherheitsleistung, die Zahlung des Gebührenvorschusses oder für das Nachholen fehlender Angaben. Läuft die Frist fruchtlos ab oder ist der Mangel seiner Art nach nicht behebbar — ein anderer als der Privatklageberechtigte hat die Privatklage, der gesetzliche Vertreter sie im eigenen Namen erhoben (*Dempewolf* 280 f) —, wird die Klage durch Beschluß zurückgewiesen[2]. Dagegen ist einfache **Beschwerde** zulässig (§ 304); nur wenn der Beschluß wegen Nichtzahlung des Gebührenvorschusses ergeht, ist er mit sofortiger Beschwerde anfechtbar (§ 379 a Abs. 3 Satz 2; a. A KMR-*Müller* 3).

3. Zurückweisung. Die Klage kann auch dann **ohne Mitteilung** an den Beschuldig- **3** ten zurückgewiesen werden, wenn ihrer Zulässigkeit oder ihrer Begründetheit ein anderer, nicht behebbarer Grund entgegensteht[3], so namentlich, wenn ein Strafantrag fehlt und die Frist dafür verstrichen ist, wenn die Klage vom Falschen oder gegen den Falschen, von einem Prozeßunfähigen oder gegen einen solchen, auch gegen einen Jugend-

---

[1] KK-*v. Stackelberg* 1; KMR-*Müller* 5.
[2] KK-*v. Stackelberg* 2; KMR-*Müller* 3.
[3] *Eb. Schmidt* 3; KK-*v. Stackelberg* 4; *Kleinknecht/Meyer* 3.

Günter Wendisch

lichen erhoben ist oder wenn die behauptete Tat nicht strafbar ist. Nur das Hauptverfahren darf unter keinen Umständen ohne Mitteilung eröffnet werden. Bei dem **Zurückweisungsbeschluß** handelt es sich gleichwohl um einen solchen nach § 383 Abs. 1; er ist also nicht nach § 304 mit einfacher, sondern nach § 384 Abs. 1 in Verb. mit § 210 Abs. 2 nur mit sofortiger Beschwerde anfechtbar (§ 383, 14; a. A *Eb. Schmidt* 3). Auch verbraucht ein solcher Beschluß die Strafklage (KK-*v. Stackelberg* 3).

4   **4. Zusammentreffen von Privatklage- und Offizialdelikt.** Handelt es sich bei der behaupteten Tat nach Ansichts des Richters um kein Privatklage-, sondern um ein **Offizialdelikt** (vgl. § 374, 20 ff; § 376, 21 ff; § 377, 14 ff), legt er die Sache nach § 377 Abs. 1 Satz 2 der Staatsanwaltschaft vor. Erscheint dies nicht angebracht (vgl. *Dempewolf* 300) oder lehnt der Staatsanwalt die Übernahme ab, muß der Richter die Privatklage zurückweisen. Steht das behauptete Privatklagedelikt in **Tateinheit** mit einem Offizialdelikt (§ 374, 19; § 376, 21 ff; § 377, 18), kann der Richter die Sache ebenfalls ohne Mitteilung an den Beschuldigten der Staatsanwaltschaft vorlegen. Lehnt diese die Übernahme ab, wird es sich im allgemeinen nicht empfehlen, die Privatklage schon jetzt mit der Begründung zurückzuweisen, daß Tateinheit mit einem Offizialdelikt vorliege (*Dempewolf* 300 ff). Vielmehr werden derartige Meinungsverschiedenheiten meist auf einer tatsächlichen Ungewißheit beruhen, der oft gerade durch die vorgeschriebene Anhörung des Beschuldigten abgeholfen werden kann.

5   **5. Mitteilung an den Beschuldigten.** Inhaltlich entspricht die Mitteilungspflicht der des § 201 Abs. 1. Sie soll dem Beschuldigten die Möglichkeit eröffnen, vor der Beschlußfassung (§ 383) Einwendungen vorzubringen. Unter den Voraussetzungen des § 145 a Abs. 1 kann sie auch an den **Verteidiger** des Beschuldigten gerichtet werden[4]. Die Sicherung des **rechtlichen Gehörs** wird in den Motiven (*Hahn* Mat. 1 272) namentlich damit begründet, daß die Erklärung des Beschuldigten gegenüber dem Vorwurf des Verletzten, einem — im Gegensatz zur unbefangenen Staatsanwaltschaft — als Partei am Ausgang des Verfahrens interessierten Kläger nicht selten genügen würde, um die Unzulässigkeit der Klage darzutun oder die erhobene Anschuldigung zu entkräften.

6   Die Mitteilung zur Erklärung ist **keine Anordnung einer ersten Vernehmung**; mit ihr tritt daher auch keine Unterbrechung der Verjährung ein (§ 78 c Abs. 1 Nr. 1 StGB; BayObLG MDR **1978** 72). In ihr kann auch keine Bekanntgabe der Einleitung eines Verfahrens nach § 78 c Abs. 1 Nr. 1, 2. Alt. StGB gesehen werden, da dem Privatklageverfahren ein Ermittlungsverfahren fremd ist[5].

7   Eine **Beteiligung der Staatsanwaltschaft** ist grundsätzlich nicht vorgesehen. Das Gericht bringt ihr die Mitteilung allerdings durch Aktenvorlage zur Kenntnis, wenn es die Übernahme des Verfahrens durch sie für geboten hält (§ 377 Abs. 1 Satz 2)[6].

---

[4] KK-*v. Stackelberg* 5; *Kleinknecht/Meyer* 2.   [6] KK-*v. Stackelberg* 5; KMR-*Müller* 1.
[5] KK-*v. Stackelberg* 5; *Kleinknecht/Meyer* 1.

§ 383

(1) [1]Nach Eingang der Erklärung des Beschuldigten oder Ablauf der Frist entscheidet das Gericht darüber, ob das Hauptverfahren zu eröffnen oder die Klage zurückzuweisen ist, nach Maßgabe der Vorschriften, die bei einer von der Staatsanwaltschaft unmittelbar erhobenen Anklage anzuwenden sind. [2]In dem Beschluß, durch den das Hauptverfahren eröffnet wird, bezeichnet das Gericht den Angeklagten und die Tat gemäß § 200 Abs. 1 Satz 1.

(2) [1]Ist die Schuld des Täters gering, so kann das Gericht das Verfahren einstellen. [2]Die Einstellung ist auch noch in der Hauptverhandlung zulässig. [3]Der Beschluß kann mit sofortiger Beschwerde angefochten werden.

Schrifttum. *Feiber* Beschlagnahme im Privatklageverfahren, NJW **1964** 709; *Gantzer* Die Rechtskraft prozessualer Beschlüsse und Verfügungen, Diss. München 1967; *Herlan* Die Beweiserhebung im Privatklageverfahren, DRiZ **1963** 188; *Kempfler* Anfechtung des Einstellungsbeschlusses im Privatklageverfahren, NJW **1962** 475; *Koch* Anhörung vor Einstellung des Privatklageverfahrens? DRiZ **1967** 160; *Kuhn* Die Beweiserhebung im Privatklageverfahren, DRiZ **1963** 188; *Meynert* Sofortige Beschwerde des Privatbeklagten gegen Einstellung wegen Geringfügigkeit, MDR **1973** 7; *Niethammer* Über die Anfechtbarkeit der Beschlüsse, durch die ein Gericht ein Privatklageverfahren wegen Geringfügigkeit von Schuld und Tat einstellt, JZ **1952** 297; *Sangmeister* Polizeilicher Vollzug von Beschlagnahmebeschlüssen im Privatklageverfahren, NJW **1964** 16.

Entstehungsgeschichte. Die als § 423 Gesetz gewordene Vorschrift hat ihre jetzige Bezeichnung durch die Bekanntmachung 1924 erhalten. Sie enthielt ursprünglich nur den jetzigen Absatz 1 Satz 1. Art. 7 Nr. 17 StPÄG 1964 fügte ihm den jetzigen Satz 2 an. Absatz 2 ist aus dem Sechsten Teil Kap. I § 7 der 2. AusnVO hervorgegangen. Er hatte folgenden Wortlaut:

> (1) [1]Sind bei einem im Wege der Privatklage verfolgten Vergehen die Schuld des Täters gering und die Folgen der Tat unbedeutend, so kann das Gericht von Erhebung der Privatklage an bis zur Verkündung des Urteils erster Instanz und, soweit zulässige Berufung eingelegt ist, bis zur Verkündung des Urteils zweiter Instanz das Verfahren durch Beschluß einstellen. [2]Zur Einstellung des Verfahrens bedarf es weder der Zustimmung der Staatsanwaltschaft noch der des Privatklägers noch der des Beschuldigten.
>
> (2) [1]Wird das Verfahren nach Abs. 1 eingestellt, so kann das Gericht die in dem Verfahren entstandenen Auslagen sowie die dem Privatkläger und dem Beschuldigten erwachsenen notwendigen Auslagen angemessen verteilen oder dem Beschuldigten ganz auferlegen. [2]Eine Gebühr wird nicht erhoben. [3]Die Einstellung nach Abs. 1 kann auch erfolgen, bevor der von dem Privatkläger zu zahlende Gebührenvorschuß eingezahlt ist.
>
> (3) Gegen die Einstellung findet sofortige Beschwerde statt.

Durch Art. 3 Nr. 164 VereinhG ist § 7 Abs. 1 Satz 1 der Ausnahmeverordnung mit Ausnahme der Vorschriften über die Einstellung im Berufungsverfahren — diese wurden nach § 390 Abs. 5 übernommen (Art. 3 Nr. 170 VereinhG) — als Absatz 2 Satz 1 und 2 und § 7 Abs. 3 als Absatz 2 Satz 3 in § 383 eingearbeitet worden. § 7 Abs. 1 Satz 2 wurde ersatzlos gestrichen, sein Absatz 2 in § 471 Abs. 3 Nr. 2 eingestellt (Art. 3 Nr. 200 VereinhG). Durch Art. 10 Nr. 6 StPÄG 1964 sind in Absatz 2 Satz 1 die Worte „und sind die Folgen der Tat unbedeutend" gestrichen worden.

I. Verweisung (Absatz 1 Satz 1)

1   **1. Eröffnung des Hauptverfahrens.** Die Bestimmungen, auf die Absatz 1 verweist, sind die §§ 199 ff. Im Privatklageverfahren ergeben sich bei ihrer Anwendung einige **Besonderheiten.** Zuständig für die Entscheidung über die Eröffnung des Hauptverfahrens oder die Nichteröffnung (hier Zurückweisung der Privatklage genannt) ist der Richter beim Amtsgericht als Strafrichter (§ 199 Abs. 1; § 25 Nr. 1 GVG). Über einzelne Beweiserhebungen vgl. Rdn. 9.

2   **Untersuchungshaft** (§ 207 Abs. 4) kann nicht angeordnet werden (Vor § 112, 7, 8; § 387, 23). Ein **beschleunigtes Verfahren** (§§ 212 bis 212b) findet in Privatklagesachen nicht statt; der nach § 212 hierzu erforderliche Antrag der Staatsanwaltschaft kann nicht durch einen Antrag des Privatklägers ersetzt werden[1].

3   **2. Weiterer Schriftsatzwechsel.** Das Gesetz schreibt nicht vor, die etwaige Erklärung des Beschuldigten dem Privatkläger zuzustellen. Ein derartiger Schriftsatzwechsel widerspräche dem Geist des Strafverfahrensrechts. Er wäre im Privatklageverfahren auch deshalb unzweckmäßig, weil er die ohnehin leicht auftretende Neigung begünstigen würde, das Verfahren auf weitere, nicht zum Gegenstand der Klage gehörende Vorgänge auszudehnen. Für den Strafrichter wird es sich daher gewöhnlich empfehlen, nach Eingang der Erklärung oder Fristablauf **rasch über die Eröffnung** zu **entscheiden.** Kommt es zu einem Schriftsatzwechsel, so darf nichts, was einer Partei nicht mitgeteilt worden ist, zu ihren Ungunsten berücksichtigt werden (BVerfGE **8** 184 = NJW **1958** 1723; BayVerfGH Rpfleger **1961** 147).

II. Gegenstand der Prüfung

4   **1. Allgemeine Verfahrensvoraussetzungen.** Das **Vorliegen** der allgemeinen Verfahrensvoraussetzungen sowie das **Fehlen** von Verfahrenshindernissen muß das Gericht

---

[1] *Dempewolf* 481; KK-*v. Stackelberg* 2.

von Amts wegen feststellen. In Betracht kommen: Gerichtsbarkeit, Prozeßfähigkeit des Beschuldigten, örtliche Zuständigkeit, Strafantrag (soweit erforderlich), Rechtskraft, etwa Vorliegen eines Nichteröffnungsbeschlusses nach § 204[2], anderweitige Rechtshängigkeit, Verjährung usw. Ist der Beschuldigte Abgeordneter, muß der Privatkläger die Genehmigung des Bundestags (Landtags, Abgeordnetenhauses usw.) selbst beschaffen und dem Gericht vorlegen (Nr. 192 Abs. 7 RiStBV; § 382, 1; vgl. § 152 a, 34).

2. Besondere förmliche Voraussetzung. Zu ihnen zählen: Prozeßfähigkeit und **5** Klageberechtigung des Privatklägers, Sühnebescheinigung, soweit nach § 380 erforderlich, sowie Wahrung der in §§ 379 bis 382 vorgeschriebenen Formen[3].

3. Sachliche Voraussetzungen. Die sachlichen Voraussetzungen des Privatklagever- **6** fahrens, d. h. die Frage, ob es sich um ein — reines — Privatklagedelikt handelt, können aus tatsächlichen Gründen zweifelhaft sein. Auszugehen ist zunächst von der Sachdarstellung der Anklageschrift[4]. Ist der darin vorgetragene Sachverhalt entweder überhaupt nicht strafbar oder kein Privatklagevergehen oder enthält er ein Privatklagevergehen nur in Tateinheit mit einem — verfolgbaren — Offizialdelikt, fehlt es ohne weiteres an dieser Zulässigkeitsvoraussetzung.

Behauptet der Privatkläger einen Hergang, der ein — reines — Privatklagever- **7** gehen enthalten würde, hat aber der Richter **Bedenken** gegen die Richtigkeit dieser Darstellung, ist das eine Frage des hinreichenden Verdachts i. S. von § 203. Das gilt z. B. auch dann, wenn der Richter damit rechnet, das Privatklageverfahren stehe — anders als der Privatkläger vorträgt — in Tateinheit mit einem Offizialdelikt. Die entscheidende Frage ist dann, ob diese Annahme so naheliegt, daß der Beschuldigte eines *reinen* Privatklagevergehens nicht mehr hinreichend verdächtig ist (vgl. dazu BayObLGSt **1953** 260 sowie § 374, 17 ff).

4. Hinreichender Tatverdacht. § 203 kann nur entsprechend angewendet werden, **8** weil **keine Ergebnisse eines vorbereitenden Verfahrens** vorliegen. An deren Stelle treten die Angaben der Privatklage. Ob sie glaubwürdig sind, wird in aller Regel erst die Hauptverhandlung ergeben können (ebenso *Thomas* AnwBl. **1979** 129). Ausnahmen kommen jedoch vor. Der im Schrifttum bisweilen erörterte Fall, daß überhaupt keine Beweismittel angegeben sind, ist kaum denkbar; zum mindesten wird der Privatkläger selbst bereit sein, die Richtigkeit seines Klagevortrags zu bestätigen.

5. Der Richter kann, ehe er über die Eröffnung des Hauptverfahrens entscheidet, **9** **einzelne Beweiserhebung** nach § 202 Satz 1 anordnen, und zwar entweder auf Antrag einer der Parteien oder auch von Amts wegen[5]. Das kann namentlich dann zweckmäßig sein, wenn der Verdacht eines Offizialdelikts naheliegt. Zulässig sind Beweiserhebungen aller Art, so die Heranziehung von Urkunden, namentlich von Akten, aber auch die Vernehmung des Beschuldigten, des Privatklägers, eines Sachverständigen oder von Zeugen durch den Richter selbst sowie die Einnahme eines richterlichen Augenscheins, wobei Privatkläger und Beschuldigter ein Recht auf Anwesenheit nach §§ 168 c und 168 d haben[6]. Daß außer dem Verteidiger des Beschuldigten auch der Rechtsanwalt als

---

[2] OLG Köln NJW **1952** 1152; KK-*v. Stackelberg* 2; KMR-*Müller* 2; *Kleinknecht/Meyer* 1.
[3] KK-*v. Stackelberg* 3; KMR-*Müller* 3; *Kleinknecht/Meyer* 1.

[4] RGSt **9** 327; KK-*v. Stackelberg* 4.
[5] KK-*v. Stackelberg* 5; KMR-*Müller* 5; *Kleinknecht/Meyer* 1.
[6] KK-*v. Stackelberg* 5; *Kleinknecht/Meyer* 1.

Günter Wendisch

Beistand des Privatklägers an solchen richterlichen Handlungen teilnehmen darf, folgt aus § 378 Satz 1 (vgl. § 378, 3 ff).

10 Der Richter kann die Beweise auch durch ein anderes Amtsgericht im Weg der **Rechtshilfe** (§§ 157, 158 GVG), durch seine Geschäftsstelle[7] oder durch die Polizei[8] erheben lassen.

11 Hat der Richter weitere Beweise erhoben, ohne Privatkläger oder Beschuldigten beteiligt zu haben, muß er ihnen vor seiner Entscheidung, ob er das Verfahren eröffnen oder die Privatklage zurückweisen will, Gelegenheit zur Äußerung (§ 33 Abs. 3) geben (§ 33, 32 ff; *Kleinknecht/Meyer* 1). Daß solche Beweiserhebungen sich im allgemeinen ebensowenig empfehlen wie die Herbeiführung eines Schriftsatzwechsels (Rdn. 3) zwischen den Parteien, legt *Dempewolf* (317 ff) aufgrund praktischer Erfahrungen überzeugend dar (vgl. dazu auch *Sarstedt* JR **1967** 351)[9].

III. Beschluß

12 **1. Eröffnung des Hauptverfahrens (Absatz 1 Satz 2).** Der Richter erläßt einen Beschluß, mit dem er entweder das Hauptverfahren eröffnet oder die Privatklage zurückweist. Der Inhalt des Eröffnungsbeschlusses ergibt sich aus Absatz 1 Satz 2. Der Beschluß muß einmal die **Formulierung** des Anklagesatzes (§ 200 Abs. 1 Satz 1) enthalten, wie sie im Offizialverfahren der Staatsanwalt vornehmen würde und darüber hinaus die Privatklage zur Hauptverhandlung zulassen. Durch den Eröffnungsbeschluß wird der Verhandlungsstoff für die Hauptverhandlung festgelegt[10]. Er wird alsdann vom Strafrichter an dem Punkt der Hauptverhandlung verlesen, an dem im Offizialverfahren der Staatsanwalt den Anklagesatz verliest (§ 384 Abs. 2 in Verb. mit § 243 Abs. 3). Erst mit dem Eröffnungsbeschluß wird die Sache **rechtshängig;** vorher steht die Privatklage also weder einer anderen Privatklage noch einer öffentlichen Klage entgegen. Der Angeklagte kann den Eröffnungsbeschluß nicht anfechten (§ 210 Abs. 1).

13 **2. Zurückweisung der Privatklage.** Sie ist der Sache nach ein Nichteröffnungsbeschluß nach § 204 Abs. 1[11] und ist wie dieser zu begründen. Wie der Nichteröffnungsbeschluß muß auch der Zurückweisungsbeschluß eine Kostenentscheidung enthalten, und zwar muß er die Kosten einschließlich der notwendigen Auslagen des Beschuldigten dem Privatkläger auferlegen (§ 471 Abs. 2; KK-*v. Stackelberg* 7).

IV. Rechtsmittel

14 **1. Gegen die Sachentscheidung.** Dem Angeklagten stehen gegen den **Eröffnungsbeschluß** (Rdn. 12) keine Rechtsmittel zu. Der Privatkläger kann den Eröffnungsbeschluß mangels Beschwer nicht anfechten. Auch der Staatsanwalt hat kein Rechtsmittel; will er geltend machen, daß es sich um ein Offizialdelikt handle, muß er die Ver-

---

[7] In einfachen Sachen: BayVerfGH BayJMBl. **1962** 113; OLG Zweibrücken NJW **1966** 685.

[8] KK-*v. Stackelberg* 5; KMR-*Müller* 5; *Kleinknecht/Meyer* 1.

[9] Zur Frage der Parteiöffentlichkeit bei solchen Beweiserhebungen vgl. BayVerfGH NJW **1962** 531; *Trommer* DJ **1939** 1117; *Ber-*

termann DJ **1939** 1310. Zur Berücksichtigung offensichtlicher Tatsachen vgl. BVerfGE **12** 110.

[10] KK-*v. Stackelberg* 6; KMR-*Müller* 4; *Kleinknecht/Meyer* 3.

[11] *Beling* 451; *Gantzer* 142; KK-*v. Stackelberg* 7; *Kleinknecht/Meyer* 4.

folgung nach § 377 Abs. 2 Satz 1 übernehmen. Gegen die **Zurückweisung** der Privatklage kann der Privatkläger sofortige Beschwerde nach § 390 Abs. 1 Satz 1 in Verb. mit § 210 Abs. 2 einlegen[12]. Dabei kommt es weder auf den Grund der Zurückweisung noch darauf an, ob die Privatklage dem Beschuldigten nach § 382 mitgeteilt worden war.

Müller (KMR § 382, 3; ebenso LG Hannover NdsRpfl. **1966** 18) will gegen die **15** Zurückweisung bei einer — i. S. des § 382 — nicht vorschriftsmäßig erhobenen Privatklage einfache Beschwerde nach § 304, nicht sofortige, eröffnen, weil ein solcher Beschluß nicht nach § 383 Abs. 1 ergehe. Das bringt jedoch eine vermeidbare Unsicherheit in das Verfahren. Das Gesetz spricht von Zurückweisung nur in § 383 Abs. 1 und macht hier keinerlei Unterschiede in der Begründung, mit der zurückgewiesen wird. Auch die Vorschrift, auf die Absatz 1 verweist, nämlich § 210 Abs. 2, macht keinen solchen Unterschied. Der entsprechende Fall wäre die Ablehnung der Eröffnung nach § 204, die das Gericht damit begründet, daß die Anklageschrift nicht formgerecht sei[13]. Es ist nicht einzusehen und auch § 210 Abs. 2 nicht zu entnehmen, daß der Staatsanwaltschaft in einem solchen Fall statt der sofortigen die einfache Beschwerde zustehen sollte. Gleiches gilt für das Privatklageverfahren[14].

2. Gegen die Kostenentscheidung. Nach § 471 Abs. 2 hat der Privatkläger bei Zu- **16** rückweisung der Privatklage die Kosten des Verfahrens einschließlich der notwendigen Auslagen des Beschuldigten zu tragen (Rdn. 13; *Kleinknecht/Meyer* 13). Wird der Zurückweisungsbeschluß auf sofortige Beschwerde des Privatklägers aufgehoben (Rdn. 14), ist auch die Kostenentscheidung, und zwar selbst dann aufzuheben, wenn der Privatkläger diese nicht nach § 464 Abs. 3 Satz 1 angefochten hatte, weil auch deren Grundlage entfallen ist.

3. Folge der rechtskräftigen Zurückweisung. Die rechtskräftige Zurückweisung **17** wegen mangelnden Tatverdachts oder aus Gründen des sachlichen Rechts hat nach § 211 zur **Folge,** daß eine neue Privatklage oder öffentliche Klage nur aufgrund neuer Tatsachen oder Beweismittel erhoben werden kann[15]. Hat der Strafrichter dagegen die Privatklage mit der Begründung zurückgewiesen, daß es sich um ein Offizialdelikt handle, gibt er die Sache nach Rechtskraft des Beschlusses — wie nach § 389 Abs. 2 — an die Staatsanwaltschaft ab (vgl. § 374, 21). Beruht schließlich die Zurückweisung auf anderen verfahrensrechtlichen Gründen, hängt die Tragweite der Rechtskraft davon ab, ob der Strafrichter entgültige oder behebbare Hindernisse angenommen hat[16].

V. Widerklage

Die vorstehenden Ausführungen gelten uneingeschränkt auch für die Widerklage. **18** Über sie muß ebenfalls nach § 383 Abs. 1 durch Beschluß entschieden werden und ist namentlich ein ausdrücklicher **Eröffnungsbeschluß** erforderlich[17]. Liegt zur Zeit des Be-

---

[12] *Schlüchter* 814.2; KK-*v. Stackelberg* 8; KMR-*Müller* 6; *Kleinknecht/Meyer* 5.

[13] Vgl. BGH NJW **1954** 360 = JR **1954** 149 mit Anm. *Görcke.*

[14] **A. A** *Schlüchter* 811 mit dem Hinweis, daß die Entscheidung nach § 383 der Mitteilung der Klageschrift an den Beschuldigten folge, die Mitteilung aber von der vorschriftsmäßigen Klageerhebung abhängig sei.

[15] KK-*v. Stackelberg* 9; *Kleinknecht/Meyer* 6; KMR-*Müller* § 389, 11.

[16] OLG Braunschweig GA **1953** 55; KMR-*Müller* § 382, 3; vgl. § 211, 13.

[17] LG Duisburg MDR **1953** 633; *Dempewolf* 388 f; **a. A** OLG Hamburg NJW **1956** 1890; BayObLG NJW **1958** 1149; KMR-*Müller* § 388, 17; *Kleinknecht/Meyer* § 388, 5.

Günter Wendisch

schlusses über die Privatklage schon die Widerklage vor, wird der Richter zweckmäßig über beide gleichzeitig beschließen. Vorgeschrieben ist das nicht, wie namentlich aus § 388 Abs. 3 erhellt, wonach nur — und zwar durch Urteil — über Klage und Widerklage gleichzeitig zu erkennen ist. Wegen weiterer Einzelheiten vgl. § 388, 23 ff.

VI. Einstellung wegen Geringfügigkeit (Absatz 2)

19   **1. Verfahrensrechtliche Voraussetzungen.** Die Einstellung setzt in den Fällen des § 380 Abs. 1 Satz 1 zunächst — wie die Eröffnung des Hauptverfahrens — voraus, daß der **Sühneversuch** stattgefunden hat oder als Verfahrensvoraussetzung entfallen ist[18]. Ob die Schuld des Täters gering ist, ist an sich keine verfahrensrechtliche, sondern eine **sachlich-rechtliche Frage.** Sie ist in Privatklagesachen grundsätzlich nicht anders zu beurteilen als nach § 153 Abs. 1 Satz 1 letzter Satzteil[19]. Zur Frage der Geringfügigkeit bei Beleidigungen unter Ausländern: Bezeichnung als Hexe und Hure vgl. LG Mannheim NJW **1979** 504.

20   **2. Verhältnis zu §§ 153, 153a.** Die Sonderregelung des Absatzes 2 verdrängt die allgemeine Regelung nach §§ 153, 153 a[20], wobei die Aufgabe des § 153 a im Privatklageverfahren der — gerichtliche — Vergleich erfüllt (§ 391, 14 f)[21]. *Hirsch* hält eine sinngemäße Übertragung zumindest des § 153 a Abs. 2 auf Privatklageverfahren (825), abgesehen von verfassungsrechtlichen Bedenken — Vereinbarkeit mit § 136 a — (824), sogar für „juristisch und sozial" unhaltbar (823). *Rieß* hält sie dagegen ausdrücklich für wünschenswert (vgl. Gutachten, 110); er schlägt eine Regelung vor, nach der das Gericht — ohne Zustimmung, aber nach Anhörung des Privatklägers — das Privatklageverfahren auch nach der Erfüllung von Auflagen und Weisungen nach § 153 a einstellen kann, wenn diese geeignet sind, das Strafverfolgungsinteresse des Verletzten entfallen zu lassen (ebenso die strafrechtliche Abteilung des 55. DJT — Beschl. III 15; ähnlich schon früher *Dreher* FS Welzel, 939 f).

21   **3. Verhältnis zu Absatz 1.** Geringe Schuld ist immerhin Schuld. Ist der Sachverhalt, so wie der Privatkläger ihn dem Beschuldigten vorwirft, aus Rechtsgründen nicht strafbar — etwa wegen **Tatbestandsmangel,** Notwehr, fehlender Schuld, Wahrnehmung berechtigter Interessen — so kann das Verfahren nicht wegen Geringfügigkeit eingestellt, vielmehr muß die Privatklage nach Absatz 1 zurückgewiesen werden. Gleiches gilt, wenn es — etwa nach inzwischen angestellten einzelnen Beweiserhebungen — am **hinreichenden Tatverdacht** fehlt. Auch hier geht die Zurückweisung nach Absatz 1 der Einstellung nach Absatz 2 vor. Ist die Hauptverhandlung schon durchgeführt und hat sich keine Straftat nachweisen lassen, muß der Angeklagte freigesprochen und darf das Verfahren nicht eingestellt werden (OLG Düsseldorf HESt **1** 218).

22   **4. Kein Schuldnachweis.** Die Einstellung wegen Geringfügigkeit setzt nicht voraus, daß die Schuld schon erwiesen wäre[22]. Ob die **Schuld erwiesen** ist, kann der Richter nach dem Aufbau des Strafverfahrens erst am Ende der Hauptverhandlung feststellen; vorher darf für ihn nichts erwiesen sein (BGHSt **4** 267), nicht einmal bei einem

---

[18] LG Hamburg NJW **1973** 382; KK-*v. Stackelberg* 10, *Kleinknecht/Meyer* 7.

[19] Vgl. dazu die – allerdings teilweise überholten – Ausführungen von *Dempewolf* 324 ff.

[20] KK-*v. Stackelberg* 10; *Kleinknecht/Meyer* 7.

[21] KK-*v. Stackelberg* 10; *Kleinknecht/Meyer* 7.

[22] **A. A** *Eb. Schmidt* 12 sowie Nachtr. I 12; *Gantzer* 163; *Niese* SJZ **1950** 892.

Geständnis (*Gantzer* 164). Es handelt sich mithin um eine **vorläufige Prüfung von Verdachtsgründen.** Dabei dürfen auch eidesstattliche Versicherungen von Zeugen — nicht des Privatklägers oder des Beschuldigten — berücksichtigt werden (RGSt **58** 149; RG DR **1943** 894). Wollte man für die Einstellung erwiesene Schuld fordern, wäre sie immer erst nach durchgeführter Hauptverhandlung möglich. Das kann nicht der Sinn des Absatzes 2 sein, wie es das auch nicht bei § 153 Abs. 1 Satz 1 der Fall ist. Zwar hat der Gesetzgeber das dort nunmehr durch den Konjuktiv „wäre" ausdrücklich geklärt; jedoch kann aus der unterbliebenen Anpassung nicht auf eine — hier unverständliche — härtere Regelung geschlossen werden[23].

5. Geringfügigkeit (Absatz 2 Satz 1). Die Frage nach der Geringfügigkeit ist in **23** der Weise zu stellen, daß der Sachverhalt unterstellt wird, dessen der Beschuldigte hinreichend verdächtig ist[24]. Es kann deshalb und wird häufig so sein, daß der hinreichende Tatverdacht zwar vorliegt, aber in geringerem Umfang als der Privatkläger behauptet; und daß der Rest — soweit nämlich der Verdacht in tatsächlicher Beziehung hinreichend ist — als geringfügig i. S. des Absatzes 2 erscheint. Dann ist mit dieser Begründung nach Absatz 2 einzustellen. Daß diese Einstellung zum Teil auch auf Mangel an hinreichendem Verdacht beruht, steht nicht entgegen; um so weniger, als gegen die Einstellung nach Absatz 2 ebenso die sofortige Beschwerde gegeben ist wie gegen die Zurückweisung nach Absatz 1.

6. Kein öffentliches Interesse. Daß das Fehlen eines öffentlichen Interesses — so **24** in § 153 Abs. 1 Satz 1 — nicht verlangt wird, versteht sich eigentlich von selbst. Wäre es vorhanden, müßte die Staatsanwaltschaft das Verfahren nach § 376 übernehmen. Verneint sie es später, gelten die Ausführungen zu § 376, 16 ff[25].

7. Keine Zustimmung. Das Gericht bedarf — anders als nach § 153 Abs. 2 — zur **25** Einstellung niemandes **Zustimmung**[26]. Die Staatsanwaltschaft ist nicht beteiligt. Zustimmung des Privatklägers ist nicht erforderlich, sonst gäbe es keine Einstellung. Aber auch der Beschuldigte braucht nicht zuzustimmen. Absatz 2 mutet ihm — anders als nach § 153 Abs. 2 Satz 1 — zu, sich bei dem Bestehenbleiben des Verdachts einer geringen Schuld zu beruhigen.

8. Anhörung der Beteiligten. Wenn das Gericht das Verfahren auch ohne Zustim- **26** mung des Privatklägers und des Beschuldigten einstellen kann, so bedeutet das gleichwohl nicht, daß die Parteien nicht anzuhören wären. Daß der **Privatkläger** angehört werden muß, ergibt sich aus § 385 Abs. 1 Satz 1 in Verb. mit § 33 Abs. 3[27]. Einer Anhörung des **Beschuldigten** bedarf es jedenfalls dann, wenn die Entscheidung ihn rechtlich beschwert, so, wenn er die Kosten zu tragen hat oder wenn die ihm entstandenen Auslagen nicht dem Privatkläger auferlegt werden[28]. Solche notwendigen Auslagen werden häufig erst entstehen, nachdem dem Beschuldigten die Privatklage mitgeteilt worden ist. Deshalb bestehen keine grundsätzlichen Bedenken, die Einstellung auch schon vor Mitteilung der Privatklage nach § 382 zuzulassen (**a. A** KMR-*Müller* 10).

---

[23] So auch *Schlüchter* 818; KK-*v. Stackelberg* 9; *Kleinknecht/Meyer* 7.

[24] BayObLG JW **1932** 518; OLG Stuttgart JW **1935** 1257; OLG Düsseldorf HESt **1** 218; KK-*v. Stackelberg* 10.

[25] KK-*v. Stackelberg* 10; *Kleinknecht/Meyer* 7.

[26] KK-*v. Stackelberg* 10; *Kleinknecht/Meyer* 7.

[27] BVerfGE **8** 208; OLG Düsseldorf JMBl-NRW **1951** 186; KK-*v. Stackelberg* 10; KMR-*Müller* 9; *Kleinknecht/Meyer* 7.

[28] Vgl. dazu BVerfGE **25** 40; *Endemann* NJW **1969** 1200, 3; KK-*v. Stackelberg* 10; *Kleinknecht/Meyer* 7.

Günter Wendisch

27   **9. Entscheidungsform (Absatz 2 Satz 2).** Die Entscheidung, die das Verfahren wegen Geringfügigkeit einstellt, ist — auch in der Hauptverhandlung — ein **Beschluß.** Das ist sie auch dann, wenn das Gericht sie — etwa nach durchgeführter Hauptverhandlung — irrtümlich in die äußere Gestalt eines Urteils kleidet. Wird in einem Urteil der Angeklagte nur wegen eines Teils des gesamten Klagegegenstandes freigesprochen oder verurteilt, ein anderer Teil des Verfahrens aber wegen Geringfügigkeit eingestellt, so ist auch dieser einstellende Teil rechtlich ein Beschluß. Die Einstellung kann auch in dieser Gestalt weder mit Berufung noch mit Revision, sondern nur mit sofortiger Beschwerde angefochten werden, soweit diese überhaupt zulässig ist[29]. Wenn das Beschwerdegericht dies verkennt und deswegen durch „Berufungsurteil" entscheidet, ist dagegen keine Revision möglich, weil es sich in Wahrheit um eine Beschwerdeentscheidung handelt (KG JR **1956** 351).

28   **10. Zuständiges Gericht.** Den Beschluß kann **jedes mit der Sache befaßte Gericht** in jeder Lage des Verfahrens — vom Eingang der Privatklage bis zur rechtskräftigen Erledigung der Sache, zweckmäßig aber nicht gleichzeitig mit der Versagung der Prozeßkostenhilfe (vgl. § 379, 26 und LG Frankfurt NJW **1953** 798) — erlassen. Daß die Entscheidungsbefugnis **auch dem Berufungsgericht** zusteht, sagt § 390 Abs. 5 Satz 1 ausdrücklich. Aber auch das **Revisionsgericht** kann das Verfahren noch nach Absatz 2 einstellen. Insoweit rechtfertigt § 390 Abs. 5, der nur vom Berufungsgericht spricht, keinen Gegenschluß. Es ist nicht einzusehen, warum das Revisionsgericht, das sogar ein Amtsverfahren wegen Geringfügigkeit einstellen kann (§ 153 Abs. 2: in jeder Lage), dies bei einem Privatklageverfahren nicht können sollte[30].

29   Schließlich kann auch das **Beschwerdegericht,** das mit der Sache befaßt wird, das Verfahren einstellen, wenn der Privatkläger die nach Absatz 1 ausgesprochene Zurückweisung der Privatklage anficht[31]. Nicht einstellen darf es das Verfahren, wenn der Privatkläger das Beschwerdegericht nur gegen die Versagung der Prozeßkostenhilfe angerufen hatte[32].

30   **11. Nichteinstellung.** Entschließt sich das Gericht, das Verfahren nicht einzustellen, ist selbst dann **kein besonderer Beschluß** erforderlich, wenn der Beschuldigte die Einstellung ausdrücklich beantragt hatte. Ein solcher Antrag wird dadurch erledigt, daß der Richter das Verfahren fortsetzt, etwa indem er das Hauptverfahren eröffnet, Termin bestimmt oder das Urteil erläßt. Ergeht ein ausdrücklicher Beschluß dahin, daß die Einstellung des Verfahrens abgelehnt, das Verfahren nicht eingestellt werde, so ist er nach § 305 weder anfechtbar (KMR-*Müller* 13) noch hat er irgendwelche Rechtskraftwirkungen; der Richter kann es sich jederzeit anders überlegen und das Verfahren dennoch einstellen.

---

[29] OLG Stuttgart JW **1939** 151; BayObLGSt **1949/51** 302; OLG Hamm JMBlNRW **1951** 185; KG JR **1956** 351; OLG Düsseldorf MDR **1962** 327; KMR-*Müller* 11; *Kleinknecht/ Meyer* 9; **a. A** BayObLG NJW **1962** 176; BGHSt **17** 195; *Kohlhaas* Nr. 1 zu LM § 383 StPO; KK-*v. Stackelberg* 11.

[30] OLG Neustadt MDR **1957** 568; KK-*v. Stackelberg* 11; KMR-*Müller* 10; *Kleinknecht/Meyer* 8.

[31] BayObLGSt **1952** 94; OLG Neustadt JZ **1952** 310; OLG Hamburg NJW **1953** 1933; OLG Schleswig SchlHA **1953** 103; *Niethammer* 297; KK-*v. Stackelberg* 11; KMR-*Müller* 10; *Kleinknecht/Meyer* 8.

[32] BayObLGSt **1957** 40; KK-*v. Stackelberg* 11. Hat es das gleichwohl getan, will das Bayerische Oberste Landesgericht die sofortige Beschwerde nach Absatz 2 Satz 3 zulassen.

12. Umfang der Entscheidung. Der Einstellungsbeschluß muß auch über die Ko- **31** sten entscheiden (§ 464 Abs. 1), wobei § 471 Abs. 3 Nr. 2 das Gericht sehr freistellt. Daß keine Gerichtsgebühr entsteht (vgl. § 67 Abs. 1 Satz 1 GKG in Verb. mit Abschnitt F VI 2 der Anlage 1 zu § 11 Abs. 1 GKG, die dafür keinen Gebührentatbestand enthält), ändert schon im Hinblick auf mögliche außergerichtliche Kosten an der Notwendigkeit einer Kostenentscheidung nichts.

VII. Rechtsmittel (Absatz 2 Satz 3)

1. Gegen die Sachentscheidung

a) Der **Privatkläger** kann die Einstellung ohne Rücksicht auf die äußere Form **32** (Rdn. 27) mit **sofortiger Beschwerde** anfechten, aber nur dann, wenn der Strafrichter sie ausgesprochen hat. Stellt das Berufungsgericht das Verfahren wegen Geringfügigkeit ein, ist die sofortige Beschwerde nach § 390 Abs. 5 Satz 2 ausgeschlossen, und zwar ebenfalls ohne Rücksicht auf ihre äußere Form; also auch dann, wenn sie in die Gestalt eines Berufungsurteils gekleidet ist[33]. Ebenso ist die Einstellung unanfechtbar, wenn das Landgericht sie als Beschwerdegericht ausgesprochen hat[34].

Ausnahmsweise ist die sofortige Beschwerde gegen einen **Einstellungsbeschluß des** **33** **Beschwerdegerichts** dann zulässig, wenn der Privatkläger das Beschwerdegericht nur wegen Versagung der Prozeßkostenhilfe angerufen hatte (BayObLGSt **1957** 40; Rdn. 29). Das Rechtsmittel wird aber nicht dadurch eröffnet, daß das Beschwerdegericht ohne Anhörung des Gegners entschieden hat[35].

b) Der **Staatsanwalt** kann sofortige Beschwerde einlegen, soweit sie für den Pri- **34** vatkläger gegeben wäre. Darin liegt nach § 377 Abs. 2 Satz 2 die Übernahme der Verfolgung (KK-*v. Stackelberg* 12).

c) Der **Beschuldigte kann** den Einstellungsbeschluß **nicht anfechten,** weil dieser **35** ihn nicht beschwert[36]. Es trifft nicht zu, daß mit dem Einstellungsbeschluß „einem (möglicherweise) Unschuldigen bescheinigt wird, seine Schuld sei gering" oder daß ihm „vom Gericht mit Rechtskraftwirkung gesagt wird, er habe die Tat begangen, es sei bloß nicht so schlimm", wie *Niese* meint. Vielmehr bedeutet die Einstellung nur, daß die Schuld, wenn sie überhaupt vorliegen sollte, als gering anzusehen wäre; daß das jedenfalls gewiß ist, obwohl die Schuld selbst nicht feststeht (vgl. Rdn. 22). Nur das wird rechtskräftig, nicht etwa die — rein hypothetische — Annahme der Schuld. *Meynert* (7) sieht eine Beschwer des Beschuldigten darin, daß ihm durch die Einstellung der Verdacht bescheinigt wird, und will ihm deshalb die sofortige Beschwerde zuerkennen (ebenso LG Trier MDR **1975** 951).

2. Gegen die Kostenentscheidung[37]. Nach § 471 Abs. 3 Nr. 2 kann das Gericht die **36** Kosten des Verfahrens und die notwendigen Auslagen angemessen **verteilen** oder nach

---

[33] BayObLGSt **1949/51** 302 = JZ **1951** 345; OLG Hamm JMBlNRW **1951** 185; OLG Celle MDR **1956** 759; KG JR **1969** 472; KMR-*Müller* 11; *Kleinknecht/Meyer* 9.

[34] BayObLGSt **1952** 94; OLG Neustadt JZ **1952** 310; NJW **1957** 1082; OLG Hamburg NJW **1953** 1933; OLG Schleswig SchlHA **1953** 103; *Niethammer* 297; KMR-*Müller* 16; *Kleinknecht/Meyer* 10.

[35] OLG Braunschweig NdsRpfl. **1958** 167 unter Aufgabe seiner früheren Ansicht in JZ

1953 640; vgl. dazu Erl. zu § 311 a Abs. 1.

[36] KK-*v. Stackelberg* 12; KMR-*Müller* 14; *Kleinknecht/Meyer* 11; a. A LG Trier MDR **1975** 951; *Niese* SJZ **1950** 892; *Peters* JR **1972** 207.

[37] Wegen der Gerichtskosten vgl. § 45 GKG sowie Nrn. 1640 ff KVGKG. Bei Einstellung wegen Geringfügigkeit wird keine Gebühr erhoben, weil im KVGKG ein entsprechender Gebührentatbestand fehlt.

Günter Wendisch

pflichtgemäßem Ermessen einem der Beteiligten auferlegen. Macht es keinen Gebrauch davon, gilt § 471 Abs. 2, wonach der Privatkläger die Kosten des Verfahrens sowie die dem Beschuldigten erwachsenen notwendigen Auslagen zu tragen hat. Daß der **Privatkläger** eine solche Kostenentscheidung — vorbehaltlich des § 304 Abs. 3 — anfechten kann, folgt aus seiner allgemeinen Beschwerdebefugnis nach Absatz 2 Satz 3.

37   Der **Beschuldigte** kann die Kostenentscheidung ebenfalls mit sofortiger Beschwerde nach § 464 Abs. 3 Satz 1 anfechten, soweit er beschwert ist (KMR-*Müller* 15). Die Beschwer kann nicht nur darin bestehen, daß ihm irgendwelche **Kosten** auferlegt, sondern auch darin, daß seine **Auslagen** nicht in vollem Umfang dem Privatkläger auferlegt worden sind (*Gantzer* 166). Auf diese Möglichkeit ist er bei der Rechtsmittelbelehrung nach § 35 a hinzuweisen[38].

VIII. Widerklage

38   **1. Gleichzeitigkeit der Entscheidungen?** Absatz 2 gilt auch für die Widerklage. *Eb. Schmidt* (16); *von Stackelberg* (KK 14); *Müller* (KMR 18) und *Meyer (Kleinknecht/ Meyer* 16) meinen unter Hinweis auf § 388 Abs. 3, mit der Entscheidung über die Einstellung der Widerklage müsse gleichzeitig auch über die Privatklage entschieden werden; allerdings brauchten die Entscheidungen nicht inhaltlich gleich zu sein. Richtig daran ist, daß es im allgemeinen **unzweckmäßig** sein wird, das **Widerklageverfahren einzustellen** und das **Privatklageverfahren fortzusetzen** oder umgekehrt. Aber davon kann es Ausnahmen geben, und an ihrer verfahrensrechtlichen Zulässigkeit sollte nicht gezweifelt werden (BayObLG NJW **1958** 1548 mit zust. Anm. *Parsch*). § 388 Abs. 3 bezieht sich nur auf Urteile: „gleichzeitig zu *erkennen*", wenn nämlich überhaupt zu erkennen und nicht zu beschließen ist (vgl. auch Rdn. 18). Gleichzeitigkeit des Urteils über die Klage und des Beschlusses über die Einstellung der Widerklage (oder umgekehrt) ist nicht möglich.

39   Selbst wenn man davon absieht, daß Urteil und Beschluß nicht genau gleichzeitig, sondern nur nacheinander verkündet, werden können, würde eine so erreichbare **Gleichzeitigkeit** dann im **Rechtsmittelverfahren** aufgehoben. Sie geht nicht nur verloren, wenn eine der beiden Entscheidungen rechtskräftig, während die andere angefochten wird, sondern auch dann, wenn das Urteil mit Berufung, der Beschluß mit sofortiger Beschwerde angefochten wird. Denn über die Berufung hat die Kleine Strafkammer — mit einem Richter und zwei Schöffen — zu entscheiden, über die sofortige Beschwerde dagegen die Beschlußstrafkammer — mit drei Richtern.

40   Hier verlöre die Gleichzeitigkeit — wenngleich sie theoretisch denkbar bleibt — ihren **Sinn,** der nur darin bestehen kann, daß über Zusammenhängendes einheitlich erkannt werden soll. Nach der Entscheidung zweiter Instanz ist sie vollends unmöglich; denn der auf sofortige Beschwerde ergehende Beschluß ist unanfechtbar, während gegen das Berufungsurteil Revision zulässig ist. Es bleibt dann nichts anderes übrig, als entweder überhaupt auf eine verschiedene Beurteilung der Klage und der Widerklage hinsichtlich ihrer Geringfügigkeit zu verzichten oder aber die selbständige Einstellung eines der beiden Verfahren unter Fortsetzung des anderen zuzulassen.

41   **2. Einheitlichkeit der Entscheidungen?** Völlig andere Wege geht der Bundesgerichtshof[39]. Dieser Beschluß verlangt — so der Leitsatz — oder läßt es doch zu — so

---

[38] *Gössel* JR **1981** 129; *Kleinknecht/Meyer* 14.   [39] BGHSt **17** 195; *Kohlhaas* Anm. Nr. 1 zu LM § 383 StPO; *Hanack* JZ **1974** 54.

die Gründe —, daß die **Einstellung** hinsichtlich des einen Vorwurfs **und** die **Sachent-scheidung** über den anderen **in einem einheitlichen Urteil** ausgesprochen werden. Gegen ein solches Urteil will der Bundesgerichtshof, auch soweit es die Einstellung ausspricht, Berufung und Revision zulassen[40].

Es kann eingeräumt werden, daß diese Ansicht bei dem Sachverhalt, über den **42** der Bundesgerichtshof zu entscheiden hatte, zweckmäßig war. Zu bezweifeln ist jedoch, ob das auch bezüglich anderer Anwendungsfälle so ist. Sie eröffnet, soweit es sich um Entscheidungen des Berufungsgerichts handelt, dem jeweils klagenden Teil ein Rechts-mittel, das er nach dem Willen des Gesetzes nicht haben soll. Außerdem widerspricht die Ansicht dieses Beschlusses dem allgemeinen Rechtssatz, daß sich der **Rechtsmit-telzug nach dem sachlichen Inhalt,** nicht nach der äußeren Form der angefochtenen Ent-scheidung zu richten hat. Gegen eine Einstellung nach Absatz 2 Satz 1 hat der Gesetz-geber nur die sofortige Beschwerde eröffnet; es steht dem Richter nicht zu, statt ihrer die Berufung und da, wo das Gesetz überhaupt kein Rechtsmittel gewährt, Revision zuzu-lassen. Das folgt auch nicht aus § 388 Abs. 3 (Rdn. 39 f). Lex specialis derogat legi gene-rali. Der **Sonderfall** ist nicht das Zusammentreffen von Klage und Widerklage; er liegt vielmehr in der Einstellung der einen von ihnen wegen Geringfügigkeit. Daß dies die lex specialis ist, ergibt sich schon aus ihrer nachträglichen Einfügung in das Gesetz.

IX. Wiederaufnahme

Aus §§ 359, 362 folgt, daß grundsätzlich nur die Wiederaufnahme eines durch **43** rechtskräftiges Urteil abgeschlossenen Verfahrens zulässig ist. Dieser Grundsatz wird in § 373 a nur für solche Verfahren durchbrochen, die durch rechtskräftigen Strafbefehl abgeschlossen worden sind; ihn auf andere Beschlußentscheidungen auszudehnen, ist ausgeschlossen. Auch die Wiederaufnahme eines durch Beschluß eingestellten Privat-klageverfahrens ist danach **unzulässig**[41]. Die vom OLG Neustadt (NJW **1961** 2363) vertretene Gegenmeinung erscheint zu perfektionistisch; BayObLGSt **1955** 47, auf das es sich beruft, betraf einen anderen Fall.

§ 384

(1) [1]Das weitere Verfahren richtet sich nach den Vorschriften, die für das Verfahren auf erhobene öffentliche Klage gegeben sind. [2]Jedoch dürfen Maßregeln der Besserung und Sicherung nicht angeordnet werden.

(2) § 243 ist mit der Maßgabe anzuwenden, daß der Vorsitzende den Beschluß über die Eröffnung des Hauptverfahrens verliest.

(3) Das Gericht bestimmt unbeschadet des § 244 Abs. 2 den Umfang der Beweisauf-nahme.

(4) Die Vorschrift des § 265 Abs. 3 über das Recht, die Aussetzung der Hauptverhand-lung zu verlangen, ist nicht anzuwenden.

(5) Vor dem Schwurgericht kann eine Privatklagesache nicht gleichzeitig mit einer auf öffentliche Klage anhängig gemachten Sache verhandelt werden.

---

[40] Ebenso KK-*v. Stackelberg* 14; *Kleinknecht/ Meyer* 16; wie hier wohl KMR-*Müller* 11.

[41] OLG Bremen NJW **1959** 353; KK-*v. Stackelberg* 16; KMR-*Müller* 17; *Kleinknecht/Meyer* 18.

Günter Wendisch

Entstehungsgeschichte. Die als § 424 Gesetz gewordene Vorschrift bestand ursprünglich nur aus zwei Absätzen. Die jetzige Bezeichnung erhielt sie durch die Bekanntmachung 1924. Art. 2 Nr. 35 AGGewVerbrG erweiterte Absatz 1 um einen zweiten Satz. Dessen Worte „oder für zulässig erklärt" wurden durch § 8 Nr. 3 des Gesetzes über Reichsverweisungen gestrichen. Durch Art. 3 Nr. 166 VereinhG wurden zwei neue Absätze als Absatz 2 und 3 in den Paragraphen eingestellt; der bisherige Absatz 2 wurde Absatz 4. Der jetzige Absatz 2 beruht auf Art. 7 Nr. 18 StPÄG 1964; auf ihm beruht auch die heutige Einteilung nach Absätzen. Durch Art. 21 Nr. 96 EGStGB 1974 sind in Absatz 1 Satz 2 die Worte „Sicherung und Besserung" zu „Besserung und Sicherung" geworden.

Übersicht

I. Verweisung (Absatz 1)

1 　**1. Allgemein (Satz 1).** Die Vorschriften, auf die Absatz 1 Satz 1 verweist, sind die des Ersten Buchs (vgl. besonders § 62) sowie die §§ 213 bis 275. Auch einige andere sind anwendbar, so z. B. § 206 a (OLG Braunschweig NJW 1949 835). Ferner gelten die Vorschriften über Rechtsmittel, Wiederaufnahme und Kosten. Jedoch ergeben sich eine Reihe wichtiger **Abweichungen** nicht nur aus §§ 384 ff selbst, sondern auch aus der Besonderheit des Privatklageverfahrens überhaupt, nämlich daraus, daß die Staatsanwaltschaft daran nicht mitwirkt und daß der Privatkläger ihr nicht in jeder Beziehung gleichgestellt werden kann (vgl. § 385).

2 　**2. Maßregeln (Satz 2).** Maßregeln der Besserung und Sicherung sind im Privatklageverfahren **unzulässig.** In Betracht käme namentlich die Entziehung der Fahrerlaubnis (§ 69 StGB) bei fahrlässiger Körperverletzung durch Kraftfahrer. Erscheint dem Strafrichter eine Maßregel geboten, kann er das Verfahren nicht etwa an das Schöffengericht oder die Strafkammer verweisen, weil das Gesetz ihn allein für zuständig erklärt (§ 25 Nr. 1 GVG). Deshalb gehört § 270 zu den Vorschriften, die im Privatklageverfahren **unanwendbar** sind (KK-*v. Stackelberg* 1). Im Hinblick auf § 24 Abs. 1 Nr. 1 GVG muß der Strafrichter in einem solchen Fall vor Eröffnung des Hauptverfahrens die Privatklage nach § 383 Abs. 1 als unzulässig zurückweisen; nach Eröffnung des Hauptverfahrens bis zur Hauptverhandlung muß er das Verfahren durch Beschluß nach § 206 a, in der Hauptverhandlung durch Urteil nach § 389 Abs. 1 einstellen[1]. In jedem dieser

---

[1] *Eb. Schmidt* 3; KMR-*Müller* 7; *Kleinknecht/ Meyer* 1.

Fälle ist die Sache an den Staatsanwalt abzugeben, der dadurch Herr des Verfahrens wird. Wird im Privatklageverfahren entgegen Absatz 1 Satz 1 doch auf eine Maßregel der Besserung und Sicherung erkannt, kann der Angeklagte dagegen nur mit Berufung oder Revision angehen. Tut er das nicht, wird auch eine so fehlerhafte Entscheidung rechtskräftig und vollstreckbar.

3. Verlesung des Eröffnungsbeschlusses (Absatz 2). Nach Absatz 2 findet § 243 **3** grundsätzlich Anwendung. Weil kein Staatsanwalt beteiligt ist, obliegt allerdings die Verlesung der Privatklageschrift in der Fassung des Eröffnungsbeschlusses (§ 243 Abs. 3) dem Strafrichter (§ 383, 2; KMR-*Müller* 1).

II. Beweisaufnahme (Absatz 3)

1. Allgemein. Absatz 3 eröffnet dem Strafrichter, namentlich durch Wegfall der **4** Pflicht, beantragte Beweise im Rahmen des § 244 Abs. 3 bis 5 zu erheben, einen größeren **Ermessensspielraum** (vgl. BGHSt **12** 333). Jedoch wird dieser dadurch wieder entscheidend eingeschränkt, daß die Aufklärungspflicht des § 244 Abs. 2 nicht angetastet wird[2]. Die praktische Bedeutung dieser Ermessensfreiheit darf deshalb nicht überschätzt werden. Nach Kap. I Art. 3 § 1 der 3. AusnVO galt sie schon einmal für alle Amtsrichter-, Schöffengerichts- und Berufungssachen; nach § 24 der 1. VereinfVO vom 1. 9. 1939 konnten die Gerichte überhaupt alle Beweisanträge nach freiem Ermessen ablehnen, doch schränkte die Rechtsprechung das Ermessen weitgehend ein (Rdn. 7).

2. Aufklärungspflicht. Beschränkungen des Beweisantragsrechts, das ursprünglich **5** ohnehin keine gesetzliche, sondern eine richterliche Schöpfung war, führen zwangsnotwendig zu einer gesteigerten Aufklärungspflicht[3]. Das Privatklageverfahren macht da keine Ausnahme (*Woesner* NJW **1959** 706). Auch hier haben die Parteien und hat namentlich der Privatkläger **keine Beweislast** (*Eb. Schmidt* I Nr. 305 und § 384, 4). Der Richter hat „zur Erforschung der Wahrheit die Beweisaufnahme von Amts wegen auf alle Tatsachen und Beweismittel zu erstrecken, die für die Entscheidung von Bedeutung sind" (§ 244 Abs. 2). Er darf aber auch Beweisanträge nicht einfach übergehen.

3. Ablehnungsbeschluß. Trotz Absatz 3 gelten § 244 Abs. 6, wonach Beweisan- **6** träge durch Beschluß zu bescheiden sind (OLG Koblenz VRS **47** 377) und § 34, wonach ein solcher **Beschluß mit Gründen** (§ 34, 4 f) zu versehen ist, die die entscheidenden rechtlichen und tatsächlichen Erwägungen erkennen lassen[4], auch für das Privatklageverfahren[5]. Die Verfahrensbeteiligten müssen auch im Privatklageverfahren wissen, warum der Strafrichter die beantragte Beweiserhebung für entbehrlich hält, damit sie ihr weiteres Prozeßverhalten danach einrichten können. Die Gründe für die Ablehnung dürfen sich daher nicht auf leere Formeln — „weil nach dem Ermessen des Gerichts

---

[2] KK-*v. Stackelberg* 4; KMR-*Müller* 2; *Kleinknecht/Meyer* 3.
[3] Vgl. *Sarstedt/Hamm* 243 ff; *Schlüchter* 823; *Göhler* § 77, 1.
[4] BayObLGSt **1970** 41 = NJW **1970** 1202; KK-*v. Stackelberg* 4; KMR-*Müller* 2; *Kleinknecht/Meyer* 3.
[5] BayObLGSt **1949/51** 347; *Alsberg/Nüse/*

Meyer 836; *Woesner* NJW **1959** 706; *Eb. Schmidt* 5; KK-*v. Stackelberg* 4; *Kleinknecht/Meyer* 3; *Schorn* – LV Vor § 374 – 115; für Bußgeldverfahren nach § 77 OWiG vgl. OLG Düsseldorf NJW **1970** 825; OLG Köln GA **1970** 221; OLG Karlsruhe Justiz **1972** 42; OLG Saarbrücken VRS **38** 446; KG VRS **39** 434.

nicht erforderlich" — beschränken[6]; sie dürfen sich auch nicht darin erschöpfen, daß der Beweisantrag verspätet sei, denn § 246 Abs. 1, der es ausdrücklich verbietet, eine Beweiserhebung deshalb abzulehnen, weil das Beweismittel oder die zu beweisende Tatsache zu spät vorgebracht worden sei, gilt auch hier[7].

7   Die Gründe, aus denen das Gericht einen Beweisantrag ohne sachliche Bedenken ablehnen kann, zählt § 244 Abs. 3 bis 5 aufgrund jahrzehntelanger Erfahrung der Rechtsprechung an sich erschöpfend auf (ebenso *Woesner* NJW **1959** 706). Gewiß kann der Standpunkt vertreten werden, § 244 Abs. 2 gebe dem Richter das förmliche Recht, einen Beweisantrag etwa auch mit der Begründung abzulehnen, daß er die Sachlage für hinreichend geklärt halte[8]. Jedoch wird ein solcher Schluß nur dann rechtlich unbedenklich sein, wenn aufgrund der bereits vorgenommenen Aufklärung der entscheidungserhebliche Sachverhalt eindeutig geklärt ist und an der Aussichtslosigkeit einer weiteren Beweiserhebung kein vernünftiger Zweifel bestehen kann, mithin eine Änderung der auf das bisherige Beweisergebnis gestützten richterlichen Überzeugung auszuschließen ist[9]. Solche Ablehnung bedeutet auch nur selten eine endgültige Arbeitsersparnis, weil sie einen gewissen Anreiz zu Rechtsmitteln enthält (vgl. § 386, 1; *Dempewolf* 339; *Eb. Schmidt* 5).

8   **Verletzung der Aufklärungspflicht** (§ 244 Abs. 2) kann nicht nur der Angeklagte, sondern auch der Privatkläger mit Revision rügen (KK-*v. Stackelberg* 5). Die Ansicht des Oberlandesgerichts Karlsruhe (HRR **1934** Nr. 231), eine solche Rüge falle unter § 338 Nr. 8, der eine Beschränkung der Verteidigung voraussetze, geht fehl. Folgerichtig würde das bedeuten, daß Staatsanwalt und Privatkläger als Verfahrensverstöße nur die zwingenden Revisionsgründe des § 338 Nr. 1 bis 7 rügen könnten. Für den Staatsanwalt kann das schon deshalb nicht zutreffen, weil er auch Rechtsmittel zugunsten des Angeklagten einzulegen hat.

9   **4. Unmittelbare Ladung von Zeugen.** Die Regelung in Absatz 3 geht der in § 245 vor, hat jedoch durch die Neufassung des § 245 durch Art. 1 Nr. 20 StVÄG 1979 an Bedeutung verloren. Zwar steht den Beteiligten nach § 386 Abs. 2 das Recht zu, Zeugen und Sachverständige unmittelbar zur Hauptverhandlung zu laden. Jedoch bedeutet das nicht, daß der Richter sie dann auch vernehmen müßte[10]. Aber auch insoweit ist die **praktische Bedeutung** des Absatzes 3 nicht groß. Erstens wird eine Vernehmung oft nicht viel mehr Zeit in Anspruch nehmen als die Erörterung darüber, ob sie stattfinden soll oder nicht; zweitens kann der Beweisführer die Ablehnung durch einen förmlichen Beweisantrag mindestens erschweren. Immerhin eröffnet Absatz 3 eine Handhabe, uner-

---

[6] Weitere Beispiele s. bei *Alsberg/Nüse/Meyer* 836.

[7] *Alsberg/Nüse/Meyer* 835; *Eb. Schmidt* 5; KMR-*Müller* 2.

[8] OLG Köln JMBlNRW **1955** 131; *Alsberg/ Nüse/Meyer* 835; *Schlüchter* 823; KK-*v. Stackelberg* 4; KMR-*Müller* 2. Den gleichen Standpunkt vertreten zu – dem § 384 Abs. 3 nachgebildeten – § 77 OWiG *Göhler* 12 ff; *Rebmann/Roth/Herrmann* 5; *Rotberg* 1; zu § 78 JGG *Dallinger/Lackner* 15 f; *Brunner* 20; wie hier *Engels* GA **1981** 24: Neben den Gründen des § 244 Abs. 3 seien keine weiteren

denkbar, die die Nichterhebung eines angezeigten Beweises rechtfertigen könnten; ebenso: *Woesner* NJW **1959** 706; *Schlüchter* 823.

[9] OLG Hamm NJW **1969** 2161; *Schlüchter* 823; *Göhler* § 77, 14; KMR-*Müller* 2; *Kleinknecht/Meyer* 3. Besondere Vorsicht ist namentlich auch deshalb geboten, weil in einer solchen Feststellung praktisch eine Vorwegnahme des Beweisergebnisses liegt.

[10] OLG Hamm JMBlNRW **1956** 131; *Alsberg/ Nüse/Meyer* 835; *Eb. Schmidt* Nachtr. I 5; KK-*v. Stackelberg* 4; *Kleinknecht/Meyer* 3.

hebliche und nicht zur Sache gehörige Beweisangebote zu beschneiden, was zwar auch im Amtsverfahren (vgl. § 245 Abs. 2) — allerdings nur bei Vorliegen besonderer Voraussetzungen — möglich ist.

5. Vereidigung. Im Privatklageverfahren werden grundsätzlich keine Zeugen vereidigt (§ 62). Der Bundesgerichtshof (BGHSt **10** 110; *Krumme* LM Nr. 1 zu § 62 StPO) verlangt im Regelfall eine Begründung für die Nichtvereidigung durch protokollierten Beschluß. Dem ist für Privatklageverfahren — um ein solches handelte es sich in der angeführten Entscheidung nicht — nicht zuzustimmen; vielmehr geht hier § 62 dem § 64 vor[11]. **10**

6. Einschränkungen in der Zeugeneigenschaft
a) Privatkläger als Zeuge. Der Privatkläger kann nicht Zeuge sein[12]. Er kann deshalb auch nicht über Strafsachen als Zeuge aussagen, die einen anderen Privatkläger des gleichen Verfahrens betreffen[13]. Als wesentlichen Grund dafür gaben die erste bis neunzehnte Auflage an: „Hätte das Gesetz die Vernehmung des Privatklägers als Zeuge gestatten wollen, so hätte es auch Bestimmungen über die Statthaftigkeit und Notwendigkeit seiner Beeidigung treffen müssen." Dieser Satz entstand in einer Zeit, als es weder im Privatklageverfahren noch für den Verletzten **Ausnahmen** von dem allgemeinen **Eideszwang** gab. Inzwischen hat jedoch § 62 den Eid im Privatklageverfahren stark eingeschränkt und gestattet § 61 Nr. 2 stets, von einer Vereidigung des Verletzten abzusehen, so daß der — ursprünglich berechtigte — Grundsatz heute nicht mehr recht zu überzeugen vermag. Die jetzige Regelung des Eidesrechts in § 61 Nr. 2 und § 62 würde ein ordnungsgemäßes Verfahren auch dann erlauben, wenn der Privatkläger Zeuge sein könnte. **11**

Die im Schrifttum (vgl. Fußn. 11) überwiegend vorgetragene Begründung, die **Zeugenvernehmung** vertrage sich nicht mit der **Parteistellung** des Privatklägers, ist allzu begrifflich. Da der Privatkläger trotz seiner Parteistellung ohnehin als Auskunftsperson und damit als Beweismittel in Betracht kommt, wäre dieses Bedenken zu überwinden. Parteistellung hat auch der Nebenkläger. Es ließe sich sehr wohl eine gesetzliche Regelung denken, die — wie manches ausländische Recht — den Privatkläger gleichzeitig Partei und Zeuge sein ließe, ebenso wie es Rechtsordnungen gibt, die selbst den Angeklagten als Zeugen aussagen lassen. **12**

Schwer wiegt der Gesichtspunkt der **Waffengleichheit.** Der Angeklagte kann nach deutschem Strafverfahrensrecht nicht Zeuge sein. Von einer unterschiedlichen verfahrensrechtlichen Stellung geht rein tatsächlich die Verführung aus, dem Zeugen mehr zu glauben als der Partei, nur weil er Zeuge ist. In Wahrheit würde der Privatkläger dadurch, daß man ihn als Zeugen vernähme, nicht glaubwürdiger werden; deshalb sollte man ihm auch nicht durch die Vernehmung als Zeugen helfen, glaubwürdiger zu scheinen. Die sachliche Beweisschwierigkeiten für Taten, die sich ohne Zeugen, gewissermaßen unter vier Augen, zugetragen haben, ist mit einem so technischen, ja termino- **13**

---

[11] Vgl. OLG Hamm JMBlNRW **1956** 131 sowie § 62, 12 ff.
[12] BayObLGSt **1953** 26 = MDR **1953** 377; NJW **1961** 2318; *Dempewolf* 407; *Henkel* 204; *v. Hippel* 396, 635; *Roxin* § 26 A 4; *Peters* § 42 II 2; *Hartung* ZStW **71** (1959) 470; *Niederreuther* DStR **1941** 160; DR **1942** 560;

Seibert MDR **1952** 278; *Woesner* NJW **1959** 706, KK-*v. Stackelberg* 2; *Kleinknecht/Meyer* 2; KMR-*Müller* 5; **anders** KMR-*Paulus* Vor § 48, 32.
[13] BayObLG NJW **1961** 2318; KK-*v. Stackelberg* 2; KMR-*Müller* 5; *Kleinknecht/Meyer* 2.

Günter Wendisch

logischen Mittel nicht zu überwinden. Deshalb überzeugen auch die Ausführungen nicht, mit denen *Daninger* (DStR **1941** 95) und *Lorenz* (JR **1950** 106) der herrschenden Meinung entgegenzutreten suchen.

14   **b)** Auch der **gesetzliche Vertreter** des Privatklägers kann kein Zeuge sein (OLG Düsseldorf JMBlNRW **1962** 198). Der Vergleich mit dem Sitzungsstaatsanwalt hinkt freilich; denn dieser kann als Zeuge vernommen werden, darf nur dann nicht wieder als Staatsanwalt auftreten. Dagegen drängt sich die Parallele zum Zivilprozeßrecht auf.

15   Gleichwohl kann der **Privatkläger als** Partei genauso **Erkenntnismittel** sein wie der Angeklagte. Das Gericht kann deshalb Zugeständnisse, die der Privatkläger gegenüber den Behauptungen des Angeklagten abgibt, seiner Entscheidung durchaus zugrunde legen. Es kann ja auch dem Angeklagten nicht nur Geständnisse, sondern auch Entlastendes glauben. Ebenso ist, wie *Seibert* (MDR **1952** 278) mit Recht ausführt, „nicht einzusehen, warum der Richter nicht befugt sein soll, einem glaubwürdig erscheinenden Privatkläger Glauben zu schenken und den Angeklagten aufgrund dieser Angaben allein zu verurteilen. Das ist nirgends verboten"[14].

16   **7. Veränderung des rechtlichen Gesichtspunkts (Absatz 4).** Soll der Angeklagte aufgrund eines Strafgesetzes verurteilt werden, das der Eröffnungsbeschluß nicht anführt, so ist er auf die veränderte Rechtslage nach § 265 Abs. 1 hinzuweisen[15]. Absatz 4 beseitigt lediglich das Recht des Angeklagten, in einem solchen Fall die Aussetzung nach § 265 Abs. 3 zu verlangen. Gleichwohl kann aber die Gelegenheit zur Verteidigung (§ 265 Abs. 1) unter Umständen ernstlich nur gewährt werden, wenn das Verfahren ausgesetzt wird. Da die Frage der Aussetzung das **rechtliche Gehör** (Art. 103 Abs. 1 GG) berührt, kann das Gericht sie von Amts wegen anordnen; geboten sein kann sie namentlich dann, wenn der Angeklagte keinen Verteidiger hat.

17   **8.** Eine **Nachtragsanklage** ist unter den Voraussetzungen des § 266 zulässig[16]. Sie kommt in Betracht, wenn der Privatkläger dem Angeklagten weitere selbständige Privatklagevergehen zur Last legt, die dieser vor oder in der Hauptverhandlung begangen hat. Bei Antragsvergehen ist auch hier Strafantrag erforderlich, ein Sühneversuch dagegen entbehrlich, weil er in solcher Lage „seinen Zweck ohnehin nicht mehr erfüllen kann" (*Dempewolf* 421). Die Nachtragsanklage kann in der Hauptverhandlung mündlich erhoben werden; sie bedarf der **Zustimmung des Angeklagten** (§ 266 Abs. 1; KG JW **1930** 2815). Sie wird durch ausdrücklichen Beschluß des Strafrichters, der in seinem Ermessen steht (§ 266 Abs. 1: „kann"), zugelassen. Im Berufungsverfahren ist sie nicht mehr zulässig.

18   Anderes gilt für die **Erweiterung der Widerklage.** Hier kommt es nur darauf an, ob auch für das Nachtragsvorbringen die allgemeinen Voraussetzungen einer Widerklage vorliegen, namentlich ob der Zusammenhang mit dem Privatklagevergehen gegeben ist (vgl. § 388, 13)[17]. Ist das nicht der Fall, ist die Nachtragswiderklage ebenso unzulässig, wie es die gewöhnliche Widerklage wegen dieses Hergangs wäre. Liegen deren Voraussetzungen vor, genügt ein Antrag des Angeklagten nach § 388 Abs. 1; dagegen bedarf es weder der Zustimmung des Klägers noch eines Gerichtsbeschlusses (*Stern* JW **1930** 2815 gegen Kammergericht daselbst; wie hier KMR-*Müller* § 388, 9).

---

[14] Ebenso BayObLGSt **1953** 28 = MDR **1953** 377; OLG Hamm Rpfleger **1956** 240; *Woesner* NJW **1959** 706; KMR-*Müller* 5; *Kleinknecht/Meyer* 2.

[15] KK-*v. Stackelberg* 6; KMR-*Müller* 3; *Kleinknecht/Meyer* 4.

[16] KK-*v. Stackelberg* 6; KMR-*Müller* § 385, 1.

[17] KK-*v. Stackelberg* 6; KMR-*Müller* 4.

9. **Verbindung mit Schwurgerichtssache (Absatz 5)** ist nicht statthaft. Dieses Verbot erklärt sich geschichtlich aus den Schwierigkeiten, die vor dem Schwurgericht alter Art (vor 1924) befürchtet wurden. Jetzt ist dieses Verbindungsverbot — eine Ausnahme von § 4 — schon deshalb bedeutungslos, weil Pressevergehen keine Schwurgerichtssachen mehr sind. Sollte eine Verbindung zwischen einer Schwurgerichts- und einer Privatklagesache wirklich einmal wünschenswert erscheinen, wird der Staatsanwalt die Verfolgung nach § 377 übernehmen und damit den Privatkläger zum Nebenkläger machen[18].

III. Zwangsmaßnahmen

1. Haftbefehl. Er ist in Privatklagesachen ausgeschlossen, weil Untersuchungshaft **20** generell unzulässig ist[19].

2. Unzulässig ist auch die **Unterbringung** des Beschuldigten in einem öffentlichen **21** psychiatrischen Krankenhaus, um ihn über seinen psychischen Zustand (§ 81) untersuchen zu lassen[20].

3. Dagegen kann der Richter die **Beschlagnahme** von Beweismitteln nach § 94, **22** aber auch nach §§ 111b ff (*Kleinknecht/Meyer* 7) und — bei besonders vorsichtiger Abwägung — §§ 111 m und 111 n[21], aber auch eine Durchsuchung nach §§ 102 ff anordnen, um solche Beweismittel zu beschlagnahmen, und durch die Polizei ausführen lassen, und zwar sowohl vor als auch nach Eröffnung des Hauptverfahrens als einzelne Beweiserhebung nach § 202[22]. In Betracht kommt das vor allem bei **Vergehen gegen den gewerblichen Rechtsschutz**. Jedoch ist bei den genannten Zwangsmaßnahmen der Verhältnismäßigkeitsgrundsatz besonders sorgfältig zu beachten.

4. Letztlich kann der Strafrichter auch **Maßnahmen nach §§ 51, 70 und 77** gegen **23** Zeugen und Sachverständige treffen; jedoch wird er auch hier, und zwar namentlich in den Fällen der §§ 70 und 77, dem Verhältnismäßigkeitsgrundsatz besondere Beachtung schenken müssen[23].

5. Sitzungspolizeiliche Maßnahmen (§§ 176 ff GVG) sind ebenfalls mit der in der **24** vorhergehenden Randnummer angeführten Einschränkung zulässig[24].

---

[18] § 2, 16; RGSt **46** 130; KMR-*Müller* 4.
[19] Vgl. § 387 Abs. 3 sowie dort. Rdn. 16, 23; Vor § 112, 7; 8; OLG Karlsruhe GA **1974** 221; *Schlüchter* 232 Fußn. 277; KK-*v. Stackelberg* 7; KMR-*Müller* 6; *Kleinknecht/Meyer* 6.
[20] OLG Hamburg JR **1955** 394; *Schorn* Strafrichter 382; KMR-*Müller* 6.
[21] KK-*v. Stackelberg* 8; KMR-*Müller* 6; *Kleinknecht/Meyer* 7.

[22] LG Freiburg JW **1927** 411 mit zust. Anm. *Wassermann; Feiber* NJW **1964** 709; KMR-*Müller* 6; *Kleinknecht/Meyer* 8; a. A *Sangmeister* NJW **1964** 16.
[23] KK-*v. Stackelberg* 9; KMR-*Müller* 8; *Kleinknecht/Meyer* 9.
[24] KK-*v. Stackelberg* 9; KMR-*Müller* 8; *Kleinknecht/Meyer* 10.

§ 385

(1) [1]Soweit in dem Verfahren auf erhobene öffentliche Klage die Staatsanwaltschaft zuzuziehen und zu hören ist, wird in dem Verfahren auf erhobene Privatklage der Privatkläger zugezogen und gehört. [2]Alle Entscheidungen, die dort der Staatsanwaltschaft bekanntgemacht werden, sind hier dem Privatkläger bekanntzugeben.

(2) Zwischen der Zustellung der Ladung des Privatklägers zur Hauptverhandlung und dem Tag der letzteren muß eine Frist von mindestens einer Woche liegen.

(3) Das Recht der Akteneinsicht kann der Privatkläger nur durch einen Anwalt ausüben.

(4) In den Fällen der §§ 154 a und 430 ist deren Absatz 3 Satz 2 nicht anzuwenden.

(5) [1]Im Revisionverfahren ist ein Antrag des Privatklägers nach § 349 Abs. 2 nicht erforderlich. [2]§ 349 Abs. 3 ist nicht anzuwenden.

Entstehungsgeschichte. Die als § 425 Gesetz gewordene Vorschrift hat ihre jetzige Bezeichnung durch die Bekanntmachung 1924 erhalten. Das Vereinheitlichungsgesetz hat die Absätze 1, 2 und 4 dem neuen Sprachgebrauch angepaßt. Art. 10 Nr. 7 StPÄG 1964 hat die Vorschrift um die Absätze 5 und 6 ergänzt. Durch Art. 2 Nr. 11 EGOWiG ist die Verweisung in Absatz 5 auf den neu eingefügten § 430 StPO erstreckt worden. Durch Art. 1 Nr. 95 des 1. StVRG wurde Absatz 2, der die Durchführung von Ladungen regelte, gestrichen, die bisherigen Absätze 3 bis 6 blieben als Absätze 2 bis 5 unverändert.

1   **1. Sinn und Zweck.** Zu **Absatz 1** sagen die Motive (*Hahn* Mat. 1 273): „Dem Privatkläger fallen im weiteren Verfahren diejenigen Rechte und Pflichten zu, welche bei Verfolgung der öffentlichen Klage dem Staatsanwalt zufallen, soweit dieselben nicht lediglich ein Ausfluß der Amtgewalt des letzteren sind. Obwohl dieser Satz die Stellung des Privatklägers am kürzesten und vollständigsten bezeichnen würde, schien es sich doch nicht zu empfehlen, ihn in das Gesetz aufzunehmen, da darüber, ob eine dem Staatsanwalt beigelegte Befugnis lediglich ein Ausfluß seiner Amtsgewalt sei, im gegebenen Fall Zweifel entstehen können. Der Entwurf hat es daher vorgezogen, mehr ins einzelne gehende Bestimmungen zu geben.“

2   **2. Pflichten.** Der Privatkläger ist nicht wie der Staatsanwalt nach § 160 Abs. 2 verpflichtet, die zur Entlastung dienenden Umstände zu ermitteln[1]. Ihm obliegen überhaupt keine Ermittlungen; vielmehr sind diese Sache des Gerichts[2]. Der Privatkläger unterliegt aber nach sachlichem Recht einer **Wahrheitspflicht.** Seine verfahrensrechtliche Stellung schützt ihn nicht vor einer Bestrafung wegen wissentlich falscher Verdächtigung (§ 164 StGB) oder Verleumdung (§ 187 StGB; KK-*v. Stackelberg* 1). Soweit er an die Wahrheit seiner Klagebehauptungen glaubt, wird er allerdings im allgemeinen nicht nach § 186 StGB bestraft werden können, auch wenn die von ihm behaupteten Tatsachen nicht erweislich wahr sind. Der Privatkläger ist nicht gehalten, in der Hauptverhandlung bestimme **Anträge** zu stellen, wie dies dem Staatsanwalt obliegt.

3   **3. Rechte.** Zum Recht des Privatklägers, die Verbindung zusammenhängender Strafsachen, die er bei verschiedenen Gerichten nach §§ 7 bis 11 abhängig gemacht hat, bei einem dieser Gerichte durch Vereinbarung zu beantragen und im Fall des Nichtzu-

---

[1] *Seibert* MDR **1952** 278; KMR-*Müller* 3.   [2] KK-*v. Stackelberg* 1; KMR-*Müller* 3.

standekommens einer solchen Vereinbarung, das gemeinschaftliche obere Gericht anzurufen, vgl. § 13, 27; zum Recht des Privatklägers auf **rechtliches Gehör** vgl. BVerfGE 14
8 = NJW **1962** 580 sowie § 33, 1; 18 und § 383, 26. Der Privatkläger hat nicht die Rechte, die dem Staatsanwalt namentlich nach §§ 161 ff gegeben sind, um seine Ermitt-
lungspflicht zu erfüllen. Er kann insoweit aber **Anträge** an das Gericht stellen oder Anregungen — etwa auf Beschlagnahme oder Durchsuchung (§ 384, 22) — geben. In der
Hauptverhandlung hat er nach § 240 Abs. 2 Satz 1 das Recht, **Fragen** an Zeugen, Sachverständige oder auch den Angeklagten zu stellen. Der Richter kann auch sie nur mit
der Begründung zurückweisen, daß sie ungeeignet seien oder nicht zur Sache gehörten
(§ 241 Abs. 2)[3].

Der Privatkläger kann **Beweisanträge** stellen (§ 244 Abs. 3). Schließlich muß man **4**
ihm das Recht zugestehen, sich schon vor Schluß der Beweisaufnahme — nicht erst im
Schlußvortrag nach § 258 Abs. 1 — im Zusammenhang zur Sache zu äußern. Denn
einerseits kann er sich nicht selbst als Zeugen benennen (§ 384, 11 ff), andererseits wird
er oft ein wichtiges, bisweilen das einzige Erkenntnismittel sein[4].

4. Bekanntgemacht werden die Entscheidungen dem Privatkläger oder — nach **5**
§ 378 Satz 2 — seinem Anwalt nicht durch Vorlage der Urschrift wie nach § 41 gegenüber der Staatsanwaltschaft, sondern nach § 35 Abs. 2, § 37 in Verb. mit §§ 208 ff
ZPO (§ 37, 23), soweit sie nicht in seiner Anwesenheit oder der seines Anwalts verkündet
werden (KK-*v. Stackelberg* 6). Soweit der Privatkläger Widerbeklagter ist, können die
Entscheidungen seinem Anwalt nur dann bekanntgemacht werden, wenn der Privatkläger diesen ausdrücklich auch als Verteidiger bevollmächtigt hat (§ 145 a Abs. 3;
KK-*v. Stackelberg* 6).

5. Zustellungen. Der frühere Absatz 2 (vgl. Entstehungsgeschichte) stellte klar, **6**
daß die auf richterliche Anordnung ergehende Ladung nicht durch die Staatsanwaltschaft, sondern durch die Geschäftsstelle (des Amtsgerichts) bewirkt wurde. Dieser
Regelung bedarf es nicht mehr, nachdem jetzt auch im Offizialverfahren richterliche **Ladungen** sowie allgemeine Zustellungen ausschließlich durch die Geschäftsstelle bewirkt
werden (vgl. § 36, 11 ff; § 214 Abs. 1 Satz 2).

Der jetzige Absatz 2 geht davon aus, daß der Privatkläger wie der Angeklagte ge- **7**
laden wird. Allerdings werden die Folgen, die § 216 Abs. 1 an das unentschuldigte **Ausbleiben** des ordnungsgemäß geladenen Angeklagten knüpft, durch die besonderen
Rechtsnachteile nach § 391 Abs. 2 und 3 ersetzt (KK-*v. Stackelberg* 7).

6. Die Ladungsfrist (Absatz 2) ist die des § 217 Abs. 1; sie gilt auch in der Beru- **8**
fungsinstanz. Wird sie nicht eingehalten, kann der Privatkläger die Aussetzung der
Hauptverhandlung verlangen (§ 217 Abs. 2; KMR-*Müller* 2); allerdings genügt für die
Feststellung, ob die Frist eingehalten ist, rechtzeitige Zustellung an den Prozeßbevollmächtigten (§ 378 Satz 2). Der Privatkläger kann auf die Einhaltung der Ladungsfrist
auch verzichten (§ 217 Abs. 3).

7. Das Recht auf Akteneinsicht (Absatz 3) kann der Privatkläger — abweichend **9**
von § 147 Abs. 1 bis 3 in Verb. mit § 137 Abs. 1 (LG Koblenz AnwBl. **1979** 198) — nur
durch einen Anwalt — nicht durch einen anderen Bevollmächtigten, auch wenn er als

[3] KK-*v. Stackelberg* 3; KMR-*Müller* 1.
[4] Vgl. OLG Bremen GA **1959** 152; KG JR

1961 106 mit Anm. *Sarstedt*; KK-*v. Stackelberg* 4.

Günter Wendisch

Verteidiger wählbar wäre — ausüben. Dieses Recht ist deshalb von erheblicher Bedeutung, weil das Gericht nicht verpflichtet ist, dem Privatkläger die etwaigen Erklärungen des Beschuldigten mitzuteilen (§ 383, 3). Dem Privatkläger steht die Akteneinsicht auch dann nicht zu, wenn er selbst Rechtsanwalt ist[5]. § 147 Abs. 4 ist entsprechend anzuwenden (*Dempewolf* 479).

10   **8. Rechtsmittelbelehrungen** sind auch gegenüber dem Privatkläger erforderlich; denn auch er ist Betroffener nach § 35a (§ 35 a, 7; 8). Bei Vertretung durch einen Anwalt werden sie dem Privatkläger regelmäßig durch Zustellung an jenen mitgeteilt; wird die Entscheidung in Anwesenheit des Anwalts verkündet, genügt dessen mündliche Belehrung. Sonst hätte der Privatkläger, der in der Hauptverhandlung nicht selbst erschienen ist, eine längere Rechtsmittelfrist als der erschienene Angeklagte.

11   **9. Beschränkung der Strafverfolgung (Absatz 4).** Nach § 377 Abs. 1 Satz 1 ist der Staatsanwalt nicht verpflichtet, im Privatklageverfahren mitzuwirken. Gleichwohl kann er an der Hauptverhandlung teilnehmen und Anträge in ihr stellen (§ 377, 2), etwa unwesentliche Teile einer Straftat auszuscheiden (§ 154 a Abs. 1) oder von einer Einziehung abzusehen, weil diese die Durchführung des Verfahrens unangemessen erschweren würde (§ 430 Abs. 1). Selbstverständlich kann das Gericht diese Beschränkungen auch ohne **Mitwirkung des Staatsanwalts,** nicht aber ohne Zustimmung des Privatklägers vornehmen[6]. Danach erscheint es folgerichtig, daß der Staatsanwalt die Wiedereinbeziehung der ausgeschiedenen Teile nicht wie im Offizialverfahren (§ 154 a Abs. 3 Satz 2; § 430 Abs. 3 Satz 2) durch einen Antrag erzwingen kann; daß dieses Recht auch nicht dem Privatkläger zusteht (*Kleinknecht/Meyer* 4), folgt aus Absatz 4. Das kann der Staatsanwalt nur erreichen, wenn er die Verfolgung der Sache nach § 377 Abs. 2 selbst übernimmt (§ 377, 4; KK-*v. Stackelberg* 9). Denn damit wird das Privatklageverfahren zu einem Offizialverfahren und entfallen die nur für jenes Verfahren vorgesehenen Ausnahmen nach Absatz 4.

12   Bevor das Gericht über die Frage entscheidet, ob es einzelne Teile einer Straftat ausscheiden oder sie in das Verfahren wieder einbeziehen will, muß es **beide Parteien hören,** damit diese sich auf die Prozeßlage entsprechend einrichten können (KK-*v. Stackelberg* 9).

13   **10. Beteiligung in der Revisionsinstanz (Absatz 5).** Nach Satz 1 dieses Absatzes kann das Revisionsgericht die Revision als offensichtlich unbegründet verwerfen, ohne daß — wie im Offizialverfahren (§ 349 Abs. 2) — dazu ein Antrag der Staatsanwaltschaft (oder des Privatklägers) erforderlich wäre[7]. Der Privatkläger soll eine Revisionsverhandlung und Revisionsurteil nicht erzwingen können. Weil es **keinen Antrag des Privatklägers** entsprechend dem Antrag des Staatsanwalts nach § 349 Abs. 2 gibt, entfällt auch die Pflicht zur vorherigen Mitteilung an den Angeklagten (Satz 2). Diese Ausnahmen gelten für Revisionen des Angeklagten und des Privatklägers in gleicher Weise[8].

---

[5] *Eb. Schmidt* 4; KK-*v. Stackelberg* 8; KMR-*Müller* 2; *Kleinknecht/Meyer* 3.
[6] Vgl. dazu ausführlich *Rieß* § 154 a, 5; 36 a. E.; **a. A** KK-*v. Stackelberg* 9; *Kleinknecht/*
Meyer 4; unklar KMR-*Müller* 1.
[7] KK-*v. Stackelberg* 9; KMR-*Müller* 1.
[8] OLG Stuttgart NJW **1967** 792; OLG Köln NJW **1968** 561; KK-*v. Stackelberg* 9.

§ 386

(1) Der Vorsitzende des Gerichts bestimmt, welche Personen als Zeugen oder Sachverständige zur Hauptverhandlung geladen werden sollen.

(2) Dem Privatkläger wie dem Angeklagten steht das Recht der unmittelbaren Ladung zu.

Entstehungsgeschichte. Die als § 426 Gesetz gewordene Vorschrift hat ihre jetzige Bezeichnung durch die Bekanntmachung 1924 erhalten.

1. Herbeischaffen der Beweismittel (Absatz 1). Im Privatklageverfahren entfällt **1** die Möglichkeit, Beweismittel durch die Staatsanwaltschaft herbeischaffen zu lassen (vgl. § 214 Abs. 4). Das Gesetz überträgt deshalb die Entschließung, welche Zeugen oder Sachverständigen zur Hauptverhandlung zu laden und welche sonstigen Beweismittel etwa herbeizuschaffen sind, dem **Vorsitzenden**[1], d. h. in der ersten Instanz dem Richter beim Amtsgericht als Strafrichter (§ 25 GVG). Er hat bei der Anberaumung des Hauptverhandlungstermins (§ 213) von Amts wegen die Sachlage zu prüfen und die erforderlichen Ladungen zu verfügen; als Grundlage seiner Prüfung dienen die Anklageschrift und die vom Beschuldigten etwa abgegebene Erklärung (§ 383, 4 ff) sowie die von ihm selbst etwa angestellten Ermittlungen (§ 383, 9); er ist nicht auf die von den Parteien benannten Beweismittel beschränkt. Seine Bestimmung muß er beiden Parteien mitteilen.

Die **Entscheidung** darf nicht willkürlich sein (BayObLG JW **1928** 2998 mit Anm. **2** *Mamroth*). Es handelt sich um eine Frage der **Aufklärungspflicht**; von ihr befreit Absatz 1 den Richter nicht, ebensowenig wie § 384 Abs. 3 (vgl. dort Rdn. 5). Beide Parteien können die Ladung weiterer Zeugen oder Sachverständiger oder die Herbeischaffung anderer Beweismittel beantragen (OLG Königsberg JW **1928** mit Anm. *Stern*). Für solche Anträge gilt § 219. Die vor der Hauptverhandlung nach §§ 219, 386 ergehenden Verfügungen des Vorsitzenden sind nur vorläufige; sie greifen einer abweichenden Entschließung in der Hauptverhandlung nicht vor.

Dempewolf (339) empfiehlt mit Recht, den **Beweisstoff** streng auf den Gegen- **3** stand der Privatklage zu beschränken, andererseits aber auch alle Zeugen zu laden, die dazu etwas bekunden sollen, auch wenn mehrere Zeugen für dasselbe Thema benannt werden. Dagegen bestehen um so weniger Bedenken, weil der Privatkläger für jeden Zeugen einen **Auslagenvorschuß** bezahlen muß (nicht der Angeklagte; § 379, 1) und kein Zwang besteht, die vorgeladenen und erschienenen Zeugen in der Hauptverhandlung auch zu vernehmen (§ 384, 9).

2. Unmittelbare Ladung (Absatz 2). Was in § 220 vom Angeklagten gesagt wird, **4** gilt hier für diesen und seinen Rechtsanwalt (§ 387) sowie den Privatkläger und dessen Rechtsanwalt (§ 378) in gleicher Weise (KK-*v. Stackelberg* 2). Auch der vom Privatkläger unmittelbar geladene Zeuge ist, wenn seine Vernehmung sachdienlich war, nach § 220 Abs. 3 aus der Staatskasse zu entschädigen. Der Antrag kann in der Hauptverhandlung vor Erlaß des Urteils gestellt, aber auch noch nach der Hauptverhandlung bei Gericht eingereicht werden. Wegen weiterer Einzelheiten vgl. die Erläuterungen zu § 220.

---

[1] KK-*v. Stackelberg* 1; KMR-*Müller* 1.

Günter Wendisch

5   **3. Berufungsverhandlung.** § 325 gilt auch im Privatklageverfahren, und zwar wiederum für Angeklagte und Privatkläger (OLG Königsberg JW **1928** 2293 mit Anm. *Stern*). Auch der Privatkläger braucht sich nicht mit einer Verlesung der Sitzungsniederschrift aus der ersten Instanz über die Zeugenaussagen zu begnügen[2].

6   **4. Mitteilungspflicht.** Das Gericht hat dem Privatkläger und dem Angeklagten mitzuteilen, welche Personen zur Hauptverhandlung geladen werden; ebenso hat der Privatkläger und der Beschuldigte es dem Gericht und dem Gegner mitzuteilen, wenn er Personen unmittelbar lädt (§ 219 Abs. 2, § 222 Abs. 2)[3].

§ 387

(1) In der Hauptverhandlung kann auch der Angeklagte im Beistand eines Rechtsanwalts erscheinen oder sich auf Grund einer schriftlichen Vollmacht durch einen solchen vertreten lassen.

(2) Die Vorschrift des § 139 gilt für den Anwalt des Klägers und für den des Angeklagten.

(3) Das Gericht ist befugt, das persönliche Erscheinen des Klägers sowie des Angeklagten anzuordnen, auch den Angeklagten vorführen zu lassen.

Entstehungsgeschichte. Die als § 427 Gesetz gewordene Vorschrift hat ihre jetzige Bezeichnung durch die Bekanntmachung 1924 erhalten.

Übersicht

I. Grundsatz (Absatz 1)

1   Die Vorschrift behandelt die **Pflicht der Parteien,** d. h. des Privatklägers und des Angeklagten, in der Hauptverhandlung erster Instanz **zu erscheinen,** sowie ihre Berechtigung, sich darin vertreten zu lassen (*Kleinknecht/Meyer* 1). Dabei sind für den Privatkläger die §§ 378, 391, für den Angeklagten die allgemeinen Bestimmungen im Ersten und Zweiten Buch zu beachten. Das Gesetz geht davon aus, daß auch im Privatklagever-

---

[2] Ebenso *Kleinknecht/Meyer* 4; a. A KK-*v. Stackelberg* 4; KMR-*Müller* 3 und nunmehr auch *Alsberg/Nüse/Meyer* 290.

[3] KK-*v. Stackelberg* 3; KMR-*Müller* 4; *Kleinknecht/Meyer* 3.

fahren das Gericht von Amts wegen die Wahrheit zu erforschen hat (§ 384, 5). Zu diesem Zweck gibt es ihm die Befugnis, das **persönliche Erscheinen** beider Parteien oder einer von ihnen anzuordnen. Diese Maßnahme empfiehlt sich dringend, bildet in der Praxis die Regel und sollte nur in ganz seltenen Ausnahmefällen — etwa bei weiter Entfernung — unterbleiben. Ihr Unterlassen kann unter Umständen als Verstoß gegen § 244 Abs. 2 die Revision begründen.

II. Rechtliche Stellung des Privatklägers

1. Vertretungsmöglichkeit (Absatz 1 und 2). Hat der Richter das persönliche Er- **2** scheinen des Privatklägers nicht angeordnet, kann dieser sich durch einen mit schriftlicher Vollmacht (BayObLGSt **1963** 28; KK-*v. Stackelberg* 1) versehenen **Rechtsanwalt** vertreten lassen; andernfalls muß er selbst in der Hauptverhandlung erscheinen. Mit Zustimmung des Privatklägers kann der Anwalt die Vertretung nach § 139 einem Referendar — nicht auch einem Rechtspraktikanten im Rahmen der einstufigen Juristenausbildung (§ 378, 5) — übertragen. Auch kann sein amtlich bestellter Vertreter erscheinen.

Andere Bevollmächtigte können in der Hauptverhandlung weder für den Privat- **3** kläger noch mit dem Privatkläger auftreten (§ 378, 3 ff). Erscheint weder der Privatkläger noch ein Anwalt, so gilt, wenn das Ausbleiben nicht genügend entschuldigt ist, die Privatklage als zurückgenommen (§ 391 Abs. 2); das Verfahren ist alsdann durch Beschluß einzustellen (§ 391, 10 ff). Das Gesetz schreibt zwar nicht vor, daß dies dem Privatkläger bei seiner Ladung mitgeteilt werden müsse; *Dempewolf* (338) hält es deshalb für entbehrlich. Indessen ist eine solche Belehrung Fürsorgepflicht; ihr Unterbleiben wird in aller Regel die Wiedereinsetzung in den vorigen Stand — unmittelbare Anwendung des § 44 Satz 2 — nach § 391 Abs. 4 rechtfertigen.

2. Angeordnetes Erscheinen (Absatz 3). Ordnet der Richter das persönliche Er- **4** scheinen des Privatklägers an, muß diesem das in der Ladung mitgeteilt werden. Erscheint er gleichwohl nicht, gilt das selbst dann als **Rücknahme der Privatklage,** wenn statt seiner ein Rechtsanwalt erscheint (§ 391 Abs. 2). Das gilt auch für den Fall einer kommissarischen Vernehmung (§ 223) oder einer richterlichen Augenscheinseinnahme nach § 225 (*Kleinknecht/Meyer* § 391, 5). Auch das ist ihm bei der Ladung mitzuteilen. Die Anordnung unterliegt nicht der Beschwerde[1]. Zur Hauptverhandlung **vorgeführt** werden kann zwar der Angeklagte (Rdn. 16, 18), nicht aber der Privatkläger (Gegenschluß aus Absatz 3).

Die **Ladung** des Privatklägers kann diesem selbst oder dem von ihm bevollmäch- **5** tigten Anwalt zugestellt werden; letzteres genügt auch dann, wenn das persönliche Erscheinen des Privatklägers angeordnet ist. Wird die Ladung dem Privatkläger selbst zugestellt, muß der von ihm bevollmächtigte Anwalt besonders geladen werden[2]. Ist dies unterblieben oder die Frist nicht gewahrt, kann der Privatkläger **Aussetzung der Verhandlung** nach § 218 Satz 2, § 217 Abs. 2 verlangen.

3. Anhörungsrecht. Der Privatkläger hat einen Anspruch darauf, in der Hauptver- **6** handlung gehört zu werden; er hat das Recht zu persönlichen **Fragen und Anträgen,** und

---

[1] OLG Celle NJW **1953** 1933; *Schorn* Strafrichter 383; KK-*v. Stackelberg* 2; KMR-*Müller* 6; *Kleinknecht/Meyer* 2.

[2] OLG Karlsruhe VRS **50** 120; KK-*v. Stackelberg* 2.

Günter Wendisch

zwar auch dann, wenn sein persönliches Erscheinen nicht angeordnet ist. Daraus ergibt sich, daß er bei **Verhandlungsunfähigkeit** die Aussetzung verlangen kann; ihm darf nicht entgegengehalten werden, daß er durch einen Anwalt vertreten und eine weitere Aufklärung des Sachverhalts durch ihn nicht zu erwarten ist[3]. Gleiches gilt für den Fall seiner Verhinderung, etwa durch Krankheit (*Kleinknecht/Meyer* 1).

7   **4. Anwesenheitspflicht.** Das Gesetz sagt nicht, ob der Privatkläger oder sein Anwalt verpflichtet sind, während der ganzen Hauptverhandlung anwesend zu *bleiben.* In dieser Frage werden verschiedene Ansichten vertreten. Eine davon (OLG Dresden JW **1932** 679 mit zust. Anm. *Hegler*) entnimmt dem Buchstaben des § 391 Abs. 2 zweite Hälfte, daß nur das völlige Nichterscheinen, das **Ausbleiben als Rücknahme der Privatklage** gelte: Dem stehe es nicht gleich, wenn der Privatkläger im Lauf der Verhandlung (selbst frühzeitig) wieder fortgehe. Dann habe er durch sein Erscheinen gezeigt, daß ihm an der Durchführung der Sache liegt. Sein Weggehen könne zwar seinen Grund in einer Änderung seiner Ansichten haben, ebensogut aber auch durch andere Umstände — Aufregung, Erbitterung, Verärgerung — verursacht sein. Das Verfahren könne ohne den Privatkläger ebenso zu Ende geführt werden wie nach § 231 Abs. 2 ohne den Angeklagten. Eine andere Ansicht[4] hält die **Anwesenheit** des nicht durch einen Rechtsanwalt vertretenen (§ 378, 2) oder eines zwar vertretenen Privatklägers, dessen persönliches Erscheinen das Gericht aber gleichwohl angeordnet hat, **bis zum Ende der Urteilsverkündung** für erforderlich und erblickt eine vermutete Zurücknahme nach § 391 Abs. 2 auch darin, wenn der Privatkläger in einem nur noch zur Verkündung des Urteils angesetzten Termin ausbleibt[5].

8   Dieser Ansicht ist zuzustimmen (§ 391, 31). Das Gesetz verpflichtet den Privatkläger oder seinen Anwalt nicht deshalb zum Erscheinen, damit das Gericht bei Beginn der Hauptverhandlung sieht, er halte noch an der Verfolgungsabsicht fest, sondern weil nach dem Aufbau des deutschen Strafverfahrens grundsätzlich **in jeder Strafverhandlung ein Ankläger** gebraucht wird. Würde sich im Amtsverfahren der Staatsanwalt entfernen, ehe das letzte Wort der Urteilsbegründung gesprochen ist, wäre das ein zwingender Revisionsgrund nach § 338 Nr. 5, und zwar ohne Rücksicht darauf, ob das Urteil gleich nach der Verhandlung oder an einem späteren Tag verkündet wird. Es läßt sich nicht sagen, die Anwesenheitspflicht des Staatsanwalts sei nur eine Folge seiner Amtsstellung, die der Privatkläger nicht hat. Das Gesetz legt dem Staatsanwalt diese Amtspflicht auf, weil in jedem Augenblick der Verhandlung — selbst noch während der Urteilsverkün-

[3] OLG Bremen GA **1959** 152; *Woesner* NJW **1959** 705; KK-*v. Stackelberg* 1; KMR-*Müller* 5.

[4] OLG Karlsruhe JW **1925** 1035 mit – insoweit – zust. Anm. *Kern*; OLG Stuttgart JW **1927** 2647; JW **1929** 288; *Schorn* Strafrichter 383; zweifelnd *Drucker* JW **1928** 288.

[5] So auch OLG Bremen JW **1957** 474. Vermittelnde Ansichten – Anwesenheit des Privatklägers bei der Urteilsverkündung nicht erforderlich – vertreten: BayObLG JW **1926** 2206 mit zust. Anm. *Stern*; BayObLGSt **1962** 37 = NJW **1962** 1168; OLG Darmstadt JW **1927** 3061; OLG Hamburg JW **1928** 2292 mit zust. Anm. *Stern*; OLG Köln JW **1929** 1082;

1506 mit zust. Anm. *Unger*; KG JW **1930** 2593 mit zust. Anm. *Mamroth*; *Beling* 454, 4; *Schlüchter* 826.2; *Eb. Schmidt* § 391, 15; 17; KK-*v. Stackelberg* § 391, 14; KMR-*Müller* § 391, 10; *Poppe* (NJW **1954** 1915) verneint auch den Revisionsgrund des § 338 Nr. 5; *Kleinknecht/Meyer* (§ 391, 8) zieht im Anschluß an BayObLGSt **1962** 37 die Grenze bei dem Zeitpunkt nach den Schlußvorträgen; das BayObLG hält aber in der angeführten Entscheidung die Anwesenheit des Privatklägers bis zur Verkündung der Urteilsformel für erforderlich. Ausführlich behandelt diese Frage *Woesner* NJW **1959** 704.

dung — eine Rückfrage an den Kläger erforderlich werden kann. Das gilt für den Privatkläger erst recht, der — anders als der Staatsanwalt — fast immer Beweismittel (im materiellen Sinn) ist. Gerade weil die Privatklage — im Gegensatz zur öffentlichen Klage — in jeder Lage des Verfahrens zurückgenommen werden kann ($ 391 Abs. 1), muß derjenige, dem dieses Recht zusteht, in jedem Augenblick der Hauptverhandlung anwesend sein. Ein öffentliches Interesse an der Verfolgung besteht nicht, sonst hätte der Staatsanwalt diese übernommen. Das private Interesse, das allein die Verfolgung rechtfertigt, kann nicht mehr angenommen werden, sobald sein Träger sich entfernt.

5. Folge des Ausbleibens

a) Fiktion. Das Gesetz knüpft an das Ausbleiben des Privatklägers nicht die **9** widerlegbare Vermutung, dieser wolle die Klage zurücknehmen, sondern arbeitet mit einer **Fiktion:** Das Ausbleiben *gilt* als Rücknahme ($ 391 Abs. 2). Deshalb kommt es nicht auf psychologische Erwägungen darüber an, welche Beweggründe für das vorzeitige Fortgehen in Betracht kommen können. Wer nicht erscheint oder wer sich vorzeitig entfernt, bekundet damit einen Mangel an Interesse, der als untragbar erscheinen läßt, gerade um seiner Interessen willen einen anderen zu bestrafen.

b) Unterschied zu $ 231 Abs. 2. Dieser Folge kann auch nicht entgegengehalten **10** werden, daß nach $ 231 Abs. 2 eine Verhandlung selbst gegen einen Angeklagten zu Ende geführt werden kann, wenn dieser sich nach seiner Vernehmung zur Anklage aus der Verhandlung entfernt oder bei der Fortführung einer unterbrochenen Hauptverhandlung ausbleibt, eine solche Regelung danach für den Privatkläger nicht schlechthin ausscheiden dürfe. Ein solcher Vorschlag muß schon deshalb fehlgehen, weil die Fälle des Ausbleibens des Angeklagten und des Privatklägers nicht miteinander vergleichbar sind. So kann das Gericht den Angeklagten, wenn es seine Anwesenheit für die weitere Verhandlung für notwendig erachtet, zwar nicht in Untersuchungshaft nehmen, ihn aber wohl festhalten oder — wieder — vorführen lassen. Gegen den Privatkläger stehen ihm solche prozessualen Befugnisse nicht zu. Darüber hinaus bestimmt $ 231 Abs. 1 Satz 1 ausdrücklich, daß der erschienene Angeklagte sich nicht entfernen *darf.* Beim Privatkläger bedurfte es deshalb keiner solchen Bestimmung, weil in seinem Weggehen die Rücknahme der Privatklage zu erblicken ist. Wie sollte sonst das Gericht verfahren, wenn nach dem Fortgehen des Privatklägers noch nicht zu übersehen ist, ob er noch gebraucht wird? Soll es weiter verhandeln, selbst auf die Gefahr, daß man später steckenbleibt? Soll dem Angeklagten zugemutet werden, zu einem späteren Termin wieder zu erscheinen? Oder soll die Fiktion der Rücknahme davon abhängen, wie der Richter das bisherige Verhandlungsergebnis beurteilt? Es läßt sich kein Zeitpunkt bestimmen, mit dessen Eintritt diese Bedenken gegenstandslos werden.

c) Dauer der Anwesenheitspflicht. Auch das **Ende der Schlußvorträge** ($ 258) be- **11** deutet keinen solchen Einschnitt. Zwar kann der Angeklagte bis zum Ende des letzten Worts ($ 258 Abs. 2 Halbsatz 2) noch Widerklage erheben ($ 388 Abs. 1); die Anwesenheit des Privatklägers oder seines Anwalts dient aber nicht in erster Linie dem Zweck, die Erhebung einer Widerklage zu erleichtern.

Selbst die **Aussetzung der Urteilsverkündung** auf einen anderen Tag ($ 268 Abs. 3 **12** Satz 2), begründet keinen solchen verfahrensrechtlichen Einschnitt. Der Angeklagte kann auch in dem zur Verkündung bestimmten Termin noch Anträge stellen; er kann sogar — wenn er das Wort erhält, was freilich im Ermessen des Vorsitzenden steht — während der Verkündung, bis der letzte Satz der Gründe ausgesprochen ist, noch Anträge, namentlich Beweisanträge, stellen. Vor allem kann auch das Gericht von Amts wegen, statt das Urteil zu verkünden, wieder in die Verhandlung eintreten. Gerade in Pri-

Günter Wendisch

vatklagesachen liegt es nicht fern, daß der Richter nach reiflicher Überlegung noch einen Vergleichsversuch zu machen wünscht.

13 *Woesner* (NJW **1959** 705) meint, dazu sei dieser **Zeitpunkt** psychologisch der ungeeignetste des ganzen Verfahrens, weil in den Schlußvorträgen die Leidenschaft hart aufeinandergeprallt seien. Dem ist entgegenzuhalten, daß gerade deswegen dieser Augenblick of der beste für einen Vergleich sein wird. Die Parteien haben ihre Beweismittel vorführen und ihre Standpunkte darlegen können. Der Richter, der alles angehört hat und deshalb alles berücksichtigen kann, wird durch die dabei gezeigte Geduld an Autorität gewinnen. Sie wird die Parteien oftmals geneigter machen, alsbald die Ansicht des Richters kennenzulernen und seinen Ausführungen zuzuhören. Es muß daher seinem Ermessen überlassen werden, ob er sich jetzt etwas von einem **Vergleichsversuch** verspricht. Dem Privatkläger darf nicht die Möglichkeit gegeben werden, einen solchen Versuch dadurch abzuschneiden, daß er fortgeht oder nicht wieder erscheint.

14 Aber selbst wenn der Privatkläger bei der Urteilsverkündung regelmäßig nur stummer Zuhörer ist, hat es einen guten Sinn, ihm diese Rolle zuzumuten. Er kann gegen das Urteil Rechtsmittel einlegen. Es erscheint unangemessen, ihm dieses Recht auch zu geben, wenn weder er selbst noch sein Rechtsanwalt gewillt ist, von der mündlichen Urteilsbegründung Kenntnis zu nehmen. Oft hat die **mündliche Begründung** bessere Aussichten, den Unterliegenden zu überzeugen als die schriftliche. Auch die Rechtsmittelbelehrung (§ 35 a) geht den Privatkläger an (*Dempewolf* 399). Das praktische Bedenken, daß ein vielbeschäftigter Anwalt unter Umständen lange auf die Verkündung warten muß, wiegt nicht schwer. Einmal muß er das auch in jedem Fall der notwendigen Verteidigung; zum anderen kann das an seiner Stelle der Privatkläger tun.

15 **6. Weitere Hinweise.** Hat das Gericht das persönliche Erscheinen des Privatklägers angeordnet, muß dieser selbst bis zum Schluß der Urteilsbegründung anwesend sein. Über die Pflicht zur **Anwesenheit in der Berufungsverhandlung** und die Folgen ihrer Verletzung vgl. § 391, 45 ff. In der **Revisionsverhandlung** braucht der Privatkläger nicht zu erscheinen; das kann auch nicht angeordnet werden[6]. Zu den Rechten des Privatklägers gehört auch, den Richter nach § 24 Abs. 3 Satz 1 (§ 24, 38) oder einen Sachverständigen nach § 74 Abs. 2 (Erl. zu § 74) **ablehnen** zu können.

III. Rechtliche Stellung des Angeklagten

16 **1. Erscheinungspflicht.** Für den Angeklagten gelten die §§ 230 ff, soweit nicht § 387 Abweichungen enthält. Gegen einen Angeklagten, der nicht erscheint, nicht durch einen Verteidiger vertreten und nicht nach § 233 vom Erscheinen entbunden ist (Rdn. 17), kann nur unter den Voraussetzungen des § 232 Abs. 1 Satz 1 verhandelt werden. Wenn Freiheitsstrafe nur als Ersatzfreiheitsstrafe zu erwarten ist (§ 43 StGB), steht das dem Verfahren nach § 232 nicht entgegen. Der Angeklagte kann aber vorgeführt werden (Absatz 3). Es empfiehlt sich, ihn bei der Ladung darauf hinzuweisen. Für die Dauer des Festhaltens gilt § 135 Satz 2.

17 **2. Entbinden vom Erscheinen** nach § 233 ist auch im Privatklageverfahren möglich. Der Angeklagte braucht für das weitere Verfahren keinen Vertreter, kann sich aber selbstverständlich vertreten lassen (§§ 234, 387 Abs. 1).

---

[6] Gegenschluß aus § 391 Abs. 2 und 3; vgl. auch § 350 Abs. 2; ebenso *Woesner* NJW **1959** 707.

3. Angeordnetes Erscheinen. Das Gericht kann das persönliche Erscheinen des **18** Angeklagten anordnen und durch Vorführung erzwingen (Absatz 3). Gegen die Anordnung ist kein Rechtsmittel (§ 236 in Verb. mit § 305 Satz 1) gegeben (OLG Celle NJW **1953** 1933; *Kleinknecht/Meyer* 2). Ist der Angeklagte erschienen, sei es auf Anordnung oder ohne sie, darf er sich bis zum Schluß der Urteilsbegründung nicht entfernen. Tut er das gleichwohl, kann die Verhandlung unter den Voraussetzungen des § 231 Abs. 2 zu Ende geführt werden.

4. Beistand eines Rechtsanwalts (Absatz 1 und 2). Im Beistand eines Rechtsan- **19** walts (Absatz 1) bedeutet nicht, daß die allgemeinen Bestimmungen über die **Verteidigung** und über die Zulassung von Beiständen des Angeklagten (§§ 137 bis 149) im Privatklageverfahren nicht anwendbar seien. Dem Angeklagten in diesem Verfahren Beschränkungen aufzuerlegten, die im Offizialverfahren nicht bestehen, kann nicht die Absicht des Gesetzes sein, weil es dafür keinen vernünftigen Grund gibt[7].

Mit *Brangsch* (Fußn.7) besteht zwar Einigkeit darüber, daß der Privatkläger sich **20** nur der Hilfe eines Rechtsanwalts bedienen kann (§ 378, 3 f). Seine Erwägungen treffen auf den Vertreter oder Beistand des Privatklägers auch durchweg zu, nicht aber auf den **Verteidiger** des Angeklagten. Der Gefahr, daß Privatklagen aus unlauteren Gründen erhoben werden, kann nur der Rechtsberater des Privatklägers, nicht aber der des Angeklagten entgegenwirken. Nur sein Verdienst, nicht das des Verteidigers kann es sein, wenn auf „viele beabsichtige Privatklagen schon im Büro des Anwalts durch dessen nüchterne Beratung verzichtet wird". § 385 Abs. 3 verweist für die Akteneinsicht, § 390 Abs. 2 für Revisions- und Wiederaufnahmeanträge nur den Privatkläger auf die Vertretung durch einen Rechtsanwalt; vom Angeklagten ist in beiden Bestimmungen keine Rede; für diesen können deshalb nur die §§ 147, 345 Abs. 2, § 366 Abs. 2 gelten.

Zu § 391 Abs. 2 (Rücknahme der Privatklage) gibt es für den Angeklagten keine **21** Parallele. Daß dieser für die **Widerklage** keine andere Person, sondern **nur** einen **Rechtsanwalt** zuziehen kann, ist richtig; insoweit ist er eben nicht Angeklagter, sondern selbst Kläger. Es ist nicht unverständlich, daß der Privatkläger für die Akteneinsicht einen Rechtsanwalt braucht, während der Angeklagte seinen Verteidiger damit betrauen kann, auch wenn dieser eine andere Person ist. Vielmehr wäre es unverständlich, wenn der Angeklagte in dem weniger wichtigen Privatklageverfahren einen Rechtsanwalt dazu nehmen müßte, während er im Offizialverfahren jeden Verteidiger damit betrauen kann. *Brangsch* legt zu wenig Gewicht auf den entscheidenden Unterschied zwischen Privatkläger und Angeklagten, der darin besteht, daß es vom Belieben des Privatklägers abhängt, sich auf das Verfahren einzulassen, dagegen nicht vom Belieben des Angeklagten. Eine **andere Frage** ist freilich de lege lata, ob bei der großen Zahl von Rechtsanwälten die nach § 138 Abs. 2 erforderliche Genehmigung erteilt werden sollte und de lege ferenda, ob § 138 Abs. 2 überhaupt bestehen bleiben sollte. Es erscheint aber wenig sinnvoll, für diese wichtigere und allgemeinere Frage gerade im Weg der Auslegung des § 387 eine kaum lohnende Teillösung zu suchen.

5. Fälle notwendiger Verteidigung sind auch im Privatklageverfahren denkbar; so **22** gehört in Beleidigungssachen die Frage der Anwendbarkeit des § 193 StGB häufig zum Schwierigsten, was im sachlichen Strafrecht überhaupt vorkommt. Gleiches gilt für die

---

[7] LG Dortmund Rpfleger **1954** 319; LG Wuppertal JMBlNRW **1959** 257; *Eb. Schmidt* 11; **a. A** OLG Hamburg MDR **1966** 256; LG Braunschweig NdsRpfl. **1968** 167; *Brangsch* NJW **1962** 650; KK-*v. Stackelberg* 5; KMR-*Müller* 3; 10; *Kleinknecht/Meyer* 6.

Günter Wendisch

Frage der Anwendbarkeit des § 199 StGB in einem Privatklageverfahren (BGHSt 10 373). Daß sich in solchen Fällen der Angeklagte wegen Schwierigkeit der Rechtslage nicht selbst verteidigen kann, namentlich wenn der Privatkläger einen Rechtsanwalt hat, sollte öfter zur Beiordnung eines Verteidigers nach § 140 Abs. 2, § 141 führen[8].

23   **6. Keine Untersuchungshaft (Absatz 3 letzter Satzteil).** Untersuchungshaft kann im Privatklageverfahren nicht angeordnet werden. Das ergibt sich deutlich aus einem Vergleich von Absatz 3 mit § 230 Abs. 2; Absatz 3 geht als **Sonderregelung** vor und rechtfertigt den Gegenschluß, daß nur die Vorführung, nicht die Verhaftung angeordnet werden kann (OLG Karlsruhe MDR **1974** 332). Das folgt auch aus dem Grundsatz der Verhältnismäßigkeit (Vor § 112, 8) und ist in Rechtsprechung und Schrifttum allgemein anerkannt[9]. Die abweichende Entscheidung des Oberlandesgerichts Düsseldorf (JW **1913** 636) ist vereinzelt geblieben. Wo kein öffentliches Interesse an der Strafverfolgung besteht und die Rücknahme der Klage vom Belieben des Klägers abhängt, da kann es entgegen *Gerland* (255 Anm. 131) nicht gerechtfertigt sein, die Freiheit des Angeklagten während des Verfahrens — außer in der Hauptverhandlung — zu beeinträchtigen. Mit Recht erklärt *Eb. Schmidt* (3) deshalb auch § 231 Abs. 1 Satz 2 für unanwendbar. Wo ein **besonderer widerspenstiger** Angeklagter es versteht, sich der Vorführung wiederholt zu entziehen und so die Hauptverhandlung zu vereiteln, wird der Staatsanwalt prüfen, ob er nicht die Verfolgung nach § 377 Abs. 2 übernimmt (vgl. *Schneider* JW **1919** 566 sowie *Geerds* GA **1982** 241 Fußn. 16)[10].

24   **7.** Für die **Ladung des Angeklagten** und andere Zustellungen an ihn gilt nicht § 378 Satz 2, sondern die allgemeine Regelung. Ihm ist immer selbst zuzustellen; zur Hauptverhandlung ist er persönlich zu laden, auch wenn er einen Verteidiger bevollmächtigt hat; allerdings ist Ersatzzustellung nach § 181 ZPO zulässig (BGHSt **11** 158; KK-*v. Stackelberg* 6). Für die Ladung des **Verteidigers** gilt § 218.

25   Die **Rechtsmittelfrist** beginnt für den nicht anwesenden **Angeklagten** erst mit der Zustellung des Urteils (§ 314 Abs. 2, § 341 Abs. 2). Sie wird auch durch Zustellung an den Verteidiger (§ 145 Abs. 1, 2) in Lauf gesetzt. Für den **Privatkläger** beginnt die Frist auch dann mit der Urteilsverkündung, wenn bei dieser nur der Rechtsanwalt als Vertreter anwesend war, sonst mit der Zustellung. § 401 Abs. 2 Satz 1 findet keine entsprechende Anwendung (KK-*v. Stackelberg* 7; *Kleinknecht/Meyer* 7; KMR-*Müller* 8).

---

[8] Vgl. dazu Erl. zu § 140; KK-*v. Stackelberg* 6; zu eng *Dempewolf* 402, 5.

[9] *Beling* 497; *Feisenberger* § 384, 2; *Henkel* 411; *v. Hippel* 442, 631; *Roxin* § 30 B II 4; *Eb. Schmidt* § 112, 7; KMR-*Müller* 2; *Kleinknecht/Meyer* § 384, 6; *Geerds* GA **1982** 241.

[10] Für *Geerds* ist entscheidend, daß, wenn kein öffentliches Interesse an der Strafverfolgung bestehe und der Prozeß vom Belieben des Privatklägers abhänge, es auch nicht gerechtfertigt sei, für eine solche Strafsache einen derartigen Freiheitsentzug zu Lasten des Angeklagten Platz greifen zu lassen.

§ 388

(1) Hat der Verletzte die Privatklage erhoben, so kann der Beschuldigte bis zur Beendigung des letzten Wortes (§258 Abs. 2 Halbsatz 2) im ersten Rechtszug mittels einer Widerklage die Bestrafung des Klägers beantragen, wenn er von diesem gleichfalls durch eine Straftat verletzt worden ist, die im Wege der Privatklage verfolgt werden kann und mit der den Gegenstand der Klage bildenden Straftat in Zusammenhang steht.

(2) [1]Ist der Kläger nicht der Verletzte (§374 Abs. 2), so kann der Beschuldigte die Widerklage gegen den Verletzten erheben. [2]In diesem Falle bedarf es der Zustellung der Widerklage an den Verletzten und dessen Ladung zur Hauptverhandlung, sofern die Widerklage nicht in der Hauptverhandlung in Anwesenheit des Verletzten erhoben wird.

(3) Über Klage und Widerklage ist gleichzeitig zu erkennen.

(4) Die Zurücknahme der Klage ist auf das Verfahren über die Widerklage ohne Einfluß.

Schrifttum. *Lindemann* Die Widerklage nach der Reichs-Strafprozeßordnung, GA **51** (1904) 260; *Schreiber* Widerklage und Strafantragsfristen, NJW **1949** 497.

Entstehungsgeschichte. Die als §428 Gesetz gewordene Vorschrift hat ihre jetzige Bezeichnung durch die Bekanntmachung 1924 erhalten. Absatz 2 ist durch Art. 9 §10 der 2. VereinfVO eingefügt worden; seine jetzige Fassung beruht auf Art. 3 Nr. 169 VereinhG. Durch Art. 21 Nr. 97 EGStGB 1974 sind in Absatz 1 die Worte „der Schlußvorträge (§258)" durch die Worte „des letzten Wortes (§258 Abs. 2 Halbsatz 2)" ersetzt worden.

Übersicht

I. Widerklage

Die **Widerklage** ist eine besondere Art der Privatklage. Deshalb gelten die Vorschriften über die Privatklage auch für sie, soweit sich nicht aus dem Gesetz oder aus besonderen Gründen etwas Anderes ergibt. Eine gesetzliche **Abweichung** enthält §80 Abs. 2 JGG; danach ist die Widerklage gegen einen jugendlichen Privatkläger zulässig[1], **1**

---

[1] KK-*v. Stackelberg* 1; KMR-*Müller* 4.

während eine Privatklage gegen einen Jugendlichen nach § 80 Abs. 1 Satz 1 JGG nicht erhoben werden kann (vgl. dazu *Pentz* GA **1958** 301, III). Der Strafrichter kann gegen den jugendlichen Widerbeklagten aber nur auf **Zuchtmittel** erkennen; Jugendstrafe ist ausgeschlossen (§ 80 Abs. 2 Satz 2 JGG); für Erziehungsmaßregeln ist nur der Vormundschaftsrichter, nicht der Privatklagerichter zuständig (§ 104 Abs. 4 Satz 1 JGG).

II. Voraussetzungen (Absatz 1)

1. Zulässige Privatklage. Die Widerklage setzt eine zulässige Privatklage voraus, im Verfahren auf öffentliche Klage hat sie keinen Platz (RGSt **5** 133, *Lindemann* 260). Fehlt eine Verfahrensvoraussetzung, z. B. der für die Privatklage gegebenenfalls erforderliche Strafantrag oder Sühneversuch, ist auch die Widerklage als solche unzulässig, selbst wenn für das mit ihr verfolgte Vergehen Strafantrag und Sühnebescheinigung vorhanden oder nicht erforderlich sind (vgl. KG JW **1932** 962 mit Anm. *Stern*). Ebensowenig ist die Widerklage zulässig, wenn die Privatklage wegen einer nur von Amts wegen verfolgbaren Straftat erhoben ist oder wenn der Staatsanwalt nach § 377 Abs. 2 die Verfolgung des Privatklagevergehens übernommen hat. Also gibt es auch keine Widerklage gegen eine Nebenklage (§ 397, 20).

3   Möglicherweise ergibt sich die **Unzulässigkeit der Widerklage** erst im späteren Verlauf des Verfahrens aus der jetzt erst erkannten Unzulässigkeit der Privatklage[2]. Wird die Unzulässigkeit der Privatklage nicht bloß später erkannt — so durch tatsächliche Aufklärung des Hergangs oder wegen richtiger Rechtsbeurteilung —, sondern tritt die Unzulässigkeit der Privatklage jetzt erst ein — so durch Rücknahme des Strafantrags oder dadurch, daß der Staatsanwalt die Verfolgung übernimmt —, während sie bei Erhebung der Widerklage noch zulässig war, so bleibt die Widerklage eine zulässig erhobene Privatklage, allerdings wird sie dann abzutrennen sein[3].

4   **2. Zeitpunkt.** Die Privatklage muß schon erhoben und darf noch nicht erledigt oder bis zur Beendigung des letzten Worts (§ 258 Abs. 2 Halbsatz 2) vor dem Strafrichter gediehen sein (Absatz 1 zweiter Satzteil)[4]. Erhoben ist sie, wenn alle Voraussetzungen der §§ 379 bis 381 erfüllt sind (vgl. § 382, 1). Für die Zulässigkeit der Widerklage nicht erforderlich ist, daß die Privatklage dem Beschuldigten mitgeteilt (§ 382) oder dieser über die Eröffnung des Hauptverfahrens (§ 383 Abs. 1) unterrichtet worden ist. Freilich muß der Widerkläger wissen, daß die Privatklage gegen ihn erhoben ist, weil er sie bezeichnen muß (Rdn. 23).

5   Als **Endzeitpunkt** für die Erhebung der Widerklage nennt das Gesetz nur die Beendigung des letzten Worts (§ 258 Abs. 2 Halbsatz 2) im ersten Rechtszug. Es versteht sich aber, daß eine Widerklage auch dann nicht mehr möglich ist, wenn ihr eine andere endgültige Erledigung der Privatklage vorausgegangen ist, namentlich wenn sie wegen mangelnden Tatverdachts oder aus Rechtsgründen (§ 383 Abs. 1) rechtskräftig zurückgewiesen, das Verfahren wegen Geringfügigkeit eingestellt (§ 383 Abs. 2) oder rechtswirksam zurückgenommen (§ 391 Abs. 1) ist. Tritt eine solche Erledigung der Privatklage erst nach Erhebung der Widerklage ein (Fall des Absatzes 4), berührt das deren Bestand — als Privatklage — nicht (Rdn. 37)[5]. Anders ist es nur, wenn die spätere Erle-

---

[2] BayObLGSt **1952** 114; KK-*v. Stackelberg* 4; KMR-*Müller* 6.

[3] KK-*v. Stackelberg* 4; *Kleinknecht/Meyer* 5; **a. A** KMR-*Müller* 6.

[4] KK-*v. Stackelberg* 6; KMR-*Müller* 9.

[5] BayObLG NJW **1958** 1149; *Parsch* NJW **1958** 1548; KK-*v. Stackelberg* 5; **a. A** KMR-*Müller* 16 a. E.

digung darauf beruht, daß die Privatklage in Wahrheit schon vor Erhebung der Widerklage unzulässig war. Mangelnder Tatverdacht oder Geringfügigkeit von Schuld und Folgen macht die Klage nicht von vornherein unzulässig.

3. Mehrere Hauptverhandlungen. Finden mehrere Hauptverhandlungen im ersten **6** Rechtszug statt, so kann, da das Gesetz nichts Entgegenstehendes sagt, die Widerklage auch noch **in der letzten** erhoben werden. Das gilt auch dann, wenn der Angeklagte das letzte Wort in der früheren Hauptverhandlung schon gehabt und der Richter erst nach seiner Beendigung die Aussetzung der Verhandlung, z. B. zwecks weiterer Beweiserhebung oder zu Vergleichsversuchen, beschlossen hatte. Es ist nur folgerichtig, die Widerklage selbst dann noch zuzulassen, wenn es zufolge Zurückweisung nach § 328 Abs. 2 oder Absatz 3 zu einer neuen Verhandlung vor dem Strafrichter kommt.

III. Weitere Erfordernisse

1. Allgemein. Für die Widerklage selbst müssen die allgemeinen **Erfordernisse 7 einer Privatklage** gegeben sein. Auch sie kann nur wegen eines Privatklagevergehens erhoben werden, wenn die Verfahrensvoraussetzungen dafür vorliegen. Privatklage kann auch erheben, wer — etwa wegen Art. 46 GG — der Gerichtsbarkeit des Prozeßgerichts nicht unterliegt; Widerklage gegen einen solchen Privatkläger ist dagegen ebensowenig möglich, wie das bei einer Privatklage gegen einen solchen Beschuldigten möglich wäre.

Der im Privatklageverfahren Angeklagte braucht als solcher **nicht prozeßfähig** zu **8** sein; Widerklage kann der Nichtprozeßfähige aber nur durch seinen gesetzlichen Vertreter erheben (§ 374, 47 ff; *Kleinknecht/Meyer* 4). Schließlich setzt die Widerklage wegen eines Antragsdelikts ebenso wie die Privatklage einen rechtzeitig gestellten Strafantrag voraus (Rdn. 11).

Die §§ 379, 379 a, 380 gelten für die Widerklage dagegen nicht[6]. Der Widerklä- **9** ger braucht für die dem Privatkläger erwachsenden Kosten keine Sicherheit zu leisten; wer eine Privatklage erhebt, setzt sich damit einer Widerklage und dem damit verbundenen Kostenrisiko aus. Der Widerkläger ist auch nicht verpflichtet, einen **Gebührenvorschuß** nach § 67 Abs. 1 Satz 1 GKG zu leisten. Ein Sühneversuch hätte keinen Sinn, nachdem das Privatklageverfahren ohnehin durchgeführt werden muß, sei es weil der Privatkläger schon eine Sühnebescheinigung beigebracht hat, sei es weil sie für die Privatklage nicht erforderlich war (§ 380, 51).

Wegen der **Auslagenvorschüsse** vgl. Rdn. 26. **10**

2. Strafantrag. Die Widerklage wegen eines Antragsvergehens setzt einen recht- **11** zeitig gestellten Strafantrag voraus (KK-*v. Stackelberg* 6). Darin unterscheidet sie sich nicht von der Privatklage (*Eb. Schmidt* 5). Nur ist zu beachten, daß die Antragsfrist für den anderen Teil bei wechselseitigen Beleidigungen und wechselseitigen leichten Körperverletzungen (§§ 77 c, 199, 232 StGB) teils länger, teils kürzer ist als für den einen Teil. Das gilt — über den genauen Wortlaut hinaus — auch dann, wenn Beleidigungen mit leichten Körperverletzungen erwidert worden sind oder umgekehrt (*Dempewolf* 271 f). Der eine Teil ist nicht der Privatkläger als solcher und der andere Teil nicht der

---

[6] OLG Hamburg Rpfleger **1956** 241; KK-*v. Stackelberg* 3; KMR-*Müller* 10; *Kleinknecht/Meyer* 5.

Günter Wendisch

Widerkläger als solcher; vielmehr ist der eine Teil stets, wer als erster von beiden Strafantrag gestellt hat (vgl. LG Zweibrücken MDR **1958** 117). Ob das der Verletzte selbst oder der selbständig Antragsberechtigte (Vorgesetzte) war, macht keinen Unterschied[7]. War allerdings die **Antragsfrist** für die erste Beleidigung bei Begehung der zweiten schon versäumt, so eröffnet auch § 77 c StGB keine Verfolgungsmöglichkeit mehr für die erste Tat[8].

12   Der **Strafantrag** des anderen Teils ist nach § 77 c Satz 1 StGB bis zur Beendigung des letzten Worts möglich; das muß nicht gerade eine Privatklageverhandlung, kann vielmehr auch ein Amtsverfahren sein. Die **Wirksamkeit** des zweiten Strafantrags hängt nicht davon ab, ob der erste sich auf eine wirklich begangene und erwiesene Straftat bezieht[9]. Der Strafantrag kann, wenn es ein Privatklageverfahren ist, auch in Gestalt einer Widerklage angebracht werden, muß es aber nicht; er kann auch zur Grundlage späterer Verfolgung — durch selbständige Privatklage oder im Amtsverfahren — dienen.

13   **3. Zusammenhang.** Privatklage- und Widerklagevergehen müssen miteinander im Zusammenhang stehen (Absatz 1 letzter Satzteil). Dieser braucht nur lose, namentlich kein zeitlicher, ursächlicher oder Motivationszusammenhang, zu sein[10]. Der Begriff des Zusammenhangs ist erheblich weiter als der des „wechselseitigen" (§ 77 c StGB) oder gar der Erwiderung „auf der Stelle" (§§ 199, 233 StGB). Er wird in aller Regel einfach wegen der gegenseitigen Beschuldigung anzunehmen sein, wenn nicht ausnahmsweise — etwa bei fahrlässiger Körperverletzung — die beiden Vergehen und die beiden Täter so wenig miteinander zu tun haben, daß deshalb eine gemeinsame Verhandlung unzweckmäßig erscheint (ausführlich dazu *Fritzsche* JW **1924** 1682). Es genügt bereits, wenn beide Taten Ausfluß feindseliger Gesinnung sind[11].

14   **4. Identität der Parteien (Absatz 2 Satz 1).** Die Straftaten, die den Gegenstand der Klage und der Widerklage bilden, müssen zwischen denselben Personen stattgefunden haben. Erhebt der Vorgesetzte des Verletzten Privatklage (§ 374 Abs. 2), kann der Angeklagte nicht etwa wegen Taten des Vorgesetzten Widerklage erheben[12], wohl aber gegen den Verletzten selbst (*Schlüchter* 820). *Schorn* (Strafrichter 385) will den Fall gleich behandeln, wo der Überlebende wegen Verunglimpfung des Andenkens des verstorbenen Ehegatten Privatklage nach § 374 Abs. 1 Nr. 2 in Verb. mit § 194 Abs. 2 Satz 1 und § 77 Abs. 2 StGB erhoben hat. Dem kann schon deshalb nicht zugestimmt werden, weil der privatklageberechtigte Hinterbliebene nicht Verletzter im Sinne von Absatz 1 ist (§ 374, 6)[13].

---

[7] *Schreiber* NJW **1949** 497; **a. A** *Dempewolf* 388 f.

[8] RGSt 44 162; LK-*Herdegen*[9] § 198, 4; *Dempewolf* 272; KK-*v. Stackelberg* 6.

[9] BayObLGSt **1958** 279 = NJW **1959** 304; KK-*v. Stackelberg* 6.

[10] Vgl. § 2, 7; BGHSt **17** 197; *Schlüchter* 820; KK-*v. Stackelberg* 7; KMR-*Müller* 5; *Kleinknecht/Meyer* 3.

[11] BayObLGSt **30** (1931) 185 = JW **1931** 225; *Dempewolf* 271; KMR-*Müller* 5; zweifelnd *Kleinknecht/Meyer* 3; **a. A** OLG Dresden JW **1930** 2596; wie hier *Unger* in der Anm. dazu.

[12] LG Paderborn NJW **1950** 78; *Eb. Schmidt* 9; KK-*v. Stackelberg* 8; KMR-*Müller* 3.

[13] Dem Angeklagten bleibt es selbstverständlich unbenommen, wegen etwaiger Privatklagevergehen des klagenden Hinterbliebenen gegen diesen eine (selbständige) Privatklage zu erheben; das Gericht kann diese bei gleicher örtlicher Zuständigkeit nach § 237 mit der anderen Privatklage verbinden (Rdn. 18).

Früher konnte der Angeklagte auch wegen Taten des von ihm Verletzten selbst, **15** der nicht Privatkläger ist, keine Widerklage erheben. Hatte der Mann wegen einer seiner Frau zugefügten Beleidigung Privatklage erhoben, war Widerklage weder wegen Taten des Mannes möglich — er war nicht der Verletzte — noch wegen Taten seiner Frau — diese war nicht Privatklägerin. Dieser Regelung suchte der 1942 eingefügte Absatz 2 (Entstehungsgeschichte) abzuhelfen. Seine praktische Bedeutung ist stark zurückgegangen, nachdem der Hauptanwendungsfall, die Privatklage des Ehemannes wegen Straftaten gegen seine Frau, inzwischen entfallen ist (vgl. § 374, 30).

Von den **Anwendungsfällen** des § 374 Abs. 2 gibt es jetzt nur noch das Privatklage- **16** recht des Vorgesetzten und das der Verbände zur Förderung gewerblicher Interessen (§ 374, 27; 28). Privatklagen des Vorgesetzten sind aber nur möglich, wenn dieser das öffentliche Interesse an der Verfolgung bejaht und der Staatsanwalt es verneint. Verneint der Vorgesetzte es, überläßt er die Privatklage dem verletzten Beamten selbst; bejaht der Staatsanwalt das öffentliche Interesse, übernimmt er die Verfolgung selbst (§ 376). Fälle, in denen Privatklagevergehen gegen den Beamten im Zusammenhang mit Privatklagetaten des Beamten stehen, werden sich nur ausnahmsweise zu einer Verfolgung durch den Vorgesetzten eignen. In den **Fällen des § 13 Abs. 1 Satz 2, § 22 UWG** fehlt es im allgemeinen an einem bestimmten Verletzten, gegen den die Widerklage erhoben werden könnte, weil diese Taten sich gegen die Allgemeinheit der Mitbewerber richten, jedenfalls dann, wenn sie von einem Verband verfolgt werden.

IV. Sonstige Wirkungen

1. Die Widerklage hat **keine sachlichrechtliche Bedeutung**. Ob bei Beleidigungen **17** oder leichten Körperverletzungen, die auf der Stelle erwidert worden sind, nach §§ 199, 233 StGB von Strafe abgesehen wird, hängt nicht davon ab, daß beide Taten im Weg von Privatklage und Widerklage verfolgt werden.

2. **Selbständige Privatklage statt Widerklage.** Auch wenn alle Voraussetzungen **18** einer Widerklage gegeben sind, kann der Angeklagte statt ihrer eine selbständige Privatklage erheben. Das Gericht darf auch nicht von sich aus die Privatklage des Angeklagten in eine Widerklage umdeuten[14]. Jedoch kann das Gericht zwei Privatklagen mit umgekehrten Parteirollen nach § 237 miteinander verbinden (KK-*v. Stackelberg* 8). Hat der Angeklagte gegen den Privatkläger zunächst selbständige Privatklage erhoben, wünscht er nun aber mit der Widerklage gegen den Privatkläger vorzugehen, steht dem an sich nichts im Weg. Allerdings muß er vor der Entscheidung über die Widerklage und nach ihrer Erhebung die Privatklage zurücknehmen; verfährt er so, steht ihm weder Rechtshängigkeit noch § 392 entgegen.

3. **Gerichtsstand.** Für die mit der Widerklage verfolgte Tat begründet § 388 einen **19** Gerichtsstand **bei dem Privatklagegericht**, auch wenn sonst ein anderes Amtsgericht örtlich zuständig wäre[15]. Dieser Gerichtsstand geht nicht wieder verloren, wenn die Privatklage nach Erhebung der Widerklage zurückgenommen oder sonst erledigt wird; auch dann nicht, wenn sie nach Erhebung der Widerklage unzulässig wird (z. B. durch Rücknahme des Strafantrags), es sei denn, es stellt sich nachträglich heraus, daß die Pri-

---

[14] OLG Düsseldorf NJW **1954** 123; *Dempe-wolf* 382; KK-*v. Stackelberg* 8; KMR-*Müller*   8; *Kleinknecht/Meyer* 2.
[15] KK-*v. Stackelberg* 9; KMR-*Müller* 13.

Günter Wendisch

vatklage schon vor Erhebung der Widerklage unzulässig war. Dann ist auch die Widerklage als solche unzulässig (Rdn. 3); sie kann nur als Privatklage an dem sonst für sie gegebenen Gerichtsstand erhoben werden.

V. Form der Widerklage (Absatz 2 Satz 2)

20   1. Die Widerklage kann **außerhalb der Hauptverhandlung** erhoben werden; dann ergibt sich ihre Form aus § 381 (KMR-*Müller* 11). Sie muß ausdrücklich als Widerklage oder mit einem gleichbedeutenden Ausdruck bezeichnet werden und auch das Privatklageverfahren angeben, in dem sie erhoben wird. Andernfalls handelt es sich nicht um eine Widerklage, sondern um eine selbständige Privatklage (Rdn. 18).

21   2. **In der Hauptverhandlung.** Aus den Formulierungen in Absatz 1 — bis zur Beendigung des letzten Wortes — und besonders in Absatz 2 Satz 2 letzter Satzteil — in der Hauptverhandlung — ergibt sich, daß die Widerklage auch in der Hauptverhandlung erhoben werden kann. Das bedeutet, daß hier die Formen der Hauptverhandlung maßgebend sind, nämlich die Mündlichkeit[16]. Die Ansicht, Widerklage könne auch in der Hauptverhandlung durch Überreichen einer Anklageschrift erhoben werden, ist ebensowenig zutreffend wie die gelegentlich vertretene Meinung, sie müsse auch hier nach § 381 erhoben werden (*Immler* GA **33** [1885] 174). Dabei wird verkannt, daß die **Mündlichkeit** nicht eine geringere, sondern eine andere Form ist als die Schriftlichkeit, und daß sie für die Hauptverhandlung ebenso streng und ausnahmslos vorgeschrieben ist wie bisweilen anderwärts (z. B. in § 381) die Schriftlichkeit. In der Hauptverhandlung geht der Mündlichkeitsgrundsatz allen anderen Formvorschriften vor. Vorgänge, deren wesentlicher Gehalt im schweigenden Lesen besteht, oder gar an der bloßen Entgegennahme von Schriftstücken, die nicht gelesen werden, passen nicht in die Verhandlung. Werden hier Schriftstücke überreicht, ist nicht das Überreichen, sondern ihr Vortrag oder ihr Verlesen der maßgebende Vorgang.

22   3. Eine **bedingte Widerklage** ist ebenso unzulässig wie eine bedingte Privatklage (§ 381, 6)[17]. Die Widerklage kann also nicht etwa für den Fall erhoben werden, daß die Privatklage zur Verurteilung des Angeklagten führen sollte. Dagegen sind Rechtsbedingungen unschädlich und erlaubt. Der Widerkläger kann also beantragen, seine Klage als Widerklage zu behandeln, soweit dies zulässig ist, sonst aber als selbständige Privatklage.

VI. Verfahren

23   1. **Eröffnungsbeschluß.** Das Gericht muß die Widerklage, genau wie jede andere Privatklage, zunächst nach §§ 382, 383 prüfen. Ist sie außerhalb der Hauptverhandlung erhoben, muß es sie dem **Privatkläger** — im Fall des Absatzes 2 Satz 1 dem Verletzten — vor der Entscheidung über den Eröffnungsbeschluß **mitteilen**, es sei denn, daß ihre Unzulässigkeit oder Unbegründetheit von vornherein feststeht und nicht behoben werden kann (§ 382, 3). Wird die Widerklage in der Hauptverhandlung erhoben, wird der Pri-

---

[16] OLG Hamburg NJW **1956** 1890; *Eb. Schmidt* 10; KMR-*Müller* 11; *Kleinknecht/*   *Meyer* 2.   [17] KMR-*Müller* 12; *Kleinknecht/Meyer* 2.

vatkläger mündlich gehört; im Fall des Absatzes 2 Satz 1 der Verletzte, wenn er anwesend ist; sonst muß das Gericht das Verfahren aussetzen und die Widerklage dem Privatkläger schriftlich mitteilen (KMR-*Müller* 14; 16). Sodann muß vor weiterer Verhandlung über Privatklage oder Widerklage ein Beschluß ergehen, der entweder das Hauptverfahren auf die Widerklage eröffnet oder sie zurückweist (§383 Abs. 1) oder das Verfahren nach §383 Abs. 2 einstellt. Ein solcher Eröffnungsbeschluß (über die Widerklage) ist **nicht entbehrlich**[18]. Das Gesetz macht keine Ausnahme, und Rechtsstaatlichkeit, Zweckmäßigkeit wie Klarheit des Verfahrens fordern den Eröffnungsbeschluß, solange das Verfahrensrecht einen solchen kennt.

Das Bayerische Oberste Landesgericht (Fußn. 18) meint, es läge auf der Hand, **24** daß bei mündlicher Erhebung kein Raum für einen Eröffnungsbeschluß sei (ebenso KMR-*Müller* 17); und es folgert daraus, daß er auch sonst entbehrlich sei, es sei denn, daß die Privatklage als unbegründet zurückgewiesen worden sei. Der zu anderen Punkten sorgfältig begründeten Entscheidung kann zu diesem Punkt nicht gefolgt werden. Das Gesetz (§266) verlangt auch bei mündlich erhobener Nachtragsanklage einen Einbeziehungsbeschluß (§266 Abs. 1). Ehe dem Privatkläger zugemutet werden kann, sich vor Gericht gegen den Vorwurf einer Straftat zu verteidigen, muß das Gericht sich ihm wie jedem anderen Beschuldigten gegenüber schlüssig werden, ob es ihn für hinreichend verdächtig hält.

2. Beteiligung des Staatsanwalts. Dem Staatsanwalt braucht die Widerklage nur **25** mitgeteilt zu werden, wenn das Gericht die Übernahme der Verfolgung durch ihn für geboten hält (§377 Abs. 1 Satz 2). Übernimmt der Staatsanwalt die Verfolgung nur hinsichtlich der Klage oder nur hinsichtlich der Widerklage, geht die andere als selbständige Privatklage weiter[19]. Im ersten Fall wird der Privatkläger, im zweiten der Widerkläger zum Nebenkläger. Beide Verfahren sind in diesen Fällen — übrigens auch dann, wenn der Staatsanwalt die Verfolgung in beiden übernimmt — vorläufig noch verbunden, aber nur i. S. des §237; das Gericht kann sie nach seinem Ermessen trennen.

3. Keine Vorschußpflicht. Den Widerkläger trifft keine Vorschußpflicht nach **26** §379a (§67 Abs. 1 Satz 2 GKG). Wohl aber muß er für Beweismitel, mit denen das dem Privatkläger zur Last gelegte Vergehen bewiesen werden soll, und mit denen dieser sich verteidigen will, nach §68 GKG Auslagenvorschüsse leisten, wenn das Gericht ihre Ladung oder Herbeischaffung anordnet (vgl. §379, 1).

4. Beitritt. Sind durch die Tat, die den Gegensand der Widerklage bildet, noch andere als der Widerkläger verletzt, dann können diese nicht selbständig Privatklage erheben, sondern nur der Widerklage beitreten (§375, 21). Auch wenn sie es nicht tun, **27** wirkt die Rechtskraft der Entscheidung gleichwohl gegen sie (§375 Abs. 2). Gegenüber den Beigetretenen ist auch Widerklage des Privatklägers zulässig.

---

[18] LG Duisburg MDR **1953** 633; *Dempewolf* 389; *Gerland* 452; *Schlüchter* 820 Fußn. 41; **a. A** BayObLGSt **1958** 84 = NJW **1958** 1149; OLG Hamburg NJW **1956** 1890; *Feisenberger* 3; *Kleinknecht/Meyer* 5; einschränkend *Beling* 458; *Eb. Schmidt* 13; 15; 16 und auch *Linde*-*mann* 265, die den Eröffnungsbeschluß bei mündlich erhobener Widerklage für entbehrlich halten.

[19] OLG Kiel GA **42** (1894) 430; *Lindemann* 260.

Günter Wendisch

VII. Gleichzeitige Entscheidung (Absatz 3)

28   **1. Grundsatz.** Die Bedeutung des Absatzes 3 darf nicht überschätzt werden. Die Vorschrift ist „nicht starr zu verstehen"[20], zumal da sie häufig gar nicht befolgt werden kann. Zunächst sind das die Fälle, in denen über die Privatklage oder über die Widerklage nicht zu erkennen, sondern zu beschließen ist (§ 383, 18). Es kann nicht Sinn des Absatzes 3 sein, den Richter zu einem **Urteil über Privatklage oder Widerklage** zu nötigen, wenn die Entscheidung sonst als Beschluß, namentlich nach § 383, zu erlassen wäre (a. A KK-*v. Stackelberg* 10).

29   Absatz 3 hindert den Richter nicht, nur die Privatklage oder nur die Widerklage wegen fehlenden Tatverdachts **zurückzuweisen**[21], **oder** das Verfahren nur hinsichtlich einer der beiden wegen Geringfügigkeit (§ 383 Abs. 2) **einzustellen** (vgl. OLG Düsseldorf MDR **1962** 327); daß sich das nur in Ausnahmefällen empfehlen wird, ist eine andere Sache (vgl. *Dempewolf* 395). Ebensowenig ist der Richter gehindert, nur die Widerklage als unzulässig zurückzuweisen. Das versteht sich von selbst, soweit es an den besonderen Widerklagevoraussetzungen fehlt, gilt aber auch, wenn nur die allgemeinen Privatklagevoraussetzungen hinsichtlich der Widerklage fehlen.

30   Es ist mithin festzuhalten, daß ein **gleichzeitiges Urteil** über Klage und Widerklage **nicht immer möglich** ist. Die Erledigung eines der beiden Verfahren durch Beschluß kann im Beschwerdeweg rückgängig gemacht werden mit der Folge, daß dann nachträglich ein Urteil über die — zunächst durch Beschluß erledigte Privat- oder Widerklage — gefällt werden muß, auch wenn inzwischen das ursprünglich nicht betroffene Verfahren schon durch Urteil erledigt ist. Wollte man das verhindern, müßte stets die Rechtskraft des zurückweisenden oder einstellenden Beschlusses abgewartet werden, ehe ein Urteil auf die nicht zurückgewiesene Klage in der nicht eingestellten Sache ergehen dürfte; und selbst das gäbe angesichts der Möglichkeit einer Wiedereinsetzung keine Sicherheit.

2. Ausnahmen

31   **a) Bei Trennung.** Klage und Widerklage können stets dadurch **getrennt** werden, daß das in beiden gleichzeitig ergangene Urteil nur von einem — dem Privatkläger oder dem Widerkläger — angefochten wird (KG JW **1925** 1034 mit Anm. *Beling*; *Stern* JW **1932** 962). Hat der Strafrichter auf Privatklage und Widerklage freigesprochen, kann eine der beiden Parteien dagegen Berufung einlegen, auch wenn die andere sich bei dem Freispruch der einen beruhigt. Absatz 3 will das gewiß nicht verhindern. Das Rechtsmittel ergreift den Freispruch des Rechtsmittelführers nicht, weil dieser nicht beschwert ist. Dann kann die endgültige Sachentscheidung über die Privatklage nicht gleichzeitig mit der über die Widerklage ergehen.

32   **b) Bei Rechtsmitteleinlegung.** Entsprechendes gilt, wenn beide Parteien **Rechtsmittel einlegen**, aber nur eines davon begründet ist und zur Zurückverweisung führt[22]. Das Berufungs- oder Revisionsgericht kann weder auf ein unbegründetes Rechtsmittel hin aufheben noch kann es auf das Rechtsmittel der einen Partei das angefochtene Urteil auch insoweit aufheben, als diese Partei nicht beschwert ist und gar keine Abänderung erstrebt.

---

[20] *Beling* 161; 458 sowie Anm. zu KG JW **1925** 1034.

[21] BayObLGSt **1958** 84 = NJW **1958** 1149;

OLG Hamburg OLGSt § 388 StPO, 1; *Parsch* NJW **1958** 1548; *Kleinknecht/Meyer* 7.

[22] BayObLG NJW **1966** 944 mit Anm. *Tröndle*.

Wenn das **Bayerische Oberste Landesgericht** (BayObLGSt. **1952** 114) und ihm zu- **33**
stimmend *Müller* (KMR 18) und *Eb. Schmidt* (17) sagen, das Berufungsgericht dürfe
nicht die Privatklage oder die Widerklage allein an das Amtsgericht zurückverweisen,
ist das mindestens in dieser Allgemeinheit unrichtig. Hat freilich der Strafrichter die Privatklage für unzulässig gehalten, weil es am Strafantrag fehle, und deshalb das Privat-
klage- und das Widerklageverfahren durch Urteil eingestellt, so wird die Strafkammer,
die den Strafantrag als rechtzeitig gestellt oder als entbehrlich ansieht, auf die Berufung
des Privatklägers nicht nur die Privatklage, sondern auch die Widerklage zurückverweisen müssen[23], allerdings nicht, wie es in der genannten Entscheidung heißt, weil andernfalls der Widerkläger durch eine formale Entscheidung um sein Recht gebracht würde.
Denn um sein Recht würde er in diesem Fall deshalb nicht kommen können, weil er
nicht gehindert ist, noch einmal Privatklage oder auch Widerklage zu erheben; die Einstellung wegen Fehlens einer Verfahrensvoraussetzung verbraucht nämlich das Strafkla-
gerecht nicht. Wegen dieser Möglichkeit aber ist der Privatkläger auch durch die Einstellung der Widerklage beschwert, so daß er seine Berufung auch dagegen richten konnte,
um einen Freispruch zu erreichen.

Einer **Verurteilung des Privatklägers** — als Widerbeklagten — auf die nur von **34**
ihm eingelegte Berufung steht § 331 entgegen. Hat das Gericht beide Parteien verurteilt
oder freigesprochen und hat jede nur gegen die eigene Verurteilung oder nur gegen den
Freispruch der anderen ein **Rechtsmittel** eingelegt, muß das Rechtsmittelgericht befugt
sein, auf das eine Rechtsmittel aufzuheben und zurückzuverweisen und das andere als
unzulässig oder unbegründet zu verwerfen. Auch dann fällt die endgültige Entscheidung
über Klage und Widerklage nicht gleichzeitig. Auch das Bayerische Oberste Landesgericht hat in einer nicht veröffentlichten Entscheidung vom 14. 2. 1951 — Reg. III
102/50 — keinen Hinderungsgrund gesehen, in einem und demselben Verfahren die Revision des Privatklägers als Widerbeklagten durch Urteil und die von ihm als Privatkläger eingelegte sofortige Beschwerde gegen die Einstellung des Privatklageverfahrens
durch Beschluß zu verwerfen, diese Ansicht allerdings später aufgegeben; der Bundesgerichtshof hat sich der neueren Ansicht angeschlossen (BGHSt **17** 195). Wegen weiterer
Einzelfragen zu dem Problem der gleichzeitigen Entscheidung vgl. § 383, 41 f und *Lin-*
demann 266.

3. Ergebnis. Die Ausführungen zu Rdn. 28 ff bestätigen: Absatz 3 will nur verhin- **35**
dern, daß die beiden verbundenen Sachen ohne weiteres nach § 4 Abs. 1 getrennt werden
dürfen. Gleichwohl muß eine **Trennung aus wichtigen Zweckmäßigkeitsgründen zulässig**
bleiben, z. B. dann, wenn die Privatklage spruchreif ist und die Widerklage noch eine
langwierige Beweisaufnahme erfordert (OLG Dresden JW **1932** 962; *Beling* JW **1925**
1034 a. E.). Sinn der Widerklage ist es nicht, die Verurteilung des Angeklagten über Gebühr aufzuhalten.

Eine Trennung muß auch möglich sein, wenn ein **Abgeordneter** Privatklage erho- **36**
ben hat. Seine Immunität steht der Erhebung der Privatklage gegen ihn, mithin auch
einer Widerklage nicht entgegen, wohl aber deren weiterer Durchführung[24]. Gewiß
kann es Fälle geben, in denen es durchaus angemessen erscheint, mit beiden Sachen bis
zur Beendigung der Immunität innezuhalten; es geht aber nicht an, dem Angeklagten,
der ein Privatklagevergehen gegen einen Abgeordneten begangen hat, stets die Widerklage als ein Hemmnis in die Hand zu geben.

---

[23] So war der Fall des Bayerischen Obersten
Landesgerichts aaO, wie das Gericht in einer
späteren Entscheidung (NJW **1966** 945) ausdrücklich hervorhebt.

[24] Vgl. *Bockelmann* Die Unverfolgbarkeit der
Abgeordneten nach Deutschem Immunitätsrecht (1951), 31 Anm. 58.

Günter Wendisch

VIII. Erledigung der Privatklage (Absatz 4)

37   Die Vorschrift bringt zum Ausdruck, daß Privatklage und Widerklage im Grunde **voneinander unabhängige** Strafverfahren begründen (a.A BayObLGSt **1952** 114, das Absatz 4 für eine Ausnahme hält). Schon die Ausführungen zu Rdn. 28 ff bestätigen, daß selbst Absatz 3 nicht in der Lage ist, die gleichzeitige Erledigung immer durchzusetzen. Die Rücknahme der Klage macht die Widerklage, abgesehen vom Jugendstrafverfahren (vgl. *Pentz* GA **1958** 301), zu einer selbständigen Privatklage. Dieselbe Wirkung müssen auch andere Verfahrensvorgänge haben, mit denen sich die Klage erledigt: So die Übernahme der Verfolgung durch den Staatsanwalt (§ 377, 23); die Einstellung des Privatklageverfahrens wegen Geringfügigkeit (§ 383, 19 ff) sowie die Rechtskraft sonstiger Entscheidungen auf die Privatklage.

IX. Kosten

38   Wegen der Kosten bei Privatklage und Widerklage vgl. die Erläuterungen zu § 471.

§ 389

(1) Findet das Gericht nach verhandelter Sache, daß die für festgestellt zu erachtenden Tatsachen eine Straftat darstellen, auf die das in diesem Abschnitt vorgeschriebene Verfahren nicht anzuwenden ist, so hat es durch Urteil, das diese Tatsachen hervorheben muß, die Einstellung des Verfahrens auszusprechen.

(2) Die Verhandlungen sind in diesem Falle der Staatsanwaltschaft mitzuteilen.

Entstehungsgeschichte. Die als § 429 Gesetz gewordene Vorschrift hat ihre jetzige Bezeichnung durch die Bekanntmachung 1924 erhalten. Durch Art. 21 Nr. 98 EGStGB 1974 sind in Absatz 1 die Worte „strafbare Handlung" durch „Straftat" ersetzt worden.

1   **1. Prüfungspflicht des Gerichts**

     a) Vor verhandelter Sache. Das Gericht hat in jeder Lage des Verfahrens **von Amts wegen** zu prüfen, ob es sich um ein Privatklagevergehen (§ 374 Abs. 1) handelt. Dabei hat es von der Klage auszugehen. Handelt es sich nach deren Tatsachenvortrag um ein Offizialdelikt, ist die Privatklage von vornherein unzulässig und bleibt es auch. Das Gericht muß sie alsdann sofort durch Beschluß (§ 383 Abs. 1) zurückweisen (KMR-*Müller* 2; 3). Unterbleibt das aus Rechtsirrtum und wird das Verfahren eröffnet, muß der Strafrichter es einstellen, sobald er den Fehler bemerkt, und zwar außerhalb der Hauptverhandlung — auch noch in höherer Instanz — durch Beschluß nach § 206 a[1], in der Hauptverhandlung durch Urteil (Absatz 1 letzter Satzteil).

Das Privatklageverfahren wird nicht dadurch zulässig, daß die tatsächlichen Be- **2** hauptungen der Klage, aus denen sich die Eigenschaft der Tat als **Offizialdelikt** ergibt — schwere Folgen einer Körperverletzung nach § 224 StGB; Tateinheit zwischen Beleidigung und falscher Verdächtigung —, in der Hauptverhandlung widerlegt oder nicht erwiesen werden. Es kommt nicht darauf an, ob die Sachdarstellung der Klage glaubhaft ist. Schon die bloße Behauptung eines Offizialdelikts in der Privatklage macht das Privatklageverfahren ein für allemal unzulässig. Der Eröffnungsbeschluß hat — trotz seiner Unanfechtbarkeit — insoweit für das Gericht keine bindende Wirkung. Es handelt sich um ein Verfahrenshindernis für diese besondere Verfahrensart. Daß es so sein muß, zeigt sich am deutlichsten, wenn nichts gegen den Angeklagten erwiesen wird, so daß er freizusprechen wäre. Das wäre ein Freispruch von einem Offizialdelikt, der im Privatklageverfahren unzulässig ist. Aber das behauptete Offizialdelikt darf auch nicht dadurch erledigt werden, daß der Strafrichter den Angeklagten im Privatklageverfahren nur wegen eines Privatklagevergehens aburteilt (RGSt **9** 324). Eine Entscheidung, deren Rechtskraft auch ein Offizialdelikt umfassen würde, darf im Privatklageverfahren nicht ergehen. Geschieht es dennoch und wird die Entscheidung rechtskräftig, kann das Offizialdelikt nicht mehr abgeurteilt werden (vgl. Rdn. 13 ff).

b) **Nach verhandelter Sache.** Ergibt sich das Hindernis — Vorliegen eines Offi- **3** zialdelikts oder Zusammentreffen eines Privatklagedelikts mit einem solchen — schon aus den Klagebehauptungen, so ist das ein anderer Fall als der in dieser Vorschrift geregelte; nach ihr muß sich das Hindernis erst nach verhandelter Sache aus den Feststellungen ergeben. Jedoch ist es aus allgemeinen Gründen ebenso zu behandeln. Das Gericht muß also das Verfahren wegen **Unzulässigkeit** einer solchen Privatklage einstellen. Etwas anderes sagt auch das Bayerische Oberste Landesgericht[2] nicht. Denn seine Entscheidung betraf nur den in § 389 ausdrücklich geregelten Fall.

Übrigens wird durch eine Zurückweisung oder Einstellung, die sich nur auf die **4** Klagebehauptungen — d. h. darauf, daß diese Offizialdelikte ergeben — gründet, die **Strafklage** auch dem Privatkläger gegenüber **nicht verbraucht.** Daß die öffentliche Klage nicht verbraucht ist, versteht sich von selbst; sie soll ja gerade ermöglicht werden. Der Privatkläger ist nicht gehindert, eine neue Privatklage zu erheben, in der er die Tatsachen, die das Vergehen zum Offizialdelikt machen würden, nicht behauptet. Sollten sie sich dann in der Hauptverhandlung doch als zutreffend erweisen, liegt nunmehr der Fall des § 389 Abs. 1 vor.

2. Beteiligung des Staatsanwalts
a) Grundlage. Der Wortlaut des Absatzes 1, der von den **festgestellten Tatsachen 5** spricht, ist insoweit irreführend. Im Privatklageverfahren ist das Gericht gar nicht berufen, Tatsachen festzustellen, in denen ein Offizialdelikt liegt (BayObLGSt 1953 260 = Rpfleger 1954 468; *Eb. Schmidt* 5). Andererseits genügt nicht jede entfernte Möglichkeit eines Offizialdelikts. Vielmehr handelt es sich um die Frage des hinreichenden Ver-

---

[1] *Eb. Schmidt* 7; KK-*v. Stackelberg* 1; KMR-*Müller* 4; *Kleinknecht/Meyer* 4.

[2] BayObLGSt **1953** 260 = Rpfleger **1954** 468; KK-*v. Stackelberg* 2; KMR-*Müller* 5.

dachts nach § 203[3]. Bei dessen Prüfung wird der Strafrichter allerdings zu bedenken haben, daß seine Ansicht den Staatsanwalt (vgl. Rdn. 14) und vor allem das Gericht, das zur Eröffnung des Hauptverfahrens zuständig ist, nicht bindet[4]. Es wäre äußerst unsachgemäß, wenn ein Vergehen, das mindestens ein Privatklagevergehen und möglicherweise ein Offizialdelikt enthält, wegen Meinungsverschiedenheiten nur über diesen letzteren Punkt überhaupt nicht verfolgt werden könnte. Der Weg, den das Verfahrensrecht zur Vermeidung solcher unmöglichen Ergebnisse weist, ist der der Vorlage an die Staatsanwaltschaft nach § 377 Abs. 1 Satz 2. Dies ist sogar der wichtigste Anwendungsfall dieser Vorlegung, wie zu § 377, 14 ff näher ausgeführt ist. Denn gerade wenn das Gericht den hinreichenden Verdacht eines Offizialdelikts bejaht, hält es die Übernahme der Verfolgung durch den Staatsanwalt für geboten (KMR-*Müller* 6).

6   **b) Angebot durch Strafrichter.** Hält der Strafrichter aus den Erwägungen in der vorhergehenden Randnummer die **Übernahme der Verfolgung** durch den Staatsanwalt für geboten und legt er sie diesem deshalb nahe, so bessern sich seine Möglichkeiten, den Prozeß zu dem Ende zu bringen, das er selbst für das Richtige hält. Denn er kann, wenn der Staatsanwalt eintritt, den Angeklagten entweder selbst wegen des Offizialdelikts — nach Hinweis gemäß § 265 — verurteilen; es ist ja nun kein Privatklageverfahren mehr, und an die Rechtsauffassung des Staatsanwalts ist er nicht gebunden. Oder er kann jetzt — anders als im Privatklageverfahren; vgl. Rdn. 20 — die Sache nach § 270 an ein höheres Gericht verweisen, das er damit — anders als mit einem Einstellungsurteil nach § 389 — bindet.

7   **c) Ablehnung durch Staatsanwalt.** Erst wenn der Staatsanwalt die Übernahme ablehnt, sollte das Gericht den Weg des § 389 beschreiten. Aber auch der Staatsanwalt sollte bei seiner Entscheidung berücksichtigen, wie unerwünscht eine Einstellung nach § 389 für ihn sein muß, wenn er der Ansicht ist, es läge kein Offizialdelikt, sondern nur ein Privatklagevergehen vor, für das sein Einschreiten an sich nicht geboten sei. Bei derartigen **Meinungsverschiedenheiten** zwischen Richter und Staatsanwalt sollte diesem schon deshalb ein Nachgeben nicht allzu schwerfallen, weil ihm die Übernahme der Verfolgung die besseren Möglichkeiten gibt, seine sachlichrechtliche Auffassung durchzusetzen. Übernimmt er das Verfahren, kann er mit eigenen Mitteln, mit Ausführungen in der Verhandlung, mit Beweisanträgen und Rechtsmitteln die Ansicht verfechten, es handle sich um ein Privatklageverfahren, und läuft nicht Gefahr, ohne eigene Einflußmöglichkeit einem einstellenden Urteil als vollendeter Sache gegenüberzustehen.

8   **d) Übernahme durch Staatsanwalt.** Der Weg der Übernahme ist immer gangbar. Er fordert weder vom Richter noch vom Staatsanwalt, aus Zweckmäßigkeitsgründen die eigene Einsicht zu opfern. Denn der Richter handelt nur seiner eigenen Einsicht entsprechend, wenn er bei Annahme eines Offizialdelikts dem Staatsanwalt die Übernahme nahelegt. Und der Staatsanwalt vergibt seiner sachlichrechtlichen Auffassung nichts, wenn er nach § 377 Abs. 2 die Verfolgung des — wie er meint — Privatklagevergehens übernimmt.

9   **e) Einstellungsmöglichkeit.** Abzulehnen ist die Ansicht des Landgerichts Coburg (BayJMBl. **1956** 118), der Richter solle das Verfahren bis zur Entscheidung des Staatsanwalts vorläufig einstellen. Das ist weder zweckmäßig noch hat es eine Grundlage im Verfahrensrecht. Die Stellungnahme des Staatsanwalts ist keine Prozeßvoraussetzung des Privatklageverfahrens.

---

[3] Ebenso *Eb. Schmidt* 5; *Kleinknecht/Meyer* 1;   [4] Vgl. dazu im einzelnen KMR-*Müller* 10.
§ 383, 4.

3. Einstellungsurteil

a) Rechtsmittel der Parteien. Zu einem Einstellungsurteil nach Absatz 1 letzter **10** Satzteil kann es nur kommen, wenn der Staatsanwalt die Übernahme der Verfolgung nach § 377 Abs. 2 ablehnt. Dieses Urteil können der Angeklagte, der Privatkläger und der Staatsanwalt mit den gewöhnlichen Rechtsmitteln anfechten. Der Angeklagte ist beschwert, weil die Anklage mit der Einstellung nicht rechtskräftig erledigt wird, sondern seine Verurteilung im Offizialverfahren möglich bleibt und naheliegt. Wegen der Rechtsmittel des Privatklägers vgl. die Anm. zu § 390, wegen der Rechtsmittel des Staatsanwalts Rdn. 12.

b) Verschlechterungsverbot. Kommt es erst in höherer Instanz auf Rechtsmittel **11** des Angeklagten, der zu Strafe verurteilt war, zu einem Einstellungsurteil nach § 389 Absatz 1 letzter Satzteil, so **gilt** für das folgende Offizialverfahren das Verschlechterungsverbot (§§ 331, 358 Abs. 2) **nicht**[5]. Es ist nicht der einzige Fall, in dem ein Verfahren wegen eines Verfahrensmangels eingestellt und ein neues eingeleitet wird; dann gilt auch sonst das Verschlechterungsverbot nicht[6].

c) Rechtsmittel des Staatsanwalts. Legt die Staatsanwaltschaft gegen das Einstel- **12** lungsurteil ein Rechtsmittel ein, liegt auch darin die Übernahme der Verfolgung nach § 377 Abs. 2 Satz 2. Damit hört das Verfahren auf, ein Privatklageverfahren zu sein (§ 377, 19) und wird dem Einstellungsurteil zugleich die Grundlage entzogen; ein solches Rechtsmittel des Staatsanwalts muß also immer zur **Aufhebung** führen. In dem — nunmehr — Offizialverfahren muß das Gericht über die Frage, ob ein Privatklage- oder ein Offizialdelikt vorliegt, sachlich entscheiden, erforderlichenfalls nach Verweisung (§§ 270, 328 Abs. 3) oder Zurückverweisung (§ 328 Abs. 2).

4. Rechtskraftwirkung des Einstellungsurteils

a) Allgemein. Wird die Einstellung rechtskräftig, kann der Privatkläger wegen **13** desselben Sachverhalts **keine neue Privatklage** erheben (§ 383, 17). Andererseits braucht er die Staatsanwaltschaft nicht besonders anzurufen, wegen des nach Ansicht des Gerichts vorliegenden Offizialdelikts tätig zu werden, weil der Staatsanwalt in jedem Fall der Einstellung nach Absatz 1 Mitteilung nach Absatz 2 erhält; allerdings steht das dem Privatkläger selbstverständlich frei. Lehnt der Staatsanwalt die Einleitung eines Ermittlungsverfahrens mangels hinreichenden Tatverdachts eines Offizialdelikts ab, weil er die Voraussetzung eines Privatklagedelikts bejaht, steht dem Anzeigeerstatter — bisher Privatkläger — das **Klageerzwingungsverfahren** offen (vgl. Rdn. 17; KK-*v. Stackelberg* 4).

b) Keine Bindung des Staatsanwalts. Für den Fall der rechtskräftigen Einstellung **14** meint ein Teil der Lehre[7], daß der Staatsanwalt dadurch gebunden sei. Über Umfang und praktische Bedeutung dieser Bindung gehen die Ansichten freilich auseinander (vgl. *Eb. Schmidt* 10; KK-*v. Stackelberg* 5). In Wahrheit kann von einer Bindung, abgesehen von der durch das Legalitätsprinzip begründeten Pflicht zur Prüfung, keine Rede sein[8]. Zunächst ist eine solche Einstellung gegen den Willen des Staatsanwalts überhaupt nicht möglich (vgl. Rdn. 5 ff). Sodann aber ist zu fragen, vor welchen Entscheidungen der

---

[5] Ebenso *Feisenberger* (4) gegen RGSt **9** 332; *Kleinknecht/Meyer* 3.

[6] A. A BayObLGSt **1961** 125 = NJW **1961** 1487; KK-*v. Stackelberg* 7; KMR-*Müller* 12; *Schlüchter* 825.

[7] *Dempewolf* 435; *Feisenberger* 2; *Eb. Schmidt* 9.

[8] *Peters* § 65 I 6; KMR-*Müller* 9; *Kleinknecht/Meyer* 1.

Günter Wendisch

Staatsanwalt praktisch noch stehen kann, nachdem er die Einstellung hat rechtskräftig werden lassen. Daß er jetzt öffentliche Klage nur wegen des Privatklagevergehens erheben werde, kann wohl ausgeschlossen werden. Für ihn geht es vielmehr nur noch darum, ob er wegen des Offizialdelikts anklagt oder einstellt. Bei dieser Entscheidung ist er im Rahmen des Legalitätsprinzips frei[9].

15   **c) Folgen der Nichtbindung.** Die Rechtsfrage, ob der dem Einstellungsurteil zugrundegelegte Sachverhalt ein Offizialdelikt oder nur ein Privatklagevergehen enthält, hat der Staatsanwalt allein **nach seiner eigenen Überzeugung** zu beantworten. Wenn er meint, es sei nur ein Privatklagevergehen gegeben, muß er sein Ermittlungsverfahren einstellen. Allerdings darf er den Verletzten nicht auf den Privatklageweg verweisen, weil diesem dieser Weg durch das Einstellungsurteil verschlossen ist. Vielmehr muß er die Einstellung damit begründen, daß kein hinreichender Verdacht eines Offizialdelikts vorliege.

16   Gegen diese Ansicht läßt sich nicht einwenden, daß damit „ein unlösbarer, zur Straflosigkeit des Angeklagten führender Konflikt entstehen würde" (*Feisenberger* 2). Es gehört zu den alltäglichen Erscheinungen, daß Irrtümer des Gerichts und der Staatsanwaltschaft im Verein mit den Wirkungen der Rechtskraft zur Straflosigkeit schuldiger Angeklagter führen. Das ist ein Grund, sich um ein möglichst zweckmäßiges Verfahren zu bemühen, wie es unter Rdn. 5 ff dargetan ist, aber kein Anlaß, den **Grundsatz gegenseitiger Unabhängigkeit** richterlicher und staatsanwaltschaftlicher Entscheidungen und damit letztlich der Gewaltenteilung für Privatklagesachen zu durchbrechen.

17   Dazu besteht auch deshalb keine Veranlassung, weil der Verletzte noch im **Klageerzwingungsverfahren** (§ 172) geltend machen kann, es läge in der Tat ein Offizialdelikt vor (*Eb. Schmidt* 10). Dieser Weg führt zum Strafsenat des Oberlandesgerichts, also an dasselbe Gericht, das in letzter Instanz über das Einstellungsurteil nach § 389 zu entscheiden hätte. Die Sorge, daß dasselbe Oberlandesgericht unter Umständen derselbe Senat, den hinreichenden Verdacht eines Offizialdelikts im Urteilsverfahren bejaht und dann im Klageerzwingungsverfahren verneint, liegt fern. Kommt der Verletzte wirklich nicht zu seinem Recht, wird es regelmäßig daran liegen, daß er den Rechtsmittelzug auf der einen oder auf der anderen Seite nicht erschöpft hat.

18   *Kohlhaas* meint (GA **1954** 133), es entstehe eine **Lücke**, wenn der Staatsanwalt ein Ermittlungsverfahren einstellt, weil er das Vorliegen eines mit dem Privatklagevergehen tateinheitlich zusammentreffenden Offizialdelikts verneint, während der nunmehr im Privatklageverfahren angerufene Richter das Vorliegen eines Offizialdelikts annehme. Er will sie dadurch schließen, daß er den Richter an die Rechtsauffassung der Staatsanwaltschaft für gebunden hält: er (der Richter) müsse „die Privatklage annehmen", könne das Verfahren aber auch durch Beschluß oder durch Urteil nach § 389 einstellen. Daran sei dann der Staatsanwalt gebunden und müsse Anklage erheben. Dieses Hin und Her von Bindungen widerspricht der beiderseitigen Stellung von Richter und Staatsanwalt, die voneinander unabhängig sind (Rdn. 16; § 374, 22). In Wahrheit besteht die angebliche Lücke gar nicht. Wenn freilich — was *Kohlhaas* voraussetzt — der Verletzte die Fristen des § 172 inzwischen versäumt hat, kann er kein Verfahren mehr erzwingen. Er braucht sie ja nicht zu versäumen; tut er es, kann er sich nicht mehr beklagen, er werde „hilflos dem Zustand der Rechtsverweigerung ausgeliefert".

---

[9] Ebenso *Eb. Schmidt* 10; **a. A** KK-*v. Stackelberg* 5; zweifelnd BayObLGSt **1959** 251 =   NJW **1959** 2274.

5. Weitere Rechtsfragen

a) Wegen der Behandlung des Verfahrens bei **tateinheitlichem** Zusammentreffen **19** zwischen Privatklagevergehen und Offizialdelikt vgl. §374, 19. Hat die Staatsanwaltschaft die Verfolgung des tateinheitlichen Offizialdelikts schon abgelehnt und ist auch ein Klageerzwingungsverfahren (§172) insoweit erfolglos geblieben, kann der Privatklagerichter §389 nicht anwenden (vgl. KG JW **1929** 1503).

b) Verhältnis von §389 zu §270. Eine Verweisung nach §270 an das Gericht, das **20** für das Offizialdelikt zuständig sein würde, kommt im Privatklageverfahren nicht in Betracht; §389 geht als **Sonderbestimmung** §270 vor. Spricht das Gericht dennoch eine Verweisung aus, muß — wenn nicht etwa jetzt der Staatsanwalt, um die verfahrene Lage zu lösen, die Verfolgung übernimmt — das nunmehr mit der Sache befaßte Gericht die Einstellung nach §389 Abs. 1 aussprechen[10]. Die weitere Entschließung liegt dann wieder bei der Staatsanwaltschaft. *Eb. Schmidt* (3) hält die Verweisung für unbeachtlich.

c) Sachentscheidung unter Verletzung von §389. Entscheidet das Gericht im Pri- **21** vatklageverfahren unter Verletzung von §389 zur Sache, obwohl es sich um ein Offizialdelikt handelt, wird mit der Rechtskraft des Urteils gleichwohl die **Strafklage verbraucht**, gleichviel ob es auf Freispruch oder auf Verurteilung wegen eines Privatklagevergehens oder wegen eines Offizialdelikts lautet[11], selbst dann, wenn das Gericht den vorliegenden Tatsachenstoff nicht vollständig rechtlich gewürdigt, wenn es also den Angeklagten hinsichtlich einzelner Handlungen weder verurteilt noch freigesprochen hat (LG Hamburg NJW **1947/48** 352 mit zust. Anm. *Sieveking*).

d) Wegen der **Kosten** vgl. §471 Abs. 2. **22**

§390

(1) [1]Dem Privatkläger stehen die Rechtsmittel zu, die in dem Verfahren auf erhobene öffentliche Klage der Staatsanwaltschaft zustehen. [2]Dasselbe gilt von dem Antrag auf Wiederaufnahme des Verfahrens in den Fällen des §362. [3]Die Vorschrift des §301 ist auf das Rechtsmittel des Privatklägers anzuwenden.

(2) Revisionsanträge und Anträge auf Wiederaufnahme des durch ein rechtskräftiges Urteil abgeschlossenen Verfahrens kann der Privatkläger nur mittels einer von einem Rechtsanwalt unterzeichneten Schrift anbringen.

(3) [1]Die in den §§320, 321 und 347 angeordnete Vorlage und Einsendung der Akten erfolgt wie im Verfahren auf erhobene öffentliche Klage an und durch die Staatsanwaltschaft. [2]Die Zustellung der Berufungs- und Revisionsschriften an den Gegner des Beschwerdeführers wird durch die Geschäftsstelle bewirkt.

(4) Die Vorschrift des §379 a über die Zahlung des Gebührenvorschusses und die Folgen nicht rechtzeitiger Zahlung gilt entsprechend.

(5) [1]Die Vorschrift des §383 Abs. 2 Satz 1 und 2 über die Einstellung wegen Geringfügigkeit gilt auch im Berufungsverfahren. [2]Der Beschluß ist nicht anfechtbar.

---

[10] RGSt **23** 416; **46** 167; *Bloy* GA **1980** 169; KMR-*Müller* 8; *Kleinknecht/Meyer* 1.

[11] RGSt **9** 20; 331; *Peters* §65 I 5; *Eb. Schmidt* 4; KMR-*Müller* 11; *Kleinknecht/Meyer* 4.

Entstehungsgeschichte. Durch III § 33 der VO vom 1. 4. 1924 (RGBl. I 15) wurde die Befugnis des Privatklägers, Rechtsmittel einzulegen (Absatz 1 Satz 1), dahin eingeschränkt, daß Berufung (nicht auch Revision) ausgeschlossen war, wenn das Verfahren ein Vergehen nach § 414 Abs. 1 Nr. 1 bis 6 — jetzt § 374 Abs. 1 Nr. 1 bis 6 — (Hausfriedensbruch, Beleidigung, Körperverletzung, Bedrohung, Verletzung fremder Geheimnisse und Sachbeschädigung) zum Gegenstand hatte und der Angeklagte entweder freigesprochen oder ausschließlich zu Geldstrafe verurteilt worden war. In der Bekanntmachung 1924 wurde diese Einschränkung durch den nach dem Wort „Rechtsmittel" eingefügten Zusatz „vorbehaltlich des § 313" kenntlich gemacht. Mit der Neufassung des § 313 durch Nr. 2 des Gesetzes zur Abänderung der Strafprozeßordnung vom 22. 12. 1925 (RGBl. I 475) wurde sie gegenstandslos. In der Bekanntmachung 1950 war sie nicht mehr enthalten; diese stellte die dem modernen Sprachgebrauch angepaßte Erstfassung wieder her.

Durch Art. 2 Abs. 2 des Gesetzes zur Änderung der Bezeichnungen „Gerichtsschreiberei" ... vom 9. 7. 1927 (RGBl. I 175) in Verb. mit Art. 1 II Nr. 2 der VO vom 30. 11. 1927 (RGBl. I 334) wurde in Absatz 3 Satz 2 das Wort „Gerichtsschreiber" durch „Geschäftsstelle" ersetzt. Die Absätze 4 und 5 sind durch Art. 3 Nr. 170 VereinhG eingefügt worden.

Übersicht

1. Rechtsmittel des Privatklägers (Absatz 1)

1   **a) Allgemein (Satz 1).** Die Vorschrift behandelt nur die Rechtsmittel, die dem Privatkläger in dieser Eigenschaft, nicht auch als Widerbeklagtem zustehen; in letzterer Hinsicht hat er die Rechtsmittel eines Angeklagten. Umgekehrt hat der Widerkläger in dieser Eigenschaft die Rechtsmittel wie ein Privatkläger, nicht wie ein Angeklagter. Dasselbe gilt für die Privatklageberechtigten, die nach § 375 dem Privatkläger oder dem Widerkläger beigetreten sind oder durch Einlegung des Rechtsmittels beitreten (§ 375, 7 ff; § 388, 27; KMR-*Müller* 1).

2   **b) Befugnisse des gesetzlichen Vertreters.** Der gesetzliche Vertreter einer der Parteien hat, soweit es sich um deren **Angeklagtenrolle** handelt, eine eigene Rechtsmittelbefugnis — neben der des Angeklagten oder Widerbeklagten — nur nach § 298 Abs. 1. Für die **Klägerrolle** steht das Rechtsmittel dagegen ausschließlich der Partei selbst zu, die es im Fall gesetzlicher Vertretung aber nur durch den Vertreter erheben kann[1]. Hat das

---

[1] KK-*v. Stackelberg* 2; KMR-*Müller* 1; *Kleinknecht/Meyer* 1; **a. A** OLG Hamm NJW **1961** 2322.

Gericht den **minderjährigen Privatkläger** auf die Widerklage verurteilt, den Angeklagten dagegen freigesprochen, kann mithin der Privatkläger selbst — ohne Beteiligung des gesetzlichen Vertreters —, aber auch sein gesetzlicher Vertreter — im eigenen Namen, aber nicht namens des Privatklägers — gegen die Verurteilung Berufung einlegen; gegen den Freispruch kann der gesetzliche Vertreter ein Rechtsmittel dagegen nur im Namen des Privatklägers und nicht im eigenen Namen einlegen.

Der **Vorgesetzte** kann Rechtsmittel nur einlegen, soweit er — wegen Beleidigung **3** des Beamten (§ 194 Abs. 3 StGB) — selbst Privatkläger ist; für den Beamten als Angeklagten oder Widerbeklagten kann er das nicht[2].

c) Arten. Die Rechtsmittel sind **Berufung**, die an die kleine Strafkammer geht **4** (§ 76 Abs. 2 erster Fall GVG), **Revision** gegen das Berufungsurteil oder wahlweise als Sprungrevision nach § 335 an das Oberlandesgericht (§ 121 Abs. 1 Nr. 1 b GVG, § 335 Abs. 2) sowie einfache oder sofortige Beschwerde (§§ 304 ff).

d) Einer **Beschwer** des Privatklägers bedarf es für die Zulässigkeit der Rechtsmit- **5** tel gegen Urteile im allgemeinen nicht. Er kann aber nicht, wie die Staatsanwaltschaft, ein Rechtsmittel zur Klärung einer Rechtsfrage einlegen; denn dieses Recht steht der Staatsanwaltschaft aufgrund ihrer öffentlichen Stellung zu[3]. Auch wenn nach den Anträgen des Privatklägers erkannt worden ist, steht das seinem Rechtsmittel nicht entgegen[4]. Der Privatkläger kann auch Rechtsmittel gegen einen Freispruch einlegen, um statt dessen eine Einstellung des Verfahrens — etwa aufgrund eines Straffreiheitsgesetzes — herbeizuführen (OLG Naumburg JW **1939** 336).

e) Wirkung (Satz 3). Jedes Rechtsmittel des Privatklägers kann auch zu Gunsten **6** des Beschuldigten wirken[5]. Streitig ist, ob der Privatkläger es auch — wie der Staatsanwalt — nach § 296 Abs. 2 nur zu Gunsten des Angeklagten einlegen kann[6]. Der dies verneinenden — herrschenden — Ansicht ist zuzustimmen; denn der Privatkläger hat nicht die Amtsstellung des Staatsanwalts als Vertreter der (Straf-)Rechtsordnung, aus der allein die Befugnis des § 296 Abs. 2 sich herleitet.

f) Rechtsmittel bei Verletzung des § 186 StGB. Hat das Gericht den wegen übler **7** Nachrede (§ 186 StGB) Angeklagten ohne Eingehen auf den von ihm angebotenen Wahrheitsbeweis nach § 193 StGB freigesprochen, steht dem Privatkläger — wie dem Staatsanwalt oder dem Nebenkläger — das Recht zu, allein deswegen Rechtsmittel einzulegen, weil die **Erweislichkeit** der behaupteten oder verbreiteten Tatsache nicht geprüft worden ist[7]. Der in der 21. Auflage gegen diese Rechtsprechung gerichteten Kritik *Sarstedts* ist entgegenzuhalten, daß sie die für den Privatkläger gegebene Chance zu gering einschätzt, seinen Ruf auch bei Freispruch des Angeklagten aus § 193 StGB durch den Hinweis auf die Urteilsfeststellungen zur Unwahrheit oder Nichterweislichkeit der über ihn behaupteten Tatsachen wieder herzustellen.

---

[2] KK-*v. Stackelberg* 3; *Kleinknecht/Meyer* 1.
[3] KK-*v. Stackelberg* 4; KMR-*Müller* 3; vgl. auch Rdn. 6, 15.
[4] KMR-*Müller* 3; *Kleinknecht/Meyer* 1; **a. A** *Eb. Schmidt* 8.
[5] *Schlüchter* 827; KMR-*Müller* 4.
[6] So RGSt **22** 400 und *Dempewolf* 324 f; **a. A** mit Recht OLG Hamburg GA **1958** 117 =

NJW **1958** 231 sowie *Gollwitzer* Erl. zu § 296; *Beling* 453; *v. Hippel* 636; *Peters* § 65 I 7; *Schlüchter* 826.3; *Eb. Schmidt* 2; KK-*v. Stackelberg* 4; KMR-*Müller* 4; *Kleinknecht/Meyer* 1.
[7] BGHSt **4** 194; **7** 385; **11** 273; *Kohlhaas* Anm. zu LM § 186 StGB, 6.

Günter Wendisch

8   **g) Fristbeginn.** Die Frist beginnt für den Privatkläger und den Widerkläger mit der Urteilsverkündung. Streitig ist, ob das auch gilt, wenn das Urteil in seiner und seines Vertreters Abwesenheit verkündet wird. Nach der zu § 387, 7 ff vertretenen Ansicht kann diese Frage kaum auftreten; denn das Rechtsmittel könnte nur dazu führen, daß das Rechtsmittelgericht die Einstellung ausspricht, die eine unvermeidliche Folge der vom Gesetz (§ 391 Abs. 2) zufolge des Nichterscheinens — zur Verkündung des angefochtenen Urteils — vermuteten Rücknahme der Privatklage wäre. Anders liegt es nur dann, wenn der Angeklagte die nach § 391 Abs. 1 Satz 2 erforderliche Zustimmung zur Rücknahme verweigert. Dann muß auch in Abwesenheit des Privatklägers ein Sachurteil ergehen, das auch im Rechtsmittelweg nicht wegen der früheren Säumnis des Privatklägers durch Einstellung beseitigt werden darf.

9   Für diesen Fall — Sachurteil trotz Abwesenheit des Privatklägers — will *Gollwitzer* (vgl. Erl. zu § 314) die für den Angeklagten geltende **Regelung des § 314 Abs. 2** auf den Privatkläger entsprechend anwenden und die Rechtsmittelfrist erst mit der Zustellung des Urteils beginnen lassen, und zwar selbst dann, wenn dieser bei der Urteilsverkündung durch einen Rechtsanwalt vertreten war. Seine Ansicht begründet er mit dem Hinweis auf RGSt **6** 28 und OLG Köln DRZ **1931** Nr. 219, die aber beide keinen Privatkläger, sondern einen Nebenkläger betreffen. *Kleinknecht*[35] (§ 387, 7), *Müller* (KMR § 390, 2) und *Eb. Schmidt* (§ 390, 6) vertreten den gleichen Standpunkt für den Fall, daß der Privatkläger bei der Urteilsverkündung *weder* anwesend *noch* vertreten war. Nach *Dalcke/Fuhrmann/Schäfer* (§ 341, 4), aber auch *Meyer* (LR[23] § 341, 22) und *Hanack* (§ 341, 22) soll die Frist für den Privatkläger regelmäßig mit der Urteilsverkündung beginnen.

10   Dieser letzteren Ansicht ist zuzustimmen. Für sie sprechen namentlich folgende Erwägungen: Die Strafprozeßordnung geht erkennbar von dem Grundsatz aus, daß die Rechtsmittelfrist für die Prozeßbeteiligten, die bei der Urteilsverkündung anwesend sein müssen und anwesend waren, mit der Verkündung und für diejenigen, die abwesend sein dürfen und abwesend waren, mit der Zustellung des Urteils beginnt (OLG Neustadt NJW **1963** 1074). Ausschlaggebend für den **Zeitpunkt** des Beginns der Rechtsmittelfrist ist danach die Frage nach der Anwesenheitspflicht des Privatklägers. Von ihrer Beantwortung hängt es ab, ob die gleichlautenden Regelungen in § 314 Abs. 2 und § 341 Abs. 2 auf den Privatkläger entsprechend angewendet werden können. Die Anwesenheitspflicht des Privatklägers in der Hauptverhandlung oder — soweit sein persönliches Erscheinen nicht angeordnet ist (§ 387 Abs. 3) — seines Vertreters ist in § 387, die Folgen seines Ausbleibens sind in § 391 geregelt. Danach gilt es als Rücknahme der Privatklage, wenn der Privatkläger in der Hauptverhandlung weder erscheint noch durch einen Rechtsanwalt vertreten wird (§ 391 Abs. 2).

11   Schon diese Regelung macht deutlich, daß die **Stellung des Privatklägers** mit der des Angeklagten nicht zu vergleichen ist. Dessen Abwesenheit bei der Urteilsverkündung erlaubt das Gesetz mehrfach ausdrücklich oder geht zumindest von ihrer Zulässigkeit aus (so nach § 231 Abs. 2, § 231 a Abs. 1, § 231 b Abs. 1, § 232 Abs. 1, § 268 c Abs. 3, § 314 Abs. 2, § 329 Abs. 2, § 341 Abs. 2 und § 350 Abs. 2). Bezüglich der An- oder Abwesenheit des Privatklägers und seines Anwalts fehlt es dagegen an einer solchen Regelung. Der Richter kann — anders als beim Angeklagten (§ 387, 16; 18) — weder sein Erscheinen erzwingen (§ 387, 4) noch seine Entfernung verhindern; er kann ihn — soweit er nicht von einem Rechtsanwalt vertreten wird (§ 387, 7 a. E; 8) — auch nicht von der Verpflichtung zum Erscheinen entbinden. Diese unterschiedliche Regelung rechtfertigt es, den Fristbeginn für die Einlegung eines Rechtsmittels des Privatklägers nicht in gleicher Weise wie für den Angeklagten zu bestimmen.

12   Für die Richtigkeit dieser Ansicht spricht aber auch, daß der Privatkläger, was die Anwesenheit in der Hauptverhandlung betrifft, die **Rechte und Pflichten des Staats-**

anwalts hat (§ 387, 8). Dieser muß stets zur Urteilsverkündung erscheinen, so daß die Rechtsmittelfrist für ihn ausnahmslos mit der Verkündung beginnt. Das gilt sogar für den einzigen Fall, in dem das Urteil in Abwesenheit des Staatsanwalts verkündet werden darf, nämlich im Privatklageverfahren (§ 377, 12). Eine Ausnahme von diesem Grundsatz ist nur anzuerkennen, wenn das Gericht unzulässigerweise ein Urteil in Abwesenheit des Staatsanwalts (OLG Bamberg SJZ **1948** 476 = HESt 1 209; *Dahs/Dahs* Rdn. 301) oder des Privatklägers verkündet hat. Für den Privatkläger wäre ein solcher **Ausnahmefall** mithin nur anzunehmen, wenn das Gericht das Urteil in einem Termin verkündet hat, der jenem nicht bekanntgemacht worden war. In diesem einzigen Fall kann die Frist auch für ihn erst mit der Zustellung des Urteils beginnen; sonst beginnt sie mit der Verkündung[8].

Der **Gegenmeinung**, die sich auf RGSt **6** 28 und **63** 53 beruft, ist — wie schon erwähnt (Rdn. 9) — entgegenzuhalten, daß diese beiden Entscheidungen keinen Privat-, sondern einen Nebenkläger betreffen, für den — durch Art. 1 Nr. 100 des 1. StVRG aufgehoben — § 400 ausdrücklich vorsah, daß dem in der Hauptverhandlung nicht erschienenen und auch nicht durch einen Anwalt vertretenen Nebenkläger das Urteil zuzustellen sei. Hätte der Gesetzgeber beabsichtigt gehabt, Privat- und Nebenkläger gleichzubehandeln, hätte es näher gelegen, die Regelung nicht in § 400, sondern in § 390 zu treffen, der dann zufolge § 397 Abs. 1 auch für den Nebenkläger gegolten hätte. Wer aber den Standpunkt vertritt, es sei kein Grund ersichtlich, „den Privatkläger hinsichtlich des Beginns der Rechtsmittelfrist anders zu behandeln als den Nebenkläger"[9], müßte sich, nachdem § 401 Abs. 2 Satz 1 nunmehr bestimmt, daß für den Nebenkläger die Frist zur Einlegung eines Rechtsmittels auch dann mit der Verkündung des Urteils beginnt, wenn er bei dieser nicht mehr zugegen oder vertreten war (§ 401, 9 ff), spätestens jetzt der hier vertretenen Ansicht anschließen. **13**

De lege ferenda dürfte sich empfehlen, den Fristbeginn für die Einlegung eines Rechtsmittels des Privatklägers im Gesetz zu regeln, zumal da der Gesetzgeber das für den Nebenkläger in § 401 ausdrücklich getan hat. Genügen würde, wenn er § 390 Abs. 1 um einen Satz 4 ergänzte, der folgenden Wortlaut haben sollte: „Die Frist zur Einlegung der Berufung oder der Revision beginnt für den Privatkläger mit der Verkündung des Urteils; war er bei dieser nicht zugegen und auch durch keinen Rechtsanwalt vertreten, weil der Termin zur Urteilsverkündung ihm nicht bekanntgemacht worden war, so beginnt die Frist mit der Zustellung auf die Urteilsformel an ihn." Mit der Beschränkung der Zustellung auf die Urteilsformel würde die Zustellung nicht nur der Regelung des § 401 Abs. 2 Satz 2 angepaßt, sondern das Verfahren zusätzlich beschleunigt. **14**

2. Revisions- und Wiederaufnahmeanträge (Absatz 2)

a) Form. Der Privatkläger kann Revisions- und Wiederaufnahmeanträge **nicht** nach § 345 Abs. 2, § 366 Abs. 2 **zu Protokoll der Geschäftsstelle** anbringen; er muß sich dazu vielmehr eines Rechtsanwalts bedienen (LG Koblenz AnwBl. **1979** 198; KMR-*Müller* 5) Ist der Privatkläger selbst Rechtsanwalt, genügt auch hier seine Unterschrift (Erl. zu § 345). Ist dem Privatkläger Prozeßkostenhilfe gewährt worden, muß ihm für die Anträge ein Rechtsanwalt beigeordnet werden (§ 379, 19; KK-*v. Stackelberg* 5). Für die Bewilligung der Prozeßkostenhilfe und Beiordnung des Anwalts ist das Rechtsmit- **15**

---

[8] OLG Rostock GA 70 (1926) 151; OLG Jena JW **1932** 1783; **a.** A aber JW **1936** 2252 unter Aufgabe des früheren Standpunkts; ebenso *Mannheim* JW **1929** 1478; *Klefisch* JW **1932**

1783; *Eb. Schmidt* 6; *Kleinknecht/Meyer* § 387, 7.
[9] So OLG Jena JW **1936** 2252.

Günter Wendisch

telgericht zuständig (§ 379, 27 ff). Verspätete, obwohl rechtzeitig beantragte Beiordnung ist ein Wiedereinsetzungsgrund (vgl. § 44, 52). Ob dagegen eine von dem Anwalt oder seinem Büro verschuldete Fristversäumung für den Privatkläger — wie auch für den Angeklagten (RGSt 70 186) — als unverschuldet anzusehen ist, ist streitig, aber zu bejahen (vgl. § 378, 5 und § 44, 55 bis 60).

16   **b) Besonderheiten der Wiederaufnahme (Absatz 1 Satz 2).** Wiederaufnahme kann der Privatkläger — anders als der Staatsanwalt — nach der ausdrücklichen Regelung in Absatz 1 Satz 2 nur in den Fälllen des § 362, d. h. **nur zu Ungunsten** des Angeklagten beantragen. Ihm eine Wiederaufnahme zu Gunsten des Verurteilten zu ermöglichen, besteht aus denselben Gründen kein Anlaß, aus denen ihm die Einlegung eines Rechtsmittels zu Gunsten des Angeklagten versagt ist (Rdn. 7; KMR-*Müller* 4). Stirbt der Privatkläger während des Wiederaufnahmeverfahrens, gilt § 393 (*Schäfer* JW **1933** 8). Hat das Gericht das Privatklageverfahren durch Beschluß nach § 383 Abs. 2 eingestellt, ist keine Wiederaufnahme zulässig (OLG Bremen NJW **1959** 353).

3. Weitere Besonderheiten

17   **a) Mitwirkung der Staatsanwaltschaft.** Absatz 3 Satz 1 dient der Unterrichtung des Staatsanwalts, damit er die Verfolgung nach § 377 Abs. 2 übernehmen kann[10].

18   **b) Bewirkung von Zustellungen (Absatz 3 Satz 2).** Satz 2 entspricht der allgemeinen Regelung und ist daher an sich entbehrlich (vgl. § 36, 11 sowie die Ausführungen zu § 385, 6). Dem Revisionsgericht sind die Akten nach § 347 erst dann zuzuleiten, wenn die Geschäftsstelle die Revisionsbegründung auf Anordnung des Vorsitzenden dem Gegner zugestellt hat und die Wochenfrist verstrichen ist[11].

19   **c) Anwendung von § 379 a (Absatz 4).** Die Vorschrift bezieht sich — wie der ganze Paragraph — nur auf Rechtsmittel des Angreifers — Privatkläger, Widerkläger —, nicht des Beschuldigten — Angeklagter, Widerbeklagter —[12]. Wegen der **Einzelheiten** zu § 379 a vgl. die dortigen Erläuterungen. Die entsprechende Anwendung des § 379 a Abs. 3 Satz 1 bedeutet hier, daß Rechtsmittel und Wiederaufnahmeantrag als unzulässig verworfen werden, wenn die nach § 379 a Abs. 1 gestellte Frist zur Zahlung des Gebührenvorschusses nicht eingehalten worden ist. Allerdings darf das Berufungsgericht die Frist zur Zahlung erst setzen, wenn die Frist zur Rechtfertigung der Berufung (§ 317) abgelaufen ist[13]. Zuständig ist das Rechtsmittel- oder Wiederaufnahmegericht.

20   Gegen den Beschluß ist **sofortige Beschwerde** zulässig (§ 379 a Abs. 3 Satz 2), wenn ihn nicht ein Oberlandesgericht erlassen hat (§ 304 Abs. 4 Satz 2 erster Halbsatz). Auch das Oberlandesgericht hat aber seinen Beschluß aufzuheben, wenn der Vorschuß in Wahrheit rechtzeitig gezahlt war (§ 379 a Abs. 3 Satz 3).

21   **d) Einstellung wegen Geringfügigkeit (Absatz 5).** Wegen der allgemeinen Zulässigkeit von Rechtsmitteln bei Einstellung wegen Geringfügigkeit vgl. § 383, 32 ff. Auch in der Berufungsinstanz kommt eine Einstellung wegen Geringfügigkeit nicht in Betracht, wenn die Sache reif zum Freispruch ist[14]. Im übrigen kann auch das **Beschwerdegericht**

---

[10] KK-*v. Stackelberg* 6; *KMR-Müller* 6; *Kleinknecht/Meyer* 2.

[11] BayObLGSt **1961** 231 = Rpfleger **1962** 16; KK-*v. Stackelberg* 6; KMR-*Müller* 6.

[12] OLG Bamberg NJW **1949** 835; KK-

v. Stackelberg 7; KMR-*Müller* 7; *Kleinknecht/Meyer* 3.

[13] OLG Düsseldorf JMBlNRW **1958** 251; KMR-*Müller* 7; vgl. auch § 379 a, 3.

[14] OLG Düsseldorf HESt 1 218; KMR-*Müller* 8.

das Verfahren einstellen (§ 383, 29), allerdings nicht, wenn es nur wegen der Gewährung von Prozeßkostenhilfe angerufen war (vgl. § 379, 26; § 383, 27). Der (Einstellungs-)Beschluß des Beschwerdegerichts ist ebensowenig anfechtbar wie die Einstellung durch das Berufungsgericht (KMR-*Müller* 9). Wegen der **Unanfechtbarkeit der Kostenentscheidung** bei Verfahrenseinstellung wegen Geringfügigkeit vgl. die Erl. zu § 464. Selbst bei schweren Verfahrensverstößen (z. B. Versagung des rechtlichen Gehörs) ist **keine Beschwerde** gegen die landgerichtliche Einstellung zulässig[15].

Versagung des rechtlichen Gehörs verstößt zwar gegen Art. 103 Abs. 1 GG; jedoch eröffnet ein solcher — schwerwiegender — Verstoß gleichwohl keine strafprozessualen Rechtsmittel, die das Verfahrensrecht nicht gewährt[16]; solchen Fehlern kann allein durch Anwendung der §§ 33 a, 311 a abgeholfen werden. Die Erschöpfung des Rechtswegs, die § 90 Abs. 2 Satz 1 BVerfGG als Voraussetzung für eine Verfassungsbeschwerde fordert, ist schon mit dem landgerichtlichen Einstellungsbeschluß gegeben (vgl. aber § 33a, 21). **22**

Auch wenn das Landgericht die Einstellung wegen Geringfügigkeit nicht durch Beschluß, sondern durch **Urteil** ausspricht, ist dagegen kein Rechtsmittel — weder Revision noch Beschwerde — gegeben[17]. Schließlich ist eine Beschwerde auch dann nicht zulässig, wenn das Amtsgericht das Verfahren wegen Geringfügigkeit eingestellt, das Landgericht aber auf Beschwerde des Privatklägers den Beschluß aufgehoben und seinerseits die Privatklage nach § 383 Abs. 1 zurückgewiesen hat (OLG Neustadt NJW **1952** 1349). **23**

§ 391

(1) [1]Die Privatklage kann in jeder Lage des Verfahrens zurückgenommen werden. [2]Nach Beginn der Vernehmung des Angeklagten zur Sache in der Hauptverhandlung des ersten Rechtszuges bedarf die Zurücknahme der Zustimmung des Angeklagten.

(2) Als Zurücknahme gilt es im Verfahren des ersten Rechtszuges und, soweit der Angeklagte die Berufung eingelegt hat, im Verfahren des zweiten Rechtszuges, wenn der Privatkläger in der Hauptverhandlung weder erscheint noch durch einen Rechtsanwalt vertreten wird oder in der Hauptverhandlung oder einem anderen Termin ausbleibt, obwohl das Gericht sein persönliches Erscheinen angeordnet hatte, oder eine Frist nicht einhält, die ihm unter Androhung der Einstellung des Verfahrens gesetzt war.

(3) Soweit der Privatkläger die Berufung eingelegt hat, ist sie im Falle der vorbezeichneten Versäumungen unbeschadet der Vorschrift des § 301 sofort zu verwerfen.

(4) Der Privatkläger kann binnen einer Woche nach der Versäumung die Wiedereinsetzung in den vorigen Stand unter den in den §§ 44 und 45 bezeichneten Voraussetzungen beanspruchen.

Entstehungsgeschichte. Die als § 431 Gesetz gewordene Vorschrift hat ihre jetzige Bezeichnung durch die Bekanntmachung 1924 erhalten. Absatz 1 ist durch Art. 4 Nr. 41 des 3. StRÄndG neu gefaßt worden. Durch ihn wurde die Rücknahme der Privatklage

---

[15] OLG Hamm MDR **1952** 248; OLG Schleswig SchlHA **1953** 103; OLG Düsseldorf JMBlNRW **1954** 166; OLG Celle NdsRpfl. **1957** 20.

[16] BayObLG NJW **1955** 474; OLG Köln MDR **1957** 54.

[17] BayObLGSt **1949/51** 302; OLG Hamm JMBlNRW **1951** 185.

Günter Wendisch

in zwei Punkten geändert. War sie bisher nur bis zur Verkündung des Berufungsurteils zulässig, ist sie nunmehr während des gesamten Verfahrens möglich; eingeschränkt wurde das Rücknahmerecht insofern, als nach Beginn der Vernehmung des Angeklagten die Rücknahme der Privatklage seiner Zustimmung bedarf. Das VereinhG hat Absatz 2 dem neueren Sprachgebrauch angepaßt.

Übersicht

I. Rücknahme (Absatz 1)

1 **1. Auswirkungen im Verhältnis von Privatklage und Strafantrag.** Absatz 1 regelt die Rücknahme der Privatklage. Soweit die Regelung den **Zeitraum** betrifft, entspricht sie der für die Rücknahme des Strafantrags, die seit dem 1. Januar 1975 ebenfalls bis zum rechtskräftigen Abschluß des Strafverfahrens zulässig ist (§ 77 d Abs. 1 Satz 2 StGB). Mit der Gleichbehandlung der Regelungen trägt der Gesetzgeber nunmehr dem engen sachlichen Zusammenhang zwischen Privatklage und Strafantrag Rechnung, der regelmäßig auch den Schluß rechtfertigt, daß mit der Rücknahme der Privatklage zugleich die Rücknahme eines zu ihrer Einleitung erforderlichen Strafantrags gewollt ist. Allerdings kann im Weg der Auslegung ein anderer Wille des Privatklägers festgestellt werden, so z. B., wenn der Privatkläger die Privatklage ausdrücklich allein wegen des Kostenrisikos zurückgenommen hat (*Schönke/Schröder/Stree* § 77 d, 6). In diesem Fall bleibt die öffentliche Klage zulässig; denn § 392 verbietet nur eine neue Privatklage, hat dagegen nicht den Verbrauch der Strafklage überhaupt zur Folge[1].

2 Umgekehrt liegt in einer zulässigen **Rücknahme des** erforderlichen **Strafantrags** nicht rechtsnotwendig auch die der Privatklage. Deren Rücknahme kann der Angeklagte dadurch verhindern, daß er ihr nicht zustimmt (Absatz 1 Satz 2); bei einem Strafantrag ist ihm das nicht möglich, weil dessen Rücknahme in keinem Fall seiner Zustimmung bedarf. Darüber hinaus wird die Rücknahme der Privatklage nicht selten — be-

---

[1] Vgl. § 392, 2; ebenso KMR-*Müller* 7; *Kleinknecht/Meyer* 1.

sonders im Vergleich — von Bedingungen abhängig gemacht, was bei der Rücknahme des Strafantrags an sich unzulässig ist[2]. Gleichwohl wird man auch in der Rücknahme des Strafantra؛؛ ؛؛gelmäßig die Rücknahme der Privatklage erblicken können[3], zumal da der Privatklä؛؛ ؛؛e Privatklage in keinem Fall — weder bei Rücknahme der Privatklage noch bei Rücknahme des Strafantrags — von neuem erheben kann (§ 392 sowie § 77 d Abs. 1 Satz 3 StGB); mit dem Erlöschen des eigenen Strafantragsrechts erlischt auch das eigene Privatklagerecht. Die Ausführungen zu § 375, 3 ff stehen dazu nicht im Widerspruch. Dort wird vorausgesetzt, daß zumindest noch ein Strafantrag aufrechterhalten ist (§ 375, 4).

In beiden Fällen können die Parteien es nicht verhindern, daß die Staatsanwalt- **3** schaft unter Umständen **öffentliche Klage** erhebt. Denn die Rücknahme der Privatklage hat nicht den Verbrauch der Strafklage zur Folge (Rdn. 1). Für die Rücknahme des Strafantrags gilt das jedoch nur, soweit die Staatsanwaltschaft ein Privatklagedelikt, das zugleich Antragsdelikt ist, wegen des besonderen öffentlichen Interesses auch ohne solchen Antrag verfolgen kann (Fall des § 232 Abs. 1 Satz 1 StGB). Allerdings kann sich der Verletzte, der den Strafantrag zurückgenommen hat, diesem Verfahren alsdann nicht als Nebenkläger anschließen, weil er nicht (mehr) als Privatkläger aufzutreten berechtigt ist (§ 395 Abs. 1).

2. Letzter Zeitpunkt (Satz 1). Die Rücknahme ist **in jeder Lage** des Verfahrens **4** möglich, d. h. von der Klageerhebung bis zur rechtskräftigen Beendigung des Verfahrens[4]. Nach Erlaß einer mit Rechtsmittel anfechtbaren Entscheidung — Urteil oder Beschluß: Zurückweisung der Klage; Einstellung des Verfahrens — braucht der Privatkläger nicht erst ein Rechtsmittel einzulegen, um alsdann die Privatklage zurückzunehmen; vielmehr kann er die Rücknahme innerhalb der Rechtsmittelfrist auch ohne Einlegung erklären (KMR-*Müller* 2).

Wird ein — statthaftes — Rechtsmittel fristgerecht eingelegt, kommt es für die **5** Befugnis zur Rücknahme der Privatklage nicht darauf an, ob das Rechtsmittel — aus anderen Gründen als einer Verspätung — etwa unzulässig ist (KMR-*Müller* 3). Denn auch ein **unzulässiges Rechtsmittel**, z. B. eine nicht formgerecht begründete Revision, hemmt die Rechtskraft. Die Rücknahmebefugnis geht dann erst mit der Verwerfung des Rechtsmittels verloren. Auch im Revisionsverfahren ist die Rücknahme zulässig[5]. Der Anwalt des Privatklägers braucht für die Rücknahme — anders als der Verteidiger für die Rücknahme eines Rechtsmittels nach § 302 Abs. 2 — **keine besondere Ermächtigung**; die Prozeßvollmacht genügt[6].

Die Rücknahmeerklärung verträgt grundsätzlich keine Einschränkung durch Be- **6** dingungen oder Befristungen[7]. Sie kann auch **nicht angefochten** werden, zumindest nicht wegen Irrtums oder Täuschung aufgrund der — möglicherweise unwahren — Behauptung des Angeklagten, er habe die Tat nicht begangen[8].

---

[2] Ausnahme: Befreiung von der Kostenlast BGHSt **9** 154; **16** 107.

[3] OLG Kiel GA **43** (1895) 269; KMR-*Müller* 7.

[4] KK-*v. Stackelberg* 1; KMR-*Müller* 1; *Kleinknecht/Meyer* 1; *Peters* § 65 I 4 e.

[5] *Dallinger* JZ **1953** 442; KMR-*Müller* 3; **a. A** *Fritze* GA **51** (1904) 298.

[6] KMR-*Müller* 4; *Kleinknecht/Meyer* 2.

[7] *Fritze* GA **51** (1904) 298; wegen der Ausnahme vgl. Rdn. 14 ff.

[8] OLG Neustadt NJW **1961** 1984, KK-*v. Stackelberg* 8; KMR-*Müller* 1; *Kleinknecht/Meyer* 1.

Günter Wendisch

7   **3. Teilrücknahme.** Der Privatkläger kann die Rücknahme auf einen Teil des Verfahrens beschränken, wenn er wegen des verbleibenden Teils eine selbständige Privatklage erheben könnte. Er kann also die Privatklage gegen einen von mehreren Mitangeklagten oder sie hinsichtlich einer von mehreren Taten zurücknehmen, wenn diese im Verhältnis der Tatmehrheit zueinander stehen[9], dagegen nicht im Fall der Tateinheit (a. A *Eb. Schmidt* 4). Ebenso kann einer von mehreren Privatklägern seine Privatklage zurücknehmen, ohne daß dadurch die Privatklagen der anderen berührt würden. Die Rücknahme der Klage berührt die Widerklage nicht (§ 388 Abs. 4; KMR-*Müller* 6); umgekehrt bleibt auch die Rücknahme der Widerklage auf die Privatklage ohne Einfluß.

8   **4. Zustimmung des Angeklagten (Satz 2).** Hat die Vernehmung des Angeklagten zur Sache — nicht nur zur Person — begonnen (§ 243 Abs. 4 Satz 2), hängt die **Wirksamkeit** der Rücknahme von seiner Zustimmung ab. Sie ist immer erforderlich in der Rechtsmittelinstanz (KMR-*Müller* 8). Allerdings ist dieses Erfordernis weder bestimmt noch geeignet, zu verhindern, daß dem Angeklagten durch die Rücknahme die Klärung des Vorwurfs abgeschnitten wird[10]. Denn diesen Beweis kann der Beleidigte — wie auch *Meyer* (Fußn. 10) nicht verkennt — dem Angeklagten immer — auch im Offizialverfahren — dadurch abschneiden, daß er den Strafantrag zurücknimmt (§ 77 d Abs. 1 Satz 1 StGB).

9   Auch der **Wahrheitsbeweis** ist kein so schutzwürdiges Interesse, daß er selbst da ermöglicht werden sollte, wo es nicht zur Verhütung einer unrichtigen Verurteilung auf ihn ankommt (BGH bei *Dallinger* MDR **1955** 269). Es müssen **andere schutzwürdige Belange** des Angeklagten (*Dallinger* JZ **1953** 442) gemeint sein, die der Rücknahme entgegenstehen können. Wo kein Strafantrag erforderlich ist, hat der Angeklagte ein Interesse daran, daß die Sache, die einmal bis zu seiner Vernehmung gediehen ist, in dem anhängigen Verfahren zu Ende geführt wird, damit nicht das Damoklesschwert der Offizialverfolgung über ihm hängen bleibt. Und das gilt erst recht in den Fällen, in denen der Privatkläger zwar die Privatklage, nicht aber den Strafantrag zurücknehmen will. Hier kann der Angeklagte durch seine Weigerung einen gewissen Druck auf den Privatkläger dahin ausüben, auch den Strafantrag zurückzunehmen.

10   **5. Einstellungsbeschluß.** Die Rücknahme der Privatklage führt zur Einstellung des Verfahrens, und zwar durch besonderen Beschluß[11]. Denn nachdem ein Eröffnungsbeschluß ergangen ist, kann die **Rechtshängigkeit** nur durch Gerichtsentscheidung wieder beendet werden.

11   Ob ein Strafverfahren noch anhängig ist oder nicht, darf nicht von einer oder gar zwei — vielfach auslegungsbedürftigen und verschiedener Auslegung fähigen, nicht selten auch an Voraussetzungen und Bedingungen geknüpften — Parteierklärungen abhängen. Dieser Ansicht kann nicht entgegengehalten werden, daß auch die Begründung der Rechtshängigkeit auf einer Parteierklärung, der Privatklage, beruhe. Denn auch sie wird zunächst einer richterlichen Prüfung daraufhin unterzogen, ob sie wirklich diese

[9] KK-*v. Stackelberg* 2; KMR-*Müller* 5.
[10] So *Kleinknecht/Meyer* 2; vgl. auch KK-*v. Stackelberg* 9.
[11] *Dempewolf* 435; *Dohna* 230; *Gerland* 454; *Henkel* 411; *Peters* § 65 I 8 b; *Hartung* DRiZ **1953** 225; KK-*v. Stackelberg* 4; *Kleinknecht/Meyer* 3; Vor § 374, 12; § 392, 1; a. A LG Kassel NJW **1951** 373; LG Wuppertal MDR **1957** 502; *Beling* 454; *Feisenberger* 3; *F. Müller*

DRiZ **1954** 51; *Eb. Schmidt* Vor § 374, 27; einschränkend *Erbs* Handkommentar zur Strafprozeßordnung (1950), § 391 II: außerhalb der Hauptverhandlung; KMR-*Müller* 9: zulässig, aber nicht notwendig; *Bloy* GA **1980** 170: entsprechend der Regelung in § 206 a und § 260 Abs. 3 außerhalb der Hauptverhandlung durch Beschluß, in der Hauptverhandlung durch Urteil.

Wirkung hat; diese Prüfung mündet — bejahendenfalls — in den **Eröffnungsbeschluß.** Durch diesen unterscheidet sich das Privatklageverfahren vom Zivilprozeß (*Dempewolf* 435); und gerade in ihm liegt der von *F. Müller* (DRiZ **1954** 51) vermißte Grund, der es verbietet, einfach das Zivilprozeßrecht anzuwenden.

Daß die Wirkungen des Eröffnungsbeschlusses — einer gerichtlichen Entschei- **12** dung — durch bloße Parteierklärung ohne gerichtliche Entscheidung aufhören sollen, wäre eine **Systemwidrigkeit.** Es wäre auch unzweckmäßig; nicht nur wegen der bisweilen zu besorgenden Ungewißheit, ob die Klage denn nun wirklich und wirksam zurückgenommen ist; ob die Rücknahme noch während der Vernehmung des Angeklagten zur Person und deshalb ohne weiteres wirksam; ob sie während oder nach Vernehmung zur Sache erklärt ist und deshalb noch von der Zustimmung des Angeklagten abhängig; oder ob diese Zustimmung ihrerseits wirksam ausgesprochen ist, sondern auch wegen der Kostenfolge, die um der größeren Klarheit willen besser in einem Beschluß ausgesprochen wird.

Daß der Richter die **Kostenfolge** bei der Einstellung so regeln kann, wie die Par- **13** teien es in einem Vergleich vereinbart haben, führt *Hartung* (DRiZ **1953** 225) unter Hinweis auf § 470 überzeugend aus (vgl. Rdn. 19). Gerade dieser Hinweis — aber auch der der Entscheidung des Bundesgerichtshofs vom 28. 3. 1956 (BGHSt **9** 150) — zeigt, wie notwendig unter Umständen ein Beschluß werden kann. In dem der Entscheidung des Bundesgerichtshofs zugrunde liegenden Fall hatten die Beteiligten — Nebenkläger und Angeklagte — in einem Offizialverfahren unter Mißbrauch des § 470 versucht, sich auf Kosten der Staatskasse zu vergleichen. Nur die — im Offizialverfahren freilich ohnehin erforderliche — Gerichtsentscheidung ermöglichte es dem Staatsanwalt, diesem Mißbrauch durch Revision entgegenzutreten. Es ging in dem Verfahren um üble Nachrede und Verleumdung, so daß an sich auch eine Privatklage möglich gewesen wäre. Nur ausnahmsweise liegt die Kostenfolge so unbezweifelbar klar, wie *F. Müller* (DRiZ **1954** 51) es voraussetzt.

II. Rücknahmeerklärung

1. Gerichtlicher Vergleich[12]. Der gewöhnlichste Fall der Rücknahmeerklärung ist **14** der gerichtliche Vergleich. Der **Sinn** eines Vergleichs vor dem Privatklagegericht besteht regelmäßig in der Rücknahme der Privatklage, der etwaigen Widerklage und gegebenenfalls der Strafanträge, damit das Verfahren unwiderruflich zu Ende kommt. Vielfach indessen ist zwar Einigkeit über das Ende des Streitens und über die einzelnen Bedingungen dieser Beendigung zu erzielen, eine sofortige und unbedingte Rücknahme der Privatklage dagegen weder erreichbar noch zweckmäßig (Beispiel: LG Lüneburg NJW **1963** 312).

Oft übernehmen die Parteien **Verpflichtungen** (Ehrenerklärungen, Schadenser- **15** satz, Buße — auch an Dritte —, Kostentragung), die der jeweils klagende Teil erst erfüllt sehen möchte, ehe er sich endgültig der Möglichkeit beraubt, das Verfahren wieder fortzusetzen. Dieser Wunsch ist bisweilen sehr berechtigt, und es dient dem Zustandekommen des Vergleichs, wenn er sich erfüllen läßt. Denn die Zwangsvollstreckung aus dem Vergleich ist — wenngleich grundsätzlich zulässig (Rdn. 19) —, häufig, so bei Ehrenerklärungen ein schwieriger und umständlicherer Weg als das Fortbestehen der Strafdrohung. Aus einer Zwangsvollstreckung erwächst, selbst wenn sie gelingt, mit großer Wahrscheinlichkeit neuer Streit.

---

[12] Zum Wesen dieses Vergleichs vgl. namentlich *Fritze* GA **51** (1904) 298 und *Gramse* SchiedsmZ **1982** 53.

     Günter Wendisch

16 **2. Widerrufsvorbehalt.** Dieser Lage muß bei der Gestaltung des Verfahrens und der Auslegung der Vorschriften, die es regeln, vernünftigerweise Rechnung getragen werden. Es kann durchaus einem berechtigten Interesse entsprechen, einen Widerruf des Vergleichs innerhalb bestimmter Frist vorzubehalten[13]. Da es sich bei dieser Frist aber nicht um eine prozessuale gerichtliche Frist handelt, ist keine Wiedereinsetzung gegen ihre Versäumung zulässig[14]. Diesem Interesse sollte auch nicht die angeblich begriffliche Unmöglichkeit entgegengehalten werden, daß prozessuale Erklärungen wie die Rücknahme und die Zustimmung zu ihr nicht von **Bedingungen** abhängig gemacht würden.

17 In der Literatur sind bisher **zwei Wege** gewiesen worden, diese Schwierigkeit zu überwinden. Entweder wird die bedingt erklärte Rücknahme zunächst als unwirksam betrachtet, aber angenommen, daß sie nach Eintritt der Bedingung „erkennbar aufrechterhalten wird" (so KMR[6]-*Müller* Vor § 374, 3 d), oder sie wird als bindende Verpflichtung aufgefaßt, die Privatklage nach Eintritt der Bedingung zurückzunehmen (*Dempewolf* 431). Beide Wege entsprechen nicht vollkommen der typischen Interessenlage. Der erste leidet daran, daß überhaupt keine Bindung des Privatklägers eintritt, solange die Bedingung nicht erfüllt ist, auch wenn der Angeklagte schon bindend verpflichtet ist, sie zu erfüllen. Hier muß also der Angeklagte vorleisten, ohne eine sichere Gewähr zu haben, daß es dann auch wirklich bei der Rücknahme bleibt. Der zweite Weg erfordert noch eine besondere Rücknahmeerklärung.

18 **3. Bedingte Rücknahme.** Beide Wege brauchen nicht beschritten zu werden, zumal da sie nicht dem entsprechen, was die Parteien tatsächlich wollen, nämlich eine bedingte Rücknahme. Deren Zulässigkeit dürfte aus folgenden Erwägungen **unbedenklich** sein: Ein gerichtlicher Vergleich kommt meist erst nach Vernehmung des Angeklagten zur Sache zustande. Zu dieser Zeit ist die Rücknahmeerklärung ohnehin nicht unbedingt wirksam; vielmehr macht das Gesetz selbst ihre Wirksamkeit von einer Bedingung abhängig, nämlich von der Zustimmung des Angeklagten. Es sollte deshalb unbedenklich sein, auch eine **gewillkürte** Bedingung beizufügen. Vollends lassen die Bedenken sich bei Billigung der Ansicht überwinden, daß nicht schon die Parteierklärung, sondern erst der gerichtliche Einstellungsbeschluß die Rechtshängigkeit beendet[15]. Wird so verfahren, kann zu keinem Zeitpunkt Ungewißheit darüber entstehen, ob die Sache noch rechtshängig ist. Es ist Aufgabe des mit der Sache befaßten Gerichts, sich vor dem Einstellungsbeschluß die Erfüllung aller Bedingungen nachweisen zu lassen. Das ist ein zweckmäßigeres Verfahren, als wenn die Erfüllung zum Gegenstand einer Zwangsvollstreckung gemacht oder wenn nach Eintritt der Bedingung noch eine Rücknahmeerklärung gefordert wird.

19 Der Einstellungsbeschluß kann die **Kosten** so verteilen, wie die Parteien sie im Vergleich übernommen haben[16]. Soweit mit dem Vergleich die Rücknahme eines Strafantrags verbunden ist, ergibt sich das aus § 470 Satz 2[17]; in den anderen Fällen ist diese Vorschrift entsprechend anzuwenden. Soweit der gerichtliche Vergleich einen vollstreckbaren Inhalt hat, ist er Vollstreckungstitel nach § 794 Nr. 1 ZPO[18].

---

[13] KMR-*Müller* Vor § 374, 16; *Kleinknecht/ Meyer* 16.

[14] § 44, 8; OLG Oldenburg JW **1931** 2389; LG Würzburg NJW **1954** 768; KK-*v. Stackelberg* 5; KMR-*Müller* Vor § 374, 16.

[15] Rdn. 10 ff; *Kleinknecht/Meyer* Vor § 374, 12; zustimmend nunmehr auch KMR-*Müller* Vor § 374, 15.

[16] Rdn. 13 sowie Erl. zu § 470; *Hartung* DRiZ **1953** 225; KK-*v. Stackelberg* 10.

[17] Vgl. BGHSt **9** 154; **16** 105, 107; KK-*v. Stackelberg* 7; einschränkend *Henkel* JZ **1956** 768, 4.

[18] AG Neunkirchen/Saar AnwBl. **1976** 183; *Kleinknecht/Meyer* Vor § 374, 10.

4. Weitere Hinweise. *Külich* (Juristische Praxis Heft 76 [April 1959] S. 6) ver- **20**
langt, daß der Vergleich vorgelesen und genehmigt und daß dies im Protokoll beurkundet werde; sonst sei er mangels der **zivilprozessualen Form** (§ 160 Abs. 3 Nr. 1, § 162
ZPO) kein Vollstreckungstitel. Dem ist nicht zu folgen; entsprechende Anwendung der
Vorschrift verlangt auch nur entsprechende — d. h,. nach strafprozessualen Regeln abgewandelte — Anwendung der Protokollierungsvorschriften[19].

Der im Privatklageverfahren geschlossene gerichtliche Vergleich ist **nicht anfecht-** **21**
bar[20].

Im allgemeinen dient ein Vergleich dem **Rechtsfrieden** besser als ein noch so rich- **22**
tiges und noch so zutreffend begründetes Urteil; davon gibt es aber Ausnahmen. Es gibt
Verfahren, die entschieden werden müssen; dies ist der richtige Kern der sonst zu weitgehenden Ausführungen von *Ad. Arndt* (NJW **1962** 783). Er hält die gerichtliche Übung
nicht nur für verfehlt, sondern sogar für peinlich; angemessener sei es, nach dem Gesetz
zu verfahren — dieses sehe kein „Vergleichen" vor — und „Justiz zu gewähren", bis
die fällige große Strafverfahrensreform für diese Fälle ein Unterwerfungsverfahren vorsehe, das dem Richter die wünschenswerte Freiheit gibt, zwar von Strafe abzusehen,
aber die Wahrheit richterlich festzustellen und dem Geständigen die Auflagen zu machen, die zur Genugtuung für den Verletzten und zur Wiederherstellung des Rechtsfriedens geboten seien.

5. Außergerichtlicher Vergleich
a) Rechtliche Bedeutung. Der außergerichtliche Vergleich beendet das Verfahren **23**
noch nicht, schon weil es dazu noch der gerichtlichen Einstellung bedarf (vgl.
Rdn. 10 ff). Streitig ist, ob und wie er im Verfahren geltend gemacht werden kann. Das
Reichsgericht war der Ansicht, ein Verzicht auf die Strafverfolgung könne nur gegenüber der **Strafverfolgungsbehörde** oder vor der **Vergleichsbehörde** des § 380 wirksam
erklärt werden, nicht durch Verzeihung oder sonst eine Erklärung gegenüber dem Täter
(RG 3 D 180/37 vom 8. 4. 1937); eine private Verzeihung sei auf die Verfolgbarkeit der
Beleidigung ohne Einfluß (RG 3 D 629/40 vom 8. 5. 1941); auch durch Erklärung vor
einem privaten (waffenstudentischen) Ehrengericht könne nicht rechtswirksam auf das
Recht zum Strafantrag verzichtet werden (RG DJ **1938** 1727; vgl. auch RGSt **77** 157).
Zu Recht verlangt daher *Fritze* (GA **51** [1904] 296), daß die Erklärung ausdrücklich und
zu dem Zweck abgegeben werden muß, um sie zur Kenntnis der für die Einstellung des
Verfahrens zuständigen Behörde zu bringen.

Hartung (ZStW **71** [1959] 470 und NJW **1961** 523) meint[21], der außergericht- **24**
liche Vergleich, durch den der Privatkläger auf die Durchführung der Privatklage verzichtet, habe für das Privatklageverfahren überhaupt **keine rechtliche Bedeutung.**
Prozeßhandlungen könnten nur gegenüber dem zuständigen Gericht vorgenommen
werden. „Man kann sich nicht durch privaten Vertrag wirksam verpflichten, auf ein
Rechtsmittel wirksam zu verzichten, eine Klage ... zurückzunehmen oder zu unterlassen ... Die Erfüllung einer solchen privaten Verpflichtung könnte auch nicht mit den

---

[19] Zur Bedeutung der Fassung eines gerichtlichen Vergleichs vgl. *Schumacher* SchiedsmZ **1958** 119 und *Dempewolf* 425 ff. Die Wirkungen eines Straffreiheitsgesetzes auf einen in der Schwebe befindlichen Vergleich behandeln *Schlottmann* DR **1939** 761 und *Betzberger* DR **1939** 1498.
[20] LG Frankfurt NJW **1959** 1454; KMR-*Müller* Vor § 374, 17; a. A *Kubisch* NJW **1959** 1935 bezüglich etwaiger zivilrechtlicher Absprachen in dem Vergleich.
[21] Ebenso BayObLGSt **14** (1915) 161; ähnlich KMR-*Müller* Vor § 374, 14: er beendet das Verfahren nicht unmittelbar, weil er keine Prozeßerklärung vor dem zuständigen Gericht enthält; a. A KG NJW **1960** 2207.

Günter Wendisch

Mitteln eines Zivilprozesses erzwungen werden ..." (NJW **1961** 523). Dieser Ansicht kann ebensowenig zugestimmt werden wie der weiteren, daß ein außergerichtlicher Vergleich wenigstens unter den Parteien wirksam sei und durch Klage im bürgerlichen Rechtsstreit erzwungen werden könnte (so noch LR-*Lingemann*[19] § 391 Anm. 1 e m. w. N.). Die Privatklage ist Gegenstand des öffentlichen Rechts und kann nicht vor die Zivilgerichte gebracht werden[22]. Übrigens wäre ein solches Verfahren umständlich und unzweckmäßig, weil der Zivilprozeß regelmäßig länger dauern würde als das Privatklageverfahren, er könnte deshalb von diesem überholt werden. Will man das durch Aussetzung des Privatklageverfahrens vermeiden, gewinnt der außergerichtliche Vergleich hier eben doch rechtliche Bedeutung. Auch wäre es dann zuzulassen, daß der Angeklagte den Privatkläger aus anderen Gründen, etwa aufgrund des § 826 BGB, im Zivilprozeß zur Rücknahme der Privatklage zu zwingen sucht und darauf Aussetzungsanträge im Privatklageverfahren stützt; das wäre ein Weg zu unerträglichen Vereitelungsversuchen.

25   **b) Form.** Der **Privatkläger kann** auch nach Eröffnung des Hauptverfahrens — anders als der Staatsanwalt (vgl. § 156) — weiterhin über den Gegenstand der Privatklage **verfügen** (*Bloy* GA **1980** 169), obwohl es ein öffentlich rechtlicher Strafanspruch ist; das ist der Sinn sowohl des Privatklage- als auch des Strafantragsrechts. Eine Form ist dafür nicht vorgeschrieben; es ist auch nicht der Sinn des § 380, daß Vergleiche nur vor der Vergleichsbehörde geschlossen werden könnten. Billigte man den entgegengesetzten Standpunkt, hätte das zur Folge, daß über Privatklagevergehen, die nicht in § 380 aufgeführt sind, überhaupt kein Vergleich möglich wäre (so in der Tat *Eb. Schmidt* Vor § 374, 20). Der Vergleich bedarf auch sonst keiner Form, wie daraus erhellt, daß der Privatkläger über den Strafanspruch durch einfache Untätigkeit verfügen kann, entweder indem er Fristen — Strafantrags-, Verjährungs-, Rechtsmittelfrist sowie richterliche Fristen — verstreichen läßt, oder indem er zur Hauptverhandlung nicht erscheint.

26   **c) Zeitpunkt.** Möglich ist ein Vergleich erst nach der Tat. **Frühere Vorgänge** können allenfalls als Einwilligung des Verletzten Bedeutung gewinnen, soweit diese nach sachlichem Strafrecht zulässig ist. Eine Vereinbarung — Vereinssatzung —, die zwischen bestimmten Personen eine Privatklage ausschließen will, ist ohne verfahrensrechtliche Bedeutung (LG Hof MDR **1958** 444).

27   **d) Beachtung durch den Richter.** Der **Strafrichter muß** den außergerichtlichen Vergleich **beachten**[23]. Denn er ist für das Verfahren geschaffen, und das Verfahren ist der Beendigung durch Vergleich zugänglich. Er kann ihn freilich nur **berücksichtigen**, wenn er ihm vorgetragen und bewiesen wird. Ein solcher Vergleich wird, wenn er dem Gericht vorgelegt wird und wenn er ernst gemeint ist, ohne weiteres dahin ausgelegt werden dürfen, daß jede Partei die andere ermächtigt, ihn dem Gericht mitzuteilen (ebenso KMR-*Müller* Vor § 374, 14). Alsdann hat das Gericht das Verfahren durch Beschluß einzustellen, bei Streit oder Zweifel nach Beweiserhebung über Tatsache und Inhalt des außergerichtlichen Vergleichs.

---

[22] *Hartung* ZStW **63** (1951) 414; KMR-*Müller* Vor § 374, 14; a. A BGH JZ **1974** 394.

[23] KG NJW **1960** 2207; *Roxin* § 62 F IV 2; *Schlüchter* 815; KK-v. *Stackelberg* 3; 6; *Kleinknecht/Meyer* Vor § 374, 13; *D. Meyer* NJW **1974** 1325; a. A *Hartung* NJW **1961**

523; vgl. auch KMR-*Müller* Vor § 374, 9 und 14 sowie *Eb. Schmidt* Vor § 374, 20, der die Möglichkeit zum Vergleichsabschluß auf die Privatdelikte des § 380 Abs. 1 beschränken will.

e) Anfechtung. Wegen der Frage, ob außergerichtliche Vergleiche **angefochten** 28
werden können, die vor der Vergleichsbehörde des § 380 abgeschlossen worden sind,
vgl. die Ausführungen zu § 380, 66 und SchiedsmZ **1958** 89.

III. Unterstellte Rücknahme (Absatz 2)

1. Zweck. Die Vorschrift soll den pünktlichen Betrieb des Verfahrens durch den 29
Privatkläger und dessen Anwalt sichern (Mot. *Hahn* 1 229). Um dieses Ziel zu erreichen,
fingiert das Gesetz, weil das Gericht keine anderen unmittelbaren Zwangsmittel gegenüber dem Privatkläger hat, in den in Absatz 2 genannten Fällen des Ausbleibens in
einem Termin (Rdn. 30 f) oder des Nichteinhaltens einer Frist (33 ff) eine Zurücknahme
der Privatklage, nicht auch einer Nebenklage (RGSt **67** 322).

2. Nichterscheinen. Das Nichterscheinen oder Ausbleiben hat nur dann rechtliche 30
Wirkungen, wenn der Privatkläger ordnungsgemäß geladen war. Über die **Anordnung
des persönlichen Erscheinens** vgl. § 387, 4 f; 7 ff. Für einen sonstigen Termin das persönliche Erscheinen anzuordnen, wird nur selten gefordert werden können[24], z. B. wenn
der Privatkläger einem kommissarisch zu vernehmenden Zeugen gegenüber gestellt
werden soll. Dagegen ist der Privatkläger nicht verpflichtet, persönlich zu einem gerichtlichen Termin zu erscheinen, in dem ausschließlich Vergleichsverhandlungen gepflogen
werden sollen. An eine solche Beschränkung hätte das Gericht sich auch insoweit zu halten, als es hier das Verfahren nicht einstellen darf.

3. Vorzeitiges Fortgehen. Dem Ausbleiben steht das vorzeitige Fortgehen gleich 31
(*Kleinknecht/Meyer* 8). Daß das Gesetz nur vom Nichterscheinen, nicht vom vorzeitigen
Sichentfernen spricht (RGSt **63** 56), ist nicht entscheidend. Vor Gericht zu erscheinen
ist etwas Anderes, als sich nur blicken zu lassen, solange es einem gefällt, und nach eigenem Belieben wieder wegzugehen (ebenso *Woesner* NJW **1959** 705). Es bedeutet, sich
zur Verfügung des Gerichts zu halten, bis dieses den Erschienenen wieder entläßt[25].
Deshalb vermag auch das Einverständnis der übrigen Prozeßbeteiligten mit der Abwesenheit dieses Ergebnis nicht zu ändern[26].

Selbst im Zivilprozeß wird das vorzeitige Weggehen — sogar die Zwangsentfer- 32
nung (§ 158 ZPO) — als Säumnis behandelt; und der Privatkläger verlangt etwas
Schwerwiegenderes als der Kläger im Zivilprozeß, nämlich einen strafrechtlichen
Schuldspruch. Jener muß sich deshalb dem Prozeßbetrieb mindestens ebenso eifrig und
ernsthaft widmen wie dieser. Auch ist es nicht richtig, daß der Privatkläger **bei der Urteilsverkündung** nicht sachlich benötigt werde. Er wird genau so viel oder so wenig benötigt wie der Angeklagte und — im Offizialverfahren — der Staatsanwalt, die auch nicht
weggehen dürfen. Es widerspräche der Parteiengleichheit, wenn der Privatkläger ohne
schädliche Folgen gehen dürfte, solange der Angeklagte noch festgehalten werden
kann. Die Urteilsverkündung kann unterbrochen werden, und es können noch Fragen
an beide Parteien erforderlich werden[27].

---

[24] KMR-*Müller* 11: kann in angemessenen
Grenzen zu jedem Termin in jeder Tatsacheninstanz, auch außerhalb der Hauptverhandlung, angeordnet werden.

[25] Ebenso OLG Bremen NJW **1957** 474;
KK-*v. Stackelberg* 14; *Kleinknecht/Meyer* 8.

[26] KMR-*Müller* 10; a. A *Woesner* NJW **1959**
704.

[27] Vgl. § 387, 4 f; 7 ff; a. A BayObLGSt **1962**
37 = NJW **1962** 1168; KK-*v. Stackelberg* 14;
KMR-*Müller* 10; a. A *Kleinknecht/Meyer* 8.

Günter Wendisch

33   **4. Nichteinhalten einer Frist.** Als Rücknahme gilt auch das Nichteinhalten einer Frist, die dem Privatkläger unter **Androhung der Einstellung** gesetzt war. Die Frist muß für eine Handlung gesetzt sein, die nach pflichtgemäßem Ermessen zum Fortgang des Verfahrens bestimmt ist[28]. Weder das unter Fristsetzung gestellte Verlangen noch die Drohung mit der Einstellung darf nach den Umständen gegen das Recht verstoßen. Der Privatkläger darf nicht auf diesem Weg zu Handlungen genötigt werden, zu denen er rechtlich nicht verpflichtet ist[29]. So kann ihm zwar eine Stellungnahme zu bestimmten Tatsachen, aber nicht allgemein die Einreichung einer Berufungsbegründung unter Fristsetzung mit dieser Folge aufgegeben werden. Auch muß das Verlangen hinreichend bestimmt sein; die Aufforderung, einen Schriftsatz einzureichen, wäre das nicht. Die Frist darf nicht im rein fiskalischen Interesse gesetzt werden. Der **Zahlung des Gebührenvorschusses** dient nur § 379 a (§ 390 Abs. 4), der eines Auslagenvorschusses nur § 68 GKG[30].

34   **5. Zeitpunkt der Fristsetzung.** Das Gericht kann die Frist erst setzen, nachdem es das Hauptverfahren eröffnet hat[31]. Freilich kann das Gericht dem Privatkläger auch **vorher** schon Fristen setzen: so zur Vervollständigung seiner Angaben der Anklageschrift; zur Vorlage einer Vollmacht; zum Nachreichen der Sühnebescheinigung (nicht zum Nachholen des Sühneversuchs, vgl. § 380, 31 f; *Kleinknecht/Meyer* 6). Jedoch darf der Richter solche befristete Ersuchen nicht mit der Androhung verbinden, das Verfahren einzustellen, falls der Privatkläger die Frist nicht einhalte (KK-*v. Stackelberg* 12). Denn vor der Eröffnung des Verfahrens wird dieses nicht eingestellt, die Klage vielmehr zurückgewiesen (§ 383 Abs. 1)[32]. Eingestellt werden kann es zu dieser Zeit nur wegen Geringfügigkeit (§ 383 Abs. 2); das aber kann das Gericht dem Privatkläger unmöglich für den Fall einer Fristversäumung androhen.

35   Der praktische **Unterschied** liegt darin, daß die unterstellte Rücknahme vor Eröffnung des Hauptverfahrens nicht eintritt. Es wäre nicht sachentsprechend, diese Wirkung schon eintreten zu lassen, solange noch nicht entschieden, ob die Klage überhaupt zulässig ist. Wird eine unzulässige Klage mit dem ausdrücklichen Hinweis auf ihre Unzulässigkeit zurückgenommen, steht das ihrer späteren Neuerhebung nicht entgegen (§ 392, 3). Es geht nicht an, der unterstellten Rücknahme eine weitergehende Wirkung beizulegen als der ausdrücklich erklärten. Bei einer Fristsetzung vor Erlaß des Eröffnungsbeschlusses wird es sich regelmäßig um unzulässige Klagen handeln. Zumindest sollte zu diesem Zeitpunkt kein anderer Zweck zu einer Fristsetzung führen, als der, die Klage zulässig zu machen. So sollte keine Frist für Rechtsausführungen gesetzt werden; geschieht es dennoch, darf die Fristversäumung nicht zur Einstellung führen (LG Heidelberg DJ **1937** 1890). Die Frist muß — in der Rechtsmittelinstanz — nicht das Gericht, kann vielmehr auch der Vorsitzende allein setzen, wie dem unterschiedlichen Wortlaut von § 379 a Abs. 1 — „vom Gericht" — und § 391 Abs. 2 zu entnehmen ist (**a. A** KMR-*Müller* 12). Die Frist kann verlängert werden.

[28] BayObLGSt **27** (1928) 99; **28** (1929) 52; KMR-*Müller* 12; **a. A** *Kleinknecht/Meyer* 6: nur zur Abwendung eines Verfahrenshindernisses.

[29] *Eb. Schmidt* 22; KK-*v. Stackelberg* 12; *Kleinknecht/Meyer* 6; einschränkend KMR-*Müller* 12.

[30] OLG Hamm NJW **1965** 878; LG Zweibrücken MDR **1974** 422; KK-*v. Stackelberg* 12; KMR-*Müller* 12; *Kleinknecht/Meyer* 6.

[31] LG Düsseldorf NJW **1959** 2080; KK-*v. Stackelberg* 12; KMR-*Müller* 12; *Kleinknecht/Meyer* 6; *Eb. Schmidt* 22; *Schorn* Strafrichter 381; unrichtig LG Essen NJW **1956** 392.

[32] KMR-*Müller* 12; *Kleinknecht/Meyer* 3; 6.

6. Wirkung der Versäumung. In den unter Rdn. 30 bis 35 erörterten Fällen ist die Wir- **36** kung die gleiche, als hätte der Privatkläger die Rücknahme erklärt (KMR-*Müller* 15). Die unterstellte Rücknahme ist ebenso wirksam und führt ohne weiteres zum gerichtlichen Einstellungsbeschluß, wenn der Angeklagte in dem Verfahren noch nicht zur Sache vernommen worden war; andernfalls — also stets in der Berufungsinstanz — kommt es auf seine **Zustimmung** an. Denn der Privatkläger darf nicht durch sein Versäumnis das Verfahren auch da beenden können, wo er es nicht einmal durch ausdrückliche Rücknahme beenden könnte. Sonst stünde Absatz 1 Satz 2 nur auf dem Papier. Fehlt es an der erforderlichen Zustimmung des Angeklagten, muß also trotz des Versäumnisses des Privatklägers bis zum Erlaß des Urteils weiter verhandelt werden. Andernfalls wird das Verfahren eingestellt.

Die Entscheidung ist — wie bei der erklärten Rücknahme — stets ein **Beschluß**, **37** nie ein Urteil, auch wenn sie in einer Hauptverhandlung ergeht[33]. Denn nicht alle Entscheidungen, die in einer Hauptverhandlung ergehen, sind Urteile, sondern nur solche, die aufgrund einer bis zur Spruchreife durchgeführten Hauptverhandlung erlassen werden (Vor §33, 2 ff; §33, 4 ff). Die Einstellung nach §391 ergeht aber nicht, weil die Hauptverhandlung einen Einstellungsgrund zutage gefördert hätte, sondern weil die Rücknahme erklärt oder unterstellt wird und deshalb keine Hauptverhandlung stattfinden kann. Die Einstellung ist auch dann ein Beschluß und nur mit der sofortigen Beschwerde, nicht mit Berufung oder Revision anfechtbar, wenn sie in die äußere Form eines Urteils gekleidet ist (gerade umgekehrt OLG Hamm JMBlNRW **1952** 125).

IV. Ausbleiben des Privatklägers in der Berufungsinstanz

1. Berufung des Angeklagten (Absatz 2 zweiter Fall). In der Berufungsinstanz ist **38** zu unterscheiden, ob nur der Privatkläger oder auch (oder allein) der Angeklagte Berufung eingelegt hat. Liegt eine Berufung des Angeklagten — allein oder zusammen mit einer des Privatklägers — vor und erscheint der **Privatkläger** in der Hauptverhandlung nicht, so ist genauso zu verfahren wie beim Ausbleiben des Privatklägers im ersten Rechtszug[34], im Fall der Vertretung durch einen Rechtsanwalt allerdings nur, wenn das persönliche Erscheinen des Privatklägers angeordnet war (§387, 2 ff). Das Verfahren ist durch Beschluß einzustellen, selbst wenn auch der Angeklagte ausbleibt; sein Rechtsmittel wird durch die unterstellte Rücknahme der Privatklage gegenstandslos[35].

Die Wirkung der **Säumnis des Privatklägers** geht den Wirkungen einer Säumnis **39** des Angeklagten vor (*Eb. Schmidt* 20), allerdings nur für Taten, auf die sich die Berufung des Angeklagten bezieht. Hat das Gericht den Angeklagten wegen Beleidigung verurteilt, von der Beschuldigung eines damit in Tatmehrheit stehenden Hausfriedensbruchs dagegen freigesprochen, und hat dieser gegen seine Verurteilung Berufung eingelegt, gilt die Privatklage, wenn der Privatkläger nicht erscheint, mithin nur in bezug auf die Verurteilung wegen Beleidigung als zurückgenommen. Hat der Privatkläger Berufung nur oder auch gegen den Freispruch eingelegt, gilt insoweit nicht die Privatklage als zurückgenommen, was zur Einstellung des Verfahrens in diesem Punkt führen würde, vielmehr ist seine Berufung nach Absatz 3 sofort zu verwerfen (KMR-*Müller* 19), so daß es bei dem Freispruch bleibt.

---

[33] *Dempewolf* 438; a. A BayObLGSt **1962** 37 = NJW **1962** 1168; *Bloy* GA 1980 171; *Eb. Schmidt* 19; KMR-*Müller* 19.

[34] KK-*v. Stackelberg* 11; KMR-*Müller* 16; *Kleinknecht/Meyer* 5.

[35] Nicht zu beanstanden ist der Fall, daß wohl der Privatkläger, nicht aber der Angeklagte in der auf seine Berufung anberaumten Hauptverhandlung erschienen ist; er regelt sich nach §329.

Günter Wendisch

40   **2. Berufung des Privatklägers (Absatz 3).** Liegt nur eine Berufung des Privatklägers vor, ist sie bei seinem Ausbleiben sofort — d. h. ohne sachliche Prüfung — durch Urteil zu verwerfen, wenn sie sich gegen einen **Freispruch** richtete. War dagegen der Angeklagte verurteilt, ist nach § 301 zunächst zu prüfen, ob nach Aktenlage eine Änderung zu seinen Gunsten in Betracht kommt (*Rieß* NJW **1975** 90). Bejahendenfalls ist die Berufungsverhandlung ohne den Privatkläger durchzuführen und die neue — günstigere — Entscheidung durch Urteil auszusprechen[36]. Andernfalls ist die Berufung — wiederum durch Urteil — zu verwerfen; eine Abänderung zu Ungunsten des Angeklagten kommt nicht in Betracht.

V. Wiedereinsetzung in den vorigen Stand (Absatz 4)

41   Hat der Privatkläger den Termin oder die Frist ohne Verschulden (vgl. dazu § 44, 20 ff) versäumt, so kann er binnen einer Woche nach der Versäumung Wiedereinsetzung in den vorigen Stand beantragen. Die **Wochenfrist** beginnt mit dem Termin oder mit dem Ablauf der gesetzten Frist, nicht erst mit der Zustellung des Einstellungsbeschlusses.

42   Der Privatkläger kann Wiedereinsetzung auch dann beantragen, wenn er ohne Verschulden **keine Kenntnis** von einer Zustellung erhalten hat. Anders ist es jedoch, wenn es überhaupt an einer Zustellung der Ladung oder der Fristbestimmung fehlte. Dann kann von einer Versäumnis nicht gesprochen werden. Wiedereinsetzung in den vorigen Stand kann nur zu dem **Zweck** begehrt werden, die Berufung durchzuführen; der Privatkläger kann sie nicht damit begründen, daß er die Berufung vor der Verwerfung zurücknehmen wolle[37].

43   Teilweise wird die Ansicht vertreten, die Versäumnisfolgen seien — wie nach § 329 — nicht auszusprechen, wenn der Privatkläger sein Ausbleiben **genügend entschuldigt** habe[38]. Das kann nur als richtig anerkannt werden, soweit der Privatkläger seine Säumnis mit Unverschulden im Sinn von § 44 begründet und die dafür angeführten Tatsachen hinreichend glaubhaft macht[39]. Was für den Privatkläger gilt, ist entsprechend auf den Widerkläger — in dieser Rolle — anzuwenden (§ 388).

VI. Rechtsmittel

44   **1.** Gegen die **Einstellung** des Verfahrens zufolge erklärter oder unterstellter Rücknahme stehen dem Privatkläger, dem Angeklagten (daß dieser beschwert sein kann, ergibt Absatz 1 Satz 2) und dem Staatsanwalt **sofortige Beschwerde** zu (KMR-*Müller* 21). Das gilt selbst dann, wenn die Einstellung fälschlich in die Form eines Urteils gekleidet ist. Gegen die Verwerfung der Berufung des Privatklägers (Rdn. 40 a. E.) ist ebenso wie im Fall des § 329 Revision zulässig (KMR-*Müller* 22).

45   **2.** Gegen die **Nichteinstellung** trotz Vorliegens der Einstellungsvoraussetzungen ist, wenn sie durch besonderen Beschluß (Ablehnung eines Einstellungsantrags) ausgesprochen wird, **einfache Beschwerde** gegeben[40]. Kommt es zufolge der Nichteinstellung zu einem Urteil, ist dieses mit Berufung oder Revision anfechtbar.

---

[36] *Schlüchter* 826.3; KK-*v. Stackelberg* 13; KMR-*Müller* 16; *Kleinknecht/Meyer* 7.

[37] BayObLGSt **1957** 63; KK-*v. Stackelberg* 15.

[38] *Eb. Schmidt* 12; zurückhaltender BayObLGSt **1949/51** 471; KMR-*Müller* 14.

[39] So auch OLG Schleswig SchlHA **1959** 56; KK-*v. Stackelberg* 11; *Kleinknecht/Meyer* 5.

[40] BayObLGSt **1949/51** 471; KMR-*Müller* 23; **a. A** *Eb. Schmidt* 24.

3. Die **Wiedereinsetzung** kann nicht angefochten werden; § 46 Abs. 2 gilt auch **46** hier (vgl. § 46, 15). Auch kann die Berufung oder Revision nicht darauf gestützt werden, daß die Wiedereinsetzung nicht hätte gewährt werden dürfen (vgl. § 46, 8).

4. Der Beschluß, durch den die Wiedereinsetzung **abgelehnt** wird, ist mit soforti- **47** ger Beschwerde anfechtbar (§ 46 Abs. 3).

§ 392

Die zurückgenommene Privatklage kann nicht von neuem erhoben werden.

Entstehungsgeschichte. Die als § 432 Gesetz gewordene Vorschrift hat ihre jetzige Bezeichnung durch die Bekanntmachung 1924 erhalten.

1. Zweck. „Es hieße der Leichtfertigkeit und Böswilligkeit Vorschub leisten, **1** wenn dem Privatkläger gestattet sein sollte, eine einmal zurückgenommene Klage dem- nächst vom Neuen zu erheben" (*Hahn* Mat. 1 271). Auch wenn die Rücknahme nur nach § 391 Abs. 2 unterstellt wird, kann die Klage nicht erneut erhoben werden[1]. Das Oberlandesgericht Hamm (JZ **1953** 575) will auch der Zurückweisung der Privatklage mangels Zahlung des Gebührenvorschusses (§ 379 a Abs. 3) die Wirkung des § 392 beile- gen (dagegen vgl. § 379 a, 2). Eine **zurückgenommene Klage** kann auch nicht als Wider- klage, eine zurückgenommene Widerklage nicht als selbständige Privatklage von neuem erhoben werden[2].

2. Der **Staatsanwalt** ist nicht gehindert, den Gegenstand der zurückgenommenen **2** Privatklage nunmehr zum Gegenstand einer öffentlichen Klage zu machen (§ 391, 1), es sei denn, daß die Rücknahme des Strafantrags ihn daran hindert[3]. Die Rücknahme **verbraucht** die **Strafklage nicht schlechthin**; sie hindert nur den Rücknehmenden selbst, die Privatklage gegen denselben Beschuldigten von neuem zu erheben. Ein anderer Pri- vatklageberechtigter (Vorgesetzter, anderer Verletzter, Verletzter statt Vorgesetzter) kann von neuem klagen (§ 375, 19)[4]. Auch kann der Rücknehmende, der sich über- zeugt, daß er die Privatklage gegen den Falschen erhoben hatte, sie nunmehr gegen den wahren Täter erheben[5].

3. Unzulässige Privatklage. War die Privatklage unzulässig oder hat sie der Privat- **3** kläger deshalb zurückgenommen, also nicht, um einer Sachentscheidung auszuweichen, sondern um einer **Prozeßentscheidung** — Zurückweisung, Einstellung — zuvorzukom- men, dann kann er sie in zulässiger Weise von neuem erheben[6]. Das gilt z. B. dann,

---

[1] KK-*v. Stackelberg* 3; *Kleinknecht/Meyer* 3.

[2] OLG Frankfurt JR **1957** 722; KK-*v. Stackel- berg* 1; *Kleinknecht/Meyer* 2; vgl. aber Rdn. 3.

[3] KK-*v. Stackelberg* 1; KMR-*Müller* 4; *Klein- knecht/Meyer* 2. Wegen der Ausnahme vgl. § 391, 3; wegen der geschichtlichen Entwick- lung *Fritze* GA **51** (1904) 301 ff.

[4] BayObLGSt **12** (1913) 228; OLG Stuttgart JR **1953** 349; KMR-*Müller* 4; *Kleinknecht/ Meyer* 2.

[5] *Eb. Schmidt* 4; KK-*v. Stackelberg* 1.

[6] *Schorn* Strafrichter 380; *Eb. Schmidt* 2; *Kleinknecht/Meyer* 2.

wenn sie als Widerklage erhoben war, obwohl es (nur) an den besonderen Widerklage-voraussetzungen (vgl. dazu § 388, 2; 14 f) fehlte[7]. Einfacher wäre in solchen Fällen frei-lich ein Antrag an das Gericht, Privatklage und Widerklage nach § 4 zu trennen; das könnte auch von Amts wegen geschehen. Das Übersehen dieser Möglichkeit kann nicht mit dem Verlust des Klagerechts geahndet werden.

4   Ähnlich liegt es, wenn der Privatkläger die Privatklage zurücknimmt, um ihrer Zurückweisung wegen Fehlens der **Sühnebescheinigung** oder des Sühneversuchs zuvor-zukommen. Auch dann kann er sie nach erfolglosem Sühneversuch von neuem erheben (§ 380, 33). Hat jemand wegen eines und desselben Sachverhalts zwei Privatklagen erho-ben (Klage und Widerklage), die jetzt gleichzeitig anhängig sind, ändert die Rück-nahme der einen nichts an der Durchführbarkeit der anderen[8]. Das Bayerische Oberste Landesgericht (BayObLGSt **1949/51** 295) meint, § 392 sei auch dann nicht anzuwen-den, wenn eine Privatklage zurückgenommen werde, um denselben Sachverhalt im Weg der Widerklage zu verfolgen. Auch dem kann noch zugestimmt werden, wenn-gleich hier der gegebene Weg wäre, die Verbindung zu beantragen.

§ 393

(1) **Der Tod des Privatklägers hat die Einstellung des Verfahrens zur Folge.**

(2) **Die Privatklage kann jedoch nach dem Tode des Klägers von den nach § 374 Abs. 2 zur Erhebung der Privatklage Berechtigten fortgesetzt werden.**

(3) **Die Fortsetzung ist von dem Berechtigten bei Verlust des Rechts binnen zwei Mo-naten, vom Tode des Privatklägers an gerechnet, bei Gericht zu erklären.**

Schrifttum. *Hartung* Recht zur Stellung des Strafantrages und zur Privatklage bei Tod des An-trags- und Klageberechtigten, NJW **1950** 670.

Entstehungsgeschichte. Die als § 433 Gesetz gewordene Vorschrift hat ihre jetzige Bezeichnung durch die Bekanntmachung 1924 erhalten. Art. 2 der Zweiten Verordnung zur Durchführung der Verordnung zur Angleichung des Strafrechts des Altreichs und der Alpen- und Donau-Reichsgaue vom 20. 1. 1944 (RGBl. I 41) änderte Absatz 2. Er räumte den zur Fortsetzung des Verfahrens Berechtigten dieses Recht wegen aller Be-leidigungen — bisher nur wegen Verleumdung — ein. Nach dem Zusammenbruch wurde alsdann zunächst wieder die frühere Fassung angewandt, bis Art. 3 Nr. 171 VereinhG die Fortsetzungsbefugnis erneut für alle Fälle der Beleidigung (§§ 185 bis 187 a StGB) einführte. Durch Art. 21 Nr. 99 EGStGB 1974 wurde die Beschränkung des Fortsetzungsrechts auf Beleidigungen beseitigt — es gilt nunmehr für alle Privatklage-gesachen —. Darüber hinaus wurde Absatz 2 an die neuen materiell-rechtlichen Vor-schriften über das Strafantragsrecht angepaßt.

1   **1. Tod des Privatklägers (Absatz 1).** Die Privatklage ist regelmäßig nicht vererb-lich[1]. Stirbt der Privatkläger, ist das Verfahren durch (konstitutiven) Beschluß einzu-stellen[2], und zwar selbst dann, wenn es teilweise rechtskräftig abgeschlossen war. Denn

---

[7] OLG Braunschweig NJW **1953** 957; *Dünne-bier* JZ **1953** 563; KK-*v. Stackelberg* 2; KMR-*Müller* 2.

[8] OLG Düsseldorf NJW **1954** 123; KK-*v. Stackelberg* 2; KMR-*Müller* 3.

[1] OLG Stuttgart NJW **1970** 822; KK-*v. Stackelberg* 1; *Kleinknecht/Meyer* 1.

[2] RGSt **16** 424; KK-*v. Stackelberg* 1; KMR-*Müller* 1.

es ist in der Rechtsprechung anerkannt, daß eine Teilrechtskraft die Berücksichtigung eines Verfahrenshindernisses mit der Folge der Einstellung des gesamten Verfahrens nicht hindert[3]. Das gilt selbst dann, wenn das Urteil nur noch im Kostenpunkt der Rechtskraft entbehrt[4]. Jedoch empfiehlt es sich, beim Vorliegen eines Fortsetzungsrechts nach Absatz 2 (Rdn. 4), mit der Einstellung bis zum Ablauf der Zweimonatsfrist nach Absatz 3 zu warten. Wird das Verfahren eingestellt, dann sind die Kosten den Erben des Privatklägers aufzuerlegen[5]. Ist keine Kostenentscheidung getroffen worden, kann sie durch Beschluß nachgeholt werden.

2. Sinn. Absatz 1 kann nur den Sinn haben, daß nicht schon der Tod, sondern **2** erst der Einstellungsbeschluß das Verfahren beendet[6]. Das Reichsgericht (RGSt **16** 421) geht auf diesen Unterschied nicht ein, brauchte es nach Lage des damaligen Falles auch nicht. Die praktische **Bedeutung des Zuwartens** liegt darin, daß der Staatsanwalt in der Zeit zwischen Tod und Einstellung noch die Verfolgung nach § 377 Abs. 2 übernehmen kann, womit er die Erben vor der Kostenpflicht bewahrt. Es gibt Fälle, in denen das zur Vermeidung grober Unbilligkeit erforderlich sein kann (vgl. *Hartung* NJW **1950** 672).

3. Wirkung. Die Einstellung wegen Todes des Privatklägers **beendet nur dieses 3 Verfahren.** Sie steht weder einer öffentlichen Klage noch einer neuen Privatklage anderer dazu Berechtigter entgegen[7], sei es, weil diese ebenfalls verletzt sind, sei es, weil ihnen ein selbständiges Strafantragsrecht zusteht. Waren sie schon Streitgenossen des Verstorbenen, wird ihre Privatklage fortgeführt.

4. Fortsetzungsberechtigt sind die nach § 374 Abs. 2 berechtigten Personen, näm- **4** lich der Dienstvorgesetzte (§ 374 Abs. 2 Satz 1 in Verb. mit § 194 Abs. 3, § 232 Abs. 2 Satz 1 StGB; vgl. dazu § 374, 27) sowie nahe Angehörige (§ 374 Abs. 2 Satz 2 in Verb. mit § 77 Abs. 2 StGB; vgl. dazu § 374, 29), und zwar in folgender Reihenfolge: Ehegatten und — auch nichteheliche — Kinder (§ 77 Abs. 2 Satz 1 StGB), danach Eltern (§ 77 Abs. 2 Satz 2 erster Halbsatz StGB), und zwar sowohl die leiblichen — auch bei nichtehelicher Geburt — als auch die Adoptiveltern (§ 1757 BGB), nicht aber Stief- oder Pflegeeltern, und schließlich Geschwister und Enkel (§ 77 Abs. 2 Satz 2 zweiter Halbsatz StGB). Für mehrere gleichzeitig Fortsetzungsberechtigte gilt § 375 entsprechend[8].

5. Die Zulässigkeit der Fortsetzung setzt voraus, daß schon der Privatkläger die **5** Tatbestandsmerkmale des Privatklagedelikts behauptet hat; eine nachträgliche Ergänzung oder Erweiterung steht den Angehörigen nicht zu[9]. Soweit Strafantrag erforderlich ist, genügt es bei den nahen Angehörigen, nicht beim Dienstvorgesetzten, daß der Verstorbene Strafantrag gestellt hatte (§ 374 Abs. 2 Satz 2; KMR-*Müller* 4). Bei Tatmehrheit mit anderen Vergehen ist hinsichtlich dieser anderen einzustellen und nur wegen des Fortsetzungsfähigen weiter zu verfahren[10]. Bei Tateinheit bedarf es keiner besonderen Einstellung; Verurteilung oder Freispruch ist aber nur wegen des Privatkla-

---

[3] BGHSt **6** 304; **8** 269; **11** 393.
[4] OLG Hamm NJW **1978** 654; KMR-*Müller* 1; *Kleinknecht/Meyer* 1.
[5] BayObLGSt **1960** 142 = NJW **1960** 2065; KK-*v. Stackelberg* 1; *Kleinknecht/Meyer* 1.
[6] *Bloy* GA **1980** 171; a. A *Eb. Schmidt* 1 bis 3.

[7] *Hartung* NJW **1950** 672; KK-*v. Stackelberg* 2; KMR-*Müller* 3; *Kleinknecht/Meyer* 1.
[8] KK-*v. Stackelberg* 3; KMR-*Müller* 6.
[9] KK-*v. Stackelberg* 4; *Kleinknecht/Meyer* 2.
[10] *Eb. Schmidt* 6; KK-*v. Stackelberg* 4; KMR-*Müller* 5.

Günter Wendisch

gedelikts möglich. Ergibt sich nach durchgeführter Hauptverhandlung, daß der Angeklagte des ihm vorgeworfenen Privatklagevergehens nicht schuldig ist, muß er freigesprochen werden, das Verfahren darf nicht etwa eingestellt werden (KMR-*Müller* 5).

6   6. Hatte das Gericht das Verfahren schon vor der Fortsetzungserklärung eingestellt, können die Berechtigten die Einstellung mit **sofortiger Beschwerde** nach § 206 a gegen den Einstellungsbeschluß anfechten[11].

7   **7. Wiedereinsetzung.** Gegen die Versäumung der Zweimonatsfrist ist **keine** Wiedereinsetzung nach § 44 möglich[12]. Denn die sonst entbehrlichen Worte „bei Verlust des Rechts" können nichts Anderes bedeuten als den Ausschluß der Wiedereinsetzung. Gerade hier steht dem Interesse der Angehörigen das des Angeklagten gegenüber, endgültig zu wissen, woran er ist. Schließlich gibt es aus demselben inneren Grund auch keine Wiedereinsetzung gegen den Ablauf der Strafantragsfrist.

8   **8. Der Tod des Angeklagten** beendet das Verfahren ohne Beschluß[13]; ein Beschluß ist gleichwohl möglich und mag sich empfehlen, wenn Streit oder Zweifel über den Tod entstanden war.

§ 394

Die Zurücknahme der Privatklage und der Tod des Privatklägers sowie die Fortsetzung der Privatklage sind dem Beschuldigten bekanntzumachen.

Entstehungsgeschichte. Die als § 434 Gesetz gewordene Vorschrift hat ihre jetzige Bezeichnung durch die Bekanntmachung 1924 erhalten.

1   Wegen der Zurücknahme vgl. § 391; wegen des Todes des Privatklägers § 393, 1 ff. Für die Form der **Bekanntmachung** gilt § 35 Abs. 1 und 2. Weil durch die Bekanntmachung der — auch unterstellten (§ 391, 29 ff) — Rücknahme oder des Todes des Privatklägers für den Beschuldigten keine Frist in Lauf gesetzt wird, genügt regelmäßig **formlose Mitteilung**[1].

2   Auch wenn formlose Mitteilung ausreicht, kann Zustellung geboten sein, wenn eine abschließende Entscheidung von dem weiteren Verhalten des Betroffenen abhängt. **Zustellung** empfiehlt sich mithin in den Fällen, wo die Wirksamkeit der Rücknahme von der Zustimmung des Beschuldigten abhängt[2]; mit ihr wird dem Beschuldigten eine Erklärungsfrist zu setzen sein. Sie ist aber auch im Fall der Fortsetzung (§ 393, 4 ff) geboten. Im Interesse seiner Verteidigung muß der Beschuldigte mit Sicherheit Kenntnis davon erlangen, daß er wieder einen Gegner hat. Auch wird mit der Bekanntgabe der Fortsetzung gewöhnlich ohnehin eine gerichtliche Verfügung verbunden werden, aus der der Fortgang des Verfahrens ersichtlich ist.

---

[11] KK-*v. Stackelberg* 4; KMR-*Müller* 7; **a. A** *Feisenberger* 1.
[12] KK-*v. Stackelberg* 5; KMR-*Müller* 8; *Kleinknecht/Meyer* 3; **a. A** *Feisenberger* 5; *Eb. Schmidt* 9.
[13] OLG Königsberg JW **1924** 1789; Bay-

ObLGSt **1960** 142 = NJW **1960** 2065; KK-*v. Stackelberg* 6; vgl. § 206 a, 53 ff.
[1] § 35, 17; 19; *Eb. Schmidt* 1; KMR-*Müller* 1; *Kleinknecht/Meyer* 1.
[2] § 391, 8; KK-*v. Stackelberg* 2; KMR-*Müller* 1.

ZWEITER ABSCHNITT

Nebenklage

Vorbemerkungen

Schrifttum

1. Allgemein. *Amelunxen* Die Nebenklage (1980); *Beling* Zur Lehre von der Revision und der Nebenklage, ZStW **36** (1915) 287; *Berz* Zur Reform der Nebenklage, DAR **1978** 1; *Bringewat* Die Nebenklage — ein wirksames Verfahren zur „privaten Kontrolle" staatsanwaltschaftlicher Strafverfolgung? GA **1972** 289; *Gerland* Privat- und Nebenklage, HdR IV 558; *Hölzel* Das Institut der Nebenklage, Diss. Erlangen 1980; *Hüsing* Die Rechtswirklichkeit der Nebenklage, Diss. Göttingen 1983; *Kempfler* Der Nebenkläger im geltenden und künftigen Strafprozeß, Diss. München 1956; *Kirchhof* Die Nebenklage in der Rechtsprechung des Bundesgerichtshofs, GA **1954** 364; *Kuhlmann* Die Nebenklage — eine Sinekure der Anwaltschaft, DRiZ **1982** 311; *Lichti* Die Nebenklage bei Verkehrsdelikten, DAR **1953** 102; *Luce* Fragen zur Zulässigkeit der Nebenklage, Diss. Münster 1949; *Niemeyer* Die Zulässigkeit der Nebenklage, MDR **1949** 131; *Oetker* Die Nebenklage, Rechtsgang III 241; *Oetker* Nebenklage und Adhäsionsprozeß, GerS **105** (1935) 177; *Oppe* Probleme der Nebenklage, MDR **1964** 641; *Ortmann* Beseitigung der Nebenklage gegen Heranwachsende, MDR **1978** 466; *Prinz* Die Nebenklage — ein überholtes Rechtsinstitut, ZRP **1971** 128; *Rosenfeld* Die Nebenklage des Reichsstrafprozesses (1900); *Rüth* Ist die Nebenklage noch zeitgemäß? JR **1982** 265; *Sauer* Zur Verfassungsmäßigkeit der Nebenklagebestimmungen, DRiZ **1970** 49; *Schlund* Hochschullehrer als Nebenklägervertreter, GA **1970** 329; *W. Schmid* Zur Prozeßfähigkeit des Privat- und Nebenklägers, SchlHA **1981** 153; *J. Schulz* Beiträge zur Nebenklage (1982); *Springmann* Ausdehnung der Nebenklage, DJZ **1931** 1079; *Tiede* Die Stellung des Nebenklägers im Strafverfahren, insbesondere in der gerichtlichen Voruntersuchung, Diss. Hamburg 1969; *Wolffing* Die rechtliche Stellung des Nebenklägers (1900).

2. Kosten; Auslagen. *Francke* Die Auslagen des Nebenklägers nach dem Straffreiheitsgesetz 1954, NJW **1955** 214; *Freundorfer* Nebenklagekosten und zivilrechtlicher Schadensersatz, NJW **1977** 2153; *Jacobi* Nebenklagekosten bei Mitverschulden des Nebenklägers, MDR **1956** 656; *Leonhard* Nebenklagekosten als erstattungspflichtiger Schaden, NJW **1976** 2152; *Lechleitner* Die Kostenentscheidung bei Mitverschulden des Nebenklägers, NJW **1959** 859; *Lingenberg* Einfluß der Amnestie auf die Kosten des Nebenklägers, NJW **1950** 133; *D. Meyer* Die Vorverfahrensgebühr für die Tätigkeit des anwaltlichen Vertreters des Nebenklägers — Honorar für eine Tätigkeit, die im System der StPO nicht vorgesehen ist? MDR **1980** 102; *Pfeffer* Zur Frage der Kosten des Nebenklägers aufgrund der Amnestie, NJW **1950** 296; *Rischer* Der mitangeklagte Nebenkläger als Erstattungsberechtigter im Kostenfestsetzungsverfahren gemäß § 464 Abs. 2 StPO, NJW **1954** 749; *M. J. Schmid* Erstattung von Auslagen des Nebenklägers im vorbereitenden Verfahren? NJW **1979** 302; *M. J. Schmid* Erstattung der Auslagen des Nebenklägers bei Einstellung des Verfahrens nach §§ 153 ff StPO? JR **1980** 404; *M. J. Schmid* Zur Kostenbelastung des verurteilten Angeklagten (Auslagen des Nebenklägers) ZRP **1981** 211; *H. Schmidt* Erstattung von Auslagen des Nebenklägers im vorbereitenden Verfahren NJW **1979** 1396 (Entgegnung zu Schmid NJW **1979** 302); *Wangemann* Das Kostenrisiko des Nebenklägers, NJW **1972** 893.

1. Begriff und Wesen. Die Nebenklage ist trotz ihrer Bezeichnung keine wirkliche Klage. Denn sie gewährt dem Nebenkläger nicht die Befugnis, einen bestimmten historischen Vorgang (Tat i. S. von § 264) selbst vor Gericht zu bringen und damit die Rechtshängigkeit einer Strafsache zu begründen. Sie räumt dem Berechtigten nur das Recht ein, sich in bestimmten Fällen einer öffentlichen Klage der Staatsanwaltschaft anzuschließen. Aber auch die Anschlußerklärung macht nicht ihr Wesen aus, denn ihrer be- **1**

Günter Wendisch

darf es nicht immer (§ 377 Abs. 3). Ob man den Nebenkläger Mitkläger, Mitpartei, Nebenpartei, Streitgenossen, Parteigehilfen oder Nebenintervenienten nennen will, ist gleichgültig (vgl. *Eb. Schmidt* Vor § 395, 6). Alle diese **Bezeichnungen** sind gleichbedeutend, wenn man sich über die Rechtssätze einig und im klaren ist, die das Nebenklageverfahren regeln. Aus einigen dieser Vorschriften aber eine Bezeichnung abzuleiten und dann wiederum aus der Bezeichnung die Entscheidung über Zweifelsfragen gewinnen zu wollen, käme einer Rückkehr zu der inzwischen überwundenen Begriffsjurisprudenz gleich. Auch der Vergleich des Nebenklägers mit dem streitgenössischen Nebenintervenienten des Zivilprozesses hinkt; er ist allerdings unschädlich, solange keine Schlüsse daraus gezogen werden.

2   Das **Wesen** der Nebenklage besteht darin, daß sie nur in den ausdrücklich vom Gesetz genannnen Fällen zulässig ist; daß sie eine öffentliche Klage voraussetzt[1]; daß der Nebenkläger Rechte hat, die sonst nur dem Staatsanwalt zustehen; und daß er bei deren Ausübung von diesem unabhängig ist[2]. *Bringewat* sieht in ihr ein Mittel zur privaten Kontrolle der staatsanwaltschaftlichen Strafverfolgung; die Nebenklage habe „somit eigentlich eine Kontrollfunktion, deren Erfüllung dazu beiträgt, die Rechtsprechung zu verbessern"[3].

3   **2. Keine abschließende Regelung.** Der Abschnitt behandelt die Nebenklage nicht erschöpfend. Zum Anschluß berechtigen die in den drei Absätzen des § 395 aufgezählten vier Gründe. Ferner wird der Privatkläger nach § 377 Abs. 3 zum Nebenkläger, wenn der Staatsanwalt nach § 377 Abs. 2 die Verfolgung übernimmt. Die **behördliche Nebenklagebefugnis** ist — auch in bezug auf Straftaten im Wirtschaftsverkehr mit den Währungsgebieten der Mark der DDR (vgl. Art. 163 Abs. 3 Satz 2 EGOWiG; Art. 320 Abs. 5 Satz 2 EGStGB 1974) — entfallen; auch das Finanzamt hat nunmehr nur noch ein Anhörungsrecht (§ 407 Abs. 1 Satz 4 AO).

4   **3. Kritik.** Die Nebenklage als ganzes und ihre Ausgestaltung im einzelnen sind vielfältiger Kritik unterzogen worden. Den Vorwurf der **Verfassungswidrigkeit** hat das Bundesverfassungsgericht zurückgewiesen[4]. Im übrigen ist die Kritik weitgehend berechtigt[5]. Freilich geht der Angriff *G. Meyers* (SJZ **1950** 196), der Nebenkläger sei „eine anerkannt unerfreuliche Figur im Strafverfahren", wohl zu weit. Er zielt auch nicht ganz in die richtige Richtung.

5   Allerdings läßt der systemlos gezogene **Kreis der Nebenklageberechtigten** (so auch Begr. zu BTDrucks. 7 551 S. 44) die Einrichtung als Halbheit erscheinen. Das Nebenklagerecht desjenigen, der die öffentliche Klage erst hat erzwingen müssen, leuchtet ein (*v. Hippel* 270, Anm. 7 Abs. 2). Warum aber gerade die Privatklageberechtigten ausnahmslos zur Nebenklage befugt sein sollen, ist ebenso unverständlich wie das Fehlen des Nebenklagerechts bei denen, die durch schwere Taten geschädigt worden sind. Warum das Opfer einer Notzucht, einer schweren Körperverletzung oder einer Brand-

---

[1] Im ehrengerichtlichen Verfahren gegen Rechtsanwälte ist eine Beteiligung des Verletzten als Nebenkläger unzulässig; EGH b. d. ReichsRAKammer JW **1936** 1132.

[2] *Henkel* 246; selbständiger Gehilfe: BayObLGSt **30** (1931) 151.

[3] Was wiederum *Ortmann* (467) entschieden bestreitet.

[4] BVerfGE **26** 66 = NJW **1963** 1423; dagegen *Sauer* 351: Verstoß gegen Grundsatz der Verhältnismäßigkeit.

[5] Vgl. dazu Rdn. 9 sowie *Kuhlmann* 311; *Rüth* 265 und – in bezug auf Nebenklagen gegen Heranwachsende – *Ortmann* 466.

stiftung nicht mindestens ebenso gut zur Nebenklage berechtigt sein soll wie das Opfer einer leichten Körperverletzung, einer Beleidigung oder eine Sachbeschädigung, ist schwer einzusehen[6].

Von diesem Standpunkt aus erscheint die Bitte des Bundesverbands der Deut- **6** schen Industrie aus dem Jahre 1958 an das Bundesjustizministerium, wenn auch, weil auf Vermögensdelikte beschränkt, einseitig, so doch im Grund durchaus berechtigt, es möge vor allem den durch Untreue, möglichst auch den durch Diebstahl, Unterschlagung und Betrug Verletzten die Nebenklage durch eine **Gesetzeserweiterung** gestattet werden. Allerdings hätte er es nicht damit begründen sollen, daß die Verletzten in der Hauptverhandlung die für die Durchführung ihrer zivilrechtlichen Ersatzansprüche erforderlichen Fragen stellen möchten. Denn namentlich in Untreuefällen, auf die der Wunsch sich in erster Linie bezieht, würde das oft zu einer lästigen und kostspieligen Ausweitung und Verlängerung des Verfahrens führen. Für zivilrechtliche Ersatzansprüche kommt es vielfach auf die genaue Höhe von Beträgen an, die dem Strafrichter oft gleichgültig sein kann. So verständlich der Wunsch auch ist, dem Nebenkläger durch die Erweiterung der Nebenklage eine bessere Ausgangslage für die Geltendmachung etwaiger Ansprüche im Zivilprozeß zu schaffen, muß ihm doch deshalb widersprochen werden, weil eine solche Zielrichtung mit dem Zweck eines Strafverfahrens im allgemeinen — vgl. aber §§ 403 ff — nicht zu vereinbaren ist[7].

Im allgemeinen macht es für das Nebenklagerecht keinen Unterschied, ob es zur **7 Vollendung** oder nur zu einem strafbaren (§ 303 Abs. 2 StGB, Fälle des § 172 StPO) **Versuch** gekommen ist; ausgerechnet bei den Tötungsdelikten kommt es auf die Vollendung an (eines Getöteten; § 395 Abs. 1 Nr. 2), es sei denn, daß schon eine Körperverletzung eingetreten ist (RGSt **59** 100 = JW **1925** 1764 mit Anm. *Löwenstein*). Will man unterstellen, der Staatsanwalt werde leichte Taten nicht tatkräftig genug verfolgen, ist das als Begründung in doppelter Hinsicht fehlerhaft. Erstens trifft diese Unterstellung in den Fällen nicht zu, in denen der Staatsanwalt Privatklagesachen von Amts wegen verfolgt, obwohl er rechtlich nicht dazu genötigt ist; die Sorge, er könne die Verfolgung nur zum Schutz des Beschuldigten übernehmen, ist sicherlich unberechtigt. Zweitens wäre die unterstellte Neigung, schwere Taten entschiedener zu verfolgen als leichte, dem wirklichen Gewicht der Sache angemessen; die Auswirkungen eines in dieser Weise ausgeübten Ermessens durch besondere verfahrensrechtliche Vorkehrungen korrigieren zu wollen, wäre falsch.

In den Fällen der §§ 90, 90 b StGB (§ 395 Abs. 3) bedarf es des Nebenklagerechts **8** nicht. Es ist hier ein eher **lästiges Vorrecht**. Hohen Staatsorganen fällt als Nebenklägern keine ihrer Stellung würdige Rolle zu[8].

---

[6] So auch *Berz* 5, der die Nebenklage von der Privatklage losgelöst und – sicherlich zu weitgehend – das Recht der Nebenklage jedem zugestehen möchte, „der durch ein strafrechtlich relevantes Verhalten verletzt oder geschädigt worden ist"; vgl. auch *Maiwald* GA **1970** 47 f; *Granderath* MDR **1983** 798 r. Sp. und *Meyer-Goßner* ZRP **1984** 230 l. Sp.; letzterer ist allerdings der Ansicht, daß sowohl die Vergewaltigung als auch die schwere Körperverletzung die Nebenklage deshalb nicht ausschlösse, weil diese regelmä-

ßig in Gesetzeskonkurrenz zu Beleidigung und (einfacher) Körperverletzung ständen und damit die Nebenklage zulässig sei; ähnlich auch *Bringewat* 292 f.

[7] *Berz*, der diesen Grundsatz durchaus anerkennt, möchte ihn gleichwohl zugunsten einer ökonomischen Betrachtungsweise einschränken (3).

[8] Kritisch auch *Amelunxen* 16 sowie *Rieß* Gutachten, 121 und *Meyer-Goßner* ZRP **1984** 231 l. Sp.

Günter Wendisch

9   **4. Reformbestrebungen.** Um der überwiegend berechtigten Kritik an der Regelung der Nebenklagebefugnis zu begegnen, wollte der (Regierungs-)Entwurf eines Ersten Gesetzes zur Reform des Strafverfahrens das Recht der Privatklageberechtigten einschränken, sich der erhobenen Nebenklage anzuschließen, aber auch besonders verzögerliche Auswirkungen der Nebenklage beseitigen (vgl. Art. 1 Nr. 101 bis 106 BTDrucks. 7 551). Sie insgesamt abschaffen wollte auch er nicht, weil „die Frage, ob sie überhaupt beibehalten werden solle, ... in den großen Zusammenhang der Beteiligung des Verletzten am Strafverfahren insgesamt gestellt werden" müsse und dabei „eine Umgestaltung der Privatklage ebenso wie das Adhäsionsverfahren mit in Betracht zu ziehen" sei (Begr. S. 48). Zur Erreichung seines — eingeschränkten — Zieles wollte der Entwurf die Anschlußbefugnis des Privatklageberechtigten, nicht aber der übrigen in § 395 Abs. 2 genannten Person, beseitigen. Obwohl der Bundesrat den Standpunkt der Bundesregierung teilte, wurde der Vorschlag gleichwohl nicht ·Gesetz. Der Rechtsausschuß des Bundestages glaubte der völligen Beseitigung der Nebenklagebefugnis der Privatklageberechtigten deshalb nicht zustimmen zu sollen, weil sie „eine zu rigorose Lösung zum Nachteil der durch ein Privatklagedelikt Geschädigten" darstelle und weil die verzögernden Auswirkungen ihrer Ausübung durch die übrigen Änderungen im Recht der Nebenklage so wirksam bekämpft werden könnten, daß „zumindest in diesem vorwiegend auf Beschleunigung und Straffung des Verfahrens gerichteten Gesetzentwurf eine Veränderung der Anschlußbefugnis nach ihrem Umfang nicht geboten" sei (Bericht und Antrag des Rechtsausschusses zu Art. 1 Nr. 101 — BTDrucks. 7 2600, S. 8). Der Versuch des Bundesrats, die Fassung des Regierungsentwurfs durch Anrufung des Vermittlungsausschusses wieder herzustellen (BTDrucks. 7 2774 Nr. 5 zu Art. 1 Nr. 97 — § 395 StPO), blieb erfolglos (vgl. BTDrucks. 7 2810).

10   Bei den Beratungen des Entwurfs des Strafverfahrensänderungsgesetzes 1979 **(EStVÄG 1979)** hat der Bundesrat die Bundesregierung erneut gebeten, im weiteren Verlauf des Gesetzgebungsverfahrens zu prüfen, ob die Vorschriften der Nebenklage einzuschränken sind (vgl. BTDrucks. 8 976, S. 102). Die Bundesregierung hat hierzu die Auffassung vertreten, daß keine Erkenntnisse vorlägen, die Veranlassung geben könnten, die 1974 vom Gesetzgeber getroffene Entscheidung zu korrigieren (BTDrucks. 8 976, S. 110). Der Rechtsausschuß des Bundestags hat auf seiner Sitzung vom 15. 3. 1978 beschlossen, die Prüfungsempfehlung des Bundesrats nicht aufzugreifen (BTDrucks. 8 1844, S. 35 ff nicht erwähnt).

11   Ohne Ergebnis blieb auch der neueste Versuch, die Beseitigung des Rechts der Privatklageberechtigten, sich der erhobenen Klage anzuschließen, doch noch zu erreichen. Die im **Referentenentwurf** eines Strafverfahrensänderungsgesetzes **(StVÄG 1983)** vorgesehene Streichung der Anschlußbefugnis der nach § 374 zur Privatklage Berechtigten (Art. 1 Nr. 42) wurde schon nicht mehr in den Regierungsentwurf [StVÄG 1984] (BTDrucks. 10 1313) aufgenommen, ohne daß der Bundesrat dem widersprochen hätte (vgl. Stellungnahme des Bundesrats, Anl. 2 zu BTDrucks. 10 1313, S. 48).

12   In der Literatur hat die Diskussion über eine Reform der Nebenklage dadurch Auftrieb erhalten, daß die Rechtsstellung des Verletzten im Strafverfahren zentrales Thema der strafrechtlichen Abteilung des **55. Deutschen Juristentages** war. In seinem dafür erstellten Gutachten schlägt *Rieß* vor, die Nebenklage — eine gesetzliche Fehlkonstruktion — tiefgreifend zu reformieren, nämlich durch die Möglichkeit einer allgemeinen Beteiligung des Verletzten am Strafverfahren zu ersetzen (Rdn. 123 f; 208). *Meyer-Goßner*, der die Nebenklage für einen Fremdkörper in unserem Strafverfahren hält, möchte sie ebenfalls — allerdings auch nicht ersatzlos und zum Nachteil der Stellung des Verletzten — beseitigen. Im Gegensatz zu *Rieß* glaubt er, dieses Ziel durch einige ergänzende Regelungen derjenigen Vorschriften erreichen zu können, die schon jetzt die Stellung des Verletzten im Strafverfahren betreffen (ZRP **1984** 230 f)[9]. Für ihre Beibehaltung spricht sich *Geerds* (JZ **1984** 794) aus. Er möchte die derzeitigen Befugnisse des Nebenklägers im Grundsatz unangetastet lassen, eine bessere Kostenregelung erreichen und — zur Straffung des Verfahrens — die Rechtsmittelbefugnis eingeschränkt wissen. An der Nebenklage festhalten wollen auch die beiden Referenten der Strafrechtsabteilung für den 55. Deutschen Juristentag *Hammerstein* (vgl. These II 6) und *Odersky* (vgl. These 13), der allerdings neben einigen Einschränkungen (vgl. z. B. 13 b, e, g) auch einige Erweiterungen der Befugnisse (vgl. 13 f) empfiehlt. Die strafrechtliche Abteilung selbst hat sich für eine weitgehende Neugestaltung der Mitwirkungsrechte des Verletzten ausgesprochen, die sich namentlich auf folgende Punkte erstrecken soll: (1) Kreis der Anschlußberechtigten; (2) Zeitpunkt der Anschlußbefugnis; (3) Befugnisse des Nebenklägers und (4) Kosten der Nebenklage[10].

§ 395

(1) [1]**Wer nach Maßgabe der Vorschrift des § 374 als Privatkläger aufzutreten berechtigt ist, kann sich der erhobenen öffentlichen Klage in jeder Lage des Verfahrens als Nebenkläger anschließen, in Verfahren bei Strafbefehlen jedoch erst dann, wenn Termin zur Hauptverhandlung anberaumt (§ 408 Abs. 2, § 411 Abs. 1) oder der Antrag auf Erlaß eines Strafbefehls abgelehnt worden ist. [2]Der Anschluß kann zur Einlegung von Rechtsmitteln auch nach ergangenem Urteil geschehen.**

(2) **Die gleiche Befugnis steht zu**

1. **den Eltern, Kindern, Geschwistern und dem Ehegatten eines durch eine rechtswidrige Tat Getöteten;**
2. **dem Verletzten, der durch einen Antrag auf gerichtliche Entscheidung (§ 172) die Erhebung der öffentlichen Klage herbeigeführt hat.**

(3) **Im Falle des § 90 des Strafgesetzbuches steht dem Bundespräsidenten und im Falle des § 90 b des Strafgesetzbuches der betroffenen Person die Befugnis zu, sich der öffentlichen Klage als Nebenkläger anzuschließen.**

Schrifttum. *Däubler-Gmelin* Die Zulässigkeit der Nebenklage im Strafbefehlsverfahren, AnwBl. **1970** 87; *Holtfort* Die Nebenklage im Strafbefehlsverfahren, DAR **1966** 237; *Kießling* Nebenkläger und Strafbefehlsverfahren, Rpfleger **1969** 337; *Oswald* Rechtsfragen zur Nebenklage, NJW **1960** 1439; *Oswald* Der Nebenkläger im Strafbefehlsverfahren, MDR **1966** 900; *Schmidt* Zweifelsfragen bei der Nebenklage im Strafbefehlsverfahren, DAR **1965** 43; *Simon* Der Nebenkläger im Strafbefehlsverfahren, DRiZ **1968** 412; *Spranger* Die Zulässigkeit der Nebenklage im Strafbefehlsverfahren, NJW **1968** 1264; *Sieß* Unzulässigkeit der Nebenklage im Strafbefehlsverfahren, DAR **1966** 40; *Spitzbarth* Die Rechtsstellung des Nebenklägers im Strafbefehlsverfahren, NJW **1953** 1904; *Steines* Der Nebenkläger im Strafbefehlsverfahren, DRiZ **1969** 113.

Entstehungsgeschichte. Die als § 435 Gesetz gewordene Vorschrift hat ihre jetzige Bezeichnung durch die Bek. **1924** erhalten. Sie bestand ursprünglich nur aus den beiden

---

[9] Wegen weiterer Stellungnahmen zu diesem Problem s. *Kuhlmann* 311; *Rüth* 267; *Mehle* AnwBl. **1983** 386; vgl. auch *Maiwald* GA **1970** 53 ff.

[10] Wegen weiterer Einzelheiten s. Verh. 55. DJT Bd. II Teil L (Beschlüsse L 167 ff).

Günter Wendisch

ersten Absätzen. Absatz 1 Satz 1 endete damals mit dem Wort „anschließen"; Art. 1 Nr. 96 des 1. StVRG hat ihn um den nachfolgenden Satzteil ergänzt.

Absatz 2 lautete zunächst: „Die gleiche Befugnis steht dem zu, welcher durch einen Antrag auf gerichtliche Entscheidung (§ 172) die Erhebung der öffentlichen Klage herbeigeführt hat, wenn die strafbare Handlung gegen sein Leben, seine Gesundheit, seine Freiheit, seinen Personenstand oder seine Vermögensrechte gerichtet war." Durch Art. 9 § 2 Abs. 3 der 2. VereinfVO wurde er — mit dem Klageerzwingungsverfahren — gestrichen, durch Art. 3 Nr. 172 VereinhG wieder eingefügt. Art. 4 Nr. 42 des 3. StRÄndG faßte ihn neu; Art. 21 Nr. 100 EGStGB 1974 hat in der Nummer 1 die Worte „mit Strafe bedrohte Handlung" durch „rechtswidrige Tat" ersetzt.

Absatz 3 wurde durch Art. 4 Nr. 6 des 1. StRÄndG eingefügt. Art. 3 Nr. 8 des 8. StRÄndG hat die Verweisungen den Änderungen angepaßt, die der Dritte Titel des Strafgesetzbuches durch Art. 1 desselben Gesetzes erhalten hat.

Übersicht

I. Recht zur Nebenklage

1   **1. Privatklageberechtigte (Absatz 1 Satz 1 erste Hälfte).** Das Recht zur Nebenklage, die mit dem Grundgesetz vereinbar ist (BVerfGE **26** 69 = NJW **1969** 1423), besteht, abgesehen von der in der Vorbemerkung Rdn. 3 erörterten Einzelregelung in vier Gruppen von Fällen (Rdn. 1; 8 bis 15). Das Gericht ist in keinem Fall verpflichtet, den Anschlußberechtigten auf seine Anschlußbefugnis hinzuweisen.

2   Wer privatklageberechtigt ist, wird in § 374 erschöpfend aufgezählt (vgl. die dortigen Erläuterungen, namentlich zu Rdn. 6 bis 19). *Niemeyer* (131) will aus der Fassung von Absatz 1 („wer ... als Privatkläger aufzutreten berechtigt ist") schließen, daß die zur Anklage stehende Tat ein reines Privatklagevergehen sein müsse also nicht in Tateinheit oder Gesetzeseinheit mit einem Offizialdelikt stehen dürfe; denn letzterenfalls könne der Verletzte nicht als Privatkläger auftreten (vgl. dazu § 374, 19).

3   Demgegenüber läßt die herrschende Meinung nach dem Zweck der Nebenklage diese in erheblich weiterem Umfang zu: Es kommt nur darauf an, ob der **Gegenstand der Anklage** (§ 264) die rechtliche Möglichkeit der Verurteilung wegen eines Privatklagevergehens enthält, und zwar „nach dem Inhalt der öffentlichen Klage in Verbindung mit den Behauptungen dessen, der den Anschluß begehrt hat" (RG I D 805/24 vom 23. 12. 1924), mag auch die tatsächliche Wahrscheinlichkeit einer solchen Verurteilung nur gering (BGH bei *Spiegel* DAR **1979** 188) oder hinreichender Tatverdacht für das Privatklagedelikt sogar zweifelhaft sein[1]. Für die Zulässigkeit der Nebenklage ist es schließlich ohne Bedeutung, ob die Staatsanwaltschaft die Anklage (auch) auf das Privatklagedelikt gestützt hat[2]. Der Nebenkläger kann die ihm eingeräumten aktiven Einwirkungsmöglichkeiten stets schon ausüben, wenn ein Bezug zu einem der Nebenklage zugänglichen Sachverhalt besteht[3]. Die rechtliche Möglichkeit der Verurteilung wegen eines Nebenklagedeliktes entfällt jedoch, wenn dieses in dem bereits rechtskräftigen Schuldspruch nicht enthalten ist (OLG Hamm NJW **1972** 1769).

Besteht die rechtliche Möglichkeit der Verurteilung wegen eines Privatklagedelikts, steht es dem Anschluß als Nebenkläger nicht entgegen, daß das Privatklagevergehen in **Tatmehrheit** mit dem von der Anklage genommenen Delikt steht, gleichviel, wie die Anklage das rechtlich ansieht. Die verfahrensrechtlichen Antrags-(und Rechtsmittel-)Befugnisse des Nebenklägers beschränken sich dann aber auf das Privatklagevergehen[4]. **4**

Bei **Tateinheit** zwischen Offizialdelikt und Privatklagevergehen (z. B. Meineid und Verleumdung) kann der Privatklageberechtigte sich als Nebenkläger anschließen, auch wenn die öffentliche Klage nicht unter dem rechtlichen Gesichtspunkt des Privatklagevergehens erhoben worden ist[5]. Ebenso kann im Fall der **Gesetzeskonkurrenz** zwischen Offizialdelikt und Privatklagevergehen Nebenklage erhoben werden[6]. Auch dabei genügt es, daß die Verurteilung wegen des Privatklagedelikts rechtlich möglich ist, mag auch die tatsächliche Wahrscheinlichkeit nur gering sein (BGH bei *Holtz* MDR **1978** 461). Das gilt auch für die Frage der Zulässigkeit der Berufung des Nebenklägers (OLG Frankfurt NJW **1979** 995). **5**

Die Nebenklagebefugnis wird auch **nicht** dadurch **ausgeschlossen**, daß das Privatklagedelikt zunächst nach § 154a ausgeschieden war (§ 397 Abs. 3). Namentlich diese Vorschrift bestätigt die Richtigkeit der herrschenden Lehre zu der hier erörterten Voraussetzung der Nebenklagebefugnis (*Eb. Schmidt* § 395 Nachtr. I 10). **6**

2. Bisherige Privatkläger. Der Privatklageberechtigte kann auch ohne Anschluß zum Nebenkläger werden, wenn er nämlich früher als der Staatsanwalt Klage erhoben hat und der Staatsanwalt die Verfolgung nach § 377 übernimmt (§ 377, 22). In diesem Fall wird der bisherige Privatkläger kraft Gesetzes zum Nebenkläger. **7**

---

[1] RGSt **69** 246; LG Duisburg MDR **1966** 257; *Kleinknecht/Meyer* § 396, 5.

[2] BGH bei *Holtz* MDR **1978** 461; BGHSt **29** 218; StrVert. **1981** 535; OLG Nürnberg MDR **1950** 304; OLG Celle NJW **1969** 945; OLG Frankfurt NJW **1979** 995; LG Lüneburg AnwBl. **1971** 184; LG Krefeld AnwBl. **1972** 203; *Gollwitzer* FS Schäfer 67, *Roxin* § 62 C; *Schlüchter* 78; *Rieß* Gutachten, 33; a. A *Eb. Schmidt* 5 bis 7; *Kempfler* 38 ff; *Luce* 18 ff; *Niemeyer* 131 ff.

[3] *Bringewat* 289; *Gollwitzer* FS Schäfer 67; *Kirchhof* 364; KMR-*Müller* 1; vgl. auch Rdn. 40 und § 401, 13.

[4] Vgl. BGH NJW **1956** 1607 sowie Rdn. 40; KK-*v. Stackelberg* 5; KMR-*Müller* 1.

[5] KK-*v. Stackelberg* 4; KMR-*Müller* 3.

[6] RGSt **59** 100; **65** 62; **69** 244; **77** 148; BGHSt **13** 144; VRS **48** 18; BayObLG JW **1929** 1492; OLG München ZAkDR **1937** 122; OLG Nürnberg MDR **1950** 304; AnwBl. **1983** 466; OLG Frankfurt NJW **1967** 2075; **1979** 995; LG Traunstein DAR **1952** 158 mit Anm. *Kries*; *Bringewat* 293; KMR-*Müller* 2; *Eb. Schmidt* Nachtr. I 10; *Kleinknecht/Meyer* § 396, 5; a. A wohl OLG Karlsruhe NJW **1954** 167.

Günter Wendisch

8   **3. Angehörige eines Getöteten (Absatz 2 Nr. 1).** Nahe Angehörige eines Getöteten sind zur Nebenklage berechtigt. Die Einräumung der gleichen Befugnis bedeutet nicht, daß sie diese nur bei Privatklagevergehen hätten[7]. Denn durch Privatklagevergehen kann niemand getötet werden. Es muß sich um ein **Tötungsdelikt** — auch ein erfolgsqualifiziertes (§ 18 StGB) — handeln[8].

Die **Teilnahme** (§§ 25 ff StGB) an einem solchen Delikt genügt bereits, nicht aber schon die Nichtanzeige nach § 138 Abs. 1 Nr. 6 bis 9, Abs. 2 StGB, aber auch nicht der Abbruch der Schwangerschaft (§ 218 StGB; a. A Eb. Schmidt 9).

9   **Andere Straftaten,** die den Tod verursacht haben, genügen dann nicht, wenn sich die Fahrlässigkeit des Täters nicht auf diesen Erfolg erstreckt hat; eine unterlassene Hilfeleistung (§ 323 c StGB) genügt mithin nur dann, wenn sie mit fahrlässiger Tötung zusammentrifft (OLG Celle NJW **1969** 945). Die gleiche Einschränkung gilt für die durch den Todeserfolg qualifizierten Delikte, wenn der Täter diese Folge nicht wenigstens fahrlässig herbeigeführt hat (§ 18 StGB). Beteiligung an einer Schlägerei (§ 227 StGB) gehört deshalb nicht hierher, weil sein Tatbestand weder ein Verschulden noch eine ursächliche Handlung des Täters für den Tod erfordert (BGH NJW **1965** 1285).

10   Der Tod muß eingetreten sein („Getöteten"), Versuch genügt nicht. Allerdings kann gleichwohl — wenn auch unter anderen Gesichtspunkten — eine Nebenklagebefugnis gegeben sein, aber nur für den Verletzten selbst[9], nicht für seine Angehörigen (Eb. Schmidt 10); und ihnen gibt die Stellung als Nebenkläger nicht die Befugnis, auf Verurteilung wegen des versuchten Tötungsdelikts hinzuwirken. Die Anschlußbefugnis der Angehörigen setzt nicht voraus, daß der Getötete — wäre er am Leben geblieben — auch selbst ein Nebenklagerecht gehabt hätte.

11   Voraussetzung, aber auch ausreichend ist, daß die Tötung auf eine **rechtswidrige Tat** zurückzuführen ist (KMR-Müller 20). Denn ob der Täter schuldhaft gehandelt hat, kann erst im Verfahren festgestellt werden; bis zur Rechtskraft ist das stets offen. Hat der Beschuldigte die rechtswidrige Tat im Zustand der **Schuldunfähigkeit** (§§ 19, 20, 71 Abs. 1 StGB) begangen, ist keine öffentliche Klage, sondern das Sicherungsverfahren geboten (§§ 413 ff).

12   Wollen die Angehörigen des Getöteten nur die Unterbringung des schuldunfähigen Täters erreichen, ist keine Nebenklage möglich. Zwar gelten auch für das **Sicherungsverfahren** die Vorschriften über das Strafverfahren sinngemäß, soweit nichts anderes bestimmt ist (§ 414 Abs. 1). Da die Nebenklage jedoch ihrem Wesen nach auf eine Bestrafung des Täters abzielt, während das Sicherungsverfahren die Sicherung der Allgemeinheit vor den Gefahren bezweckt, die dieser durch den gefährlichen Zustand des Täters drohen, ist für eine sinngemäße Anwendung des § 395 insoweit kein Raum. Wenngleich nicht zu verkennen ist, daß das persönliche Interesse des Verletzten an einer Unterbringung genauso groß sein kann wie an einer Bestrafung des Täters (BGH NJW **1974** 2244), so hat weder er noch seine Angehörigen ein eigenes rechtlich anerkanntes Interesse an der Unterbringung des schuldunfähigen Täters. Die Unterbringung des schuldunfähigen Täters ist nicht zur Genugtuung der Angehörigen bestimmt, sondern

---

[7] BGHSt **6** 103; Busch Anm. zu LM § 395 StPO Nr. 1; Eb. Schmidt 10; Kirchhof 366.
[8] Aus dem Strafgesetzbuch kommen in Betracht: § 178 Abs. 3, §§ 211, 212, 216, 221 Abs. 3, §§ 222, 226, 229 Abs. 2, § 239 Abs. 3, § 239 a Abs. 2, §§ 239 b Abs. 2, §§ 251, 307 Nr. 1, § 310 b Abs. 3, § 311 Abs. 3, § 311 a Abs. 3,

§§ 312, 314, 316 c Abs. 2, § 321 Abs. 2, § 323 a, wenn die Rauschtat ein Tötungsdelikt war (LG Oldenburg MDR **1982** 75; Kleinknecht/Meyer 2), §§ 324, 326.
[9] BGH GA **1970** 372; KK-v. Stackelberg 6; Kleinknecht/Meyer 3.

dient ausschließlich der öffentlichen Sicherheit. Sinngemäße Anwendung des § 395 im Sicherungsverfahren kann danach allenfalls bedeuten, den Angehörigen die Nebenklage in diesem Verfahren ausnahmsweise dann zu gestatten, wenn sie eine strafbare Tötungshandlung behaupten und die Überleitung ins Strafverfahren (§ 416) bezwecken.

Jeder der genannten **Angehörigen** ist zur Nebenklage befugt. Entferntere werden **13** nicht durch nähere ausgeschlossen[10]. Zu den Geschwistern gehören auch Halbgeschwister[11]. Großeltern eines durch eine Straftat Getöteten sind nicht nebenklageberechtigt[12], selbst wenn sie als Vormund Elternfunktion wahrgenommen haben (LG Hamburg MDR **1979** 251).

4. Klageerzwingung (Absatz 2 Nr. 2). Die Anschlußbefugnis hat auch, wer die öf- **14** fentliche Klage durch einen Antrag auf gerichtliche Entscheidung nach § 172 Abs. 2 Satz 1 erzwungen, d. h. durch eine Sachentscheidung des Oberlandesgerichts die Erhebung der öffentlichen Klage herbeigeführt hat[13]. Daran fehlt es auch, wenn auf den Antrag auf gerichtliche Entscheidung die Generalstaatsanwaltschaft ihren Beschwerdebescheid und den Einstellungsbescheid der Staatsanwaltschaft aufgehoben und die Erhebung der Klage angeordnet hat. Ein bloßer Ursachenzusammenhang zwischen Klageerzwingungsantrag und folgender öffentlicher Klageerhebung begründet noch keine Anschlußberechtigung nach Absatz 2 Nr. 2; diese folgt allein aus dem oberlandesgerichtlichen Klageerhebungsbeschluß (*Eb. Schmidt* 12). — Hat das Oberlandesgericht die Erhebung der Klage nach § 175 beschlossen, so ist nicht mehr zu prüfen, ob es dies zu Recht angeordnet hat[14]. Die Anschlußbefugnis nach Absatz 2 Nr. 2 hat nur der Antragsteller selbst, nicht auch ein etwaiger anderer Verletzter.

5. Amtsträger (Absatz 3). Schließlich steht die Befugnis der Nebenklage im Fall **15** des § 90 StGB (Verunglimpfung des Bundespräsidenten) dem Bundespräsidenten, im Fall des § 90 b StGB (verfassungsfeindliche Verunglimpfung von Verfassungsorganen) der betroffenen Person zu. Anschlußbefugt ist im zweiten Fall also nicht das Verfassungsorgan (Gesetzgebungsorgan, Regierung, Verfassungsgericht) als solches, sondern das einzelne Mitglied; auch nicht der Bundeskanzler, der Minister des Innern usw., sondern eine mit Namen bezeichnete Person[15]. Als Tat genügt hier nicht, daß nur das Organ als solches verunglimpft worden ist; vielmehr muß die Verunglimpfung sich — jedenfalls nach der Behauptung des Nebenklägers — auch oder nur gegen ihn als bestimmten Einzelnen richten. Voraussetzung für die Verfolgung und demgemäß für die Zulässigkeit der Nebenklage ist auch, daß die in § 90 Abs. 4, § 90 b Abs. 2 StGB geforderte **Ermächtigung** erteilt ist.

6. Behörden haben keine Nebenklagebefugnis (Vor § 395, 3).   **16**

---

[10] OLG Neustadt NJW **1956** 1611; *Eb. Schmidt* 11; KK-*v. Stackelberg* 6; KMR-*Müller* 19.

[11] OLG Düsseldorf NJW **1958** 394; KK-*v. Stackelberg* 6; KMR-*Müller* § 393, 5; vgl. auch § 393, 4.

[12] BGH NJW **1967** 454; OLG Neustadt NJW **1956** 1611; KK-*v. Stackelberg* 6; KMR-*Müller* 19; *Kleinknecht/Meyer* 3.

[13] OLG Frankfurt NJW **1979** 995; *Stanienda* NJW **1960** 2230; *Schlüchter* 78 a. E.; *Meyer-Goßner* ZRP **1984** 229 l. Sp.; KK-*v. Stackelberg* 7; KMR-*Müller* 21; *Kleinknecht/Meyer* 4.

[14] *Kirchhof* 364; KMR-*Müller* 21.

[15] *Eb. Schmidt* 13; KK-*v. Stackelberg* 8; KMR-*Müller* 23; *Kleinknecht/Meyer* 5.

II. Einschränkungen

17   **1. Strafantrag.** Bei Antragsdelikten setzt die Nebenklage einen rechtzeitig wirksam gestellten Strafantrag voraus. Denn ohne ihn fehlt es an der rechtlichen Möglichkeit, den Angeklagten aus dem Gesichtspunkt des Antragsdelikt zu verurteilen[16]. Der Verletzte, der nicht selbst rechtzeitig Strafantrag gestellt hat, kann sich der öffentlichen Klage als Nebenkläger nicht aufgrund eines Strafantrags anschließen, den ein anderer selbständig Antragsberechtigter gestellt hat[17].

18   Die **Notwendigkeit** des Strafantrags soll bei fahrlässiger Körperverletzung nach herrschender Ansicht auch dann bestehen, wenn die Staatsanwaltschaft das besondere öffentliche Interesse an der Strafverfolgung nach § 232 Abs. 1 Satz 1 StGB bejaht hat[18]. Die Vertreter dieser Ansicht begründen ihren Standpunkt damit, daß die Bejahung des besonderen öffentlichen Interesses durch die Staatsanwaltschaft sich nur auf das öffentliche Interesse beziehe; das eigene Interesse des Verletzten, das dieser mit der Nebenklage etwa verfolgt haben könnte, habe er dadurch selbst verneint, daß er keinen Strafantrag gestellt habe. Dieser Ansicht kann nicht gefolgt werden. Die Bejahung des besonderen öffentlichen Interesses ersetzt den Strafantrag, das ist der Sinn dieser Erklärung der Staatsanwaltschaft (§ 376, 2; so auch *Vieweg* NJW **1956** 1227). Zudem könnte der Verletzte den Strafantrag gerade deshalb unterlassen haben, weil er ihm wegen der Erklärung des Staatsanwalts nicht mehr nötig erschien.

19   **2.** Für **Verfahrenshindernisse**, die nur der Aburteilung des Privatklagevergehens entgegenstehen, gelten die gleichen Grundsätze wie bei den Antragsdelikten (Rdn. 17). Nebenklage ist also nicht möglich, wenn das Privatklagevergehen verjährt ist (OLG Kiel SchlHA **1948** 145) oder wenn seine Aburteilung durch besondere Regelungen des Auslieferungsrechts (RGSt **66** 347), wegen Fehlens der Gerichtsbarkeit oder wegen Immunität ausgeschlossen ist.

20   **3. Rücknahme, Zurückweisung, Einstellung.** Hat der Privatklageberechtigte die Privatklage **zurückgenommen** oder gilt sie nach § 391 Abs. 2 als zurückgenommen, steht das dem Anschluß grundsätzlich entgegen (§ 392). Hat das Gericht die Privatklage dagegen wegen Tateinheit oder Gesetzeskonkurrenz des Privatklagevergehens mit einem Offizialdelikt nach § 383 Abs. 1 **zurückgewiesen** oder hat es das Privatklageverfahren aus dem gleichen Grund nach § 389 Abs. 1 **eingestellt**, so hindern diese Entscheidungen die Nebenklage nicht. Daraus ist zu folgern, daß der Anschluß auch möglich bleibt, wenn der Privatkläger mit der Rücknahme nur einer Zurückweisung nach § 383 Abs. 1 oder einer Einstellung nach § 389 Abs. 1 zuvorkommen wollte[19].

---

[16] RGSt **65** 130; BGH VRS **3** 426; BayObLGSt **1949/51** 451 = NJW **1952** 275; **1952** 33; OLG Köln NJW **1952** 396; OLG Stuttgart DAR **1952** 159; OLG Düsseldorf NJW **1953** 236; JMBlNRW **1980** 238; LG Siegen MDR **1953** 503; *Eb. Schmidt* 4; KK-*v. Stackelberg* 2; KMR-*Müller* 4; 9; a. A OLG Koblenz DAR **1952** 159 mit Anm. *Kries*.

[17] BayObLG OLGSt § 395 StPO, 1; OLG Nürnberg OLGSt § 395 StPO, 9.

[18] BayObLGSt **1949/51** 451; **1952** 33; **1960** 28; **1971** 57; **1972** 78 = NJW **1972** 1631; OLG Köln NJW **1952** 396, 678; OLG Stuttgart DAR **1952** 159; OLG Düsseldorf NJW **1953** 236; MDR **1983** 74; *Schlüchter* 78; *Wüster* NJW **1956** 1547; KK-*v. Stackelberg* 2; KMR-*Müller* 10; *Kleinknecht/Meyer* 2.

[19] KMR-*Müller* 11. Wegen der weitergehenderen Wirkung des Verzichts s. Rdn. 42:

4. Teilnehmer. Ist der Privatklageberechtigte als Mitangeklagter in das Verfahren **21** einbezogen, schließt das seine Befugnis zum Anschluß nicht aus[20]. Bei Verkehrsunfällen, die von mehreren Beteiligten verursacht und bei denen mehrere Beteiligte verletzt sind, können alle Angeklagten oder ein Teil von ihnen Nebenkläger sein. Dagegen kann niemand Nebenkläger hinsichtlich einer Tat sein, an der er selbst als Mittäter (§ 25 Abs. 2 StGB), Anstifter (§ 26 StGB) oder als Gehilfe (§ 27 StGB) teilgenommen hat (BGH NJW **1978** 330), auch nicht gegenüber einem anderen Teilnehmer[21].

III. Voraussetzungen des Anschlusses (Absatz 1)

1. Prozeßfähigkeit. Der Nebenkläger muß noch leben[22], prozeßfähig oder durch **22** einen Prozeßfähigen gesetzlich vertreten sein. Liegen die Voraussetzungen der Anschlußbefugnis bei einem Prozeßunfähigen vor, kann nur er selbst, vertreten durch seinen gesetzlichen Vertreter, als Nebenkläger zugelassen werden[23]. Der Satz des LG Dortmund (DAR **1957** 244), der Nebenkläger müsse volljährig sein, ist irreführend. Die Vertretung steht dem zu, der das Personensorgerecht hat (OLG Hamm VRS **13** 212). Fristgebundene Prozeßhandlungen, die ein Prozeßunfähiger fristgerecht vorgenommen hat, kann der gesetzliche Vertreter nach Fristablauf nicht mehr rechtswirksam genehmigen[24].

2. Die **Anschlußerklärung (Satz 1 erste Hälfte)** ist erforderlich beim Privatklagebe- **23** rechtigten nach Absatz 1, bei den Angehörigen nach Absatz 2 Nr. 1, dem erfolgreichen Antragsteller des Klageerzwingungsverfahrens (§ 172) nach Absatz 2 Nr. 2, den Amtsträgern nach Absatz 3, nicht erforderlich bei dem bisherigen Privatkläger, der durch staatsanwaltschaftliche Übernahme der Verfolgung zum Nebenkläger wird (Rdn. 7).

3. Öffentliche Klage (Satz 1 erste Hälfte). Der Anschluß setzt Erhebung der öf- **24** fentlichen Klage voraus (Absatz 1 Satz 1)[25]. Er ist mithin zulässig, sobald die Anklageschrift — im beschleunigten Verfahren der Antrag auf Aburteilung im beschleunigten Verfahren (vgl. dazu § 212, 11) — bei Gericht eingegangen ist[26]. Danach kann der Anschluß in jeder Lage des Verfahrens — auch zur Einlegung von Rechtsmitteln (Absatz 1 Satz 2; Rdn. 33 ff) — erklärt werden, dagegen noch nicht im vorbereitenden Verfahren (s. aber Rdn. 25) und nicht mehr nach Rechtskraft[27].

Die Anschlußerklärung ist zwar bei Gericht schriftlich einzureichen (§ 396 Abs. 1 **25** Satz 2), jedoch wird der zur Nebenklage Berechtigte dadurch weder gehindert, eine Anschlußerklärung schon früher abzugeben, noch ist es ihm verwehrt, vor diesem Zeitpunkt an etwa durch Stellung von Strafanträgen, Einreichen einer Schutzschrift, Benen-

---

[20] RGSt **22** 421; BGH NJW **1978** 330; *Gollwitzer* FS Schäfer 68; *Eb. Schmidt* 3; KK-*v. Stackelberg* Vor § 395, 5; KMR-*Müller* Vor § 395, 5; *Kleinknecht/Meyer* Vor § 395, 5.

[21] BGH bei *Spiegel* DAR **1978** 154; *Kleinknecht/Meyer* Vor § 395, 5.

[22] RG JW **1928** 3049; **a. A** in bezug auf den gesetzlichen Vertreter: *Stern* JW **1928** 3050 a. E.

[23] RGSt **37** 63; JW **1927** 1268 mit – unklarer – Anm. *Oetker*; BayObLGSt **1956** 254 = JR **1957** 149; OLG Oldenburg NJW **1956** 682;

Eb. Schmidt 3; KK-*v. Stackelberg* Vor § 395, 2; KMR-*Müller* 8; *Kleinknecht/Meyer* Vor § 395, 2; *Schmid* SchlHA **1981** 153.

[24] BayObLGSt **1955** 243 = NJW **1956** 681; OLG Hamm JMBlNRW **1963** 112; KMR-*Müller* 8; vgl. auch § 374, 35 ff.

[25] KK-*v. Stackelberg* Vor § 395, 3; *Kleinknecht/Meyer* Vor § 395, 3; § 395, 6.

[26] OLG Köln JMBlNRW **1969** 209; *Eb. Schmidt* 14; KMR-*Müller* 12.

[27] RGSt **66** 394; *Kleinknecht/Meyer* Vor § 395, 3.

nung von Beweismitteln, Anträge auf Akteneinsicht (OLG Hamm AnwBl. **1980** 40) und sonstige Anregungen in dem vorbereitenden Verfahren tätig zu werden sowie einen Rechtsanwalt als Vertreter seiner Interessen zu bestellen (*Schmidt* MDR **1977** 725). Zwar wird eine **vor Anklageerhebung** bei der Staatsanwaltschaft (§ 396 Abs. 1 Satz 2) oder bei der Polizei eingereichte und zu den Akten genommene Anschlußerklärung erst mit Eingang der Anklage bei Gericht wirksam (OLG Köln OLGSt. § 395 StPO, 13)[28], jedoch nur in dem (verfahrensrechtlich bedeutsamen) Sinn, daß nunmehr über die Berechtigung des Nebenklägers zum Anschluß (§ 396 Abs. 2 Satz 1) zu entscheiden ist und mit der weiteren Folge, daß er von diesem Zeitpunkt an die besondere Rechtsstellung eines mit selbständigen Rechten (Rdn. 40) ausgestatteten Prozeßbeteiligten erhält (LG Bochum AnwBl. **1978** 361)[29].

26   Die Anschlußbefugnis wird weder dadurch aufgehoben, daß der **Nebenkläger als Zeuge** vernommen worden ist, noch dadurch, daß er in demselben Verfahren Mitangeklagter ist (RGSt **22** 421; Rdn. 21). Er kann auch nach seinem Anschluß als Zeuge vernommen und gegebenenfalls vereidigt werden[30]; gleichwohl darf er an der Hauptverhandlung von Anfang an teilnehmen (BGH VRS **48** 18). Treffen die Voraussetzungen der Anschlußbefugnis **bei mehreren Personen** zu, sind sie sämtlich befugt, als Nebenkläger aufzutreten; dabei ist jeder unabhängig von den anderen (vgl. Rdn. 13). Wegen weiterer **Einzelheiten** vgl. die Erläuterungen zu § 396.

4. Strafbefehlsverfahren (Satz 1 letzte Hälfte)

27   a) Von welchem **Zeitpunkt** an sich der Nebenkläger dem Verfahren bei Strafbefehlen anschließen kann, war seit langem Gegenstand heftigen Streits gewesen. Gegenüber standen sich namentlich zwei Auffassungen, von denen die ältere den Anschluß erst von der Einlegung des Einspruchs (§ 411 Abs. 1) oder der Anberaumung des Hauptverhandlungstermins nach § 408 Abs. 2 an zulassen wollte, während die jüngere im Vordringen befindliche und in der Rechtsprechung überwiegende Auffassung den Anschluß bereits vom Zeitpunkt der Stellung des Strafbefehlsantrags an zulassen wollte (vgl. dazu im einzelnen 22. Auflage § 395 Anm. 9 a und b).

28   Die **Bundesregierung** wollte im Entw. des 1. StVRG die Streitfrage im Sinn der zweiten Meinung entscheiden und begründete ihren Standpunkt mit folgenden Erwägungen: Die Anschlußerklärung setze die öffentliche Klage voraus, sei also zulässig, sobald die Anklage bei Gericht eingegangen sei. Lehne das Gericht im normalen Anklageverfahren die Eröffnung des Hauptverfahrens ab, stehe dem Nebenkläger dagegen das Recht der sofortigen Beschwerde zu. Würde man im Strafbefehlsverfahren die Anschlußbefugnis erst mit dem Einspruch des Verurteilten oder mit der Anberaumung eines Hauptverhandlungstermins für zulässig erklären, wäre der Nebenklageberechtigte rechtlos gestellt, wenn der Richter den Erlaß des Strafbefehls ablehne, ohne Hauptverhandlung anzuberaumen und die Staatsanwaltschaft hiergegen keine Beschwerde

---

[28] Ebenso OLG Hamm JMBlNRW **1979** 287; LG Bamberg AnwBl. **1978** 31; LG Bremen AnwBl. **1978** 361; LG Frankenthal AnwBl. **1978** 32; LG Krefeld AnwBl. **1972** 203; LG Limburg AnwBl. **1978** 363; LG München II AnwBl. **1978** 32; LG Schweinfurt NJW **1968** 1840; LG Stade AnwBl. **1978** 33; *Kleinknecht/Meyer* Vor § 395, 3; § 396, 2; 3;

KMR-*Müller* § 396, 3.
[29] Wegen der Bedeutung der Entscheidung über die Berechtigung des Anschlusses vgl. § 396, 11; wegen der Besonderheiten in Verfahren bei Strafbefehlen Rdn. 30 f.
[30] BGH LM § 396 StPO, 1; *Kleinknecht/Meyer* Vor § 395, 5.

einlege. Das könne namentlich für den Verletzten unbillig erscheinen, der das Klageerzwingungsverfahren erfolgreich betrieben habe (Begr. zu Art. 1 Nr. 101 BTDrucks. 7
551, S. 92).

Der **Rechtsausschuß des Bundestags** schloß sich dieser Ansicht nicht an, bekannte **29**
sich vielmehr zur älteren Auffassung, für die er folgende Argumente anführte: Es sei
kein Grund dafür ersichtlich, daß der Verletzte sich als Nebenkläger anschließen könne,
wenn der Beschuldigte sich nicht gegen den Strafbefehl wehre. Ein besonderer Mißstand
sei es, daß in diesen Fällen die vom Beschuldigten zu tragenden Kosten des Nebenklägers
häufig höher seien, als die im Strafbefehl erkannte Strafe (vgl. LG Köln MDR **1984** 776).
Ein berechtigtes Interesse des Verletzten an der Anschlußmöglichkeit bestehe nur dann,
wenn es zur Hauptverhandlung komme oder wenn der Richter den Erlaß eines Strafbefehls ablehne; in diesen Fällen dürfe der Verletzte, der möglicherweise das Klageerzwingungsverfahren erfolgreich betrieben habe, nicht rechtlos gestellt werden (Bericht und
Antrag des Ausschusses zu Art. 1 Nr. 101 BTDrucks. 7 2600, S. 8). Wegen des weiteren
Gesetzgebungsgangs vgl. Vor § 395, 9.

b) Grundsatz. Nach der Gesetz gewordenen Fassung des Rechtsausschusses ist **30**
der **Anschluß** in Verfahren, in denen die Staatsanwaltschaft die öffentliche Klage durch
Antrag auf Erlaß eines Strafbefehls erhoben hat, grundsätzlich erst möglich, nachdem
der Strafrichter **Termin zur Hauptverhandlung** — auch wenn er das zu Unrecht getan
hat (LG Stuttgart AnwBl. **1976** 54) — anberaumt hat (Absatz 1 Satz 1 letzter Satzteil
erster Fall). Eine Hauptverhandlung anberaumen muß der Richter, wenn er Bedenken
hat, ohne Hauptverhandlung zu entscheiden (§ 408 Abs. 2 Satz 1); wenn er eine andere
als die beantragte Rechtsfolge festsetzen will, die Staatsanwaltschaft aber bei ihrem Antrag beharrt (§ 408 Abs. 2 Satz 2); oder wenn der Beschuldigte rechtzeitig Einspruch
gegen den Strafbefehl eingelegt hat (§ 411 Abs. 1; LG Frankenthal AnwBl. **1978** 32).

c) Ausnahme. Vor diesem Zeitpunkt ist der Anschluß ausnahmsweise dann zuläs- **31**
sig, wenn der Strafrichter den **Antrag auf Erlaß eines Strafbefehls** abgelehnt hat (Absatz 1 Satz 1 letzter Satzteil zweiter Fall)[31]. Zurückzuweisen ist ein solcher Antrag namentlich dann, wenn es an einer Prozeßvoraussetzung (z. B. dem erforderlichen Strafantrag des Verletzten) fehlt; wenn die Strafklage verbraucht oder der Strafanspruch in
anderer Weise weggefallen ist; wenn es klar ist, daß die in dem Antrag bezeichnete Tat
unter kein Strafgesetz fällt; oder wenn der Strafrichter örtlich oder sachlich nicht zuständig ist (Erl. zu § 408). Obwohl in diesen Fällen die erhobene Anklage zurückzuweisen ist, darf der Strafrichter eine bei den Akten befindliche Anschlußerklärung des Verletzten nicht unberücksichtigt lassen; denn sonst würde der Verletzte, der möglicherweise das Klageerzwingungsverfahren erfolgreich betrieben hat, rechtlos gestellt und
könnte die Staatsanwaltschaft seine Beteiligung dadurch verhindern, daß sie statt einer
öffentlichen Klage Antrag auf Erlaß eines Strafbefehls stellt. In diesem Fall muß der
Strafrichter daher ausdrücklich und gleichzeitig mit dem Ablehnungsbeschluß über die
Zulässigkeit der Anschlußerklärung befinden, um dem Nebenkläger die Möglichkeit zu
eröffnen, sich entweder an einer sofortigen Beschwerde (entspr. § 204 Abs. 1, § 210
Abs. 2) der Staatsanwaltschaft gegen den ablehnenden Beschluß des Strafrichters zu

---

[31] Nach LG Köln MDR **1984** 776 soll ein vorher erklärter Anschluß auch dann wirksam
bleiben, wenn der Strafrichter nach rechtzeitig eingelegtem Einspruch des Beschuldigten

keinen Termin zur Hauptverhandlung anberaumt, das Verfahren vielmehr mit Zustimmung der Staatsanwaltschaft und des Nebenklägers nach § 153 a eingestellt hat.

Günter Wendisch

beteiligen oder aber selbst gegen einen solchen Beschluß sofortige Beschwerde einzulegen (§ 397 Abs. 1, § 390 Abs. 1 Satz 1, § 401 Abs. 1 Satz 1)[32].

32   Eine bereits bei den Akten befindliche **Anschlußerklärung** wird dagegen **gegenstandslos**, wenn der antragsgemäß erlassene Strafbefehl zufolge Verstreichens der Einspruchsfrist rechtskräftig geworden ist (*Kleinknecht/Meyer* 18). Etwaige dadurch entstandene Auslagen erhält der Nebenkläger nicht ersetzt; er kann sie auch nicht im Zivilrechtsweg als Schadensersatz geltend machen (AG Nordenham AnwBl. **1976** 55).

33   **5. Einlegung eines Rechtsmittels (Satz 2).** Zur Einlegung eines Rechtsmittels ist der Anschluß möglich, solange die **Anfechtungsfrist** für mindestens einen der anderen Beteiligten noch läuft[33]. Dabei ist nicht zwischen Rechtsmitteln gegen Urteile, Beschlüsse und Verfügungen zu unterscheiden; so kann der Anschluß auch mittels sofortiger Beschwerde nach § 210 Abs. 2 erklärt werden.

34   In der Einlegung eines Rechtsmittels durch den Nebenklageberechtigten liegt von selbst die Anschlußerklärung (*Kleinknecht/Meyer* Vor § 395, 4); dagegen liegt in einer Anschlußerklärung, die während der Rechtsmittelfrist eingereicht wird, nicht ohne weiteres das Rechtsmittel, namentlich dann nicht, wenn schon ein anderer Beteiligter das Rechtsmittel eingelegt hat (zu weit: RGSt **12** 342). In diesem Fall wird also der **Anschluß hinfällig**, sobald das Rechtsmittel des anderen sich — durch Rücknahme, Verwerfung usw. — erledigt hat (a. A OLG München MDR **1959** 945).

35   Das **Reichsgericht** (RGSt **12** 342) sah die Förmlichkeiten des Rechtsmittelverfahrens „notdürftig für gewahrt" an, wenn die Staatsanwaltschaft Revision eingelegt, aber nicht begründet, der Nebenklageberechtigte sich dem Verfahren sodann noch innerhalb der Einlegungsfrist „unter ausdrücklicher Bezugnahme auf die von der Staatsanwaltschaft eingelegte Revision" angeschlossen und später seinerseits das Rechtsmittel formgerecht begründet hat. Dem kann man nur zustimmen, wenn man die Anschlußerklärung als Einlegung einer eigenen Revision auslegen kann. Ob das möglich ist, hängt von den Umständen des Einzelfalls ab.

36   Nach rechtskräftigem Abschluß kann sich der Nebenkläger dem Verfahren nicht mehr anschließen; denn die Berechtigung zum Anschluß setzt ein noch anhängiges Verfahren voraus[34]. Er kann dieses Ziel auch nicht durch einen **Wiedereinsetzungsantrag** gegen die Versäumung einer Rechtsmittelfrist erreichen, da bis zum Abschluß des Verfahrens gegen ihn keine solche Frist lief (RGSt **71** 173). Versagt bleibt ihm auch der Anschluß mittels oder zum Zweck eines Wiederaufnahmeantrags. Denn einen solchen Antrag kann wiederum nur stellen, wer schon im abgeschlossenen Verfahren als Nebenkläger beteiligt war[35]. Unabhängig davon kann der Nebenklageberechtigte sich aber in einem **Wiederaufnahmeverfahren** anschließen, das von einem anderen Beteiligten beantragt worden ist[36], und zwar von diesem Antrag an, auch um die Zulässigkeit des An-

---

[32] Im Ergebnis ebenso *Kleinknecht/Meyer* § 396, 17.

[33] RGSt **66** 129; **71** 173; KK-*v. Stackelberg* 9; a. A KMR-*Müller* 15 und *Kleinknecht/Meyer* 7, der die Frist unter Hinweis auf § 399 Abs. 2 an die Anfechtungsfrist der Staatsanwaltschaft binden will.

[34] RGSt **66** 130; **71** 173; BayObLG MDR **1953** 249; BayObLGSt **1958** 1, 4; OLG Celle VRS **27** 289. Aus den gleichen Erwägungen kann auch der Angeklagte den Beschluß, mit dem

die Berechtigung der Nebenklage festgestellt worden ist, nach diesem Zeitpunkt nicht mehr anfechten; OLG Zweibrücken MDR **1982** 342.

[35] Für diesen Fall ist ein erneuter ausdrücklicher Anschluß für das Wiederaufnahmeverfahren nicht einmal erforderlich (OLG Köln OLGSt n. F. § 401 StPO, 1; a. A *Neumann* System der strafprozessualen Wiederaufnahme (1932), 184.

[36] KK-*v. Stackelberg* 10; KMR-*Müller* 17.

trags mitzuvertreten oder zu bekämpfen. Tatsächliche Zweifel darüber, ob beim Eingang der Anschlußerklärung die Rechtskraft schon eingetreten war, gehen zu Lasten des Nebenklageberechtigten (OLG Celle DAR **1958** 245 = NdsRpfl. **1959** 165).

6. Sicherungsverfahren. Im Sicherungsverfahren (§§ 413 ff) ist keine Nebenklage **37** zulässig[37]. Zwar steht der Antrag, Maßregeln der Besserung und Sicherung selbständig anzuordnen, der öffentlichen Klage gleich (§ 414 Abs. 2 Satz 1) und gelten die Vorschriften über das Strafverfahren für das Sicherungsverfahren sinngemäß, soweit nichts Anderes bestimmt ist (§ 414 Abs. 1). Weil die Nebenklage aber ihrem Wesen nach auf eine Bestrafung des Täters abzielt, ist für eine **„sinngemäße"** Anwendung des § 395 auf Sicherungsverfahren kein Raum (Rdn. 12). Zulässig wird der Anschluß dagegen, sobald das Gericht das Sicherungsverfahren ins Strafverfahren überleitet (BGH NJW **1974** 2244; Rdn. 12).

7. Gegen einen (zur Tatzeit) **Jugendlichen** ist die Nebenklage ausgeschlossen **38** (§ 80 Abs. 3 JGG). Jedoch hat der Verletzte ein Anwesenheitsrecht in der Hauptverhandlung (§ 48 Abs. 2 Satz 1 JGG; *Kleinknecht/Meyer* 9).

IV. Wirkungen des Anschlusses

1. Umfang. Der wirksam erklärte Anschluß gilt für das **ganze** folgende **Verfahren** **39** (vgl. §§ 397 ff)[38]; allerdings kann der Nebenkläger die Anschlußerklärung zurücknehmen (Rdn. 42). Solange er das nicht getan hat, ist er ohne besonderen Antrag auch in höherer Instanz hinzuzuziehen, auch wenn er diese nicht mit einem eigenen Rechtsmittel angerufen hat. Hatte er sich vor Rechtskraft angeschlossen, muß er auch noch im Wiederaufnahmeverfahren — wiederum von Amts wegen — zugezogen werden.

Mit dem Anschluß als Nebenkläger erlangt dieser die **Rechtsstellung** eines mit **40** selbständigen Rechten ausgestatteten Gehilfen der Staatsanwaltschaft (BayObLGSt 30 151), die ihm auch die „private Kontrolle staatsanwaltschaftlicher Strafverfolgung" (*Bringewat* GA **1972** 289) ermöglicht[39]. Allerdings beschränken sich seine Rechte stets auf solche Delikte, aus denen sich die Anschlußbefugnis ergibt, und zwar einerlei, ob diese zu einem weiteren Vergehen, das kein Nebenklagedelikt ist, im Verhältnis von Tatmehrheit, Tateinheit oder Gesetzeskonkurrenz stehen oder nicht[40]. Das gilt besonders für die Befugnis des Nebenklägers, Rechtsmittel einzulegen (§ 401, 3).

Die Befugnis des Nebenklägers ist eine **Verfahrensvoraussetzung** für das Neben- **41** klageverfahren, also in jeder Lage des Verfahrens von Amts wegen zu prüfen[41].

2. Rücknahme und Verzicht. Die Nebenklage kann jederzeit zurückgenommen, **42** auf das Nebenklagerecht jederzeit verzichtet werden[42] mit der Folge, daß — anders als beim Widerruf (vgl. § 402, 2) — ein erneuter Anschluß unzulässig ist.

---

[37] BGH bei *Kirchhof* GA **1954** 368; BGH NJW **1974** 2244; KK-*v. Stackelberg* 11; KMR-*Müller* 14; *Kleinknecht/Meyer* 8.

[38] OLG Düsseldorf DRiZ Rspr. **1933** Nr. 133; KMR-*Müller* 18.

[39] RGSt **65** 61; BGHSt **13** 144; OLG Celle OLGSt n. F. § 210 StPO, 1; *Meyer-Goßner* ZRP **1984** 230 l. Sp.; KK-*v. Stackelberg* Vor § 395, 1; KMR-*Müller* Vor § 395, 2; § 395, 6;

Kleinknecht/Meyer Einl. 89; Vor § 395, 1.

[40] BGHSt **28** 272; *Kirchhof* 366; *Gollwitzer* FS *Schäfer* 67, 71; *Rieß* Gutachten, 32; vgl. auch *Oetker* 177, 188.

[41] RGSt **76** 178; OLG Saarbrücken JBlSaar **1961** 16; OLG Düsseldorf JMBlNRW **1980** 238.

[42] BayObLG DJZ **1931** 173; KMR-*Müller* 24.

§ 396

(1) ¹Die Anschlußerklärung ist bei dem Gericht schriftlich einzureichen. ²Eine vor Erhebung der öffentlichen Klage bei der Staatsanwaltschaft oder dem Gericht eingegangene Anschlußerklärung wird mit Erhebung der öffentlichen Klage wirksam.

(2) ¹Das Gericht hat über die Berechtigung des Nebenklägers zum Anschluß nach Anhörung der Staatsanwaltschaft zu entscheiden. ²Erwägt das Gericht, das Verfahren nach § 153 Abs. 2 oder § 153 a Abs. 2 einzustellen, so entscheidet es zunächst über die Berechtigung zum Anschluß.

(3) Zu einer Sicherheitsleistung ist der Nebenkläger nicht verpflichtet.

Schrifttum. *Theuerkauf* Selbständige Anfechtung der Entscheidung über die Berechtigung des Nebenklägers? MDR **1962** 789.

Entstehungsgeschichte. Die als § 436 Gesetz gewordene Vorschrift hat ihre jetzige Bezeichnung durch die Bekanntmachung 1924 erhalten. Art. 1 Nr. 97 des 1. StVRG hat Absatz 1, Art. 10 Nr. 8 StPÄG 1964 hat Absatz 2 jeweils um einen zweiten Satz erweitert. Der Umgestaltung der §§ 153 und 153 a (Art. 21 Nr. 44 EGStGB 1974) hat Art. 21 Nr. 101 EGStGB 1974 durch Änderung der Verweisungsvorschrift in Absatz 2 Satz 2 Rechnung getragen. Durch Art. 4 Nr. 8 b des Gesetzes über die Prozeßkostenhilfe vom 13. 6. 1980 (BGBl. I 677) ist der durch Art. 2 Nr. 12 EGOWiG angefügte Absatz 4 wieder gestrichen worden.

Übersicht

I. Anschlußerklärung (Absatz 1)

1. Form (Satz 1)

1   a) Für die **Schriftform** verlangt die Rechtsprechung bei der Einlegung von Rechtsmitteln schon seit langem keine Unterzeichnung mehr (vgl. BGHSt **2** 77). Es genügt, wenn aus dem Schriftstück in jeden Zweifel ausschließender Weise hervorgeht, von wem es herrührt¹. Es ist nicht einzusehen, warum bei der Anschlußerklärung größere Strenge

---

¹ RGSt **62** 53; **63** 246; **67** 387; BGHSt **2** 78;
 Eb. Schmidt 4; KMR-*Müller* 1.

walten sollte; um so weniger, als der Anschluß auch durch Einlegung eines Rechtsmittels erklärt werden kann und ohne weitere ausdrückliche Hervorhebung darin erblickt wird. Zwar hat das Reichsgericht in einer älteren Entscheidung (RGSt **36** 246) noch den Standpunkt vertreten, ein nur mündlich zu Gerichtsprotokoll erklärter Anschluß als Nebenkläger genüge nur dann der Schriftform, wenn die ins Protokoll aufgenommene Erklärung von dem Erklärenden selbst unterschrieben sei. Jedoch ist diese Rechtsansicht durch die geänderten Anforderungen an die Schriftlichkeit inzwischen überholt (vgl. dazu die Erläuterungen zu §§ 306 und 314).

b) Eine in das **Hauptverhandlungsprotokoll** aufgenommene Anschlußerklärung **2** wird als rechtswirksam angesehen[2]. Es besteht kein Grund, Erklärungen zu Protokoll des Richters oder der Geschäftsstelle anders zu behandeln. Auch bei ihnen muß die bloße schriftliche Niederlegung des Urkundsbeamten als ausreichend angesehen werden, wenn ihr einwandfrei entnommen werden kann, wer die Erklärung abgegeben hat.

c) Stellvertretung in der Erklärung ist zulässig; die Vollmacht muß im Zeitpunkt **3** der Erklärung vorliegen, kann aber noch später nachgewiesen werden. Der Anschluß muß klar und unzweideutig erklärt werden; die Mitteilung eines Anwalts, er habe „die Vertretung des Nebenklägers übernommen", ist keine Anschlußerklärung[3].

2. Adressat der Anschlußerklärung ist das Gericht, regelmäßig dasjenige, das **4** über die Berechtigung zum Anschluß zu entscheiden hat; jedoch kommt auch das Gericht in Betracht, bei dem die Sache anhängig ist[4]. Weil Rechtsmittel regelmäßig bei dem Gericht einzulegen sind, dessen Entscheidung angefochten wird (§ 306 Abs. 1 Satz 1; § 314 Abs. 1, § 341 Abs. 1), ist auch der Anschluß durch Rechtsmittel gegenüber dem danach zuständigen Gericht zu erklären, obwohl dieses die Nebenklage nicht zulassen kann (Rdn. 7). Wird die Erklärung bei einer anderen Stelle eingereicht (Staatsanwaltschaft, Verwaltungsbehörde, Rechtsmittelgericht), hängt ihre Wirksamkeit davon ab, daß die andere Stelle sie — fristgerecht — dem angegebenen Gericht zuleitet[5].

3. Wirksamwerden (Satz 2)[6]. Die Anschlußerklärung wird wirksam, sobald die **5** Akten mit der öffentlichen Klage und der Anschlußerklärung **bei Gericht eingegangen** sind[7], bei Erhebung der öffentlichen Klage durch Antrag auf Erlaß eines Strafbefehls frühestens in dem in § 395 Abs. 1 Satz 1 letzte Hälfte angegebenen Zeitpunkt (§ 395, 30 f).

[2] BayObLGSt **1958** 118 = NJW **1958** 1598; OLG Hamm VRS **12** 368; OLG Stuttgart NJW **1955** 1369; *Eb. Schmidt* 1; KK-*v. Stackelberg* 1; KMR-*Müller* 1; *Kleinknecht/Meyer* 1.

[3] OLG Celle DAR **1958** 245 = NdsRpfl. **1959** 165; KK-*v. Stackelberg* 1.

[4] KK-*v. Stackelberg* 2; KMR-*Müller* 3.

[5] KK-*v. Stackelberg* 2; KMR-*Müller* 3; vgl. im übrigen Rdn. 5.

[6] Der durch Art. 1 Nr. 97 des 1. StVRG eingefügte Satz 2 stellt klar, daß die vor Erhebung der öffentlichen Klage bei der Staatsanwaltschaft oder dem Gericht eingereichte Anschlußerklärung mit der Erhebung der öffentlichen Klage wirksam wird. Das war nach früherem Recht streitig. Die Regelung dient der **Prozeßökonomie**. Nunmehr ist es nicht mehr erforderlich, bei einem Verletzten, der schon mit der Anzeige sein Interesse an der Anschließung zum Ausdruck gebracht hat, nach Erhebung der öffentlichen Klage nochmals nachzufragen, ob der Anschluß erklärt werden soll, wodurch Verfahrensverzögerungen (vgl. Begr. zu Art. 1 Nr. 102 BT-Drucks. 7 551 S. 93) vermieden werden.

[7] LG Frankenthal, LG München, LG Bamberg AnwBl. **1978** 31, 32.

Günter Wendisch

II. Entscheidung (Absatz 2)

6   **1. Zuständigkeit.** Für die Entscheidung zuständig ist das mit der Sache befaßte Gericht (BayObLG GA **1971** 22), und zwar bei Rechtsmitteln des Anschlußberechtigten das Rechtsmittelgericht, nicht der Vorsitzende. Gleichwohl ist dessen Entscheidung nicht nichtig[8]. Hat der Anschlußberechtigte den Anschluß nach ergangenem Urteil erklärt, um ein Rechsmittel einzulegen (§ 395 Abs. 1 Satz 2), und hat der Richter, dessen Entscheidung mit dem Rechtsmittel angefochten werden soll, die Anschlußerklärung für berechtigt gehalten, so wird dadurch das Rechtsmittelgericht der eigenen Entscheidung über die Anschlußbefugnis ebenso wenig enthoben wie auch sonst. Die Entscheidung des Gerichts der unteren Instanz ist für das Rechtsmittelgericht deshalb unbeachtlich[9], weil die **Anschlußberechtigung** des Rechtsmittelführers **Verfahrensvoraussetzung** für das Rechtsmittelverfahren ist, die nur das dafür zuständige Gericht prüfen kann (OLG Bremen OLGSt § 395, 29). Ebenso hat das Rechtsmittelgericht über die Anschlußbefugnis zu entscheiden, wenn der Anschluß nach dem Rechtsmittel eines anderen Beteiligten erklärt wird[10].

7   **2. Gegenstand der Prüfung.** Die Prüfung umfaßt einmal die Frage, ob der den Anschluß Erklärende zu dem nach § 395 zum Anschluß befugten Personenkreis gehört (§ 395, 1 bis 16)[11], sodann die sonstigen Zulässigkeitsvoraussetzungen (§ 395, 17 bis 21; 24 bis 26; 30 bis 36) und schließlich die Prozeßfähigkeit (§ 395, 22). Liegen diese Voraussetzungen vor, prüft das Gericht die **Begründetheit** der Anschlußberechtigung. Begründet ist sie, wenn der Gegenstand der Anklage die rechtliche Möglichkeit der Verurteilung wegen eines Privatklagedelikts an sich erlaubt[12], und zwar auch dann, wenn dieses in Tateinheit oder Gesetzeskonkurrenz zu einem Offizialdelikt steht[13].

8   **3. Form (Satz 1).** Der Nebenkläger schließt sich dem Verfahren durch seine Erklärung an. Er wird **nicht** gerichtlich **zugelassen.** Das Gericht prüft nur die Berechtigung seines Anschlusses. Die Prüfung ergeht durch Beschluß. Dieser unterliegt nicht den Formerfordernissen eines Urteils (OLG Hamburg JR **1950** 568). Er ergeht nach Anhörung der Staatsanwaltschaft (Absatz 2 Satz 1) und vor weiterer Veränderung der Prozeßlage (RGSt **25** 186). Ein Verstoß hiergegen kann die Revision begründen. Nach herrschender Meinung braucht der Angeschuldigte vorher nicht gehört zu werden, weil seine Anhörung nicht nur nicht vorgeschrieben ist, vielmehr aus Absatz 2 Satz 1 folgt, daß das Gesetz diese nicht verlangt (*Eb. Schmidt* 8). Diese Ansicht kann wegen Art. 103 Abs. 1 GG fraglich sein.

9   Ausnahmsweise kann über die Berechtigung des Anschlusses auch **stillschweigend** entschieden werden; das ist anzunehmen, wenn der Nebenklageberechtigte nach Anschlußerklärung in der Hauptverhandlung wie ein zugelassener Nebenkläger behandelt wird[14].

---

[8] BayObLGSt **1952** 99; **1955** 19; *Kleinknecht/ Meyer* 6; einschr. KMR-*Müller* 7: nur positive Entscheidung ist nicht nichtig.

[9] BayObLGSt **1951** 258; **1970** 171 = GA **1971** 23; *Kleinknecht/Meyer* 6.

[10] BGHSt **6** 103; KMR-*Müller* 4; vgl. auch *Kirchhof* 364.

[11] KK-*v. Stackelberg* 4; *Kleinknecht/Meyer* 5.

[12] BGHSt **13** 143; KK-*v. Stackelberg* 6; *Kleinknecht/Meyer* 5.

[13] *Lenckner* JZ **1973** 742; einschr. *Hanack* JZ **1974** 55; wegen weiterer Einzelheiten s. § 395, 3 bis 5.

[14] BayObLGSt **1970** 171 = GA **1971** 23; KK-*v. Stackelberg* 8; KMR-*Müller* 7; *Kleinknecht/Meyer* 9.

4. Bedeutung

a) Historische Entwicklung. Der Nebenkläger hat nach erfolgtem Anschluß die **10** Rechte des Privatklägers (§ 397 Abs. 1). Wann der Anschluß wirksam wird, sagt das Gesetz nicht. Das Reichsgericht vertrat zunächst den Standpunkt, die Stellung des Nebenklägers werde durch den Anschluß erlangt (RGSt **25** 187)[15], die gerichtliche Entscheidung habe nur **deklaratorische** Bedeutung. Später knüpfte es (ohne nähere Begründung) den Erwerb der prozessualen Rechte des Nebenklägers an die gerichtliche Zulassung an[16], legte der gerichtlichen Entscheidung nunmehr also **konstitutive** Wirkung bei. Gegen diese Ansicht wandte sich schon *Beling* (ZStW **36** [1915] 295) mit der Begründung, daß sie im Gesetz keine Stütze finde. Dieses unterscheide zweierlei: (1) die Anschlußerklärung und (2) die Entscheidung des Gerichts über ihre Berechtigung. Der Wortlaut des § 397 Abs. 1 deute sicher mehr darauf hin, daß sich die Rechte des Nebenklägers an die Anschlußerklärung knüpften (vorbehaltlich ihrer Annullierung mit rückwirkender Kraft bei einer den Anschluß versagenden Entscheidung), als darauf, daß erst die gerichtliche den Anschluß zulassende Entscheidung die Parteiqualität bringe. Den gleichen Standpunkt von der deklaratorischen Bedeutung der gerichtlichen Entscheidung teilt *Eb. Schmidt*. Er sieht in der Anschlußerklärung keinen Antrag, sondern eine Bewirkungshandlung in Gestalt einer einseitigen Willenserklärung[17], deren Wesen darin bestehe, daß sie — ihre Beachtlichkeit vorausgesetzt — die prozessuale Lage sofort entsprechend ihrem Inhalt gestalte (Rdn. 11 bis 13; Nachtr. I 13). Das Gericht könne diese Wirkung feststellen oder verneinen.

b) Herrschende Ansicht. Die **Rechtsprechung** hat sich zu der nur deklaratorischen Bedeutung der gerichtlichen Feststellung über die Berechtigung des Anschlusses **11** erst 1960 wieder bekannt. Das OLG Köln (NJW **1960** 306) hat sie mit der zusätzlichen Erwägung vertreten, daß die von einer konstitutiven Wirkung ausgehende Rechtsprechung dann in Schwierigkeiten gerate, wenn es sich um eine Anschlußerklärung in Verbindung mit einer fristgebundenen Prozeßerklärung, namentlich eines Rechtsmittels, handle, weil innerhalb der allgemein kurzen Rechtsmittelfrist der Gerichtsbeschluß regelmäßig nicht mehr erlassen werden könne. Heute hat sie sich allgemein durchgesetzt[18]. Sie wird auch nicht dadurch in Zweifel gezogen, daß der Tenor der Entscheidung, mit der das Gericht die Berechtigung des Anschlusses des Verletzten feststellt, häufig die Formulierung enthält, die Nebenklage werde zugelassen. Ihr steht auch nicht entgegen, daß sogar der Gesetzgeber in § 397 Abs. 3 Satz 2 von Zulassung spricht. Während *Eb. Schmidt* darin nur einen lapsus linguae sieht (Nachtr. I 13), stellt *Bringewat* klar (294), daß diese terminologische Differenz (zu § 396, aber auch zu § 397 Abs. 1) ihren Grund darin habe, daß sich das Strafprozeßänderungsgesetz 1964, durch das § 397 Abs. 3 Satz 2 — damals als Absatz 2 Satz 2 — eingefügt worden sei (vgl. Entst. § 397), ohne weiteres der Entscheidung des Bundesverfassungsgerichts (BVerfGE **14** 323) angeschlossen habe, die — nicht ganz korrekt — ebenfalls von der Zulassung des Anschlusses spricht.

---

[15] Ebenso auch BayObLG Alsb. E **3** 178, 179.

[16] RGSt **48** 236; **51** 130; **66** 354.

[17] Vgl. *Goldschmidt* Der Prozeß als Rechtslage (1925) 411 Fußn. 2155; 459.

[18] So OLG Celle NJW **1961** 378; OLG Stuttgart NJW **1970** 822; OLG Nürnberg NJW **1978** 1017; LG Kiel SchlHA **1962** 109; LG Bamberg AnwBl. **1978** 31; LG Frankenthal AnwBl. **1978** 32; LG Stade AnwBl. **1978** 33; LG Bochum AnwBl. **1978** 149; LG Trier AnwBl. **1978** 151; LG Koblenz AnwBl. **1978** 153; LG Rottweil AnwBl. **1978** 243; *Peters* § 66 I 1; *Roxin* § 62 D I; *Bringewat* 294; KK-*v. Stackelberg* 7; KMR-*Müller* 8; *Kleinknecht/Meyer* 9.

Günter Wendisch

12   **c) Weitere Ansicht.** Erneut aufgegriffen hat das Problem neuerdings *Dünnebier*. Er meint: Auch nach der herrschenden Ansicht hänge es auf jeden Fall vom Gericht ab, ob der Nebenkläger wirksam handle. Daher überzeuge die alte Ansicht, wonach der Anschluß des Nebenklägers erst wirksam werde, wenn das Gericht ihn zugelassen habe; die Zulassung wirke alsdann bei Rechtsmitteln zurück[19]. Es sei „nur schwer ersichtlich, wie dieselbe Entscheidungskategorie deklaratorisch wirksam sein solle, wenn sie den Anschluß für berechtigt, aber konstitutiv, wenn sie ihn für unberechtigt erkläre". Schließlich sei durch die Neufassung des § 45 Abs. 2 Satz 3 auch die Schwierigkeit ausgeräumt, die das OLG Köln bei fristgebundenen Entscheidungen sehe. Er schließt sich deshalb der alten Ansicht an, wonach der Anschluß zwar Prozeßhandlung sei, aber erst wirksam werde, wenn das Gericht festgestellt habe, der Nebenkläger sei dazu berechtigt gewesen (FS II Peters 344).

13   **d) Eigene Ansicht.** Die in den Rdn. 10 bis 12 dargelegten gegensätzlichen Standpunkte können für ihre Richtigkeit durchaus vertretbare und gewichtige Argumente ins Feld führen. Bei einer solchen Rechtslage besteht *kein* Anlaß, die fast absolut herrschende Ansicht (Rdn. 11) wieder aufzugeben, zumal da sie sich in der Praxis bewährt und zu keinen Schwierigkeiten geführt hat. Die Praxis sollte daher auch in Zukunft an dem Grundsatz festhalten, daß die gerichtliche Entscheidung, mit der die Berechtigung zum Anschluß festgestellt wird, nur deklaratorische Bedeutung hat, konstitutiv dagegen allein die Anschlußerklärung ist.

14   **5. Rechtskraft.** Die Entscheidung ist nicht **rechtskraftfähig.** Das Gericht kann seinen Beschluß in jeder Lage des Verfahrens auf Antrag oder von Amts wegen wieder aufheben, wenn sich herausstellt, daß die verfahrensrechtliche Grundlage fehlt[20]. Das Gericht darf die Feststellung, der Anschluß sei berechtigt, allerdings nicht deshalb zurücknehmen, weil sich die **tatsächlichen Behauptungen** des Nebenklägers in der Hauptverhandlung als **unrichtig** herausstellen[21]. Daraus die Folgerungen zu ziehen, ist Sache des Urteils, der sachlichen Entscheidung über die Nebenklage selbst, nicht der verfahrensrechtlichen Entscheidung über ihre Zulassung[22].

15   Auch der die Berechtigung der Zulassung ablehnende Beschluß wird nicht rechtskräftig; verhindert mithin keine **spätere gegenteilige Entscheidung** (BayObLG JW **1929** 1064 mit Anm. *Mannheim*). Das Rechtsmittelgericht hat die Berechtigung, wenn es ihre Voraussetzungen für gegeben hält, auch ohne erneuten Antrag aufgrund der ursprünglichen Anschlußerklärung von Amts wegen auszusprechen[23].

16   **6. Bei Einstellung wegen geringer Schuld (Satz 2).** Erwägt das Gericht, das Verfahren nach § 153 Abs. 2, § 153 a Abs. 2 oder — obwohl er in Satz 2 nicht erwähnt wird — § 154 Abs. 2 (vgl. dazu *Rieß* § 154, 38) einzustellen, muß es zunächst über die Berechtigung der Anschlußerklärung entscheiden, um auf diese Weise der Anhörungspflicht nach § 397 Abs. 1 in Verb. mit §§ 33, 385 Abs. 1 zu genügen[24].

---

[19] Ebenso RGSt **66** 393; BayObLG MDR **1959** 945; *Dalcke/Fuhrmann* § 397 Fußn. 2.

[20] OLG Karlsruhe JW **1925** 2814 mit Anm. *Mannheim*; BayObLGSt **1952** 270 = NJW **1953** 433; OLG Köln NJW **1952** 678; OLG Hamm JMBlNRW **1953** 45; OLG Saarbrükken JBlSaar **1961** 16; OLG Düsseldorf JMBlNRW **1980** 238; KMR-*Müller* 11; *Kleinknecht/Meyer* 8.

[21] OLG Nürnberg OLGSt § 395, 9; KMR-*Müller* 11; a. A *Kleinkecht/Meyer* 8.

[22] Vgl. RGSt **51** 129; a. A BayObLGSt **1952** 270 = NJW **1953** 433; *Eb. Schmidt* 16; *Kleinknecht/Meyer* 8.

[23] OLG Saarbrücken JBlSaar **1961** 16; OLG Düsseldorf JMBlNRW **1980** 238.

[24] BVerfGE **14** 323 = MDR **1963** 26; *Kleinknecht/Meyer* 7.

III. Rechtsmittel

1. Beschwerde. Nach **herrschender Ansicht** haben Staatsanwalt und Angeschuldig- **17** ter gegen die Feststellung, daß der Anschluß berechtigt sei, Staatsanwalt und Anschlußberechtigter gegen die Feststellung, er sei nicht berechtigt, das Recht der einfachen **Beschwerde**[25]. Nach rechtskräftigem Abschluß des Verfahrens ist die Beschwerde unzulässig[26].

2. Würdigung und Kritik. Die Zulässigkeit der Beschwerde gegen den die **18** Anschlußerklärung des Nebenklägers bestätigenden oder ablehnenden Beschluß hängt davon ab, ob die Entscheidung darüber der Urteilsfällung vorausgeht oder nicht (vgl. § 305 Satz 1). Besteht zwischen dieser Entscheidung und der Urteilsfällung ein solcher **innerer Zusammenhang**, ist nach dem Wortlaut des § 305 Satz 1 keine Beschwerde möglich. Ob und wann das der Fall ist, ist in Rechtsprechung und Lehre umstritten. Das Oberlandesgericht Hamburg (NJW **1961** 2271), *Peters* (§ 66 I 1), aber auch die Vorauflagen (bis zur 22.; vgl. dort Anm. 5) bejahen einen solchen mit der Begründung, daß der Nebenkläger im Zeitpunkt der Anschlußerklärung Einfluß auf das Urteil nehmen wolle und dieser Umstand schon den inneren Zusammenhang begründe; damit sei § 305 Satz 1 anzuwenden, die Beschwerde mithin ausgeschlossen. Dagegen halten das Oberlandesgericht Köln (HESt **1** 221) und der erste Strafsenat des Bayerischen Obersten Landesgerichts (BayObLGSt **1953** 64 = NJW **1953** 1116) einen solchen inneren Zusammenhang „in der Regel" wegen der richterlichen Aufklärungspflicht **nicht für gegeben**.

Die bei weitem überwiegende Mehrheit der Obergerichte bejaht zwar einen sol- **19** chen inneren Zusammenhang[27]. Auch in der Lehre wird er im allgemeinen nicht bestritten[28]. Gleichwohl halten die Vertreter dieser Ansicht — entgegen § 305 Satz 1 — die Beschwerde nach § 304 mit der Begründung für zulässig, daß der Beschluß über die Berechtigung des Anschlusses nicht *ausschließlich* der Vorbereitung der Urteilsfällung diene, sondern eine darüber hinausgehende **selbständige prozessuale Wirkung** im Verfahren äußere (OLG Frankfurt NJW **1967** 2075), die darin Ausdruck finde, daß einem neuen Prozeßsubjekt — dem Nebenkläger — Zugang zum Verfahren verschafft werde; dessen Tätigkeit erschöpfe sich nicht nur in der Vorbereitung der Urteilsfällung, was daraus erhelle, daß dieser auch selbständig Rechtsmittel einlegen könne (OLG Saarbrüken NJW **1963** 513).

Zu dem gleichen Ergebnis gelangt *Bringewat* (301): Die potentielle Mitwirkung **20** habe mit der eigentlichen Zulassung nichts zu tun. Der „Zulassungsbeschluß" enthalte nicht schon das Vorbringen des Verletzten, sondern entfalte nur **prozeßgestaltende Wirkungen**; er verschaffe dem Verletzten lediglich die verfahrensrechtliche Stellung

[25] RGSt **66** 346; OLG Kiel JW **1933** 2077; OLG Oldenburg NJW **1956** 682; OLG Celle NJW **1960** 1171 = GA **1960** 380; OLG Saarbrücken NJW **1963** 1513; OLG Frankfurt NJW **1967** 2075 – unter Aufgabe seiner früheren Ansicht in NJW **1953** 317 – und NJW **1979** 994; OLG Hamm JZ **1972** 251; VRS **41** 210; OLG Koblenz OLGSt § 396 StPO, 1; OLG Hamburg MDR **1981** 957 unter Aufgabe seiner früheren Ansicht in NJW **1961** 2271; *Schlüchter* 78 Fußn. 221; *Theuerkauf* 789; *Bringewat* 293; KMR-*Müller* 9; Klein-

knecht/*Meyer* 10; KK-*v. Stackelberg* 10. Wegen der Anfechtung durch Revision vgl. Rdn. 22.
[26] OLG Zweibrücken MDR **1982** 342; OLG Hamm VRS **31** 122; *Schlüchter* 78 Fußn. 221; KMR-*Müller* 9; *Kleinknecht/Meyer* 10.
[27] RGSt **66** 346; OLG Köln RdK **1953** 158; VRS **12** 220; OLG Darmstadt JR **1949** 512; OLG Düsseldorf NJW **1982** 2566; OLG Hamm VRS **41** 210.
[28] *Eb. Schmidt* 17; *Kleinknecht/Meyer* 10; **a. A** *Peters* § 66 I 1.

Günter Wendisch

eines Nebenklägers (so auch *Theuerkauf* 790). Erst danach könne dieser Ausführungen machen und dadurch bei der Urteilsfällung mitwirken (vgl. dazu *Bringewat* 295); mithin könne das spätere Urteil nicht auf der — auch nicht auf einer ungerechtfertigten — „Nichtzulassung" beruhen (ähnlich *Theuerkauf* 790 f), und sei ein darauf gestütztes Rechtsmittel deshalb unzulässig. Nichts anderes besagt schließlich die Entscheidung des Landgerichts Düsseldorf (MDR **1960** 159), wonach die Entscheidung über die Berechtigung des Anschlusses **keine** die Urteilsfällung **sachlich vorbereitende Maßnahme**, sondern lediglich ein formeller Akt ist.

21   **3. Ergebnis.** Der Ansicht der herrschenden Meinung — Beschwerde nach § 304 — (Rdn. 20) ist zuzustimmen. Ebenso wie bei dem Beschluß über die Bestellung eines Pflichtverteidigers (vgl. Erl. zu § 141) geht es bei dem Beschluß über die Berechtigung des Anschlusses als Nebenkläger nicht um einen der vielen Beschlüsse, die die Hauptverhandlung gestalten und damit das Endurteil vorbereiten, sondern um die Frage, ob eine weitere Person **Verfahrensbeteiligter** wird oder bleibt (OLG Frankfurt NJW **1979** 995), mithin um eine Entscheidung mit selbständiger prozessualer Bedeutung[29]. Eine solche Frage steht — nach der Auslegung, die der Ausdruck notwendigerweise in Rechtsprechung und Schrifttum gefunden hat — nicht im inneren Zusammenhang mit der Urteilsfällung. Würde man diesen Begriff so weit erstrecken, wie es die die herrschende Ansicht ablehnende Meinung (Rdn. 18) tut, so wäre schließlich überhaupt kein Fall im Zwischenverfahren und in der Hauptverhandlung denkbar, dem man nicht einen Zusammenhang mit dem Urteil zuerkennen müßte.

4. Folgerungen

22   **a) Prüfungsbefugnis des Revisionsgerichts.** Allerdings ist einzuräumen, daß die einfache Beschwerde nicht das richtige Rechtsmittel ist, weil sie zu einer doppelten Prüfung — einmal im Beschwerde- und zum anderen im Revisionsverfahren (vgl. dazu Rdn. 25) — mit unter Umständen unterschiedlichen Ergebnissen führen kann. Denn daß es ein Verfahrensverstoß ist, wenn das Gericht — auch in der Beschwerdeinstanz — die Berechtigung des Nebenklägers zu Unrecht bejaht oder verneint hat, läßt sich nicht bezweifeln[30]. Verfahrensverstöße sind aber grundsätzlich **revisibel**. Hat das Beschwerdegericht auf die Beschwerde des abgelehnten Nebenklägers den Anschluß für berechtigt erklärt, so darf das Revisionsgericht gleichwohl seine Prüfung auf die Revision des Angeklagten, mit der dieser die Unzulässigkeit der Nebenklagebefugnis behauptet, aber auch des Nebenklägers, mit der dieser die allgemeine Sachrüge erhebt, nicht auf die Berechtigung zur Einlegung des Rechtsmittels beschränken, muß sie vielmehr auch auf die Frage erstrecken, ob dem Nebenkläger überhaupt ein Recht zur Nebenklage zustand[31]. Namentlich wenn die Entscheidung in einer Hauptverhandlung ergangen ist, kann die insoweit dem Revisionsgericht zustehende **Prüfungsbefugnis** durch den Beschluß des Beschwerdegerichts nicht eingeschränkt werden[32]. Dagegen tritt ein die weitere Überprüfung ausschließender Verbrauch der Rechtsmittelbefugnis ein, wenn sofortige Be-

---

[29] OLG Hamm VRS **41** 210; OLG Hamburg MDR **1981** 957; OLG Düsseldorf NJW **1982** 2566; KK-*v. Stackelberg* 12; *Kleinknecht/ Meyer* 10.

[30] OLG Köln NJW **1952** 678; OLG Düsseldorf JMBlNRW **1980** 237; KMR-Müller 13; *Eb. Schmidt* 24.

[31] BGH bei *Dallinger* MDR **1954** 152; BGHSt **29** 217; BayObLGSt **1949/51** 579, MDR **1953** 249; KK-*v. Stackelberg* 13.

[32] BGH NJW **1973** 1985; KK-*v. Stackelberg* 14.

schwerde statthaft ist[33], auch wenn der Berechtigte von der Möglichkeit der sofortigen Beschwerde keinen Gebrauch gemacht hat[34].

Das Oberlandesgericht Köln (HESt 1 219) und das Bayerische Oberste Landesgericht (BayObLGSt **1953** 64 = NJW **1953** 1116) wollen das vorstehend dargelegte Ergebnis dadurch gewinnen und die Revisibilität der Beschwerdeentscheidung dadurch — generell? — ausschließen, daß sie sich auf den Grundsatz der Ausschließlichkeit der Rechtsmittel berufen: Denn die **Aufklärungspflicht** würde in einer neuen Hauptverhandlung dazu zwingen, die bisher auf Anregung des — zu Unrecht zugelassenen — Nebenklägers festgestellten Tatsachen nunmehr von Amts wegen zu ermitteln. Die Wiederholung der Hauptverhandlung sei aber in der Regel ein Leerlauf, der den Gerichten nicht zugemutet werden könne (ebenso LG Düsseldorf MDR **1960** 159). **23**

b) Bedenken. Obwohl dieser Standpunkt an sich einleuchtet, kann ihm gleichwohl nicht gefolgt werden: **Fehlerhafte Entscheidungen** über die Anschlußberechtigung des Nebenklägers kann der dadurch Beschwerte, Angeschuldigter oder Anschlußberechtigter, sowie stets der Staatsanwalt — solange das nicht mit der sofortigen Beschwerde ausgeschlossen (Rdn. 22) wird — mangels einer gesetzlichen Ausnahmebestimmung regelmäßig mit der **Revision** gegen das Tatrichterurteil rügen[35]; ausdrücklich zu wiederholen braucht der nicht zugezogene Nebenkläger die Anschlußerklärung nicht; sie liegt in der Rechtsmitteleinlegung (Rdn. 1). Ist er zu Unrecht nicht zugezogen worden, ist zwar nicht der zwingende Revisionsgrund des § 338 Nr. 5 gegeben; jedoch wird regelmäßig nicht ausgeschlossen werden können, daß das Urteil auf dem Mangel beruht[36]. **24**

c) Reform. Diese Erkenntnis und die Darlegungen unter Rdn. 22 sollten — wenn auch rechtliche Probleme bei der Bewertung der Anschlußberechtigung an sich selten sind — gleichwohl Veranlassung geben, im Rahmen einer größeren Reform der Vorschriften über die Beteiligung der Verletzten am Strafverfahren (vgl. dazu Vor § 395, 9) die Möglichkeit in Erwägung zu ziehen, dem Nebenkläger gegen den Beschluß über seine Anschlußberechtigung — entsprechend der Regelung in § 138 d Abs. 6 und § 231 a Abs. 3 Satz 3 — die **sofortige Beschwerde** zu eröffnen (so auch KK-*v. Stackelberg* 14). Eine solche Regelung würde die — wenn auch wohl seltenen — Fälle vermeiden, wo das Revisionsgericht das Urteil des Tatrichters aufheben und die Sache deshalb an die Tatsacheninstanz zurückverweisen muß, weil dieser — wenn auch zufolge bindender Wirkung durch das Beschwerdegericht (vgl. *Theuerkauf* 791) — die Frage der Berechtigung des Anschlusses falsch entschieden hat. Sie würde auch die Vorschläge *Bringewats*, die dieser in diesem Zusammenhang zur Frage der Rechtskraftdurchbrechung macht (297 ff), die nach seiner eigenen Ansicht der Praxis zuwiderlaufen (302), überflüssig machen. **25**

IV. Weitere Rechtsfragen

1. Mit der Übernahme der Verfolgung (§ 377 Abs. 3) durch die Staatsanwaltschaft erlangt der **bisherige Privatkläger** die Stellung eines Nebenklägers; eine Anschlußerklärung ist nicht erforderlich (§ 377, 29; a. A *Werthauer* 78). **26**

---

[33] Vgl. RGSt 7 177; 20 46; 44 384; BGH NJW **1952** 234.

[34] BGH NJW **1962** 261; vgl. auch OLG Frankfurt NJW **1979** 994; KK-*v. Stackelberg* 14.

[35] RGSt **66** 346; OLG Frankfurt NJW **1966** 1669; *Lichti* DAR **1953** 106; *Theuerkauf* 791; *Eb. Schmidt* 17; 24; KMR-*Müller* 14 f; einschr. *Kleinknecht/Meyer* 13 ff.

[36] RGSt **71** 74; OLG Köln VRS **12** 220; *Megow* JW **1937** 1827.

27　**2. Prozeßkostenhilfe.** Der Nebenkläger steht auch hinsichtlich der Voraussetzungen für die Bewilligung der Prozeßkostenhilfe und der Beiordnung eines Rechtsanwalts dem Privatkläger gleich (vgl. § 397 Abs. 1 in Verb. mit § 379 Abs. 3 sowie die Erläuterungen dazu, namentlich § 397, 9; § 379, 14).

28　**3. Kostenvorschuß.** Durch die Streichung des früheren § 401 Abs. 1 Satz 2 (vgl. § 401 Entstehungsgesch.) — nach ihr galt die Vorschrift des § 379 a über die Zahlung des Gebührenvorschusses und die Folgen nicht rechtzeitiger Zahlung entsprechend — ist der Nebenkläger nicht mehr zur Zahlung eines Kostenvorschusses verpflichtet.

<h2 style="text-align:center">§ 397</h2>

(1) Der Nebenkläger hat nach erfolgtem Anschluß die Rechte des Privatklägers.

(2) Der Beschluß, der das Verfahren nach § 153 Abs. 2, § 153 a Abs. 2 oder § 153 b Abs. 2 einstellt, kann vom Nebenkläger nicht angefochten werden.

(3) ¹Wird die Verfolgung nach § 154 a beschränkt, so berührt dies nicht das Recht, sich der erhobenen öffentlichen Klage als Nebenkläger anzuschließen. ²Wird der Nebenkläger zum Verfahren zugelassen, so entfällt eine Beschränkung nach § 154 a Abs. 1 oder 2, soweit sie die Nebenklage betrifft.

Schrifttum. *Brauns* Die Besetzungsrüge und ihre Präklusion im Strafprozeß, Diss. Köln 1984; *Gollwitzer* Die Stellung des Nebenklägers in der Hauptverhandlung, FS Schäfer 65; *Schwab* Prozeßkostenhilfe und Nebenklage, MDR 1983 810.

Entstehungsgeschichte. Die als § 437 Gesetz gewordene Vorschrift hat ihre jetzige Bezeichnung durch die Bekanntmachung 1924 erhalten. Sie umfaßte ursprünglich nur einen Absatz. Durch Art. 10 Nr. 9 StPÄG 1964 wurde der jetzige Absatz 3 — als Absatz 2 — angefügt. Der neue Absatz 2 beruht auf Art. 1 Nr. 98 des 1. StVRG.

Übersicht

1. Rechte des Nebenklägers (Absatz 1)

1　**a) Allgemein.** Der Nebenkläger ist nicht zur Wahrung des öffentlichen Interesses an der Strafverfolgung berufen. Er nimmt — wie der Privatkläger — nur sein persönliches Interesse auf Genugtuung wahr (BGHSt 28 273). Deshalb hat er grundsätzlich auch die gleichen Rechte wie dieser. Jedoch ist eine **völlige Gleichstellung** deshalb **ausgeschlossen**, weil der Nebenkläger im Gegensatz zum Privatkläger das Verfahren nicht selbst betreibt, sondern — jedenfalls im ersten Rechtszug — nur neben den öffentlichen Ankläger tritt, dem von Amts wegen die Hauptrolle zufällt[1]. Innerhalb dieser Grenzen stehen dem Nebenkläger die Befugnisse des Privatklägers zu, gehen zum Teil sogar darüber hinaus (vgl. Rdn. 20 ff). Der Nebenkläger ist bei der Ausübung seiner Rechte von etwaigen weiteren Nebenklägern unabhängig (§ 375 Abs. 1), ebenso vom Staatsanwalt (LG München MDR **1954** 122). Da er seine Rechte erst nach seiner Zulassung ausüben kann (§ 396, 8 ff), muß er das bisherige Verfahren gegen sich gelten lassen; er kann keine Wiederholung verlangen (vgl. auch *Brauns* 127 f).

Der Nebenkläger hat zunächst die **Rechte**, die sich **aus § 385 Abs. 1** ergeben: Er **2** muß — wie der Privatkläger (§ 385, 3 f) — im gesamten Verfahren zugezogen und gehört werden, soweit in dem Verfahren auf erhobene öffentliche Klage die Staatsanwaltschaft zuzuziehen und zu hören ist (BGHSt **28** 273), so namentlich vor Einstellung des Verfahrens nach § 153 Abs. 2, § 153 a Abs. 2 oder § 153 b Abs. 2; seiner Zustimmung bedarf es jedoch in keinem Fall[2]. Unterbleibt die Anhörung, kann das Gericht den Einstellungsbeschluß auf Antrag oder auch von Amts wegen aufheben (§ 33 a in Verb. mit § 33 Abs. 3). Wegen weiterer Einzelheiten, namentlich zum Ausschluß der sofortigen Beschwerde gegen Einstellungsbeschlüsse nach den vorstehend aufgeführten Bestimmungen, vgl. Rdn. 21. Neben dem Anhörungsrecht steht dem Nebenkläger schließlich auch das Recht der Akteneinsicht zu; allerdings kann er es nur durch einen Rechtsanwalt ausüben.

Alle **Entscheidungen**, die der Staatsanwaltschaft bekanntgemacht werden, **sind 3** auch ihm **bekanntzugeben** (KK-*v. Stackelberg* 3). Zu Terminen ist er zu laden, bei der Ladung zur Hauptverhandlung ist die einwöchige Ladungsfrist nach § 385 Abs. 2 zu beachten. Hat der Nebenkläger seinen Anschluß erst erklärt, nachdem der Termin schon bestimmt war, kann er keine Terminsverlegung beanspruchen (§ 398 Abs. 2). Wird er von einem bevollmächtigten Rechtsanwalt vertreten, ist auch dieser zur Hauptverhandlung zu laden[3].

b) In der **Hauptverhandlung** hat der Nebenkläger zunächst das Recht auf Anwe **4** senheit[4] (keine Anwesenheitspflicht, Rdn. 15), selbst wenn er als Zeuge vernommen werden soll (vgl. dazu Rdn. 17). Ihm oder — bei Vertretung durch einen Rechtsanwalt — diesem ist **rechtliches Gehör** zu gewähren. Er kann Richter, Schöffen, Urkundsbeamte sowie Sachverständige ablehnen (Rdn. 12), Fragen an den Angeklagten, an Zeugen und Sachverständige stellen (§ 240 Abs. 2)[5], eine die Sachleitung betreffende Anordnung des Vorsitzenden oder die Zulässigkeit einer Frage beanstanden (§ 238 Abs. 2, § 242)[6]; die besondere Beurkundung von Verfahrensvorgängen und die vollständige Niederschreibung von Aussagen und Erklärungen beantragen (§ 273 Abs. 3)[7], unter den Vorausset-

---

[1] BGHSt **11** 195; **15** 60; **28** 273.

[2] BGHSt **28** 273; OLG Stuttgart DRZ **1940** 450; OLG Köln NJW **1952** 1029; OLG Celle NStZ **1983** 328 mit zust. Anm. *v. Stackelberg*; ebenso auch *Rieß* § 154, 38; *Gollwitzer* 77; KK-*v. Stackelberg* 3; KMR-*Müller* 1; **a. A** *Wieczorek* NJW **1952** 1269. Wegen der Ausnahme im Fall der Beschränkung der Strafverfolgung nach § 154 a vgl. Rdn. 22.

[3] OLG Karlsruhe VRS **50** 120; KK-*v. Stackelberg* 3.

[4] KK-*v. Stackelberg* 4; KMR-*Müller* 3.

[5] *Eb. Schmidt* 4; KMR-*Müller* 3; *Kleinknecht/ Meyer* 1. Ist er Mitangeklagter, darf er allerdings keine Fragen an die übrigen Mitangeklagten stellen; das Verbot des § 240 Abs. 2 Satz 2 geht dem Fragerecht vor (*Gollwitzer* 69).

[6] *Gollwitzer* 82; KMR-*Müller* 3.

[7] *Gollwitzer* 82.

Günter Wendisch

zungen des § 246 Abs. 2 oder des § 265 Abs. 4 die Aussetzung der Hauptverhandlung verlangen[8] und **Erklärungen** zu den Beweismitteln **abgeben** (§ 257 Abs. 2).

5   Da § 384 Abs. 3 für den Nebenkläger nicht gilt, kann dieser **Beweisanträge** nach § 244 Abs. 3 und 4 stellen[9]. Er kann Zeugen und Sachverständige unmittelbar laden (§ 386 Abs. 2 in Verb. mit § 220); § 245 Abs. 1 Satz 2 findet dahin Anwendung, daß auch das Einverständnis des Nebenklägers erforderlich ist[10]. Der Nebenkläger kann nicht nur die **Vereidigung** eines Sachverständigen beantragen (§ 79 Abs. 1 Satz 2); er kann auch der Nichtvereidigung eines Zeugen widersprechen mit der Folge, daß dieser trotz Verzichts von Staatsanwaltschaft, Verteidiger und Angeklagtem zu vereidigen ist.

6   Zwar nehmen *Rieß* (NJW **1975** 84), *Meyer* (LR[23] § 61, 35) und *Kleinknecht*[34] (§ 61, 10) an, sein **Verzicht** sei nicht **erforderlich**. Sie stützen ihre Ansicht auf die Begründung des Regierungsentwurfs zu Art. 1 Nr. 14 des 1. StVRG, wonach es nicht geboten schien, den Verzicht weiterer Verfahrensbeteiligter, z. B. des Nebenklägers ... für maßgeblich zu erklären, es vielmehr genügen solle, wenn das Gericht dessen Erklärung bei seiner Ermessensentscheidung berücksichtige (BTDrucks. **7** 551, S. 61 r. Sp. oben). Gleichwohl kann dieser Ansicht nicht gefolgt werden. Schon der Vergleich mit der Aufzählung von selbständigen Befugnissen im vorhergehenden Absatz, die alle Verfahrensvorschriften betreffen, in denen der Nebenkläger nicht besonders erwähnt wird, widerlegt den Standpunkt, daß der Verzicht des Nebenklägers für das Absehen der Vereidigung eines Zeugen unmaßgeblich sei. Die selbständige Stellung des Nebenklägers erfordert vielmehr — zumal da sich diese Regelung ohne Bruch in das System des Verfahrensrechts einfügt —, das Absehen von der Vereidigung nur zuzulassen, wenn neben den übrigen Verfahrensbeteiligten auch der Nebenkläger einem Verzicht zugestimmt hat (BGHSt **28** 273)[11].

7   Nach Schluß der Beweisaufnahme ist dem Nebenkläger von Amts wegen das **Wort zu erteilen** (§ 258 Abs. 1, 2)[12], und zwar nach dem Staatsanwalt, aber vor dem Angeklagten. Dieser hat das Recht auf das letzte Wort (§ 258 Abs. 2) auch gegenüber dem Nebenkläger[13]. In der Berufungsverhandlung ist § 325 auch bei Ladung durch den Nebenkläger anwendbar (*Alsberg/Nüse/Meyer* 290).

8   c) Der Nebenkläger kann im **Beistand eines Rechtsanwalts** erscheinen oder sich durch einen Rechtsanwalt vertreten lassen (LG Darmstadt AnwBl. **1974** 286), der — nur in der Hauptverhandlung — schriftliche Vollmacht vorlegen muß (§ 378, 8)[14]. Zustellungen an den Nebenkläger können zu Händen seines Anwalts bewirkt werden, wenn dieser schriftlich bevollmächtigt ist (vgl. § 378, 9). Grundsätzlich können mehrere Nebenkläger mehrere Anwälte oder **gemeinsam einen Anwalt** beauftragen. Ausgeschlossen ist das allerdings, soweit die mehreren Nebenkläger Mitangeklagte in demselben Verfahren sind (§ 395, 21; 26) und die Rechtsanwälte — was die Regel sein wird — die Nebenkläger zugleich verteidigen (§ 146). Dieser Grundsatz erfährt auch keine Ausnahme,

[8] KMR-*Müller* 3.
[9] BayObLGSt **1951** 601; BGHSt **28** 272; *Gollwitzer* 81, KK-*v. Stackelberg* 5; KMR-*Müller* 3; *Kleinknecht/Meyer* 2.
[10] BGHSt **28** 274; *Amelunxen* 54; *Gollwitzer* 65; *Meves* GA **40** (1892) 302; *Rüth* JR **1982** 267; *Alsberg/Nüse/Meyer* 374; *Eb. Schmidt* 4; *Koeniger* Die Hauptverhandlung in Strafsachen (1966) 263.
[11] *Gollwitzer* 81. Zur Frage der Zulässigkeit

der Rüge des Nebenklägers wegen eines Verstoßes gegen die Pflicht zur Belehrung eines Zeugen über sein Eidesverweigerungsrecht nach § 63 vgl. OLG Düsseldorf NStZ **1984** 182 mit Anm. *Krekeler.*
[12] RGSt **16** 253; KK-*v. Stackelberg* 5.
[13] OLG Saarbrücken VRS **17** 63; KK-*v. Stackelberg* 5.
[14] KK-*v. Stackelberg* 6; *Kleinknecht/Meyer* 2.

wenn der Verteidiger die mehreren Nebenkläger nicht in demselben, sondern in getrennten Verfahren verteidigen will. Denn § 146, der die Verteidigung mehrerer Beschuldigter schlechthin für unzulässig erklärt, erfaßt auch den Fall getrennter Verfahren, ja findet sogar dann Anwendung, wenn der eine von mehreren Beschuldigten (hier: mitangeklagte Nebenkläger) in einem getrennten Verfahren rechtskräftig abgeurteilt worden ist[15].

d) Prozeßkostenhilfe und Beiordnung eines Rechtsanwalts stehen dem Nebenklä- **9** ger unter den gleichen Voraussetzungen zu wie einem Privatkläger (§ 379, 14 ff)[16]. Steht dem Nebenkläger im Rahmen seiner gesetzlichen Unterhaltsansprüche nach §§ 1601, 1602 Abs. 1, § 1610 BGB ein Anspruch auf Zahlung eines Prozeßkostenvorschusses zu, so fehlt ihm die für die Gewährung von Prozeßkostenhilfe zum Zweck der Beteiligung an dem Strafverfahren notwendige Bedürftigkeit. Anders als bei einem Verteidiger (vgl. OLG Düsseldorf JMBlNRW 1952 150) kann das Gericht die Beiordnung eines Anwalts für den Nebenkläger auf den Zeitpunkt der Bewilligung der Prozeßkostenhilfe zurückverlegen, allerdings nicht weiter. Über die Bewilligung der Prozeßkostenhilfe für die **Berufungsinstanz** kann das Berufungsgericht entscheiden, bevor es über den Anschluß entschieden hat (OLG München DJZ 1935 1442).

e) Rechtsmittel. Dem Nebenkläger stehen die gewöhnlichen Rechtsmittel zu; **10** auch bei deren Einlegung ist er von der Staatsanwaltschaft unabhängig (§ 401 Abs. 1 Satz 1; vgl. § 401, 1); nicht dagegen hinsichtlich der Rechtsmittelfrist; hier ist er an die der Staatsanwaltschaft gebunden (§ 399, 2; § 401, 12 ff).

f) Zustimmung zur Rechtsmittelrücknahme. Der Zustimmung des Nebenklägers **11** zur Rücknahme eines vom Angeklagten eingelegten Rechtsmittels bedarf es nicht (§ 303 Satz 2), wohl aber bedarf die Rücknahme eines vom Nebenkläger eingelegten Rechtsmittels, um wirksam zu werden, der Zustimmung des Angeklagten - nicht des Verteidigers (vgl. Erl. zu § 303).

g) Richterablehnung. Nach den Motiven (*Hahn* Mat. 1 90) soll das Ablehnungs- **12** recht allen Prozeßbeteiligten, auch dem als Kläger (Privatkläger, Nebenkläger) auftretenden Verletzten zustehen. Für den Nebenkläger kommt das in § 24 Abs. 3 Satz 1 nicht zum Ausdruck (§ 24, 38); jedoch ergibt es sich aus der Verweisung in Absatz 1[17]. Ebenso ist der Nebenkläger zur **Ablehnung von Sachverständigen** berechtigt, obwohl § 74 Abs. 2 Satz 1 nur die Staatsanwaltschaft, den Privatkläger und den Beschuldigten aufführt. Es gibt jedoch keinen vernünftigen Grund, das Ablehnungsrecht auf diese Prozeßbeteiligten zu beschränken (*Klaus Müller* Der Sachverständige im gerichtlichen Verfahren [1973], 140). Ebenso wie bei der Richterablehnung steht es daher auch dem Nebenkläger zu[18].

2. Pflichten des Nebenklägers
a) Sicherheitsleistung, Gebühren- und Auslagenvorschuß. Sicherheit nach § 379 **13** Abs. 1, 2 braucht der Nebenkläger in keinem Fall zu leisten (§ 396 Abs. 3). **Gebühren-**

---

[15] KMR-*Müller* 8. Vgl. zu diesem Problem auch die Erläuterungen zu § 146 sowie die dort angeführten Entscheidungen.

[16] OLG Hamburg NJW 1969 944; OLG Karlsruhe AnwBl. 1982 492; OLG Nürnberg AnwBl. 1983 466; LG Duisburg AnwBl. 1980 124; *Schwab* 811; KK-*v. Stackelberg* 6;

KMR-*Müller* § 379, 12; *Kleinknecht/Meyer* 2; a. A KG JR 1982 169.

[17] Ebenso *Gollwitzer* 86; *Kleinknecht/Meyer* 10.

[18] RGSt 52 291; OLG Hamm DAR 1957 131; *Gollwitzer* 86; vgl. auch Erl. zu § 74.

Günter Wendisch

vorschuß schuldet er nur für eine von ihm selbst eingelegte Berufung oder Revision und für eine von ihm selbst beantragte Wiederaufnahme (§ 67 Abs. 1 Satz 1 GKG), nicht dagegen im Verfahren des 1. Rechtszugs oder bei Anschluß — einerlei in welcher Instanz — ohne eigene Rechtsmittel. Die frühere Regelung des § 401 Abs. 1 Satz 2, wonach dem Nebenkläger als Rechtsmittelführer zur Zahlung des Gebührenvorschusses nach § 67 Abs. 1 GKG eine Frist zu setzen war mit der Androhung, daß das Rechtsmittel nach fruchtlosem Ablauf verworfen würde, ist durch Artikel 1 Nr. 101 Buchst. a des 1. StVRG beseitigt worden (vgl. § 401, Entstehungsgeschichte), weil der mit dieser **Fristsetzung** verbundene Zeitverlust in keinem Verhältnis zu der nur 20 DM, jetzt 40 DM[19] betragenden Gebühr stand (Begr. BTDrucks. 7 551, S. 93 — zu Nr. 106).

14   **Auslagenvorschuß** braucht er nur zu zahlen, wenn er Berufung oder Revision eingelegt (§ 68 Abs. 2 GKG; § 379 a, 18) und zugleich damit — soweit das zulässig ist — eine mit Auslagen verbundene Handlung (z. B. Zeugen-oder Sachverständigenvernehmung) beantragt hat, die das Gericht nicht für erforderlich hält (OLG Hamm MDR **1976** 779). Von diesem Fall abgesehen, kann er Beweisanträge stellen, ohne für die Kosten Auslagenvorschüsse zahlen zu müssen. Wenn der Nebenkläger keinen Auslagenvorschuß (§ 68 GKG) zahlt, hat das nicht die Verwerfung des Rechtsmittels zur Folge, vielmehr unterbleiben die gerichtlichen Handlungen, für deren Deckung der Auslagenvorschuß gedacht war (§ 379, 4); es werden mithin keine Zeugen oder auch Sachverständigen geladen usw. Fordert das Gericht von dem Nebenkläger einen Gebühren- *und* Auslagenvorschuß und zahlt der Nebenkläger nur einen Teilbetrag, ist dieser zunächst auf den Gebührenvorschuß anzurechnen, selbst wenn der Nebenkläger etwas anderes bestimmt hat (so für den Privatkläger OLG Celle NdsRpfl. **1956** 171).

15   **b) Keine Anwesenheitspflicht.** Der Nebenkläger hat ein Recht, während der gesamten Hauptverhandlung anwesend zu sein[20], eine Anwesenheitspflicht oder -last trifft ihn nicht (RGSt **31** 38). Sein persönliches Erscheinen kann nicht angeordnet werden (Umkehrschluß aus § 387 Abs. 3)[21], jedoch kann das Gericht ihn als Zeugen laden. Sein **Ausbleiben** hat nicht die Folge, daß die Anschlußerklärung als zurückgenommen gilt[22]. Allerdings kann er durch sein Fernbleiben auch nicht den Eintritt von für ihn nachteiligen Folgen verhindern (*Brauns* 129). Weil der Nebenkläger nicht zu den Personen gehört, „deren Anwesenheit das Gesetz vorschreibt", stellt seine Abwesenheit auch keinen zwingenden Revisionsgrund nach § 338 Nr. 5 dar. Den Nebenkläger treffen auch sonst keine besonderen Mitwirkungspflichten, deren Verletzung den Gang des Verfahrens als solchen aufhalten könnte (*Gollwitzer* 66).

16   **c) Ausbleiben in der Berufungsverhandlung.** Die bisher strittige Frage, ob § 391 Abs. 3 (Verwerfung der Berufung des ausgebliebenen Privatklägers) auf den Nebenkläger anzuwenden war (vgl. dazu 22. Auflage § 397, 2 c), hat der Gesetzgeber nunmehr durch § 401 Abs. 3 Satz 1 positiv entschieden. Wegen weiterer Einzelheiten vgl. die Erläuterungen zu § 401, 22 ff.

---

[19] Zufolge Änderung des § 113 Abs. 1 Satz 1 GKG in Verb. mit Nr. 1650 der Anl. 1 zu § 11 Abs. 1 GKG.

[20] OLG Köln OLGSt n. F. § 401 StPO, 2; KK-*v. Stackelberg* 2.

[21] *Gollwitzer* 79; KK-*v. Stackelberg* 7; *Kleinknecht/Meyer* 2.

[22] Vgl. § 391 Abs. 2; § 402; RGSt **63** 53; *Mannheim* JW **1929** 1478; *Eb. Schmidt* 6; KMR-*Müller* 6.

3. Sonstige Befugnisse und Beschränkungen

a) Eignung als Zeuge. Der Nebenkläger kann, anders als der Privatkläger, Zeuge **17** sein[23]. Er kann auch bei der Vernehmung der vor ihm anzuhörenden Zeugen anwesend sein[24]; allerdings kann er auf dieses Recht auch verzichten (KMR-*Müller* 5). Besteht er darauf, schickt das Gericht ihn aber gleichwohl hinaus, muß er sein Recht auf Anwesenheit ausdrücklich geltend machen, wenn er eine Verfahrensrüge darauf stützen will (RG HRR **1934** 539).

Soweit keine Ausnahmen vorgeschrieben oder zugelassen sind, ist der Nebenklä- **18** ger **eidlich** zu vernehmen (BGH LM Nr. 1 zu § 396). Hat das Gericht den Vertreter des Nebenklägers in der Hauptverhandlung als Zeugen vernommen, darf er — mindestens nach seiner Entlassung als Zeuge — weiterhin die Rechte des Nebenklägers in der Verhandlung wahrnehmen[25].

b) Eignung als Sachverständiger. Das Reichsgericht hält es für zulässig, den Ne- **19** benkläger als Sachverständigen zu vernehmen[26]. Allerdings ist einzuräumen, daß in einem solchen Fall ein Ablehnungsantrag ohne weiteres Erfolg haben müßte. Wird aber — wie in den Fällen des Reichsgerichts — keiner gestellt, gibt es keine Bestimmung, welche die Vernehmung verbietet (vgl. auch *Kirchhof* GA **1954** 368).

c) Ausschluß der Widerklage gegen Nebenkläger. Gegen den Nebenkläger ist des- **20** halb keine Widerklage (§ 388) zulässig, weil das Gesetz sie nur im Privatklageverfahren, nicht im Offizialverfahren kennt (§ 388, 2)[27]. Das gilt auch dann, wenn die Sache zwar durch Erhebung einer Privatklage anhängig geworden ist, alsdann jedoch der Staatsanwalt nach § 377 Abs. 2 die Verfolgung übernommen hat[28]. War die **Widerklage** schon **vor** der **Übernahme** erhoben, ist zu unterscheiden: Übernimmt der Staatsanwalt das Klage- und Widerklageverfahren, werden der bisherige Privatkläger und der bisherige Widerkläger beide zu Nebenklägern; übernimmt der Staatsanwalt nur eine der beiden, gelten die Ausführungen zu § 388, 25.

d) Anfechtung von Einstellungsbeschlüssen (Absatz 2). Nach geltendem Recht ist **21** der Verletzte nicht befugt, gegen eine Einstellungsverfügung der Staatsanwaltschaft nach § 153 Abs. 1 das Klageerzwingungsverfahren zu betreiben (§ 172 Abs. 2 Satz 3) oder sonst eine gerichtliche Entscheidung herbeizuführen. Von diesem Grundsatz nur deshalb abzuweichen, weil sich der Verletzte einem gerichtlichen Verfahren als Nebenkläger angeschlossen hat, besteht kein Grund; es erscheint vielmehr folgerichtig, ihm auch in diesem Fall **kein Rechtsmittel** gegen einen mit Zustimmung der Staatsanwaltschaft ergangenen richterlichen Einstellungsbeschluß nach § 153 Abs. 2, § 153 a Abs. 2 oder § 153 b Abs. 2 einzuräumen (Begr. BTDrucks. 7 551, S. 93 — zu Art. 1 Nr. 103).

e) Verfolgungsbeschränkung. Absatz 3 (vgl. dazu auch § 395, 6) stellt die Interes- **22** sen des Nebenklageberechtigten über das Interesse der Verfahrensvereinfachung. Trotz Abtrennung eines Tatkomplexes oder eines rechtlichen Gesichtspunkts bleibt die Zulas-

[23] RGSt **2** 388; *Amelunxen* 51 f; *Rieß* Gutachten, 32; *Schlüchter* 78 Fußn. 222; *Roxin* § 62 B; KMR-*Müller* 5; a. A *Beling* 463 sowie JW **1931** 2505; *Eb. Schmidt* Vor § 48, 6; Vor § 395, 10.

[24] RGSt **25** 177; RG JW **1891** 55; **1931** 2505; OLG Dresden JW **1932** 964; BGH LM § 396 StPO, 1; BGH VRS **48** 18; BGH bei *Dallinger* MDR **1952** 532; *Gollwitzer* 78; *Gerland* 132;

KMR-*Müller* 5; *Kleinknecht/Meyer* 2; a. A *Schorn* GA **77** (1933) 258.

[25] RG 1 D 189/33 vom 7. 7. 1933, vgl. auch RGSt **59** 354.

[26] JW **1922** 1393; HRR **1939** Nr. 358; a. A *Oetker* JW **1922** 1393.

[27] KK-*v. Stackelberg* 9; *Kleinknecht/Meyer* 3.

[28] RGSt **29** 116; *Lindemann* GA **51** (1904) 260; *Eb. Schmidt* 10.

sungsbefugnis erhalten (Absatz 3 Satz 1). Die Zulassung bewirkt den Wegfall einer schon eingetretenen Verfolgungsbeschränkung (Absatz 3 Satz 2); sie schließt eine beabsichtigte aus, soweit sie den Sachverhalt oder die Gesetzesverletzung betrifft, aus denen sich die Anschlußberechtigung ergibt. Doch kann das Gericht einzelne Tatteile oder Gesetzesverletzungen auch nach diesem Zeitpunkt ausscheiden, wenn der Nebenkläger einer solchen Stoffbeschränkung zustimmt (§ 154 a, 26). Für den zuletzt genannten Fall empfiehlt sich ein klarstellender Beschluß (*Kleinknecht/Meyer* 5).

Im **Fall des § 430** entfaltet das Nebenklagerecht diese Wirkung dagegen nicht[29]. Der Nebenkläger ist hier nicht unabhängig von dem Staatsanwalt; dessen Gestaltungsrecht steht ihm nicht zu. Auch für eine entsprechende Anwendung ist kein Raum, wie aus einem Vergleich des Absatzes 3 mit § 385 Abs. 4 erhellt.

23   **4. Kosten.** Wegen der Kosten und Auslagen des Nebenklägers vgl. die Erläuterungen zu § 471 und § 473.

§ 398

(1) Der Fortgang des Verfahrens wird durch den Anschluß nicht aufgehalten.

(2) Die bereits anberaumte Hauptverhandlung sowie andere Termine finden an den bestimmten Tagen statt, auch wenn der Nebenkläger wegen Kürze der Zeit nicht mehr geladen oder benachrichtigt werden konnte.

Entstehungsgeschichte. Die als § 438 Gesetz gewordene Vorschrift hat ihre jetzige Bezeichnung durch die Bekanntmachung 1924 erhalten.

1   1. Der Nebenkläger tritt dem Strafverfahren grundsätzlich in dem Stadium bei, in dem es sich zur **Zeit seines Anschlusses** befindet. Er muß die prozeßgestaltenden Maßnahmen der anderen Verfahrensbeteiligten, soweit sie bereits geschehen sind, gegen sich gelten lassen und kann neue nicht verhindern, auch wenn sie sich gegen ihn auswirken (OLG Stuttgart NJW **1970** 823). Dieser Grundsatz findet seinen Ausdruck nicht nur in Absatz 1, sondern auch in § 399 Abs. 1 (dort Rdn. 1), wonach der Fortgang des Verfahrens durch den Anschluß nicht aufgehalten wird (Absatz 1) und dem Nebenkläger Entscheidungen, die vor seinem Anschluß ergangen sind, regelmäßig (Ausn. § 401 Abs. 1 Satz 2) nicht einmal bekanntzumachen sind (§ 399 Abs. 1).

2   Der Satz, daß der **Fortgang des Verfahrens** durch den Anschluß „nicht aufgehalten wird" (Absatz 1), ist nicht als eine absolute, keine Ausnahmen zulassende Vorschrift aufzufassen. Das kann sie schon deshalb nicht sein, weil Rechtsmittel, die nur der Nebenkläger einlegt, stets den rechtskräftigen Abschluß des Verfahrens hinausschieben. Allerdings hat der Gesetzgeber die damit verbundene Verfahrensverlängerung durch Streichung des bisherigen § 401 Abs. 1 Satz 2 verringert, wonach dem Nebenkläger als Rechtsmittelführer zur Zahlung des Gebührenvorschusses nach § 113 Abs. 1 — jetzt § 67 Abs. 1 — GKG eine Frist zu setzen war mit der Androhung der Verwerfung des

---

[29] KK-*v. Stackelberg* 14; KMR-*Müller* 2; *Kleinknecht/Meyer* 2.

Rechtsmittels nach fruchtlosem Ablauf (§ 401 Entstehungsgeschichte). Eine weitere Zeitverkürzung wird dadurch erreicht, daß — abweichend vom früheren Recht — die Frist zur Begründung des Rechtsmittels nicht mehr an den Zeitpunkt des Zulassungsbeschlusses geknüpft wird, was im Revisionsverfahren häufig zu einer Verfahrensverlängerung von mehreren Monaten führte (vgl. *Sarstedt* JZ **1962** 775). Wegen weiterer Einzelheiten zum Fristbeginn vgl. § 401, 9 ff.

2. Das Gericht kann bereits anberaumte Termine und Hauptverhandlungen selbst **3** dann durchführen, wenn der Nebenkläger aus triftigen Gründen am Erscheinen verhindert ist[1]. Er hat kein Recht auf Vertagung, außer nach § 246 Abs. 2 oder nach § 265 Abs. 4[2]. Andererseits ist das Gericht nicht gehindert, nach seinem Ermessen auf den Nebenkläger **Rücksicht** zu nehmen. Eine solche Rücksichtnahme kann einmal auf der allgemeinen Fürsorgepflicht des Gerichts beruhen, wonach die Einflußmöglichkeit des Nebenklägers nicht durch vermeidbare Verzögerung der Zulassung beeinträchtigt werden darf[3]. Sie wird namentlich dann gebieten, einen schon anberaumten Termin zu verlegen, wenn andernfalls mit Überraschungen zu rechnen wäe, die unter Umständen zu einem ärgeren Zeitverlust führen als die Verlegung[4].

3. Trotz Zulassung (§ 396 Abs. 2) trifft den Nebenkläger keine Anwesenheits- **4** pflicht in der Hauptverhandlung (§ 397, 15). Erscheint er nicht und wird er auch nicht durch einen Rechtsanwalt vertreten, ist ihm das **rechtliche Gehör** durch die Ladung gewährt worden[5].

4. Konnte der Nebenkläger zu der bereits anberaumten Hauptverhandlung noch **5** geladen oder von einem anderen Termin noch benachrichtigt werden, so begründet das **Unterbleiben** der Ladung die Revision, soweit das Urteil auf diesem Verfahrensfehler beruht, was allerdings regelmäßig zu bejahen sein wird[6].

5. War die Ladung unterblieben, ist das **Urteil** dem Nebenkläger **zuzustellen 6** (§ 401 Abs. 2 Satz 2). Andere verkündete Entscheidungen brauchen ihm nicht bekanntgegeben zu werden (RGSt **61** 385).

§ 399

(1) **Entscheidungen, die schon vor dem Anschluß ergangen und der Staatsanwaltschaft bekanntgemacht waren, bedürfen außer in den Fällen des § 401 Abs. 1 Satz 2 keiner Bekanntmachung an den Nebenkläger.**

(2) **Die Anfechtung solcher Entscheidungen steht auch dem Nebenkläger nicht mehr zu, wenn für die Staatsanwaltschaft die Frist zur Anfechtung abgelaufen ist.**

[1] *Gollwitzer* 79; *Kleinknecht/Meyer* 2.
[2] BGHSt **28** 272; *Kleinknecht/Meyer* 2.
[3] *Rieß* Gutachten, 32 Fußn. 115; *Kleinknecht/Meyer* 1. Wegen einer unterbliebenen Besetzungsmitteilung nach § 222 a an den Nebenkläger vgl. *Brauns* – LV § 397–131.
[4] Vgl. zur Frage der Prozeßverzögerung auch *Berz* DAR **1978** 1.

[5] *Gollwitzer* 69; KK-*v. Stackelberg* 2; *Kleinknecht/Meyer* 2.
[6] RG GA **43** (1895) 32; OLG Karlsruhe OLGSt § 218 StPO, 9; *Eb. Schmidt* 2; KK-*v. Stackelberg* 4; KMR-*Müller* 2; *Kleinknecht/Meyer* 4.

Entstehungsgeschichte. Die als § 439 Gesetz gewordene Vorschrift hat ihre jetzige Bezeichnung durch die Bekanntmachung 1924 erhalten. Durch Art. 1 Nr. 99 des 1. StVRG sind in Absatz 1 nach dem Wort „bedürfen" die Worte „außer in den Fällen des § 401 Abs. 1 Satz 2" eingefügt worden.

1　1. **Absatz 1** betrifft nur **Entscheidungen** — auch Urteile — **vor** der **Anschlußerklärung.** Solche Entscheidungen brauchen, soweit sie der Staatsanwaltschaft bekanntgemacht waren, dem Nebenkläger nicht bekanntgegeben zu werden (KMR-*Müller* 1). Eine Ausnahme gilt allerdings in den Fällen des § 401 Abs. 1 Satz 2, wonach dem Nebenkläger, der seinen Anschluß nach ergangenem Urteil zur Einlegung eines Rechtsmittels erklärt, das Urteil alsbald zuzustellen ist (§ 401, 8; KK-*v. Stackelberg* 1). Entscheidungen, die **nach** Eingang der **Anschlußerklärung** ergehen, sind dem Nebenkläger jedoch bekanntzumachen, und zwar auch dann, wenn bei ihrem Erlaß der Beschluß, durch den das Gericht die Berechtigung zum Anschluß bejaht hat, noch nicht ergangen war[1].

2　2. Auch **Absatz 2** betrifft nur solche Entscheidungen, die — im Gegensatz zu § 401, der von den Rechtsmitteln gegen Entscheidungen nach dem Anschluß handelt[2] — vor der Anschlußerklärung ergangen sind; allerdings fallen dann Anschlußerklärung und Rechtsmitteleinlegung regelmäßig zusammen (§ 395, 33 f). Für diesen Fall gibt das Gesetz dem Nebenkläger zwar ein eigenes Rechtsmittel, jedoch **keine eigene Rechtsmittelfrist**[3]. Vielmehr kann der Nebenkläger sein Rechtsmittel nur innerhalb der für die Staatsanwaltschaft (noch) laufenden Rechtsmittelfrist einlegen mit der Folge, daß ihm das Rechtsmittel versagt bleibt, wenn die Staatsanwaltschaft auf Rechtsmittel verzichtet oder ihr Rechtsmittel zurückgenommen hat[4].

3　Hat die Staatsanwaltschaft ihre Rechtsmittelbefugnis durch Fristablauf, Rücknahme oder Verzicht verloren, kann sich der Nebenkläger gleichwohl noch anschließen, wenn der **Angeklagte** ein Rechtsmittel eingelegt hat. Allerdings ist er dann nicht Rechtsmittelführer; seine Beteiligung erledigt sich auch hier, wenn der Angeklagte sein Rechtsmittel zurücknimmt (*Eb. Schmidt* § 399, 2; 3 sowie § 395, 20). Legt der Staatsanwalt oder ein anderer Nebenkläger ein Rechtsmittel ein, kann der Nebenklagebefugte sich auch nach Fristablauf dem Verfahren bis zur Rechtskraft anschließen. Aber er kann nicht hindern, daß der Staatsanwalt oder der andere Nebenkläger durch Rücknahme ihrer Rechtsmittel die Rechtskraft herbeiführen (*Kleinknecht/Meyer* 2). Der Nebenklagebefugte kann das Rechtsmittel des Staatsanwalts nicht übernehmen und etwa selbständig weiterbetreiben (KK-*v. Stackelberg* 3).

4　3. Der Nebenkläger kann in den Fällen des Absatzes 2 auch keine **Wiedereinsetzung** in den vorigen Stand verlangen; eine Frist einzuhalten war er deshalb nicht gehindert, weil gegen ihn keine eigene Frist lief[5]. Diese Konsequenz erscheint auch deshalb folgerichtig, weil die Prozeßbeteiligten nach Eintritt der Rechtskraft gegen Überraschungen geschützt sein müssen, die von einer bisher unbeteiligten Person kommen können (*Brauns* — LV § 397 — 131). Gerade beim Nebenklageberechtigten könnten die

[1] KK-*v. Stackelberg* 1; *Kleinknecht/Meyer* 1; Folge des deklaratorischen Charakters dieses Beschlusses; vgl. dazu § 396, 10 ff.

[2] KK-*v. Stackelberg* 2; KMR-*Müller* 1.

[3] KMR-*Müller* 3; a. A *Renkl* MDR **1975** 904.

[4] RG JR **1927** 2168; RGSt **66** 129; BayObLG

OLGSt § 395 StPO, 19; 21; *Schreiber* JW **1932** 2732; KK-*v. Stackelberg* 2; KMR-*Müller* 4; *Kleinknecht/Meyer* 2.

[5] RGSt **71** 173; BayObLGSt **1955** 19; OLG Celle NdsRpfl. **1964** 144; KK-*v. Stackelberg* 4; KMR-*Müller* 6.

Voraussetzungen einer Wiedereinsetzung unter Umständen noch nach Jahr und Tag gegeben sein. Anders ist zu entscheiden, wenn der Nebenklageberechtigte vor Fristablauf den Anschluß erklärt, das Rechtsmittel jedoch erst nach Fristablauf eingelegt hat. Dann kann ihm unter den Voraussetzungen der §§44, 45 gegen die Versäumung der Frist Wiedereinsetzung in den vorigen Stand gewährt werden[6].

4. Unter **Frist zur Anfechtung** (Absatz 2) ist nur die Einlegungsfrist zu verstehen[7]. Hat der Nebenkläger das Rechtsmittel rechtzeitig eingelegt, wird die Begründungsfrist nach allgemeinen Regeln in Lauf gesetzt. Sie beginnt, wie §401 Abs. 1 Satz 3 nunmehr klarstellt, entweder — entsprechend Absatz 2 — mit dem Ablauf der für die Staatsanwaltschaft laufenden Rechtsmitteleinlegungsfrist oder mit der Zustellung des Urteils, je nachdem welcher Zeitpunkt später liegt. **5**

5. Wegen weiterer Einzelheiten zu den Rechtsmitteln des Nebenklägers vgl. die Erläuterungen zu §401. **6**

§400

Die Vorschrift regelte, wem das Urteil zuzustellen war, wenn weder der Nebenkläger noch sein Anwalt in der Hauptverhandlung anwesend waren. Art. 1 Nr. 100 des 1. StVRG hat sie **aufgehoben**. Wann und in welcher Form eine Zustellung des Urteils an den Nebenkläger erforderlich ist, bestimmt nunmehr §401 Abs. 2 Satz 1, erster Satzteil (vgl. Begr. BTDrucks. 7 2600, S. 93).

§401

(1) [1]Der Rechtsmittel kann sich der Nebenkläger unabhängig von der Staatsanwaltschaft bedienen. [2]Geschieht der Anschluß nach ergangenem Urteil zur Einlegung eines Rechtsmittels, so ist dem Nebenkläger das angefochtene Urteil sofort zuzustellen. [3]Die Frist zur Begründung des Rechtsmittels beginnt mit Ablauf der für die Staatsanwaltschaft laufenden Frist zur Einlegung des Rechtsmittels oder, wenn das Urteil dem Nebenkläger noch nicht zugestellt war, mit der Zustellung des Urteils an ihn auch dann, wenn eine Entscheidung über die Berechtigung des Nebenklägers zum Anschluß noch nicht ergangen ist.

(2) [1]War der Nebenkläger in der Hauptverhandlung anwesend oder durch einen Anwalt vertreten, so beginnt für ihn die Frist zur Einlegung des Rechtsmittels auch dann mit der Verkündung des Urteils, wenn er bei dieser nicht mehr zugegen oder vertreten war; er kann die Wiedereinsetzung in den vorigen Stand gegen die Versäumung der Frist nicht wegen fehlender Rechtsmittelbelehrung beanspruchen. [2]Ist der Nebenkläger in der Hauptverhandlung überhaupt nicht anwesend oder vertreten gewesen, so beginnt die Frist mit der Zustellung der Urteilsformel an ihn.

---

[6] RGSt **76** 178; OLG Hamm NJW **1964** 265; KK-v. *Stackelberg* 5; KMR-*Müller* 6; *Renkl*   MDR **1975** 904; a. A BayObLG VRS **58** 284. [7] *Eb. Schmidt* 7; KK-v. *Stackelberg* 6.

Günter Wendisch

(3) [1]Hat allein der Nebenkläger Berufung eingelegt, so ist diese, wenn bei Beginn einer Hauptverhandlung weder der Nebenkläger noch für ihn ein Rechtsanwalt erschienen ist, unbeschadet der Vorschrift des § 301 sofort zu verwerfen. [2]Der Nebenkläger kann binnen einer Woche nach der Versäumung unter den Voraussetzungen der §§ 44 und 45 die Wiedereinsetzung in den vorigen Stand beanspruchen.

(4) Wird auf ein nur von dem Nebenkläger eingelegtes Rechtsmittel die angefochtene Entscheidung aufgehoben, so liegt der Betrieb der Sache wiederum der Staatsanwaltschaft ob.

Schrifttum. *Schneidewin* Die Grenzen des Rechtsmittels des Nebenklägers, JR **1959** 328.

Entstehungsgeschichte. Die als § 441 Gesetz gewordene Vorschrift hat ihre jetzige Bezeichnung durch die Bekanntmachung 1924 erhalten. Sie bestand ursprünglich nur aus dem jetzigen Absatz 1 Satz 1 und Absatz 4. Durch Art. 3 Nr. 173 VereinhG war Absatz 1 — entsprechend dem damaligen Rechtszustand in der amerikanischen und britischen Zone — unter Übernahme der Vorschrift Kap. I Art. 10 Erster Teil der 3. AusnVO um folgenden Satz 2 ergänzt worden: „Die Vorschrift des § 379 a über die Zahlung des Gebührenvorschusses und die Folge nicht rechtzeitiger Zahlung gilt entsprechend." Die Neuregelung führte dazu, daß dem Nebenkläger als Rechtsmittelführer zur Zahlung des Gebührenvorschusses nach § 113 Abs. 1 — jetzt § 67 Abs. 1 — GKG eine Frist zu setzen war mit der Androhung der Verwerfung des Rechtsmittels nach fruchtlosem Ablauf. Weil der damit verbundene Zeitverlust in keinem Verhältnis zu der geringen Gebühr nach § 113 Abs. 1 Satz 1 — jetzt § 67 Abs. 1 Satz 1 —, § 77 Abs. 1 GKG — letzteren hat Art. 1 Nr. 53 GKGÄndG vom 20. 8. 1975 aufgehoben — stand, wurde Satz 2 durch Art. 1 Nr. 101 Buchst. a des 1. StVRG durch die jetzigen Sätze 2 und 3 ersetzt. Durch Buchstabe b derselben Nummer wurden die Absätze 2 und 3 in die Vorschrift eingestellt, durch Buchstabe c wurde der bisherige Absatz 2 zu Absatz 4.

Übersicht

I. Rechtsmittel des Nebenklägers

1. Allgemein (Absatz 1 Satz 1). Dem Nebenkläger stehen gegen die nach seinem **1** Anschluß ergehenden Entscheidungen (vgl. § 399, 2) unabhängig von der Staatsanwaltschaft dieselben Rechtsmittel zu wie dieser[1], nämlich Berufung[2], Revision, einfache und sofortige Beschwerde (vgl. § 397, 1; 10). Die **Unabhängigkeit** besteht hinsichtlich Frist, Einlegung, Begründung und Durchführung der Rechtsmittel. Staatsanwalt und Nebenkläger — auch mehrere — können mithin jeder allein oder nebeneinander das zulässige Rechtsmittel einlegen, dabei verschiedene Rügen erheben und unterschiedliche Anträge stellen, sogar Verfahrensfehler rügen, die gegenüber den anderen Verfahrensbeteiligten — Staatsanwalt oder Nebenkläger — begangen worden sind. So kann der Nebenkläger mit der Revision auch rügen, daß Anträge des Staatsanwalts unrichtig behandelt worden seien[3].

Ebensowenig wie der Nebenkläger über ein Rechtsmittel der Staatsanwaltschaft **2** (§ 399, 3) **verfügen** kann, kann diese das über ein Rechtsmittel des Nebenklägers; sie kann dieses also nicht zurücknehmen oder zu ihrem eigenen machen. Weder der Staatsanwalt noch der Nebenkläger kann auch widersprechen, wenn der andere sein Rechtsmittel zurücknimmt[4]. Über Rechtsmittel des Staatsanwalts und des Nebenklägers — sowie über ein etwaiges Rechtsmittel des Angeklagten — wird im allgemeinen **gleichzeitig** verhandelt und entschieden. Freilich kann eine Berufung oder Revision auch vorab durch Beschluß nach § 322 Abs. 1 Satz 1, § 346 Abs. 1 oder nach § 349 Abs. 1 als unzulässig, eine Revision auch nach § 349 Abs. 2 als offensichtlich unbegründet verworfen werden, während wegen des verbleibenden Rechtsmittels Termin zur Hauptverhandlung bestimmt wird.

Wegen des Falls, daß ein Beschwerdeführer Revision, der andere Berufung einge- **3** legt hat, vgl. die Ausführungen zu § 335 Abs. 3. **Beteiligter** nach dieser Vorschrift ist auch der Nebenkläger; die Wahl nach § 335 Abs. 1 steht auch ihm frei.

2. Beschwer. Voraussetzung für die Einlegung des Rechtsmittels ist, daß der Ne- **4** benkläger durch die Entscheidung beschwert ist[5], und zwar entweder in seiner Funktion als privates Kontrollorgan staatsanwaltschaftlicher Strafverfolgung (vgl. § 395, 40) oder zufolge **unrichtiger Behandlung** des Nebenklagedelikts. Der Nebenkläger ist mithin beschwert bei Nichtaufnahme des Nebenklagedelikts in den Schuldspruch trotz Wegfalls der Beschränkung nach § 154 a Abs. 1 oder 2 (§ 397, 22) oder bei seiner Nichtberücksichtigung im Rechtsfolgenausspruch[6]. Dagegen fehlt es an einer solchen Beschwer, wenn eine Entscheidung über **Untersuchungshaft** oder vorläufige Unterbringung und deren Vollzug in Frage steht. Das kann nicht zweifelhaft sein, soweit der Anschluß auf der Privatklagebefugnis (§ 395 Abs. 1) beruht (§ 387, 23)[7], ist aber auch anzunehmen, wenn die Anschlußbefugnis aus § 395 Abs. 2 abgeleitet wird. Auch in diesem Fall steht dem Nebenkläger mithin keine Beschwerde gegen solche vorläufigen Entscheidungen zu (*Kleinknecht/Meyer* 3).

---

[1] § 397 Abs. 1 in Verb. mit § 390 Abs. 1; vgl. auch § 114, 49 f.

[2] KMR-*Müller* 2; *Kleinknecht/Meyer* 1. Wegen der Zulässigkeit der Beschränkung auf das Strafmaß vgl. LG Ravensburg MDR **1981** 74.

[3] So für abgelehnte Beweisanträge BayObLG DJZ **1931** 174.

[4] *Gollwitzer* 72; KK-*v. Stackelberg* 1; *Kleinknecht/Meyer* 1; **a. A** *Beling* 463, 2.

[5] BGHSt **29** 218; OLG Celle OLGSt n. F. § 210 StPO, 1; KK-*v. Stackelberg* 2.

[6] BGHSt **13** 145; NJW **1970** 205; KK-*v. Stackelberg* 2; *Kleinknecht/Meyer* 2.

[7] OLG Karlsruhe MDR **1974** 332; KK-*v. Stackelberg* 2.

5   **3. Prüfung der Anschlußbefugnis.** Die Anschlußbefugnis des Nebenklägers ist in jeder Lage des Verfahrens (vgl. § 395, 41; § 396, 15), mithin auch vom Rechtsmittelgericht von Amts wegen zu prüfen[8], unabhängig von einem etwaigen früheren Beschluß des Erstrichters, durch den dieser die Berechtigung der Anschlußerklärung des Nebenklägers schon bejaht hat. Sie ist allgemeine **Zulässigkeitsvoraussetzung** — auch für die Rechtsmittel des Nebenklägers — in der Rechtsmittelinstanz. Natürlich bedarf es keines neuen Beschlusses, wenn das Rechtsmittelgericht die Anschlußbefugnis in Übereinstimmung mit der Vorinstanz bejaht.

6   Die **Rechtsnormen** über die Anschlußbefugnis gehören zu den Vorschriften über die Einlegung der Berufung (§ 322 Abs. 1) und der Revision (§ 349 Abs. 1)[9]. Fehlt es nach Auffassung des Rechtsmittelgerichts an der Anschlußbefugnis, muß es das Rechtsmittel ohne Verhandlung durch Beschluß als unzulässig verwerfen.

7   **4. Wirkung** Der Nebenkläger kann ebensowenig wie der Privatkläger ein Rechtsmittel zu Gunsten des Angeklagten (§ 296 Abs. 2) einlegen, weil ihm die Amtsstellung des Staatsanwalts fehlt[10]. Jedoch kann sein Rechtsmittel wie das des Staatsanwalts und das des Privatklägers stets auch zu Gunsten des Angeklagten wirken (§ 301; § 390, 6)[11].

8   **5. Zustellung bei Anschluß nach ergangenem Urteil (Absatz 1 Satz 2).** Die Vorschrift, die durch Art. 1 Nr. 101 Buchst. a des 1. StVRG (vgl. Entstehungsgesch.) eingefügt worden ist, ergänzt § 399 Abs. 2. Sie dient der **Verfahrensbeschleunigung.** Hat der Nebenkläger sein Rechtsmittel rechtzeitig eingelegt (vgl. dazu § 399, 2), ist ihm das angefochtene Urteil sofort zuzustellen. Damit erhält der Nebenkläger die notwendigen Unterlagen, die zur Begründung seines Rechtsmittels erforderlich sind. Es ist daher folgerichtig, daß auch die Rechtsmittelbegründungsfrist mit diesem Zeitpunkt in Lauf gesetzt wird, es sei denn, daß das — vollständige — Urteil dem Nebenkläger noch innerhalb der für die Staatsanwaltschaft maßgeblichen Rechtsmitteleinlegungsfrist zugestellt worden ist; in diesem Fall beginnt sie erst mit deren Ablauf. Wegen weiterer Einzelheiten dazu vgl. Rdn. 12 f.

II. Fristen

1. Einlegungsfrist (Absatz 2)

9   **a) Allgemein.** Nach § 400, der durch Art. 1 Nr. 100 des 1. StVRG aufgehoben worden ist (Anm. zu § 400), begann für einen Nebenkläger, der bei Verkündung des Urteils weder anwesend noch vertreten war, die **Rechtsmitteleinlegungsfrist** ganz allgemein erst mit der Zustellung des vollständigen Urteils an ihn. Dieses Vorrecht gegenüber einem — wie aus der Abwesenheit regelmäßig zu schließen ist — an dem Verfahren wenig interessierten Nebenkläger, das den Eintritt der Rechtskraft des Urteils teilweise erheblich hinauszögerte, beseitigt der neue Absatz 2; zugleich regelt er den Beginn der Einlegungsfrist neu (Satz 1 erster Halbsatz).

---

[8] BGH bei *Dallinger* MDR **1954** 152; BGHSt **29** 217; OLG Düsseldorf JMBlNRW **1980** 237; KK-*v. Stackelberg* 3.

[9] RGSt **69** 244; BGH bei *Dallinger* MDR **1954** 152; OLG Köln NJW **1952** 578; OLG Düsseldorf JMBlNRW **1980** 238; *Siegert* JW **1935** 2642; *Schneider/Neuenburg* DStR **1936** 269.

[10] *Peters* § 66 I 4; *Kirchhof* GA **1954** 366; *Eb.*

Schmidt 8; KK-*v. Stackelberg* 11; KMR-*Müller* 3; *Kleinknecht/Meyer* § 296, 5; ähnlich OLG Hamburg JZ **1958** 251; a. A für Verwaltungsbehörden als Nebenkläger RGSt **22** 400; **62** 213.

[11] RGSt **45** 321; BGH NJW **1953** 1521; VRS **50** 369; *Kirchhof* GA **1954** 366; KK-*v. Stackelberg* 11; KMR-*Müller* 3.

b) Bei anfänglicher Anwesenheit. Die Regelung erfaßt die Fälle, in denen der Ne- **10** benkläger — ohne durch einen Anwalt vertreten zu sein — in einem **Fortsetzungstermin der Hauptverhandlung** nicht erscheint oder diese vor Verkündung des Urteils verläßt. Weil der Nebenkläger mit dem Anschluß sein persönliches Interesse an dem Verfahren bekundet hat, ist ihm zuzumuten, daß er sich diesem Interesse entsprechend verhält. Dazu gehört, daß er sich, wenn er schon nicht zur Urteilsverkündung erscheint oder sich aus der Verhandlung entfernt, ohne jene abzuwarten, nach dem Ausgang des Verfahrens erkundigt, um gegebenenfalls innerhalb der einwöchigen Einlegungsfrist ein Rechtsmittel anzubringen[12]. Deshalb beginnt die Rechtsmittelfrist auch dann mit der Urteilsverkündung, wenn der Nebenkläger bei dieser fehlte, ohne durch einen Anwalt vertreten zu sein. Mit der Beschränkung auf diese Fälle wird zugleich verhindert, daß die Rechtsmittelfrist auch dann mit der Verkündung des Urteils beginnt, wenn der Nebenkläger von der Hauptverhandlung (mit Urteilsverkündung) keine Kenntnis erlangt hat oder ohne sein Verschulden an ihr nicht teilnehmen konnte. Wegen der **Wiedereinsetzungsmöglichkeit** in letzterem Fall vgl. Rdn. 34.

c) Bei Abwesenheit. War der Nebenkläger in der Hauptverhandlung überhaupt **11 nicht anwesend** oder vertreten, beginnt die Rechtsmittelfrist für ihn erst mit der Zustellung der Urteilsformel an ihn (Absatz 2 Satz 2); die Zustellung des vollständigen Urteils ist nicht mehr erforderlich (KK-*v. Stackelberg* 4). „Zustellung ... an ihn" bedeutet nicht, daß das Urteil dem Nebenkläger persönlich und nicht seinem Anwalt zuzustellen wäre. Hat der Anwalt eine schriftliche Vollmacht — es braucht keine Zustellungsvollmacht zu sein — vorgelegt, kann die Urteilsformel mit rechtlicher Wirkung (Beginn der Rechtsmittelfrist) an den Anwalt zugestellt werden (§ 378 Satz 2; § 397, 8).

2. Begründungsfrist (Absatz 1 Satz 3). Nach § 399 Abs. 2 ist bei einer **Anschlußer- 12 klärung nach ergangenem Urteil** zum Zweck der Einlegung des Rechtsmittels für den Nebenkläger die für die Staatsanwaltschaft laufende Rechtsmitteleinlegungsfrist maßgebend; die Begründungsfrist richtet sich alsdann nach allgemeinen Verfahrensregeln. Bei rechtzeitiger Einlegung des Rechtsmittels beginnt sie entweder — entsprechend § 399 Abs. 2 — mit dem Ablauf der für die Staatsanwaltschaft laufenden Rechtsmitteleinlegungsfrist oder mit der Zustellung des Urteils, je nachdem, welcher Zeitpunkt später liegt (vgl. § 399, 5; KK-*v. Stackelberg* 4). Dagegen hat der Zeitpunkt des Beschlusses, durch den die Berechtigung des Anschlusses festgestellt wird, auf den Fristbeginn keinen Einfluß. Das ist auch dogmatisch deshalb gerechtfertigt, weil schon die Anschlußerklärung die Rechtswirkung der Nebenklage auslöst und der Beschluß selbst nur deklaratorische Bedeutung hat (§ 396, 10 ff). Zwar wird dem Nebenkläger dadurch in solchen (wenigen) Fällen, in denen die Anschlußbefugnis zweifelhaft sein kann, zugemutet, sein Rechtsmittel schon zu begründen, bevor abschließende Klarheit über die Rechtsmittelbefugnis besteht; jedoch ist dieser Nachteil angesichts der ganz erheblichen Zeitersparnis in Kauf zu nehmen (vgl. Begr. BTDrucks. 7 551, S. 94 zu Art. 1 Nr. 106).

III. Zusammentreffen eines Nebenklagedelikts mit anderen Straftaten

1. Zulässigkeit des Rechtsmittels

a) Allgemein. Obwohl die Nebenklage auch dann zulässig ist, wenn dem Ange- **13** klagten ein Sachverhalt — Gegenstand der Anklage im Sinn von § 264 — vorgeworfen wird, der ein zum Anschluß berechtigendes Delikt nur in Tatmehrheit, Tateinheit oder

---

[12] BTDrucks. 7 551 S. 94: zu Art. 1 Nr. 106;
OLG Köln OLGSt n. F. § 401, 2.

Gesetzeskonkurrenz mit einer anderen Straftat enthält (§ 395, 2 ff), kann der Nebenkläger auch in diesen Fällen Anträge (z. B. Beweisanträge) nur stellen und Rechtsmittel nur einlegen, soweit diese Anträge sich auf die **Anschlußbefugnis** oder die rechtliche **Beurteilung des Nebenklagedelikts** beziehen (KK-*v. Stackelberg* 5). Weil das Rechtsmittel der Berufung keiner Begründung bedarf, wird regelmäßig zu unterstellen sein, daß sich die Berufung eines Nebenklägers (nur) auf das Nebenklagedelikt beziehen soll, sofern sich nicht aus weiteren Erklärungen des Nebenklägers das Gegenteil ergibt[13].

14   Nach feststehender Rechtsprechung des Reichsgerichts[14], die der Bundesgerichtshof fortgesetzt hat[15], kann der Nebenkläger eine **Sachrüge** nur auf die Behauptung stützen, das angefochtene Urteil habe bei der Anwendung *des* Strafgesetzes geirrt, auf das sich seine Befugnis zum Anschluß stützt (ebenso BayObLGSt **1958** 298). Er kann mithin keine Rügen aus solchen Teilen des Verfahrens und der angefochtenen Entscheidung herleiten, die sich ausschließlich mit anderen, nicht zum Anschluß berechtigenden Vorschriften befassen oder auch — nach seiner Ansicht zu Unrecht — nicht befassen.

15   **Unzulässig** ist sein Rechtsmittel auch, wenn der Nebenkläger eine Verletzung des Rechts — oder im Berufungsverfahren eine unrichtige Tatsachenfeststellung — bei der Behandlung des Nebenklagedelikts gar nicht behauptet. Damit ist aber nicht gesagt, daß ein Rechtsmittel das eine solche Rüge enthält und deshalb zulässig ist, unbegründet sein müßte, nur weil sie sich als unzutreffend erweist.

16   **b) Beispiele.** Der vom Angeklagten körperlich verletzte Nebenkläger kann weder eine Verurteilung wegen Körperverletzung noch auch einen Freispruch von diesem Vorwurf mit dem Ziel anfechten, die Tat unter dem Gesichtspunkt des Landfriedensbruchs oder des versuchten Totschlags aburteilen zu lassen. Wer als Angehöriger Nebenkläger ist (§ 395 Abs. 2), muß von den Privatklagevergehen schweigen, die der Angeklagte dem Getöteten zugefügt haben soll; auch eine unterlassene Hilfeleistung (§ 323 c StGB) kann er nicht erörtern, da dies kein Tötungsdelikt ist (vgl. § 395, 8).

17   Ist das Verfahren wegen eines versuchten Tötungsdelikts eröffnet, der Angeklagte aber wegen **Körperverletzung** verurteilt worden, soll der Verletzte sich dem Verfahren nach der Verurteilung nicht als Nebenkläger anschließen und den Schuldspruch nicht mit Rechtsmitteln angreifen können (BGH 5 StR 186/58 vom 3. 7. 1958). Das ist indessen nicht einzusehen. Hätte die Staatsanwaltschaft von Anfang an nur Anklage wegen Körperverletzung erhoben, hätte der Verletzte sich ohne weiteres als Nebenkläger dem Verfahren anschließen können. Dann aber muß ihm diese Befugnis auch dann zugestanden werden, wenn das zum Anschluß berechtigende Delikt erst in einem späteren Zeitpunkt festgestellt wird[16].

18   **2. Umfang der Nachprüfung.** Von der Zulässigkeit des Rechtsmittels (Rdn. 13 ff) zu unterscheiden ist die Frage, in welchem Umfang das Rechtsmittelgericht die den Gegenstand des Verfahrens bildende Tat nachprüft. Die Nachprüfung kann die Tat auch unter solchen **rechtlichen Gesichtspunkten** ergreifen, die für sich allein nicht zum Anschluß als Nebenkläger berechtigten. So kann der Verletzte bei Anklage und Verurteilung wegen gefährlicher Körperverletzung (§ 223 a StGB) als Nebenkläger nicht Berufung mit dem Ziel der Verurteilung des Angeklagten wegen versuchten Mordes einlegen, vielmehr kann er seine Berufung nur darauf stützen, § 223 a sei nicht richtig oder

---

[13] Vgl. *Schneidewin* JR **1959** 328; KK-*v. Stackelberg* 6.
[14] Z. B. RGSt **65** 60; JW **1933** 665; HRR **1940** Nr. 61.

[15] NJW **1956** 1607; VRS **7** 59.
[16] Wegen weiterer Beispiele vgl. RGSt **65** 61; *Rieß* Gutachten, 33; *Sarstedt/Hamm* 42.

nicht vollständig angewendet, z. B. sei die Tatmodalität des hinterlistigen Überfalls nicht erörtert worden (BGHSt **13** 145). Nur insoweit ist er nebenklageberechtigt (§ 395 Abs. 1 in Verb. mit § 374 Abs. 1 Nr. 4).

Diese Beschränkung berührt nur die Zulässigkeit des Rechtsmittels. Hat das Beru- **19** fungsgericht diese bejaht, erstreckt sich seine **Prüfungspflicht** auf **alle rechtlichen Gesichtspunkte** der Tat[17], also auch den eines versuchten Mordes[18], ohne durch das Verbot der Schlechterstellung daran gehindert zu sein. Ebenso verhält es sich für das Verhältnis Körperverletzung — Nötigung[19].

Anders liegt es hingegen, wenn der kein Nebenklagedelikt enthaltene **Tatteil abtrennbar** ist, so beim Zusammentreffen von fahrlässiger Tötung in Tatmehrheit mit — abtrennbarer — Unfallflucht[20]. **20**

Schneidewin (328) und *Sarstedt* (21. Aufl. § 401 Anm. 7) wollen das **Verbot der** **21** **Schlechterstellung** als verletzt ansehen, wenn das Berufungsgericht auf die Berufung des Nebenklägers den Strafrahmen für das Nebenklagedelikt überschreitet.

IV. Verfahren bei Rechtsmitteln (nur) des Nebenklägers (Absatz 3)

1. Erscheinungspflicht in der Berufungsinstanz. Der Nebenkläger muß zur Ver- **22** handlung über die von ihm selbst eingelegte Berufung erscheinen[21] und bis zur Urteilsverkündung bleiben (§ 387, 7), wenn er nicht die in den nachstehenden Randnummern bezeichneten Folgerungen in Kauf nehmen will.

2. Verwerfung bei Nichterscheinen (Absatz 3 Satz 1)

a) Bei Freispruch des Angeklagten. Mit dem neuen Absatz 3 wird die frühere **23** Streitfrage durch Gesetz entschieden, ob und in welchem Umfang § 391 Abs. 3 auf den Nebenkläger anzuwenden ist (vgl. 22. Auflage § 397 Anm. 2 c). Nach Absatz 3 Satz 1 — er ist § 391 Abs. 3 nachgebildet — ist die Berufung (nur) des Nebenklägers ohne sachliche Prüfung **sofort** zu verwerfen, wenn weder er noch ein Anwalt für ihn in einer Hauptverhandlung — das kann auch eine weitere Hauptverhandlung sein, wie die Übernahme der Formulierung des § 329 Abs. 1 bestätigt — erschienen ist und das **Urteil** sich **gegen** einen **Freispruch** richtet.

Dieses Ergebnis ist als **Folge der Unabhängigkeit** des Nebenklägers von der **24** Staatsanwaltschaft in bezug auf seine Rechtsmittelbefugnis (Absatz 1 Satz 1; Rdn. 1; KK-*v. Stackelberg* 8) zwingend. Zwar muß der Staatsanwalt erscheinen und zu dem Rechtsmittel — auch des Nebenklägers — Stellung nehmen; dabei kommt es nicht darauf an, ob er auch selbst ein Rechtsmittel in gleicher Richtung eingelegt hat. Aber er ist nicht Herr über das Rechtsmittel des Nebenklägers; er kann es nicht zurücknehmen und andererseits nicht „aufnehmen" in dem Sinn, daß es gleichsam sein eigenes würde (Rdn. 2). Diese Befugnis hat er nicht einmal bei der Berufung eines ausgebliebenen Angeklagten, und zwar auch dann nicht, wenn er sie für begründet hält und nur deshalb von einer eigenen Berufung zu Gunsten des Angeklagten abgesehen hat, weil schon dieser Berufung eingelegt hatte.

---

[17] BGH LM § 395 StPO Nr. 7; BGH NJW **1970** 205; BayObLGSt **1969** 90 = NJW **1969** 706; *Lenckner* JZ **1973** 742; *Kleinknecht/Meyer* 2.

[18] RGSt **65** 60; BGHSt **13** 143.

[19] BayObLGSt **1968** 90 = NJW **1969** 706; KK-*v. Stackelberg* 7.

[20] BayObLGSt **1966** 84 = NJW **1966** 2369;

vgl. auch OLG Celle MDR **1958** 708; BGH VRS **13** 122 sowie die teilweise abweichende – aber durch RGSt **65** 60 überholte – Ansicht in RGSt **63** 66.

[21] RGSt **60** 283; *Oetker* JW **1927** 1764; KK-*v. Stackelberg* 7; KMR-*Müller* 15; *Kleinknecht/Meyer* 7.

25   Der Staatsanwalt kann und muß nach seinem pflichtmäßigen Ermessen zu den Rechtsmitteln anderer Prozeßbeteiligter Stellung nehmen und hat sie zu diesem Zweck verfahrens- und sachlichrechtlich zu beurteilen. Zur verfahrensrechtlichen **Stellungnahme** gehört für ihn auch die Prüfung, ob die Berufung eines Angeklagten nach § 329 Abs. 1 Satz 1 und die eines Nebenklägers nach Absatz 3 Satz 1 sofort zu verwerfen ist.

26   **b) Bei Verurteilung des Angeklagten.** War der **Angeklagte** dagegen verurteilt, ist auf die Berufung (nur) des Nebenklägers zunächst nach § 301 zu prüfen, ob nach Aktenlage eine Änderung zu seinen Gunsten in Betracht kommt[22]. Bejahendenfalls ist die Berufungsverhandlung ohne den Nebenkläger durchzuführen und die neue — günstigere Entscheidung — durch Urteil auszusprechen. Andernfalls ist die Berufung — wiederum durch Urteil — zu verwerfen; eine Änderung zu Ungunsten des Angeklagten kommt nicht in Betracht (§ 391, 40).

27   **c) Nichtanwendung.** Absatz 3 Satz 1 ist **nicht anzuwenden**, wenn auch der Angeklagte oder die Staatsanwaltschaft Berufung eingelegt haben. In diesem Fall ist über die Berufung des Nebenklägers mit zu verhandeln und zu entscheiden, um besondere Verfahrenskonflikte, namentlich kaum lösbare Rechtskraftprobleme zu vermeiden[23]: „Würde nämlich bei mehrfacher Berufungseinlegung die Berufung des Nebenklägers ohne Beweisaufnahme verworfen, während über die des Angeklagten oder der Staatsanwaltschaft sachlich verhandelt und entschieden wird, und müßte dem Nebenkläger später Wiedereinsetzung in den vorigen Stand gewährt werden, so wäre eine weitere Hauptverhandlung zur Sache mit möglicherweise abweichendem Urteil vor dem Berufungsgericht notwendig" (Begr. BTDrucks. 7 551, S. 94 zu Art. 1 Nr. 106).

28   Aus dieser „Zielsetzung der Einschränkung" schließen *Rieß* (NJW **1975** 90) und ihm folgend *Meyer* (*Kleinknecht/Meyer* 6) zu Recht, daß Absatz 3 wiederum anwendbar ist, wenn die übrigen Berufungsführer ihre Berufung zurücknehmen oder wenn bei **Ausbleiben** auch **des Angeklagten** seine Berufung zugleich nach § 329 Abs. 1 Satz 1 verworfen wird. Denn das Merkmal „allein eingelegt" ist dahin zu verstehen, daß die Bestimmung schon anwendbar ist, wenn nur über die Berufung des Nebenklägers *in der Sache* zu entscheiden wäre.

29   **3. Sachentscheidung trotz Nichterscheinens in der Revisionsinstanz.** Anders verhält es sich bei der Revision. Hier braucht der Nebenkläger auch als Rechtsmittelführer nicht in der Hauptverhandlung vertreten zu sein. Denn auch die Staatsanwaltschaft braucht ihre Revision weder selbst zu vertreten noch durch eine übergeordnete Staatsanwaltschaft vertreten zu lassen. Sie kann das vielfach gar nicht, und es wird doch darüber entschieden. Daß vor dem Oberlandesgericht als Revisionsgericht regelmäßig nur solche Revisionen der Staatsanwaltschaft verhandelt werden, die der dort zuständige Generalstaatsanwalt vertritt, hängt mit dem — in diesem Zusammenhang nur zufälligen — Umstand zusammen, daß er der Vorgesetzte des Staatsanwalts der Tatsacheninstanz ist und dessen Revision zurücknehmen kann.

30   Die eigentliche **Rechtslage** wird im Revisionsverfahren vor dem Bundesgerichtshof deutlicher: Hier wird über Revisionen der Staatsanwaltschaft verhandelt, die vom Generalbundesanwalt nicht immer vertreten werden; er kann sie nicht zurücknehmen, wohl aber ihre Verwerfung beantragen. Es tritt also dann niemand auf, um *für* die Revi-

---

[22] RGSt **51** 340; BGH NJW **1953** 1521; *Rieß* NJW **1975** 90; KK-*v. Stackelberg* 9; KMR-*Müller* 17.

[23] *Rieß* NJW **1975** 90; KK-*v. Stackelberg* 10; KMR-*Müller* 18.

sion zu sprechen und entsprechende Anträge zu stellen; gleichwohl muß das Revisionsgericht sachlich über sie entscheiden. Ebenso verhält es sich mit Revisionen der Nebenkläger auch vor dem Oberlandesgericht.

4. Mitwirkung des Staatsanwalts. Aus Absatz 4 darf nicht gefolgert werden, daß **31** bei einem nur vom Nebenkläger eingelegten Rechtsmittel der Staatsanwalt einstweilen aus dem Verfahren ausscheidet und erst dann wieder eintritt, wenn die angefochtene Entscheidung aufgehoben wird. Vielmehr hat auch im Rechtsmittelverfahren der Staatsanwalt mitzuwirken[24]. Nur muß der Nebenkläger sein Rechtsmittel noch verfolgen: Er muß noch leben, noch Nebenkläger sein und im Berufungsverfahren erscheinen.

Der Staatsanwalt steht dem Rechtsmittel des Nebenklägers so gegenüber wie der **32** Generalbundesanwalt einer Revision der örtlichen Staatsanwaltschaft: Er ist nicht Herr des Rechtsmittels, hat es nicht eingelegt und kann es nicht zurücknehmen, kann es auch nicht zu seinem eigenen machen, hat aber **Stellung** dazu zu **nehmen**, sei es, daß er Verwerfung, sei es, daß er Aufhebung oder Änderung beantragt. Diese Mitwirkungspflicht ergibt sich daraus, daß das Verfahren von ihm in Gang gebracht oder nach § 377 übernommen worden ist[25].

V. Zurückverweisung (Absatz 4)

Die Vorschrift hat den Fall im Auge, daß auf ein nur vom Nebenkläger eingeleg- **33** tes Rechtsmittel das angefochtene Urteil aufgehoben und die Sache zur neuen Verhandlung und Entscheidung an die Vorinstanz zurückverwiesen wird. In diesem Fall würde, wenn der **weitere Betrieb der Sache** nicht wiederum der Staatsanwaltschaft obläge, sondern allein vom Nebenkläger abhinge, unter Umständen (vgl. § 402) das Verfahren in der Schwebe bleiben können; dies will Absatz 4 verhindern. Wenn ein vom Nebenkläger eingelegtes Rechtsmittel Erfolg hat, wird die Sache anschließend nicht anders behandelt, als es bei einem Rechtsmittel der Staatsanwaltschaft der Fall ist. Selbstverständlich bleibt der Nebenkläger auch bei dem weiteren Verfahren beteiligt, sofern er nicht etwa nach § 402 ausscheidet.

VI. Rechtsbehelfe des Nebenklägers

1. Wiedereinsetzung

a) Bei vorzeitigem Verlassen der Hauptverhandlung (Absatz 2 Satz 1 letzter Halb- 34 satz). Hat der Nebenkläger von einer (späteren) Hauptverhandlung, in der das Urteil verkündet worden ist, keine Kenntnis erlangt oder ohne Verschulden nicht an ihr teilnehmen können, so kann er mit dieser Begründung Wiedereinsetzung in den vorigen Stand wegen Versäumung der Rechtsmitteleinlegungsfrist beanspruchen; nicht aber kann er diese auch auf **fehlende Rechtsmittelbelehrung** (§ 44 Satz 2) stützen. Dieser Wiedereinsetzungsgrund wird dem Nebenkläger aufgrund seines eigenen Prozeßverhaltens versagt. Der ausdrücklichen Erwähnung dieses — berechtigten — Versagungsgrundes ist deshalb zuzustimmen, weil es nach dem Wortlaut von § 44 Satz 2 zweifelhaft sein

---

[24] OLG Köln GA **1964** 156; *Hildenbrand* DJZ **1932** 1221; *Jescheck* GA **1959** 82; *Eb. Schmidt* 5; KMR-*Müller* 19; *Kleinknecht/Meyer* 1.

[25] RGSt **63** 55; *v. Hippel* 638; *Peters* § 66 I 4; **a. A** *Gerland* 457.

Günter Wendisch

könnte, ob die bloße Abwesenheit bei der Urteilsverkündung eine schuldhafte Vereitelung der Rechtsmittelbelehrung ist, die grundsätzlich eine Wiedereinsetzung ausschließt.

35 **b) Bei Versäumung der Berufungsverhandlung (Absatz 3 Satz 2).** Die Wiedereinsetzungsregelung zu Gunsten des Nebenklägers entspricht der für den Angeklagten (§ 329 Abs. 3) und den Privatkläger (§ 391 Abs. 4). Wegen weiterer Einzelheiten vgl. § 391, 41 ff.

36 **2. Wiederaufnahme des Verfahrens.** Anders als § 390 Abs. 1 Satz 2 erwähnt § 401 die Wiederaufnahme des Verfahrens, die kein Rechtsmittel ist, nicht ausdrücklich. Gleichwohl kann auch der Nebenkläger sie, und zwar ohne neue Anschlußerklärung (OLG Köln OLGSt n. F. § 401 StPO, 1) — allerdings nur zu Ungunsten des Verurteilten — beantragen, wenn er in dem rechtskräftig abgeschlossenen Verfahren schon zugelassen war (§ 395, 36)[26]; in allen sonstigen Fällen ist sie unzulässig (Folgerung aus § 397 Abs. 1 in Verb. mit § 390 Abs. 1 Satz 2). Dem Nebenkläger bleibt eine Wiederaufnahme des Verfahrens auch versagt, wenn das Nebenklagedelikt zufolge Gesetzeskonkurrenz mit einem Offizialdelikt zurückgetreten ist[27].

37 **3.** Gegen einen **Strafbefehl** kann der Nebenkläger **keinen Einspruch** einlegen, weil dieser Rechtsbehelf nur dem Beschuldigten, nicht auch dem Staatsanwalt, zusteht (§ 409 Abs. 1 Nr. 7).

§ 402

Die Anschlußerklärung verliert durch Widerruf sowie durch den Tod des Nebenklägers ihre Wirkung.

Entstehungsgeschichte. Die als § 442 Gesetz gewordene Vorschrift hat ihre jetzige Bezeichnung durch die Bekanntmachung 1924 erhalten.

Übersicht

---

[26] KK-v. *Stackelberg* 12; KMR-*Müller* § 395, 18; § 401, 2; *Kleinknecht/Meyer* 9.

[27] OLG Karlsruhe NJW 1954 167; KK-v. *Stackelberg* 12; *Kleinknecht/Meyer* 9.

I. Widerruf

1. Zeitpunkt. Der Widerruf der Anschlußerklärung ist jederzeit — bis zum **rechts-** **1** **kräftigen Abschluß** des Verfahrens — statthaft, also auch noch in der Revisionsinstanz[1]. Er muß, um wirksam zu sein, ausdrücklich gegenüber dem Gericht erklärt werden, schriftlich, zu Protokoll der Geschäftsstelle oder in der Hauptverhandlung[2]. Das Ausbleiben des Nebenklägers in der Berufungsverhandlung hat zwar zur Folge, daß seine Berufung — unbeschadet der Vorschrift des § 301 — sofort zu verwerfen ist (§ 401 Abs. 3 Satz 1); jedoch bedeutet das kein Ausscheiden des Nebenklägers aus dem Verfahren im übrigen, wenn es noch weiter läuft, etwa weil ein anderes Rechtsmittel zur Aufhebung führt. Dem Widerruf der Anschlußerklärung steht es gleich, wenn der frühere Privatkläger, der durch Übernahme der Verfolgung nach § 377 zum Nebenkläger geworden ist, nunmehr erklärt, sich an dem Verfahren nicht mehr beteiligen zu wollen.

2. Einen **Verzicht** auf die Anschlußbefugnis enthält die Widerrufserklärung im **2** Zweifel nicht. Der Anschlußberechtigte ist durch seinen bloßen Widerruf nicht gehindert, sich dem Verfahren später von neuem anzuschließen[3]. § 392 gilt für das Nebenklageverfahren nicht. Gleichwohl ist ein endgültiger Verzicht — in gleicher Form wie der Widerruf — möglich; ein solcher ist anzunehmen, wenn etwa mit dem Widerruf der Verzicht auf das Nebenklagerecht[4] oder die Zurücknahme des Strafantrags als Grundlage des Nebenklagerechts verbunden wird[5]; er schließt alsdann auch eine spätere Anschlußerklärung aus (BayObLG DJZ **1931** 173).

II. Tod des Nebenklägers

1. Auslegung in Rechtsprechung und Lehre

a) Nach dem **Wortlaut** der Vorschrift hat der Tod des Nebenklägers die gleiche **3** Wirkung wie der Widerruf. Daraus folgt, daß der Anschluß des Nebenklägers mit seinem Tod erlischt und ein von ihm eingelegtes Rechtsmittel, über das noch nicht entschieden ist, hinfällig wird[6]. Streitig ist, ob die Angehörigen des Verstorbenen die Nebenklage durch Erklärung gegenüber dem Gericht fortführen können. Denn einmal sieht das Gesetz ein **Weiterführungsrecht** — anders als § 393 Abs. 2 — nicht ausdrücklich vor; zum anderen könnte die Tatsache, daß der Gesetzgeber die Folgen des Todes des Nebenklägers besonders geregelt hat, die Annahme unterstützen, § 402 enthalte eine **abschließende Sonderregelung**, die es ausschließt, die allgemeine Verweisungsvorschrift des § 397 Abs. 1, wonach der Nebenkläger mit seinem Anschluß die Rechte eines Privatklägers erlangt, auf die Folgewirkung des Todes des Nebenklägers zu erstrecken[7]. Dieser Ansicht scheint auch *Meyer* zuzuneigen mit der zusätzlichen Erwägung, daß es hier

---

[1] RGSt **67** 322 = JW **1933** 2842 mit zust. Anm. *Gerland*; KK-*v. Stackelberg* 1; KMR-*Müller* 2.

[2] A. A – formlose Erklärung genügt – OLG Hamm GA **1971** 26 = NJW **1971** 394; KK-*v. Stackelberg* 2; KMR-*Müller* 1; *Kleinknecht/ Meyer* 1.

[3] RGSt **61** 99 = JW **1928** 968 mit Anm. *Hensel*; OLG Hamm GA **1971** 26 = NJW **1971** 394; *Roxin* § 62 D III; *Eb. Schmidt* 5;

KK-*v. Stackelberg* 3; KMR-*Müller* 4; *Kleinknecht/Meyer* 3.

[4] BayObLGSt **30** (1931) 142; OLG Hamm JMBlNRW **1964** 192; KK-*v. Stackelberg* 3; KMR-*Müller* 5.

[5] KK-*v. Stackelberg* 3; *Kleinknecht/Meyer* 1.

[6] RGSt **42** 345; **64** 62; vgl. aber Rdn. 12.

[7] So RGSt **64** 61 f; OLG Stuttgart NJW **1960** 115; NJW **1970** 823; KK-*v. Stackelberg* 5; KMR-*Müller* 6; aber auch *Eb. Schmidt* 6.

Günter Wendisch

— anders als beim Privatkläger — nicht um ein Recht des Nebenklägers selbst gehe und sein Tod — wiederum anders als beim Privatkläger — nicht die Einstellung des Verfahrens zur Folge habe[8].

4   **b) Rechtsprechung.** Das OLG Zweibrücken vertritt den Standpunkt, daß den in § 395 Abs. 2 Nr. 1 genannten Angehörigen jedenfalls dann ein Weiterführungsrecht zustehe, wenn der Nebenkläger **an den Folgen der Tat verstorben** ist, die Gegenstand der Nebenklage war (NJW **1966** 2076)[9]. Es begründet seinen Standpunkt mit dem Hinweis, daß der Gesetzgeber bei der Neufassung des § 395 Abs. 2 Nr. 1 (vgl. dazu § 395 Entst.) die vorstehende Fallgestaltung offenbar nicht bedacht und deshalb für sie **keine Sonderregelung** getroffen habe; es hat deshalb keine Bedenken, diese Gesetzeslücke im Weg der Gesetzesanalogie in entsprechender Anwendung des § 393 Abs. 2 auszufüllen. Dieser Ansicht scheint auch OLG Nürnberg (NJW **1978** 1017) zu sein. Zwar betont es zunächst — insoweit in Übereinstimmung mit OLG Stuttgart (Fußn. 7) —: Die besondere Regelung der Folgen des Todes des Nebenklägers könne nur als abschließende Sonderregelung aufgefaßt werden. Wenn sich das Gesetz in § 402 darauf beschränke, die Anschlußerklärung wirkungslos werden zu lassen, nicht aber — wie in § 393 Abs. 2 — die Befugnis der Fortsetzung durch Angehörige aufnehme, so könne daraus nur der Schluß gezogen werden, daß der Gesetzgeber bewußt die Fortführung der Nebenklage durch Angehörige habe unterbinden wollen. Jedoch führt das Oberlandesgericht alsdann weiter aus, wohl zu Recht habe OLG Zweibrücken eine Fortsetzungsbefugnis der in § 395 Abs. 2 Nr. 1 genannten Angehörigen für den Fall bejaht, wo der Verletzte an den Folgen der Tat nicht vor, sondern während des Verfahrens verstorben sei. Folgerichtig beschränkt es daher seinen Leitsatz dahin, daß Angehörige (nur) dann nicht in die Prozeßstellung des Nebenklägers eintreten könnten, wenn dieser *nicht* an den Folgen seiner die Nebenklage betreffende Verletzung gestorben sei.

5   **c) Lehre.** *Ellscheid* (NJW **1970** 1467) **bejaht** das **Fortführungsrecht** der Angehörigen mit folgender Begründung: Aus der Formulierung des § 397 Abs. 1, wonach der Nebenkläger nach seinem Anschluß die Rechte des Privatklägers habe, lasse sich zwanglos ableiten, daß sich auch seine Rechtsstellung nach der des Privatklägers richte, soweit nicht aus der strukturellen Verschiedenheit zwischen Offizial- und Privatklageverfahren etwas Abweichendes folge. Wenn der Gesetzgeber für den Privatkläger anerkenne, daß seine Prozeßführungsbefugnis nicht mit seinem Tod erlösche, sondern auf die Angehörigen übergehe, sofern diese das Verfahren fortsetzen wollen, müsse den Angehörigen des verstorbenen Nebenklägers für den Fall die gleiche Befugnis eingeräumt werden, wo der Nebenkläger während des Verfahrens an den Folgen eines Privatklagedelikts verstorben sei.

2. Eigene Ansicht

6   **a) Grundsatz.** Im Ergebnis **beizutreten** ist der Ansicht des OLG Zweibrücken. Ihr hat *Ellscheid* zugestimmt, und auch das OLG Nürnberg teilt sie, wenn auch über den Weg einer entsprechenden Anwendung des § 395 Abs. 2. Der früheren Ansicht des Reichsgerichts, aber auch des OLG Stuttgart, ist entgegenzuhalten, daß sie dem Verhältnis von Privat- und Nebenkläger, das auf einer grundsätzlichen Gleichstellung aufbaut, nicht genügend Beachtung schenkt. Nach § 377 Abs. 3 erhält der Privatkläger mit der Übernahme der Verfolgung durch die Staatsanwaltschaft die Stellung eines Neben-

---

[8] *Kleinknecht/Meyer* 2; ähnlich *Roxin* § 62 D IV; *Schlüchter* 78 Fußn. 219 a.   [9] Ebenso *Schlüchter* 78 Fußn. 219 a.

klägers (§ 377, 22), nach § 397 Abs. 1 erlangt letzterer, unabhängig davon, ob die Tat an sich im Weg der Privatklage verfolgt werden kann (vgl. dazu BGHSt **6** 103; § 395, 8 ff), nach erfolgtem Anschluß die Rechte eines Privatklägers (§ 397, 1 ff). Zwar ist eine völlige **Gleichstellung** wegen der unterschiedlichen verfahrensrechtlichen Stellung ausgeschlossen (BGHSt **15** 60). Der Privatkläger ist Ankläger; der Nebenkläger hat zwar Rechte, die sonst nur dem Staatsanwalt zustehen, und kann diese auch unabhängig von ihm ausüben; gleichwohl ist er nicht der eigentliche Herr bezüglich des — vom Staatsanwalt in das öffentliche Verfahren übernommenen — Privatklagedelikts, sondern „nur" selbständiger Gehilfe des Staatsanwalts (Vor § 395, 2). Diese und auch sonstige durch das Gesetz ausdrücklich vorgesehene Besonderheiten (z. B. § 397 Abs. 2, § 399 Abs. 2) rechtfertigen es allenfalls, die Gleichstellung in den Fällen zu beseitigen, wo das aufgrund der strukturellen Verschiedenheit zwischen Offizial- und Privatklageverfahren geboten ist.

b) Fortführungsrecht bei Privatklagedelikt. In bezug auf das Fortführungsrecht **7** der Hinterbliebenen eines Privat- oder Nebenklägers kann eine solche Verschiedenheit nicht festgestellt werden. Für den Fall, daß Gegenstand der Nebenklage ein Privatklagedelikt ist, erhellt das aus folgendem **Beispiel**: Hat der Verletzte Privatklage wegen Körperverletzung erhoben und ist er während des Verfahrens an deren Folgen verstorben, so können die nach § 374 Abs. 2 Berechtigten die Privatklage fortsetzen. Haben sie das in zulässiger Weise (§ 393 Abs. 3) getan und hat der Staatsanwalt alsdann wegen des eingetretenen Todes das öffentliche Interesse bejaht und das Verfahren übernommen, so erlangen die fortführungsberechtigten Hinterbliebenen die Stellung eines Nebenklägers. Denn der Staatsanwalt übernimmt das Verfahren in der Lage — und mit den Verfahrensbeteiligten —, in der er es vorfindet und setzt es in dieser Lage fort (§ 377, 21). Es wäre — worauf *Ellscheid* zu Recht hinweist — in der Tat merkwürdig und systemwidrig, wenn die Hinterbliebenen in diesem Fall Nebenkläger seien, nicht aber in dem Fall werden könnten, wo der Staatsanwalt das öffentliche Interesse von Anfang an bejaht hat, zumal da auch keine sachlichen Anhaltspunkte ersichtlich sind, beide Fälle verschieden zu behandeln. Mit der Regelung in § 393 Abs. 2 und in § 395 Abs. 2 Nr. 1 erkennt der Gesetzgeber nunmehr ganz allgemein ein berechtigtes Interesse der Hinterbliebenen von Privat- (vgl. dazu § 393 Entst.) und Nebenklägern an, entweder das Verfahren selbst zu führen oder sich aber an ihm zu beteiligen. Stellt er darüber hinaus den Nebenkläger in seinen Rechten und seiner Rechtsstellung dem Privatkläger gleich (§ 397 Abs. 1), so folgt daraus, daß auch den Hinterbliebenen des verstorbenen Nebenklägers das Recht zustehen muß, die Nebenklage aufzugreifen und fortzuführen, wenn der Nebenkläger während des Verfahrens verstorben ist. Das ursprünglich vom Nebenkläger selbst verfolgte Interesse geht nach seinem Tod zufolge der engen Interessenverflechtung unter nahen Angehörigen mit ihrer Erklärung, sich dem Verfahren als Nebenkläger anzuschließen, auf diese über.

c) Als **Ergebnis** ist danach festzuhalten: Soweit Gegenstand der Nebenklage ein **8** Privatklagedelikt ist, können die Hinterbliebenen des Nebenklägers — wenn dieser während des Verfahrens verstorben ist (§ 402) — das Verfahren unter den gleichen Voraussetzungen fortsetzen, wie das § 393 Abs. 2 für den Privatkläger bestimmt.

d) Fortführungsrecht bei sonstigem Delikt. Es bestehen auch **keine Bedenken**, die- **9** sen Grundsatz auf die Fälle des § 395 Abs. 2 Nr. 2 zu erstrecken. Zwar unterscheiden sich diese dadurch von den bisher behandelten, daß Gegenstand einer solchen Nebenklage nie ein Privatklagedelikt ist; jedoch steht diese Tatsache allein einer entsprechenden Anwendung des § 393 Abs. 2 nicht entgegen, weil die Interessen der Hinterbliebenen in allen Fällen übereinstimmen. Allerdings wird hier eine Fortführungsbefugnis regelmä-

Günter Wendisch

ßig deshalb entfallen, weil kaum Fälle denkbar sind, in denen der Nebenkläger an den Folgen der Tat gestorben ist, wegen der er sich dem Verfahren als Nebenkläger angeschlossen hat.

III. Sonstige Folgewirkungen

10   1. Bei **Ausscheiden.** Das Ausscheiden des Nebenklägers hat weniger einschneidende Wirkungen auf das Verfahren als die Rücknahme einer Privatklage (§ 391) oder der Tod des Privatklägers (§ 393). Das hat seinen inneren Grund darin, daß es ein öffentliches Verfahren ist und bleibt (*Eb. Schmidt* 8). § 402 schafft deshalb selbständiges, von den Bestimmungen über die Privatklage unabhängiges Recht[10]. Die bis zum Ausscheiden ergangenen Entscheidungen bleiben bestehen, auch wenn sie nur auf ein Rechtsmittel des Nebenklägers ergangen sind.

11   2. Auf **Rechtsmittel.** Ein Rechtsmittel des Nebenklägers, auf das noch nicht entschieden ist, gilt als zurückgenommen (OLG Celle NJW **1953** 1726). Ist auf Berufung des Nebenklägers ein Urteil ergangen und wird dieses auf Revision des Angeklagten aufgehoben und die Sache an das Berufungsgericht zurückverwiesen, so gilt nicht etwa die Berufung als zurückgenommen; vielmehr liegt jetzt „der Betrieb der Sache wiederum der Staatsanwaltschaft ob" (§ 401 Abs. 4). Denn der auf die Revision des Angeklagten hin erteilte Auftrag des Revisionsgerichts an das Berufungsgericht zu neuer Entscheidung muß befolgt werden; er wird nicht durch das bloße Ausscheiden des Nebenklägers erledigt.

12   3. Auf **Auslagen.** Etwa entstandene Rechte des Nebenklägers auf Auslagenerstattung gehen bei einem **Widerruf**[11] — nicht aber bei seinem Tod[12] — verloren. Denn regelmäßig wird er auch einen Verzicht auf Erstattung der bisher entstandenen notwendigen Auslagen einschließen[13]. Schon entstandene Kostenpflichten des Nebenklägers bleiben dagegen unberührt.

---

[10] RGSt **64** 60; *Oetker* JW **1930** 3423.
[11] BayObLGSt **1953** 156; KK-*v. Stackelberg* 4.
[12] OLG Stuttgart NJW **1960** 115; vgl. im übrigen die Erl. zu §§ 471, 473.

[13] OLG Nürnberg NJW **1959** 1052; dazu kritisch *Pohlmann* NJW **1959** 1455 und *H. Schmitt* NJW **1959** 1742.

DRITTER ABSCHNITT

Entschädigung des Verletzten

Vorbemerkungen

Schrifttum. *Ambrosius* Für und wider das Adhäsionsverfahren, GerS 107(1936) 143; *Amelunxen* Die Entschädigung des durch eine Straftat Verletzten, ZStW **86** (1974) 457; *Burchardt* Adhäsionsprozeß und Haftpflichtrecht, JRPrivVers. **1940** 1; *Engel* Die Geltendmachung zivilrechtlicher Ansprüche im französischen Strafverfahren, DR **1942** 708; *Erich* Das Adhäsionsverfahren als einzige Form einer Beteiligung des Verletzten, Diss. Köln 1953; *Granderath* Opferschutz — Totes Recht? NStZ **1984** 399; *Grau* Die dritte Verordnung zur Vereinfachung der Strafrechtspflege vom 29. 5. 1943, DJ 331 und 353; *Grebing* Die Entschädigung des durch eine Straftat Verletzten, ZStW **87** (1975) 472, 482; *Gürtner/Gleispach* Das kommende deutsche Strafverfahren (1938) 509; *Gürtner* Über die Strafprozeßreform (Adhäsionsprozeß), DJ **1934** 723; *Hamm* Recht des Verletzten zur Richterablehnung im Strafverfahren NJW **1974** 682; *v. Holst* Der Adhäsionsprozeß — zugleich eine Abgrenzung gegenüber den Instituten der §§ 188, 231, 24 I 1 StGB, § 111 StPO, Diss. Hamburg 1969; *Jescheck* Die Entschädigung des Verletzten nach deutschem Strafrecht, JZ **1958** 591; *Kern* Die Buße und die Entschädigung des Verletzten, FS Mezger S. 407; *Kickton* Bedeutung des Adhäsionsverfahrens der Novelle vom 29. 5. 1943, Diss. Bonn 1947; *Klee* Die Entschädigung des Verletzten im Strafverfahren, ZAkDR **1943** 226; *Kleinfeller* Die Verfolgung von Schadensersatzansprüchen im Strafverfahren, GerS **88** (1922) 1; *Kühler* Die Entschädigung des Verletzten in der Rechtspflege, ZStW **71** (1959) 617; *Lorentzen* Zur Zuständigkeit im Adhäsionsprozeß, DRZ **1949** 565; *D. Meyer* Über die Möglichkeiten eines zivilrechtlichen Vergleichs in der strafrechtlichen Hauptverhandlung, JurBüro **1984** 1121; *G. Meyer* Zur Geltendmachung von Schadensersatzansprüchen im Strafverfahren, SJZ **1950** 192; *G. Meyer* Zur Zuständigkeit im Adhäsionsprozeß, JZ **1953** 216; *Nagler* Echter und unechter Strafprozeß (Anschlußverfahren), GerS **112** (1939) 133; *Nagler* Das Adhäsionsverfahren im geltenden Recht und im Entwurf der Strafverfahrensordnung, GerS **112** (1939) 308 und GerS **113** (1939) 1; *Niederreuther* Gedanken zur Ausgestaltung des Adhäsionsverfahrens im künftigen Strafverfahrensrecht, DR **1937** 412; *Oetker* Nebenklage und Adhäsionsprozeß, GerS **105** (1935) 177; *Oetker* Zur Gestaltung des Adhäsionsverfahrens, ZAkDR **1937** 7; *Palme* Der Adhäsionsprozeß und seine Bedeutung für die Haftpflichtversicherung, Diss. Hamburg 1948; *Pentz* Zum Adhäsionsverfahren, MDR **1953** 155; *Pichler/Drexler* Neuerungen im Strafverfahrensrecht auf Grund der Verordnung zur weiteren Anpassung des österreichischen Strafrechts an das Reichsrecht vom 13. August 1940, RGBl. I S. 1117; DR **1940** 1802; *Schätzler* Die Entschädigung des durch eine Straftat Verletzten ZStW **86** (1974) 471 und JZ **1975** 231; *Schmahl* Adhäsionsverfahren im Verkehrsrecht — Ein Vergleich mit der Gerichtspraxis in Dänemark, ZRP **1971** 141; *Schmahl* Das Adhäsionsverfahren im dänischen Recht (1980); *Eb. Schmidt* „Adhäsionsklage", HdR **1** 63; *L. Schmidt* Zur Verschmelzung des altreichsdeutschen und des ostmärkischen Strafrechts, DJ **1941** 723; *Schnek* Die Geltendmachung der zivilrechtlichen Ansprüche im künftigen deutschen Strafverfahren, ZZP **55** (1930) 389; *Schnitzerling* Schadenswiedergutmachung im Strafrecht, DAR **1959** 201; *Schönke* Beiträge zur Lehre vom Adhäsionsprozeß (1935); *Schönke* Bemerkungen über einen Adhäsionsprozeß im künftigen Strafverfahren, DStR **1935** 483; *Schönke* Die Änderungen des Strafrechts und des Strafverfahrensrechts durch die Novelle vom 29. 5. 1943, DR **1943** 721; *Schönke* Einige Bemerkungen über den Adhäsionsprozeß, DRZ **1949** 121; *Scholz* Erweiterung des Adhäsionsverfahrens — rechtliche Forderung oder rechtspolitischer Irrweg? JZ **1972** 725; *Sommer* Zur Anwendung des Entschädigungsverfahrens im Strafprozeß, DR **1944** 475; *Stransky* Der Adhäsionsprozeß (1939); *Suhr* Das Adhäsionsverfahren als Zivilprozeß, HansGZ **1936** 175; *Töwe* Der Adhäsionsprozeß, GerS **106** (1935) 85; *Waeckerling* Die Sorge für den Verletzten im Strafrecht, Diss. Zürich 1946; *Würtenberger* Über Rechte und Pflichten des Verletzten im deutschen Adhäsionsprozeß, FS Pfenninger S. 193.

Günter Wendisch

Entstehungsgeschichte. Bis zum Jahre 1943 kannte die Strafprozeßordnung kein Anhangsverfahren. Die §§ 443 bis 446 der Strafprozeßordnung vom 1. 2. 1877, die nach der Bekanntmachung 1924 unverändert als §§ 403 bis 406 fortgalten, regelten nur die prozessuale Behandlung eines auf Zuerkennung einer Buße nach den Vorschriften des sachlichen Strafrechts geltend gemachten Anspruchs. Art. 5 der 3. VereinfVO ersetzte sie durch einen neuen Dritten Abschnitt mit der Überschrift „Entschädigung des Verletzten", in dessen Rahmen auch der frühere Bußanspruch weiterhin geltend gemacht werden konnte (§ 406 d). Durch Art. 3 Nr. 174 VereinhG wurde der Abschnitt mit nur geringen Änderungen — sie werden bei den einzelnen Paragraphen erörtert — bestätigt. Auch das Einführungsgesetz zum Strafgesetzbuch 1974 hat den Abschnitt — abgesehen von § 406 d, der durch Art. 21 Nr. 103 aufgehoben worden ist — im wesentlichen unverändert gelassen.

1. Entwicklung.

1   **a)** Schon das **gemeine Recht** kannte das Verfahren zur Verfolgung vermögensrechtlicher Ansprüche des Verletzten vor dem Strafgericht, damals unter dem Namen „Denunziationsprozeß", weil der Prozeß auf Anzeige des Verletzten eingeleitet wurde. Mit dem Ende des 18. Jahrhunderts bürgerte sich die Bezeichnung „Adhäsionsprozeß" ein. Als solcher spielte er in den Partikularstrafgesetzbüchern des 19. Jahrhunderts eine verschieden große Rolle. Immerhin galt das Verfahren in mehr als der Hälfte der Staaten des deutschen Bundes, namentlich in Preußen, Bayern und Hessen. Daß es gleichwohl nicht in die Strafprozeßordnung von 1877 aufgenommen wurde, muß daher als eine überraschende Entscheidung des Gesetzgebers angesehen werden (vgl. *Jescheck* JZ 1958 592).

2   **b)** Aufgegriffen wurde das Adhäsionsverfahren wieder mit dem **Entwurf 1919** (als §§ 400 bis 404). Dieser knüpfte an § 57 Vorentw. 1909 an, mit dem der Gedanke eines einheitlichen Verfahrens wieder in das deutsche Rechtsleben eingeführt werden sollte, der damals von der Kritik überwiegend gebilligt und auch von der Strafrechtskommission mit großer Mehrheit gutgeheißen, allerdings als eine strafprozeßrechtliche Vorschrift bezeichnet worden war (Begr. Entw. 1909, S. 25, 72).

3   **c)** Als §§ 438 bis 444 fand das Anhangsverfahren — beschränkt auf Ansprüche, die zur Zuständigkeit des Amtsgerichts gehören — Eingang in den **Entwurf einer Strafverfahrensordnung 1939**[1]. Für die Wiedereinführung des auch als Entschädigungs-oder Anschlußverfahrens bezeichneten Verfahrens wurde unter Bezugnahme auf die geschichtliche Entwicklung angeführt: Es sei seit altersher dem deutschen Recht eigentümlich gewesen, daß über strafrechtliche und bürgerlichrechtliche Folgen einer Straftat in

---

[1] Für die erneute Zulassung des Adhäsionsverfahrens hatte sich unter Hinweis auf ausländische Vorbilder wie Frankreich, Italien und Österreich 1935 schon *Schönke* in seiner Habilitationsschrift „Beiträge zur Lehre vom Adhäsionsprozeß" ausgesprochen; vgl. auch *Granderath* 400.

demselben Verfahren entschieden werde. Die rasche Verurteilung des Schuldigen, seine Verpflichtungen gegenüber dem Verletzten aus strafbarem Verhalten zu erfüllen, steigere die Wirkung des Strafurteils beim Täter und in der Volksgemeinschaft. Der bürgerliche Rechtsstreit sei stets mit Aufwendungen an Zeit, Mühe und Kosten verbunden, die den Verletzten häufig deshalb nicht nur von der Verfolgung des bürgerlichrechtlichen Anspruchs, sondern auch von einer Strafanzeige abhielten, weil ihm diese nicht zum Schadensersatz verhelfen könne; werde es dem Verletzten dagegen ermöglicht, den Täter schon im Strafverfahren zu einer Schadensleistung zu verurteilen, so werde dies auch dazu führen, daß Straftaten aufgeklärt würden, die ohne die tätige Mitwirkung des Verletzten sonst unverfolgt blieben.

Gegen die **Zweispurigkeit** wurde weiter angeführt: Sie bedeute häufig einen ent- **4** behrlichen Arbeitsaufwand der Gerichte. Denn alles, was zur Feststellung des Sachverhalts erforderlich sei, müsse zweimal geschehen, wobei noch anzumerken sei, daß einmal das Strafverfahren besser geeignet sei, die Wahrheit festzustellen und zum anderen die Beweismittel durch den wiederholten Gebrauch an Wert verlören. Schließlich vermeide die Neuregelung, daß verschiedene Gerichte eine und dieselbe Frage verschieden entschieden und werde mit ihr zusätzlich erreicht, daß sich auch Strafrichter mit Fragen des bürgerlichen Rechts befassen müßten, wodurch einer einseitigen Ausbildung vorgebeugt werde (*v. Gleispach* 512 f).

d) Einführung 1943. Mit vornehmlich den gleichen Erwägungen — nicht unerheb- **5** liche **Arbeitsersparnis**, keine doppelten Feststellungen desselben Sachverhalts, **bessere Wahrheitsermittlung** — wurde die Wiedereinführung des Anhangsverfahrens 1943 „gerade im jetzigen Zeitpunkt" (*Grau* DJ **1943** 333) gerechtfertigt.

2. Inhalt und Zweck. Im Anhangsverfahren kann der Verletzte oder sein Erbe **6** selbst — mithin ohne Anwalt, auch in der höheren Instanz — mit einem einfachen Antrag, diesen in der Hauptverhandlung sogar mündlich, **vermögensrechtliche Ansprüche** jeder Art geltend machen, die ihm aus der Straftat erwachsen sind. Sie müssen zur Zuständigkeit der ordentlichen Gerichte gehören und dürfen im Verfahren vor dem Amtsgericht dessen Streitwertgrenze (§ 23 Nr. 1 GVG: 5000 DM) nicht übersteigen. Für das Verfahren gelten die Grundsätze des Strafprozesses, für die Beweisaufnahme und die Form ihrer Durchführung gilt mithin das Amtsprinzip der Strafprozeßordnung. Ein Urteil, durch das dem Verletzten ein Betrag zuerkannt wird, erwächst in Rechtskraft und wird nach den allgemeinen zivilprozessualen Vorschriften vollstreckt.

Die Bezeichnungen Adhäsions-, Anhangs- und Anschlußverfahren dürfen nicht **7** dahin mißverstanden werden, daß etwa die Entscheidung über den zivilrechtlichen Anspruch dem Strafurteil nachfolge; vielmehr bilden Straf- und Zivilsache eine **Einheit**, sobald der Verletzte den Antrag gestellt hat, über den deshalb auch — sofern die Verbindung nicht vorher aufgehoben wird — in einem und demselben Urteil zu entscheiden ist (*Jescheck* JZ **1958** 591). Allerdings wird dieses Ergebnis nur selten erzielt, weil das Gericht zufolge seiner weitgehenden und rechtlich nicht nachprüfbaren Befugnis jederzeit von einer Entscheidung absehen kann, wenn sich der Antrag zur Erledigung im Strafverfahren nicht eignet (§ 405 Satz 2). Namentlich diese Möglichkeit muß als einer der Gründe dafür angesehen werden, daß der Hauptzweck des Verfahrens, eine abschließende Entscheidung über strafrechtliche und bürgerlichrechtliche Folgen einer Straftat in demselben Verfahren herbeizuführen, bisher nicht erreicht worden ist[2].

---

[2] *Rieß* hält diese Behauptung für zweifelhaft und empirisch nicht gesichert (vgl. Gutachten, 43).

Günter Wendisch

8   **3. Bedeutung.** Obwohl die Entschädigung des Verletzten im Strafverfahren dem natürlichen Rechtsempfinden entspricht, der Prozeßökonomie dient und auch die Ziele des Strafverfahrens weitgehend zu unterstützen vermag, und obwohl das Anhangsverfahren für den Verletzten so günstig und risikolos erscheint, hat das Anhangsverfahren seit seiner Wiedereinführung **keine praktische Bedeutung** erlangt[3]. Entscheidend dafür dürfte einmal sein, daß Staatsanwaltschaft und Strafgericht die Verfolgung von bürgerlichrechtlichen Ansprüchen im Strafverfahren als fremdartig und ungeeignet empfinden und deshalb das gesetzliche Gebot (§ 403 Abs. 2) regelmäßig nicht beachten, den Verletzten von dem Strafverfahren möglichst frühzeitig zu unterrichten, ihn im allgemeinen — gestützt auf Nr. 173 RiStBV (dazu ausführlich *Scholz* 726) — aber auch nicht auf die Möglichkeit hinweisen, daß er seinen Anspruch im Strafverfahren geltend machen könne. Hinzu kommt, daß auch die Rechtsanwaltschaft im allgemeinen kein Interesse an der Durchführung des Anhangsverfahrens zeigt (vgl. *Jescheck* 594), was *Dahs* durchaus bedauert (vgl. Hdb. 957).

9   Der wesentlichste Grund dürfte allerdings in der Tatsache zu sehen sein, daß die Voraussetzungen strafrechtlicher Schuld und zivilrechtlicher Schadensersatzansprüche im deutschen Recht sachlichrechtlich zu wenig übereinstimmen (Kausalität: Äquivalenz im Strafrecht, Adäquanz im Zivilrecht; subjektive Fahrlässigkeit im Strafrecht, objektive im Zivilrecht; Verschuldenshaftung im Strafrecht, auch Gefährdungshaftung im Zivilrecht; Unterschiede schließlich in bezug auf mitwirkendes Verschulden, Anscheinsbeweis und Aufrechnung). Zwischen diesen **sachlichrechtlichen Unterschieden**, die selbst nicht gerade volkstümlich sind, versucht das Anhangsverfahren durch „parallele Aufgabenstellungen beider in wirklicher Integration" (*Scholz* 729) eine Brücke zu schlagen. Allerdings scheint sich dabei die besondere Autonomie der Verfahrensordnungen im deutschen Recht, das — anders als beispielsweise das französische mit seiner weitreichenden Rechtskraftwirkung des Strafurteils für das Zivilverfahren — keine Bindung des Zivilrichters an strafrichterliche Urteile kennt (§ 14 EGZPO; *Jescheck* JZ **1958** 593), als eine hohe Mauer zu erweisen, an der das Adhäsionsverfahren, das dieses Prinzip sprengen möchte, zu scheitern droht (dazu kritisch auch *Scholz* 725 und besonders 729).

4. Kritik

10   **a) In der Literatur.** Namentlich die Rechtslehre hat die negative Einstellung der Gerichte und Staatsanwaltschaften, aber auch der Rechtsanwaltschaft zum Anhangsverfahren (Rdn. 8) bedauert, zumal da sie seinen Grundgedanken überwiegend für gut hält. So hat es denn auch nicht an Aufsätzen und Stellungnahmen mit Verbesserungsvorschlägen gefehlt, um dem Verfahren, das sich in anderen Ländern durchaus bewährt hat (vgl. dazu *Kühler* 617 bis 624 und *Jescheck* — beschränkt auf Frankreich — JZ **1958** 593), zu größerer Wirksamkeit zu verhelfen.

11   *Peters* (§ 67 III) sieht den Grund dafür, daß das Anhangsverfahren sich in der Praxis nicht eingebürgert hat, namentlich in folgenden Punkten: der Notwendigkeit der Antragstellung; der Prozeßungewandtheit der Bevölkerung; der Last der Vollstreckung,

---

[3] *Jescheck* JZ **1958** 592 f; *Scholz* 726; *Jung* ZStW **93** (1981) 1170; *Rüth* JR **1982** 265; *Meyer-Goßner* ZRP **1984** 229 l. Sp.; *Schöch* NStZ **1984** 389.5; Hauptgründe für die Verkümmerung: unzureichende Aufklärung nach § 403 Abs. 2; geringe Zahl von Anträgen; Desinteresse der Richter sowie die unbegrenzte Möglichkeit des Absehens von

einer Entscheidung gem. § 405 Satz 2. Vgl. auch die von *Schmahl* (206 ff) durchgeführte Umfrage bei allen Landgerichtspräsidenten der Bundesrepublik. Danach wird das Anhangsverfahren in 26 Landgerichtsbezirken überhaupt nicht, in den übrigen 51 nur wenig praktiziert.

die sich nach Vorschriften des zivilprozessualen Vollstreckungsrechts richte; der Aussichtslosigkeit, wegen der Folgen des Strafverfahrens von dem Verurteilten überhaupt Ersatz zu erlangen; der Schwierigkeit der Klärung zivilrechtlicher Fragen in einem anders gestalteten Verfahren sowie der Verschiedenartigkeit der Haftungsgrundlagen. Sie dürften — bei aller Anerkennung des Vorrangs des strafprozessualen Interesses — nicht so weit führen, daß die **Wiedergutmachung** praktisch außerhalb des Strafprozesses liege. Das Verfahren könne verbessert werden, wenn (so ausdrücklich 1. Auflage § 67 III) auf den Antrag des Verletzten verzichtet, der Täter vielmehr von Amtswegen angehalten werde, den Schaden wiedergutzumachen und die Vollstreckung aus dem Zivilprozeßrecht — verbunden mit einem Verzicht auf den zivilprozessualen Vollstreckungsschutz — in das Strafvollstreckungsverfahren übergeführt werde.

Kühler will — selbst wenn das auf Kosten des staatlichen Strafanspruchs gehen **12** sollte — das Anhangsverfahren deshalb erheblich stärker beleben, weil dieses besonders geeignet sei, die gestörten **menschlichen Beziehungen** zwischen Täter und Verletzten zu verbessern, sie beide wieder aufeinander zuzuführen. „Ist der Schaden nicht ersetzt, findet auch keine Versöhnung, keine Sühne statt" (625). Der Täter soll dazu gebracht werden, „seine geistige Haltung durch Entschädigung des Verletzten innerhalb der Strafe zu korrigieren" (631). Daß seine Ideen, die er psychologisch untermauert und für die er rechtsgeschichtliche und rechtsvergleichende Beispiele bringt, sich erst dann richtig auswirken können, wenn auch das sachliche Strafrecht geändert werde[4], verkennt auch er nicht (628). Den gleichen Standpunkt vertreten in neuerer Zeit *Seelmann* (Zeitschrift für evangelische Ethik 1981, 52 ff) und *Sessar* (FS Leferenz 143 ff).

Das Anhangsverfahren verbessern und erweitern möchte *Scholz* (725): Die bishe- **13** rige Rechtsentwicklung lasse nur die beiden Alternativen zu, entweder das Adhäsionsverfahren ganz abzuschaffen oder aber seine rechtliche Position von Grund auf völlig neu zu ordnen (728). Angeregt durch eine Gesetzesinitiative der CDU/CSU-Fraktion vom 12. 7. 1971 (BTDrucks. VI 2440) spricht er sich — auch unter verfassungsrechtlichen und prozeßökonomischen Gesichtspunkten — für den weiteren Ausbau des Anhangsverfahrens aus. Zunächst einmal hält er in Abänderung des § 403 Abs. 2 die **Pflicht zur Unterrichtung des Verletzten**, die Beschränkung des § 405 Satz 2 auf Fälle einer wesentlichen Verzögerung des Strafverfahrens sowie ein Absehen von dem Erfordernis der Verfahrenseignung (§ 405 Satz 2) für geboten (727 f).

Weil das für eine wirkliche Verbesserung noch nicht ausreiche, aber auch, um **14** die Verfahrensbeteiligten zu einem vermehrten Gebrauch anzuregen, **schlägt er weiter vor** (731): Erweiterung der Streitwertgrenze (§ 403 Abs. 1); die Möglichkeit, außer dem Täter auch andere, z. B. den Haftpflichtversicherer in Verkehrsunfallsachen, in Anspruch zu nehmen (vgl. § 3 PflVersG); unbeschränkte Zulassung aller straftaterheblichen bürgerlichrechtlichen Ansprüche (Schadensersatz, Herausgabe, Unterlassung, Feststellung); Zulassung eines Zwischenurteils über den Grund des Anspruchs (vgl. § 406 Abs. 1 Satz 2); Rechtsmittel des Antragstellers gegen die Ablehnung des Adhäsionsverfahrens wegen — wesentlicher — Verzögerung (vgl. § 406 a).

Ähnliche — zum Teil sogar weitergehendere — **Vorschläge** finden sich auch in **15** dem *Rieß*schen Gutachten über die Rechtsstellung des Verletzten im Strafverfahren für den 55. Deutschen Juristentag (Rdn. 152), wo er folgende Änderungen empfiehlt: (1) Zulässigkeit der Geltendmachung von Ansprüchen, die die zivilprozessuale Zuständigkeit des Amtsgerichts übersteigen, wenn der Angeklagte zustimmt; (2) Zulässigkeit von

---

[4] Ansatzpunkte dafür enthalten bisher § 56 b Abs. 1 und 2 Nr. 1 sowie § 57 Abs. 3 und § 59 a Abs. 2 StGB jeweils in Verb. mit § 56 b StGB, aber auch § 66 StVollzG.

Grund- und Teilurteilen; (3) Gewährung von Prozeßkostenhilfe für den Antragsteller und (4) zu erwägen, ob nicht auch Schadensersatzansprüche in das Adhäsionsverfahren einbezogen werden sollten, die vor die Arbeitsgerichte gehören. Allerdings weist er auch auf die begrenzten Möglichkeiten dieses Verfahrens hin (Rdn. 149 f) und befürwortet stärker Regelungen, die die tatsächliche Schadloshaltung des Verletzten mit strafrechtlich und strfaprozessualen Mitteln bewirken. Von den beiden Referenten hat *Hammerstein* den Vorschlag zu 1[5], *Odersky* die Vorschläge zu 1 bis 3[6] unterstützt. Nach eingehender Beratung hat die Strafrechtliche Abteilung beschlossen, dem Gesetzgeber folgende Vorschläge zu unterbreiten: 1. Wegfall der zivilprozessualen Streitwertgrenze, wenn der beklagte Beschuldigte zustimmt; 2. Möglichkeit der Prozeßkostenhilfe für den Antragsteller und 3. Zulässigkeit von Grund- und Teilurteil[7].

16   **b) Eigene Ansicht.** Die gegenwärtige Regelung des Anhangsverfahrens stellt eine Halbheit dar, mit der sein Zweck nicht erreicht werden kann, schon im Strafverfahren und damit ohne einen zusätzlichen Zivilprozeß eine abschließende Entscheidung über die strafrechtlichen Folgen und vermögensrechtlichen Ansprüche, die aus der Straftat erwachsen sind, in einem und demselben Urteil herbeizuführen. Die Umstände, die für seine derzeitige Bedeutungslosigkeit ins Feld geführt werden (vgl. Rdn. 9, 11, 13, 14), sollten nicht überbewertet werden, zumal da sie die Vorteile, die das Anhangsverfahren namentlich für den oftmals ungewandten Verletzten, aber auch den Täter bietet (Rdn. 3, 5, 6, 8), nicht aufwiegen. Da das Institut an sich sinnvoll ist, seine vermehrte Anwendung aber voraussetzt, daß Gericht, Staatsanwaltschaft und Rechtsanwaltschaft ihre negative Einstellung aufgeben, kann eine Verbesserung nur durch eine **Gesetzesänderung** erreicht werden, durch die einmal das Ermessen von Staatsanwaltschaft und Gericht eingeschränkt und zum anderen die Stellung des Verletzten rechtlich verbessert wird[8].

17   Von diesem darf man nicht nur die Initiative zur Geltendmachung des Anspruchs (§ 404 Abs. 1 Satz 1) verlangen, er muß vielmehr so gestellt werden, daß er für seinen Antrag wirkungsvoll streiten kann. Eine Stellung als „**Partei**" ohne irgendwelche rechtlichen Befugnisse, der regelmäßig nicht einmal Kenntnis von dem Verfahren gegeben wird (vgl. § 403 Abs. 2 und Nr. 173 RiStBV; § 403, 21 ff), die deshalb ihre Befugnisse nur unzulänglich kennt und die das Gericht jederzeit wieder aus dem Verfahren entfernen kann, genügt nicht dafür. Seine Rechte und Befugnisse ausschöpfen kann nur, wer über diese durch Gericht oder Staatsanwaltschaft unterrichtet ist und wer eine **Rechtsstellung** hat, die der **eines** echten **Verfahrensbeteiligten** — etwa der des Nebenklägers — entspricht, dem eigene Rechtsmittel — so gegen das Absehen von einer Entscheidung — zustehen.

18   Zugelassen werden sollte auch die Entscheidung durch **Zwischenurteil** über den Grund des Anspruchs. Anknüpfungspunkt könnte § 438 Abs. 1 — am Ende — Entw.

---

[5] These V b (*Hammerstein*) Verh. 55. DJT L 28.
[6] These V 22 b (*Odersky*) Verh. 55. DJT L 49.
[7] Beschlüsse IV 11 a bis c, Verh. 55. DJT Bd. II S. L 193 = NJW **1984** 2682.
[8] In der Literatur sind die Ansichten noch gespalten. Für eine Wiederbelebung des Anhangsverfahrens detailliert ausgesprochen hat sich *Scholz* 727; den gleichen Standpunkt vertreten *Amelunxen* Nebenklage 97 und Entschädigung 462; *Erich* aaO; *Jung* ZStW **93** (1981) 1170; *v. Holst* 148 ff; *Kühler* 628; skeptischer sind *Jescheck* JZ **1958** 594; *Kickton* 101; ablehnend verhalten sich *Rehwagen* – LV Vor § 374-, 208 ff; *Rüping* Strafverfahren[2] (1983), 203; *Töwe* GerS **106** (1935) 85 ff; gegen jede Erweiterung ist *Meyer-Goßner* ZRP **1984** 231 r. Sp.

1939 sein, der diese Möglichkeit in Anlehnung an die österreichische Regelung vorsah[9].

Selbstverständlich darf bei allen Bemühungen, dem Anhangsverfahren mehr Wirk- **19** samkeit zu verschaffen, der Vorrang des Strafverfahrens, namentlich das Streben nach einer schnellen und rationellen Abwicklung, nicht außer acht gelassen werden. Der immer wieder behaupteten **Verzögerungsgefahr**, für die allerdings konkrete Beispiele kaum angeführt werden und die aufgrund der guten Erfahrungen in Frankreich und Österreich, aber auch in Dänemark (hier in Verkehrsstrafsachen: *Schmahl* 141) überhaupt fragwürdig ist, könnte selbst dann noch genügend Rechnung getragen werden, wenn das Gericht von einer Entscheidung nur dann absehen dürfte, „wenn über die dem Antrag zugrunde liegenden Tatsachen eine zusätzliche Beweisaufnahme erforderlich ist und ihre Durchführung das Strafverfahren **wesentlich** verzögern würde" (so Art. III Nr. 2 b BTDrucks. VI 2420)[10]. Mit einer solchen Regelung würde sichergestellt, daß ein einmal gestellter Antrag grundsätzlich auch beschieden wird. „Ist ein Sachverhalt in tatsächlicher Hinsicht, soweit es mit den zur Verfügung stehenden Beweismitteln möglich ist, aufgeklärt, so muß es dem Strafrichter möglich sein, diesen Sachverhalt auch unter zivilrechtlichen Gesichtspunkten vollständig zu würdigen und eine Entscheidung über mögliche Ansprüche des Verletzten ... zu treffen" (Begr. BTDrucks. VI 2420 zu Nr. 2).

Der Vorrang des Strafverfahrens könnte schließlich dadurch betont werden, daß **20** das Anhangsverfahren auf Verfahren **beschränkt** wird, für die der Strafrichter oder das Schöffengericht zuständig ist — allerdings **ohne** — zumindest nicht auf die amtsrichterliche zivilprozessuale — **Streitwertbegrenzung**. Denn „die Höhe des Streitwertes indiziert weder besondere Schwierigkeiten noch besondere Verzögerlichkeiten des konkreten Adhäsionsantrages[11].

Die **Notwendigkeit** einer gesetzlichen Änderung sollte nicht mit der Erwägung in **21** Frage gestellt werden, daß auch heute schon viele Zivilprozesse — gerade in Verkehrsunfallsachen — vermieden oder beschleunigt entschieden werden, wenn und weil zuvor ein Strafverfahren durchgeführt worden ist. Das ist zwar erfreulich, sollte den Gesetzgeber aber nicht hindern, einem Verfahren zu besserer Wirksamkeit zu verhelfen, das — weil es die Doppelgleisigkeit vermeidet oder zumindest einschränkt — für den Verletzten noch einfacher ist.

5. Die **entsprechende Anwendung** der Vorschriften über das Anhangsverfahren **22** mit Ausnahme von § 405 Satz 1, § 406 a Abs. 3 und § 406 c Abs. 2 sieht § 9 Abs. 3 WiStG vor. Für die Geltendmachung der Ansprüche auf Vernichtung und ähnliche Maßnahmen (§§ 98, 99 UrhG) verweist § 110 Satz 1 UrhG auf die Vorschriften über das Adhäsionsverfahren.

---

[9] So auch *Amelunxen* Nebenklage 97 und Entschädigung 463; *Jung* 1170 f; *Rosenfeld* – LV Vor § 395 – 211 f; *Schmahl* Dänisches Recht 117; *Schönke* Beiträge 164; *Palme* 28; *Scholz* 731; *Rieß* Gutachten, 152; zurückhaltend auch hier *Jescheck* JZ **1958** 594 und *Kickton* 88 f; *G. Meyer* SJZ **1950** 197 f schlägt ein Nachverfahren vor den Strafrichter vor. Wegen weiterer Vorschläge wird auf *Rieß* Gutachten, 153 ff, namentlich auf dort. Fußn. 423, verwiesen.

[10] Für eine Einschränkung der Eignungsklausel sind auch *Amelunxen* Nebenklage 97 und

Entschädigung 463; *v. Holst* 175; *Jescheck* JZ **1958** 594; *Scholz* 731; Bedenken dagegen bei *Rieß* Gutachten, 153.

[11] So im Ergebnis schon *Kleinfelder* 20; vgl. auch *Schönke* Beiträge 161; *Amelunxen* Nebenklage 98; eine eigenständige sehr viel höhere Streitwertbegrenzung sah schon E 1919 (§ 403) vor. *Rieß* lehnt den generellen Verzicht auf eine Streitwertgrenze ab, will sie aber bei Zustimmung des Beschuldigten entfallen lassen (Gutachten, 152), Bedenken erhebt auch *Jescheck* JZ **1958** 595.

Günter Wendisch

§ 403

(1) Der Verletzte oder sein Erbe kann gegen den Beschuldigten einen aus der Straftat erwachsenen vermögensrechtlichen Anspruch, der zur Zuständigkeit der ordentlichen Gerichte gehört und noch nicht anderweit gerichtlich anhängig gemacht ist, im Strafverfahren geltend machen, im Verfahren vor dem Amtsgericht jedoch nur insoweit, als der Anspruch zu dessen Zuständigkeit gehört.

(2) Der Verletzte oder sein Erbe soll von dem Strafverfahren möglichst frühzeitig Kenntnis erhalten; dabei soll er auf die Möglichkeit, seinen Anspruch auch im Strafverfahren geltend zu machen, hingewiesen werden.

Schrifttum. *Pecher* Über zivilrechtliche Vergleiche im Strafverfahren, NJW 1981 2170.

Entstehungsgeschichte. Die Vorschrift ist seit ihrer Einfügung im Jahre 1943 (Entstehungsgeschichte Vor § 403) inhaltlich unverändert geblieben. Durch Art. 3 Nr. 174 VereinhG sind in Absatz 1 die Worte „Zuständigkeit des Amtsgerichts" durch „dessen Zuständigkeit" ersetzt worden.

Übersicht

I. Voraussetzungen (Absatz 1)

1. Antragsberechtigter

1   a) Antragsberechtigt ist einmal der **Verletzte** (vgl. Vor § 374, 1 bis 3), und zwar auch dann, wenn er keinen Strafantrag gestellt hat[1]. Der Begriff bietet hier kaum Schwierigkeiten. Wer behauptet, aus einer Straftat des Beschuldigten einen vermögensrechtlichen Anspruch unmittelbar erworben zu haben, ist Verletzter und deshalb zuzulassen. Selbst der mittelbar Geschädigte kann den Antrag stellen: so die Witwe, auch wenn sie nicht Erbin ist, wegen eines Anspruchs nach § 844 Abs. 2 BGB[2]; der Dienstbe-

---

[1] LG Koblenz DAR **1952** 159; KK-*v. Stackelberg* 1.

[2] LG Gießen NJW **1949** 727; *Schönke* DRZ **1949** 122, 5; *Eb. Schmidt* 2; KK-*v. Stackelberg* 1; KMR-*Müller* 5; *Kleinknecht/Meyer* 2.

rechtigte nach § 845 BGB; der Nießbraucher oder Besitzer neben dem Eigentümer; wohl auch der Versicherer, dieser allerdings nicht aufgrund gesetzlicher oder vertraglicher Abtretung, sondern deshalb, weil schon der Schaden ihn verpflichtet, an den Geschädigten zu zahlen. Der **Verletzte** kann den Antrag auch dann stellen, wenn er Mitangeklagter (*Kleinknecht/Meyer* 2), Nebenkläger, Privatkläger oder Widerbeklagter ist.

b) Von den Rechtsnachfolgern des Verletzten nennt das Gesetz nur den **Erben.** **2** Das ist kein Grund, dessen Erben auszuschließen (so aber KMR-*Müller* 4). Eine solche Auslegung stellt zu sehr auf das Possessivpronomen (*sein* Erbe) ab. Nach Sinn und Zweck der Vorschrift und bei dem hier am weitesten gefaßten Begriff des Verletzten (Rdn. 1) ist als Erbe anzusehen, wer den Anspruch im Weg des Erbgangs und nicht auf andere Weise erworben hat. Ob es sich um gesetzliche oder um testamentarische Erbfolge handelt, ist gleich. Bei einer Mehrheit von Erben kann jeder Miterbe den Antrag stellen, aber nur Leistung an alle fordern (§ 2039 Satz 1 BGB).

c) **Andere Rechtsnachfolger** sind nicht antragsberechtigt, also keine Abtretungs- **3** nehmer, Pfändungspfandgläubiger[3]. Ansprüche eines Einzelrechtsnachfolgers erscheinen schon deshalb zur Geltendmachung im Strafverfahren ungeeignet, weil hier die Frage der Rechtsnachfolge erst geklärt werden muß, was regelmäßig längere Zeit in Anspruch nimmt und deshalb dem Zweck des Strafverfahrens nach einer alsbaldigen Aburteilung widerspricht.

d) Nach Ansicht der in Fußn. 3 angeführten Kommentatoren sowie *Eb. Schmidt* **4** (4) soll auch der **Konkurs- oder Zwangsverwalter** kein Antragsrecht haben. Das ist auf jeden Fall dann nicht richtig, wenn ein Gemeinschuldner *nach* der Konkurseröffnung verletzt und wenn dadurch die Konkursmasse geschädigt worden ist[4]. Die herrschende Meinung würde hier bedeuten, daß zu dem Schaden, den der Beschuldigte verursacht hat, kein „Verletzter" vorhanden wäre, was sachlich nicht zutrifft. Praktische Gründe können die Auslegung nicht bestimmen. Zudem sind die Tatsache der Konkurseröffnung, die Massezugehörigkeit des Anspruchs und die Person des Konkursverwalters regelmäßig nicht schwieriger festzustellen als die entsprechenden Tatsachen bei der Erbfolge. Sollte das doch einmal der Fall sein und das Verfahren dadurch verzögert werden, kann immer noch nach § 405 Satz 2 von der Entscheidung abgesehen werden.

2. Prozeßfähigkeit. Der Antragsteller muß i. S. des Zivilprozeßrechts (§§ 51 bis 55 **5** ZPO) prozeßfähig oder gesetzlich vertreten sein. Eine Person ist in dem Umfang prozeßfähig, als sie sich durch Verträge verpflichten kann (§ 52 Abs. 1 ZPO). Ist der Antragsteller zufolge Konkurseröffnung — nicht schon bei Eröffnung des Vergleichsverfahrens (§ 58 Abs. 1 VerglO) — oder Einrichtung einer Zwangsverwaltung in seiner Verfügung beschränkt (§§ 5, 6 KO; § 148 in Verb. mit § 32 ZVG), so kann nach der hier vertretenen Meinung nicht er, sondern nur der Konkurs- oder Zwangsverwalter den Anspruch geltend machen (Rdn. 4).

3. Antragsgegner
a) Allgemein. Der Anspruch muß sich gegen den **Beschuldigten** richten. Entschei- **6** dend ist allein dessen verfahrensrechtliche Stellung als Beschuldigter oder auch Mitbeschuldigter, nicht seine sachlichrechtliche als Mittäter, Mitschuldner oder Mithaftender

---

[3] *Schönke* DRZ **1949** 122; KK-*v. Stackelberg* 3; KMR-*Müller* 4; *Kleinknecht/Meyer* 2.　　[4] So auch KMR-*Müller* 4; *Kleinknecht/Meyer* 2.

　　　　　　　Günter Wendisch

(*Kleinknecht/Meyer* 12). Der Antragsgegner muß zur Zeit der Entscheidung (schon und noch) als Beschuldigter (Angeklagter) am Verfahren beteiligt sein. Es genügt nicht, daß er hätte beteiligt sein können.

7　　**b) Jugendlicher.** Der Antragsgegner darf **nicht jugendlich** sein (§ 81 JGG). Nicht die Verfahrensart, sondern die Jugendlichkeit des Beschuldigten zur Tatzeit schließt das Anhangsverfahren aus, und zwar auch, wenn das Verfahren vor den allgemeinen Strafgerichten stattfindet (§ 104 Abs. 1 Nr. 14 JGG)[5]. Steht ein Erwachsener als Mitangeklagter zusammen mit einem Jugendlichen vor Gericht, kann der Antrag nur gegen den Erwachsenen gestellt werden.

8　　**c)** Bei einem **Heranwachsenden** kommt es für die Anwendbarkeit des Anhangsverfahrens darauf an, ob der Richter Jugendstrafrecht oder allgemeines Strafrecht anwendet (§ 109 Abs. 2 in Verb. mit § 81 JGG). Da nach den neueren Erkenntnissen der Jugendkriminologie und den Erfahrungen der Praxis auch auf Heranwachsende überwiegend Jugendstrafrecht anzuwenden ist, wenn nicht ausnahmsweise eindeutig zu erkennen ist, daß ihre Entwicklung schon weitgehend abgeschlossen ist[6], werden Ansprüche gegen Heranwachsende sich schon deshalb regelmäßig nicht für ein Anhangsverfahren eignen.

9　　**d) Verhandlungsfähigkeit des Beschuldigten.** Abgesehen von der Altersstufe kommt es nicht darauf an, ob der Beschuldigte **geschäftsfähig** ist[7]; es genügt, daß er **verhandlungsfähig** ist[8]. *Schönke* (DRZ **1949** 122, 5) fordert — wohl im Anschluß an *Grau* (333) —, daß bei nicht geschäftsfähigen Antragsgegnern der gesetzliche Vertreter an der Hauptverhandlung teilnimmt. Dem kann nicht beigepflichtet werden. Nachdem das Gesetz den Antrag im Strafverfahren zugelassen hat, ist nicht einzusehen, daß gegen eine unrichtige zivilrechtliche Verurteilung Sicherungen verlangt werden, die gegen eine unrichtige strafrechtliche Verurteilung nicht für erforderlich gehalten werden. Es muß genügen, daß die Voraussetzungen des Anspruchs und die Einwendungen gegen ihn, weil strafverfahrensrechtliche Grundsätze auch auf die Aburteilung des zivilrechtlichen Anspruchs anzuwenden sind, von Amts wegen aufgeklärt werden. Glaubt das Gericht im Einzelfall, der Beschuldigte könne sich ohne seinen gesetzlichen Vertreter nicht ausreichend gegen den Anspruch wehren, so muß es von der Entscheidung absehen.

10　　**4. Vermögensrechtlicher Anspruch.** Es muß sich um einen vermögensrechtlichen Anspruch handeln. Das sind solche, die aus Vermögensrechten abgeleitet werden — oder unabhängig von Ursprung und Zweck — auf Zahlung von Geld oder Leistung von Geldeswert gerichtet sind[9], vornehmlich mithin Schadensersatz- und hier hauptsächlich Schmerzensgeldansprüche[10] sowie Ansprüche auf Ersatz der Beerdigungskosten[11], aber auch Bereicherungs-, dingliche Herausgabe- oder Unterlassungsansprüche; in Betracht kommen kann sogar der Widerruf einer Behauptung (*Jescheck* JZ **1958** 592).

---

[5] KK-*v. Stackelberg* 6; *Kleinknecht/Meyer* 14. *Granderath* bedauert das: gerade zur Erziehung von Jugendlichen sei die Auflage sinnvoll, nach Kräften den durch die Tat verursachten Schaden wiedergutzumachen (400 II 4).

[6] Vgl. *Brunner* § 105, 1 sowie Einführung II 12 Rdn. 28 ff.

[7] KK-*v. Stackelberg* 7 will das im Hinblick auf eine mögliche vergleichsweise Erledigung der Ansprüche bejahen.

[8] KMR-*Müller* 10; *Kleinknecht/Meyer* 5.

[9] *Schönke* DRZ **1949** 121; KMR-*Müller* 1.

[10] BGHSt **2** 47; *Granderath* 400 II 5; KK-*v. Stackelberg* 8; *Kleinknecht/Meyer* 6.

[11] KK-*v. Stackelberg* 8.

Selbst **Feststellungsansprüche** sind grundsätzlich nicht ausgeschlossen[12]. So sind **11** zulässig: der Antrag auf Feststellung der Unechtheit einer Urkunde (vgl. § 256 ZPO), deren Fälschung dem Beschuldigten vorgeworfen wird; der Ungültigkeit eines Vertrages, der durch Betrug, Erpressung, Nötigung oder Wucher zustande gekommen ist[13]; nicht dagegen — wegen § 406 Abs. 2 Satz 2 — der Antrag auf Feststellung der Schadensersatzpflicht (§ 406, 3)[14].

In Strafverfahren wegen **Straftaten nach** § 106 (unerlaubte Verwertung urheber- **12** rechtlich geschützter Werke), § 107 Nr. 2 (unzulässiges Anbringen der Urheberbezeichnung auf einem Vervielfältigungsstück) und § 108 **UrhG** (unerlaubte Eingriffe in verwandte Schutzrechte) kann der Verletzte einen Anspruch auf Vernichtung und ähnliche Maßnahmen nach §§ 98, 99 UrhG auch im Adhäsionsverfahren geltend machen (§ 110 UrhG).

5. Zuständigkeit. Der Anspruch muß zur Zuständigkeit der ordentlichen Gerichte **13** gehören. Vom Anhangsverfahren ausgeschlossen sind mithin namentlich Ansprüche aus unerlaubten Handlungen, die mit einem Arbeitsverhältnis im Zusammenhang stehen und deshalb zur ausschließlichen Zuständigkeit der Arbeitsgerichte gehören[15]. Das Gericht hat die Zuständigkeit, eine Verfahrensvoraussetzung, von Amts wegen zu beachten, und zwar — entgegen § 528 ZPO — selbst noch in höherer Instanz (*Kleinknecht/Meyer* 7). Hat das Gericht das übersehen und gleichwohl über den Anspruch entschieden, wird der Fehler allerdings von der Rechtskraft gedeckt, die Verurteilung mithin wirksam (BGHSt 3 212). Wegen der Besonderheiten im Verfahren vor dem Amtsgericht vgl. Rdn. 17 ff.

II. Geltendmachung

1. Die unter Rdn. 10 ff genannten Ansprüche können im **Strafverfahren** geltend **14** gemacht werden. Gleichgültig ist, ob das Verfahren auf öffentliche oder auf Privatklage eingeleitet worden ist[16]. Gerade für das Privatklageverfahren ist das Anhangsverfahren schon jetzt am besten geeignet, kann doch mit einer einzigen — der endgültigen — Entscheidung über die strafrechtlichen und bürgerlichrechtlichen Folgen der Straftat der Rechtsfrieden am ehesten wieder hergestellt werden. Durch den Antrag wird der Verletzte, auch wenn er nach § 395 zum Anschluß befugt ist, nicht zum Nebenkläger; im Privatklageverfahren, wo der Antrag auch einem anderen Verletzten als dem Privatkläger selber zusteht, ist der Antrag **kein Beitritt**, auch wenn dessen Voraussetzungen sonst vorliegen. Über Form, Zeit und Wirkungen des Antrags vgl. § 404, 6 ff.

2. Im **Strafbefehlsverfahren** kann über den Anspruch nicht entschieden werden[17]. **15** Der Antrag ist gleichwohl nicht „unzulässig". Denn das Gericht kann über den Anspruch entscheiden, sobald es zur Hauptverhandlung kommt. Deshalb kann der Ver-

---

[12] *Granderath* 400 III; *D. Meyer* JurBüro **1984** 1122; **a. A** KK-*v. Stackelberg* 8 und § 406, 2; KMR-*Müller* 2.

[13] *Schönke* DRZ **1949** 121; **a. A** *Eb. Schmidt* 7.

[14] *Eb. Schmidt* 7; KMR-*Müller* 2; *Kleinknecht/ Meyer* § 406, 2.

[15] BGHSt **3** 210; *Granderath* 400 II 4; *Eb. Schmidt* 8; KK-*v. Stackelberg* 10; KMR-*Müller* 3; *Kleinknecht/Meyer* 7.

[16] *Eb. Schmidt* 13; KMR-*Müller* 14; *Kleinknecht/Meyer* 10.

[17] BGH NJW **1982** 1048; OLG Tübingen GA **1953** 159; *Granderath* 400 II 4; *Grau* 333; *Pentz* 155; KK-*v. Stackelberg* 14; KMR-*Müller* 15; *Kleinknecht/Meyer* 13. Wegen der Ausnahmen in einigen Landesgesetzen vgl. z. B. Art. 22 BayForstStrG.

letzte den Antrag bei der Staatsanwaltschaft schon vor deren Antrag auf Erlaß eines Strafbefehls oder bei Gericht vor seinem Erlaß gestellt haben. Bescheiden kann der Strafrichter ihn aber erst, wenn es zur Hauptverhandlung kommt, etwa weil der Beschuldigte Einspruch erhebt (§ 409 Abs. 1 Nr. 7) oder weil der Strafrichter Bedenken hat, ohne Hauptverhandlung zu entscheiden (§ 408 Abs. 2 Satz 1). Es ist weder der Staatsanwaltschaft noch dem Strafrichter versagt, die Sache gerade wegen des gestellten oder erwarteten Antrags zur Hauptverhandlung zu bringen. Genötigt sind sie dazu freilich nicht[18].

16   Andererseits besteht kein Anlaß, im summarischen Strafbefehlsverfahren durch besonderen Beschluß oder durch ausdrücklichen Ausspruch im Strafbefehl von der Entscheidung abzusehen. Es widerspräche dem Sinn des Gesetzes, den Verletzten aus dem Verfahren zu entfernen, solange noch ungewiß ist, ob es nicht doch zur Hauptverhandlung kommt. Der Antrag erledigt sich durch die Rechtskraft des Strafbefehls von selbst. Bei Streit und Zweifel wird das Gericht das durch einen Beschluß aussprechen.

3. Besonderheiten im Verfahren vor dem Amtsgericht (Absatz 1 letzter Satzteil)

17   a) **Zuständigkeitsgrenze.** Der Verletzte kann vor dem Amtsgericht nur einen Anspruch geltend machen, der zu dessen Zuständigkeit[19] gehört. Erhebt der Antragsteller vor dem Amtsgericht (Strafrichter oder Schöffengericht) einen Anspruch, der dessen **Zuständigkeitsgrenze** übersteigt, so ist der ganze Antrag unzulässig, und zwar selbst dann, wenn der Angeklagte sich mit der Geltendmachung des höheren Betrags einverstanden erklärt[20]. Das Gericht kann nicht, wie *Schönke* meint (DRZ **1949** 122, 4 b), den Teil des Anspruchs zuerkennen, der innerhalb seines Zuständigkeitsbereichs liegt, und im übrigen nach § 405 von der Entscheidung absehen. Einmal kann sich ein unzuständiges Gericht nicht durch Teilentscheidungen selbst zuständig machen, zum anderen wären abweichende Entscheidungen über Teilbeträge unerfreulicher als abweichende Entscheidungen über strafrechtliche und zivilrechtliche Unrechtsfolgen[21].

18   b) **Beschränkung auf Betrag innerhalb der Zuständigkeitsgrenze.** Der Antragsteller kann, auch wenn er einen Anspruch zu haben behauptet, der über die amtsgerichtliche Zuständigkeitsgrenze hinausgeht, den Antrag allerdings auf einen Betrag **beschränken**, der sich innerhalb dieser Zuständigkeitsgrenze hält[22]. Diese Möglichkeit hat der Kläger auch vor den Zivilgerichten. Daß es dabei zu abweichenden Entscheidungen über Teile des Anspruchs kommen kann, wird auch dort hingenommen und bildet deshalb keinen Einwand. Es ist Sache des Antragstellers, wenn er sich dem freiwillig aussetzt; dadurch unterscheidet sich dieser von dem unter Rdn. 17 behandelten Fall. Die amtsgerichtliche **Zuständigkeit** darf nur **nicht erschlichen** werden. Davon kann aber im Anhangsverfahren im allgemeinen keine Rede sein, weil hier nur einmal ein Teilbetrag verlangt werden kann und weitere Stückelung ohnehin nicht möglich ist (vgl. *Eb. Schmidt* 10 am Ende).

---

[18] *Pentz* 151; a. A *Eb. Schmidt* 15.
[19] Z. Zt. 5.000 DM; § 23 Nr. 1 GVG; OLG Braunschweig NJW **1952** 1230; KK-*v. Stackelberg* 11.
[20] *G. Meyer* JZ **1953** 216; KK-*v. Stackelberg* 11; KMR-*Müller* 11.
[21] *Lorentzen* 565; ebenso *G. Meyer* JZ **1953** 216; *Eb. Schmidt* 11; KMR-*Müller* 13.

[22] BayObLGSt **1953** 50 = DAR **1953** 159; *G. Meyer* JZ **1953** 216; *Schlüchter* 80; *Eb. Schmidt* 10; KK-*v. Stackelberg* 11; KMR-*Müller* 11; *Kleinknecht/Meyer* 8; a. A OLG Braunschweig NJW **1952** 1230, obwohl es gar nicht vor dieser Frage stand, und *Lorentzen*, der diese Frage mit dem unter Rdn. 17 erörterten Problem vermengt.

c) Erstreckung auf Berufungsverfahren. Was über die Geltendmachung im Straf- **19** verfahren vor dem Amtsgericht gesagt ist, gilt für das **Berufungsverfahren** vor der Strafkammer des Landgerichts. Auch hier gilt die amtsgerichtliche Zuständigkeitsgrenze[23] und hier kann das Gericht nicht von sich aus stückeln (Rdn. 17), wohl aber kann der Antragsteller den Anspruch auf einen innerhalb der Zuständigkeitsgrenze des Amtsgerichts liegenden Teilbetrag beschränken (Rdn. 18).

d) Das **Einverständnis** des Angeklagten ist weder erforderlich noch erheblich (vgl. **20** Rdn. 17). Die Zuständigkeit eines sonst unzuständigen Gerichts kann es schon deshalb nicht herbeiführen, weil das Strafverfahren eine Prorogation, wie sie in §§ 38, 39 ZPO vorgesehen ist, nicht kennt. Auch für die Zulässigkeit eines Teilantrages wird kein Einverständnis vorausgesetzt.

III. Benachrichtigung des Verletzten (Absatz 2)

Nach Absatz 2 erster Halbsatz soll der Verletzte oder sein Erbe von dem Strafver- **21** fahren möglichst frühzeitig Kenntnis erhalten. Verletzter oder Erbe sind auch die unter Rdn. 1 und 4 aufgeführten Personen. Die **Pflicht**, Kenntnis zu geben, obliegt danach in erster Linie der Staatsanwaltschaft, zumal da sie regelmäßig als erste von einem Sachverhalt erfahren wird, der einen Entschädigungsanspruch des Verletzten zur Folge haben kann. Das Gericht wird die Benachrichtigung veranlassen, wenn die Voraussetzungen für die Geltendmachung erst zu einem späteren Zeitpunkt eingetreten sind oder aber die Staatsanwaltschaft sie zu Unrecht — arbeitsrechtlicher statt bürgerlichrechtlicher Schadensersatzanspruch — verneint hat.

Trotz des Wortes „soll" dürfte es hier als „kann" zu lesen sein (a. A *Scholz* 726). **22** Denn vernünftigerweise kann die Verpflichtung, dem Verletzten Kenntnis zu geben, nur für solche Fälle gedacht sein, die Staatsanwalt und Richter für geeignet halten. Es wäre widersinnig, dem Verletzten ausdrücklich einen Antrag nahezulegen, um dann von einer Entscheidung darüber abzusehen[24]. Die Vorschrift ist nach ihrem derzeitigen Sinn und Zweck eine reine **Ordnungsvorschrift**[25], die an sich ihren Platz in den Richtlinien für das Straf- und Bußgeldverfahren haben sollte, wo sie in Nr. 173 eine weitere Einschränkung (in geeigneten Fällen) erfährt.

Für vorstehende Auslegung dürfte auch folgende Erwägung sprechen: Eine **Soll-** **23** **vorschrift**, die an ein Staatsorgan gerichtet ist, unterscheidet sich von einer Mußvorschrift nicht etwa durch einen geringeren Grad an Verbindlichkeit, sondern nur durch weniger eingreifende sachlich- oder verfahrensrechtliche Folgen einer Verletzung. Es steht nicht im Ermessen des Richters oder Staatsanwalts, ob er einer Sollvorschrift Gehorsam leisten will.

Schließlich stände es auch der Verwaltung nicht zu, eine gesetzliche Sollvor- **24** schrift durch Richtlinien einzuengen, wie es aber Nr. 173 RiStBV tut, wonach die Verpflichtung auf „geeignete Fälle" beschränkt sein soll. Wohl aber ist eine solche **Einschränkung** zulässig, soweit es um Ausübung eines Ermessens geht. Nr. 172 Abs. 2 RiStBV a. F. bezeichnete in erster Linie die Fälle als ungeeignet, in denen das Strafver-

[23] OLG Braunschweig NJW **1952** 1230; BayObLGSt **1953** 30 = DAR **1953** 159; KMR-*Müller* 12; *Kleinknecht/Meyer* 7; **a. A** G. *Meyer* JZ **1953** 216.

[24] So auch *Granderath* 400 II 2: es sei vernünftig, daß nicht über ein Adhäsionsverfahren

belehrt werde, das voraussichtlich nicht in Betracht komme.

[25] Kritisch *Scholz* 726 f; die von ihm beanstandete Fassung in Nr. 173 RiStBV ist inzwischen aufgehoben worden.

fahren verzögert werden würde. Da sich das von vornherein nur in ganz einfachen Fällen ausschließen läßt, blieben kaum „geeignete Fälle" übrig. In der Praxis wurde Absatz 2 daher so gut wie überhaupt nicht befolgt[26], ohne daß den Staatsanwälten und Richtern deshalb unbedingt ein Vorwurf gemacht werden konnte (a. A *Jescheck* JZ **1958** 594, der eine gewisse Nachhilfe im Weg der Dienstaufsicht vorschlägt). Daß sich das geändert hätte, nachdem Absatz 2 der bisherigen Nr. 172 RiStBV gestrichen worden ist (vgl. Nr. 173 RiStBV n. F.), kann leider nicht festgestellt werden.

IV. Anwendbarkeit sonstiger zivilrechtlicher Vorschriften

25   1. Ein gerichtlicher **Vergleich** ist auch im Anhangsverfahren möglich[27]. Verhandlungen darüber müssen freilich behutsam geführt werden; so muß der besondere Charakter des Strafverfahrens gewahrt bleiben und darf auch kein unsachlicher Druck auf den Angeklagten ausgeübt werden. Der in der Hauptverhandlung beschlossene und beurkundete Vergleich ist **Vollstreckungstitel** i. S. von § 794 Abs. 1 Nr. 1 ZPO[28].

26   2. **Aufrechnung.** Der Angeklagte kann gegen den geltend gemachten vermögensrechtlichen Anspruch mit eigenen Forderungen **aufrechnen**, soweit die Voraussetzungen nach § 387 BGB gegeben sind und kein Aufrechnungsverbot — etwa nach § 393 BGB — besteht. Der Strafrichter muß eine solche Aufrechnung auch berücksichtigen, weil sie den geltend gemachten Anspruch beseitigt. Daß sich solche Fälle für das Anhangsverfahren nur selten eignen werden, steht außer Frage.

27   3. Dagegen ist für eine **Widerklage** des Beschuldigten gegen den Verletzten im Anhangsverfahren kein Raum[29]. Allerdings kann jener, wenn der Antragsteller Mitbeschuldigter ist, gegen diesen ebenfalls ein Anhangsverfahren betreiben.

28   4. **Verzicht und Anerkenntnis.** Aus der beherrschenden Bedeutung der strafverfahrensrechtlichen Grundsätze folgt schließlich, daß diese auch für die sachliche Entscheidung des Gerichts über den Antrag gelten, mithin die §§ 306 und 307 ZPO über die zivilprozessualen Wirkungen eines **Verzichts** oder **Anerkenntnisses** für den Strafrichter keine Bedeutung haben[30].

V. Zivilverfahren

29   Macht der Verletzte seinen Anspruch im Strafverfahren geltend, so kann er denselben Anspruch nicht gleichzeitig vor dem Zivilgericht einklagen. Hat er jedoch einen Anspruch, der über die amtsgerichtliche Zuständigkeit hinausgeht, auf einen Betrag beschränkt, der sich innerhalb dieser Grenze hält, so kann er mangels **Nämlichkeit** (Identität) **der Ansprüche** den überschießenden Teil gleichwohl in einem Zivilprozeß einklagen (vgl. *Baumbach/Lauterbach* § 261, 3 B). Wegen der Wirkungen des geltend gemachten Anspruchs im einzelnen vgl. § 404, 6 ff).

---

[26] *Jescheck* JZ **1958** 593: nicht häufig angewendet; ähnlich KK-*v. Stackelberg* 16: zusätzlicher Grund für die geringe Bedeutung des Adhäsionsverfahrens sei, daß der Hinweis nach Absatz 2 in der Praxis so gut wie nie erteilt werde; KMR-*Müller* 17: das Absehen von der Benachrichtigung sei in der Praxis fast die Regel.

[27] OLG Köln JMBlNRW **1948** 144; OLG Stuttgart NJW **1964** 110; *Schönke* DRZ **1949**

124, 9 d; *Breetzke* NJW **1969** 1409; *Pecher* NJW **1981** 2170; *D. Meyer* JurBüro **1984** 1122; *Rieß* Gutachten, 41; KMR-*Müller* § 406, 4; *Kleinknecht/Meyer* 13; a. A *Eb. Schmidt* § 404, 9.

[28] OLG Köln JMBlNRW **1948** 144; LG Aachen JMBlNRW **1948** 144.

[29] KK-*v. Stackelberg* 13; KMR-*Müller* 16.

[30] OLG Neustadt NJW **1952** 718; *Eb. Schmidt* § 404, 9.

§ 404

(1) [1]Der Antrag, durch den der Anspruch geltend gemacht wird, kann schriftlich oder mündlich zur Niederschrift des Urkundsbeamten, in der Hauptverhandlung auch mündlich bis zum Beginn der Schlußvorträge gestellt werden. [2]Er muß den Gegenstand und Grund des Anspruchs bestimmt bezeichnen und soll die Beweismittel enthalten. [3]Ist der Antrag außerhalb der Hauptverhandlung gestellt, so wird er dem Beschuldigten zugestellt.

(2) Die Antragstellung hat dieselben Wirkungen wie die Erhebung der Klage im bürgerlichen Rechtsstreit.

(3) [1]Ist der Antrag vor Beginn der Hauptverhandlung gestellt, so wird der Antragsteller von Ort und Zeit der Hauptverhandlung benachrichtigt. [2]Der Antragsteller, sein gesetzlicher Vertreter und der Ehegatte des Antragsberechtigten können an der Hauptverhandlung teilnehmen.

(4) Der Antrag kann bis zur Verkündung des Urteils zurückgenommen werden.

Entstehungsgeschichte. Absatz 3 enthielt in der Ursprungsfassung (Entstehungsgeschichte vor § 403) folgenden Satz 3: „Des Beistandes eines Rechtsanwalts oder einer anderen Person kann sich der Antragsteller in der Hauptverhandlung nicht bedienen; er kann sich in ihr auch nicht durch einen Rechtsanwalt oder eine andere Person vertreten lassen." Der Ausschluß der Rechtsanwälte, selbst in Sachen, bei denen im Zivilprozeß Anwaltszwang herrscht, wurde damit begründet, daß in Strafverfahren nur einfache und klar liegende Ansprüche geltend gemacht werden sollten und außerdem der Sachverhalt, auf dem der Anspruch beruhe, von Amts wegen festgestellt werde. Weil diese Erwägungen mit dazu beitrugen, daß die an das neue Verfahren gestellten Erwartungen nicht erfüllt werden, hat Art. 3 Nr. 174 VereinhG den Ausschluß von Beiständen wieder beseitigt.

1. Geltendmachung des Antrags (Absatz 1)

a) Form und Inhalt des Antrags müssen den zivilprozessualen Voraussetzungen **1** einer Klage vor dem Amtsgericht entsprechen (vgl. §§ 253, 496 ff ZPO). Daraus folgt, daß auch § 253 Abs. 2 Nr. 2 ZPO anzuwenden ist, wonach der Geschädigte einen **bestimmten** Antrag zu stellen hat (OLG Stuttgart NJW **1978** 2209). Bei Geldforderungen ist der Betrag mithin regelmäßig zu beziffern[1]. Eine Bezifferung ist nur dann entbehr-

---

[1] *Baumbach/Lauterbach* § 253, 5 B; *Eb. Schmidt* 3.

Günter Wendisch

lich, wenn dem Antragsteller die Angabe eines bestimmten Betrags unmöglich ist, so bei Schadensersatzansprüchen, deren Höhe erst durch einen Sachverständigen festgestellt werden muß[2], aber auch bei Entschädigungsansprüchen (OLG Bamberg (Z) NJW **1974** 2003). **Grund** des Anspruchs ist die Behauptung *aller* Tatsachen, die den Antrag als schlüssig begründet erscheinen lassen (*Thomas/Putzo* § 253, 2 d). Führt der Antragsteller überhaupt keine konkreten Tatsachen an, ist der Antrag unzulässig. Die Beweismittel sollen genannt werden (Absatz 1 Satz 2); ihr Fehlen schadet aber nicht, weil § 244 Abs. 2 gilt (*Scholz* 725, 727; vgl. auch Rdn. 8 f).

2   **b) Anfangszeitpunkt.** Der Antrag kann gestellt werden, sobald die Staatsanwaltschaft oder — im Abführungs- oder Rückerstattungsverfahren nach § 9 WiStG (vgl. dazu Vor § 403, 22) in Verb. mit § 11 Abs. 2 Satz 1 WiStG — die Bußgeldbehörde (OLG Stuttgart NJW **1978** 2209) **mit der Sache befaßt** ist. Eine zeitliche Anfangsbeschränkung gibt es nicht; denn der Antragsteller kann gleichzeitig eine Strafanzeige bei der Staatsanwaltschaft anbringen. *Eb. Schmidt* (5) meint, der Antrag könne nur dem Gericht gegenüber erklärt werden, setzt also voraus, daß bereits Anklage erhoben sei. Seiner Ansicht ist einmal entgegenzuhalten, daß die §§ 403, 404 vom Beschuldigten, nicht vom Angeschuldigten sprechen (vgl. § 157), aber auch, daß § 403 Abs. 2 vorschreibt, den Verletzten möglichst frühzeitig von dem Strafverfahren Kenntnis zu geben. Wäre der Antrag erst nach Erhebung der Anklage zulässig, würde es genügen und wäre es zweckmäßiger, den Verletzten zugleich mit der Klageerhebung zu benachrichtigen.

3   Eine **weitere Stütze** findet die hier vertretene Ansicht schließlich in der passivischen Ausdrucksweise der §§ 403, 404. Für den entgegengesetzten Standpunkt würde folgende — nicht Gesetz gewordene — Fassung sprechen: Das Gericht gibt Kenntnis, benachrichtigt, stellt zu. Nr. 173 Satz 1 RiStBV macht ausdrücklich dem Staatsanwalt Hinweis und Belehrung zur Pflicht. Endlich ist auch zu berücksichtigen, daß die Gegenansicht dem Antragsteller, den das Gesetz ohnehin schlecht genug stellt, zusätzlich Schwierigkeiten bereitet. Wenn er von dem staatsanwaltschaftlichen Ermittlungsverfahren Kenntnis erhalten hat, muß ihm die Möglichkeit gegeben werden, den Antrag sofort zu stellen und dadurch die Benachrichtigungspflicht nach Absatz 3 auszulösen. Es kann dem Verletzten nicht zugemutet werden, sich ständig nach dem jeweiligen Stand des Verfahrens zu erkundigen. Denn eine jedes Ermessen ausschließende Pflicht des Staatsanwalts oder des Gerichts, ihn von der Anklageerhebung in Kenntnis zu setzen, begründet § 403 Abs. 2 nicht (§ 403, 21 ff). Die **Wirkungen** des Antrags treten freilich mit seinem Zugang bei der Staatsanwaltschaft noch nicht vollständig ein (vgl. dazu Rdn. 6 ff).

4   **c) Als Endzeitpunkt** bestimmt Absatz 1 Satz 1 den Beginn der Schlußvorträge. Da diese mehrmals beginnen können — etwa weil einer der Verfahrensbeteiligten im (ersten) Schlußvortrag einen Hilfsbeweisantrag gestellt, der zum Wiedereintritt in die Beweisaufnahme geführt hat — kann nur der **letzte Schlußvortrag** gemeint sein. Im übrigen ist der Antrag nicht auf die erste Instanz beschränkt, kann vielmehr auch in der Berufungsinstanz — wiederum bis zum Beginn des letzten Schlußvortrags — gestellt werden[3]. In der Revisionsinstanz kann der Antrag nicht mehr geltend gemacht werden[4].

---

[2] BayObLG (Z) NJW **1966** 1369; OLG Stuttgart NJW **1978** 2209.
[3] LG Gießen NJW **1949** 727; *Granderath* 400 II 1; *Eb. Schmidt* § 403, 14; KMR-*Müller* 2; *Kleinknecht/Meyer* 1; unentschieden OLG Braunschweig NJW **1952** 1229; **a. A** OLG Düsseldorf JMBlNRW **1958** 91; KK-

v. Stackelberg 2.
[4] Zwar nennt *Schönke* unter den Gerichten, vor denen der Antrag geltend gemacht werden kann, auch das Oberlandesgericht (DRZ **1949** 122, 4 c); meint jedoch ersichtlich das erstinstanzlich entscheidende.

Nach Zurückverweisung der Sache durch das Revisionsgericht wird er dagegen (vor dem Tatrichter) wieder zulässig (KK-*v. Stackelberg* 2).

Die — äußerst umständliche — Regelung vermittelt zu Unrecht den **Eindruck** **5** **eines besonderen Vertrauensschutzes** für den Verletzten. Tatsächlich hat sie kaum Bedeutung, weil das Gericht bei einem Antrag, den der Verletzte erst unmittelbar vor Beginn der Schlußvorträge gestellt hat, kaum geneigt sein wird, etwa deshalb wieder in die Beweisaufnahme einzutreten. Vielmehr wird es regelmäßig mit der Behauptung von einer Entscheidung absehen, das Verfahren werde verzögert, wenn dem so spät gestellten Antrag noch nachgegangen werde.

2. Wirkungen (Absatz 2)

a) Mit dem **Eingang des Antrags** bei der Staatsanwaltschaft oder bei Gericht wer- **6** den diese verpflichtet, für die **Zustellung** des Antrags an den Beschuldigten zu sorgen und den Antragsteller von der Hauptverhandlung zu benachrichtigen.

b) Rechtshängigkeit. Wann darüber hinaus dieselben Wirkungen eintreten, wie **7** sie die Erhebung der Klage im bürgerlichen Rechtsstreit zur Folge hat, kann — beim Schweigen der Strafprozeßordnung — nur der Zivilprozeßordnung und dem Bürgerlichen Gesetzbuch entnommen werden. Die prozessualen Wirkungen der Rechtshängigkeit treten danach erst mit der Zustellung der Antragsschrift an den Beschuldigten oder mit der mündlichen Geltendmachung des Antrags in der Hauptverhandlung ein[5]. Zum Teil werden die Wirkungen freilich, „sofern die Zustellung demnächst erfolgt" (§ 496 Abs. 3 ZPO), auf den Zeitpunkt des Eingangs bei Gericht vorverlegt; das gilt namentlich in bezug auf die Fristwahrung und die Unterbrechung der Verjährung. Es ist mithin ungenau, wenn Nr. 174 Abs. 2 RiStBV sagt, daß die Rechtswirkungen des Antrags erst eintreten, wenn dieser bei Gericht eingegangen ist.

c) Das **weitere Verfahren** richtet sich ausschließlich nach der Strafprozeßord- **8** nung[6]. Der Versuch, hier teilweise zivilprozessuale Grundsätze und Vorschriften anzuwenden (*Schönke* DRZ **1949** 123, 8), würde zu einer erheblichen Unsicherheit aller Beteiligten führen. Das gilt namentlich für das **Beweisverfahren**[7]. Für die Ansicht, das Gericht könne hier den Umfang der Beweisaufnahme bestimmen, ohne an Anträge der Parteien gebunden zu sein, fehlt es an einer gesetzlichen Grundlage. Namentlich läßt sich § 384 Abs. 3 nicht entnehmen, daß § 244 „nicht in solchen Verfahren gelten solle, die im wesentlichen Interesse des Antragstellers durchgeführt werden"[8]. § 384 Abs. 3 will das Gericht von dem Zwang befreien, unverhältnismäßige Mühe, Zeit und Kosten auf Dinge zu verwenden, die das nicht wert sind. Einem solchen Zwang unterliegt das Gericht im Anhangsverfahren aber gerade nicht, weil ihm stets der Ausweg des § 405 bleibt.

Andererseits kann es im Anhangsverfahren um sehr hohe Beträge gehen. Daher **9** muß der Angeklagte, der — anders als im Zivilprozeß — in großen Verfahren (Strafkammersachen) keine zweite Tatsacheninstanz hat, alle Möglichkeiten der Verteidigung auch gegen den zivilrechtlichen Anspruch haben. Die **Aufklärungspflicht** des Gerichts (§ 244 Abs. 2) erstreckt sich auch auf den Entschädigungsanspruch[9]. Das bedeu-

---

[5] *Schönke* DRZ **1949** 122, 6 c; **anders** KK-*v. Stackelberg* 3; KMR-*Müller* 1; *Kleinknecht/ Meyer* 2: schon mit der Antragstellung bei Gericht; insoweit unklar *Granderath* 400 II 7.

[6] OLG Braunschweig NJW **1952** 1230; *Eb. Schmidt* 9; KK-*v. Stackelberg* 4; KMR-*Müller* 5. Wegen der Ausnahme bei einem gerichtlichen Vergleich s. § 403, 25; bei der Vollstreckung s. § 406 b.

[7] *Eb. Schmidt* 12; KK-*v. Stackelberg* 4.

[8] So aber *Schönke* DRZ **1949** 123, 8 und KMR-*Müller* 6.

[9] RG DR **1944** 770; KK-*v. Stackelberg* 4.

tet, daß das Gericht u. a. ein evtl. Mitverschulden des Geschädigten und dessen quotenmäßige Bewertung feststellen, aber auch Dauer und Art der Erkrankung, der ärztlichen Behandlung eines operativen Eingriffs, einer Arbeitsunfähigkeit, die Art dauernder Entstellungen oder Behinderungen, Zukunftsschäden und evtl. Spätfolgen klären muß (OLG Schleswig SchlHA **1980** 178). Daß die Gerichte sich mit dieser zusätzlichen Aufgabe nicht gern befassen, erhellt aus der zitierten Entscheidung des Reichsgerichts (Fußn. 9), in der dieses, nachdem es den Grundsatz der Aufklärungspflicht ausdrücklich anerkannt hatte, anschließend von einer Sachentscheidung gemäß § 405 Abs. 2 absah, weil die erforderliche Aufklärung das Verfahren verzögert haben würde.

10　　　**d) Beteiligung des Staatsanwalts.** Nach den Richtlinien für das Straf- und Bußgeldverfahren soll der Staatsanwalt zu dem Antrag des Verletzten nur Stellung nehmen, wenn dies nötig ist, um die Tat strafrechtlich richtig zu würdigen oder um einer Verzögerung des Strafverfahrens vorzubeugen (Nr. 174 Abs. 1 RiStBV). Gegen diese Ansicht könnte eingewandt werden, daß das Anhangsverfahren Teil des Strafverfahrens ist, der Staatsanwalt aber in jedem Abschnitt dieses Verfahrens zur Mitwirkung berufen ist.

3. Stellung des Antragstellers (Absatz 3)

11　　　**a) Kein Nebenkläger, keine Rechte aus Befangenheit.** Die Stellung des Antragstellers[10] ist der bedenklichste Punkt des Adhäsionsverfahrens. Denn der Antragsteller hat kaum Rechte, jedenfalls keine, die er gerichtlich durchsetzen könnte. Er hat nicht die Stellung des **Nebenklägers**[11], kann keine Entscheidung verlangen (§ 405), hat keine Rechtsmittel (§ 406 a Abs. 1) und kann den Richter nicht wegen Befangenheit ablehnen[12]. Er muß zwar von der Hauptverhandlung benachrichtigt werden (Absatz 3 Satz 1); eine Frist dafür gibt es aber nicht. *Müller* (KMR 7) meint, wenn der Antragsteller nicht benachrichtigt sei, so könne nicht verhandelt werden; er fordert deshalb, daß der Antragsteller zu der Hauptverhandlung zu laden sei. Selbst wenn man diese Ansicht teilte und eine zufolge unterbliebener Ladung ohne den Antragsteller durchgeführte Hauptverhandlung als rechtsfehlerhaft ansähe, wäre dem Antragsteller damit nicht geholfen, weil diesem insoweit keine durchsetzbaren Rechte zustehen.

12　　　**b)** Selbst das **Recht auf Anwesenheit** (Absatz 3 Satz 2) will man dadurch beschränken, daß es dem Antragsteller, wenn er — wie in aller Regel — als Zeuge benötigt wird, nicht gestattet sein soll, bei der vorangehenden Vernehmung anderer Zeugen zugegen zu sein (*Henkel* 414 Fußn. 6). Dem kann nicht zugestimmt werden. Soll über Rechte des Antragstellers entschieden werden, wird ihm das rechtliche Gehör versagt, wenn ihm nicht die Anwesenheit während der ganzen Beweisaufnahme gestattet wird. Der Richter wird ihn regelmäßig als ersten Zeugen vernehmen müssen, weil das die Fürsorge für den Antragsteller gebietet[13].

13　　　**c) Vertretung durch Rechtsanwalt.** Der Antragsteller kann sich in der Hauptverhandlung vertreten lassen, vornehmlich durch einen Rechtsanwalt. Er ist nicht mit dem Privatkläger, sondern mit dem Kläger (außerhalb des Anwaltszwanges) zu vergleichen. Durch das Vereinheitlichungsgesetz (vgl. Entstehungsgeschichte) ist die Vorschrift ge-

---

[10] Vgl. Vor § 403, 10 ff sowie die Kritik *Jeschecks* JZ **1958** 593 Fußn. 13.

[11] OLG Hamm HESt **2** 146; KK-*v. Stackelberg* 5; KMR-*Müller* 7.

[12] § 24, 41; OLG Karlsruhe NJW **1973** 1658; *Hamm* NJW **1974** 683; *Eb. Schmidt* 15;

KK-*v. Stackelberg* 5; **a. A** *Teplitzky* (MDR **1970** 106), der der herrschenden Meinung entgegenhält, sie verletze den Anspruch auf den gesetzlichen Richter, der auch für den Verletzten gewährleistet sein müsse.

[13] KK-*v. Stackelberg* 5; KMR-*Müller* 9.

strichen worden, nach der er sich nicht durch einen Rechtsanwalt oder durch eine andere Person vertreten lassen durfte. Der Gesetzgeber hat die **Vertretung** auch **durch eine andere Person** also nicht verbieten wollen; sonst hätte er sich, statt diesen Satz ganz zu streichen, so ausgedrückt wie in § 378. Ungeeignete Vertreter kann das Gericht nach § 157 ZPO[14] oder entsprechend § 138 Abs. 2 zurückweisen. Für den Antragsteller gilt auch vor dem Landgericht (kleine, große Strafkammer, diese auch als Schwurgericht) und in erstinstanzlichen Verhandlungen vor dem Oberlandesgericht **kein Anwaltszwang**[15].

d) Anhörungsrecht. Der Antragsteller muß in der Hauptverhandlung gehört wer- **14**
den. Er kann Beweisanträge stellen (*Jescheck* JZ **1958** 595) und hat das Fragerecht nach § 240 sowie das Beanstandungsrecht nach § 238 Abs. 2 (*Rieß* Gutachten, 42; *von Holst* 119). Wann er das Wort zu seinem Schlußvortrag erhält, steht im Ermessen des Vorsitzenden[16].

e) Prozeßkostenhilfe kann dem Antragsteller **nicht** bewilligt werden, weil es an **15**
einer gesetzlichen Vorschrift fehlt (*Schönke* DRZ **1949** 125; *Eb. Schmidt* Vor § 403, 6). Würde man dem Vorschlag *Jescheck* (JZ **1958** 595 Fußn. 30) folgen, § 172 Abs. 3 Satz 2 entsprechend anzuwenden, würde man in die Zuständigkeit des Gesetzgebers eingreifen. Dieser hat mit der Beseitigung des Ausschlusses von Beiständen durch Art. 3 Nr. 174 VereinhG (vgl. Entstehungsgesch.) keine Regelung über eine Bewilligung von Prozeßkostenhilfe für das Adhäsionsverfahren getroffen. Mit der Änderung sollte (nur) die Vertretung durch einen Rechtsanwalt nicht mehr generell ausgeschlossen sein; eine weitergehende Absicht des Gesetzgebers, dem Verletzten zugleich die Möglichkeit einzuräumen, Bewilligung von Prozeßkostenhilfe zu beantragen, kann darin nicht gesehen werden[17]. Dem **Angeklagten** kann dagegen das Gericht (nicht der Vorsitzende) in entsprechender Anwendung von § 121 Abs. 2 Satz 1 ZPO einen Anwalt zur Verteidigung gegen die vermögensrechtlichen Ansprüche beiordnen[18].

4. Rücknahme des Antrags (Absatz 4). Die **Rücknahme** des Antrags (Absatz 4) be- **16**
darf keiner Zustimmung. Sie steht weder einer zivilprozessualen Klage entgegen, noch hindert sie einen neuen Antrag nach § 403; § 392 kann nicht entsprechend angewendet werden. Der Antrag kann auch noch in der Berufungsinstanz[19], nicht aber vor dem Revisionsgericht zurückgenommen werden.

---

[14] So KMR-*Müller* 8: allgemeiner Rechtsgedanke.

[15] Ebenso *Jescheck* JZ **1958** 592; *Schnitzerling* 202; *Granderath* 400 II 3; KK-*v. Stackelberg* 6; *Kleinknecht/Meyer*.

[16] BGH NJW **1956** 1767; allg. Meinung z. B. *Amelunxen* – Entschädigung – 460; *Jescheck* 595; *Schönke* – Bemerkungen – 123; *Rieß* Gutachten, 42; *Granderath* 400 II 7; KK-*v. Stackelberg* 7; *Kleinknecht/Meyer* 3.

[17] OLG Hamm MDR **1978** 777; OLG Köln OLGSt n. F. § 403 StPO, 1; KK-*v. Stackelberg*

§ 403, 5; KMR-*Müller* Vor § 403, 2; a. A *Granderath* 400 II 3: Grundsätze des sozialen Rechtsstaats rechtfertigen die rechtsähnliche Anwendung von § 172 Abs. 3 Satz 2 letzter Halbs.; aber auch *Jescheck* JZ **1958** 595 Fußn. 30; vgl. auch OLG Bremen NJW **1960** 1777: entsprechende Anwendung der §§ 114 ff ZPO.

[18] So überzeugend OLG Bremen NJW **1960** 1777 = Rpfleger **1960** 314 mit zust. Anm. *Lappe*.

[19] KK-*v. Stackelberg* 8; KMR-*Müller* 12.

§ 405

[1]Das Gericht sieht von einer Entscheidung über den Antrag im Urteil ab, wenn der Angeklagte einer Straftat nicht schuldig gesprochen und auch nicht eine Maßregel der Besserung und Sicherung gegen ihn angeordnet wird oder soweit der Antrag unbegründet erscheint. [2]Es sieht von der Entscheidung auch dann ab, wenn sich der Antrag zur Erledigung im Strafverfahren nicht eignet, insbesondere wenn seine Prüfung das Verfahren verzögern würde oder wenn der Antrag unzulässig ist; dies kann in jeder Lage des Verfahrens auch durch Beschluß geschehen.

Entstehungsgeschichte. Die Vorschrift ist seit ihrer Einfügung im Jahre 1943 (Entstehungsgeschichte Vor § 403) inhaltlich unverändert geblieben. Art. 21 Nr. 102 EGStGB 1974 hat in Satz 1 die Worte „Sicherung und Besserung" durch „Besserung und Sicherung" ersetzt.

Übersicht

I. Keine negative Sachentscheidung

1   Der Antrag darf nicht **zurückgewiesen** (verworfen, abgelehnt) werden, weder als unzulässig, noch als unbegründet, noch aus anderen Gründen (KMR-*Müller* 1). Gibt das Gericht ihm nicht statt, muß es von einer Entscheidung absehen, gibt es ihm nur teilweise statt, hinsichtlich des Restes. Soweit der Anspruch nicht zuerkannt ist, kann der Verletzte ihn anderweitig geltend machen (§ 406 Abs. 3 Satz 2), und zwar sowohl im Zivilprozeß als auch mit einem erneuten Anhangsantrag. Das Absehen von einer Entscheidung — gleichviel aus welchen Gründen — hat also weder formelle noch materielle Rechtskraftwirkung (dagegen de lege ferenda *Oetker* ZAkDR **1937** 79).

II. Absehen von der Entscheidung (Satz 1 erster Halbsatz)

2   **1. Verpflichtung.** Das Gericht **muß** von der Entscheidung absehen:

3   **a)** Wenn der Antrag **unzulässig** ist, etwa wegen Fehlens der deutschen Gerichtsbarkeit, der ordentlichen Gerichtsbarkeit für den Anspruch[1], der zivilprozessualen Verfahrensvoraussetzungen, der Voraussetzungen des § 403; wegen Vorliegens zivilprozessualer Verfahrenshindernisse, anderweitiger Rechtshängigkeit (§ 403 Abs. 1); wegen formeller oder inhaltlicher Mängel des Antrags, die trotz Aufforderung nicht behoben werden. Bei der Prüfung der Zulässigkeitsvoraussetzungen kommt es auf den Zeitpunkt

---

[1] BGHSt **3** 210; OLG Braunschweig NJW **1952** 1230; KMR-*Müller* 2.

der Entscheidung, nicht der Antragstellung an; fallen also die Zulässigkeitsvoraussetzungen nach der Antragstellung weg, ist § 405 anzuwenden.

Tritt der Verletzte den Anspruch nach der Stellung des Antrags ab, so wird die- **4** ser dadurch nicht unzulässig. Allenfalls wird der Antrag, den Angeklagten auf Leistung an den Antragsteller zu verurteilen, unbegründet. Jedoch kann ein solcher Antrag dahin geändert werden, ihn auf **Leistung an** den **Zessionar** zu ändern (KMR-*Müller* 4). § 403 schließt das nicht aus. Er bestimmt nur, wer Antragsteller sein kann und daß der Zessionar sein kann; dagegen verlangt er nicht, daß der Antragsteller — wenn er nur er der Verletzte oder dessen Erbe ist — auch im Zeitpunkt der Entscheidung noch Inhaber des Anspruchs ist. Die Frage ist vor allem dann von Bedeutung, wenn inzwischen eine Versicherungssumme an den Verletzten ausbezahlt worden ist;

b) wenn der Anspruch **unbegründet** erscheint, d. h. schon bei tatsächlichen oder **5** rechtlichen Zweifeln des Gerichts (*Eb. Schmidt* 5);

c) wenn der Angeklagte **weder schuldig** gesprochen, **noch** eine **Maßregel** der Bes- **6** serung und Sicherung gegen ihn **verhängt** wird. Die Worte in Satz 1: „*einer* Straftat nicht schuldig gesprochen" sind richtig zu lesen als: „*der* Straftat", nämlich derjenigen Straftat (i. S. von § 264), aus der der geltend gemachte Anspruch erwachsen sein soll.

Bei **Tatmehrheit** ist auch dann von einer Entscheidung über den Anspruch abzuse- **7** hen, wenn der Angeklagte nur wegen einer anderen Straftat verurteilt wird. Kommt es wegen *der* Tat nicht zur Verurteilung, darf das Gericht dem Antrag auch dann nicht stattgeben, wenn es ihn gleichwohl für begründet hält (so bei Amnestie, Einstellung wegen Geringfügigkeit, in Fällen zivilrechtlicher Gefährdungshaftung).

In Fällen, in denen der Richter **von Strafe absehen** kann (§§ 157, 158 Abs. 1, **8** §§ 199, 233 StGB), kommt es nur auf den Schuldspruch, nicht auf die Strafe an[2].

2. Ermessen. Das Gericht **kann** von der Entscheidung absehen, wenn sich der An- **9** trag zur Erledigung im Strafverfahren nicht eignet (Satz 2)[3]. Es handelt sich um eine Frage des pflichtgemäßen Ermessens. Von dessen verständnisvoller Handhabung hängt zu einem guten Teil die praktische Brauchbarkeit des Anhangsverfahrens ab[4]. Die Verantwortung des Richters ist um so größer, als keinerlei Nachprüfung der verneinenden Entscheidung möglich ist (§ 406 a Abs. 1).

a) Schwierigkeit. Nichts ist geeigneter, den Verletzten vom Anhangsverfahren abzu- **10** schrecken, als die Sorge, daß der Richter jede Unbequemlichkeit, jede kleine tatsächliche oder rechtliche Schwierigkeit, jede verfahrensrechtliche Zweifelsfrage zum Anlaß nehmen könne, alle bisherige Mühe des Antragstellers zunichte zu machen, indem er von der Entscheidung absieht. Der Richter hat hier Gelegenheit, seine Entscheidungsfreude zu beweisen. Daß die Entscheidung angefochten werden kann, das Absehen von der Entscheidung dagegen nicht, sollte ihn nicht zu besonderer Bedenklichkeit verleiten.

b) Das gilt auch im Fall der **Nichteignung**, den das Gesetz als einziges Beispiel er- **11** wähnt, nämlich wenn die Prüfung des Antrags das Verfahren **verzögern** würde. Eine gewisse Verzögerung wird das Anhangsverfahren regelmäßig mit sich bringen, nament-

---

[2] *Eb. Schmidt* 3; KMR-*Müller* 5.   verfahrens.
[3] *Granderath* 400 II 7 sieht darin die eigent-   [4] *Jescheck* JZ **1958** 592; KK-*v. Stackelberg* 2.
liche Schwachstelle des ganzen Adhäsions-

lich kann es die Beweisaufnahme oder auch die Beratung etwas verlängern. Von einer Verzögerung sollte jedoch erst dann gesprochen werden, wenn die Entscheidung zufolge des Antrags an einem späteren Tage ergehen müßte als ohne ihn[5].

3. Verfahren

12　　a) **Entscheidung im Urteil.** Nach dem Aufbau der Vorschrift ist die Entscheidung **im Urteil** zu treffen, wenn der Angeklagte der Straftat nicht schuldig gesprochen wird und das Gericht auch keine Maßregel der Besserung und Sicherung gegen ihn verhängt oder wenn der Antrag unbegründet erscheint (Satz 1); dagegen kann sie auch durch **Beschluß** getroffen werden, wenn der Antrag unzulässig ist oder sich nicht zur Erledigung im Strafverfahren eignet (Satz 2 letzter Satzteil). Gleichwohl wird man **Beschlußentscheidungen** auch in anderen Fällen für zulässig halten müssen. Solche kommen namentlich dann in Betracht, wenn das Gericht das Verfahren nach § 206 a außerhalb der Hauptverhandlung durch Beschluß einstellt. Daß dabei auch von einer Entscheidung über den Anhangsantrag abzusehen ist, versteht sich.

13　　b) **Entscheidung vor dem Urteil.** Es muß aber auch gestattet sein, daß Anhangsverfahren **vor dem Urteil** (oder Einstellungsbeschluß) durch Beschluß zu beenden, wenn der Antrag schon als unbegründet zu erkennen, die Schuld- und Straffrage aber noch nicht entscheidungsreif ist[6]. Das wird sich sogar empfehlen, weil sowohl der Antragsteller als auch der Angeklagte ein Interesse an einer alsbaldigen Entscheidung haben. Der Antragsteller braucht nicht auf das Strafurteil zu warten, um Zivilklage zu erheben. Der Beschluß bedarf an sich keiner Begründung, weil er nicht anfechtbar ist (§ 34). Gleichwohl sollte der Richter wenigstens den gesetzlichen Grund aufgrund des Wortlauts der Bestimmung angeben, weil seine Erwägung — auch wenn das Zivilgericht an die Entscheidung nicht gebunden ist — das weitere Verhalten des Antragstellers doch beeinflussen kann (vgl. auch KMR-*Müller* 6). Der Angeklagte weiß nach dem Beschluß, daß er sich gegen den Antrag im Strafverfahren nicht mehr zu verteidigen braucht. Ein Beschluß muß aus den gleichen Erwägungen auch dann als zulässig angesehen werden, wenn schon feststeht, daß der Angeklagte nicht wegen der Straftat (Rdn. 6) verurteilt werden wird, wohl aber möglicherweise nach längerer Dauer des Verfahrens wegen einer dazu im Verhältnis der Tatmehrheit stehenden anderen Tat.

14　　Bedenken gegen einen vorab zu erlassenden Beschluß bestehen um so weniger, als dieser den Verletzten nicht hindert, in demselben Verfahren alsbald einen neuen Antrag zu stellen (Rdn. 1). Den Beschluß in allen Fällen als zulässig anzusehen, empfiehlt sich schließlich deshalb, weil nicht erkennbar ist, welche praktischen Folgerungen aus der Gegenansicht gezogen werden könnten, wenn es einmal zu einem solchen Vorab-Beschluß gekommen ist.

15　　c) **Umfang der Entscheidung.** Das Absehen von der Entscheidung kann für den **ganzen Antrag oder für einen Teil** davon ausgesprochen werden. Im Verfahren vor dem Strafrichter, vor dem Schöffengericht und vor der Strafkammer als Berufungsgericht darf aber nicht für den Teil von einer Entscheidung abgesehen werden, der die amtsge-

---

5 Vgl. auch Vor § 403, 19 sowie *Götz* JZ **1973** 407. Nach *Granderath* 401 III sollte von der Entscheidung nur noch abgesehen werden dürfen, „wenn über die dem Antrag zugrunde liegenden Tatsachen eine zusätzliche Beweisaufnahme erforderlich ist und ihre

Durchführung das Strafverfahren wesentlich verzögern würde"; so auch schon der Gesetzentwurf der CDU/CSU-Fraktion BT-Drucks. VI 2420 Art. III Nr. 2 b; dagegen *Rieß* Gutachten, 153.
6 **A. A** KMR-*Müller* 6.

Stand: 1. 3. 1985

richtliche Zuständigkeitsgrenze übersteigt; vielmehr ist ein solcher Antrag hier im ganzen unzulässig (§ 403, 17). Auch das Revisionsgericht kann noch von der Entscheidung absehen, selbst wenn der Tatrichter sie schon getroffen hatte (RG DR **1944** 770). Die Erklärung (im Urteil oder im Beschluß), daß das Gericht von einer Entscheidung absehe, beendet die Rechtshängigkeit des vermögensrechtlichen Anspruchs.

III. Unzulässige Abweisung

Spricht das Gericht rechtsirrig die **Zurück- oder Abweisung** des Antrags aus, ist **16** zunächst zu prüfen, ob dieser Ausspruch nicht in ein Absehen von einer Entscheidung umgedeutet werden kann. Sollten Fassung und Begründung der Entscheidung eine solche Deutung schlechthin unmöglich machen, muß dem Antragsteller trotz § 406 a Abs. 1 das sonst zulässige Rechtsmittel (Berufung oder Revision gegen Urteile, sofortige Beschwerde gegen Beschlüsse) zugestanden werden[7]. Denn eine solche Entscheidung als rechtskräftige Abweisung zu behandeln, wäre ebenso unerträglich, wie eine ernstgemeinte gerichtliche Entscheidung einfach als nicht vorhanden zu betrachten. § 406 a Abs. 1 hat nur das Stattgeben und das Absehen von einer Entscheidung vor Augen; die Vorschrift versagt dem Antragsteller deshalb alle Rechtsmittel, weil es — anders als im Fall einer Abweisung — in beiden Fällen an einer Beschwer fehlt.

§ 406

(1) [1]Soweit der Antrag nach dem Ergebnis der Hauptverhandlung begründet ist, gibt ihm das Gericht im Urteil statt. [2]Die Entscheidung darf sich nicht auf den Grund des geltend gemachten Anspruchs beschränken.

(2) [1]Das Gericht kann die Entscheidung für vorläufig vollstreckbar erklären. [2]Es kann die vorläufige Vollstreckung von einer Sicherheitsleistung abhängig machen; es kann auch dem Angeklagten gestatten, sie durch Sicherheitsleistung abzuwenden. [3]Diese Anordnungen können durch unanfechtbaren Beschluß auch nachträglich getroffen, geändert oder aufgehoben werden.

(3) [1]Die Entscheidung über den Antrag steht einem im bürgerlichen Rechtsstreit ergangenen Endurteil gleich. [2]Soweit der Anspruch nicht zuerkannt ist, kann er anderweit geltend gemacht werden.

(4) Der Antragsteller erhält eine Abschrift des Urteils mit Gründen oder einen Auszug daraus.

Entstehungsgeschichte. Die Vorschrift ist seit ihrer Einfügung im Jahre 1943 (Entstehungsgeschichte Vor § 403) inhaltlich unverändert geblieben. Durch Art. 3 Nr. 174 VereinhG ist in Absatz 2 Satz 2 das Wort „vorherigen" vor dem Wort „Sicherheitsleistung" gestrichen worden.

---

[7] *v. Stackelberg* (KK 1) erhebt gegen eine solche Verfahrensweise deshalb gewisse Bedenken, weil sie die Gefahr einschlösse, daß Rechtsmittelfristen versäumt würden mit der Folge, daß die Verfahren zufolge von Wiedereinsetzungsanträgen noch weiter kompliziert würden.

Günter Wendisch

1   **1. Ergebnis der Hauptverhandlung (Absatz 1).** Für die Durchführung der Hauptverhandlung, namentlich für die Beweisaufnahme gelten grundsätzlich die Vorschriften des Sechsten Abschnitts des Zweiten Buchs. Das Gericht kann daher Beweisanträge nach § 244 Abs. 3 bis 5 ablehnen, sollte unter Umständen aber auch eine besondere Beweisaufnahme — etwa über die Höhe des Anspruchs — durchführen, wenn das Verfahren dadurch nicht erheblich verzögert wird. Eine Verletzung der Aufklärungspflicht nach § 244 Abs. 2 scheidet nach Aufbau und Ausgestaltung des Anhangsverfahrens allerdings aus; sie kommt nur bezüglich des — eigentlichen — Strafurteils in Frage (RGSt **44** 299). Dagegen bleiben die sonstigen Vorschriften unberührt und gelten die Grundsätze für die Beweisaufnahme und ihre Durchführung ohne Einschränkung. Aus diesem Grund ist wohl die eidliche Vernehmung des Verletzten, nicht aber die des Angeklagten zulässig. Dem Antragsteller darf nicht mehr zugesprochen werden, als er beantragt hat. Bleibt die Verurteilung hinter dem Antrag zurück, muß insoweit ausdrücklich von einer Entscheidung abgesehen werden (vgl. § 405, 1).

2   **2. Stattgabe im Urteil.** Dem Antrag kann nicht durch Beschluß, sondern nur **im Urteil** stattgegeben werden (Absatz 1 Satz 1). Dieses muß entweder einen Schuldspruch enthalten (ein Strafausspruch ist in den Fällen der §§ 157, 158 Abs. 1, §§ 199, 233 nicht nötig) oder eine Maßregel der Besserung und Sicherung anordnen (§ 405, 12 ff). Die **Gründe** des Urteils müssen darlegen, weshalb der Anspruch begründet ist (OGHSt **2** 46 = MDR **1949** 501). Fehlt eine solche Begründung, wäre die Verurteilung nach § 338 Nr. 7 auf Revision aufzuheben. An die Begründung können gleichwohl keine sehr hohen Anforderungen gestellt werden, namentlich ist **kein Tatbestand** wie im bürgerlichen Rechtsstreit erforderlich; die Zivilprozeßordnung findet auf die Begründung keine Anwendung. Ausführungen über Behauptungen und Bestreiten, Unstreitigkeit und Beweislast sind entbehrlich.

3   Die **tatsächlichen Grundlagen** des Anspruchs müssen sich aus dem — in der Technik des Strafurteils — festgestellten Sachverhalt ergeben. Andererseits ist § 267 Abs. 3 Satz 1 nicht derart entsprechend anzuwenden, daß die einschlägigen zivilrechtlichen Gesetzesbestimmungen förmlich anzuführen wären (OLG Hamburg JR **1951** 89). Der weitergehenden Ansicht von *Eb. Schmidt* (2)[1], der die Angabe der in Frage kommenden bürgerlich-rechtlichen Bestimmungen verlangt, weil die „Grundsätze für die Begründung zivilgerichtlicher Entscheidungen" hier nicht „einfach außer acht bleiben" könnten, kann nicht zugestimmt werden. Sie berücksichtigt nicht, daß die Zivilprozeßordnung gerade keine Vorschrift enthält, die § 267 Abs. 3 Satz 1 entspräche. Die zivilprozessualen Begründungsregeln setzen den Verhandlungsgrundsatz voraus, der im Strafprozeß — auch im Anhangsverfahren — nicht gilt.

4   **3. Endurteil (Absatz 1 Satz 2).** Die Vorschrift gestattet weder ein Teilurteil[2], noch eine Erledigung des Anspruchs in mehreren Urteilen (*Kleinknecht/Meyer* 2), noch ein Urteil über den Grund des Anspruchs (Absatz 1 Satz 2). Richtig ist zwar, daß ein solches Zwischenurteil — wie nach § 304 ZPO — an sich nicht in ein Strafverfahren paßt, das **keine Zwischenurteile** kennt. Gleichwohl sollte de lege ferenda erwogen werden, auch ein Verfahren über den Grund des Anspruchs vor dem Strafrichter zuzulassen und alsdann ein Nachverfahren über die Höhe des Anspruchs vorzubehalten (vgl. Vor § 403, 18)[3]. Gegen eine solche verfahrensmäßige Aufteilung können an sich keine Bedenken

---

[1] Sie wird auch von KMR-*Müller* 1 geteilt.
[2] *Rieß* Gutachten, 41; **a. A** *Eb. Schmidt* 1.
[3] Ebenso *Jung* ZStW **93** (1981) 1170 f; *Rieß* Gutachten, 152; *Scholz* 731; *Schönke* Bei-

träge 164; *Palme* 28; gegen eine Änderung ist *Töwe* 88; zurückhaltend *Jescheck* 594 und *Kickton* 88 f; *G. Meyer* SJZ **1950** 197 f schlägt ein Nachverfahren vor dem Strafrichter vor.

erhoben werden. Namentlich können sie kaum mit der Erwägung begründet werden, daß eine solche Aufteilung dem Sinn des Anhangsverfahrens widerspräche, der darin liege, rasch und ohne weitere Umstände über spruchreife Ansprüche zu entscheiden (vgl. dazu Vor § 403, 18), zumal da eine positive Entscheidung über den Grund häufig ein Nachverfahren verhindern könnte.

Obwohl Absatz 1 Satz 2 nur eine Beschränkung auf den Grund des geltend ge- **5** machten Anspruchs ausschließt, ist nach der geltenden Rechtslage auch **keine Klage auf Feststellung** des Schadensersatzanspruchs zulässig. Daß Absatz 1 Satz 2 von dem Grund des geltend gemachten Anspruchs spricht, darf nicht zu der Meinung verführen, als bestehe kein Hindernis, wenn nichts als ein Feststellungsverfahren mit dem Antrag geltend gemacht wird[4].

4. Über die **vorläufige Vollstreckbarkeit** entscheidet das Gericht nach pflichtgemä- **6** ßem Ermessen (Absatz 2 Satz 1), ohne — wie teilweise im Zivilprozeßrecht — durch Anträge gebunden zu sein. Es kann auch, wie nach § 713 Abs. 2 ZPO, dem Verurteilten gestatten, die Vollstreckung durch Sicherheitsleistung oder durch Hinterlegung abzuwenden (Absatz 2 Satz 2 letzter Halbsatz), wenn der Antragsteller nicht vor der Vollstreckung Sicherheit leistet (Absatz 2 Satz 2 erster Halbsatz). Das Strafgericht kann diese Entscheidung jederzeit — auch nachträglich — treffen, ändern und aufheben (Absatz 2 Satz 3).

5. Nur in der **Wirkung** steht die Entscheidung einem zivilprozessualen Endurteil **7** gleich (Absatz 3 Satz 1). Im übrigen folgt sie strafprozessualen Grundsätzen (Einl. Kap. 7 I). Das gilt namentlich für ihre Rechtskraft, allerdings nur zugunsten des Antragstellers. Gibt das Gericht dem Antrag nicht oder nur teilweise statt, kann der Antragsteller den Anspruch mithin noch vor dem Zivilgericht einklagen (Absatz 3 Satz 2). Ein strafverfahrensrechtliches Rechtsmittel steht ihm dagegen nicht zu (§ 406 a Abs. 1). Wegen der **Rechtsmittelbefugnisse** des Angeklagten s. § 406 a, 5 ff, 11 ff.

6. Das Gericht bestimmt, ob der Antragsteller eine vollständige **Abschrift des Ur-** **8** **teils** oder einen — in sich verständlichen — Auszug erhält (Absatz 4). Es genügt, wenn er ersehen kann, was ihm, der Höhe und dem Anspruchsgrund nach, zugesprochen ist. Im übrigen bedarf er der Abschrift nicht, weder als Grundlage für Rechtsmittel (sie stehen ihm nicht zu), noch zur Zwangsvollstreckung, zumal da dafür eine Abschrift ohnehin nicht ausreicht.

7. Für die **Zwangsvollstreckung** bedarf es einer vollstreckbaren Ausfertigung **9** (§ 724 ZPO in Verb. mit § 406 b), die der Urkundsbeamte des Strafgerichts erteilt. Wegen weiterer Einzelheiten vgl. § 406 b.

8. Sonstige Möglichkeiten. Hat das Gericht auf eine wiederkehrende Leistung er- **10** kannt und haben sich nach der letzten Tatsachenverhandlung die Gründe geändert, die für die Entscheidung maßgebend waren, kann der Antragsteller **Abänderungsklage** beim Zivilgericht nach § 323 ZPO erheben[5]. Wegen der **Vollstreckungsgegenklage** vgl. § 406 b, wegen der Wiederaufnahme § 406 c; wegen der **Kostenentscheidung** § 472 a.

---

[4] **A. A** KK-*v. Stackelberg* 2; *Kleinknecht/ Meyer* 2.

[5] *Schönke* DRZ **1949** 122; KK-*v. Stackelberg* 4; KMR-*Müller* 3; *Kleinknecht/Meyer* 4; vgl. auch § 406 a, 8.

Günter Wendisch

§ 406 a

(1) **Dem Antragsteller steht, auch soweit das Gericht von einer Entscheidung absieht, ein Rechtsmittel nicht zu.**

(2) [1]Soweit das Gericht dem Antrag stattgibt, kann der Angeklagte die Entscheidung auch ohne den strafrechtlichen Teil des Urteils mit dem sonst zulässigen Rechtsmittel anfechten. [2]In diesem Falle kann über das Rechtsmittel durch Beschluß in nichtöffentlicher Sitzung entschieden werden.

(3) **Wird auf ein Rechtsmittel unter Aufhebung der Verurteilung der Angeklagte einer Straftat nicht schuldig gesprochen und auch nicht eine Maßregel der Besserung und Sicherung gegen ihn angeordnet, so ist zugleich die dem Antrag stattgebende Entscheidung aufzuheben, auch wenn das Urteil insoweit nicht angefochten ist.**

Entstehungsgeschichte. Die Vorschrift ist seit ihrer Einfügung im Jahre 1943 (Entstehungsgeschichte Vor § 403) inhaltlich unverändert geblieben. Art. 21 Nr. 102 EGStGB 1974 hat in Absatz 3 die Worte „Sicherung und Besserung" durch „Besserung und Sicherung" ersetzt.

1   1. **Rechtsmittel des Antragstellers (Absatz 1).** Der Antragsteller hat **keine** Rechtsmittel gegen die Anhangsentscheidung (Absatz 1). Soweit sie seinem Antrag stattgibt, ist er nicht beschwert; soweit sie von einer Entscheidung absieht, bleibt ihm die zivilprozessuale Klage[1]. Eine Ausnahme gilt nur, wenn das Gericht unter Verstoß gegen § 405 den Anspruch des Antragstellers als unbegründet abweist § 405, 16).

2   *Schönke* meint, dem Antragsteller stünde auch im übrigen gegen Beschlüsse und Verfügungen, die seinen Antrag oder seine Teilnahme am Verfahren betreffen, keine Beschwerde zu (DRZ **1949** 124, 10 a). Dem kann in dieser Allgemeinheit nicht zugestimmt werden. Mindestens stehen dem Antragsteller für das Vollstreckungsverfahren (vgl. dazu § 406 b) die **Rechtsmittel der Zivilprozeßordnung** zu.

3   *Müller* (KMR 1) will dem Antragsteller die Rechtsmittel für die dem Urteil **vorausgehenden Beschlüsse** und Verfügungen versagen. Die Frage ist praktisch bedeutungslos, weil das Gericht, sobald der Antragsteller mit Rechtsmitteln das Verfahren erschwert, nach § 405 Satz 2 durch Beschluß von einer Entscheidung über den Antrag absehen wird; daß die Prüfung des Antrags das Verfahren verzögern würde, wird bei Rechtsmitteln nie völlig ausgeschlossen werden können.

4   Mit Bezug auf den Antrag hat der Verletzte auch dann keine Rechtsmittel, wenn er **Privat- oder Nebenkläger** ist[2]. Sieht freilich das Gericht unterer Instanz von Entscheidungen ab und legt der Antragsteller als Privat- oder Nebenkläger ein Rechtsmittel gegen den strafrechtlichen Teil des Urteils ein, so kann er vor dem Berufungsgericht — auch nach Zurückweisung durch das Revisionsgericht — einen neuen Anhangsantrag stellen.

5   2. **Rechtsmittel des Angeklagten.** Der Angeklagte hat die sonst zulässigen — d. h. die nach der Strafprozeßordnung zulässigen — Rechtsmittel[3]. Danach stehen ihm drei Möglichkeiten offen. Er kann

---

[1] *Granderath* 400 II 9; KMR-*Müller* 1.
[2] OLG Hamm MDR **1968** 261; KK-*v. Stackelberg* 1; KMR-*Müller* 1; *Kleinknecht/Meyer* 1.

[3] OLG Oldenburg HESt **2** 45; OLG Braunschweig NJW **1952** 1230; KMR-*Müller* 2.

a) das Urteil **insgesamt anfechten.** Dann wird in den Fällen des Absatzes 3 auch **6** die Zivilentscheidung aufgehoben. Hat er das Urteil mit der Revision angefochten, gelten folgende Besonderheiten: Hat das Strafurteil — nicht aber die Anhangsentscheidung — Bestand, kommt eine Zurückverweisung des Anschlußverfahrens allein nicht in Betracht[4]; vielmehr wird das Revisionsgericht sie aufheben und von einer Entscheidung absehen. An die Grenzen des Revisionsrechts ist es auch im Anhangsverfahren gebunden (OLG Oldenburg HESt. 2 45);

b) sein Rechtsmittel **auf den strafrechtlichen Teil** des Urteils **beschränken**[5] mit **7** der Folge, daß in diesem Fall der zivilrechtliche Teil in Rechtskraft erwächst (a. A OLG Neustadt NJW **1952** 718). Wegen der Folgen bei Aufhebung des Urteils in diesem Fall vgl. Rdn. 11).

Daß das Rechtsmittelgericht, obwohl es die zivilrechtliche Richtigkeit der Ent- **8** scheidung über den Anspruch nicht nachprüfen kann, diese ausnahmsweise doch **aufheben** kann, steht deren Rechtskraft ebensowenig entgegen, wie die Möglichkeit einer Rechtsmittelerstreckung nach § 357 etwas an der Rechtskraft des Urteils gegenüber dem Nichtrevidenten ändert;

c) nur den **zivilrechtlichen Teil** anfechten (Satz 1). Der strafrechtliche Teil wird **9** dann, wenn nicht Staatsanwalt, Privat- oder Nebenkläger ihn angefochten haben, rechtskräftig. Satz 2 bestimmt, daß in diesem Fall, d. h. der Beschränkung auf den zivilrechtlichen Teil, das Gericht über das Rechtsmittel auch ohne mündliche Verhandlung durch Beschluß entscheiden kann. Zu lesen ist die Vorschrift allerdings in dem Sinn, daß es das Rechtsmittel im Fall seiner Unbegründetheit durch Beschluß verwerfen kann; daß die zivilrechtliche Entscheidung aufgehoben werden kann, ergibt sich schon aus § 405 Satz 2 letzter Satzteil („in jeder Lage des Verfahrens"). Die Verwerfung durch Beschluß ist auch dann zulässig (**a. A** *Eb. Schmidt* 7), im allgemeinen aber unzweckmäßig (wegen Absatz 3), wenn ein anderer Beteiligter den Schuldspruch angefochten hat, dieser deshalb noch nicht rechtskräftig ist und seine Aufhebung möglich erscheint. Der Beschluß ist unanfechtbar[6].

3. Rechtsmittel des Staatsanwalts. Staatsanwalt, Privat- und Nebenkläger können **10** mit ihrem Rechtsmittel nur den strafrechtlichen Teil des Urteils anfechten[7]. Ihr Rechtsmittel beeinflußt den zivilrechtlichen Teil der Entscheidung nur in dem Ausnahmefall, wo der Angeklagte auf das Rechtsmittel nicht schuldig gesprochen und auch keine Maßregel der Besserung und Sicherung gegen ihn angeordnet wird.

4. Aufhebung des Urteils (Absatz 3). Hat der Angeklagte sein Rechtsmittel auf **11** den strafrechtlichen Teil des Urteils beschränkt (Rdn. 7) oder handelt es sich um ein Rechtsmittel des Staatsanwalts, Privat- oder Nebenklägers, das ja ohnehin nur in dieser Beschränkung zulässig ist (Rdn. 10), so führt die Aufhebung des strafrechtlichen Teils zur Aufhebung auch des zivilrechtlichen, wenn der Angeklagte nicht schuldig gesprochen und auch keine Maßregel der Besserung oder Sicherung gegen ihn angeordnet wird. Diese zweite Voraussetzung muß schon feststehen. Deshalb führt die Aufhebung und Zurückverweisung durch das Revisionsgericht noch nicht zur Aufhebung des zivil-

---

[4] OGHSt 2 46 = MDR **1949** 501; KK-*v. Stackelberg* 2; KMR-*Müller* 4.

[5] BGHSt 3 210; *Grau* DJ **1943** 333 ff; *Schönke* DRZ **1949** 121; KK-*v. Stackelberg* 3.

[6] *Eb. Schmidt* 7; KK-*v. Stackelberg* 4.

[7] BGHSt 3 210; *Grau* DJ **1943** 336; *Schönke* DRZ **1949** 121; KMR-*Müller* § 403, 8; § 406 a, 5; *Kleinknecht/Meyer* 3.

Günter Wendisch

rechtlichen Teils, sondern erst das endgültige Sachurteil, wenn es weder einen Schuldspruch noch eine Maßregel ausspricht[8]. Mit den Worten „einer Straftat nicht schuldig gesprochen" soll zum Ausdruck kommen, daß es nicht darauf ankommt, ob der Angeklagte irgendeiner Straftat, sondern ob er *der* Straftat schuldig gesprochen worden ist, aus welcher der Anspruch hergeleitet wird (§ 405, 6).

12   Fraglich kann sein, ob über den Wortlaut von Absatz 3 hinaus der Zivilteil auch dann aufzuheben ist, wenn das Rechtsmittelgericht die Unterbringung in einem psychiatrischen Krankenhaus (§ 63 StGB) wegen **Schuldunfähigkeit zufolge seelischer Störungen** (§ 20 StGB) von sich aus angeordnet hat, weil alsdann über den Zivilanspruch erneut zu befinden ist. Es muß eingeräumt werden, daß eine solche Handhabung wegen §§ 827, 829 BGB zweckmäßig erscheinen mag. Indessen ist sie mit der Vorschrift nicht zu vereinen. Denn der Fall der Schuldunfähigkeit wegen seelischer Störungen (§ 20 StGB) ist der einzige, in dem eine Maßregel der Besserung und Sicherung[9] überhaupt ohne Schuldspruch möglich ist. In allen anderen Fällen können Maßregeln der Besserung oder Sicherung nur neben der Strafe verhängt werden. Die besondere Erwähnung der Maßregeln in Absatz 3 hat also gerade nur für den Fall der Schuldunfähigkeit wegen seelischer Störungen Bedeutung.

13   Die **Fassung** des Absatzes 3 folgt letztlich aus dem Begriff des Anhangsverfahrens, wonach die zivilrechtliche Verurteilung eben nur einer strafrechtlichen „anhängen" und auch in ganz zweifelsfreien und vom Verurteilten vorbehaltlos eingeräumten Fällen **nicht selbständig** bestehen bleiben soll. Sie ist deshalb eng auszulegen. Die Möglichkeit, daß es nach Absatz 3 noch zur Aufhebung der nicht angefochtenen zivilrechtlichen Verurteilung kommt, ändert deshalb nichts an deren Rechtskraft (vgl. Rdn. 9). Denn sie gibt dem Rechtsmittelgericht nicht die Befugnis, etwa die zivilrechtliche Subsumtion nachzuprüfen.

§ 406 b

[1]Die Vollstreckung richtet sich nach den Vorschriften, die für die Vollstreckung von **Urteilen in bürgerlichen Rechtsstreitigkeiten gelten.** [2]Für das Verfahren nach den **§§ 731, 767, 768, 887 bis 890 der Zivilprozeßordnung ist das Gericht der bürgerlichen Rechtspflege zuständig, in dessen Bezirk das Strafgericht des ersten Rechtszuges seinen Sitz hat.** [3]Einwendungen, die den Anspruch selbst betreffen, sind nur insoweit zulässig, **als die Gründe, auf denen sie beruhen, nach Schluß der Hauptverhandlung des ersten Rechtszuges und, wenn das Berufungsgericht entschieden hat, nach Schluß der Hauptverhandlung im Berufungsrechtszug entstanden sind.**

Entstehungsgeschichte. Die Vorschrift ist seit ihrer Einfügung im Jahre 1943 (Entstehungsgeschichte Vor § 403) inhaltlich unverändert geblieben. Durch Art. 3 Nr. 174 VereinhG ist in Satz 2 das Wort „Reichszivilprozeßordnung" durch „Zivilprozeßordnung" ersetzt worden.

---

[8] BGHSt **3** 210; KMR-*Müller* 6; *Kleinknecht/ Meyer* 3.
[9] Unterbringung in einem psychiatrischen Krankenhaus nach § 63 StGB; Entziehung der Fahrerlaubnis nach § 69 Abs. 1 Satz 1 StGB; Anordnung eines Berufsverbots nach § 70 Abs. 1 Satz 1; vgl. OLG Hamm VerkMitt. **1964** 13 (noch zu § 42 m StGB).

1. Für die **Zwangsvollstreckung** bedarf es einer vollstreckbaren Ausfertigung 1 (§ 724 Abs. 1 ZPO), die der Urkundsbeamte des Strafgerichts erteilt. Nicht die Erteilung, wohl aber die Zwangsvollstreckung selbst setzt Zustellung des Urteils voraus. Der Wortlaut der Klausel ergibt sich aus § 725 ZPO. Wegen der vorläufigen **Vollstreckbarkeit** vgl. § 406, 6; wegen der Rechtskraft § 406, 9 und § 406 a, 6; 9.

2. Als **Prozeßgericht** wird das Strafgericht nur tätig, soweit es sich um Einwen- 2 dungen oder Anordnungen gegenüber seiner eigenen Geschäftsstelle handelt (§§ 732 bis 734 ZPO; KK-*v. Stackelberg* 1). Im übrigen wird nach Satz 2 das Zivilgericht tätig, das auch für die Abänderungsklage nach § 323 ZPO zuständig ist.

3. Vollstreckungsgericht ist nur das Zivilgericht[1]. 3

4. Vollstreckungsgegenklagen können nur auf Gründe gestützt werden, die nach 4 der letzten Tatsachenverhandlung entstanden sind. Hat das Berufungsgericht die Berufung gegen die zivilrechtliche Verurteilung nach § 406 a Abs. 2 Satz 2 durch Beschluß verworfen, so können mit der Vollstreckungsgegenklage Einwendungen geltend gemacht werden, die seit der erstinstanzlichen Verhandlung entstanden sind (KK-*v. Stakkelberg* 3).

§ 406 c

(1) [1]Den Antrag auf Wiederaufnahme des Verfahrens kann der Angeklagte darauf beschränken, eine wesentlich andere Entscheidung über den Anspruch herbeizuführen. [2]Das Gericht entscheidet dann ohne Erneuerung der Hauptverhandlung durch Beschluß.

(2) Richtet sich der Antrag auf Wiederaufnahme des Verfahrens nur gegen den strafrechtlichen Teil des Urteils, so gilt § 406 a Abs. 3 entsprechend.

Entstehungsgeschichte. Die Vorschrift ist seit ihrer Einfügung im Jahre 1943 (Entstehungsgeschichte Vor § 403) nicht geändert worden.

1. Die **Voraussetzungen** der Wiederaufnahme und das Verfahren richten sich 1 nach §§ 359 ff, nicht nach der Zivilprozeßordnung. Auch § 360 Abs. 2 ist anwendbar[1].

2. Eine **wesentlich andere Entscheidung** (Absatz 1 Satz 1) muß das Ziel der 2 Wiederaufnahme sein. Diese Umschreibung ist aus § 359 Abs. 5 hierher übernommen; in dem dortigen Zusammenhang ist sie allerdings weniger unbestimmt. Was eine „wesentlich" andere Entscheidung ist, wird sich vielfach nach dem Ermessen des Richters beurteilen. Eine Teilung des bisher ungeteilt zuerkannten Anspruchs (wegen Mitverschuldens des Verletzten) wird danach regelmäßig als wesentlich anerkannt werden müssen; bloße Abweichungen in der Begründung werden dagegen niemals und bloße Änderungen einer Ermessensentscheidung (Schmerzensgeld) kaum als wesentlich in diesem Sinn gelten können[2]. Hat der Angeklagte die Wiederaufnahme darauf beschränkt,

---

[1] KK-*v. Stackelberg* 2; KMR-*Müller* 3.

[1] KK-*v. Stackelberg* 1; KMR-*Müller* 1.
[2] KK-*v. Stackelberg* 2; KMR-*Müller* 2.

Günter Wendisch

eine wesentlich andere Entscheidung herbeizuführen, entscheidet das Gericht ohne Erneuerung der Hauptverhandlung durch Beschluß (Absatz 1 Satz 2).

3   3. Auch im Wiederaufnahmeverfahren kann **nichts aberkannt**, sondern nur nach § 405 von einer Entscheidung abgesehen werden.

4   **4. Nur der Angeklagte** kann hinsichtlich des Zivilrechtsteils Wiederaufnahme beantragen. Staatsanwalt, Privat- und Nebenkläger als solche sind insoweit nicht beteiligt; der Antragsteller ist auf den Weg der Zivilklage angewiesen.

§ 406 d

Die Vorschrift erklärte die vorhergehenden Bestimmungen in den Fällen für sinngemäß anwendbar, wo der Verletzte nach den Vorschriften des Strafrechts — so namentlich bei übler Nachrede und Verleumdung (§§ 186, 187 in Verb. mit § 188 StGB), bei allen Körperverletzungen (§§ 223 ff, § 340 in Verb. mit § 231 StGB), aber auch nach § 50 PatG, § 17 GebrMG, § 29 WZG, § 26 UWG und § 35 KunstUrhG — Buße verlangen konnte. Nachdem das Einführungsgesetz zum StGB 1974 diese Möglichkeit beseitigt hat (vgl. Art. 19 Nr. 78 und 103, Art. 135 Nr. 4, Art. 136 Nr. 2, Art. 137 Nr. 6, Art. 139 Nr. 13, Art. 145 Nr. 2 sowie die Einleitung der Begründung unter II Nr. 9 der BTDrucks. 7 550, S. 193), ist die Vorschrift durch Art. 21 Nr. 103 EGStGB 1974 **aufgehoben** worden.

VIERTER ABSCHNITT

Sonstige Befugnisse des Verletzten

Vorbemerkungen

Schrifttum. *Arnold* Kriminelle Viktimisierung und ihre Korrelate, ZStW **98** (1986) 1014; *Behn* Prozeßkostenhilfebewilligung im Privatklageverfahren für Beschuldigte, NStZ **1984** 103; *Behn* Prozeßkostenhilfe und Nebenklage, MDR **1984** 106; *Beste* Schadenswiedergutmachung — ein Fall für zwei? Krim.Journal **1986** 161; *Böttcher* Der Schutz der Persönlichkeit des Zeugen im Strafverfahren, FS Kleinknecht (1985) 25; *Böttcher* Das neue Opferschutzgesetz, JR **1987** 133; *Dünkel* Möglichkeiten und Praxis des Täter-Opfer-Ausgleichs und Aspekte der Stellung des Opfers im Strafverfahren im Europäischen Vergleich, BewHi. **1985** 358; *Ebert* Verbrechensbekämpfung durch Opferbestrafung, JZ **1983** 633; *Engel* „Neues" Verletztenschutzgesetz? STREIT **1987** 27; *Geerds* Zur Rechtsstellung des Verletzten im Strafprozeß, JZ **1984** 786; *W. Hassemer* Rücksichten auf das Verbrechensopfer, FS Klug 217; *R. Hassemer* Schutzbedürftigkeit des Opfers und Strafrechtsdogmatik (1981); *Hilger* Zur Akteneinsicht Dritter in von Strafverfolgungsbehörden sichergestellte Unterlagen, NStZ **1984** 541; *Hillenkamp* Zur Einführung: Viktimologie, JuS **1987** 940; *Jung* Zur Rechtsstellung des Verletzten im Strafverfahren, JZ **1984** 309; *Jung* Das Opferschutzgesetz, JuS **1987** 157; *Jung* Compensation Order — Ein Modell der Schadenswiedergutmachung? ZStW **99** (1987) 497; *Kempf* Opferschutzgesetz und Strafverfahrensänderungsgesetz 1987 — Gegenreform durch Teilgesetze, StrVert. **1987** 215; *Kube* Täter-Opfer-Ausgleich, DRiZ **1986** 121; *Kühne* Die tatsächliche Bedeutung von Opferrechten in der Deutschen Strafprozeßordnung, MschrKrim. **1986** 98; *Lang* Verbesserung der Rechtsstellung des Verletzten im Strafverfahren, ZRP **1985** 32; *Lüderssen* Das Recht des Verletzten auf Einsicht in beschlagnahmte Akten, StrVert **1987** 249; *Meyer-Goßner* Die Rechtsstellung des Verletzten im Strafprozeß, ZRP **1984** 228; *Müller* Schutz des Beschuldigten/Schutz des Opfers, DRiZ **1987** 469; *Müller-Dietz* Zur Befreiung des Strafrechts vom zivilistischen Denken — am Beispiel der Schadenswiedergutmachung (§ 56 b II Nr. 1 StGB), Gedächtnisschrift für D. Schultz (1987) 253; *Ostendorf* Alternativen zur strafverurteilenden Konfliktserledigung, ZRP **1983** 302; *Rieß* Die Rechtsstellung des Verletzten im Strafverfahren, Gutachten zum 55. DJT (1984), Verh. des 55. DJT, Bd. I Teil C; Referate *Hammerstein, Odersky* und Sitzungsbericht Bd. II Teil L; *Rieß* Der Strafprozeß und der Verletzte — eine Zwischenbilanz, Jura **1987** 281; *Rieß* Nebenkläger und Wiederaufnahme nach neuem Recht, NStZ **1988** 15; *Rieß/Hilger* Das neue Strafverfahrensrecht — Opferschutzgesetz und Strafverfahrensänderungsgesetz 1987, NStZ **1987** 145, 204; *Rößner/Wulf* Opferbezogene Strafrechtspflege (1985); *Schaal/Eisenberg* Rechte und Befugnisse von Verletzten im Strafverfahren gegen Jugendliche, NStZ **1988** 49; *Schädler* Die Hanauer Hilfe — Modell einer effektiven Opfer- und Zeugenhilfe? BewHi. **1985** 73; *H. Schäfer* Die Einsicht in Strafakten durch Verfahrensbeteiligte und Dritte, NStZ **1985** 198; *Schlothauer* Das Akteneinsichtsrecht des Verletzten nach dem Opferschutzgesetz vom 18. 12. 1986 und die Rechte des Beschuldigten, StrVert **1987** 356; *Schmanns* Das Adhäsionsverfahren in der Reformdiskussion, Diss. München 1987; *H. J. Schneider* (Hrsg.) Das Verbrechensopfer in der Strafrechtspflege (1982); *Schöch* Die Rechtsstellung des Verletzten im Strafverfahren, NStZ **1984** 385; *Schuster* Opferschutz und Opferberatung — eine Bestandsaufnahme (1985); *Schünemann* Zur Stellung des Opfers im System der Strafrechtspflege, NStZ **1986** 193, 439; *Schwab* Prozeßkostenhilfe und Nebenklage, MDR **1983** 810; *Seebode* Verbrechensverhütung durch staatliche Hilfe bei der Schuldenregulierung Straffälliger, ZRP **1983** 174; *Stock* Opferschutz im Strafverfahren gegen Jugendliche, MSchrKrim. **1987** 352; *Thomas* Der Diskussionsentwurf zur Verbesserung der Rechte des Verletzten im Strafverfahren — ein Stück Teilreform? StrVert. **1985** 431; *Weider* Pflichtverteidigerbestellung im Ermittlungsverfahren und Opferschutzgesetz, StrVert. **1987** 317; *Weigend* Viktimologische und kriminalpolitische Überlegungen zur Stellung

Hans Hilger

des Verletzten im Strafverfahren, ZStW **96** (1984) 761; *Weigend* Das Opferschutzgesetz — kleine Schritte zu welchem Ziel? NJW **1987** 1170; *Weinberger* Das neue Opferschutzgesetz, DNP **1987** 67; *Wessalowski* Persönlichkeitsschutz im Strafverfahren, DRiZ **1986** 69; *Wetekamp* Das „Erste Gesetz zur Verbesserung der Stellung des Verletzten im Strafverfahren" (Opferschutzgesetz), DAR **1987** 210; *Wulf* Opferschutz im Strafprozeß, DRiZ **1981** 374; *Wulf* Opferanwalt — Opferschutz im Spannungsverhältnis von Strafverteidigung und Strafverfolgung, AnwBl. **1985** 489; weiteres Schrifttum Vor § 374; bei § 374; Vor § 395 und bei § 395.

Entstehungsgeschichte. Die Stellung des Verletzten im Strafrecht, z. B. seine Rolle in der Rechtswirklichkeit, sein tatsächliches und rechtliches Verhältnis zum Täter, seine systematische Position im materiellen und im Prozeßrecht, sowie Fragen der Opferbetreuung und -entschädigung waren längere Zeit nur Gegenstand einzelner Untersuchungen zu Detailfragen[1] und vereinzelter rechtspolitischer Aktivitäten[2]. Die Erkenntnis, daß die Stellung des Verletzten im Strafprozeß einer umfassenden Überprüfung und — auf der Grundlage eines Gesamtkonzepts — einer erheblich verbessernden gesetzlichen Neuordnung bedarf, ist Ergebnis einer neueren Entwicklung; sie begann im wesentlichen 1981[3] und fand ihren Höhepunkt in den Verhandlungen des 55. DJT 1984, der begleitenden wissenschaftlichen Diskussion[4] sowie in der Verabschiedung des OpferschutzG.

Die Diskussion[5] hatte zur Folge, daß im Jahre 1985 das BMJ einen Diskussionsentwurf vorlegte[6], die SPD im BTag den Entwurf eines Opferschutzgesetzes einbrachte (BTDrucks. **10** 3636)[7] und die BReg Anfang 1986 einen Regierungsentwurf (BTDrucks. **10** 5305) eines Ersten Gesetzes zur Verbesserung der Stellung des Verletzten im Strafverfahren beschloß[8]. Die Entwürfe wurden im Rechtsausschuß gemeinsam beraten[9]. Nach interfraktionellen Gesprächen einigten sich die Koalition und die SPD-Fraktion unter Aufnahme einzelner Vorschläge des SPD-Entwurfs[10] in den Regierungsentwurf auf eine gemeinsam getragene Fassung[11], die schließlich vom BTag am 7. 11. 1986 ohne Gegenstimmen verabschiedet[12] und nach Beratung im BRat[13] am 18. 12.

---

[1] Einzelnachweise z. B. bei *Rieß* Gutachten, 4 bis 9; *Schünemann* NStZ **1986** 193 ff, 439 ff.

[2] Z. B. Einführung des Adhäsionsverfahrens durch die VO vom 29. 5. 1943 (RGBl. I S. 342) und Reformversuch in BTDrucks. **VI** 2420; Versuche der Einschränkung der Nebenklage – BTDrucks. **7** 551 Art. 1 Nr. 101 bis 106; BTDrucks. **7** 2600 S. 8; BTDrucks. **7** 2774; BTDrucks. **7** 2810; BTDrucks. **8** 976 S. 102, 110; BTDrucks. **8** 1844 und RefE StVÄG 1983 – StrVert. **1982** 601; **1983** 176; „Entwurf eines Gesetzes über Hilfe für Opfer von Straftaten" vom 12. 7. 1971 – BTDrucks. **VI** 2420; Novelle zum OEG (BGBl. I **1984** S. 1723, **1985** S. 1); s. auch Vor § 395, 9; Vor § 403, 3; unten Fußn. 5.

[3] Vgl. Einl. Kap. **5** 119; eingehend dazu *Rieß* Gutachten, 1 bis 3; *Schünemann* NStZ **1986** 193.

[4] Einzelnachweise Einl. Kap. **5** 119 und bei *Rieß/Hilger* NStZ **1987** 153 Fußn. 184, 185.

[5] S. auch BTDrucks. **10** 585 und die Initiative Hamburgs BRDrucks. 411/83 zur Verbesserung der Stellung des Vergewaltigungsopfers.

[6] Vgl. StrVert. **1985** 436 („Teilabdruck"); s. auch DRiZ **1985** 321, **1986** 65.

[7] 1. Lesung BTag, 172. Sitzung vom 8. 11. 1985, BTProt. **10** 172, S. 12.921 ff.

[8] 1. Lesung BTag, 213. Sitzung vom 24. 4. 1986, BTProt. **10** 213, S. 16.434 ff.

[9] Vgl. BTDrucks. **10** 6124, S. 11; zur öffentlichen Anhörung von Sachverständigen in der 85. Sitzung des BTRAussch. vom 15. 5. 1986 vgl. dessen Prot. Nr. 85.

[10] Insbes. Erweiterung des einstweiligen Verletztenbeistandes gemäß § 406 g Abs. 4 OpferschutzG, vgl. BTDrucks. **10** 6124.

[11] Vgl. BTDrucks. **10** 6124, S. 11.

[12] 244. Sitzung, BTProt. **10** 244, S. 18.907.

[13] Vgl. BRDrucks. 508/86.

1986 verkündet wurde[14] (BGBl. I S. 2496). Reformschwerpunkte dieses OpferschutzG, in Kraft seit dem 1. 4. 1987, sind:
— Umgestaltung der Nebenklage zu einem Institut der Verfahrensbeteiligung speziell der Opfer schwerwiegender Straftaten gegen höchstpersönliche Rechtsgüter,
— Regelung der Verfahrensbefugnisse aller durch eine Straftat Verletzten (5. Buch, 4. Abschnitt; s. Rdn. 2),
— Verbesserung des Persönlichkeitsschutzes,
— Verbesserung der Möglichkeiten zur Schadenswiedergutmachung (vgl. Einl. Kap. 5 119 ff).

Die für das Gesetz gewählte Bezeichnung: „Erstes Gesetz zur..." zeigt, daß das OpferschutzG nur der vorläufige Abschluß einer Entwicklung zur Verbesserung der Rechtsstellung des Verletzten sein soll. Weitere gesetzgeberische Reformschritte werden allerdings weniger das Strafverfahrensrecht betreffen können, weil hier die Möglichkeiten einer Reform — soweit sie im Hinblick auf die Unantastbarkeit der Rechte der Verteidigung und die Begrenzung der finanziellen Mittel realisierbar sind — durch das OpferschutzG weitgehend ausgelotet und verwirklicht worden sind[15].

1. Allgemeine Bedeutung der Vorschriften

a) Allgemeines. Das Strafverfahrensrecht enthielt bisher — abgesehen von der Nebenklage und wenigen Sonderregelungen — keine formelle Beteiligung des Verletzten am Verfahren, insbesondere keine Beteiligung vor Erhebung der öffentlichen Klage. Die nicht zur Nebenklage Befugten, also der überwiegende Teil der Verletzten, waren in dieser Eigenschaft — abgesehen z. B. vom Klageerzwingungsverfahren — ohne Verfahrensbefugnisse[16]. Nach der neuen Konzeption des OpferschutzG, dessen Regelungen in die systematischen und dogmatischen Strukturen der StPO unter Aufrechterhaltung der gewachsenen Beteiligungsbefugnisse des Verletzten (insbes. §§ 172 ff, 395 ff) eingefügt sind, ist nunmehr in einem abgestuften Beteiligungssystem zwischen **zwei Gruppen von Verletzten und Verletztenbefugnissen** zu unterscheiden: a) Verletzte (Rdn. 6) allgemein, denen ein Grundbestand an Befugnissen zusteht (5. Buch, 4. Abschnitt: §§ 406 d bis 406 f — ausgenommen § 406 e Abs. 1 Satz 2 —, § 406 h); b) privilegierte Verletzte, denen die Nebenklagebefugnis (§§ 395 ff) einschließlich besonderer Rechte schon im Ermittlungsverfahren (§ 406 e Abs. 1 Satz 2, § 406 g) gewährt wird (Nachtr. § 395, 2). **1**

Durch die neuen Bestimmungen im 4. Abschnitt des 5. Buches (**§§ 406 d bis 406 h**)[17] werden die **allgemeinen Befugnisse des Verletzten**, die ihm neben seinen speziellen Rechten[18] zustehen, zusammenfassend geregelt: **2**
— Information über den Verfahrensausgang (§ 406 d),
— Akteneinsicht (§ 406 e),
— Verletztenbeistand, Vertrauensperson, Mitwirkungsbefugnisse im Verfahren, Prozeßkostenhilfe (§§ 406 f, 406 g),
— Information über die genannten Befugnisse und über das Recht zur Nebenklage (§§ 406 d, 406 h).

---

[14] Weitere Einzelheiten zum Gesetzgebungsverfahren bei *Rieß/Hilger* NStZ **1987** 145; *Böttcher* JR **1987** 133; s. auch Einl. Kap. 5 119.
[15] Zu weiteren Reformschritten s. *Rieß/Hilger* NStZ **1987** 153; *Rieß* Jura **1987** 289; s. auch *Beste* MSchrKrim. **1987** 336.

[16] Vgl. dazu *Rieß* Jura **1987** 281 ff.
[17] Art. 1 Nr. 15 OpferschutzG.
[18] Privatklage, Nebenklage, Klageerzwingung, Adhäsionsverfahren.

Hans Hilger

Summe und Standort der Befugnisse machen deutlich, daß **der Verletzte** nach dem Willen des Gesetzgebers in Zukunft **ein selbständiges Prozeßsubjekt** im weiteren Sinne sein soll, das seine berechtigten Interessen im Verfahren wahrnehmen und — soweit angebracht — dazu gestaltend auf das Verfahren einwirken kann[19], und zwar auch dann, wenn der Verletzte nicht zur Nebenklage berechtigt ist oder zwar hierzu befugt ist, aber nicht beabsichtigt, diese Befugnis im Hauptverfahren wahrzunehmen (Rdn. 4).

3   **Ziel der Bestimmungen** ist, dem durch eine rechtswidrige Tat Verletzten (Rdn. 6) eine mit den Zwecken des Strafprozesses vereinbare, die Wahrheitsfindung und die Verteidigungsmöglichkeiten des Beschuldigten nicht beeinträchtigende, verfahrensrechtlich gesicherte Rechtsposition, insbesondere Beteiligungsbefugnis zu verschaffen, die seinem Schutz und der Wahrnehmung seiner Interessen dient und es ihm — nach seiner eigenen, freien Entscheidung — erlaubt und ermöglicht, seine Interessen im Verfahren darzustellen, zu vertreten und zu verteidigen, und ihm Möglichkeiten zur Abwehr von Verantwortungszuweisungen einräumt. Dazu gehört auch die Verbesserung der zur Interessen- und Rechtswahrnehmung erforderlichen Informationsmöglichkeiten und das Recht zur Hinzuziehung eines fachkundigen Beistandes[20].

4   **b) Verhältnis zum Recht der Nebenklage.** Aus dem Vorgesagten folgt, daß die allgemeinen Befugnisse des Verletzten nach den §§ 406 d bis 406 h nur zum Teil und dann auch nur mittelbar im Zusammenhang mit dem Recht der Nebenklage stehen. Die §§ 406 d bis 406 h und die §§ 395 ff stehen nebeneinander und ergänzen sich[21], jedoch sind die §§ 395 ff vorrangig anwendbar, wenn der Verletzte sich als Nebenkläger am Verfahren beteiligt (s. aber § 406 g, 22). Die Mehrzahl der Befugnisse nach den §§ 406 d bis 406 h steht grundsätzlich allen Verletzten, also auch dem Nebenklageberechtigten zu, ein Teil der Befugnisse (§ 406 e Abs. 1 Satz 2, § 406 g) nur dem Nebenklageberechtigten. Die Wahrnehmung dieser Befugnisse hängt nicht davon ab, ob ein Nebenklagebefugter später als Nebenkläger zugelassen wird. Ein Nebenklagebefugter kann Rechte aus § 406 f wahrnehmen, obwohl ihm weitergehende nach § 406 g zustehen würden, und er kann im Ermittlungsverfahren Rechte aus § 406 g wahrnehmen, sich im Hauptverfahren jedoch — unter Verzicht auf eine Zulassung als Nebenkläger — mit den Befugnissen aus § 406 f begnügen.

5   **c) Vorrang des JGG.** Nach § 2 JGG gilt die StPO im Jugendstrafverfahren, soweit im JGG nichts anderes bestimmt ist bzw. soweit die Vorschriften der StPO nicht den Grundsätzen des JGG widersprechen. Dies bedeutet, daß im Verfahren gegen Jugendliche § 406 e Abs. 1 Satz 2 und § 406 g (insoweit auch § 406 h) nicht gelten, weil die hier geregelten Befugnisse im engen Zusammenhang mit der im Verfahren gegen Jugendliche unzulässigen Nebenklage (§ 80 Abs. 3 JGG) stehen und ggf. deren Vorbereitung dienen sollen[22]. Im Verfahren gegen Heranwachsende sind die genannten Vorschriften dagegen anwendbar. Im übrigen dürften die §§ 406 d bis 406 f, § 406 h in Verfahren gegen Jugendliche und Heranwachsende anwendbar sein[23], auch wenn nicht zu

---

[19] BTDrucks. 10 5305, S. 8, 16; *Rieß/Hilger* NStZ **1987** 155; *Jung* JuS **1987** 158.

[20] Vgl. BTDrucks. 10 5305, S. 16; s. auch *Rieß* Jura **1987** 281 ff; *Böttcher* JR **1987** 133 ff; *Rieß/Hilger* NStZ **1987** 153 ff; krit. insbes. *Weigend* NJW **1987** 1173; *Kempf* StVert. **1987** 215 ff; *Müller* DRiZ **1987** 469 ff; *Schünemann* NStZ **1986** 193 ff, 443.

[21] Vgl. BTDrucks. 10 5305, S. 16.

[22] *Rieß/Hilger* NStZ **1987** 153; eingehend hierzu *Schaal/Eisenberg* NStZ **1988** 49; **a. A** *Stock* MSchrKrim. **1987** 352.

[23] Enger *Schaal/Eisenberg* NStZ **1988** 49 bzgl. § 406 e Abs. 1 Satz 1, § 406 f Abs. 2, 3; s. auch *Jung* JuS **1987** 159.

verkennen ist, daß die Anwendung der Vorschriften im Einzelfall zu Reibungen mit einer am Erziehungsgedanken orientierten Gestaltung dieses Verfahrens (gegen Jugendliche) führen kann. § 48 Abs. 2 Satz 1 JGG bleibt unberührt.

2. Der Gesetzgeber hat den **Begriff des Verletzten** im OpferschutzG bewußt **6** nicht definiert[24], sondern darauf verwiesen, daß es einen einheitlichen Verletzten-Begriff im Strafverfahrensrecht nicht gibt[25], der Begriff vielmehr aus dem jeweiligen Funktionszusammenhang heraus zu bestimmen ist (s. Vor § 374, 1 bis 3)[26]. Geht man von der Zielbestimmung der §§ 406 d bis 406 g aus (Rdn. 1 bis 3), so ist der Begriff des Verletzten weit zu fassen[27] und dürfte im wesentlichen dem in § 172 entsprechen. Verletzter ist danach, wer vom Schutzbereich einer zumindest mitverletzten Norm des Strafrechts derart erfaßt wird, daß diese Norm wenigstens auch seine rechtlich anerkannten Interessen schützen soll (§ 172, 48 ff). Es genügt, wenn dies nur nachrangig oder als Nebenzweck der Fall ist oder wenn es sich aus ideal- oder gesetzeskonkurrierenden Vorschriften ergibt. Als Verletzte kommen danach beispielsweise in Betracht[28]: die Vergewaltigte, der körperlich Geschädigte bei Körperverletzungen, der Beleidigte, der seiner Freiheit Beraubte, der Eigentümer einer z. B. gestohlenen Sache, der durch einen Betrug Geschädigte (s. auch § 406 e, 2). Nicht verletzt ist, wer durch die Straftat nur als Mitglied der Rechtsgemeinschaft betroffen ist, etwa bei Strafvorschriften, die ausschließlich gemeinschaftsbezogene Rechtsgüter oder fremde Individualrechtsgüter schützen. Eine nähere Bestimmung des Verletzten in Grenzbereichen hat der Gesetzgeber der Rechtsprechung überlassen[29].

§ 406 d

(1) **Dem Verletzten ist auf Antrag der Ausgang des gerichtlichen Verfahrens mitzuteilen, soweit es ihn betrifft.**

(2) [1]**Mitteilungen können unterbleiben, sofern sie nicht unter einer Anschrift möglich sind, die der Verletzte angegeben hat.** [2]**Hat der Verletzte einen Rechtsanwalt als Beistand gewählt, ist ihm ein solcher beigeordnet worden oder wird er durch einen solchen vertreten, so gilt § 145 a entsprechend.**

(3) **Der Verletzte ist über seine Antragsbefugnis nach Absatz 1 zu belehren.**

Entstehungsgeschichte. Die Vorschrift wurde durch Art. 1 Nr. 15 OpferschutzG eingefügt.

Zweck der Vorschrift ist, die Informationsmöglichkeiten der unmittelbar durch **1** die Straftat Verletzten (Vor § 406 d, 6; § 406 e, 2) — ohne allzugroße Mehrbelastung der

[24] BTDrucks. 10 5305, S. 16.
[25] S. z. B. *Weigend* NJW **1987** 1173 mit weit. Nachw.; *Müller* DRiZ **1987** 470; *Jung* JR **1984** 309; *Meyer-Goßner* ZRP **1984** 228; *Thomas* StrVert. **1985** 433; s. auch *Hillenkamp* JuS **1987** 940 ff.
[26] BTDrucks. 10 5305, S. 16; s. auch *Böttcher* JR **1987** 133.
[27] Vgl. *Kempf* StrVert. **1987** 217.
[28] Eingehend hierzu *Rieß* Jura **1987** 282, 288; s. auch OLG Bremen NStZ **1988** 39; OLG Düsseldorf JZ **1987** 836.
[29] Vgl. BTDrucks. 10 5305, S. 16; s. auch OLG Koblenz NStZ **1988** 89.

Strafjustiz — zu verbessern[1]. Die Regelung ergänzt § 171[2]. Sie ist geeignet, eine sinnvolle Akteneinsicht (§ 406 e) vorzubereiten, kann aber auch dazu beitragen, eine aufwendige Akteneinsicht zu vermeiden (s. auch § 406 e, 1; 19).

2   Absatz 1 regelt als **zwingende Vorschrift**, daß dem Verletzten, auch dem, der keinen Antrag nach § 171 gestellt hat, auf Antrag der Ausgang des Verfahrens mitzuteilen ist, soweit das Verfahren ihn betrifft. Eine Mitteilung von Amts wegen ist nicht verboten, sondern fakultativ. Mit dem „Ausgang" sind gemeint: Nichteröffnung des Hauptverfahrens (§ 204), gerichtliche Einstellung (z. B. § 153 Abs. 2; §§ 206 a, 206 b), das verfahrensabschließende Urteil (§ 260). Die Mitteilung ist vorzunehmen, sobald die Entscheidung unanfechtbar geworden ist; dies folgt daraus, daß „der Ausgang" mitzuteilen ist[3]. Dem Verletzten muß nicht unbedingt die jeweilige Entscheidungsformel in ihrem Wortlaut mitgeteilt werden; auch die Begründung der Entscheidung — oder ein Ausschnitt daraus — muß nicht mitgeteilt werden. Mitzuteilen ist vielmehr in einer — je nach Lage des Einzelfalles — für den Verletzten leicht verständlichen Form, mit welchem Ergebnis das Verfahren gegen den Beschuldigten wegen der den Verletzten speziell betreffenden, also seine Rechte unmittelbar verletzenden Tat beendet worden ist[4]. Weitergehende Mitteilungen (z. B. über einen sonstigen Verfahrensstand) sind aus strafprozessualer Sicht grundsätzlich nicht verboten; jedoch können sie im Einzelfall, insbesondere soweit die Eingrenzung des Absatzes 1 („soweit") überschritten und auch der Ausgang des Verfahrens wegen einer Tat mitgeteilt wird, die den Verletzten nicht betrifft, unter persönlichkeitsrechtlichen Gesichtspunkten zumindest untunlich sein[5]. Die Form der Mitteilung ist nicht gesetzlich geregelt. Zweckmäßigerweise hat die Mitteilung schriftlich zu erfolgen. Wird der Ausgang des Verfahrens mündlich mitgeteilt, so ist die Erfüllung der Verpflichtung des Gerichts in den Akten durch einen Vermerk zu dokumentieren[6]. Zuständig für die Mitteilung ist das Gericht, das die nicht mehr anfechtbare Entscheidung erlassen hat. Der Vorsitzende ordnet die Mitteilung an[7], die Geschäftsstelle hat sie auszuführen (vgl. auch § 36 Abs. 1)[8].

3   **Zweck des Absatzes 2** ist im wesentlichen, die Mehrbelastung der Strafjustiz in vertretbaren Grenzen zu halten[9]. Nach Satz 1 entfällt die Mitteilungs*pflicht* (Ermessensregelung: „können unterbleiben"), wenn der Verletzte nicht unter einer von ihm im Verfahren angegebenen Anschrift erreichbar ist (s. aber Rdn. 4). Dahinter steht der Gedanke, daß von demjenigen, der als Verletzter ein Interesse am Verfahrensausgang hat, grundsätzlich verlangt werden kann, von sich aus sicherzustellen, daß ihn Informationen erreichen. Das Gericht ist also nicht verpflichtet, die Anschrift des Verletzten zu ermitteln. Ob die Voraussetzungen des Absatzes 2 Satz 1 vorliegen, kann sich z. B. durch einen erfolglosen Mitteilungsversuch ergeben oder aus den Akten, etwa wenn bereits früher Zuschriften an den Verletzten mißlungen sind. Da Absatz 2 nicht — wie der durch das StVÄG 1987 in die StPO eingefügte § 40 Abs. 3 — von der „zuletzt angegebenen" Anschrift spricht, sondern von „einer" Anschrift, die der Verletzte angegeben hat, muß das Gericht, wenn sich in den Akten mehrere Anschriften befinden, ggf. die Mittei-

---

[1] BTDrucks. **10** 5305, S. 17, 29, 33; BT-Drucks. **10** 6124, S. 15; vgl. auch *Böttcher* JR **1987** 134 („Mindestinformation"); *Jung* JuS **1987** 158; krit. (unzureichende Regelung) *Weigend* NJW **1987** 1173.

[2] BTDrucks. **10** 5305, S. 17; s. auch Nr. 115 Abs. 3 RiStBV.

[3] BTDrucks. **10** 5305, S. 17.

[4] Vgl. *Rieß/Hilger* NStZ **1987** 155.

[5] Zu Befugnis und Grenzen s. § 406 e Abs. 5; § 406 e, 19.

[6] *Kleinknecht/Meyer*[38] 2.

[7] *Kleinknecht/Meyer*[38] 3.

[8] Einzelheiten über Form und Inhalt der Mitteilung, Zuständigkeit und Belehrung nach Absatz 3 können in den RiStBV geregelt werden.

[9] BTDrucks. **10** 5305, S. 17.

lung auch an frühere Anschriften richten, wenn sie an die zuletzt angegebene Anschrift mißlingt; dies gilt jedoch nicht, wenn offensichtlich ist, daß die früheren Anschriften überholt sind, eine erfolgreiche Mitteilung an diese Anschriften also nicht zu erwarten ist.

Durch Satz 2 in Verb. mit § 145 a wird für den **Rechtsanwalt**, der die Interessen **4** des Verletzten vertritt (§§ 397 a, 404, 406 f, 406 g) eine **Mitteilungsvollmacht** fingiert — er gilt als bevollmächtigt, die Mitteilung nach Absatz 1 entgegenzunehmen (§ 145 a Abs. 1). Dies bedeutet, daß die Mitteilung nach Absatz 1 insbesondere dann an den Rechtsanwalt zu richten ist, wenn sie nicht an eine Anschrift des Verletzten (Absatz 2 Satz 1) erfolgen kann[10]. Zweifelhaft ist, ob der Gesetzgeber über den Satz 2 eine Pflicht des Gerichts begründen wollte, nach § 145 a Abs. 4 Satz 2 den Rechtsanwalt davon zu unterrichten, daß die Mitteilung dem Verletzten zugeleitet worden ist. Außerdem ist es nicht möglich, den Verletzten nach § 145 a Abs. 4 Satz 1 von der Übersendung der Mitteilung über den Verfahrensausgang an den Rechtsanwalt zu unterrichten, wenn diese erfolgt ist, weil eine Mitteilung an den Verletzten selbst nicht erfolgen kann (Absatz 2 Satz 1).

Absatz 3[11] bestimmt, daß der Verletzte über seine Antragsbefugnis nach Absatz 1 **5** zu belehren ist; hier gilt § 145 a nicht. Die Belehrung hat möglichst frühzeitig zu erfolgen, zweckmäßigerweise schon, wenn der Verletzte eine Strafanzeige nach § 158 Abs. 1 erstattet[12] oder bei seiner ersten Vernehmung durch die Polizei[13] oder Staatsanwaltschaft; nach Erhebung der öffentlichen Klage hat das Gericht eine noch fehlende Belehrung nachzuholen. Die Belehrung kann mündlich[14] oder durch ein Merkblatt[15] erfolgen; sie ist aktenkundig zu machen. Die Pflicht zur Belehrung entfällt, wenn sie offensichtlich überflüssig ist, etwa wenn der Verletzte schon von sich aus im Zusammenhang mit einer Strafanzeige den Antrag nach Absatz 1 gestellt hat (s. auch § 406 h, 1).

§ 406 e

(1) [1]Für den Verletzten kann ein Rechtsanwalt die Akten, die dem Gericht vorliegen oder diesem im Falle der Erhebung der öffentlichen Klage vorzulegen wären, einsehen sowie amtlich verwahrte Beweisstücke besichtigen, soweit er hierfür ein berechtigtes Interesse darlegt. [2]In den in § 395 genannten Fällen bedarf es der Darlegung eines berechtigten Interesses nicht.

(2) [1]Die Einsicht in die Akten ist zu versagen, soweit überwiegende schutzwürdige Interessen des Beschuldigten oder anderer Personen entgegenstehen. [2]Sie kann versagt werden, soweit der Untersuchungszweck gefährdet erscheint oder durch sie das Verfahren erheblich verzögert würde.

(3) Auf Antrag können dem Rechtsanwalt, soweit nicht wichtige Gründe entgegenstehen, die Akten mit Ausnahme der Beweisstücke in seine Geschäftsräume oder seine Wohnung mitgegeben werden.

(4) [1]Über die Gewährung der Akteneinsicht entscheidet im vorbereitenden Verfahren und nach rechtskräftigem Abschluß des Verfahrens die Staatsanwaltschaft, im übrigen

---

[10] Vgl. *Rieß/Hilger* NStZ **1987** 158.
[11] Eingefügt auf Vorschlag des BTRAussch. – BTDrucks. 10 6124, S. 12, 15.
[12] *Kleinknecht/Meyer*[38] § 406 h, 2.
[13] Vgl. BTDrucks. 10 6124, S. 15, 16; *Böttcher* JR **1987** 134.
[14] Vgl. Fußn. 8.
[15] Vgl. § 406 h, 2.

Hans Hilger

der Vorsitzende des mit der Sache befaßten Gerichts. [2]Versagt die Staatsanwaltschaft die Akteneinsicht, so kann gerichtliche Entscheidung nach Maßgabe des § 161 a Abs. 3 Satz 2 bis 4 beantragt werden; die Entscheidung des Vorsitzenden ist unanfechtbar.

(5) Unter den Voraussetzungen des Absatzes 1 können dem Verletzten Auskünfte und Abschriften aus den Akten erteilt werden; die Absätze 2 und 4 Satz 1 gelten entsprechend.

Entstehungsgeschichte. Die Vorschrift wurde durch Art. 1 Nr. 15 OpferschutzG eingefügt.

Übersicht

1. Bedeutung und Reichweite der Vorschrift

1   **a) Bedeutung.** Die Vorschrift begründet ein gesetzliches Akteneinsichtsrecht[1] des Verletzten (Vor § 406 d, 6; Rdn. 2) und regelt Voraussetzungen sowie Grenzen dieser Einsicht und der Auskunftserteilung. Sie bezweckt eine auch verfassungsrechtlich wünschenswerte gesetzliche Sicherung der bisher nur in den Nr. 185 ff RiStBV geregelten Akteneinsicht und damit eine Sicherung der Informationsbefugnis und -möglichkeiten, die der Verletzte für die Prüfung und Wahrnehmung seiner rechtlich geschützten Interessen benötigt[2]. Sie ergänzt § 406 d, weil eine Akteneinsicht oder Auskunftserteilung (Absatz 5) geboten sein kann, soweit die Mitteilung nach § 406 d im Hinblick auf berechtigte Interessen des Verletzten nicht ausreicht (s. auch § 406 d, 1; § 406 h, 1 — zum Hinweis auf die Berechtigung).

2   **b) Reichweite.** Die Vorschrift gilt entsprechend ihrem Zweck (Rdn. 1) und da sie der Wahrnehmung „vielschichtiger" Interessen dienen kann, für alle Verletzten einer Straftat im weitesten Sinne. Erfaßt werden daher die Verletzten im Sinne der §§ 172, 403[3] einschließlich der Erben des Verletzten, denen ein Adhäsionsanspruch (§ 403) zustehen kann. Die Geltung der Vorschrift auch für den Nebenklagebefugten ergibt sich aus Absatz 1 Satz 2. Die Akteneinsicht des Nebenklägers richtet sich nach § 397 Abs. 1 Satz 2. § 406 e ist im Privatklageverfahren grundsätzlich nicht anwendbar (vgl. § 385 Abs. 3); denn insbesondere die Einsichtsbeschränkungen nach Absatz 2 sind mit der Rolle des Privatklägers und seinen Rechten nicht vereinbar. Sie könnten den Privatklä-

---

[1] *Rieß/Hilger* NStZ **1987** 115; *Böttcher* JR **1987** 134.

[2] Vgl. BTDrucks. **10** 5305, S. 17, 18; s. auch BVerfGE **65** 1 ff; BVerfG (Kammerentscheidung) NJW **1988** 405; *Lüderssen* NStZ **1987** 249; *Schmanns* S. 104 ff (Vorschlag eines bes. Einsichtsrechts für das Adhäsionsverfahren).

[3] Vgl. *Böttcher* JR **1987** 134; s. auch OLG Koblenz NStZ **1988** 89 (Konkursverwalter Verletzter?).

ger außerstande setzen, das Verfahren zu betreiben. Vertretbar wäre allenfalls eine entsprechende Anwendung von Absatz 1 Satz 2, Absatz 3 und Absatz 5, 1. Halbsatz. Zur Geltung im Verfahren nach dem JGG vgl. Vor § 406 d, 5.

c) Kritik; Stellungnahme. Die Vorschrift ist erheblicher Kritik ausgesetzt gewe- **3** sen. Diese ging weniger dahin, § 406 e sei im Hinblick auf die Interessen des Verletzten unzureichend[4], sondern lautete im wesentlichen[5]: die Vorschrift sei unter datenschutzrechtlichen Gesichtspunkten problematisch, könne die Wahrheitsfindung gefährden, die Verteidigungsmöglichkeiten des Beschuldigten erheblich beeinträchtigen und selbst dem Verletzten nachteilige Auswirkungen haben. Unverkennbar ist, daß der Gesetzgeber im schwierigen Spannungsverhältnis zwischen Datenschutz, Verteidigungsinteressen, Wahrheitsfindung, Funktionsinteressen der Strafrechtspflege und dem legitimen, verfassungsrechtlich abzuleitenden[6] Informationsanspruch (Art. 2 Abs. 1, Art. 14 Abs. 1, Art. 20 Abs. 1, Art. 103 Abs. 1 GG) des Verletzten einen vertretbaren Ausgleich gesucht hat. Er hat, weil das Akteneinsichtsrecht für den Verletzten zwar ein wichtiges Informationsmittel ist, aber nicht von der gleichen zentralen Bedeutung wie für den Beschuldigten, namentlich dessen Verteidigungsmöglichkeiten, § 406 e in der Terminologie § 147 angeglichen, jedoch den Inhalt der Regelung selbständig, teilweise in Anlehnung an die Nr. 185 ff RiStBV ausgestaltet und mit teils zwingenden, teils fakultativen Versagungsgründen deutlichen Restriktionen unterworfen[7]. Wird die Vorschrift, insbesondere die Begrenzung durch Absatz 2, im Lichte dieses Spannungsverhältnisses interpretiert, so genügen diese Restriktionen, um die von der Kritik insbesondere befürchteten Nachteile für den Beschuldigten und die Belange der Strafrechtspflege zu vermeiden (vgl. Rdn. 4 bis 14).

2. Voraussetzungen der Akteneinsicht (Absatz 1)
a) Rechtsanwalt. Absatz 1 regelt zunächst den datenschutzrechtlich bedeutsamen **4** Vorrang[8] der Akteneinsicht vor der Auskunft (Absatz 5). Er begrenzt das Einsichtsrecht gleichzeitig — entsprechend § 147 Abs. 1 — dahin, daß der Verletzte sein Recht auf Akteneinsicht nur durch einen Rechtsanwalt ausüben kann. Diese Einschränkung dient sowohl der Aktensicherung als auch datenschutzrechtlichen Belangen[9]; der Anwalt sollte die den Akten entnommenen Erkenntnisse unter Berücksichtigung persönlichkeitsrechtlicher Interessen Dritter, über die sich Erkenntnisse in den Akten befinden, „filtern" und nur diejenigen Erkenntnisse an den Verletzten weitergeben, die dieser zur Wahrnehmung seiner berechtigten Interessen benötigt. Selbstverständlich ist, daß die Akteneinsicht nicht von Amts wegen erfolgt, sondern einen Antrag voraussetzt.

b) Akten, Beweisstücke. Begriff und Umfang der Akten und Beweisstücke, auf **5** die sich das Einsichtsrecht bezieht, entsprechen der Regelung in § 147 Abs. 1. Aus der Formulierung: „vorzulegen wären" und Absatz 4 ergibt sich, daß die Einsicht schon im Ermittlungsverfahren möglich ist und sich dann auf die Akten erstreckt, die im Falle der

---

[4] Vgl. hierzu *Weigend* NJW **1987** 1174.
[5] Vgl. zu Einzelheiten u. a.: *Kempf* StrVert. **1987** 217; *Müller* DRiZ **1987** 472; *Schlothauer* StrVert. **1987** 356; *Schünemann* NStZ **1986** 199; *Thomas* StrVert. **1985** 433; *Weider* StrVert. **1987** 319; *Weigend* NJW **1987** 1174 (mit weit. Nachw.).
[6] *Lüderssen* NStZ **1987** 249; s. aber BVerfG (Kammerentscheidung) NJW **1988** 405.

[7] BTDrucks. 10 5305, S. 18; *Rieß* Jura **1987** 288.
[8] S. auch BTDrucks. 10 5305, S. 30 Nr. 14.
[9] *Rieß/Hilger* NStZ **1987** 155; krit. *Weigend* NJW **1987** 1174; s. auch *Weider* StrVert. **1987** 319 (Ausgleich durch Bestellung eines Pflichtverteidigers).

Hans Hilger

Erhebung der öffentlichen Klage nach § 199 Abs. 2 Satz 2 dem Gericht vorgelegt werden müssen. Dazu gehören grundsätzlich auch beschlagnahmte Unterlagen und Spurenakten (§ 199, 10 bis 20); jedoch kommt hier der Prüfung des „berechtigten Interesses" und den Begrenzungen nach Absatz 2 (Rdn. 6 bis 14) erhöhte Bedeutung zu.

6   c) **Berechtigtes Interesse.** Die Akteneinsicht ist davon abhängig, daß der Rechtsanwalt ein berechtigtes Interesse hierfür **darlegt**, also nicht glaubhaft macht (vgl. § 26 Abs. 2; § 45 Abs. 2; § 51 Abs. 2; § 56), sondern schlüssig vorträgt, und auch nur zulässig, „soweit" es dargelegt wird. Den Begriff des „berechtigten Interesses" hat der Gesetzgeber Nr. 185 Abs. 3 RiStBV entnommen, ohne ihn näher zu erläutern. Nach dem Sinn der Regelung ist der Begriff einerseits weit auszulegen[10]: ein berechtigtes Interesse kann bestehen, wenn die Akteneinsicht zur Wahrung schutzwürdiger privatrechtlicher oder öffentlichrechtlicher Interessen, etwa persönlichkeitsrechtlicher oder vermögensrechtlicher Belange, insbesondere zur gerichtlichen Durchsetzung oder Abwehr von „Ansprüchen" einschließlich der Wahrnehmung von „Anfechtungsmöglichkeiten" (z. B. § 172 Abs. 2) begehrt wird[11]. Andererseits folgt das „berechtigte Interesse" nicht automatisch aus der (angeblichen) Schädigung des „Tatopfers" bzw. der Stellung des Verletzten im Strafverfahren[12]. Ein „berechtigtes Interesse" an der Akteneinsicht setzt nämlich voraus, daß die Akteneinsicht zur Interessenwahrnehmung erforderlich ist[13] oder nach den Ausführungen des Rechtsanwalts wenigstens erforderlich erscheint. Danach kommt der Darlegungspflicht des Rechtsanwalts des Verletzten auch begrenzende Bedeutung zu.

7   Eine weitere Begrenzung kann sich daraus ergeben, daß die Akteneinsicht nicht auf eine **„Ausforschung"** hinauslaufen und z. B. nicht dazu dienen darf, einer bisher unschlüssigen Zivilklage zur Schlüssigkeit zu verhelfen[14]. Ein „berechtigtes Interesse" könnte — je nach Lage des Einzelfalls — wohl auch verneint werden, wenn die strafprozessuale Akteneinsicht dazu „mißbraucht" werden soll, Einsicht in **beschlagnahmte Unterlagen** zu erhalten, auf die der Verletzte mangels eines erforderlichen zivilrechtlichen Titels nicht zurückgreifen könnte, wenn die Unterlagen (noch) nicht in den Händen der Strafverfolgungsbehörden wären[15]. Nur soweit unter diesen Voraussetzungen nach Absatz 1 ein Akteneinsichtsrecht grundsätzlich bestehen könnte, kann es zu der Abwägung nach Absatz 2 kommen. Den Nebenklagebefugten (§ 406 g, 6) trifft — auch im Ermittlungsverfahren — keine Darlegungslast (Satz 2).

3. Begrenzungen (Absatz 2)
8   a) **Allgemeines.** Zu der besonderen Bedeutung und Funktion der Bestimmung s. Rdn. 3; 5; 6; 7. Die Begrenzungen gelten auch für den Nebenklagebefugten. Die Prüfung, ob die Voraussetzungen des Absatzes 2 erfüllt sind und die Entscheidung, ob und inwieweit deshalb die Akteneinsicht zu versagen ist, erfolgt von Amts wegen. Die Verwendung des Begriffes „soweit" macht deutlich, daß ein Versagungsgrund die Gewährung der Akteneinsicht nur in dem Ausmaß hindern kann, in dem er ihr entgegensteht.

---

[10] *Böttcher* JR **1987** 134.
[11] *Kleinknecht/Meyer*[38] 3; s. auch OLG Hamm NJW **1985** 2040; *Hilger* NStZ **1984** 541.
[12] So aber wohl *Kempf* StrVert. **1987** 217; s. auch *Thomas* StrVert. **1985** 433.
[13] Vgl. auch *Hilger* NStZ **1984** 541; *Schlothauer* StrVert. **1987** 357, 360; *Schäfer* NStZ **1985** 198; LG Regensburg NStZ **1985** 233.

[14] Vgl. *Hilger* NStZ **1984** 542.
[15] Vgl. *Hilger* NStZ **1984** 542; aus grundrechtlicher Sicht wohl **a. A** *Lüderssen* NStZ **1987** 249; zur Problematik s. auch *Thomas* StrVert. **1985** 433; zur Rspr. vor dem OpferschutzG s. BVerfG (Kammerentscheidung) NJW **1988** 405; OLG Koblenz AnwBl. **1985** 314; **1985** 315; NStZ **1987** 289.

Daher ist stets zu prüfen, ob eine nur teilweise Akteneinsicht gewährt werden kann oder ob z. B. bei mehreren Verletzten dem Versagungsgrund der drohenden Verfahrensverzögerung dadurch begegnet werden kann, daß diese einen gemeinsamen, zur Akteneinsicht bevollmächtigten Rechtsanwalt benennen[16]. Die Akten sind tunlichst so zu führen, daß eine partielle Akteneinsicht möglich ist; dies bedeutet z. B., daß persönlichkeitsrechtlich sensible Unterlagen, etwa Berichte der Gerichtshilfe, medizinische Gutachten oder Registerauskünfte, gesondert geheftet werden oder den Akten leicht entnommen werden können.

b) Überwiegende schutzwürdige Interessen. Schutzwürdige Interessen des Beschul- **9** digten oder anderer Personen (andere Verletzte, sonstige Zeugen), die einer Akteneinsicht allgemein oder gerade durch den beantragenden (Rdn. 4) Verletzten entgegenstehen, also für eine Geheimhaltung bestimmter Erkenntnisse sprechen könnten, sind gleichfalls schutzwürdige privatrechtliche oder öffentlich-rechtliche Interessen (Rdn. 6). In Betracht kommen in erster Linie persönlichkeitsrechtliche Interessen[17] im weitesten Sinne (betr. Erkenntnisse zu Gesundheit und Psyche; interne familiäre Verhältnisse; Intimbereich; jugendgerichtliche Belange; Vertraulichkeitszusagen; vgl. § 30 AO; § 35 SGB I in Verb. mit §§ 67 ff SGB X; §§ 41 ff, 61 BZRG; s. auch Beispiele in Rdn. 8)[18], aber auch schutzwürdige vermögensrechtliche Interessen, z. B. zum Schutz von Betriebs- und Geschäftsgeheimnissen. Zu diesen Interessen würden auch die in Rdn. 7 angesprochenen Interessen des Beschuldigten an der Abwehr einer „Ausforschung" bzw. einer Einsicht in beschlagnahmte Unterlagen zählen, wenn man nicht schon ein berechtigtes Einsichtsinteresse des Verletzten verneinen will (s. Rdn. 7). Dagegen dürfte dann, wenn der Verletzte einen zivilrechtlichen Schadensersatzanspruch oder den Adhäsionsantrag schlüssig (§ 404, 1) begründet hat und nun Einsicht nur begehrt, um die Begründung zu ergänzen oder ggf. zu berichtigen, häufig kein überwiegendes (Rdn. 10) schutzwürdiges Gegeninteresse des Beschuldigten an einer Verweigerung der hierzu erforderlichen, ggf. auch hierauf zu beschränkenden Einsicht bestehen (s. aber Rdn. 12 bis 14)[19].

Die Akteneinsicht ist **zwingend zu versagen, soweit** die einer Einsicht **entgegenste- 10 henden Interessen**, die nicht nur vermutlich bestehen dürfen, sondern festgestellt sein müssen, **überwiegen**. Dies ist der Fall, wenn das Interesse des Beschuldigten oder anderer Personen an der Geheimhaltung bestimmter in den Akten enthaltenen und sie betreffenden Erkenntnisse gewichtiger ist als das berechtigte Interesse des Verletzten, den Akteninhalt insoweit einsehen zu können. Die Entscheidung hierzu erfordert eine sorgfältige Abwägung aller Belange, bei der die **Unschuldsvermutung** (Art. 6 Abs. 2 MRK) zu beachten ist. In der Abwägung der Interessen darf also nicht zum Nachteil des Beschuldigten gewertet werden, daß ein gewisser Verdacht besteht, der Beschuldigte könne der für die Verletzung Verantwortliche sein[20]. Bleiben Zweifel, ob die einer Akteneinsicht entgegenstehenden Interessen überwiegen, so wirkt sich das zugunsten des Verletzten aus.

Ein der Einsicht überwiegend entgegenstehendes Interesse ist auch dann anzuneh- **11** men, wenn ein **Auskunftsverbot** besteht. Ein solches kommt z. B. in Betracht, wenn die Voraussetzungen des § 30 Abs. 4 AO nicht erfüllt sind, im Falle des § 45 Abs. 2 BZRG

---

[16] BTDrucks. 10 5305, S. 18.
[17] Vgl. BTDrucks. 10 5305, S. 18.
[18] S. auch § 161, 17 bis 28; LG Frankfurt NJW **1988** 84 (SGB); *Schlothauer* StrVert. **1987** 357.

[19] Krit. *Kempf* StrVert. **1987** 217; *Müller* DRiZ **1987** 473; s. auch BVerfG (Kammerentscheidung) NJW **1988** 405.
[20] Insoweit bedenklich *Lüderssen* NStZ **1987** 260.

Hans Hilger

oder im Falle des § 35 Abs. 2, 3 SGB I, § 78 SGB X. In diesen Fällen könnte allerdings schon das „berechtigte" Interesse (Absatz 1) verneint werden.

12   **c) Gefährdung des Untersuchungszwecks.** Nach pflichtgemäßem Ermessen kann die Einsicht verweigert werden, soweit der Untersuchungszweck — für den Fall, daß sie bewilligt würde — gefährdet erscheint. Der Begriff „erscheint" (nicht: „ist" oder „würde") macht deutlich, daß die Voraussetzung der Gefährdung nicht feststehen muß. Der Gesetzgeber hat dem für die Entscheidung Zuständigen einen weiten Entscheidungsspielraum eröffnet, der sachgerechte Differenzierungen ermöglicht (s. auch § 395 Abs. 3). Danach kann es bereits genügen, daß nur (schwache) Anhaltspunkte für eine mögliche Gefährdung vorliegen[21]. Anders als in § 147 Abs. 2 ist die Versagung bei Gefährdung des Untersuchungszwecks auch nach Erhebung der öffentlichen Klage möglich.

13   Mit der „Gefährdung des Untersuchungszwecks" ist die Gefahr der **Beeinträchtigung der Sachaufklärung** gemeint[22]. Wichtigster Fall ist die Gefahr, daß die Kenntnis des Verletzten vom Akteninhalt die Unbefangenheit, die Zuverlässigkeit oder den Wahrheitsgehalt einer von ihm noch zu erwartenden Zeugenaussage beeinträchtigen könnte[23]. Zu wenig differenziert erscheint jedoch die Auffassung[24], eine Gefährdung liege immer dann vor, wenn der Verletzte Zeuge ist, in diesem Fall bestehe grundsätzlich die Möglichkeit der „Präparierung" der Aussage. Diese Ansicht enthält jedoch den zutreffenden Kerngedanken, daß in diesem Fall eine Gefährdung sehr nahe liegen kann, daher besonders sorgfältig die Verfahrens- und Interessenlage zu prüfen ist und Akteneinsicht häufig nur dann wird bewilligt werden können, wenn die Aussage des Verletzten von untergeordneter Bedeutung ist oder die Wahrheitsfindung aus anderen Gründen nicht wesentlich beeinflußt werden kann[25]. Zu pauschal ist auch die Auffassung[26], dem Verletzten müsse — u. a. im Hinblick auf die „Waffengleichheit" — dann die Einsicht verweigert werden, wenn sie auch dem Beschuldigten nach § 147 Abs. 2 verwehrt werde. Jedoch kann die Gefährdung des Untersuchungszwecks nach § 147 Abs. 2 — je nach Lage des Einzelfalles — ein Indiz für die Möglichkeit sein, daß der Verletzte seinerseits die Untersuchung gefährden könnte, z. B. daß er bemüht sein könnte, einer befürchteten „Verdunkelung" des Sachverhalts durch den Beschuldigten durch eine vorsorgliche „Präparierung" seiner Aussage oder anderer Belastungszeugen und -aussagen entgegenzuwirken.

14   **d) Erhebliche Verfahrensverzögerung.** Schließlich kann dem Verletzten die Einsicht verweigert werden, soweit durch sie das Verfahren erheblich verzögert werden würde. Es ist also z. B. zu prüfen, inwieweit durch eine Einsicht wichtige Bearbeitungstermine verschoben und die Gesamtdauer des Verfahrens wesentlich verlängert werden würde, und ob eine erhebliche Verzögerung durch eine Begrenzung der Einsicht, sukzessive Einsichtsgewährung oder andere Maßnahmen (s. Rdn. 8) vermieden werden kann. Die Akteneinsicht kann jedoch — im Hinblick auf das Beschleunigungsprinzip allerdings wohl nur in seltenen Einzelfällen — auch bewilligt werden, wenn sie zu einer er-

---

[21] Vgl. auch *Rieß/Hilger* NStZ **1987** 155; *Schlothauer* StrVert. **1987** 357; Erl. zu § 147 Abs. 2; enger § 168 c Abs. 3 S. 1; § 244 Abs. 1 S. 2: „gefährden würde" – vgl. § 168 c, 15 ff; § 224, 19.

[22] S. auch die Erl. zu § 147 Abs. 2; § 168 c, 15 ff; § 224, 19.

[23] Vgl. BTDrucks. 10 5305, S. 18.

[24] *Schlothauer* StrVert. **1987** 357; ähnlich *Schünemann* NStZ **1986** 199 (keine Akteneinsicht vor richterlicher Vernehmung des Verletzten); s. auch *Kempf* StrVert. **1987** 217; *Müller* DRiZ **1987** 473.

[25] Ähnlich *Schlothauer* StrVert. **1987** 358 unter Hinweis auf Art. 6 Abs. 1 MRK.

[26] Vgl. *Thomas* StrVert. **1985** 433.

heblichen Verfahrensverzögerung führt. Die Gewährung der Einsicht kann in solchen Fällen angebracht sein, wenn das Interesse des Verletzten an einer Akteneinsicht von ganz besonderer Bedeutung ist und dem nicht durch eine Auskunftserteilung nach Absatz 5 Rechnung getragen werden kann.

4. Mitgabe der Akten (Absatz 3). Absatz 3 entspricht grundsätzlich § 147 Abs. 4; **15** jedoch steht die Mitgabe der Akten im pflichtgemäßen Ermessen der entscheidenden Stelle. Ein der Mitgabe entgegenstehender Grund kann z. B. eine drohende Verfahrensverzögerung sein[27], aber auch justizbekannte Unzuverlässigkeit. Beweisstücke können nur in den Diensträumen der Staatsanwaltschaft oder das Gerichts besichtigt werden (Nr. 189 Abs. 3 RiStBV).

5. Entscheidung; Anfechtbarkeit (Absatz 4). Vor der Entscheidung ist dem Be- **16** schuldigten in (analoger) Anwendung des § 33 (s. auch § 33, 6) **rechtliches Gehör** zu gewähren[28]. **Zuständig** für die Entscheidung ist von der Erhebung der öffentlichen Klage an bis zum rechtskräftigen Abschluß des Verfahrens der Vorsitzende des jeweils mit der Sache befaßten Gerichts (vgl. dazu § 125, 12; § 473, 7), ansonsten die Staatsanwaltschaft; die Unzuständigkeit der Polizei selbst im Ermittlungsverfahren ist eine Konsequenz der Sachleitungsbefugnis der Staatsanwaltschaft. Da nach dem dieser Regelung zugrunde liegenden Willen des Gesetzgebers die Kompetenz bei der „jeweils aktenführenden Stelle"[29] liegen soll, ist nach rechtskräftigem Abschluß des Verfahrens ausnahmsweise der Amtsrichter zuständig, wenn danach die Akten beim Amtsgericht — anstelle der Staatsanwaltschaft — verwahrt werden. Entsprechend liegt die Kompetenz wieder beim Vorsitzenden, wenn ein Wiederaufnahmeverfahren (§§ 359 ff) betrieben wird, und bei der Gnadenstelle im Falle eines Gnadenverfahrens[30]. Die **Begründung** der Entscheidung richtet sich nach § 34[31], die **Bekanntmachung** nach § 35 (bei nichtrichterlichen Entscheidungen analog).

Nach dem eindeutigen Willen des Gesetzgebers ist die **richterliche Entscheidung 17** in jedem Fall, also auch für den Beschuldigten bei Gewährung der Akteneinsicht, **nicht anfechtbar**[32]; dies ist verfassungsrechtlich unbedenklich. Dagegen kann der Verletzte gegen die Versagung der Akteneinsicht durch die Staatsanwaltschaft gerichtliche Entscheidung beantragen (§ 406 e Abs. 4 Satz 2, § 161 a Abs. 3 Satz 2 bis 4), eine Konsequenz aus Art. 19 Abs. 4 GG; der Rechtsweg nach den §§ 23 ff EGGVG ist ausgeschlossen[33]. Für die wohl seltenen Fälle, daß durch eine staatsanwaltschaftliche Gewährung der Akteneinsicht der Beschuldigte oder Dritte beschwert sind, könnte — im Hinblick auf Art. 19 Abs. 4 GG — eine analoge Anwendung der §§ 406 e Abs. 4 Satz 2, 161 a Abs. 3 zu erwägen sein[34]; gegen eine Anwendung des § 23 EGGVG[35] spricht der Vorzug einer einheitlichen Rechtsanwendung und daß der Gesetzgeber den Rechtsweg des § 23 EGGVG als für den vorliegenden Bereich ungeeignet bezeichnet hat[36]. Bejaht

[27] BTDrucks. 10 5305, S. 18.
[28] *Schlothauer* StrVert. **1987** 356.
[29] BTDrucks. 10 5305, S. 18.
[30] *Rieß/Hilger* NStZ **1987** 155.
[31] S. auch Nr. 188 RiStBV.
[32] Vgl. BTDrucks. **10** 5305, S. 18, 30, 33; *Böttcher* JR **1987** 134; *Rieß/Hilger* NStZ **1987** 155; **a. A** *Schlothauer* StrVert. **1987** 360.
[33] BTDrucks. 10 5305, S. 18, 33; zur Problematik der Unanfechtbarkeit der eine Aktenein-

sicht nach § 147 versagenden Entscheidung vgl. z. B. *Kempf* StrVert. **1987** 217; OLG Hamm MDR **1988** 164; s. auch BTDrucks. 10 5305, S. 33.
[34] *Rieß/Hilger* NStZ **1987** 155.
[35] *Böttcher* JR **1987** 134; *Schlothauer* StrVert. **1987** 359; s. auch OLG Hamm NJW **1985** 2040 (auch zur Beschwer); OLG Koblenz AnwBl. **1985** 315; NStZ **1988** 89.
[36] BTDrucks. 10 5305, S. 18, 33.

Hans Hilger

man die Möglichkeit der Anrufung des Gerichts, so ist es konsequent, den Beschuldigten, der bei seiner Anhörung (Rdn. 16) einer Akteneinsicht widersprochen hat, rechtzeitig vor der Einsichtsgewährung zu informieren[37]. Auf eine Verletzung des § 406 e durch eine fehlerhafte richterliche Entscheidung kann im Hinblick auf § 406 e Abs. 4 Satz 2 2. Halbsatz in Verb. mit § 336 Satz 2 1. Halbsatz die Revision nicht gestützt werden.

18   Wird Akteneinsicht fehlerhaft und schuldhaft verweigert oder gewährt und ist dadurch ein Schaden entstanden, so kann ein **Schadensersatzanspruch** gemäß § 839 BGB in Betracht kommen. Ungeklärt ist, ob bei fehlerhafter Gewährung der Akteneinsicht der dadurch in seinen Interessen verletzte Beschuldigte oder Andere verfahrensrechtlich geschützt werden kann. Für das Strafverfahren könnte an die Möglichkeit eines **Beweisverwertungsverbotes** gedacht werden[38]. Ob bei fehlerhafter Gewährung von Akteneinsicht eine Fernwirkung in Form eines Beweisverwertungsverbotes zu „Lasten" desjenigen, der fälschlich Akteneinsicht erhalten hat bzw. für ein anderes Verfahren (z. B. Zivilprozeß) bejaht werden kann, bedarf noch genauerer Prüfung durch Literatur[39] und Rechtsprechung, insbesondere im Bereich anderer Verfahrensordnungen.

19   **6. Auskünfte an den Verletzten (Absatz 5).** Die Bestimmung, die inhaltlich im wesentlichen Nr. 185 Abs. 4 Satz 2 RiStBV entspricht, bildet die gesetzliche Grundlage für die Möglichkeit, dem Verletzten, der keinen Rechtsanwalt hat, Auskünfte und Abschriften aus den Akten zu erteilen. Die Entscheidung steht im pflichtgemäßen Ermessen der zuständigen (Absatz 4 Satz 1) Stelle. Der Verletzte hat, wenn er nicht nebenklagebefugt ist, ein berechtigtes Interesse darzulegen (Rdn. 6; 7). Anders als Nr. 185 Abs. 4 Satz 2 RiStBV macht Absatz 4 die Auskunftserteilung nicht ausdrücklich davon abhängig, daß sie einfach und schnell zu erledigen ist; dieser Gesichtspunkt darf jedoch bei der Ermessensentscheidung berücksichtigt werden. Auch im Rahmen der Entscheidung nach Absatz 5 kommt der Prüfung der Beschränkungen nach Absatz 2 (Rdn. 8 bis 14) besondere Bedeutung zu. Dies gilt insbesondere dann, wenn eine nach Absatz 5 grundsätzlich zulässige Auskunft über den Verfahrensausgang erteilt wird, die über den nach § 406 d Abs. 1 gesteckten Rahmen hinausgeht (§ 406 d, 2). Die Versagung einer Auskunft oder von Abschriften soll nicht anfechtbar sein[40]. Dies kann daraus abgeleitet werden, daß sich die Verweisung in Absatz 5 nicht auf Absatz 4 Satz 2 1. Halbsatz erstreckt, ist jedoch im Hinblick auf Art. 19 Abs. 4 GG problematisch, wenn es sich um eine Entscheidung der Staatsanwaltschaft handelt; in diesem Fall dürfte Absatz 4 Satz 2 1. Halbsatz entsprechend anzuwenden sein. Für die Anfechtung einer Auskunftserteilung gelten die Überlegungen in Rdn. 16 ff entsprechend.

[37] *Schlothauer* StrVert. **1987** 359.
[38] S. auch Einl. Kap. **14** 13; 14; 27 ff; 38 ff; 46 ff; 63.
[39] S. *Baumgärtel* Die Verwertbarkeit rechtswidrig erlangter Beweismittel im Zivilprozeß, FS Klug 477.
[40] *Kleinknecht/Meyer*[38] 12; *Rieß/Hilger* NStZ **1987** 155.

§ 406 f

(1) Der Verletzte kann sich im Strafverfahren des Beistands eines Rechtsanwalts bedienen oder sich durch einen solchen vertreten lassen.

(2) [1]Bei der Vernehmung des Verletzten durch das Gericht oder die Staatsanwaltschaft ist dem Rechtsanwalt die Anwesenheit gestattet. [2]Er kann für den Verletzten dessen Recht zur Beanstandung von Fragen (§ 238 Abs. 2, § 242) ausüben und den Antrag auf Ausschluß der Öffentlichkeit nach § 171 b des Gerichtsverfassungsgesetzes stellen, nicht jedoch, wenn der Verletzte widerspricht.

(3) [1]Wird der Verletzte als Zeuge vernommen, so kann, wenn er dies beantragt, einer Person seines Vertrauens die Anwesenheit gestattet werden. [2]Die Entscheidung trifft derjenige, der die Vernehmung leitet; sie ist nicht anfechtbar.

Entstehungsgeschichte. Die Vorschrift wurde durch Art. 1 Nr. 15 OpferschutzG eingefügt.

1. Bedeutung der Vorschrift. § 406 f regelt grundlegende Befugnisse des Verletz- **1** ten (vgl. § 406 e, 2), die auch dem Nebenklageberechtigten (§ 406 g) zustehen und für diesen durch § 406 g ergänzt werden; es sind das Recht auf den Beistand eines Rechtsanwalts oder die Vertretung durch diesen nebst dessen Befugnissen, sowie die Möglichkeit der Hinzuziehung einer Vertrauensperson bei Vernehmungen des Verletzten. **Zweck der Vorschrift** ist, die Rechte des Verletzten, die dieser zur Wahrnehmung seiner Interessen, insbesondere zu seinem Schutz mindestens benötigt, klarstellend zusammenzufassen und gesetzlich abzusichern[1]. Zur Belehrung des Verletzten über seine Befugnisse vgl. § 406 h, zur Anwendbarkeit im Verfahren gegen Jugendliche Vor § 406 d, 5. Die Auslagen, die dem Verletzten in Wahrnehmung seiner Rechte entstehen, sind von ihm zu tragen, soweit nicht ein Fall des § 406 g vorliegt und die Auslagen dem Angeklagten überbürdet werden (§ 406 g, 15; 20; 26; § 472, 8; 23). Die Beiordnung eines Rechtsanwalts ist nur in den Fällen des §§ 406 g Abs. 3 und 4 zulässig[2].

2. Absatz 1. Die Formulierung entspricht im wesentlichen § 378 Satz 1. Der Bei- **2** stand oder die Vertretung sind auch schon **im Ermittlungsverfahren zulässig.** Zwar könnte aus § 406 g Abs. 1 rückgeschlossen werden, die Zulässigkeit im Ermittlungsverfahren sei davon abhängig, daß der Verletzte nebenklageberechtigt sei. Es ist jedoch nicht anzunehmen, daß der Gesetzgeber dem Verletzten verbieten wollte, sich im Ermittlungsverfahren durch einen Rechtsanwalt beraten und von diesem „Schutzschriften" oder sonstige schriftliche Erklärungen fertigen zu lassen. Auch die Befugnisse des Rechtsanwalts nach Absatz 2 (Rdn. 3 ff) gelten schon im Ermittlungsverfahren; dies ergibt sich aus Absatz 2 Satz 1.

---

[1] Vgl. BTDrucks. **10** 5305, S. 18, 19, 30, 33 mit Hinweisen auf die bisherige Rechtslage; s. auch BVerfGE **38** 105 ff; *Böttcher* JR **1987** 134; *Jung* JuS **1987** 158; *Rieß* Jura **1987** 288; LR-*Dahs* § 58, 10; 10 a; krit.: *Kempf* StrVert. **1987** 217; *Pagenkopf* Das Deutsche Bundesrecht II B 75 S. 19; *Schünemann* NStZ **1986**

199; *Weider* StrVert. **1987** 319 (Ausgleich durch Bestellung eines Pflichtverteidigers); *Weigend* NJW **1987** 1173.
[2] Vgl. auch LG Hildesheim NdsRpfl. **1987** 159; a. A noch LG Hannover StrVert. **1987** 526.

Hans Hilger

3   **3. Absatz 2.** Wird der Verletzte als Zeuge vernommen, so kann der Rechtsanwalt (Absatz 1) als Beistand — auch im Ermittlungsverfahren (Rdn. 2) — an der Vernehmung teilnehmen, wenn sie durch die Staatsanwaltschaft (§ 161 a) oder einen Richter (§§ 162, 165, 202, 223, 243 ff) erfolgt[3]; im Falle seiner polizeilichen Vernehmung (§ 163 a Abs. 5) kann sich der Verletzte nach den vom BVerfG[4] entwickelten Grundsätzen der Hilfe eines Zeugenbeistandes bedienen oder gemäß Absatz 3 eine Person seines Vertrauens hinzuziehen[5]. Der Rechtsanwalt kann den Verletzten in dessen Vernehmung nicht unter Hinweis auf § 406 f „vertreten", also nicht über die Wahrnehmungen des Verletzten an dessen Stelle berichten. Eine Ladung oder Terminsnachricht an den Rechtsanwalt ist nicht vorgeschrieben; § 168 c Abs. 5 Satz 1 gilt nicht entsprechend (Umkehrschluß aus § 406 g Abs. 2 Satz 3). Der Rechtsanwalt hat sich selbst zu informieren. Das **Anwesenheitsrecht** ist beschränkt auf die Dauer der Vernehmung des Verletzten, dessen Interessen der Rechtsanwalt vertritt. Der Verletzte ist nicht berechtigt, sein Erscheinen und die Zeugenaussage mit der Begründung zu verweigern, er wolle zunächst einen Rechtsanwalt nach § 406 f beauftragen oder, dieser sei verhindert, am Vernehmungstermin teilnehmen[6]. Zweifelhaft ist, ob gegen den Rechtsanwalt Ordnungsmaßnahmen nach § 164, §§ 177, 178 GVG ergriffen werden können[7]. Wird der Rechtsanwalt zu Unrecht von der staatsanwaltschaftlichen Vernehmung ausgeschlossen, so kann er analog § 161 a Abs. 3 gerichtliche Entscheidung beantragen[8].

4   Der Rechtsanwalt hat nicht nur das **Recht**, den Verletzten während dessen Vernehmung **zu beraten**. Er kann auch, soweit der Verletzte nicht ausdrücklich widerspricht, dessen Recht zur **Beanstandung von Fragen** (§ 238 Abs. 2, § 242) ausüben und den **Antrag auf Ausschluß der Öffentlichkeit** nach § 171 b GVG stellen. Das Beanstandungsrecht ist insbesondere im Hinblick auf § 68 a von besonderer Bedeutung[9]. Es steht dem Verletzten im Ermittlungsverfahren zu[10], soweit es dort dem Beschuldigten zugebilligt wird; abgesehen davon ist bei einer staatsanwaltschaftlichen Vernehmung eine Beanstandung von Fragen nach **§ 68 a** auch deshalb zulässig, weil ansonsten der Schutz des § 68 a erheblich geschmälert wäre[11]. Dem Rechtsanwalt ist desweiteren unbenommen, eine Anordnung nach § 247 anzuregen. Schließlich kann er den Verletzten vertreten, wenn diesem die Anwesenheit in einer nichtöffentlichen Verhandlung nach § 175 Abs. 2 Satz 2 GVG gestattet wird[12].

5   Wird eine Frage beanstandet oder ein Antrag nach § 171 b GVG gestellt, so richten sich die **Entscheidungskompetenz** und das Verfahren nach den allgemeinen Bestimmungen[13].

---

[3] Vgl. BTDrucks. **10** 5305, S. 19: Regelung entspr. § 168 c Abs. 1, § 163 a Abs. 3 Satz 2; s. auch § 161 a, 33; 34 (Teilnahme eines Vertreters des Verletzten an der Vernehmung anderer Zeugen oder eines Sachverständigen).

[4] BVerfGE **38** 105 ff; s. auch § 58, 10; *Böttcher* FS Kleinknecht (1985) 25; *Wulf* AnwBl. **1985** 489.

[5] *Rieß/Hilger* NStZ **1987** 155.

[6] *Kleinknecht/Meyer*[38] 3; **a. A** LG Hildesheim StrVert. **1985** 229; zur Praxis vor dem OpferschutzG vgl. § 58, 10; 10 a; s. auch § 161 a, 16 (Terminsabsprache).

[7] Vgl. LR-*Dahs* § 58, 10 a; *Kleinknecht/Meyer*[38] Vor § 48, 11.

[8] Vgl. § 161 a, 11; 48 ff; 57; LR-*Dahs* § 58, 10 a: analog § 98 Abs. 2 Satz 2; s. auch § 168 c, 23; 28; 61; § 238, 16 ff; § 406 g, 12.

[9] Vgl. auch *Rieß/Hilger* NStZ **1987** 150; *Böttcher* JR **1987** 134, 139 – auch zu revisionsrechtlichen Fragen; s. hierzu auch § 406 g, 15.

[10] A. A *Kleinknecht/Meyer*[38] 3.

[11] Zu Einzelheiten s. § 161 a, 20; 21.

[12] *Rieß/Hilger* NStZ **1987** 208.

[13] Vgl. § 238, 16 ff; § 241, 5 ff; § 242, 5 ff; die Erl. zu §§ 171 b, 174 GVG; zur staatsanwaltschaftlichen Vernehmung s. § 161 a, 21; 42; 48; 49; zu richterlichen Vernehmungen s. auch § 168 c, 23; 30; 31; s. desweiteren § 406 g, 12.

4. Person des Vertrauens (Absatz 3). Schließlich kann, wenn der Verletzte als **6** Zeuge vernommen wird, der jeweils die Vernehmung Leitende auf Antrag des Verletzten durch unanfechtbare Ermessensentscheidung die Teilnahme einer Person des Vertrauens des Verletzten gestatten; dies gilt auch für polizeiliche Vernehmungen. Die Zulassung der Vertrauensperson wird sich insbesondere bei Opfern von Aggressions-, Gewalt- oder Sexualdelikten oder bei jugendlichen Zeugen empfehlen. Sie kann nicht nur aus psychologischen Gründen (psychologische Betreuung, insbesondere Abbau von Angst, Befangenheit) wichtig sein, sondern auch die Wahrheitsfindung erleichtern, verbietet sich aber, wenn durch die Anwesenheit der Untersuchungszweck gefährdet werden könnte[14]. Als Vertrauenspersonen kommen insbesondere Ehegatten, nahe Verwandte oder sonstige Personen (Bekannte) in Betracht, die erkennbar das besondere Vertrauen des Verletzten genießen. Stört die Vertrauensperson die Verhandlung, so können Ordnungsmaßnahmen nach § 164, §§ 177, 178 GVG ergriffen werden. Die Entscheidung über den Ausschluß der Vertrauensperson aus der Verhandlung ist wie die Entscheidung über die Zulassung nicht anfechtbar.

§ 406 g

(1) Wer nach § 395 zum Anschluß als Nebenkläger befugt ist, kann sich auch vor Erhebung der öffentlichen Klage des Beistands eines Rechtsanwalts bedienen oder sich durch einen solchen vertreten lassen, auch wenn ein Anschluß als Nebenkläger nicht erklärt wird.

(2) [1]Der Rechtsanwalt ist über die in § 406 f Abs. 2 bezeichneten Befugnisse hinaus zur Anwesenheit in der Hauptverhandlung berechtigt, auch soweit diese nicht öffentlich ist. [2]Ihm ist bei richterlichen Vernehmungen und bei der Einnahme eines richterlichen Augenscheins die Anwesenheit zu gestatten, wenn dadurch nicht der Untersuchungszweck gefährdet wird; die Entscheidung ist unanfechtbar. [3]Für die Benachrichtigung gelten § 168 c Abs. 5 und § 224 Abs. 1 entsprechend.

(3) [1]Für die Bewilligung von Prozeßkostenhilfe gilt § 397 a entsprechend. [2]Im vorbereitenden Verfahren entscheidet das Gericht, das für die Eröffnung des Hauptverfahrens zuständig wäre.

(4) [1]Auf Antrag dessen, der zum Abschluß als Nebenkläger berechtigt ist, kann einstweilen ein Rechtsanwalt als Beistand bestellt werden, wenn
1. die Berechtigung zum Anschluß als Nebenkläger auf § 395 Abs. 1 Nr. 1 Buchstabe a beruht oder dies sonst aus besonderen Gründen geboten ist,
2. die Mitwirkung eines Beistands eilbedürftig ist und
3. die Bewilligung von Prozeßkostenhilfe möglich erscheint, eine rechtzeitige Entscheidung hierüber aber nicht zu erwarten ist.
[2]Für die Bestellung gelten § 142 Abs. 1 und § 162 entsprechend. [3]Die Bestellung endet, wenn nicht innerhalb einer vom Richter zu bestimmenden Frist ein Antrag auf Bewilligung von Prozeßkostenhilfe gestellt oder wenn die Bewilligung von Prozeßkostenhilfe abgelehnt wird.

Entstehungsgeschichte. Die Vorschrift wurde durch Art. 1 Nr. 15 OpferschutzG eingefügt.

---

[14] BTDrucks. 10 5305, S. 19.

Hans Hilger

Übersicht

1. Bedeutung und Reichweite der Vorschrift

1   **a) Bedeutung.** § 406 g regelt die besonderen Befugnisse derjenigen Verletzten, die nach § 395 berechtigt sind, sich dem Verfahren als Nebenkläger anzuschließen. Es sind Befugnisse, die auf die spezielle Interessenlage dieser Gruppe von Verletzten abgestimmt sind, insbesondere ihrem besonderen Schutzbedürfnis Rechnung tragen[1]. Sie stehen den Nebenklageberechtigten neben ihren sonstigen Befugnissen nach den §§ 406 d ff zu (Vor § 406 d, 4; 406 f, 1). In der Praxis wird § 406 g insbesondere für die Opfer von Straftaten gegen die sexuelle Selbstbestimmung bedeutsam sein.

2   **b) Reichweite.** Die Befugnisse nach § 406 g stehen nicht denjenigen Verletzten zu, die nicht nebenklageberechtigt sind; eine analoge Anwendung des § 406 g zu Gunsten eines solchen Verletzten ist unzulässig. Die Vorschrift zielt nach Klageerhebung auf den nebenklageberechtigten Verletzten, der seine Beteiligungsbefugnis nicht aktivieren oder zunächst prüfen möchte, ob er sich dem Verfahren anschließen kann und ob dies im Hinblick auf seine Interessen sinnvoll ist; durch die Regelung kann somit verhindert werden, daß eine Nebenklage allein aus dem Grund erhoben wird, dem Nebenklagebefugten eine effektive Beteiligung am Verfahren zu ermöglichen[2]. Zur Frage, wann ein Verletzter zum Anschluß als Nebenkläger befugt ist (Absatz 1) s. Rdn. 5. Beteiligt sich der Verletzte nicht nur als Nebenklageberechtigter, sondern als Nebenkläger (§ 396) am Verfahren, so gelten vorrangig die §§ 397 ff (s. aber Rdn. 22 zu Absatz 4). Zur Geltung im Verfahren gegen Jugendliche s. Vor § 406 d, 5. Zum Anwesenheitsrecht in der Hauptverhandlung gegen Jugendliche s. auch § 48 Abs. 2 Satz 1 JGG.

3   **c) Kritik; Stellungnahme.** Gegen die Vorschrift ist im wesentlichen geltend gemacht worden, sie bewirke ein Ungleichgewicht zwischen den Rechten des Verletzten und des Beschuldigten; schon die Anwesenheit des Rechtsanwalts des Nebenklagebefugten bei Vernehmungen von Zeugen oder des Beschuldigten könne sich nachteilig auf das Verfahren auswirken, gebe dem Verletztenbeistand jedenfalls einen „Informationsvorsprung", der durch legitime Schutzinteressen des Verletzten nicht zu rechtfertigen sei[3]. Abgesehen davon, daß der Nebenklagebefugte sich auch schon vor dem OpferschutzG (allerdings in einem sehr eingeschränkten Rahmen) der Hilfe eines Rechtsan-

---

[1] Vgl. BTDrucks. **10** 5305, S. 19, 20; *Böttcher* JR **1987** 136; *Jung* JuS **1987** 157; *Rieß/Hilger* NStZ **1987** 155.

[2] Vgl. dazu *Jung* JuS **1987** 158; *Weinberger* DNP **1987** 69.

[3] Vgl. zu Einzelheiten: *Kempf* StrVert. **1987** 218; *Müller* DRiZ **1987** 473; *Schünemann* NStZ **1986** 193 ff, 443; *Thomas* StrVert. **1985** 431; *Weider* StrVert. **1987** 318.

walts im Ermittlungsverfahren bedienen konnte[4], ist dieser Auffassung entgegenzuhalten, daß Beeinträchtigungen des Verfahrensablaufs sowie des Untersuchungsergebnisses durch eine sachgerechte Anwendung der Ausschlußklausel nach Absatz 2 Satz 2 verhindert werden können (Rdn. 10). Desweiteren sollten die Voraussetzungen für die Bewilligung von Prozeßkostenhilfe (Absatz 3) und die Beiordnung eines einstweiligen Beistandes (Absatz 4) sorgfältig geprüft werden und die Bewilligung bzw. Beiordnung sollte nicht unangemessen großzügig erfolgen. Schließlich ist ein eventuelles „Ungleichgewicht" durch eine großzügige Praxis der Pflichtverteidigerbeiordnung (§ 140 Abs. 2) auszugleichen[5].

2. Der Beistand des Nebenklagebefugten (Absatz 1). Die Formulierung des Absatzes 1 ist mißverständlich. Sie bedeutet nicht, daß — im Gegensatz zum „einfachen" Verletzten (§ 406 f Abs. 1) — nur der Nebenklagebefugte sich auch schon im Ermittlungsverfahren der Hilfe eines Rechtsanwalts bedienen kann (§ 406 f, 2); der Kern der Aussage des Absatzes 1 liegt im letzten Halbsatz: die Befugnis, sich im Ermittlungsverfahren der Hilfe eines Rechtsanwalts zu bedienen, dem die (im Vergleich zu § 406 f Abs. 2) weitergehenden Rechte nach Absatz 2 zustehen, erfordert nicht, daß (schon im Ermittlungsverfahren oder später) ein Nebenklageanschluß erklärt wird. **4**

Ob ein Verletzter zum Anschluß als Nebenkläger befugt ist (Absatz 1), ist nach Lage des jeweiligen Einzelfalles, insbesondere des jeweiligen Verfahrensstandes zu beurteilen. Entscheidend ist, ob nach dem Stand der Ermittlungen im Zeitpunkt der Entscheidung eine Anschlußberechtigung in Betracht kommen kann, also der Anfangsverdacht (§ 152 Abs. 2) der wenigstens ideal- oder gesetzeskonkurrierenden Begehung einer Katalogtat nach § 395 gegeben ist, und im Falle einer fahrlässigen Körperverletzung (§ 230 StGB) die materiellen Voraussetzungen des § 395 Abs. 3 erfüllt sind[6]. Die Entscheidung der jeweils zuständigen Stelle (Rdn. 12) zu diesen Fragen hat keine Bindungswirkung für spätere entsprechende oder damit zusammenhängende Entscheidungen[7] (Rdn. 13). **5**

Diese Grundsätze (Rdn. 5) gelten auch im Falle einer **Entscheidung nach § 406 e Abs. 1 Satz 2 oder § 406 h**, wenn zu prüfen ist, ob eine Darlegung eines berechtigten Interesses an der Akteneinsicht oder ein Hinweis auf die Befugnisse nach den §§ 395, 406 g erforderlich ist (§ 406 e, 7; § 406 h, 1)[8]. **6**

3. Befugnisse des Beistandes (Absatz 2)
a) Die Befugnisse nach § 406 f Abs. 2 stehen auch dem Beistand des Nebenklagebefugten zu. Er kann sich auf deren Wahrnehmung beschränken (s. Vor § 406 d, 4). Wird der Beistand in der Ausübung seiner Befugnisse nach § 406 g Abs. 2 eingeschränkt (Rdn. 10), so darf sich diese Einschränkung nicht auf seine Befugnisse nach § 406 f Abs. 2 auswirken. Das Recht zur Beanstandung von Fragen betrifft nicht nur, wie im Falle des § 406 f Abs. 2, Fragen an den Verletzten, sondern auch Fragen an Beschuldigte, sonstige Zeugen und Sachverständige. **7**

b) Anwesenheit in der Hauptverhandlung. Darüber hinausgehend hat der Beistand ein uneingeschränktes Anwesenheitsrecht in der Hauptverhandlung, selbst wenn **8**

---

[4] Vgl. *Rieß* Gutachten, S. 32, 33; BVerfGE **38** 105 ff.

[5] Vgl. BTDrucks. **10** 6124, S. 13; *Rieß/Hilger* NStZ **1987** 146, 147; *Weider* StrVert. **1987** 318; enger insoweit *Böttcher* JR **1987** 138.

[6] Vgl. BTDrucks. **10** 5305, S. 20; Nachtr. § 395, 8.

[7] Vgl. BTDrucks. **10** 5305, S. 20; *Rieß/Hilger* NStZ **1987** 156.

[8] *Rieß/Hilger* NStZ **1987** 156.

diese nicht öffentlich ist (s. auch § 175 Abs. 2 Satz 2 GVG) und auch, soweit nicht der Verletzte vernommen wird. Zum Fragerecht s. § 240, 10 und § 168 c, 31. Zweifelhaft ist, ob gegen den Beistand Ordnungsmaßnahmen nach § 164, §§ 177, 178 GVG ergriffen werden können[9] (§ 406 f, 3).

9   **c) Anwesenheit bei sonstigen richterlichen Untersuchungen.** Absatz 2 Satz 2 betrifft nicht das Anwesenheitsrecht bei Vernehmungen des Verletzten, das sich nach § 406 f Abs. 2 Satz 1 richtet, sondern richterliche (nicht staatsanwaltschaftliche oder polizeiliche) Vernehmungen des Beschuldigten, anderer Zeugen oder von Sachverständigen sowie richterliche Augenscheinseinnahmen, soweit diese außerhalb der Hauptverhandlung, namentlich im Ermittlungs- oder Wiederaufnahmeverfahren (§ 369), stattfinden. Die Regelung ist an § 168 c Abs. 2, 3, § 168 d Abs. 1 angelehnt. Zum Fragerecht s. § 168 c, 31.

10   Das Anwesenheitsrecht ist jedoch — anders als beim Verteidiger (vgl. § 168 c) — an die **Voraussetzung** gebunden, daß durch die Teilnahme des Beistandes **der Untersuchungszweck**[10], insbesondere die Wahrheitsfindung **nicht beeinträchtigt oder gefährdet wird**. Dies muß feststehen; in Zweifelsfällen ist also die Anwesenheit nicht zulässig. Dies gilt namentlich dann, wenn nicht ausgeschlossen werden kann, daß der zu Vernehmende in Gegenwart des Beistandes nicht die Wahrheit sagen wird.

11   Der **Nebenklagebefugte** selbst hat kein weitergehendes Recht zur Teilnahme an der Hauptverhandlung als sonstige Personen; für ihn können insbesondere die das Anwesenheitsrecht von Zeugen beschränkenden §§ 58 Abs. 1, 243 Abs. 2 Satz 1 gelten. Eine Teilnahme an parteiöffentlichen Vernehmungen kann der jeweils die Vernehmung Leitende gestatten; sie ist ausgeschlossen, wenn der Untersuchungszweck durch die Teilnahme beeinträchtigt werden könnte[11]. S. auch § 175 Abs. 2 Satz 2 GVG.

12   **d) Entscheidung; Anfechtung.** Die Entscheidung, ob der Verletzte zur Nebenklage befugt ist und daher seinem Beistand neben den Befugnissen nach § 406 f auch die besonderen Befugnisse des § 406 g zustehen, wird getroffen, wenn diese Befugnisse in Anspruch genommen werden sollen[12]. Allerdings bedarf es dazu in der Regel einer ausdrücklichen Entscheidung nur, insoweit Zweifel bestehen[13]. Zuständig für diese Entscheidung und diejenige über den Ausschluß aus einer Verhandlung (§ 406 g Abs. 2 Satz 2) ist der jeweilige Verhandlungsführer, in der Hauptverhandlung der Vorsitzende (§ 238)[14]. Das Gericht entscheidet — ausdrücklich — über die Befugnis zur Anwesenheit in einer nichtöffentlichen Hauptverhandlung (§ 406 g Abs. 2 Satz 1, § 175 Abs. 2 GVG analog) und über einen Antrag nach § 171 b GVG (§ 406 f Abs. 2 Satz 2, § 174 GVG)[15].

13   Eine **Entscheidung über die Nebenklagebefugnis** des Verletzten (Rdn. 5) ist nach den allgemeinen Bestimmungen (§§ 161 a, 304, 305) **überprüfbar**[16]. Sie hat im übrigen weder Bindungswirkung für die spätere Zulassung als Nebenkläger[17] noch für sonstige spätere Entscheidungen, die mit dieser Frage zusammenhängen[18]; dem Beistand kann also trotz einer ihn (zunächst) zurückweisenden Entscheidung später die Ausübung der Befugnisse nach den §§ 406 f Abs. 2, 406 g Abs. 2 gestattet werden, wenn z. B. neue Erkenntnisse vorliegen, aus denen sich nun ergibt, daß der von ihm Vertretene durch die

[9] Verneinend: *Kleinknecht/Meyer*[38] 3.
[10] Vgl. § 168 c, 15.
[11] Vgl. auch § 161 a, 33; § 168 c, 23; 25; 28.
[12] BTDrucks. 10 5305, S. 20.
[13] Vgl. § 168 c, 28.
[14] S. auch § 406 f, 3 Fußn. 8.

[15] *Rieß/Hilger* NStZ **1987** 156.
[16] Vgl. auch § 406 f, 3 Fußn. 8; *Rieß/Hilger* NStZ **1987** 156.
[17] BTDrucks. 10 5305, S. 20.
[18] *Rieß/Hilger* NStZ **1987** 156.

Straftat verletzt wurde und nebenklagebefugt ist. Die Entscheidung über den Antrag nach § 406 f Abs. 2 Satz 2, **§ 171 b GVG** ist unanfechtbar (§ 171 b Abs. 3 GVG). Die Unanfechtbarkeitsregelung in **§ 406 g Abs. 2 Satz 2 letzter Halbsatz** betrifft nur die Nichtzulassung zu Vernehmungen nach Absatz 2 Satz 2 (Rdn. 9, 10) wegen möglicher Gefährdung des Untersuchungszwecks.

e) Sonstiges. Der Beistand des Nebenklagebefugten **ist** vom Hauptverhandlungs-   **14** termin und den richterlichen Terminen nach Absatz 2 Satz 2 **zu benachrichtigen** (Absatz 2 Satz 3), wenn er sich zu den Akten legitimiert hat[19] oder beigeordnet worden ist. Er hat keinen Anspruch auf Terminsverlegung. Die entsprechende Anwendung der §§ 168 c Abs. 5, 224 Abs. 1 bedeutet auch, daß eine Benachrichtigung von einem richterlichen Termin nach Absatz 2 Satz 2 jedenfalls dann unterbleibt, wenn die Benachrichtigung oder die Teilnahme an diesem Termin den Untersuchungserfolg[20] gefährden würde. Zweifelhaft ist, ob eine Benachrichtigung auch dann unterbleibt, wenn eine Gefährdung des Untersuchungserfolges nur nicht ausgeschlossen werden kann (Rdn. 10). Da eine Gefährdung des Untersuchungserfolges durch zeitliche Verzögerung[21] nicht zu befürchten ist, kommt nur in Betracht, daß eine Einwirkung des — benachrichtigten — Beistandes vor oder in dem Termin auf Beschuldigte, Zeugen oder Sachverständige nicht ausgeschlossen werden kann[22]. Dies und die uneingeschränkte Verweisung des Satzes 3 sprechen gegen eine Benachrichtigung, falls eine vorterminliche materielle Gefährdung des Untersuchungserfolges nicht ausgeschlossen werden kann. Kann dagegen eine solche Gefährdung ausgeschlossen werden und nur nicht verneint werden, daß der Beistand im Termin den Untersuchungserfolg gefährden könnte, so ist der Beistand vom Termin zu benachrichtigen, damit er Gelegenheit zur Stellungnahme erhält; je nach dem Ergebnis dieser Stellungnahme kann dann ein Ausschluß nach § 406 g Abs. 2 Satz 2 angeordnet werden.

Auslagen, die dem Nebenklagebefugten durch die Wahrnehmung seiner Befug-   **15** nisse nach § 406 g entstanden sind, sind grundsätzlich dem Verurteilten aufzuerlegen (vgl. § 472, 8; 10 ff; 23); zum Fall der Ermessenseinstellung des Verfahrens vgl. § 472, 10 ff; 23.

Eine **fehlerhafte Anwendung** der § 406 f Abs. 2, § 406 g Abs. 2 kann im Einzelfall die   **15a** Revision begründen: Dies gilt z. B. für die fehlerhafte Zurückweisung einer Frage in der Hauptverhandlung[23] (Aufklärungsrüge) oder den fehlerhaften Ausschluß des Beistandes aus einer öffentlichen Verhandlung (vgl. § 338 Nr. 6)[24]. Eine fehlerhafte Entscheidung über einen Antrag nach § 171 b GVG kann die Revision nicht begründen (vgl. § 171 b Abs. 3 GVG, § 336).

4. Prozeßkostenhilfe (Absatz 3)
a) Voraussetzungen. Dem Nebenklagebefugten (Rdn. 5) kann entsprechend   **16** § 397 a nicht nur im gerichtlichen Verfahren, sondern auch schon im Ermittlungsverfahren auf Antrag für die Hinzuziehung eines Rechtsanwaltes Prozeßkostenhilfe bewilligt werden. Erforderlich ist, daß entweder die Sach- *oder*[25] Rechtslage — aus der Sicht des Nebenklagebefugten — schwierig ist, oder der Nebenklagebefugte allein (selbst) seine Interessen nicht ausreichend wahrnehmen kann[26] oder ihm dies nicht zuzumuten ist.

---

[19] BTDrucks. **10** 5305, S. 20.
[20] Vgl. dazu § 168 c, 39 ff; 46; § 224, 19 ff.
[21] Vgl. dazu § 168 c, 40.
[22] Vgl. dazu § 168 c, 42; 46.
[23] Vgl. auch *Böttcher* JR **1987** 139.
[24] S. auch LR-*Rieß* § 168 c, 53 ff; 64.

[25] Die Fassung des Gesetzestextes in § 397 a Abs. 1 Satz 1: „Sach- **und** Rechtslage" ist ein offensichtlicher Redaktionsfehler – s. *Rieß/ Hilger* NStZ **1987** 154.
[26] Vgl. die Erl. zu § 140.

Die beiden letztgenannten Voraussetzungen erfassen alle wichtigen Gründe, aus denen — unabhängig von Sach- oder Rechtslage — Prozeßkostenhilfe in Betracht kommen kann; dies sind insbesondere persönliche Hilflosigkeit des Verletzten oder z. B. psychologisch bedingte Hemmnisse und Belastungen, die namentlich bei den Opfern von Straftaten gegen die sexuelle Selbstbestimmung eine erhebliche Rolle spielen können. Auf die Erfolgsaussichten oder „Mutwilligkeit" einer Nebenklage oder der Beteiligung des Nebenklagebefugten kommt es nicht an (§ 397 a Abs. 1 Satz 3). Auch die Tatsache, daß der Beschuldigte einen Verteidiger hat, rechtfertigt nicht zwingend die Bewilligung von Prozeßkostenhilfe (§ 397 a Abs. 1 Satz 3), jedoch kann infolge dieses Umstandes eine der beiden letztgenannten Voraussetzungen erfüllt sein.

17   **Weitere Voraussetzung** ist, daß der Nebenklagebefugte nach seinen persönlichen und wirtschaftlichen Verhältnissen **nicht in der Lage ist, die Kosten** eines Rechtsanwalts **aufzubringen** (§ 397 a Abs. 1 Satz 1; §§ 114, 115 ZPO)[27]. Die Kosten des Rechtsanwalts richten sich nach den §§ 83 bis 93, 95 BRAGebO, wobei zu beachten ist, daß ihm nach § 95 BRAGebO nur geminderte Gebühren zustehen[28]. Mittellosigkeit im Sinne der §§ 114, 115 ZPO ist anzunehmen, wenn der Nebenklagebefugte im Zeitpunkt der Entscheidung über den Antrag persönlich, wenn auch vielleicht nur teilweise oder vorübergehend, unvermögend ist, diese Kosten zu zahlen; es genügen also eine wenigstens wahrscheinliche Unfähigkeit und der finanzielle Engpaß, die Kosten nur zum Teil oder nur in Raten aufbringen zu können.

18   **b) Verfahren.** Der Antrag auf Bewilligung der Prozeßkostenhilfe ist bei dem mit dem Verfahren befaßten Gericht, das für die Entscheidung zuständig ist (§ 397 a Abs. 2), zu stellen, im Ermittlungsverfahren bei dem Gericht, das für die Eröffnung des Hauptverfahrens zuständig wäre (§ 406 g Abs. 3 Satz 2). Das Verfahren richtet sich über die Verweisung auf § 397 a im wesentlichen nach den Bestimmungen der §§ 117 ff ZPO. Dem Antrag sind — unter Verwendung amtlicher Vordrucke — eine Erklärung über die persönlichen und wirtschaftlichen Verhältnisse sowie die notwendigen Belege beizufügen (§ 117 Abs. 2 ZPO). Ergibt sich die Nebenklagebefugnis nicht eindeutig aus den Akten, so muß der Antragsteller darlegen, daß die in Rdn. 5 genannten Voraussetzungen erfüllt sind (§ 117 Abs. 1 Satz 2 ZPO). Das Gericht kann die Glaubhaftmachung der Angaben verlangen und Erhebungen anstellen (§ 118 Abs. 2 ZPO). Macht der Antragsteller innerhalb einer von dem Gericht gesetzten Frist Angaben über seine persönlichen und wirtschaftlichen Verhältnisse nicht glaubhaft oder beantwortet er bestimmte Fragen nicht oder ungenügend, so lehnt das Gericht die Bewilligung der Prozeßkostenhilfe insoweit ab (§ 118 Abs. 2 Satz 4 ZPO). Zweifelhaft ist, ob dem Beschuldigten vor der Bewilligung der Prozeßkostenhilfe Gelegenheit zur Stellungnahme zu geben ist (§ 118 Abs. 1 Satz 1 ZPO)[29]; dies dürfte jedenfalls in den Fällen des § 395 Abs. 3 angebracht sein. Die Staatsanwaltschaft ist zu hören (§ 33 Abs. 2 StPO).

19   Mit der **Bewilligung der Prozeßkostenhilfe** entscheidet das Gericht auch über die Frage, ob und welche „Ausgleichszahlungen" der Nebenklagebefugte an die Landeskasse zu leisten hat (§ 120 ZPO), und ordnet ihm einen Rechtsanwalt bei. § 121 Abs. 1 bis 3 ZPO ist nicht anwendbar. Die Beiordnung richtet sich nach der spezifisch strafverfahrensrechtlichen Bestimmung des **§ 142 Abs. 1 StPO.** Dies bedeutet, daß das Gericht den zu bestellenden Rechtsanwalt möglichst aus der Zahl der bei einem Gericht des Gerichtsbezirks zugelassenen Rechtsanwälte auswählt und der Nebenklagebefugte Gele-

---

[27] Vgl. dazu § 397, 9; § 379, 14.
[28] BTDrucks. 10 5305, S. 25, 31, 34; s. auch § 472, 8; 23.

[29] Verneinend: *Kleinknecht/Meyer*[38] § 397 a, 8; vgl. aber auch LR-*Rieß* § 172, 165.

genheit erhalten soll, innerhalb einer zu bestimmenden Frist einen Rechtsanwalt zu bezeichnen. Dieser Rechtsanwalt wird bestellt, wenn nicht wichtige Gründe entgegenstehen[30]. Die Entscheidung über den Prozeßkostenhilfeantrag ist unanfechtbar (Absatz 2 Satz 2). Dies gilt auch für die Auswahl des Rechtsanwaltes nach § 142 Abs. 1 StPO. Sie ist mittelbar Teil der Gewährung der Prozeßkostenhilfe und daher gleichfalls — auch bei Verstoß gegen die Auswahlgrundsätze — unanfechtbar. Dies entspricht der Intention des Gesetzgebers[31] (Unanfechtbarkeit aus Gründen der Prozeßökonomie sowie im Interesse einer schnellen Klärung der Rechtslage)[32].

c) Sonstiges. Die Prozeßkostenhilfe wird nur für die Beiordnung eines Rechtsan- **20** walts gewährt, nicht für sonstige Kosten des Nebenklagebefugten. Die Gewährung hat zur Folge, daß der beigeordnete Rechtsanwalt seinen Gebührenanspruch gegen die Staatskasse geltend machen kann (§ 102 BRAGebO). Der Nebenklagebefugte hat diese Kosten ggf. — je nach Inhalt des Bewilligungsbeschlusses (§ 120 ZPO) — der Staatskasse zu erstatten. Ob sie endgültig von der Staatskasse oder infolge einer Ratenzahlung vom Nebenklagebefugten zu tragen sind, hängt vom Ausgang des Strafverfahrens und der damit verbundenen Kosten- und Auslagenentscheidung ab (§§ 465, 472)[33]. Wegen weiterer Einzelheiten s. die Erl. zu § 397 a im Nachtrag. Vgl. auch § 140 Abs. 2.

5. Einstweiliger Verletztenbeistand (Absatz 4)
a) Zweck der Regelung. Absatz 4 stellt mit verhältnismäßig weit gespannten Gene- **21** ralklauseln ein besonderes, unkompliziertes Verfahren zur einstweiligen Beiordnung eines Verletztenbeistandes in Fällen zur Verfügung, in denen diese Beiordnung zugunsten besonders schutzwürdiger Nebenklagebefugter eilbedürftig ist. Dies ist notwendig, weil das Normalverfahren zur Beiordnung eines Beistandes über die Bewilligung von Prozeßkostenhilfe (§§ 397 a, 406 g Abs. 3, §§ 114 ff ZPO) verhältnismäßig schwerfällig und daher nicht geeignet ist, Verletzten, die ein besonderes Bedürfnis auf unverzüglichen rechtlichen Beistand haben, kurzfristig zu helfen; dies gilt insbesondere dann, wenn es den Verletzten nicht zuzumuten ist, das Verfahren nach den §§ 397 a, 406 g Abs. 3 abzuwarten. Solche Fälle sind z. B. denkbar, wenn zu Beginn eines Ermittlungsverfahrens aus Gründen der Beweissicherung Vernehmungen oder Augenscheinseinnahmen stattfinden, bei denen der Beistand eines Rechtsanwalts für den Verletzten sachdienlich erscheint, namentlich bei Straftaten gegen die sexuelle Selbstbestimmung, etwa wenn eine Gegenüberstellung erfolgt, aber auch im gerichtlichen Verfahren, wenn sich z. B. kurz vor Beginn der Hauptverhandlung die Notwendigkeit einer Beistandschaft herausstellt[34].

b) Berechtigte nach Absatz 4 sind grundsätzlich alle Nebenklagebefugten (Rdn. 5) **22** einschließlich der dem Verfahren bereits angeschlossenen Nebenkläger. Die Voraussetzungen für die Beiordnung sind jedoch für eine bestimmte Verletztengruppe gelockert (Rdn. 23).

c) Voraussetzungen. Erste Voraussetzung ist ein Antrag des Nebenklagebefugten. **23** Außerdem muß die einstweilige Beiordnung eines Beistands im Eilverfahren aus „besonderen Gründen" geboten sein, falls der Verletzte nicht Opfer einer Straftat gegen die sexuelle Selbstbestimmung (§ 395 Abs. 1 Nr. 1 Buchst. a) ist; im letztgenannten Fall bedarf

---

[30] Vgl. *Böttcher* JR **1987** 137; *Rieß/Hilger* NStZ **1987** 154, 155.
[31] Vgl. BTDrucks. **10** 5305, S. 14, 20.
[32] *Rieß/Hilger* NStZ **1987** 154.
[33] S. auch § 464 a, 7.
[34] Vgl. BTDrucks. **10** 5305, S. 20; **10** 6124, S. 15; *Böttcher* JR **1987** 137; *Rieß/Hilger* NStZ **1987** 156; *Weigend* NJW **1987** 1175.

es der Einzelfallprüfung, ob besondere Umstände vorliegen, nicht, weil diese Verletztengruppe typischerweise „besonders schutz- und beistandsbedürftig" ist[35]. Aus dieser Regelung kann abgeleitet werden, daß nach dem Willen des Gesetzgebers bei anderen nebenklagefähigen Delikten sich die „besonderen Gründe" aus der besonderen Schutz- und Beistandsbedürftigkeit des Verletzten ergeben können (s. auch Rdn. 21); diese kann z. B. aus den besonderen persönlichen Verhältnissen des Verletzten, der Art und Schwere der Straftat oder dem Verfahrensstand bzw. den geplanten, unmittelbar bevorstehenden Ermittlungsmaßnahmen abgeleitet werden und beinhaltet auch den Gesichtspunkt der „Zumutbarkeit"[36]. Erforderlich ist desweiteren, daß die Mitwirkung eines Beistands eilbedürftig ist und die Bewilligung von Prozeßkostenhilfe möglich erscheint, eine rechtzeitige Entscheidung hierüber aber nicht zu erwarten ist; dazu gehört, daß dem Nebenklagebefugten nach den gesamten Umständen des Einzelfalles nicht zugemutet werden kann, den Ausgang des Prozeßkostenhilfeverfahrens abzuwarten und die Bewilligung von Prozeßkostenhilfe aufgrund der in § 397 a Abs. 1 genannten Voraussetzungen jedenfalls nicht ausgeschlossen erscheint[37]. In erster Linie sind hier die persönlichen Voraussetzungen der Prozeßkostenhilfe, nämlich die finanziellen und wirtschaftlichen Verhältnisse des Nebenklagebefugten von Bedeutung, denn die sachlichen Voraussetzungen (Schwierigkeit der Sach- oder Rechtslage, Unfähigkeit des Nebenklagebefugten, seine Interessen selbst wahrzunehmen oder Unzumutbarkeit) sind bereits im Rahmen der Prüfung, ob die einstweilige Beiordnung aus besonderen Gründen geboten ist, zu berücksichtigen, soweit nicht ein Sexualdelikt vorliegt[38]. Nicht erforderlich ist, daß der Verletzte bereits einen Antrag auf Bewilligung von Prozeßkostenhilfe gestellt hat; ein solcher kann sich auch erübrigen, wenn schon die Mitwirkung des einstweilig bestellten Beistands zur Wahrnehmung der Interessen des Verletzten ausgereicht hat[39].

24   d) Das **Verfahren** ist nur unvollständig geregelt. Ob die Voraussetzungen nach § 406 g Abs. 4 erfüllt sind, ist anhand des Antrages und des Ermittlungsergebnisses zu prüfen. Die Vorlage von Unterlagen oder eine Glaubhaftmachung der Angaben ist nicht vorgeschrieben, kann jedoch von der für die Entscheidung zuständigen Stelle gefordert werden. Der Beschuldigte ist — da es sich um ein Eilverfahren handelt — nicht zu hören, wohl aber die Staatsanwaltschaft (§ 33 Abs. 2). Die Entscheidung über die Beiordnung steht im pflichtgemäßen Ermessen. **Zuständig** für die Entscheidung ist im Ermittlungsverfahren der Ermittlungsrichter (§ 162), nach Anklageerhebung der Vorsitzende[40] des mit der Sache befaßten Gerichts; letzteres ergibt sich aus der Verweisung auf § 142 Abs. 1, erscheint zweckmäßig, weil es sich um ein Eilverfahren handelt und ist schon deshalb unbedenklich, weil die Entscheidung nur vorläufigen Charakter hat. Auch die Auswahl des Beistandes richtet sich nach § 142 Abs. 1. Die Entscheidung ist unanfechtbar; dies ist aus § 397 a Abs. 2 Satz 2 abzuleiten[41].

25   Hat der Nebenklagebefugte noch keinen **Prozeßkostenhilfeantrag** gestellt, so kann ihm zusammen mit der Beiordnung des Beistandes eine **Frist zur Stellung dieses Antrages** gesetzt werden. Von dieser Fristsetzung kann abgesehen werden, wenn offensichtlich eine nur kurzfristige Bestellung des Beistandes den Interessen des Nebenklagebefugten genügt, etwa wenn die Beiordnung nur für eine Vernehmung erforderlich ist.

---

[35] BTDrucks. 10 6124, S. 15.
[36] Vgl. auch *Böttcher* JR **1987** 137.
[37] BTDrucks. 10 6124, S. 15; *Böttcher* JR **1987** 137.
[38] Vgl. *Böttcher* JR **1987** 137.
[39] BTDrucks. 10 5305, S. 20.

[40] *Pagenkopf* Das Deutsche Bundesrecht II B 75 S. 20; *Rieß/Hilger* NStZ **1987** 156; a. A *Kleinknecht/Meyer*[38] 8; *Böttcher* JR **1987** 137 (das Gericht).
[41] *Rieß/Hilger* NStZ **1987** 156.

Denn durch eine Fristsetzung sollen nicht überflüssige Verfahren zur Bewilligung von Prozeßkostenhilfe veranlaßt werden[42]. In diesem Fall ist die einstweilige Beiordnung (Rdn. 24) von vornherein zu befristen. Ist dagegen nicht auszuschließen, daß der Nebenklagebefugte die Hilfe des Beistandes über einige Zeit benötigt, so ist die Frist nach **Absatz 4 Satz 3** zu setzen. Nach **fruchtlosem Ablauf dieser Frist** oder wenn die **beantragte Prozeßkostenhilfe verweigert** wird **endet die Beiordnung**. Falls die Beiordnung nicht von vornherein befristet war, ist ihre Beendigung nach Absatz 4 Satz 3 im Interesse der Rechtsklarheit ausdrücklich festzustellen[43]. Dies erfolgt entweder in dem den Prozeßkostenhilfeantrag ablehnenden Beschluß durch das hierfür zuständige Gericht oder nach fruchtlosem Fristablauf durch das mit der Sache gerade befaßte Gericht[44].

e) Sonstiges. Ob die dem Beistand zu zahlenden Gebühren[45] letztlich von der **26** Staatskasse, dem Beschuldigten oder dem Nebenklagebefugten zu tragen sind, hängt u. a. vom Ausgang des Verfahrens (§§ 465, 472) und dem Inhalt der Prozeßkostenhilfeentscheidung ab. Wird der Beistand nur kurzfristig beigeordnet, ohne daß eine Frist zur Stellung eines Prozeßkostenhilfeantrages gesetzt wird, oder wird der Antrag auf Gewährung von Prozeßkostenhilfe nicht gestellt oder abgelehnt und das Ermittlungsverfahren eingestellt (§ 170 Abs. 2) oder der Beschuldigte freigesprochen, so kann sich ein Anspruch der Staatskasse auf Erstattung der Beistandsgebühren durch den Verletzten über die §§ 100, 102, 130 BRAGebO ergeben. Vgl. auch § 140 Abs. 2.

§ 406 h

Der Verletzte ist auf seine Befugnisse nach den §§ 406 e, 406 f und 406 g sowie auf seine Befugnis, sich der erhobenen öffentlichen Klage als Nebenkläger anzuschließen (§ 395), hinzuweisen.

Entstehungsgeschichte. Die Vorschrift war im RegEntw. (BTDrucks. 10 5305) nicht enthalten; der Bundesrat hatte in seiner Stellungnahme eine allgemein gehaltene Prüfungsempfehlung beschlossen (BTDrucks. 10 5305, S. 27 Nr. 1). Die Vorschrift ist vom BTRAussch. in der Gesetz gewordenen Form erst in seiner letzten, die Beratungen abschließenden Sitzung beschlossen worden (BTDrucks. 10 6124, S. 15 f).

Zweck der Vorschrift[1] ist, zusammen mit § 406 d Abs. 3 eine angemessene Infor- **1** mation des Verletzten (Vor § 406 d, 6; § 406 e, 2) über seine Befugnisse nach den §§ 406 d ff, § 395 sicherzustellen. Denn diese Information ist erforderlich, damit die vom OpferschutzG erstrebte Verbesserung der Rechtsstellung des Verletzten praktische Bedeutung erlangen kann. Die Befugnisse, über die nach § 406 h zu informieren ist, sind: das Akteneinsichtsrecht (§ 406 e), die Befugnis, sich des Beistandes oder der Vertretung eines Rechtsanwalts zu bedienen (§ 406 f Abs. 1) und im Falle einer Vernehmung als

[42] *Böttcher* JR **1987** 138; s. auch BTDrucks. 10 5305, S. 20.
[43] KK-*Engelhardt*[2] 5.
[44] A. A KK-*Engelhardt*[2] 5 (Ermittlungsrichter).

[45] Vgl. §§ 95, 97, 102 BRAGebO; BTDrucks. 10 5305, S. 25, 31, 34.
[1] Eingefügt auf Vorschlag des BTRAussch. – BTDrucks. 10 6124, S. 15; s. auch *Rieß/Hilger* NStZ **1987** 156 zu ähnlichen Anregungen.

Zeuge eine Vertrauensperson hinzuzuziehen (§ 406 f Abs. 3), das von einer Nebenklagebefugnis abhängige Recht, sich der Hilfe eines Rechtsanwalts schon im Vorverfahren bedienen zu können (§ 406 g Abs. 1), für einen Rechtsanwalt als Beistand Prozeßkostenhilfe zu erhalten oder seine einstweilige Beiordnung zu beantragen (§ 406 g Abs. 3, 4).
Außerdem ist über eine Nebenklagebefugnis (§ 395) zu informieren. Die Hinweispflicht
ist obligatorisch. Allerdings besteht eine Pflicht zum Hinweis auf die Nebenklagebefugnis und die damit verbundenen Rechte nach § 406 g nur, wenn nach Lage des Einzelfalles eine Anschlußberechtigung in Betracht kommen kann[2], also der Anfangsverdacht
der wenigstens ideal- oder gesetzeskonkurrierenden Begehung einer Katalogtat nach
§ 395 gegeben ist, und im Falle einer fahrlässigen Körperverletzung (§ 230 StGB) die
Voraussetzungen des § 395 Abs. 3 erfüllt erscheinen (§ 406 g, 6). Keine Hinweispflicht
besteht, wenn der Verletzte seine Befugnisse kennt[3]. Die Hinweispflicht darf auch nicht
zu untragbaren Belastungen für die Strafverfolgungsbehörden führen. So kann es,
wenn in einem Verfahren z. B. über 1000 Verletzte in Betracht kommen, nicht nur zulässig sein, die Hinweise inhaltlich auf ein Mindestmaß zu kürzen (Rdn. 2), sondern auch
auf bestimmte Verletztengruppen zu begrenzen, etwa auf Verletzte mit erkennbar
hohen Schäden, oder bestimmten Verletzten keinen Hinweis zu geben, etwa solchen,
die erkennbar kein Strafverfolgungsinteresse haben.

2   Das Gesetz regelt nicht, wann, wie, mit welchem Inhalt und durch wen der
Hinweis zu erfolgen hat. Nach dem Sinn der Vorschrift hat er so **frühzeitig** wie möglich
(§ 406 d, 5) und durch die mit dem Verfahren befaßte Stelle zu erfolgen, im Ermittlungsverfahren also durch Polizei oder Staatsanwaltschaft, nach Erhebung der öffentlichen
Klage durch das Gericht. Der Hinweis kann mündlich oder schriftlich, auch durch ein
Merkblatt[4] gegeben werden. Daß er erfolgt ist, ist aktenkundig zu machen. Der Inhalt
des Hinweises muß nicht alle Einzelheiten der Befugnis aufzeigen, sondern ist nach den
jeweiligen Besonderheiten des Einzelfalles auszugestalten. Es reicht aus, wenn dem Verletzten über den Hinweis deutlich gemacht wird, daß ihm die genannten Befugnisse
(Rdn. 1) zustehen[5]; denn § 406 h spricht nicht von „Belehrung", sondern weniger weitgehend von „Hinweis". Die Strafverfolgungsbehörden sind nicht verpflichtet, nur
wegen der Hinweispflicht nach § 406 h nach unbekannten oder nicht näher bestimmbaren Verletzten zu forschen, nur um ihnen gegenüber der Hinweispflicht nachkommen
zu können. Die Hinweispflicht entsteht also erst, sobald im Verlauf der Ermittlungen bestimmte Personen als Verletzte bekannt werden und die Möglichkeit eines Hinweises besteht, etwa weil auch ihre Anschrift bekannt ist.

3   Versäumt der Verletzte eine Frist oder einen Termin, weil ein Hinweis nach
§ 406 h nicht oder verspätet erfolgt ist, so kann er nicht unter Hinweis darauf **Wiedereinsetzung** in den vorigen Stand (§ 44) beantragen. Dies kann aus den §§ 398, 399 abgeleitet werden, aus denen sich ergibt, daß das Verfahren grundsätzlich nicht durch den
Verletzten aufgehalten werden soll[6].

---

[2] BTDrucks. **10** 6124, S. 16; zur Anwendbarkeit im Verfahren gegen Jugendliche vgl. Vor
§ 406 d, 5.
[3] BTDrucks. **10** 6124, S. 16; zweifelnd *Pagenkopf* Das Deutsche Bundesrecht II B 75 S. 20.
[4] Die Landesjustizverwaltungen haben Merk-
blätter entwickelt, die auch von den Polizei-

behörden benutzt werden können; s. *Böttcher*
JR **1987** 134.
[5] Vgl. BTDrucks. **10** 6124, S. 16; *Rieß/Hilger*
NStZ **1987** 156.
[6] *Rieß/Hilger* NStZ **1987** 156; **a. A** *Pagenkopf*
Das Deutsche Bundesrecht II B 75 S. 20.

SECHSTES BUCH

Besondere Arten des Verfahrens

Vorbemerkungen

Übersicht

A. Überblick über die besonderen Verfahrensarten

Das Sechste Buch umfaßt die Abschnitte 1: Verfahren bei Strafbefehlen, 2: Siche- **1**
rungsverfahren, 3: Verfahren bei Einziehungen und Vermögensbeschlagnahmen und
4: Verfahren bei Festsetzung von Geldbuße gegen juristische Personen und Personenvereinigungen.

I. Die einzelnen Verfahren

Das **Gemeinsame** dieser vier Verfahren, das es rechtfertigt, sie als „besondere" **2**
Verfahrensarten aus dem allgemeinen Verfahren herauszuheben, besteht nicht darin,

Karl Heinz Gössel

daß hier für bestimmte Fälle Modifikationen vorgesehen wären wie etwa beim beschleunigten Verfahren (§§ 212 ff), sondern beruht auf grundsätzlichen Abweichungen von dem allgemeinen Verfahren. So weicht das **Strafbefehlsverfahren** von dem die Strafprozeßordnung beherrschenden Grundsatz, daß die Entscheidung über Schuld und Strafe nur aufgrund einer Hauptverhandlung erfolgt, dadurch ab, daß die Entscheidung im schriftlichen Verfahren ergeht und daß diese Entscheidung nicht einem mit Devolutionseffekt ausgestatteten Rechtsmittel unterliegt, sondern dem Rechtsbehelf des Einspruchs, der zur Nachholung der vorher unterbliebenen Hauptverhandlung führt. Das Wesen des **Sicherungsverfahrens** besteht darin, daß nicht, wie sonst im gerichtlichen Verfahren, eine Entscheidung über Schuld und Strafe wegen schuldhafter Verletzung eines Strafgesetzes getroffen, sondern über die Notwendigkeit einer Vorbeugungsmaßnahme **selbständig** entschieden wird, wenn ein subjektives Strafverfahren wegen Schuldunfähigkeit oder Verhandlungsunfähigkeit des Täters nicht durchgeführt wird. Der **Dritte Abschnitt** regelt verschiedene Bereiche. Einziehung, Verfall, Vernichtung und ähnliche Nebenfolgen (§ 442 StPO) werden grundsätzlich im Verfahren gegen einen bestimmten Beschuldigten und in Verbindung mit einer Entscheidung über die gegen ihn erhobene Beschuldigung angeordnet; die §§ 430 ff regeln die Frage, ob und inwieweit in einem solchen subjektiven Verfahren, in dem über die Einziehung eines Gegenstandes usw. zu entscheiden ist, dritte unbeteiligte Personen, die also nicht Beschuldigte sind, mit prozessualen Befugnissen zu beteiligen sind, wenn nach den materiell-rechtlichen Vorschriften über die Voraussetzungen der Einziehung (§§ 74 ff StGB) etc. und ihre Wirkungen (§ 74 e StGB) in ihre Rechte eingegriffen werden kann (**Einziehungs- oder Nebenbeteiligte**). Nach allgemeiner Einführung des Instituts des Verfalls für das gesamte Strafrecht enthält die Stellung des Dritten, gegen den sich der Verfall nach §§ 73 Abs. 3, 73 a StGB richtet (des **Verfallsbeteiligten**), Besonderheiten gegenüber derjenigen des Einziehungsbeteiligten, denen § 442 Abs. 2 Rechnung trägt. § 440 regelt den Fall, daß nach den Vorschriften des materiellen Rechts die Einziehung usw. eines Gegenstandes als selbständige Maßnahme auch **außerhalb** eines **subjektiven Strafverfahrens**, also ohne gleichzeitige Verurteilung eines Tatbeteiligten, angeordnet werden kann. Eine Vorbeugungsmaßnahme ist schließlich auch die in § 443 vorgesehene Vermögensbeschlagnahme, die bei bestimmten, gegen Staat oder Verfassung gerichteten Straftaten dem Beschuldigten während des gegen ihn anhängigen Verfahrens die Verfügung über sein Vermögen entziehen soll, um eine weitere Verwendung zu gesetzwidrigen Zwecken zu verhindern. Der 4. Abschnitt (§ 444) endlich bringt die verfahrensrechtliche Ergänzung des § 30 OWiG; vgl. dazu § 407, 36.

3   Auch bei den besonderen Verfahrensarten finden die **allgemeinen** Verfahrensvorschriften Anwendung, soweit ihre Anwendbarkeit nicht durch ausdrückliche Vorschriften oder durch Sinn und Zweck des besonderen Verfahrens ausgeschlossen ist.

II. Aufgehobene frühere besondere Verfahrensarten

4   Als weitere Verfahrensart kannte das **frühere Recht** das **Verwaltungsstrafverfahren,** dessen Wesen darin bestand, daß Verwaltungsbehörden die Befugnis übertragen war, bei leichteren Straftaten (Vergehen und Übertretungen) die Strafe durch Verwaltungsakt (Strafverfügung, Strafbescheid) „vorläufig" in der Weise festzusetzen, daß der Beschuldigte durch Einspruch oder Antrag auf gerichtliche Entscheidung die Entscheidung des Strafrichters herbeiführen konnte. Das Schicksal des in dieser Form nicht mehr bestehenden Verfahrens ist in der Einleitung Kap. 3 102 ff dargestellt.

5   Durch das VereinhG war (§ 413 a. F) als Ersatz für die frühere polizeiliche Strafverfügung die **amtsrichterliche Strafverfügung** geschaffen worden, wonach der Richter beim Amtsgericht auf Antrag der Polizeibehörde und ohne Mitwirkung der Staatsanwaltschaft Übertretungen durch Strafverfügung ahnden konnte; der Einspruch des Beschuldigten gegen die Strafverfügung hatte die gleiche Wirkung wie der Einspruch gegen einen Strafbefehl. Mit der Beseitigung der Übertretungen ab 1. 1. 1975 wurde das Institut der amtsrichterlichen Strafverfügung gegenstandslos und § 413 a. F durch Art. 21 Nr. 107 EGStGB 1974 aufgehoben.

III. Andere Verfahren

Keine besondere Verfahrensart ist dagegen das **Adhäsionsverfahren** (§§ 403 ff), **6** das die Verlagerung eines Zivilrechtsstreits in den Strafprozeß zum Gegenstand hat und nur in Verbindung mit einem Strafverfahren nach den allgemeinen Vorschriften möglich ist. Keine besondere Verfahrensart ist auch das **Bußgeldverfahren** nach dem OWiG, denn hier handelt es sich nicht um die Entscheidung über Kriminalschuld und -strafe oder sonstige aus der Verwirklichung eines Strafrechtstatbestandes sich ergebende Folgen (vgl. Einl. Kap. **3** 93 ff).

IV. Landesgesetzgebung

Wegen der Befugnisse der Landesgesetzgebung s. § 3 Abs. 2, 3 EGStPO.   **7**

B. Das Strafbefehlsverfahren
I. Praktische Bedeutung und Reform

Im Jahre 1972 ging der **Prozentsatz** der durch rechtskräftigen **Strafbefehl** abge- **8** schlossenen amtsgerichtlichen Strafverfahren, der in der Zeit von 1930 bis 1935 bei über 65 % lag, auf 43,9 % und über 28,0 % im Jahre 1981[1] auf 28,8 % im Jahre 1984 zurück. Entsprechend sank die **Antragsquote** der Staatsanwaltschaft von 52,3 % im Jahre 1973 über 41,9 % im Jahre 1981 auf 43,5 % im Jahre 1984[2], während gleichzeitig die Quote der durchgeführten **Einspruchsverfahren** von 14,8 % (bezogen auf die Gesamtzahl der erlassenen Strafbefehle) im Jahre 1981 auf 21,8 %[3] (nahezu ebenso im Jahre 1984[4]) anstieg. Über die Gründe für diesen Rückgang der Bedeutung des Strafbefehlsverfahrens lassen sich derzeit noch keine gesicherten empirischen Aussagen machen; *vermutet* werden Auswirkungen anderer vereinfachender Verfahren z. B. nach § 153 a, aber auch die gestiegene Einspruchsquote als Grund des Rückgangs der Antragsquote der Staatsanwaltschaft, weil nach Nr. 175 Abs. 3 der RiStBV die Staatsanwaltschaft gehalten war (s. dazu Rdn. 9), bei einem zu erwartenden Einspruch von einem Antrag auf Erlaß eines Strafbefehls abzusehen[5].

Eine grundlegende **Reform** des Strafbefehlsverfahrens wurde zuletzt im Rahmen **9** einer Neuregelung des gesamten Rechtsmittelsystems im Strafverfahren erstrebt[6], nach deren Scheitern[7] sich der Gesetzgeber wenigstens zu einer Verbesserung der Effektivität des wegen seiner erheblichen Entlastungswirkung nach wie vor für dringend erforderlich gehaltenen Strafbefehlsverfahrens[8] durch das StVÄG 1987 hat durchringen kön-

---

[1] Amtl. Begründung BTDrucks. **10** 1313, S. 13.
[2] *Rieß/Hilger* NStZ **1987** 204 Fußn. 259.
[3] BTDrucks. **10** 1313, S. 13.
[4] *Rieß/Hilger* NStZ **1987** 204 Fußn. 259.

[5] BTDrucks. **10** 1313, S. 13.
[6] Vgl. dazu LR-*Schäfer*[23] Einl. Kap. **5** 117.
[7] Vgl. dazu Einl. Kap. **5** 87 f.
[8] BTDrucks. **10** 1313, S. 13.

Karl Heinz Gössel

nen, wobei indessen zusätzlich einige bisher offene Streitfragen geklärt wurden. Mit der Neufassung des § 407 ist der grundsätzliche Vorrang des Strafbefehlsverfahrens in geeigneten Fällen normiert[9] und zugleich Nr. 175 Abs. 3 der RiStBV (Rdn. 8) obsolet geworden, wodurch eine Vermehrung der Strafbefehlsverfahren ebenso erreicht werden soll wie durch die neuartige Möglichkeit, vom Normalverfahren bei fehlender Anwesenheit des Angeklagten oder bei Vorliegen eines anderen der Durchführung einer Hauptverhandlung entgegenstehenden wichtigen Grundes in das Strafbefehlsverfahren überzugehen (§ 408 a). Zur Steigerung der Effektivität des Strafbefehlsverfahrens dient auch die nunmehr geschaffene Möglichkeit, den Einspruch auf bestimmte Beschwerdepunkte zu beschränken (§ 410 Abs. 2). Technische Verbesserungen bringt die Neufassung des § 408 durch eine ausdrückliche Regelung der richterlichen Entscheidungsmöglichkeiten und auch die Neufassung des § 411 Abs. 1 durch gesetzliche Regelung des Verfahrens bei unzulässigem Einspruch. Von besonderer Bedeutung endlich ist die gesetzliche Gleichstellung der Rechtskraft des Strafbefehls mit der eines Urteils in § 410 Abs. 3 in Vbdg. mit § 373 a, mit der der Rechtsprechung von der beschränkten Rechtskraft des Strafbefehls die Grundlage entzogen wird (s. dazu § 410, 21 f). Zu erwähnen bleibt die Verlängerung der Einspruchsfrist auf 2 Wochen durch § 410 Abs. 1, mit der zwar auch Wiedereinsetzungsverfahren vermieden, aber mindestens ebenso sehr den Interessen des Beschuldigten besser als bisher Rechnung getragen werden soll: Abwesenheit aus beruflichen Gründen oder wegen Urlaubs[10] und auch die Verschlechterung der Briefpostzustellung führen nicht selten dazu, daß die Beschuldigten erst nach Ablauf der früheren Wochenfrist vom Strafbefehl Kenntnis erhalten.

II. Wesen

10   Die übliche Wendung, das Strafbefehlsverfahren bezwecke eine „summarische Erledigung", ist geeignet, den Blick dafür zu verdunkeln, daß das „Summarische" an dem Verfahren lediglich in dem Versuch, eine **Hauptverhandlung zu ersparen**, und der damit verbundenen Notwendigkeit besteht, sich mit einer auf beschränkter Grundlage gewonnenen Überzeugung zu begnügen. Das führt einmal zu erheblicher Kritik (Rdn. 12) am Strafbefehlsverfahren, aber auch zu Auffassungen, die das Wesen dieses Verfahrens verkennen (Rdn. 13 ff).

11   **1. Grundlage und Wesen des Strafbefehls.** Mit Strafbefehl können die in § 407 Abs. 2 erwähnten Rechtsfolgen — jedenfalls gemäß den heute maßgeblichen Rechtsanschauungen — nach rechtsstaatlichen Grundsätzen nur verhängt werden, wenn der Richter — wenn auch nur auf der Grundlage der in einem schriftlichen Verfahren bestehenden und gegenüber einer durchgeführten Hauptverhandlung notwendigerweise beschränkten Erkenntnismöglichkeiten — die **Überzeugung** gewonnen hat, daß der Beschuldigte sich strafbar gemacht hat und die von der Staatsanwaltschaft beantragte Strafe eine angemessene und ausreichende Sanktion darstellt[11]. Wenn sich der Strafbefehl vom Urteil auch dadurch unterscheidet, daß er auf weniger zuverlässigen Erkenntnisquellen beruht, so kommt ihm doch **urteilsgleiche Bedeutung** zu[12] (nicht aber die Wirkung eines Eröffnungsbeschlusses, s. § 408, 39). Maßgebend dafür ist die Überle-

---

[9] *Rieß/Hilger* NStZ **1987** 204.

[10] BTDrucks. **10** 1313, S. 37.

[11] OLG Celle NJW **1987** 746; KMR-*Müller* § 408, 8 f; *Gössel* § 42 A; *Henkel* 402; *Lüttger* GA **1957** 108; *Meurer* JuS **1987** 885; *Rieß* JR

1988 133 f; *Rieß/Hilger* NStZ **1987** 204 Fußn. 261; s. ferner Einl. Kap. 7 5 und Kap. **13** 48.

[12] Amtl. Begründung zur Neufassung des § 373 a; s. BTDrucks. **10** 1313, S. 33.

gung, daß der Strafbefehl „seinem **Inhalt** nach ein auf Strafe lautendes, Tenor und Gründe enthaltendes Urteil" darstellt[13]. Das wurde dadurch verdeutlicht, daß das StPÄG 1964 dem Beschuldigten im Ermittlungsverfahren vor Beantragung des Strafbefehls förmliche Verteidigungsmöglichkeiten zugesprochen hat, nämlich in Form der obligatorischen Vernehmung oder wenigstens der Pflicht, dem Beschuldigten Gelegenheit zu schriftlicher Äußerung zu geben (§ 163 a StPO), verbunden mit dem Recht des Beschuldigten, die Aufnahme von Beweisen zu seiner Entlastung zu beantragen (§ 163 a Abs. 2), und in Form des Akteneinsichtsrechts des Verteidigers (§ 147 Abs. 5 StPO). Noch deutlicher ergibt sich dies aus der Neufassung des § 407 Abs. 1: hieraus folgt, daß strafrechtliche Sanktionen im Strafbefehlsverfahren ausnahmsweise **schriftlich** ohne Durchführung einer Hauptverhandlung festgesetzt werden können: von einem Verzicht auf die üblichen Grundlagen der in freier Beweiswürdigung gebildeten rechtlichen **Überzeugung** (§ 261) von der Täterschaft des Angeschuldigten hinsichtlich der durch den Strafbefehlsantrag von der Staatsanwaltschaft angeklagten (§ 407 Abs. 1 Satz 4) Tat (§ 264) ist nirgendwo die Rede[14]. Aus dieser Natur des Strafverfahrens folgt, daß es nur angewendet werden darf, wenn die schriftlichen Unterlagen für die Schuldfeststellung, die rechtliche Beurteilung und die Strafzumessung ausreichen[15].

Die mit dem Strafbefehlsverfahren bezweckte Verkürzung des Strafverfahrens **12** durch Verzicht auf eine Hauptverhandlung begegnet grundsätzlicher **Kritik.** Einerseits wird der **Einwand** erhoben, es könne die Rechtsstellung des Beschuldigten verkürzen, indem Strafen vorschnell und ohne hinreichendes rechtliches Gehör festgesetzt würden, die Betroffenen sich aber aus den verschiedensten Gründen nicht zur Wehr setzten[16]. Andererseits wird aber auch eine Beeinträchtigung der Belange der Strafrechtspflege befürchtet, weil die Gefahr bestehe, daß, um eine Sache zwecks Arbeitsersparnis durch Strafbefehl abtun zu können, die Strafe absichtlich zu niedrig bemessen werde, um den Beschuldigten von einem Einspruch abzuhalten[17]. Solche Einwendungen lassen sich nicht einfach bei Wahrunterstellung mit der pragmatischen Überlegung abtun, man werde ihnen „die Berechtigung nicht völlig absprechen können", aber aus praktischen Gründen sei das Strafbefehlsverfahren unverzichtbar[18]. Mißgriffe der Strafverfolgungsorgane mögen freilich — hier wie überall — gelegentlich vorkommen, aber es geht nicht an, sie und eine mangelnde Abwehrbereitschaft des zu Unrecht Betroffenen als **spezifische** Mängel des Strafbefehlsverfahrens zu charakterisieren, die im Interesse einer Entlastung der Strafjustiz bei „Bagatellfällen" hinzunehmen seien, damit sie sich um so intensiver mit der mittleren und schwereren Kriminalität befassen könne. Eine solche Auffassung verkennt das Wesen des summarischen Verfahrens. Bei richtiger

---

[13] *Kern* Strafverfahrensrecht[8] 286.
[14] Vgl. den zutr. Hinweis von *Rieß* JR **1988** 134 f.
[15] KMR-*Müller* § 408, 9; *Eser* JZ **1966** 660; *Koffka* JR **1969** 431; amtl. Begründung zur Änderung des § 407, BTDrucks. **10** 1313, S. 35.
[16] Vgl. den von solchen Voraussetzungen ausgehenden Vorschlag von *Hass* NJW **1972** 1223.
[17] Vgl. *Roxin*[20] § 66 A II, auch *Peters* Der neue Strafprozeß (1975) 22; *Sessar* ZStW **87** (1975) 1034 hinsichtlich von Vermutungen, „daß sich der Staatsanwalt gerne auf einen

Handel: Geständnis gegen Strafbefehl" statt Klage einläßt; s. auch *Eser* JZ **1966** 666. In diese Richtung zielen auch neuartige Vorschläge über „Verständigung" oder „Vergleich" im Strafverfahren (s. dazu z. B. *Dahs* NStZ **1988** 153), die indes dem grundsätzlichen Einwand begegnen, dem „cleveren" Verteidiger einen Vorteil zu verschaffen und damit zur Ungleichbehandlung und Benachteiligung derjenigen Beschuldigten beizutragen, die sich solche Verteidiger finanziell nicht leisten können.
[18] *Roxin*[20] § 66 A II.

Karl Heinz Gössel

Würdigung des Wesens des Strafbefehls darf er nicht als eine billige Art von „Versuchsballon" benutzt werden, die Akten möglichst vom Tisch zu bekommen. Zudem hat das Strafbefehlsverfahren keinesfalls nur Bagatellsachen zum Gegenstand: durch Strafbefehl kann Geldstrafe von mindestens fünf bis zu 360 und bei Gesamtstrafenbildung sogar bis zu 720 Tagessätzen festgesetzt werden, an deren Stelle bei Uneinbringlichkeit Ersatzfreiheitsstrafe von fünf bis zu 360 (720) Tagen tritt (§§ 40, 43, 54 Abs. 2 StGB). Aber auch etwa die Entziehung der Fahrerlaubnis mit einer Sperre von mindestens sechs Monaten (§ 69 a StGB) bis zu zwei Jahren kann einen tiefgreifenden Eingriff bedeuten.

13   **2. Andere Auffassungen vom Wesen des Strafbefehlsverfahrens.** Zu gänzlich anderen Auffassungen über das Wesen des Strafbefehlsverfahrens gelangt, wer annimmt, daß eine die Festsetzung von Rechtsfolgen der Tat rechtfertigende richterliche Überzeugung — gewissermaßen mit begrifflicher Notwendigkeit — nur durch eine Beweisaufnahme in Form einer Hauptverhandlung gewonnen werden könne. Von hier aus ist es nicht mehr möglich, die richterliche Überzeugung von der Schuld des Angeschuldigten und von der Angemessenheit der je verhängten Rechtsfolge zur Grundlage des Strafbefehls zu machen, so daß versucht wird, den Strafbefehl als **Schuldfiktion, quasivertragliche Regelung** (u. Rdn. 18) oder als **Unterwerfungsangebot** (u. Rdn. 21) zu verstehen.

14   **a) Bedeutung der Hauptverhandlung.** Dem ist zunächst entgegenzuhalten, daß das Gesetz schon in §§ 407 ff, aber auch in anderen Vorschriften den Ausgangspunkt solcher Auffassungen nicht teilt, daß nur die Durchführung einer **Hauptverhandlung Grundlage** einer strafrechtliche Sanktionen rechtfertigenden **richterlichen Überzeugung** sein könne — allerdings entsprach dies dem Standpunkt des älteren Verfahrensrechts; er gilt auch heute noch bei Straftaten von Gewicht. Der massenhafte Anstieg der Kleinkriminalität in neuerer Zeit (wobei etwa an Verkehrszuwiderhandlungen und Diebstahl in Selbstbedienungsläden zu denken ist) ließ dem Gesetzgeber aber gar keine andere Wahl, als in diesem Bereich auf die Hauptverhandlung als primäre Regelform der Erkenntnisgewinnung zu verzichten, wenn er nicht entweder den Strengbeweis bei der Hauptverhandlung oder in immer weiterem Umfang das Legalitätsprinzip preisgeben wollte. Deshalb geht das heutige Verfahrensrecht davon aus, daß in Fällen von geringerer Bedeutung die richterliche Überzeugung auch im schriftlichen Verfahren gewonnen werden könne, gibt dann allerdings in der Regel dem Beteiligten das Recht, eine Hauptverhandlung zu verlangen (Ausnahme: § 460, wonach die Festsetzung einer Gesamtstrafe ohne mündliche Verhandlung erfolgt).

15   **aa)** Solche Vorschriften finden sich z. B. in §§ 437 Abs. 4; 438 Abs. 2; 441 Abs. 2, 3; 442; 444 Abs. 2, 3. In diesem Bereich sieht also die Strafprozeßordnung im Beschlußverfahren in seiner Kombination mit einer fakultativen Hauptverhandlung einen gleichwertigen Ersatz für die obligatorische Hauptverhandlung. Eine **andere Ausprägung dieses Prinzips** besteht bei der vorläufigen **Einstellung** unter Auflagen und Weisungen. Die Auferlegung einer „Sanktion" durch gerichtlichen Beschluß aufgrund der Akten kann der Angeklagte dadurch ausschließen, daß er durch Verweigerung seiner Zustimmung die Hauptverhandlung erzwingt (§ 153 a Abs. 2). Vor allem aber die Umgestaltung der früheren Übertretungen (namentlich der Verkehrsübertretungen) in **Ordnungswidrigkeiten mit strafähnlichen Sanktionen** ermöglicht es, in weiterem Umfang eine (obligatorische) Hauptverhandlung zu erübrigen. Auch bei Einspruch gegen den Bußgeldbescheid der Verwaltungsbehörde kann der Strafrichter durch Beschluß entscheiden, wenn er in den vorliegenden Unterlagen eine genügende Grundlage für seine Entscheidung sieht und die Beteiligten (Betroffener und Staatsanwaltschaft) diesem Verfahren nicht widersprechen, wobei der Nichtwiderspruch darin besteht, daß sie sich auf entsprechenden Hinweis des Gerichts nicht geäußert haben[19]; andernfalls muß er aufgrund einer Hauptverhandlung entscheiden (§ 72 OWiG). Er darf also im Beschlußverfahren auch bei Nichtwiderspruch der Beteiligten eine Geldbuße nur festsetzen, wenn ihm eine Hauptverhandlung entbehrlich erscheint, weil schon die schriftlichen Unterlagen ihm die Überzeugung von der Schuld des Betroffenen vermitteln, wenn er aus den Ermittlungen der Verwaltungsbehörde die Überzeugung gewonnen hat, daß der Betroffene den objektiven und subjektiven Tatbestand einer Ordnungswidrigkeit verwirklicht hat und die festgesetzte Geldbuße schuldangemessen ist. Trägt er aber Bedenken, lediglich auf Grund schriftlicher Unterlagen zu entscheiden, so muß er mündliche Verhandlung anberaumen.

bb) Nicht anders liegt es im **Strafbefehlsverfahren:** reichen dem Strafrichter die **16** schriftlichen Unterlagen, die die Staatsanwaltschaft mit dem Strafbefehlsantrag überreicht, nicht aus, die Schuld und Strafwürdigkeit in Übereinstimmung mit der Staatsanwaltschaft zu bejahen, so kann er die Staatsanwaltschaft um ergänzende Ermittlungen bitten (§ 408, 19 und 46). Versagt sich die Staatsanwaltschaft einem solchen Ersuchen oder scheint dem Strafrichter eine genügende Aufklärung auf diesem Weg nicht erfolgversprechend, so bringt er gemäß § 408 Abs. 3 Satz 2 die Sache zur Hauptverhandlung (vor dem Strafrichter oder dem Schöffengericht) und ebenso findet Hauptverhandlung statt, wenn nach dem Erlaß des Strafbefehls der Angeklagte durch Einlegung des Einspruchs eine solche begehrt. Die Abweichung von den vorerwähnten Fällen besteht nur darin, daß der Beschuldigte die Hauptverhandlung nicht von vornherein, sondern erst nach Erlaß des Strafbefehls verlangen kann.

b) Kritische Übersicht über die hier zurückgewiesenen Auffassungen. Im übrigen **17** kann aber auch den auf der o. Rdn. 13 dargelegten Grundlage aufruhenden Theorien **nicht gefolgt** werden.

aa) Das gilt zunächst für die **Vertrags- oder Fiktionstheorie.** Bei den Erörterun- **18** gen über das Wesen des Strafbefehlsverfahrens finden sich, namentlich im älteren Schrifttum, häufig genug Auffassungen, die im Grunde darauf hinauslaufen, das Strafbefehlsverfahren entspreche etwa dem Mahnverfahren des Zivilprozesses. So vertrat *H. Mayer*[20] in Übereinstimmung mit *Oetker*[21] die Ansicht, das Strafbefehlsverfahren sei überhaupt kein Strafprozeß, weil es an Parteien fehle und es nicht auf die Feststellung des wirklichen Bestehens eines staatlichen Strafanspruchs gerichtet sei; danach ist das Strafbefehlsverfahren nur der „Versuch, einen Vollstreckungstitel außerhalb des Prozesses zu erlassen". Zum Erlaß des Strafbefehls soll genügen, daß dem Richter die tatsächlichen Behauptungen der Staatsanwaltschaft glaubhaft erscheinen. Nach *Beling*[22] läuft das Strafbefehlsverfahren auf vertragsähnliche (zweiseitig-rechtsgeschäftliche) Abmachung der Angelegenheit hinaus (durch Unterlassung des Einspruchs des Beschuldigten); zum Erlaß des Strafbefehls soll dringender Tatverdacht ausreichen[23]. In Anm. 8 der 19. Aufl. dieses Werkes wurde der Gedanke einer Fiktion der Schuld und der Berechtigung der Strafe, wenn der Beschuldigte den Strafbefehl hinnimmt, vertreten. „Der Richter verhängt hier eine kriminelle Strafe, ohne sich zuvor auf Grund einer Hauptverhandlung von der Schuld des Beschuldigten überzeugt und ohne ihn über die Beschuldigung gehört zu haben. Andererseits aber steht dem Beschuldigten das Recht zu, den Strafbefehl durch einfachen Einspruch außer Wirksamkeit zu setzen und hier-

[19] BGHSt **24** 15.
[20] *H. Mayer* GerS **99** (1930) 65.
[21] *Oetker* FS Dernburg 120.

[22] Lb. 472.
[23] S. 474 Anm. 2.

Karl Heinz Gössel

durch die mündliche Verhandlung und die Erlassung eines Urteils herbeizuführen; unterläßt er die Erhebung des Einspruchs, so greift die Annahme Platz, daß er wirklich schuldig und die Strafe mit Recht verhängt sei; die hierin liegende Abweichung von den allgemeinen Grundsätzen findet ihre Rechtfertigung in der Geringfügigkeit derjenigen Delikte, bei denen das hier geregelte Verfahren anwendbar ist (*Lucas* DStRZ 5 5)." Nach *Eb. Schmidt*[24] ist der Strafbefehl eine Sachentscheidung mit einer Straffestsetzung ohne Schuldspruch; der Strafbefehl stelle nicht die Schuld fest, sondern erkläre nur, daß der Beschuldigte einer bestimmten Tat „beschuldigt" werde; mit dieser „Straffestsetzung" sei überhaupt noch keine „Bestrafung" erfolgt[25], obwohl doch die „Straffestsetzung" nach altem Recht immerhin die Wirkung eines rechtskräftigen Urteils erlangen konnte (§ 410). Ebensogut könnte behauptet werden, auch der Strafausspruch eines Urteils stelle, solange es anfechtbar ist, noch keine „Bestrafung" dar[26].

19   **bb)** Ebensowenig kann den **modernen Fiktionstheorien** des Bundesverfassungsgerichts und im Schrifttum gefolgt werden. Nach einer früheren Entscheidung des BVerfG stellt der Richter im Strafbefehl nicht die strafrechtliche **Schuld** fest, sondern **unterstellt** sie entsprechend den Behauptungen der Staatsanwaltschaft im Strafbefehl als wahr: „Der Strafbefehl besagt... lediglich, daß durch den im Strafbefehlsantrag behaupteten und vom Richter mangels eigener Feststellungen als wahr unterstellten Tatbestand das angegebene Strafgesetz verletzt und daher die festgesetzte Strafe gerechtfertigt ist"[27]. Die Staatsanwaltschaft behauptet, und der Richter unterstellt als wahr: daß das nicht richtig ist, erweist schon § 408 Abs. 2, demzufolge der Strafrichter das Bestehen eines hinreichenden Tatverdachts nachzuprüfen verpflichtet ist[28]. Indessen darf sich der Strafrichter mit dieser Prüfung bloß bei *Verneinung* des hinreichenden Tatverdachts begnügen, der zur Ablehnung des Strafbefehlsantrags verpflichtet, nicht aber bei dessen *Bejahung*: für diesen Fall muß der Strafrichter weiter prüfen, ob dem Erlaß des Strafbefehls nicht etwa sonstige Bedenken entgegenstehen, wie § 408 Abs. 3 unmißverständlich verlangt. Bestehen solche Bedenken, stehen dem Strafrichter die Entscheidungsmöglichkeiten des Abs. 3 Satz 1 und 2 zur Verfügung[29] — zum Erlaß des Strafbefehls ist er nur verpflichtet, bestehen keine derartigen Bedenken; darüber hinaus läßt sich die These von der richterlichen Wahrunterstellung einer von der Staatsanwaltschaft aufgestellten Behauptung mit der ganz herrschenden Meinung nicht vereinbaren, die den Strafrichter zu einzelnen Beweiserhebungen über das Bestehen eines hinreichenden Tatverdachts in entsprechender Anwendung des § 202 für berechtigt hält[30].

20   Diese rechtliche Regelung aber erlaubt es ebensowenig, bloß die **Bejahung** eines **hinreichenden Tatverdachts** für den Erlaß eines Strafbefehls ausreichen zu lassen[31]: mit Recht hat bereits *Rieß* darauf hingewiesen, daß diesem Umkehrschluß aus § 408 Abs. 2 Satz 1 die Regelung des § 408 Abs. 3 über das weitere Verfahren bei Bejahung eines hinreichenden Tatverdachts ebenso entgegensteht wie der Wille des Gesetzgebers[32] — daß die hier in Übereinstimmung mit der Vorauflage[33] vertretene Auffassung durch die Neufassung des § 408 „rechtlich unhaltbar" geworden sei[34], kann demnach nicht zuge-

---

[24] § 409, 1; JR **1962** 469.
[25] *Eb. Schmidt* Nachtr. I § 409, 3.
[26] S. dazu auch *Eser* JZ 1966 665.
[27] BVerfGE **3** 248, 254.
[28] Zur alten Rechtslage galt Entsprechendes, vgl. LR-*Schäfer*[23] § 407, 61.
[29] Zutr. *Rieß* JR **1988** 133.
[30] Vgl. z. B. KK-*Meyer-Goßner*[2] § 408, 4; *Kleinknecht/Meyer*[38] § 408, 7.

[31] So aber KK-*Meyer-Goßner*[2] § 408, 16; *Kleinknecht/Meyer*[38] § 408, 7.
[32] JR **1988** 133 f.
[33] LR-*Schäfer*[23] § 407, 56 ff; s. ferner *Gössel* § 42 A.
[34] So die Behauptung von *Kleinknecht/Meyer*[38] Vor § 407, 1.

geben werden[35]. Im übrigen ist es „im modernen Strafrecht selbstverständlich, daß...
dem Täter Tat und Schuld nachgewiesen werden müssen"[36], wird doch das Schuldprin-
zip als Verfassungsgrundsatz angesehen[37]. Auch würde die Auffassung des Strafbefehlsverfahrens als eines Verfahrens, bei dem der Richter keine eigene Tatsachen- und
Schuldfeststellung trifft, bedeuten, daß es — im Widerspruch zu Art. 6 MRK — kein
Verfahren wäre, in dem über die Stichhaltigkeit der gegen den Beschuldigten erhobenen strafrechtlichen Anklage entschieden wird[38]. Ein Strafbefehl darf daher nicht lauten: „Die Staatsanwaltschaft beschuldigt Sie... Bei Zugrundelegung dieses Vorwurfs
wird gegen Sie eine Geldstrafe... festgesetzt"; vielmehr muß der Richter die von ihm
als erwiesen angesehenen Tatsachen in die Form einer eigenen Feststellung kleiden
(„Sie haben...").

cc) Gerade die zuletzt angesprochenen verfassungsrechtlichen Gesichtspunkte **21**
und die Bedeutung des **Schuldprinzips** lassen erkennen, daß die Fiktionstheorien auch
in ihrer modernen Ausformung darauf beruhen, daß sie, ausgehend von der Rdn. 13 erwähnten Bedeutung der Hauptverhandlung, den Grundgedanken des Strafbefehlsverfahrens in der Selbstunterwerfung des Beschuldigten sehen, die darin bestehe, daß der
Beschuldigte nach Erlaß des Strafbefehls sich entscheiden müsse, ob er sich dem Spruch
unterwerfen wolle[39]. Gerade diese Auffassung aber ist mit den heutigen Vorstellungen
von einer rechtsstaatlichen Anforderungen entsprechenden Strafrechtspflege nicht in
Einklang zu bringen; sie erscheint darüber hinaus auch insoweit wenig überzeugend,
weil dann auch der Grundgedanke jeder Hauptverhandlung, die mit einem anfechtbaren Urteil schließt, die Selbstunterwerfung des Angeklagten wäre, der über die Anfechtung oder „Selbstunterwerfung" befinden muß.

III. Wirkungen des Strafbefehlsantrags

1. Rechtshängigkeit und Anhängigkeit. Wie im ordentlichen Verfahren mit der **22**
Klageerhebung das Verfahren bei Gericht mit der Folge des Übergangs der Verfahrens-
herrschaft auf das Gericht anhängig wird, so wird durch den Eingang des Strafbefehls-
antrags bei Gericht, mit dem nach § 407 Abs. 1 die öffentliche Klage erhoben wird, das
Verfahren bei Gericht **anhängig** (§ 151, 12), jedoch mit der Folge, daß die Staatsanwalt-
schaft wegen der Tat nicht anderweitig Anklage erheben kann und umgekehrt, daß der
Antrag nicht zulässig ist, wenn die Klage bereits in anderer Weise erhoben war und das
Gericht daraufhin das Hauptverfahren eröffnet[40] oder den Strafbefehl erlassen hatte.
Nach überwiegender Meinung tritt **Rechtshängigkeit** des Verfahrens mit Erlaß des
Strafbefehls ein[41]; weil unter Rechtshängigkeit der Zeitpunkt zu verstehen ist, zu dem
„die Klage nicht mehr frei zurückgenommen" und dem Gericht auch auf diese Weise
die Verfahrensherrschaft nicht mehr entzogen werden kann[42], erscheint die Festlegung
des Zeitpunktes der Rechtshängigkeit im Hinblick auf die erweiterte Rücknahmemöglichkeit des § 411 Abs. 3 Satz 1 zwar fragwürdig, jedoch ist der h. L. zu folgen, weil der
Eintritt der Rechtshängigkeit bei Erlaß des Strafbefehls einheitlich zu beurteilen ist und
nicht davon abhängig gemacht werden kann, ob Einspruch eingelegt wird oder nicht
(Näheres unten § 411, 38 f).

---

[35] Wie hier schon zutr. *Rieß* JR **1988** 133.
[36] BVerfG DVBl. **1959** 362.
[37] Vgl. BVerfGE **20** 323; *Maurach/Zipf*[7] § 10
Rdn. 3.
[38] *Vogler* ZStW **82** (1970) 767.

[39] So früher ausdrücklich *Kleinknecht* Vor
§ 407, 4.
[40] *Feibelmann* LZ **12** 897.
[41] KK-*Meyer-Goßner*[2] Vor § 407, 5; *Klein-
knecht/Meyer*[38] Vor § 407, 3.
[42] § 151, 13; s. ferner *Gössel* § 10 E IV.

Karl Heinz Gössel

23   **2. Wirkungen von Rechtshängigkeit und Anhängigkeit im Strafbefehlsverfahren.** Ist die Sache bereits **anderweitig anhängig**, aber mangels Erlasses eines Strafbefehls oder eines Eröffnungsbeschlusses noch nicht rechtshängig geworden, so wirkt der Strafrichter darauf hin, daß die Staatsanwaltschaft in einem der beiden anhängig gemachten Verfahren die Klage zurücknimmt. Weil erst die Rechtshängigkeit der Staatsanwaltschaft die Verfügungsbefugnis über ihre Klage entzieht, kann in diesem Stadium nicht etwa nach § 12 verfahren werden (§ 12, 11), und, weil bloße Anhängigkeit noch kein Prozeßhindernis darstellt, ebensowenig nach § 206 a. Sobald in einem der beiden anhängigen Verfahren Strafbefehl oder Eröffnungsbeschluß erlassen wird, ist in dem jeweils **anderen Verfahren** wegen des nunmehr eingetretenen Verfahrenshindernisses der **Rechtshängigkeit** und der damit wegfallenden Verurteilungswahrscheinlichkeit und also des hinreichenden Tatverdachts (§ 203, 9) der Erlaß des Strafbefehls nach § 408 Abs. 2 Satz 1 abzulehnen (§ 206 a, 8), oder, im normalen Strafverfahren, Nichteröffnungsbeschluß zu erlassen, falls nicht die Staatsanwaltschaft zur Rücknahme der Klage veranlaßt werden kann. Für den Fall der umfassenderen Zuständigkeit des Strafrichters im Strafbefehlsverfahren — vgl. § 12, 17 — schlägt LR-*Wendisch* (§ 12, 26) vor, der Strafrichter solle nach Rechtskraft des Strafbefehls oder nach Einlegung des Einspruchs auf die Einstellung des anderen Verfahrens hinwirken — dem kann indes nur für den Fall zugestimmt werden, daß der Strafrichter den Strafbefehl bereits vor dem Eröffnungsbeschluß im anderen Verfahren erlassen hat: ist der Strafbefehl noch nicht erlassen, so zwingt die durch den Eröffnungsbeschluß begründete Rechtshängigkeit den Strafrichter zur Ablehnung des Strafbefehlsantrages wegen Vorliegens eines Prozeßhindernisses. Sind **beide Verfahren rechtshängig** geworden, so ist nach § 12 zu verfahren.

24   Wird versehentlich ein während der Rechtshängigkeit des Strafbefehlsverfahrens auf Anklage betriebenes anderes Verfahren nicht eingestellt, und werden sowohl der Strafbefehl als auch das in dem anderen Verfahren ergangene Urteil rechtskräftig, so steht die **Rechtskraft** der **früheren Entscheidung** der weiteren Durchführung des später ebenfalls rechtskräftig abgeschlossenen Verfahrens entgegen: in diesen Fällen ist das später abgeschlossene Verfahren auf die Wiederaufnahme (§ 359 Nr. 5) wegen des Prozeßhindernisses der Rechtskraft einzustellen (§ 359, 72; Einl. Kap. **12** 59). Daß der Strafbefehl in solchen Verfahren dem auf einer Hauptverhandlung beruhenden und deshalb „höherwertigen" Urteil weichen müsse, läßt sich nach der rechtskraftmäßigen Gleichstellung von Strafbefehl und Urteil durch § 410 Abs. 3 (s. § 410, 21) nicht mehr vertreten[43].

IV. Strafbefehl und besondere Verfahrensgestaltungen

1. Anschluß des Nebenklägers und des Verletzten

25   **a) Anschlußbefugnis des Nebenklägers.** Die frühere Streitfrage, ob die Anschlußbefugnis schon mit der Erhebung der öffentlichen Klage durch den Antrag auf Erlaß eines Strafbefehls beginnt oder erst dann, wenn der Strafbefehl abgelehnt wurde oder gegen den erlassenen Strafbefehl Einspruch eingelegt oder Termin zur Hauptverhandlung eingelegt wurde[44], hat der Gesetzgeber durch die Neufassung des § 395 Abs. 1 Satz 1 aufgrund des 1. StVRG, welcher durch das Opferschutzgesetz vom 18. 12. 1986 (BGBl. I S. 2496) als Satz 2 in § 396 Abs. 1 eingefügt wurde, entschieden[45]. Ein wirksamer Anschluß ist danach möglich, sobald der **Termin zur Hauptverhandlung**, sei es

---

[43] Zutr. *Kleinknecht/Meyer*[38] Vor § 407, 4; im Erg. nichts anderes galt schon zur früheren Rechtslage, s. dazu LR-*Schäfer*[23] § 407, 39.

[44] Vgl. dazu LR-*Schäfer*[23] § 407, 6, 46; s. auch oben § 395, 27 ff.

[45] Zu den Gründen s. § 395, 28 f.

wegen Bedenken i. S. des § 408 Abs. 3, sei es nach Einspruch des Beschuldigten gegen den Strafbefehl (§ 410 Abs. 1), anberaumt oder der Erlaß des Strafbefehls abgelehnt worden ist (§ 408, 24); im letzteren Fall kann der Anschluß zur Einlegung der sofortigen Beschwerde gegen den ablehnenden Beschluß erfolgen (§§ 408 Abs. 2 Satz 2; 210 Abs. 2; 401 Abs. 1 Satz 2), wobei die Beschränkung der Rechtsmittelbefugnis des Nebenklägers gemäß § 401 Abs. 1 auch für die Anfechtung des Strafbefehls gilt: die gesetzgeberischen Gründe für die Beschränkung der Urteilsanfechtung[46] sind auch hier von Bedeutung.

Dabei ist unter **„Anberaumung"** und „Ablehnung" der Zeitpunkt zu verstehen, **26** zu dem die Verfügung (der Beschluß) unterschriftlich vollzogen und in den Geschäftsgang hinausgegeben wird[47], nicht aber der Zeitpunkt der Bekanntgabe nach außen. Eine schon **vor** den vorgenannten Zeitpunkten eingereichte Anschlußerklärung wird wirksam, sobald es zur Terminsanberaumung oder zur Ablehnung des Strafbefehlsantrags gekommen ist; dies folgt aus dem Zusammenhang der Sätze 2 und 3 des Abs. 1 des § 396.

Bleibt dagegen der erlassene **Strafbefehl unangefochten**, so besteht weder eine **27** Einspruchs- noch eine Anschlußmöglichkeit[48]. Wird der — unangefochtene — Strafbefehl rechtskräftig (§ 410 Abs. 3), so besteht keine Möglichkeit des Anschlusses, und eine früher eingereichte Anschlußerklärung wird endgültig wirkungslos; sie braucht nicht beschieden zu werden[49]. Die Hinausschiebung der Wirksamkeit einer Anschlußerklärung bis zu den in § 395 Abs. 4, § 396 Abs. 1 bezeichneten Zeitpunkten hindert übrigens den Verletzten nicht, durch **Anregungen** und Hinweise auf die Entschließungen der Strafverfolgungsorgane einzuwirken, nur stellen solche Maßnahmen keine Prozeßhandlungen dar.

Bei **vorzeitiger Anschlußerklärung** (Rdn. 25) sind sowohl die Ablehnung des Straf- **28** befehlsantrags als auch die Anberaumung einer Hauptverhandlung nach § 408 Abs. 3 auch dem Nebenkläger mitzuteilen — bloße Nebenklageberechtigte müssen nicht unterrichtet werden[50].

b) **Anschluß des Verletzten.** Eine **selbständige Anschlußbefugnis** des Verletzten **29** sieht das Gesetz **nicht** vor. Soweit er jedoch zur **Nebenklage berechtigt** ist, kann er sich in dieser Eigenschaft mit den ergänzenden Rechten (s. dazu Vor § 406 d, 4) aus §§ 406 d ff am Verfahren beteiligen; insoweit gelten die Ausführungen zu Rdn. 25 ff auch hier. Zu beachten ist hier die **Hinweispflicht** gemäß § 406 h insbesondere hinsichtlich der Anschlußbefugnis als Nebenkläger (vgl. dazu § 406 h, 1), die unabhängig davon besteht, ob der Verletzte einen Antrag nach § 406 d Abs. 1 gestellt hat. Die Ablehnung des Strafbefehls allerdings ist dem gemäß §§ 406 h, 406 d Abs. 3 belehrten nebenklageberechtigten Verletzten nur dann **mitzuteilen**, wenn er den Antrag nach § 406 d Abs. 1 auf Mitteilung über den Ausgang des gerichtlichen Verfahrens gestellt hat[51].

c) **Entschädigung des Verletzten.** Eine Entscheidung über die Entschädigung des **30** Verletzten im sog. Adhäsionsverfahren (§§ 403 ff) ist nur **aufgrund** einer **Hauptverhandlung** möglich[52]: im Strafbefehlsverfahren kann das Adhäsionsverfahren also nur dann durchgeführt werden, wenn und sobald es zu einer Hauptverhandlung kommt[53]. Ein vorzeitig gestellter Antrag nach § 403 wird wirksam, sobald es zu einer Hauptverhand-

---

[46] Legitimes Interesse nur an einer Bestrafung, vgl. BTDrucks. 10 5305 S. 15; vgl. auch Nachtr. § 400, 14.

[47] KK-*Meyer-Goßner*[2] § 407, 28; **a. A** LR-*Schäfer*[23] § 407, 47.

[48] *Kleinknecht/Meyer*[38] § 409, 19.

[49] Ebenso KK-*Meyer-Goßner*[2] § 407, 29.

[50] KK-*Meyer-Goßner*[2] § 408, 12.

[51] KK-*Meyer-Goßner*[2] § 408, 12.

[52] BGH NJW **1982** 1047, 1048.

[53] § 403, 15; ebenso KK-*Meyer-Goßner*[2] § 403, 12; KMR-*Müller* § 403, 15.

Karl Heinz Gössel

lung kommt — kommt es dazu nicht, braucht über den Antrag nicht entschieden zu werden, weil er keine Wirksamkeit erlangte (§ 403, 15).

2. Verfahren gegen abwesende und ausgebliebene Beschuldigte

31   a) **Begriffsbestimmungen.** Die StPO unterscheidet das Verfahren gegen **Abwesende** von einem Verfahren gegen den **ausgebliebenen** oder sonst **nicht anwesenden** Angeklagten[54]. **Abwesend** ist nach § 276 nur derjenige Beschuldigte, dessen Aufenthalt *unbekannt* ist oder der sich im *Ausland* aufhält *und* dessen Gestellung vor das zuständige Gericht nicht ausführbar oder nicht angemessen erscheint. Gegen einen Abwesenden kann nur ein Beweissicherungsverfahren nach §§ 285 ff durchgeführt werden, nicht aber — so ausdrücklich § 285 Abs. 1 Satz 1 — eine Hauptverhandlung. § 285 Abs. 1 Satz 1 wird auch nicht etwa durch §§ 232 bis 234 eingeschränkt: diese Vorschriften gelten nur für den ausgebliebenen oder nicht anwesenden Angeklagten, nicht aber für den abwesenden i. S. des § 276[55]. Daß damit der flüchtig gewordene Angeklagte gegenüber dem eigenmächtig ausgebliebenen besser gestellt wird, ist *Gollwitzer* zwar im Hinblick auf § 232 (nicht aber bei der Entbindung vom Erscheinen auf Antrag nach § 233) zuzugeben (§ 285, 2), entspricht aber der mit der Abschaffung des Kontumazialverfahrens geschaffenen Rechtslage[56] — lediglich § 329 wird durch das Verbot des § 285 Abs. 1 Satz 1 deshalb nicht berührt, weil diese für das Verfahren im ersten Rechtszug geltende Vorschrift im Rechtsmittelverfahren nicht anwendbar ist[57].

32   b) **Folgerungen für das Strafbefehlsverfahren gegen Abwesende.** Hält sich der Beschuldigte im **Ausland** (nicht nur vorübergehend) auf und ist sein Aufenthalt bekannt, so kann ohne weiteres ein Strafbefehl mit dem Inhalt des § 407 Abs. 2 gegen ihn erlassen werden, wenn seine Vernehmung im Ermittlungsverfahren (§ 163 a Abs. 1; unten § 407, 59) und die Zustellung des Strafbefehls, wenn auch nur im Wege der internationalen Rechtshilfe, oder an einen Zustellungsbevollmächtigten (§§ 116 a Abs. 3; 127 a Abs. 2; 132 Abs. 1 Satz 1 Nr. 2; 145 a Abs. 1) möglich ist[58].

33   aa) Das gilt freilich nur, wenn der Beschuldigte entweder **nicht abwesend** i. S. des § 276 ist oder das **Hauptverhandlungsverbot** sonst **beachtet** wird, wenn also zu erwarten ist, daß der Beschuldigte sich mit dem Strafbefehl abfindet (eine Hauptverhandlung, deren Durchführung nach § 285 Abs. 1 Satz 1 verboten wäre, findet nicht statt; im übrigen steht der Beschuldigte auch in diesem Fall — gestellungsgleich — der inländischen Gerichtsbarkeit zur Verfügung) oder im Falle des Einspruchs selbst erscheint. Legt er Einspruch ein, ohne in der Hauptverhandlung anwesend zu sein, ist nach § 205 zu verfahren: nach den obigen Darlegungen zu Rdn. 31 ist in diesem Falle die Gestellung des Angeklagten vor das zuständige Gericht nicht erzwingbar (was freibeweislich zu klären ist) und der Angeklagte folglich Abwesender i. S. des § 276. Eine Hauptverhandlung erster Instanz, wozu, was schon aus § 411 Abs. 3 Satz 1 folgt, auch die Verhandlung auf

---

[54] KMR-*Müller* § 276, 2; *Roxin*[20] § 42 F II; oben § 276, 3; vgl. auch § 230, 3 f.

[55] So zutr. BGH NJW **1957** 472 (in BGHSt 7 62 insoweit nicht mit abgedruckt), KMR-*Müller* § 276, 2; *Kaiser* JW **1964** 1553; *Neu* NJW **1964** 2334; **a.** A LR-*Gollwitzer* § 285, 2; KK-*Engelhardt*[2] § 285, 6; wohl auch *Kleinknecht/Meyer*[38] § 285, 2, der indes vom *ausgebliebenen* Angeklagten und gerade nicht vom abwesenden spricht; differenzierend –

§ 233 gilt auch für den abwesenden Angeklagten, nicht aber § 232 – *Schlüchter* 781; *Oppe* NJW **1966** 2237, 2240.

[56] Vgl. dazu auch *Rieß* JZ **1975** 268.

[57] KG NJW **1969** 475.

[58] LG Verden NJW **1974** 2194; KK-*Meyer-Goßner*[2] § 407, 35; *Kleinknecht/Meyer*[38] § 407, 4; *Oppe* NJW **1966** 2237, 2240; ZRP **1972** 56; *Rieß* JZ **1975** 268.

Einspruch gegen einen Strafbefehl gehört, darf aber gegen einen Abwesenden nicht stattfinden[59] und ebensowenig eine Entscheidung nach § 412, auch nicht unter den Voraussetzungen der §§ 232, 233, 234[60] und unabhängig von einer Vertretung durch einen Verteidiger (§§ 234, 411 Abs. 2), die schließlich nur innerhalb einer Hauptverhandlung möglich ist, die aber wegen § 285 Abs. 1 Satz 1 nicht durchgeführt werden darf: mit der Möglichkeit zur Durchführung einer Hauptverhandlung entfällt zugleich die darauf bezogene Vertretungsmöglichkeit; die von § 408 a vorgesehene Möglichkeit, gegen einen Abwesenden i. S. des § 276 vom Normalverfahren ins Strafbefehlsverfahren überzugehen, ändert daran nichts (Näheres s. § 408 a, 13).

bb) Ist der Beschuldigte **abwesend** i. S. des § 276, so ist eine Bestrafung durch **34** Strafbefehl nicht zulässig. Solange nach früherem Recht ein auf Geldstrafe lautendes „Abwesenheitsurteil" (§ 282 a a. F.) möglich war, mochte die Frage diskutabel sein, ob nicht in gleicher Weise wie durch Urteil die Tat durch Strafbefehl geahndet werden könne. Mit der Beseitigung des Abwesenheitsurteils durch das EGStGB 1974 ist dieses Problem gegenstandslos geworden. Jetzt könnte sich nur noch fragen, ob es zulässig sei, gegen einen Beschuldigten, der erst nach seiner Vernehmung oder sonstiger Gehörsgewährung im Ermittlungsverfahren (§ 163 a Abs. 1) als abwesend i. S. des § 276 gilt, ein Strafbefehl erlassen werden kann, der dann öffentlich zuzustellen wäre. Eine öffentliche Zustellung nach § 40 durch zweiwöchige Anheftung an der Gerichtstafel — wie sie gegenüber einem Einziehungsbeteiligten nach § 435 Abs. 1 zur Gewährung des rechtlichen Gehörs ausreicht — genügen zu lassen[61], stößt aber auf das Bedenken, daß es mit Art. 103 Abs. 1 GG nicht vereinbar ist, wenn Strafe gegen einen Beschuldigten rechtskräftig festgesetzt wird, obwohl es bei dieser Art der Bekanntmachung so gut wie ausgeschlossen ist, daß er überhaupt davon erfährt. Aus solchen Erwägungen hatten schon frühere Entwürfe — § 412 Abs. 3 Entw. 1920; Art. 70 Nr. 223 Entw. EGStGB 1930, § 394 Abs. 3 S. 4 Entw. 1939 — die öffentliche Zustellung des Strafbefehls schlechthin ausdrücklich für unzulässig erklären wollen[62]. In Übereinstimmung mit der schon im älteren Schrifttum vertretenen Auffassung[63] ist danach davon auszugehen, daß gegen Abwesende ein Strafbefehl unstatthaft ist. Nach Nr. 175 Abs. 2 RiStBV soll der Erlaß eines Strafbefehls nur beantragt werden, wenn der Aufenthalt des Beschuldigten bekannt ist, so daß ihm in der regelmäßigen Form zugestellt werden kann; andernfalls ist das Verfahren vorläufig einzustellen, oder, wenn sich die Abwesenheit erst nach dem Strafbefehlsantrag herausstellt, bei dem Strafrichter die vorläufige Einstellung nach § 205 StPO zu beantragen.

cc) Eine **Abhilfe** gegenüber den in Rdn. 32, 33 aufgezeigten Schwierigkeiten, die **35** insbesondere bei durchreisenden ausländischen „Verkehrssündern" auftreten können, ermöglichen in den Fällen, in denen nur eine Geldsanktion mit Nebenfolgen in Betracht kommt, §§ 127 a, 132[64].

c) Gegen **verhaftete oder vorläufig festgenommene Personen** ist ein Strafbefehl **36** ohne weiteres zulässig; einen Antrag, dies als unzulässig auszuschließen, hatte die RTK

---

[59] *Schlüchter* 781; *Neu* NJW **1964** 2334; a. A aber LR-*Gollwitzer* § 285, 2; KK-*Meyer-Goßner*[2] § 407, 35; *Kleinknecht/Meyer*[38] § 285, 1; *Kaiser* NJW **1964** 1553, 1555; *Oppe* NJW **1966** 2237, 2240.
[60] A. A LG Verden NJW **1974** 2194; KK-*Meyer-Goßner*[2] § 407, 35.

[61] So LG München I MDR **1981** 71; *Schmid* MDR **1978** 98; LR-*Wendisch* § 40, 1.
[62] Wie hier auch LG Kiel SchlHA **1982** 76; LG Köln MDR **1982** 601; KMR-*Müller* 12; *Kleinknecht/Meyer*[38] § 407, 7 und § 409, 21.
[63] *Stenglein* 2; *Schorn* Verfahren 31.
[64] S. dazu *Dünnebier* NJW **1968** 1752.

Karl Heinz Gössel

abgelehnt[65]. Jedoch ist zu prüfen, ob nicht das beschleunigte Verfahren nach § 212 eine raschere Erledigung ermöglicht (Nr. 175 Abs. 4 RiStBV).

3. Verfahren gegen Jugendliche und Heranwachsende

37   **a) Anwendung von Jugendstrafrecht.** Bei Jugendlichen und Heranwachsenden, sofern Jugendstrafrecht anzuwenden ist, ist nach §§ 79, 104, 109 JGG der Erlaß eines **Strafbefehls ausgeschlossen**, weil das Strafbefehlsverfahren eine ausreichende jugendgemäße Behandlung nicht ermöglicht; an die Stelle des Strafbefehlsverfahrens tritt in gewissem Umfang gegen Jugendliche das vereinfachte Jugendverfahren (§§ 76 bis 78 JGG), gegen Jugendliche und Heranwachsende das formlose Erziehungsverfahren (§§ 45, 109 Abs. 2 JGG). Maßgebend für die Unzulässigkeit des Strafbefehls ist das Alter des Beschuldigten zur Zeit der Tat, nicht etwa das zur Zeit des Antrages oder Erlasses eines Strafbefehls (§ 1 Abs. 2 JGG). Wird unter **Verstoß** gegen §§ 79, 104 JGG gegen einen Jugendlichen oder dem Jugendstrafrecht unterliegenden Heranwachsenden ein Strafbefehl erlassen, so wird das weitere Verfahren dadurch nicht etwa unzulässig[66]. Wird der Strafbefehl aber infolge Unterlassung eines rechtzeitigen Einspruchs unanfechtbar, so ist er auch materiell rechtskräftig; die auf seltenste Ausnahmefälle beschränkte Nichtigkeit eines formell rechtskräftigen Strafbefehls (§ 408, 41) kommt hier nicht in Betracht[67]. Daß in derartigen Fällen von der Vollstreckbarkeit nach § 458 Abs. 1 abgesehen werden könne[68], erscheint fragwürdig[69].

38   **b) Verfahren gegen Heranwachsende.** Bei Heranwachsenden, auf die Jugendstrafrecht keine Anwendung findet, ist zwar der Erlaß eines Strafbefehls (durch den Jugendrichter, §§ 33, 107 JGG) zulässig; gleichwohl ist hier insgesamt bei der Anwendung des Strafbefehlsverfahrens Zurückhaltung geboten[70].

39   **aa)** Zunächst ist zu beachten, daß der Staatsanwalt gegen einen **Heranwachsenden** einen Strafbefehl nur beantragen darf, wenn er aufgrund eingehender Ermittlungen (§§ 43, 38 Abs. 3, §§ 109 Abs. 1, 107 JGG) zu dem Ergebnis gekommen ist, daß das **allgemeine Strafrecht** anzuwenden ist (Nr. 2 der Richtlinien zu § 109). Bei diesen Ermittlungen ist auch die Jugendgerichtshilfe zu beteiligen (§ 38 Abs. 3 JGG). In gleicher Weise wie bei Erwachsenen (Rdn. 11) darf der Richter einen Strafbefehl nur erlassen, wenn er aufgrund der Vorermittlungen, gegebenenfalls nach deren Ergänzung[71], die **Überzeugung** erlangt hat, daß die Voraussetzungen für die Anwendung des Erwachsenenstrafrechts vorliegen[72]. Er darf keinesfalls gegen den Heranwachsenden Erwachsenenstrafe in der Erwartung festsetzen, daß dieser schon Einspruch einlegen werde, wenn er sich ungerecht behandelt fühle[73]. Auch wo danach die Anwendung von Erwachsenenstrafrecht unbedenklich erscheint, wird bei erheblicherer Bedeutung der Bestrafung (so, wenn die Verurteilung das Fortkommen des Heranwachsenden zu beeinträchtigen geeignet ist) die Staatsanwaltschaft vom Antrag auf Strafbefehl zweckmäßigerweise absehen[74].

---

[65] Prot. S. 1058 ff.
[66] BayObLG NJW **1957** 838; KK-*Meyer-Goßner*[2] § 407, 26; *Kleinknecht/Meyer*[38] § 407, 3.
[67] BayObLG NJW **1957** 838; *Schorn* Verfahren 40; vgl. auch Einl. Kap. **16** 19 ff.
[68] So KK-*Meyer-Goßner*[2] § 407, 27.
[69] Vgl. dazu u. § 458, 12, 14, ferner KK-*Chlosta*[2] § 458, 12 ff, 15 f.

[70] KK-*Meyer-Goßner*[2] § 407, 24; *Dallinger/Lackner* § 109, 32 bis 38.
[71] Vgl. *Dallinger/Lackner* § 109, 32.
[72] OLG Hamburg NJW **1963** 67.
[73] *Dallinger/Lackner* § 109, 32 mit weit. Nachw.
[74] *Dallinger/Lackner* § 109, 33.

bb) Eine **Abgabe des Verfahrens** durch den mit dem Strafbefehlsantrag angegan- **40** genen Jugendrichter an das Jugendgericht des Aufenthaltsorts gemäß § 42 Abs. 3 JGG kommt erst nach Beginn der auf rechtzeitigen Einspruch hin anberaumten Hauptverhandlung in Betracht, da in die Rechte der Staatsanwaltschaft (Wahl des Gerichtsstands, Rücknahme) nicht eingegriffen werden soll[75]. Ist der Strafbefehl gegen den Heranwachsenden versehentlich beim Erwachsenengericht beantragt und von diesem erlassen worden, so kann dieses nach Einspruch das Verfahren unter Beachtung des § 269 an den Jugendrichter abgeben[76]. Nach der nunmehrigen Rechtsprechung[77] ist das versehentliche Eindringen in den Geschäftsbereich des Jugendgerichts nicht unter dem Gesichtspunkt des Verfahrenshindernisses der sachlichen Unzuständigkeit, sondern nur unter dem des Übergriffs in den Geschäftsbereich einer anderen Gerichtsabteilung gleichen Ranges zu werten[78].

4. Strafbefehl bei Ordnungswidrigkeiten

a) Tateinheit von Straftat und Ordnungswidrigkeit. Im Strafverfahren ist die **41** Staatsanwaltschaft für die Verfolgung der Tat auch unter dem rechtlichen Gesichtspunkt einer Ordnungswidrigkeit zuständig (§ 40 OWiG), und das Gericht beurteilt die in der Anklage bezeichnete Tat zugleich unter dem rechtlichen Gesichtspunkt einer Ordnungswidrigkeit (§ 82 OWiG). Ist eine Handlung gleichzeitig Straftat und Ordnungswidrigkeit (Tateinheit), so wird nach § 21 OWiG nur das Strafgesetz angewendet; die Ordnungswidrigkeit tritt dann in dem Tenor der gerichtlichen Entscheidung nicht in Erscheinung, kann aber u. U. bei der Strafzumessung eine Rolle spielen[79]. Jedoch kann auf Nebenfolgen der Ordnungswidrigkeit erkannt werden (§ 21 Abs. 1 Satz 2 OWiG); es ist also auch möglich, auf Antrag der Staatsanwaltschaft in einem Strafbefehl neben Strafe und Nebenfolge einer Straftat die Nebenfolgen einer durch die Straftat verdrängten Ordnungswidrigkeit festzusetzen[80].

b) Zusammenhang von Straftat und Ordnungswidrigkeit. Nach § 42 OWiG kann **42** ferner die Staatsanwaltschaft die **Verfolgung einer Ordnungswidrigkeit übernehmen**, die mit einer verfolgten Straftat zusammenhängt. Ein solcher Zusammenhang ist nach § 42 Abs. 1 Satz 2 OWiG gegeben, wenn jemand sowohl einer Straftat als auch einer Ordnungswidrigkeit (persönlicher Zusammenhang), oder wenn hinsichtlich derselben Tat (im verfahrensrechtlichen Sinn des § 264) eine Person einer Straftat und eine andere einer Ordnungswidrigkeit (sachlicher Zusammenhang) beschuldigt wird. Nach § 64 OWiG „erstreckt" die Staatsanwaltschaft, wenn sie in den Fällen des § 42 OWiG wegen der Straftat die öffentliche Klage erhebt, diese auf die Ordnungswidrigkeiten. Öffentliche Klage i. S. des § 64 OWiG ist, wie auch sonst, auch der Antrag auf Erlaß eines Strafbefehls. Die Staatsanwaltschaft beantragt also („erstreckt") in diesen Fällen einen einheitlichen Strafbefehl; bei sachlichem Zusammenhang kann sie beantragen, in einem Strafbefehl gegen den einer Straftat Beschuldigten Strafe und Nebenfolgen der Straftat und gegen den Betroffenen, der einer Ordnungswidrigkeit beschuldigt wird, Geldbuße in bestimmter Höhe und Nebenfolgen der Ordnungswidrigkeit festzusetzen. Es ist jedoch nicht möglich, entgegen Nr. 280 RiStBV gesonderte (gegen A Strafe, gegen B

---

[75] BGHSt **13** 186, 189; KK-*Meyer-Goßner*[2] § 407, 25; vgl. auch § 411, 14 und § 408, 5.

[76] BGHSt **18** 173; KK-*Meyer-Goßner*[2] § 407, 25.

[77] BGHSt **18** 79; BayObLG JR **1975** 202 s. dazu Einl. Kap. **12** 137.

[78] Anders früher BayObLG NJW **1960** 2013; **1961** 1829.

[79] BGHSt **23** 342, 345; *Göhler*[8] § 21, 12.

[80] Nr. 280 RiStBV; *Göhler*[8] § 64, 2.

Karl Heinz Gössel

Geldbuße festsetzende) Strafbefehle zu beantragen und zu erlassen[81], weil auf diese Weise der für die Ahndung im Strafbefehlsverfahren nach § 42 OWiG notwendige Zusammenhang konkludent verneint würde[82].

43   Der **Betroffene, dem nur eine Ordnungswidrigkeit** zur Last gelegt wird, behält trotz Ahndung der Tat durch Strafbefehl zwar die rechtliche Stellung eines „Betroffenen"; er ist nicht „Beschuldigter". Die einheitliche Ahndung von Straftat und Ordnungswidrigkeit hat aber zur Folge, daß die für das Strafbefehlsverfahren geltenden Vorschriften grundsätzlich Anwendung finden. Der Antrag auf Erlaß des Strafbefehls ist also gemäß § 408 auf eine bestimmte Geldbuße und bestimmte, nach dem OWiG zulässige Nebenfolgen zu richten. Legen Beschuldigter und Betroffener Einspruch ein, so findet Hauptverhandlung gemäß § 411 statt, und § 72 OWiG — Möglichkeit der Entscheidung nach Einspruch gegen den Bußgeldbescheid durch Beschluß ohne Hauptverhandlung — ist unanwendbar. Will nur der Betroffene das Urteil anfechten, so kommen nicht die Rechtsmittel der Strafprozeßordnung, sondern nach § 83 Abs. 1 OWiG nur die Rechtsbeschwerde in Betracht[83]. Die verfahrenseinheitliche Behandlung endet, wenn der Gesichtspunkt des sachlichen Zusammenhangs entfällt, also der der Straftat Beschuldigte sich mit dem Strafbefehl abfindet und nur der Betroffene Einspruch gegen die Bußgeldfestsetzung einlegt: dann wird entsprechend dem Rechtsgedanken des § 82 Abs. 2 OWiG das Verfahren als reines Bußgeldverfahren weitergeführt, allerdings mit der aus dem Rechtsgedanken der Art. 317 Abs. 1 Satz 3 EGStGB, Art. 158 Abs. 1 Satz 3 EGOWiG folgenden Maßgabe, daß auch in diesem Fall die Hauptverhandlung obligatorisch, § 72 OWiG also unanwendbar ist[84].

V. Rechtskraft des Strafbefehls

44   Nach der Gleichstellung des unanfechtbar gewordenen Strafbefehls mit dem rechtskräftigen Urteil in § 410 Abs. 3 in Verbdg. mit § 373 a erwächst der Strafbefehl nunmehr auch in unbeschränkte materielle Rechtskraft (Näheres s. § 410, 21).

---

[81] So aber BayObLG JR **1972** 301 mit abl. Anm. *Göhler*; KK-*Meyer-Goßner*[2] § 407, 33; *Friehling* NJW **1969** 1058.

[82] *Göhler*[8] § 64, 2.

[83] BayObLG VRS **46** (1974) 368; KK-*Meyer-Goßner*[2] § 407, 34.

[84] KK-*Meyer-Goßner*[2] § 407, 34; *Göhler*[8] § 64, 3; § 83, 5.

ERSTER ABSCHNITT

Verfahren bei Strafbefehlen

§ 407

(1) [1]Im Verfahren vor dem Strafrichter und im Verfahren, das zur Zuständigkeit des Schöffengerichts gehört, können bei Vergehen auf schriftlichen Antrag der Staatsanwaltschaft die Rechtsfolgen der Tat durch schriftlichen Strafbefehl ohne Hauptverhandlung festgesetzt werden. [2]Die Staatsanwaltschaft stellt diesen Antrag, wenn sie nach dem Ergebnis der Ermittlungen eine Hauptverhandlung nicht für erforderlich erachtet. [3]Der Antrag ist auf bestimmte Rechtsfolgen zu richten. [4]Durch ihn wird die öffentliche Klage erhoben.

(2) Durch Strafbefehl dürfen nur die folgenden Rechtsfolgen der Tat, allein oder nebeneinander, festgesetzt werden:
1. Geldstrafe, Verwarnung mit Strafvorbehalt, Fahrverbot, Verfall, Einziehung, Vernichtung, Unbrauchbarmachung, Bekanntgabe der Verurteilung und Geldbuße gegen eine juristische Person oder Personenvereinigung sowie
2. Entziehung der Fahrerlaubnis, bei der die Sperre nicht mehr als zwei Jahre beträgt.

(3) Der vorherigen Anhörung des Angeschuldigten durch das Gericht (§ 33 Abs. 3) bedarf es nicht.

Schrifttum zum Strafbefehlsverfahren. *Crohne* Vereinfachte Verfahrensarten im Bericht der amtl. Strafprozeßkommission (1938); *Eser* Das rechtliche Gehör im Strafbefehls- und Strafverfügungsverfahren, JZ **1966** 660; *Friedländer* Das Verfahren bei amtsrichterlichen Strafbefehlen, ZStW 18 (1898) 495; *Hass* Die Hauptverhandlung gemäß § 411 StPO und die Frage des Schuldinterlokuts, NJW **1972** 1223; *Hertzsch* Der amtsrichterliche Strafbefehl, Diss. Erlangen 1897; *Kirch* Das Strafbefehlsverfahren nach dem Strafverfahrensänderungsgesetz 1987, Diss. Köln 1987; *Mansperger* Absehen von Strafe auch im Strafbefehlsverfahren?, NStZ **1984** 258; *H. Mayer* Das Strafbefehlsverfahren, GerS 96 (1928) 397; *H. Mayer* Der amtsrichterliche Strafbefehl, GerS 98 (1929) 330, 99 (1930) 36; *Meurer* Der Strafbefehl, JuS **1987** 882; *Rieß* Vereinfachte Verfahrensarten für die kleinere Kriminalität, in: *Schreiber* (Hrsg.) Strafprozeß und Reform (1979), 113; *Rieß* Zweifelsfragen zum neuen Strafbefehlsverfahren, JR **1988** 133; *Rieß/Hilger* Das neue Strafverfahrensrecht, NStZ **1987** 145 ff, 204 ff; *Schorn* Streitfragen im Verfahren bei amtsrichterlichen Strafbefehlen, GA 76 (1932) 199; *Schorn* Das Strafbefehls-und Strafverfügungsverfahren (1962); *Wernicke* Zur Konstruktion des amtsrichterlichen Strafbefehls, Diss. Breslau (1901); s. auch die Schrifttumsangaben zu § 410.

Entstehungsgeschichte. Nach der ursprünglichen Fassung der Vorschrift war ein Strafbefehl nur zulässig bei Übertretungen und den nach § 27 Nr. 2 der damaligen Fassung des GVG zur Zuständigkeit der Schöffengerichte gehörigen leichten Vergehen (nicht z. B. bei Betrug, Diebstahl und Unterschlagung). Das Höchstmaß der durch Straf-

Karl Heinz Gössel

befehl verhängbaren Freiheitsstrafe betrug sechs Wochen, das der Geldstrafe 150 Mark. Die Verhältnisse des ersten Weltkrieges und der Nachkriegszeit (Personalmangel, Anwachsen zeitbedingter Straftaten, Ersparnistendenzen) führten zu erweiterter Zulässigkeit des Strafbefehls (VO vom 4. 6. 1915 [RGBl. 325], VO vom 7. 10. 1915 [RGBl. 631], Ges. vom 21. 10. 1917 [RGBl. 957], Art. I § 8 Abs. 2 der VO vom 27. 11. 1919 [RGBl. 1911], Ges. zur Entlastung der Gerichte vom 11. 3. 1921 Art. III Nr. 7 [RGBl. 231]). Die Emmingerreform 1924 ließ bei Vergehen und Übertretungen Freiheitsstrafe bis zu drei Monaten, Geldstrafe, Einziehung und Bekanntmachung der Entscheidung zu (§ 37 der VO vom 4. 1. 1924 [RGBl. I 26]). In der Folgezeit erhielt Abs. 3 („Die Überweisung des Beschuldigten an die Landespolizeibehörde darf in einem Strafbefehl nicht ausgesprochen werden") durch Art. 2 Ziff. 36 des Ges. vom 24. 11. 1933 (RGBl. I 1000) und § 8 Ziff. 3 des Ges. vom 23. 3. 1934 (RGBl. I 213) den Ausspruch, daß Maßregeln der Sicherung und Besserung in einem Strafbefehl nicht angeordnet werden dürften. Wie während des 1. Weltkrieges, so führte auch der Richtermangel während des 2. Weltkrieges zu erweiterter Zulassung des Strafbefehls (Erhöhung des Höchstmaßes der Freiheitsstrafe auf sechs Monate durch § 23 der VO vom 1. 9. 1939 [RGBl. I 1658], Zulassung des Strafbefehlsverfahrens auch bei Verbrechen durch Art. 3 der VO vom 13. 8. 1942 [RGBl. I 508]). Durch die ZuständigkeitsVO vom 21. 2. 1940 (RGBl. I 405) und die DVO vom 13. 3. 1940 (RGBl. I 480) wurde Abs. 4 (heute Abs. 3) gestrichen. Das VereinhG beseitigte die seit 1939 erfolgten Änderungen und Erweiterungen und erweiterte seinerseits — von lediglich stilistischen Änderungen des Abs. 1 abgesehen — den Abs. 2 dahin, daß außer Einziehung und Urteilsveröffentlichung auch „die Befugnis zur Beseitigung eines gesetzwidrigen Zustandes" neben einer Hauptstrafe festgesetzt werden konnte. Durch Art. 2 Nr. 5 des 2. StraßenVSichG trat an die Stelle der bisherigen Abs. 2, 3 Abs. 2 mit der Zulassung von Fahrverbot und (in beschränktem Umfang) der Entziehung der Fahrerlaubnis; Abs. 4 wurde Abs. 3. Durch Art. 2 Nr. 4 StPÄG 1964 wurde ein Abs. 4 eingefügt; dieser enthielt außer dem damaligen Abs. 4 (damals Satz 3 des Abs. 4) die Sätze 1 und 2: „Der Antrag auf Erlaß eines Strafbefehls steht im Sinne des § 147 Abs. 5 und des § 169 a Abs. 1 der Einreichung einer Anklageschrift gleich. § 169 a Abs. 2 und § 169 b sind nicht anzuwenden." Durch Art. 21 Nr. 104 EGStGB 1974 wurden die Abs. 1, 2 neu gefaßt; in Abs. 3 wurde die Verweisung auf § 25 Nr. 2 c GVG durch eine solche auf § 25 Nr. 3 ersetzt. Durch Art. 2 Nr. 13 des EGOWiG wurden am Ende des bisherigen Abs. 2 Nr. 1 unter Streichung der Worte „Befugnis zur Beseitigung eines gesetzwidrigen Zustandes" die Worte „und Geldbuße gegen eine juristische Person oder Personenvereinigung" angefügt; Art. 1 Nr. 102 des 1. StVRG ersetzte in Abs. 1 und 3 „Amtsrichter" durch „Strafrichter" und strich die bisherigen Sätze 1 und 2 des Abs. 4. Das StVÄG 1979 paßte in Art. 30 Nr. 1 den Wortlaut des § 407 Abs. 1 den Vorschriften an, die für die Verteilung der Zuständigkeit zwischen dem Strafrichter (§ 25 GVG) und dem Schöffengericht (§ 24 GVG) gelten, indem der Erlaß eines Strafbefehls in den Verfahren vor dem Strafrichter und in denen für zulässig erklärt wurde, die zur Zuständigkeit des Schöffengerichts gehören; dem gleichen Ziel diente die gleichzeitige Aufhebung des Abs. 3, die durch die Änderung des § 25 Nr. 3 GVG bedingt war. Damit wurde der frühere Abs. 4 zum Abs. 3, in welchem der Begriff „Beschuldigter" durch Art. 1 Nr. 29 des StVÄG 1987 vom 27. 1. 1987 (BGBl. I S. 475) durch den Begriff „Angeschuldigter" ersetzt wurde. Auch die derzeitige Fassung des Abs. 1 beruht auf dem soeben genannten StVÄG 1987. Der bisherige Abs. 1 ist in Satz 1 unter Ersetzung des Wortes „Strafe" durch „Rechtsfolgen der Tat" und entsprechender sprachlicher Anpassung übernommen worden, während in Satz 2 angeordnet wird, daß die Staatsanwaltschaft den Antrag auf Erlaß eines Strafbefehls „stellt", wenn sie nach dem Ergebnis ihrer Ermittlungen „eine Hauptverhandlung nicht für erforderlich erachtet". Der bisherige

Satz 1 des § 408 Abs. 1 ist aus systematischen Gründen nunmehr als Satz 3 in § 407 Abs. 1 übernommen worden, während Satz 4 gesetzlich klarstellt, daß der Antrag der Staatsanwaltschaft auf Erlaß eines Strafbefehls eine Art der Erhebung der öffentlichen Klage darstellt.

Übersicht

A. Bedeutung der Vorschrift

Durch § 407 wird im wesentlichen der **Anwendungsbereich** des Strafbefehlsverfahrens festgelegt. Einmal wird diese Verfahrensart nach materiell-rechtlichen Kriterien hinsichtlich der Art der Straftaten (nur Vergehen) und deren Rechtsfolgen (die in § 407 Abs. 2 genannten) beschränkt, zum anderen formell-rechtlich auf die Vergehen, zu deren Aburteilung die Amtsgerichte sachlich zuständig sind. **1**

Darüber hinaus hat das StVÄG 1987 vom 27. 1. 1987 (BGBl. I S. 475) **technische 2 Vorschriften** über die Antragstellung der Staatsanwaltschaft (Strafbefehlsverfahren als Regelform innerhalb seines Anwendungsbereichs; Inhalt des Antrags, aus § 408 Abs. 1 Satz 1 in § 407 übernommen) und deren Bedeutung in Abs. 1 aufgenommen und in Abs. 3 wie bisher normiert, daß der Erlaß des Strafbefehls nicht von der vorherigen gerichtlichen **Anhörung** des Beschuldigten abhängig ist.

Karl Heinz Gössel

B. Der Gegenstandsbereich des Strafbefehlsverfahrens

I. Verfolgbare Straftaten

3　　Nach § 407 Abs. 1 Satz 1 können nur Vergehen im Strafbefehlsverfahren geahndet werden, nicht aber Verbrechen. Ob eine Tat als **Vergehen** im Mindestmaß mit einer geringeren als einjährigen Freiheitsstrafe oder mit Geldstrafe bedroht ist (§ 12 Abs. 2 StGB), ist nach der abstrakten Rechtsfolgenandrohung in den einzelnen Tatbeständen zu bestimmen, nicht etwa nach der in concreto verwirkten Strafe, wobei auch Strafandrohungen für besonders schwere oder minderschwere Fälle außer Betracht bleiben (§ 12 Abs. 3); lediglich solche Strafrahmenänderungen, die auf benannten Voraussetzungen mit eigener tatbestandlicher Qualität beruhen, sind zu beachten[1]: deshalb sind Straftaten nach §§ 216, 217 StGB stets Vergehen, ein Totschlag unter den Voraussetzungen der benannten Provokationsprivilegierung in § 213 StGB, die nach h. L keine eigene Tatbestandsqualität besitzt, bleibt dagegen Verbrechen[2].

4　　Das Strafbefehlsverfahren ist darüber hinaus **verfahrensrechtlich beschränkt**: es ist nicht bei jedem Vergehen zulässig, sondern nur bei solchen, zu deren Aburteilung die Amtsgerichte nach §§ 24, 25 GVG zuständig sind (§ 407 Abs. 1 Satz 1).

II. Rechtsfolgen

1. Übersicht

5　　**a) Zulässige Rechtsfolgen.** Als **primäre Rechtsfolgen** dürfen im Strafbefehlsverfahren nur *Geldstrafe* und *Verwarnung mit Strafvorbehalt* im subjektiven Strafverfahren (s. dazu Vor § 430, 1) und die seit der Neufassung des § 30 OWiG durch das 2. WiKG vom 15. 5. 1987 nunmehr selbständige *Verbandsgeldbuße* im Verfahren nach § 444 (vgl. § 444, 2) festgesetzt werden. Von den **sekundären** Rechtsfolgen, deren Verhängung vom Ausspruch primärer Rechtsfolgen abhängig ist, können die Nebenstrafe des *Fahrverbots* und die Nebenfolge der *Verurteilungsbekanntgabe*[3] im Strafbefehlsverfahren angeordnet werden und endlich von den grundsätzlich sowohl als primäre als auch sekundäre Rechtsfolgen möglichen Maßnahmen der *Verfall*, die *Einziehung*, *Unbrauchbarmachung* und der *Entzug der Fahrerlaubnis*[4] mit einer Sperrfrist bis zu höchstens 2 Jahren, jedoch nur als sekundäre Rechtsfolgen, weil das Strafbefehlsverfahren ein subjektives Verfahren ist (unten Rdn. 8 und 12).

6　　**b) Unzulässige Rechtsfolgen.** § 407 Abs. 2 enthält eine **abschließende Aufzählung** („dürfen nur") der Rechtsfolgen der Tat, die durch Strafbefehl festgesetzt werden können.

7　　Abweichend vom früheren Recht (vor dem 1. 1. 1975) ist nunmehr die Verhängung **primärer Freiheitsstrafe** (bis zu drei Monaten) ausgeschlossen. Dies beruht (wie auch beim Wegfall der Freiheitsstrafe, die § 232 a. F zuließ) auf der Erwägung, daß nach § 47 Abs. 1 StGB eine Freiheitsstrafe unter sechs Monaten nur verhängt werden kann, wenn **besondere Umstände**, die in der Tat oder der Persönlichkeit des Täters liegen, dies unerläßlich machen, daß aber das Gericht die in der Persönlichkeit des Beschuldigten

---

[1] Vgl. dazu *Maurach/Zipf*[7] § 13, 22 ff; *Gössel* Strafrecht Besonderer Teil 1987, Einführung Rdn. 17, 19 ff.

[2] Näheres *Gössel* aaO § 1, 6 ff.

[3] Die Rechtsnatur dieser Rechtsfolge wird kontrovers beurteilt. Näheres s. LK-*Tröndle* Vor § 38, 38.

[4] Zu deren Rechtsnatur s. LK-*Tröndle* Vor § 38, 50 ff.

begründeten Umstände in aller Regel nur aufgrund des persönlichen Eindrucks vom Angeklagten in der Hauptverhandlung beurteilen könne[5].

Durch Strafbefehl dürfen ferner z. B. nicht ausgesprochen werden freiheitsentzie- **8** hende **Maßregeln** der Besserung und Sicherung, die Führungsaufsicht, ein Berufsverbot (§70 StGB), die Entziehung des Jagdscheins oder ein Verbot der Jagdausübung (§§ 41, **41 a Bundesjagdgesetz**), ein Verbot des Haltens von Tieren wegen Tierquälerei (§ 20 **TierschG**), auch nicht die in **§ 442 Abs. 1** der Einziehung verfahrensrechtlich gleichgestellte Beseitigung eines gesetzwidrigen Zustandes, wohl aber die der Einziehung zugehörende Einziehung des Wertersatzes nach **§ 74 c StGB**.

Das gilt auch für die Rechtsfolge des **Absehens von Strafe** nach §60 StGB: in sol- **9** chen Fällen kann die Staatsanwaltschaft schon nach § 153 b verfahren[6]. *Mansperger* hat zwar unter berechtigtem Hinweis darauf, daß die Natur des Strafbefehlsverfahrens der Verhängung der mildestmöglichen Rechtsfolge nicht entgegensteht, dafür plädiert, auch diese Rechtsfolge im Strafbefehlsverfahren verhängen zu können, um auf diese Weise die bei der Einstellung ausscheidende Entziehung der Fahrerlaubnis zu ermöglichen und zudem dem Betroffenen etwa entstandene Kosten auferlegen zu können[7]. Dieser Vorschlag erscheint zwar de lege ferenda bedenkenswert, dürfte sich aber mit der Entscheidung des Gesetzgebers nicht vereinbaren lassen, auch mit der Neufassung des Strafbefehlsverfahrens durch das StVÄG 1987 von der Aufnahme der Rechtsfolge des §60 StGB in den Katalog des § 407 Abs. 2 abzusehen[8].

Die **Entschädigung des Verletzten** kann zwar nicht im Strafbefehl festgesetzt wer- **10** den, weil nach § 406 Abs. 1 über diesen Anspruch nur aufgrund einer Hauptverhandlung entschieden werden kann[9]; indessen kann über einen dahingehenden Antrag des Verletzten[10] entschieden werden, wenn es zu einer Hauptverhandlung kommt (Vor § 407, 30).

Über Erweiterungen des Inhalts des Strafbefehls, die sich aus dem **OWiG** erge- **11** ben, vgl. im Zusammenhang oben Vor § 407, 41 ff.

c) Kumulation zulässiger Rechtsfolgen. Nach § 407 Abs. 2 können die in dieser **12** Vorschrift zugelassenen Rechtsfolgen allein oder nebeneinander festgesetzt werden. Mit der Einfügung der Worte „allein oder nebeneinander" durch das 2. StraßenVSichG war vorzugsweise beabsichtigt, in bejahendem Sinn die durch den früheren Wortlaut des § 407 hervorgerufene Streitfrage zu klären, ob im Strafbefehl neben der damals zulässigen Freiheitsstrafe bis zu drei Monaten zugleich Geldstrafe in den Fällen festgesetzt werden könne, in denen das Gesetz für dieselbe Tat neben einer Freiheitsstrafe eine Geldstrafe zuläßt oder vorschreibt. Dagegen war und ist es nicht der Sinn dieser Wendung, daß grundsätzlich Nebenfolgen allein ohne Verbindung mit einer Hauptstrafe, also selbständig, festgesetzt werden dürften, denn das Strafbefehlsverfahren ist ein subjektives Strafverfahren[11]. Eine selbständige Einziehung, die nach §76 a StGB voraussetzt, daß keine bestimmte Person verfolgt oder verurteilt werden kann, kann also nicht durch

---

[5] Begründung des Entw. des EGStGB 1974, BTDrucks. 7 550 zu Art. 19 Nr. 58.

[6] KK-*Meyer-Goßner*² 14; *Kleinknecht/Meyer*³⁸ 10; *Schlüchter* 787.3 Fußn. 3 c.

[7] NStZ **1984** 258.

[8] Wie hier auch KK-*Meyer-Goßner*² 14; *Kleinknecht/Meyer*³⁸ 10.

[9] BGH NJW **1982** 1047, 1048; Näheres § 403, 15 f.

[10] Der Antrag kann auch schon vor Anbe-

raumung einer Hauptverhandlung in zulässiger Weise gestellt werden (zutr. § 403, 15; a. A OLG Tübingen GA **1953** 159); jedoch braucht darüber nicht entschieden zu werden, wenn der Antrag mangels Durchführung einer Hauptverhandlung gegenstandslos wird, s. § 403, 16.

[11] KK-*Meyer-Goßner*² 19; *Kleinknecht/Meyer*³⁸ 21.

Karl Heinz Gössel

Strafbefehl angeordnet werden; das selbständige Einziehungsverfahren richtet sich vielmehr nach §§ 440, 441. **Entziehung der Fahrerlaubnis** kann zwar nach § 69 StGB auch dann ausgesprochen werden, wenn der Täter nur deshalb nicht zu einer Strafe verurteilt wird, weil seine Schuldunfähigkeit erwiesen oder nicht auszuschließen ist; die selbständige Anordnung der Entziehung (§ 71 Abs. 2 StGB) kann aber nicht durch Strafbefehl, sondern nur im Sicherungsverfahren (§ 413) erfolgen[12]. Ebenso kann das **Fahrverbot** als Nebenstrafe nur neben einer Hauptstrafe festgesetzt werden. Im übrigen können mehrere Rechtsfolgen der in § 407 genannten Art **nebeneinander** — also kumuliert — für dieselbe Tat nur insoweit festgesetzt werden, als das materielle Recht dies vorsieht (dazu unten Rdn. 22 und 25 ff).

2. Die Geldstrafe

13   **a) Anwendungsbereich.** Geldstrafe wegen Vergehens kann durch Strafbefehl nicht nur festgesetzt werden, wenn die Geldstrafe in der Strafvorschrift wahlweise neben Freiheitsstrafe angedroht ist, sondern auch dann, wenn die **Strafdrohung** nur auf Freiheitsstrafe lautet, aber gemäß §§ 47 Abs. 2, 49 Abs. 2 StGB auf Geldstrafe erkannt werden kann[13]; entscheidend ist also die im Einzelfall konkret festgesetzte Strafe.

14   Die **Höchstgeldstrafe**, die durch Strafbefehl festgesetzt werden kann, beträgt grundsätzlich 360 volle Tagessätze (§ 40 Abs. 1 StGB), bei einer Gesamtstrafe 720 Tagessätze (§§ 53 Abs. 1, 54 Abs. 2 StGB). Diese Höchstgrenze kann in den Fällen nicht ausgenutzt werden, in denen das materielle Recht eine niedrigere Höchstgrenze festsetzt, so z. B. 180 Tagessätze in § 184 a StGB und im Nebenstrafrecht bei bestimmten Fahrlässigkeitstaten, z. B. gemäß § 21 Abs. 3 des Gesetzes über die Verbreitung jugendgefährdender Schriften oder § 38 Abs. 2 des Bundesjagdgesetzes. Weitere Begrenzungen ergeben sich aus den obligatorischen Milderungsgründen des allgemeinen Teils des StGB (§§ 27, 28, 35 Abs. 2, 111 Abs. 2). Bei Verhängung von Verwarnung mit Strafvorbehalt kann nur eine Geldstrafe bis zu 180 Tagessätzen bestimmt werden (§ 59 StGB).

15   **b) Ersatzfreiheitsstrafe.** An die Stelle einer uneinbringlichen Geldstrafe tritt kraft Gesetzes (§ 43 StGB) und unbeschadet der vollstreckungsrechtlichen Vorschriften in § 459 ff, Art. 293 EGStGB Ersatzfreiheitsstrafe, wobei einem Tagessatz ein Tag Freiheitsstrafe entspricht (dazu Rdn. 16). Kann auch Freiheitsstrafe als primäre Rechtsfolge im Strafbefehlsverfahren nicht verhängt werden, so steht dies doch der Vollstreckung der Ersatzfreiheitsstrafe nicht entgegen[14]; auf diese Weise kann **mittelbar** auch das Strafbefehlsverfahren zu **Freiheitsstrafe** führen.

16   **aa)** Ein gewisses **Spannungsverhältnis** ist dabei dadurch entstanden, daß § 407 auf der einen Seite die Festsetzung primärer Freiheitsstrafe gänzlich ausschließt, auf der anderen Seite aber die Ausschöpfung der Geldstrafe bis zum gesetzlichen Höchstmaß von grundsätzlich 360 Tagessätzen, bei Gesamtstrafenbildung sogar bis zu 720 Tagessätzen, Freiheitsentzug aufgrund der **Ersatzfreiheitsstrafe** bis zu fast **zwei Jahren** zuläßt. Bedenkt man, daß nach **§ 47 StGB** kurze Freiheitsstrafen unter sechs Monaten regelmäßig vermieden und durch Geldstrafen ersetzt werden sollen, so spricht viel dafür, im Strafbefehlsverfahren die Geldstrafe im Hinblick auf die mögliche Ersatzfreiheitsstrafe nicht bis zu den Höchstgrenzen des materiellen Rechts von 360 oder 720 Tagessätzen zuzulassen, sondern unter Berücksichtigung des Umrechnungsmaßstabes des § 43 StGB nur bis zu **180 Tagessätzen** (s. auch Rdn. 15) — dies umso mehr, als auch das Verfahrens-

---

[12] KK-*Meyer-Goßner*[2] 19; *Kleinknecht/Meyer*[38] 21.

[13] KK-*Meyer-Goßner*[2] 10; *Kleinknecht/Meyer*[38] 10.

[14] KK-*Meyer-Goßner*[2] 11; *Schlüchter* 787.4.

recht diese Grenze im Verfahren gemäß § 232 kennt, in dem zwar aufgrund einer Hauptverhandlung, aber doch, insoweit dem Strafbefehlsverfahren vergleichbar, gegen den nichtanwesenden Angeklagten nur eine Höchststrafe von 180 Tagessätzen Geldstrafe zulässig ist. So ist es verständlich, wenn der im Jahre 1972 vorgelegte Entw. eines EGStGB vorschlug, auch im Strafbefehlsverfahren die Höchststrafe auf 180 Tagessätze Geldstrafe festzusetzen[15].

17   Um den Anwendungsbereich des Strafbefehlsverfahrens aber nicht zu sehr einzuengen, ist der Gesetzgeber dem jedoch nicht gefolgt. Dies läßt sich einmal dadurch rechtfertigen, daß im Verfahren gegen den von der Verpflichtung zur Anwesenheit in der Hauptverhandlung nach § 233 entbundenen Angeklagten trotz der auch hier vorgesehenen Höchstgrenze von 180 Tagessätzen bei der Geldstrafe immerhin die Verhängung einer Freiheitsstrafe von bis zu 6 Monaten zulässig ist, womit dem Argument aus § 47 StGB und aus § 232 schon einiges an Durchschlagskraft genommen wird. Hinzu kommt, daß der Gesetzgeber die Vollstreckung der Ersatzfreiheitsstrafe im Hinblick auf § 42 StGB; §§ 459 a; 459 c Abs. 2; 459 f StPO wohl selbst nur als Ausnahme und im wesentlichen als psychischen Druck zur Zahlung der Geldstrafe ansieht. Entscheidend für die Zulassung der Geldstrafe unter voller Ausnutzung der lediglich vom materiellen Recht gesetzten Grenzen war die Überlegung, daß damit in Übereinstimmung mit dem vom StVÄG 1987 vom 27. 1. 1987 (BGBl. I S. 475) verfolgten Ziel der **erweiterten Anwendung des Strafbefehlsverfahrens**[16] die Möglichkeit geschaffen wurde, „in weiten Bereichen der unteren Kriminalität einfach gelagerte Fälle mittels Strafbefehls zu erledigen. Sie dient auch dem Interesse des Beschuldigten, dem in der Regel daran gelegen ist, einfachere Straffälle verhältnismäßig billig und auch diskret ohne Zeitverlust und ohne Aufsehen erledigen zu können (BVerfGE **25** 158, 165)[17]".

18   **bb)** Da kraft Gesetzes (§ 43 StGB) die Höhe der Ersatzfreiheitsstrafe sich aus der Zahl der festgesetzten Tagessätze ergibt, bedarf es **keiner Erwähnung** der Ersatzfreiheitsstrafe **im Strafbefehl**[18]. Die Erwägung, es sei „schlechterdings undenkbar, daß ein Verurteilter davon ausgeht, er werde keinerlei Sanktionen in Form einer Ersatzfreiheitsstrafe erleiden, wenn er die gegen ihn erkannte Geldstrafe nicht zahlt, diese auch nicht beigetrieben werden kann und sich die Vollstreckung der Ersatzfreiheitsstrafe auch nicht als unbillige Härte erweist"[19], schließt indessen einen (in der Praxis vielfach üblichen) belehrenden Hinweis, daß bei Uneinbringlichkeit der Geldstrafe an deren Stelle die Ersatzfreiheitsstrafe in Höhe der Zahl der Tagessätze tritt, nicht aus. Er wird sich mindestens im Einzelfall gegen einen rechtsunkundigen Beschuldigten empfehlen, wenngleich das Unterlassen des Hinweises rechtlich bedeutungslos ist[20].

19   **c) Zahlungserleichterungen und Anrechnung von Untersuchungshaft.** Liegen die Voraussetzungen zum Erlaß eines Strafbefehls im übrigen vor, so kann der Strafrichter nach § 408 Abs. 3 Satz 1 lediglich die nach § 407 Abs. 1 Satz 3 von der Staatsanwaltschaft konkret beantragten Rechtsfolgen festsetzen, also einschließlich der Gewährung von **Zahlungserleichterungen** nach § 42 StGB und der **Nichtanrechnung** der Untersuchungshaft oder einer anderen **Freiheitsentziehung**. Dies bedeutet umgekehrt, daß die Gewährung von Zahlungserleichterungen und ebenso die Nichtanrechnung der Untersu-

---

[15] BTDrucks. **VI** 3250; Näheres s. LR-*Schäfer*[23] 7 f.
[16] BTDrucks. **10** 1313, S. 13.
[17] BTDrucks. **VI** 3478, S. 135.

[18] OLG Bremen NJW **1975** 1524.
[19] OLG Bremen NJW **1975** 1524.
[20] OLG Bremen NJW **1975** 1524; KK-*Meyer-Goßner*[2] 11; *Kleinknecht/Meyer*[38] 12.

chungshaft etc. einen diesbezüglichen Antrag der Staatsanwaltschaft voraussetzen[21]; eines besonderen Ausspruchs der Anrechnung von Untersuchungshaft oder anderer Freiheitsentziehung bedarf es im Hinblick auf § 51 Abs. 1 StGB nicht[22].

20 **d) Strafaussetzung zur Bewährung** kommt im Strafbefehl — außer in Form der Festsetzung von Verwarnung mit Strafvorbehalt — weder für die festgesetzte Geldstrafe noch für die dahinterstehende Ersatzfreiheitsstrafe in Betracht, da § 56 StGB nur die Aussetzung primärer Freiheitsstrafen vorsieht[23]. Daß die Ersatzfreiheitsstrafe, wenn sie vollstreckt wird, nach herrschender Meinung[24] eine Freiheitsstrafe i. S. des § 57 StGB ist und ein Rest dieser Ersatzfreiheitsstrafe zur Bewährung ausgesetzt werden kann, ist eine andere Sache.

21 **3. Verwarnung mit Strafvorbehalt.** Diese hinsichtlich ihres Wesens, ihrer Zweckmäßigkeit, Bedeutung und ihres Anwendungsbereichs kontrovers diskutierte Rechtsfolge[25] stellt prozessual, insbesondere kostenrechtlich und auch im Sinne des BZRG, eine **Verurteilung** dar (§ 465 Abs. 1 Satz 2 StPO; § 4 Nr. 3 BZRG). Die Rechtsfolge des § 59 StGB hat nach einhelliger Auffassung in der Rechtsprechung *Ausnahmecharakter*[26] und kommt „nur bei solchen Verfehlungen in Betracht..., die sich (auch) durch besondere tatbezogene Umstände in mindestens einer Beziehung aus dem Kreis vergleichbarer, gewöhnlich vorkommender Durchschnittsfälle so deutlich herausheben, daß Verschonung von Strafe angezeigt ist"[27]. Wenn auch auf die Problematik dieser Betrachtungsweise hier nicht eingegangen werden kann[28], so ist gleichwohl der Auffassung vom Ausnahmecharakter der Verwarnung mit Strafvorbehalt zuzustimmen: dies zeigt sich einmal in der Begrenzung der vorbehaltenen Geldstrafe auf 180 Tagessätze, zum anderen in der von § 59 Abs. 1 Satz 1 Nr. 2 normierten Voraussetzung, derzufolge besondere Umstände aufgrund einer Gesamtwürdigung der Tat und der Persönlichkeit vorliegen müssen, die eine Verschonung von der Verurteilung zu Strafe angezeigt erscheinen lassen. Verfahrensrechtlich ist zu beachten, daß der Richter vielfach ein Bild von den besonderen Umständen, die in der Persönlichkeit des Täters liegen, nur aufgrund des persönlichen Eindrucks in der Hauptverhandlung gewinnen kann. Es bedarf daher vor Erlaß des Strafbefehls der Prüfung, ob wirklich der **persönliche Eindruck entbehrlich** ist, weil schon die Akten insoweit eine ausreichende Beurteilungsgrundlage bieten. Weiterhin ist zu prüfen, ob die bloße Warnungswirkung genügt, und ob nicht die Festsetzung einer Geldstrafe den Vorzug verdient[29], und endlich, ob nicht auch dem Strafbefehlsverfahren der einfachere und elastischere Weg der vorläufigen Einstellung des Verfahrens unter Auflagen und Weisungen gemäß **§ 153 a** vorzuziehen ist, der noch insofern „resozialisierungsfreundlicher" ist, als weder die vorläufige noch die endgültige Einstellung im Bundeszentralregister erscheinen, während bei der Verwarnung mit Strafvorbehalt erst die nach Bewährung erfolgende gerichtliche Feststellung, daß es

[21] Für die Nichtanrechnung der Untersuchungshaft ebenso KK-*Meyer-Goßner*[2] 10; KMR-*Müller* 2; *Kleinknecht/Meyer*[38] 14; **a. A** LR-*Schäfer*[23] § 408, 3; *Schorn* Verfahren 30, 53; für die Gewährung von Zahlungserleichterungen wie hier KK-*Meyer-Goßner*[2] 21; *Kleinknecht/Meyer*[38] 13; **a. A** KMR-*Müller* § 408, 3.
[22] KMR-*Müller* 2; *Kleinknecht/Meyer*[38] 14.
[23] *Dreher/Tröndle*[44] § 56, 2.
[24] OLG Koblenz NStZ **1987** 120; OLG Zwei-

brücken NJW **1956** 155 mit weit. Nachw.; *Dreher/Tröndle*[44] § 57, 2 a.
[25] Vgl. dazu OLG Düsseldorf NStZ **1985** 362 mit Anm. *Horn*; *Dreher/Tröndle*[44] Vor § 59, 3.
[26] Vgl. z. B. OLG Düsseldorf NStZ **1985** 362, 363 mit weit. Nachw.
[27] BayObLG JR **1976** 511 mit Anm. *Zipf*.
[28] Vgl. insoweit die Erläuterungsbücher zu § 59 StGB.
[29] Vgl. BayObLG MDR **1976** 333.

bei der Verwarnung sein Bewenden hat (§ 59 b Abs. 2 StGB), zur Entfernung des Vermerks im Register führt (§ 12 Abs. 2 Satz 2 BZRG).

a) Grenzen. Die Verwarnung mit Strafvorbehalt kann nicht **neben** einer **anderen 22 Strafe** (im Fall des § 41 StGB ist diese Rechtsfolge unanwendbar) verhängt werden (s. aber unten Rdn. 25): in diesen Fällen läßt sich der von § 59 Abs. 1 Satz 1 Nr. 2 StGB erstrebte Zweck der Verschonung von der Verurteilung zu Strafe nicht erreichen[30].

Ebensowenig darf mit Strafvorbehalt verwarnt werden, **übersteigt** die verwirkte **23** Geldstrafe **180 Tagessätze**; das gilt auch, wenn es sich um eine Gesamtstrafe handelt (§ 59 c StGB)[31]. Eine nach **§ 51 StGB anzurechnende** erlittene Freiheitsentziehung kann die Anordnung einer Verwarnung mit Strafvorbehalt deshalb nicht hindern, weil die Anrechenbarkeit allein weder die in § 59 StGB genannten Voraussetzungen dieser Rechtsfolge ausschließt noch sonst einen Grund bildet, diese Rechtsfolge auszuschließen[32].

b) Zusätzliche Entscheidungen. Zugleich mit dem Strafbefehl werden gemäß **24** § 268 a Abs. 1 die **Dauer der Bewährungsfrist** (§ 59 a Abs. 1 StGB) und etwa erteilte Auflagen (§ 59 a Abs. 2) festgesetzt; Weisungen i. S. des § 56 d und Unterstellung unter einen Bewährungshelfer (§ 56 d) kommen bei der Verwarnung mit Strafvorbehalt nicht in Betracht. Wegen der Belehrung über die Bedeutung der Verwarnung mit Strafvorbehalt (§ 268 a Abs. 3) vgl. § 409, 25 ff.

c) Anordnung weiterer Rechtsfolgen neben der Verwarnung. Kann die Verwar- **25** nung nicht neben einer Strafe ausgesprochen werden (oben Rdn. 22), so kann aber nach § 59 Abs. 3 StGB neben der Verwarnung auf **Verfall, Einziehung und Unbrauchbarmachung** erkannt werden. Diese Rechtsfolgen stehen nicht unter dem für die Geldstrafe geltenden Vorbehalt künftiger Verurteilung bei Nichtbewährung, weil sie ihrer Natur nach keinen Aufschub dulden. Der Kreis der so neben der Verwarnung mit Strafvorbehalt festsetzbaren Rechtsfolgen ist durch § 59 Abs. 3 StGB **abschließend** festgesetzt, entsprechend dem Wesen der Verwarnung als einer Ausnahmeregelung für besonders gelagerte Fälle, die nur einer besonders leichten Reaktion bedürfen. Insbesondere kann ein Fahrverbot (§ 44 StGB) nicht ausgesprochen werden, schon deshalb nicht, weil es nur bei **Verurteilung** zu einer Hauptstrafe zulässig ist[33], auch nicht im Wege des Vorbehalts zu einem Fahrverbot[34] und auch dann nicht, wenn das Revisionsgericht die Verwarnung mit Strafvorbehalt für zu Unrecht verhängt hält, diese aber wegen des Verbots der reformatio in peius aufrechterhält[35]. Dem steht nicht etwa entgegen, daß § 407 Abs. 2 eine Reihe von Rechtsfolgen aufzählt, die „allein oder nebeneinander" festgesetzt werden können, und darunter auch das Fahrverbot. Damit werden nur die durch Strafbefehl festsetzbaren Rechtsfolgen generell bezeichnet, während im Einzelfall von diesen Rechtsfolgen nur diejenigen durch Strafbefehl festgesetzt werden können, die das materielle Strafrecht vorsieht.

4. Die Nebenstrafe des Fahrverbots. Sie kann unter den Voraussetzungen des **26** § 44 StGB festgesetzt werden; auf die Dauer des Fahrverbots (von einem bis drei Monaten) kann gemäß § 51 Abs. 5 StGB die Dauer einer vorläufigen Entziehung der Fahrer-

---

[30] *Schönke/Schröder/Stree*[23] § 59, 5.

[31] *Dreher/Tröndle*[44] § 59, 2 a.

[32] Zutr. *Schönke/Schröder/Stree*[23] § 59, 6; nunmehr auch *Dreher/Tröndle*[44] § 59, 2 a; ebenso KK-*Meyer-Goßner*[2] 13; a. A LR-*Schäfer*[23] 19.

[33] BayObLG NStZ **1982** 258; KK-*Meyer-Goßner*[2] 13; *Kleinknecht/Meyer*[38] 16.

[34] BayObLG NJW **1976** 301 mit Anm. *Berz* MDR **1976** 332.

[35] A. A BayObLG NStZ **1982** 258; zu Recht rügt *Meyer-Goßner* in seiner Anmerkung, daß das BayObLG hier seine Meinung verfehlt an die Stelle der Entscheidung des Tatrichters gesetzt habe.

Karl Heinz Gössel

laubnis (§ 111 a StPO) und die Dauer der Verwahrung, Sicherstellung oder Beschlagnahme des Führerscheins (§ 94 StPO) **angerechnet** werden. Wegen der Belehrung gemäß § 268 c s. § 409, 28.

27   **5. Die Nebenfolge der Verurteilungsbekanntmachung.** Eine solche Bekanntgabe sehen z. B. §§ 103 Abs. 2, 165, 200 StGB, § 23 UWG, § 30 WZG, § 142 Abs. 3 Patentgesetz, § 111 UrhG vor. Die Festsetzung der Bekanntgabe der Verurteilung im Strafbefehl setzt nach den angeführten materiell-rechtlichen Vorschriften einen auf diese Festsetzung gerichteten **Antrag** voraus, den im allgemeinen der Verletzte oder ein an seiner Stelle Antragsberechtigter, im Fall des § 103 StGB auch der Staatsanwalt, zu stellen berechtigt ist. Wird die Bekanntgabe angeordnet, so wird der Strafbefehl nach § 463 c Abs. 1 auch dem Berechtigten zugestellt. Vollzogen durch die Vollstreckungsbehörde wird die Bekanntgabe gemäß § 463 c Abs. 2 nur, wenn es der Antragsteller oder ein an seiner Stelle Antragsberechtigter binnen Monatsfrist verlangt.

28   **6. Die Maßnahmen.** Gemäß § 11 Abs. 1 Nr. 8 StGB sind hierunter die **Maßregeln** der Besserung und Sicherung zu verstehen sowie Verfall, Einziehung und Unbrauchbarmachung; zusätzlich wird hier darunter auch die z. T noch vorgesehene **Vernichtung** gezählt. Die Entziehung der Fahrerlaubnis kann als einzige der Maßregeln der Besserung und Sicherung im Strafbefehlsverfahren verhängt werden.

29   **a) Die Entziehung der Fahrerlaubnis.** Die Festsetzung dieser Maßregel richtet sich materiell-rechtlich nach den §§ 69, 69 a StGB; formellrechtlich ist ihre Verhängung im Strafbefehlsverfahren nur mit einer **Sperrfrist bis zu höchstens 2 Jahren** zulässig (§ 407 Abs. 2 StPO; § 69 a Abs. 1 StGB). Für die Berechnung der Sperrdauer gilt § 69 a Abs. 5 StGB. Soweit dort in Satz 2 auf die Zeit „nach Verkündung des Urteils" abgestellt ist, ist streitig, ob der Verkündung des Urteils schon der Erlaß des Strafbefehls (durch Unterzeichnung) oder erst dessen Zustellung gleichsteht[36]; insoweit muß wegen der Einzelheiten auf die Erläuterungswerke zu § 69 a StGB verwiesen werden. Da die Sperre mit der Rechtskraft des Strafbefehls beginnt (§ 69 a Abs. 5), ist in der Regel kein Raum für die Bestimmung eines kalendermäßig festgelegten Endtermins, vielmehr ist die Dauer — unter Beachtung des gesetzlichen Mindestmaßes (§ 69 a Abs. 1, 3, 4) — auf die Dauer eines Jahres oder nach vollen Monaten zu bestimmen[37]. Zulässig ist auch eine Beschränkung der Sperre gemäß § 69 a Abs. 2 StGB[38]. Wegen weiterer Einzelheiten ist auf die Erläuterungen zu §§ 69 ff in den Erläuterungsbüchern zum StGB zu verweisen.

30   **b) Die Einziehung.** Die materiell-rechtlichen Voraussetzungen dieser Maßnahme ergeben sich aus §§ 74 ff StGB in Verbindung mit anderen die Einziehung vorschreibenden oder zulassenden Vorschriften (vgl. § 33 BtMG; § 56 WaffG), und zwar gleichviel, ob sie den Täter (Teilnehmer) oder einen tatunbeteiligten Dritten (bei Sicherungseinziehung und nach § 74 a StGB) trifft. Der Begriff **Einziehung** i. S. des § 407 umfaßt sowohl die Einziehung von Gegenständen, d. h. von **Sachen und Rechten** (§ 74 StGB) wie auch die Einziehung des **Wertersatzes** gemäß § 74 StGB. Unter den Begriff der Einziehung fallen auch die Anordnungen nach § 74 b Abs. 2 StGB.

31   **Einziehungsbeteiligte** i. S. des § 431 sind nach Maßgabe des § 432 schon im vorbereitenden Verfahren zu hören. In dem Strafbefehlsantrag, der auf Festsetzung der Einziehung gerichtet ist (§ 407 Abs. 1 Satz 3; s. § 431, 63), beantragt die Staatsanwaltschaft

---

[36] So die h. M, vgl. KK-*Meyer-Goßner*[2] 9; *Kleinknecht/Meyer*[38] 20.

[37] BayObLG NJW **1966** 2371; OLG Saarbrücken NJW **1968** 459; KK-*Meyer-Goßner*[2] 9.

[38] KK-*Meyer-Goßner*[2] 9.

zugleich die richterliche Anordnung der Beteiligung des Einziehungsinteressenten. Der Strafrichter trifft diese Anordnung in Anwendung des §431 Abs. 1, 2 regelmäßig im Strafbefehl. Der die Einziehung aussprechende Strafbefehl wird dann auch dem Einziehungsbeteiligten zugestellt (§438), und zwar mit dem Hinweis über die Wirkung des Ausspruchs der Einziehung gegenüber dem Einziehungsbeteiligten (§438 Abs. 1 Satz 2, der §435 Abs. 3 Nr. 1 für entsprechend anwendbar erklärt). Der Einziehungsbeteiligte kann dann unabhängig vom Beschuldigten Einspruch einlegen und hat damit rechtliches Gehör (dazu §438 Abs. 2).

Die Entscheidung über die **Entschädigung eines Einziehungsbeteiligten** (§74f **32** StGB) steht dem Strafrichter nur unter den Voraussetzungen des §436 Abs. 3 zu. Im Strafbefehlsverfahren entfällt eine solche Entscheidung, weil hier der in §436 Abs. 3 Satz 3 vorgeschriebene Hinweis nur aufgrund einer Hauptverhandlung in Betracht kommt[39].

c) Der Verfall. Zu den **materiell**-rechtlichen Voraussetzungen s. §§73 bis 73d **33** StGB, zur Nebenbeteiligung (§442) s. Rdn. 31, 32.

d) Unbrauchbarmachung und Vernichtung. Die Voraussetzungen der Unbrauch- **34** barmachung sind dem **materiellen** Recht (§74d Abs. 1 Satz 2 StGB) zu entnehmen; hinsichtlich der Nebenbeteiligung (§442 Abs. 1) gelten die Darlegungen zu Rdn. 31, 32 entsprechend.

Die Anordnung der **Vernichtung** von Gegenständen durch strafgerichtliche Ent- **35** scheidung ist nur noch vereinzelt in Nebengesetzen vorgesehen, z.B. in §30 WZG (Beseitigung einer widerrechtlichen Kennzeichnung auf Waren oder Vernichtung der Waren selbst). Nicht hierher gehört die Vernichtung rechtswidrig hergestellter, verbreiteter oder zur rechtswidrigen Verbreitung bestimmter Vervielfältigungsstücke oder der zur rechtswidrigen Herstellung bestimmter Vorrichtungen nach §98 UrhG; hier handelt es sich lediglich um einen zivilrechtlichen Anspruch des Verletzten, der nach §110 UrhG im Adhäsionsprozeß geltend gemacht werden kann; zur Geltendmachung solcher Ansprüche s. Vor §407, 30; §403, 12, 15f.

7. Die Verbandsgeldbuße. Nach §30 OWiG kann, wenn eine natürliche Person **36** als vertretungsberechtigtes Organ einer juristischen Person oder als Vertretungsberechtigter einer Personenvereinigung (nichtrechtsfähiger Verein, Personenhandelsgesellschaft) eine Straftat begangen hat, durch die eine die juristische Person oder die Personenvereinigung treffende Pflicht verletzt wurde oder diese bereichert werden sollte, gegen die juristische Person oder Personenvereinigung eine Geldbuße als **selbständige Rechtsfolge** (§444, 2) im subjektiven Strafverfahren gegen die natürliche Person durch den Strafrichter festgesetzt werden. Diese Regelung, neben der Bestrafung der natürlichen Person als Täter auch die juristische Person (Personenvereinigung) mit nichtkrimineller Geldbuße belegen zu können, bezweckt in erster Linie, „einen Ausgleich dafür zu ermöglichen, daß der juristischen Person, die nur durch ihre Organe zu handeln imstande ist, zwar die Vorteile dieser in ihrem Interesse vorgenommenen Betätigung (der natürlichen Person) zufließen, daß sie aber beim Fehlen einer Sanktionsmöglichkeit nicht den Nachteilen ausgesetzt wäre, die als Folge der Nichtbeachtung der Rechtsordnung im Rahmen der für sie vorgenommenen Betätigung eintreten können. Die juristische Person wäre dann gegenüber der natürlichen Person [dem Einzelunternehmer, der die Straftat begeht] besser gestellt..."[40]. Auch soll die Geldbuße gegen die juri-

---

[39] KK-*Meyer-Goßner*[2] 16.

[40] Begründung zu §19 Entw. OWiG 1968; OLG Hamm NJW **1973** 1851, 1852.

Karl Heinz Gössel

stische Person oder Personenvereinigung die präventive Wirkung haben, daß deren Mitglieder bei der Auswahl ihrer Organe nicht nur auf geschäftliche Tüchtigkeit, sondern auch auf deren Rechts- und Gesetzestreue achten[41]. Auf weitere Einzelheiten zu § 30 OWiG selbst ist hier nicht einzugehen[42].

37　　Die **verfahrensrechtliche Stellung der juristischen Person oder Personenvereinigung** im Strafverfahren regelt § 444; ihre Stellung als „Nebenbeteiligte" entspricht etwa derjenigen eines Einziehungsbeteiligten (Rdn. 30, 31 f). Im Strafbefehlsantrag beantragt die Staatsanwaltschaft neben der Festsetzung einer der Höhe nach bestimmten Geldbuße (§ 407 Abs. 1 Satz 3 mit der Folge des § 408 Abs. 3 Satz 2) auch die Anordnung der Beteiligung der juristischen Person (Personenvereinigung) am Verfahren, die dann im Strafbefehl angeordnet wird. Der Strafbefehl wird auch den Nebenbeteiligten zugestellt, und zwar mit dem Hinweis, daß der Strafbefehl sich auch (hinsichtlich der Geldbuße) gegen sie richte (§ 438). Die Nebenbeteiligten können den Strafbefehl unabhängig von der mit Strafe belegten natürlichen Person mit Einspruch anfechten (§ 444 Abs. 2).

C. Der Antrag auf Erlaß eines Strafbefehls als formelle Voraussetzung des Strafbefehlsverfahrens

38　　Als formelle Voraussetzungen des Strafbefehlsverfahrens nennt das Gesetz den Erlaß eines schriftlichen Strafbefehls aufgrund eines schriftlichen, auf bestimmte Rechtsfolgen gerichteten **Antrags** der Staatsanwaltschaft bei einem zuständigen Spruchkörper des Amtsgerichts. Während der Inhalt des Strafbefehls in § 409 näher bestimmt ist, wird der Antrag der Staatsanwaltschaft auch hinsichtlich seiner Wirkungen und der grundsätzlichen Verpflichtung zur Wahl des Strafverfahrens in dazu geeigneten Fällen in § 407 Abs. 1 erwähnt.

I. Bedeutung des Antrags

39　　**1. Erhebung der öffentlichen Klage.** Entsprechend dem Anklagegrundsatz (§ 151) setzt ein Tätigwerden des Strafrichters im Strafbefehlsverfahren einen schriftlichen Antrag der Staatsanwaltschaft voraus; dieser Antrag tritt, wenn gemäß § 408 Abs. 3 Satz 2, § 411 Abs. 1 Satz 2 Hauptverhandlung erforderlich wird, an die Stelle der Anklageschrift (§ 411, 17 und 20). War schon bisher unbestritten, daß der Strafbefehlsantrag der öffentlichen Klage gleichsteht[43], so ist nunmehr durch § 407 Abs. 1 Satz 4 ausdrücklich klargestellt, daß mit der Stellung eines Antrags auf Erlaß eines Strafbefehls die öffentliche Klage erhoben wird, mithin die **Antragsschrift** der **Anklageschrift gleichsteht**, wie auch ein Vergleich der Vorschriften über den Inhalt des Strafbefehlsantrags in § 409 und über den Inhalt der Anklageschrift in § 200 bestätigt (s. auch unten Rdn. 47). Damit ist auch der Strafbefehlsantrag nach § 156 **rücknehmbar**; der dem Erlaß des Eröffnungsbeschlusses entsprechende und die Rücknahmemöglichkeit beendende Zeitpunkt ist der des Erlasses des Strafbefehls (s. § 408, 39; zur Rücknahme nach § 411 Abs. 3 s. § 411, 37).

40　　Wegen ihrer Natur als Anklageerhebung kommt der Antragstellung **verjährungsunterbrechende** Wirkung nach § 78 c Abs. 1 Nr. 6 StGB zu[44].

---

[41] *Göhler*[8] Vor § 29 a, 11.
[42] Vgl. dazu die Erläuterungen von *Göhler*[8] Vor § 29 a und zu § 30.
[43] BTDrucks. 10 1313, S. 35.
[44] BTDrucks. 10 1313, S. 35.

2. Sonstige Wirkungen. Sobald die Staatsanwaltschaft erwägt, Antrag auf Erlaß **41** eines Strafbefehls zu stellen, so vermerkt sie den Abschluß der Ermittlungen zu den Akten (§ 169 a); damit erlangt ein Verteidiger unbeschränktes Akteneinsichtsrecht (§ 147 Abs. 2). Mit der Antragstellung geht die Verfahrensherrschaft, wenn auch noch nicht endgültig, auf das Gericht über, weshalb das Verfahren in diesem Zeitpunkt (Eingang beim zuständigen Amtsgericht) **gerichtsanhängig** wird (**Rechtshängigkeit** tritt erst mit Erlaß des Strafbefehls ein, näheres dazu Vor § 407, 22) und die **Zuständigkeit zur Einstellung** nach §§ 153 Abs. 2; 153 a Abs. 2; 153 b Abs. 2; 153 e Abs. 2; 154 Abs. 2 auf das Gericht übergeht.

II. Antragsberechtigung und -verpflichtung

1. Antragsrecht der Staatsanwaltschaft. Grundsätzlich ist allein die **Staatsanwalt-** **42** **schaft** berechtigt, den Erlaß eines gerichtlichen Strafbefehls zu beantragen. Dies folgt ausdrücklich aus § 407 Abs. 1 Satz 4 i. V. mit § 152 Abs. 1: zur Erhebung der öffentlichen Klage durch diesen Antrag ist allein die Staatsanwaltschaft berufen. Jedoch gilt in Steuerstrafsachen eine Ausnahme: in diesem Fall ist die nach § 386 Abs. 2 AO ermittelnde **Finanzbehörde** nach § 400 AO ausnahmsweise auch dazu berechtigt, den Strafbefehlsantrag zu stellen (insoweit ist auf die Erläuterungsbücher zum Steuerstrafverfahren und zur AO, insbesondere zu §§ 386, 400 AO zu verweisen).

2. Vorrangigkeit des Strafbefehlsantrags
a) Verhältnis zwischen Strafbefehlsverfahren und Verfahrenseinstellung. Schon **43** wegen seiner Natur als Anklageerhebung setzt der Antrag auf Erlaß eines Strafbefehls voraus, daß die Staatsanwaltschaft nach § 170 Abs. 1 genügenden Anlaß zur Erhebung der öffentlichen Klage, also hinreichenden Tatverdacht (§ 203)[45] und damit Verurteilungswahrscheinlichkeit bejaht und also einen Anlaß zur Einstellung des Verfahrens nach § 170 Abs. 2 ebenso verneint wie wohl auch eine Einstellung aus Opportunitätsgründen nach §§ 153 ff: läßt sich der „genügende Anlaß" des § 170 Abs. 1 z. B. durch eine Einstellung unter Auflagen und Weisungen nach § 153 a oder auf sonstige Weise verneinen, dürfte auch kein Grund zur Erhebung der öffentlichen Klage bestehen (vgl. § 170, 19), auch nicht durch einen Strafbefehlsantrag. Mit Recht spricht deshalb die amtliche Begründung vom weiterhin bestehenden **„Vorrang"** der **Einstellungsmöglichkeit** des § 153 a gegenüber dem Strafbefehlsverfahren[46], der sich logisch daraus ergibt, daß der Strafbefehl erst nach Bejahung der Voraussetzungen zur Erhebung der öffentlichen Klage beantragt werden darf, die bei Vorliegen von Einstellungsgründen nicht mehr vorliegen dürften.

b) Verpflichtung zur Stellung eines Strafbefehlsantrags. Liegen indessen die Vor- **44** aussetzungen zur Anklageerhebung i. S. des § 170 Abs. 1 vor, so ist die Staatsanwaltschaft, wie schon früher die Finanzbehörde nach § 400 AO, zur Beantragung eines Strafbefehls dann **verpflichtet**, wenn die jeweilige Sache dem Gegenstandsbereich des Strafbefehlsverfahrens (§ 407 Abs. 2, oben Rdn. 3 ff) zugehört **und** der Staatsanwaltschaft nach dem Ergebnis der Ermittlungen eine Hauptverhandlung entbehrlich erscheint. Mit der Normierung einer Verpflichtung zur Wahl des Strafbefehlsverfahrens in dazu geeigneten Fällen (dem gesetzlichen Wortlaut nach „stellt" die Staatsanwaltschaft hier den Strafbefehlsantrag)[47] will der Gesetzgeber — neben verfahrensökono-

---

[45] KK-*Meyer-Goßner*[2] 4; *Kleinknecht/Meyer*[38]
8; *Meurer* JuS **1987** 884.
[46] BTDrucks. **10** 1313, S. 35.

[47] KK-*Meyer-Goßner*[2] 4; amtl. Begründung
BTDrucks. **10** 1313, S. 34; **a. A** *Kleinknecht/Meyer*[38] 9.

     Karl Heinz Gössel

mischen Zielen — auch erreichen, daß dem Beschuldigten die Belastung der Hauptverhandlung erspart bleibt und eine strafrechtliche Sanktion in möglichst schonender Form verhängt wird, also insoweit dem verfassungsmäßigen Prinzip der Verhältnismäßigkeit der strafrechtlichen Verfolgung in verbesserter Form entsprochen wird[48].

45   Im Regelfall wird eine Hauptverhandlung dann **nicht** für **erforderlich** zu erachten sein, „wenn von ihr eine wesentliche Abweichung vom Ergebnis der Ermittlungen nicht zu erwarten ist, dieses Ermittlungsergebnis auch den Strafzumessungssachverhalt so weit aufklärt, daß eine angemessene Sanktionsbemessung möglich ist und der Akteninhalt die Gewinnung" der richterlichen Überzeugung von der Schuld des Betroffenen zuläßt[49]. Demnach wird das Strafbefehlsverfahren regelmäßig in Betracht kommen, wenn der Beschuldigte einen einfach gelagerten Sachverhalt, der von Zeugen bestätigt wird, selbst einräumt und auch die Strafzumessungsfrage keine Probleme aufwirft; Gleiches gilt, wenn dem leugnenden Beschuldigten einleuchtende und plausible belastende Zeugenaussagen gegenüberstehen und eine Überzeugungsbildung auch ohne eine Beurteilung der Glaubwürdigkeit der einander Widersprechenden möglich erscheint. Liegen dagegen zu schuldrelevanten Punkten widersprüchliche oder einander widersprechende Zeugenaussagen vor oder kann gar über die Schuldfrage erst aufgrund mehrerer Sachverständigengutachten entschieden werden, so wird nur aufgrund einer Hauptverhandlung entschieden werden können; hier ist zu beachten, daß die Staatsanwaltschaft von ihrer Befugnis nach §§ 154 Abs. 1; 154 a Abs. 1 zur Ausscheidung unwesentlicher Nebenstraftaten oder zur Beschränkung der Strafverfolgung nicht lediglich zu dem Zweck Gebrauch machen darf, um die Tat im Strafbefehlsverfahren erledigen zu können[50]. Die bloße Erwartung des **Einspruchs** des Betroffenen dagegen schließt entgegen der früheren Fassung der Nr. 175 Abs. 3 RiStBV die Stellung des Strafbefehlsantrags nicht aus: die bloße Erwartung dieses Rechtsbehelfs läßt die wesentliche Voraussetzung des Erlasses eines Strafbefehls unberührt, daß die richterliche Überzeugung schon aufgrund des Akteninhalts gebildet werden kann; demgemäß bestimmt die dem § 407 Abs. 1 Satz 2 entsprechende Neufassung der Nr. 175 Abs. 3 RiStBV (BAnz. Nr. 183 vom 29. 9. 1988) mit Wirkung vom 1. 10. 1988, daß vom Strafbefehlsverfahren nur abzusehen sei, wenn die vollständige Aufklärung aller für die Rechtsfolgenbestimmung wesentlichen Umstände die Durchführung einer Hauptverhandlung geboten erscheinen läßt, und auf den Strafbefehlsantrag ist nicht schon deshalb zu verzichten, weil ein Einspruch zu erwarten ist. Daß allerdings dem Strafbefehlsverfahren für die Durchführung einer Hauptverhandlung sprechende spezial- oder general**präventive** Gründe entgegenstehen können sollen[51], erscheint schon im Hinblick auf die bisher nicht ausreichend geklärte Möglichkeit zur Berücksichtigung von Präventionszielen im Verfahrensrecht fragwürdig, zumal da Mißbrauchsmöglichkeiten kaum auszuschließen sein dürften.

46   Werden der Staatsanwaltschaft die Akten über die Ermittlung von **Steuerstraftaten** i. S. des § 386 AO gemäß § 400 AO vorgelegt, weil die Finanzbehörde die Eignung der Straftaten zur Behandlung im Strafbefehlsverfahren verneint, so ist die Staatsanwaltschaft an diese Auffassung nicht etwa gebunden: sie hat zunächst zu prüfen, ob genügender Anlaß zur Erhebung der öffentlichen Klage besteht (oben Rdn. 43) und erst nach Bejahung dieser Frage selbständig zu entscheiden, ob gemäß § 407 Abs. 1 Satz 2 zu verfahren ist.

---

[48] BTDrucks. 10 1313, S. 34.
[49] BTDrucks. 10 1313, S. 34; zust. *Rieß/Hilger* NStZ **1987** 204.
[50] *Eb. Schmidt* Nachtr. I § 408, 19 a.

[51] Vgl. die amtl. Begründung BTDrucks. 10 1313, S. 34; so auch die Neufassung von Nr. 175 Abs. 3 RiStBV.

3. Inhalt des Strafbefehlsantrags

a) Überblick. Im Hinblick auf die von § 408 Abs. 3 verlangte Übereinstimmung **47** zwischen Strafbefehl und Strafbefehlsantrag muß schon der Antrag den in § 409 Abs. 1 bezeichneten Inhalt haben. Weil dieser Inhalt eben dem entspricht, der nach § 200 Abs. 1 auch für die Anklageschrift notwendig ist, ist zudem die Gleichstellung des Strafbefehlsantrags, der nach § 407 Abs. 1 Satz 1 **schriftlich** gestellt werden muß, mit der **Anklageschrift** (oben Rdn. 39) Rechnung getragen. Lediglich auf die von § 200 Abs. 2 für die Anklageschrift vorgesehene Darstellung des wesentlichen Ergebnisses der Ermittlungen wird, wie schon bei Anklageschriften zum Strafrichter (§ 200 Abs. 2 Satz 2), für den Strafbefehl (und damit auch für den entsprechenden Antrag) verzichtet; insoweit ist § 409 als Spezialvorschrift anzusehen[52].

Daß der Inhalt des Strafbefehls dem des darauf gerichteten **Antrags entspricht**, **48** wird in der Praxis dadurch erreicht, daß der Staatsanwalt den Strafbefehlsantrag grundsätzlich in der Weise stellt, daß er den (vom Richter lediglich zu unterzeichnenden) Entwurf eines Strafbefehls mit dem in § 409 Abs. 1 bezeichneten Inhalt einreicht und beantragt, einen solchen Strafbefehl zu erlassen. Mit dem Antrag hat die Staatsanwaltschaft die bisher geführten Verhandlungen dem Gericht vorzulegen (entsprechend § 199 Abs. 2).

b) Die inhaltlichen Erfordernisse im einzelnen. Die einzelnen in § 409 erwähnten **49** inhaltlichen Erfordernisse werden bei den Erläuterungen zu § 409 behandelt. Der von § 409 Abs. 1 Nr. 6 verlangten Festsetzung der Rechtsfolgen entspricht die Beantragung **bestimmter Rechtsfolgen**, die von § 407 Abs. 1 Satz 3 verlangt wird.

Lautet der Antrag auf **Geldstrafe**, so gehört zu ihrer Bestimmtheit die Zahl und die **50** genaue Höhe der Tagessätze. Wegen Zahlungserleichterungen (§ 42 StGB) und wegen Nichtanrechnung von Untersuchungshaft oder anderer Freiheitsentziehung vgl. oben Rdn. 19.

Beantragt die Staatsanwaltschaft **Verwarnung mit Strafvorbehalt**, so gehört zur **51** Bestimmtheit des Antrags die Angabe der Geldstrafe, deren Verhängung vorbehalten werden soll, nach Zahl und Höhe der Tagessätze. Dagegen ist es zwar zulässig, aber nicht erforderlich, daß auch ein bestimmter **Inhalt** des nach § 268 a zu erlassenden Bewährungsbeschlusses (s. dazu Rdn. 24) beantragt wird[53], wie z. B. eine bestimmte Dauer der Bewährungsfrist und die Erteilung bestimmter Auflagen (§ 59 a StGB); die Staatsanwaltschaft kann die nach dieser Richtung zu treffenden Anordnungen dem Ermessen des Richters überlassen. Demgemäß ist, wenn sie ihren Strafbefehlsantrag auch auf diese Punkte erstreckt, der Richter nicht daran gebunden. Es gelten die gleichen Grundsätze wie früher in dem vergleichbaren Fall, daß die Staatsanwaltschaft die Festsetzung einer Freiheitsstrafe (bis zu drei Monaten) und zugleich deren Aussetzung zur Bewährung beantragte. Nach überwiegend vertretener Auffassung bedurfte es dann nicht eines auf die Dauer der Bewährungszeit und der zu erteilenden Auflagen und Weisungen gerichteten Antrags[54].

Im übrigen sind die jeweils beantragten Rechtsfolgen so genau wie möglich der **52** art zu **konkretisieren**, daß sie wie beantragt im Strafbefehl festgesetzt und die etwa auftauchenden Fragen nach einer Abweichung von der beantragten Rechtsfolge nach § 408 Abs. 3 Satz 2 eindeutig entschieden werden können. **Negativ** ist im Strafbefehlsantrag

---

[52] Vgl. dazu KK-*Meyer-Goßner*[2] 7; *Kleinknecht/Meyer*[38] 6.

[53] KK-*Meyer-Goßner*[2] 12; KMR-*Müller* § 408, 4; *Kleinknecht/Meyer*[38] 15.

[54] Vgl. dazu die Nachweise zum früheren Recht bei LR-*Schäfer*[23] § 408, 4.

       Karl Heinz Gössel

zum Ausdruck zu bringen, daß nach Auffassung der Staatsanwaltschaft die **Fahrerlaubnis nicht entzogen** werden soll (§ 409, 15 und 20).

53   **c) Antrag gegen mehrere Beschuldigte.** In gleicher Weise wie die Staatsanwaltschaft wegen Sachzusammenhangs die öffentliche Klage gegen mehrere Personen in **einer** Anklageschrift zusammenfassen kann, kann sie auch einen Strafbefehlsantrag stellen, der sich gegen mehrere Beschuldigte richtet[55]. Nach den Grundsätzen der **Verfahrenstrennung** und **-verbindung** kann das Gericht die Rechtsfolgen dann entweder in einem Strafbefehl gegen die mehreren Beschuldigten zusammengefaßt festsetzen, gesonderte Strafbefehle erlassen oder aber in einzelnen Fällen die beantragten Strafbefehle (u. U. gegen mehrere Beschuldigte zusammengefaßt) erlassen, in anderen ablehnen oder nach § 408 Abs. 3 Satz 2 Hauptverhandlung anberaumen[56].

III. Das zuständige Gericht als Adressat des Antrags

54   Nach § 407 Abs. 1 Satz 2 sind allein die **amtsgerichtlichen Spruchkörper** des Strafrichters und des Schöffengerichts zum Erlaß des Strafbefehls zuständig und damit taugliche Adressaten des Strafbefehlsantrags. Damit ist in erster Linie die Zuständigkeitsverteilung zwischen Strafrichter und Schöffengericht in §§ 24, 25 GVG von Bedeutung, zum anderen aber auch die Zuständigkeit des erweiterten Schöffengerichts (§ 29 GVG).

55   **1. Zuständigkeitsverteilung zwischen Strafrichter und Schöffengericht.** Das BVerfG entnimmt dem Katalog des § 25 GVG i. V. mit dem Kriterium der „besonderen Bedeutung des Falles" in § 24 Abs. 1 Nr. 3 GVG mit Recht, „daß der Einzelrichter nur über diejenigen zur Zuständigkeit des Amtsgerichts gehörenden Sachen entscheiden soll, die von geringerem Gewicht sind", insbesondere „im Rahmen der beweglichen Zuständigkeit" des § 25 Nr. 3 GVG[57]. Demgemäß ist die Zuständigkeit zum Erlaß des Strafbefehls in den Fällen des § 25 Nr. 3 GVG zwischen dem Strafrichter und dem (nach der Geschäftsverteilung zuständigen) Vorsitzenden des Schöffengerichts — als Entscheidung außerhalb der Hauptverhandlung im Sinn des § 30 Abs. 2 GVG — dergestalt aufgeteilt, daß der Staatsanwalt den Strafbefehlsantrag beim Strafrichter nur stellt, wenn es sich nach seiner Auffassung um einen Fall von minderer Bedeutung handelt, andernfalls aber den Vorsitzenden des Schöffengerichts angeht. Strafrichter und Vorsitzender sind an die Beurteilung der Staatsanwaltschaft nicht gebunden, sondern zu einer selbständigen Bewertung berechtigt und verpflichtet (dazu § 408 Abs. 1). Die **praktische Bedeutung** der Regel, daß in Schöffengerichtssachen der Vorsitzende des Schöffengerichts zum Erlaß des Strafbefehls zuständig ist, sieht die Begründung[58] darin, daß nunmehr, wenn es zur Hauptverhandlung kommt, nicht mehr ein anderer Richter sich in die Sache einarbeiten muß (dazu § 408, 10 f), ein Vorteil, der freilich nur bei solchen Amtsgerichten in Betracht kommt, bei denen nicht, wie dies vielfach der Fall ist, der Strafrichter und der geschäftsplanmäßige Schöffengerichtsvorsitzende personengleich sind[59].

56   Der unbestimmte **Rechtsbegriff der Strafsache von minderer Bedeutung** — ein Analogon zu dem Begriff der besonderen Bedeutung des Falles, § 24 Abs. 1 Nr. 3 GVG — läßt der antragstellenden Staatsanwaltschaft wie dem angegangenen Strafbefehlsrich-

---

[55] KK-*Meyer-Goßner*[2] 22; *Kleinknecht/Meyer*[38] 7; *Krüger* NJW **1969** 1336.

[56] KK-*Meyer-Goßner*[2] 22.

[57] BVerfGE **22** 254, 261; § 25 Nr. 3 GVG ist mit § 25 Nr. 2 c a. F, zu der die Entsch. des BVerfG erging, inhaltsgleich.

[58] BTDrucks. **8** 976, S. 60.

[59] BTDrucks. **8** 976, S. 61.

ter einen gewissen Beurteilungsspielraum, wobei vor allem auf die Art der Straftat, das Ausmaß der Rechtsverletzung und darauf abzustellen ist, ob sich die Rechtsfolgeerwartung im unteren Bereich des nach § 407 Abs. 2 Zulässigen bewegt. Als Anhaltspunkt für die Beurteilung kann dabei die in Nr. 21 ff OrgStA vorgesehene Aufgabenverteilung zwischen dem Staatsanwalt und dem Amtsanwalt dienen, die sowohl für die Vorbereitung der Anklage wie für die Wahrnehmung der staatsanwaltschaftlichen Aufgaben in der Hauptverhandlung vor dem Strafrichter gilt (s. dazu Erläuterungen zu §§ 142 ff GVG). Im allgemeinen wird davon auszugehen sein, daß Sachen, deren Bearbeitung nach den angeführten Organisationsvorschriften in den Aufgabenbereich des Amtsanwalts fällt, stets Sachen von minderer Bedeutung sind. Vgl. dazu auch Nr. 113 Abs. 4 RiStBV, wonach von der Befugnis, Anklage vor dem Strafrichter zu erheben, weitgehend Gebrauch zu machen ist; das gilt sinngemäß auch für die Stellung des Strafbefehlsantrags bei dem Strafrichter.

2. Keine Zuständigkeit des erweiterten Schöffengerichts. Nach § 29 Abs. 2 Satz 1 **57** GVG kann die Zuziehung eines zweiten Richters nur im Verfahren über die Eröffnung des Hauptverfahrens beschlossen werden. Wenn auch dem Strafbefehl im Einspruchsverfahren die Wirkung eines Eröffnungsbeschlusses zuerkannt wird (jedoch irreführend, s. dazu § 408, 39 und § 408 a, 4), so ändert dies doch nichts daran, daß ein derartiges **Eröffnungsverfahren** beim Strafbefehl **gerade nicht** durchgeführt wird, weshalb eine Zuständigkeit des erweiterten Schöffengerichts zum Erlaß eines Strafbefehls nicht besteht[60]; dies gilt erst recht beim Übergang in das Strafbefehlsverfahren nach Eröffnung des Hauptverfahrens gemäß § 408 a.

D. Rechtliches Gehör

Vor Erlaß des Strafbefehls bedarf es weder vor noch nach der Stellung des Straf- **58** befehlsantrags — abweichend von § 33 Abs. 3 StPO — einer **gerichtlichen Anhörung** des Beschuldigten (der nach der Stellung des Strafbefehlsantrags — § 157 — Angeschuldigter heißt) (§ 407 Abs. 3), aber sein rechtliches Gehör (Art. 103 Abs. 1 GG) ist dadurch gewährleistet, daß er gegen den Strafbefehl Einspruch einlegen und dadurch eine Hauptverhandlung erzwingen kann[61].

Vor dem Antrag auf Erlaß des Strafbefehls muß der Beschuldigte durch die **Poli-** **59** **zei** oder die **Staatsanwaltschaft vernommen** oder in einfachen Sachen gehört sein. Das ergibt sich aus § 163 a Abs. 1, für den § 407 Abs. 3 keine Ausnahmevorschrift enthält[62]. Die Unterlassung der Vernehmung ist kein Verfahrenshindernis; sie wird gegenstandslos, wenn der Beschuldigte gegen den Strafbefehl Einspruch einlegt, da er jetzt zu richterlichem Gehör kommt[63]. Der Strafrichter darf aber, wenn er den Verfahrensmangel bemerkt, den Strafbefehl nicht erlassen, sondern muß die Akten der Staatsanwaltschaft zur Nachholung der Vernehmung (Anhörung) zurückgeben (§ 408, 49). Wird ein ohne Vernehmung erlassener Strafbefehl rechtskräftig, so ist der Mangel nach allgemeinen Grundsätzen durch die Rechtskraft geheilt[64]. Daß der Beschuldigte im Ermittlungsver-

---

[60] KK-*Meyer-Goßner*[2] 2; LR-*Schäfer*[23] § 29 GVG, 8; **a. A** *Deisberg/Hohendorf* DRiZ **1984** 261, 265.

[61] BVerfGE **3** 248, 253; **25** 158, 165; durch die zuletzt genannte Entscheidung erledigen sich die Bedenken von *Eser* JZ **1966** 660, 664 Fußn. 55, soweit er BVerfGE **3** 248 als durch BVerfGE **9** 89 ff überholt ansieht.

[62] Allg. Meinung, s. z. B. *Kleinknecht/Meyer*[38] 22.

[63] OLG Stuttgart MDR **1966** 257.

[64] KK-*Meyer-Goßner*[2] 20; *Kleinknecht/Meyer*[38] 22; *Oske* MDR **1968** 885.

Karl Heinz Gössel

fahren keinen Anspruch auf richterliches Gehör hat, schließt nicht aus, eine richterliche Vernehmung nach § 162 StPO herbeizuführen[65]. Die Abs. 2 bis 5 des § 163 a finden ebenfalls Anwendung.

§ 408

(1) [1]Hält der Vorsitzende des Schöffengerichts die Zuständigkeit des Strafrichters für begründet, so gibt er die Sache durch Vermittlung der Staatsanwaltschaft an diesen ab; der Beschluß ist für den Strafrichter bindend, der Staatsanwaltschaft steht sofortige Beschwerde zu. [2]Hält der Strafrichter die Zuständigkeit des Schöffengerichts für begründet, so legt er die Akten durch Vermittlung der Staatsanwaltschaft dessen Vorsitzenden zur Entscheidung vor.

(2) [1]Erachtet der Richter den Angeschuldigten nicht für hinreichend verdächtig, so lehnt er den Erlaß eines Strafbefehls ab. [2]Die Entscheidung steht dem Beschluß gleich, durch den die Eröffnung des Hauptverfahrens abgelehnt worden ist (§§ 204, 210 Abs. 2, § 211).

(3) [1]Der Richter hat dem Antrag der Staatsanwaltschaft zu entsprechen, wenn dem Erlaß des Strafbefehls keine Bedenken entgegenstehen. [2]Er beraumt Hauptverhandlung an, wenn er Bedenken hat, ohne eine solche zu entscheiden, oder wenn er von der rechtlichen Beurteilung im Strafbefehlsantrag abweichen oder eine andere als die beantragte Rechtsfolge festsetzen will und die Staatsanwaltschaft bei ihrem Antrag beharrt. [3]Mit der Ladung ist dem Angeklagten eine Abschrift des Strafbefehlsantrags ohne die beantragte Rechtsfolge mitzuteilen.

Schrifttum. *Vent* Zur Frage der Korrektur eines rechtswidrigen, aber rechtskräftigen Strafbefehls, JR **1980** 400; im übrigen s. die Schrifttumsangaben zu § 407.

Entstehungsgeschichte. In der Neufassung durch das VereinhG enthielt § 408 Abs. 1 Satz 1 die nunmehr in § 407 Abs. 1 Satz 3 vorgeschriebene Regelung; im übrigen normierte die Vorschrift in unvollständiger Form die wichtigsten richterlichen Entscheidungsmöglichkeiten. Die nachfolgenden Änderungen durch das 3. StRÄndG, das EGStGB 1974 und das 1. StVRG[1] betrafen im wesentlichen Anpassungen an das neue Rechtsfolgenrecht. Durch das StVÄG 1979 wurde u. a. der nunmehrige Absatz 1 als Satz 3 und 4 in § 408 Abs. 1 und in Absatz 2 die jetzige Regelung des Abs. 3 Satz 3 in den damaligen Abs. 2 eingefügt[2]. Seine derzeitige Fassung erhielt § 408 durch das StVÄG 1987 (BGBl. I S. 475). In § 408 Abs. 1 wurden die bisherigen Sätze 1 (nunmehr § 407 Abs. 1 Satz 3) und 2 (nunmehr § 408 Abs. 3 Satz 1) gestrichen und die Sätze 3 und 4 über die Regelung etwaiger Zuständigkeitsstreite innerhalb des Amtsgerichts zu den jetzigen Sätzen 1 und 2. Gleichzeitig wurde dem § 408 ein zweiter Absatz eingefügt, dessen Satz 1 den Richter bei fehlendem hinreichenden Tatverdacht zur Ablehnung des Strafbefehlsantrags verpflichtet und dessen Satz 2 ausdrücklich den Ablehnungsbeschluß dem Nichteröffnungsbeschluß des § 204 gleichstellt. Der frühere Absatz 2 wurde unter Änderungen zum jetzigen Absatz 3: neben dem aus dem früheren Abs. 1 entnommenen

---

[65] *Eb. Schmidt* Nachtr. I 23; *Eser* JZ **1966** 661.
[1] Näheres dazu LR-*Schäfer*[23] § 408, Entstehungsgeschichte.
[2] Näheres dazu LR-*Schäfer*[23] EB § 408, Entstehungsgeschichte.

jetzigen Satz 1 wurde in Satz 2 eine über den alten Abs. 2 Satz 1 hinausgehende Regelung über das Verfahren bei richterlichen Bedenken gegen den Erlaß des beantragten Strafbefehls getroffen und der bisherige Satz 2 (des früheren Absatzes 2) wurde zu Satz 3.

Übersicht

I. Regelungsbereich

Abs. 1 regelt das Verfahren bei divergierenden Auffassungen zwischen Staatsanwaltschaft und Gericht über die **sachliche Zuständigkeit** zum Erlaß des beantragten Strafbefehls. Hält der Vorsitzende des höherrangigen Schöffengerichts den Strafrichter für zuständig, so gibt er die Sache nach Satz 1 an diesen mit bindender Wirkung ab (entsprechend der Regelung des § 209 Abs. 1 im Eröffnungsverfahren); dagegen steht der Staatsanwaltschaft (vgl. § 210 Abs. 2) sofortige Beschwerde zu. Im umgekehrten Fall legt der Strafrichter nach Satz 2, entsprechend der Regelung des § 209 Abs. 2, die Akten dem Vorsitzenden des Schöffengerichts zur Entscheidung vor. **1**

Abs. 2 und 3 regeln die **Entscheidungsmöglichkeiten** nach bejahter Zuständigkeit: die *Ablehnung* des Strafbefehlsantrags nebst Anfechtungsmöglichkeit (Abs. 2), den *Erlaß* des Strafbefehls und die *Anberaumung* einer *Hauptverhandlung* (Abs. 3 Satz 1 und 2). Abs. 3 Satz 3 sichert zudem eine ausreichende Unterrichtung des Angeschuldigten über die gegen ihn erhobenen Vorwürfe für den Fall der Anberaumung einer Hauptverhandlung. Einstellungsmöglichkeiten und sonstige Entscheidungsmöglichkeiten z. B. bei Unzuständigkeit des Amtsgerichts sind in § 408 nicht geregelt. **2**

Karl Heinz Gössel

II. Prüfung der Zuständigkeit zum Erlaß des Strafbefehls

3   Das Gesetz regelt lediglich die Prüfung der **sachlichen Zuständigkeit**, läßt aber offen, mit welchen Konsequenzen die örtliche und die funktionelle Zuständigkeit zu prüfen sind.

4   **1. Funktionelle Zuständigkeit.** Diese Zuständigkeit ergibt sich aus dem **Geschäftsverteilungsplan** des angegangenen Amtsgerichts; der hiernach unzuständige Strafrichter gibt die Sache durch Verfügung an den zuständigen Richter ab; Entsprechendes gilt beim Schöffengericht. Bei divergierenden Auffassungen entscheidet das geschäftsordnungsgebende Präsidium (§ 204, 4; s. ferner die Erläuterungen zu § 21 e GVG, s. auch § 408 a, 25 und § 411, 14).

5   **2. Örtliche Zuständigkeit.** Hält sich das angegangene Gericht für örtlich unzuständig (§ 16), so wird sich dieser Konflikt in aller Regel durch Verständigung mit der Staatsanwaltschaft, **Rücknahme** des Strafbefehlsantrags und erneuter Stellung des Antrags beim örtlich zuständigen Amtsgericht lösen lassen: eine Verweisung an das örtlich zuständige Gericht sieht das Gesetz nicht vor und ist deshalb nicht möglich[3], weil sonst in das Beschwerderecht der Staatsanwaltschaft (§ 210 Abs. 2) und das Recht auf die Auswahl eines von mehreren örtlich zuständigen Gerichten eingegriffen werden würde[4]. Erweist sich der Weg über die Antragsrücknahme nicht als gangbar, so sind mangels gesetzlicher Regelung folgende **Entscheidungen denkbar**: die *Ablehnung* des Strafbefehlsantrags, die *Feststellung* der eigenen örtlichen *Unzuständigkeit* durch Beschluß oder aber *Einstellung* des Verfahrens nach § 206 a.

6   a) Obwohl auch die örtliche Zuständigkeit eine Prozeßvoraussetzung darstellt[5], könnte deren Fehlen doch erst *nach Eröffnung* des Hauptverfahrens zur **Einstellung nach § 206 a** führen, im Falle der örtlichen Unzuständigkeit im Hinblick auf § 16 indessen nicht mehr von Amts wegen und im Strafbefehlsverfahren vor dem Erlaß des Strafbefehls schon deshalb nicht, weil zu diesem Zeitpunkt ein der Eröffnung des Hauptverfahrens vergleichbares Prozeßstadium und damit ein möglicher Anwendungsbereich des § 206 a noch gar nicht erreicht ist (zur Berücksichtigung der örtlichen Unzuständigkeit nach Erlaß des Strafbefehls s. § 408 a, 26 und § 411, 14).

7   Die für das normale Strafverfahren überwiegend für zutreffend erachtete Lösung über den **beschlußmäßigen Ausspruch der örtlichen Unzuständigkeit**[6] des angegangenen Gerichts leidet darunter, daß das dafür vorgebrachte rechtspolitische Argument, bei Nichteröffnung des Verfahrens müsse nach § 120 Abs. 1 Satz 2 ein etwa erlassener Haftbefehl aufgehoben werden[7], im Strafbefehlsverfahren schon deshalb wenig Gewicht hat, weil hier die Verhängung von Untersuchungshaft kaum eine Rolle spielt. Das von *Rieß* vorgebrachte Argument, mit der Unzuständigkeitserklärung lehne der Richter allein die Entscheidung *über* den Antrag ab (§ 204, 7), erscheint jedenfalls im Strafbefehlsverfahren deshalb bedenklich, weil das Gesetz eine solche Möglichkeit nicht vorsieht, der Richter also **entscheiden muß**, zumal da ihm die Möglichkeit einer Ablehnung des Antrags durchaus offensteht. Die sich nun aufdrängende Frage, ob die fehlende gerichtliche (örtliche wie sachliche) Zuständigkeit den hinreichenden Tatverdacht entfallen läßt, erscheint im Strafbefehlsverfahren bedeutungslos: selbst wenn diese Frage ver-

---

[3] BGHSt **13** 186, 188; KK-*Meyer-Goßner*[2] 2; *Kleinknecht/Meyer*[38] 2; oben § 204, 6.

[4] *Kleinknecht/Meyer*[38] § 16, 5.

[5] Oben § 206 a, 38; *Gössel* § 16 C III c.

[6] § 204, 7; *Gössel* Gedächtnisschr. für *Hilde Kaufmann* (1986) 977, 983.

[7] S. § 204, 7; **a. A** KK-*Treier*[2] § 199, 4.

neint[8] wird, ist damit keineswegs entschieden, daß die Möglichkeit zur Ablehnung des Strafbefehlsantrags entfällt. § 408 Abs. 2 stellt lediglich klar, daß der Antrag jedenfalls bei fehlendem hinreichenden Tatverdacht abgelehnt werden muß, trifft aber, anders als § 203, keine Entscheidung darüber, ob nicht der Antrag auch aus anderen Gründen abgelehnt werden kann[9]. Eine solche Möglichkeit aber ist in den Fällen zu bejahen, in denen das angegangene Gericht aus rechtlichen Gründen (z. B. wegen fehlender Zuständigkeit) daran gehindert ist, gegen den Angeschuldigten eine Rechtsfolge wegen einer schuldhaften Tat festzusetzen (unten Rdn 18 f).

b) Nach alledem kann die fehlende örtliche Zuständigkeit nur noch zur **Ablehnung** des Strafbefehlsantrags führen[10]; eine Rechtskraftwirkung aus § 211 kommt ihr nicht zu, da in der Sache nicht entschieden wurde (§ 211, 5). Die Staatsanwaltschaft kann den Ablehnungsbeschluß entweder mit der sofortigen Beschwerde nach § 210 Abs. 2 anfechten[11] oder aber neue Anklage zum nunmehr für örtlich zuständig erachteten Gericht erheben; gegebenenfalls ist das zuständige Gericht nach § 14 zu bestimmen. **8**

3. Sachliche Zuständigkeit. Das Gesetz regelt in **Abs. 1** lediglich einen Zuständigkeitskonflikt **innerhalb des Amtsgerichts**; wie bei der sachlichen Zuständigkeit des Landgerichts oder des Oberlandesgerichts über den Strafbefehlsantrag zu entscheiden ist, ist gesetzlich nicht festgelegt. **9**

a) Zuständigkeitskonflikt innerhalb des Amtsgerichts
aa) Zuständigkeit im Verfahren vor Erlaß des Strafbefehls. Wie oben § 407, 55 dargelegt wurde, hat bereits die Staatsanwaltschaft bei der der Anklageerhebung im Sinne des § 25 Nr. 3 GVG entsprechenden Stellung des Strafbefehlsantrags zu prüfen, ob es sich um einen Fall „von minderer Bedeutung" handelt; nur wenn sie dies bejaht, stellt sie den Strafbefehlsantrag beim Strafrichter, andernfalls aber beim Vorsitzenden des Schöffengerichts. Der angegangene Richter ist an die Beurteilung der Staatsanwaltschaft nicht gebunden, sondern zu einer eigenen Bewertung berechtigt und verpflichtet. Das Verfahren, wenn er zu einer abweichenden Beurteilung seiner sachlichen Zuständigkeit kommt, regelt § 408 Abs. 1 in Angleichung an die für das Verfahren nach erhobener Anklage in §§ 209, 210 vorgeschriebene Verfahrensweise. Nach Satz 1 gibt der **Vorsitzende des Schöffengerichts**, wenn der Strafbefehlsantrag bei ihm gestellt ist und er **10**

---

[8] So selbst vom Standpunkt eines umfassenden Begriffs – vgl. oben § 203, 7; BTDrucks. 10 1313, S. 35 – aus LR-*Rieß* § 204, 4.
[9] Vgl. dazu die amtl. Begründung BTDrucks. 10 1313, S. 35.
[10] Wie hier LR-*Schäfer*[23] § 408, 7; KMR-*Paulus* Vor § 1, 50; der Vorschlag von KK-*Treier*[2] § 199, 4, im Anschluß an KK-*Pfeiffer*[2] § 16, 4, „das Gericht habe seine Unzuständigkeit auszusprechen und zugleich die Eröffnung des Hauptverfahrens abzulehnen", ist in der Sache nicht verschieden von dem hier vorgeschlagenen Verfahren: die Differenz dürfte darin bestehen, daß *Treier*

offenbar den Ausspruch der Unzuständigkeit in den Tenor des Beschlusses aufnehmen will, während es hier für ausreichend erachtet wird, wenn die Unzuständigkeit in den Gründen (notwendig nach §§ 408 Abs. 2 Satz 2; 34) dargelegt wird; a. A KK-*Meyer-Goßner*[2] 2; *Kleinknecht/Meyer*[38] 2.
[11] **A. A** sind folgerichtig diejenigen, die sich für einen Beschluß über die Unzuständigkeitserklärung aussprechen, der nur mit einfacher Beschwerde für anfechtbar erachtet wird, vgl. KK-*Meyer-Goßner*[2] 2; *Kleinknecht/Meyer*[38] 2.

Karl Heinz Gössel

wegen der ausschließlichen Zuständigkeit des Strafrichters nach § 25 Nr. 1 und 2 GVG oder wegen minderer Bedeutung des Falles (§ 25 Nr. 3 GVG) die Zuständigkeit des Strafrichters für begründet hält, die Sache durch Vermittlung der Staatsanwaltschaft (vgl. dazu § 209, 35 und § 209 a, 39) an diesen ab, und zwar auch dann, wenn der Vorsitzende des Schöffengerichts zugleich der zuständige Strafrichter ist[12]. Die **Abgabe** bedarf der **Beschluß**form; der Beschluß ist der Staatsanwaltschaft, die dazu Stellung nimmt (Nr. 178 Abs. 3 RiStBV in der mit Wirkung vom 1. 10. 1988 geltenden Fassung — vgl. BAnZ Nr. 183 vom 29. 9. 1988) nach § 35 Abs. 2; 41 zuzustellen. Der Abgabebeschluß ist für den Strafrichter bindend, der Staatsanwaltschaft steht aber — entsprechend § 210 Abs. 2 — gegen den Abgabebeschluß die sofortige Beschwerde (§ 311) an das Landgericht zu, das endgültig (§ 310 Abs. 2) darüber entscheidet, ob für den Erlaß des Strafbefehls der Strafrichter oder der Vorsitzende des Schöffengerichts zuständig ist. Der Beschuldigte ist an dem Beschwerdeverfahren nicht beteiligt, da es sich nur um eine gerichtsinterne Klärung der Zuständigkeitsfrage handelt[13].

11   Ist dagegen der **Strafrichter**, bei dem der Strafbefehlsantrag angebracht wurde, der Auffassung, die Sache sei nicht von minderer Bedeutung, so hat er sie nach Satz 2 durch Vermittlung der Staatsanwaltschaft dem Schöffengerichtsvorsitzenden (auch bei Identität mit dem abgebenden Strafrichter) vorzulegen. Dieser wird, wenn er die Auffassung des Strafrichters teilt, auch ohne förmlichen Übernahmebeschluß für den Erlaß des Strafbefehls zuständig. Teilt er sie nicht, so gibt er nach Satz 1 die Sache durch Vermittlung der Staatsanwaltschaft an den Strafrichter zurück; dieser ist dann an die Entscheidung des Schöffengerichtsvorsitzenden gebunden[14]. Auch dieser **Beschluß** ist von der Staatsanwaltschaft mit der sofortigen Beschwerde anfechtbar, und zwar unabhängig davon, wie sie selbst die Zuständigkeit in ihren Stellungnahmen zu den Abgabebeschlüssen beurteilt hat: die Staatsanwaltschaft ist durch jede ihrer Auffassung nach fehlerhafte Entscheidung beschwert[15].

12   **bb) Zuständigkeit zur Durchführung der Hauptverhandlung.** Das nach Abs. 1 ermittelte Ergebnis der Zuständigkeitsprüfung ist für das weitere Verfahren auch nach Einspruch oder nach Anberaumung einer Hauptverhandlung nach § 408 Abs. 3 Satz 2 bindend: § 408 Abs. 1 regelt das Verfahren der **Zuständigkeitsbestimmung innerhalb des Amtsgerichts abschließend** und verhindert so eine wiederholte Prüfung. Das gilt auch, wenn sich innerhalb der Hauptverhandlung vor dem Strafrichter Anhaltspunkte für eine Zuständigkeit des Schöffengerichts ergeben: eine Verweisung nach § 270 kommt hier nicht in Betracht, weil es sonst möglich wäre, die bindende Wirkung der Abgabe an den Strafrichter (§ 408 Abs. 1 Satz 1) auf diese Weise zu unterlaufen — im umgekehrten Fall des Auftretens von Anhaltspunkten für die Zuständigkeit des Strafrichters im Verfahren vor dem Schöffengericht gilt das gleiche, wie aus § 269 folgt[16]. § 408 Abs. 1 bildet ebenso eine Sonderregel gegenüber § 225 a[17]; bemerkt der Strafrichter nach Erlaß des Strafbefehls, daß der Strafbefehlsantrag nicht an ihn, sondern an den Vorsitzenden des Schöffengerichts gerichtet war, so ist folglich Abgabebeschluß nach § 408 Abs. 1 Satz 2 erfor-

---

[12] *Kleinknecht/Meyer*[38] 5.
[13] KK-*Meyer-Goßner*[2] 9; *Kleinknecht/Meyer*[38] 5.
[14] So auch die Begründung BTDrucks. **8 976**, S. 61.
[15] KMR-*Müller* 12; a. A LR-*Schäfer*[23] EB § 408, 1; *Kleinknecht/Meyer*[38] 6; differenzierend KK-*Meyer-Goßner*[2] 10, wie hier lediglich für den Fall, daß die Sache entgegen der

Stellungnahme der Staatsanwaltschaft an den Strafrichter zurückgegeben wird; ähnlich LR-*Rieß* § 210, 11.
[16] Im Ergebnis wie hier KK-*Meyer-Goßner*[2] 9; KMR-*Müller* 14; *Kleinknecht/Meyer*[38] 5.
[17] A. A OLG Zweibrücken MDR **1987** 164; KK-*Meyer-Goßner*[2] 10.

derlich[18]. Bloß formlose Abgabe ist ein Verfahrensverstoß, auf dem das Urteil aber mindestens nicht stets i. S. des § 337 beruhen wird[19].

Etwas **anderes** gilt indessen, ergibt sich in der Hauptverhandlung auf Einspruch **13** oder nach § 408 Abs. 3 Satz 2, daß die sachliche Zuständigkeit eines **höheren** als eines amtsgerichtlichen Spruchkörpers gegeben ist (s. dazu u. Rdn. 15 ff): insoweit trifft § 408 Abs. 1 keine Regelung, so daß § 270 anwendbar bleibt (s. ferner § 408 a, 27; § 411, 15).

cc) Vorrang der Zuständigkeitsprüfung. Die Prüfung der Frage, ob es sich um **14** eine in die Zuständigkeit des Strafrichters fallende Sache von minderer Bedeutung oder um eine Schöffengerichtssache handelt, kann im Einzelfall mit der Prüfung der Angemessenheit der von der Staatsanwaltschaft beantragten Rechtsfolge oder mit sonstigen Bedenken gegen den Erlaß des Strafbefehls ohne Durchführung einer Hauptverhandlung **zusammentreffen.** Hält z. B. der mit dem Strafbefehlsantrag angegangene Strafrichter die beantragte Rechtsfolge von vornherein schon nach der Art und den Umständen des im Antrag erhobenen Vorwurfs für nicht schuldangemessen (d. h. zu gering), so kann dies identisch sein mit der Wertung, daß es sich nicht um eine Sache von minderer Bedeutung handele. Den Vorrang hat dann die Prüfung der Zuständigkeitsfrage. Es erübrigt sich dann also der Weg, daß der angegangene Strafrichter seine Bedenken gegen den Antrag der Staatsanwaltschaft bekannt gibt und deren Stellungnahme abwartet (vgl. Rdn. 45 ff, 48; Nr. 178 Abs. 1 RiStBV), weil es im allgemeinen prozeßökonomischer ist, die Sache gemäß § 408 Abs. 1 Satz 2 durch Vermittlung der Staatsanwaltschaft dem Schöffengerichtsvorsitzenden zur Entscheidung vorzulegen; die Staatsanwaltschaft hat auf diese Weise Gelegenheit, sich zu den Bedenken des Strafrichters zu äußern. Beharrt in einem solchen Fall die Staatsanwaltschaft bei ihrem Antrag, so wird sinnvollerweise der Schöffengerichtsvorsitzende die Sache übernehmen. Denn seine Entscheidung, die Zuständigkeit des Strafrichters sei wegen minderer Bedeutung der Sache gegeben, würde diesen zwar bzgl. seiner Zuständigkeit binden (oben Rdn. 10), während er an eine etwa zugleich geäußerte Auffassung des Schöffengerichtsvorsitzenden über die Angemessenheit der beantragten Rechtsfolge nicht gebunden wäre und alsbald Hauptverhandlung anberaumen müßte.

b) Zuständigkeit eines dem Amtsgericht übergeordneten Gerichts
aa) Hält der Strafrichter oder der Vorsitzende des Schöffengerichts die sachliche **15** Zuständigkeit des LG oder des OLG für gegeben, so ist auch hier zunächst der Weg über die **Rücknahme** des Antrags und eine Anklageerhebung beim zuständigen LG oder OLG zu beschreiten zu versuchen.

bb) Ist dieser Weg nicht gangbar, so scheiden einige denkbare Alternativen von **16** vornherein aus: einmal das Verfahren nach **§ 408 Abs. 3 Satz 2,** weil das Amtsgericht seine Zuständigkeit schließlich verneint, zum andern aber auch die in der Literatur favorisierte **Unzuständigkeitserklärung** durch Beschluß[20] — dagegen sprechen die gleichen Gründe, die bereits oben Rdn. 7 gegen ein solches Verfahren bei örtlicher Unzuständigkeit dargelegt wurden. Ebenso scheidet die weiter denkbare Möglichkeit einer **Verfahrenseinstellung nach § 206 a** wie schon bei der fehlenden örtlichen Zuständigkeit deshalb aus, weil ein dem Anwendungsbereich des § 206 a zugehörendes Prozeßstadium

---

[18] Wie hier *Kleinknecht/Meyer*[38] 6; im Ergebnis ebenso OLG Zweibrücken MDR **1987** 164 und KK-*Meyer-Goßner*[2] 10, die zu diesem Ergebnis indessen über § 225 a kommen.

[19] OLG Zweibrücken MDR **1987** 164.
[20] KK-*Meyer-Goßner*[2] 8; *Kleinknecht/Meyer*[38] 4; *Schlüchter* 788.4.

Karl Heinz Gössel

noch nicht erreicht ist (Rdn. 6). Damit verbleibt als weitere Entscheidungsmöglichkeit entweder das Verfahren nach § 209 Abs. 2 oder die Ablehnung des Strafbefehlsantrags.

17　　Nach der überwiegend vertretenen Meinung scheidet ein Verfahren gemäß § 209 **Abs. 2** deshalb aus, weil die dort vorausgesetzte Anklageschrift nicht vorliegt[21], der beantragte Strafbefehl nur vom Amtsgericht erlassen werden und der diesbezügliche Antrag die Anklage vor einem höheren Gericht nicht ersetzen könne[22]. Diese Argumentation erscheint indessen im Hinblick auf die Natur des Strafbefehlsantrags als Klageerhebung (§ 407 Abs. 1 Satz 4) und auf den weitgehend identischen Inhalt von Klageschrift und Strafbefehlsantrag (§ 407, 48 ff) wenig überzeugend, auch wenn das wesentliche Ergebnis der Ermittlungen im Strafbefehlsantrag fehlt; diese Meinung läuft letztlich darauf hinaus, daß der Strafbefehlsantrag, der schließlich in Verbindung mit den Akten die richterliche Überzeugung von der Strafbarkeit des Angeschuldigten begründen können soll (Vor § 407, 11), keine geeignete Grundlage für die Entscheidung über den hinreichenden Tatverdacht i. S. des § 203 bilden könne. So zu argumentieren, erscheint widersprüchlich — und doch ist unübersehbar, daß Anklageschriften zur Großen Strafkammer und zum Strafsenat auch unter Außerachtlassung der Darstellung des wesentlichen Ergebnisses der Ermittlungen ungleich eingehender und gründlicher abgefaßt zu werden pflegen, als Strafbefehlsanträge. Dies allerdings dürfte seinen Grund darin haben, daß in diesen Fällen die Sach-, und häufig auch die Rechtslage, regelmäßig ungleich komplizierter und schwieriger gestaltet ist, als in Sachen, die in Strafbefehlsverfahren verfolgt werden, wie z. B. bei Anklagen zur Wirtschaftsstrafkammer (§ 74 c GVG), mögen auch Fälle vorkommen, in denen eine Anklageschrift z. B. gegen einen geständigen Totschläger weitaus weniger akribische Arbeit verlangt als ein Strafbefehlsantrag gegen einen Trickbetrüger: es wird deshalb im Regelfall an der Natur der angeklagten Sachen liegen, wenn die notwendige richterliche Überzeugung im Strafbefehlsverfahren u. a. schon auf der Grundlage eines kurz gefaßten Strafbefehlsantrags gebildet werden kann, im Verfahren vor höherrangigen Gerichten die Entscheidung bloß über die Existenz des hinreichenden Tatverdachts aber einer solideren Grundlage bedarf. Für den Regelfall ist deshalb davon auszugehen, daß bei **sachlicher Zuständigkeit** eines **höheren als des Amtsgerichts** die im Strafbefehlsantrag bezeichneten Taten nicht Gegenstand des **Strafbefehlsverfahrens sein können** (§ 407, 3 ff). Daraus allein dürfte sich die Unanwendbarkeit des § 209 Abs. 2 indessen noch nicht herleiten lassen: wird doch die hier aufgezeigte Problematik beim Vergleich des Strafbefehlsantrags mit einer Anklageschrift zur Großen Strafkammer oder zum Strafsenat nicht selten auch beim Vergleich einer zum Amtsgericht gerichteten Anklageschrift mit einer solchen zu einem höherrangigen Gericht gegeben sein. Wenn sich allerdings im Strafbefehlsverfahren die Ungeeignetheit der Sache zur Behandlung in diesem Verfahren gem. § 407 Abs. 1 Satz 1 herausstellt, so erscheint die **Ablehnung** des Antrags als die sachgemäße Entscheidung (zur Möglichkeit einer solchen Entscheidung s. unten Rdn. 18), und dies dürfte auch für den Fall gelten, daß das angegangene Amtsgericht ein höherrangiges Gericht für sachlich zuständig hält. In diesem Fall kann die Staatsanwaltschaft entweder ihre Meinung auf dem Wege über die sofortige Beschwerde durchzusetzen suchen, oder aber nach Rechtskraft des Ablehnungsbeschlusses unter Berücksichtigung der gerichtlichen Zuständigkeitsargumentation eine Anklageschrift zum höherrangigen Gericht einreichen; weil in der Sache nicht entschieden wurde, kommt dem Ablehnungsbeschluß nicht etwa eine die erneute Anklage hindernde beschränkte Rechtskraft aus § 211 zu[23]. Demgemäß tritt

---

[21] KMR-*Müller* 11; *Kleinknecht/Meyer*[38] 4.　　　　[23] Oben § 211, 5; **a. A** KK-*Meyer-Goßner*[2] 8.
[22] KK-*Meyer-Goßner*[2] 8.

die Verweisung nach § 209 Abs. 2 hinter die für das Strafbefehlsverfahren vorgesehene spezielle Möglichkeit der Ablehnung des Strafbefehlsantrags zurück.

III. Die Ablehnung des Strafbefehlsantrags

1. Inhaltliche Voraussetzung. Der Antrag ist in allen Fällen abzulehnen, in denen **18** der **hinreichende Tatverdacht verneint** wird; dies war schon früher anerkannt[24], ist aber nunmehr durch § 408 Abs. 2 Satz 1 ausdrücklich klargestellt worden. Diese Regelung wirft indessen insoweit Probleme auf, als allein der fehlende hinreichende Tatverdacht als Ablehnungsgrund genannt wird: wer daraus schlösse, damit sei die Ablehnung auf diesen einzigen Grund beschränkt, würde den Streit um Umfang und Inhalt des Begriffs „hinreichender Tatverdacht" (vgl. dazu oben § 203, 6 ff) auch über die Zulässigkeit einer Ablehnung des Strafbefehlsantrags entscheiden lassen. Eine derart weitreichende Konsequenz hat der Gesetzgeber, der lediglich klarstellen wollte, was ohnehin allgemein anerkannt war, nicht beabsichtigt[25]. Deshalb ist davon auszugehen, daß jeder Grund, der die **Verhängung einer Sanktion** gegen den Beschuldigten **ausschließt**, auch dann zur Ablehnung des Strafbefehlsantrags führt, wenn dieser Grund den etwa eng verstandenen hinreichenden Tatverdacht unberührt läßt. Dies gilt allerdings nicht für den Fall, daß der Richter zwar hinreichenden Tatverdacht und damit Verurteilungs*wahrscheinlichkeit* bejaht, sich aber die notwendige richterliche *Überzeugung* von der Schuld des Ange-schuldigten (Vor § 407, 11; str.) nicht zu verschaffen vermag: wird schon jetzt deutlich, daß sich diese Überzeugung auch in einer Hauptverhandlung nicht gewinnen lassen wird, fehlt es schon am hinreichenden Tatverdacht, in den übrigen Fällen liegen lediglich Bedenken vor, die in einer Hauptverhandlung zu klären sind.

a) Straftaten als alleiniger Gegenstand des Strafbefehlsantrags. Demgemäß ist der **19** Erlaß eines beantragten Strafbefehls abzulehnen, wenn es **nicht wahrscheinlich** ist, daß der Angeschuldigte das ihm vorgeworfene Verhalten begangen hat oder daß dieses Verhalten nicht strafbar (auch bei Gesetzesänderung i. S. des § 206 b, s. unten Rdn. 33) ist, ferner dann, wenn es an einer **Prozeßvoraussetzung** (z. B. dem erforderlichen Antrag des Verletzten) fehlt, wenn die Strafklage verbraucht oder der Strafanspruch in anderer Weise weggefallen ist, wenn der Strafrichter örtlich oder sachlich nicht zuständig ist (oben Rdn. 6 ff, 17). Hat der Strafrichter dagegen lediglich Bedenken gegen die recht-liche Bewertung der Tat durch die Staatsanwaltschaft, und beharrt diese auf ihrer Auf-fassung, so kommt nicht Ablehnung des Antrags, sondern Anberaumung der Hauptver-handlung in Betracht (Rdn. 49). Auch die Prüfung der Beweisfrage kann zu einer Ableh-nung des Antrags führen, aber nur, wenn die Unzulänglichkeit der angeführten Be-weise klar zutage liegt und eine nach § 202 zulässige eigene Beweiserhebung[26] und auch eine Rückgabe der Sache an die Staatsanwaltschaft zur Ergänzung der Ermittlungen keine Änderung der Beweislage erwarten läßt.

Eine **teilweise Ablehnung** ist unzulässig. Weil der Richter dem Antrag nur entspre- **20** chen kann oder nicht, ist eine Ablehnung bezüglich einzelner Straftaten verbunden mit dem Erlaß des Strafbefehls wegen anderer Taten nicht möglich[27]: dieses Ergebnis läßt sich nur durch Rücknahme des Antrags und anschließende neue Antragstellung errei-chen.

---

[24] Vgl. LR-*Schäfer*[23] 6.

[25] Vgl. dazu BTDrucks. 10 1313, S. 35.

[26] KMR-*Müller* 24; *Kleinknecht/Meyer*[38] 7;

zum früheren Streitstand vgl. LR-*Schäfer*[23] 25.

[27] KMR-*Müller* 19; *Kleinknecht/Meyer*[38] 9.

Karl Heinz Gössel

b) Ordnungswidrigkeiten

21   aa) Grundsatz. Lautet der Strafbefehlsantrag nur auf Straffestsetzung wegen einer Straftat, während das Gericht aufgrund seiner Prüfung nach § 82 OWiG (Vor § 407, 41) **nur eine Ordnungswidrigkeit als gegeben annimmt**, so muß es, wenn die Staatsanwaltschaft bei ihrem Antrag beharrt, Hauptverhandlung anberaumen unter Hinweis auf die Veränderung des rechtlichen Gesichtspunkts[28]. Kommt das Gericht in der Hauptverhandlung zu der Überzeugung, daß nur eine Ordnungswidrigkeit vorliegt oder die Tat wegen eines ihrer Aburteilung als Straftat entgegenstehenden Verfahrenshindernisses nur unter dem Gesichtspunkt einer Ordnungswidrigkeit geahndet werden kann, so spricht es durch Urteil nur eine Geldbuße aus[29]. Ist nach Auffassung des Gerichts nur eine Ordnungswidrigkeit gegeben, deren Ahndung nicht geboten ist (vgl. § 47 Abs. 2 OWiG), so lehnt es auch die Anberaumung der Hauptverhandlung ab (§ 204); es stellt zugleich das Verfahren ein, wenn die Staatsanwaltschaft insoweit zustimmt.

22   bb) Andere Divergenzfälle. Wird Strafbefehlsantrag wegen **einer** Tat (i. S. des § 264) gestellt, und kommt dabei Tatmehrheit von Straftat und Ordnungswidrigkeit in Betracht, so kann wegen des Grundsatzes der verfahrenseinheitlichen Behandlung (Vor § 407, 41) der Antrag nur in vollem Umfang abgelehnt[30] oder die Sache nur in vollem Umfang zur Hauptverhandlung gebracht werden. Lautet dagegen der Antrag auf Festsetzung von Strafe für eine Straftat und auf Festsetzung von Geldbuße für eine selbständige Ordnungswidrigkeit wegen persönlichen Zusammenhangs (§ 42 Abs. 1, 2 OWiG), und lehnt der Strafrichter den Antrag wegen nicht hinreichenden Verdachts der Straftat ab, so entfällt damit, wenn der Beschluß unangefochten bleibt, der Gesichtspunkt der einheitlichen Aburteilung von Straftat und Ordnungswidrigkeit; den Strafbefehlsantrag wegen der verbleibenden Ordnungswidrigkeit nimmt die Staatsanwaltschaft zurück und gibt die Sache an die Verwaltungsbehörde ab. Entsprechendes gilt, wenn wegen sachlichen Zusammenhangs durch einheitlichen Strafbefehlsantrag gegen eine Person Festsetzung von Strafe wegen einer Straftat, gegen eine andere Person von Bußgeld wegen einer Ordnungswidrigkeit beantragt wird und das Gericht den Antrag hinsichtlich der Straftat mangels hinreichenden Tatverdachts oder wegen Eingreifens eines Verfahrenshindernisses ablehnt[31].

2. Bedeutung und Wirkung des Ablehnungsbeschlusses

23   a) Wesen, Begründung und Bekanntmachung. Wie schon bisher angenommen wurde[32], so ist durch die jetzige Fassung des § 408 Abs. 2 und die dortige Verweisung auf § 204 gesetzlich klargestellt, daß der Ablehnungsbeschluß einem **Nichteröffnungsbeschluß gleichsteht** und folglich wie ein solcher zu **begründen** ist: nach § 204 Abs. 1 muß erkennbar sein, ob die Ablehnung auf tatsächlichen oder auf rechtlichen Gründen beruht[33]. Ist der Ablehnungsbeschluß ergangen, so darf der Richter den beantragten Strafbefehl nicht etwa auf Gegenvorstellung der Staatsanwaltschaft nachträglich erlassen: der Ablehnungsbeschluß kann nur noch nach § 408 Abs. 2 Satz 2 in Vbdg. mit § 210 Abs. 2 angefochten werden[34], anderenfalls erwächst er in die nach § 211 beschränkte Rechtskraft. Fehlt es an der Zustellung des Ablehnungsbeschlusses, so ist das Verfahren

---

[28] So die überwiegend vertretene Auffassung; vgl. BGH **23** 342, 346; *Göhler*[8] § 82, 6.

[29] BGHSt **23** 342, 346; *Göhler*[8] § 82, 11.

[30] Die beschränkte Rechtskraftwirkung nach § 211 steht auch einer Verfolgung nur wegen der Ordnungswidrigkeit entgegen, zutr. BayObLG NStZ **1983** 418.

[31] *Göhler*[8] § 82, 8.

[32] Vgl. dazu LR-*Schäfer*[23] 27.

[33] KK-*Meyer-Goßner*[2] 11; *Kleinknecht/Meyer*[38] 8; BTDrucks. **10** 1313, S. 35.

[34] OLG Karlsruhe Justiz **1984** 190.

auch noch in der Revisionsinstanz an das Amtsgericht zur Nachholung der Zustellung zurückzugeben, so daß nunmehr die Anfechtungsberechtigten entscheiden können, ob sie den Beschluß anfechten oder rechtskräftig werden lassen wollen[35]; das gilt auch in der Berufungsinstanz (s. dazu unten §412, 43).

Bekanntzumachen ist der Ablehnungsbeschluß gemäß §35, der **Staatsanwaltschaft** **24** also nach §41, dem **Angeschuldigten** nach §204 Abs. 2 gemäß §35 Abs. 2 Satz 2 durch formlose Mitteilung, wobei ihm in entsprechender Anwendung des §408 Abs. 3 Satz 3 eine Abschrift des Strafbefehlsantrags mit übersandt wird[36]. Der Beschluß ist auch dem **Nebenklageberechtigten** gemäß §35 Abs. 2 Satz 1 zuzustellen, wenn er seinen Anschluß erklärt hat (§396 Abs. 1; vgl. Vor §407, 25), damit dieser von seinem Anfechtungsrecht (§§401 Abs. 1 Satz 1; 400 Abs. 2 Satz 2; 408 Abs. 2 Satz 2; 210 Abs. 2) Gebrauch machen kann. Dem **Verletzten**, der nicht Nebenkläger ist, ist der Ablehnungsbeschluß unter den Voraussetzungen des §406 d mitzuteilen (§35 Abs. 2 Satz 2).

b) **Anfechtbarkeit.** Der **Staatsanwaltschaft** steht das Rechtsmittel der **sofortigen** **25** **Beschwerde** gegen den Ablehnungsbeschluß zu (§§408 Abs. 2 Satz 2; 210 Abs. 2)[37], ebenso dem **Nebenkläger** (Rdn. 24).

aa) Problematisch ist, wie das Beschwerdegericht zu entscheiden hat, falls es die **26** Beschwerde — nach vorheriger Anhörung des Beschuldigten (§308 Abs. 1)[38] — als **begründet** ansieht. Nach dem Wortlaut des Gesetzes hat es in diesem Fall „zugleich die in der Sache erforderliche Entscheidung" zu erlassen (§309 Abs. 2). Hier ergeben sich indessen **Schwierigkeiten**, die in der Besonderheit des Strafbefehlsverfahrens begründet sind. Hat z. B. der Strafrichter den Erlaß eines Strafbefehls abgelehnt, weil das dem Beschuldigten zur Last gelegte Verhalten nicht einmal den objektiven Tatbestand einer Straftat verwirkliche oder weil ein Verfahrenshindernis entgegenstehe und hält das Beschwerdegericht dieses Bedenken für unbegründet, so kann es jedenfalls nicht selbst einen Strafbefehl erlassen, denn dazu ist allein der Strafrichter oder der Vorsitzende des Schöffengerichts zuständig (§407 Abs. 1 Satz 1; §408 Abs. 1)[39].

Aber auch eine **Aufhebung** des angefochtenen Beschlusses verbunden mit der **An-** **27** **weisung** an den Strafrichter, den Strafbefehl nach Antrag zu erlassen[40], scheidet aus. Denn das würde in unzulässiger Weise in die Entschließungsfreiheit des Strafrichters eingreifen. Würde er in dem vorgenannten Beispielsfall angehalten, den objektiven Tatbestand als verwirklicht oder das Verfahrenshindernis als nicht durchgreifend anzusehen, so muß er nunmehr prüfen, ob der subjektive Tatbestand als gegeben anzusehen ist, ob unverschuldeter Verbotsirrtum in Frage steht, ob die beantragte Strafe angemessen ist usw., Fragen, mit denen sich das Beschwerdegericht nicht befassen konnte, weil insoweit eine beschwerdefähige Entscheidung des Strafrichters noch gar nicht vorlag.

Aber selbst wenn man annehmen wollte, daß das Beschwerdegericht über diese **28** bisher nicht geprüften Gesichtspunkte selbst entscheiden dürfe, so bleibt zu bedenken, daß dem Strafrichter stets ein **Beurteilungsspielraum** verbleibt, in dessen Rahmen er Bedenken gegen den Erlaß eines Strafbefehls bejahen oder verneinen kann; diese Beurteilung ist einer Beschwerde entzogen und kann dem Strafrichter auch nicht dadurch genommen werden, daß das Beschwerdegericht ihn auf eine Beschwerde gegen die Zurückweisung des Strafbefehlsantrags hin anweist, einen Strafbefehl zu erlassen. Allen-

---

[35] OLG Karlsruhe Justiz **1984** 190.
[36] KK-*Meyer-Goßner*[2] 12.
[37] Zur früheren Rechtslage s. LR-*Schäfer*[23] 27.
[38] Vgl. BVerfGE **9** 261.
[39] H. M; vgl. z. B. KK-*Meyer-Goßner*[2] 14;

KMR-*Müller* 21; *Kleinknecht/Meyer*[38] 9; a. A *Pick* JR **1927** 246.
[40] *Feisenberger* 1; *von Kries* 741; *Dosenheimer* DRZ **1926** 238, **1927** 57; *von Valta* BayZ 10 443.

Karl Heinz Gössel

falls könnte danach die Beschwerdeentscheidung dahin lauten, daß der Strafrichter angewiesen wird, den Erlaß eines Strafbefehls nicht aus den bisher von ihm geltend gemachten Gründen abzulehnen, d. h. die Beschwerdeinstanz würde unter Aufhebung des angefochtenen Beschlusses die Sache zur weiteren Behandlung an den Strafrichter **zurückverweisen**, der nur in der Beurteilung des vom Beschwerdegericht entschiedenen Punktes an die Beschwerdeentscheidung gebunden, im übrigen darin frei wäre, den Erlaß des Strafbefehls aus anderen Gründen abzulehnen, einen Strafbefehl zu erlassen oder Hauptverhandlung anzuberaumen[41]. Indessen ist auch eine derartige Behandlung mit dem Zweck des Strafbefehlsverfahrens unvereinbar, eine Sache beschleunigt und einfach zu erledigen. Deshalb soll nach verbreiteter Meinung das Beschwerdegericht, wenn es die Beschwerde für begründet hält, sich entweder mit der Aufhebung des Beschlusses begnügen und die weitere Behandlung dem Strafrichter überlassen oder diesen anweisen, Hauptverhandlung anzuberaumen[42].

29   Aber auch diese Auffassung führt dazu, dem Beschwerdegericht einen unzulässigen Eingriff in die Entscheidungsfreiheit des Richters am Amtsgericht (§ 408 Abs. 3 Satz 1 und 2) zu ermöglichen. Deshalb kann das Beschwerdegericht den Ablehnungsbeschluß nur **aufheben** und die Sache zur neuen Entscheidung an das Amtsgericht **zurückverweisen**, dem nunmehr wieder die gleichen Entscheidungsmöglichkeiten offenstehen, wie bei der erstmaligen Entscheidung über den Strafbefehlsantrag[43]. Gegen den Aufhebungsbeschluß ist die weitere Beschwerde nicht statthaft (§ 310).

30   **bb)** Erweist sich die sofortige Beschwerde als **unbegründet**, braucht der Angeschuldigte vor der Verwerfung des Rechtsmittels nicht gehört zu werden (keine Änderung zu dessen Nachteil, vgl. § 309 Abs. 1 Satz 1). Weil nach § 310 die weitere Beschwerde hier ebenfalls unstatthaft ist, wird der Verwerfungsbeschluß mit seinem Erlaß i. S. des § 211 beschränkt rechtskräftig; Gleiches gilt, bleibt der Ablehnungsbeschluß unangefochten.

IV. Verfahrenseinstellung

31   Im Verfahren über den Antrag auf Erlaß eines Strafbefehls kann das Verfahren grundsätzlich auch aus den sonst im Normalverfahren üblichen Gründen eingestellt werden, jedoch nur **einheitlich** hinsichtlich des gesamten mit dem Strafbefehlsantrag anhängig gemachten Verfahrensgegenstandes, weil über den Strafbefehlsantrag nur einheitlich entschieden werden kann (Rdn. 20). Indessen scheidet eine Einstellung wegen Vorliegens von **Verfahrenshindernissen** deshalb aus, weil § 206 a in diesem Verfahrensabschnitt nicht anwendbar und Ablehnungsbeschluß zu erlassen ist (Rdn. 6); bei **fehlender Zuständigkeit** ist nach der hier vertretenen Meinung Ablehnungsbeschluß zu erlassen (Rdn. 6 ff, 16 f), soweit nicht nach § 408 Abs. 1 zu verfahren ist. Damit verbleiben als Einstellungsmöglichkeiten vor Erlaß des Strafbefehls:

---

[41] So die in Art. 70 Nr. 22 des Entw. EGStGB 1930 vorgeschlagene Fassung.
[42] *Eb. Schmidt* Nachtr. **I** 25; *Dalcke* 2; KMR-*Müller* 21; *Roxin*[20] § 66 B II 3 c; *Binding* 216; *Schorn* Verfahren 49; *Fritsch* DStrZ **9** 234; *Jochheim* DRZ **1927** 387; *Körfer* DRZ **1926** 350; der Entw. 1939 schlug eine derartige Regelung in seinem § 393 Abs. 2 vor: „Ist

diese (die Beschwerde der Staatsanwaltschaft) begründet, so bestimmt das Beschwerdegericht, daß der Amtsrichter die Hauptverhandlung anzuberaumen hat".
[43] KK-*Meyer-Goßner*[2] 14; *Kleinknecht/Meyer*[38] 9; *Schlüchter* 788.5; **a. A** LR-*Schäfer*[23] 29 und die in Fußn. 42 Genannten.

1. Einstellung nach § 205. Die Vorschrift gilt zwar direkt nur für das Eröffnungs- **32** verfahren, ist jedoch nach allgemeiner Ansicht in den übrigen Verfahrensstadien analog anwendbar, damit grundsätzlich auch im Verfahren nach Stellung eines Strafbefehlsantrags. Weil das zur Einstellung führende Hindernis aber der Durchführung der Hauptverhandlung entgegenstehen muß, kann die entsprechende Anwendung dieser Vorschrift im hier behandelten Verfahrensabschnitt grundsätzlich nur in Betracht kommen, wenn das persönliche Hindernis schon dem **Erlaß** des Strafbefehls **entgegensteht**: ist doch der mögliche Erlaß des Strafbefehls gerade umgekehrt ein Mittel, die Einstellung des Verfahrens wegen eines der Durchführung der Hauptverhandlung entgegenstehenden Hindernisses zu vermeiden (vgl. § 205, 3). Deshalb kommt eine Einstellung nach § 205 nach Stellung des Strafbefehlsantrags in erster Linie in Betracht, wenn der Strafbefehl dem Angeschuldigten nicht zugestellt werden kann[44]. Nach den obigen Darlegungen kommt indessen der Erlaß eines Strafbefehls auch dann nicht in Betracht, wenn der Angeschuldigte, dem der etwaige Strafbefehl zugestellt werden könnte, sich im Ausland aufhält, jedoch damit zu rechnen ist, daß er Einspruch einlegt und zur Hauptverhandlung darüber nicht erscheinen wird (Vor § 407, 33); auch in diesem Fall erscheint es zweckmäßiger, das Verfahren sogleich nach § 205 einzustellen, als zunächst den komplizierten Rechtshilfeweg für die Zustellung zu beschreiten, den Einspruch abzuwarten und alsdann in der Hauptverhandlung das Verfahren nach § 205 einstellen zu müssen, weil nach § 285 eine Hauptverhandlung gegen einen Abwesenden nicht durchgeführt werden darf[45].

2. Einstellung nach § 206 b. Erweist sich das im Strafbefehlsantrag beschriebene **33** Verhalten wegen einer nach der Tatbeendigung ergehenden Gesetzesänderung als nicht mehr strafbar, so sieht § 206 b im Eröffnungsverfahren die Einstellung des Verfahrens aus verfahrensökonomischen Gründen vor. Eine entsprechende Anwendung im Strafbefehlsverfahren kommt im hier beschriebenen Verfahrensabschnitt, unabhängig der neuerdings vertretenen Meinung, § 206 b sei erst ab Rechtshängigkeit anwendbar[46], deshalb nicht in Betracht, weil hier ein förmliches Eröffnungsstadium nicht vorgesehen ist. Für das in etwa vergleichbare Stadium der Entscheidung über den Erlaß des Strafbefehls (die allerdings zur richterlichen Überzeugung von Schuld und Strafbarkeit des Beschuldigten und nicht bloß, wie beim Eröffnungsbeschluß, zur Überzeugung vom Bestehen des hinreichenden Tatverdachts führen muß, oben Vor § 407, 11) ist § 408 Abs. 2 insoweit als Sonderregel anzusehen mit der Folge, daß in diesen Fällen **Ablehnungsbeschluß** zu erlassen ist[47].

3. Einstellung aus Opportunitätsgesichtspunkten
a) §§ 153, 153 a. Durch die Einreichung des Strafbefehlsantrags wird gemäß § 407 **34** Abs. 1 Satz 4 die öffentliche Klage erhoben. Von diesem Augenblick an kann die Staatsanwaltschaft das Verfahren nach §§ 153, 153 a nur nach **Rücknahme** des Strafbefehlsantrags einstellen, im übrigen ist die Einstellungsbefugnis nach §§ 153 Abs. 2; 153 a Abs. 2 auf das Gericht übergegangen, welches das Verfahren nur mit Zustimmung der Staatsanwaltschaft und grundsätzlich auch nur mit Zustimmung des Angeschuldigten einstellen darf, es sei denn, es liegt eine der in § 153 Abs. 2 Satz 2 ausdrücklich genannten Aus-

---

[44] KK-*Meyer-Goßner*[2] 5; *Kleinknecht/Meyer*[38] 16.
[45] Im Erg. ebenso KK-*Meyer-Goßner*[2] § 407, 35; s. auch Nr. 175 Abs. 2 RiStBV.

[46] So LR-*Rieß* § 206 b, 6; **a. A** z. B. KK-*Treier*[2] § 206 b, 2.
[47] Im Erg. ebenso KK-*Meyer-Goßner*[2] 5.

     Karl Heinz Gössel

nahmen von diesem Zustimmungserfordernis vor. Auf die Zustimmung des Angeschuldigten (soweit gesetzlich notwendig) kann nicht verzichtet werden: sobald die Anklage in irgendeiner Form erhoben ist, muß dem Angeschuldigten die Möglichkeit eingeräumt werden, sich von dem gegen ihn erhobenen Vorwurf durch ein freisprechendes Urteil reinigen zu lassen[48], und zwar unabhängig davon, daß ihm der Strafbefehlsantrag (anders als die Anklageschrift) nicht zugestellt wird[49]. Jedoch ist dem Angeschuldigten, erwägt der Richter die Einstellung nach §§ 153, 153 a, mit der Anfrage hinsichtlich seiner Zustimmung zur Einstellung entsprechend § 408 Abs. 3 Satz 3 eine Abschrift des Strafbefehlsantrags ohne die beantragte Rechtsfolge mitzuteilen[50].

35   **b) Sonstige Möglichkeiten.** Weitere Einstellungsmöglichkeiten durch das Gericht bestehen im Falle des **§ 153 b Abs. 2** mit Zustimmung der Staatsanwaltschaft und des Angeschuldigten, nach **§ 154 b Abs. 4** auf Antrag der Staatsanwaltschaft (Zustimmung des Angeklagten ist nicht erforderlich) und nach **§ 154 e Abs. 2** zwar ohne Zustimmung, aber nach Anhörung von Staatsanwaltschaft und Angeschuldigtem.

36   Eine Einstellung nach **§ 154 Abs. 2** auf Antrag der Staatsanwaltschaft (Zustimmung des Angeschuldigten ist nicht erforderlich) ist lediglich in den Fällen möglich, in denen der **gesamte** mit dem Strafbefehlsantrag anhängig gemachte **Verfahrensgegenstand** als unwesentliche Nebenstraftat gegenüber einem anderweitigen Verfahren angesehen werden kann.

37   Eine Einstellung wegen **einzelner** vom Strafbefehl mitumfaßter Taten ist nicht möglich (oben Rdn. 20). Aus dem gleichen Grunde scheidet auch eine Einstellung nach § 154 a Abs. 2 wie auch die Ausscheidung der Einziehung (§ 430) und ähnlicher Rechtsfolgen (§ 442 Abs. 1) nach § 430 Abs. 1 aus. Hält der Richter eine solche Beschränkung für angebracht, und ist die Staatsanwaltschaft damit einverstanden (§§ 154 a Abs. 2; 430 Abs. 1), so reicht sie zweckmäßig unter Rücknahme des weitergehenden Antrags einen neuen Strafbefehlsantrag ein; versagt sie sich der Anregung, so muß der Richter den Strafbefehl in der beantragten Form erlassen, da nunmehr der Zweck einer Verfahrensvereinfachung nicht erreichbar ist. Auch eine **Wiedereinbeziehung** im Ermittlungsverfahren ausgeschiedener Teile der Nebenfolgen ist nur mit Zustimmung der Staatsanwaltschaft möglich; ist diese zur Zustimmung nicht bereit, so wird der Strafrichter, wenn er an seiner Auffassung festhält, die Sache zur Hauptverhandlung bringen, in der die Wiedereinbeziehung gemäß §§ 154 a Abs. 3; 430 Abs. 3 ohne weiteres möglich ist[51].

V. Erlaß des Strafbefehls

38   **1. Verfahren und Wesen.** Nach Prüfung der Zuständigkeit und nach Ausschluß von Einstellungsentscheidungen hat der Richter zu prüfen, ob **hinreichender Tatverdacht** besteht und darüber hinaus, ob er unter Zugrundelegung des bisherigen Erkenntnisstandes die **Überzeugung von der Schuld** des Angeschuldigten und der Angemessenheit der beantragten Rechtsfolge gewinnen kann sowie ferner, ob er der rechtlichen Beurteilung im Strafbefehlsantrag zustimmen kann. Scheidet dabei eine Ablehnung des Strafbefehlsantrags aus, so muß er dem Antrag der Staatsanwaltschaft entsprechen, wenn er weder in tatsächlicher noch in rechtlicher Hinsicht Bedenken trägt (s. unten Rdn. 46 ff), den Strafbefehl zu erlassen (§ 408 Abs. 3 Satz 1).

---

[48] KK-*Meyer-Goßner*[2] 3; **a. A** LR-*Schäfer*[23] 14; KMR-*Müller* 28; *Kleinknecht/Meyer*[38] 16.

[49] Vgl. dazu LR-*Schäfer*[23] 4.

[50] KK-*Meyer-Goßner*[2] 3.

[51] *Eb. Schmidt* Nachtr. I 12.

Nicht selten wird die Auffassung vertreten, der Strafbefehl trete an die Stelle des **Eröffnungsbeschlusses** im Normalverfahren oder ihm komme eine solche Bedeutung zu[52]. Diese Auffassung erscheint indessen *irreführend*. Der Eröffnungsbeschluß ist die den Abschluß des schriftlichen Zwischenverfahrens (vgl. Vor § 198, 6) bildende richterliche Entscheidung, mit der die Eröffnung des mittels Hauptverhandlung durchzuführenden Hauptverfahrens beschlossen wird; weil aber das Strafbefehlsverfahren schriftlich durchgeführt wird und überdies kein Zwischenverfahren kennt (Vor § 198, 9), kann es in diesem Verfahren folglich weder einen Eröffnungsbeschluß noch eine diesem gleichartige Entscheidung geben. Wie bereits oben (Vor § 407, 11) dargelegt wurde, steht der Strafbefehl einem **Urteil** gleich: die summarische Erledigung durch das Strafbefehlsverfahren besteht gerade darin, auf die Anklageerhebung im schriftlichen Wege sogleich eine die Anklage verbrauchende und zum Verfahrensabschluß geeignete Entscheidung zu erlassen. Nun sind aber auch im Strafbefehlsverfahren **Prozeßhandlungen** statthaft, deren zulässige Vornahme davon abhängig ist, daß das Hauptverfahren bereits eröffnet ist, wie z. B. im Falle des § 206 a (s. auch § 407, 39 hinsichtlich der Rücknahme des Strafbefehlsantrags). In solchen Fällen ist es notwendig, im Strafbefehlsverfahren eine der **Eröffnung** des Hauptverfahrens in etwa **vergleichbare** Entscheidung und ein dem Zwischenverfahren vergleichbares Stadium zu bestimmen, um die Zulässigkeit der betreffenden Prozeßhandlung beurteilen zu können: da sich hier das schriftliche Verfahren bis zum Erlaß des Strafbefehls zum Vergleich mit dem Zwischenverfahren anbietet, ist es folglich verständlich, wenn in der erwähnten Weise davon gesprochen wird, der Strafbefehl vertrete den Eröffnungsbeschluß. Dies darf nach der hier vertretenen Meinung allerdings nur bedeuten, daß die prozessualen Wirkungen eines Eröffnungsbeschlusses *im Einzelfall* dem Erlaß des Strafbefehls zuzuordnen sind: der urteilsgleiche Strafbefehl wird damit aber nicht selbst zu einem Eröffnungsbeschluß oder auch nur zu dessen Surrogat. Das ist insbesondere im **Verfahren nach Einspruch** oder **nach Anberaumung** einer Hauptverhandlung auf den Strafbefehlsantrag (unten Rdn. 44 ff) von Bedeutung. Die richterliche Zustimmung dazu, daß die von der Staatsanwaltschaft angeklagten Taten in diesem Umfang Gegenstand einer Hauptverhandlung vor dem angegangenen Gericht sein sollen, die im Normalverfahren zum Inhalt des Eröffnungsbeschlusses gehört, ist im Verfahren nach Einspruch im Erlaß des Strafbefehls zu erblicken[52a], so daß dem Strafbefehl insoweit die prozessualen Wirkungen zukommen, die im Normalverfahren der Eröffnungsbeschluß äußert — im Verfahren auf Anberaumung einer Hauptverhandlung kommen diese Wirkungen der Entscheidung über die Anberaumung zu (Rdn. 45). Besondere Bedeutung allerdings gewinnt die hier vertretene Auffassung für das Verfahren nach § 408 a: wäre hier der Strafbefehl einem Eröffnungsbeschluß gleichzusetzen, wäre die in der Literatur geäußerte Befürchtung divergierender Eröffnungsbeschlüsse[53] in der Tat gegeben — im Falle des § 408 a besteht wegen des schon vorhandenen Eröffnungsbeschlusses nach der hier vertretenen Auffassung indes keine Notwendigkeit mehr, irgendwelche dem Eröffnungsbeschluß zukommende Wirkungen einer anderen richterlichen Entscheidung zuzuordnen (Näheres § 408 a, 4).

---

[52] OLG Zweibrücken MDR **1987** 164; KK-*Meyer-Goßner*[2] 6.

[52a] A. A zu Unrecht BayObLG NJW **1961** 1782, welches die verfahrensbegrenzende Wirkung dem Strafbefehlsantrag allein zuweist, also *nur* eine Entscheidung der Staatsanwaltschaft für ausreichend hält, den Verfahrensgegenstand zu bestimmen; mit Recht ablehnend zu der Entscheidung des BayObLG auch *Maywald* NJW **1962** 549.

[53] *Meyer-Goßner* NJW **1987** 1166; *Meurer* JuS **1987** 887; vgl. dazu auch *Rieß* JR **1988** 134 f.

Karl Heinz Gössel

40   **2. Bindung des Richters.** Unter den Rdn. 38 genannten Voraussetzungen *muß* der Richter den Strafbefehl so erlassen, wie ihn die Staatsanwaltschaft beantragt hat. § 408 Abs. 3 Satz 1 und 2 gewähren dem Richter keine Möglichkeit, in irgendeiner Richtung inhaltlich (die Formulierung steht ihm frei) von dem Antrag abzuweichen. Dies gilt von der Bestimmung der Strafe und der übrigen Rechtsfolgen wie auch von der Qualifizierung der Tat; der Strafrichter kann ein anderes als das in dem Antrag bezeichnete Strafgesetz nicht anwenden[54]. Die damit verlangte **vollständige Übereinstimmung** zwischen dem Antrag der Staatsanwaltschaft und der richterlichen Überzeugung bildet eine unverzichtbare Voraussetzung des Strafbefehlsverfahrens[55] und erklärt zugleich, daß der Staatsanwaltschaft gegen den Erlaß des Strafbefehls kein Rechtsmittel zusteht[56].

3. Der antragswidrig erlassene Strafbefehl

41   **a) Wirkungen.** Weicht der Strafrichter bei Erlaß des Strafbefehls, sei es zugunsten, sei es zuungunsten des Beschuldigten, von dem Antrag der Staatsanwaltschaft ab, so bewirkt das nicht, daß der Strafbefehl „unwirksam" in dem Sinn wäre, daß er auch bei Eintritt der formellen Rechtskraft infolge unterlassener Anfechtung durch wirksam eingelegten Einspruch unbeachtlich wäre[57]. Nach jetzt h. M begründen nur allergrößte Verstöße gegen das sachliche oder das Verfahrensrecht, die es schlechthin unannehmbar machen, eine formell rechtskräftig gewordene Entscheidung hinzunehmen, deren absolute **Nichtigkeit** (vgl. Einl. Kap. **16** 7). Von einem solchen Ausnahmetatbestand kann aber bei einem bloßen Abweichen des Strafbefehls vom Antrag keine Rede sein. Ein solcher Verstoß wiegt nicht schwerer als wenn etwa beim Erlaß eines Strafbefehls — unter Übersehen einer Änderung der Rechtslage — eine nach früherem Recht zulässige Freiheitsstrafe festgesetzt worden wäre (vgl. dazu Einl. Kap. **16** 11 c Fußn. 36), wenn das zulässige Höchstmaß der Geldstrafe (§ 40 Abs. 1, 2 StGB) oder der Dauer des Fahrverbots (§ 44 StGB) überschritten wurde oder wenn Verfahrenshindernisse übersehen worden sind oder ein Strafbefehl gegen einen Jugendlichen oder einen dem Jugendstrafrecht unterliegenden Heranwachsenden erlassen wurde (Vor § 407, 37), wenn die Strafe wegen eines Verbrechens festgesetzt oder wenn bei der rechtlichen Würdigung mehr oder weniger grobe sachlichrechtliche Verstöße begangen wurden. Soweit sie nicht durch Berichtigung **korrigierbar** sind[58], müssen solche Mängel nach Eintritt der **Rechtskraft** um der Rechtssicherheit willen hingenommen werden[59]. Demgemäß bewirkt auch der nicht antragsgemäß erlassene Strafbefehl den Verbrauch der Strafklage[60]. Zu den Fällen, in denen von § 407 Abs. 2 nicht vorgesehene Rechtsfolgen (z. B. Freiheitsstrafe) festgesetzt oder gar keine Rechtsfolgen verhängt werden, s. unten § 409, 16.

42   **b) Anfechtbarkeit.** Der **Staatsanwaltschaft** steht ein Rechtsmittel nur gegen den Ablehnungsbeschluß zu; ist der Strafbefehl erlassen, so gewährt das Gesetz unabhängig von einer etwaigen Abweichung vom Antrag der Staatsanwaltschaft **keine** Anfechtungs-

---

[54] A. M *Schorn* Verfahren 52.
[55] KK-*Meyer-Goßner*² 17; KMR-*Müller* 23; *Kleinknecht/Meyer*³⁸ 11.
[56] KK-*Meyer-Goßner*² 17.
[57] Anders die 19. Aufl. dieses Werkes Anm. 3 unter Berufung auf KG LZ **16** 395; dort wurde auch angenommen, daß bei Übergehen einer von der Staatsanwaltschaft beantragten Nebenfolge – Einziehung usw. – im Strafbe-

fehl dessen Rechtswirksamkeit davon abhänge, ob die Anordnung der Nebenfolge einen wesentlichen Bestandteil des staatsanwaltschaftlichen Antrags bilde oder nicht.
[58] Vgl. *Vent* JR **1980** 400.
[59] *Eb. Schmidt* Nachtr. I 8.
[60] Ebenso OLG Köln DRiZ **1931** Nr. 793; HRR **1932** Nr. 83, 217; KK-*Meyer-Goßner*² 19; *Schorn* Verfahren 54.

möglichkeit[61]. Mit Recht hat *Meyer-Goßner*[62] darauf hingewiesen, daß die praktische Bedeutung einer etwaigen Anfechtbarkeit eines antragswidrig erlassenen Strafbefehls durch die Staatsanwaltschaft äußerst gering wäre: regelmäßig erhält sie von dem erlassenen Strafbefehl nur dann Kenntnis, wenn es durch Einspruch des Angeklagten zur Hauptverhandlung kommt, in der eine Bindung des Richters an die Anträge der Staatsanwaltschaft nicht mehr besteht.

Legt der **Beschuldigte** gegen den (z. B. hinsichtlich der Strafe) abweichend vom **43** Antrag der Staatsanwaltschaft erlassenen Strafbefehl Einspruch ein, so stellt die Abweichung auch nicht ein Verfahrenshindernis für die weitere Durchführung des Verfahrens dar, denn der Strafbefehl äußert insoweit die Wirkungen eines Eröffnungsbeschlusses (Rdn. 39), und zwar unabhängig von der Abweichung vom Strafbefehlsantrag[63].

VI. Anberaumung einer Hauptverhandlung

1. Voraussetzungen, Natur und Anfechtbarkeit der Entscheidung. Die Anbe- **44** raumung einer Hauptverhandlung kommt nach § 408 Abs. 3 Satz 2 in zwei Fällen in Betracht: einmal, wenn der Richter **Bedenken** trägt, **ohne Hauptverhandlung** zu entscheiden, zum andern, wenn er dem Strafbefehlsantrag entweder im **Rechtsfolgen**ausspruch oder in der **rechtlichen Beurteilung** des gegen den Angeschuldigten erhobenen Vorwurfs nicht folgen will **und** die Staatsanwaltschaft auf ihrem Antrag beharrt. Liegt eine dieser Voraussetzungen vor, so **muß** der Richter nach dem Wortlaut des § 408 Abs. 3 Satz 2 durch richterliche **Verfügung** eine nach §§ 213 ff vorzubereitende[64] Hauptverhandlung anberaumen, ohne zugleich einen Ablehnungsbeschluß zu erlassen[65]. Damit schließt das Gesetz zugleich stillschweigend (§ 304) die Beschwerde gegen die entsprechende Entschließung des Strafrichters aus; für eine solche Beschwerde ist nach der Natur der Sache kein Raum (h. M.).

Ein besonderer (förmlicher) **Eröffnungsbeschluß** ist **im Gesetz nicht vorgesehen. 45** Er ist demgemäß nicht nur entbehrlich[66], sondern ausgeschlossen. Denn die der Eröffnung entsprechende Entscheidung liegt schon darin, daß der Strafrichter über die Anberaumung der Hauptverhandlung[67] entscheidet (Rdn. 39). Das ist auch **nicht grundgesetzwidrig**: Denn wenn schon der Erlaß des Strafbefehls mit der der Rechtskraft fähigen Straffestsetzung ohne vorherige Anhörung des Beschuldigten durch das Gericht mit Art. 103 Abs. 1 GG vereinbar ist, weil ihm das rechtliche Gehör durch die Möglichkeit des Einspruchs verbürgt ist (§ 407, 58), so kann es noch weniger bedenklich sein, der Anordnung der Hauptverhandlung gemäß § 408 Abs. 3 Satz 2, die alsbald zur Gewährung des rechtlichen Gehörs führt, insoweit die Wirkungen eines Eröffnungsbeschlusses beizumessen (s. Rdn. 39).

2. Hauptverhandlung wegen richterlicher Bedenken. Dieser Fall liegt immer dann **46** vor, wenn der Richter zwar hinreichenden Tatverdacht bejaht (andernfalls muß Ableh-

---

[61] Vgl. *Vent* JR **1980** 403; a. A KG LZ **1923** 39; *Eb. Schmidt* 20; *Schorn* Verfahren 107: Beschwerderecht der Staatsanwaltschaft in entsprechender Anwendung der §§ 204, 210 Abs. 2.

[62] KK-*Meyer-Goßner*[2] 19.

[63] Vgl. BayObLGSt **1958** 130.

[64] *Kleinknecht/Meyer*[38] 14.

[65] *Kleinknecht/Meyer*[38] 12; die früher vertre-

tene Gegenmeinung – vgl. dazu LR-*Schäfer*[23] 17, 23 – dürfte durch die Neufassung des § 408 obsolet geworden sein.

[66] So auch frühere Entwürfe; vgl. § 424 Abs. 3 der Entw. **1908** und **1909**, § 411 Abs. 3 des Entw. **1920**; a. A z. B. *Rosenfeld* § 105; *Michaelsen* DRiZ **1952** 153.

[67] Vgl. OLG Bremen OLGSt § 408, 1.

Karl Heinz Gössel

nungsbeschluß nach § 408 Abs. 2 ergehen), sich aber die notwendige **Überzeugung** von der Schuld und Strafbarkeit des Angeschuldigten aufgrund des bisherigen Verfahrensstandes und auch aufgrund weiterer Ermittlungen, seien es solche der Staatsanwaltschaft oder eigene nach § 202, **nicht verschaffen** kann (Rdn. 19 und 49), auch nicht aufgrund einer nachgeholten polizeilichen oder staatsanwaltschaftlichen Vernehmung (§ 163 a Abs. 1; s. § 407, 59).

47 Demnach ist eine Hauptverhandlung regelmäßig z. B. dann anzuberaumen, wenn trotz hinreichenden Tatverdachts die **Überzeugungsbildung** in tatsächlicher Hinsicht erst aufgrund einer Beurteilung der Glaubwürdigkeit des Angeschuldigten oder der Zeugen möglich erscheint, wenn die schriftlichen Unterlagen zur rechtlichen Beurteilung und zur Strafzumessung nicht ausreichen, oder wenn eine Hauptverhandlung zur vollständigen Aufklärung auch aller Nebenumstände oder aus anderen Gründen, z. B. wegen eines nachfolgenden Dienststrafverfahrens oder wegen des Aufsehens, das die Tat in der Öffentlichkeit erregt hat, geboten oder zweckmäßig ist (Vgl. auch Nr. 175 Abs. 3 RiStBV in der ab 1. 10. 1988 geltenden Neufassung — spezial- und generalpräventive Gründe —; indessen fraglich). Ebenso können sich Bedenken gegen eine Entscheidung ohne Hauptverhandlung z. B. ergeben, wenn der Strafrichter über eine beantragte Verwarnung mit Strafvorbehalt nicht ohne einen persönlichen Eindruck von dem Beschuldigten entscheiden will (§ 407, 21). Hält der Richter dagegen die rechtliche Bewertung im Strafbefehl für unzutreffend oder eine andere als die beantragte Rechtsfolge für angemessen, so hat er bereits eine bestimmte Überzeugung gewonnen: hier muß er sich zunächst mit der Staatsanwaltschaft zu einigen versuchen, bevor er Hauptverhandlung anberaumt.

48 Die **Wahrscheinlichkeit eines Einspruchs** gegen den Strafbefehl kann dagegen keine Bedenken begründen, ohne Hauptverhandlung zu entscheiden: wie oben (§ 407, 45) ausgeführt wurde, läßt diese Wahrscheinlichkeit die richterliche Überzeugung von Schuld und Strafbarkeit unberührt. Im übrigen erscheint es nach der Neufassung des § 407 inkonsequent, die Einspruchserwartung zwar für die Auffassung der Staatsanwaltschaft über die Erforderlichkeit einer Hauptverhandlung für unbeachtlich zu erklären und die Staatsanwaltschaft trotz dieser Erwartung zur Stellung eines Strafbefehlsantrags für verpflichtet zu halten (s. § 407, 45), dieselbe Erwartung dann aber für geeignet zu halten, richterliche Bedenken gegen eine Entscheidung ohne Hauptverhandlung zu begründen[68]. Schon im Hinblick auf die nunmehr unbeschränkte (auch materielle) Rechtskraft des Strafbefehls (§ 410, 19 ff) können auch möglicherweise noch eintretende schwerere Folgen der Straftat keine Bedenken gegen den Erlaß ohne Hauptverhandlung begründen[69].

49 **3. Hauptverhandlung wegen beabsichtigter Abweichungen vom Strafbefehlsantrag.** Hauptverhandlung hat der Richter ferner anzuberaumen, wenn er den Strafbefehl nicht in der notwendigen vollständigen **Übereinstimmung** (oben Rdn. 40) mit dem Antrag des Staatsanwalts hinsichtlich der rechtlichen Beurteilung des verfahrensgegenständlichen Verhaltens oder hinsichtlich des Rechtsfolgenausspruchs erlassen will, hier aber erst, wenn er der Staatsanwaltschaft seine **Bedenken** gegen den Antrag bekanntgegeben hat, diese jedoch auf ihrem Antrag beharrt und der Strafrichter seine Bedenken nicht fallen läßt. Aber auch in diesem Fall ist der Strafrichter nicht verpflichtet, alsbald

[68] KK-*Meyer-Goßner*[2] 20; **a. A** *Kleinknecht/Meyer*[38] 12 und – zur alten Rechtslage – LR-*Schäfer*[23] 18; KMR-*Müller* 25.

[69] KK-*Meyer-Goßner*[2] 20; **a. A** *Kleinknecht/Meyer*[38] 12 und – zur alten Rechtslage – OLG Saarbrücken JR **1969** mit Anm. *Koffka*; LR-*Schäfer*[23] 18.

Hauptverhandlung anzuberaumen, vielmehr kann er, wenn seine Bedenken dahin gehen, daß die bisherigen Ermittlungen ihm eine abschließende Beurteilung nicht gestatten, zunächst eine weitere Aufklärung anregen (Nr. 178 Abs. 1 bis 3 RiStBV).

4. Zuständiger Spruchkörper. Die sachliche Zuständigkeit zur Durchführung der **50** Hauptverhandlung bemißt sich nach §§ 24, 25 GVG i. V. m. § 408 Abs. 1; insoweit werden die obigen Darlegungen zu Rdn. 12 in Bezug genommen. Weil die Zuständigkeitsregelungen nicht nur bis zum Erlaß des Strafbefehls, sondern auch für die Durchführung der Hauptverhandlung gelten, ist ebenfalls nach **§ 408 Abs. 1** zu verfahren, wenn sich erst in der Hauptverhandlung Anhaltspunkte für die **sachliche Zuständigkeit** des jeweiligen anderen amtsgerichtlichen Spruchkörpers ergeben (s. Rdn. 12). Bei sachlicher Zuständigkeit eines höheren als des Amtsgerichts s. oben Rdn. 13; zur **funktionellen** Zuständigkeit s. Rdn. 4.

Bei **örtlicher Unzuständigkeit** gilt § 16. In entsprechender Anwendung des § 16 **51** Satz 1 prüft das Gericht seine örtliche Zuständigkeit bis zum Erlaß des Strafbefehls: dieser Zeitpunkt entspricht auch im Hinblick auf seine die Rechtshängigkeit begründende Wirkung (Vor § 407, 22) dem der Eröffnung des Verfahrens (Rdn. 39). Danach kann es nur noch auf Einwand des Angeklagten durch Beschluß seine Unzuständigkeit nach § 16 Satz 2 aussprechen[70], jedoch nur bis zum Beginn der Vernehmung des Angeklagten zur Sache: von diesem Zeitpunkt ab wird die etwa fehlende örtliche Zuständigkeit unbeachtlich (§ 16 Satz 2).

5. Mitteilung des Strafbefehlsantrags. Wird gemäß § 408 Abs. 3 Satz 2 Hauptver- **52** handlung anberaumt, so ergeht kein Eröffnungsbeschluß; demgemäß ist § 215, wonach der Eröffnungsbeschluß dem Angeklagten spätestens mit der Ladung zum Termin zuzustellen ist, unanwendbar (Rdn. 45). Da es aber rechtsstaatlich, weil verteidigungsbeeinträchtigend, unvertretbar ist, den Beschuldigten zu einer Hauptverhandlung zu laden, ohne daß er Kenntnis von dem Inhalt der Beschuldigung erhält, entsprach es früher schon der durchaus herrschenden Meinung, daß dem Angeklagten spätestens mit der Ladung von der gegen ihn erhobenen Beschuldigung durch Bekanntgabe des Strafbefehlsantrags Kenntnis zu geben sei; zweifelhaft oder streitig war nur, ob der Antrag auch die beantragte Rechtsfolge enthalten dürfe oder müsse, und ob er zuzustellen oder nur mitzuteilen sei[71]. Absatz 3 Satz 3 legalisiert die früher herrschende Meinung, indem er ausdrücklich vorschreibt, daß dem Angeklagten mit der Ladung der Strafbefehlsantrag durch **Übersendung einer Abschrift** bekanntzugeben sei; zugleich stellt er klar, daß die Abschrift — zur Vermeidung von Mißverständnissen — die **beantragte Rechtsfolge nicht enthält**, und daß sie nicht zuzustellen, sondern nur mitzuteilen ist. Zur Mitteilung kann ein durch Unkenntlichmachung des Rechtsfolgeantrags entsprechend hergerichteter Durchschlag verwendet werden, den nach Nr. 176 RiStBV die Staatsanwaltschaft ihrem Entwurf des Strafbefehls beizufügen hat. Die Gründe, die den Richter zur Anberaumung der Hauptverhandlung veranlaßt haben, werden nicht mitgeteilt.

Wird der Beschuldigte entgegen § 408 Abs. 3 Satz 3 ohne gleichzeitige Übersen- **53** dung einer Abschrift des Strafbefehlsantrags geladen, so kann dieser Mangel, wie im Falle der entgegen § 215 unterbliebenen Zustellung des Eröffnungsbeschlusses, durch Bekanntgabe des Strafbefehlsantrags in der Hauptverhandlung **geheilt** werden; der Angeklagte kann dann allenfalls, entsprechend dem Grundgedanken des § 265 Abs. 4,

---

[70] Entsprechend der h. M zur Situation im Eröffnungsverfahren, vgl. § 16, 8; *Gössel* Gedächtnisschr. für *Hilde Kaufmann* (1986)

977, 983; **a. A** *Kleinknecht/Meyer*[38] § 16, 4: Einstellung nach § 206 a oder § 260 Abs. 3.
[71] LR-*Schäfer*[23] 22; 23.

      Karl Heinz Gössel

beantragen, die Hauptverhandlung zur genügenden Vorbereitung seiner Verteidigung auszusetzen[72]. Entsprechend diesen Grundsätzen muß auch hier, wo gewissermaßen die Mitteilung des Strafbefehlsantrags zugleich die Mitteilung der Anklageschrift (§ 201 Abs. 1) und die Zustellung des Eröffnungsbeschlusses ersetzt, gelten, daß die fehlerhafte Unterlassung der vorgängigen Mitteilung des Strafbefehlsantrags durch Übergabe einer Abschrift in der Hauptverhandlung geheilt werden kann. Ohne rechtliche Bedeutung ist es, wenn versäumt worden ist, bei der Mitteilung des Strafbefehlsantrags den die beantragten Rechtsfolgen betreffenden Teil wegzulassen (unkenntlich zu machen), denn die Weglassung soll ja nur bei dem Angeklagten das Mißverständnis vermeiden, als handele es sich um eine Vorwegnahme der Schlußanträge der Staatsanwaltschaft (§ 258).

54   **6. Wirkung.** Mit der Anberaumung der Hauptverhandlung wird das Strafbefehlsverfahren in das normale Strafverfahren überführt; damit ist insbes. weder die **Vertretungsregelung** des § 411 Abs. 2 anwendbar noch die erweiterte **Rücknahmemöglichkeit** des § 411 Abs. 3 gegeben (zur Unanwendbarkeit des § 408 a s. § 408 a, 16).

§ 408 a

(1) [1]Ist das Hauptverfahren bereits eröffnet, so kann im Verfahren vor dem Strafrichter und dem Schöffengericht die Staatsanwaltschaft einen Strafbefehlsantrag stellen, wenn die Voraussetzungen des § 407 Abs. 1 Satz 1 und 2 vorliegen und wenn der Durchführung einer Hauptverhandlung das Ausbleiben oder die Abwesenheit des Angeklagten oder ein anderer wichtiger Grund entgegensteht. [2]§ 407 Abs. 1 Satz 4, § 408 finden keine Anwendung.

(2) [1]Der Richter hat dem Antrag zu entsprechen, wenn die Voraussetzungen des § 408 Abs. 3 Satz 1 vorliegen. [2]Andernfalls lehnt er den Antrag durch unanfechtbaren Beschluß ab und setzt das Hauptverfahren fort.

Schrifttum. *Kirch* Das Strafbefehlsverfahren nach dem Strafverfahrensänderungsgesetz 1987, Diss. Köln 1987; *Meurer* Der Strafbefehl, JuS **1987** 882; *Meyer-Goßner* Das Strafverfahrensänderungsgesetz 1987, NJW **1987** 1161; *Rieß* Zweifelsfragen zum neuen Strafbefehlsverfahren, JR **1988** 133; *Rieß/Hilger* Das neue Strafverfahrensrecht, NStZ **1987** 145; s. auch das Schrifttumsverzeichnis zu § 407.

Entstehungsgeschichte. Die Vorschrift wurde durch Art. 1 Nr. 31 des StVÄG 1987 (BGBl. I S. 475) eingefügt; sie ist ohne Vorbild im bisherigen deutschen Recht.

Übersicht

---

[72] Vgl. § 215, 6 und Einl. Kap. **12** 6; KK-*Meyer-Goßner*² 24; KMR-*Müller* 26.

I. Bedeutung der Vorschrift

1. Gesetzgeberisches Ziel. Um dem Rückgang der verfahrensökonomischen Straf- **1** befehlsverfahren zu steuern, will der Gesetzgeber mit dem durch § 408 a erstmals vorgesehenen nachträglichen Übergang eines vor dem Amtsgericht bereits eröffneten Hauptverfahrens in das **Strafbefehlsverfahren** dieser Verfahrensart einen **erweiterten Anwendungsbereich** sichern[1]; darüber hinaus soll § 408 a „in einigen Fällen dazu beitragen, steckengebliebene Verfahren abzuschließen"[2]. Der Gesetzgeber geht davon aus, daß sich die bei Anklageerhebung fehlenden Voraussetzungen zur Anwendung des schriftlichen Strafbefehlsverfahrens noch nachträglich einstellen können[3]; stellt sich dieser Fall nach Erlaß des Eröffnungsbeschlusses ein, so soll unter der zusätzlichen Voraussetzung eines der Durchführung der Hauptverhandlung entgegenstehenden wichtigen Grundes, wie z. B. dem Ausbleiben oder der Abwesenheit des Angeklagten, der Übergang ins Strafbefehlsverfahren noch nachträglich möglich sein.

In der amtl. Begründung ist davon leider kaum die Rede, in welchen Fällen sich **2** denn die **Voraussetzungen** des Strafbefehlsverfahrens noch **nachträglich** einstellen können (zu dieser „crux" s. unten Rdn. 6 f); jedoch ist der zusätzlich notwendige **„wichtige Grund"** für den Übergang vom Normalverfahren in das summarische Verfahren relativ ausführlich erörtert[3a]. Zu Recht wird darauf hingewiesen, daß die Möglichkeiten, das Normalverfahren gegen einen ausgebliebenen Angeklagten aufgrund der hier notwendigen Hauptverhandlung (sieht man von den Einstellungsmöglichkeiten ab) zum Abschluß zu bringen, durch §§ 232, 233 sehr begrenzt sind und daß gegen einen i. S. des § 276 abwesenden Angeklagten ein derartiger Abschluß nach § 285 Abs. 1 Satz 1 gar nicht möglich ist; ebensowenig kann die Hauptverhandlung bei Nichterreichbarkeit eines menschlichen Beweisträgers (Zeuge oder Sachverständiger; zur Terminologie s. § 359, 76) abgeschlossen werden, kann vom Gebot der Unmittelbarkeit der Beweisaufnahme (s. § 250 S. 2) nicht ausnahmsweise (z. B. durch § 251 Abs. 2) abgewichen werden. Erweist sich in solchen Fällen die Verhängung der in § 407 Abs. 2 genannten Sanktionen als angemessen, so bietet sich in der Tat bei Vorliegen der Voraussetzungen des § 407 Abs. 1 Satz 1 und 2 das Strafbefehlsverfahren als Ausweg an, in dem die der Beweisaufnahme und der Hauptverhandlung durch §§ 232, 233, 285 und z. B. § 251 Abs. 2 gesetzten Grenzen wegen der Schriftlichkeit des Verfahrens gegenstandslos sind[4].

2. Bedenken. In der Literatur sind bereits erhebliche Bedenken gegen den nach- **3** träglichen Übergang vom Normal- ins Strafbefehlsverfahren geltend gemacht worden.

---

[1] BTDrucks. **10** 1313, S. 13; s. auch Vor § 407, 8.

[2] BTDrucks. **10** 1313, S. 35.

[3] BTDrucks. **10** 1313, S. 36.

[3a] Die neue Nr. 175 a RiStBV in der ab 1. 10.

1988 geltenden Fassung (vgl. BAnz. Nr. 183 vom 29. 9. 1988) wiederholt weitgehend die in der Gesetzesbegründung gegebenen Beispiele.

[4] BTDrucks. **10** 1313, S. 36.

Karl Heinz Gössel

Sie beziehen sich im wesentlichen auf die hier angeblich mögliche **Divergenz zweier Eröffnungsbeschlüsse** und die dadurch bedingten Komplikationen[5], aber auch auf eine befürchtete **praktische Bedeutungslosigkeit**[6]. Erscheinen diese Bedenken auch unberechtigt (s. Rdn. 4), so bleibt aber doch fragwürdig, ob der Gesetzgeber mit der Vorschrift des § 408 a nicht in Wahrheit eine allerdings unbefriedigende erste Maßnahme zur Begrenzung einer bisher allzu weit verstandenen Inquisitionsmaxime und zur **Eindämmung verfahrensverschleppender Praktiken** eingeführt hat.

4   **a)** Der Einwand der möglichen **Divergenz zweier Eröffnungsbeschlüsse** (oben Rdn. 3) erscheint deshalb unberechtigt, weil er unzutreffend voraussetzt, daß dem Strafbefehl nach Einspruch die Funktion eines Eröffnungsbeschlusses zuerkannt wird[7]. Wie bereits oben (§ 408, 39) ausgeführt wurde, ist zwischen dem **Wesen** des **Strafbefehls** zu unterscheiden und der Notwendigkeit, auch im Strafbefehlsverfahren einen Zeitpunkt festzusetzen, der dem des Erlasses eines Eröffnungsbeschlusses entspricht. Daß z. B. die von der Existenz eines Eröffnungsbeschlusses abhängige Möglichkeit einer Einstellung nach § 206 a auch im Strafbefehlsverfahren erst nach Erlaß des Strafbefehls anerkannt wird, beruht darauf, daß vor diesem Zeitpunkt der Erlaß des Strafbefehls nach § 408 Abs. 2 abgelehnt wird (wie entsprechend im Normalverfahren Nichteröffnungsbeschluß erlassen wird)[8]: der Annahme, der Strafbefehlsantrag sei ein Eröffnungsbeschluß oder er stehe diesem gleich oder er erfülle wenigstens dessen Funktionen, bedarf es nicht. Die dem Eröffnungsbeschluß im Normalverfahren zukommende **Begrenzung des Verfahrensgegenstandes** kann allerdings im Strafbefehlsverfahren nur dem Strafbefehl selbst zuerkannt werden: wie bereits oben § 408, 39 ausgeführt wurde, ist im Erlaß des Strafbefehls die richterliche Zustimmung dazu zu erblicken, daß die im Strafbefehlsantrag bezeichneten Taten in diesem Umfang zum Gegenstand des Strafverfahrens gemacht werden. Daß damit unter dem einen Aspekt des Verfahrensgegenstandes und seiner Begrenzung vom Strafbefehl die gleichen Auswirkungen ausgehen wie von einem Eröffnungsbeschluß im Normalverfahren, berechtigt aber noch nicht dazu, den Strafbefehl einem Eröffnungsbeschluß gleichzusetzen oder ihm dessen Funktionen zuzuweisen. Entscheidend ist, daß auch im Strafbefehlsverfahren der Verfahrensgegenstand — auch unter dem Aspekt der Rechtskraft — bestimmt werden muß. Da diese besondere Verfahrensart aber gerade eines Eröffnungsbeschlusses ermangelt, muß eine andere richterliche Entscheidung gefunden werden. Im regelmäßigen Strafbefehlsverfahren außerhalb des § 408 a ist keine Entscheidung außer dem Erlaß des Strafbefehls ersichtlich, dem diese Wirkung beigelegt werden könnte; im Fall des § 408 a indessen liegt bereits ein Eröffnungsbeschluß vor, so daß keine Notwendigkeit besteht, dem nachträglich erlassenen Strafbefehl irgendeine den Verfahrensgegenstand begrenzende Wirkung zuzuerkennen. Hier erschöpft sich das Wesen des Strafbefehls in seiner **urteilsgleichen Bedeutung** (Vor § 407, 11; § 408, 39; unten Rdn. 36), die ihm auch sonst, im regelmäßigen Verfahren außerhalb des § 408 a, zukommt. Das bedeutet, daß eine etwaige Divergenz zwischen dem nach § 408 a erlassenen Strafbefehl und dem voraufgegangenen Eröffnungsbeschluß ebenso zu behandeln ist, wie im Normalverfahren eine et-

[5] *Meurer* JuS **1987** 887; *Meyer-Goßner* NJW **1987** 1166 und KK[2] 2.

[6] KK-*Meyer-Goßner*[2] 3; *Meyer-Goßner* NJW **1987** 1167 und, diesem folgend, *Meurer* JuS **1987** 887; ferner *Berz* FS Blau 57.

[7] So ausdrücklich im Anschluß an LR-*Schäfer*[23] § 411, 5 *Meyer-Goßner* NJW **1987** 1167 und ähnlich KK[2] 2; s. auch *Meurer* JuS **1987**

887; ganz ähnlich hat auch BGHSt **23** 280, 281 in einem obiter dictum dem Strafbefehl nach Einspruch die Aufgabe zuerkannt, „den Gegenstand des gerichtlichen Verfahrens in persönlicher, sachlicher und rechtlicher Hinsicht" abzugrenzen.

[8] Vgl. dazu § 408, 6 ff und 31.

waige Divergenz zwischen Urteil und Eröffnungsbeschluß[9] und im normalen Strafbefehlsverfahren eine solche zwischen Strafbefehlsantrag und dem daraufhin ergangenen Strafbefehl (s. dazu § 408, 41 ff; unten Rdn. 5); die nach § 408 zusätzlich mögliche Divergenz zwischen dem Strafbefehlsantrag der Staatsanwaltschaft nach § 408 a Abs. 1 Satz 1 und dem bereits ergangenen Eröffnungsbeschluß spielt im übrigen nur insoweit eine Rolle, als dieser Umstand zur Ablehnung des Antrags nach § 408 a Abs. 3 Satz 2 führen kann (zur Wirkung des Ablehnungsbeschlusses und zur Rücknahmemöglichkeit des Antrags s. unten Rdn. 34, 37 und § 407, 39).

Allerdings ist im Verfahren nach § 408 a darauf zu achten, daß der Strafbefehl sowohl den Eröffnungsbeschluß erschöpft als auch mit dem Strafbefehlsantrag genau übereinstimmen muß (unten Rdn. 32). Wird der Eröffnungsbeschluß durch den Strafbefehl nicht erschöpft, so ist darin eine konkludente Verfahrenstrennung zu erblicken; im umgekehrten Fall liegt eine Verfahrensverbindung vor, oder aber, bei völliger Verschiedenheit der vom Eröffnungsbeschluß und vom Strafbefehlsantrag umfaßten Fälle, ein neues selbständiges Strafbefehlsverfahren[10]. Aus diesem Grunde kommt die den **Verfahrensgegenstand bestimmende Wirkung** im Verfahren nach § 408 a auch nach Einspruch gegen den erlassenen Strafbefehl allein dem **Eröffnungsbeschluß** zu[11], nicht aber dem Strafbefehl selbst, so daß die befürchtete Möglichkeit divergierender Eröffnungsbeschlüsse nicht besteht. **5**

b) Die weitere Befürchtung einer **praktischen Bedeutungslosigkeit** des Verfahrens **6** nach § 408 a steht im Zusammenhang mit anderen **grundsätzlichen Einwendungen**. Zunächst ist zu bedenken, daß der Erlaß des Strafbefehls die richterliche Überzeugung von der Täterschaft des Angeschuldigten voraussetzt (Vor § 407, 11), die bisherigen Ermittlungen also schon ohne die Durchführung einer Hauptverhandlung die Bildung einer solchen Überzeugung ermöglichen (Näheres § 407, 45). Weil die Staatsanwaltschaft unter diesen Voraussetzungen zur Wahl des Strafbefehlsverfahrens verpflichtet ist (§ 407, 43), wird es dem Wortlaut des Gesetzes nach nur selten vorkommen, daß die Staatsanwaltschaft die zunächst verneinte **Möglichkeit** einer **Entscheidung ohne Hauptverhandlung später** doch noch bejaht: das ist im wesentlichen nur bei einer von der Staatsanwaltschaft später als *irrig* erkannten Beurteilung der Voraussetzungen des § 407 Abs. 1 Satz 2 im Zeitpunkt der Anklageerhebung denkbar, ferner bei *nachträglicher Änderung* der Sach- oder Rechtslage und schließlich bei *neuen Erkenntnissen* aufgrund nachträglicher Ermittlungen etwa auf richterliche Anordnung gemäß § 202 oder durch die Beweisaufnahme in einer wegen Aussetzung oder Unterbrechung nicht zu Ende geführten Hauptverhandlung[12] — diese Fälle werden zwar entgegen den Befürchtungen von *Meurer*[13] bei einem der Hauptverhandlung entgegenstehenden wichtigen Grunde durch Erlaß eines Strafbefehls durchaus beschleunigt werden können, andererseits aber doch so selten sein, daß die praktische Bedeutsamkeit des Verfahrens nach § 408 a durchaus fraglich bleibt, insbesondere im Hinblick auf andere summarische Erledigungsarten etwa durch Einstellung nach § 153 a.

Es ist allerdings ganz im Gegenteil möglich, daß dieses Verfahren gerade umge- **7** kehrt eine nicht unerhebliche **Bedeutung** dadurch gewinnt, daß die Geeignetheit des Verfahrens zur Erledigung im Strafbefehlsverfahren i. S. des § 407 Abs. 1 Satz 2 schon

---

[9] Vgl. dazu auch *Rieß* JR **1988** 134 f.
[10] *Rieß* JR **1988** 135.
[11] A. A *Rieß* JR **1988** 134, demzufolge der Eröffnungsbeschluß seine Bedeutung verliert – wenn er aber gleichzeitig und zu Recht verneint, daß dem Strafbefehl die Funktion eines Eröffnungsbeschlusses zukommt, bleibt die Frage, wodurch denn dann der Verfahrensgegenstand bestimmt wird.
[12] Insoweit zutreffend *Meyer-Goßner* NJW **1987** 1166; s. auch *Meurer* JuS **1987** 886.
[13] S. Fußn. 12.

Karl Heinz Gössel

dann bejaht wird, wenn *allein* der von § 408 a Abs. 1 Satz 1 zusätzlich genannte, einer Hauptverhandlung entgegenstehende „wichtige Grund" vorliegt[14]. Das entspricht freilich weder dem Buchstaben noch dem Geist des Gesetzes, kann aber insbesondere in den Fällen zu einer verfahrensökonomischen Erledigung führen, in denen eine allzu weit verstandene Inquisitionsmaxime in Verbindung mit verfahrensverzögernden Praktiken (Schaffen eines wichtigen Grundes durch den Angeklagten etwa durch Absetzen ins Ausland) eine mit einem Urteil abschließende Hauptverhandlung in kaum absehbare Ferne rücken. In solchen Fällen kann das Bestreben der Strafverfolgungsbehörden einschließlich der Gerichte dahin führen, daß anstelle der gerechten Rechtsfolge, der gebotenen vollständigen Beurteilung der angeklagten Taten und deren zutreffender rechtlicher Bewertung ein Strafbefehl des Inhalts erlassen wird, mit dem sich die Verteidigung einverstanden erklärt. § 408 a kann sich so als ein **Einfallstor** für die ohnehin schon allzu starken Tendenzen zu einem **„deal"** der **Verteidigung mit der Staatsanwaltschaft** und auch mit dem **Gericht** erweisen — zum Nachteil der auf der Strecke bleibenden Gerechtigkeit. Der sich allzu bereitwillig anbietende Hinweis auf § 153 a kann gegen diese Überlegung nicht ins Feld geführt werden, weil diese Vorschrift eine geringe Schuld voraussetzt und ebenso, daß das öffentliche Interesse an der Strafverfolgung durch die je verhängte Auflage oder Weisung entfällt, § 408 a aber für das normale Strafverfahren auch für die dem Anwendungsbereich des § 153 a nicht unterliegenden Fälle die Möglichkeit der Beendigung durch einen mit der Verteidigung „ausgehandelten" Strafbefehl ermöglicht — der von *Wolter* befürworteten Verringerung des Anwendungsbereichs des § 153 a zugunsten des § 408 a[15] kann demgemäß nicht zugestimmt werden. Mag auch der damit für die Verteidigung erweiterte Handlungsspielraum hier und dort begrüßt werden, so sollte doch bedacht werden, daß damit möglicherweise solche Angeklagte überproportional begünstigt werden, die einen wichtigen, der Hauptverhandlung entgegenstehenden Grund (z. B. Abwesenheit bis zum Erlaß des auszuhandelnden Strafbefehls) schaffen und sich die teuersten Verteidiger leisten können. „Steckengebliebene Verfahren" (Rdn. 1) sollten nicht auf diese kriminalpolitisch fragwürdige Weise wieder „flott gemacht" werden; ihnen sollte statt dessen durch an die Wurzel gehende gesetzgeberische Maßnahmen entgegengewirkt werden.

II. Inhaltliche Voraussetzungen des nachträglichen Übergangs

8   Der Übergang des bereits eröffneten Hauptverfahrens in das Strafbefehlsverfahren setzt einmal das Vorliegen der allgemeinen inhaltlichen **Voraussetzungen** des § 407 **Abs. 1 Satz 1 und 2** voraus, zum anderen einen besonderen **Übergangsgrund**, der als „wichtiger Grund" der Durchführung der Hauptverhandlung entgegenstehen muß (§ 408 a Abs. 1 Satz 1).

9   **1. Allgemeine inhaltliche Voraussetzungen des Strafbefehlsverfahrens.** Der ausdrücklichen gesetzlichen Anordnung zufolge müssen die in § 407 **Abs. 1 Satz 1 und 2** normierten inhaltlichen Voraussetzungen des Strafbefehlsverfahrens auch beim nachträglichen Übergang vorliegen[16]; insoweit werden die auch hier geltenden Ausführungen zu § 407, 1 bis 37 in Bezug genommen.

---

[14] In diese Richtung weist auch die Bemerkung über „einen sehr breiten staatsanwaltschaftlichen Beurteilungsspielraum" hinsichtlich des Vorliegens der Voraussetzungen des § 407 Abs. 1 Satz 2 von *Rieß* JR **1988** 135.

[15] *Wolter* GA **1985** 76.
[16] KK-*Meyer-Goßner*[2] 8; *Kleinknecht/Meyer*[38] 3; *Berz* FS Blau 56 f.

Hier ist indessen zu beachten, daß diese Voraussetzungen (insbesondere die feh- **10** lende Erforderlichkeit einer Hauptverhandlung zur richterlichen Überzeugungsbildung) regelmäßig erst **nachträglich auftreten** müssen, weil ja die Staatsanwaltschaft sonst ihrer Pflicht zur Wahl des Strafbefehlsverfahrens schon früher und anstelle der Einreichung einer Anklageschrift nachgekommen wäre[17]. Dies kann entsprechend den obigen Ausführungen zu Rdn. 6 dann angenommen werden, wenn sich die **Sach- und Rechtslage** nachträglich **geändert** hat (die zunächst angenommene Schadenshöhe, der Umfang der erlittenen Verletzungen erweist sich als bedeutend geringer; das im Eröffnungsbeschluß zunächst angenommene Verbrechen erweist sich als Vergehen[18]; ein milderes Gesetz ist in Kraft getreten), ferner bei **neuen Erkenntnissen** aufgrund nachträglicher Ermittlungen (§ 202) oder aufgrund einer bereits durchgeführten Hauptverhandlung (die zunächst nicht erkannte erhebliche Mitschuld des Tatopfers rechtfertigt die Verhängung einer Geldstrafe; eine erste Hauptverhandlung führte bereits zur Klärung jener Widersprüche und — durch Sachverständigenbeweis — Fragen, deretwegen eine Hauptverhandlung für unverzichtbar erachtet wurde); endlich kann die zunächst **irrige Beurteilung** des Nichtvorliegens der Voraussetzungen des Strafbefehlsverfahrens durch nachträglichen Übergang in dieses Verfahren korrigiert werden.

Auch der bloße **Wechsel in der Bewertung** (ohne Änderung der Bewertungsgrund- **11** lage) etwa der Erforderlichkeit einer Hauptverhandlung oder des Ausreichens der in § 407 Abs. 2 genannten Rechtsfolgen kann zum nachträglichen Übergang berechtigen[19], jedoch sollte davon entgegen der von *Rieß* befürworteten Annahme eines „sehr breiten staatsanwaltschaftlichen Beurteilungsspielraum(es)"[20], von Grenzfällen und eindeutigen Irrtümern abgesehen, nur zurückhaltend Gebrauch gemacht werden, damit die allgemeinen Voraussetzungen des Strafbefehlsverfahrens beim nachträglichen Übergang nicht zur Bedeutungslosigkeit degradiert und schließlich der zunächst nicht für gangbar gehaltene Weg des Strafbefehlsverfahrens im Wege des Nachverfahrens praktisch unter weitgehendem Absehen von den in § 407 Abs. 1 aufgestellten Voraussetzungen doch noch eröffnet wird.

2. Der besondere Übergangsgrund. Ist das Hauptverfahren einmal eröffnet, so **12** soll es grundsätzlich auch durchgeführt und durch Urteil abgeschlossen werden. Allein der nachträgliche Eintritt der in § 407 Abs. 1 Satz 1 und 2 normierten Voraussetzungen des Strafbefehlsverfahrens (insbesondere Fehlen der Erforderlichkeit einer Hauptverhandlung) kann demnach noch nicht zum nachträglichen Übergang ins Strafbefehlsverfahren berechtigen; vielmehr bedarf es zur Abweichung von der Regel der Durchführung des Hauptverfahrens mit einem auf einer Hauptverhandlung beruhenden Urteilsspruch eines **wichtigen Grundes**, der der Durchführung der Hauptverhandlung entgegensteht, womit deren Beendigung durch eine verfahrensabschließende Entscheidung gemeint ist[21].

a) Das Gesetz nennt zunächst selbst zwei solcher wichtigen Gründe; einmal die **13** **Abwesenheit** und zum anderen das sonstige **Ausbleiben** des Angeklagten. In beiden Fällen ist die Durchführung einer Hauptverhandlung entweder gänzlich unzulässig (§ 285 bei Abwesenheit) oder aber nur unter einschränkenden Voraussetzungen möglich. Kann bei Ausbleiben des Angeklagten die Hauptverhandlung nicht durchgeführt wer-

---

[17] *Meyer-Goßner* NJW **1987** 1166.
[18] *Rieß* JR **1988** 135; **a. A** wohl *Kleinknecht/ Meyer*[38] 3.

[19] KK-*Meyer-Goßner*[2] 4; *Meyer-Goßner* NJW **1987** 1166.
[20] JR **1988** 135.
[21] *Rieß* JR **1988** 135.

Karl Heinz Gössel

den (unter den im übrigen vorliegenden Voraussetzungen des § 232 soll eine Geldstrafe über 180 Tagessätzen verhängt werden) oder stellt er z. B. keinen Befreiungsantrag nach § 233 oder liegen sonst die Voraussetzungen der §§ 232, 233 nicht vor, liegt demgemäß ein wichtiger Grund zum nachträglichen Übergang ins Strafbefehlsverfahren vor, so z. B. auch bei unentschuldigtem Fernbleiben, aber fehlender Verhältnismäßigkeit eines Haftbefehls oder auch nur der polizeilichen Vorführung; Gleiches gilt in den Fällen entschuldigten Ausbleibens z. B. wegen Krankheit, ohne daß die Verhandlungsfähigkeit beeinträchtigt ist[22]. Ein sonstiger wichtiger Grund ist z. B. in der Nichterreichbarkeit eines wichtigen Zeugen oder eines sonstigen wichtigen Beweismittels zu erblicken, ohne daß es möglich ist, die jeweils zu beweisende Tatsache auf andere Weise (etwa durch Verlesung nach § 251 Abs. 2) in das Verfahren einzuführen; jedoch ist *Meyer-Goßner* darin zuzustimmen, daß in den Fällen, in denen die Verlesung des Protokolls einer früheren Zeugenvernehmung am fehlenden Einverständnis des Verteidigers scheitert (§ 251 Abs. 2 Satz 1), der Übergang ins Strafbefehlsverfahren deshalb wenig sinnvoll erscheint, weil der Angeklagte den Strafbefehl kaum hinnehmen wird[23].

14   **b)** Die bloße Eigenschaft eines beliebigen Umstandes, der Durchführung einer Hauptverhandlung entgegenzustehen, reicht als Übergangsgrund nicht aus; so nicht die grundlose Nichtanberaumung (Aussetzung etc.) einer Hauptverhandlung und ebensowenig der bloße Wunsch, „die Sache nunmehr durch Strafbefehlsverfahren zu erledigen"[24]. Damit alleine läßt sich nicht begründen, daß eine verfahrensabschließende Entscheidung nicht möglich ist (Rdn. 11). Der der Durchführung einer Hauptverhandlung entgegenstehende Umstand muß dem Wortlaut des Gesetzes zufolge ein „**wichtiger** Grund" sein, also solches Gewicht besitzen, daß eine **verfahrensabschließende Entscheidung** aufgrund einer Hauptverhandlung **nicht erreicht** werden kann — und dies kann nicht auf einen einzelnen Hauptverhandlungstermin bezogen werden[25]. Deshalb stellt die „Notwendigkeit kurzzeitiger Terminsverschiebung" insoweit keinen „wichtigen Grund" dar[26], wohl aber das Hinausschieben (des voraussichtlich verfahrensabschließenden) Hauptverhandlungstermins um mehrere Monate oder gar auf einen nicht absehbaren Zeitpunkt.

III. Formelle Voraussetzungen des nachträglichen Übergangs

15   **1. Überblick.** Der nachträgliche Übergang ins Strafbefehlsverfahren ist erst nach **Erlaß** des **Eröffnungsbeschlusses** nur im (erstinstanzlichen) Verfahren vor dem **Amtsgericht** auf ausdrücklichen **Antrag der Staatsanwaltschaft** zulässig; daß eine Hauptverhandlung auch nur teilweise schon stattgefunden hat, wird vom Gesetz nicht verlangt[27].

16   **2. Eröffnungsbeschluß.** Solange das Hauptverfahren noch **nicht eröffnet** wurde, hat der Staatsanwalt die Möglichkeit, durch **Rücknahme** der öffentlichen Klage und anschließende Einreichung eines Strafbefehlsantrags doch noch das Strafbefehlsverfahren zu wählen, so daß es einer nachträglichen Übergangsmöglichkeit nicht bedarf. Dies gilt auch für das **beschleunigte Verfahren**, in dem ein Eröffnungsbeschluß nicht ergeht und die Staatsanwaltschaft ihren Antrag auf Durchführung des beschleunigten Verfahrens

---

[22] KK-*Meyer-Goßner*[2] 9.
[23] KK-*Meyer-Goßner*[2] 10.
[24] *Rieß* JR **1988** 135.
[25] **A. A** (allerdings einschränkend „grundsätzlich") *Rieß* JR **1988** 135.

[26] Insoweit zutr. *Rieß* JR **1988** 135.
[27] KK-*Meyer-Goßner*[2] 6; *Kleinknecht/Meyer*[38] 3.

bis zum Beginn der Vernehmung des Beschuldigten zurücknehmen kann (§212, 20); nach diesem Zeitpunkt aber bedarf es eines Übergangs nach §408a deshalb nicht, weil entweder das beschleunigte Verfahren ohnehin abgeschlossen werden kann oder aber, wenn dies nicht möglich sein sollte, das Verfahren nach §212b Abs. 2 beendet wird und anschließend die Staatsanwaltschaft Strafbefehlsantrag stellen kann. **Nach Einspruch** gegen einen erlassenen Strafbefehl ist der nachträgliche Übergang nach §408a ebenfalls nicht möglich, aber auch nicht nötig, weil der durch den erneuten Strafbefehlserlaß erstrebte Effekt entweder durch Einspruchsrücknahme (§411 Abs. 3 Satz 1) leichter erreicht wird oder aber, wofür der Einspruch ein Indiz ist, durch den erneut zu erwartenden Einspruch nicht erreichbar wäre; in gleicher Weise ist auch der erneute nachträgliche Übergang in den Fällen nicht möglich, in denen gegen einen nach §408a erlassenen Strafbefehl Einspruch eingelegt wurde[28]. Hatte der Richter auf den Strafbefehlsantrag der Staatsanwaltschaft Hauptverhandlung anberaumt, so wäre zwar ein Übergang nach §408a denkbar und auch sinnvoll (die bereits durchgeführte Teilhauptverhandlung klärt die bisherigen richterlichen Bedenken)[29], jedoch auch hier mangels Vorliegens eines Eröffnungsbeschlusses nicht möglich[30].

3. Amtsgerichtliches Verfahren. Weil ein Strafbefehl nur vom Strafrichter oder **17** vom Vorsitzenden des Schöffengerichts erlassen werden kann, ist auch der nachträgliche Übergang ins Strafbefehlsverfahren nur im Verfahren vor dem Amtsgericht statthaft: bei **erstinstanzlicher Zuständigkeit** des **Landgerichts** oder des **Oberlandesgerichts** ist folglich der nachträgliche Übergang ins Strafbefehlsverfahren ebensowenig möglich wie im **Rechtsmittelverfahren.**

4. Antrag der Staatsanwaltschaft. Der in §408a Abs. 1 Satz 1 zum nachträglichen **18** Übergang verlangte Strafbefehlsantrag der Staatsanwaltschaft muß den Erfordernissen des §407 entsprechen: er muß also insbesondere **schriftlich** gestellt werden und, im Hinblick auf die zum Erlaß des Strafbefehls notwendige vollständige Übereinstimmung zwischen Gericht und Staatsanwaltschaft (§407, 47 ff; 409, 46), den in §409 Abs. 1 Nr. 1 bis 6 bezeichneten **Inhalt** haben, braucht jedoch keinerlei Belehrung zu enthalten[31]; ein Antrag oder die Zustimmung des Angeklagten ist weder notwendig noch zulässig, wenngleich der Angeklagte oder sein Verteidiger wie auch das Gericht bei der Staatsanwaltschaft die Stellung eines derartigen Antrags anregen können[32].

Der Antrag ist an den **mit der Sache befaßten** amtsgerichtlichen Spruchkörper zu **19** richten; er kann sowohl **innerhalb** einer **Hauptverhandlung**, als auch **vor** oder **außerhalb** einer solchen (nach Aussetzung) gestellt werden. Wenn auch das Gesetz Bezugnahmen auf die zugelassene Anklage nicht verbietet, auch nicht durch das Schriftformerfordernis[33], so sollte doch schon aus Gründen der Verfahrensökonomie das übliche Verfahren der Einreichung eines Strafbefehlsentwurfs auch hier in der Regel beibehalten werden, also der Antrag der Staatsanwaltschaft außerhalb der Hauptverhandlung gestellt werden, auch wenn dies innerhalb einer Hauptverhandlung durchaus möglich ist, jedoch auch hier nur unter Einhaltung der Schriftform und nicht etwa zu Protokoll. In besonders gelagerten Hauptverhandlungen kann sich allerdings ein möglichst sofortiger Übergang ins Strafbefehlsverfahren als sinnvoll erweisen. Dies läßt sich z. B. dadurch er-

---

[28] KK-*Meyer-Goßner*[2] 7; amtl. Begründung BTDrucks. 10 1313, S. 36.

[29] A. A BTDrucks. 10 1313, S. 36.

[30] KK-*Meyer-Goßner*[2] 7.

[31] **A. A** KK-*Meyer-Goßner*[2] 11.

[32] KK-*Meyer-Goßner*[2] 12; *Kleinknecht/Meyer*[38] 2.

[33] *Rieß* JR **1988** 136 Fußn. 30.

Karl Heinz Gössel

reichen, daß auf einen in der Hauptverhandlung schriftlich gestellten Strafbefehlsantrag die Hauptverhandlung mindestens unterbrochen wird, der Richter den Strafbefehl nun außerhalb der Hauptverhandlung erläßt und sogleich nach § 37 StPO, § 212 b ZPO zustellt (s. § 409, 38), woraufhin Einspruchsverzicht bei der Geschäftsstelle (zu Protokoll oder durch Übergabe eines entsprechenden Schreibens) erklärt wird; einer Fortführung der unterbrochenen oder ausgesetzten Hauptverhandlung bedarf es wegen der außerhalb der Hauptverhandlung inzwischen eingetretenen Verfahrensbeendigung nicht. Bei fehlendem sofortigem Einspruchsverzicht sollte eine bloß unterbrochene Hauptverhandlung zur Verkündung eines Aussetzungsbeschlusses fortgeführt werden.

20   Weil die **Anklage bereits erhoben** und sogar zugelassen, also anhängig und auch rechtshängig ist, kann dem im Verfahren nach § 408 a gestellten Strafbefehlsantrag nicht mehr die Wirkung der Erhebung der öffentlichen Klage zukommen; dies ist durch die in § 408 a Abs. 1 Satz 2 angeordnete Unanwendbarkeit des § 407 Abs. 1 Satz 4 ausdrücklich klargestellt.

IV. Das Verfahren

21   **1. Wesen und Bedeutung des nachträglichen Strafbefehlsantrags und des daraufhin ergehenden Strafbefehls.** Stellt die Staatsanwaltschaft den in § 408 a Abs. 1 Satz 1 bezeichneten Antrag, so gelten wegen des nunmehrigen Übergangs in das Strafbefehlsverfahren grundsätzlich die hier normierten allgemeinen Vorschriften, jedoch nur unter Berücksichtigung des bisher erreichten Verfahrensstandes. Das Verfahren ist bereits anhängig; der bereits ergangene Eröffnungsbeschluß begründet nicht bloß die Rechtshängigkeit, sondern bestimmt überdies den Verfahrensgegenstand. Der nachträgliche Strafbefehlsantrag ändert daran nichts (wie auch durch die Nichtanwendbarkeit des § 407 Abs. 1 Satz 4 aufgrund des § 408 a Abs. 1 Satz 2 bestätigt wird), **versetzt** das Verfahren also **nicht** etwa, einer Art **Wiedereinsetzungswirkung** vergleichbar, in das Stadium vor Erlaß des Eröffnungsbeschlusses oder gar der Klageerhebung **zurück**. Ermangelt der Strafbefehlsantrag so seiner klagebegründenden Funktion, kann ihm nur noch die Bedeutung zuerkannt werden, das bereits eröffnete Verfahren im Umfang des nach wie vor wirksamen Eröffnungsbeschlusses[34] von dem üblichen mündlichen Verfahren in einer Hauptverhandlung zum schriftlichen Verfahren zu überführen mit der Folge, daß die Entscheidung über den Antrag ausschließlich **außerhalb der Hauptverhandlung** (s. aber oben Rdn. 19) getroffen werden kann, ohne daß es einer vorherigen Anhörung des Angeklagten bedarf[35]. Der **Strafbefehl** selbst stellt die abschließende Entscheidung über den durch Anklage und Eröffnungsbeschluß bestimmten Verfahrensgegenstand dar und erschöpft sich in seiner urteilsgleichen Bedeutung (Vor § 407, 11), stellt aber weder einen Eröffnungsbeschluß dar noch können ihm dessen Funktionen beigelegt werden (oben Rdn. 4).

2. Richterliche Entscheidungsmöglichkeiten

22   **a) Überblick.** Werden Strafbefehlsantrag und Strafbefehl in dem soeben Rdn. 21 dargelegten Sinne verstanden, sind die richterlichen Entscheidungsmöglichkeiten gegenüber denen im primären Strafbefehlsverfahren **beschränkt**; dies hat auch in der gesetzlich angeordneten Unanwendbarkeit des § 408 seinen Ausdruck gefunden (§ 408 a

---

[34] Der Eröffnungsbeschluß verliert nicht etwa seine Wirkung; s. zu dieser von *Rieß* JR **1988** 134 vertretenen Auffassung oben Rdn. 5 und Fußn. 11.

[35] *Kleinknecht/Meyer*[38] 5.

Abs. 1 Satz 2). Die Entscheidung des Richters über den nachträglichen Erlaß eines Strafbefehls betrifft primär den **Übergang** ins schriftliche Verfahren, und nur bei Erlaß des beantragten Strafbefehls liegt zudem eine **urteilsgleiche** Entscheidung über den Verfahrensgegenstand vor. Grundsätzlich hat der Richter lediglich die Wahl, den beantragten Strafbefehl entweder zu **erlassen**, oder aber den Antrag **abzulehnen**; darüber hinaus kommt auch die **Einstellung** des Verfahrens in Betracht.

Wie im primären Strafbefehlsverfahren, so hat der Richter auch im Verfahren **23** nach § 408 a nach Bejahung der Zuständigkeit und nach Verneinung von Einstellungsmöglichkeiten zu prüfen, ob dem Erlaß des Strafbefehls keine **Bedenken** entgegenstehen: die in § 408 Abs. 3 Satz 2 vorgesehene Möglichkeit, Hauptverhandlung anzuberaumen, wenn Bedenken gegen eine Entscheidung ohne Hauptverhandlung bestehen oder wenn der Richter hinsichtlich der rechtlichen Beurteilung oder der beantragten Rechtsfolge anders als beantragt entscheiden will, führt hier insoweit nicht weiter, weil dies im normalen Verfahren ohnehin notwendig wäre oder bereits geschehen ist und überdies bei nachträglichem Übergang gesetzlich ausgeschlossen ist (§ 408 a Abs. 1 Satz 2). In diesen Fällen ist trotz Unanwendbarkeit des § 408 Abs. 3 Satz 2 eine vorherige Abklärung der Divergenzpunkte entsprechend dem oben § 408, 49 erwähnten Verfahren möglich und empfehlenswert[36], und zwar nicht nur zwischen Staatsanwaltschaft und Gericht, sondern, im Hinblick auf einen möglichen Einspruch, auch mit der Verteidigung (s. aber zu den insoweit bestehenden grundsätzlichen Bedenken oben Rdn. 7).

b) Zuständigkeitsprüfung. Wenn auch die Zuständigkeitsfrage im hier erreichten **24** Prozeßstadium längst geprüft wurde, so ist **mangelnde Zuständigkeit** des angegangenen Gerichts zum Erlaß des nachträglich beantragten Strafbefehls durchaus denkbar; die Regel des § 408 Abs. 1 ist wegen § 408 a Abs. 1 Satz 2 unanwendbar.

aa) Bei **funktioneller** Unzuständigkeit gelten die Bemerkungen zu § 408, 4 auch **25** hier: Abgabe an den zuständigen Richter, notfalls Entscheidung des Präsidiums.

bb) Hinsichtlich der **örtlichen Zuständigkeit** gelten die Darlegungen zu § 408, 5 ff **26** ebenfalls entsprechend; eine Klagerücknahme, verbunden mit einem neuen Strafbefehlsantrag beim örtlich zuständigen Gericht, ist wegen des bereits erlassenen Eröffnungsbeschlusses jedoch nicht mehr möglich (s. § 408, 5). Der Eröffnungsbeschluß steht auch einer Prüfung der örtlichen Zuständigkeit von Amts wegen entgegen, jedoch ist diese auf Einwand des Angeklagten zu berücksichtigen, soweit mit dessen Vernehmung zur Sache in einer Hauptverhandlung noch nicht begonnen wurde (§ 16). Erweist sich der Einwand der örtlichen Unzuständigkeit als zutreffend, so ist auch hier das Verfahren nach § 206 a einzustellen und wegen der bloß formellen Rechtskraftwirkung neue Anklage zum örtlich zuständigen Gericht zu erheben (bei Zuständigkeitsstreit gilt § 14), auch durch Strafbefehlsantrag, der dann zum primären Strafbefehlsverfahren mit Anwendung auch der §§ 407, 408 führen würde. Die im primären Strafbefehlsverfahren vorgeschlagene Ablehnung des Strafbefehlsantrags (oben § 408, 7 f) kann im Verfahren nach § 408 a deshalb nicht in Betracht kommen, weil sich die Wirkung des Ablehnungsbeschlusses in der Ablehnung des schriftlichen Verfahrens erschöpft und zur bloßen Fortführung des normalen Verfahrens führt (unten Rdn. 34), die Entscheidung über die Zuständigkeitsfrage aber nicht herbeiführt, sondern bloß in das (fortzuführende) Ver-

---

[36] KK-*Meyer-Goßner*[2] 13; *Kleinknecht/Meyer*[38] 5 und § 408, 13; *Meyer-Goßner* NJW **1987** 1166.

Karl Heinz Gössel

fahren nach der Ablehnung des Strafbefehlsantrags verlegen würde; ebensowenig käme der beschlußmäßige Ausspruch der örtlichen Unzuständigkeit, der im übrigen weitgehend einer Einstellung nach § 206 a entspräche, deshalb in Betracht, weil einmal § 206 a nicht unbeachtet bleiben darf und die für den Unzuständigkeitsbeschluß vorgebrachten rechtspolitischen Argumente im Strafbefehlsverfahren nicht durchschlagend sein dürften (§ 408, 7).

27   cc) Bei **sachlicher Unzuständigkeit** kommt wegen des bereits erlassenen Eröffnungsbeschlusses eine **Rücknahme** der Anklage, verbunden mit neuer Anklage zum zuständigen Gericht, nicht mehr in Betracht. Beruht die sachliche Unzuständigkeit auf der Zuständigkeit eines Gerichts **höherer Ordnung**, so ist zu unterscheiden, ob der Strafrichter das Schöffengericht für sachlich zuständig hält oder aber ob die erstinstanzliche Zuständigkeit der Strafkammer oder des Strafsenats angenommen wird.

28   Im letztgenannten Fall ist das Strafbefehlsverfahren **unanwendbar**, folglich der Antrag nach § 408 a Abs. 2 Satz 2 abzulehnen und im nunmehr fortzusetzenden Normalverfahren nach §§ 225 a oder 270 zu prozedieren; Ablehnungsbeschluß und Verweisungsentscheidung können in einer Entscheidung miteinander verbunden werden. Hält dagegen der Strafrichter den Vorsitzenden des Schöffengerichts für sachlich zuständig, so ist zwar das Strafbefehlsverfahren zulässig, jedoch ist hier mangels Anwendbarkeit des in § 408 a Abs. 1 Satz 1 vorgesehenen Verfahrens ebenfalls nach §§ 225 a, 270 zu verfahren; ein beschlußmäßiger Ausspruch der Unzuständigkeit ist vom Gesetz nicht vorgesehen (s. dazu § 408, 16) und § 209 nach Erlaß des Eröffnungsbeschlusses nicht mehr anwendbar.

29   Ein Gericht **niederer** sachlicher Zuständigkeit kann lediglich vom Schöffengericht für zuständig gehalten werden; wegen der in § 408 a Abs. 1 Satz 2 vorgeschriebenen Unanwendbarkeit des § 408 ist dieser Zuständigkeitsmangel jedoch wegen § 269 unbeachtlich.

30   c) **Verfahrenseinstellung.** Kann und soll das Verfahren eingestellt werden, so entfällt wie im primären Strafbefehlsverfahren die Möglichkeit, gegen den Angeklagten Rechtsfolgen auch nur durch Strafbefehl festzusetzen (s. dazu § 407, 43). Deshalb ist in diesen Fällen der **Antrag** auf Erlaß eines Strafbefehls **abzulehnen** und das alsdann fortzuführende Verfahren einzustellen; dies gilt nicht nur in den Fällen der §§ 205, 206 b, 153 ff (s. dazu § 408, 31 bis 35), sondern grundsätzlich auch bei Verfahrenshindernissen (zur Ausnahme bei der sachlichen Unzuständigkeit s. Rdn. 27 ff); anders als im primären Strafbefehlsverfahren (vgl. § 408, 31) ist wegen des hier vorliegenden Eröffnungsbeschlusses § 206 a anwendbar.

V. Die Ablehnung des Strafbefehlsantrags

31   1. **Inhaltliche Voraussetzungen.** Grundsätzlich sind die inhaltlichen Voraussetzungen zur Ablehnung des nach § 408 a Abs. 1 Satz 1 beantragten Strafbefehls die gleichen wie bei dem im primären Strafbefehlsverfahren beantragten. Wird auch hier die Ablehnung wegen **fehlenden hinreichenden Tatverdachts** (vgl. § 408 Abs. 2) in der Regel nicht in Betracht kommen, weil dieser schon beim Erlaß des Eröffnungsbeschlusses bejaht wurde, so ist es doch möglich, daß das Vorliegen des hinreichenden Tatverdachts nachträglich ebenso anders beurteilt wird, wie die fehlende Erforderlichkeit einer Hauptverhandlung zur richterlichen Überzeugungsbildung als inhaltliche Voraussetzung des Erlasses eines Strafbefehls (s. dazu oben Rdn. 10 f). Wenn auch die Verneinung des hinreichenden Tatverdachts nicht zum Widerruf des Eröffnungsbeschlusses berechtigt (§ 207, 34), so aber doch zur Ablehnung des beantragten Strafbefehls (§ 408, 18) mit der Folge, daß im anschließend fortzuführenden Verfahren (§ 408 a Abs. 2 Satz 2) entweder Freispruch erfolgt oder erst bei Bestätigung der staatsanwaltschaftlichen Vorwürfe verurteilt werden kann. Gleiches gilt, wenn der Richter aus sonstigen Gründen (u. U. trotz bejahten hinreichenden Tatverdachts) die notwendige **Überzeugung** von der **Schuld** des Angeklagten **nicht gewinnen** kann (Näheres s. § 408, 18) und wenn die Voraussetzungen des nachträglichen Übergangs ins schriftliche Verfahren (Rdn. 8 ff; 15 ff) nicht vorliegen.

Wegen der auch hier bestehenden **Bindung des Richters** (s. dazu § 408, 40) an **32** den Strafbefehlsantrag[37] ist dieser Antrag ferner dann abzulehnen, wenn der Richter den Strafbefehl nur mit einem anderen als dem beantragten Inhalt erlassen will, insbesondere eine andere Rechtsfolge festsetzen will oder das dem Angeklagten vorgeworfene Verhalten rechtlich anders beurteilt. Können hier bestehende Divergenzpunkte nicht ausgeräumt werden, so muß der Strafbefehlsantrag abgelehnt werden mit der Folge der Fortsetzung des Hauptverfahrens. Bei **Prozeßhindernissen** oder fehlenden Prozeßvoraussetzungen ist der Strafbefehlsantrag ebenfalls abzulehnen und anschließend (abgesehen von den Fällen fehlender Zuständigkeit, s. oben Rdn. 24 bis 29) nach § 206 a oder § 260 Abs. 3 einzustellen.

Wenn auch der Strafbefehlsantrag auf abtrennbare Teile beschränkt und im übri- **33** gen z. B. nach §§ 153 ff verfahren werden kann[38], so ist doch wegen der notwendigen vollständigen Übereinstimmung zwischen dem Strafbefehl und dem dazu führenden Antrag eine **teilweise Ablehnung** ebenso unzulässig wie im primären Strafbefehlsverfahren (§ 408, 20).

2. Wirkungen des Ablehnungsbeschlusses. Der Ablehnungsbeschluß nach § 408 a **34** Abs. 2 Satz 2 ist den Beteiligten nach § 35 Abs. 2 durch formlose Mitteilung bekannt zu machen (anders im primären Strafbefehlsverfahren, vgl. insoweit § 408, 24); er unterscheidet sich hinsichtlich seiner Bedeutung und seiner Wirkungen erheblich vom Ablehnungsbeschluß im primären Strafbefehlsverfahren. Wegen des schon ergangenen Eröffnungsbeschlusses, der nicht rücknehmbar ist (oben Rdn. 31), kann dem beim nachträglichen Übergang erlassenen Ablehnungsbeschluß nicht mehr die Bedeutung eines Nichteröffnungsbeschlusses zukommen, was durch die Nichtanwendbarkeit des § 408 Abs. 2 Satz 2 in § 408 a Abs. 1 Satz 2 klargestellt wurde; ebensowenig kann dieser Beschluß in die nach § 211 beschränkte Rechtskraft oder in sonstige materielle **Rechtskraft** erwachsen, weil er keine Entscheidung über den durch den Eröffnungsbeschluß bestimmten Verfahrensgegenstand enthält, sondern lediglich die **Ablehnung einer Entscheidung im schriftlichen Verfahren** beinhaltet und zur **Fortsetzung des Hauptverfahrens** führt[39]. Wegen dieser geringen Bedeutung ist der Ablehnungsbeschluß auch unanfechtbar (§ 408 a Abs. 2 Satz 2). Die Staatsanwaltschaft kann den Antrag — mangels einer dem Ablehnungsbeschluß zukommenden materiellen Rechtskraftwirkung — jedoch wiederholen.

---

[37] KK-*Meyer-Goßner*² 13; *Kleinknecht/Meyer*³⁸ 5 und § 408, 13.

[38] S. oben Rdn. 5; vgl. dazu ferner KK-*Meyer-Goßner*² 15.

[39] Mit Recht hält KK-*Meyer-Goßner*² 18 den Ablehnungsbeschluß dem Beschluß über die Ablehnung der Aburteilung im beschleunigten Verfahren nach § 212 b Abs. 1 für vergleichbar.

     Karl Heinz Gössel

VI. Der Erlaß des Strafbefehls

35   **1. Voraussetzungen.** Wie im primären Strafbefehlsverfahren muß der Richter nach der entsprechend für anwendbar erklärten Regel aus dem Bereich des § 408 den Strafbefehl dann erlassen, wenn keine Bedenken dagegen bestehen (§ 408 a Abs. 2 Satz 1; § 408 Abs. 3 Satz 1); jedoch ist diese **Verpflichtung** nur dann zu bejahen, wenn zusätzlich die Voraussetzungen für den nachträglichen Übergang ins Strafbefehlsverfahren (Rdn. 8 ff, 15 ff) vorliegen. Die Frage, in welchen Fällen dem Erlaß eines Strafbefehls keine Bedenken entgegenstehen, ist hier ebenso zu beantworten, wie im primären Strafbefehlsverfahren; die Ausführungen dazu oben § 408, 46 gelten auch hier (s. ferner oben Rdn. 31).

36   **2. Wirkungen.** Der erlassene Strafbefehl ist ebenso wie im primären Strafbefehlsverfahren eine **urteilsgleiche Entscheidung**, die nur vom Angeklagten, nicht aber von der Staatsanwaltschaft, mit dem Rechtsbehelf des Einspruchs angefochten werden kann (§ 410; vgl. § 408, 42 f). Das weitere Verfahren richtet sich nach §§ 410 ff; Besonderheiten gegenüber dem im primären Verfahren erlassenen Strafbefehl bestehen grundsätzlich nicht, weder hinsichtlich der fehlenden Bindung des Gerichts an den im Strafbefehl enthaltenen Rechtsfolgenausspruch[40] noch hinsichtlich der Rechtskraftwirkung und der Kostenentscheidung nebst Belehrung dazu[41]. Auch § 412 gilt ohne Einschränkungen gegenüber dem primären Strafbefehlsverfahren (zur Unzulässigkeit des Verfahrens nach § 412 gegen Abwesende s. Vor § 407, 31).

37   Dagegen ist **Klagerücknahme** der Staatsanwaltschaft nur bis zum Erlaß des Eröffnungsbeschlusses möglich, im übrigen aber nach § 411 Abs. 3 Satz 3 beim nachträglichen Übergang ins Strafbefehlsverfahren ausgeschlossen; auch kann in der Verhandlung über den Einspruch gegen den nach § 408 a erlassenen Strafbefehl nicht erneut nach § 408 a verfahren werden (oben Rdn. 16).

§ 409

(1) ¹Der Strafbefehl enthält
1. die Angaben zur Person des Angeklagten und etwaiger Nebenbeteiligter,
2. den Namen des Verteidigers,
3. die Bezeichnung der Tat, die dem Beschuldigten zur Last gelegt wird, Zeit und Ort ihrer Begehung und die Bezeichnung der gesetzlichen Merkmale der Straftat,
4. die angewendeten Vorschriften nach Paragraph, Absatz, Nummer, Buchstabe und mit der Bezeichnung des Gesetzes,
5. die Beweismittel,
6. die Festsetzung der Rechtsfolgen,
7. die Belehrung über die Möglichkeit des Einspruchs und die dafür vorgeschriebene Frist und Form sowie den Hinweis, daß der Strafbefehl rechtskräftig und vollstreckbar wird, soweit gegen ihn kein Einspruch nach § 410 eingelegt wird.

---

[40] Gegen den Gesetzeswortlaut einschränkend KK-*Meyer-Goßner*² 20: die dort empfohlene Abweichung nur bei Vorliegen neuer Erkenntnisse aus der Einspruchsverhandlung erscheint zwar sinnvoll zur Vermeidung einer „Bestrafung" wegen des Einspruchs gegen den – womöglich schwer genug ausgehandelten – Strafbefehl, jedoch mit § 411 Abs. 4 nicht vereinbar.

[41] A. A KK-*Meyer-Goßner*² 14 und § 409, 9.

[2]Wird der Angeklagte mit Strafvorbehalt verwarnt, oder wird gegen ihn ein Fahrverbot angeordnet, so ist er zugleich nach § 268 a Abs. 3 oder § 268 c Satz 1 zu belehren. [3]§ 267 Abs. 6 Satz 2 gilt entsprechend.

(2) Der Strafbefehl wird auch dem gesetzlichen Vertreter des Angeklagten mitgeteilt.

Entstehungsgeschichte. Das Gesetz v. 9.7.1927 (RGBl. I 175) ersetzte in dem ursprünglichen Text „Gerichtsschreiber" in Absatz 1 durch „Geschäftsstelle". Durch das 3. StRÄndG wurde der bisherige Absatz 2 („Auf den Einspruch kann vor Ablauf der Frist verzichtet werden") durch die jetzigen Abs. 2 und 3 ersetzt. Das 2. StraßenVSichG fügte in Absatz 1 hinter „Strafe" die Worte „Nebenfolge oder Maßregel der Sicherung und Besserung" und in Absatz 3 die Verweisung auf § 267 Abs. 6 Satz 2 ein. Ein Satz 2 des Absatzes 1 wurde angefügt durch das EGOWiG 1968. In seiner letzten, bis zum 31. 12. 1974 geltenden Fassung lautete Absatz 1 danach:

> Der Strafbefehl muß außer der Festsetzung der Strafe, Nebenfolge oder Maßregel der Sicherung und Besserung die strafbare Handlung, das angewendete Strafgesetz und die Beweismittel bezeichnen, auch die Eröffnung enthalten, daß er vollstreckbar wird, wenn der Beschuldigte nicht binnen einer Woche nach der Zustellung bei dem Amtsgericht schriftlich oder zu Protokoll der Geschäftsstelle Einspruch erhebt. Wird die Strafe zur Bewährung ausgesetzt oder ein Fahrverbot angeordnet, so ist der Beschuldigte zugleich nach § 268 a Abs. 2, § 268 c Satz 1 zu belehren.

Die derzeitige Fassung geht im wesentlichen auf Art. 21 Nr. 106 EGStGB 1974 zurück, mit der die von der Rechtsprechung erarbeiteten Grundsätze berücksichtigt wurden, die beim Bußgeldbescheid bereits in der Neufassung des § 66 OWiG ihren Niederschlag gefunden hatten (vgl. dazu unten Rdn. 1). Die letzten Änderungen durch das StVÄG 1987 vom 27. 1. 1987 (BGBl. I S. 475) sind redaktioneller Art, die z. T. durch die Anpassung an die Sprachregelung des § 157, jedoch überwiegend durch die Neufassung des § 410 bedingt sind.

Überleitungsvorschrift. Nach Art. 12 Abs. 3 StVÄG 1987 gilt für Strafbefehle, die vor dem 1. 4. 1987 zugestellt worden sind, § 409 Abs. 1 Nr. 7 in der bis zum 31. März 1987 geltenden Fassung, derzufolge die Einspruchsfrist (vgl. jetzt § 410 Abs. 1 Satz 1) eine Woche betrug.

Übersicht

Karl Heinz Gössel

I. Verwertbarkeit der Rechtsprechung zu § 66 OWiG für die Auslegung des § 409

1   Die Neufassung des § 409 Abs. 1 Satz 1 durch das EGStGB 1974 beruhte nach der amtlichen Begründung des Entwurfs auf dem Bestreben, „die von der Rechtsprechung erarbeiteten Grundsätze über den wesentlichen Inhalt des Strafbefehls in einer modernen, § 66 OWiG angeglichenen Form" aufzunehmen. Demgemäß ist die Rechtsprechung zu § 66 OWiG weitgehend auch für die **Auslegung des § 409 Abs. 1** verwendbar, wie umgekehrt die Rechtsprechung zu § 66 OWiG auch auf die zu § 409 entwickelten Grundsätze zurückgreift. In den folgenden Ausführungen sind deshalb auch die zu § 66 OWiG ergangenen Entscheidungen verwertet, ohne daß es erforderlich gewesen wäre, jeweils hervorzuheben, ob die angeführten Entscheidungen die Auslegung des § 409 Abs. 1 oder die entsprechenden Vorschriften des § 66 OWiG betreffen.

II. Überblick über die Folgen von Mängeln des Strafbefehls

2   **1. Strafbefehl und Eröffnungsbeschluß.** Wie bereits oben § 408, 39 dargelegt, wird dem Strafbefehl in Rechtsprechung wie Literatur nicht selten die Funktion eines Eröffnungsbeschlusses zuerkannt[1]. Wenn auch dieser Auffassung deshalb nicht gefolgt werden kann, weil der Strafbefehl einem Urteil gleichsteht, so können doch im Einzelfall dem Strafbefehl prozessuale Wirkungen zuerkannt werden, die im normalen Verfahren dem Eröffnungsbeschluß zukommen. Wie in jeder Art des Strafprozesses, so bedarf es auch im Strafbefehlsverfahren der üblicherweise im Eröffnungsbeschluß enthaltenen richterlichen Zustimmung dazu, daß die von der Staatsanwaltschaft angeklagten Taten in diesem Umfang zum **Verfahrensgegenstand** gemacht werden (§ 408, 39); weil es in diesem Verfahren aber, der Fall des § 408 a ausgenommen (§ 408 a, 4), an einem Eröffnungsbeschluß fehlt, muß die verfahrensbegrenzende Wirkung mit einer anderen richterlichen Entscheidung verbunden werden, und diese Entscheidung ist der **Strafbefehl** selbst (Näheres § 408 a, 4).

3   **2. Bedeutung von Mängeln des Strafbefehls.** Bekanntlich können schwerwiegende Mängel des Eröffnungsbeschlusses (wie dessen gänzliches Fehlen) dazu führen, daß die gesamte verfahrensbegrenzende Wirkung entfällt und damit eine wesentliche Verfah-

---

[1] So LR-*Schäfer*[23] 24; s. ferner dazu § 408, 39 Fußn. 52.

rensvoraussetzung, weshalb in solchen Fällen das Verfahren einzustellen ist (oben § 207, 56; § 200, 57). In gleicher Weise können auch schwerwiegende **Mängel des Strafbefehls** dazu führen, daß diesem die zur Durchführung des Strafverfahrens notwendige verfahrensbegrenzende Wirkung nicht mehr zuerkannt werden kann, weshalb in solchen Fällen das Verfahren wie bei schwerwiegenden Mängeln des Eröffnungsbeschlusses oder dessen Fehlen **einzustellen** ist[2]. Ob derartige die Durchführung des gesamten Verfahrens hindernde Mängel vorliegen, richtet sich danach, ob die inhaltlichen (Rdn. 4 ff) oder formellen Erfordernisse (Rdn. 20 ff) eines Strafbefehls gegeben sind und gegebenenfalls nach der Bedeutung eines diesbezüglichen Mangels. Bestimmte Mängel, die sich nur auf Teile des Strafbefehls beziehen, können auch die Existenz des Strafbefehls insgesamt unberührt lassen und nur dessen **materielle Rechtskraftfähigkeit** ausschließen; weniger schwerwiegende Mängel können auch **heilbar** sein oder sogar **folgenlos**. Bei der folgenden Erörterung der inhaltlichen und formellen Strafbefehlsvoraussetzungen wird auch auf die jeweiligen Folgen etwaiger Mängel eingegangen.

III. Inhaltliche Voraussetzungen

1. Überblick. Die in Abs. 1 Satz 1 Nr. 1 bis 5 aufgestellten Voraussetzungen entsprechen denen, die von § 200 für die **Anklageschrift** verlangt werden. Abs. 1 Satz 1 Nr. 6 verlangt zusätzlich die Festsetzung der **Rechtsfolgen**, während Art. 1 Satz 1 Nr. 7, Abs. 1 Satz 2 und Abs. 2 **formelle** Voraussetzungen normieren. **4**

2. Angaben zur Person des Angeklagten und der Nebenbeteiligten
a) Erforderliche Angaben. Wie bei der Anklageschrift bezweckt dieses Erfordernis, den Tatvorwurf nicht nur in sachlicher, sondern auch in persönlicher Hinsicht klar von anderen möglichen Tatvorwürfen und anderen Tatbeteiligten abzugrenzen[3]. Es müssen deshalb die Personalien so umfassend bezeichnet werden, daß sie eine genaue **Identifizierung** des Angeklagten ermöglichen. Dazu gehört namentlich (RiStBV Nr. 110 Abs. 2 Buchst. a) die Angabe des Familiennamens und der Vorname, bei Namenswechsel (z. B. § 1355 BGB) auch der Geburtsname, Beruf und Wohnort, Geburtstag und -ort, die Staatsangehörigkeit. Es genügt, wenn die erforderlichen Angaben bei der Anschrift des Beschuldigten im Strafbefehl angeführt werden[4]. **5**

Als **Nebenbeteiligte** kommen in Betracht Verfalls- und Einziehungsbeteiligte (§§ 431, 442) und die juristische Person oder Personenvereinigung im Fall des § 444; neben der juristischen Person oder Personenvereinigung sind ihre zur rechtsgeschäftlichen Vertretung befugten Organe anzugeben. Die genaue Bezeichnung der Nebenbeteiligten[5] ist unter dem Gesichtspunkt der Schaffung eines Vollstreckungstitels wichtig (dazu § 459 g). **6**

b) Fehlerhafte Angaben. Mangelhafte, unrichtige und ungenaue Angaben zur Person wie z. B. ein falscher Vorname, sind bedeutungslos, wenn sich aus den restlichen richtigen Angaben die Identität des Angeklagten oder Nebenbeteiligten zweifelsfrei er- **7**

---

[2] Vgl. z. B. BGHSt **23** 336, 340.
[3] BGHSt **23** 336, 339; OLG Hamm VRS **46** 146.
[4] KK-*Meyer-Goßner*[2] 3; KMR-*Müller* 1; *Kleinknecht/Meyer*[38] 2.

[5] Wegen der Schwierigkeiten, die sich ergeben können, wenn natürliche Personen unter ihrem Handelsnamen bekannt werden, vgl. *Göhler*[8] § 66, 5 mit Rechtsprechungsnachweisen.

Karl Heinz Gössel

gibt[6]. Ist dagegen eine zweifelsfreie Identitätsfeststellung nicht mehr möglich, so liegt ein Mangel vor, der ein zur Einstellung führendes Prozeßhindernis begründet, so z. B., wenn ein Strafbefehl sich sachlich gegen eine natürliche Person richtet, die Anschrift aber auf eine gleichnamige Handelsgesellschaft lautet[7], während es unschädlich ist, wenn der Beschuldigte ein Einzelkaufmann ist, der unter seiner mit seinem persönlichen Namen identischen Firma, aber als „Firma" bezeichnet wird[8].

8   **3. Der Name des Verteidigers.** Diese inhaltliche Voraussetzung des Strafbefehls entspricht den vom Urteil (§ 275 Abs. 3) und der Anklageschrift verlangten Erfordernissen; weil diese Voraussetzung im wesentlichen zur Erhöhung des Informationsgehaltes des Strafbefehls dient (vgl. § 200, 41), führen fehlerhafte oder fehlende Namensangaben nicht zu einem Prozeßhindernis und bleiben **folgenlos**.

4. Die Tatbezeichnung

9   **a) Umfang.** § 409 Abs. 1 Satz 1 Nr. 3 verlangt die Bezeichnung der Tat, die dem Angeklagten zur Last gelegt wird, Zeit und Ort ihrer Begehung und die Bezeichnung der gesetzlichen Merkmale der Straftat. Damit wird schon im Strafbefehl (ohne Berücksichtigung sonstiger Erkenntnisquellen, etwa des Akteninhaltes[9]), wie bei der Anklageschrift (s. oben Rdn. 4 und § 200, 10 ff), eine eindeutige Individualisierung des Verfahrensgegenstandes der Tat des Angeklagten unabhängig von der Wahrheit des Vorwurfs einmal deshalb verlangt, damit der Angeklagte eindeutig erkennt, wessen er beschuldigt wird und wogegen er sich verteidigen muß[10], zum anderen deshalb, um den Umfang der Rechtskraftwirkung festzulegen[11]: die von zugelassener Anklage, Urteil oder diesem gleichstehenden Strafbefehl und Rechtskraft erfaßte Tat eines bestimmten Strafverfahrens ist identisch[12]. Notwendig ist die **Angabe des konkreten Handlungsgeschehens** in seiner die gesetzlichen Merkmale verwirklichenden Eigenschaft in allgemein verständlichen Worten der Umgangssprache und nicht etwa das Ergebnis schon einer rechtlichen Subsumtion in juristischen Begriffen[13]: im Strafbefehl darf A also nicht beschuldigt werden, eine fremde Sache in rechtswidriger Zueignungsabsicht weggenommen zu haben, vielmehr ist anzugeben, er habe dem B eine diesem gehörende Brieftasche mit Inhalt deshalb aus dessen Hosentasche gezogen, um Brieftasche samt Inhalt für sich zu verwenden. Allerdings sind allgemein verständliche Kurzbezeichnungen, etwa „beleidigen", durchaus verwendbar[14]. Der Genauigkeitsgrad der Schilderung richtet sich dabei allein an den **Individualisierungserfordernissen** des Einzelfalles aus, muß also unabdingbar deshalb z. B. Orts- und Zeitangaben zum Handlungsgeschehen in der vorstehend geschilderten konkretisierten Form enthalten[15], weil niemand zu

---

[6] BGHSt **23** 336; OLG Düsseldorf JMBl-NRW **1974** 107; OLG Frankfurt NJW **1979** 2161; OLG Hamm VRS **40** 460; OLG Koblenz MDR **1974** 776; KMR-*Müller* 7; *Kleinknecht/Meyer*[38] 4; vgl. auch das instruktive Beispiel von *Göhler* NStZ **1983** 64 in seiner Stellungnahme zu OLG Karlsruhe VRS **62** 289.

[7] OLG Hamm VRS **46** 146; weniger streng BayObLG JR **1973** 28, wonach solche Mängel im Wege der Berichtigung behoben werden können.

[8] OLG Hamm JR **1971** 383; VRS **46** 147; *Göhler*[8] § 66, 5 mit weit. Nachw.

[9] BGHSt **23** 336, 340; KK-*Meyer-Goßner*[2] 23.

[10] BGHSt **23** 336, 339.

[11] *Puppe* NStZ **1982** 230, 235, ihr folgend KK-*Meyer-Goßner*[2] 5.

[12] *Gössel* JR **1982** 111 **gegen** BVerfGE **56** 22 und BGHSt **29** 288.

[13] Vgl. RiStBV Nr. 177 Abs. 1 Satz 2.

[14] Vgl. OLG Hamm NJW **1970** 579.

[15] BGHSt **23** 336; BayObLG MDR **1970** 440; OLG Braunschweig NJW **1964** 2364; OLG Hamm NJW **1970** 579; NJW **1972** 1062; VRS **50** 58; *Kleinknecht/Meyer*[38] 4.

gleicher Zeit an zwei verschiedenen Orten anwesend sein und handeln kann, nicht aber etwa deshalb, um sich den konkreten Vorwurf in Erinnerung rufen zu können[16].

Entsprechend § 260 Abs. 4 Satz 1 sind ferner die auf das individualisierte Verhal- **10** ten (Rdn. 9) angewendeten **Vorschriften** nach Paragraphen, Absatz, Nummer, Buchstaben und mit der Bezeichnung des Gesetzes anzugeben.

b) Mängel. Ist **mangels ausreichender Konkretisierung** nicht ersichtlich, welche **11** Tat dem Angeklagten vorgeworfen wird, ist der Sachverhalt derart unvollständig oder ungenau wiedergegeben, daß er nicht ermöglicht, die dem Beschuldigten zur Last gelegte Tat gegenüber anderen möglichen gleichartigen oder ähnlichen Taten in einer die Verwechslungsgefahr ausschließenden Weise abzugrenzen, so ist der Strafbefehl zwar nicht nichtig[17], hat also verjährungsunterbrechende Wirkung[18], ist der Rechtskraft fähig und nach deren Eintritt vollstreckbar, jedoch fehlt in diesen Fällen die notwendige verfahrensbegrenzende Wirkung, so daß ein Prozeßhindernis vorliegt, das auf Einspruch von Amts wegen zu berücksichtigen ist und zur **Einstellung** des Verfahrens führt[19].

Dagegen sind **andere Mängel** bei der Konkretisierung der Tat, die die Abgren- **12** zung der Tat gegenüber anderen Taten nicht in Frage stellen, sondern nur die Vorbereitung der Verteidigung des Angeklagten erschweren, für die Rechtswirksamkeit des Strafbefehls als Verfahrensgrundlage **bedeutungslos**[20]; sie können, falls sie nicht schon vorher, etwa durch Akteneinsicht des Verteidigers, behoben sind, durch entsprechende Aufklärung und Belehrung des Angeklagten durch den Vorsitzenden in der Hauptverhandlung geheilt werden[21], wie z. B. eine irrtümliche Angabe der Tatzeit[22] oder des Tatorts[23], sofern dadurch die Tatidentität nicht berührt wird[24], und unter den gleichen Voraussetzungen auch fehlende oder fehlerhafte Angaben dazu, ob der Angeklagte vorsätzlich oder fahrlässig gehandelt hat[25]. Ebenso ist bedeutungslos, ob das angewendete Strafgesetz nicht oder unrichtig angegeben ist[26].

5. Die Angabe der Beweismittel. Wie in der Anklageschrift (vgl. § 200 Abs. 1 **13** Satz 2) müssen die Beweismittel nach Möglichkeit so genau bezeichnet sein, daß der Beschuldigte prüfen kann, ob der ihm gemachte Schuldvorwurf beweisbar ist, und die **Erfolgsaussichten** eines Einspruchs **abwägen** kann. Unzulänglich sind deshalb Angaben wie ,,Augenschein'' oder ,,Zeugenaussage''; der Beschuldigte hat im Interesse seiner Verteidigung ein Recht zu wissen, wer als Zeuge zur Verfügung steht[27]; neben dem Namen ist auch die Anschrift des Zeugen anzugeben[28]. Die Angabe ,,Anzeige'' wurde früher als genügende Beweismittelangabe gewertet, weil sie dahin zu verstehen sei, daß

[16] Zutr. KK-*Meyer-Goßner*[2] 5 im Anschluß an *Puppe* NStZ **1982** 230, 235.

[17] KK-*Meyer-Goßner*[2] 23; *Kleinknecht/Meyer*[38] 4.

[18] BayObLGSt **26** 42; **1951** 355; HRR **1926** Nr. 981.

[19] BGHSt **23** 326; KG VRS **48** 444; OLG Hamm NJW **1970** 579; VRS **48** 369.

[20] KMR-*Müller* 7.

[21] BGHSt **23** 336, 341 mit weit. Nachw.; BayObLG NJW **1972** 1771, 1772; OLG Bremen MDR **1953** 616.

[22] OLG Hamm NJW **1958** 1836; OLG Schleswig SchlHA **1970** 201.

[23] OLG Hamm NJW **1973** 1709.

[24] BayObLG VRS **47** 298.

[25] OLG Düsseldorf JMBlNRW **1979** 259; KMR-*Müller* 7.

[26] OLG Hamm NJW **1972** 1062; VRS **50** 58; OLG Karlsruhe VRS **47** 296; OLG Koblenz NJW **1975** 2306.

[27] OLG Hamm NJW **1970** 579.

[28] BayObLG MDR **1970** 440; OLG Celle NJW **1970** 580.

Karl Heinz Gössel

damit auf die Aussage des Anzeigeerstatters Bezug genommen werde[29]; den heutigen strengeren, auf das Verteidigungsinteresse des Beschuldigten Rücksicht nehmenden Anforderungen an die Benennung der Beweismittel kann die bloße Angabe „Anzeige", die auch schon früher als unzulänglich empfunden wurde, nicht genügen[30].

14 Es ist rechtlich **bedeutungslos**, wenn der Strafbefehl keine Beweismittel angibt[31] oder sie unzulänglich bezeichnet[32].

15 **6. Die Festsetzung der Rechtsfolgen.** Die Rechtsfolgen sind so **genau** festzusetzen, daß ihre **Vollstreckung** möglich ist, so bei Festsetzung der Geldstrafe Zahl und Höhe der Tagessätze, bei Verwarnung mit Strafvorbehalt der Schuldspruch, die Verwarnung und die Bestimmung der vorbehaltenen Geldstrafe nach Zahl und Höhe der Tagessätze, bei Einziehung die genaue Bezeichnung des Gegenstandes usw. Eine **Begründung**, obwohl nicht unzulässig, ist grundsätzlich nicht erforderlich[33], jedoch ausnahmsweise notwendig bei der Nichtentziehung der Fahrerlaubnis (s. dazu Rdn. 20).

16 Ist im Strafbefehl die **Festsetzung** von Rechtsfolgen **unterblieben**, so liegt eine der Rechtskraft fähige Entscheidung nicht vor[34], weshalb ein neuer vollständiger Strafbefehl erlassen werden kann[35]. Als nichtig kann der Strafbefehl indessen schon im Hinblick auf seine verfahrensbegrenzende Funktion (oben Rdn. 2[36]) nicht angesehen werden (weshalb in diesem Fall die Verwendung des terminus „unwirksam"[37] mißverständlich erscheint), so daß er als Grundlage des weiteren Verfahrens geeignet ist und einem Urteil in der aufgrund des Einspruchs anberaumten Hauptverhandlung nicht entgegensteht; bei verspätetem Einspruch oder bei der Rücknahme tritt zwar formelle Unanfechtbarkeit, nicht aber materielle Rechtskraft ein, so daß auch in diesen Fällen der Erlaß eines neuen Strafbefehls (nur bei vollständiger Übereinstimmung mit dem Strafbefehlsantrag, s. § 408, 40) oder die Anberaumung einer Hauptverhandlung (z. B. bei beabsichtigter Festsetzung einer anderen als der beantragten Rechtsfolge) möglich ist. Gleiches gilt, werden Rechtsfolgen festgesetzt, die nach § 407 im Strafbefehlsverfahren nicht festgesetzt werden können (z. B. Freiheitsstrafen)[38], werden Zahl oder Höhe der Tagessätze einer Geldstrafe nicht bestimmt angegeben und ebenso, wird in einem Strafbefehl gegen zwei bestimmt bezeichnete Personen eine **einzige** Geldstrafe (wenn auch unter Angabe von Zahl und Höhe der Tagessätze) festgesetzt; das kann nicht dahin verstanden werden, daß gegen jeden Beschuldigten die gleiche Geldstrafe oder gegen jeden die Hälfte des Gesamtbetrages festgesetzt sei[39]. Nicht hierher gehört der Fall der Überschreitung des zulässigen Höchstmaßes bei Festsetzung der Rechtsfolge (§ 408, 41).

17 Ist die Dauer eines **Fahrverbots** nicht bestimmt, so kann nichts anderes gelten, als wenn Zahl und Höhe der Tagessätze der Geldstrafe nicht festgesetzt wurden[40]; eine

[29] So BayObLG JW **1928** 1751; GA **71** (1927) 518.
[30] KG GA **71** (1927) 46; *Eb. Schmidt* 3; *Schorn* Verfahren 30.
[31] BayObLG JW **1928** 1751.
[32] OLG Celle NJW **1970** 441; OLG Frankfurt NJW **1970** 160; OLG Hamm NJW **1970** 579; h. M.
[33] KK-*Meyer-Goßner*[2] 8; *Kleinknecht/Meyer*[38] 7; vgl. auch § 66 Abs. 3 OWiG und dazu *Göhler*[8] § 66, 29.
[34] BGHSt **30** 93, 96.
[35] OLG Düsseldorf MDR **1984** 690; *Kleinknecht/Meyer*[38] 7; *Göhler*[8] § 66, 38; a. A

KK-*Meyer-Goßner*[2] 24; der indes neben der fehlenden Anfechtbarkeit durch die Staatsanwaltschaft – zutr. *Kleinknecht/Meyer*[38] 7 – auch dessen fehlende Rechtskraft übersieht.
[36] Vgl. BayObLG NJW **1966** 947.
[37] So OLG Düsseldorf MDR **1984** 690; *Kleinknecht/Meyer*[38] 7.
[38] So im Erg. *Kleinknecht/Meyer*[38] 7; a. A *Eb. Schmidt* Nachtr. I 6 (neue Rdn. 8 f): Nichtigkeit.
[39] OLG Karlsruhe MDR **1974** 955 mit weit. Nachw.
[40] *Göhler*[8] § 66, 20.

Umdeutung in ein Fahrverbot bis zur gesetzlichen Höchstdauer[41] erscheint nicht statthaft. Die Mindestdauer des Fahrverbots braucht dagegen nicht angegeben zu werden, da sie sich unmittelbar aus dem Gesetz — § 44 Abs. 1 Satz 1 StGB — ergibt.

Unterbleibt bei **Entziehung der Fahrerlaubnis** gesetzwidrig (§ 69 a StGB) die Fest- **18** setzung einer Sperre, so behält es dabei sein Bewenden; eine Umdeutung, daß die gesetzliche Mindestdauer der Sperre festgesetzt sei, erscheint nicht statthaft; wegen gesetzwidriger Bemessung der Sperrdauer s. unten Rdn. 46 und oben 16.

7. **Die Kosten.** Nach §§ 464 Abs. 1; 465 **muß** der Strafbefehl eine **Kostenentschei- 19 dung** enthalten (§ 464, 5); unterbleibt sie, so fehlt es an einem Titel, um den Bestraften für die Kosten in Anspruch zu nehmen; eine spätere Nachholung ist nicht möglich[42], der Verurteilte bleibt von den Kosten befreit. Zur Kostenentscheidung hinsichtlich des Nebenklägers und des nebenklageberechtigten Verletzten s. § 472, 8 und 14.

IV. Formelle Voraussetzungen

1. **Begründung.** Während eine **Begründung** für die im Strafbefehl **festgesetzten 20** Rechtsfolgen **nicht** erforderlich ist (Rdn. 15), ist im umgekehrten Fall die Nichtfestsetzung einer in Betracht kommenden Entziehung der Fahrerlaubnis oder der Verhängung einer isolierten Sperre nach § 69 a Abs. 1 Satz 3 StGB als „Negativvermerk" ausdrücklich zu begründen[43]. Mehr als formelhafte Wendungen können aber nicht erwartet werden[44]. Die Bedeutung des „Negativvermerks" ergibt sich aus § 4 Abs. 3 Satz 2 StVG, wonach die Verwaltungsbehörde im verwaltungsmäßigen Entziehungsverfahren nicht zum Nachteil des Beschuldigten vom Inhalt des Strafbefehls abweichen darf, soweit er sich auf die Feststellung des Sachverhalts oder die Beurteilung der Schuldfrage oder die Eignung zum Führen von Kraftfahrzeugen bezieht; der Negativvermerk im Strafbefehl bindet also die Verwaltungsbehörde. Der Negativvermerk ist auch (und hier sogar besonders) erforderlich, wenn im Strafbefehl auf Fahrverbot erkannt ist.

Unterbleibt der **Negativvermerk**, der nur in Verbindung mit der Entscheidung **21** möglich ist, also nicht nachgeholt werden kann, so ist dies für den Bestand des Strafbefehls ohne Bedeutung; die Verwaltungsbehörde ist dann nicht gebunden[45].

2. **Belehrungen.** In § 409 werden bestimmte Belehrungspflichten einmal hinsicht- **22** lich der **Anfechtung** des Strafbefehls selbst und der Folgen unterlassener Anfechtung aufgestellt (Abs. 1 Satz 1 Nr. 7), ferner im Zusammenhang mit der **Festsetzung spezieller Rechtsfolgen** (Abs. 1 Satz 2); darüber hinaus sind weitere Belehrungspflichten aus **anderen Vorschriften** zu beachten.

a) **Belehrung über die Anfechtung des Strafbefehls.** Der Angeklagte und der ihm **23** insoweit gleichstehende Nebenbeteiligte (§§ 433 Abs. 1; 444 Abs. 2 Satz 2) sind nach § 409 Abs. 1 Satz 1 Nr. 7 sowohl über die Möglichkeit des **Einspruchs** selbst als auch über die dabei einzuhaltenden Form- und Fristvorschriften zu belehren, darüber hinaus aber auch über die Folgen der **Rechtskraft** und der Vollstreckbarkeit bei unterlassener Anfechtung (§ 410 Abs. 3); der gesetzliche Vertreter (vgl. § 409 Abs. 2) braucht über sein eigenes Anfechtungsrecht nicht belehrt zu werden[46]. Ist der Beschuldigte ein der deut-

---

[41] KMR-*Müller* 8.
[42] LG Berlin NJW **1968** 1733.
[43] Vgl. RiStBV Nr. 177 Abs. 2.

[44] KK-*Meyer-Goßner*[2] 10; *Kleinknecht/Meyer*[38] 11; *Nüse* JR **1965** 44.
[45] *Jagusch*[29] § 4 StVG, 28.
[46] KK-*Meyer-Goßner*[2] 11; *Kleinknecht/Meyer*[38] 9.

Karl Heinz Gössel

schen Sprache nicht hinreichend mächtiger **Ausländer**, so gehört zur Rechtsbehelfsbelehrung eine Übersetzung in eine dem Beschuldigten geläufige Sprache[47].

24   Ermangelt der Strafbefehl der Anfechtungsbelehrung, so bildet dies in entsprechender Anwendung der §§ 35 a, 44 Satz 2 kraft Gesetzes einen **Wiedereinsetzungsgrund**. Das entspricht der heute durchaus herrschenden Meinung[48]. Gleiches gilt grundsätzlich auch, wenn für einen betroffenen **Ausländer** die Übersetzung der Belehrung in eine ihm geläufige Sprache fehlt; ausnahmsweise kann die Wiedereinsetzung aber dann versagt werden, wenn der Ausländer sich nicht zureichend um die Verfolgung seiner Interessen kümmerte, „obwohl er nach Lage des Falles dazu Anlaß hatte und in der Lage war", so z. B. dann, „wenn der Betroffene den Inhalt eines Bußgeldbescheids oder Strafbefehls jedenfalls so weit erfaßt hat, daß es sich um ein amtliches Schriftstück handeln könnte, das eine ihn belastende Verfügung enthält, und er sich gleichwohl binnen eines Monats nicht Gewißheit über den genauen Inhalt verschafft"[49].

25   **b) Belehrung über die Bedeutung der Verwarnung mit Strafvorbehalt.** Wird antragsgemäß **Verwarnung mit Strafvorbehalt** festgesetzt, so erscheint gemäß § 260 Abs. 4 Satz 4, § 268 a Abs. 1 im Strafbefehl nur der Schuldspruch, die Verwarnung und die vorbehaltene Strafe (§ 59 StGB) und ggf. die Festsetzung der in § 59 Abs. 2 StGB bezeichneten Nebenfolgen, während die Anordnungen über die Dauer der Bewährungszeit und über Bewährungsauflagen in einem besonderen Beschluß getroffen werden (§ 268 a Abs. 1). Dieser Beschluß wird üblicherweise zugleich mit dem Strafbefehl zugestellt. Seine förmliche Zustellung ist aber nicht erforderlich, weil er mit der einfachen Beschwerde anfechtbar ist (§ 305 a Abs. 1) und daher keine Frist in Lauf gesetzt wird (§ 35 Abs. 2 Satz 2).

26   Eine **Belehrung** über die Beschwerdemöglichkeit ist nicht vorgeschrieben, kann sich aber empfehlen, um einen Beschuldigten, der sich nur gegen den Beschluß wenden will, vom Einspruch abzuhalten. Legt der Beschuldigte aber Einspruch ein, so wird der Beschluß nach § 268 a Abs. 1 gegenstandslos, da über die Verwarnung mit Strafvorbehalt dann im Urteil zu entscheiden ist.

27   Die in § 409 Abs. 1 Satz 2, § 268 a Abs. 3 vorgeschriebene Belehrung erfolgt grundsätzlich schriftlich zugleich mit der Zustellung des Strafbefehls und des Beschlusses über die Bewährungszeit und -auflagen, bei **Unterbleiben** nachträglich mündlich in einem besonderen Termin durch den Strafbefehlsrichter oder den von ihm ersuchten Richter beim Amtsgericht des vom Gerichtssitz verschiedenen Wohn- oder Aufenthaltsortes des Beschuldigten (§ 453 a)[50]. Wird der Strafbefehl rechtskräftig, so ist gegen den mit dem Strafbefehl ergangenen Beschluß nach § 268 a Abs. 1 die Beschwerde gemäß § 305 a zulässig.

28   **c) Belehrung bei Fahrverbot.** Die bei der Anordnung eines Fahrverbots in § 409 Abs. 1 Satz 2, § 268 c Satz 1 vorgeschriebene Belehrung bezieht sich nur auf den **Beginn der Verbotsfrist** (§ 44 Abs. 4 Satz 1 StGB). Sie dient der Unterrichtung des Beschuldigten, da der Beginn und damit die Dauer des Fahrverbots von mannigfachen Umständen abhängt und die Rechtskraft des Strafbefehls allein nicht maßgebend ist. Sie erfolgt im oder zugleich mit dem Strafbefehl. Eine dem § 453 a entsprechende Vorschrift über die **Nachholung** der unterbliebenen Belehrung ist nicht in das Gesetz aufgenommen. Gleich-

---

[47] BVerfGE 40 95; BayObLG Rpfleger **1976** 21.

[48] KK-*Meyer-Goßner*[2] 11; *Eb. Schmidt* Nachtr. I 10; *Kleinknecht/Meyer*[38] 9; *Göhler*[8] § 66, 26; zur obsolet gewordenen Gegenmeinung – bei

fehlender Belehrung liegt kein Strafbefehl vor – vgl. LR-*Schäfer*[23] 21.

[49] BVerfGE **42** 120, 127.

[50] KK-*Meyer-Goßner*[2] 12; *Kleinknecht/Meyer*[38] 10.

wohl muß der Richter, wenn er das Versehen bemerkt, die Belehrung (schriftlich) nach-holen[51], und die Vollstreckungsbehörde muß es tun, wenn sie die Herausgabe des Führerscheins zur Vollstreckung verlangt (§ 59 a Abs. 4 Satz 1 StVollstrO).

d) Belehrung Nebenbeteiligter. Neben der Belehrung über die Anfechtung des **29** Strafbefehls (Rdn. 23) bei **Verfall, Einziehung, Vernichtung und Unbrauchbarmachung täterfremden oder mit Rechten Dritter belasteten Eigentums** (§ 407, 30 ff) erfolgt, so-weit dies nicht bereits vor Erlaß des Strafbefehls geschehen ist, die **Anordnung der Einziehungs- oder Verfallsbeteiligung** (§ 431 Abs. 1 Satz 1) im Strafbefehl; dieser muß auch den Hinweis an den Einziehungsbeteiligten nach § 435 Abs. 3 Nr. 2 in Vbdg. mit § 438 Abs. 1 Satz 2 enthalten, daß die Entscheidung über die Einziehung auch ihm ge-genüber wirksam ist (§ 438, 10). Entsprechende Vorschriften gelten bei der **Anordnung der Nebenbeteiligung gemäß § 444.**

Die **Unterlassung** der Beteiligungsanordnung nach § 431 läßt dem Betroffenen die **30** Möglichkeit offen, seine Rechte im Nachverfahren nach § 439 zu wahren. Der Hinweis nach § 438 Abs. 1 Satz 2 belehrt den Einziehungsbeteiligten darüber, daß eine ihm ge-genüber wirksame Nebenfolge festgesetzt ist, deren er sich durch Einspruch erwehren kann. Praktisch liegt darin der in § 409 Abs. 1 Nr. 7 geforderte Hinweis auf die Möglich-keit und die Notwendigkeit des Einspruchs, wenn der Betroffene die ihn treffende Wir-kung der Einziehung abwenden will; es ist deshalb angebracht — in gleicher Weise wie bei der Belehrung des Täters über die Einspruchsmöglichkeit (oben Rdn. 24) —, die Un-terlassung des Hinweises als Wiedereinsetzungsgrund zu behandeln.

e) Belehrung über die Anfechtung der Kostenentscheidung. Die notwendige Ko-**31** stenentscheidung (Rdn. 19) ist nach § 464 Abs. 3 mit der **sofortigen Beschwerde** geson-dert anfechtbar; deshalb muß der Strafbefehl auch mit einer Belehrung über deren An-fechtbarkeit nach § 464 Abs. 3 (vgl. dazu § 40 GKG) verbunden sein, wofür z. B. wegen § 465 Abs. 2 sehr wohl ein Bedürfnis bestehen kann[52]; tatsächlich scheinen die Vor-drucke eine solche Belehrung nicht zu enthalten[53]. Auch hier ist bei fehlender Beleh-rung und Fristablauf Wiedereinsetzung in den vorigen Stand zu gewähren.

3. Unterzeichnung

a) Bedeutung. Anders als ein Urteil, das durch mündliche Verkündung wirksam **32** wird (§ 268), kann der schriftliche (§ 407 Abs. 1) Strafbefehl nur als **urkundlich verkör-perte Willenserklärung** des Gerichts ins Rechtsleben treten. Zum Wesen der Urkunde gehört aber, daß sich aus der Urkunde die Person dessen ergibt, der die urkundlich ver-körperte Entscheidung erlassen hat. § 275 Abs. 2 verlangt beim Urteil die vollständige **Unterschrift** (nicht nur ein Namenszeichen) aller Richter, die bei der Entscheidung mit-gewirkt haben, und zwar nicht, um ihre Namen festzulegen, denn diese ergeben sich schon aus dem Protokoll und Urteilskopf (§ 272 Nr. 2, § 275 Abs. 3), sondern um eine Gewähr zu schaffen, daß Urteilsformel und Gründe in der schriftlich niedergelegten Form dem Willen und der Auffassung der beteiligten Richter oder doch beim Kollegium dem der maßgeblichen Mehrheit entsprechen[54].

b) Begriff. Dem Erfordernis der Schriftlichkeit des Strafbefehls wird indes nicht **33** bloß durch eine Unterschrift i. S. des § 275 Abs. 2 genügt[55]; diese ausdrücklich nur für

---

[51] *Eb. Schmidt* Nachtr. I 4.
[52] Vgl. LG Bamberg NJW **1973** 1144; *Klein-knecht/Meyer*[38] 8; **a.** A KK-*Meyer-Goßner*[2] 9.
[53] Vgl. z. B. das Strafbefehlsmuster – StP 171 – bei *Schlüchter* 790.
[54] BGH MDR **1975** 482 mit weit. Nachw.
[55] BGHSt **12** 317.

Karl Heinz Gössel

Urteile geltende Vorschrift ist auf Beschlüsse nicht anwendbar[56]. Zwar muß bei Straf-befehlen wie beim Urteil gewährleistet sein, daß die jeweilige Entscheidung dem Willen der entscheidenden Richter entspricht; indessen kann diesem Erfordernis beim Strafbe-fehl auch durch andere Formen als der vollständigen Namensunterschrift, z. B. durch bloße **Unterzeichnung**, genügt werden, sofern sie zweifelsfrei erkennen lassen, daß der Strafbefehl die Willensäußerung des Richters — und welches Richters — ist. Unter dem Gesichtspunkt der Erkennbarkeit der Identität wird zwar herkömmlicherweise die voll-ständige Namensunterschrift mehr oder weniger dringlich empfohlen, „damit jederzeit mit Sicherheit festgestellt werden kann, welcher Richter den Strafbefehl erlassen hat"[57], aber wie beim Bußgeldbescheid der Verwaltungsbehörde[58] wird die Unterzeich-nung nur mit einem Namenszeichen als genügendes Identitätsmerkmal angesehen, wenn sie nur aus sich selbst heraus zweifelsfrei erkennen läßt, welcher Richter den Straf-befehl erlassen hat[59]. Erforderlich ist ein die Identität des Unterschreibenden ausrei-chend kennzeichnender individueller Schriftzug, „d. h. Linienführung, die sich als Schrift darstellt, ihrer Art nach einmalig ist und entsprechende charakteristische, indivi-duelle Merkmale aufweist"[60]. Wenn auch in dieser Hinsicht keine zu strengen Anforde-rungen gestellt werden dürfen[61], so kann doch eine bloße „geschlängelte Linie" nicht genügen[62], während andererseits ein Faksimilestempel oder ein Handzeichen zur Fest-stellung der Identität ausreichen[63].

34   Noch weitergehend wird bei **Bescheiden der Verwaltungsbehörden**, die wegen ihres massenhaften Anfalls mittels elektronischer Datenverarbeitungsanlagen hergestellt werden, wie bei Steuerbescheiden[64] oder Einberufungsbescheiden nach dem Wehr-pflichtgesetz[65], angenommen, daß eine individuelle Unterzeichnung entbehrlich sei, wenn nur der Bescheid eine endgültige Willensäußerung der Behörde, aus deren Bereich er stammt, darstellt und damit zum Ausdruck kommt, daß dem Bescheid die Entschei-dung des zuständigen Beamten zugrunde liegt. Ob dies auch für Bußgeldbescheide der Verwaltungsbehörden gilt[66], bedarf hier keiner Erörterung. Denn beim Strafbefehl, der nur von dem gesetzlichen Richter erlassen werden darf, und der, wenn er unange-fochten bleibt, die Wirkung eines rechtskräftigen Urteils hat, müßten solche Überlegun-gen ausscheiden; er muß sich als die Willensäußerung eines **bestimmten**, des gesetzli-chen, Richters darstellen und nicht als die Willensäußerung des Amtsgerichts.

35   c) **Fehlende Unterzeichnung und Fehlen der unterzeichneten Urschrift.** Ein nicht unterzeichneter Strafbefehl verbleibt im Regelfall im Entwurfszustand, wird nicht exi-stent[67]. Mangels eines Strafbefehls fehlt es damit an einer Voraussetzung zur Durchfüh-

---

[56] RGSt **43** 218; OLG Saarbrücken NJW **1973** 2041; vgl. auch OLG Stuttgart MDR **1970** 68.
[57] So Nr. 164 RiStV 1953; seit der Neufassung 1966 fehlt es an einem solchen Hinweis.
[58] OLG Frankfurt NJW **1970** 161; OLG Ol-denburg NJW **1970** 719, 720; LG Frankfurt NJW **1975** 2078, jeweils mit weit. Nachw.
[59] KG VRS **26** 445; KMR-*Müller* 4; *Eb. Schmidt* 7 und Nachtr. I 5; *Schorn* Verfahren 70.
[60] Vgl. dazu wegen des Erfordernisses der Un-terschrift bei unterschriftsbedürftigen Pro-zeßhandlungen BGHSt **12** 317 und wegen der

Unterschrift des ein Urteil ausfertigenden Urkundsbeamten BGH VersR **1966** 827.
[61] Vgl. BGH NJW **1976** 626.
[62] OLG Düsseldorf NJW **1956** 923.
[63] RGSt **62** 53; OLG Frankfurt VRS **50** 215; OLG Saarbrücken NJW **1973** 2041; KK-*Meyer-Goßner*[2] 13; *Kleinknecht/Meyer*[38] 13.
[64] BFHE **162** 263, 265; **175** 425, 431.
[65] BVerwG NJW **1974** 2101.
[66] OLG Frankfurt VRS **50** 214; NJW **1976** 337.
[67] Vgl. OLG Saarbrücken JBlSaar **1961** 134.

rung des Verfahrens: die fehlende Unterzeichnung führt deshalb im Regelfall zur **Einstellung** wegen eines Verfahrenshindernisses nach § 206 a oder § 260 Abs. 3[68].

Ausnahmsweise aber führt das Fehlen der Unterzeichnung dann nicht zur Einstellung des Verfahrens, kann das Vorliegen eines richterlichen Willensaktes auch ohne Unterzeichnung des Strafbefehls aus den Akten sonst hinreichend sicher festgestellt werden[69]. Ebensowenig führt die fehlende Datumsangabe zur Einstellung des Verfahrens: das Fehlen dieses zur Unterzeichnung gehörenden Elementes ist folgenlos[70]. **36**

Rechtlich bedeutungslos ist es auch für das spätere Verfahren, wenn sich die **Urschrift** des unterzeichneten Strafbefehls nicht bei den Akten befindet, sondern sich nur nach den Regeln des Freibeweises feststellen läßt, daß die Verfahrensvoraussetzung des Erlasses eines Strafbefehls gegeben ist[71]. **37**

4. Bekanntmachung

a) Zustellung als alleinige Bekanntmachungsform. Die Schriftlichkeit eines Verfahrens steht in exklusivem Gegensatz zu seiner Mündlichkeit. Während Urteile nur aufgrund einer mündlichen Verhandlung, die sonstigen richterlichen Entscheidungen in ihrer überwältigenden Mehrheit sowohl innerhalb als auch außerhalb mündlicher Verhandlung ergehen können, ordnet das Gesetz in § 407 Abs. 1 Satz 2 ausdrücklich an, daß der Strafbefehl schriftlich zu ergehen habe, und damit ausnahmslos außerhalb einer mündlichen Verhandlung. Das aber bedeutet, daß Strafbefehle **niemals in Anwesenheit** des Angeklagten ergehen können, auch wenn er zusehen kann, wie der Richter eigenhändig einen Strafbefehl schreibt und unterschreibt: anders als das Urteil (§ 268) „ergeht" der Strafbefehl, wenn er in seiner schriftlichen Form einschließlich der Unterzeichnung fertiggestellt und in den Geschäftsgang gegeben ist[72]. Wegen dieser Bedeutung der Schriftlichkeit kann auch der Strafbefehl nach § 408 a stets nur außerhalb der Hauptverhandlung (also in Abwesenheit des Angeklagten) ergehen (vgl. § 408 a, 21). Aus diesen Gründen kann der **h. M** nicht gefolgt werden, die, entsprechend Nr. 179 RiStBV, mündliche Bekanntmachung nach § 35 Abs. 1 z. B. bei vorläufig Festgenommenen und bei Vorführung aus der Untersuchungshaft für zulässig erachtet[73]; weil die Belehrung über die Verwarnung mit Strafvorbehalt ebenfalls Teil des Inhalts des Strafbefehls ist, darf auch diese grundsätzlich **nicht mündlich** eröffnet werden, es sei denn, die Belehrung ist unterblieben und wird gemäß § 453 a in der regelmäßigen mündlichen Form (§ 453 a Abs. 2) nachgeholt[74]. Für die hier vertretene Auffassung spricht auch die gesetzliche Fassung des § 410 Abs. 1: wenn dort davon die Rede ist, daß die Einspruchsfrist *mit der Zustellung* beginnt, ohne auf eine etwaige Verkündung einzugehen, so spricht das im Vergleich mit §§ 314, 341 dafür, daß der Gesetzgeber von einer Bekannt- **38**

---

[68] OLG Hamm JR **1982** 389 mit Anm. *Meyer-Goßner*; KK-*Meyer-Goßner*[2] 14; *Kleinknecht/Meyer*[38] 13; a. A BayObLG NJW **1961** 1782 mit Anm. *Maywald* NJW **1962** 549.

[69] BayObLG MDR **1957** 374; OLG Hamm JR **1982** 390; OLG Stuttgart MDR **1970** 68.

[70] BayObLG DAR **1971** 191; KK-*Meyer-Goßner*[2] 15; *Kleinknecht/Meyer*[38] 13.

[71] BGHSt **23** 280; OLG Frankfurt NJW **1970** 160; OLG Oldenburg NJW **1970** 719 mit weit. Nachw. gegen LG Wiesbaden DAR **1970** 24; KK-*Meyer-Goßner*[2] 15; über Aktenverlust im Strafprozeß im allgemeinen s. *Schmid* in FS Lange 781.

[72] BGHSt **25** 187, 188 f; **33** 230, 232; KK-*Meyer-Goßner*[2] 21; *Kleinknecht/Meyer*[38] 14; unten Rdn. 44; a. A LR-*Schäfer*[23] 38: Erst mit Bekanntgabe ist der Strafbefehl erlassen; s. auch § 33, 12.

[73] So KK-*Meyer-Goßner*[2] 16; KMR-*Müller* 12; *Kleinknecht/Meyer*[38] 16; so ebenfalls LR-*Schäfer*[23] 33, jedoch folgerichtig von dem – von KK-*Meyer-Goßner*[2] und *Kleinknecht/Meyer*[38] aaO nicht geteilten – Standpunkt aus, daß der Strafbefehl erst mit der Bekanntgabe (dann freilich in Anwesenheit des Angeklagten) erlassen werde.

[74] Auch insoweit **anders** LR-*Schäfer*[23] 33.

Karl Heinz Gössel

machung nur durch Zustellung ausgeht. Allerdings ist die praktische Differenz der h. M
zu der hier vertretenen Auffassung denkbar gering: während nach der hier abgelehnten
h. M bei der mündlichen Bekanntmachung durch den Richter dem Angeklagten auf sein
Verlangen eine Abschrift zu erteilen ist (§ 35 Abs. 1 Satz 2), genügt es nach der hier vertretenen Meinung zur Zustellung, wird dem Angeklagten nach § 37 Abs. 1 Satz 1 StPO,
§ 212 b ZPO der Strafbefehl durch „Aushändigung an der Amtsstelle" auch im Sitzungssaal oder im Arbeitszimmer des Richters durch den Richter selbst übergeben[75].

39   **b) Ersatzzustellung und öffentliche Zustellung.** Zeitweise war sehr streitig, ob
§ 232 Abs. 4 — Zustellung des in Abwesenheit des Angeklagten ergehenden Urteils
durch **Übergabe** — auf die Zustellung des Strafbefehls entsprechend anwendbar sei, und
ob bejahendenfalls nicht schon eine Ersatzzustellung nach § 37 StPO, §§ 181, 183 ZPO,
jedenfalls aber eine solche durch Niederlegung (§ 37 StPO, § 182 ZPO) ausgeschlossen
sei[76]. Schließlich hat sich aber die Rspr.[77] zutreffend auf den Standpunkt gestellt, daß
§ 232 Abs. 4 auf die besondere Situation des ungehorsamen Angeklagten abstelle und in
erhöhtem Maße Vorsorge treffe, daß er von der ihn belastenden Entscheidung Kenntnis
erhält, während Gesichtspunkte dieser Art beim Erlaß des Strafbefehls nicht vorliegen
und deshalb für eine Abweichung von den nach § 37 StPO anwendbaren Zustellungsvor-
schriften der ZPO hier kein Bedürfnis und keine Veranlassung besteht. Endgültig aber
hat das Bundesverfassungsgericht dem Streit den Boden entzogen[78]. Mit Recht hat es
ausgeführt, daß die Durchführbarkeit des summarischen Strafverfahrens, dessen Bestand zur verhältnismäßig billigen und raschen Erledigung einfacherer Straffälle nicht
nur im Interesse der staatlichen Strafgerichtsbarkeit, sondern auch im Interesse des
Staatsbürgers liege, von der Möglichkeit abhänge, **Ersatzzustellungen** vorzunehmen.
Auch durch eine Ersatzzustellung nach § 182 ZPO werde das Recht des Betroffenen,
sich im Einspruchsverfahren rechtliches Gehör zu verschaffen, nicht in verfassungswid-
riger Weise beschnitten; verfassungsrechtlich bestehe zwischen einer Ersatzzustellung
nach § 182 und einer solchen nach § 181 ZPO kein wesentlicher Unterschied im Sinne
einer besseren Wahrung des Anspruchs auf rechtliches Gehör, zumal bei einer Ersatzzustellung nach § 181 ZPO nicht einmal eine Benachrichtigung des Empfängers vorgeschrieben sei. Diese Überlegungen schlagen auch gegenüber der nunmehrigen urteilsgleichen Stellung des Strafbefehls (vgl. §§ 410 Abs. 3; 373 a) durch; damit ist die Ersatzzustellung des Strafbefehls zulässig[79]. Zur **Unzulässigkeit**[80] der **öffentlichen Zustellung**
s. Vor § 407, 34.

40   **c) Adressat.** Der Strafbefehl ist grundsätzlich dem betroffenen Angeklagten zuzustellen; ist der Angeklagte der deutschen Sprache nicht mächtig, so ist der Strafbefehl
in eine dem Angeklagten geläufige Sprache zu übersetzen[81]. Die Zustellung kann unter
den Voraussetzungen des § 145 a — bei gleichzeitiger formloser Unterrichtung des
Angeklagten, § 145 a Abs. 3 Satz 1 — auch an den **Verteidiger**[82] oder an einen **Zustel-**

---

[75] *Zöller*[14] § 212 b, 1; zur Anwendbarkeit des
§ 212 b ZPO s. § 37, 23.

[76] Vgl. die Übersicht über den Streitstand in
LG Waldshut und LG Krefeld NJW **1966** 216,
2078.

[77] BGHSt **11** 152, 156; **13** 182, 184; **22** 52, 55;
s. auch OLG Karlsruhe NJW **1967** 458.

[78] BVerfGE **25** 158 mit Bespr. *Endemann*
NJW **1969** 1197; BVerfGE **26** 315, 319 mit
Bespr. *Hanack* JZ **1974** 55.

[79] H. M; vgl. z. B. KK-*Meyer-Goßner*[2] 17;
KMR-*Müller* 12; *Kleinknecht/Meyer*[38] 20.

[80] Für Zulässigkeit aber *Schmid* MDR **1978**
98.

[81] BVerfGE 40 95; KK-*Meyer-Goßner*[2] 18; s.
auch oben Rdn. 24 und Nr. 181 Abs. 2
RiStBV.

[82] BayObLG NJW **1966** 2323.

lungsbevollmächtigten (vgl. §§ 116 a Abs. 3; 127 a Abs. 2; 132 Abs. 1 Satz 1 Nr. 2) erfolgen[83]; dem gesetzlichen Vertreter ist der Strafbefehl nach § 409 Abs. 2 nur „mitzuteilen", so daß die formlose Übersendung einer Abschrift des Strafbefehls genügt[84].

Der Strafbefehl ist ferner dem **Nebenbeteiligten** oder dessen bevollmächtigtem **41** Vertreter zuzustellen (§§ 434 Abs. 1; 145 a; 438 Abs. 1 Satz 1; 442 Abs. 1; 444 Abs. 2 Satz 1); hinsichtlich des gesetzlichen Vertreters des Nebenbeteiligten gilt über § 433 Abs. 1 Satz 1 ebenfalls § 409 Abs. 2. Eine Zustellung an die **Staatsanwaltschaft** ist nicht erforderlich: ihr hat das Gesetz kein Einspruchsrecht eingeräumt[85]. Ebensowenig wird der Strafbefehl dem **Nebenklageberechtigten** zugestellt, der sich erst nach Anberaumung einer Hauptverhandlung auf Einspruch des Angeklagten nach § 396 Abs. 1 anschließen kann[86].

Zur Frage der **Wiedereinsetzung** in den vorigen Stand s. § 410, 24. **42**

d) Abweichungen der Ausfertigung von der Urschrift des Strafbefehls. Enthält die **43** Urschrift des Strafbefehls die vorgeschriebenen Angaben, die dem Beschuldigten zugestellte Ausfertigung dagegen nicht, oder weicht die Ausfertigung in wesentlichen Teilen von der Urschrift ab (z. B. durch Fehlen des angeordneten Fahrverbots), so kann dieser Mangel durch nachträgliche Zustellung einer vollständigen Ausfertigung beseitigt werden. Die Zustellung einer solchen mit der Urschrift nicht übereinstimmenden oder unvollständigen Ausfertigung setzt die Einspruchsfrist nicht in Lauf[87]. Erst mit der Zustellung der inhaltlich richtigen Ausfertigung beginnt der Lauf der Frist.

V. Zurücknahme und Änderung des Strafbefehls

1. Der Erlaß des Strafbefehls und seine Bedeutung. Vor dem Erlaß des Strafbe- **44** fehls kann die Staatsanwaltschaft ihren Antrag unbeschadet der Regelung des § 411 Abs. 3 **zurücknehmen**; nach der Bekanntmachung durch Zustellung kann der Richter den erlassenen Strafbefehl weder **ändern** noch zurücknehmen. Dabei ist fraglich, ob der Strafbefehl schon vor seiner Bekanntmachung erlassen wird und ob dem Richter damit ein bestimmter Zeitraum für die Änderung oder die Rücknahme eines „erlassenen" Strafbefehls verbleibt.

In der 23. Auflage wurde erst **mit der Bekanntmachung** des Strafbefehls dessen **45** Erlaß mit der Folge angenommen, daß bis dahin die Rücknahme des Strafbefehlsantrags durch die Staatsanwaltschaft ebenso möglich sei wie dessen Änderung und sogar Rücknahme durch den Richter[89]. Mit Recht hat indessen der BGH darauf hingewiesen, daß das Gesetz z. B. in § 5 Abs. 1 Nr. 4 BZRG für die Eintragung im Register und in § 78 c Abs. 2 StGB für die Verjährungsunterbrechung auf die Unterzeichnung durch den Richter abstellt[90] — derartige Wirkungen aber erscheinen mit einer Rücknahmemöglichkeit oder auch nur einer Änderungsmöglichkeit durch den Richter, erst recht aber mit der Möglichkeit einer Rücknahme des Strafbefehlsantrags durch die Staatsanwaltschaft, nur schwer vereinbar zu sein. Deshalb ist der Strafbefehl in dem Augenblick als erlassen anzusehen, in dem der Richter den Strafbefehl **unterzeichnet und** aus seinem Herr-

[83] KMR-*Müller* 13; *Kleinknecht/Meyer*[38] 16.
[84] Nr. 179 Abs. 3 RiStBV.
[85] *Kleinknecht/Meyer*[38] 18.
[86] KK-*Meyer-Goßner*[2] 19; *Kleinknecht/Meyer*[38] 19; s. auch Vor § 407, 25.
[87] KG LZ **13** 168; **1923** 116.
[88] OLG Hamm GA **1959** 287; OLG Olden-

burg VRS **32** 356; KK-*Meyer-Goßner*[2] 20; *Kleinknecht/Meyer*[38] 22.
[89] LR-*Schäfer*[23] 38 mit zahlr. Nachw. aus der Rspr.
[90] BGHSt **33** 230, 232; s. auch BGH **25** 187, 188 f.

Karl Heinz Gössel

schaftsbereich dadurch entlassen hat, daß er den unterzeichneten Strafbefehl **in den Geschäftsgang** hinausgibt[91]. Deshalb ist nach der Unterzeichnung und dem anschließenden Hinausgeben in den Geschäftsgang nicht nur die Rücknahme des Strafbefehlsantrags unmöglich geworden[92], sondern entgegen der wohl überwiegenden Meinung auch Rücknahme und Abänderung durch den Richter selbst[93] (Näheres zu dieser Problematik s. § 33, 9 bis 12).

46   **2. Änderung des Strafbefehls nach Erlaß.** Sobald der Strafbefehl erlassen ist, entfällt jede Möglichkeit seiner sachlichen Änderung oder Ergänzung durch den Strafrichter. Zulässig bleibt nur eine **Berichtigung** offensichtlicher Fehler ohne sachliche Änderung, z. B. der falschen Schreibweise eines Namens, der falschen Bezeichnung des Verteidigers. Lautet aber z. B. der Strafbefehlsantrag und der Strafbefehl bei Entziehung der Fahrerlaubnis versehentlich auf eine Sperre von zehn Tagen (statt von zehn Monaten), so kann dieser Fehler nicht mehr durch eine Berichtigung behoben werden, da dies eine sachliche Änderung der festgesetzten Rechtsfolgen bedeuten würde[94]; mit der Rechtskraft des Strafbefehls wird der Mangel der Unterschreitung der gesetzlichen Mindestdauer der Sperre (§ 69 a Abs. 1 StGB) geheilt.

47   Soweit angenommen wird, erst mit der **Bekanntgabe** des Strafbefehls entfalle jede Änderungs- oder Rücknahmemöglichkeit, besteht die Gefahr, daß zwischen Erlaß und Zustellung des Strafbefehls ein Schwebezustand besteht[95], der mit der Notwendigkeit eindeutiger Prozeßlagen nicht in Einklang stehen dürfte (vgl. § 33, 9); diese Gefahr wird zwar vermieden, wenn der Erlaß mit der Bekanntgabe gleichgesetzt wird[96], was hier allerdings aus den Rdn. 45 dargelegten Gründen nicht für zutreffend erachtet wird.

§ 410

(1) [1]**Der Angeklagte kann gegen den Strafbefehl innerhalb von zwei Wochen nach Zustellung bei dem Gericht, das den Strafbefehl erlassen hat, schriftlich oder zu Protokoll der Geschäftsstelle Einspruch einlegen.** [2]**Die §§ 297 bis 300 und § 302 Abs. 1 Satz 1, Abs. 2 gelten entsprechend.**

(2) **Der Einspruch kann auf bestimmte Beschwerdepunkte beschränkt werden.**

(3) **Soweit gegen einen Strafbefehl nicht rechtzeitig Einspruch erhoben worden ist, steht er einem rechtskräftigen Urteil gleich.**

Schrifttum. *Achenbach* Neue Impulse bei der Rechtskraft des Strafbefehls, ZRP **1977** 86; *Achenbach* Der BGH zur Rechtskraft des Strafbefehls — causa finita? NJW **1979** 2021; *Groth* Die Rechtskraft des Strafbefehls, NJW **1978** 197; *Groth* Ein Dogma fällt — das BVerfG zur Rechtskraft des Strafbefehls, MDR **1985** 716; *Grünwald* Die materielle Rechtskraft im Strafverfahren der Bundesrepublik Deutschland, Beiheft zu ZStW **86** (1974) 126; *Kohlhaas* Die Rechtskraft des Strafbefehls, ZStW **77** (1965) 563; *Molière* Die Rechtskraft des Bußgeldbeschlusses, eine Untersuchung zum Umfang der materiellen Rechtskraft des Beschlusses nach § 72 OWiG. Zugleich ein Beitrag zur Rechtskraft des Strafbefehls (1975); *Neumann* Zur Frage der Rechtskraft von Strafbefehlen, NJW **1984** 779; *Vogler* Die Rechtskraft des Strafbefehls (1959).

---

[91] Vgl. BGHSt **25** 187, 189; KK-*Meyer-Goßner*[2] 21.

[92] KK-*Meyer-Goßner*[2] 21.

[93] Das soll nach KK-*Meyer-Goßner*[2] noch bis zur Bekanntgabe möglich sein.

[94] LG Berlin DAR **1973** 157; LG Flensburg MDR **1973** 869; KK-*Meyer-Goßner*[2] 22; *Vent* JR **1980** 402 ff.

[95] Vgl. KK-*Meyer-Goßner*[2] 21.

[96] So LR-*Schäfer*[23] 38.

Entstehungsgeschichte. Die bisherige, auf der Bek. der StPO v. 22. 3. 1924 (RGBl. I 322) beruhende Fassung wurde durch das StVÄG 1987 v. 27. 1. 1987 (BGBl. I 475) geändert. Der bisherige einzige Absatz wurde dahingehend neugefaßt, daß der nicht mehr anfechtbare Strafbefehl einem rechtskräftigen Urteil gleichgestellt wird; darüber hinaus wurde die bisherige Vorschrift durch Voranstellung zweier Absätze erweitert; Abs. 1 betrifft die Zulässigkeitserfordernisse für den Einspruch, während der nunmehrige Abs. 2 dessen Beschränkbarkeit entsprechend der bei Berufung und Revision geltenden Regelung (vgl. § 318 Abs. 1 Satz 1) normiert.

Übersicht

I. Anfechtbarkeit des Strafbefehls

1. Statthaftigkeit. Zur Anfechtung des Strafbefehls stellt die StPO keine Rechts- **1** mittel, sondern nur den des Devolutiveffekts entbehrenden **Rechtsbehelf** des **Einspruchs** zur Verfügung; damit ist die nur für Rechtsmittel geltende Vorschrift des § 473 mit der Folge nicht anwendbar (s. § 473, 3), daß bei einer Verurteilung nach Einspruch der Angeklagte auch dann die vollen **Kosten** (und notwendigen eigenen Auslagen) trägt (§ 465), wenn dem Einspruch teilweise entsprochen wird. Wird also durch Strafbefehl wegen Verkehrsgefährdung und fahrlässiger Körperverletzung eine Geldstrafe von 120 Tagessätzen zu je 200,— DM festgesetzt und die Entziehung der Fahrerlaubnis mit einer Sperrfrist von 18 Monaten angeordnet, so trägt der Angeklagte wegen der Nichtanwendbarkeit des § 473 Abs. 4 auch dann die vollen Verfahrenskosten sowie seine notwendigen Auslagen, wenn die nach Einspruch durchgeführte Hauptverhandlung lediglich zu einer Verurteilung wegen fahrlässiger Körperverletzung zu einer Geldstrafe von 20 Tagessätzen zu je 30,— DM führt. Diese Regelung, die allenfalls durch § 465 Abs. 2 gemildert werden kann, wird damit gerechtfertigt, auch im Verfahren nach Einspruch finde lediglich, wie im normalen Verfahren, eine Hauptverhandlung statt, und im normalen Verfahren habe ein gegenüber der Anklageschrift geringerer Schuldspruch auch keine kostenrechtlichen Auswirkungen. Dabei dürfte allerdings übersehen werden, daß auf die zugelassene Anklage stets eine Hauptverhandlung stattfindet, während der Einspruch beim Strafbefehl und die dadurch bedingte Hauptverhandlung nicht selten z. B. durch ein vom Angeklagten als zu hoch empfundenes Strafmaß bedingt ist, weshalb Einspruch, Verteidigerzuziehung und Hauptverhandlung deshalb entbehrlich wären, hätten Schuldspruch oder Rechtsfolgenfestsetzung schon dem späteren Urteilsspruch entsprochen. Der Gesetzgeber hat dies durch die nunmehrige Beschränkbarkeit des Einspruchs (§ 410 Abs. 2) zwar teilweise berücksichtigt, die kostenrechtliche Konsequenz,

Karl Heinz Gössel

z. B. durch eine entsprechende Anwendung des § 473 Abs. 4, aber nicht gezogen[1]: der Anreiz zur Beschränkung des Einspruchs läßt sich dadurch nicht unerheblich steigern, daß bei einem Erfolg des beschränkt eingelegten Einspruchs die Staatskasse die notwendigen Auslagen des Angeklagten (und also die Verteidigerkosten) mindestens teilweise trägt.

2 Die allgemeinen für **Rechtsmittel** geltenden Vorschriften sind in § 410 Abs. 1 Satz 2 mit Ausnahme derjenigen für **entsprechend** anwendbar erklärt, die sich auf die Rechtsmittelbefugnis der Staatsanwaltschaft beziehen: die Staatsanwaltschaft ist zur Einlegung des Einspruchs nicht berechtigt.

3 2. **Rechtsmittelberechtigung. Einspruchsberechtigt** sind der Angeklagte (§ 410 Abs. 1 Satz 1), sein Verteidiger (Abs. 1 Satz 2, § 297) und sein gesetzlicher Vertreter (Rdn. 4), ferner der **Nebenbeteiligte** und sein gewählter Vertreter (§§ 433 Abs. 1 Satz 1; 434; 442 Abs. 1; 444 Abs. 2); der Einspruch kann auch von einem Bevollmächtigten für einen Berechtigten eingelegt werden[1a]. **Nicht** einspruchsberechtigt sind dagegen die Staatsanwaltschaft, auch nicht die Finanzbehörde in Steuerstrafsachen (§§ 386, 400 AO)[2] und ebensowenig der Nebenkläger (Vor § 407, 25) und der nebenklageberechtigte Verletzte (Vor § 407, 29).

4 Einspruchsberechtigt ist ferner der **gesetzliche Vertreter** des Angeklagten (Abs. 1 Satz 2, § 298); § 67 Abs. 5 JGG gilt entsprechend. Der gesetzliche Vertreter kann (binnen der für den Beschuldigten laufenden Frist) den Einspruch **kraft eigenen Rechts** einlegen; er kann dies auch gegen den Willen des Beschuldigten tun, der selbst sich bei dem Strafbefehl beruhigen möchte. Hieraus ergeben sich beim Strafbefehl gewisse Schwierigkeiten. Während nämlich die Einlegung eines Rechtsmittels (Berufung, Revision) durch den gesetzlichen Vertreter wegen des Verbots der reformatio in peius nicht dazu führen kann, daß durch Einlegung eines Rechtsmittels gegen den Willen des Angeklagten dessen Strafe verschärft wird, würde die Bestimmung des § 411 Abs. 4 dazu führen, daß bei Einlegung des Einspruchs durch den gesetzlichen Vertreter zu einer für den Angeklagten gegenüber dem Strafbefehl ungünstigeren Entscheidung kommen kann. Um diesen dem Angeklagten drohenden Nachteil auszuschließen, nahmen schon die Vorauflagen (§ 411 Anm. 3 in der 19. Aufl.) an, die Lage des Beschuldigten dürfe durch einen nicht von ihm selbst eingelegten Einspruch nicht verschlechtert werden; es gelte also hier, abweichend von § 411 Abs. 4, das Verbot der reformatio in peius[3]. Diese Auffassung läßt sich jetzt auch auf § 410 Abs. 1 Satz 2 stützen, indem die entsprechende Anwendbarkeit des § 298 Abs. 1 dahin verstanden wird, daß der Einspruch des gesetzlichen Vertreters in vollem Umfang wie ein Rechtsmittel behandelt wird, also auch hinsichtlich des bei einem Rechtsmittel geltenden Verbots der reformatio in peius (vgl. noch § 412, 16). *Meyer-Goßner* beruft sich demgegenüber darauf, auch der gesetzliche Vertreter könne bei erkennbarer Erfolglosigkeit ohne Zustimmungserfordernis (§ 303 ist nach § 410 Abs. 1 Satz 2 nicht anwendbar) seinen Einspruch zurücknehmen, weshalb es dieser Einschränkung des § 411 Abs. 4 nicht bedürfe[4]. Dabei dürfte indessen der Fall des

---

[1] OLG München MDR **1988** 431 = NStZ **1988** 241 mit abl. Anm. *Mertens* S. 473, welches zur Vermeidung dieser unerfreulichen Konsequenzen zur Schließung einer angeblichen Gesetzeslücke § 473 entsprechend anwenden will, setzt sich in Widerspruch zu dem – vom OLG München zutreffend dargelegten – Willen des Gesetzgebers: wenn der Gesetzgeber die bisherige Regelung beibehalten

will, so ist das von den Gerichten zu respektieren und für die Annahme einer Gesetzeslücke kein Raum; wie hier LG München I NStZ **1988** 473.

[1a] BayObLGE **28** 296.

[2] OLG Tübingen JZ **1953** 314.

[3] Ebenso *Schorn* Verfahren 94; **a. A** *Stenglein* 2.

[4] KK-*Meyer-Goßner*[2] 2.

dem Angeklagten übel gesonnenen gesetzlichen Vertreters ebenso übersehen werden wie der des unbelehrbar trotzigen, der seine Vorstellungen von Gerechtigkeit auch durchsetzen will, wenn dies auf Kosten des Angeklagten geht. Gerade davor aber bedarf der Angeklagte des Schutzes, den ihm die hier vertretene Meinung gewährt.

3. Wirksame Einlegung

a) Adressat und Frist. Der Einspruch ist binnen einer Frist von nunmehr zwei **5** Wochen nach Zustellung (s. § 409, 38 ff) bei dem **Amtsgericht** einzulegen, welches den Strafbefehl erlassen hat; wird der Angeklagte behördlich verwahrt, so kann er den Einspruch auch beim Amtsgericht seines Verwahrungsortes einlegen (§§ 410 Abs. 1 Satz 2; 299). Ob der Einspruch an das richtige Gericht gerichtet ist, ist ohne Bedeutung, wenn er nur innerhalb der Zweiwochenfrist beim richtigen Adressaten eingeht.

Mit der um eine auf nunmehr **zwei Wochen** verlängerten **Einspruchsfrist** (zur Be- **6** rechnung s. §§ 42, 43 Abs. 2) will der Gesetzgeber nicht bloß den Interessen des Beschuldigten besser als bisher Rechnung tragen (Vor § 407, 9), sondern zudem auch Wiedereinsetzungsverfahren sowie Verfassungsbeschwerden wegen angeblicher Verletzungen des rechtlichen Gehörs zu vermeiden suchen[5]; die Einspruchsfrist beim Strafbefehl entspricht der beim Bußgeldbescheid (§ 67 Abs. 1 OWiG).

Der Einspruch kann auch schon **vor Zustellung** des Strafbefehls eingelegt wer- **7** den, nach h. M allerdings nur, wenn der Strafbefehl schon **erlassen**[6], also nach Unterzeichnung in den Geschäftsgang gegeben worden ist (s. § 409, 45).

Demgegenüber wird im Schrifttum noch weitgehend verlangt, den schon **vor Er- 8 laß** des Strafbefehls eingelegten Einspruch mit dem Erlaß wirksam werden zu lassen, wobei auch auf die Parallele zum Wirksamwerden des Nebenklägeranschlusses im Strafbefehlsverfahren (§ 396; s. dazu Vor § 407, 25) hingewiesen wird[7]. Die Situation des Nebenklageberechtigten ist indessen von der des Angeklagten im Strafbefehlsverfahren insoweit verschieden, als dem Angeklagten der Strafbefehl zugestellt wird und dieser also notwendig Kenntnis vom Erlaß des Strafbefehls erhält, während dem Nebenklageberechtigten der Strafbefehl nicht zugestellt wird und ihm deshalb die möglichst frühzeitige Wahrung seiner Rechte zugestanden werden muß, damit er sie auch wahrnehmen kann[8]: mit einer Parallele zu § 396 dürfte sich also ein Einspruchsrecht vor Erlaß des Strafbefehls nicht begründen lassen. Eine bedingte Einlegung des Rechtsbehelfs für den Fall des Erlasses des Strafbefehls ist zwar im Hinblick auf die hier vorliegende bloße Rechtsbedingung nicht schon deshalb unzulässig[9], wohl aber mangels eines real existierenden Anfechtungsgegenstandes. Solange ein solcher nicht existiert, ist noch niemand beschwert und die gleichwohl gegen die erst mögliche Entscheidung erklärte Anfechtung für unzulässig zu erachten[10].

b) Form. Wie die Rechtsmittel, so kann auch der Einspruch nur **schriftlich** oder **9** zu **Protokoll der Geschäftsstelle** eingelegt werden (vgl. §§ 306 Abs. 1; 314 Abs. 1; 341 Abs. 1); zu den Erfordernissen im einzelnen siehe die Erläuterungen bei § 314, 2 bis 20. Ein schriftlich eingelegter Einspruch ist nicht wegen **fehlender Unterschrift** unwirksam; es genügt, daß die Person des Einlegenden aus dem Schriftstück deutlich hervorgeht[11]

[5] BTDrucks. 10 1313, S. 37.
[6] RGSt 64 428; BGHSt 25 187, 189 mit krit. Anm. *Kohlhaas* LM § 309 Nr. 3 und *Hanack* JR 1974 295; OLG Hamm MDR 1970 949; KK-*Meyer-Goßner*[2] 5; KMR-*Müller* § 409, 17; *Kleinknecht/Meyer*[38] 1.
[7] So LR-*Schäfer*[23] § 409, 42.
[8] Vgl. KK-*Meyer-Goßner*[2] 5.
[9] Vgl. BGHSt 25 187, 188; vgl. auch *Hanack* JR 1974 295.
[10] A. A LR-*Schäfer*[23] § 409, 42 mit weit. Nachw.
[11] BayObLG HRR 1929 Nr. 1081; OLG Düsseldorf NJW 1962 551.

Karl Heinz Gössel

und ebenso der Wille zur Einspruchseinlegung: besteht die Möglichkeit, daß die nicht unterschriebene Schrift bloß einen Entwurf darstellt (Diktatzeichen nicht eines Rechtsanwalts, sondern nur eines Kanzleiangestellten), so fehlt es an der Einhaltung der Schriftform[12]. **Fernschriftliche** Einlegung genügt der Schriftform, ebenso (auch das fernmündlich aufgegebene) Telegramm[13]: die in diesen Fällen fehlende Unterzeichnung durch den Rechtsmittelführer schadet nicht[14]. Es reicht aus, daß das Telegramm vom Postamt der Geschäftsstelle innerhalb der Einspruchsfrist zugesprochen wird, sofern darüber von der Geschäftsstelle ein Aktenvermerk gefertigt wird und dessen Inhalt durch das nach Ablauf der Rechtsbehelfsfrist eingehende schriftliche Telegramm bestätigt wird — unterbleibt der Aktenvermerk, so ist ein Wiedereinsetzungsgrund gegeben (§ 314, 19). Eine bloße **falsche Bezeichnung** des Rechtsbehelfs ist nach §§ 410 Abs. 1 Satz 2; 300 unschädlich.

10   Umstritten ist, ob der Einspruch **fernmündlich** eingelegt werden kann. Wenn auf diese Weise auch nicht der Schriftform genügt werden kann, so bleibt doch fraglich, ob nicht Erklärungen zu Protokoll der Geschäftsstelle auch fernmündlich abgegeben werden können[15]. Während der BGH die telefonische Einlegung des *Einspruchs* gegen einen *Bußgeldbescheid* zu Protokoll der Verwaltungsbehörde für zulässig erachtet[16], hat er die fernmündliche Einlegung von *Rechtsmitteln* für *unzulässig* erklärt[17], jedoch zu der hier behandelten Frage der Zulässigkeit des *telefonischen Einspruchs* gegen einen *Strafbefehl* noch nicht ausdrücklich Stellung genommen. Das Schrifttum behandelt die Frage kontrovers: sie wird sowohl bejaht[18], als auch verneint[19]. Bei der Beantwortung dieser Frage wird zunächst zu berücksichtigen sein, daß Erklärungen zu Protokoll grundsätzlich mündlich, also in Anwesenheit der erklärenden Person abgegeben werden (§ 314, 2). Wenn davon für das Bußgeldverfahren eine Ausnahme zugelassen wird, so dürfte für die gleichliegende Problematik im Strafbefehlsverfahren von Bedeutung sein, ob die Ausnahme begründenden Umstände auch für das Strafbefehlsverfahren gelten. Diese Frage dürfte indessen zu verneinen sein[20]. Seine die Zulässigkeit des telefonischen Einspruchs gegen einen Bußgeldbescheid bejahende Entscheidung hat der BGH entscheidend auf die verschiedenen Funktionen dieses Rechtsbehelfs einerseits und der der strafprozessualen Rechtsmittel und auch des Einspruchs gegen einen Strafbefehl andererseits abgestellt. Der Einspruch im Bußgeldverfahren bewirke „den Übergang der Sache aus dem Bereich der Verwaltung an den Richter, den Eintritt einer Prozeßlage, die das bisherige Verfahren lediglich als Vorverfahren erscheinen läßt", und überdies führten die Zuständigkeitsregelungen des Bußgeldverfahrens dazu, daß der Sitz der den Bußgeldbescheid erlassenden Zentralbehörde und der Wohnort des Betroffenen so weit auseinander liegen, daß die Möglichkeit einer Erklärung am Ort und zu Protokoll der Verwaltungsbehörde faktisch nicht in Betracht komme[21]. Mit Recht hat der BGH dazu ausgeführt, daß die „verfahrensspezifische Situation in Bußgeldsachen ... im strafprozessualen Bereich keine Parallele findet"[22]. Weil zudem im Strafbefehlsverfahren mit dem Einspruch eine auf der richterlichen Überzeugung von der Schuld des Angeklagten beruhende richterliche Entscheidung (Vor § 407, 11) angegriffen wird, läßt sich das gerichtliche Verfahren über den Erlaß eines Strafbefehls auch nicht wie im Bußgeldverfahren als eine Art „Vorverfahren" betrachten, läßt sich also

---

[12] BayObLG NJW **1980** 2367.

[13] Vgl. BGHSt **31** 7; oben § 314, 17 bis 20.

[14] BGHSt **31** 7, 8 f.

[15] BGHSt **30** 64, 66; näher LR-*Wendisch* Vor § 42, 10 f.

[16] BGHSt **29** 173.

[17] BGHSt **30** 64.

[18] KMR-*Müller* § 409, 17; so wohl auch KK-*Meyer-Goßner*[2] 4; LR-*Wendisch* Vor § 42. 11.

[19] *Kleinknecht/Meyer*[38] 1.

[20] A. A aber KK-*Meyer-Goßner*[2] 4.

[21] BGHSt **29** 173, 175 f.

[22] BGHSt **29** 173, 176.

aus der Zulässigkeit des telefonischen Einspruchs gegen einen Bußgeldbescheid nicht auch die Zulässigkeit des telefonischen Einspruchs gegen einen Strafbefehl herleiten. Zudem ist zu bedenken, daß mit der Möglichkeit, eine Rechtsmittelerklärung zu Protokoll der Geschäftsstelle abzugeben, der Zweck verfolgt wird, daß der aufnehmende Urkundsbeamte sich „Gewißheit über die Person des Erklärenden und Klarheit über den Inhalt seiner Erklärung" verschaffen soll, was die körperliche Anwesenheit des Erklärenden voraussetzt. Mag auf die Verfolgung dieses Zwecks im Bußgeldverfahren aus den von BGHSt **29** 173, 175 f dargelegten und oben erwähnten Gründen auch verzichtet werden können, so aber nicht bei den vom Einspruch im Bußgeldverfahren funktional verschiedenen Rechtsmitteln gegen qualitativ andere Entscheidungen. Bedenkt man, daß das Strafbefehlsverfahren lediglich ein schriftliches Strafverfahren darstellt, welches mit dem Erlaß einer auf die richterliche Überzeugung ($ 261) gestützten Entscheidung beendet wird, die nach Eintritt der Rechtskraft einem Urteil gleichsteht, so kann die telefonische Einlegung eines Einspruchs gegen einen Strafbefehl ebensowenig für zulässig erachtet werden wie die telefonische Einlegung von Rechtsmitteln[23].

c) Beschränkbarkeit des Einspruchs. Nach der bisherigen Rechtslage wurde die **11** **vertikale** Beschränkung des Einspruchs auf einzelne selbständige Taten und auch hinsichtlich einzelner von mehreren Tätern (auch derselben Tat) für zulässig erachtet[24], nicht aber die **horizontale** Beschränkung z. B. auf den Rechtsfolgenausspruch insgesamt oder auf die Festsetzung einzelner Rechtsfolgen: die damit verbundene Bindung der Rechtsmittelgerichte an eine bloß „summarisch" getroffene Schuldfeststellung wurde für unerträglich gehalten[25]. Lediglich die Beschränkung auf den **Kostenausspruch** wurde insoweit für zulässig erachtet, weil diese als sofortige Beschwerde i. S. des $ 464 Abs. 3 aufzufassen sei[26]: dieser Auffassung ist auch nach der Neufassung des $ 410 Abs. 2 zuzustimmen, jedoch sollte beachtet werden, daß die Einspruchsfrist von zwei Wochen nunmehr verschieden ist von der einwöchigen Frist für die Einlegung der sofortigen Beschwerde.

Mit der **Neufassung** des $ 410 Abs. 2, die nunmehr eine Beschränkung des Einspruchs auf bestimmte Beschwerdepunkte ausdrücklich zuläßt, ist nach allgemeiner **12** Meinung grundsätzlich die Regelung übernommen worden, die auch für die Beschränkung der Berufung und der Revision ($$ 318, 344 Abs. 1) gilt; weil nunmehr der rechtskräftige **Strafbefehl** einem rechtskräftigen Urteil nach $ 410 Abs. 3 gleichsteht, kann er in gleicher Weise wie ein Urteil in **volle** wie in **vertikal** oder **horizontal beschränkte Rechtskraft** erwachsen, weshalb die Möglichkeit einer auch zu diesen Arten der Teilrechtskraft führenden **Einspruchsbeschränkung** zu bejahen ist: damit gelten insoweit die zur Beschränkbarkeit der Berufung und der Revision oben $ 318, 28 ff und 49 ff, $ 344, 14 ff dargelegten Regeln im Grundsatz auch für die Beschränkung des Einspruchs gegen einen Strafbefehl[27]. Eine nach diesen Regeln unzulässige Beschränkung führt nicht etwa zur Unzulässigkeit des Einspruchs, sondern nur zu der der Beschränkung: in diesem Fall ist der Einspruch unbeschränkt eingelegt.

---

[23] Auch der BGH dürfte wohl dieser Auffassung zuneigen, wie sich daraus ableiten läßt, daß auf den Unterschied des Einspruchs gegen einen Bußgeldbescheid auch gegenüber dem Einspruch gegen einen Strafbefehl abgestellt wird (BGHSt **29** 173, 175).

[24] Beim Zusammentreffen von Ordnungswidrigkeit und Straftat z. B. auch auf die Rechts-

folgen bloß der Straftat oder nur aus der Ordnungswidrigkeit, vgl. OLG Karlsruhe VRS **46** 195.

[25] Vgl. dazu LR-*Schäfer*[23] $ 409, 48 ff.

[26] LG Bamberg NJW **1973** 1144; KK-*Meyer-Goßner*[2] 14.

[27] Zur früheren Rechtslage vgl. LR-*Schäfer*[23] $ 409, 48 ff.

Karl Heinz Gössel

13   Hinsichtlich der horizontalen Rechtskraft wie der horizontalen Beschränkbarkeit von Rechtsmitteln ergeben sich indessen zwar nicht aufgrund des Gesetzes, wohl aber insofern Schwierigkeiten, als die Rechtsmittelgerichte sich für befugt halten, die **Beschränkung** selbst und den mit der Beschränkung verbundenen Eintritt der Teilrechtskraft **verneinen** zu dürfen, wenn das Rechtsmittelgericht die an sich von ihm hinzunehmenden **tatsächlichen Feststellungen** der Vorinstanz für **unzureichend** hält, die darauf aufbauende Entscheidung zu tragen[28]. Weil im Strafbefehlsverfahren lediglich eine eindeutig individualisierbare Tat angegeben sein muß (§ 409, 9), im übrigen aber keine Begründung erforderlich ist (§ 409, 20), würde diese Rechtsprechung de facto nach wie vor zur Unzulässigkeit der horizontalen Beschränkbarkeit des Einspruchs führen. Damit sind indessen grundsätzliche Fragen zur Rechtskraft, insbesondere zur Teilrechtskraft angesprochen (vgl. § 318, 23 ff), die hier nicht vertieft werden können. Solange das Dogma von der Teilrechtskraft nicht aufgegeben wird, wird zu überlegen sein, ob nicht die erwähnte Rechtsprechung hinsichtlich der Folgen einer als unzureichend angesehenen Tatsachenfeststellung zu diesem Dogma in Widerspruch steht; darüber hinaus sollte bedacht werden, daß insbesondere die Rechtsprechung der Revisionsgerichte sich damit letztlich eine Art „Zauberformel" geschaffen hat, die es ihr ermöglicht, im Einzelfall als ungerecht empfundene Entscheidungen trotz eingetretener Teilrechtskraft in fragwürdiger Weise zur Erreichung eines vermeintlich guten Zwecks doch noch aufheben zu können: daß es ein Leichtes ist, selbst die umfassendsten und genauesten tatsächlichen Feststellungen für unzureichend zu erklären, bedarf keiner näheren Begründung. Wäre es nicht besser, die Teilrechtskraft (wenn sie denn schon bejaht wird) ebenso zu beachten wie die Rechtskraft im übrigen und etwaige Fehler als durch den Eintritt der Rechtskraft als geheilt anzusehen — wäre es nicht weiser, die Revisionsgerichte würden die genannte Rechtsprechung im Wege vernünftiger Selbstbeschränkung ihrer Nachprüfungsbefugnis aufgeben? Kann sich die Rechtsprechung der Revisionsgerichte dazu nicht entschließen, wird es häufiger als bisher zu Urteilsaufhebungen und zu Zurückverweisungen kommen[29], was mit dem Ziel einer Ausweitung des Strafbefehlsverfahrens kaum vereinbar erscheint. Auch der Ausweg, die Straftat im Strafbefehlsverfahren zur Vermeidung dieser Folge umfassender als bisher zu schildern[30], wird die Staatsanwaltschaft kaum zu Strafbefehlsanträgen in vermehrtem Umfang bewegen können. Man wird sich wohl damit behelfen müssen, horizontal beschränkte Einsprüche häufiger als bei Rechtsmitteln als unbeschränkt eingelegt zu bewerten.

14   **d) Verzicht und Rücknahme (§§ 410 Abs. 1 Satz 2; 302).** Ein **Verzicht** auf Einlegung des Einspruchs (§ 302) kann nur in der gleichen Form wie die Einlegung des Einspruchs, d. h. schriftlich beim Amtsgericht oder zu Protokoll der Geschäftsstelle erklärt werden. Er kann also niemals schon darin liegen, daß der Angeklagte die im Strafbefehl festgesetzte Geldstrafe zahlt[31]. Auch ein schriftliches Gesuch um Ratenzahlung stellt keinen Verzicht dar, wenn der Verzichtswille nicht durch zusätzliche Angaben eindeutig zum Ausdruck gebracht ist[32].

15   Entsprechendes gilt auch für die **Zurücknahme** eines eingelegten Einspruchs; hier kann die Zurücknahme auch durch Erklärung gegenüber dem Richter gemäß § 411 Abs. 3 erfolgen.

---

[28] Vgl. BTDrucks. 10 1313, S. 38.

[29] Zutr. *Kleinknecht/Meyer*[38] 5.

[30] So der Vorschlag von KK-*Meyer-Goßner*[2] 13 und *Meyer-Goßner* NJW **1987** 1167.

[31] LG Hannover MDR **1950** 630.

[32] OLG Hamm VRS **36** 217.

16 Verzicht und Rücknahme können wie Einlegung des Einspruchs nach § 410 Abs. 2 **beschränkt** werden[33]. In ihrem jeweiligen Umfang führen sie zur Rechtskraft des Strafbefehls. Der Verteidiger bedarf einer ausdrücklichen Ermächtigung zum Verzicht oder zur Rücknahme (Abs. 1 Satz 2, § 302 Abs. 2). Wegen der Unanwendbarkeit des § 303 (s. § 410 Abs. 1 Satz 2) ist die Zustimmung der Staatsanwaltschaft zur Rücknahme oder zum Verzicht nicht erforderlich; nach Beginn der Hauptverhandlung über den Einspruch allerdings gilt § 411 Abs. 3 und § 303 (s. § 411, 50).

17 **e) Begründung.** Der Einspruch bedarf **keiner Begründung**, jedoch sollte zweckmäßigerweise bei Einlegung zur Niederschrift der Geschäftsstelle der Urkundsbeamte darauf hinwirken, daß der Einspruch begründet und die Beweismittel bezeichnet werden.

II. Rechtskraft des Strafbefehls

18 **1. Formelle Rechtskraft.** § 410 knüpft den **Eintritt der formellen Rechtskraft des Strafbefehls** und seiner Wirkung an den ungenutzten Ablauf der Einspruchsfrist. Die gleiche Wirkung haben aber auch der Verzicht auf den Einspruch (Rdn. 14), die Zurücknahme eines fristgemäß eingelegten Einspruchs (§ 411 Abs. 3) und die Verwerfung des Einspruchs nach § 412. Bei entsprechender Beschränkung des Einspruchs oder bei beschränktem Verzicht oder beschränkter Rücknahme tritt formelle horizontale wie vertikale Teilrechtskraft ein (s. dazu Rdn. 12 f), wie sich auch aus dem Wortlaut des Abs. 3 (soweit …) ergibt[34].

19 **2. Materielle Rechtskraft.** Auch hier ist vertikale wie horizontale Teilrechtskraft möglich (Rdn. 18). Besonderer Erwähnung bedarf der Umfang der **materiellen Rechtskraft** (einschließlich der Teilrechtskraft) des Strafbefehls.

20 **a)** § 410 a. F erkannte dem rechtskräftigen Strafbefehl lediglich die *Wirkung* eines rechtskräftigen Urteils zu. Wegen der im summarischen Charakter begründeten Verschiedenheit des Strafbefehlsverfahrens vom normalen Strafprozeß hat es das BVerfG ausdrücklich gebilligt, daß „der Strafbefehl nicht einem im ordentlichen Strafverfahren ergangenen Urteil gleichgestellt werden" kann[35], insbesondere nicht hinsichtlich der Rechtskraftwirkung, weshalb es ausdrücklich für zulässig erachtet wurde, die **Rechtskraftwirkung** und damit den Verbrauch der Strafklage bei **Strafbefehlen enger** zu bestimmen als beim Urteil[36]. Damit war die bisherige Rechtsprechung auch verfassungsrechtlich abgesichert, derzufolge die Rechtskraft des Strafbefehls der erneuten Verfolgung wegen eines neuen, im Strafbefehl nicht gewürdigten rechtlichen Gesichtspunkts nicht entgegenstand, der eine erhöhte Strafbarkeit begründete[37]. Diese Rechtsprechung war jedoch von jeher umstritten; seitdem der Einstellung nach § 153 a Abs. 1 Satz 4 und ebenso dem Bußgeldbescheid nach §§ 84, 85 Abs. 3 OWiG eine weitergehende Rechtskraft als dem Strafbefehl zuerkannt wurde, wurde ihr im Schrifttum zunehmend weniger gefolgt[38].

[33] *Kleinknecht/Meyer*[38] 2.
[34] Vgl. die amtl. Begründung BTDrucks. 10 1313, S. 38.
[35] BVerfGE **3** 248, 254.
[36] BVerfGE **3** 248, 253 f.
[37] Vgl. dazu LR-*Schäfer*[23] 13 bis 21.

[38] Vgl. zu dieser Problematik die Ausführungen von *Schäfer* in der 23. Aufl.; ferner *Achenbach* NJW **1979** 2021; *Groth* NJW **1978** 197 und MDR **1985** 716; *Neumann* NJW **1984** 779.

Karl Heinz Gössel

21   Diese **Streitfrage** hat nunmehr der Gesetzgeber auf eine neuartige Weise **entschieden**. Mit der durch die Neufassung des § 410 in dessen Abs. 3 normierten *Gleichstellung* (vgl. oben Entstehungsgeschichte) des rechtskräftigen Strafbefehls mit einem rechtskräftigen Urteil wurde der bisherigen Rechtsprechung von der beschränkten materiellen Rechtskraft die verfassungsrechtliche Berechtigung entzogen. Dem Bedürfnis nach einer erneuten Würdigung der mit dem Strafbefehl bereits „abgeurteilten" Tat wegen der Berücksichtigung solcher straferhöhender Umstände, die aufgrund des summarischen Charakters des Strafbefehlsverfahrens nicht erkannt wurden, wurde durch die gleichzeitige Schaffung eines **neuen Wiederaufnahmegrundes** Rechnung getragen: nach § 373 a Abs. 1 ist die Wiederaufnahme eines durch rechtskräftigen Strafbefehl abgeschlossenen Verfahrens zusätzlich zu den in § 362 aufgeführten Gründen zuungunsten des Angeklagten auch dann zulässig, wenn neue Tatsachen oder Beweismittel beigebracht sind, die die Verurteilung wegen eines Verbrechens zu begründen geeignet sind. **§ 410 Abs. 3** und **§ 373 a ergänzen** sich **gegenseitig**: während die erstgenannte Vorschrift **die materielle Rechtskraft des Strafbefehls der des Urteils gleichstellt**, erlaubt § 373 a die Wiederaufnahme **nur** unter den Voraussetzungen des förmlichen Rechtsbehelfs der Wiederaufnahme des Verfahrens nach §§ 359 ff, allerdings vermehrt um den in § 373 a Abs. 1 genannten Wiederaufnahmegrund, womit zugleich die bisher bestehende Möglichkeit, die Wiederaufnahme eines durch Strafbefehl abgeschlossenen Verfahrens im Klageerzwingungsverfahren zu erreichen, ausgeschlossen wird[39].

22   Damit ist die Auffassung von der **beschränkten** Rechtskraft des Strafbefehls durch den Gesetzgeber für die Zukunft **verworfen** und gleichzeitig der Rechtsprechung dazu die Grundlage entzogen worden[40], auf die deshalb hier nicht mehr eingegangen zu werden braucht und bezüglich deren auf die Darstellung in der Vorauflage verwiesen werden kann[41].

23   **b)** Nach Rechtskraft des Strafbefehls ist die **nachträgliche Bewilligung von Zahlungserleichterungen** und die Änderung oder Aufhebung etwa im Strafbefehl ausgesprochener Vergünstigungen Sache der Vollstreckungsbehörde (§ 459 a).

III. Wiedereinsetzung

24   Nach der Rechtsprechung des Bundesverfassungsgerichts ist für das Strafbefehlsverfahren „das Rechtsinstitut der Wiedereinsetzung in den vorigen Stand die unter dem Blickpunkt der Rechtsschutzgarantien der Art. 19 Abs. 4 und 103 Abs. 1 GG verfassungsrechtlich geforderte Ergänzung seines nur „summarischen" Charakters und jener Risiken, die für den Betroffenen in der Zulässigkeit der Ersatzzustellung liegen"[42]; es ist danach bei der Auslegung und Anwendung der §§ 44, 45 darauf Bedacht zu nehmen, daß der Zugang zum Gericht **nicht unzumutbar erschwert** wird[43].

25   Im einzelnen folgt daraus: wenn bei einer vorübergehenden Abwesenheit des Beschuldigten von seiner ständigen Wohnung, z. B. bei einer dreiwöchigen Urlaubsreise, die in seiner Abwesenheit ersatzzugestellte summarische Festsetzung rechtskräftig geworden ist, ohne daß er von der Zustellung erfuhr, so ist es bei dem Antrag auf Wiedereinsetzung in den vorigen Stand — von Ausnahmen abgesehen — nicht als **verschuldete**

---

[39] *Rieß* JR **1988** 136; **A. A** KK-*R. Müller* § 172, 61.
[40] *Meyer-Goßner* NJW **1987** 1167 f; *Rieß/Hilger* NStZ **1987** 205 f.
[41] LR-*Schäfer*[23] 3 ff und 13 ff; s. ferner BGHSt

28 69; BayObLG JZ **1977** 192 mit Anm. *Molière*; OLG Köln wistra **1986** 273.
[42] BVerfGE **41** 23, 26.
[43] BVerfGE **38** 35, 38; **40** 88, 91 f; **41** 23, 26.

Unkenntnis von der Zustellung (§ 44 Satz 1) anzusehen, wenn er für die Zeit einer solchen Abwesenheit keine besonderen Vorkehrungen traf, daß mögliche Zustellungen ihn erreichten, auch wenn er von dem gegen ihn laufenden Ermittlungsverfahren weiß[44]. In diesem Zusammenhang ist auch die Rechtsprechung zu erwähnen, die das **Maß der Sorge für den rechtzeitigen Eingang** des Einspruchs begrenzt: legt der Beschuldigte schriftlich gegen den Strafbefehl Einspruch ein, der bei normaler Postlaufzeit fristwahrend eintreffen würde, und wird diese Normalzeit aus Gründen, die er nicht zu vertreten hat, von der Post nicht eingehalten, so daß der Einspruch verspätet ist, so muß ihm die Wiedereinsetzung gewährt werden; der Beschuldigte braucht sich nicht auf mögliche Verzögerungen durch frühzeitige Absendung des Einspruchs einzurichten[45]. In der Regel darf der Absender einer Rechtsmittel- oder Rechtsbehelfsschrift mit einer Postlaufzeit von einem Tag innerhalb des Bundesgebiets rechnen[46]. Mit dieser Rechtsprechung dürfte es nicht in Einklang stehen, wenn OLG Schleswig SchlHA **1973** 189 genügende Entschuldigung i. S. des § 412 bei einem Angeklagten verneinte, der nach Einspruch gegen den Strafbefehl seinen Wohnsitz wechselte, ohne besondere Sorge dafür zu tragen, daß er von der an die alte Adresse gerichteten Terminsladung rechtzeitig Kenntnis erhielt. Bei Zustellung an den Angeklagten bildet die fehlende Benachrichtigung des Verteidigers (§ 145 a Abs. 3 Satz 2) keinen Wiedereinsetzungsgrund[47].

§ 411

(1) [1]Ist der Einspruch verspätet eingelegt oder sonst unzulässig, so wird er ohne Hauptverhandlung durch Beschluß verworfen; gegen den Beschluß ist sofortige Beschwerde zulässig. [2]Andernfalls wird Termin zur Hauptverhandlung anberaumt.

(2) Der Angeklagte kann sich in der Hauptverhandlung durch einen mit schriftlicher Vollmacht versehenen Verteidiger vertreten lassen.

(3) [1]Die Klage und der Einspruch können bis zur Verkündung des Urteils im ersten Rechtszug zurückgenommen werden. [2]§ 303 gilt entsprechend. [3]Ist der Strafbefehl im Verfahren nach § 408 a erlassen worden, so kann die Klage nicht zurückgenommen werden.

(4) Bei der Urteilsfällung ist das Gericht an den im Strafbefehl enthaltenen Ausspruch nicht gebunden, soweit Einspruch eingelegt ist.

Schrifttum. *Groth* Einspruchsrücknahme nach Rückverweisung einer Strafbefehls- oder Ordnungswidrigkeitssache durch das Rechtsmittelgericht? NStZ **1983** 9; *Meyer-Goßner* Verwerfung der Berufung wegen Ausbleibens des Angeklagten bei Fehlen von Prozeßvoraussetzungen, NJW **1978** 528.

Entstehungsgeschichte. § 411 in der Fassung der Bek. v. 22. 3. 1924 (RGBl. I 322) wurde erstmals durch das 1. StVRG geändert, welches im wesentlichen die Rücknahmemöglichkeiten hinsichtlich Klage und Einspruch bis zur Verkündung des Urteils erster Instanz erweiterte. Durch Art. 1 Nr. 34 des Strafverfahrensänderungsgesetzes 1987 v. 27. 1. 1987 (BGBl. I 475) erhielt § 411 seine derzeitige Fassung. In Abs. 1 wurde im we-

---

[44] BVerfGE **25** 158, 166; **26** 315, 319; **40** 182, 186; **41** 332, 336.
[45] BVerfGE **41** 23, 26.

[46] OLG Stuttgart Justiz **1975** 316.
[47] LG Frankfurt MDR **1983** 152.

Karl Heinz Gössel

sentlichen die bisherige Praxis über die Verwerfung eines unzulässigen Einspruchs durch Beschluß in Gesetzesform gegossen und zugleich als Anfechtungsmöglichkeit die sofortige Beschwerde zugelassen; der bisherige einzige Satz dieses Absatzes wurde zum neuen Satz 2. In Abs. 3 wurde in Satz 3 die Rücknahmemöglichkeit für die Klage in einer dem Verfahren nach § 408 a entsprechenden Weise geregelt. Die Änderung des Abs. 4 trägt der durch § 410 Abs. 2 eingeführten Beschränkbarkeit des Einspruchs Rechnung.

Übersicht

I. Anwendungsgebiet

1　　§ 411 betrifft nur den Fall, daß gegen einen Strafbefehl **Einspruch** eingelegt ist; die Vorschrift, insbes. Absatz 2, ist unanwendbar, wenn wegen Bedenken i. S. des § 408 Abs. 2 Hauptverhandlung anberaumt wurde, die dann nach den Vorschriften über das „normale" Strafverfahren durchzuführen ist[1].

---

[1] BayObLG GA **1972** 367; OLG Celle NJW **1970** 906.

II. Verfahren bei unzulässigem Einspruch

1. Entscheidung über den unzulässigen Einspruch vor Anberaumung einer Hauptverhandlung

a) Die **Unzulässigkeit** des Einspruchs bemißt sich nach den Grundsätzen, die **2** oben § 410, 1 bis 17 dargelegt sind. Bei unbehebbaren **Zweifeln** über die Rechtzeitigkeit ist der Einspruch als rechtzeitig eingelegt anzusehen[2]. Rechtzeitig ist der Einspruch auch, wenn der Beschuldigte ihn zwar zu spät eingelegt, aber gegen die Versäumung der Frist **Wiedereinsetzung** in den vorigen Stand (§ 44) erlangt hat.

b) Der unzulässige Einspruch *muß* ohne Anberaumung einer Hauptverhandlung **3** durch **Beschluß** verworfen werden (§ 411 Abs. 1 Satz 1: „wird ... verworfen"); die Verwerfung darf also anders als im Fall der unzulässigen Berufung (§ 322 Abs. 1), jedoch wie bei unzulässiger Revision (§ 346 Abs. 1), nicht der Hauptverhandlung über diesen Rechtsbehelf vorbehalten bleiben. **Prozeßvoraussetzungen** und Prozeßhindernisse bleiben unberücksichtigt: mangels eines zulässigen Rechtsbehelfs besteht insoweit keine Prüfungsbefugnis.

c) Die früher umstrittene Frage des gegen den Verwerfungsbeschluß statthaften **4** **Rechtsmittels**[3] hat der Gesetzgeber nunmehr ausdrücklich durch die Einräumung der sofortigen Beschwerde (§ 411 Abs. 1 Satz 1 2. Halbsatz) geklärt[4].

2. Entscheidung über die Unzulässigkeit des Einspruchs in der Hauptverhandlung **5** über den Einspruch.

Ist der Einspruch unzulässig, so wird der Strafbefehl mit Ablauf der Einspruchsfrist und dem damit verbundenen Ausschluß der Möglichkeit zur Einlegung eines zulässigen Einspruchs nach § 411 Abs. 3 rechtskräftig. Ist die Unzulässigkeit des Einspruchs, insbesondere die mangelnde Fristwahrung, übersehen worden, so steht die Rechtskraft des Strafbefehls, sofern sie nicht im Wege der Wiedereinsetzung in den vorigen Stand durchbrochen wird, dem weiteren Verfahren entgegen. Gleichwohl führt dieses Verfahrenshindernis nicht etwa zu einem Einstellungsurteil nach § 260 Abs. 3[5] mit einer Kostenentscheidung aus § 467 zu Lasten der Staatskasse. Nicht erst die Rechtskraft als Folge der Unzulässigkeit des Einspruchs steht dem weiteren Verfahren entgegen, sondern schon die Unzulässigkeit des Einspruchs selbst, die in der (zu Unrecht) anberaumten Hauptverhandlung in einer verfahrensabschließenden Entscheidung festzustellen ist. Wird dies erst in der Hauptverhandlung bemerkt, so ist wie bei der Berufung (§ 322 Abs. 1 Satz 2; bei der Revision s. aber § 349 Abs. 1) die Verwerfung des Einspruchs nach der Regel des § 260 Abs. 1 in **entsprechender** Anwendung des **§ 322 Abs. 1 Satz 2** durch **Urteil** als **unzulässig** auf Kosten des Angeklagten (§ 465) auszusprechen[6]. § 411 Abs. 1 Satz 1 bildet keine Sonderregel etwa des Inhalts, daß der Einspruch auch noch in der Hauptverhandlung durch Beschluß verworfen werden könne oder solle, läßt vielmehr diesen Fall ungeregelt, so daß für die hier vorgeschlagene entsprechende Anwendung des § 322 Abs. 1 Satz 2 Raum bleibt. Gegen dieses Verwerfungsurteil sind

---

[2] BayObLG JR **1966** 146; OLG Stuttgart Justiz **1981** 57; KK-*Meyer-Goßner*[2] 2; s. dazu Einl. Kap. **11** 46 ff.

[3] Vgl. dazu LR-*Schäfer*[23] 2.

[4] Vgl. ferner *Fritzsche* DRiZ **1980** 142.

[5] Vgl. aber LR-*Schäfer*[23] 3.

[6] BayObLG NJW **1962** 118; OLG Hamm VRS **41** 174; KK-*Meyer-Goßner*[2] 4; KMR-*Müller* 3; *Kleinknecht/Meyer*[38] 12; *Meyer-Goßner* NJW **1987** 1168; *Rieß/Hilger* NStZ **1987** 205 Fußn. 288.

Karl Heinz Gössel

die üblichen Rechtsmittel gegeben, also Berufung und Sprungrevision[7], mit denen allerdings nicht die im Strafbefehl getroffene Sachentscheidung überprüft, sondern nur die angeblich doch gegebene Zulässigkeit geltend gemacht werden kann[8].

6   **3. Entscheidung über die Unzulässigkeit des Einspruchs in der Rechtsmittelinstanz.** Wird die Unzulässigkeit des Einspruchs erst im Rechtsmittelverfahren über das Sachurteil erkannt, welches aufgrund einer Hauptverhandlung auf den irrig für zulässig erachteten Einspruch erging, so ist unter **Aufhebung** des amtsgerichtlichen Urteils (vom Berufungsgericht) oder des erstinstanzlichen wie des Berufungsurteils (vom Revisionsgericht) der **Einspruch** unter Beachtung des Verschlechterungsverbots als **unzulässig** zu verwerfen[9].

7   **a)** In diesen Fällen steht dem Urteil der Vorinstanz(en) der Eintritt der Rechtskraft entgegen, was zur Begründetheit des Rechtsmittels mit der Kostenfolge aus § 473 Abs. 1 und zur Aufhebung dieser Urteile von Amts wegen (Verfahrenshindernis) führt. Auch hier aber ist der Einspruch gegen einen Strafbefehl in der **Berufungsinstanz** wegen der Zulässigkeit der Berufung nur aufgrund einer Hauptverhandlung und also (§ 260 Abs. 1) durch Urteil nach § 328 Abs. 1 als unzulässig zu verwerfen[9a], nicht aber das Verfahren wegen des Verfahrenshindernisses der Rechtskraft nach § 260 Abs. 3 etwa mit der Kostenfolge aus § 467 einzustellen. Auch hier gilt, daß nicht erst die aus der Unzulässigkeit des Einspruchs folgende Rechtskraft des Strafbefehls dem weiteren Verfahren entgegensteht, sondern schon die Unzulässigkeit des Einspruchs selbst, die das Amtsgericht spätestens durch Urteil nach § 322 Abs. 1 Satz 2 (analog, s. Rdn. 5) hätte aussprechen müssen. Der dem Eintritt des Verfahrenshindernisses logisch vorausgehende Ablauf der Rechtsbehelfsfrist ohne zulässigen Einspruch zwingt zu dieser vom Verfahrensrecht vorgesehenen Entscheidung[10], ohne daß sich das Verfahrenshindernis der Rechtskraft hinsichtlich des Verfahrensabschlusses noch auswirken kann, was allerdings der klarstellenden Aufhebung des Amtsgerichtsurteils als Konsequenz des Ablaufs der Rechtsbehelfsfrist ohne zulässigen Einspruch und des sich daraus ergebenden Verfahrenshindernisses der Rechtskraft nicht entgegensteht. Entsprechend ist auf eine begründete Revision der Einspruch unter Aufhebung der Urteile beider Vorinstanzen (bei der Sprungrevision nur des amtsgerichtlichen Urteils) durch Beschluß gemäß § 349 Abs. 4 oder durch Urteil gemäß § 349 Abs. 5 in entsprechender Anwendung des § 354 Abs. 1 als unzulässig zu verwerfen.

8   Die in den hier behandelten Fällen aufzuhebenden Urteile der Vorinstanzen sind trotz der entgegenstehenden Rechtskraft des Strafbefehls **nicht** etwa **nichtig**[11], sind also in der Lage, die Wirkung des **Verschlechterungsverbots** zu entfalten: entgegen den Bedenken von *Eb. Schmidt*[12] ist zu berücksichtigen, daß dem Angeklagten ohne sein Rechtsmittel die Vorteile der (später aufgehobenen) Urteile erhalten geblieben wären[13], so daß das Verschlechterungsverbot nach seinem Wortlaut wie nach seinem Sinn

---

[7] BayObLG NJW **1962** 118, 119 unter Aufgabe von BayObLGE **1959** 84; **a. A** *Eb. Schmidt* Nachtr. I 15, der die durch Urteil ausgesprochene Verwerfung wesensmäßig als mit der Beschwerde anfechtbaren Beschluß ansieht, damit jedoch wegen der fehlenden Bindungswirkung der Beschwerdeentscheidung in die von BayObLG NJW **1962** 118 aufgezeigten Schwierigkeiten gerät.
[8] KK-*Meyer-Goßner*[2] 4.

[9] BGHSt **13** 306; **26** 183; BayObLG NJW **1980** 2367; OLG Düsseldorf JR **1986** 121 mit Anm. *Welp*; KK-*Meyer-Goßner*[2] 5; KMR-*Müller* 20; *Kleinknecht/Meyer*[38] 12.
[9a] BGHSt **13** 306; KK-*Meyer-Goßner*[2] 21.
[10] Übersehen von *Welp* JR **1986** 123.
[11] KK-*Meyer-Goßner*[2] 6; *Welp* JR **1986** 123 f.
[12] Nachtr. I 15.
[13] Zutr. *Welp* JR **1986** 124.

auch hier zu berücksichtigen ist[14]. Deshalb ist im Tenor der Entscheidungen der Rechtsmittelgerichte neben der Aufhebung der Vorverurteilung unter Verwerfung des Einspruchs zusätzlich auszusprechen, daß der Strafbefehl des Amtsgerichts . . . mit der Maßgabe aufrechterhalten wird, daß die niedrigste der in den nachfolgenden Urteilen ausgesprochenen Rechtsfolgen festgesetzt wird[15].

b) Ist aber das unter **Übersehen** der Rechtskraft des Strafbefehls ergangene Urteil **9** rechtskräftig geworden, so ist es unter Beseitigung des Strafbefehls wirksam[16], solange es nicht im Wege der Wiederaufnahme des Verfahrens oder der Verfassungsbeschwerde beseitigt ist.

4. Verfahren bei Einspruchsverzicht oder -rücknahme. Wenn auch der fehlende **10** Verzicht und die fehlende Rücknahme Voraussetzungen eines wirksamen Einspruchs sind, so führen doch weder Verzicht noch Rücknahme zur Unzulässigkeit des Einspruchs, sondern zu dessen (im Fall der Beschränkung: teilweisen) Nichtexistenz. Liegen Verzicht oder Rücknahme vor (bei Teilverzicht und Teilrücknahme gilt das Gleiche im Umfang der jeweiligen Beschränkung) so wird der **Strafbefehl** ohne weitere richterliche Entscheidung **rechtskräftig**; da der Einspruch kein Rechtsmittel darstellt, ist § 473 unanwendbar und es verbleibt bei der Kostenentscheidung im Strafbefehl. Die Anberaumung einer Hauptverhandlung unterbleibt.

Werden Verzicht oder Rücknahme **übersehen** und erst in der Hauptverhandlung **11** festgestellt, so ist durch **Urteil** gemäß **§ 260 Abs. 3** auszusprechen, daß das Verfahrenshindernis der Rechtskraft dem Verfahren **vom Eintritt der Rechtskraft des Strafbefehls an** entgegensteht und daß die von diesem Zeitpunkt ab entstandenen Kosten und dem Angeklagten entstandenen notwendigen Auslagen die Staatskasse trägt; ein Verfahren wie beim unzulässigen Einspruch gegen einen Strafbefehl kommt mangels einer dem § 322 Abs. 1 für diesen Fall entsprechenden Vorschrift nicht in Betracht, auch wäre die sich dabei ergebende Kostenfolge aus § 465 insoweit nicht akzeptabel, weil nicht einsehbar ist, daß der Angeklagte die Kosten und seine notwendigen Auslagen tragen muß, wenn z. B. erst der Einsatz der Verteidigung dazu führt, daß das Gericht von der bisher übersehenen Rücknahme erfährt.

Ergeht **trotz wirksamer Rücknahme** des Einspruchs ein **Verwerfungsurteil** (§ 412), **12** so ist es auf Rechtsmittel hin unter Belastung der Staatskasse mit den Kosten und den seit der Rechtskraft durch Einspruchsrücknahme erwachsenen notwendigen Auslagen des Angeklagten aufzuheben[17]; dabei ist es ohne Bedeutung, ob das Gericht die Rücknahme übersehen hat, oder ob sie ihm nicht bekannt war und auch nicht bekannt sein konnte, etwa bei verspäteter Leerung des am Gerichtsgebäude angebrachten Hausbriefkastens[18]; im übrigen ergeht Einstellungsentscheidung (s. § 412, 4).

---

[14] H. M; vgl. z. B. BGHSt **18** 127, 129 f; BayObLG **1953** 34; OLG Düsseldorf JR **1986** 121; KK-*Meyer-Goßner*[2] 5; KMR-*Müller* 20; *Kleinknecht/Meyer*[38] 12.

[15] BGHSt **18** 127, 130; OLG Hamm NJW **1970** 1092, 1093; *Kleinknecht/Meyer*[38] 12; s. auch oben § 358, 20.

[16] BGHSt **13** 306, 309; BayObLG **1953** 35;

KK-*Meyer-Goßner*[2] 6; KMR-*Müller* 21; *Kleinknecht/Meyer*[38] 12; *Hanack* JZ **1974** 56; **a. M** OLG Dresden JW **1929** 2773: Nichtigkeit des Urteils.

[17] OLG Hamm VRS **43** 112; OLG Karlsruhe DAR **1960** 237; OLG Koblenz VRS **46** 63; *Kleinknecht/Meyer*[38] 13.

[18] BayObLG VRS **36** 368.

Karl Heinz Gössel

III. Verfahren bei zulässigem Einspruch

13   **1. Entscheidungsmöglichkeiten.** Der rechtzeitige Einspruch zwingt — trotz des Wortlauts des Abs. 1 Satz 2 — nicht ausnahmslos zur **Terminsanberaumung** und Durchführung der Hauptverhandlung, beläßt vielmehr dem Gericht die auch sonst außerhalb der Hauptverhandlung gegebenen Möglichkeiten, das Verfahren zu beenden, z. B. das Verfahren wegen eines hervorgetretenen Verfahrenshindernisses nach § 206 a **einzustellen** oder nach § 153 Abs. 2[19], nach § 153 a Abs. 2 oder sonst nach Opportunitätsgesichtspunkten[20]. Ebenso kann das Gericht nach §§ 205, 206 b das Verfahren einstellen.

14   Erkennt der Richter erst nach Einlegung des Einspruchs, möglicherweise erst aufgrund dieses Rechtsbehelfs, seine **fehlende Zuständigkeit**, so gelten im wesentlichen die bereits früher zu § 408, 3 bis 17 und § 408 a, 24 bis 29 dargelegten Grundsätze. Bei **funktioneller Unzuständigkeit** gelten die Darlegungen zu § 408, 4: Abgabe an den zuständigen Richter, notfalls Entscheidung des Präsidiums. Die **örtliche Unzuständigkeit** ist nach § 16 in diesem Verfahrensstadium deshalb nur noch auf Einwand des Angeklagten zu berücksichtigen, weil die in § 16 dem Eröffnungsbeschluß zugesprochene Wirkung hier dem Erlaß des Strafbefehls zuzuerkennen ist (§ 408, 39, s. auch unten Rdn. 37). Wird die örtliche Unzuständigkeit vom Angeklagten zu Recht geltend gemacht, so ist entsprechend den zu § 408 a, 26 dargelegten Grundsätzen das Verfahren nach § 206 a einzustellen; die Staatsanwaltschaft kann entweder nach § 206 a Abs. 2 verfahren oder aber Anklage zum örtlich zuständigen Gericht erheben (bei Zuständigkeitsstreit gilt § 14). Nach Beginn der Vernehmung zur Sache kann die fehlende örtliche Zuständigkeit nicht mehr berücksichtigt werden (§ 16 Satz 3). Eine Änderung der örtlichen Zuständigkeit nach § 12 Abs. 2 ist erst nach dem Verlust der Möglichkeit der Staatsanwaltschaft zur einseitigen Rücknahme des Strafbefehls zu Beginn der Hauptverhandlung möglich, weil bis dahin der Staatsanwaltschaft die Wahl des zuständigen Gerichts — eventuell durch einseitige Rücknahme — bleiben muß[21].

15   Bei **sachlicher Unzuständigkeit** ist auch hier zu unterscheiden. Bei divergierenden Auffassungen über die sachliche Zuständigkeit innerhalb des Amtsgerichts (Strafrichter oder Schöffengericht) gilt § 408 Abs. 1 (s. dazu § 408, 12 und 10 f). Hält der Richter die sachliche Zuständigkeit eines höheren als des Amtsgerichts für gegeben, so ist nach §§ 225 a, 270 zu verfahren (s. § 408 a, 27 f und § 408, 13).

16   **2. Anberaumung einer Hauptverhandlung und Eröffnungsbeschluß.** Macht das Gericht von den zuvor Rdn. 13 bis 15 erwähnten **Entscheidungsmöglichkeiten** keinen Gebrauch, so muß es nach § 411 Abs. 1 Satz 2 Termin zur Hauptverhandlung anberaumen.

17   **a)** Ein **Beschluß** über die **Eröffnung** des Hauptverfahrens ist im Gesetz nicht vorgesehen und deshalb **ausgeschlossen** (§ 408, 45). Wie oben § 408, 39 ausgeführt wurde, tritt nicht etwa der **Strafbefehl** an die Stelle des Eröffnungsbeschlusses, vielmehr sind ihm einzelne der **Wirkungen zuzuordnen**, die im Normalverfahren (oder im Verfahren nach § 408 a) dem hier nicht vorliegenden Eröffnungsbeschluß zukommen, so insbesondere die den Verfahrensgegenstand begrenzende (§ 408, 39) und auch die die Rechtshängigkeit (oben Vor § 407, 22) begründende Wirkung. Weil der Strafbefehlsantrag die öffentliche Klage *ist* (§ 407 Abs. 1 Satz 4), kann mindestens nach der neuen gesetzlichen

---

[19] OLG Hamm NJW **1961** 233.
[20] Näheres § 408, 34 bis 37; vgl. KK-*Meyer-Goßner*[2] 7.

[21] BGHSt **26** 374; KK-*Meyer-Goßner*[2] 26.

Lage auch nicht mehr davon gesprochen werden, daß dieser Antrag die öffentliche Klage *ersetze*[22].

Ist der Strafbefehl **mangelhaft**, so gelten die Ausführungen zu § 409, 3. Sind diese **18** Mängel derart schwerwiegend, daß dem Strafbefehl die verfahrensbegrenzende Wirkung eines Eröffnungsbeschlusses nicht mehr zuerkannt werden kann, so ist das Verfahren nach § 206 a oder in der Hauptverhandlung nach § 260 Abs. 3 einzustellen[23]. So kann ein Strafbefehl ohne (nicht nur versehentlich weggelassene) richterliche Unterzeichnung nicht Verfahrensgrundlage sein und kann auch nicht durch den Strafbefehlsantrag als Verfahrensgrundlage ersetzt werden[24].

b) Wenn auch nach Erlaß des Strafbefehls § 202 nicht mehr anwendbar ist, so **19** kann doch das Gericht bei der Staatsanwaltschaft **weitere Ermittlungen** anregen[25]; im Regelfall wird die Staatsanwaltschaft dem nachkommen, weil anders mit der Aussetzung der Hauptverhandlung zur Durchführung weiterer Ermittlungen zu rechnen ist, sofern nicht die angeregten Ermittlungen durch Beweisaufnahme innerhalb der Hauptverhandlung erfolgen können. Für die **Vorbereitung der Hauptverhandlung** im übrigen gelten §§ 213 ff.

c) Für die **Durchführung** der Hauptverhandlung gelten die allgemeinen Vorschriften **20** der §§ 226 ff. Eine nur theoretische Frage ist es, ob der Staatsanwalt als **Anklagesatz** (§ 243 Abs. 3 Satz 1) den Strafbefehlsantrag, soweit er die Beschuldigung betrifft[26], oder den entsprechenden Teil des Strafbefehls[27] verliest, da Strafbefehlsantrag und Strafbefehl sich insoweit decken. Nur wenn ausnahmsweise eine Abweichung vorliegen sollte (§ 408, 41), würde es dem Sinn des § 243 Abs. 3 entsprechen, wenn er den Strafbefehlsantrag verliest und die Abweichungen im Strafbefehl vorträgt. Die im Strafbefehl festgesetzten Unrechtsfolgen werden nicht verlesen, weil sie im Hinblick auf § 411 Abs. 4 bedeutungslos sind[28].

Im Anschluß an die Verlesung erfolgt die **Feststellung**, daß der Einspruch form- **21** und fristgerecht eingelegt ist. Nach Einlegung des Einspruchs ist der amtierende Richter erkennender Richter i. S. des § 28 Abs. 2 Satz 2, so daß ein eine **Ablehnung** unbegründet zurückweisender Beschluß nur noch mit dem Urteil zusammen angefochten werden kann[29].

IV. Vertretung des Angeklagten in der Hauptverhandlung über den Einspruch

1. Ausnahmecharakter des § 411 Abs. 2

a) Für die **Hauptverhandlung** gilt als Regel, auch im Verfahren nach § 408 Abs. 3 **22** Satz 2[30], der Grundsatz des § 230, daß gegen den ausgebliebenen Angeklagten eine Hauptverhandlung nicht stattfinden darf. Dieser Grundsatz ist jedoch von Ausnahmen

---

[22] Vgl. die zur früheren Rechtslage bei LR-*Schäfer*[23] 5 zitierte Rechtsprechung; ferner heute noch KK-*Meyer-Goßner*[2] 8 und *Kleinknecht/Meyer*[38] 3.

[23] BayObLG NJW **1960** 2013, 2014; OLG Düsseldorf NJW **1956** 923; *Kleinknecht/Meyer*[38] 3; s. ferner § 409, 3.

[24] Ebenso *Eb. Schmidt* Nachtr. I § 409, 5; Näheres oben § 409, 35 f mit weit. Nachw.; **a. M** BayObLG NJW **1961** 1782.

[25] KK-*Meyer-Goßner*[2] 8.

[26] So OLG Frankfurt NJW **1970** 159, 161; *Kleinknecht/Meyer*[38] 3.

[27] So *Eb. Schmidt* Nachtr. I 8 a; *Gegenfurtner* DRiZ **1965** 335.

[28] KK-*Meyer-Goßner*[2] 9; KMR-*Müller* 10.

[29] OLG Köln MDR **1967** 437.

[30] BayObLG E **1972** 47; KK-*Meyer-Goßner*[2] 10; KMR-*Müller* 11.

Karl Heinz Gössel

durchbrochen (Einl. Kap. **12** 107 ff); eine **solche Ausnahme** stellt auch § 411 Abs. 2 dar. Danach ist das persönliche Erscheinen des Angeklagten nicht erforderlich, wenn er — entsprechend § 234 — durch einen mit schriftlicher Vollmacht versehenen Verteidiger vertreten wird. In diesem Fall bedarf es auch — anders als im Fall des § 233 (dort Absatz 2) — keiner vorherigen richterlichen Vernehmung[31]. Eine Verhandlung ohne den Angeklagten oder einen zu seiner Vertretung (s. Rdn. 26 ff) bevollmächtigten Verteidiger ist unzulässig; in diesen Fällen ist nach § 412 zu verfahren[32].

23   Auf die Zulässigkeit des Verfahrens in seiner Abwesenheit braucht der Angeklagte **nicht** in der Ladung **hingewiesen** zu werden. §§ 232 Abs. 1, 323 Abs. 1 finden, da die Vorschriften des Sechsten Buches den Vorschriften der übrigen Bücher vorgehen, keine Anwendung[33].

24   b) Trotz des Vertretungsrechts kann das Gericht nach § 236 das **persönliche Erscheinen** des Angeklagten anordnen (dazu § 412, 28). Zwar hat die RTK einen Antrag abgelehnt, nach welchem die Befugnis des § 236 dem Gericht auch hier ausdrücklich beigelegt werden sollte[34]; allein dieser Beschluß hat kein Gewicht für die Auslegung, da er im Gesetz selbst nicht zum Ausdruck gekommen ist und er überdies den Grundsätzen der Strafprozeßordnung widerstreitet. § 236 ist im Interesse der Wahrheitserforschung gegeben, die auch in den geringfügigsten Strafsachen erforderlich ist, wenn sie im Weg des gewöhnlichen Verfahrens bei Gericht anhängig gemacht werden; es ist aber unerfindlich, weshalb die in § 236 bestimmte Befugnis des Gerichts dadurch entbehrlich werden sollte, daß der Hauptverhandlung der Erlaß eines Strafbefehls vorausgegangen ist. Überdies läßt das Gesetz sogar im Privatklageverfahren (§ 387 Abs. 3) die Vorführung des Angeklagten zu (dazu auch §§ 433 Abs. 2, 440 Abs. 3, 444 Abs. 2); sie kann also in den Fällen des § 411, wo ein öffentliches Interesse an der Bestrafung des Schuldigen besteht, nicht ausgeschlossen sein. Die Befugnis des Gerichts, das persönliche Erscheinen des Angeklagten anzuordnen, ist unentbehrlich, wenn der Angeklagte einem Zeugen zwecks Wiedererkennung gegenübergestellt werden muß; bestünde kein Gestellungszwang, so würde er, der Schuldige, unter Umständen seine Freisprechung dadurch erzwingen können, daß er in der Hauptverhandlung, statt selbst zu erscheinen, sich vertreten ließe. Die Anwendbarkeit des § 236 wird heute nicht mehr bezweifelt[35].

25   Die Anordnung nach § 236 kann indes die gesetzliche **Vertretungsbefugnis nicht ausschalten**[36]. Erscheint der Angeklagte trotz der Anordnung nach § 236 nicht, so kann bei Erscheinen eines zur Vertretung berechtigten Verteidigers der Einspruch nicht etwa nach § 412 verworfen werden[37]; das Gericht kann lediglich gemäß § 236 die polizeiliche Vorführung anordnen oder Haftbefehl erlassen[38].

---

[31] OLG Düsseldorf NJW **1960** 1921.

[32] KK-*Meyer-Goßner*[2] 16.

[33] OLG Düsseldorf NJW **1963** 264; OLG Hamburg NJW **1968** 1688; OLG Köln JMBlNRW **1959** 72; KK-*Meyer-Goßner*[2] 11; KMR-*Müller* 12; *Küper* GA **1971** 291.

[34] Prot. S. 695 ff.

[35] BGHSt **9** 356; OLG Bremen NJW **1962** 1735; OLG Dresden HRR **1937** Nr. 1064; über frühere Meinungsverschiedenheiten vgl. *Stenglein* 4.

[36] BayObLG MDR **1978** 510; OLG Düsseldorf StrVert. **1985** 52; OLG Frankfurt StrVert. **1983** 268; OLG Hamburg NJW **1968** 1687.

[37] BayObLG MDR **1978** 510; OLG Karlsruhe NStZ **1983** 43; KK-*Meyer-Goßner*[2] 14; *Kleinknecht/Meyer*[38] 4.

[38] BayObLG JZ **1970** 384; OLG Celle NJW **1970** 906.

2. Vertretung in der Hauptverhandlung durch einen Verteidiger

a) Bedeutung der Vertretung. Nur ein **Verteidiger** (§§ 137, 138, 139 gelten) kann **26** vom Angeklagten zu seiner Vertretung in der Hauptverhandlung bevollmächtigt werden. Die bloße Eigenschaft, Verteidiger zu sein, geht über die Beistandsfunktion i. S. des § 137 Abs. 1 Satz 1 nicht hinaus, umfaßt insbesondere nicht die Vertretung des Angeklagten, die allerdings im Strafverfahren selten ist. Neben § 234 bildet auch § 411 Abs. 2 „einen dieser Ausnahmefälle echter Vertretung", die dadurch gekennzeichnet sind, daß der Verteidiger anstelle des Angeklagten auftritt mit der Folge, daß es einer Befreiung des Angeklagten von seiner Erscheinungspflicht nicht bedarf, „da er ja vertreten ist" und auch eine Verwerfung nach § 412 nicht erfolgen kann[39]; aus dem gleichen Grunde bedarf es auch nicht — anders § 233 Abs. 2 — seiner vorherigen richterlichen Vernehmung[40].

Die Bevollmächtigung eines Verteidigers zur Vertretung läßt allerdings das **Recht 27** des Angeklagten zur **Teilnahme** an der Hauptverhandlung unberührt. Trotz Vertretungsvollmacht hat das Gericht dem Angeklagten, der ausdrücklich oder konkludent deutlich gemacht hat, an der Hauptverhandlung persönlich teilnehmen zu wollen, die Teilnahme an der Hauptverhandlung zu ermöglichen. Nur wenn das Gericht davon ausgehen kann, daß der Angeklagte sein Anwesenheitsrecht nicht wahrnehmen will, kann ohne ihn in Anwesenheit des Vertreters verhandelt werden[41].

b) Inhalt und Umfang der Vertretung. Der **Umfang der Vertretungsbefugnis** entspricht **28** spricht dem im Fall des § 234; die dortigen Erläuterungen (§ 234, 11 bis 18) gelten auch hier; insbesondere ist der Vertreter berechtigt, die Einlassung des Angeklagten vorzutragen. Im übrigen gehört zur Vertretung nicht mehr, als daß der bevollmächtigte Verteidiger für den Angeklagten anwesend ist, eine weitere Mitwirkung an der Verhandlung obliegt ihm so wenig wie dem Angeklagten, wenn dieser selbst anwesend wäre. Wie der Angeklagte von seinem Schweigerecht Gebrauch machen darf, so braucht auch der Vertreter **keine Erklärung zur Sache** abzugeben[42]. Jedoch ist der Angeklagte nicht schon durch die bloße körperliche Anwesenheit eines zur Vertretung bevollmächtigten Verteidigers vertreten, sondern nur dann, wenn der Verteidiger „seinen Mandanten auch tatsächlich vertreten will"[43]. Demgegenüber hält das BayObLG den Angeklagten auch dann für vertreten, wenn bei Aufruf der Sache der vertretungsberechtigte Verteidiger erscheint und erklärt, er könne den Angeklagten nicht vertreten[44]. Die Frage des zur Vertretung notwendigen Vertretungswillens wird dabei allerdings verkannt; überdies wird die Frage der fehlenden Vertretung durch einen Verteidiger mit der nach dem Erscheinen des Angeklagten in der Hauptverhandlung vermengt. Zwar kann der Einspruch des erschienenen Angeklagten, der sich alsbald wieder entfernt, nicht nach § 412 verworfen werden[45], jedoch hat das Gericht hier die Möglichkeit, entweder nach § 231 Abs. 2 weiter zu verhandeln, oder aber die Anwesenheitspflicht zwangsweise durchzusetzen[46] — Möglichkeiten, die dem Gericht gegenüber dem zur Vertretung bevollmächtigten und sich ebenso verhaltenden Verteidiger nicht zustehen, womit, wollte man der Auffassung des BayObLG folgen, ein elegantes Verfahren gefunden wäre, den Abschluß des Verfahrens mindestens auf unabsehbare Zeit zu verzögern, wenn nicht gänzlich zu verhin-

---

[39] BGHSt **9** 356, 357; KK-*Meyer-Goßner*[2] 10.

[40] KK-*Meyer-Goßner*[2] 11.

[41] OLG Karlsruhe MDR **1985** 868; KK-*Meyer-Goßner*[2] 14; *Kleinknecht/Meyer*[38] 4.

[42] KG VRS **33** 448; OLG Köln NJW **1962** 1735; OLG Schleswig SchlHA **1968** 232; *Kleinknecht/Meyer*[38] 7.

[43] KG JR **1985** 343, 344.

[44] BayObLG NStZ **1981** 112 mit abl. Anm. *Meyer-Goßner.*

[45] Insoweit zutr. BayObLG NStZ **1981** 112.

[46] So zutr. *Meyer-Goßner* NStZ **1981** 113 in seiner abl. Anm. zu BayObLG NStZ **1981** 112.

Karl Heinz Gössel

dern[47]. „Soll es nach dem erklärten Willen des Verteidigers überhaupt nicht zu einer Sachentscheidung kommen, in der allein eine Vertretung des Angeklagten möglich und sinnvoll wäre", so wird der Angeklagte auch dann nicht vertreten, wenn der zur Vertretung in der Hauptverhandlung bevollmächtigte Verteidiger dies sogleich *nach* Aufruf und Präsenzfeststellung erklärt[48].

29　　Die in der Praxis nicht seltenen Fälle, in denen ein zur Vertretung in der Hauptverhandlung bevollmächtigter Verteidiger auftritt und erklärt, er habe **keine Informationen** vom Angeklagten, sind demgemäß prozessual danach zu beurteilen, ob der Verteidiger gleichwohl den Angeklagten **vertreten will** oder aber gerade deswegen nicht. Erklärt der Verteidiger in diesen Fällen, mangels Informationen wolle er wie der Angeklagte selber schweigen, so liegt eine Vertretung des Angeklagten vor, und eine Verwerfung nach § 412 kommt nicht in Betracht; Gleiches gilt, beschränkt sich der anwesend bleibende Verteidiger auf die Erklärung, mangels Informationen könne er keine Erklärung in der Sache abgeben[49]. Erklärt der Verteidiger indessen, mangels ausreichender Informationen beantrage er die Aussetzung des Verfahrens oder aber, er lege das Mandat nieder, liegt keine Vertretung vor; deshalb ist in diesen Fällen nach § 412 zu verfahren[50]. Trägt der Verteidiger dagegen vor, er könne sich das Ausbleiben des Angeklagten deshalb nicht erklären, weil dieser zum Ausdruck gebracht habe, an der Hauptverhandlung teilnehmen zu wollen, und deshalb könne er keine Erklärungen abgeben, so ist der Angeklagte mangels Vertretungswillens des Verteidigers nicht vertreten, auch kann in diesem Vortrag keine genügende Entschuldigung für das Ausbleiben des Angeklagten erblickt werden. Allerdings liegen nunmehr Anhaltspunkte dafür vor, daß der Angeklagte von seinem Anwesenheitsrecht Gebrauch machen wollte (oben Rdn. 27), so daß eine Verwerfung nach § 412 nur in Betracht kommt, wenn das Gericht dem Angeklagten die Teilnahme an der Hauptverhandlung ermöglicht hat (z. B. durch Einhaltung einer gewissen Wartefrist[51], ferner durch rechtzeitige Ladung oder mindestens Terminsmitteilung, auch nach § 145 a).

3. Vollmacht

30　　**a) Inhalt.** Die Vollmacht muß, ebenso wie in §§ 234, 387 Abs. 1 usw. den Verteidiger, wie allgemein anerkannt, **ausdrücklich** zur Vertretung ermächtigen. Das hat im Interesse des Angeklagten seinen guten Sinn. Denn kraft der allgemeinen Verteidigervollmacht wird der Verteidiger nur als Beistand des Beschuldigten tätig (§ 137 Abs. 1), während mit der Vertretervollmacht der Angeklagte wichtige Verfahrensrechte — auf Anwesenheit und rechtliches Gehör — in die Hände des Vertreters legt, der an seine Stelle tritt und mit Wirkung für ihn Erklärungen abgeben und entgegennehmen kann; auch der Hinweis auf eine Änderung des rechtlichen Gesichtspunkts (§ 265) kann wirksam gegenüber dem Verteidiger ausgesprochen werden; entgegen der früheren Rechtslage[52] gilt dies nach § 234 a nunmehr unabhängig davon, ob dem Verteidiger eine Vertretungsvollmacht erteilt ist oder nicht. Anderseits ist dem Schutzbedürfnis des Angeklagten aber auch genügt, wenn die Vollmacht sich auf eine ausdrückliche Ermächtigung „zur

[47] Zutr. *Meyer-Goßner* NStZ **1981** 113.
[48] So überzeugend KG JR **1985** 343, 344 **gegen** BayObLG NStZ **1981** 112.
[49] Zutr. OLG Köln NJW **1962** 1735 mit abl. Anm. *Blei* NJW **1962** 2024, gegen ihn *Baumhaus* NJW **1962** 2337 und *Ostler* JR **1967** 136.
[50] KG JR **1985** 343; im Erg. ebenso KK-*Meyer-Goßner*[2] 15, der indes annimmt, in

diesen Fällen sei der erschienene Verteidiger einem nicht verhandlungsfähigen Angeklagten gleichzusetzen; vgl. ferner *Kleinknecht/Meyer*[38] 7; *Baumhaus* NJW **1962** 2337.
[51] Wohl deshalb wird man im Erg. OLG Düsseldorf MDR **1958** 623 zustimmen können.
[52] BayObLG GA **1971** 373.

Vertretung" beschränkt[53]; es ist nicht erforderlich, daß sie auch auf die Vertretung des Angeklagten „in dessen Abwesenheit" lautet[54]. Eine Vollmacht „für den Fall der Abwesenheit" reicht aus[55]. Unzutreffend erscheint, daß OLG Düsseldorf[56], das früher[57] eine ausdrückliche Bevollmächtigung zur „Vertretung des Angeklagten in dessen Abwesenheit" forderte, eine formularmäßige Ermächtigung „zu allen den Rechtsstreit betreffenden Prozeßhandlungen" für eine genügend deutliche Vertretungsvollmacht hält[58]. Ausreichend ist dagegen eine schriftliche Vollmacht, die den Verteidiger ermächtigt, in Abwesenheit des Angeklagten „zu verhandeln"[59].

b) Schriftlichkeit. Der Angeklagte (auch ein in der gleichen Sache in Untersu- **31** chungshaft befindlicher; allg. M) kann sich nach Absatz 2 durch einen Verteidiger (§ 138 Abs. 1 und 2) vertreten lassen, wenn dieser eine zur Vertretung ermächtigende schriftliche Vollmacht besitzt. Dem Erfordernis der Schriftlichkeit ist auch genügt, wenn die Vollmachtsurkunde mit mündlicher Ermächtigung durch den Angeklagten von einem Dritten mit dem Namen des Angeklagten unterzeichnet ist[60]. Eine schriftliche Vollmacht liegt auch noch vor, wenn der Angeklagte in einer schriftlichen Erklärung oder **zu Protokoll** gegenüber dem Gericht die Erteilung des Vertretungsauftrags mitgeteilt hat[61]; weil die letztgenannte Form den gleichen sicheren Nachweis wie die schriftliche Vollmachtsurkunde erlaubt, ist diese Form — ausnahmsweise — der Schriftform gleichzuachten. Die schriftliche Vollmacht muß im Zeitpunkt des Beginns der Hauptverhandlung vorliegen; eine spätere schriftliche Bestätigung einer mündlich erteilten Vollmacht genügt nicht[62]. Auf das gesetzlich ausdrücklich verlangte Schriftlichkeitserfordernis kann nicht dadurch verzichtet werden, daß „das Bestehen einer Vertretungsvollmacht auf andere Weise sicher festgestellt werden kann"[63].

Auf das Schriftlichkeitserfordernis kann lediglich bei der **Untervollmacht** verzich- **32** tet werden, sofern diese auf andere Weise sicher nachgewiesen[64] und die Hauptvollmacht schriftlich erteilt und zu Beginn der Hauptverhandlung nachgewiesen ist[65].

c) Folgen fehlender Vollmacht. Mangels wirksamer Vertretung muß in diesen Fäl- **33** len nach § 412 verfahren werden (s. aber oben Rdn. 27); ergeht gleichwohl ein Sachurteil, so liegt ein bloßer Verfahrensfehler, aber **kein Prozeßhindernis** vor, welcher vom Berufungsgericht von Amts wegen zu berücksichtigen ist[66], das Revisionsgericht jedoch nur auf Rüge zur Aufhebung verpflichtet. Während das Revisionsgericht in diesen Fällen die Sache nach § 354 Abs. 2 zurückverweisen kann, entscheidet das **Berufungsge-**

[53] OLG Düsseldorf JMBlNRW **1979** 246; OLG Köln StrVert. **1981** 119; OLG Stuttgart NJW **1968** 1733; KK-*Meyer-Goßner*[2] 12; *Kleinknecht/Meyer*[38] 5.

[54] BGHSt **9** 356; KK-*Meyer-Goßner*[2] 12; KMR- *Müller* 14; *Kleinknecht/Meyer*[38] 5.

[55] OLG Köln NJW **1969** 705; OLG Hamm JMBlNRW **1976** 70.

[56] NJW **1961** 89.

[57] JMBlNRW **1955** 140.

[58] Vgl. dazu OLG Stuttgart OLGSt § 411, 6 a.

[59] OLG Hamm NJW **1963** 1793.

[60] BayObLG NJW **1963** 862.

[61] OLG Düsseldorf NStZ **1984** 524; OLG Hamburg VRS **35** 205.

[62] OLG Koblenz MDR **1972** 801; OLG Köln MDR **1964** 435; KK-*Meyer-Goßner*[2] 12.

[63] So aber ausdrücklich OLG Düsseldorf NStZ **1984** 524; zust. KK-*Meyer-Goßner*[2] 13; *Kleinknecht/Meyer*[38] 5; die Entscheidung erging jedoch in einem Fall, in dem die Schriftlichkeit durch Erklärung zu Protokoll noch als gewahrt anzusehen war, s. dazu auch OLG Köln MDR **1964** 435.

[64] OLG Hamm MDR **1985** 957.

[65] OLG Hamm NJW **1963** 1793; MDR **1985** 957; OLG Karlsruhe NStZ **1983** 43; OLG Köln VRS **60** 441; KK-*Meyer-Goßner*[2] 13; *Kleinknecht/Meyer*[38] 6.

[66] KK-*Meyer-Goßner*[2] 16; **a. A** OLG Koblenz MDR **1972** 801.

Karl Heinz Gössel

richt nach § 328 **selbst**: in diesem Fall ist die fehlende Zurückweisungsbefugnis (Wegfall des § 328 Abs. 2 a. F) zu beachten (eingehend dazu § 412, 45 ff, insbesondere 47)[67].

34   Im umgekehrten Fall der **Verwerfung** nach § 412 **trotz** ordnungsgemäßer **Vertretung** ist das Verwerfungsurteil, sofern nicht Wiedereinsetzung in den vorigen Stand gewährt werden kann[68], vom Rechtsmittelgericht aufzuheben und an das zur Entscheidung über den Einspruch allein zuständige Amtsgericht **zurückzuverweisen**; hier steht die Aufhebung des § 328 Abs. 2 a. F der Zurückverweisung durch das Berufungsgericht nicht entgegen[69].

V. Vertretung in der Hauptverhandlung über die Berufung

35   § 411 Abs. 2 findet auch in der **Berufungsinstanz** Anwendung, da die ratio des Absatzes 2 — Auflockerung des Verfahrens in Sachen von geringerer Bedeutung — auch für das Verfahren in der Berufungsinstanz zutrifft. Dies wurde früher vielfach verneint[70]. Nachdem aber das Reichsgericht[71] diese Frage bejaht hatte, haben sich Rechtsprechung und Schrifttum einhellig dieser Auffassung angeschlossen[72].

VI. Rücknahme von Klage und Einspruch

36   **1. Überblick.** Im normalen Strafverfahren kann die Klage nach § 156 nach der Eröffnung des Hauptverfahrens nicht mehr zurückgenommen werden; trotz Fehlens eines Eröffnungsbeschlusses im Strafverfahren wird allgemein angenommen, daß § 411 **Abs. 3** von diesem Grundsatz eine **Ausnahme** normiert. Damit soll eine vereinfachte und raschere Erledigung der Verfahren von geringerer Bedeutung in den Fällen ermöglicht werden, in denen entweder die Erfolglosigkeit des Einspruchs in der Hauptverhandlung alsbald offenbar wird oder aber die Unbeweisbarkeit des von der Staatsanwaltschaft erhobenen Vorwurfs[73]. Allerdings wird der Umfang dieser Ausnahmeregelung kontrovers beurteilt. Einen denkbaren Streitpunkt hat das Gesetz selbst geklärt. Beim Übergang vom normalen Strafverfahren in das Strafbefehlsverfahren verbleibt es nach § 411 Abs. 3 Satz 2 beim Grundsatz des § 156: hier ist ein Eröffnungsbeschluß ergangen, dessen Wirksamkeit durch den Übergang ins schriftliche Verfahren nach § 408 a nicht berührt wird (vgl. § 408 a, 5 und 16), und der wie jeder andere Eröffnungsbeschluß nicht rücknehmbar ist (§ 207, 34; § 408 a, 31); Entsprechendes gilt für das Verfahren nach § 408 Abs. 3 Satz 2 (vgl. § 408, 54).

2. Klagerücknahme

37   **a) Die Rücknahme im System des Strafbefehlsverfahrens.** Im Strafbefehlsverfahren (ausgenommen das soeben Rdn. 36 erwähnte Verfahren nach § 408 a) wird die öffentliche Klage nach § 407 Abs. 1 Satz 4 durch den schriftlichen Strafbefehlsantrag der Staatsanwaltschaft erhoben, so daß die von § 411 Abs. 3 genannte Rücknahme der

---

[67] A. A KK-*Meyer-Goßner*[2] 16.
[68] Vgl. OLG Bremen OLGSt § 411, 13.
[69] KK-*Meyer-Goßner*[2] 17; s. auch § 412, 45 f.
[70] So z. B. BayObLGE **25** 1; HRR **1925** Nr. 463; KG JW **1926** 1247.
[71] RGSt **66** 68; RG JW **1932** 3114.
[72] BayObLG JW **1932** 3118; **1933** 342; NJW **1956** 839; JZ **1970** 384; GA **1972** 367; KG JW **1932** 125; OLG Celle NJW **1970** 906; OLG

Dresden DRiZ **1933** 201; OLG Düsseldorf JMBlNRW **1955** 140; NJW **1961** 89; **1963** 264; NStZ **1984** 524; OLG Köln JMBlNRW **1959** 72; OLG Köln StRVert. **1981** 119; KK-*Meyer-Goßner*[2] 18; KMR-*Müller* 15; *Kleinknecht/Meyer*[38] 4.
[73] Instruktiv zur Gesetzgebungsgeschichte LR-*Schäfer*[23] 18.

„Klage" nur in der Rücknahme des Strafbefehlsantrags bestehen kann. Versucht man nunmehr, den im Regelfall letzten Zeitpunkt für die Rücknahme nach § 156 zu bestimmen, ist anstelle des — hier fehlenden — richterlichen Beschlusses über die Eröffnung des Hauptverfahrens auf den Erlaß des Strafbefehls abzustellen, weil diesem trotz seiner urteilsgleichen Natur die auch dem Eröffnungsbeschluß zukommende Wirkung der richterlichen Zustimmung zur Bestimmung des Verfahrensgegenstandes durch die Anklage eigen ist (s. § 408, 39). Diese Auffassung führt allerdings zu der wenig symmetrischen Konsequenz, die Rücknahme des Strafbefehlsantrags zunächst **bis zum Erlaß des Strafbefehls** zuzulassen, danach für unzulässig zu erachten, alsdann aber nach § 411 Abs. 3 zu einem späteren Zeitpunkt wieder zu ermöglichen und bis zur Verkündung des Urteils zuzulassen. Auch zur Vermeidung dieser Konsequenz wird deshalb vorgeschlagen, die Rücknahme des Strafbefehlsantrags durchgehend auch nach Erlaß des Strafbefehls bis zur Verkündung des Urteils in der aufgrund des Einspruchs gegen den Strafbefehl anberaumten Hauptverhandlung entweder unbeschränkt[74], oder eingeschränkt unter bestimmten Voraussetzungen[75], zuzulassen. Diesen Auffassungen kann indessen nicht gefolgt werden. Zu bedenken ist, daß dem Strafbefehl urteilsgleiche Bedeutung zukommt (Vor § 407, 11), wie sich auch aus § 410 Abs. 3 erkennen läßt. So wenig wie die Klage nach Erlaß eines Eröffnungsbeschlusses zurückgenommen und damit die rechtliche Entscheidung über die Eröffnung des Hauptverfahrens gegenstandslos gemacht werden kann, so kann die Klage erst recht nicht *nach* Erlaß einer *verfahrensabschließenden* Entscheidung zurückgenommen werden. Überträgt man diese Überlegung auf das Strafbefehlsverfahren, so kann es nicht für zulässig erachtet werden, der verfahrensabschließenden richterlichen Entscheidung im schriftlichen Verfahren durch die staatsanwaltschaftliche Rücknahme des Antrags auf Erlaß dieser Entscheidung die Grundlage und damit zugleich die Existenz zu entziehen: der summarische Charakter des schriftlichen Verfahrens und auch der von Abs. 3 verfolgte Vereinfachungs- und Beschleunigungszweck[76] berechtigen zu solch weitreichenden Konsequenzen *nicht*. Dieses Ergebnis wird durch die Systematik des § 411 bestätigt: wie diese Vorschrift das weitere Verfahren nach einhelliger Meinung nur für den Fall des zulässigen Einspruchs regelt, so auch für den Fall des Abs. 2[77]: erst wenn der vom Gesetz ausdrücklich zur Verfügung gestellte Rechtsbehelf den Verhandlungsgegenstand der mit diesem Rechtsbehelf angefochtenen richterlichen Entscheidung erneuter richterlicher Prüfung und Entscheidung unterstellt, kann eine Rücknahme des Strafbefehlsantrags in Betracht kommen. Deshalb ist die störende Asymmetrie hinzunehmen: nach Erlaß des Strafbefehls (s. dazu § 409, 44 f) kann der Strafbefehlsantrag (die Klage, § 407 Abs. 1 Satz 4) nicht mehr zurückgenommen werden[78]; die Rücknahmemöglichkeit **lebt** indessen mit einem **zulässigen Einspruch wieder auf**; sie endet mit dem Beginn der Verkündung des Urteils erster Instanz[79].

Im Verfahren nach Einspruch ist die **Rechtshängigkeit** nicht anders zu beurteilen **38** als sonst im Strafbefehlsverfahren. Allerdings wird vor allem in der Rechtsprechung die Meinung vertreten, daß der über den Eintritt der Rechtshängigkeit entscheidende Wegfall der Möglichkeit zur Klagerücknahme erst mit dem **Beginn der Hauptverhandlung** zu bejahen sei: wegen der nunmehr notwendigen Zustimmung des „Gegners" sei die

---

[74] *Eb. Schmidt* Nachtr. I 2; KMR-*Müller* 6; *Kleinknecht/Meyer*[38] 8.

[75] So LR-*Schäfer*[23] 19: Vor Einspruchseinlegung ist die Klage nur bei wesentlichen Rechtsverletzungen rücknehmbar.

[76] Insoweit **a. A** LR-*Schäfer*[23] 19.

[77] Das hält auch *Schäfer* für ein denkbares Argument, will ihm aber im Hinblick auf den Rdn. 36 erwähnten Vereinfachungs- und Beschleunigungszweck nicht folgen.

[78] Ebenso KK-*Meyer-Goßner*[2] 19.

[79] *Kleinknecht/Meyer*[38] 8.

Entschließungsfreiheit der Staatsanwaltschaft entscheidend eingeschränkt und die Staatsanwaltschaft grundsätzlich an die Klage gebunden, d. h. ihr die einseitige Verfügung darüber entzogen[80]. Diese Bindung bewirke, daß erst mit diesem Zeitpunkt die gerichtliche Untersuchung i. S. des § 12 eröffnet[81] und die Sache rechtshängig geworden sei[82], wenn auch bis zur Verkündung des erstinstanzlichen Urteils auflösend bedingt durch die Möglichkeit einer Zurücknahme der Klage mit Zustimmung des Angeklagten[83].

39   Dieser Auffassung kann indessen **nicht gefolgt** werden. Sie würde dazu führen, den Eintritt der Rechtshängigkeit davon abhängig zu machen, ob der Strafbefehl angefochten wird oder nicht: wird er nicht angefochten, so tritt Rechtshängigkeit mit Erlaß des Strafbefehls ein, sonst aber erst mit Beginn der Hauptverhandlung über den Einspruch. Es müßte überdies angenommen werden, daß die zunächst eingetretene Rechtshängigkeit mit dem zulässigen Einspruch wieder beseitigt werde. Die notwendige Klarheit und Eindeutigkeit des Prozeßgeschehens, der schon die Bedingtheit von Prozeßhandlungen entgegensteht, ist mit einer derart bedingten Rechtshängigkeit nicht zu vereinbaren[84]. Denkbar erscheint lediglich, im Strafbefehlsverfahren die Klagerücknahme entgegen der hier (Rdn. 37) vertretenen Auffassung von der Antragstellung durchgehend bis zum Beginn der Urteilsverkündung zuzulassen und dann folgerichtig erst beim gesetzlichen Ausschluß der Rücknahmemöglichkeit die Rechtshängigkeit zu bejahen — das Abstellen auf den Beginn der Hauptverhandlung bloß wegen des nunmehrigen Zustimmungserfordernisses erscheint wenig überzeugend. Aber auch unabhängig von dieser Frage kann es nicht befriedigen, das Prozeßhindernis der Rechtshängigkeit erst mit dem Beginn der Hauptverhandlung eintreten zu lassen mit der Folge, daß erst von diesem Zeitpunkt an das Verfahren nach § 206 a eingestellt wird: erfährt z. B. das AG Bergen nach dem Erlaß des Eröffnungsbeschlusses von dem die gleiche Tat betreffenden Strafbefehl des AG Felden, so müßte das AG Bergen mit der Einstellung des Verfahrens nach § 206 a bis zum Beginn der Hauptverhandlung vor dem AG Felden über den Einspruch des Angeklagten warten. Um die Klarheit des Verfahrensgeschehens zu erhalten, wird daran festgehalten: abgesehen vom Fall des § 408 a, in dem die Rechtshängigkeit schon durch den Erlaß des Eröffnungsbeschlusses eintritt, tritt im Strafbefehlsverfahren die **Rechtshängigkeit mit dem Erlaß des Strafbefehls unabhängig vom Einspruch** des Betroffenen und unabhängig von der Rücknahmemöglichkeit des § 411 Abs. 3 ein.

40   **b) Voraussetzungen der Klagerücknahme im Überblick.** Nach den obigen Darlegungen zu Rdn. 37 kann nach Erlaß des Strafbefehls der Strafbefehlsantrag und damit die Klage vor Einlegung eines zulässigen Einspruchs nicht zurückgenommen werden, sondern erst danach[85], und zwar bis zum **Beginn der Hauptverhandlung** ohne Einschränkung, von da ab bis zur Verkündung des Urteils im ersten Rechtszug nur mit Zustimmung des Gegners. Die Klage kann überdies nicht mehr zurückgenommen werden, sobald der Strafbefehl auch auf nur einen **beschränkten Einspruch** hin in Teilrechtskraft erwachsen ist: der Antrag auf Erlaß eines Strafbefehls kann nur einheitlich zurückgenommen werden[86]. Hatte das **Finanzamt** wegen eines Steuervergehens den Erlaß des Strafbefehls beantragt (§ 407, 42), so nimmt es nach § 406 Abs. 1 AO die Rechte und Pflichten der Staatsanwaltschaft nur wahr, solange nicht nach § 408 Abs. 2 StPO Haupt-

[80] BGH NJW **1974** 708.
[81] BGHSt **13** 186; BGH MDR **1976** 856.
[82] BGH JZ **1975** 635.
[83] So LR-*Schäfer*[23] 20.
[84] A. A LR-*Schäfer*[23] 20.

[85] KK-*Meyer-Goßner*[2] 19; zu abweichenden Auffassungen s. oben Rdn. 37.
[86] KK-*Meyer-Goßner*[2] 25; BTDrucks. **10** 1313, S. 38.

verhandlung anberaumt oder gegen den Strafbefehl Einspruch eingelegt ist; von da ab kann nur die Staatsanwaltschaft die Klage zurücknehmen.

Die **Rücknahmebefugnis nach Einlegung des Einspruchs** ist nicht auf den Fall be- **41** schränkt, daß sich nach dem Verfahrensstand der Strafbefehl als unbegründet erweist. Sie steht vielmehr im pflichtmäßigen Ermessen der Staatsanwaltschaft[87].

c) **Der für die Klagerücknahme zur Verfügung stehende Zeitraum.** Der frühest **42** mögliche Zeitpunkt der Klagerücknahme ist nach der hier vertretenen Auffassung der **Eingang** des zulässigen **Einspruchs** bei Gericht; der letztmögliche Zeitpunkt ist der der **Verkündung**, damit der *Beginn* der Verkündung des Urteils im ersten Rechtszuge[88].

d) **Zustimmungserfordernis.** Die Möglichkeit **einseitiger Zurücknahme** (ohne Zu- **43** stimmung des Gegners) endet mit dem Beginn der Hauptverhandlung (§ 411 Abs. 3 Satz 2, § 303 Satz 1). Die Verweisung auf den entsprechend anzuwendenden § 303 verleiht auch den zu § 303 Satz 1 ausgebildeten Grundsätzen Bedeutung für die Auslegung des § 411 Abs. 3, so daß insoweit auf die Erläuterungen zu § 303 verwiesen werden kann.

aa) **Zustimmungsbedürftige „Gegner"** sind der Angeklagte und etwaige Nebenbe- **44** teiligte, nicht aber der Nebenkläger[89].

bb) **Beginn der Hauptverhandlung** ist nach § 243 Abs. 1 der **Aufruf der Sache**. **45** Mag es auch sinnvoll erscheinen, die Befugnisse zur einseitigen Rücknahme des Strafbefehlsantrags auf den Beginn der Verhandlung zur Sache hinauszuschieben[90], so steht dem doch der eindeutige Wortlaut der §§ 411 Abs. 3 Satz 2; 303; 243 Abs. 1 Satz 1 entgegen[91]. Deshalb kann die Möglichkeit einer Klagerücknahme auch nicht bis zum Beginn einer zweiten Hauptverhandlung fortbestehen, wenn die erste Hauptverhandlung ohne Eingehen auf die Sache sofort ausgesetzt oder unterbrochen wurde; der Ausschluß der einseitigen Rücknahme tritt mit dem Beginn der ersten Hauptverhandlung ein, gleichviel ob die Hauptverhandlung noch innerhalb der Frist des § 229 fortgesetzt werden kann oder nicht[92].

Zum Fall der **Aufhebung** des amtsgerichtlichen Urteils durch ein **Rechtsmittelge-** **46** **richt** s. unten Rdn. 51.

e) **Wirkungen der Klagerücknahme.** Mit der Zurücknahme der Klage ist das ge- **47** richtliche Verfahren, ohne daß es eines **Einstellungsbeschlusses** bedarf, kraft Gesetzes beendet; es befindet sich wieder im Stand des staatsanwaltschaftlichen Ermittlungsverfahrens[93]; dies wird bestätigt durch die kostenrechtliche Regelung: weil das Verfahren nach der Versetzung in den Stand des Ermittlungsverfahrens nicht nach § 206 a eingestellt werden kann, kann auch keine Kostenentscheidung nach § 467 ergehen, sondern nur nach der diesen Fall regelnden Vorschrift des § 467 a[94]. Deshalb muß die Staatsanwaltschaft erneut eine das Verfahren abschließende Entscheidung treffen.

Die Staatsanwaltschaft kann — gegebenenfalls nach weiteren Ermittlungen — **48** das Verfahren nach § 170 Abs. 1 oder nach § 153 Abs. 1 **einstellen**. Sie kann aber auch

---

[87] OLG Darmstadt ZStW **47** (1927) Sonderbeilage Höchstrichterliche Rechtsprechung auf dem Gebiet des Strafrechts Band 2, S. 13.

[88] KK-*Meyer-Goßner*[2] 19; *Kleinknecht/Meyer*[38] 7.

[89] KK-*Meyer-Goßner*[2] 20; *Kleinknecht/Meyer*[38] 8.

[90] Dafür in der Tat LG Düsseldorf JMBlNRW **1967** 139; LR-*Schäfer*[23] 26; *Göhler*[8] § 71, 6.

[91] KK-*Meyer-Goßner*[2] 20; *Kleinknecht/Meyer*[38] 8 und § 303, 2.

[92] BGHSt **23** 277.

[93] BayObLG VRS **45** 384; KMR-*Müller* 7; *Kleinknecht/Meyer*[38] 8.

[94] KK-*Meyer-Goßner*[2] 22.

Karl Heinz Gössel

auf der Grundlage der bisherigen oder ergänzten Ermittlungen erneut einen Strafbefehl beantragen oder Anklage erheben, denn ein Verbrauch der Strafklage tritt durch die Klagerücknahme nicht ein[95]. Die Staatsanwaltschaft kann ferner z. B. bei einem Verkehrsdelikt die Klage fallenlassen, um alsbald eine **neue Klage** im beschleunigten Verfahren vor einem Verkehrsschnellgericht zu erheben, wenn sie sich davon eine raschere und zweckmäßigere Durchführung des Verfahrens verspricht[96]. Unzulässig wäre ein solches Verhalten im Hinblick auf Art. 101 Abs. 1 Satz 2 GG (gesetzlicher Richter) allerdings, wenn nicht sachliche Gründe der Verfahrensgestaltung, sondern das Bestreben maßgebend wäre, den Strafbefehlsrichter auszuschalten und die Sache vor einen der Person nach anderen Richter zu bringen.

49   Die Staatsanwaltschaft bedarf zur **erneuten Klageerhebung** auch dann nicht der Zustimmung des Beschuldigten, wenn der Strafbefehlsantrag nur mit dessen Zustimmung zurückgenommen werden konnte und zurückgenommen wurde[97]: daß die zwar zur Klagerücknahme notwendige Zustimmung auch auf die Wirkungen der erfolgten Rücknahme auszudehnen ist und sogar eine aus dem Legalitätsprinzip folgende Anklagepflicht beschränken können soll, ist im Gesetz nirgends vorgesehen und kann auch nicht aus kostenrechtlichen Überlegungen hergeleitet werden[98]. Auch ein etwa ergangener gerichtlicher Einstellungsbeschluß würde wegen seiner lediglich deklaratorischen Bedeutung das Recht der Staatsanwaltschaft, von neuem Anklage zu erheben, nicht beschränken[99]. Erfolgt keine Zurücknahme, so ist Einstellung nach § 153 Abs. 2 StPO oder eine vorläufige Einstellung (§ 153 a Abs. 2) zulässig.

3. Einspruchsrücknahme

50   **a) Voraussetzungen.** Hier gelten die gleichen Grundsätze wie bei der Rücknahme der Klage durch die Staatsanwaltschaft; jedoch hat der Angeklagte entsprechend der Beschränkbarkeit seines Einspruchs auch die Möglichkeit einer **Teilrücknahme**[100]. Nach Beginn der Hauptverhandlung (Rdn. 45) bedarf der Angeklagte zur Rücknahme (auch zur Teilrücknahme) der Zustimmung des Gegners; das ist allein die Staatsanwaltschaft, nicht ein Nebenbeteiligter; nach § 303 Satz 2 (§ 411 Abs. 3 Satz 2) bedarf es auch nicht der Zustimmung des Nebenklägers.

51   Wird das **Urteil** des Amtsgerichts **auf Rechtsmittel hin aufgehoben** und die Sache z. B. in die erste Instanz zur erneuten Verhandlung und Entscheidung zurückverwiesen, so lebt die Rücknahmemöglichkeit wieder auf, da das frühere Urteil seine die Rücknahme von Klage und Einspruch ausschließende Bedeutung verloren hat[101]; die mit Beginn der früheren ersten Hauptverhandlung eingetretene Bindung an die Zustimmung des Gegners ist aber bestehen geblieben[102].

52   **b) Wirkungen.** Bei wirksamer Einspruchsrücknahme erwächst der angefochtene Strafbefehl in Rechtskraft (§ 411 Abs. 3); bei zulässiger Teilrücknahme in entsprechende Teilrechtskraft; das Verfahren wird **ohne richterliche Entscheidung** allein durch die Prozeßhandlung der Einspruchsrücknahme beendet.

---

[95] RGSt **61** 99; **63** 268; RG DRiZ **1927** Nr. 244; *Feisenberger* JZ **9** 940.
[96] OLG Frankfurt DAR **1960** 265.
[97] **A. A** KK-*Meyer-Goßner*[2] 24; *Schlüchter* 791.3.
[98] **A. A** KK-*Meyer-Goßner*[2] 24.
[99] BayObLG JW **1934** 3143.
[100] BTDrucks. **10** 1313, S. 38; KK-*Meyer-Goßner*[2] 27; *Kleinknecht/Meyer*[38] 9.

[101] BayObLG GA **1982** 325, 326; OLG Hamm MDR **1980** 161; KK-*Meyer-Goßner*[2] 21; **a. A** LG München II NJW **1981** 65.
[102] BayObLG NJW **1985** 754, 755; KK-*Meyer-Goßner*[2] 21; *Kleinknecht/Meyer*[38] § 303, 2; *Roxin*[20] § 66 B III 1; *Groth* NStZ **1983** 9, 10 f; *Rieß* JR **1986** 441.

4. Einspruchsrücknahme im Bußgeldverfahren. Nach Übergang des Bußgeld- in **53** das Strafverfahren gemäß § 81 Abs. 2 OWiG kann der Einspruch **nicht** mehr **zurückgenommen** werden[103].

VII. Die Entscheidung über den zulässigen Einspruch

1. Entscheidung bei unbeschränktem Einspruch. Nach § 411 Abs. 4 hat das Ge- **54** richt **nicht** etwa über die **Aufhebung** oder **Aufrechterhaltung** des Strafbefehls zu entscheiden, sondern es hat zu erkennen, wie wenn er überhaupt nicht erlassen wäre. Der Strafbefehl ist zwar nicht schon dadurch, daß das Gericht in die Hauptverhandlung eintrat, außer Kraft getreten, denn er behielt bis zum Beginn der Verkündung des Urteils seine Bedeutung insofern, als er rechtskräftig werden konnte, wenn bis dahin der Angeklagte mit Zustimmung der Staatsanwaltschaft den Einspruch zurücknahm. Mit dem Untergang des Rechts zur Zurücknahme hat aber der Strafbefehl seine rechtliche Bedeutung zugunsten des Urteils verloren; er findet weder in der Urteilsformel noch in den Urteilsgründen weiter Erwähnung[104]. Ein dem Strafbefehl anhaftender Mangel ist grundsätzlich auf das Verfahren ohne Einfluß[105], es sei denn, daß er schwerwiegende Mängel aufweist, die ihm die Eignung nehmen, die Verfahrensgrundlage zu bilden (§ 408, 39). Hinsichtlich der rechtlichen Qualifizierung der Tat sind für das Gericht lediglich §§ 264, 265 maßgebend; es hat daher gegebenenfalls auch bei sachlicher Unzuständigkeit nach § 270 zu verfahren.

2. Entscheidung bei beschränktem Einspruch. Hier gelten grundsätzlich die vorste- **55** henden Ausführungen zu Rdn. 54 ebenso. Bei Beschränkung des Einspruchs auf den Rechtsfolgenausspruch indessen muß der Richter den **Schuldausspruch** des Strafbefehls nicht etwa bestätigen, sondern voraussetzen[106]. Dies geschieht dadurch, daß der Richter den Angeklagten „wegen des im Strafbefehl vom... bezeichneten Diebstahls"[107] zu bestimmten Rechtsfolgen verurteilt.

3. Keine Geltung des Verschlechterungsverbots. Nach den Mot. S. 238 „rechtfer- **56** tigt sich die Vorschrift des Abs. 3 daraus, daß der Einspruch nicht die Natur eines Rechtsmittels hat, und daß deshalb hier der Gesichtspunkt einer reformatio in peius nicht Platz greift. Der Strafbefehl hat die Wirkung eines Urteils nur unter der Voraussetzung, daß er nicht angefochten wird, der Angeklagte sich vielmehr bei demselben beruhigt. Verlangt der Angeklagte dagegen die mündliche Untersuchung, so muß er sich auch den möglichen Folgen derselben unterwerfen, und das Gericht kann nicht genötigt werden, eine andere Entscheidung zu fällen als diejenige, welche sich nach dem Ergebnis der Verhandlung als die gerechte darstellt".

a) Nach *Ostler*[108], der eine **einschränkende Auslegung** befürwortet, darf die **57** Strafe im Urteil gegenüber dem Strafbefehl nur verschärft werden, wenn die Hauptver-

---

[103] BGHSt **29** 305; BayObLG MDR **1975** 515; VRS **54** 294; **str.**; vgl. dazu *Göhler*[8] § 81, 19.

[104] KK-*Meyer-Goßner*[2] 3; KMR-*Müller* 16; *Kleinknecht/Meyer*[38] 10.

[105] OLG Naumburg LZ **22** 140; HRR **1927** Nr. 1175.

[106] BTDrucks. **10** 1313, S. 38; KK-*Meyer-Goßner*[2] 30; *Kleinknecht/Meyer*[38] 10.

[107] So das Beispiel von *Kleinknecht/Meyer*[38] 10.

[108] *Ostler* NJW **1968** 486; diesem zustimmend *Roxin*[20] § 66 B III 3.

Karl Heinz Gössel

handlung gegenüber dem Akteninhalt des summarischen Verfahrens einen schwerwiegenderen Sachverhalt ergeben habe, und sie **muß** gemildert werden, wenn die Hauptverhandlung gegenüber dem Akteninhalt des summarischen Verfahrens milder zu beurteilende Sachverhaltsumstände ergeben habe. Das soll sich aus dem Grundgedanken des § 410 ergeben, wonach (nach damals herrschender Meinung, § 410, 20) nach Rechtskraft des Strafbefehls eine erneute Verfolgung nur unter einem nicht gewürdigten, eine erhöhte Strafbarkeit begründenden rechtlichen Gesichtspunkt möglich war. Es folge im übrigen auch aus dem Gleichheitsgrundsatz, dem Willkürverbot und dem beherrschenden Grundsatz von Treu und Glauben (§ 242 BGB), wobei allerdings nur der Fall in Betracht kommen soll, daß derselbe Richter, der den Strafbefehl erlassen hat, alsbald auch im Einspruchsverfahren tätig wird. Dann werde eine Abweichung im Strafmaß als ungerecht, nämlich als eine „Bestrafung" für die Einlegung des Einspruchs und als „Warnung" für andere empfunden. In der Revisionsinstanz werde die ungerechtfertigte Erhöhung der Strafe mit der Verfahrensrüge (§ 344 Abs. 2 Satz 2) angegriffen; sie führe zur Nachprüfung im Wege des Freibeweises, der die Heranziehung der Akten des summarischen Verfahrens ermögliche.

58   **All dem kann nicht gefolgt werden,** wobei als selbstverständlich vorausgeschickt wird, daß der Richter die Tatsache der Einspruchseinlegung als solche keinesfalls straferschwerend berücksichtigen darf. Aus OLG Zweibrücken MDR **1967** 236, auf das sich *Ostler* für seine Auffassung beruft, kann er nichts herleiten. Dort wird in einem Fall, in dem das Amtsgericht im Urteil die im Strafbefehl festgesetzte Strafe auf den doppelten Betrag festgesetzt und die Revision diese Erhöhung als willkürlich und deshalb rechtsfehlerhaft bemängelt hatte, ausgeführt, die Erhöhung bilde angesichts des Grades des Verschuldens „für sich allein" noch keinen Grund für die Annahme, daß sie möglicherweise auf einer rechtsfehlerhaften Erwägung beruhe; es werde jedoch empfehlen, die Gründe einer solchen Erhöhung des Strafmaßes (auf das Doppelte) stets in den Urteilsgründen darzulegen. Eine Empfehlung, **stets** die Gründe einer Erhöhung der Strafe — gleichviel in welchem Ausmaß — darzulegen, ist damit aber nicht ausgesprochen, und noch weniger kann aus der „Empfehlung" hergeleitet werden, daß das Gericht in allen Fällen einer Erhöhung zur Darlegung der Gründe für die Abweichung vom Strafbefehl im Urteil verpflichtet sei. Auch die Berufung auf die Rechtskraft des Strafbefehls geht fehl. Hat der Angeklagte Einspruch gegen den Strafbefehl eingelegt, so hat sich damit erwiesen, daß eine summarische Erledigung des Verfahrens nicht möglich war. Der Strafbefehl verliert seine Bedeutung als strafrichterliches Erkenntnis, und der Angeklagte sieht sich — mit allen ihren Folgen — in die Rolle eines Angeklagten versetzt, gegen den erstmals aufgrund einer Anklage in einer Hauptverhandlung geurteilt wird. Er hat damit bewußt das Risiko auf sich genommen, daß er dabei besser, aber auch schlechter wegkommen kann, als wenn er sich bei dem Strafbefehl beruhigt hätte. Und was die aus dem Gleichheitssatz hergeleiteten Argumente betrifft: wie ließe es sich rechtfertigen, daß ein Angeklagter, der das Glück hat, daß der Strafbefehlsrichter und der in der Hauptverhandlung entscheidende Richter personengleich sind, sich des Vorzugs erfreut, daß dieser Richter bei gleichgebliebenem Sachverhalt an seine frühere Strafzumessung gebunden bleibt, obwohl doch diese Entscheidung hinfällig geworden ist, während der Angeklagte dieses Vorzugs verlustig geht, wenn er das „Unglück" hat, daß ein anderer Richter beim Amtsgericht als der Strafbefehlsrichter, oder wenn gar das Schöffengericht entscheidet. OLG Hamm VRS **36** 117 (Erhöhung der Strafbefehlsstrafe von 120 auf 600 DM) hat offengelassen, ob der Auffassung von *Ostler* „überhaupt gefolgt werden kann" und die gegen die Strafzumessung gerichtete Revision verworfen, weil es an Darlegungen gemäß § 344 Abs. 2 Satz 2 im einzelnen fehle, daß die Schuldfeststellungen des Urteils nicht schwerer wögen als das dem Strafbefehl zugrunde liegende Ermittlungsergebnis[109]. Übrigens gilt auch **nach dem OWiG**, das darin dem § 411 Abs. 4 folgt, das Verbot der reformatio in peius nicht, wenn das Gericht bei einem Einspruch gegen den Bußgeldbescheid aufgrund einer Hauptverhandlung entscheidet (§ 66 Abs. 2 Nr. 1 b)[110]. Auch dort ist anerkannt, daß das Bußgeld über den Betrag des Bußgeldbescheids hinaus erhöht werden kann, auch wenn neue belastende Umstände nicht hervorgetreten sind[111].

Wegen eines **Ausnahmefalls**, in dem das Verbot der reformatio in peius Platz **59** greift, vgl. § 410, 4.

b) Im einzelnen kann damit dem Gericht auch bei gegenüber dem Strafbefehl **60** **gleichbleibendem Sachverhalt und Vorwurf** — soweit ihm dieses nicht etwa durch eine Beschränkung des Einspruchs verwehrt ist (Rdn. 55) — eine höhere Strafe festsetzen, auch ohne vorherigen Hinweis nach § 265: weil der Strafbefehl keinerlei Strafzumessungserwägungen enthält, können sich in der Hauptverhandlung keinerlei *neue* Strafzumessungstatsachen ergeben, auf die sich der Angeklagte erst einstellen müßte[112]. Das Gericht kann ebenso im Strafbefehl nicht angeordnete Rechtsfolgen festsetzen und sogar eine Freiheitsstrafe verhängen, jedoch ist in diesem Fall ein Hinweis nach § 265 deshalb geboten, weil der Angeklagte im Hinblick auf § 407 Abs. 2 damit nicht rechnen muß. Die Verschärfung des Schuldspruchs, ohnehin vom Verschlechterungsverbot nicht erfaßt, ist ebenfalls möglich, hier ebenfalls unter Beachtung des § 265.

Werden die Rechtsfolgen **verschärft**, so bedarf es **keiner Begründung**, wenngleich **61** eine solche für zweckmäßig erachtet wird[113]. Hier ist indes zu berücksichtigen, daß das Urteil im Gegensatz zum Strafbefehl stets eine die jeweilige Rechtsfolgenanordnung tragende Begründung enthalten muß: ein zusätzliches Eingehen darauf, warum der Strafbefehl die angeordnete Sanktion nicht oder nur in geringerem Maße festsetzte, wird sich deshalb im Regelfall erübrigen.

4. Kostenentscheidung. Weil der Einspruch kein Rechtsmittel ist, ist **§ 473 unan- 62** **wendbar**, auch bei nur beschränktem Einspruch[114]. Deshalb gelten §§ 465, 467; bei teilweise erfolgreichem Einspruch kann § 465 allerdings über § 465 Abs. 2 gemildert werden (zur Fragwürdigkeit dieser Regelung s. § 410, 1).

5. Bekanntmachung. Das auf den Einspruch gegen den Strafbefehl ergangene **63** Urteil wird, wie jedes andere auch, nach **§§ 35, 36, 37** bekannt gemacht. War der nicht erschienene Angeklagte i. S. des § 411 Abs. 2 vertreten, so kann die Zustellung statt an ihn nach § 35 Abs. 2[115] auch an den empfangsbevollmächtigten Verteidiger erfolgen (§ 145 a)[116]. Erfolgt die Zustellung an den Angeklagten und den Verteidiger, so richtet

---

[109] Wie hier auch OLG Hamburg MDR **1980** 598; KMR-*Müller* 17; *Kleinknecht/Meyer*[38] 11; ebenso KK-*Meyer-Goßner*[2] 31 unter zusätzlichem Hinweis auf den Ausnahmecharakter der Vorschriften über das Verbot der reformatio in peius (vgl. dazu *Meyer-Goßner* FS Kleinknecht 287, 291) sowie darauf, daß der Angeklagte im Strafbefehlsverfahren nicht gegenüber jenen besser gestellt werden dürfe, gegen den gleich Anklage erhoben würde.

[110] *Göhler*[8] § 67, 5.

[111] OLG Hamm GA **1971** 344.

[112] OLG Hamm NJW **1980** 1587; KK-*Meyer-Goßner*[2] 32; *Kleinknecht/Meyer*[38] 11.

[113] OLG Zweibrücken MDR **1967** 236; *Kleinknecht/Meyer*[38] 11.

[114] LG München I NStZ **1988** 473; **a. A** OLG München MDR **1988** 431 = NStZ **1988** 241 mit abl. Anm. *Mertens* S. 473; s. dazu § 410, 1 und Fußn. 1.

[115] BayObLG NJW **1966** 2323.

[116] BayObLG NJW **1967** 2124; OLG Braunschweig NJW **1965** 1194; KK-*Meyer-Goßner*[2] 33; *Kleinknecht/Meyer*[38] 14; *Oppe* NJW **1969** 829.

sich gemäß § 37 Abs. 2 ein Fristbeginn nach der letzten Zustellung. § 232 Abs. 4 ist nicht anwendbar, weil diese Ausnahmevorschrift nur für das Verfahren nach § 232 gilt[117].

64   6. Rechtskraft. Da das Urteil aufgrund einer Hauptverhandlung nach vorangegangenem Strafverfahren sich in nichts von einem Urteil in einem Verfahren unterscheidet, in dem eine förmliche Anklage erhoben und das Hauptverfahren eröffnet worden ist, richtet sich auch der Umfang seiner Rechtskraftwirkung nach den **allgemeinen Grundsätzen.**

§ 412

[1]Ist bei Beginn einer Hauptverhandlung der Angeklagte weder erschienen noch durch einen Verteidiger vertreten, und ist das Ausbleiben nicht genügend entschuldigt, so ist § 329 Abs. 1, 3 und 4 entsprechend anzuwenden. [2]Hat der gesetzliche Vertreter Einspruch eingelegt, so ist auch § 330 entsprechend anzuwenden.

Schrifttum. *Busch* Begründung, Anfechtung und Revisibilität der Verwerfungsurteile der §§ 329 I und 412 I StPO, JZ **1963** 456; *Vogel* Die Verwerfung des Einspruchs gemäß § 412 StPO nach der Rechtsprechung, JW **1933** 2244; *Werny* Die Berufung gegen Urteile nach § 412 StPO und die Änderung des § 328 StPO, NJW **1988** 187.

Entstehungsgeschichte. § 412 lautete früher:

(1) Bleibt der Angeklagte ohne genügende Entschuldigung in der Hauptverhandlung aus und wird er auch nicht durch einen Verteidiger vertreten, so wird der Einspruch ohne Beweisaufnahme durch Urteil verworfen.

(2) Ein Angeklagter, dem gegen den Ablauf der Einspruchsfrist Wiedereinsetzung in den vorigen Stand gewährt worden war, kann sie nicht mehr gegen das Urteil beanspruchen.

Unter Streichung des bisherigen Absatzes 2 hat § 412 durch Art. 1 Nr. 105 des 1. StVRG 1974 seine jetzige Fassung erhalten.

Übersicht

---

[117] BayObLG NJW **1967** 2124, 2125; KK-*Treier*[2] § 232, 20.

I. Grund und Wesen der Verwerfung ohne Verhandlung zur Sache

Nach § 412 Satz 1 in Verbindung mit § 329 Abs. 1 Satz 1 hat das „Ausbleiben" **1**
des Angeklagten zwingend zur Folge, daß der Einspruch ohne Verhandlung zur Sache zu verwerfen ist. Die **dogmatische Begründung** dieser Wirkung des Ausbleibens ist streitig (dazu Einl. Kap. **13** 49). Nach den Mot. greift beim Ausbleiben „die Annahme Platz, daß der Angeklagte den Einspruch nur deshalb erhoben habe, um die Strafvollstreckung aufzuschieben"[1]. Nach anderer Auffassung ist in § 412 — wie in § 329[2] — eine praesumtio juris et de jure, also eine unwiderlegbare Vermutung dahin zu sehen, daß der unentschuldigt ausgebliebene Angeklagte an der Durchführung der Hauptverhandlung kein Interesse hat und seinen Einspruch als zurückgenommen angesehen wissen will[3]. Dieser Verzichtsvermutungstheorie steht zu Recht eine andere Auffassung gegenüber, die den Grund für die Verwerfung des Einspruchs darin sieht, daß der Angeklagte durch das Ausbleiben das mit der Einlegung des Einspruchs begründete Recht auf eine Hauptverhandlung **verwirkt** habe[4]. Praktische Folgerungen ergeben sich aus der unterschiedlichen dogmatischen Begründung nicht. Nach dem eindeutigen, auch durch Rücksichten auf die Verfahrensbeschleunigung gerechtfertigten Willen des Gesetzes wird jedenfalls durch das Ausbleiben der Einspruch in gleicher Weise erledigt wie durch eine Zurücknahme. Die Folge des Ausbleibens ist also nicht, daß die in dem Strafbefehl angeführten Tatsachen für zugestanden angesehen werden, sondern daß eine *Verhandlung in der Sache selbst überhaupt nicht stattfindet.* Da es aber an einer förmlichen Einspruchszurücknahme, die das Verfahren ohne richterliche Entscheidung beendet (§ 411, 52) fehlt, ist zwingend vorgeschrieben, daß das Gericht die Erledigung in der Form auszusprechen hat, daß der Einspruch durch Urteil verworfen wird.

Das Verwerfungsurteil ist dadurch als reines **prozessuales Formalurteil** gekenn- **2**
zeichnet[5]. Ein solches Verfahren ist mit rechtsstaatlichen Grundsätzen vereinbar; es verstößt weder gegen Art. 6 der Menschenrechtskonvention noch gegen Art. 3 GG[6].

II. Anwendungsbereich des § 412

Wie § 411 (dort Rdn. 1), so setzt auch § 412 voraus, daß die Hauptverhandlung **3**
nach (zulässigem) **Einspruch gegen** den **Strafbefehl** angeordnet wurde; § 412 ist anwendbar, wenn der angefochtene Strafbefehl im Verfahren nach § 408 a erlassen wurde, dagegen unanwendbar bei einer nach § 408 Abs. 3 Satz 2 wegen Bedenken anberaumten Hauptverhandlung[7]. Die Überleitung des **Bußgeldverfahrens** in das Strafverfahren

---

[1] S. 228.
[2] BGHSt **15** 287, 289.
[3] Ebenso BayObLG **1962** 6; OLG Hamburg NJW **1965** 315; so wohl auch LR-*Schäfer*[23] 3.
[4] Oben § 329, 77; vgl. ferner *Eb. Schmidt* Nachtr. I 2; KK-*Meyer-Goßner*[2] 1; *Schlüchter* 682.1; *Busch* JZ **1963** 458; *Hanack* JZ **1973**

694; *Küper* JuS **1972** 128; *Schroeder* NJW **1973** 309.
[5] OLG Hamburg NJW **1965** 315.
[6] OLG Bremen NJW **1962** 1735; vgl. auch § 329, 78.
[7] BayObLG GA **1972** 368.

Karl Heinz Gössel

gemäß § 81 Abs. 2 OWiG hat nicht zur Folge, daß beim Ausbleiben des Angeklagten in der Hauptverhandlung eine Verwerfung des Einspruchs gegen den Bußgeldbescheid in entsprechender Anwendung des § 412 zulässig wäre[8]. Nach § 412 darf ferner dann nicht verfahren werden, versäumt der Angeklagte die nach zugelassener Wiederaufnahme gegen den Strafbefehl anberaumte Hauptverhandlung (§ 370 Abs. 2)[9].

III. Voraussetzungen des Verwerfungsurteils

1. Allgemeine Voraussetzungen außerhalb des § 412

4   **a) Erlaß des Strafbefehls und zulässiger Einspruch.** In Übereinstimmung mit allen oben Rdn. 1 erwähnten Lehren über den Grund der Verwerfung kann § 412 nur im Verfahren nach Einspruch gegen einen Strafbefehl angewendet werden (s. Rdn. 3), also nur **in einer Hauptverhandlung über den Einspruch** des Angeklagten. Das setzt voraus, daß nicht nur ein Strafbefehl erlassen (§ 409, 45), sondern auch, daß dieser mit dem Einspruch in zulässiger Weise angefochten wurde. Bei **fehlendem Strafbefehl** wäre das Verfahren mangels einer Voraussetzung des Rechtsbehelfsverfahrens unzulässig und deshalb außerhalb der Hauptverhandlung durch Beschluß nach § 206 a, innerhalb der Hauptverhandlung durch Urteil nach § 260 Abs. 3 einzustellen; **fehlt** es am **Einspruch**, etwa weil er zurückgenommen wurde, gilt das gleiche, auch wenn dem Gericht die Rücknahme unbekannt war (s. § 411, 11)[10]. Ein **unzulässiger Einspruch** ist schon außerhalb der Hauptverhandlung nach § 411 Abs. 1 Satz 1 durch Beschluß zu verwerfen; wird dessen Unzulässigkeit erst in einer Hauptverhandlung bemerkt, so wird durch Verwerfungsurteil in entsprechender Anwendung des § 322 Abs. 1 Satz 2 entschieden[11].

5   **Fehlt** es an der **Zustellung** des Strafbefehls (§ 409, 38 ff), so fehlt es zugleich an einer Voraussetzung für die Durchführung der Hauptverhandlung über den Einspruch; wird dies erst in der Hauptverhandlung bemerkt, so darf wegen der Unzulässigkeit der Hauptverhandlung auch kein Verwerfungsurteil ergehen[12]; die Hauptverhandlung ist nicht etwa zu unterbrechen oder auszusetzen, sondern ohne verfahrensabschließende Entscheidung zu beenden, die Zustellung nachzuholen und danach erneut Hauptverhandlung über den Einspruch anzuberaumen, sofern dieser entweder schon früher (nach Erlaß) oder erst nach Zustellung (z. B. bei unwirksamer Einlegung vor Erlaß des Strafbefehls, s. § 410, 7) eingelegt wurde. Wird die fehlende Zustellung erst in der Rechtsmittelinstanz bemerkt, so ist das Verwerfungsurteil aufzuheben und das Verfahren gelangt damit (trotz Wegfalls des § 328 Abs. 2 a. F; s. dazu unten Rdn. 43, 45 ff) an das Amtsgericht zurück, das zunächst die Zustellung zu veranlassen und danach Hauptverhandlung über den Einspruch anzuberaumen hat. Wird die fehlende Zustellung in der Hauptverhandlung über den Einspruch in Anwesenheit des Angeklagten bemerkt, so ist die Hauptverhandlung zwar ebenfalls ohne verfahrensabschließende Entscheidung zu schließen, jedoch kann die Zustellung nunmehr nach § 37 StPO, § 212 b ZPO nachgeholt (s. § 409, 38), sogleich Hauptverhandlung anberaumt und alsdann über den Einspruch verhandelt werden, sofern auf Einhaltung der notwendigen Ladungsfristen verzichtet wird.

---

[8] OLG Celle MDR **1974** 600.
[9] OLG Oldenburg MDR **1971** 680; KK-*Meyer-Goßner*[2] 3; s. auch § 329 Abs. 1 Satz 2.
[10] BayObLG DAR **1969** 108.

[11] S. § 411, 5; KK-*Meyer-Goßner*[2] 4; *Kleinknecht/Meyer*[38] 2.
[12] OLG Hamm JMBlNRW **1952** 222; LG Bonn MDR **1974** 862; KK-*Meyer-Goßner*[2] 3; KMR-*Müller* 1; *Kleinknecht/Meyer*[38] 2.

b) Ordnungsgemäße Ladung mit Säumnisbelehrung. Voraussetzung der Verwer- **6** fung des Einspruchs ist eine *ordnungsmäßige Ladung* zur Hauptverhandlung, entsprechend dem allgemeinen prozessualen Grundsatz, daß eine ordnungsgemäße Ladung Voraussetzung für die an das Nichterscheinen des Angeklagten geknüpften Rechtsfolgen ist[13]. Zwar fehlt eine dem § 323 Abs. 1 Satz 2 entsprechende Vorschrift, daß der Angeklagte in der Ladung auf die Folgen unentschuldigten Ausbleibens hingewiesen werden müßte. Da aber **§ 323 Abs. 1 Satz 2** auch im Fall des § 329 Abs. 1 zu beachten ist und § 412 den § 329 Abs. 1 für entsprechend anwendbar erklärt, rechtfertigt sich ohne weiteres die Folgerung, daß der Angeklagte im Fall des § 412 durch entsprechende Belehrung in gleicher Weise vor den im Fall des Ausbleibens drohenden Folgen geschützt werden muß, wie dies in § 323 Abs. 1 Satz 2 ausdrücklich vorgeschrieben ist[14]. Finden **mehrere Hauptverhandlungen** statt (unten Rdn. 11), so muß die Belehrung in jeder Ladung erfolgen; es genügt nicht eine Belehrung in der früheren Ladung[15]; es genügt auch nicht ein bloßer Hinweis in der neuen Ladung auf die Belehrung über die Folgen des Ausbleibens in der früheren Ladung, vielmehr muß die Belehrung jeweils ausdrücklich und aus sich heraus verständlich erfolgen[16]. Dagegen gehört zur Ordnungsmäßigkeit der Ladung nicht die Einhaltung der Ladungsfrist (unten Rdn. 8).

§ 187 Satz 1 ZPO (in Vbdg. mit § 37 StPO), der die Entscheidung, ob eine **Zustel- 7 lung** als bewirkt anzusehen ist, in das Ermessen des Gerichts stellt, ist im Fall des § 412 unanwendbar[17]. Die Ladung kann nach § 40 Abs. 1 und 2 auch öffentlich zugestellt werden; die nur für das Berufungsverfahren geltende Vorschrift des § 40 Abs. 3 ist dagegen nicht entsprechend anwendbar[18].

Der Umstand, daß die **Ladungsfrist** (§ 217) **nicht eingehalten ist**, steht der Verwer- **8** fung des Einspruchs nicht entgegen, denn nur der erschienene Angeklagte hat das Recht aus § 217 Abs. 2; die Ordnung der Rechtspflege verlangt, daß der Angeklagte auf Ladung erscheint oder sich vertreten läßt[19]; Gleiches gilt, wird die Ladungsfrist gegenüber dem Verteidiger nicht eingehalten[20]. Erscheint der Angeklagte bei Nichteinhaltung der Ladungsfrist gegenüber ihm oder seinen Verteidiger nicht und bleibt er unvertreten, so kann sein Ausbleiben aber entschuldigt (vgl. dazu Rdn. 19) und ein Wiedereinsetzungsantrag begründet sein; ein wegen der Nichteinhaltung der Ladungsfrist begründeter Aussetzungsantrag des Angeklagten oder seines Verteidigers, der auch schriftlich außerhalb der Hauptverhandlung gestellt werden kann[21], dem nicht stattgegeben wird, kann die Revision begründen[22]. Ebensowenig hindert die **Anordnung des persönlichen Erscheinens** die Verwerfung des Einspruchs, wenn der Angeklagte ohne genügende Entschuldigung und unvertreten ausbleibt[23].

---

[13] *Koffka* JR **1967** 191.

[14] BayObLG **1962** 6; OLG Hamburg MDR **1976** 1041; OLG Köln NJW **1969** 246; KK-*Meyer-Goßner*[2] 5; KMR-*Müller* 1; *Kleinknecht/Meyer*[38] 2.

[15] OLG Bremen MDR **1968** 1031; *Kleinknecht/Meyer*[38] 2.

[16] BayObLG Rpfleger **1975** 255.

[17] OLG Hamm JMBlNRW **1959** 161.

[18] KK-*Meyer-Goßner*[2] 5.

[19] RG DRZ **1931** Nr. 501; BGHSt **24** 143 mit abl. Anm. *Cramer* NJW **1971** 1278; Bay-

ObLG DRZ **1930** Nr. 154; NJW **1967** 457; KG HRR **1926** Nr. 537; VRS **17** 139; OLG Bremen JR **1959** 391; OLG Köln NJW **1955** 1243; **a. A** OLG Dresden GA **71** (1927) 59; KK-*Meyer-Goßner*[2] 5; KMR-*Müller* 1; *Kleinknecht/Meyer*[38] 2; *Eb. Schmidt* Nachtr. I 2; *Koffka* JR **1967** 191.

[20] OLG Karlsruhe NJW **1983** 1072; OLG Köln VRS **71** 449.

[21] BGHSt **24** 143, 151.

[22] OLG Köln VRS **71** 449.

[23] BayObLG MDR **1963** 700.

Karl Heinz Gössel

2. Ausbleiben und fehlende Vertretung bei Beginn der Hauptverhandlung

9   **a) Beginn der Hauptverhandlung.** Unter Abweichung von dem früheren Wortlaut des § 412, der auf das Ausbleiben „in der Hauptverhandlung" abstellte, ist durch die jetzige Fassung des § 412 klargestellt, daß die Verwerfungsfolge an die fehlende Vertretung und das Nichterscheinen bei **Beginn** einer Hauptverhandlung anknüpft. Die Verwerfung des Einspruchs entfällt also, wenn der Angeklagte bei Beginn anwesend ist und sich erst nach dem Beginn, wenn auch nur kurz darauf, wieder entfernt[24].

10   **aa)** Nach § 243 Abs. 1 Satz 1 beginnt die Hauptverhandlung mit dem **Aufruf der Sache**[25]. Ist der Angeklagte **nicht genau zur festgesetzten Terminszeit**, zu der die Sache aufgerufen wird, anwesend, so entspricht eine sofortige Verwerfung des Einspruchs im allgemeinen nicht der gerichtlichen Fürsorgepflicht, d. h. billiger Rücksichtnahme auf die Belange des Angeklagten. Denn mit unverschuldeten, kurzfristigen Verspätungen (z. B. infolge Verspätung der Beförderungsmittel, Umhersuchen nach dem Sitzungssaal im weitläufigen Gerichtsgebäude usw.) muß auch bei einem erscheinungsbereiten Angeklagten, namentlich in Großstädten oder wenn der Angeklagte von auswärts kommt, gerechnet werden; mit Recht hat daher die Rechtsprechung in der Verwerfung des Einspruchs wenige Minuten nach der festgesetzten Terminszeit im Anschluß an RGSt **61** 177 einen Gesetzesverstoß erblickt. Die Dauer der Wartepflicht richtet sich nach den besonderen Verhältnissen des Einzelfalles. Doch haben sich gewisse Faustregeln herausgebildet. In einer Mittelstadt sieht die Rechtsprechung eine Wartefrist von fünf Minuten[26], in Großstädten, wenn keine besonderen Erschwernisse (z. B. großstädtische Verkehrsschwierigkeiten) vorliegen, eine solche von 15 Minuten als erforderlich und ausreichend an[27]. *Eb. Schmidt*[28] fordert weitergehende Rücksichtnahme, an der es die Gerichte in geeigneten Fällen auch nicht fehlen lassen[29]. Ein kurzes Zuwarten über die Terminszeit hinaus ist auch geboten, wenn dem Gericht bekannt ist, daß der Angeklagte einen Verteidiger mit Vertretungsvollmacht bestellt hat[30]. Um dem Rechtsmittelgericht eine Nachprüfung zu ermöglichen, ob das Gericht die Wartepflicht erfüllt hat, empfiehlt es sich, den genauen Zeitpunkt der Verkündung des Verwerfungsurteils im Urteil oder im Sitzungsprotokoll festzustellen[31]. Im übrigen hat aber, wenn weder der Angeklagte vorher beachtliche Gründe für ein verspätetes Erscheinen mitgeteilt hat noch sonst konkrete Anhaltspunkte für genügende Entschuldigung der Terminsversäumnis gegeben sind, das Gericht keine Veranlassung, den Gründen des Nichterscheinens nachzugehen und z. B. Nachschau nach dem Angeklagten oder seinem Bevollmächtigten im Gerichtsgebäude zu halten[32].

11   **bb)** Unter der Herrschaft der vor dem 1. 1. 1975 geltenden Fassung des § 412 war streitig, ob der Einspruch auch dann ohne Verhandlung zur Sache zu verwerfen sei, wenn in einer Sache **mehrere Hauptverhandlungen** stattfinden und der Angeklagte in der ersten Hauptverhandlung, in der zur Sache verhandelt wurde, erschienen (oder

---

[24] BGHSt **23** 332.
[25] KK-*Meyer-Goßner*[2] 6.
[26] OLG Celle NdsRpfl. **1963** 237; OLG Hamburg NJW **1963** 552; OLG Hamm DAR **1962** 341; VRS 40 49.
[27] KK-*Meyer-Goßner*[2] 6; *Kleinknecht/Meyer*[38] 3.
[28] *Eb. Schmidt* Nachtr. I 3.
[29] Vgl. OLG Hamm NJW **1972** 1064: gewährte Wartezeit von 35 Minuten; zur Wartepflicht des Gerichts s. noch BayObLG NJW

1959 2224; OLG Frankfurt NJW **1954** 394; OLG Hamburg MDR **1960** 335; OLG Hamm VRS 40 49; OLG Koblenz VRS **45** 456; OLG Neustadt GA **1961** 186.
[30] BayObLG NJW **1959** 2224; KK-*Meyer-Goßner*[2] 6.
[31] OLG Stuttgart NJW **1962** 2023; KK-*Meyer-Goßner*[2] 6.
[32] OLG Hamburg JR **1956** 70.

vertreten) war, bei Beginn der späteren Hauptverhandlung aber ausbleibt[33]. Diese (auch bei §329 a. F bestehende) Frage ist durch die Neufassung der §§329 Abs. 1, 412 („bei Beginn **einer** Hauptverhandlung") in bejahendem Sinn geklärt. Demnach ist §412 anwendbar, bleibt der Angeklagte nach Gewährung von Wiedereinsetzung in den vorigen Stand oder nach Aussetzung einer Hauptverhandlung über den Einspruch in der erneuten Hauptverhandlung aus und unvertreten, nicht aber, wenn der Angeklagte in einer bloß unterbrochenen Hauptverhandlung unvertreten ausbleibt (Näheres §329, 9 ff).

Von diesem Grundsatz gilt indessen dann eine **Ausnahme**, wenn das Amtsgericht **12** nach **Zurückverweisung** durch das **Revisionsgericht** erneut verhandelt (§§412 Abs. 1 Satz 1; 329 Abs. 1 Satz 2)[34]. Diese Ausnahme gilt deshalb, um die durch die Revisionsentscheidung geschaffenen Bindungen in der Sache nicht durch ein Prozeßurteil wieder zu beseitigen; weil dieser Grund dann aber nicht besteht, wenn schon das Amtsgericht ein Prozeßurteil erlassen hat, gilt diese Ausnahme vom Verwerfungsgebot der §§412 Satz 1; 329 Abs. 1 Satz 2 nur dann, wenn das Amtsgericht ein Sachurteil erlassen hatte[35]. Gelangt das Verfahren nach Aufhebung eines voraufgegangenen Verwerfungsurteils durch das Berufungsgericht an das Amtsgericht zurück (s. dazu unten Rdn. 43 ff, 47), ist der Einspruch des unvertreten ausgebliebenen Angeklagten stets nach §412 zu verwerfen: in diesen Fällen ergeht keine Sachentscheidung, so daß auch keinerlei Bindungswirkung der das amtsgerichtliche Urteil aufhebenden Berufungsentscheidung besteht und also der Grund für die Anwendung der §§412 Satz 1; 329 Abs. 1 Satz 2 entfällt.

cc) Das Verwerfungsurteil ist auch dann noch geboten, wenn das Gericht **verse- 13 hentlich mit der Verhandlung zur Sache begonnen** hat, z. B. weil es zunächst übersah, daß bei Beginn der Hauptverhandlung eine Vertretungsvollmacht nicht vorlag.

b) **Ausbleiben des Angeklagten.** Nicht erschienen ist der Angeklagte in aller Re- **14** gel, wenn er **körperlich nicht anwesend** ist; jedoch darf gegen den i. S. des §276 abwesenden Angeklagten keine Hauptverhandlung durchgeführt werden (§285), so daß auch eine Verwerfung nach §412 nicht in Betracht kommt (Vor §407, 33). Aber auch der körperlich anwesende Angeklagte ist dann nicht erschienen, wenn er **verhandlungsunfähig** ist; in solchen Fällen darf nach §412 z. B. dann verfahren werden, wenn die Verhandlungsunfähigkeit auf zweifelsfrei selbstverschuldeter Trunkenheit beruht[36].

Dagegen ist der verhandlungsfähig anwesende Angeklagte auch dann nicht ausge- **15** blieben, wenn er in der Hauptverhandlung jede **Einlassung** zur Sache **verweigert** (§243 Abs. 4). In diesem Fall darf selbstverständlich der Einspruch nicht verworfen, sondern es muß in der Sache erkannt werden.

Hat der **gesetzliche Vertreter** des Angeklagten selbständig Einspruch eingelegt, **16** (§410, 4), so ist nach §412 Satz 2 der §330 entsprechend anzuwenden, d. h.: der Einspruch ist zu verwerfen, wenn sowohl der Angeklagte als auch der gesetzliche Vertreter unentschuldigt und unvertreten ausbleiben. Bleibt nur der gesetzliche Vertreter aus, ist ohne ihn zu verhandeln; er wird gewissermaßen durch den Angeklagten vertreten. Bleibt der Angeklagte aus, so ist nach pflichtgemäßem Ermessen seine Vorführung anzuordnen oder ohne ihn zu erkennen.

---

[33] S. die Darstellung der Streitfrage in der 22. Aufl. Anm. 4.

[34] KK-*Meyer-Goßner*[2] 2; *Kleinknecht/Meyer*[38] 4.

[35] BGHSt **27** 236; OLG Zweibrücken VRS **51** 365; KK-*Meyer-Goßner*[2] 2; KMR-*Müller* 2; *Kleinknecht/Meyer*[38] 4.

[36] BGHSt **23** 331 mit krit. Bespr. *Küper* JuS **1972** 127; OLG Frankfurt NJW **1968** 217 mit zust. Bespr. *Kaiser* NJW **1968** 185.

Karl Heinz Gössel

c) Genügende Entschuldigung

17 **aa) Begriff.** Bei der Prüfung der Frage, ob ein Verwerfungsurteil zu erlassen ist, kommt es, wie beim Urteil nach § 329, nicht darauf an, ob der Angeklagte sich genügend entschuldigt hat, sondern ob er (objektiv) genügend **entschuldigt ist**[37]. Eine rechtzeitig vor dem Termin vorgebrachte genügende Entschuldigung begründet auch dann die Fehlerhaftigkeit des Verwerfungsurteils, wenn der erkennende Richter von ihr ohne sein Verschulden keine Kenntnis hat, etwa weil ihm ein rechtzeitig beim Amtsgericht eingegangenes Entschuldigungsschreiben des Angeklagten infolge verspäteter Leerung des Gerichtsbriefkastens oder infolge langsamen Geschäftsgangs verspätet vorgelegt wurde[38].

18 Ist der **Grund des Ausbleibens** durch das Vorbringen des Angeklagten oder auf andere Weise **bekannt**, so muß die Bedeutung dieses Grundes gegenüber der Pflicht zum Erscheinen sorgfältig abgewogen werden; das Ausbleiben ist genügend entschuldigt, wenn dem Angeklagten bei Würdigung der Gründe des Ausbleibens das Erscheinen vor Gericht in diesem Zeitpunkt **billigerweise nicht zuzumuten** war. Im allgemeinen ist im Interesse des Angeklagten eine weite Auslegung des Begriffs der genügenden Entschuldigung am Platz[39].

19 **bb) Einzelfälle.** Eine **genügende Entschuldigung** liegt z. B. vor, wenn der Angeklagte sich in anderer Sache in Strafhaft befindet und keine Anhaltspunkte dafür gegeben sind, daß er auf eine Vorführung im Termin verzichtet hat[40]. Die Nichteinhaltung der Ladungsfrist gegenüber dem Angeklagten oder auch nur gegenüber dem Verteidiger kann zwar allein das Ausbleiben des Angeklagten nicht entschuldigen (vgl. § 329, 18), wohl aber in Verbindung mit zusätzlichen Umständen, so etwa dann, wenn der Angeklagte wegen der späten Zustellung (etwa 1/2 Stunde vor dem Termin) entweder nicht mehr rechtzeitig oder wegen beruflicher Abwesenheit oder krankheitsbedingt nicht erscheinen konnte[41]. **Andere Fehler** bei der Ladung (z. B. Ladung mit falscher Angabe des Sitzungssaals) sind für die Verwerfung des Einspruchs nur von Bedeutung, wenn sie verhindert haben, daß der erscheinungswillige Angeklagte an der Hauptverhandlung teilnehmen konnte[42]. Ebenso ist das Ausbleiben des Angeklagten dann zu entschuldigen, wenn „er sich darauf verlassen hat und verlassen konnte, der Verteidiger werde pünktlich in der Hauptverhandlung erscheinen und ihn vertreten"[43]. Dies gilt aber nicht, wenn das persönliche Erscheinen des Angeklagten gemäß § 236 (s. Rdn. 28) angeordnet war und sowohl der Angeklagte, wie auch — entgegen seiner Erwartung — der Verteidiger ausbleiben[44]. Genügend entschuldigt ist der Angeklagte auch, wenn der durch Einreichung der Verteidigungs- und Vertretungsvollmacht legitimierte Verteidiger, weil er entgegen § 218 nicht geladen war, Vertagung beantragte und der Angeklagte darauf vertraute, daß dem Antrag stattgegeben werde[45]. Das gleiche gilt, wenn

[37] Vgl. z. B. KG DRspr. **IV** 466 Bl. 15; OLG Dresden HRR **1938** 1266; OLG Hamburg JR **1956** 70; OLG Köln NJW **1955** 1243; KK-*Meyer-Goßner*² 8; KMR-*Müller* 3.

[38] BayObLG NJW **1969** 1222.

[39] BayObLG NJW **1969** 1222; OLG Frankfurt DAR **1963** 24; OLG Hamm JMBlNRW **1976** 9; OLG Köln JMBlNRW **1963** 111; OLG Schleswig SchlHA **1968** 232.

[40] OLG Köln GA **1963** 58; zur Problematik des inhaftierten Beschuldigten vgl. auch OLG Karlsruhe MDR **1974** 598; OLG Stuttgart

NJW **1969** 476 mit Anm. *Ostermeyer* NJW **1969** 1130; s. auch § 36 StVollzG.

[41] BGHSt **24** 143, 152; BayObLG NJW **1967** 457; KG VRS **17** 139.

[42] BayObLG VRS **38** 392; KG GA **1975** 148.

[43] OLG Hamburg NJW **1965** 315, 316; vgl. ferner BayObLG DAR **1960** 237; OLG Bremen NJW **1962** 1735; OLG Schleswig SchlHA **1968** 232; s. auch oben § 44, 53.

[44] OLG Bremen NJW **1962** 1735.

[45] OLG Saarbrücken JBlSaar **1962** 97.

der Angeklagte einen Entbindungsantrag gestellt hatte, die ablehnende Entscheidung des Gerichts ihm aber nicht zugestellt wurde[46]. Wird einem **begründeten Aussetzungsantrag** z. B. wegen Nichteinhaltung der Ladungsfrist nicht stattgegeben, so ist das Ausbleiben des Angeklagten zwar nicht entschuldigt, wohl aber die Revision gegen das etwa ergangene Verwerfungsurteil begründet (oben Rdn. 8). Wird dagegen in sonstigen Fällen einem Vertagungsantrag nicht stattgegeben und dem Angeklagten dies rechtzeitig mitgeteilt, so ist der gleichwohl nicht erschienene Angeklagte nicht entschuldigt[47]; Gleiches gilt, ist ein Antrag von der Entbindung zum Erscheinen in der Hauptverhandlung ablehnend verbeschieden[48] oder ein Verteidiger nach § 138 Abs. 2 nicht zugelassen worden[49]: in diesen letztgenannten Fällen kann folglich Verwerfungsurteil nach § 412 ergehen[50]. Die Begründetheit der Revision insbesondere wegen Ablehnung eines Aussetzungsantrages richtet sich nach den allgemeinen Grundsätzen. Dies gilt auch im Falle der Nichtzulassung des gewählten Verteidigers; überdies ist das Gericht nicht genötigt, zu vertagen, um dem Angeklagten Gelegenheit zur Bestellung eines anderen Verteidigers zu geben[51].

20 Genügend entschuldigt ist auch das Ausbleiben wegen der Folgen eines mißglückten Selbstmordversuchs[52]. Auch eine **Erkrankung** entschuldigt das Nichterscheinen des Angeklagten unabhängig davon, ob diese zur Verhandlungsunfähigkeit führt; das gilt auch dann, wenn „die Reise zu Gericht oder die Beteiligung an der Verhandlung eine wesentliche Verschlimmerung der Krankheit zur Folge hätte"[53].

21 Auch eine besonders wichtige und nicht ohne weiteres verschiebbare, also dringende **Geschäftsreise** z. B., kommt als genügender Entschuldigungsgrund in Betracht[54].

22 **Nicht genügend** ist es z. B., wenn in anderer Sache gegen den Angeklagten Vollstreckungshaftbefehl besteht und er seine Festnahme anläßlich des Termins befürchtet; das macht sein Erscheinen nicht unzumutbar[55]. Weitere Beispiele zur (auch fehlenden) Begründetheit s. bei § 329, 22 bis 45 und § 44, 20 bis 62.

23 **cc) Gerichtliche Überprüfung.** Das unentschuldigte Ausbleiben des Beschuldigten und eines Verteidigers ist zwar Voraussetzung für das Verwerfungsurteil, das Entschuldigtsein des ausgebliebenen Angeklagten ist aber **kein Verfahrenshindernis** für das Verwerfungsurteil, das vom Revisionsgericht von Amts wegen im Wege des Freibeweises nachzuprüfen wäre[56]. Dies gilt nicht nur im Berufungsverfahren[57], sondern kraft der Verweisung auf § 329 Abs. 1 auch für § 412[58].

24 Wenn jedoch **besondere Umstände** dazu Anlaß geben, ist im Freibeweisverfahren (keine Bindung für das Revisionsgericht) **von Amts wegen** zu prüfen, ob das Ausbleiben genügend entschuldigt ist[59]; insbesondere sind auf diesem Wege die irgendwie erkennbar gewordenen Entschuldigungsgründe nachzuprüfen und im Urteil zu würdigen[60].

---

[46] OLG Hamm NJW **1969** 1129.
[47] OLG Düsseldorf JMBlNRW **1966** 153.
[48] BGHSt **25** 281.
[49] OLG Köln NJW **1970** 721.
[50] KK-*Meyer-Goßner*[2] 7.
[51] KG DJZ **1928** 462; OLG Köln NJW **1970** 27; *Eb. Schmidt* 6.
[52] OLG Koblenz NJW **1975** 322.
[53] OLG Düsseldorf MDR **1982** 954; KK-*Meyer-Goßner*[2] 8.
[54] OLG Celle NdsRpfl. **1954** 71; OLG Düsseldorf NJW **1960** 1921; OLG Hamburg NJW **1953** 758.

[55] OLG Hamm JMBlNRW **1976** 9.
[56] BGHSt **15** 288.
[57] Die Entscheidung BGHSt **15** 288 bezog sich nur darauf.
[58] OLG Hamburg NJW **1965** 315; OLG Schleswig NJW **1968** 1733; *Busch* JZ **1963** 460; *Hanack* JZ **1973** 695; *Küper* NJW **1969** 493; vgl. ferner Einl. Kap. **12** 111.
[59] *Busch* JZ **1963** 458.
[60] OLG Oldenburg NJW **1964** 830.

Karl Heinz Gössel

Die im Urteil darzulegenden Gründe, aus denen das Gericht eine Entschuldigung als nicht genügend bezeichnet, müssen so beschaffen sein, daß das Rechtsmittelgericht die Gesetzmäßigkeit der Entscheidung nachprüfen kann[61]. Sie müssen also z. B. die Erwägungen angeben, warum eine vorgebrachte Tatsache nicht als Entschuldigungsgrund anerkannt wird[62] und nur eine bestimmte Feststellung, nicht schon der bloße Verdacht, daß die vorgebrachte Entschuldigung unwahr sei, rechtfertigt die Verneinung der genügenden Entschuldigung[63].

25　　Ist ein **Vertagungsantrag** des Angeklagten ablehnend beschieden worden, so brauchen bei seinem Ausbleiben in der Hauptverhandlung die im Vertagungsantrag vorgebrachten Entschuldigungsgründe nicht erneut überprüft zu werden[64].

26　　Hat das Gericht im Wege des Freibeweisverfahrens das Entschuldigungsvorbringen des Angeklagten geprüft und dabei festgestellt, daß keine genügenden Entschuldigungsgründe vorliegen, so verwirft es den Einspruch, **ohne den ausgebliebenen Angeklagten zum Ermittlungsergebnis zu hören**. Es würde dem Wesen des Strafbefehlsverfahrens als eines beschleunigten Verfahrens widersprechen, wenn ihm vorheriges rechtliches Gehör zum Ergebnis der in seiner Abwesenheit angestellten Ermittlungen gewährt werden müßte. Der Grundsatz des rechtlichen Gehörs (Art. 103 Abs. 1 GG) wird dadurch nicht verletzt, denn ihm ist dadurch genügt, daß der Angeklagte — in gleicher Weise wie der Betroffene im Haftbefehls- und Beschlagnahmeverfahren — Gelegenheit hat, sich nachträglich rechtliches Gehör — durch Einlegung von Rechtsmitteln gegen das Verwerfungsurteil, Antrag auf Wiedereinsetzung in den vorigen Stand gegen die Terminsversäumung — zu verschaffen[65].

d) Vertretung durch einen Verteidiger

27　　**aa)** Hinsichtlich der Vertretung des Angeklagten in der Hauptverhandlung durch einen Verteidiger werden die obigen Ausführungen zu § 411, 26 bis 35 in Bezug genommen.

28　　**bb)** Das Erscheinen eines bevollmächtigten Verteidigers schließt — anders als nach §§ 73 Abs. 4, 74 Abs. 2 OWiG — die Verwerfung des Einspruchs auch dann aus, wenn der Angeklagte ausgeblieben ist, obwohl das Gericht gemäß § 236 sein persönliches Erscheinen angeordnet hatte[66]. Das Gericht kann dann versuchen, das Erscheinen durch einen Vorführungsbefehl oder — soweit der Grundsatz der Verhältnismäßigkeit dies nicht ausschließt — durch einen Haftbefehl zu erzwingen. Es kann aber auch ohne vorangegangenen Versuch gegen den nicht erschienenen Angeklagten verhandeln[67], wenn es die **Anwesenheit des Angeklagten**, dessen Einlassung in der Hauptverhandlung es ja nicht erzwingen kann, nicht zur Wahrheitserforschung (§ 244 Abs. 2) — etwa zwecks Gegenüberstellung mit Zeugen — für unerläßlich ansieht.

29　　Auch in der **Berufungsinstanz** entfällt eine Verwerfung der Berufung nach § 329, wenn der Angeklagte trotz Anordnung des persönlichen Erscheinens ausbleibt, aber ge-

---

[61] BayObLG NJW **1969** 1222; OLG Köln GA **1963** 58; OLG Schleswig SchlHA **1968** 232.

[62] OLG Celle NdsRpfl. **1954** 71.

[63] KG DRspr. IV 466 Bl. 15.

[64] OLG Düsseldorf JMBlNRW **1966** 153; s. dazu BGH NJW **1968** 1544 und OLG Hamm NJW **1967** 1152.

[65] BayObLG NJW **1966** 1981; OLG Hamm NJW **1965** 410.

[66] BayObLG MDR **1970** 608; OLG Bremen NJW **1962** 1735; OLG Celle NJW **1970** 906; OLG Dresden HRR **1937** Nr. 1064; OLG Hamburg NJW **1968** 1687; OLG Stuttgart NJW **1962** 2023; KK-*Meyer-Goßner*[2] 9; *Kleinknecht/Meyer*[38] 5; *Küper* NJW **1969** 493.

[67] So mit Recht OLG Hamburg NJW **1969** 1687; OLG Celle NJW **1970** 906.

nügend (§411 Abs. 2) vertreten ist, da die Gründe, die zur Aufstellung des §411 Abs. 2 geführt haben, auch für das Verfahren in der Berufungsinstanz zutreffen[68].

cc) Ist der Angeklagte gemäß §233 **von der Verpflichtung zum Erscheinen entbun- 30 den**, so bedarf er auch eines Vertreters nicht, um die Verwerfung seines Einspruchs abzuwenden. Erscheint der Angeklagte nicht zur Vernehmung vor dem beauftragten oder ersuchten Richter (§233 Abs. 2), so kann es sein, daß eine Vernehmung durch Vorführungsbefehl nicht zu erzwingen ist, dem Erlaß eines Haftbefehls (§230 Abs. 2) wegen der Geringfügigkeit der ihm zur Last gelegten Tat aber der Grundsatz der Verhältnismäßigkeit zwischen Mittel und Zweck entgegensteht (Einl. Kap. 6 10). Dann bleibt nichts weiter übrig, als den Entbindungsbeschluß aufzuheben und gemäß §412 zu verfahren, wenn der Angeklagte ohne genügende Entschuldigung und ohne Vertretung durch einen Verteidiger in der Hauptverhandlung ausbleibt[69].

IV. Die Entscheidung des Amtsgerichts

1. Der Grundsatz des Verwerfungszwangs. Der Wortlaut des §412 legt es nahe **31** anzunehmen, schon bei unentschuldigtem Ausbleiben des Angeklagten und dessen fehlender Vertretung bei Beginn der Hauptverhandlung (oben Rdn. 9 ff) bestehe ein **ausnahmsloser Zwang** zur Verwerfung des Einspruchs durch Urteil: nach Satz 1 „ist" in diesem Fall §329 anwendbar und nach §329 Abs. 1 Satz 1 „hat" das Gericht den Rechtsbehelf ohne Verhandlung zur Sache zu verwerfen[70].

Dem ist selbst für den Fall zuzustimmen, in dem der unentschuldigt ausgeblie- **32** bene Angeklagte nach Einspruchseinlegung zu erkennen gegeben hat, daß er an der Durchführung des Verfahrens ein Interesse hat[71]. Damit sind frühere abweichende Entscheidungen[72], nach denen das Ausbleiben nur eine **widerlegbare Vermutung** der Einspruchsrücknahme begründete, **überholt**. Jedoch bedarf es in solchen Fällen besonders sorgfältiger Prüfung, ob das Ausbleiben des Angeklagten unentschuldigt ist. Im übrigen allerdings sind **Ausnahmen** vom Verwerfungszwang bei Vorliegen der in §412 genannten Voraussetzungen durchaus anzunehmen.

2. Ausnahmen

a) Fehlen der allgemeinen Voraussetzungen des Verwerfungsurteils. Neben der **33** schon gesetzlich in §329 Abs. 1 Satz 2 angeordneten Ausnahme vom Verwerfungszwang (s. Rdn. 12) ist indes zu berücksichtigen, daß der Erlaß des Verwerfungsurteils an das Vorliegen von Umständen gebunden ist, die sich nicht in den in §412 genannten Voraussetzungen des unentschuldigten Ausbleibens des Angeklagten und dessen fehlender Vertretung erschöpfen. Selbst wenn der Angeklagte unentschuldigt ausgeblieben und nicht vertreten ist, **darf** ein **Verwerfungsurteil** z. B. **nicht** ergehen, wenn sich in der Hauptverhandlung die Unzulässigkeit des Einspruchs herausstellt oder der Strafbefehl nicht zugestellt worden ist. Fehlt es an diesen oben Rdn. 4 ff erwähnten allgemeinen Vor-

---

[68] BayObLG MDR **1970** 608; OLG Celle NJW **1970** 906 mit Anm. *Küper* NJW **1970** 1430; s. auch *Küper* NJW **1973** 1334.

[69] OLG Hamburg VRS **36** 292.

[70] LG München I NStZ **1983** 427, 428 mit Anm. *Hilger*; LR-*Schäfer*[23] 5; KK-*Meyer-Goßner*[2] 10.

[71] Ebenso BayObLG GA **1962** 340; OLG Düsseldorf MDR **1966** 608; *Eb. Schmidt* 1; *Busch* JZ **1963** 458.

[72] OLG Dresden JW **1929** 104; OLG Königsberg JW **1932** 2920; LG Düsseldorf NJW **1952** 38.

Karl Heinz Gössel

aussetzungen des Verwerfungsurteils, so kann und darf nach § 412 nicht verfahren werden (zur Entscheidung in diesen Fällen s. Rdn. 4 bis 8).

34　　**b) Prozeßvoraussetzungen.** Steht schon das Fehlen der soeben behandelten allgemeinen Voraussetzungen einem Verwerfungsurteil dem Verfahren nach § 412 entgegen,
so steht zu erwarten, daß auch das Fehlen der allgemeinen Voraussetzungen jedes
Strafverfahrens, also der Prozeßvoraussetzungen wie auch das Vorliegen von Prozeßhindernissen, zu einem Einstellungsurteil nach § 260 Abs. 3 führen wird und einem Verwerfungsurteil nach § 412 entgegensteht. Das wird auch allgemein für jene Prozeßvoraussetzungen und -hindernisse angenommen, die erst **nach Erlaß** des Strafbefehls eingetreten sind. Lagen Prozeßhindernisse allerdings **schon im Zeitpunkt des Erlasses** des
Strafbefehls vor oder fehlte schon zu diesem Zeitpunkt eine Prozeßvoraussetzung und
war dies vom Richter übersehen worden, so ist streitig, ob Verwerfungsurteil nach § 412
ergehen muß oder aber ein Einstellungsurteil nach § 260 Abs. 3.

35　　Für die **Notwendigkeit** eines **Verwerfungsurteils** wird vorgebracht, es erscheine
weder mit dem Gedanken der Fiktion der Einspruchsrücknahme noch dem der Ein-
spruchsverwirkung durch Nichterscheinen vereinbar, vom Erstrichter (oder Strafrichter) übersehene Verfahrenshindernisse in einer „Verhandlung vor der Verhandlung zur
Sache" zu berücksichtigen. Denn auch bei materiellrechtlichen Mängeln, auch wenn sie
erheblich und offensichtlich sind, sei ein solches Prüfungsrecht zu verneinen[73], und es
sei kein triftiger Grund erkennbar, der es rechtfertigte, Übersehen von Verfahrenshindernissen anders zu behandeln als sonstige erkennbare Mängel des Strafbefehls.

36　　Dagegen ist indessen zunächst einzuwenden, daß § 412 Satz 1 auf § 329 Abs. 1
Satz 1 verweist, in dem lediglich von einer Verwerfung der Berufung ohne Verhandlung
zur Sache die Rede ist. Das aber schließt nicht aus, die Zulässigkeit des Verfahrens und
das Vorliegen von Prozeßvoraussetzungen oder -hindernissen unabhängig davon zu
prüfen, wann sie entstanden sind — entsprechend ist auch im Strafbefehlsverfahren lediglich die Verhandlung zur Sache ausgeschlossen, nicht aber die Prüfung von Verfahrensvoraussetzungen oder -hindernissen. Daß dadurch u. U. ein Freispruch verhindert
wird, ist *Meyer-Goßner*[74] freilich zuzugeben; indessen erscheint dies durchaus hinnehm-
bar im Hinblick auf die im Einstellungsurteil dokumentierte Unzulässigkeit schon des
Verfahrens, und zum andern ist dies keine Besonderheit des Strafbefehlsverfahrens.
Deshalb ist mit der h. M davon auszugehen, daß **Prozeßhindernisse** (wie fehlende Prozeßvoraussetzungen) in der Hauptverhandlung über den Einspruch entsprechend der
zu § 329 überwiegend vertretenen Auffassung auch dann zu einem **Einstellungsurteil**
führen, wenn der Angeklagte unentschuldigt ausgeblieben und nicht vertreten ist[75].

37　　**3. Das Verwerfungsurteil.** Demgemäß ergeht ein Verwerfungsurteil, wenn bei
Vorliegen der notwendigen Prozeßvoraussetzungen und der allgemeinen Voraussetzungen eines Verwerfungsurteils (Rdn. 4 ff) der Angeklagte unentschuldigt ausbleibt
und nicht vertreten ist. Weil der Einspruch kein Rechtsmittel ist, gilt § 473 nicht; einer
Kostenentscheidung bedarf es daher nicht: mit der Rechtskraft erwächst der Strafbefehl
samt seiner Kostenentscheidung in Rechtskraft[76]. Weil das Verwerfungsurteil keine

---

[73] OLG Frankfurt NJW **1963** 460; OLG Köln
JMBlNRW **1963** 96; LR-*Schäfer*[23] 9; KK-
Meyer-Goßner[2] 12; *Meyer-Goßner* NJW **1978**
528.
[74] NJW **1978** 528 und KK[2] 12.
[75] LG Frankfurt NJW **1977** 508; *Kleinknecht/*

Meyer[38] 2; s. ferner § 329, 65 mit zahlr. weit.
Nachw.; zur Berücksichtigung von Prozeßvoraussetzungen und -hindernissen vor einer
Hauptverhandlung s. § 411, 3 und 13 f.
[76] KK-*Meyer-Goßner*[2] 14; *Kleinknecht/Meyer*[38]
8.

Sachentscheidung enthält, gilt für die **Begründung** nicht § 267, sondern § 34[77]. Das Urteil ist gemäß § 35 Abs. 2 durch Zustellung bekanntzumachen; insoweit gelten die Ausführungen zu § 411, 63. Insbesondere ist die Ersatzzustellung durch Niederlegung gemäß § 182 ZPO zulässig[78].

V. Anfechtbarkeit des Verwerfungsurteils

1. Überblick. Wie gegenüber jedem amtsgerichtlichen Urteil, so sind auch gegen **38** das nach § 412 ergangene Verwerfungsurteil die **Rechtsmittel** der Berufung und der Revision (§ 335) statthaft. Darüber hinaus kann nach §§ 412 Satz 1; 329 Abs. 3 **Wiedereinsetzung** in den vorigen Stand beantragt werden.

2. Wiedereinsetzung gegen die Versäumung der Einspruchsfrist und gegen die Versäumung der Hauptverhandlung. Nach § 412 Satz 1 kann kraft der Verweisung auf § 329 **39** Abs. 3 der Angeklagte, der unentschuldigt und unvertreten ausblieb, gegen das den Einspruch verwerfende Urteil unter den Voraussetzungen der §§ 44, 45 die Wiedereinsetzung in den vorigen Stand beanspruchen (vgl. § 410, 24 f). Einem Angeklagten, der Berufung eingelegt hatte und in der Hauptverhandlung ausblieb, stand (und steht) das Recht auf Wiedereinsetzung gegen die Versäumung der Hauptverhandlung auch zu, wenn ihm zuvor die Wiedereinsetzung gegen die Versäumung der Berufungsfrist gewährt worden war[79]. Beim **Zusammentreffen** mit den **Rechtsmitteln** gelten §§ 315, 342.

3. Rechtsmittel

a) Umfang der Nachprüfung durch die Rechtsmittelgerichte. Berufung und Revision **40** können nur auf die Behauptung gestützt werden, daß der Einspruch zu Unrecht verworfen worden sei; erweist sich diese Behauptung als unbegründet, so ist in der Rechtsmittelinstanz jedes **Eingehen auf die Sache** selbst **ausgeschlossen**. Legt der Angeklagte *Revision* ein (§ 335), so ergibt sich diese Folgerung ohne weiteres daraus, daß die Gründe des Verwerfungsurteils keine Erörterung der Sache selbst enthalten und somit für eine auf Verletzung einer materiellen Rechtsnorm gestützte Revisionsbeschwerde keinen Boden bieten. Für die *Berufung* kann nichts anderes gelten, denn es ist kein Grund erkennbar, der den Gesetzgeber bestimmt haben könnte, die Erörterung der Sache selbst zwar in der ersten Instanz auszuschließen, in der zweiten dagegen zuzulassen; den Angeklagten für sein Ausbleiben mit dem Verlust einer Instanz strafen zu wollen, hätte keinen Sinn[80] (s. auch Rdn. 45).

In der Berufungsinstanz sind nicht nur die bei Verkündung des angefochtenen **41** Urteils dem Amtsgericht bekannten Tatsachen, sondern auch in der Berufungsinstanz **neu vorgebrachte Tatsachen** zu berücksichtigen[81]. Dies folgt einmal schon daraus, daß es allein darauf ankommt, ob der Angeklagte objektiv unentschuldigt ausgeblieben und unvertreten war, nicht aber darauf, ob das Amtsgericht dies von seinem Standpunkt aus

---

[77] *Busch* JZ **1963** 459; diesem zustimmend KK-*Meyer-Goßner*[2] 15.

[78] KG VRS **22** 370; KK-*Meyer-Goßner*[2] 16; KMR-*Müller* 9; *Kleinknecht/Meyer*[38] 8; **a. A** OLG Düsseldorf NJW **1956** 642.

[79] Zur früheren Rechtslage s. LR-*Schäfer*[23] 32.

[80] BayObLG GA **72** (1928) 144; KG HRR **1925** Nr. 981; GA **70** (1926) 118.

[81] BayObLG NJW **1953** 1196; KG DJZ **1933** 441; OLG Dresden JW **1929** 1505; HRR **1932** Nr. 84; OLG Hamm VRS **23** 299; OLG Jena JW **1929** 1506; KK-*Meyer-Goßner*[2] 18; KMR-*Müller* 10; *Kleinknecht/Meyer*[38] 10; *Busch* JZ **1963** 460; **a. A** KG JW **1928** 834; OLG Kiel GA **76** (1932) 115.

Karl Heinz Gössel

im Zeitpunkt der Hauptverhandlung rechtsfehlerfrei annehmen durfte (Rdn. 17).
Darüber hinaus erscheint es auch unter Berücksichtigung der Besonderheiten des Strafbefehlsverfahrens nicht gerechtfertigt, im Falle des § 412 von der Regel abzuweichen,
daß in der Berufungsinstanz neue Tatsachen und Beweismittel grundsätzlich unbeschränkt vorgebracht werden können: gerade im Hinblick auf den summarischen Charakter des Strafbefehlsverfahrens i. Vbdg. mit der durch § 412 gegebenen Möglichkeit
könnte die Nichtberücksichtigung von nova zu großen Härten führen.

b) Entscheidung des Berufungsgerichts

42　　**aa)** Ist die Berufung **unzulässig** oder **unbegründet**, so ist das Rechtsmittel zu verwerfen; hier gelten in der Regel keine Besonderheiten.

43　　**bb)** Wird bei **Zulässigkeit der Berufung** erst in der Berufungsinstanz erkannt, daß
der Einspruch **unzulässig** war, so verwirft das Berufungsgericht den Rechtsbehelf unter
Aufhebung des amtsgerichtlichen Urteils als unzulässig (Näheres s. § 411, 6 f); weil hier
die Rechtskraft des Strafbefehls jeder anderen Entscheidung entgegensteht, liegt darin
kein Eingriff in die sachliche Zuständigkeit des Amtsgerichts (s. unten Rdn. 46) — Gleiches gilt, war dem Amtsgericht die Rücknahme des Einspruchs nicht bekannt oder hat
es diese übersehen; auch jetzt ist das Verfahren auch vom Berufungsgericht nach § 260
Abs. 3 einzustellen (Näheres § 411, 10 ff). Fehlt es an den allgemeinen Voraussetzungen
des Verwerfungsurteils (Rdn. 4 ff), so ist dieses aufzuheben, wodurch das Verfahren
auch ohne ausdrückliche Zurückverweisung an das Amtsgericht zurückgelangt (s. oben
Rdn. 5, unten Rdn. 45 ff). Wie schon das Amtsgericht bei unzulässigem Einspruch **Prozeßvoraussetzungen** und Prozeßhindernisse nicht berücksichtigen darf, weil ihm mangels eines zulässigen Rechtsbehelfs insoweit keine Prüfungsbefugnis zugewachsen ist
(§ 411, 3), so darf in diesem Fall auch das Berufungsgericht Prozeßvoraussetzungen
und Prozeßhindernisse nicht berücksichtigen: anders wäre das Berufungsgericht gehalten, das amtsgerichtliche Urteil deshalb aufzuheben, weil die Vorinstanz das unterlassen hat, was sie gar nicht tun durfte.

44　　Erweist sich dagegen — bei zulässiger Berufung — die Zulässigkeit des Einspruchs auch in der Berufungsinstanz, so kann das Rechtsmittelgericht von den **Einstellungsmöglichkeiten** Gebrauch machen, die auch dem Amtsgericht zukommen: im Hinblick auf Prozeßvoraussetzungen nach § 206 a, aber auch aus Opportunitätsgesichtspunkten nach §§ 153 ff (Näheres § 411, 13 ff); im Fall der fehlenden Zuständigkeit gilt
§ 328 Abs. 2.

45　　**cc)** Erweist sich die Berufung als zulässig und begründet, ohne daß von den Einstellungsmöglichkeiten (Rdn. 44) Gebrauch gemacht wurde, so ist das Verwerfungsurteil
des Amtsgerichts aufzuheben. Weil dieses Urteil keine **Sachentscheidung** enthält, ist
diese nunmehr **nachzuholen**. Da insoweit das Amtsgericht zuständig ist, konnte in diesen
Fällen nach § 328 Abs. 2 a. F die Sache vom Berufungsgericht an das Amtsgericht **zurückverwiesen** werden[82]. Ob diese Möglichkeit auch nach der derzeitigen Rechtslage noch
fortbesteht, ist deshalb zweifelhaft, weil Art. 1 Nr. 25 des StVÄG 1987 vom 27. 1. 1987
§ 328 Abs. 2 a. F aufgehoben hat. Ob der Gesetzgeber mit dieser Änderung des § 328 indessen auch die Zurückverweisungsmöglichkeit in den hier behandelten Fällen beseitigen wollte, erscheint zweifelhaft. Die Gesetzesbegründung[83] läßt vermuten, daß der
Gesetzgeber diesen Fall **nicht bedacht** hat: dort ist davon die Rede, die Beseitigung der

[82] **A. A** *Werny* NJW **1988** 187, der die amtsgerichtliche Zuständigkeit auch ohne Zurückverweisung für gegeben hält.

[83] BTDrucks. 10 1313, S. 30 f.

Zurückverweisungsmöglichkeit diene der Entlastung und Verfahrensbeschleunigung, ohne daß „Sachgründe für die Aufrechterhaltung dieser Regelung" erkennbar seien und damit „ohne Einbuße an Rechtsschutz"[84]. Indessen drängt sich bei ausnahmslosem Wegfall der Zurückverweisungsmöglichkeit die Selbstentscheidung des Berufungsgerichts in der Sache (§328 Abs. 1) geradezu auf, was zum Wegfall einer Tatsacheninstanz führen würde: daß der Gesetzgeber darin keine Einbuße an Rechtsschutz sieht und daß er darin keinen Sachgrund für die Beibehaltung der Rückverweisungsmöglichkeit erblickt, ist zwar nicht auszuschließen, daß dies aber nach der Auffassung des Gesetzgebers so offensichtlich ist, daß deshalb auf jede Begründung verzichtet werden kann, kann dem Gesetzgeber vernünftigerweise nicht unterstellt werden. Deshalb ist davon auszugehen, daß der Gesetzgeber den Fall der Aufhebung eines Verwerfungsurteils und die Zurückverweisung an das Amtsgericht bei der Aufhebung des §328 Abs. 2 a. F nicht bedacht hat: ein gesetzgeberischer Wille zur Aufhebung der Zurückverweisungsmöglichkeit auch in diesen Fällen ist nicht erkennbar.

Gleichwohl kann nicht übersehen werden, daß nunmehr eine **ausdrückliche Zu- 46 rückverweisungsmöglichkeit** nicht mehr besteht. Darüber hinaus hat das BVerfG die Gewichtigkeit des Arguments, dem Angeklagten gehe eine Tatsacheninstanz verloren, dadurch relativiert, daß es mehrfach ausgesprochen hat, daß „das Grundgesetz . . . keine mehrstufige Gerichtsbarkeit" gebiete[85]. Indessen ist hier zu bedenken, daß es in den hier behandelten Fällen weniger um „mehrere Tatsacheninstanzen" geht, als darum, daß die gesetzlich vorgesehene Zuständigkeit zur Verhandlung in Strafsachen erster Instanz eingehalten wird. Das schriftliche Strafbefehlsverfahren ist nicht etwa eine eigene Instanz, vielmehr stellt es eine vereinfachte Form zur Durchführung des Verfahrens in erster Instanz dar: wird auf den Einspruch zur Hauptverhandlung geschritten, so bleibt das Verfahren in erster Instanz vor dem Amtsgericht anhängig. Gebietet auch das Grundgesetz keine „mehrstufige Gerichtsbarkeit", so doch die Wahrung des Grundsatzes des gesetzlichen Richters und damit die Wahrung der sachlichen Zuständigkeit. Würde das Berufungsgericht im Falle einer begründeten Berufung gegen ein Verwerfungsurteil in der Sache selbst entscheiden, so würde es sich damit eine **sachliche Zuständigkeit** anmaßen, die ihm nicht zukommt, vielmehr dem Amtsgericht zugewiesen ist. Die entgegengesetzte Meinung würde überdies dazu führen, die in §411 Abs. 3 ausdrücklich nur für den ersten Rechtszug vorgesehene Möglichkeit der Rücknahme von Klage und Einspruch im nunmehrigen zweiten Rechtszug auszuschließen, womit dem vom Gesetzgeber erstrebten Ziel der Verfahrensbeschleunigung gewiß nicht gedient ist. An alledem kann auch die Beseitigung der Zurückverweisungsmöglichkeit des §328 Abs. 2 a. F nichts ändern, zumal da von einem gesetzgeberischen Willen zu einer derartigen Änderung der sachlichen Zuständigkeit nicht ausgegangen werden kann (Rdn. 45). Dagegen läßt sich auch nicht die — umstrittene — Zulässigkeit der Nachtragsanklage in der Berufungsinstanz (§266, 11) anführen: die Nachtragsanklage, bei der stets ein persönlicher Zusammenhang mit der bereits anhängigen Berufungssache i. S. des §3 besteht, führt zu einer Verfahrensverbindung, der das Gesetz selbst eine die sachliche Zuständigkeit ändernde Kraft zugesteht (vgl. §§2, 4). Nach Aufhebung des Verwerfungsurteils muß deshalb das Amtsgericht nunmehr in der Sache über den Einspruch entscheiden (s. auch Rdn. 40)[86]. Dies erscheint auch kriminalpolitisch deshalb begrüßenswert,

---

[84] BTDrucks. 10 1313, S. 31.
[85] Vgl. z. B. BVerfGE 9 223, 230.
[86] Im Erg. wie hier KK-*Meyer-Goßner*² 20; *Werny* NJW 1988 187, der zudem auf die

unerfreulichen praktischen Auswirkungen der hier abgelehnten Auffassung hinweist; a. A OLG Düsseldorf NStZ 1988 290 mit abl. Anm. *Meyer-Goßner*; *Kleinknecht/Meyer*³⁸ 10.

Karl Heinz Gössel

weil auf diese Weise leichtfertige Verwerfungen nach § 412 nicht auch noch durch Abwälzung der Arbeitslast auf den Berufungsrichter belohnt werden.

47   Zu klären bleibt, wie das **Verfahren nach der Aufhebung des Verwerfungsurteils** an das Amtsgericht zurückgelangt. Eine gewohnheitsrechtliche Weitergeltung des § 328 Abs. 2 a. F wird vorerst nicht in Betracht kommen, und eine auf die hier behandelten Fälle beschränkte Weitergeltung des § 328 Abs. 2 a. F kann im Hinblick auf die vollständige Beseitigung der Zurückverweisungsmöglichkeit nicht in Betracht kommen. Die an sich naheliegende entsprechende Anwendung des § 354 Abs. 2 hätte den Nachteil, daß der leichtfertig nach § 412 verfahrende Richter sich auf Kosten seiner Kollegen Arbeitserleichterung verschaffen könnte. Bedenkt man indessen, daß es in den Fällen der vorliegenden Art um die Wahrung der sachlichen Zuständigkeit des Amtsgerichts geht, so bietet sich zunächst der Weg über §§ 6, 269 an, der allerdings nicht gangbar erscheint: das Berufungsgericht hat eine Entscheidungszuständigkeit nur im Umfang der Urteilsanfechtung erlangt[87], besitzt deshalb also keinerlei Sachentscheidungskompetenz und könnte sich folglich nicht einmal dann für unzuständig erklären, stünde dem § 269 nicht entgegen. Die Dinge dürften hingegen einfacher liegen: mit der das Verwerfungsurteil aufhebenden Entscheidung ist der Weg für eine Entscheidung in der Sache freigemacht worden, die nunmehr unabhängig von einer etwa ausdrücklich bestehenden Zurückverweisungsmöglichkeit in dem von der StPO zur Verfügung gestellten Verfahren gefunden werden muß. Wie bei der Gewährung von Wiedereinsetzung in den vorigen Stand durch das Beschwerdegericht das Verfahren vor dem Gericht weiterzuführen ist, dessen Entscheidung mit der Wiedereinsetzung erfolgreich angefochten wurde, so ist auch hier nach der Aufhebung des Verwerfungsurteils das Verfahren vor dem Amtsgericht weiterzuführen: durch Vermittlung der Staatsanwaltschaft sind die Akten dem Erstrichter zur Anberaumung eines Termins zur Hauptverhandlung wieder vorzulegen.

48   Ob die Verwerfung nach § 412, ob die Entscheidung ohne Verhandlung zur Sache ebenfalls noch in den Bereich der sachlichen Zuständigkeit des Amtsgerichts fällt, mag dahinstehen. Hat das Amtsgericht **anstelle** des allein richtigen **Verwerfungsurteils** ein **Sachurteil** erlassen, so liegt eine Entscheidung in Wahrnehmung der erstinstanzlichen Zuständigkeit vor, die das Berufungsgericht durch eine eigene Entscheidung nach § 328 Abs. 1 korrigieren kann. *Meyer-Goßner* weist zu Recht darauf hin, daß dann allerdings die Berufung gegen das Verwerfungsurteil nicht mehr möglich ist; er plädiert daher in diesen Fällen für eine Zurückverweisung[88]. Indessen liegt hier kein Eingriff in die erstinstanzliche sachliche Zuständigkeit vor, sondern nur der Verlust einer Rechtsmittelinstanz, weil gegen das Verwerfungsurteil der Berufungsinstanz nur Revision statthaft ist. Das allerdings ist hinzunehmen: nunmehr greift das o. a. Argument, demzufolge eine mehrstufige Gerichtsbarkeit verfassungsrechtlich nicht geboten ist (Rdn. 46); deshalb kann es hier bei der Anwendung des § 328 Abs. 1 verbleiben[89].

c) Entscheidung des Revisionsgerichts

49   **aa)** Bei der Revision gelten zunächst die soeben für die Berufung dargelegten Regeln (Rdn. 42 f) entsprechend. Im übrigen kann die Revision nur auf die Verfahrensrüge gestützt werden, daß der Einspruch wegen Verletzung des Gesetzes, insbesondere wegen Verletzung der Aufklärungspflicht oder Verkennung des Rechtsbegriffs der ge-

---

[87] Darauf stellt zutreffend schon *Werny* NJW **1988** 187, 188 ab.

[88] KK-*Meyer-Goßner*[2] 20.

[89] *Kleinknecht/Meyer*[38] 10.

nügenden Entschuldigung, **zu Unrecht verworfen** worden sei[90]. Dabei kann auch als Verletzung des Gesetzes gerügt werden, daß rechtzeitig vorgebrachte Entschuldigungsgründe unberücksichtigt geblieben sind, die dem Erstrichter bei dem Verwerfungsurteil ohne sein Verschulden unbekannt waren[91]. Die Wahrheit der für das Ausbleiben vorgebrachten Entschuldigungsgründe hat das Revisionsgericht nicht nachzuprüfen[92]. Wird nur Sachrüge erhoben, so ist das Urteil daraufhin nachzuprüfen, ob ein Verfahrenshindernis vorliegt[93]. Dabei ist das Gericht an die tatsächlichen Feststellungen des Verwerfungsurteils gebunden[94].

bb) Hebt das Revisionsgericht auf, weil sowohl das Amtsgericht wie das Berufungsgericht den Begriff der **genügenden Entschuldigung verkannt** haben, so hebt es beide Urteile auf und verweist die Sache an das Amtsgericht zurück[95]. Hat das Amtsgericht den Einspruch wegen nicht genügend entschuldigtem Ausbleiben verworfen, das Landgericht auf Berufung des Angeklagten genügende Entschuldigung angenommen, während das Revisionsgericht die Rechtsauffassung des Amtsgerichts billigt, so hat das Revisionsgericht selbst in Anwendung des § 354 Abs. 1 unter Aufhebung des Berufungsurteils die Berufung als unbegründet zu verwerfen, da eine erneute Berufungsverhandlung vor dem Landgericht, das wegen seiner Bindung an die Rechtsauffassung des Revisionsgerichts auch nur die Berufung als unbegründet verwerfen könnte, nutzlos wäre[96]. **50**

[90] RGSt **61** 175; **64** 245; BayObLG DRZ **1931** 877; HRR **1931** Nr. 1826; OLG Hamburg JZ **1963** 480 mit Bespr. *Busch* JZ **1963** 457; OLG Hamburg NJW **1965** 315; *Beling* 477 Anm. 1; *Doerr* JW **1926** 1989; *Mannheim* JW **1926** 1250.

[91] S. Rdn. 41; s. dazu *Krause* MDR **1964** 897.

[92] BayObLG NJW **1966** 191.

[93] BayObLG Rpfleger **1960** 213.

[94] BGHSt **28** 384; KK-*Meyer-Goßner*² 22.

[95] OLG Köln GA **1955** 61; KK-*Meyer-Goßner*² 24; a. A *Kleinknecht/Meyer*³⁸ 11, jedoch vom Standpunkt der hier abgelehnten Auffassung aus, daß die Neufassung des § 328 eine Zurückverweisung durch das LG an das AG nicht mehr vorsehe.

[96] BayObLG MDR **1975** 597.

Karl Heinz Gössel

ZWEITER ABSCHNITT

Sicherungsverfahren

Vorbemerkungen

1. Entstehungsgeschichte des 2. Abschnitts. Das Sicherungsverfahren war vor dem **1** 1.1. 1975 im 3. Abschnitt geregelt, der ursprünglich die Bezifferung 3 a führte und die §§ 429 a bis 429 e umfaßte. Von diesen Vorschriften war § 429 e durch das 3. StRÄndG aufgehoben worden. Durch Art. 21 Nr. 108 EGStGB 1974 wurde der bisherige 3. Abschnitt als 2. Abschnitt mit neuer Bezifferung seiner Vorschriften — §§ 413 bis 416 — (die bei dieser Gelegenheit auch inhaltlich verändert wurden) an der jetzigen Stelle eingeordnet. Der frühere § 413 regelte das richterliche Strafverfügungsverfahren bei Übertretungen. Er wurde wegen Wegfalls der Übertretungen gegenstandslos und durch Art. 21 Nr. 107 EGStGB 1974 aufgehoben. Die früheren §§ 414 bis 418 enthielten Vorschriften über polizeiliche Strafverfügungen; diese Vorschriften, z. T. schon in der Zeit nach dem 8. 5. 1945 durch Besatzungsrecht aufgehoben, verloren mit der Beseitigung der polizeilichen Strafverfügung durch das VereinhG endgültig ihre Bedeutung (vgl. Einl. Kap. 3 47 ff). Der ursprüngliche 3. Abschnitt „Verfahren bei Zuwiderhandlungen gegen die Vorschriften über die Erhebung öffentlicher Abgaben und Gefälle" mit den §§ 419 bis 429 a. F, der sich mit den nach Maßgabe landesrechtlicher Vorschriften (§ 6 Abs. 2 Nr. 3 a. F EGStPO) zulässigen Strafbescheiden der Verwaltungsbehörden bei Zuwiderhandlungen gegen Abgabevorschriften befaßte, wurde dadurch gegenstandslos, daß das VereinhG (Änderung des § 6 Abs. 2 EGStPO durch Einfügung einer Nr. 2) nur noch Strafbescheide zuließ, die auf die Verfahrensvorschriften der AbgO (§§ 421 ff a. F) verwiesen (Einl. Kap. 3 102 ff).

2. Ursprüngliche Begrenzung des Sicherungsverfahrens. Als der heutige Abschnitt 2 als Abschnitt 3 a durch das AGGewVerbrG eingefügt wurde, beschränkte sich **2** das Sicherungsverfahren nach dem früheren § 429 a auf die **selbständige,** d. h. ohne gleichzeitige Verurteilung zu Strafe erfolgende Anordnung der Unterbringung in der früheren Heil- und Pflegeanstalt. Das entsprach dem damaligen materiellen Recht; nur der damals neugeschaffene § 42 b a. F StGB (heute: § 63) ließ eine solche selbständige Anordnung einer Maßregel der Sicherung und Besserung gegen denjenigen zu, der im Zustand der Schuldunfähigkeit (im nunmehrigen Sprachgebrauch) den Tatbestand eines Verbrechens oder Vergehens rechtswidrig verwirklichte, sofern die öffentliche Sicherheit es erforderte. Diese Vorschrift bedurfte der verfahrensrechtlichen Ergänzung. Denn ein subjektives Strafverfahren kann nur betrieben werden mit dem Ziel, eine gerichtliche Entscheidung darüber herbeizuführen, ob eine bestimmte Person eine Strafe verwirkt hat, ob sie also schuldhaft und rechtswidrig die Tatbestandsmerkmale eines Strafgesetzes verwirklicht hat. Die Erhebung einer öffentlichen Klage wegen eines Verbrechens oder Vergehens entfällt daher, wenn der Beschuldigte nicht hinreichend verdächtig ist, zur Zeit der Tat schuldfähig gewesen zu sein. Um in den Fällen, in denen davon auszugehen ist, daß das Hauptstrafverfahren nicht eröffnet wird, weil der Täter bei der Tatbestandsverwirklichung nicht schuldfähig war, die gerichtliche Entschei-

Karl Heinz Gössel

dung über die selbständige Anordnung der Unterbringung in der Heil- und Pflegeanstalt herbeiführen zu können, mußte das Sicherungsverfahren geschaffen werden.

3   **3. Erweiterung des Sicherungsverfahrens.** Die materiellrechtliche Beschränkung der selbständigen Anordnung von Maßregeln der Besserung und Sicherung und die korrespondierende Beschränkung des Sicherungsverfahrens auf die Unterbringung gefährlicher Schuldunfähiger entsprach nicht dem praktischen Bedürfnis. Um diesem Rechnung zu tragen, erklärte der BGH in einer Entscheidung aus dem Jahre 1959[1] unter Zustimmung der im Schrifttum herrschenden Meinung es für zulässig, in einem Sicherungsverfahren nach §§ 429 a ff a. F gegen einen zur Tatzeit Schuldunfähigen neben der Unterbringung in einer Heil- und Pflegeanstalt auch die Entziehung der Fahrerlaubnis nach § 42 m a. F StGB anzuordnen, obwohl § 42 m StGB die Entziehung der Fahrerlaubnis nur neben einem Freispruch wegen erwiesener oder nicht auszuschließender Schuldunfähigkeit vorsah. Inzwischen hat, im Anschluß an frühere, z. T. noch weitergehende Entwürfe (§ 69 StGB-Entwurf 1936, § 411 StPO-Entwurf 1939, § 103 StGB-Entwurf 1962, § 81 Abs. 2 des StGB-Alternativentwurfs), der durch das 2. StRG 1969 geschaffene und durch Art. 18 Nr. 37 EGStGB 1974 nur terminologisch geänderte („Krankenhaus" statt „Krankenanstalt") § 71 StGB mit Wirkung vom 1. 1. 1975 die Voraussetzungen der selbständigen Anordnung von Maßregeln der Besserung und Sicherung nach zwei Richtungen erweitert. Zunächst wurde die Zahl der Maßregeln vermehrt, die selbständig — ohne Verbindung mit einem subjektiven Strafverfahren gegen zur Tatzeit schuldunfähige Täter — angeordnet werden können; die selbständige Anordnung ist jetzt zulässig bei Unterbringung in einem psychiatrischen Krankenhaus, in einer Entziehungsanstalt, ferner bei Entziehung der Fahrerlaubnis und beim Berufsverbot. Ferner ist die selbständige Anordnung dieser Maßregeln auch gegen zur Tatzeit Schuldfähige zulässig, wenn ein Strafverfahren gegen den Täter wegen dessen Verhandlungsunfähigkeit (z. B. bei nachträglichem Verfall in Geisteskrankheit) nicht durchführbar ist. Dieser Erweiterung trägt die auf Art. 21 Nr. 108 EGStGB 1974 beruhende neue Fassung des § 413 Rechnung, die die Maßregeln der Besserung und Sicherung, die selbständig im Sicherungsverfahren angeordnet werden können, nicht enumerativ aufzählt, sondern insoweit auf das materielle Recht verweist („wenn dies gesetzlich zulässig ist").

4. Rechtsnatur des Sicherungsverfahrens

4   **a)** Obwohl das Sicherungsverfahren insofern wesensmäßig vom eigentlichen (auf die Feststellung strafrechtlicher Schuld gerichteten) Strafverfahren verschieden ist, als es — wo möglich durch bessernde Einwirkung — die **Sicherung der Allgemeinheit** vor den aus dem gefährlichen Zustand des Täters drohenden Gefahren bezweckt, spielt es sich technisch grundsätzlich in den Formen und nach den Regeln des Strafverfahrens ab (§ 415) — „unechter Strafprozeß" —, soweit nicht die besonderen Umstände und Zwecke dieses Verfahrens Abweichungen erfordern. Das selbständige Sicherungsverfahren entspricht damit wesensmäßig dem objektiven Einziehungsverfahren nach § 440.

5   **b)** Gegenüber erheblich **vermindert Schuldfähigen** (§ 21 StGB) gab es nach der Auslegung des früheren Rechts keine selbständige, d. h. auch ohne gleichzeitige Bestrafung zulässige Unterbringung in einem psychiatrischen Krankenhaus, da § 42 b Abs. 2 a. F dahin verstanden wurde, daß die Unterbringung nur neben einer Strafe angeordnet werden könne[2]. Das seit dem 1. 1. 1975 geltende Recht ist insofern undeutlich, als einer-

---

[1] BGHSt **13** 91 = NJW **1959** 1185.
[2] RGSt **69** 263; BGH NJW **1958** 1050; zweifelnd BGHSt **26** 67, 69.

seits § 63 StGB unter den dort genannten Voraussetzungen für die Zulässigkeit der Unterbringung die verminderte Schuldfähigkeit dem Ausschluß der Schuldfähigkeit gleichstellt, andererseits § 21 StGB die verminderte Schuldfähigkeit nur in ihrer Bedeutung für die Straffrage zum Gegenstand hat und auch § 71 StGB, § 413 StPO die Undurchführbarkeit eines Strafverfahrens wegen Schuldunfähigkeit als Voraussetzung der selbständig anzuordnenden Unterbringung in einem psychiatrischen Krankenhaus bezeichnen. Das könnte den Gedanken nahelegen, daß die Unterbringung in einem psychiatrischen Krankenhaus oder die Anordnung einer sonst in § 71 StGB genannten Maßregel auch dann im selbständigen Verfahren angeordnet werden kann, wenn der Täter i. S. des § 21 StGB nur erheblich vermindert schuldfähig ist, ist doch in § 63 StGB die Schuldunfähigkeit i. S. des § 20 StGB der erheblich verminderten Schuldfähigkeit i. S. des § 21 StGB gleichgestellt[3]. Indessen sind die inhaltlichen Voraussetzungen der Anordnung der Maßregel nach § 63 StGB von den Voraussetzungen der Zulässigkeit des selbständigen Verfahrens zu unterscheiden. Kraft ausdrücklicher gesetzlicher Anordnung in § 71 StGB und in § 413 StPO darf das selbständige Sicherungsverfahren nur durchgeführt werden, wenn der Durchführung des Strafverfahrens entweder Schuldunfähigkeit oder aber Verhandlungsunfähigkeit entgegenstehen; erweist sich ein Strafverfahren aus anderen Gründen als undurchführbar, können die in § 71 StGB bezeichneten Maßregeln auch im selbständigen Sicherungsverfahren nicht angeordnet werden. Mit Recht hat deshalb der BGH die Auffassung vertreten, das Sicherungsverfahren sei „nach Wortlaut und Sinn des § 413 StPO für vermindert Schuldfähige nicht vorgesehen"[4]. Gleiches gilt für die fehlende Verantwortlichkeit Jugendlicher nach § 3 JGG[5], auch dann, wenn fehlende Entwicklungsreife und erheblich verminderte Schuldfähigkeit zusammentreffen: daß in diesem Fall nach § 63 StGB anders als nach § 42 b a. F StGB die Unterbringung in einem psychiatrischen Krankenhaus zulässig ist und deshalb im Strafverfahren gegen den Jugendlichen neben dem Freispruch wegen mangelnder Verantwortlichkeit i. S. des § 3 JGG angeordnet werden kann[6], bedeutet nicht etwa, daß damit auch das selbständige Sicherungsverfahren zulässig würde[7]. Können weder die erheblich verminderte Schuldfähigkeit noch die fehlende Verantwortlichkeit i. S. des § 3 JGG für sich allein das Sicherungsverfahren eröffnen, so ist nicht einsichtig, wie deren Zusammentreffen die Zulässigkeit des Sicherungsverfahrens begründen können soll; wird bei dem i. S. des § 20 StGB schuldfähigen, jedoch entwicklungsbedingt nicht verantwortlichen Jugendlichen die Anordnung der Unterbringung im selbständigen Verfahren für unzulässig erachtet, so ist nicht einzusehen, daß die in ihrer Schuldfähigkeit i. S. des § 21 StGB erheblich verminderten und zudem wegen Reiferückstandes nicht verantwortlichen Jugendlichen insoweit schlechter gestellt sein sollen (s. auch unten § 413, 1). Wegen eines weiteren Falles der Unterbringung in einem psychiatrischen Krankenhaus wegen erheblich verminderter Schuldfähigkeit neben einem Freispruch vgl. § 416, 6.

c) Im selbständigen Sicherungsverfahren nehmen nur der Täter und die Staatsan-   **6**
waltschaft die Stellung **Prozeßbeteiligter** ein. Den ersteren bezeichnet das Gesetz als „Beschuldigten", obwohl ihm eine strafrechtliche Schuld gerade nicht vorgeworfen wird; eine neutrale Bezeichnung (etwa „Betroffener", wie § 413 StPO-Entw. 1939 vorschlägt) an Stelle dieser fehlsamen Abkürzung, die die Einsicht in das Wesen des Siche-

---

[3] Vgl. dazu BGHSt **26** 67 mit zust. Anm. *Brunner* JR **1976** 116, 117.

[4] BGHSt **31** 132, 134, 136; zust. KK-*Meyer-Goßner*[2] § 413, 10.

[5] BayObLGSt **1958** 263; KK-*Meyer-Goßner*[2] § 413, 9; *Kleinknecht/Meyer*[38] § 413, 3.

[6] So zutr. BGHSt **26** 67, 68 mit zust. Anm. *Brunner* JR **1976** 116, 117; zust. auch KK-*Meyer-Goßner*[2] § 413, 9.

[7] So aber KMR-*Paulus* § 413, 10 und wohl auch LK-*Schäfer* § 71, 7.

Karl Heinz Gössel

rungsverfahrens als eines aliud gegenüber dem Strafverfahren zu trüben geeignet ist, wäre richtiger gewesen[8]. Die Wahl des Ausdrucks „Beschuldigter" damit zu rechtfertigen, das Gericht müsse immer auch prüfen, ob der Betroffene nicht doch schuldhaft gehandelt habe (§ 416), er sei „Eventualbeschuldigter"[9], geht nicht an; die Gesetzessprache muß sich nach dem im Vordergrund stehenden Untersuchungsthema richten. Der Erläuterer muß sich aber dem technischen Sprachgebrauch des Gesetzes anpassen, um ebenso wie dieser einen Mehraufwand an umschreibenden Worten zu vermeiden. Aus dem primären Zweck des Sicherungsverfahrens, drohende Gefahren von der Allgemeinheit abzuwenden, ergibt sich, daß ein Anschluß als Nebenkläger (§ 395) oder ein Auftreten als entschädigungsberechtigter Verletzter (§ 403), die die Wahrung der Belange des einzelnen Verletzten bezwecken, nicht in Betracht kommt. Jedoch sind §§ 406 d, 406 e, 406 f und 406 h entsprechend anwendbar, nicht aber § 406 g, der die Nebenklagebefugnis voraussetzt[10].

7   **5. Niederschlagung des Verfahrens.** Bei Undurchführbarkeit eines subjektiven Strafverfahrens wegen des Verfahrenshindernisses der Niederschlagung sehen im allgemeinen die Straffreiheitsgesetze (so schon § 13 StrFG 1954 und zuletzt § 4 StrFG 1970) vor, daß Maßregeln der Besserung und Sicherung unter sinngemäßer Anwendung des § 429 b Abs. 1, 2 a. F (jetzt § 414) selbständig angeordnet werden können (dazu § 413, 11).

8   **6. Übergangsvorschriften.** Nach Art. 306 EGStGB 1974 gelten die am 1. 1. 1975 in Kraft getretenen Vorschriften über die selbständige Anordnung von Maßregeln der Besserung und Sicherung auch für Taten, die vor dem 1. 1. 1975 begangen worden sind. Ausnahmen von diesem Grundsatz gelten nach Art. 306 Satz 2, 305 für das Berufsverbot, das bei vor dem 1. 1. 1975 begangenen Taten nur angeordnet werden darf, wenn außer den Voraussetzungen des § 70 StGB auch die Voraussetzungen der Untersagung der Berufsausübung oder der Betriebsführung nach bisherigem Recht vorliegen.

§ 413

Führt die Staatsanwaltschaft das Strafverfahren wegen Schuldunfähigkeit oder Verhandlungsunfähigkeit des Täters nicht durch, so kann sie den Antrag stellen, Maßregeln der Besserung und Sicherung selbständig anzuordnen, wenn dies gesetzlich zulässig ist und die Anordnung nach dem Ergebnis der Ermittlungen zu erwarten ist (Sicherungsverfahren).

Schrifttum zu § 429 a a. F. *Dörffler,* Das Sicherungsverfahren DJ **1933** 749; *Henkel* ZStW **57** (1938) 702 ff; **58** (1939) 167 ff; *Nagler* GerS **112** (1939) 133 ff, 144 ff, 308 ff; *L. Schäfer/Wagner/Schafheutle* Komm. zum GewohnheitsverbrecherG 1934.

Entstehungsgeschichte. § 413 (früher § 429 a) ist durch Art. 21 Nr. 108 EGStGB 1974 neu gefaßt. § 429 a lautete:

> Liegen Anhaltspunkte dafür vor, daß der Beschuldigte eine mit Strafe bedrohte Handlung im Zustand der Zurechnungsunfähigkeit begangen hat, und führt die Staatsanwaltschaft das

---

[8] Ebenso KK-*Meyer-Goßner*[2] § 413, 4; *Henkel* 417; *Peters*[4] 569.

[9] KMR-*Paulus* § 413, 2.

[10] Vgl. KK-*Meyer-Goßner*[2] 4.

Strafverfahren wegen der Zurechnungsunfähigkeit des Beschuldigten nicht durch, so kann sie den Antrag stellen, seine Unterbringung in einer Heil- oder Pflegeanstalt selbständig anzuordnen (Sicherungsverfahren).

I. Voraussetzungen des selbständigen Sicherungsverfahrens

Als Voraussetzungen der Zulässigkeit eines selbständigen Sicherungsverfahrens **1** nennt § 413 einen Antrag der Staatsanwaltschaft auf selbständige Anordnung von Maßnahmen der Besserung und Sicherung. Die Zulässigkeit dieses Antrags ist an **drei** Voraussetzungen gebunden: einmal die **fehlende** Durchführung eines **Strafverfahrens** durch die Staatsanwaltschaft wegen fehlender oder nicht ausschließbarer Schuld- oder Verhandlungsfähigkeit des Täters, zum andern die **gesetzliche Zulässigkeit** der Anordnung von **Maßregeln** im selbständigen Verfahren und endlich die **Erwartung**, daß solche Maßnahmen auch gerichtlich angeordnet werden.

II. Fehlende Durchführung des Strafverfahrens

1. Schuldunfähigkeit des Beschuldigten
a) Begriff der Schuldunfähigkeit. Unter Schuldunfähigkeit ist lediglich der in § 20 **2** StGB umschriebene Zustand zu verstehen (wegen der Bedeutung erheblich verminderter Schuldfähigkeit s. Vor § 413, 5). Mangelnde Reife des Jugendlichen (§ 3 JGG) ist keine Schuldunfähigkeit; ein Jugendlicher, der **nur** wegen mangelhafter Reife nicht verantwortlich ist, kann im Strafverfahren nicht nach § 63 StGB in einem psychiatrischen Krankenhaus untergebracht werden (vgl. § 5 Abs. 3 JGG), auch nicht im selbständigen Verfahren[1], und zwar selbst dann nicht, wenn zur fehlenden Verantwortlichkeit nach § 3 JGG erheblich verminderte Schuldfähigkeit i. S. des § 21 StGB hinzutritt (Näheres Vor § 413, 5).

---

[1] BayObLGSt **1958** 263; KK-*Meyer-Goßner*[2] 9; KMR-*Paulus* 10; *Kleinknecht/Meyer*[38] 3.

Karl Heinz Gössel

3   **b) Nichtdurchführung des Strafverfahrens.** Weil das Gesetz die Nichtdurchführung des Strafverfahrens durch die **Staatsanwaltschaft** zur Voraussetzung des Sicherungsverfahrens macht, kann für die Antragstellung nur die Zeit der staatsanwaltschaftlichen Verfahrensherrschaft in Betracht kommen. Demnach wird das Strafverfahren einmal dann wegen der Schuldunfähigkeit des Täters i. S. des § 413 nicht durchgeführt, wenn die Staatsanwaltschaft von vornherein davon absieht, die öffentliche Anklage zu erheben, oder wenn sie eine erhobene öffentliche Anklage zulässigerweise (§ 156) zurücknimmt, weil sie erwartet, daß die Eröffnung des Hauptverfahrens wegen Schuldunfähigkeit zur Tatzeit abgelehnt werde. „Nichtdurchführung" ist aber auch — über den insoweit ungenauen Wortlaut des § 413 hinaus — gegeben, wenn nach Erhebung der öffentlichen Klage das Gericht wegen der Schuldunfähigkeit die Eröffnung des Hauptverfahrens ablehnt; § 211 steht dann der Einleitung des Sicherungsverfahrens nicht entgegen[2]. Ist dagegen das Hauptverfahren mit dem Ziel der Urteilsfällung über die Täterschaft und Schuld des Angeklagten eröffnet, so ist für ein selbständiges Sicherungsverfahren kein Raum mehr. Vielmehr muß jetzt die Hauptverhandlung durchgeführt und durch Urteil über die Schuld des Angeklagten entschieden werden. Lautet das Urteil auf Freisprechung, weil die Schuldunfähigkeit des Angeklagten zur Tatzeit feststeht (§ 267 Abs. 5), so kann, wenn im übrigen die materiellrechtlichen Voraussetzungen einer selbständigen Anordnung der Maßregel gegeben sind, diese in dem freisprechenden Urteil angeordnet werden; sieht das Gericht entgegen einem in der Hauptverhandlung gestellten Antrag der Staatsanwaltschaft von der Anordnung ab, so wird die Ablehnung in der Urteilsformel nicht erwähnt, vielmehr müssen sich die Urteilsgründe mit dem Antrag auseinandersetzen (§ 267 Abs. 6)[3].

4   **c) Nichtausschließbare Schuldunfähigkeit.** Zweifel an der Schuldfähigkeit werden sich zwar häufig durch Anordnungen nach §§ 80 a, 81 klären lassen (s. dazu aber auch § 414, 3), aber doch nicht stets. Die Anordnung der Unterbringung in der Heil- und Pflegeanstalt war nach früherer Auslegung nicht möglich, wenn Freispruch geboten war, weil **Zweifel** gegen die Zurechnungsunfähigkeit **nicht behoben** werden konnten[4], ohne daß jedoch die Zurechnungsunfähigkeit zur Überzeugung des Gerichts festgestellt war, denn § 42 b a. F StGB wurde dahin ausgelegt, daß eine Anordnung nach dieser Vorschrift die positive Feststellung der Zurechnungsunfähigkeit voraussetze[5].

5   Mit dieser Auslegung hat indessen der BGH gebrochen; er läßt mit Recht die Anordnung der Unterbringung auch dann zu, wenn die **Schuldfähigkeit** des Angeklagten mindestens **erheblich vermindert** ist und Freispruch erfolgen muß, weil die **Schuldunfähigkeit nicht** mit Sicherheit **auszuschließen** ist[6]. Die frühere Auslegung des § 42 b a. F StGB führte zu dem befremdlichen Ergebnis, daß der Gefährliche bei unaufklärbarem Zweifel, ob nur erheblich verminderte Schuldfähigkeit (§ 21 StGB) oder bereits Schuldunfähigkeit (§ 20 StGB) vorliegt, nicht nur von Strafe, sondern — vorbehaltlich der landesrechtlichen Unterbringungsmöglichkeiten (Rdn. 23) — auch von Unterbringung verschont bleiben mußte, obwohl das Bedürfnis für eine Unterbringung offensichtlich gegeben ist; der Gefährliche erführe dadurch einen über den Zweck des Satzes in dubio pro reo hinausgehenden ungerechtfertigten Vorteil. Es sind dies die gleichen Erwägungen, die, z. T. vorbereitet durch die Rechtsprechung[7], dazu geführt haben, in § 69 StGB (Entziehung der Fahrerlaubnis), § 64 (Unterbringung in einer Entziehungsanstalt) und § 70 (Berufsverbot) der erwiesenen Schuldunfähigkeit die nicht auszuschließende gleichzustellen (s. dazu auch die entsprechende Regelung in § 323 a Abs. 1 StGB).

---

[2] RGSt **72** 145; KK-*Meyer-Goßner*[2] 6.   [5] LK[8] II 1 zu § 42 b a. F StGB.
[3] KK-*Meyer-Goßner*[2] 7.   [6] BGHSt **18** 167; NJW **1967** 297.
[4] RGSt **69** 14; **70** 128; BGHSt **14** 68, 71.   [7] BGHSt **9** 390; **14** 68.

Dem Wandel der Auslegung entspricht es, daß **auch das Sicherungsverfahren** 6 schon zulässig ist, wenn mindestens erheblich verminderte Schuldfähigkeit feststeht, aber im Hinblick auf den Grundsatz in dubio pro reo keine hinreichende Aussicht besteht, daß im Strafverfahren die Schuldfähigkeit des Beschuldigten festgestellt werde[8].

Die **Einwendungen**, die im Schrifttum gegen diese **verfahrensrechtliche Gleichstellung** der erwiesenen mit der nicht auszuschließenden Schuldunfähigkeit erhoben werden[9], erscheinen nicht durchgreifend. Das gilt insbesondere von dem Gesichtspunkt, daß, solange die Schuldunfähigkeit nicht feststehe, aus Gründen der Verfahrenssicherheit grundsätzlich das allgemeine Strafverfahren durchzuführen sei, das dem Beschuldigten u. U. auch die Garantie der höheren Gerichtsbarkeit (Schwurgericht, Oberlandesgericht als erster Instanz) gewähre[10], denn gerade dieser letztere Gesichtspunkt hat durch die ersatzlose Beseitigung des §429 b Abs. 3 a. F in dem neuen §414 seine Bedeutung verloren (§414, 5 ff).

2. Verhandlungsunfähigkeit des Täters

a) Bedeutung. Verhandlungsunfähigkeit des Beschuldigten ist ein aus dem Gebot 8 des rechtlichen Gehörs (Art. 103 Abs. 1 GG) abzuleitendes **Verfahrenshindernis**, das der Durchführung eines subjektiven Strafverfahrens entgegensteht (Einl. Kap. **12** 101 ff); es führt, wenn es hervortritt, zur Ablehnung der Eröffnung des subjektiven Strafverfahrens und nach dessen Eröffnung grundsätzlich (Ausnahme: §231 a) zur Einstellung des Verfahrens (§§ 206 a, 260 Abs. 3). Nach dem vor dem 1. 1. 1975 geltenden Recht konnte die Unterbringung in einer Heil- und Pflegeanstalt selbständig zwar auch gegen den Verhandlungsunfähigen (§429 c Abs. 1 a. F = jetzt §415) angeordnet werden, aber nur wenn der Täter zur Tatzeit schuldunfähig (oder seine Schuldunfähigkeit nicht auszuschließen; Rdn. 4) war. Eine selbständige Anordnung entfiel daher, wenn der zur Tatzeit Schuldfähige auf Grund eines von seinem Zustand zur Tatzeit unabhängigen nachträglichen Ereignisses verhandlungsunfähig wurde, obwohl auch in solchen Fällen, aus der Tat erkennbar, vom Täter eine Gefahr für die Allgemeinheit drohen kann. Diese Lücke schließt §71 StGB, indem er bei allen in dieser Vorschrift genannten Maßregeln der Besserung und Sicherung als Voraussetzung der selbständigen Anordnung auch die Verhandlungsunfähigkeit vorsieht. Tritt Verhandlungsunfähigkeit erst nach Eröffnung des subjektiven Strafverfahrens ein, so steht sie zwar der Verhängung einer Strafe und anderer nur neben einer Strafe zulässiger Rechtsfolgen entgegen, hindert aber nicht mehr die Fortsetzung des Verfahrens zur Feststellung, ob die Voraussetzungen der selbständigen Anordnung einer Maßregel der Besserung und Sicherung vorliegen. Ein Abbruch des Strafverfahrens durch Einstellung gemäß §206 a wegen eines nicht behebbaren Verfahrenshindernisses ist auch hier ausgeschlossen (oben Rdn. 3; §416, 7).

b) Verhandlungsunfähigkeit. Wegen des **Begriffs der Verhandlungsunfähigkeit** 9 vgl. Einl. Kap. **12** 102[11]. In Betracht kommt hier nur eine **dauernde**, d. h. eine überhaupt oder jedenfalls auf unabsehbare Zeit nicht behebbare Verhandlungsunfähigkeit, weil eine bloß vorübergehende Verhandlungsunfähigkeit nur zu einer vorläufigen Einstellung nach §205, nicht aber zur Undurchführbarkeit des Verfahrens führen würde[12]. Bei

---

[8] So auch BGHSt **22** 1 mit zust. Anm. *Hübner* NJW **1968** 412; OLG Hamm JMBlNRW **1963** 34; KK-*Meyer-Goßner*[2] 10; KMR-*Paulus* 10; *Kleinknecht/Meyer*[38] 3; *Roxin*[20] §64 A I 1; *Jakobs* GA **1971** 263.

[9] *Foth* JZ **1963** 605; *Sax* JZ **1968** 533; *Peters*

Der Strafprozeß in der Fortentwicklung (1970) 36; *Hanack* JZ **1974** 56.

[10] *Hanack* JZ **1974** 56.

[11] Ferner u. a. LR-*Rieß* §205, 12 ff; *Seetzen* DRiZ **1974** 259.

[12] KK-*Meyer-Goßner*[2] 12; KMR-*Paulus* 11; *Kleinknecht/Meyer*[38] 4.

Karl Heinz Gössel

nicht auszuschließender dauernder Verhandlungsunfähigkeit ist das Sicherungsverfahren aus den gleichen Gründen zulässig, die oben Rdn. 4 bis 7 zur Zulässigkeit des Sicherungsverfahrens bei nicht ausschließbarer Schuldunfähigkeit dargelegt wurden[13]. Eine nur vorübergehende Verhandlungsunfähigkeit, d. h. eine solche, mit deren Behebung, wenn auch erst nach gewisser Zeit, gerechnet werden kann, erfüllt die Voraussetzungen nicht; zu einer solchen Beschränkung des Begriffs nötigt die Rechtssicherheit, die gebietet, auf Dauer angelegte Regelungen zu treffen (dazu § 414, 32). Liegt eine Verhandlungsunfähigkeit dieses Ausmaßes nicht vor, so reichen im allgemeinen Verwaltungsmaßnahmen aus, um Gefahren von der Allgemeinheit abzuwenden. Keine Verhandlungsunfähigkeit i. S. des § 71 StGB, § 413 StPO ist eine bloße Beschränkung der Verhandlungsfähigkeit, die nur zu rücksichtnehmenden Maßnahmen bei der Durchführung der Hauptverhandlung im Strafverfahren führt[14]. Sofern nicht die Voraussetzungen des § 231 a gegeben sind, ist es ohne Bedeutung, ob der Beschuldigte die Verhandlungsunfähigkeit selbst verursacht hat, z. B. als Folge eines mißglückten Selbstmordversuchs[15].

3. Bedeutung von Verfahrenshindernissen für das Sicherungsverfahren

10   **a) Problematik.** § 413 macht die Stellung des Sicherungsverfahrensantrags davon abhängig, daß die Staatsanwaltschaft das Strafverfahren gerade wegen der Schuld- oder Verhandlungsunfähigkeit des Beschuldigten nicht durchführt. Das Gesetz geht hierbei von dem Regelfall aus, daß die Staatsanwaltschaft das Strafverfahren durchführen würde, wenn nicht Schuld- oder Verhandlungsunfähigkeit dem entgegenstünde. Dagegen ist in § 413 die Frage nicht geregelt, welche Folgen sich für das Sicherungsverfahren wegen **Schuldunfähigkeit** ergeben, wenn gegen einen Schuldfähigen das Strafverfahren wegen eines Verfahrenshindernisses nicht durchgeführt werden könnte. Bei einem nur mit dem Verfahrenshindernis der **Verhandlungsunfähigkeit** begründeten Sicherungsantrag stellt sich diese Frage nicht. Denn hier hat der Täter die Tat als Schuldfähiger begangen und alle Rechtsfolgen der Tat verwirkt; der Umstand, daß die nachträglich eintretende Verhandlungsunfähigkeit in Berücksichtigung der dadurch eingetretenen Verteidigungsunfähigkeit den Täter der Verantwortung in einem Strafverfahren entzieht, kann nicht dazu führen, daß im Sicherungsverfahren Verfahrenshindernisse unberücksichtigt bleiben, die der Durchführung eines Strafverfahrens entgegenstehen würden.

11   Dagegen kommt gegen den **zur Tatzeit schuldunfähigen Täter** von vornherein ein Strafverfahren, in dem über Schuld oder Nichtschuld zu entscheiden wäre, nicht in Betracht; deshalb besteht Anlaß zur Prüfung, welche Wirkungen ein Verfahrenshindernis, das der Durchführung eines Strafverfahrens gegen einen (wenn auch nur erheblich vermindert) Schuldfähigen entgegenstünde, für das Sicherungsverfahren hat. Denn dem Gesetz kann entnommen werden, daß die Aufzählung der Voraussetzungen eines selbständigen Verfahrens insofern **abschließend** ist, als andere Gründe als die in § 71 StGB, § 413 genannten der Schuldunfähigkeit und der Verhandlungsunfähigkeit ein selbständiges Verfahren nicht zulassen (sofern nicht Vorschriften außerhalb des Strafgesetzbuchs und der Strafprozeßordnung Ausnahmen vorsehen; s. unten Rdn. 13)[16]. Damit ist aber nichts darüber gesagt, ob nicht — von der Verhandlungsunfähigkeit abgesehen — Verfahrenshindernisse, die einem Strafverfahren entgegenstehen, auch das Sicherungsverfahren hindern. Dadurch **unterscheidet sich § 71 StGB grundsätzlich von dem Vorschlag**

---

[13] KK-*Meyer-Goßner*[2] 12; *Kleinknecht/Meyer*[38] 4.
[14] BGHSt **19** 144.
[15] BGHSt **19** 144.
[16] BGHSt **31** 132, 134.

in **§ 103 des Entwurfs StGB 1962.** Dort war die selbständige Anordnung bestimmter Maßregeln für zulässig erklärt, „wenn das Strafverfahren undurchführbar ist". Die Begründung[17] führt dazu aus: „Das Strafverfahren ist undurchführbar, wenn ein Verfahrenshindernis besteht, z. B. weil der Täter dauernd verhandlungsunfähig ist, weil Straffreiheit gewährt ist, ein Strafantrag, eine Ermächtigung oder ein Strafverlangen zur Durchführung fehlt oder ein Verfolgungsverbot eingreift". Hiernach sollte also Voraussetzung eines Sicherungsverfahrens die Undurchführbarkeit eines Strafverfahrens wegen Vorliegens eines Verfolgungshindernisses sein. Demgegenüber ist nach § 71 StGB Voraussetzung der selbständigen Anordnung die Undurchführbarkeit eines Strafverfahrens wegen Schuldunfähigkeit oder Verhandlungsunfähigkeit, und § 413 bestimmt, daß, falls die Staatsanwaltschaft wegen Schuldunfähigkeit oder Verhandlungsunfähigkeit das Strafverfahren nicht durchführt, sie die selbständige Anordnung beantragen könne, „wenn dies gesetzlich zulässig ist". § 413 StPO und ebenso § 71 StGB lassen also beim Sicherungsverfahren wegen Schuldunfähigkeit offen, ob zu den gesetzlichen Zulässigkeitsvoraussetzungen auch das Fehlen von Verfahrenshindernissen gehört, die einem Strafverfahren entgegenstehen würden. Das bedarf einer Einzelprüfung.

b) **Verjährung.** Die Bedeutung dieses Verfahrenshindernisses für das Sicherungs- **12** verfahren ist gesetzlich geklärt: § 78 Abs. 1 StGB bestimmt ausdrücklich, daß die Verjährung der Verfolgung auch die Anordnung von Maßregeln der Besserung und Sicherung ausschließt.

c) **Niederschlagung.** Auch die Frage, welche Auswirkung die **Niederschlagung 13 eines Strafverfahrens** durch Straffreiheitsgesetz hinsichtlich der Zulässigkeit eines selbständigen Sicherungsverfahrens hat, erscheint geklärt. Ordnet das Gesetz **uneingeschränkt** die Niederschlagung von Strafverfahren an, so liegt an sich der Gedanke nahe, daß der Verzicht auf den Strafanspruch alle Rechtsfolgen der Tat, also auch Maßregeln der Besserung und Sicherung umfaßt; das müßte dann folgerichtig dazu führen, daß auch die Durchführung von Sicherungsverfahren entfiele[18]. Einen Verzicht mit dieser Wirkung anzunehmen, widerspricht aber in der Regel dem Sinn der Gewährung von Straffreiheit. Denn mit dieser will der Gesetzgeber dem Täter das Strafübel ersparen; daraus folgt aber noch nicht, daß er auch auf den Schutz der Allgemeinheit vor künftigen Gesetzesverletzungen verzichten wolle, den die Maßregel bezweckt. Deshalb war in der Rechtsprechung[19] schon früher angenommen worden, daß, wenn ein Straffreiheitsgesetz sich darauf beschränkt, die Einstellung der Strafverfahren wegen bestimmter Straftaten vorzuschreiben und die Einleitung neuer Strafverfahren zu verbieten, eine solche Vorschrift grundsätzlich der Einleitung und Durchführung eines selbständigen Sicherungsverfahrens bei entsprechenden Tatverwirklichungen nicht entgegenstehe. Die neueren Amnestiegesetze haben nicht nur dies ausdrücklich anerkannt, sondern darüber hinaus in den Fällen, in denen eine Maßregel der Besserung und Sicherung nur in Verbindung mit einer Strafe ausgesprochen werden kann, unter Durchbrechung der Folgerungen, die sich nach der formalen Rechtslogik aus dem Verzicht auf den Strafanspruch für die Anordnung von Maßregeln ergeben, und in **Erweiterung** des § 429 a a. F die Zulässigkeit selbständiger Sicherungsverfahren trotz Einstellung des Strafverfahrens zugelassen (Vor § 413, 7). Daraus wird ein **allgemeiner Rechtsgrundsatz** zu entnehmen sein, der den Amnestiegesetzgeber nötigt, beabsichtigte Abweichungen jeweils deutlich zum Ausdruck zu bringen. In diesem Zusammenhang darf auch auf Art. 313

---

[17] BTDrucks. **VI** 650 S. 233.   [19] OLG Hamburg HRR **1935** Nr. 758.
[18] RGSt **69** 262, 263.

Karl Heinz Gössel

Abs. 1 EGStGB 1974 verwiesen werden, der einen Straferlaß für rechtskräftig verhängte Strafen, Nebenstrafen und Nebenfolgen wegen solcher Taten ausspricht, die nach neuem Recht nicht mehr strafbar sind, davon aber Maßregeln der Besserung und Sicherung ausnimmt.

14 **d) Strafantrag, Ermächtigung, Strafverlangen.** Die früher umstrittene Frage, ob das Sicherungsverfahren bei Bestehen sonstiger Verfahrenshindernisse (wie z. B. ein etwa fehlender Strafantrag etc.) durchgeführt werden kann, erscheint nunmehr geklärt: mit Recht folgert der BGH aus dem Wortlaut des § 71 StGB und dem des § 413, daß die fehlende Durchführung des subjektiven Strafverfahrens aus anderen als in dieser Vorschrift genannten Gründen zur Unzulässigkeit auch des Sicherungsverfahrens führt[20].

15 Gleichwohl kann auch in diesen Fällen das Sicherungsverfahren dann durchgeführt werden, wenn der fehlende Antrag etc. nach den Vorschriften des materiellen Rechts durch die Erklärung der Staatsanwaltschaft über das Bestehen eines **besonderen öffentlichen Interesses** an der Strafverfolgung ersetzt werden kann (z. B. §§ 183 Abs. 2, 232 Abs. 1, 248 a, 257 Abs. 4 Satz 2, 263 Abs. 4, 265 a Abs. 3, 266 Abs. 3 StGB).

III. Gesetzliche Zulässigkeit der selbständigen Maßregelanordnung

16 **1. Notwendigkeit einer gesetzlichen Grundlage der selbständigen Anordnung.** Die Erweiterung des Kreises derjenigen Maßregeln der Besserung und Sicherung, die selbständig angeordnet werden können, war die Veranlassung, in § 413 nicht die einzelnen Maßregeln aufzuführen, die der Anordnung im Sicherungsverfahren unterliegen, sondern die Aufzählung durch eine allgemein gefaßte Verweisung („wenn dies zulässig ist") auf das materielle Recht zu ersetzen. Um den Weg des Sicherungsverfahrens zu eröffnen, bedarf es also einer ausdrücklichen Vorschrift im materiellen Strafrecht, die — wie § 71 StGB — die selbständige Anordnung zuläßt[21]. Es genügt also nicht, wenn das Nebenstrafrecht über den Katalog des § 61 StGB hinaus Maßregeln der Besserung und Sicherung vorsieht, die auch dann angeordnet werden können, wenn der Täter wegen bestimmter Taten „nur deshalb nicht verurteilt wird, weil seine Schuldunfähigkeit erwiesen oder nicht auszuschließen ist" (so § 41 des Bundesjagdgesetzes betr. Entziehung des Jagdscheins; § 20 des Tierschutzgesetzes betr. Verbot des Haltens etc. von Tieren), ohne zugleich deutlich zum Ausdruck zu bringen, daß die Anordnung „selbständig" erfolgen kann.

17 **2. Überholte Rechtsprechungsergebnisse.** Dem vorgenannten Grundsatz widerspricht es nicht, daß der BGH unter der Herrschaft des § 429 a a. F es für zulässig erklärte, gegen einen zur Tatzeit Zurechnungsunfähigen im Sicherungsverfahren neben der Unterbringung in der damaligen Heil- und Pflegeanstalt auch die Entziehung der Fahrerlaubnis nach § 42 m StGB a. F anzuordnen[22], obwohl es damals dafür an einer verfahrensrechtlichen Grundlage fehlte, da § 42 m StGB a. F zwar auch die Entziehung der Fahrerlaubnis bei erwiesener oder nicht auszuschließender Zurechnungsunfähigkeit vorsah, aber eine dem heutigen § 71 Abs. 2 StGB entsprechende Vorschrift nicht bestand. Das entsprach aber damals einem — wegen der Enge des § 429 a a. F — unabweisbaren praktischen Bedürfnis, dem nunmehr der Gesetzgeber förmlich Rechnung getragen hat. Angesichts der heutigen Gesetzestechnik kann daher aus der Rspr. des BGH[23]

---

[20] BGHSt **31** 132, 134, 136 m. Anm. *Blau* JR **1984** 27 f; KK-*Meyer-Goßner*[2] 12; *Kleinknecht/Meyer*[38] 5; zum Streitstand vgl. LR-*Schäfer*[23] 19 ff.

[21] KK-*Meyer-Goßner*[2] 2.
[22] BGHSt **13** 91.
[23] BGHSt **13** 91.

kein allgemeiner Grundsatz des Inhalts abgeleitet werden, daß im Sicherungsverfahren neben einer Maßregel, die nach ausdrücklicher Regelung selbständig angeordnet werden kann, eine Maßregel zulässig sei, die zwar auch zulässig ist, wenn der Täter wegen erwiesener oder nicht auszuschließender Schuldunfähigkeit nicht verurteilt wird, bei der es aber an einer förmlichen Zulassung der selbständigen Anordnung fehlt. Aus einem solchen Fehlen ergibt sich eben, daß der Gesetzgeber bewußt ein Bedürfnis für das Sicherungsverfahren verneint hat.

3. Gesetzlichkeit der Maßregeln. Im übrigen umfaßt die Wendung **„wenn dies ge-** **18** setzlich zulässig ist"** in §413 nicht nur die Zulassung des Sicherungsverfahrens im allgemeinen, sondern sie bedeutet, daß — von dem Erfordernis der Schuld- und Verhandlungsfähigkeit abgesehen — im Sicherungsverfahren im Einzelfall alle Vorschriften des materiellen Rechts Anwendung finden, die für die in Frage stehende Maßregel gelten, so im Fall des §71 StGB zunächst als Anordnungsgrundlagen die §§63, 64, 69, 70 StGB, ferner aber auch die Konkretisierungen dieser Vorschriften, z. B. durch §§62, 67 b, 72 StGB.

4. Gesetzliche Zulässigkeit nach dem JGG. Auch gegen **Jugendliche und Heran-** **19** **wachsende** ist das selbständige Sicherungsverfahren zulässig (§§2, 7, 105 JGG); wegen der sachlichen Zuständigkeit vgl. §414, 14.

IV. Erwartbarkeit der selbständigen Anordnung

Der Antrag der Staatsanwaltschaft setzt voraus, daß die beantragte selbständige **20** Anordnung der Maßregel nach dem Ergebnis der Ermittlungen zu erwarten ist. Das bedeutet, daß der Erfolg des Antrags wahrscheinlich sein muß[24]. Das ergibt sich daraus, daß nach §414 Abs. 1 für das Sicherungsverfahren grundsätzlich die Vorschriften über das Strafverfahren sinngemäß gelten. Der Antrag entspricht der öffentlichen Klage (§414 Abs. 2 Satz 1); die Klageerhebung aber setzt nach §170 voraus, daß nach den Ermittlungen ein genügender Anlaß dazu besteht. Die Auslegung dieser Vorschrift muß sich an dem „hinreichend verdächtig erscheint" des §203 orientieren: der auch im Sicherungsverfahren nötige Eröffnungsbeschluß (§414, 22) darf nach §414 Abs. 1, §203 nur ergehen, wenn die Wahrscheinlichkeit besteht, daß für die beantragte Maßregel die Voraussetzungen der §§61 ff, 71 StGB gegeben sind; dem muß die Staatsanwaltschaft bei ihrer Entschließung über die Antragstellung Rechnung tragen. Es muß also z. B. bei dem Antrag auf Unterbringung in einem psychiatrischen Krankenhaus wegen **Schuldunfähig-** **keit** nach dem Ergebnis der Ermittlungen zunächst ein „hinreichender Verdacht" vorliegen, daß der „Beschuldigte" rechtswidrig den objektiven und subjektiven Tatbestand eines Verbrechens oder Vergehens als Realgrund[25] der Maßregel[26] verwirklicht hat; die ältere Rechtsprechung hält insoweit den durch die Schuldunfähigkeit bedingten Ausschluß des subjektiven Tatbestandes (z. B. Vorsatz) für unerheblich[27], jedoch muß zur Lösung dieser strittigen Frage ebenso wie der zur Bedeutung des Irrtums über einen rechtfertigenden Sachverhalt[28] auf die Erläuterungsbücher zum materiellen Strafrecht

---

[24] *Lüttger* GA **1957** 210.
[25] Vgl. dazu *Gössel* FS Pfeiffer (1988) 3, 7 ff.
[26] Und nicht bloß als „Anlaß" einer richterlichen Verwaltungstätigkeit, wie *Roxin*[20] §64 A II 1 und, diesem zustimmend, KMR-*Paulus* Vor §413, 2 meinen.

[27] Z. B. RGSt **71** 219, 220; BGHSt **10** 355.
[28] Nach der herrschend abgelehnten, jedoch zutreffenden strengen Schuldtheorie stets Verbotsirrtum, also im Ergebnis – insoweit in Übereinstimmung mit RGSt **73** 314, 315 – unbeachtlich.

Karl Heinz Gössel

verwiesen werden. Es muß ferner bei einer Gesamtwürdigung des Täters und seiner Tat wahrscheinlich sein, daß von ihm infolge seines Zustandes erhebliche rechtswidrige Taten zu erwarten sind und er deshalb für die Allgemeinheit gefährlich ist; nicht notwendig ist, daß sich diese — bejahte — Gefährlichkeit auch in der zugrundeliegenden rechtswidrigen Tat symptomatisch ausgedrückt hat[29]. Ferner darf der Grundsatz der Verhältnismäßigkeit (§ 62 StGB) der beantragten Maßregel nicht entgegenstehen[30]. Und es muß schließlich für die Staatsanwaltschaft nach dem Stand der Ermittlungen kein vernünftiger Zweifel daran bestehen, daß der Beschuldigte zur Tatzeit schuldunfähig war, oder es muß wenigstens bei einem unaufklärbaren Zweifel, ob erheblich verminderte Schuldfähigkeit oder schon Schuldunfähigkeit vorlag, keine hinreichende Aussicht bestehen, daß die Schuldfähigkeit vor Gericht festgestellt würde (Rdn. 4). Entsprechendes gilt, wenn ein Anordnungsantrag mit **Verhandlungsunfähigkeit** begründet wird; dann muß der hinreichende Tatverdacht in gleichem Umfang wie bei Erhebung der öffentlichen Klage gegeben sein.

V. Geltung des Opportunitätsprinzips

21   Die **Staatsanwaltschaft** „kann" den Antrag auf selbständige Anordnung stellen. Für sie gilt also insoweit nicht das Legalitätsprinzip (§ 152 Abs. 2), sondern die Entschließung über die Stellung des Antrags liegt in ihrem pflichtmäßigen Ermessen[31], das am Maßstab der Erforderlichkeit der Maßregel zur Sicherung der Allgemeinheit auszurichten ist[32].

22   Sie hat dabei auch zu prüfen, ob nicht der Zweck eines Sicherungsverfahrens auch auf andere Weise erreicht werden kann, z. B., ob nicht anstelle eines selbständigen Berufsverbots oder einer selbständigen Entziehung der Fahrerlaubnis eine Untersagung eines Gewerbes nach § 35 GewO oder die Entziehung der Fahrerlaubnis nach verkehrsrechtlichen Vorschriften (z. B. § 4 StVG) durch die Verwaltungsbehörde in Betracht kommt. In Ausübung ihrer Ermessensfreiheit hat die Staatsanwaltschaft insbesondere zu erwägen, ob sie von einem Antrag nach § 413 auf Unterbringung in einem psychiatrischen Krankenhaus oder einer Entziehungsanstalt absehen kann, um die Vorgänge an die Verwaltungsbehörde zur weiteren Behandlung nach Maßgabe der **landesrechtlichen Vorschriften über die Unterbringung gemeingefährlicher** (d. h. sich selbst oder anderen gefährlicher) **Geisteskranker** und Alkohol- oder Rauschgiftsüchtiger abzugeben. Die Unterbringung kann auch hier nur durch gerichtliche Entscheidung erfolgen (Art. 104 Abs. 2 GG), wobei in Ermangelung einer landesrechtlichen Vorschrift, welcher Richter zuständig ist, der Zivilrichter im Verfahren der freiwilligen Gerichtsbarkeit entscheidet[33]. In den Landesgesetzen ist regelmäßig dem Richter der freiw. Gerichtsbarkeit die Entscheidung übertragen. Das Unterbringungsverfahren im einzelnen ist in den Landesgesetzen nicht einheitlich geregelt[34]. Es gelten in Baden-Württemberg Ges. vom 11. 4. 1983, GBl. 133; Bayern Ges. vom 20. 4. 1982, BayRS 2128 1-I; Berlin Ges. vom 8. 3. 1985, GVBl. 586; Bremen Ges. vom 8. 5. 1979, GBl. 123; Hamburg Ges. vom 22. 9.

---

[29] RGSt **69** 242; BGHSt **5** 140; KK-*Meyer-Goßner*[2] 8; KMR-*Paulus* 15; a. A *Roxin*[20] § 64 A III.

[30] KMR-*Paulus* 16.

[31] RGSt **71** 218, 219; RG JW **1935** 532 Nr. 37, 2368 Nr. 18.

[32] KK-*Meyer-Goßner*[2] 15; KMR-*Paulus* 5; *Kleinknecht/Meyer*[38] 10.

[33] BGH NJW **1952** 543; a. A BVerwG NJW **1955** 804, das die Verwaltungsgerichte für zuständig hält.

[34] Vgl. *Baumann* Unterbringungsrecht (1966); *Saage/Göppinger* Freiheitsentziehung und Unterbringung[2] (1975).

1977, GVBl. 261; Hessen Ges. vom 19. 5. 1952, GVBl. 111; Niedersachsen Ges. vom 30. 5. 1978, GVBl. 443; Nordrhein-Westfalen Ges. vom 2. 12. 1969, GVBl. 872; Rheinland-Pfalz Ges. vom 19. 2. 1959, GVBl. 91; Saarland Ges. vom 10. 12. 1969, ABl. 1970, 22; Schleswig-Holstein Ges. vom 26. 3. 1979, GVBl. 251. Das Bundesgesetz über das gerichtliche Verfahren bei Freiheitsentziehung vom 29. 6. 1956 (BGBl. I 599) erfaßt diese Fälle nicht; es regelt nur das Verfahren bei den bundesgesetzlich vorgesehenen Freiheitsentziehungsfällen[35]. In gleicher Weise hat die Staatsanwaltschaft zu prüfen, ob nicht im Hinblick auf die vormundschaftsgerichtlich genehmigte Unterbringung eines Mündels oder Pfleglings (§§ 1800, 1631 b, 1909, 1915 BGB) von der Antragstellung nach § 413 abgesehen werden kann[36] (s. aber unten Rdn. 23). Sicherungsverfahren und sonstige Unterbringungsverfahren sind grundsätzlich nebeneinander möglich[37].

Eine bereits nach **Landesrecht angeordnete Unterbringung** machte nach früherer **23** Rechtsprechung eine strafrichterliche Unterbringungsanordnung im allgemeinen entbehrlich, weil sie in der Regel keine geringere Sicherheit der Allgemeinheit biete[38]. Ein Bedürfnis für das Sicherungsverfahren wurde angenommen, wenn das Landesrecht sich gegenüber bundesrechtlichen Unterbringungsmöglichkeiten Subsidiarität beilegt[39] oder die Entscheidung über eine vorläufige Entlassung oder längere Beurlaubung nicht dem Richter vorbehalten, sondern dem Anstaltsleiter übertragen hat[40]. Der BGH hat jedoch den Satz, daß landesrechtliche und strafgerichtliche Unterbringung im allgemeinen gleichwertig seien, weitgehend eingeschränkt, insbesondere dadurch, daß schon jede in weiterem Umfang als nach Bundesrecht zulässige Entlassung und jede landesgesetzlich vorgesehene Möglichkeit einer Beurlaubung die Gleichwertigkeit ausschließt[41]. Ferner bestehen Beschränkungen des Sicherungsverfahrens durch den Grundsatz der Verhältnismäßigkeit[42] mit der Folge, daß nur eine Unterbringung nach Landesrecht in Betracht komme, im Hinblick auf §62 n. F StGB nicht mehr[43]. Die **freiwillige** Unterbringung eines Schuldunfähigen durch den gesetzlichen Vertreter in einer geschlossenen Anstalt macht das Sicherungsverfahren nicht entbehrlich, weil jederzeit mit einer Entlassung auf dessen Verlangen gerechnet werden muß[44]. Eine nach den landesrechtlichen Vorschriften angeordnete Unterbringung endet, wenn der Strafrichter rechtskräftig die Unterbringung anordnet oder wenn die Aussetzung einer solchen Unterbringung widerrufen wird[45].

VI. Wechsel zwischen Straf- und Sicherungsverfahren

Der **Übergang vom (subjektiven) Strafverfahren zum selbständigen Sicherungsver- 24 fahren** ist nach Eröffnung des Hauptverfahrens ausgeschlossen. Die Sache bleibt im ordentlichen Strafverfahren auch anhängig, wenn das Rechtsmittel des freigesprochenen Angeklagten sich zulässigerweise auf die Anordnung einer Maßregel beschränkt[46] oder das Rechtsmittel des Staatsanwalts sich dagegen wendet, daß eine Maßregel gegen den Freigesprochenen nicht selbständig angeordnet wurde (Vor § 413, 5). Zum umgekehrten Übergang vom Sicherungsverfahren zum Strafverfahren s. § 416.

[35] *Kersting* JZ **1956** 716.
[36] KK-*Meyer-Goßner*[2] 16; KMR-*Paulus* 5.
[37] KK-*Meyer-Goßner*[2] 16; *Roxin*[20] § 64 A II 2.
[38] So BGHSt **12** 50; **17** 123.
[39] BGHSt **7** 61, 63; **12** 50, 51.
[40] BGHSt **19** 348, 349; BGH NJW **1967** 686; **1971** 1850; dazu kritisch *Schmidt-Futterer* MDR **1967** 357.

[41] BGHSt **24** 98, 102; kritisch dazu *Hanack* JZ **1974** 57.
[42] BGHSt **20** 232, 233.
[43] BGH NJW **1971** 1849.
[44] BGH NJW **1971** 1849.
[45] OLG Stuttgart Justiz **1975** 313.
[46] RGSt **69** 12, 13; BGHSt **5** 267; KK-*Meyer-Goßner*[2] 7.

Karl Heinz Gössel

§ 414

(1) Für das Sicherungsverfahren gelten sinngemäß die Vorschriften über das Strafverfahren, soweit nichts anderes bestimmt ist.

(2) [1]Der Antrag steht der öffentlichen Klage gleich. [2]An die Stelle der Anklageschrift tritt eine Antragsschrift, die den Erfordernissen der Anklageschrift entsprechen muß. [3]In der Antragsschrift ist die Maßregel der Besserung und Sicherung zu bezeichnen, deren Anordnung die Staatsanwaltschaft beantragt. [4]Wird im Urteil eine Maßregel der Besserung und Sicherung nicht angeordnet, so ist auf Ablehnung des Antrags zu erkennen.

(3) Im Vorverfahren soll einem Sachverständigen Gelegenheit zur Vorbereitung des in der Hauptverhandlung zu erstattenden Gutachtens gegeben werden.

Entstehungsgeschichte. Abs. 3 des früheren § 429 b (jetzt § 414) lautete ursprünglich: „Wäre für das Strafverfahren das Reichsgericht oder das Oberlandesgericht in erster Instanz oder das Schwurgericht zuständig, so tritt für das Sicherungsverfahren die große Strafkammer an ihre Stelle". Durch das VereinhG erhielt Absatz 3 folgende Fassung: „Für das Sicherungsverfahren ist die Strafkammer als erkennendes Gericht des ersten Rechtszuges zuständig". Durch Art. 21 Nr. 108 EGStGB 1974 erhielt § 414 seine jetzige Fassung. Die Änderungen gegenüber der früher geltenden Fassung bestehen darin, daß in Absatz 2 ein neuer Satz 3 („In der Antragsschrift...") eingestellt, in Satz 4 die Worte „die Unterbringung" durch „eine Maßregel der Besserung und Sicherung" ersetzt wurden und an die Stelle des bisherigen Absatzes 3 der jetzige Absatz 3 trat.

Übersicht

I. Allgemeine Bemerkungen zur sinngemäßen Anwendung der Strafverfahrensvorschriften (Abs. 1)

Neben den speziellen Vorschriften für das Sicherungsverfahren in § 414 Abs. 2 und **1** 3, §§ 415, 416 gelten die allgemeinen Vorschriften über das Strafverfahren nur **subsidiär**. Da das Sicherungsverfahren kein echtes Strafverfahren ist (Vor § 413, 4), können die für das Strafverfahren geltenden Regeln überdies nur **sinngemäß** angewendet werden; zur sinngemäßen Anwendung gehört auch die Rücksichtnahme auf die besonderen Umstände, Ziele und Zwecke des Verfahrens (Vor § 413, 4 ff). So ist z. B. für einen Anschluß als **Nebenkläger** (§ 395) kein Raum, da die Nebenklage ihrem Wesen nach auf eine Bestrafung des Täters abzielt[1], wie auch sonst Maßregeln der Besserung und Sicherung der Nebenklage nicht zugänglich sind[2]. Weil die Nebenklagebefugnis davon abhängig ist, daß die öffentliche Klage zwecks Durchführung eines subjektiven Strafverfahrens bereits erhoben ist (§ 395 Abs. 1 Satz 1), ist der Anschluß als Nebenkläger erst nach erfolgter Überleitung möglich, nicht aber schon vorher zum Zwecke der Herbeiführung der Überleitung[3]. Abweichungen vom Strafverfahren ergeben sich insbesondere aus der Aufhebung des Legalitätsprinzips (§ 413, 21) und aus § 415. Der Begriff **Sicherungsverfahren** umfaßt dabei das Verfahren in allen seinen Abschnitten, nicht nur das Stadium der gerichtlichen Anhängigkeit. Wird das Sicherungsverfahren wegen Verhandlungsunfähigkeit betrieben, so ist schon begrifflich § 205 unanwendbar. Auch bei Annahme des Sicherungsgrundes der Schuldunfähigkeit ist § 205 unanwendbar, es sei denn, es liegt bloß vorübergehende Verhandlungsunfähigkeit vor[4]: wie sich aus § 415 ergibt, bedarf es nicht der Verhandlungsfähigkeit des „Beschuldigten". Ebenso ist die Bestellung eines gesetzlichen Vertreters nicht erforderlich[5].

II. Das Vorverfahren zum Sicherungsverfahren

1. Wegen der Bestellung eines **Verteidigers** im Vorverfahren vgl. § 141 Abs. 3 in **2** Vbdg. mit § 140 Abs. 1 Nr. 7.

2. Nach Absatz 3 soll einem **Sachverständigen** Gelegenheit zur Vorbereitung **3** des in der Hauptverhandlung zu erstattenden Gutachtens (§ 415 Abs. 5 Satz 1) gegeben werden. Diese Bestimmung ergänzt zunächst den § 80 a, der nur die freiheitsentziehenden Maßregeln der Besserung und Sicherung betrifft, indem er die Beteiligung eines Sachverständigen auch für die Fälle der Entziehung der Fahrerlaubnis und des Berufsverbots regelt. Im übrigen besteht wohl ein gewisser Unterschied in den Voraussetzungen des Absatzes 3 gegenüber denen des § 80 a: § 414 hat den Fall im Auge, daß das Vorverfahren mit dem Ziel betrieben wird, die Voraussetzungen für einen Sicherungsantrag zu klären, und regelt für diesen Fall, zwar in Form einer Sollvorschrift, im übrigen aber ohne Einschränkungen, die Beteiligung eines Sachverständigen. § 80 a hat das Ermittlungsverfahren im Auge, das allgemein der Klärung der Frage dient, welche Rechtsfolgen sich aus der Tat ergeben können, und sieht hier die Beteiligung des Sachverständigen vor, wenn **damit zu rechnen ist**, daß eine freiheitsentziehende Maßregel in der Hauptverhandlung des Strafverfahrens (§ 246 a) angeordnet wird. Die Begründung des

---

[1] BGH NJW **1974** 2244; KK-*Meyer-Goßner*[2] 4; KMR-*Paulus* 1.
[2] OLG Karlsruhe VRS **33** 27; § 395, 12.
[3] KK-*Meyer-Goßner*[2] 4; **a. A** § 395, 12 und KMR-*Paulus* Vor § 413, 8.

[4] Vgl. dazu § 413, 9 und KK-*Meyer-Goßner*[2] 5; *Kleinknecht/Meyer*[38] 5.
[5] RGSt **70** 176; BGH NJW **1952** 674; *Niethammer* ZWehrR IV 284.

Karl Heinz Gössel

Entwurfs des EGStGB 1974 (BTDrucks. 7 550, S. 307) bemerkt zu § 414 betr. das Verhältnis des Absatzes 3 zu § 80 a: „Liegen die Voraussetzungen der §§ 80 a, 81 ... vor, so haben diese, nach § 414 Abs. 1 anzuwendenden Vorschriften den Vorrang". Wegen der Fachrichtung des Sachverständigen vgl. § 415, 10.

4   3. Ist ein **Haftbefehl** erlassen, so wird dieser in der Regel schon im Vorverfahren in einen **Unterbringungsbefehl** umzuwandeln sein, wie auch umgekehrt zu verfahren ist, stellt sich im Vorverfahren die Schuldfähigkeit des Betroffenen heraus[6]; bei Jugendlichen (nicht aber bei Heranwachsenden, vgl. § 109 JGG) gelten insoweit §§ 71, 72 JGG.

III. Gerichtliche Zuständigkeit

5   **1. Wegfall des früheren § 429 b Abs. 3 a. F.** Nach dem vor dem 1. 1. 1975 geltenden Absatz 3 des § 429 b a. F war für das Sicherungsverfahren, das damals nur die selbständige Unterbringung in einer Heil- oder Pflegeanstalt umfaßte, die Strafkammer als erkennendes Gericht des ersten Rechtszuges zuständig. Diese Zuständigkeitskonzentration, die dem Amtsgericht und dem erstinstanzlich tätigen Oberlandesgericht (§ 120 GVG) die Zuständigkeit für das selbständige Sicherungsverfahren entzog, bezweckte — außer einer Entlastung des Oberlandesgerichts — offenbar, bei der verhältnismäßig geringen Zahl der Anwendungsfälle des § 429 a a. F einer kleineren Zahl von Richtern zu ermöglichen, ausreichende Erfahrungen zu sammeln, um eine möglichst gleichmäßige Anwendung der Vorschrift, insbesondere zur Frage der Unterbringungsbedürftigkeit, zu gewährleisten und zugleich die Rechtsmittelkontrolle dem Bundesgerichtshof vorzubehalten[7]. Diese Zuständigkeitskonzentration ist dadurch entfallen, daß Art. 21 Nr. 108 EGStGB 1974 bei der Neufassung des § 429 b a. F (jetzt: § 414) den bisherigen Absatz 3 durch eine Vorschrift anderen Inhalts ersetzte, und zwar mit Rücksicht auf die wesentliche Erweiterung des Anwendungsbereichs des Sicherungsverfahrens (§ 413, 4). Die sachliche Zuständigkeit für das Sicherungsverfahren richtet sich nunmehr nach den Vorschriften des GVG[8].

6   **2. Zuständigkeit des Amtsgerichts.** Durch § 24 Abs. 2 GVG ist dem **Amtsgericht** die Zuständigkeit für das Sicherungsverfahren, soweit die Unterbringung in einem psychiatrischen Krankenhaus in Betracht kommt, entzogen. Die Amtsgerichte sind danach zuständig für das Sicherungsverfahren mit dem Ziel der Unterbringung in einer Entziehungsanstalt, der Entziehung der Fahrerlaubnis und der Anordnung des Berufsverbots. Diese Zuständigkeit entfällt, wenn die Staatsanwaltschaft gemäß § 24 Abs. 1 Nr. 3 wegen der besonderen Bedeutung des Falles den Sicherungsantrag beim Landgericht stellt (§ 74 Abs. 1 Satz 2 GVG). Die Erstreckung der amtsgerichtlichen Zuständigkeit auch auf das Sicherungsverfahren zwecks Unterbringung in einer Entziehungsanstalt wird in der Begründung des RegEntwurfs des EGStGB (BTDrucks. 7 550, S. 317 zu Art. 20 Nr. 1 betr. §§ 24, 25 GVG) damit begründet, daß Anlaß zur Unterbringung in einer Entziehungsanstalt häufig eine zu dem Bereich der Kleinkriminalität gehörige Tat sei und außerdem ihre Dauer nach § 67 d Abs. 1 StGB zwei Jahre nicht übersteigen dürfe, so daß das durch die Unterbringung dem Beschuldigten zugefügte Übel dasjenige einer dreijährigen Freiheitsstrafe, für dessen Verhängung die Amtsgerichte zuständig sind (§ 24 Abs. 2 GVG), nicht übersteige.

---

[6] KK-*Meyer-Goßner*[2] 6; KMR-*Paulus* Vor § 413, 6; *Kleinknecht/Meyer*[38] 1.

[7] Vgl. LR-*Schäfer*[22] § 429 b, 8.

[8] KK-*Meyer-Goßner*[2] 14.

Innerhalb des Amtsgerichts ist grundsätzlich das Schöffengericht zuständig (§ 24 **7** GVG), der Strafrichter (der „Richter beim Amtsgericht") nur dann, wenn die Staatsanwaltschaft den Sicherungsantrag bei ihm stellt und — bei Schuldfähigkeit — keine höhere Strafe als Freiheitsstrafe von einem Jahr zu erwarten wäre (§ 25 Nr. 3 GVG).

3. Zuständigkeit des Landgerichts

a) Zuständigkeit der Strafkammern. Die Große Strafkammer ist nach § 74 Abs. 1 **8** Satz 2 GVG stets zuständig für das Sicherungsverfahren mit dem Ziel der Unterbringung in einem psychiatrischen Krankenhaus, mit dem Ziel der Unterbringung in einer Entziehungsanstalt und für die Entziehung der Fahrerlaubnis oder die Anordnung eines Berufsverbots, sofern die Staatsanwaltschaft wegen der besonderen Bedeutung des Falles den Sicherungsantrag beim Landgericht stellt.

Welche von **mehreren allgemeinen Strafkammern** des Landgerichts für das Siche- **9** rungsverfahren zuständig ist, bestimmt der Geschäftsverteilungsplan. Enthält er keine Bestimmung, so ist die Strafkammer als zuständig anzusehen, die bei Schuld- und Verhandlungsfähigkeit des Täters als zuständig anzusehen wäre. Statt bei der normalen Großen Strafkammer kann der Staatsanwalt unter den Voraussetzungen des § 26 GVG den Antrag auch bei der **Jugendschutzkammer** stellen[9].

b) Zuständigkeit der Spezialkammern. Innerhalb des Landgerichts ist die Straf- **10** kammer als Schwurgericht (§ 74 Abs. 2 GVG), die Staatsschutzstrafkammer (§ 74 a GVG) und die Wirtschaftsstrafkammer (§ 74 c GVG) in gleicher Weise für das Sicherungsverfahren zuständig, wie sie bei Schuldfähigkeit und Verhandlungsfähigkeit des Beschuldigten für das subjektive Strafverfahren zuständig wäre[10].

Dieser inzwischen h. M hält das OLG München in einer vereinzelt gebliebenen **11** Entscheidung entgegen, sie begründe die Gefahr zeitraubender Verweisungen und laufe dem Ziel zuwider, möglichst schnell zu einer gesicherten Rechtsprechung zu gelangen, zumal da im Sicherungsverfahren nicht die rechtswidrige Tat Entscheidungsgegenstand sei, sondern die Schuldunfähigkeit und Gefährlichkeit des Betroffenen[11]. Diese Ausführungen können indessen nicht überzeugen. So läßt sich der Gefahr zeitraubender Verweisungen durch klare und eindeutige Geschäftsverteilungspläne leicht steuern; auch ist die Gefährdung des Ziels einer möglichst baldigen Erzielung einer gesicherten Rechtsprechung mindestens nicht größer als bei der Zuständigkeit der allgemeinen Strafkammern; im übrigen ist mit der Aufhebung des § 429 b Abs. 3 a. F das früher verfolgte Ziel der Zuständigkeitskonzentration bei den Sicherungsverfahren ohnehin entfallen (Rdn. 5). Entscheidend aber dürfte sein, daß die hier abgelehnte Auffassung den Gegenstand des Sicherungsverfahrens verkennt: mag auch die verfehlte Rede von der rechtswidrigen Tat als bloßem „Anlaß" der Maßregel im Sicherungsverfahren die wirkliche Bedeutung dieser Tat als Realgrund der Maßregeln verdunkeln (s. dazu § 413, 20), so bleibt doch die Tat Gegenstand auch des Sicherungsverfahrens[12]. Ferner ist zu bedenken, daß der gesetzgeberische Grund, einer bestimmten Strafkammer die Aburteilungszuständigkeit bei bestimmten Straftaten zuzuweisen, nämlich die Spezialerfahrungen der Richter dieser Kammer im Interesse einer gleichmäßigen Rechtshandhabung nutzbar zu machen, in gleicher Weise beim Sicherungsverfahren durchgreift. Dies gilt ohne weiteres, wenn das Sicherungsverfahren gegen den zur Tatzeit schuldfähigen und nach-

---

[9] OLG Hamm JMBlNRW **1963** 33, 35.
[10] Ebenso OLG Frankfurt vom 13. 2. 1976 – 3 Ws 89/76; OLG Stuttgart NStZ **1987** 292; KK-*Meyer-Goßner*[2] 17; KMR-*Paulus* 2; *Kleinknecht/Meyer*[38] 4.

[11] OLG München MDR **1983** 514.
[12] So auch KMR-*Paulus* 14.

Karl Heinz Gössel

träglich dauernd **verhandlungsunfähig** gewordenen Täter betrieben wird; dann ist die besondere Sachkunde des Gerichts nicht nur für die richtige Würdigung der subjektiven und objektiven Merkmale der rechtswidrigen Tat, sondern auch bei Entscheidung der Frage bedeutsam, ob von dem Täter infolge seines Zustandes noch eine Gefahr für die Allgemeinheit ausgeht, die es rechtfertigt, zur Abwendung der Gefahren seine Unterbringung anzuordnen[13]. Aber auch beim Sicherungsverfahren gegen den zur Tatzeit **Schuldunfähigen** kommt es bei der Würdigung der von ihm noch für die Allgemeinheit drohenden Gefahr auf die richtige Bewertung der Anknüpfungstat an. Dies gilt insbesondere für die Zuständigkeit der Schwurgerichtsstrafkammer. Bei ihr sollen die Fälle der Schwerstkriminalität konzentriert werden, um eine einheitliche Beurteilung durch **einen** Spruchkörper zu gewährleisten[14], und eine solche einheitliche Beurteilung ist auch dann geboten, wenn es sich nicht um ein Strafverfahren, sondern um ein Sicherungsverfahren handelt und die zugrundeliegende Tat in den Katalog des § 74 Abs. 2 GVG fällt[15].

12   Die vorgenannte auf Gesetz beruhende Zuständigkeit der „Spezialkammern" ist **jeder Disposition des Präsidiums entzogen**; weder kann dieses im Geschäftsverteilungsplan eine andere als die Spezialkammer für das Sicherungsverfahren für zuständig erklären, noch ist es berufen, bei einem negativen Kompetenzkonflikt hinsichtlich der *gesetzlichen* Zuständigkeitsvoraussetzungen zwischen einer Spezial- und einer allgemeinen Strafkammer zu entscheiden[16]. Ebensowenig könnte etwa die Schwurgerichtskammer sich durch „Verweisung" an eine allgemeine Kammer ihrer Zuständigkeit entziehen. Bei negativen Kompetenzkonflikten zwischen verschiedenen Kammern des Landgerichts entscheidet vielmehr in entsprechender Anwendung der §§ 14, 19 das Oberlandesgericht als gemeinschaftliches oberes Gericht[17]; unberührt bleiben §§ 13 a, 209, 209 a.

13   **4. Zuständigkeit des Oberlandesgerichts.** Nicht völlig zweifelsfrei erscheint, ob dem **Oberlandesgericht** als Gericht des ersten Rechtszuges (§ 120 GVG) die Zuständigkeit für das Sicherungsverfahren entzogen ist. Eine ausdrückliche Bestimmung des Inhalts, wie sie ehedem in der ursprünglichen Fassung des § 429 a. F enthalten war (oben Entstehungsgeschichte), fehlt, wenn man sie nicht aus § 74 Abs. 1 Satz 2 GVG („sie sind auch zuständig für **alle** Straftaten, bei denen ... die Unterbringung in einem psychiatrischen Krankenhaus, allein ... zu erwarten ist") entnehmen will. Man müßte dann aber § 74 Abs. 1 Satz 2 insoweit als Ausnahme von dem Grundsatz des § 74 Abs. 1 Satz 1 ansehen, wonach die Strafkammerzuständigkeit entfällt, wenn die des Oberlandesgerichts gegeben ist. **Für die Zuständigkeit** des Staatsschutzstrafsenats auch für das Sicherungsverfahren, wenn für das subjektive Verfahren dessen Zuständigkeit gegeben ist, sprechen die gleichen Erwägungen, die oben (Rdn. 10 f) für den Vorrang der Spezialkammern geltend gemacht sind. Der ehedem maßgebliche Gedanke einer Entlastung des Oberlandesgerichts entfällt gegenüber der Vorschrift des § 441 Abs. 1 Satz 1, wonach für das objektive Einziehungsverfahren der Staatsschutzsenat zuständig ist, wenn er für das subjektive Strafverfahren gegen eine bestimmte Person zuständig ist; für eine unterschiedliche Behandlung der Zuständigkeitsfrage bei dem personellen gegenüber dem gegenständlichen Sicherungsverfahren lassen sich schwerlich durchgreifende Gründe fin-

[13] Ebenso KK-*Meyer-Goßner*² 17.
[14] Begründung des Regierungsentwurfs des 1. StVRG, BTDrucks. 7 551 S. 101; Bericht des Rechtsausschusses BTDrucks. 7 2600 S. 11.
[15] Gegen OLG München MDR **1983** 514 wie hier auch OLG Saarbrücken NStZ **1985** 93;

OLG Stuttgart NStZ **1987** 292; KK-*Meyer-Goßner*² 17; KMR-*Paulus* 2; *Kleinknecht/Meyer*³⁸ 4.
[16] BGHSt **26** 191, 200.
[17] OLG Frankfurt vom 13. 2. 1976 – 3 Ws 89/76.

den[18]. Schließlich ist zu bedenken, daß das Oberlandesgericht (schon gemäß § 269) für die selbständige Anordnung von Maßregeln der Besserung und Sicherung zuständig bleibt, wenn sich nach Eröffnung des Strafverfahrens die Schuldunfähigkeit des Angeklagten zur Tatzeit ergibt oder seine Verhandlungsunfähigkeit eintritt oder zutage tritt. Von diesem Standpunkt aus richtet sich dann auch die Zuständigkeit der **Staatsanwaltschaft** zur Stellung des Sicherungsantrags nach § 142 a GVG.

5. Zuständigkeit im Verfahren gegen Jugendliche und Heranwachsende. Im Siche- **14** rungsverfahren gegen Jugendliche und Heranwachsende richtet sich die sachliche Zuständigkeit nach den §§ 40, 41 JGG. Danach ist, abweichend von § 24 Abs. 2 GVG[19], in verfassungsrechtlich zulässiger Weise[20] grundsätzlich das Jugendschöffengericht zuständig (§ 40 Abs. 1), es sei denn, daß dieses vor Eröffnung des Hauptverfahrens die Sache wegen ihres besonderen Umfanges der Jugendkammer zur Übernahme vorlegt und diese sie übernimmt (§ 40 Abs. 2, § 41 Abs. 1 Nr. 2 JGG)[21]. Eine Zuständigkeit der Jugendkammer kann sich auch aus § 41 Abs. 1 JGG ergeben, wie auch nach § 39 Abs. 1 Satz 1 JGG eine solche des Jugendrichters zur Entziehung der Fahrerlaubnis; § 26 GVG bleibt unberührt[22].

IV. Das Zwischenverfahren

1. Antragsschrift

a) Inhalt. An die Stelle der Anklageschrift tritt nach Absatz 2 eine **Antragsschrift**, **15** die den Erfordernissen einer Anklageschrift (§ 200) entsprechen muß. Diese ausdrückliche gesetzliche Anordnung mag selbstverständlich erscheinen, ist aber im Hinblick auf den möglichen Übergang ins subjektive Strafverfahren nach § 416 Abs. 2 auch notwendig[23].

Die Antragsschrift muß demgemäß die Bezeichnung des „Beschuldigten" und der **16** Tat samt ihren gesetzlichen Merkmalen und den anzuwendenden Vorschriften (§ 200 Abs. 1 Satz 2) im **Antragssatz** enthalten, u. U. mit dem Zusatz „im Zustand der Schuldunfähigkeit begangen"[24], ferner die in **§ 200 Abs. 1 Satz 2** verlangten Angaben (Beweismittel, zuständiges Gericht — s. dazu Rdn. 5 ff — und Verteidiger). Darüber hinaus ist grundsätzlich auch das **wesentliche Ergebnis der Ermittlungen** darzulegen (§ 200 Abs. 2 Satz 1). Das gilt ausnahmslos, wenn der Antrag auf eine freiheitsentziehende Maßregel (Unterbringung in einem psychiatrischen Krankenhaus oder in einer Entziehungsanstalt) gerichtet ist. Dagegen kann nach § 200 Abs. 2 Satz 2 vom Ermittlungsergebnis abgesehen werden, wenn der Antrag auf Entziehung der Fahrerlaubnis und auf Berufsverbot an den Strafrichter (Rdn. 7) gerichtet ist, weil im Fall der Schuldfähigkeit keine höhere Strafe als Freiheitsstrafe von einem Jahr zu erwarten wäre (§ 25 Nr. 3 GVG).

Darüber hinaus bedarf es des Antrags auf **Eröffnung** des Hauptverfahrens im **17** Sicherungsverfahren (§ 199 Abs. 2 Satz 1) und nach § 414 Abs. 2 Satz 3 der **Bezeichnung**

---

[18] Ebenso KK-*Meyer-Goßner*[2] 19; KMR-*Paulus* 2.

[19] OLG Saarbrücken NStZ **1985** 93; KK-*Meyer-Goßner*[2] 18.

[20] BVerfG (Vorprüfungsausschuß) NJW **1986** 771; s. dazu *Eisenberg* NJW **1986** 2408.

[21] Ebenso OLG Karlsruhe JZ **1957** 31; OLG Oldenburg NJW **1958** 1200; LG Waldshut

NJW **1956** 1488; a. A OLG Hamm JMBl-NRW **1955** 116, das die Jugendkammer für zuständig hält.

[22] KK-*Meyer-Goßner*[2] 18.

[23] So mit Recht *Kleinknecht/Meyer*[38] 2.

[24] KK-*Meyer-Goßner*[2] 7; KMR-*Paulus* 8; *Kleinknecht/Meyer*[38] 3.

der **beantragten Maßregel**, die zwar deutlich erkennbar sein muß, damit der Beschuldigte sich mit seiner Verteidigung darauf einrichten kann, aber nicht etwa formal zwingend dem Eröffnungsantrag oder sonst einem bestimmten Teil der Antragsschrift zuzuordnen ist[25]. Durch die genaue Bezeichnung in der Antragsschrift wird das Gericht allerdings nicht etwa auf die Anordnung der beantragten Maßregel beschränkt (vgl. § 265 Abs. 2)[26]. Bei den freiheitsentziehenden Maßregeln ist in der Regel neben der Antragsschrift nach § 414 zugleich ein **Antrag** auf Erlaß, Aufrechterhaltung, Außervollzugsetzung oder Aufhebung eines **Unterbringungsbefehls** (vgl. § 207 Abs. 4) zu stellen[27].

18   **b) Wesen.** Die besondere Antragsschrift bildet die **Prozeßvoraussetzung** für das gerichtliche Verfahren, deren Fehlen in jedem Stadium von Amts wegen zur Verfahrenseinstellung führt[28]. Daraus folgt, daß auf eine die Durchführung eines Strafverfahrens bezweckende Anklageschrift hin das Hauptverfahren im Sicherungsverfahren nicht eröffnet werden kann, wenn der Eröffnungsrichter die Schuld- oder Verhandlungsfähigkeit verneint, denn das würde bedeuten, daß der Eröffnungsrichter in unzulässiger Weise in das Ermessen des Staatsanwalts, ob er das selbständige Sicherungsverfahren betreiben will, eingreift[29]. Umgekehrt kann dagegen auf einen Sicherungsverfahrensantrag hin das Gericht das Hauptverfahren als Strafverfahren eröffnen[30]. Zulässig ist es, mit einer Anklageschrift **hilfsweise** einen Sicherungsverfahrensantrag für den Fall zu verbinden, daß das Eröffnungsgericht die Schuldfähigkeit des Angeschuldigten nicht als hinreichend dargetan, aber hinreichenden Verdacht der Schuldunfähigkeit als gegeben ansehen sollte[31]. Dagegen wäre es — gegen *Peters*[4] 572 — nicht genügend, daß die Staatsanwaltschaft sich bei Bedenken des Eröffnungsrichters mit einer Behandlung der Anklage als Antragsschrift einverstanden erklärt, denn damit wären dem Beschuldigten die Möglichkeiten, sich nach § 201 gerade gegen den Antrag zu wenden (Rdn. 20), entzogen[32].

19   **c) Verhältnis zwischen Straf- und Sicherungsverfahren.** Unzulässig ist es, nach Anklageerhebung und Eröffnung des subjektiven Strafverfahrens wegen hervorgetretener Bedenken gegen die Schuld- oder Verhandlungsfähigkeit einen **neuen Sicherungsverfahrensantrag** zu stellen, denn dann steht nach dem Grundsatz des § 414 Abs. 1 dem Betrieb des Sicherungsverfahrens das Verfahrenshindernis der **Rechtshängigkeit** des subjektiven Verfahrens entgegen; ist das Verfahren allerdings noch nicht eröffnet, ist Rücknahme der Anklage (§ 156) und Antragstellung nach § 414 möglich[33]. Das Gericht könnte auch nicht das anhängige Strafverfahren mit dem Sicherungsverfahren zur gemeinsamen Verhandlung und Entscheidung verbinden, denn die §§ 4, 5 sind unanwendbar, da es sich nicht um zusammenhängende Strafsachen, sondern nur um Verfahren verschiedener Art handelt. Es muß dann das Sicherungsverfahren eingestellt (§ 414 Abs. 1, § 206 a) und das Verfahren vor dem zuerst angegangenen Gericht durchgeführt werden[34].

20   **2. Das gerichtliche Zwischenverfahren.** Da der Antrag der **öffentlichen Klage gleichsteht,** muß das Gericht, wenn der Antrag bei ihm eingeht, zunächst nach §§ 201,

---

[25] OLG Düsseldorf OLGSt S. 1.
[26] KK-*Meyer-Goßner*[2] 7.
[27] KK-*Meyer-Goßner*[2] 8; KMR-*Paulus* 11; *Kleinknecht/Meyer*[38] 3.
[28] RGSt **68** 291; KK-*Meyer-Goßner*[2] 9.
[29] Ebenso RGSt **72** 143; KK-*Meyer-Goßner*[2] 10.

[30] KK-*Meyer-Goßner*[2] 10; § 416, 2.
[31] Ebenso RGSt **72** 143, 144; KK-*Meyer-Goßner*[2] 11; KMR-*Paulus* § 413, 4.
[32] So auch KK-*Meyer-Goßner*[2] 11.
[33] KK-*Meyer-Goßner*[2] 12.
[34] BGHSt **22** 185; dazu kritisch *Hanack* JZ **1974** 54, 57; KK-*Meyer-Goßner*[2] 12.

202 verfahren. Zugleich ist dem Betroffenen nach § 141 Abs. 1 in Vbdg. m. § 140 Abs. 1 Nr. 7 ein Verteidiger zu bestellen, soweit dies noch nicht im Vorverfahren geschehen ist (Rdn. 2). Sodann ist über den Antrag in gleicher Weise wie über eine Anklage zu entscheiden; §§ 209, 209 a gelten[35]. Genügt die Antragsschrift den wesentlichen Erfordernissen des § 414 nicht, so muß das Gericht die Eröffnung des Sicherungs(haupt)verfahrens bis zur Beseitigung des Mangels nach den gleichen Grundsätzen ablehnen, nach denen es im Strafverfahren bei sog. „wesentlichen" Mängeln der Anklageschrift zu verfahren hat[36].

Die **Eröffnung** wird durch begründeten Beschluß gemäß § 204 **abgelehnt**, wenn **21** rechtliche oder tatsächliche Bedenken entgegenstehen, etwa wenn kein hinreichender Verdacht der Täterschaft oder keine hinreichenden Anhaltspunkte vorliegen, daß die Tatbestandsverwirklichung im Zustand der Schuldunfähigkeit erfolgt oder Verhandlungsunfähigkeit gegeben ist (§ 413, 20). Die Wiederaufnahme und Fortführung des Verfahrens ist nur dann möglich, wenn die Nichteröffnung auf dem Mangel der Schuld- oder Verhandlungsfähigkeit beruht (s. auch § 416, 1): wird dagegen die Nichteröffnung auf andere Gründe gestützt (z. B. mangelnde Erwartung der Anordnung von Maßregeln), so erwächst der Nichteröffnungsbeschluß in die nach § 211 beschränkte Rechtskraft[37].

Wird die **Eröffnung** des Hauptverfahrens im Sicherungsverfahren **beschlossen** — **22** ggf. unter gleichzeitiger Entscheidung über die Fortdauer einer einstweiligen Unterbringung (§ 126 a) gemäß § 207 Abs. 4 —, so finden die allgemeinen Vorschriften über die Vorbereitung der Hauptverhandlung entsprechende Anwendung (s. Rdn. 23). Der Antrag kann nach Eröffnung des Hauptverfahrens nicht mehr zurückgenommen werden (§ 156); beim Übergang vom Sicherungs- zum Strafverfahren nach § 416 ersetzt er die Anklageschrift.

V. Das Hauptverfahren

1. Die Hauptverhandlung

a) Vorbereitung und Durchführung der Hauptverhandlung. Für die **Vorbereitung** **23** der Hauptverhandlung gelten §§ 213 ff, für deren **Durchführung** die allgemeinen Vorschriften (einschl. des § 171 a GVG) mit den Besonderheiten, die sich aus § 415 ergeben. Auch die Angaben des geisteskranken oder geistesschwachen Beschuldigten sind im Sicherungsverfahren Beweismittel und nach dem Grundsatz der freien Beweiswürdigung zu werten; denn auch ein Geisteskranker kann in der Lage sein, einfache ihn betreffende Lebensvorgänge zu erfassen und wiederzugeben oder bestimmte einfache Fragen zu beantworten, auch wenn er sonst außerstande ist, einer oft schwierigen Verhandlung zu folgen[38].

b) Anwendbarkeit der §§ 264, 265. § 264 ist zwar in dem Sinn entsprechend an- **24** wendbar, daß die Anordnung nur auf eine der im Eröffnungsbeschluß bezeichneten oder auf Nachtragsantrag (§ 266) hin durch Beschluß in das Verfahren einbezogenen Handlungen gestützt werden kann. Das schließt aber nicht aus, daß bei der Prüfung, ob der Schutz der Allgemeinheit die Maßregel erforderte, auch Taten berücksichtigt werden, die nicht Gegenstand der Antragsschrift sind, wenn sie lediglich zur Vervollständigung des Bildes über die Persönlichkeit und Gefährlichkeit des Beschuldigten herangezogen werden[39]. Daß § 265 in der Hauptverhandlung unanwendbar sei, weil es

---

[35] KK-*Meyer-Goßner*[2] 17; KMR-*Paulus* 13.
[36] RG JW **1935** 532 Nr. 37, 2368 Nr. 18; § 200, 52 ff.

[37] KMR-*Paulus* 12 f; s. auch § 211, 7.
[38] BGHSt **2** 269.
[39] Ebenso KMR-*Paulus* 14.

auf die genauere rechtliche Qualifikation nicht ankomme[40], kann für § 265 Abs. 1 nicht zugegeben werden. Denn da die Anordnung voraussetzt, daß die Verwirklichung des objektiven wie auch des subjektiven (Vorsatz!) Tatbestandes eines bestimmten Strafgesetzes festgestellt wird, so ist es für die Verteidigung des Beschuldigten sehr wohl von Bedeutung zu wissen, welchen Straftatbestand das Gericht als Grundlage der Anordnung in Erwägung zieht[41].

25   **c) Verbindung eines Strafverfahrens mit einem Sicherungsverfahren.** Durch Beschluß gemäß § 4 kann bei **Tatmehrheit** ein selbständiges Sicherungsverfahren mit einem bereits eröffneten Strafverfahren gegen denselben Beschuldigten **verbunden** werden; die Urteilsformel muß dann für beide Verfahren Entscheidungen treffen und lautet gegebenenfalls auf Freispruch und Maßregelanordnung oder auf Verurteilung und Ablehnung der Anordnung[42], während die Ablehnung in der Urteilsformel nicht in Erscheinung tritt, wenn nur das Hauptverfahren in einem Strafverfahren eröffnet ist und Freispruch und Anordnung einer Maßregel beantragt wird (vgl. § 267 Abs. 6).

26   **2. Die verfahrensabschließenden Entscheidungen.** Im Sicherungsverfahren wird allein über den **Antrag** der Staatsanwaltschaft auf Verhängung der jeweils in Betracht kommenden Maßregel **entschieden**, nicht aber ein Schuldspruch gefällt. Deshalb wird im Urteilstenor auf Grund der Hauptverhandlung regelmäßig nur entweder auf Anordnung einer Maßregel oder auf Ablehnung des Antrags erkannt, die an die Stelle des Freispruchs (als eines gleichsam negativen Schuldspruchs) bei einer schuldhaften Tat tritt[43], nicht aber die begangene rechtswidrige Tat bezeichnet[44]. Auch die Frage nach **sonstigen verfahrensabschließenden Entscheidungen** in der Hauptverhandlung ist daran auszurichten, daß im Sicherungsverfahren über die Schuld des Betroffenen nicht entschieden wird: deshalb sind im weitesten Sinne „schuldabhängige" Einstellungen z. B. nach §§ 153 Abs. 2, 153 a Abs. 2, 153 b Abs. 2 ausgeschlossen[45], nicht aber „schuldunabhängige" Einstellungen z. B. aus verfahrensökonomischen Gründen nach § 154 Abs. 2 und § 154 a Abs. 2, in den Fällen des § 153 e Abs. 2, des § 154 b Abs. 4[46] und ebensowenig Einstellungen wegen Vorliegens von Prozeßhindernissen (soweit möglich, vgl. § 413, 12 ff).

27   Bei Anordnung einer freiheitsentziehenden Maßregel ist die **Auswahl und Bezeichnung der Vollzugsanstalt** naturgemäß nicht Sache des Gerichts[47]. Die Anordnung setzt die Feststellung der Verhandlungsunfähigkeit oder die positive Feststellung der Schuldunfähigkeit oder doch wenigstens einen unbehebbaren Zweifel voraus, ob erheblich verminderte Schuldfähigkeit oder Schuldunfähigkeit vorlag. Kann eine solche Feststellung nicht getroffen werden, so muß das Gericht den Antrag ablehnen und nach § 416

---

[40] So früher *Müller/Sax*[6] 1 c; wie hier aber jetzt KMR-*Paulus* 14.

[41] *Eb. Schmidt* Nachtr. I § 429 b a. F 6.

[42] RGSt **73** 314; KK-*Meyer-Goßner*[2] 13; KMR-*Paulus* Vor § 413, 10.

[43] BGH NJW **1970** 1242.

[44] BGH bei *Holtz* MDR **1985** 449; KK-*Meyer-Goßner*[2] 21; *Kleinknecht/Meyer*[38] 8. Die Bezeichnung der begangenen rechtswidrigen Tat unterbleibt indessen allein mangels eines Schuldspruchs, nicht aber deswegen, weil die vom Betroffenen begangene rechtswidrige Tat etwa nur eine „Anlaßtat" sei (so aber z. B.

BGH bei *Holtz* MDR **1985** 449); mit dieser Beweisführung würde verkannt, daß auch die Maßregeln **Rechtsfolgen** einer Tat sind, also nicht bloß einen „Anlaß", sondern, was z. B. auch im § 62 StGB aufscheint, notwendig einen Grund haben müssen, der (als Realgrund) in der rechtswidrigen Tat und der Tätergefährlichkeit liegt – *Gössel* FS Pfeiffer (1988) 3, 8 ff; s. auch KMR-*Paulus* 15.

[45] LG Krefeld NJW **1976** 815.

[46] Vgl. dazu KK-*Meyer-Goßner*[2] 20.

[47] RGSt **70** 176, 177; OLG Hamm SJZ **1950** 213; KK-*Meyer-Goßner*[2] 21.

verfahren. Der Antrag ist nach dem Grundsatz in dubio pro reo auch abzulehnen, wenn zweifelhaft bleibt, ob der Beschuldigte die ihm zur Last gelegte Tat begangen hat, oder ob ihm ein Rechtfertigungsgrund oder ein anderer Schuldausschließungsgrund als Schuldunfähigkeit oder ein Strafaufhebungsgrund wie Rücktritt vom Versuch zur Seite steht[48].

Liegt dem Eröffnungsbeschluß die Annahme **mehrerer selbständiger Handlungen** **28** zugrunde und wird eine der Taten in der Hauptverhandlung nicht erwiesen, so erfolgt keine Teilablehnung (noch weniger ein Teilfreispruch), denn es ist dann nur einer von mehreren Unterbringungsgründen weggefallen[49]; wegen der Kostenentscheidung in einem solchen Fall s. Rdn. 30.

Lautet das Urteil auf eine freiheitsentziehende Maßregel der Besserung und Siche- **29** rung, so kann sie unter den Voraussetzungen des §67b StGB zugleich zur **Bewährung ausgesetzt** werden; es gelten dann die Vorschriften des §268a Abs. 2, 3.

3. Verfahrenskosten. Kostenmäßig steht die selbständige Anordnung einer Maßre- **30** gel gemäß §465 Abs. 1 einer Verurteilung zur Strafe, die Ablehnung des Sicherungsan-trags gemäß §467 StPO, §§2, 8 StrEG einem Freispruch gleich (s. §465, 5; §467, 6)[50]. Hat der Eröffnungsbeschluß mehrere selbständige Straftaten zum Gegenstand, von denen nur ein Teil als erwiesen angesehen wird (oben Rdn. 28), so erfolgt Kostenvertei-lung in gleicher Weise wie bei einem Urteil, das teils auf Strafe, teils auf Freispruch lau-tet („*insoweit* zu tragen, als sie durch das Verfahren wegen einer Tat entstanden sind, wegen deren eine Maßregel gegen ihn angeordnet wird")[51].

4. Wegen der **Vollstreckung** der selbständig angeordneten Maßregeln vgl. §463. **31**

VI. Rechtskraft

1. Sicherungsverfahren wegen Verhandlungsunfähigkeit. Wurde das Sicherungsver- **32** fahren wegen Verhandlungsunfähigkeit des zur Tatzeit Schuldfähigen betrieben, so verbraucht das rechtskräftige Urteil nicht nur den Sicherungsanspruch in gleichem Umfang wie ein Urteil im Sicherungsverfahren gegen den zur Tatzeit Schuldunfähigen (Rdn. 33), sondern auch den Strafanspruch[52]; denn Gegenstand des Verfahrens war auch, ob überhaupt ein Strafanspruch entstanden sei, der sich nur wegen der Verhand-lungsunfähigkeit als unrealisierbar erwies und sich deshalb in einen Sicherungsanspruch verwandelte.

Nach *Kleinknecht/Meyer*[53] „gilt dies aber nicht, wenn **lediglich aus prozessualen** **33** **Gründen** von vornherein die beschränkte Sachentscheidung angestrebt wird, z. B. Entziehung der Fahrerlaubnis oder Berufsverbot (§71 II StGB) wegen Verhandlungsun-fähigkeit. ... Die rechtskräftige Sachentscheidung, die im Sicherungsverfahren ergan-gen ist, wird aber durch die Einleitung eines nachträglichen Strafverfahrens nicht besei-tigt. Wenn sie nach dem Ergebnis des auf umfassende Beurteilung ausgerichteten Straf-verfahrens ihre Berechtigung verliert, wird sie im Strafurteil aufgehoben; andernfalls wird darin klargestellt, daß es bei dem rechtskräftigen Urteil im Sicherungsverfahren

---

[48] BGHSt **13** 91, 94; **31** 132; KK-*Meyer-Goß-ner*[2] 22.

[49] RG DJ **1939** 1087 f; KK-*Meyer-Goßner*[2] 22.

[50] RG HRR **1939** Nr. 604; **1940** Nr. 138; KK-*Meyer-Goßner*[2] 23; KMR-*Paulus* 15; *Kleinknecht/Meyer*[38] 10.

[51] Vgl. dazu RG HRR **1939** Nr. 1012; **1940** Nr. 137, 138; RGSt **73** 303, 306; KK-*Meyer-Goßner*[2] 23; KMR-*Paulus* 15.

[52] KK-*Meyer-Goßner*[2] 25.

[53] §416, 8.

Karl Heinz Gössel

sein Bewenden habe". Wenn auch ein bloß formell-rechtskräftiger Abschluß des Sicherungsverfahrens ohne Sachentscheidung der Durchführung eines Strafverfahrens oder eines erneuten Sicherungsverfahrens nicht entgegensteht[54], so kann diesen Ausführungen gleichwohl nicht zugestimmt werden. Sie gehen offenbar davon aus, daß die Staatsanwaltschaft bei Stellung des Sicherungsantrags und das Gericht bei Durchführung des Sicherungsverfahrens dauernde Verhandlungsunfähigkeit des Beschuldigten annahmen, erwartungswidrig aber nach rechtskräftigem Abschluß des Sicherungsverfahrens der „Beschuldigte" die Verhandlungsfähigkeit wiedererlangt. Dieser Fall rechtfertigt keine Sonderbehandlung. Denn das auf Fahrerlaubnisentziehung oder Berufsverbot lautende Sicherungsurteil weist begrifflich Elemente eines Strafurteils auf, indem das Gericht feststellen muß, daß der Täter zu verurteilen wäre, wenn nicht seine Verhandlungsunfähigkeit der Verurteilung entgegenstünde. Die Anforderungen an diese Feststellung sind nicht geringer, als wenn der verhandlungsfähige Täter verurteilt und ihm deshalb nach § 69 StGB die Fahrerlaubnis entzogen würde. Der verfassungsrechtliche Grundsatz ne bis in idem (Art. 103 Abs. 3 GG) läßt bei solcher Lage ein „nachträgliches Strafverfahren" mit „umfassender Beurteilung" nicht zu[55], grundsätzlich auch nicht im **Wiederaufnahmeverfahren**: die spätere Wiedererlangung der als dauernd verloren angesehenen Verhandlungsfähigkeit ist kein Wiederaufnahmegrund; allenfalls könnte ein solcher angenommen werden, wenn der Beschuldigte später gesteht, die dauernde Verhandlungsunfähigkeit vorgetäuscht zu haben (Rdn. 37; s. dazu auch § 413, 9).

2. Sicherungsverfahren wegen Schuldunfähigkeit

34　　a) Ein im **Strafverfahren** ergangenes rechtskräftiges, freisprechendes Urteil verbraucht den Strafanspruch mit der Wirkung, daß wegen der Tat, die den Gegenstand des Strafverfahrens bildete, ein selbständiges Sicherungsverfahren nicht mehr betrieben werden kann[56]. Das bedarf, wenn der Freispruch wegen Verneinung der Täterschaft oder wegen eines Unrechtsausschließungsgrundes oder wegen eines anderen Schuldausschließungsgrundes als der Schuldunfähigkeit erfolgt, keiner Begründung. Aber auch der Freispruch wegen Schuldunfähigkeit steht einem nachträglichen selbständigen Sicherungsverfahren entgegen, denn das Gericht war in der Lage und verpflichtet zu prüfen, ob mit dem Freispruch eine Anordnung nach § 71 StGB zu verbinden sei. Die Nichtanordnung entspricht daher einer Verneinung der Anordnungsvoraussetzungen; es geht mithin nicht an, wenn *Nagler*[57] die Zulässigkeit des nachträglichen Sicherungsverfahrens damit begründen will, die Rechtskraft des Strafurteils verbiete nur eine nochmalige Behandlung der Straffrage, nicht eine erneute Würdigung des Sachverhalts unter dem ganz anderen Gesichtspunkt des Sicherungserfordernisses. Auch wenn im Strafurteil die Anordnung unterbleibt, weil Gefährlichkeit und Sicherungsbedürfnis verneint werden, ist ein nachträgliches Sicherungsverfahren wegen neu hervorgetretener, die Gefährlichkeit offenbarender Umstände ausgeschlossen; es gilt hier das gleiche, wie wenn im Sicherungsverfahren die Anordnung rechtskräftig abgelehnt wird.

35　　b) Kraft der in § 414 Abs. 1 angeordneten Geltung der allgemeinen strafverfahrensrechtlichen Regeln wird auch durch ein im selbständigen **Sicherungsverfahren** ergangenes rechtskräftiges Urteil, es mag auf Anordnung oder Ablehnung lauten, sowohl ein Strafanspruch als auch ein Sicherungsanspruch verbraucht; in der im Sicherungs-

---

[54] Zutr. *Kleinknecht/Meyer*[38] § 416, 7.
[55] Wie hier auch KK-*Meyer-Goßner*[2] 26; KMR-*Paulus* Vor § 413, 11.
[56] RGSt **68** 171; 383, 384, 392; **69** 170; BGHSt **11** 319, 322; *Eb. Schmidt* § 429 b a. F, 16;

KK-*Meyer-Goßner*[2] 26; KMR-*Paulus* Vor § 413, 11; *Hanack* JZ **1974** 57; **a. M** *Nagler* GerS **112** (1939) 334.
[57] *Nagler* GerS **112** (1939) 334.

verfahren ergehenden Entscheidung liegt, soweit es sich um den Strafanspruch handelt, gewissermaßen der Freispruch wegen Schuldunfähigkeit hinsichtlich einer möglichen Straftat[58]. Dies ergibt sich aus der Erwägung, daß das Gericht stets sein Augenmerk darauf zu richten hat, ob der Beschuldigte nicht doch — entgegen der Annahme des Eröffnungsbeschlusses — schuldfähig war, und daß es gemäß § 416 in das Strafverfahren übergehen muß, wenn sich die Schuldfähigkeit des Beschuldigten herausstellt (§ 416, 5). Erweist sich also nach Rechtskraft einer selbständigen Anordnung, daß der Beschuldigte im Zeitpunkt der Tat schuldfähig war, so ist die Durchführung eines Strafverfahrens ausgeschlossen[59]. Das gleiche gilt selbstverständlich, wenn eine Maßregel abgelehnt wird, weil der Beschuldigte nicht der Täter sei, es gilt aber auch dann, wenn die Ablehnung nur darauf gestützt wird, daß der Schutz der Allgemeinheit die Anordnung einer Maßregel nicht erfordere; denn nicht diese Begründung, sondern die Feststellung, daß die Voraussetzungen eines Sicherungsanspruchs nicht gegeben seien, wird rechtskräftig[60].

Mithin steht die rechtskräftige **Ablehnung wegen mangelnder Gefährlichkeit** **36** einem neuen Sicherungsverfahren auf Grund der in dem früheren Eröffnungsbeschluß bezeichneten Taten auch dann entgegen, wenn sich nach Rechtskraft neue Anhaltspunkte für die Gefährlichkeit ergeben[61]. Bestehen diese Anhaltspunkte in der *erneuten* Verwirklichung von Verbrechens- oder Vergehenstatbeständen, so rechtfertigt natürlich dieser Umstand ein neues Sicherungsverfahren[62], wobei die in dem früheren Urteil gewürdigten Tatbestandsverwirklichungen, auch wenn sie nicht die Grundlage des neuen Verfahrens bilden können, doch zur Vervollständigung des Bildes herangezogen werden dürfen (oben Rdn. 24). Ergibt sich dagegen nachträglich die Gefährlichkeit aus anderen Gesichtspunkten, so ist, soweit es sich um eine freiheitsentziehende Maßregel handelt, dem praktischen Bedürfnis dadurch genügt, daß ein Unterbringungsverfahren auf Grund der Landesunterbringungsgesetze (§ 413, 22) betrieben werden kann[63]; ein solches Unterbringungsverfahren wäre übrigens selbst dann zulässig, wenn das Strafgericht die Unterbringung — gleichviel ob wegen fehlender Täterschaft oder mangelnder Gefährlichkeit — ablehnt und keine neuen Gesichtspunkte nachträglich hervortreten. Denn wie die Ablehnung einer Unterbringung durch den Richter der freiwilligen Gerichtsbarkeit den Strafrichter nicht hindert, die Unterbringung nach § 413 anzuordnen, so hindert die vorgängige Ablehnung im selbständigen Sicherungsverfahren den Richter der freiwilligen Gerichtsbarkeit ebensowenig, auf der Grundlage der für ihn bestehenden Vorschriften und seiner eigenen Ermittlungen die Unterbringung anzuordnen. Entsprechendes gilt bei der rechtskräftigen Ablehnung von Entziehung der Fahrerlaubnis und Berufsverbot, wo etwa durch Maßnahmen der Verwaltungsbehörden Gefahren ausgeschlossen werden können.

VII. Rechtsbehelfe

1. Rechtsmittel. Die verfahrensabschließenden Entscheidungen sind mit den allge- **37** meinen Rechtsmitteln anfechtbar; ein Rechtsmittelverzicht des schuldunfähigen Be-

---

[58] BGHSt **11** 319, 322; **13** 91, 94; **16** 198, 199; KK-*Meyer-Goßner*[2] 25.
[59] Ebenso OLG Hamm JMBlNRW **1949** 202; *Schäfer/Wagner/Schafheutle* Gewohnheitsverbrechergesetz § 429 b, 1 g.
[60] Ebenso RGSt **68** 171; 383, 384; 392, 393; **69** 172 und das überwiegende Schrifttum, z. B.

Eb. Schmidt § 429 b a. F, 14; *Schäfer/Wagner/ Schafheutle* § 429 b, 1 g; *Dörffler* DJ **1933** 749, 751; a. A *Henkel* 418 und ZStW 70 (1958) 214; **81** (1969) 987; *Peters*[4] 572.
[61] KK-*Meyer-Goßner*[2] 25; *Schlüchter* 805.
[62] KK-*Meyer-Goßner*[2] 27.
[63] KK-*Meyer-Goßner*[2] 25.

Karl Heinz Gössel

troffenen ist wegen der regelmäßig vorliegenden Verhandlungsunfähigkeit unwirksam[64].

38   **2. Wiederaufnahme gegen das Sicherungsurteil.** Die Möglichkeit der Wiederaufnahme des Verfahrens zugunsten des Beschuldigten, gegen den nach § 413 eine Maßregel angeordnet wurde, wegen neuer Tatsachen und Beweismittel ergibt sich unmittelbar aus § 359 Nr. 5. Ist durch rechtskräftiges Urteil der Antrag abgelehnt worden, so ist eine Wiederaufnahme des selbständigen Sicherungsverfahrens **zuungunsten** des Beschuldigten nach § 362 Nr. 4, § 414 Abs. 1 nur möglich, wenn die Ablehnung wegen Verneinung der Täterschaft erfolgte und er ein Geständnis über die Täterschaft ablegt. Stellt sich in einem solchen Fall zugleich heraus, daß der Beschuldigte entgegen der Annahme in dem rechtskräftig abgeschlossenen Sicherungsverfahren zur Tatzeit schuldfähig war, so kann nach dem Sinn des § 416 das Verfahren in Form des Strafverfahrens wiederaufgenommen werden. Ausnahmsweise ist auch eine Wiederaufnahme in Form des Strafverfahrens zuungunsten des Beschuldigten denkbar, dessen Unterbringung selbständig angeordnet wurde, dann nämlich, wenn er[65] die Schuldunfähigkeit zur Tatzeit vorgetäuscht hatte und dies gesteht. Dann kann die bloße Unterbringung als „Freispruch" i. S. des § 362 Nr. 4 und das Geständnis der Schuldfähigkeit als „Geständnis der strafbaren Handlung", d. h. als Geständnis, daß nicht nur der objektive Tatbestand einer strafbaren Handlung erfüllt, sondern eine Straftat begangen wurde, angesehen werden[66].

39   Wird die **Wiederaufnahme** gegen ein Urteil wegen nachträglich erkannter Schuldunfähigkeit des Verurteilten angeordnet, und steht dann nur noch die Maßregel in Frage, so muß das Gericht in einer Hauptverhandlung darüber entscheiden. In einem solchen Fall ist **§ 371 Abs. 2 unanwendbar**, weil nicht ein objektives Verfahren betrieben wird, sondern im Strafverfahren eine Entscheidung über Schuld oder Nichtschuld zu treffen ist[67].

§ 415

(1) **Ist im Sicherungsverfahren das Erscheinen des Beschuldigten vor Gericht wegen seines Zustandes unmöglich oder aus Gründen der öffentlichen Sicherheit oder Ordnung unangebracht, so kann das Gericht die Hauptverhandlung durchführen, ohne daß der Beschuldigte zugegen ist.**

(2) [1]**In diesem Falle ist der Beschuldigte vor der Hauptverhandlung durch einen beauftragten Richter unter Hinzuziehung eines Sachverständigen zu vernehmen.** [2]**Von dem Vernehmungstermin sind die Staatsanwaltschaft, der Beschuldigte, der Verteidiger und der gesetzliche Vertreter zu benachrichtigen.** [3]**Der Anwesenheit des Staatsanwalts, des Verteidigers und des gesetzlichen Vertreters bei der Vernehmung bedarf es nicht.**

(3) **Fordert es die Rücksicht auf den Zustand des Beschuldigten oder ist eine ordnungsmäßige Durchführung der Hauptverhandlung sonst nicht möglich, so kann das Gericht im Sicherungsverfahren nach der Vernehmung des Beschuldigten zur Sache die Hauptverhandlung durchführen, auch wenn der Beschuldigte nicht oder nur zeitweise zugegen ist.**

---

[64] A. A KK-*Meyer-Goßner*[2] 24; die dort in Bezug genommene Entscheidung BGH NStZ **1984** 181 betrifft nicht den Fall des Rechtsmittelverzichts im Sicherungsverfahren.

[65] Vgl. den von OLG Hamm JMBlNRW **1949** 202 entschiedenen Fall.

[66] Ebenso *Peters*[4] 573.

[67] BGHSt **14** 64; KMR-*Paulus* Vor § 413, 14.

(4) [1]Soweit eine Hauptverhandlung ohne den Beschuldigten stattfindet, können seine früheren Erklärungen, die in einem richterlichen Protokoll enthalten sind, verlesen werden. [2]Das Protokoll über die Vorvernehmung nach Absatz 2 Satz 1 ist zu verlesen.

(5) [1]In der Hauptverhandlung ist ein Sachverständiger über den Zustand des Beschuldigten zu vernehmen. [2]Hat der Sachverständige den Beschuldigten nicht schon früher untersucht, so soll ihm dazu vor der Hauptverhandlung Gelegenheit gegeben werden.

Entstehungsgeschichte. Der frühere $\S$ 429 c ist mit neuer Bezifferung ($\S$ 415) durch Art. 21 Nr. 108 EGStGB 1974 neu gefaßt worden. Änderungen gegenüber der bisherigen Fassung bestehen in der lediglich redaktionellen Änderung der Eingangsworte des Absatzes 2 Satz 3 (bisher: „Ihrer Anwesenheit bei..."\) und der Einfügung des Absatzes 5.

Übersicht

1. Bedeutung des $\S$ 415. Im Strafverfahren darf nach $\S\S$ 232, 233 auch in den Fällen, in denen eine Hauptverhandlung ausnahmsweise in Abwesenheit des Angeklagten **1** zulässig ist, abgesehen von der Entziehung der Fahrerlaubnis ($\S$ 232 Abs. 1 Satz 3), eine Maßregel der Besserung und Sicherung nicht verhängt werden, weil die Verhängung einer solchen Maßregel eine eingehende Prüfung der Persönlichkeit des Beschuldigten erfordert. Die Bedeutung des $\S$ 415, der inhaltlich im wesentlichen aus Art. 70 Nr. 152 Entw. EGStB 1930 übernommen worden ist, besteht darin, daß er, gleichviel ob das Sicherungsverfahren wegen Schuldunfähigkeit oder wegen Verhandlungsunfähigkeit betrieben wird, von dem grundsätzlichen Erfordernis der Anwesenheit des Beschuldigten unter bestimmten Voraussetzungen Ausnahmen zuläßt, weil nach dem Zweck des Sicherungsverfahrens die Anordnung der Maßregel nicht daran scheitern darf, daß der Beschuldigte in der Hauptverhandlung nicht zugegen sein kann[1].

2. Verfahren in Abwesenheit des Beschuldigten

a) Voraussetzungen. Nach Absatz 1 kann das Gericht durch **Beschluß**[2] anordnen, **2** **während der ganzen Hauptverhandlung** auf die Anwesenheit des Beschuldigten zu verzichten, wenn sein Erscheinen vor Gericht wegen seines Zustandes geradezu unmöglich oder aus Gründen der öffentlichen Sicherheit und Ordnung unangebracht ist. Das Erscheinen kann zunächst dadurch **unmöglich** sein, daß der Zustand des Beschuldigten nach ärztlicher Auffassung es verbietet, ihn vor Gericht zu verbringen (Transportunfähigkeit; Verschlechterung seines Gesundheitszustandes[3]). Als **unmöglich** ist das Erschei-

---

[1] KK-*Meyer-Goßner*[2] 1.　　　　　　　　[3] KK-*Meyer-Goßner*[2] 4; *Schlüchter* 801.
[2] KK-*Meyer-Goßner*[2] 4; *Kleinknecht/Meyer*[38] 1.

Karl Heinz Gössel

nen ferner auch dann anzusehen, wenn von dem Auftreten in der Verhandlung, insbesondere als Folge der damit verbundenen Erregung, ernste Gefahren für den Zustand des Beschuldigten (z. B. Selbstmordgefahr) drohen. Denn es kann dem Gericht nicht zugemutet werden, sich mit der Verantwortung für einen solchen Ausgang zu belasten, und auch vom Standpunkt des Beschuldigten aus gesehen ist die Beschränkung prozessualer Rechte das bei weitem geringere Übel gegenüber einer ernstlich drohenden Gefahr einer erheblichen Verschlechterung seines Zustands. Die bloße aus dem Geisteszustand des Beschuldigten sich ergebende Verhandlungsunfähigkeit macht dagegen sein Erscheinen nicht unmöglich[4]. **Unangebracht** aus Gründen der öffentlichen Sicherheit oder Ordnung ist das Erscheinen, wenn bei dem Zustand des Beschuldigten mit Tobsuchtsanfällen, tätlichen Angriffen, Ausbruchsversuchen usw. während des Transports oder der Hauptverhandlung zu rechnen ist[5], soweit dieser Gefahr nicht in zumutbarer Weise gesteuert werden kann[6]. Die Anordnung des Gerichts, in Abwesenheit des Beschuldigten zu verhandeln, unterliegt nicht der Beschwerde; eine analoge Anwendung des § 231 a Abs. 3 kommt nicht in Betracht[7].

3   **b) Vernehmung vor der Hauptverhandlung.** Um dem Gericht, das ohne den Beschuldigten verhandeln muß, wenigstens mittelbar den Eindruck seiner Persönlichkeit zu geben und ihn mittelbar zu Wort kommen zu lassen, ist der Beschuldigte **vor der Hauptverhandlung zu vernehmen** (Absatz 2); diese Vernehmung ist zweckmäßigerweise zugleich mit dem Beschluß nach Abs. 1 ebenfalls durch Beschluß entsprechend §§ 231 a Abs. 1 Satz 2; 233 Abs. 2[8] anzuordnen. Das Protokoll **muß** in der Hauptverhandlung verlesen werden (Abs. 4 Satz 2), während andere vor der Hauptverhandlung abgegebene Erklärungen, die in einem richterlichen Protokoll enthalten sind (z. B. solche, die im Vorverfahren aufgenommen wurden, als der Beschuldigte noch als schuldfähig angesehen wurde) ohne die Einschränkungen in § 254 verlesen werden können; anders als im Fall des § 251 Abs. 4 Satz 1 genügt die Anordnung durch sachleitende Verfügung (§ 238)[9]. Die Vernehmung nach Absatz 2 geschieht beim Kollegialgericht durch einen **beauftragten Richter**, also durch ein Mitglied des Spruchkörpers, bei dem die Sache nach Eröffnung des Hauptverfahrens anhängig ist, beim Amtsgericht durch den Vorsitzenden des Schöffengerichts oder — bei Antragstellung gemäß § 25 Nr. 3 GVG — den zuständigen Strafrichter. Der vernehmende Richter braucht aber demnächst in der Hauptverhandlung nicht mitzuwirken[10]. Denn Urteilsgrundlage kann nur das demnächst verlesene Protokoll bilden; der persönliche Eindruck des Vernehmenden ist verfahrensrechtlich nicht verwertbar, da die Verwendung von Wahrnehmungen eines an der Entscheidung mitwirkenden Richters, die die anderen Mitglieder nicht gemacht haben, gegen § 261 verstieße; jedoch kann der in der Hauptverhandlung nicht mitwirkende beauftragte Richter als Zeuge über seine Wahrnehmungen bei der Vernehmung befragt werden[11]. Andererseits genügt aber auch die Vernehmung durch einen **ersuchten** Richter — abweichend von § 233 Abs. 2 — nicht[12]. Denn die Mitglieder des erkennenden Gerichts können kraft ihrer Erfahrungen aus einschlägigen Sachen und aus ihrer Vertrautheit mit der Praxis des Spruchkörpers besser als ein fremder Richter beurteilen, ob bei der Vernehmung hervortretende Umstände es als möglich und geboten er-

[4] KMR-*Paulus* 5; *Kleinknecht/Meyer*[38] 2.
[5] KK-*Meyer-Goßner*[2] 5; KMR-*Paulus* 5; *Kleinknecht/Meyer*[38] 3.
[6] KMR-*Paulus* 5.
[7] OLG Koblenz MDR **1976** 602; KK-*Meyer-Goßner*[2] 13; KMR-*Paulus* 15; *Kleinknecht/ Meyer*[38] 13.

[8] KK-*Meyer-Goßner*[2] 3; *Kleinknecht/Meyer*[38] 5.
[9] KK-*Meyer-Goßner*[2] 11; KMR-*Paulus* 14.
[10] Ebenso BGHSt **2** 1.
[11] KK-*Meyer-Goßner*[2] 6.
[12] BGHSt **2** 1.

scheinen lassen, weitere Beweise zu erheben, den Beschuldigten doch in der Hauptverhandlung anzuhören und einen entsprechenden Beschluß anzuregen, welche Fragen ihm zu stellen und welche Antworten zu protokollieren sind[13].

c) Die nach Absatz 2 erforderliche **Zuziehung eines Sachverständigen**[14] zur Vernehmung ist unverzichtbar. Der Vorschrift ist nicht genügt, wenn der Sachverständige nur zum Teil der Vernehmung beigewohnt hat, es sei denn, daß die Unwesentlichkeit des Teils, bei dem er fehlte, feststeht[15]; Verstöße gegen das Gebot der ständigen Anwesenheit des Sachverständigen sind durch Wiederholung der betroffenen Vernehmungsteile (soweit teilbar, sonst der gesamten Vernehmung) heilbar[16]. Die Wahrnehmungen des Sachverständigen bei der Vernehmung des Betroffenen sind als Befundtatsachen durch Gutachten, als Zusatztatsachen durch Vernehmung des Sachverständigen als Zeugen in die Hauptverhandlung einzuführen[17]. Die Vorschrift über die Benachrichtigung vom Vernehmungstermin entspricht dem § 233 Abs. 3. Daß auch der Beschuldigte von dem Termin nur zu „benachrichtigen" ist, erklärt sich daraus, daß er sich bei der ursprünglichen Beschränkung des Sicherungsverfahrens auf die Unterbringung in einer Heil- und Pflegeanstalt stets in Verwahrung befand und vorgeführt wurde. Befindet er sich nach der Erweiterung der Voraussetzungen des Sicherungsverfahrens auf freiem Fuß, so gehört jetzt zur „Benachrichtigung", daß er förmlich geladen wird (§ 216 Abs. 1 Satz 1)[18].

d) Teilweise Abwesenheit. Sind die Voraussetzungen des Absatzes 1 dafür, die **ganze** Hauptverhandlung in Abwesenheit des Beschuldigten durchzuführen, nicht gegeben, so kann nach Absatz 3 die Hauptverhandlung **wenigstens zum Teil** ebenfalls durch **Beschluß**[19] ohne seine Gegenwart durchgeführt werden; erscheint der Betroffene nicht, ohne daß die Voraussetzungen des Abs. 1 vorliegen, gilt § 230[20]. Eine zwangsweise Entfernung aus dem Sitzungssaal ist nach Absatz 3 nicht möglich, wohl aber nach § 247 und nach § 177 GVG[21].

Für das Strafverfahren bestimmen — von § 231a abgesehen — die §§ 231 Abs. 2, 231 b, 247, unter welchen Voraussetzungen ausnahmsweise eine Hauptverhandlung zum Teil ohne die Anwesenheit des Angeklagten durchführbar ist. § 415 Abs. 3 läßt die Abwesenheit in erheblich weiterem Umfang zu. Danach ist **nach der Vernehmung** des Beschuldigten zur Sache (§ 243 Abs. 4 Satz 2) dessen weitere Anwesenheit entbehrlich, falls und soweit es die Rücksicht auf den Zustand des Beschuldigten erfordert (also um dessen Gesundheitszustand zu schonen) oder eine ordnungsmäßige Durchführung der Hauptverhandlung sonst nicht möglich ist (z. B. weil der erregte Beschuldigte ständig stört). Soweit hiernach die Hauptverhandlung ohne den Beschuldigten stattfindet, können — über § 254 hinaus — nach Absatz 4 Satz 1 seine früheren Erklärungen, auch wenn sie in einem zunächst gegen den Beschuldigten betriebenen Straf-

---

[13] KK-*Meyer-Goßner*² 6 und *Kleinknecht/Meyer*³⁸ 6.

[14] Zweckmäßigerweise des nach Abs. 5 zu vernehmenden Sachverständigen, zutr. KK-*Meyer-Goßner*² 7; *Kleinknecht/Meyer*³⁸ 7.

[15] RGSt **72** 182, 183; BGH NJW **1967** 990 mit Anm. *Kions* NJW **1967** 1379 und *Rejewski* NJW **1967** 1813; KK-*Meyer-Goßner*² 7; *Kleinknecht/Meyer*³⁸ 7.

[16] KK-*Meyer-Goßner*² 7; vgl. *Schmid* JZ **1969** 757, 760.

[17] KMR-*Paulus* 13; vgl. dazu auch KK-*Meyer-Goßner*² 7; *Kleinknecht/Meyer*³⁸ 7.

[18] So auch KK-*Meyer-Goßner*² 8; KMR-*Paulus* 8; *Kleinknecht/Meyer*³⁸ 8.

[19] KK-*Meyer-Goßner*² 9.

[20] KK-*Meyer-Goßner*² 9; KMR-*Paulus* 10; *Kleinknecht/Meyer*³⁸ 9; *Schlüchter* 801.

[21] KK-*Meyer-Goßner*² 10; *Kleinknecht/Meyer*³⁸ 10.

Karl Heinz Gössel

verfahren abgegeben wurden, verlesen werden, wenn sie in einem richterlichen Protokoll enthalten sind; die (durch Verfügung anzuordnende, s. Rdn. 3) Verlesung ist zu protokollieren (§ 273).

7　　Nimmt der Beschuldigte nach vorübergehender Abwesenheit wieder an der Hauptverhandlung teil, so ist, anders als in §§ 231 a Abs. 2, 231 b Abs. 2, 247 Abs. 1 Satz 4, eine **Unterrichtung** des Beschuldigten über den wesentlichen Inhalt der Verhandlungsergebnisse während seiner Abwesenheit **nicht vorgeschrieben**[22], entspricht aber, soweit nicht wiederum Rücksicht auf den Zustand des Beschuldigten oder die ordnungsmäßige Durchführung der Hauptverhandlung dies ausschließt, einem nobile officium des Vorsitzenden[23].

8　　e) Sowohl im Fall des Absatzes 1 wie dem des Absatzes 3 muß der **notwendige Verteidiger** (§ 414, 2) ununterbrochen anwesend sein[24] (vgl. § 338 Nr. 5).

9　　**3. Verfahren in Anwesenheit des Betroffenen.** Macht das Gericht von der in § 415 Abs. 1 eröffneten Möglichkeit Gebrauch, die Hauptverhandlung in Anwesenheit des Betroffenen durchzuführen, so darf er alle mit seiner Prozeßrolle verbundenen Rechte wahrnehmen. Dem Betroffenen nachteilige Prozeßhandlungen sind indessen regelmäßig mangels Verhandlungsfähigkeit unwirksam[25].

4. Sachverständigenvernehmung (Absatz 5)

10　　a) **Grundsatz.** Nach dem für das **Straf-**, nicht aber für das Sicherungsverfahren[26] geltenden § 246 a ist in der Hauptverhandlung ein Sachverständiger über den Zustand des Angeklagten zu vernehmen, wenn mit der Anordnung einer freiheitsentziehenden Maßregel zu rechnen ist. Der (neu eingefügte) Absatz 5 geht darüber hinaus, indem er in allen Fällen einer Hauptverhandlung im Sicherungsverfahren, also auch, wenn der Antrag auf Entziehung der Fahrerlaubnis oder Anordnung eines Berufsverbots gerichtet ist, die Vernehmung eines Sachverständigen über den Zustand der Beschuldigten fordert. Absatz 5 Satz 2 entspricht dem § 246 a Satz 2 (vgl. dazu § 414 Abs. 3). Anders als bei einer Vernehmung nach Absatz 2 ist die ständige Anwesenheit des Sachverständigen in der Hauptverhandlung nicht erforderlich[27] (§ 246 a, 8).

11　　b) **Fachrichtung des Sachverständigen.** In dem Ersten Bericht des Sonderausschusses für die Strafrechtsreform[28] ist zu Absatz 5 ausgeführt (S. 31): „Wie in der Neufassung des § 246 a Satz 1 soll auch hier davon abgesehen werden, die Fachrichtung des Sachverständigen auf den Arzt festzulegen. Die Entscheidung war allerdings umstritten ... Ein zunächst gestellter, mit der Regierungsvorlage im wesentlichen übereinstimmender Antrag, in jedem Fall einen Arzt, darüber hinaus aber auch andere Sachverständige hinzuzuziehen, falls sich dies als erforderlich erweise ..., wurde (aber) bei Stimmengleichheit abgelehnt. Die Mehrheit sprach sich schließlich dahin aus, die Entscheidung über die Fachrichtung des Sachverständigen den Gerichten zu überlassen; an der Praxis, stets wenigstens auch einen Arzt zu hören, werde sich kaum etwas ändern; man wolle nur den denkbaren Ausnahmefällen Rechnung tragen, in denen man auf den Arzt zugunsten anderer Sachverständiger — z. B. Psychologen — verzichten könne". Bei

---

[22] *Kleinknecht/Meyer*[38] 10 mit weit. Nachw.

[23] KK-*Meyer-Goßner*[2] 10; KMR-*Paulus* 10.

[24] KK-*Meyer-Goßner*[2] 2; KMR-*Paulus* 3; *Kleinknecht/Meyer*[38] 4.

[25] Zutr. *Kleinknecht/Meyer*[38] 1; vgl. auch KK-*Meyer-Goßner*[2] 2.

[26] BGH NJW **1967** 990; KK-*Meyer-Goßner*[2] 12.

[27] KK-*Meyer-Goßner*[2] 12; KMR-*Paulus* 12.

[28] BTDrucks. 7 1261 v. 27. 11. 1973 zu Art. 19 Nr. 100.

der Auswahl des Sachverständigen sollte nicht unberücksichtigt bleiben, daß Psychiater auch zur Beurteilung psychologischer Fragen und Probleme kompetent sind[29].

§ 416

(1) [1]Ergibt sich im Sicherungsverfahren nach der Eröffnung des Hauptverfahrens die Schuldfähigkeit des Beschuldigten und ist das Gericht für das Strafverfahren nicht zuständig, so spricht es durch Beschluß seine Unzuständigkeit aus und verweist die Sache an das zuständige Gericht. [2]§ 270 Abs. 2 und 3 gilt entsprechend.

(2) [1]Ergibt sich im Sicherungsverfahren nach der Eröffnung des Hauptverfahrens die Schuldfähigkeit des Beschuldigten und ist das Gericht auch für das Strafverfahren zuständig, so ist der Beschuldigte auf die veränderte Rechtslage hinzuweisen und ihm Gelegenheit zur Verteidigung zu geben. [2]Behauptet er, auf die Verteidigung nicht genügend vorbereitet zu sein, so ist auf seinen Antrag die Hauptverhandlung auszusetzen. [3]Ist auf Grund des § 415 in Abwesenheit des Beschuldigten verhandelt worden, so sind diejenigen Teile der Hauptverhandlung zu wiederholen, bei denen der Beschuldigte nicht zugegen war.

(3) Die Absätze 1 und 2 gelten entsprechend, wenn sich im Sicherungsverfahren nach Eröffnung des Hauptverfahrens ergibt, daß der Beschuldigte verhandlungsfähig ist und das Sicherungsverfahren wegen seiner Verhandlungsunfähigkeit durchgeführt wird.

Entstehungsgeschichte. Bei der Neufassung des § 429 d a. F (jetzt § 416) durch Art. 21 Nr. 108 EGStGB v. 2. 3. 1974 ist Absatz 3 eingefügt worden und haben die Absätze 1, 2 lediglich Anpassungsänderungen (Schuldfähigkeit statt Zurechnungsfähigkeit) erfahren.

1. Verfahren vor und bei Eröffnung des Sicherungsverfahrens

a) **Überblick.** § 416 regelt **nach seinem Wortlaut** nur den Fall, daß sich im selbständigen Sicherungsverfahren **nach der Eröffnung** des Hauptverfahrens die Schuldfähigkeit des Beschuldigten oder, wenn es wegen Verhandlungsunfähigkeit eröffnet war, dessen Verhandlungsfähigkeit (Absatz 3) ergibt. In diesen Fällen wird das Sicherungsverfahren ins Strafverfahren übergeleitet, und zwar in der Weise, daß das Gericht, wenn es auch für das Strafverfahren zuständig ist, das Verfahren als Strafverfahren fortsetzt, während es bei sachlicher Unzuständigkeit für das Strafverfahren die Sache an das zuständige Gericht verweist. Der Wortlaut der Vorschrift ist aber zu eng, denn nicht erst nach Eröffnung, sondern schon **bei der Beschlußfassung über die Eröffnung** des Hauptverfahrens kann die Notwendigkeit der Überleitung vom Sicherungs- in das Strafverfahren eintreten, so z. B., wenn sich aus der Antragsschrift ergibt, daß die Schuldunfähigkeit lediglich in der mangelnden Reife (§ 3 JGG; § 413, 2) erblickt wurde[1]. Die Schuld- bzw. Verhandlungsfähigkeit „ergibt sich" nicht schon bei **nichtbehebbaren Zweifeln** an der Schuld- oder Verhandlungsunfähigkeit[2]: in diesem Fall ist das

1

---

[29] KK-*Meyer-Goßner*[2] 7 mit weit. Nachw.; *Rauch* NStZ **1984** 497.

[1] BayObLGSt **1958** 263; KK-*Meyer-Goßner*[2] 7; KMR-*Paulus* 3; *Kleinknecht/Meyer*[38] 4.
[2] BGHSt **16** 198 m. Anm. *Sax* JZ **1962** 501; KK-*Meyer-Goßner*[2] 1; anders aber wohl 5; KMR-*Paulus* 7; *Kleinknecht/Meyer*[38] 6.

Karl Heinz Gössel

Sicherungsverfahren (auch bei Unzuständigkeit des im Sicherungsverfahren entscheidenden Gerichts für das Strafverfahren[3]) fortzuführen: im Hinblick auf den Strafklageverbrauch durch eine Entscheidung im Sicherungsverfahren (§ 414, 32) erfordert das etwaige Interesse des Betroffenen an einem Freispruch „von dem aufgetauchten Verdacht strafbaren Tuns" nicht den Übergang ins Strafverfahren[4]. Die Überleitung bedarf vielmehr der hinreichenden Wahrscheinlichkeit, daß der Beschuldigte schuld- bzw. verhandlungsfähig ist; des Hinzutritts neuer Umstände bedarf es nicht[5].

2   **b) Voraussetzungen der Eröffnung.** Im **Ermittlungsverfahren** (§ 160) kann in der Regel zwischen Strafverfahren und Sicherungsverfahren zunächst nicht unterschieden werden; nur ausnahmsweise ist dies von vornherein möglich, z. B. wenn nach dem Ergebnis eines wegen einer früheren Tat durchgeführten Strafverfahrens ohne weiteres davon auszugehen ist, daß der Beschuldigte auch die jetzt den Gegenstand der Ermittlungen bildende Tat im Zustand der Schuldunfähigkeit begangen hat. Im allgemeinen aber wird erst, wenn sich Anhaltspunkte für eine zur Tatzeit bestehende Schuldunfähigkeit oder für das Vorliegen von Verhandlungsunfähigkeit ergeben, ein Sachverständigengutachten (§ 414 Abs. 3, § 81) Klarheit bringen, ob Anklage zu erheben ist oder ggf. ein Sicherungsantrag gestellt werden kann. Erhebt die Staatsanwaltschaft die öffentliche Klage und hält das Eröffnungsgericht die Schuldfähigkeit zur Tatzeit oder die Verhandlungsfähigkeit nicht für gegeben, so ist die Eröffnung des Sicherungsverfahrens nur zulässig, wenn die Staatsanwaltschaft dies wenigstens hilfsweise beantragt hat (§ 414, 18), denn ohne einen solchen Hilfsantrag würde es in die Ermessensfreiheit der Staatsanwaltschaft, das Sicherungsverfahren zu beantragen, eingreifen. Dagegen kann auf einen Sicherungsantrag hin das beschließende Gericht, wenn es die Schuld- oder Verhandlungsunfähigkeit nicht für dargetan ansieht, nach Maßgabe der §§ 209, 209 a das subjektive Strafverfahren deshalb ohne nachträgliche Anklageschrift eröffnen, weil die Antragsschrift stets zugleich hilfsweise eine Anklageschrift darstellt[6]. Der Beschluß kann von der Staatsanwaltschaft nur insoweit angefochten werden, als die Verweisung an ein Gericht niederer Ordnung ausgesprochen worden ist (§§ 209 Abs. 2, 210 Abs. 2).

2. Verfahren nach Eröffnung des Sicherungsverfahrens

3   **a) Fehlende Zuständigkeit zur Durchführung des Strafverfahrens.** Ist das Gericht für das Strafverfahren nicht zuständig (Absatz 1), so hat es durch *Beschluß* seine Unzuständigkeit auszusprechen und die Sache an das zuständige Gericht zu **verweisen.** Dies gilt einmal, wenn die Zuständigkeit einer **Spezialstrafkammer** nach § 74 e GVG zu beachten ist[7], jedoch ist hier § 6 a zu beachten, der allerdings im Verhältnis der Jugendgerichte zu Erwachsenengerichten nicht gilt[8]. Im übrigen ist die Verweisung sowohl an ein **Gericht höherer** als auch **niederer** Ordnung[9] möglich: die allgemeinen Verweisungsregeln in § 269 und in § 270 Abs. 1 sind durch die Sonderregel des § 416 Abs. 1 Satz 1 ersetzt worden; lediglich § 270 Abs. 2 und 3 gelten nach § 416 Abs. 1 Satz 2 entsprechend[10]; allerdings muß „die Kammer nach pflichtgemäßem Ermessen darüber entscheiden dürfen, ob das Verfahren wegen der besonderen Bedeutung des Falles weiterhin vor ihr oder mangels einer solchen Bedeutung vor dem Schöffengericht durchge-

---

[3] A. A KMR-*Paulus* 8; *Sax* JZ **1962** 501.

[4] BGHSt **16** 198, 199 m. Anm. *Sax* JZ **1962** 501; ebenso KMR-*Paulus* 8.

[5] KK-*Meyer-Goßner*[2] 1; KMR-*Paulus* 7; *Kleinknecht/Meyer*[38] 6.

[6] KK-*Meyer-Goßner*[2] 7; KMR-*Paulus* 3; *Kleinknecht/Meyer*[38] 4; *Peters*[4] 571.

[7] KK-*Meyer-Goßner*[2] 3; *Kleinknecht/Meyer*[38] 1.

[8] BGHSt **30** 260; KK-*Meyer-Goßner*[2] 3.

[9] A. A LR-*Schäfer*[23] 4.

[10] BGHSt **21** 334, 357; KK-*Meyer-Goßner*[2] 3; KMR-*Paulus* 9.

führt werden soll"[11]. Aufgrund des entsprechend anwendbaren § 270 Abs. 2 hat der Verweisungsbeschluß (Inhalt: § 270 Abs. 2) die Wirkung eines Eröffnungsbeschlusses, der nach § 210 anfechtbar ist (§ 270 Abs. 2 Satz 2; s. Rdn. 2).

War das Sicherungsverfahren eröffnet, weil ein **unaufklärbarer Zweifel** bestand, **4** ob der Beschuldigte zur Tatzeit nur vermindert schuldfähig oder bereits schuldunfähig war (§ 413, 3, 4), so sind die Voraussetzungen einer Verweisung nach § 416 Abs. 1 erst gegeben, wenn sich im Sicherungsverfahren ergibt, daß der Beschuldigte mindestens vermindert schuldfähig war, und daß zugleich ein Gericht höherer Ordnung zuständig ist.

b) Zuständigkeit zur Durchführung des Strafverfahrens. Ist das Gericht auch für **5** das Strafverfahren zuständig (Absatz 2), so verwandelt sich kraft Gesetzes das Sicherungs- in ein dem Anschluß eines Nebenklägers zugängliches **Strafverfahren**, und der vom Gesetz „beschuldigt" genannte Betroffene in einen **Angeklagten**[12]; kraft Gesetzes tritt der Sicherungsantrag an die Stelle einer Anklageschrift, der Eröffnungsbeschluß im Sicherungsverfahren an die Stelle des Eröffnungsbeschlusses im Strafverfahren[13]. Die Veränderung wird dem Angeklagten durch einen gemäß § 273 zu protokollierenden Hinweis des Vorsitzenden deutlich gemacht in einem dem § 265 nachgebildeten Verfahren[14]. Nach Absatz 2 Satz 2 hat der Angeklagte ein Recht auf **Aussetzung**. Aus der Verwendung des Begriffs „Aussetzung" (§ 228) im Gegensatz zu „Unterbrechung" (§ 229) ergibt sich, daß, wenn der Angeklagte (oder sein Verteidiger) Aussetzung verlangt, mit der Verhandlung neu zu beginnen ist, und zwar unabhängig von den Fristen der Abs. 2 und 3 des § 229[15], aber auch unabhängig von der 10-Tagesfrist des § 229 Abs. 1 (s. § 265, 108). Die Bestimmung der Aussetzungsdauer im übrigen steht im pflichtgemäßen Ermessen des Gerichts[16]. Begnügt sich der Angeklagte mit einer bloßen Unterbrechung, also einem Zeitraum von nicht mehr als zehn Tagen, so steht die Entscheidung über die erforderliche Vorbereitungsdauer nur dem Angeklagten, nicht dem Gericht zu[17]. Der Aussetzungsanspruch wird ausgelöst durch die bloße Behauptung des Angeklagten, auf die Verteidigung nicht genügend vorbereitet zu sein; eine Entscheidung über die Erforderlichkeit der Aussetzung steht dem Gericht nicht zu[18]. Zur weiteren Wahrung der Rechte des Angeklagten schreibt Abs. 2 Satz 3 vor, daß die Teile der Hauptverhandlung, an denen er aus den Gründen des § 415 nicht teilgenommen hat, zu **wiederholen** sind, d. h. die Hauptverhandlung muß insoweit von neuem durchgeführt werden; verwertet werden dürfen nur die in der Wiederholung erhobenen Beweise, während hinsichtlich der früher erhobenen Beweise (in den zu wiederholenden Teilen) ein Verwertungsverbot besteht[19]. Soweit sich indessen die Gründe der Abwesenheit mit denjenigen decken, die in einem Strafverfahren nach §§ 231 b, 247 Satz 3 das Gericht berechtigt hätten, ohne den Angeklagten zu verhandeln, genügt es, wenn die Wiederholung in Form der Unterrichtung durch den Vorsitzenden nach §§ 231 Abs. 2, 247 Satz 4 erfolgt[20].

Der Übergang vom Sicherungs- zum Strafverfahren nach § 416 Abs. 2 ist wäh- **6** rend der **gesamten Dauer der Hauptverhandlung** bis zur vollständigen Verkündung des tatrichterlichen Urteils möglich[21]. Er ist ferner auch dann möglich, wenn das im Siche-

[11] BGHSt **21** 334, 357 f, zust. *Hanack* JZ **1974** 57; KMR-*Paulus* Vor § 413, 9.

[12] KK-*Meyer-Goßner*[2] 2; KMR-*Paulus* 13; *Kleinknecht/Meyer*[38] 3.

[13] Ebenso *Fränkel* in seiner Anm. zu BGH LM § 429 d a. F Nr. 2.

[14] KK-*Meyer-Goßner*[2] 4.

[15] KK-*Meyer-Goßner*[2] 5.

[16] BGHSt **13** 121 = LM § 429 d a. F Nr. 1 mit Anm. *Fränkel*; BGHSt **13** 342.

[17] BGHSt **13** 122 f.

[18] BGHSt **13** 122 f.

[19] Zutr. KMR-*Paulus* 14; *Kleinknecht/Meyer*[38] 6.

[20] KK-*Meyer-Goßner*[2] 6; KMR-*Paulus* 14.

[21] KK-*Meyer-Goßner*[2] 8; *Kleinknecht/Meyer*[38] 3.

rungsverfahren ergangene, auf Unterbringung in einem psychiatrischen Krankenhaus wegen Schuldunfähigkeit lautende Urteil **auf die Revision des Beschuldigten aufgehoben**, die Sache zurückverwiesen und nunmehr die erheblich verminderte Schuldfähigkeit (§ 21 StGB) festgestellt wird. Dann steht § 358 Abs. 2 der Verhängung einer Strafe entgegen. Die Unterbringung darf aber — nunmehr im Strafverfahren — erneut angeordnet werden, da dem § 21 StGB im Hinblick auf § 63 StGB nicht mehr die Bedeutung beizumessen ist, daß er die Unterbringung nur neben einer Strafe zuläßt[22]. Unabhängig von dieser Erwägung ließ auch unter der Herrschaft des § 42 b Abs. 2 a. F StGB die Rechtsprechung[23] in einem solchen Fall die erneute Anordnung der Unterbringung zu, obwohl diese Vorschrift dahin verstanden wurde, daß die Unterbringung gegen den erheblich vermindert Schuldfähigen nur neben einer Strafe ausgesprochen werden könne, da sonst der Täter einen über den Zweck des Verbots der reformatio in peius hinausgehenden ungerechtfertigten Vorteil erfahren würde, wenn auch die Unterbringung ausgeschlossen wäre.

7   **3. Kein Übergang vom Straf- zum Sicherungsverfahren.** Ist auf **Anklage hin das Hauptverfahren im Strafverfahren eröffnet** und stellt sich jetzt die Schuldunfähigkeit heraus, so ist ein Übergang vom Strafverfahren zum Sicherungsverfahren ausgeschlossen[24]. Einem solchen Übergang stünde zunächst das Bedenken entgegen, daß es an dem Sicherungsantrag als Verfahrensvoraussetzung fehlt, ganz abgesehen davon, daß damit in die Ermessensausübung der Staatsanwaltschaft eingegriffen würde. Die Staatsanwaltschaft wäre auch nicht in der Lage, ihre Anklage in einen Sicherungsantrag umzudeuten oder einen solchen nachzuschieben, denn mit der Eröffnung des Hauptverfahrens ist die Anklage ihrer Verfügung entzogen (§ 156), und es muß nunmehr in einer Hauptverhandlung über „Schuldig" oder „Nichtschuldig" entschieden werden, wobei dann bei nachgewiesener oder nicht auszuschließender Schuldunfähigkeit mit einem Freispruch die Anordnung der Maßregel verbunden werden kann. Das gleiche gilt, wenn sich nach Eröffnung des Hauptverfahrens die dauernde Verhandlungsunfähigkeit des Angeschuldigten herausstellt; infolge der **Gleichstellung der Verhandlungsunfähigkeit** mit der Schuldunfähigkeit (§ 71 StGB, § 413) entfällt dann eine Beendigung des Strafverfahrens durch Einstellung nach §§ 206 a, 260 Abs. 3, vielmehr wird das Strafverfahren mit dem Ziel einer Entscheidung über die Anordnung einer Maßregel weitergeführt[25].

§§ 417 bis 429 c
(weggefallen)

[22] BGHSt **26** 67; Vor § 413, 5.
[23] BGHSt **11** 319.
[24] Ebenso *Niethammer* ZWehrR IV 290; KMR-*Paulus* Vor § 413, 9; *Eb. Schmidt* § 429 d a. F, 1; a. M RKGE 1 136; *Peters*[4] 572.

[25] S. § 413, 24; ebenso KK-*Meyer-Goßner*[2] 10; a. A KMR-*Paulus* Vor § 413, 9; *Kleinknecht/Meyer*[38] 2.

DRITTER ABSCHNITT

Verfahren bei Einziehungen und Vermögensbeschlagnahmen

Vorbemerkungen

Entstehungsgeschichte. Der jetzige Dritte Abschnitt bestand **früher** als Vierter Abschnitt aus den §§ 430 bis 433 a. F. Von ihnen regelten die §§ 430 bis 432 das Verfahren in den Fällen, in denen nach § 42 a. F — jetzt § 76 a StGB — oder nach anderen gesetzlichen Vorschriften **selbständig** auf Einziehung, Vernichtung oder Unbrauchbarmachung erkannt werden kann, während § 433 die Beschlagnahme des Vermögens solcher Beschuldigter betraf, gegen die wegen bestimmter gegen den Staat gerichteter Delikte die öffentliche Klage oder ein Haftbefehl erlassen worden ist. Zugleich mit der **Neuregelung des materiellen Rechts der Einziehung** (§§ 40 bis 42 a. F = jetzt §§ 74 ff n. F StGB) durch Art. 1 Nr. 2 ff EGOWiG wurde auch durch Art. 2 Nr. 16 dieses Gesetzes der 4. Abschnitt völlig umgestaltet. Neu eingefügt wurden die §§ 430 bis 439, 441, 442. An die Stelle des § 430 a. F ist § 440 getreten. § 433 a. F, der durch das 8. StRÄndG neu gefaßt wurde, ist jetzt § 443. Ergänzt wurde diese Regelung durch die Einfügung eines neuen 5. (jetzt 4.) Abschnitts „Verfahren bei Festsetzung von Geldbußen gegen juristische Personen und Personenvereinigungen" (§ 444), der die verfahrensrechtlichen Folgerungen aus der Möglichkeit der Festsetzung einer Geldbuße gegen eine juristische Person oder Personenvereinigung in § 75 (früher § 42) StGB zog, früher als Nebenfolge der von einer natürlichen Person begangenen Straftat, seit dem 2. WiKG nunmehr als selbständige Sanktion.

Die **Einführung des Verfalls** am 1. 1. 1975 (§§ 73 bis 73 d StGB i. d. F. des 2. StrRG und des Art. 18 Nr. 39 EGStGB 1974) als eines allgemeinen Instituts für das gesamte Strafrecht wurde verfahrensrechtlich durch Art. 21 Nr. 109 ff EGStGB in der Weise ergänzt, daß der neugefaßte und ergänzte § 442 grundsätzlich die Vorschriften über das Verfahren bei Einziehungen auch auf das Verfahren bei Verfall für anwendbar erklärte (§ 442 Abs. 1) und Besonderheiten in der Stellung des Verfallsbeteiligten gegenüber derjenigen des Einziehungsbeteiligten in dem neuen Absatz 2 des § 442 Rechnung trägt (über dessen Bedeutung s. § 431, 21 ff). Auch eine Änderung des § 439 Abs. 2 Satz 2 erfolgte im Hinblick auf den Verfall, während einige weitere Änderungen des bisherigen 4. und nunmehr 3. Abschnitt (in §§ 430, 431, 433, 436, 438, 440) sowie des § 444 lediglich anpassungsrechtlich-redaktioneller Natur sind. Durch die Einbeziehung des Verfalls in den 3. Abschnitt ist dessen **Überschrift** „Verfahren bei Einziehungen und Vermögensbeschlagnahmen" insofern unvollständig geworden, als der Verfall sich nach seiner materiellrechtlichen Zielsetzung, die durch eine rechtswidrige Tat erlangten Vermögensvorteile dem illegitimen Empfänger wieder abzunehmen, wesentlich von der Einziehung und den sonstigen in § 442 Abs. 1 genannten Maßnahmen unterscheidet. Es wäre deshalb richtiger gewesen — entsprechend der Überschrift des Allgemeinen Titels, 3. Abschnitt, 7. Titel StGB („Verfall und Einziehung") —, auch den Verfall in die Überschrift des Dritten Abschnitts aufzunehmen.

Karl Heinz Gössel

Übersicht

1. Bedeutung des Dritten Abschnitts

1   **a)** Der **Dritte Abschnitt** des 6. Buches der StPO **enthält** in den §§ 430 ff die verfahrensrechtliche Ausgestaltung der im materiellen Recht geregelten Institute des *Verfalls*, der *Einziehung* und der dieser sonst gleichstehenden Rechtsfolgen der *Unbrauchbarmachung* (§ 74 d StGB), der *Vernichtung* (§§ 110, 98 UrhG), der *Beseitigung eines rechtswidrigen Zustandes* (§ 30 WZG) und der in § 443 bei bestimmten Straftaten (z. B. §§ 81, 94 StGB) vorgesehenen *Vermögensbeschlagnahme* (s. dazu auch die obigen Darlegungen zur Entstehungsgeschichte; zur Rechtsnatur dieser Institute muß auf die Erläuterungswerke zu den materiellrechtlichen Grundlagen verwiesen werden — zur Rechtsnatur der Vermögensbeschlagnahme s. § 443, 1). Soweit die genannten Sanktionen im **subjektiven Verfahren**, welches gegen einen bestimmten Beschuldigten gerichtet ist, verhängt werden, sind §§ 430 bis 439 anwendbar; das **objektive Verfahren** (§ 76 a StGB: eine bestimmte Person kann weder verfolgt noch verurteilt werden) wird in §§ 440, 441 geregelt. Zur Sicherung der künftigen Anordnung der genannten Sanktionen im objektiven wie im subjektiven Verfahren sind Sicherstellung durch Beschlagnahme und durch dinglichen Arrest nach Maßgabe der §§ 111 b bis 111 k zulässig[1].

2   Im *objektiven Verfahren*, für das kein Verfolgungszwang besteht (RiStBV Nr. 180 Abs. 1), kommt eine **formlose Einziehung** nach RiStBV Nr. 180 Abs. 3 Satz 1 in Betracht, wenn keine Beteiligten vorhanden sind oder diese auf ihre Rechte und auf die Durchführung des selbständigen Verfahrens nach §§ 440, 441 verzichtet haben oder deren Befragung nicht in Betracht kommt; jedoch wird das Verfahren auch in diesen Fällen dann durchgeführt, wenn es zur Herbeiführung einer gerichtlichen Entscheidung wegen tatsächlicher oder rechtlicher Schwierigkeiten oder wegen der sonstigen Bedeutung der Sache zweckdienlich ist (RiStBV Nr. 180 Abs. 3 Satz 2).

3   **b)** Die §§ 430 ff bezwecken vor allem die Verwirklichung der seit langem erhobenen Forderung, daß am **subjektiven Strafverfahren** gegen einen bestimmten Täter auch solche **Personen zu beteiligen** seien, die **nicht Beschuldigte** sind, in deren Rechte aber durch die Entscheidung über Verfall, Einziehung, Vernichtung, Unbrauchbarmachung eingegriffen werden kann. Die Entwicklungsgeschichte dieses Problems, das sich an der Einziehung entzündete — der Verfall spielte damals kaum eine Rolle, da er nur bei wenigen Straftatbeständen vorgesehen war —, ist in der 21. Auflage (dort insbes. Erl. 7 Vor § 430 a. F) eingehend dargestellt worden. Sie braucht hier zum Verständnis der allgemeinen Bedeutung des 3. Abschnitts nur noch kurz skizziert zu werden.

4   **c)** Für den Fall, daß die Einziehung einer Sache nur unter der Voraussetzung zulässig war, daß sie **dem Täter oder einem Teilnehmer gehört** (§ 40 a. F StGB, jetzt § 74 n. F), vertrat die damals h. M die Auffassung, es sei für die Beteiligung eines Dritten bei

---

[1] KK-*Boujong*[2] Vor § 430, 4; KMR-*Paulus* Vor § 430, 6.

dem Verfahren, das sich gegen einen bestimmten Beschuldigten richtet, kein Raum, da die Strafprozeßordnung eine Hinzuziehung nur nach Maßgabe der §§ 430 ff a. F vorsehe. Daraus ergaben sich Schwierigkeiten, wenn im Urteil die Einziehung eines Gegenstandes in der Annahme ausgesprochen war, er gehöre dem Beschuldigten, während ein Dritter sich berühmte, der wirkliche Eigentümer zu sein[2]. Der zunächst versuchte Ausweg, die Einziehung als Nebenstrafe richte sich nur gegen den Täter oder Teilnehmer, und die im Urteil getroffene Feststellung, daß der Verurteilte Eigentümer sei, entfalte keine Wirkung gegenüber einem unbeteiligten Dritten, der der wirkliche Eigentümer sei (vgl. RGSt 57 335; GA 69 (1925) 177), entfiel, als die Auffassung durchdrang, daß der Staat mit der Rechtskraft des die Einziehung aussprechenden Urteils Eigentum am Einziehungsgegenstand ohne Rücksicht darauf erwerbe, ob im Urteil die Eigentumsfrage richtig beurteilt worden sei (so jetzt ausdrücklich § 74 e Abs. 1 StGB[3]). Die nunmehr vereinzelt versuchten Konstruktionen, die Eigentumsrechte des tatunbeteiligten Dritteigentümers durch die Annahme einer Nichtigkeit des auf Einziehung lautenden Spruchs zu wahren, weil die Einziehung täterfremden Eigentums gegen Art. 14 GG verstoße[4] oder weil sie eine „rechtlich unmögliche Rechtsfolge" darstelle[5], fanden mit Recht keine Zustimmung. Die Frage konnte vielmehr jetzt nur noch dahin lauten, ob und unter welcher Voraussetzung die Entziehung des Eigentums gegenüber dem tatunbeteiligten Dritten durch das objektiv unrichtige Urteil dem Betroffenen Ansprüche auf Entschädigung gegen die Staatskasse unter dem Gesichtspunkt eines „enteignungsgleichen Eingriffs" verschaffe. Die Auffassungen des Schrifttums in dieser Frage gingen auseinander. Der Bereinigung dieses Fragenkomplexes dienen jetzt § 74 f StGB und § 439 StPO.

d) Eine weit größere Aktualität erlangte das Problem der Beteiligung des tatunbe- **5**
teiligten Dritteigentümers am subjektiven Verfahren in den Fällen, in denen die Einziehung von Gegenständen und ähnliche Maßnahmen zugelassen oder vorgeschrieben waren, **auch wenn der einzuziehende Gegenstand dem Täter oder Teilnehmer nicht gehörte**, zumal die Gesetzgebung auf dem Gebiet des Nebenstrafrechts zeitweise im Übermaß dazu überging, die Einziehung als Sicherungsmaßregel vorzusehen. Für den tatunbeteiligten Dritten konnte ein Bedürfnis, an dem subjektiven Verfahren beteiligt zu werden, insbesondere unter dem Gesichtspunkt bestehen, bei zwingend vorgeschriebener Einziehung darzutun, daß in der Person des Beschuldigten die Einziehungsvoraussetzungen nicht gegeben seien, bei fakultativer Einziehung darüber hinaus auch darzulegen, daß ein Einziehungsbedürfnis nicht bestehe. Die Rechtsprechung hielt aber — nach anfänglichem Schwanken[6] — unter weitgehender Zustimmung des Schrifttums daran fest, daß § 304 Abs. 2 zwar den Personen, die als dinglich Berechtigte von einer Beschlagnahme des Einziehungsgegenstandes berührt werden, das Recht der Beschwerde

---

[2] Vgl. dazu *Creifelds* Die strafrechtliche Einziehung gegen den „Dritteigentümer" JR **1955** 403; *Arndt* Die fehlerhafte Einziehung NJW **1957** 856; *Vogel* Die Rechtsstellung des Dritteigentümers im Falle ungerechtfertigter Einziehung GA **1958** 33; *Gilsdorf* Die verfassungsrechtlichen Schranken der Einziehung JZ **1958** 641, 685; *Beckmann* Die fehlerhafte Einziehung von täterfremdem Eigentum nach § 40 StGB GA **1960** 205; *Eser* Die strafrechtlichen Sanktionen gegen das Eigentum (1969).

[3] Anders jetzt beim *Verfall*, da nach § 73 d Abs. 1 StGB das Eigentum an der für verfallen erklärten Sache mit der Rechtskraft nur dann auf den Staat übergeht, „wenn es dem von der Anordnung Betroffenen zu dieser Zeit zusteht".
[4] *Schmidt* NJW **1957** 1628.
[5] *Beckmann* GA **1960** 205, 207.
[6] RGSt 5 372, 375; 8 362, 363.

Karl Heinz Gössel

gewähre, daß sie aber in dem subjektiven Verfahren als Ganzem, soweit es die Frage der Einziehung betraf, nicht die Stellung Prozeßbeteiligter erlangten, also nicht zur Wahrung ihrer Rechte auftreten und nicht gegen das Einziehungsurteil Rechtsmittel einlegen könnten[7]. Sieht man von den dogmatischen Erwägungen, mit denen dies begründet wurde, ab, so stand im Hintergrund die Befürchtung, daß durch Hinzuziehung Dritter, die nur durch Nebenfolgen der Verurteilung betroffen werden konnten, der zügige Fortgang des Verfahrens erschwert, die Entscheidung „zur Hauptsache" — über Schuld und Strafe — unangemessen verzögert werden könne. Schwierigkeiten ergaben sich dann freilich bei der Vollstreckung der im Urteil angeordneten Nebenfolge gegenüber dem davon betroffenen Dritten, wenn (ausnahmsweise) die Beschlagnahme der einzuziehenden Gegenstände vor dem Urteil unterblieben war. Es wurden Bedenken dagegen erhoben, daß die Staatsanwaltschaft als Vollstreckungsbehörde auf Grund des in § 451 Abs. 1 bezeichneten Vollstreckungstitels dem Besitzer den eingezogenen Gegenstand wegnehmen lassen könne, wenn der Besitzer nicht in der Urteilsformel angeführt worden sei.

6   **2. Reform.** Diese Rechtslage wurde im Laufe der Zeit zunehmend als unangemessen und reformbedürftig empfunden. Die **Reformforderungen** gingen nach zwei Richtungen: materiellrechtlich nach Einschränkung der Voraussetzungen der Einziehbarkeit und verfahrensrechtlich nach Beteiligung des von einer Einziehungsentscheidung Betroffenen am subjektiven Strafverfahren. Diese Forderungen haben sich schließlich durchgesetzt.

7   **3. Materiellrechtliche Voraussetzungen.** Die Einziehungsvoraussetzungen wurden **stufenweise eingeengt.** Es war deutlich geworden, daß nicht in allen Fällen, in denen das Gesetz die sog. unterschiedslose Einziehung zuließ oder vorschrieb, die Einziehung eine zur Abwendung von Gefahren für die Allgemeinheit erforderliche Maßnahme war. Zur Erklärung der Tatsache, daß sich der tatunbeteiligte Eigentümer als Folge strafbaren Tuns des Täters den Verlust seines Eigentums gefallen lassen müsse, hatte sich die Rechtsprechung zunächst mit der formalen Konstruktion einer dinglichen Haftung des Eigentümers für fremde Schuld beholfen[8], ohne sich — im Zeichen des Gesetzespositivismus — zu fragen, wie es sich rechtfertigen lasse, daß der „Unschuldige" für fremde Schuld einstehen müsse, warum etwa der Eigentümer des gestohlenen Kraftfahrzeugs, das der Dieb zum Schmuggeln, oder des gestohlenen Jagdgewehrs, das der Dieb zum Wildern benutzte, sich den Verlust seines Eigentums durch Einziehung gefallen lassen müsse. Die an diese Härtefälle anknüpfenden kritischen Bemühungen um eine aus Gründen der Gerechtigkeit gebotene Rücksichtnahme auf die Interessen des Dritteigentümers führten, wie in der 21. Aufl. (5 B Vor § 430 a. F) dargestellt, im Lauf der Zeit, verstärkt aber unter der Herrschaft des Art. 14 GG (Eigentumsgarantie) mehr und mehr zu der Auffassung, daß eine Einziehung mit Wirkung gegenüber dem tatunbeteiligten Dritteigentümer nur zulässig sei, wenn — über das die Einziehung zulassende Gesetz hinaus — ein **besonderer Rechtfertigungsgrund** vorliege[9], sei es in Form eines konkreten Sicherungsbedürfnisses der Allgemeinheit oder deshalb, weil den Dritten ein Vorwurf hinsichtlich der Verwendung seines Eigentums zur Tatbegehung treffe, oder weil er in vorwerfbarer Weise „tatbeteiligte" Gegenstände erworben hatte. Auch wurde aus Art. 14 GG die Folgerung gezogen, daß dem durch die Einziehung „enteigneten" Dritt-

---

[7] RGSt 34 388; 66 405; 69 35; BGHSt 6 62; 7 333.
[8] RGSt 62 49 f; 69 38, 389.

[9] BGHSt 1 351; 2 311, 354; 4 344; 19 123, 126; 21 66, 68.

eigentümer ein Entschädigungsanspruch zu gewähren sei, es sei denn, daß ihn hinsichtlich der Verwendung seines Eigentums zur Tat oder des Erwerbs in die Tat verstrickter Gegenstände ein Vorwurf traf. Solche Gedanken fanden — in wechselnder Gestalt — ihren Niederschlag auch in den StGB-Entwürfen von 1930 (§ 52 Abs. 3) und 1936 (§ 77 Abs. 2), in Novellen, durch die der Einziehungszwang durch Härteklauseln gemildert wurde, in gerichtlichen Entscheidungen, die im Wege der Rechtsanalogie solche Härteklauseln in noch bestehende Vorschriften mit Einziehungszwang hineintrugen[10], oder Vorschriften, die die Einziehung vorschrieben („ist"), in „Kann"-Vorschriften umdeuteten[11], und schließlich in Novellen, die bei zwingend gebotener unterschiedsloser Einziehung bei bestimmten Straftaten unter gewissen Voraussetzungen eine angemessene Entschädigung des betroffenen Eigentümers vorsahen.

Den **Abschluß dieser Entwicklung** bildet die Reform des materiellen Einziehungs- **8** rechts durch das EGOWiG 1968 (§§ 40 bis 42 a. F = jetzt §§ 74 ff n. F StGB). Deren Inhalt ist hier nicht darzustellen. Soweit es nicht bei der Erläuterung der §§ 430 ff ohnedies deren Erörterung bedarf, muß wegen der Einzelheiten der materiellrechtlichen Neuerungen auf die Erläuterungswerke zum Strafgesetzbuch verwiesen werden.

4. Beteiligung des Betroffenen am Strafverfahren

a) Mit den der **Reform** 1968 vorausgehenden, auf die materiellrechtliche Be- **9** schränkung der Einziehbarkeit gerichteten Bemühungen und mit der Gewährung von Entschädigungsansprüchen aus Anlaß rechtskräftiger Einziehung waren aber die schutzwürdigen Belange des von einer Einziehung Betroffenen nicht hinreichend gewahrt. Denn wie sollte der Grundsatz, daß es bei unterschiedslos zugelassener Einziehung eines **besonderen** die Einziehung rechtfertigenden Grundes bedürfe, ohne die Beteiligung des Eigentümers am subjektiven Strafverfahren verfahrensrechtlich sachgemäß durchgeführt werden können? Und wie sollten die Rechtsverhältnisse am Einziehungsgegenstand, soweit es bei der Entscheidung darauf ankam, und Entschädigungsfragen sachgemäß ohne Verfahrensbeteiligung solcher Dritter geklärt werden können, die Rechte am Einziehungsgegenstand geltend machten? Diese Überlegungen führten zu der Forderung nach **Beteiligung der Einziehungsinteressenten am subjektiven Verfahren**. Auch sie wurde stufenweise verwirklicht.

b) Eine **allgemeine Regelung für ein Teilrechtsgebiet**, die sowohl materiell wie **10** verfahrensrechtlich den Reformwünschen Rechnung trug, brachte zunächst das OWiG 1952 für das Ordnungsunrecht und die Strafdrohungen aus Mischtatbeständen (§ 1 Abs. 3). § 19 bestimmte, daß eine an sich „unterschiedslos" vorgesehene Einziehung der producta et instrumenta sceleris und der scelere quaesita (§ 18 Abs. 1, 2) unterbleibe, wenn der Täter oder Teilnehmer nicht Eigentümer ist, „es sei denn, daß der Eigentümer die Zuwiderhandlung kannte oder kennen mußte oder von ihr einen Vorteil gehabt hat, dessen Zusammenhang mit der Zuwiderhandlung ihm erkennbar war". Wurde auf Einziehung erkannt, so hatte zwar der mit Rechtskraft der Entscheidung eintretende Übergang des Eigentums am Einziehungsgegenstand auf den Staat auch das Erlöschen beschränkt dinglicher Rechte am Einziehungsgegenstand zur Folge (§ 22); der Drittberechtigte war aber aus der Staatskasse zu entschädigen, es sei denn, daß er die Zuwiderhandlung kannte oder kennen mußte oder von ihr einen Vorteil gehabt hatte, dessen Zusammenhang mit der Zuwiderhandlung ihm erkennbar war (§ 23). Die **verfahrensrechtlich** bedeutsame Neuerung bestand — in Anknüpfung an § 45 WiStG 1949 — darin, daß

[10] BGHSt 9 96; BayObLG MDR 1957 434.
[11] BGHSt 21 66.

[12] BayObLG VRS 46 271, 274; KG NJW 1978 2406, 2407.

der tatunbeteiligte Dritteigentümer und die beschränkt dinglich Drittberechtigten auf
Antrag oder von Amts wegen am subjektiven Straf- oder Bußgeldverfahren zu beteiligen waren, um ihnen Gelegenheit zu geben, ihre Rechte geltend zu machen (§ 24). Sie
erhielten im Strafverfahren die Befugnisse eines Angeklagten zur selbständigen Wahrnehmung. Waren sie unverschuldet außerstande, ihre Rechte im subjektiven Strafverfahren oder im objektiven Einziehungsverfahren wahrzunehmen, so eröffnete ihnen § 26
die Möglichkeit, ihre Rechte in einem **Nachtragsverfahren** geltend zu machen; der Dritteigentümer konnte die Aufhebung der Einziehung, der beschränkt Drittberechtigte Entschädigung erlangen. Damit wurden die Folgerungen aus der Eigentumsgarantie
(Art. 14 GG) und aus dem Grundsatz des rechtlichen Gehörs (Art. 103 Abs. 1 GG) gezogen. Die Einziehungsregelung des OWiG 1952 übernahm in der Folgezeit § 7 des
WiStG, und sie fand von da an in Nebengesetze Eingang, die entweder auf das WiStG
oder auf das OWiG verwiesen oder entsprechende selbständige Vorschriften vorsahen
(vgl. über die Rechtsentwicklung im einzelnen die Nachweise in Vorbem. 5 bB — Bd. II
S. 217 — der 21. Aufl.).

11   c) Damit entstand eine **seltsame Differenz im Rechtsgefüge**: während das OWiG
und die ihm angepaßten strafrechtlichen Nebengesetze die Beteiligung der von einer
Einziehung Betroffenen am subjektiven Strafverfahren vorsahen, unterblieb eine entsprechende Gleichschaltung des allgemeinen Strafprozeßrechts, und die herrschende
Meinung verblieb bei der Auffassung, daß, wenn es an abweichenden Vorschriften der
Nebengesetze fehle, die Strafprozeßordnung eine Beteiligung einziehungsbetroffener
tatunbeteiligter Personen am subjektiven Strafverfahren nicht kenne. Da sachlich diese
unterschiedliche Behandlung nicht zu rechtfertigen war, erhoben sich im Schrifttum
Stimmen, die schon **auf dem Boden des geltenden Rechts** die Möglichkeit einer Verwirklichung der Reformforderungen durch rechtsanaloge Anwendung der §§ 24 bis 26
OWiG 1952 in allen Strafverfahren sahen, weil diese Vorschriften Grundsätze von allgemeiner Gültigkeit zum Ausdruck brächten (vgl. die Ausführungen in Bd. II S. 221 der
21. Aufl.).

12   d) Diese **Bestrebungen kamen zum Durchbruch**, als BGHSt **19** 7 (GrSSt) =
NJW **1963** 1988 die aus dem Gebot des rechtlichen Gehörs sich ergebende Notwendigkeit, den tatunbeteiligten Dritteigentümer am subjektiven Strafverfahren zu beteiligen,
ihm insbesondere das Recht zur Einlegung von Rechtsmitteln gegen ein auf Einziehung
lautendes Urteil zuzugestehen, im Grundsatz anerkannte. Dies geschah freilich mit Einschränkungen. Die Entscheidung befaßte sich nur mit der sog. unterschiedslosen Einziehung und lehnte es ab, einen für **alle** Fälle der unterschiedslosen Einziehung geltenden
Grundsatz über Art und Umfang der Beteiligung auszusprechen, weil in Fällen schwerer Kriminalität die Schuldfrage und die Frage der Hauptstrafe im Vordergrund stünden und die Beteiligung der Einziehungsinteressenten das Recht des Angeklagten auf
Abschluß des Verfahrens innerhalb angemessener Zeit beeinträchtigen könnte. Eine
rechtsähnliche Anwendung hielt BGHSt **19** 7 und im Anschluß daran BGHSt **21** 66 bei
der unterschiedslosen Einziehung nach lebensmittelrechtlichen Vorschriften für geboten, weil hier die Bedeutung der Einziehung „im allgemeinen nicht hinter der Schuld-
und Straffähigkeit zurücktrete".

13   e) Der **Gesetzgeber des Jahres 1968** ging mit dem EGOWiG und dem OWiG
über diese vorsichtigen Schritte der Rechtsprechung auf neuen Wegen hinaus. Er
schreibt, den Geboten der Art. 14 und 103 Abs. 1 GG entsprechend, die Verfahrensbeteiligung der von einer Einziehung in ihren Rechten Betroffenen allgemein vor (§ 431
Abs. 1). Er macht dabei keinen Unterschied zwischen den Fällen der unterschiedslosen

Einziehung und den Fällen, in denen die Einziehung das Eigentum des Täters oder Teilnehmers voraussetzt. Vielmehr ist auch in den letzteren Fällen ein Dritter zu beteiligen, der glaubhaft macht, daß nicht der Täter, sondern er Eigentümer sei. Der Dritte braucht nicht einmal Tatunbeteiligter zu sein; er muß nur „ein anderer als der Angeschuldigte" sein, so daß auch ein Tatbeteiligter, der nicht Angeschuldigter ist, am Verfahren zu beteiligen ist (§ 431, 4). Das Gesetz weicht auch insofern von der früheren Rechtsprechung ab, als es nicht darauf abstellt, ob die Bedeutung der Einziehung nicht hinter der Schuld- und der Straffrage zurücktritt. Andererseits hat sich aber auch der Gesetzgeber den in BGHSt **19** 7 geäußerten Bedenken, die sich aus einer allgemeinen, uneingeschränkten Verfahrensbeteiligung ergeben können (oben Rdn. 12), nicht verschlossen. Die Vorschriften in § 430 (dort Rdn. 9) und in § 431 Abs. 2 und 7 zielen darauf ab, ihnen Rechnung zu tragen.

5. Entschädigung

a) Materiellrechtliche Regelung. Nach § 74 e Abs. 1 StGB geht mit der Rechts- **14** kraft der auf Einziehung lautenden Entscheidung das Eigentum an der Sache oder das eingezogene Recht auf den Staat über, ohne Rücksicht darauf, wem das Eigentum daran oder das Recht zusteht. Beschränkt dingliche Rechte Dritter am Einziehungsgegenstand bleiben bestehen, sofern das Gericht nicht unter den Voraussetzungen des § 74 e Abs. 2 StGB ihr Erlöschen anordnet. Nach § 74 f StGB werden „Dritte" aber für ihren dadurch entstehenden Rechtsverlust in Geld aus der Staatskasse entschädigt, und zwar einmal derjenige, der zur Zeit der Rechtskraft der Entscheidung Eigentümer (Rechtsinhaber) war, sowie ferner die Inhaber beschränkt dinglicher Rechte, wenn das Erlöschen dieser Rechte angeordnet wurde. Unter den in § 74 f Abs. 2 StGB bestimmten Voraussetzungen entfällt der Anspruch auf Entschädigung, doch kann aus Billigkeitsgründen eine Entschädigung gewährt werden (Abs. 3). Dabei sind „Dritte" i. S. der Vorschrift nicht Täter oder Teilnehmer, auch nicht der tatunbeteiligte Dritteigentümer, dem gegenüber eine Einziehung nach § 74 a StGB zulässig ist; „Dritter" ist jeder tatunbeteiligte Rechtsinhaber, auf den die Voraussetzungen des § 74 a StGB nicht zutreffen, und zwar auch dann, wenn dem Gericht das Recht unbekannt blieb und es infolgedessen die Rechtsverhältnisse bzgl. des Gegenstandes unrichtig beurteilte. Für Ordnungswidrigkeiten trifft § 28 OWiG eine dem § 74 f StGB entsprechende Regelung.

b) Verfahrensrechtliche Regelung. Eine **Ergänzung** der materiellrechtlichen Ent- **15** schädigungsregelung enthält § 436 Abs. 3, der aber dem Strafgericht nur einen beschränkten Aufgabenbereich zuweist. War der Dritte ohne sein Verschulden am subjektiven Verfahren nicht beteiligt oder trotz Anordnung seiner Beteiligung nicht in der Lage, die daraus sich ergebenden Rechte wahrzunehmen, so kann er seine unberücksichtigt gebliebenen Rechte in einem Nachverfahren (§ 439) geltend machen mit dem Ziel, eine gerichtliche Entscheidung des Inhalts zu erlangen, daß die rechtskräftige Entscheidung „ihm gegenüber nicht gerechtfertigt" sei. Er ist aber nicht auf diesen Weg beschränkt, sondern hat die Wahl zwischen dem Weg des § 439 und dem Entschädigungsbegehren aus § 74 f StGB, über das der Zivilrichter entscheidet[12]. Das Nachverfahren hat praktisch keine Bedeutung, wenn der Staat nicht mehr in der Lage ist, den eingezogenen Gegenstand dem Antragsteller, falls ein Antrag Erfolg hat, zurückzugeben. Deshalb bestimmt § 68 StVollstrO, daß die Vollstreckungsbehörde von der üblichen Verwertung eines rechtskräftig eingezogenen Gegenstandes (§§ 63 ff StVollstrO) absieht, wenn damit zu rechnen ist, daß das Nachverfahren beantragt wird.

6. Vollstreckungsrechtliches.

Mit der Rechtskraft der Einziehungsentscheidung **16** wird der Staat zwar gemäß § 74 e StGB originär — also ohne daß es weiterer Vollstrekkungshandlungen bedarf — Eigentümer des eingezogenen Gegenstandes. Befindet sich dieser aber nicht (durch Beschlagnahme oder freiwillige Herausabe) in amtlichem Gewahrsam, so kann die rechtskräftige Entscheidung gegen einen **Einziehungsbeteiligten** (§ 431 Abs. 1 Satz 1) gemäß § 459 g nach den Vorschriften der JBeitrO (für das Ordnungswidrigkeitenrecht vgl. § 90 Abs. 3 OWiG) durch Wegnahme auf Grund der Entscheidung als Vollstreckungstitel (§ 451) nur vollstreckt werden, wenn sich aus dem Rubrum der Entscheidung, in dem der Einziehungsbeteiligte aufgeführt ist, in Verbindung mit dem Tenor der Entscheidung ergibt, daß dieser zur Herausgabe verpflichtet ist. Das ist, wenn der Einziehungsbeteiligte Eigentumsrechte geltend machte (§ 431 Abs. 1 Satz 1 Nr. 1), ohne weiteres der Fall, denn indem die Entscheidung auf Einziehung lautet, bringt sie zum Ausdruck, daß sein Eigentum verneint wurde oder die Einziehung nicht hindert. Machte der Einziehungsbeteiligte beschränkt dingliche Rechte geltend (§ 431 Abs. 1 Satz 1 Nr. 2), so bildet die Einziehungsentscheidung ihm gegenüber nur dann einen Vollstreckungstitel, wenn in ihr das Erlöschen der Rechte angeordnet ist (§ 74 e Abs. 2 Satz 2, 3). In den übrigen Fällen, in denen ein Dritter im Besitz der rechtskräftig eingezogenen Sache ist, muß der Fiskus, wenn freiwillige Herausgabe verweigert wird, seinen durch den Eigentumserwerb nach § 74 e Abs. 1 StGB begründeten Herausgabeanspruch (§ 985 BGB) im Wege der Klage vor dem Zivilgericht geltend machen; ob dies geschehen soll, entscheidet nach § 61 Abs. 3 bis 5 StVollstrO die oberste Justizbehörde (vgl. dazu die Erl. zu § 459 g und *Pohlmann* Rpfleger **1968** 264, 270 f).

17   **7. Bußgeldverfahren.** Gemäß § 46 Abs. 1 OWiG gelten die §§ 430 ff grundsätzlich sinngemäß auch, wenn über die Einziehung als Nebenfolge einer Ordnungswidrigkeit (§§ 22 ff OWiG) zu entscheiden ist; durch § 29 a OWiG ist die Sanktion des Verfalls nunmehr auch bei Ordnungswidrigkeiten möglich geworden. Dies gilt sowohl im Verfahren der Verwaltungsbehörde wie auch für das gerichtliche Bußgeldverfahren. Die ergänzenden oder abweichenden Vorschriften, die den Besonderheiten des Bußgeldverfahrens Rechnung tragen, finden sich in § 87 OWiG.

§ 430

(1) Fällt die Einziehung neben der zu erwartenden Strafe oder Maßregel der Besserung und Sicherung nicht ins Gewicht oder würde das Verfahren, soweit es die Einziehung betrifft, einen unangemessenen Aufwand erfordern oder die Herbeiführung der Entscheidung über die anderen Rechtsfolgen der Tat unangemessen erschweren, so kann das Gericht mit Zustimmung der Staatsanwaltschaft in jeder Lage des Verfahrens die Verfolgung der Tat auf die anderen Rechtsfolgen beschränken.

(2) [1]Im vorbereitenden Verfahren kann die Staatsanwaltschaft die Beschränkung vornehmen. [2]Die Beschränkung ist aktenkundig zu machen.

(3) [1]Das Gericht kann die Beschränkung in jeder Lage des Verfahrens wieder aufheben. [2]Einem darauf gerichteten Antrag der Staatsanwaltschaft ist zu entsprechen. [3]Wird die Beschränkung wieder aufgehoben, so gilt § 265 entsprechend.

Schrifttum. *Bender* Fragen der Wertersatzeinziehung, NJW **1969** 1056; *Bode* Das neue Recht der Einziehung..., NJW **1969** 1052; *Eser* Die strafrechtlichen Sanktionen gegen das Eigentum (1969).

Entstehungsgeschichte. Durch Art. 21 Nr. 110 EGStGB 1974 wurden in Absatz 1 Satz 1 die hinter den Eingangsworten „Fällt die Einziehung" stehenden Worte „eines Gegenstandes oder des Wertersatzes" als überflüssig und durch Art. 1 Nr. 106 des 1. StVRG 1974 der Absatz 4 (betr. Befugnisse des Untersuchungsrichters) gestrichen.

Übersicht

I. Grundgedanke

§ 430, der die Vereinfachung, Beschleunigung und klarere Ausgestaltung des Ver- **1** fahrens bezweckt, stellt eine **Erweiterung der Grundgedanken der §§ 154, 154a** dar. Nach § 154 kann von der Verfolgung unwesentlicher Nebendelikte abgesehen werden, wenn die Strafe oder Maßregel der Besserung und Sicherung, zu der die Verfolgung führen kann, neben der wegen einer anderen Tat zu erwartenden Strafe oder Maßregel nicht ins Gewicht fällt. In Fortentwicklung dieses Gedankens, das Verfahren im Interesse besserer Aufklärung und Beschleunigung auf die wesentlichen Teile zu konzentrieren, ermöglicht § 154a eine Beschränkung der Verfolgung durch Ausklammerung einzelner abtrennbarer Teile **derselben Tat** (i. S. des § 264) und einzelner von mehreren Gesetzesverletzungen bei Tateinheit, wenn sie für die zu erwartende Strafe oder Maßregel nicht ins Gewicht fallen. § 430 ermöglicht eine weitere Beschränkung auf den wesentlichen Prozeßstoff, indem er gestattet, **einzelne Rechtsfolgen** einer im übrigen verfolgten Tat, nämlich die Einziehung eines Gegenstandes (§§ 74, 74a, 74d, 75 StGB), des Wertersatzes (§§ 74c, 76 StGB), von der Verfolgung auszunehmen. Der Einziehung stehen die in § 442 bezeichneten Nebenfolgen gleich. Dabei geht § 430 insofern über die §§ 154, 154a hinaus, als er dem in diesen Vorschriften vorgesehenen Beschränkungsgrund zwei weitere Gründe hinzufügt (Rdn. 7, 9). Von dieser prozessualen Beschränkungsmöglichkeit aus Opportunitätsgründen ist die materiellrechtliche Beschränkung durch den Verhältnismäßigkeitsgrundsatz zu unterscheiden (Rdn. 21).

II. Anwendungsbereich

Die Anwendung des § 430 setzt voraus, daß die Tat wegen ihrer übrigen Rechts- **2** folgen verfolgt wird. § 430 ist daher nicht anwendbar, wenn nur die Einziehung den Gegenstand des Verfahrens bildet. Jedoch enthält für das Nachverfahren § 439 Abs. 5 eine entsprechende Vorschrift, und auch im selbständigen Einziehungsverfahren erscheint

Karl Heinz Gössel

§ 430 Abs. 1 sinngemäß anwendbar (§ 440, 41; str.). Bedeutungslos ist es, ob es sich bei der Einziehung und den ihr in § 442 gleichgestellten Nebenfolgen um Nebenstrafen, strafähnliche Maßnahmen oder Sicherungsmaßnahmen usw. handelt und ob sie fakultativ zugelassen oder zwingend vorgeschrieben sind. Die Einschränkungsmöglichkeit betrifft allein das **„Verfahren, soweit es die Einziehung betrifft"**; dazu gehört sowohl das der Anordnung der Beteiligung (§ 431 Abs. 1 Satz 1) vorausgehende Verfahren, z. B. bei Ermittlung von Einziehungsinteressenten, deren Beteiligung am Strafverfahren in Frage steht (§ 431, 35), wie auch das Verfahren nach Erlaß des Beteiligungsbeschlusses.

III. Voraussetzungen der Beschränkung

3   Die Beschränkung ist unter den drei alternativen Voraussetzungen der *relativen Unerheblichkeit*, des *unangemessenen Aufwandes* und der *unangemessenen Erschwerung der Entscheidung über die übrigen Rechtsfolgen der Tat* möglich.

1. Relative Unerheblichkeit

4   **a) Begriff.** Allgemein läßt sich sagen, daß die Einziehung nicht ins Gewicht fällt, wenn die übrigen zu erwartenden Rechtsfolgen zum notwendigen Schutz der Rechtsordnung genügen[1], wenn also, soweit die Einziehung selbst Strafe ist oder strafähnlichen Charakter hat, bereits die Hauptstrafe den Strafzwecken ausreichend gerecht wird, oder, soweit die Sicherungsfunktion im Vordergrund steht, dem Sicherungsbedürfnis völlig durch die anderen Rechtsfolgen genügt wird.

5   **b) Gefährlichkeit der Einziehungsobjekte.** Dem vorgenannten Sicherungsbedürfnis ist *nicht* genügt, wenn die Voraussetzungen des § 74 Abs. 2 Nr. 2 StGB bejaht werden[2], denn hier dient die Einziehung gerade der Beseitigung einer auch bei Berücksichtigung aller übrigen Umstände noch von dem Gegenstand ausgehenden Gefahr für die Allgemeinheit oder der Abwendung einer noch bestehenden Gefahr der Verwendung des Gegenstandes zur Begehung weiterer mit Strafe bedrohter Handlungen. Werden diese Voraussetzungen als gegeben angesehen, so scheidet schon begrifflich die Annahme aus, daß die Einziehung im Hinblick auf die anderen zu erwartenden Rechtsfolgen der Tat nicht ins Gewicht falle. Dem steht nicht entgegen, daß auch im Fall des § 74 Abs. 2 Nr. 2 die Einziehung nicht zwingend vorgeschrieben ist („kann"; „nur zulässig"), denn wenn die Voraussetzungen dieser Vorschrift vorliegen, so fordert die Ausübung des pflichtgemäßen Ermessens, von der „Kann"-Möglichkeit Gebrauch zu machen. Ebenso im Ergebnis *Eb. Schmidt* Nachtr. II 3, dessen Begründung, die „Kann"-Vorschrift des § 74 Abs. 2 Nr. 2 werde durch § 74 e Abs. 2 Satz 2 StGB in eine „Muß"-Vorschrift umgewandelt, freilich nicht zutrifft, denn der Zwang zur Anordnung des Erlöschens von Drittrechten am Einziehungsgegenstand, aus dem *Eb. Schmidt* den Zwang zur Einziehung selbst herleitet, wird ja nach dieser Vorschrift erst ausgelöst, **wenn** das Gericht die Einziehung anordnet und sie auf § 74 Abs. 2 Nr. 2 stützt.

6   **c) Bezugsperson.** Die Begründung zu § 430 (BTDrucks. V 1319 S. 74) führt in diesem Zusammenhang aus: „Dabei [bei der Frage, ob die Einziehung neben anderen zu erwartenden Rechtsfolgen der Tat nicht ins Gewicht fällt] ist die Einziehung auch für den Fall in Beziehung zu der zu erwartenden Strafe zu setzen, daß **ein anderer als der Angeklagte** Eigentümer des Einziehungsgegenstandes ist. Denn die Einziehung ist keine

---

[1] *Eb. Schmidt* Nachtr. II 3; KK-*Boujong*[2] 3; *Kleinknecht/Meyer*[38] 3.

[2] *Eb. Schmidt* Nachtr. II 3; KK-*Boujong*[2] 3; KMR-*Paulus* 5.

selbständige Maßnahme gegenüber dem Dritten, sondern eine Rechtsfolge der Tat des Angeklagten. Ihre Bedeutung muß deshalb nach den sonstigen Rechtsfolgen der Tat beurteilt werden". Dem ist zuzustimmen. Allerdings ist z. B. die „erweiterte" Einziehung nach § 74 a StGB, soweit sie durch Verweisung auf diese Vorschrift zugelassen ist, an die Voraussetzung eines vorwerfbaren Verhaltens des tatunbeteiligten Dritten geknüpft. Aber diese Einziehung wird, wenn sie sich auch gegenüber dem Dritten auswirkt, lediglich gegenüber dem Angeklagten als Folge seiner Tat ausgesprochen; der Dritteigentümer ist nur Einziehungsbeteiligter (§ 431). Es ist deshalb zwangsläufig, daß die Abwägung, ob die erweiterte Einziehung neben den übrigen zu erwartenden Rechtsfolgen der Tat nicht ins Gewicht fällt, nur im Hinblick auf die sonstigen **gegen den Angeklagten** zu erwartenden Maßnahmen erfolgen kann, während eine Abwägung gegenüber dem Dritten entfällt, da mit Wirkung ihm gegenüber andere Maßnahmen als die Einziehung nicht in Betracht kommen.

2. Unangemessener Aufwand

a) Hier ist an den Fall gedacht, daß die **Einziehung** zwar gegenüber der zu erwartenden **Strafe** oder **Maßregel** der Besserung und Sicherung **ins Gewicht fällt**, daß aber **7** das die Einziehung betreffende Verfahren mit einem unangemessenen Aufwand verbunden wäre (Beispiel nach der Begr. zu § 430 — S. 74 —: wenn neben einer geringen Geldstrafe die Einziehung eines Luftgewehrs in Frage steht, die Anordnung der Einziehung jedoch eine umfangreiche Beweisaufnahme erfordern würde mit einem Kostenaufwand, der im Verhältnis zur Bedeutung der Einziehung unangemessen wäre).

b) Bei dem „Aufwand" ist vorzugsweise an das Maß der Mühewaltung von Gericht, Staatsanwaltschaft und Beweispersonen bei umfangreichen oder schwierigen Beweisaufnahmen, an den ihnen entstehenden Zeitverlust und den damit verbundenen Kostenaufwand gedacht. Dieser Aufwand ist **unangemessen**, wenn er zu der Bedeutung der Einziehung in keinem sinnvollen Verhältnis steht[3]. Bei der „Bedeutung" der Einziehung kann es dabei entscheidend darauf ankommen, ob sie Straf-, strafähnlichen oder Sicherungscharakter hat. So kann im Fall des § 74 Abs. 2 Nr. 2 StGB die Schwere der drohenden Gefahr auch einen hohen Aufwand rechtfertigen, doch läßt sich — dies gegen *Eb. Schmidt* Nachtr. II 4 — nicht sagen, daß, wenn eine Einziehung nach § 74 Abs. 2 Nr. 2 in Betracht käme, der Gesichtspunkt des unangemessenen Aufwands stets entfiele[4].

3. Unangemessene Erschwerung der Entscheidung über die übrigen Rechtsfolgen **9** der Tat. Die Beschränkung ist schließlich zulässig, wenn die Entscheidung über die anderen Rechtsfolgen der Tat **unangemessen erschwert** würde. Hier ist in erster Linie an einen unverhältnismäßigen **Zeitverlust** gedacht, der durch die Aufklärung der Einziehungsvoraussetzungen, insbesondere der Rechtsverhältnisse am Einziehungsgegenstand entstünde, während die Sache im übrigen entscheidungsreif ist, so etwa, wenn mehrere Personen wegen ihres angeblichen Rechts am Einziehungsgegenstand die Beteiligung erzwingen, oder wenn eine zeitraubende kommissarische Vernehmung einer Mehrzahl von Zeugen an verschiedenen Orten nötig wäre, auch wenn der Kostenaufwand sich in erträglichen Grenzen hält, oder wenn auf Zeugen gewartet werden muß, die für längere Zeit nicht zur Verfügung stehen. Die Vorschrift ermöglicht es, dem Grundsatz des § 431 Abs. 7 Rechnung zu tragen, daß durch eine Verfahrensbeteiligung

---

[3] KK-*Boujong*[2] 4; KMR-*Paulus* 6.
[4] Wie hier auch KK-*Boujong*[2] 4.

Karl Heinz Gössel

der Fortgang des Verfahrens nicht aufgehalten werden soll, und gibt die Handhabe, auszuschließen, daß durch die Beteiligung das Recht des Angeklagten auf Abschluß des Verfahrens innerhalb angemessener Zeit (Art. 6 MRK) beeinträchtigt wird[5]. Sie kann ferner in Staatsschutzstrafsachen dazu dienen, aus Gründen der Geheimhaltung den Kreis der Verfahrensbeteiligten zu beschränken. Mit § 430 läßt sich den Bedenken begegnen, die früher von BGHSt 19 7 gegen eine uneingeschränkt zulässige Verfahrensbeteiligung der Einziehungsinteressenten erhoben worden waren (Vor § 430, 12).

10   **4. Verhältnis der Beschränkungsvoraussetzungen zueinander.** Eine scharfe Trennung der drei Beschränkungsvoraussetzungen ist nicht möglich und auch nicht notwendig; sie können sich im Einzelfall überschneiden.

11   **5. Existenz eines Strafverfahrens.** Die Beschränkung kann nach Abs. 1 vom Gericht „in jeder Lage des Verfahrens" beschlossen werden, d. h. von der Anklageerhebung (vorher ist die Staatsanwaltschaft nach Abs. 2 allein zuständig) bis zum rechtskräftigen Abschluß des Verfahrens (vertikale Rechtskraft reicht aus, nicht aber horizontale[6]).

IV. Zuständigkeit

12   Die Zuständigkeit **zur Ausscheidung** der Einziehung usw. ist in § 430 übereinstimmend mit § 154 a geregelt, so daß sich eine Erläuterung im einzelnen erübrigt und ergänzend auf die dortigen Erläuterungen verwiesen werden kann.

13   **1.** Im **vorbereitenden Verfahren** steht die Entscheidung der Staatsanwaltschaft zu. Eine Beschränkung ist aktenkundig zu machen; sie hindert die StA nicht, die Beschränkung im Lauf des Ermittlungsverfahrens oder bei Erhebung der Anklage wieder aufzuheben.

14   **2.** Nach **Einreichung der Anklageschrift** kann das Gericht (außerhalb der Hauptverhandlung in Beschlußbesetzung, im Verfahren vor dem Amtsgericht und der Kleinen Strafkammer also durch den Vorsitzenden allein) in jeder Lage des Verfahrens die Beschränkung anordnen; es bedarf dazu der Zustimmung der Staatsanwaltschaft. Eine von der Staatsanwaltschaft im Ermittlungsverfahren oder eine nach Einreichung der Anklageschrift vom Gericht mit Zustimmung der Staatsanwaltschaft angeordnete Beschränkung kann das Gericht in jeder Lage des Verfahrens **wieder aufheben.** Dazu bedarf es nicht der Zustimmung der Staatsanwaltschaft[7], die aber ihre im Vorbereitungsstadium getroffene Beschränkung und ihre Zustimmung zur Beschränkung durch das Gericht **widerrufen** kann, indem sie einen Einbeziehungsantrag stellt, dem das Gericht entsprechen muß.

15   **3.** Bei einer **Wiederaufhebung der Beschränkung** gilt nach § 430 Abs. 3 Satz 3 **§ 265 entsprechend.** In § 154 a Abs. 3 Satz 3 lautet die entsprechende Vorschrift dahin, daß § 265 Abs. 4 entsprechend anzuwenden sei. Diesem Wortlaut wollte sich § 430 Abs. 3 Satz 3 des Entw. EGOWiG anschließen. Im Rechtsausschuß (vgl. dessen schriftlichen Bericht zu Drucks. V 2601 v. 4. 3. 1968) wurde aber die Beschränkung der entsprechenden Anwendbarkeit auf § 265 Abs. 4 gestrichen und § 265 in vollem Umfang für entsprechend anwendbar erklärt: § 430 Abs. 3 Satz 3 könne nicht ohne weiteres mit § 154 a

---

[5] Zust. KK-*Boujong*[2] 5.   [7] KK-*Boujong*[2] 8.
[6] KMR-*Paulus* 3.

Abs. 3 Satz 3 verglichen werden, denn bei der Einziehung von Gegenständen könne es um Werte von erheblicher Bedeutung gehen, auch könne die Beteiligung von Einziehungsinteressenten in Betracht kommen.

V. Sonderfälle

1. Im **Strafbefehlsverfahren** kann der Richter gemäß § 408 Abs. 3 nur entspre- **16** chend dem Antrag der Staatsanwaltschaft den Strafbefehl erlassen. Er muß also, sofern eine Einigung mit der Staatsanwaltschaft nicht zustande kommt, Hauptverhandlung anberaumen, wenn er die Ausklammerung der Einziehung durch die Staatsanwaltschaft im Strafbefehlsantrag nicht für gerechtfertigt oder entgegen dem Strafbefehlsantrag die Ausscheidung der Einziehung für geboten hält (§ 408, 37 und 49).

2. Im **Privatklageverfahren** entscheidet über Ausklammerung und Wiedereinbezie- **17** hung allein der Richter (§ 25 Nr. 1 GVG) oder im Berufungsverfahren außerhalb der Hauptverhandlung der Vorsitzende der Kleinen Strafkammer.

3. Der **Nebenkläger** hat keinen Einfluß auf die Ausscheidung und Wiedereinbezie- **18** hung des Verfahrens über die Einziehung; § 397 Abs. 2 ist nicht entsprechend anwendbar[8].

4. Bei **Steuervergehen** hat die Finanzbehörde, wenn sie das Ermittlungsverfahren **19** selbständig durchführt (§ 386 Abs. 2 AO 1977) die Rechte und Pflichten der Staatsanwaltschaft (§ 399 AO 1977) und kann daher im Ermittlungsverfahren und beim Strafbefehlsantrag (§ 400 AO) die Einziehung ausscheiden (s. dazu § 406 AO). Im gerichtlichen Verfahren, soweit es sich um die Beschränkung oder Wiedereinbeziehung handelt, hat die Finanzbehörde zwar im Rahmen des § 407 AO ein Anhörungsrecht, aber kein Gestaltungsrecht, das dem der Staatsanwaltschaft entspräche.

VI. Rechtsmittel

Gerichtliche Entscheidungen über Beschränkung oder Wiedereinziehung ergehen **20** in Beschlußform, nachdem zuvor den Beteiligten rechtliches Gehör gewährt ist (§ 33). Eine Beschwerde des Beschuldigten, Privat- oder Nebenklägers oder Einziehungsbeteiligten ist gemäß § 305 Satz 1 ausgeschlossen. Dies gilt aber auch für die Staatsanwaltschaft, wenn sie sich dadurch beschwert fühlt, daß das Gericht ohne ihre Zustimmung eine Beschränkung vorgenommen oder entgegen ihrem Antrag eine Wiedereinbeziehung unterlassen hat[9].

VII. Verhältnismäßigkeitsgrundsatz als materiellrechtliche Beschränkung

Der Grundsatz der Verhältnismäßigkeit von Mittel und Zweck gilt — über den **21** Wortlaut des § 74 b Abs. 1 StGB hinaus — als ein alle Eingriffe des Staats beherrschender Grundsatz allgemein für die Einziehung und die ihr entsprechenden Rechtsfolgen, auch wo sie nicht in das Ermessen des Gerichts gestellt, sondern zwingend vorgeschrieben sind[10]. Er stellt ein **materiellrechtliches** Verbot an den Richter dar, die Einziehung an-

---

[8] § 397, 26; ebenso KMR-*Paulus* § 397, 2; *Kleinknecht/Meyer*[38] 7 und § 397, 14.

[9] *Eb. Schmidt* Nachtr. II 10; KK-*Boujong*[2] 9;

KMR-*Paulus* 12; **a. M** *Kleinknecht/Meyer*[38] 9; vgl. auch § 154 a, 28.

[10] Nachweise bei LK-*Schäfer* § 74 b, 2.

Karl Heinz Gössel

zuordnen, wenn sie zur Bedeutung der begangenen Tat und zum Vorwurf, der den Täter oder Teilnehmer, in den Fällen des § 74 a StGB auch den tatunbeteiligten Dritten trifft, außer Verhältnis steht. Soweit dieses Verbot reicht, ist für eine Ermessensmaßnahme nach § 430 kein Raum. Eine Verletzung des Verhältnismäßigkeitsgrundsatzes bedeutet einen Eingriff in die Rechte des von der Einziehung betroffenen Angeklagten oder Einziehungsbeteiligten, dessen er sich mit den zulässigen Rechtsmitteln erwehren kann; bei Verletzung des Verhältnismäßigkeitsgrundsatzes beruht das Urteil i. S. des § 337 Abs. 1 stets auf einer Verletzung des Gesetzes. § 430 dagegen enthält als **Verfahrens**vorschrift eine **Ermächtigung** an Strafverfolgungsbehörde und Gericht, zwecks Vereinfachung und Beschleunigung des Verfahrens unwesentliche Nebenfolgen auszuscheiden, und dies grundsätzlich nicht im Individualinteresse des Angeklagten oder Einziehungsbeteiligten, sondern im Interesse der Allgemeinheit an einer zügigen Strafrechtspflege. Der Angeklagte und der Einziehungsbeteiligte haben kein Recht darauf, daß von der Ermächtigung Gebrauch gemacht werde — der Angeklagte auch nicht unter dem Gesichtspunkt der Beschleunigung seines Verfahrens zwecks Aburteilung „innerhalb einer angemessenen Frist"[11] (Art. 5 Abs. 3 Satz 2; Art. 6 Abs. 1 Satz 1 MRK; vgl. dazu BGHSt **21** 81; **24** 239; Einleitung Kap. **12** 91 ff) —, und gegen ein Urteil, das, der materiellen Rechtslage entsprechend, auf Einziehung erkennt, können grundsätzlich nicht Rechtsmittel mit der Begründung ergriffen werden, daß es bei zweckmäßiger Verfahrensbeschränkung nicht zur Einziehung gekommen wäre[12]. Entsprechendes gilt beim **Verfall** für das Verhältnis der materiellrechtlichen Härteklausel des § 73 c StGB als einer Ausformung des Verhältnismäßigkeitsgrundsatzes zu der verfahrensrechtlichen Beschränkungsermächtigung nach §§ 430, 442.

§ 431

(1) [1]Ist im Strafverfahren über die Einziehung eines Gegenstandes zu entscheiden und erscheint glaubhaft, daß
1. der Gegenstand einem anderen als dem Angeschuldigten gehört oder zusteht oder
2. ein anderer an dem Gegenstand ein sonstiges Recht hat, dessen Erlöschen im Falle der Einziehung angeordnet werden könnte (§ 74 e Abs. 2 Satz 2 und 3 des Strafgesetzbuches),

so ordnet das Gericht an, daß der andere an dem Verfahren beteiligt wird, soweit es die Einziehung betrifft (Einziehungsbeteiligter). [2]Das Gericht kann von der Anordnung absehen, wenn infolge bestimmter Tatsachen anzunehmen ist, daß die Beteiligung nicht ausführbar ist. [3]Das Gericht kann von der Anordnung auch dann absehen, wenn eine Partei, Vereinigung oder Einrichtung außerhalb des räumlichen Geltungsbereichs dieses Gesetzes zu beteiligen wäre, die Bestrebungen gegen den Bestand oder die Sicherheit der Bundesrepublik Deutschland oder gegen einen der in § 92 Abs. 2 des Strafgesetzbuches bezeichneten Verfassungsgrundsätze verfolgt, und wenn den Umständen nach anzunehmen ist, daß diese Partei, Vereinigung oder Einrichtung oder einer ihrer Mittelsmänner den Gegenstand zur Förderung ihrer Bestrebungen zur Verfügung gestellt hat; in diesem Falle genügt es, vor der Entscheidung über die Einziehung des Gegenstandes den Besitzer der Sache oder den zur Verfügung über das Recht Befugten zu hören, wenn dies ausführbar ist.

---

[11] Art. 5 Abs. 3 Satz 2; Art. 6 Abs. 1 Satz 1 MRK; vgl. dazu BGHSt **21** 81; **24** 239; Einl. **12** 90 ff.

[12] KK-*Boujong*[2] 9; KMR-*Paulus* 12.

(2) Das Gericht kann anordnen, daß sich die Beteiligung nicht auf die Frage der Schuld des Angeschuldigten erstreckt, wenn

1. die Einziehung im Falle des Absatzes 1 Nr. 1 nur unter der Voraussetzung in Betracht kommt, daß der Gegenstand dem Angeschuldigten gehört oder zusteht, oder
2. der Gegenstand nach den Umständen, welche die Einziehung begründen können, dem Einziehungsbeteiligten auch auf Grund von Rechtsvorschriften außerhalb des Strafrechts ohne Entschädigung dauernd entzogen werden könnte.

(3) Ist über die Einziehung des Wertersatzes gegen eine juristische Person oder eine Personenvereinigung zu entscheiden (§ 75 in Verbindung mit § 74 c des Strafgesetzbuches), so ordnet das Gericht deren Beteiligung an.

(4) Die Verfahrensbeteiligung kann bis zum Ausspruch der Einziehung und, wenn eine zulässige Berufung eingelegt ist, bis zur Beendigung der Schlußvorträge im Berufungsverfahren angeordnet werden.

(5) [1]Der Beschluß, durch den die Verfahrensbeteiligung angeordnet wird, kann nicht angefochten werden. [2]Wird die Verfahrensbeteiligung abgelehnt oder eine Anordnung nach Absatz 2 getroffen, so ist sofortige Beschwerde zulässig.

(6) Erklärt jemand bei Gericht oder bei der Staatsanwaltschaft schriftlich oder zu Protokoll oder bei einer anderen Behörde schriftlich, daß er gegen die Einziehung des Gegenstandes keine Einwendungen vorbringen wolle, so wird seine Verfahrensbeteiligung nicht angeordnet oder die Anordnung wieder aufgehoben.

(7) Durch die Verfahrensbeteiligung wird der Fortgang des Verfahrens nicht aufgehalten.

Entstehungsgeschichte. Durch Art. 21 Nr. 111 EGStGB 1974 ist Absatz 1 Satz 1 und Absatz 3 redaktionell (Anpassung an neue Paragraphenbezifferung) geändert worden.

Übersicht

Karl Heinz Gössel

I. Übersicht über die Nebenbeteiligten im Strafverfahren

1   **1. Begriff.** Die §§ 431, 442 haben mit den **Nebenbeteiligten** eine neue Kategorie der Verfahrensbeteiligten für *die* Strafverfahren geschaffen, in denen über die *Einziehung* eines Gegenstandes oder über die in *§ 442* bezeichneten *Rechtsfolgen* unabhängig davon zu entscheiden ist, ob dies im subjektiven Strafverfahren gegen einen Angeschuldigten oder im objektiven Verfahren ohne einen solchen geschieht. Für die Einziehung ist der Nebenbeteiligte vom Gesetz selbst in § 431 Abs. 1 Satz 1 als Einziehungsbeteiligter bezeichnet worden; im übrigen gehören dieser neuen Gruppe neben den Verfallsbeteiligten diejenigen zu, die von einer der sonst in § 442 Abs. 1 genannten Rechtsfolgen (Vernichtung, Unbrauchbarmachung und Beseitigung eines rechtswidrigen Zustandes) betroffen sind. Die Erlangung der Stellung eines Nebenbeteiligten ist an formale und materielle Voraussetzungen gebunden.

2. Voraussetzungen

2   **a) Formale** Voraussetzung ist eine **gerichtliche Anordnung**, daß der Betreffende am Strafverfahren beteiligt wird, soweit es die Einziehung (§ 431 Abs. 1 Satz 1) oder eine sonstige in § 442 Abs. 1 genannte Rechtsfolge betrifft (s. dazu Rdn. 28). Diese Anordnung ist im subjektiven Verfahren erst zulässig, wenn gegen eine bestimmte Person die öffentliche Klage (s. dazu Rdn. 62) erhoben ist oder erhoben wird; das ergibt sich aus dem Wortlaut des § 431 Abs. 1 Satz 1 („Angeschuldigter") in Verbindung mit § 157 StPO. Dementsprechend ist im objektiven Verfahren die Anordnung ebenfalls erst mit dem Eingang des Antrags auf selbständige Einziehung oder Anordnung der sonstigen in § 442 genannten Rechtsfolgen zulässig. Im vorbereitenden Verfahren gibt es keine Nebenbeteiligten, sondern nur **Einziehungsinteressenten** etc. (§ 432).

3   **b) Als materielle** Voraussetzung muß eine bestimmte rechtliche Beziehung des Nebenbeteiligten zu dem von der Rechtsfolge betroffenen Gegenstand glaubhaft erscheinen: dem Nebenbeteiligten muß entweder das Eigentum an dem betreffenden Gegenstand zustehen oder aber ein sonstiges Recht, im Falle der Einziehung z. B. ein beschränktes dingliches Recht.

Stand: 1. 6. 1988

c) **Tauglicher Nebenbeteiligter** ist nach § 431 Abs. 1 Satz 1 stets nur *ein anderer* **4**
(auch eine juristische Person oder Personenvereinigung, s. unten Rdn. 65) als der Angeschuldigte (das gilt auch für das objektive Verfahren, welches keinen Angeschuldigten
kennt), wenn glaubhaft erscheint, daß ihm die körperliche Sache **gehört** oder das Recht
zusteht, dessen Erlöschen im Falle einer Einziehung angeordnet werden könnte (§ 74 e
Abs. 2 Satz 2 und 3 StGB).

II. Die Nebenbeteiligten im einzelnen

1. Der Einziehungsbeteiligte
a) Der Kreis der nebenbeteiligten „anderen" Eigentümer
aa) Die Einziehung nach § 74 Abs. 1 und 2 Nr. 1 StGB setzt voraus, daß der Ge- **5**
genstand **zur Zeit der Entscheidung** (d. h. der letzten tatrichterlichen Entscheidung) dem
Täter oder Teilnehmer gehört oder zusteht. Auf das Eigentum im Zeitpunkt der Entscheidung über die Einziehung kann es aber bei der vorangehenden Entscheidung über
die Anordnung der Beteiligung nicht ankommen. Hier genügt, daß Eigentum (Rechtsinhaberschaft) im Zeitpunkt der Anordnung glaubhaft erscheint. Wer also Eigentum
oder Rechtsinhaberschaft am Gegenstand, der instrumentum oder productum sceleris
oder Beziehungsgegenstand (§ 74 Abs. 4 StGB) war, im Zeitpunkt der Entscheidung
über die Verfahrensbeteiligung für sich in Anspruch nimmt, hat das Interesse, im Verfahren über die Einziehung darzutun, daß der Gegenstand jetzt ihm gehört (zusteht)
und demgemäß nach dem gewöhnlichen Verlauf der Dinge auch im Zeitpunkt der Entscheidung nicht dem Täter oder Teilnehmer gehören (zustehen) wird, so daß die Voraussetzungen einer Einziehung nicht gegeben sind.

Im Sinn des § 431 Abs. 1 Satz 1 Nr. 1 **„gehört" eine Sache** (oder steht ein Recht **6**
zu) **einem anderen** als dem Angeschuldigten auch dann, wenn der andere nicht Alleineigentümer (alleiniger Rechtsinhaber), sondern nur Mitberechtigter nach ideellen Bruchteilen oder zur gesamten Hand ist. Nr. 1 ist also nur dann unanwendbar, wenn der Angeschuldigte Alleineigentümer (alleiniger Rechtsinhaber) ist oder wenn alle Mitberechtig-
ten Angeschuldigte sind. Die Frage, ob und inwieweit i. S. des § 74 Abs. 2 Nr. 1 StGB Mit-
eigentum (Mitberechtigung) nach ideellen Bruchteilen oder zur gesamten Hand ein ein-
ziehungsfähiges Recht darstellt[1], spielt hier keine Rolle.

Für die Einziehungsbeteiligung ist die streitige Frage ohne Bedeutung, ob bei **Si-** **7**
cherungs- und Vorbehaltseigentum die formale Rechtslage oder eine wirtschaftliche
Betrachtungsweise maßgebend ist, ob also der Sicherungsnehmer oder der besitzende
Sicherungsgeber, der besitzende Vorbehaltskäufer oder der Vorbehaltsverkäufer als
Eigentümer (Rechtsinhaber) im Sinn der Vorschriften anzusehen ist, die die Zulässigkeit
der Einziehung vom Eigentum des Täters oder Teilnehmers (seiner Rechtsinhaberschaft) zur Zeit der Entscheidung abhängig machen[2]. Denn je nachdem die Frage beantwortet wird, fällt der tatunbeteiligte Vorbehaltsverkäufer (Sicherungsnehmer) entweder unter Nr. 1 oder — als Inhaber eines pfandrechtsähnlichen Rechts — unter Nr. 2.

bb) Mitangeklagte und Mitangeschuldigte sind keine „anderen", denn in dieser **8**
Eigenschaft haben sie bereits die Verteidigungsbefugnisse, die dem „anderen" (vgl.

---

[1] S. dazu OLG Karlsruhe NJW **1974** 709, 711; LK-*Schäfer* § 74, 13; 46 ff.
[2] S. dazu BGHSt **24** 222; **25** 10; BayObLG VRS **46** 271; OLG Oldenburg NJW **1971**

769; OLG Karlsruhe NJW **1974** 709; LK-*Schäfer* § 74, 26 ff; s. dazu ferner einerseits KK-*Boujong*[2] 6, andererseits KMR-*Paulus* 8.

§ 433) erst durch die Anordnung der Beteiligung beigelegt werden sollen[3]. Jedoch kommt auch ein **Teilnehmer** (Mittäter, Anstifter, Gehilfe §§ 25 ff StGB), der in demselben Verfahren nicht selbst die prozessuale Stellung als (Mit-)Angeschuldigter innehat (z. B. bei Abtrennung des Verfahrens etwa wegen Verhandlungsunfähigkeit), als Einziehungsbeteiligter in Betracht[4], so, wenn er geltend macht, Eigentümer des Tatwerkzeugs zu sein, und eine Einziehung des „dem Täter oder Teilnehmer" gehörenden Gegenstandes (§ 74 Abs. 2 Nr. 1) abwenden, z. B. dartun will, daß eine Einziehung des ihm gehörenden Gegenstandes entfalle, weil er ohne sein Wissen vom Täter zur Tat benutzt worden sei[5], oder wenigstens erreichen will, daß das Gericht von der „Kann"-Vorschrift keinen Gebrauch macht. Wird in einem solchen Fall der Einziehungsbeteiligte (durch Verbindung) in das Verfahren einbezogen, so wird die Beteiligungsanordnung ipso iure gegenstandslos.

9   **cc)** Ebenso ist bei der **erweiterten Einziehung nach § 74 a StGB** Voraussetzung, daß der Quasi-Hehler (Nr. 1) oder Quasi-Begünstiger (Nr. 2) Eigentümer oder Rechtsinhaber zur Zeit der Entscheidung ist. Er ist, wenn Einziehung nach § 74 a StGB in Betracht kommt (Rdn. 40) und glaubhaft erscheint, daß er jetzt Eigentümer (Rechtsinhaber) ist, am Verfahren zu beteiligen und erhält damit als präsumtiver Eigentümer zur Zeit der Entscheidung über die Einziehung Gelegenheit darzutun, daß die objektiven und subjektiven Voraussetzungen der Einziehung in der Person des Täters oder in der eigenen Person nicht vorliegen oder daß keine Veranlassung bestehe, von dieser Befugnis („dürfen eingezogen werden") Gebrauch zu machen.

10   **dd)** Ist die Einziehung **ohne Rücksicht auf die Eigentumsverhältnisse** zur Zeit der Entscheidung zulässig (§ 74 Abs. 2 Nr. 2, Abs. 3 StGB) oder zwingend vorgeschrieben (§§ 74 Abs. 4, 74 d StGB), so soll die Beteiligung des Dritteigentümers diesem Gelegenheit geben, im Strafverfahren geltend zu machen, daß die Voraussetzungen der Einziehung nicht gegeben seien, z. B. daß sein Eigentum nicht Tatwerkzeug gewesen sei (§ 74 Abs. 2 Nr. 1 StGB), daß die Gefährlichkeit i. S. des § 74 Abs. 2 Nr. 2 StGB zu verneinen sei, daß der Einziehung der Verhältnismäßigkeitsgrundsatz entgegenstehe oder daß im Fall des § 74 d StGB die Grenzen der Abs. 2 und 3 durch eine Einziehung seines Eigentums überschritten würden.

11   **b) Der Kreis der nebenbeteiligten „anderen" sonst Berechtigten. Nach § 431 Abs. 1 Satz 1 Nr. 2** ist am Verfahren zu beteiligen ein anderer (als der Angeschuldigte), der (glaubhaft erscheinend) **an dem Gegenstand ein sonstiges Recht hat, dessen Erlöschen im Fall der Einziehung angeordnet werden könnte.**

12   **aa)** „Sonstige Rechte" am Gegenstand der Einziehung usw. sind nur **beschränkt dingliche** Rechte[6] wie Hypothek, Pfandrecht (§§ 1204 ff BGB), Nießbrauch (§§ 1030 ff BGB). **Obligatorische** Rechte wie der Anspruch des Käufers auf Übereignung der Kaufsache, der Anspruch des Mieters, Pächters oder Entleihers auf Überlassung und Belassung des Besitzes und der Nutzung des vermieteten und verpachteten Gegenstandes sind keine „Rechte am Einziehungsgegenstand", ebensowenig die Rechtsstellung, die durch Pfändung und Überweisung eines persönlichen Herausgabeanspruchs begründet ist[7]. Auch der bloße **Besitz** der Sache ist kein sonstiges Recht und begründet nicht die Be-

---

[3] OLG Hamm NJW **1973** 1141.
[4] OLG Karlsruhe NJW **1974** 709, 712; KK-*Boujong*[2] 5; KMR-*Paulus* 4.
[5] Vgl. LK-*Schäfer* § 74, 23.

[6] OLG Karlsruhe NJW **1974** 709, 710; KK-*Boujong*[2] 7; KMR-*Paulus* 8; *Kleinknecht/Meyer*[38] 9.
[7] RGSt **56** 379.

teiligung am Strafverfahren[8]. Noch weniger kommen als Einziehungsberechtigte Personen in Betracht, die, ohne daß ihnen das Erlöschen eines dinglichen Rechts droht, lediglich ein Interesse daran haben, daß die Anordnung der Einziehung unterbleibt[9]. Sicherungseigentümer und Vorbehaltseigentümer kommen hier als Inhaber pfandrechtsähnlicher Rechte nur in Betracht, wenn man entsprechend der Lehre von der wirtschaftlichen Betrachtungsweise den Sicherungsnehmer und den Vorbehaltsveräußerer nicht als Vollrechtsinhaber ansieht[10]. Eine **Ausnahme** gilt indes in den Fällen, in denen der Rechtsfolgenausspruch unmittelbar solche Gegenstände betrifft, an denen, wie beim Verfall des Wertersatzes gemäß §73 d StGB, kein Eigentum und kein sonstiges dingliches Recht besteht und auch nicht bestehen kann: hier muß die **Rechtsinhaberschaft** genügen, an dessen Stelle der Wertersatz tritt.

bb) Nach §74 e Abs. 2 Satz 1 StGB bleiben, wenn mit der Rechtskraft eines die Einziehung anordnenden Urteils das Eigentum an der Sache oder das eingezogene Recht auf den Staat übergeht, **Rechte Dritter** an dem Gegenstand grundsätzlich bestehen. Da die Berechtigten durch die Einziehung nicht beeinträchtigt werden, besteht auch kein Bedürfnis und kein Anlaß, sie am Strafverfahren zu beteiligen. Der Grundsatz, daß Rechte Dritter am Einziehungsgegenstand bestehen bleiben, ist aber in §74 e Abs. 2 Satz 2 und 3 StGB nach zwei Richtungen durchbrochen. **13**

Das Gericht **muß** nach §74 e Abs. 2 Satz 2 StGB das **Erlöschen** dieser Rechte anordnen, wenn es die Einziehung darauf stützt, daß die Voraussetzungen des §74 Abs. 2 Nr. 2, Abs. 3 StGB vorliegen. In diesem Fall ist die ohne Rücksicht auf die Eigentumsverhältnisse zulässige Einziehung eine Sicherungsmaßnahme zur Abwendung der Gefahren, die der Allgemeinheit von dem betroffenen Gegenstand drohen. Der Gegenstand soll aus dem Verkehr gezogen werden; damit wäre das Bestehenbleiben von Rechten am Gegenstand, den die Berechtigten zu Besitz und Nutzung des Gegenstandes berechtigen, unverträglich. Der Berechtigte wird aber grundsätzlich für den Verlust seines Rechts nach §74 f Abs. 1 StGB entschädigt. Die Entscheidung über die Entschädigung trifft der Zivilrichter. §74 e Abs. 2 Satz 2 StGB gilt auch bei einer Einziehung nach §74 d StGB, denn dabei handelt es sich generell um gefährliche Gegenstände i. S. des §74 Abs. 2 Nr. 2 StGB[11]. **14**

Das Gericht **kann** nach §74 e Abs. 2 Satz 3 StGB das Erlöschen eines Rechts auch dann anordnen, wenn nicht eine Sicherungseinziehung, sondern eine Einziehung mit Straf- oder strafähnlichem Charakter (§74 Abs. 2 Nr. 1, §74 e StGB) in Betracht kommt und dem Berechtigten nach §74 f Abs. 2 Nr. 1 oder 2 StGB eine Entschädigung nicht zu gewähren ist, weil er sich in einer Weise verhalten hat, die einem Eigentümer gegenüber die erweiterte Einziehung nach §74 a StGB rechtfertigen würde, d. h. wenn er wenigstens leichtfertig dazu beigetragen hat, daß die Sache oder das Recht Mittel oder Beziehungsgegenstand der Tat oder ihrer Vorbereitung gewesen ist, oder wenn er Gegenstand oder Recht in Kenntnis der Umstände, die eine Einziehung (Unbrauchbarmachung) zulassen, in verwerflicher Weise erworben hat. Der Berechtigte hat dann zwar keinen Anspruch auf Entschädigung, es kann ihm aber gemäß §74 f Abs. 3 StGB nach Ermessen des Gerichts eine Entschädigung gewährt werden, soweit es eine unbillige Härte wäre, sie ihm zu versagen. **15**

---

[8] BayObLG VRS **46** 271, 275; KK-*Boujong*[2] 7; KMR-*Paulus* 8; **a. M** zu §431 a. F BayObLG MDR **1955** 693.
[9] RGSt **18** 299, 300.
[10] Rdn. 7 und dazu OLG Karlsruhe NJW **1974**

709, 710: Verneinung der Pfandrechtsähnlichkeit des Anwartschaftsrechts des besitzenden Vorbehaltskäufers.
[11] Ebenso *Dreher/Tröndle*[44] §74 e, 4.

Karl Heinz Gössel

16   In diesen Fällen (Rdn. 14, 15) eines durch **Anordnung des Erlöschens drohenden Rechtsverlusts** wird der Berechtigte am Verfahren beteiligt, um ihm Gelegenheit zu geben, die Anordnung der Einziehung oder wenigstens, soweit sie nicht nach § 74 e Abs. 2 Satz 2 zwangsläufige Folge der Einziehung ist, die Anordnung des Erlöschens seines Rechts abzuwenden oder mindestens, wenn der Anspruch auf Entschädigung versagt ist, eine Entschädigung nach Billigkeit zu erlangen (vgl. § 436, 15).

c) Besteller und Adressaten von Druckschriften

17   **aa)** Die Beschränkung des Kreises der Einziehungsbeteiligten auf die dinglich Berechtigten hat zur Folge, daß bei **Einziehung einer Druckschrift** (§ 74 d StGB) von der Beteiligung des **Adressaten** oder **Bestellers der Druckschrift als solchem** abgesehen wird, wenn er kein Eigentum oder beschränktes dingliches Recht an der Schrift erlangt hat. Daher sind Adressaten von Sendungen, die der Post zur Beförderung übergeben sind, als solche keine Einziehungsbeteiligte, da die Post nur Bote des Absenders und das Vertragsverhältnis zwischen Post und Absender keine Rechte des Empfängers am Beförderungsgegenstand und keine Rechte gegen die Post begründet[12]. Sie können nur Einziehungsbeteiligte werden, wenn sie nach den maßgeblichen zivilrechtlichen Vorschriften schon vor dem Empfang Eigentum erlangen, wie z. B. bei Import aus Dänemark nach dem dort geltenden Recht mit der erfolgten Absendung einer schon vorher bezahlten Lieferung[13].

18   **bb)** Die Begründung[14] führt zu dieser Rechtslage **gegenüber Bedenken**, die aus **verfassungsrechtlicher Sicht** — wegen Beeinträchtigung des **Grundrechts auf Information** — gegen die Nichtbeteiligung der Adressaten erhoben werden könnten, aus: „Seine (des Bestellers oder Adressaten) Beteiligung ist nicht etwa im Hinblick auf sein Recht auf freie Unterrichtung nach Art. 5 Abs. 1 GG geboten. Soll eine Druckschrift im Strafverfahren eingezogen werden, so geht es dabei nicht um die gesetzlichen Grenzen der freien Unterrichtungsmöglichkeit, sondern um die Grenzen der freien Meinungsäußerung. Das Recht auf freie Unterrichtung wird durch die Einziehung einer Druckschrift nur mittelbar berührt: Mit der Einziehung verliert die Quelle ihre allgemeine Zugänglichkeit. Erst die weitere, mittelbare Folge davon ist eine eingeengte Unterrichtungsmöglichkeit. Das Recht auf freie Unterrichtung selbst wird also nicht unmittelbar angetastet. Art. 103 Abs. 1 GG gewährt aber nur demjenigen rechtliches Gehör, den die gerichtliche Entscheidung rechtlich unmittelbar bindet. Diese Wirkung tritt für den Besteller oder Adressaten einer Druckschrift, die im Strafverfahren eingezogen wird, zweifelsfrei nicht ein."

19   **cc)** Gegen diese Begründung werden allerdings beachtliche **Bedenken** vorgetragen[15]. Nach der Rechtsprechung des BVerfG[16] steht die Informationsfreiheit in der grundgesetzlichen Ordnung gleichwertig neben der Meinungs- und Pressefreiheit; sie ist die Voraussetzung der der Meinungsäußerung vorausgehenden Meinungsbildung, also nicht nur ein unselbständiger Reflex der Meinungsäußerungsfreiheit. Das Grundrecht auf ungehinderte Information ist allerdings auf die Unterrichtung „aus allgemein zugänglichen Quellen" beschränkt; diese Voraussetzung ist nach BVerfG aaO aber in

---

[12] Vgl. aus der Rspr. zu § 431 a. F BGH GA **1961** 55; *Wagner* MDR **1961** 93, 97; **a. M** *Konow* NJW **1961** 397.

[13] OLG Hamm NJW **1970** 1754; LG Bayreuth NJW **1970** 574.

[14] BTDrucks. V 1319 S. 74 ff.

[15] *Faller* Güterabwägung bei Einziehung von Schriften. Zur Konkretisierung der Grundrechte des Art. 5 GG, MDR **1971** 1 ff.

[16] NJW **1970** 235 betr. Verfassungsbeschwerde des Bestellers einer Schrift.

der Regel schon gegeben, wenn die Informationsquelle technisch geeignet und bestimmt ist, der Allgemeinheit, d. h. einem individuell nicht bestimmbaren Personenkreis, Informationen zu verschaffen. Zeitungen und andere Massenkommunikationsmittel seien daher von Natur aus allgemein zugängliche Informationsquellen, die die Eigenschaft als allgemein zugängliche Quellen auch dann nicht verlören, wenn durch staatliche Maßnahmen wie Einziehungen, Einfuhrverbote oder -beschränkungen die Möglichkeit des allgemeinen Zugangs beeinträchtigt werde. Das Informationsrecht findet nach Art. 5 Abs. 2 GG weiterhin seine Schranken in den Vorschriften der allgemeinen Gesetze. Strafgesetze, die die Informationsfreiheit (oder Freiheit der Meinungsäußerung) einschränken, müssen aber ihrerseits im Lichte der Bedeutung dieses Grundrechts gesehen und so ausgelegt werden, daß der besondere Wertgehalt dieses Grundrechts gewahrt bleibt, d. h. es bedarf einer Abwägung zwischen den durch das Grundrecht geschützten Interessen und dem Rechtsgut, dessen Schutz das einfache Gesetz bezweckt; die Abwägung kann ergeben, daß der Schutz des einfachen Gesetzes zurücktreten muß[17].

Aus dieser **verfassungsrechtlichen Sicht** folgert *Eser*, daß dem tatunbeteiligten Informationsinteressenten (Besteller, Adressat) auch prozessual die Möglichkeit gegeben werden müsse, seine Rechte als Einziehungsbeteiligter geltend zu machen[18]. Doch kann es sich hierbei nur um eine Forderung de lege ferenda handeln, das rechtliche Gehör in Form der Verfahrensbeteiligung nicht nur zum Schutz dinglicher Rechte am Einziehungsgegenstand zu gewähren. Auf dem Boden des geltenden Rechts kann die Forderung nicht zu einer erweiterten Auslegung des § 431 Abs. 1 Satz 1 führen. Ihre Verwirklichung würde nicht nur schwierige Abwägungsfragen — schon im Vorverfahren; vgl. § 432 — aufwerfen, sondern auch den Kreis der Einziehungsbeteiligten in einem Maß ausweiten, daß die zügige Abwicklung des Verfahrens in Frage gestellt wäre und Staatsanwaltschaft wie Gericht praktisch vielfach zu einer Ausklammerung der Einziehung nach § 430 gezwungen wären[19]. **20**

2. Der Verfallsbeteiligte

a) Begriff. Mit der **Einführung des Verfalls** als eines allgemein für das gesamte **21** Strafrecht geltenden Rechtsinstituts, als einer allgemein geltenden Maßnahme neben Einziehung und Unbrauchbarmachung (§ 11 Abs. 1 Nr. 8 StGB), ist neben den Einziehungsbeteiligten der Verfallsbeteiligte getreten; § 459 g Abs. 1 Satz 1 verwendet diesen Begriff als terminus technicus. § 442 Abs. 1 erklärt zwar auch wegen des Verfalls allgemein die §§ 430 ff — und damit auch den § 431 — für anwendbar. Hierbei handelt es sich aber nur um eine **entsprechende** Anwendung, bei der — abgesehen von den verfahrensrechtlichen Sonderregelungen für den Verfall in § 442 Abs. 2 (dort Rdn. 3 und unten Rdn. 23) — die gegenüber der Einziehung abweichenden materiellrechtlichen Voraussetzungen des Verfalls zu berücksichtigen sind.

b) Materiellrechtliche Voraussetzungen der Beteiligung. Nach § 73 Abs. 1 StGB **22** wird der Verfall grundsätzlich nur gegen den Täter oder Teilnehmer einer rechtswidrigen Tat angeordnet und umfaßt den Vermögensvorteil (i. S. der §§ 73 Abs. 2, 73 a), den diese für die Tat oder aus ihr erlangt haben. Besteht der Vermögensvorteil des Täters oder Teilnehmers in der Erlangung eines Gegenstandes (Sache oder Recht), so entfällt, wie sich aus § 73 Abs. 4 StGB ergibt, grundsätzlich der Verfall, wenn im Zeitpunkt der Entscheidung ein Dritter (Nichttatbeteiligter) Eigentümer der Sache oder Inhaber des

---

[17] BVerfGE 7 198, 230; 20 162, 176; 21 239, 243; NJW 1970 235; BGHSt 23 64; BGH NJW 1970 437; JZ 1970 683, 685.

[18] NJW 1970 784, 786.

[19] KK-*Boujong*² 8; KMR-*Paulus* 9; *Kleinknecht/Meyer*³⁸ 9.

Karl Heinz Gössel

Rechts ist. Eine Ausnahme gilt nach Absatz 4 nur, wenn der Dritte den Vermögensvorteil in Form eines Gegenstandes für die Tat oder sonst in Kenntnis der Tatumstände gewährt hat; dann richtet sich die Anordnung des Verfalls zwar gegen den Täter (Teilnehmer), der Dritte ist aber, da das Eigentum an der Sache oder das verfallene Recht mit der Rechtskraft der Entscheidung auf den Staat übergeht, sofern es ihm in diesem Zeitpunkt (noch) zusteht (§ 73 d StGB), von der Anordnung **betroffen**. Eine unmittelbar gegen einen Tatunbeteiligten **gerichtete** Verfallsanordnung sieht nur § 73 Abs. 3 für den Fall vor, daß der Täter oder Teilnehmer **für einen anderen** gehandelt und dieser dadurch den Vermögensvorteil erlangt hat. Generell ist der Verfall bei Verfahrensbeschränkung nach § 430[20] sowie ferner nach § 73 Abs. 1 Satz 2 ausgeschlossen, wenn und soweit dem Verletzten ein zivilrechtlicher Anspruch (aus unerlaubter Handlung, Bereicherung usw.) gegen den Täter (Teilnehmer) erwachsen ist, dessen Erfüllung (wenn es dazu käme) den aus der Tat erlangten Vermögensvorteil beseitigen oder mindern würde. Dabei kommt es nur auf die rechtliche Existenz des Anspruchs und nicht darauf an, ob er geltend gemacht wird, so daß z. B. die Diebstahlsbeute nicht für verfallen erklärt werden kann. Wird aber auf Verfall eines Gegenstandes erkannt, so bleiben Rechte Dritter an dem Gegenstand (d. h. beschränkt dingliche Rechte) gemäß § 73 d Abs. 1 Satz 2 StGB bestehen; eine Erlöschensanordnung kommt — anders als bei der Einziehung (§ 74 e Abs. 2 Satz 2, 3 StGB) — nicht in Betracht. Demnach ist die **Verweisung** in § 442 Abs. 1 auf § 431 bzgl. des § 431 Abs. 1 Satz 1 Nr. 2 **bedeutungslos**, da es bei rechtskräftiger Anordnung des Verfalls von Gegenständen kein Erlöschen der daran bestehenden beschränkt dinglichen Rechte gibt. Kommt eine Verfallsanordnung nach § 73 c StGB zweifelsfrei nicht in Betracht, so entfällt ebenfalls eine Verfallsbeteiligung[21].

23   c) **Die Arten der Verfallsbeteiligten.** Bei der demnach allein möglichen Verfahrensbeteiligung nach § 431 Abs. 1 Satz 1 Nr. 1 sind **zwei Gruppen von Verfallsbeteiligten** zu unterscheiden:

24   aa) Im Fall des **§ 73 Abs. 3 StGB** richtet sich die Anordnung des Verfalls gegen den Dritten, für den der Täter gehandelt hat und der dadurch einen Vermögensvorteil erlangt hat; gegen ihn richtet sich auch unter den Voraussetzungen des § 73 a die Anordnung des Verfalls des Wertersatzes. Die Rechtsstellung dieses Dritten ist durch § 442 Abs. 2 abweichend von der der Einziehungsbeteiligten geregelt. Die Begründung des Entwurfs EGStGB[22] führt dazu aus:

> Die Stellung des Dritten, gegen den sich der Verfall nach § 73 Abs. 3, § 73 a StGB richtet, enthält gegenüber der des Einziehungsbeteiligten Besonderheiten, die auch in der Ausgestaltung des Verfahrens berücksichtigt werden müssen [Hinweis auf die Begründung der Änderung des § 439; vgl. dort Rdn. 18]. Es erscheint grundsätzlich immer erforderlich, den Dritten an dem Verfahren gegen den Täter oder Teilnehmer zu beteiligen, in welchem hinsichtlich des Verfalls auch gegen ihn entschieden wird. Ist die Beteiligung nicht ausführbar (§ 431 Abs. 1 Satz 2 und 3), so darf in solchen Fällen auch kein Verfall angeordnet werden. Ist die Beteiligung aber ausführbar, so muß es aus Gründen der Prozeßökonomie möglich sein, auch in Abwesenheit des Verfahrensbeteiligten zu verhandeln, dem auch keine Wiedereinsetzung in den vorigen Stand (§ 436 Abs. 1 Satz 2) und keine Wiederaufnahme zwecks Geltendmachung seiner Rechte (§ 439 Abs. 6) gewährt werden kann. Erhält der Dritte unter diesen Umständen trotz formeller Beteiligung ohne sein Verschulden tatsächlich keine Gelegenheit, im Verfahren Stellung zu nehmen, oder wird er auf Rechtsrüge vor dem Revisionsgericht beschränkt, dann muß ihm im Nachverfahren die Möglichkeit rechtlichen Gehörs gegeben werden. Vor Abschluß eines beantragten

---

[20] KK-*Boujong*[2] 4; KMR-*Paulus* 2.   [22] BTDrucks. 7 550 zu Art. 19 Nr. 108.
[21] KK-*Boujong*[2] 4; KMR-*Paulus* 2.

Nachverfahrens sollte die Vollstreckung nur ganz ausnahmsweise (etwa unter dem Gesichtspunkt der Sicherstellung) eingeleitet oder fortgesetzt werden.

Die **Besonderheit der Stellung des Verfahrensbeteiligten** besteht danach darin, **25** daß — abweichend von § 431 Abs. 1 Satz 2, 3 — im Fall des § 73 Abs. 3, § 73 a StGB bei nicht ausführbarer Beteiligung die Anordnung des Verfalls im subjektiven Verfahren entfällt, d. h. der Dritte wird, weil sich der Verfall „gegen ihn richtet", im subjektiven Verfahren als Prozeßsubjekt neben dem Täter oder Teilnehmer behandelt, in dessen Abwesenheit nicht gegen ihn entschieden werden darf, unbeschadet der Möglichkeit, den Verfall gemäß § 76 a StGB, §§ 440, 442 Abs. 1 im objektiven Verfahren anzuordnen. Ist aber die Beteiligung ausführbar, so muß sie auch angeordnet werden.

bb) Im Fall des **§ 73 Abs. 4 StGB** dagegen richtet sich die Anordnung des Verfalls **26** gegen den Täter oder Teilnehmer, der den Vermögensvorteil erlangt hat; der Dritteigentümer, der ihn für die Tat oder sonst in Kenntnis der Tatumstände gewährte, ist nur ein von dem Verfall **Betroffener**, der kraft der Verweisung in § 442 Abs. 1 auf § 431 Abs. 1 Satz 1 wie ein Einziehungsbeteiligter behandelt wird. Er kann dann z. B. geltend machen, daß er zwar den Vorteil gewährt habe, aber nicht **für** die Tat, oder daß er nicht in Kenntnis der Tatumstände gehandelt habe, oder daß die Härtevorschrift des § 73 c StGB anzuwenden sei.

d) **Bedeutung des § 73 d StGB.** Nach § 73 d Abs. 1 StGB geht — abweichend von **27** dem für die Einziehung geltenden § 74 e Abs. 1 StGB — bei rechtskräftiger Anordnung des Verfalls eines Gegenstandes das Eigentum der Sache oder das Recht nicht schlechthin mit der Rechtskraft auf den Staat über, sondern nur dann, wenn es dem von der Anordnung Betroffenen tatsächlich im Zeitpunkt der Rechtskraft zusteht. Ordnet also z. B. das Gericht unter Berufung auf § 73 Abs. 4 den Verfall eines von A dem Täter für die Tat gewährten Gegenstandes in der irrtümlichen Annahme an, A sei dessen Eigentümer (Rechtsinhaber), während er in Wirklichkeit dem B gehört oder zusteht, der an der Tat und der Gewährung unbeteiligt ist, so würde B durch die rechtskräftige Verfallsanordnung nicht gehindert sein, sein Recht frei gegenüber dem Fiskus geltend zu machen[23]. Das würde nicht ausschließen, daß B, wenn er von der irrtümlichen Einbeziehung seines Eigentums in das Verfahren vor dem rechtskräftigen Abschluß Kenntnis erhält, innerhalb der zeitlichen Grenzen (§ 431 Abs. 4) am Verfahren beteiligt wird, um spätere Auseinandersetzungen über die Eigentumsfrage zu vermeiden.

3. **Sonstige Nebenbeteiligte.** Von den Rechtsfolgen der *Vernichtung* (§§ 110, 108 **28** UrhG), der *Unbrauchbarmachung* (§ 74 d StGB) und der *Beseitigung eines gesetzwidrigen Zustandes* (§ 30 WZG) können die Eigentümer oder sonst Berechtigten der je betroffenen Gegenstände ebenso betroffen sein wie von Einziehung und Verfall. Deshalb stellt das Gesetz der Einziehung die übrigen genannten Rechtsfolgen gleich; Eigentümer der betroffenen Gegenstände oder sonst daran Berechtigte (worüber das materielle Recht entscheidet, s. insbesondere oben Rdn. 12) sind wie Einziehungsbeteiligte unter den für diese geltenden Voraussetzungen Nebenbeteiligte; die besonderen Vorschriften über Verfall (z. B. §§ 73 e; 73 d Abs. 1 Satz 2 StGB) und Verfallsbeteiligung (§ 442 Abs. 2) gelten nicht.

---

[23] *Dreher/Tröndle*[44] § 73 d, 4.

     Karl Heinz Gössel

III. Das Verfahren der Nebenbeteiligung

29   **Voraussetzungen** der Nebenbeteiligung sind einmal der *Beschluß* über die Anordnung der jeweiligen Nebenbeteiligung (z. B. Einziehungs- oder Verfallsbeteiligung) sowie ferner der *glaubhafte Anschein* des Vorliegens der materiellen Voraussetzungen der Nebenbeteiligung (§ 431 Abs. 1 Satz 1; § 442 Abs. 1). Liegen diese Voraussetzungen vor (Rdn. 30 bis 35), so ist das Gericht grundsätzlich zur Anordnung der Nebenbeteiligung **verpflichtet**, es sei denn, die Ausnahmeregelungen des Abs. 1 Satz 2 und 3 lassen es zu, von dieser Anordnung abzusehen (Rdn. 45 bis 50). Die **Wirkung** der Anordnung unterliegt *inhaltlichen* und *zeitlichen* Grenzen.

1. Voraussetzungen der Nebenbeteiligung

30   **a) Die Anordnung der Nebenbeteiligung als formelle Voraussetzung.** Die **Beteiligungsanordnung** ergeht grundsätzlich in **Beschlußform** (§ 431 Abs. 5) nach Anhörung der Beteiligten (§ 33), ebenso die Ablehnung der Nebenbeteiligung[24]. **Zuständig** ist das *Gericht*, grundsätzlich also nicht der Vorsitzende, es sei denn, das Gesetz sieht ausnahmsweise die alleinige Zuständigkeit des Vorsitzenden vor (z. B. bei Entscheidungen der Kleinen Strafkammer im Berufungsverfahren außerhalb der Hauptverhandlung, vgl. Erläuterungen zu § 76 GVG). Der Beschluß ist dem Einziehungsinteressenten bekanntzumachen, wobei nach § 35 Abs. 2 Satz 2 formlose Mitteilung genügt, sofern der Beschluß nicht mit einer Beschränkung nach § 431 Abs. 2 verbunden ist[25]. Der die Nebenbeteiligung ablehnende oder nach Abs. 2 teilweise ablehnende Beschluß wird den Beschwerten mit Begründung und Rechtsmittelbelehrung zugestellt (§ 431 Abs. 5 Satz 2; §§ 34, 35 a, 35 Abs. 2 Satz 1).

31   Beim **Fehlen** eines ausdrücklichen Beschlusses können Maßnahmen genügen, aus denen sich der Anordnungswille des Gerichts ergibt, z. B. im Verfahren nach § 440 die Anhörung zum Einziehungsantrag der Staatsanwaltschaft und die Aufnahme in das Rubrum der Einziehungsentscheidung[26].

32   Die Anordnung erfolgt grundsätzlich **von Amts wegen**, wenn dem Gericht die in § 431 Abs. 1 Satz 1 bezeichneten Beziehungen des Betreffenden („eines anderen als des Angeschuldigten") zum Einziehungsgegenstand glaubhaft erscheinen. Eines Antrages oder auch nur einer Anregung des Einziehungsinteressenten oder der Staatsanwaltschaft auf Anordnung der Beteiligung bedarf es nicht; auch wenn derjenige, der ein Recht am Einziehungsgegenstand hat oder zu haben glaubt, sich untätig verhält, muß seine Verfahrensbeteiligung angeordnet werden, wenn dem Gericht auf Grund der Ermittlungen oder durch anderweit ihm bekannt werdende Umstände das Bestehen seines Rechts glaubhaft erscheint. Daraus folgt, daß eine im ersten Rechtszug unterlassene Einziehungsbeteiligung in der Rechtsmittelinstanz von Amts wegen nachzuholen ist, auch wenn das Rechtsmittel nur von einem anderen Drittbeteiligten eingelegt worden ist[27]. Wird aber eine Anordnung beantragt oder angeregt, so bedarf es einer Entscheidung durch Beschluß, und ein ablehnender Beschluß ist nach § 431 Abs. 5 anfechtbar.

33   **b) Der „glaubhafte Anschein" als materielle Voraussetzung.** Das Gesetz fordert — anders als etwa § 26 Abs. 2 — nicht, daß die inhaltlichen Beteiligungsvoraussetzungen von jemandem durch aktive Tätigkeit glaubhaft gemacht sind, sondern nur, daß sie **glaubhaft erscheinen**.

34   Ein Recht erscheint glaubhaft, wenn Tatsachen vorliegen, die darauf schließen lassen, daß es **wahrscheinlich besteht**. Das Gericht muß grundsätzlich die Beteiligung an-

---

[24] KK-*Boujong*² 13.
[25] OLG Karlsruhe NJW **1974** 709, 711.

[26] OLG Zweibrücken NJW **1970** 1758.
[27] OLG Karlsruhe NJW **1974** 709, 711.

ordnen, sobald ihm Umstände bekannt werden, die auf wahrscheinlich bestehende Dritt-rechte hinweisen, welche durch eine Einziehungsanordnung beeinträchtigt werden kön-nen. Dabei sind an den **Grad der Wahrscheinlichkeit** keine zu hohen Anforderungen zu stellen; darauf deutet schon die fast pleonastisch wirkende Wendung „glaubhaft er-scheint" — glaubhaft = wahrscheinlich; glaubhaft erscheint = wahrscheinlich er-scheint — hin. Denn wenn die einigermaßen naheliegende, die „ernsthafte"[28] Möglich-keit eines Eingriffs in Drittrechte in Frage steht, so verlangen die Grundsätze der Eigen-tumsgarantie (Art. 14 GG) und des rechtlichen Gehörs (Art. 103 Abs. 1 GG), daß den Dritten in möglichst weitem Umfang Gelegenheit gegeben wird, durch Teilnahme am Verfahren Schaden von sich abzuwenden[29].

Unter zusätzlicher Berücksichtigung der sehr weiten Grenze der Unausführbar- **35** keit der Beteiligung (Abs. 1 Satz 2; vgl. Rdn. 45 ff) bedarf es demnach keiner eingehen-den Aufklärung der Existenz von Drittrechten, wenn sich für deren wahrscheinliches Bestehen, insbesondere aus dem Ermittlungsverfahren (§ 432), genügende Anhalts-punkte ergeben. Unter sinngemäßer Anwendung des Grundsatzes **in dubio pro reo** ist vielmehr im Zweifel, insbesondere bei ernsthafter konkretisierter Berühmung eines Ein-ziehungsinteressenten, die Beteiligungsanordnung zu treffen; die weitere Klärung, in-wieweit einziehungshindernde oder bestandsgefährdete Drittrechte tatsächlich beste-hen, kann dem Strafverfahren überlassen bleiben[30]. Wenn allerdings ganz ungewiß bleibt, wem der Einziehungsgegenstand gehört oder zusteht, entfällt die Anordnung einer Verfahrensbeteiligung[31]. Wegen der Bedeutung des § 431 Abs. 1 Satz 2 beim **Ver-fall** s. Rdn. 25.

2. Prüfung der Anordnungsvoraussetzungen. Die Frage der Beteiligungsanord- **36** nung ist (von Amts wegen, auf Antrag oder Anregung) zu prüfen, **wenn im Strafverfah-ren über die Einziehung eines Gegenstandes** oder über die Anordnung einer sonst in § 442 Abs. 1 genannten Rechtsfolge **zu entscheiden ist.**

a) Allgemeines

aa) Zeitraum. Der Zeitraum, während dessen die Verfahrensbeteiligung angeord- **37** net werden kann und demgemäß vom Gericht die Anordnungsfrage zu prüfen ist, be-ginnt mit der Erhebung der öffentlichen Klage und endet nach Maßgabe des § 431 Abs. 4 (Näheres dazu unten Rdn. 62 ff). Unter den Voraussetzungen des § 431 Abs. 6 entfällt die Prüfungs- und Anordnungspflicht.

bb) Rechtsfolgenentscheidungen. Daß über die Einziehung eines Gegenstandes **38** oder einer sonst in § 442 Abs. 1 genannte Rechtsfolge zu entscheiden ist, bedeutet zu-nächst, daß das Vorliegen der gesetzlichen Voraussetzungen, unter denen die jeweilige Rechtsfolge zulässig ist, wahrscheinlich sein muß[32]; das entspricht dem allgemeinen Grundsatz des § 203 und liegt in der Richtung des § 431 Abs. 7, dessen Grundgedanke auch dazu zwingt, eine Belastung des Strafverfahrens durch entbehrliche Anordnungen der Verfahrensbeteiligung auszuschließen.

b) Einziehungsvoraussetzungen

aa) Über die Einziehung ist regelmäßig „zu entscheiden", wenn sie **ohne Rück- 39 sicht auf die Eigentumsverhältnisse vorgesehen ist,** sei es, daß sie zwingend vorgeschrie-

---

[28] So *Göhler*[8] § 87, 6; ebenso KK-*Boujong*[2] 11.   [31] KK-*Boujong*[2] 11.
[29] Vgl. dazu BayObLG NJW **1955** 1527.   [32] KK-*Boujong*[2] 3; KMR-*Paulus* 2.
[30] Ähnlich *Göhler*[8] § 87, 6.

Karl Heinz Gössel

ben ist (§§ 74 Abs. 4, 74 d StGB), oder zwar nur zugelassen ist, die Sicherung vor einer Gefahr aber die Anordnung notwendig macht (§ 74 Abs. 2 Nr. 2, Abs. 3, 4 StGB). Aber auch dann ist über die Einziehung *nicht* zu entscheiden, wenn offensichtlich der Verhältnismäßigkeitsgrundsatz (§ 74 b StGB), der auch bei zwingend vorgeschriebener Einziehung durchgreift (§ 430, 2), einer Einziehung entgegensteht. Ist die Einziehung im Ermittlungsverfahren oder im Strafverfahren ausgeschieden (§ 430), so lebt die Prüfungs- und Anordnungspflicht erst mit einem Wiedereinbeziehungsbeschluß auf.

40   **bb)** Ist die Einziehung **nur fakultativ** (in einer „Kann"-Vorschrift; §§ 74 Abs. 2 Nr. 1, 74 a StGB) vorgesehen, ohne daß eine Beschränkungsanordnung gemäß § 430 getroffen ist oder die Anwendbarkeit des Verhältnismäßigkeitsgrundsatzes auf der Hand liegt, so liegt an sich die Einziehung stets im Bereich des Möglichen; erst mit dem Erlaß der Entscheidung, in der die Einziehung ausgesprochen oder von ihr abgesehen wird, wird offenbar, welchen Gebrauch das Gericht von seiner „Kann"-Befugnis macht. Die bis zur Entscheidung offene Möglichkeit einer Einziehung kann aber allein noch nicht zum Erlaß einer Beteiligungsanordnung zwingen, denn sonst wäre die Anordnung in zahlreichen Fällen notwendig, in denen nach Sachlage praktisch nicht mit einer Einziehung zu rechnen ist. Deshalb wollen KK-*Boujong*[2] 3 und *Kleinknecht/Meyer*[38] 8 die erforderliche Einschränkung darin suchen, daß bei einer durch eine „Kann"-Vorschrift zugelassenen Einziehung über die Einziehung i. S. des § 431 Abs. 1 Satz 1 nur dann „zu entscheiden" ist, wenn zu erwarten ist, daß das Gericht die Einziehung aussprechen wird, denn nur dann sei eine Beteiligung des Einziehungsinteressenten zwecks Gewährung des rechtlichen Gehörs geboten.

41   Gegen diese Umschreibung bestehen **Bedenken.** Angenommen, ein von einer Einziehung nach § 74 a StGB bedrohter Einziehungsinteressent habe schon im Ermittlungsverfahren erklärt, daß er gegen die Einziehung Einwendungen vorbringen wolle (§ 432 Abs. 2), die Staatsanwaltschaft habe aber die Einziehung in der Anklageschrift beantragt, so würde es, wenn das Gericht im Zusammenhang mit der Eröffnung des Hauptverfahrens von Amts wegen über die Beteiligung zu entscheiden hat, nach der „Erwartungs"-Theorie darauf ankommen, ob nach Auffassung des beschließenden Gerichts zu erwarten (= wahrscheinlich) ist, daß künftig das erkennende Gericht sein Ermessen zum Nachteil des Einziehungsinteressenten ausüben wird. Hält es eine Ausübung des Ermessens in diesem Sinn nicht für wahrscheinlich, so müßte es die Anordnung der Verfahrensbeteiligung ablehnen. Nehmen Staatsanwaltschaft und Einziehungsinteressent die Ablehnung hin (§ 431 Abs. 5), und führt erst die Beratung nach der im übrigen durchgeführten Hauptverhandlung zu dem Ergebnis, daß es angebracht sei, die Einziehung nach § 74 a StGB anzuordnen, so sähe sich das Gericht in die Zwangslage versetzt, entweder auf eine für erforderlich erachtete Einziehung zu verzichten oder in die Hauptverhandlung wieder einzutreten zwecks Beteiligung des Drittberechtigten auf die Gefahr hin, daß eine neue Hauptverhandlung notwendig ist (§ 229), denn das Gericht könnte nicht ohne Verletzung der Verfahrensvorschriften die Einziehung anordnen und die Klärung der Drittrechte dem Nachverfahren (§ 439) überlassen.

42   Die **„Erwartungs"-Formel** erscheint danach **zu eng;** für die Frage, ob „über die Einziehung zu entscheiden ist", müssen weitergehende Merkmale maßgebend sein. Einen gewissen Fingerzeig für die Behandlung der Beteiligungsanordnung könnte § 140 Abs. 1 Nr. 3 bieten, wonach die Mitwirkung eines Verteidigers notwendig ist, wenn das Verfahren zu dem in das pflichtgemäße Ermessen gestellten Berufsverbot (§ 70 StGB: „kann") „führen kann". Hier kommt es darauf an, ob bei der Befassung des Gerichts mit der eingereichten Anklage Umstände vorhanden sind oder ob Umstände in der Hauptverhandlung auftreten, die dem Gericht Anlaß geben, sich mit der Frage des Berufsausübungsverbots „zu befassen"[33]. Die dort angeführte Erwägung, es sei belanglos, ob es wirklich zu der Anordnung kommt, denn darüber werde auf Grund der Beratung, also nach Durchführung der Hauptverhandlung entschieden, nach dem Willen des Gesetzes solle aber wegen der erheblichen Nachteile, die durch die gerichtliche Entscheidung für den Angeklagten entstehen *können*, an der Hauptverhandlung ein Verteidiger mitwirken, beansprucht mutatis mutandis auch für die Beteiligung des Drittberechtigten am Strafverfahren Geltung. Hier kommt es nach dem Zweck der Verfahrensbeteiligung, dem Drittberechtigten das rechtliche Gehör in der der Entscheidung über die Einziehung vorausgehenden Hauptverhandlung zu gewähren, für die Notwendigkeit einer Beteiligungsanordnung darauf an, ob bei Erhebung der öffentlichen Anklage Umstände vorhanden sind oder später hervortreten, die dem erkennenden Gericht Anlaß geben können, sich mit der Frage einer Anordnung der Einziehung *„zu befassen"*. Praktisch bedeutet das, daß bei fakultativ vorgesehener Einziehung i. S. des § 431 Abs. 1 Satz 1 über die Einziehung schon dann „zu entscheiden" ist, wenn nach den im Zeitpunkt der Entscheidung über die Beteiligungsanordnung bekannten Umständen damit zu rechnen ist, daß das erkennende Gericht sich — wenn man will: „ernstlich" — vor die Frage gestellt sieht, ob es in Ausübung seines Ermessens die Einziehung anordnen soll oder nicht. Gegenstand der Prognose des beschließenden Gerichts ist also so gesehen nicht, ob das erkennende Gericht dann wahrscheinlich die Einziehung anordnen wird, sondern ob eine solche Konfrontation des Gerichts mit der Einziehungsfrage wahrscheinlich ist — dann ordnet es die Verfahrensbeteiligung an — oder so wenig wahrscheinlich ist, daß die Frage des rechtlichen Gehörs überhaupt nicht akut wird. Im praktischen Ergebnis mag freilich der Unterschied gegenüber der Auffassung, die hier auf die Erwartung der Einziehungsanordnung abstellt, nicht eben groß sein.

cc) Umstände, die bei fakultativer Einziehung zur Anordnung der Beteiligung führen, liegen in der Regel vor, wenn die Staatsanwaltschaft bei Erhebung der Anklage die Einziehung oder eine der in § 442 bezeichneten Nebenfolgen anstrebt. Sie muß dies dann, damit das Urteil durch Anführung des Nebenbeteiligten gegen diesen als Vollstreckungstitel verwertet werden kann (§ 459 g), unter namentlicher Bezeichnung des Nebenbeteiligten im Anklagesatz zum Ausdruck bringen (Rdn. 62). Ein solcher Antrag, der stillschweigend das Verlangen nach Anordnung der Verfahrensbeteiligung enthält, bindet zwar weder das erkennende noch das beschließende Gericht, wie diese Gerichte ja auch ohne einen entsprechenden Antrag von Amts wegen die Beteiligung anzuordnen haben, wenn sie die Voraussetzungen dafür als gegeben erachten. Er hat aber die Wirkung, daß das Gericht, wenn eine Ablehnung der Anordnung (§ 431 Abs. 5) nicht aus anderen Gründen gerechtfertigt ist, die Verfahrensbeteiligung im Regelfall anordnen muß, weil das erkennende Gericht gegenüber dem Antrag der Staatsanwaltschaft zu einer Entscheidung der Frage gezwungen ist, ob es in Ausübung pflichtgemäßen Ermessens die Einziehung anordnen soll oder nicht. **43**

c) Verfall. Nach § 431 Abs. 2 in Vbdg. mit § 442 Abs. 1, 2 ist die Beteiligung anzuordnen, wenn über den Verfall eines für eine rechtswidrige Tat oder aus ihr erlangten Vermögensvorteils zu entscheiden ist und glaubhaft erscheint, daß der Verfall sich gegen einen anderen als den Täter oder Teilnehmer richtet (§ 73 Abs. 3, § 73 a StGB) oder durch die Verfallsanordnung ein anderer betroffen wird (§ 73 Abs. 4 StGB); s. dazu oben Rdn. 5 ff. Die Anordnung des Verfalls ist, wenn ihre Voraussetzungen vorliegen, grundsätzlich zwingend vorgeschrieben; die für die Einziehung geltenden Ausnahmen des § 431 Abs. 1 Satz 2, 3 gelten beim Verfall nicht (Rdn. 8). Im Fall des § 73 Abs. 3 StGB **44**

---

[33] BGHSt 4 320.

in Vbdg. mit Absatz 2 Satz 2 ist die Anordnung des Verfalls fakultativ („kann"), der Verfall des Wertersatzes (§ 73 a StGB) aber zwingend vorgeschrieben. Daher ist die Verfallsbeteiligung anzuordnen, wenn das Vorliegen der gesetzlichen Voraussetzungen, unter denen sich die Verfallsanordnung gegen einen anderen richtet oder ihn betrifft, wahrscheinlich ist, es sei denn, daß der Verfall gemäß § 430 ausgeschieden ist, einem individuellen Verletzten aus der Tat ein Ausgleichsanspruch i. S. des § 73 Abs. 1 Satz 2 StGB erwachsen ist oder offensichtlich die Härtevorschrift des § 73 c StGB eingreift.

3. Ausnahmen von der Anordnungspflicht

45   **a) Nichtausführbarkeit.** Nach § 431 Abs. 1 Satz 2 kann, obwohl die Voraussetzungen des § 431 Abs. 1 Satz 1 vorliegen, von der Anordnung der Verfahrensbeteiligung abgesehen werden, wenn „**infolge bestimmter Tatsachen** anzunehmen ist, daß die Beteiligung **nicht ausführbar ist**"; wegen der Bedeutung dieser Vorschrift beim **Verfall** s. Rdn. 25.

46   Diese Vorschrift knüpft an den die selbständige Einziehung betreffenden **§ 431 Abs. 2 a. F an**. Sie lautete im Entwurf EGOWiG 1968 dahin, daß von der Anordnung abgesehen werden könne, „wenn die Beteiligung nicht ausführbar erscheint". Die Gesetz gewordene Fassung beruht auf den Beschlüssen des Rechtsausschusses. Die Änderung bezweckt nach dem Ausschußbericht[34] lediglich eine nähere Konkretisierung der Voraussetzungen des Absehens; eine sachliche Abweichung von der bisherigen Rechtsprechung zu § 431 Abs. 2 a. F sei damit nicht beabsichtigt. § 431 Abs. 2 a. F besagte, daß Personen, die einen rechtlichen Anspruch auf den Gegenstand der Einziehung haben, zur mündlichen Verhandlung über die Einziehung zu laden seien, „soweit dies ausführbar erscheint". Die frühere Auslegung[35], die in den Worten „soweit dies ausführbar erscheint" die Eröffnung eines Ermessensspielraums sah, der es mehr oder weniger in das Ermessen des Gerichts stellte, ob und in welchem Umfang von der Möglichkeit der Zuziehung von Einziehungsbeteiligten Gebrauch zu machen sei, war bereits in Rechtsprechung und Schrifttum aufgegeben[36]; eine „Unausführbarkeit der Ladung" wurde angenommen, wenn entweder das Gericht umfangreiche und das Verfahren verzögernde langwierige Ermittlungen nach dem Vorhandensein von Einziehungsinteressenten anstellen müßte oder der Ladung bekannter (sich meldender oder von Amts wegen ermittelter) Einziehungsinteressenten unüberwindliche Schwierigkeiten entgegenstünden.

47   Nach dem Sachzusammenhang **der jetzt geltenden Verfahrensvorschriften** kann die „**Unausführbarkeit der Beteiligung**" nicht darin gesehen werden, daß Ermittlungen nach dem Vorhandensein von Einziehungsinteressenten einen unangemessenen Aufwand erfordern oder die Herbeiführung der Entscheidung über die anderen Rechtsfolgen der Tat unangemessen erschweren, denn insoweit gewährt das Gesetz in § 430 dadurch Abhilfe, daß es die Ausscheidung der Einziehung zuläßt[37]. „Unausführbarkeit der Beteiligung" liegt auch nicht vor, wenn Ermittlungen nach dem Vorhandensein von Einziehungsinteressenten nicht dazu führen, daß das Bestehen von Drittrechten bestimmter Personen glaubhaft erscheint, denn dann fehlt es bereits an einer Voraussetzung der Nebenbeteiligung (Rdn. 30 ff, 33 ff). Unausführbarkeit der Beteiligung kommt vielmehr in Betracht, wenn es aus faktischen Gründen nicht möglich erscheint, eine als Einziehungsinteressent in Betracht kommende Person (etwa durch Bekanntgabe eines Beteiligungsbeschlusses) am Verfahren zu beteiligen; bloßer Auslandsaufenthalt begründet noch keine Unausführbarkeit[38]. Die amtl. Begründung[39], die im übri-

---

[34] Zu V 2601 v. 4. 3. 1968 S. 18.   [37] § 430, 7; zust. KK-*Boujong*[2] 16.
[35] RGSt **69** 32, 37.   [38] OLG Karlsruhe NJW **1974** 709, 712.
[36] S. dazu Anm. 6 zu § 431 a. F in der 21. Aufl.   [39] BTDrucks. V 1319 S. 75.

gen wegen des Begriffs der „Nichtausführbarkeit" außer auf §431 Abs. 2 a. F auf §350 StPO verweist, führt zu §431 Abs. 1 Satz 2 aus: „Dadurch sollen unangemessene Verzögerungen des Strafverfahrens vermieden werden. Die Beteiligung wird insbesondere dann nicht ausführbar erscheinen, wenn sie wegen unbekannten Aufenthalts des Einziehungsinteressenten, wegen ungenauer Absenderangaben im Falle von Druckschriften, wegen Verschleierung durch fingierte Angaben oder durch Strohmänner oder aus sonstigen Gründen auf zu große Schwierigkeiten stößt." *Eb. Schmidt* Nachtr. II 4 ist zuzugeben, daß ein Teil dieser Beispiele nicht einschlägig ist. Denn wenn z. B. aus bestimmten Tatsachen, die auch auf einschlägigen speziellen oder allgemeinen Erfahrungen beruhen können, zu folgern ist, daß ein wirklich Berechtigter Strohmänner auftreten läßt, so ist das Drittrecht des Strohmannes nicht glaubhaft, und der infolge der Verschleierungsmaßnahmen nicht zu ermittelnde Dritte scheidet schon deshalb als Einziehungsinteressent aus, weil als „anderer" nur eine bestimmte Person in Betracht kommt.

b) Abstandnehmen von der Beteiligung in Sonderfällen. §431 Abs. 1 Satz 3 läßt **48** das Absehen von der Beteiligungsanordnung bei der Einziehung und den ihr nach §442 Abs. 1 gleichstehenden Rechtsfolgen (aber nicht bei ausführbarer **Verfalls**beteiligung, Rdn. 25) auch dann zu, wenn eine Partei, Vereinigung oder Einrichtung (über diese Begriffe vgl. z. B. §§84, 85, 86 Abs. 1 Nr. 3 StGB) **außerhalb des räumlichen Geltungsbereichs dieses Gesetzes** (vgl. dazu §86 Abs. 1 Nr. 3 StGB) zu beteiligen wäre, die Bestrebungen gegen den Bestand oder die Sicherheit der Bundesrepublik Deutschland oder gegen einen der in §92 Abs. 2 StGB bezeichneten Verfassungsgrundsätze (über diese Begriffe vgl. §92 Abs. 3 StGB) verfolgt, vorausgesetzt, daß den Umständen nach diese Partei, Vereinigung oder Einrichtung oder einer ihrer Mittelsmänner (über diesen Begriff vgl. z. B. §94 Abs. 1 Nr. 1 StGB) den Gegenstand zur Förderung ihrer Bestrebung zur Verfügung gestellt hat. Der Grund für diese Ausnahme liegt darin, daß die Beteiligung solcher Parteien usw. das Verfahren erheblich erschweren könnte und im Hinblick auf ihre verfassungswidrigen Bestrebungen grundsätzlich unangemessen wäre (Begr. S. 75). Ihre Nichtbeteiligung, wenn anzunehmen ist, daß sie oder ihre Mittelsmänner den Gegenstand zur Förderung ihrer verfassungswidrigen oder sicherheitsgefährdenden Bestrebungen zur Verfügung gestellt haben, verstößt nicht gegen Art. 103 Abs. 1 GG, weil es „nicht Aufgabe der Verfassung sein kann, das förmliche Recht an den Gegenständen solcher Personen zu schützen, welche die Gegenstände zu derartigen Zwecken zur Verfügung gestellt haben"[40].

Bei Absehen von einer Verfahrensbeteiligung des Eigentümers, Rechtsinhabers **49** oder dinglich Berechtigten muß dann aber wenigstens („genügt es") als eine Art Ersatz der Beteiligung vor der Entscheidung über die Einziehung des Gegenstandes der **Besitzer** der Sachen, der die **tatsächliche Verfügungsgewalt** über sie hat, oder bei Einziehung eines Rechts derjenige, der darüber verfügen kann, ohne Rechtsinhaber zu sein, **gehört** (ihm Gelegenheit zur Äußerung gegeben) **werden**; Entsprechendes gilt bei den sonstigen in §442 Abs. 1 genannten Rechtsfolgen. Diese Personen werden dann, über die Wahrnehmung etwaiger eigener durch die Rechtsfolgenanordnung berührter Interessen hinaus, im Rahmen der Anhörung gewissermaßen als Sachwalter des Berechtigten tätig, ohne Verfahrensbeteiligte zu sein. Voraussetzung der Anhörung ist, daß sie ausführbar ist (Rdn. 47). Diese Regelung gilt ohne Rücksicht darauf, ob die Sache (das Recht) beschlagnahmt oder sonst sichergestellt ist. Sie ist auf Parteien, Vereinigungen und Einrichtungen *außerhalb* des räumlichen Geltungsbereichs der StPO beschränkt,

---

[40] BTDrucks. **V** 1319 S. 75.

Karl Heinz Gössel

weil bei Parteien usw. innerhalb des Geltungsbereichs die geltenden Regelungen hinsichtlich der verbotenen Parteien und Einrichtungen ausreichen.

50   **c) Ausnahmen und Anschein der Glaubhaftigkeit.** Liegen die Voraussetzungen von § 431 Abs. 1 Satz 2, 3 für ein Absehen von der Anordnung der Verfahrensbeteiligung vor, und will das Gericht von seiner Ermächtigung zum Absehen Gebrauch machen, so **erübrigt sich auch eine Klärung, ob Drittrechte** i. S. des § 431 Abs. 1 Satz 1 glaubhaft erscheinen[41].

4. Inhaltliche Grenzen der Nebenbeteiligung

51   **a) Regelmäßiger Umfang.** Die Beteiligungsanordnung nach § 431 Abs. 1 Satz 1 lautet grundsätzlich dahin, daß „der andere" (also eine bestimmte physische oder juristische Person, Personenvereinigung usw.), dessen Recht glaubhaft erscheint, „an dem Verfahren beteiligt wird, **soweit es die Einziehung betrifft**", oder, in den Fällen des § 442 Abs. 1, die sonstigen dort genannten Rechtsfolgen. Mit der Beteiligungsanordnung erlangt der bisherige Interessent (Rdn. 2) die Stellung des Nebenbeteiligten, und zwar von der Eröffnung des Hauptverfahrens und den ihm gleichstehenden Verfahrensakten an mit den Befugnissen, die sich aus §§ 433 Abs. 1, 436 Abs. 2 ergeben. In diesem Bereich kann er sich aller verfahrensrechtlich zulässigen Einwirkungsmittel und Gestaltungsmöglichkeiten bedienen, um die Anordnung der Einziehung abzuwenden oder ein anderes ihm günstiges Ergebnis zu erreichen, z. B. Maßnahmen nach § 74 b Abs. 2 StGB, Bestehenlassen seiner beschränkt dinglichen Rechte (§ 74 e Abs. 2 Satz 3 StGB), Erlangung einer Entschädigung aus Billigkeitsgründen (§ 74 f Abs. 3 StGB, § 436 Abs. 3 Satz 2). Diese Befugnisse erstrecken sich auch auf die **Frage der Schuld des Angeklagten**, d. h. auf die Frage, ob die Voraussetzungen vorliegen, unter denen der Angeklagte schuldig gesprochen und verurteilt werden kann, oder die Voraussetzungen, bei deren Vorliegen er unverurteilt (bei Freispruch oder Einstellung des Verfahrens) aus dem Verfahren hervorgeht. Denn wenn der Angeklagte nicht verurteilt wird, so entfällt z. B. ohne weiteres die Möglichkeit einer Einziehung nach §§ 74, 74 a StGB.

52   **b) Umfangsbeschränkung nach § 431 Abs. 2.** Nach § 431 Abs. 2 kann das Gericht unter den dort bestimmten Voraussetzungen den normalen Umfang der Beteiligungsbefugnisse (Rdn. 51) einschränken und anordnen, daß sich die Beteiligung **nicht auf die Frage der Schuld des Angeschuldigten** erstreckt. Beim **Verfall** ist die Vorschrift ohne Bedeutung, da er ohne Rücksicht auf Verschulden (§ 73 Abs. 1 Satz 1 StGB: „rechtswidrige Tat") angeordnet wird, wenn die sonstigen Voraussetzungen gegeben sind. Das gilt auch für den **Verfall von Wertersatz** (§ 73 a StGB), da er sich nur gegen den Täter oder Teilnehmer richtet und ein Dritter davon nicht betroffen wird[42].

53   **aa) Nach Absatz 2 Nr. 1** kann die Beschränkung angeordnet werden, wenn die Einziehung oder die sonstige Rechtsfolge (§ 442 Abs. 1) nur unter der Voraussetzung in Betracht kommt, daß die Sache dem Angeschuldigten gehört oder das Recht ihm zusteht (§ 74 Abs. 1, Abs. 2 Nr. 1 StGB).

54   Wenn dieser Fall vorliegt, kann es berechtigt und angemessen sein, den Einziehungsbeteiligten von der Beteiligung an der Schuldfrage auszuschließen und ihm dadurch die sachliche Legitimation zu entziehen, aus eigenem Recht zur Frage der Schuld des Angeschuldigten Stellung zu nehmen. Denn da die Einziehung schon entfällt, wenn nicht nachgewiesen ist, daß der Gegenstand zur Zeit der Entscheidung dem Angeschul-

---

[41] Ebenso *Eb. Schmidt* Nachtr. II 5; KK-*Boujong*[2] 18.   [42] KK-*Boujong*[2] 20; **a.M** *Kleinknecht/Meyer*[38] 18.

digten gehört oder zusteht, kann den schutzwürdigen Belangen des Einziehungsbeteiligten genügt sein, wenn er am Verfahren nur insoweit beteiligt wird, als es um die Klärung der Rechtsverhältnisse an dem Gegenstand geht, dessen Einziehung in Betracht kommt. Diese Möglichkeit, den Umfang der Verfahrensbeteiligung einzuengen, dient der **Beschränkung des Prozeßstoffs**. Sie trägt dem Bedenken Rechnung, die früher von der h. M gegen die Zuziehung von Einziehungsinteressenten zum subjektiven Strafverfahren aus der Befürchtung erhoben wurden, daß durch eine solche Zuziehung das Verfahren wegen eines Nebenpunktes ausgeweitet und in seinem zügigen Ablauf gehindert werden könnte (Vor §430, 12). Es wird sich empfehlen, **von der „Kann"-Vorschrift weitgehend Gebrauch zu machen**. Es kann dies aber z. B. unangebracht sein, wenn es sich bei der Einziehung um bedeutende Werte handelt und die Rechtsverhältnisse am Einziehungsgegenstand verwickelt und schwer überschaubar sind.

Unanwendbar ist Absatz 2 Nr. 1, wenn eine Einziehung nach §74a StGB in **55** Frage steht. Denn hier kommt es nicht darauf an, ob der Gegenstand dem Angeschuldigten, sondern ob er dem Einziehungsbeteiligten gehört oder zusteht. Diesem mußte, da auch die Voraussetzungen des §74 Abs. 1 StGB erfüllt sein müssen, eine Beteiligung nicht nur gestattet werden, um darzutun, daß in seiner Person die Einziehungsvoraussetzungen nach §74a Nr. 1, 2 StGB nicht erfüllt sind, sondern es mußte ihm auch ermöglicht werden, sich einer ihn treffenden Einziehung durch Beteiligung an dem Verfahren erwehren zu können, weil hier mit einer „Straftat" ein schuldhaftes Verhalten des Angeschuldigten[43] als materielle Einziehungsgrundlage verlangt wird[44].

bb) Nach **Absatz 2 Nr. 2** ist die Beschränkung zulässig, wenn der Gegenstand **56** nach den Umständen, die die Einziehung begründen können, dem Einziehungsbeteiligten auch **auf Grund von Rechtsvorschriften außerhalb des Strafrechts** dauernd entzogen werden könnte.

Diese Vorschrift knüpft an **§74f Abs. 2 Nr. 3 StGB** an. Danach wird einem tatun- **57** beteiligten Dritten für den Rechtsverlust, den er durch die Anordnung der Einziehung oder des Erlöschens am Einziehungsgegenstand bestehender beschränkter dinglicher Rechte erleidet, eine Entschädigung nicht gewährt, wenn es nach den Umständen, welche die Einziehung begründet haben, auf Grund von Rechtsvorschriften außerhalb des Strafrechts zulässig wäre, den Gegenstand dem Dritten ohne Entschädigung dauernd zu entziehen. Gedacht ist dabei hauptsächlich an den Fall, daß es nach den Polizeigesetzen der Länder zulässig ist, einen Gegenstand wegen seiner objektiven oder nach den Umständen des Falles begründeten Gefährlichkeit für die Allgemeinheit aus präventiv-polizeilichen Gründen dem Berechtigten dauernd zu entziehen, und eine Entschädigung — abgesehen von der Auskehrung eines bei der Verwertung des Gegenstandes erzielten Erlöses — nicht in Betracht kommt, weil in diesen Gesetzen die aus der Sozialbindung sich ergebenden Grenzen des Eigentums bestimmt sind (Art. 14 Abs. 1 Satz 2 GG). Wegen der Einzelheiten muß auf die Erläuterungswerke zu §74f StGB verwiesen werden[45]. In diesen Fällen — das ist der Grund für die Beschränkbarkeit der Verfahrensbeteiligung — „bildet die Straftat **nicht die materielle Grundlage** für die Einziehung, sondern nur den **Anlaß** dafür, daß der Entzug des Gegenstandes im Strafverfahren angeordnet wird. Es reicht deshalb in diesem Fall zur Gewährung des rechtlichen Gehörs aus, wenn der Einziehungsbeteiligte nur zu den besonderen Einziehungsvoraussetzungen gehört wird, welche die eigentliche Grundlage für die Einziehung des Gegenstandes bilden, z. B. zur Frage der Gefährlichkeit des Gegenstandes"[46].

---

[43] *Achenbach* MDR **1975** 19 f.
[44] KK-*Boujong*[2] 22; KMR-*Paulus* 18 f.
[45] Z. B. LK-*Schäfer* §74f, 7.
[46] BTDrucks. V 1319 S. 76.

Karl Heinz Gössel

58   **Anders liegt** es dagegen, wenn das Gericht das Erlöschen des beschränkten dinglichen Rechts eines Dritten am Einziehungsgegenstand gemäß § 74 e Abs. 2 Satz 2 StGB anordnen muß oder gemäß Satz 3 aaO anordnen kann, weil dem Dritten eine Entschädigung nach § 74 f Abs. 2 Nr. 1 oder 2 StGB nicht zu gewähren ist. Denn die Anordnung des Erlöschens hat im Fall des Satzes 2 ihren **Grund** — nicht nur ihren Anlaß — in der Begehung einer Straftat; im Fall des Satzes 3 hat sie außerdem zur Voraussetzung, daß den Dritten ein besonderer Schuldvorwurf trifft, der seine Wurzel in der Begehung der Tat hat. Die Schuld des Angeklagten bildet demgemäß die materielle Grundlage der Einziehung, und der Einziehungsbeteiligte muß folgerichtig Gelegenheit haben, sich zu ihr zu äußern. Die Beteiligung des beschränkt dinglichen Rechtsinhabers zur Schuldfrage kann demgemäß in diesen Fällen nicht ausgeschlossen werden[47].

59   cc) Hat das Gericht die Beteiligung ohne eine nach Abs. 2 zulässige Beschränkung angeordnet, so fragt sich, ob und unter welchen Voraussetzungen es eine Beschränkung **nachträglich** anordnen, seinen ursprünglichen Anordnungsbeschluß also teilweise widerrufen kann. Daß das Gericht jederzeit **nach freiem Ermessen** eine dem Einziehungsbeteiligten einmal eingeräumte Rechtsposition beschränken könnte, erscheint nicht angängig (dazu auch unten Rdn. 67 f). Dagegen ist eine nachträgliche Beschränkung zulässig, wenn sich erst später eine Verfahrenslage ergibt, die die Voraussetzungen des Abs. 2 erfüllt, z. B. wenn zunächst das Verfahren, soweit es die Einziehung betrifft, unter dem Gesichtspunkt des § 74 Abs. 2 Nr. 2 StGB betrieben wurde, dieser Gesichtspunkt aber fallengelassen und als Rechtsgrundlage der Einziehung nur § 74 Abs. 2 Nr. 1 StGB angesehen wird.

60   Dagegen kann das Gericht jederzeit eine zunächst getroffene **Beschränkung der Beteiligungsanordnung zurücknehmen**; ein solcher Beschluß ist gemäß § 431 Abs. 5 unanfechtbar, da er nicht in die Rechte Dritter eingreift[48].

61   **c) Der Nebenbeteiligte als Zeuge.** Nach § 433 hat der Nebenbeteiligte im Rahmen seiner Beteiligung die Befugnisse eines Angeklagten. Er rückt zwar nicht in die Stellung eines Angeklagten ein, aber er kann sich wie ein Angeklagter gegen den auf strafrechtliche Vorschriften aus Anlaß einer Straftat gegründeten Eingriff der Staatsgewalt in seine Rechte wehren. Dadurch wird er, soweit sich seine Beteiligung auch auf die Frage der Schuld des Angeklagten erstreckt, unfähig, Zeuge zu sein[49] — im Gegensatz zum Nebenkläger[50]. Wenn aber die Verfahrensbeteiligung sich kraft besonderer gerichtlicher Anordnung nicht auf die Frage der Schuld des Angeklagten erstreckt, bestehen in dem der Beteiligung entzogenen Bereich keine Bedenken gegen die Vernehmung des Nebenbeteiligten als Zeugen zur Schuldfrage.

5. Zeitliche Grenzen der Beteiligungsanordnung (Absatz 4)

62   **a) Hauptverfahren.** Der Zeitraum für die Anordnung der Verfahrensbeteiligung beginnt mit der Erhebung der öffentlichen **Klage** und endet zu den in § 431 Abs. 4 benannten Zeitpunkten.

63   Bei Erhebung der öffentlichen Klage durch Einreichung einer **Anklageschrift**, in der sowohl der Nebenbeteiligte als auch der insoweit relevante Sachverhalt darzustellen ist[51], ist vom Eingang dieser Schrift ab, bei mündlicher Anklageerhebung im beschleunigten Verfahren (§ 212 a) von diesem Zeitpunkt ab die Anordnung über die Nebenbeteiligung möglich. Im **Strafbefehl**verfahren entscheidet insoweit der Eingang des An-

---

[47] BTDrucks. V 1319 S. 76; KK-*Boujong*[2] 22; KMR-*Paulus* 18; *Kleinknecht/Meyer*[38] 16.

[48] *Kleinknecht/Meyer*[38] 27.

[49] RGSt **46** 88; BGHSt **9** 250 ff.

[50] S. Erläuterungen zu § 397.

[51] KK-*Boujong*[2] 14; *Kleinknecht/Meyer*[38] 7.

trags auf Erlaß des Strafbefehls. Die Beteiligung kann ohne weiteres bis zum Ausspruch der jeweiligen Rechtsfolge durch Verkündung des erstinstanzlichen Urteils angeordnet werden. **In der Berufungsinstanz** ist die Anordnung (bis zur Beendigung der Schlußvorträge, § 258) nur möglich, wenn *zulässige* Berufung eingelegt ist. Zulässige Berufung können der Staatsanwalt, der Angeklagte oder Nebenkläger einlegen. Der Einziehungsinteressent kann nicht Berufung einlegen, um die Anordnung seiner Verfahrensbeteiligung zu erreichen, denn ein Drittberechtigter ist selbständig (gemäß § 433 Abs. 1) rechtsmittelberechtigt nur, wenn vor der erstinstanzlichen Entscheidung seine Beteiligung angeordnet worden und er dadurch in die Rechtsstellung eines Einziehungsbeteiligten eingerückt war[52]. Auch gegen einen Strafbefehl, wenn darin die Einziehung festgesetzt ist, kann ein Drittberechtigter selbständig Einspruch nur einlegen (vgl. § 438 Abs. 2), wenn spätestens bei Erlaß des Strafbefehls seine Beteiligung angeordnet worden ist; andernfalls kommt die Anordnung einer Beteiligung nach Erlaß des Strafbefehls nur in Betracht, wenn der Angeklagte zulässig Einspruch eingelegt hat.

b) Nachverfahren. War die Beteiligung des Dritten nicht vor der Entscheidung **64** (durch Urteil oder Strafbefehl) angeordnet, und wird das Urteil nicht durch Berufung seitens eines Rechtsmittelberechtigten, der Strafbefehl nicht durch Einspruch des Angeklagten angefochten, so bleibt der Dritte darauf angewiesen, seine Rechte im Nachverfahren gemäß § 439 geltend zu machen.

IV. Erweiterte Verfahrensbeteiligung bei der Einziehungsbeteiligung (Absatz 3)

Absatz 3 erweitert die Voraussetzungen des § 431 Abs. 1 über die Anordnung **65** einer Verfahrensbeteiligung. Nach § 75 StGB werden Handlungen bestimmter Vertreter juristischer Personen und bestimmter Personenvereinigungen, die den Vertretern gegenüber unter den übrigen Voraussetzungen der §§ 74 bis 74 c StGB die Einziehung eines Gegenstandes oder des Wertersatzes zulassen oder den Ausschluß der Entschädigung begründen würde, dem vertretenen Verband „zugerechnet". Das bedeutet, daß die Einziehung nach §§ 74 Abs. 2 Nr. 1, 74 a StGB zulässig (nach § 74 Abs. 4 StGB zulässig oder vorgeschrieben) ist, wenn nicht der handelnde Vertreter, sondern die vertretene juristische Person oder Personenvereinigung im Zeitpunkt der Entscheidung Eigentümerin oder Rechtsinhaberin des Gegenstandes ist und daß Entsprechendes für die Versagung der Entschädigung nach § 74 f Abs. 2 StGB gilt. In diesen Fällen ist der vertretene Verband nach § 431 Abs. 1 Satz 1 Nr. 1 am Verfahren zu beteiligen. Nach § 431 Abs. 1 Satz 1 Nr. 2 ist der vertretene Verband zu beteiligen, wenn er an dem Einziehungsgegenstand ein beschränktes dingliches Recht hat, dessen entschädigungsloses Erlöschen kraft der Zurechnung angeordnet werden könnte. Einer verfahrensrechtlichen Ergänzung des § 431 Abs. 1 Satz 1 bedurfte danach der Fall, daß materiellrechtlich gemäß § 75 StGB auf Einziehung des *Wertersatzes* (§ 74 c) erkannt werden kann, weil der Handelnde die Einziehung von Gegenständen, die zur *Tatzeit* dem vertretenen Verband gehörten oder zustanden, vereitelte. Diese Lücke schließt Absatz 3, indem er auch für diesen Fall die Anordnung der Beteiligung des Vertretenen vorsieht. Zu der Frage, wann über die Einziehung des Wertersatzes „zu entscheiden" ist, vgl. oben Rdn. 36 ff. Die verfahrensbeteiligte juristische Person oder Personenvereinigung wird durch die zur rechtsgeschäftlichen Vertretung berufenen Organe vertreten (§ 444, 26).

---

[52] KK-*Boujong*[2] 15; KMR-*Paulus* 23; *Kleinknecht/Meyer*[38] 21.

Karl Heinz Gössel

V. Anfechtbarkeit der Entscheidung über die Nebenbeteiligung (Absatz 5); Rücknahme der Beteiligungsanordnung

1. Anordnungsbeschluß

66   a) **Unanfechtbarkeit.** Der die Verfahrensbeteiligung **anordnende Beschluß** ist unanfechtbar (und nicht revisibel), weil er nicht in die Rechte Dritter eingreift[53].

67   b) **Rücknahme.** Die Unanfechtbarkeit schließt nicht aus, daß das Gericht die Anordnung zurücknimmt, wenn es sich herausstellt, daß ihr die verfahrensrechtliche Grundlage fehlt. So z. B., wenn das Gericht die Beteiligung des Adressaten oder Bestellers einer Schrift (§ 74 d StGB) angeordnet hatte, ohne zu prüfen, ob er Eigentümer geworden war (Rdn. 17), und sich alsdann ergibt, daß ein Eigentumserwerbsgrund nicht besteht und nicht einmal behauptet wird[54], oder wenn die rechtlichen Erwägungen, die das Gericht zur Annahme eines bestehenden Drittrechts veranlaßt hatten, erkennbar unzutreffend sind. Weitergehend ist aber die Rücknahme auch als zulässig anzusehen, wenn das Drittrecht **nicht mehr glaubhaft erscheint**, z. B. weil tatsächliche Angaben des Einziehungsbeteiligten über die Eigentumsverhältnisse, die der Beteiligungsanordnung zugrunde liegen, sich als unrichtig herausstellen[55]. Die Rechtslage ist insoweit eine andere als bei der Rücknahme der Zulassung als Nebenkläger[56], weil die Zurücknahme der Beteiligungsanordnung sachlich die Ablehnung einer Verfahrensbeteiligung i. S. des § 431 Abs. 5 Satz 2 darstellt, gegen die der Beschwerte mit der sofortigen Beschwerde angehen kann.

68   Dagegen erscheint es nicht angängig, die Beteiligungsanordnung **in der Hauptverhandlung** vor dem Urteil zurückzunehmen, weil nach deren Ergebnis das Drittrecht nicht mehr glaubhaft erscheine. Denn das würde, da bei alsbaldiger Urteilsverkündung eine Beschwerdeentscheidung zu spät käme, im Hinblick auf § 307 bedeuten, daß entweder die Hauptverhandlung (entgegen § 431 Abs. 7) auszusetzen wäre oder der in die Rolle eines bloßen Einziehungsinteressenten gedrängte Dritte die Möglichkeit verlöre, ein ihm nachteiliges Urteil aus eigenem Recht anzufechten. In solchen Fällen muß über das Drittrecht im Urteil entschieden werden.

69   Eine erst **in der Berufungsinstanz angeordnete Beteiligung** ist ohne weiteres **hinfällig**, wenn sich herausstellt, daß eine zulässig eingelegte Berufung eines Rechtsmittelberechtigten nicht vorliegt.

2. Anfechtung der Ablehnung

70   a) **Statthaftigkeit.** Die **Ablehnung** der Verfahrensbeteiligung oder die gemäß § 431 Abs. 2 angeordnete Beschränkung sind abweichend von § 305 Satz 1 nach § 431 Abs. 5 Satz 2 mit der sofortigen Beschwerde (§ 311; dazu §§ 35, 35 a) anfechtbar. Das gleiche gilt für eine spätere Rücknahme (Rdn. 67) oder die nachträgliche Einschränkung (Rdn. 59) einer angeordneten Beteiligung.

71   b) **Beschwerdeberechtigung.** Beschwerdeberechtigt sind alle, die durch die Entscheidung betroffen werden (§ 304 Abs. 2), in erster Linie der Einziehungsinteressent[57], ferner der Angeklagte[58], aber auch die Staatsanwaltschaft, wenn sie die Beteiligung angeregt hat oder zugunsten des Einziehungsinteressenten tätig wird (§ 296 Abs. 2).

---

[53] KK-*Boujong*[2] 26; *Kleinknecht/Meyer*[38] 25.
[54] Vgl. LG Bayreuth NJW **1970** 575.
[55] Für Zulässigkeit der Rücknahme in diesen Fällen ebenso KK-*Boujong*[2] 26; KMR-*Paulus* 30; *Kleinknecht/Meyer*[38] 25.

[56] S. Erläuterungen zu § 396.
[57] § 304 Abs. 2; wie hier auch KK-*Boujong*[2] 27; KMR-*Paulus* 33; *Kleinknecht/Meyer*[38] 26.
[58] OLG Celle NJW **1987** 78.

c) Rechtskraftwirkung. Ein unangefochten gebliebener und ein die sofortige Be- **72** schwerde verwerfender Beschluß haben grundsätzlich für das ganze Verfahren Geltung, schließen aber eine spätere Anordnung der Verfahrensbeteiligung nicht aus, wenn nachträglich Umstände hervortreten, die nunmehr die Voraussetzungen des § 431 Abs. 1 Satz 1 als gegeben erscheinen lassen. Der Gesetzgeber hat — darin liegt der Grund für die Abweichung sowohl von § 305 Satz 1 wie von § 431 Abs. 7 — eine Verzögerung des Verfahrens, die durch die Durchführung des Beschwerdeverfahrens eintreten kann, in Kauf genommen, um das Nachverfahren des § 439 wegen der Gefahr widersprechender Entscheidungen auf die unumgänglich notwendigen Fälle zu beschränken[59]. Damit wäre es unvereinbar, wenn nicht trotz Rechtskraft eines Ablehnungs- oder Beschränkungsbeschlusses erneut über die Verfahrensbeteiligung oder ihren Umfang entschieden werden könnte.

VI. Beteiligungsverzicht (Absatz 6)

1. Verzichtsberechtigte. Der Beteiligungsverzicht kann sowohl von einem Einzie- **73** hungsinteressenten, und zwar schon im vorbereitenden Verfahren (§ 432, 6), wie auch von einem Einziehungsbeteiligten erklärt werden.

2. Verzichtswirkung. Die hier vorgesehene Erklärung, gegen die Einziehung des **74** Gegenstandes keine Einwendungen vorbringen zu wollen, stellt lediglich einen Verzicht auf eine künftige oder schon angeordnete Verfahrensbeteiligung, nicht aber einen Verzicht **auf die Rechte am Einziehungsgegenstand selbst dar**[60]. Er entbindet das Gericht nicht von der Verpflichtung, bei der Entscheidung über die Einziehung die den Einziehungsgegenstand betreffenden Rechtsverhältnisse zu prüfen und zu berücksichtigen; dabei kann der Beteiligungsverzicht nach den Umständen des Falles wohl als Beweisanzeichen gewertet werden. Trotz der nur verfahrensrechtlichen Wirkung des Beteiligungsverzichts kommt ihm praktisch eine Bedeutung im Sinne einer Preisgabe der Rechte des Verzichtenden am Einziehungsgegenstand insofern zu, als er im Hinblick auf § 439 Abs. 1 Nr. 2 von einer späteren Geltendmachung seiner Rechte im Nachverfahren ausgeschlossen ist.

3. Verzichtender als Zeuge. Für den Verzichtenden hat der Verzicht den Vorteil, **75** daß er, wenn er sich nicht gegen die Einziehung einer ihm gehörenden Sache wehren will, nicht nach § 433 Abs. 2 zur Teilnahme an der Verhandlung gezwungen werden kann[61]. Dagegen schließt der Verzicht nicht aus, daß das Gericht, dem die Klärung der Einziehungsvoraussetzungen obliegt, den Dritten als **Zeugen** vernimmt[62], etwa wenn die Staatsanwaltschaft die Einziehung eines Gegenstandes gemäß § 74 Abs. 1, 2 Nr. 1 StGB beantragt, der Angeklagte aber geltend macht, daß der Gegenstand nicht ihm, sondern dem Dritten gehöre oder zustehe.

4. Unwiderruflichkeit. Der Beteiligungsverzicht wirkt **für das ganze Verfahren** **76** und ist grundsätzlich **unwiderruflich**[63], also z. B. auch dann, wenn der Dritte die Erklärung abgegeben hat, weil er in diesem Zeitpunkt wegen fehlender Glaubhaftma-

---

[59] BTDrucks. **V** 1319 S. 76; KK-*Boujong*[2] 28; KMR-*Paulus* 30; *Kleinknecht/Meyer*[38] 26.

[60] KK-*Boujong*[2] 29; KMR-*Paulus* 14; *Kleinknecht/Meyer*[38] 29.

[61] BTDrucks. **V** 1319 S. 76.

[62] Ebenso *Göhler*[8] § 87, 14; KK-*Boujong*[2] 29; KMR-*Paulus* 14.

[63] KK-*Boujong*[2] 31; KMR-*Paulus* 14; *Göhler*[8] § 87, 14.

Karl Heinz Gössel

chungs- oder Beweismittel eine Beteiligung am Verfahren zur Geltendmachung seiner Rechte für aussichtslos hielt und später in den Besitz solcher Mittel gelangt, die ihn von dem Beteiligungsverzicht abgehalten hätten, wenn sie im damaligen Zeitpunkt vorhanden gewesen wären. Eine andere Frage ist dann, ob er nicht bei einer solchen Sachlage etwa Rechte im Nachverfahren mit der Begründung geltend machen kann, daß ihm die Nichtbeteiligung am Strafverfahren nicht zum Verschulden (§ 439 Abs. 1 Nr. 2) gereiche.

77　　**5. Form.** Die von Absatz 6 verlangte Form des Verzichts entspricht der Regelung des § 158 Abs. 2; auf die Erläuterungen zu dieser Vorschrift, insbes. über den Begriff der „anderen Behörde" (vgl. § 158, 29), kann verwiesen werden. In Steuerstrafsachen steht das ermittelnde Finanzamt (§§ 399, 386 AO) der Staatsanwaltschaft gleich.

78　　**6. Umfang.** Absatz 6 betrifft nur den Fall der Erhebung von **Einwendungen** gegen die Einziehung **eines Gegenstandes.** Die Worte „des Gegenstandes", die im Entw. EG OWiG fehlten, sind bei den Beratungen des Rechtsausschusses[64] eingefügt worden, um klarzustellen, daß die Vorschrift nicht bei Einziehung des Wertersatzes (§ 74 c StGB) anzuwenden ist.

VII. Keine Beeinträchtigung des Fortgangs des Verfahrens (Absatz 7)

79　　**1. Allgemeine Bedeutung.** Die Vorschrift, wonach der Fortgang des Strafverfahrens durch die Verfahrensbeteiligung (d. h. durch das Verfahren, das die Anordnung der Verfahrensbeteiligung zum Gegenstand hat, und durch die Beteiligung des Einziehungsbeteiligten nach erfolgter Beteiligungsanordnung) nicht aufgehalten wird, lehnt sich an die entsprechende, für den Ausschluß des Nebenklägers in § 398 Abs. 1 getroffene Regelung an (vgl. die Erläuterungen zu dieser Vorschrift).

80　　**2. Verhältnis des Absatzes 7 zum Grundsatz des rechtlichen Gehörs.** Absatz 7 enthält einen Hinweis darauf, daß das Gericht durch die notwendige Beteiligung eines Dritten am subjektiven Strafverfahren nicht von seiner eigentlichen Aufgabe abgelenkt werden soll, den Schuldigen schnell der verdienten Strafe zuzuführen, den Unschuldigen aber von den Nachteilen, die das Strafverfahren mit sich bringt, so bald wie möglich freizustellen. Andererseits darf aber auch das dem Dritten zustehende rechtliche Gehör nicht ausgehöhlt werden. Eine Reihe von Vorschriften dient dem Zweck, den Interessengegensatz auszugleichen und die Gefahr einer Beeinträchtigung der primären Zwecke des Strafverfahrens auf ein erträgliches Maß zurückzudrängen, ohne dadurch das rechtliche Gehör zu verkürzen, so etwa § 436 Abs. 2 über die Beschränkung des Beweisantragsrechts des Einziehungsbeteiligten, und §§ 431 Abs. 2, 437, 438 Abs. 2 über den Ausschluß oder die Begrenzung der Nachprüfung des Schuldspruchs, ferner § 435 Abs. 1, wonach der Einziehungsbeteiligte nicht zur Hauptverhandlung geladen, sondern ihm nur der Termin bekanntgemacht wird und er infolgedessen kein Recht auf Einhaltung einer bestimmten Ladungsfrist hat[65].

81　　Andererseits hat der Gesetzgeber eine Folgerung aus Absatz 7, wie sie sich **in § 398 Abs. 2** findet, **nicht** gezogen. Denn abgesehen von den vorgenannten Einzelvorschriften

---

[64] Vgl. BTDrucks. zu V 2601 v. 4. 3. 1968 S. 18 f.

[65] Vgl. *Wuttke* SchlHA **1970** 189, 191 und § 435, 5; über weitergehende Folgerungen von *Wuttke* aus Abs. 7 vgl. § 433, 16.

konnte der Gesetzgeber über die Verlautbarung einer „legislativen Wunschvorstellung", daß wegen der Nebenfolge der Einziehung das Verfahren zur Hauptsache nicht in vermeidbarer Weise verzögert werden solle, nicht hinausgehen, da die Belange des Einziehungsinteressenten und des Einziehungsbeteiligten, die letztlich durch die Art. 14 GG (Eigentumsgarantie) und 103 Abs. 1 GG (Grundsatz des rechtlichen Gehörs) mit Rechtsschutz ausgestattet sind, ihre verfahrensrechtliche Berücksichtigung verlangen. Die Begr.[66] führt denn auch mit Recht aus: „Das Gericht wird im Einzelfall zu prüfen haben, inwieweit dieser Grundsatz [des § 431 Abs. 7] durch den Anspruch des Einziehungsbeteiligten auf rechtliches Gehör eingeschränkt wird." Die Folgerungen hat der Gesetzgeber z. T. noch während der parlamentarischen Behandlung des Entw. EGOWiG gezogen. So lautete z. B. § 436 Abs. 1 Satz 1 im Entw.: „Bleibt der Einziehungsbeteiligte in der Hauptverhandlung trotz ordnungsgemäßer Terminsnachricht aus, oder konnte er wegen der Kürze der Zeit nicht mehr benachrichtigt werden, so kann ohne ihn verhandelt werden." Bei den Ausschußberatungen[67] sind die Worte „oder konnte er ... benachrichtigt werden" gestrichen worden, weil sonst der Anspruch des Einziehungsbeteiligten auf rechtliches Gehör verletzt sein könnte. Wegen einer weiteren dem Grundsatz des rechtlichen Gehörs Rechnung tragenden Änderung des Entw. vgl. § 435 „Entstehungsgeschichte"; s. ferner oben Rdn. 72.

3. Verhältnis des Absatzes 7 zum Nachverfahren. Wesentliche Einschränkungen **82** der Rechte im Beteiligungsanordnungs- und im Strafverfahren zwecks Beschleunigung des Verfahrens zur Hauptsache hätten zwangsläufig zur Erweiterung der Voraussetzungen eines Nachverfahrens führen müssen; gerade das sollte aber, schon wegen der Gefahr widersprechender Entscheidungen, vermieden und das Nachverfahren „auf die unumgänglich notwendigen Fälle beschränkt werden"[68]. Ein unangemessener Aufwand und eine unangemessene Verzögerung oder Erschwerung der Entscheidung zur Hauptsache durch das die Einziehung betreffende Verfahren kann aber nach § 430 durch eine Ausscheidung der Einziehung ausgeschlossen werden. Wird davon kein Gebrauch gemacht, so bedeutet der Grundsatz des Absatzes 7 lediglich eine Aufforderung an das Gericht, bei Wahrung der zugunsten des Einziehungsbeteiligten und Einziehungsinteressenten geschaffenen Verfahrensvorschriften nach Kräften auf eine zügige Abwicklung hinzuwirken.

§ 432

(1) [1]Ergeben sich im vorbereitenden Verfahren Anhaltspunkte dafür, daß jemand als Einziehungsbeteiligter in Betracht kommt, so ist er zu hören, wenn dies ausführbar erscheint. [2]§ 431 Abs. 1 Satz 3 gilt entsprechend.

(2) Erklärt derjenige, der als Einziehungsbeteiligter in Betracht kommt, daß er gegen die Einziehung Einwendungen vorbringen wolle, und erscheint glaubhaft, daß er ein Recht an dem Gegenstand hat, so gelten, falls er vernommen wird, die Vorschriften über die Vernehmung des Beschuldigten insoweit entsprechend, als seine Verfahrensbeteiligung in Betracht kommt.

Entstehungsgeschichte. Die Vorschrift wurde durch das EGOWiG eingeführt.

---

[66] BTDrucks. V 1319 S. 76.   [68] BTDrucks. V 1319 S. 76.
[67] Vgl. BTDrucks. zu V 2601 v. 4. 3. 1968 S. 19.

Karl Heinz Gössel

I. Rechtsstellung des Einziehungsinteressenten und der sonstigen (§ 442 Abs. 1) Nebeninteressenten (Absatz 1)

1   **1.** Die Rechtsstellung als **Nebenbeteiligter** wird erst durch den gerichtlichen Beschluß erlangt, der die Beteiligung am Verfahren anordnet, und ein solcher Beschluß kann erst ergehen, wenn Anklage gegen eine bestimmte Person durch Einreichung einer Anklageschrift oder einen dem gleichstehenden Akt erhoben ist (§ 431, 37). Vor diesem die Beteiligung anordnenden Beschluß ist ein Dritter, der von der Einziehung oder einer sonstigen in § 442 Abs. 1 erwähnten Rechtsfolge betroffen werden kann, nur **Einziehungs-** oder sonstiger **Nebeninteressent**. Als solcher hat er bereits bestimmte prozessuale Möglichkeiten und Befugnisse. So kann er, sobald Anklage erhoben ist, die Anordnung seiner Verfahrensbeteiligung anregen und gegen einen ablehnenden Beschluß sofortige Beschwerde einlegen. Schon im Ermittlungsverfahren kann er mit Wirkung für das künftige Verfahren auf seine Verfahrensbeteiligung verzichten (§ 431 Abs. 6). Im vorbereitenden Verfahren, das gemäß § 160 Abs. 3 auch die Klärung der Umstände zum Gegenstand hat, die für die Bestimmung der Rechtsfolgen der Tat und damit für die Anordnung der Einziehung und gleichstehender Maßnahmen (§ 442) von Bedeutung sind, in dem es aber noch keine Nebenbeteiligten geben kann, gewährt § 432 Abs. 1 dem Nebeninteressenten mit dem Recht auf Gehör eine bestimmte Rechtsstellung.

2   **2. Recht auf Gehör.** Nach § 432 Abs. 1 ist ein Dritter — ein Nichtbeschuldigter — zu **hören**, wenn sich Anhaltspunkte dafür ergeben, daß er (im Fall einer künftigen Anklageerhebung) als Einziehungs- oder sonst als Nebenbeteiligter i. S. des § 431 Abs. 1 Satz 1, Abs. 3 (§ 442 Abs. 1) in Betracht kommt.

3   **a) Hören** bedeutet: Gelegenheit zur Äußerung geben. Eine bestimmte Form der Anhörung ist nicht vorgeschrieben (vgl. zu § 432 Abs. 2 unten Rdn. 10); allgemein bedeutet die Pflicht zum Anhören, daß dem Nebeninteressenten Gelegenheit gegeben werden muß, alles das vorzubringen, was zur Abwendung eines ihn möglicherweise treffenden Rechtsverlustes geeignet ist (dazu Einl. Kap. **13** 91 ff).

4   **b)** Die **Voraussetzungen der Anhörungspflicht** sind, der Natur der Sache entsprechend, weiter als die der Anordnungspflicht nach § 431 Abs. 1 Satz 1. Die betroffenen Rechte brauchen noch nicht glaubhaft zu erscheinen; es genügt, wenn sich Anhaltspunkte dafür ergeben, daß jemand — im Fall der Anklageerhebung — als Neben- oder insbesondere „als Einziehungsbeteiligter **in Betracht kommt**". Die Anhörungspflicht entsteht also z. B., wenn sich nach dem Stand und den Ergebnissen des Ermittlungsverfahrens irgendwie „abzeichnet, daß über die Einziehung eines Gegenstandes zu befinden sein wird und daß ein anderer als der Beschuldigte daran ein Recht hat"[1].

5   **c)** Die Anhörungspflicht **entfällt**, wenn schon nach den Ergebnissen des Ermittlungsverfahrens dessen Einstellung zu erwarten und auch ein selbständiges Verfahren (§ 440) nicht zu erwarten ist. Das gleiche gilt, wenn der Dritte bereits in diesem Stadium eine Verzichtserklärung nach § 431 Abs. 6 abgibt. Schließlich entfällt im Ermittlungsverfahren, dem Grundsatz des § 431 Abs. 1 Satz 2 entsprechend, die Anhörung, wenn sie **„nicht ausführbar"** ist (§ 431, 45 ff).

6   **d)** Die Anhörungspflicht verfolgt **mehrere Zwecke.** Sie liegt einmal im Interesse des Dritten, der u. U. von vornherein durch seine Darlegungen eine Gefährdung seiner Rechte abwenden kann, so daß z. B. die Staatsanwaltschaft, wenn Erledigung durch

---

[1] BTDrucks. **V** 1319 S. 76.

Strafbefehl in Frage steht, von einem Antrag auf Einziehung oder eine sonst in § 442 Abs. 1 genannte Rechtsfolge bei Erhebung einer Klage in anderer Form von einer Anregung der Einziehung etc. absieht oder sich zur Ausklammerung der jeweiligen Rechtsfolge nach § 430 entschließt. Sie liegt aber auch im Interesse der Strafverfolgungsorgane, indem sie zu einer Verzichtserklärung des Dritten nach § 431 Abs. 6 führen oder die Grundlage für Entschließungen und Entscheidungen nach §§ 430, 431 Abs. 1 Satz 1, 2 und Abs. 2 bilden kann. Sie dient schließlich der Verwirklichung des Grundsatzes des § 431 Abs. 7, indem die Anhörung im Vorverfahren weitgehend Ermittlungen ersparen kann, die sonst erst nach Erhebung der Anklage in Betracht kämen.

e) Die in § 432 Abs. 1 Satz 2 vorgeschriebene **entsprechende Anwendung des § 431** **7** **Abs. 1 Satz 3** bedeutet, daß unter den dort bezeichneten Voraussetzungen auch von der Anhörung einer Partei, Vereinigung und Einrichtung außerhalb des räumlichen Geltungsbereichs der StPO abgesehen werden kann und daß es genügt, wenn in diesen Fällen der Besitzer der Sache oder der zur Verfügung über das Recht Befugte gehört wird. Wegen der **Verfallsinteressenten** vgl. aber § 431, 25.

II. Vernehmung des Einziehungsinteressenten und der sonstigen (§ 442 Abs. 1) Nebeninteressenten (Absatz 2)

1. Gibt der Nebeninteressent vor oder nach seiner Anhörung eine Erklärung **8** nach § 431 Abs. 6 ab, so steht er von da ab, auch soweit das Ermittlungsverfahren die Klärung der Voraussetzungen der Einziehung oder der sonstigen Rechtsfolgen zum Gegenstand hat (§ 431, 75), als **Zeuge** zur Verfügung. Erklärt er umgekehrt bei seiner Anhörung, daß er gegen die jeweilige Rechtsfolge Einwendungen vorbringen wolle, und erscheint glaubhaft, daß er ein Recht an dem Gegenstand hat, so gelten im Fall seiner förmlichen **Vernehmung** die Vorschriften über die Vernehmung des Beschuldigten insoweit entsprechend, als seine Verfahrensbeteiligung in Betracht kommt.

a) Mit den Worten „erscheint **glaubhaft**, daß er ein Recht an dem Gegenstand **9** hat", nimmt § 432 Abs. 2 auf die Voraussetzungen der Beteiligungsanordnung nach § 431 Abs. 1 Satz 1 Bezug; es muß also nach dem Ergebnis der Ermittlungen „glaubhaft erscheinen", d. h. wahrscheinlich sein (§ 431, 34), daß der Gegenstand dem Nebeninteressenten gehört (zusteht) oder daß er ein beschränkt dingliches Recht an dem Gegenstand hat, dessen Erlöschen im Fall der Einziehung angeordnet werden könnte.

b) Absatz 2 findet aber nur Anwendung, **falls der Nebeninteressent vernommen** **10** **wird**, falls also nicht schon die bloße Anhörung ausreicht, um die Belange des Interessenten zu wahren und den Verfolgungsorganen die Grundlage für die hinsichtlich der je in Frage kommenden Rechtsfolge- und Beteiligungsanordnung zu treffenden Entschließungen zu verschaffen (Rdn. 1)[2]. Die Worte „falls er vernommen wird" bezwecken also eine Klarstellung, die „der unerwünschten Auslegung vorbeugen soll, daß derjenige, der" z. B. „als Einziehungsbeteiligter in Betracht kommt, nach den Vorschriften über die Vernehmung des Beschuldigten zu vernehmen sei und deshalb nach § 163 a Abs. 1 einen unbedingten Anspruch auf seine Vernehmung habe. Das ist nicht gewollt und auch nicht geboten. Aus Absatz 1 folgt, daß der Einziehungsbeteiligte im vorbereitenden Verfahren lediglich zu hören ist und auch nur dann, wenn dies ausführbar erscheint"[3].

---

[2] KK-*Boujong*[2] 6; vgl. § 212 a, 2.
[3] BTDrucks. V 1319 S. 77.

Karl Heinz Gössel

11   c) Daß auf die Vernehmung des Einziehungsinteressenten, soweit seine Verfahrensbeteiligung in Betracht kommt, die Vorschriften über die Vernehmung des Beschuldigten entsprechend anwendbar sind, hat seinen **Grund** darin, daß der Einziehungsinteressent, wenn er sich gegen die Einziehung wehrt, **in eigener Sache** tätig ist; Entsprechendes gilt für die sonstigen Nebeninteressenten. Insoweit kann der jeweilige Nebeninteressent nicht als objektiver Zeuge auftreten, seine Rolle im Ermittlungsverfahren entspricht vielmehr insoweit der des Beschuldigten, weil er von den Rechtsfolgen der Straftat betroffen wird und sich ggf. (vgl. §§ 74 a, 74 e Abs. 2 Satz 3, 74 f Abs. 2 StGB) auch gegen den Vorwurf eigenen vorwerfbaren Verhaltens verteidigt. „Die Verteidigungsposition, in der sich z. B. der Eigentümer einer von der Einziehung bedrohten Sache bei dem Verdacht eines besonderen Schuldvorwurfs befindet, der die Einziehung ihm gegenüber rechtfertigen könnte, würde sonst in unangemessener Weise eingeschränkt werden, wenn er zunächst in die Zeugenstellung gedrängt würde."[4]

12   d) Dies gilt aber nur, **soweit „seine Verfahrensbeteiligung in Betracht kommt"**, d. h. soweit er sich zu den Fragen äußert, auf die sich seine künftige Verfahrensbeteiligung (nach § 431 Abs. 1 Satz 1) erstreckt, also z. B. bei der Vernehmung zu den zur Einziehungsfrage gehörenden Tatsachen, zu denen er im Fall der Anordnung seiner Beteiligung gehört werden müßte. Außerhalb dieses Bereichs der Verteidigung eigener Belange kommt er als Zeuge in Betracht[5].

13   e) Bei dem Nebenbeteiligten kann das Gericht nach § 431 Abs. 2 eine Beschränkung seiner Beteiligung anordnen. Eine entsprechende **Beschränkung der Beteiligung des Nebeninteressenten am Ermittlungsverfahren** nach § 432 ist aber nicht möglich, denn die Vernehmungspersonen im Ermittlungsverfahren können nicht beurteilen, ob das Gericht von der „Kann"-Vorschrift des § 431 Abs. 2 Gebrauch macht.

14   2. Die **entsprechende Anwendbarkeit** der Vorschriften über die Vernehmung des Beschuldigten bedeutet die entsprechende Anwendung des § 163 a. Danach ist der Einziehungsinteressent insbesondere am Beginn der Vernehmung darüber zu belehren, daß die Einziehung des Gegenstandes, an dem er wahrscheinlich ein Recht hat, in Betracht kommt; Entsprechendes gilt hinsichtlich der anderen in § 442 Abs. 1 genannten Rechtsfolgen. Die in Frage stehenden Einziehungs- oder sonstigen Rechtsfolgevorschriften sind ihm zu nennen; von dieser Verpflichtung sind Polizeibeamte, in Steuerstrafverfahren die ihnen gleichstehenden Finanzbeamten entbunden (§ 163 a Abs. 4 Satz 2). Anträgen des Einziehungsinteressenten auf Aufnahme von Beweisen ist zu entsprechen, wenn sie auf die Verneinung oder Abmilderung (§ 74 b Abs. 2 StGB) der Einziehungsvoraussetzungen abzielen und von Bedeutung sind (§ 163 a Abs. 2). Entsprechendes gilt hinsichtlich der übrigen Nebeninteressenten, die zudem darauf hinzuweisen sind, daß es ihnen freistehe, sich zur Einziehungs- oder sonst zur Rechtsfolgenfrage äußern zu wollen oder nicht (§ 163 a Abs. 4 Satz 2; § 136 Abs. 1 Satz 2). Das ist namentlich von Bedeutung für die Frage, ob sich der Einziehungsinteressent vorwerfbar verhalten hat (§§ 74 a, 74 e Abs. 2 Satz 3, 74 f Abs. 2 Nr. 1, 2 StGB) oder ob die Gefahr besteht, daß der Gegenstand der Begehung mit Strafe bedrohter Handlungen dienen werde (§ 74 Abs. 2 Nr. 2 StGB). Die Belehrung erstreckt sich auch darauf, daß der Interessent vor seiner Vernehmung einen von ihm zu wählenden Vertretungsberechtigten i. S. des § 434 (nicht: einen „Verteidiger"; s. § 434, 1) befragen könne (§ 163 a Abs. 4 Satz 2, § 136 Abs. 1 Satz 2), denn auch im Ermittlungsverfahren kommt die Mitwirkung eines

---

[4] BTDrucks. V 1319 S. 73.
[5] KK-*Boujong*[2] 7; *Kleinknecht/Meyer*[38] 3.

dem Verteidiger vergleichbaren Vertreters in Betracht[6]. Dem steht nicht entgegen, daß § 55 Abs. 2 OWiG die Vernehmungsperson von der Pflicht entbindet, den Betroffenen (und damit auch den Nebeninteressenten) auf die Konsultationsmöglichkeit hinzuweisen, denn die StPO kennt keine entsprechende Vorschrift für den Beschuldigten und damit auch nicht für den in einer vergleichbaren Lage befindlichen Nebeninteressenten.

3. Die Frage, wie zu verfahren ist, wenn jemand **zunächst lediglich informatorisch** **15** oder als Zeuge vernommen worden ist und sich dann ergibt, daß er Einziehungsinteressent etc. oder Beschuldigter ist, bedarf hier keiner besonderen Erörterung; insoweit gelten die allgemeinen Grundsätze[7].

§ 433

(1) [1]Von der Eröffnung des Hauptverfahrens an hat der Einziehungsbeteiligte, soweit dieses Gesetz nichts anderes bestimmt, die Befugnisse, die einem Angeklagten zustehen. [2]Im beschleunigten Verfahren gilt dies vom Beginn der Hauptverhandlung, im Strafbefehlsverfahren vom Erlaß des Strafbefehls an.

(2) [1]Das Gericht kann zur Aufklärung des Sachverhalts das persönliche Erscheinen des Einziehungsbeteiligten anordnen. [2]Bleibt der Einziehungsbeteiligte, dessen persönliches Erscheinen angeordnet ist, ohne genügende Entschuldigung aus, so kann das Gericht seine Vorführung anordnen, wenn er unter Hinweis auf diese Möglichkeit durch Zustellung geladen worden ist.

Entstehungsgeschichte. Durch Art. 21 Nr. 112 EGStGB 1974 wurde in Absatz 1 Satz 2 die Erwähnung der Strafverfügung und des Strafverfügungsverfahrens gestrichen.

Übersicht

---

[6] *Eb. Schmidt* Nachtr. II 6; KK-*Boujong*[2] 8.

[7] S. dazu *von Gerlach* NJW **1969** 776 sowie die Erl. in § 163 a, 15 ff.

Karl Heinz Gössel

I. Beginn der Beteiligungsbefugnisse (Absatz 1)

1　Während § 431 die Voraussetzungen und die Form der Beteiligungsanordnung sowie den Umfang der Verfahrensbeteiligung regelt und bestimmt, von welchem Zeitpunkt an und bis zu welchem Zeitpunkt eine Beteiligungsanordnung möglich ist, normiert § 433 Abs. 1 im Grundsatz die Rechtsstellung dessen, der durch gerichtliche Anordnung Nebenbeteiligter geworden ist, und setzt den **Zeitpunkt** fest, von dem an im *normalen* Strafverfahren, im *beschleunigten* Verfahren (§§ 212 bis 212 b) und im *Strafbefehlsverfahren* (§ 407) die aus dieser Rechtsstellung sich ergebenden Befugnisse ausgeübt werden können.

2　**1. Normales Strafverfahren.** Hier hat der Nebenbeteiligte erst von der **Eröffnung** des Hauptverfahrens (§ 207) ab grundsätzlich („soweit dieses Gesetz nichts anderes bestimmt") die Befugnisse, die einem Angeklagten zustehen. Der Zeitpunkt der Eröffnung des Hauptverfahrens — nicht der für die Anordnung der Beteiligung maßgebliche Zeitpunkt der Anklageerhebung — ist gewählt, weil erst in diesem Zeitpunkt — angesichts der Nichtrücknehmbarkeit der öffentlichen Klage (§ 156) — feststeht, daß es zu einer gerichtlichen Entscheidung über die Einziehung kommen wird[1].

3　**2. Im Strafbefehlsverfahren** ist der Beginn der Befugnisse auf den Zeitpunkt des Erlasses des Strafbefehls festgesetzt, um dem Nebenbeteiligten den selbständigen Einspruch (§ 438 Abs. 2) zu ermöglichen; demgemäß ist unter „Erlaß" der Zeitpunkt der Unterzeichnung des Strafbefehls und dessen Hinausgabe in den Geschäftsgang (§ 438 Abs. 1) zu verstehen (§ 409, 45). Mit der Zurücknahme der öffentlichen Klage (§ 411 Abs. 3) erschöpfen sich die Befugnisse in dem Anspruch auf Erstattung der durch die Verfahrensbeteiligung entstandenen notwendigen Auslagen (§ 467 a Abs. 2).

4　**3. Im beschleunigten Verfahren** (§ 212) ist der Beginn der Hauptverhandlung (§ 243 Abs. 1 Satz 1) maßgebend; das Gesetz klärt damit für die Frage des Befugnisbeginns die sonst auftauchende Zweifelsfrage[2], welches Ereignis des beschleunigten Verfahrens — Terminsbestimmung, Beginn der Hauptverhandlung oder Beginn der Vernehmung des Beschuldigten — im Sinn des § 156 der Eröffnung des Hauptverfahrens gleichzustellen ist, mit der im Normalverfahren die Befugnisse des Nebenbeteiligten beginnen.

II. Die Beteiligungsbefugnisse

5　**1. Befugnisse im Hauptverfahren.** Das Gesetz hat dem Nebenbeteiligten im Umfang seiner Verfahrensbeteiligung nur die **Befugnisse eines Angeklagten** zugewiesen, und auch dies nur mit Einschränkungen (§§ 436 Abs. 2, 437). Es hat also nicht etwa die für den Angeklagten geltenden Vorschriften insgesamt für entsprechend anwendbar erklärt, dem Nebenbeteiligten also nicht die **Rechtsstellung** eines Angeklagten zugewiesen, denn „die Stellung des Einziehungsbeteiligten ist mit der des Angeklagten sicher dann nicht vergleichbar, wenn er die gegen den Angeklagten gerichtete Einziehung auf Grund seines Rechts bekämpft. Die Regelung bedeutet daher nicht, daß der Einziehungsbeteiligte einem Angeklagten gleichgestellt werden soll, sondern sie will lediglich", wie die amtliche Begründung ausdrücklich zwar nur für den Einziehungsbeteiligten, der

---

[1] BTDrucks. V 1319 S. 77.
[2] BGHSt 15 314, 316; vgl. näher § 212 a, 2.

Sache nach im Hinblick auf § 442 Abs. 1 aber auch für alle anderen Nebenbeteiligten ausführt, „in technisch einfacher Weise ein größtmögliches Maß an prozessualen Rechten sichern"[3]. Aus der Verweisung auf die dem Angeklagten zustehenden Befugnisse ergibt sich, daß Einschränkungen der verfahrensrechtlichen Befugnisse des Angeklagten ohne weiteres auch die Befugnisse des Nebenbeteiligten begrenzen.

a) In der **Hauptverhandlung** (über die der Hauptverhandlung **vorausgehenden 6 Maßnahmen** vgl. § 435) hat der Einziehungsbeteiligte im Umfang seiner Verfahrensbeteiligung das Recht auf Anwesenheit und rechtliches Gehör. Für seine Vernehmung gilt § 243 Abs. 4. Er kann im Rahmen seiner Beteiligung (§ 431 Abs. 2) Anträge stellen, insbesondere Beweisanträge, soweit nicht § 436 Abs. 2 entgegensteht. Er hat Anspruch auf Befragung nach § 257, auf eigene Verteidigungsausführungen und auf Erteilung des letzten Wortes (§ 258 Abs. 2 und 3)[4]. Ihm steht auch das Recht zur Ablehnung des Richters wegen Besorgnis der Befangenheit zu[5]; ebenso kann er die fehlerhafte Besetzung der Richterbank rügen, so daß die Mitteilung der Besetzung nach § 222 a StPO an ihn oder seinen Vertreter zu richten ist[6]. Zur etwaigen *Zeugenstellung* s. § 431, 61.

b) Bei der Ausübung dieser Befugnisse ist er **unabhängig vom Verhalten des Ange- 7 klagten** selbst. Soweit es zur Wahrung seiner Rechte erforderlich und eine Beschränkung nach § 431 Abs. 2 nicht angeordnet ist, kann er der erhobenen Strafklage in allen ihren Teilen widersprechen und das Nichtvorhandensein einer die Einziehung usw. begründenden Tat darlegen. Läßt der Angeklagte ein auf Einziehung lautendes Urteil durch Rechtsmittelverzicht oder Nichtanfechtung rechtskräftig werden, so hindert dies den Einziehungsbeteiligten nicht, ein auf Wegfall oder Milderung (§ 74 b Abs. 2, 3 StGB) beschränktes Rechtsmittel einzulegen usw.

2. Rechtsmittelbefugnis. Wie der Angeklagte, so ist auch der Nebenbeteiligte be- 8 fugt, **Rechtsmittel** einzulegen (§ 437); darüber hinaus ist er auch befugt, von dem **Rechtsbehelf** des **Einspruchs** gegen Strafbefehle Gebrauch zu machen (§ 438 Abs. 2).

3. Wiederaufnahmebefugnis
a) Problemstellung. Eine besondere Frage ist, ob zu den „Befugnissen, die dem 9 Angeklagten zustehen", auch das Recht des Einziehungsbeteiligten (sonstigen Nebenbeteiligten) gehört, ein auf Einziehung (oder die in § 442 bezeichneten Nebenfolgen) lautendes Urteil durch Antrag auf **Wiederaufnahme des Verfahrens (§ 359)** anzufechten. Die Erörterung dieser Frage soll hier auf den praktisch wichtigsten Fall, die Wiederaufnahme nach § 359 Nr. 5 (Beibringung neuer Tatsachen oder Beweismittel), beschränkt werden. Als Beispiel käme etwa in Betracht: in Anwendung des § 74 a StGB ist rechtskräftig auf Einziehung erkannt, weil der Einziehungsbeteiligte leichtfertig dazu beigetragen habe, daß eine ihm zur Zeit der Entscheidung gehörende Sache Tatwerkzeug gewesen sei. Im Strafverfahren hat er sich nach besten Kräften unter Ausnutzung aller ihm nach § 433 Abs. 1 zustehenden Befugnisse, aber erfolglos, gegen den Vorwurf der Leichtfertigkeit gewehrt. Erst nach Rechtskraft des Urteils gelingt ihm die Beibringung neuer Zeugen, deren glaubwürdige Aussagen den Vorwurf der Leichtfertigkeit entkräften und der Einziehungsanordnung die Grundlage entziehen können.

[3] BTDrucks. V 1319 S. 77; KG NJW **1978** 2406; JR **1983** 127; KK-*Boujong*[2] 3.
[4] S. dazu BGHSt **17** 28, 32 = NJW **1962** 500, 501 zu § 431 Abs. 3 a. F.
[5] OLG Karlsruhe NJW **1973** 1658.
[6] S. § 222 a, 15; *Ranft* NJW **1981** 1473, 1474.

Karl Heinz Gössel

10   Die **früher herrschende Meinung**[7] lehnte die Möglichkeit einer Wiederaufnahme hauptsächlich mit der Begründung ab, daß das Gesetz dem Einziehungsbeteiligten nur Rechtsmittel zubillige, zu denen der Rechtsbehelf des Antrags auf Verfahrenswiederaufnahme nicht gehöre. Auch wurde geltend gemacht, wenn im subjektiven Verfahren auf Einziehung erkannt sei, könne der Verurteilte gemäß § 363 nicht die Wiederaufnahme mit dem Ziel des Wegfalls der Einziehung betreiben; weitergehende Rechte als der Verurteilte im subjektiven Verfahren könne der Einziehungsbeteiligte im objektiven Verfahren nicht haben[8]. Diese Fragen·sind heute durch die **Einführung des Nachverfahrens** (§ 439) praktisch insoweit erledigt, als es darum ging, dem am objektiven Verfahren ohne sein Verschulden unbeteiligt gebliebenen Drittberechtigten seinen Weg zur nachträglichen Geltendmachung seiner Rechte zu eröffnen. Im Beispielsfall liegen aber die Voraussetzungen eines Nachverfahrens nicht vor, da unser Einziehungsbeteiligter im Strafverfahren beteiligt war und alle ihm damals zur Verfügung stehenden Verteidigungsmöglichkeiten wahrgenommen hat, so daß § 439 Abs. 1 Nr. 2 nicht eingreift. Abhilfe wäre nur im Wege einer Wiederaufnahme des Verfahrens möglich.

b) Zulässigkeit der Wiederaufnahme

11   **aa) Gesetzliche Vorschriften** stehen der Wiederaufnahmebefugnis des Nebenbeteiligten nicht entgegen.

12   Die Wiederaufnahme des Nebenbeteiligten wird nicht etwa von § 363 gehindert. Der Wegfall einer angeordneten Einziehung ist keine „geringere Bestrafung", die nur in Anwendung eines milderen Strafgesetzes möglich wäre (§§ 359 Nr. 5, 363 Abs. 1). Sie steht vielmehr nach der neueren Betrachtungsweise, die sich auf § 85 Abs. 2 Satz 2 OWiG berufen kann, einem „Freispruch" (hinsichtlich der jeweiligen Rechtsfolge) gleich[9].

13   Auch § 439 **Abs. 6** stellt kein Hindernis dar. Denn diese Vorschrift, die eine Wiederaufnahme des Verfahrens nach § 359 Nr. 5 zu dem Zweck, die in § 439 Abs. 1 bezeichneten Einwendungen geltend zu machen, für ausgeschlossen erklärt, besagt lediglich, daß ein Rechtsschutzbedürfnis für eine Verfahrenswiederaufnahme insoweit nicht bestehe, als der von einer Einziehungsentscheidung betroffene Dritte in der Lage sei, auf Beseitigung der ihm gegenüber eingetretenen Wirkungen der Einziehungsentscheidung im Wege des Nachverfahrens nach § 439 Abs. 1 hinzuwirken. § 439 Abs. 6 bedeutet also nur die deklaratorische Klarstellung eines Rechtszustandes, wie er sich aus allgemeinen Auslegungsgrundsätzen auch dann ergäbe, wenn Absatz 6 nicht bestünde[10]. § 439 Abs. 6 enthält also keine Regel von allgemeiner Bedeutung in dem Sinn, daß es einem Einziehungsbeteiligten, der seine Rechte im subjektiven Verfahren wahrgenommen hat, verwehrt sei, unter Berufung auf neue Tatsachen oder Beweismitel gegen das rechtskräftige, auf Einziehung lautende Urteil mit dem Antrag auf Wiederaufnahme des Verfahrens anzugehen. Im Gegenteil: § 439 Abs. 6 deutet darauf hin, daß der Gesetzgeber von der Möglichkeit einer Wiederaufnahme gegen eine rechtskräftige Einziehungsent-

---

[7] Vgl. die Darstellung § 432 a. F Anm. III der 21. Aufl.

[8] OLG Neustadt NJW **1953** 1565.

[9] Ebenso *Göhler*[2] § 85, 11 und früher bereits *Hartstang* Anm. zu OLG Neustadt NJW **1953** 1565, s. aber auch unten Rdn. 19; **a. A** KK-*Meyer-Goßner*[2] § 363, 3; *Kleinknecht/ Meyer*[38] 2; die bei § 363, 5 und § 359, 134 vertretene Meinung wird aufgegeben.

[10] Vgl. auch die Begründung BTDrucks. V

1319 S. 81 zu § 439 Abs. 6: „Absatz 6 stellt klar, daß die Wiederaufnahme des Verfahrens aufgrund neuer Tatsachen oder Beweismittel zu dem Zweck ausgeschlossen ist, gegen die Einziehung Einwendungen nach Absatz 1 geltend zu machen. Wegen der Möglichkeit des Nachverfahrens sind die Rechte des Einziehungsinteressenten ausreichend gewahrt."

scheidung ausgegangen ist und es ihm zur Vermeidung von Zweifeln darauf ankam, lediglich das Verhältnis des Nachverfahrens zur Wiederaufnahme nach § 359 Nr. 5 klarzustellen. So geht denn auch das Schrifttum zu § 439 davon aus, daß durch Abs. 6 die übrigen Wiederaufnahmemöglichkeiten (§ 359 Nr. 1 bis 4) nicht ausgeschlossen seien[11].

bb) Bei dieser Sachlage kann sich nur fragen, ob **besondere Gründe** vorliegen, **14** die einer Anfechtung der rechtskräftigen Entscheidung nach § 359 Nr. 5 durch den von der Einziehungsentscheidung betroffenen Drittberechtigten entgegenstehen, der im subjektiven Verfahren seine Rechte als Einziehungsbeteiligter wahrgenommen hat.

Solche Gründe können nicht darin gefunden werden, daß § 433 dem Einziehungs- **15** berechtigten die Befugnisse eines **Angeklagten** zuspricht, die Verfahrenswiederaufnahme aber nur zugunsten des Verurteilten in Betracht kommt. Denn den Verurteilten, wenn er als Antragsteller auftritt (§ 365), bezeichnet das Gesetz als „Angeklagten" (§ 366 Abs. 2). Die Befugnis zur Stellung des Wiederaufnahmeantrags gehört damit zu den Befugnissen des Angeklagten, die auch dem Einziehungsberechtigten zustehen. Aus diesem Grunde ist es auch ohne Bedeutung, daß die Rechtsstellung als Einziehungsberechtigter im Strafverfahren mit der rechtskräftigen Beendigung des Strafverfahrens erlischt: auch seine Befugnisse wirken über das Strafverfahren hinaus, wenn ausnahmsweise die Beseitigung des ihn treffenden Urteils in Frage steht.

Nach *Wuttke*[12] soll aber der Einziehungsbeteiligte aus **inneren Gründen** vom **16** Recht, die Wiederaufnahme des Verfahrens zu beantragen, ausgeschlossen sein. Mit dem Begriff „Verurteilter" in § 359 knüpfe das Gesetz an die Begriffe der Schuld und Strafe an; Schuld- und Strafausspruch enthielten ein sozialethisches Unwerturteil. Für die „nichttätergerichtete" Einziehung gelte das aber auch dann nicht, wenn die Einziehung (vgl. § 74a StGB) an vorwerfbares Verhalten des Einziehungsbetroffenen anknüpfe; ihm gegenüber erschöpfe sich der Einziehungsausspruch in der Anordnung einer Rechtsfolge, ohne gleichzeitig auf seine Stellung in der Gemeinschaft deklassierend einzuwirken. Der Ausschluß der Wiederaufnahme entspreche im übrigen dem Grundsatz des § 431 Abs. 7 und widerspreche weder dem Gleichheitsgrundsatz (Art. 3 Abs. 1 GG) noch dem Rechtsstaatsprinzip. Indessen kann diesen Ausführungen nicht gefolgt werden; sie beinhalten keine zwingenden Gründe, die dem Einziehungsberechtigten zugebilligten „Befugnisse des Angeklagten" über die vom Gesetz selbst (z. B. in §§ 436 Abs. 2, 437) vorgesehenen Einschränkungen hinaus einzuengen. Ob die Anordnung der Nebenfolge für den Betroffenen „deklassierend" wirkt oder nicht, kann für die Frage der Wiederaufnahme keine entscheidende Rolle spielen: auch wer durch „wertneutrale" Bußgeldentscheidung mit einer Nebenfolge belegt ist, kann dagegen den Weg der Wiederaufnahme des Verfahrens beschreiten (§ 85 Abs. 2 Satz 2 OWiG). Überdies erscheint es auch nicht überzeugend, daß das Urteil nicht auch gegenüber dem Dritten ein sozialethisches Unwerturteil enthalte, wenn es gegen ihn den Vorwurf der Quasi-Hehlerei oder Quasi-Begünstigung erhebt (§ 74a StGB) und ihm deshalb auch eine Entschädigung versagt (§ 74f Abs. 2 StGB, § 436 Abs. 3 StPO).

c) Zulässigkeitsgrenzen. Die **Voraussetzungen**, unter denen der Einziehungsbetei- **17** ligte gegen das rechtskräftige Einziehungsurteil mit dem Wiederaufnahmeantrag angehen kann, sind aber **begrenzt**.

---

[11] KK-*Boujong*² § 439, 16; KMR-*Paulus* § 365, 7; *Kleinknecht/Meyer*³⁸ § 439, 15; ebenso *Eb. Schmidt* Nachtr. II 16; *Wuttke* SchlHA **1970** 189, 190; *Göhler*⁸ § 87, 52.

[12] SchlHA **1970** 189, 191.

18　　Ziel des Wiederaufnahmeverfahrens kann nur die Beseitigung der Einziehungsanordnung sein. Dies auf dem Wege über die **Verneinung der Schuld des Angeklagten** zu erreichen kommt nur in Betracht, wenn die Beteiligung nicht nach § 431 Abs. 2 beschränkt war, und darüber hinaus müssen die Beschränkungen der Nachprüfung des Schuldspruchs, die § 437 für Rechtsmittel vorsieht, erst recht für den ausnahmsweise zulässigen Rechtsbehelf des Wiederaufnahmeantrags gelten.

19　　Im übrigen fordert der **Grundsatz des § 359 Nr. 5**, daß bei Maßregeln der Besserung und Sicherung (im Sinne des § 61 StGB) nur eine **wesentlich** andere Entscheidung erstrebt werden kann, auch eine sinngemäße Begrenzung der Wiederaufnahme, soweit sie auf den Wegfall von Nebenfolgen gerichtet ist. Sie ist in rechtsanaloger Anwendung des § 85 Abs. 2 OWiG darin zu finden, daß der Wegfall vermögensrechtlicher Nebenfolgen nur erstrebt werden kann, wenn deren Wert 200 DM übersteigt[13].

20　　**d) Entscheidungen im Wiederaufnahmeverfahren.** Die Entscheidung über den Wegfall der Einziehung kann in **sinngemäßer Anwendung der §§ 371 Abs. 2, 431 Abs. 7** im Beschlußverfahren angeordnet werden; auch erscheint die sinngemäße Anwendung des § 439 Abs. 5 angebracht.

III. Bedeutung der Geschäfts- oder Prozeßfähigkeit des Nebenbeteiligten

21　　**1. Problemstellung.** Für das selbständige Einziehungsverfahren nach §§ 430 ff a. F wurde früher angenommen, daß der Einziehungsbeteiligte seine Befugnisse **selbständig** (persönlich) nur ausüben könne, wenn er **geschäftsfähig** sei[14]. Diese Auffassung stützt sich auf RGSt **29** 52. Dort war ausgeführt, daß es zwar bei einem Angeklagten nicht auf seine Geschäftsfähigkeit und seine Prozeßfähigkeit (§ 51 ZPO), sondern nur auf seine Verhandlungsfähigkeit (Einl. Kap. **12** 101) ankomme, daß dies aber nicht für den Einziehungsinteressenten gelte, da es sich für ihn lediglich um die Wahrung vermögensrechtlicher Ansprüche handele. Daß er nach § 431 Abs. 3 a. F alle dem Angeklagten zustehenden Befugnisse ausüben könne, besage nicht, daß er sie persönlich uneingeschränkt ausüben könne; für diese Frage seien vielmehr die allgemeinen Grundsätze über die Wahrnehmung vermögensrechtlicher Interessen maßgebend. Daß es sich für den Einziehungsbeteiligten „nur um die Wahrung seiner Vermögensinteressen" handele, führt auch — in anderem Zusammenhang (betr. die Frage der Bedeutung des Todes des Einziehungsbeteiligten; s. Rdn. 27) — BGHSt **12** 273, 277 aus.

22　　**2. Diskussionsstand.** Die **Neuordnung** des materiellen und prozessualen Rechts der Einziehung und der sonst in § 442 Abs. 1 genannten Rechtsfolgen zwingt indes zu einer Nachprüfung, ob diese Grundsätze heute noch — auch bei Beteiligung am subjektiven Verfahren — Geltung beanspruchen, obwohl auch die Begr. zum Entw. EGOWiG[15] ganz im Einklang mit der Rechtspr. des Reichsgerichts und des Bundesgerichtshofs bei Beschreibung der rechtlichen Stellung des Einziehungs- und damit auch der sonstigen Nebenbeteiligten ausführt: „Im Gegensatz zum Angeklagten geht es für den Einziehungsbeteiligten nur um vermögensrechtliche Interessen." Im Schrifttum zu § 433 wird die Frage der Bedeutung der Geschäfts- und Prozeßfähigkeit kontrovers diskutiert.

23　　**a)** So genügt nach nunmehr *überwiegend vertretener Auffassung* zur Wahrnehmung der einem Angeklagten zustehenden Befugnisse durch den Nebenbeteiligten all-

---

[13] KMR-*Paulus* § 365, 7.　　　　　　　　　　[15] BTDrucks. V 1319 S. 73.
[14] Vgl. in der 21. Aufl., 9 vor § 430 m. Nachw.

gemein **Verhandlungsfähigkeit**[16], so z. B. für Anträge und Rechtsmittel wie auch für die Erklärung nach § 431 Abs. 6, da sie keinen materiellrechtlichen Verzicht enthalte (§ 431, 74); nur für vermögensrechtliche Verfügungen bedürfe der in der Geschäftsfähigkeit beschränkte Einziehungsbeteiligte nach § 107 BGB der Einwilligung des gesetzlichen Vertreters; im übrigen hat der gesetzliche Vertreter danach im Prozeß nur die gesetzlich besonders eingeräumten Befugnisse (z. B. zur selbständigen Einlegung von Rechtsmitteln; § 298). Denn — so wird dies begründet — es handele sich bei der Gegenwehr des Nebenbeteiligten nicht um einen in das Strafverfahren „eingebauten Zivilprozeß", sondern um die Verteidigung des Betroffenen gegen eine Rechtsfolge der Tat (§ 11 Abs. 1 Nr. 8 StGB).

b) Dagegen ist nach *Göhler*[17] zu unterscheiden: nimmt im Fall des **§ 74 Abs. 2 24 Nr. 1 StGB** (= § 22 Abs. 2 Nr. 1 OWiG) der tatunbeteiligte Einziehungsinteressent den Gegenstand als Eigentümer (Rechtsinhaber) für sich in Anspruch und stellt er mit dieser Behauptung die Voraussetzung der Einziehung in Frage, so nimmt er im Strafverfahren eine Stellung ein, die der des Hauptintervenienten im Zivilprozeß (§ 64 ZPO) vergleichbar ist; er handelt dann nur in Wahrnehmung vermögensrechtlicher Interessen und kann nach den in RGSt **29** 52 ausgesprochenen Grundsätzen, wenn er in der Geschäftsfähigkeit beschränkt ist, Prozeßhandlungen nur durch seinen gesetzlichen Vertreter vornehmen lassen. **Anders** liege es in den Fällen des **§ 74 a StGB** (= § 23 OWiG). Da hier die Einziehung an ein vorwerfbares Verhalten des Einziehungsbeteiligten anknüpft, „rückt" dieser verfahrensrechtlich „in die Stellung des Angeklagten selbst ein"; zur Wahrnehmung seiner Befugnisse bedürfe es daher, wie bei dem Angeklagten selbst, nur der Verhandlungsfähigkeit. Ein entsprechendes „Einrücken" finde auch statt, wenn gegenüber einem Einziehungsbeteiligten, der ein beschränkt dingliches Recht am Einziehungsgegenstand hat, wegen seines vorwerfbaren Verhaltens das entschädigungslose Erlöschen seines Rechts angeordnet werden kann (§§ 74 e Abs. 2 Satz 3, 74 f Abs. 2 Nr. 1, 2 StGB = §§ 26 Abs. 2 Satz 2, 28 Abs. 1, 2 Nr. 1, 2 OWiG). Endlich rücke der Einziehungsbeteiligte „in eine ähnliche Stellung" wie der Angeklagte auch im Fall des § 74 Abs. 2 Nr. 2 StGB (= § 22 Abs. 2 Nr. 2 OWiG) ein, da bei der Entscheidung, ob der generell gefährliche Gegenstand auch „nach den Umständen" die Allgemeinheit gefährdet und ob individuelle Gefährlichkeit (Gefahr der Verwendung zur Begehung mit Strafe oder Geldbuße bedrohter Handlungen) besteht, grundsätzlich die Person und das Verhalten des Eigentümers (Rechtsinhabers) in die Beurteilung einbezogen werden müsse.

Die Unterscheidungen, die *Göhler* aaO trifft, laufen also **auf folgende Erwägun- 25 gen** hinaus: gibt ausschließlich die Tatsache, wer (im für die Entscheidung über die Einziehung maßgeblichen Zeitpunkt) Eigentümer (Rechtsinhaber) ist, den Ausschlag, ob eine Einziehung zulässig ist oder nicht, so handelt es sich gewissermaßen um einen im Rahmen des Strafprozesses ausgetragenen Streit über zivilrechtliche Rechtsverhältnisse am Einziehungsgegenstand. Dieser Streit könnte ebensogut Gegenstand eines dem Strafprozeß vorangehenden oder neben ihm einhergehenden Zivilprozesses sein, und so gut in einem solchen Verfahren der Einziehungsinteressent oder Einziehungsbeteiligte als Kläger prozeßfähig sein muß, so gut gilt dies auch bei dem in das Strafverfahren verlagerten Rechtsstreit, namentlich wenn die Verfahrensbeteiligung gemäß § 431 Abs. 2 Nr. 1 beschränkt worden ist. Steht dagegen als Voraussetzung der Einziehung oder des Erlöschens beschränkt dinglicher Rechte ein in der Vergangenheit liegendes

---

[16] KK-*Boujong*[2] 5; KMR-*Paulus* 4; *Kleinknecht/Meyer*[38] 7. [17] § 87, 3 und Vor § 87, 4 bis 6.

Karl Heinz Gössel

vorwerfbares Verhalten des Einziehungsbeteiligten in Frage (§ 74 a; § 74 e Abs. 2 Satz 2 StGB), oder beurteilt sich die generelle oder individuelle Gefährlichkeit, die die Einziehung als Sicherungsmaßregel ohne Rücksicht auf die Eigentumsverhältnisse (§ 74 Abs. 2 Nr. 2 StGB) zuläßt, auch nach Gefahrmomenten in der Person des Einziehungsbeteiligten und nach seinem künftig zu erwartenden oder zu besorgenden Verhalten, so ist der Prozeßstoff der rein vermögensrechtlichen Beurteilung entzogen, und die Persönlichkeit und das Verhalten des Einziehungsbeteiligten werden in gleicher Weise Gegenstand der Ermittlungen und der richterlichen Wertung wie das des Angeklagten; der Einziehungsbeteiligte verteidigt, wenn er sich gegen eine ihm nachteilige Beurteilung wehrt, mehr als nur vermögensrechtliche Belange.

26   Diesen hier nur skizzierten Betrachtungsweisen steht nach der **hier vertretenen Auffassung** aber eine andere Überlegung entgegen: dringt der Einziehungsbeteiligte mit seinen Anträgen, die auf Abstandnahme von der Einziehung und auf Bestehenbleiben seiner beschränkt dinglichen Rechte abzielen, nicht durch, so steht nunmehr die Frage einer Entschädigung (§ 74 f StGB) im Vordergrund. Wird die Einziehung auf § 74 a StGB gestützt, so scheidet der Einziehungsbeteiligte von vornherein aus dem Kreis der nach § 74 f Abs. 1 StGB Entschädigungsberechtigten aus[18]; der Eigentumsverlust durch die Einziehung erfolgt hier kraft Gesetzes entschädigungslos. Im übrigen ist zwar die Entscheidung über die Entschädigung Sache des Zivilrichters, jedoch sieht § 436 Abs. 3 Satz 1 eine den Zivilrichter bindende Entscheidung des Strafrichters über die Entschädigung dem Grunde nach, Satz 2 auch eine Entscheidung über Grund und Betrag vor. Das Schweigen der strafrichterlichen Entscheidung über die Entschädigung beinhaltet dann die Auffassung des Strafrichters, daß nach dem Ergebnis des Strafverfahrens gesetzliche Gründe einem Entschädigungsanspruch nicht entgegenstehen, und die Entscheidung hat insofern, mag dies auch den Zivilrichter nicht binden, eine gewisse faktische Bedeutung für einen Entschädigungsprozeß vor dem Zivilrichter.

27   So gesehen geht es also beim Beteiligungsverfahren **letztlich um vermögensrechtliche Interessen.** Wenn nunmehr unter veränderten Verhältnissen zu dem Problem Stellung zu nehmen ist, ob die selbständige Wahrnehmung der Rechte des Einziehungsbeteiligten Prozeßfähigkeit erfordert, so fragt sich, ob der vermögensrechtliche Aspekt oder der subjektivpersönliche Einschlag der Einziehungsvoraussetzungen entscheidend ist[19], eine Frage, die übrigens auch in anderem Zusammenhang — oben Rdn. 16; s. auch § 434, 1 — wieder auftaucht.

28   Berücksichtigt man, daß in dem dem Strafverfahren nachfolgenden Verfahren vor dem Zivilrichter der frühere Einziehungsbeteiligte prozeßfähig sein muß, so dürfte die Auffassung den **Vorzug** verdienen, die schon für den „Vorprozeß" **Prozeßfähigkeit** des Einziehungsbeteiligten verlangt. Auch erwecken die Unterscheidungen, die *Göhler* aaO trifft, Bedenken. Ihm ist zuzustimmen, daß auch heute noch die in RGSt **29** 52 angestellten Erwägungen durchgreifen, wenn die Einziehbarkeit lediglich von der Eigentumsfrage abhängig ist und die Verfahrensbeteiligung des Einziehungsbeteiligten lediglich die Klärung der Eigentumsfrage zum Gegenstand hat. Es geht aber im Interesse der Rechtsklarheit schwerlich an, bei jeder Änderung des prozessualen Bildes der Frage der Prozeßfähigkeit verschiedene Bedeutung zuzumessen, etwa Prozeßfähigkeit zu fordern, wenn der Verfahrensbeteiligte das auf § 74 Abs. 2 Nr. 1 StGB gestützte Einziehungsurteil mit der Begründung angreift, der Vorderrichter habe zu Unrecht das Eigentum des Täters zur Zeit der Entscheidung festgestellt, dagegen Verhandlungsfähigkeit genügen zu lassen, wenn das angegriffene Urteil zwar das Eigentum des Einziehungsbe-

---

[18] Vgl. LK-*Schäfer* § 74 f, 2.

[19] KK-*Boujong*[2] 5 ausdrücklich für Nachrangigkeit des vermögensrechtlichen Aspekts.

teiligten feststellt, die Einziehung aber auf §74a StGB stützt. Und bei einer wahlweise mit §74 Abs. 2 Nr. 1 und §74a StGB begründeten Entscheidung[20] könnte am Ende gar unterschieden werden, inwieweit das Rechtsmittel bemängelt, daß das Urteil nicht die Möglichkeiten zur Feststellung des Eigentums des Einziehungsbeteiligten erschöpft habe, und inwieweit es die zu §74a StGB getroffenen Feststellungen angreift. Danach wird an der Auffassung von RGSt **29** 52 trotz veränderter Rechtslage festzuhalten sein.

IV. Bedeutung des Todes des Einziehungs- oder Verfallsbeteiligten während des Verfahrens

Da der Einziehungs- oder Verfallsbeteiligte nur die Befugnisse, nicht die Rechts- **29** stellung des Angeklagten hat, wird durch seinen Tod während des Strafverfahrens die Verfahrensbeteiligung nicht ohne weiteres gegenstandslos. Es trifft aber andererseits auch nicht zu, daß sich durch seinen Tod die Beteiligungsanordnung niemals von selbst erledige, vielmehr an seiner Stelle stets seine Erben in das Verfahren eintreten, wie dies unter Berufung auf BGHSt **12** 273, 277 *Eb. Schmidt* (Nachtr. II 5) annimmt. Vielmehr ist **zu unterscheiden**[21].

1. Verfall oder Einziehung als strafähnliche Rechtsfolgen. Die erweiterte Verfalls- **30** erklärung oder Einziehungsanordnung nach §§73 Abs. 4, 74a StGB setzt voraus, daß der Dritte im **Zeitpunkt der Entscheidung** (d.h. der letzten tatrichterlichen Entscheidung) **Eigentümer** (Rechtsinhaber) des Gegenstandes ist. Stirbt er vor dem Ergehen der Entscheidung, so ist — nicht anders als gegenüber dem Täter im Fall des §74 Abs. 2 Nr. 1 StGB[22] — eine Einziehung ausgeschlossen, denn in der Person des Erben, der zur Zeit der Entscheidung Eigentümer ist, sind die Voraussetzungen der §§73 Abs. 4, 74a StGB nicht erfüllt; die Verfahrensbeteiligung wird hinfällig, ohne daß es eines (deklatorischen) Beendigungsbeschlusses bedarf. Daran ändert sich auch nichts dadurch, daß ein noch nicht rechtskräftiges Urteil, das Verfall oder Einziehung anordnet, die Wirkung eines Verfügungsverbots hat (§§73d Abs. 2, 74e Abs. 3 StGB), denn der Erbanfall wird dadurch nicht gehindert[23].

2. Entschädigungslose Einziehung von beschränkt dinglichen Rechten. Entspre- **31** chendes wird anzunehmen sein, wenn die Anordnung der Verfahrensbeteiligung gemäß §431 Abs. 1 Satz 1 Nr. 2 darauf gestützt ist, daß ein Dritter ein **beschränkt dingliches Recht** am Einziehungsgegenstand hat, dessen Erlöschen nach §74e Abs. 2 Satz 3 StGB deshalb angeordnet werden könnte, weil ihm gemäß §74f Abs. 2 Nr. 1, 2 StGB eine Entschädigung nicht gewährt wird. Denn die Anordnung des Erlöschens unter Versagung der Entschädigung hat hier in gleicher Weise strafähnliche Wirkung wie die erweiterte Einziehung nach §74a StGB; auch diese strafähnliche Wirkung gilt nur demjenigen Drittrechtsinhaber, der sich vorwerfbar i. S. des §74f Abs. 2 Nr. 1, 2 StGB verhalten hat. Es ist deshalb folgerichtig anzunehmen, daß mit dem Tod des Dritten die Möglichkeit einer Erlöschensanordnung und der Ausschluß der Entschädigung entfällt; dann wird auch hier die Verfahrensbeteiligung ipso iure gegenstandslos.

---

[20] Vgl. LK-*Schäfer* §74a, 22.
[21] Zust. KK-*Boujong*[2] 6; KMR-*Paulus* 5; *Hanack* JZ **1974** 54, 58; ähnlich auch *Göhler*[8] §87, 22.

[22] LK-*Schäfer* §74, 43.
[23] *Kleinknecht/Meyer*[38] 8.

Karl Heinz Gössel

32   **3. Einziehung zur Sicherung.** Wo dagegen die Einziehung **Sicherungscharakter** hat und ohne Rücksicht auf die Eigentums- und sonstigen Rechtsverhältnisse am Einziehungsgegenstand zulässig oder vorgeschrieben ist (§ 74 Abs. 2 Nr. 2, Abs. 3, 4, § 74 d StGB), muß allerdings der Grundsatz durchgreifen, daß als Zweck der Verfahrensbeteiligung nur die Wahrung vermögensrechtlicher Interessen des Einziehungsberechtigten in Betracht kommt und diese Aufgabe nach seinem Tod den Erben zufällt, die kraft der ergangenen Verfahrensbeteiligungsanordnung nunmehr an seiner Stelle in das Verfahren eintreten.

V. Anordnung des persönlichen Erscheinens (§ 433 Absatz 2)

33   **1. Beteiligungsfreiheit.** Die Verfahrensbeteiligungsanordnung gewährt dem Einziehungsbeteiligten von dem in § 433 Abs. 1 bestimmten Zeitpunkt an die Befugnisse eines Angeklagten. Indem das Gesetz davon Abstand nimmt, ihm die Rechtsstellung eines Angeklagten beizulegen, will es es dem Einziehungsbeteiligten grundsätzlich überlassen, ob er seine Rechte wahrnehmen und von den ihm zugebilligten Befugnissen Gebrauch machen will; gegen seinen Willen soll er grundsätzlich nicht in das Strafverfahren gezogen werden. Er wird daher zur Hauptverhandlung nicht geladen, sondern nur vom Termin benachrichtigt (§ 435); es steht ihm frei, der Hauptverhandlung fernzubleiben (§ 436) oder sich in ihr vertreten zu lassen (§ 434).

34   **2. Erscheinenspflicht.** Da der Einziehungsbeteiligte aber im Umfang seiner Verfahrensbeteiligung nicht **Zeuge** sein kann (§ 431, 61; § 432, 11 f), bedarf es einer Vorschrift, die es ermöglicht, eine etwa zur Erforschung der Wahrheit erforderliche Mitwirkung nichtzeugenschaftlicher Art des Einziehungsbeteiligten sicherzustellen[24]; das gilt insbesondere dann, wenn eine Einschränkung der Verfahrensbeteiligung nach § 431 Abs. 2 nicht erfolgt ist. Zu diesem Zweck sieht § 433 Abs. 2 vor, daß das Gericht zur Aufklärung des Sachverhalts das persönliche Erscheinen des Einziehungsbeteiligten und unter Umständen auch dessen Vorführung anordnen kann. Die Begr. des Entw. EGOWiG führt dazu aus: „Der Sinn dieser Vorschrift ist es nicht, den Einziehungsbeteiligten gegen seinen Willen in das Verfahren zu zwingen. Die Vorschrift ist vielmehr notwendig, um das Wissen des Einziehungsbeteiligten auch im Hinblick auf die dem Angeklagten zur Last gelegte Tat nutzbar zu machen. Seine Anwesenheit in der Hauptverhandlung kann unter Umständen auch zum Zwecke einer Gegenüberstellung mit Zeugen oder mit dem Angeklagten geboten sein."[25] Das Gesetz geht also davon aus, daß der Einziehungsbeteiligte, auch wenn und soweit er nicht unter Zeugniszwang steht, doch bei seinem Erscheinen zur Aufklärung beitragen kann; die Erörterungen in der Hauptverhandlung können ihm auch Veranlassung zu einem Beteiligungsverzicht (§ 431 Abs. 6) geben.

35   **3. Ungehorsamsfolgen.** Die Vorschrift des **§ 433 Abs. 2 Satz 2** über die Befugnis des Gerichts, die Anordnung des persönlichen Erscheinens bei Ausbleiben ohne genügende Entschuldigung durch Vorführung (Vorführungsbefehl, § 314, nicht auch durch Verhaftung) zu erzwingen, entspricht den Vorschriften der §§ 230 Abs. 2, 236, 329 Abs. 4, 387 Abs. 3 StPO, § 74 Abs. 2 OWiG.

---

[24] Bei Zeugenstellung s. unten Rdn. 41.
[25] BTDrucks. V 1319 S. 77.

a) Zur Frage, ob und inwieweit sich Einschränkungen des Vorführungsrechts aus **36** dem **Verhältnismäßigkeitsgrundsatz** ergeben, vgl. *Eb. Schmidt* JZ **1968** 354, 357; zur Bedeutung des Verhältnismäßigkeitsgrundsatzes allgemein s. auch Einl. Kap. **6** 10.

b) Wegen der Begriffe „Ausbleiben" und „ohne genügende Entschuldigung" kann **37** auf §412, 14 bis 22 verwiesen werden.

c) Die Anordnung der Vorführung setzt voraus, daß der Einziehungsbeteiligte — **38** über die Terminsbekanntmachung nach §435 Abs. 1 hinaus — unter Hinweis auf die Vorführungsmöglichkeit zum Termin **durch Zustellung geladen** worden ist. Der Einhaltung einer Ladungsfrist (§217) bedarf es aber nicht; ihre Einhaltung gehört im Hinblick auf §431 Abs. 7 nicht zu den „Befugnissen" des Einziehungsbeteiligten, wie sie einem Angeklagten zustehen (s. auch §434, 15).

d) Die Anordnung des persönlichen Erscheinens und der Vorführung ist auch zu- **39** lässig, wenn der Einziehungsbeteiligte eine **Vertretungsperson** (§434) bestellt hat[26].

e) Die Anordnung des persönlichen Erscheinens hindert das Gericht nicht, gemäß **40** §436 **ohne den ordnungsgemäß benachrichtigten Einziehungsbeteiligten zu verhandeln**, wenn er — gleichviel ob mit oder ohne genügende Entschuldigung — ausbleibt. Doch kann eine Verletzung des dem Einziehungsbeteiligten zu gewährenden rechtlichen Gehörs darin liegen, daß sein Ausbleiben genügend entschuldigt ist und das Gericht, obwohl es zur Klärung des Sachverhalts sein Erscheinen für erforderlich hält, verhandelt, ohne durch überwiegende Gründe der Strafrechtspflege (§431 Abs. 7) dazu genötigt zu sein.

f) Kommt der Einziehungsbeteiligte zugleich **als Zeuge** in Betracht, weil es sich **41** um sein Wissen über Tatsachen handelt, die nicht die Einziehung betreffen (§431 Abs. 1 Satz 1: „soweit es die Einziehung betrifft"), oder im Fall einer Beschränkung nach §431 Abs. 2 um sein Wissen zur Schuld des Angeklagten, so erübrigen sich Maßnahmen nach §433 Abs. 2, da das Erscheinen dann durch die weiterreichenden Maßnahmen der §§48, 51 gewährleistet ist[27].

g) Ist der Einziehungsbeteiligte **nicht eine natürliche Person**, so kommt die La- **42** dung und Vorführung vertretungsberechtigter Organe oder einzelner Organmitglieder (vgl. §75 Abs. 1 StGB) in Betracht. Im Fall des §431 Abs. 1 Satz 3 übernimmt der Sachbesitzer oder der über das Recht Verfügungsbefugte die Rolle eines Einziehungsbeteiligten.

§434

(1) [1]Der Einziehungsbeteiligte kann sich in jeder Lage des Verfahrens auf Grund einer schriftlichen Vollmacht durch einen Rechtsanwalt oder eine andere Person, die als Verteidiger gewählt werden kann, vertreten lassen. [2]Die für die Verteidigung geltenden Vorschriften der §§137 bis 139, 145a bis 149 und 218 sind entsprechend anzuwenden.

(2) Das Gericht kann dem Einziehungsbeteiligten einen Rechtsanwalt oder eine andere Person, die als Verteidiger bestellt werden darf, beiordnen, wenn die Sach- oder Rechtslage schwierig ist oder wenn der Einziehungsbeteiligte seine Rechte nicht selbst wahrnehmen kann.

Entstehungsgeschichte. Die Vorschrift wurde durch das EGOWiG eingeführt.

---

[26] KK-*Boujong*[2] 10.
[27] KK-*Boujong*[2] 7.

Karl Heinz Gössel

1   **1. Bedeutung der Vertretung.** Der Einziehungsbeteiligte und auch der sonstige Nebenbeteiligte (§ 442 Abs. 1) braucht grundsätzlich am Verfahren **nicht persönlich mitzuwirken**, insbesondere in der Hauptverhandlung nicht zu erscheinen (vgl. aber § 433 Abs. 2). Er kann sich aber, wie § 434 Abs. 1 (vgl. auch §§ 234, 411 Abs. 2) bestimmt, bei der Ausübung der ihm zustehenden Befugnisse (§ 433 Abs. 1 Satz 1) vertreten lassen. Das Gesetz spricht hier bewußt von „Vertretung" und vermeidet es, den Vertreter als „Verteidiger" zu bezeichnen[1]. Zwar kann etwa die Einziehung mit der Wirkung eines Rechtsverlusts gegenüber dem Einziehungsbeteiligten an die Voraussetzung geknüpft sein, daß dieser sich vorwerfbar verhalten hat (§§ 74 a, 74 e Abs. 2 Satz 3, 74 f Abs. 2 StGB); er wird sich dann gegen den Vorwurf „verteidigen". Aber in den anderen Fällen drohenden Rechtsverlustes nimmt der Nebenbeteiligte im Strafprozeß nur eine Stellung ein, die der eines Hauptintervenienten im Zivilprozeß vergleichbar ist (§ 433, 23), so daß hier bei der Vertretungsperson der Gedanke an den Prozeßbevollmächtigten des Zivilprozesses naheliegt. Ganz abgesehen davon, daß schon diese unterschiedliche Lage es ausschließt, die Wahrnehmung der Befugnisse durch den Vertreter als „Verteidigung" zu bezeichnen, wäre diese Bezeichnung auch in Fällen der ersteren Art unangemessen, weil gegenüber dem Nebenbeteiligten nicht über dessen strafrechtliche Schuld zu entscheiden ist, sondern darüber, ob eine gegen den Angeklagten gerichtete Maßnahme unter Eingriff in das Vermögen tatunbeteiligter (oder wenigstens „nichtangeschuldigter"; vgl. § 431, 8) Dritter zulässig ist, und die Wahrung dieser bedrohten Vermögensinteressen durch einen Bevollmächtigten kann nur dessen Bezeichnung als Vertreter rechtfertigen. In der technischen Ausgestaltung der Vertretung schließt sich allerdings das Gesetz an die für die Verteidigung geltenden Vorschriften an. Das geht so weit, daß es zwar keine notwendige Bestellung als Gegenstück der notwendigen Verteidigung, wohl aber neben der Bestellung eines Vertreters durch den Einziehungsbeteiligten auch eine Bestellung („Beiordnung") von Amts wegen durch das Gericht gibt (Absatz 2).

2   **2. Vertretung in jeder Lage des Verfahrens.** Das Recht, sich in jeder Lage des Verfahrens vertreten zu lassen, steht nach dem Wortlaut des § 434 dem **Einziehungsbeteiligten** zu, nach § 442 Abs. 1 darüber hinaus auch jedem sonstigen Nebenbeteiligten. Die Rechtsstellung eines Nebenbeteiligten wird durch den gerichtlichen Beschluß erlangt, der die Verfahrensbeteiligung anordnet, und ein solcher Beschluß kommt erst in Betracht, sobald die öffentliche Klage erhoben oder ein ihr gleichgestellter Akt vorgenommen ist (§ 431, 37). Über den zu engen Gesetzeswortlaut hinaus gilt § 434 aber auch schon im Ermittlungsverfahren zugunsten des **Nebeninteressenten**, dem § 434 bereits eine bestimmte Rechtsstellung zuweist, und für den es zur sachgemäßen Wahrnehmung

---

[1] KG JR **1983** 127; KK-*Boujong*[2] 1.

dieser Rechtsstellung geboten sein kann, sich der Mitwirkung eines Rechtskundigen zu bedienen, der später im Hauptverfahren den Nebenbeteiligten bei der Wahrnehmung seiner Befugnisse (§ 433 Abs. 1) vertreten kann[2]. Die erweiternde Auslegung wird auch durch die Begründung zu § 434[3] gerechtfertigt, wonach „auch der Vertreter des Einziehungsinteressenten im Vorverfahren die Akten einsehen kann (§ 147)". Das allein ist auch sachgemäß. Eine Beschränkung der Vertretungsmöglichkeit im Vorverfahren würde bedeuten, daß manche Fragen erst im Beteiligungsanordnungsverfahren (vgl. § 431 Abs. 5 Satz 2) oder gar erst in der Hauptverhandlung hervorträten und der Klärung bedürften, und daß damit der Grundsatz des § 431 Abs. 7 noch mehr an Bedeutung verlöre. Der Ausdruck „Beteiligter" in § 434 Abs. 1 Satz 1 ist hiernach in einem weiteren, auch den Interessenten i. S. des § 432 mitumfassenden Sinn zu verstehen. Das gilt für den Absatz 2 des § 434 in gleicher Weise wie für Absatz 1; eine unterschiedliche Behandlung hätte keine inneren Gründe für sich.

3. Der gewählte Vertreter

a) Kreis der wählbaren Vertreter. Der Nebenbeteiligte, der Nebeninteressent und **3** der gesetzliche Vertreter dieser Personen (§ 137 Abs. 2) können den Vertreter aus dem gleichen Personenkreis **bestellen**, der als Verteidiger gewählt werden kann (Rechtsanwälte, Rechtslehrer, andere Personen nur mit Genehmigung des Gerichts, § 138; vgl. ferner auch § 392 AO). Für die Übertragung der Vertretung auf Referendare gilt § 139 entsprechend. Anwendbar ist nach § 434 Abs. 1 Satz 2 auch § 146; die „entsprechende" Anwendbarkeit dieser Vorschrift ist dahin zu verstehen, daß nicht nur die gemeinsame Vertretung mehrerer Einziehungsbeteiligter (z. B. des Dritteigentümers und des am Einziehungsgegenstand beschränkt dinglich Berechtigten), sondern auch die Kombination als Verteidiger des Angeklagten und als Vertreter des Einziehungsbeteiligten unzulässig ist[4], während es wegen der Wesensverschiedenheit von Verfall und Einziehung zulässig ist, gleichzeitig einen Einziehungs- und einen Verfallsbeteiligten zu vertreten[5].

b) Form. Der Vertreter bedarf einer **schriftlichen Vollmacht** (dazu § 411, 31). Er **4** wird durch seine Bestellung zugleich Beistand (vgl. § 137 Abs. 1), wie die Verweisung auf § 137 in § 434 Abs. 1 Satz 2 ergibt. Da der Bestellte nicht Verteidiger, sondern aufgabenmäßig Vertreter ist, bedarf es — anders als im Fall des § 411 Abs. 2 (dort Rdn. 30) — nicht einer Vollmacht, die **ausdrücklich** zur Vertretung ermächtigt; es genügt, wenn sich aus der Vollmacht mit hinreichender Deutlichkeit ergibt, daß dem Bevollmächtigten die Wahrnehmung der Befugnisse des Einziehungsbeteiligten übertragen ist[6]. Dazu kann auch eine allgemeine „Verteidiger"-Vollmacht ausreichen, wenn Verteidigungsaufgaben nicht in Frage stehen.

c) Vertretungsumfang. Inhaltlich (vgl. Absatz 1 Satz 2) umfaßt die Vertretungsbe- **5** fugnis des gewählten Vertreters die Wahrnehmung aller dem Einziehungsbeteiligten zustehenden Befugnisse, insbesondere die Akteneinsicht (§ 147), die sich entsprechend den Grenzen der Verfahrensbeteiligung nur auf die Akteile bezieht, die für die Verfahrensbeteiligung von Bedeutung sein können, ferner die Stellung von Beweisanträgen (mit der Einschränkung des § 436 Abs. 2), die Einlegung von Rechtsmitteln und Rechtsbehelfen (§ 433, 8); allerdings muß sich der Nebenbeteiligte, weil es hier um die Wahrung von Vermögensinteressen geht (Rdn. 1), in entsprechender Anwendung von § 85

[2] Ebenso *Eb. Schmidt* Nachtr. II 2; KK-*Boujong*[2] 2; KMR-*Paulus* 2; *Kleinknecht/Meyer*[38] 1.
[3] BTDrucks. V 1319 S. 7.
[4] KK-*Boujong*[2] 3; KMR-*Paulus* 4.
[5] KK-*Boujong*[2] 3; KMR-*Paulus* 4; *Kleinknecht/Meyer*[38] 5.
[6] KK-*Boujong*[2] 4.

Karl Heinz Gössel

Abs. 2 ZPO das Verschulden seines Vertreters als eigenes zurechnen lassen[7]. Der verteidigerähnlichen Aufgabe des Vertreters entspricht es, daß Einschränkungen, die für den Verteidiger bei Wahrnehmung seiner Aufgaben gelten, auch den Vertreter treffen, so etwa die Beschränkungen nach §§ 297, 302 Abs. 2. Nach dem Sinn dieser Vorschriften, die Entscheidung über wesentliche verfahrensgestaltende Akte dem Beschuldigten zu belassen, wird bei ihrer entsprechenden Anwendung auch die Abgabe einer Beteiligungsverzichtserklärung (§ 431 Abs. 6) nicht schon durch die Vertretungsvollmacht gedeckt, sondern erfordert eine ausdrückliche Ermächtigung[8]. Die Verweisung in Absatz 1 Satz 2 auf § 218 — sie fehlte im RegEntwurf und ist erst bei den Ausschußberatungen im Bundestag eingefügt worden — soll klarstellen, daß auch dem Vertreter eine Terminsnachricht (§ 435 Abs. 1) zuzustellen ist[9].

4. Beiordnung eines Vertreters (Absatz 2)

6   **a) Zuständigkeit.** Die Vorschrift über die Beiordnung eines Vertreters lehnt sich an § 140 Abs. 2 an, jedoch ist die Beiordnung grundsätzlich nicht Sache des Vorsitzenden (Ausnahme: § 29 GVG, § 76 GVG bei Beiordnung in Verfahren vor dem Schöffengericht und vor der Kleinen Strafkammer außerhalb der Hauptverhandlung), sondern des Gerichts, das für das Hauptverfahren zuständig oder bei dem das Verfahren anhängig ist (§ 141 Abs. 4), und dieses befindet darüber stets nach pflichtmäßigem Ermessen („kann"). Die Beiordnung ist auch (in sinngemäßer Anwendung des § 141 Abs. 3) schon im Ermittlungsverfahren zulässig[10].

7   **b) Initiative.** Die Beiordnung erfolt **von Amts wegen oder auf Antrag** der Staatsanwaltschaft oder des Nebenbeteiligten oder -interessenten. Erwägt das Gericht von Amts wegen die Beiordnung, so soll dem Nebenbeteiligten Gelegenheit gegeben werden, einen Vertreter zu benennen (§ 142 Abs. 1 Satz 2; zur analogen Anwendbarkeit des § 142 Abs. 1 s. unten Rdn. 9).

8   **c) Beiordnungsfähigkeit.** Der Kreis der beiordnungsfähigen Vertreter ist in Absatz 2 anders bestimmt als der der Wahlvertreter nach Absatz 1. Beigeordnet werden können außer Rechtsanwälten „andere Personen, die als Verteidiger bestellt werden dürfen". Damit verweist das Gesetz auf § 142 Abs. 2 (Referendare). Der Sinn dieser Verweisung ist allerdings nicht eindeutig. Nach § 142 Abs. 2 können Referendare mit mindestens 1 1/4jähriger Beschäftigung im Justizdienst nur für den ersten Rechtszug als Pflichtverteidiger bestellt werden, jedoch nicht bei dem Gericht, dessen Richter sie zur Ausbildung überwiesen sind; in bestimmten Fällen, insbesondere wenn die Hauptverhandlung im ersten Rechtszug vor dem Landgericht stattfindet, können sie nicht beigeordnet werden. Die Frage ist, ob § 434 Abs. 2 mit der Verweisung auf „eine andere Person, die als Verteidiger bestellt werden darf" besagen will, daß Referendare nur dann als Vertreter beigeordnet werden können, wenn es sich um ein Strafverfahren handelt, in dem sie auch einem Angeklagten als Pflichtverteidiger beigeordnet werden könnten, oder ob die Vorschrift, da ja eine notwendige Verteidigung nicht in Frage steht und es auch keine der notwendigen Verteidigung entsprechende notwendige Vertretung gibt, nur auf die generellen Voraussetzungen der Bestellung eines Referendars (1 1/4jährige Beschäftigung im Justizdienst usw.) verweist. Die Frage ist wohl im Sinn der ersten Alternative zu beantworten[11]. Für die zweite Alternative könnte sprechen, daß die Auf-

---

[7] KG JR **1983** 127; KK-*Boujong*[2] 5.
[8] Ebenso KK-*Boujong*[2] 5; KMR-*Paulus* 3.
[9] BTDrucks. zu **V** 2601 S. 19.

[10] Ebenso KK-*Boujong*[2] 6; KMR-*Paulus* 2; **a. A** *Kleinknecht/Meyer*[38] 2.
[11] KK-*Boujong*[2] 6; KMR-*Paulus* 7; *Kleinknecht/Meyer*[38] 3.

gabe des beigeordneten Referendars nur in der Vertretung des Nebenbeteiligten (oder Nebeninteressenten) bei seinen Bemühungen um die Abwendung ihm nachteiliger Nebenfolgen besteht. Dem steht entgegen, daß sich der Nebenbeteiligte (-interessent) grundsätzlich gegen eine ihn berührende Einziehung etc. auch dadurch wehren kann, daß er eine die Einziehung oder die sonstige Rechtsfolge rechtfertigende Tat des Beschuldigten oder Angeschuldigten verneint. Das aber bedeutet, daß der Vertreter sich im Interesse des Nebenbeteiligten dem Verteidiger des Beschuldigten in dem Bemühen zugesellt, dessen Freistellung von dem gegen ihn erhobenen Vorwurf herbeizuführen. Wenn das Gesetz aber einem Referendar die Eignung abspricht, bei Fällen schweren Vorwurfs als Verteidiger aufzutreten, so muß dies folgerichtig auch für den Referendar als Vertreter des Nebenbeteiligten gelten, der bei der Wahrnehmung seiner Aufgaben in eine der Verteidigers ähnliche Lage gedrängt sein kann. Dieser Gesichtspunkt würde allerdings nicht Platz greifen, wenn auf Grund einer Anordnung gemäß § 431 Abs. 2 die Beteiligung sich nicht auf die Frage der Schuld des Angeschuldigten erstreckt. Indessen geht es wohl nicht an, die Fälle unterschiedlich zu behandeln, denn das Gericht ist jederzeit in der Lage, eine Beschränkungsanordnung nach § 431 Abs. 2 wieder aufzuheben (§ 431, 60); in einem solchen Fall müßte dann der beigeordnete Vertreter, ggf. mit der Folge einer Verfahrensverzögerung, wechseln; solche Verzögerungen sollen aber gemäß § 431 Abs. 7 gerade vermieden werden.

Nach § 142 Abs. 1 Satz 1 wird der Pflichtverteidiger vom Vorsitzenden möglichst **9** **aus der Zahl der bei einem Gericht des Gerichtsbezirks zugelassenen Rechtsanwälte ausgewählt**, nach § 142 Abs. 1 Satz 2 regelmäßig auf (etwaigen) Vorschlag des Beschuldigten (Abs. 1 Satz 3). Diese Vorschrift ist zwar in § 434 Abs. 1 Satz 2 — ebenso wie alle anderen die notwendige Verteidigung betreffenden Vorschriften — nicht für entsprechend anwendbar erklärt. Jedoch bestehen gegen eine sinngemäße Anwendung der Bestimmung, die einen der Natur der Sache entsprechenden Grundgedanken von allgemeiner Gültigkeit zum Ausdruck bringt, keine Bedenken, auch nicht nach der Richtung, die Auswahl des Vertreters dem Vorsitzenden zu überlassen, nachdem das Gericht die Beiordnung eines Vertreters beschlossen hat. Da die Auswahl nur „möglichst" aus dem in § 142 Abs. 1 Satz 1 bezeichneten Kreis erfolgen soll, können auch außerhalb des Gerichtsbezirks zugelassene Anwälte beigeordnet werden, wenn es nach Sachlage geboten erscheint.

d) **Rechte und Pflichten des Vertreters.** Der beigeordnete Rechtsanwalt ist gemäß **10** § 48 Abs. 1 Nr. 1 BRAO zur **Übernahme der Vertretung verpflichtet**; im Sinn dieser Vorschrift ist er „der Partei auf Grund anderer gesetzlicher Vorschriften zur vorläufig unentgeltlichen Wahrnehmung ihrer Rechte beigeordnet". Er erhält gemäß §§ 95, 97, 102 BRAGebO Gebühren aus der Staatskasse; sein gebührenrechtliches Verhältnis zu dem Einziehungsbeteiligten richtet sich nach §§ 100, 102 BRAGebO.

e) **Inhaltliche Voraussetzungen.** Die **Beiordnungsgründe** (Schwierigkeit der Sach- **11** oder Rechtslage; Unfähigkeit des Einziehungsbeteiligten, seine Rechte selbst wahrzunehmen) sind den Bestellungsgründen des § 140 Abs. 2 parallel gestaltet. Es kann daher zunächst auf die sinngemäß verwertbaren Erläuterungen zu dieser Vorschrift verwiesen werden. Zu ergänzen ist, daß die Schwierigkeit der Sach- oder Rechtslage hier nicht an der ganzen Strafsache zu messen ist, sondern nur die Schwierigkeiten zu berücksichtigen sind, die das Verfahren bereitet, soweit es die Einziehung betrifft[12]. Das ist von be-

---

[12] Z. B. so zutr. OLG Frankfurt NJW **1983** 1208 bei widersprechenden obergerichtlichen Entscheidungen zu einer die Nebenbeteili-gung betreffenden Rechtsfrage; zust. KK-*Boujong*[2] 7; *Kleinknecht/Meyer*[38] 4.

sonderer Bedeutung bei einer Beschränkung der Verfahrensbeteiligung nach § 431 Abs. 2. Bei der Unfähigkeit des Nebenbeteiligten, seine Rechte selbst wahrzunehmen, ist nicht nur auf seine persönlichen Fähigkeiten abzustellen, die ihn unabhängig von der Schwierigkeit der Sach- oder Rechtslage hindern, selbst sachgemäß seine Rechte wahrzunehmen, wie Taubheit, Blindheit, hochgradige Schwerhörigkeit, Sprachbehinderung, Geistesschwäche oder geringe Intelligenz, die ihm die Erkenntnis und Würdigung der für die Frage der Einziehung bedeutsamen rechtlichen und tatsächlichen Umstände unmöglich machen. Vielmehr kommen auch Gründe anderer Art in Betracht, die ihn hindern, sein Recht auf Anwesenheit im Termin selbst wahrzunehmen, wie Krankheit, weite Entfernung, Auslandsaufenthalt usw. Da jedoch die Anwesenheit des Nebenbeteiligten im Hauptverhandlungstermin nicht vorgeschrieben ist (§ 436), so muß es — nicht anders als etwa bei einem vom Erscheinen in der Hauptverhandlung entbundenen Angeklagten (§ 233 Abs. 2) — zulässig sein, den am Erscheinen in der Hauptverhandlung verhinderten Nebenbeteiligten auf seinen Antrag durch einen beauftragten oder ersuchten Richter vernehmen zu lassen und dadurch die Beiordnung eines Vertreters zu erübrigen[13].

12   **f) Umfang der Beiordnung.** Da die Beiordnung im pflichtgemäßen Ermessen des Gerichts steht, so liegt es auch im Rahmen der Ermessensfreiheit, eine Beiordnung, statt sie abzulehnen, nur beschränkt auf bestimmte Abschnitte des Verfahrens anzuordnen, z. B. nur zur Einlegung der sofortigen Beschwerde nach § 431 Abs. 5 und für das Beschwerdeverfahren oder nur für den ersten Rechtszug, so daß ggf. über die Beiordnung in der Berufungsinstanz neu entschieden werden müßte, oder nur für das Wiederaufnahmeverfahren (Rdn. 5).

13   **g) Anfechtbarkeit.** Der die Beiordnung anordnende Beschluß ist grundsätzlich unanfechtbar, da er nicht in Rechte Dritter eingreift. Eine Ausnahme gilt, wenn zwar die Beiordnung angeordnet, aber ein Vertreter bestellt wird, der nicht zu dem Kreis der bestellungsfähigen Personen gehört oder nicht der vom Nebenbeteiligten Bezeichnete ist oder ohne Beachtung des Vorschlagsrechts des § 142 Abs. 1 Satz 2 beigeordnet wurde[14]. Ein eine beantragte Beiordnung ablehnender Beschluß ist mit (einfacher) Beschwerde anfechtbar; § 305 Satz 1 ist unanwendbar, da die Entscheidung nicht in innerem Zusammenhang mit der Urteilsfällung steht (vgl. dazu § 431 Abs. 5). Beschwerdeberechtigt sind der Nebenbeteiligte und die Staatsanwaltschaft. Revision wegen Nichtbeiordnung ist gemäß §§ 336, 338 Nr. 8 zulässig, wenn das Gericht seine Ermessensfreiheit rechtsmißbräuchlich oder rechtsirrtümlich ausgeübt oder die Beiordnungsmöglichkeit oder das Vorschlagsrecht gemäß § 142 Abs. 1 Satz 2 völlig außer acht gelassen hat[15].

14   **h) Rücknahme.** Die Beiordnung kann (durch Beschluß des Gerichts) **zurückgenommen** werden, wenn infolge veränderter Umstände die Voraussetzungen einer Beiordnung weggefallen sind[16], z. B. wenn durch die Beweisaufnahme die zunächst bestehenden Schwierigkeiten hinsichtlich der Sach- oder Rechtslage völlig behoben sind — ein bloßer Wechsel in der Beurteilung, ob Schwierigkeiten vorlagen, die die Beiordnung erforderlich machten, würde nicht genügen[17] — oder der Nebenbeteiligte wieder selbst seine Rechte wahrnehmen kann, z. B. nach Genesung von einer Krankheit, nach Rückkehr von einem Auslandsaufenthalt. Das gleiche gilt — in sinngemäßer Anwen-

---

[13] KK-*Boujong*[2] 7; KMR-*Paulus* 8.
[14] Vgl. auch *Kleinknecht/Meyer*[38] § 142, 19.
[15] KK-*Boujong*[2] 9; **a. A** KMR-*Paulus* 10.

[16] KK-*Boujong*[2] 8.
[17] BGHSt 7 69; KK-*Boujong*[2] 8.

dung des § 143 —, wenn der Einziehungsbeteiligte selbst einen anderen Vertreter bestellt.

5. Die entsprechende Anwendung des § 218. Der Nebenbeteiligte wird zum **15** Hauptverhandlungstermin nicht geladen, sondern erhält nach § 435 Abs. 1 nur Terminsnachricht. Die nur entsprechende Anwendung des § 218 bedeutet, daß auch der Vertreter nicht geladen wird, sondern nur Terminsnachricht erhält. Daraus, daß § 218 ohne Einschränkungen für entsprechend anwendbar erklärt wird, kann jedoch entgegen der in der 23. Auflage vertretenen Auffassung[18] nicht gefolgert werden, daß dem Vertreter gegenüber kraft der Verweisung in § 218 Satz 2 die Frist des § 217 einzuhalten sei[19]: wenn § 217 schon beim Nebenbeteiligten nicht anwendbar ist (§ 433, 38), so kommt auch die entsprechende Anwendung dieser Vorschrift nach § 218 Abs. 1 Satz 2 für den Vertreter des Nebenbeteiligten nicht in Betracht[20], weil der Vertreter nicht mehr Rechte als der (unvertretene wie vertretene) Nebenbeteiligte haben kann (s. auch Rdn. 5).

§ 435

(1) Dem Einziehungsbeteiligten wird der Termin zur Hauptverhandlung durch Zustellung bekanntgemacht; § 40 gilt entsprechend.

(2) Mit der Terminsnachricht wird ihm, soweit er an dem Verfahren beteiligt ist, die Anklageschrift und in den Fällen des § 207 Abs. 2 der Eröffnungsbeschluß mitgeteilt.

(3) Zugleich wird der Einziehungsbeteiligte darauf hingewiesen, daß
1. auch ohne ihn verhandelt werden kann und
2. über die Einziehung auch ihm gegenüber entschieden wird.

Entstehungsgeschichte. Die Vorschrift wurde durch das EGOWiG eingeführt.

Übersicht

I. Die Terminsnachricht (Absatz 1)

Nach § 436 Abs. 1 kann ohne den Einziehungsbeteiligten (§ 431 Abs. 1 Satz 1) **1** oder einen anderen Nebenbeteiligten (§ 442 Abs. 1) nur verhandelt werden, wenn er trotz **ordnungsgemäßer Terminsnachricht** ausbleibt. § 435 umschreibt die Vorausset-

---

[18] LR-*Schäfer*[23] 15.
[19] *Eb. Schmidt* Nachtr. II § 435, 2.
[20] Ebenso KK-*Boujong*[2] 5; KMR-*Paulus* 3; *Kleinknecht/Meyer*[38] § 435, 5.

Karl Heinz Gössel

zungen, denen eine ordnungsgemäße Terminsnachricht genügen muß; sie ist nur ordnungsgemäß, wenn auch die Abs. 2, 3 beachtet sind.

2   **1. Bekanntmachung.** Nach § 435 Abs. 1 wird der Hauptverhandlungstermin dem Nebenbeteiligten **bekanntgemacht.** Er wird also — anders als der Angeklagte (§ 216) — nicht zum Termin **geladen.** Damit wird zum Ausdruck gebracht, daß es dem Nebenbeteiligten, sofern dessen persönliches Erscheinen nicht angeordnet ist (§ 433 Abs. 2), überlassen bleibt, ob er an der Hauptverhandlung teilnehmen und die ihm eingeräumten Befugnisse wahrnehmen will[1].

3   **2. Form.** Die Benachrichtigung erfolgt durch **Zustellung** (§ 37), notfalls durch öffentliche Zustellung gemäß § 40. Für die — im RegEntwurf noch nicht vorgesehene — notfalls öffentliche Zustellung war die Erwägung maßgebend, daß der Nebenbeteiligte, dessen Verfahrensbeteiligung einmal angeordnet ist, einen Anspruch darauf habe, daß ihm der Termin zur Hauptverhandlung bekanntgegeben wird; daher sei das Gericht, wenn dies auf Schwierigkeiten stoße, verpflichtet, ihm den Termin durch öffentliche Zustellung bekanntzumachen[2]. Für die Bewirkung der Ladung gelten §§ 36, 214 Abs. 1.

4   Hat der Nebenbeteiligte einen **Vertreter** bestellt und ist dies dem Gericht angezeigt, oder ist ihm ein solcher Vertreter beigeordnet worden (§ 434), so ist gemäß § 434 Abs. 1 Satz 2 in Vbdg. mit § 218 auch dieser vom Termin zu benachrichtigen, und zwar ebenfalls durch Zustellung. Der Benachrichtigung des Vertreters bedarf es auch dann, wenn feststeht, daß er auf andere Weise sichere Kenntnis vom Termin erlangt hat (s. § 218, 14)[3]. Wegen der Folgen der Nichtbenachrichtigung des Vertreters vgl. OLG Hamburg MDR **1971** 70.

5   **3. Frist.** Der Nebenbeteiligte hat **keinen Anspruch auf eine** der Ladungsfrist (§ 217) entsprechende **Benachrichtigungsfrist** (§ 433, 38). Entgegen der in der 23. Auflage vertretenen Auffassung[4] gilt dies auch dann, wenn er einen Vertreter bestellt oder ihm ein solcher beigeordnet ist (§ 434, 15). Zu beachten bleibt aber, daß der Anspruch des Nebenbeteiligten auf rechtliches Gehör (Art. 103 Abs. 1 GG) auch bei Berücksichtigung des Grundsatzes des § 431 Abs. 7 nicht z. B. dadurch gesetzwidrig verkürzt werden darf, daß ihm die zur zweckvollen Wahrnehmung seiner Befugnisse in der Hauptverhandlung unbedingt erforderliche Zeit nicht mehr verbleibt[5].

II. Mitteilung von Anklageschrift und Eröffnungsbeschluß (Absatz 2)

6   **1. Beschränkung der Mitteilungen.** Während dem Angeschuldigten zur Gewährung des rechtlichen Gehörs die Anklageschrift nach § 201 alsbald, dem Angeklagten der Eröffnungsbeschluß nach § 215 spätestens mit der Ladung zum Hauptverhandlungstermin mitgeteilt wird, wird dem Nebenbeteiligten die Anklageschrift erst zusammen mit der Terminsnachricht und der Eröffnungsbeschluß nur dann mitgeteilt, wenn das Gericht die Anklage nur mit Änderungen zur Hauptverhandlung zuläßt. Von der Erhebung der Anklage erhält der Nebenbeteiligte vorher nur dann Kenntnis, wenn das Gericht schon im Stadium von der Erhebung der Anklage ab bis zur Terminsnachricht seine Beteiligung am Verfahren angeordnet hat (§ 431 Abs. 1 Satz 1).

---

[1] BTDrucks. V 1319 S. 78.
[2] S. Bericht des Rechtsausschusses, BT-Drucks. zu V 2601 v. 4. 3. 1968 S. 19.

[3] KK-*Boujong*[2] 5; KMR-*Paulus* 2; a. A OLG Hamm NJW **1969** 705; LR-*Schäfer*[23] 4.
[4] LR-*Schäfer*[23] 5.
[5] KK-*Boujong*[2] 4; KMR-*Paulus* 3.

2. Mitteilung bei nachträglicher Anordnung der Nebenbeteiligung. Anklageschrift **7** und ggf. Eröffnungsbeschluß werden dem Nebenbeteiligten zusammen mit der Terminsnachricht auch dann mitgeteilt, wenn seine Verfahrensbeteiligung **erst im späteren Verlauf des Hauptverfahrens** angeordnet wird. Geschieht dies, weil erst jetzt die Einziehung oder sonstige Rechtsfolge (§ 442 Abs. 1) in Erwägung gezogen wird, so bedarf es außer der Terminsbenachrichtigung mit dem in § 435 Abs. 1 bis 3 bezeichneten Inhalt auch gegenüber dem Nebenbeteiligten keines Hinweises auf die Gründe der nachträglichen Anordnung der Verfahrensbeteiligung, da nach der Rechtsprechung eine Umgestaltung der Anklage, die zu einem Hinweis an den Angeklagten auf die Veränderung des rechtlichen Gesichtspunkts nötigt (§ 265), nicht vorliegt, wenn die Verhängung von Nebenfolgen, d. h. von Nebenstrafen und Sicherungsmaßregeln — abgesehen von den Maßregeln der Besserung und Sicherung im technischen Sinn (§ 61 StGB) —, in Erwägung gezogen wird, unabhängig davon, ob deren Verhängung zwingend vorgeschrieben oder in das Ermessen des Gerichts gestellt ist[6].

3. Verfahren bei Nachtragsanklage. Wird Nachtragsanklage (§ 266) erhoben und **8** gibt erst diese den Anlaß zur Anordnung der Verfahrensbeteiligung, so muß grundsätzlich die Hauptverhandlung ausgesetzt werden, um den Nebenbeteiligten in der in § 435 vorgeschriebenen Form zu benachrichtigen. An die Stelle der Anklageschrift (§ 435 Abs. 2) tritt bei mündlich erhobener Nachtragsanklage der in § 266 Abs. 2 bezeichnete Teil der Sitzungsniederschrift; der Mitteilung der ursprünglichen Anklageschrift bedarf es nur, wenn ihr Inhalt zum Verständnis der Nachtragsanklage, soweit sie die Einziehung betrifft, erforderlich ist.

4. Verfahren bei Aussetzung. Wird eine Hauptverhandlung, von der der Einziehungsbeteiligte in der nötigen Form benachrichtigt war, **über die Frist des § 229 hinaus** **9** ausgesetzt, so müssen nicht nur der Angeklagte und sein Verteidiger schriftlich geladen (vgl. Nr. 137 Abs. 2 RiStBV), sondern auch der Einziehungsbeteiligte und sein Vertreter von dem neuen Termin selbst dann schriftlich benachrichtigt werden, wenn sie im Termin ohne genügende Entschuldigung ausgeblieben waren (§ 436, 5); einer Wiederholung der Mitteilung und Hinweise nach § 435 Abs. 2, 3 bedarf es nicht.

5. Inhaltliche Beschränkung der mitgeteilten Anklageschrift
a) Umfang. Die Anklageschrift wird dem Nebenbeteiligten nur mitgeteilt, **„soweit** **10** **er an dem Verfahren beteiligt"**, d. h. soweit ihr Inhalt für die Frage der Einziehung oder sonstigen Rechtsfolge (§ 442 Abs. 1) von Bedeutung ist. Denn „ihm die Anklageschrift insgesamt mitzuteilen, kann unter Umständen nicht angemessen sein; der Nebenbeteiligte würde sonst auch über Vorgänge unterrichtet werden, die für die Einziehung ohne Bedeutung sind, deren Bekanntgabe jedoch für den Angeklagten abträglich sein könnte"[7]. Auch der gegenüber der Anklage geänderte Eröffnungsbeschluß wird ihm nur mitgeteilt, wenn und soweit die Änderungen auch die Frage der Einziehung oder sonstigen Rechtsfolge betreffen. Eine inhaltlich beschränkte Mitteilung kommt insbesondere in Betracht, wenn wegen mehrerer Taten Anklage erhoben ist und nur bei einer von ihnen die Möglichkeit besteht, daß der Nebenbeteiligte von der Einziehung etc. betroffen werden könnte. Die Entscheidung über den Umfang der Beschränkung trifft der Vorsitzende.

---

[6] Vgl. BGHSt **16** 47 f; **18** 66 f; **22** 336, 338.
[7] BTDrucks. **V** 1319 S. 78.

Karl Heinz Gössel

11   **b) Kann-Vorschrift.** Trotz des nach dem Gesetzeswortlaut anscheinend zwingenden Charakters der Beschränkung („wird ihm, soweit er an dem Verfahren beteiligt ist … mitgeteilt") handelt es sich in Wirklichkeit um eine „Kann"-Vorschrift, wie sich auch aus der vergleichbaren, die Zustellung des Urteils betreffenden Vorschrift des § 436 Abs. 4 Satz 2 ergibt[8]. Im Vordergrund steht die Ersparung vermeidbaren, weil überflüssigen Schreibwerks, vielleicht auch der Gedanke, es für den Einziehungsbeteiligten leichter überschaubar zu machen, worauf es für ihn ankommt. Dagegen tritt der in der Begründung (Rdn. 10) angeführte Gesichtspunkt, den Angeklagten vor der ihm abträglichen Bekanntgabe von Prozeßstoff zu bewahren, der für die Einziehungs- oder der sonst in Betracht kommende Rechtsfolgenfrage nicht von Bedeutung ist, zurück, denn davon kann sich der Nebenbeteiligte ja doch regelmäßig durch Teilnahme an der Hauptverhandlung Kenntnis verschaffen. Für das Gericht aber, das die Beschränkung des mitzuteilenden Inhalts der Anklageschrift anordnet, kann sich eine Mehrbelastung ergeben, die durch eine Einsparung an Schreibwerk nicht aufgewogen wird, zumal die Frage der Abscheidung des für den Nebenbeteiligten bedeutsamen Teils von dem anderen Prozeßstoff oft zweifelhaft sein kann. Auch eine Ausscheidung des auf die Frage der Schuld bezüglichen Teils, wenn etwa der die Verfahrensbeteiligung anordnende Beschluß gleichzeitig bekanntgegeben wird und eine Beschränkung nach § 431 Abs. 2 enthält, kann problematisch sein: wenn die Beschränkung mit Erfolg angefochten wird (§ 431 Abs. 5), müßte der ausgesparte Teil nachträglich mitgeteilt werden.

12   **6. Öffentliche Zustellung.** Bei **öffentlicher Zustellung der Terminsnachricht** (§ 435 Abs. 1 Halbsatz 2) wird nur die Nachricht als solche, verbunden mit den Hinweisen nach § 435 Abs. 3, bekanntgemacht, während es einer Zustellung von Anklageschrift und Eröffnungsbeschluß nicht bedarf.

III. Weitere Hinweise (Absatz 3)

13   Sie werden auch bei öffentlicher Zustellung gegeben[9]. Durch den Hinweis nach Absatz 3 Nr. 1 soll der Einziehungsbeteiligte (und entsprechend ein sonstiger Nebenbeteiligter, § 442 Abs. 1) über die Folgen seines Fernbleibens (§ 436 Abs. 1 Satz 1) und durch den Hinweis nach Absatz 3 Nr. 2 über die Tragweite der bevorstehenden Entscheidung (§ 74 e Abs. 1, 2 Satz 2, 3 StGB) unterrichtet werden. Der Hinweis gemäß § 436 Abs. 3 Satz 3 kann zwar schon mit der Terminsnachricht verbunden werden, gehört aber nicht zu den Voraussetzungen einer ordnungsgemäßen Terminsnachricht i. S. des § 436 Abs. 1 Satz 1[10].

IV. Besondere Verfahrensarten

14   **1. Im beschleunigten Verfahren** (§ 212 a) bedarf es nicht der Einreichung einer Anklageschrift (§ 212 a Abs. 2 Satz 1) und im Falle des § 212 a Abs. 3 Satz 1 nicht einmal der Ladung des Beschuldigten. Da ein Nebenbeteiligter aber auch am beschleunigten Verfahren zu beteiligen ist — nur den Beginn seiner „Befugnisse" verlegt § 433 Abs. 1 Satz 2 auf den Beginn der Hauptverhandlung — und § 435 keine Einschränkung für das beschleunigte Verfahren vorsieht, kommt ein beschleunigtes Verfahren ohne Einreichung einer Anklageschrift nur in Betracht, wenn eine Einziehung oder eine sonst in

---

[8] Ebenso KK-*Boujong*[2] 7; KMR-*Paulus* 6; *Kleinknecht/Meyer*[38] 3; *Eb. Schmidt* Nachtr. II 3 spricht von einer Ordnungsvorschrift, was auf das Gleiche hinausläuft.

[9] KK-*Boujong*[2] 9; KMR-*Paulus* 7; *Kleinknecht/Meyer*[38] 4.

[10] KK-*Boujong*[2] 9; KMR-*Paulus* 8.

§ 442 Abs. 1 genannte Rechtsfolge entweder mit Wirkung gegenüber tatunbeteiligten Dritten nicht in Frage steht oder der Nebenbeteiligte eine Erklärung nach § 431 Abs. 6 abgegeben hat oder er im Fall des § 212 a Abs. 3 Satz 1 sich mit einer formlosen Benachrichtigung einverstanden erklärt (vgl. „freiwillig" in § 212 a Abs. 3 Satz 1 und „Befugnisse, die einem Angeklagten zustehen" in § 433 Abs. 1 Satz 1, sowie § 431 Abs. 7)[11]. Im letzteren Fall ergibt sich die entsprechende Dispositionsbefugnis des Einziehungsbeteiligten aus der weiterreichenden Befugnis des § 431 Abs. 6.

2. Im **Strafbefehlsverfahren** gilt § 438 Abs. 1 (vgl. dessen Satz 2).   **15**

§ 436

(1) [1]Bleibt der Einziehungsbeteiligte in der Hauptverhandlung trotz ordnungsgemäßer Terminsnachricht aus, so kann ohne ihn verhandelt werden. [2]§ 235 ist nicht anzuwenden.

(2) Auf Beweisanträge des Einziehungsbeteiligten zur Frage der Schuld des Angeklagten ist § 244 Abs. 3 Satz 2, Abs. 4 bis 6 nicht anzuwenden.

(3) [1]Ordnet das Gericht die Einziehung auf Grund von Umständen an, die einer Entschädigung des Einziehungsbeteiligten entgegenstehen, so spricht es zugleich aus, daß dem Einziehungsbeteiligten eine Entschädigung nicht zusteht. [2]Dies gilt nicht, wenn das Gericht eine Entschädigung des Einziehungsbeteiligten für geboten hält, weil es eine unbillige Härte wäre, sie zu versagen; in diesem Fall entscheidet es zugleich über die Höhe der Entschädigung (§ 74 f Abs. 3 des Strafgesetzbuches). [3]Das Gericht weist den Einziehungsbeteiligten zuvor auf die Möglichkeit einer solchen Entscheidung hin und gibt ihm Gelegenheit, sich zu äußern.

(4) [1]War der Einziehungsbeteiligte bei der Verkündung des Urteils nicht zugegen und auch nicht vertreten, so ist ihm das Urteil zuzustellen. [2]Das Gericht kann anordnen, daß Teile des Urteils, welche die Einziehung nicht betreffen, ausgeschieden werden.

Entstehungsgeschichte. Die Vorschrift wurde durch das EGOWiG eingefügt.

---

[11] Für unbeschränkte Zulässigkeit des beschleunigten Verfahrens ohne Mitteilung der Anklageschrift an den Nebenbeteiligten KK-*Boujong*[2] 6; KMR-*Paulus* 5.

I. Ausbleiben in der Hauptverhandlung (Absatz 1)

1   **1. Verhandlung ohne den Nebenbeteiligten.** § 436 Abs. 1 lautete im Entw. EG-OWiG: „Bleibt der Einziehungsbeteiligte ... trotz odnungsgemäßer Terminsnachricht aus, oder konnte er wegen der Kürze der Zeit nicht mehr benachrichtigt werden, so kann ...". Die Worte „oder konnte er ... benachrichtigt werden" sind bei den Beratungen des BT-Ausschusses[1] gestrichen worden, weil sonst der Anspruch des Einziehungsbeteiligten auf rechtliches Gehör verletzt sein könnte (dazu § 431, 80).

2   Durch die i. S. des § 435 ordnungsmäßige Terminsnachricht wird es dem Nebenbeteiligten ermöglicht, selbst oder durch einen Vertreter (§ 434) in der Hauptverhandlung zur Wahrung seiner Rechte die Befugnisse auszuüben, die ihm nach § 433 Abs. 1 zustehen. Es ist nunmehr seine Sache, ob er von dieser Möglichkeit Gebrauch machen will. Aus dem Grundsatz des § 431 Abs. 7, daß durch die Verfahrensbeteiligung — d. h. hier: die Anordnung der Verfahrensbeteiligung — der Fortgang des Verfahrens nicht aufgehalten wird, zieht Absatz 1 die Folgerung, daß, wenn der ordnungsmäßig geladene Nebenbeteiligte nicht erscheint und auch nicht vertreten wird (§ 434), ohne ihn verhandelt und (vgl. § 435 Abs. 3 Nr. 2) entschieden wird.

3   Auch dann kann ohne ihn verhandelt werden, wenn er **trotz Anordnung des persönlichen Erscheinens** (§ 433 Abs. 2) ausbleibt[2]; das Gericht ist nicht verpflichtet, sein Erscheinen durch Vorführung zu erzwingen, und auch einen erlassenen Vorführungsbefehl kann es zurücknehmen ohne Rücksicht darauf, ob er ausführbar war oder nicht.

4   **2. Ausbleiben.** Der **Begriff** des Ausbleibens ist hier in einem weiteren Sinn als in § 412 (dort Rdn. 9) zu verstehen. Ohne den Nebenbeteiligten kann auch dann verhandelt werden, wenn er zu Beginn der Hauptverhandlung anwesend oder vertreten ist und sich erst nach diesem Zeitpunkt unvertreten entfernt[3].

5   **3. Verzicht auf prozessuale Befugnisse.** Mit seinem Ausbleiben und für dessen Dauer begibt sich der nicht vertretene Nebenbeteiligte der Befugnisse, die ihm wie einem Angeklagten zustehen. Damit ist — unbeschadet der Wahrheitserforschungspflicht des Gerichts (§ 244 Abs. 2) — eingeschlossen der Wegfall der als Reflexrechte sich äußernden besonderen Pflichten, die dem Gericht gegenüber dem anwesenden oder vertretenen Nebenbeteiligten obliegen, wie z. B. die Befragungspflicht nach §§ 257, 258 Abs. 2 oder der Hinweis nach § 436 Abs. 3 Satz 3 (unten Rdn. 20). Der Nebenbeteiligte wird insoweit behandelt, als sei er nicht vorhanden. Erhalten aber bleiben solche Rechte und Reflexrechte, die unabhängig vom Ausbleiben bestehen wie die Pflicht des Gerichts, bei einer die Dauer des § 229 übersteigenden Unterbrechung der Hauptverhandlung den Nebenbeteiligten und seinen Vertreter zu benachrichtigen (§ 435, 9).

6   **4. Ausschluß des Rechtsbehelfs der Wiedereinsetzung (Absatz 1 Satz 2).** Die Folgen des Ausbleibens trotz ordnungsmäßiger Terminsbenachrichtigung treten nach § 436 Abs. 1 Satz 2 unabhängig davon ein, ob das Ausbleiben genügend **entschuldigt** ist oder nicht. Dies gilt auch dann, wenn die Terminsnachricht ordnungsmäßig zugestellt ist, der Einziehungsbeteiligte aber davon unverschuldet keine Kenntnis erlangt hat. Mit dem Ausschluß der Wiedereinsetzung gegen die Versäumung der Hauptverhandlung, die Satz 2 zur Bereinigung einer zu § 431 Abs. 3 a. F entstandenen Streitfrage[4] ausdrücklich

---

[1] Vgl. BTDrucks. zu V 2601 v. 4. 3. 1968 S. 19.

[2] KK-*Boujong*[2] 1.

[3] KK-*Boujong*[2] 1; KMR-*Paulus* 2; *Kleinknecht/Meyer*[38] 1.

[4] Anm. 8 b der 21. Aufl.

(§ 235 ist nicht anwendbar) vorschreibt, zieht das Gesetz die Folgerungen aus dem Grundsatz des § 431 Abs. 7. Eine Verletzung des Grundrechts des rechtlichen Gehörs (Art. 103 Abs. 1 GG) liegt darin nicht. Denn der Nebenbeteiligte, der selbst oder dessen Vertreter ohne sein Verschulden ausgeblieben war, kann einmal seine Einwendungen durch Rechtsmittel gegen das ihn beschwerende Urteil nachholen, und zwar (falls nicht eine Beschränkung nach § 431 Abs. 2 unanfechtbar ausgesprochen war) zum Schuldspruch nach § 437 Abs. 1 auch dann, wenn er in der früheren Hauptverhandlung ohne sein Verschulden zum Schuldspruch nicht gehört wurde. Er kann ferner seine Rechte, die er in den Tatsacheninstanzen ohne sein Verschulden nicht wahrnehmen konnte, im Wege des Nachverfahrens geltend machen (§ 439 Abs. 1).

II. Beweisantragsrecht (Absatz 2)

1. Beschränkungen für den Nebenbeteiligten. Absatz 2 stellt **eine Ausnahme von** **7** **dem Grundsatz des § 433 Abs. 1 Satz 1** dar, wonach der Nebenbeteiligte im Bereich seiner Beteiligung die einem Angeklagten zustehenden Befugnisse hat, indem sie auch in den Fällen, in denen eine Beschränkung der Beteiligung nach § 431 Abs. 2 nicht erfolgt ist, den Umfang des Beweisantragsrechts beschränkt, soweit es sich um die **Schuld des Angeklagten** (§ 431, 51) handelt. Das Gesetz geht dabei davon aus, daß das Erfordernis des rechtlichen Gehörs nicht gebietet, den Nebenbeteiligten mit den vollen Rechten des Angeklagten auszustatten, weil es im Gegensatz zum Angeklagten nur um vermögensrechtliche Interessen geht[5].

Die **Einschränkung des Beweisantragsrechts** hat, wenn dies auch — anders als in **8** § 384 Abs. 3 — nicht ausdrücklich ausgesprochen ist, sinngemäß zur Folge, daß das Gericht über Beweisanträge des Nebenbeteiligten zur Frage der Schuld des Angeklagten nach pflichtmäßigem Ermessen entscheidet. Die Beweisanträge des Nebenbeteiligten stellen insoweit der Sache nach nur Beweisanregungen dar. Der Nebenbeteiligte hat § 433 Abs. 1 Satz 1), die Entbindung von den Regeln über den Strengbeweis in § 244 Abs. 3 Satz 2, Abs. 4 bis 6 befreit das Gericht aber auch von der Verpflichtung des § 245, die Beweisaufnahme zur Frage der Schuld des Angeklagten zugunsten des Nebenbeteiligten auf die präsenten Beweismittel zu erstrecken[6]. Infolge der Unanwendbarkeit des § 244 Abs. 6 ist das Gericht nicht verpflichtet, durch Beschluß zu entscheiden, wenn es Beweisanregungen keine Folge gibt[7].

2. Amtsermittlungsprinzip. Unberührt bleibt aber die **Aufklärungspflicht** des Ge- **9** richts nach § 244 Abs. 2. Der Nebenbeteiligte kann demgemäß bei Nichtberücksichtigung seiner Beweisanträge eine Revision zwar nicht auf Verletzung des § 338 Nr. 8, wohl aber auf die Verletzung der Aufklärungspflicht (§§ 337, 344 Abs. 2 Satz 2) stützen[8]. Mit Rücksicht auf die Aufklärungspflicht kann das Gericht regelmäßig einen Beweisantrag nicht deshalb übergehen, weil es das Gegenteil der unter Beweis gestellten Tatsache als bereits erwiesen ansieht. Dies ist nur ausnahmsweise zulässig, wenn nach seiner Auffassung der Sachverhalt auf Grund verläßlicher Beweismittel so eindeutig geklärt ist, daß die beantragte Beweiserhebung an seiner Überzeugung nichts ändern würde[9].

---

[5] BTDrucks. V 1319 S. 73, 78.
[6] KK-*Boujong*[2] 4; für das Ordnungswidrigkeitenrecht ebenso *Göhler*[8] § 77, 27.
[7] KK-*Boujong*[2] 4.

[8] KK-*Boujong*[2] 5.
[9] Vgl. die Rechtsprechungsnachweise in Einl. Kap. 13 78 ff.

Karl Heinz Gössel

III. Entscheidungen zur Entschädigungsfrage (Absatz 3)

10   1. Zuständigkeit. §74 f StGB regelt, unter welchen Voraussetzungen der von einer rechtskräftigen Einziehungsentscheidung betroffene Dritte aus der Staatskasse entschädigt wird. Die Frage, ob und in welchem Umfang ein Entschädigungsanspruch eines Dritten, auch wenn er Einziehungsbeteiligter ist, besteht, hat das Gesetz **grundsätzlich den Zivilgerichten** überlassen, weil es sich um Ansprüche aus Eingriffen mit bürgerlich-rechtlicher Wirkung handelt und die Erörterung der Entschädigungsfrage das Strafverfahren unangemessen belasten könnte[10]. Dieser Grundsatz ist aber in Absatz 3 Satz 1 und 2 nach zwei Richtungen von **Ausnahmen** durchbrochen.

11   a) Negative Entschädigungsentscheidung. Nach Absatz 3 Satz 1 spricht das Strafgericht bei einer Einziehung **auf Grund von Umständen, die einer Entschädigung des Einziehungsbeteiligten entgegenstehen,** zugleich aus, daß dem Einziehungsbeteiligten eine Entschädigung nicht zusteht. Mit der (wenig klaren) Wendung: „auf Grund von Umständen ... entgegenstehen" sollen, wie sich aus der Begr. (unten Rdn. 14) ergibt, die Fälle umschrieben werden, in denen sich unmittelbar aus den vom Gericht angenommenen Einziehungsvoraussetzungen ergibt, daß ein Entschädigungsanspruch nach §74 f StGB nicht besteht. Die bisherige Rechtsprechung und Literatur zu § 436 Abs. 3 neigt aber zu einer Auslegung, die mit den gesetzgeberischen Intentionen nicht in Einklang stehen dürfte (unten Rdn. 16).

12   aa) Eindeutig ist § 436 Abs. 3 Satz 1 etwa dann anwendbar, hängt die Einziehung nach §74 Abs. 2 Nr. 1 StGB davon ab, ob der Angeklagte A als Täter oder der Einziehungsbeteiligte B zur Zeit der Entscheidung Eigentümer des Tatwerkzeugs ist; ordnet das Gericht die Einziehung an, weil A Eigentümer sei, so spricht es im Urteil aus, daß dem B eine Entschädigung nicht zustehe. Denn indem es das Eigentum des A bejahte und damit das des B verneinte, hat es die Einziehung auf Grund von Umständen angeordnet, die einer Entschädigung des B (wegen seines fehlenden Eigentums) entgegenstehen. Dementsprechend muß das Gericht im Urteil zugleich einen Entschädigungsanspruch des B verneinen, wenn es im Urteil gegen den der Wilderei angeklagten A gemäß §§74 a, 295 StGB die Einziehung der Jagdgeräte anordnet, die zur Zeit der Entscheidung dem Einziehungsbeteiligten B gehören. Denn indem es die Einziehungsvoraussetzungen des §74 a StGB bejahte, hat es die Einziehung auf Grund von Umständen ausgesprochen, die — unmittelbar aus dem Gesetz ablesbar — einer Entschädigung des B entgegenstehen, da B, gegen den sich die strafähnliche Einziehung nach §74 a StGB voraussetzungsgemäß richtet, nicht Dritter i. S. des §74 f Abs. 1 StGB ist[11]. Daß überdies die Bejahung der Voraussetzungen des §74 a StGB begrifflich eine Bejahung der Voraussetzungen des §74 f Abs. 2 Nr. 1, 2 StGB bildet, unter denen nach §74 f Abs. 2 Nr. 1, 2 StGB eine Entschädigung nicht gewährt wird, spielt dabei keine Rolle. Ebenso eindeutig dürfte eine negative Entschädigungsentscheidung nach § 436 Abs. 3 Satz 1 auszusprechen sein, ordnet das Gericht zusammen mit der Einziehung gemäß §74 e Abs. 2 Satz 3 StGB das Erlöschen eines beschränkt dinglichen Rechts des Einziehungsbeteiligten am Einziehungsgegenstand an: dann beinhaltet die Bejahung der Voraussetzungen des §74 e Abs. 2 Satz 3 StGB zugleich die Bejahung der Versagungsvoraussetzungen des §74 f Abs. 2 Nr. 1 oder 2 StGB und zwingt zu dem Ausspruch, daß dem Einziehungsbeteiligten (§ 431 Abs. 1 Satz 1 Nr. 2) eine Entschädigung nicht zustehe. Das Gericht hat die Verfahrensbeteiligung gemäß § 431 Abs. 2 Nr. 2 beschränkt: hier liegt ebenfalls eine Einziehung auf Grund von

---

[10] BayObLG VRS **46** 275; KG NJW **1978** 2406. [11] Vgl. LK-*Schäfer* § 74 f, 2.

Umständen vor, die einer Entschädigung — nämlich nach §74f Abs. 2 Nr. 3 StGB — entgegenstehen.

Jedenfalls in Fällen dieser Art, in denen **unmittelbar aus den Umständen**, auf die **13** das Gericht die Einziehung stützt, der Ausschluß der Entschädigung folgt, hat der Strafrichter zugleich förmlich auszusprechen, daß dem Einziehungsbeteiligten eine Entschädigung nicht zusteht; er hat also mit der Einziehung eine negative Entscheidung über die Entschädigung **dem Grunde nach** zu verbinden. Das beruht auf Gründen der **Prozeßökonomie**. Es soll nicht nur zur Entlastung des Zivilrichters und zur beschleunigten Erledigung der Entschädigungsfrage die auf die Aufklärung des Sachverhalts verwendete Mühe des Strafrichters nutzbar gemacht, sondern es sollen vor allem auch widersprechende Entscheidungen vermieden werden, die sonst möglich wären. Bestünde §436 Abs. 3 nicht, so könnte z. B. (vgl. die oben genannten Beispielsfälle), wenn das Gericht die Einziehung angeordnet hätte, weil der Angeklagte A und nicht der Einziehungsbeteiligte B Eigentümer des Tatwerkzeugs sei, B den Zivilrichter angehen, der, an die Entscheidung des Strafrichters nicht gebunden, in der Lage wäre, die Eigentumsfrage zugunsten des B zu entscheiden, ihm einen Entschädigungsanspruch zuzubilligen und damit die Entscheidung über die Einziehung ihrer vermögensrechtlichen Wirkung nach wieder zu beseitigen. Indem aber das Gesetz hier dem Strafrichter Aufgaben des Zivilrichters überträgt, ist damit ohne weiteres der Grundsatz, daß Strafurteile den Zivilrichter nicht binden, außer Kraft gesetzt; die strafrichterliche Negativentscheidung bewirkt Rechtskraft auch für den Zivilrichter[12].

bb) Ihre **Grenze** findet **die Berücksichtigung prozeßwirtschaftlicher Belange** an den **14** eigentlichen Zwecken des Strafverfahrens, wie dies in §431 Abs. 7 zum Ausdruck kommt. Der Gesetzgeber war deshalb bemüht, den Bereich der Pflicht zum Negativausspruch eng zu umgrenzen; er glaubte das mit der Wendung zu erreichen, wonach die Pflicht, die Einziehungsentscheidung mit einer die Entschädigung betreffenden Negativentscheidung zu verbinden, nur besteht, wenn das Gericht die Einziehung und das Erlöschen beschränkt dinglicher Rechte am Einziehungsgegenstand auf Grund von Umständen anordnet, die einer Entschädigung des Einziehungsbeteiligten entgegenstehen. Die Begr. führt[13] dazu aus:

> „Bei der gebotenen engen Auslegung dieser Ausnahmevorschrift [des §436 Abs. 3 Satz 1] ist eine zusätzliche Erschwernis für das Strafverfahren nicht zu befürchten. Der Richter hat die Rechtsfolge der für den Einziehungsbeteiligten entschädigungslosen Einziehung nur dann auszusprechen, wenn sich diese Rechtsfolge unmittelbar aus den Umständen ergibt, auf die er die Einziehung stützt. Erfolgt die Einziehung z. B. aus Sicherungsgründen, so ist für einen solchen Ausspruch kein Raum. Der Richter hat dann der Frage, ob den Einziehungsbeteiligten evtl. auch ein besonderer Schuldvorwurf trifft, gar nicht nachzugehen. Nur in den Fällen, in denen aus der Bejahung der Einziehungsvoraussetzungen unmittelbar folgt, daß dem Einziehungsbeteiligten eine Entschädigung, abgesehen von Härtefällen (s. Satz 2) nicht zusteht, soll der Strafrichter dafür zuständig sein, dies auszusprechen, also nicht auch in anderen Fällen".

Danach kommt also bei einer Einziehung, die als Sicherungsmaßnahme ohne Rücksicht auf die Eigentumsverhältnisse und ohne Rücksicht darauf erfolgt, ob der Dritte mit Bezug auf Verwendung oder Erlangung des Einziehungsgegenstandes vorwerfbar gehandelt hat, ein Negativausspruch nicht in Betracht[14], es sei denn, daß über eine Billigkeitsentschädigung zu entscheiden ist (darüber sogleich).

---

[12] KK-*Boujong*[2] 8.
[13] BTDrucks. V 1319 S. 79.

[14] KK-*Boujong*[2] 8.

Karl Heinz Gössel

15   **b) Positive Entschädigungsentscheidung.** Von dem Grundsatz des § 436 Abs. 3 Satz 1 — Verpflichtung lediglich zum Negativausspruch — **enthält Absatz 3 Satz 2 eine Ausnahme**. In den Fällen, in denen nach § 74 f Abs. 2 StGB ein Entschädigungsanspruch des von der Einziehungsanordnung betroffenen Dritten nicht besteht, kann ihm nach § 74 f Abs. 3 StGB eine Entschädigung gewährt werden, soweit es eine unbillige Härte wäre, sie zu versagen. An diese Vorschrift knüpft § 436 Abs. 3 Satz 2 an: hält das Gericht, obwohl die Versagungsvoraussetzungen des § 74 f Abs. 2 StGB vorliegen, eine Entschädigung des Einziehungsbeteiligten deshalb für geboten, weil die Versagung eine unbillige Härte wäre, so entfällt selbstverständlich der Negativausspruch („Dies gilt nicht ..."), und der Strafrichter entscheidet über die Entschädigung nach Billigkeit zugleich mit der Einziehungsanordnung nicht nur dem Grund, sondern auch der Höhe nach. Auch diese Lösung beruht auf der prozeßökonomischen Überlegung, daß der Strafrichter, wenn er schon — ausnahmsweise — die Voraussetzungen einer Entschädigung nach Billigkeit dem Grunde nach bejaht, ohne besonderen Verfahrensaufwand beurteilen kann, in welchem Ausmaß der entschädigungslose Rechtsverlust unbillig wäre.

16   **2. Entscheidung von Amts wegen.** Ob die Voraussetzungen eines Negativausspruchs nach § 436 Abs. 3 Satz 1 gegeben sind oder ob ausnahmsweise eine Entschädigung nach Billigkeitsgründen in Betracht kommt, hat das Gericht von Amts wegen zu prüfen[15]. Dabei sind aber die Grenzen zu berücksichtigen, die dem Recht und der Pflicht des Strafrichters zu Entscheidungen über die Entschädigung durch § 436 Abs. 3 gezogen sind. Eine Entscheidung über eine Entschädigung nach Billigkeit kommt nur in Betracht, wenn Umstände in das Blickfeld des Strafrichters getreten sind, die eine Versagung als unbillige Härte erscheinen lassen. Im übrigen ist ein Negativausspruch nur geboten, wenn sich der Ausschluß einer Entschädigung unmittelbar aus den Umständen ergibt („auf Grund von Umständen ..."; oben Rdn. 11, 13 f). § 436 Abs. 3 besagt eben nicht, daß in allen Fällen einer Sicherungseinziehung, die festgestelltermaßen in Drittrechte eingreift, eine Aufklärung und Entscheidung geboten sei, ob Umstände vorliegen, die nach § 74 f Abs. 2 StGB einer Entschädigung entgegenstehen[16]. Und noch weniger ist dem § 436 Abs. 3 zu entnehmen, das Strafgericht habe über die Entschädigung nach Billigkeit stets dann zu entscheiden, wenn dem Einziehungsbeteiligten eine Entschädigung nach § 74 f Abs. 2 StGB nicht zu gewähren ist.

17   Eine **so weit gehende Aufklärungs- und Entscheidungspflicht** wollte der Gesetzgeber dem Strafrichter — entsprechend dem Grundsatz des § 431 Abs. 7 — gerade nicht auferlegen. Sie läßt sich auch nicht aus der Erwägung rechtfertigen, die unausgesprochen oder[17] erkennbar den vorgenannten Entscheidungen zugrunde liegt, daß nämlich zunächst über die Versagungsvoraussetzungen nach § 74 f Abs. 2 StGB zu befinden sei, um auf dieser Grundlage beurteilen zu können, ob eine Billigkeitsentschädigung nach § 74 f Abs. 3 StGB in Betracht komme. Denn die Entschädigung nach Billigkeit stellt eine Ausnahme von dem Grundsatz des § 74 f Abs. 2 StGB dar; über sie ist nur zu befinden, wenn Gesichtspunkte von Gewicht hervortreten oder geltend gemacht werden, die dem Richter eine Billigkeitsentschädigung geboten erscheinen lassen, während es den gesetzgeberischen Intentionen (vgl. die Ausführungen der Begr. oben Rdn. 14) wider-

---

[15] BGH NJW **1970** 818, 820; KK-*Boujong*[2] 10; KMR-*Paulus* 9.

[16] So aber LG Bayreuth NJW **1970** 574, 577; OLG Hamm NJW **1970** 1754, 1757; KK-*Boujong*[2] 10; wohl auch *Eb. Schmidt*

Nachtr. II 6; vermittelnd KMR-*Paulus* 9: Aufklärung und Entscheidung unterbleiben nur dann, sofern sie „einen nicht nur unwesentl. Mehraufwand erfordern".

[17] Vgl. OLG Hamm NJW **1970** 1754, 1757.

spricht, daß als Vorstufe einer solchen Prüfung allgemein das Vorliegen der Versagungsvoraussetzungen des § 74 f Abs. 2 StGB zu prüfen wäre.

Unterbleibt eine gebotene Negativentscheidung, so kann die Ergänzung der Ein- **18** ziehungsentscheidung durch Einlegung der zulässigen Rechtsmittel gegen das Urteil erstrebt werden. Legt nur der Einziehungsbeteiligte Rechtsmittel gegen das Urteil ein, so steht nach OLG Hamm NJW **1970** 1754, 1757 das Verbot der reformatio in peius der Ergänzung durch den Negativausspruch nicht entgegen, wenn die Einziehung als Sicherungsmaßnahme angeordnet ist[18]. Wird ein Einziehungsurteil ohne Negativausspruch rechtskräftig, so ist der Dritte nicht gehindert, Entschädigungsansprüche im Weg des Zivilprozesses geltend zu machen.

3. Entscheidungsform. Wegen der **Form der Entscheidung des Rechtsmittelge-** **19** **richts**, wenn die Entscheidung, die eine Billigkeitsentschädigung zuspricht, nur hinsichtlich der Höhe der Entschädigung angefochten wird, vgl. § 437 Abs. 4.

4. Hinweispflicht. Absatz 3 Satz 3 enthält eine **Sondervorschrift über die Gewäh-** **20** **rung des rechtlichen Gehörs**, bevor eine Entscheidung nach Absatz 3 Satz 1 oder 2 ergeht. Sie wurde getroffen, weil die Beteiligungsanordnung nur die Entscheidung über die Einziehung betrifft[19] (§ 431 Abs. 1 Satz 1: „soweit es die Einziehung betrifft") und dem Einziehungsbeteiligten nur in diesem Punkt die Befugnisse des Angeklagten (§ 433 Abs. 1) zustehen. Die Hinweispflicht nach Satz 3 entspricht damit der gegenüber dem Angeklagten bestehenden Hinweispflicht nach § 265. Dieser Hinweis braucht nicht in der Hauptverhandlung, sondern kann z. B. schon in der Ladung zusammen mit dem Hinweis nach § 435 Abs. 3 erfolgen[20]. Die Hinweispflicht in der Hauptverhandlung entfällt, wenn der Einziehungsbeteiligte trotz ordnungsmäßiger Terminsnachricht ohne Vertretung in der Hauptverhandlung ausbleibt[21].

IV. Zustellung des Urteils (Absatz 4)

1. Grundgedanke. Der trotz ordnungsmäßiger Terminsnachricht ohne Vertretung **21** i. S. des § 434 ausbleibende Nebenbeteiligte begibt sich zwar seines Rechts, in der Hauptverhandlung die ihm zustehenden Befugnisse (§ 433 Abs. 1 Satz 1) auszuüben. Sein Recht, seine Belange im Rechtsmittelverfahren oder im Nachverfahren (§ 439) geltend zu machen, soll ihm aber nicht beschnitten werden. Deshalb schreibt Absatz 4 vor, daß ihm das Urteil zuzustellen ist, und zwar, wie sich aus § 435 Abs. 1 Halbsatz 2 ergibt, notfalls durch öffentliche Zustellung (§ 40 Abs. 2). Da das Gesetz ohne Einschränkung die Zustellung „des Urteils" anordnet, ist es auch zuzustellen, wenn eine Einziehung oder sonstige Rechtsfolge (§ 442 Abs. 1) nicht angeordnet wird[22]; der Nebenbeteiligte soll in diesem Fall Kenntnis davon erhalten, daß seine Rechte durch die Entscheidung nicht betroffen sind. § 145 a ist entsprechend anwendbar (§ 434 Abs. 1 Satz 2). Die Zustellung ist auch dann erforderlich, wenn eine nach § 435 gebotene Terminsnachricht versehentlich unterblieben war und der Mangel nicht im Verlauf des Verfahrens geheilt wurde[23].

2. Wirkung der Zustellung. War der Nebenbeteiligte oder sein Vertreter **bei der** **22** **Verkündung des Urteils anwesend**, so beginnt die Frist zur Einlegung eines Rechtsmittels

---

[18] KK-*Boujong*[2] 11.
[19] Ebenso *Kleinknecht/Meyer*[38] 4.
[20] BTDrucks. V 1319 S. 79.
[21] S. oben Rdn. 5; KK-*Boujong*[2] 12; KMR-*Paulus* 10; *Kleinknecht/Meyer*[38] 4.

[22] Ebenso *Eb. Schmidt* Nachtr. II 7; KK-*Boujong*[2] 13; *Kleinknecht/Meyer*[38] 5.
[23] *Kleinknecht/Meyer*[38] 5.

Karl Heinz Gössel

mit der Verkündung (§§ 314 Abs. 2, 341 Abs. 2 in Vbdg. mit § 433 Abs. 1 Satz 1), andernfalls mit der Zustellung. Entsprechendes wird auch für die Wirkung einer im Urteil angeordneten Einziehung als Veräußerungsverbot (§ 74 e Abs. 3 StGB) zu gelten haben.

23   **3. Ausscheidung von Urteilsteilen.** Absatz 4 Satz 2 enthält eine dem § 435 Abs. 2 entsprechende Vorschrift über die Ausscheidung von Teilen des Urteils, die die Einziehung nicht betreffen (dazu § 435, 11).

§ 437

(1) ^{1}Im Rechtsmittelverfahren erstreckt sich die Prüfung, ob die Einziehung dem Einziehungsbeteiligten gegenüber gerechtfertigt ist, auf den Schuldspruch des angefochtenen Urteils nur, wenn der Einziehungsbeteiligte insoweit Einwendungen vorbringt und im vorausgegangenen Verfahren ohne sein Verschulden zum Schuldspruch nicht gehört worden ist. ^{2}Erstreckt sich hiernach die Prüfung auch auf den Schuldspruch, so legt das Gericht die zur Schuld getroffenen Feststellungen zugrunde, soweit nicht das Vorbringen des Einziehungsbeteiligten eine erneute Prüfung erfordert.

(2) Im Berufungsverfahren gilt Absatz 1 nicht, wenn zugleich auf ein Rechtsmittel eines anderen Beteiligten über den Schuldspruch zu entscheiden ist.

(3) Im Revisionsverfahren sind die Einwendungen gegen den Schuldspruch innerhalb der Begründungsfrist vorzubringen.

(4) ^{1}Wird nur die Entscheidung über die Höhe der Entschädigung angefochten, so kann über das Rechtsmittel durch Beschluß entschieden werden, wenn die Beteiligten nicht widersprechen. ^{2}Das Gericht weist sie zuvor auf die Möglichkeit eines solchen Verfahrens und des Widerspruchs hin und gibt ihnen Gelegenheit, sich zu äußern.

Entstehungsgeschichte. Die Vorschrift wurde durch das EGOWiG eingefügt.

Übersicht

I. Rechtsmittel des Nebenbeteiligten

1. Rechtsmittelberechtigung. Daß der Nebenbeteiligte aus eigenem Recht zur Ein- **1**
legung von Rechtsmitteln gegen die die jeweilige Rechtsfolge (Einziehung, die sonst in
§ 442 Abs. 1 genannten Rechtsfolgen) anordnende Entscheidung befugt ist, ergibt sich
aus § 433 Abs. 1 Satz 1. Voraussetzung der Rechtsmittelbefugnis ist, daß die Stellung als
Nebenbeteiligter bereits (durch Beteiligungsanordnung gemäß § 431 Abs. 1 Satz 1) vor
dem Urteil erlangt ist (§ 431, 37). Voraussetzung der Zulässigkeit des Rechtsmittels ist,
daß der *Verfallsbeteiligte* durch die Anordnung des Verfalls oder Wertersatzverfalls, der
Einziehungsbeteiligte durch die Anordnung der Einziehung, des Einziehungsvorbehalts
(§ 74 b Abs. 2 StGB), des Erlöschens eines beschränkt dinglichen Rechts (§ 74 e Abs. 2
StGB), durch die Versagung einer Entschädigung (§ 74 f Abs. 2 StGB, § 436 Abs. 3
Satz 1) oder die Entscheidung über die Höhe einer Billigkeitsentschädigung (§ 74 f
Abs. 3 StGB, § 436 Abs. 3 Satz 2) **beschwert** ist, ein *anderer Nebenbeteiligter* durch die An-
ordnung einer sonst in § 442 Abs. 1 genannten Rechtsfolge.

2. Umfang der Nachprüfung durch das Rechtsmittelgericht
a) Beschränkung der Nachprüfungsbefugnis. § 437 Abs. 1 ist nur in den Fällen von **2**
Bedeutung, in denen nicht etwa schon eine Beschränkungsanordnung nach § 431 Abs. 2
getroffen wurde. Aber auch wenn eine **Anordnung nach § 431 Abs. 2 nicht erfolgt ist,**
wird der Schuldspruch im Rechtsmittelverfahren (Berufungs- und Revisionsverfahren)
nur in beschränktem Umfang nachgeprüft. Und zwar gilt dies nicht nur dann, wenn der
Nebenbeteiligte (sein Vertreter, § 434, oder sein gesetzlicher Vertreter, § 298) ein
Rechtsmittel eingelegt hat, sondern, wie sich aus der Sonderregelung des Abs. 2 (unten
Rdn. 12) ergibt, auch dann, wenn ein anderer Beteiligter das Rechtsmittel eingelegt hat,
das den Schuldspruch unberührt läßt. Diese Regelung beruht auf der Erwägung, daß andernfalls der Nebenbeteiligte „aus rein vermögensrechtlichen Interessen das Gericht zu
einer weiteren Nachprüfung des Schuldspruchs würde zwingen können, als sie auf die
Einwendungen der unmittelbar Beteiligten vorgenommen werden müßte"[1]. § 437 Abs. 1
stellt danach eine **Sonderregelung** dar, die den Grundsatz der §§ 327, 352 über den Umfang der Nachprüfung des Rechtsmittelgerichts gegenüber dem Einziehungsbeteiligten
beschränkt.

b) Unbeschränkte Nachprüfung. In der Rechtsmittelinstanz kann der Nebenbetei- **3**
ligte im Regelfall nur geltend machen, daß die besonderen Rechtsfolgenvoraussetzungen
zu Unrecht angenommen worden seien, daß z. B. bei der Einziehung im Fall des § 74
Abs. 2 Nr. 1 StGB das Eigentum des Täters zur Zeit der Entscheidung zu Unrecht bejaht
sei, wenn der Einziehungsbeteiligte Eigentumsrechte am Einziehungsgegenstand geltend macht, daß im Fall des § 74 Abs. 2 Nr. 2 StGB die angenommene Gefährlichkeit
oder Gefahr nicht bestehe, daß im Fall des § 74 a StGB kein vorwerfbares Verhalten des
Einziehungsbeteiligten vorliege, daß auch bei Zugrundelegung der Feststellungen zur
Schuld des Angeklagten der Verhältnismäßigkeitsgrundsatz verletzt sei (§ 74 b StGB),
daß der Schrift die in § 74 d StGB bezeichnete Gefährlichkeit fehle, daß, von der Schuld
des Angeklagten abgesehen, die Voraussetzungen für die Anordnung des Erlöschens beschränkt dinglicher Rechte (§ 74 e Abs. 2 StGB) und für die Versagung einer Entschädigung (§ 74 f Abs. 2, 3 StGB) nicht vorlägen.

---

[1] BTDrucks. V 1319 S. 73.

Karl Heinz Gössel

II. Voraussetzungen und Wirkungen der Überprüfung des Schuldspruchs durch die Rechtsmittelgerichte

4 1. **Übersicht.** Neben dem *Fehlen* einer *Beschränkungsanordnung* nach § 431 Abs. 2 (Rdn. 2) setzt die Nachprüfung des Schuldspruchs voraus, daß der Nebenbeteiligte einmal bisher *ohne sein Verschulden nicht gehört* worden ist und zum anderen, daß er *Einwendungen gegen den Schuldspruch* vorbringt. Demnach steht dem Nebenbeteiligten zur Geltendmachung seiner Einwendungen gegen den Schuldspruch im Regelfall nur eine Tatsacheninstanz zur Verfügung. Die *Wirkung* erfolgreicher Einwendungen gegen den Schuldspruch beschränkt sich auf den rechtsmittelführenden Nebenbeteiligten.

5 2. **Unverschuldete Nichtanhörung des Nebenbeteiligten.** Diese kann z. B. darauf beruhen, daß der Einziehungsbeteiligte ohne seine Schuld nicht rechtzeitig die Nachricht vom Termin erhielt, etwa bei einer Ersatzzustellung nach §§ 181 ff ZPO (dazu § 409, 39), oder weil die Terminsnachricht versehentlich unterblieben war, daß er trotz rechtzeitiger Benachrichtigung ohne seine Schuld am Erscheinen im Termin verhindert war, daß ihm wesentliche rechtliche oder tatsächliche Umstände erst während des zweiten Rechtszuges bekannt wurden, oder daß er unverschuldet erst im zweiten Rechtszug beteiligt wurde, nicht aber darauf, daß die Nichtanhörung auf Verschulden seines Vertreters (§ 434) beruht; im Hinblick auf die im Vordergrund stehenden Vermögensinteressen ist auch hier, wie schon bei der Frage der Wiedereinsetzung (§ 434, 5), in entsprechender Anwendung des § 85 Abs. 2 ZPO das Verschulden des Vertreters dem Vertretenen zuzurechnen[2]. Ein **Verschulden** kann darin bestehen, daß er trotz Kenntnis der eine Verfahrensbeteiligung im ersten Rechtszug rechtfertigenden Umstände sich im Ermittlungsverfahren (§ 432) und während des ersten Rechtszuges untätig verhielt und erst im zweiten Rechtszug seine Beteiligung erstrebte und erlangte, oder daß er die durch Beteiligungsanordnung im ersten Rechtszug erlangten Befugnisse nicht oder nicht genügend wahrnahm.

6 Ob der Nebenbeteiligte bisher ohne sein Verschulden nicht angehört wurde, hat das Gericht, wenn Veranlassung dazu besteht, **von Amts wegen** nachzuprüfen; es verfährt dabei nach den Grundsätzen des **Freibeweises**, wobei es insbesondere den Einziehungsbeteiligten zur Stellungnahme auffordern und dessen Erklärungen frei würdigen kann[3].

3. Einwendungen gegen den Schuldspruch

7 a) Die Überprüfung des Schuldspruchs setzt dagegen erhobene **ausdrückliche Einwendungen** des Nebenbeteiligten voraus; anders als bei der Frage der unverschuldeten Nichtanhörung (s. dazu oben Rdn. 5) ist dem Rechtsmittelgericht hier aber insoweit eine Nachprüfung von Amts wegen verwehrt.

8 Eine besondere **Frist** für die Geltendmachung derartiger Einwendungen ist lediglich im Revisionsverfahren (Abs. 3; s. Rdn. 14) einzuhalten, nicht aber im Berufungsverfahren, weil § 317 keine obligatorische Berufungsbegründungsfrist kennt.

9 b) Erstreckt sich (ausnahmsweise) die Prüfung des Rechtsmittelgerichts auch auf den Schuldspruch, sieht Absatz 1 Satz 2 für die Berufungsinstanz eine **Beschränkung der Aufklärungspflicht** vor. Das Berufungsgericht ist dann nicht gehalten, die gesamte Beweisaufnahme — wenn auch mit den Erleichterungen der §§ 436 Abs. 2, 323 Abs. 2, 325 — zu wiederholen. Es legt vielmehr seiner Entscheidung die zur Frage der Schuld des

---

[2] Vgl. dazu KG JR **1983** 127 und KK-*Boujong*[2] 1; a. A LR-*Schäfer*[23] 5.   [3] KK-*Boujong*[2] 4.

Angeklagten getroffenen Feststellungen des ersten Richters zugrunde, **soweit nicht das Vorbringen des Nebenbeteiligten eine erneute Prüfung erfordert**. Das bedeutet: das Berufungsgericht ist zwar — anders als z. B. das Beschwerdegericht im Fall des § 464 Abs. 3 Satz 2 — nicht in vollem Umfang an die tatsächlichen Feststellungen des Vorderrichters gebunden. Aber es besteht eine **relative Bindung** in dem Umfang, als nicht das zulässige Vorbringen des Nebenbeteiligten eine erneute Prüfung erforderlich macht. Das Ausmaß der erforderlichen neuen Prüfung und damit die Entbindung von den tatsächlichen Feststellungen der Vorinstanz kann, je nach den zulässigen Einwendungen des Berufungsführers, verschieden weit sein: Beschränkt sich das Vorbringen auf einen einzelnen Punkt, und sind die insoweit getroffenen tatsächlichen Feststellungen von den übrigen tatsächlichen Feststellungen des Schuldspruchs trennbar, so bleiben die letzteren bestehen und werden ungeprüft dem Urteil zugrunde gelegt. Es kann aber auch nach dem Vorbringen des Einziehungsbeteiligten und auf Grund einzelner Beweise erforderlich sein, die gesamte Beweisaufnahme zu wiederholen[4]. Inwieweit auf Beweisanträge des Einziehungsbeteiligten einzugehen ist, richtet sich wiederum nach § 436 Abs. 2.

4. Wirkung erfolgreicher Einwendungen des Nebenbeteiligten gegen den Schuldspruch. Die Berufung des Nebenbeteiligten bezweckt, wie sich aus § 437 Abs. 1 Satz 1 **10** ergibt, die Nachprüfung, ob die Entscheidung über die jeweils in Betracht kommende Rechtsfolge ihm „gegenüber gerechtfertigt ist". Der Nebenbeteiligte kann nicht Rechtsmittel zugunsten des Angeklagten einlegen. Greift er — zulässigerweise — den Schuldspruch des ersten Urteils an, so bezweckt er lediglich eine Änderung des Urteils hinsichtlich der ihn betreffenden Rechtsfolge zu seinen Gunsten. Hat z. B. der erste Richter den Angeklagten wegen gefährlicher Körperverletzung zu Strafe verurteilt und die Einziehung des Tatwerkzeugs auf § 74 a Nr. 1 StGB gestützt, und macht der Einziehungsbeteiligte zulässigerweise geltend, die Voraussetzungen einer Einziehung nach § 74 a Nr. 1 in Vbdg. mit § 74 Abs. 2 Nr. 1 StGB lägen deshalb nicht vor, weil der Angeklagte nicht rechtswidrig, sondern in Notwehr gehandelt habe, so wird, wenn der Einziehungsbeteiligte damit Erfolg hat, auf seine Berufung hin das Urteil lediglich insoweit aufgehoben, als die Einziehung angeordnet ist. Hatte sich der Angeklagte bei dem Urteil beruhigt und es rechtskräftig werden lassen, so bleibt das erste Urteil, von der Einziehung abgesehen, rechtsbeständig (unbeschadet der Möglichkeit einer Wiederaufnahme des Verfahrens nach § 359 Nr. 5), obwohl der Schuldspruch des ersten Richters mit den Feststellungen des Berufungsrichters unvereinbar ist.

Ebenso liegt es, dringt der Nebenbeteiligte mit seiner Einwendung durch, der **11** Verurteilung des Angeklagten habe ein vom ersten Richter übersehenes **Verfahrenshindernis** wie Verjährung oder Niederschlagung durch ein Straffreiheitsgesetz entgegengestanden: dann wäre folgerichtig das Verfahren einzustellen, soweit es die Einziehung oder eine andere in § 442 Abs. 1 genannte Rechtsfolge betrifft. An der Rechtskraft des Urteils im übrigen, das der Angeklagte hingenommen hat, würde sich aber nichts ändern. Der sonst geltende Grundsatz, daß bei einer Teilanfechtung des Urteils das Rechtsmittelgericht, wenn es ein Verfahrenshindernis feststellt, die sich hieraus ergebenden Folgerungen für das Verfahren in seiner Gesamtheit zieht (Einl. Kap. **11** 13), gilt dann hier nicht, weil nach ausdrücklicher Vorschrift (§ 437 Abs. 1 Satz 1) das lediglich vom Nebenbeteiligten eingelegte Rechtsmittel nur die Prüfung herbeiführt, ob die Rechtsfolgenanordnung ihm gegenüber gerechtfertigt ist[5]. Das Ergebnis mag unbillig erschei-

---

[4] BTDrucks. V 1319 S. 80.
[5] KK-*Boujong*[2] 6; **a. A** KMR-*Paulus* 5.

Karl Heinz Gössel

nen; es ist aber darauf hinzuweisen, daß auch im Nachverfahren (§ 439) ein Erfolg des Nebenbeteiligten nichts an dem Bestand des rechtskräftigen Urteils im übrigen ändert. Von dem sehr umstrittenen Standpunkt aus, daß § 357 in der Berufungsinstanz entsprechend anwendbar sei[6], ließe sich an eine noch weitergehende, die oben erörterten Fälle umfassende, entsprechende Anwendbarkeit des § 357 denken[7]; dieser Frage kann aber hier nicht weiter nachgegangen werden.

III. Wegfall der Beschränkungen im Berufungsverfahren (Absatz 2)

12　　Die Beschränkungen des Absatzes 1 in der Nachprüfung des Schuldspruchs gelten im Berufungsverfahren nicht, wenn zugleich auf die Berufung eines anderen Beteiligten (des Angeklagten, des Staatsanwalts oder Nebenklägers) über den **Schuldspruch** zu entscheiden ist. An dieser Voraussetzung fehlt es, wenn das Rechtsmittel des anderen Rechtsmittelberechtigten sich auf einen abtrennbaren Teil des Urteils beschränkt, der den Schuldspruch unberührt läßt, z. B. bei Beschränkung der Berufung auf das Strafmaß (s. § 327, 7 ff). Die Vorschrift des Absatzes 2 beruht auf der Erwägung, daß von den anderen Beteiligten unter Umständen zum Schuldspruch völlig neue Tatsachen und Beweismittel vorgebracht werden können und es nicht angebracht wäre, dem Nebenbeteiligten die Möglichkeit abzuschneiden, hierzu Stellung zu nehmen[8], sofern er nicht überhaupt gemäß § 431 Abs. 2 von der Beteiligung zur Schuldfrage ausgeschlossen ist.

IV. Einwendungen gegen den Schuldspruch im Revisionsverfahren (Absatz 3)

13　　1. **Übersicht über die Voraussetzungen für die Geltendmachung von Einwendungen.** Im Revisionsverfahren können Einwendungen gegen den Schuldspruch nur im Rahmen der allgemeinen Voraussetzungen dieses Rechtsmittels erhoben werden, im übrigen nur unter den für den Nebenbeteiligten zusätzlich geltenden Voraussetzungen, insbesondere des Abs. 1.

2. Nebenbeteiligungsrechtliche Voraussetzungen

14　　a) Zunächst ist erforderlich, daß eine **Verfahrensbeteiligung** wirksam, insbes. zeitgerecht (§ 431 Abs. 4) angeordnet ist, also bis zum Ausspruch der Einziehung im ersten Rechtszug und, wenn zulässige Berufung eingelegt ist, bis zur Beendigung der Schlußvorträge im Berufungsverfahren. In diesem Fall wirkt die Anordnung der Verfahrensbeteiligung auch für die Revisionsinstanz.

15　　b) Die Beteiligung zur Schuldfrage in diesem Verfahrensstadium ist aber weiter davon abhängig, daß **keine Beschränkung nach § 431 Abs. 2** angeordnet ist und daß weiterhin die in Absatz 1 Satz 1 umschriebenen Voraussetzungen vorliegen, unter denen ausnahmsweise eine Beteiligung des Nebenbeteiligten zum Schuldspruch in den Rechtsmittelinstanzen vorgesehen ist.

3. Revisionsrechtliche Voraussetzungen

16　　a) Soweit nebenbeteiligungsrechtliche Einwendungen gegen den Schuldspruch vorgebracht werden können (Rdn. 14, 15), sind diese beschränkt auf die Rüge von **Gesetzesverletzungen** (§ 337). Diese Einwendungen muß der Nebenbeteiligte innerhalb der Revisionsbegründungsfrist (§ 345 Abs. 1) und (§ 433 Abs. 1 Satz 1) in der Form des

---

[6] Vgl. *Eb. Schmidt* Nachtr. I 8.　　　　[8] BTDrucks. V 1319 S. 80.
[7] **Dagegen** KMR-*Paulus* 5.

§ 345 Abs. 2 vorbringen. Aus diesem Grunde ist die nebenbeteiligungsrechtliche Beschränkung des Abs. 1 Satz 2 gegenstandslos: neue Tatsachen und Beweismittel können in der Revisionsinstanz auch durch andere Rechtsmittelberechtigte (Rdn. 12) nicht mehr vorgebracht werden, und eine „erneute Prüfung" in tatsächlicher Hinsicht kommt hier nicht mehr in Betracht.

b) Gleiches gilt, legt ein **anderer Rechtsmittelberechtigter** Revision ein. Auch hier **17** kann der Nebenbeteiligte Einwendungen gegen den Schuldspruch — der grundsätzlich auf die Nachprüfung der Rechtsanwendung beschränkten Tätigkeit des Revisionsgerichts entsprechend — nur in Form der Erhebung zulässiger Rechtsrügen vorbringen[9]. Die Begründungsfrist, innerhalb deren der Nebenbeteiligte, der nicht selbst Revision eingelegt hat, nach Absatz 3 seine Einwendungen vorbringen muß, ist die für den Revisionsführer laufende Revisionsbegründungsfrist; legen verschiedene Rechtsmittelberechtigte zu verschiedenen Zeiten Revision ein, so ist die zuletzt ablaufende Begründungsfrist maßgebend. Auch hier bedarf es zur Erhebung der Einwendungen der Form des § 345 Abs. 2.

4. Nachtragsverfahren. Hat der Einziehungsbeteiligte mit seinen Einwendungen **18** wegen der dem Revisionsverfahren entsprechenden Beschränkungen der Nachprüfung keinen Erfolg, so bleibt ihm ggf. die Möglichkeit, nach § 439 vorzugehen.

V. Entscheidung bei Anfechtung der Höhe der Entschädigung (Absatz 4)

1. Entstehungsgeschichte. Im Entw. EGOWiG lautete Absatz 4: „Wird nur... **19** durch Beschluß entschieden". Die Ergänzung des Satzes durch: „wenn die Beteiligten nicht widersprechen" und die Hinzufügung des jetzigen Satzes 2 erfolgte im Rechtsausschuß des Bundestages[10] und trägt dem Grundsatz Rechnung, daß der Verzicht auf eine sonst erforderliche Hauptverhandlung nicht ohne Einverständnis der Beteiligten zulässig sein soll.

2. Form der Entscheidung. Während die Absätze 1 bis 3 des § 437 die Frage der **20** Beteiligung des Nebenbeteiligten bezgl. der Nachprüfung des Schuldspruchs in der Rechtsmittelinstanz zum Gegenstand haben, behandelt Absatz 4 die **Form der Entscheidung** für einen Sonderfall der Anfechtung. Absatz 4, der eine Verfahrensvereinfachung bezweckt, knüpft an § 436 Abs. 3 Satz 2 an, wonach das Gericht, wenn es die Entschädigung eines Einziehungsbeteiligten aus Billigkeitsgründen für geboten hält, ausnahmsweise auch über die Höhe der Entschädigung befindet. Diese Entscheidung ergeht im ersten Rechtszug durch Urteil. Der Nebenbeteiligte kann es nur wegen der Höhe der Entschädigung anfechten, da er durch die Zuerkennung der Billigkeitsentscheidung dem Grunde nach nicht beschwert ist; die Staatsanwaltschaft kann es sowohl dem Grund wie der Höhe nach anfechten. Absatz 4 regelt den Fall, daß auf das Rechtsmittel des Einziehungsbeteiligten oder infolge der Beschränkung des Rechtsmittels der Staatsanwaltschaft (§§ 318, 352) nur die Entscheidung über die Höhe der Entschädigung mit den zulässigen Rechtsmitteln (Berufung, Revision, Sprungrevision) angefochten wird. Das Rechtsmittelgericht kann nach seinem an keine Regeln gebundenen Ermessen[11] statt durch Urteil nach durchgeführter Hauptverhandlung durch Beschluß im schriftlichen Verfahren entscheiden, vorausgesetzt, daß die Beteiligten nicht widersprechen. Zuvor

[9] Ebenso KK-*Boujong*[2] 8; KMR-*Paulus* 7; *Kleinknecht/Meyer*[38] 4; *Göhler*[8] § 87, 34.   [10] Vgl. BTDrucks. V 2601 S. 19.   [11] OLG Hamm VRS **50** 133.

Karl Heinz Gössel

sind die Beteiligten, wie **Absatz 4 Satz 2** in wörtlicher Übereinstimmung mit § 72 Abs. 1 OWiG (s. auch § 436 Abs. 3 Satz 3 StPO und § 436, 20) ausspricht, auf die Möglichkeit eines solchen Verfahrens und des Widerspruchs hinzuweisen, und es ist ihnen Gelegenheit zu geben, sich zu äußern.

3. Entscheidung durch Beschluß

21   **a) Verfahren.** Die Beschlußentscheidung kommt **hauptsächlich** in Betracht, wenn das Gericht eine Hauptverhandlung als entbehrlich ansieht, weil ihm der Sachverhalt durch die Ergebnisse des vorangegangenen Verfahrens ausreichend geklärt erscheint[12], oder weil der Sachverhalt nicht schwierig und der geltend gemachte Anspruch nicht hoch ist[13]; auch hier kann sich der Nebenbeteiligte gemäß § 434 Abs. 1 oder 2 vertreten lassen. Zwar sind die Vorschriften der Strafprozeßordnung über das Beschwerdeverfahren nicht für entsprechend anwendbar erklärt. Dem auf Verfahrensvereinfachung gerichteten Zweck der Vorschrift widerspricht es aber nicht, wenn das Gericht in entsprechender Anwendung des § 308 Abs. 2 und unter Berücksichtigung des Grundsatzes des rechtlichen Gehörs **Ermittlungen geringeren Umfangs anordnet oder selbst vornimmt**[14].

22   **b) Verwertbarkeit der Auslegung des § 72 Abs. 1 OWiG.** Zu dem praktisch sehr wichtigen Widerspruchsrecht der Beteiligten und der Pflicht des Gerichts, ihnen Gelegenheit zur Äußerung zu geben (dazu Rdn. 19), sind in Rechtsprechung und Schrifttum zu § 72 Abs. 1 OWiG Grundsätze entwickelt worden, die wegen der Gleichartigkeit der Rechtslage auch weitgehend für die Auslegung des § 437 Abs. 4 von Bedeutung sind[15]. Wegen der Einzelheiten darf auf die Darstellung in den Erläuterungswerken zum OWiG verwiesen werden[16]. Hervorgehoben werden mag etwa:

23   Der **Widerspruch** auch nur **eines** Beteiligten, z. B. der Staatsanwaltschaft, schließt eine Entscheidung durch Beschluß aus[17]. Zu den widerspruchsberechtigten Beteiligten gehören auch der gesetzliche Vertreter des Nebenbeteiligten und der Erziehungsberechtigte (§ 298 StPO, § 67 Abs. 3 JGG; dazu § 433, 20 ff); § 297 gilt entsprechend[18]. Der Widerspruch, der dem Gericht gegenüber zu erklären ist, bedarf keiner Form und keiner Begründung. Auch schlüssiges Verhalten reicht für die Annahme einer Widerspruchserklärung aus[19].

24   Jeder Beteiligte kann mit bindender Wirkung auf sein **Widerspruchsrecht verzichten**, so daß sein späterer Widerruf wirkungslos ist, dem Gericht aber Veranlassung geben kann, von einer Entscheidung im Beschlußverfahren Abstand zu nehmen und die Hauptverhandlung durchzuführen. Ein solcher Widerspruchsverzicht liegt noch nicht vor, wenn das Gericht — in der Regel im Zusammenhang mit dem Hinweis nach Absatz 4 Satz 2 — eine angemessene, wenn auch kurze (aber nicht zu knappe) Frist zur Erklärung des Widerspruchs setzt und der Beteiligte in der Frist nicht antwortet. Ein nach Fristablauf, aber vor Erlaß der Entscheidung, d. h. bevor der unterschriebene Beschluß zur Zustellung den Geschäftsbereich des Gerichts verlassen hat, eingehender Widerspruch ist zu beachten[20]; die nunmehr für das Ordnungswidrigkeitenverfahren in § 72

---

[12] KMR-*Paulus* 10; *Kleinknecht/Meyer*[38] 7.
[13] KK-*Boujong*[2] 10; für das Ordnungswidrigkeitenverfahren a. A *Göhler*[8] § 72, 1.
[14] KK-*Boujong*[2] 10; *Kleinknecht/Meyer*[38] 7; für das Ordnungswidrigkeitenverfahren vgl. § 71 Abs. 2 OWiG und *Göhler*[8] § 72, 4 f.
[15] Ebenso KK-*Boujong*[2] 10; KMR-*Paulus* 9.
[16] Z. B. bei *Göhler*[8] § 72, 11 ff.

[17] OLG Frankfurt VRS **37** 212.
[18] *Kleinknecht/Meyer*[38] 7.
[19] *Kleinknecht/Meyer*[38] 7; *Göhler*[8] § 72, 13.
[20] BayObLG VRS **37** 457; **43** 297; OLG Hamm VRS **50** 224 mit weit. Nachw.; OLG Karlsruhe GA **1973** 246; *Kleinknecht/Meyer*[38] 7.

Abs. 2 OWiG getroffene Regelung (stets Unbeachtlichkeit bei Eingehen nach Fristablauf mit Wiedereinsetzungsmöglichkeit, vgl. *Göhler*[8] § 72, 44) ist auf die Besonderheiten des Ordnungswidrigkeitenverfahrens zugeschnitten und im Verfahren der Nebenbeteiligung auch nicht analog anzuwenden. Unbeachtlich ist ein nach Fristablauf und nach Erlaß der Entscheidung eingehender Widerspruch.

25 Eine **erklärte Zustimmung** zum Beschlußverfahren bezieht sich nur auf die Verfahrenslage, in der sie abgegeben wird. Wenn also das Gericht nach einer Zustimmungserklärung noch Ermittlungen betrieben hat (Rdn. 21) und neue, den Beteiligten unbekannte Beweismittel verwendet[21], ist eine Entscheidung ohne Hauptverhandlung nur zulässig (§ 33 Abs. 3), wenn entweder der Beteiligte seine Zustimmung in Kenntnis der Beweisaufnahme wiederholt oder das Gericht erneut nach § 437 Abs. 4 Satz 2 verfährt[22].

26 **4. Zuständigkeit.** Auch das **Revisionsgericht** kann gemäß Absatz 4 durch Beschluß über die Revision entscheiden, wenn das Berufungsgericht über die Berufung gegen das erste Urteil durch Urteil entschieden hat; unberührt bleibt aber die Befugnis des Revisionsgerichts, ohne Rücksicht auf den Widerspruch eines Beteiligten gemäß § 349 Abs. 2, 3 durch Beschluß zu entscheiden.

27 **5. Unanfechtbarkeit des Beschlusses.** Das ist selbstverständlich, wenn das Revisionsgericht entscheidet. Es gilt aber auch für die Entscheidung des Berufungsgerichts, denn das Gesetz kennt kein Rechtsmittel gegen einen Beschluß als Surrogat für das sonst erforderliche Berufungsurteil, und überdies ist es ja der Sinn der auf Vereinfachung und Beschleunigung gerichteten Vorschrift, das Verfahren mit dem Beschluß alsbald abzuschließen[23]. Hat aber das Gericht durch Beschluß entschieden, ohne die Beteiligten zuvor auf die Möglichkeit eines solchen Verfahrens hinzuweisen und ohne ihnen Gelegenheit zur Stellungnahme zu geben, so wird es bei nachträglichem Widerspruch in entsprechender Anwendung des Grundgedankens der §§ 33 a, 311 a seinen Beschluß aufzuheben und durch Urteil zu entscheiden haben.

28 **6. Entsprechende Anwendung des Abs. 4.** Wegen entsprechender Anwendung des § 437 Abs. 4 im **Nachverfahren** und im selbständigen Einziehungsverfahren vgl. § 441 Abs. 4.

§ 438

(1) [1]Wird die Einziehung durch Strafbefehl angeordnet, so wird der Strafbefehl auch dem Einziehungsbeteiligten zugestellt. [2]§ 435 Abs. 3 Nr. 2 gilt entsprechend.

(2) Ist nur über den Einspruch des Einziehungsbeteiligten zu entscheiden, so gelten § 439 Abs. 3 Satz 1 und § 441 Abs. 2 und 3 entsprechend.

Entstehungsgeschichte. Durch Art. 21 Nr. 114 EGStGB 1974 sind die Worte „oder durch Strafverfügung" hinter „durch Strafbefehl" und „oder die Strafverfügung" hinter „der Strafbefehl" in Abs. 1 Satz 1 gestrichen worden.

---

[21] BayObLG JR **1982** 170 m. Anm. *Göhler*; vgl. auch *Göhler*[8] § 72, 26.
[22] BayObLG VRS **42** 221; OLG Hamm VRS **50** 59.

[23] Wie hier auch KK-*Boujong*[2] 10; KMR-*Paulus* 10.

Karl Heinz Gössel

Übersicht

I. Summarisches Verfahren und Beteiligungsanordnung

1   **1. Voraussetzungen.** Auf Einziehung und die ihr nach § 442 gleichstehenden Nebenfolgen (mit Ausnahme der Beseitigung eines gesetzwidrigen Zustandes, s. dazu § 407, 6) kann durch **Strafbefehl** nur erkannt werden, wenn die Staatsanwaltschaft (bei Steuervergehen ggf. das Finanzamt; § 407, 42) es beantragt (§ 408, 40). Der Nebeninteressent wird ggf. schon im Ermittlungsverfahren beteiligt (§ 432). Vom Eingang des die Einziehung usw. mitumfassenden Strafbefehlsantrags ab kann seine Beteiligung angeordnet werden (§ 431 Abs. 1 Satz 1); den Zeitpunkt, von dem ab dem Nebenbeteiligten die Befugnisse eines Angeklagten zustehen, regelt § 433 Abs. 1 Satz 2.

2   Für **Entschädigungsentscheidungen** nach § 436 Abs. 3 ist im summarischen Verfahren kein Raum, da ein dem Erlaß des Strafbefehls vorangehender Hinweis und die Gewährung vorgängigen gerichtlichen Gehörs (§ 436 Abs. 3 Satz 3) mit dem Zweck einer beschleunigten Erledigung nicht vereinbar wären[1].

3   **2. Form der Beteiligungsanordnung.** Im allgemeinen erfolgt die Anordnung der Verfahrensbeteiligung nicht durch besonderen, dem Erlaß des Strafbefehls vorangehenden Beschluß, sondern im Strafbefehl selbst. Der Erlaß des die Einziehung oder den Verfall anordnenden Strafbefehls hat die in § 73 d Abs. 2, § 74 e Abs. 3 StGB bezeichnete Sperrwirkung (Veräußerungsverbot), auch wenn gegen ihn Einspruch eingelegt wird.

II. Ausspruch der Einziehung oder sonstiger Rechtsfolgen im Strafbefehl ohne Anordnung der Nebenbeteiligung

4   **1. Einspruchsberechtigung und Nebenbeteiligung.** Ist die durch Strafbefehl angeordnete Rechtsfolge der Einziehung etc. mit dem Eingriff in Drittrechte verbunden, ohne daß vor oder in der Entscheidung die Verfahrensbeteiligung des Dritten angeordnet wurde, so hat der Betroffene keine Möglichkeit, aus eigenem Recht Einspruch einzulegen[2]. Denn dieses Recht steht nur einem Nebenbeteiligten zu, und eine Beteiligungsanordnung nach Erlaß des Strafbefehls während der Einspruchsfrist ist ausgeschlossen,

---

[1] KK-*Boujong*[2] 2; KMR-*Paulus* 1; *Kleinknecht/Meyer*[38] 1.

[2] KK-*Boujong*[2] 4; KMR-*Paulus* 1; *Kleinknecht/Meyer*[38] 1.

da ein solcher Beschluß nach § 431 Abs. 4 nur bis zum Ausspruch der je betroffenen Rechtsfolge möglich, die Rechtsfolge aber bereits im Strafbefehl ausgesprochen ist. Erst wenn der Angeklagte Einspruch einlegt, besteht wieder die Möglichkeit, die Verfahrensbeteiligung anzuordnen[3]. Denn da bei rechtzeitig eingelegtem Einspruch dem Erlaß des Strafbefehls die den Verfahrensgegenstand bestimmende Wirkung zukommt, die im normalen Strafverfahren eine Wirkung des Eröffnungsbeschlusses darstellt (§ 408, 39), liegt die gleiche Sachlage vor, wie wenn im gewöhnlichen Strafverfahren nach Erhebung der Anklage das Hauptverfahren eröffnet ist[4].

2. Nebenbeteiligung bei rechtskräftigem Strafbefehl. Läßt aber der Angeklagte 5 durch **Nichtgebrauch des Rechtsbehelfs** oder Einspruchsverzicht den Strafbefehl rechtskräftig werden, so bleibt dem Nebenbeteiligten der Weg des Nachverfahrens (§ 439) oder unabhängig davon der Weg der Geltendmachung von Entschädigungsansprüchen (§ 74 f StGB) vor dem Zivilrichter. Das gleiche gilt, wenn der Angeklagte den eingelegten Einspruch zulässigerweise (§ 411 Abs. 3) zurücknimmt oder die Rücknahmefiktion des § 412 Platz greift, mag auch zwischenzeitlich die Verfahrensbeteiligung angeordnet sein. Denn mit der Rücknahme des Einspruchs mit der Folge der Rechtskraft des Strafbefehls entzieht der Angeklagte dem weiteren Verfahren die Grundlage; die Beteiligungsanordnung wird gegenstandslos[5].

III. Erlaß eines Strafbefehls mit Anordnung der Nebenbeteiligung

Ist die Beteiligung vor oder bei Erlaß des Strafbefehls — ggf. mit der Beschrän- 6 kung nach § 431 Abs. 2 — angeordnet, so richtet sich zwar die Anordnung der jeweiligen Rechtsfolge (Einziehung; § 442 Abs. 1 in Verbindung mit § 407 Abs. 2 Nr. 1, vgl. Rdn. 1) unmittelbar gegen den Beschuldigten als Adressaten. Da die Rechtsfolge sich aber auch gegen den Nebenbeteiligten auswirkt, sieht das Gesetz in Abwandlung der für das normale Verfahren nach Einreichung einer Anklageschrift und Eröffnung des Hauptverfahrens geltenden Vorschriften Maßnahmen vor, die dem Nebenbeteiligten die Wahrnehmung der ihm nach § 433 Abs. 1 Satz 1 zustehenden Befugnisse ermöglichen sollen.

1. Zustellung. Der Strafbefehl mit dem in § 409 bezeichneten Inhalt ist auch dem 7 Nebenbeteiligten zuzustellen (§ 438 Abs. 1 Satz 1) und (§ 409 Abs. 2) seinem gesetzlichen Vertreter mitzuteilen. Hat der Einziehungsbeteiligte einen Vertreter (§ 434), so gilt § 145 a (§ 434 Abs. 1 Satz 2).

2. Hinweispflicht
a) Beschränkung. § 438 Abs. 1 schreibt zwar vor, daß „der Strafbefehl" mitzutei- 8 len sei. Das schließt aber — in sinngemäßer Anwendung der §§ 435 Abs. 2, 436 Abs. 4 Satz 2 — nicht aus, daß der Inhalt des Strafbefehls nur insoweit wiedergegeben wird, als er für die Verfahrensbeteiligung von Bedeutung ist, z. B. wenn ein Strafbefehl Straffestsetzungen wegen mehrerer selbständiger Straftaten enthält und die Einziehung nur aus einer der Taten hergeleitet wird.

---

[3] KK-*Boujong*[2] 4.
[4] Bedenklich dagegen erscheint die Konstruktion der amtlichen Begründung (BTDrucks. V 1319 S. 80), § 431 Abs. 4 stehe einer Beteiligungsanordnung nicht entgegen, weil der Einspruch des Angeklagten den Strafbefehl und damit auch den Ausspruch der Einzie-

hung „beseitige". Denn der Strafbefehl wird durch den Einspruch zwar seiner Bedeutung als Entscheidung – vorbehaltlich der §§ 411 Abs. 3; 412 – entkleidet, aber nicht „beseitigt".
[5] KK-*Boujong*[2] 4; KMR-*Paulus* 1.

Karl Heinz Gössel

9   b) Nach § 438 Abs. 1 Satz 2 gilt **§ 435 Abs. 3 Nr. 2** entsprechend, d. h., es muß deutlich zum Ausdruck gebracht werden, daß die Einziehungsanordnung eine auch dem Nebenbeteiligten gegenüber wirksame Entscheidung darstelle.

10   **3. Einspruchsbelehrung.** Der Strafbefehl muß den Hinweis enthalten, daß die Anordnung der Einziehung oder sonstigen Rechtsfolge (Rdn. 1) dem Nebenbeteiligten gegenüber „rechtskräftig und vollstreckbar" werde, wenn nicht innerhalb zweier Wochen nach der Zustellung bei dem Amtsgericht schriftlich oder zu Protokoll der Geschäftsstelle Einspruch erhoben wird, und daß der Einspruch auch dem Nebenbeteiligten zustehe. Das ist zwar nicht ausdrücklich im Gesetz ausgesprochen. Da aber die in § 410 Abs. 1 vorgeschriebene Zustellung des Strafbefehls an den Beschuldigten auch seine zuverlässige Belehrung über sein Einspruchsrecht bezweckt, kann die Vorschrift, daß der Strafbefehl auch dem Nebenbeteiligten zuzustellen sei, keine andere Bedeutung haben, als daß auch er über sein selbständiges Einspruchsrecht (§ 438 Abs. 2) zu belehren sei. Es folgt dies auch aus der sinngemäßen Anwendbarkeit des § 435 Abs. 3 Nr. 2 und aus § 433 Abs. 1 Satz 1. Zur Belehrung über das Einspruchsrecht gehört auch der Hinweis auf das Recht, mündliche Verhandlung und Entscheidung durch Urteil zu beantragen (§§ 438 Abs. 2 i. V. mit § 441 Abs. 3)[6].

IV. Verfahren nach Erlaß des Strafbefehls mit Anordnung der Nebenbeteiligung

11   **1. Einspruch nur des Beschuldigten.** In diesem Falle richtet sich das weitere Verfahren im allgemeinen nach den Vorschriften, die für das normale Verfahren nach schriftlicher Anklage und Eröffnung des Hauptverfahrens gelten. Der Nebenbeteiligte erhält danach Terminsnachricht gemäß § 435; der Mitteilung des Strafbefehls (§ 435 Abs. 2) bedarf es naturgemäß nur, wenn die Beteiligungsanordnung erst nach dem Erlaß des Strafbefehls erfolgt ist. Bleibt der Angeklagte ohne genügende Entschuldigung und unvertreten in der Hauptverhandlung aus, so wird nach § 412 sein Einspruch auch dann verworfen, wenn der Nebenbeteiligte in der Hauptverhandlung erscheint[7]. Wird das Verwerfungsurteil rechtskräftig, so endet damit auch die Verfahrensbeteiligung; die Rechtslage ist die gleiche wie in dem Fall, daß die Nebenbeteiligung erst nach Einspruch des Beschuldigten angeordnet ist (oben Rdn. 5). Der Nebenbeteiligte kann dann seine Rechte nach § 439 geltend machen oder Entschädigungsansprüche vor dem Zivilprozeßgericht einklagen, nicht anders als in den Fällen, in denen der Angeklagte von der Einlegung des Einspruchs absieht, auf ihn verzichtet oder den eingelegten Einspruch rechtzeitig (§ 411) förmlich zurücknimmt. Bleibt dagegen der Nebenbeteiligte unvertreten in der Hauptverhandlung aus, während der Angeklagte erschienen oder vertreten ist, so kann nach § 436 Abs. 1 ohne den Nebenbeteiligten verhandelt werden; auf ihn ist § 412 auch nicht entsprechend anwendbar[8].

12   **2. Einspruch nur des Nebenbeteiligten.** Legt nur der Nebenbeteiligte aus eigenem Recht (§ 433 Abs. 1) Einspruch ein, während der Beschuldigte den Strafbefehl nicht anficht, sei es, daß er die Einspruchsfrist ungenutzt verstreichen läßt, auf den Einspruch verzichtet, den eingelegten Einspruch rechtzeitig zurücknimmt (§ 411) oder sein Einspruch gemäß § 412 verworfen wird, enthält Absatz 2 des § 438 eine **Sondervorschrift**, die eine Vereinfachung des Verfahrens bezweckt und dem Umstand Rechnung trägt,

---

[6] KK-*Boujong*[2] 3; KMR-*Paulus* 3; *Kleinknecht/Meyer*[38] 3 und 8.

[7] KK-*Boujong*[2] 5; KMR-*Paulus* 4.
[8] KK-*Boujong*[2] 5; *Kleinknecht/Meyer*[38] 4.

daß nach Rechtskraft des Strafbefehls gegenüber dem Beschuldigten nur noch über vermögensrechtliche Belange zu entscheiden ist. Diese Vorschrift gilt ohne Rücksicht darauf, ob der Nebenbeteiligte im Falle der Anberaumung eines Termins zur mündlichen Verhandlung ohne genügende Entschuldigung und unvertreten ausbleibt, oder ob er genügend entschuldigt ist oder selbst erscheint oder nach § 434 vertreten wird; im ersteren Fall ist, da er nach § 436 Abs. 1 nicht zu erscheinen braucht, eine entsprechende Anwendung des § 412 ausgeschlossen. Folgende Besonderheiten des Verfahrens sind zu beachten:

a) § 439 Absatz 3 Satz 1 ist entsprechend anwendbar, d. h., daß das Gericht den **13** Schuldspruch des gegenüber dem Beschuldigten rechtskräftigen Strafbefehls nicht nachprüft, wenn es im Fall eines wirksamen Einspruchs durch den Angeklagten zulässig gewesen wäre, den Nebenbeteiligten nach § 431 Abs. 2 von der Beteiligung zur Frage der Schuld des Angeklagten auszuschließen. Es bedarf also zum Ausschluß der Nachprüfung des Schuldspruchs keiner besonderen förmlichen Anordnung (eine schon vor oder bei Erlaß des Strafbefehls getroffene Anordnung behält aber ihre Bedeutung), sondern der Einspruch hat von vornherein nur eine beschränkte Wirkung, wenn das Gericht die Voraussetzungen als gegeben ansieht, die es in einem durch den Einspruch des Beschuldigten eröffneten Strafverfahren zu einem Beschluß nach § 431 Abs. 2 berechtigt hätten.

Liegen dagegen **die Beschränkungsvoraussetzungen nicht vor**, so kann der Einzie- **14** hungsbeteiligte im Verfahren nach Einspruch auch zur Schuldfrage Stellung nehmen, und die Pflicht des Gerichts, den Sachverhalt auch insoweit vollständig aufzuklären, unterliegt bei Durchführung einer Hauptverhandlung — unbeschadet des § 436 Abs. 2 — keiner Beschränkung. Den Rechtsbehelf des Einspruchs wie ein Rechtsmittel zu behandeln (§ 437 Abs. 1 Satz 2), hätte dem Grundsatz des rechtlichen Gehörs widersprochen. Denn der Strafbefehl enthält keine Gründe, und der Strafbefehlsrichter gründet seine Überzeugung zur Schuldfrage nur auf den Inhalt der Akten. Es fehlt also an den Garantien einer vollständigen Sachaufklärung, die die Hauptverhandlung bietet, und damit entfallen die Voraussetzungen, die im Verfahren nach Einspruch eine dem § 437 Abs. 1 Satz 2 entsprechende Beschränkung der Aufklärungspflicht bezgl. der Schuldfrage rechtfertigen könnten.

b) Die Absätze 2 und 3 des § 441 gelten entsprechend, also wird grundsätzlich durch **15** Beschluß und nur ausnahmsweise in analoger Anwendung des § 441 Abs. 2 und Abs. 3 Satz 1 auf Antrag der Staatsanwaltschaft oder des Nebenbeteiligten oder auf Anordnung des Gerichts[9] auf Grund mündlicher Verhandlung entschieden. Diese Verfahrensvereinfachung beruht, wie die ähnliche Vorschrift des § 437 Abs. 4, auf der Erwägung, daß nur über die Einziehung etc., also eine Maßnahme lediglich vermögensrechtlicher Art entschieden wird.

c) Nichtvertretener Nebenbeteiligter. Ist Termin zur mündlichen Verhandlung an- **16** beraumt, weil die Staatsanwaltschaft es beantragte oder das Gericht mündliche Verhandlung anordnete, und bleibt der gemäß § 435 Abs. 1 benachrichtigte Nebenbeteiligte **unvertreten** (§ 434) aus, so kann das Gericht nach § 433 Abs. 1 ohne ihn verhandeln. Es kann aber auch, wenn die Staatsanwaltschaft mündliche Verhandlung beantragt hatte, mit deren Einverständnis zum Beschlußverfahren übergehen.

Hatte das Gericht mündliche Verhandlung angeordnet oder die Staatsanwalt- **17** schaft oder **der Einziehungsbeteiligte die mündliche Verhandlung beantragt**, so muß

---

[9] KK-*Boujong*[2] 9; KMR-*Paulus* 7; *Kleinknecht/Meyer*[38] 7 und 8.

Karl Heinz Gössel

freilich auch dann, wenn er unvertreten ausbleibt, die mündliche Verhandlung — ggf. unter Erzwingung des Erscheinens (§ 433 Abs. 2) — durchgeführt und durch Urteil entschieden werden[10]; der Antrag ist ebenso wie die entsprechende Anordnung des Gerichts rücknehmbar mit der Folge, daß wieder ins Beschlußverfahren übergewechselt werden kann[11]. Einen Fingerzeig, wie frühere Erklärungen des Nebenbeteiligten zur Wahrnehmung seiner Rechte verwertet werden können, bietet § 74 Abs. 1 OWiG (Bekanntgabe des wesentlichen Inhalts seiner früheren Vernehmung und etwaiger schriftlicher oder protokollarischer Erklärungen zur Sache), gegen dessen rechtsanaloge Anwendung insoweit keine Bedenken bestehen. Dagegen scheidet eine sinngemäße Anwendung des § 74 Abs. 2 OWiG (Möglichkeit der Verwerfung des Einspruchs ohne Beweisaufnahme, wenn der Betroffene bei Anordnung seines persönlichen Erscheinens ohne genügende Entschuldigung ausbleibt) aus, denn das liefe auf eine entsprechende Anwendung des § 412 hinaus, die, als dem Grundsatz des § 436 Abs. 1 widersprechend, nicht im Gesetz vorgesehen ist.

18   d) Hat der Nebenbeteiligte mit **dem selbständigen Einspruch** (§ 438 Abs. 2) **Erfolg**, so wird der rechtskräftige Strafbefehl, soweit er die angeordnete Einziehung betrifft, aufgehoben; andernfalls wird der Einspruch verworfen. Wegen der Kosten und Auslagen vgl. §§ 472 b, 473.

19   3. **Einspruch des Beschuldigten und des Nebenbeteiligten.** Der Fall, daß **sowohl der Beschuldigte als auch** aus eigenem Recht **der Nebenbeteiligte Einspruch** eingelegt haben, wirft keine besonderen Probleme auf: er wird so behandelt, als sei nach schriftlich erhobener Anklage das Hauptverfahren eröffnet und die Beteiligung angeordnet worden. Der aus eigenem Recht eingelegte Einspruch des Nebenbeteiligten hat auch dann keine selbständige Bedeutung, wenn der Angeklagte durch Tod oder dauernde Verhandlungsunfähigkeit aus dem Verfahren ausscheidet; insoweit gelten im Strafbefehlsverfahren keine Besonderheiten gegenüber dem normalen Verfahren nach Erlaß des Eröffnungsbeschlusses (zum Verhältnis des Eröffnungsbeschlusses zum Strafbefehl s. § 408, 39). Es bleibt dann nur die Frage, ob das subjektive Strafverfahren in ein objektives Verfahren übergeleitet werden kann (§ 440, 61 ff).

§ 439

(1) ¹Ist die Einziehung eines Gegenstandes rechtskräftig angeordnet worden, und macht jemand glaubhaft, daß er
1. zur Zeit der Rechtskraft der Entscheidung ein Recht an dem Gegenstand gehabt hat, das infolge der Entscheidung beeinträchtigt ist oder nicht mehr besteht und
2. ohne sein Verschulden weder im Verfahren des ersten Rechtszuges noch im Berufungsverfahren die Rechte des Einziehungsbeteiligten hat wahrnehmen können,
so kann er in einem Nachverfahren geltend machen, daß die Einziehung ihm gegenüber nicht gerechtfertigt sei. ²§ 360 gilt entsprechend.

(2) ¹Das Nachverfahren ist binnen eines Monats nach Ablauf des Tages zu beantragen, an dem der Antragsteller von der rechtskräftigen Entscheidung Kenntnis erlangt hat. ²Der Antrag ist unzulässig, wenn seit Eintritt der Rechtskraft zwei Jahre verstrichen sind und die Vollstreckung beendet ist.

---

[10] Oben Rdn. 15; zweifelnd *Eb. Schmidt* Nachtr. II 9.

[11] KK-*Boujong*² 9; KMR-*Paulus* 7; *Kleinknecht/Meyer*³⁸ 9.

(3) [1]Das Gericht prüft den Schuldspruch nicht nach, wenn nach den Umständen, welche die Einziehung begründet haben, im Strafverfahren eine Anordnung nach § 431 Abs. 2 zulässig gewesen wäre.[2] Im übrigen gilt § 437 Abs. 1 entsprechend.

(4) Wird das vom Antragsteller behauptete Recht nicht erwiesen, so ist der Antrag unbegründet.

(5) Vor der Entscheidung kann das Gericht mit Zustimmung der Staatsanwaltschaft die Anordnung der Einziehung aufheben, wenn das Nachverfahren einen unangemessenen Aufwand erfordern würde.

(6) Eine Wiederaufnahme des Verfahrens nach § 359 Nr. 5 zu dem Zweck, die Einwendungen nach Absatz 1 geltend zu machen, ist ausgeschlossen.

Entstehungsgeschichte. Durch Art. 21 Nr. 115 EGStGB 1974 wurden in Absatz 2 Satz 2 hinter „verstrichen sind" der Satzteil „und die Vollstreckung beendet ist" angefügt.

Übersicht

I. Allgemeine Bemerkungen zum Nachverfahren

1. Interessenlage. Bei der stets auf bestimmte Gegenstände (einschließlich ihres **1** Wertersatzes) bezogenen Einziehung und den sonst in § 442 Abs. 1 genannten Rechtsfolgen kann der tatunbeteiligte Eigentümer der betroffenen Gegenstände oder ein tatunbeteiligter Inhaber sonstiger Rechte daran trotz der Möglichkeit der Nebenbeteiligung Rechtsverluste erleiden, wenn er entweder ohne sein Verschulden nicht am Verfahren beteiligt war (§ 431 Abs. 1 Satz 1) oder aber seine Rechte als Beteiligter nicht wahrnehmen konnte. Unabhängig von etwaigen Entschädigungsansprüchen (z. B. § 74 f StGB) verlangt der Grundsatz des **rechtlichen Gehörs** (Art. 103 Abs. 1 GG), daß den Berechtigten mit der nachträglichen Gehörsgewährung ein Rechtsbehelf zugestanden wird, der, soweit möglich, zu einer Wiederherstellung der verlorengegangenen Rechte führt, so daß er sich so steht, wie er sich bei rechtzeitiger Gewährung des Gehörs gestanden hätte. In § 439 ist dieser Grundgedanke (vgl. auch §§ 33 a, 311 a) mit dem des ausnahmslosen Rechtsschutzes gegenüber Rechtseingriffen der öffentlichen Gewalt verbunden worden: „für den Rechtsinhaber, der am Verfahren nicht beteiligt worden ist, wirkt sich die Anordnung der Einziehung wie ein Eingriff durch die öffentliche Gewalt aus, gegen die nach Art. 19 Abs. 4 GG die Anrufung der Gerichte möglich sein muß"[1].

2   **2. Wesen und Ziel.** Wie die Anträge auf Wiedereinsetzung in den vorigen Stand und auf Wiederaufnahme des Verfahrens, so hat auch der Antrag auf Durchführung des Nachverfahrens die **Durchbrechung der Rechtskraft** einer Entscheidung zum Ziel. Im Nachverfahren werden ein **Feststellungsbegehren** und ein **Gestaltungsbegehren** miteinander verbunden geltend gemacht. Der zulässige und begründete Antrag führt zu der Feststellung, daß die Einziehung oder die sonst angeordnete Rechtsfolge (§ 442 Abs. 1) gegenüber dem Betroffenen „nicht gerechtfertigt" gewesen sei, wodurch die jeweilige Maßnahme **aufgehoben** und der frühere, bis zur Rechtskraft der angefochtenen Entscheidung bestehende Rechtszustand wiederhergestellt wird. Die **Vollstreckung** der angefochtenen Entscheidung oder eine sonstige „Erledigung" tatsächlicher Art, wie etwa die Vernichtung des betreffenden Gegenstandes, steht der Zulässigkeit grundsätzlich nicht entgegen, es sei denn, die zweijährige Ausschlußfrist des § 439 Abs. 2 (s. dazu unten Rdn. 27) ist abgelaufen.

3   § 439 läßt es indessen dem Nebenbeteiligten unbenommen, **statt** der **Aufhebung** der ihn belastenden Rechtsfolgenentscheidung einen etwaigen **Entschädigungsanspruch** vor den **Zivilgerichten** geltend zu machen, im Falle der Einziehung z. B. den Anspruch aus § 74 f StGB[2]. Sind die Fristen des § 439 Abs. 2 verstrichen, so bleibt ihm nur dieser Weg. Der Dritte wird sich mit seinen Ansprüchen in der Regel zunächst an die zuständige Justizverwaltung wenden (grundsätzlich an die Justizverwaltung des Landes, dessen Gericht im ersten Rechtszug entschieden hat, an die Bundesjustizverwaltung nur, wenn Sondervorschriften — vgl. § 24 des Ges. über die Kontrolle von Kriegswaffen vom 20. 4. 1961, BGBl. I 444 — eine Einziehung zugunsten des Bundes vorsehen). Die Entscheidung im Verwaltungsweg ist nach § 68 a StVollstrO Sache der obersten Justizbehörde oder der von ihr bestimmten Stelle. Kommt eine Einigung nicht zustande, so entscheidet das Zivilgericht. Eine Entscheidung des Strafrichters nach § 436 Abs. 3 Satz 1, 2 bindet aber auch den Zivilrichter.

4   **3. Verfahrensgang.** Während § 439 die **inhaltlichen** Voraussetzungen des Nachverfahrens normiert, enthält § 441 die **formelle** Verfahrensregelung. **Gegenstand** des Nachverfahrens ist die Prüfung, ob die Einziehung dem Antragsteller gegenüber gerechtfertigt ist. Es setzt einen **Antrag** voraus (Abs. 2) und zerfällt in zwei Verfahrensabschnitte. Der erste Abschnitt hat die Prüfung der Zulässigkeit zum Gegenstand; erst wenn diese bejaht wird, ist Raum für die Prüfung der Begründetheit des Antrags (Rdn. 31 ff).

   4. Vollstreckung der im Nachverfahren angefochtenen Rechtsfolgenentscheidung
5   **a) Gesetzliche Regelung.** § 439 Abs. 1 Satz 2 erklärt **§ 360 für entsprechend anwendbar,** wonach durch den Antrag auf Wiederaufnahme des Verfahrens die Vollstreckung des Urteils nicht gehemmt wird, das Gericht jedoch einen Aufschub sowie eine Unterbrechung der Vollstreckung anordnen kann. Nach § 442 Abs. 2 Satz 3, der sich an die

---

[1] BTDrucks. **V** 1319 S. 74; zur Entwicklung dieser Problematik s. Erl. zu § 432 a. F in der 21. Aufl. und LR-*Schäfer*[23] § 439, 2.

[2] KK-*Boujong*[2] 2; KMR-*Paulus* 2; LK-*Schäfer* § 74 f, 3.

Vollstreckungsbehörden richtet, sollen aber, wenn der Verfallsbeteiligte ein Nachverfahren beantragt, bis zu dessen Abschluß Vollstreckungsmaßnahmen gegen den Antragsteller überhaupt unterbleiben (dazu § 442, 3).

b) Unmittelbare Wirkungen der Rechtsfolgenentscheidung ohne Vollstreckungs- 6 charakter. Nach §§ 73 d, 74 e StGB geht, wenn Einziehung oder Verfall eines Gegenstandes angeordnet sind, das Eigentum an der Sache oder das eingezogene oder verfallene Recht kraft Gesetzes auf den Staat über, der originär Eigentum oder das Recht erwirbt; die **unmittelbar kraft Gesetzes** mit der Rechtskraft des Urteils eingetretenen Wirkungen der Einziehung oder der sonst angeordneten Rechtsfolgen stellen keine „Vollstreckung" dar und werden folglich durch § 439 Abs. 1 Satz 2 und § 442 Abs. 2 Satz 3 nicht berührt.

c) Vollstreckungsmaßnahmen. Unter **Vollstreckung** i. S. des § 439 Abs. 1 Satz 2 7 und des Abs. 2 Satz 3 sind solche Maßnahmen zu verstehen, die auf die Erlangung des Besitzes und die äußere Kenntlichmachung des Rechtsübergangs gerichtet sind und dem Fiskus die Ausübung der mit dem Rechtserwerb verbundenen Rechtsstellung auch faktisch und wirtschaftlich ermöglichen[3]. Solcher Maßnahmen bedarf es bei Sachen nur, wenn sie zur Zeit der Rechtskraft sich nicht in amtlicher Verwahrung (infolge Beschlagnahme oder freiwilliger Herausgabe) befinden. Ist der Gegenstand in den Händen des Verurteilten, gegen den auf Einziehung (Verfall) erkannt ist, oder des Einziehungs- oder Verfallsbeteiligten, der nach der Entscheidung zur Herausgabe verpflichtet ist, weil er im Spruch als solcher bezeichnet und Einziehung (Verfall) des ihm gehörigen oder von ihm in Anspruch genommenen Gegenstandes angeordnet ist, und gibt der Besitzer ihn trotz Aufforderung nicht freiwillig heraus, so erfolgt die Vollstreckung nach § 459 g StPO, § 61 StVollStrO, indem der Vollziehungsbeamte auf Grund eines schriftlichen Vollstreckungsauftrags (§ 61 Abs. 2 StVollStrO) dem Herausgabepflichtigen den Gegenstand wegnimmt. Wird dieser dort nicht vorgefunden, so kann der Herausgabepflichtige zur eidesstattlichen Versicherung über den Verbleib angehalten werden; davon ist aber nach § 62 Abs. 1 StVollstrO in der Regel abzusehen, sofern die Versicherung wesentlichen Feststellungen der Entscheidung widersprechen würde. Ist der Gegenstand im Gewahrsam des Nebenbeteiligten, und verweigert dieser die Herausgabe mit der Begründung, daß er an dem Gegenstand ein Recht zum Besitz habe, so kann gegen ihn auf Grund der Entscheidung nur vollstreckt werden, wenn in ihr das Erlöschen des Rechts angeordnet worden ist. Ob im übrigen der Anspruch auf Herausgabe (§ 985 BGB) im Wege der Klage gegen ihn geltend gemacht werden soll, entscheidet die oberste Justizbehörde (§ 61 Abs. 3 StVollstrO).

Befindet sich der Gegenstand in der Hand eines **Dritten** (eines anderen als des 8 Verurteilten oder des Nebenbeteiligten), so kann gegen ihn nicht unmittelbar aus dem die Einziehung oder eine der sonst in § 442 Abs. 1 genannten Rechtsfolgen anordnenden Urteil vorgegangen werden, denn einen Vollstreckungstitel bildet das Urteil nur gegen denjenigen, den es als Verurteilten oder Nebenbeteiligten, der die Einziehung (die sonstige Rechtsfolge) zu dulden hat, nennt. Der Fiskus kann gegen den dritten Gewahrsamsinhaber, der einer Aufforderung zur Herausgabe nicht nachkommt, auf Grund des mit der Rechtskraft (ggf. lastenfrei) erworbenen Eigentums nur mit einer Klage auf Herausgabe (§ 985 BGB) vorgehen; ob das geschehen soll, entscheidet auch hier die oberste Justizbehörde (§ 61 Abs. 4 StVollStrO).

Abgesehen von den auf Besitzerlangung gerichteten Handlungen kommen als 9 **vollstreckungsähnliche Maßnahmen** noch solche Handlungen in Betracht, die die äußere

---

[3] KK-*Boujong*[2] 7; KMR-*Paulus* 4.

Karl Heinz Gössel

Kenntlichmachung des mit der Rechtskraft der Entscheidung vollzogenen Eigentumser-
werbs des Staates bezwecken, wie z. B. bei Einziehung eines Grundstücks oder bei Anordnung des Erlöschens von Rechten an einem Grundstück die Berichtigung des Grund-
buchs; die **Verwertung** z. B. eingezogener oder verfallener Gegenstände oder die sonstige faktische Ausführung (z. B. Vernichtung) der jeweils angeordneten Rechtsfolge
(§ 63 StVollstrO) bildet keinen Bestandteil der Vollstreckung mehr.

10   Ergänzt wird diese Regelung durch § 68 **StVollstrO**. Danach sind die Vollstrek-
kungsbehörden angewiesen, wenn damit zu rechnen ist, daß das Nachtragsverfahren beantragt wird, von der **Verwertung** eingezogener Gegenstände (durch öffentliche Versteigerung, freihändigen Verkauf usw.) einstweilen abzusehen. Diese Vorschriften gelten erst recht, wenn ein Nachverfahren bereits beantragt ist[4].

II. Zulässigkeit

11   **1. Statthaftigkeit.** Das Nachverfahren ist nur **statthaft**, liegt in einer im objektiven oder im subjektiven Verfahren ergangenen rechtskräftigen Anordnung der Einziehung oder einer der sonst in § 442 Abs. 1 erwähnten Rechtsfolgen ein tauglicher **Anfechtungsgegenstand** vor. Weil bei bloß formeller Rechtskraft u. U. zwar dem Angeklagten,
nicht aber dem Nebenbeteiligten eine inhaltliche Abänderung der Einziehungsentscheidung oder einer sonstigen einen Nebenbeteiligten betreffenden Rechtsfolgenanordnung zu erreichen möglich ist (z. B. Verwerfung der Berufung des Angeklagten ohne
Verhandlung zur Sache nach § 329 Abs. 1), reicht ein für alle Beteiligten (absolut) formell rechtskräftiger Einziehungs- oder sonstiger Rechtsfolgenausspruch (§ 442 Abs. 1)
als tauglicher Anfechtungsgegenstand aus: das Nachverfahren dient auch dazu, die dem
Nebenbeteiligten schon durch den Eintritt der formellen Rechtskraft versperrte inhaltliche Überprüfung des ihn betreffenden Rechtsfolgenausspruchs nachträglich noch zu
ermöglichen. Es reicht aus, daß lediglich der den Nebenbeteiligten betreffende Rechtsfolgenausspruch (allen Beteiligten gegenüber, also absolut) in formelle Rechtskraft erwachsen ist: das Nachverfahren ist demgemäß auch dann statthaft, wenn das im übrigen
rechtskräftige Urteil nur in einem Punkt (§§ 318, 352) angefochten ist, der die Einziehung nicht berührt. Eine Einziehung ist i. S. des § 439 auch angeordnet, wenn ein **Vorbehalt** der Einziehung rechtskräftig angeordnet ist (§ 74 b Abs. 2 StGB), denn durch die Befolgung der Anweisung kann das Drittrecht **beeinträchtigt** werden (§ 439 Abs. 1 Nr. 1).

12   **2. Form.** Anders als bei dem ebenfalls auf die Durchbrechung der Rechtskraft gerichteten Rechtsbehelf der Wiederaufnahme sind die allgemeinen Vorschriften über
Rechtsmittel nicht für anwendbar erklärt worden (vgl. § 365). Deshalb gelten für den Antrag keine besonderen Formvorschriften; es genügt ein schriftlicher Antrag oder ein Antrag zu Protokoll des Urkundsbeamten des Gerichts (§ 441 Abs. 1 Satz 1 — anders
§ 366); die Staatsanwaltschaft ist nicht zu Gunsten des von der infrage kommenden
Rechtsfolge betroffenen Tatunbeteiligten antragsberechtigt (vgl. aber Abs. 5 und unten
Rdn. 30).

13   **3. Glaubhaftmachen inhaltlicher Zulässigkeitsvoraussetzungen.** Wie schon bei der
Anordnung der Nebenbeteiligung nach § 431 Abs. 1, so müssen folgerichtig auch im
Nachverfahren, das auch bei bisher fehlender Nebenbeteiligungsanordnung durchgeführt werden kann, die inhaltlichen Voraussetzungen der Rechtsbeeinträchtigung
glaubhaft sein, jedoch reicht das zur Nebenbeteiligungsanordnung notwendige bloße

---

[4] *Pohlmann* Rpfleger **1968** 264, 271.

„glaubhaft erscheinen" nicht aus; im Nachverfahren muß die Rechtsbeeinträchtigung **glaubhaft gemacht** werden. Gegenstand der Glaubhaftmachung ist neben der **Rechtsbeeinträchtigung** zudem das **unverschuldete Rechtsversäumnis.**

a) Rechtsbeeinträchtigung. In der von § 439 Abs. 1 verlangten Glaubhaftmachung **14** einer Rechtsbeeinträchtigung ist zugleich eine modifizierte Form der allgemeinen Rechtsbehelfsvoraussetzung der **Beschwer** zu erblicken. Die Rechtsbeeinträchtigung liegt vor, wenn jemandem an dem von der Einziehung oder der sonst angeordneten Rechtsfolge (§ 442 Abs. 1) betroffenen Gegenstand ein Recht zustand, welches infolge der rechtskräftigen Entscheidung mindestens beeinträchtigt ist.

aa) In seinem Recht kann naturgemäß nur derjenige **Nebenbeteiligte** beeinträch- **15** tigt sein, dem das Eigentum oder ein sonstiges Recht (s. § 431, 12) an dem von der jeweiligen Rechtsfolgenanordnung betroffenen Gegenstand im Zeitpunkt des Eintritts der Rechtskraft dieser Anordnung (vgl. §§ 74 e, 74 f StGB) auch wirklich **zustand**: weil indessen die in §§ 74 c, 76 StGB vorgesehene Einziehung des Wertersatzes sich ausschließlich gegen Täter oder Teilnehmer der Tat richten kann, nicht aber gegen tatunbeteiligte Berechtigte[5], fehlt es schon an einem Nebenberechtigten (§ 431, 22) und also erst recht an einem beschwerten Nebenberechtigten — dies gilt indessen nicht für den Verfall des Wertersatzes gemäß § 73 a StGB, der sich auch gegen tatunbeteiligte Berechtigte[6] richten kann[7].

Ist der im Zeitpunkt der Rechtskraft der Einziehungs- oder sonstigen Rechtsfol- **16** genanordnung in seinen Rechten Beeinträchtigte verstorben, so treten die **Erben** an seine Stelle, die nunmehr in ihren (ererbten) Rechten beeinträchtigt sein können.

bb) Gegenstand der Glaubhaftmachung der Rechtsbeeinträchtigung ist neben der **17** Glaubhaftmachung der Rechtsinhaberschaft auch die der Beeinträchtigung dieses Rechts durch die rechtskräftige Anordnung der Einziehung oder einer der sonst in § 442 Abs. 1 genannten Rechtsfolgen. Die Rechtsbeeinträchtigung ist z. B. beim **Rechtsuntergang** in den Fällen des Rechtsübergangs auf den Staat nach § 74 e Abs. 1 zu bejahen wie bei der Anordnung des Erlöschens beschränkt dinglicher Rechte nach § 74 b Abs. 2 Satz 2, 3 StGB, ebenso in den Fällen sonstiger Rechtsbeeinträchtigungen durch Anordnung wirtschaftlicher Maßnahmen beim Einziehungsvorbehalt nach § 74 b Abs. 2 StGB, die mit Verlust oder wirtschaftlicher Beeinträchtigung des Eigentums verbunden waren[8].

b) Unverschuldetes Rechtsversäumnis. Der in seinen Rechten Beeinträchtigte muß **18** zudem glaubhaft machen, daß er **ohne sein Verschulden** weder im Verfahren des ersten Rechtszugs noch im Berufungsverfahren **die Rechte des Einziehungsbeteiligten hat wahrnehmen können** (dazu § 437, 4).

aa) Diese Voraussetzung ist einmal dann zu bejahen, wenn der in seinen Rechten **19** beeinträchtigte Antragsteller ohne sein Verschulden überhaupt **nicht Einziehungsbeteiligter war**, insbesondere weil er von der Verstrickung seines Eigentums oder Rechts in die Straftat oder mit Strafe bedrohte Handlung keine Kenntnis hatte, zum anderen aber,

bb) wenn er **zwar Einziehungsbeteiligter** war, aber etwa die Terminsnachricht ihn **20** nicht oder nicht rechtzeitig erreichte oder er am Erscheinen in der Hauptverhandlung

---

[5] KK-*Boujong*[2] 3; KMR-*Paulus* 3; *Kleinknecht/Meyer*[38] 4; LK-*Schäfer* § 74 c, 4.
[6] Drittempfänger nach § 73 Abs. 3, 4 StGB.
[7] KK-*Boujong*[2] 3; *Kleinknecht/Meyer*[38] 4; LK-*Schäfer* § 73 a, 1.
[8] Vgl. LK-*Schäfer* § 74 b, 4.

Karl Heinz Gössel

und an der Sorge für Vertretung verhindert war. Unverschuldete Nichtwahrnehmung liegt aber auch vor, wenn die Verfahrenslage die Erlangung der Stellung eines Nebenteiligten oder die Wahrnehmung der Rechte eines solchen ausschloß, so z. B., wenn er zwar von einem auf Einziehung lautenden Urteil vor dessen Rechtskraft Kenntnis erlangte, eine Beteiligung in der Rechtsmittelinstanz aber entfiel, weil der Angeklagte das Urteil hinnahm (wegen des Strafbefehls s. § 438, 11 ff), oder wenn seine Beteiligung so spät in der letzten Tatsacheninstanz (§ 431 Abs. 4) angeordnet wurde, daß seine Beteiligung sich praktisch auf die Revisionsinstanz beschränkte, in der er mit tatsächlichem Vorbringen ausgeschlossen war, oder wenn im Fall einer Einziehung nach § 74 Abs. 2 Nr. 1 oder § 74 a StGB ein Wechsel des Eigentums erst in der Zeit nach der Hauptverhandlung in der letzten Tatsacheninstanz vor Eintritt der Rechtskraft erfolgte.

21   Konnte der **Nebenbeteiligte** dagegen seine **Rechte wahrnehmen**, so ist es ohne Bedeutung, wenn das Gericht seinen Ausführungen und Einwendungen nicht folgte oder sie gar versehentlich unberücksichtigt ließ. Im letzteren Fall liegt nur ein Fehlverhalten des Gerichts vor, dessen sich der Nebenbeteiligte — nicht anders als in einem entsprechenden Fall der Angeklagte — nur mit den gesetzlich zulässigen Rechtsmitteln im Strafverfahren erwehren kann. Das gleiche gilt, wenn das Gericht eine Beschränkung der Verfahrensbeteiligung (§ 431 Abs. 2) ohne die gesetzlichen Voraussetzungen anordnete; dann stand der Weg der sofortigen Beschwerde (§ 431 Abs. 5) zur Verfügung, und der Angeklagte könnte auch nicht geltend machen, daß seine sofortige Beschwerde zu Unrecht verworfen worden sei.

c) Glaubhaftmachung

22   **aa) Über die Mittel der Glaubhaftmachung** vgl. § 26, 18; § 45, 17 ff. Der eigene Eid und die eigene eidesstattliche Versicherung des Dritten kommen als Glaubhaftmachungsmittel nicht in Betracht, denn der Dritte nimmt in diesem Stadium des Verfahrens eine Stellung ein, die der des Einziehungsinteressenten im Ermittlungsverfahren entspricht (vgl. § 432 Abs. 2: Behandlung wie ein Beschuldigter). Der Gedanke läßt sich auch so wenden, daß er das nachträgliche Einrücken in die Rolle eines Einziehungsbeteiligten mit den Befugnissen eines Angeklagten (§ 433 Abs. 1) erstrebt[9]. Bei jeder Betrachtungsweise entfallen Eid und eidesstattliche Versicherung für ihn als Mittel der Glaubhaftmachung.

23   **bb)** Die Glaubhaftmachung obliegt nach dem Wortlaut des Gesetzes auch dem, der am Strafverfahren bereits **als Einziehungsbeteiligter beteiligt** war (oben Rdn. 20), weil sein Recht glaubhaft erschien (§ 431 Abs. 1 Satz 1). Dieses Ergebnis ist gewollt. „Darin liegt keine Unbilligkeit. Denn die ursprüngliche Glaubhaftmachung kann durch die im Urteil getroffenen Feststellungen ausgeräumt sein."[10]

24   **4. Antragsberechtigung.** Antragsberechtigte können nur solche Personen sein, welche nach § 431 Abs. 1 Nebenbeteiligte sein können[11]: nur wer seine mit der Nebenbeteiligung wahrnehmbaren Rechte im Hauptverfahren nicht wahrnehmen konnte, ist dazu im Nachverfahren berechtigt — damit scheiden Verurteilte als Antragsberechtigte aus. Der Antrag kann auch durch einen von ihm selbst bestellten oder einen beigeordneten Vertreter (§ 434) gestellt werden. Der gesetzliche Vertreter ist selbständig antragsberechtigt.

---

[9] So *Eb. Schmidt* Nachtr. II 8.
[10] BTDrucks. V 1319 S. 81.

[11] KK-*Boujong*[2] 3 hält auch bloße Nebeninteressenten für antragsberechtigt.

5. Frist

a) Rechtsbehelfsfrist. Nach Absatz 2 Satz 1 muß der Antrag binnen Monatsfrist **25** nach Ablauf des Tages gestellt werden, an dem der Antragsteller von der rechtskräftigen Entscheidung Kenntnis erlangt hat. Da es auf die Kenntnis der **rechtskräftigen** Entscheidung ankommt, ist es für den Fristablauf ohne Bedeutung, ob und wann der Antragsteller von einer noch nicht rechtskräftigen Entscheidung Kenntnis erlangt hat[12]. Wegen der Fristberechnung vgl. §43, wegen der Wiedereinsetzung gegen die Versäumung der Frist §§44, 45. Die Feststellung der Kenntniserlangung bereitet Schwierigkeiten, wenn der Einziehungsinteressent oder -beteiligte den Prozeßverlauf nicht im einzelnen verfolgt hat, namentlich aber dann, wenn er von der Verstrickung des Gegenstandes in ein Strafverfahren keine Kenntnis erlangte; deshalb sieht Absatz 2 Satz 2 eine absolute Ausschlußfrist vor. Kenntnis von der rechtskräftigen Entscheidung bedeutet positive Kenntnis — Kennenmüssen genügt nicht —, daß eine Entscheidung ergangen und daß sie formell rechtskräftig ist, und zwar eine Entscheidung über die Einziehung oder die sonst (§ 442 Abs. 1) in Betracht kommende Rechtsfolge; dagegen braucht der Antragsteller nicht zu wissen, welche Folgen sich mit der Rechtskraft der Entscheidung für seine Rechtsstellung ergaben.

Die **Wahrung der Frist ist Prozeßvoraussetzung** für das Nachtragsverfahren, ihre **26** Nichtwahrung stellt ein Prozeßhindernis für die Durchführung des Nachtragsverfahrens dar[13]. Nach allgemeinen Grundsätzen[14] wird das Vorliegen der Prozeßvoraussetzungen in jeder Lage des Verfahrens von Amts wegen im Wege des Freibeweises geprüft; es bedarf also keiner Glaubhaftmachung der Fristwahrung durch den Antragsteller. Dabei kann die Frage auftauchen, ob sich ein unaufklärbarer Zweifel, ob die Frist gewahrt ist oder nicht, zum Nachteil oder zum Vorteil des Antragstellers auswirkt. Da der Antragsteller als der von einer rechtskräftigen Entscheidung — nach seinem Vorbringen — unmittelbar Betroffene praktisch in die Rolle eines Angeklagten eingerückt ist, der sich mit Rechtsbehelfen des Eingriffs der staatlichen Strafgewalt in seine Güter zu erwehren sucht, erhebt sich auch hier die grundsätzliche Frage, ob die Entscheidung im Sinne von ,,im Zweifel zugunsten des Rechtsmittels" oder ,,im Zweifel zugunsten der Rechtskraft" zu fallen hat. In entsprechender Anwendung des Grundsatzes ,,in dubio pro reo" darf der Antrag indessen nur dann als verspätet verworfen werden, wenn die Fristversäumung zweifelsfrei feststeht[15].

b) Ausschlußfrist. Nach **Absatz 2 Satz 2** ist unabhängig davon, ob die Frist nach **27** Abs. 2 Satz 1 zu laufen begonnen hat oder überhaupt noch nicht in Lauf gesetzt war, der Antrag unzulässig, wenn seit Eintritt der formellen absoluten Rechtskraft (Rdn. 12) **zwei Jahre** verstrichen sind. War aber in diesem Zeitpunkt die Vollstreckung noch nicht beendet, so wird die Frist bis zur Beendigung der Vollstreckung verlängert. Diese (auf Art. 21 Nr. 115 EGStGB beruhende) Fristverlängerung trägt der Regelung des **Verfalls** Rechnung. Die Begründung des RegEntwurfs führt dazu aus:

> Nach §73 Abs. 3 StGB richtet sich die Anordnung des Verfalls auch gegen möglicherweise völlig unbeteiligte Dritte, denen der für sie handelnde Täter oder Teilnehmer durch seine rechtswidrige Tat einen Vermögensvorteil zugewendet hat. Dabei braucht es sich nicht um den Verfall bestimmter Gegenstände zu handeln, die etwa — wie bei der Einziehung — auf Grund ihrer Beschaffenheit oder wegen des Verhaltens des Berechtigten mit dieser Rechtsfolge bedroht werden; erfaßt werden vielmehr Vermögensvorteile aller Art und der Wertersatz. Da die

---

[12] KK-*Boujong*[2] 8; *Kleinknecht/Meyer*[38] 7.
[13] KK-*Boujong*[2] 8.
[14] Einl. Kap. **11** 13.
[15] Vgl. Einl. Kap. **11** 44 bis 51, ebenso KK-*Bou-*

jong[2] 10; *Kleinknecht/Meyer*[38] 10; **a. A** OLG Hamm VRS **47** 369; **50** 305; *Eb. Schmidt* Nachtr. II 4.

Möglichkeit besteht, daß der Betroffene von einem auch in seine Rechte eingreifenden rechtskräftigen Urteil erst durch die Einleitung von Vollstreckungsmaßnahmen Kenntnis erlangt, sollte die in Absatz 2 vorgesehene absolute Ausschlußfrist in diesen Fällen, in denen das Verfahren sowieso noch nicht zum Abschluß gekommen ist, erst mit der Beendigung der Vollstrekkung beginnen.

28   Als „**Beendigung der Vollstreckung**" ist im allgemeinen der Abschluß der Maßnahmen anzusehen, die darauf gerichtet sind, dem Fiskus die Ausübung der mit dem Eigentums- und sonstigen Rechtserwerb verbundenen Rechtsstellung auch wirtschaftlich, faktisch zu ermöglichen (vgl. Rdn. 6 f und §§ 60 bis 62 StVollstrO); die Verwertung verfallener oder eingezogener Gegenstände etc. (s. Rdn. 9) bildet keinen Bestandteil der Vollstreckung mehr. Die Frist des Satzes 2, die die Wahrung des Rechtsfriedens bezweckt, beginnt, anders als die des Satzes 1, mit dem Tag des Eintritts der Rechtskraft. Sie ist eine absolute Ausschlußfrist[16]; gegen ihre Versäumnis gibt es keine Wiedereinsetzung (§§ 44, 45).

6. Entscheidung

29   a) **Fehlen die Zulässigkeitsvoraussetzungen des Nachverfahrensantrags** gemäß Abs. 1, 2, so wird er durch Beschluß (§ 441 Abs. 2) als unzulässig verworfen.

30   b) Wird der Antrag **als zulässig befunden**, so bedarf es keines besonderen Zulassungsbeschlusses[17], vielmehr geht das Nachverfahren ohne weiteres in das Stadium der **sachlichen** Nachprüfung über.

III. Begründetheit (Absätze 3, 4)

31   1. **Umfang der Nachprüfung.** Im Strafverfahren (§ 431) erstreckt sich die Beteiligung nicht auf die Frage der Schuld des Angeschuldigten, wenn das Gericht gemäß § 431 Abs. 2 eine dahin gehende Anordnung trifft; eine solche Beschränkung anzuordnen, ist gemäß § 431 Abs. 2 („kann") in sein pflichtmäßiges Ermessen gestellt. Im Nachtragsverfahren, in dem bereits ein rechtskräftiger Schuldspruch vorliegt, bedarf es keiner besonderen Beschränkungsanordnung, vielmehr ist gemäß § 439 Abs. 3 Satz 1 der Schuldspruch bereits kraft Gesetzes von der Nachprüfung ausgeschlossen, wenn im Strafverfahren eine Beteiligungsbeschränkung zulässig gewesen wäre, weil die Voraussetzungen des § 431 Abs. 2 vorlagen. Ob dies der Fall ist, richtet sich „nach den Umständen, welche die Einziehung" oder die sonstige Rechtsfolge „begründet haben", d. h., die Prüfung erfolgt unter Zugrundelegung der Urteilsgründe. „Im übrigen", d. h., wenn der Antragsteller, weil es an den Voraussetzungen des § 431 Abs. 2 Nr. 1, 2 fehlte, im Strafverfahren hätte beteiligt werden müssen, gilt nach § 439 Abs. 3 Satz 2 § 437 Abs. 1 entsprechend, d. h., der Schuldspruch des Urteils wird in gleicher Weise wie im Rechtsmittelverfahren nur auf Einwendungen des Antragstellers in begrenztem Umfang nachgeprüft. War der Antragsteller bereits Nebenbeteiligter des Strafverfahrens, und war bereits eine Beschränkung nach § 431 Abs. 2 angeordnet, so ist das Gericht der Prüfung im Nachtragsverfahren enthoben, ob eine Anordnung nach § 431 Abs. 2 zulässig gewesen wäre. Ist die Einziehung oder die sonst in Betracht kommende Rechtsfolge durch rechtskräftigen Strafbefehl angeordnet worden, so gelten hinsichtlich der Nachprüfung des Schuldspruchs die gleichen Grundsätze wie bei einer Nachprüfung im Strafverfahren nur auf den Einspruch des Einziehungsbeteiligten hin (§ 438, 12).

---

[16] KK-*Boujong*² 9; KMR-*Paulus* 11; *Kleinknecht/Meyer*³⁸ 8.   [17] KK-*Boujong*² 10.

2. Gegenstand der Entscheidung

a) Nachweis der behaupteten Rechtstellung. Nach **Absatz 4** wird der Antrag, **32** ohne daß es einer weiteren Prüfung bedarf, als **unbegründet** verworfen, wenn das vom Antragsteller **behauptete Recht** (Absatz 1 Satz 1 Nr. 1) **nicht erwiesen** ist. Der Antrag kann also nur Erfolg haben, wenn das behauptete Recht zur Überzeugung des Gerichts erwiesen ist; ein unaufklärbarer Zweifel geht zu Lasten des Antragstellers. Diese Regelung, die konstruktiv in etwa ein Gegenstück in § 186 StGB („wenn nicht diese Tatsache erweislich wahr ist") findet, bedeutet nicht, daß den Antragsteller eine Beweislast nach den Regeln des bürgerlichen Rechts und des Zivilprozesses träfe. Vielmehr hat das Gericht von Amts wegen zu prüfen, ob das behauptete Recht besteht. Ein „non liquet" belastet aber den Antragsteller[18]. „Dies ist nicht zuletzt deshalb geboten, weil das Nachverfahren lange Zeit nach dem Strafverfahren stattfinden kann, und Beweismittel, die in diesem Verfahren noch zur Verfügung standen, inzwischen verlorengegangen sein können."[19] Die innere Rechtfertigung wird auch darin zu finden sein, daß es sich bei dem Nachtragsverfahren nur um vermögensrechtliche Belange handelt und daß es unter diesem Gesichtspunkt gerechtfertigt ist, Eingriffe in die Rechtskraft der Entscheidung in engen Grenzen zu halten[20], zumal den Betroffenen, wäre er nur darauf angewiesen, Entschädigungsansprüche aus § 74 f StGB vor dem Zivilrichter geltend zu machen, die Beweislast für den Bestand des Rechts nach allgemeinen Beweislastregeln träfe.

b) Berechtigung der Rechtsfolgenanordnung. Ist das **Recht erwiesen**, so ist nach **33** § 439 Abs. 1 zu prüfen, ob die Einziehung und die Anordnung des Erlöschens von Rechten (§ 74 e Abs. 2 StGB) oder die sonst in Betracht kommende Rechtsfolge (§ 442 Abs. 1) dem Antragsteller „gegenüber gerechtfertigt" ist. Das Gericht prüft also im Nachverfahren, wie im Strafverfahren zu entscheiden gewesen wäre, wenn der Antragsteller seine Rechte hätte wahrnehmen können. Es ist dabei aber nicht auf das damals vorhandene Beweismaterial beschränkt, sondern entscheidet auf Grundlage der jetzt zur Verfügung stehenden Erkenntnismöglichkeiten[21] („nicht gerechtfertigt **sei**"). Kann es nicht die Überzeugung gewinnen, daß die Einziehung gerechtfertigt sei, so wirkt sich der Zweifel zugunsten des Antragstellers aus[22], wie ja auch im vorausgegangenen Strafverfahren ein Zweifel, ob die Einziehungsvoraussetzungen voll erfüllt sind, nach dem Grundsatz in dubio pro reo zu einer Abstandnahme von der Einziehung geführt hätte.

3. Inhalt der Entscheidung. Ist das behauptete Recht nicht erwiesen oder ist die **34 Einziehung** oder die sonst angeordnete Rechtsfolge **gerechtfertigt**, so wird der Antrag als unbegründet verworfen. Andernfalls wird die Rechtsfolgenanordnung insoweit „aufgehoben" (§ 439 Abs. 5), als sie dem Antragsteller gegenüber nicht gerechtfertigt ist. Wendet sich z. B. der Antragsteller nur gegen eine Erlöschensanordnung (§ 74 e Abs. 2 StGB), so wird nur diese aufgehoben.

Zur **Vermeidung unangemessenen Aufwandes** räumt § 439 Abs. 5 (entsprechend **35** § 430) dem Gericht die Möglichkeit ein, den Rechtsfolgenausspruch (als gleichsam offensichtlich begründet, vgl. § 349 Abs. 4) „vor der Entscheidung" mit Zustimmung der Staatsanwaltschaft aufzuheben. Die Aufhebung nach Absatz 5 kann auch hier „in jeder Lage des Verfahrens" erfolgen, also nicht erst nach Bejahung der Zulässigkeit des Nachverfahrensantrags, sondern schon nach Eingang des Antrags, wenn erkennbar wird,

---

[18] KK-*Boujong*[2] 12; KMR-*Paulus* 21; *Kleinknecht/Meyer*[38] 12.

[19] BTDrucks. V 1319 S. 81.

[20] Zust. dazu KK-*Boujong*[2] 12.

[21] KK-*Boujong*[2] 13.

[22] KK-*Boujong*[2] 13; KMR-*Paulus* 22; *Kleinknecht/Meyer*[38] 13.

Karl Heinz Gössel

daß das Nachverfahren einen gegenüber der Bedeutung der Einziehung (sonstigen Rechtsfolge) unangemessenen Aufwand erforderlich macht. Die Aufhebung hat, da sie das Nachverfahren beendet, die gleiche Wirkung wie eine rechtskräftige Entscheidung durch Urteil oder Beschluß (§ 441 Abs. 4) nach durchgeführtem Nachverfahren. Sie erfolgt in jedem Fall durch Beschluß. Sie ist unanfechtbar, denn der Antragsteller ist nicht beschwert, und die Staatsanwaltschaft hat zugestimmt; § 441 Abs. 2 könnte nur Anwendung finden, wenn die Aufhebung ohne Zustimmung der Staatsanwaltschaft erfolgt wäre.

IV. Wirkung der dem Antrag stattgebenden Entscheidung

36   **1. Wirkung der Aufhebung ex tunc.** Die rechtskräftige Aufhebung der angefochtenen Rechtsfolgenentscheidung stellt **rückwirkend** den Rechtszustand wieder her, wie er im Zeitpunkt der Rechtskraft der Vorentscheidung bestanden hätte, wenn diese die den Antragsteller belastende Rechtsfolgenanordnung nicht enthalten hätte. Die Aufhebungsentscheidung hat daher unabhängig davon zu ergehen, welches rechtliche oder tatsächliche Schicksal die Einziehungs- oder sonst betroffene Gegenstand in der Zwischenzeit erlitten hat; eine Entscheidung über den Nachverfahrensantrag wird also nicht z. B. dadurch gegenstandslos, daß die eingezogene Sache in der Zwischenzeit verwertet worden oder durch Zufall untergegangen ist.

37   **2. Vermögensrechtliche Ansprüche.** Das Gericht des Nachverfahrens hat nicht darüber zu entscheiden, **welche Rechtsfolgen** sich **im übrigen** für den Antragsteller aus der Aufhebung der Einziehung ergeben, etwa ob ihm bei einer zwischenzeitlichen Verwertung der Sache durch die Vollstreckungsbehörde Ansprüche aus ungerechtfertigter Bereicherung gegen den Justizfiskus zustehen[23] usw. Darüber zu entscheiden, ist nach dem Grundsatz des § 74 f StGB, der nur in § 436 Abs. 3 durchbrochen ist, nicht Sache des Straf-, sondern des Zivilgerichts.

V. Ausschluß der Wiederaufnahme des Verfahrens (Absatz 6)

38   Wegen der Bedeutung des Absatzes 6 vgl. § 433, 12.

VI. Kosten

39   Bei Zurücknahme oder Erfolglosigkeit des Antrags treffen den Antragsteller die Kosten des Verfahrens (§ 473 Abs. 1 Satz 1, Abs. 6 Nr. 2). Hat der Antrag Erfolg, so fallen die Kosten des Nachverfahrens und die dem Antragsteller erwachsenen notwendigen Auslagen der Staatskasse zur Last, sei es, daß man § 467 sinngemäß anwendet[24] oder dies aus § 473 Abs. 1, Abs. 6 Nr. 2 folgert[25]. Hat der Antrag nur deshalb Erfolg, weil die Einziehungsanordnung wegen unangemessenen Verfahrensaufwands (§ 439 Abs. 5) aufgehoben wird, so wird eine sinngemäße Anwendung des § 472 b Abs. 2 angemessen sein[26], wonach die Überbürdung der Auslagen des Nebenbeteiligten auf die Staatskasse nicht zwingend vorgeschrieben, sondern nur fakultativ zugelassen ist.

---

[23] KK-*Boujong*[2] 14.
[24] KK-*Boujong*[2] 17; *Göhler*[8] § 87, 53.
[25] Ebenso KMR-*Paulus* 26 und *Kleinknecht/ Meyer*[38] 16.
[26] Ebenso KK-*Boujong*[38] 17; KMR-*Paulus* 26.

§ 440

(1) **Die Staatsanwaltschaft und der Privatkläger können den Antrag stellen, die Einziehung selbständig anzuordnen, wenn dies gesetzlich zulässig und die Anordnung nach dem Ergebnis der Ermittlungen zu erwarten ist.**

(2) [1]**In dem Antrag ist der Gegenstand zu bezeichnen.** [2]**Ferner ist anzugeben, welche Tatsachen die Zulässigkeit der selbständigen Einziehung begründen.** [3]**Im übrigen gilt § 200 entsprechend.**

(3) **Die §§ 431 bis 436 und 439 gelten entsprechend.**

Schrifttum: *Bohnekamp* Das sogenannte objektive Verfahren, Diss. 1951; *Friedländer* Das objektive Verfahren nach dem Reichsstrafprozeßrecht, Diss. 1895; *H. Mayer* Das objektive Verfahren auf Privatklage, Diss. 1910; *Schoetensack* Der Konfiskationsprozeß (1905).

Entstehungsgeschichte. Durch Art. 21 Nr. 16 EGStGB wurden in Absatz 1 die bisher hinter dem Wort Einziehung stehenden Wörter,, eines Gegenstandes oder des Wertersatzes" gestrichen.

Übersicht

Karl Heinz Gössel

I. Wesen der in §§ 440, 441 getroffenen Regelung

1   **1. Selbständigkeit des Verfahrens.** Die §§ 440, 441 behandeln ein selbständiges, von der Existenz eines Beschuldigten gelöstes Verfahren zur Anordnung bestimmter gegenstandsbezogener Rechtsfolgen: der Einziehung oder einer der sonst in § 442 genannten Rechtsfolgen. Dieses sog. **objektive Verfahren**[1] ist nur statthaft, wenn es durch ein Gesetz ausdrücklich für zulässig erklärt ist. Die Einziehung oder sonst in Betracht kommende Rechtsfolge kann einen Gegenstand (z. B. § 74 StGB) oder den Wertersatz (z. B. §§ 73 a, 74 c StGB) betreffen; das war früher der Verdeutlichung halber ausdrücklich ausgesprochen; die Streichung der entsprechenden Worte ist nur erfolgt, weil sie überflüssig seien[2]. Selbständige Anordnung bedeutet: außerhalb eines Strafverfahrens gegen einen bestimmten Beschuldigten (außerhalb des subjektiven Strafverfahrens) mit dem Ziel einer Entscheidung über seine Schuld oder Nichtschuld und ohne Verbindung mit einem Urteil, in dem eine solche Entscheidung getroffen wird. Wie beim selbständigen Sicherungsverfahren (Vor § 413, 4) handelt es sich auch bei dem selbständigen Rechtsfolgenanordnungsverfahren um einen „unechten" Strafprozeß, um ein Verfahren, das sich zwar in den Formen eines „echten" (subjektiven) Strafverfahrens abspielt, das sich aber von diesem grundlegend dadurch unterscheidet, daß es eben nicht die Entscheidung über den Vorwurf strafrechtlicher Schuld zum Gegenstand hat, sondern die Entscheidung über die Zulässigkeit selbständiger Anordnung der Einziehung und anderer Rechtsfolgen, die je nach den über die Einziehbarkeit usw. getroffenen Vorschriften angeordnet werden können, ohne daß ein schuldhaftes Verhalten vorliegt. Eine Entscheidung über einen strafrechtlichen Schuldvorwurf kommt nur ggf. als Inzidententscheidung zu einer Voraussetzung der selbständigen Rechtsfolgenanordnung in Betracht.

2   **2. Verfahrensrechtliche Natur.** Die §§ 440, 441 regeln nur die **verfahrensrechtlichen Voraussetzungen** und den Verlauf eines selbständigen (objektiven) Verfahrens, enthalten aber keine eigene Vorschrift darüber, unter welchen materiellrechtlichen Voraussetzungen eine Rechtsfolge selbständig, d. h. ohne Verbindung mit einem Strafausspruch gegen eine bestimmte Person, angeordnet werden kann. Vielmehr verweist § 440 insoweit auf Vorschriften außerhalb der StPO, nach denen dies gesetzlich zulässig ist. Diese Verweisung bezieht sich in erster Linie auf § 76 a StGB (s. aber auch § 110 UrhG), in dem im einzelnen beschrieben ist, unter welchen Voraussetzungen auf Verfall oder Einziehung eines Gegenstandes oder des Wertersatzes (§ 73 a, 74 c StGB) oder auf Unbrauchbarmachung — gleichviel ob diese Maßnahmen im Allgemeinen oder Besonderen Teil des StGB oder im Nebenstrafrecht zugelassen oder vorgeschrieben sind — selbständig erkannt werden kann.

II. Materiellrechtliche Voraussetzungen des objektiven Verfahrens

3   Eine eingehende Erörterung des hier vor allem in Betracht kommenden § 76 a StGB liegt außerhalb des Rahmens der Erläuterungen zu § 440. Es bedarf hier nur insoweit eines summarischen Überblicks über die dort getroffene Regelung, als es zum Ver-

---

[1] Früher in §§ 430 bis 432 a. F geregelt; Schrifttumsnachweise dazu s. LR-*Schäfer*[23] § 440, 1.

[2] 1. Bericht des Sonderausschusses für die Strafrechtsreform, BTDrucks. 7 1261 S. 31.

ständnis des § 440 erforderlich ist, während im übrigen auf die Erläuterungswerke zum StGB[3] zu verweisen ist.

1. Allgemeine Voraussetzungen des objektiven Verfahrens

a) Straftat. Wie sich aus dem Wortlaut des § 76 a StGB ergibt, „soll das selbstän- **4** dige Verfahren nach dem Willen des Gesetzes... unterbleiben, wenn das Verfahren gegen einen bestimmten Beschuldigten... möglich ist oder wird", weil das subjektive Verfahren wegen der Anwesenheit des Angeklagten in der Hauptverhandlung „eine höhere Gewähr für vollständige und richtige Beurteilung des Falles" bietet als das objektive Verfahren[4]. Liegt schon keine Straftat vor, so fehlt es nicht bloß an einer wesentlichen materiell-rechtlichen Voraussetzung der *Strafe*, sondern zugleich auch *jeder anderen Rechtsfolge*, einschließlich der der Einziehung und der sonst in § 442 Abs. 1 genannten. Unter **Straftat** ist dabei die Summe aller materiell-rechtlichen Strafbarkeitsvoraussetzungen zu verstehen, also eine tatbestandsmäßige, rechtswidrige und schuldhafte Handlung einschließlich der Abwesenheit von Strafausschließungs- (z. B. § 258 Abs. 6 StGB) und Strafaufhebungsgründen (vgl. §§ 24, 31, 310 StGB)[5]; lediglich in den Fällen des § 74 Abs. 2 Nr. 2, Abs. 3, 4 und § 74 d StGB genügt zur Einziehung nach dem Wortlaut des Gesetzes eine tatbestandliche rechtswidrige Tat ohne Rücksicht auf das Vorliegen der Schuld, so daß auch bei schuldloser rechtswidriger Tat (§ 11 Abs. 1 Nr. 5 StGB) das selbständige Einziehungsverfahren ohne Rücksicht auf das Vorliegen von Strafausschließungs- oder -aufhebungsgründen durchgeführt wird. In solchen Fällen des Mangels einer Straftat (Mangel des objektiven Tatbestandes wie auch des subjektiven wie z. B. in den Fällen des Tatbestandsirrtums, Vorliegen von Rechtfertigungs- oder Schuldausschließungsgründen, von Strafausschließungs- und -aufhebungsgründen) kann naturgemäß im objektiven Verfahren ebensowenig wie im subjektiven Verfahren jemand „wegen einer Straftat" (es sei denn, eine rechtswidrige Haupttat reicht ausnahmsweise aus) verfolgt oder verurteilt werden. Ist dagegen das Vorliegen einer **Straftat** zu bejahen, **ohne** daß ein **subjektives Verfahren** durchgeführt wird oder werden kann, so ist **ausnahmsweise** das **objektive** Verfahren in drei Fällen statthaft: nach **Abs. 1** des § 76 a StGB zunächst in den Fällen, in denen trotz des Vorliegens einer Straftat einer bestimmten Person aus *tatsächlichen* (nicht aber aus rechtlichen) Gründen nicht verfolgt oder verurteilt werden kann, ferner nach **Abs. 2** darüber hinaus auch bei Vorliegen *rechtlicher* Gründe, die einer Verfolgung oder Verurteilung wegen der vorliegenden Straftat entgegenstehen, jedoch beschränkt auf die Rechtsfolgen der Einziehung und Unbrauchbarmachung mit Sicherungscharakter in den Fällen des § 74 Abs. 2 Nr. 2, Abs. 3 StGB und des § 74 d StGB und schließlich nach **Abs. 3** für alle in § 76 a Abs. 1 StGB genannten Rechtsfolgen (Einziehung, Verfall, Unbrauchbarmachung) in den Fällen, in denen Entscheidungen ergangen sind, die in bestimmten Fällen eine Verurteilung (Absehen von Strafe) oder eine (weitere) Verfolgung (Einstellung in bestimmten Fällen) hindern.

b) Sonstige materiell-rechtliche Voraussetzungen. Neben der Straftat müssen auch **5** die sonstigen materiellen Rechtsfolgevoraussetzungen vorliegen, also z. B. Eigentümerstellung der Beteiligten oder die Quasi-Verschuldenselemente nach § 73 Abs. 3 und 4 StGB.

---

[3] Vgl. z. B. LK-*Schäfer*, *Schönke/Schröder/ Eser*[23], *Dreher/Tröndle*[44] und *Lackner*[86], jeweils zu § 76 a StGB.
[4] BGHSt **21** 55, 56.
[5] Demgegenüber scheint *Achenbach* MDR 1975 19 den Begriff „Straftat" auf die bloß schuldhafte und rechtswidrige Tatbestandsverwirklichung ohne Rücksicht auf das Vorliegen von Strafausschließungs- und Strafaufhebungsgründen zu beziehen.

     Karl Heinz Gössel

2. Tatsächliche Verfolgungs- oder Verurteilungshindernisse als Voraussetzung des objektiven Verfahrens (§ 76 a Abs. 1 StGB)

6   **a)** Aus **tatsächlichen** Gründen kann eine bestimmte Person z. B. dann nicht verfolgt oder verurteilt werden, wenn der Täter unerkannt bleibt, unter mehreren Tatverdächtigen nicht zu ermitteln ist, wegen ausländischen Wohnsitzes für die inländische Gerichtsbarkeit unerreichbar ist oder sich der Verfolgung und Verurteilung durch Flucht oder Verbergen entzieht. Auch die **Abwesenheit** des Täters hindert die Strafverfolgung aus tatsächlichen Gründen und bildet folglich, selbst wenn sie zu einem rechtlichen Verfahrenshindernis führt (Einl. Kap. **12** 106 ff), ein tatsächliches Verfahrenshindernis. Dagegen ermöglicht das bloße Ausbleiben des Angeklagten in der Hauptverhandlung keine selbständige Einziehung; insoweit besteht vielmehr gemäß § 230 Abs. 1 ein rechtliches Hindernis[6]. Gleiches galt früher für die bloße Außerverfolgungsetzung im Rahmen der nunmehr beseitigten Voruntersuchung[7].

7   **b)** Der **Tod des Täters** schließt begrifflich die Einleitung und Fortsetzung eines subjektiven Verfahrens gegen den Täter aus. Er ist zwar auch ein „tatsächlicher Grund" i. S. des § 76 a Abs. 1 StGB[8], der die Verfolgung oder Verurteilung einer bestimmten Person ausschließt (Rdn. 6), indessen entfallen die Voraussetzungen des Verfalls schon deshalb, weil im Falle des Todes des Täters nicht dieser, sondern dessen Erben Eigentümer zur Zeit der Entscheidung sind; Entsprechendes gilt für den „Quasi-Begünstiger" in § 73 Abs. 4 (§ 73 d StGB; § 431, 27). Ebenso entfallen die Einziehungsvoraussetzungen des § 74 Abs. 2 Nr. 1, § 74 a StGB (Eigentum zur Zeit der Entscheidung), wenn nicht der Täter oder Teilnehmer oder der Quasi-Begünstigte oder Quasi-Hehler (§ 74 a), sondern der Erbe des Täters (Teilnehmers) oder des i. S. des § 74 a vorwerfbar Handelnden zur Zeit der Entscheidung Eigentümer ist.

8   **Rechtliche** Gründe dagegen, die einer Verfolgung oder Verurteilung wegen einer vorliegenden Straftat (Rdn. 4) entgegenstehen, berechtigen grundsätzlich (außer in den Fällen der Abs. 2 und 3 des § 76 a StGB) nicht zur Durchführung des selbständigen Verfahrens, also weder Verhandlungsunfähigkeit (Einl. Kap. **12** 101 ff), Verjährung, fehlender Strafantrag, Immunität noch der Verbrauch der Strafklage[9] und auch nicht Amnestie oder Begnadigung. Derartige rechtliche Gründe stehen regelmäßig auf Dauer einer Verfolgung oder Verurteilung entgegen und sollen daher, anders als die jedenfalls zumeist, wenn nicht regelmäßig behebbaren tatsächlichen Hindernisse, einem subjektiven wie einem objektiven Verfahren entgegenstehen. Aus diesem Grunde hindert das Vorliegen rechtlicher Gründe die Durchführung des objektiven Verfahrens auch dann, wenn **zugleich tatsächliche** eine Verfolgung oder Verurteilung hindernde Gründe vorliegen. Deshalb ist z. B. eine selbständige Einziehung bei einem unbekannt gebliebenen Täter dann nicht zulässig, wenn es am etwa erforderlichen Strafantrag fehlt.

9   **3. Rechtliche Verfolgungs- oder Verurteilungshindernisse als Voraussetzungen des objektiven Verfahrens.** § 76 a **Absatz 2** StGB bestimmt: „Unter den Voraussetzungen des § 74 Abs. 2 Nr. 2, Abs. 3 und des § 74 d ist Absatz 1 auch dann anzuwenden, wenn 1. die Verfolgung der Straftat verjährt ist oder 2. sonst aus **rechtlichen** Gründen **keine bestimmte Person verfolgt** werden kann und das Gesetz nichts anderes bestimmt. Einziehung und Unbrauchbarmachung dürfen jedoch nicht angeordnet werden, wenn Antrag, Ermächtigung oder Strafverlangen fehlen."

---

[6] A. M KG HRR **1934** Nr. 1322.   [8] Anders LR-*Schäfer*[23] § 440, 8.
[7] KK-*Boujong*[2] 2.   [9] Anders wohl LR-*Schäfer*[23] § 440, 6.

a) §76 a Abs. 2 StGB betrifft die Voraussetzungen der selbständigen Einziehung **10** usw. in den Fällen, in denen die Maßnahme, weil sie ohne Rücksicht auf die Eigentumsverhältnisse wegen der von dem Gegenstand generell oder individuell drohenden Gefahren zulässig oder vorgeschrieben ist, **Sicherungscharakter** hat. Die hier vorgesehene Erweiterung der Zulässigkeit des objektiven Verfahrens bezieht sich **nur** auf die **sicherungsbedingte Einziehung** (§74 Abs. 2 Nr. 2 und Abs. 3 StGB, §74 StGB) und Unbrauchbarmachung (§74 d StGB); für den **Verfall** ist Absatz 2 unanwendbar, weil er nicht den Charakter einer sichernden Maßnahme hat.

§76 a erweitert die Voraussetzungen der selbständigen Einziehung dahingehend, **11** daß nicht nur bei Vorliegen tatsächlicher Gründe, sondern auch **rechtlicher Gründe**, die der Verfolgung oder Verurteilung einer bestimmten Person entgegenstehen würden, das objektive Verfahren ermöglicht wird. Dies gilt z. B. für das Verbot „ne bis in idem"; daher steht die Rechtskraft eines freisprechenden oder einstellenden Urteils, das über die Einziehung oder Unbrauchbarmachung nicht entschieden hat, einer späteren selbständigen Anordnung im Verfahren nach § 440 nicht entgegen, wenn die Maßnahme Sicherungscharakter hat[10]; fehlt es indessen am Sicherungscharakter, so steht der Verbrauch der Strafklage einem späteren objektiven Verfahren jedoch entgegen[11]. Auch kann, wenn der zu Strafe und Einziehung Verurteilte im Wiederaufnahmeverfahren wegen fehlender Schuldfähigkeit unter Aufhebung der Einziehung freigesprochen wurde, die ohne Rücksicht auf die Eigentumsverhältnisse als Sicherungsmaßregel vorgesehene Einziehung im selbständigen Verfahren nachgeholt werden. Insbesondere hindert[12], wie §76 a Abs. 2 Nr. 1 StGB i. d. F. des 21. StRÄndG klargestellt hat, die **Verjährung** der Strafverfolgung die selbständige Einziehung nicht. Ebensowenig bildet der **Tod des Tatbeteiligten** hier ein Hindernis, da mit ihm das gegenstandsbezogene Sicherungsbedürfnis nicht entfällt.

b) Ausnahmen von dem Grundsatz, daß rechtliche Gründe, die eine subjektive **12** Verfolgung ausschließen, die selbständige Einziehung usw. als Sicherungsmaßnahme nicht hindern, gelten, wenn das Gesetz (ausdrücklich oder nach dem Sinn der Vorschrift) etwas anderes bestimmt. So schließen z. B. Exemtionen von der deutschen Gerichtsbarkeit (§§ 18 bis 20 GVG; Art. VII des Nato-Truppenstatuts) auch eine selbständige Einziehung in Ausübung deutscher Gerichtsbarkeit aus. Das objektive Verfahren ist ebenso in den § 76 a Abs. 2 Satz 2 StGB bestimmten Fällen ausgeschlossen, wonach eine selbständige Einziehung nicht möglich ist, wenn zu einer subjektiven Verfolgung ein **Verfolgungsverlangen** oder eine Verfolgungsermächtigung einer dritten Stelle (wie der Strafantrag des Verletzten) als Verfahrensvoraussetzung erforderlich wäre und diese fehlt. Dies beruht auf der Erwägung, daß die Interessen dessen, dem die Entschließung darüber eingeräumt ist, ob der Täter verfolgt und die Sache in einer Hauptverhandlung (in der Regel öffentlich) erörtert werden soll, beeinträchtigt würden, wenn er zwar durch Nichtgebrauch seines Antragsrechts und entsprechender Rechte eine subjektive Verfolgung verhindern könnte, aber ein selbständiges Anordnungsverfahren hinnehmen müßte, in dem (ggf. in mündlicher öffentlicher Verhandlung, § 441 Abs. 3) zu prüfen wäre, ob eine Straftat begangen ist oder eine mit Strafe bedrohte Handlung vorliegt.

---

[10] BGHSt **6** 62, 64.

[11] RGSt **66** 419, 423; OLG Düsseldorf NJW **1972** 1382.

[12] KK-*Boujong*[2] 2; *Lackner*[16] o 76 a, Vor 1; zum Streitstand vor der gesetzlichen Klarstellung s. LR-*Schäfer*[23] § 440, 13 so wie ferner z. B.

BGHSt **31** 226 mit ablehnender Anm. *Lenzen* JR **1983** 292; OLG Frankfurt JR **1983** 293 mit ablehnender Anm. *Lenzen*; OLG Hamm NStZ **1982** 423 mit ablehnender Anm. *Horn*; OLG Karlsruhe MDR **1980** 337.

    Karl Heinz Gössel

13   **4. Die Einstellung des subjektiven Verfahrens als Voraussetzung des objektiven Verfahrens.** Nach § 76 a Absatz 3 StGB ist Absatz 1 „auch anzuwenden, wenn das Gericht **von Strafe absieht**, oder wenn das Verfahren nach einer Vorschrift eingestellt wird, die dies nach dem Ermessen der Staatsanwaltschaft oder des Gerichts oder im Einvernehmen beider zuläßt". Hier ist also der Grundsatz der Absätze 1, 2 des § 76 a StGB, daß eine selbständige Einziehung usw. nur zulässig ist, wenn keine bestimmte Person verfolgt oder verurteilt werden kann, aufgegeben und eine selbständige Einziehung auch dann zugelassen, wenn die Verfolgung oder Verurteilung einer bestimmten Person möglich wäre, davon aber abgesehen wird, weil gesetzliche Vorschriften dies gestatten. In diesen Fällen soll die Freiheit der Entschließung der zuständigen Stellen, ob sie von der ihnen eingeräumten Befugnis, von Verfolgung oder Bestrafung abzusehen, Gebrauch machen wollen, nicht durch die Besorgnis beschränkt werden, daß die Freistellung von der Hauptstrafe auch die Anordnung der Einziehung usw. ausschließe, obwohl ein so weitgehender Verzicht auf eine staatliche Reaktion nach den Umständen des Falles unangemessen wäre.

14   **a)** Die hier in Betracht kommenden Voraussetzungen sind gegeben, wenn das Gericht nach einer Vorschrift des materiellen Strafrechts, die dies gestattet, **von Strafe absieht** (vgl. z. B. §§ 60; 83 a; 84 Abs. 4, 5; 85 Abs. 3 StGB usw.), oder wenn das Verfahren **nach Ermessen** („kann") in zugelassener Durchbrechung des Verfolgungszwangs eingestellt wird, und zwar durch die Staatsanwaltschaft allein (vgl. z. B. §§ 153 Abs. 1 Satz 2, 153 a Abs. 1 Satz 6, 153 b, 153 c, 153 d, 153 e, 154 Abs. 1 usw.), oder durch das Gericht allein (z. B. gemäß § 383 Abs. 2) oder durch Gericht oder Staatsanwaltschaft im Einvernehmen beider Stellen (vgl. z. B. jeweils die Abs. 2 der §§ 153, 153 a, 153 b, 153 d, 153 e, 154, 154 a StPO und § 47 Abs. 2 JGG). Für die Verwarnung mit Strafvorbehalt gilt die Sonderregelung des § 59 Abs. 3 StGB.

15   **b)** Unanwendbar ist Absatz 3 im Fall des § 154 d, weil hier der Grund für die zugelassene Einstellung des Verfahrens, die Ersparung der Prüfung komplizierter vorgreiflicher Fragen, in gleicher Weise durchgreift, wenn die selbständige Anordnung der Einziehung in Frage steht.

III. Der Antrag auf selbständige Rechtsfolgenanordnung als formelle Voraussetzung des Verfahrens

16   **1. Antrag als Prozeßvoraussetzung.** Die Durchführung des objektiven Verfahrens erfolgt nur auf Antrag, der, wie sich insbesondere aus der in § 440 Abs. 2 Satz 3 angeordneten entsprechenden Anwendung des § 200 ergibt, eine **besondere Form der Erhebung der Strafklage** darstellt. Ein wirksamer Antrag ist danach in gleicher Weise **Prozeßvoraussetzung** des objektiven Verfahrens wie im subjektiven Verfahren die wirksame Erhebung der Klage[13].

2. Statthaftigkeit

17   **a)** Zur „gesetzlichen Zulässigkeit" der selbständigen Einziehung und damit zu den Voraussetzungen, unter denen ein Antrag auf selbständige Einziehung gestellt werden kann, gehört im Regelfall (§ 76 a Abs. 1, 2; Ausnahme § 76 a Abs. 3), **daß keine bestimmte Person verfolgt oder verurteilt werden kann** (s. Rdn. 2), weshalb eine selbständige Rechtsfolgenanordnung im **Strafbefehlsverfahren** nicht in Betracht kommt. Die

---

[13] Einl. Kap. **12** 10; OLG Karlsruhe NJW **1974** 709, 711; KK-*Boujong*² 5.

Nichtverfolgbarkeit einer bestimmten Person ist damit Verfahrensvoraussetzung des objektiven Verfahrens, ihre Verfolgbarkeit ist ein Verfahrenshindernis, das in jeder Lage des Verfahrens, auch in der Revisionsinstanz, von Amts wegen zu berücksichtigen ist[14].

b) Voraussetzung für die Stellung eines Antrags ist außer der gesetzlichen Zulässigkeit der selbständigen Einziehung nach ausdrücklicher Vorschrift, daß die **Anordnung** nach dem Ergebnis der Ermittlungen **zu erwarten** ist. Damit zieht das Gesetz die Folgerungen aus der rechtlichen Natur des Antrags als einer besonderen Form der Strafklage (Rdn. 16). So wie im subjektiven Verfahren die Erhebung der öffentlichen Klage voraussetzt, daß die Ermittlungen genügenden Anlaß dazu bieten (§ 170), d. h. (vgl. § 203), daß eine spätere Verurteilung wahrscheinlich ist, setzt auch die Stellung des Antrags voraus, daß ihr Erfolg nach dem Ergebnis der Ermittlungen wahrscheinlich ist. **18**

Der Antrag kann danach auch als **unzulässig** (unstatthaft) **verworfen** werden, wenn die materiellrechtlichen Voraussetzungen einer selbständigen Einziehung nicht hinreichend dargetan sind[15] oder gar, wenn ein Erfolg des Antrags außerhalb jeder Wahrscheinlichkeit liegt, z. B. wenn die Einziehung schon nach Aktenlage handgreiflich unverhältnismäßig wäre (§ 74 b StGB), wenn die in § 74 Abs. 2 Nr. 2 StGB bezeichnete Gefahr ersichtlich nicht besteht, oder wenn die Einziehung einer Schrift beantragt ist, aber bei einer Abwägung zwischen dem Einziehungsgebot und den Grundrechten der Meinungs- und Informationsfreiheit (Art. 5 GG) nach den Grundsätzen der „Wechselwirkung" das Grundrecht zweifellos vorrangig ist[16]. Denn es kann dem Gericht nicht zugemutet werden, ein Verfahren durchzuführen, wenn mit einem Erfolg des Antrags von vornherein nicht zu rechnen ist. Verwirft es den Antrag aus diesem Grund durch Beschluß, so kann ihn der Antragsteller mit der sofortigen Beschwerde anfechten (§ 441 Abs. 2)[17]. **19**

3. Antragsberechtigung und -verpflichtung

a) Berechtigte. Hierzu gehören die Staatsanwaltschaft, der Privatkläger (Privatklageberechtigte) und die Finanzbehörde gemäß § 401 AO in den Fällen, in denen es das Ermittlungsverfahren wegen Steuervergehens selbständig durchführt (§ 386 Abs. 2 AO). **20**

Nach § 395 setzt der Anschluß als Nebenkläger eine erhobene öffentliche Klage, d. h. eine Klage im subjektiven Verfahren, voraus; deshalb ist im objektiven Verfahren eine **Nebenklage** ebensowenig zulässig wie im Sicherungsverfahren nach §§ 413 ff[18]. **21**

In den Fällen, in denen nach früherem Recht eine **Verwaltungsbehörde** wie z. B. das Finanz(Zoll-)amt selbst wegen Steuer- und Zollvergehen die öffentliche Klage erheben konnte und in einem von der Staatsanwaltschaft betriebenen Verfahren die Stellung eines Nebenklägers hatte, wurde ihm auch die Befugnis zuerkannt, sich an einem selbständigen Einziehungsverfahren als Nebenkläger zu beteiligen[19]. Diese Fälle spielen jetzt keine Rolle mehr, nachdem durch die neuere Gesetzgebung die Vorschriften beseitigt sind, die Verwaltungsbehörden zur Wahrnehmung der von ihnen betreuten fiskalischen Interessen im Strafverfahren die Stellung eines Nebenklägers einräumten oder ihr das Recht gaben, sich als Nebenkläger dem Verfahren anzuschließen. Übrig ge- **22**

---

[14] BGHSt **21** 55; h. M, vgl. z. B. KK-*Boujong²* 3; KMR-*Paulus* 9; *Kleinknecht/Meyer*³⁸ 7; *Hanack* JZ **1974** 57; auch *Eb. Schmidt* Nachtr. II 11, der seine frühere Wertung des Merkmals als „besondere Zulässigkeitsbedingung" im Sinne einer Prozeßvoraussetzung verstanden wissen will.

[15] *Lüttger* GA **1957** 210.

[16] BVerfGE **7** 198, 208 ff; BGHSt **23** 208, 211 f; dazu näher LK-*Schäfer* § 74 d, 26 ff.

[17] Also nicht in analoger Anwendung des § 204, wie dies KK-*Boujong²* 7 und *Lüttger* GA **1957** 210 vorschlagen.

[18] KK-*Boujong²* 8; KMR-*Paulus* 2; *Kleinknecht/Meyer*³⁸ 4.

[19] BGHSt **9** 250, 252.

Karl Heinz Gössel

blieben ist nur die Pflicht des Gerichts, gemäß § 407 AO dem Finanzamt, namentlich wenn es selbst den Antrag auf selbständige Einziehung oder Verfall gestellt hat (§§ 401, 406 Abs. 2 AO), Gelegenheit zu geben, die Gesichtspunkte vorzubringen, die von seinem Standpunkt aus für die Entscheidung von Bedeutung sind.

23　　**b) Opportunitätsprinzip.** Die Staatsanwaltschaft (ebenso wie Privatkläger und Finanzamt) **kann** den Antrag stellen, d. h., die Stellung des Antrags ist in ihr pflichtmäßiges Ermessen[20] gestellt. Der Anklagezwang (§ 152) besteht hier nicht; es gilt das Opportunitätsprinzip (Nr. 180 Abs. 1 RiStBV). Das gilt auch dann, wenn nach materiellem Recht eine Maßnahme **zwingend** vorgeschrieben ist (wie z. B. im Fall der §§ 73, 74 d StGB). Denn eine solche Vorschrift richtet sich nur an das Gericht, das, wenn z. B. die Einziehungsvoraussetzungen im übrigen erfüllt sind, auf Einziehung erkennen muß, falls es durch einen wirksamen Antrag mit der Sache befaßt wird; sie läßt aber die Ermessensfreiheit der Staatsanwaltschaft nach § 440 Abs. 1 unberührt[21].

24　　Dieser **Umfang der Ermessensfreiheit,** die vollständige Unterstellung des Antrags unter das Opportunitätsprinzip, findet im subjektiven Verfahren sein Gegenstück in der Ausklammerungsbefugnis des Staatsanwalts im Ermittlungsverfahren nach § 430 Abs. 2 (Rdn. 13). Steht der allgemein geltende **Verhältnismäßigkeitsgrundsatz** (§§ 73 c, 74 b StGB), der über den Wortlaut des § 74 b StGB hinaus auch bei zwingend vorgeschriebener Einziehung Beachtung erfordert[22], einer selbständigen Einziehung entgegen, so fehlt es bereits an der gesetzlichen Zulässigkeit der Einziehung, die nach § 440 Abs. 1 Voraussetzung für die Stellung des Antrags ist[23]. Auch wenn die Einziehung nicht unverhältnismäßig ist, kann die Staatsanwaltschaft von einem Antrag, gleichviel ob die Einziehung vorgeschrieben oder nur zugelassen ist, absehen, wenn die Aufklärung, ob die gesetzlichen Voraussetzungen der selbständigen Einziehung vorliegen usw., für sie selbst oder das Gericht einen unangemessenen Aufwand erfordern würde[24]. Sie prüft auch, ob trotz Erfüllung der gesetzlichen Voraussetzungen einer selbständigen Einziehung ein Bedürfnis dafür besteht, z. B. ein „sich aufdrängendes öffentliches Interesse an der Abschöpfung des kriminellen Gewinns" oder an etwaiger „Gefahrenabwehr"[25]. Ein solches Bedürfnis entfällt insbesondere, wenn die Möglichkeit besteht, den Gegenstand formlos aus dem Verkehr zu entfernen, sei es, daß keine Einziehungsinteressenten vorhanden sind oder daß vorhandene Einziehungsinteressenten sich zu einem Beteiligungsverzicht (§ 431 Abs. 6 i. Vbdg. mit § 440 Abs. 3) bereitfinden (Nr. 180 Abs. 3 RiStBV) oder auf die Rechte am Einziehungsgegenstand verzichten[26]. Es liegt auch im Ermessen der Staatsanwaltschaft, sich in ihrem Antrag nur auf einen oder einige der insgesamt in Betracht kommenden Gründe für die Durchführung des objektiven Verfahrens zu beschränken[27].

4. Inhalt und Form des Antrags

25　　**a)** § 440 Abs. 2 trifft zur Klarstellung früher bestehender Zweifelsfragen[28] Bestimmungen **über den Inhalt des Antrags,** der mit den durch die Sache gebotenen Abwei-

---

[20] BGHSt **20** 253, 255.

[21] H. M; z. B. BGHSt **2** 29, 34; **7** 356, 357; **23** 208, 210; BGH MDR **1966** 779; OLG Celle NJW **1966** 1135; *Eb. Schmidt* Nachtr. II 5; KK-*Boujong*[2] 4; KMR-*Paulus* 12; *Kleinknecht/Meyer*[38] 3; *Peters*[4] 589, 590; *Henkel* 420.

[22] BGH NJW **1970** 1963, 1964; s. dazu BGHSt **20** 253, 255.

[23] KK-*Boujong*[2] 4; s. auch o. Rdn. 17.

[24] BGHSt **7** 356, 357; **20** 253, 257.

[25] *Kleinknecht/Meyer*[38] 3.

[26] BGHSt **20** 253, 257.

[27] OLG Celle OLGSt § 430, 1; KMR-*Paulus* 12.

[28] *Eb. Schmidt* § 430 a. F, 7.

chungen den Erfordernissen einer Anklageschrift im subjektiven Verfahren angeglichen ist. Er muß danach den Gegenstand bezeichnen, der eingezogen werden soll, und zwar so genau, wie er auch in der erstrebten Einziehungsentscheidung bezeichnet werden müßte (Rdn. 54 ff). Er muß ferner angeben, welche Tatsachen die Zulässigkeit der selbständigen Einziehung begründen, insbesondere also darlegen, aus welchen tatsächlichen (§ 76 a Abs. 1 StGB) oder rechtlichen (Absatz 2 aaO) Gründen keine bestimmte Person verfolgt oder verurteilt werden kann. Die ergänzend („im übrigen") angeordnete entsprechende Anwendung des § 200 bedeutet, daß z. B. im Fall des § 76 a Abs. 1 StGB die die Einziehung rechtfertigende Tat der aus tatsächlichen Gründen nicht verfolgbaren Person, Tatzeit und Tatort, die gesetzlichen Merkmale der Straftat (dazu Rdn. 4) und die anzuwendenden Strafvorschriften, im Fall des § 76 a Abs. 2 z. B. die Straftat oder die mit Strafe bedrohte Handlung, angegeben und die in § 74 Abs. 2 Nr. 2 bezeichnete Gefahr dargelegt werden müssen usw. Ferner sind die Beweismittel, das zur Entscheidung berufene Gericht (§ 441 Abs. 1), bekannte Einziehungsinteressenten (vgl. § 432) und etwa schon bestellte Vertreter (§ 434) zu benennen, auch nach Maßgabe des § 200 Abs. 2 das wesentliche Ermittlungsergebnis darzustellen.

b) Im übrigen ist eine **Form des Antrags** nicht ausdrücklich vorgeschrieben. Im **26** selbständigen, vom subjektiven Strafverfahren völlig getrennten Einziehungsverfahren bedarf es, wie sich aus der Bezugnahme auf § 200 („Anklageschrift") ergibt, einer Antragsschrift. Soweit der Antrag im Zusammenhang mit einem subjektiven Verfahren gestellt werden kann (Rdn. 61 ff), genügt eine formfreie Erklärung, die deutlich erkennen läßt, daß eine selbständige Einziehung begehrt werde[29].

5. Rücknehmbarkeit des Antrags. Der Antrag auf Durchführung des objektiven **27** Verfahrens ist grundsätzlich rücknehmbar. Jedoch war schon unter der Herrschaft des § 430 a. F streitig[30], ob einer Rücknahme des Antrags zeitliche Grenzen gesetzt sind.

a) Der **Privatkläger** kann die Privatklage in jeder Lage des Verfahrens zurück- **28** nehmen (§ 391 Abs. 1 Satz 1); daraus folgt, da die Beschränkungen des Rücknahmerechts nach § 391 Abs. 1 Satz 2 hier keine Rolle spielen, daß auch der Antrag des Privatklägers nach § 440 in jeder Lage des Verfahrens (bis zum Erlaß einer formell rechtskräftigen Entscheidung des Gerichts) zurücknehmbar ist[31].

b) Anders liegt es, wenn die **Staatsanwaltschaft** (oder an ihrer Stelle die Finanzbe- **29** hörde) den Antrag gestellt hat. § 156 ist allerdings nicht unmittelbar anwendbar, da ein Eröffnungsbeschluß im objektiven Verfahren nicht ergeht (Rdn. 31). Daraus wird gefolgert, daß auch der Antrag der Staatsanwaltschaft in jeder Lage des Verfahrens bis zur Entscheidung des Gerichts zurückgenommen werden könne[32]. Dem ist nur zuzustimmen, soweit die Entscheidung durch Beschluß getroffen wird (§ 441 Abs. 2). Kommt es aber zur Hauptverhandlung (§ 441 Abs. 3), so muß der Grundgedanke des § 156 durchgreifen, daß die Staatsanwaltschaft eine Sache nicht mehr der gerichtlichen Entscheidung entziehen kann, sobald feststeht, daß über den wirksam zur Entscheidung gestellten Sachverhalt durch Urteil auf Grund einer Hauptverhandlung zu entscheiden ist[33]; dabei wird man als maßgebenden Zeitpunkt den Beginn des sachlichen Teils der Haupt-

[29] BGHSt **7** 356, 358; **9** 250, 252; KK-*Boujong*[2] 5; KMR-*Paulus* 15.
[30] Vgl. in der 21. Aufl. § 430 a. F Anm. 4 a.
[31] KK-*Boujong*[2] 6; KMR-*Paulus* 16; *Kleinknecht/Meyer*[38] 5.

[32] So *Eb. Schmidt* § 430 a. F, 8 und Nachtr. II 14; KK-*Boujong*[2] 6; *Kleinknecht/Meyer*[38] 5.
[33] Ebenso RG JW **1920** 562; KMR-*Paulus* 16.

Karl Heinz Gössel

verhandlung anzusehen haben. Die Gegenmeinung kann sich demgegenüber nicht darauf berufen, daß für die Stellung des Antrags das Opportunitätsprinzip gelte[34], denn die Ermessensfreiheit, ob ein Antrag gestellt werden soll, beinhaltet weder begrifflich noch sinngemäß eine schlechthin geltende Freiheit des Antragstellers, über den Fortbestand des Antrags zu befinden, wenn er einmal wirksam gestellt ist. Auch ist nicht einzusehen, warum eine Anwendung des Grundgedankens des § 156 nur Sinn hätte, wenn mit der Sachentscheidung im objektiven Verfahren ein Strafklageverbrauch verbunden wäre[35]. Denn einmal handelt es sich um die auf anderer Ebene liegende grundsätzliche Frage, ob und wie lange die Staatsanwaltschaft in die Herrschaft des Gerichts über das Verfahren eingreifen kann, und im übrigen schafft das rechtskräftige Urteil auch Gewißheit über das rechtliche Schicksal des einziehungsbedrohten Gegenstandes. Ist rechtskräftig eine Einziehung angeordnet, so schließt dies in einem späteren subjektiven Verfahren eine erneute Entscheidung zur Einziehungsfrage aus.

30   c) Der Umstand, daß hiernach eine Rücknahme des Antrags in der Hauptverhandlung nicht möglich ist, schließt aber nicht aus, daß das **Gericht mit Zustimmung der Staatsanwaltschaft von einer Entscheidung absieht**, wenn der Gegenstand der Einziehung von geringer Bedeutung ist oder das Verfahren einen unangemessenen Aufwand erfordern würde[36]. Zwar ist § 430 (vgl. dessen Absatz 1) in § 440 Abs. 3 nicht für entsprechend anwendbar erklärt und seine unmittelbare Anwendbarkeit ist auf das subjektive Verfahren beschränkt (§ 430, 2); § 430 Abs. 1 enthält aber, wie sich aus § 439 Abs. 5 ergibt, einen Gedanken von allgemeingültiger Bedeutung. Den § 430 Abs. 1 trotz fehlender Verweisung sinngemäß anzuwenden, erscheint um so weniger bedenklich, als die nach § 430 Abs. 2 im Vorverfahren bestehende selbständige Ausklammerungsbefugnis ihre Entsprechung darin findet, daß im objektiven Verfahren die Staatsanwaltschaft über die Herbeiführung der selbständigen Einziehung nach Ermessensgrundsätzen entscheidet[37].

IV. Das gerichtliche Verfahren

31   1. **Überblick.** Absatz 3 des § 440 erklärt die §§ 431 bis 436 und 439 für **entsprechend** anwendbar. Dazu tritt ergänzend § 441. Die Sachentscheidung ergeht grundsätzlich durch Beschluß (§ 441 Abs. 2). Auch wenn mündliche Verhandlung stattfindet und durch Urteil entschieden wird, gelten nach § 441 Abs. 3 nur die Vorschriften über die Hauptverhandlung — nicht die gesamten Vorschriften über das Hauptverfahren — entsprechend. Ein Eröffnungsbeschluß oder ein ihm entsprechender besonderer Zulassungsbeschluß ergeht also auch in diesen Fällen nicht[38]. Andererseits setzt aber jede · Sachentscheidung einen zulässigen Antrag voraus (vgl. § 441 Abs. 3: „Über einen zulässigen Antrag wird auf Grund mündlicher Verhandlung durch Urteil entschieden. . .").

32   2. **Zulässigkeitsprüfung.** Die gerichtliche Prüfung beginnt danach stets mit der Prüfung der **Zulässigkeit** des Antrags, also damit, ob ein statthafter (Rdn. 17 ff) und auch im übrigen zulässiger (oben Rdn. 20 bis 30) Antrag beim örtlich und sachlich zuständigen Gericht gestellt ist, ob er den übrigen gesetzlichen Voraussetzungen des § 440 Abs. 1, 2 entspricht und ob nicht ein besonderes Verfahrenshindernis der Durchführung des Verfahrens entgegensteht.

---

[34] So *Eb. Schmidt* wie Fußn. 32; KK-*Boujong*[2] 6.
[35] *Kleinknecht/Meyer*[38] 5.
[36] **A. M** *Kleinknecht/Meyer*[38] 16.

[37] Rdn. 23; **a. A** KK-*Boujong*[2] 9; KMR-*Paulus* § 430, 3.
[38] BGH NJW **1962** 500, 501; KK-*Boujong*[2] 7; KMR-*Paulus* 5.

a) Zuständigkeit. Wem die Entscheidung darüber, ob keine bestimmte Person ver- **33** folgt oder verurteilt werden kann, gebührt, war schon unter der Herrschaft der §§ 430 ff a. F streitig; auch die Rechtsprechung des Reichsgerichts war uneinheitlich[39]. Die Streitfrage besteht auch unter der Herrschaft der §§ 440 ff weiter, obwohl deren Fassung Anhaltspunkte für eine bestimmte Auslegung bietet (Rdn. 35).

Nach einer Mindermeinung gebührt die Entscheidung grundsätzlich der **Staatsan-** **34** **waltschaft**, an deren Auffassung das Gericht gebunden sei, es sei denn, daß ihre tatsächliche Würdigung eines Sachverhalts durch einen Rechtsirrtum beeinflußt sei[40]. Denn aus dem Anklagemonopol der Staatsanwaltschaft (§ 152 Abs. 1) ergebe sich, daß sie nicht durch Ablehnung des selbständigen Einziehungsverfahrens gezwungen werden könne, gegen ihre Überzeugung öffentliche Klage gegen eine bestimmte Person zu erheben oder von der Herbeiführung einer sachlich gebotenen Einziehung abzusehen. Die vor allem in der Rspr. überwiegende Gegenmeinung ging und geht umgekehrt davon aus, daß das **Gericht** über die selbständige Einziehung zu entscheiden hat und daraus notwendigerweise folge, daß es zu prüfen habe, ob die gesetzlichen Voraussetzungen einer selbständigen Einziehung in tatsächlicher und rechtlicher Hinsicht erfüllt seien[41]. Eine **vermittelnde Meinung** geht schließlich dahin, daß „nach der Grundkonzeption des Strafprozeßrechts" grundsätzlich die Staatsanwaltschaft entscheide und das Gericht den Antrag nur dann als unzulässig verwerfe, wenn sich aus der Begründung des Antrags oder aus den Akten ohne weiteres ergibt, daß die Annahme der Staatsanwaltschaft aus tatsächlichen Gründen nicht zutrifft oder auf Rechtsirrtum beruht[42].

Den Vorzug verdient die in der Rspr. überwiegend vertretene Auffassung von **35** der **umfassenden Prüfungsbefugnis des Gerichts**[43]. Dabei ist vom Wortlaut des § 441 Abs. 3 auszugehen. Danach entscheidet das Gericht sachlich nur über einen zulässigen Antrag; damit ist der Charakter eines den Anforderungen des § 440 genügenden Antrags als Prozeßvoraussetzung eindeutig verlautbart. An diesem Charakter hat das wesentliche Element des selbständigen Einziehungsverfahrens, die Nichtverfolgbarkeit einer bestimmten Person, teil; sie ist selbst Prozeßvoraussetzung[44]. Aus dem Wesen der Prozeßvoraussetzung aber ergibt sich, daß sie — entsprechend den allgemein für Prozeßvoraussetzungen geltenden Grundsätzen — in jeder Lage des Verfahrens von Amts wegen vom Gericht zu beachten und im Wege des Freibeweises nachprüfbar ist (Einl. Kap. 11 17 f). Also kann das Gericht nicht darauf beschränkt sein, den Antrag daraufhin zu prüfen, ob die Annahme der Nichtverfolgbarkeit einer bestimmten Person auf Rechtsirrtum beruht oder in tatsächlicher Hinsicht **offensichtlich** unzutreffend ist, sondern muß jedem Zweifel nachgehen können. Danach ist auch eine Beschränkung der richterlichen Nachprüfung, wie sie die oben Rdn. 34 erwähnte vermittelnde Meinung (= grundsätzlich eine Entscheidung der Staatsanwaltschaft) vertritt, „mit der Grundkonzeption des Strafprozeßrechts" nicht vereinbar[45].

b) Beweisverwertungsverbot. Ein **Verfahrenshindernis** besonderer Art, das der **36** Durchführung eines selbständigen Einziehungsverfahrens entgegensteht, kommt in Betracht, wenn ein **Beweisverwertungsverbot** durch die selbständige Einziehung verletzt würde. Wenn eine aus dem Ausland eingeführte Schrift strafbaren Inhalts (§ 74 d StGB)

[39] Vgl. in der 21. Aufl. § 430 a. F Anm. 7.
[40] OLG Celle NJW **1958** 1837 m. Nachw.
[41] RGSt **38** 100, 101; RG Recht 26 Nr. 1215; OLG Düsseldorf NJW **1967** 1142, 1143; OLG Hamm NJW **1953** 1683, 1684; *Eb. Schmidt* Nachtr. I § 430 a. F, 3; KK-*Boujong*[2] 3; KMR-*Paulus* 9; *Peters*[4] 589, 590.
[42] So OLG Hamm NJW **1970** 1754, 1755; *Kleinknecht/Meyer*[38] 7 f.
[43] S. Fußn. 41.
[44] BGHSt **21** 55; Rdn. 17.
[45] Ebenso KMR-*Paulus* 9.

Karl Heinz Gössel

von der Post (zulässigerweise) nach den zollrechtlichen Vorschriften der Zollbehörde vorgelegt wird und diese sie unter Verletzung des Postgeheimnisses (Art. 10 GG) an die Staatsanwaltschaft weiterleitet, die die selbständige Einziehung beantragt, so ist eine selbständige Einziehung ausgeschlossen; die in unzulässiger Weise erlangte Schrift ist als Beweismittel unverwertbar, weil in solchen Fällen das staatliche Verfolgungsinteresse keinen Vorrang vor der Wahrung des Postgeheimnisses besitzt[46].

3. Die Stellung als Nebenbeteiligter

37   **a) Die Eigenschaft als Nebenbeteiligter** wird auch im selbständigen Verfahren gemäß § 440 Abs. 3 in Vbdg. mit § 431 Abs. 1 Satz 1 erst durch den in § 431 Abs. 1 Satz 1 bezeichneten Beschluß begründet. Da es aber einen „Angeschuldigten" (§ 431 Abs. 1 Satz 1 Nr. 1) im selbständigen Verfahren nicht gibt, kann für die Anwendung der Vorschrift der Zeitpunkt, von dem ab eine Beteiligungsanordnung zulässig ist, nur der Eingang des Antrags auf selbständige Einziehung bei dem zuständigen Gericht sein, der der Anklageschrift entspricht. Und da es einen Eröffnungsbeschluß nicht gibt, fällt der Beginn der Befugnisse des Einziehungsbeteiligten (§ 433 Abs. 1) mit der Anordnung der Verfahrensbeteiligung zusammen[47].

38   **b) Art der Nebenbeteiligung.** Nimmt das Gericht in Aussicht, im **Beschlußverfahren** sachlich zu entscheiden (§ 441 Abs. 2), so wird dem Einziehungsbeteiligten in entsprechender Anwendung des § 433 Abs. 1 in Vbdg. mit § 201 Abs. 1 die Antragsschrift zur Äußerung zugestellt. Dabei wird er auf sein Recht hingewiesen, gemäß § 441 Abs. 3 mündliche Verhandlung zu beantragen, und ihm zweckmäßigerweise eine angemessene Frist zur Ausübung des Antragsrechts gesetzt[48]. Eines besonderen Hinweises, daß über die Einziehung ihm gegenüber entschieden werde (vgl. § 435 Abs. 3 Nr. 1), bedarf es nicht. Dieser Hinweis hat im subjektiven Verfahren seinen Sinn, wo der Angeklagte der Adressat der Einziehungsanordnung ist und deshalb Veranlassung besteht, den Einziehungsbeteiligten darüber zu belehren, daß die Einziehung auch ihm gegenüber wirksam sei, während im selbständigen Einziehungsverfahren der Einziehungsbeteiligte von vornherein Adressat der Einziehungsanordnung ist.

39   Soll **auf Grund mündlicher Verhandlung** entschieden werden (§ 441 Abs. 3), so erhält der Einziehungsbeteiligte Terminsnachricht gemäß § 435 Abs. 1, 2, 3 Nr. 1; einer erneuten Übersendung der Antragsschrift (§ 435 Abs. 2) bedarf es nicht, wenn die mündliche Verhandlung auf seinen Antrag hin stattfindet.

40   Auch bei beabsichtigter Entscheidung **im Beschlußverfahren** gilt für die Zustellung der Antragsschrift die Vorschrift des § 40. Denn der Grundgedanke des § 435 Abs. 1 Halbsatz 2, daß der Grundsatz des rechtlichen Gehörs (Art. 103 Abs. 1 GG) das Gericht dazu verpflichtet, alle Möglichkeiten auszuschöpfen, dem Einziehungsbeteiligten Kenntnis von dem Verfahren zu verschaffen und ihm Gelegenheit zur Ausübung seiner Befugnisse zu geben, gilt auch dann, wenn eine Entscheidung durch Beschluß in Aussicht genommen ist; eine unterschiedliche Behandlung des Einziehungsbeteiligten, je nachdem, ob durch Beschluß oder Urteil entschieden wird, wäre sachlich nicht gerechtfertigt.

4. Die entsprechend anwendbaren Vorschriften

41   **a)** § 430 ist nicht unter den entsprechend anwendbaren Vorschriften aufgeführt. Das erklärt sich daraus, daß § 430 auf das subjektive Verfahren zugeschnitten ist, in dem die Nebenfolge der Einziehung nur eine Nebenrolle spielt, während sie im objektiven

---

[46] BGHSt **23** 329, 331; KK-*Boujong*² 11.
[47] KK-*Boujong*² 10; KMR-*Paulus* 17.
[48] OLG Karlsruhe NJW **1974** 709, 711; KK-*Boujong*² 10; KMR-*Paulus* 21.

Verfahren der einzige Prozeßgegenstand ist. Im übrigen konnte der Gesetzgeber davon ausgehen, daß die auch im objektiven Verfahren erwünschte Ausscheidung von Fällen, in denen die Einziehung bedeutungslos ist oder — schon im Ermittlungsverfahren der Staatsanwaltschaft, aber auch im gerichtlichen Verfahren — einen unangemessenen Aufwand erfordern würde, dadurch erreicht werde, daß für die Stellung des Antrags das Opportunitätsprinzip gilt (Rdn. 23). Kraft des Opportunitätsprinzips ist die Staatsanwaltschaft, wenn die Entscheidung im Beschlußverfahren getroffen werden soll, in der Lage, ihren Antrag bis zur gerichtlichen Entscheidung zurückzunehmen. Erweist sich aber erst im Falle einer Entscheidung auf Grund mündlicher Verhandlung nach Beginn des sachlichen Teils, daß der Verfahrensaufwand unangemessen hoch ist, so muß es möglich sein, entsprechend dem Grundgedanken des § 430 Abs. 1 zu verfahren, wenn man die Lösung nicht auf dem dogmatisch bedenklichen Weg finden will, daß die Staatsanwaltschaft, ohne an § 156 gebunden zu sein, durch jederzeitige Antragsrücknahme dem gerichtlichen Verfahren ein Ende bereiten kann[49].

b) Die §§ 431, 432 gelten sinngemäß. § 431 Abs. 4 ist mit der Maßgabe sinngemäß **42** anwendbar, daß bei einer Entscheidung im schriftlichen Verfahren die Verfahrensbeteiligung, wenn zulässige sofortige Beschwerde (durch einen anderen Verfahrensbeteiligten) eingelegt ist (§ 441 Abs. 2), bis zum Erlaß des Beschlusses des Beschwerdegerichts angeordnet werden kann, der die Einziehung anordnet oder die Beschwerde gegen die erstinstanzliche Einziehungsanordnung verwirft.

c) § 433 **Absatz 2** ist auch bei einer Entscheidung im schriftlichen Verfahren, und **43** zwar auch in der Beschwerdeinstanz anwendbar; § 309 Abs. 1 steht dem nicht entgegen.

d) § 434 ist uneingeschränkt anwendbar.   **44**

e) § 435 ist anwendbar, wenn auf Grund mündlicher Verhandlung entschieden **45** wird. Wegen seiner sinngemäßen Anwendbarkeit bei einer Entscheidung im schriftlichen Verfahren vgl. Rdn. 38, 40.

f) § 436 ist in vollem Umfang anwendbar, wenn auf Grund **mündlicher Verhand-** **46** **lung** entschieden wird. Bei einer Entscheidung im **schriftlichen** Verfahren ist außer Abs. 1 auch Abs. 2 unanwendbar, da hier stets nach den Grundsätzen des Freibeweises verfahren wird. Sinngemäß anwendbar sind dagegen auch hier Abs. 3 und Abs. 4 mit der Maßgabe, daß der Beschluß zuzustellen ist.

g) § 437 ist nicht für entsprechend anwendbar erklärt, denn er ist auf das subjek- **47** tive Verfahren zugeschnitten („Schuldspruch") und setzt voraus, daß gegen den Angeklagten ein auf Einziehung lautendes Urteil ergangen ist. Wegen der Rechtsmittel gegen die im objektiven Verfahren ergangenen Entscheidungen vgl. § 441 Abs. 2, 3 Satz 2 und Absatz 4.

h) § 438 ist nicht für entsprechend anwendbar erklärt, weil im objektiven Verfah- **48** ren eine Entscheidung nicht durch Strafbefehl ergehen kann[50].

i) § 439 ist sinngemäß anwendbar. Die Verweisung auf § 439 Abs. 1 Nr. 2 ist **49** dahin zu lesen, daß der Betroffene glaubhaft machen muß, er habe bei der Entscheidung im schriftlichen Verfahren (§ 441 Abs. 2) ohne sein Verschulden weder im ersten Rechtszug noch in der Beschwerdeinstanz die Rechte des Einziehungsbeteiligten wahrnehmen können. Unter „Schuldspruch" i. S. des § 439 Abs. 3 sind die Ausführungen zur

---

[49] S. o. Rdn. 29; **a. A** KK-*Boujong*[2] 9; KMR-*Paulus* § 430, 3; *Kleinknecht/Meyer*[38] 5.   [50] KK-*Boujong*[2] 9.

Karl Heinz Gössel

Schuld des Täters oder Teilnehmers, der nicht im subjektiven Verfahren verfolgt oder verurteilt werden kann, zu verstehen, soweit nach materiellem Recht das Vorliegen einer Straftat Voraussetzung der Einziehung ist; das gleiche gilt, soweit § 439 Abs. 3 Satz 2 den § 437 Abs. 1 für entsprechend anwendbar erklärt.

V. Die gerichtliche Entscheidung

50   **1. Verfahren.** Da es an einem Angeklagten fehlt, **ist § 263 unanwendbar**; es entscheidet stets, auch wenn die Einziehung Sicherungsmaßregel ist, die einfache Mehrheit[51].

51   **2. Entscheidungsinhalt.** Die Entscheidung lautet grundsätzlich entweder auf Zurückweisung (Verwerfung) des Antrags als unzulässig oder sachlich unbegründet, bei Erfolg des Antrags je nach den Vorschriften des materiellen Rechts auf die Anordnung der jeweiligen Rechtsfolge, also z. B. auf Einziehung des Gegenstandes oder des Wertersatzes (§ 74 c StGB) oder eine mildere Maßnahme (§ 74 b Abs. 2, 3 StGB) oder Einziehung verbunden mit Unbrauchbarmachung (§ 74 d StGB) oder Einziehung verbunden mit einer Anordnung des Erlöschens von beschränkten Drittrechten (§ 74 e Abs. 2 StGB) und einem Ausspruch über die Entschädigung (§ 74 f Abs. 2, 3 StGB, § 436 Abs. 3). In der **Beschwerdeinstanz** können grundlegende Verfahrensmängel der ersten Instanz zur Zurückverweisung an die Vorinstanz führen[52]. Steht ein nachträglich entstandenes Verfahrenshindernis, wie die Möglichkeit einer subjektiven Verfolgung, einer Sachentscheidung entgegen, so ist die Einstellung des Verfahrens nach § 260 Abs. 3[53] oder — im Beschlußverfahren — nach § 206 a auszusprechen[54]. Lautet der Antrag lediglich auf Einziehung bestimmter Einzelexemplare einer Schrift, so darf das Gericht nicht darüber hinaus die ganze Auflage der Schrift einziehen[55]; jedoch erstreckt sich die Einziehung andererseits auf alle Kopien und Negative eines Films oder einer Schrift, einschließlich derjenigen, die sich noch auf dem Versandwege befinden[56]. Eines förmlichen Ausspruchs, daß ein Nebenbeteiligter die Entscheidung gegen sich gelten lassen müsse, bedarf es nicht, da die Entscheidung — unbeschadet der §§ 439, 440 Abs. 3 — kraft Gesetzes (§ 74 e StGB) allen von der Rechtsfolge Betroffenen gegenüber wirksam wird[57].

52   Auch im selbständigen Verfahren kann ein **Beschlagnahmebeschluß** zur Sicherung der Einziehung erlassen werden[58]. Dagegen ist eine Postbeschlagnahme (§ 99), soweit nicht Sonderregelungen eingreifen, unzulässig, weil das Gesetz dem objektiven Einziehungsverfahren grundsätzlich nicht die Bedeutung beimißt, die den schwerwiegenden Eingriff in das Brief- und Postgeheimnis rechtfertigen würde[59].

53   Die **Nachholung** einer versehentlich unterbliebenen Einziehung **in der Revisionsinstanz** kommt entgegen KK-*Boujong*[2] 13 und der dort zitierten unveröffentlichten BGH-Rechtsprechung auch dann nicht in Betracht, wenn eine andere Entscheidung

---

[51] So schon das ältere Schrifttum (Nachweise in 9 a zu § 431 a. F in der 21. Aufl.); heute ebenso KK-*Boujong*[2] 11; KMR-*Paulus* 25; *Kleinknecht/Meyer*[38] 16.

[52] OLG Karlsruhe NJW **1974** 709, 712; s. oben § 309, 15 ff.

[53] BGHSt **21** 55, 57.

[54] Anders LR-*Schäfer*[23] § 440, 59: § 260 Abs. 3 analog, ebenso KK-*Boujong*[2] 12.

[55] OLG München GA **1961** 58.

[56] *Seetzen* NJW **1976** 497, 499; *Kleinknecht/Meyer*[38] 22.

[57] RGSt **69** 33, 41.

[58] RGSt **44** 279, 280.

[59] BGH JZ **1971** 33, 34.

ausgeschlossen erscheint: das Gesetz weist dem Revisionsgericht keine derartige Kompetenz zu.

3. Bezeichnung des betroffenen Gegenstandes

a) Wird auf die beantragte Rechtsfolge erkannt, so ist der betroffene Gegenstand **54** so **genau zu bezeichnen**, daß er zweifelsfrei erkennbar ist[60]; ein auf dem Weg des § 458 Abs. 1 nicht behebbarer Zweifel macht die Rechtsfolgenanordnung unvollziehbar. Auch wenn sich der Gegenstand in amtlicher Verwahrung befindet, genügt ein allgemeiner Ausspruch, etwa daß „die beschlagnahmten Gegenstände" eingezogen werden, nicht.

b) Ebenso bedarf es bei einer Einziehung von **Schriften** (§ 74 d StGB) grundsätz- **55** lich einer Aufzählung im Urteilstenor oder in einer mitzuverkündenden Anlage zum Urteilsspruch, mindestens aber einer Darlegung in den Gründen, wie weit die Einziehungsanordnung der Formel reicht; eine Bezugnahme auf die Antragsschrift genügt nicht[61]. Nur bei besonders umfangreichem beschlagnahmten Material können die Anforderungen nach dieser Richtung gemildert werden[62]. Der die Einziehung veranlassende Inhalt der Schrift muß in der Einziehungsentscheidung genau, mindestens in seinem Kern, bezeichnet werden[63]. Dies ist besonders bedeutsam, weil es in der Revisionsinstanz dem Revisionsgericht grundsätzlich verwehrt ist, eigene ergänzende Feststellungen über den Inhalt zu treffen. Die Beschränkungen der Einziehung nach § 74 d Abs. 2, 3 StGB sind auszusprechen. Die Entscheidungsgründe müssen auch erkennen lassen, daß § 74 d Abs. 5 StGB nicht übersehen ist[64]; die tatrichterliche Entscheidung, daß eine Beschränkung durch Ausscheidung von Teilen nicht möglich ist, ist einer Nachprüfung durch die Revisionsinstanz regelmäßig entzogen[65]. Der Eigentumsübergang nach § 74 e Abs. 1 StGB erstreckt sich grundsätzlich auf alle Stücke mit dem in der Einziehungsentscheidung bezeichneten Inhalt im Geltungsbereich des Gesetzes ohne Rücksicht darauf, ob sie beschlagnahmt waren, oder ob dem Gericht ihr Vorhandensein bekannt war.

c) Bei der Einziehung von **Betäubungsmitteln** oder anderen (chemischen) Substan- **56** zen ist die einzuziehende Menge genau anzugeben. Allerdings kann das Revisionsgericht die Angaben ergänzen, wenn die im angefochtenen Urteil getroffenen Feststellungen dies zulassen[66].

4. Bezeichnung der Nebenbeteiligten.
Die Nebenbeteiligten sind im Rubrum der **57** Entscheidung **anzuführen**, um ihnen gegenüber einen Vollstreckungstitel in solchen Fällen zu haben, in denen sich der eingezogene Gegenstand nicht bereits in amtlicher Verwahrung befindet (§ 439, 7).

5. Rechtskraftwirkungen.
Die Verwerfung des Antrags als *unzulässig* kann ledig- **58** lich in formelle Rechtskraft erwachsen; folglich kann der Antrag bei Wegfall der Zulässigkeitsbarriere inhaltsgleich wiederholt werden[67]. Bei Verwerfung als *unbegründet* hindert die eingetretene materielle Rechtskraft zwar die inhaltsgleiche Wiederholung des verworfenen Antrages, nicht aber die Beantragung der gleichen Nebenfolge, wenn sie auf eine andere Tat oder auf einen anderen Gegenstand bezogen wird[68].

---

[60] RG JW **1935** 949, 950; BGHSt **8** 205, 211 f.
[61] BGHSt **17** 388, 390; BGH NJW **1962** 2019; NJW **1970** 818, 820; SrVert. **1981** 396; KK-*Boujong*[2] 13.
[62] BGHSt **9** 88.
[63] BGHSt **11** 29, 31; **17** 388; **23** 65, 78; NJW **1970** 818, 820.

[64] OLG Düsseldorf NJW **1967** 1142, 1143.
[65] RGSt **4** 87, 91.
[66] *Schmidt* MDR **1980** 969, 972; **1981** 881, 883; KK-*Boujong*[2] 13.
[67] KMR-*Paulus* 31; *Kleinknecht/Meyer*[38] 18.
[68] KMR-*Paulus* 32.

Karl Heinz Gössel

59   **6. Kosten.** Wird die beantragte Rechtsfolge **angeordnet**, so kann der Nebenbeteiligte, da er nicht Angeklagter oder Verurteilter i. S. des § 465 ist, nicht zu den allgemeinen **Kosten** des objektiven Verfahrens verurteilt werden[69]. Dagegen können dem Einziehungsbeteiligten nach § 472 b Abs. 1 die durch seine Beteiligung erwachsenen besonderen Kosten, z. B. die Kosten einer durch seine unbegründeten Einwendungen notwendig gewordenen Beweisaufnahme, auferlegt werden. Die notwendigen Auslagen seiner Verfahrensbeteiligung trägt der Nebenbeteiligte grundsätzlich selbst; ausnahmsweise können sie nach § 472 b Abs. 1 Satz 2 einem anderen Nebenbeteiligten auferlegt werden (Näheres s. bei den Erläuterungen zu § 472 b)[70]. Nach § 473 Abs. 1 treffen ihn die Kosten eines von ihm erfolglos eingelegten oder zurückgenommenen Rechtsmittels.

60   Wird die **Einziehung nicht angeordnet**, so treffen den Einziehungsbeteiligten keine Verfahrenskosten. Hinsichtlich seiner notwendigen Auslagen gilt nicht eine dem § 467 Abs. 1 entsprechende Regelung, vielmehr greift die Sonderregelung des § 472 b Abs. 2 Platz.

VI. Übergang vom subjektiven zum objektiven Verfahren

61   § 440 stellt zur Herbeiführung einer nach materiellem Recht (z. B. § 76 a StGB) zugelassenen selbständigen Einziehung eine besonders geregelte Verfahrensart zur Verfügung. Die Einleitung eines solchen Verfahrens ist aber nicht der einzige prozessuale Weg einer selbständigen Anordnung der Einziehung (und der in § 442 bezeichneten weiteren Nebenfolgen), vielmehr ist diese in gewissem Umfang bereits im Zusammenhang mit einem subjektiven (gegen einen bestimmten Angeklagten gerichteten) Verfahren zulässig. Diese Entwicklung hat sich schrittweise vollzogen.

1. Entwicklung des Problems in Rechtsprechung und Rechtslehre

62   **a) Frühere Rechtsprechung.** Nach **der früher herrschenden Meinung** war der Übergang vom subjektiven Strafverfahren zum objektiven Verfahren bei Einstellung des Verfahrens, etwa wegen dauernder Verhandlungsunfähigkeit des Angeklagten, grundsätzlich ausgeschlossen[71], außer wenn das Gesetz selbst, wie z. B. § 13 StrFG 1954, eine Ausnahme vorsah[72].

63   Gegenüber dem Einwand, daß es doch prozeßökonomisch sinnvoller sei, die von Staatsanwaltschaft und Gericht für ein subjektives Verfahren geleistete Arbeit durch Überleitung des subjektiven in ein objektives Verfahren mit dem beschränkten Ziel einer selbständigen Einziehung nutzbar zu machen, statt die Staatsanwaltschaft nach Abbruch des subjektiven Verfahrens zu zwingen, von neuem ein Verfahren durch einen Antrag nach (jetzt) § 440 zu betreiben, wurden für die ablehnende Haltung hauptsächlich drei Gesichtspunkte angeführt: das Strafverfahren habe die Entscheidung über Täterschaft und Schuld zum Gegenstand und sei damit **wesensmäßig verschieden** vom selbständigen Einziehungsverfahren; ferner sei **Verfahrensgrundlage** des objektiven Verfahrens der in das Ermessen der Staatsanwaltschaft gestellte Antrag (§ 440 Abs. 1); ihn könne die nach dem Legalitätsgrundsatz erhobene Anklage nicht ersetzen, weil sonst in die Ermessensfreiheit der Staatsanwaltschaft eingegriffen werde; schließlich sei **der Kreis der Beteiligten** in beiden Verfahren verschieden: im selbständigen Verfahren seien außer der Staatsanwaltschaft nur die Einziehungsbeteiligten, nicht aber der „Täter" beteiligt und der Täter daher nicht rechtsmittelberechtigt, wenn er nicht zufällig einen rechtlichen An-

---

[69] RGSt **74** 334; BGHSt **16** 49, 57; KK-*Bou-jong*[2] 14; KMR-*Paulus* 28.
[70] KK-*Boujong*[2] 14; KMR-*Paulus* 29.

[71] RGSt **52** 283; **53** 79; **54** 11; **66** 420; BGHSt **6** 62; BayObLG NJW **1957** 1448.
[72] BGHSt **9** 250.

spruch auf den Einziehungsgegenstand habe, während im subjektiven Verfahren die Einziehungsinteressenten nicht mit verfahrensrechtlichen Befugnissen beteiligt seien, und nur der Angeklagte die Einziehung anfechten könne, und zwar auch dann, wenn er am Einziehungsgegenstand kein dingliches Recht habe. Dieses letztere Argument — von BGHSt **6** 62 in den Vordergrund gestellt — ist inzwischen durch die Regelung in §§ 430 ff n. F gegenstandslos geworden.

Abweichend von dem in Rdn. 62 dargestellten Grundsatz wurde die selbständige **64** Rechtsfolgenanordnung im subjektiven Strafverfahren dann als zulässig anerkannt, wenn der Angeklagte aus tatsächlichen oder rechtlichen Gründen freizusprechen oder das Verfahren gegen ihn wegen eines Verfahrenshindernisses einzustellen war, die ohne Rücksicht auf die Eigentumsverhältnisse zulässige Rechtsfolge sich aber als „polizeiliche" Sicherungsmaßnahme darstellte und der Angeklagte mindestens den objektiven Tatbestand der die Einziehung rechtfertigenden Straftat verwirklicht hatte; insoweit war „das Strafverfahren weiterzuführen"[73].

b) Gesetzgebung und weitere Entwicklung. Wenn ein **Straffreiheitsgesetz** die Ein- **65** stellung anhängiger gerichtlicher Verfahren anordnet, davon aber die Einziehung — auch als Nebenstrafe — ausnimmt, war früher nach herrschender Meinung nach Einstellung des Verfahrens in der Hauptsache durch gerichtliche Entscheidung dessen Fortsetzung mit dem Ziel einer Entscheidung über die selbständige Einziehung unzulässig. „Im Interesse der Vereinfachung und Kostenersparnis"[74] sprach schließlich beim StrFG 1954 der Gesetzgeber die Zulässigkeit förmlich aus und ordnete an, daß das anhängige Verfahren insoweit als selbständiges Verfahren „weitergeführt" werde (§ 13 Abs. 5 StrFG 1954). Um dem Grundgedanken des § 430 a. F Rechnung zu tragen, daß die Staatsanwaltschaft über Notwendigkeit und Zweckmäßigkeit eines selbständigen Verfahrens nach Ermessensgrundsätzen entscheide, war nach der Rechtsprechung[75] Voraussetzung der „Weiterführung", daß die Staatsanwaltschaft **einen förmlichen Antrag** stellte oder wenigstens ihren Willen zur Durchführung der selbständigen Einziehung zu erkennen gab. Dies konnte auch stillschweigend (konkludent) durch Handlungen geschehen, die den Willen der Staatsanwaltschaft deutlich erkennbar machen. Rechtsprechung und Schrifttum[76] schritten auf dieser Bahn fort. Nach BGHSt **23** 64 = NJW **1969** 1970 gilt der Grundsatz der „Weiterführung" als selbständiges Verfahren mit dem beschränkten Ziel der selbständigen Einziehung nach Einstellung des subjektiven Strafverfahrens auch dann, wenn das Straffreiheitsgesetz (hier: v. 9. 7. 1968) nicht ausdrücklich bestimmt, daß das anhängige und eingestellte Strafverfahren insoweit fortgesetzt werden dürfe. Denn diese Möglichkeit entspreche einem allgemeinen Grundsatz, zu vermeiden, daß umfangreiche Beweisaufnahmen in einem späteren neuen selbständigen Verfahren wiederholt werden müßten; ein solcher Grundsatz sei heute um so weniger bedenklich, als nach §§ 430 ff n. F die Einziehungsberechtigten auch am subjektiven Verfahren zu beteiligen seien, und die in BGHSt **6** 62 gegen die Überleitung eines subjektiven in ein objektives Verfahren geäußerten Bedenken angesichts der Angleichung beider Verfahren durch das EGOWiG 1968 nicht mehr bestünden. Das Verfahren ist danach „als selbständiges Einziehungsverfahren i. S. des § 440 n. F fortzuführen"[77].

---

[73] So (betr. die Einstellung des subjektiven Verfahrens wegen Verjährung der Strafverfolgung) BGHSt **6** 62 unter Berufung auf RGSt **4** 87; **34** 388; **44** 315; **66** 420 und, dem zustimmend, BGHSt **18** 136, 138; **21** 367, 370; s. auch BGHSt **14** 391, 392.

[74] Amtl. Begründung BTDrucks. **II** 215 S. 18.
[75] BGHSt **7** 356; **9** 250.
[76] Nachweise in der 21. Aufl. Vor § 430 a. F, 12.
[77] BGHSt **23** 64, 67.

Karl Heinz Gössel

66 § 76 a Abs. 3 StGB hat schließlich die Möglichkeit eröffnet, auf Einziehung auch dann selbständig zu erkennen, wenn **in der Hauptverhandlung** gegen den Angeklagten unter Schuldigsprechung auf Absehen von Strafe erkannt (§ 260 Abs. 4 Satz 4) oder das Verfahren nach den Vorschriften über die Lockerung des Legalitätsprinzips eingestellt wird (Rdn. 13). Es kann nicht zweifelhaft sein, daß auch in diesen Fällen die Erwägungen durchgreifen, die dazu geführt haben, bei Einstellung anhängiger Strafverfahren wegen Verjährung oder Niederschlagung durch Straffreiheitsgesetz die Weiterführung mit dem Ziel der selbständigen Rechtsfolgenanordnung zuzulassen, und es spielt dabei keine Rolle, ob die Einziehung Nebenstrafe (§ 74 Abs. 2 Nr. 1 StGB) ist, strafähnlichen Charakter hat (§ 74 a StGB) oder sich als Sicherungsmaßnahme darstellt (§ 74 Abs. 2 Nr. 2, Abs. 3, 4 StGB). Voraussetzung ist aber auch hier, daß die Staatsanwaltschaft (der Privatkläger) den Willen auf Durchführung der selbständigen Einziehung kundgibt (Rdn. 65).

2. Nunmehrige Rechtslage

67 **a) Grundsatz.** In folgerichtiger Fortsetzung dieser Entwicklung von Gesetzgebung und Rechtsprechung muß es als ein **allgemeiner Grundsatz** angesehen werden, daß die Fortführung des anhängigen subjektiven Verfahrens mit dem beschränkten Ziel der Entscheidung über die selbständige Rechtsfolgenanordnung zulässig ist, wenn sich ein die Durchführung des Strafverfahrens ausschließendes Verfahrenshindernis herausstellt, das nicht zugleich auch einer selbständigen Rechtsfolgenanordnung entgegensteht[78]. Danach ist eine „Weiterführung" des Verfahrens z. B. zur selbständigen Einziehung nach §§ 74 Abs. 2 Nr. 1 oder 74 a in Vbdg. mit § 76 a Abs. 1 StGB auch zulässig, wenn der Angeklagte nach Beginn der Hauptverhandlung sich der Aburteilung durch Flucht ins Ausland entzieht, wo er für die deutsche Gerichtsbarkeit unerreichbar ist, und zur selbständigen Einziehung nach § 74 Abs. 2 Nr. 2 in Vbdg. mit § 76 a Abs. 2 StGB auch dann, wenn der Angeklagte verhandlungsunfähig wird.

68 **b) Rechtsnatur des Übergangs.** Bei den mit beschränktem Ziel **weitergeführten Verfahren** sprach BGHSt **6** 62 von einer „Weiterführung des **Strafverfahrens**", von der Vorstellung ausgehend, daß ein Übergang vom subjektiven zum objektiven Verfahren ausgeschlossen sei. Von diesem Standpunkt aus war das die selbständige Rechtsfolgenanordnung betreffende weitergeführte Verfahren ein Teil der Hauptverhandlung und unterlag den Regeln über die Hauptverhandlung. Dagegen ist in den die Wirkungen der Niederschlagung behandelnden Entscheidungen im Anschluß an den Wortlaut des § 13 Abs. 5 StrFG 1954 von einer „Fortführung des Verfahrens als selbständiges Einziehungsverfahren (§ 440 n. F.)" die Rede[79]. Das bedeutet, daß das selbständige Verfahren, auch wenn es im unmittelbaren Zusammenhang mit dem subjektiven Verfahren „fortgeführt" wird, den besonderen Vorschriften des § 441 Abs. 2 bis 4 betr. Entscheidung durch Beschluß ohne mündliche Verhandlung oder durch Urteil auf Grund mündlicher Verhandlung mit den entsprechend verschiedenen Rechtsmitteln unterliegt. Von dieser Gestaltung geht auch der bereits auf der Neuregelung des Einziehungsrechts beruhende § 4 Abs. 2, 3 StrFG 1970 aus. Danach können Einziehung und Unbrauchbarmachung, auf die sich die Niederschlagung nicht erstreckt, in einem neuen selbständigen Verfahren angeordnet werden (Absatz 2). Es kann aber auch das subjektive Verfahren

---

[78] BGHSt **23** 64, 67; OLG Karlsruhe MDR **1980** 337; KK-*Boujong*[2] 15; *Kleinknecht/ Meyer*[38] 19; *Dreher/Tröndle* § 76 a, 3; *Hanack* JZ **1974** 54, 58.

[79] BGHSt **23** 64, 67.

„weitergeführt" werden, und das Gericht kann durch Beschluß entscheiden, wenn dies in einem selbständigen Verfahren zulässig wäre (Absatz 3). Mit dem § 4 Abs. 3 aber verweist das StrFG 1970 auf § 441 Abs. 2, 3.

Die Lösung dieses Gesetzes enthält **allgemeingültige Grundsätze** für alle Fälle, in **69** denen nach Beendigung des subjektiven Strafverfahrens dessen „Fortführung" mit dem beschränkten Ziel einer gemäß § 76 a StGB zulässigen selbständigen Einziehung in Frage steht, so insbesondere im Fall des § 76 a Abs. 3 StGB, wenn das Gericht von Strafe absieht oder das Verfahren auf Grund einer das Legalitätsprinzip lockernden Vorschrift einstellt[80]. Denn der bei der Niederschlagung maßgebliche Gesichtspunkt — aus prozeßökonomischen Gründen zu vermeiden, daß die für die Zwecke des subjektiven Verfahrens erbrachten Beweisaufnahmen in einem neuen selbständigen Verfahren wiederholt werden müßten — fordert auch Beachtung, wenn die Einziehung gemäß § 76 a StGB unabhängig von einem Schuld- oder Strafausspruch zulässig ist. Mit der Verweisung in § 4 Abs. 3 StrFG 1970 auf § 441 Abs. 2, 3 ist implicite auch die bisherige Rechtsprechung (Rdn. 65) legalisiert, daß auch die Fortführung des anhängigen Verfahrens von einer dem förmlichen Antrag nach § 440 Abs. 1 entsprechenden Erklärung der Staatsanwaltschaft abhängt[81] und damit ihre Entschließungsfreiheit gewahrt bleibt.

Im Fall des § 76 a Abs. 2 StGB ist eine solche „Fortführung" auch dann möglich, **70** wenn die Hauptverhandlung mit dem **Tod des Angeklagten** ihr Ende findet[82] (Rdn. 11), denn der prozeßökonomische Grund für die Zulässigkeit der Weiterführung des Verfahrens mit beschränktem Ziel trifft auch dann zu; eine unterschiedliche Behandlung des Todes gegenüber den Verfahrenshindernissen im engeren Sinn würde der inneren Rechtfertigung entbehren.

VII. Übergang vom objektiven zum subjektiven Verfahren

Dieser Übergang ist stets unzulässig, da es — anders als im Fall des § 416 — an **71** einem „Beschuldigten" fehlt[83].

VIII. Bußgeldverfahren

Das objektive Verfahren ist auch im Ordnungswidrigkeitenverfahren zulässig **72** (§ 87 Abs. 3 OWiG; § 46 Abs. 1 OWiG i. V. m. § 440); zu den materiellrechtlichen Voraussetzungen s. § 27 OWiG.

§ 441

(1) [1]Die Entscheidung über die Einziehung im Nachverfahren (§ 439) trifft das Gericht des ersten Rechtszuges, die Entscheidung über die selbständige Einziehung (§ 440) das Gericht, das im Falle der Strafverfolgung einer bestimmten Person zuständig wäre. [2]Für die Entscheidung über die selbständige Einziehung ist örtlich zuständig auch das Gericht, in dessen Bezirk der Gegenstand sichergestellt worden ist.

(2) Das Gericht entscheidet durch Beschluß, gegen den sofortige Beschwerde zulässig ist.

---

[80] Ebenso für den entsprechenden Fall einer Einstellung nach § 47 Abs. 2 OWiG *Göhler*[8] § 87, 57; *Rotberg* § 87, 17.
[81] KK-*Boujong*[2] 15, 16.

[82] S. Rdn. 13; ebenso KK-*Boujong*[2] 15; *Kleinknecht/Meyer*[38] 19.
[83] KK-*Boujong*[2] 15; KMR-*Paulus* Vor § 430, 16; *Kleinknecht/Meyer*[38] 19.

Karl Heinz Gössel

(3) [1]Über einen zulässigen Antrag wird jedoch auf Grund mündlicher Verhandlung durch Urteil entschieden, wenn die Staatsanwaltschaft oder sonst ein Beteiligter es beantragt oder das Gericht es anordnet; die Vorschriften über die Hauptverhandlung gelten entsprechend. [2]Wer gegen das Urteil eine zulässige Berufung eingelegt hat, kann gegen das Berufungsurteil nicht mehr Revision einlegen.

(4) Ist durch Urteil entschieden, so gilt § 437 Abs. 4 entsprechend.

Entstehungsgeschichte. Der frühere Satz 2 des Absatzes 1: „An die Stelle des Schwurgerichts tritt die Strafkammer" ist durch Art. 1 Nr. 107 des 1. StVRG 1974 gestrichen worden.

Übersicht

I. Inhalt des § 441

1   § 441 enthält **gemeinsame Verfahrensvorschriften** über die Entscheidung im Nachverfahren (§ 439) und über die im selbständigen Verfahren (§ 440). Er folgt dabei weitgehend den Vorschriften des vor der Reform durch das EGOWiG 1968 geltenden Rechts.

II. Sachliche und örtliche Zuständigkeit (Absatz 1)

2   **1. Nachverfahren.** Die **sachliche und örtliche Zuständigkeit** ist **im Fall des § 439** dadurch festgelegt, daß das Gericht entscheidet, das im vorangegangenen Verfahren erstinstanzlich entschieden hat. Das gilt, wie grundsätzlich bei allen nach Rechtskraft ergehenden Entscheidungen, auch für den Fall der Zurückverweisung durch das Revisionsgericht an ein anderes Gericht oder an einen anderen Spruchkörper[1].

2. Objektives Verfahren

3   **a)** Die **sachliche Zuständigkeit** des Gerichts bestimmt sich danach, welches Gericht nach den allgemeinen Vorschriften für die subjektive Verfolgung einer bestimmten

---

[1] OLG Düsseldorf MDR **1983** 154; KK-*Boujong*[2] 2; *Kleinknecht/Meyer*[38] 2.

Person (des Täters oder Teilnehmers) zuständig wäre. Soweit bei den Kollegialgerichten bestimmte Spruchkörper nach gesetzlicher Vorschrift für das subjektive Strafverfahren zuständig sind (beim Landgericht die Strafkammer als Schwurgericht, die Staatsschutz- und Wirtschaftsstrafkammer; beim Oberlandesgericht — BayObLG — gem. § 120 GVG der Staatsschutzstrafsenat), sind sie auch für das objektive Verfahren zuständig. Ist die strafrechtliche Würdigung der Tat und demzufolge auch die sachliche Zuständigkeit des Gerichts nicht mit Gewißheit festzustellen, so ist das Gericht mit der umfassenderen Zuständigkeit als zuständig anzusehen[2]. Kommen als Einziehungsgrundlage mehrere Straftaten in Betracht, so liegt es im Ermessen der Staatsanwaltschaft, welche von ihnen sie in der Antragsschrift (§ 440 Abs. 2) bezeichnen will; danach richtet sich die sachliche Zuständigkeit. Die Staatsanwaltschaft hat es dann in der Hand, durch entsprechende Beschränkung der Einziehungsgrundlage die sachliche Zuständigkeit eines Gerichts niederer Ordnung zu begründen, wenn dessen Zuständigkeit zur Entscheidung über die Einziehungsfrage ausreicht[3].

b) Auch die **örtliche Zuständigkeit** bestimmt sich nach den allgemeinen Vorschrif- **4** ten, die für die subjektive Verfolgung gelten oder — wenn der Täter nur eine rechtswidrige Tat (§ 11 Abs. 1 Nr. 5 StGB) begangen hat — bei schuldhaftem Handeln gelten würden[4]. Aus Zweckmäßigkeitsgründen begründet Abs. 1 Satz 2 — als Parallele zu § 9 — für das selbständige Verfahren die örtliche Zuständigkeit zusätzlich auch für das Gericht, in dessen Bezirk der Gegenstand sichergestellt (§§ 94, 111 b) worden ist. Ist ein den Gerichtsstand bestimmender Ort in der Bundesrepublik nicht vorhanden oder nicht zu ermitteln, so wird gemäß § 13 a das zuständige Gericht vom Bundesgerichtshof bestimmt[5]. Wird auf Grund mündlicher Verhandlung entschieden (§ 441 Abs. 3 Satz 1), so darf im Verhandlungstermin gemäß § 441 Abs. 3 Satz 1 Halbsatz 2, § 16 eine Unzuständigkeitserklärung nicht mehr von Amts wegen, auf Einwand eines Einziehungsbeteiligten aber nur bis zum Beginn der Verhandlung zur Sache ausgesprochen werden[6].

III. Verfahrensarten

§ 440 sieht in **Abs. 2** als **Regelform** das *schriftliche* **Beschlußverfahren** vor, wäh- **5** rend nach **Abs. 3** auch statt dessen im **Urteilsverfahren** aufgrund *mündlicher Verhandlung* entschieden werden kann (bei gerichtlicher Anordnung) oder sogar muß (auf Antrag der Staatsanwaltschaft oder sonst eines Beteiligten). Dies gilt auch, ist bei Anordnung der Einziehung, des Verfalls, der Vernichtung oder der Unbrauchbarmachung durch **Strafbefehl** nur über den Einspruch des Nebenbeteiligten zu entscheiden (§ 438 Abs. 2; s. dazu auch § 438, 12).

1. Beschlußverfahren
a) Rechtliches Gehör. Vor der Entscheidung hat das Gericht nach § 33 Abs. 2, 3 **6** die Staatsanwaltschaft und die Nebenbeteiligten zu hören. Da das Verfahren durch den Antrag der Staatsanwaltschaft in Gang gesetzt wird, bedeutet das Erfordernis der Anhörung, daß der Staatsanwaltschaft nach Abschluß der Ermittlungen Gelegenheit zur

---

[2] Ebenso *Eb. Schmidt* § 430 a. F, 10, 11; s. dazu auch § 12, 16 f.

[3] OLG Celle NJW **1966** 1135; KK-*Boujong*[2] 3; KMR-*Paulus* 2; *Kleinknecht/Meyer*[38] 2; *Wagner* MDR **1961** 93, 98.

[4] RGSt **15** 235.

[5] Vgl. RGRspr. **9** 290; KK-*Boujong*[2] 4; KMR-*Paulus* 3; *Kleinknecht/Meyer*[38] 3.

[6] RGSt **19** 427; RG Recht **18** Nr. 2360; KK-*Boujong*[2] 4; KMR-*Paulus* 3; *Kleinknecht/Meyer*[38] 3.

Karl Heinz Gössel

Stellungnahme zu geben ist. Stellt der Privatkläger den Antrag (§ 440 Abs. 1), so ist die Anhörung der Staatsanwaltschaft entbehrlich (§ 377 Abs. 1). Zur Anhörung der Nebenbeteiligten nach § 33 Abs. 3 gehört, daß Ermittlungsergebnisse, die neue Tatsachen oder Beweise enthalten, ihnen bekanntzugeben sind, falls eine frühere Anhörung, insbesondere nach § 432, diese nicht zum Gegenstand hatte.

7   **b) Ermittlung des Sachverhalts.** Die **Ermittlungen** erfolgen formlos von Amts wegen nach pflichtmäßigem Ermessen des Gerichts **(nach den Regeln des Freibeweises).** Zulässig sind dabei auch eidliche Vernehmungen von Zeugen durch den beauftragten oder ersuchten Richter. Da die Vorschriften über das Beschwerdeverfahren nicht für entsprechend anwendbar erklärt sind, § 309 Abs. 1 also unanwendbar ist, ist die Vornahme mündlicher Erörterungen, die sich deutlich von der förmlichen mündlichen Verhandlung (§ 441 Abs. 3; unten Rdn. 11) abheben — etwa zur Vernehmung oder Gegenüberstellung von Zeugen — nicht ausgeschlossen.

8   **c) Sonstiges.** Im übrigen unterscheidet sich das Beschlußverfahren, was die Zuziehung der Einziehungsbeteiligten und den Inhalt der Entscheidung anlangt, in nichts von dem Verfahren, in dem die Entscheidung auf Grund mündlicher Verhandlung durch Urteil (§ 441 Abs. 3) ergeht. Der Beschluß ist zu begründen (§ 34) und, mit Rechtsmittelbelehrung versehen, allen Einziehungsbeteiligten zuzustellen (§§ 35, 35 a), wobei die Zustellung an einen bevollmächtigten Vertreter genügt (§§ 440 Abs. 3; 434; 145 a). § 33 a findet Anwendung.

2. Urteilsverfahren

9   **a) Wahl der Verfahrensart.** Das Gericht **kann** mündliche Verhandlung anordnen. Es steht also grundsätzlich im Ermessen des Gerichts, ob es ohne mündliche Verhandlung durch Beschluß oder auf Grund mündlicher Verhandlung durch Urteil entscheiden will; maßgeblich ist, ob das Gericht sich zu einer sachgemäßen Entscheidung auch ohne mündliche Verhandlung in der Lage sieht.

10   Die mündliche Verhandlung und Entscheidung durch Urteil ist jedoch **zwingend** geboten, wenn die Staatsanwaltschaft, der antragstellende Privatkläger oder ein Einziehungsbeteiligter es beantragen. Voraussetzung ist aber, daß ein nach §§ 439, 440 zulässiger Antrag gestellt ist („über einen zulässigen Antrag..."); ein unzulässiger Antrag wird stets durch Beschluß verworfen, der nach § 441 Abs. 2 anfechtbar ist. Wegen der **Belehrung** des Einziehungsbeteiligten über sein Recht, mündliche Verhandlung zu beantragen, vgl. § 440, 38.

11   Das Gericht kann, solange es nicht durch Beschluß entschieden und dieser Beschluß durch Herausgabe Wirksamkeit erlangt hat, jederzeit zur **Anordnung der mündlichen Verhandlung** übergehen[7]; es kann aber auch, wenn es (ohne Antrag eines Beteiligten) mündliche Verhandlung angeordnet hat, eine bereits terminierte Hauptverhandlung wieder absetzen und durch Beschluß entscheiden[8].

12   **b) Antrag auf mündliche Verhandlung.** Für die Stellung des Antrags auf mündliche Verhandlung ist weder eine besondere Form noch eine Begründung vorgeschrieben, auch eine **zeitliche Begrenzung** nicht vorgesehen. Der Antrag kann daher so lange gestellt werden, als das Gericht nicht über den Antrag auf selbständige Einziehung etc. (§ 440 Abs. 1) durch Beschluß entschieden und den Beschluß herausgegeben hat[9]; er kann unter dieser Voraussetzung auch noch nach Ablauf einer vom Gericht gesetzten

[7] KK-*Boujong*² 7; KMR-*Paulus* 5.
[8] KK-*Boujong*² 7.

[9] OLG Koblenz VRS **48** 291; KK-*Boujong*² 8; KMR-*Paulus* 7.

Äußerungsfrist gestellt werden[10]. Ein wirksamer Antrag führt zur Unzulässigkeit des Beschlußverfahrens. Umgekehrt aber macht die Entscheidung durch Beschluß den (nach Erlaß des Beschlusses gestellten) Antrag auf mündliche Verhandlung unzulässig; Wiedereinsetzung in den vorigen Stand ist in entsprechender Anwendung des Grundgedankens des §436 Abs. 1 Satz 2 unstatthaft[11]. Die Frage des Eingangs des Antrags auf mündliche Verhandlung ist im Freibeweisverfahren zu klären; bleiben Zweifel, ist von der Zulässigkeit des ergangenen Beschlusses auszugehen[12]. Ein förmlicher **Verzicht** des Beteiligten auf sein Antragsrecht hat zur Folge, daß er den Antrag nicht mehr stellen kann; die bloße Erklärung, einer Entscheidung durch Beschluß werde nicht widersprochen, bedeutet aber noch keinen Verzicht auf das Antragsrecht, hindert also den Beteiligten nicht, den Antrag noch zu stellen, solange nicht durch Beschluß entschieden ist[13]. Ein gestellter Antrag kann auch nach Terminsanberaumung, aber entsprechend dem Grundgedanken der §§303, 411 Abs. 3 Satz 2 wohl nur bis zum Beginn der mündlichen Verhandlung **zurückgenommen** werden; doch können die übrigen Antragsberechtigten den Antrag übernehmen oder das Gericht nachträglich die mündliche Verhandlung anordnen, so daß es dann bei dem anberaumten Termin bleibt. Die **Staatsanwaltschaft** soll den Antrag auf mündliche Verhandlung nur stellen, wenn eine solche wegen der Bedeutung oder der Schwierigkeit der Sache oder im Interesse der Einziehungsbeteiligten geboten erscheint (Nr. 180 Abs. 2 RiStBV).

Wird der Antrag auf selbständige Rechtsfolgenanordnung für zulässig befunden **13** (§440, 31), und liegt ein Antrag der Staatsanwaltschaft oder eines Nebenbeteiligten auf mündliche Verhandlung oder eine entsprechende gerichtliche Anordnung (beim Land- oder Oberlandesgericht des Kollegiums) vor, so bestimmt der Vorsitzende den **Termin zur mündlichen Verhandlung;** ein Eröffnungsbeschluß oder ein ihm entsprechender Zulassungsbeschluß ergeht nicht (§440, 31).

Der Staatsanwaltschaft steht es, gleichviel ob die Nebenbeteiligten erschienen sind **14** oder nicht, im Termin frei, bezgl. der im Antrag bezeichneten Gegenstände statt der Unbrauchbarmachung die Einziehung zu beantragen oder den gestellten Antrag aus einem neuen, in der Antragsschrift nicht angegebenen **rechtlichen Gesichtspunkt** zu begründen, ohne daß es der Zustimmung der etwa anwesenden oder der vorherigen Unterrichtung der vom Termin benachrichtigten, aber nicht erschienenen Einziehungsbeteiligten i. S. des §265 bedarf[14].

c) Entsprechende Anwendung der für die Hauptverhandlung geltenden Vorschrif- 15 ten. Wie schon früher §431 Abs. 1 a. F, so bezeichnet auch §441 Abs. 3 den abzuhaltenden Termin als „mündliche Verhandlung" und erklärt die Vorschriften über die Hauptverhandlung nur für entsprechend anwendbar, während §§415, 416 für die mündliche Verhandlung im Sicherungsverfahren die Bezeichnung „Hauptverhandlung" gebrauchen. Die unterschiedliche Formulierung erklärt sich daraus, daß das selbständige Verfahren zwar in den Formen und mit den Rechtsschutzgarantien des Strafverfahrens, aber nicht gegen eine bestimmte Person — im Strafverfahren gegen den Angeklagten, im Sicherungsverfahren gegen den Betroffenen, der dort technisch „Beschuldigter" heißt (Vor §413, 6) — betrieben wird; die Nebenbeteiligten haben zwar zur Verteidigung ihrer dinglichen Rechte die „Befugnisse" eines Angeklagten (§§440 Abs. 3, 433

---

[10] BayObLG NJW 1970 623; VRS **49** 281; **53** 199; Rpfleger **1975** 319; KG VRS **38** 136; OLG Celle NJW 1970 623; OLG Hamburg MDR **1969** 950; OLG Hamm VRS **50** 224; OLG Karlsruhe GA **1973** 246; MDR **1977** 604.

[11] Vgl. KMR-*Paulus* 7.

[12] BayObLG VRS **55** 53; OLG Hamm VRS **47** 369; **50** 305; OLG Karlsruhe Justiz **1974** 232; a. A KMR-*Paulus* 7.

[13] BayObLG Rpfleger **1975** 319.

[14] RGSt **37** 270; s. dazu §435, 7.

Karl Heinz Gössel

Abs. 1), aber sie stehen im übrigen dem Angeklagten nicht gleich[15], was insbesondere in kostenrechtlicher Hinsicht bedeutsam ist (§ 440, 59 f). Denn das Gericht hat zwar festzustellen, ob eine (objektiv wie subjektiv) tatbestandsmäßige und rechtswidrige und, soweit materiellrechtlich erforderlich, auch schuldhafte Tat verwirklicht wurde und dabei der Gegenstand eine die Einziehung etc. rechtfertigende Rolle gespielt hat, aber diese Feststellungen haben nicht das Ziel, über die strafrechtliche Schuld eines Beteiligten zu entscheiden.

16   **Die entsprechende Anwendung der für die Hauptverhandlung geltenden Vorschriften** bedeutet u. a., daß der Staatsanwalt den dem Anklagesatz entsprechenden Teil der Antragsschrift verliest (§ 243 Abs. 3 Satz 1). Die Vorschriften über die Öffentlichkeit (§§ 169 ff GVG) finden Anwendung. Dem Nebenbeteiligten (§ 436 gilt) gebührt das letzte Wort (§ 258 Abs. 2, 3)[16]. Sein Vertreter (§ 434) nimmt die Stelle des Verteidigers ein. Es gelten sinngemäß auch für die Beweisaufnahme die allgemeinen Vorschriften, soweit sich nicht aus §§ 431 Abs. 2, 436 Abs. 2 und im Nachtragsverfahren aus § 439 Abs. 3 Abweichungen ergeben. Es ist daher unzulässig, daß Erklärungen, die der Nebenbeteiligte früher als Beschuldigter abgegeben hat, vom Gericht verwertet werden, wenn sie nicht in der gesetzlich vorgeschriebenen Weise (§§ 250, 253) festgestellt sind. Einzuziehende Druckschriften (§ 74 d StGB) müssen verlesen werden (vgl. aber § 249 Abs. 2), soweit sie für die Entscheidung bedeutsam sind[17].

17   **d) Zeugenstellung.** Auch für die **Vernehmung und Beeidigung von Zeugen** gelten die allgemeinen Vorschriften[18]. Im Nachverfahren (§ 439) ist der Angeklagte des früheren subjektiven Verfahrens Zeuge, wenn er als Auskunftsperson vernommen wird; ebenso im objektiven Verfahren der Beschuldigte eines vorangegangenen subjektiven Verfahrens oder derjenige, der im Fall eines subjektiven Verfahrens Beschuldigter wäre, soweit er nicht selbst Nebenbeteiligter ist[19].

18   Der **Nebenbeteiligte** selbst kann **nicht Zeuge** sein[20]. Denn wenn der Nebenbeteiligte auch nur die Rechte und nicht die Rechtsstellung eines Angeklagten hat (§ 440 Abs. 3, § 433 Abs. 1), so bleibt es doch dabei, daß er gegen einen ihm durch die Entscheidung drohenden Eingriff in seine Rechte kämpft, während die Aufgabe des Zeugen — der Idee nach — in der objektiven wahrheitsgetreuen Übermittlung seines Wissens *ohne subjektive Zielrichtung* besteht (vgl. Einl. Kap. 9 3). Daß nach allgemeiner Meinung der Nebenkläger (§ 397, 17) und der Antragsteller im Adhäsionsverfahren trotz subjektiver Zielrichtung hinsichtlich des Ausgangs des Strafverfahrens Zeugen sein können, entspricht der Stellung dieser Verfahrensbeteiligten im subjektiven Strafverfahren.

19   **e) Entscheidungsform und -begründung.** Insoweit gelten die §§ 260, 267 (RGSt 41 21).

20   Der Strafsenat des Oberlandesgerichts entscheidet nach § 122 Abs. 1 GVG in der Besetzung mit drei Mitgliedern. Das gilt aufgrund des eindeutigen Gesetzeswortlauts auch für Entscheidungen nach § 441 Abs. 3 aufgrund mündlicher Verhandlung (auch bei Beschlüssen)[21].

---

[15] RGSt **37** 270.
[16] BGHSt **17** 28, 32.
[17] BGHSt **11** 29; BGH NJW **1962** 2019.
[18] RGSt **48** 84, 85.
[19] KK-*Boujong*[2] 9; KMR-*Paulus* 9; *Kleinknecht/Meyer*[38] 5.

[20] RGSt **46** 88; BGHSt **9** 250; *Eb. Schmidt* Nachtr. I 3 zu § 431 a. F; KK-*Boujong*[2] 9; KMR-*Paulus* 9.
[21] KK-*Salger*[2] § 122 GVG, 3; LR-*Schäfer*[23] § 441, 7; *Eb. Schmidt* Nachtr. I 22 zu § 431 a. F; a. A OLG Celle NdsRpfl. **1954** 175.

IV. Rechtsmittel

1. Beschlußverfahren. Die in **Beschlußform** ergehende Endentscheidung ist nach **21** § 441 Abs. 2 mit der **sofortigen Beschwerde** anfechtbar. Das gilt gemäß § 304 Abs. 4 Satz 2 Nr. 5 auch für die hier in Betracht kommenden Beschlüsse der Oberlandesgerichte (des BayObLG) in Sachen, in denen die Oberlandesgerichte im ersten Rechtszug zuständig sind; Beschwerdegericht ist hier der Bundesgerichtshof (§ 135 Abs. 2 GVG); im Ordnungswidrigkeitenverfahren ist die Rechtsmittelgrenze von 200,— DM zu beachten (§ 87 Abs. 5 OWiG).

2. Urteilsverfahren

a) Entscheidung durch Beschluß nach mündlicher Verhandlung. Da auch nach **22** mündlicher Verhandlung nur über einen **zulässigen** Antrag durch Urteil entschieden wird (§ 441 Abs. 3), wird ein Antrag, der sich erst in der Hauptverhandlung als unzulässig erweist (§ 440, 31 f), durch **Beschluß** verworfen, der nach § 441 Abs. 2 anfechtbar ist. Auch im übrigen kann das Rechtsmittelgericht durch **Beschluß** über das Rechtsmittel entscheiden, wo dies nach den allgemeinen Vorschriften (§§ 319, 346, 349 Abs. 1, 2, 4) zulässig ist; auch hier ist im Ordnungswidrigkeitenverfahren § 87 Abs. 5 (s. Rdn. 21) zu beachten.

b) Entscheidung durch Urteil. Für die Anfechtung der **in Urteilsform** ergehenden **23** Sachentscheidung gelten grundsätzlich die allgemeinen Regeln mit den aus Absatz 3 Satz 2, Absatz 4 sich ergebenden Abweichungen und Einschränkungen. Danach ist das erstinstanzliche Urteil der Strafkammer und des Oberlandesgerichts mit der Revision anfechtbar. Dagegen hat bei amtsgerichtlichen Urteilen jeder Anfechtungsberechtigte nur *ein* Rechtsmittel, und zwar *wahlweise* Berufung oder Revision. Diese Regelung, die der in § 55 Abs. 2 Satz 1 JGG vorgeschriebenen Rechtsmittelbeschränkung entspricht, bezweckt einmal eine Vereinfachung und Beschleunigung des Verfahrens und zum anderen eine gewisse Angleichung an die Regelung des Beschlußverfahrens, in dem es nur ein Rechtsmittel gibt. Die Revision gegen das amtsgerichtliche Urteil ist also nicht Sprungrevision i. S. des § 335, sondern Wahlrevision. Trotz dieser Abweichung gelten auch hier die zu § 335 entwickelten Grundsätze über die Ausübung eines Wahlrechts durch unbestimmte Anfechtung des Urteils unter Nachholung der Wahl innerhalb der Frist für die Revisionsbegründung und durch Übergang von der eingelegten Berufung zur Revision oder von der eingelegten Revision zur Berufung und über die Behandlung der Anfechtung als Berufung, wenn keine oder keine genügende Begründung (§§ 344, 337) gegeben wird. Anwendbar ist auch § 335 Abs. 3, wenn ein Anfechtungsberechtigter Revision, ein anderer Berufung eingelegt hat. Auf Einzelheiten ist an dieser Stelle nicht einzugehen; es darf auf die Erläuterungen zu § 335 und zu § 55 JGG[22] verwiesen werden.

Die in **Absatz 4 vorgeschriebene entsprechende Anwendung des § 437 Abs. 4** be- **24** deutet: Wird im Nachverfahren oder im objektiven Verfahren durch Urteil über Grund und Höhe eines Entschädigungsanspruchs (§ 436 Abs. 3 Satz 2) entschieden und nur die Entscheidung über die Höhe der Entschädigung mit Berufung oder Revision angefochten, so kann das Rechtsmittelgericht durch Beschluß über das Rechtsmittel entscheiden, falls kein Beteiligter widerspricht; auf diese Möglichkeit und das Recht des Widerspruchs werden die Beteiligten zuvor hingewiesen und erhalten die Gelegenheit, sich zu äußern. Der Beschluß des Rechtsmittelgerichts ist **unanfechtbar**[23].

---

[22] Vgl. etwa *Brunner*[8] 3.
[23] *Eb. Schmidt* Nachtr. II 10; vgl. § 437, 27.

Karl Heinz Gössel

V. Wirkungen der Rechtskraft

25   1. **Aufhebungsentscheidung.** Wegen der Bedeutung der **rechtskräftigen Aufhebung der Einziehung** oder der sonst in Betracht kommenden Rechtsfolgenanordnung **im Nachverfahren** vgl. § 439, 36.

26   2. **Anordnungsentscheidung.** Wird im selbständigen Verfahren — gleichviel ob durch Beschluß oder Urteil — **rechtskräftig Verfall oder Einziehung angeordnet**, so hat dies die in §§ 73 d, 74 e StGB bezeichneten Wirkungen, unbeschadet der Möglichkeit des Nachverfahrens nach § 440 Abs. 3 in Vbdg. mit § 439.

27   3. **Antragsverwerfung.** Ist der Antrag auf selbständige Einziehung etc. **rechtskräftig als unbegründet verworfen**, so darf, da die Rechtskraft sich nur auf den im Antrag bezeichneten Tatvorgang bezieht, ein neues Verfahren auf Grund eines anderen selbständigen Tatvorgangs stattfinden, z. B. die Einziehung einer Druckschrift auf Grund eines anderen selbständigen Verbreitungsakts[24]; im übrigen wird auf die Ausführungen zu § 440, 58 Bezug genommen. Auch besteht kein Hindernis, später ein subjektives Strafverfahren gegen eine *bestimmte* Person einzuleiten, z. B. bei nachträglicher Ergreifung des flüchtigen Täters[25] und in diesem nochmals über die Einziehung etc. zu entscheiden, wenn *neue* eine Einziehung etc. rechtfertigende Tatsachen hervortreten.

§ 442

    (1) Verfall, Vernichtung, Unbrauchbarmachung und Beseitigung eines gesetzwidrigen Zustandes stehen im Sinne der §§ 430 bis 441 der Einziehung gleich.
    (2) ¹Richtet sich der Verfall nach § 73 Abs. 3 oder 73 a des Strafgesetzbuches gegen einen anderen als den Angeschuldigten, so ordnet das Gericht an, daß der andere an dem Verfahren beteiligt wird. ²Er kann seine Einwendungen gegen die Anordnung des Verfalls im Nachverfahren geltend machen, wenn er ohne sein Verschulden weder im Verfahren des ersten Rechtszuges noch im Berufungsverfahren imstande war, die Rechte des Verfahrensbeteiligten wahrzunehmen. ³Wird unter diesen Voraussetzungen ein Nachverfahren beantragt, so sollen bis zu dessen Abschluß Vollstreckungsmaßnahmen gegen den Antragsteller unterbleiben.

Entstehungsgeschichte. § 442 lautete früher: „Vernichtung, Unbrauchbarmachung, Beseitigung eines gesetzwidrigen Zustandes und Verfallserklärung stehen im Sinne der §§ 430 bis 441 der Einziehung gleich." Durch Art. 21 Nr. 117 EGStGB 1974 wurde Absatz 2 eingefügt und erhielt Absatz 1 die jetzige Fassung.

1   1. **Anwendbarkeit der §§ 430 ff auf das Verfahren bei anderen gegenstandsbezogenen Rechtsfolgen als der Einziehung.** § 442 Abs. 1 stellt für die Anwendbarkeit der §§ 430 bis 441 bestimmte Rechtsfolgen der Einziehung gleich, d. h., er erklärt die §§ 430 ff für entsprechend anwendbar, und umschreibt den Kreis dieser Rechtsfolgen in Anlehnung an § 407 Abs. 2 („Verfall, Vernichtung, Unbrauchbarmachung"; s. dazu § 407, 30 ff). Außerdem ist der Einziehung gleichgestellt die Beseitigung eines gesetzwidrigen Zu-

---

[24] RGSt **46** 420, 421; KK-*Boujong*² 13; *Peters*⁴   [25] Vgl. z. B. KK-*Boujong*² 13.
590.

standes (vgl. z. B. § 30 WZG), die mangels Erwähnung in § 407 Abs. 2 nicht durch Strafbefehl angeordnet werden kann mit der Folge, daß insoweit auch § 438 nicht anwendbar ist; zur Abführung des Mehrerlöses nach dem WiStG s. unten Rdn. 5. Nicht genannt ist die Einziehung des *Wertersatzes*. Sie kann im subjektiven Strafverfahren auch durch Strafbefehl (§ 407, 30) angeordnet werden, gemäß § 74 c Abs. 1 StGB aber nur gegen den Täter oder Teilnehmer, dem der Gegenstand zur Zeit der Tat gehörte oder zustand und der dessen Einziehung durch Verwertungs- oder Vereitelungsmaßnahmen unmöglich machte; Rechte Dritter werden dadurch, daß dem Täter (Teilnehmer) die Zahlung eines Geldbetrages auferlegt wird, nicht berührt. Soweit nach § 74 c Abs. 2 StGB die Einziehung von Wertersatz auch neben der Einziehung eines mit Rechten Dritter belasteten Gegenstandes möglich ist, gelten für die Einziehung des Gegenstandes selbst die §§ 430 ff unmittelbar. Im übrigen ist die Einziehung des Wertersatzes, soweit sie verfahrensrechtlich in Betracht kommt, in § 431 Abs. 3 berücksichtigt.

2. Besondere Vorschriften für den Verfall (Absatz 2). Die Einführung des Verfalls **2** als eines allgemein für das gesamte Strafrecht geltenden Rechtsinstituts zum 1. 1. 1975 erforderte verfahrensrechtliche Ergänzungen des 3. Abschnitts. Sie erfolgten in der Weise, daß § 442 Abs. 1 global die §§ 430 bis 441 für entsprechend anwendbar erklärt, in § 442 Abs. 2 aber den Besonderheiten des Verfalls gegenüber der Einziehung Rechnung trägt[1].

a) Die **Begründung** des RegE des EGStGB 1974[2] führt zu § 442 aus: **3**

Der Entwurf schlägt vor, die bisherige Vorschrift als neuen Absatz 1 lediglich redaktionell anzupassen, in einem neuen Absatz 2 indessen die Beteiligung des Dritten, gegen den sich der Verfall nach § 73 Abs. 3, § 73 a StGB richtet, **abweichend** von den §§ 431 ff StPO zu regeln. Die §§ 431 ff StPO sind im übrigen auf die Fälle des § 73 Abs. 4, § 73 a StGB auf Grund der in Absatz 1 enthaltenen Verweisung unmittelbar anzuwenden.

Die Stellung des Dritten, gegen den sich der Verfall nach § 73 Abs. 3, § 73 a StGB richtet, enthält gegenüber der des Einziehungsbeteiligten Besonderheiten, die auch in der Ausgestaltung des Verfahrens berücksichtigt werden müssen. Es erscheint grundsätzlich immer erforderlich, diesen Dritten an dem Verfahren gegen den Täter oder Teilnehmer zu beteiligen, in welchem hinsichtlich des Verfalls auch gegen ihn entschieden wird. Ist die Beteiligung nicht ausführbar (§ 431 Abs. 1 Satz 2 und 3 StPO), so darf in solchen Fällen auch kein Verfall angeordnet werden. Ist die Beteiligung aber ausführbar, so muß es aus Gründen der Prozeßökonomie möglich sein, auch in Abwesenheit des Verfahrensberechtigten zu verhandeln, dem auch keine Wiedereinsetzung in den vorigen Stand (§ 436 Abs. 1 Satz 2 StPO) und keine Wiederaufnahme zur Geltendmachung seiner Rechte (§ 439 Abs. 6 StPO) gewährt werden kann. Erhält der Dritte unter diesen Umständen trotz formeller Beteiligung ohne sein Verschulden tatsächlich keine Gelegenheit, im Verfahren Stellung zu nehmen, oder wird er auf Rechtsrügen vor dem Revisionsgericht beschränkt, dann muß ihm im Nachverfahren die Möglichkeit rechtlichen Gehörs gegeben werden. Vor Abschluß eines beantragten Nachverfahrens sollte die Vollstreckung nur ganz ausnahmsweise (unter dem Gesichtspunkt der Sicherstellung) eingeleitet oder fortgesetzt werden.

Die beabsichtigte Regelung entspricht dem Grundgedanken des § 439 StPO, weshalb bisher auch auf eine ausdrückliche Regelung für den — teilweise vergleichbaren — Fall des § 431 Abs. 3 verzichtet werden konnte. Im Zusammenhang mit der praktisch bedeutsameren Regelung des Verfalls bot sich dagegen eine solche Klarstellung an, die zugleich entsprechende Rückschlüsse auf den Fall des § 431 Abs. 3 erlauben wird.

---

[1] S. § 431, 21 ff und, wegen einer durch die Einführung des Verfalls bedingten Änderung des § 459, § 439, 27 f.

[2] BTDrucks. 7 550 S. 307.

Karl Heinz Gössel

4   b) In den **Vorbemerkungen Vor § 430** und bei der Erläuterung der primär auf die Einziehung abgestellten §§ 430 bis 441 ist jeweils auch des Verfalls gedacht, wenn zu besonderen Hinweisen Veranlassung bestand; darauf kann hier verwiesen werden. Insgesamt ist darauf hinzuweisen, daß auch nach der Neuregelung des Verfalls in §§ 73 ff StGB Verfallsbeteiligter nur sein kann, wer von einer Verfallserklärung betroffen werden könnte. Danach hat BGHSt **20** 210 im Ergebnis seine Bedeutung behalten, wonach bei Bestechung des Angestellten eines gewerblichen Betriebes (§ 12 UWG) der Geschäftsherr nicht Verfallsbeteiligter sein kann, wenn der Verfall des von dem Angestellten aus der Tat gezogenen Gewinns gemäß § 73 Abs. 1 Satz 2 StGB im Hinblick auf den Anspruch des Geschäftsherrn aus § 667 BGB auf Herausgabe der empfangenen Vorteile gegen den Angestellten entfällt.

5   **3. Abführung des Mehrerlöses.** Nach § 8 WiStG tritt, wenn der Täter durch Zuwiderhandlungen gegen die Vorschriften dieses Gesetzes einen höheren als den zulässigen Preis erzielt hat, an die Stelle des Verfalls nach §§ 73 bis 73 d StGB die Anordnung der Abführung des Mehrerlöses (des Unterschieds zwischen dem zulässigen und dem erzielten Preis) an das Land, welche nach § 11 Abs. 1 Satz 1 WiStG im Urteil auszusprechen ist, also nicht durch Strafbefehl angeordnet werden kann, so daß § 438 auch hier nicht anwendbar ist. Die Mehrerlösabführung kann nach Maßgabe des § 10 WiStG auch selbständig angeordnet werden; für dieses Verfahren gelten die §§ 440 Abs. 1, 2 und 441 Abs. 1 bis 3 entsprechend (§ 11 WiStG).

§ 443

(1) ¹Das im Geltungsbereich dieses Gesetzes befindliche Vermögen eines Beschuldigten, gegen den wegen eines Verbrechens nach den §§ 81 bis 83 Abs. 1, den §§ 94, 96 Abs. 1 sowie den §§ 97 a oder 100 des Strafgesetzbuches die öffentliche Klage erhoben oder Haftbefehl erlassen worden ist, kann mit Beschlag belegt werden. ²Die Beschlagnahme umfaßt auch das Vermögen, das dem Beschuldigten später zufällt. ³Sie wirkt, wenn sie nicht vorher aufgehoben wird, bis zur rechtskräftigen Beendigung des Verfahrens.

(2) ¹Die Beschlagnahme wird durch den Richter angeordnet. ²Bei Gefahr im Verzug kann die Staatsanwaltschaft die Beschlagnahme vorläufig anordnen; die vorläufige Anordnung tritt außer Kraft, wenn sie nicht binnen drei Tagen vom Richter bestätigt wird.

(3) Die Vorschriften der §§ 291 bis 293 gelten entsprechend.

Entstehungsgeschichte. § 443 (früher § 433) lautete ursprünglich: „Auf die im § 93 des Strafgesetzbuchs vorgesehene Beschlagnahme des Vermögens eines Beschuldigten finden die Bestimmungen der §§ 291 bis 293 entsprechende Anwendung." Danach waren die Voraussetzungen einer Vermögensbeschlagnahme bei Hoch- und Landesverrat im Strafgesetzbuch geregelt; § 433 beschränkte sich auf die Regelung des Verfahrens bei der Beschlagnahme. Durch das Ges. vom 24. 4. 1934 (RGBl. I 34) wurde § 93 StGB aufgehoben; § 433 erhielt eine neue Fassung, die inhaltlich der heute geltenden entspricht. Die jetzige Fassung beruht auf Art. 4 Nr. 7 des 1. StRÄndG und Art. 3 Nr. 9 des 8. StRÄndG.

1   **1. Grundgedanke.** Nach §§ 94, 111 b können nur Gegenstände beschlagnahmt werden, die als Beweismittel von Bedeutung sein können oder dem Verfall und der Einziehung unterliegen. § 290 erweitert die Beschlagnahmevoraussetzungen **im Verfahren gegen Abwesende**, indem er — als Mittel zur Erzwingung der Gestellung — die Vermögensbeschlagnahme für zulässig erklärt, wenn die öffentliche Klage erhoben ist und Gründe vorliegen, die den Erlaß eines Haftbefehls rechtfertigen würden. Demgegenüber setzt § 443 nicht voraus, daß der Beschuldigte abwesend ist. Der Zweck der Vermögensbeschlagnahme ist hier also ein anderer als in § 290; sie dient nicht zur Sicherung der voraussichtlichen Ansprüche des Staates auf die Zahlung der Geldstrafe oder der Verfahrenskosten[1], sondern ist eine **Sicherungsmaßnahme**; sie soll bei einem schwerster Straftaten gegen den Staat durch Erhebung der öffentlichen Klage oder Erlaß des Haftbefehls Beschuldigten verhindern, daß er sein Vermögen während des Strafverfahrens zu weiteren einschlägigen Straftaten verwendet oder anderen zu diesem Zweck überläßt[2]; sie soll, so gesehen, den Beschuldigten „unschädlich machen". Ebenso wie die Vermögensbeschlagnahme nach § 290 entfällt, wenn feststeht, daß mit ihrer Hilfe die Gestellung des Abwesenden vor Gericht nicht erzwungen werden kann (vgl. die Erläuterungen zu § 290), ist auch eine Beschlagnahme nach § 443 ausgeschlossen, wenn die Gefahr, der § 443 begegnen will, aus anderen Gründen nicht besteht.

2. Verfassungsmäßigkeit. Gegen die Rechtsstaatlichkeit der Vorschrift werden im **2** Schrifttum Bedenken erhoben. Ihnen ist dadurch Rechnung zu tragen, daß die Vermögensbeschlagnahme im Hinblick auf ihren Zweck der Verfahrenssicherung und der Verhinderung weiterer Straftaten verhältnismäßig sein muß[3]. Sie kann frühestens nach Erhebung der öffentlichen Klage oder nach Erlaß eines Haftbefehls oder des diesem nach § 126 a gleichstehenden Unterbringungsbefehls[4] angeordnet werden (Abs. 1).

3. Verfahren. Zuständig zum Erlaß der Anordnung ist nach dem Grundsatz des **3** Abs. 2 Satz 1 „der Richter", ausnahmsweise bei Gefahr im Verzuge auch die Staatsanwaltschaft nach Abs. 2 Satz 2.

a) Gerichtliche Zuständigkeit. Die Beschlagnahme steht im **Ermessen des Ge-** **4** **richts**. Zuständig ist der jeweils mit der Sache befaßte Richter, also im vorbereitenden Verfahren der Richter beim Amtsgericht (§§ 162, 165) oder der Ermittlungsrichter des Oberlandesgerichts oder Bundesgerichtshofes (§ 169), sonst das jeweils zuständige Gericht.

Der Beschlagnahmebeschluß ist gemäß §§ 443 Abs. 3, 291 **im Bundesanzeiger be-** **5** **kanntzumachen** und erlangt mit der ersten Bekanntmachung im Bundesanzeiger die in § 292 beschriebene Wirkung eines absoluten Verfügungsverbots i. S. des § 134 BGB. Da aber — anders als im Fall des § 290 — der Beschuldigte nicht notwendig abwesend ist, ist ihm unabhängig von der Bekanntmachung im Bundesanzeiger der Beschluß nach dem Grundsatz des § 35 (mit Gründen versehen, § 34) bekanntzumachen, soweit dies ausführbar und — vgl. § 101 — ohne Gefährdung des Zwecks der Maßnahme möglich ist[5]. Diese Bekanntmachung allerdings führt, anders als die erste Bekanntmachung im Bundesanzeiger, nur zu einem relativen Veräußerungsverbot i. S. des § 135 BGB[6] (wie im Fall der Beschlagnahme nach § 111 c Abs. 5).

Gegen den Beschlagnahmebeschluß findet einfache **Beschwerde** nach § 304 statt; **6** vgl. dazu §§ 120 Abs. 3, 135 Abs. 2 GVG.

---

[1] BGHSt **19** 1, 2; KMR-*Paulus* 1.
[2] BGHSt **19** 1; *Eb. Schmidt* § 433 a. F, 3.
[3] KMR-*Paulus* 1; *Roxin*[20] § 65 B; *Hanack* JZ 1974 54, 58.
[4] KMR-*Paulus* 2.
[5] KMR-*Paulus* 4; *Kleinknecht/Meyer*[38] 2.
[6] KK-*Boujong*[2] 4; KMR-*Paulus* 4; *Kleinknecht/Meyer*[38] 2.

Karl Heinz Gössel

7   **b) Zuständigkeit der Staatsanwaltschaft. Bei Gefahr im Verzug** (§ 98, 35 ff) kann die Staatsanwaltschaft — aber nicht ihre Hilfsbeamten i. S. des § 152 GVG — die Beschlagnahme vorläufig anordnen; die Voraussetzungen des § 443 Abs. 1 müssen auch hier gegeben sein. Auch die vorläufige Anordnung ist, soweit ausführbar und angemessen, dem Beschuldigten bekanntzugeben, wie dies in § 101 für die vorläufige Postbeschlagnahme und die vorläufige Anordnung der Überwachung des Fernmeldeverkehrs durch die Staatsanwaltschaft vorgeschrieben ist. Wie dort (vgl. §§ 101 Abs. 1, 100 b Abs. 1) tritt die vorläufige Anordnung ipso iure außer Kraft, wenn sie nicht binnen drei Tagen vom Richter bestätigt wird, der nur das Vorliegen der Voraussetzungen der Beschlagnahme nachprüft, nicht aber, ob die Gefahr im Verzug als Voraussetzung des staatsanwaltschaftlichen Eingreifens wirklich vorlag[7]. Die Dreitagesfrist rechnet, wie anzunehmen, von der vollen rechtlichen Wirksamkeit der Beschlagnahme, also von der ersten Bekanntmachung im Bundesanzeiger ab. Denn auch die vorläufige Anordnung, die mit der formlosen Bestätigung durch den Richter die Bedeutung einer von vornherein durch den Richter angeordneten Beschlagnahme erlangt, ist im Bundesanzeiger bekanntzumachen, während es einer entsprechenden Bekanntmachung der Bestätigung nicht bedarf[8]. Art. 70 Ziff. 236 EGStGB-Entwurf 1930 (dort § 433 a Abs. 2 StPO), auf dessen Vorschlägen § 433 Abs. 2 Satz 2 beruht, wollte dies klarstellen, indem er die Bekanntmachung des Beschlusses über die Beschlagnahme und ihre Aufhebung und der vorläufigen Anordnung (aber nicht der Bestätigung) im Reichsanzeiger vorsah. Bei der Berechnung der Dreitagesfrist wird der Bekanntmachungstag gemäß § 42 nicht mitgerechnet. Zur Wahrung der Frist genügt es, wenn während ihres Laufs das Gericht einen schriftlichen Bestätigungsbeschluß erläßt, für dessen Bekanntgabe an den Beschuldigten das in Rdn. 5 Gesagte gilt. Eine verspätete Bestätigung ist als neue richterliche Beschlagnahme anzusehen.

8   **4. Beendigung der Beschlagnahme.** Wegen der Bedeutung der in **Absatz 3** für entsprechend anwendbar erklärten §§ 291 bis 293 im übrigen wird auf die Erläuterungen zu diesen Vorschriften Bezug genommen. Spätestens mit der Rechtskraft der das Verfahren abschließenden Entscheidung endet kraft Gesetzes die Wirkung der Beschlagnahme. Um dies nach außen kundzumachen, bedarf es eines die Beendigung der Beschlagnahme deklaratorisch aussprechenden Beschlusses, der — wie ein vor rechtskräftiger Verfahrensbeendigung gefaßter Aufhebungsbeschluß (§ 293 Abs. 2) — der Bekanntmachung in den Blättern bedarf, in denen der Beschlagnahmebeschluß und die vorläufige Anordnung der Staatsanwaltschaft veröffentlicht wurden.

---

[7] KK-*Boujong*[2] 3; KMR-*Paulus* 3.
[8] KMR-*Paulus* 4; **a. A** KK-*Boujong*[2] 5.

VIERTER ABSCHNITT

Verfahren bei Festsetzung von Geldbuße
gegen juristische Personen und Personenvereinigungen

Vorbemerkungen

Der Vierte (früher Fünfte) Abschnitt enthielt ursprünglich Vorschriften über das Verfahren gegen Abwesende, die sich der Wehrpflicht entzogen. Nach Wegfall der allgemeinen Wehrpflicht nach dem ersten Weltkrieg wurden in den Fünften Abschnitt die „Besonderen Vorschriften für das Verfahren bei militärischen Straftaten, für Strafsachen gegen Angehörige der Reichswehr und für Militärstrafsachen" eingestellt (i. d. F. der VO v. 22. 3. 1924, RGBl. I 336). Die Wiedereinführung der Militärgerichtsbarkeit i. J. 1933 und die Wiedereinführung der allgemeinen Wehrpflicht führten zu einer Umgestaltung des Fünften Abschnitts (Art. 7 des Ges. vom 28. 6. 1935, RGBl. I 844). Nach dem zweiten Weltkrieg wurden diese Vorschriften gegenstandslos und fielen bei der Neufassung der StPO durch das VereinhG weg. Die jetzige Fassung beruht auf dem EGOWiG 1968.

§ 444

(1) [1]Ist im Strafverfahren über die Festsetzung einer Geldbuße gegen eine juristische Person oder eine Personenvereinigung zu entscheiden (§ 30 des Gesetzes über Ordnungswidrigkeiten), so ordnet das Gericht deren Beteiligung an dem Verfahren an, soweit es die Tat betrifft.[2] § 431 Abs. 4, 5 gilt entsprechend.

(2) [1]Die juristische Person oder die Personenvereinigung wird zur Hauptverhandlung geladen; bleibt ihr Vertreter ohne genügende Entschuldigung aus, so kann ohne sie verhandelt werden.[2] Für ihre Verfahrensbeteiligung gelten im übrigen die §§ 432 bis 434, 435 Abs. 2 und 3 Nr. 1, § 436 Abs. 2 und 4, § 437 Abs. 1 bis 3, § 438 Abs. 1 und, soweit nur über ihren Einspruch zu entscheiden ist, § 441 Abs. 2 und 3 sinngemäß.

(3) [1]Für das selbständige Verfahren gelten die §§ 440, 441 Abs. 1 bis 3 sinngemäß. [2]Örtlich zuständig ist auch das Gericht, in dessen Bezirk die juristische Person oder die Personenvereinigung ihren Sitz oder eine Zweigniederlassung hat.

Schrifttum. *Schmitt* Wie weit reicht § 30 OWiG? FS Lange 877; *Schroth* Der Regelungsgehalt des 2. Gesetzes zur Bekämpfung der Wirtschaftskriminalität im Bereich des Ordnungswidrigkeitenrechts, wistra **1986** 158.

Entstehungsgeschichte. Durch Art. 21 Nr. 118 EGStGB 1974 ist in Absatz 1 Satz 1 in der Klammer „§ 26" in „§ 30" geändert worden. Das 2. WiKG vom 15. 5. 1986 wandelte die in § 30 OWiG vorgesehene Verhängung einer Geldbuße gegen eine juristische Person oder eine Personenvereinigung als *Nebenfolge* der Tat einer natürlichen Person in

Karl Heinz Gössel

eine selbständige Rechtsfolge[1] um; deshalb ist folgerichtig im Text des § 444 Abs. 1 Satz 1 der Satzteil „als Nebenfolge der Tat des Angeschuldigten" entfallen.

Übersicht

I. Bedeutung des § 444

1   **1. Inhalt.** § 444 regelt die **verfahrensrechtliche Durchführung des § 30 OWiG** (für das Ordnungswidrigkeitenverfahren sind die ergänzenden Regelungen des § 88 OWiG zu beachten). Hat jemand als Organ (Organmitglied) einer juristischen Person, als Vorstand (Vorstandsmitglied) eines nicht rechtsfähigen Vereins (§ 54 BGB) oder als vertretungsberechtigter Gesellschafter einer Personenhandelsgesellschaft (OHG, §§ 105 ff HGB; Kommanditgesellschaft, §§ 161 ff HGB) eine Straftat der in § 30 bezeichneten Art begangen, so kann im *Strafverfahren* gegen die juristische Person oder Personenvereinigung selbst (als **„Nebenbeteiligte"**[2]) eine Geldbuße (ggf. auch selbständig) festgesetzt werden.

2   **2. Wesen.** Nachdem die frühere Charakterisierung als Nebenfolge der von der natürlichen Person begangenen Straftat durch die Änderung des § 30 OWiG durch das 2. WiKG aufgegeben wurde (s. Entstehungsgeschichte), ist die **Geldbuße** nun als *selbständige Sanktion* anzusehen. Sie trifft die juristische Person oder Personenvereinigung als unmittelbare Sanktion wegen der Handlung ihrer Organe, die ihr als eigene zugerechnet werden[3]. Die „Verbandsgeldbuße" ist verfassungsrechtlich unbedenklich[4] und überdies im europäischen Wirtschaftsrecht seit langem vorgesehen[5]. Im Hinblick auf das Verfahren bleibt die Verklammerung zwischen der Verfolgung der Handlung der natürlichen Person und der Festsetzung der Geldbuße gegen den Verband bestehen, da

---

[1] *Göhler*[8] Vor § 29 a, 14; *Schroth* wistra **1986** 158, 162 f.
[2] OLG Hamm NJW **1973** 1581, 1582; KK-*Boujong*[2] 1; KMR-*Paulus* 2.
[3] *Göhler*[8] Vor § 29 a, 14; sehr kritisch zum In-

stitut der „Verbandsgeldbuße" *Schmitt* FS Lange 877 ff.
[4] BVerfGE **20** 323, 333 ff.
[5] Vgl. die Nachw. bei *Göhler*[8] Vor § 29 a, 16.

die für die Festsetzung von Nebenfolgen geltenden Regelungen über Verjährung und Verfahren auch weiterhin für die Festsetzung der Geldbuße gelten (vgl. §§ 30 Abs. 4 Satz 2 i. V. m. § 33 Abs. 1 Satz 2 OWiG); nur ist die Verklammerung jetzt leichter lösbar[6].

3. Verhältnis der Geldbuße zum Verfall. Die Straftat des Organs kann (vgl. insbes. § 30 Abs. 1 Nr. 2 OWiG) dazu führen, daß gegenüber der juristischen Person usw. auch die Voraussetzungen des Verfalls (§ 73 Abs. 3 StGB) gegeben sind. Das Problem der Konkurrenz zwischen einer Gewinnabschöpfung in Form der Auferlegung einer Geldbuße oder im Wege der Verfallsanordnung löst — unter dem Gesichtspunkt der Vermeidung einer „Doppelbestrafung" — § 30 Abs. 5 OWiG in der Weise, daß die Festsetzung einer Geldbuße, bei deren Bemessung ja dem Gedanken der Abschöpfung des illegitimen Gewinns Rechnung getragen werden kann (§§ 30 Abs. 3; 17 Abs. 4 OWiG), die Anordnung des Verfalls nach §§ 73, 73 a StGB ausschließt; in gleicher Weise wird durch die Festsetzung einer Geldbuße die Anordnung einer Mehrerlösabführung nach § 8 WiStG (§ 442, 5) ausgeschlossen[7]. **3**

II. Sinn der Verfahrensbeteiligung

1. Gesetzgeberisches Ziel. § 30 OWiG liegen die gleichen gesetzgeberischen Erwägungen zugrunde wie bei der Zurechnung nach § 75 StGB. Nach § 75 StGB können in den Fällen der §§ 74 Abs. 2 Nr. 1, Abs. 4; 74 a StGB eine Sache im Eigentum der juristischen Person usw. oder ein ihr zustehendes Recht eingezogen, die juristische Person usw. zum Wertersatz (§ 74 c StGB) herangezogen und ihr die Entschädigung wegen Entziehung oder Beeinträchtigung ihrer Drittrechte (§ 74 f Abs. 2 StGB) versagt werden, wenn dem Organ (Vertreter) gegenüber, wäre er Eigentümer der Sache oder Rechtsinhaber, die Einziehung des Gegenstandes oder des Wertersatzes oder die Versagung der Entschädigung zulässig wäre. Dabei wird die Handlung der natürlichen Person des Vertreters der vertretenen juristischen Person usw. zugerechnet. **4**

Der Grund einer derartigen Konstruktion ist in beiden Fällen sowohl des § 75 StGB als auch des § 30 OWiG darin zu erblicken, daß zwar Kriminalgeldstrafen gegen den Verband nicht in Betracht kämen, daß es aber grundsätzlich zulässig sei und einem unabweisbaren praktischen Bedürfnis entspreche, wenigstens strafähnliche Sanktionen vermögensrechtlicher Art gegen den Verband verhängen zu können, wenn seine Organe bei seiner Vertretung gegen sanktionsbewehrte Vorschriften verstoßen. Andernfalls würde dem Verband eine dem Gleichbehandlungsgrundsatz zuwiderlaufende Vorzugsstellung gegenüber dem Einzelunternehmer bei vergleichbaren Gesetzesverstößen eingeräumt. Denn der Einzelunternehmer werde mit einer Sanktion unter Berücksichtigung des Wertes seines Unternehmens belegt, während bei dem Verband, wenn nur das Organ in Anspruch genommen werden könnte, die Höhe der Sanktion sich nach dessen persönlichen und wirtschaftlichen Verhältnissen richten müßte und die hiernach zulässige Strafe in keinem angemessenen Verhältnis zur Tragweite der Tat stehe[8]. Die den Verband treffende Geldbuße darf nicht auf dem Weg über § 41 StGB durch eine Geldstrafe ersetzt werden, die ausschließlich den als Organ handelnden Täter trifft[9]. **5**

---

[6] S. dazu u. Rdn. 7 und 36 ff, *Göhler*[8] Vor § 29 a, 14 und *Schroth* wistra **1986** 158, 162 ff.

[7] *Göhler*[8] § 30, 37.

[8] Vgl. LK-*Schäfer* § 75, 1 ff.

[9] BGH MDR **1976** 678.

Karl Heinz Gössel

2. Notwendigkeit der Beteiligung der Verbandsperson

6   **a)** Wenn im Strafverfahren gegen das Organ (Vertreter) über die mit Wirkung gegen die juristische Person (Personenvereinigung) **gemäß § 75 StGB** zugelassene Einziehung zu entscheiden ist, bedurfte es wegen der Beteiligung der juristischen Person (Personenvereinigung) am Strafverfahren — von § 431 Abs. 3 (dort Rdn. 65) abgesehen — keiner besonderen Vorschriften. Die Festsetzung einer Geldbuße **gemäß § 30 OWiG** ist an sich wesensverschieden von einer Einziehung nach § 75 StGB. Denn hier wird in einem Strafverfahren gegen einen bestimmten Angeklagten zugleich *gegen* die juristische Person (Personenvereinigung), obwohl das Strafverfahren sich nicht gegen sie richtet, eine Sanktion ergriffen, während bei einer Einziehung, mag sie auch einen Dritten treffen, der Ausspruch der Einziehung gegen den Angeschuldigten gerichtet ist. Die juristische Person usw. ist danach, weil eine unmittelbar gegen sie gerichtete Sanktion in Frage steht, prozessual in einer Lage, die der eines Angeschuldigten ähnlich ist; der Grundsatz des rechtlichen Gehörs verlangt, daß ihr im Strafverfahren eine Stellung eingeräumt wird, die dieser besonderen Lage Rechnung trägt. Beiden Fällen ist gemeinsam, daß auch die Entscheidung über die Bußgeldfestsetzung grundsätzlich (vorbehaltlich des § 444 Abs. 3) *einheitlich* mit der Entscheidung über die Straftat getroffen wird. § 444 hat deshalb die Beteiligung der juristischen Person (Personenvereinigung) am Strafverfahren gegen das Organ (Vertreter) in enger Anlehnung an die Vorschriften über das Verfahren bei der Einziehung geregelt.

7   **b)** Der Unterschied zwischen der Geldbuße nach § 30 OWiG und der Einziehung nach § 75 StGB (oben Rdn. 6) zwingt aber dazu, daß im subjektiven Verfahren gegen das Organ (Vertreter) die Geldbuße gegen die **juristische Person** (Personenvereinigung) nur festgesetzt werden darf, wenn letztere am Verfahren **beteiligt** wird. Das verlangt einmal der legislatorische Zweck des § 30 OWiG, wonach Grund und Höhe der Geldbuße gegen die juristische Person usw. davon abhängen, daß eine nach den persönlichen und wirtschaftlichen Verhältnissen der natürlichen Person (des Organs, Vertreters) bemessene Strafe allein in keinem angemessenen Verhältnis zur Tragweite der Tat steht. Wenn so die Strafe gegen die natürliche Person und die Geldbuße gegen den vertretenen Verband sich gewissermaßen zusammengefaßt als die angemessene Sanktion darstellen, müssen beide Komponenten in *einem* Strafzumessungsakt aufeinander abgestimmt werden[10]. Die gleichzeitige Entscheidung über Strafe und Geldbuße wird ferner auch durch den Grundsatz ne bis in idem (Art. 103 Abs. 3 GG) gefordert, denn in denjenigen Fällen, in denen das Organ an dem Kapital des vertretenen „Verbandes" beteiligt ist — wie insbesondere bei der Ein-Mann-GmbH — könnte eine von der Bestrafung des Vertreters zeitlich getrennte Bußgeldfestsetzung gegen den Vertretenen einer grundgesetzwidrigen **Doppelbestrafung** mindestens nahekommen[11]. Allerdings ist ein Straf- oder Bußgeldverfahren gegen das Organ etc. nach der Durchführung des Verfahrens gegen den von diesem vertretenen Verband nicht ausgeschlossen; dann muß aber bei der Festsetzung der Sanktion gegen das Organ eine Einbuße durch die Geldbuße gegen den vertretenen Personenverband mit berücksichtigt werden[12]. Endlich zwingen auch prozeßökonomische Gesichtspunkte (Vermeidung von Doppelarbeit und Ausschließung der Gefahr widersprechender Entscheidungen) zu der Forderung, daß über die Folgen, die sich aus dem gleichen Sachverhalt gegen die natürliche Person des Vertreters und die vertretene juristische Person oder Personenvereinigung ergeben, in ein und demselben Verfahren entschieden wird. Aus § 30 Abs. 4 OWiG ergibt sich demnach die

---

[10] KMR-*Paulus* 2.   [12] *Göhler*[8] § 30, 29.
[11] *Göhler*[8] § 30, 29.

Unzulässigkeit einer Aufspaltung der Verfahren gegen den vertretenen Verband und gegen die jeweils als Vertreter handelnde natürliche Person. Bei gleichwohl getrennter Verfahrensführung ist im Einspruchsverfahren das Verfahren gegen den Personenverband einzustellen[13].

c) Alle diese Gesichtspunkte schließen aus, daß eine Geldbuße gegen die juristische Person (Personenvereinigung) festgesetzt wird, **wenn sie nicht am Strafverfahren** gegen die natürliche Person des Organs oder Vertreters **beteiligt ist**. Bei der Regelung der Beteiligung der juristischen Person (Personenvereinigung) am Strafverfahren in Anlehnung an die Vorschriften über die Beteiligung Drittberechtigter im Strafverfahren, in dem über die Einziehung zu entscheiden ist, mußten deshalb diejenigen die Einziehung betreffenden Vorschriften ausgeschieden werden, die mit dem Grundsatz unvereinbar sind, daß die Festsetzung einer Geldbuße ohne Verfahrensbeteiligung ausgeschlossen ist, wie z. B. Absätze 2, 6 und 7 des § 431. **8**

III. Die Beteiligungsanordnung (Absatz 1)

1. Überblick. Absatz 1 regelt die **Anordnung der Verfahrensbeteiligung** (Voraussetzungen, Form, Anfechtbarkeit usw.) durch Vorschriften, die denjenigen für die Beteiligung bei der Einziehung in § 431 entsprechen. Dies geschieht teils durch selbständige Vorschriften, die mit Berücksichtigung der unterschiedlichen Verfahrenslage Vorschriften des § 431 nachgebildet sind (§ 444 Abs. 1 Satz 1), teils durch Verweisung auf entsprechend anwendbare, bestimmte Vorschriften des § 431 (§ 444 Abs. 1 Satz 2). **9**

2. Zeitpunkt. Die Beteiligung kann **erst** und **spätestens noch** im Strafverfahren angeordnet werden (Satz 1). Dies kann aber **frühestens** geschehen, wenn gegen die natürliche Person (Organ, Organmitglied, Vertreter) die öffentliche Klage erhoben ist (§ 157). Im Strafbefehlsverfahren (§ 407 Abs. 2 Nr. 1) steht der öffentlichen Klage der Antrag auf Erlaß des Strafbefehls gleich, in dem auch auf Geldbuße gegen die juristische Person oder Personenvereinigung angetragen wird. **Spätestens** kann die Anordnung zu dem in § 431 Abs. 4 genannten Zeitpunkt ergehen (Abs. 1 Satz 2). **10**

3. Subjekt der Beteiligung. Angeordnet wird die Beteiligung der juristischen Person oder Personenvereinigung als solcher, nicht etwa die Beteiligung bestimmter Personen, die als Vertreter der juristischen Person (Personenvereinigung) im Verfahren zur Wahrnehmung ihrer Beteiligungsbefugnisse in Betracht kommen. Im Sinn des § 433 **Abs. 1** ist Verfahrensbeteiligter danach die juristische Person (Personenvereinigung) als solche; die Ausübung der ihr nach § 433 Abs. 1 zustehenden Befugnisse ist Sache derjenigen natürlichen Personen, die nach den gesetzlichen, satzungsmäßigen oder innerorganisatorischen Vorschriften die juristische Person (Personenvereinigung) im Rechtsleben vertreten, wenn und soweit das Organ, gegen das sich das Strafverfahren richtet, an der Vertretung verhindert ist[14]. Im Sinn des § 433 **Abs. 2** ist aber, wie sich aus § 444 Abs. 2 Satz 1 Halbsatz 2 ergibt, Verfahrensbeteiligter, dessen persönliches Erscheinen erzwungen werden kann, wenn er ohne genügende Entschuldigung ausbleibt, diejenige natürliche Person, die bei Verhinderung des angeklagten Organs (Vertreters) vertretungsberechtigt ist. § 434 ist anwendbar (Rdn. 32). **11**

---

[13] *Göhler*[8] § 30, 31 ff.
[14] KMR-*Paulus* 7.

Karl Heinz Gössel

12   **4. Voraussetzungen der Anordnung.** Die Anordnung der Verfahrensbeteiligung, die das Gericht auf Antrag der Staatsanwaltschaft, aber auch ohne diesen von Amts wegen trifft, erfolgt, wenn über die Festsetzung einer Geldbuße **zu entscheiden ist.** Dies ist der Fall, wenn a) die Voraussetzungen des § 30 OWiG *wahrscheinlich* vorliegen (§ 431, 34) und b) die Festsetzung einer Geldbuße, die in das gerichtliche Ermessen gestellt ist („kann"), nicht unwahrscheinlich ist[15].

13   **5. Wirkungen.** Mit der Anordnung wird die juristische Person oder Personenvereinigung Verfahrensbeteiligte des Strafverfahrens, **„soweit es die Tat betrifft"**, d. h. die Tat des Organs, deretwegen über die Festsetzung einer Geldbuße gegen sie zu entscheiden ist. Das ist von Bedeutung, wenn das Verfahren gegen das Organ wegen mehrerer Taten betrieben wird und nur eine oder einzelne i. S. des § 30 OWiG die Grundlage für die Festsetzung einer Geldbuße gegen die juristische Person (Personenvereinigung) bilden können.

14   **6. Anfechtbarkeit.** § 444 Abs. 1 Satz 2 erklärt die Abs. 4 und 5 des § 431 für entsprechend anwendbar. Von § 431 Abs. 5 ist dessen Satz 1 (Unanfechtbarkeit des die Verfahrensbeteiligung anordnenden Beschlusses) in vollem Umfang anwendbar. In § 431 Abs. 5 Satz 2 sind die Worte „oder eine Anordnung nach Abs. 2 getroffen" gegenstandslos, da § 431 Abs. 2 im Verfahren nach § 444 unanwendbar ist (Rdn. 19). Im übrigen besagt die entsprechende Anwendung des § 431 Abs. 5 Satz 2 lediglich, daß die Staatsanwaltschaft gegen eine die Verfahrensbeteiligung ablehnende Entscheidung sofortige Beschwerde einlegen kann.

15   **a)** Die **juristische Person** (Personenvereinigung) wird durch eine solche ablehnende Entscheidung **nicht beschwert** und ist daher nicht beschwerdeberechtigt[16], da nach dem Sinn des § 444 eine Geldbuße gegen die juristische Person (Personenvereinigung) nur festgesetzt werden darf, wenn sie am Verfahren beteiligt worden ist (oben Rdn. 7). Wird aber — abgesehen von dem Fall der Festsetzung der Geldbuße durch Strafbefehl, in dem die Festsetzung der Geldbuße zeitlich mit der Anordnung der Verfahrensbeteiligung zusammenfallen kann — die Geldbuße unzulässigerweise durch Urteil festgesetzt, ohne daß vorher die Verfahrensbeteiligung angeordnet ist, so bleibt der juristischen Person (Personenvereinigung) der Weg, das Urteil anzufechten; eine nachträgliche Erwehrung in einem Nachtragsverfahren nach Art des § 439 kommt nicht in Betracht (unten Rdn. 35). Man hat dann konstruktiv entweder im Urteil den stillschweigenden (aber verspäteten) Ausspruch der Beteiligungsanordnung zu sehen, der der juristischen Person (Personenvereinigung) wenigstens die Möglichkeit eröffnet, als Verfahrensbeteiligte das Urteil anzufechten[17], was aber nur möglich ist, wenn auch ein entsprechender Anordnungswille besteht, wie z. B. dann, wenn das Gericht den betreffenden Personenverband erkennbar als Verfahrensbeteiligten behandelt[18]. Ist das nicht der Fall, ist der zu Unrecht nicht beteiligten Verbandsperson, dem Gebot des Art. 19 Abs. 4 GG folgend, in entsprechender Anwendung des § 435 Abs. 5 Satz 2 das Rechtsmit-

---

[15] Nach *Göhler*[8] § 88, 2 und KK-*Boujong*[2] 2 soll ausreichen, daß die Festsetzung „in Betracht kommt"; zu der abweichenden Auffassung von *Eb. Schmidt* Nachtr. II 7, KMR-*Paulus* 12 und *Kleinknecht/Meyer*[38] 7, die verlangen, daß die Festsetzung der Geldbuße „zu erwarten" ist, vgl. § 431, 40 ff und Rdn. 22.

[16] KK-*Boujong*[2] 4; KMR-*Paulus* 18; *Kleinknecht/Meyer*[38] 10; *Göhler*[8] § 88, 2 a.

[17] So OLG Düsseldorf NStZ **1984** 366, 367; *Göhler*[8] § 88, 2 a.

[18] So zutr. OLG Hamm NJW **1973** 1851, 1853.

tel der sofortigen Beschwerde einzuräumen[19]. Die Frist zur Anfechtung beginnt dann erst mit der Zustellung der Entscheidung; vorher kann die Entscheidung der juristischen Person (Personenvereinigung) gegenüber nicht rechtskräftig werden.

b) Der **Staatsanwaltschaft** ist das Recht der sofortigen Beschwerde aus prozeßöko- **16** nomischen Gründen eingeräumt. Bestünde nämlich Absatz 5 Satz 2 nicht, so würde sie (vgl. § 305) das Urteil selbst mit der Begründung anfechten können, das Gericht habe zu Unrecht die Festsetzung einer Geldbuße gegen die juristische Person (Personenvereinigung) nicht in Betracht gezogen und von deren Beteiligung abgesehen[20].

7. Anwendbarkeit der §§ 431, 430. Indem § 444 Abs. 1 Satz 2 nur **bestimmte Vor-** **17** **schriften des § 431** für anwendbar erklärt, ist damit zum Ausdruck gebracht, daß die übrigen Vorschriften des § 431 unanwendbar sind.

a) § **431 Abs. 1 Satz 2, 3** sind unanwendbar. Der Grundsatz des rechtlichen Ge- **18** hörs verlangt, daß die juristische Person (Personenvereinigung), gegen die eine Geldbu-ße, wenn auch als Nebenfolge der Straftat der natürlichen Person, festgesetzt werden kann, am Verfahren beteiligt wird; ist die Beteiligung „nicht ausführbar", so scheidet die Festsetzung einer Geldbuße aus.

b) Eine Beschränkung der Beteiligung entsprechend § 431 **Abs. 2** ist ausgeschlos- **19** sen. Denn da materiellrechtlich die Begehung einer Straftat durch die natürliche Person Voraussetzung für die Festsetzung einer Geldbuße ist, besteht der Sinn der Verfahrens-beteiligung ja gerade darin, der Verbandsperson die Beteiligung zur Frage der Schuld des Angeschuldigten zu ermöglichen[21].

c) § 431 **Absatz 6** ist unanwendbar. Denn mit der gesetzgeberischen Konzeption, **20** daß die Anordnung der Verfahrensbeteiligung zwingend geboten ist, wenn über die Festsetzung einer Geldbuße gegen die Verbandsperson zu entscheiden ist, wäre es un-vereinbar, wenn das Gericht auf Grund einer Erklärung, keine Einwendungen gegen die Festsetzung einer Geldbuße erheben zu wollen, von einer Anordnung der Verfah-rensbeteiligung absehen oder die getroffene Anordnung wieder aufheben müßte, gleich-wohl aber eine Geldbuße festsetzen könnte. Es steht danach zwar im Belieben der juristi-schen Person oder Personenvereinigung, in welchem Umfang sie von den Befugnissen Gebrauch machen will, die ihr durch die Anordnung der Verfahrensbeteiligung erwach-sen, jedoch ist eine dem § 431 Abs. 6 entsprechende Erklärung rechtlich bedeutungslos und würde die Verbandsperson nicht hindern, das Urteil, in dem eine Geldbuße festge-setzt ist, wegen unterlassener Anordnung der Verfahrensbeteiligung anzufechten, auch wenn die Anordnung im Hinblick auf ihre vorangegangene Erklärung unterblieben war.

d) Den § 431 **Absatz 7** für entsprechend anwendbar zu erklären, wurde für ent- **21** behrlich angesehen, „weil es bei der Festsetzung der Geldbuße gegen juristische Perso-nen oder Personenvereinigungen selten vorkommen wird, daß die Verfahrensbeteili-gung den Ablauf des Verfahrens hemmt. Kommt es aber zu einer verspäteten Verfah-rensbeteiligung, so muß das Verfahren in der Regel unterbrochen und wiederholt wer-den, weil dann die Frage der Geldbuße gegen die juristische Person oder Personenverei-nigung meist den Schwerpunkt des Verfahrens bilden wird"[22].

---

[19] KK-*Boujong*[2] 12; KMR-*Paulus* 19.
[20] Amtliche Begründung in BTDrucks. V 1319 S. 83.

[21] BTDrucks. V 1319 S. 83; KK-*Boujong*[2] 5.
[22] Amtliche Begründung wie Fußn. 20.

　　　　　　　Karl Heinz Gössel

22　　e) Schließlich hat das Gesetz davon abgesehen, den § 430 für entsprechend anwendbar zu erklären, weil es einer Regelung, die Festsetzung der Geldbuße unter bestimmten Voraussetzungen aus dem Verfahren auszuscheiden, nicht bedürfe.

> Dabei kann „dahingestellt sein, ob sich diese Regelung schon wegen des Opportunitätsprinzips erübrigt, das auch für die Festsetzung einer Geldbuße gegen juristische Personen und Personenvereinigungen gilt" (vgl. § 30 OWiG „kann"). „Auf eine dem § 430 entsprechende Vorschrift kann jedenfalls deswegen verzichtet werden, weil die Verfahrenslage bei der Festsetzung einer Geldbuße ... eine andere ist als bei der Entscheidung über die Einziehung. Hier kann das Verfahren besonders dadurch erschwert werden, daß u. U. mehrere Personen wegen ihres angeblichen Rechts an dem Einziehungsgegenstand die Beteiligung an dem Verfahren erzwingen und dann dessen Ablauf verzögern können. Schon die Aufklärung der Rechtsverhältnisse an dem Einziehungsgegenstand kann einen erheblichen Verfahrensaufwand erfordern. Soweit das Verfahren dagegen die Geldbuße gegen juristische Personen oder Personenvereinigungen betrifft, ist das Gericht nicht gezwungen, mehrere Personen zu beteiligen und deren Rechtsverhältnisse zu dem Täter aufzuklären. Es beteiligt die juristische Person oder Personenvereinigung auch nicht auf deren Drängen, sondern weil sich die Rechtsfolge der Geldbuße gerade gegen sie richtet. Ihre Beteiligung wird danach im allgemeinen das Verfahren nicht unnötig erschweren. Es wird im übrigen auch selten sein, daß die Geldbuße gegen juristische Personen im Vergleich zu den anderen Rechtsfolgen der Tat nur ein unwesentlicher Nebenpunkt ist. Denn sie bezweckt ja gerade, ein angemessenes Verhältnis zwischen der Tragweite der Tat und den Rechtsfolgen hierfür herzustellen, weil die nach den persönlichen und wirtschaftlichen Verhältnissen des Täters zu bemessende Strafe oft unzureichend sein wird. Es wird danach kaum in Betracht kommen, die Rechtsfolge der Geldbuße gegen juristische Personen oder Personenvereinigungen aus dem Verfahren auszuscheiden"[23].

23　　Diese Ausführungen tragen die Entschließung des Gesetzgebers, von einer Verweisung auf § 430 abzusehen; ebensowenig kommt eine Ausscheidung nach §§ 154, 154 a in Betracht. Eine dem § 430 und damit zugleich den Grundgedanken der §§ 154, 154 a (s. § 430, 1) entsprechende Ausscheidung der Festsetzung einer Geldbuße in geeigneten Fällen ermöglicht aber das **Opportunitätsprinzip** (§ 30 OWiG „kann")[24]. Die Staatsanwaltschaft kann bei Anklageerhebung von einem Antrag auf Festsetzung einer Geldbuße absehen, wenn nach ihrer Auffassung keine Umstände vorliegen, die dem Gericht Veranlassung geben, die Festsetzung einer Geldbuße in Erwägung zu ziehen (§ 431, 43). Das Gericht kann „ausscheiden", indem es die Beteiligung nicht anordnet („ablehnt"); dagegen kann die Staatsanwaltschaft sofortige Beschwerde einlegen (§ 431 Abs. 5). Ist die Beteiligung angeordnet, so kann das Gericht den Anordnungsbeschluß aufheben, wenn es in Ausübung seines Ermessens eine Geldbuße nicht mehr in Erwägung zieht; es ist dann nicht mehr über die Festsetzung einer Geldbuße „zu entscheiden". Gegen einen solchen Beschluß, der eine „Ablehnung" der Verfahrensbeteiligung darstellt, kann die Staatsanwaltschaft sofortige Beschwerde einlegen. Ist die „Ablehnung" rechtskräftig, so scheidet die juristische Person (Personenvereinigung) aus dem Verfahren aus; damit wird die Festsetzung einer Geldbuße ausgeschlossen. In der Hauptverhandlung kommt aber eine solche Form des Ausscheidens praktisch nur mit Zustimmung der Staatsanwaltschaft in Betracht, da ihr sonst in diesem Stadium des Verfahrens die Möglichkeit sofortiger Beschwerde gegen den Ablehnungsbeschluß genommen ist; es muß daher bei verweigerter Zustimmung im Urteil über die Festsetzung der Geldbuße entschieden werden.

[23] Amtliche Begründung wie Fußn. 20.

[24] KK-*Boujong*[2] 6; KMR-*Paulus* 3; *Kleinknecht/Meyer*[38] 5.

IV. Die Verfahrensbeteiligung (Absatz 2)

Absatz 2 regelt die Verfahrensbeteiligung in Anlehnung an die entsprechenden **24** bei der Einziehung geltenden Vorschriften. Dabei trifft Satz 1 selbständige, von § 435 Abs. 1 und § 436 Abs. 1 abweichende Regelungen. Satz 2 zählt die entsprechend anwendbaren Vorschriften des Verfahrens bei Einziehungen auf.

1. Beteiligung im Ermittlungsverfahren. Im Vorverfahren ist § 432 sinngemäß an- **25** zuwenden. Im Sinn des Absatzes 1 Satz 1 des § 432 sind diejenigen Personen zu hören, die im Rechtsleben die juristische Person oder Personenvereinigung repräsentieren, wenn das als Beschuldigter in Betracht kommende Organ, Organmitglied usw. weggedacht wird. Für die Vernehmung dieser Personen als Betroffene[25] gilt § 432 Abs. 2, wenn sie erklären, Einwendungen gegen die Festsetzung einer Geldbuße vorbringen zu wollen; die Regeln der Beschuldigtenvernehmung (z. B. § 136) sind anzuwenden[26]. Andere (auch vertretungsberechtigte) Angehörige des Personenverbandes (z. B. Handlungsbevollmächtigte, Kommanditisten) sind als Zeugen zu vernehmen[27]; § 55 gilt[28]. Ob bei einer Mehrheit von Vertretungsberechtigten die Anhörung *eines* Vertretungsberechtigten genügt, richtet sich nach den Umständen des Falles. Die Einschränkung in Abs. 1 Satz 1 des § 432 „wenn dies ausführbar erscheint" hat praktisch kaum Bedeutung; bei den juristischen Personen kommt, wenn der Angeklagte der einzige Vertreter ist, eine Vertreterbestellung nach § 29 BGB in Betracht[29]; bei den Personenvereinigungen obliegt die Vertretung den übrigen Mitgliedern der Vereinigung. Im übrigen bietet § 434 Abs. 2 eine Handhabe, um die Rechte der juristischen Person (Personenvereinigung) wahrnehmen zu lassen. Abs. 1 Satz 2 des § 432 ist ohne Bedeutung, da § 431 Abs. 1 Satz 3 im Verfahren nach § 444 unanwendbar ist.

2. Beteiligung im Zwischen- und Hauptverfahren

a) Unanwendbar ist **§ 435 Absatz 1**, wonach der Einziehungsbeteiligte von der **26** Hauptverhandlung lediglich Terminsnachricht erhält, aber nicht geladen wird, und **§ 436 Abs. 1**, wonach ohne den Einziehungsbeteiligten verhandelt werden kann, wenn er trotz ordnungsmäßiger Terminsnachricht ausbleibt. Nach § 444 Abs. 2 Satz 1 wird die juristische Person (Personenvereinigung) vielmehr zum Hauptverhandlungstermin geladen (§ 217 gilt), und ohne sie kann nur verhandelt werden, wenn ihr Vertreter **ohne genügende Entschuldigung** ausbleibt. Damit trägt das Gesetz der Tatsache Rechnung, daß die juristische Person (Personenvereinigung), weil die Geldbuße **gegen sie** festgesetzt werden kann, sich prozessual in einer Lage befindet, die der eines Angeklagten ähnlich ist. Die Ladung muß den sinngemäß anwendbaren Vorschriften des § 435 Abs. 2 und Abs. 3 Nr. 1 entsprechen, d. h., es sind die Anklageschrift mit dem für die Frage der Festsetzung einer Geldbuße bedeutsamen Inhalt, in den Fällen des § 207 Abs. 2, soweit die Änderung auch die Frage der Festsetzung einer Geldbuße betrifft, auch der Eröffnungsbeschluß mitzuteilen, und es ist darauf hinzuweisen, daß auch ohne die juristische Person (Personenvereinigung) verhandelt werden kann, wenn ihr Vertreter ohne genügende Entschuldigung ausbleibt.

Bei einer **Ersatzzustellung** ist das Verbot nach § 37 StPO mit § 185 ZPO zu beach- **27** ten: i. S. des § 185 ZPO ist das angeklagte Organ (Vertreter) „Gegner" der juristischen

---

[25] OLG Frankfurt GA **1969** 124.

[26] *Kleinknecht/Meyer*[38] 3; s. auch KMR-*Paulus* 9.

[27] OLG Frankfurt GA **1969** 124; KK-*Boujong*[2] 7; KMR-Paulus 9.

[28] KMR-*Paulus* 9.

[29] KK-*Boujong*[2] 7; KMR-*Paulus* 7.

Karl Heinz Gössel

Person (Personenvereinigung), an die die Zustellung erfolgen soll (§ 37). Anders als bei der Terminsnachricht nach § 435 Abs. 1 (dort Rdn. 5) ist hier die **Ladungsfrist** des § 217 zu beachten. § 436 Abs. 1 Satz 1 betr. Unanwendbarkeit des § 235 gilt im Fall des § 444 nicht[30], denn § 436 Abs. 1 Satz 2 hat zur Voraussetzung, daß im Verfahren zur Einziehung auch dann ohne den Einziehungsbeteiligten verhandelt werden kann, wenn sein Ausbleiben entschuldigt ist, während § 444 Abs. 2 Satz 1 eine Verhandlung ohne die juristische Person (Personenvereinigung) nur zuläßt, wenn ihr Vertreter ohne genügende Entschuldigung ausbleibt.

28   **b)** Aus dem Wortlaut des § 444 Abs. 2 Satz 1 Halbsatz 2 „bleibt **ihr** Vertreter" (Singular) kann nicht entnommen werden, daß es bei einer **Mehrheit von Vertretungsberechtigten** nach der Auffassung des Gesetzes genüge, wenn nur **ein** Vertreter geladen oder in der Hauptverhandlung gehört wird. Mehrere Vertretungsberechtigte können sich allerdings, soweit nicht gesetzliche Vorschriften entgegenstehen (vgl. §§ 27 Abs. 2, 664 BGB), darauf einigen, daß dem Gericht gegenüber nur *eine* Person als Vertreter auftritt. Es liegt aber nicht im Ermessen des Gerichts, sich etwa, wenn von dem aus drei Personen bestehenden Vorstand einer juristischen Person einer der Angeklagte ist, auf die Anhörung eines der beiden verbliebenen Vorstandsmitglieder zu beschränken. Der Fall entschuldigten Ausbleibens liegt dann vielmehr auch vor, wenn zwar das eine Vorstandsmitglied unentschuldigt ausbleibt, das Ausbleiben des anderen aber genügend entschuldigt ist. Der Grundsatz des § 28 Abs. 2 BGB, daß bei Willenserklärungen, die der juristischen Person gegenüber abzugeben sind, die Abgabe gegenüber einem Vorstandsmitglied genügt, verträgt keine entsprechende Anwendung auf den Fall der Beteiligung der juristischen Person am Strafverfahren gemäß § 444.

29   **c)** Über unentschuldigtes **Ausbleiben** vgl. § 412, 17 ff. Erscheinen eines Bevollmächtigten (§ 434) schließt unentschuldigtes Ausbleiben aus.

30   **d)** Von den **übrigen Vorschriften des § 436** ist Abs. 3 unanwendbar, da Entschädigungsansprüche (§ 74 f Abs. 2, 3 StGB) nicht in Betracht kommen. Anwendbar ist dagegen kraft ausdrücklicher Verweisung **§ 436 Abs. 2**. Diese Regelung, von *Eb. Schmidt*[31] als eigenartig, unsachgemäß und verfehlt kritisiert, erklärt sich daraus, daß gemäß § 77 OWiG im gerichtlichen Bußgeldverfahren gegen eine natürliche Person das Gericht den Umfang der Beweisaufnahme — unbeschadet des § 244 Abs. 2 StPO — (nach pflichtmäßigem Ermessen) bestimmt. Der der Verweisung in § 444 Abs. 2 Satz 2 auf § 436 Abs. 2 zugrundeliegende gesetzgeberische Gedanke ist also, daß zwar die Beteiligung der juristischen Person (Personenvereinigung) am Strafverfahren, soweit es sich um die Frage der Schuld des angeklagten Organs (Vertreters) handelt, nicht ausgeschlossen wird (§ 431 Abs. 2 also keine Anwendung findet), daß aber hinsichtlich der Schuld der natürlichen Person (des Organs), sofern sie durch „Zurechnung" die Grundlage für die Festsetzung der Geldbuße gegen die juristische Person bildet, das Gericht über den Umfang der Beweisaufnahme in gleicher Weise nach pflichtgemäßem Ermessen und ohne Bindung an § 244 Abs. 3 bis 6 befindet wie in den Fällen, in denen die Festsetzung einer Geldbuße gegen eine natürliche Person wegen einer Ordnungswidrigkeit Gegenstand des Verfahrens ist. Darüber, daß schon aus § 244 Abs. 2 ein Verbot der Vorwegnahme des Beweisergebnisses zu folgern ist, vgl. § 436, 9.

31   **e)** Ferner ist **§ 436 Absatz 4** für anwendbar erklärt. Da das Urteil, soweit es eine Geldbuße gegen die juristische Person festsetzt, ihr gegenüber als Vollstreckungstitel

---

[30] KK-*Boujong*[2] 10; KMR-*Paulus* 14; *Klein-knecht/Meyer*[38] 14.   [31] Nachtr. II 16.

dienen soll (vgl. § 449, §§ 89, 91 OWiG, § 87 StVollstrO), muß im Tenor die juristische Person (Personenvereinigung) genau unter Angabe von Namen, Anschrift der Vertretungsberechtigten und des Prozeßbevollmächtigten (§ 434) bezeichnet werden.

3. Vertretung nach § 434. Die Verbandsperson kann gemäß § 434 Abs. 1 einen **32** Vertreter wählen; auch kann ihr nach Abs. 2 ein solcher beigeordnet werden. Nach § 146, der nach § 434 Abs. 1 Satz 2 ebenso wie die §§ 137 bis 139, 145 a, 149 und 218 entsprechend gilt, ist die Vertretung mehrerer Verbandspersonen durch einen Rechtsanwalt unzulässig, es sei denn, sie bilden trotz organisatorischer Trennung eine Vermögenseinheit. Die gemeinschaftliche Verteidigung der Verbandsperson und der jeweils betroffenen Individualperson (Organ etc.) ist jedoch zulässig[32].

V. Rechtsbehelfe

1. Urteilsanfechtung. Hinsichtlich der **Anfechtung** des eine Geldbuße festsetzen- **33** den Urteils verweist § 444 Abs. 2 Satz 2 auf die sinngemäß anwendbaren Vorschriften in § 437 Abs. 1 bis 3. Einer Erörterung bedarf nur die Verweisung auf § 437 Abs. 1. Kraft der *sinngemäßen* Anwendung des § 437 Abs. 1 ist die Vorschrift etwa dahin zu lesen: „Im Rechtsmittelverfahren erstreckt sich die Prüfung, ob die gegen die juristische Person (Personenvereinigung) festgesetzte Geldbuße gerechtfertigt ist, auf den Schuldspruch des angefochtenen Urteils gegen das Organ nur...“[33] Einwendungen gegen den Schuldspruch können auch vorliegen, wenn die juristische Person (Personenvereinigung) nicht die Festsetzung einer Geldbuße überhaupt, sondern nur ihre Höhe anficht; der Angriff gegen die Höhe der Geldbuße kann auch einen Angriff auf die Schuldfeststellungen darstellen. Das gilt jedenfalls dann, wenn das Urteil in der Annahme einer vorsätzlichen Straftat auf eine Geldbuße von mehr als 50 000 DM lautet und die Berufung sich gegen die Höhe der Geldbuße mit der Begründung richtet, daß das Organ (Vertreter) lediglich eine fahrlässige Straftat begangen habe (vgl. § 30 Abs. 2 OWiG). Aber auch innerhalb des gesetzlichen Rahmens der Geldbuße kann die Bemessung verschieden hoch ausfallen, je nachdem ob das Gericht eine vorsätzliche oder eine fahrlässige Straftat des Organs als gegeben ansieht. Ganz allgemein soll sich ja nach der gesetzgeberischen Grundkonzeption die Höhe der Geldbuße gegen die juristische Person (Personenvereinigung) danach orientieren, wie die von dem Organ (Vertreter) begangene Tat bewertet wird[34], und es soll, wenn etwa das Gericht, von einer „altruistischen Handlungsweise“ des Organs ausgehend, auf eine geringere Geldstrafe erkennt, eine Geldbuße gegen die juristische Person (Personenvereinigung) in einer Höhe festgesetzt werden können, daß die Strafe und Geldbuße zusammen in einem angemessenen Verhältnis zur Tragweite der Tat stehen[35]. Danach kann die Bemessung der Geldbuße unter verschiedenen Gesichtspunkten von der dem Bereich des Schuldspruchs zugehörigen Würdigung der Handlungsweise des Täters abhängen, und demgemäß wird § 437 Abs. 1 auch dann anwendbar sein, wenn sich das Rechtsmittel zwar nur gegen die Höhe der Geldbuße richtet, aber auf Gründe gestützt ist, die den Schuldspruch angehen.

2. Anfechtung des Strafbefehls. Wird die Geldbuße gegen die juristische Person **34** (Personenvereinigung) **in einem Strafbefehl** festgesetzt (§ 407 Abs. 2 Nr. 1), so ist § 438

---

[32] BVerfGE **45** 272, 288; KK-*Boujong*² 8; KMR-*Paulus* 8; *Kleinknecht/Meyer*³⁸ 12; s. dazu, insbesondere zu der Entscheidung des BVerfG *Winterfeld* BB **1976** 344.

[33] KK-*Boujong*² 12; KMR-*Paulus* 19; *Kleinknecht/Meyer*³⁸ 18.
[34] *Göhler*⁸ § 30, 36.
[35] *Göhler*⁸ § 30, 35 und o. Rdn. 7.

Karl Heinz Gössel

Abs. 1 Satz 1 sinngemäß anwendbar[36]. § 444 Abs. 2 Satz 2 verweist zwar uneingeschränkt auf § 438 Abs. 1, doch hat dessen Satz 2 keine Bedeutung, denn des bei der Einziehung erforderlichen Hinweises, daß über die Einziehung auch dem Einziehungsbeteiligten gegenüber entschieden werde (§ 438, 9), bedarf es in abgewandelter Form nicht, da sich ja aus dem Inhalt des Strafbefehls mit voller Deutlichkeit ergibt, daß sich die Festsetzung der Geldbuße gegen die juristische Person (Personenvereinigung) richtet. An die Stelle einer Verweisung auf sinngemäße Anwendung des § 438 Abs. 2 ist eine selbständige und inhaltlich gleichbedeutende Verweisung auf § 441 Abs. 2, 3 getreten.

35　　**3. Nachverfahren.** § 444 Abs. 2 enthält **keine Verweisung auf § 439.** Ein Nachverfahren kommt nicht in Betracht, da eine Geldbuße immer nur festgesetzt werden darf, wenn die juristische Person (Personenvereinigung) am Verfahren beteiligt wird[37]. Ist die Geldbuße in einer Entscheidung ohne Beteiligung der juristischen Person am Verfahren festgesetzt worden, so bleibt ihr der Weg der Anfechtung der Entscheidung[38].

VI. Selbständiges Verfahren (Absatz 3)

36　　**1. Voraussetzungen.** Nach **§ 30 Abs. 4 OWiG** kann gegen die juristische Person (Personenvereinigung) eine Geldbuße **selbständig** festgesetzt werden. Die materiellen Voraussetzungen des § 30 Abs. 4 OWiG sind gegenüber der früheren Regelung geändert worden, so daß es nun nicht mehr darauf ankommt, ob die Straftat (i. S. des § 30 Abs. 1 OWiG) des Organs oder einer sonst dort genannten Individualperson aus **tatsächlichen** oder aus sonstigen Gründen (abgesehen von den in **Abs. 2 Satz 2** genannten **rechtlichen** Gründen) nicht mehr verfolgt werden kann[39]. Das selbständige Festsetzungs*verfahren* regelt § 444 Abs. 3 durch Verweisung auf die sinngemäß anwendbaren §§ 440, 441 Abs. 1 bis 3.

37　　**2. Verfahren.** Danach steht es, wenn wegen einer schuldhaft rechtswidrigen Organtat i. S. des § 30 Abs. 1 ein Strafverfahren nicht eingeleitet oder eingestellt wird[40], im pflichtmäßigen Ermessen der Staatsanwaltschaft, die selbständige Festsetzung einer Geldbuße gegen die juristische Person (Personenvereinigung) zu beantragen, wenn die Festsetzung nach dem Ergebnis der Ermittlungen zu erwarten ist (§ 440 Abs. 1). Die sinngemäße Anwendung des § 440 Abs. 2 Satz 1 bedeutet, daß der Antrag auf eine *bestimmte* Geldbuße zu richten ist. Soweit § 440 Abs. 3 für sinngemäß anwendbar erklärt ist, gilt dies nur für diejenigen der dort aufgeführten Vorschriften, die auch im subjektiven Verfahren wegen der Beteiligung der juristischen Person (Personenvereinigung) für anwendbar erklärt sind (§ 444 Abs. 1, 2). Die Verweisung auf § 441 Abs. 1 Satz 2 ist gegenstandslos; statt dessen bestimmt § 444 Abs. 3 Satz 2, daß örtlich zuständig auch das Gericht ist, in dessen Bezirk die juristische Person (Personenvereinigung) ihren Sitz oder eine Zweigniederlassung hat. Der grundsätzlich zulässige Übergang vom Strafverfahren zum selbständigen Verfahren (s. dazu § 440, 61 ff) setzt voraus, daß die Verfahrensbeteiligung der Verbandsperson angeordnet und die so Beteiligte auf die Möglichkeit der selbständigen Festsetzung der Geldbuße hingewiesen wurde[41].

---

[36] KK-*Boujong*[2] 13.
[37] KK-*Boujong*[2] 14.
[38] KK-*Boujong*[2] 12; s. auch o. Rdn. 15.
[39] Vgl. *Göhler*[8] § 30, 41.

[40] *Göhler*[8] § 30, 41; *Schroth* wistra **1986** 158, 163 f.
[41] KK-*Boujong*[2] 16; KMR-*Paulus* 23.

3. Unverfolgbarkeit aus rechtlichen Gründen. Die selbständige Festsetzung einer **38** Geldbuße ist nur dann ausgeschlossen, wenn der Verfolgung der Individualperson wegen der in § 30 Abs. 1 OWiG näher bezeichneten Straftat **rechtliche** Gründe entgegenstehen. Damit aber ist nicht etwa die alte Regelung beibehalten worden, derzufolge das selbständige Verfahren dann ausgeschlossen war, wenn die Straftat aus tatsächlichen Gründen nicht verfolgt werden konnte — durch die Neufassung ist eben diese Schranke der rein tatsächlichen Nichtverfolgbarkeit gefallen. Jedoch muß nach wie vor eine Straftat vorliegen, worunter auch hier eine schuldhaft rechtswidrige Tatbestandsverwirklichung einschließlich der Abwesenheit von Strafaufhebungs- und Strafausschließungsgründen zu verstehen ist[42]; zudem stehen als rechtliche Verfolgungshindernisse Prozeßvoraussetzungen oder -hindernisse (z. B. Verjährung, Rechtskraft, dauernde Verhandlungsunfähigkeit) nach § 30 Abs. 4 Satz 2 OWiG dem selbständigen Verfahren entgegen. Dagegen hindert die Einstellung aus Opportunitätsgesichtspunkten das selbständige Verfahren ebensowenig[43], wie z. B. bei der Wahlfeststellung das Fehlen nur der rechtsethischen und rechtspsychologischen Vergleichbarkeit.

4. Wegen der **Kosten** vgl. § 472 b.   **39**

§§ 445 bis 448

(weggefallen)

---

[42] S. dazu *Müller* Die Stellung der juristischen Person im Ordnungswidrigkeitenrecht **1985** 89; vgl. § 440, 4; die zur alten Rechtslage ergangenen Entscheidungen OLG Düsseldorf NStZ **1984** 366 und OLG Koblenz BB **1977**

1571 bleiben insoweit bedeutsam; **anders** wohl *Schroth* wistra **1986** 158, 164.
[43] *Göhler*[8] § 30, 41; ähnlich *Müller* (Fußn. 42) 94 f.

SIEBENTES BUCH

Strafvollstreckung und Kosten des Verfahrens

ERSTER ABSCHNITT

Strafvollstreckung

Vorbemerkungen

Schrifttum. *Baldauf* Wer vollstreckt das Bußgeld? NJW **1970** 460; *Günther* Wer vollstreckt das Bußgeld? NJW **1969** 2273 und DAR **1970** 41; *Jaath* Die Verordnung zur Änderung der Jugendarrestvollzugsordnung, JZ **1977** 46; *Pohlmann* Wer vollstreckt den Bußgeldbescheid nach verspätetem Einspruch und in ähnlichen Fällen? Rpfleger **1970** 200; *Stadie* Wer vollstreckt das Bußgeld? MDR **1970** 386; *Wessels* Zur Erzwingung von Ordnungsstrafen und Erzwingungshaftbeschlüssen, FS Mayer 587; *Wetterich/Hamann* Strafvollstreckung, Handbuch[3] (1978).

Entstehungsgeschichte. Der Abschnitt, der in der Ursprungsfassung der Strafprozeßordnung als §§ 481 bis 495 Gesetz geworden war, hat seine jetzige Paragraphenbezeichnung durch die Bekanntmachung 1924 erhalten. Von diesen Bestimmungen gelten in unveränderter Fassung nur noch die §§ 449, 456 und 461. Alle übrigen haben in den letzten sechs Jahrzehnten mehr oder weniger oft Änderungen erfahren. Darüber hinaus sind seither zahlreiche neue Bestimmungen in diesen Abschnitt eingestellt worden, nämlich (in gesetzlicher Reihenfolge) die §§ 453 a, 453 b, 453 c, 454 a, 454 b, 455 a, 456 a, 456 c, 459 a bis 459 g, 462 a, 463 a bis 463 d, wodurch sich die Zahl der Paragraphen von ursprünglich 15 auf inzwischen 37 mehr als verdoppelt hat. Mehrfache Änderungen haben namentlich erfahren: § 450 (Anrechnung der Untersuchungshaft und Führerscheinentzug); §§ 453 bis 453 c (nachträgliche Entscheidungen sowie vorläufige Maßnahmen vor Widerruf der Aussetzung); § 454 (Aussetzung des Strafrests, früher: Vollstreckung der Todesstrafe); § 456 a (Absehen von der Vollstreckung bei Auslieferung oder Landesverweisung); § 458 (gerichtliche Entscheidungen bei der Strafvollstreckung); §§ 462, 462 a (Verfahren bei gerichtlichen Entscheidungen, Zuständigkeit der Strafvollstreckungskammer und des Gerichts des ersten Rechtszugs) sowie § 463 (Vollstreckung von Maßregeln der Besserung und Sicherung). Wegen weiterer Einzelheiten zu diesen sowie der Entwicklungsgeschichte der übrigen Bestimmungen wird auf die Ausführungen zu den einzelnen Paragraphen verwiesen.

Übersicht

Günter Wendisch

I. Begriff

1 **1. Sammelbezeichnung.** Unter der zusammenfassenden Bezeichnung „Strafvollstreckung" regelt der Erste Abschnitt des Siebenten Buchs eine Reihe von Obliegenheiten des Gerichts und der Staatsanwaltschaft, die nach Rechtskraft eines Urteils bei der Ausführung des Urteilsspruchs erforderlich werden. Dabei handelt es sich um z. T. recht unterschiedliche Maßnahmen, die nur sehr äußerlich unter der Sammelbezeichnung „Strafvollstreckung" zusammengefaßt sind. Zunächst war die Bezeichnung „Straf"vollstreckung von vornherein ungenau, denn Maßnahmen wie die Unbrauchbarmachung gesetzwidriger und die Vernichtung gefährlicher Gegenstände sind keine Strafen, sondern Sicherungsmaßnahmen; ihre Durchführung im Wege des Zwangs vollzog sich aber nach dem die Vollstreckung von „Vermögensstrafen" regelnden § 463 a. F. (jetzt § 459 g).

2 **Zu eng wurde die Überschrift** des Abschnitts in dem Augenblick, als das Gewohnheitsverbrechergesetz 1933 die Einführung eines Systems von Maßregeln der Sicherung und Besserung in das Strafgesetzbuch brachte — bei denen die Akzentverschiebung hinsichtlich ihres Zwecks heute in ihrer Bezeichnung als Maßregeln „der Besserung und Sicherung" zum Ausdruck kommt —, und der damals neu eingefügte § 463 a (jetzt § 463) bestimmte, daß für die Vollstreckung die Vorschriften über die Strafvollstreckung sinngemäß gelten. Vollends unrichtig wurde die Überschrift, als die gerichtliche Entscheidung über die Strafaussetzung zur Bewährung (§§ 23 ff a. F. = jetzt §§ 56 ff n. F. StGB) eingeführt und die im Zusammenhang damit nach Rechtskraft des Urteils erforderlichen Entscheidungen und Maßnahmen in den §§ 453, 453 a, 453 b geregelt wurden (vgl. § 453, 3). Denn wenn die Strafe von vornherein ausgesetzt wird, so handelt es sich bei der Belehrung (§ 453 a), der Überwachung der Lebensführung (§ 453 b) und den nachträglichen Entscheidungen (§ 56 e StGB, § 453) wohl um Maßnahmen, die der Durchführung (der Vollstreckung) des auf Strafaussetzung lautenden Urteils dienen, aber, wie immer man auch den materiellen (nicht: den rechtstechnischen) Gehalt einer mit Strafaussetzung verbundenen Verhängung einer Strafe wertet (z. B. *Bruns* GA **1956** 198 ff), eben nicht um Maßnahmen, die der Strafvollstreckung — die Vollstreckung ist ja gerade ausgesetzt — oder auch nur der Sicherung einer künftigen Vollstreckung dienen, denn die in §§ 453, 453 a, 453 b bezeichneten Maßnahmen sollen die Bewährung fördern und damit eine Strafvollstreckung nach Möglichkeit entbehrlich machen.

3 Noch deutlicher wird die Abweichung von der „Strafvollstreckung", sofern sie dem Wortsinn gemäß als Verwirklichung des Strafausspruchs verstanden wird, wenn über die Aussetzung des Strafrests der Freiheitsstrafe zu entscheiden ist (§ 57 StGB, §§ 454, 462 a). Denn hier wird in einem gerichtlichen „Nachverfahren" — und auch meist durch ein anderes als das ursprünglich erkennende Gericht (§ 462 a) — darüber befunden, ob das frühere Urteil überhaupt noch vollzogen werden oder nicht an seine Stelle eine „Sanktion" anderer Art treten soll, so daß immerhin sogar die Frage diskutabel ist, ob die Bezeichnung „Strafvollstreckungskammer" die Aufgabe des Gerichts richtig zum Ausdruck bringt (*Peters*[4] § 77 III). Andere Fälle einer solchen Inhibierung des ursprünglichen Spruchs in einem „Nachverfahren" finden sich etwa in den §§ 459 d, 459 f. Insgesamt handelt es sich also bei der umfassenden Bezeichnung „Strafvollstreckung" in Wahrheit um eine vereinfachende **pars pro toto-Bezeichnung** für die Summe der Maßnahmen, die auf Verwirklichung oder Abwandlung oder auch Aufhebung einer von einem Strafgericht erlassenen Entscheidung gerichtet sind[1].

2. Vollstreckung bei Verlust von Rechten und Fähigkeiten. Einer Vollstreckung **4** bedarf es nicht, wenn die Wirkung von Nebenstrafen und Nebenfolgen sich unmittelbar an die Rechtskraft des Urteils knüpft, wie z. B. der Verlust der Amtsfähigkeit, der Wählbarkeit und des Stimmrechts (§ 45 in Verb. mit § 45 a Abs. 1 StGB), das Fahrverbot (§ 44 Abs. 3 StGB), die Entziehung der Fahrerlaubnis (§ 69 Abs. 3 S. 1 StGB), das Berufsverbot (§ 70 Abs. 4 S. 1 StGB), der Übergang des Eigentums an einer Sache oder eines Rechts auf den Staat als Folge des Verfalls oder der Einziehung der Sache oder des Rechts (§ 73 d Abs. 1, § 74 e Abs. 1 StGB) usw. Doch fallen auch in diesen Fällen der Vollstreckungsbehörde auch solche Aufgaben an[2], die darauf abzielen, die kraft Gesetzes geschaffene Rechtslage zu effektuieren[3], z. B. den eingezogenen Gegenstand in die Verfügungsgewalt des Staates zu bringen, wenn er sich nicht im Zeitpunkt des Eintritts der Rechtskraft im staatlichen Gewahrsam befindet, den Führerschein während der Dauer eines Fahrverbots in amtliche Verwahrung zu bringen (§ 44 Abs. 3 StGB). Ausnahmsweise gibt es aber auch nach Rechtskraft Aufgaben der Vollstreckungsbehörde, die die durch das rechtskräftige Urteil geschaffene Rechtslage unmittelbar betreffen, so wenn nach § 456 c Abs. 2 die Vollstreckungsbehörde das Berufsverbot (§ 70 StGB) aussetzen kann. In diesem Sinn ist es auch zu verstehen, wenn § 360 Abs. 2 von „Aufschub oder Unterbrechung der Vollstreckung" spricht; damit wird dem Gericht die Befugnis zugesprochen, nach Stellung des Wiederaufnahmeantrags auch das Berufs- oder Fahrverbot auszusetzen (OLG Hamm GA **1970** 309).

II. Strafvollstreckung und Strafvollzug

Nach § 451 obliegt die Strafvollstreckung der Staatsanwaltschaft; sie ist „Voll- **5** streckungsbehörde". Aus dem Wortsinn von „Strafvollstreckung" müßte gefolgert werden, daß der **Begriff** alle Maßnahmen umfaßt, die zur Verwirklichung[4] der im Urteil festgesetzten Unrechtsfolgen erforderlich sind; die Aufgabe der Vollstreckungsbehörde besteht, so gesehen, nicht nur darin, die Vollstreckung herbeizuführen, sondern auch darin, sie durchzuführen. In der Tat ist die der Vollstreckungsbehörde obliegende Aufgabe so zu verstehen; eine wichtige Ausnahme gilt jedoch für die Verwirklichung von Freiheitsstrafen und von freiheitsentziehenden Maßregeln der Besserung und Sicherung sowie von Jugendarrest.

---

[1] Zum Begriff der Strafvollstreckung vgl. auch *Wetterich/Hamann* 2; KK-*W. Müller* 1; *Kleinknecht/Meyer*[37] 1.

[2] Sogenannte flankierende Maßnahmen; KK-*W. Müller* 6.

[3] *Kleinknecht/Meyer*[37] 2.

[4] Vgl. dazu *Roxin*[19] § 57 A I; KK-*W. Müller* 2: Vollstreckung im weiteren Sinn.

1. Zuständigkeit

6   **a) Bei Rechtsfolgen, die nicht in Freiheitsentziehungen bestehen.** Soweit es sich nicht um Freiheitsstrafen und freiheitsentziehende Maßregeln der Besserung und Sicherung handelt, trifft die Vollstreckungsbehörde alle Maßnahmen, die zur Durchführung der Entscheidung erforderlich sind (§ 3 Abs. 1 StVollstrO). Ist die Durchführung nach gesetzlicher Vorschrift einer anderen Stelle übertragen, so beschränkt sich die Aufgabe der Vollstreckungsbehörde darauf, die in ihrem Bereich möglichen und erforderlichen Schritte zu unternehmen, um der anderen Stelle die Ausübung ihrer Obliegenheiten zu ermöglichen. So obliegt die Überwachung der Lebensführung des Verurteilten während der Bewährungszeit nicht der Vollstreckungsbehörde, sondern dem Gericht (§ 453 b)[5] und ist, wenn das Gericht neben der Strafe Führungsaufsicht angeordnet hat (§ 68 StGB), die Überwachung des Verhaltens des Verurteilten und die Gewährung von Hilfe und Betreuung Sache der Aufsichtsstelle (§ 68 a StGB); die Mitwirkung der Vollstreckungsbehörde erschöpft sich in unterstützenden Maßnahmen (§ 463 a; § 54 a StVollstrO). Andernfalls hat die Vollstreckungsbehörde selbst für die Durchführung der Entscheidung zu sorgen.

7   Die **Vollstreckungsbehörde** kann sich bei der Durchführung der ihr von der Justizverwaltung gestellten Hilfskräfte und der Hilfsbeamten der Staatsanwaltschaft (§ 152 GVG) bedienen, auch im Rahmen der gesetzlichen Vorschriften die Amtshilfe anderer Stellen innerhalb und außerhalb der Justiz — hier namentlich der Polizei — in Anspruch nehmen (§§ 160, 161 GVG; Art. 35 GG); sie **trägt** aber in solchen Fällen die **Verantwortung** für die Maßnahmen der von ihr beauftragten oder ersuchten Stellen und Behörden in vollem Umfang und hat für Abhilfe zu sorgen, wenn diese nicht ordnungsgemäß verfahren. Ist z. B. auf Geldstrafe erkannt, so ist die Anordnung der Einforderung und Beitreibung Sache der Vollstreckungsbehörde (§ 459; § 2 Abs. 1 S. 1 JBeitrO; § 1 Abs. 4 EBAO; Rdn. 18); mit der Beitreibung kann sie einen Vollzugsbeamten beauftragen (§§ 9, 10 EBAO), dessen Maßnahmen sie zu überwachen hat. Ist auf Verfall oder Einziehung erkannt, so nimmt die Vollstreckungsbehörde den Gegenstand in Besitz und beauftragt, wenn der Verurteilte ihn in Besitz hat und trotz Aufforderung nicht herausgibt, den Vollziehungsbeamten mit der Wegnahme (§ 459 g StPO, § 61 StVollstrO). Zur Vernichtung eingezogener gemeingefährlicher Gegenstände nimmt die Vollstreckungsbehörde, soweit erforderlich, die Amtshilfe der Polizei oder der zuständigen Verwaltungsbehörde in Anspruch (§ 63 Abs. 5 StVollstrO).

8   **b) Bei Freiheitsstrafen und freiheitsentziehenden Maßregeln.** Anders liegt es bei der Durchführung von Urteilen, die auf **Freiheitsstrafe** oder auf eine freiheitsentziehende Maßregel der Besserung und Sicherung lauten (Entsprechendes gilt für Urteile, die auf Jugendarrest erkennen). Hier hat die Entwicklung dazu geführt, zwischen Vollstreckung und Vollzug und dementsprechend zwischen Vollstreckungs- und Vollzugsbehörde zu unterscheiden. Beide arbeiten gemeinsam an der Verwirklichung des Urteilsinhalts (*Eb. Schmidt* 1); jedoch auf verschiedenen Wegen[6], wobei die Vollstreckungsbehörde den Vollzug herbeiführt, während die Vollzugsbehörde ihn in Vollzugsanstalten durchführt.

9   **2. Vollzugsbehörden und -anstalten.** Nach § 139 StVollzG wird Freiheitsstrafe und die Unterbringung in der Sicherungsverwahrung aufgrund eines Vollstreckungsplans, in dem deren jeweilige sachliche und örtliche Zuständigkeit im voraus festgelegt worden ist (vgl. § 152 Abs. 1 StVollzG), in Anstalten der Landesjustizverwaltungen (**Ju-**

---

[5] KK- *W. Müller* 7; *Kleinknecht/Meyer*[37] 3.   [6] *Wetterich/Hamann* 2 ff; KK- *W. Müller* 3.

stizvollzugsanstalten) vollzogen, während sich die Unterbringung in einem psychiatrischen Krankenhaus (§ 63 StGB) und in einer Entziehungsanstalt (§ 64 StGB) gemäß § 138 StVollzG nach Landesrecht richtet, soweit und solange Bundesgesetze nichts anderes bestimmen[7]. Die Justizvollzugsanstalten haben einen hauptamtlichen Leiter, der **grundsätzlich die Verantwortung für den gesamten Vollzug trägt** (§ 156 StVollzG).

Nach § 151 Abs. 1 StVollzG führen die Landesjustizverwaltungen die **Aufsicht** **10** über die Justizvollzugsanstalten; sie können Aufsichtsbefugnisse auf Justizvollzugsämter übertragen. Bei der hiernach zugelassenen Bildung zentraler Justizvollzugsämter ist namentlich an größere Bundesländer gedacht, bei denen die notwendige Besetzung der Aufsichtsbehörde die Organisation der obersten Landesbehörde zu stark ausweiten würde. § 151 Abs. 1 StVollzG „fordert jedoch, daß mit der Aufsicht über die Vollzugsanstalten nicht etwa eine bereits bestehende Behörde betraut wird, sondern daß die Aufsicht hierfür ausschließlich zuständigen Justizvollzugsämtern übertragen werden muß, wenn nicht die Landesjustizverwaltung sie selbst ausüben will. Die Regelung soll gewährleisten, daß die Aufgaben des Vollzugs auch von der Ebene der Aufsichtsbehörden her fachkundig gefördert werden können. Dies setzt voraus, daß das zentrale Justizvollzugsamt oder die Justizvollzugsämter nicht im Nebenamt geleitet werden"[8]. Hiernach kann also die oberste Landesjustizbehörde sowohl die Leitung der Staatsanwaltschaften (§ 147 GVG) als Vollstreckungsbehörden wie auch die Aufsicht über die Justizvollzugsanstalten bei sich vereinigen. Im übrigen aber sind die Aufgaben der Vollstreckung im weiteren Sinn (im Sinn der Urteilsdurchführung) aufgeteilt zwischen zwei organisatorisch selbständigen Behördenbereichen.

3. Unterscheidung von Vollstreckung und Vollzug

a) Allgemein. Mit der Unterscheidung zwischen Vollstreckung und Vollzug ist **11** die **Folgerung** daraus gezogen, daß nach den heutigen, den Vollzug von Freiheitsstrafen beherrschenden Vorstellungen der Vollzugszweck nicht schlicht in der Durchführung der im Urteil angeordneten Freiheitsentziehung besteht, sondern mit einem Vollzugsziel verbunden ist, das primär darauf gerichtet ist, den Gefangenen zu befähigen, „künftig in sozialer Verantwortung ein Leben ohne Straftaten zu führen" (§ 2 StVollzG); der Vollzug ist darauf auszurichten, „daß er dem Gefangenen hilft, sich in das Leben in Freiheit einzugliedern" (§ 3 Abs. 3 StVollzG). Dazu bedarf es erzieherischer und resozialisierender Einwirkungen, die einen dafür geschulten Stab von Mitarbeitern erfordern, über den wohl die Vollzugsanstalten und Aufsichtsbehörden, nicht aber die Vollstreckungsbehörde verfügt. Daraus folgt — und wird insbesondere durch § 156 StVollzG bestätigt —, daß die **Vollzugsanstalt nicht** ein mehr oder weniger selbständig handelndes **Hilfsorgan** für die Durchführung von Aufgaben ist, die „eigentlich" nach § 451 **der Vollstreckungsbehörde** obliegen, die sich nur zur Erfüllung dieser Obliegenheiten der Vollzugsbehörden bedient. Die Vollzugsanstalt leitet zwar ihre Legitimation, an dem Verurteilten den Vollzug der ihm auferlegten Freiheitsstrafe durchzuführen, davon ab, daß der Verurteilte ihr von der Vollstreckungsbehörde zur Verfügung gestellt, nämlich durch Aufnahmeersuchen (§ 29 StVollStrO) in ihren Tätigkeitsbereich eingewiesen wird. Aber daraus folgt nicht, daß die Vollzugsanstalt bloßes Vollzugsorgan der Vollstreckungsbehörde wäre; sie wird vielmehr, sobald ihre Zuständigkeit begründet ist, für die nunmehr zu entfaltende spezifische Tätigkeit aus eigenem Recht tätig und erfüllt Aufgaben, die Eigenwert besitzen und selbständig neben der auf Durchführung des Urteilsspruchs gerichteten Tätigkeit der Vollstreckungsbehörde stehen.

---

[7] KK- *W. Müller* 5.   [8] Begr. RegEntw. BTDrucks. 7 918: zu § 138.

12   **b)** Auch das **Jugendgerichtsgesetz** unterscheidet zwischen Vollstreckung und Vollzug (vgl. Überschrift des Dritten Hauptstücks) und weist die Aufgaben der Vollstreckung dem Vollstreckungsleiter (§ 82 JGG), die des Vollzugs aber dem Vollzugsleiter (bei Jugendarrest dem Jugendrichter am Vollzugsort, § 90 Abs. 2, bei Jugendstrafe dem Leiter der Jugendstrafanstalt, *Dallinger/ Lackner* § 92, 5) zu. Sind Jugendstrafe und Freiheitsstrafe gegen denselben Verurteilten zu vollstrecken, so ist für die Vollstreckung der Jugendstrafe der Jugendrichter als Vollstreckungsleiter, für die Vollstreckung der Freiheitsstrafe dagegen die Staatsanwaltschaft als Vollstreckungsbehörde zuständig[9].

13   **c) Frühere Entwürfe.** Das allgemeine **Verhältnis der Aufgabe der Vollstreckung zu der des Vollzugs** wollten frühere Entwürfe förmlich zum Ausdruck bringen. So umschrieb EStVollzG 1927 (RTDrucks. 3628) in § 2 die Aufgabe der Vollstreckungsbehörde mit den Worten: „Die Vollstreckung der Entscheidungen (der Strafgerichte) wird von der Vollstreckungsbehörde veranlaßt und, soweit nichts anderes bestimmt ist, von ihr durchgeführt", während § 4 die Aufgabe der Vollzugsbehörde dahin kennzeichnete: „Der Vollzug der Freiheitsstrafen und der mit Freiheitsentziehung verbundenen Maßregeln der Besserung und Sicherung liegt den Vollzugsbehörden ob". Das wäre aber nur eine förmliche Verlautbarung eines schon damals bestehenden Rechtszustands gewesen. Es ist daher sachlich ohne Bedeutung, wenn das Strafvollzugsgesetz solcher Begriffsbestimmungen enthält und die Begründung des Reg.Entw. (BTDrucks. 7 918, S. 43) die Aufgabe dieses Gesetzes dahin kennzeichnet, es beschränke sich auf die für den Vollzug von Freiheitsstrafen und freiheitsentziehenden Maßregeln der Besserung und Sicherung notwendigen Regelungen und enthalte daher (von Ausnahmen — vgl. § 13 Abs. 5, § 122 StVollzG — abgesehen) im Gegensatz zu früheren Entwürfen keine Vorschriften über die Strafvollstreckung.

14   **d) Strafvollstreckungsordnung.** In konkreter Form bringt dagegen die Strafvollstreckungsordnung — StVollstrO — (wegen deren Bedeutung vgl. Rdn. 16 f) die **Abgrenzung der Vollstreckung gegenüber den Vollzugsaufgaben** zum Ausdruck. § 3 Abs. 1 besagt über die allgemeine Aufgabe der Vollstreckungsbehörde: „Die Vollstreckungsbehörde prüft, ob die Voraussetzungen der Vollstreckung gegeben sind. Sie trifft die Anordnungen, die zur Durchführung der Entscheidung erforderlich sind". Soweit es sich um Freiheitsstrafen handelt, umschreibt § 36 Abs. 1 die im Vollzugsstadium der Vollstreckungsbehörde generell obliegenden Aufgaben: „Die Vollstreckungsbehörde wacht darüber, daß Art und Dauer der Strafhaft der zu vollstreckenden Entscheidung entsprechen. Sie ist an erster Stelle für die richtige Berechnung der Strafzeit verantwortlich..." Das entspricht den in der Rechtsprechung aufgestellten Grundsätzen[10]. § 3 Abs. 2 besagt: „Die Verantwortlichkeit der Vollstreckungsbehörde erstreckt sich nicht auf den besonderen Pflichtenkreis der Vollzugsbehörde". Wie weit dieser Aufgabenkreis der Vollzugsbehörde reicht, ist freilich nicht ausdrücklich gesagt. Indem aber § 36 Abs. 1 bestimmt, daß im Vollzugsstadium die Aufgabe der Vollstreckungsbehörde sich darauf beschränkt, darüber zu wachen, daß Art und Dauer der Strafhaft der zu vollstreckenden Entscheidung entsprechen, besagt er, daß Gegenstand der vollstreckungsbehördlichen Überwachung nur die Einhaltung der gesetzlichen Vorschriften ist, die die Art und Dauer der Freiheitsstrafe kennzeichnen. Die Vollstreckungsbehörde überwacht also, daß und wie lange die Freiheitsstrafe, dem Urteil entsprechend, als Freiheits-

---

[9] BGHSt **28** 351 gegen BGHSt **26** 375 im   [10] RGSt **5** 32; **30** 137.
Anschluß an BGHSt **27** 329; KK- *W. Müller*
8.

strafe, Jugendstrafe, Strafarrest vollzogen wird und dabei die gesetzlichen Vorschriften beachtet werden, die im Vollzug die Art der Strafe kennzeichnen. Sie überwacht nicht — und hier beginnt der „besondere Pflichtenkreis der Vollzugsbehörde" — die Einhaltung der Vorschriften, die die Durchführung des Vollzugs *im einzelnen* regeln (vgl. dazu Rdn. 20).

e) Ergebnis. Zusammenfassend ist festzuhalten, daß bei Freiheitsstrafen und frei- **15** heitsentziehenden Maßregeln der Besserung und Sicherung die nach § 451 der Vollstreckungsbehörde obliegende „Vollstreckung" in der Herbeiführung des Vollzugs, in der Überwachung der Vollzugsdauer, im übrigen aber in der Überwachung des Vollzugs nur nach der Richtung besteht, ob die Freiheitsentziehung ihrer Art nach dem Urteil entspricht, während die von der Vollzugsbehörde in eigener Verantwortung wahrzunehmende und der Überwachung der Vollstreckungsbehörde entzogene Tätigkeit darin besteht, die Regeln des Strafvollzugsgesetzes und die ergänzenden im Verwaltungsweg getroffenen Vollzugsvorschriften zur Anwendung zu bringen. Zu der der Vollstreckungsbehörde obliegenden Überwachung der Vollzugsdauer gehört auch ihre Mitwirkung bei der Herbeiführung der gerichtlichen Entscheidung, ob die Voraussetzungen einer Aussetzung des Rests einer Freiheitsstrafe (§§ 57, 57 a StGB) gegeben sind (§ 36 Abs. 2 StVollstrO)[11].

III. Vollstreckung und Vollzug als Angelegenheiten der Justizverwaltung

Auch im Stadium der Vollstreckung und des Vollzugs sind gewisse Entscheidun- **16** gen dem Gericht vorbehalten. Im übrigen sind **beide Tätigkeiten** grundsätzlich in die Hand weisungsgebundener Organe gelegt und damit als **Geschäfte der Justizverwaltung** (= Gerichtsverwaltung i. S. des § 4 Abs. 2 Nr. 1 DRiG) gekennzeichnet. Die Rechtsetzungsbefugnis auf diesem Gebiet steht also, soweit nicht bundesrechtliche Vorschriften entgegenstehen, den Ländern zu (Art. 72, 74 Nr. 1 GG). In diesem Rahmen haben die Justizverwaltungen zur Ergänzung der lückenhaften Vollstreckungsvorschriften der Strafprozeßordnung Justizverwaltungsanordnungen erlassen. Das Bedürfnis dafür ist durch das Inkrafttreten des Strafvollzugsgesetzes keineswegs entfallen. Denn dieses beschränkt sich „auf die **notwendigen** Regelungen. Es kann und will nicht die zahlreichen bundeseinheitlichen oder auch unterschiedlichen verwaltungsrechtlichen Regelungen der Länder überflüssig machen, sondern geht davon aus, daß auch Teile des Vollzugsrechts einer Verwaltungsregelung bedürfen"[12].

Von der **Notwendigkeit und Zulässigkeit** solcher ergänzenden Regelungen geht **17** auch § 4 StVollzG aus[13]. Die Länder haben inzwischen „Verwaltungsvorschriften zum

---

[11] Über die systematische Stellung des Vollstreckungs- und Vollzugsrechts im Rahmen des Strafverfahrensrechts s. aus dem früheren Schrifttum *Kern* NJW **1951** 186; *Peters*[4] § 78 I; *Henkel* 16, 19; *Eb. Schmidt* 3 f. Die neuere Rechtsentwicklung ist dadurch gekennzeichnet, daß die frühere Auffassung von der Trennung zwischen Erkenntnisverfahren und der Ausführung des dort ergangenen Urteils im Vollstreckungs- und Vollzugsstadium überholt ist (Rdn. 1; 453, 2; *Peters* Der neue Strafprozeß [1975] § 22 II).

[12] Begr. RegEntw. BTDrucks. 7 918, S. 41.
[13] Sein Absatz 2 lautet: Der Gefangene unterliegt den in diesem Gesetz vorgesehenen Beschränkungen seiner Freiheit. Soweit das Gesetz eine besondere Regelung nicht enthält, dürfen ihm nur Beschränkungen auferlegt werden, die zur Aufrechterhaltung der Sicherheit oder zur Abwendung einer schwerwiegenden Störung der Anstalt unerläßlich sind.

Strafvollzugsgesetz (VVStVollzG)" und „Dienst- und Sicherheitsvorschriften für den Strafvollzug (DStVollzG)" vereinbart, die am 1.1. 1977 in Kraft getreten sind[14].

IV. Grundlagen der Strafvollstreckung

18   Die die Strafvollstreckung betreffenden Justizverwaltungsvorschriften wurden erstmals einheitlich in der **Strafvollstreckungsordnung** — StVollStrO — 1935[15] zusammengefaßt. Nach dem Kriege vereinbarten die Justizverwaltungen des Bundes und der Länder eine neue Strafvollstreckungsordnung[16], die seitdem vielfach geändert und ergänzt worden ist[17]. Die StVollstrO 1956 wurde ergänzt durch die gleichfalls einheitlich vereinbarte „Anordnung über die Einforderung und Beitreibung von Vermögensstrafen und Verfahrenskosten" vom 15. 2. 1956, die an die Stelle einer entsprechenden AV des RJM vom 28. 5. 1937 (DJ 840) trat. Sie wurde mit Wirkung vom 1. 1. 1975 — wegen der Änderung der strafprozessualen Vorschriften über die Vollstreckung der Geldstrafe (§§ 459 ff) — ersetzt durch die wiederum bundeseinheitlich vereinbarte „Einforderungs- und Beitreibungsanordnung" (EBAO) vom 20. 11. 1974[18].

19   Um die Einheit des Strafvollstreckungsrechts auch für die Zukunft zu erhalten, vereinbarten die Landesjustizverwaltungen, daß **Änderungen** der Strafvollstreckungsordnung **nur im allseitigen Einvernehmen** der Justizverwaltungen von Bund und Ländern vorgenommen werden, soweit es sich nicht lediglich um ergänzende Vorschriften handelt (*Pohlmann/Jabel* Einl. 5). Soweit die Strafvollstreckungsordnung die Auslegung gesetzlicher Vorschriften betrifft, bindet sie die Strafvollstreckungsbehörden nur bis zum Ergehen einer gerichtlichen Entscheidung im Einzelfall; die Gerichte sind bei der Gesetzesauslegung nicht an die Strafvollstreckungsordnung als eine Verwaltungsvorschrift gebunden[19]. Bei der Vollstreckung von Entscheidungen gegen Jugendliche und Heranwachsende gilt die StVollstrO nur insoweit, als nicht die Vorschriften des JGG, des OWiG und die von den Landesjustizverwaltungen vereinbarten „Richtlinien zum Jugendgerichtsgesetz" (RiJGG) vom 15. 2. 1955[20] etwas anderes bestimmen (§ 1 Abs. 3 StVollstrO; II 6 RiJGG zu §§ 82 bis 85 JGG).

V. Grundlagen des Strafvollzugs

20   Wegen der Grundlagen der Regelung des Strafvollzugs sowie des Rechtsschutzes des Gefangenen gegen Maßnahmen der Vollzugsbehörde vgl. die Erläuterungen bei LR-K. *Schäfer*[23] Vor § 449, 15 bis 22 und 25 f.

VI. Grundlagen für den Vollzug von Freiheitsentziehungen gegen Jugendliche und Heranwachsende

21   Für den **Vollzug von Jugendarrest und Jugendstrafe** sind in §§ 90 bis 93 a JGG gesetzlich einige Richtlinien aufgestellt. Ferner ist in § 115 JGG der Bundesregierung die Ermächtigung erteilt, durch Rechtsverordnung eine Reihe wichtiger Vollzugsfragen zu

---

[14] Vgl. z. B. AV JustMin. NRW vom 1. 7. 1976 – JMBlNRW 189; sie sind auch abgedruckt bei *Schwind/Böhm* StVollzG, S. 643 ff; vgl. auch *Müller-Dietz* NStZ **1981** 409.

[15] AV RJM vom 7. 12. 1935, DJ 1800.

[16] Vom 15. 2. 1956 – BAnz. Nr. 42.

[17] Zuletzt durch Änderung vom 10. 1. 1980.

[18] Nunmehr in der Fassung vom 10. 7. 1979.

[19] BVerfGE **29** 315 = NJW **1970** 2287; RGSt **74** 388; OLG Bremen NJW **1951** 84; *Dünnebier* GA **1969** 218.

[20] Ebenfalls mehrfach geändert, zuletzt mit Wirkung vom 20. 1. 1980.

regeln (wegen einer entsprechenden Regelung für den Vollzug von Strafarrest an Soldaten der Bundeswehr vgl. Rdn. 31). Auf dieser Grundlage wurde die JugendarrestvollzugsO vom 12. 8. 1966 (BGBl. I 505; geändert durch VO vom 29. 11. 1972, BGBl. I 2205, und — mit Wirkung vom 1. 1. 1977 — durch die VO vom 18. 8. 1976, BGBl. I 2349)[21] erlassen (dazu bundeseinheitlich von den Landesjustizverwaltungen vereinbarte „Richtlinien zur JugendarrestvollzugsO"). Ein Jugendstrafvollzugsgesetz steht noch aus; der Vollzug der Jugendstrafe erfolgte auf der Grundlage der die §§ 91, 92 ergänzenden Jugendstrafvollzugsordnung (JVollzO; AV des RJM vom 1. 9. 1944, Sonderveröffentlichung DJ Nr. 32). Diese ist durch die am 1. 1. 1977 in Kraft getretenen bundeseinheitlich vereinbarten Verwaltungsvorschriften zum Jugendstrafvollzug (VVJug) ersetzt. Vgl. dazu auch §§ 176, 198 Abs. 3, 199 Abs. 2 Nr. 5 StVollzG.

VII. Rechtsschutz gegen Maßnahmen der Vollstreckungsbehörde

Der Rechtsschutz des Verurteilten ist zunächst dadurch gewahrt, daß in dem in **22** §§ 458, 459 h, 461 Abs. 2 bezeichneten Umfang das Gericht zur Entscheidung über Maßnahmen und Entscheidungen der Vollstreckungsbehörden berufen ist. Im übrigen sieht § 21 StVollstrO vor, daß über **Einwendungen** gegen Entscheidungen oder andere Anordnungen der Vollstreckungsbehörden, soweit das Gericht nicht zuständig ist, der Generalstaatsanwalt entscheidet, und daß gegen Entscheidungen oder Maßnahmen des Generalstaatsanwalts der Landesjustizminister, gegen solche des Generalbundesanwalts der Bundesjustizminister angerufen werden kann. Außerdem sind auch Maßnahmen und Entscheidungen der Vollstreckungsbehörde, soweit nicht das Gericht — erkennendes oder Strafvollstreckungskammer — nach §§ 458, 459 f, 459 h, 462, 462 a, 463 zur Entscheidung zuständig ist, **nach Maßgabe der §§ 23 ff EGGVG** anfechtbar und können der Entscheidung des Oberlandesgerichts unterbreitet werden. Eine solche Anfechtung setzt nach § 24 Abs. 2 EGGVG voraus, daß, wenn die Maßnahme der Beschwerde oder einem anderen förmlichen Rechtsbehelf im Verwaltungsverfahren unterliegt, zunächst das Beschwerdeverfahren (sog. Vorschaltverfahren) durchgeführt ist. Es ist anerkannt, daß das Beschwerdeverfahren nach § 21 StVollstrO ein solches Vorschaltverfahren darstellt[22].

VIII. Geltungsbereich

Die §§ 449 ff behandeln nur die Vollstreckung der von **Strafgerichten** festgesetz- **23** ten Strafen, Nebenstrafen, Nebenfolgen oder Maßregeln der Besserung und Sicherung. Sie gelten auch für die Vollstreckung von Erziehungsmaßregeln, Zuchtmitteln und Jugendstrafe nach § 2 JGG, soweit dieses Gesetz nicht abweichende Regelungen trifft.

Der Abschnitt regelt nur die Vollstreckung der in einem Urteil oder in einer dem **24** Urteil gleichstehenden Entscheidung (§§ 410, 441 Abs. 2, §§ 460, 462) verhängten **Kriminalstrafen**, während für die Vollstreckung von Ordnungs- und Zwangsmitteln[23] in

---

[21] Nunmehr in der Bekanntmachung vom 30. 11. 1976 – BGBl. I 3270. Zur Bedeutung der Änderung s. *Jaath* JZ **1977** 46.

[22] OLG Hamm NJW **1961** 141; JVBl. **1963** 42; OLG Bamberg JVBl. **1963** 175; OLG Oldenburg MDR **1968** 782; *Baumann* MSchKrim. **1964** 62 ff; *Lorenz* NJW **1963** 702; *Peters* JZ **1968** 78; *Pohlmann* Rpfleger **1964** 219; *Eb. Schmidt* NJW **1967** 217; *Weiß* JZ **1967** 584;

Pohlmann/Jabel § 21, 2; **a. A** OLG Nürnberg JVBl. **1961** 190; OLG Celle MDR **1964** 697, **1967** 63; OLG Hamm NJW **1969** 672; OLG Hamburg Rpfleger **1981** 243; *Altenhain* Rpfleger **1963** 370; DRiZ **1964** 301; **1966** 365; JZ **1966** 17.

[23] *Wessels* 587 ff; *Wetterich/Hamann* 592 ff; KK-*W. Müller* 10; *Kleinknecht/Meyer*[37] 6.

Straf- und Bußgeldsachen (§§ 51, 70, 77, 95, 161 a usw.) neben den hierfür geltenden § 36 StPO und § 179 GVG die Art. 7, 8 EGStGB 1974[24] maßgebend sind (*Pohlmann* Rpfleger **1958** 12). Von den letztgenannten Vorschriften sind einige den Bestimmungen des Ersten Abschnitts des Siebenten Buchs nachgebildet; so Art. 7 Abs. 2, 3 EGStGB dem § 459 a Abs. 2, 3, Art. 7 Abs. 4 dem § 459 h, Art. 8 Abs. 1 dem früheren § 459, Art. 8 Abs. 2 dem § 459 f. Darüber hinaus sind einzelne Bestimmungen des Abschnitts (z. B. §§ 452, 455) auch auf derartige Mittel entsprechend anwendbar, und es sind, wenn die Staatsanwaltschaft Ordnungs- und Zwangshaft vollstreckt, die für die Vollstreckung von Kriminalstrafen geltenden Vorschriften der Strafvollstreckungsordnung sinngemäß anwendbar (§ 1 Abs. 2, § 88 Abs. 1 StVollstrO). Wenn aber der Vorsitzende des Gerichts unmittelbar die Vollstreckung veranlaßt (§ 179 GVG, § 36 Abs. 2 Satz 2 StPO), so ist ihm die Entscheidung überlassen, ob und welche Vorschriften der StVollstrO anzuwenden sind (§ 88 Abs. 2 StVollstrO). Damit ist zum Ausdruck gebracht, daß der Richter in richterlicher Unabhängigkeit handelt[25]. Betreibt die Staatsanwaltschaft die Vollstreckung von Ordnungsgeld, so ist sie allein auch zur Bewilligung von Ratenzahlungen zuständig (OLG Hamm GA **1960** 318; JMBlNRW **1971** 274).

25   Wegen des Vollzugs einer gerichtlich angeordneten Ordnungs-, Sicherungs-, Zwangs- und Erzwingungshaft (sog. **Zivilhaft**) vgl. §§ 171 bis 175 StVollzG.

IX. Vollstreckung von Bußgeldentscheidungen wegen Ordnungswidrigkeiten

26   **1. Bußgeldbescheid der Verwaltungsbehörde.** Ist durch rechtskräftigen Bußgeldbescheid der Verwaltungsbehörde auf Geldbuße und Nebenfolgen erkannt, so ist **Vollstreckungsbehörde die Verwaltungsbehörde**, die den Bußgeldbescheid erlassen hat (§ 92 OWiG). Dies gilt auch, wenn der Betroffene gegen einen Bußgeldbescheid verspätet oder nicht formgerecht Einspruch eingelegt oder einen form- und fristgerecht eingelegten Einspruch zulässigerweise (§ 67 OWiG) zurückgenommen oder das Gericht den Einspruch nach § 70 oder nach § 74 Abs. 2 Satz 1 OWiG als unzulässig verworfen hat[26]. Die Vollstrekkung richtet sich gemäß § 90 OWiG, soweit das Gesetz nichts anderes bestimmt, nach den Vorschriften des VerwaltungsvollstreckungsG vom 27. 4. 1953 (BGBl. I 157), wenn eine Verwaltungsbehörde des Bundes den Bußgeldbescheid erlassen hat, sonst nach den entsprechenden landesrechtlichen Vorschriften[27]. Über Einwendungen gegen die Zulässigkeit der Vollstreckung, gegen Anordnungen der Vollstrekkungsbehörde über Zahlungserleichterungen und gegen die sonst bei der Vollstreckung von Bußgeldentscheidungen der Verwaltungsbehörde getroffenen Maßnahmen entscheidet nach § 103 OWiG das Gericht (§ 104 OWiG).

27   Das Gericht entscheidet auch auf Antrag der Vollstreckungsbehörde über die Anordnung der **Erzwingungshaft** gegen den zahlungsunwilligen Betroffenen (§ 96 OWiG); wird sie angeordnet, so gilt für ihre Vollstreckung § 451 StPO, im Verfahren gegen Jugendliche und Heranwachsende gelten auch § 82 Abs. 1, § 83 Abs. 2, §§ 84, 85 Abs. 3 JGG sinngemäß (§ 97 OWiG). Die Vorschriften der StVollstrO über die Vollstreckung von Freiheitsstrafen sind sinngemäß anzuwenden (§ 87 StVollstrO); sinngemäß anwendbar sind weiterhin die §§ 455, 456 Abs. 1 und § 457 StPO. Da die Stellung des Antrags

---

[24] Sie betreffen Zahlungserleichterungen bei Ordnungsgeld (Art. 7) und nachträgliche Entscheidungen über die Ordnungshaft (Art. 8); vgl. näher die Erl. zu diesen Vorschriften in diesem Kommentar bei § 51, Anhang.

[25] *Wetterich/Hamann* 5; KK- *W. Müller* 4.

[26] *Baldauf* NJW **1970** 460; *Pohlmann* Rpfleger **1970** 200; *Stadie* MDR **1970** 386; KK- *W. Müller* 12; *Göhler* § 90, 1; a. A *Günther* NJW **1969** 2273; DAR **1970** 41.

[27] Eine Übersicht befindet sich bei *Göhler* § 90, 6.

auf Anordnung der Erzwingungshaft in das Ermessen der Verwaltungsbehörde gestellt ist, ist sie auch als befugt anzusehen, den Antrag vor Anordnung der Haft zurückzunehmen[28].

2. Gerichtliche Bußgeldentscheidungen. Für die Vollstreckung gerichtlicher Buß- **28** geldentscheidungen, d. h. der im gerichtlichen Bußgeldverfahren und im Strafverfahren ergangenen Entscheidungen, in denen eine Geldbuße oder eine Nebenfolge einer Ordnungswidrigkeit festgesetzt ist, gelten nach § 91 OWiG die §§ 451, 459, 459 g StPO, im Verfahren gegen Jugendliche und Heranwachsende auch § 82 Abs. 1, § 83 Abs. 2, §§ 84, 85 JGG sinngemäß[29]; ergänzende Verwaltungsvorschriften enthält § 87 StVollstrO[30]. Vollstreckungsbehörde i. S. des § 96 Abs. 1 OWiG, die von Amts wegen entscheidet, ist auch der Jugendrichter als Vollstreckungsleiter (§ 82 JGG).

X. Nebengeschäfte der Vollstreckung

Nach Rechtskraft des Urteils obliegen der Vollstreckungsbehörde teils auf Grund **29** gesetzlicher Vorschriften, teils auf Grund von Justizverwaltungsanordnungen eine Reihe von **Mitteilungspflichten**, wie die Ausfüllung und Absendung der Zählkarte, die der Aufstellung der Strafverfolgungs- und Rechtspflegestatistiken dient, die in der auf Ländervereinbarung beruhenden Anordnung über Mitteilungen in Strafsachen (MiStra)[31] angeordneten Mitteilungen vom Ausgang des Strafverfahrens an interessierte Behörden und Stellen und die Mitteilungen zum Bundeszentralregister. Mit der Strafvollstreckung i. S. der §§ 449 ff haben diese Nebengeschäfte nichts zu tun.

XI. Rechtshilfe

Wegen der Rechtshilfe bei der Strafvollstreckung s. §§ 162 bis 163 GVG und **30** § 451, 15 ff sowie das Gesetz über die innerdeutsche Rechts- und Amtshilfe in Strafsachen vom 2. 5. 1953 (RHG), wegen der Vollstreckung deutscher Urteile im Ausland § 71 IRG, wegen der Vollstreckung ausländischer Urteile im Inland § 48 ff IRG.

XII. Strafvollstreckung an Soldaten der Bundeswehr

Nach Art. 5 Abs. 1 EGWStG 1957 i. d. F. des Ges. vom 21. 8. 1972 (BGBl. I 1481) **31** wird Strafarrest an Soldaten der Bundeswehr von den Behörden der Bundeswehr vollzogen, auf Ersuchen der Vollstreckungsbehörde (vgl. dazu § 22 Abs. 3 StVollstrO) auch Freiheitsstrafe von nicht mehr als sechs Monaten sowie Jugendarrest[32]; sie sind dann wie Strafarrest zu vollziehen. Die Aufgaben der Vollstreckungsbehörde und des Gerichts im Vollstreckungsstadium bleiben danach unberührt: die Abweichung gegenüber dem für Zivilpersonen geltenden Recht besteht lediglich darin, daß an die Stelle der Vollzugsbehörden der Justizverwaltung die der Bundeswehr treten oder (Absatz 2) treten können. Den Vollzug des Strafarrests regelt § 9 Abs. 2 WStG nur im allgemeinen; ent-

---

[28] LG Mainz DAR **1974** 108; *Göhler* § 96, 19.
[29] KK-*W. Müller* 13.
[30] Vgl. dazu *Pohlmann/Jabel* § 87 sowie *Pohlmann* Rpfleger **1968** 264.
[31] Vom 15. 1. 1958 – BAnz. Nr. 12 – in der seit

dem 1. 4. 1985 geltenden Neufassung – BAnz. **1985** Nr. 60 –.
[32] Art. 5 Abs. 2 EGWStG; *Wetterich/Hamann* 14; 237 ff; KK-*W. Müller* 5; *Kleinknecht/Meyer*[37] 5.

sprechend der Regelung in § 115 JGG (Rdn. 21) erteilt Art. 7 EGWStG[33] der Bundesregierung die Ermächtigung, durch Rechtsverordnung bestimmte wesentliche Punkte für den Vollzug des Strafarrests durch Behörden der Bundeswehr zu regeln. Dies ist geschehen durch die Bundeswehrvollzugsordnung (BWVollzO) vom 29. 11. 1972[34] betr. den Vollzug von Freiheitsstrafe, Strafarrest, Jugendarrest und Disziplinararrest durch Behörden der Bundeswehr[35].

XIII. Bestellung von Verteidigern im Vollstreckungsverfahren

32   Eine notwendige Verteidigung (§ 140 Abs. 1) oder die Beiordnung eines Verteidigers wegen schwieriger Sach- oder Rechtslage (§ 140 Abs. 2)[36] ist im Bereich der Strafvollstreckung im Gesetz nicht vorgesehen. Angesichts dieser die Beiordnungsfälle im einzelnen regelnden Vorschriften erscheint es bedenklich, den § 140 Abs. 2 allgemein in den Fällen *entsprechend* anzuwenden, in denen gerichtliche Nachtragsentscheidungen zu treffen sind, mit der Folge, daß eine Pflicht bestünde (§ 140 Abs. 2: „bestellt der Vorsitzende"), auf Antrag oder von Amts wegen einen Verteidiger beizuordnen, wenn der Verurteilte ersichtlich wegen schwieriger Sach- oder Rechtslage seine Interessen nicht wirksam selbst wahrnehmen kann. Doch dürfte der neuerdings zunehmend vertretenen Auffassung zuzustimmen sein, daß es bei schwieriger Sach- und Rechtslage — z. B. im Verfahren nach § 463 in Verb. mit § 67 d Abs. 2, § 67 e StGB — wenigstens *zulässig* ist („kann"), dem Verurteilten (Untergebrachten) in entsprechender Anwendung des § 140 Abs. 2 einen Verteidiger beizuordnen[37].

§ 449

Strafurteile sind nicht vollstreckbar, bevor sie rechtskräftig geworden sind.

Schrifttum. *Beling* Aufnahme der Einzelstrafen in den Urteilstenor bei Gesamtstrafenbildung, ZStW 38 (1916) 630; *Beling* Aus dem neuesten Bande der Entscheidungen des Bayerischen Obersten Landesgerichts in Strafsachen, ZStW 39 (1918) 673; *Doller* Reststrafenaussetzung bei mehreren Strafen, ZRP **1978** 55; *Erich* Zur Frage der Vollstreckbarkeit einer nicht im Urteil ausgesprochenen Einzelstrafe, GA 60 (1913) 410; *Foth* Zur Fristberechnung, wenn mehrere Freiheitsstrafen zu verbüßen sind, DRiZ **1976** 277; *Grünwald* Die Teilrechtskraft im Strafverfahren, Göttinger rechtswissenschaftliche Studien Bd. 54 (1964); *Hamann* Internationale Strafvollstreckung, Rpfleger **1985** 13; *Katz* Das Verhältnis der Einzelstrafe zur Gesamtstrafe, GerS 36 (1884) 589; *Kleinknecht* Die selbständige und unselbständige Vollstreckbarkeitsbescheinigung im Strafprozeßrecht,

---

[33] In der Fassung von § 183 StVollzG.
[34] In der Fassung von § 184 StVollzG.
[35] Wegen der Geltung der Strafvollstreckungsordnung vgl. § 5 BWVollzO in Verb. mit § 1 Abs. 3, 4 StVollstrO.
[36] Vgl. dazu auch die Ausdehnung der Beiordnung durch die neuere Gesetzgebung, z. B. §§ 364 a, 364 b, 434 Abs. 2, §§ 442, 444 Abs. 2.
[37] So auch, im einzelnen variierend, OLG München MDR **1957** 696; OLG Karlsruhe

NJW **1972** 220 mit zust. Anm. *Steinhilper*; OLG Saarbrücken NJW **1973** 1012; OLG Koblenz MDR **1976** 336; OLG Düsseldorf NStZ **1983** 189; LG Limburg AnwBl. **1971** 362; LG Paderborn NStZ **1981** 365; KK-*W. Müller* 16; KMR-*Müller* § 140, 6; *Kleinknecht/Meyer*[37] § 140, 4; **a. A** OLG Neustadt MDR **1955** 503; OLG Hamm JMBlNRW **1963** 109; NJW **1971** 1418; OLG Bremen NStZ **1984** 91.

Rpfleger **1952** 210; *Knetsch* Rechtskraftbescheinigung bei Gesamtstrafen- und Widerrufsbeschlüssen? Rpfleger **1957** 75; *Krug* Zur Frage der Vollstreckbarkeit einer nicht im Urteilstenor ausgesprochenen Einzelhaft, GA **60** (1913) 61; *Küper* Unzulässige Revision und formelle Rechtskraft des Strafurteils, GA **1969** 364; *Küper* Der Eintritt der Rechtskraft bei verspäteter Revisionsoder Beschwerdebegründung, MDR **1971** 806; *Meister* Die Vollstreckbarkeit rechtskräftiger Einzelstrafen, DRiZ **1954** 46; *D. Meyer* Zur Frage der Berechnung der 2/3-Frist des § 26 StGB bei mehreren hintereinander zu verbüßenden Freiheitsstrafen, MDR **1974** 540; *Pohlmann* Sind rechtskräftige Einzelstrafen vollstreckbar? Rpfleger **1958** 105; *Schneider* Immunität und mitgebrachtes Verfahren, DVBl. **1955** 350; *G. Schwarz* Vollstreckbarkeit und Rechtskraft der Strafurteile, NJW **1954** 1228.

Entstehungsgeschichte. Die als § 481 Gesetz gewordene Vorschrift hat ihre jetzige Bezeichnung durch die Bekanntmachung 1924 erhalten.

Übersicht

I. Vollstreckung erst nach Rechtskraft

1. Grundsatz. Nach dem vor dem 1. 10. 1879 in mehreren Bundesstaaten gelten- **1** den Recht war es im Interesse des Verurteilten unter gewissen Voraussetzungen gestattet, mit der Vollstreckung der Strafe schon vor dem Eintritt der Rechtskraft des Urteils zu beginnen. Dies ist nach der Strafprozeßordnung nicht statthaft. Der **Begriff des Strafurteils** ist hier nicht im formellen Sinn des § 260 zu verstehen, sondern umfaßt auch Urteilssurrogate, wie Strafbefehl, Entscheidungen nach §§ 460, 462 und solche in einem „Nachverfahren" getroffenen Entscheidungen, die einem Strafurteil die ihm zunächst fehlende Vollstreckbarkeit erst verschaffen oder die ihm entzogene Vollstreckbarkeit wieder verschaffen wie der Widerruf der Strafaussetzung zur Bewährung (§ 453, 19), der Widerruf des Straferlasses (§ 56 g StGB), die durch Beschluß erfolgende Verurteilung zu der vorbehaltenen Strafe nach Verwarnung mit Strafvorbehalt (§ 59 b StGB; § 453)[1]. Wird ein auf Freiheitsstrafe lautendes Urteil in der irrtümlichen Annahme vollstreckt, es sei bereits rechtskräftig, so rechnet die tatsächliche Verbüßung bei der Strafzeitberechnung in vollem Umfang wie eine ordnungsgemäß verbüßte Strafe (KG JR **1964** 310).

2. Ausnahmen

2   a) **§ 56 JGG.** Nach § 31 JGG wird bei **mehreren Straftaten** eines Jugendlichen nur **einheitlich** die Reaktion festgesetzt. Das gleiche gilt bei mehreren Straftaten eines Heranwachsenden, wenn Jugendstrafrecht angewendet wird (§ 105 JGG). Es wird also — abweichend von §§ 53 bis 55 StGB — nicht für jede der Taten eine besondere Strafe ausgeworfen, die dann zu einer Gesamtstrafe vereinigt werden, sondern die Mehrheit der festgestellten Straftaten wird für den Strafausspruch als Gesamtkomplex einheitlich bewertet, so, als ob sie zusammen nur eine Straftat darstellten. Nach dem Grundsatz des § 449 käme eine Vollstreckung aus dem Urteil erst in Betracht, wenn die Einheitsstrafe rechtskräftig festgesetzt ist. Hier greift § 56 JGG ein. Er räumt bei Anfechtung eines Urteils, wenn die Schuldfeststellungen bei allen oder einem Teil der Taten nicht beanstandet worden sind, dem Rechtsmittelgericht die **Befugnis** ein, vor der Hauptverhandlung (durch Beschluß) das Urteil für einen **Teil der Einheitsstrafe für vollstreckbar zu erklären,** wenn es dem wohlverstandenen Interesse des Angeklagten entspricht.

3   § 56 JGG war im Entstehungsstadium sehr umstritten. Insbesondere hatte der Bundesrat die Streichung der Vorschrift vorgeschlagen, weil die Teilvollstreckung dem Grundsatz des § 449 widerspreche „und sie deshalb aus rechtsstaatlichen Gründen nicht förderungswürdig erscheint"[2]. Im Bundestag (Ausschußbericht, S. 9) drang indessen die Auffassung durch, es sei „wenig sinnvoll, eine Untersuchungshaft bestehen zu lassen, wenn dem Strafvollzug kein sachlich berechtigter Hinderungsgrund mehr im Wege stehe", weil „die vom Beschwerdeführer als zutreffend anerkannten Verurteilungen[3] offensichtlich ausreichen, um eine Jugendstrafe — gegebenenfalls von kürzerer Dauer — aufrechtzuerhalten". Die Teilvollstreckung bedeute zwar einen Bruch mit dem Grundsatz des § 449, sie ergebe sich aber aus der rechtlichen Konstruktion der Einheitsstrafe. Die Richtlinien zu § 56 JGG empfehlen **Zurückhaltung bei der Teilvollstreckung**sanordnung; es sei vor allem zu bedenken, daß sich bei einem Wegfall einzelner Schuldfeststellungen ein anderes Bild von der Persönlichkeit des Jugendlichen (oder Heranwachsenden bei Anwendung des Jugendstrafrechts) ergeben und damit die Verhängung von Jugendstrafe überhaupt entbehrlich werden könne.

4   b) Eine weitere Ausnahme gilt für die Entscheidung im **Adhäsionsverfahren** (§ 406 Abs. 2), weil das Strafurteil hier die Funktion eines Urteils des Zivilprozeßrichters übernimmt (vgl. § 406, 6).

5   3. Für **Bußgeldentscheidungen** wegen Ordnungswidrigkeiten enthält § 89 OWiG eine dem § 449 entsprechende Vorschrift.

II. Vollstreckungspflicht

6   1. **Grundsatz.** § 449 verbietet seinem Wortlaut nach lediglich, die Vollstreckung aus einem Strafurteil vor seiner Rechtskraft zu betreiben. Eine **Pflicht zur Vollstreckung**

---

[1] Wegen weiterer Nachtragsentscheidungen dieser Art vgl. § 14 StVollstrO, abgedruckt in § 451, 42.

[2] Vgl. *Dallinger/Lackner*[1] § 56, 1.

[3] Soll heißen: Schuldfeststellungen.

des rechtskräftigen Urteils spricht er nicht ausdrücklich aus, auch nicht § 451, der lediglich bestimmt, welche Behörde Vollstreckungsbehörde ist und welcher formalen Voraussetzungen es zur Vollstreckung bedarf. Gleichwohl kann an der Vollstreckungspflicht kein Zweifel bestehen (*Peters*[4] § 78 III 3). Diese **Pflicht** erschien im Zeichen des Legalitätsprinzips (§ 152) dem Gesetzgeber so selbstverständlich, daß er einen besonderen Ausspruch für überflüssig hielt; sie ergibt sich auch ohne weiteres aus § 258 a StGB. § 1 EStVollzG 1927 wollte in Anlehnung an § 152 Abs. 2 förmlich die Vollstreckungspflicht aussprechen[4]. Auch § 84 JGG bringt die Vollstreckungspflicht zum Ausdruck[5]. Es ist nach alledem nur eine Klarstellung der Rechtslage, wenn die §§ 2, 3 StVollstrO die Vollstreckungsbehörden anweisen, zu prüfen, ob die Voraussetzungen der Vollstreckung gegeben sind und die zur Durchführung der Entscheidung erforderlichen Maßnahmen mit Nachdruck und Beschleunigung zu treffen.

2. Ausnahmen. An die Stelle der Vollstreckungspflicht kann nach gesetzlicher **7** Vorschrift Ermessensfreiheit treten (§ 455 Abs. 3, §§ 456, 456 a, 456 c Abs. 2, § 459 a; § 96 OWiG betr. die Erzwingungshaft), und zwar auch in der Form, daß es der Vollstreckungsbehörde freisteht, beim Gericht die Anordnung der Nichtvollstreckung anzuregen (§ 459 f, 6). Die Vollstreckungspflicht ist **gehemmt** bei nicht endgültigen Vollstreckungshindernissen, z. B. in den Fällen des § 455 Abs. 1 und 2, sowie bei Strafaufschub und Strafunterbrechung im Weg der Gnade und wenn das Gericht eine Aussetzung oder Unterbrechung der Strafvollstreckung beschließt (z. B. nach § 360 Abs. 2, § 458 Abs. 3). Die Vollstreckungspflicht **entfällt**, wenn der staatliche Vollstreckungsanspruch erlischt (etwa durch Amnestie — insbes. wenn im Zusammenhang mit einer umfassenden oder partiellen Strafrechtsreform der Erlaß rechtskräftig verhängter und noch nicht vollstreckter Strafen wegen solcher Taten angeordnet wird, die nach neuem Recht nicht mehr strafbar sind, so z. B. Art. 313 EGStGB 1974 — durch Einzelgnadenerweis oder Verjährung).

III. Vollstreckungshindernisse

1. Immunität
a) **Bundestagsabgeordnete.** Zur Vollstreckung einer Freiheitsstrafe oder einer frei- **8** heitsentziehenden Maßregel der Besserung und Sicherung gegen einen Bundestagsabgeordneten bedarf es nach Art. 46 Abs. 3 GG der **Genehmigung** des Bundestags[6]. Eine früher erteilte Genehmigung zur Strafverfolgung (Art. 46 Abs. 2 GG) umfaßt die Genehmigung zur Strafvollstreckung nicht. Einer Vollstreckungsgenehmigung bedarf es auch dann, wenn eine Strafverfolgungsgenehmigung nicht erforderlich war, weil das Verfahren bereits vor Erlangung der Abgeordneteneigenschaft eingeleitet war[7]. Streitig ist, ob das Erfordernis einer besonderen Vollstreckungsgenehmigung auch dann besteht, wenn der Bundestag bei der Genehmigung der Strafverfolgung die Untersuchungshaft

---

[4] Er lautet: Entscheidungen der Strafgerichte, durch die Strafen verhängt oder Maßregeln der Besserung und Sicherung für zulässig erklärt und angeordnet werden, sind, soweit nichts anderes bestimmt ist, zu vollstrecken, sobald sie rechtskräftig geworden sind.

[5] Er beginnt mit den Worten: Der Jugendrichter leitet die Vollstreckung in allen Verfahren ein . . ..

[6] Wegen des bei der Einholung der Genehmigung zu beobachtenden Verfahrens vgl. Nr. 192 Abs. 4, 6 RiStBV.

[7] OLG Celle NdsRpfl. **1953** 72; OLG Oldenburg NdsRpfl. **1954** 53; *Bockelmann* Unverfolgbarkeit der Abgeordneten nach deutschem Immunitätsrecht (1951), 41; *Eb. Schmidt* I Nr. 153; *H. Meyer* Bundestag und Immunität (1954), 10 ff.

Günter Wendisch

zugelassen hatte[8]; für die Vollstreckungsbehörde ist die Streitfrage bedeutungslos, da Nr. 192 Abs. 4 RiStBV sie anweist, in jedem Fall die Genehmigung einzuholen. War die Genehmigung erteilt, so bedarf es zur Fortsetzung des Strafvollzugs keiner Genehmigung des neuen Bundestags, wenn der Verurteile auch in den neuen Bundestag gewählt worden und das Mandat angenommen hat; der neue Bundestag kann aber nach Art. 46 Abs. 4 GG die Unterbrechung des Vollzugs verlangen. Hatte der Vollzug im Zeitpunkt der Wiedererlangung eines Mandats im neuen Bundestag noch nicht begonnen, so kann er auf Grund einer vom alten Bundestag erteilten Vollstreckungsgenehmigung nicht betrieben werden; es bedarf einer Vollstreckungsgenehmigung des neuen Bundestags (*Pohlmann/Jabel* § 2, 8). Zur Vollstreckung von Geldstrafe usw. und eines Kostenanspruchs ist keine Genehmigung erforderlich.

9   **b) Landtagsabgeordnete.** Wegen der Abgeordneten der **Länderparlamente** vgl. § 152 a. Diese Vorschrift betrifft nicht die Vollstreckung rechtskräftig erkannter Strafen. Daher sind Vorschriften des Landesrechts, die dem Abgeordneten auch Vollstreckungsschutz gewähren, nur für die Vollstreckungsbehörden des eigenen Landes verbindlich, sofern das Landesrecht den Vollstreckungsschutz nicht auch auf landesfremde Abgeordnete erstreckt[9].

10   **2.** Wegen des **Grundsatzes der Spezialität** bei Auslieferungen als Vollstreckungshindernis vgl. die Erläuterungen Vor § 156 GVG.

IV. Voraussetzung für die Vollstreckbarkeit

11   **1. Formelle Rechtskraft.** Die Vollstreckbarkeit des Urteils setzt formelle Rechtskraft, also **Unanfechtbarkeit** mit Rechtsmitteln voraus. Entscheidungen, gegen die ein Rechtsmittel nicht gegeben ist, werden mit ihrem Erlaß rechtskräftig. Die Vollstreckbarkeit eines Urteils, das nicht anfechtbar und deshalb sofort rechtskräftig ist, wie das in der Sache selbst entscheidende Urteil des Revisionsgerichts (§ 354 Abs. 1), beginnt mit der Verkündung des Urteils und ist von der Bekanntmachung (Zustellung) an den bei der Verkündung nicht anwesenden Angeklagten usw. nicht abhängig. Bei Verwerfung der Revision durch Beschluß wird die Vollstreckbarkeit des angefochtenen vorinstanzlichen Urteils mit Ablauf des Tages der Beschlußfassung begründet, weil in diesem Zeitpunkt seine Rechtskraft als eingetreten gilt (§ 34 a, 3). Wird eine Entscheidung, gegen die ein Rechtsmittel an sich zulässig ist, *verspätet* angefochten, so tritt die Rechtskraft mit dem ungenutzten Ablauf der Rechtsmittelfrist ein (§ 34 a, 6; 8), da nur durch rechtzeitige Einlegung der Berufung (§ 316) und Revision (§ 343) die Rechtskraft gehemmt wird[10]. Wird ein Urteil durch Rechtsmittelverzicht aller Rechtsmittelberechtigten rechtskräftig und legt der Angeklagte gleichwohl das ohne den Verzicht zulässige Rechtsmittel ein, so wird der Beginn der Vollstreckbarkeit nicht bis zu dem Zeitpunkt der Verwerfung des unzulässigen Rechtsmittels hinausgeschoben[11]. Da mit der allseitigen Rechtsmittelverzichtserklärung das Urteil sofort rechtskräftig geworden war,

---

[8] **Verneinend** *Bockelmann* 53 f; *Schneider* DVBl. **1955** 350; *Pohlmann/Jabel* § 2, 6; **bejahend** *H. Meyer* 14; *Maunz/Dürig/Herzog* Art. 46, 68.

[9] Wegen weiterer Einzelheiten s. *Pohlmann/ Jabel* § 2, 18 ff sowie § 152 a, 17 mit Fußn. 56.

[10] RGSt **53** 235; BGHSt **22** 219; ebenso KG

GA **71** (1927) 43 = DJZ **1926** 458; OLG Düsseldorf JMBlNRW **1951** 60; OLG Neustadt GA **1955** 185; OLG Hamburg NJW **1963** 265; *Niese* JZ **1951** 757; **1957** 77; *Küper* GA **1969** 364; *Kleinknecht/Meyer*[37] § 34 a, 4.

[11] OLG München NJW **1968** 1001 = Rpfleger **1968** 156 mit zust. Anm. *Pohlmann*.

wurde die Vollstreckbarkeit auch schon in diesem Zeitpunkt begründet. Eine rechtzeitig angefochtene Entscheidung wird in dem Zeitpunkt rechtskräftig, in dem das Rechtsmittel zulässigerweise zurückgenommen wird.

2. Zeitpunkt des Eintritts der Rechtskraft. Streitig ist, wann die Rechtskraft der **12** angefochtenen Entscheidung eintritt, wenn **Revision zwar rechtzeitig, aber nicht formgerecht eingelegt oder nicht in der gesetzlichen Form und Frist (§ 345) begründet** wird. Hier werden drei Auffassungen vertreten:

a) Mit Ablauf der Einlegungs- bzw. Begründungsfrist. Die Ansicht beruht auf **13** dem Standpunkt, daß der die Revision verwerfende Beschluß des iudex a quo (§ 346 Abs. 1) und der Beschluß des zur Entscheidung angerufenen Revisionsgerichts nach § 346 Abs. 2 nur deklaratorische Bedeutung haben; sie stellen nur den Eintritt der Rechtskraft ex tunc fest[12]. Das wird daraus gefolgert, daß § 346 Abs. 2 Satz 2 zweiter Halbsatz die Vollstreckung des Urteils für zulässig erklärt, obwohl die Entscheidung des Revisionsgerichts noch aussteht; da aber § 449 nur eine Vollstreckung aus rechtskräftigen Entscheidungen zulasse, müsse die Rechtskraft des Urteils schon früher eingetreten sein, und zwar, da ein anderer Zeitpunkt nicht in Betracht komme, mit Ablauf der Begründungsfrist. Diese Auffassung läuft darauf hinaus, daß *materiell* die Hemmungswirkung (§§ 316, 343) nur einem Rechtsmittel zukommt, das nicht nur rechtzeitig eingelegt ist, sondern auch den weitergehenden Anforderungen über Form und Frist genügt.

b) Mit Erlaß des Verwerfungsbeschlusses des judex a quo wird dieser rechtskräf- **14** tig. Für diesen Standpunkt wird angeführt, der Beschluß des Revisionsgerichts nach § 346 Abs. 2 führe die Rechtskraft des Verwerfungsbeschlusses herbei, ändere aber nichts daran, daß die Rechtskraft des Urteils bereits mit dem Verwerfungsbeschluß des iudex a quo eingetreten sei[13]. Zusätzlich wird diese Auffassung mit der weiteren Erwägung begründet, daß nach § 343 die rechtzeitige Einlegung der Revision die Rechtskraft des Urteils gehemmt habe; da aber § 346 Abs. 2 nach Erlaß des Verwerfungsbeschlusses die Vollstreckung zulasse, müsse im Hinblick auf § 449 die Rechtskraft mit dem Erlaß des Verwerfungsbeschlusses eingetreten sein.

c) Mit Erlaß des Beschlusses des Revisionsgerichts. Zur Begründung dieser Auffas- **15** sung wird angeführt, erst der Beschluß nach § 346 Abs. 2 oder nach § 349 Abs. 1 stelle die Unzulässigkeit der Revision, sofern diese nicht auf verspäteter Einlegung beruhe, abschließend fest mit der Folge, daß die Hemmungswirkung des rechtzeitig eingelegten Rechtsmittels erst ihr Ende finde, wenn rechtskräftig über dessen Unzulässigkeit entschieden sei. Von diesem Standpunkt aus stellt sich dann § 346 Abs. 2 Satz 2, der die Vollstreckung aus dem Urteil vor der Entscheidung des Revisionsgerichts über den Antrag nach § 346 Abs. 2 zuläßt, als eine Ausnahme von dem Grundsatz des § 449 dar[14].

d) Ergebnis. Der zu Rdn. 15 dargestellten Auffassung über das Verhältnis des **16** § 346 Abs. 2 Satz 2 zu § 449 **ist zuzustimmen.** Denn § 449 enthält keinen unabdingbaren Grundsatz über die Auslegung des § 346 Abs 2. Das erhellt bereits daraus, daß auch § 56 JGG in engen Grenzen ausdrücklich die vorläufige Vollstreckbarkeit eines Strafurteils

---

[12] So KG HRR **1928** Nr. 580; *Beling* JW **1927** 3060.

[13] So OLG Düsseldorf JMBlNRW **1955** 251; OLG Hamburg NJW **1963** 265; *Kleinknecht* Rpfleger **1952** 210; *Schwarz* NJW **1954** 1228.

[14] So RGSt **53** 235; **56** 358; BGHSt **22** 213, 218; BayObLG MDR **1971** 238; OLG Neustadt GA **1955** 185; *Niese* JZ **1951** 757; *Küper* GA **1969** 371; MDR **1971** 806; *Eb. Schmidt* 12; LR-*Hanack* § 346, 24.

vorsieht. Dagegen können die aus § 449 hergeleiteten Bedenken nicht dadurch ausgeräumt werden, daß man dem noch gar nicht rechtskräftigen Verwerfungsbeschluß nach § 346 Abs. 1 die Wirkung beimißt, die Rechtskraft herbeizuführen; mit Recht bezeichnen dies *Beling* (JW **1927** 3060) und *Niese* (JZ **1957** 78 Anm. 42) als eine „unerklärliche Halbheit". Allerdings kann *Niese* (JZ **1957** 77) nicht darin zugestimmt werden, durch den damaligen § 450 Abs. 2 habe der Gesetzgeber anerkannt, daß Beschlüsse nach § 346 Abs. 2 konstitutiv (ex nunc) die Rechtskraft des angefochtenen Urteils herbeiführen. Denn es ist ja gerade die — vom Gesetz offengelassene — Frage, ob auch der Beschluß nach § 346 Abs. 2 zu den Beschlüssen gehört, die unmittelbar die Rechtskraft herbeiführen[15].

17   3. Die **praktische Bedeutung** der in Rdn. 12 bis 16 erörterten Streitfrage (vgl. auch Einl. **11** V) zeigt sich in erster Linie, wenn in der Zeit nach dem Urteil und vor der endgültigen Entscheidung über das unzulässige Rechtsmittel ein Verfahrenshindernis eintritt, etwa Zurücknahme des Strafantrags bei Antragsdelikten (§ 77 d StGB) oder Niederschlagung durch Straffreiheitsgesetz. Vom Standpunkt der Vollstreckbarkeit aus gesehen hat die Frage dagegen mehr dogmatische als praktische Bedeutung. Denn vor dem Ergehen einer gerichtlichen Entscheidung über die Zulässigkeit des Rechtsmittels kann der Urkundsbeamte der Geschäftsstelle die Vollstreckbarkeit nicht bescheinigen (§ 451, 38 ff); er kann der gerichtlichen Entscheidung nicht vorgreifen. Von der Entscheidung ab aber ist die Vollstreckbarkeit nach gesetzlicher Vorschrift gegeben (§ 346 Abs. 2); es versteht sich dabei von selbst, daß, wenn Antrag auf Entscheidung des Revisionsgerichts über den Verwerfungsbeschluß gestellt ist, die Vollstreckungsbehörde vor Ergehen der Entscheidung von der „vorläufigen" Vollstreckbarkeit nur Gebrauch machen und sich zur Vollstreckung entschließen wird, wenn ihr der Antrag als offensichtlich unbegründet erscheint[16].

18   4. **Wirksamwerden von Verwerfungsbeschlüssen.** Von der Frage, welcher der Beschlüsse, die ein rechtzeitig eingelegtes Rechtsmittel als unzulässig verwerfen, die Rechtskraft des angefochtenen Urteils herbeiführt, ist die Frage zu entscheiden, wann ein mit solcher Wirkung ausgestatteter Beschluß *selbst* wirksam wird; diese Frage erhebt sich auch, wenn durch Beschluß gemäß § 349 Abs. 2 eine Revision als offensichtlich unbegründet verworfen wird[17].

V. Vollstreckbarkeit bei Mehrheit von Angeklagten

19   Sind durch dasselbe Urteil mehrere Angeklagte verurteilt, so ist die Strafvollstreckung gegen den einzelnen zulässig, sobald *ihm* gegenüber die Rechtskraft des Urteils eingetreten ist. Dies gilt auch, wenn die Möglichkeit besteht, daß nach § 357 infolge des von dem einen Angeklagten eingelegten Rechtsmittels das Urteil auch zugunsten eines anderen Angeklagten, der es nicht angefochten hat, aufgehoben wird (§ 19 StVollstrO)[18]. Denn nach § 449 beginnt die Vollstreckbarkeit des Urteils mit dem **Eintritt der Rechtskraft**; nach § 343 aber hemmt die von dem einen Angeklagten eingelegte Revision die Rechtskraft nur für ihn, nicht auch für die Mitangeklagten; erst wenn das Revisions-

---

[15] So auch BayObLG MDR **1971** 238; *Dallinger* JZ **1953** 411.

[16] Vgl. auch *H. Arndt* DRiZ **1965** 369.

[17] Wegen weiterer Einzelheiten vgl. § 34 a, 9.

[18] Ebenso *Schlüchter* 598 Fußn. 8; *Kleinknecht/Meyer*[37] 5; **a. A** (früher) u. a. *Bennecke/Beling* 617; *Voitus* Kontr. **2** 42.

gericht das Urteil auch zugunsten dessen, der nicht Revision eingelegt hat, aufgehoben hat, wird auch die bereits eingetretene Rechtskraft wieder beseitigt. Hinzu kommt, daß sich erst aus der Begründung der Revision, nicht aber schon bei deren Einlegung erkennen läßt, ob die Anwendung des § 357 überhaupt in Frage kommen kann; ist dies nicht der Fall, so fehlt auch jeder innere Grund, das Urteil gegen die Nichtanfechtenden nicht zu vollstrecken. Die Revisionsbegründung gelangt aber oft erst nach mehreren Wochen an das Gericht; es würde also oft die Vollstreckbarkeit des Urteils gegen die Nichtanfechtenden längere Zeit ungewiß bleiben. Ist ausnahmsweise einmal zu erwarten, daß das Revisionsgericht das Urteil auch gegenüber dem Verurteilten, gegen den vollstreckt werden soll, als angefochten behandelt, so kann die Vollstreckung aufgeschoben oder unterbrochen werden (§ 19 StVollstrO).

Erfolgt zugunsten eines Mitangeklagten die **Aufhebung** des Urteils, so muß der **20** etwa schon begonnene Vollzug sogleich eingestellt werden, da ein Urteil, das rechtlich nicht mehr besteht, nicht mehr Gegenstand einer Vollstreckung sein kann; der Verurteilte ist also zu entlassen oder in Untersuchungshaft zu nehmen.

VI. Absolute Rechtskraft

Das Urteil muß, um vollstreckbar zu sein, nicht bloß gegenüber dem Angeklag- **21** ten, sondern auch gegenüber den sonstigen Rechtsmittelberechtigten (Staatsanwaltschaft, Nebenkläger, Privatkläger usw.) Rechtskraft erlangt haben (§§ 301, 390 Abs. 1). Es muß also *absolut rechtskräftig* sein. Ein gegenteiliger Antrag wurde in der Reichstagskommission abgelehnt[19]. Danach begründet der Verzicht des Angeklagten auf das zulässige Rechtsmittel allein noch nicht die Vollstreckbarkeit des Urteils; vielmehr bedarf es noch des gleichen Verzichts durch die Staatsanwaltschaft oder eines sonstigen Rechtsmittelberechtigten.

VII. Rechtskraft eines Teils der Urteilsformel

Bei der Frage, ob ein Urteil, das gegenüber *einem* Angeklagten *teilweise* rechts- **22** kräftig ist (§§ 316, 318, 327, 343), auch teilweise vollstreckbar ist, sind folgende Fälle zu unterscheiden:

1. Beschränkung des Rechtsmittels auf Nebenfolgen einer Tat. Ist der Angeklagte **23** nur wegen *einer* Tat verurteilt und hat er das Urteil in zulässiger Weise (vgl. die Erl. zu § 344, 25 ff) nur **wegen einer** der in der Urteilsformel enthaltenen **Festsetzungen angefochten,** z. B. nur wegen der Anordnung der Einziehung, dann steht der (teilweisen) Vollstreckung (in dem Beispielsfall der Vollstreckung der erkannten Freiheitsstrafe) nichts entgegen[20]. Soweit in der Urteilsformel verschiedene, voneinander trennbare Festsetzungen enthalten sind, kann für den in Rechtskraft übergegangenen Teil die Bescheinigung der Vollstreckbarkeit (§ 451) erteilt werden. *Pohlmann/Jabel* (§ 13 StVollstrO, 48) empfehlen dem Urkundsbeamten, vor Erteilung der Rechtskraftbescheinigung in der Regel eine unverbindliche Stellungnahme des Gerichts darüber herbeizuführen, ob die Teilanfechtung sich auf abtrennbare Festsetzungen beschränkt.

2. Beschränkung des Rechtsmittels auf einzelne Taten bei Verurteilung zu mehre- 24 ren gesonderten Strafen. Ist der Angeklagte wegen mehrerer selbständiger Taten zu

---

[19] Prot. S. 1070 = Mat. *Hahn* 3 1436.

[20] KK- *W. Müller* 13; KMR-*Müller* 6 ff; *Kleinknecht/Meyer*[37] 6; **a. A** *Schlüchter* 598.

Günter Wendisch

mehreren gesonderten Strafen (§ 53 Abs. 2 Satz 2 StGB) verurteilt worden und hat er das Urteil nur hinsichtlich einzelner der mehreren Straftaten angefochten, gelten die gleichen Grundsätze wie zu Rdn. 23.

3. Beschränkung des Rechtsmittels bei Verurteilung zu einer Gesamtstrafe

25   **a) Allgemein.** Ist der Angeklagte wegen mehrerer Taten zu einer **Gesamtstrafe** (§ 53 StGB) verurteilt worden und hat er das Urteil nur bezüglich *einer* oder mehrerer der Taten angefochten, ist streitig, ob auch in diesem Fall die Vollstreckung wegen des nicht angefochtenen Teils möglich ist.

26   Die Frage wird von der älteren Rechtsprechung und Literatur überwiegend **verneint**[21]. Zur Begründung wird einmal das formelle Bedenken geltend gemacht, die Vollstreckbarkeitsbescheinigung (§ 451) könne nur unter Rückgriff auf die Urteilsgründe erteilt werden, denn in der Urteilsformel erscheine nur die Gesamtstrafe, während die Höhe der Einzelstrafen sich erst aus den Urteilsgründen ergebe. In materieller Hinsicht wird aufgeführt, das Rechtsmittel könne auch die Aufhebung der nicht angefochtenen Einzelstrafen zur Folge haben (RGSt **25** 298), z. B. wenn das Rechtsmittelgericht im Gegensatz zur Vorinstanz nicht Tatmehrheit, sondern Tateinheit oder Fortsetzungszusammenhang annehme. Auch verliere der Angeklagte die Vorteile der Gesamtstrafenbildung, wenn er die nicht angefochtene Einzelstrafe bis zur erneuten Aburteilung der angefochtenen Einzelstrafe voll verbüßt habe. In der neuen Rechtsprechung und Literatur wird die Frage dagegen fast ausnahmslos **bejaht**[22].

27   **b) Eigene Ansicht.** Der bejahenden Auffassung (Rdn. 26 letzter Satz) ist **zuzustimmen**. Entscheidend dafür ist einmal, daß die **Einzelstrafen** — mag auch nur die Gesamtstrafe in der Urteilsformel erscheinen — doch nicht bloße Rechnungsfaktoren für die Bemessung der Gesamtstrafe bilden, sondern **rechtliche Selbständigkeit besitzen**, so daß z. B. eine nicht angefochtene Einzelstrafe rechtskräftig bestehen bleibt, wenn die Verurteilung wegen der anderen mitabgeurteilten Taten aufgehoben wird und die Gesamtstrafe wegfällt[23]. Kann aber die Einzelstrafe selbständig rechtskräftig werden, so muß sie auch vollstreckt werden können.

28   Das aus § 451 hergeleitete *formale* Bedenken ist überwindlich. Dort ist freilich vorgeschrieben, daß Vollstreckungsgrundlage die mit der Vollstreckbarkeitsbescheinigung versehene Abschrift der Urteilsformel bildet. Indessen hat diese Vorschrift nur den Regelfall im Auge, daß die ganze Strafe vollstreckt werden soll; ebenso wie in den Fällen der Teilvollstreckung (Rdn. 22 bis 25) die **Bescheinigung der Vollstreckbarkeit den Umständen angepaßt werden** muß, ist dies auch in den Fällen der hier in Frage stehenden Art zulässig. Im übrigen wäre es wohl auch nicht unzulässig, die Einzelstrafen in die Ur-

---

[21] Vgl. RGSt **74** 388; BayObLGSt **7** (1907) 210; **10** (1911) 71; OLG Oldenburg NdsRpfl. **1948** 202; NJW **1960** 62; OLG Frankfurt NJW **1956** 1290; OLG Schleswig SchlHA **1957** 314; *Eb. Schmidt* 7 f und Nachtr. I 11.

[22] Vgl. BGH bei *Dallinger* MDR **1956** 528 (beiläufig); BayObLGSt **15** (1917) 180; **1952** 70; HRR **1935** Nr. 915; KG GA **56** (1909) 339; OLG Bremen NJW **1955** 1243; OLG Hamm JMBlNRW **1956** 68; OLG Celle NJW **1958** 153 = JZ **1958** 509 m. zust. Anm. *Pohlmann*; OLG Hamburg Rpfleger **1963** 194; OLG

Düsseldorf Rpfleger **1965** 48; LG Frankfurt NJW **1955** 1000; *Krille* DR **1941** 495; *Meister* DRiZ **1954** 46; *Kohlhaas* NJW **1957** 295; *Unger* Rpfleger **1957** 222, 227; *Pohlmann* Rpfleger **1958** 105; *Dünnebier* JR **1960** 74; *Grünwald* 338 ff; *Schlüchter* 598 Fußn. 6; *Dallinger/Lackner* § 56, 2; *Pohlmann/Jabel* § 19, 7; KK-*W. Müller* 11 ff; KMR-*Müller* 4 f; *Kleinknecht/Meyer*[37] 5.

[23] RGSt **25** 297; **26** 169; **39** 276; **52** 146; BGHSt **1** 252; NJW **1951** 610; LK-*Vogler* § 54, 2.

teilsformel aufzunehmen[24]; denn aus § 260 Abs. 1, 4 kann ein entgegenstehendes Verbot nicht hergeleitet werden[25]. Dann wäre das formelle Bedenken ohne weiteres erledigt. Aber gerade daran zeigt sich, daß es nicht unzulässig sein kann, auf die Straffestsetzung der Einzelstrafen in den Urteilsgründen zurückzugreifen, was auch ohne weiteres möglich ist, zumal da diese materiell einen Bestandteil der Urteilsformel darstellen. Behebbar sind auch die Bedenken, der Angeklagte könne mit der Verbüßung der nicht angefochtenen Einzelstrafe bis zur erneuten Aburteilung der angefochtenen Einzelstrafe die Vorteile der Gesamtstrafenbildung einbüßen, wenn man der Lösung von OLG Bremen NJW **1955** 1243 folgt, daß von jeder der nicht angefochtenen Einzelstrafen der zur Vollstreckung freigegebene Teil gesondert bestimmt wird[26].

Aber auch das weitere *materielle* Bedenken, das Rechtsmittel könne zur **Aufhebung des Urteils auch in seinen nicht angefochtenen Teilen** führen, stellt kein durchgreifendes Hindernis gegen eine Teilvollstreckung dar. Das gleiche Bedenken erhebt sich im Hinblick auf § 357, wenn bei mehreren Mitangeklagten nur einer Revision einlegt, diese aber kraft der Fiktion des § 357 auch zugunsten der Nichtanfechtenden wirken kann. Wenn dort (Rdn. 19) die Zulässigkeit der Vollstreckung gegen den Nichtanfechtenden heute nicht mehr in Zweifel gezogen wird, so kann das Bedenken, daß bei der Teilanfechtung das Rechtsmittel möglicherweise eine über den Umfang der Anfechtung hinausgehende Wirkungen haben könne, nicht schwerer wiegen; es kann nur, wenn im Einzelfall die Möglichkeit naheliegt, die Aufhebung könne auch den nicht angefochtenen Teil einschließen, der Vollstreckungsbehörde Veranlassung geben, mit der Vollstreckung innezuhalten. Ein solches Innehalten ist auch geboten, wenn die Möglichkeit besteht, daß die Gesamtstrafe nach §§ 56, 58 StGB zur Bewährung ausgesetzt wird (*Pohlmann* JZ **1958** 510). **29**

Das **praktische Bedürfnis** spricht entscheidend dafür, die **Teilvollstreckung zuzulassen**. Es kann sein, daß das auf Gesamtstrafe lautende Urteil wegen einer Einzelverurteilung angegriffen wird, die im Verhältnis zu den nicht angefochtenen Verurteilungen nur wenig bedeutend ist. Es ist nicht einzusehen, warum dadurch die Vollstreckung des Urteils, auch soweit der Verurteilte es durch Nichtanfechtung als richtig anerkennt, gehindert werden soll. Mit dem Grundsatz, daß im Interesse einer wirksamen Strafrechtspflege die Vollstreckung mit Nachdruck und Beschleunigung betrieben werden müsse (§ 2 StVollstrO), wäre das schwerlich in Einklang zu bringen. Geht man gar davon aus, daß bei Teilanfechtung die Anrechnung der Untersuchungshaft nach § 450 Abs. 1 ausgeschlossen ist (§ 450, 11), so würde ein Verbot der Teilvollstreckung auch die Lage des in Untersuchungshaft befindlichen Angeklagten verschlechtern. **30**

c) **Bedeutung des § 56 JGG.** Die Teilvollstreckung bildet das Korrelat der Teilanfechtung, und letztere wiederum beruht auf dem Grundsatz des geltenden Rechts, bei Tatmehrheit eine Gesamtstrafe zu bilden. Die Entwürfe EStGB 1927 und EStGB 1939 wollten an die Stelle der Gesamtstrafe eine **Einheitsstrafe** treten lassen, ein Gedanke, der in § 31 JGG verwirklicht ist. Die Entwürfe für die entsprechenden Strafverfahrensvor- **31**

---

[24] Vgl. OLG Hamm JMBlNRW **1956** 68; *Beling* ZStW **38** (1916) 630; *Eb. Schmidt* § 260, 17; KMR-*Müller* 58, aber auch *Roxin*[19] § 47 B I 2 c und LR-*Gollwitzer* bei § 260, die allerdings beide darauf hinweisen, daß die Anführung der Einzelstrafen im Urteilstenor unüblich sei, weil sie den Urteilsspruch unübersichtlich und schwerfällig machten und damit der Forderung nach verständlicher und einfacher Gestaltung der Urteilsformel widersprächen.

[25] A. A RGSt **25** 297; **44** 302; **74** 389; **77** 152; LK-*Vogler* § 54, 3.

[26] Wegen anderer Möglichkeiten, etwa drohende Beeinträchtigungen des Angeklagten zu vermeiden, vgl. OLG Celle NJW **1958** 153; OLG Düsseldorf Rpfleger **1965** 48.

schriften vertraten die Auffassung, daß mit dem Prinzip der Einheitsstrafe die Teilanfechtung unverträglich sei[27]; damit wäre eine Vollstreckung aus dem angefochtenen Urteil, soweit sich der Angeklagte mit den Schuldfeststellungen abfindet, ausgeschlossen gewesen. Gerade darin aber weicht § 56 JGG entscheidend ab; er läßt unter den dort bezeichneten Voraussetzungen eine Teilvollstreckung zu, obwohl nur die nichtangefochtene Schuldfeststellung rechtskräftig ist, während es an jeder urteilsmäßigen Bemessung des auf diese Taten entfallenden Strafanteils fehlt. Diese Regelung, bei der die Bedenken nicht verkannt, dem praktischen Bedürfnis aber der Vorrang zuerkannt wurde (Rdn. 2), ist auch für die Beantwortung der vorliegenden Streitfrage maßgeblich; das Bedürfnis für eine Teilvollstreckung besteht im Erwachsenenstrafrecht in nicht geringerem Umfang als im Jugendstrafrecht, und es kann daher nicht gut dort unzulässig sein, was hier der Gesetzgeber ausdrücklich für zulässig erklärt hat.

32   d) Die Ausstellung der **Vollstreckbarkeitsbescheinigung** (§ 451) bereitet keine Schwierigkeiten, wenn die Gesamtstrafe aus zwei Einzelfällen gebildet ist und das Rechtsmittel sich auf eine der beiden Taten beschränkt. Die Bescheinigung lautet dann etwa: „Das Urteil ist hinsichtlich der Verurteilung wegen (betrifft den nicht angefochtenen Teil) in Höhe von (es wird die aus den Gründen entnommene Einzelstrafe eingesetzt) rechtskräftig"[28]. Bei einer aus mehr als zwei Einzelstrafen gebildeten Gesamtstrafe wird die Bescheinigung nicht in der Weise auszustellen sein, daß die Höhe der Gesamtstrafe um die angefochtenen Einzelstrafen gekürzt wird, oder daß die nicht angefochtene Einzelstrafe als rechtskräftig bezeichnet wird, vielmehr beschränkt sich, da dem Urkundsbeamten eine Entscheidung darüber nicht zusteht, in welchem Umfang eine Vollstreckung zulässig ist[29], die Bescheinigung etwa auf die Feststellung: „Das Urteil ist rechtskräftig, soweit wegen... auf Einzelstrafen von... und von... erkannt ist"[30].

33   Die Zweifelsfrage taucht von vornherein nicht auf, wenn eine rechtskräftige (Einzel- oder Gesamt-)Strafe **gemäß § 55 StGB in eine Gesamtstrafe einbezogen** wird. Hier bleibt die rechtskräftige Einzelstrafe vollstreckbar bis zu dem Augenblick bestehen, in dem das Gesamtstrafenurteil Rechtskraft erlangt[31].

VIII. Vollstreckung mehrerer Freiheitsstrafen

34   Wegen der **Reihenfolge**, in der mehrere selbständige rechtskräftig verhängte Freiheitsstrafen gegen denselben Verurteilten zu vollstrecken sind, vgl. die Erläuterungen zu § 454 b.

IX. Ordnungs- und Zwangsmittel

35   Beschlüsse und Verfügungen, die ein nichtkriminelles Ordnungs- und Zwangsmittel, auch wenn es in Haft besteht, verhängen (z. B. §§ 51, 70, 77), sind sogleich vollstreckbar, da sie nur mit der Beschwerde anfechtbar sind und diese keine aufschiebende Wirkung hat (§§ 304, 307; § 181 Abs. 2 GVG mit der dort bestimmten Ausnahme); sie fallen im übrigen nicht unter die §§ 449 ff (Vor § 449, 24).

---

[27] E 1930 EGStGB Art. 70 Nr. 172 (§ 318) und E 1939 StPO § 317.

[28] Zur Erläuterung kann der Urkundsbeamte vermerken, daß der Angeklagte oder die Staatsanwaltschaft das Rechtsmittel auf die Verurteilungen wegen... beschränkt habe; vgl. auch *Kleinknecht/Meyer*[37] § 451, 7.

[29] Vgl. dazu *Pohlmann/Jabel* § 13, 26; 49.

[30] *Pohlmann/Jabel* § 13, 51.

[31] OLG Köln NJW **1955** 1935; OLG Frankfurt NJW **1956** 1932; vgl. auch BGH NJW **1956** 110.

§ 450

(1) **Auf die zu vollstreckende Freiheitsstrafe ist unverkürzt die Untersuchungshaft anzurechnen, die der Angeklagte erlitten hat, seit er auf Einlegung eines Rechtsmittels verzichtet oder das eingelegte Rechtsmittel zurückgenommen hat, oder seitdem die Einlegungsfrist abgelaufen ist, ohne daß er eine Erklärung abgegeben hat.**

(2) **Hat nach dem Urteil eine Verwahrung, Sicherstellung oder Beschlagnahme des Führerscheins auf Grund des § 111 a Abs. 5 Satz 2 fortgedauert, so ist diese Zeit unverkürzt auf das Fahrverbot (§ 44 des Strafgesetzbuches) anzurechnen.**

Schrifttum. *Baumgärtner* Die Auswirkungen der Neufassung des § 60 Abs. 1 StGB, MDR **1970** 190; *Dallinger* Das Dritte Strafrechtsänderungsgesetz. Strafverfahrensrechtliche Vorschriften, JZ **1953** 434; *Dencker* Die Anrechnung der Untersuchungshaft, MDR **1971** 627; *Dreher* Zweifelsfragen zur Anrechnung der Untersuchungshaft nach der Neufassung des § 60 StGB, MDR **1970** 965; *Groß* Die Anrechnung der Untersuchungshaft bei Zurücknahme eines Rechtsmittels, NJW **1970** 127; *Horstkotte* Der Allgemeine Teil des Strafgesetzbuches nach dem 1. September 1969, NJW **1969** 1601; *Horstkotte* Die Vorschriften des Ersten Gesetzes zur Reform des Strafrechts über die Strafbemessung (§§ 13-16, 60 StGB), JZ **1970** 122, 128; *Krüger* und *Diether* Die Anrechnung von nach Urteilsverkündung erlittener Untersuchungshaft, Rpfleger **1970** 58; *Lindner* Sind Entscheidungen über Haftbefehle noch nach Rechtskraft zulässig? MDR **1948** 453; *Pentz* Zweifelsfragen im Strafverfahren gegen Jugendliche, GA **1958** 299; *Pohlmann* Notwendige Änderungen der Strafvollstreckungsordnung aufgrund des 1. StrRG, Rpfleger **1969** 378; *Pohlmann* Änderungen der StrVollstrO aus Anlaß des 1. Strafrechtsreformgesetzes, des neuen Rechtspflegergesetzes und des Gesetzes zur allgemeinen Einführung eines zweiten Rechtszuges in Strafsachen, Rpfleger **1970** 265, 269.9; *Pohlmann* Welche Bedeutung hat § 34 a StPO für die Strafzeitberechnung? Rpfleger **1979** 126; *H. W. Schmidt* Untersuchungshaft noch nach Rechtskraft des Urteils? NJW **1959** 1717; *Theuerkauf* Untersuchungshaft bei Widerruf der Strafaussetzung zur Bewährung? MDR **1965** 179; *Wulf* Zu den Änderungen des Verfahrens- und Jugendrechts und der Übergangsvorschriften im 1. StrRG, JZ **1970** 160.

Entstehungsgeschichte. Die als § 482 Gesetz gewordene Vorschrift enthielt ursprünglich nur den geltenden Absatz 1. Ihre jetzige Bezeichnung hat sie durch die Bekanntmachung 1924 erhalten. Der durch Art. 4 Nr. 48 des 3. StRÄndG eingefügte Absatz 2 wurde durch Art. 1 Nr. 32 Buchst. a StVÄG 1979 wieder gestrichen. Durch Art. 2 Nr. 9 des 2. StraßenVSichG wurde Absatz 3 eingefügt, durch Art. 21 Nr. 119 EGStGB 1974 in Absatz 3 die Paragraphenzahl 37 in 44 geändert. Zufolge Streichung des Absatzes 2 wurde der bisherige Absatz 3 zu Absatz 2 (Art. 1 Nr. 32 Buchst. b StVÄG 1979).

Übersicht

I. Anrechnung der Untersuchungshaft (Absatz 1)

1. Bedeutungswandel

1   **a) Früheres Recht.** Nach § 60 StGB in der ursprünglichen Fassung[1] stand die Anrechnung einer erlittenen Untersuchungshaft im pflichtgemäßen Ermessen des Gerichts („kann"); die Gerichte der einzelnen Instanzen trafen die Bestimmung jeweils „bei Fällung des Urteils" über die bis zu diesem Zeitpunkt erlittene Untersuchungshaft. Ihnen stand keine Entscheidung über die Anrechnung der künftigen Untersuchungshaft zu, die der Angeklagte erlitt, wenn er nach Fällung des Urteils in Untersuchungshaft blieb. Bei dieser Rechtslage hatte § 450 Abs. 1 die Bedeutung, daß, sobald die Voraussetzungen dieser Vorschrift vorlagen, eine Anrechnung der Untersuchungshaft nach Ermessen bei Fällung eines späteren Urteils entfiel; die Anrechnung erfolgte zwingend kraft Gesetzes. Damit wurden die Unbilligkeiten vermieden, die sich aus § 449 ergeben hätten, wonach ein Urteil erst vollstreckbar ist, wenn es für alle Beteiligten („absolut") rechtskräftig ist (§ 449, 21); wenn der Angeklagte sich bei der Entscheidung beruhigt, aber ein anderer selbständig Rechtsmittelberechtigter durch Anfechtung der Entscheidung den Eintritt der absoluten Rechtskraft und damit der Vollstreckbarkeit hinausschiebt, so sollte § 450 Abs. 1 verhindern, daß dem Angeklagten die ohne sein Zutun erfolgte Verlängerung der Untersuchungshaft zum Nachteil gereicht. Die zwingend angeordnete Anrechnung der Untersuchungshaft, die der Angekalgte erleidet, nachdem das Urteil für ihn („relativ") unanfechtbar geworden ist, hatte zur Folge, daß, wenn das Urteil demnächst „absolut" rechtskräftig wird, der Beginn der Strafzeitberechnung grundsätzlich auf den Eintritt der relativen Rechtskraft vorverlegt wurde[2].

2   **b) Geltendes Recht (§ 51 Abs. 1 StGB)[3].** Die jetzige Regelung hat den Sinn, daß grundsätzlich — vorbehaltlich einer ausdrücklichen abweichenden gerichtlichen Anordnung gemäß § 51 Abs. 1 Satz 2 StGB — die gesamte erlittene Untersuchungshaft in vollem Umfang von Rechts wegen auf die Strafe angerechnet wird; es soll dem Angeklagten kein Nachteil daraus erwachsen, daß er von seiner Befugnis, Rechtsmittel einzulegen, Gebrauch macht[4]. Dabei spielt es in diesem Zusammenhang keine Rolle, ob die

---

[1] § 60 StGB in der Fassung vom 15. 5. 1871 – RGBl. 127, 138 – lautete: Eine erlittene Untersuchungshaft oder einstweilige Unterbringung kann bei Fällung des Urteils auf die erkannte Strafe ganz oder teilweise angerechnet werden.

[2] Vgl. § 39 Abs. 3, 4 Satz 2 StVollstrO in der vor dem 1. 1. 1975 geltenden Fassung.

[3] § 51 Abs. 1 StGB lautet nunmehr: Hat der Verurteilte aus Anlaß einer Tat, die Gegenstand des Verfahrens ist oder gewesen ist,

Untersuchungshaft oder eine andere Freiheitsentziehung erlitten, so wird sie auf zeitige Freiheitsstrafe und auf Geldstrafe angerechnet. Das Gericht kann jedoch anordnen, daß eine Anrechnung ganz oder zum Teil unterbleibt, wenn sie im Hinblick auf das Verhalten des Verurteilten nach der Tat nicht gerechtfertigt ist.

[4] Zweiter Bericht des Strafrechtssonderausschusses – BTDrucks. V 4095 S. 24.

Untersuchungshaft kraft Gesetzes, also ohne besonderen Anspruch bei Fällung des Urteils angerechnet wird, soweit das Gericht nicht — ausnahmsweise — eine Nichtanrechnung gemäß § 51 Abs. 1 Satz 2 anordnet oder Zweifel über die Art der Anrechnung zu beheben sind[5], oder ob es zwar eines Ausspruchs über die Anrechnung im Urteil bedarf, das Schweigen aber als Anrechnung aufzufassen ist[6].

2. Folgerungen aus der materiellrechtlichen Neuregelung für Absatz 1

a) Anfängliche Ansichten. Nach einer im Schrifttum vertretenen Meinung[7] soll **3** § 450 Abs. 1 **gegenstandslos** geworden sein, denn eine Nichtanrechnungsanordnung könne nur den Zeitraum bis zur Verkündung des Urteils betreffen; das Schicksal der weiteren Untersuchungshaft richte sich nach § 51 Abs. 1 Satz 1 StGB. Indessen wird mit gutem Grund die Auffassung vertreten, daß eine Nichtanrechnungsanordnung nicht nur die Zeit bis zur Verkündung, sondern bis zur Rechtskraft des Urteils umfaßt (LK-*Tröndle*[9] § 60, 41). Dann besteht die Bedeutung des § 450 Abs. 1 weiterhin darin, daß die Nichtanrechnungsanordnung ihre Wirkung für die Zukunft verliert, sobald die Voraussetzungen des § 450 Abs. 1 vorliegen. Im übrigen läßt die hier abgelehnte Auffassung unberücksichtigt, daß auch das Rechtsmittelgericht auf ein zuungunsten des Angeklagten hin eingelegtes Rechtsmittel in der Lage ist, eine Nichtanrechnung nach § 51 Abs. 1 Satz 2 auszusprechen. Die **fortdauernde Bedeutung** des § 450 Abs. 1 besteht dann darin, daß durch diese Vorschrift als lex specialis dem Rechtsmittelgericht die Verfügung über die nach dem ersten Urteil erlittene Untersuchungshaft entzogen ist, soweit gemäß § 450 Abs. 1 zugunsten des Verurteilten relative Rechtskraft eingetreten ist[8]. Eine konstruktive Frage, an die sich keine praktischen Folgerungen anschließen, ist es, ob im übrigen das Verhältnis des § 51 Abs. 1 StGB zu § 450 Abs. 1 so zu sehen ist, daß die positive Funktion des § 450 Abs. 1, die Anrechnung der Untersuchungshaft auf die Strafe nach Eintritt der relativen Rechtskraft, jetzt durch § 51 Abs. 1 Satz 1 übernommen ist[9] oder so, daß der Anwendungsbereich des § 51 StGB nur so weit reicht, als nicht § 450 Abs. 1 eingreift, § 450 Abs. 1 also die lex specialis gegenüber § 51 Abs. 1 StGB darstellt[10].

Nach einer anderen Meinung soll aus der Aufrechterhaltung des § 450 Abs. 1 zu **4** folgern sein, daß durch § 51 Abs. 1 die Anrechnung der Untersuchungshaft kraft Gesetzes nur **beschränkt,** nämlich nur insoweit angeordnet sei, als es nach früherem Recht zur Anrechnung eines ausdrücklichen richterlichen Ausspruchs bedurfte, denn andernfalls hätte der Gesetzgeber den § 450 Abs. 1 als gegenstandslos aufheben oder abändern müssen[11]. Danach wäre also die Untersuchungshaft, die der Angeklagte in der Zeit seit Erlaß des Urteils bis zum Eintritt der relativen Rechtskraft erlitten hat, falls es nicht zu einer Entscheidung des Rechtsmittelgerichts kommt, von der automatischen Anrechnung nach § 51 Abs. 1 StGB ausgenommen.

---

[5] So die h. M: Vgl. BGHSt **24** 29; **27** 287; NJW **1972** 730; BayObLG NJW **1972** 1632; *Baumgärtner* 190; KK-*W. Müller* 1.

[6] So LK-*Tröndle* § 51, 13; *Dreher/Tröndle*[42] § 51, 20; *Schönke/Schröder/Stree*[22] § 51, 16.

[7] *Baumgärtner* 190; *Dencker* 627, 630; SK-*Horn* § 51, 16.

[8] So auch die durchaus h. M: z. B. OLG Celle Rpfleger **1970** 137; LG Nürnberg-Fürth Rpfleger **1970** 67; *Dreher* MDR **1970** 965; *Krüger* und *Diether* Rpfleger **1970** 58; *Wulff* JZ **1960** 160; LK-*Tröndle* § 51, 21; *Dreher/*

Tröndle[42] § 51, 6; *Schönke/Schröder/Stree*[22] § 51, 2 (mit Bedenken „gegen eine solche automatische Regelung, die die Entscheidungskompetenz der Vollstreckungsbehörde überträgt); *Pohlmann/Jabel* § 39, 65; KMR-*Müller* 1.

[9] So OLG Stuttgart Rpfleger **1970** 138.

[10] So OLG Celle Rpfleger **1970** 137; *Dreher* MDR **1970** 965 mit weiteren Nachweisen.

[11] *Baumgärtner* 190; *Dencker* 627; *Pohlmann* Rpfleger **1969** 379; **1970** 68; 138; *Pohlmann/Jabel* § 39, 64.

Günter Wendisch

5   **b) Die herrschende Meinung** hat sich diesem Umkehrschluß aus § 450 Abs. 1 mit Recht versagt, weil er im Widerspruch zu den mit der Änderung des § 51 Abs. 1 StGB verfolgten gesetzgeberischen Absichten steht, den Verurteilten bei der Anrechnung der Untersuchungshaft in weitestem Maß zu begünstigen, und aus der Nichtstreichung (Nichtänderung) des § 450 Abs. 1 nichts Gegenteiliges hergeleitet werden kann, da er eine, wenn auch beschränkte Bedeutung behalten hat[12]. Dem haben sich nach anfänglichem Schwanken die Landesjustizverwaltungen nach der Neufassung des § 39 Abs. 2 StVollstrO vom 28. 11. 1974 angeschlossen, wonach die Anrechnung des § 51 StGB sich vorbehaltlich einer abweichenden gerichtlichen Entscheidung auf die Untersuchungshaft erstreckt, die der Verurteilte bis zu dem Tag erlitten hat, an dem die Entscheidung rechtskräftig geworden ist[13].

6   **3. Wirkung der Anrechnung.** Nachdem sich die Bedeutung des Absatzes 1 praktisch darauf beschränkt, daß für die Zeit nach **Eintritt der relativen Rechtskraft** zugunsten des Angeklagten einer vorangegangenen Nichtanrechnungsanordnung die Wirkung entzogen und dem Rechtsmittelgericht die Befugnis genommen ist, gemäß § 51 Abs. 1 Satz 2 StGB die Nichtanrechnung der Untersuchungshaft anzuordnen, gelten für diesen Teil der Untersuchungshaft die gleichen Grundsätze, die allgemein für die Anrechnung von Untersuchungshaft nach Eintritt der absoluten Rechtskraft gelten, d. h. die Untersuchungshaft wird vom errechneten Ende der Strafzeit nach vollen Tagen rückwärts abgerechnet[14]. Anzurechnen ist nur die Zeit vom tatsächlich wirksam erfolgten Rechtsmittelverzicht ab, auch wenn es dem verzichtsbereiten Angeklagten wegen Nichterreichbarkeit eines Urkundsbeamten (§ 299) nicht möglich war, die Erklärung früher abzugeben (OLG Düsseldorf Rpfleger **1966** 254).

7   Die Frage, in welcher Weise **der Tag, an dem die relative Rechtskraft** durch Rechtsmittelverzicht oder Rechtsmittelrücknahme **eintritt, zu behandeln ist,** regelt § 39 Abs. 2 Satz 2 StVollstrO[15] dahin, daß er nach § 51 StGB nur angerechnet wird, wenn er nicht bereits nach § 37 Abs. 2 StVollstrO unverkürzt als Strafhaft zählt. Danach ist zu unterscheiden: Hat der Verurteilte noch mehr als eine Woche im Vollzug zuzubringen, so gilt nach § 37 Abs. 2 Satz 2 StVollstrO Verzicht und Zurücknahme als zu **Beginn des Tages** eingetreten[16]; dieser Tag rechnet also als Strafzeit. Bei kürzerer noch ausstehender Vollzugsdauer gelten Verzicht und Zurücknahme als zu **Beginn der Stunde** eingetreten, in deren Verlauf sie erklärt wurden. Ist dem Verurteilten die vor dem Urteil liegende Untersuchungshaft gemäß § 51 StGB anzurechnen und verzichtet er im Anschluß an die Verkündung auf Rechtsmittel, so wird dieser Tag nur als Strafhaft gerechnet, wenn die noch ausstehende Vollzugsdauer mehr als eine Woche beträgt; dieser Tag wird also nicht auch noch als Untersuchungshaft gerechnet (§ 39 Abs. 2 Satz 2), da er

---

[12] So z. B. OLG Celle MDR **1970** 345; NJW **1970** 768; OLG Stuttgart MDR **1970** 522; OLGe Frankfurt und München NJW **1970** 1140; *Horstkotte* NJW **1969** 1605; *Groß* NJW **1970** 127; *Krüger* und *Diether* Rpfleger **1970** 58; *Dreher/Tröndle*[42] § 51, 6.

[13] Vgl. dazu *Pohlmann* Rpfleger **1970** 265, 269; *Pohlmann/Jabel* § 39, 1.

[14] § 39 Abs. 4 StVollstrO, der die Ergebnisse der Rechtsprechung wiedergibt, z. B. RGSt **29** 75; KG JW **1927** 408; OLG Hamburg LZ **1916** 1509; OLG Stuttgart DStRZ **4** (1917)

378; OLG Düsseldorf NJW **1969** 430; *Wetterich/Hamann* 189; KK- *W. Müller* 7; KMR- *Müller* 6.

[15] Der Wortlaut der §§ 37 und 38 StVollstrO ist bei § 451, 57 abgedruckt.

[16] Die Regelung gilt nicht, wenn die Rechtskraft des Urteils aufgrund eines unter § 34 a fallenden Beschlusses, d. h. mit dem Ende des Tages, an dem der Beschluß erlassen worden ist, als eingetreten gilt (§ 34 a, 3 f); *Pohlmann/Jabel* § 37, 9; § 38, 14.

sonst doppelt angerechnet würde. Beträgt die Vollzugsdauer in einem Fall dieser Art nicht mehr als eine Woche, so wird der Tag der Entscheidung voll als anzurechnende Untersuchungshaft gerechnet; es erübrigt sich daher eine Teilung des Tages in der Weise, daß er bis zum Beginn der Stunde, in der das Urteil verkündet wird, als Untersuchungshaft, von da ab als Strafhaft rechnet.

4. Bedeutung der absoluten Rechtskraft für die Untersuchungshaft. Befindet sich **8** der Angeklagte in dem Zeitpunkt, in dem das Urteil rechtskräftig wird, weil für jeden Rechtsmittelberechtigten die Rechtsmittel erschöpft sind (absolute Rechtskraft), in Untersuchungshaft, so ist streitig, ob sich diese **kraft Gesetzes in Strafhaft** verwandelt. Die bejahende — auch hier vertretene — Auffassung macht geltend, die Untersuchungshaft diene dazu, die Durchführung des Verfahrens bis zur rechtskräftigen Aburteilung zu sichern; für Untersuchungshaft sei daher begrifflich kein Raum mehr, wenn das Urteil die Rechtskraft erlangt hat. Von diesem Standpunkt aus entfällt mit dem Eintritt der Rechtskraft die Zuständigkeit des Gerichts nach § 119 Abs. 6 für die dort bezeichneten Maßnahmen, zur Aufhebung der Untersuchungshaft und zur Entscheidung über Haftbeschwerden[17]. Allerdings wird diese Auffassung z. T. dahin eingeschränkt, daß die Einleitung einer formellen Strafvollstreckung nach § 451 nicht überflüssig werde (so *Kleinknecht* SJZ 1950 141) und in dem Zeitraum bis dahin der Haftbefehl als Grundlage der fortdauernden Freiheitsentziehung fortwirke; diese Freiheitsentziehung sei aber weder Untersuchungshaft im technischen Sinn noch Strafhaft im engeren Sinn, sondern „Vollstreckungshaft"[18].

Nach **anderer Auffassung**[19] dauert die Untersuchungshaft bis zur förmlichen Einleitung der Strafvollstreckung an. Dies wird damit begründet, daß von echter Strafhaft **9** erst die Rede sein könne, wenn die Vollstreckungsbehörde auf Grund einer Vollstreckbarkeitsbescheinigung (§ 451) die Vollstreckung betreibt. Daß eine solche „Untersuchungshaft" auf die Strafzeit anzurechnen ist, ergibt sich dann ohne weiteres sowohl aus § 51 Abs. 1 StGB wie auch aus der Erwägung, daß, wenn schon die relative Rechtskraft nach § 450 Abs. 1 kraft Gesetzes zur Anrechnung der Untersuchungshaft führt, dies erst recht bei der absoluten Rechtskraft der Fall sein muß. § 38 Buchst. c StVollstrO bestimmt denn auch, daß bei einem Verurteilten, der sich im Zeitpunkt des Eintritts der Rechtskraft in Untersuchungshaft befindet, dieser Zeitpunkt als Beginn der Strafzeit anzusetzen ist („fiktive Strafverbüßung"; vgl. BGHSt 20 64, 67).

Nach **Nr. 91 Abs. 1 Nr. 1 UVollzO** ist der Untersuchungsgefangene, „soweit sich **10** dies schon vor der Aufnahme zum Strafvollzug durchführen läßt", vom Eintritt der Rechtskraft des Urteils ab „als Strafgefangener zu behandeln". Von dem Standpunkt aus, daß die Untersuchungshaft erst mit der förmlichen Einleitung der Strafvollstrek-

---

[17] Vgl. OLG Nürnberg SJZ **1950** 141 mit zust. Anm. *Kleinknecht*; OLG Celle NJW **1963** 2240; OLG München Rpfleger **1964** 370; OLG Bremen MDR **1966** 349; OLG Köln NJW **1966** 1829; OLG Hamburg JZ **1977** 528; OLG Stuttgart NJW **1979** 884; *Dalcke/ Fuhrmann/Schäfer* 4; KMR-*Müller* 3; *Kleinknecht/Meyer*[37] 4; s. auch § 120, 35.

[18] Vgl. OLG Celle NJW **1963** 2240; NStZ **1985** 188; ähnlich KK-*W. Müller* 10: Formal habe der Angeklagte in der Zwischenphase von absoluter Rechtskraft bis zur Einleitung der Vollstreckung noch den Status des Untersuchungsgefangenen, obwohl er sich – ohne es zu merken – materiell bereits in Strafhaft befinde.

[19] Vgl. OLG Köln LZ **1916** 1510; OLG Braunschweig MDR **1950** 755; OLG Frankfurt HESt **1** 163; MDR **1979** 75; OLG Hamm JZ **1967** 186; *Lindner* 453; *Pohlmann* Rpfleger **1964** 147; 371; *Unger* Rpfleger **1957** 224; *H. W. Schmidt* 1717; LR-K. *Schäfer*[23] 7; *Pohlmann/Jabel* § 38, 22; BGHSt **20** 64 hat die Frage offen gelassen.

Günter Wendisch

kung in „echte" Strafhaft übergeht, entbehrt die Vorschrift der gesetzlichen Grundlage[20].

11   **5. Bedeutung der Teilanfechtung.** Es fragt sich, ob § 450 Abs. 1 mit der Wirkung, eine Nichtanrechnung der Untersuchungshaft durch das Rechtsmittelgericht nach § 51 Abs. 1 Satz 2 auszuschließen, auch dann anwendbar ist, wenn der zu einer Gesamtstrafe verurteilte Angeklagte das Urteil nur zum Teil anficht oder ein in vollem Umfang eingelegtes Rechtsmittel nur zum Teil zurücknimmt. Die Frage, die früher vereinzelt verneint wurde[21], ist zu bejahen. Hat der Angeklagte das beschränkte Rechtsmittel eingelegt, so taucht das in § 450 Abs. 1 geregelte Problem der relativen Rechtskraft dann nicht auf, wenn man mit der in § 449, 27 vertretenen Auffassung annimmt, daß die **nicht angefochtenen Einzelstrafen** rechtskräftig und vollstreckbar sind. Vielmehr geht insoweit die Untersuchungshaft in Strafhaft über oder wird bei der Strafzeitberechnung wie Strafhaft behandelt (Rdn. 8 ff); für den Verurteilten ist es alsdann gleichgültig, ob die Vollstreckungsbehörde von der Möglichkeit förmlicher Teilvollstreckung Gebrauch macht oder nicht.

12   **Wer** eine **Teilvollstreckung für unzulässig hält,** muß berücksichtigen, daß dann eine der relativen Rechtskraft, wie sie bei Anfechtung durch einen anderen selbständig Rechtsmittelberechtigten eintritt, entsprechende Lage vorliegt. Für den Angeklagten ist alsdann, soweit er kein Rechtsmittel einlegt oder es zurückgenommen hat, das Urteil unanfechtbar geworden; es liegt nicht an ihm, daß es hinsichtlich des unangefochtenen Teils nicht vollstreckt werden kann. Dieser Fall unterscheidet sich also in nichts von dem, daß bei einem auf eine Gesamtstrafe lautenden Urteil der Angeklagte sich in vollem Umfang dabei beruhigt, aber die Staatsanwaltschaft das Urteil nur hinsichtlich einer Einzelstrafe anficht. Wenn Absatz 1 in diesem Fall Anwendung findet, weil der Angeklagte nichts dazu kann, daß das Urteil nicht alsbald in vollem Umfang rechtskräftig wird und vollstreckt werden kann, muß das auch für den Fall gelten, wo der Angeklagte selbst nur beschränkt Rechtsmittel einlegt (oder das umfassend eingelegte Rechtsmittel nachträglich beschränkt) und sich im übrigen der Vollstreckung unterwirft[22].

13   Folgerichtig ist der **Grundsatz** des Absatzes 1 aber auch dann anzuwenden, wenn aus einer Gesamtstrafe eine oder mehrere Einzelstrafen nicht durch Rechtsmittelverzicht, sondern dadurch rechtskräftig werden, daß, nachdem der Angeklagte die Verurteilung zu einer Gesamtstrafe in vollem Umfang angefochten hat, das Revisionsgericht nur wegen *eines* Falls und im Gesamtstrafenausspruch das Urteil aufhebt und zurückverweist, im übrigen aber die Revision verwirft. Dann sind die anderen Einzelstrafen rechtskräftig, und es liegt nicht an dem Angeklagten, wenn das Urteil insoweit nicht vollstreckt wird; die an ein solches Urteil anschließende weitere Untersuchungshaft bis zur Rechtskraft des Gesamtstrafenausspruchs ist daher anzurechnen[23].

14   Die Anrechnung der Untersuchungshaft in den vorgenannten Fällen muß, da nicht mehr Untersuchungshaft angerechnet werden kann, als die Strafe beträgt, ihre

---

[20] *Pohlmann/Jabel* § 38, 22 Abs. 3 unter Bezugnahme auf LR-*K. Schäfer*[23] 7.
[21] RMilGE **19** 10, 17; OLG Schleswig SchlHA **1949** 137.
[22] Ebenso BGH MDR **1954** 152; NJW **1955** 1488; BayObLG HRR **1935** Nr. 1198; Rpfleger **1952** 491; OLG Bremen NJW **1951** 615; OLG Celle NdsRpfl. **1952** 75; OLG Oldenburg NdsRpfl. **1955** 237; OLG Braunschweig NJW **1963** 2239; *Pohlmann/Jabel* § 39, 8; *Eb. Schmidt* 5; KK-*W. Müller* 5; KMR-*Müller* 4; *Kleinknecht/Meyer*[37] 6.
[23] Ebenso OLG Oldenburg NdsRpfl. **1955** 237 unter Berufung auf RGSt **39** 275; OLG Braunschweig NJW **1963** 2239; KK-*W. Müller* 5; *Kleinknecht/Meyer*[37] 6.

Grenze in dem Teil der Gesamtstrafe finden, der auf die **rechtskräftig gewordenen Einzelstrafen** entfällt[24].

6. Wegfall der Rechtskraft durch Wiedereinsetzung. Ist durch ungenutzten **15** Ablauf der Rechtsmittelfrist das Urteil rechtskräftig geworden, so wird durch verspätete Rechtsmitteleinlegung die Rechtskraft und die Vollstreckbarkeit auch dann nicht in Frage gestellt, wenn der Verurteilte das Rechtsmittel mit dem Antrag auf Wiedereinsetzung in den vorigen Stand verbindet, denn dieser Antrag hat nach § 47 Abs. 1 keine aufschiebende Wirkung. Wird die Wiedereinsetzung gewährt, so entfällt zwar mit rückwirkender Kraft die Rechtskraft des Urteils. An der Tatsache, daß bis dahin eine vollstreckbare Entscheidung vorlag und demgemäß, auch wenn keine förmliche Vollstreckung eingeleitet wurde, die Untersuchungshaft als Vollstreckungshaft zu rechnen ist (Rdn. 8), ändert sich dadurch aber nichts, sofern und solange das Gericht nicht eine Anordnung nach § 47 Abs. 2 getroffen hat. Wird demnächst das Rechtsmittel als unbegründet verworfen, so muß nach allgemeinen Rechtsgrundsätzen die während des Bestehens der Rechtskraft erlittene Haft auf die Strafe angerechnet werden. Das gleiche gilt, wenn die rechtzeitig eingelegte Revision als unzulässig verworfen (§ 346), demnächst aber die Wiedereinsetzung gewährt wird. Es ist demgemäß die volle Zeit anzurechnen, wenn das Revisionsgericht mit der Gewährung der Wiedereinsetzung gleichzeitig die Revision nach § 349 Abs. 2 durch Beschluß verwirft[25].

7. Anrechnung einer anderen Freiheitsentziehung
a) Vollstreckungshaft- und Vorführungsbefehl. Wie Rdn. 8 ff ausgeführt, wird **16** dem bei Eintritt der Rechtskraft in Untersuchungshaft befindlichen Verurteilten kraft Gesetzes die Zeit der Freiheitsentziehung angerechnet, die zwischen dem Tag des Eintritts der Vollstreckbarkeit des Urteils und dem Tag liegt, an dem der Strafvollzug unter **Überführung** des Angeklagten aus der Untersuchungshaftanstalt in die Vollzugsanstalt stattfindet. Hat der Angeklagte sich nicht in Untersuchungshaft befunden, sondern ist er auf Grund eines **nach § 457** erlassenen Haft- oder Vorführungsbefehls der Vollstreckungsbehörde ergriffen worden, so nahm die **früher herrschende Meinung** an, daß die Strafzeit erst vom Eintritt in die zur Strafverbüßung bestimmte Strafanstalt ab berechnet werde[26], doch sollte in Ausnahmefällen, namentlich bei kleineren Strafen und ohne Verschulden des Verurteilten erfolgter Verzögerung des Eintritts in die zuständige Vollzugsanstalt § 450 Abs. 1 entsprechend anzuwenden sein[27]. Noch weitergehend wurde im Schrifttum[28] die Auffassung vertreten, daß die ganze Zeit von der Ergreifung bis zur Ablieferung in die zuständige Anstalt anzurechnen sei. Nach einer vermittelnden Auffassung, der sich § 22 a StVollstrO 1935 anschloß, war maßgebend der Zeitpunkt der Ablieferung in eine Strafanstalt, auch wenn sie nicht die zuständige war.

§ 38 Buchst. b StVollstrO[29] hat der Streitfrage praktisch dadurch **ein Ende berei-** **17** tet, daß er die Strafvollstreckungsbehörden anweist — über § 22 a StVollstrO 1935 hin-

[24] BayObLG Rpfleger **1952** 491; OLG Oldenburg NdsRpfl. **1955** 237; **a. A** BGH bei *Dallinger* MDR **1956** 529; OLG Düsseldorf Rpfleger **1965** 48; *Grünwald* – LV § 449 – 614; *Pohlmann/Jabel* § 39, 8; KK- *W. Müller* 5; KMR- *Müller* 9; *Kleinknecht/Meyer*[37] 6.

[25] BGHSt **18** 34 = Rpfleger **1963** 49 mit Anm. *Pohlmann;* OLG Hamm NJW **1956** 274; OLG Celle NdsRpfl. **1965** 186; *Pohlmann/ Jabel* § 41, 7; KMR- *Müller* 5.

[26] Z. B. BayObLGSt **3** (1904) 107; JW **1933** 465; DRZ **1933** Nr. 134; KG GA **43** (1895) 137; OLG Kassel GA **52** (1905) 267; *Pohlmann/Jabel* § 38, 3.

[27] LR- *Schäfer*[21] Anm. 2 a; *Kreß* BayZ **2** (1906) 410; *Fumian* BayZ **10** (1915) 117.

[28] Nachw. in der 21. Aufl., § 450, 2 a.

[29] Abgedruckt zu § 451, 46.

Günter Wendisch

ausgehend — als Beginn der Strafzeit bei einem auf Grund eines Haft- oder Vorführungsbefehls nach § 457 (oder Sicherungshaftbefehls nach § 453 c) Festgenommenen und sodann Eingelieferten den Zeitpunkt der Festnahme anzusetzen. Diese Regelung wird durch die Erwägung gerechtfertigt, daß auch die Ergreifung auf Grund eines Haft- oder Vorführungsbefehls der Vollstreckungsbehörde letztlich auf der Grundlage und in Vollziehung der die Freiheitsentziehung zulassenden richterlichen Entscheidung erfolgt[30]. Im übrigen greift auch hier die Erwägung durch, daß kein einleuchtender Grund besteht, eine nach Rechtskraft des Urteils zwecks Vollstreckung der Strafe erlittene Freiheitsentziehung von der Anrechnung auf die Strafzeit auszuschließen, wenn nach § 51 Abs. 1 StGB grundsätzlich jede vor Urteilsrechtskraft aus Anlaß der Tat erlittene Freiheitsentziehung auf die erkannte Strafe, und wenn nach § 450 a grundsätzlich auch die im Ausland erlittene Freiheitsentziehung, die der Verurteilte in einem Auslieferungsverfahren zum Zweck der Strafvollstreckung erlitten hat, auf die Strafzeit angerechnet wird[31].

18   **b) Entweichen aus dem Strafvollzug.** In gleicher Weise behandelt § 40 Abs. 2 StVollstrO die Anrechnungsfrage, wenn ein Verurteilter aus dem Strafvollzug entwichen ist und zwecks weiteren Strafvollzugs auf Grund eines Haft- oder Vorführungsbefehls oder eines Steckbriefs (§ 457) auf Veranlassung der Vollzugsbehörde (§ 87 StVollzG) oder sonst polizeilich festgenommen wird oder sich in einer anderen als der zuständigen Vollzugsanstalt zur weiteren Verbüßung stellt; dann gilt im ersteren Fall der Zeitpunkt der Festnahme[32], im letzteren der Zeitpunkt der Selbstgestellung als Fortsetzung des Strafvollzugs. § 24 Abs. 2 StVollstrO 1935 wollte die Zeit bis zur Wiederaufnahme in die zuständige Vollzugsanstalt nicht auf die Strafzeit anrechnen[33]. Nachdem OLG Celle NdsRpfl. **1952** 193 sich auf den Standpunkt gestellt hatte, als Vollzugsfortsetzung müsse der Beginn der erneuten Inverwahrnahme gerechnet werden, die abweichende Weisung in § 24 Abs. 2 verstoße gegen Art. 2 Abs. 2, 104 Abs. 1 GG, wurde § 24 Abs. 2 dahin abgeändert, daß als Zeitpunkt der Fortsetzung des Vollzugs die Aufnahme in eine Justizvollzugsanstalt anzusehen sei, auch wenn sie nicht die zum weiteren Strafvollzug zuständige ist. § 40 Abs. 2 StVollstrO 1974 geht darüber hinaus, indem er bereits den Zeitpunkt der Festnahme als Vollzugsfortsetzungsbeginn ansetzt[34]. — Wegen der Anrechnung einer im Ausland durch das Auslieferungsverfahren zum Zweck der Strafvollstreckung erlittenen Freiheitsentziehung vgl. § 450 a.

19   **8.** Der **Begriff der Untersuchungshaft,** die nach Absatz 1 anzurechnen ist, umfaßt neben der Untersuchungshaft im technischen Sinn auch jede „andere Freiheitsentziehung", die nach § 51 Abs. 1 Satz 1 StGB angerechnet wird[35], und die demgemäß vom

---

[30] Vgl. BGHSt **13** 97, 100; *Pohlmann/Jabel* § 38, 4.

[31] Vgl. dazu besonders *Pohlmann/Jabel* § 39 a, 3 f.

[32] Vorausgesetzt, daß der Verurteilte demnächst einer Vollzugsanstalt übergeben wird, *Pohlmann/Jabel* § 40, 14 Abs. 1 a. E.

[33] Im Gegensatz zu der überwiegend vertretenen Auffassung, wonach nur die Zeit des Polizeigewahrsams *nach* Ergreifung nicht anrechenbar ist: OLG Köln NJW **1955** 234 mit weiteren Nachweisen zur damaligen Rechtsprechung und Literatur.

[34] Nach Nr. 7 (Stichwort Entweichen) und Nr. 47 Abs. 3 der Vollzugsgeschäftsordnung (VGO) gilt eine Nichtrückkehr vom Freigang, Ausgang oder Urlaub nicht als Entweichen (vgl. dazu *Pohlmann/Jabel* § 40, 5; 16).

[35] Dazu zählt nicht die von einem Gericht der Bundesrepublik angeordnete Abschiebehaft, die ein Ausländer nach Rechtskraft aus Anlaß einer Straftat erlitten hat, OLG Frankfurt NJW **1980** 557; zum Begriff „andere Freiheitsentziehungen" vgl. im übrigen die ausführlichen Erläuterungen bei *Pohlmann/Jabel* § 39, 45 ff.

Rechtsmittelgericht gemäß §51 Abs. 1 Satz 2 StGB von der Anrechnung ausgeschlossen werden könnte, falls der Angeklagte nicht i. S. des §450 Abs. 1 die relative Rechtskraft herbeiführt.

9. Anrechnung im Wege der Gnade. Anrechnung von Untersuchungshaft, deren **20** Nichtanrechnung das Gericht gemäß §51 Abs. 1 Satz 2 StGB angeordnet hatte, im Wege der Gnade (durch die Gnadenbehörde nach Rechtskraft des Urteils) ist lediglich ein Straferlaß in Höhe des Zeitraums, der auf die Untersuchungshaft entfällt (OLG Hamm NJW **1957** 920).

10. Wegfall der Anrechnung
a) Urteilsaufhebung auf Rechtsmittel eines anderen Rechtsmittelberechtigten. 21
Wird auf die Revision eines anderen (selbständig) Rechtsmittelberechtigten **das Urteil aufgehoben** und die Sache zur anderweitigen Verhandlung und Entscheidung zurückverwiesen, so entfällt mit dem Urteil auch dessen zugunsten des Angeklagten eingetretene relative Rechtskraft; bei der erneuten Aburteilung kann das Gericht eine Nichtanrechnungsanordnung nach §51 Abs. 1 Satz 2 StGB treffen; andernfalls gilt §51 Abs. 1 Satz 1. Der Angeklagte kann aber nach Erlaß des neuen Urteils erneut die relative Rechtskraft herbeiführen und damit die Wirkung des §450 Abs. 1 gegenüber dem Rechtsmittelgericht auslösen. Wird auf die Berufung eines anderen Rechtsmittelberechtigten das Urteil lediglich zugunsten des Angeklagten **abgeändert** (durch Herabsetzung der im ersten Rechtszug erkannten Freiheitsstrafe), so geschieht dies zwar nach §328 Abs. 1 technisch in der Form der Aufhebung des Urteils, materiell handelt es sich aber lediglich um eine Änderung, so daß insoweit, als das erste Urteil materiell bei Bestand bleibt, es auch bei der gesetzlichen Anrechnung der Untersuchungshaft verbleibt, sofern der Angeklagte auch das zweite Urteil unangefochten läßt und dadurch gleichzeitig für die nach dem Berufungsurteil liegende Untersuchungshaft die Anrechnung nach §450 Abs. 1 herbeiführt. Hebt das Berufungsurteil aber gemäß §328 Abs. 2, 3 das erste Urteil auf oder erhöht es (in diesem Fall unter materieller Aufhebung) die Freiheitsstrafe des angefochtenen Urteils, so gilt das gleiche wie bei Aufhebung und Zurückverweisung durch das Revisionsgericht.

b) Übernahme des Rechtsmittels des gesetzlichen Vertreters durch den volljährig 22 gewordenen Angeklagten. Ein volljährig gewordener Angeklagter kann auch dann das von seinem bisherigen gesetzlichen Vertreter eingelegte Rechtsmittel übernehmen, wenn er selbst vorher auf Rechtsmittel verzichtet hatte und damit die Voraussetzungen des §450 Abs. 1 für ihn eingetreten waren[36]. Die Anrechnung der Untersuchungshaft entfällt dann von dem Augenblick an, zu dem der Angeklagte erklärt, daß er das eingelegte Rechtsmittel übernehme[37]; eine solche Übernahmeerklärung hat aber keine rückwirkende Kraft für die vorangehende Zeit[38]. — Wie ein Rechtsmittel des Angeklagten zählt für die Anwendung des Absatzes 1 auch ein Rechtsmittel seines Verteidigers (§297), nicht aber das von der Staatsanwaltschaft zugunsten des Angeklagten eingelegte[39].

---

[36] BGHSt **10** 174 unter Aufgabe der gegenteiligen Ansicht des Reichsgerichts in RGSt **42** 342 und **47** 159.
[37] So mit Recht *Pentz* GA **1958** 303.
[38] LG Bamburg NJW **1967** 68 mit zust. Anm. *Kaiser* = Rpfleger **1967** 118 mit abl. Anm. *Pohlmann*; wie hier KK- *W. Müller* 9;

KMR-*Müller* 2; *Kleinknecht/Meyer*[37] 5 und in der Tendenz jetzt wohl auch *Pohlmann/Jabel* § 39, 43, die die Streitfrage zufolge der Neufassung des § 52 a JGG durch Art. 26 Nr. 25 EGStGB 1974 nunmehr allerdings für praktisch gegenstandslos halten.
[39] KK-*W. Müller* 9; *Kleinknecht/Meyer*[37] 5.

Günter Wendisch

II. Strafzeitberechnung bei Beendigung des Rechtsmittelverfahrens durch Beschluß

23   Der bisherige Absatz 2 ist als gegenstandslos gestrichen worden, weil der durch Art. 1 Nr. 8 StVÄG 1979 eingeführte § 34 a eine allgemeine und damit auch die Strafzeitberechnung umfassende Regelung enthält, zu welchem Zeitpunkt die Rechtskraft einer angefochtenen Entscheidung als eingetreten gilt, wenn nach rechtzeitiger Einlegung eines Rechtsmittels ein Beschluß unmittelbar die Rechtskraft herbeiführt (vgl. Entstehungsgeschichte sowie die Erläuterungen zu § 34 a).

III. Verfahren gegen Jugendliche

24   In Verfahren gegen Jugendliche **und Heranwachsende,** gegen die Jugendstrafrecht angewendet wird, richtet sich die Anrechnung der seit Eintritt der relativen Rechtskraft erlittenen Untersuchungshaft ohne weiteres (§ 2 JGG) nach § 450 StPO, wenn auf Jugendstrafe erkannt wird[40]. Nach dem — § 51 Abs. 1 inhaltlich nachgebildeten — § 52 a Abs. 1 Satz 2 JGG[41] kann der Richter die Nichtanrechnung der Untersuchungshaft oder einer anderen Freiheitsentziehung nicht nur im Hinblick auf das Verhalten der Verurteilten nach der Tat, sondern — abweichend von § 51 Abs. 1 Satz 2 StGB — auch dann anordnen, wenn die Anrechnung aus erzieherischen Gründen nicht gerechtfertigt ist. Im übrigen richtet sich die Auslegung des § 52 a JGG nach den zu § 51 Abs. 1 StGB entwickelten Grundsätzen (Begr. des RegEntw. zu Art. 24, Nr. 21, 22 EGStGB 1974 BTDrucks. 7 550). Danach bezieht sich § 52 a JGG nur auf die bis zur Urteilsverkündung des Tatrichters erlittene Untersuchungshaft; die Anrechnung der nach diesem Zeitpunkt erlittenen Untersuchungshaft richtet sich, soweit nicht § 450 Abs. 1 eingreift, gemäß § 2 JGG nach § 51 Abs. 1 StGB[42].

25   Wird nur **Jugendarrest** festgesetzt, so ist § 450 nicht unmittelbar anzuwenden, da der Jugendarrest keine Freiheitsstrafe, sondern ein Zuchtmittel ist (§ 13 JGG); deshalb bedurfte es der besonderen Vorschrift des § 87 Abs. 2 JGG, die § 450 für sinngemäß anwendbar erklärt. § 450 findet auch sinngemäß Anwendung, wenn gemäß § 71 Abs. 2, § 72 Abs. 3 JGG die einstweilige Unterbringung in einem Erziehungsheim angeordnet war (ebenso *Pohlmann/Jabel* § 39, 45).

IV. Anrechnung der Führerscheinverwahrung auf die Dauer des Fahrverbots (Absatz 2)

26   Ist in einem nicht rechtskräftigen Urteil ein Fahrverbot nach § 44 StGB ausgesprochen, so gibt es im allgemeinen keinen Rechtsgrund mehr, um eine bis zum Urteil bestehende amtliche Verwahrung des Führerscheins vor dem Eintritt der Rechtskraft aufrechtzuerhalten. § 111 a Abs. 5 Satz 2 gestattet jedoch, die Rückgabe des Führerscheins aufzuschieben, wenn der Beschuldigte nicht widerspricht (vgl. näher § 111 a, 75). § 450 Abs. 2 sieht vor, daß diese Zeit freiwilliger Aufrechterhaltung der Führerscheinverwahrung, die sich für den Beschuldigten praktisch wie ein Fahrverbot auswirkt, nach Rechtskraft des Urteils unverkürzt auf die Dauer des Fahrverbots (§ 44 Abs. 1, 3 StGB) angerechnet wird[43].

---

[40] OLG München NJW **1971** 2275; KK-*W. Müller* 12; *Kleinknecht/Meyer*[37] 1.
[41] Eingefügt durch Art. 26 Nr. 25 EGStGB 1974.
[42] BGH NJW **1972** 730 = Rpfleger **1972** 251 mit Anm. *Pohlmann*; OLG München NJW **1971** 2275; LG Osnabrück Rpfleger **1971** 184

mit abl. Anm. *Pohlmann*, soweit es um die Anrechnung der während des Revisionsverfahrens erlittenen Untersuchungshaft geht; *Brunner* § 52 a, 5.
[43] KK-*W. Müller* 11; KMR-*Müller* 10; *Kleinknecht/Meyer*[37] 8; vgl. auch § 59 a StVollstrO.

§ 450 a

(1) [1]Auf die zu vollstreckende Freiheitsstrafe ist auch die im Ausland erlittene Freiheitsentziehung anzurechnen, die der Verurteilte in einem Auslieferungsverfahren zum Zwecke der Strafvollstreckung erlitten hat. [2]Dies gilt auch dann, wenn der Verurteilte zugleich zum Zwecke der Strafverfolgung ausgeliefert worden ist.

(2) Bei Auslieferung zum Zwecke der Vollstreckung mehrerer Strafen ist die im Ausland erlittene Freiheitsentziehung auf die höchste Strafe, bei Strafen gleicher Höhe auf die Strafe anzurechnen, die nach der Einlieferung des Verurteilten zuerst vollstreckt wird.

(3) [1]Das Gericht kann auf Antrag der Staatsanwaltschaft anordnen, daß die Anrechnung ganz oder zum Teil unterbleibt, wenn sie im Hinblick auf das Verhalten des Verurteilten nach dem Erlaß des Urteils, in dem die dem Urteil zugrundeliegenden tatsächlichen Feststellungen letztmalig geprüft werden konnten, nicht gerechtfertigt ist. [2]Trifft das Gericht eine solche Anordnung, so wird die im Ausland erlittene Freiheitsentziehung, soweit ihre Dauer die Strafe nicht überschreitet, auch in einem anderen Verfahren auf die Strafe nicht angerechnet.

Entstehungsgeschichte. Eingefügt durch Art. 1 Nr. 108 des 1. StVRG.

Übersicht

I. Bedeutung und Entwicklungsgeschichte

1. Allgemein. Nach § 51 Abs. 3 Satz 2 StGB wird eine Freiheitsentziehung, die der **1** Verurteilte vor der Rechtskraft des Urteils aus Anlaß der den Gegenstand des Verfahrens bildenden Tat im Ausland erlitten hat (Auslieferungshaft usw.) in gleicher Weise behandelt wie nach § 51 Abs. 1 eine im Inland erlittene Untersuchungshaft oder andere Freiheitsentziehung, d. h. sie wird grundsätzlich auf die Strafe angerechnet, soweit nicht das Gericht die Nichtanrechnung anordnet, weil sie im Hinblick auf das Verhalten des Verurteilten nach der Tat nicht gerechtfertigt ist[1]. Dagegen fehlte es vor Schaffung des § 450 a an einer gesetzlichen Regelung der Anrechnungsfrage, wenn der **im Inland rechtskräftig Verurteilte** im Ausland ergriffen und in einem Auslieferungsverfahren zum Zweck der Strafvollstreckung den deutschen Behörden übergeben wird.

---

[1] KK-*W. Müller* 1; KMR-*Müller* 1; wegen weiterer Einzelheiten s. Rdn. 3.

2   **2. Regelung nach § 38 Buchst. b StVollstrO.** Nach § 38 Buchst. b StVollstrO 1956 rechnete bei einem im **Ausland Festgenommenen** und zur Strafvollstreckung den deutschen Behörden übergebenen Verurteilten die Strafe erst von der Übernahme durch deutsche Beamte; die Anrechnung der ausländischen Einlieferungshaft wurde mit der Erwägung verneint, daß nur eine in deutschem Gewahrsam verbrachte Zeit als Strafzeit gewertet werden könne[2]. Auch bei ungewöhnlich langer Dauer der Einlieferungshaft, die der Verurteilte nicht zu vertreten hat, war nach überwiegender Auffassung eine Anrechnung nur im Gnadenweg auf die Strafzeit möglich[3].

3   **3. Ansicht des Bundesverfassungsgerichts.** Nachdem § 51 Abs. 3 Satz 2 StGB für das Erkenntnisverfahren bestimmt, daß eine im Ausland erlittene Freiheitsentziehung in der Frage der Anrechnung auf die Strafe einer im Inland erlittenen Untersuchungshaft oder anderen Freiheitsentziehung gleichzustellen ist, also grundsätzlich angerechnet wird, falls nicht ausnahmsweise das Gericht die Nichtanrechnung ausspricht, entschied das Bundesverfassungsgericht[4], es sei kein einleuchtender Grund erkennbar, bei einem Verurteilten, der sich der Strafvollstreckung durch Flucht ins Ausland entzog, die Anrechnung einer erst nach Rechtskraft des Urteils im Ausland erlittenen Auslieferungshaft (Einlieferungshaft) schlechthin und selbst dann zu versagen, wenn dies zu einem Übermaß an Freiheitsentzug führen würde, das in keinem Verhältnis zu der erkannten Strafe stünde; die Anrechnung schlechthin zu versagen, sei mit dem Grundsatz der Verhältnismäßigkeit unvereinbar.

4   **4. Folgerungen.** Die Entscheidung des Bundesverfassungsgerichts hatte alsbald eine Änderung der Rechtsprechung zu § 38 Buchst. b StVollstrO zur Folge. Die Gerichte rechneten nunmehr ausländische Auslieferungszeiten in entsprechender Anwendung des § 51 Abs. 3 Satz 2 StGB regelmäßig auf die Strafzeit an[5]. Ist die ausländische Auslieferungshaft gegen den Auszuliefernden zur Durchsetzung der Strafvollstreckung vollzogen worden, ist für die Anrechnung allerdings zunächst die Strafvollstreckungsbehörde zuständig; erst bei Zweifeln muß sie eine gerichtliche Entscheidung nach § 458 Abs. 1 herbeiführen (so auch OLG Stuttgart MDR **1986** 779). Auf Anregung des Bundesrats zum Regierungsentwurf 1. StVRG[6], dem die Bundesregierung zustimmte[7], beschloß der Rechtsausschuß des Bundestags[8], durch Einfügung der hier kommentierten Vorschrift eine dem — damaligen § 60, jetzt — § 51 StGB entsprechende Regelung zu treffen. Seit dieser Zeit ist § 38 Buchst. b, 2. Halbs. StVollstrO gegenstandslos[9].

II. Anrechnung der Auslieferungshaft (Absatz 1)

5   **1. Begriff der ausländischen Auslieferungshaft (Satz 1).** Nach Absatz 1 wird eine im Ausland erlittene Freiheitsentziehung angerechnet, die der Verurteilte in einem Verfahren erlitten hat, das der Auslieferung an die deutschen Behörden zum Zweck der Strafvollstreckung dient. Der Begriff Ausland ist hier der gleiche wie in § 51 Abs. 2

---

[2] OLG Celle GA **1955** 184; OLG Schleswig SchlHA **1959** 271; OLG Oldenburg GA **1961** 189; OLG Hamburg MDR **1963** 689.
[3] Vgl. dazu *Pohlmann* StVollstrO³, § 38 Anm. I 2 c.
[4] BVerfGE **29** 312 = Rpfleger **1971** 61 mit zust. Anm. *Pohlmann*; *Pohlmann/Jabel* § 39 a, 1.

[5] Vgl. OLG Karlsruhe Justiz **1971** 251; LR-*Schäfer*²² § 450 Anm. I 6 c; *Pohlmann* Rpfleger **1971** 61; vgl. auch LK-*Tröndle* § 51, 74.
[6] BTDrucks. 7 551 S. 147 Nr. 22.
[7] BTDrucks. 7 551 S. 156 Zu 22.
[8] BTDrucks. 7 2600 S. 9, 44.
[9] *Pohlmann/Jabel* § 39 a, 3.

StGB. Die DDR ist nicht Ausland i. S. dieser Vorschrift[10]; gleichwohl müssen in der DDR erlittene Freiheitsentziehungen einer ausländischen gleichgestellt werden, da die Gerichte der DDR keine Gerichtshoheit der Bundesrepublik ausüben[11].

Der Begriff des Auslieferungsverfahrens ist dabei **weit auszulegen**. Es ist weder er- **6** forderlich, daß im Ausland ein förmliches Verfahren zur Prüfung der Auslieferungsvoraussetzungen betrieben wird, noch daß die Auslieferung im Rahmen eines mit dem betreffenden Land bestehenden Rechtshilfeabkommens erfolgt, noch daß die Vollstreckungsbehörde bereits Fahndungsmaßnahmen (§ 457, §§ 33, 34 StVollstrO) ergriffen hätte oder ein Sicherungshaftbefehl (§ 453 c) erlassen worden wäre. Ein Auslieferungsverfahren ist selbst dann gegeben, wenn eine ausländische Behörde den Verurteilten wegen Verdachts einer im Ausland begangenen Tat aus eigner Initiative ergriffen und, nachdem sich der Verdacht einer Flucht vor der deutschen Strafvollstreckung ergeben, die Haft zur Prüfung der Auslieferungsvoraussetzungen aufrechterhalten hat. Wesentlich ist nur, daß die behördliche Freiheitsentziehung im Ausland zu dem Zweck veranlaßt worden ist, den Verurteilten der deutschen Strafvollstreckung zuzuführen[12]. Die Voraussetzungen des Absatzes 1 sind also z. B. nicht gegeben, wenn der Verurteilte nach vorausgegangener Inhaftierung nur als lästiger Ausländer abgeschoben wird. Lagen der Freiheitsentziehung zunächst andere Erwägungen zugrunde, ist sie erst von dem Zeitpunkt ab anzurechnen, wo die ausländische Behörde die Freiheitsentziehung zwecks Auslieferung zur Strafvollstreckung aufrechterhalten hat.

2. Anrechnung auch bei Nichtauslieferung. Die Anrechnung ist **unabhängig** da- **7** von, ob es **tatsächlich** zur Auslieferung kommt. Erlittene Freiheitsentziehung ist mithin auch anzurechnen, wenn der Verurteilte von der ausländischen Strafverfolgungsbehörde in Auslieferungshaft genommen, demnächst aber auf freien Fuß gesetzt wurde, weil das zuständige Gericht seine Auslieferung ablehnte[13].

3. Gegenstand der Anrechnung ist nur die im Ausland, d. h. im ausländischen Ge- **8** wahrsam erlittene Freiheitsentziehung. Wird der Festgenommene den deutschen Beamten überstellt, so beginnt nach § 38 Buchst. b StVollstrO die Strafzeit mit seiner Übernahme durch deutsche Beamte[14]. Die Anrechnung ist unabhängig davon ("auch ... anzurechnen ..."), ob eine Anrechnung nach § 450 Abs. 1 erfolgt war.

a) Anrechnung bei Zusammentreffen bei Vollstreckungs- und Verfolgungsausliefe- 9 rung (Satz 2). Erfolgt die Auslieferung zugleich zur Strafverfolgung, so schließt dies nach § 450 a Abs. 1 Satz 2 die Anrechnung auf die zu vollstreckende Strafe nicht aus. Ist eine Trennung der ausländischen Freiheitsentziehung in einen Teil, der auf die Vollstreckungsauslieferung, und den Teil, der auf die Verfolgungsauslieferung (§ 51 Abs. 3 Satz 2 StGB) entfällt, nicht möglich, so hat die Anrechnung nach § 450 a den Vorrang[15]; nur der nicht verbrauchte Teil könnte im künftigen Strafverfahren Gegenstand einer Anrechnung nach § 51 Abs. 3 Satz 2 StGB sein. Eine Doppelanrechnung der ausländischen Freiheitsentziehung sowohl auf die zu vollstreckende wie die noch zu erkennende Strafe ist im übrigen naturgemäß ausgeschlossen (KMR-*Müller* 2).

[10] *Dreher/Tröndle*[42] § 51, 17; KK-*W. Müller* 2.
[11] *Schönke/Schröder/Stree*[22] § 51, 29.
[12] *Pohlmann/Jabel* § 39 a, 2; KK-*W. Müller* 3; KMR-*Müller* 1.
[13] Vgl. die BVerfGE **29** 312 und OLG Stuttgart Justiz **1971** 251 zugrundeliegenden Fälle sowie *Pohlmann/Jabel* § 39 a, 3 Abs. 2.

[14] KK-*W. Müller* 7; KMR-*Müller* 4; **a. A** wohl *Pohlmann/Jabel* § 39 a, 3.
[15] BGH NStZ **1985** 497; *Wetterich/Hamann* 199; KK-*W. Müller* 5; KMR-*Müller* 2; *Kleinknecht/Meyer*[37] 1.

Günter Wendisch

10   **b) Anrechnung bei Auslieferung wegen Vollstreckung mehrerer Strafen.** Für den Fall der Vollstreckung mehrerer Strafen enthält § 450 a Abs. 2 eine Anrechnungsregel, nach der die Höhe der Strafe den Ausschlag gibt. „Höchste Strafe" (d. h. höchste Freiheitsstrafe; vgl. Absatz 1 Satz 1) ist die höchste erkannte Strafe ohne Rücksicht auf die Höhe eines etwa noch zu vollstreckenden Restes. Wird die ausländische Freiheitsentziehung, weil ihre Dauer die der höchsten Strafe überschreitet, durch die Anrechnung nicht vollständig verbraucht, so erfolgt die Anrechnung der überschießenden ausländischen Freiheitsentziehung auf die nächsthöhere noch zu vollstreckende Strafe[16].

11   **c) Weiterer Fall.** Wegen eines weiteren Falles einer Anrechnung auf die Strafzeit nach Rechtskraft des Urteils vgl. § 56 f Abs. 3 Satz 2, § 56 g Abs. 2 Satz 3 StGB und dazu OLG Hamburg MDR **1976** 158.

12   **4. Abschiebehaft.** Die von dem später Verurteilten im Ausland erlittene Abschiebehaft wird bei der Strafzeit nicht angerechnet[17].

III. Nichtanrechnung (Absatz 3)

13   **1. Antrag der Staatsanwaltschaft.** Nach dem dem § 51 Abs. 1 Satz 2 StGB nachgebildeten **§ 450 a Abs. 3 Satz 1** kann das Gericht — regelmäßig die Strafvollstreckungskammer[18] (§ 462 Abs. 1 Satz 1, § 462 a Abs. 1 Satz 2, Abs. 2 Satz 1) — anordnen, daß die Anrechnung ganz oder teilweise unterbleibt. Geht es dagegen um die Feststellung der zu vollstreckenden Strafe aufgrund einer Bewilligungseinschränkung bei der Einlieferung, dann ist das Gericht des ersten Rechtszugs zuständig[19].

14   **Verfahrensrechtliche Voraussetzung** ist ein Antrag der Staatsanwaltschaft als Strafverfolgungsbehörde; soweit diese — wie z. B. nach §§ 82 ff JGG — nicht Vollstreckungsbehörde ist, wirkt sie auf eine Prüfung hin, ob ein Antrag gestellt werden soll (§ 39 a Abs. 2 StVollstrO). Im übrigen kommt in zeitlicher Hinsicht als Nichtanrechnungsgrund nur ein solches Verhalten des Verurteilten in Betracht, das nach dem Erlaß des Urteils liegt, in dem die dem Urteil zugrundeliegenden tatsächlichen Feststellungen letztmalig geprüft werden konnten (vgl. § 55 Abs. 1 Satz 2 StGB), das also nicht mehr Gegenstand einer Nichtanrechnungsanordnung nach § 51 Abs. 1 Satz 2 StGB sein konnte; ein vorangegangenes Verhalten, das noch vor Rechtskraft der Verurteilung eine Nichtanordnung der Freiheitsentziehung im Erkenntnisverfahren hätte rechtfertigen können, scheidet als Nichtanrechnungsgrund im Vollstreckungsstadium aus.

15   **2. Nicht gerechtfertigtes Verhalten.** Als ein Verhalten, das die Anrechnung der ausländischen Freiheitsentziehung nicht gerechtfertigt erscheinen läßt, wird man die bloße Flucht ins Ausland, um sich der Strafvollstreckung zu entziehen, nicht ansehen können, vielmehr dürfte das gerade der typische Fall sein, der die automatische Anrechnung nach § 450 a Abs. 1 begründet. Genausowenig wie sonst Fluchtvorbereitungen oder auch ein Fluchtversuch regelmäßig die Versagung der Anordnung von Untersuchungshaft zu rechtfertigen vermögen, erscheint auch die Nichtanrechnung einer ausländischen Freiheitsentziehung nur dann vertretbar, wenn erschwerende Umstände hinzutreten, wie etwa ein gewalttätiger Ausbruch aus der Strafanstalt, die Verbringung der

---

[16] KK- *W. Müller* 9; KMR-*Müller* 3.
[17] OLG Frankfurt NJW **1980** 537; OLG Koblenz GA **1981** 575; KK- *W. Müller* 4; *Kleinknecht/Meyer*[37] 1.

[18] *Katholnigg* NStZ **1982** 195; KK-*W. Müller* 5; KMR-*Müller* 7; *Kleinknecht/Meyer*[37] 2.
[19] OLG Hamm NJW **1979** 603; *Kleinknecht/Meyer*[37] 3.

Verbrechensbeute ins Ausland oder eine böswillige Verschleppung des Strafvollstrek-kungsverfahrens[20].

3. Gegenstand der Entscheidung nach Absatz 3 Satz 1 ist nur die Frage der An- **16** rechnung oder Nichtanrechnung wegen des Verhaltens des Verurteilten. Die Frage, ob und in welchem Umfang eine Freiheitsentziehung i. S. des § 450 a Abs. 1 vorliegt, gehört zur Strafzeitberechnung (§ 458 Abs. 1).

§ 451

(1) Die Strafvollstreckung erfolgt durch die Staatsanwaltschaft als Vollstreckungsbe-hörde auf Grund einer von dem Urkundsbeamten der Geschäftsstelle zu erteilenden, mit der Bescheinigung der Vollstreckbarkeit versehenen, beglaubigten Abschrift der Urteils-formel.

(2) Den Amtsanwälten steht die Strafvollstreckung nur insoweit zu, als die Landesju-stizverwaltung sie ihnen übertragen hat.

(3) [1]Die Staatsanwaltschaft, die Vollstreckungsbehörde ist, nimmt auch gegenüber der Strafvollstreckungskammer bei einem anderen Landgericht die staatsanwaltschaftli-chen Aufgaben wahr. [2]Sie kann ihre Aufgaben der für dieses Gericht zuständigen Staats-anwaltschaft übertragen, wenn dies im Interesse des Verurteilten geboten erscheint und die Staatsanwaltschaft am Ort der Strafvollstreckungskammer zustimmt.

Schrifttum. *Doller* Organisation und Geschäftsgang der Strafvollstreckungskammern, DRiZ **1976** 169; *Katholnigg* Zur Zuständigkeit der Staatsanwaltschaft in der Strafvollstreckung, NStZ **1982** 195; *Lampe* Anlaufschwierigkeiten des neuen Strafverfahrensrechts (Streitfragen beim Ausschluß des Strafverteidigers und im Strafvollstreckungsrecht), MDR **1975** 529; *Schmidt-Mende* Die Rechtskraftbescheinigung im Strafverfahren, Diss. Münster 1965; *Treptow* Das Verfahren der Strafvollstreckungskammern, NJW **1975** 1105.

Entstehungsgeschichte. Die als § 483 Gesetz gewordene Vorschrift hat ihre jetzige Bezeichnung durch die Bekanntmachung 1924 erhalten. Vor diesem Zeitpunkt lautete ihr Absatz 2: Den Amtsanwälten steht die Strafvollstreckung nicht zu. Erstmalig — wenn auch in beschränktem Umfang — übertragen wurde sie ihnen durch Art. VI § 1 des Ge-setzes zur Entlastung der Gerichte vom 11. 3. 1921 — RGBl. 229, 233; die jetzige Fas-sung beruht auf der Bekanntmachung 1924. Durch Art. 21 Nr. 120 EGStGB 1974 wur-den in Absatz 1 hinter „Staatsanwaltschaft" die Worte „als Vollstreckungsbehörde" ein-gefügt und der bisherige Absatz 3 („Für die zur Zuständigkeit der Amtsgerichte gehö-renden Sachen kann durch Anordnung der Landesjustizverwaltung die Strafvollstrek-kung den Amtsrichtern übertragen werden") durch den jetzigen Absatz 3 ersetzt.

---

[20] Vgl. dazu OLG Hamburg MDR **1979** 603;
OLG Zweibrücken GA **1983** 280 = OLGSt
n. F. § 450 a StPO, 1; KK- *W. Müller* 10.

Günter Wendisch

Übersicht

I. Begriff

1   Wegen des Begriffs der Strafvollstreckung und, soweit es sich um Freiheitsentziehung (Strafe, Jugendstrafe, freiheitsentziehende Maßregeln der Besserung und Sicherung) handelt, der Abgrenzung der Strafvollstreckung vom Strafvollzug s. Vor § 449, 1 ff; 7 ff. Wegen Einzelheiten, insbes. über die der Vollstreckungsbehörde bei der Vollstreckung von Freiheitsstrafen obliegende Strafberechnung s. unten Rdn. 55 ff.

II. Vollstreckungsbehörde (Absatz 1)

1. Grundsatz. Der Gedanke, die Tätigkeit der Gerichte grundsätzlich auf Recht- **2** sprechungsaufgaben zu beschränken (§ 4 Abs. 1 DRiG), hat — in Verfolg des in § 36 Abs. 2 Satz 1 ausgesprochenen Grundsatzes (§ 36, 14) — dazu geführt, die Vollstreckung der Staatsanwaltschaft — und zwar, wie sich aus § 451 Abs. 2 ergibt, der Staatsanwaltschaft bei den Kollegialgerichten — zuzuweisen und den Gerichten im Stadium der Strafvollstreckung nur insoweit Aufgaben zu übertragen, als gerichtliche Nachtragsentscheidungen und Nachverfahren erforderlich sind (Vor § 449, 1; § 453, 3) und als Zweifelsfragen auftauchen, bei denen eine Klärung durch Entscheidung des unabhängigen Gerichts wünschenswert erscheint. Jedoch ist dieser Grundsatz nach zwei Richtungen durchbrochen:

2. Ausnahmen
a) Entscheidung über Aufschub eines Berufsverbots sowie über Zahlungserleichte- 3 rungen. Während die Entscheidung über Strafaufschub aus persönlichen Gründen nach § 456 zunächst der Vollstreckungsbehörde zusteht und eine gerichtliche Entscheidung nach § 458 Abs. 2 erst zulässig ist, wenn die Vollstreckungsbehörde ein entsprechendes Gesuch abgelehnt hat und der Verurteilte dagegen Einwendungen erhebt, kann nach § 456 c schon bei Erlaß des Urteils das Gericht das Wirksamwerden eines Berufsverbots aufschieben; ebenso kann über **Zahlungsfristen und Ratenzahlung** bei Geldstrafen schon im Urteil entschieden (§ 42 StGB) und in Härtefällen die Nichtvollstreckung der Ersatzfreiheitsstrafe nachträglich vom Gericht angeordnet werden (§§ 459 d, 459 f).

b) Überwachung der Lebensführung des Verurteilten. Nach Strafaussetzung zur **4** Bewährung (§§ 56 bis 58 StGB) obliegt die Vollstreckung, soweit sie in der Überwachung der Lebensführung des Verurteilten besteht, dem Gericht (§§ 453 b, 454 Abs. 3).

3. Staatsanwaltschaft als Vollstreckungsbehörde. Um deutlicher zu machen, daß **5** Vollstreckungsbehörde i. S. der Strafprozeßordnung nur die Staatsanwaltschaft ist — und nicht etwa auch die in der Justizbeitreibungsordnung (§ 459, 2) ebenso bezeichneten Stellen, die bei der Vollstreckung von Geldstrafen mitwirken —, ist in der durch Art. 21 Nr. 120 EGStGB 1974 ergänzten Fassung des § 451 Abs. 1 ausgesprochen, daß die Strafvollstreckung „durch die Staatsanwaltschaft als Vollstreckungsbehörde" erfolgt (Begr. zu Art. 19 Nr. 110 des RegEntw. BTDrucks. 7 550).

4. Vollstreckungsbehörde nach dem Jugendgerichtsgesetz (§§ 82 bis 89, § 110 6 JGG). Das Jugendgerichtsgesetz hat — im Zeichen der Erziehungsstrafe — dem Jugendrichter auch die Aufgaben der Vollstreckungsbehörde zugewiesen und ihm in dieser Eigenschaft die Bezeichnung **Vollstreckungsleiter** beigelegt; er vollstreckt insoweit auch die Entscheidungen, die gegen den Jugendlichen von einem Erwachsenengericht erlassen worden sind (OLG München MDR **1957** 437). Für den Jugendarrest ist der Jugendrichter als Vollstreckungsleiter auch **Vollzugsleiter** (§ 85 Abs. 1, § 90 Abs. 2 Satz 2 JGG; § 2 JAVollzO); bei dem Vollzug von Jugendstrafe ist zwar Vollzugsleiter der Leiter der Jugendstrafanstalt; der Vollstreckungsleiter — der Jugendrichter eines in deren Nähe gelegenen Amtsgerichts (§ 85 Abs. 2 JGG) — hat sich aber nach VI Nr. 7 der Richt-

Günter Wendisch

linien zu §§ 82 bis 85 JGG mit der Wesensart der einzelnen Jugendlichen vertraut zu machen und deren Entwicklung im Vollzug zu verfolgen; er hat mit dem Vollzugsleiter und den Beamten der Jugendstrafanstalt Fühlung zu halten und an Vollzugsangelegenheiten von größerer Bedeutung beratend teilzunehmen. Der Jugendrichter nimmt als Vollstreckungsleiter grundsätzlich Justizverwaltungsaufgaben wahr und ist insoweit weisungsgebunden (II 5 RiJGG). §§ 83, 112 c Abs. 3 JGG erklären jedoch gewisse besonders bedeutsame Entscheidungen des Vollstreckungsleiters für **jugendrichterliche Entscheidungen;** diese Entscheidungen trifft also der Vollstreckungsleiter in richterlicher Unabhängigkeit.

7   **5. Amtsanwälte (Absatz 2).** Wie schon in der Entstehungsgeschichte ausgeführt, waren die Amtsanwälte zunächst von jeder Strafvollstreckung ausgeschlossen. Nach den Motiven[1] war entscheidend die Erwägung, daß das Personal der Amtsanwaltschaft „vielleicht nicht überall die ausreichende Gewähr für eine angemessene Strafvollstreckung geben wird". Wegen der Unhaltbarkeit dieser Begründung hat der Gesetzgeber mit der Bekanntmachung 1924 zwar eine beschränkte Übertragung auf die Amtsanwälte vorgesehen; jedoch haben die Landesjustizverwaltungen — mit Ausnahme von Bayern (BayJMBl. **1968** 103) — davon keinen Gebrauch gemacht. Sie ist wegen § 145 Abs. 2 GVG nur in den zur Zuständigkeit des Amtsgerichts gehörenden Sachen möglich.

III. Sachliche Zuständigkeit

8   Welche Staatsanwaltschaft sachlich als Vollstreckungsbehörde zuständig sein soll, ist — von der negativen Vorschrift in § 451 Abs. 2 abgesehen — in der Strafprozeßordnung nicht bestimmt, so daß insoweit die oberste Justizverwaltungsbehörde Bestimmung treffen kann. Das ist in § 4 StVollstrO geschehen. Danach ist Vollstreckungsbehörde

1. die Staatsanwaltschaft beim Landgericht, soweit nichts anderes bestimmt;

2. die Staatsanwaltschaft beim Oberlandesgericht, wenn dieses im ersten Rechtszug erkannt hat und nicht ein Fall der Nr. 3 vorliegt;

3. der Generalbundesanwalt beim Bundesgerichtshof in Sachen, in denen im ersten Rechtszug in Ausübung von Gerichtsbarkeit des Bundes entschieden worden ist (Art. 96 Abs. 5 GG, §§ 120, 142 a GVG). Vgl. dazu § 452, 1.

IV. Notzuständigkeit

9   Eine Durchbrechung der in § 4 StVollstrO bestimmten sachlichen Vollstreckungszuständigkeit (oben Rdn. 8) gestattet bei Dringlichkeit von Vollstreckungsmaßnahmen

§ 6 StVollstrO

Ist die sachlich zuständige Vollstreckungsbehörde nicht alsbald erreichbar, so kann anstelle der Staatsanwaltschaft beim Landgericht die Staatsanwaltschaft beim Oberlandesgericht dringende Strafvollstreckungsanordnungen treffen.

10   § 6 VollStrO enthält **keine abschließende Regelung,** sondern behandelt nur den praktisch wichtigsten Fall[2]; so kann z. B. nach dem Grundsatz des § 143 Abs. 2 GVG der Generalstaatsanwalt innerhalb seines Bezirks bei Dringlichkeit die Vollstreckungsauf-

---

[1] Vgl. *Hahn* Mat. **1** 253, 1123; **2** 1436.   [2] *Pohlmann/Jabel* § 6, 2.

gaben des Generalbundesanwalts und des Oberstaatsanwalts, der Oberstaatsanwalt (innerhalb seines Bezirks) solche des Generalbundesanwalts wahrnehmen, während dem Generalbundesanwalt eine Notzuständigkeit für Aufgaben der Landesvollstreckungsbehörden nicht zukommt, da er insoweit nicht „innerhalb seines Bezirkes" i. S. des § 143 Abs. 2 GVG handeln kann.

V. Örtliche Zuständigkeit

1. **§ 7 StVollstrO.** Die örtliche Zuständigkeit der Vollstreckungsbehörden wird bestimmt durch **11**

§ 7 StVollstrO

(1) Die örtliche Zuständigkeit der Vollstreckungsbehörde bestimmt sich nach dem Gericht des ersten Rechtszuges (vgl. § 143 Abs. 1 GVG).

(2) [1]Hat das Revisionsgericht in den Fällen des § 354 Abs. 2 und des § 354 a StPO eine Sache unter Aufhebung des Urteils zur Verhandlung und Entscheidung an ein anderes Gericht zurückverwiesen, so bestimmt sich die Zuständigkeit der Vollstreckungsbehörde nach diesem Gericht. [2]Ist im Wiederaufnahmeverfahren eine Entscheidung nach § 373 StPO ergangen, so bestimmt sich die Zuständigkeit der Vollstreckungsbehörde in den Fällen des § 140 a Abs. 1, 3 Satz 2 GVG nach dem Gericht, das die Entscheidung getroffen hat.

(3) Ist die örtlich zuständige Vollstreckungsbehörde nicht alsbald erreichbar, so kann dringliche Vollstreckungsmaßnahmen auch eine örtlich unzuständige Vollstreckungsbehörde treffen (vgl. § 143 Abs. 2 GVG).

2. **Einzelfragen.** **§ 143 GVG** regelt die örtliche Zuständigkeit der Staatsanwalt- **12** schaft für alle Aufgaben, die ihr die Strafprozeßordnung zuweist, also auch für die Strafvollstreckung. Im Fall eines **Kompetenzkonflikts** zweier Vollstreckungsbehörden entscheidet die höhere Vollstreckungsbehörde[3], d. h. regelmäßig der Generalstaatsanwalt (§ 147 GVG, § 21 Buchst. a StVollstrO). Das gilt auch, soweit die Strafvollstreckung dem Rechtspfleger übertragen ist. Auch der Jugendrichter als Vollstreckungsleiter (§ 82 JGG) untersteht in dieser Eigenschaft der Dienstaufsicht des Generalstaatsanwalts, es sei denn, daß er nach § 83 Abs. 1 JGG entscheidet[4]. Eine gerichtliche Entscheidung findet nicht statt.

Unanwendbar ist auch § 143 Abs. 3 GVG, der nur den Streit über die örtliche Zu- **13** ständigkeit bei der *Verfolgung* betrifft und dem Generalbundesanwalt die Entscheidung zuweist, wenn kein gemeinsamer Vorgesetzter der sich streitenden Staatsanwaltschaften verschiedener Länder vorhanden ist[5]; ein entsprechender Streit um die Vollstreckungszuständigkeit kann nur dadurch beigelegt werden, daß die betreffenden Landesjustizverwaltungen sich untereinander einigen. Die Notzuständigkeit aus § 7 Abs. 3 StVollstrO, § 143 Abs. 2 GVG kann (innerhalb der sachlichen Zuständigkeit — §§ 4, 6 StVollstrO — und innerhalb des Bezirks der eingreifenden Vollstreckungsbehörde, § 143 Abs. 2 GVG) auch zugunsten der örtlich zuständigen Vollstreckungsbehörde eines anderen Landes ausgeübt werden[6], ohne daß es eines Ersuchens um Vollstreckungshilfe (Rdn. 15) bedarf.

[3] KK- *W. Müller* 6; *Kleinknecht/Meyer*[37] 5; 14.
[4] *Pohlmann/Jabel* § 21, 3; KK- *W. Müller* 6; *Kleinknecht/Meyer*[37] 14.
[5] *Wetterich/Hamann* 29; KK- *W. Müller* 4; *Kleinknecht/Meyer*[37] 5; 14.
[6] *Wetterich/Hamann* 28; KK- *W. Müller* 4; *Kleinknecht/Meyer*[37] 4.

Günter Wendisch

14   Wegen der örtlichen und sachlichen Zuständigkeit der Strafvollstreckungsbehörde bei der Vollstreckung aus Urteilen deutscher Gerichte, an deren Sitz deutsche Gerichtsbarkeit nicht mehr ausgeübt wird, vgl. § 17 Abs. 2 ZustErgG. Die Regelung des § 143 Abs 2 GVG entspricht den in der Rechtsprechung anerkannten Grundsätzen[7].

VI. Vollstreckungshilfe

15   **1. Rechtsgrundlage** ist

§ 9 StVollstrO

(1) [1]Soll eine Vollstreckungsanordnung außerhalb des Landes, in dem die Vollstreckungsbehörde ihren Sitz hat, durch eine Landesbehörde durchgeführt werden, so ist die hierfür örtlich zuständige Staatsanwaltschaft des anderen Landes um Vollstreckungshilfe zu ersuchen. [2]Die Zuständigkeit bestimmt sich bei Ersuchen um Vollstreckung von Freiheitsstrafen nach den §§ 162, 163 GVG; in den übrigen Fällen sind diese Bestimmungen sinngemäß anzuwenden. [3]Unberührt bleiben § 48 (Einforderung und Beitreibung von Geldstrafen) und § 57 (Vollstreckung von Nebenfolgen, die zu einer Geldzahlung verpflichten).

(2) Der Generalbundesanwalt kann in den Fällen, in denen er Vollstreckungsbehörde ist, unmittelbar vollstrecken.

2. Verhältnis der §§ 162, 163 GVG[8] zu anderen Vorschriften

16   **a) Vorschriften der Strafvollstreckungsordnung.** § 9 Abs. 1 StVollstrO befaßt sich nur mit dem Fall, daß Vollstreckungsmaßnahmen **außerhalb des Landes,** in dem die Vollstreckungsbehörde ihren Sitz hat, durchgeführt werden sollen, und es hierzu der Mitwirkung einer anderen Vollstreckungsbehörde bedarf. Nach §§ 162, 163 GVG hat die Strafvollstreckungsbehörde, wenn es um die Vollstreckung einer Freiheitsstrafe geht und der Verurteilte sich **außerhalb ihres Bezirks** aufhält — gleichviel ob in dem Land, dem die Vollstreckungsbehörde angehört oder in einem anderen Land — die Wahl, ob der Vollzug in der für den Bezirk des Aufenthaltsorts oder in der für den Bezirk der Vollstreckungsbehörde nach dem Vollstreckungsplan (§ 152 StVollzG, § 22 StVollstrO) zuständigen Vollzugsanstalt durchgeführt werden soll. Im ersteren Fall ersucht sie die landgerichtliche Staatsanwaltschaft des Bezirks um die Vollstreckung der Strafe (§ 162 GVG), in dem sich der Verurteilt bei Einleitung der Vollstreckung befindet, im letzteren Fall ersucht sie diese nach § 163 GVG um Ergreifung und Überführung des Verurteilten in die für den Bezirk der Vollstreckungsbehörde zuständige Vollzugsanstalt.

17   In diesen Rechtszustand greift die Strafvollstreckungsordnung ein. Nach **§ 24 Abs. 1 Satz 1 StVollstrO** richtet sich, wenn sich ein Verurteilter bei Einleitung der Strafvollstreckung **auf freiem Fuß** befindet, die örtliche Zuständigkeit der Vollzugsanstalt nach dem Gerichtsbezirk, in dem der Verurteilte wohnt oder sich aufhält. Damit ist die aus §§ 162, 163 GVG sich ergebende Möglichkeit der Wahl zwischen einer Vollstreckung in der für den Bezirk des Aufenthaltsorts oder in der für den Bezirk der Vollstreckungsbehörde zuständigen Vollzugsanstalt beseitigt. Das ist unbedenklich zulässig, denn die höhere Vollstreckungsbehörde (die Landesjustizverwaltung) kann die Strafvollstreckungsbehörde allgemein anweisen, die Wahlmöglichkeit in einem bestimmten Sinn auszuüben[9]. Im übrigen geht § 24 Abs. 1 StVollstrO auch insofern über § 162 GVG hinaus, als letzterer nur auf den Aufenthaltsort abstellt, während nach § 24 Abs. 1

---

[7] OLG Celle NdsRpfl. **1955** 39; **1958** 219; OLG Hamm Rpfleger **1956** 339; OLG München MDR **1957** 53.

[8] Vgl. insoweit die dort. Erläuterungen.

[9] *Pohlmann* Rpfleger **1958** 215; *Pohlmann/ Jabel* § 24, 3 ff.

StVollstrO der Aufenthaltsort gleichrangig neben dem Wohnort steht. Die Vollstrekkungsbehörde kann sich also mit dem Ersuchen um Vollstreckungshilfe je nach Zweckmäßigkeit an die Staatsanwaltschaft des Aufenthalts- oder des Wohnorts wenden. Jedoch ist der Wohnort maßgebend, wenn durch den Vollzug in der Nähe der Heimat die Sorge für die Zeit nach der Entlassung und die Wiedereingliederung wesentlich erleichtert werden (§ 24 Abs. 2 StVollstrO). Auch diese Abweichung von § 162 GVG begegnet keinen Bedenken; sie entspricht seinem Zweck, nicht nur überflüssige Transporte zu vermeiden, sondern auch dem Verurteilten zu ersparen, daß er die Strafe weitab von dem bisherigen Bereich seiner Lebensbeziehungen verbüßen muß (vgl. die Erl. zu § 162 GVG).

Ist ein Verurteilter bei Einleitung der Vollstreckung **behördlich verwahrt** (z. B. in **18** Untersuchungshaft oder in anderer Sache in Strafhaft), so ist nach § 24 Abs. 1 Satz 2 StVollstrO für die örtliche Zuständigkeit der Vollzugsanstalt der Verwahrungsort maßgebend, wenn es sich um eine Strafe mit einer Vollzugsdauer bis zu sechs Monaten handelt (§ 24 Abs. 2 StVollstrO); andernfalls richtet sich die Zuständigkeit nach dem Gerichtsbezirk des Wohnorts oder des letzten Aufenthaltsorts mit dem vorerwähnten Vorrang des Wohnorts bei wesentlicher Erleichterung der Resozialisierung. Wird eine Strafe mit einer Vollzugsdauer von mehr als sechs Monaten in einer für den Aufenthaltsort zuständigen Anstalt vollzogen, so ist der Verurteilte in die für den Wohnort zuständige Anstalt zu verlegen, wenn er es binnen zwei Wochen nach Vollzugsbeginn beantragt; auf das Antragsrecht wird er bei Vollzugsbeginn hingewiesen (§ 24 Abs. 1 Satz 3 und 4 StVollstrO).

b) Ländervereinbarung 1965. Befindet sich der Verurteilte auf freiem Fuß und **19** liegt die nach § 24 Abs. 1 StVollstrO örtlich zuständige Vollzugsanstalt **innerhalb des Landes,** dem die Vollstreckungsbehörde angehört, so lädt ihn die Vollstreckungsbehörde **unmittelbar** zum Strafantritt in diese Vollzugsanstalt (§ 27 Abs. 1 StVollstrO); es bedarf also der in §§ 162, 163 GVG vorgesehenen Inanspruchnahme der Vollstrekkungshilfe der Staatsanwaltschaft des Aufenthalts- oder Wohnorts nicht, wenn dieser Ort zwar außerhalb des Bezirks der Strafvollstreckungsbehörde, aber im eigenen Land liegt[10]. Nach dieser Vorschrift wird auch verfahren, wenn der Verurteilte sich zwar außerhalb des Landes aufhält, sein Wohnort aber im Land der Vollstreckungsbehörde liegt und diese ihn gemäß § 24 Abs. 1 StVollstrO in die für den Wohnort örtlich zuständige Vollzugsanstalt lädt.

Befindet sich der Aufenthalts- oder **Wohnort** dagegen **außerhalb des eigenen Lan** **20** **des,** und soll die Strafe in einer Vollzugsanstalt des anderen Landes vollzogen werden, so könnte die Vollstreckung an sich nur durch Ersuchen an die hierfür örtlich zuständige Staatsanwaltschaft des anderen Landes um Vollstreckungshilfe betrieben werden (§ 9 Abs. 1 StVollstrO). Nach der Ländervereinbarung zur Vereinfachung und Beschleunigung der Strafvollstreckung[11] sind indessen die Strafvollstreckungsbehörden befugt, Verurteilte, die sich innerhalb eines anderen Landes auf freiem Fuß befinden, **unmit** **telbar** (also ohne die Amtshilfe einer anderen Vollstreckungsbehörde in Anspruch zu nehmen) **zum Strafantritt** in die nach dem Vollstreckungsplan des anderen Landes zuständige Vollzugsanstalt **zu laden** und durch ein Aufnahmeersuchen in diese einzuweisen. Hat sich der Verurteilte auf die unmittelbare Ladung nicht gestellt und hat die Vollstreckungsbehörde deshalb einen Vorführungs- oder Haftbefehl nach § 457 erlassen, so

---

[10] Wegen der Zulässigkeit eines solchen Verzichts auf Vollstreckungshilfe vgl. die Erläuterungen zu § 163 GVG.

[11] Vom 13. 1. 1965, abgedruckt bei *Pohlmann/* *Jabel*, Anh. 2 S. 538.

Günter Wendisch

kann sie sogar die Polizeidienststellen eines anderen Bundeslandes unmittelbar um dessen Vollstreckung ersuchen (I Abs. 2 Ländervereinb.). Zwar schließt § 33 Abs. 5 Satz 2 in Verb. mit § 9 Abs. 1 StVollstrO eine solche unmittelbare Inanspruchnahme der Polizei eines anderen Bundeslandes aus, sieht vielmehr auch dafür die Einschaltung der örtlich zuständigen Staatsanwaltschaft vor, jedoch tritt diese Regelung gegenüber der in I Abs. 2 Ländervereinb. zurück. Die abweichenden Vorschriften der §§ 9, 33 Abs. 5 StVollstrO finden danach erst wieder Anwendung, wenn ein Land, wie dies IV Abs. 2 der Vereinbarung ermöglicht, diese kündigt; eine solche Kündigung berührt aber nicht die Weitergeltung der Vereinbarung zwischen den anderen Ländern, die an ihr festhalten. Die Vereinbarung gilt nicht für die Vollstreckung freiheitsentziehender Maßregeln der Besserung und Sicherung.

21   Ist der **Vollzug unterbrochen** worden, so wird er in derselben Vollzugsanstalt fortgesetzt, in der sich der Verurteilte bis zur Unterbrechung befunden hat[12].

22   **c) Vollstreckung von Urteilen gegen Soldaten.** Urteile gegen Soldaten der Bundeswehr kann die Vollstreckungsbehörde im Rahmen des Art. 5 EGWStG (Vor § 449, 31) ohne Rücksicht auf Landesgrenzen unmittelbar in einer Anstalt der Bundeswehr vollziehen lassen. Ein Ersuchen nach § 9 Abs. 1 StVollstrO ist nur erforderlich, wenn eine Vollstreckungsanordnung in einem anderen Bundesland durch eine Landesbehörde durchgeführt werden soll[13].

23   **d) Freiheitsentziehende Maßregeln und andere Rechtsfolgen.** Die §§ 162, 163 GVG betreffen nur die Vollstreckungshilfe bei der Vollstreckung von Freiheitsstrafen[14]. § 9 StVollstrO gilt dagegen sinngemäß auch für die Vollstreckung der freiheitsentziehenden Maßregeln der Besserung und Sicherung[15]. **Unanwendbar** ist er dagegen bei der Vollstreckung von Geldstrafen und Nebenfolgen einer Tat, die zu einer Geldzahlung verpflichten[16] und ebenso bei Verfall, Einziehung, Unbrauchbarmachung oder Vernichtung, soweit diese einer Vollstreckung durch Wegnahme des Gegenstandes aus dem Besitz des Verurteilten bedarf, da hier die Anordnung durch unmittelbare Beauftragung des Vollziehungsbeamten vollstreckt wird (§ 160 GVG, § 459 g StPO, § 61 StVollstrO).

24   **e) Adressat des Vollstreckungshilfeersuchens** ist stets die Staatsanwaltschaft beim Landgericht (vgl. die Erl. zu § 163 GVG).

25   **f) Vollstreckungshilfe im Verhältnis zur DDR.** Wegen der Vollstreckungshilfe gegenüber den Vollstreckungsbehörden der DDR vgl. das Gesetz über die innerdeutsche Rechts- und Amtshilfe in Strafsachen vom 2. 5. 1953 — BGBl. I 161 —).

26   **g) Generalbundesanwalt als Vollstreckungsbehörde (§ 4 Buchst. c StVollstrO).** Der Generalbundesanwalt kann die in Ausübung von Gerichtsbarkeit des Bundes getroffenen Entscheidungen **unmittelbar** vollstrecken (§ 9 Abs. 2 StVollstrO). Die §§ 162, 163 GVG gelten für ihn nicht, da sein Bezirk als Strafvollstreckungsbehörde das ganze Bundesgebiet umfaßt[17]. Solange der Bund aber keine eigenen Vollzugsanstalten hat, stehen dem Generalbundesanwalt die Vollzugsanstalten der Länder zur Verfügung, und zwar weist er — vorbehaltlich besonderer Vereinbarung mit einer Landesjustizverwaltung[18] — einen Verurteilten in die zuständige Vollzugsanstalt des Landes ein, in dem dieser zu-

---

[12] *Pohlmann* Rpfleger **1963** 1; *Pohlmann/Jabel* § 24, 32.
[13] *Pohlmann/Jabel* § 9, 15.
[14] Vgl. dazu die Erläuterungen zu § 162 GVG.
[15] *Pohlmann/Jabel* § 9, 2.

[16] Vgl. § 9 Abs. 1 Satz 3, §§ 48, 57 StVollstrO sowie die Erläuterungen zu § 163 GVG.
[17] *Pohlmann/Jabel* § 9, 18.
[18] Wegen weiterer Einzelheiten dazu vgl. *Pohlmann/Jabel* § 24, 39.

letzt gewohnt oder sich aufgehalten hat (§ 24 Abs. 5 StVollstrO). In diese Anstalt kann
der Generalbundesanwalt den auf freiem Fuß befindlichen Verurteilten unmittelbar
zum Strafantritt laden; um die Vollziehung eines Haft- oder Vorführungsbefehls kann
er die Polizeibehörden unmittelbar ersuchen. Insoweit hat § 9 Abs. 2 StVollstrO, dessen
Fassung zwischen dem Bundesministerium der Justiz und den Landesjustizverwaltungen abgestimmt ist, den Charakter einer Vereinbarung, die Art. 35 GG ergänzt[19].
Art. 35 GG allein könnte die Inanspruchnahme der Polizeibehörden eines Landes durch
den Generalbundesanwalt nicht rechtfertigen. Der Generalbundesanwalt kann sich
selbstverständlich auch der Staatsanwaltschaft eines Landes bedienen.

h) Bei Jugendstrafe kann, wie aus § 85 Abs. 2 JGG zu folgern ist, der Vollstrek- **27**
kungsleiter den Verurteilten unmittelbar in die zuständige Jugendstrafanstalt eines anderen Landes einweisen[20].

VII. Wahrnehmung der Geschäfte der Vollstreckungsbehörde

1. Übertragung auf Rechtspfleger
a) Geschichtliche Entwicklung. Nach § 451 Abs. 1 obliegt die Strafvollstreckung **28**
der Staatsanwaltschaft. Da das Amt der Staatsanwaltschaft von Staatsanwälten ausgeübt
wird (§ 142 Abs. 1 Nr. 1 und 2 GVG), folgt daraus, daß nur diese die Strafvollstrek-
kungsaufgaben wahrnehmen können. Daß dies auch der Wille des Gesetzgebers war,
erhellt aus der Entstehungsgeschichte. Die Regelung galt mehr als 40 Jahre. Ihre erste
Änderung erfuhr sie durch Art. VI § 1 Nr. III des Gesetzes vom 11. 3. 1921, der die Landesjustizverwaltungen zur Entlastung des Staatsanwalts und des Richters[21] ermächtigte, zu bestimmen, daß an Stelle des Staatsanwalts Amtsanwälte oder andere Beamte bei
der Staatsanwaltschaft, die nicht Staatsanwälte sind, selbständig die Befugnisse der Vollstreckungsbehörde wahrnehmen. Von der Übertragungsmöglichkeit machten in der Folgezeit die Landesjustizverwaltungen mehr oder weniger weitgehend Gebrauch.

Eine **reichseinheitliche Regelung** brachte § 6 StVollstrO 1935 (neugefaßt durch **29**
AV des RJM vom 13. 9. 1944, DJ 241), indem er den Kreis der übertragbaren Geschäfte
festlegte und die Stellen bezeichnete, die die Übertragung und ihren Umfang anordne-
ten. Für die Beamten, denen die selbständige Wahrnehmung von Aufgaben auf Grund
des Entlastungsgesetzes vom 11. 3. 1921 übertragen war, bildete sich, soweit sie in Wahrnehmung dieser Befugnisse handelten, die Funktionsbezeichnung „Rechtspfleger"
heraus. Das **Rechtspflegergesetz** vom 8. 2. 1957 (BGBl. I 18) regelte nur die Wahrnehmung richterlicher Aufgaben durch Rechtspfleger, befaßte sich aber nicht mit der Wahrnehmung von Aufgaben der Vollstreckungsbehörde durch Rechtspfleger. Insoweit bildeten die Vorschriften in Art. VI § 1 Nr. III und § 3 Abs. 1 EntlG, die im Rechtspflegergesetz 1957 (§ 35 Abs. 1 Nr. 1) aufrechterhalten wurden, weiterhin die gesetzliche Grundlage für die Übertragung von Geschäften der Strafvollstreckung zur selbständigen
Wahrnehmung auf Rechtspfleger. Einen weiteren Schritt der Entwicklung vollzog § 10
StVollstrO 1956, indem — abweichend von § 6 StVollstrO 1935 — die Übertragung
nicht mehr von einer besonderen Anordnung in den einzelnen Oberlandesgerichtsbezir-
ken abhängig war, die Geschäfte der Strafvollstreckung den Rechtspflegern vielmehr
unmittelbar übertragen wurde.

---

[19] Ebenso *Pohlmann/Jabel* § 9, 18.
[20] *Dallinger/Lackner* § 85, 3; *Brunner* § 85, 2 und sehr ausführlich *Pohlmann/Jabel* § 9, 11.
[21] Soweit die Regelung den Richter betraf, wird darauf nicht mehr eingegangen, weil die Vollstreckungszuständigkeit des Amtsrichters als Vollstreckungsbehörde mit dem 1. Januar 1980 entfallen ist.

30   **b)** Den **Abschluß der Entwicklung** bildet das Rechtspflegergesetz vom 5. 11. 1969[22]. Dessen § 22[23] regelt, welche **gerichtlichen Geschäfte** in Straf- und Bußgeldverfahren Rechtspflegern übertragen sind. § 31[24], der die Übertragung von **Geschäften der Staatsanwaltschaft** regelt, überträgt in Absatz 2 allgemein die der Vollstreckungsbehörde in Straf- und Bußgeldsachen obliegenden Geschäfte dem Rechtspfleger, soweit nicht durch RechtsVO des Bundesjustizministers einzelne Geschäfte von der Übertragung ausgenommen sind oder ihre Vorlage an den Staatsanwalt angeordnet ist.

31   **c) Regelung im Jugendgerichtsgesetz.** Soweit es sich um die Vollstreckung auf Grund des Jugendgerichtsgesetzes handelt, waren die Rechtspfleger zunächst von Geschäften der Vollstreckung ausgeschlossen. Dagegen bestimmte II 6 der „Richtlinien" zu §§ 82 bis 85 JGG in der seit dem 1. 1. 1963 geltenden Fassung: „Dem Rechtspfleger werden die Geschäfte der Vollstreckung übertragen, durch die eine richterliche Vollstreckungsanordnung oder eine die Leitung der Vollstreckung nicht betreffende allgemeine Verwaltungsvorschrift ausgeführt wird. Das Nähere wird durch die Anordnung der Landesjustizverwaltung bestimmt." Diese Anordnung wurde in bundeseinheitlichem Wortlaut von den Landesjustizverwaltungen mit Wirkung vom 1. 1. 1963 gesondert erlassen.

32   **2. Ausnahme von der Übertragung.** Die in Ausführung des § 31 Abs. 2 Satz 2 RpflG erlassene „VO über die Begrenzung der Geschäfte des Rechtspflegers bei der Vollstreckung in Straf- und Bußgeldsachen" vom 26. 6. 1970 — BegrenzungsVO — (BGBl. I 1992), letzte Änderung durch VO vom 16. 2. 1982 (BGBl. I 188) bestimmt:

§ 1

Ausnahmen von der Übertragung

Von Geschäften, die dem Rechtspfleger bei der Vollstreckung in Strafsachen nach § 31 Abs. 2 Satz 1 des Rechtspflegergesetzes übertragen sind, werden ausgenommen:

1. die Entscheidungen nach den §§ 455, 456 a, 456 c Abs. 2 bis 4 und § 461 Abs. 1 der Strafprozeßordnung sowie die Anträge nach § 463 c Abs. 3, 4 der Strafprozeßordnung und § 79 b des Strafgesetzbuches,

2. die Entscheidungen nach § 456 der Strafprozeßordnung, soweit sie sich auf die Vollstreckung von Freiheitsstrafe beziehen,

3. die Entscheidungen nach § 35 Abs. 1 bis 5 des Betäubungsmittelgesetzes sowie die Anträge und Stellungnahmen in den in § 35 Abs. 1, 2 und 6 Satz 2 und § 36 Abs. 5 des Betäubungsmittelgesetzes genannten Fällen,

4. die nach § 114 des Jugendgerichtsgesetzes erforderlichen Entscheidungen,

5. die Entscheidung über die Anwendbarkeit eines Straffreiheitsgesetzes,

6. die Entscheidungen über die Reihenfolge der Vollstreckung

   a) von Freiheitsstrafen und freiheitsentziehenden Maßregeln der Besserung und Sicherung

oder

   b) von mehreren freiheitsentziehenden Maßregeln der Besserung und Sicherung,

   wenn auf sie in verschiedenen Verfahren erkannt ist.

---

[22] BGBl. I 2065 mit späteren Änderungen, zuletzt durch Gesetz vom 25. 10. 1981 – BGBl. I 1425.

[23] In der Fassung von Art. 94 Nr. 4 EGStGB 1974.

[24] In der Fassung von Art. 94 Nr. 6 EGStGB 1974.

§ 2
Vorlagesachen

(1) Der Rechtspfleger legt die ihm bei der Vollstreckung in Strafsachen übertragenen Sachen dem Staatsanwalt vor, wenn

1. er von einer ihm bekannten Stellungnahme des Staatsanwalts abweichen will,

2. sich bei der Bearbeitung der Sache rechtliche Schwierigkeiten oder Bedenken gegen die Zulässigkeit der Vollstreckung ergeben,

3. ein Urteil vollstreckt werden soll, das von einem Mitangeklagten mit der Revision angefochten ist,

4. zwischen dem übertragenen Geschäft und einem vom Staatsanwalt wahrzunehmenden Geschäft ein so enger Zusammenhang besteht, daß eine getrennte Bearbeitung nicht sachdienlich ist;

5. ein Ordnungs- oder Zwangsmittel von dem Staatsanwalt verhängt ist und dieser sich die Vorlage ganz oder teilweise vorbehalten hat.

(2) [1]Die vorgelegten Sachen bearbeitet der Staatsanwalt, solange er es für erforderlich hält. Er kann die Sachen dem Rechtspfleger zurückgeben. [2]An eine dabei mitgeteilte Rechtsauffassung oder erteilte Weisung ist der Rechtspfleger gebunden.

(3) Bei der Vollstreckung in Bußgeldsachen gelten die Absätze 1 und 2 entsprechend.

3. Ergänzende Bemerkungen

a) Selbständige Wahrnehmung der Geschäfte. Nach § 10 StVollstrO 1974 gilt für **33** die Wahrnehmung der Geschäfte der Strafvollstreckung durch den Rechtspfleger § 31 des Gesetzes und die VO vom 26. 6. 1970: Die in § 31 RPflG ausgesprochene Übertragung auf den Rechtspfleger bedeutet, daß die Strafvollstreckung (mit Ausnahme der in der Begrenzungsverordnung bezeichneten Geschäfte) ohne weiteres von dem Rechtspfleger zu besorgen ist.

b) Weisungsgebundenheit. Der Rechtspfleger ist weisungsgebunden; der Staatsan- **34** walt, an dessen Stelle er tätig wird, kann ihm Weisungen nach Maßgabe des § 31 Abs. 6 Satz 2 RPflG und des § 2 BegrenzungsVO erteilen[25]. Werden gegen Maßnahmen des Rechtspflegers Einwendungen erhoben, so unterliegen sie, soweit der Rechtspfleger nicht selbst abhilft, der Aufhebung oder Abänderung durch den Staatsanwalt (§ 31 Abs. 6 Satz 1 RPflG), und zwar durch förmlichen Bescheid[26]. Nimmt der Staatsanwalt selbst ein übertragenes Geschäft wahr, so ist dieses wirksam. Dagegen ist eine von der Übertragung ausgenommene Maßnahme des Rechtspflegers unwirksam[27] und muß auf Einwendung oder von Amts wegen aufgehoben werden, was naturgemäß nicht ausschließt, daß der Staatsanwalt eine inhaltlich gleiche Maßnahme anstelle der aufgehobenen trifft.

c) Keine Ablehnung. Die Vorschriften über die Ausschließung und Ablehnung fin- **35** den — anders als beim Rechtspfleger des Gerichts nach § 10 — auf den Rechtspfleger bei Wahrnehmung von Strafvollstreckungsgeschäften so wenig Anwendung wie auf den Staatsanwalt (§ 32 in Verb. mit § 10 RPflG).

d) Vorbereitende Tätigkeiten. Die Heranziehung des Rechtspflegers zu vorberei- **36** tender Tätigkeit bei den von der Übertragung aufgenommenen Geschäften (Ermittlungen, Anfertigung des Entwurfs der Verfügung usw.) ist nicht ausgeschlossen (vgl. auch § 25 RPflG und dazu als Beispiel die Anordnung des SchlH JustMin. vom 9. 2. 1976, SchlHA 55 über die Entlastung des Staatsanwalts durch Beamte des gehobenen Justizdienstes).

---

[25] KK-*W. Müller* 16; *Kleinknecht/Meyer*[37] 12.   [27] So auch *Pohlmann/Jabel* § 10, 4.

[26] KK-W. Müller 17; *Kleinknecht/Meyer*[37] 13.

Günter Wendisch

37   **e) Gnadenverfahren.** Zur Mitwirkung im Gnadenverfahren ist der Rechtspfleger nicht berufen, da es sich hierbei nicht um Geschäfte der Strafvollstreckung handelt und die StVollstrO auf diesen Bereich keine Anwendung findet. Die Nebengeschäfte der Strafvollstreckung (Vor § 449, 29) gehören nicht zu den dem Rechtspfleger durch § 31 RPflG übertragenen Geschäften der Strafvollstreckung[28].

VIII. Vollstreckbarkeitsbescheinigung

38   **1. Entscheidung des Urkundsbeamten.** Nach § 451 Abs. 1 setzt die förmliche Vollstreckung eine **urkundliche Grundlage** voraus[29], nämlich eine mit der Vollstreckbarkeitsbescheinigung versehene beglaubigte Abschrift der Urteilsformel, die der Urkundsbeamte der Geschäftsstelle erteilt. Die Erteilung dieser Bescheinigung ist zwar eine Voraussetzung, aber noch kein Bestandteil des Vollstreckungsverfahrens, vielmehr der letzte Akt des gerichtlichen Verfahrens[30]. Der Urkundsbeamte handelt als Organ des Gerichts. Daraus folgt, daß, wenn er die Erteilung ablehnt, die Vollstreckungsbehörde und, wenn er sie erteilt, der Verurteilte bei Gericht die Änderung der Entscheidung des Urkundsbeamten beantragen kann[31].

39   **2. Anfechtungsmöglichkeiten.** Die Entscheidung des Gerichts ist mit der einfachen **Beschwerde** anfechtbar[32]. Dem Verurteilten bleibt die Möglichkeit, wenn die Vollstreckungsbehörde auf Grund der erteilten Bescheinigung die Vollstreckung betreibt, **Einwendungen** dagegen **nach § 458 Abs. 1** zu erheben[33]. Gegen eine gerichtliche Entscheidung, die den Urkundsbeamten zur Erteilung der Bescheinigung anweist oder die ihr unter Aufhebung einer erteilten Bescheinigung anweist, sie künftig nur unter bestimmten Voraussetzungen zu erteilen, steht dem Urkundsbeamten keine Beschwerde zu[34]. Ein Recht, bei Zweifeln, ob die Voraussetzungen der Erteilung vorliegen, die Entscheidung des Gerichts herbeizuführen, hat der Urkundsbeamte nicht; er kann sich nicht damit der ihm übertragenen Entscheidung entziehen[35]. Der Urkundsbeamte kann und muß die von ihm erteilte Bescheinigung widerrufen, wenn er nachträglich zu der Überzeugung gelangt, daß er sie zu Unrecht erteilt hat[36].

40   **3. Wesen der Vollstreckbarkeitsbescheinigung.** Der Urkundsbeamte hat die Vollstreckbarkeitsbescheinigung zu erteilen, wenn die absolute Rechtskraft des Urteils eingetreten ist (§ 449) oder wenn ausnahmsweise vor Eintritt der absoluten Rechtskraft das Urteil vollstreckbar geworden ist (§ 346 Abs. 2 Satz 2; § 449, 12). In aller Regel ist also die Vollstreckbarkeitsbescheinigung identisch mit der Rechtskraftbescheinigung[37]. Das Vorliegen von Vollstreckungshindernissen (§ 449, 8 ff) hat der Urkundsbeamte nicht zu

---

[28] Vgl. dazu ausführlich *Pohlmann/Jabel* § 10, 9 ff.

[29] OLG Braunschweig MDR **1950** 757; *Lindner* MDR **1948** 453; *Unger* Rpfleger **1957** 224; *H. W. Schmidt* NJW **1959** 1718; *Pohlmann/Jabel* § 13, 17.

[30] *Kleinknecht* Rpfleger **1952** 210; *Schmidt-Mende* 28 ff; KK-*W. Müller* 8; KMR-*Müller* 7; *Kleinknecht/Meyer*[37] 6; *Pohlmann/Jabel* § 13, 32.

[31] *Eb. Schmidt* 14; KK-*W. Müller* 13; KMR-*Müller* 7; *Kleinknecht/Meyer*[37] 6.

[32] LG Göttingen Rpfleger **1956** 337; LG Hildesheim Rpfleger **1960** 215; *Pohlmann/Jabel* § 13, 35.

[33] *Pohlmann/Jabel* § 13, 33; KK-*W. Müller* 13.

[34] *Meikel* BayZ **1905** 57; *Pohlmann/Jabel* § 13, 33.

[35] *Pohlmann/Jabel* § 13, 34; KK-*W. Müller* 12; a. A *Schmidt-Mende* 36; KMR-*Müller* 7; *Kleinknecht/Meyer*[37] 7.

[36] Ebenso *Pohlmann/Jabel* § 13, 35.

[37] KK-*W. Müller* 7; der Text des § 13 ist in Rdn. 42 abgedruckt.

prüfen[38]. Ist die Vollstreckung der Strafe im Urteil zur Bewährung ausgesetzt, so darf er naturgemäß nur die Rechtskraft des Urteils bescheinigen, nicht etwa zugleich bescheinigen, daß das Urteil „vollstreckbar" sei[39]. Wenn (andere) Vollstreckungshindernisse aus den Akten ersichtlich sind, so steht es ihm frei, die Vollstreckungsbehörde auf diese und die für die Strafzeitberechnung wichtigen Umstände (vgl. insbes. § 450 Abs. 1) hinzuweisen, und er muß dies tun, wenn bei Erteilung der Vollstreckbarkeitsbescheinigung die Akten, aus denen allein die Hindernisse ersichtlich sind, der Vollstreckungsbehörde nicht übersandt werden[40].

Die Vollstreckungsbehörde ist nicht verpflichtet, die Rechtskraftbescheinigung **41** des Urkundsbeamten auf ihre **sachliche Richtigkeit** nachzuprüfen[41]. Die Prüfung, ob die Entscheidung rechtskräftig ist, soll ihr ja gerade durch die Rechtskraftbescheinigung abgenommen werden. Anders liegt es, wenn sie aus besonderen Gründen Veranlassung hat, an der Richtigkeit der Rechtskraftbescheinigung zu zweifeln; dann muß sie eine Überprüfung der Rechtskraftbescheinigung durch den Urkundsbeamten herbeiführen[42]. Die Entscheidung darüber, ob Vollstreckungshindernisse bestehen, obliegt aber nur der Prüfung der Vollstreckungsbehörde[43] und gegen deren Entscheidung steht der Weg des § 458 Abs. 1 offen.

4. Ergänzende Vorschriften (§§ 13, 14 StVollstrO). Über die Ausstellung der Voll- **42** streckbarkeitsbescheinigung enthalten die §§ 13, 14 StVollstrO ergänzende Vorschriften.

§ 13 StVollstrO

Urkundliche Grundlage der Vollstreckung

(1) Die Vollstreckung setzt die Rechtskraft der Entscheidung voraus (vgl. § 449 StPO).

(2) [1]Urkundliche Grundlage der Vollstreckung ist die Urschrift oder eine beglaubigte Abschrift der Entscheidung oder ihres erkennenden Teils; auf ihr muß die Rechtskraft bescheinigt und angegeben sein, wann sie eingetreten ist. [2]Die Rechtskraft kann bereits bescheinigt werden, bevor die schriftlichen Urteilsgründe vorliegen. [3]Ist der Verurteilte in der Sache in Haft, auf die sich die Rechtskraftbescheinigung bezieht, so soll der Urkundsbeamte die urkundliche Grundlage der Vollstreckung binnen drei Tagen nach Eintritt der Rechtskraft der Vollstreckungsbehörde übersenden.

(3) [1]Die Rechtskraft bescheinigt der Urkundsbeamte der Geschäftsstelle beim Gericht des ersten Rechtszuges. [2]Wird gegen ein Berufungsurteil keine Revision eingelegt, so bescheinigt sie der Urkundsbeamte der Geschäftsstelle beim Berufungsgericht.

(4) [1]Wird gegen ein Urteil Revision eingelegt, so behält die Vollstreckungsbehörde eine beglaubigte Abschrift des erkennenden Teils der für die Vollstreckung erforderlichen Urteile zurück. [2]Der Urkundsbeamte der Geschäftsstelle beim Revisionsgericht übersendet der Vollstreckungsbehörde unverzüglich eine beglaubigte Abschrift des erkennenden Teils des Revi-

---

[38] LG Hildesheim Rpfleger **1960** 215; **a. A** Wetterich/Hamann 69; KK- *W. Müller* 8.

[39] LG Köln Rpfleger **1971** 227 mit Anm. *Pohlmann*; Pohlmann/Jabel § 13, 26; 29 f.

[40] LG Hildesheim Rpfleger **1960** 215 mit zust. Anm. *Pohlmann*.

[41] *Schmidt-Mende* 84 ff; *Pohlmann/Jabel* § 13, 22; **a. A** *Grau* Die Strafvollstreckung durch den preußischen Rechtspfleger (1929) 22; 180; *Wetterich/Hamann* 69; KMR-*Müller* 7.

[42] *Pohlmann* Rpfleger **1960** 280; *Pohlmann/Jabel* § 13, 22; KK- *W. Müller* 12.

[43] OLG Jena GA **39** (1891) 365; OLG Schleswig SchlHA **1957** 314; *Unger* Rpfleger **1957** 222, 227; *Pohlmann* Rpfleger **1958** 107; **1960** 280; **1971** 227; *Pohlmann/Jabel* § 13, 26; KMR-*Müller* 13.

sionsurteils, wenn dieses die Rechtskraft des angefochtenen Urteils herbeigeführt hat oder selbst vollstreckungsfähig ist. ³Dasselbe gilt, wenn die Revision durch Beschluß verworfen wird und die Akten nicht sofort zurückgegeben werden können.

§ 14 StVollstrO

Weitere urkundliche Grundlagen der Vollstreckung

(1) Weitere urkundliche Grundlage der Strafvollstreckung ist die Urschrift oder eine beglaubigte Abschrift der Entscheidung oder ihres erkennenden Teils, durch die
a) eine Verurteilung zu der vorbehaltenen Strafe (§ 59 b StGB) ausgesprochen wird,
b) die Aussetzung einer Strafe, eines Strafrestes oder einer Unterbringung (§ 56 f Abs. 1, § 57 Abs. 3, § 67 g Abs. 1 bis 3 StGB) oder ein Straferlaß (§ 56 g Abs. 2 StGB) widerrufen wird,
c) eine Anordnung über eine vom Urteil abweichende Reihenfolge der Vollstreckung von Freiheitsstrafen und freiheitsentziehenden Maßregeln (§ 67 Abs. 3 StGB) getroffen wird,
d) der Vollzug der Freiheitsstrafe angeordnet wird (§ 67 Abs. 5 Satz 2, zweiter Halbsatz StGB),
e) die Überweisung in den Vollzug einer anderen freiheitsentziehenden Maßregel angeordnet wird (§ 67 Abs. 1 bis 3 StGB),
f) nach § 67 c Abs. 2 StGB die Vollstreckung einer Unterbringung angeordnet wird,
g) der Vollzug der nächsten freiheitsentziehenden Maßregel angeordnet wird (§ 72 Abs. 3 StGB).
(2) § 13 Abs. 2, 3 Satz 1 gilt entsprechend.

43   **5. Verhältnis des § 451 Abs. 1 zu § 13 Abs. 2 Satz 1 StVollstrO.** Nach § 451 Abs. 1 erfolgt die Vollstreckung auf Grund einer von dem Urkundsbeamten der Geschäftsstelle zu erteilenden, mit Vollstreckbarkeitsbescheinigung versehenen beglaubigten Abschrift der Urteilsformel[44]. Demgegenüber bezeichnet § 13 Abs. 2 Satz 1 StVollstrO als Vollstreckungsgrundlage die Urschrift oder eine beglaubigte Abschrift der (vollständigen) Entscheidung oder ihres erkennenden Teils.

44   **a) Allgemein.** Zunächst sollte sicher sein, daß § 13 Abs. 2 Satz 1 StVollstrO als Verwaltungsanweisung sich nicht mit der gesetzlichen Vorschrift des § 451 Abs. 1 in Widerspruch setzt, wenn er die mit Rechtskraftbescheinigung versehene beglaubigte Abschrift des **vollständigen Urteils** als Vollstreckungsgrundlage bezeichnet. Denn der eindeutige Sinn des § 451 Abs. 1 ist, daß schon das Vorliegen einer beglaubigten Abschrift der Entscheidungsformel genügt, um mit der Vollstreckung beginnen zu können, daß also nicht abgewartet zu werden braucht, bis das vollständige (mit Gründen versehene) Urteil vorliegt. So kann z. B. bei Rechtsmittelverzicht aller Beteiligten unmittelbar nach Verkündung des Urteils die beglaubigte Abschrift der Entscheidungsformel auf der Grundlage des Sitzungsprotokolls hergestellt werden. Wenn also die Abschrift der Formel genügt, so ist eine beglaubigte Abschrift des vollständigen Urteils (das ja stets auch eine Entscheidungsformel enthält) erst recht eine dem § 451 Abs. 1 entsprechende urkundliche Grundlage der Vollstreckung[45].

45   § 451 Abs. 1 will aber auch nicht besagen, daß die Vollstreckungsbehörde die Vollstreckung nur betreiben dürfe, wenn ihr eine **beglaubigte Abschrift** der Entscheidungsformel (oder der vollständigen Entscheidung) vorliegt[46]. Die Gesetzmäßigkeit der Vollstreckung hängt an sich lediglich davon ab, daß eine entsprechende rechtskräftige Entscheidung überhaupt vorhanden ist; ist das der Fall, so könnte z. B. der Verurteilte keine

[44] KK- *W. Müller* 7.
[45] So auch *Pohlmann* Rpfleger **1957** 123; *Pohlmann/Jabel* § 13, 17.
[46] OLG Hamm Rpfleger **1957** 213; *Unger*
Rpfleger **1957** 223; *Pohlmann/Jabel* § 13, 17; KMR-*Müller* 11 f; **a. A** LG Oldenburg Rpfleger **1956** 337.

Einwendungen gegen die Zulässigkeit der Vollstreckung (§ 458) mit der Begründung erheben, es liege zwar ein rechtskräftiges Urteil vor, der Urkundsbeamte habe aber der Vollstreckungsbehörde bisher noch keine mit Vollstreckbarkeitsbescheinigung versehene beglaubigte Abschrift erteilt.

Der **Sinn des** § 451 Abs. 1 ist folgender: Um die Vollstreckung betreiben zu können 46 und zu dürfen, bedarf die Vollstreckungsbehörde der zuverlässigen Kenntnis, daß ein rechtskräftiges Urteil vorliegt und welchen Inhalt es hat. Um ihr diese Kenntnis zu verschaffen, **verpflichtet** § 451 Abs. 1 den **Urkundsbeamten** („zu erteilenden"), der Vollstreckungsbehörde von Amts wegen eine beglaubigte Abschrift zu erteilen[47]. Es wäre ein unverständlicher Formalismus, wenn die Vollstreckungsbehörde mit der Vollstreckung erst beginnen dürfte, wenn ihr eine solche beglaubigte Abschrift übersandt ist, obwohl sie bereits vorher auf anderem Wege, nämlich durch Einsicht in die gemäß § 7 Abs. 1 Satz 1 AktO mit Rechtskraftbescheinigung versehene **Urschrift** der Entscheidung (oder der Entscheidungsformel) zuverlässige Kenntnis von Inhalt und Rechtskraft der Entscheidung erlangt hat. Denn die Rechtskraftbescheinigung auf der beglaubigten Abschrift bietet ja keine größere Gewähr für die Richtigkeit als die auf der Urschrift; auch auf die gemäß § 451 Abs. 1 erteilte Bescheinigung hin darf die Vollstreckungsbehörde nicht unbesehen die Vollstreckung betreiben, sondern muß auftauchenden Bedenken nachgehen (oben Rdn. 40).

b) Die **Bedeutung des** § 13 Abs. 2 Satz 1 StVollstrO besteht also darin, daß er in 47 Form einer Weisung an die Vollstreckungsbehörde das urkundliche Minimum kennzeichnet, mit dem sich die Vollstreckungsbehörde zur Erlangung von zuverlässiger Kenntnis über Inhalt und Rechtskraft der Entscheidung bei Einleitung der Vollstreckung begnügen darf. Unberührt bleibt aber stets das Recht der Vollstreckungsbehörde, eine genau dem § 451 Abs. 1 entsprechende Vollstreckungsurkunde von dem Urkundsbeamten zu verlangen — eine solche ist aber auch (vgl. Rdn. 46) die mit Rechtskraftbescheinigung versehene beglaubigte Abschrift der vollständigen Entscheidung — und dessen Pflicht, dem Verlangen zu entsprechen; der Urkundsbeamte kann also keinesfalls die Vollstreckungsbehörde auf die mit Rechtskraftbescheinigung versehene *Urschrift* der Entscheidung oder der Formel verweisen[48]; auch ein Recht des Urkundsbeamten, die Erteilung im Einzelfall abzulehnen, weil das Verlangen der Vollstreckungsbehörde mißbräuchlich sei[49] muß verneint werden.

6. Die **Zuständigkeit zur Erteilung der Rechtskraftbescheinigung** regelt § 13 48 Abs. 3 StVollstrO. Danach ist grundsätzlich der Urkundsbeamte des Gerichts des ersten Rechtszugs zuständig, der Urkundsbeamte des Berufungsgerichts nur, wenn gegen das Urteil keine Revision eingelegt ist. Die in § 13 Abs. 4 StVollstrO vorgeschriebene Übersendung der Unterlagen durch den Urkundsbeamten der Geschäftsstelle des Revisionsgerichts soll dazu dienen, dem Urkundsbeamten des Gerichts erster Instanz die beschleunigte Ausstellung der Vollstreckbarkeitsbescheinigung zu ermöglichen. Die in § 13 Abs. 3 StVollstrO aus Zweckmäßigkeitsgründen getroffene Zuständigkeitsregelung begründet aber keine ausschließliche Zuständigkeit. Daher ist auch der Urkundsbeamte der Geschäftsstelle des Revisionsgerichts befugt, die Rechtskraftbescheinigung

---

[47] OLG Hamm Rpfleger **1957** 213; LG Göttingen Rpfleger **1956** 337; LG Hildesheim Rpfleger **1960** 215 mit zust. Anm. *Pohlmann*; *Pohlmann* Rpfleger **1957** 123; *Pohlmann/ Jabel* § 13, 28.

[48] Ebenso OLG Hamm Rpfleger **1957** 213; *Pohlmann/Jabel* § 13, 28.

[49] LG Göttingen Rpfleger **1956** 337; **1960** 217; *Pohlmann* Rpfleger **1957** 123; *Pohlmann/ Jabel* § 13, 28.

Günter Wendisch

selbst zu erteilen, insbes. wenn die rasche Erteilung durch den Urkundsbeamten des Gerichts erster Instanz auf Schwierigkeiten stößt[50]. Das LG Göttingen, Rpfleger **1960** 217 mit zust. Anm. *Pohlmann* sieht darüber hinaus, wenn in mehreren Instanzen Urteile ergehen, mit Recht den Urkundsbeamten eines jeden befaßten Gerichts, bei dem sich gerade die Akten befinden, als zuständig an, wenn es sich darum handelt, Zeitverluste zu vermeiden.

7. Vollstreckbarkeitsbescheinigung bei anderen Entscheidungen

49   a) **Strafbefehl.** § 451 gilt, obwohl er nur von Urteilen („Urteilsformel") spricht, auch für den rechtskräftigen Strafbefehl **und urteilsvertretende Beschlüsse,** die Nebenfolgen zum Gegenstand haben (§ 437 Abs. 4, § 438 Abs. 2, § 441 Abs. 2, §§ 442, 444 Abs. 2, 3) sowie für gerichtliche Bußgeldentscheidungen[51].

50   b) **Gesamtstrafenbeschluß.** Nach einer im Schrifttum vertretenen Auffassung[52] soll es bei Gesamtstrafenbeschlüssen nach § 460 deshalb keiner Vollstreckbarkeitsbescheinigung bedürfen, weil die urkundliche Unterlage für die Vollstreckung bereits in Gestalt der Vollstreckbarkeitsbescheinigung für die Einzelstrafen vorliege. Dagegen bestehen Bedenken, denn der Gesamtstrafenbeschluß bildet einen selbständigen neuen, einem Urteil entsprechenden **Vollstreckungstitel,** für den nichts anderes gelten kann als für ein Urteil gleichen Inhalts[53]. § 13 StVollstrO hat die Frage offengelassen, entsprechend dem von der StVollstrO verfolgten Grundsatz, zu streitigen Fragen nach Möglichkeit nicht Stellung zu nehmen. Vom Zeitpunkt der Rechtskraft des Gesamtstrafenbeschlusses an bildet dieser die **Grundlage für die Strafvollstreckung**[54]. Bis dahin wird aus den Einzelstrafurteilen vollstreckt (OLG Frankfurt NJW **1956** 1932). § 41 Abs. 2 StVollstrO[55] weist jedoch die Vollstreckungsbehörde an, schon vor seiner Rechtskraft den Gesamtstrafenbeschluß der Strafzeitberechnung vorläufig zugrunde zu legen, wenn die Entscheidung dem Antrag der Staatsanwaltschaft entspricht oder diese von einer sofortigen Beschwerde absieht, oder wenn das Strafende vor der Rechtskraft des Beschlusses eintritt.

51   c) **Widerruf der Strafaussetzung.** Wird die Aussetzung der Strafe oder eines Strafrests zur Bewährung (§§ 56 f, 57 Abs. 3 StGB) oder der Straferlaß (§ 56 g Abs. 2 StGB) widerrufen, so bildete nach **früherer Auffassung** zwar die Rechtskraft des mit der sofortigen Beschwerde anfechtbaren Widerrufsbeschlusses eine Voraussetzung für die Vollstreckung der Strafe oder des Strafrests und der Widerufsbeschluß auch eine zusätzlich erforderliche urkundliche Grundlage der Vollstreckungsmaßnahme. Jedoch sollte es einer Bescheinigung der Rechtskraft des Widerrufsbeschlusses nicht bedürfen, da er keinen eignen vollstreckungsfähigen Inhalt habe, sondern nur die Hindernisse beseitige, die der Vollstreckung des verurteilenden Erkenntnisses entgegenstehen[56]. Die Vollstreckungsbehörde hat von diesem Standpunkt aus in eigner Verantwortung zu prüfen, ob die Rechtskraft des Widerrufsbeschlusses eingetreten ist. Andererseits sei es aber

---

[50] *Pohlmann/Jabel* § 13, 45; KMR-*Müller* 9.
[51] KK-*W. Müller* 10; *Kleinknecht/Meyer*[37] 6.
[52] *Dalcke/Fuhrmann/Schäfer* § 460, 4.
[53] Ebenso LG Bochum NJW **1957** 194; *Knetsch* Rpfleger **1957** 74 f; *Eb. Schmidt* JZ **1962** 449 und § 460, 18; *Pohlmann/Jabel* § 13, 36; *Wetterich/Hamann* 65.
[54] Ebenso *Wetterich/Hamann* 65; KK-*W. Müller* 10; *Kleinknecht/Meyer*[37] 6.

[55] Abgedruckt unter Rdn. 57.
[56] Vgl. dazu OLG Karlsruhe NJW **1964** 1085 = Rpfleger **1964** 145 mit Anm. *Pohlmann*; *Kaiser* NJW **1964** 1946; *Theuerkauf* MDR **1965** 179; *Hanack* JZ **1966** 50; *Pohlmann/Jabel* § 13, 3; *Wetterich/Hamann* 65; *Dallinger/Lackner* § 59, 26 und Vor § 82, 18; KK-*W. Müller* 10; *Kleinknecht/Meyer*[37] 6.

auch dem Urkundsbeamten der Geschäftsstelle nicht untersagt, eine Rechtskraftbescheinigung zu erteilen. Geschieht dies, so brauche die Vollstreckungsbehörde ihre sachliche Richtigkeit nicht zu prüfen; sie habe aber keinen Anspruch auf eine solche Bescheinigung. §14 StVollstrO 1956 nahm entsprechend der Tendenz der Strafvollstreckungsordnung, sich bei streitigen oder zweifelhaften Fragen einer Stellungnahme und einer Weisung an die Vollstreckungsbehörden zu enthalten, zu diesen Punkten keine Stellung.

Inzwischen haben aber die Vorstellungen über die **Bedeutung des Widerrufsbe- 52 schlusses** gewechselt[57]. Nach **richtiger Auffassung** beseitigt, wenn im Urteil die ganze Strafe zur Bewährung ausgesetzt war, der Widerruf nicht ein der Vollstreckung aus dem Urteil entgegenstehendes Hindernis, sondern er verschafft dem Urteil erst die Vollstreckbarkeit, die ihm bis dahin durch die Aussetzung der Strafe zur Bewährung entzogen war; erst der rechtskräftige Widerruf wandelt die bisherige „Aussetzungsstrafe" in eine „Vollstreckungsstrafe" um. Von diesem Standpunkt aus dient der Widerruf, was die Vollstreckung anlangt, der Vervollständigung des bisher unvollständigen Urteils, und es muß folgerichtig auch der Widerrufsbeschluß mit einer Vollstreckbarkeitsbescheinigung (= Rechtskraftbescheinigung) i. S. des §451 Abs. 1 versehen werden[58].

§14 StVollstrO i. d. F. vom 20. 11. 1974 hat demgemäß die frühere Zurückhaltung **53** aufgegeben und erklärt (§14 Abs. 2) die die Rechtskraftbescheinigung beim Urteil betreffenden Vorschriften des §13 StVollstrO für entsprechend anwendbar. Das gleiche gilt beim Widerruf der Aussetzung des Strafrests zur Bewährung und beim Widerruf des Straferlasses: hier wird zunächst durch den rechtskräftigen Aussetzungs- und Straferlaßbeschluß dem Urteil die Vollstreckbarkeit entzogen, und es bedarf daher eines actus contrarius, um die Vollstreckbarkeit wieder zu schaffen; es wird durch den rechtskräftigen Widerruf nicht nur ein der Vollstreckung entgegenstehendes Hindernis beseitigt, sondern die beendete Vollstreckbarkeit des Urteils wird wieder begründet, so daß **Urteil und Widerrufsbeschluß** zusammen die **Grundlage der Vollstreckbarkeit** bilden, die gemäß §451 Abs. 1 bescheinigt werden muß. Entsprechende Erwägungen gelten für die übrigen in §14 StVollstrO bezeichneten Entscheidungen.

8. Vollstreckbarkeitsbescheinigung bei Aktenverlust. Im Fall des Aktenverlustes **54** kann nach dem in Rdn. 38 Ausgeführten das Gericht den Urkundsbeamten der Geschäftsstelle anweisen, eine vollstreckbare Ausfertigung zu erteilen, falls die Feststellung ihres Inhalts möglich ist[59].

IX. Herbeiführen des Vollzugs

Wie Vor §449, 15 ausgeführt, gehört, soweit es sich um die Vollstreckung von **55** Freiheitsstrafen handelt, zu den Aufgaben der Vollstreckungsbehörde die Herbeiführung des Vollzugs, eine Überwachung des Vollzugs jedoch nur nach der Richtung, ob Art und Dauer der Strafhaft der zu vollstreckenden Entscheidung entsprechen. Bei der Herbeiführung des Vollzugs entscheidet die Vollstreckungsbehörde auch darüber, ob **Abweichungen vom Vollstreckungsplan** in Betracht kommen (§26 StVollstrO), und ob

---

[57] Vgl. dazu §453, 3 sowie OLG Karlsruhe NJW **1964** 1085 = Rpfleger **1964** 145 mit Anm. *Pohlmann*; LG Mannheim NJW **1963** 672; *Knetsch* Rpfleger **1957** 75; *Blösch* NJW **1963** 1296; *Hanack* JZ **1966** 50; *Schmidt-Mende* 47; *Pohlmann/Jabel* §14, 3; a. A *Kaiser*

NJW **1964** 1946; *Dallinger/Lackner* §59, 26 und Vor §82, 18.
[58] Ebenso *Pohlmann/Jabel* §14, 6 ff.
[59] OLG Hamm GA **62** (1915) 210; OLG Hamburg Alsb. E **1** 209; *Stuhlmann* DStRZ **6** (1919) 229; vgl. auch *Schmid* FS Lange 793.

Günter Wendisch

Raum ist für eine **Sondervollzugsform.** Als solche kommt — nach der Beseitigung des früheren Wochenendvollzugs (§ 32 a. F. StVollzO) — der Vollzug an jungen Verurteilten in Betracht (§ 25 StVollstrO, § 114 JGG).

56   Nach § 114 JGG darf in der Jugendstrafanstalt an Verurteilten, die das 24. Lebensjahr noch nicht vollendet haben und sich für den Jugendstrafvollzug eignen, auch Freiheitsstrafe vollzogen werden, die nach allgemeinem Strafrecht verhängt worden ist. Diese Vorschrift bezieht sich nicht nur auf Heranwachsende, die unter Anwendung des allgemeinen Strafrechts zu Freiheitsstrafe verurteilt worden sind, sondern auch auf Erwachsene, die vom Erwachsenengericht abgeurteilt wurden. Nach den **Richtlinien zu § 114 JGG**, auf die § 25 StVollstrO verweist, weist die Vollstreckungsbehörde zu Freiheitsstrafe Verurteilte unter 21 Jahren grundsätzlich in die Jugendstrafanstalt, solche im Alter von 21 bis 23 Jahren in der Regel in die Strafanstalt für Erwachsene ein; die letzteren überweist der Strafanstaltsleiter, wenn er sie als geeignet für den Jugendstrafvollzug ansieht, in die Jugendstrafanstalt. Ausnahmsweise kann die Vollstreckungsbehörde einen solchen Verurteilten sogleich in die Jugendstrafanstalt einweisen, wenn seine Eignung für den Jugendstrafvollzug offenkundig ist. Der Rechtspfleger kann nach § 1 Abs. 1 Nr. 3 BegrenzungsVO die Entscheidung, ob ein zu Freiheitsstrafe Verurteilter unter 24 Jahren in die Erwachsenen- oder in die Jugendvollzugsanstalt einzuweisen ist, nicht treffen.

X. Strafzeitberechnung

57   **1. Rechtsgrundlagen.** Die der Vollstreckungsbehörde obliegende Überwachung, daß die Vollzugsdauer der zu vollstreckenden Entscheidung entspricht, geschieht an Hand der Strafzeitberechnung und der Mitteilungen der Vollzugsbehörde über Aufnahme und Beendigung des Vollzugs. Die besonders wichtige Frage der Strafzeitberechnung ist im Gesetz (§ 43 Satz 3, § 151 StGB, §§ 450, 450 a StPO) nur unvollkommen geregelt. Zur Ergänzung geben die **§§ 37, 38, 40 und 41 StVollstrO** zahlreiche ergänzende Weisungen, die allerdings nur gelten, solange und soweit nicht im Einzelfall das Gericht gemäß § 458 über die Berechnung der Strafe entschieden hat (Vor § 449, 18).

§ 37 StVollstrO

Allgemeine Regeln für die Strafzeitberechnung

(1) Die Strafzeit ist für jede selbständige Strafe getrennt zu berechnen, auch wenn in derselben Sache auf mehrere Freiheitsstrafen erkannt worden ist.

(2) [1]Hat der Verurteilte nicht mehr als eine Woche im Strafvollzug zuzubringen, so wird die Strafe dem Tage und der Stunde nach berechnet; die für die Berechnung maßgebenden Umstände, die im Laufe einer Stunde eintreten, gelten als zu Beginn der Stunde eingetreten. [2]Bei längerer Vollzugsdauer wird die Strafe nur nach Tagen berechnet; Umstände, die im Laufe eines Tages eintreten, gelten als zu Beginn des Tages eingetreten. [3]Die im Laufe einer Stunde (Satz 1) oder eines Tages (Satz 2) eingetretenen Umständen gelten jedoch als am Ende der Stunde oder des Tages eingetreten, wenn dies für den Verurteilten günstiger ist. [4]Ist die genaue Feststellung des Tages oder der Stunde nicht möglich, so wird der Tag oder die Stunde zugrunde gelegt, die der Wirklichkeit mutmaßlich am nächsten kommen. [5]Ist der Lauf der Strafzeit aus irgendeinem Grunde unterbrochen worden, so ist für die Anwendung von Satz 1 oder 2 nicht der Strafrest, sondern die Zeit maßgebend, die der Verurteilte insgesamt im Strafvollzug zuzubringen hat.

(3) Ist eine Strafe an Soldaten durch eine Behörde der Bundeswehr zu vollziehen (Art. 5 des Einführungsgesetzes zum Wehrstrafgesetz), so wird die Strafe auch dann nur nach Tagen berechnet, wenn der Verurteilte nicht mehr als eine Woche im Strafvollzug zuzubringen hat (§ 5 Abs. 1 Bundeswehrvollzugsordnung).

(4) [1]Der Tag ist zu 24 Stunden, die Woche zu sieben Tagen, der Monat und das Jahr sind nach der Kalenderzeit zu berechnen. [2]Demgemäß ist bei der Berechnung nach Monaten oder Jahren bis zu dem Tage zu rechnen, der durch seine Zahl dem Anfangstage entspricht. [3]Fehlt dieser Tag in dem maßgebenden Monat, so tritt an seine Stelle dessen letzter Tag.

(5) Treffen mehrere Zeiteinheiten zusammen, so geht bei Vorwärtsrechnung die größere Zeiteinheit der kleineren, bei Rückwärtsrechnung die kleinere der größeren vor.

§ 38 StVollStrO

Strafbeginn

Als Beginn der Strafzeit ist anzusetzen:

a) Bei einem Verurteilten, der sich selbst stellt, der Zeitpunkt, in dem er in einer Anstalt in amtliche Verwahrung genommen wird;

b) bei einem Verurteilten, der auf Grund eines nach § 457 StPO erlassenen Vorführungs- oder Haftbefehls oder eines nach § 453 c StPO ergangenen Sicherungshaftbefehls festgenommen und sodann eingeliefert worden ist, der Zeitpunkt der Festnahme; ist der Verurteilte im Ausland festgenommen worden, so beginnt die Strafzeit mit seiner Übernahme durch deutsche Beamte;

c) bei einem Verurteilten, der sich im Zeitpunkt des Eintritts der Rechtskraft in Untersuchungshaft befindet, dieser Zeitpunkt; ist das Rechtsmittel, das ein in Untersuchungshaft befindlicher Angeklagter verspätet eingelegt hat, als unzulässig verworfen worden, so beginnt die Strafzeit mit dem Ablauf der Rechtsmittelfrist;

d) bei einem Verurteilten, der eine Strafe in Unterbrechung einer in anderer Sache verhängten Untersuchungshaft verbüßt, der Zeitpunkt, in dem das Aufnahme- oder Überführungsersuchen bei der Untersuchungshaftanstalt eingegangen ist; wird der Verurteilte zur Verbüßung der Strafe von der Untersuchungshaftanstalt in eine andere Anstalt verbracht, so teilt die Untersuchungshaftanstalt den Zeitpunkt des Eingangs des Überführungsersuchens der Vollzugsanstalt mit.

§ 40 StVollStrO

Berechnung des Strafrestes

(1) [1]Ist der Strafvollzug unterbrochen worden, so wird der Strafrest nach Tagen und bei einer Vollzugsdauer von insgesamt nicht mehr als einer Woche auch nach Stunden berechnet. [2]Ist eine Strafe an Soldaten durch Behörden der Bundeswehr zu vollziehen, so wird der Strafrest nur nach Tagen berechnet (§ 5 Abs. 2 der Bundeswehrvollzugsordnung).

(2) [1]Als Zeitpunkt, von dem an der Strafvollzug fortgesetzt wird, gilt bei einem Verurteilten, der aus dem Strafvollzug entwichen ist, der Zeitpunkt, in dem er zwecks weiteren Strafvollzugs polizeilich festgenommen worden ist oder sich in einer Anstalt zur weiteren Strafverbüßung gestellt hat. [2]Bei Soldaten steht die Festnahme durch einen Feldjäger der polizeilichen Festnahme gleich.

§ 41 StVollStrO

Berechnung der Strafzeit bei Gesamtstrafen und bei anderweitiger Verurteilung

(1) [1]Ist eine nach § 55 StGB oder § 460 StPO gebildete Gesamtstrafe zu vollstrecken, nachdem der Vollzug einer in sie einbezogenen Strafe bereits begonnen hat oder beendet ist, so ist die Strafzeit so zu berechnen, als ob von vornherein die Gesamtstrafe zu vollstrecken gewesen wäre. [2]Dies gilt entsprechend für eine rechtskräftig erkannte Strafe, die in einem späteren Verfahren, insbesondere in einem Wiederaufnahmeverfahren, durch eine andere Strafe ersetzt worden ist, sowie — vorbehaltlich einer abweichenden gerichtlichen Entscheidung — für eine wegen derselben Tat im Ausland verhängte Strafe, soweit diese Strafen vollstreckt worden sind (§ 51 Abs. 2, 3 StGB).

(2) [1]Eine nachträgliche Entscheidung über eine Gesamtstrafe (§ 460 StPO) wird schon vor

ihrer Rechtskraft der Strafzeitberechnung vorläufig zugrunde gelegt, wenn sie dem Antrag der Staatsanwaltschaft entspricht oder diese von einer sofortigen Beschwerde absieht. [2]Dies gilt auch dann, wenn das Strafende vor der Rechtskraft dieses Beschlusses eintritt.

58   **2. Einzelheiten.** Die vorgenannten Vorschriften sind bereits z. T. jeweils im Zusammenhang an anderen Stellen erörtert. Ergänzend ist zur Erläuterung folgendes zu bemerken:

a) Natürliche Berechnungsweise. Eine dem § 37 Abs. 2 Satz 1 und 2 StVollstrO entsprechende Regelung enthielt bereits § 21 Abs. 2 StVollstrO 1935 i. d. F. der AV vom 21. 1. 1942 (DJ 86). Sie konnte sich je nach den Umständen des Einzelfalls günstig oder ungünstig für den Verurteilten auswirken. Erhielt z. B. bei einer Vollzugsdauer von mehr als einer Woche der Verurteilte Strafurlaub vom 5. 8. vorm. 8 Uhr bis 8. 8. nachmittags 18 Uhr, so galt für die Strafzeitberechnung die Strafe als vom 5. 8. null Uhr bis zum 8. 8. null Uhr unterbrochen; dies war für den Verurteilten günstig, da nur drei Tage Unterbrechung gerechnet wurden, obwohl die Unterbrechung länger gedauert hatte. Begann dagegen der Strafurlaub am 5. 8. um 18 Uhr und endete er am 8. 8. um 8 Uhr, so rechnete er ebenfalls vom 5. 8. null Uhr bis zum 8. 8. null Uhr, also drei Tage, obwohl die Dauer der Unterbrechung, nach Stunden gerechnet, keine drei Tage gedauert hatte. Das **OLG Bremen** (NJW **1951** 84) erklärte die Berechnungsweise des § 21 Abs. 2 StVollstrO für unvereinbar mit § 19 Abs. 1 a. F. StGB[60]. Denn diese Vorschrift gehe von der sog. „natürlichen Berechnungsweise" aus, wonach Unterbrechungen nach Tagen und Stunden genau der zu verbüßenden Strafe hinzuzuzählen seien; ob im Einzelfall die Berechnung nach der StVollstrO sich günstig oder ungünstig auswirke, sei für die Gesetzwidrigkeit der genannten Verwaltungsanweisung ohne Bedeutung.

59   Demgegenüber hält **§ 37 Abs. 2 StVollstrO** an der Regelung des § 21 Abs. 2 StVollstrO 1935 fest, jedoch mit der Maßgabe, daß statt Vorverlegung auf den Beginn des Tages, in dessen Lauf der für die Strafzeitberechnung maßgebende Umstand eintritt, eine Verlegung auf das Ende des Tages eintritt, wenn dies für den Veurteilten günstiger ist. In dem zweiten der oben angeführten Beispielsfälle wäre danach die Unterbrechung erst vom 5. 8. 24 Uhr bis zum 8. 8. null Uhr zu rechnen, so daß die Dauer der anzurechnenden Unterbrechung nur zwei Tage beträgt. Die Rechtfertigung dieser Regelung wird darin gesehen[61], daß eine Kürzung der nach „natürlicher Berechnungsweise" zu verbüßenden Strafe durch eine dem Verurteilten günstige Strafzeitberechnungsmethode als **Erlaß** des noch zu verbüßenden Strafrestes im **Weg der Gnade** aufzufassen sei. Der im voraus ausgesprochene Erlaß wäre dann darin zu sehen, daß die Landesjustizverwaltungen als die in der Regel zur Ausübung des Gnadenrechts ermächtigten Stellen die Strafvollstreckungsordnung vereinbart und jeweils für ihr Land erlassen haben. Eine solche Konstruktion erscheint vertretbar.

60   Eine andere Frage ist, ob es wirklich dieser etwas mühsamen Konstruktion bedarf, ob wirklich der frühere § 20 StGB eine derartige Rechnung „auf Heller und Pfennig" erforderte[62], oder ob er sich nicht vielmehr — im Zeitalter der Rationalisierung und der dazu erforderlichen Fiktionen — mit einer **vereinfachten Berechnungsmethode** zufriedengab, die aus beachtlichen praktischen Gründen geboten ist, die den Sinn des Strafausspruchs nicht verfälscht und den Verurteilten nicht in seinen Rechten verkürzt.

---

[60] Dem späteren § 20 StGB, der seit dem 1. 1. 1975 ersatzlos weggefallen ist; vgl. aber § 37 Abs. 4 StVollstrO und dazu BayObLG MDR **1976** 862.

[61] OLG Stuttgart Rpfleger **1974** 113; *Pohlmann/Jabel* § 37, 3 ff.

[62] Verneinend OLG Köln JMBlNRW **1959** 33.

Das OLG Köln (Fußn. 62) spricht bei üblichen Abweichungen von der „natürlichen Berechnungsweise" von einem durch die StVollstrO bestätigten, die Regel abändernden Gewohnheitsrecht[63].

b) Änderung durch die Urlaubs- und Entlassungsregelung des Strafvollzugsgeset- **61** **zes.** Die an die Gewährung eines Strafurlaubs anknüpfenden Strafzeitberechnungsfragen verloren mit dem 1. 1. 1977 im wesentlichen dadurch ihre Bedeutung, daß §§ 13, 15, 35, 134 StVollzG die Gewährung von Normalurlaub aus der Haft und von Sonderurlaub zur Entlassungsvorbereitung und aus wichtigem Anlaß vorsehen; nach § 13 Abs. 5, § 15 Abs. 4, § 35 Abs. 1, § 134 wird durch „den Urlaub" die Strafvollstreckung nicht unterbrochen. Über die Bedeutung dieser Vorschriften führt die Begr. zum Reg.Entw. (BT-Drucks. 7 918 S. 53) aus:

> Die [Vorschrift des § 13 Abs. 5] über die Anrechnung des Urlaubs greift in das Vollstreckungsrecht ein. Der Sachzusammenhang läßt eine Regelung im Strafvollzugsgesetz als zweckmäßig erscheinen. Daß der Urlaub die Strafvollstreckung nicht unterbricht, dient dem Gebot der kriminalpolitischen Gerechtigkeit. Wenn auch der Beurlaubte von Belastungen des Anstaltsaufenthalts freigestellt wird und in gewissen Grenzen für kurze Zeit seine Freiheit wiedergewinnt, so zeigt doch die Möglichkeit, seine Freizügigkeit durch Weisungen zu begrenzen [§ 14 StVollzG], und die Belastung, nach einer verhältnismäßig kurzen Zeit wieder in die Anstalt zurückzumüssen, daß der Gefangene auch während seines Urlaubs besonderen in der Freiheitsstrafe begründeten Einschränkungen unterliegt.
>
> Allerdings liegen die vorgenannten Belastungen nicht oder nur verringert vor, wenn der Gefangene sich nicht an die gegebenen Weisungen hält, weitere Straftaten begeht oder nicht rechtzeitig in die Anstalt zurückkehrt. Die Strafvollzugskommission hat zwar vorgeschlagen, den Urlaub auf die Strafzeit anzurechnen, wenn der Gefangene rechtzeitig zurückkehrt. Dies hätte jedoch zu dem Ergebnis geführt, daß auch dann der Urlaub anzurechnen wäre, wenn der Gefangene etwa nach Begehung einer neuen Straftat zwangsweise in die Anstalt zurückgebracht würde, und daß der Urlaub nicht angerechnet werden könnte, wenn ein Gefangener bei sonst ordentlicher Führung verspätet zurückkehrt. Eine ausgewogene Anrechnungsvorschrift müßte alle Grenzfälle berücksichtigen und wäre aus diesem Grunde für die Berücksichtigung bei der Strafzeit unpraktikabel. Außerdem darf die Bedeutung der Anrechnung nicht überschätzt werden. Es handelt sich regelmäßig um Teile des auf. . . [nach § 13 Abs. 1 StVollzG 21] Tage im Jahr begrenzten Urlaubs. Nach der gegenwärtigen Übung bei der Strafzeitberechnung wird ohnehin der Tag, an dem der Gefangene die Anstalt verläßt, und an dem er wieder zurückkehrt, in die Strafzeit eingerechnet (§ 37 Abs. 2 Satz 2 StVollstrO). Es erscheint gegenüber der Frage, ob wenige Tage in die Strafzeit einzurechnen sind, als ein unvertretbarer Aufwand, wenn hierzu besondere Ermittlungen angestellt werden müßten, welche — um unbillige Ergebnisse zu vermeiden — das gesamte Verhalten des Gefangenen während der Urlaubszeit zum Gegenstand hätten und unter Umständen sogar die Wiedereingliederung verhindern könnten.

Man wird diesen — wohl nicht gerade sehr deutlichen — Ausführungen als Wil- **62** len des „Gesetzgebers" zu entnehmen haben, daß jedenfalls eine **Überschreitung eines Teilurlaubs**, die sich noch im Rahmen eines Urlaubs von insgesamt 21 Tagen im Jahr (§ 13 Abs. 1 StVollzG) hält, die Anrechnung als Urlaub auf die Strafzeit nicht hindert, auch wohl — wie es scheint — nicht eine Überschreitung der insgesamt bewilligungsfähigen Urlaubszeit von 21 Tagen um „wenige Tage", während eine längere Überschreitung und gar eine Aufgabe des „animus revertendi" eine Unterbrechung des Strafvollzugs i. S. des § 40 StVollstrO darstellt[64]. Zu einer weiteren Vertiefung der Anrechnungsfrage an dieser Stelle besteht kein Anlaß.

---

[63] Dagegen *Pohlmann* Rpfleger **1959** 146.

[64] A. A – wenn auch mit Ausnahmen – *Pohlmann/Jabel* § 40, 5: Überschreitung des Urlaubs hat grundsätzlich die Unterbrechung der Strafvollstreckung zur Folge.

63   Anzufügen ist noch, daß die früher (bis zum 31. 12. 1976) in § 197 DVO geregelte Befugnis des Anstaltsleiters, bei Strafende unter bestimmten Voraussetzungen den
Entlassungszeitpunkt (auf den Freitag bei Strafende am Sonnabend oder Sonntag) vor-
zuverlegen, wie auch die bisher im Gnadenweg erfolgte sog. Weihnachtsamnestie,
wenn das Strafende in die Zeit vom 22. 12. bis 2. 1. fällt, in § 16 StVollzG eine in erweiter-
tem Umfang vollzugsrechtliche Grundlage gefunden haben. Nach OLG Stuttgart
(Rpfleger **1974** 113) war in der Vorverlegung des Entlassungszeitpunkts nach § 197
DVO ein kraft Delegation ausgesprochener **Erlaß des Strafrests im Gnadenweg** zu erblik-
ken, der an sich auf die Zeit bis zum errechneten Strafende entfiel. Mit dieser Konstruktion sollte erreicht werden, daß, wenn die Beendigung der Strafzeit durch Aussetzung
des Strafrests zur Bewährung eintrat, die bei einem späteren Widerruf der Aussetzung
zu vollziehende Reststrafe nicht auch die durch die Vorverlegung des Entlassungszeitpunkts ersparten Tage umfasse. Dieser Konstruktion bedarf es nunmehr nicht mehr.
Die Begr. zu § 16 RegEntw. StVollzG (BTDrucks. 7 918, S. 54) führt aus: „In einem
Strafvollzug, der dem Gefangenen Hilfe zu seiner Eingliederung zu leisten hat, muß
der Entlassungszeitpunkt so festgesetzt werden können, daß der Gefangene nicht zu
einer ungünstigen Tageszeit oder an Sonn- oder Feiertagen entlassen wird, da es ihm
dann regelmäßig schwerfallen wird, das für seine Eingliederung Notwendige in der zur
Verfügung stehenden Zeit vorzunehmen. . .". Die Tatsache, daß die Vorverlegung des
Entlassungszeitpunkts mit dem Resozialisierungsgedanken, also mit dem Ziel des Vollzugs (§ 2 StVollzG) begründet wird, beseitigt jeden Zweifel, daß nach der Regelung des
Gesetzes die Strafe als bis zum „eigentlichen" Entlassungszeitpunkt vollzogen anzusehen ist und diese fiktive Form des Vollzugs auch bei einem späteren Widerruf der Aussetzung des Strafrests zur Bewährung ihre Bedeutung behält.

64   **c) Unterbrechung des Laufs der Strafzeit.** § 37 Abs. 2 Satz 5 StVollstrO stellt im
Hinblick auf § 40 Abs. 1 StVollstrO klar, daß bei einer Unterbrechung des Laufs der
Strafzeit es für die Anwendbarkeit von Satz 1 oder Satz 2 nicht auf die Dauer des noch
zu vollziehenden Rests, sondern auf die Gesamtvollzugsdauer ankommt; eine Berechnung nach Stunden findet also nur statt, wenn die Gesamtvollzugsdauer nicht mehr als
eine Woche beträgt, während eine Berechnung nach Tagen auch dann stattfindet, wenn
bei längerer Gesamtvollzugsdauer die Unterbrechung erst in der letzten Vollzugswoche
erfolgt.

65   **d) Unterbrechung wegen anderweitigen Vollzugs.** In entsprechender Anwendung
des § 38 Buchst. d StVollstrO wird auch die Strafzeit berechnet, wenn eine Strafvollstreckung oder Unterbringung in einem psychiatrischen Krankenhaus nach §§ 21, 63
StGB **zur Vollstreckung einer** in **anderer** Sache verhängten **Strafe unterbrochen** wird[65].

66   **e) Bei Selbstgestellung des Verurteilten** wird nach § 38 Buchst. a StVollstrO als
Strafzeitbeginn der Zeitpunkt gerechnet, in dem er in einer Anstalt „in amtliche Verwahrung" genommen wird, während § 22 a StVollstrO 1935 nur den Zeitpunkt der
Aufnahme in eine — wenn auch nicht die zuständige — Justizvollzugsanstalt gelten lassen wollte. Es genügt also z. B. **auch die Aufnahme in ein Polizeigefängnis**, wenn die Anstalt bereit ist, den Verurteilten zu überführen oder ihn bis zur Abholung in die zuständige Justizvollzugsanstalt zu behalten. Die Vorschrift geht weiter als § 27 Abs. 5
StVollstrO, wonach Verurteilte, die offenbar nicht die Mittel haben, um von ihrem
Wohn- oder Aufenthaltsort aus der Strafantrittsladung in die nach dem Vollstreckungs-

[65] OLG Hamm Rpfleger **1961** 354 mit krit.
Anm. *Pohlmann; Pohlmann/Jabel* § 38, 29.

plan zuständige Vollzugsanstalt nachzukommen, in eine näher gelegene Anstalt geladen werden können. § 38 Buchst. a StVollstrO ermöglicht es einem Verurteilten, der auch die Mittel zur Reise in die nächstgelegene Vollzugsanstalt nicht besitzt, sich in der nächstgelegenen zur amtlichen Verwahrung geeigneten Anstalt zu stellen. Eine Verpflichtung, ihn aufzunehmen, ist aber für die Anstalt in § 38 Buchst. a StVollstrO nicht ausgesprochen; es kommt also, wenn der Verurteilte sich in einer nicht der Justizverwaltung angehörigen Anstalt meldet, darauf an, ob sie die amtliche Verwahrung zu übernehmen bereit ist[66].

XI. Verfahrensbeteiligte Staatsanwaltschaft bei der Strafvollstreckungskammer in einem anderen Bezirk (Absatz 3)

1. Grundgedanke. Die Schaffung des § 451 Abs. 3 durch Art. 21 Nr. 120 EGStGB **67** 1974 wurde durch die gleichzeitige Einrichtung der Strafvollstreckungskammern (§ 462 a; §§ 78 a, 78 b GVG) erforderlich. Die örtliche Zuständigkeit der Staatsanwaltschaft als Vollstreckungsbehörde leitet sich aus ihrer Zuständigkeit im Vor- und Hauptverfahren ab und ändert sich im Stadium der Vollstreckung grundsätzlich nicht (§ 143 Abs. 1 GVG, § 7 Abs. 1 StVollstrO). Diese Staatsanwaltschaft gibt auch — nunmehr wieder als Strafverfolgungsbehörde — diejenigen Stellungnahmen ab und stellt diejenigen Anträge gegenüber dem Gericht, die sich im gerichtlichen Nachverfahren im Stadium der Strafvollstreckung nach der Strafprozeßordnung aus ihrer Beteiligung an dem gerichtlichen Verfahren ergeben.

Dagegen richtet sich die **örtliche Zuständigkeit der Strafvollstreckungskammer,** **68** soweit sie für die Nachtragsentscheidungen zuständig ist, nach einem anderen örtlichen Anknüpfungspunkt, nämlich der Lage der Anstalt, in die der Verurteilte im Zeitpunkt der Befassung des Gerichts mit der Sache aufgenommen ist (§ 462 a), so daß sich die Zuständigkeit der Vollstreckungsbehörde, die „die staatsanwaltschaftlichen Aufgaben" (die im Vollstreckungsstadium der Vollstreckungsbehörde als Strafverfolgungsbehörde obliegenden Aufgaben) vorzunehmen hat, und die Zuständigkeit der Strafvollstreckungskammer häufig nach unterschiedlichen örtlichen Anknüpfungspunkten richtet.

Für den **Gesetzgeber** stellte sich die Frage, welche Staatsanwaltschaft in einem **69** solchen Fall gegenüber der Strafvollstreckungskammer die staatsanwaltschaftlichen Aufgaben wahrnehmen soll: die Staatsanwaltschaft, die nach den allgemeinen Vorschriften die örtlich zuständige Vollstreckungsbehörde ist oder die — im übrigen mit der Sache nicht befaßte — Staatsanwaltschaft bei dem — u. U. auch einem anderen Bundesland angehörigen — Landgericht, bei dem die zuständige Strafvollstreckungskammer errichtet ist? Der Gesetzgeber hat sich in § 451 Abs. 3 für einen **Mittelweg** entschieden. Danach ist aus „Gründen der Praktikabilität" (Begr. des RegEntw. zu Art. 19 Nr. 110 — BTDrucks 7 550) grundsätzlich die erstgenannte Staatsanwaltschaft zuständig, die damit ihre aus der früheren Sachbeteiligung gewonnenen Erfahrungen nutzbar machen kann.

2. Aufgabenübertragung. Diese Staatsanwaltschaft kann aber — im Anschluß an **70** ähnliche Regelungen (z. B. § 126 Abs. 1 Satz 3) — ausnahmsweise ihre Aufgaben der Staatsanwaltschaft am Ort der Strafvollstreckungskammer übertragen, wenn es „im Interesse des Verurteilten geboten erscheint"[67]. Ein solcher Übertragungsgrund kann auch in der unter Umständen besseren Erfahrung der letzteren Staatsanwaltschaft beste-

---

[66] Vgl. dazu näher *Pohlmann/Jabel* § 38, 2.   [67] Vgl. auch KK- *W. Müller* 20.

Günter Wendisch

hen. Um „Mißbräuche auszuschließen" (so die amtliche Begr.), ist eine (die Staatsanwaltschaft am Ort der Strafvollstreckungskammer) **bindende** Wirkung der Übertragung ausgeschlossen und vorgesehen, daß die Übernahme nur durch Vereinbarung (mit Zustimmung der um Übernahme angegangenen Staatsanwaltschaft) zulässig ist[68]. Während der Übernahme steht dann das Weisungsrecht der der übernehmenden Staatsanwaltschaft übergeordneten Stelle (§§ 146, 147 GVG) zu. Endet die Zuständigkeit der Strafvollstreckungskammer (§ 462 a, 23)[69], so endet damit auch die durch Übernahme begründete Zuständigkeit der Staatsanwaltschaft am Ort der Strafvollstreckungskammer; sie entfällt auch, soweit die Strafvollstreckungskammer gemäß § 462 a Abs. 1 Satz 3 einzelne Entscheidungen an das Gericht des ersten Rechtszugs abgibt. Eine einverständliche Beendigung der Übernahme ist stets möglich, wohl aber auch eine einseitige **Rücknahme** der Übertragung durch die übertragende Staatsanwaltschaft, wenn ihr die Aufrechterhaltung der Übertragung nicht mehr im Interesse des Verurteilten geboten erscheint.

71   **3. Beteiligte Staatsanwaltschaft im Beschwerdeverfahren.** Zu den Aufgaben der Staatsanwaltschaft als Vollstreckungsbehörde gehört nach Absatz 3 Satz 1 auch die **Einlegung der zulässigen Rechtsmittel gegen Entscheidungen der Strafvollstreckungskammer,** einerlei ob sie bei der Strafvollstreckungskammer (§ 306 Abs. 1 Satz 1) oder nach § 306 Abs. 1 Satz 2, § 311 Abs. 2 Satz 2 bei dem der Strafvollstreckungskammer im Instanzenzug übergeordneten Oberlandesgericht eingelegt werden, das über die Beschwerde entscheidet. Absatz 3 Satz 1 gilt auch, wenn das Gericht des ersten Rechtszugs die nach § 453 zu treffende Entscheidung nach § 462 a Abs. 2 Satz 2 abgibt[70]. Die weitere Beteiligung am Beschwerdeverfahren ist dann aber nach Wortlaut („gegenüber der Strafvollstreckungskammer") und Sinn des Absatzes 3 Satz 1 Sache der bei diesem Oberlandesgericht bestehenden Staatsanwaltschaft und nicht etwa der Staatsanwaltschaft, die der beschwerdeführenden Staatsanwaltschaft übergeordnet ist[71].

72   **4. Reformvorschläge,** die auf den bisher gemachten Erfahrungen beruhen, gehen dahin, unter Aufgabe der bisherigen Regelung zwecks Verfahrensbeschleunigung und -vereinfachung als Gegenstück zur Strafvollstreckungskammer eine Vollstreckungsstaatsanwaltschaft mit ausschließlicher Zuständigkeit zu schaffen, die bei einem Zuständigkeitswechsel der Strafvollstreckungskammer infolge Verlegung des Gefangenen ebenfalls wechselt; wenigstens aber sollte von der Übertragungsmöglichkeit nach § 451 Abs. 3 Satz 2 weitgehend Gebrauch gemacht werden[72].

---

[68] KK- *W. Müller* 20; KMR-*Müller* 18.
[69] Vgl. BGHSt **26** 214, 217.
[70] *Katholnigg* NStZ **1982** 195; *Kleinknecht/ Meyer*[37] 15; a. A LG München NStZ **1981** 453.
[71] So auch OLG Karlsruhe OLGSt § 451 Abs.

3 StPO, 1; KK-*W. Müller* 20; KMR-*Müller* 19; *Kleinknecht/Meyer*[37] 16; **a. A** wohl *Lampe* MDR **1975** 531.
[72] *Treptow* NJW **1975** 1105; MDR **1976** 99, 101; *Doller* DRiZ **1976** 172; KK-*W. Müller* 22.

§ 452

In Sachen, in denen im ersten Rechtszug in Ausübung von Gerichtsbarkeit des Bundes entschieden worden ist, steht das Begnadigungsrecht dem Bund zu. In allen anderen Sachen steht es den Ländern zu.

Schrifttum. *Baltes* Der Rechtsweg bei Gnadenentscheidungen, DVBl. **1972** 562; *Brandt* Überlegungen zur gerichtlichen Überprüfbarkeit negativer Gnadenentscheidungen, DVBl. **1974** 925; *Drews* Das deutsche Gnadenrecht (1971); *Geerds* Gnade, Recht und Kriminalpolitik (1960); *Grauhan* Der Bundespräsident — aktiv oder neutral? JR **1965** 379; *Hall* Überlegungen zur Prüfungskompetenz des Bundespräsidenten, JZ **1965** 305; *Knemeyer* Auf dem Wege zur Justitiabilität von Gnadenakten, DÖV **1970** 121; *Oettle* Überlegungen zur gerichtlichen Überprüfbarkeit negativer Gnadenentscheidungen, DVBl. **1974** 927; *Petersen* Gnadenakt und Rechtsweggarantie, JuS **1974** 502; *Schätzler* Gnade vor Recht, NJW **1975** 1249; *Schätzler* Handbuch des Gnadenrechts (1976).

Entstehungsgeschichte. Die als § 484 Gesetz gewordene Vorschrift hatte ursprünglich folgenden Wortlaut: „In Sachen, in denen das Reichsgericht in erster Instanz erkannt hat, steht das Begnadigungsrecht dem Kaiser zu." Ihre jetzige Bezeichnung erhielt sie durch die Bekanntmachung 1924, mit der zugleich das Wort „Kaiser" durch das Wort „Reiche" ersetzt wurde. Durch Art. 3 Nr. 186 VereinhG erhielt sie folgende Fassung: „In Sachen, in denen der Bundesgerichtshof im ersten Rechtszug entschieden hat, steht das Begnadigungsrecht dem Bund, sonst den Ländern zu." Die jetzige Fassung beruht auf Art. 2 Nr. 16 StaatsschStrafG.

1. Gerichtsbarkeit des Bundes. Art. 96 Abs. 5 GG bestimmt: „Für Strafverfahren **1** auf den Gebieten des Art. 26 Abs. 1 und des Staatsschutzes kann ein Bundesgesetz mit Zustimmung des Bundesrates vorsehen, daß die Länder Gerichtsbarkeit des Bundes ausüben." Durch das Ges. vom 8. 9. 1969 wurde die frühere erstinstanzliche Zuständigkeit des Bundesgerichtshofs in Staatsschutzstrafsachen auf die Oberlandesgerichte übertragen (§ 120 GVG); der Bundesgerichtshof ist insoweit Revisionsgericht (§ 135 GVG). Die Oberlandesgerichte, die Gerichte der Länder sind, üben im Wege der sog. Organleihe nach § 120 Abs. 6 GVG insoweit Gerichtsbarkeit des Bundes i. S. des Art. 96 Abs. 5 GG aus, als für die Verfolgung die Zuständigkeit des Bundes nach § 142 a GVG begründet ist, d. h. der Generalbundesanwalt die Anklage erhoben hat[1]. Soweit danach, weil „in Ausübung von Gerichtsbarkeit des Bundes entschieden worden ist", das Gnadenrecht dem Bund zusteht, übt es nach Art. 60 Abs. 2 GG der Bundespräsident aus[2]. Über die **Ausübung des Gnadenrechts bei Gesamtstrafen**, in die „Einzelstrafen verschiedener Gerichtsbarkeiten" einbezogen sind (d. h. Einzelstrafen, bei denen das Begnadigungsrecht nach § 452 teils dem Bund, teils einem Land, oder bei denen es mehreren Ländern zusteht) haben die Gnadenrechtsinhaber am 27. 10. 1971 eine Vereinbarung dahin getroffen, daß das Gnadenrecht allein dem Staat zusteht, dessen Gerichtsbarkeit das Gericht bei der Entscheidung über die Gesamtstrafe ausgeübt hat[3].

---

[1] Wegen näherer Einzelheiten vgl. die Erl. zu § 120 GVG.

[2] Vgl. dazu die AO über die Ausübung des Begnadigungsrechts des Bundes vom 19. 10.

1965 – BGBl. I 1573 – mit Änderung vom 3. 11. 1970 – BGBl. I 1513 –.

[3] Abgedruckt bei *Schätzler* (Handbuch) Abschnitt 2.4 S. 22.

2   **2. Begnadigung** im Einzelfall bedeutet den völligen oder teilweisen Erlaß einer Strafe nach Eintritt der Rechtskraft des Strafurteils[4]. Mit ihr werden rechtskräftig ausgesprochene und noch bestehende Nachteile im Wege einer Einzelentscheidung durch einen Akt der Exekutive gemildert oder aufgehoben[5]. Der Gnadenakt dient also dazu, Auswirkungen gesetzeskonformer Richtersprüche zu modifizieren, wenn diese mit den Postulaten individueller Gerichtigkeit ausnahmsweise in einen Konflikt geraten[6].

3   **3.** Für die Vollstreckungsbehörde bildet ein Gnadenerweis ein **Vollstreckungshindernis;** es besteht bei Umwandlung der erkannten Strafe in eine andere Strafart (z. B. von Freiheitsstrafe in Geldstrafe) darin, daß die im Urteil festgesetzte Strafe unvollziehbar geworden ist und an ihre Stelle die im Gnadenerweis festgesetzte Strafe getreten ist.

4   **4. Weitere Hinweise.** Wegen des **Wesens des Gnadenakts,** des Inhalts und Umfang der Gnade, des Gnadenverfahrens, der Anfechtbarkeit von ablehnenden Gnadenentscheidungen usw. s. Erläuterungen Vor § 12 GVG. Wegen des Falls, daß eine von einem Gnadenerweis erfaßte Einzelstrafe in eine Gesamtstrafe einzubeziehen ist, vgl. § 460, 14.

§ 453

(1) [1]Die nachträglichen Entscheidungen, die sich auf eine Strafaussetzung zur Bewährung oder eine Verwarnung mit Strafvorbehalt beziehen (§§ 56 a bis 56 g, 58, 59 a, 59 b des Strafgesetzbuches), trifft das Gericht ohne mündliche Verhandlung durch Beschluß. [2]Die Staatsanwaltschaft und der Angeklagte sind zu hören. [3]Hat das Gericht über einen Widerruf der Strafaussetzung wegen Verstoßes gegen Auflagen oder Weisungen zu entscheiden, so soll es dem Verurteilten Gelegenheit zur mündlichen Anhörung geben. [4]Ist ein Bewährungshelfer bestellt, so unterrichtet ihn das Gericht, wenn eine Entscheidung über den Widerruf der Strafaussetzung oder den Straferlaß in Betracht kommt.

(2) [1]Gegen die Entscheidungen nach Absatz 1 ist Beschwerde zulässig. [2]Sie kann nur darauf gestützt werden, daß eine getroffene Anordnung gesetzwidrig ist oder daß die Bewährungszeit nachträglich verlängert worden ist. [3]Der Widerruf der Aussetzung, der Erlaß der Strafe, der Widerruf des Erlasses, die Verurteilung zu der vorbehaltenen Strafe und die Feststellung, daß es bei der Verwarnung sein Bewenden hat (§§ 56 f, 56 g, 59 b des Strafgesetzbuches), können mit sofortiger Beschwerde angefochten werden.

Schrifttum. *Baumann* Die Auflagenkataloge im Strafrecht, GA **1958** 193; *Blösch* Wann kann die Strafe nach dem Widerruf der Strafaussetzung vollstreckt werden? NJW **1963** 1296; *Dallinger* Das Dritte Strafrechtsänderungsgesetz — Gerichtsverfassung und Strafverfahren, JZ **1953** 432; *Hanack* Rechtliches Gehör, Vollstreckbarkeit und Verhaftung beim Widerruf der Strafaussetzung zur Bewährung, JZ **1966** 43; *Miesen* „Verlängerung" der Bewährungszeit nach ihrem Ablauf (§§ 25 Abs. 2, 24 Abs. 2 Satz 2 StGB)? NJW **1974** 1493; *Oske* Formelle Rechtsfragen zum Widerruf

---

[4]   *Maunz/Dürig* Art. 60, 9; *v. Mangoldt/Klein* Art. 60 IV 1.
[5]   *Schätzler* (Handbuch) Abschnitt 1.4.1 S. 9; *Wetterich/Hamann* 814; KK- *W. Müller* 1.

[6]   *Leibholz/Rinck* Grundgesetz für die Bundesrepublik Deutschland, 6. Aufl. 1980, Art. 60, 673.

der Strafaussetzung (§ 25 Abs. 2 StGB), MDR **1966** 290; *Pusinelli* Rechtsmittel gegen Ablehnung der Verkürzung der Bewährungszeit, NJW **1962** 902; *W. Schmidt* Die Vollstreckungskammern in der Praxis, NJW **1975** 1485 und NJW **1976** 224 (Replik zu *Treptow* NJW **1976** 222); *Schrader* Der Widerruf der Strafaussetzung nach Ablauf der Bewährungsfrist (§§ 25, 25 a StGB), NJW **1973** 1832; *Theuerkauf* Untersuchungshaft bei Widerruf der Strafaussetzung zur Bewährung? MDR **1965** 179; *Treptow* Das Verfahren der Strafvollstreckungskammern, NJW **1975** 1485; *Treptow* Die Vollstreckungskammern in der Praxis, NJW **1976** 222 (Erwiderung zu *W. Schmidt* NJW **1975** 1485).

Entstehungsgeschichte. Die als § 485 Gesetz gewordene Vorschrift hat ihre jetzige Bezeichnung durch die Bekanntmachung 1924 erhalten. Sie enthielt in ihrer ursprünglichen Fassung das Verbot, die Todesstrafe vor der Entschließung des Inhabers des Gnadenrechts über die Erteilung eines Gnadenerweises und das weitere Verbot, sie an schwangeren oder geisteskranken Personen zu vollstrecken. Sie wurde mit der Aufhebung der Todesstrafe durch Art. 102 GG gegenstandslos. Seinen neuen Inhalt erhielt § 453 durch das 3. StRÄndG. Das 1. StrRG paßte § 453 den Änderungen der materiellrechtlichen Vorschriften über die Aussetzung der Strafe zur Bewährung an. Durch Art. 21 Nr. 121 EGStGB 1974 wurden Satz 3 des Absatzes 1 („Der Beschluß ist zu begründen") und Absatz 2 betr. Zuständigkeit des Gerichts, dessen Inhalt in geänderter Form nach § 462 a n. F. übernommen wurde, gestrichen und wurden die Absätze 1 und 2 um die auf die Verwarnung mit Strafvorbehalt sich beziehenden Nachtragsentscheidungen erweitert. Durch Art. 2 Nr. 2 des 23. StRÄndG ist Absatz 1 durch die Sätze 3 und 4 erweitert worden.

Übersicht

Günter Wendisch

I. Nachträgliche Entscheidungen (Absatz 1)

1   **1. Bereich (Satz 1).** Nach § 260 Abs. 4 Satz 4 erfolgt die Strafaussetzung zur Bewährung (§ 56 StGB) und die Verwarnung mit Strafvorbehalt (§ 59 StGB) im Urteil. Die Dauer der Bewährungszeit (§ 56 a StGB), Bewährungsauflagen (§ 56 b StGB), Bewährungsweisungen (§ 56 c StGB) und Anordnung von Bewährungshilfe (§ 56 d StGB) werden durch Beschluß festgesetzt, der gleichzeitig mit dem Urteil zu verkünden ist (§ 268 a); gegen den Beschluß ist Beschwerde nach § 305 a zulässig, über die gegebenenfalls auch das Revisionsgericht als Tatsacheninstanz entscheidet (§ 305 a). In gleicher Weise wird bei Verwarnung mit Strafvorbehalt gleichzeitig mit dem Urteil durch Beschluß nach § 268 a über die Dauer der Bewährungszeit und über die Erteilung von Auflagen entschieden (§ 59 a StGB).

2   Der **Anwendungsbereich** des § 453 beginnt erst, wenn es sich bei der Strafaussetzung zur Bewährung darum handelt, die zunächst durch den Beschluß nach § 268 a getroffenen Feststellungen wegen nachträglich hervorgetretener Umstände[1] zu ändern (§ 56 a Abs. 2 Satz 2, § 56 e StGB) und über den Widerruf der Strafaussetzung (§ 56 f StGB), den Straferlaß oder dessen Widerruf (§ 56 g StGB) zu entscheiden, und wenn bei der Verwarnung mit Strafvorbehalt die Änderung von Auflagen (§ 59 a Abs. 2 StGB), die Verurteilung zu der vorbehaltenen Strafe oder der Ausspruch, daß es bei der Verwarnung sein Bewenden habe (§ 59 b StGB), in Betracht kommt. Grundsätzlich kommen die Entscheidungen nach § 453 **erst nach Rechtskraft des Urteils** in Frage; denn die Überwachungsaufgabe des Gerichts nach § 453 b hat die Lebensführung des Verurteilten während der Bewährungszeit zum Gegenstand, die erst mit der Rechtskraft der Entscheidung über die Strafaussetzung (§ 56 a Abs. 2 Satz 1 StGB), also des Urteils (§ 260 Abs. 4 Satz 4), beginnt[2]. Für die an die Verwarnung mit Strafvorbehalt anknüpfende Bewährungszeit fehlt es zwar an einer ausdrücklichen Vorschrift über deren Beginn, doch gilt auch hier sinngemäß § 56 a Abs. 2 Satz 1 StGB, da die Sachlage die gleiche ist[3]. Über das Verhältnis der Beschwerde nach § 453 Abs. 2 Satz 1 zur Beschwerde nach § 305 a, wenn das Urteil rechtskräftig ist, vgl. die Erl. zu § 305 a und Rdn. 14[4].

3   **2. Wesen.** Nach früherer Betrachtungsweise wurde Rechtsprechung „im eigentlichen Sinn" nur im Erkenntnisverfahren, endigend mit der Rechtskraft des Urteils, entfaltet. **Dogmatische Probleme** entstanden, als mit der Einführung der gerichtlichen Aussetzung von Strafen und Strafresten zur Bewährung in der Zeit nach rechtskräftigem Abschluß des Erkenntnisverfahrens die in Rdn. 1 bezeichneten nachträglichen Entscheidungen anfielen. Nach einer auch in diesem Kommentar[5] vertretenen Meinung stand be-

---

[1] OLG Stuttgart NJW **1969** 1220; KK-*W. Müller* 1.

[2] KK-*W. Müller* 2; KMR-*Müller* 4.

[3] LK-*Ruß* § 59 a, 2; *Schönke/Schröder/Stree*[22] § 59 a, 2; *Dreher/Tröndle*[42] § 59 a, 1.

[4] Die in Anm. 1 der 21. Auflage erörterte Frage, ob es rechtlich zulässig wäre, daß das Gericht des ersten Rechtszugs schon **vor Rechtskraft des Urteils** nachträgliche Entscheidungen i. S. des § 56 e StGB, § 453 trifft, weil eine Änderung im Rechtsmittelzug nicht in Betracht kommt, z. B. eine Wiedergutmachungsauflage (§ 56 b Abs. 2 Nr. 1) erteilt, weil sich hinterher herausstellt, daß durch die Tat ein Schaden verursacht war, ist hier, weil praktisch kaum bedeutungsvoll, nicht weiter zu erörtern. Jedenfalls entfällt die Möglichkeit eines Widerrufs der Aussetzung vor Rechtskraft des Urteils wegen Begehens einer neuen Straftat, weil nur eine in der Bewährungszeit, also nach Eintritt der Rechtskraft des Urteils begangene Straftat zum Widerruf führen kann (§ 56 f Abs. 1 Nr. 1 StGB; *Dreher/Tröndle*[42] § 56 f, 1). Entsprechendes gilt für den Verstoß gegen Bewährungsauflagen oder Weisungen (LK-*Koffka*[9] § 25, 8; vgl. auch LK-*Ruß* § 56 f, 4).

[5] Vgl. LR-*Schäfer*[22] § 453 Anm. I 2.

grifflich nichts im Weg, das Stadium des Laufs der Bewährungszeit als das der Vollstrekkung der „Aussetzungsstrafe" anzusehen und in diesem Sinn das Gericht als Vollstrekkungsbehörde im weiteren Sinn anzusprechen, und zwar nicht nur, soweit es belehrt (§ 453 a) oder die Lebensführung des Verurteilten überwacht (§ 453 b), sondern auch, soweit es die „nachträglichen Entscheidungen" i. S. des § 453 erläßt; das Gericht wird danach als „Vollstreckungsgericht" tätig[6]. Dabei wurde nicht verkannt, daß diese „Vollstreckungstätigkeit" sich von der die „Vollstreckungsstrafe" betreffenden, der Vollstreckungsbehörde nach § 451 obliegenden Vollstreckung entscheidend dadurch abhebt, daß sie in vollem Umfang nicht weisungsgebunden ist, sondern unter richterlicher Unabhängigkeit ausgeübt wird. Zur Kennzeichnung dieses Unterschieds wurde die richterliche Tätigkeit als „Rechtsprechung im weiteren Sinn" oder als „justizförmiger Verwaltungsakt" charakterisiert[7].

Indessen kann diese strenge **qualitative Unterscheidung** zwischen Entscheidungen **4** mit Erkenntnisverfahren und den nachträglichen Entscheidungen — unbeschadet mancher Unterschiede, insbes. nach der Form der Entscheidung und der Beweisgrundlage, auf denen sie aufbaut — nicht aufrechterhalten werden. Das wird besonders deutlich seit der Einführung der **Verwarnung mit Strafvorbehalt** (§ 59 StGB). Streng genommen ist das rechtskräftige auf Verwarnung lautende Urteil nur ein Torso; erst die an den Verlauf der Bewährungszeit anknüpfende „Nachtragsentscheidung" vervollständigt das Urteil, indem sie ihm mit der „Verurteilung zu der vorbehaltenen Strafe" Vollstreckbarkeit im engeren Sinn verleiht oder mit der „Feststellung, daß es bei der Verwarnung sein Bewenden hat", dem Verwarnungsurteil die Qualität eines das Verfahren endgültig abschließenden Urteils verschafft. Ebenso liegt es bei der **Strafaussetzung zur Bewährung:** Erst die dem Verlauf der Bewährungszeit Rechnung tragende, auf Widerruf oder Erlaß der Strafe lautende Nachtragsentscheidung vervollständigt das Urteil, dessen Gehalt zunächst in der Schwebe bleibt (§ 451, 51 f). In prozessual veränderter Gestalt wird das Erkenntnisverfahren im Vollstreckungsstadium fortgesetzt[8]. So mag man denn das Gericht, das die Nachtragsentscheidungen trifft, als „Vollstreckungsgericht" bezeichnen, darf es aber jedenfalls nicht als eine Art Vollstreckungsorgan „im weiteren Sinn" charakterisieren.

3. Gerichtliche Zuständigkeit. Wegen der (je nach Lage des Falls wechselnden) **5** Zuständigkeit des Gerichts vgl. § 462 a, 23; 24.

II. Verfahren

1. Zulässigkeit mündlicher Erörterung. Die nachträglichen Entscheidungen erge **6** hen durch Beschluß, der nach § 34 zu begründen ist, **ohne mündliche Verhandlung.** Die entsprechende Vorschrift in § 309, wonach das Beschwerdegericht über eine Beschwerde ohne mündliche Verhandlung entscheidet, wird z. T. dahin verstanden, daß eine münd

---

[6] So OLG Karlsruhe NJW **1964** 1085 = Rpfleger **1964** 145 mit Anm. *Pohlmann*; *Kleinknecht/Meyer*[37] 1; **a. A** *Hanack* JZ **1966** 44, 50.

[7] Vgl. LR-*Schäfer* Einl. Kap. **8** Abschnitt IV.

[8] Das alles gilt auch für die Befugnis der Strafvollstreckungskammer (§§ 462 a, 463) bei Vollzug von Freiheitsstrafen und freiheitsentziehenden Maßregeln der Besserung und Sicherung, die die Anpassung der im Urteil festgesetzten Sanktionen an die Ergebnisse und Ziele des Resozialisierungs- und Behandlungsvollzugs zum Gegenstand haben. Über den „internationalen Trend" in der Bewertung dieser richterlichen Tätigkeit im außerdeutschen Recht vgl. *Blau* in *Schwind/ Blau* Strafvollzug in der Praxis (1976) 359 ff.

Günter Wendisch

liche Verhandlung nicht stattfinden dürfe[9]. Ob diese Auslegung zutrifft, kann dahingestellt bleiben; jedenfalls kann sie für § 453 nicht gelten. Er besagt nur, daß es einer mündlichen Verhandlung nicht bedarf. Denn es kann dem Gericht nicht verwehrt sein, insbesondere bei einer so entscheidenden Maßnahme wie dem Widerruf, durch mündliche Erörterung mit den Beteiligten ein klares Bild über die zu treffende Entscheidung zu erstreben, wenn ihm der Akteninhalt nicht ausreichend zu sein scheint[10].

2. Anhörung (Sätze 2 bis 4)

7   **a) Grundsatz (Satz 2).** Satz 2 schreibt zwingend vor, daß der **Angeklagte** und die **Staatsanwaltschaft** zu hören sind[11]. Die Staatsanwaltschaft wird hier als Strafverfolgungs-, nicht als Strafvollstreckungsbehörde tätig (§ 451, 63)[12]. Der Ausdruck „Angeklagter" wird hier nicht im technischen Sinn des § 157 gebraucht, sondern als zusammenfassender Begriff, und zwar für den Verurteilten, soweit es sich um die Strafaussetzung zur Bewährung handelt, für den „Verwarnten" (§ 59 b Abs. 2 StGB), der — unbeschadet des § 465 Abs. 1 Satz 2 — nicht „Verurteilter" ist[13], solange er nicht zu der vorbehaltenen Strafe rechtskräftig verurteilt ist. **Hören** bedeutet hier — wie auch sonst — nur, daß dem Gehörsberechtigten von dem der Entscheidung zugrunde liegenden Sachverhalt Kenntnis und ihm darüber hinaus Gelegenheit zu geben ist, sich dazu zu äußern (Einl. Kap. 13 Abschn. XI 4). In einer Hauptverhandlung wird sich der Berechtigte regelmäßig mündlich äußern; in Verfahren, die ohne mündliche Verhandlung durch Beschluß beendet werden, wird er seinen Standpunkt dagegen im allgemeinen schriftlich darlegen.

7a   **b) Erweiterung (Satz 3).** Von dem unter der vorhergehenden Randnummer dargelegten Grundsatz sind Ausnahmen durchaus möglich. So sieht bisher schon § 454 Abs. 1 Satz 3 die **mündliche Anhörung** des Verurteilten vor, wenn es um die Entscheidung über die Aussetzung des Strafrests einer Freiheitsstrafe zur Bewährung geht und schreibt nunmehr auch § 453 Abs. 1 Satz 3 — wenn auch in abgeschwächter Form — die mündliche Anhörung für den Fall vor, daß eine Entscheidung über den Widerruf der Strafaussetzung zur Bewährung wegen Verstoßes gegen Auflagen und Weisungen ansteht, indem er anordnet, daß das Gericht dem Verurteilten Gelegenheit zur *mündlichen* Anhörung geben *soll*.

7b   Mit der **Neufassung** soll einmal erreicht werden, daß in diesen Fällen häufiger als nach bisherigem Recht von einem Widerruf der Strafaussetzung abgesehen werden kann, aber auch dem Umstand Rechnung getragen werden, daß der Verurteilte beachtenswerte Gründe für die Nichterfüllung haben mag, aber nicht in der Lage ist, diese schriftlich in einer das Gericht überzeugenden Weise darzustellen[14]. Die Ausgestaltung als **Soll-Vorschrift** eröffnet dem Gericht die Möglichkeit, von der mündlichen Anhörung aus schwerwiegenden Gründen abzusehen, etwa wenn der Auflagenverstoß als Widerrufsgrund neben dem der Begehung neuer Straftaten nicht ins Gewicht fällt; andernfalls — so wenn dem Auflagen- und Weisungsverstoß neben einem anderen Wider-

---

[9] So z. B. KK-*Engelhardt* § 309, 2; *Kleinknecht/Meyer*[37] § 309, 1; vgl. auch BayObLGSt **1953** 202 = NJW **1954** 204: zu § 115 d a. F. = jetzt § 118.

[10] Ebenso *Dallinger* JZ **1953** 435; *Dallinger/Lackner* § 58, 4; *Eb. Schmidt* Nachtr. I 4; KK-*W. Müller* 3; KMR-*Müller* 7; *Kleinknecht/Meyer*[37] 1; vgl. auch § 454, 15.

[11] KK-*W. Müller* 5; KMR-*Müller* 5.

[12] LG München NStZ **1981** 453; *Katholnigg* NStZ **1982** 195; KK-*W. Müller* 5; KMR-*Müller* 6; *Kleinknecht/Meyer*[37] 3.

[13] Vgl. auch KK-*W. Müller* 2.

[14] BTDrucks. **10** 2720 (E. . .StRÄndG), Begr. zu Art. 2 Nr. 1 (§ 453 Abs. 1 Sätze 3 bis 5 StPO), S. 14; vgl. zur Neuregelung auch *Greger* JR **1986** 354 f.

rufsgrund doch Bedeutung zukommt — muß es bei der Gelegenheit zur mündlichen Anhörung verbleiben. Kommt der Verurteilte einer Ladung zur mündlichen Anhörung nicht nach, kann das Gericht sein Erscheinen nicht erzwingen; so ist namentlich **keine Vorführung** möglich. Zwar sah der Regierungsentwurf eine solche Möglichkeit in einem Satz 4 ausdrücklich vor[15]; jedoch hat der Rechtsausschuß von der Übernahme dieses Vorschlags abgesehen, weil er eine solche Zwangsmaßnahme für nicht angemessen hielt[15a]. Wegen der Form der Anhörung vgl. § 454, 20 ff.

c) Unterrichtung des Bewährungshelfers (Satz 4). Mit der zweiten Erweiterung **8** der Beteiligung durch Anhörung des Bewährungshelfers übernimmt der Gesetzgeber Anregungen aus dem Schrifttum[15b], indem er anordnet, daß das Gericht diesen in den Fällen, in denen für den Verurteilten ein Bewährungshelfer gestellt ist, besonders unterrichtet, wenn die Entscheidung über den Widerruf der Strafaussetzung oder den Straferlaß während der Zeit seiner Bestellung zu treffen ist, damit er ggf. dem Gericht zusätzliche Erkenntnisse zur Persönlichkeit des Verurteilten aber auch Hintergründe vermitteln kann, die zu seinem Versagen beigetragen haben[15c]. In den Fällen, in denen über den Widerruf des Straferlasses zu entscheiden ist, entfällt eine Unterrichtung des Bewährungshelfers, weil die Bewährungshilfe mit dem Erlaß der Strafe ihr Ende gefunden hat.

3. Unterbleiben der Anhörung. Ist die Anhörung versehentlich unterblieben und **9** eine (einfache) Beschwerde im Hinblick auf § 453 Abs. 2 Satz 2 nicht zulässig, so kommt **Nachholung des Gehörs** nach § 33 a in Betracht[16]; bei Anfechtbarkeit der Entscheidung mit sofortiger Beschwerde (Absatz 2 Satz 3) gilt § 311 Abs. 3 Satz 2. Zur Anhörung gehört, daß der Verurteilte zu ihm nachteiligen Tatsachen, die von dritter Seite mitgeteilt wurden, Gelegenheit zur Stellungnahme erhält (OLG Oldenburg NJW **1961** 1368). Kommt ein Widerruf in Betracht, so muß die Aufforderung, sich zu äußern, deutlich mit dem Hinweis auf die Möglichkeit des Widerrufs verbunden werden (LG Köln JMBlNRW **1959** 105). Ausnahmsweise kann beim Widerruf der Aussetzung zur Bewährung eine vorherige Anhörung unterbleiben, wenn der Verurteilte sie selbst vereitelt, indem er sich durch Flucht der drohenden Strafvollstreckung entzieht oder weisungswidrig (§ 56 c Abs. 1 Nr. 1 StGB) einen Wohnungswechsel nicht anzeigt, so daß sein Aufenthalt nicht zu ermitteln ist[17].

III. Voraussetzungen

Die materiellrechtlichen Voraussetzungen sind hier wegen des Zusammenhangs **10** nur zu zwei Fragen zu streifen; wegen der Einzelheiten wird auf die Erläuterungswerke zum StGB verwiesen.

---

[15] Er lautete: Ist der Verurteilte zur mündlichen Anhörung unter der Androhung geladen, daß im Falle des Ausbleibens seine Vorführung erfolgen werden, so kann das Gericht die Vorführung des nicht erschienenen Verurteilten anordnen.

[15a] Beschlußempfehlung und Bericht des Rechtsausschusses vom 27. 11. 1985 – BT-Drucks. **10** 4391: Zu Art. 2 Nr. 1 (§ 453 Abs. 1 StPO), S. 19.

[15b] KK-*W. Müller* 7; KMR-*Müller* 6; *Kleinknecht/Meyer*[37] 5; vgl. *Rahn* NJW **1976** 839.

[15c] BTDrucks. **10** 2720 (E...StRÄndG), Begr. zu Art. 2 Nr. 1 (§ 453 Abs. 1 Sätze 3 bis 5 StPO), S. 14.

[16] BGHSt **26** 127; KK-*W. Müller* 6.

[17] KK-*W. Müller* 6; KMR-*Müller* 5; *Kleinknecht/Meyer*[37] 4; vgl. im übrigen Rdn. 22 sowie die Erl. zu § 453 c.

11   **1. Verlängerung der Bewährungszeit.** Die Bewährungszeit kann grundsätzlich nur vor ihrem Ablauf verlängert werden (§ 56 a Abs. 2 Satz 2 StGB). Streitig ist, ob ausnahmsweise die „Verlängerung" einer bereits abgelaufenen Bewährungszeit[18] in Betracht kommt, wenn das Gericht gemäß § 56 b Abs. 2 StGB von einem Widerruf absieht und die Bewährungszeit verlängert. Die Frage wird in der Rechtsprechung teils bejaht[19], teils verneint[20], im Schrifttum weitgehend verneint[21]. Vom Standpunkt der ersteren Auffassung können dann auch weitere als die bisherigen Auflagen und Weisungen verbunden werden[22]. Wegen weiterer Einzelheiten s. Rdn. 30.

12   **2. Widerruf der Strafaussetzung.** Der Widerruf der Strafaussetzung ist sowohl während der Bewährungszeit als auch nach ihrem Ablauf möglich. Streitig ist dabei angesichts des Fehlens einer gesetzlichen Vorschrift, innerhalb welchen Zeitraums nach Ablauf der Bewährungszeit (vor Eintritt der Verjährung und vor Straferlaß) ein Widerruf zulässig ist[23]. Grundsätzlich gilt, daß das Gericht aus rechtsstaatlichen Gründen darauf bedacht sein muß, die Entscheidung über Widerruf, Maßnahmen nach § 56 f Abs. 2 StGB oder Straferlaß sobald als möglich und ohne vermeidbare Verzögerungen zu treffen[24].

13   Dieser Gesichtspunkt kann jedoch **nicht** dazu führen, praeter legem **starre Höchstfristen** oder gar solche von verhältnismäßig kurzer Dauer[25] aufzustellen, nach deren Ablauf der Widerruf ausgeschlossen und der Straferlaß geboten wäre, denn auch mit dem erforderlichen Nachdruck betriebene Ermittlungen können sehr zeitraubend sein. Das Gesetz hat deshalb — anders als beim Widerruf des Straferlasses (§ 56 g Abs. 2 Satz 2 StGB) — mit gutem Grund von der Festsetzung starrer Höchstzeitgrenzen abgesehen[26]. Spätestens ist die Entscheidung zu treffen, wenn keine begründete Aussicht besteht, über das Vorliegen von Widerrufsgründen (§ 56 f Abs. 1 StGB) Feststellungen treffen zu können (KG JR **1967** 301). Verbleibende Zweifel an den Voraussetzungen eines Widerrufs schlagen zugunsten des Verurteilten aus[27], denn nach § 56 g Abs. 1 Satz 1

---

[18] In Wirklichkeit handelt es sich um eine neue zusätzliche Bewährungszeit, bei der die bisherige und die neue zusammen die Dauer von fünf Jahren (§ 56 a Abs. 1 StGB) nicht überschreiten dürfen.

[19] OLG Oldenburg NJW **1964** 2434; OLG Hamm NJW **1971** 719; **1974** 839; **1975** 2112; OLG Schleswig SchlHA **1976** 166; OLG Saarbrücken NJW **1977** 1249; OLG Celle NdsRpfl. **1978** 269; OLG Stuttgart MDR **1981** 69 unter Aufgabe von Justiz **1978** 33; OLG Düsseldorf MDR **1981** 1034; OLG Koblenz NStZ **1981** 260 unter Aufgabe von MDR **1977** 513.

[20] OLG Frankfurt NJW **1975** 270; OLG Hamburg MDR **1979** 422; OLG Stuttgart Justiz **1976** 172.

[21] So namentlich *Sturm* JZ **1970** 85; *Miesen* NJW **1974** 1493; vgl. auch *Dreher/Tröndle*[42] § 56 a, 1, der allerdings eine Ausnahme nur für den Fall des § 56 f Abs. 2 StGB gelten lassen will.

[22] OLG Frankfurt NJW **1971** 720; OLG Hamm GA **1978** 812; KK-*W. Müller* 3; *Kleinknecht/Meyer*[37] 1.

[23] Zum Stand der Streitfrage vgl. *Oske* MDR **1966** 290; *Schrader* NJW **1973** 1832; LK-*Koffka*[9] § 25 a. F., 17; LK-*Ruß* § 56 f, 12 mit weiteren Nachweisen; *Dreher/Tröndle*[42] § 56 f, 2.

[24] Vgl. etwa KG JR **1967** 307; OLG Schleswig SchlHA **1959** 270; OLG Hamm MDR **1966** 165; NJW **1972** 500; **1974** 1520; OLG Koblenz MDR **1977** 513.

[25] Etwa von sechs Monaten: so KG JR **1958** 189; OLG Schleswig SchlHA **1959** 270; OLG Hamm MDR **1966** 165; LG Dortmund NJW **1968** 1149; LG Tübingen JZ **1974** 682.

[26] Vgl. OLG Düsseldorf MDR **1969** 683; GA **1983** 87; MDR **1983** 509; OLG Hamburg NJW **1970** 65; OLG Hamm NJW **1972** 500; **1974** 1520; OLG Karlsruhe Justiz **1976** 436; *Schrader* NJW **1973** 1883; vgl. auch *Dreher/Tröndle*[42] § 56 f, 2; *Lackner*[16] § 56 g, 1.

[27] Vgl. *Lackner*[16] § 56 g, 1: Sie schließen den Widerruf aus, erlauben allerdings eine Verlängerung der Bewährungszeit in den Grenzen des § 56 a Abs. 2 Satz 2 StGB.

StGB hat das Gericht die Strafe nach Ablauf der Bewährungsfrist zu erlassen, wenn es die Strafaussetzung nicht widerruft, d. h. (so deutlicher § 78 Abs. 2 StGB-Entw. 1962), wenn es nicht feststellen kann, daß die Voraussetzungen des Widerrufs (oder einer milderen Maßnahme nach § 56 f Abs. 2 StGB) vorliegen; es bleibt dann aber unter den Voraussetzungen des § 56 g Abs. 2 StGB die Möglichkeit eines Widerrufs des Straferlasses.

IV. Rechtsmittel (Absatz 2)

1. Allgemein (Satz 1). Gegen die in Absatz 1 bezeichneten Nachtragsentscheidun- **14** gen ist nach Absatz 2 Satz 1 grundsätzlich **einfache Beschwerde** zulässig. Absatz 2 Satz 3 sieht davon **Ausnahmen** vor: der Widerruf der Aussetzung (§ 56 f StGB), der Erlaß der Strafe (§ 56 g Abs. 1 StGB), der Widerruf des Erlasses (§ 56 g Abs. 2 StGB), die Verurteilung zu der vorbehaltenen Strafe (§ 59 b Abs. 1 StGB) und die Feststellung, daß es bei der Verwarnung sein Bewenden hat (§ 59 b Abs. 2), ist mit **sofortiger Beschwerde** anfechtbar. In diesen Fällen darf die Vollstreckung mithin erst beginnen, wenn die Aussetzungswirkung der vorangegangenen Entscheidung beseitigt, d. h. der Beschluß nach Absatz 1 rechtskräftig ist[28]. Dem entspricht die Regelung in § 453 c, wonach der Sicherungshaftbefehl bis zur Rechtskraft des Widerrufsbeschlusses zulässig ist[29]. Die Bedeutung des Absatzes 2 Satz 2, der die in Absatz 2 Satz 1 vorgesehene einfache Beschwerde einschränkt, ergibt sich aus folgender **Überlegung:** Absatz 2 Satz 2 stimmt — bis auf die Worte „oder daß die Bewährungszeit nachträglich verlängert worden ist" — wörtlich mit § 305 a Abs. 1 Satz 2 überein, der die Anfechtbarkeit des Beschlusses regelt, in dem erstmals die auf die Aussetzung zur Bewährung sich beziehenden Anordnungen getroffen worden sind (§ 268 a; §§ 56 a bis 56 d, 59 a StGB). Der Sinn des § 453 Abs. 2 Satz 2 geht also dahin, die nachträglichen Änderungen des Auflagenbeschlusses hinsichtlich der Anfechtbarkeit in gleicher Weise zu behandeln wie die ursprünglich im Auflagenbeschluß getroffenen Einzelanordnungen (OLG Düsseldorf MDR **1985** 784); die Anfechtbarkeit ist in gleicher Weise beschränkt, als seien die nachträglichen Änderungen bereits im Beschluß nach § 268 a enthalten gewesen.

2. Beschwerdegründe (Satz 2). Absatz 2 Satz 2 gilt, soweit er die Beschwerde auf **15** die Rüge der **Gesetzwidrigkeit der Anordnung**[30] beschränkt, für die nachträgliche Verkürzung der Bewährungszeit bis auf das Mindestmaß (§ 56 a Abs. 2 Satz 2 StGB), für die Nachtragsentscheidungen nach § 56 e StGB, die den ursprünglichen mit dem Urteil verkündeten Beschluß des § 268 a nachträglich ändern oder aufheben, sowie für Abänderungen, die die Art und Weise der Anrechnung nach § 56 f Abs. 2 StGB betreffen[31]. Der Widerruf der Strafaussetzung kann mit der Begründung angefochten werden, daß die Voraussetzungen des § 56 f Abs. 1 StGB nicht vorgelegen hätten oder eine mildere Maßnahme i. S. des § 56 f Abs. 2 StGB ausreichend sei. Die sofortige Beschwerde gegen den Straferlaß kann ebenfalls darauf gestützt werden, daß Widerruf der Strafaussetzung oder eine mildere Maßnahme nach § 56 f Abs. 2 StGB geboten gewesen sei. Wird dagegen die nachträgliche Verlängerung der Bewährungszeit angefochten, so kann nicht nur Gesetzwidrigkeit gerügt, sondern jede andere Form der Beschwer geltend gemacht

---

[28] KK- *W. Müller* 8.
[29] KK- *W. Müller* 9; *Kleinknecht/Meyer*[37] 8.
[30] Dazu zählt auch die Überprüfung des Verhältnismäßigkeitsgrundsatzes sowie die Zumutbarkeit: OLG Hamm MDR **1975** 1041; KK- *W. Müller* 8; *Kleinknecht/Meyer*[37] 7.

[31] OLG Stuttgart MDR **1980** 1037; OLG Celle NdsRpfl. **1982** 222; a. A LG Stuttgart MDR **1981** 335; OLG Hamburg MDR **1983** 953; OLG Düsseldorf MDR **1985** 784.

Günter Wendisch

werden. Ebenso kann die Beschwerde gegen die Ermessensentscheidung („kann") nach § 56 g Abs. 2 StGB auf unrichtige Ermessensausübung gegründet werden. Entscheidungen, durch die Anträge auf Anordnungen nach § 56 a Abs. 2 Satz 2, §§ 56 e, 56 f, 56 g Abs. 2 StGB **abgelehnt** werden, unterliegen ohne die Beschränkungen des § 453 Abs. 2 Satz 2, 3 stets der einfachen Beschwerde[32].

3. Erlaß der Strafe (Satz 3)

16   **a) Anfechtbarkeit.** Der Erlaß der Strafe war vor dem 1. StrRG hinsichtlich des sachlichen Inhalts der Entscheidung nicht anfechtbar. Da dieses Gesetz aber in § 25 a Abs. 2 (jetzt: § 56 g Abs. 2 StGB) den Widerruf des Erlasses zuließ, war es zwangsläufig, der **Staatsanwaltschaft** das Recht der sofortigen Beschwerden zu geben; andernfalls hätte sie, wenn ihr alsbald nach dem Ergehen des Straferlasses ein Widerrufsgrund bekannt wurde, das (als Ausnahmeregelung gedachte) Widerrufsverfahren betreiben müssen. Das Recht zur sofortigen Beschwerde ist aber nicht auf den Fall des Hervortretens eines Widerrufsgrundes i. S. des § 56 g Abs. 2 StGB beschränkt, die **sofortige Beschwerde** kann auch darauf gestützt werden, daß das Gericht zu Unrecht die Strafe erlassen habe, statt die Aussetzung nach § 56 f zu widerrufen. Auch schwerwiegende Verfahrensverstöße — Straferlaß vor Ablauf der Bewährungszeit, Straferlaß durch das Amtsgericht, dem die Zuständigkeit nach § 462 a Abs. 2 Satz 2 nur teilweise übertragen wurde, indem sich das übertragende Gericht den Straferlaß vorbehielt, Entscheidung ohne Anhörung der Staatsanwaltschaft — können nur mit sofortiger Beschwerde geltend gemacht werden. Nur die einfache Beschwerde des § 453 Abs. 2 Satz 1 ist dagegen gegeben, wenn das Gericht einen Antrag der Staatsanwaltschaft auf Widerruf ablehnt oder statt des Widerrufs Maßnahmen gemäß § 56 f Abs. 2 StGB beschließt.

17   **b) Beschwerdeberechtigte.** Daraus, daß nach Absatz 1 Satz 2 außer dem Angeklagten nur die Staatsanwaltschaft zu hören ist, ist zu folgern, daß das Recht der sofortigen Beschwerde gegen den Erlaß der Strafe nur der Staatsanwaltschaft, nicht etwa auch dem Privat- oder Nebenkläger zusteht.

18   **c) Wirkung.** Der rechtskräftig gewordene Straferlaßbeschluß bezieht sich nur auf die ausgesetzte Freiheitsstrafe, nicht auf Kosten und Nebenfolgen.

19   **4. Widerruf der Aussetzung (Satz 3).** Der Widerruf der Aussetzung ist nach Absatz 2 Satz 3 mit der sofortigen Beschwerde anfechtbar. Sie kann, da hier die Beschränkung der Beschwerdegründe in Absatz 2 Satz 2 nicht gilt, von dem Verurteilten wie von der Staatsanwaltschaft (zugunsten des Verurteilten) darauf gestützt werden, daß die in § 56 f Abs. 1 StGB bezeichneten Voraussetzungen des Widerrufs nicht vorlägen oder eine mildere Maßnahme nach § 56 f Abs. 2 StGB ausreiche[33]. Die **Rechtskraft des Widerrufsbeschlusses** steht einer erneuten Nachprüfung im Verfahren nach § 458 Abs. 1, § 462 nicht entgegen, wenn Tatsachen geltend gemacht werden, die die Wiederaufnahme eines rechtskräftig abgeschlossenen Verfahrens zulassen würden[34].

---

[32] OLG Braunschweig NJW **1954** 364; OLG Hamburg NJW **1963** 231; OLG Hamm NJW **1963** 1165; vgl. auch Rdn. 36.

[33] Wegen vorläufiger Maßnahmen zur Sicherung der Vollstreckung, wenn Widerruf der Aussetzung in Betracht kommt, vgl. Erl. zu § 453 c.

[34] OLG Oldenburg NJW **1962** 1169; *H. W. Schmidt* SchlHA **1963** 109; *Hanack* JR **1974** 115; *Lemke* ZRP **1978** 281; *Groth* MDR **1980** 595; LK-*Ruß* § 56 f, 14; a. A LG Hamburg MDR **1975** 246; LG Freiburg JR **1979** 161 mit krit. Anm. *Peters*; AG Lahn-Gießen MDR **1980** 595 mit abl. Anm. *Groth*; *Kleinknecht*[33] 8; wie hier *Kleinknecht/Meyer*[37] 8.

V. Rechtskraft des Widerrufsbeschlusses als Vollstreckungsvoraussetzung

Es fragt sich, welche **Rechtsfolgen** die Anfechtbarkeit in der Zeit vom Erlaß des **20** Widerrufsbeschlusses und vor Eintritt seiner Rechtskraft zeitigt. Die *früher* herrschende Meinung[35] wertete den Widerruf als die Beseitigung eines der Vollstreckung entgegenstehenden Hindernisses, die mit dem Erlaß des Widerrufsbeschlusses wirksam werde und es trotz Anfechtung bleibe, soweit nicht das Beschwerdegericht die Vollziehung aussetzt (§307); zur Erzwingung des Strafantritts kann danach die Vollstreckungsbehörde die in §457 bezeichneten Maßnahmen ergreifen. Diese Betrachtungsweise ist inzwischen mit Recht von der *heute* herrschenden Meinung aufgegeben (Rdn. 3 f). Nach ihr enthält das auf Strafaussetzung zur Bewährung lautende rechtskräftige Urteil — darin der Verwarnung im Strafvorbehalt (§59 StGB) vergleichbar — zunächst noch keinen der Vollstreckung fähigen Strafausspruch. Die Vollstreckbarkeit des Strafausspruchs wird dem Urteil vielmehr erst durch den **gestaltenden Akt des Widerrufs** der Strafaussetzung beigelegt, der seinerseits nach dem Grundgedanken des §449 den Strafausspruch erst vollstreckungsfähig macht, wenn der Widerrufsbeschluß rechtskräftig geworden ist[36].

Für diese Auffassung spricht, daß der Grundsatz, ein rechtskräftiger Urteils- **21** spruch, eine rechtskräftig erkannte, aber zur Bewährung ausgesetzte Strafe sei sinnvollerweise bis auf weiteres nicht zu vollziehen, erst hinfällig wird, wenn eine spätere Entscheidung, die die Vollstreckbarkeit begründet, ihrerseits rechtskräftig geworden ist. Das entspricht sowohl dem **Grundrecht des Schutzes der persönlichen Freiheit** (Art. 2, 104 GG) wie dem Grundgedanken des §449, der — richtig verstanden — wegen der Schwere des Eingriffs in die persönliche Freiheit die Vollstreckung der Freiheitsstrafe grundsätzlich erst zuläßt, wenn nicht nur der Strafausspruch, sondern auch dessen Vollziehbarkeit rechtskräftig festgestellt ist, sofern es zusätzlich zur rechtskräftigen Bestimmung der Strafe einer besonderen Entscheidung bedarf, die die Vollstreckung erst zuläßt. Andernfalls verlöre die in §453 Abs. 2 Satz 3 statuierte Anfechtbarkeit des Widerrufsbeschlusses mit sofortiger Beschwerde ihre Bedeutung. Aus §307 Abs. 1 kann nichts Gegenteiliges hergeleitet werden. Denn diese Vorschrift enthält die immanente Einschränkung, daß sie unanwendbar ist, wenn nach Sinn und Zweck der die Anfechtbarkeit regelnden Vorschrift eine beschwerdefähige Entscheidung Rechtswirkung erst entfalten soll, falls sie ihrerseits die Rechtskraft erlangt hat[37]. So liegt es aber bei dem **Widerrufsbeschluß:** Indem er das rechtskräftige Urteil, soweit es in Form der Strafaussetzung die Nichtvollstreckbarkeit anordnet, aufhebt, stellt er sich als **urteilsähnliche Entscheidung** dar, die die Vollstreckbarkeit des Strafausspruchs erst schafft; erst jetzt liegt ein der Vollstreckung fähiges Strafurteil i. S. des §449 vor. Nach §14 Abs. 1 Buchst. b, Abs. 2 StVollstrO ist die mit Rechtskraftbescheinigung versehene Urschrift oder eine beglaubigte Abschrift des erkennenden Teils des Widerrufsbeschlusses weitere urkundliche Grundlage der Vollstreckung i. S. des §451 (dort Rdn. 42).

---

[35] Sie wurde noch von LR-*Schäfer*[21] §453 IX 5 vertreten; weitere Nachweise finden sich bei *Hanack* JZ **1966** 43 Fußn. 3.

[36] So — von Einzelheiten der Begründung abgesehen — LG Mannheim NJW **1963** 673; **1964** 415; OLG Karlsruhe NJW **1964** 1085; **1972**

2008 und — im Ergebnis — auch OLG Braunschweig NJW **1971** 1710; im Schrifttum mit ausführlicher Begründung *Hanack* JR **1966** 45, 50 mit weiteren Nachweisen.

[37] Ebenso LR-*Gollwitzer* §307, 2; KK-*Engelhardt* §307, 1; *Kleinknecht/Meyer*[37] §307, 1.

VI. Öffentliche Zustellung des Widerrufsbeschlusses

22   Nach § 453 Abs. 1 Satz 2 in Verb. mit § 33 Abs. 3 ist vor dem Erlaß des Widerrufsbeschlusses der Angeklagte zu hören. Nach bisher herrschender Meinung hindert dies
aber rechtlich nicht, den Widerrufsbeschluß ohne vorherige Anhörung zu erlassen und
öffentlich zuzustellen, um die Beschwerdefrist in Lauf zu setzen, wenn der Verurteilte
flüchtig ist oder sich verborgen hält, weil derjenige, der durch sein Verhalten seine
vorherige Anhörung schuldhaft unmöglich macht, das Recht auf *vorgängiges* Gehör
verwirkt (§ 33, 36); der Verurteilte hätte es sonst in der Hand, durch Vereitelung der
vorgängigen Anhörung den Erlaß des Widerrufsbeschlusses unmöglich zu machen. Allerdings setzt ein solches Verfahren voraus, daß sich das Gericht aller ihm zu Gebote stehenden zumutbaren Mittel zur Erforschung des Aufenthalts des Zustellungsadressaten
bedient hat und diese Bemühungen erfolglos waren[38].

VII. Nachverfahren

23   **1. Zulässigkeit.** Ist durch rechtmäßige öffentliche Zustellung die Beschwerdefrist
in Lauf gesetzt worden, und wird der Verurteilte nach ihrem ungenutzten Ablauf ergriffen, so bleibt sein **Anspruch auf rechtliches Gehör** insofern gewahrt, als er trotz Rechtskraft des Widerrufsbeschlusses nachträglich Einwendungen gegen diesen vorbringen
kann. Insoweit besteht allgemeines Einverständnis[39]. Über die Möglichkeit eines solchen „Nachverfahrens" wird der Ergriffene spätestens bei seiner Aufnahme in die Vollzugsanstalt belehrt (§ 29 Abs. 3 StVollstrO)[40].

24   **2. Zuständigkeit.** Zuständig für die Durchführung des Nachverfahrens ist stets
das **Gericht des ersten Rechtszugs** (nicht: die Strafvollstreckungskammer), auch wenn
sich der Verurteilte bereits in Strafhaft befindet, da es sich nur um die Nachholung des
rechtlichen Gehörs handelt, das zu gewähren dem Gericht an sich vor dem Widerrufsbeschluß oblag[41]. Streitig ist nur die Art der Durchführung des Nachverfahrens.

3. Rechtsbehelfe

25   **a) Wiedereinsetzung in den vorigen Stand?** In aller Regel werden bei dem Verurteilten, der seine vorherige Anhörung selbst vereitelt hat, die Voraussetzungen einer
Wiedereinsetzung in den vorigen Stand gegen die Versäumung der Beschwerdefrist
nicht vorliegen, weil er nicht ohne Verschulden (§ 44) an der Einhaltung der Frist verhindert war[42].

26   **b) Sofortige Beschwerde?** Gleichwohl wird zum Teil dem Ergriffenen das Recht
zugebilligt, mit der sofortigen Beschwerde eine Überprüfung des Widerrufsbeschlusses
herbeizuführen. Die Begründung ist verschieden. Nach **OLG Braunschweig (NJW 1971**

---

[38] OLG Hamm MDR **1972** 259; JMBlNRW
1974 106; OLG Stuttgart MDR **1973** 950 und
– betr. öffentliche Zustellung an einen Ausländer – Justiz **1976** 305; OLG Celle MDR
1976 948; vgl. dazu auch die Kritik von *Hanack* JR **1974** 114, daß bei unbekanntem
Aufenthalt vielfach zu schnell und im Widerspruch zum geltenden materiellen Recht
widerrufen werde.
[39] Vgl. etwa *Hanack* JZ **1966** 51; JR **1974** 113;

Theuerkauf MDR **1965** 179; *Weiß* JZ **1967**
584; *Kallmann* NJW **1972** 1478; KK-*W.
Müller* 6.
[40] *Pohlmann/Jabel* § 29, 2 ff; KK-*W. Müller* 6.
[41] OLG Koblenz MDR **1976** 598 unter Aufgabe von OLGSt § 33 a StPO, 13; KK-*W.
Müller* 6.
[42] OLG Stuttgart NJW **1974** 284; Justiz **1975**
276 mit weit. Nachweisen; vgl. aber *Pohl-
mann/Jabel* § 29, 4 a. E.

1710) gehört zu einer ausreichenden nachträglichen Gewährung des rechtlichen Gehörs die Eröffnung des Rechtsmittelwegs in der Weise, daß der Verurteilte binnen einer Woche nach seiner Ergreifung noch sofortige Beschwerde gegen den rechtskräftigen Widerrufsbeschluß einlegen kann; die mit einer solchen nachträglichen Überprüfung des Widerrufsbeschlusses verbundene Einschränkung der Rechtskraft rechtfertige sich aus dem höher zu bewertenden **Interesse an der materiellen Richtigkeit** der Entscheidung und entspreche dem Grundgedanken der §§ 33 a, 311 a Abs. 1. Nach anderer Konstruktion bedarf es zwar einer Wiedereinsetzung in den vorigen Stand, aber es stehe einem Wiedereinsetzungsgrund i. S. des § 44 gleich, wenn der Widerrufsbeschluß ohne vorgängiges Gehör erlassen und öffentlich zugestellt sei, weil der verfassungsmäßige Grundsatz des rechtlichen Gehörs eine Berücksichtigung des Beschwerdevorbringens in der Sache selbst fordere[43].

c) Nachträgliche Anhörung? Dagegen ist nach überwiegend vertretener Auffas- **27** sung der Grundsatz des rechtlichen Gehörs genügend gewahrt, wenn in **entsprechender Anwendung des § 33 a** dem Verurteilten nachträglich die Anhörung durch das Gericht eröffnet wird, das den Widerruf beschlossen hat[44]. Der Überprüfungsbeschluß unterliegt dann grundsätzlich keiner Anfechtung, denn da § 33 a nur Beschlüsse betrifft, die nicht mit der Beschwerde oder einem anderen Rechtsmittel anfechtbar sind, kann auch die in Anwendung dieser Vorschrift ergehende Nachprüfungsentscheidung keinem Rechtsmittel unterliegen[45].

d) Ergebnis. Dieser Auffassung ist **grundsätzlich zuzustimmen;** sie vermeidet die **28** deutliche Hinwegsetzung über die Voraussetzungen des § 44 und trägt in angemessener Weise dem Gehörsanspruch dessen, der sich den Verlust vorgängigen Gehörs selbst zuzuschreiben hat, Rechnung. Wegen der Frage, wann ausnahmsweise ein Bedürfnis für eine Überprüfung der im Nachverfahren ergehenden Entscheidung im Weg der **einfachen Beschwerde** besteht vgl. § 33 a, 21 Fußn. 7 sowie *Hanack* JR **1974** 114 f. BGHSt **26** 131 hat diese Frage offengelassen; OLG Hamm NJW **1977** 61 läßt einfache Beschwerde (nur) zur Nachprüfung des Verfahrens nach § 33 a zu.

4. Änderung der Rechtslage zufolge Einfügung des § 453 c? An dieser Rechtslage **29** hat die Einfügung des § 453 c durch Art. 1 Nr. 110 des 1. StVRG nichts geändert. Zwar eröffnet diese Vorschrift nunmehr die Möglichkeit, sich durch Erlaß eines Sicherungshaftbefehls, der auch ohne vorherige Anhörung erlassen werden kann (§ 453 c Abs. 2 Satz 2, § 33 Abs. 4 Satz 1), der Person des Verurteilten zu versichern. Jedoch kann daraus nicht geschlossen werden, seit dem Inkrafttreten des § 453 c sei der Erlaß eines Widerrufs ohne vorherige Anhörung des Verurteilten sowie die öffentliche Zustellung des Beschlusses unzulässig[46]. Eine solche Folgerung findet weder im Wortlaut des § 453 c noch in den Materialien zu dieser Vorschrift eine Stütze. Nach seinem **Wortlaut** regelt § 453 c in erster Linie vorläufige Maßnahmen (vgl. dazu § 453 c, 6), um sich der Person

---

[43] So OLG Frankfurt NJW **1972** 1095; OLG Koblenz MDR **1972** 965; OLG Celle NJW **1972** 2097; OLG Hamburg MDR **1974** 417.
[44] So BGHSt **26** 127; OLG Hamburg NJW **1972** 219; OLG Oldenburg NdsRpfl. **1972** 245; OLG Celle JR **1974** 112 mit zust. Anm. *Hanack*; MDR **1976** 948; OLG Saarbrücken NJW **1974** 283; OLG Karlsruhe MDR **1974** 685; GA **1975** 284; OLG Stuttgart Justiz **1975**

276; OLG Koblenz MDR **1975** 595; KK-*W. Müller* 6; a. A *Kallmann* NJW **1972** 1478.
[45] § 33 a, 9; OLG Karlsruhe GA **1975** 284; OLG Hamm NJW **1977** 61.
[46] So aber OLG Hamburg MDR **1975** 1042 = NJW **1976** 1326; OLG Frankfurt StrVert. **1983** 113; LG München II NJW **1975** 2307; dieser Meinung zuneigend auch LR-*K. Schäfer*[23] 22.

Günter Wendisch

des Verurteilten zu versichern; den Erlaß eines Haftbefehls sieht er nur *notfalls* vor. Das Gericht kann so verfahren, ohne dazu verpflichtet zu sein; ausdrücklich schreibt das Gesetz keine Maßnahme vor. Nach der Begründung[47] war für die Einfügung des § 453 c entscheidend: „Die bei einer Flucht des Verurteilten notwendig werdende öffentliche Zustellung des Widerrufsbeschlusses sowie Fahndungsmaßnahmen könnten das Vollstreckungsverfahren erheblich verzögern, insbesondere unmittelbar vor und nach Erlaß des Widerrufsbeschlusses könnten Maßnahmen gegen den Verurteilten erforderlich sein, um sich seiner Person zu versichern. Die Einfügung des § 453 c solle diese Lücke schließen und damit zu einer Verfahrensbeschleunigung beitragen". Von einer obligatorischen Verhaftung eines den Widerruf befürchten müssenden Verurteilten ist nirgendwo die Rede; Gesetzeswortlaut und Begründung lassen vielmehr eindeutig erkennen, daß der Widerruf — wie auch früher — auch ohne Erlaß eines Sicherungshaftbefehls gegen den untergetauchten Verurteilten ausgesprochen werden kann[48].

5. Änderung der Bewährungszeit, nachträgliche Maßnahmen

30　　a) **Grundsatz.** Die Verlängerung oder Abkürzung der Bewährungszeit sowie die nachträglichen Maßnahmen nach § 56 e StGB sind mit der **einfachen Beschwerde** anfechtbar. Die **Voraussetzungen der Anfechtbarkeit** sind aber verschieden. Die Beschwerde gegen die Verlängerung der Bewährungszeit kann sowohl auf Gesetzesverstöße[49] wie auch darauf gestützt werden, daß ein die Verlängerung rechtfertigender Grund überhaupt nicht vorliege. Dagegen fallen Angriffe gegen die sonstigen Anordnungen unter Absatz 2 Satz 2, wonach die Beschwerde nur darauf gestützt werden kann, daß eine Anordnung gesetzwidrig sei[50]. Die Beschwerde gegen eine Verkürzung der Bewährungsfrist kann daher nur auf Gesetzwidrigkeit[51] gestützt werden. Die Aufhebung oder Einschränkung von Auflagen, Weisungen und Bewährungshilfe ist, von Verfahrensverstößen abgesehen, praktisch unanfechtbar; die Erteilung von Weisungen und Unterstellung unter einen Bewährungshelfer ist zwar nach dem Gesetzeswortlaut („erteilt Weisungen", § 56 c StGB; „unterstellt der Aufsicht. . .", § 56 d StGB) obligatorisch; tatsächlich handelt es sich aber nach der Umschreibung der Voraussetzungen („wenn er dieser Hilfe bedarf. . .", § 56 c StGB, „wenn dies angezeigt ist, um. . .", § 56 d StGB) um Ermessensausübung, die nur unter dem Gesichtspunkt der Ermessensüberschreitung (Willkür, Mißbrauch) gesetzwidrig sein könnte.

31　　b) **Beispiele.** Praktisch beschränkt sich die Zulässigkeit der **einfachen Beschwerde** wegen materieller Gesetzwidrigkeit auf die nachträgliche Erstanordnung oder die Erweiterung (Verschärfung) bereits angeordneter Bewährungsmaßnahmen. Hier kann z. B. gerügt (die Beschwerde darauf „gestützt") werden, daß die allgemeine Voraussetzung einer nachträglichen Entscheidung — eine gegenüber der Ausgangslage eingetretene oder hervorgetretene Veränderung der Umstände — fehle, daß eine Verschärfung der zunächst getroffenen Maßnahmen zuungunsten des Verurteilten nicht oder nur mit

---

[47] Vgl. BTDrucks. **7** 551: Begr. zu Art. 1 Nr. 117 (§ 453 c) S. 96.

[48] So mit Recht OLG Bremen MDR **1976** 865; OLG Celle MDR **1976** 948; KG JR **1976** 424; KK- *W. Müller* 6; *Kleinknecht/Meyer*[37] 4; vgl. dazu auch *Pohlmann/Jabel* § 14, 4, der zusätzlich darauf hinweist, daß auch § 29 Abs. 3 StVollstrO von dieser Rechtslage ausgeht.

[49] Z. B. Verlängerung unter Überschreitung des gesetzlichen Höchstmaßes.

[50] Vgl. dazu die Erl. zu § 305 a und wegen der Nachprüfung der Vereinbarkeit mit den Grundsätzen der Verhältnismäßigkeit und Zumutbarkeit OLG Hamm MDR **1975** 1041.

[51] Z. B. Verkürzung unter die gesetzliche Mindestzeit.

Einschränkungen zulässig sei[52], daß die Auflage oder Weisung unzumutbar sei (§56 b Abs. 1 Satz 2, §56 c Abs. 1 Satz 2 StGB), daß der Begriff des Schadens, dessen Wiedergutmachung dem Verurteilten obliegt, verkannt sei (§56 b Abs. 1 Nr. 1 StGB), daß die nach §56 c Abs. 3 StGB zur Erteilung der Weisung erforderliche Einwilligung des Verurteilten fehle, daß die getroffene Entscheidung grundgesetzwidrig sei, z. B. eine die Berufungsausübung beschränkende Weisung (§56 c Abs. 2 Nr. 1 StGB) mit Art. 12 GG nicht vereinbar sei[53]. Unberührt bleibt stets die Möglichkeit, wegen Verletzung wesentlicher Verfahrensvorschriften (fehlende Zuständigkeit bei Teilzuständigkeitsübertragung usw.) Beschwerde einzulegen, denn auch sie machen die Anordnung gesetzwidrig.

c) Ablehnung von Anträgen. Die Sätze 2 und 3 des Absatzes 2 betreffen den Fall, **32** daß das Gericht „Anordnungen" i. S. der §§ 56 a bis 56 f, 56 g Abs. 2 StGB trifft, den Widerruf der Aussetzung ausspricht, die Strafe erläßt oder den Erlaß widerruft. Dagegen gilt Absatz 2 Satz 1 (einfache Beschwerde) auch für die Fälle, in denen das Gericht den Antrag eines Verfahrensbeteiligten, eine Anordnung nach §§ 56 a Abs. 2, 56 e StGB zu treffen, den Widerruf der Aussetzung, den Straferlaß oder dessen Widerruf auszusprechen, *ablehnt*[54].

VIII. Beschwerdeberechtigung der Staatsanwaltschaft

Soweit der Verurteilte gegen Nachtragsentscheidungen Beschwerde einlegen **33** kann, kann sie auch die Staatsanwaltschaft, und zwar wegen Gesetzwidrigkeit zu seinen Gunsten wie zu seinen Ungunsten, im übrigen zu seinen Gunsten einlegen[55]. Einfache Beschwerde findet nach Absatz 2 Satz 1 auch statt, wenn das Gericht den Antrag auf Anrechnung von Bewährungsleistungen entsprechend § 56 f Abs. 3 Satz 2 StGB zurückweist[56].

IX. Bescheidung von Anträgen Nichtverfahrensbeteiligter

Anträge Verfahrensbeteiligter auf nachträgliche Anordnungen, z. B. der Staatsan- **34** waltschaft auf Widerruf der Strafaussetzung oder des Verurteilten auf sofortigen Straferlaß nach Ablauf der Bewährungsfrist, während nach Auffassung des Gerichts die Ermittlungen noch nicht abgeschlossen sind, muß das Gericht **durch Beschluß** bescheiden; einer förmlichen Entscheidung bedarf es nicht, wenn ein **Nichtverfahrensbeteiligter** (etwa ein Angehöriger eines volljährigen Verurteilten) einen Antrag (z. B. auf Abkürzung der Bewährungsfrist) stellt; ein solcher „Antrag" ist lediglich eine Anregung, bei der formlose Bescheidung genügt, und bei der dem Antragsteller auch dann die Beschwerde nach § 453 Abs. 2 Satz 1 nicht zusteht, wenn das Gericht statt formloser Bescheidung die Form des Gerichtsbeschlusses gewählt hat[57].

---

[52] Vgl. dazu LK-*Koffka*[9] § 24 d, 2; LK-*Ruß* § 56 e, 3 f; *Schönke/Schröder/Stree*[22] § 56 e 3; *Dreher/Tröndle*[42] § 56 e, 1; *Wittschier* Das Verbot der reformatio in peius im strafprozessualen Beschlußverfahren (o. Jahr, 1985), 152 ff.

[53] Vgl. dazu OLG Hamburg NJW **1972** 168 mit weit. Nachw.

[54] Ebenso OLG Hamburg NJW **1963** 1166 = JR **1963** 231; OLG Hamm NJW **1963** 1165; LG Mainz NJW **1956** 1249; **a. A** OLG Nürnberg MDR **1961** 707; OLG Stuttgart MDR

1962 497, die zu Unrecht in der Ablehnung eine „getroffene Entscheidung" i. S. des § 453 Abs. 2 erblicken und die Zulässigkeit der Beschwerde verneinen, weil die Ablehnung nicht gesetzeswidrig sei; vgl. auch *Pusinelli* NJW **1962** 902 und – zur Ablehnung eines Antrags auf Widerruf der Aussetzung einer Jugendstrafe – LG Krefeld NJW **1974** 1476.

[55] § 296 Abs. 2; vgl. dazu die Erl. zu § 305 a.

[56] LG Mainz NJW **1956** 1249.

[57] KG JR **1954** 272; OLG München MDR **1955** 248; OLG Schleswig SchlHA **1958** 288.

Günter Wendisch

X. Erweiterte und entsprechende Anwendung des § 453

35   **1. Bedeutung für Entscheidungen nach §§ 68 a bis 68 d StGB.** Wegen der Bedeutung des § 453 für die nach §§ 68 a bis 68 d StGB zu treffenden Entscheidungen vgl. § 463 Abs. 2.

36   **2. Bedeutung für die Berufungsinstanz.** Nach überwiegend vertretener Auffassung wird, wenn gegen ein Urteil Berufung eingelegt wird, in dem die erkannte Strafe zur Bewährung ausgesetzt war, der erstinstanzliche Auflagenbeschluß mit der die Strafaussetzung zur Bewährung anordnenden Entscheidung des Berufungsgerichts hinfällig; das Berufungsgericht muß über etwaige Auflagen neu entscheiden. Hat es dies versäumt, so muß es die **Entscheidung** in entsprechender Anwendung des § 453 **nachholen**[58].

§ 453 a

(1) [1]Ist der Angeklagte nicht nach § 268 a Abs. 3 belehrt worden, so wird die Belehrung durch das für die Entscheidungen nach § 453 zuständige Gericht erteilt. [2]Der Vorsitzende kann mit der Belehrung einen beauftragten oder ersuchten Richter betrauen.

(2) Die Belehrung soll außer in Fällen von geringer Bedeutung mündlich erteilt werden.

(3) [1]Der Angeklagte soll auch über die nachträglichen Entscheidungen belehrt werden. [2]Absatz 1 gilt entsprechend.

Entstehungsgeschichte. § 453 a wurde durch das 3. StRÄndG eingefügt. Die Änderung des Absatzes 1 Satz 1 (früher „durch das nach § 453 Abs. 2 zuständige...") beruht auf Art. 21 Nr. 122 EGStGB 1974, die des Absatzes 1 Satz 2 (früher „Belehrung ein Mitglied des Gerichts beauftragen oder einen Amtsrichter darum ersuchen") auf Art. 1 Nr. 109 des 1. StVRG.

1   **1. Nachträgliche Belehrung.** Nach § 268 a erfolgt in der **Regel** im Anschluß an die Verkündung des Beschlusses, der die auf die Aussetzung von Strafe (§§ 56, 57, 57 a StGB) oder Maßregel (§ 67 b StGB) zur Bewährung und die Verwarnung mit Strafvorbehalt (§ 59 StGB) sich beziehenden Anordnungen enthält, durch den Vorsitzenden die Belehrung des Angeklagten, deren Inhalt § 268 a Abs. 3 im einzelnen bezeichnet. Ist diese Belehrung versehentlich (etwa nach einer umfangreichen Urteilsbegründung; KK- *W. Müller* 2), aus Zweckmäßigkeitsgründen (z. B. wegen mangelnder Aufnahmefähigkeit des Angeklagten) oder wegen Unmöglichkeit (zufolge Abwesenheit des Angeklagten; KMR-*Müller* 1) unterblieben (s. auch § 268 a, 15), so ist sie durch das nach § 462 a Abs. 1, 2 zuständige Gericht nachzuholen.

2   Die **Belehrung** erfolgt grundsätzlich mündlich (Absatz 2) durch den Vorsitzenden, einen beauftragten Richter (ein Mitglied des Kollegialgerichts) oder im Weg der Rechtshilfe (§ 157 GVG) durch den ersuchten Richter beim Amtsgericht, also immer

---

[58] KG VRS **11** 357, 365; OLG Celle MDR **1970** 68; OLG Hamm GA **1970** 88; OLG Koblenz MDR **1981** 423; OLG Düsseldorf MDR **1982** 1042; LG Osnabrück NStZ **1985** 378; KK- *W. Müller* 4; *Kleinknecht/Meyer*[37] 2; einschr. OLG Frankfurt StrVert. **1983** 24: nur wenn Urteilsgründe eine Entscheidungsgrundlage bieten.

durch einen Richter. Wird durch Strafbefehl auf Verwarnung mit Strafvorbehalt erkannt, so wird es sich im allgemeinen um einen Fall von geringer Bedeutung i. S. des § 453 Abs. 2 handeln; in einem solchen Fall kann daher mit dem Strafbefehl eine schriftliche Belehrung verbunden werden[1]; ist dies unterblieben, so ist ebenfalls nach § 453 a zu verfahren. Die Unterlassung der Belehrung, aber auch eine ungenügende oder nichtrichterliche (KMR-*Müller*4), zieht keine Rechtsfolgen nach sich; steht aber ein Widerruf nach § 56 f StGB in Frage, so kann für die zu treffende Entscheidung von Bedeutung sein, ob bei dem Verurteilten die Erkenntnis der Bedeutung seines Verhaltens nicht durch fehlende Belehrung beeinträchtigt war (KK- *W. Müller*1).

Die **Anordnung der Vorführung** (§ 457 Abs. 1) des Verurteilten zwecks Belehrung **3** über die Bedeutung der Strafaussetzung ist unzulässig[2]. Erscheint er nicht, so bleibt nur schriftliche Belehrung übrig.

2. Absatz 3 schreibt eine Belehrung auch bei den **nachträglichen Entscheidungen 4 nach §§ 56 e, 59 a Abs. 2** StGB vor. Absatz 3 ist aber nur eine **Sollvorschrift**; das bedeutet, daß eine weitere Belehrung, nachdem der Vorsitzende den Verurteilten über die Bedeutung der Strafaussetzung bereits belehrt hat, nur insoweit geboten ist, als ein Bedürfnis besteht, dem Verurteilten die Tragweite der neuen Anordnungen vor Augen zu führen[3]. Bei Aufhebung von Auflagen und Verkürzung der Bewährungsfrist bedarf es demgemäß keiner Belehrung. Dagegen ist bei Verlängerung der Bewährungsfrist besonderer Anlaß, den Verurteilten mit Ernst darauf hinzuweisen, daß ihm damit eine Möglichkeit gegeben werde, den Widerruf der Strafaussetzung abzuwenden. Durch die Begründung des Nachtragsbeschlusses (§§ 34, 453 Abs. 2 Satz 1) kann die Belehrung ersetzt werden, wenn in den Gründen nicht nur ausgesprochen wird, warum eine Verschärfung von Auflagen erforderlich war und welche Tragweite die neuen Anordnungen haben, sondern auch auf die Folgen ihrer Nichtbefolgung hingewiesen wird (KK- *W. Müller*4). Die Belehrung geschieht gemäß Absatz 3 Satz 2 auch hier stets durch den Richter; der Richter kann sie, da Absatz 2 nicht für entsprechend anwendbar erklärt ist, nach freiem Ermessen schriftlich oder mündlich erteilen (KMR-*Müller*3). Bei Widerruf der Aussetzung, Erlaß der Strafe und Widerruf des Erlasses, Verurteilung zu der vorbehaltenen Strafe und Feststellung, daß es bei der Verwarnung sein Bewenden hat, kommt eine Belehrung nicht in Betracht, da diese ja nur das Verhalten des Verurteilten während einer Bewährungszeit zum Gegenstand hat.

3. Gibt das Gericht die nach § 453 zu treffenden Entscheidungen ganz oder zum **5** Teil an das **Amtsgericht des Wohnsitzes oder Aufenthaltsortes** des Verurteilten ab (§ 462 a Abs. 2 Satz 2), so obliegt diesem nicht nur die Belehrung über die nachträglich von ihm getroffenen Anordnungen (§ 453 a Abs. 3), sondern auch eine bisher unterbliebene Belehrung nach § 453 a Abs. 1 (KMR-*Müller*2); das ergibt sich ohne weiteres daraus, daß § 453 a Abs. 1 Satz 1 wegen der Zuständigkeit zur Belehrung allgemein auf die Zuständigkeitsregelung in § 462 a, also auch auf dessen Absatz 2 Satz 2 verweist.

---

[1] *Pentz* NJW **1954** 142; KMR-*Müller* 1.
[2] OLG Celle MDR **1963** 523; KK-*W. Müller*
   3; KMR-*Müller* 1; *Kleinknecht/Meyer*[37] 1.

[3] KK-*W. Müller* 4; KMR-*Müller* 3.

Günter Wendisch

§ 453 b

(1) Das Gericht überwacht während der Bewährungszeit die Lebensführung des Verurteilten, namentlich die Erfüllung von Auflagen und Weisungen sowie von Anerbieten und Zusagen.

(2) Die Überwachung obliegt dem für die Entscheidungen nach § 453 zuständigen Gericht.

Schrifttum. *Unger* Gehört es zu den Aufgaben der Staatsanwaltschaft als Vollstreckungsbehörde, die Erfüllung der nach § 24 StGB angeordneten Bewährungsauflagen zu überwachen? Rpfleger **1955** 304.

Entstehungsgeschichte. Eingefügt durch Art. 10 Nr. 10 StPÄG 1964. Durch das 1. StrRG wurde der Wortlaut des Absatzes 1 („namentlich die Erfüllung... Zusagen") den Änderungen der materiellrechtlichen Vorschriften über die Aussetzung zur Bewährung angepaßt. Durch Art. 21 Nr. 123 EGStGB 1974 wurde der bisherige Absatz 2 („§ 453 Abs. 2 gilt entsprechend") durch den jetzt geltenden Absatz 2 ersetzt.

1 **1. Bedeutung der Vorschrift.** § 453 regelt die Zuständigkeit des Gerichts ausdrücklich nur für Entscheidungen, die sich auf eine Strafaussetzung zur Bewährung oder Verwarnung mit Strafvorbehalt beziehen. Der enge Wortlaut führte zu der Zweifelsfrage, wem — dem Gericht oder der Strafvollstreckungsbehörde? — die **Überwachung** der Lebensführung des Verurteilten während der Bewährungszeit obliege. Sie wurde ganz überwiegend[1] dahin beantwortet, daß die Überwachung Sache des Gerichts sei, doch fehlte es nicht an vereinzelten Gegenstimmen in Rechtsprechung und Schrifttum[2]. § 453 b bereinigt die Streitfrage im Sinn der schon früher herrschenden Meinung. Durch die Zuordnung der Überwachung an das Gericht soll der Tatsache Rechnung getragen werden, „daß Gegenstand der Überwachung eine dem Erziehungszweck der Strafe entsprechende Eigenleistung des Verurteilten ist, welche die Vollstreckung des eigentlichen Strafurteils entbehrlich machen soll".

2 **2. Umfang der Überwachung.** Die Überwachung hat die **Lebensführung** des Verurteilten während der Bewährungszeit zum Gegenstand. Nach der Entstehungsgeschichte und der systematischen Stellung der Vorschrift handelte es sich ursprünglich nur um die mit der Aussetzung der ganzen Strafe oder eines Strafrests zur Bewährung beginnende Bewährungszeit. Da das Gesetz jetzt aber auch die Aussetzung der Vollstreckung freiheitsentziehender Maßregeln der Besserung und Sicherung zur Bewährung (§§ 67 b, 67 c, 67 e StGB) und die Aussetzung des Berufsverbots zur Bewährung (§ 70 a StGB) kennt, gilt § 453 b gemäß § 463 auch für diese Bewährungszeiten. Ist jedoch die Strafaussetzung oder Aussetzung des Strafrests angeordnet oder das Berufsverbot zur Bewährung ausgesetzt und steht der Verurteilte (wegen derselben oder einer anderen Tat) zugleich unter Führungsaufsicht, so gelten nach § 68 g Abs. 1 StGB „für die Aufsicht und Erteilung von Weisungen nur die §§ 68 a und 68 b StGB", d. h. daß für die Aufsicht ausschließlich § 68 a StGB (nicht: § 56 d StGB; § 453 b StPO) und für etwaige Weisungen nur § 68 b StGB (und nicht: § 56 c StGB) gilt[3].

---

[1] Vgl. BGHSt **10** 288; OLG Frankfurt Rpfleger **1955** 318; OLG Köln JMBlNRW **1957** 67.
[2] So OLG Düsseldorf Rpfleger **1957** 304; NJW **1958** 1007; *Unger* Rpfleger **1955** 304; **1956** 190.

[3] *Schönke/Schröder/Stree*[22] § 68 g, 4; 5; *Lackner*[16] § 68 g, 2; *Dreher/Tröndle*[42] § 68 g, 3; vgl. auch KMR-*Müller* 1.

Beginn und Ende der Überwachungspflicht richten sich nach Beginn und Ende **3** der Bewährungszeit. Es beginnt z. B. bei der Strafaussetzung zur Bewährung die Überwachungspflicht mit der Rechtskraft der Entscheidung über die Aussetzung (§ 56 a Abs. 2 Satz 1 StGB), bei der Verwarnung mit Strafvorbehalt mit der Rechtskraft der Verwarnungsentscheidung. Sie endet bei der Strafaussetzung zur Bewährung mit dem Ablauf der — ggf. nach § 56 a Abs. 2 verlängerten — Bewährungszeit; sie lebt wieder auf, wenn die Bewährungszeit erst nach ihrem Ablauf verlängert wird[4]. Die Überwachung, ob nach Straferlaß die Voraussetzungen eines Widerrufs (§ 56 g Abs. 2) gegeben sind, ist nicht mehr Sache des Gerichts nach § 453 b. Wegen „Anerbieten und Zusagen" vgl. § 265 a sowie § 56 b Abs. 2, § 56 c Abs. 4, § 56 d Abs. 3, § 56 f Abs. 3 StGB.

3. Mitwirkung anderer Stellen bei der Überwachung. Daß die **Vollstreckungsbe- 4 hörde,** wenn sie von Umständen Kenntnis erhält, die den Widerruf der Aussetzung zur Bewährung (§ 56 f StGB), die Verurteilung zu der vorbehaltenen Strafe (§ 59 b StGB) oder nachträgliche Entscheidungen nach § 56 e StGB begründen können, sie dem Gericht bekanntzugeben hat, ergibt sich aus ihrer Amtspflicht, soweit sie im Fall des Widerrufs selbst die Strafe zu vollstrecken hätte[5]. Wegen der Mitwirkung des **Bewährungs- helfers** vgl. § 56 d Abs. 3 Satz 2 bis 4, Abs. 4 Satz 2 StGB; wegen der Inanspruchnahme der **Gerichtshilfe** vgl. § 463 d; wegen des Zusammenwirkens von Gericht, Bewährungshelfer und Aufsichtsstelle, wenn der Verurteilte unter Führungsaufsicht steht vgl. § 68 a StGB. Vgl. ferner AV des JMNRW vom 17. 2. 1970 (JMBl. 61) in der Fassung der AV vom 31. 10. 1975 (JMBl. 273) über die Mitwirkung des **Rechtspflegers** bei der Überwachung der Lebensführung sowie RdErl. des Hess. JM vom 30. 3. 1971 (JMBl. 272) über die Mitwirkung der Gerichtskasse bei der Überwachung der Erfüllung einer Auflage, einen Geldbetrag an die Staatskasse zu zahlen (§ 56 b Abs. 2 Nr. 2 StGB).

4. Wegen der **Zuständigkeit des Gerichts** vgl. § 462 a Abs. 2. Danach ist bei Ausset- **5** zung der ganzen Strafe (§ 56 StGB) und bei Verwarnung mit Strafvorbehalt für die Überwachung der Lebensführung während der Bewährungszeit nach § 462 a Abs. 2 das Gericht des ersten Rechtszugs zuständig (OLG Hamburg MDR **1975** 774). Die Strafvollstreckungskammer, die den Strafrest zur Bewährung ausgesetzt hat, überwacht auch die Lebensführung. Wird aber ein ausgesetzter Strafrest danach mit einer anderen Freiheitsstrafe auf eine Gesamtstrafe zurückgeführt und diese zur Bewährung ausgesetzt, so ist für die Überwachung und die die ausgesetzte Gesamtstrafe betreffenden Folgeentscheidungen das erkennende Gericht zuständig, das die Gesamtstrafe ausgesprochen hat[6].

Sind die durch Urteile verschiedener Gerichte erkannten Strafen zur Bewährung **6** ausgesetzt, so ist nach § 462 a Abs. 4 nur eines von ihnen zur Überwachung zuständig. Und zwar wird die nach § 462 a Abs. 1 zuständige Strafvollstreckungskammer spätestens dann, wenn sie in einem dieser Verfahren mit einer Entscheidung über die bedingte Entlassung des Verurteilten befaßt war (§ 462 a, 12), auch für die Bewährungsaufsicht in einem anderen Verfahren zuständig, wenn die zunächst vollstreckte Strafe voll verbüßt ist. In entsprechender Anwendung des § 462 a Abs. 4, namentlich des Satzes 3, ist nur die Strafvollstreckungskammer als zur Überwachung zuständig anzusehen, wenn der Ver-

---

[4] OLG Hamm NJW **1971** 719 im Anschluß an OLG Oldenburg NJW **1964** 2434.

[5] Vgl. dazu Nr. 4, 13 MiStra sowie KK- *W. Müller* 2.

[6] OLG Hamm NJW **1976** 258; OLG Schleswig NStZ **1983** 480; OLG Zweibrücken NStZ **1985** 525; *Doller* MDR **1977** 272; KMR- *Müller* 2; *Kleinknecht/Meyer*[37] 1.

Günter Wendisch

urteilte nicht von verschiedenen Gerichten, sondern zweimal von demselben Gericht verurteilt wurde und an sich für die Überwachung in der einen Sache die Strafvollstreckungskammer, in der anderen das Gericht des ersten Rechtszugs zuständig wäre; damit wird dem Gedanken der Einheitlichkeit der Resozialisierungsmaßnahmen (§ 462 a Abs. 4 Satz 1) und des Vorrangs der Strafvollstreckungskammer (Satz 4) Rechnung getragen[7].

7   5. § 453 b gilt nicht bei einer Strafaussetzung im **Wege der Gnade.** Hier obliegt die Überwachung nicht der Vollstreckungsbehörde, sondern der Gnadenbehörde[8]. Der Umstand, daß nach der Gnadenordnung die Vollstreckungsbehörde grundsätzlich Gnadenbehörde war (§ 4) — und es da noch ist, wo die neuen landesrechtlichen Gnadenordnungen diese Regelung beibehalten haben — mag der Grund sein, daß[9] in der Praxis die Vollstreckungsbehörde die Überwachung ausübt, außer wenn ein Bewährungshelfer bestellt ist.

§ 453 c

(1) Sind hinreichende Gründe für die Annahme vorhanden, daß die Aussetzung widerrufen wird, so kann das Gericht bis zur Rechtskraft des Widerrufsbeschlusses, um sich der Person des Verurteilten zu versichern, vorläufige Maßnahmen treffen, notfalls, unter den Voraussetzungen des § 112 Abs. 2 Nr. 1 oder 2 oder wenn bestimmte Tatsachen die Gefahr begründen, daß der Verurteilte erhebliche Straftaten begehen werde, einen Haftbefehl erlassen.

(2) [1]Die auf Grund eines Haftbefehls nach Absatz 1 erlittene Haft wird auf die zu vollstreckende Freiheitsstrafe angerechnet. [2]§ 33 Abs. 4 Satz 1, §§ 114 bis 115 a, § 119 gelten entsprechend.

Schrifttum. *Burmann* Die Sicherungshaft gemäß § 453 c StPO (1980); *Hamann* Das Strafverfahrensänderungsgesetz 1979 in seinen Auswirkungen für die Strafvollstreckung, Rpfleger **1979** 125; *Krause* Widerruf der Strafaussetzung zur Bewährung bei unbekanntem Aufenthalt des Verurteilten, NJW **1977** 2249.

Entstehungsgeschichte. Eingefügt durch Art. 1 Nr. 110 des 1. StVRG. Durch Art. 1 Nr. 33 StVÄG 1979 sind in Absatz 1 hinter der Verweisung „§ 112 Abs. 1 Nr. 1 oder 2" die Worte „oder wenn ... begehen werde" eingefügt worden.

---

[7] OLG Hamburg MDR **1975** 952; vgl. auch § 462 a, 67.
[8] Vgl. GnO vom 6. 2. 1935 – DJ 203; KK-*W. Müller* 4; KMR-*Müller* 3.

[9] Nach *Leiß/Weingärtner* Bd. 3 des Handbuchs der amtsgerichtlichen Praxis S. 931, aber auch *Unger* Rpfleger **1955** 304; **1956** 190.

Übersicht

I. Bedeutung der Vorschrift

Vor Schaffung des § 453 c bestand im Erwachsenenstrafrecht (im Gegensatz zum **1** Jugendstrafverfahren, § 61 a. F JGG) keine Möglichkeit, bei zu erwartendem Widerruf der Strafaussetzung zur Bewährung oder der Aussetzung eines Strafrests Maßnahmen zu treffen, die den Verurteilten daran hindern konnten, sich der drohenden Strafverbüßung durch die Flucht zu entziehen. Denn Vollstreckungsmaßnahmen (§ 451) waren wegen der Aussetzung der Vollstreckung nicht möglich (§ 453, 20 f). Der Erlaß eines Untersuchungshaftbefehls aber wurde — trotz vereinzelter Gegenstimmen im neueren Schrifttum (vgl. 22. Aufl. § 453 IV 3 c, bb) — deshalb als unzulässig angesehen, weil er nur bis zur Rechtskraft des Urteils möglich sei. Die bei einer Flucht des Verurteilten zur Herbeiführung der Rechtskraft notwendig werdende **öffentliche Zustellung** des Widerrufsbeschlusses sowie Fahndungsmaßnahmen aber könnten das Vollstreckungsverfahren erheblich verzögern. Die so bestehende Lücke sollte durch § 453 c in Anlehnung an § 61 JGG a. F, auch im Interesse der Verfahrensbeschleunigung, geschlossen werden. § 453 c gilt nunmehr auch im Jugendstrafverfahren; § 61 JGG ist als entbehrlich durch Art. 3 Nr. 6 des 1. StVRG aufgehoben worden.

II. Anwendungsbereich (Absatz 1)

1. Begriff der Aussetzung. Nach dem Wortlaut des Absatzes 1 kommt § 453 c in **2** denjenigen Fällen in Betracht, in denen eine „Aussetzung" widerrufen werden kann. Aus dem Zusammenhang der Vorschrift ergibt sich, daß unter „Aussetzung" nur die Aussetzung der Vollstreckung einer verhängten Rechtsfolge der Straftat zur Bewährung zu verstehen ist. Eine weitere Begrenzung folgt daraus, daß vorläufige Maßnahmen zugelassen sind, um sich der **Person** des Verurteilten zu versichern: es ist also nur an die Fälle gedacht, in denen eine rechtskräftig erkannte und bisher ganz oder teilweise zur Bewährung ausgesetzte Rechtsfolge (Freiheitsstrafe oder freiheitsentziehende Maßregel) nach Rechtskraft eines Widerrufsbeschlusses an dem Verurteilten **körperlich** vollzogen werden kann. Damit **scheidet** die Aussetzung eines **Berufsverbots** zur Bewährung (§§ 70 a, 70 b StGB) **aus** dem Bereich des § 453 c aus. Das gleiche gilt für die **Verwarnung mit Strafvorbehalt.** Bei dieser wird nicht die Vollstreckung, sondern die Verhängung der bestimmten Strafe ausgesetzt, und insofern stellt sie zwar eine „Aussetzung" zur Bewährung dar (§ 59 a StGB), wobei dem Widerruf die Verurteilung zu der vorbehaltenen

Günter Wendisch

Strafe entspricht (§ 59 b Abs. 1 StGB). Für die im Fall der Verurteilung allein in Betracht kommende Vollstreckung der **Geldstrafe** bedarf es aber keiner Maßnahme, die darauf gerichtet ist, „sich der Person des Verurteilten zu versichern." In Betracht kommt danach nur die Aussetzung von Freiheitsstrafen (§§ 56 ff, § 183 Abs. 3, 4 StGB, §§ 20 ff JGG, § 14 a WStG) und Freiheitsreststrafen (§§ 57, 57 a StGB, § 454 Abs. 3), sowie die Aussetzung der Vollstreckung freiheitsentziehender Maßregeln der Besserung und Sicherung zur Bewährung (§§ 67 b, 67 c, 67 g StGB, § 463 Abs. 1)[1].

3   **2. Aussetzung im Gnadenweg.** Aussetzung von Freiheits- und Restfreiheitsstrafen kann unter Bestimmung einer Bewährungszeit auch im Weg der Gnade bewilligt werden. Auch eine solche Aussetzung bewirkt ein Vollstreckungshindernis, das erst durch Widerruf seitens der Gnadenbehörde entfällt. Es fragt sich, ob auch diese Fälle unter § 453 c fallen. Eine unmittelbare Anwendung der Vorschrift entfällt freilich, da sie nach ihrer Stellung und dem Zusammenhang der Vorschriften sich deutlich auf die Fälle gerichtlicher Aussetzung von Freiheitsstrafen (und freiheitsentziehenden Maßregeln der Besserung und Sicherung) bezieht, so daß allenfalls eine **entsprechende Anwendung des § 453 c** in Betracht käme, und zwar in der Weise, daß dem zu erwartenden gerichtlichen Widerrufsbeschluß die Mitteilung der Gnadenbehörde von einem zu erwartenden Widerruf entspräche, dessen Voraussetzungen in den Gnadenordnungen weitgehend den gesetzlichen Widerrufsvoraussetzungen bei der Aussetzung nach §§ 56 f StGB nachgebildet sind[2]. Die Frage wird aber **zu verneinen** sein[3]. Denn die Befugnis zum Erlaß vorläufiger Sicherungsmaßnahmen nach § 453 c stellt sich als Folgerung aus der dem Gericht nach § 453 b obliegenden Überwachung der Lebensführung des Verurteilten während der Bewährungszeit dar; die Entscheidung über die bedingte Aussetzung, die Überwachung (§ 453 b Abs. 2), die Anordnung vorläufiger Sicherungsmaßnahmen und der Widerruf der Aussetzung sollen grundsätzlich dem gleichen Gericht zustehen. Die entsprechende Anwendung des § 453 b in den Fällen einer von der Gnadenbehörde bewilligten Strafaussetzung zur Bewährung würde dagegen bedeuten, daß das Gericht, indem es vorläufige Sicherungsmaßnahmen anordnet, eine Prognoseentscheidung in einer Angelegenheit trifft, in der letztlich die an gesetzliche Vorschriften nicht gebundene Gnadenbehörde frei darüber entscheidet, ob sie den Widerruf aussprechen will oder nicht.

III. Vorläufige Maßnahmen

4   Das Gesetz begnügt sich damit, das Gericht zu vorläufigen Maßnahmen zu ermächtigen, die geeignet sind, „sich der Person des Verurteilten zu versichern", ohne diese im einzelnen zu nennen; ein Haftbefehl (Rdn. 7) kommt nur „notfalls" in Betracht, d. h. — nach dem Verhältnismäßigkeitsgrundsatz — nur ausnahmsweise, nur als ultima ratio, wenn das Gericht nach sorgfältiger Prüfung aller Umstände zu dem Ergebnis kommt, daß minder schwere Maßnahmen nicht gegeben oder nicht ausreichend sind, um die Vollstreckung im Fall des mit Wahrscheinlichkeit zu erwartenden rechtskräftigen Widerrufs zu sichern[4]. Als solche **mildere Maßnahmen** kommen z. B. die Auferlegung

---

[1] Von dieser Betrachtungsweise geht auch die Begr. des RegE des 1. StVRG aus – BT-Drucks. 7 551 zu Art. 1 Nr. 117, S. 97; vgl. auch *Burmann* 15; 46.

[2] Vgl. z. B. GnO BW vom 23. 3. 1971 – 4251 – IV/274; § 13 Brem. GnO vom 6. 11. 1984 – ABl. 385; §§ 23 ff Hess. GnO vom 3. 12. 1974 – GVBl. I 587; §§ 23 ff Nds. GnO vom 13. 1.

1977 – NdsRpfl. 34; § 34 GnO NW vom 26. 11. 1975 – GVBl. **1976** 17: § 33 GnO RhPf. vom 22. 3. 1976 – JBl. 177; §§ 2, 12 ff GnO SH vom 3. 5. 1984 – SchlHA 91.

[3] Ebenso KK- *W. Müller* 1.

[4] *Burmann* 76; KK- *W. Müller* 4; KMR-*Müller* 6; *Kleinknecht/Meyer*[37] 2.

einer Meldepflicht (§ 56 c Abs. 2 Nr. 2 StGB; s. auch § 116 Abs. 1) und solche Fahndungsmaßnahmen in Betracht, die lediglich der Ermittlung des Aufenthalts dienen.

IV. Voraussetzung für die Anordnung vorläufiger Maßnahmen

Vorläufige Maßnahmen dürfen erst angeordnet werden, wenn hinreichende **5** Gründe für die Annahme vorhanden sind, daß die Aussetzung widerrufen wird[5]. Durch diese dem § 203 („hinreichend verdächtig erscheint") angeglichene Fassung „soll sichergestellt werden, daß erst dann Maßnahmen gegen einen Verurteilten ergriffen werden, wenn ein **hoher Wahrscheinlichkeitsgrad** für den Erlaß eines Widerrufsbeschlusses spricht"[6]. Das Gericht hat also, ggf. unter Inanspruchnahme auch der Gerichtshilfe (§ 463 d), zu prüfen, ob mit Wahrscheinlichkeit die gesetzlichen Voraussetzungen eines Widerrufs einschließlich der subjektiv gefärbten Merkmale des „gröblichen oder beharrlichen" Verstoßes gegen Weisungen und Auflagen oder des „beharrlichen" Sichentziehens gegenüber der Aufsicht und Leitung des Bewährungshelfers (§§ 57 f, 57 Abs. 3, § 67 g StGB) gegeben sind; das wäre z. B. nicht der Fall, wenn wahrscheinlich ist, daß das über den Widerruf entscheidende Gericht gemäß § 56 f Abs. 2 StGB von einem Widerruf absieht, weil mildere Maßnahmen ausreichen.

V. Zeitliche Grenzen

Für Anordnungen nach § 453 c bestehen zeitliche Grenzen insofern, als diese nur **6** bis zur Rechtskraft des Widerrufsbeschlusses getroffen werden können. Damit ist klargestellt, daß der Eintritt der Rechtskraft nur den **Endzeitpunkt** bezeichnet, bis zu dem vorläufige Sicherungsmaßnahmen ergriffen werden können, und daß nicht etwa der vorherige Erlaß eines Widerrufsbeschlusses Zulässigkeitsvoraussetzung für Sicherungsmaßnahmen, insbes. den Erlaß eines Sicherungshaftbefehls bildet[7]. Diese Regelung beruht auf der Erwägung, daß gerade unmittelbar vor und nach dem Erlaß des Widerrufsbeschlusses Maßnahmen gegen den Verurteilten erforderlich sein können, um sich seiner Person zu versichern. Das Gesetz bekräftigt damit — unter Klarstellung einer zu § 61 a. F JGG entstandenen Streitfrage (*Dallinger/ Lackner* § 61, 2) — die Auffassung, daß nicht schon der Erlaß des Widerrufsbeschlusses wegen seiner sofortigen Vollziehbarkeit (§ 307 Abs. 1), sondern erst dessen Rechtskraft die Einleitung von Vollstreckungsmaßnahmen ermöglicht (§ 453, 20 f). Maßnahmen nach § 453 c können also auch **gleichzeitig** im oder mit dem Widerrufsbeschluß angeordnet werden, wie z. B. der Erlaß eines Sicherungshaftbefehls, wenn der Verurteilte vor dem Erlaß des Widerrufsbeschlusses flüchtig wird oder sich verborgen hält und es der öffentlichen Zustellung des Widerrufsbeschlusses bedarf (§ 453, 22). Sobald der Widerrufsbeschluß rechtskräftig geworden ist, kann ein Bedürfnis für Maßnahmen nach § 453 c nicht mehr bestehen, da nunmehr Maßnahmen nach § 457 zu treffen sind[8].

---

[5] OLG Zweibrücken OLGSt n. F. § 453 a StPO, 1; *Burmann* 59; KK-*W. Müller* 3; KMR-*Müller* 2; *Kleinknecht/Meyer*[37] 1.

[6] Begr. zu Art. 1 Nr. 117 Entw. 1. StVRG – BTDrucks. 7 551, S. 97.

[7] LG München NJW **1975** 2306, 2307.

[8] KK-*W. Müller* 6; KMR-*Müller* 9; *Kleinknecht/Meyer*[37] 2.

VI. Sicherungshaftbefehl

7   **1. Flucht oder Fluchtgefahr.** Der Sicherungshaftbefehl hat, da er erst nach rechtskräftigem Abschluß des Strafverfahrens ergeht, begrifflich nichts mit dem Untersuchungshaftbefehl zu tun, technisch sind aber seine **Voraussetzungen und** seine **Durchführung** durch Verweisung auf bestimmte Vorschriften über den Untersuchungshaftbefehl geregelt; der ergriffene Verurteilte wird demgemäß vor der Rechtskraft des Widerrufsbeschlusses wie ein Untersuchungshaftgefangener behandelt. Die Verweisung auf den entsprechend anwendbaren § 112 Abs. 2 Nr. 1 oder 2 ergibt, daß ein Sicherungshaftbefehl bei Flucht oder Fluchtgefahr zulässig ist. Er kommt ferner bei Gefahr der Begehung weiterer erheblicher Straftaten (vgl. dazu Rdn. 8 und 9) in Betracht.

2. Erweiterte Haftbefehlsvoraussetzungen

8   **a) Allgemein.** Die erst im BTRechtsausschuß eingefügte Ergänzung des § 453 c Abs. 1 durch das StVÄG 1979 entspricht einem Vorschlag des Bundesrats, dem die Bundesregierung zugestimmt hatte (vgl. BTDrucks. 8 976, S. 102, 110). Nach der Begründung des Ergänzungsvorschlag (BTDrucks. 8 976, S. 102) hat die Praxis gezeigt, daß ein dringendes Sicherungsbedürfnis auch in den Fällen bestehen kann, in denen der Proband zwar nicht flüchtig ist oder sich verborgen hält oder Fluchtgefahr besteht, in denen aber bestimmte Tatsachen die Gefahr begründen, daß der Proband neue erhebliche Straftaten begehen werden (dazu § 56 f Abs. 1 Nr. 2 StGB). Gemäß § 463 Abs. 1 gilt die Ergänzung des § 453 Abs. 1 auch in den Fällen, in denen der Widerruf der Aussetzung einer **freiheitsentziehenden Maßregel der Besserung und Sicherung** zu erwarten ist und bestimmte Tatsachen die Gefahr begründen, daß der Proband erhebliche rechtswidrige Taten begehen werde. Gerade hier war es schon von Anfang an als eine Lücke der Ursprungsfassung empfunden worden, daß bei der Aussetzung der Unterbringung in einem psychiatrischen Krankenhaus oder in einer Entziehungsanstalt nach § 67 g Abs. 2 StGB die Aussetzung auch zu widerrufen ist, wenn sich ergibt, daß von dem Verurteilten infolge seines Zustandes rechtswidrige Taten zu erwarten sind und deshalb der Zweck der Maßregel seine Unterbringung erfordert, der Erlaß eines Sicherungshaftbefehls aber nur möglich war, wenn zugleich die Voraussetzung der Flucht oder Fluchtgefahr vorlag[9]. Dem Vorschlag (LR-*Schäfer*[23] § 453 c, 7), die Lücke in der Zeit bis zur Rechtskraft des Widerrufsbeschlusses durch eine Unterbringung nach Maßgabe der landesrechtlichen Unterbringungsvorschriften zu schließen, wurde — nicht ohne Grund — entgegengehalten, daß auf diese Weise Abhilfe nur in Ausnahmefällen möglich sei[10].

9   **b) Gefahr der Begehung erheblicher Straftaten.** Rechtsstaatlichen Grundsätzen entsprechend ist der erweiterte Haftgrund der Gefahr der Begehung neuer Straftaten oder rechtswidriger Taten — abweichend von den solche Gefahren betreffenden materiellrechtlichen Widerrufsgründen des § 56 f Abs. 1 Nr. 2, § 57 Abs. 3 Satz 1, § 67 g Abs. 2 StGB — dadurch beschränkt, daß die Gefahr durch **bestimmte Tatsachen** begründet sein muß, und daß nur die Gefahr der Begehung neuer **erheblicher** Straftaten (rechtswidriger Taten) ausreicht[11]. Damit ist § 453 c Abs. 1 dem § 112 a Abs. 1 („. . . und bestimmte Tatsachen . . . weitere erhebliche Straftaten . . .") angeglichen[12]; auch der Begriff der

---

[9] Vgl. *Rieß* NJW **1975** 91; **1978** 2272 sowie KK-*W. Müller* 5.

[10] Begr. Zu Art. 1 Nr. 33 a – neu – (§ 453 c Abs. 1 StPO) Entw. StVÄG 19 . . . – BTDrucks. **8** 976.

[11] KK-*W. Müller* 5; *Kleinknecht/Meyer*[37] 3.

[12] Vgl. dazu § 112 a, 45 ff.

„erheblichen rechtswidrigen Taten" ist der Gesetzessprache geläufig (vgl. z. B. §§ 63, 64, 70 Abs. 1, § 70 a Abs. 1 StGB). Insoweit kann auf die Erläuterungswerke, in denen diese Begriffe erörtert werden, verwiesen werden[13]. Daß es sich bei den neuen erheblichen Straftaten (rechtswidrigen Taten) um solche gleicher Art handelt, wie sie der Verurteilung (Anordnung der Unterbringung) zugrunde liegen, ist nach § 453 c Abs. 1 nicht erforderlich.

3. Die **Vollstreckung des Sicherungshaftbefehls** gehört mangels Vollstreckbarkeits- **10** bescheinigung noch nicht zur Vollstreckung i. S. des § 451 Abs. 1. Mangels besonderer Regelung gilt daher für die Vollstreckung § 36 Abs. 2[14]. Jedoch setzt die Aufnahme in die Haftanstalt — wie bei Verhaftung vor Abschluß des Erkenntnisverfahrens — ein schriftliches Aufnahmeersuchen des Haftrichters voraus[15]. Da die Vollstreckung des Sicherungshaftbefehls stets vor Rechtskraft des Widerrufsbeschlusses erfolgt (vgl. dazu Rdn. 14 f), ist der Rechtspfleger nicht zuständig (§ 451, 40).

4. Anrechnung der Sicherungshaft (Absatz 2 Satz 1). § 453 c Abs. 2 Satz 1, der die **11** Anrechnung der auf Grund eines Sicherungshaftbefehls erlittenen Haft auf die zu vollstreckende Freiheitsstrafe — über § 463 Abs. 1 — die Höchstfrist (§ 67 d StGB) der zu vollstreckenden freiheitsentziehenden Maßregel der Besserung und Sicherung vorschreibt, ist ein Gegenstück zu § 51 StGB und zu § 450 a, unterscheidet sich aber von diesen Vorschriften dadurch, daß die Anrechnung stets stattfindet[16], dem Gericht also nicht die Befugnis eingeräumt ist, ausnahmsweise die Nichtanrechnung anzuordnen. **Haft** i. S der Vorschrift ist jede auf Grund des Haftbefehls erlittene Freiheitsentziehung, also auch eine auf Grund des Haftbefehls erlittene polizeiliche Haft, die der Aufnahme des Verurteilten in eine Justizvollzugsanstalt vorausgeht (§ 38 Buchst. b StVollstrO)[17]; die Haft wird vom errechneten Ende der Strafzeit nach vollen Tagen rückwärts abgerechnet (§ 39 Abs. 4 StVollstrO). Andere Maßnahmen können nicht angerechnet werden[18].

5. Verweisungen (Absatz 2 Satz 2). Im übrigen verweist Absatz 2 Satz 2 auf die ent- **12** sprechend anwendbaren Vorschriften der §§ 114 bis 115 a und wegen des Vollzugs der Sicherungshaft auf § 119; kraft der Verweisung in § 115 Abs. 4 gelten auch § 117 Abs. 1, 2 und § 118 Abs. 1[19]. Diese Aufzählung der entsprechend anwendbaren Vorschriften des Rechts der Untersuchungshaft ist grundsätzlich abschließend (*Brunner* § 61 [§ 453 c StPO], 10), insbesondere sind unanwendbar §§ 116, 116 a — der Erlaß des Sicherungshaftbefehls setzt ja gerade („notfalls") voraus, daß mildere Sicherungsmaßregeln nicht ausreichen —, § 117 Abs. 5[20] und § 121 (Sechsmonatsgrenze). Dagegen wird wegen Gleichartigkeit der Interessenlage ein Steckbrief (§ 131) als zulässig anzusehen sein[21]. Stets anwendbar ist aber der allgemein geltende **Grundsatz der Verhältnismäßigkeit.** Aus ihm ergibt sich, daß die Sicherungshaft nicht länger dauern darf als der bei Wider-

---

[13] Vgl. z. B. wegen der Gefahr zur Begehung erheblicher rechtswidriger Taten *Dreher/ Tröndle*[42] § 63, 8.

[14] KK- *W. Müller* 7; *Kleinknecht/Meyer*[37] 4.

[15] KK- *W. Müller* 7; *Kleinknecht/Meyer*[37] 4.

[16] KK- *W. Müller* 11.

[17] **A. A** *Pohlmann/Jabel* § 38, 7.

[18] KMR-*Müller* 15.

[19] **A. A** noch die Erläuterung bei LR-*Wendisch* § 117, 4 (sie wird hiermit aufgegeben) sowie KK-*Boujong* § 117, 2; KMR-*Müller* 13.

[20] OLG Karlsruhe Justiz **1974** 101; *Burmann* 122; 125; *Brunner* § 61 (§ 453 c StPO), 8; 12.

[21] *Brunner* § 61 (§ 453 c StPO), 13; **a. A** *Dallinger/Lackner* § 61, 10; *Eisenberg*[2] § 58, 29.

ruf noch zu verbüßende Strafrest oder, daß der Haftbefehl aufzuheben ist, wenn seine Voraussetzungen entfallen, insbes. deshalb, weil nunmehr mildere Maßnahmen ausreichen.

13   **6. Dauer der Sicherungshaft.** Die Sicherungshaft dauert bis zur Rechtskraft des Widerrufsbeschlusses. Bis zu diesem Zeitpunkt wird der verhaftete Verurteilte wie ein Untersuchungsgefangener behandelt[22]. Mit der Rechtskraft des Widerrufsbeschlusses verliert der Sicherungshaftbefehl seine Bedeutung und die Sicherungshaft geht in die dem rechtskräftigen Urteil entsprechende Freiheitsentziehung über[23]. Damit endet auch die Kompetenz des Gerichts nach § 453 c (Rdn. 14) und beginnt die Zuständigkeit der Vollstreckungsbehörde nach § 451[24].

VII. Zuständiges Gericht

14   **1.** Im **Erwachsenenstrafrecht** entscheidet über Maßnahmen nach § 453 c das für die Überwachung der Lebensführung nach § 453 b zuständige Gericht (§ 453 b, 5)[25].

15   **2. Jugendstrafrecht.** Der durch Art. 3 Nr. 5 Buchst. a StVÄG 1979 neu eingefügte Absatz 2 des § 58 JGG bestimmt, daß der **Jugendrichter** auch die Vollstreckung der vorläufigen Maßnahmen nach § 453 c StPO leitet[26]. Die neue Vorschrift dient der Klarstellung der nach Schaffung des § 453 c in der Praxis streitig gewordenen Frage, ob im Jugendstrafverfahren für die Vollstreckung vorläufiger Maßnahmen der Jugendrichter oder, wie im Erwachsenenstrafverfahren, die Staatsanwaltschaft zuständig sei.

VIII. Rechtsmittel

16   Gegen die Anordnung der vorläufigen Maßnahmen ist einfache **Beschwerde,** gegen den Erlaß eines Sicherungshaftbefehls **auch weitere Beschwerde** zulässig. Die herrschende Meinung verneint das mit der Begründung, daß zum einen § 453 c eine Lücke entsprechend der im Jugendstrafrecht bewährten Regelung des § 61 JGG geschlossen werden sollte, der eine dem besonderen Anliegen des Jugendstrafrechts entsprechende Ergänzung der Vorschrift über den Vollstreckungshaftbefehl des § 457 sei[27], daß darüber hinaus aber unter Verhaftung i. S des § 310 Abs. 1 nur die Freiheitsentziehung in einem Straverfahren vor Rechtskraft des Urteils zu verstehen sei, eine zum Zweck der Strafvollstreckung angeordnete Sicherungshaft mithin nicht unter diese Vorschrift falle[28]. Dieser Ansicht kann nicht zugestimmt werden. Ihr ist namentlich ent-

---

[22] KK- *W. Müller* 6; *Kleinknecht/Meyer*[37] 4.

[23] *Kleinknecht/Meyer*[37] 2; 5; vgl. – als Parallele – auch § 450, 8.

[24] KK- *W. Müller* 14; *Wetterich/Hamann* 216.

[25] KK- *W. Müller* 6; KMR-*Müller* 11; *Kleinknecht/Meyer*[37] 6; weitergehend OLG Düsseldorf MDR **1982** 958: auch das nach § 462 a zuständige Gericht.

[26] KK- *W. Müller* 8; *Kleinknecht/Meyer*[37] 6; 7.

[27] So namentlich OLG Hamburg NJW **1964** 605: daß für ersteren der Richter, für letzteren der Staatsanwalt zuständig ist, soll keinen Unterschied machen; OLG Düsseldorf NJW **1964** 69; *Dallinger/Lackner* § 61, 7.

[28] OLG Hamm NJW **1974** 511; OLG Karlsruhe Justiz **1974** 101; NStZ **1983** 92; OLG Stuttgart MDR **1975** 951; OLG Bamberg NJW **1975** 1526; OLG Düsseldorf NJW **1977** 968; *Brunner* § 61 (§ 453 c StPO) 9; *Eisenberg*[2] § 58, 25; *Kaiser* NJW **1963** 672; **1964** 1946; LR-*Schäfer*[23] 13; KK- *W. Müller* 10; KMR-*Paulus* § 310, 7; KMR-*Müller* 14; wie hier *Blösch* NJW **1963** 1296; *Theuerkauf* MDR **1965** 179; LR-*Dünnebier*[23] § 112, 22; *Ellersiek* Die Beschwerde im Strafprozeß (1981) 96 f; *Burmann* 118.

gegenzuhalten, daß § 453 c die Regelung des § 61 JGG nur im Grundsatz übernommen hat, diesen jedoch in mehrfacher Hinsicht durch Einschränkungen, Verschärfungen und strengere Förmlichkeiten entsprechend den Regeln für die Untersuchungshaft modifiziert[29]. Durch Verweisung auf § 119 stellt er klar, daß der in Haft Genommene wie ein Untersuchungsgefangener zu behandeln ist[30]. Diese Gleichstellung gebietet es dann aber auch, ihm die gleichen Anfechtungsmöglichkeiten wie einem Untersuchungsgefangenen zu geben[31].

IX. Entschädigung

Auch wenn das Gericht später einen Widerruf rechtskräftig ablehnt, weil es dessen Voraussetzungen als von vornherein nicht gegeben ansah, ist für die erlittene Sicherungshaft im Gesetz über die Entschädigung für Strafverfolgungsmaßnahmen vom 8. 3. 1971 *keine* Entschädigung vorgesehen. Denn die Sicherungshaft ist weder Untersuchungshaft i. S des § 2 Abs. 1 StrEG, noch fällt sie in den Katalog der „anderen Strafverfolgungsmaßnahmen" i. S des § 2 Abs. 2 StrEG[32]. Zu denken wäre an eine entsprechende Anwendung des § 2 Abs. 1 StrEG; dem steht aber entgegen, daß § 453 c nur in bestimmtem Umfang die für die Untersuchungshaft geltenden Vorschriften für entsprechend anwendbar erklärt und nach Art. 8 II Nr. 1 des 1. StVRG zwar der § 2 Abs. 1 StrEG neu gefaßt wurde, diese Vorschrift aber gerade in dem hier in Frage stehenden Punkt unverändert blieb[33]. Dies ließe sich schließlich auch mit der Erwägung rechtfertigen, daß „auch ohne Widerruf die Sicherungshaft zu einem erzieherischen Erfolg geführt haben kann, der erst die Fortführung der Bewährung sinnvoll, den Widerruf vermeidbar macht"[34].

17

X. Weitere Hinweise

Wegen der **Berechnung der Strafzeit** bei Anrechnung der erlittenen Sicherungshaft auf die zu vollstreckende Freiheitsstrafe vgl. *Hamann* Rpfleger **1979** 125 sowie die Erl. zu § 451, 47; wegen der **Zulässigkeit der öffentlichen Zustellung** eines Widerrufsbeschlusses § 40, 2; 3.

18

§ 454

(1) [1]Die Entscheidung, ob die Vollstreckung des Restes einer Freiheitsstrafe zur Bewährung ausgesetzt werden soll (§§ 57 bis 58 des Strafgesetzbuches), sowie die Entscheidung, daß vor Ablauf einer bestimmten Frist ein solcher Antrag des Verurteilten unzulässig ist, trifft das Gericht ohne mündliche Verhandlung durch Beschluß. [2]Die Staatsanwaltschaft, der Verurteilte und die Vollzugsanstalt sind zu hören. [3]Der Verurteilte ist mündlich zu hören. [4]Von der mündlichen Anhörung des Verurteilten kann abgesehen werden, wenn

---

[29] Vgl. BTDrucks. **7** 551 S. 97: Begr. zu Art. 1 Nr. 117 (§ 453 c StPO).

[30] Wovon auch KK-*W. Müller* 6 und *Kleinknecht/Meyer*[37] 4 ausgehen.

[31] Wegen weiterer Einzelheiten vgl. *Wendisch* FS Dünnebier 243 ff sowie § 112, 18 f; § 114, 46, aber auch *Burmann* 118 ff.

[32] KK-*W. Müller* 11; *Kleinknecht/Meyer*[37] 5; 9.

[33] Im Ergebnis ebenso OLG Karlsruhe MDR **1977** 600; Justiz **1979** 338; OLG Düsseldorf MDR **1982** 958.

[34] *Burmann* 57; *Brunner* § 61 (§ 453 c StPO) 9.

Günter Wendisch

1. die Staatsanwaltschaft und die Vollzugsanstalt die Aussetzung einer zeitigen Freiheitsstrafe befürworten und das Gericht die Aussetzung beabsichtigt,
2. der Verurteilte die Aussetzung beantragt hat, zur Zeit der Antragstellung
   a) bei zeitiger Freiheitsstrafe noch nicht die Hälfte oder weniger als zwei Monate,
   b) bei lebenslanger Freiheitsstrafe weniger als dreizehn Jahre
   der Strafe verbüßt hat und das Gericht den Antrag wegen verfrühter Antragstellung abgelehnt oder
3. der Antrag unzulässig ist (§ 57 Abs. 6, § 57 a Abs. 4 des Strafgesetzbuches).
[5]Die Vollstreckung des Restes der lebenslangen Freiheitsstrafe darf das Gericht nur aussetzen, wenn es zuvor das Gutachten eines Sachverständigen über den Verurteilten, namentlich darüber eingeholt hat, ob keine Gefahr mehr besteht, daß dessen durch die Tat zutage getretene Gefährlichkeit fortbesteht.

(2) [1]Gegen die Entscheidungen nach Absatz 1 ist sofortige Beschwerde zulässig. [2]Die Beschwerde der Staatsanwaltschaft gegen den Beschluß, der die Aussetzung des Strafrestes anordnet, hat aufschiebende Wirkung.

(3) [1]Im übrigen gelten die Vorschriften der §§ 453, 453 a Abs. 1, 3 sowie der §§ 453 b, 453 c und 268 a Abs. 3 entsprechend. [2]Die Belehrung über die Aussetzung des Strafrestes wird mündlich erteilt; die Belehrung kann auch der Strafvollzugsanstalt übertragen werden. [3]Die Belehrung soll unmittelbar vor der Entlassung erteilt werden.

Schrifttum. *Doller* Organisation und Geschäftsgang der Strafvollstreckungskammern, DRiZ **1976** 169; *Doller* Entlassung des Verurteilten vor Rechtskraft des Aussetzungsbeschlusses? NJW **1977** 2153; *Foth* Zur Fristberechnung, wenn mehrere Freiheitsstrafen zu verbüßen sind, DRiZ **1976** 277; *Franke* Die Besetzung der Großen Strafvollstreckungskammer bei der mündlichen Anhörung nach § 454 I 3 StPO, JZ **1977** 125; *Göke* Wann ist ein die bedingte Entlassung anordnender Beschluß zu vollziehen? NJW **1958** 1670; *Herkmann* Entlassung des Verurteilten bei Aussetzung des Strafrestes zur Bewährung, Rpfleger **1976** 424; *Herzog* Dauer der Zuständigkeit der Strafvollstreckungskammer, NJW **1976** 1077; *Krahforst* Zur Kooperation bei der Entlassungsvorbereitung nach § 57, DRiZ **1976** 132; *Krause* Wann sind Beschlüsse nach § 454 Abs. 1 zu vollstrecken? SchlHA **1961** 43; *Kunert* Kurze Freiheitsstrafe und Strafaussetzung zur Bewährung nach den Vorschriften des Ersten Gesetzes zur Reform des Strafrechts, MDR **1969** 705; *Maetzel* Anhörung vor der Vollstreckungskammer ohne Benachrichtigung des Verteidigers? AnwBl. **1975** 421; *D. Meyer* Immer noch keine Zusammenrechnung mehrerer nacheinander zu verbüßender Freiheitsstrafen? NJW **1976** 939; *Neumann* Zur Bindungswirkung einer Sperrfrist, NJW **1985** 1889; *Nöldeke* Zur gerichtlichen Prüfung der Entlassungsreife von Amts wegen im Rahmen des § 26 Abs. 1 StGB, MDR **1972** 479; *Peters* Der Auftrag des Gesetzgebers an die Strafvollstreckungskammer, GA **1977** 97; *Oske* Das Antragsrecht im Rahmen der bedingten Entlassung nach § 26 StGB, MDR **1964** 726; *Sandermann* Setzt die Aussetzung des Strafrestes nach § 57 (§ 26 a. F.) StGB ein rechtskräftiges Urteil voraus? JZ **1975** 628; *W. Schmidt* Die Strafvollstreckungskammern in der Praxis, NJW **1975** 1485 und (Replik) NJW **1976** 224; *Schwind/Blau* Strafvollzug in der Praxis (1976) 364; *Sonnen* Die Bedeutung sozialtherapeutischer Maßnahmen für die Sozialprognose, JuS **1976** 364; *Stromberg* Die Strafvollstreckungskammern der Landgerichte, MDR **1979** 353; *Treptow* Das Verfahren der Strafvollstreckungskammer, NJW **1975** 1105 und (Eine Erwiderung) NJW **1976** 222; *Tröndle* Unsere gesellschaftliche Wirklichkeit als Widersacherin der Resozialisierung, Justiz **1976** 88; *Wegener* Die mündliche Anhörung des Verurteilten vor der Strafvollstreckungskammer, MDR **1981** 617; *Wittschier* Die Festsetzung einer Sperrfrist gemäß den §§ 57 V, 57 a IV StGB und ihre Folgen, NStZ **1986** 112; *W. Wolf* Form des antraglosen negativen Gerichtsentscheids gem. § 57 Abs. 1 StGB, NJW **1975** 1962.

Entstehungsgeschichte. Die als § 486 Gesetz gewordene Vorschrift hat ihre jetzige Bezeichnung durch die Bekanntmachung 1924 erhalten. Sie betraf ursprünglich die Vollstreckung der Todesstrafe. Durch Art. 3 Nr. 187 VereinhG wurde sie aufgehoben.

Ihren jetzigen Inhalt erhielt sie durch Art. 4 Nr. 49 des 3. StRÄndG. Durch Art. 10 Nr. 11 StPÄG 1964 und Art. 9 Nr. 22 des 1. StrRG wurden die Absätze 1 und 3 Änderungen des Strafgesetzbuchs und der Strafprozeßordnung angepaßt. Durch Art. 21 Nr. 124 EGStGB 1974 wurde die Vorschrift neu gefaßt. Ihr jetziger Wortlaut beruht auf Art. 2 des 20. und Art. 2 Nr. 3 des 23. StRÄndG.

Übersicht

Günter Wendisch

I. Anwendungsbereich

1   **Absatz 1** regelt das Verfahren bei zwei Fällen von Entscheidungen: **a)** ob die Vollstreckung des Rests einer Freiheitsstrafe zur Bewährung ausgesetzt werden soll, ob also die Voraussetzungen einer Aussetzung nach §§ 57 bis 58 StGB oder nach § 67 Abs. 5 StGB, der auf § 57 Abs. 1 verweist, vorliegen; **b)** daß vor Ablauf einer bestimmten Frist ein Antrag des Verurteilten auf Aussetzung zur Bewährung unzulässig ist. Dies dient der Durchführung des § 57 Abs. 6 und des § 57 a Abs. 4 StGB, wonach das Gericht Fristen von höchstens sechs Monaten bzw. von höchstens zwei Jahren festsetzen kann, vor deren Ablauf ein Aussetzungsantrag des Verurteilten unzulässig ist. Nach § 463 Abs. 3 gilt § 454 auch für die in der erstgenannten Vorschrift angeführten, die Maßregeln der Besserung und Sicherung betreffenden Entscheidungen.

II. Zuständiges Gericht

2   Wegen des für Entscheidungen nach § 454 zuständigen Gerichts vgl. § 462 a.

III. Materielle Voraussetzungen

3   Die materiellen Voraussetzungen (§§ 57 bis 58 StGB) einer Entscheidung nach Absatz 1 sind hier nicht zu erörtern, insoweit wird auf die Erläuterungswerke zum StGB verwiesen. Dies gilt z. B. für die Umschreibung der Prognose in § 57 Abs. 1 Satz 1 Nr. 2 und § 57 a Abs. 1 Satz 1 Nr. 3 StGB[1], aber auch für die seit jeher streitige Frage, ob beim Zusammentreffen mehrerer zeitiger Freiheitsstrafen ohne Gesamtstrafenbeschluß die Voraussetzungen des § 57 StGB für jede Strafe gesondert zu prüfen sind[2] oder ob eine Zusammenrechnung stattzufinden hat[3].

4   Die Frage hat an Bedeutung verloren, nachdem § 454 b für diese und weitere Fälle eine gesetzliche Regelung getroffen hat. Wegen der Einzelheiten dazu s. die dort. Erläuterungen; wegen der Zulässigkeit der Aussetzung von Ersatzfreiheitsstrafen s. § 462 a, 5.

---

[1] Vgl. dazu *Tröndle*, Justiz **1976** 88.

[2] So die h. M z. B. KG JR **1975** 335; OLG Karlsruhe MDR **1975** 1039; Justiz **1976** 173; 394; **1978** 77; OLG Bremen NJW **1975** 2031; OLG Hamm NJW **1975** 1714; **1979** 1053; OLG Schleswig SchlHA **1976** 12; OLG Düsseldorf NStZ **1982** 467; *W. Schmidt* NJW **1975** 1489; **1976** 224; 1927; *Foth* DRiZ **1976** 277; *Stromberg* MDR **1979** 354; *Dreher/Tröndle*[42] § 57, 5 a; KK-*W. Müller* 10 ff;

Kleinknecht/Meyer[37] 2; vgl. auch *Weinmann* DRiZ **1976** 279.

[3] So z. B. OLG Hamm NJW **1976** 303; *D. Meyer* MDR **1974** 540; NJW **1976** 939; *Ruß* JR **1975** 336; *Treptow* NJW **1975** 1107; **1976** 228; MDR **1976** 99; *Peters* GA **1977** 97; JR **1977** 397; *Sonnen* NJW **1977** 614; LK-*Ruß* § 57, 8; *Schönke/Schröder/Stree*[22] § 57, 8; *Lackner*[16] § 57, 2 a cc; zusammenfassend *Doller* ZRP **1978** 55.

IV. Verfahren bei der Entscheidung über die Aussetzung des Strafrests (Absatz 1)

1. Notwendigkeit der Entscheidung

a) Auf Antrag? Nach § 26 a. F. StGB stand die bedingte Entlassung im Ermessen **5** des Gerichts („kann"). Bei dieser Sachlage wurde allgemein angenommen, daß das Gericht, wenn es den Verurteilten bedingt entlassen wollte, von Amts wegen — also ohne einen Antrag abzuwarten — tätig werden könne. Es war aber nicht verpflichtet, bei jedem Verurteilten, bei dem die formellen Voraussetzungen einer bedingten Entlassung (Verbüßung von zwei Dritteln der Strafe) vorlagen, auch die materiellen Voraussetzungen (günstige Prognose für die Zukunft) von Amts wegen zu überprüfen, sondern es konnte abwarten, ob der Verurteilte oder ein anderer Verfahrensbeteiligter einen **Antrag** auf bedingte Entlassung stellte[4]. Durch Art. 1 Nr. 9 des 1. StrRG wurde in § 26 Abs. 1 StGB (= jetzt § 57 Abs. 1 StGB) für den Normalfall (Verbüßung von zwei Dritteln) die Kann-Vorschrift in eine Muß-Vorschrift umgewandelt („setzt die Vollstreckung… aus"); nur für den Ausnahmefall des § 57 Abs. 2 StGB (Aussetzung des Rests schon nach Verbüßung der Hälfte der Strafe) und den Fall des § 67 Abs. 5 StGB ist es bei der Kann-Vorschrift geblieben.

b) Von Amts wegen? Die **Umgestaltung** des § 57 Abs. 1 StGB **in eine Muß-Vor- 6 schrift** führte zu der Frage, ob — wie vorher — eine Pflicht zur Entscheidung über das Vorliegen der Aussetzungsvoraussetzungen nur besteht, wenn der Verurteilte, dessen Einwilligung in die Aussetzung erforderlich ist, oder ein sonstiger Verfahrensbeteiligter einen Aussetzungsantrag stellt, oder ob das Gericht rechtzeitig vor Verbüßung von zwei Dritteln der Strafe **von Amts wegen** zu entscheiden hat, ob die materiellen Aussetzungsvoraussetzungen des § 57 Abs. 1 Satz 1 Nr. 2 StGB gegeben sind. Nach Ansicht einiger Oberlandesgerichte ist auch nach der Rechtsänderung bei fehlendem Antrag das Gericht zu einer Prüfung von Amts wegen nicht verpflichtet, freilich an einer solchen auch nicht gehindert, wenn es sie aus irgendwelchen Gründen für geboten hält[5]. Die in Rechtsprechung[6] und im Schrifttum[7] überwiegend vertretene Auffassung geht jedoch — im Hinblick auf die Bedeutung der Aussetzung des Strafrests für die Resozialisierung des Verurteilten mit Recht — von einer Pflicht des Gerichts zur Prüfung von Amts wegen aus.

2. Die Bedeutung der Streitfrage (Rdn. 5 f) ist übrigens praktisch nicht groß. **7** Denn § 36 Abs. 2 StVollstrO bestimmt: „Die Vollstreckungsbehörde wacht… darüber, daß sich die Vollzugsanstalt rechtzeitig vor Verbüßung von zwei Dritteln der Strafe gegenüber der Vollstreckungsbehörde oder, wenn die Strafvollstreckung von einer ersuchten Staatsanwaltschaft betrieben wird, dieser gegenüber zur Aussetzung des Strafrests äußert (§ 56 StGB). Die ersuchte Staatsanwaltschaft leitet die Äußerung der Vollzugsanstalt — ggf. mit den Akten — unverzüglich der Vollstreckungsbehörde zu. Diese gibt

---

[4] So nunmehr auch OLG Hamm JMBlNRW 1981 238; 1982 32; OLG Düsseldorf NStZ 1982 467; MDR 1984 182; SK-*Horn* § 57, 7; *Dreher/Tröndle*[42] § 57, 5 a; wegen weiterer Einzelheiten vgl. *Jabel* MDR 1980 718 und *Pohlmann/Jabel* § 43, 30 ff.

[5] Vgl. KG JR 1972 430; 1973 120; OLG Bamberg MDR 1971 943.

[6] Vgl. BGHSt 27 302, 304; OLG Celle NJW

1972 2054; OLG Hamm NJW 1973 337; OLG Zweibrücken MDR 1974 329; LG Bremen MDR 1975 246.

[7] *Kunert* MDR 1969 711; *Nöldeke* MDR 1972 479; *Peters* JR 1973 120; *Dreher/Tröndle*[42] § 57, 11; KK-*W. Müller* 5; KMR-*Müller* 2; *Kleinknecht/Meyer*[37] 1; vgl. auch *Pohlmann/Jabel* § 36, 12 ff.

Günter Wendisch

die ihr von der Vollzugsanstalt oder von der ersuchten Staatsanwaltschaft zugeleitete Äußerung mit den Akten und mit einem Vermerk darüber, wann zwei Drittel der Strafe verbüßt sein werden, an die Strafverfolgungsbehörde weiter. Ist im Anschluß an die Freiheitsstrafe eine zugleich angeordnete Unterbringung zu vollstrecken, so ist § 44 Abs. 1 Satz 2, § 44 a Abs. 2 zu beachten". Die Justizvollzugsanstalten sind ihrerseits durch Anordnungen der Landesjustizverwaltungen[8] angewiesen, der Vollstreckungsbehörde rechtzeitig eine Stellungnahme des Anstaltsleiters zur Aussetzungsfrage selbst dann zuzuleiten, wenn der Verurteilte keinen Antrag stellt, aber in die Strafaussetzung einwilligt. Daß die Staatsanwaltschaft als Strafverfolgungsbehörde die Vorgänge mit eigener Stellungnahme, in der sie durch einen bestimmten Antrag die Voraussetzungen für eine Aussetzung befürwortet oder ihr entgegentritt, an das Gericht weiterleitet, konnte zwar in der lediglich an die Vollstreckungsbehörden gerichteten Strafvollstreckungsordnung nicht bestimmt werden, wurde aber offenbar als selbstverständlich vorausgesetzt, denn § 36 Abs. 2 StVollstrO wurde zu dem Zweck geschaffen, „sicherzustellen, daß das Gericht die nach § 57 Abs. 1 StGB gebotene Entscheidung über die Aussetzung eines Strafrests rechtzeitig treffen kann"[9]. Zu diesem Zweck kann der Staatsanwalt zusätzliche Ermittlungen anstellen, z. B. Stellungnahmen des Bewährungshelfers oder der Gerichtshilfe anfordern, um auf diese Weise den sozialen Hintergrund des Verurteilten, namentlich stabilisierende Faktoren wie Wohnung, Arbeit, Angehörige usw. abzuklären[10].

8   **3. Form der gerichtlichen Entscheidung (Satz 1).** Ein weiterer Zweifel betrifft das Verfahren des Gerichts, wenn ein förmlicher Antrag auf Aussetzung des Strafrests von einem Verfahrensbeteiligten (vgl. Rdn. 11) nicht gestellt ist, möglicherweise auch eine eindeutige Einwilligungserklärung des Verurteilten (§ 57 Abs. 1 Satz 1 Nr. 3 StGB) nicht vorliegt. **Gegen** eine Verpflichtung des Gerichts, von Amts wegen förmlich (durch Beschluß) über die Aussetzungsvoraussetzungen zu entscheiden, war für den Fall fehlender Einwilligung u. a. geltend gemacht worden[11], dann müsse zuvor der Verurteilte nach seiner Einwilligung gefragt werden, wodurch oft vergebliche Hoffnungen erweckt würden; eine ablehnende mit Gründen versehene Entscheidung belaste den Verurteilten, wenn er später selbst einen Antrag stelle. Im übrigen sei ein Bedürfnis, von Amts wegen die Einwilligungsfrage zu klären, zu verneinen, weil ein Verurteilter, der den Wunsch und auch die geringste Hoffnung auf Aussetzung des Strafrests habe, in aller Regel selbst einen Antrag stellen oder seine Stellung veranlassen werde.

9   Ein Weg, solchen Bedenken Rechnung zu tragen, wird z. T darin gesehen, daß bei **Ablehnung** der Aussetzung des Strafrests ein **förmlicher,** mündliche Anhörung des Verurteilten voraussetzender, begründungs- und zustellungsbedürftiger Beschluß nur erforderlich sei, wenn ein auf Aussetzung gerichteter Antrag eines Antragsberechtigten vorliege, während es bei Fehlen eines solchen Antrags genüge, daß das Gericht seine Entscheidung formlos in einem Aktenvermerk niederlegt[12]. Da indessen § 454 bei allen Entscheidungen zu der Frage, ob die Vollstreckung ausgesetzt werden soll, die Beschlußform vorschreibt und keinen Unterschied macht, ob sie auf Aussetzung oder Ablehnung lauten, und ob ein Aussetzungsantrag vorliegt oder von Amts wegen entschieden wird, läßt sich eine „Umgehung" der Beschlußform durch einen **Aktenvermerk nicht rechtfer-**

---

[8] Vgl. z. B. AV des Nds. JustMin. vom 17. 12. 1974, NdsRpfl. **1975** 9; AV des JM NW vom 22. 3. 1982, JMBlNRW 97.

[9] Pohlmann/Jabel § 36, 12 ff.

[10] KK-*W. Müller* 18; *Kleinknecht/Meyer*[37] 4.

[11] So OLG Bamberg und LG Hof MDR **1971** 943.

[12] So OLG Celle NJW **1972** 2054; *Nöldeke* MDR **1972** 479; *Wolf* NJW **1975** 1962; LK-*Koffka*[9] § 26, 29.

tigen[13]. Bei fehlendem oder bei — als Ergebnis der Anhörung — zurückgenommenem Antrag könnte der Beschluß etwa lauten, daß „die Aussetzung eines Strafrests zur Bewährung nicht veranlaßt sei".

Ein bloßer **Aktenvermerk** genügt nur dann, wenn der Verurteilte, und zwar gegenüber dem Gericht förmlich und zweifelsfrei erklärt, daß er mit einer vorzeitigen Entlassung nicht einverstanden sei[14]. Das Wecken unbegründeter Hoffnungen aus Anlaß einer Befragung des Verurteilten, der selbst keinen Antrag stellt, nach seiner Einwilligung läßt sich übrigens durch eine Belehrung erreichen, die Mißverständnisse über den Grund der Befragung und die sich daraus ergebenden Folgerungen ausschließt, wie dies auch in den landesrechtlichen Justizverwaltungsvorschriften vorgesehen ist, die die Mitwirkung des Vollzugs bei Entscheidungen der Strafvollstreckungskammer nach §§ 454, 463 regeln[15]. **10**

V. Anträge Nichtverfahrensbeteiligter

Der Antrag eines Nichtverfahrensbeteiligten — dazu gehören auch der Privat- und Nebenkläger[16] — hat nur die Bedeutung einer Anregung, von Amts wegen zu entscheiden; das in § 453, 34 Gesagte gilt auch hier. **11**

VI. Entscheidung

1. Zeitpunkt. Die Entscheidung kann schon ergehen, bevor der Verurteilte zwei Drittel (§ 57 Abs. 1 StGB), die Hälfte (§ 57 Abs. 2 StGB) oder fünfzehn Jahre (§ 57 a Abs. 1 Nr. 1 StGB) der Strafe verbüßt hat[17]. Es ist auch nicht erforderlich, daß sich der Verurteilte im Zeitpunkt der Entscheidung im Strafvollzug befindet; eine Entscheidung kann vielmehr auch ergehen, wenn er auf freiem Fuß ist[18]. **12**

2. Einwilligung des Verurteilten. Die nach § 57 Abs. 1 Satz 1 Nr. 3, § 57 a Abs. 1 Satz 1 Nr. 3 StGB erforderliche Einwilligung des Verurteilten zu einer Anordnung der Aussetzung des Strafrests muß noch im Zeitpunkt der Rechtskraft des Aussetzungsbeschlusses vorliegen. Der Verurteilte kann eine zunächst verweigerte Einwilligung mithin noch mit einer sofortigen Beschwerde nachholen[19]; er kann aber auch eine zunächst erklärte Einwilligung bis zur Rechtskraft des Beschlusses widerrufen[20]. Nach Rechtskraft des Aussetzungsbeschlusses ist ein Widerruf unbeachtlich[21]. **13**

[13] KG JR **1973** 120; OLG Hamm NJW **1973** 337; OLG Zweibrücken MDR **1974** 329; LG Bremen MDR **1975** 241; *Peters* JR **1973** 121; *W. Schmidt* NJW **1975** 1487; *Dreher/Tröndle*[42] § 57, 13.
[14] KK-*W. Müller* 6; KMR-*Müller* 2.
[15] Vgl. III 1 der AV des Nds. JustMin. vom 17. 12. 1984, NdsRpfl. **1985** 9; II 1 der AV des JM NW vom 20. 12. 1974, JMBlNRW **1975** 90.
[16] *Oske* MDR **1964** 726; KK-*W. Müller* 4; KMR-*Müller* 3; *Kleinknecht/Meyer*[37] 1; *Wetterich/Hamann* 987.

[17] OLG Braunschweig NdsRpfl. **1954** 110.
[18] OLG Düsseldorf NJW **1954** 485; OLG Hamm JMBlNRW **1954** 180; OLG München NJW **1956** 2110.
[19] OLG Karlsruhe MDR **1977** 333; Justiz **1980** 91; KK-*W. Müller* 8.
[20] OLG Celle NJW **1956** 1608; KK-*W. Müller* 7.
[21] **A. A** AG Schwäbisch-Hall Rpfleger **1972** 313 mit abl. Anm. *Pohlmann*.

Günter Wendisch

VII. Anhörung von Verfahrensbeteiligten (Satz 2)

14   **1. Staatsanwaltschaft.** Die Pflicht des Gerichts, die Staatsanwaltschaft zu hören, folgt bereits aus § 33 Abs. 2. Äußerung und Antragstellung obliegen ihr nicht als Vollstreckungs-, sondern als **Verfolgungsbehörde,** zumal da es sich bei der Entscheidung um eine Ergänzung des erkennenden Verfahrens handelt. Aus diesem Grund kann der Staatsanwalt diese Aufgaben auch nicht auf den Rechtspfleger übertragen[22]. Da die Staatsanwaltschaft eine bestimmte Entscheidung beantragen soll, wird sie ihren Antrag regelmäßig erst stellen, nachdem die sonstigen Beteiligten zuvor gehört worden sind.

15   **2. Vollzugsanstalt.** Außer der verfahrensbeteiligten Staatsanwaltschaft (§ 451 Abs. 3) ist auch die Vollzugsanstalt **stets zu hören.** Da das Gesetz — vom Fall eines unzulässigen Antrags (Absatz 1 Satz 4 Nr. 3) abgesehen — keine Ausnahmen vorsieht, ist die Anhörung auch dann erforderlich, wenn nach den Umständen der Tat und der Persönlichkeit des Täters äußerst unwahrscheinlich ist, daß auch eine sehr günstige Stellungnahme der Vollzugsanstalt von Einfluß auf die zu treffende Entscheidung sein könnte[23]. Die Vollzugsanstalt gibt grundsätzlich ihre Stellungnahme durch den Leiter der Vollzugsanstalt und bei dessen Verhinderung durch seinen Vertreter ab. **Örtlich zuständig** ist die Vollzugsanstalt, in die der Verurteilte zu dem Zeitpunkt, in dem das Gericht mit der Sache befaßt wird, aufgenommen ist oder, wenn der Verurteilte infolge Unterbrechung des Vollzugs sich auf freiem Fuß befindet, zuletzt einsaß[24] (vgl. sinngemäß § 462 a Abs. 1). Hat bei Verbüßung einer längeren Freiheitsstrafe die Vollzugsanstalt gewechselt und sitzt in dem Zeitpunkt, in dem die Vollzugsanstalt zu hören ist, der Verurteilte erst kurze Zeit in dieser Anstalt ein, so muß auch eine Äußerung von der Anstalt eingeholt werden, in der er den wesentlichen oder wenigstens einen längeren Teil der Strafe verbüßt hat, da nur sie auf Grund der im Vollzug gewonnenen Eindrücke in der Lage ist, eine fundierte Stellungnahme über sein Verhalten im Vollzug und über die Prognose i. S des § 57 Abs. 1 Satz 1 Nr. 2, Satz 2 StGB abzugeben (OLG Hamburg MDR **1957** 311). Beruht der Strafrest nur auf angerechneter Freiheitsentziehung (§ 57 Abs. 4 StGB), ist die Vollzugsanstalt, in welcher der Verurteilte eingesessen hatte, gleichwohl zu hören[25], es sei denn, daß sich der Verurteilte schon längere Zeit auf freiem Fuß befindet[26].

16   **3. Verteidiger.** Der Grundsatz des Absatzes 1 Satz 2 gilt nach § 33 Abs. 3 (vgl. dazu § 33, 34) auch für den Verteidiger, d. h. auch ihm ist **Gelegenheit zur Stellungnahme** zu geben. Es besteht aber — anders als im Fall des § 168 c, der auch nicht entsprechend anwendbar ist — kein Anspruch des Verteidigers — wie übrigens auch nicht der Staatsanwaltschaft — auf Anwesenheit bei der Anhörung des Verurteilten; demzufolge ist das Gericht auch nicht verpflichtet, Staatsanwaltschaft und Verteidiger zum Anhörungstermin zu laden[27]. Allerdings ist das Gericht auch nicht gehindert, aus fürsorgli-

---

[22] KMR-*Müller* 5; *Kleinknecht/Meyer*[37] 6.
[23] OLG Hamm MDR **1974** 1038; enger NJW **1980** 2090; ebenso *Kleinknecht/Meyer*[37] 5; wie hier KMR-*Müller* 6.
[24] OLG Hamm MDR **1978** 592; KMR-*Müller* 6.
[25] OLG Hamm MDR **1978** 592; OLG Düsseldorf MDR **1975** 863 = JR **1976** 31; MDR **1977** 424; JMBlNRW **1978** 107; KMR-*Müller* 6; *Kleinknecht/Meyer*[37] 7; **a. A** OLG Köln

JMBlNRW **1960** 107; OLG Karlsruhe MDR **1978** 1046.
[26] OLG Düsseldorf GA **1977** 151; *Kleinknecht/Meyer*[37] 7.
[27] OLG Karlsruhe MDR **1976** 513; OLG Düsseldorf GA **1983** 566; *Treptow* NJW **1975** 1105; **1976** 222; *Rieß* JR **1976** 31; KK-*W. Müller* 23; KMR-*Müller* 19; *Kleinknecht/Meyer*[37] 10; **a. A** *W. Schmidt* NJW **1975** 1486; *Maetzel* AnwBl. **1975** 421.

chen Gründen die Anwesenheit des Verteidigers bei der Anhörung des Verurteilten zu gestatten.

4. Form. Wie bereits zu Rdn. 8 ausgeführt, ergeht die Entscheidung im schriftli- **17** chen Verfahren durch förmlichen Beschluß. Ihre Verkündung im Anhörungstermin ist unzulässig[28], § 35 Abs. 1 Satz 1 mithin nicht anwendbar[29]. Auf diese Weise wird auch sichergestellt, daß Verurteilter und Anstalt gleichzeitig erfahren, ob der Behandlungs-vollzug fortzusetzen ist oder ob Entlassungsvorbereitungen eingeleitet werden müssen.

VIII. Mündliche Anhörung des Verurteilten

1. Zweck der Vorschrift. Nach § 454 Abs. 1 in der bis zum 31. Dezember 1974 gel- **18** tenden Fassung war eine Anhörung des Verurteilten nicht vorgeschrieben. Aus dem Grundsatz des rechtlichen Gehörs (Art. 103 Abs. 1 GG) wurde damals lediglich gefol-gert, daß auf Grund einer ungünstigen Stellungnahme der Vollzugsanstalt die Ausset-zung des Strafrests nicht abgelehnt werden dürfe, ohne daß zuvor dem Verurteilten Ge-legenheit zur Stellungnahme geboten war (BVerfGE **19** 198). Durch die jetzt grundsätz-lich zwingend vorgeschriebene mündliche Anhörung[30] als einer besonders hervorgeho-benen Form des rechtlichen Gehörs soll nach der Begr. des Reg.Entw. (BTDrucks. 7 550 S. 309) „erreicht werden, daß die Strafvollstreckungskammer... den unmittelbaren Kontakt mit dem Verurteilten in der Strafanstalt aufnimmt, worin eine der wesentli-chen kriminalpolitischen Zielsetzungen der Einrichtung der Strafvollstreckungskam-mer liegt". Daraus folgt, daß dem Erfordernis der **mündlichen** Anhörung nicht schon da-durch genügt ist, daß der Verurteilte von der Vollzugsanstalt mündlich gehört wird und diese die Niederschrift über die mündliche Anhörung an das Gericht weiterleitet, es be-darf vielmehr einer **richterlichen Anhörung** (OLG Düsseldorf MDR **1975** 597).

Zur Anhörung gehört es an sich auch, daß der Verurteilte Beweisanträge (z. B. **19** zur Entkräftung einer ihm ungünstigen Stellungnahme der Vollzugsanstalt) stellen kann (entsprechende Anwendung des § 163 a Abs. 2). Der Verurteilte hat aber kein förmliches Beweisantragsrecht i. S des nur für die Hauptverhandlung geltenden § 244 Abs. 3 bis 6[31], denn die Entscheidung ergeht im Beschlußverfahren ohne mündliche Verhandlung, in der Beweise grundsätzlich nach den Regeln des **Freibeweises** erhoben werden, mit der einzigen Einschränkung, daß dem Verurteilten nicht nur Gelegenheit zur Stellung-nahme in irgendeiner Form zu geben ist, sondern daß die Gewährung des rechtlichen Gehörs grundsätzlich in der Form der mündlichen Anhörung erfolgen muß, ohne daß dadurch im übrigen das Wesen des Beschlußverfahrens ohne mündliche Verhandlung beeinträchtigt würde.

2. Form (Satz 3)
a) Allgemein. Da die Strafvollstreckungskammer nach § 78 b GVG bei ihrer Ent- **20** scheidung entweder in der Besetzung mit nur einem Richter (kleine Kammer) oder mit drei Richtern (große Kammer) entscheidet, stellt sich die Frage, ob sie im zuletzt ge-nannten Fall, d. h. wenn sie die endgültige Entscheidung als Große Strafvollstreckungs-kammer trifft, auch die mündliche Anhörung des Verurteilten in dieser Besetzung vor-

---

[28] KK- *W. Müller* 33; *Kleinknecht/Meyer*[37] 13.
[29] OLG München NJW **1976** 254; *Treptow* NJW **1975** 1105; KK- *W. Müller* 33; *Klein-knecht/Meyer*[37] 13; **a.** A KMR-*Müller* 22.

[30] Wegen der Ausnahmen s. Rdn. 43 ff.
[31] **A.** A *Sonnen* JuS **1976** 367; wie hier KK- *W. Müller* 22.

       Günter Wendisch

nehmen muß oder ob es auch zulässig ist, sie durch einen beauftragten Richter (Mitglied der Kammer) durchführen zu lassen[32]. Weiter geht es darum, ob unter bestimmten Voraussetzungen sowohl bei der mit drei Richtern wie bei der mit einem Richter besetzten Strafvollstreckungskammer die Anhörung durch einen ersuchten Richter (§ 156 GVG) ausreicht.

21   **b) Anhörung nur durch die vollbesetzte Kammer?** Nach der **strengsten Auffassung** gehört, wenn die Große Strafvollstreckungskammer zur Entscheidung zuständig ist, zur mündlichen Anhörung eine Anhörung durch die Kammer in ihrer vollen Besetzung mit drei Mitgliedern[33], und zwar mit der Folge, daß die Anhörung wiederholt werden muß, wenn ein ausgeschlossener Richter mitgewirkt hat (OLG Köln NJW **1975** 1527), und daß die Entscheidung nur von den drei bei der Anhörung beteiligten Richtern getroffen werden kann und jeder Richterwechsel in der Zeit zwischen Anhörung und Entscheidung zu einer Wiederholung der mündlichen Anhörung zwingt (so *Rieß* JR **1976** 118).

22   Diese Auffassung wird hauptsächlich **damit begründet,** dies entspreche dem Zweck der mündlichen Anhörung, den „unmittelbaren Kontakt" mit dem Verurteilten aufzunehmen (Rdn. 18). Auch müsse im Interesse des Verurteilten das Verfahren als ein einheitliches Ganzes gesehen werden: so wie bei der Entscheidung selbst das ganze Kollegium mitwirke, so müßten auch schon bei der Vorbereitung der Entscheidung durch mündliche Anhörung des Verurteilten alle zur Entscheidung Berufenen mitwirken und dabei ihren Einfluß, etwa durch Stellung von Fragen usw., wie später in der Beratung, geltend machen können[34]. Durch § 454 Abs. 1 Satz 3 sei gewissermaßen das Beschlußverfahren, soweit es sich um die Anhörung handelt, der Hauptverhandlung angeglichen worden: in gleicher Weise, wie dort dem Angeklagten, so solle die mündliche Anhörung dem Verurteilten die Gelegenheit geben, „seine Persönlichkeit mit in die Waagschale zu werfen", und alle Mitglieder des Gerichts sollten die Möglichkeit erhalten, „sich einen je eigenen persönlichen Eindruck von dem Anzuhörenden zu verschaffen"[35]. Ferner entspreche die Anhörung durch die vollbesetzte Kammer allgemeinen prozessualen Grundsätzen. Denn es sei ein allgemein gültiger Grundsatz der Strafprozeßordnung, daß da, wo das Gericht in Tätigkeit zu treten habe, die Beauftragung eines Mitglieds des Spruchkörpers nur dann genüge, wenn das Gesetz es ausdrücklich zulasse[36].

23   Es wird dabei **nicht verkannt,** daß aus dieser Betrachtungsweise sich Schwierigkeiten (insbes. Zeitverlust durch lange Reisen) ergeben können, wenn die nach Befassung mit der Sache zuständig gewordene Strafvollstreckungskammer (§ 462 a Abs. 1 Satz 1) auch weiterhin zuständig bleibt, falls der Verurteilte demnächst noch vor der Anhörung in eine andere Vollzugsanstalt weit entfernt vom Sitz der Strafvollstreckungskammer, etwa in einem anderen Bundesland, verlegt werde; solche „Unzuträglichkeiten", so

---

[32] Vgl. dazu ausführlich *Wegener* MDR **1981** 617.
[33] So z. B. OLG Schleswig – 1 StS – NJW **1975** 1131; OLG Stuttgart NJW **1975** 2355; **1976** 2274; Justiz **1975** 397; OLG Köln NJW **1975** 1527; OLG Celle NJW **1975** 2254; OLG Nürnberg MDR **1975** 684; OLG Hamm JMBlNRW **1975** 191; 225; GA **1977** 221; NJW **1978** 284; OLG Koblenz JR **1976** 117 mit zust. Anm. *Rieß*; NJW **1977** 1071; MDR

1980 956; GA **1981** 91; *Franke* JZ **1977** 126 f (Abschn. III), vgl. aber auch 127 (Abschnitt IV); grundsätzlich auch *Wegener* MDR **1981** 618 r. Sp.; *Lackner*[12] § 57 Anm. 7 d.
[34] So z. B. OLG Köln NJW **1975** 1527.
[35] OLG Celle NJW **1975** 2254.
[36] So OLG Nürnberg MDR **1975** 684 unter Verweisung auf § 453 a Abs. 1 Satz 2; ähnlich OLG Celle NJW **1975** 2254 unter Verweisung auf § 231 a Abs. 1 Satz 2, § 233 Abs. 2.

meint OLG Nürnberg (MDR **1975** 684), vermöge nur der Gesetzgeber befriedigend zu lösen. Es wird auch nicht übersehen, daß bei den Folgeentscheidungen im Zusammenhang mit der **Unterbringung in einem psychiatrischen Krankenhaus,** wo ebenfalls die mündliche Anhörung durch die vollbesetzte Kammer in § 463 Abs. 2 vorgeschrieben sei, diese Anhörung in einer Reihe von Fällen voraussehbar ohne Einfluß auf die Entscheidung sein werde, schon weil eine Verständigung mit dem Untergebrachten nur sehr bedingt möglich und er selbst nicht in der Lage sei, sich sachgemäß zu äußern. Aber „das ist dem Gesetzgeber wohl kaum unbekannt geblieben, und doch hat er die Frage, ob der Verurteilte mündlich [d.h.: durch die vollbesetzte Kammer] anzuhören ist, nicht dem Ermessen des Gerichts überlassen, sondern sie zwingend vorgeschrieben"[37].

c) Anhörung durch den beauftragten Richter? Nach anderer Auffassung[38] genügt **24** die mündliche Anhörung durch einen beauftragten Richter, ein vom Vorsitzenden zum Berichterstatter bestelltes Mitglied der Kammer, das das Ergebnis der Anhörung in das Beschlußverfahren einbringt. Allerdings genügt nach OLG München (Fußn. 38) diese Form der Anhörung nur, wenn der anhörende Richter auch an der späteren Beratung teilnimmt.

Gegen die Vergleichbarkeit der mündlichen Anhörung mit der mündlichen Vernehmung des Angeklagten vor dem erkennenden Gericht (§ 243 Abs. 4), aus der die in Rdn. 22 dargestellte Auffassung u. a. die Notwendigkeit herleitet, den Verurteilten durch die vollbesetzte Strafvollstreckungskammer zu hören, wird geltend gemacht, daß die Entscheidung über die Aussetzung des Strafrests gerade nicht in einem der Hauptverhandlung angeglichenen Verfahren, sondern nach § 454 Abs. 1 Satz 1 im grundsätzlich schriftlichen Beschlußverfahren getroffen werde. Die mündliche Anhörung des Verurteilten sei zwar eine zusätzliche Erkenntnisquelle für das im übrigen schriftliche Verfahren, aber die Vermittlung eines persönlichen Eindrucks, der „eine äußerst unzuverlässige, zuweilen trügerische Quelle von Erkenntnissen" sein könne, sei nicht der alleinige oder hauptsächliche Zweck der mündlichen Anhörung. Diese solle vielmehr dem Verurteilten die Möglichkeit verschaffen, sich unbefangen — ohne das Gefühl der Behinderung durch die Umstände des Freiheitsentzugs — dem Gericht gegenüber zu äußern und auch auf entscheidungswesentliche Fragen zu antworten, sich über seine Vollzugserfahrungen und seine Zukunftsabsichten zu äußern. Dazu genüge aber die mündliche Anhörung durch eines der mitentscheidenden Mitglieder der Kammer. Weder ausdrücklich noch sonst schlüssig habe der Gesetzgeber zum Ausdruck gebracht, daß er anstelle einer solchen rationellen Arbeitsweise eine Anhörung durch das gesamte Kollegium, also eine „dem Beschlußverfahren außerhalb des strengen Strafprozeßrechts fremde, weil sachlich nicht gebotene, schwerfällige und störungsanfällige Arbeitsweise" gewollt habe[39]. Auch wird darauf hingewiesen (so *Kleinknecht*[32] 3 D), daß im Sicherungsverfahren unter den Voraussetzungen des § 415 Abs. 1 nach § 415 Abs. 2 Satz 1 die Vernehmung des Beschuldigten in der Hauptverhandlung durch dessen vorangehende Vernehmung durch einen beauftragten Richter ersetzt werde und dann doch erst recht — **25**

[37] So OLG Celle NJW **1975** 2255.
[38] OLG Schleswig – 2 StS – SchlHA **1975** 115; OLG Düsseldorf NJW **1976** 158; 256; OLG Karlsruhe MDR **1976** 513; Justiz **1976** 37: – anders bei Anhörung wegen Aussetzung einer lebenslangen Freiheitsstrafe: Justiz **1983** 161; OLG München NJW **1976** 254; OLG Koblenz MDR **1977** 160; offengelassen JR **1976**

117: Entscheidung betraf einen ersuchten Richter; *Peters* JR **1977** 397, 399; **1979** 391; GA **1977** 97, 104 f; *Dreher/Tröndle*[42] § 57, 14; *Preisendanz* StGB, 30. Aufl. 1978, § 57 Anm. 7; *Kleinknecht/Meyer*[37] 11; ohne eigene Stellungnahme KK- *W. Müller* 19.
[39] OLG München NJW **1976** 254.

zumindest unter den in § 415 Abs. 1 angeführten Voraussetzungen — die Anhörung durch einen beauftragten Richter genügen müsse, wenn lediglich über die Aussetzung oder Fortdauer des Vollzugs einer rechtskräftig angeordneten Freiheitsentziehung **ohne mündliche Verhandlung** zu entscheiden sei.

26   **d) Anhörung durch ersuchten Richter?** Schließlich wird in den Fällen, in denen die Große oder Kleine Strafvollstreckungskammer kraft Befassung mit der Sache auch zuständig bleibt, wenn der Verurteilte nach Eingang der Sache und vor seiner Anhörung in eine weit entfernte Vollzugsanstalt in einem anderen Landgerichtsbezirk verlegt worden ist (Rdn. 23), auch die mündliche Anhörung durch den **ersuchten Richter (§ 156 GVG) am Ort der neuen Vollzugsanstalt** als ausreichend angesehen[40].

27   In dem vom **Oberlandesgericht Düsseldorf** (Fußn. 40) entschiedenen Fall war das Rechtshilfeersuchen von einer Kleinen Strafvollstreckungskammer ausgegangen, so daß von vornherein eine mündliche Anhörung durch einen beauftragten Richter nicht in Betracht kam. Das Oberlandesgericht konnte seinen Standpunkt deshalb nicht mit einer Fortentwicklung der Ansicht begründen, daß bei der „Großen" Strafvollstreckungskammer die Anhörung durch einen beauftragten Richter genüge, etwa in dem Sinn der Entwicklung eines an §§ 66 b, 223, 233 Abs. 2, § 173 Abs. 3, § 289 anknüpfenden Grundsatzes, daß, wenn das Gesetz nicht die Tätigkeit des zur Entscheidung berufenen Gerichts selbst erfordert, die Tätigkeit des beauftragten Richters der des ersuchten Richters gleichgestellt sei. Dies trifft zwar weitgehend zu, mag selbst für § 369 Abs. 1 gelten, obwohl das Gesetz dort nur von der Beweiserhebung durch einen beauftragten Richter spricht. Daß es aber einen schlechthin geltenden Grundsatz dieses Inhalts *nicht* gibt, daß es vielmehr auf die **Bedeutung der** vorzunehmenden **Tätigkeit** ankommen kann, zeigt § 415 Abs. 2, wo die dort vorgesehene Vernehmung durch einen beauftragten Richter nicht durch eine Vernehmung im Weg der Rechtshilfe ersetzt werden kann[41], und die Frage ist gerade, ob nicht aus ähnlichen Erwägungen wie dort bei der „Großen" Strafvollstreckungskammer — wenn überhaupt — die Anhörung durch das Kollegium (nur) durch eine Anhörung, die ein beauftragter Richter vornimmt, ersetzt werden kann.

28   Hinzu kommt, daß das **Oberlandesgericht München** (NJW 1976 254, 256) — über die zu § 415 Abs. 2 ergangene Entscheidung BGHSt **2** 1 hinausgehend — auf dem Standpunkt steht[42], falls zur Entscheidung die Große Strafvollstreckungskammer zuständig ist, sei die mündliche Anhörung durch ein Mitglied der Kammer nur dann als eine dem Gesetz entsprechende mündliche Anhörung anzusehen, wenn dieses Mitglied auch bei der Entscheidung der Kammer mitwirkt: „Vermittelt er der entscheidenden Kammerbesetzung, ohne ihr selbst anzugehören, nur ein — vom Gesetz nicht vorgesehenes — Protokoll, so gerät die neue Vorschrift in die Gefahr, schließlich als lästige Formalität dadurch unterlaufen zu werden, daß eigens nur zu Anhörungen ein Kammermitglied am Ort der Vollzugsanstalt bestellt wird. Diese Handhabung mündet im Ergebnis wieder in eine Verschriftlichung der Anhörung und steht damit im Widerspruch zum Zweck der mündlichen Anhörung".

29   Das Oberlandesgericht Düsseldorf (NJW 1976 256) begründet daher seine Auffassung von der Zulässigkeit der mündlichen Anhörung im Weg der Rechtshilfe damit, daß diese Form — unabhängig von der Frage, ob die Große Strafkammer eine Mitglied

---

[40] OLG Düsseldorf NJW **1976** 256; OLG Hamm NJW **1980** 2090; *Herzog* NJW **1976** 1077, 1078; Bedenken dagegen *Peters* GA **1977** 105; *Dreher/Tröndle*[42] § 57, 14; *Preisendanz* § 57 Anm. 7; vgl. auch KMR-*Müller* 18.

[41] Vgl. dazu die Erl. zu § 415.
[42] Ebenso OLG Karlsruhe MDR **1976** 513; OLG Hamm MDR **1977** 952; NJW **1978** 284.

beauftragen könne und ohne Rücksicht darauf, ob zur Entscheidung die Große oder die Kleine Strafvollstreckungskammer berufen ist — **aus zwingenden praktischen Gründen** zulässig sein müsse. Verlegungen des Gefangenen in eine andere weitentfernte Vollzugsanstalt, die nach Befassung der Strafvollstreckungskammer mit der Sache deren fortdauernde Zuständigkeit unberührt lassen, seien, so wird ausgeführt, aus verschiedenen Gründen möglich[43], insbesondere komme auch eine Verlegung zur Teilnahme an längeren Hauptverhandlungen etwa von Nordrhein-Westfalen nach Bayern oder Schleswig-Holstein in Betracht. In solchen Fällen sei es „in der Praxis fast undurchführbar", den Verurteilten zwecks Anhörung durch die Strafvollstreckungskammer zurückverlegen zu lassen. Dies verbiete sich schon wegen des erheblichen Zeitaufwands und der damit verbundenen Verzögerung der Entscheidung, der selbst bei Einzelverlegung, erst recht bei Sammelverlegung entstehe. Auch sei zu berücksichtigen, daß sich erfahrungsgemäß Gefangene vielfach gegen solche Verlegungen aus der Befürchtung sträubten, in der Zeit ihrer Abwesenheit ihnen zusagende Arbeits- oder Vertrauensstellungen zu verlieren. „Noch praxisferner" aber sei es, die Strafvollstreckungskammer, bei der Vollkammer gar alle drei Mitglieder etwa von Krefeld nach Flensburg reisen zu lassen, um dort die Anhörung durchzuführen[44]. Allerdings entfalle bei einer Anhörung durch den ersuchten Richter für die zur Entscheidung berufene Strafvollstreckungskammer die Möglichkeit einer unmittelbaren Kontaktaufnahme, die Gewinnung eines persönlichen Eindrucks von dem Verurteilten, der Einsatz der besonderen Erfahrungs- und Entscheidungsnähe schon bei Vorbereitung der Entscheidung. Jedoch träten bei einer notwendigen Abwägung diese Nachteile zurück gegenüber den Nachteilen, die sich für den Verurteilten selbst wie auch für das Gericht und dessen geordnete Arbeitserledigung ergäben, wenn eine Inanspruchnahme des ersuchten Richters nicht möglich wäre. Auch bei einer solchen mündlichen Anhörung seien die Belange des Verurteilten immer noch dadurch hinreichend gewahrt, daß er, was er vorzubringen habe, dem ersuchten Richter darlegen könne, der seinerseits durch eine entsprechend eingehende Niederschrift für die unverkürzte Weitergabe der Argumente des Gefangenen an die Strafvollstreckungskammer sorgen könne, während es wenig sinnvoll sei, an die Anhörung des Verurteilten im Strafvollstreckungsverfahren strengere Anforderungen zu stellen als an die Vernehmung eines Angeklagten oder Zeugen im Erkenntnisverfahren nach §§ 66 b, 223, 233.

3. Eigene Stellungnahme

a) Anhörung durch beauftragten Richter. Der Verfasser dieser Zeilen schließt **30** sich der Auffassung an, daß bei der mit drei Mitgliedern besetzten Strafvollstreckungskammer **die Anhörung durch ein beauftragtes Mitglied genügt.** Den dafür angeführten Erwägungen, die er für überzeugend hält, namentlich den Hinweis auf die „Art von Sternfahrten"[45] der vollbesetzten Strafvollstreckungskammer zu weit entfernten Vollzugsanstalten mit hohem Zeit- und Kostenaufwand (im Zeichen einer zur Ausgabenbeschränkung genötigten Staatskasse) und oft kaum nennenswertem Erkenntnisgewinn[46] ist lediglich hinzuzufügen: zwar soll nach der Begründung des Regierungsentwurfs[47]

---

[43] Vgl. dazu die Erl. von *Schwind/Böhm/Rotthaus* zu § 8 StVollzG, aber auch von *Pohlmann/Jabel* zu § 26 StVollstrO.

[44] Zum Aufwand an Reisezeit vgl. *Doller* DRiZ **1976** 169.

[45] So *Herzog* NJW **1976** 1077.

[46] S. Rdn. 23, § 462 a, 21 sowie *Doller* DRiZ **1976** 170.

[47] Vgl. BTDrucks. 7 550, Begr. zu Art. 19 Nr. 114 – § 454 StPO – S. 309 sowie BGHSt **28** 141; OLG Schleswig NJW **1975** 1131; OLG Nürnberg MDR **1975** 684 und *Rieß* JR **1976** 118.

Günter Wendisch

mit dem Erfordernis der mündlichen Anhörung erreicht werden, daß die Strafvollstrekkungskammer den unmittelbaren Kontakt mit dem Verurteilten aufnimmt; aber damit ist nicht ausgesprochen, daß diese Kontaktaufnahme nur durch eine Anhörung in Gegenwart aller drei Mitglieder erfolgen könne. Wäre das der erkennbare Sinn des Gesetzes, so müßte folgerichtig z. B., wenn die vollbesetzte Kammer die Anhörung in der Vollzugsanstalt durchgeführt hat, Beratung und Entscheidung aber erst am nächsten Tag im Gerichtsgebäude erfolgen soll und an diesem Tage ein Mitglied durch Erkrankung oder Unfall auf längere Zeit ausfällt, die Entscheidung entweder bis zum Wiedereintritt dieses Mitglieds ausgesetzt werden — was sich im Interesse des Verurteilten verbietet — oder es müßte die Anhörung alsbald nochmals in Gegenwart des Vertreters durchgeführt werden, obwohl sich nach aller Wahrscheinlichkeit an der zu treffenden Entscheidung nichts ändert und ein u. U. beträchtlicher Kosten- und Zeitaufwand nutzlos vertan ist.

31   Im übrigen ergeben sich aber **aus der Entstehungsgeschichte der §§ 454, 462 a n. F. Argumente für die hier vertretene Auffassung,** denn diese zeigt, daß der Rückgriff auf einen „Willen des Gesetzgebers", wonach stets die Anhörung durch den vollbesetzten Spruchkörper geboten sei, nicht zutreffend ist[48]. Nach § 462 a Abs. 5 ist für die nach § 454 zu treffenden Entscheidungen an Stelle der Strafvollstreckungskammer das Oberlandesgericht zuständig, wenn das Urteil von ihm im ersten Rechtszug erlassen ist. Es hat dann auch den Verurteilten nach § 454 Abs. 1 Satz 3 mündlich zu hören, wenn es nicht vorzieht, nach § 462 a Abs. 5 Satz 2 die Entscheidung über die Aussetzung des Strafrests an die Strafvollstreckungskammer abzugeben. In dem in der 6. Wahlperiode eingebrachten Regierungsentwurf des EGStGB (BTDrucks. VI 3250) waren in § 462 a Abs. 5 weitere Fälle (u. a., wenn lediglich eine Ersatzfreiheitsstrafe vollstreckt wird) vorgesehen, in denen anstelle der Strafvollstreckungskammer das Gericht des ersten Rechtszugs zuständig sein sollte; bei ihnen sollte wegen der „mitunter großen Entfernung zwischen dem Sitz des Gerichts des ersten Rechtszugs und der Vollzugsanstalt" von der mündlichen Anhörung abgesehen werden können. Das Oberlandesgericht als Gericht des ersten Rechtszugs aber sollte nicht von der mündlichen Anhörung absehen können, weil sich hier „die zwingende mündliche Anhörung des Verurteilten **durch ein Mitglied des Strafsenates** oder sogar den ganzen Senat empfehle"[49]. Diese weitergehenden Vorschläge einer Zuständigkeit des erstinstanzlichen Gerichts anstelle der Strafvollstreckungskammer sind zwar in dem erneut eingebrachten Regierungsentwurf (BTDrucks. 7 550) nicht aufrechterhalten worden. Demgemäß enthält die Begründung dieses Entwurfs[50] keine die mündliche Anhörung bei erstinstanzlicher Verurteilung durch das Oberlandesgericht betreffenden Ausführungen mehr. Aber jedenfalls ergibt sich aus dieser Entstehungsgeschichte als Absicht des „Gesetzgebers", daß, wenn das Oberlandesgericht als Gericht des ersten Rechtszugs anstelle der Strafvollstreckungskammer entscheidet, die mündliche Anhörung des Verurteilten auch durch ein beauftragtes Mitglied des Strafsenats erfolgen kann, und es ist kein Grund ersichtlich, warum für die mündliche Anhörung durch die Strafvollstreckungskammer andere Grundsätze gelten sollten als bei Anhörung durch das Oberlandesgericht als Gericht des ersten Rechtszugs in Wahrnehmung der Aufgaben der Strafvollstreckungskammer.

32   **b) Notwendigkeit der Mitwirkung des mit der Anhörung beauftragten Richters bei der Entscheidung.** Die Auffassung des Oberlandesgerichts München[51], daß im Fall

---

[48] So im Ergebnis auch BGHSt **28** 140, 141.
[49] BTDrucks. VI 3250, Begr. zu Art. 19 Nr. 11
   – §§ 462, 462 a – S. 300.

[50] Vgl. BTDrucks. 7 550, Begr. zu Art. 19 Nr.
   122 – §§ 462, 462 a – S. 314.
[51] NJW **1976** 254; s. auch Rdn. 24, 27.

einer Anhörung durch den beauftragten Richter eine dem Gesetz entsprechende mündliche Anhörung nur vorliege, wenn dieser Richter auch an der Beratung und Entscheidung teilnehme, erscheint nicht überzeugend. Allerdings spielen die Erwägungen von BGHSt **2** 1, daß es für das Sicherungserkenntnisverfahren in Abwesenheit des Beschuldigten (§ 415 Abs. 1) ohne Bedeutung sei, ob der beauftragte Richter, der den Beschuldigten vor der Hauptverhandlung vernommen hat (§ 415 Abs. 2), an der Hauptverhandlung teilnehme, hier, wo es sich um das grundsätzlich schriftliche Beschlußverfahren handelt, keine Rolle. Aber von dem vom OLG München — mit Recht — eingenommenen Standpunkt aus, der **Zweck der mündlichen Anhörung** bestehe darin, daß der Betroffene sich unbefangen und ohne Behinderung durch die Umstände des Freiheitsentzugs dem sachkundigen beauftragten Richter als dem Repräsentanten der Strafvollstreckungskammer gegenüber äußern könne, ergibt sich kein zwingender Schluß auf die Forderung, es gehöre zur sachgemäßen Übermittlung der bereits erfolgten „mündlichen Anhörung", daß der anhörende Richter die mündlichen Erklärungen des Betroffenen „unmittelbar [nämlich durch seine Teilnahme] zum Gegenstand der Entscheidungsberatung mache". Die **sachgemäße Übermittlung** kann auch in dem im übrigen schriftlichen Beschlußverfahren durch eine genügend ausführliche Niederschrift der Erklärungen des Verurteilten erfolgen.

Tatsächlich sind es auch nicht Gründe zwingender juristischer Logik, auf denen **33** die Auffassung des OLG München beruht, sondern seine (auf die Spitze getriebene) **Befürchtung,** es könne sonst zu einer Arbeitsteilung in der Strafvollstreckungskammer dergestalt kommen, daß ein Mitglied eigens nur zu dem Zweck am Ort der Vollzugsanstalt abgestellt wird, um dort am laufenden Band die Anhörungen durchzuführen, während die Entscheidung selbst fernab durch drei Mitglieder lediglich auf Grund der Akten erfolgt. Das wäre dann freilich ein **mißbräuchliches Prozedieren,** bei dem die „Entscheidungsnähe" der Strafvollstreckungskammer nur noch auf dem Papier stünde. Aber um das zu verhindern, ist es nicht geboten, die Mitwirkung des anhörenden Richters bei der Entscheidung unbedingt in allen Fällen, also auch dann zu fordern, wo nur im Einzelfall der anhörende Richter — durch Erkrankung usw. — an der Entscheidung nicht teilnehmen kann.

c) Anhörung durch ersuchten Richter. Man wird auch sie nicht verneinen kön- **34** nen. Zu denken ist an Fälle einer **sehr großen Entfernung** des Aufenthaltsorts des Verurteilten vom Sitz der Strafvollstreckungskammer, wo entweder für den Anzuhörenden ein — ihm ggf. selbst aus beachtlichen Gründen unerwünschter — tage- oder gar wochenlanger Hin- und Rücktransport oder für das Gericht eine lange Dienstreise mit der Folge des Ruhens des übrigen Dienstbetriebs in Betracht kommt und dieser Aufwand in keinem rechten Verhältnis steht zu der vielfach nur zehn Minuten währenden Dauer der Anhörung[52]. Der übliche Ruf nach dem Gesetzgeber, der Abhilfe schaffen soll und der auch hier erhoben wird[53], ist — von seiner Aussichtslosigkeit abgesehen: der Gesetzgeber kann nicht jede der bei neuen Vorschriften auftretenden Kontroversen gesetzlich bereinigen — wenig sinnvoll, wenn Abhilfe durch sachgemäße, im Rahmen der gesetzgeberischen Intentionen sich haltende Auslegung möglich ist.

Das Gesetz fordert nicht unter allen Umständen zwingend eine mündliche Anhö- **35** rung durch die Strafvollstreckungskammer, sondern läßt in Ausnahmefällen Raum für eine andere Handhabung, wenn nur wenigstens *eine* **mündliche Anhörung durch** einen

---

[52] Vgl. dazu *Doller* DRiZ **1976** 170.

[53] Vgl. OLG Nürnberg MDR **1975** 684 sowie die Erl. in Rdn. 22, 23.

Günter Wendisch

Richter vor der Entscheidung der Strafvollstreckungskammer erfolgt[54]. Es ist nicht illegitim, wenn in den gedachten Ausnahmefällen der Gedanke der „Entscheidungsnähe" des Gerichts, der ja jedenfalls sachlich bei der Entscheidung selbst kraft der Sachkunde der Spezialkammer ungeschmälert bleibt, in seiner örtlichen Bedeutung bei der Anhörung zurücktritt gegenüber dem Bestreben, unnötige Belastungen für den Verurteilten und (oder) einen übermäßigen Zeit- und Kostenaufwand für das Gericht in einer Zeit zu vermeiden, in der Verfahrensbeschleunigung eine wichtige Reformforderung und die Rücksichtnahme auf geschmälerte Haushaltsmittel ein Gebot der Stunde ist.

36   Schließlich ließe sich auch die **Frage** aufwerfen, ob es nicht noch im Rahmen einer zulässigen extensiven Auslegung liegt, wenn das Rechtshilfeersuchen nicht an das Amtsgericht am Verwahrungsort, sondern (nach einem Vorbild aus den Zeiten der Wertpapierbereinigung) an den Vorsitzenden der für diesen Ort zuständigen Kleinen Strafvollstreckungskammer gerichtet würde, um dessen Anhörungssachkunde nutzbar zu machen. Zur Vermeidung von Mißverständnissen muß aber darauf hingewiesen werden, daß nicht einer allgemein zulässigen mündlichen Anhörung im Weg der Rechtshilfe das Wort geredet wird; dieses Verfahren müßte auf Ausnahmefälle einer besonders großen Entfernung zwischen Verwahrungsort und Sitz der Strafvollstreckungskammer beschränkt bleiben.

4. Weitere Ansichten

37   a) Der **Bundesgerichtshof** fordert eine an bestimmten Kriterien orientierte Einzelfallentscheidung. Je nach Sach- und Verfahrenslage könne die mündliche Anhörung des Verurteilten vor der Entscheidung über die Aussetzung des Strafrests auch vor dem beauftragten oder ersuchten Richter stattfinden[55]. Zwar lasse sich die mit der zwingend vorgeschriebenen mündlichen Anhörung des Verurteilten verfolgte kriminalpolitische Zielsetzung am besten verwirklichen, wenn der vollbesetzte Spruchkörper den Verurteilten selbst anhöre; jedoch gebe es Sachverhalte, bei denen es auch unter Berücksichtigung des kriminalpolitischen Anliegens des Gesetzes ausreiche, wenn ein **beauftragter** Richter den Verurteilten anhöre, weil dem persönlichen Eindruck des Gerichts nach Lage des Falls nur geringe Bedeutung zukomme (141)[56]. Darüber hinaus gebe es sogar Fälle, „in denen die Anhörung . . . sogar durch den **ersuchten** Richter namentlich im Hinblick auf die Entfernung zwischen dem Sitz der Strafvollstreckungskammer und der Vollzugsanstalt allein angemessen erscheint" (142). Maßgebend sei stets der Einzelfall. Entscheidend sollen danach vor allem sein die Entfernung und die Verkehrsverbindungen zwischen Gericht und Vollzugsanstalt, die Bedeutung der Sache und die Schwierigkeit der Entscheidung (143)[57]. Dieser Standpunkt entspricht im wesentlichen den Emp-

---

[54] So auch *Müller-Dietz* 226 f; vgl. auch *Wegener* MDR **1981** 618, der allerdings der Begründung widerspricht, weil sie nach seiner Ansicht weder eine grundsätzliche Klärung noch eine gleichmäßige Handhabung erwarten lassen (619 l. Sp.).

[55] So der Leitsatz BGHSt **28** 138 = NJW **1979** 116 = MDR **1978** 1038 = JR **1979** 389 mit krit. Anm. *Peters*.

[56] Als Beispiele dafür führt der Senat an, daß die Strafvollstreckungskammer den Verurteilten schon einmal in voller Besetzung gehört habe und er alsbald danach mangels Bestimmung einer Sperrfrist einen neuen Antrag

auf Aussetzung des Strafrests gestellt habe; daß es um die Anhörung eines in einem psychiatrischen Krankenhaus Untergebrachten gehe, mit dem eine Verständigung nicht möglich sei, oder daß es sich um Fälle aus dem Bereich des § 57 Abs. 2 StGB handele, bei denen nach dem Urteil keine besonderen Umstände in der Tat oder in der Persönlichkeit des Täters vorlägen.

[57] So auch OLG Koblenz GA **1981** 93 und – unter Aufgabe seiner früheren Ansicht (NJW **1975** 1131) – nunmehr auch der 1. Strafsenat des OLG Schleswig (MDR **1979** 518).

fehlungen in den Rdn. 30 bis 34; er stimmt auch mit der Ansicht von *Müller-Dietz* überein, der zum Teil ebenfalls dieselben Kriterien nennt (226 f).

b) *Wegener* (MDR **1981** 617 ff), an sich ein Anhänger der strengen Auffassung, **38** nach der die Anhörung stets durch den entscheidenden Spruchkörper zu erfolgen hat, räumt ein, daß die praktischen Konsequenzen dieser Meinung kaum tragbar sind (619 l. Sp.). Er schlägt als Ausweg vor, in den Fällen, in denen die Anhörung vom beauftragten oder ersuchten Richter erwogen werde, die vorherige **schriftliche Zustimmung** des Verurteilten herbeizuholen (619 r. Sp.). Er hält diesen Lösungsweg für vereinbar mit ungeschriebenen Verfassungsgrundsätzen, hier des fairen Verfahrens und des Resozialisierungsanspruchs des Strafgefangenen (620), zumal da die Entscheidung, wie das Recht der mündlichen Anhörung verwirklicht werden solle, stets der Inhaber dieser Rechte treffe. — Bestehe er auf seinem Recht auf Anhörung durch die vollbesetzte Kammer, müsse diese entweder zur Vollzugsanstalt fahren oder müsse der Verurteilte zum Gericht gebracht werden; verzichte er darauf, könne er durch den beauftragten oder auch ersuchten Richter — je nachdem welcher Anhörungsart er zustimme — angehört werden (621). Wenn auch den Bemühungen um eine besonders rechtsstaatliche Anhörungsgestaltung Anerkennung gebührt, so ist doch nicht zu übersehen, daß sein Lösungsweg gerade bei in Betracht kommenden Anhörungen durch den ersuchten Richter zu erheblichen Verfahrensverzögerungen führen kann, die letztlich zur Folge haben können, daß ein Aussetzungsantrag nicht mehr rechtzeitig beschieden werden kann.

IX. Durchführung der mündlichen Anhörung

1. Gestaltung. Mangels gesetzlicher Bestimmungen ist die Durchführung der **39** mündlichen Anhörung im Rahmen des im übrigen schriftlichen Beschlußverfahrens dem pflichtgemäßen richterlichen Ermessen überlassen[58]. Dies gilt insbesondere für die Frage, **an welchem Ort** (in der Vollzugsanstalt oder im Gerichtsgebäude) die Anhörung stattfindet. Aus den Gedanken der „unmittelbaren Kontaktaufnahme" und der „Entscheidungsnähe" ergibt sich nicht, daß der Anhörung in der Vollzugsanstalt grundsätzlich der Vorzug gebühre[59]. Nach *W. Schmidt* NJW **1975** 1486 sollte mit Rücksicht auf die Sicherheit und die Entlastung der Polizei von vermeidbaren Vorführungsdiensten, und zwar auch im Interesse der „Vollzugsnähe", die Anhörung in der Anstalt erfolgen; nach *Treptow* NJW **1976** 223 soll dagegen die Gerichtsstelle in der Regel der geeignetere Anhörungsort sein.

2. Wegen der **Anwesenheit der übrigen Verfahrensbeteiligten** vgl. Rdn. 16.   **40**

3. Gegenstand der Anhörung. Was im einzelnen Gegenstand der mündlichen An- **41** hörung ist, richtet sich nach den allgemeinen Grundsätzen über die Gewährung des rechtlichen Gehörs[60]. Der Verurteilte muß danach Gelegenheit erhalten, unbefangen und ausführlich darzutun, was nach seiner Auffassung eine Aussetzung nach § 57 StGB rechtfertigt und dabei auch über seine Zukunftserwartungen, seine Pläne und ihre Verwirklichungsmöglichkeiten zu sprechen[61]. Dazu gehört auch, entsprechend dem vor dem 1. 1. 1975 bestehenden Rechtszustand[62], daß er Gelegenheit erhält, sich zu einer

---

[58] So im Ergebnis auch KK- *W. Müller* 20.
[59] So auch *Treptow* NJW **1975** 1105.
[60] Vgl. dazu die Erl. bei LR-*K. Schäfer* Einl. Kap. **13** Abschnitt XI.

[61] Vgl. dazu *Doller* DRiZ **1976** 170 mit Angaben über die durchschnittliche Dauer der Anhörungen.
[62] Vgl. LR-*Schäfer*[22] § 454 Anm. II 4 b.

ihm ungünstigen Stellungnahme der Vollzugsanstalt zu äußern und diese gegebenenfalls zu widerlegen oder zu entkräften[63]. In diesem Bereich hat auch die frühere Rechtsprechung ihre Bedeutung behalten, daß ausnahmsweise eine Bekanntgabe der ungünstigen Stellungnahme der Vollzugsanstalt unterbleiben oder beschränkt werden kann,
wenn sie nach den besonderen Umständen des Einzelfalls den „Strafzweck" (die Erreichung der Vollzugszwecke bei Fortsetzung des Vollzugs nach Ablehnung der Aussetzung des Strafrests) vereiteln oder ernstlich gefährden würde[64].

42   **4. Niederlegung des Anhörungsergebnisses.** Da die Anhörung im Stadium der
Strafvollstreckung auch keine richterliche Untersuchungshandlung, namentlich keine
Vernehmung i. S des § 168 ist, bedarf es auch weder der **Zuziehung eines Urkundsbeamten** noch der Anfertigung eines **förmlichen Protokolls**; auch fehlt es an den Voraussetzungen für eine entsprechende Anwendung dieser Vorschriften[65]. Eine andere Frage
ist, ob sich der Richter unter Verzicht auf einen Urkundsbeamten mit einem bloßen Aktenvermerk über die Aussagen des Verurteilten begnügen soll, wenn er sich dadurch späteren Behauptungen des Verurteilten aussetzt, der Aktenvermerk gebe seine Äußerungen unrichtig, entstellt oder unvollständig wieder oder ob er sich nicht besser dagegen
wenigstens dadurch schützen soll, daß er einen möglichst ausführlich gehaltenen Vermerk über die Anhörung an Ort und Stelle anfertigt, vorliest und unterschreiben läßt[66].
Rechtlich genügt es aber jedenfalls, wenn in den Gründen des Beschlusses die wesentlichen Gesichtspunkte, die der Verurteilte für eine Aussetzung des Strafrests anführt, dargestellt sind[67].

X. Absehen von der mündlichen Anhörung (Satz 4)

43   **1. Absehensgründe.** § 454 Abs. 1 Satz 4 zählt drei Gründe auf, aus denen die sonst
zwingend vorgeschriebene **mündliche** Anhörung (nicht die Anhörung selbst in anderer
Form) unterbleiben kann. Die Begründung des Regierungsentwurfs[68] führt dazu aus:
„Wenn auch die mündliche Anhörung des Verurteilten in jedem Fall einen für spätere
Entscheidungen unter Umständen nützlichen Kontakt zwischen Richter und Verurteiltem schafft, so sollte sie jedoch nicht zwingend vorgeschrieben werden, wenn die Möglichkeit naheliegt, daß sie für die Entscheidung ohne Bedeutung ist (Absatz 1 Satz 4).
Das gilt in besonderem Maße für die Fälle der Nummern 2 und 3, in denen für eine Aussetzung von vornherein kein Raum ist. Auch in diesen Fällen mag es sich im Einzelfall
empfehlen, daß der Richter den Verurteilten im Hinblick auf eine zukünftige Aussetzung anhört. Hieran ist er jedoch durch die [vorgeschlagene] Vorschrift nicht gehindert; auf jeden Fall sollte aber vermieden werden, daß die Anhörung dadurch, daß sie in
derartigen Fällen zwingend vorgeschrieben wird, zu einer Formalie herabsinkt".

44   **2. Zulässigkeit einer erweiternden Auslegung.** Die enumerative Aufzählung der
Gründe für das Absehen von der mündlichen Anhörung könnte dahin gedeutet werden,
daß in Absatz 1 Satz 4 die Umstände, unter denen die mündliche Anhörung unterbleiben

---

[63] OLG Hamm MDR **1960** 424; OLG Karlsruhe Justiz **1968** 146; KK-*W. Müller* 22;
Kleinknecht/Meyer[37] 7.
[64] OLG Hamm JMBlNRW **1962** 294; s. auch
BVerfGE **17** 139, 144 = NJW **1964** 293; **19**
198, 202.
[65] OLG Nürnberg MDR **1975** 684; *Treptow*

NJW **1975** 1105; **1976** 223; KMR-*Müller* 19;
20; **a. A** *W. Schmidt* NJW **1975** 1486.
[66] So im Ergebnis auch KK- *W. Müller* 24.
[67] OLG Düsseldorf NJW **1975** 1526; KMR-
Müller 20; *Kleinknecht/Meyer*[37] 12.
[68] BTDrucks. 7 550, Begr. zu Art. 19 Nr. 114 –
454 StPO – S. 309.

darf, **abschließend** genannt sind. Wenn indessen in der Begründung (Rdn. 43) als ratio des Absatzes 1 Satz 4 angeführt wird, eine zwingende Anhörung solle entfallen, wo sie zur Formalie herabsinkt, weil „die Möglichkeit naheliegt, daß sie für die Entscheidung ohne Bedeutung ist", so muß eine, wenn auch vorsichtige erweiternde Auslegung oder entsprechende Anwendung des Absatzes 1 Satz 4 auf andere Fälle zulässig sein, in denen die mündliche Anhörung für die Entscheidung ohne Bedeutung ist[69].

3. Einzelerörterungen

a) Absatz 1 Satz 4 Nr. 1. Nach dieser Vorschrift kann bei der Entscheidung über **45** die Aussetzung einer zeitigen — nicht auch einer lebenslangen — Freiheitsstrafe von der mündlichen Anhörung abgesehen werden, wenn Staatsanwaltschaft und Vollzugsanstalt die Aussetzung befürworten und das Gericht sie beabsichtigt (und auch tatsächlich beschließt). Eine solche Übereinstimmung liegt nicht vor, wenn das Gericht einer gleichlautenden Befürwortung der Aussetzung des Strafrests durch Staatsanwaltschaft und Vollzugsbehörde nur in Verbindung mit einer Geldbuße entsprechen will (OLG Düsseldorf MDR **1985** 868). Nach *Krahforst* (DRiZ **1976** 134) soll es sich bei beabsichtigter Unterstellung unter Bewährungsaufsicht in der Praxis als zweckmäßig erwiesen haben, den Verurteilten, wenn angängig, unter Zuziehung des voraussichtlich beizuordnenden Bewährungshelfers, mündlich zu hören.

b) Nach **Absatz 1 Satz 4 Nr. 2** kann die mündliche Anhörung unterbleiben, wenn **46** der Verurteilte im Zeitpunkt der beantragten Aussetzung noch nicht die Hälfte der zeitigen oder bei lebenslanger Freiheitsstrafe weniger als dreizehn Jahre der Strafe verbüßt hat und das Gericht den Antrag wegen verfrühter Stellung ablehnt. Damit zieht das Gesetz die Folgerung aus § 57 Abs. 2 Nr. 1 und § 57 a Abs. 1 Satz 1 Nr. 1 StGB, wonach vor Verbüßung der Hälfte einer zeitigen Freiheitsstrafe eine gerichtliche Aussetzung des Strafrests zur Bewährung unzulässig ist. Über diese Vorschrift hinausgehend kann nach OLG Karlsruhe NJW **1976** 302 gemäß der ratio legis auch dann die mündliche Anhörung unterbleiben, wenn der Verurteilte schon mehr als die Hälfte, im Zeitpunkt der beantragten Aussetzung aber noch nicht zwei Drittel der Strafe (§ 57 Abs. 1 Satz 1 Nr. 1 StGB) verbüßt hat, sofern sich aus den für die Strafvollstreckungskammer verbindlichen Feststellungen des zugrundeliegenden Urteils zur Tat und ihren Umständen **zweifelsfrei** ergibt, daß **besondere Umstände** in der Tat und in der Persönlichkeit des Verurteilten, wie sie nach § 57 Abs. 2 Nr. 2 StGB als Voraussetzung einer Aussetzung des Strafrests vor Verbüßung von zwei Dritteln der Strafe gegeben sein müssen, nicht vorliegen. Nur dann, wenn das Urteil eine abschließende Beurteilung zur Frage besonderer Umstände in der Tat und in der Persönlichkeit des Täters nicht zulasse, sei die mündliche Anhörung geboten. Diese Entscheidung ist auf Ablehnung gestoßen[70], doch dürfte ihr angesichts des sehr engen Bereichs, in dem sie die Abstandnahme von der mündlichen Anhörung für zulässig hält, zuzustimmen sein. Zweifellos bedarf es — der Wortlaut des § 454 Abs. 1 Satz 4 Nr. 2 ist offenbar zu eng — dann keiner mündlichen Anhörung, wenn der Verurteilte im Zeitpunkt der beantragten Entlassung zwar die Hälfte der Strafe, aber noch nicht sechs Monate (§ 57 Abs. 2 Nr. 1 StGB) verbüßt hat[71].

c) Nach **Absatz 1 Satz 4 Nr. 3** kann von der mündlichen Anhörung auch abgese- **47** hen werden, wenn der Antrag unzulässig ist. Das ist der Fall, wenn das Gericht bei seiner

---

[69] KK- *W. Müller* 25; KMR-*Müller* 10.
[70] OLG Hamm NJW **1976** 1907; OLG Stuttgart Justiz **1976** 396; OLG Düsseldorf NStZ **1981** 454; OLG Hamburg MDR **1981** 599;

Kleinknecht/Meyer[37] 5; wie hier KMR-*Müller* 12.
[71] Ebenso *Treptow* NJW **1976** 222; KMR-*Müller* 11 und wohl auch KK-*W. Müller* 27.

    Günter Wendisch

letzten ablehnenden Entscheidung über die Aussetzung einer zeitigen Freiheitsstrafe eine Frist von höchstens sechs Monaten (§ 57 Abs. 6 StGB) — bei einer lebenslangen Freiheitsstrafe eine solche von höchstens zwei Jahren (§ 57 a Abs. 4 StGB) — festgesetzt und bestimmt hat, daß vor Ablauf dieser Frist ein erneuter Antrag unzulässig ist, der Verurteilte aber gleichwohl einen solchen Antrag gestellt hat[72]; wenn der Verurteilte schon nach Verbüßung der Hälfte einer Freiheitsstrafe von nicht mehr als einem Jahr[73]; oder wenn dies im wohlverstandenen eigenen Interesse des geistig erkrankten Verurteilten ist, von dessen Anhörung ohnehin keine Beeinflussung der zu treffenden Entscheidung zu erwarten ist[74].

48   **d) Kurzfristige Antragswiederholung.** Hat die Strafvollstreckungskammer einen Entlassungsantrag nach vorheriger mündlicher Anhörung abgelehnt und wiederholt der Verurteilte in aller Kürze darauf seinen Antrag, so ist, auch wenn das Gericht keine Frist nach § 57 Abs. 6 oder § 57 a Abs. 4 StGB bestimmt hat, keine erneute mündliche Anhörung erforderlich, sofern der persönliche Eindruck fortwirkt und weder einer Auffrischung bedarf noch — da der Verurteilte nichts Neues vorbringt — ergänzungsbedürftig ist[75]. Einer gerichtlichen Entscheidung bedarf es auch in diesen Fällen[76].

49   **e) Fehlende Einwilligung.** Nach § 57 Abs. 1 Satz 1 Nr. 3 und § 57 a Abs. 1 Satz 1 Nr. 3 StGB kann das Gericht die Aussetzung des Strafrests nur beschließen, wenn der Verurteilte einwilligt. Eine mündliche Anhörung bei der von Amts wegen (Rdn. 5) vorzunehmenden Prüfung, ob eine bedingte Entlassung nach § 57 Abs. 1 StGB in Betracht kommt, kann daher unterbleiben, wenn der Verurteilte kurz vor Verbüßung von zwei Dritteln der Strafzeit zu Protokoll der Vollzugsanstalt erklärt, er sei mit einer Aussetzung des Strafrests nicht einverstanden[77]. Erst recht erübrigt sich eine mündliche Anhörung, wenn der Verurteilte eine mündliche Anhörung, deren Termin bereits anberaumt war, ausdrücklich abgelehnt hat[78]. Dem Verurteilten ist in diesen Fällen die mündliche Anhörung angeboten worden; er hat keinen Anspruch, auf andere Weise gehört zu werden[79]. Dagegen entbindet ein bloßer Verzicht des Verurteilten auf Vorführung zum Gericht die Strafvollstreckungskammer nicht von der Pflicht, diesen mündlich anzuhören[80].

50   **f) Mißbrauch der Anhörung.** Schließlich wird anzunehmen sein, daß eine mündliche Anhörung auch dann unterbleiben darf, wenn nach dem vorangegangenen eindeutigen Verhalten des Verurteilten, namentlich bei früheren Anhörungen, offenbar nichts anderes zu erwarten ist, als daß der Verurteilte sein Anhörungsrecht mißbraucht, sich z. B. nur in Schimpfkanonaden, Hetzreden oder anderen unsachlichen Unmutsäußerungen ergehen wird. Denn wenn selbst im Erkenntnisverfahren unter solchen Umständen das Anhörungs- und Anwesenheitsrecht des Angeklagten Beschränkungen unterliegt

---

[72] Wegen des Beginns der Frist vgl. Rdn. 65.

[73] OLG Düsseldorf GA 1977/120.

[74] OLG Düsseldorf MDR **1985** 165.

[75] OLG Stuttgart Justiz **1975** 478; OLG Düsseldorf NStZ **1982** 437; enger: JMBlNRW **1983** 31; KK-*W. Müller* 29; KMR-*Müller* 15.

[76] OLG Düsseldorf MDR **1979** 956; a. A OLG Hamburg MDR **1979** 516.

[77] Ebenso *Treptow* NJW **1976** 222; KK-*W. Müller* 30; KMR-*Müller* 13; a. A *W. Schmidt* NJW **1975** 1485; **1976** 224; OLG Koblenz GA **1977** 246.

[78] OLG Hamm MDR **1975** 775; **1982** 692; OLG Oldenburg NdsRpfl. **1976** 221; OLG Düsseldorf MDR **1981** 1039; KK-*W. Müller* 31; KMR-*Müller* 14; *Kleinknecht/Meyer*[37] 9.

[79] KK-*W. Müller* 31; *Kleinknecht/Meyer*[37] 9.

[80] OLG Hamm MDR **1980** 870; *Wegener* MDR **1981** 617; KK-*W. Müller* 31; *Kleinknecht/Meyer*[37] 8; enger OLG Düsseldorf StrVert. **1983** 511; a. A KMR-*Müller* 14.

(vgl. § 231 b)[81], kann für das Nachtragsverfahren des § 454 wohl nichts anderes gelten[82].

4. Folgen einer zu Unrecht unterbliebenen mündlichen Anhörung. Der Verurteilte **51** ist nicht beschwert, wenn ihm antragsgemäß ohne mündliche Anhörung Strafaussetzung bewilligt wurde, obwohl die Voraussetzungen des Satzes 4 für das Absehen von der mündlichen Anhörung nicht vorlagen. Wegen der Folgen einer Verletzung des Satzes 4 im übrigen vgl. Rdn. 58.

XI. Sachverständigengutachten

Satz 5 enthält für die Fälle der Aussetzung einer lebenslangen Freiheitsstrafe inso- **52** fern eine **eigenständige Regelung,** als er die Aussetzung von der vorherigen Einholung eines Sachverständigengutachtens abhängig macht, das sich namentlich auf die Frage der Gefährlichkeit des Verurteilten zu erstrecken hat. Damit wird die Bedeutung des Sicherheitsgesichtspunkts bei der Aussetzung einer lebenslangen Freiheitsstrafe hervorgehoben und darüber hinaus auch klargestellt, welche Bedeutung der Gesetzgeber im Interesse des Lebensschutzes einer gesicherten Sozialprognose als einer Erkenntnisquelle für die richterliche Entscheidung beimißt[83]. Als Gutachter wird in erster Linie ein Arzt in Betracht kommen; das schließt nicht aus, daneben oder auch ergänzend psychologische oder soziologische Sachverständige heranzuziehen[84].

XII. Anhörung bei Aussetzung des Strafrests vor Rechtskraft des Urteils

Über die Aussetzung des Strafrests kann ausnahmsweise schon vor der absoluten **53** Rechtskraft des die Freiheitsstrafe festsetzenden Urteils entschieden werden, nämlich dann, wenn infolge von Anrechnung — meist von Untersuchungshaft, aber auch sonstigen Freiheitsentziehungen oder Geldstrafen — ein Teil der festgesetzten Freiheitsstrafe erledigt ist und dieser Teil als verbüßte Strafe i. S von § 57 Abs. 1 bis 3 StGB gilt (§ 57 Abs. 4 StGB) und durch Rechtsmittelverzicht der Staatsanwaltschaft relative Rechtskraft eingetreten ist. In diesem Fall kann das erkennende Gericht im Anschluß an die Urteilsverkündung durch Beschluß die Aussetzung des Strafrests anordnen[85]. Hat der Angeklagte in der Hauptverhandlung beantragt, den Strafrest zur Bewährung auszusetzen, so genügt das Gericht seiner Pflicht, die Staatsanwaltschaft zu hören, dadurch, daß es dem Sitzungsvertreter Gelegenheit gibt, zu dem Antrag Stellung zu nehmen; einer Anhörung der Vollzugsanstalt bedarf es in diesem Fall nicht[86].

---

[81] Vgl. auch LR-*Schäfer* Einl. Kap. 10 Abschnitt III.
[82] KK-*W. Müller* 32; *Kleinknecht/Meyer*[37] 9; im Ergebnis wohl auch KMR-*Müller* 16.
[83] Vgl. BTDrucks. 8 3218, Begr. zu Art. 2 Nr. 1, 2 – § 454 Abs. 1, 3 StPO – S. 9.
[84] Vgl. BTDrucks. 9 22, Begr. zu Art. 2 Nr. 1, 2 – § 454 Abs. 1, 3 StPO – S. 6 und BTDrucks. 9 450, Begr. zu Art. 2 Nr. 1 Buchst. c – S. 9.
[85] BGH MDR **1959** 1022; OLG Köln NJW **1954** 205; OLG Koblenz MDR **1975** 666;

Sandermann JZ **1975** 628; **a. A** OLG Schleswig SchlHA **1976** 44; OLG Düsseldorf JMBlNRW **1972** 214; JR **1976** 31, wonach zur Entscheidung über die Aussetzung des Strafrests die Strafvollstreckungskammer des Bezirks zuständig ist, in dem sich die Untersuchungshaftanstalt befindet, und der Verurteilte vor dieser Strafvollstreckungskammer zu hören ist. Dagegen mit Recht *Peters* JR **1976** 32.
[86] OLG Köln JMBlNRW **1960** 107.

Günter Wendisch

XIII. Entscheidung

54   **1. Form.** Die Entscheidung ergeht im schriftlichen Verfahren durch förmlichen Beschluß (Rdn. 6)[87]. Wegen weiterer Einzelheiten vgl. die Ausführungen zu Rdn. 17.

55   **2. Inhalt.** Zu einer umfassenden Wertung ist grundsätzlich die Kenntnis der Hauptstrafakten (nicht nur die des Vollstreckungshefts) erforderlich[88]. Der nach Absatz 2 mit sofortiger Beschwerde anfechtbare schriftliche Beschluß ist zu begründen (§ 34). Er muß, sofern das Vorbringen des Verurteilten nicht schon aus einem über die Anhörung gefertigten Protokoll oder aus einem entsprechenden Aktenvermerk sich ergibt, die wesentlichen Gesichtspunkte wiedergeben, die der Verurteilte für eine vorzeitige Aussetzung des Strafrests geltend macht[89]. Formelhafte Wendungen ohne Eingehen auf den konkreten Sachverhalt genügen nicht zur Begründung; die Verwendung von Vordrucken erfordert Vorsicht[90]. Tatsächlich sind aber knapp und formelhafte Beschlußbegründungen nicht selten[91]. Die die Aussetzung des Strafrests ablehnende Entscheidung kann mit einer Antragssperre verbunden werden (Rdn. 65).

56   **3. Zeitpunkt der Wirksamkeit des Aussetzungsbeschlusses.** Streitig ist, ob der die Aussetzung des Strafrests anordnende Beschluß mit seinem Erlaß oder, wenn ein bestimmter Entlassungstag festgesetzt ist (Rdn. 72), mit dessen Erreichung wirksam wird — mit der Folge, daß der Verurteilte ggf. alsbald zu entlassen ist [92] —, oder ob die Wirksamkeit erst mit der **Rechtskraft des Beschlusses** eintritt und eine Entlassung vor Rechtskraft nur in Betracht kommt, wenn die Staatsanwaltschaft eindeutig zu erkennen gegeben hat, daß sie keine sofortige Beschwerden einlegen werde[93]. Den Vorzug verdient die letztere Auffassung, weil die Entlassung vor Rechtskraft und bei noch ausstehender Entschließung der Staatsanwaltschaft über die Beschwerde den Verurteilten in schwierige Lagen bringen kann. Denn abweichend von § 307 legt § 454 Abs. 2 Satz 2 der sofortigen Beschwerde der Staatsanwaltschaft aufschiebende Wirkung bei. Es soll dadurch vermieden werden, daß der Verurteilte auf Grund des angefochtenen Beschlusses in Freiheit gesetzt, auf Grund einer die Aussetzung des Strafrests versagenden Beschwerdeentscheidung aber wieder eingezogen wird. Ist der Verurteilte vor Einlegung der Beschwerde der Staatsanwaltschaft bereits entlassen worden, so bewirkt der Suspensiveffekt, daß bis zur Entscheidung des Beschwerdegerichts die Vollstreckungsbehörde den auf freiem Fuß befindlichen Verurteilten wieder in Haft nehmen kann[94].

57   **4.** Wegen der **Anordnung der Zustellung des Aussetzungsbeschlusses** vgl. § 36, 21 sowie *Wendisch* JR **1978** 445.

---

[87] KK- *W. Müller* 33; KMR-*Müller* 22; *Kleinknecht/Meyer*[37] 13.

[88] OLG Karlsruhe Justiz **1976** 132; KK-*W. Müller* 19; 34.

[89] OLG Düsseldorf NJW **1975** 1526.

[90] OLG Hamm GA **1970** 220.

[91] Vgl. dazu und wegen der Gründe und Nachteile eines solchen Verfahrens *Doller* DRiZ **1976** 170.

[92] So *Göke* NJW **1958** 1671; *Pohlmann/Jabel* § 37, 34.

[93] So OLG Saarbrücken JBl. Saar **1961** 147; OLG Karlsruhe NJW **1976** 814; *Krause* SchlHA **1961** 43; *Doller* NJW **1977** 2153; *Eb. Schmidt* 21 und Nachtr. I 8; KK-*W. Müller* 37; a. A KMR-*Müller* 23.

[94] OLG Köln NJW **1954** 206; OLG München NJW **1956** 1210; OLG Karlsruhe MDR **1976** 620; KK-*W. Müller* 37; a. A *Göke* NJW **1958** 1671; *Herkmann* Rpfleger **1976** 424.

XIV. Rechtsmittel (Absatz 2)[95]

1. Allgemein. Gegen den Beschluß, der förmlich auf Versagung oder auf Anord- **58** nung der Aussetzung des Strafrests lautet, findet nach Absatz 2 Satz 1 **sofortige Beschwerde** statt. Sie unterliegt naturgemäß nicht den Beschränkungen nach § 453 Abs. 2 Satz 2 und kann insbesondere auch darauf gestützt werden, daß die gebotene mündliche Anhörung des Verurteilten unterblieben oder zu Unrecht als nicht erforderlich angesehen worden sei, oder daß sie, weil dies nicht genüge, nur durch einen beauftragten oder ersuchten Richter (Rdn. 21 ff) durchgeführt worden sei. Die Verweisung in Absatz 3 auf § 453 betrifft, soweit sie sich auf § 453 Abs. 2 Satz 2 bezieht, nur die Anfechtung der bei Anordnung der Aussetzung gemachten Bewährungsauflagen usw. und die Dauer der Bewährungsfrist (§ 57 Abs. 3, § 57 a Abs. 3 StGB). Die Entscheidung über die Gewährung oder Versagung der Aussetzung des Strafrests aber ist in gleicher Weise ohne inhaltliche Beschränkung anfechtbar wie die über die Strafaussetzung nach § 56 StGB[96].

Ficht die Staatsanwaltschaft eine ohne Bewährungsauflagen (§ 56 b StGB) an- **59** geordnete Aussetzung des Strafrests an, weil sie nur eine solche unter Bewährungsauflagen für vertretbar hält, so liegt — weil es sich um eine unterlassene Anordnung handelt — eine sofortige Beschwerde i. S des Absatzes 2 vor, die ohne Beschränkung zulässig ist[97]. § 453 Abs. 2 Satz 2 spielt hier schon deshalb keine Rolle, weil er sich nur auf „getroffene Anordnungen", nicht auf den Fall bezieht, daß das Gericht Anordnungen gemäß § 57 Abs. 3, § 57 a Abs. 3, §§ 56 b bis 56 d StGB zu treffen unterläßt (§ 453, 32)[98]. Wird die Ablehnung der Aussetzung des Strafrests mit einer Frist nach § 57 Abs. 6, § 57 a Abs. 4 StGB, § 454 Abs. 1 Satz 1, Abs. 2) verbunden und will der Verurteilte nur die Fristsetzung anfechten, so ist ebenfalls nur sofortige Beschwerde zulässig, denn die Fristsetzung gehört zu den „Entscheidungen nach Absatz 1", und dies ist aus der Erwägung gerechtfertigt, daß mit der Fristaussetzung gewissermaßen bereits die während der Frist gestellten Entlassungsanträge im voraus abgelehnt sind.

Wegen **fehlenden Rechtsschutzbedürfnisses** ist die sofortige Beschwerde gegen **60** den die Aussetzung des Strafrests ablehnenden Beschluß unzulässig, wenn der Beschwerdeführer sich nicht gegen die Ablehnung, sondern lediglich gegen die von ihm als diskriminierend empfundenen Gründe der Ablehnung wendet[99].

2. Wirkung des Rechtsmittels in bezug auf den Aussetzungsbeschluß
a) Staatsanwalt (Satz 2). Soweit die sofortige Beschwerde der Staatsanwaltschaft **61** sich gegen den Beschluß richtet, der die Aussetzung des Strafrests anordnet, hat sie aufschiebende Wirkung.

b) Verurteilter. Die gleiche Wirkung wird man trotz der Beschränkung des Sus- **62** pensiveffekts auf die Beschwerde der Staatsanwaltschaft umgekehrt auch einer sofortigen Beschwerde des Verurteilten einräumen müssen, mit der dieser sich ausnahmsweise — etwa mit der Begründung, daß seine Aussichten auf Unterkunft und Arbeitsplatz für die Zeit nach seiner Entlassung sich zerschlagen hätten — gegen den die Aussetzung anordnenden Beschluß wendet. Denn eine solche Beschwerde enthält einen (bis zur

---

[95] Wegen der Beschwerdehäufigkeit und Erfolgsquote vgl. die statistischen Angaben bei *Doller* DRiZ **1976** 170.
[96] OLG Braunschweig NJW **1954** 364.
[97] **A. A** KMR-*Müller* 29.
[98] So auch im Ergebnis OLG Braunschweig

NJW **1963** 2182; KK- *W. Müller* 40; KMR-*Müller* 28. Vgl. auch § 453, 34 (kein Beschwerderecht antragstellender Dritter).
[99] OLG Stuttgart Justiz **1971** 146; LG Mainz MDR **1974** 857.

Günter Wendisch

Rechtskraft des Aussetzungsbeschlusses möglichen[100]) Widerruf seines Einverständnisses, der zum Erfolg seiner Beschwerde führen muß.

63   **3. Verfahren in der Beschwerdeinstanz.** Absatz 1 Satz 3, der die mündliche Anhörung des Verurteilten vorschreibt, gilt nicht in der Beschwerdeinstanz[101], und zwar auch dann nicht, wenn das Oberlandesgericht auf Beschwerde der Staatsanwaltschaft gegen den die Aussetzung des Strafrests gewährenden Beschluß der Strafvollstreckungskammer die Aussetzung versagen will. Im Einzelfall kann zwar eine mündliche Anhörung zweckmäßig oder sogar geboten sein. Im übrigen gilt aber, daß das Ergebnis der mündlichen Anhörung bereits seinen Niederschlag in den Gründen des erstinstanzlichen Beschlusses gefunden hat und das Gesetz keine Bestimmung enthält, die das Beschwerdegericht zu einer Wiederholung der mündlichen Anhörung zwingt[102]. Ist die ordnungsgemäße mündliche Anhörung zu Unrecht in der Vorinstanz unterblieben, so ist es nicht Sache des Beschwerdegerichts, sie selbst nachzuholen; es liegt vielmehr ein schwerer Verfahrensverstoß vor, der dazu führt, die Sache — abweichend von der Regel des § 309 Abs. 2 — an die Vorinstanz zurückzuverweisen[103].

XV. Rechtskraft ablehnender Entscheidungen

64   **1. Wirkung.** Nach prozessualen Grundsätzen besagt ein Beschluß, der die Aussetzung des Strafrests aus tatsächlichen Ermessensgründen versagt und infolge Nichtanfechtung oder Verwerfung der sofortigen Beschwerde rechtskräftig wird, nur, daß im **Zeitpunkt der Entscheidung** die Voraussetzungen für eine Entlassung zur Bewährung nicht gegeben seien. Dies würde auch gelten, wenn in den Gründen ausgeführt wird, daß eine Entlassung erst erheblich später in Betracht komme oder überhaupt nicht gerechtfertigt und volle Verbüßung der Strafe erforderlich sei. Denn diese Gründe nehmen an der Rechtskraft nicht teil. Daraus wurde früher ganz überwiegend[104] die Folgerung gezogen, die rechtskräftige Ablehnung der Aussetzung des Strafrests hindere die alsbaldige Erneuerung eines solchen Antrags nicht, und zwar gleichviel, ob der Beschluß die Aussetzung des Strafrests nur allgemein als verfrüht, oder ob er einen bestimmten frühesten Entlassungszeitpunkt bezeichnet, und ob der Verurteilte zur Begründung seines Antrags neue Umstände geltend macht.

65   **2. Sperrfrist für erneute Aussetzungsanträge.** Um eine zwecklose Befassung des Gerichts mit alsbald wiederholten aussichtslosen Aussetzungsanträgen auszuschließen, sehen § 57 Abs. 6 und § 57 a Abs. 4 StGB vor, daß das Gericht im Versagungsbeschluß — das gleiche gilt für einen Widerrufsbeschluß — Fristen von höchstens sechs Monaten bzw. zwei Jahren festsetzen kann, vor deren Ablauf ein erneuter Aussetzungsantrag des Verurteilten unzulässig ist; an diese Vorschrift knüpft Absatz 1 Satz 1 an[105]. Die Frist

---

[100] OLG Celle NJW **1956** 1608.
[101] OLG Hamm NJW **1975** 701; KK-*W. Müller* 39; KMR-*Müller* 21; *Kleinknecht/Meyer*[37] 15.
[102] Ebenso OLG Hamm NJW **1975** 1131; **a. A** *Rieß* JR **1976** 118: bei abändernder Sachentscheidung ist mündliche Anhörung notwendig, nicht nur geboten; wie hier KK-*W. Müller* 39; KMR-*Müller* 21; *Kleinknecht/Meyer*[37] 15.
[103] OLG Karlsruhe Justiz **1975** 477; **1980** 91;

1981 365; OLG Düsseldorf NStZ **1981** 454; KK-*W. Müller* 9; 39; KMR-*Müller* 21; *Kleinknecht/Meyer*[37] 15.
[104] Vgl. die Nachweise bei LR-*Schäfer*[21] § 454, 4 sowie *Katholnigg* NStZ **1982** 397 und *Wittschier* NStZ **1986** 112.
[105] Zu den Grenzen eines solchen Beschlusses – kein Zusammentreffen des Fristendes mit dem Strafende oder starke Annäherung des Fristendes an das Strafende – vgl. OLG Stuttgart Justiz **1976** 212.

beginnt mit dem Erlaß des Beschlusses, nicht erst mit seiner Rechtskraft[106]. Bei wesentlich **veränderten Umständen** kann das Gericht die **Frist abkürzen** oder die Fristbestimmung aufheben[107].

Einer förmlichen Verwerfung des während des Fristablaufs gestellten unzulässigen Antrags bedarf es nicht. Sinngemäß bedarf es auch keiner Nachprüfung der von nichtantragsberechtigten Dritten während der Frist gestellten Anträge. Ein aus besonderem Anlaß gestellter früherer Antrag der Staatsanwaltschaft wird durch die Fristbestimmung nicht ausgeschlossen. Richtet der Verurteilte nach gerichtlicher Ablehnung seines Entlassungsantrags eine ausdrücklich als **Gnadengesuch** bezeichnete Eingabe an die Staatsanwaltschaft, so darf das Gericht sie nicht als erneuten Antrag auf Aussetzung des Strafrests behandeln[108]. Wird der Verurteilte nach einer Fristbestimmung gemäß §57 Abs. 6 oder §57 a Abs. 4 StGB in den Bezirk einer anderen Strafvollstreckungskammer verlegt, so ist diese an die Fristbestimmung nicht gebunden, da sie unter der selbstverständlichen Voraussetzung getroffen wurde, daß sich an der bisherigen Zuständigkeit des Gerichts nichts ändere[109]. **66**

XVI. Entsprechende Anwendbarkeit der §§ 453, 453a Abs. 1, 3 sowie der §§ 453 b, 453 c und 268 a Abs. 3 (Absatz 3)

1. Bedeutung der Vorschrift. Die Festsetzung der Bewährungszeit, die bei zeitiger Freiheitsstrafe die Dauer des Strafrests keinesfalls unterschreiten darf (§ 57 Abs. 3 StGB), bei lebenslanger Freiheitsstrafe fünf Jahre betragen muß (§ 57 a Abs. 3 Satz 1 StGB), und die Anordnung von Auflagen usw. können durch besonderen Beschluß, aber auch schon in dem die Aussetzung des Strafrests anordnenden Beschluß getroffen werden. Er ist insoweit nur unter den Voraussetzungen des § 453 Abs. 2 Satz 2 (mit **einfacher Beschwerde**) anfechtbar (Rdn. 60). Der Widerruf der Aussetzung des Strafrests, der Erlaß des Strafrests und der Widerruf des Erlasses sind mit der **sofortigen Beschwerde** anfechtbar, die auch hier ohne die Beschränkungen des § 453 Abs. 2 Satz 2 zulässig ist[110]. **67**

2. Wegen der **Zuständigkeit** des Gerichts für die Entscheidung über die Aussetzung des Strafrests und für Folgeentscheidungen vgl. § 462 a Abs. 1. **68**

3. Belehrung über die Aussetzung des Strafrests (Satz 2). Der Verurteilte ist — abweichend von § 453 a Abs. 2 — über die Aussetzung des Strafrests stets mündlich zu belehren. Mit der Belehrung kann der Vorsitzende ein Mitglied des Kollegiums beauftragen; er kann aber auch das Amtsgericht nach § 157 GVG darum ersuchen oder sie sogar der Vollzugsanstalt übertragen (Satz 2 letzter Halbsatz). Letzteres wird sich namentlich dann empfehlen, wenn das Gericht die Aussetzung zu einem späteren Zeitpunkt an- **69**

---

[106] OLG Hamm NJW **1971** 949 mit ausf. Begründung; OLG Braunschweig NJW **1975** 1847; OLG Stuttgart Justiz **1976** 212; OLG Düsseldorf MDR **1983** 247; *Wittschier* NStZ **1986** 113; KK-*W. Müller* 28; *Dreher/Tröndle*[42] § 57, 1; zu der entsprechenden Vorschrift in § 67 e Abs. 3 Satz 2 StGB: OLG Hamm MDR **1976** 159.

[107] OLG Hamm JMBlNRW **1976** 93; OLG Schleswig SchlHA **1984** 85; *Wittschier* NStZ

1986 112; KK-*W. Müller* 28; **a. A** *Neumann* NJW **1985** 1889.

[108] OLG Koblenz NJW **1957** 113; *Wittschier* NStZ **1986** 113.

[109] BGHSt **26** 278; *Neumann* NJW **1985** 1889; *Wittschier* NStZ **1986** 113; LK-*Ruß* § 57, 25; § 57 a, 16; *Dreher/Tröndle*[42] § 57, 16; **a. A** OLG Zweibrücken NJW **1976** 258.

[110] OLG Braunschweig NJW **1963** 2182; KK-*W. Müller* 43; *Kleinknecht/Meyer*[37] 16.

Günter Wendisch

geordnet hat, zumal da nach Absatz 3 Satz 3 die Belehrung (möglichst) unmittelbar vor der Entlassung erteilt werden soll[111]. Die vor dem 1. 1. 1975 geltende Fassung der Vorschrift lautete dahin, daß die Belehrung auch dem Leiter der Vollzugsanstalt übertragen werden könne. Dies wurde dahin verstanden, daß der Leiter der Vollzugsbehörde — bei Verhinderung sein ständiger Vertreter — sich dieser Aufgabe persönlich zu unterziehen habe und sie nicht auf einen anderen Beamten der Vollzugsanstalt abwälzen könne[112]. Nach der Begründung des Regierungsentwurfs[113] trägt die jetzige elastischere Fassung „der Organisation großer Vollzugsanstalten Rechnung. Es kann darauf vertraut werden, daß die Justizverwaltungen nur Personen mit diesen Aufgaben betrauen, deren Ausbildung und Erfahrung denen eines Leiters einer kleineren Vollzugsanstalt entspricht". Hat die Belehrung ein nicht von der Justizverwaltung damit betrauter Beamter vorgenommen oder ist sie gar unterblieben, so steht dies dem Widerruf aus den in § 57 Abs. 3 Satz 1, § 57 a Abs. 3 Satz 2, § 56 f Abs. 1 StGB bezeichneten Gründen nicht entgegen; eine unzulängliche oder unterbliebene Belehrung kann höchstens die Wirkung haben, daß der Entlassene sein Verhalten nicht als gröbliche Verletzung der Bewährungsauflagen und -weisungen (§ 56 f Abs. 1 Nr. 2, 3) erkennen konnte[114].

70   **4. Widerruf und erneute Aussetzung.** Hat das Gericht die Aussetzung des Strafrests widerrufen (§ 56 f Abs. 1, § 57 Abs. 3 Satz 1, § 57 a Abs. 3 Satz 2 StGB), so kann sie gleichwohl erneut angeordnet werden; die Rechtskraft des Widerrufsbeschlusses steht dem nicht entgegen[115]. In diesem Verfahren ist wiederum § 454 anwendbar.

XVII. Aussetzung des Strafrests durch Gnadenbehörde

71   Die Ablehnung der Aussetzung des Strafrests durch das Gericht schließt an sich nicht aus, daß die Gnadenbehörde die Vollstreckung des Strafrests zur Bewährung aussetzt[116]. Die Gnadenbefugnisse der Gnadenrechtsinhaber auszuschließen lag nicht in der Macht des Bundesgesetzgebers. Es mag sein, daß es ganz ausnahmsweise Fälle geben kann, die ein Eingreifen der Gnade aus Gründen rechtfertigen, deren Berücksichtigung im Rahmen der §§ 57, 57 a StGB dem Richter nicht möglich ist. Grundsätzlich wäre es aber eine unerträgliche Mißachtung der richterlichen Gewalt und ein Mißbrauch der Gnade, die mit rechtsstaatlichen Erfordernissen nicht zu vereinbaren wäre, wenn die Gnadenbehörde, weil ihr richterliche Entscheidungen nicht gefallen (zu hart erscheinen), sie im Wege der Gnade „korrigieren" wollte. Der Sinn der Regelung der Aussetzung des Strafrests im Strafgesetzbuch war, sie aus dem Bereich der Gnade herauszunehmen und zu einem justizförmig gehandhabten Bestandteil des Strafvollzugs umzugestalten; damit ist, von Ausnahmefällen abgesehen, eine Betätigung der Gnade auf diesem Gebiet nicht zu rechtfertigen, und schon gar nicht, wenn sie mehr oder weniger ausgesprochen i. S einer Korrektur die Außerkraftsetzung der richterlichen Entscheidung bezweckt[117].

---

[111] KK-*W. Müller* 41: weil sie dann nachhaltiger wirkt; *Kleinknecht/Meyer*[37] 17.

[112] OLG Celle NJW **1958** 1009; LR-*Schäfer*[22] Anm. V 3.

[113] BTDrucks. 7 550, Begr. zu Nr. 114 – § 454 StPO – S. 309.

[114] OLG Celle NJW **1958** 1009.

[115] OLG Bremen MDR **1958** 262; OLG München MDR **1959** 324; KK-*W. Müller* 42; KMR-*Müller* 22; *Kleinknecht/Meyer*[37] 18.

[116] KK-*W. Müller* 43.

[117] Siehe auch *Dallinger/Lackner* § 88, 52.

XVIII. Entlassungszeitpunkt

Bei der Bewilligung der Aussetzung des Strafrests kann das Gericht so verfahren, **72**
daß es die Entlassung „nach Verbüßung von zwei Dritteln der Strafe" (oder eines kleineren — § 57 Abs. 2 StGB — oder größeren Bruchteils) anordnet. Empfehlenswert ist
das jedoch nicht, da die Berechnung des Entlassungstags Schwierigkeiten bereiten
kann[118]. Vielmehr kommt entweder die **Festsetzung eines** kalendermäßig **bestimmten
Entlassungstags** oder — zur Vermeidung der in Rdn. 56 erörterten Schwierigkeiten —
die Anordnung in Betracht, daß der Verurteilte mit Rechtskraft des Beschlusses zu entlassen sei[119].

Zweckmäßigerweise sollte der **Entlassungszeitpunkt** so gewählt werden, daß der **73**
Vollzugsanstalt noch genügend Zeit für notwendige Entlassungsvorbereitungen bis zu
diesem Zeitpunkt bleibt. Allerdings darf dieses berechtigte Anliegen nicht dazu führen,
daß der an sich mögliche Termin deshalb hinausgeschoben wird. Das kann vermieden
werden, wenn die Staatsanwaltschaft ihre Anträge mit den Akten so rechtzeitig — in
Normalfällen zwischen sechs Wochen und drei Monaten (vgl. § 454 a) vor Ablauf der
Zweidrittelfrist — stellt, daß Entscheidung und Entlassungsvorbereitungen fristgemäß
ergehen und ordnungsgemäß abgewickelt werden können.

XIX. Aussetzung des Rests einer Jugendstrafe

Ist ein **Jugendlicher** oder ein **Heranwachsender** zu Jugendstrafe verurteilt, so ent **74**
scheidet über die Aussetzung der Jugendstrafe zur Bewährung (§§ 88, 110 JGG) der Jugendrichter als Vollstreckungsleiter, nicht die Strafvollstreckungskammer nach § 57
StGB, §§ 454, 462 a StPO[120], und zwar gleichgültig, ob ein Jugend- oder ein Erwachsenengericht die Strafe verhängt hat (§§ 102, 103, 112 JGG). Nach Aussetzung des Rests
einer Jugendstrafe entscheidet der **Jugendrichter** auch dann über den Widerruf **als Vollstreckungsleiter** — und nicht die Strafvollstreckungskammer —, wenn sich der Verurteile bei Stellung des Widerrufsantrags der Staatsanwaltschaft in anderer Sache in Strafhaft befindet. Die Zuständigkeitsvorschriften der § 89 Abs. 3, § 88 Abs. 5 Satz 2, §§ 26,
82 Abs. 1, § 83 Abs. 1 JGG stellen sich als eine den §§ 462 a, 463 StPO vorgehende
Sonderregelung für solche Entscheidungen dar, die im Zusammenhang mit der Vollstreckung einer Jugendstrafe zu treffen sind[121]. Sind gegen den Verurteilten Jugend-
und Freiheitsstrafe zu vollstrecken, so findet eine Auspaltung dahin statt, daß für die
Vollstreckung der Jugendstrafe der Jugendrichter als Vollstreckungsleiter und für die
Vollstreckung der Freiheitsstrafe die Staatsanwaltschaft und die Strafvollstreckungskammer zuständig ist[122].

XX. Aussetzung freiheitsentziehender Maßregeln

Wegen der Anwendung des § 454 auf Entscheidungen, die die Aussetzung frei **75**
heitsentziehender Maßregeln der Besserung und Sicherung zur Bewährung und andere
Vollstreckungsmaßnahmen betreffen, vgl. § 463 Abs. 3.

---

[118] Zur Frage der zweckmäßigsten Berechnungsmethode in einem solchen Fall s. *Pohlmann/Jabel* § 37, 21 ff.
[119] *Göke* NJW **1958** 1672.
[120] OLG München MDR **1957** 437.

[121] OLG Stuttgart Justiz **1975** 478.
[122] BGHSt **28** 351 gegen BGHSt **26** 375 im
Anschluß an BGHSt **27** 329; KK- *W. Müller*
44.

§ 454 a

(1) Beschließt das Gericht die Aussetzung der Vollstreckung des Restes einer Freiheitsstrafe mindestens drei Monate vor dem Zeitpunkt der Entlassung, so verlängert sich die Bewährungszeit um die Zeit von der Rechtskraft der Aussetzungsentscheidung bis zur Entlassung.

(2) [1]Das Gericht kann die Aussetzung der Vollstreckung des Restes einer Freiheitsstrafe bis zur Entlassung des Verurteilten wieder aufheben, wenn aufgrund neuer Tatsachen nicht mehr verantwortet werden kann zu erproben, ob der Verurteilte außerhalb des Strafvollzugs keine Straftaten mehr begehen wird; § 454 Abs. 1 Satz 1, 2, Abs. 2 Satz 1 gilt entsprechend. [2]§ 57 Abs. 3 Satz 1 in Verbindung mit § 56 f des Strafgesetzbuches bleibt unberührt.

Entstehungsgeschichte. Eingefügt durch Art. 2 Nr. 4 des 23. StRÄndG vom 13. 4. 1986 (BGBl. I 393).

Übersicht

I. Gesetzgebungsverfahren

1   Die Vorschrift war schon **Gegenstand des Regierungsentwurfs** eines… Strafrechtsänderungsgesetzes[1]; allerdings bestand sie damals aus nur einem Absatz. Die Unterteilung der Vorschrift in zwei Absätze beruht auf einem **Änderungsantrag** des Bundesrats[2], mit dem dieser das Ziel verfolgte, dem Gericht auch in den Fällen, in denen es die Aussetzung kürzer als drei Monate vor dem Entlassungstag beschlossen hat, die Aufhebung zu ermöglichen. Die Möglichkeit, die Aussetzung des Strafrests wieder aufzuheben, wenn aufgrund neuer Tatsachen nicht mehr verantwortet werden kann zu erproben, ob der Verurteilte außerhalb des Strafvollzugs keine Straftaten mehr begehen wird, sollte nicht von dem mehr oder weniger zufälligen Zeitpunkt der Entscheidung abhängen. Die Bundesregierung hat diesem Vorschlag zugestimmt[3].

---

[1] Vgl. BTDrucks. 10 2720, Art. 2 Nr. 3, S. 6; vgl. zur neuen Vorschrift auch *Greger* JR 1986 354.

[2] S. Anl. 2 zu BTDrucks. 10 2720 (Stellungnahme des Bundesrates) Nr. 17: zu Art. 2 Nr. 3, S. 25.

[3] S. Anl. 3 zu BTDrucks. 10 2720 (Gegenäußerung der Bundesregierung zur Stellungnahme des Bundesrates): zu 17, S. 30.

II. Sinn und Zweck der Vorschrift

1. Bessere Entlassungsvorbereitungen. Mit der neuen Vorschrift will der Gesetzge- **2** ber die **rechtzeitige** Vorbereitung der Entlassung des Verurteilten erleichtern. Dafür ist auf jeden Fall nicht nur die Kenntnis des **Entlassungszeitpunkts,** sondern in den Fällen der §§ 57 und 57 a StGB auch eine möglichst **frühzeitige Entscheidung** über die Aussetzung des Strafrests erforderlich. Einmal wird dadurch eine sachgerechte, die soziale Wiedereingliederung des Verurteilten fördernde Entlassungsvorbereitung ermöglicht und zum anderen die Anstalt besser in die Lage versetzt, auf der Grundlage dieser Entscheidung die notwendigen Entlassungsvorbereitungen und ggf. zusätzliche Vollzugslockerungen durchzuführen[4].

2. Entscheidungszeitpunkt. Die Fassung des Absatzes 1, die bewußt von der Zuläs- **3** sigkeit frühzeitiger Entlassungsentscheidungen ausgeht, bzw. diese voraussetzt, sieht gleichwohl von einer *gesetzlichen* **Festlegung** des Entscheidungszeitpunkts ab. Das mag zunächst überraschen, zumal da namentlich bei Verurteilten, die eine längere oder sogar eine lebenslange Freiheitsstrafe zu verbüßen haben, ein **besonderes Bedürfnis** für eine möglichst frühzeitige Entscheidung durchaus anzuerkennen ist, wird aber verständlich, wenn man den nicht völlig von der Hand zu weisenden Gesichtspunkt berücksichtigt, daß bei einer zu frühen Entscheidung das Verhalten des Gefangenen für einen längeren Zeitraum nicht mehr für die Prognose verwertet werden kann, obwohl dieses gerade mit fortschreitender Vollzugsdauer und in den letzten Monaten vor dem Entlassungszeitpunkt häufig einen besonders guten Aufschluß über den Erfolg der Strafverbüßung geben kann.

Diese Erfahrung läßt es angemessener erscheinen, den Entscheidungszeitpunkt **4** nicht in der Strafprozeßordnung durch Festlegung bestimmter fester Zeitabschnitte zu regeln, ihn vielmehr durch eine dem Einzelfall besser Rechnung tragende *flexiblere* Regelung zu bestimmen. Am einfachsten kann das durch **Richtlinien** an die Vollstreckungsbehörde erreicht werden, die etwa folgenden Wortlaut haben könnten: „Die Vollstrekkungsbehörde legt die Akten mit der Stellungnahme der Vollzugsanstalt dem Gericht so rechtzeitig vor, daß dieses die Entscheidung über die Aussetzung des Strafrests frühzeitig genug treffen kann, um der Vollzugsanstalt die rechtzeitige Durchführung der für die Vorbereitung des Gefangenen auf sein Leben nach der Entlassung erforderlichen Maßnahmen zu ermöglichen.“ Nach den derzeitigen Erfahrungen wird die **Zeitspanne** für eine gewissenhafte Vorbereitung der Entlassung bei Freiheitsstrafen bis zu drei Jahren mit etwa drei Monaten, bei höheren Freiheitsstrafen bis zu sechs Monaten angesetzt werden können. Davon scheint auch der Gesetzgeber auszugehen, wie aus der Formulierung des Absatzes 1 erhellt, die dafür spricht, daß das Gericht die Entscheidung regelmäßig etwa drei Monate vor dem Zeitpunkt der Entlassung treffen wird.

III. Frühzeitige Aussetzungsentscheidung und Dauer der Bewährungszeit (Absatz 1)

1. Anknüpfungspunkt

a) Aussetzungsentscheidung. Nach § 56 a Abs. 2 Satz 1 StGB, der nach § 57 Abs. 3 **5** Satz 1, § 57 a Abs. 3 Satz 2 StGB auch für die Aussetzung des Rests einer Freiheitsstrafe

---

[4] BTDrucks. 10 2720; Begr. zu Art. 2 Nr. 3, S. 15.

gilt, beginnt die Bewährungszeit bei einer Verurteilung zu einer Bewährungsstrafe mit der **Rechtskraft** dieser Entscheidung, bei einer Entscheidung über die Aussetzung des Strafrests mit der Rechtskraft des Aussetzungsbeschlusses[5]. Absatz 1 ändert an dieser Rechtslage nichts, nimmt namentlich nicht zu der Rechtsmeinung Stellung, ob und wie das Verhalten des Verurteilten oder Gefangenen zwischen Erlaß und Rechtskraft der Aussetzungsentscheidung zu bewerten ist[6]. Bei ihm geht es *allein* um die Frage, ob und in welchem Umfang die **Zeit zwischen** der (frühzeitigen) **Entscheidung** über die Aussetzung des Strafrests **und** der tatsächlichen **Entlassung** des Gefangenen auf die Bewährungszeit anzurechnen ist.

6   **b) Entlassungszeitpunkt.** Die Bewährungszeit selbst erst mit dem tatsächlichen Entlassungszeitpunkt beginnen zu lassen, ist schon deshalb unangebracht, weil auch Taten, die der Verurteilte in der die Entlassung vorbereitenden Phase begangen hat, den Widerruf der Aussetzung nach § 56 f Abs. 1 Nr. 1 StGB auslösen können. Auch kann es im Einzelfall durchaus sinnvoll sein, den im Rahmen der Entlassungsvorbereitungen beurlaubten oder als Freigänger eingesetzten Gefangenen schon durch einen Bewährungshelfer betreuen zu lassen[7]. Das aber ist nur während des Laufs einer Bewährungszeit möglich.

7   **2. Bedeutung für Bewährungszeit.** Der Gesetzgeber entscheidet die Frage der **Dauer** der Bewährungszeit dahin, daß diese sich — wenn das Gericht die Aussetzung der Vollstreckung des Rests der Freiheitsstrafe *mindestens* drei Monate vor dem Zeitpunkt der Entlassung beschließt — um die Zeit von der Rechtskraft der Aussetzungsentscheidung bis zur Entlassung verlängert. Durch die Worte „mindestens drei Monate" wird klargestellt, daß die **Verlängerung** auch solche Entscheidungen erfaßt, die das Gericht *länger* als drei Monate vor der Entlassung getroffen hat, nicht dagegen Entscheidungen, die *bis* zu drei Monaten vor dem Entlassungszeitpunkt rechtskräftig geworden sind. Diese Regelung erschien dem Gesetzgeber „angemessen"[8]; aufgrund der vorhergehenden Ausführungen ist sie auch durchaus vertretbar, zumal da sie mit dem Mindestabstand von drei Monaten einen zusätzlichen Anreiz zu einer früheren Entlassungsentscheidung schafft. Wegen der Berechnung der Frist vgl. § 43, 2 ff.

IV. Aufhebung der Aussetzungsentscheidung (Absatz 2 Satz 1)

8   **1. Vorschlag des Regierungsentwurfs.** Der Regierungsentwurf, der nur aus einem einzigen Absatz (Sätze 1 bis 3) bestand, sah in Satz 2[9] davon ab, die Möglichkeit einer Aufhebung der Entlassungsentscheidung auch dann zuzulassen, wenn diese *weniger* als drei Monate vor dem Entlassungszeitpunkt ergeht. Zur Begründung dieser **Ausnahme** führte er an, daß für einen so kurzen Zeitraum im allgemeinen eine ausreichend gesicherte Prognose bis zur Entlassung möglich sein werde[10].

---

[5] LK-*Ruß* § 56 a, 4; SK-*Horn* § 56 a, 3; *Dreher/Tröndle*[42] § 56 a, 2.

[6] Vgl. dazu OLG Celle NJW **1957** 113; OLG Zweibrücken MDR **1976** 333 mit weit. Nachw.

[7] BTDrucks. **10** 2720; Begr. zu Art. 2 Nr. 3, S. 15.

[8] BTDrucks. **10** 2720; Begr. zu Art. 2 Nr. 3, S. 15 l. Sp.

[9] Er entsprach – abgesehen von einer geringfügig geänderten Formulierung – inhaltlich dem jetzigen Absatz 2 Satz 1.

[10] BTDrucks. **10** 2720; Begr. zu Art. 2 Nr. 3, S. 15, r. Sp. o.

2. Änderung durch Bundesrat. Demgegenüber vertrat bereits der Bundesrat (vgl. **9** Rdn. 1), aber auch der Rechtsausschuß des Bundestags[11] den Standpunkt, die Entscheidung der Frage, unter welchen Voraussetzungen die Aussetzung der Vollstreckung des Strafrests wieder aufzuheben sei, könne nicht von dem mehr oder weniger zufälligen Zeitpunkt der Entscheidung abhängen. Aus diesem Grund beschloß er daher, die bisherigen Sätze 2 und 3 des §454a in der Fassung des Regierungsentwurfs in einen **selbständigen Absatz 2** zu übernehmen, um damit zu verdeutlichen, daß das Gericht seine Entscheidung auch in den Fällen, in denen es die Aussetzung kürzer als drei Monate vor dem Entlassungstag beschlossen hat, wieder aufheben kann.

3. Inhalt der Vorschrift

a) Voraussetzungen (Erster Satzteil). Zu vertreten ist eine frühzeitige Entlassungs- **10** entscheidung nur, wenn sie aufgrund **neuer Tatsachen** bis kurz vor dem Entlassungszeitpunkt korrigiert werden kann. Gibt das Verhalten des Verurteilten während der die Entlassung vorbereitenden Phase dem Gericht ernsthaften Anlaß, an einer guten sozialen Prognose zu zweifeln, so soll es die Entscheidung nach §57 Abs. 1 bis 3 oder §57a Abs. 1 StGB wieder aufheben dürfen, ohne daß die Voraussetzungen für einen Widerruf vorliegen müssen.

b) Verfahren (Zweiter Satzteil). Für das Verfahren gilt §454 Abs. 1 Satz 1 und 2, **11** Abs. 2 Satz 1 entsprechend[12]. Eine mündliche Anhörung des Gefangenen findet mangels Verweisung nicht statt. Hat das Gericht von der Möglichkeit Gebrauch gemacht, die Aussetzung der Vollstreckung des Strafrests wegen des nach der Entscheidung gezeigten Fehlverhaltens des Gefangenen wieder aufzuheben, so muß es ggf. erneut über die Aussetzung der Vollstreckung des Strafrests entscheiden, sobald die Voraussetzungen dafür wieder vorliegen.

V. Widerruf der Aussetzungsentscheidung (Absatz 2 Satz 2)

1. Verhältnis zur Aufhebung. Durch den Hinweis: „§57 Abs. 3 Satz 1 in Verbin- **12** dung mit §56f StGB bleibt unberührt" wird nicht nur klargestellt, daß statt der Aufhebung der Aussetzung auch deren Widerruf zulässig ist, sondern zugleich entschieden, daß letzterer **vorrangig** zu prüfen ist. Liegen die Voraussetzungen für einen Widerruf vor, etwa weil der Gefangene während der Zeit der Entlassungsvorbereitungen eine neue schwere Straftat begangen und dadurch gezeigt hat, daß die Erwartung, die der Aussetzung des Strafrests zugrunde lag, sich nicht erfüllt hat, muß das Gericht die Aussetzung nach §56f Abs. 1 Nr. 1 StGB widerrufen und kann es nicht etwa seine Entscheidung deshalb (nur) aufheben, weil die Begehung der Straftat zugleich erwiesen hat, daß ernsthafter Anlaß besteht, an der guten sozialen Prognose für den Gefangenen zu zweifeln. Dieses Ergebnis folgt aus der Ergänzung des §56f Abs. 1 StGB durch einen neuen Satz 2, mit dem der Gesetzgeber eine bis dahin bestehende **Lücke schließen** und sicherstellen wollte, daß der Widerruf der Aussetzung auch dann auszusprechen ist, wenn der Verurteilte eine neue Straftat vor Beginn der Bewährungszeit bzw. im Fall der Ausset-

---

[11] BTDrucks. 10 4391; Bericht des Rechtsausschusses (6. Ausschuß) zu Art. 2 Nr. 3 (§454 a), S. 19.

[12] Entscheidung ohne mündliche Verhandlung durch Beschluß nach Anhörung der Staatsanwaltschaft, des Verurteilten und der Vollzugsanstalt; sofortige Beschwerde gegen die Entscheidung; s. §454, 14 ff; 58 ff.

zung des Strafrests zwischen der rechtskräftigen Aussetzungsentscheidung und dem Entlassungszeitpunkt begangen hat[13].

13   **2. Sperrfrist.** Da der Widerruf der Aussetzung des Strafrests eine erneute Aussetzung nicht ausschließt, kann das Gericht die Entscheidung — wie im Fall einer *ersten* ablehnenden Entscheidung — mit einer Sperrfrist nach § 57 Abs. 6 StGB verbinden (vgl. § 454, 65). Hat das Gericht die Entscheidung dagegen nach § 454 a Abs. 2 Satz 1 erste Hälfte nur aufgehoben, weil die Voraussetzungen für einen Widerruf nicht vorlagen, besteht deshalb auch keine Veranlassung, die erneute Antragstellung durch eine besondere Sperrfrist zeitlich zu beschränken. Denn andernfalls würde die gewollte **Unterscheidung** (Rdn. 12) **zwischen Aufhebung und Widerruf** verwischt; sie verlöre ihren Sinn.

VI. Zuständigkeit

14   Wegen der Zuständigkeit s. Erl. zu § 462 a.

§ 454 b

(1) **Freiheitsstrafen und Ersatzfreiheitsstrafen sollen unmittelbar nacheinander vollstreckt werden.**

(2) [1]**Sind mehrere Freiheitsstrafen oder Freiheitsstrafen und Ersatzfreiheitsstrafen nacheinander zu vollstrecken, so unterbricht die Vollstreckungsbehörde die Vollstreckung der zunächst zu vollstreckenden Freiheitsstrafe, wenn**

1. **unter den Voraussetzungen des § 57 Abs. 2 Nr. 1 des Strafgesetzbuches die Hälfte, mindestens jedoch sechs Monate,**
2. **im übrigen bei zeitiger Freiheitsstrafe zwei Drittel, mindestens jedoch zwei Monate, oder**
3. **bei lebenslanger Freiheitsstrafe fünfzehn Jahre**

der Strafe verbüßt sind. [2]**Dies gilt nicht für Strafreste, die aufgrund Widerrufs ihrer Aussetzung vollstreckt werden.**

(3) **Hat die Vollstreckungsbehörde die Vollstreckung nach Absatz 2 unterbrochen, so trifft das Gericht die Entscheidungen nach den §§ 57 und 57 a des Strafgesetzbuches erst, wenn über die Aussetzung der Vollstreckung der Reste aller Strafen gleichzeitig entschieden werden kann.**

Schrifttum. *Greger* Das 23. Strafrechtsänderungsgesetz, JR **1986** 353; *Jabel* Vollstreckung und Vollzug mehrerer Freiheitsstrafen nacheinander, MDR **1980** 718; *D. Meyer* Immer noch keine Zusammenrechnung mehrerer nacheinander zu verbüßender Freiheitsstrafen?, NJW **1976** 939; *Sonnen* Die zeitlichen Voraussetzungen der Aussetzung des Strafrests zur Bewährung bei mehreren selbständigen Freiheitsstrafen, NJW **1977** 614; *Treptow* Die Berechnung der Fristen des § 57 StGB bei mehreren nacheinander zu verbüßenden Freiheitsstrafen, MDR **1976** 99.

Entstehungsgeschichte. Eingefügt durch Art. 2 Nr. 4 des 23. StRÄndG vom 13. 4. 1986 (BGBl. I 393).

---

[13] Vgl. BTDrucks. **10** 2720; Begr. zu Art. 1 Nr. 6, S. 11 sowie BTDrucks. **10** 4391; Bericht zu Art. 1 Nr. 6, S. 17.

Übersicht

I. Vollstreckung mehrerer Freiheits- und Ersatzfreiheitsstrafen

1. Bisheriger Rechtszustand. Die Frage, was zu geschehen hat, wenn gegen den **1** Verurteilten mehrere selbständige rechtskräftig verhängte Freiheits- oder Ersatzfreiheitsstrafen zu vollstrecken sind, war bisher ausschließlich in der Strafvollstreckungsordnung geregelt. Maßgebend für die Vollstreckung von Freiheitsstrafen war § 43 StVollstrO; nach § 50 Abs. 1 gilt er auch für die Vollstreckung von Ersatzfreiheitsstrafen. Er lautet:

§ 43 StVollstrO

Vollstreckung mehrerer Freiheitsstrafen

(1) [1]Mehrere gegen denselben Verurteilten erkannte Freiheitsstrafen, aus denen keine Gesamtstrafe gebildet werden kann, werden grundsätzlich unmittelbar nacheinander vollstreckt. [2]Die zuständigen Vollstreckungsbehörden treten daher, soweit erforderlich, miteinander in Verbindung und sorgen rechtzeitig dafür, daß bei der Vollzugsanstalt Überhaft für die weiteren Strafen vermerkt wird.

(2) [1]Freiheitsstrafen sollen in der Reihenfolge ihrer Dauer vollstreckt werden, und zwar die kürzeren vor den längeren, gleich lange in der Reihenfolge, in der die Rechtskraft eingetreten ist. [2]Dies gilt nicht, wenn die bereits begonnene Vollstreckung einer Strafe unterbrochen und der Verurteilte in eine andere Vollzugsanstalt verlegt werden müßte oder wenn der Verurteilte schon zwei Drittel dieser Strafe verbüßt hat. [3]Die Vollstreckungsbehörde kann aus wichtigen Gründen eine andere Reihenfolge bestimmen.

(3) [1]Sind mehrere zeitige Freiheitsstrafen (§ 38 StGB) unmittelbar nacheinander zu vollstrecken, so unterbricht die Vollstreckungsbehörde die Vollstreckung der zunächst zu vollstreckenden Strafe jeweils zu dem Zeitpunkt, in dem zwei Drittel, mindestens jedoch zwei Monate der einzelnen Strafe verbüßt sind; dies gilt nicht bei einem Strafrest, der bereits nach § 57 StGB oder im Gnadenwege zur Bewährung ausgesetzt war. [2]Der Verurteilte ist rechtzeitig von der

beabsichtigten Unterbrechung in Kenntnis zu setzen; sie unterbleibt, wenn er widerspricht. [3]Die Unterbrechung wird der Vollzugsbehörde und dem Verurteilten mitgeteilt.

(4) [1]Sind mehrere Freiheitsstrafen zu vollstrecken, die ihrer Art nach in derselben Vollzugsanstalt vollzogen werden können, so richtet sich die sachliche Vollzugszuständigkeit nach der Gesamtvollzugsdauer. [2]Tritt nachträglich eine Anschlußstrafe hinzu, so ist für die sachliche Zuständigkeit zum Vollzug dieser Strafe allein ihre Vollzugsdauer maßgebend; der Anstaltsleiter darf jedoch den Verurteilten in diejenige Vollzugsanstalt verlegen, deren sachliche Zuständigkeit dem Rest der Gesamtvollzugsdauer entspricht.

(5) [1]Sind bei der Vollstreckung mehrerer Freiheitsstrafen verschiedene Vollstreckungsbehörden beteiligt und können sie sich über die Reihenfolge der Vollstreckung nicht einigen, so entscheidet der Generalstaatsanwalt, welcher der Vollstreckungsbehörde übergeordnet ist, die für die längste Strafe oder bei gleicher Dauer die für die zuerst rechtskräftig gewordene Strafe zuständig ist. [2]Ist eine Staatsanwaltschaft beim Oberlandesgericht als Vollstreckungsbehörde beteiligt, so entscheidet sie. [3]Sind mehrere Staatsanwaltschaften beim Oberlandesgericht als Vollstreckungsbehörden beteiligt, so gilt Satz 1 entsprechend. [4]Ist der Generalbundesanwalt als Vollstreckungsbehörde beteiligt, so ist seine Entscheidung maßgebend.

2   Zur **Erläuterung** ist zu bemerken: **§ 43 Abs. 1 StVollstrO** stellt den Grundsatz auf, daß mehrere gegen denselben Verurteilten erkannte Freiheitsstrafen, die nicht auf eine Gesamtstrafe zurückgeführt werden können, in unmittelbarem Anschluß nacheinander zu vollstrecken sind. Nach **Absatz 2** sollen ohne Rücksicht auf den Zeitpunkt der Verurteilung alle gegen denselben Verurteilten erkannten und zu vollstreckenden Freiheitsstrafen in der Reihenfolge ihrer Dauer, und zwar kürzere grundsätzlich vor längeren, vollstreckt werden.

3   Die Regelung in **Absatz 3** des § 43 StVollstrO geht auf die seit Jahren in Rechtsprechung und Lehre strittige Frage zurück, ob bei mehreren nacheinander zu vollstreckenden Freiheitsstrafen für *jede gesondert* über eine Aussetzung des Strafrests nach § 57 StGB zu entscheiden ist oder ob die einzelnen Freiheitsstrafen für die Berechnung des Zwei-Drittel-Zeitpunkts und der Entscheidung *zusammenzurechnen* sind. Während die Verfechter der letzteren Ansicht den Standpunkt vertreten, im Interesse einer spezialpräventiv einheitlichen Behandlung des Verurteilten sei es geboten, die einzelnen Strafen zusammenzurechnen und über die Aussetzung des Strafrests erst nach Ablauf von zwei Dritteln der gesamten Strafzeit zu entscheiden[1], meinen die Vertreter der anderen, daß die Strafvollstreckungskammer auch in diesem Fall[2] die Entscheidung für jede einzelne Freiheitsstrafe gesondert zu treffen habe[3], daß es allerdings zulässig sei, die Vollstreckung der einzelnen Freiheitsstrafen zunächst jeweils zum Zwei-Drittel-Zeitpunkt zu *unterbrechen* und die endgültige Aussetzungsentscheidung erst zum Zwei-Drittel-Zeitpunkt der letzten zu vollstreckenden Freiheitsstrafe, aber nunmehr für alle noch nicht endgültig vollstreckten Strafen, zu treffen[4]. Diese Auffassung hat sich mehr und

[1] Sog. Ganzheitsmodell: Vgl. dazu OLG Hamm – 4 StS – MDR **1975** 1043; **1976** 159; *D. Meyer* MDR **1974** 540; NJW **1976** 939; *Treptow* NJW **1975** 1105; **1976** 222; MDR **1976** 99; *Ruß* JR 1975 336; *Foth* DRiZ **1976** 277; *Sonnen* NJW **1977** 614; *Peters* GA **1977** 97, 104; JR **1977** 397, 399; *Doller* ZRP **1978** 55; *Schönke/Schröder/Stree*²² § 57, 8; SK-*Horn* § 57, 7; LK-*Ruß* § 57, 8; *Lackner*¹⁶ § 57, 2 a cc; *Dreher/Tröndle*⁴² § 57, 5 a; s. auch § 454, 3.

[2] Nämlich der Vollstreckung mehrerer Freiheitsstrafen.

[3] Vgl. OLG Hamm – 1 StS – NJW **1979** 2259; – 3 StS – NJW **1975** 1714; – 5 StS – JMBlNRW **1975** 222; OLG Düsseldorf JMBlNRW **1975** 283; OLG Bremen NJW **1975** 2031; **1976** 69; OLG Schleswig SchlHA **1976** 12; *W. Schmidt* NJW **1975** 1485.

[4] Sog. Unterbrechungsmodell: Vgl. dazu OLG Karlsruhe MDR **1975** 1039; Justiz **1980** 479. Es begründet seinen Standpunkt mit dem Hinweis auf § 43 Abs. 2 Satz 3 StVollstrO, wonach die Vollstreckungsbehörde aus wichtigem Grund eine andere Reihenfolge der Vollstreckung bestimmen kann.

mehr durchgesetzt[5]. Einige Landesjustizverwaltungen übernahmen sie ausdrücklich in besonderen Anordnungen an ihre Vollstreckungsbehörden[6]. Seinen endgültigen Durchbruch erzielte das **Unterbrechungsmodell** (Fußn. 4), als es im Januar 1980 als Absatz 3 in § 43 StVollstrO eingestellt und zugleich vorgeschrieben wurde, daß die Vollstreckungsbehörde die Vollstreckung der einzelnen Freiheitsstrafen so rechtzeitig zu unterbrechen hat, daß die Strafvollstreckungskammer nach Teilverbüßung der letzten Strafe über die Aussetzung für alle Strafen einheitlich entscheiden kann[7]. Dieses Verfahren ist heute als absolut herrschend anzusehen[8].

Absatz 4 enthält Bestimmungen über die sachliche Vollzugszuständigkeit bei mehreren Freiheitsstrafen; **Absatz 5** trifft eine Regelung für den Fall, daß mehrere Vollstreckungsbehörden sich nicht über die Reihenfolge der Vollstreckung einigen können. **4**

2. Neuer Rechtszustand. In den bisherigen Rechtszustand greift § 454 b insoweit **5** ein, als er **Teilbereiche** des § 43 StVollstrO, nämlich dessen Absätze 1 und 3 — wenn auch in teilweise abgeänderter Form — in die Strafprozeßordnung übernimmt, die übrigen Regelungen dagegen — so zur Reihenfolge der Vollstreckung (Absatz 2) und zur Vollstreckungs- und Vollzugszuständigkeit (Absätze 4 und 5) — unberührt läßt. Warum der Gesetzgeber diesen Weg gewählt hat, ist den Materialien nicht zu entnehmen. Daß er ihn aufgrund gerichtsverfassungsrechtlicher Bedenken hätte beschreiten müssen oder daß sich eine gesetzliche Regelung aus anderen Gründen aufgedrängt hätte, kann nicht festgestellt werden. Sowohl die Reihenfolge der Vollstreckung als auch die Frage der Unterbrechung der Vollstreckung betreffen zunächst **Gebote an die Strafvollstreckungsbehörde** und nicht an das Gericht, was an sich für eine Regelung in der Strafvollstreckungsordnung sprechen könnte. Schließlich hätte eine solche Lösung gegenüber der neuen gesetzlichen sogar gewisse Vorteile. Denn einmal können Verwaltungsvorschriften leichter an neue Sachverhalte angepaßt werden, und zum anderen sind — anders als bei der Regelung in der Strafprozeßordnung — die Anfechtungsmöglichkeiten gegen Maßnahmen aufgrund verwaltungsmäßiger Anordnungen nur beschränkt nachprüfbar[9]. Wenn es dem Gesetzgeber gleichwohl geboten erschien[10], einer gesetzlichen Regelung den Vorzug zu geben, dann ist das aus rechtsstaatlichen Gründen durchaus zu begrüßen. Zu fragen ist allerdings, warum er sie dann auf zwei Teilbereiche beschränkte. Es erscheint nicht gerade sinnvoll, die Unterbrechung der Vollstreckung gesetzlich, die damit zusammenhängende ebenso wichtige Frage zur Reihenfolge der Vollstreckung dagegen — abgesehen von der Aufnahme des Grundsatzes — in ihren Einzelheiten wie bisher durch eine Verwaltungsanordnung zu regeln.

[5] OLG Hamm – 4 StS – NJW **1979** 1053 unter Aufgabe seines früheren Standpunkts; ausführlich mit der Frage befassen sich *Doller* ZRP **1978** 55 und *Jabel* MDR **1980** 718; aber auch *Pohlmann/Jabel* § 43, 30 ff.
[6] Vgl. Anordnung des JM Baden-Württemberg vom 23. 2. 1976, Justiz **1976** 395; des JM Rheinland-Pfalz vom 21. 3. 1979; der Justizbehörde Hamburg vom 10. 7. 1979 sowie des Hess. Ministeriums der Justiz vom 10. 1. 1980, JMBl. **1980** 27.
[7] Vgl. zur Entwicklungsgeschichte des § 43 Abs. 3 StVollstrO *Jabel* MDR **1980** 718 sowie

OLG Karlsruhe Justiz **1981** 322; NStZ **1982** 396 mit krit. Anm. *Katholnigg*.
[8] Vgl. OLG Hamm JMBlNRW **1981** 238; **1982** 32; OLG Düsseldorf MDR **1981** 246; NStZ **1982** 467, **1983** 286; MDR **1984** 162; LK-*Ruß* § 57, 29; *Dreher/Tröndle*[42] § 57 a, 5 a; *Lackner*[16] § 57, 2 a cc.
[9] Sie setzt nach § 24 EGGVG eine Rechtsverletzung voraus, die nach § 454 b StPO nicht erforderlich ist.
[10] Auch dafür geben die Gesetzesmaterialien nichts her.

Günter Wendisch

II. Reihenfolge (Absatz 1)

6 **1. Allgemein.** Absatz 1 betont — wie bisher schon § 43 Abs. 1 Satz 1 StVollstrO — den **Grundsatz,** daß Freiheits- und Ersatzfreiheitsstrafen unmittelbar nacheinander zu vollstrecken sind. Obwohl das Gesetz das nicht besonders erwähnt, erfaßt die Vorschrift nur Freiheitsstrafen, die *nicht* auf eine **Gesamtstrafe** zurückgeführt werden können. Die Vollstreckungsbehörde hat daher, wenn mehrere Strafen zu vollstrecken sind, zunächst zu prüfen, ob aus ihnen eine Gesamtstrafe gebildet werden kann[11]. Mit dieser Prüfung soll verhindert werden, daß der Verurteilte zu seinem Nachteil mehrere für eine Gesamtstrafenbildung geeignete Strafen einzeln verbüßt. Nach Absatz 1 ist mithin immer erst dann zu verfahren, wenn die Voraussetzungen für eine Gesamtstrafe nicht vorliegen.

7 Die **Jugendstrafe** ist *keine* Freiheitsstrafe i. S dieser Vorschrift. Ihre Vollstreckung richtet sich nach §§ 84, 85 JGG. Danach ist für die Vollstreckung von Jugendstrafe der Jugendrichter als Vollstreckungsleiter zuständig. An dieser Zuständigkeit ändert sich auch dann nichts, wenn gegen den Verurteilten neben einer Jugendstrafe Freiheitsstrafe zu vollstrecken ist. Der Gesetzgeber hat bei der Neufassung des § 462 a durch Art. 21 Nr. 132 EGStGB 1974 davon **abgesehen,** auch die Vollstreckung von Freiheits- und Jugendstrafen in einer Hand **zu konzentrieren**[12]. Mangels einer solchen Konzentrationsregelung hat der Bundesgerichtshof[13] entschieden, daß — wenn Freiheits- und Jugendstrafe gegen denselben Verurteilten zu vollstrecken sind — für die Vollstreckung der Jugendstrafe der Jugendrichter als Vollstreckungsleiter und für die Vollstreckung der Freiheitsstrafe die Staatsanwaltschaft und die Strafvollstreckungskammer zuständig sind.

8 Dieser **Rechtszustand** ist durch die Einfügung des § 454 b **nicht geändert** worden. Zwar enthält dieser im Gegensatz zu § 43 Abs. 3 StVollstrO in seinen Absätzen 1 und 2 nicht mehr den Klammerzusatz „§ 38 StGB", mit dem klargestellt werden sollte, daß die Unterbrechung nur für Freiheitsstrafen i. S. dieser Vorschrift, nicht aber auch für Ersatzfreiheitsstrafen zulässig sein sollte[14]. Nachdem § 454 b nunmehr die Ersatzfreiheitsstrafe ausdrücklich in seine Regelung einbezieht, mußte der Klammerzusatz mithin allein deshalb entfallen. Eine **Erweiterung** im sachlichen Geltungsbereich durch Einbeziehung auch der Jugendstrafe war dagegen **nicht beabsichtigt.** Erhärtet wird dieser Standpunkt durch die Regelung in Absatz 3, wonach das Gericht, und zwar eine Vollstreckungskammer (§ 78 a Abs. 1 Satz 3 GVG), in den Fällen, in denen die Vollstreckungsbehörde die Vollstreckung nach Absatz 2 unterbrochen hat, die Entscheidungen nach §§ 57, 57 a StGB zu treffen hat. Wenn die Vollstreckungskammer aber für die Vollstreckung von Jugendstrafe in keinem Fall zuständig ist, ist auch für die Qualifizierung der Jugendstrafe als Freiheitsstrafe i. S. dieser Vorschrift kein Raum.

2. Anknüpfungsmerkmal

9 **a) Bei Freiheitsstrafen.** Wie unter Rdn. 6 ausgeführt, gebietet Absatz 1 nur, Freiheits- und Ersatzfreiheitsstrafen nacheinander zu vollstrecken, ohne festzulegen, nach welchen **Gesichtspunkten** die Reihenfolge zu bestimmen ist. Sie sind weiterhin § 43 Abs. 2 StVollstrO zu entnehmen. Nach dessen Satz 1 sollen die Strafen in der Reihenfolge ihrer Dauer, und zwar die kürzere vor der längeren, gleich lange in der Reihenfol-

---

[11] Vgl. § 460, 1 ff sowie *Pohlmann/Jabel* § 43, 1 ff.

[12] *Brunner* § 85, 6; *Eisenberg*[2] § 85, 11.

[13] BGHSt **28** 351; NStZ **1985** 92; so auch — noch zu § 43 Abs. 3 StVollstrO – OLG Hamburg NStZ **1986** 336 mit zust. Anm. *Jabel*; *Böhm* NStZ **1981** 252 unter I 5 und II 4; vgl. zu diesem Problem näher § 462 a, 6.

[14] Vgl. dazu *Jabel* MDR **1980** 719; *Pohlmann/Jabel* § 43, 33.

ge, in der die Rechtskraft eingetreten ist, vollstreckt werden[15]. Beim Zusammentreffen von Freiheitsstrafen und freiheitsentziehenden Maßregeln der Besserung und Sicherung bestimmt sich die Reihenfolge der Vollstreckung weiterhin nach §§ 44, 44 a StVollstrO.

b) Bei Zusammentreffen von Freiheits- und Ersatzfreiheitsstrafen. Nach § 50 **10** Abs. 1 StVollstrO gelten für die Vollstreckung von Ersatzfreiheitsstrafen zwar die Bestimmungen des II. Abschnitts (§§ 22 bis 49 StVollstrO), mithin auch die §§ 43 ff StVollstrO. Damit steht zwar die Reihenfolge der Vollstreckung beim Zusammentreffen unterschiedlich langer Ersatzfreiheitsstrafen fest, wird aber nichts zu der Frage gesagt, in welcher Reihenfolge bei einem Zusammentreffen von Freiheits- und Ersatzfreiheitsstrafen diese zu vollstrecken sind, d. h. ob die Ersatzfreiheitsstrafe *vor* oder *nach* der Freiheitsstrafe zu vollstrecken oder ob diese nach Vollzugsbeginn ganz allgemein wie eine Freiheitsstrafe zu behandeln ist.

Um diese Frage abschließend und eindeutig zu klären, hatte der Bundesrat bean- **11** tragt, Absatz 1 Satz 1 um folgenden Satz 2 zu ergänzen: „Ersatzfreiheitsstrafen sollen nach Freiheitsstrafen vollstreckt werden". Begründet hatte er den Antrag mit der Erwägung, daß der Verurteilte auch während des Vollzugs die **Vollstreckung** von Ersatzfreiheitsstrafen noch häufig durch Entrichten der Geldstrafe **abwende,** der Gesetzesvorschlag mithin in einem gewissen Umfang auch dazu beitrage, die Vollzugsanstalten zu entlasten[16].

Die Bundesregierung hat die Anregung nicht aufgegriffen, sie vielmehr mit der **12** Begründung abgelehnt, daß die Reihenfolge der Vollstreckung mehrerer Strafen schon nach bisherigem Recht im Verwaltungsweg i. S. des Anliegens des Bundesrats erreicht werden könne und es aus **systematischen Erwägungen** nicht angezeigt sei, aus dem Gesamtkomplex „Vollstreckungsreihenfolge" eine Einzelfrage gesetzlich zu regeln[17]. Daß der Rechtsausschuß sich noch einmal mit der Frage befaßt hätte, ist weder dem Sitzungsprotokoll noch dem abschließenden Bericht zu entnehmen[18].

III. Unterbrechung (Absatz 2)

1. Allgemein. Der Grundsatz, daß Freiheits- und Ersatzfreiheitsstrafen unmit- **13** telbar nacheinander vollstreckt werden sollen (Absatz 1), schließt es nicht aus, die Vollstreckung in Einzelfällen zu unterbrechen, eine andere Reihenfolge zu bestimmen oder gar von der weiteren Vollstreckung abzusehen, wenn dies gesetzlich bestimmt (§§ 57, 57 a StGB) oder sachlich geboten ist. Insoweit bestand in Rechtsprechung und Lehre von jeher Einigkeit. Streitig war allein die Frage, wie dieses Problem am besten gelöst werden könne, nämlich durch eine gesetzliche Regelung, sei es im Strafgesetzbuch[19] oder in der Strafprozeßordnung[20], oder auf andere Weise durch bundeseinheitliche Regelung in der Strafvollstreckungsordnung[21]. Solange eine gesetzliche Regelung fehlte,

---

[15] Wegen der Ausnahme von diesem Grundsatz s. § 43 Abs. 1 Satz 2 und 3 StVollstrO sowie *Pohlmann/Jabel* § 43, 21 ff.

[16] BTDrucks. 10 2720, Anl. 2 (Stellungnahme des Bundesrats) Nr. 18: Zu Art. 2 Nr. 3, S. 26.

[17] BTDrucks. 10 2720, Anl. 3 (Gegenäußerung der Bundesregierung): Zu 18, S. 30.

[18] BTDrucks. 10 4391 (Bericht): Zu Art. 2 Nr. 3, S. 19; vgl. auch *Greger* JR **1986** 357, der – ohne Begründung – von der Rechtslage aus-

geht, die dem gerade nicht Gesetz gewordenen Vorschlag des Bundesrats entspricht.

[19] Sog. materiell-rechtliche Lösung i. S. einer Einheitsstrafe nach dem Vorbild des § 31 JGG.

[20] Sog. prozeßrechtliche Lösung durch Bildung einer Art unechten Gesamtstrafe durch Addition der einzelnen Freiheitsstrafen.

[21] So die seit Januar 1980 geltende Fassung des § 43 Abs. 3 StVollstrO.

mußte der letztere an die prozeßrechtliche Lösung anknüpfende Weg beschritten werden. Nachdem der Gesetzgeber nunmehr eine gesetzliche (Teil-)Lösung getroffen hat, ist die Regelung in **§ 43 Abs. 3 StVollstrO insoweit gegenstandslos** geworden.

2. Gesetzgebungsgang

14   **a) Vorschlag der Bundesregierung.** § 454 b Abs. 2 Satz 1 des Regierungsentwurfs enthielt in seiner **ursprünglichen Fassung** nur die jetzigen Nummern 2 und 3. Obwohl die Bundesregierung die Aufnahme der Unterbrechungsvorschriften mit der Erwägung begründet, damit den Vorschriften des materiellen Strafrechts über die Aussetzung der Vollstreckung des Strafrechts Genüge zu tun[22], glaubte der Entwurf — ohne das allerdings näher zu begründen —, die Unterbrechung auf die zwingend vorgeschriebenen Aussetzungsfälle des § 57 Abs. 1 Satz 1[23] und § 57 a Abs. 1 StGB[24] beschränken zu sollen. Das wäre vertretbar gewesen, wenn der Gesetzgeber nicht auch die Fassung des bisherigen § 57 Abs. 2 StGB[25] geändert hätte, zumal da diese die Aussetzung des Strafrests schon nach Verbüßung der Hälfte der Strafe zur seltenen Ausnahme machte.

15   Zwar unterscheidet sich auch die **neue Fassung** des § 57 Abs. 2 Nr. 1 StGB dadurch weiterhin von der in § 57 Abs. 1 Satz 1 und § 57 a Abs. 1 StGB, daß der Gesetzgeber sie im Gegensatz zu letzteren Vorschriften nicht als Muß-, sondern als Kann-Vorschrift ausgestaltet hat. Jedoch dürfte es dieser Umstand nicht mehr ausschließen, § 57 Abs. 2 Nr. 1 StGB gleichwohl in die Unterbrechungsregelung einzubeziehen, nachdem die (erleichterte) Aussetzung des Strafrests nach Verbüßung der Hälfte der Strafe ohnehin die Verbüßung von sechs Monaten voraussetzt und — im Gegensatz zur früheren Regelung — nunmehr auf Erstverbüßer beschränkt ist[26].

16   **b) Prüfungsempfehlung des Bundesrats.** Der Bundesrat hat seine Empfehlung, auch den Fall des § 57 Abs. 2 Nr. 1 StGB in die Unterbrechungsregelung einzubeziehen, namentlich damit begründet, daß das Gericht bei einem **Erstverbüßer** mit günstiger Sozialprognose die weitere Vollstreckung ohnehin regelmäßig nach Verbüßung der Hälfte der Strafe aussetzen werde. Da eine Ablehnung der Halbzeitentlassung aus generalpräventiven Gründen hier die Ausnahme sein werde, sei es angezeigt, diesen Fall in die Unterbrechungsregelung des § 454 b Abs. 2 aufzunehmen, zumal da mit seiner Einbeziehung sichergestellt werde, daß auch dieser Fall bei der einheitlichen Entscheidung der Strafvollstreckungskammer über die Aussetzung aller Strafreste berücksichtigt werde[27]. Die Bundesregierung hat die empfohlene Prüfung im weiteren Verlauf des Gesetzgebungsverfahrens durchgeführt[28]; der Rechtsausschuß des Bundestags hat sie mit geringen redaktionellen Abänderungen in der Formulierung übernommen[29].

3. Unterbrechungsfälle (Satz 1)

17   **a) Allgemein.** Die Vorschrift bestimmt, daß die Vollstreckungsbehörde die Vollstreckung der zunächst zu vollstreckenden Freiheitsstrafe unter den in den in Satz 1

---

[22] BTDrucks. 10 2720; Begr. zu Art. 2 Nr. 3, S. 15.

[23] Aussetzung des Strafrests einer zeitigen Freiheitsstrafe nach Verbüßung von zwei Dritteln der Strafe.

[24] Aussetzung einer lebenslangen Freiheitsstrafe nach Verbüßung von fünfzehn Jahren der Strafe.

[25] Aussetzung einer zeitigen Freiheitsstrafe nach Verbüßung der Hälfte der Strafe.

[26] Vgl. BTDrucks. 10 2720; Begr. zu Art. 1 Nr. 7 a, S. 11.

[27] BTDrucks. 10 2720, Anl. 2 (Stellungnahme des Bundesrats) Nr. 19: Zu Art. 2 Nr. 3, S. 26.

[28] BTDrucks. 10 2720, Anl. 3 (Gegenäußerung der Bundesregierung): Zu 19, S. 30.

[29] BTDrucks. 10 4391 (Bericht): Zu Art. 2 § 454 b, S. 19.

unter Nr. 1 bis 3 angeführten Voraussetzungen unterbrechen *muß*. Unter **zunächst zu vollstreckende Freiheitsstrafe** ist die unter Berücksichtigung der nach § 43 Abs. 2 StVollstrO festgelegten Reihenfolge jeweils vollstreckte Freiheitsstrafe zu verstehen. Die Vollstreckungsbehörde hat die Freiheitsstrafe selbst dann zu unterbrechen, wenn eine Aussetzung des Strafrests dieser Strafe unter keinem rechtlichen Gesichtspunkt denkbar ist. Denn diese Frage hat allein die Strafvollstreckungskammer, und zwar erst im Zeitpunkt ihrer abschließenden Entscheidung nach Absatz 3 zu treffen.

b) **Zeitige Freiheitsstrafen.** Für zeitige Freiheitsstrafen bestimmt das Gesetz zwei **18** **unterschiedliche Unterbrechenszeitpunkte.** Nach Absatz 2 Satz 1 Nr. 1 hat die Vollstrekkungsbehörde eine Freiheitsstrafe bis zu zwei Jahren nach Verbüßung der Hälfte der Strafe, mindestens aber von sechs Monaten, zu unterbrechen, wenn der Verurteilte erstmals eine Strafe verbüßt. In anderen Fällen (höhere Freiheitsstrafe als zwei Jahre oder wiederholte Strafverbüßung) darf — muß sie dann allerdings auch — die Vollstrekkungsbehörde die Vollstreckung der Freiheitsstrafe erst mit dem Ablauf des Tages unterbrechen, an dem der Verurteilte zwei Drittel der Strafe, mindestens jedoch zwei Monate, verbüßt hat (Nr. 2). Damit steht fest, daß eine Freiheitsstrafe, die zwei Monate oder weniger beträgt, stets voll zu vollstrecken ist und kann auch nicht zweifelhaft sein, daß schon eine Strafe von zwei Monaten und einer Woche nach Ablauf von zwei Monaten, mithin wegen der verbleibenden einen Woche, zu unterbrechen ist. Nach dem klaren Wortlaut der Gesetzesfassung ist es nicht erforderlich, daß die zwei Monate auch zwei Drittel der verhängten Strafe ausmachen müssen, d. h. diese nicht auf mindestens drei Monate lauten muß[30].

c) Die Vollstreckung **lebenslanger Freiheitsstrafen** darf erst nach Verbüßung von **19** 15 Jahren unterbrochen werden (Nr. 3).

d) **Freiheitsstrafen und Maßregeln.** Die unter Rdn. 18 und 19 erörterten Grundsätze **20** gelten zufolge der Verweisung in § 463 Abs. 1 auch, wenn das erkennende Gericht neben einer oder auch mehreren der nacheinander zu vollstreckenden Freiheitsstrafen freiheitsentziehende Maßregeln der Besserung und Sicherung angeordnet hat. Bei der **Sicherungsverwahrung** folgt das schon daraus, daß diese stets zuletzt vollstreckt wird (§ 44 Abs. 1 und 2 StVollstrO). Damit wird der Strafvollstreckungskammer die Möglichkeit gegeben, im Zeitpunkt ihrer Entscheidung nach Absatz 3 außer über die Aussetzung der Vollstreckung der Reste aller Strafen zugleich auch darüber zu entscheiden, ob der Zweck der Maßregel die Unterbringung in der Sicherungsverwahrung nach § 67 c Abs. 1 StGB noch erfordert. Da die gleichen Erwägungen auch für den Fall gelten, wo das Gericht die Vollstreckung der Strafe *vor* einer an sich zunächst zu vollziehenden Maßregel nach §§ 63, 64 StGB angeordnet hat (§ 67 Abs. 2 StGB), besteht auch keine Veranlassung, die Frage der Unterbrechung der Vollstreckung hier anders zu behandeln. Aber auch dann, wenn die Maßregel der **Unterbringung** in einem **psychiatrischen Krankenhaus** (§ 63 StGB) oder **in** einer **Entziehungsanstalt** (§ 64 StGB) entsprechend dem Grundsatz des § 67 Abs. 1 StGB vor der Strafe vollzogen wird, bestehen keine Bedenken, die Maßregel wie eine Freiheitsstrafe zu behandeln, zumal da sie ohnehin auf die Strafe anzurechnen ist (§ 67 Abs. 4 StGB) und die Vollstreckungskammer bei Erreichen des Maßregelzwecks den nach der Anrechnung der Zeit des bisherigen Maßregelvollzugs noch verbleibenden Strafrest sogar aussetzen kann, wenn zufolge der Anrechnung die Hälfte der Strafe erledigt ist (§ 67 Abs. 5 Satz 1 StGB).

---

[30] OLG Köln NJW **1959** 783; StK b. d. AG Bremerhaven MDR **1975** 241; LK-*Ruß* § 57, 5; *Schönke/Schröder/Stree*[22] § 57, 3; *Dreher/Tröndle*[42] § 57, 3.

Günter Wendisch

IV. Ausnahmen

1. Strafreste aufgrund Widerrufs ihrer Aussetzung (Satz 2)

21   **a) Gesetzgebungsgang.** Satz 2 war schon im Regierungsentwurf enthalten[31], fehlte dann aber in der Beschlußempfehlung des Rechtsausschusses[32]. Das Versäumnis dürfte auf ein Mißverständnis über die Reichweite der Formulierungshilfe vom 9. 9. 1985 zurückzuführen sein, in der das Bundesministerium der Justiz diese — weil nur das während der Beratungen des 6. Ausschusses streitig gewesen war — auf § 454 b Abs. 1 und 2 beschränkt hatte. Das Versäumnis wurde auch während der zweiten und dritten Lesung des Bundestags nicht bemerkt[33] und konnte erst im Rahmen der Anrufung des Vermittlungsausschusses durch den Bundesrat[34] durch jenen wiedergutgemacht werden[35].

22   **b) Inhalt.** Satz 2 schließt eine (nochmalige) Unterbrechung von Strafresten aus, die aufgrund Widerrufs ihrer Aussetzung vollstreckt werden. Diese sind mithin voll, und zwar an erster Stelle zu vollstrecken. Unter **„Strafreste"** i. S dieser Vorschrift sind — wie schon aus der Paragraphenfolge und ihrem Standort erhellt — nur solche Teile einer nach Rechtskraft vollstreckten Freiheitsstrafe zu verstehen, die aufgrund der Aussetzung der weiteren Vollstreckung nach Verbüßung entweder der Hälfte, von zwei Dritteln oder von 15 Jahren (§ 454 Abs. 1 Satz 1 i. Verb. mit §§ 57, 57 a StGB) bisher nicht vollstreckt worden, nunmehr aber aufgrund eines Widerrufs durch die Strafvollstreckungskammer (§ 453 Abs. 1 i. Verb. mit § 57 Abs. 3, § 57 a Abs. 3 [§ 56 f] StGB) zu vollstrecken sind. Zu ihnen zählen auch solche Strafreste, die eine Gnadenbehörde nach Strafantritt ausgesetzt hat, die dann aber widerrufen worden sind.

2. Sonderfälle

23   **a) Widerruf einer Strafaussetzung zur Bewährung (§ 56 StGB).** *Keine* Strafreste i. S von Satz 2 sind Strafen, die das *erkennende* Gericht zur Bewährung ausgesetzt hat (§ 56 StGB), und zwar selbst dann nicht, wenn der Verurteilte bei einem Widerruf (zufolge Anrechnung von Untersuchungshaft) tatsächlich nur noch einen Strafrest verbüßen müßte. Einmal steht der Widerruf einer Strafaussetzung zur Bewährung (§§ 56, 56 f StGB) der Aussetzung des Strafrests nach § 57 StGB nicht entgegen[36]. Denn der Widerrufsbeschluß nach § 56 f StGB i. Verb. m. § 56 StGB hat nicht die Wirkung, daß die ursprünglich verhängte Strafe auf jeden Fall voll verbüßt werden muß. Abgesehen davon, daß die **Aussetzungsvoraussetzungen** in beiden Fällen **verschieden** sind, können sich — wie die Erfahrung zeigt — die Verhältnisse beim Verurteilten seit dem Widerruf aufgrund des Behandlungsvollzugs in der Anstalt so erheblich zu seinen Gunsten verändert haben, daß die Voraussetzungen des § 57 StGB nach Ablauf der dort angegebenen Zeiten durchaus zu bejahen sind. Ist aber die Aussetzung zulässig, muß auch die Unterbrechung möglich sein, zumal da diese der Vorbereitung jener Entscheidung dient.

---

[31] BTDrucks. **10** 2720, Art. 2 Nr. 3, § 454 b Abs. 2 Satz 2, S. 6.

[32] BTDrucks. **10** 4391, Zu Art. 2 Nr. 3 (§ 454 b), S. 10, 19.

[33] S. Sitzungsprotokoll – 10. Wahlp. 181. Sitzung – v. 5. 12. 1985 Nr. 13793 (A) bis (C) sowie Gesetzesbeschluß des Deutschen Bundestags vom 5. 12. 1985 – BRDrucks. 5/86, Art. 2 Nr. 4.

[34] Anl. zu BRDrucks. **5** 86, Nr. 2: Zu Art. 2 Nr. 4 (§ 454 b Abs. 2 StPO).

[35] Beschlußempfehlung v. 20. 2. 1986, BTDrucks. **10** 5061, Anl. zu ... Strafrechtsänderungsgesetz – Strafaussetzung zur Bewährung – (StRÄndG), Nr. 2.

[36] OLG Bremen MDR **1958** 263; OLG München MDR **1959** 324; LK-*Ruß* § 57, 9; SK-*Horn* § 57, 6; *Dreher/Tröndle*[42] § 57, 4.

b) Widerruf einer Zurückstellung der Vollstreckung (§ 35 Abs. 4 BtMG). Nach **24** § 35 Abs. 1 BtMG kann die Vollstreckungsbehörde (mit Zustimmung des Gerichts) die **Vollstreckung** gegen einen Verurteilten für längstens zwei Jahre **zurückstellen,** wenn dieser wegen einer Straftat, die er aufgrund einer Betäubungsmittelabhängigkeit begangen hat, zu einer Freiheitsstrafe bis zu zwei Jahren verurteilt worden ist, sich in einer seiner Rehabilitation dienenden Behandlung seiner Abhängigkeit befindet oder zugesagt hat, sich einer solchen Behandlung zu unterziehen. Das Institut der Zurückstellung *ergänzt* mithin das der (vorrangigen) Strafaussetzung zur Bewährung. Es erlaubt der Vollstreckungsbehörde, bei einem betäubungsmittelabhängigen Verurteilten die Vollstreckung trotz zweifelhafter Prognose aufzuschieben oder nach Teilverbüßung zu unterbrechen.

Die Vollstreckungsbehörde muß die **Zurückstellung widerrufen,** wenn der Verur- **25** teilte die Behandlung nicht begonnen, nicht fortgeführt oder die Aufnahme und Fortführung der Behandlung in einer dafür vorgesehenen staatlich anerkannten Einrichtung nicht nachgewiesen hat, wenn bei nachträglicher Bildung einer Gesamtstrafe nicht auch deren Vollstreckung zurückgestellt wird oder wenn gegen den Verurteilten eine weitere Freiheitsstrafe oder freiheitsentziehende Maßregel zu vollstrecken ist (§ 35 Abs. 4, 5 BtMG). Hat die Vollstreckungsbehörde die Zurückstellung widerrufen, muß sie die **Vollstreckung** der Strafe oder des Strafrests **einleiten;** eine erneute Zurückstellung der Vollstreckung bleibt möglich.

Aus dieser Darstellung der **Verfahrensmöglichkeiten** bei der Zurückstellung der **26** Vollstreckung sowie ihres Widerrufs, aber auch der Zulässigkeit einer erneuten Zurückstellung erhellt eindeutig, daß dieses Institut mit dem der Aussetzung des Strafrests nach § 57 StGB nicht vergleichbar ist mit der Folge, daß es auch nicht der Ausnahmeregelung des § 454 b Abs. 2 Satz 2 unterstellt werden kann.

c) Widerruf der Aussetzung des Strafrests im Anschluß an eine Therapie (§ 36 **27** **Abs. 4 BtMG).** Obwohl das Gesetz hier von dem Widerruf der Aussetzung des Strafrests spricht, wird auch dieser Fall nicht von der Ausnahmeregelung des § 454 b Abs. 2 Satz 2 erfaßt. Zwar trifft die Entscheidung über die Aussetzung des Strafrests nach § 36 Abs. 3 i. Verb. mit Abs. 4 — anders als im Fall des § 35 Abs. 1 BtMG — nicht die Vollstreckungsbehörde, sondern das Gericht, allerdings nicht die Strafvollstreckungskammer, sondern das Gericht des ersten Rechtszugs. Zufolge der Verweisung in § 36 Abs. 4 BtMG auf die §§ 56 a bis 56 g StGB ist dieses Gericht auch für den Widerruf seiner früheren Entscheidung zuständig. Schon diese **Zuständigkeitsregelung,** aber auch der weitere Umstand, daß der Sachverhalt auch sonst inhaltlich eher dem des § 56 StGB entspricht, gebietet es, ihn wie diesen von der Ausnahmeregelung auszunehmen.

V. Zeitpunkt der Aussetzungsentscheidung (Absatz 3)

1. Gleichzeitige Entscheidung. Absatz 3 schreibt vor, daß das Gericht die Entschei- **28** dungen nach §§ 57, 57 a StGB erst trifft, wenn über die Aussetzung der Vollstreckung aller Strafen gleichzeitig entschieden werden kann. § 78 a Abs. 1 Satz 3 und § 78 b Abs. 1 Nr. 1 letzter Halbs. GVG[37], die ihn ergänzen, stellen klar, daß für diese gleichzeitigen Entscheidungen nur *eine* **Strafvollstreckungskammer** zuständig ist[38]. Daß mit der Bestimmung der Zuständigkeit nur einer Strafvollstreckungskammer für alle Aussetzungsentscheidungen der Verfahrensaufwand verringert wird, ist unbestreitbar. Fraglich ist je-

---

[37] Eingefügt durch Art. 3 Nr. 1 und 2 des 23. StRÄndG (BGBl. 1986 I 393).

[38] BTDrucks. 10 2720; Begr. zu Art. 3 Nr. 1 und 2, S. 17.

doch, ob dieser insgesamt zu einer spürbaren Verringerung[39] führt, zumal da es — abgesehen von der Möglichkeit der Übertragung der Zuständigkeit nach § 451 Abs. 3 Satz 2 (§ 451, 70) — für die Staatsanwaltschaft als Vollstreckungsbehörde an einer entsprechenden gesetzlichen Zuständigkeitsregelung fehlt. Zwar hatte der **Arbeitsentwurf** eines ... Strafrechtsänderungsgesetzes eine solche Anpassung durch Einfügung eines Absatzes 2 in § 451 vorgesehen[40]; jedoch hatten sowohl die Strafprozeß- als auch die Strafvollstreckungsreferenten der Landesjustizverwaltungen den Vorschlag, dessen Zielvorstellungen sie durchaus als richtig anerkannten, abgelehnt, weil das Problem einer ausschließlichen Zuständigkeit nur einer Staatsanwaltschaft als Vollstreckungsbehörde prozessual nicht lösbar sei[41].

29   **2. Rechtzeitigkeit vorbereitender Maßnahmen.** Wegen der erforderlichen Maßnahmen zur Vorbereitung der Entlassung des Gefangenen s. § 454 a, 2 ff. Danach muß die Strafverfolgungsbehörde die **Stellungnahme der Vollzugsanstalt** so rechtzeitig einholen und die Akten der Strafvollstreckungskammer so rechtzeitig vorlegen, daß diese ihre und im Fall einer Ablehnung der Aussetzung das Beschwerdegericht seine Entscheidung frühzeitig genug treffen kann, um eine gewissenhafte und zeitlich angemessene Entlassungsvorbereitung durch die Vollzugsanstalt zu gewährleisten.

30   **3. Entscheidungsinhalt.** Wie bereits unter Rdn. 3 ausgeführt, trifft das Gericht die Entscheidungen zwar gleichzeitig, aber für jeden der zufolge der Unterbrechung der Vollstreckung teilweise verbüßten Strafen getrennt. Die Entscheidung kann wohl in einem Beschluß ergehen, muß allerdings die verschiedenen Aussetzungsfälle **einzeln** behandeln. Auch wenn es die Aussetzung des Strafrests in allen anstehenden Fällen anordnen will, befreit dieser Umstand das Gericht nicht von dieser Verpflichtung. Das erhellt daraus, daß das Gericht nicht nur zwei **Möglichkeiten** hat, nämlich die Aussetzung des Strafrests der mehreren verbüßten Strafen anzuordnen oder sie abzulehnen, es die Aussetzung vielmehr auch auf eine der nacheinander vollstreckten Strafen beschränken kann mit der Folge, daß die übrigen zufolge der Unterbrechung zunächst teilverbüßten Strafen weiter zu vollstrecken sind[42]. Allerdings kann der Verurteilte wegen eines abgelehnten Falls die **erneute Aussetzung** beantragen. Lehnt das Gericht die Aussetzung in allen Fällen ab, weil es der Ansicht ist, es könne noch nicht verantwortet werden zu erproben, ob der Verurteilte außerhalb des Strafvollzugs keine Straftaten mehr begehen werde, und hält es auch in näherer Zeit eine günstige Veränderung der Prognose nicht für wahrscheinlich, dann kann das Gericht auch in diesem Fall eine **Sperrfrist** nach § 57 Abs. 6, § 57 a Abs. 4 StGB festsetzen. Die noch nicht verbüßten Strafreste sind alsdann entsprechend der ursprünglichen Reihenfolge weiter zu vollstrecken.

---

[39] So die Begr. zu Art. 2 Nr. 3 BTDrucks. **10** 2720, S. 15.

[40] Er sollte folgenden Wortlaut haben: Sind gegen einen Verurteilten mehrere Freiheitsstrafen zu vollstrecken, so übernimmt die Vollstreckung aller Freiheitsstrafen diejenige Staatsanwaltschaft als Vollstreckungsbehörde, die die längste Strafe, bei gleichlangen Strafen diejenige, die die zuerst rechtskräftig gewordene Strafe zu vollstrecken hat. Die

Vollstreckung anderer Strafen kann ihr mit ihrem Einverständnis übertragen werden.

[41] Vgl. Ergebnisniederschrift über die Besprechung der Strafvollstreckungsreferenten vom 18. bis 21. 4. 1983 in Osnabrück, S. 3 ff – Anl. zum Schreiben des Nds. Ministers der Justiz vom 5. 5. 1983 – 4000 – 301.159.

[42] **A. A** *Greger* JR **1986** 357 (nur einheitliche Entscheidung möglich, weil Prognose stets dieselbe sei).

VI. Weitere Verfahrensfragen

1. Rechtsbehelfe. Der Verurteilte kann die Unterbrechung der Vollstreckung **31** **nicht anfechten,** da er durch sie in keinem Fall beschwert ist, und zwar selbst dann nicht, wenn er eine Aussetzung des Strafrests grundsätzlich ablehnt. Zwar kann das Gericht den Strafrest nur mit Einwilligung des Verurteilten aussetzen (§ 57 Abs. 1 Satz 1 Nr. 3, § 57 a Abs. 1 Satz 2 StGB), muß die Aussetzung daher im Entscheidungszeitpunkt ablehnen, wenn der Verurteilte nicht einwilligt (vgl. Rdn. 17). Da die vorhergehende **gesetzlich vorgeschriebene** Entscheidung über die Unterbrechung der Vollstreckung durch die Vollstreckungsbehörde diese Regelung unberührt läßt, ist es weder erforderlich, den Verurteilten zuvor zu hören, noch die Unterbrechung von dessen Zustimmung abhängig zu machen, zumal da nicht ausgeschlossen werden kann, daß der Verurteilte seine Meinung bis zur Entscheidung über die Aussetzung noch ändert. Wohl aber kann der Verurteilte **Einwendungen gegen die Reihenfolge** der Vollstreckung, die Ablehnung der Unterbrechung oder die Berechnung des Unterbrechungszeitpunkts geltend machen, über die alsdann das Gericht zu entscheiden hat (§ 458 Abs. 2 i. Verb. m. § 454 b Abs. 1 und 2).

2. Rechtsmittel. Der Verurteilte kann die Entscheidung des Gerichts, mit der die- **32** ses seine Einwendungen nach § 458 Abs. 2 zurückgewiesen hat, mit **sofortiger Beschwerde** anfechten. Ordnet das Gericht entgegen einer Entscheidung der Strafvollstreckungsbehörde aufgrund einer Einwendung des Verurteilten die Unterbrechung der zunächst zu vollstreckenden Freiheitsstrafe an, so steht der Staatsanwaltschaft gegen diese Entscheidung die sofortige Beschwerde zu; nach § 462 Abs. 3 Satz 2 hat sie aufschiebende Wirkung[43].

3. Zuständigkeit. Wegen der gerichtlichen Zuständigkeit bei Entscheidungen über **33** **Einwendungen gegen Anordnungen** über die Reihenfolge oder die Unterbrechung der Vollstreckung nach § 454 b Abs. 1 und 2 s. die Erl. zu § 458 Abs. 2 i. Verb. mit § 462; wegen der Zuständigkeit für Entscheidungen nach Absatz 3 siehe die Ausführungen zu § 462 a, 83. Wegen der Zuständigkeit der Vollstreckungsbehörde vgl. die Erl. bei *Pohlmann/Jabel* § 43, 39 f; § 23, 2 f.

§ 455

(1) Die Vollstreckung einer Freiheitsstrafe ist aufzuschieben, wenn der Verurteilte in Geisteskrankheit verfällt.

(2) Dasselbe gilt bei anderen Krankheiten, wenn von der Vollstreckung eine nahe Lebensgefahr für den Verurteilten zu besorgen ist.

(3) Die Strafvollstreckung kann auch dann aufgeschoben werden, wenn sich der Verurteilte in einem körperlichen Zustand befindet, bei dem eine sofortige Vollstreckung mit der Einrichtung der Strafanstalt unverträglich ist.

(4) [1]Die Vollstreckungsbehörde kann die Vollstreckung einer Freiheitsstrafe unterbrechen, wenn

1. der Verurteilte in Geisteskrankheit verfällt,

---

[43] BTDrucks. 10 2720; Begr. zu Art. 2 Nr. 9, S. 17.

Günter Wendisch

2. wegen einer Krankheit von der Vollstreckung eine nahe Lebensgefahr für den Verurteilten zu besorgen ist oder

3. der Verurteilte sonst schwer erkrankt und die Krankheit in einer Vollzugsanstalt oder einem Anstaltskrankenhaus nicht erkannt oder behandelt werden kann

und zu erwarten ist, daß die Krankheit voraussichtlich für eine erhebliche Zeit fortbestehen wird. ²Die Vollstreckung darf nicht unterbrochen werden, wenn überwiegende Gründe, namentlich der öffentlichen Sicherheit, entgegenstehen.

Schrifttum. *Altenhain* Die Rechtsprechung der Strafsenate zum Rechtsschutz im Strafvollzug, JVBl. **1964** 158; **1965** 265; *Altenhain* Die strafgerichtliche Rechtsprechung zum Rechtsschutz gegen Justizverwaltungsakte, JZ **1965** 756; *Altenhain* Die Rechtsprechung der Strafsenate zum Rechtsschutz gegen Justizverwaltungsakte auf dem Gebiet des Strafrechts, DRiZ **1970** 105; *Krey* Der Fall Peter Lorenz — Probleme des rechtfertigenden Notstandes bei der Auslösung von Geiseln, ZRP **1975** 97; *Olbricht* Verhältnis mehrerer gleichzeitiger Haftbefehle zueinander und zur Strafvollstreckung, GA **48** (1901) 393; *Rixen* Wann liegt eine rechtsgültige Aussetzung der Strafhaft (Strafunterbrechung) bei Verfall eines Strafgefangenen in Geisteskrankheit vor? MschrKrimPsych. **11** (1914/18) 542; *Spitzner* Sind die Behörden der inneren Verwaltung befugt, in ihren Anstalten vollstreckte Strafen zu unterbrechen? GA **64** (1917) 87.

Entstehungsgeschichte. Die als § 487 Gesetz gewordene Vorschrift hat ihre jetzige Bezeichnung durch die Bekanntmachung 1924 erhalten. Sie bestand ursprünglich nur aus den Absätzen 1 bis 3. Absatz 4 ist durch Art. 2 Nr. 5 des 23. StRÄndG vom 13. 4. 1986 (BGBl. I 393) eingefügt worden.

Übersicht

I. Anwendungsbereich

1   Bis zum Inkrafttreten des 23. Strafrechtsänderungsgesetzes am 1. 5. 1986 regelte § 455 *nur* den **Aufschub** der Vollstreckung einer Freiheitsstrafe **wegen Vollzugsun-**

tauglichkeit (Absatz 1 bis 3). Zufolge Verweisung in § 463 Abs. 1 gilt er grundsätzlich **auch für** die Vollstreckung von **Maßregeln** der Besserung und Sicherung (hier: von freiheitsentziehenden Maßregeln; vgl. § 463, 1 ff), soweit nicht dessen Absatz 4 Satz 1 den Aufschub für den Fall ausschließt, daß der Verurteilte in einem psychiatrischen Krankenhaus untergebracht ist und Satz 2 weiter bestimmt, daß der nachträgliche Verfall in Geisteskrankheit — anders als nach § 455 Abs. 1 — kein zwingender Aufschubgrund ist, der Aufschub der freiheitsentziehenden Maßregel vielmehr in das Ermessen der Vollstreckungsbehörde gestellt ist.

Dagegen war die **Unterbrechung** der Vollstreckung wegen Vollzugsuntauglich- **2** keit bisher nicht gesetzlich, sondern in §§ 45, 46 StVollstrO geregelt. Da die Unterbrechung aus Gründen der Vollzugsorganisation bereits eine gesetzliche Grundlage in § 455 a (vgl. Rdn. 21) erhalten hatte[1] und nunmehr auch die Unterbrechung bei Vollstreckung mehrerer Freiheitsstrafen in § 454 b geregelt ist[2], hielt es der Gesetzgeber für geboten, auch den dritten Fall, die Unterbrechung wegen Krankheit, gesetzlich zu regeln und dadurch zugleich den Grundsatz deutlicher als bisher zum Ausdruck zu bringen, daß Strafen zu vollstrecken sind, soweit nicht das Gesetz etwas anderes vorschreibt oder zuläßt[3]. Wegen weiterer Einzelheiten zum Gesetzgebungsgang s. Rdn. 15.

II. Begriffserläuterungen

Terminologisch ist zu unterscheiden zwischen Strafausstand, Strafaufschub und **3** Strafunterbrechung. Der Oberbegriff **Strafausstand** umfaßt jede vorübergehende Aussetzung der Strafvollstreckung. **Strafaufschub** ist die vor Beginn des Vollzugs, **Strafunterbrechung** die nach Vollzugsbeginn angeordnete Strafaussetzung[4]. Die Vorschriften über den Strafaufschub finden auch Anwendung, wenn bereits ein Teil der Strafe vollstreckt war und nach einer Unterbrechung die Fortsetzung der Vollstreckung des Strafrests in Frage steht[5].

III. Strafaufschub (Absatz 1 bis 3)

1. Allgemein. Die Absätze 1 bis 3 behandeln den Strafaufschub. Sie regeln mithin, **4** in welchen Fällen der Beginn der Vollstreckung einer — zeitigen, aber auch lebenslangen — Freiheitsstrafe wegen Erkrankung aufzuschieben ist oder aufgeschoben werden kann. Vorausgesetzt wird dafür eine solche mangelnde gesundheitliche Verfassung, daß der Gefangene weder in der Vollzugsanstalt noch ambulant außerhalb der Anstalt noch in einem Anstaltskrankenhaus in der erforderlichen Weise behandelt werden kann (OLG München MDR **1981** 426). Wegen der Zulässigkeit des Strafaufschubs zufolge der bei einer sofortigen Vollstreckung dem Verurteilten oder seiner Familie drohenden, außerhalb des Strafzwecks liegenden Nachteile vgl. § 456.

Die in Absatz 1 und 2 bezeichneten Umstände machen einen Aufschub der Voll- **5** streckung notwendig und begründen für den Verurteilten ein Recht darauf. Der Aufschub aus den Gründen des Absatzes 3 — aber auch der nach § 456 — ist in das Ermessen der Vollstreckungsbehörde gestellt. Die Absätze 1 bis 3 sowie § 456 enthalten **keine erschöpfende Regelung** des Strafaufschubs. Sie bestimmen nur, wann aus **Gründen,** die **in**

---

[1] Eingefügt durch § 181 StVollzG.
[2] Eingefügt durch Art. 2 Nr. 4 23. StRÄndG (BGBl. 1986 I 393).
[3] BTDrucks. **10** 2720; Begr. zu Art. 2 Nr. 4.

[4] Vgl. dazu *Wetterich/Hamann* 800 ff; KK- *W. Müller* 1.
[5] OLG Hamm NJW **1973** 2075; KK- *W. Müller* 1; KMR-*Müller* 3.

der Person des Verurteilten liegen, ein Strafaufschub notwendig oder zulässig ist. Gründe, aus denen im öffentlichen Interesse Strafaufschub gewährt werden kann, und zwar teils vom Gericht, teils von der Vollstreckungsbehörde, ergeben sich aus § 47 Abs. 2, § 307 Abs. 2, § 360 Abs. 2; §§ 455 a, 456 a.

6   Darüber hinaus kann die Vollstreckungsbehörde aufgrund der aus dem Vollstreckungsauftrag (§ 451) sich ergebenden Befugnisse aus **Gründen des öffentlichen Interesses** den Beginn der Strafvollstreckung hinausschieben, z. B. wenn bei Soldaten der Bundeswehr zwingende dienstliche Gründe (Teilnahme an einer größeren Truppenübung) der alsbaldigen Vollstreckung entgegenstehen, wenn der Verurteilte unmittelbar vor dem Abschluß eines Universitätsexamens steht oder wenn nach Auffassung der Vollstreckungsbehörde mit dem Erfolg eines eingereichten Gnadengesuchs mit hoher Wahrscheinlichkeit zu rechnen ist[6], wenn die Verkündung einer vom Parlament beschlossenen Amnestie in Bälde bevorsteht oder wenn zu erwarten ist, daß sich die Aufhebung des Urteils auf Revision hin auf den bereits rechtskräftig abgeurteilten Mitangeklagten erstrecken wird (Rdn. 26). Eine solche Befugnis entspricht dem Grundgedanken, auf dem die Aufschubbefugnis des Gerichts nach § 47 Abs. 2, § 307 Abs. 2, § 360 Abs. 2 beruht. Hier handelt es sich aber um Ermessensentscheidungen, die nicht der gerichtlichen Nachprüfung nach § 458 unterliegen.

7   **2. Kein Antragserfordernis.** In den Fällen der Absätze 1 bis 3 ist der Aufschub der Vollstreckung **von Amts wegen** zu verfügen; ein Antrag des Verurteilten ist nicht erforderlich. Andererseits gilt das Vollstreckungsverbot auch dann, wenn der Verurteilte die Vollstreckung selbst wünschen sollte, etwa um sie endlich hinter sich zu bringen[7]. Wegen des Antragserfordernisses in § 456 Abs. 1 vgl. die dort. Erläuterungen.

3. Gesetzliche Aufschubgründe
8   **a) Verfall in Geisteskrankheit (Absatz 1).** Darunter ist ein solcher Grad von Geisteskrankheit zu verstehen, daß der Verurteilte „für die Zwecke der Strafvollstreckung nicht mehr ansprechbar ist"[8]. Bei geringeren Graden kann die Einweisung in eine Vollzugsanstalt mit entsprechenden Behandlungsmöglichkeiten in Betracht kommen (§ 152 Abs. 2 StVollzG). Bei Geisteskrankheit, die in Schüben auftritt, kommt ein Aufschub nur für die Dauer eines Schubs in Betracht[9].

9   **b) Besorgnis naher Lebensgefahr (Absatz 2),** die aus einer anderen Krankheit im Fall einer Vollstreckung droht. An das Vorliegen dieses Aufschubgrundes sind **strenge Anforderungen** zu stellen; keinesfalls genügt, wenn sich nur die Möglichkeit nicht ausschließen läßt, daß die Krankheit sich durch den Vollzug lebensbedrohlich verschlechtert[10]. Schon bei Vollzugsbeginn wird der Gefangene von Amts wegen alsbald ärztlich untersucht (§ 5 Abs. 3 StVollzG). **Selbstmordgefahr** kommt nicht in Betracht; sie ist im allgemeinen auch nicht „nah", da ihr durch geeignete Maßnahmen im Vollzug begegnet werden kann (§ 88 StVollzG)[11].

---

[6] Allerdings ist die Entscheidung über die Einstellung der Vollstreckung aus Anlaß eines Gnadengesuchs in erster Linie Sache der Gnadenbehörde, § 6 Abs. 4 GnO.
[7] KK-*W. Müller* 9; *Kleinknecht/Meyer*[37] 2.
[8] KMR-*Müller* 4.
[9] *Pohlmann/Jabel* § 10, 26; KK-*W. Müller* 7.

[10] OLG Hamm MDR **1976** 778; KK-*W. Müller* 8; KMR-*Müller* 5; *Kleinknecht/Meyer* 2.
[11] KK-*W. Müller* 8. Auch die Drohung eines nahen Angehörigen, sich im Fall der Verweigerung eines Aufschubs selbst zu töten, scheidet als Aufschubgrund aus: OLG Köln MDR **1985** 695.

c) **Körperlicher Zustand (Absatz 3),** bei dem eine sofortige Vollstreckung mit der **10** Einrichtung der Strafanstalt unverträglich ist. Die Vorschrift bezweckt in erster Linie, den Vollzugsanstalten Schwierigkeiten zu ersparen, die eine geordnete Durchführung des Vollzugs unmöglich machen. Sie ist aber **auch im Interesse des Verurteilten** geschaffen, der im Vollzug nicht die notwendige Rücksichtnahme auf seinen Zustand erwarten kann, weil der Anstalt die nötigen Mittel nicht zur Verfügung stehen. Der Verurteilte kann deshalb auch in seinem Interesse den Aufschub beantragen und bei Versagung die Entscheidung nach § 458 herbeiführen.

Schwangere, Frauen, die unlängst entbunden haben und stillende Mütter fallen in **11** der Regel nicht unter Absatz 3. Die in solchen Fällen nach den Vollstreckungsplänen zuständigen Vollzugsanstalten dürften zumeist über die Möglichkeit verfügen, den besonderen Anforderungen, die sich aus diesem Zustand ergeben, ausreichend Rechnung zu tragen (vgl. §§ 76 ff StVollzG). Doch sollte nach den früheren Vollzugsvorschriften[12] die Vollzugsanstalt sich selbst stellende Frauen, deren Schwangerschaft bereits bis zum sechsten Monat fortgeschritten ist, sowie solche bis zum Ablauf von sechs Wochen nach der Entbindung und stillende Mütter nur aufnehmen, wenn die Vollstreckungsbehörde in Kenntnis des Zustands der Frau um Aufnahme ersucht[13]. An dieser Regelung sollte — auch aus Kostengründen — festgehalten werden.

4. Sonstige Krankheiten. Bei Krankheiten, die nicht unter Absatz 2 fallen, kann **12** **Vollzugsuntauglichkeit** in Betracht kommen, wenn die notwendige ärztliche Behandlung in der Vollzugsanstalt nicht möglich ist[14], gegebenenfalls kann dieses Bedenken durch die Aufnahme in eine geeignete Vollzugsanstalt unter Abweichung vom Vollstreckungsplan (§ 152 Abs. 2, § 65 StVollzG; § 26 StVollstrO) behoben werden[15]. Mit Recht weist *Müller*[16] darauf hin, daß bei der Frage der Vollzugstauglichkeit auch die **Zumutbarkeit des Vollzugs** unter den gegebenen Umständen und das öffentliche Interesse an beschleunigter Vollstreckung zu berücksichtigen sind[17].

5. Dauer. Anders als nach § 456 Abs. 2 ist die Dauer des Aufschubs hier schon **13** der Natur der Sache nach nicht auf einen bestimmten Zeitraum beschränkt. Seine **Dauer** hängt von dem Aufhören oder Fortbestehen des der Strafvollstreckung entgegenstehenden **Hindernisses** ab[18]. Es ist daher geeignetenfalls auch ein neuer und mehrmaliger Aufschub statthaft; gegen die Ablehnung eines solchen kann der Verurteilte wiederum das Gericht nach § 458 Abs. 2 anrufen[19]. Dauert das Hindernis ununterbrochen fort und ist es unmöglich, es zu beseitigen, so kann die Vollstreckung einer Freiheitsstrafe tatsächlich unmöglich werden. Während des Strafaufschubs ruht die Verjährung (§ 79 a StGB).

[12] Vgl. Nr. 49 Abs. 3 DVollzO.
[13] Besondere Vorschriften für den Frauenstrafvollzug enthalten nunmehr §§ 76 ff StVollzG.
[14] BGHSt **19** 148; OLG Hamm NJW **1973** 2076; KK- *W. Müller* 10; *Kleinknecht/Meyer*[37] 2.
[15] KK- *W. Müller* 10.
[16] KMR-*Müller* 6; ebenso KK-*W. Müller* 11.
[17] Als einen Anwendungsfall des § 455 Abs. 3 wollte die 19. Aufl. (Anm. 8) den Fall ansehen, daß gegen einen von zwei zusammengewachsenen Zwillingen eine Freiheitsstrafe vollstreckt werden soll (*Krüger* DJZ **1910** 1024). Hier folgt die Unmöglichkeit der Vollstreckung schon daraus, daß die Vollstreckung gegen den einen zugleich die Freiheitsentziehung für den anderen bedeuten würde, gegen den kein Vollstreckungstitel vorliegt.
[18] *Wetterich/Hamann* 808; KK- *W. Müller* 12; *Kleinknecht/Meyer*[37] 3.
[19] KK-W. Müller 12; KMR-*Müller* 8.

Günter Wendisch

IV. Strafunterbrechung (Absatz 4)

14   **1. Einführung.** Wie unter Rdn. 1 ausgeführt, enthielt die Strafprozeßordnung bis zum Inkrafttreten des 23. Strafrechtsänderungsgesetzes keine allgemeinen Vorschriften über die Unterbrechung einer schon begonnenen Strafvollstreckung. Nur einzelne Fälle waren geregelt: So gestattet § 455 a die Unterbrechung der Vollstreckung von Freiheitsstrafen und freiheitsentziehenden Maßregeln der Besserung und Sicherung aus den dort genannten Gründen (Rdn. 2). § 456 a läßt es zu, daß die Vollstreckungsbehörde unter den dort bezeichneten Voraussetzungen sich auch mit der Vollstreckung eines Teils der Strafe begnügen und zu diesem Zweck die Strafvollstreckung unterbrechen kann. § 456 c Abs. 2 gibt der Vollstreckungsbehörde das Recht, ein Berufsverbot auszusetzen, also auch zu unterbrechen. Ferner ist in § 458 Abs. 3 neben dem Aufschub auch die Unterbrechung erwähnt; jedoch ist dort, abgesehen von den besonderen Fällen des § 458 Abs. 1, der Fall vorausgesetzt, daß ein Aufschub des Beginns der Vollstreckung beantragt war und vor der endgültigen Erledigung dieses Antrags der Strafvollzug angefangen hatte. Diesem unbefriedigenden Zustand — teilweise Regelung in der Strafprozeßordnung, teilweise in der Strafvollstreckungsordnung — wollte der Gesetzgeber abhelfen; allerdings gelang das erst nach Ausschöpfung aller für ein Gesetzgebungsverfahren vorgesehenen Möglichkeiten (Rdn. 15).

15   **2. Gesetzgebungsgang.** Absatz 4 war bereits im Regierungsentwurf eines ... StrÄndG enthalten[20]. Auch der Bundesrat hatte keine Bedenken gegen seine Aufnahme in § 455. Dagegen hatte der Rechtsausschuß des Bundestags empfohlen, die Vorschrift zu streichen, weil er sie im Hinblick auf die Regelung der Materie in der Strafvollstreckungsordnung für entbehrlich hielt[21]. Der Bundestag folgte der Empfehlung; das am 5. 12. 1985 beschlossene 23. Strafrechtsänderungsgesetz enthielt also keinen Absatz 4[22]. Auf Vorschlag *seines* Rechtsausschusses beschloß alsdann der Bundesrat, den **Vermittlungsausschuß** auch mit dem Ziel anzurufen, die Streichung der schon „im Regierungsentwurf enthaltenen und auch vom Bundesrat gebilligten Strafunterbrechung aus Gesundheitsgründen" wieder rückgängig zu machen: Einmal sei die Aufnahme dieses Unterbrechungsgrundes in die Strafprozeßordnung aus rechtsdogmatischen Gründen angezeigt; zum anderen bliebe nach der Übernahme des § 43 StVollstrO in die Strafprozeßordnung (§ 454 b Abs. 2) sonst nur dieser Unterbrechenstatbestand, dem große praktische Bedeutung zukomme, ohne gesetzliche Regelung[23]. Nachdem der Vermittlungsausschuß dem Antrag des Bundesrats gefolgt war[24], billigte auch der Bundestag die Aufnahme der Strafunterbrechung in § 455 als Absatz 4[25].

16   **3. Allgemein.** Zwischen einer Unterbrechung und einem Aufschub der Strafvollstreckung besteht ein wesentlicher **Unterschied.** Er schließt es aus, die Vorschriften über

---

[20] Vgl. BTDrucks. 10 2720, Art. 2 Nr. 4, S. 6.

[21] BTDrucks. 10 4391 – Beschlußempfehlung und Bericht des Rechtsausschusses vom 27. 11. 1985: Zu Art. 2 Nr. 4 (§ 455), S. 19. Wie schwer dem Rechtsausschuß die Entscheidung gefallen ist, erhellt auch daraus, daß er in seiner 63. Sitzung am 23. 10. 1985 der Fassung des Regierungsentwurfs bei nur einer Enthaltung zugestimmt hatte – Prot. 63/17 –, sie dann aber in der folgenden Sitzung einstimmig abgelehnt hatte – Prot. 64/10 –.

[22] Vgl. BRDrucks. 5/86 – Art. 2 Nr. 4 und 5.

[23] BRDrucks. 5/86 – Beschluß vom 31. 1. 1986.

[24] Vgl. BTDrucks. 10 5061 – Anl. zum Beschluß vom 20. 2. 1986; Nr. 3: Zu Art. 2 Nr. 4 a – neu – (§ 455 Abs. 4 StPO).

[25] BTDrucks. 10 5061 vom 20. 2. 1986 – BRDrucks. 107/86 vom 28. 2. 1986.

den Aufschub auf die Unterbrechung entsprechend anzuwenden, macht es vielmehr erforderlich, sie eigenständig zu gestalten. Wäre es anders, müßte die Vollstreckung bei Vollzugsuntauglichkeit in jedem Fall unterbrochen werden. Dieses Ergebnis will Absatz 4 — auch im Interesse des Verurteilten — vermeiden. Er baut auf dem Regelfall auf, daß eine einmal begonnene Strafvollstreckung zu Ende geführt und im allgemeinen nicht unterbrochen wird.

4. Unterbrechensgründe (Satz 1)

a) Verfall in Geisteskrankheit (Nr. 1); Besorgnis naher Lebensgefahr (Nr. 2). Die **17** Nummern 1 und 2 schließen sich materiell eng an die Voraussetzungen für den Aufschub der Strafvollstreckung an, soweit diese zwingend sind und für die Strafunterbrechung Bedeutung haben können[26]. Wegen der sachlichen Voraussetzungen kann daher auf die Ausführungen unter Rdn. 8 f sowie auf § 461, 9 f verwiesen werden.

b) Sonstige schwere Erkrankung (Nr. 3). Die Regelung in Nummer 3 knüpft statt **18** an die Aufschubregelung in Absatz 3 an die **Voraussetzungen für die Verlegung** in ein Krankenhaus außerhalb des Vollzugs (§ 65 Abs. 2 StVollzG) an[27]. Damit schließt der Gesetzgeber nicht nur leichtere Krankheitsfälle von vornherein als Unterbrechensgründe aus, sondern stellt zugleich auch sicher, daß selbst schwere Krankheitsfälle eine Unterbrechung nur dann rechtfertigen, wenn sie nicht in einem Anstaltskrankenhaus oder in einer Vollzugsanstalt mit entsprechender Krankenabteilung behandelt oder erkannt werden können. Daß der Gesetzgeber den unbestimmten Rechtsbegriff „schwere Erkrankung" nicht besonders definiert, schadet nicht, zumal da dieser nicht absolut bestimmt und die Vollstreckung auch dann unterbrochen werden kann, wenn es zwar ein für die Behandlung der schweren Krankheit geeignetes Anstaltskrankenhaus gibt, der Gefangene aber — etwa weil seine Krankheit keinen längeren Transport erlaubt — wegen zu großer Entfernung nicht dorthin verlegt werden kann. Die Frage einer internen Verlegung (§ 65 Abs. 1 StVollzG) ist daher stets vorrangig zu prüfen. Ist sie möglich, entfällt eine Unterbrechung der Vollstreckung schon deshalb.

c) Dauer der Erkrankung. Die Vollstreckung darf in allen Fällen nur unterbro- **19** chen werden, wenn die Krankheit voraussichtlich für eine **erhebliche Zeit** fortbesteht. Der Gesetzgeber verzichtet auch hier auf eine gesetzliche Definition dieses Begriffs[28]. Auch das erscheint sachgerecht, zumal da auch diese Frage stets aufgrund der Umstände des Einzelfalls zu entscheiden sein wird und die Entscheidung darüber hinaus auch von der Dauer der noch zu verbüßenden Strafe abhängen kann. Sie mag bei einem nur noch kurzen Strafrest kürzer zu bemessen sein; bei längerer Strafdauer wird sie dagegen eine längere Zeitspanne erfordern. Eine absolute Grenze festzusetzen, ist nicht möglich.

d) Ermessensentscheidung. Absatz 4 Satz 1 ist nach dem Vorbild des § 45 Abs. 1 **20** StVollstrO als Ermessensregelung ausgestaltet. Der Gefangene hat also *kein* **Recht auf Unterbrechung,** wohl aber darauf, daß das Ermessen fehlerfrei ausgeübt wird. Im Rahmen dieses Ermessens muß im Einzelfall unter Abwägung der in Rdn. 18 f aufgeführten Gesichtspunkte eine Unterbrechung vertretbar sein. In der amtlichen Begründung wird besonders darauf hingewiesen, daß dazu auch die Prüfung gehört, „ob Maßnahmen nach § 65 Abs. 1 oder 2 StVollzG ausreichen oder — etwa unter Sicherheitsgesichts-

---

[26] BTDrucks. 10 2720; Begr. zu Art. 2 Nr. 4, S. 16, dritter Absatz.

[27] BTDrucks. 10 2720; Begr. zu Art. 2 Nr. 4, S. 16, vierter Absatz.

[28] BTDrucks. 10 2720; Begr. zu Art. 2 Nr. 4, S. 16, zweiter Absatz.

punkten — erforderlich sind oder ob im Interesse des Verurteilten von einer Unterbrechung abgesehen werden soll, dem die Zeit der Unterbrechung nicht auf die Strafzeit angerechnet wird, während die ohne Unterbrechung in einem Krankenhaus außerhalb des Vollzugs nach § 65 Abs. 2 StVollzG verbrachte Zeit grundsätzlich nach § 461 StPO in die Strafzeit eingerechnet wird"[29]. Wegen des Verfahrens vgl. § 46 StVollstrO.

21   **5. Ausnahme (Satz 2).** Satz 2 enthält eine **zwingende Einschränkung.** Die Vollstrekkung darf, auch wenn die Voraussetzungen des Satzes 1 Nr. 1 bis 3 gegeben sind, nicht unterbrochen werden, wenn **überwiegende Gründe,** namentlich der öffentlichen Sicherheit, entgegenstehen. Die Fassung lehnt sich an den Hinderungsgrund des § 455 a Abs. 1 letzter Halbs. bei der Unterbrechung aus Gründen der Vollzugsorganisation an. Er geht in seinem **Umfang** weiter als § 455 a, der eine Unterbrechung nur bei überwiegenden Gründen der öffentlichen Sicherheit ausschließt, während § 455 Abs. 4 Satz 2 — wie aus dem Wortlaut „namentlich" erhellt — auch andere Gründe zuläßt. Im Ergebnis entspricht seine Regelung der des § 45 Abs. 4 StVollstrO, so daß sowohl die Gefahr der Begehung neuer schwerwiegender Straftaten als auch Fluchtgefahr die Unterbrechung ausschließen können[30].

22   **6. Besonderheiten bei Vollzug durch Bundeswehrbehörde.** Für Fälle, in denen **Strafarrest** — nicht Jugendarrest[31] — oder **Freiheitsstrafe bis zu sechs Monaten** (Art. 5 Abs. 2 EGWStG) von einer Behörde der Bundeswehr vollzogen wird, enthält Art. 6 EGWStG[32] in bezug auf die Unterbrechensregelung in Absatz 4 ergänzende Bestimmungen. Artikel 6 lautet:

> (1) Die Vollstreckungsbehörde unterbricht die Vollstreckung eines Strafarrestes und einer Freiheitsstrafe, die durch Behörden der Bundeswehr vollzogen wird, wenn der Unterbrechung keine überwiegenden Gründe entgegenstehen und
> 1. der Verurteilte in Geisteskrankheit verfällt,
> 2. von der Vollstreckung eine nahe Lebensgefahr für den Verurteilten zu besorgen ist oder
> 3. der Verurteilte in einer Sanitätseinrichtung der Bundeswehr oder in einer anderen Krankenanstalt stationär aufgenommen wird.
> (2) § 458 Abs. 2, Abs. 3 Satz 1 der Strafprozeßordnung ist anzuwenden.

23   Bei einem Vergleich mit § 455 Abs. 4 sind namentlich folgende **Unterschiede** festzustellen: Art. 6 Satz 1 EGWStG schreibt in den Nummern 1 und 2 die Unterbrechung der Vollstreckung nach dem Vorbild in § 45 Abs. 5 StVollstrO für den Regelfall vor, wenn eine der in § 455 Abs. 1 und 2 bezeichneten **schweren Erkrankungen** eintritt, auch wenn dies ausnahmsweise nicht zu einem Krankenhausaufenthalt führen sollte. In Nummer 2 wird darüber hinaus auch auf solche Fälle von **Lebensgefahr** abgestellt, die medizinisch nicht als Krankheit gewertet werden. Damit berücksichtigt der Gesetzgeber, daß der Bundeswehr im Gegensatz zum Strafvollzug geeignete Unterbringungs- und Behandlungsmöglichkeiten für solche Verurteilte fehlen (vgl. Rdn. 9). Nummer 3

[29] BTDrucks. 10 2720; Begr. zu Art. 2 Nr. 4, S. 16, sechster Absatz.
[30] § 45 StVollstrO, der durch die Regelung in § 455 Abs. 4 gegenstandslos geworden ist; vgl. dazu auch *Pohlmann/Jabel,* § 45, 18 f.
[31] Für den Jugendarrest verbleibt es bei den sich aus dem Jugendgerichtsgesetz ergebenden Regelungen.
[32] Eingefügt durch Art. 6 des 23. StRÄndG (BGBl. I 393). Wegen des Gesetzgebungsgangs wird auf die Ausführungen zu Rdn. 15 verwiesen.

erfaßt die Fälle, in denen der erkrankte Verurteilte innerhalb oder außerhalb der Bundeswehr **stationär** untergebracht wird.

Der **Unterschied zur Ermessensregelung** in § 455 Abs. 4 hängt mit den besonderen **24** **Gegebenheiten im Bundeswehrvollzug** zusammen. Der Vollzug der durch die Bundeswehr vollzogenen Strafe ist auf eine Teilnahme am militärischen Dienst ausgerichtet. Wird ein Bundeswehrsoldat in eine Krankenabteilung verlegt, hat die weitere Fingierung des Vollzugs mithin keinen Sinn mehr.

Art. 6 knüpft nicht mehr an die **Vollzugsuntauglichkeit** an, nachdem dieser Begriff auch im Strafvollzugsgesetz nicht mehr verwendet wird. Aus **überwiegenden Gründen** kann die Vollstreckungsbehörde von der Unterbrechung absehen, wenn etwa der Rest der Freiheitsstrafe für sich genommen im Verhältnis zum verbüßten Teil unerheblich ist (so auch § 45 Abs. 2 Satz 2 StVollstrO). Im Gegensatz zu § 455 Abs. 4 Satz 2 werden dabei Gründe der öffentlichen Sicherheit im allgemeinen nicht im Vordergrund stehen. Satz 2 sieht die Anfechtungsmöglichkeit nach § 458 mit den an sie anknüpfenden Verfahrens- und Zuständigkeitsregelungen in §§ 462, 462 a auch hier vor[33].

7. **Unterbrechung nach § 19 StVollstrO.** Die Vorschrift regelt einen Sonderfall. **26** Sie sieht den Aufschub oder die Unterbrechung der Strafvollstreckung vor, wenn von mehreren Verurteilten nur ein Teil Revision eingelegt hat, während das Urteil gegen die übrigen rechtskräftig geworden und wenn zu erwarten ist, daß das Revisionsgericht die Aufhebung auf einen der letzteren, der sich schon im Vollzug befindet, erstrecken wird (§ 357)[34]. Nachdem der Gesetzgeber durch das 23. StRÄndG die Unterbrechung beim Zusammentreffen mehrerer Freiheitsstrafen nunmehr in § 454 b selbständig und abschließend geregelt hat, kann § 19 StVollstrO für diese Fälle nicht mehr – auch nicht entsprechend – herangezogen werden[35]. Die Pflicht der Staatsanwaltschaft, jeweils vor Verbüßung von zwei Dritteln der einzelnen Strafen die Vollstreckung zu unterbrechen und anschließend die nächste Strafe zu vollstrecken, um vor Erreichen von zwei Dritteln der letzten Strafe eine einheitliche Entscheidung über die Restaussetzung zur Bewährung bei allen Strafen zu ermöglichen, folgt nunmehr unmittelbar aus § 454 b Abs. 3 (vgl. dort, Rdn. 29). Wegen der Unterbrechung durch Gnadenakt vgl. Rdn. 33.

8. **Gewaltsame Strafunterbrechung.** Eine Strafunterbrechung im technischen Sinn **27** liegt nicht vor, wenn Strafgefangene durch Gewalt oder Drohung mit Gewalt freigepreßt werden, wenn etwa Terroristen die Tötung entführter Geiseln oder die Verübung anderer Gewaltakte für den Fall androhen, daß ihrem Verlangen nach Freilassung bestimmter Strafgefangener nicht stattgegeben werde. Beschließen die zuständigen Regierungsorgane, einem solchen Verlangen aus wohlerwogenen Gründen stattzugeben, um Schlimmeres zu vermeiden, so kommt es auf eine Unterbrechensanordnung der Strafvollstreckungsbehörde nicht an und liegt noch weniger ein Gnadenakt vor. Es tritt vielmehr eine **faktische Beendigung** des Vollzugs ein, die den staatlichen Strafvollstreckungsanspruch nicht berührt. Die veranlassenden Regierungsorgane sind ihrerseits durch § 34 StGB gedeckt[36].

V. Zuständigkeit

1. **Vollstreckungsbehörde.** Zuständig für die Entscheidung über einen Strafauf- **28** schub oder eine Strafunterbrechung (§§ 455, 456) — im letzteren Fall, soweit es um die

---

[33] S. BTDrucks. 10 2720; Begr. zu Art. 7; S. 19.
[34] Vgl. dazu § 449, 19; § 455 a, 6.
[35] So noch LR-*Schäfer*[23], § 455, 10.
[36] Vgl. LR-*Schäfer* Einl. Kap. 10 Abschn. V 5; *Krey* ZRP **1975** 97.

Vollstreckung von Freiheitsstrafen oder freiheitsentziehenden Maßregeln geht — ist kraft der sich aus § 451 ergebenden Befugnisse die Vollstreckungsbehörde, und zwar der **Staatsanwalt,** nicht der Rechtspfleger[37]. Obwohl das bezüglich der Unterbrechung für den Rechtspfleger zu einer Minderung seiner Befugnisse führt — er war nach bisherigem Recht für die Anordnung oder Ablehnung einer Unterbrechung nach §§ 45, 46 StVollstrO zuständig[38] —, ist das zu begrüßen. Eine unterschiedliche Zuständigkeit ist nach Übernahme der Strafunterbrechung in die Strafprozeßordnung ausgeschlossen. Eine andere Frage ist, ob nicht die Zuständigkeit für beide Fälle allgemein auf den Rechtspfleger übertragen werden sollte. Jedoch bedarf es dazu einer Änderung der Begrenzungsverordnung.

29   2. Das **Gericht** kann den Aufschub oder die Unterbrechung einer Vollstreckung nur anordnen, wenn dies in gesetzlichen Vorschriften ausdrücklich vorgesehen ist[39].

VI. Rechtsbehelfe

30   1. **Entscheidung nach § 458 Abs. 2, 3.** Ob eine der Voraussetzungen des § 455 vorliegt, entscheidet zunächst die Vollstreckungsbehörde. Werden gegen eine Ablehnung Einwendungen erhoben, so hat die Vollstreckungsbehörde die Entscheidung des Gerichts herbeizuführen (§ 458 Abs. 2).

31   2. **Entscheidung nach §§ 23 ff EGGVG.** Auf eine Entscheidung der Strafvollstreckungsbehörde, durch die sie eine Unterbrechung nach § 19 StVollstrO (Rdn. 26) abgelehnt hat, ist § 458 nicht anwendbar. Der Gefangene kann also eine solche ablehnende Unterbrechensentscheidung nur nach den §§ 23 ff EGGVG anfechten.

32   3. **Dienstaufsichtsbeschwerde.** Der Verurteilte kann stets den Weg der Dienstaufsichtsbeschwerde beschreiten; eine gerichtliche Entscheidung geht allerdings einer im Dienstaufsichtsweg getroffenen vor. Schließlich kann der Verurteilte, wenn Gericht oder Dienstaufsichtsbehörde das Vorliegen eines gesetzlichen Aufschubgrundes verneinen, die Gnadenbehörde anrufen, die Strafausstand auch dann gewähren kann, wenn keine gesetzlichen Aufschubgründe vorliegen[40].

VII. Aufschub und Unterbrechung durch Gnadenakt

33   Die unter Rdn. 8 ff; 17 ff aufgezeigten Möglichkeiten, die Vollstreckung einer **Freiheits- oder Ersatzfreiheitsstrafe** aufzuschieben oder zu unterbrechen, stehen einer

---

[37] § 1 Nr. 1 und 2 BegrenzVO i. d. F. vom 16. 2. 1982 – BGBl. I 188; abgedruckt zu § 451, 32; *Wetterich/Hamann* 804, 808; KK-*W. Müller* 4; *Kleinknecht/Meyer*[37] 1.

[38] *Pohlmann/Jabel* § 45, 12.

[39] Wie z. B. in § 47 Abs. 2: Aufschub der Vollstreckung; § 307 Abs. 2: Aussetzung der Vollziehung; § 360 Abs. 2, § 348 Abs. 3 Satz 1 letzter Halbsatz: Aufschub oder Unterbrechung der Vollstreckung.

[40] Wegen der früheren Unterscheidung zwischen Vollstreckungsmaßnahmen und Gna-

denakt vgl. OLG Celle GA **43** (1895) 419; OLG Colmar GA **39** (1891) 189; OLG Bremen Rpfleger **1961** 162; OLG Hamm NJW **1964** 176; OLG Oldenburg NdsRpfl. **1965** 23; OLG München NJW **1968** 609; OLG Hamburg NJW **1969** 671; OLG Stuttgart NStZ **1985** 332; *Rixen* MSchrKrimPsych. **11** (1914/18) 548; *Olbricht* GA **48** (1901) 406; KMR-*Müller* 1; *Pohlmann/Jabel* § 45, 1; *Pohlmann* Rpfleger **1962** 442; JZ **1964** 661; *Altenhain* JVBl. **1964** 158; **1965** 265; JZ **1965** 760; DRiZ **1970** 108.

(weitergehenden) gnadenweisen Regelung nicht entgegen. Sie kommt namentlich in den Fällen in Betracht, in denen ein über §456 hinausgehender Aufschub mit Rücksicht auf persönliche Belange des Verurteilten oder eine Unterbrechung der Vollstreckung aus den in §456 genannten Gründen erwogen wird. Unterstützt wird dieser Standpunkt durch **§34 Abs. 2 GnO**[41]. Danach ist „eine nicht durch besondere gesetzliche Vorschrift zugelassene vorübergehende Aussetzung der Vollstreckung (Strafausstand) Ausübung des Begnadigungsrechts, gleichviel, ob sie vor dem Vollzug (Strafaufschub) oder während des Vollzugs (Strafunterbrechung) eintritt". Inhaltlich oder sogar wörtlich entsprechende Vorschriften enthalten auch die an die Stelle der Reichsgnadenordnung getretenen landesrechtlichen Gnadenordnungen[42]. Bei **Maßregeln** der Besserung und Sicherung kommt ein Gnadenakt nur in seltenen Ausnahmefällen und jedenfalls dann nicht in Betracht, wenn die Gefahr, die durch die Maßregel abgewendet werden soll, noch besteht (§3 Abs. 2 GnO). Gnadenentscheidungen können weder nach §458 Abs. 2 noch nach §23 EGGVG angefochten werden (OLG Stuttgart Rpfleger **1985** 208).

VIII. Regelungen im Strafvollzugsgesetz

34 Neben den prozeß-, verwaltungs- und gnadenrechtlichen Aufschub- und Unterbrechensmöglichkeiten gewährt das Strafvollzugsgesetz ihren Behörden zusätzlich **weitere Befugnisse** in Form von Beurlaubungen, also ebenfalls Strafunterbrechensbefugnisse, die nach klassischer Auffassung nur dem Gnadeninhaber und den von ihm zur Ausübung des Gnadenrechts ermächtigten Stellen zustanden, jetzt aber Vollzugsmaßnahmen darstellen, die die Strafvollstreckung nicht unterbrechen. Abgesehen von der **Unterbringung** eines Gefangenen **in** einer **Anstalt** oder Abteilung **des offenen Vollzugs** (§10 StVollzG) liegt schon nach bisherigem Recht ein Strafvollzug auch bei Lockerungen des Vollzugs vor; so wenn der Gefangene ohne Aufsicht eines Vollzugsbediensteten eine regelmäßige **Beschäftigung außerhalb der Anstalt** verrichten darf (Freigang) oder wenn er die Anstalt für eine bestimmte Tageszeit ohne eine solche Aufsicht verlassen darf (Ausgang; §§11, 39 StVollzG). Darüber hinaus aber dauert rechtlich der Strafvollzug auch bei **Regelurlaub** des Gefangenen (§13 StVollzG), bei **Sonderurlaub** zur Vorbereitung der Entlassung (§15, vgl. auch §134 StVollzG), bei **Urlaub aus wichtigem Anlaß** (§35 StVollzG) oder zur Teilnahme an einem gerichtlichen Termin (§36 StVollzG) an. In all diesen Fällen wird nach ausdrücklicher Vorschrift durch den Urlaub die Strafvollstreckung *nicht* unterbrochen (§13 Abs. 5, §15 Abs. 3, 4, §35 Abs. 1, §36 Abs. 1 StVollzG; für die Sicherungsverwahrung vgl. §130 StVollzG).

35 Bevor das Strafvollzugsgesetz diese Vorschriften traf, galt — anders als im Jugendstrafvollzug[43] — im Erwachsenenvollzug nicht nur eine Beurlaubung aus der Strafhaft als Gnadenakt[44], sondern sahen Rechtsprechung[45] und Justizverwaltungen selbst **Lockerungen des Vollzugs** wie den Freigang als Gnadenerweis an, die der Leiter der Vollzugsanstalt (als vom Inhaber des Gnadenrechts dazu ermächtigt) erteilte[46],

---

[41] Vom 6. 2. 1935 (DJ 203).

[42] Zusammenstellung bei *Schätzler* Handbuch des Gnadenrechts (1976); z. B. §38 GnOBW v. 23. 3. 1971 – abgedruckt bei *Schätzler* 160 – und §27 Hess. GnO v. 3. 12. 1974 – GVBl. I 587.

[43] Vgl. §91 JGG sowie AV des Nds. JM v. 23. 12. 1975 über Vollzugslockerungen und Urlaub im Jugendstrafvollzug, NdsRpfl. **1976** 6.

[44] So OLG Hamburg NJW **1974** 962; *Müller-Dietz* NJW **1974** 1476.

[45] OLG Saarbrücken NJW **1973** 2037; OLG Nürnberg MDR **1975** 949.

[46] So z. B. RdErl. d. HessJMin vom 21. 2. 1972 – JMBl. 133 – betr. Gewährung des Freigängerstatus zur Vorbereitung auf die Entlassung.

Günter Wendisch

während das Strafvollzugsgesetz den Urlaub, vor allem wegen der Möglichkeit, die während des Urlaubs bestehende Freizügigkeit des Gefangenen durch Weisungen zu begrenzen und den Urlaub bei Nichtbefolgung der Weisungen oder Mißbrauch zu widerrufen (§ 14 StVollzG), als eine weitestgehende gelockerte Form des Vollzugs ansieht (vgl. § 451, 61 ff). Demgemäß rechnet auch der Urlaub als **verbüßte Strafe** i. S des § 57 StGB. Vorübergehende Unterbrechungen des Vollzugs in dem im Strafvollzugsgesetz vorgesehenen Umfang sind danach keine Strafvollstreckungs-, sondern reine **Vollzugsmaßnahmen.** Die Vollstreckungsbehörde besitzt insoweit keine Zuständigkeit, und es besteht auch kein Bedürfnis mehr, ihr in diesem Bereich Unterbrechensbefugnisse zuzubilligen.

IX. Anwendung des § 455 auf Geldstrafen und sonstige Rechtsfolgen

36   Die Vorschrift findet nach ihrem eindeutigen Wortlaut **keine Anwendung** auf die Vollstreckung von Geldstrafen, Nebenfolgen wie Verfall und Einziehung, aber auch nicht von Nebenfolgen, die zu einer Geldzahlung verpflichten (§ 459 g Abs. 2). Wegen Aufschub und Unterbrechung bei Ordnungs- und Zwangshaft s. § 456, 14.

§ 455 a

(1) **Die Vollstreckungsbehörde kann die Vollstreckung einer Freiheitsstrafe oder einer freiheitsentziehenden Maßregel der Besserung und Sicherung aufschieben oder ohne Einwilligung des Gefangenen unterbrechen, wenn dies aus Gründen der Vollzugsorganisation erforderlich ist und überwiegende Gründe der öffentlichen Sicherheit nicht entgegenstehen.**

(2) **Kann die Entscheidung der Vollstreckungsbehörde nicht rechtzeitig eingeholt werden, so kann der Anstaltsleiter die Vollstreckung unter den Voraussetzungen des Absatzes 1 ohne Einwilligung des Gefangenen vorläufig unterbrechen.**

Entstehungsgeschichte. Eingefügt durch § 181 StVollzG.

1   **1. Grundgedanke der Vorschrift.** Wie zu § 455, 14 ausgeführt, war es schon vor Schaffung des § 455 a anerkannt, daß die Befugnis zum Aufschub der Vollstreckung von Freiheitsstrafen nach § 455 Abs. 1 bis 3, § 456 nur unter bestimmten Voraussetzungen zulässig ist; daß dieser im Fall des § 456 außerdem einen Antrag des Verurteilten (oder wenigstens sein Einverständnis) verlangt; und daß auch die Unterbrechung der Strafvollstreckung (und damit erst recht ein Aufschub) aus vollzugstechnischen Gründen oder aus Bedürfnissen der Strafrechtspflege oder des öffentlichen Interesses zum Inhalt der Strafvollstreckung und damit zu den aus § 451 sich ergebenden Befugnissen der Strafvollstreckungsbehörde gehört. § 455 a legalisiert und konkretisiert diesen Gedanken für einen Teilbereich.

2   **2. Gründe der Vollzugsorganisation.** Aufschub und Unterbrechung der Vollstreckung von Freiheitsstrafen und freiheitsentziehenden Maßregeln der Besserung und Sicherung kann die Vollstreckungsbehörde von Amts wegen — und ohne Einwilligung des Verurteilten — anordnen, wenn dies aus Gründen der Vollzugsorganisation erforderlich ist. Mit dieser Fassung ist negativ zum Ausdruck gebracht, daß Gründe, die in der Person des Verurteilten liegen, eine Anordnung nach § 455 a nicht rechtfertigen[1], und positiv, daß es sich um Gründe handeln muß, die sich aus den Bedürfnissen und Anforderungen eines geordneten, den gesetzlichen Vorschriften entsprechenden Vollzugs in der Anstalt ergeben. Die Begründung des Regierungsentwurfs führt dazu aus: „[Die Vorschrift] bezweckt in erster Linie, das Verbot der **Überbelegung** [§ 146 StVollzG], dem für eine menschenwürdige Unterbringung und eine den Vorschriften des Entwurfs entsprechende Behandlung der Gefangenen wichtige Bedeutung beigemessen wird, schon im Bereich der Strafvollstreckung zu berücksichtigen[2]. Eine Unterbrechung der Vollstreckung kann notwendig werden, um bei einer Überbelegung der Anstalten für Gefangene schwerer Kriminalität Haftplätze freizumachen. Die Vorschrift hat Bedeutung auch für **Katastrophenfälle**[3], z. B. bei Ausbruch einer Seuche oder bei Baufälligkeit einer Anstalt. Die Bestimmung ist darüber hinaus zur **Aufrechterhaltung der öffentlichen Sicherheit** in besonderen Notzeiten erforderlich, in denen die Räumung einzelner Anstalten notwendig werden könnte".

3. Entgegenstehendes öffentliches Interesse. Auch wenn Erfordernisse der Vollzugsorganisation zu bejahen sind, rechtfertigen sie den Aufschub oder die Unterbrechung der Vollstreckung von Freiheitsstrafen und freiheitsentziehenden Maßregeln der Besserung und Sicherung nicht, wenn dem bei einer Abwägung der kollidierenden Interessen überwiegende Gründe der öffentlichen Sicherheit entgegenstehen. Es würde z. B. nicht angängig sein, bei einem Großbrand, der die Vollzugsanstalt weitgehend bedroht oder vernichtet, die Gefangenen einfach auf freien Fuß zu setzen, wenn von ihnen Ausschreitungen, Plünderungen usw. zu befürchten sind[4]. Oder: ein mit Überbelegung der Anstalten begründeter personell und zeitlich weitgehender Vollzugsstop könnte sich so negativ auf die (auch den Vollstreckungs- und Vollzugsbehörden obliegende) „Verteidigung der Rechtsordnung" auswirken, daß eine zeitweilige Überbelegung als das kleinere Übel anzusehen wäre.

4. Die **Entscheidung** trifft die Vollstreckungsbehörde, und zwar der **Staatsanwalt**[5], nachdem er zuvor die Zustimmung der obersten Justizbehörde eingeholt hat[6]. In **Einzelfällen** ist gemäß **Absatz 2** der Anstaltsleiter zur Anordnung vorläufiger Unterbrechung befugt. Er trifft hierbei nicht eine Vollzugsmaßnahme, sondern nimmt als Notvollstreckungsbehörde (Parallele: § 165 StPO) die Aufgaben der zuständigen Vollstreckungsbehörde wahr[7]. Damit diese die weiteren erforderlichen Maßnahmen treffen kann, unterrichtet er unverzüglich — notfalls fernschriftlich oder fernmündlich — (§ 46 a Abs. 2 StVollstrO) die Vollstreckungsbehörde[8]. Zu den von der Vollstreckungsbehörde alsdann zu treffenden Maßnahmen gehört auch, soweit sie nicht bereits von dem Anstaltsleiter getroffen ist, die Bestimmung einer Frist über die Dauer der Unterbrechung[9].

---

[1] Vgl. BTDrucks. 7 918, Begr. zu § 167 StVollzG, S. 103; *Schwind/Böhm/Schuler* § 181, 1; KK-*W. Müller* 1.

[2] *Schwind/Böhm/Schuler* § 181, 1.

[3] *Schwind/Böhm/Schuler* § 181, 1; *Wetterich/Hamann* 804; KK-*W. Müller* 1; KMR-*Müller* 2; *Kleinknecht/Meyer*[37] 1.

[4] *Schwind/Böhm/Schuler* § 181, 1; KK-*W. Müller* 7; KMR-*Müller* 3; *Kleinknecht/Meyer*[37] 2.

[5] *Pohlmann/Jabel* § 46 a, 2; *Wetterich/Ha-*

mann 804: analog der Regelung in den übrigen Fällen des Strafausstands; KK-*W. Müller* 4; *Kleinknecht/Meyer*[37] 4.

[6] § 46 a StVollstrO; *Pohlmann/Jabel* § 46 a, 2; *Wetterich/Hamann* 804; KK-*W. Müller* 4; KMR-*Müller* 4.

[7] *Pohlmann/Jabel* § 46 a, 3.

[8] *Pohlmann/Jabel* § 46 a, 3; *Schwind/Böhm/Schuler* § 181, 1; KK-*W. Müller* 5; *Kleinknecht/Meyer*[37] 5.

[9] *Wetterich/Hamann* 804; KK-*W. Müller* 5.

Günter Wendisch

5   **5. Vollstreckungsverjährung.** Die Dauer der Unterbrechung wird (anders als bei den im Strafvollzugsgesetz vorgesehenen Beurlaubungen, § 455, 34) nicht auf die Strafzeit angerechnet. Die Vollstreckung wird daher nach Behebung der Unterbrechungsvoraussetzungen fortgesetzt. Die **Vollstreckungsverjährungsfrist** läuft während der Unterbrechung nicht. Denn nach § 79 a Nr. 2 Buchst. a StGB ruht die Vollstreckungsverjährung, solange dem Verurteilten Aufschub und Unterbrechung der Vollstreckung bewilligt worden ist. Es ist kein Grund erkennbar, warum diese Vorschrift, mag die Unterbrechung auch unter dem Druck der Verhältnisse erfolgen, nicht auch im Fall des § 455 a (einschließlich der Unterbrechungsfälle des Absatzes 2) gelten sollte. Gegenüber § 79 a Nr. 2 Buchst. a StGB erscheinen die Ausführungen in der Begründung des Regierungsentwurfs des Strafvollzugsgesetzes (BTDrucks. 7 918, S. 103) überholt, von einer das Ruhen der Vollstreckung betreffenden Vorschrift sei abgesehen worden, da die „in § 70 [a. F.] StGB für die Vollstreckungsverjährung vorgesehenen Fristen" als ausreichend anzusehen seien.

6   **6.** § 455 a enthält **keine abschließende Regelung** der Fälle, in denen aus Gründen, die nicht in der Person des Verurteilten liegen, Aufschub und Unterbrechung einer Freiheitsstrafe von der Vollstreckungsbehörde bewilligt werden kann (§ 455, 26; § 456, 12)[10].

7   **7. Rechtsbehelfe des Verurteilten.** Der Verurteilte kann das Gericht, wenn der Staatsanwalt die Vollstreckung ohne seine Einwilligung unterbrochen hat, nicht anrufen. § 458 sieht eine solche Möglichkeit nicht vor[11]. Eine solche Unterbrechung kann zwar u. U für ihn eine Belastung bedeuten, etwa wenn er wegen eines verhältnismäßig kleinen Strafrests eine Wiederaufnahme des Vollzugs zu späterer ungelegener Zeit zu gewärtigen hat. Jedoch liegt darin weder i. S des § 109 StVollzG noch des § 24 EGGVG eine „Verletzung in seinen Rechten", wenn aus **übergeordneten Allgemeininteressen** Maßnahmen ergriffen werden müssen, die z. T unabwendbar sind und eine Rücksichtnahme auf den Willen des Verurteilten ausschließen (Katastrophenfälle), und die vielfach zwangsläufig einen größeren Personenkreis ohne die Möglichkeit der Berücksichtigung von Individualinteressen betreffen. Jedoch sind bei einer Wiederaufnahme der Vollstreckung nach Wegfall der Hinderungsgründe §§ 456, 458 Abs. 2 anwendbar (§ 456, 3)[12].

§ 456

(1) Auf Antrag des Verurteilten kann die Vollstreckung aufgeschoben werden, sofern durch die sofortige Vollstreckung dem Verurteilten oder seiner Familie erhebliche, außerhalb des Strafzwecks liegende Nachteile erwachsen.

(2) Der Strafaufschub darf den Zeitraum von vier Monaten nicht übersteigen.

(3) Die Bewilligung kann an eine Sicherheitsleistung oder andere Bedingungen geknüpft werden.

---

[10] KK-*W. Müller* 3.
[11] KK-*W. Müller* 10; *Kleinknecht/Meyer*[37] 6; **anders** KMR-*Müller* 6: er will gegen eine

behauptete Ermessensüberschreitung den Rechtsweg nach § 23 EGGVG eröffnen.
[12] KK-*W. Müller* 10.

Schrifttum. *Herbst* Ab wann rechnet die Frist des § 456 Abs. 2 StPO? MDR **1969** 277; *Lemberg* Neue Probleme beim Strafaufschub nach § 456 StPO, DRiZ **1965** 265; *H. W. Schmidt* Beginn der Strafaufschubfrist des § 456 Abs. 2 StPO, NJW **1958** 210; *Schweichel* Der Strafausstand durch den Amtsrichter, DRiZ **1964** 367; *Volckart* Zur Verrechtlichung der Gnade in Strafvollstreckung und Vollzug, NStZ **1982** 496.

Entstehungsgeschichte. Die als § 488 Gesetz gewordene Vorschrift hat ihre jetzige Bezeichnung durch die Bekanntmachung 1924 erhalten.

Übersicht

1. Anwendungsbereich. § 456 gilt — anders als § 455 — nicht nur für Freiheitsstra- **1** fen, sondern auch für die einer besonderen Vollstreckung bedürftigen Nebenstrafen und Nebenfolgen[1]. Er gilt nach § 463 Abs. 1, Abs. 4 Satz 3 entsprechend auch für Maßregeln der Besserung und Sicherung mit Ausnahme der Sicherungsverwahrung[2]; für das Berufsverbot ist jedoch § 456 c Abs. 2, 3 lex specialis[3]. Bei Geldstrafen hat § 456, mag der Gesetzeswortlaut auch keine Ausnahme vorsehen, keine Bedeutung, da hier der Vollstreckungsbehörde die weitergehenden Möglichkeiten des § 459 a zur Verfügung stehen, zu deren Anwendung es keines Antrags des Verurteilten bedarf; s. auch § 459 d[4]. Auch bei Ersatzfreiheitsstrafen hat § 456 gegenüber dem § 459 f keine Bedeutung, denn einmal decken sich praktisch die Voraussetzungen des § 459 f („unbillige Härte") mit denen des § 456 Abs. 1, im übrigen ergibt sich daraus, daß § 459 f das Gericht für zuständig erklärt, daß inhaltlich entsprechende Maßnahmen der Vollstreckungsbehöde nicht zustehen sollen, daß also § 459 f lex specialis gegenüber § 456 ist[5].

Unanwendbar ist § 456 bei Nebenstrafen und Nebenfolgen, die kraft Gesetzes mit **2** der Rechtskraft wirksam werden, wie bei der Nebenstrafe des Fahrverbots gemäß § 44 StGB[6], beim Verlust der Amtsfähigkeit, der Wählbarkeit und des Stimmrechts (§§ 45 bis 45 b StGB) und bei Einziehung und Verfall im Hinblick auf §§ 73 d, 74 e StGB[7].

2. Aufschub nach vorangegangener Strafvollstreckung. § 456 bezieht sich in erster **3** Linie auf den Erstantritt der Strafe, aber auch auf die Vollstreckung des Strafrests nach

---

[1] KK-*W. Müller* 2.
[2] KK-*W. Müller* 2; *Wetterich/Hamann* 805.
[3] KK-*W. Müller* 2; KMR-*Müller* 1; *Wetterich/Hamann* 805.
[4] KK-*W. Müller* 3; KMR-*Müller* 1.
[5] OLG Schleswig SchlHA **1976** 13; KK-*W. Müller* 3; KMR-*Müller* 1; *Kleinknecht/Meyer*[37] 1.

[6] AG Mainz MDR **1967** 683; KK-*W. Müller* 3; KMR-*Müller* 1; *Kleinknecht/Meyer*[37] 1; *Wetterich/Hamann* 805; **a. A** *Schönke/Schröder/Stree*[22] § 44, 20: Zulässigkeit des Aufschubs in Härtefällen unter entsprechender Anwendung des § 456 c; wie hier LK-*Schäfer* § 44, 39.
[7] KK-*W. Müller* 3.

Günter Wendisch

vorangegangener Strafunterbrechung, z. B. wegen Krankheit (§ 455 Abs. 4)[8]. Denn wenn es zulässig ist, nach Widerruf einer gemäß § 56 StGB bewilligten Strafaussetzung Strafaufschub zu gewähren, so ist nicht einzusehen, warum eine solche Vergünstigung ausgeschlossen sein sollte, wenn die Aussetzung eines Strafrests (§ 57 StGB) widerrufen wurde. Dies gilt auch für die Fälle, in denen nach § 455 a die Vollstreckung (ohne Einwilligung des Verurteilten) unterbrochen wurde und sie nach mehr oder weniger langer Zeit fortgesetzt wird (§ 455 a, 7). Dagegen bietet § 456 nicht die Grundlage, eine Freiheitsstrafe von vornherein in Raten zu vollstrecken.

4   Die Zulässigkeit des früheren — heute nicht mehr praktizierten — **Wochenendvollzugs**, bei dem auf Antrag des Verurteilten und zur Vermeidung besonderer außerhalb des Strafzwecks liegender Nachteile die Vollstreckung von vornherein in Teilabschnitten durchgeführt wurde, wurde allerdings vereinzelt als ein Anwendungsfall des § 456 verstanden, bei dem jeweils für einen späteren Teilabschnitt nach teilweiser Vollstreckung der Strafe Strafaufschub gewährt werde; diese Auffassung hat sich aber nicht durchgesetzt. Nach herrschender Meinung war die Gewährung von Wochenendvollzug ein Gnadenakt (LR-*Schäfer*[22] 1b).

5   **3. Voraussetzungen des Aufschubs (Absatz 1).** Nach §§ 2, 3 StVollstrO sollen die Vollstreckungsbehörden die Vollstreckung mit Nachdruck und beschleunigt betreiben. Aufschub kommt nur in Betracht zur Vermeidung außerhalb des Strafzwecks liegender erheblicher Nachteile, die durch sofortige Vollstreckung erwachsen. **Strafzweck** ist hier schlicht — ohne Rücksicht auf die an §§ 46, 47 StGB anknüpfende Diskussion über Sinn und Zweck der Strafe — die Verwirklichung der im rechtskräftigen Urteil festgesetzten Rechtsfolgen der Tat. Außerhalb des Strafzwecks liegende **Nachteile** sind Nebenwirkungen der Vollstreckung, die nicht begrifflich zum Wesen des Strafübels gehören. Und zwar muß es sich um Nachteile handeln, die vermeidbar sind, wenn der Vollzug nicht sofort, sondern erst später stattfindet[9]. Nachteile, die auch bei Ablauf der in Absatz 2 bestimmten Höchstdauer unvermindert erwachsen würden, berechtigen nicht zur Aufschubgewährung[10].

6   Die **erheblichen Nachteile** brauchen nicht notwendig wirtschaftlicher Natur zu sein; sie können vielmehr auch auf ideellem Gebiet liegen[11], z. B. wenn die Ehefrau des Verurteilten erkrankt ist und es sich darum handelt, daß ihr der Mann nicht gerade in diesem kritischen Augenblick genommen wird; § 48 EStVollzG 1927 wollte, um dies deutlich zum Ausdruck zu bringen, das Wort „Nachteil" und „Härte" ersetzen. Im übrigen muß auch hier der Grundsatz gelten, den § 31 GnO 1935 und ihm folgend die landesrechtlichen Gnadenordnungen[12] als allgemeine Richtlinie für die Gewährung von Strafausstand im Weg der Gnade aufstellt: „Die Vollstreckung jeder Strafe bedeutet einen empfindlichen Eingriff in die persönlichen und wirtschaftlichen Verhältnisse des

---

[8] KK-*W. Müller* 4; offengelassen von OLG Hamm NJW **1973** 2076.

[9] Vgl. BVerfG NStZ **1985** 357; OLG Zweibrücken NJW **1974** 70; KK-*W. Müller* 5; *Volckart* NStZ **1982** 497; Beispiele: Bevorstehende Niederkunft oder Operation der Ehefrau des Verurteilten, die deshalb in der nächsten Zeit nicht imstande ist, die kleinen Kinder allein zu versorgen; kurz bevorstehender Abschluß in der Berufsausbildung; bei einem Landwirt: Einbringung der Ernte.

[10] OLG Köln MDR **1985** 695; KK-*W. Müller* 5; KMR-*Müller* 4; *Wetterich/Hamann* 805.

[11] KK-*W. Müller* 5; *Wetterich/Hamann* 805.

[12] Z. B. § 39 GnO BW vom 23. 3. 1971; § 28 BayGnO vom 2. 7. 1974 – GVBl. 400; § 29 Hess. GnO vom 3. 12. 1974 – GVBl. I 587; § 35 Nds.GnO vom 13. 1. 1977, NdsRpfl. 34; § 37 GnO RhPf. vom 22. 3. 1976 – JBl. 117.

Verurteilten. Der Strafausstand ist weder dazu bestimmt noch geeignet, hieran etwas zu ändern. Strafausstand darf vielmehr nur ausnahmsweise gewährt werden, wenn er zur Vermeidung **besonderer Nachteile** notwendig ist und keine überwiegenden Gründe für die sofortige Durchführung der Strafvollstreckung sprechen."

4. § 456 setzt einen **Antrag des Verurteilten** voraus, der selbstverständlich auch **7** kraft ausdrücklicher oder stillschweigender Ermächtigung von einem Dritten gestellt werden kann[13]. Ein ohne solche Ermächtigung gestellter Antrag genügt nur, wenn ihn sich der Verurteilte durch Zustimmung zu eigen macht; denn die Hinausschiebung der Vollstreckung kann sich auch zum Nachteil des Verurteilten auswirken, so daß es wenigstens seiner Einwilligung bedarf. Ein Strafaufschub im technischen Sinn liegt nicht vor, wenn die Vollstreckungsbehörde ihr bekannte Härtegründe von Amts wegen in der Weise berücksichtigt, daß sie im Rahmen des Ermessensspielraums den Beginn der Vollstreckung etwas verlegt.

5. **Zeitpunkt der Stellung des Antrags.** Der Antrag muß — bei Freiheitsstrafen —, **8** wenn auch erst nach Beginn der Vollstreckung (der Strafantrittsladung), so doch jedenfalls vor Beginn des Vollzugs gestellt sein, da er gerade auf Aufschub des Vollzugs gerichtet ist. Wird schon ausnahmsweise vor der Entscheidung des Antrags mit dem Vollzug begonnen, so wird der Aufschubantrag nicht gegenstandslos; er verwandelt sich auch nicht etwa in einen Antrag auf eine unzulässige (§ 455, 33) Strafunterbrechung, sondern ist weiter als Aufschubantrag zu behandeln[14]. Gibt dann die Vollstreckungsbehörde dem Antrag statt, so liegt zwar technisch eine Unterbrechung des Vollzugs, begrifflich aber eine Maßnahme in **Ausübung der Aufschubermächtigung** vor. Lehnt in einem solchen Fall die Vollstreckungsbehörde den Aufschubantrag ab, so kann das angerufene Gericht (§ 458 Abs. 2) und, wenn es ebenfalls ablehnt, das Beschwerdegericht (§ 462 Abs. 3) dem Aufschubantrag mit der Maßgabe stattgeben, daß die schon verbüßte Zeit nicht auf die zulässige Aufschubdauer (§ 456 Abs. 2) angerechnet wird. Eine solche Entscheidung ist dann keine Anordnung der Unterbrechung i. S des § 458 Abs. 3, da sie nicht eine vorläufige Maßnahme bis zur Entscheidung, sondern die Entscheidung über den Aufschubantrag selbst darstellt.

6. **Zuständigkeit.** Über den Antrag entscheidet die Vollstreckungsbehörde nach **9** **pflichtmäßigem Ermessen** („kann"). Zuständig ist, soweit es um die Vollstreckung von Freiheitsstrafe oder freiheitsentziehenden Maßregeln geht, der Staatsanwalt, sonst der Rechtspfleger[15]. Anders als etwa im Fall des § 455 Abs. 1, 2 oder des § 459 f (dort Rdn. 1) besteht jedoch kein Rechtsanspruch auf Aufschub bei Vorliegen der Voraussetzungen des Absatzes 1[16]. Die Pflichtmäßigkeit gebietet aber, den erbetenen Strafaufschub zu gewähren, wenn die Voraussetzungen des Absatzes 1 bejaht werden; nur in diesem Sinn ist, wie auch jede andere „Kann"-Vorschrift, § 456 zwingender Natur[17].

7. **Berechnung der Aufschubdauer (Absatz 2).** Streitig ist, von welchem **Zeitpunkt 10** ab die in Absatz 2 bestimmte Höchstdauer des Aufschubs zu rechnen ist. Z. T wird ange-

[13] KK- *W. Müller* 6; KMR- *Müller* 3.
[14] OLG Hamm NJW **1973** 2075; OLG Zweibrücken NJW **1974** 70 mit krit. Anm. *Peters*; OLG Stuttgart NStZ **1985** 331; *Pohlmann/Jabel* § 10, 28; KK- *W. Müller* 8; KMR- *Müller* 2.

[15] *Wetterich/Hamann* 805; KK- *W. Müller* 8; KMR- *Müller* 7; *Kleinknecht/Meyer*[37] 3.
[16] *Lemberg* DRiZ **1965** 265.
[17] *Müller/Sax*[6] 1 a.

nommen, sie rechne von dem Eintritt der formellen Rechtskraft der Entscheidung ab, auf Grund deren die Vollstreckung stattfindet[18]; diese Auffassung wollte § 48 Abs. 2 EStVollzG 1927 — unter Erhöhung der Aufschubdauer auf sechs Monate — legalisieren. („Die Frist beginnt mit dem Tag, an dem die Entscheidung rechtskräftig geworden ist.") Nach anderer Auffassung[19] soll der Ausspruch des Aufschubs durch die Vollstreckungsbehörde maßgebend sein; auch diese Ansicht hat in früheren Entwürfen Anerkennung gefunden (Entw. 1908 und 1909 § 473; Entw. 1920 § 457: „Die **Aussetzung** soll in der Regel nicht über sechs Monate dauern"). Richtiger erscheint es, den in der Strafantrittsladung vorgesehenen **Tag des Strafantritts** als Ausgangspunkt anzusehen[20]. Denn der Strafaufschub soll dazu dienen, die besonderen Nachteile aus dem Weg zu räumen, die die sofortige Vollstreckung im Gefolge hätte (oben Rdn. 5) und Vorsorge für die durch die Strafvollstreckung entstehende Lage zu treffen; das kann der Verurteilte aber in aller Regel erst, wenn er weiß, wann die Strafvollstreckung beginnen soll. Die Strafvollstreckungsordnung hat sich — offenbar wegen des Auslegungsstreits — einer Stellungnahme enthalten. — Auch bei mehrfacher Gewährung von Strafaufschub darf die Grenze von insgesamt vier Monaten nicht überschritten werden; daß OLG Zweibrücken NJW **1974** 70 etwas anderes besagen wolle, ist nicht anzunehmen[21].

11   8. Auf die in Absatz 3 erwähnte **Sicherheitsleistung** finden § 116 Abs. 1 Nr. 4, §§ 116 a, 123, 124 entsprechende Anwendung; insbesondere ist für die den Verfall aussprechende Entscheidung das Gericht (§§ 124, 462 a Abs. 2) zuständig[22].

12   9. **Aufschub im Weg der Gnade.** Ein Strafaufschub, der den Zeitraum von vier Monaten übersteigt, kann — ebenso wie ein Aufschub, der nicht im Interesse des Verurteilten oder seiner Familie, sondern im Interesse eines Dritten erbeten wird[23] — nur im Weg der Gnade bewilligt werden[24]; das gleiche gilt für eine **Strafunterbrechung** (§ 455, 33) aus den Gründen des § 456 Abs. 1. Nach § 35 GnO 1935 entscheidet über Strafausstand (Aufschub und Unterbrechung) im Weg der Gnade die Vollstreckungsbehörde auf Grund übertragener Gnadenzuständigkeit; die Entscheidung über die Gewährung von Strafausstand, der ein Jahr übersteigt (auch infolge mehrfacher Strafausstandsbewilligung) ist Sache des Generalstaatsanwalts. Dagegen ist eine **Unterbrechung des Vollzugs aus Gründen des öffentlichen Interesses** (z. B. bei einem Soldaten aus zwingenden dienstlichen Gründen; dazu III der Bekanntm. des Bundesverteidigungsmin. vom 2. 12.

[18] *Schweichel* DRiZ **1964** 367; *Herbst* MDR **1969** 277; *Müller/Sax*[6] 2.

[19] *H. W. Schmidt* NJW **1958** 210; LR-*Lingemann*[19] Anm. 5 a.

[20] OLG Frankfurt NJW **1954** 1580; OLG Zweibrücken NJW **1954** 70; OLG Stuttgart MDR **1982** 601; NStZ **1985** 331; *Pohlmann/Jabel* § 10, 28; *Wetterich/Hamann* 805; *Eb. Schmidt* 5 und Nachtr. I 1; KK-*W. Müller* 7; *Kleinknecht/Meyer*[37] 2 (und nunmehr auch) KMR-*Müller* 5. Nach OLG Düsseldorf NJW **1966** 1767 und OLG Köln JMBlNRW **1971** 11 soll schon der Zugang der Ladung zum Strafantritt, nicht erst der Strafantritt selbst, maßgebend sein.

[21] Vgl. dazu AG Niebüll MDR **1981** 340: Die Zeit eines wegen einer Strafe gewährten

Strafaufschubs soll nach ihrer Einbeziehung in eine Gesamtstrafe nicht angerechnet werden können, wenn es um die Gewährung eines Strafaufschubs wegen der Gesamtstrafe geht.

[22] OLG Colmar GA **38** (1891) 370; *Alsb.* E 3 229; OLG München St **10** 152; OLG Dresden SächsOLG **20** 481; *Alsb.* E 1 298; OLG Hamburg DRZ **1927** Nr. 1003; ZStW **48** (1928) Beil. 252; KK-*W. Müller* 9; KMR-*Müller* 9; *Kleinknecht/Meyer*[37] 4.

[23] Etwa eines Arbeitgebers, der den Verurteilten als Facharbeiter für eine wichtige Arbeit nicht entbehren kann.

[24] OLG Stuttgart NStZ **1985** 331; *Wetterich/Hamann* 806; KK-*W. Müller* 10; KMR-*Müller* 6.

1958, BAnz. Nr. 234) keine Gnadenmaßnahme, sondern gehört zu den aus dem Vollstreckungsauftrag (§451) sich ergebenden Befugnissen der Vollstreckungsbehörde (§455, 33).

10. Rechtsbehelfe. Wegen der Rechtsbehelfe bei Ablehnung des Aufschubantrags **13** vgl. §458 Abs. 2. Gegen die Ablehnung von Strafausstand im Weg der Gnade (Rdn. 12) findet nur Beschwerde an die nächsthöhere Gnadeninstanz nach Maßgabe der Gnadenordnungen statt; eine Entscheidung des Gerichts ist ausgeschlossen[25].

11. Anwendbarkeit bei Ordnungs- oder Zwangshaft. Bei der gerichtlich erkannten **14** (nichtkriminellen) Ordnungs- oder Zwangshaft in Straf- oder Bußgeldsachen (Vor §449, 23ff) ist — der Natur der Sache entsprechend — §455 entsprechend anwendbar[26]. Dagegen sind der entsprechenden Anwendung des §456 durch den Zweck der Maßnahme, den Ungehorsam des Pflichtigen zu brechen, **Grenzen** gesetzt; es bedarf hier um so weniger eines längeren Strafaufschubs, als der Ungehorsame es in der Hand hat, durch Erfüllung seiner Pflicht den Nachteilen eines sofortigen Vollzugs zu entgehen. Immerhin ist es auch hier zulässig und durch die Amtspflicht geboten, in vertretbaren Grenzen auf die Vermeidung wesentlicher Nachteile Bedacht zu nehmen. Wegen der Erzwingungshaft nach dem OWiG vgl. Vor §449, 26ff.

§ 456 a

(1) Die Vollstreckungsbehörde kann von der Vollstreckung einer Freiheitsstrafe, einer Ersatzfreiheitsstrafe oder einer Maßregel der Besserung und Sicherung absehen, wenn der Verurteilte wegen einer anderen Tat einer ausländischen Regierung ausgeliefert oder wenn er aus dem Geltungsbereich dieses Bundesgesetzes ausgewiesen wird.

(2) [1]Kehrt der Ausgelieferte oder der Ausgewiesene zurück, so kann die Vollstreckung nachgeholt werden. [2]Für die Nachholung einer Maßregel der Besserung und Sicherung gilt §67c Abs. 2 des Strafgesetzbuches entsprechend. [3]Die Vollstreckungsbehörde kann zugleich mit dem Absehen von der Vollstreckung die Nachholung für den Fall anordnen, daß der Ausgelieferte oder Ausgewiesene zurückkehrt, und hierzu einen Haftbefehl, einen Unterbringungsbefehl oder einen Steckbrief erlassen. [4]Der Verurteilte ist zu belehren.

Entstehungsgeschichte. Eingefügt durch §50 DAG. Durch Art. II Nr. 38 AGGewVerbrG in Verb. mit §8 des Ges. über Reichsverweisungen vom 23. 3. 1934 (RGBl. I 213) wurde §456a dahin erweitert, daß nicht nur von der Vollstreckung von Freiheitsstrafe, sondern auch von der von Maßregeln der Sicherung und Besserung abgesehen werden kann und daß das Absehen von Vollstreckung nicht nur bei Auslieferung, sondern auch

---

[25] BVerfGE **25** 352 = NJW **1969** 1895; **66** 337, 363 = NJW **1984** 2341, 2343; OLG Stuttgart NStZ **1985** 332; **anders** für den Widerruf eines Gnadenerweises BVerfGE **30** 108, 111 = NJW **1971** 795; noch weitergehend Hess. StaatsGH NJW **1974** 791.

[26] Und zwar auch, soweit es um die Unterbrechung der Vollstreckung geht, zumal da das schon dem bisherigen Recht entsprach (§88 in Verb. mit §§45, 46 StVollstrO).

Günter Wendisch

bei einer Reichsverweisung zulässig wurde. Ferner wurde Absatz 2 eingefügt. Das VereinhG paßte die Schlußworte des Absatzes 1 („aus dem Reichsgebiet verwiesen") den veränderten staatsrechtlichen Verhältnissen an. Durch Art. 21 Nr. 125 EGStGB 1974 sind Absatz 1 und Absatz 2 Satz 2 nur redaktionell (Maßregel „der Besserung und Sicherung" statt „der Sicherung und Besserung" und „§ 67 c Abs. 2" statt „§ 42 g") geändert worden. Durch Art. 2 Nr. 6 des 23. StRÄndG sind in Absatz 1 nach dem Wort „Freiheitsstrafe" die Worte „einer Ersatzfreiheitsstrafe" eingefügt und ist Absatz 2 um die Sätze 3 und 4 ergänzt worden.

I. Anwendungsbereich

1   § 456 a gestattet ein Absehen von der Vollstreckung nur bei Freiheits-, Ersatzfreiheitsstrafen und freiheitsentziehenden Maßregeln der Besserung und Sicherung. Zwar werden einzelne, namentlich kürzere Ersatzfreiheitsstrafen regelmäßig kein Anlaß für eine Ausweisung sein; Bedeutung können sie allerdings erlangen, wenn sie zu einer schon vollstreckten Freiheitsstrafe hinzutreten. **Für andere Strafen,** Nebenstrafen und Nebenfolgen **gilt § 456 a nicht.** Er gibt dem Gericht auch kein Recht, von der sonst gebotenen Unterbringung mit Rücksicht auf eine in Aussicht stehende Auslieferung oder Ausweisung des Verurteilten abzusehen[1].

II. Inhaltsergänzung durch § 17 StVollstrO

2   Zur Ausführung des § 456 a bestimmt

§ 17 StVollstrO

(1) [1]Soll ein Verurteilter wegen einer anderen Tat einer ausländischen Regierung ausgeliefert oder aus dem räumlichen Geltungsbereich der Strafprozeßordnung ausgewiesen werden, so prüft die Vollstreckungsbehörde, ob und inwieweit es angezeigt ist, von der Vollstreckung einer Freiheitsstrafe oder einer Maßregel der Besserung und Sicherung vorläufig abzusehen (§ 456 a StPO). [2]Sieht die Vollstreckungsbehörde von der Vollstreckung ab, so teilt sie dies der Ausländerbehörde mit und legt einen Suchvermerk im Bundeszentralregister nieder.

(2) [1]Von der Vollstreckung wird nicht abgesehen, wenn die Persönlichkeit des Verurteilten oder die Art und die Umstände seiner Straftaten dies angebracht erscheinen lassen, insbe-

---

[1] RG HRR **1940** Nr. 178, 179; vgl. auch Rdn. 5 f.

sondere wenn die Vollstreckung im Interesse der gemeinsamen Bekämpfung des Verbrechertums unter Beachtung der internationalen Abkommen erforderlich ist. [2]Auf die Vollstreckung wird in der Regel nicht verzichtet werden können, wenn es sich um eine der in §§ 5, 6 StGB genannten Taten handelt, gleichviel, ob sie im Inland oder im Ausland begangen worden sind.

III. Absehen von der Vollstreckung (Absatz 1)

1. Voraussetzung

a) Allgemein. §456a Abs.1 stellt **das Gegenstück zu §154b Abs.2, 3** dar; auf die **3** Erläuterungen zu dieser Vorschrift wird verwiesen.

b) Ausländer oder Staatenloser. §456a kommt nur für Verurteilte in Betracht, **4** die nicht die deutsche Staatsangehörigkeit besitzen. Deutsche Staatsangehörige werden weder ausgeliefert (Art. 16 Abs. 2 GG) noch ausgewiesen (§ 10 AuslG)[2].

c) Auslieferung. Von der Vollstreckung kann einmal abgesehen werden, wenn **5** der Verurteilte wegen einer anderen Tat ausgeliefert wird; wegen der abgeurteilten Tat gibt es keine Auslieferung und daher auch kein Absehen von Vollstreckung. Daß die wegen der anderen Tat im Ausland verhängte oder zu erwartende Strafe oder Maßregel so schwer ist, daß daneben die inländische Verurteilung nicht ins Gewicht fällt, fordert — im Gegensatz zu § 154b Abs. 2 — § 456a nicht.

d) Ausweisung. Das Absehen von Vollstreckung ist ferner zulässig, wenn der ver- **6** urteilte Ausländer aus dem Geltungsbereich „dieses Bundesgesetzes" — also auch in Richtung auf die DDR — **ausgewiesen** wird[3]; dabei ist unter Ausweisung zu verstehen: die Anordnung zum Verlassen des Geltungsbereichs der Strafprozeßordnung (§ 10 AuslG), die Abschiebung eines zum Verlassen des Geltungsbereichs verpflichteten Ausländers (§ 13 AuslG) und die Zurückschiebung des Ausländers, der nach Ausweisung oder Abschiebung unerlaubt eingereist ist (§ 18 Abs. 2 AuslG)[4]. Hier spielt es keine Rolle, ob der Ausländer außerhalb des Bundesgebiets eine strafrechtliche Verfolgung wegen einer anderen Tat zu erwarten hat, denn die Ausweisung darf im Gegensatz zur Auslieferung nicht zu dem Zweck erfolgen, einer anderen Macht eine strafrechtliche Verfolgung des Ausgewiesenen oder die Vollstreckung einer Strafe zu ermöglichen (Nr. 35 Abs. 1, 46, 90 RiVASt i. d. F vom 1. 10. 1984).

Voraussetzung des Absehens ist, daß die Auslieferung oder Ausweisung tatsäch- **6a** lich durchgeführt wird; es genügt also nicht, daß die Voraussetzungen einer Auslieferung oder Ausweisung lediglich vorliegen, sondern es müssen mindestens diese Maßnahmen von der zuständigen Behörde angeordnet sein (und demnächst auch durchgeführt werden). Erfährt die Vollstreckungsbehörde von einem anhängigen Auslieferungsverfahren oder von der Ausweisungsabsicht der Ausländerpolizei oder hat sie selbst die Ausweisung angeregt, so tritt sie, ohne daß dadurch schon die Vollstreckung gehemmt wird, in die in § 17 Abs. 1 StVollstrO vorgeschriebene Prüfung ein; erst nach endgültiger Anordnung der Auslieferung oder Ausweisung verfährt sie entsprechend dem Ergebnis dieser Prüfung. Richtlinien für die Ausübung des Ermessens gibt § 17 Abs. 2 StVollstrO.

---

[2] KMR-*Müller* 3.
[3] Vgl. auch OLG Hamm NStZ **1983** 524.
[4] LR-*Meyer-Goßner*[23] § 154 b, 7; LR-*Rieß* § 154 b, 7; KK-*W. Müller* 1; KK-*Schoreit*

§ 154 b, 7; noch weitergehend OLG Hamm NStZ **1983** 524; wonach auch die Pflicht zur Ausreise (§ 12 AuslG) einer Ausweisung gleichgestellt sein soll.

Günter Wendisch

7   **2. Umfang des Absehens.** Der Vollstreckungsbehörde steht es frei, ob sie **in vollem Umfang oder nur zum Teil** von der Vollstreckung absehen will[5]; das soll § 17 Abs. 1 StVollstrO, der insoweit der Erläuterung des § 456 a dient, durch die Worte „ob und inwieweit" zum Ausdruck bringen[6]. Bei Teilvollstreckung hat demgemäß die Vollstreckungsbehörde das Recht, die Vollstreckung zu unterbrechen.

8   **3. Zwischenmaßnahmen.** Beabsichtigt die Vollstreckungsbehörde nach Beginn des Straf- oder Maßregelungsvollzugs von der weiteren Vollstreckung abzusehen, so bedarf es zur Aufrechterhaltung der Freiheitsentziehung für die Zeit von der Übergabe des Verurteilten an die abschiebende Polizeibehörde eines Abschiebungsbefehls des Amtsgerichts (§§ 16, 50 AuslG). Um deren Dauer möglichst kurz zu halten, empfiehlt es sich, daß die Vollstreckungsbehörde als Zeitpunkt, zu dem das Absehen von der Vollstreckung der Strafe (Maßregel) wirksam werden soll, die Übergabe an die Abschiebungsbehörde — ohne Angabe eines kalendermäßig bestimmten Zeitpunkts — festsetzt[7].

IV. Nachholen der Vollstreckung (Absatz 2)

9   **1. Freiheits- und Ersatzfreiheitsstrafe.** Das Absehen von der Vollstreckung ist eine vorläufige Maßnahme, wie sich aus Absatz 2 ergibt; es bedeutet keinen Verzicht auf den Vollstreckungsanspruch[8]. Kehrt der Ausgelieferte oder der Ausgewiesene — bei letzterem ohne Unterschied, ob nach den ausländerrechtlichen Vorschriften erlaubt oder unerlaubt — zurück, so kann die Vollstreckung nachgeholt werden, sofern sie noch nicht verjährt ist[9]. Mit dem Absehen von der Vollstreckung kann bereits eine vorläufige Anordnung über die Nachholung für den Fall getroffen werden, daß der Betreffende in die Bundesrepublik zurückkehrt (Rdn. 11)[10]. Das „kann" bedeutet: nach pflichtmäßigem Ermessen. Die Nachholung der Vollstreckung kann danach unterbleiben, wenn sie aus gewichtigen Gründen unangebracht ist; liegen solche Gründe nicht vor, dann bedeutet das Vollstreckungsrecht für die Vollstreckungsbehörde die Vollstreckungspflicht (§ 449, 6).

10   **2. Freiheitsentziehende Maßregeln.** Bei der Nachholung einer freiheitsentziehenden Maßregel der Besserung und Sicherung ist jedoch § 67 c Abs. 2 StGB zu beachten. Nach dieser Vorschrift darf, wenn seit der Rechtskraft des Urteils drei Jahre verstrichen sind, ohne daß mit dem Vollzug der Unterbringung begonnen worden ist, und ohne daß ein Fall des § 67 c Abs. 1 oder des § 67 b StGB vorliegt, diese nur noch vollzogen werden, wenn das Gericht es anordnet, weil der Zweck der Maßregel die Unterbringung noch erfordert. Diese Vorschrift gilt unmittelbar, wenn in vollem Umfang von der Vollstreckung der Maßregel abgesehen worden war; war die Vollstreckung jedoch nach Teilvollzug unterbrochen worden, so ist nach § 456 a Abs. 2 Satz 2 der § 67 c Abs. 2 auf die Vollstreckung wegen des Rests entsprechend anzuwenden. In die **Dreijahresfrist** ist die Zeit

---

[5] *Wetterich/Hamann* 255; KK- *W. Müller* 2; KMR-*Müller* 1.

[6] *Pohlmann/Jabel* § 17, 6.

[7] *Pohlmann/Jabel* § 17, 10; wegen des Vollzugs der Abschiebehaft in Justizvollzugsanstalten, wenn der Ausländerbehörde kein geeigneter Haftraum zur Verfügung steht, vgl. Rdn. 11.

[8] KMR-*Müller* 4.

[9] Vgl. dazu § 79 a StGB: kein Ruhen der Verjährung; ebenso KK- *W. Müller* 3.

[10] So schon OLG Schleswig OLGSt § 456 a StPO, 1 = SchlHA **1974** 114; KMR-*Müller* 4.

nicht einzurechnen, in der der Ausgelieferte auf behördliche Anordnung in einer Anstalt verwahrt wurde.

3. Weitere Anordnungen (Satz 3). In der Rechtsprechung war bereits anerkannt **11** (Rdn. 9), daß mit der Entscheidung über das Absehen von der Vollstreckung zugleich ihre Nachholung für den Fall angeordnet werden konnte, daß der Verurteilte (unerlaubt) in die Bundesrepublik Deutschland zurückkehrt. Satz 3 übernimmt diese Rechtsprechung und verstärkt das damit bezweckte Ziel, den Verurteilten von der Rückkehr abzuhalten[10a] noch dadurch, daß die Vollstreckungsbehörde befugt wird, dazu einen **Vollstreckungshaftbefehl,** einen **Unterbringungsbefehl** oder einen **Steckbrief** zu erlassen.

4. Belehrungspflicht (Satz 4). Der Verurteilte ist über die ihm im Fall einer Rück- **12** kehr drohenden Maßnahmen zu belehren[11].

V. Zuständigkeit

Entscheidungen nach § 456 a trifft der Staatsanwalt; sie sind dem **Rechtspfleger** **13** nicht übertragen (§ 1 Abs. 1 Nr. 1 der VO vom 22. 6. 1970)[12]. Zu den Entscheidungen gehört auch die Entscheidung nach § 456 a Abs. 2 über die Nachholung der Vollstreckung[13].

VI. Rechtsbehelfe

Die einen Absehensantrag ablehnenden Bescheide der Strafvollstreckungsbehörde **14** nach § 456 a **Absatz 1** sind, wie sich aus § 458 Abs. 2 ergibt, nur nach §§ 23 ff EGGVG anfechtbar[14]. Sie müssen, damit das Oberlandesgericht sie in einem solchen Verfahren überprüfen kann, eine Abwägung zwischen dem Interesse des Antragstellers und den Gründen, die gegen ein Absehen von einer weiteren Vollstreckung sprechen, erkennen lassen[15]. Gegen die Nachholungsanordnung nach § 456 a Abs. 2 kann der Verurteilte nach § 458 Abs. 2 Einwendungen erheben, die zur gerichtlichen Entscheidung führen[16]. Handelt es sich um die Vollstreckung einer Maßregel der Besserung und Sicherung, so hat diese Vorschrift nur Bedeutung, wenn noch keine drei Jahre seit Rechtskraft des Urteils verstrichen sind, da andernfalls von Amts wegen über die Vollziehbarkeit zu entscheiden ist.

[10a] Zu diesem Zweck auch *Greger* JR **1986** 357.

[11] Eine solche Belehrung hatte bisher schon das OLG Stuttgart als Zulässigkeitsvoraussetzung für das Nachholen der Vollstreckung gefordert (Rpfleger **1981** 120 = Justiz **1981** 217).

[12] KK- *W. Müller* 2; *Kleinknecht/Meyer*[37] 3.

[13] Ebenso OLG Schleswig OLGSt § 456 a StPO, 1 = SchlHA **1974** 114; *Pohlmann/Jabel* § 17, 12 unter Aufgabe der abweichenden Ansicht in *Pohlmann*[6] § 17, II 2.

[14] OLG Hamburg NJW **1975** 1132; KK- *W. Müller* 5; KMR-*Müller* 5; *Kleinknecht/Meyer*[37] 4.

[15] OLG Celle NStZ **1981** 405; vgl. auch OLG Koblenz ZfStrVO SH **1979** 124; OLG Hamm NStZ **1983** 524.

[16] *Wetterich/Hamann* 257; KK- *W. Müller* 3; KMR-*Müller* 5.

Günter Wendisch

§ 456 b

Die durch das AGGewVerbrG eingefügte Vorschrift regelte die Reihenfolge der Vollstreckung von Freiheitsstrafe und freiheitsentziehenden Maßregeln. Sie wurde in Hinblick auf die neue materiellrechtliche Regelung in § 67 StGB durch Art. 21 Nr. 126 EGStGB 1974 aufgehoben.

§ 456 c

(1) [1]Das Gericht kann bei Erlaß des Urteils auf Antrag oder mit Einwilligung des Verurteilten das Wirksamwerden des Berufsverbots durch Beschluß aufschieben, wenn das sofortige Wirksamwerden des Verbots für den Verurteilten oder seine Angehörigen eine erhebliche, außerhalb seines Zwecks liegende, durch späteres Wirksamwerden vermeidbare Härte bedeuten würde. [2]Hat der Verurteilte einen gesetzlichen Vertreter, so ist dessen Einwilligung erforderlich. [3]§ 462 Abs. 3 gilt entsprechend.

(2) Die Vollstreckungsbehörde kann unter denselben Voraussetzungen das Berufsverbot aussetzen.

(3) [1]Der Aufschub und die Aussetzung können an die Leistung einer Sicherheit oder an andere Bedingungen geknüpft werden. [2]Aufschub und Aussetzung dürfen den Zeitraum von sechs Monaten nicht übersteigen.

(4) Die Zeit des Aufschubs und der Aussetzung wird auf die für das Berufsverbot festgesetzte Frist nicht angerechnet.

Entstehungsgeschichte. Die Vorschrift wurde als § 456 d durch Art. 2 Nr. 39 AGGewVerbrG eingefügt. Infolge Fortfalls des früheren, den Vollzug der Entmannung betreffenden § 456 c erhielt die Vorschrift bei der Neufassung durch das Vereinheitlichungsgesetz 1950 die heutige Paragraphenzahl. Durch Art. 21 Nr. 127 EGStGB 1974 wurden die Absätze 1, 2 nur redaktionell geändert („Berufsverbot" statt „Untersagung der Berufsausübung", „Wirksamwerden" statt „Inkrafttreten", „§ 462 Abs. 3" statt „§ 462 Abs. 4").

Übersicht

1 1. § 456 c **wird ergänzt** durch

§ 55 StVollstrO

(1) [1]Die Zeit des Berufsverbots ist nach § 70 Abs. 4, § 70 a Abs. 3 und § 70 b Abs. 3 StGB zu berechnen. [2]Die Zeit des Berufsverbots und die Erklärung über die Erledigung des Berufs-

verbots durch das Gericht (§ 70 b Abs. 5 StGB) sind der für die Berufs- und Gewerbeausübung zuständigen Behörde jeweils mitzuteilen.

(2) [1]Die Vollstreckungsbehörde kann auf Antrag des Verurteilten oder mit seiner Einwilligung das Berufsverbot aussetzen, wenn hierdurch für den Verurteilten oder seine Angehörigen eine erhebliche, außerhalb des Zwecks des Verbots liegende Härte vermieden oder einem öffentlichen Interesse an der vorübergehenden weiteren Berufsausübung Rechnung getragen werden kann (vgl. § 456 c Abs. 2 StPO). [2]Die Aussetzung kann an die Leistung einer Sicherheit oder an andere Bedingungen geknüpft werden und darf zusammen mit einem etwa bereits gerichtlich angeordneten Aufschub sechs Monate nicht übersteigen. [3]Absatz 1 gilt entsprechend.

(3) Vor einer Aussetzung nach Absatz 2 soll die Vollstreckungsbehörde die zuständigen Verwaltungsbehörden und berufsständischen Organisationen hören.

2. Bedeutung der Vorschrift. Das Berufsverbot wird nach § 70 Abs. 4 Satz 1 StGB **2** mit der Rechtskraft des Urteils wirksam, sofern das Gericht nicht nach § 132 a ein vorläufiges Berufsverbot angeordnet hat. Es bedarf also keiner besonderen Vollstreckungshandlungen und es obliegt der Vollstreckungsbehörde auch nicht die Pflicht, die Beachtung des Berufsverbots zu überwachen[1]. Mit dem **Eintritt der Wirksamkeit** wird § 145 c StGB anwendbar, der Zuwiderhandlungen gegen das Berufsverbot mit Strafe bedroht[2]. Absatz 1 gibt aber dem Gericht die Befugnis, von vornherein den Beginn der Wirksamkeit auf die Dauer von höchstens sechs Monaten (beginnend mit der Rechtskraft des Urteils) hinauszuschieben. Nach Eintritt der Wirksamkeit des Berufsverbots, also nach Eintritt der Rechtskraft oder, wenn das Gericht das Wirksamwerden nach Absatz 1 hinausgeschoben hat, nach Ablauf der im Beschluß bestimmten Frist, kann auch die Vollstreckungsbehörde die Wirksamkeit des Verbots aussetzen. Schließlich kann nach § 70 a StGB das Gericht nach mindestens einjähriger Dauer ein auf längere Zeit oder für immer angeordnetes Berufsverbot zur Bewährung aussetzen, wenn Grund zu der Annahme gegeben ist, daß die Gefahr erheblicher rechtswidriger Taten bei Ausübung des Berufs usw. nicht mehr besteht. Bei Nichtbewährung wird die Aussetzung widerrufen; bei positivem Verlauf der Bewährungszeit erklärt das Gericht das Berufsverbot für erledigt (§ 70 b StGB). Wegen des Verfahrens bei Entscheidungen nach §§ 70 a, 70 b StGB vgl. §§ 462, 463 Abs. 5.

3. Aufschieben des Wirksamwerdens durch Gerichtsbeschluß
a) Voraussetzungen. Die Aufschiebung durch gerichtlichen Beschluß nach Absatz 1 setzt, da die Zeit des Aufschubs nach Absatz 4 nicht auf die Dauer des Berufsverbots angerechnet wird und insofern dem Angeklagten nachteilig ist, einen **Antrag** (vgl. **3** § 456, 7) des Verurteilten[3] oder, wenn das Gericht von Amts wegen, gegebenenfalls auf Anregung der Staatsanwaltschaft oder eines Nichtverfahrensbeteiligten die Aussetzung in Erwägung zieht, dessen **Einwilligung** voraus (Satz 1)[4]. Hat der Angeklagte einen gesetzlichen Vertreter, so ist (auch) dessen Einwilligung erforderlich (Satz 2); der Angeklagte kann also zwar den Antrag stellen; er ist aber rechtlich bedeutungslos, wenn der gesetzliche Vertreter nicht einwilligt.

Voraussetzung des Aufschubs ist — entsprechend § 456[5] — weiter, daß das sofor- **4** tige Inkrafttreten der Wirksamkeit mit Rechtskraft des Urteils für den Verurteilten oder

---

[1] Vgl. aber die Mitteilungspflichten nach Nr. 13, Nr. 40 Abs. 1 MiStra sowie *Pohlmann/Jabel* § 55, 6.

[2] KK-*W. Müller* 2; *Kleinknecht/Meyer*[37] 1.

[3] Richtig müßte es in Absatz 1 „Angeklagter" heißen, da der Antrag vor der Urteilsverkündung gestellt werden wird, die Bezeichnung

„Verurteilter" mithin erst für die Fälle des Absatzes 2 zutrifft. Ebenso KK- *W. Müller* 6; *Kleinknecht/Meyer*[37] 2.

[4] KK- *W. Müller* 6; KMR-*Müller* 4; *Kleinknecht/Meyer*[37] 2.

[5] Vgl. insoweit dort. Rdn. 5 f.

seine Angehörigen eine erhebliche, außerhalb des Zwecks der Maßregel liegende **Härte** bedeutet, die durch späteres Inkrafttreten vermeidbar ist. Dabei können Gefahren, die bei weiterer Ausübung des Berufs während des Aufschubs drohen könnten, durch geeignete Auflagen (Absatz 3) ausgeschaltet werden. Nach früher teilweise vertretener Ansicht[6] sollen auch Härten, die für Dritte durch das sofortige Inkrafttreten der Untersagung entstehen würden, z. B. für die Arbeitnehmer, die bei einer Berufsuntersagung gegen den Unternehmer durch Stillegung eines Betriebs arbeitslos würden oder für die Allgemeinheit, wenn diese an der Aufrechterhaltung des Betriebs ein Interesse hat, das Gericht zum Aufschub berechtigen können. Das widerspricht aber dem Wortlaut des Absatz 1[7], und es besteht auch kein praktisches Bedürfnis, sich über den Gesetzeswortlaut hinwegzusetzen, da die Vollstreckungsbehörde mit ihren weiterreichenden Aussetzungsbefugnissen (Rdn. 9) auf solche Belange Rücksicht nehmen kann.

5   **b) Verfahren.** Das Gericht ordnet den Aufschub bei **Erlaß des Urteils** durch **Beschluß** an, d. h. unter Mitwirkung der Laienrichter. Es gilt insoweit mithin die gleiche Regelung wie bei dem Beschluß über Bewährungsanordnungen nach § 268 a Abs. 1. Nach Beendigung der Hauptverhandlung — etwa während der Abfassung der Urteilsgründe — kann das Gericht keinen Aufschub mehr beschließen[8]. Dafür besteht auch deshalb keine Notwendigkeit, weil es dem Verurteilten im Fall des Unterbleibens einer Anordnung unbenommen bleibt, eine Aussetzungsentscheidung bei der Strafvollstreckungsbehörde herbeizuführen, die sofort bei oder nach Eintritt der Rechtskraft ergehen kann[9].

6   In der Regel wird das Gericht den **Beschluß** im Anschluß an das Urteil **mündlich verkünden**, obwohl das — anders als bei den Bewährungsauflagen nach § 268 a — nicht vorgeschrieben ist, eine schriftliche Zustellung also ausreichen würde[10]. Gibt das Gericht einem wirksam gestellten Aufschubantrag des Verurteilten nicht statt, so muß es ihn nach allgemeinen Grundsätzen ablehnend bescheiden (vgl. § 34); die Nichtbescheidung steht einer Ablehnung gleich[11].

7   Gegen den den Aufschub aussprechenden oder ablehnenden Beschluß ist **sofortige Beschwerde** zulässig (Satz 3)[12]; bei Nichtbescheidung eines Antrags ist, wenn sich das Gericht nicht die Beschlußfassung durch verkündeten Beschluß ausdrücklich vorbehalten hat, für die Beschwerdefrist die Beendigung der Hauptverhandlung maßgebend. Dem Nebenkläger steht schon deshalb kein Beschwerderecht zu, weil es sich bei dem Beschluß um eine die Vollstreckung betreffende Entscheidung handelt, das Gesetz aber seine Beteiligung in diesem Verfahrensabschnitt nicht vorsieht[13]. — Das Berufungsgericht kann bei Aufrechterhaltung eines erstinstanzlich ausgesprochenen Berufsverbots ohne weiteres Aufschub gewähren[14]; ein ablehnender Beschluß des ersten Richters wird dadurch gegenstandslos, auch wenn er nicht mit der Beschwerde angefochten wurde.

---

[6] So LK-*Jagusch*[8] § 42 l Anm. V; LK-*Lang-Hinrichsen*[9] § 42 l, 50.

[7] So auch KK-*W. Müller* 9.

[8] *Eb. Schmidt* 5; KK-*W. Müller* 4; KMR-*Müller* 2; *Kleinknecht/Meyer* 2; **a. A** noch LR-*Schäfer*[23] 4; *Schäfer/Wagner/Schafheutle* Gesetz gegen gefährliche Gewohnheitsverbrecher und über Maßregeln der Sicherung und Besserung (1934) S. 304, 3.

[9] KK-*W. Müller* 4; *Kleinknecht/Meyer*[37] 2.

[10] KK-*W. Müller* 5.

[11] KK-*W. Müller* 8; KMR-*Müller* 5.

[12] *Wetterich/Hamann* 429; KK-*W. Müller* 8; KMR-*Müller* 5; *Kleinknecht/Meyer*[37] 3; 7.

[13] *Kleinknecht/Meyer*[37] 7.

[14] KMR-*Müller* 2.

c) Da das Gericht nur bei Erlaß des Urteils über den Aufschub entscheiden kann, **8** kann es einen gewährten Aufschub **nicht nachträglich verlängern;** insoweit ist die Vollstreckungsbehörde nach Absatz 2[15] zuständig.

4. Entscheidung der Vollstreckungsbehörde (Absatz 2)

a) Voraussetzungen. Nach Absatz 2 kann die Vollstreckungsbehörde, und zwar **9** nur der Staatsanwalt[16], ein wirksam gewordenes Verbot aussetzen. Nach dem Wortlaut des Gesetzes ist dies „unter denselben Voraussetzungen" — nämlich denen des Absatzes 1 — zulässig. Danach setzt die Aussetzung einen Antrag des Verurteilten oder wenigstens seine Einwilligung (bzw. die seines gesetzlichen Vertreters) voraus. Im übrigen kann die Verweisung auf Absatz 1 nur die Bedeutung haben, daß er **sinngemäß anwendbar** ist. Wäre die Vollstreckungsbehörde nur befugt, die Härten abzuwenden, die durch **sofortiges Inkrafttreten** entstehen, dann würde sich die Aussetzungsbefugnis nur auf den Zeitpunkt beschränken, in dem das Urteil rechtskräftig wird oder ein gerichtlich angeordneter Aufschub abläuft. Aber schon der Wechsel im Ausdruck („aussetzen" statt „aufschieben") zeigt, daß unter „Aussetzen" ein Mehr zu verstehen und die Vollstreckungsbehörde auch befugt ist, die Wirksamkeit der Untersagung zu einem späteren Zeitpunkt auszusetzen — also die Wirksamkeit des Verbots zu **unterbrechen**[17] —, wenn die Nichtgestattung der Berufsausübung während eines bestimmten Zeitraumes eine erhebliche Härte bedeuten würde, die durch vorübergehende Aussetzung abgewendet werden kann, etwa wenn der Arzt, der die Praxis des mit Berufsverbot Belegten für die Dauer der Untersagung übernommen hat, erkrankt und ein anderer Vertreter als der Verurteilte nicht zu finden ist, so daß die Praxis sich aufzulösen droht, wenn das Berufsverbot nicht zeitweise ausgesetzt wird[18].

Von der **Zulässigkeit** einer solchen Vollzugsunterbrechung geht auch ersichtlich **10** §55 StVollstrO aus. Wenn dort weiterhin als Voraussetzung einer Unterbrechung neben der Vermeidung von Härten für den Verurteilten oder seine Angehörigen die Berücksichtigung eines öffentlichen Interesses an der vorübergehenden weiteren Berufsausübung genannt wird, so geht das zwar über den Wortlaut des Absatz 2 hinaus, doch ergibt sich die Befugnis der Vollstreckungsbehörde hierzu aus dem allgemeinen Vollstreckungsauftrag (vgl. §456, 12)[19].

Die Vollstreckungsbehörde kann Aussetzung auch gewähren, **wenn das Gericht 11 einen Aufschubantrag** abgelehnt hat, sei es, daß neue Gesichtspunkte vorgebracht werden, sei es, daß der Aufschub aus Gründen des öffentlichen Interesses beantragt war, die das Gericht nicht berücksichtigen kann[20].

b) Rechtsbehelfe. Gegen eine ablehnende Entscheidung der Vollstreckungsbe- **12** hörde können — neben der Dienstaufsichtsbeschwerde — Einwendungen nach §458 Abs. 2 erhoben werden. Gegen die Entscheidung hierüber ist sofortige Beschwerde nach §462 Abs. 3 gegeben[21].

---

[15] KK- *W. Müller* 12.
[16] Vgl. §1 Nr. 1 BegrenzungsVO i. d. F. vom 16. 2. 1982 – BGBl. I 188; *Wetterich/Hamann* 430; KK- *W. Müller* 10; *Kleinknecht/Meyer*[37] 4.
[17] Ebenso KK- *W. Müller* 9.
[18] So auch KK- *W. Müller* 9; *Kleinknecht/Meyer*[37] 4.

[19] KMR-*Müller* 7 hält das wegen der genauen Umschreibung der Ausnahmen von der Pflicht zu umgehender Vollstreckung für zweifelhaft.
[20] KK- *W. Müller* 9.
[21] KK- *W. Müller* 15; *Kleinknecht/Meyer*[37] 8.

Günter Wendisch

13   **5. Leistung einer Sicherheit (Absatz 3 Satz 1).** Aufschub und Aussetzung können nach Absatz 3 an die Leistung einer Sicherheit (vgl. § 456, 11) oder an **andere Bedingungen** geknüpft werden. In Betracht kommen nur solche Bedingungen, die bezwecken und geeignet sind, eine von der Berufsausübung drohende Gefahr abzuwenden, nicht etwa die Auferlegung einer Geldbuße[22], denn von einer entsprechenden Anwendung des § 56 b Abs. 2 Nr. 2 StGB kann hier schon deshalb keine Rede sein, weil es sich nur um ein vorübergehendes Hinausschieben des Verbots (Absatz 4) handelt. Im übrigen ist es selbst bei einer Aussetzung des Berufsverbots zur Bewährung (Rdn. 2) nicht möglich, dem Verurteilten eine Geldbuße aufzuerlegen, da § 70 a Abs. 3 StGB den § 56 b nicht für entsprechend anwendbar erklärt. Dagegen sind Bedingungen möglich, die bewirken, daß das Verbot nur teilweise aufgehoben wird, indem dem Verurteilten nur bestimmte der von dem Verbot erfaßten Berufsausübungshandlungen erlaubt werden[23], die Nichtbeachtung dieser Bedingungen führt zur Anwendung des § 145 c StGB.

14   **6. Dauer (Absatz 3 Satz 2).** Die Vollstreckungsbehörde kann dem Verurteilten nach einem gerichtlichen Aufschub Aussetzung — auch mehrmals — gewähren. Die **Gesamtdauer** darf aber nach Absatz 3 Satz 2 den Zeitraum von sechs Monaten nicht übersteigen[24]; gleichwohl ist ein weitergehend gewährter Aufschub nicht unwirksam[25]. Eine weitergehende Aussetzung wäre nur im Weg der **Gnade** denkbar, der aber nur in den seltensten Ausnahmefällen in Betracht kommen kann; ein solcher Gnadenerweis würde außerdem — in entsprechender Anwendung des Absatz 4 — die Frist hinausschieben, von der ab nach § 70 a Abs. 2 StGB Aussetzung des Berufsverbots zur Bewährung in Betracht kommt[26].

15   **7. Keine Geltung für Fahrverbot.** Eine entsprechende Anwendung des § 456 c auf das Fahrverbot des § 44 StGB ist nicht möglich[27]; auch eine Unterbrechung des Fahrverbots wäre nur im Gnadenweg möglich[28].

§ 457

(1) [1]Die Vollstreckungsbehörde ist befugt, zur Vollstreckung einer Freiheitsstrafe einen Vorführungs- oder Haftbefehl zu erlassen, wenn der Verurteilte auf die an ihn ergangene Ladung zum Antritt der Strafe sich nicht gestellt hat oder der Flucht verdächtig ist. [2]Sie kann einen Vorführungs- oder Haftbefehl auch erlassen, wenn ein Strafgefangener entweicht oder sich sonst dem Vollzug entzieht.

(2) Auch kann von der Vollstreckungsbehörde zu demselben Zweck ein Steckbrief erlassen werden, wenn der Verurteilte flüchtig ist oder sich verborgen hält.

Schrifttum. *Amelung* Rechtsschutz gegen strafprozessuale Grundrechtseingriffe (1976); *Amelung* Probleme des Rechtsschutzes gegen strafprozessuale Grundrechtseingriffe, NJW **1979**

---

[22] LG Frankfurt NJW **1954** 287; KK-*W. Müller* 11; *Kleinknecht/Meyer*[37] 5.

[23] KK-*W. Müller* 11; *Kleinknecht/Meyer*[37] 5.

[24] *Pohlmann/Jabel* § 55, 3; KK-*W. Müller* 12; KMR-*Müller* 6; *Kleinknecht/Meyer*[37] 6.

[25] KMR-*Müller* 9.

[26] KK-*W. Müller* 13.

[27] AG Mainz MDR **1967** 683; *Mürbe* DAR **1983** 45; LK-*Schäfer* § 44, 39; KK-*W. Müller* 14; KMR-*Müller* 1; *Kleinknecht/Meyer*[37] 1; a. A *Schönke/Schröder/Stree*[22] § 44, 20.

[28] *Wollentin/Breckerfeld* NJW **1966** 634; LK-*Schäfer* § 44, 39; *Pohlmann/Jabel* § 59 a, 28.

1687; *Benfer* Die strafprozessuale Haussuchung als implizierte Befugnis, NJW **1980** 1611; *Kaiser* Die Wohnung als Schranke bei der Vollstreckung von Haft- und Vorführungsbefehlen? NJW **1964** 759; *Kaiser* Notwendigkeit eines Durchsuchungsbefehls bei strafprozessualen Zwangsmaßnahmen? NJW **1980** 875; *Krause* Vollstreckung von Vollstreckungshaftbefehlen in der Wohnung oder den sonstigen Räumen eines unbeteiligten Dritten, NJW **1974** 303; *Schnickmann* Das Vorführungsrecht der Staatsanwaltschaft und seine Vereinbarkeit mit Art. 104 GG, MDR **1976** 363; *Seebode* Das Recht zur Festnahme entwichener Strafgefangener, FS Bruns 487.

Entstehungsgeschichte. Die als §489 Gesetz gewordene Vorschrift hat ihre jetzige Bezeichnung durch die Bekanntmachung 1924 erhalten. Durch Art. 21 Nr. 128 EGStGB v. 2. 3. 1974 wurden in Absatz 1 und 2 „Staatsanwaltschaft" durch „Vollstreckungsbehörde" ersetzt und der bisherige Absatz 3 („Diese Befugnisse stehen im Falle des §451 Abs. 3 auch dem Amtsrichter zu") gestrichen. Durch §181 Nr. 2 StVollzG wurde dem Absatz 1 der Satz 2 angefügt.

Übersicht

I. Verfahren bei der Herbeiführung des Vollzugs von Freiheitsstrafen[1]

1. Rechtsgrundlagen. Über dieses Verfahren enthalten §457 Abs. 1 Satz 1 und das **1** Strafvollzugsgesetz nur wenige Vorschriften und lassen innerhalb dieses Rahmens Raum für Anordnungen der Justizverwaltung in der Strafvollstreckungsordnung. Von diesen kommt insbesondere in Betracht:

§ 33 StVollStrO

Vorführungs- und Haftbefehl

(1) Die Vollstreckungsbehörde erläßt einen Vorführungs- oder Haftbefehl (vgl. §457 Abs. 1 Satz 1 StPO), wenn der Verurteilte sich trotz förmlicher Zustellung der Ladung (§ 27

---

[1] Einschließlich Ersatzfreiheitsstrafen nach Anordnung gemäß § 459 e und freiheitsentziehender Maßregeln.

Günter Wendisch

Abs. 3 Satz 2) ohne ausreichende Entschuldigung nicht

    a) binnen einer ihm gesetzten Frist (§ 27 Abs. 2 Satz 1) oder

    b) im Falle einer Ladung zum sofortigen Strafantritt (§ 27 Abs. 2 Satz 2) spätestens am Tage nach deren Zustellung zum Strafantritt gestellt hat.

    (2) Dasselbe gilt, wenn

    a) der Verdacht begründet ist, der Verurteilte werde sich der Vollstreckung zu entziehen suchen, oder

    b) der Verurteilte sich nach mündlicher Eröffnung der Ladung (§ 27 Abs. 3 Satz 3) nicht zum sofortigen Strafantritt bereit zeigt, oder

    c) der Verurteilte aus dem Strafvollzug entwichen ist oder sich sonst dem Vollzug entzieht (§ 457 Abs. 1 Satz 2 StPO).

    (3) [1]Zur Beschleunigung der Strafvollstreckung kann ein Vorführungs- oder Haftbefehl bereits bei der Ladung für den Fall ergehen, daß der Verurteilte sich nicht fristgemäß oder nicht rechtzeitig stellt. [2]Er darf erst vollzogen werden, wenn

    a) der Zugang der Ladung nachgewiesen ist und die Vollstreckungsbehörde durch Anfrage bei der Vollzugsanstalt festgestellt hat, daß der Verurteilte sich nicht bis zu dem in der Ladung bezeichneten Zeitpunkt gestellt hat, oder

    b) die Ladung nicht ausführbar und der Verdacht begründet ist, der Verurteilte werde sich der Vollstreckung zu entziehen suchen.

    (4) Der Vorführungs- oder Haftbefehl muß enthalten:

    a) die genaue Bezeichnung des Verurteilten;

    b) die Angabe der zu vollstreckenden Entscheidung;

    c) Art und Dauer der zu vollstreckenden Strafe;

    d) den Grund der Verhaftung oder Vorführung;

    e) das Ersuchen um Vorführung oder Verhaftung;

    f) die Angabe der Vollzugsanstalt, in die der Verurteilte eingeliefert werden soll;

    g) bei Ersatzfreiheitsstrafen die Angabe des Geldbetrages, bei dessen nachgewiesener Zahlung die Vorführung oder Verhaftung unterbleibt.

    (5) [1]Um die Vollziehung von Vorführungs- oder Haftbefehlen können die Polizeidienststellen des Landes ersucht werden, bei Soldaten auch die Feldjägereinheiten. [2]Soll die Polizeidienststelle eines anderen Landes ersucht werden, so ist nach § 9 Abs. 1 Satz 1 und 2 zu verfahren.

    (6) Der Vorführungs- oder Haftbefehl ist dem Verurteilten, wenn möglich bei der Ergreifung, bekanntzugeben.

2. Ladung zum Strafantritt

2   **a) Vollstreckungsplan.** Aus Absatz 1 ergibt sich lediglich, daß der auf freiem Fuß befindliche Verurteilte, wenn er nicht fluchtverdächtig ist, durch Ladung zum Antritt der Strafe aufgefordert werden muß und Zwangsmaßnahmen erst in Betracht kommen, wenn er sich auf die Ladung nicht gestellt hat. Befindet sich der Verurteilte bei Eintritt der Rechtskraft des Urteils in Untersuchungshaft (§ 450, 8) so entfällt die Ladung zum Strafantritt, und es kommt nur die Einweisung und Überführung in die zuständige Vollzugsanstalt in Betracht (§ 28 StVollstrO). Das Verfahren zur Herbeiführung des Vollzugs ist im übrigen folgendermaßen geregelt: Wie in § 451, 16 ff ausgeführt, bestimmt der gemäß § 152 StVollzG von der Landesjustizverwaltung aufgestellte **Vollstreckungsplan** für jeden Gerichtsbezirk, welche Vollzugsanstalt für den Vollzug einer Strafe oder Maßregel oder von Jugendarrest örtlich und sachlich zuständig ist. In die danach zuständige Vollzugsanstalt lädt die Vollstreckungsbehörde **unmittelbar** den Verurteilten zum Strafantritt, und zwar (trotz der Einschränkungen in § 27 Abs. 1 StVollstrO, die durch die Ländervereinbarung vom 13. 1. 1965[2] überholt sind, § 451,

---

[2] Abgedruckt bei *Pohlmann/Jabel* StVollstrO,
Anhang 2 S. 538.

19 ff) ohne Rücksicht darauf, ob die Vollzugsanstalt im Land der Vollstreckungsbehörde oder in einem anderen Land gelegen ist.

b) Fristsetzung. Der Verurteilte ist grundsätzlich unter Setzung einer Frist (in der **3** Regel etwa eine Woche), binnen deren er sich in der Vollzugsanstalt einzufinden hat (§ 27 Abs. 2 Satz 1 StVollstrO) zu laden. Gleichzeitig weist die Vollstreckungsbehörde ihn durch ein **Aufnahmeersuchen** in die zuständige Vollzugsanstalt ein (§ 29 Abs. 1 Satz 1 StVollstrO). Für die Vollstreckung von freiheitsentziehenden Maßregeln gelten entsprechende Vorschriften (§ 53 Abs. 2 Buchst. a StVollstrO); jedoch bedarf es, da die Ländervereinbarung vom 13. 1. 1965 nach ihrem Abschnitt II nicht für die Vollstreckung der freiheitsentziehenden Maßregeln der Besserung und Sicherung gilt, nach § 162 GVG, §§ 9, 27 StVollstrO der Inanspruchnahme der für den Aufenthaltsort zuständigen landgerichtlichen Staatsanwaltschaft, wenn die zuständige Vollzugsanstalt außerhalb des Landes der Vollstreckungsbehörde liegt.

3. Mittellose Verurteile, die nicht in der Lage sind, die Kosten einer Reise zu der **4** entfernten Vollzugsanstalt zu bestreiten, können in eine näher gelegene Anstalt geladen werden und sind von dort der zuständigen Anstalt zuzuführen (§ 27 Abs. 5, § 28 Abs. 2 StVollstrO).

II. Zwangsmaßnahmen

1. Allgemein. Hat sich der Verurteilte auf Ladung nicht gestellt, so kann die Voll- **5** streckungsbehörde (auch der Rechtspfleger) — unter Wahrung des überall geltenden Grundsatzes der Verhältnismäßigkeit (Einl. Kap. 6 Abschn. III 3) — einen Vorführungs- oder Haftbefehl erlassen. Diese Vorschrift widerspricht nicht dem Art. 104 Abs. 2 GG, denn es handelt sich hier lediglich um die Durchführung einer bereits gerichtlich angeordneten Freiheitsentziehung[3], so daß Fragen hinsichtlich der Grundgesetzmäßigkeit, wie sie bez. des Vorführungsrechts der Staatsanwaltschaft im Ermittlungsverfahren (§ 161 a Abs. 2, § 163 a Abs. 3) erörtert werden (s. die Erl. zu § 161 a), hier nicht entstehen.

2. Vollstreckungshaftbefehl
a) Unterschied zum Untersuchungshaftbefehl. Der Vollstreckungshaftbefehl der **6** Vollstreckungsbehörde hat mit dem richterlichen Haftbefehl (§ 114) nichts zu tun; die Ergreifung nach rechtskräftiger Verurteilung zur Sicherung der Vollstreckung ist, anders als der Sicherungshaftbefehl des § 453 c (dort Rdn. 7; 16), *keine* Verhaftung i. S. des § 310[4]. Aus der Natur der Sache ergibt sich aber, daß gewisse Vorschriften (Schriftlichkeit, genaue Bezeichnung des Verurteilten, Angabe des Grundes der Verhaftung, Bekanntmachung an den Verhafteten, § 114) auch für ihn gelten müssen[5]. Nach Absatz 1 kann der Haftbefehl erlassen werden, wenn der Verurteilte sich auf die „an ihn ergangene" Ladung nicht gestellt hat. Danach genügt zum Erlaß des Haftbefehls, daß dem Verurteilten eine Ladung zugegangen ist.

b) Form der Ladung. Über die Form der Ladung und die Art ihrer Bekanntgabe **7** enthält die Strafprozeßordnung keine Vorschriften, insbesondere ist förmliche Zustel-

---

[3] BGHSt **13** 97, 100; **23** 380, 386.
[4] OLG Hamburg NJW **1964** 605; OLG Hamm NJW **1974** 511; LR-*Gollwitzer*[23] § 310, 19; KK-*W. Müller* 2; KMR-*Müller* 13; KMR-*Paulus* § 310, 7; *Kleinknecht/Meyer*[37]

12; § 310, 3; *Pohlmann/Jabel* § 33; *Wetterich/Hamann* 146.
[5] Wegen weiterer Einzelheiten zum Inhalt des Vollstreckungshaftbefehls vgl. § 33 Abs. 4 StVollstrO sowie *Pohlmann/Jabel* § 33, 22.

Günter Wendisch

lung der Ladung nicht vorgeschrieben; es genügt zum Erlaß des Haftbefehls, wenn die Vollstreckungsbehörde Kenntnis hat, daß die Ladung dem Verurteilten zugegangen ist[6]. Hier greifen jedoch ergänzend und z. T einschränkend die **Justizverwaltungsanweisungen** ein. Nach § 27 Abs. 3 StVollstrO kann die Strafantrittsladung erfolgen a) durch einfachen Brief, b) durch förmliche Zustellung, c) durch mündliche Eröffnung gegenüber dem an Amtsstelle anwesenden Verurteilten, wenn er zum sofortigen Strafantritt geladen wird. § 33 Abs. 1 StVollstrO weist die Vollstreckungsbehörden an, einen **Haftbefehl** nur zu erlassen, **wenn** der Verurteilte sich **trotz förmlicher Zustellung** der Ladung **nicht** binnen der gesetzten Frist, bei Aufforderung zum sofortigen Antritt nicht spätestens am Tag nach der Zustellung **gestellt** hat[7]. Bei Ersatzzustellung durch Niederlegung bei der Postanstalt usw. — § 182 ZPO — wird im allgemeinen zunächst durch Rückfrage bei der Postanstalt festzustellen sein, ob die Ladung abgeholt worden ist[8]. Bei Nichtgestellung auf formlose Ladung (Brief) muß also grundsätzlich nochmals mit förmlicher Zustellung geladen werden. Der Erlaß eines Haftbefehls entfällt, wenn der Verurteilte die Nichtgestellung ausreichend entschuldigt hat; es muß dann erneut geladen werden.

8   **c) Keine Bereitschaft zum sofortigen Strafantritt.** Dem Fall des Ausbleibens auf förmlich zugestellte Ladung stellt § 33 Abs. 2 StVollstrO den Fall gleich, daß der mündlich zum sofortigen Strafantritt Geladene nicht dazu bereit ist. Das begegnet keinen Bedenken[9]; es kann der Vollstreckungsbehörde nicht gut zugemutet werden, zu warten, ob der Verurteilte sich nicht vielleicht anders besinnt und die Strafe doch antritt; wie lange sollte sie auch warten? Dem ergriffenen Verurteilten ist der Haftbefehl alsbald, möglichst bei der Ergreifung, und zwar regelmäßig durch Übergabe einer Ausfertigung des Vollstreckungshaftbefehls, ausnahmsweise[10] auch mündlich bekanntzugeben (§ 33 Abs. 6 StVollstrO).

9   **3. Vorführungsbefehl.** Statt eines Vollstreckungshaftbefehls kann — wie beim richterlichen Haftbefehl, § 134 — ein Vorführungsbefehl erlassen werden. Das kommt in Betracht, wenn der Verurteilte an dem Ort wohnt, an dem sich die Vollzugsanstalt befindet und zu erwarten ist, daß der Verurteilte von dem Vorführungsbeamten auch in der Wohnung angetroffen wird[11].

10   **4. Unverwertbarkeit des Untersuchungshaftbefehls.** Der auf freiem Fuß befindliche Verurteilte kann nicht auf Grund eines während des Strafverfahrens erlassenen, aber nicht vollzogenen richterlichen Haftbefehls zwecks Strafvollstreckung ergriffen werden, da dieser Haftbefehl mit dem rechtskräftigen Abschluß des Verfahrens seine Bedeutung verloren hat[12].

11   **5. Fluchtverdacht.** Außer bei Nichtgestellung kann ein Vorführungs- oder Haftbefehl auch bei Fluchtverdacht erlassen werden. Fluchtverdacht ist — von dem Fall, daß der Verurteilte flüchtig ist oder sich verborgen hält, abgesehen — wie im Fall des § 112

---

[6] KMR-*Müller* 3; *Pohlmann/Jabel* § 33, 3.
[7] Vgl. KK-*W. Müller* 4; *Wetterich/Hamann* 147.
[8] *Pohlmann/Jabel* § 33, 4; KMR-*Müller* 3.
[9] Ebenso *Dallinger* DJ **1942** 145; KMR-*Müller* 5; *Pohlmann/Jabel* § 33, 15.
[10] Vgl. dazu *Pohlmann/Jabel* § 33, 23.

[11] KK-*W. Müller* 3; KMR-*Müller* 7; *Kleinknecht/Meyer*[37] 7; *Pohlmann/Jabel* § 33, 9; *Wetterich/Hamann* 146.
[12] OLG Karlsruhe Justiz **1973** 255; OLG Hamburg NJW **1976** 2030; KK-*W. Müller* 6; *Wetterich/Hamann* 151.

Abs. 2 Nr. 2 auch gegeben, wenn die Befürchtung begründet ist, daß der Verurteilte sich auf irgendeine Art (außer Selbstmord) der Vollstreckung entziehen werde[13]. Das spricht in Erläuterung des §457 Abs. 1 der §33 Abs. 2 StVollstrO mit Recht aus, und die von *Eb. Schmidt* 4 geäußerten Zweifel sind angesichts des in §112 Abs. 2 verwendeten Begriffs der Fluchtgefahr, wo fraglos „Flucht" im Sinn von Entziehung zu verstehen ist, unbegründet[14].

6. Bedingter Haft- oder Vorführungsbefehl. Im Interesse der Beschleunigung der **12** Vollstreckung sieht §33 Abs. 3 StVollstrO schon bei der Ladung den Erlaß eines Befehls für den Fall vor, daß der Verurteilte sich auf die Ladung hin nicht fristgemäß (bei Setzung einer Frist) oder nicht rechtzeitig (bei Ladung zum sofortigen Strafantritt) stellt. Dieser Haft- oder Vorführungsbefehl wird **gleichzeitig mit der Ladung** herausgegeben (Rdn. 13)[15]; er darf aber erst vollzogen werden, wenn die Vollstreckungsbehörde — nicht die mit dem Vollzug des Haft- oder Vorführungsbefehls betraute Polizeibehörde — festgestellt hat, daß die in §33 Abs. 3 StVollstrO unter a) oder b) bezeichneten Voraussetzungen vorliegen und sie den Befehl dadurch vollziehbar gemacht hat, daß sie die Polizeibehörde — gegebenenfalls fernmündlich — benachrichtigt, der in ihren Händen befindliche Vorführungs- oder Haftbefehl könne nunmehr vollstreckt werden.

III. Mitwirkung von Polizeidienststellen

1. Unmittelbares Vollziehungsersuchen. Um die Vollziehung des Vorführungs- **13** oder Haftbefehls können nach §33 Abs. 5 StVollstrO die gemäß Art. 35 GG amtshilfepflichtigen Polizeidienststellen ersucht werden[16]. Nach der **Ländervereinbarung** vom 13. 1. 1965 (§451, 19 ff) sind die Vollstreckungsbehörden ermächtigt, unmittelbar auch die Polizeidienststellen eines anderen Landes zu ersuchen; damit ist während der Geltung dieser Vereinbarung §33 Abs. 5 Satz 2 StVollstrO überholt[17], soweit dort bestimmt ist, daß die Vollstreckungsbehörde unmittelbar nur die Polizeidienststellen des eignen Landes ersuchen kann und daß, wenn der Verurteilte sich außerhalb des Landes der Vollstreckungsbehörde aufhält, nach §9 StVollstrO, §163 GVG die landgerichtliche Staatsanwaltschaft des Aufenthaltsorts um Vollstreckungshilfe ersuchen muß, die ihrerseits die Polizeidienststellen ihres Landes beauftragt[18].

2. Amtshilfeersuchen nach §§162, 163 GVG. Die Vollstreckungsbehörde ist aber **14** — durch §33 Abs. 5 StVollstrO im eignen Land, durch die Ländervereinbarung vom 13. 1. 1965 auch in anderen Ländern — nur ermächtigt, nicht verpflichtet, die Polizeidienststellen unmittelbar zu ersuchen; sie kann vielmehr auch den **Weg der §§162, 163 GVG** beschreiten, wird dies freilich nur tun, wenn aus besonderen Gründen die Veranlassung dazu besteht[19]. Die Vollstreckungsbehörde kann sich auch der ihr unterstellten Hilfsbeamten der Staatsanwaltschaft (§152 GVG) bedienen[20]. Solange kein bestimm-

---

[13] KK-*W. Müller* 5; KMR-*Müller* 4; *Kleinknecht/Meyer*[37] 7; *Wetterich/Hamann* 148.
[14] So auch *Dallinger* DJ **1942** 145; KMR-*Müller* 4; *Pohlmann/Jabel* §33, 13.
[15] *Kleinknecht/Meyer*[37] 2.
[16] KK-*W. Müller* 8; KMR-*Müller* 10; *Pohlmann/Jabel* §33, 33; §40, 20; nach *Klein-*

knecht/Meyer[37] (10) soll §161 Satz 2 StPO die Grundlage sein.
[17] Ebenso KMR-*Müller* 10.
[18] So aber KK-*W. Müller* 8.
[19] *Pohlmann/Jabel* §33, 24 f.
[20] RGSt **21** 426; *Kleinknecht/Meyer*[37] §152 GVG, 2; *Pohlmann/Jabel* §33, 33; §40, 20.

Günter Wendisch

ter Beamter der Polizei mit der Bearbeitung des Falls befaßt ist, soll allerdings regelmäßig die zuständige Polizeibehörde ersucht werden[21].

15   **3. Umfang der Zwangsbefugnisse.** Streitig ist, ob es, wenn die Polizeidienststellen zum Vollzug eines Vorführungs- oder Haftbefehls die Wohnung des Verurteilten oder dritter Personen durchsuchen müssen, einer **besonderen Durchsuchungsanordnung** bedarf. Nach herrschender Auffassung sind die §§ 102 bis 105 auch anwendbar bei der Durchsuchung von Räumen zwecks Ergreifung eines rechtskräftig Verurteilten zur Strafvollstreckung[22]. Die nach § 105 Abs. 1 grundsätzlich erforderliche Durchsuchungsanordnung ist aber nach überwiegend vertretener Auffassung bereits als formlos (stillschweigend) durch das rechtskräftige, auf Freiheitsstrafe lautende Urteil erteilt anzusehen; die gerichtliche Anordnung der Freiheitsentziehung im rechtskräftigen Strafurteil umfaßt alle Maßnahmen gegen den Verurteilten, die zur Verwirklichung des Strafausspruchs notwendig werden[23]. Diese Auffassung[24] verdient den Vorzug vor der Auffassung, daß es stets einer besonderen Durchsuchungsanordnung bedürfe[25] und daß zur Durchsuchung der Wohnung oder anderer Räume eines unbeteiligten Dritten eine besondere gerichtliche Anordnung erforderlich sei[26], wenn keine Gefahr im Verzug vorliegt und der Dritte nicht einverstanden ist.

IV. Weitere Zwangsmaßnahmen

16   Zur Frage der Rechtmäßigkeit der **Postbeschlagnahme** zur Ermittlung des Aufenthalts eines Verurteilten zur Strafvollstreckung s. *Kaiser* NJW **1964** 759, 760. Beim Entweichen eines Festgenommenen kann die Polizei einen Steckbrief erlassen (§ 131 Abs. 2 Satz 2). Wegen Maßnahmen bei Entweichen aus dem Strafvollzug s. Rdn. 22.

V. Strafzeitberechnung

17   Die Strafzeit rechnet, wenn der Verurteilte auf Grund eines Vorführungs- oder Haftbefehls festgenommen ist, nach § 38 Buchst. b StVollstrO vom Zeitpunkt der Ergreifung, vorausgesetzt, daß er in Durchführung des Befehls — gleichviel wieviel Zeit bis dahin vergeht — auch eingeliefert wird; entweicht er in der Zwischenzeit, so wird die Zeit der Festhaltung nicht angerechnet[27].

---

[21] Vgl. Abschnitt B I der Gemeinsamen Richtlinien der Justizminister/senatoren und der Innenminister/senatoren des Bundes und der Länder über die Anwendung unmittelbaren Zwanges durch Polizeibeamte auf Anordnung des Staatsanwalts von Dezember 1973/Januar 1974; abgedruckt als Anlage A zu den Richtlinien für das Straf- und Bußgeldverfahren; *Pohlmann/Jabel* § 40, 20.

[22] OLG Frankfurt NJW **1964** 785; OLG Düsseldorf NJW **1981** 2134; teilweise enger LR-*G. Schäfer* § 102, 20; § 105, 7.

[23] OLG Frankfurt NJW **1964** 785; OLG Düsseldorf NJW **1981** 2134; *Kaiser* NJW **1964** 759; **1980** 875; LR-*Meyer*[23] § 105, 7; LR-*Ha-*

nack § 134, 8; *Eb. Schmidt* Nachtr. I, 7; KK-*W. Müller* 9; KMR-*Müller* 11; *Kleinknecht/Meyer*[37] 10; *Pohlmann/Jabel* § 33, 28 ff; *Wetterich/Hamann* 153; a.A *Bender* NJW **1980** 1612; KMR-*Müller* 1.

[24] Die sich einmal auf BVerfGE **16** 239 berufen kann und auch durch BVerfGE **51** 97, 105 ff = NJW **1979** 1539 nicht in Frage gestellt wird (so OLG Düsseldorf NJW **1981** 2134).

[25] So *Kohlhaas* NPA **1962** Nr. 508 S. 2, 3 und 5 zu § 102 StPO.

[26] So *Krause* NJW **1974** 303.

[27] KK-*W. Müller* 11; vgl. auch KMR-*Müller* 12.

VI. Anfechtbarkeit

Ob die Voraussetzungen für den Erlaß eines Vorführungs- oder Haftbefehls vor- **18**
liegen, entscheidet die Vollstreckungsbehörde. Eine Anrufung des Gerichts dagegen ist
in § 458 nicht vorgesehen[28]; dagegen ist — außer der Beschwerde nach § 21 StVollstrO
— Antrag auf gerichtliche Nachprüfung nach §§ 23 ff EGGVG zulässig[29]. Er ist allerdings ausgeschlossen, wenn der Vollstreckungshaftbefehl vollzogen und damit erledigt
ist[30].

VII. Vollstreckungssteckbrief (Absatz 2)

Auch der Vollstreckungssteckbrief nach Absatz 2 hat mit dem Steckbrief nach **19**
§ 131 begrifflich nichts gemein; er setzt einen Vollstreckungshaftbefehl nicht voraus,
sondern stellt selbst einen zur Veröffentlichung in den Fahndungsblättern (Deutsches
Fahndungsbuch und Bundeskriminalblatt, beide vom Bundeskriminalamt herausgegeben, sowie die von den Ländern herausgegebenen Landeskriminalblätter) bestimmten
„qualifizierten Vollstreckungshaftbefehl" dar[31]. Über seinen Inhalt enthält das Gesetz
keine Vorschriften; die Einzelheiten haben deshalb die Justizverwaltungen geregelt
(§ 34 StVollstrO). Ein Steckbrief kommt nur in Betracht, wenn der Verurteilte flüchtig
ist oder sich verborgen hält.

Von der **Ausschreibung** in den **Fahndungsblättern** wird in der Regel abgesehen **20**
bei Ersatzfreiheitsstrafe und Strafresten bis zu zwei Wochen (§ 34 Abs. 4 StVollstrO).
Den Steckbrief kann nur die Vollstreckungsbehörde des § 451, nicht eine um eine Vollstreckung ersuchte Staatsanwaltschaft (§ 162 GVG) erlassen; sie ist regelmäßig auch
nicht mehr zuständig, weil nicht feststeht, ob der Verurteilte sich noch in ihrem Bezirk
aufhält[32]. Wohl aber kann eine nach Absatz 1 Satz 2 um die Vollziehung des Vorführ-
rungs- oder Haftbefehls ersuchte Polizeidienststelle in entsprechender Anwendung des
§ 131 Abs. 1 einen Steckbrief erlassen und andere Stellen um Mitfahndung und Festnahme ersuchen[33]. Mit dem Erlaß des Steckbriefs kann eine **Steckbriefnachricht** im Zentralregister niedergelegt werden (§ 25 BZRG). Ist der Aufenthalt des Verurteilten lediglich unbekannt, ohne daß Anhaltspunkte dafür gegeben sind, er sei flüchtig oder halte
sich verborgen, so kann ein Suchvermerk im Zentralregister niedergelegt und die Ausschreibung zur Aufenthaltsermittlung in den Fahndungsblättern veranlaßt werden.

VIII. Anwendung auf Erzwingungshaft

§ 457 und § 33 StVollstrO sind sinngemäß auch anwendbar bei der Vollstreckung **21**
der gemäß § 96 OWiG angeordneten Erzwingungshaft[34] sowie bei der Vollstreckung
gerichtlich erkannter Ordnungs- oder Zwangshaft in Straf- oder Bußgeldsachen, die
von der Staatsanwaltschaft als Vollstreckungsbehörde oder als ersuchte Behörde voll-

---

[28] KG GA **43** (1895) 137; OLG Rostock *Alsb.*
E **2** 145; OLG Kassel DRZ **1931** Nr. 794;
Wendisch FS Dünnebier 246.

[29] OLG Hamm NJW **1969** 169; NStZ **1982**
524; OLG Saarbrücken NJW **1973** 1012;
Amelung 35 und NJW **1979** 1687 f; KK-*W.
Müller* 12; KMR-*Müller* 13; *Kleinknecht/
Meyer*[37] 12 und § 23 EGGVG, 11; *Pohl-
mann/Jabel* § 33, 37; *Wetterich/Hamann* 40.

[30] OLG Hamm NStZ **1982** 524; *Kleinknecht/
Meyer*[37] 10.

[31] So KK-*W. Müller* 10; aber auch *Klein-
knecht/Meyer*[37] 8; vgl. auch *Wetterich/Hamann*
158.

[32] KMR-*Müller* 14; *Pohlmann/Jabel* § 34, 9.

[33] Vgl. § 131, 19; *Pohlmann/Jabel* § 40, 20.

[34] *Göhler* § 97, 1; § 87 Abs. 2 Buchst c St-
VollstrO.

streckt werden (§ 88 Abs. 1 StVollstrO). Wegen des Falls, daß der Vorsitzende des Gerichts unmittelbar die Vollstreckung von Ordnungshaft veranlaßt (§ 179 GVG), vgl. § 88 Abs. 2 StVollstrO.

IX. Entweichen aus dem Strafvollzug (Absatz 1 Satz 2)

22   Entsprechend der Aufgabe der Vollstreckungsbehörde, die Herbeiführung des Strafvollzugs zu veranlassen, regelte Absatz 1 zunächst nur die Maßnahmen, die den Beginn des Vollzugs betreffen. Satz 2 des Absatzes 1 erweitert die Zwangsbefugnisse der Vollstreckungsbehörde auf den Fall, daß ein dem Vollzug bereits zugeführter Verurteilter entweicht oder sich sonst dem Vollzug entzieht, z. B. indem er von einem ihm von der Vollzugsbehörde gewährten Freigang, Ausgang oder Urlaub nicht zurückkehrt. Nach § 87 StVollzG kann ein Gefangener, der entwichen ist oder sich sonst ohne Erlaubnis außerhalb der Anstalt aufhält, durch die **Vollzugsbehörde** oder auf ihre Veranlassung hin festgenommen und in die Anstalt zurückgebracht werden. Den Vollzugsbehörden steht hiernach **nur** ein **Festnahmerecht** zu, das sich allerdings nicht nur auf den eigentlichen Anstaltsbereich erstreckt, sondern auch gegenüber einem Entwichenen besteht, der bei der Nacheile durch Vollzugsbeamte gestellt wird[35]. Unabhängig davon gehört es nunmehr auch zu den Aufgaben der Vollstreckungsbehörde, durch Erlaß eines Vorführungs- oder Haftbefehls oder eines Steckbriefs (Absatz 2) für die Wiederaufnahme des Vollzugs tätig zu werden. Jedoch wird die Vollstreckungsbehörde in der Regel zunächst abwarten, ob die Bemühungen der Vollzugs- oder Polizeibehörde erfolgreich waren[36]. Wegen der Strafzeitberechnung bei Ergreifung vgl. § 450, 16; § 451, 55.

§ 458

(1) Wenn über die Auslegung eines Strafurteils oder über die Berechnung der erkannten Strafe Zweifel entstehen oder wenn Einwendungen gegen die Zulässigkeit der Strafvollstreckung erhoben werden, so ist die Entscheidung des Gerichts herbeizuführen.

(2) Das Gericht entscheidet ferner, wenn in den Fällen des § 454 b Abs. 1 und 2 sowie der §§ 455, 456 und 456 c Abs. 2 Einwendungen gegen die Entscheidung der Vollstreckungsbehörde erhoben werden oder wenn die Vollstreckungsbehörde anordnet, daß an einem Ausgelieferten oder Ausgewiesenen die Vollstreckung einer Strafe oder einer Maßregel der Besserung und Sicherung nachgeholt werden soll, und Einwendungen gegen diese Anordnung erhoben werden.

(3) [1]Der Fortgang der Vollstreckung wird hierdurch nicht gehemmt; das Gericht kann jedoch einen Aufschub oder eine Unterbrechung der Vollstreckung anordnen. [2]In den Fällen des § 456 c Abs. 2 kann das Gericht eine einstweilige Anordnung treffen.

---

[35] KK-*W. Müller* 6; ähnlich KMR-*Müller* 17 und *Kleinknecht/Meyer*[37] 4: bei weiterhin bestehendem räumlichen und zeitlichen Zusammenhang; vgl. auch *Pohlmann/Jabel* § 40, 19.

[36] *Kleinknecht/Meyer* 5; *Pohlmann/Jabel* § 40, 19; vgl. auch VV zu § 87 StVollzG sowie *Schwind/Böhm/Kuhling* § 87, 5.

Entstehungsgeschichte. Die als § 490 Gesetz gewordene Vorschrift hat ihre jetzige Bezeichnung durch die Bekanntmachung 1924 erhalten. Der ursprüngliche Absatz 2 („Dasselbe gilt, wenn nach Maßgabe des § 455 Einwendungen gegen die Ablehnung eines Antrags auf Aufschub der Strafvollstreckung erhoben werden") erhielt durch Art. 2 Nr. 40 des AGGewVerbrG die heutige Fassung; gleichzeitig wurde dem Absatz 3 der Satz 2 hinzugefügt. Die Ersetzung von „Maßregel der Sicherung und Besserung" durch „Maßregel der Besserung und Sicherung" in Absatz 2 beruht auf Art. 21 Nr. 129 EGStGB 1974. Durch Art. 2 Nr. 7 des 23. StRÄndG vom 13. 4. 1986 (BGBl. I 393) ist die Paragraphenkette in Absatz 2 um § 454 b Abs. 1 und 2 erweitert worden.

Übersicht

I. Anwendungsgebiet

1. Fälle des Absatzes 1. § 458, der bei der Vollstreckung von Maßregeln der Besserung und Sicherung sinngemäß anwendbar ist (§ 463 Abs. 1; *Kleinknecht/Meyer*[37] 4), geht von einem Selbstentscheidungsrecht der Strafvollstreckungsbehörde aus; das Gericht ist unzuständig, solange die Vollstreckungsbehörde noch nicht entschieden hat[1]. Die Vorschrift sieht eine Entscheidung des Gerichts (§§ 462, 462 a) in den im einzelnen aufgezählten Fällen vor. **1**

a) Zweifel über die Auslegung eines Strafurteils (erster Fall). Bei solchen Zweifeln hat die Vollstreckungsbehörde von Amts wegen die Entscheidung des Gerichts **2**

---

[1] OLG Koblenz Rpfleger **1978** 148; OLG Stuttgart Justiz **1984** 288; KK-*Chlosta* 3; *Kleinknecht/Meyer*[37] 1.

Günter Wendisch

herbeizuführen[2]. Die Zweifel können sich auf jeden Teil des Strafausspruchs, also nicht nur auf die Hauptstrafe, sondern auch auf Nebenstrafen und Nebenfolgen beziehen[3]. Zweifel über die **Auslegung** eines Urteils können sich insbesondere bei einem Widerspruch zwischen Urteilsformel und Urteilsgründen ergeben. Sie bestehen auch, wenn bei Verlust der Akten über den Inhalt des Urteils Zweifel bestehen (dazu § 451, 54).

3 **b) Zweifel über die Berechnung der erkannten Strafzeit (zweiter Fall).** Bei Zweifeln über die zunächst **von der Vollstreckungsbehörde** aufzustellende Strafzeitberechnung darf sich das Gericht nicht damit begnügen, die Grundsätze darzulegen, nach denen die Strafzeitberechnung zu erfolgen hat, die Berechnung auf dieser Grundlage aber der Vollstreckungsbehörde zu überlassen, sondern es muß selbst die Strafzeitberechnung aufstellen[4]. Solche Zweifel bestehen auch, wenn in Ermangelung einer Entscheidung des erkennenden Gerichts Zweifel über Auswirkung und Umfang der in § 51 StGB, § 52 a JGG vorgeschriebenen Anrechnung von Untersuchungshaft oder einer anderen Freiheitsentziehung entstehen[5], oder bei Zweifeln über das Vorliegen der Anrechnungsvoraussetzungen des § 450 a.

4 Als einen dem Zweifel über die Berechnung der erkannten Strafe **rechtsähnlichen Fall** hat es die Rechtsprechung, § 458 Abs. 1 entsprechend anwendend, angesehen, wenn nach Auffassung der Vollstreckungsbehörde die ununterbrochene Vollstreckung mehrerer zeitiger Freiheitsstrafen, bei denen die Voraussetzungen der Gesamtstrafenbildung nicht gegeben sind, unzulässig ist, weil die Summe der Strafen 15 Jahre überschreitet[6], ferner bei Zweifeln über die Berechnung der Abschiebungshaft nach § 16 AuslG[7] oder über den Umfang einer Auslieferungsbewilligung[8].

5 **c) Einwendungen gegen die Zulässigkeit der Strafvollstreckung (dritter Fall)** sind Einwendungen desjenigen oder zugunsten desjenigen, gegen den vollstreckt wird oder vollstreckt werden soll. Sie bedürfen, wenn schriftlich erhoben, keiner handschriftlichen Unterzeichnung, wenn aus dem Inhalt der Einwendung die Person dessen, der sie erhebt, zuverlässig entnommen werden kann[9]. Sie können grundsätzlich nur das „Ob" der Vollstreckung, den „Fortbestand des Vollstreckungsverfahrens selbst" betreffen[10]; das ist der Fall, wenn geltend gemacht wird, daß die allgemeinen Voraussetzungen der Vollstreckung eines Strafurteils nicht gegeben seien oder der Vollstreckung ein Vollstreckungshindernis entgegenstehe. Nur ausnahmsweise gehört auch das „Wie" des Vollzugs hierher (Rdn. 8). Der Einwendende muß die Einwendungen gegenüber der Vollstreckungsbehörde erheben; diese hat dann die Entscheidung des Gerichts herbeizuführen.

6 Die **Vollstreckungsbehörde** selbst kann — weil sie nicht in dieser Eigenschaft, sondern als Strafverfolgungsbehörde an dem Verfahren beteiligt ist — nach herge-

---

[2] KK-*Chlosta* 5.
[3] BGHZ 42 360, 363; BGHSt 8 66.
[4] OLG Stettin GA **41** (1893) 70; LG Coburg VRS **29** 269; KK-*Chlosta* 2; 7; KMR-*Müller* 2.
[5] BGHSt **24** 29; OLG Zweibrücken NJW **1975** 509; LG Osnabrück NJW **1973** 2256; vgl. auch *Pohlmann/Jabel* § 39, 32 ff; 45; 55.
[6] OLG Oldenburg GA **1971** 342; OLG Hamm NJW **1971** 1373.
[7] BayObLG NJW **1973** 1979; OLG Hamm NJW **1977** 1019; OLG Frankfurt NJW **1980** 537.
[8] OLG Stuttgart NJW **1980** 1240; OLG Hamm NJW **1980** 2484; *Hermes* NJW **1979** 443; *Hermes/Schulze* NJW **1980** 2622; KK-*Chlosta* 8; KMR-*Müller* 1.
[9] OLG Koblenz Rpfleger **1976** 127 mit Anm. *Vollkommer*.
[10] OLG Düsseldorf NJW **1977** 117; OLG Koblenz NStZ **1982** 219; OLG Schleswig GA **1984** 96; KK-*Chlosta* 10; *Kleinknecht/Meyer*[37] 2.

brachter Auslegung **keine Einwendungen** erheben, d. h. sie kann ihre eigenen Zweifel über die Zulässigkeit der Vollstreckung, soweit sie sich nicht auf die Auslegung des Urteils und die Strafzeitberechnung beziehen, nicht von vornherein dem Gericht zur Entscheidung unterbreiten. Sie muß vielmehr selbst eine Entscheidung treffen, und zur gerichtlichen Entscheidung kommt es nur, wenn von Beteiligten Einwendungen gegen die Entscheidung der Vollstreckungsbehörde erhoben werden und die Vollstreckungsbehörde — von neuem entscheidend — ihnen nicht abhilft[11]. Dies gilt auch, wenn aus Anlaß gesetzlicher Neuregelungen ein Interesse an einer alsbaldigen Klärung von Zweifelsfragen besteht[12]. Allerdings kann sich aus der prozessualen Fürsorgepflicht die Pflicht der Vollstreckungsbehörde ergeben, den Betroffenen auf die Möglichkeit von Einwendungen hinzuweisen[13].

Auch für die Frage, ob die Strafe durch ein **Straffreiheitsgesetz** erlassen ist, gilt **7** insoweit nichts anderes[14], soweit nicht das Straffreiheitsgesetz selbst eine abweichende Bestimmung trifft; eine solche „abweichende Bestimmung" dürfte aber anzunehmen sein, wenn in den neueren aus Anlaß der Strafrechtsreform ergehenden „Änderungs"- und „Reformgesetzen" amnestierechtliche Regelungen getroffen werden und bei Zweifeln über die sich daraus ergebenden Rechtsfolgen die §§ 458, 462 für sinngemäß anwendbar erklärt werden (Rdn. 20).

d) Beispiele für zulässige Einwendungen. Der Verurteilte macht Verjährung der **8** Strafvollstreckung geltend; er bezeichnet die Vollstreckung der Ersatzfreiheitsstrafe als unzulässig, weil die zugrundeliegende Geldstrafe bezahlt sei (§ 459 e Abs. 4, § 459 h, 18); er bestreitet seine Identität mit dem Verurteilten[15]; er macht geltend, die Strafe sei durch Straffreiheitsgesetz[16] oder durch Gnadenakt[17] erlassen, die Vollstreckung verstoße gegen die Reihenfolge der Vollstreckung nach § 67 Abs. 1 StGB[18]; er wendet sich gegen einen rechtskräftigen, die Strafaussetzung zur Bewährung widerrufenen Beschluß unter Geltendmachung von Tatsachen, die die Wiederaufnahme gegen ein rechtskräftiges Urteil zulassen würden[19].

Ausnahmsweise kann auch die **Art des Strafvollzugs** gemäß § 458 bemängelt wer- **9** den[20], nämlich wenn der Verurteilte die Zulässigkeit der gegen ihn angewendeten Vollzugsart im allgemeinen bestreitet, z. B. bei Ladung zum Antritt der Jugendstrafe in einer Erwachsenenvollzugsanstalt[21].

In den **seltenen Ausnahmefällen,** in denen wegen gröbster Verstöße gegen funda- **10** mentale Vorschriften die Aufrechterhaltung des Urteils schlechthin unerträglich wäre, ohne daß Abhilfemöglichkeiten anderer Art bestehen (Einl. Kap. **16,** Abschn. **I** und **XI**), würde allerdings dessen Unbeachtlichkeit gemäß § 458 ausgesprochen werden können

---

[11] KG DJZ **1933** 1043; OLG Hamburg JR **1955** 69; OLG Hamm NJW **1956** 1936; **1979** 2484; JMBlNRW **1971** 91; BVerwG NJW **1970** 72, 74; *Pohlmann* Rpfleger **1956** 146; **1971** 53; KK-*Chlosta* 4; KMR-*Müller* 4; *Kleinknecht/Meyer*[37] 3; **a. A** LG Saarbrücken JBlSaar **1967** 130; *Eb. Schmidt* 7.

[12] OLG Hamm JMBlNRW **1971** 91.

[13] OLG Karlsruhe Justiz **1976** 394; OLG Stuttgart Justiz **1984** 288; *Pohlmann/Jabel* § 42, 5; *Kleinknecht/Meyer*[37] 3.

[14] KMR-*Müller* 1; **a. A** LG Berlin JR **1955** 394.

[15] *v. Baligand* GerS **72** (1908) 211.

[16] BGHSt **7** 98.

[17] OLG Stuttgart OLGSt § 458 StPO, 15.

[18] OLG Düsseldorf NStZ **1981** 366; *Kleinknecht/Meyer*[37] 2.

[19] OLG Oldenburg NJW **1962** 1169; OLG Karlsruhe Justiz **1978** 474; *Groth* ZRP **1979** 208; MDR **1980** 597; KK-*Chlosta* 13; vgl. auch KMR-*Müller* 5; **a. A** *Lemke* ZRP **1978** 281.

[20] OLG Hamm NJW **1959** 1889 = JZ **1959** 714 mit Anm. *Pohlmann*; OLG Koblenz NStZ **1981** 366; KMR-*Müller* 8; **a. A** KG NJW **1978** 284; *Kleinknecht/Meyer*[37] 2.

[21] *Frenzel* NJW **1978** 285; KK-*Chlosta* 10; **a. A** KG NJW **1978** 284.

Günter Wendisch

(BGHZ **42** 360, 363), wie insbes. beim Fehlen der deutschen Gerichtsbarkeit[22]. Streitig ist, ob die in der Praxis nicht seltenen Fälle der **Doppelbestrafung** (meist durch Strafbefehl) unter dem Gesichtspunkt der Nichtigkeit der späteren Entscheidung zu würdigen sind; das ist zu verneinen, da zur Abhilfe der Weg der Verfassungsbeschwerde und der Wiederaufnahme des Verfahrens zur Verfügung stehen[23].

11   **e) Beispiele für unzulässige Einwendungen.** Aus der Aufzählung in Absatz 2, in welchen Fällen Einwendungen gegen Entscheidungen der Vollstreckungsbehörde erhoben werden können, ergibt sich, daß bei anderen Entscheidungen der Vollstreckungsbehörde nicht § 458 (sondern ggf. § 23 EGGVG) anwendbar ist[24]. Nur nach § 23 EGGVG anfechtbar ist z. B. ein ablehnender Bescheid im Fall des § 456 a Abs. 1, mag auch der Verurteilte geltend machen, die Einleitung oder Fortsetzung der Strafvollstreckung sei unzulässig i. S des § 458 Abs. 1, weil die Vollstreckungsbehörde mit der Ablehnung von ihrer sonstigen Praxis abweiche und damit den „Gleichbehandlungsgrundsatz" verletze[25].

12   Grundsätzlich unzulässig sind auch Einwendungen **gegen die Rechtmäßigkeit** der gerichtlichen Entscheidung[26], z. B. daß das Gericht bei seiner Entscheidung die Anwendbarkeit einer Amnestie übersehen habe[27]; daß ein zur Tatzeit Erwachsener in der irrtümlichen Annahme, er sei Jugendlicher gewesen, zu Jugendarrest verurteilt wurde[28] oder daß umgekehrt infolge Irrtums des Gerichts über das Alter ein Jugendlicher mit einer nur nach Erwachsenenrecht zulässigen Strafe belegt wurde[29]; daß der Grundsatz der Spezialität der Auslieferung verletzt sei[30].

13   Daß ein **Gesetz,** auf dem eine Verurteilung beruht, vom Bundesverfassungsgericht für **nichtig** erklärt worden ist, begründet **keine** Einwendungen gegen die Zulässigkeit der Strafvollstreckung, denn die §§ 79 Abs. 1, 95 Abs. 3 BVerfGG gewähren für diesen Fall die Möglichkeit der Wiederaufnahme des Verfahrens (dazu Einl. Kap. **16** sowie Vor § 359, 137 ff), lassen aber im übrigen — anders als § 79 Abs. 2 BVerfGG, der nur für andere als Strafurteile gilt — bis zu einer die Vollstreckung ausschließenden Entscheidung im Wiederaufnahmeverfahren die Zulässigkeit der Vollstreckung unberührt[31].

14   **f) Grenzfälle** sind: der Erlaß eines formell rechtskräftig gewordenen Urteils zu einem Zeitpunkt, in dem ein Amnestiegesetz bereits ergangen und in Kraft war, das Gericht bei seiner Entscheidung ohne sein Verschulden davon aber noch keine Kenntnis hatte[32]; ferner der Fall, daß das Gericht (unzulässigerweise) die Prüfung der Anwend-

---

[22] Vgl. *Marenbach* NJW **1974** 395.
[23] OLG Koblenz NStZ **1981** 195 = JR **1981** 520 mit Anm. *Rieß*; LR-*Schäfer* Einl. Kap. **11** VII; **12** V 13; **16** IV 4; vgl. auch AG Krefeld NJW **1969** 1728 mit krit. Anm. *Pauli*; LG Krefeld NJW **1973** 1205.
[24] KK-*Chlosta* 15.
[25] OLG Hamburg NJW **1975** 1132; vgl. auch BGHSt **19** 148; OLG Hamm NJW **1973** 2075; OLG Düsseldorf NJW **1977** 117; OLG Celle NdsRpfl. **1981** 124; OLG Schleswig SchlHA **1983** 160; KK-*Chlosta* 17; KMR-*Müller* 6.
[26] RGSt **73** 333; OLG Hamm GA **1961** 155; BayVerfGH GA **1964** 50; OLG Koblenz OLGSt § 458 StPO, 19; KK-*Chlosta* 15; KMR-*Müller* 6.

[27] KG DStR **1937** 165; OLG München SJZ **1950** 623; OLG Bremen NJW **1951** 123.
[28] LG Kiel SchlHA **1950** 304.
[29] LR-*Schäfer* Einl. Kap. **16** VI; *Dallinger/Lackner* § 1, 20.
[30] OLG Hamm NJW **1956** 1936; a. A LG Darmstadt NJW **1973** 1567.
[31] So BVerfG NJW **1963** 756; OLG Bremen NJW **1962** 2169; *Zeis* NJW **1963** 550; a. A OLG Schleswig SchlHA **1963** 60; *Uibel* NJW **1963** 868.
[32] RG JW **1936** 2713; OLG Darmstadt DStR **1937** 64; *K. Schäfer* JW **1936** 2991; DStR **1937** 66; *Brandstetter* 185.

barkeit eines Straffreiheitsgesetzes dem Strafvollstreckungsverfahren vorbehielt (BayObLG NJW **1952** 154).

2. Fälle des Absatzes 2

a) Einwendungen gegen Entscheidungen nach § 454 b Abs. 1 und 2, nach §§ 455, **15** **456 und 456 c (erster Fall).** § 458 sieht die Entscheidung des Gerichts (§§ 462, 462 a) ferner vor, wenn die Strafvollstreckungsbehörde die Reihenfolge (§ 454 b Abs. 1) oder die Unterbrechung der Strafvollstreckung (§ 454 b Abs. 2) nicht beachtet oder falsch berechnet hat; wenn sie Anträge des Verurteilten abgelehnt hat, mit denen dieser den **Aufschub oder die Unterbrechung** der Vollstreckung einer Freiheitsstrafe wegen Geisteskrankheit oder anderer (lebensgefährlicher) Krankheiten (§ 455) beantragt hat; oder wenn sie die Aussetzung trotz eines im Fall der sofortigen Vollstreckung dem Verurteilten oder seiner Familie drohenden erheblichen, außerhalb des Strafzwecks liegenden Nachteils (§ 456) sowie bei Anordnung eines Berufsverbots trotz einer im Fall der sofortigen Vollstreckung dem Verurteilten oder seinen Angehörigen drohenden erheblichen und nicht vermeidbaren Härte (§ 456 c Abs. 2) abgelehnt hat. Absatz 2 gilt auch für die Fälle des Art. 6 WStG (§ 455, 22 ff).

b) Einwendungen gegen Anordnungen der Vollstreckungsbehörde nach § 456 a **16** **Abs. 2 (zweiter Fall).** Nach § 456 a Abs. 2 kann die Vollstreckungsbehörde die Vollstrekkung einer Freiheitsstrafe oder einer Maßregel der Besserung und Sicherung, von der sie wegen der Auslieferung oder Ausweisung des Verurteilten (zunächst) abgesehen hat, nachholen, wenn dieser in die Bundesrepublik zurückkehrt (§ 456 a, 5). Absatz 2 räumt dem Verurteilten ein, gegen diese Anordnung Einwendungen zu erheben.

c) Folgerungen. Absatz 2 ist **unanwendbar,** wenn die Vollstreckungsbehörde es ab **17** lehnt, **Strafunterbrechung** im Fall des § 456 zu gewähren (§ 455, 6; 26; § 461), wenn sie im Fall des § 456 a Abs. 1 es ablehnt, von der Vollstreckung abzusehen[33] (§ 456 a, 14), und wenn sie von den in §§ 455 a, 457 bezeichneten Maßnahmen Gebrauch macht (OLG Saarbrücken NJW **1973** 1012). In allen diesen Fällen handelt es sich nicht um Einwendungen gegen die Zulässigkeit der Vollstreckung i. S des § 458 Abs. 1. **Zulässig** ist dagegen, soweit es sich um Vollstreckungsmaßnahmen handelt, die förmliche Beschwerde nach § 21 StVollstrO und, soweit es sich um Gnadenmaßnahmen handelt, die Anrufung der höheren Gnadenbehörde nach Maßgabe der landesrechtlichen Gnadenordnungen. Zulässig ist ferner bei Vollstreckungsmaßnahmen die **Anfechtung nach § 23 ff EGGVG;** dabei ist das Beschwerdeverfahren das Vorschaltverfahren, das nach § 24 Abs. 2 EGGVG der Anrufung des Oberlandesgerichts vorausgehen muß (Vor § 449, 22). Da der Verurteilte durch Maßnahmen nach § 455 a nicht beschwert sein kann, sind diese sowohl der Anfechtung nach § 458 als auch nach § 23 EGGVG entzogen. Soweit es sich um Gnadenmaßnahmen handelt, ist deren Versagung einer gerichtlichen Nachprüfung nach §§ 23 ff EGGVG entzogen (§ 455, 33).

3. Dienstaufsichtsbeschwerde.

Der Betroffene kann in allen von Absatz 1 und 2 **18** umfaßten Fällen zunächst formlose Dienstaufsichtsbeschwerde einlegen und die Entscheidung des Gerichts erst herbeiführen, wenn er im Verwaltungsweg keine Abhilfe erreicht hat. Er kann aber auch auf diese Möglichkeit verzichten und alsbald die gerichtliche Entscheidung herbeiführen[34].

---

[33] OLG Hamburg MDR **1975** 684; OLG Stuttgart NStZ **1985** 331.

[34] KMR-*Müller* 9; *Kleinknecht/Meyer*[37] 5.

Günter Wendisch

4. Einschränkungen und Erweiterungen

19   **a) In bezug auf Geld- und Ersatzfreiheitsstrafen.** Nach § 459 h entscheidet das Gericht über Einwendungen gegen Entscheidungen der Vollstreckungsbehörde, die die Vollstreckung von Geld- und Ersatzfreiheitsstrafen, Verfall, Einziehung, Unbrauchbarmachung und Nebenfolgen, die zu einer Geldzahlung verpflichten, betreffen. Soweit diese Einwendungen sich inhaltlich gegen die Zulässigkeit der Vollstreckung richten, weil der Vollstreckungsanspruch gegen den Pflichtigen untergegangen ist, ist § 459 h lex specialis gegenüber § 458 (§ 459 h, 8; 18).

20   **b) Durch Reformgesetze.** In neueren Strafrechts-„Änderungs"und „Reformgesetzen", die Teilmaterien des materiellen Rechts unter Milderungen gegenüber dem bisherigen Recht regeln, beginnt sich die Übung einzubürgern, in Übergangsvorschriften die Milderungen auf nach bisherigem Recht ergangene rechtskräftige und noch nicht vollstreckte Urteile auszudehnen[35] und dabei vorzuschreiben, daß „bei Zweifeln über die sich aus den entsprechenden Vorschriften ergebenden Rechtsfolgen die §§ 458 und 462 StPO sinngemäß gelten" (so z. B. Art. 313 Abs. 5 EGStGB 1974). Vgl. dazu Rdn. 5.

21   **5. Verhältnis des § 458 zu § 23 EGGVG.** Die Anwendbarkeit des § 458 schließt die der §§ 23 ff EGGVG aus und umgekehrt die Anwendbarkeit der §§ 23 ff EGGVG die des § 458. Der Rechtsweg nach § 458 ist nur offen, wenn die Voraussetzungen dieser Vorschrift unmittelbar gegeben sind[36]; ist das der Fall, schließt § 23 Abs. 3 EGGVG den Rechtsweg der Anrufung des Oberlandesgerichts nach den §§ 23 ff EGGVG aus (vgl. im übrigen die Ausführungen zu Rdn. 17).

II. Einwendungsberechtigte

22   Einwendungen, die die Vollstreckungsbehörde verpflichten, die Entscheidung des Gerichts herbeizuführen, können erheben

1. der **Verurteilte** selbst und von ihm ermächtigte Personen (Verteidiger, Angehöriger usw.), nicht aber die Staatsanwaltschaft als Strafverfolgungsbehörde — etwa in analoger Anwendung von § 296; sie wird erst im gerichtlichen Verfahren nach §§ 462, 462 a gehört[37]. Dem Verurteilten steht gleich, wer als im Urteil bezeichneter Verfalls-, Einziehungs- oder sonstiger Nebenbeteiligter (§§ 431 Abs. 1 Satz 1, 442, 444 Abs. 1 Satz 1) eine Vollstreckung zu dulden rechtlich verpflichtet ist[38]. Dagegen ist ein Einziehungsinteressent (§ 432), dessen Beteiligung am Verfahren nicht angeordnet worden ist, auf die Geltendmachung seiner Einwendungen im Nachverfahren nach § 439 angewiesen[39];

23   **2. andere Personen,** wenn sie berechtigt sind, **selbständig Rechtsmittel** einzulegen (§ 298 StPO: gesetzlicher Vertreter, § 67 Abs. 3 JGG: Erziehungsberechtigter)[40];

---

[35] Zumeist in der Form, daß die erkannte Strafe erlassen oder – bei Anwendung der Vorschriften über Tateinheit oder Tatmehrheit – gerichtlich neu festgesetzt wird.

[36] BGHSt **19** 240; OLG Hamburg MDR **1975** 684; *Kleinknecht/Meyer*[37] 2.

[37] *Wetterich/Hamann* 50; KK-*Chlosta* 4; *Kleinknecht/Meyer*[37] § 459 h, 3.

[38] KMR-*Müller* 3.

[39] KK-*Chlosta* 9; KMR-*Müller* 3; *Kleinknecht/ Meyer*[37] 2; vgl. auch *Pohlmann* Rpfleger **1968** 271.

[40] KK-*Chlosta* 9; *Kleinknecht/Meyer*[37] 2; **a. A** KMR-*Müller* 3: § 298 nicht anwendbar, weil Einwendung kein Rechtsmittel.

3. stillschweigend Ermächtigte. Personen, die nach ihrem Verhältnis zu dem Ver- **24** urteilten als stillschweigend ermächtigt anzusehen sind, in Einzelfällen dessen Interessen wahrzunehmen, wenn dieser selbst außerstande ist (z. B. nahe Angehörige des durch Reisen abwesenden Verurteilten machen geltend, die diesem auferlegte Geldstrafe dürfe nach der inzwischen ergangenen Entscheidung gemäß § 459 d nicht vollstreckt werden, und die bevorstehende Versteigerung der im Zug der Beitreibung vorher gepfändeten Gegenstände sei unberechtigt);

4. durch die Vollstreckung unmittelbar beeinträchtigte Dritte. Dritte, die ohne **25** am Verfahren beteiligt gewesen zu sein, unmittelbar durch die Vollstreckung **rechtlich** beeinträchtigt werden[41], so unzweifelhaft der Erbe, der gegenüber der Vollstreckung in den Nachlaß geltend macht, daß der zu Geldstrafe rechtskräftig verurteilte Erblasser inzwischen verstorben sei (§ 459 c Abs. 3, § 459 h, 6), aber auch der Eigentümer einer Sache, der bestreitet, daß sie mit der im Urteil eingezogenen identisch ist.

III. Verfahren bei Bedenken einer ersuchten Vollstreckungsbehörde

Hat die **ersuchte Vollstreckungsbehörde** gegen die Zulässigkeit der Vollstreckung **26** Bedenken, so kann sie das Ersuchen ablehnen (§§ 158, 159 GVG sind unanwendbar); die ersuchende Behörde muß sich dann, wenn sie die Bedenken nicht teilt, an die der ersuchten Behörde vorgesetzte Dienstaufsichtsbehörde werden (**a. A** BayObLGSt **13** (1914) 107).

IV. Rechtsmittel

Gegen die Entscheidung des Gerichts steht sowohl dem Verurteilten und dem **27** sonstigen Einwendungsberechtigten (Rdn. 22) — und zwar selbst dann, wenn die Staatsanwaltschaft vor der gerichtlichen Entscheidung die Vollstreckung der Strafe bereits eingeleitet hat[42] — wie auch der Staatsanwaltschaft (§ 462, 7) die sofortige Beschwerde zu (§ 462 Abs. 1, 3). Weitere Beschwerde, z. B. wegen Berechnung des Beginns der Strafzeit, ist gemäß § 310 unzulässig[43]. Über die Voraussetzungen, unter denen gegen die Entscheidung nach § 458 Verfassungsbeschwerde (§ 90 BVerfGG) erhoben werden kann, vgl. BVerfG NJW **1963** 756.

V. Erneute Einwendungen

1. Nach rechtskräftiger Verwerfung früherer Einwendungen. Auch nach rechts- **28** kräftiger Verwerfung der Einwendungen des Verurteilten auf Grund tatsächlicher Erwägungen kann er erneut Einwendungen erheben, wenn sie auf neue Tatsachen und Beweismittel gestützt werden[44]. Das gilt wohl auch, wenn über die Anwendbarkeit eines Straffreiheitsgesetzes verneinend entschieden ist[45]. Die Entschließung über die erneuten Einwendungen steht zunächst wiederum der Vollstreckungsbehörde zu.

---

[41] KMR-*Müller* 3; *Kleinknecht/Meyer*[37] 2.
[42] OLG Schleswig SchlHA **1983** 160.
[43] OLG Breslau DRZ **1932** Nr. 153; KK-*Chlosta* 19.

[44] Ebenso OLG Hamm JMBlNRW **1955** 227; OLG Koblenz OLGSt § 458 StPO, 19; KK-*Chlosta* 19.
[45] **A. A** OLG Braunschweig NdsRpfl. **1951** 191; *Brandstetter* 187; vgl. auch § 454, 64.

Günter Wendisch

29　　**2. Nach Beendigung der Vollstreckung** können Einwendungen im Sinne des § 458 nicht mehr erhoben werden[46].

VI. Einwendungen gegen Entscheidungen des Rechtspflegers

30　　Über Einwendungen gegen Maßnahmen des Rechtspflegers entscheidet nach § 31 Abs. 6 RPflG zunächst der Staatsanwalt, an dessen Stelle der Rechtspfleger tätig geworden ist. Erst wenn dieser nicht abhilft und die Einwendungen aufrechterhalten werden, entscheidet das Gericht nach § 458. Ferner sind im Fall des § 458 Anträge und Stellungnahmen von der Übertragung der Vollstreckungsgeschäfte auf den Rechtspfleger ausgenommen (§ 1 BegrenzungsVO; abgedr. § 451, 32).

VII. Einwendungen gegen Entscheidungen von Gerichten der DDR

31　　Über Einwendungen gegen die Zulässigkeit der Vollstreckung von Entscheidungen der **Gerichte der DDR** im Weg der Vollstreckungshilfe wird nach den Vorschriften des Ges. über die innerdeutsche Rechts- und Amtshilfe in Strafsachen vom 2. 5. 1953 (BGBl. I 161) entschieden.

§ 459

Für die Vollstreckung der Geldstrafe gelten die Vorschriften der Justizbeitreibungsordnung, soweit dieses Gesetz nichts anderes bestimmt.

Entstehungsgeschichte. Die als § 491 Gesetz gewordene Vorschrift behandelte ursprünglich die nachträgliche Festsetzung der Ersatzfreiheitsstrafe. Ihre jetzige Bezeichnung hat sie durch die Bekanntmachung 1924 erhalten. Durch Art. 21 Nr. 130 EGStGB 1974 hat die Vorschrift ihren jetzigen Inhalt bekommen.

1. Werdegang und allgemeine Bedeutung der Vorschrift

1　　**a) Frühere Regelung der Vollstreckung von Geldstrafen.** Der frühere § 459 wurde mit dem 1. 1. 1975 gegenstandslos, da sich jetzt die Dauer der Ersatzfreiheitsstrafe unmittelbar aus § 43 StGB ergibt. Die **neuen Vorschriften in §§ 459 bis 459 h** sind an die Stelle des früheren § 463 getreten, der bestimmte: „Die Vollstreckung der über eine Vermögensstrafe ergangenen Entscheidung richtet sich nach den Vorschriften, die für die Vollstreckungen von Urteilen in bürgerlichen Rechtsstreitigkeiten gelten". Dabei wurde der Begriff der **Vermögensstrafe** im weitesten Sinn verstanden; er umfaßte nicht nur Geldstrafen, sondern auch die „Nebenfolgen", deren Vollstreckung jetzt in § 459 g geregelt ist. Die Verweisung auf die „Vorschriften, die für die Vollstreckung von Urteilen in bürgerlichen Rechtsstreitigkeiten gelten", wurde ursprünglich z. T dahin verstanden, daß sämtliche Vorschriften der Zivilprozeßordnung über die Zwangsvollstreckung anzuwenden seien, also auch z. B. die Vorschriften über die formellen Voraussetzungen (Vollstreckungsklausel, Zustellung des Urteils) und diejenigen über die Entscheidung

---

[46] BayObLG BayZ **15** (1919) 328; OLG Dresden HRR **1939** Nr. 605.

bei Einwendungen gegen die Zulässigkeit der Vollstreckung mit der Folge, daß nicht das Strafgericht (§ 458 StPO), sondern das Vollstreckungsgericht in bürgerlichen Rechtsstreitigkeiten (§§ 764 ff ZPO) zuständig gewesen wäre. Demgegenüber hatte nach der später durchaus herrschenden Meinung § 463 a. F. nur diejenigen Vorschriften der Zivilprozeßordnung im Auge, die die **Art und Weise** der Ausführung der Vollstreckung betreffen[1].

b) Gründe und Art der Neuregelung. Bei den **strafprozessualen Reformarbeiten** **2** erhoben sich Bedenken gegen die allgemeine Verweisung auf die Zwangsvollstreckungsvorschriften der Zivilprozeßordnung in § 463 a. F., weil diese Vorschriften zu sehr auf den Parteibetrieb zugeschnitten seien, als daß sie sich für die Beitreibung öffentlich-rechtlicher Geldforderungen des Staates wie Geldstrafen usw. besonders eigneten. Aus diesen Erwägungen wollte schon § 253 Entw. StVollzG 1927 die Verweisung des § 463 a. F. aufgeben; es sollte statt dessen grundsätzlich auf die Vorschriften über die Beitreibung von Gerichtskosten verwiesen werden. Aus solchen Gründen verwies und verweist § 90 OWiG wegen der Vollstreckung der durch Bußgeldbescheid der Verwaltungsbehörde festgesetzten Geldbußen auf die Verwaltungsvollstreckungsgesetze des Bundes und der Länder. Entsprechend dieser Abkehr von der Verweisung auf die Zwangsvollstreckungsvorschriften der Zivilprozeßordnung erklärt nunmehr auch § 459 für die Vollstreckung der **Geldstrafe** die Vorschriften der **Justizbeitreibungsordnung** für anwendbar, soweit die Strafprozeßordnung nichts anderes bestimmt. Das gleiche gilt kraft Verweisung auf § 459 für die Vollstreckung von **Nebenfolgen, die zu einer Geldzahlung** verpflichten (§ 459 g Abs. 2) und für die Vollstreckung einer **gerichtlichen Bußgeldentscheidung** (§ 91 OWiG). Diese grundsätzliche Geltung der auf die Vollstreckung öffentlich-rechtlicher Ansprüche zugeschnittenen Vorschriften der Justizbeitreibungsordnung auch für Geldstrafen (§ 1 Abs. 1 Nr. 1 JBeitrO) soll „zu einer Beschleunigung und Vereinheitlichung der Geldstrafenvollstreckung beitragen. Die Vollstreckungsvorschriften des Zivilprozeßrechts, nach denen sich die Geldstrafenvollstreckung nach dem früheren § 463 unmittelbar richtet, erscheinen weniger geeignet, die nachdrückliche Vollstreckung sicherzustellen, die erforderlich ist, um der — bei Zurückdrängung der kurzen Freiheitsstrafe erhöhten — Bedeutung der Geldstrafe gerecht zu werden"[2].

Ist der **Verfall,** die **Einziehung** oder **Unbrauchbarmachung** einer Sache angeord- **3** net, so gilt für die Vollstreckung der Anordnung anstelle des § 463 a. F. jetzt § 459 g Abs. 1.

2. Beschränkter Anwendungsbereich der Justizbeitreibungsordnung. Die Vorschrif- **4** ten der Justizbeitreibungsordnung gelten nach ausdrücklicher Vorschrift in § 459 nur, soweit die Strafprozeßordnung selbst nichts anderes bestimmt. Diese **Subsidiarität** ist z. T. in der Justizbeitreibungsordnung selbst zum Ausdruck gebracht, so wenn § 2 Abs. 1 Satz 1 von der Zuständigkeit der Gerichtskassen als „Vollstreckungsbehörden" die Beitreibung von Geldstrafen ausnimmt, weil sie „den nach den Verfahrensgesetzen für die Vollstreckung dieser Ansprüche zuständigen Stellen [also bei kriminellen Geldstrafen der Vollstreckungsbehörde i. S. der StPO] obliegt". Die Regelung über Einwendungen gegen den beizutreibenden Anspruch (§ 8 JBeitrO) wird für den Bereich der Geldstrafenvollstreckung durch die Regelung der §§ 458, 459 a ff, insbes. § 459 h verdrängt[3].

---

[1] Wegen der sich daraus ergebenden Folgen vgl. LR-*Schäfer*[22] § 463, 4.
[2] So die Begr. zu Art. 19 Nr. 120 Entw. EGStGB = BTDrucks. 7 550 S. 310: zu § 459; vgl. auch KK-*Chlosta* 1.

[3] *Wetterich/Hamann* 261; KK-*Chlosta* 2; *Kleinknecht/Meyer*[37] 1.

Günter Wendisch

5   **3. Ergänzende Verwaltungsvorschriften.** Ergänzt werden die gesetzlichen Vorschriften über die Geldstrafenvollstreckung durch bundeseinheitliche Verwaltungsvorschriften des Bundes und der Länder, nämlich der Strafvollstreckungsordnung[4]
(§§ 48 ff, 57) und der Einforderungs- und Beitreibungsanordnung (EBAO)[5].

6   **4. Reformwünsche.** Schon bald nach Inkrafttreten der neuen Vorschriften trat
der Wunsch nach Änderungen hervor, weil nach einzelnen Richtungen die jetzt geltenden Vorschriften einen Rückschritt gegenüber dem bis zum 31. 12. 1974 bestehenden
Rechtszustand darstellten (s. § 459 g, 5 zu den Vorschlägen in dem RegEntw. eines Gesetzes zur Änderung zwangsvollstreckungsrechtlicher Vorschriften). Einem weiteren
Änderungsvorschlag des Bundesrats (BRDrucks. 242/75), in dem dieser bemängelte,
daß die erstrebte Beschleunigung der Vollstreckungsverfahren bei der Mobiliarpfändung nicht erreicht worden sei, weil — abweichend von dem vor dem 1. 1. 1975 geltenden Recht — die Vollstreckungsbehörde bei der Beitreibung von Geldstrafen usw. Sach-
pfändungen nur in ihrem Amtsbezirk vornehmen und zu solchen Pfändungen in anderen Bezirken die Amtshilfe der dortigen Vollstreckungsbehörde in Anspruch nehmen
soll, hat der Gesetzgeber durch Art. 3 Nr. 6 des Gesetzes zur Änderung zwangsvollstrek-
kungsrechtlicher Vorschriften vom 1. 2. 1979 — BGBl. I 127, 130 — Rechnung getragen. Danach ist es der Vollstreckungsbehörde wieder möglich, Vollstreckungshandlungen bei Mobiliarpfändungen auch außerhalb ihres Amtsbezirks durch einen Vollziehungsbeamten vornehmen zu lassen, der für den Ort der Vollstreckung zuständig ist
(§ 2 Abs. 3 Satz 2 in Verb. mit Absatz 1 sowie § 1 Abs. 1 Nr. 1 bis 3 JBeitrO).

§ 459 a

(1) Nach Rechtskraft des Urteils entscheidet über die Bewilligung von Zahlungserleichterungen bei Geldstrafen (§ 42 des Strafgesetzbuches) die Vollstreckungsbehörde.

(2) [1]Die Vollstreckungsbehörde kann eine Entscheidung über Zahlungserleichterungen nach Absatz 1 oder nach § 42 des Strafgesetzbuches nachträglich ändern oder aufheben. [2]Dabei darf sie von einer vorausgegangenen Entscheidung zum Nachteil des Verurteilten nur auf Grund neuer Tatsachen oder Beweismittel abweichen.

(3) [1]Entfällt die Vergünstigung nach § 42 Satz 2 des Strafgesetzbuches, die Geldstrafe
in bestimmten Teilbeträgen zu zahlen, so wird dies in den Akten vermerkt. [2]Die Vollstreckungsbehörde kann erneut eine Zahlungserleichterung bewilligen.

(4) [1]Die Entscheidung über Zahlungserleichterungen erstreckt sich auch auf die
Kosten des Verfahrens. [2]Sie kann auch allein hinsichtlich der Kosten getroffen werden.

Entstehungsgeschichte. Eingefügt durch Art. 21 Nr. 130 EGGStGB 1974.

Geplante Änderungen. Nach Art. 1 Nr. 14 des RegEntw. eines Ersten Gesetzes zur
Verbesserung der Stellung des Verletzten im Strafverfahren (BTDrucks. 10 5305) soll
in Absatz 1 folgender Satz 2 angefügt werden:

---

[4] Vom 20. 11. 1974 i. d. F. vom 10. 1. 1980.   mit landesrechtlichen Ergänzungen abge-
[5] Vom 20. 11. 1974 i. d. F. vom 10. 7. 1979;   druckt bei *Piller/Hermann* 10 Anl. I.

Sie kann Zahlungserleichterungen auch gewähren, wenn ohne die Bewilligung die Wiedergutmachung des durch die Straftat verursachten Schadens erheblich gefährdet wäre; dabei kann dem Verurteilten der Nachweis der Wiedergutmachung auferlegt werden.

S. ggf. die Erläuterungen im Nachtrag zur 24. Auflage.

Übersicht

1. Vorbild. § 459 a, der nach § 459 g Abs. 2 entsprechend auch für die zu einer **1** Geldzahlung verpflichtenden Nebenfolgen gilt, ist **dem § 93 OWiG nachgebildet**; dessen Auslegung ist daher auch für die des § 459 a verwertbar.

2. Zuständigkeit (Absatz 1). Im Gegensatz zum früheren Recht (§ 28 a. F. StGB) **2** endet mit der Rechtskraft des Urteils und der damit eintretenden Vollstreckbarkeit (§ 449) die Zuständigkeit des Gerichts zur Gewährung von Zahlungserleichterungen i. S. des § 42 StGB. Die Zuständigkeit geht auf die Vollstreckungsbehörde über, gegen deren Entscheidungen allerdings Einwendungen erhoben werden können, über die nach § 459 h das Gericht entscheidet. Zahlungserleichterungen, die das Gericht gewährt hat, werden naturgemäß durch den Eintritt der Rechtskraft nicht berührt[1], da sie ja gerade dazu bestimmt sind, im Vollstreckungsstadium zu wirken, jedoch ist die Vollstreckungsbehörde nach Absatz 2 befugt, vom erkennenden Gericht gewährte Erleichterungen nicht nur zu Gunsten, sondern — aber nur unter den Voraussetzungen des Absatzes 2 Satz 2 — auch zu Ungunsten des Verurteilten zu ändern[2].

3. Prüfung von Amts wegen. Ist eine Zahlungserleichterung gewährende Entschei- **3** dung des erkennenden Gerichts nicht ergangen, so ist es nach Rechtskraft der gerichtlichen auf Geldstrafe lautenden Entscheidung Sache der Vollstreckungsbehörde, d. h. des Rechtspflegers[3], im Rahmen des kraft der Verweisung in § 459 a Abs. 1 auch im Vollstreckungsstadium in vollem Umfang geltenden § 42 StGB über die Gewährung von Zahlungserleichterungen zu entscheiden. Seine Bedeutung als zwingende Vorschrift („... so bewilligt ihm...") verliert § 42 StGB auch im Vollstreckungsstadium nicht. Die Prüfung erfolgt von Amts wegen[4]; im allgemeinen wird aber erst ein Antrag des Verurteilten den Anstoß dazu geben, namentlich dann, wenn im Erkenntnisverfahren die Frage der Gewährung von Zahlungserleichterungen keine Rolle gespielt oder das Gericht solche sogar entgegen einem förmlichen Antrag nicht gewährt hat. Bei Bewilligung von Ratenzahlungen kann auch die Vollstreckungsbehörde eine Verfallklausel (§ 42 Satz 2 StGB) anordnen[5].

---

[1] LG Frankfurt Rpfleger **1983** 326; *Kleinknecht/Meyer*[37] 2.
[2] *Kleinknecht/Meyer*[37] 3; vgl. auch KK-*Chlosta* 3.
[3] Vgl. § 31 Abs. 2 RpflG, § 1 BegrenzungsVO

vom 26. 6. 1970 i. d. F. vom 16. 2. 1982 – BGBl. I 188, abgedruckt zu § 451, 32; KK-*Chlosta* § 459, 3.
[4] KK-*Chlosta* 3; KMR-*Müller* 1.
[5] *Kleinknecht/Meyer*[37] 2.

Günter Wendisch

4   **4. Änderungsbefugnis (Absatz 2).** Die Vollstreckungsbehörde kann nach pflichtgemäßem Ermessen („kann") sowohl ihre eigenen eine Zahlungserleichterung gewährenden Entscheidungen wie die entsprechenden Entscheidungen des erkennenden Gerichts auf Antrag oder von Amts wegen nachträglich ändern oder aufheben (Satz 1).
Dabei ist aber zwischen Änderungen zugunsten und solchen zu Ungunsten des Verurteilten zu unterscheiden. In der Abänderung **zugunsten des Verurteilten** ist die Vollstrekkungsbehörde frei; sie kann z. B. Zahlungsfristen verlängern, bei Bewilligung von Ratenzahlung die Höhe der Raten herabsetzen und/oder die Fristen für die einzelnen Teilzahlungen verlängern; allerdings würde sie ihr Ermessen überschreiten, wenn sie so nied-
rige Raten oder so weit gesteckte Zahlungsfristen festsetzen würde, daß die Geldstrafe
den Verurteilten nicht mehr spürbar belastet[6]. Sie kann auch eine vom erkennenden Gericht oder ihr selbst angeordnete Verfallklausel (§ 42 Satz 2) aufheben[7].

5   **Zum Nachteil des Verurteilten** darf die Vollstreckungsbehörde von Entscheidungen des erkennenden Gerichts und von ihren eigenen Entscheidungen, in denen Zahlungserleichterungen gewährt wurden, nur auf Grund **neuer Tatsachen oder Beweismittel** (vgl. §§ 211, 359 Nr. 5) abweichen (Satz 2). *Neu* sind Tatsachen oder Beweismittel,
die dem Gericht (der Vollstreckungsbehörde) bei der Entscheidung noch nicht bekannt
waren (einschl. solcher, die zwar aus den Akten erkennbar waren, bei der Entscheidung
aber übersehen wurden)[8] und die in Verbindung mit den früher bekannten Tatsachen
und Beweismitteln die bisherige Entscheidungsgrundlage zu beseitigen geeignet sind.
Dies gilt z. B., wenn eine entscheidungserhebliche Besserung der wirtschaftlichen Verhältnisse eingetreten ist, oder etwa nachträglich bekannt wird, daß der Verurteilte über
Nebeneinkünfte verfügt usw. Unter diesen Voraussetzungen kann die Vollstreckungsbehörde die bisherigen Zahlungserleichterungen auch zum Nachteil des Verurteilten
aufheben oder ändern, z. B. gewährte Zahlungsfristen abkürzen, bei Bewilligung von
Ratenzahlung die Raten erhöhen und/oder die Teilzahlungsfristen abkürzen. Sie kann
auch, wenn in der Entscheidung Ratenzahlung ohne Anordnung einer Verfallklausel
(§ 42 Satz 2) bewilligt war, unpünktliche oder ausbleibende Teilzahlungen zum Anlaß
nehmen, eine Verfallklausel anzufügen.

6   Absatz 2 läßt auch eine **mehrfache Änderung** der getroffenen Anordnung im Lauf
des Vollstreckungsstadiums zu[9], wobei die jeweils zuletzt getroffene Entscheidung diejenige ist, von der gemäß Absatz 2 Satz 2 die Vollstreckungsbehörde zu Ungunsten des
Verurteilten nur auf Grund neuer Tatsachen und Beweismittel abweichen darf.

7   **5. Verfallklausel (Absatz 3).** Bei Anordnung einer Verfallklausel nach § 42 Satz 2
StGB, mag sie vom erkennenden Gericht oder von der Vollstreckungsbehörde (Rdn. 4)
angeordnet sein, entfällt mit der nicht rechtzeitigen Zahlung einer Rate — gleichviel ob
den Verurteilten ein Verschulden trifft oder nicht; insoweit gilt der Grundsatz des § 279
BGB — **automatisch** die Ratenzahlungsbewilligung[10]. Das Gesetz weicht mit dieser
Regelung von § 28 Abs. 2 a. F. StGB ab, wonach es bei nichtrechtzeitiger Leistung der
Teilzahlungen zum Wegfall der Vergünstigungen des ausdrücklichen gerichtlichen
Widerrufs bedurfte; der automatische Wegfall der Vergünstigung soll die Vollstreckung
von Geldstrafen beschleunigen.

---

[6] KK-*Chlosta* 4.
[7] KMR-*Müller* 4.
[8] Vgl. LR-*Schäfer* Einl. Kap. **16** Abschn. XI 2
a.E.; KK-*Chlosta* 5; KMR-*Müller* 5; *Klein-
knecht/Meyer*[37] 4.

[9] KK-*Chlosta* 5.
[10] KK-*Chlosta* 6; KMR-*Müller* 3; *Kleinknecht/
Meyer*[37] 2; 5.

Bei dieser Sachlage braucht die Vollstreckungsbehörde die richterliche Bewilli- **8** gung nicht ausdrücklich aufzuheben; es genügt, daß sie den Verfall in den Akten vermerkt. Der in Absatz 3 Satz 1 vorgeschriebene **Aktenvermerk** hat deshalb — ebenso wie bei der entsprechenden Vorschrift des § 93 Abs. 4 OWiG, der § 459 a Abs. 3 Satz 1 nachgebildet ist — lediglich innerdienstliche Bedeutung: er soll nach der Entstehungsgeschichte (Begr. zu § 81 Entw. OWiG 1968) lediglich sicherstellen, daß die Vollstreckungsbehörde das Vorliegen der Voraussetzungen des § 42 Satz 2 StGB geprüft hat, bevor sie die Vollstreckung einleitet oder eine bereits früher eingeleitete und durch Zahlungserleichterungsanordnungen unterbrochene Vollstreckung fortsetzt[11]. Es ist also nicht etwa der Sinn des Aktenvermerks eine Klarstellung[12], daß die Vollstreckungsbehörde nicht nur das Ausbleiben der Rate, sondern darüber hinaus auch die wirtschaftlichen Verhältnisse allgemein geprüft und in ihnen kein Hindernis für die Einleitung oder Fortsetzung der Vollstreckung gefunden habe.

Nach Satz 2 ist der automatische Wegfall der Vergünstigung insofern nicht end- **9** gültig, als er die **Bewilligung einer erneuten Zahlungserleichterung** nicht ausschließt[13], wobei vorzugsweise an den Fall zu denken ist, daß der Verurteilte die unpünktliche Zahlung nachträglich entschuldigt (vgl. Begr. zu § 81 Entw. OWiG 1968); diese erneute Zahlungserleichterung kann auch in der Wiederbewilligung von Ratenzahlung mit Verfallklausel bestehen.

6. Kosten (Absatz 4). Während § 42 StGB keine Vorschrift über die Auswirkung **10** gerichtlich bewilligter Zahlungserleichterungen auf die Verfahrenskosten enthält, sieht Absatz 4 Satz 1 vor, Zahlungserleichterungen auch auf die Kosten des Verfahrens (§ 464 a Abs. 1) zu erstrecken, weil dies „zweckmäßig erscheint, um eine **einheitliche Entscheidung,** unter Berücksichtigung aller im Zusammenhang mit der konkreten Verurteilung aufgeworfenen Gesichtspunkte, sicherzustellen"[14]. Die Bedeutung des Absatz 4 Satz 1 besteht also darin, daß die Gewährung von gerichtlichen Zahlungserleichterungen sich automatisch auf die Verfahrenskosten erstreckt; auf diese Weise werden Geldstrafe und Kosten zu einer Einheit zusammengefaßt.

Eine derartige einheitliche Entscheidung sicherte zwar auch früher schon § 12 **11** EBAO; Absatz 4 hat aber einen erweiterten Anwendungsbereich und eröffnet im Zusammenhang mit § 459 h die **Möglichkeit einer gerichtlichen Überprüfung.** Die Wirkung des Absatz 4 zeigt sich z. B. darin, daß die Bewilligung einer Zahlungsfrist für die Geldstrafe sich auch auf die Verfahrenskosten erstreckt und an der Bewilligung von Ratenzahlungen auch die Verfahrenskosten teilnehmen. Wegen der Verrechnung von **Teilzahlungen** auf die aus Strafe und Kosten bestehende Schuldsumme gilt § 459 b. Die Vollstreckungsbehörde kann bei der Bewilligung von Teilzahlungen nicht davon abweichen, also z. B. nicht anordnen, daß Teilbeträge zunächst auf die Kosten anzurechnen seien, wodurch praktisch die Kostenschuld unter den Druck der Vollstreckung der Ersatzfreiheitsstrafe gestellt wäre[15].

---

[11] Ebenso *Rebmann/Roth/Herrmann* § 93, 3; *Göhler* § 93, 3; a. A *Rotberg* § 93, 6.
[12] So aber augenscheinlich KK-*Chlosta* 6.
[13] KK-*Chlosta* 6; KMR-*Müller* 3.
[14] So die Begr. zu Art. 19 Nr. 120 Entw. EGStGB 1974 = BTDrucks. 7 550 S. 310: zu § 459 a.
[15] Vgl. dazu auch § 12 Abs. 2 EBAO: [1]Ist die Höhe der Kosten dem Zahlungspflichtigen noch nicht mitgeteilt worden, so ist dies bei der Mitteilung der Zahlungserleichterungen nachzuholen. [2]Die Androhung künftiger Zwangsmaßnahmen für den Fall der Nichtzahlung der Kosten unterbleibt dabei. Einer Mitteilung der Höhe der Kosten bedarf es nicht, wenn das dauernde Unvermögen des Kostenschuldners zur Zahlung offenkundig ist.

12   Kosten und **Auslagen,** die der Verurteilte einem *anderen* Verfahrensbeteiligten (Privat- und Nebenkläger) zu erstatten hat (§ 464 b), gehören nicht zu den Verfahrenskosten i. S des Absatzes 4.

13   7. **Isolierte Kostenzahlungsvergünstigung (Absatz 4 Satz 2).** Nach Satz 2 kann (Ermessensentscheidung) eine Zahlungserleichterung (unter den Voraussetzungen des in Absatz 1 in Bezug genommenen § 42 StGB) **auch allein hinsichtlich der Kosten** angeordnet werden. Dies gilt sowohl dann, wenn eine Zahlungserleichterung hinsichtlich der Geldstrafe abgelehnt wird (z. B. weil nach weitgehenden Zahlungen auf die Geldstrafe zwar die Zahlung des verhältnismäßig kleinen Strafrests nicht unzumutbar i. S des § 42 StGB erscheint, wohl aber die sofortige Zahlung der u. U. beträchtlichen Verfahrenskosten) wie auch dann, wenn die Vollstreckung der Geldstrafe durch vollständige Zahlung erledigt ist, nicht aber, wenn das Gericht nicht auf eine Geldstrafe, sondern nur auf eine Freiheitsstrafe erkannt hat[16]. Auch eine **gerichtlich** angeordnete Zahlungserleichterung für die Geldstrafe kann nach dem Wortlaut des Satz 2 durch die Vollstreckungsbehörde auf die Verfahrenskosten erstreckt werden.

14   8. Eine **Ausnahme** von dem Grundsatz der automatischen Erstreckung einer Erleichterung für die Geldstrafe auf die Verfahrenskosten enthält § 459 d Abs. 2. Danach kann das Gericht, wenn es hinsichtlich der Geldstrafe eine Unterbleibensanordnung erläßt, über die Erstreckung auf die Verfahrenskosten nach seinem pflichtgemäßen Ermessen entscheiden (,,kann").

15   9. **Rechtsbehelfe** gegen Entscheidungen nach § 459 a: § 459 h[17]. Wegen der Zuständigkeit des Gericht s. § 462 Abs. 1 Satz 1, § 462 a Abs. 2.

16   10. Wegen des **Ruhens** der Vollstreckungsverjährung bei Zahlungserleichterungen vgl. § 79 a Nr. 2 c StGB[18]. Diese Vorschrift gilt auch bei Zahlungserleichterungen, die im Gnadenweg bewilligt werden.

17   11. **Nebenfolgen.** Materiellrechtlich ist § 42 StGB in § 73 c Abs. 2, § 74 c Abs. 4 StGB für (entsprechend) anwendbar erklärt; die verfahrensrechtliche Folgerung zieht § 459 g Abs. 2.

§ 459 b

Teilbeträge werden, wenn der Verurteilte bei der Zahlung keine Beestimmung trifft, zunächst auf die Geldstrafe, dann auf die angeordneten Nebenfolgen, die zu einer Geldzahlung verpflichten, und zuletzt auf die Kosten des Verfahrens angerechnet.

Entstehungsgeschichte. Eingefügt durch Art. 21 Nr. 130 EGStGB 1974.

---

[16] KMR-*Müller* 8; *Kleinknecht/Meyer*[37] 6.   [18] KK-*Chlosta* 9; *Kleinknecht/Meyer*[37] 8.
[17] Vgl. auch *Kleinknecht/Meyer*[37] 7.

1. Anwendungsbereich. § 459 b, der dem § 94 OWiG nachgebildet ist, betrifft die **1** Anrechnung von Teilbeträgen auf die gesamte der Staatskasse als Folge einer Verurteilung geschuldete, aus Geldstrafe und Verfahrenskosten bestehende Geldsumme in zwei Gruppen von Fällen.

a) Dem Verurteilten sind **Zahlungserleichterungen** in Form der Zahlung in be- **2** stimmten Teilbeträgen **bewilligt worden,** die sich auf eine Geldstrafe (§ 42 StGB, § 459 a), angeordnete Nebenfolgen, die zu einer Geldzahlung verpflichten (§ 73 c Abs. 2, § 74 c Abs. 4 StGB, § 459 g Abs. 2), oder die Kosten des Verfahrens (§ 459 a Abs. 4, § 459 d Abs. 2) beziehen können. Leistet er Teilbeträge, so richtet sich deren Verrechnung nach § 459 b.

b) Dem Verurteilten sind **keine Erleichterungen** dieser Art bewilligt worden, viel- **3** mehr hat die Vollstreckungsbehörde die Einforderung angeordnet (§ 3 EBAO) und der Verurteilte hat auf der Grundlage der von dem Kostenbeamten aufgestellten Kostenrechnung, in die sämtliche einzufordernden Beträge aufgenommen sind, eine Zahlungsaufforderung erhalten (§§ 4, 5 EBAO). Reicht die auf die Zahlungsaufforderung entrichtete Einzahlung zur Tilgung des ganzen eingeforderten Betrags nicht aus, so ist auch dann § 459 b anwendbar (vgl. § 6 EBAO: „Reicht die auf die Zahlungsaufforderung entrichtete Einzahlung zur Tilgung des ganzen eingeforderten Betrages nicht aus, so richtet sich die Verteilung nach den Vorschriften der Kostenordnung, soweit § 459 b StPO, § 94 OWiG nichts anderes bestimmen").

2. Grundgedanke der Vorschrift. Trifft der Verurteilte **keine Bestimmung** über **4** die Anrechnung der Teilzahlung, so ist die Anrechnungsreihenfolge so geregelt, daß zuerst die dem Verurteilten jeweils nachteiligeren Folgen beseitigt werden. Daher wird die Teilzahlung zunächst auf die Geldstrafe angerechnet, weil die Ersatzfreiheitsstrafe nicht vollstreckt wird, soweit die Geldstrafe entrichtet wird (§ 459 e Abs. 4). Dabei hat auch die Zahlung eines Teil- oder Teilrestbetrags, der nicht einem vollen Tagessatz entspricht, die in § 459 e Abs. 3, Abs. 4 Satz 2 bezeichnete Wirkung (s. § 459 e, 6).

Trifft der **Verurteilte** eine **Bestimmung,** so hat diese den Vorrang, weil er u. U an **5** einer solchen Selbstbestimmung ein Interesse haben kann, etwa wenn ihm daran liegt, zunächst eine zur Geldzahlung verpflichtende Nebenfolge zu erledigen, um dadurch einer Sicherstellung nach §§ 111 b ff den Boden zu entziehen[1]. Eine solche Bestimmung kann der Verurteilte aber im Interesse der Ordnung des Kassenwesens nur (spätestens) **bei** der Zahlung, d. h. zwar vor der Zahlung, aber nicht mehr nachher treffen. Daß er die Bestimmung unmittelbar in Person treffe, ist nicht erforderlich; sie kann auch durch einen von ihm Bevollmächtigten erfolgen.

3. Mehrheit von Schuldtiteln. § 459 b hat zwar in erster Linie den Fall im Auge, **6** daß auf Grund des gleichen Titels (Urteil, Gesamtstrafenbeschluß, Strafbefehl) mehrere dem Rechtsgrund nach verschiedene Geldleistungen der Staatskasse geschuldet werden. Die Vorschrift gilt aber auch (mindestens entsprechend), wenn aus verschiedenen Titeln dem Rechtsgrund nach gleiche oder verschiedene Geldzahlungen der in § 459 b bezeichneten Art geschuldet werden, z. B. Geldstrafen aus verschiedenen Urteilen, ohne daß die Voraussetzungen zur Bildung einer Gesamtstrafe vorliegen[2]. Nach *Göhler* und *Rotberg* (Fußn. 2) soll, wenn der Betroffene mehrere Geldbußen zu begleichen hat, er aber

---

[1] Vgl. KK-*Chlosta* 2; *Kleinknecht/Meyer*[37] 2.   [2] Ebenso *Kleinknecht/Meyer*[37] 3; *Göhler* § 94, 3; *Rotberg* § 94, 3.

Günter Wendisch

keine Bestimmung — das wäre auch durch Angabe eines der in Betracht kommenden Aktenzeichen möglich — getroffen hat, die Teilzahlung entsprechend dem **Grundgedanken des § 366 Abs. 1 BGB** auf diejenige Geldbuße angerechnet werden, die am ehesten verjährt[3]. Das deckt sich, wenn die Vollstreckung mehrerer Ersatzfreiheitsstrafen angeordnet ist (§ 459 e), mit der in der Strafvollstreckungsordnung getroffenen Regelung. **Ersatzfreiheitsstrafen** werden nach § 50 Abs. 1 StVollstrO nach den für die Vollstreckung primärer Freiheitsstrafen geltenden Vorschriften vollstreckt, also gemäß § 43 Abs. 2 StVollstrO die kürzeren vor den längeren, gleichlange in der Reihenfolge, in der die Rechtskraft eingetreten ist. Es wird also beim Zusammentreffen einer Ersatzfreiheitsstrafe aus einer Geldstrafe bis zu 30 Tagessätzen mit einer Ersatzfreiheitsstrafe aus einer Geldstrafe von mehr als 30 Tagessätzen (vgl. § 79 Abs. 3 Nr. 4, 5 StGB) zunächst die kürzere (und früher verjährende) vor der längeren (und später verjährenden) Ersatzfreiheitsstrafe vollstreckt.

§ 459 c

(1) Die Geldstrafe oder der Teilbetrag der Geldstrafe wird vor Ablauf von zwei Wochen nach Eintritt der Fälligkeit nur beigetrieben, wenn auf Grund bestimmter Tatsachen erkennbar ist, daß sich der Verurteilte der Zahlung entziehen will.

(2) Die Vollstreckung kann unterbleiben, wenn zu erwarten ist, daß sie in absehbarer Zeit zu keinem Erfolg führen wird.

(3) In den Nachlaß des Verurteilten darf die Geldstrafe nicht vollstreckt werden.

Entstehungsgeschichte. Eingefügt durch Art. 21 Nr. 130 EGStGB 1974.

Übersicht

1. Schonfrist (Absatz 1 erster Halbsatz)

1 **a) Zweck.** Eine auf Geldstrafe (oder eine zu einer Geldzahlung verpflichtende Nebenfolge, § 459 g Abs. 2) lautende Entscheidung wird zwar — wie Strafurteile im allgemeinen — mit Eintritt der formellen Rechtskraft vollstreckbar (§ 449). Nach § 459 c Abs. 1, der dem § 95 Abs. 1 OWiG nachgebildet ist, dürfen indessen Beitreibungsmaßnahmen grundsätzlich erst ergriffen werden, wenn seit Eintritt der **Fälligkeit** zwei

---

[3]   KK-*Chlosta* 4.

Wochen verstrichen sind. Denn „mit der sofortigen Beitreibung können für den Verurteilten erhebliche Nachteile verbunden sein, während die Belange der Strafvollstreckung durch einen Aufschub der Beitreibung um zwei Wochen in der Regel nicht wesentlich berührt werden"[1]. Die Schonfrist ermöglicht es dem Verurteilten insbesondere, sich um die Beschaffung des zur Zahlung erforderlichen Geldbetrages, der nicht sofort verfügbar ist, zu bemühen oder auch bei der Vollstreckungsbehörde um Zahlungserleichterungen (§459a) einzukommen und sich die erforderlichen Unterlagen zu beschaffen[2].

b) **Beginn.** Die Schonfrist beginnt nicht mit der Rechtskraft der Entscheidung, **2** sondern mit dem **Eintritt der Fälligkeit.** Eintritt der Rechtskraft und Eintritt der Fälligkeit fallen auseinander, wenn bereits das erkennende Gericht gemäß §42 StGB Zahlungserleichterungen bewilligt hat (KK-*Chlosta* 2). Eine ohne solche Anordnung mit Rechtskraft der Entscheidung eingetretene Fälligkeit wird mit rückwirkender Kraft aufgehoben, wenn die Vollstreckungsbehörde nach Rechtskraft gemäß §459a Zahlungserleichterungen bewilligt. Die Fälligkeit tritt dann erst ein, wenn bewilligte Zahlungsfristen abgelaufen oder bei Ratenzahlungsanordnung die Voraussetzungen einer Verfallklausel (§42 Satz 2 StGB, §459a Abs. 1) eingetreten sind oder die Vollstreckungsbehörde unter den Voraussetzungen des §459a Abs. 2 Satz 2 durch Änderung oder Aufhebung früher bewilligter Vergünstigungen den rascheren Eintritt der Fälligkeit zum Nachteil des Verurteilten herbeigeführt hat. Den Entscheidungen der Vollstreckungsbehörde stehen entsprechende im Gnadenweg getroffene Anordnungen in ihrer Wirkung gleich. Ohne Bedeutung ist §459c, wenn eine die Vollstreckung der Geldstrafe betreffende Unterbleibensanordnung nach §459 d ergeht, während eine Unterbleibensanordnung bez. der Vollstreckung der Ersatzfreiheitsstrafe (§459f) (an sich) an der Fälligkeit der Geldstrafe nichts ändert (dazu §459f, 8).

c) **Wirkung und Verfahren nach Ablauf der Schonfrist.** Während der gesetzlichen **3** Schonfrist besteht ein **Verbot der Beitreibung,** d. h. der Vollstreckung im engeren Sinn (vgl. §459 in Verb. mit §5 Abs. 1 Satz 1 JBeitrO: „Die Vollstreckung darf erst beginnen, wenn der beizutreibende Anspruch fällig ist"). Im Normalfall beginnt die Beitreibung allerdings nicht schon mit dem Ablauf der Schonfrist. Soweit nicht Zahlungserleichterungen bewilligt sind, erhält nämlich der Verurteilte eine Zahlungsaufforderung mit einer die Schonfrist berücksichtigenden Zahlungsfrist; nach deren vergeblichem Ablauf soll er aber vor Anordnung der Beitreibung in der Regel zunächst besonders **gemahnt** werden (§5 Abs. 2 JBeitrO; §§5, 7 Abs. 1 EBAO), außer wenn damit zu rechnen ist, daß er die Mahnung unbeachtet lassen wird (§7 Abs. 2 EBAO)[3]. Geht dann binnen einer angemessenen Frist nach Abgang der Mahnung (nur bei Verzicht auf Mahnung: binnen einer Woche nach Ablauf der Zahlungsfrist) keine Zahlungsanzeige ein, so bestimmt die Vollstreckungsbehörde (sofern sie sich nicht zur Einräumung von Zahlungserleichterungen entschließt), welche Vollstreckungsmaßnahmen ergriffen werden sollen (§8 Abs. 1, 3 EBAO).

d) **Durchführung der Vollstreckung.** Die §§6 ff JBeitrO enthalten eine Zusammen- **4** stellung der für die Vollstreckung in Betracht kommenden Vorschriften, wobei weitgehend auf die Zwangsvollstreckungsvorschriften der Zivilprozeßordnung verwiesen wird, die sinngemäß und namentlich mit der Maßgabe anwendbar sind, daß an die Stelle des Gläubigers die Vollstreckungsbehörde, an die des Gerichtsvollziehers der Vollzie-

---

[1] Begr. zu Art. 19 Nr. 120 Entw. EGStGB 1974 – BTDrucks. 7 550 S. 310: zu §459 c.   [2] Ebenso KK-*Chlosta* 1.   [3] KK-*Chlosta* 3; KMR-*Müller* 2.

Günter Wendisch

hungsbeamte (§ 6 Abs. 3 Satz 1 JBeitrO) tritt und bei der Zwangsvollstreckung in Forderungen und andere Vermögensrechte die Vollstreckungsbehörde, und zwar der Rechtspfleger (§ 31 Abs. 2 Satz 1 RPflG)[4] den Pfändungs- und Überweisungsbeschluß erläßt. Weitere Einzelheiten regeln §§ 8 ff EBAO. Als **Grundsatz** gilt, daß diejenigen Vollstreckungsmaßnahmen anzuwenden sind, die nach Lage des Einzellfalls am schnellsten und sichersten zum Ziel führen, wobei aber auf die persönlichen und wirtschaftlichen Verhältnisse des Verurteilten und seiner Familie Rücksicht zu nehmen ist, soweit das Vollstreckungsziel hierdurch nicht beeinträchtigt wird (§ 8 Abs. 4 EBAO)[5]. Beschränkende Vorschriften gelten für die Immobiliarzwangsvollstreckung; so soll ein Antrag auf Einleitung eines Zwangsversteigerungsverfahrens nur gestellt werden, wenn ein Erfolg zu erwarten und das Vollstreckungsziel nicht anders zu erreichen ist (§ 8 Abs. 6 EBAO). Wegen der Vollstreckung in das bewegliche Vermögen im Bezirk einer anderen Vollstreckungsbehörde vgl. die Ausführungen zu § 459, 6; wegen der Zulässigkeit von Einwendungen Rdn. 6 sowie §§ 459, 4 und 459 h, 2 ff.

5   e) **Teilbetrag.** Ist Ratenzahlung ohne Verfallklausel (§ 42 Satz 2 StGB) bewilligt, so gilt die Schonfrist auch bei der Vollstreckung wegen einer nicht fristgemäß gezahlten Rate. Dieser Fall einer Vollstreckung nur wegen einer Rate dürfte, wenn es sich nicht nur um die letzte Rate handelt, selten sein. Im allgemeinen wird wohl, wenn nicht bereits das erkennende Gericht oder die Vollstreckungsbehörde (§ 459 a Abs. 1) bei der Bewilligung von Teilzahlungen eine Verfallklausel angeordnet haben, mit deren Auslösung die Fälligkeit der ganzen Restschuld eintritt (dazu § 459 a Abs. 3), die Vollstreckungsbehörde sich veranlaßt sehen, gemäß § 459 a Abs. 2 Satz 1, 2 die Fälligkeit der Restschuld herbeizuführen.

6   f) **Vollstreckung während der Schonfrist.** Der Verurteilte kann nach § 459 h Einwendungen erheben. Welche Wirkungen eine unzulässigerweise vor Ablauf der Schonfrist betriebene Beitreibung auf die Vollstreckungsmaßnahme, z. B. eine Mobiliarpfändung, äußert, ist streitig[6]. Wohl überwiegend wird unter Hinweis auf RGZ **125** 286 zu dem vergleichbaren Fall einer Verletzung der Wartefrist des § 798 ZPO angenommen, daß die **vorzeitige Vollstreckungsmaßnahme** zwar mangelhaft ist, der Ablauf der Schonfrist jedoch den Mangel ex nunc heilt; doch bleiben vorher begründete Rechte Dritter unberührt[7]. Denn die Wiederholung der Beitreibungsmaßnahme nach Ablauf der Frist würde eine reine Formalität bedeuten, die vom Zweck des Gesetzes, dem Betroffenen eine Zahlungsfrist zu gewähren, nicht gefordert wird.

7   2. **Entfallen der Schonfrist (Absatz 1 letzter Halbsatz).** Sofortige Vollstreckung nach Eintritt der Rechtskraft ist zulässig, wenn auf Grund bestimmter Tatsachen erkennbar ist, daß sich der Verurteilte der Zahlung entziehen will[8]. Die Erkennbarkeit des Entziehungsvorsatzes als eines inneren Vorgangs muß sich nach außen in **„bestimmten Tatsachen"** dokumentieren. Solche Prognosen auf der Grundlage „bestimmter Tatsachen" sieht das Gesetz auch in anderen Fällen vor (z. B. § 112 Abs. 2, § 112 a Abs. 1; § 431 Abs. 1 Satz 2). Dem folgt § 459 c: „Die Bestimmung verwendet die allenthalben in neue-

---

[4] KK-*Chlosta* 6; *Kleinknecht/Meyer*[37] 1.
[5] KK-*Chlosta* 4.
[6] Vgl. dazu *Rebmann/Roth/Herrmann* § 95,7.
[7] *Rebmann/Roth/Herrmann* § 95, 7; *Göhler* § 95, 3; vgl. auch *Wetterich/Hamann* 273. KK-*Chlosta* 3 und KMR-*Müller* 3 wollen die Vollstreckungsmaßnahmen nur dann für

rechtmäßig erachten, wenn der Verurteilte auf eine mit der Mahnung verbundene Frist nicht gezahlt und die Zweiwochenfrist nach Absatz 1 verstrichen ist.
[8] *Wetterich/Hamann* 274; KK-*Chlosta* 7; KMR-*Müller* 2.

ren Vorschriften der StPO übliche Beschreibung der Voraussetzungen eines „Handelns auf Verdacht" (Begr. zu Art. 19 Nr. 120 Entw. EGStGB 1974), so daß bloße Vermutungen oder auch ein hoher, aber nicht auf bestimmte konkrete Tatsachen sich gründender Verdacht nicht genügen[9]. Bloße Nichtzahlung ist keine „Entziehung"[10]; dazu gehört vielmehr **Vorsatz der Vollstreckungsvereitelung,** etwa durch Verbringung des pfändbaren Vermögens ins Ausland, durch häufigen Aufenthalts- oder Wohnungswechsel, um Pfändungen zu entgehen usw. Über Maßnahmen zur Sicherung der Vollstreckung von Geldstrafe und Kosten schon vor Rechtskraft des auf Geldstrafe lautenden Urteils vgl. § 111 d. Wegen der Tilgung uneinbringlicher Geldstrafen durch freie Arbeit vgl. § 459 e, 12.

3. Unterbleiben der Vollstreckung wegen zu erwartender Erfolglosigkeit (Absatz 2)

a) Ratio legis. § 459 c Abs. 2 ist in wesentlich abgewandelter Form an die Stelle **8** des § 28 a Abs. 2 a. F. StGB getreten, der bestimmte: „Der Versuch, die Geldstrafe beizutreiben, kann unterbleiben, wenn mit Sicherheit vorauszusehen ist, daß sie aus dem beweglichen Vermögen des Verurteilten nicht beigetrieben werden kann". Aus der Vollstreckungspflicht der Vollstreckungsbehörde (§ 449, 6) ergibt sich an sich, daß sie zunächst die rechtskräftig erkannte Geldstrafe beizutreiben oder wenigstens ihre Beitreibung zu versuchen hat; grundsätzlich ist die Geldstrafe erst dann als uneinbringlich i. S. von § 43 StGB anzusehen, wenn die Beitreibungsmaßnahmen (Rdn. 4) sind als erfolglos erwiesen; erst dann — die Vorschrift ist also eng auszulegen — tritt die Ersatzfreiheitsstrafe an die Stelle der Geldstrafe.

Die Bedeutung des Absatzes 2, dessen Vorbild in abgewandelter Form § 95 Abs. 2 **9** OWiG ist, besteht darin, daß er es zuläßt, auch ohne vorausgegangene Beitreibungsversuche die Geldstrafe schon als uneinbringlich anzusehen, wenn zu erwarten ist, daß Beitreibungsmaßnahmen in absehbarer Zeit zu keinem Erfolg führen; voraussichtlich **aussichtslose Vollstreckungsmaßnahmen** stehen vergeblich unternommenen gleich; von dieser Konstruktion geht § 459 e Abs. 2 und im Anschluß daran § 49 Abs. 1 StVollstrO aus. „Absatz 2 ermöglicht es, in einem kriminalpolitisch vernünftigen und praktikablen Rahmen, überflüssigen Verwaltungsaufwand zu vermeiden und unter Umständen zur Vollstreckung der Ersatzfreiheitsstrafe überzugehen, ohne — gegebenenfalls über einen längeren Zeitraum hinweg — alle theoretisch denkbaren Beitreibungsmöglichkeiten, auch bei noch so geringer Erfolgsaussicht, wahrgenommen zu haben. Der Verurteilte ist durch die in §§ 459 h, 459 f vorgesehenen Möglichkeiten gerichtlicher Nachprüfung und Entscheidung hinreichend geschützt"[11].

b) Die **Erfolglosigkeit** von Beitreibungsmaßnahmen muß **zu erwarten,** d. h. sie **10** muß (vgl. §§ 413, 440) wahrscheinlich sein. Das ist namentlich dann der Fall, wenn der Vollstreckungsbehörde — z. B. durch Mitteilungen der Gerichtshilfe (§ 463 d)[12] oder auch der Gerichtskasse, an die sie sich in geeigneten Fällen mit dem Ersuchen um Auskunft wenden kann, ob ihr über die Vermögens- und Einkommensverhältnisse des Verurteilten und über die Beitreibungsmöglichkeiten etwas bekannt ist (§ 8 Abs. 2 EBAO) — bekannt ist, daß der Verurteilte sich bei Beitreibungsversuchen in anderen Fällen als frustra excussus erwiesen hat; daß er vor kurzem erst die Erklärung nach § 807 ZPO abgegeben hat; daß er sich im Konkurs- oder Vergleichsverfahren befindet (vgl. § 63 Nr. 3 KO; § 29 Nr. 3 VerglO); daß er unpfändbar ist oder sein Arbeitseinkommen die Pfän-

---

[9] Ähnlich *Kleinknecht/Meyer*[37] 2.
[10] KK-*Chlosta* 7; KMR-*Müller* 2; *Kleinknecht/Meyer*[37] 2.
[11] Begr. zu Art. 19 Nr. 120 Entw. EGStGB 1974 = BTDrucks. 7 550 S. 310: zu § 459 c.
[12] Vgl. auch KK-*Chlosta* 8.

Günter Wendisch

dungsgrenze nach § 459, § 6 JBeitrO, § 853 c ZPO nicht übersteigt. Und zwar muß zu erwarten sein, daß Beitreibungsmaßnahmen in **absehbarer Zeit** erfolglos sein werden; es muß also wahrscheinlich sein, daß bis auf weiteres mit einer Änderung der Verhältnisse, die zur Zeit Beitreibungsversuche aussichtslos erscheinen lassen, nicht zu rechnen ist. Zum Beweis dafür, daß diese Voraussetzungen vorgelegen haben, wird es sich empfehlen, die Gründe für die Anwendung des Absatzes 2 in einem Aktenvermerk niederzulegen[13]. Aber selbst wenn die Voraussetzungen vorliegen, muß die Vollstreckungsbehörde den Verurteilten gleichwohl nach § 5 Abs. 1 EBAO zur Zahlung der Geldstrafe auffordern, damit er nicht in unzumutbarer Weise von der Anordnung der Vollstreckung der Ersatzfreiheitsstrafe überrascht wird[14].

11   c) Die **Wirkung einer Unterbleibensanordnung** nach Absatz 2 besteht ausschließlich darin, daß sie den Weg freigibt für die Anordnung der Vollstreckungsbehörde, die Ersatzfreiheitsstrafe zu vollstrecken (§ 459 e Abs. 1, 2). Die Unterbleibensanordnung **als solche** enthält weder die Anordnung nach § 459 e Abs. 1 noch berührt sie den Fortbestand der Geldstrafe. Die Vollstreckung der Geldstrafe kann vielmehr, wenn und soweit nicht die Ersatzfreiheitsstrafe vollstreckt wird, bis zum Ende der Verjährungsfrist (§ 79 Abs. 3 Nr. 4, 5 StGB) erneut betrieben werden[15] — die Voraussetzungen eines Ruhens der Vollstreckungsverjährung (§ 79 a StGB) werden durch die Unterbleibensanordnung nicht geschaffen —, falls die Vollstreckungsbehörde sich nunmehr davon Erfolg verspricht.

4. Tod des Verurteilten (Absatz 3)

12   a) **Abkehr vom früheren Recht.** Der bis zum 31. 12. 1974 geltende § 30 StGB bestimmte: „In den Nachlaß kann eine Geldstrafe nur dann vollstreckt werden, wenn das Urteil zu Lebzeiten des Verurteilten rechtskräftig geworden war". Diese Vorschrift, die die zu Lebzeiten des Verurteilten rechtskräftig gewordene Geldstrafe nach seinem Tod als eine „vom Erblasser herrührende Schuld" i. S des § 1967 Abs. 2 BGB behandelte, wurde seit langem und einhellig als anachronistisch angesehen, weil sie dem Gedanken nicht Rechnung trage, daß die Geldstrafe wie jede andere Strafe — eine den Täter **höchstpersönlich** treffende **Reaktion** auf seinen Gesetzesverstoß darstelle[16]. Nachdem bereits § 101 OWiG 1969 bestimmt hatte: „In den Nachlaß des Betroffenen darf eine Geldbuße nicht vollstreckt werden", ist § 459 c Abs. 3 diesem Vorbild gefolgt: „Das in Absatz 3 enthaltene Vollstreckungshindernis bezweckt den Schutz der Erben vor einer Geldschuld, die den Strafzwecken einer Geldstrafe nicht mehr dienen kann"[17]. Aus Absatz 3 folgt, daß eine zu Lebzeiten des Verurteilten begonnene und bei seinem Tod noch nicht beendete Vollstreckung abzubrechen ist.

13   b) **Erlöschen der Geldstrafe.** Über den Wortlaut des Gesetzes hinaus, das nur die Vollstreckung in den Nachlaß verbietet, bedeutet § 459 c Abs. 3, daß eine nicht zu Lebzeiten des Verurteilten (durch Zahlung, Beitreibung, Vollstreckung der Ersatzfreiheitsstrafe) erledigte Geldstrafenschuld mit dem Tod des Verurteilten kraft Gesetzes erlischt. Daher sind z. B. Pfändungen von Mobiliar und Sicherungsmaßnahmen (§ 111 d) wegen der Geldstrafe aufzuheben. Die Geldstrafenschuld lebt auch nicht etwa als eine

---

[13] *Wetterich/Hamann* 435; KK-*Chlosta* 8.
[14] *Pohlmann* Rpfleger **1979** 249; KK-*Chlosta* 8.
[15] KK-*Chlosta* 8.
[16] So LK-*Tröndle*[9] § 30, 1; vgl. auch die dort. Erwägungen, mit denen versucht wurde, die

Weitergeltung des § 30 StGB schon vor seiner Aufhebung zu verneinen oder abzuschwächen.
[17] Begr. zu Art. 19 Nr. 120 Entw. EGStGB 1974 = BTDrucks. 7 550, S. 310: zu § 459 c.

nichtvollstreckbare Naturalobligation fort; der Erbe würde, wenn er freiwillig die Geldstrafe begliche, ein indebitum leisten[18], wie sie auch in der seit dem 1. 1. 1975 geltenden Fassung des $\S$ 226 Abs. 2 Nr. 2 KO im Nachlaßkonkurs nicht mehr als minderberechtigte Nachlaßverbindlichkeit erscheint.

c) Bedeutung für Nebenfolgen. Absatz 3 betrifft **nur die Geldstrafe.** Das Vollstreckungsverbot gilt nicht für Nebenfolgen, die zu einer Geldzahlung verpflichten[19], denn $\S$ 459 g Abs. 2 erklärt nur die Absätze 1 und 2, nicht auch den Absatz 3 des $\S$ 459 c für entsprechend anwendbar (s. auch $\S$ 226 Abs. 2 Nr. 2 KO). $\S$ 459 c Abs. 3 gilt auch nicht für die Kosten des Verfahrens, wenn die Verurteilung vor dem Tod rechtskräftig geworden ist. Insoweit kann deshalb auch in den Nachlaß vollstreckt werden[20]. **14**

5. Bei Einbeziehung der Geldstrafe in eine nachträglich gebildete Gesamtfreiheitsstrafe ($\S$ 460) geht der Geldstrafenanspruch mit der Rechtskraft der Gesamtstrafenentscheidung unter. Weitere Beitreibungsmaßnahmen werden mithin unzulässig. Gleichwohl noch beigetriebene oder gezahlte Geldstrafen müssen zurückgezahlt werden ($\S$ 13 Abs. 1 EBAO)[21]. **15**

$\S$ 459 d

(1) Das Gericht kann anordnen, daß die Vollstreckung der Geldstrafe ganz oder zum Teil unterbleibt, wenn
1. in demselben Verfahren Freiheitsstrafe vollstreckt oder zur Bewährung ausgesetzt worden ist oder
2. in einem anderen Verfahren Freiheitsstrafe verhängt ist und die Voraussetzungen des $\S$ 55 des Strafgesetzbuches nicht vorliegen
und die Vollstreckung der Geldstrafe die Wiedereingliederung des Verurteilten erschweren kann.
(2) Das Gericht kann eine Entscheidung nach Absatz 1 auch hinsichtlich der Kosten des Verfahrens treffen.

Entstehungsgeschichte. Eingefügt durch Art. 21 Nr. 130 EGStGB 1974.

Übersicht

---

[18] Ebenso KMR-*Müller* 5.
[19] KK-*Chlosta* 10; *Kleinknecht/Meyer*[37] 6.
[20] KK-*Chlosta* 10; *Kleinknecht/Meyer*[37] 6.
[21] *Wetterich/Hamann* 233; KK-*Chlosta* 11.

Günter Wendisch

I. Absehen von der Vollstreckung von Geldstrafe bei Zusammentreffen mit Freiheitsstrafe (Absatz 1)

1   § 459 d, der gemäß § 459 g Abs. 2 entsprechend auch für die zu einer Geldzahlung verpflichtenden Nebenfolgen gilt, unterscheidet zwei Anwendungsfälle:

1. Anwendungsfälle

2   **a) Zusammentreffen in demselben Verfahren (Absatz 1 Nr. 1).** Nummer 1 stellt sich als eine **Ergänzung des § 41 StGB** für das Vollstreckungsverfahren dar. Nach § 41 StGB kann, wenn der Täter sich durch die Tat bereichert oder zu bereichern versucht hat, neben einer Freiheitsstrafe eine sonst nicht oder nur wahlweise angedrohte Geldstrafe verhängt werden, wenn dies auch unter Berücksichtigung der persönlichen und wirtschaftlichen Verhältnisse des Täters angebracht ist. Durch diese Fassung („wenn dies auch. . .") soll das Gericht zu einer Prüfung verpflichtet werden, „ob eine zusätzliche Geldstrafe eine Wiedereingliederung des Täters gefährden kann"[1]. Es soll damit vermieden werden, daß sich der mittellose Straftäter nach der Strafhaftentlassung einer hohen Geldforderung gegenüber sieht, die ihm den beruflichen Neuanfang schwer macht. § 459 d Abs. 1 Nr. 1 soll die verfahrensrechtliche Handhabe bieten, in solchen Fällen, in denen gemäß § 41 StGB Freiheits- und Geldstrafe verhängt wurde, die Verhältnisse sich aber gegenüber denjenigen zur Zeit der Verurteilung nachträglich geändert haben oder maßgebliche Gesichtspunkte erst später offenbar geworden sind, die für die Wiedereingliederung unter Umständen ungünstigen Auswirkungen der zusätzlichen Geldstrafe nach Vollstreckung der Freiheitsstrafe oder Strafaussetzung zur Bewährung „notfalls nachträglich zu korrigieren"[2]. Da **beide Bestimmungen** den **gleichen Zweck** verfolgen und auch von den gleichen Grundlagen ausgehen, nämlich zu prüfen, ob die Vollstreckung der zusätzlichen Geldstrafe nach der Haftentlassung die Wiedereingliederung erschweren kann, ist eine Korrektur mithin ausgeschlossen, wenn bei unveränderten Umständen das Vollstreckungsgericht diese nur anders bewerten möchte[3].

3   **b) Zusammentreffen in verschiedenen Verfahren (Absatz 1 Nr. 2).** Nummer 2, die den Fall betrifft, daß in **verschiedenen Verfahren** teils auf Freiheitsstrafe, teils auf Geldstrafe erkannt ist und die Voraussetzungen für eine nachträgliche Gesamtstrafenbildung (§ 55 StGB) nicht vorliegen, beruht auf gleichen Erwägungen. Die amtl. Begründung führt aaO dazu aus: „Auch wenn die Strafen in verschiedenen Verfahren ausgesprochen worden sind und die Voraussetzungen einer Gesamtstrafe nicht vorliegen, kann die Wiedereingliederung des Verurteilten in einer unangemessenen — und vom Gericht nicht absehbaren — Weise erschwert werden. Zwar kann die Vollstreckungsbehörde dem Verurteilten Zahlungserleichterungen bewilligen; es können aber gute Gründe dafür sprechen, einen nach längerem Strafvollzug Entlassenen, auch wenn er an sich zahlungsfähig ist, mit Rücksicht auf ernste Einordnungsschwierigkeiten von dieser Zahlungsverpflichtung ganz freizustellen. Die in § 459 f hinsichtlich der Ersatzfreiheitsstrafe eingeräumte Möglichkeit paßt nicht für alle in diesem Zusammenhang denkbaren Fallgestaltungen."[4]

---

[1] Begr. zu Art. 17 Nr. 7 Entw. EGStGB 1974 = BTDrucks. 7 550, S. 212.

[2] Begr. zu Art. 19 Nr. 120 Entw. EGStGB 1974 = BTDrucks. 7 550, S. 310: zu § 459 d; LK-*Tröndle* § 41, 10.

[3] KK-*Chlosta* 1.

[4] BTDrucks. 7 550 S. 311: zu § 459 d; KK-*Chlosta* 3.

2. Voraussetzung für die Anordnung nach Absatz 1 Nr. 1

a) Regelfall (kumulative Geldstrafe). Nach der Entstehungsgeschichte (Rdn. 2) **4** soll Absatz 1 Nr. 1 den Fall treffen, daß in demselben Verfahren in Anwendung des § 41 StGB auf Freiheitsstrafe **und** auf eine sonst nicht zulässige Geldstrafe erkannt wurde (LG Mainz Rpfleger **1985** 162); gerade die wegen der erreichten oder erstrebten Bereicherung bei der gleichen Tat eingetretene Kumulation von Freiheits- und zusätzlicher Geldstrafe war es, die nach der Begründung des Entwurfs zu dem Bestreben führte, schon durch die Fassung des § 41 StGB Bedenken aus der Kumulierung hinsichtlich der Resozialisierung auszuschließen und nur wegen einer später eintretenden oder hervortretenden Veränderung der bei der Strafzumessung maßgeblichen Verhältnisse Korrekturmöglichkeiten im Vollstreckungsstadium zu schaffen. So wird denn auch im Schrifttum (z. B. *Dreher/Tröndle*[42] § 41, 4) § 459 d Nr. 1 dahin verstanden, daß er (nur) die kumulative Geldstrafe des § 41 StGB betreffe.

b) Erstreckung auch bei gesonderter Verhängung der Geldstrafe. Bei einer an der **5** Entstehungsgeschichte orientierten Auslegung dürfte Absatz 1 Nr. 1 an sich nicht angewendet werden, wenn in **demselben Verfahren,** ohne daß das erkennende Gericht von § 41 StGB Gebrauch gemacht hat, wegen mehrerer Taten teils auf Freiheits-, teils auf Geldstrafe erkannt und nach § 53 Abs. 2 Satz 2 StGB neben einer Gesamtfreiheitsstrafe auf Geldstrafe gesondert erkannt hat. Denn dann entfällt der Gesichtspunkt einer der Resozialisierung ungünstigen Belastung des Täters durch die nach § 41 StGB erfolgte Kumulation von Freiheits- und Geldstrafe für dieselbe Tat. Aus dem **Wortlaut** des Gesetzes ergibt sich aber eine solche Beschränkung des Anwendungsbereichs des § 459 d Abs. 1 Nr. 1 nicht; er umfaßt auch die Fälle eines Zusammentreffens von Freiheits- und Geldstrafe in „demselben Verfahren" ohne Anwendung von § 41 StGB. Gewiß gehört zu der in § 54 Abs. 1 Satz 2 StGB vorgeschriebenen zusammenfassenden Würdigung der Person des Täters und der einzelnen Straftaten auch die Prüfung, wie sich die gesondert erkannte Geldstrafe auf die Resozialisierung des Täters auswirkt. Aber es entfiele bei einer nur an der Entstehungsgeschichte orientierten einschränkenden Auslegung die Möglichkeit einer nachträglichen Korrektur, die § 459 d im Vollstreckungsstadium bieten will, wenn sich erst jetzt eine Änderung der Verhältnisse gegenüber denjenigen zur Zeit der Bildung einer Gesamtstrafe gemäß § 53 StGB unter Sonderung von Freiheits- und Geldstrafe ergibt. Es bliebe dann nur — unter engeren Voraussetzungen — der Rückgriff auf § 459 f. Man wird daher wohl einer noch durch den Gesetzeswortlaut gedeckten weiteren Auslegung den Vorzug geben müssen[5].

c) Erledigung der Vollstreckung der Freiheitsstrafe. Eine Anordnung, daß die **6** Vollstreckung der Geldstrafe ganz oder zum Teil zu unterbleiben habe, kommt erst in Betracht, wenn a) entweder die Freiheitsstrafe „vollstreckt" ist, d. h. wenn die Vollstreckung beendet ist[6], sei es durch Verbüßung der Strafe, durch Erlaß im Gnadenweg oder Erlaß der Strafe oder eines Strafrests nach Aussetzung zur Bewährung, oder b) die Strafvollstreckung zwar noch nicht beendet, aber wenigstens die Vollstreckung der ganzen Strafe oder eines Strafrests zur Bewährung (durch das Gericht oder im Weg der Gnade) ausgesetzt ist[7], weil es angebracht sein kann, schon die Bewährungszeit nicht ungünstig mit der Sorge um die Erbringung der Geldstrafe zu belasten (s. Rdn. 7). Ein

---

[5] Zustimmend KK-*Chlosta* 2. Aus OLG Hamm JMBlNRW **1976** 107 läßt sich zu diesem Problem nichts entnehmen.

[6] Ebenso *Volckart* NStZ **1982** 499.

[7] OLG Koblenz MDR **1981** 870; *Kleinknecht/Meyer*[37] 3; **a. A** *Volckart* NStZ **1982** 499: erst am Ende der Bewährungszeit.

Günter Wendisch

späterer Widerruf der Aussetzung wäre ohne Bedeutung für eine bereits erfolgte Unterbleibensanordnung.

7   **d) Ermessensausübung.** Bei der Ermessensausübung („kann") hat das nach §§ 462, 462 a zuständige Gericht zu beachten, daß eine Unterbleibensanordnung schon insofern **Ausnahmecharakter**[8] trägt, als die darin liegende „Korrektur" der Entscheidung des erkennenden Gerichts (Rdn. 2) nach den gesetzgeberischen Intentionen nur dazu dient, resozialisierungsbedeutsamen Gesichtspunkten Rechnung zu tragen, die der erkennende Richter nicht berücksichtigen konnte, weil sie erst nachträglich eingetreten oder hervorgetreten sind. Auch wird während laufender Bewährungszeit, deren Ergebnis noch nicht abzusehen ist, zu einer Unterbleibensanordnung im allgemeinen nur Veranlassung bestehen, wenn andere Maßnahmen (nach §§ 459 a, 459 f) nicht ausreichen, um Resozialisierungsgefährdungen abzuwenden[9].

8   **3. Voraussetzung für die Anordnung nach Absatz 1 Nr. 2.** Im Gegensatz zu Absatz 1 Nr. 1, der — nach der Entstehungsgeschichte (Rdn. 2) — dazu geschaffen ist, nachträglich ein- oder hervortretenden Resozialisationshemmnissen durch Kumulation von Freiheits- und Geldstrafe wegen der gleichen Tat Rechnung zu tragen, dient Absatz 1 Nr. 2 dazu, resozialisierungsbeeinträchtigende Spannungen auszugleichen, die dadurch entstehen können, daß in verschiedenen Verfahren wegen verschiedener Taten teils auf Freiheitsstrafe, teils auf Geldstrafe erkannt ist und ein Ausgleich wie bei der Gesamtstrafenbildung durch zusammenfassende Würdigung der Person des Täters und der einzelnen Straftaten (§ 54 Abs. 1 Satz 2, § 55 StGB) nicht möglich ist, weil eine nachträgliche Gesamtstrafenbildung nicht in Betracht kommt. Auch hier stellt eine Unterbleibensanordnung eine der Entscheidung nach Absatz 1 Nr. 1 vergleichbare „Korrektur" der Vorentscheidungen mit endgültiger Wirkung (Rdn. 10) dar, indem ermöglicht wird, solchen der Resozialisierung abträglichen Umständen aus der Belastung Freiheits- und Geldstrafe Rechnung zu tragen, von denen die erkennenden Richter wegen der Aburteilung in verschiedenen Verfahren nichts wissen und die sie deshalb auch nicht berücksichtigen konnten. Die Unterbleibensanordnung ist dann gewissermaßen hinsichtlich der Behandlung der Geldstrafe ein **Surrogat für** den rechtlich verschlossenen Weg der nachträglichen **Gesamtstrafe** mit seiner Zusammenschau von Persönlichkeit des Täters, seinen Taten und ihren Einzelstrafen, die sich auch an Resozialisationsbedürfnissen orientieren kann. Diese gewisse innere Verwandtschaft zwischen den Voraussetzungen der Nummern 1 und 2 rechtfertigt es, mag der Wortlaut der Nummer 2 dies auch nicht verlangen, die Voraussetzungen der Nummer 2 an denen der Nummer 1 auszurichten, d. h. daß eine Anordnung nach Nummer 2 erst getroffen werden kann, wenn entweder die Vollstreckung der Freiheitsstrafe beendet oder diese zur Bewährung ausgesetzt ist[10], und daß während laufender Bewährungsfrist Zurückhaltung am Platze ist (Rdn. 7).

9   **4. Öffentliches Interesse und Unterbleibensanordnung.** Eine Unterbleibensanordnung trägt **Ausnahmecharakter,** am deutlichsten bei Nummer 1, aber auch bei Num-

---

[8] LG Mainz NStZ **1982** 47; KMR-*Müller* 2.
[9] Vgl. OLG Hamm JMBlNRW **1976** 107; OLG Koblenz Rpfleger **1975** 27; *Pohlmann/ Jabel* § 48, 20; KK-*Chlosta* 4; *Kleinknecht/ Meyer*[37] 4; enger *Volckart* NStZ **1982** 499; siehe auch Rdn. 8.

[10] So auch OLG Koblenz MDR **1981** 870; KK-*Chlosta* 4; KMR-*Müller* 4; *Kleinknecht/ Meyer*[37] 3; a. A *Volckart* NStZ **1982** 499: am Ende der Bewährungszeit.

mer 2, da die Anordnung sich als ein Eingriff in rechtskräftige Entscheidungen darstellt. Bei seiner Ermessensentscheidung muß das Gericht auch das besondere öffentliche Interesse an der Strafvollstreckung berücksichtigen[11]. In dem der Entscheidung des OLG Hamm (Fußn. 11) zugrunde liegenden instruktiven Fall lautete der Gesamtstrafenbeschluß auf vier Jahre neun Monate Freiheitsstrafe und 210 000 DM Geldstrafe; nach Verbüßung von zwei Jahren und neun Monaten der Freiheitsstrafe war der Rest im Gnadenweg zur Bewährung ausgesetzt und von der Geldstrafe waren nach der Entlassung insgesamt 1 400 DM abgetragen worden. Jedenfalls bei einem Fall dieser Größenordnung führt das Oberlandesgericht Hamm zur Ablehnung des auf § 459 d Abs. 1 gestützten Antrags, das Unterbleiben der Vollstreckung von 214 600 DM anzuordnen, mit Recht aus: „Wegen der Beseitigung der Wirkungen eines rechtskräftigen Urteils in dem Teilbereich der Geldstrafe kann die Anwendung des § 459 d StPO überhaupt nur in außergewöhnlichen Ausnahmefällen in Betracht kommen. Gerade vorliegend ist zu Recht... auf das besondere öffentliche Interesse an der Vollstreckung hingewiesen worden... Bei diesem besonderen öffentlichen Interesse können die „persönlichen Verhältnisse des Verurteilten" wie seine Krankheit und seine finanzielle Lage entsprechend weniger Berücksichtigung finden [Hinweis auf die Möglichkeit dem Leistungsvermögen angepaßter Ratenzahlungen]. Bevor es noch nicht einmal zu einem Erlaß der zur Bewährung ausgesetzten restlichen Freiheitsstrafe... und solange die Bewilligung von Raten in Betracht kommt, ist eine „Beseitigung" der Geldstrafe nicht vertretbar"[12].

5. Wirkung der Unterbleibensanordnung. Die rechtskräftige (§ 462 Abs. 3) Unter-**10** bleibensanordnung stellt zwar im technischen Sinn keinen Erlaß der Geldstrafe dar. In ihrer Wirkung entspricht sie aber einem Erlaß, denn das Unterbleiben wird nicht auf Zeit angeordnet und auch ein Widerruf wegen veränderter Verhältnisse ist nicht vorgesehen; Ersatzfreiheitsstrafe kommt demgemäß nicht mehr in Frage (§ 459 e Abs. 4). Mit Recht spricht deshalb OLG Hamm (Fußn. 11) davon, daß durch die Unterbleibensanordnung „die Geldstrafe gleichsam wegfalle", daß „die Wirkungen des rechtskräftigen Urteils im Teilbereich der Geldstrafe beseitigt" werden[13].

II. Absehen von der Beitreibung der Verfahrenskosten (Absatz 2)

Eine von der Vollstreckungsbehörde nach § 459 a für die Geldstrafe gewährte **11** Zahlungserleichterung erstreckt sich nach § 459 a Abs. 4 Satz 1 automatisch auch auf die Kosten des Verfahrens (§ 465). Dagegen stellt § 459 d Abs. 2 die Erstreckung der Unterbleibensanordnung beim Zusammentreffen von Freiheits- *und* Geldstrafe in das Ermessen des Gerichts („kann"). „Die in § 459 a Abs. 4 vorgesehene automatische Verbindung wäre hier nicht sachgemäß; andererseits ist anzunehmen, daß in den in Rede stehenden Fällen die Beitreibung der Verfahrenskosten für die Resozialisierungsbestrebun-

---

[11] Vgl. Prot. Sonderaussch. Strafrechtsreform, 7. Wahlperiode, S. 666; OLG Hamm JMBl-NRW **1976** 107; OLG Koblenz MDR **1978** 248; MDR **1981** 870; LG Mainz NStZ **1982** 47; KK-*Chlosta* 4; 5; *Kleinknecht/Meyer*[37] 4; LK-*Tröndle* § 41, 10.

[12] Vgl. auch *Schlüchter* 838: Anordnung soll auf wirkliche Ausnahmefälle beschränkt werden. Bedenken dagegen bei KMR-*Müller* 6: trägt dem im Vordergrund stehenden Re-

sozialisierungsgedanken zu wenig Rechnung. In die gleiche Richtung zielt wohl auch OLG Celle MDR **1979** 336 = NdsRpfl. **1978** 291, das die Vollstreckung einer (Rest-)Geldstrafe 18 Jahre nach der Verurteilung deshalb für unzulässig erklärt, weil der innere Zusammenhang mit der Straftat – was nach einer solch langen Zeitspanne regelmäßig der Fall sein wird – entfallen ist.

[13] Im Ergebnis ebenso KMR-*Müller* 10.

gen unter Umständen ebenso schädlich sein kann, wie die Vollstreckung einer Geld-strafe"[14]. Im Rahmen seines Ermessens kann das Gericht bei einer die Vollstreckung der Geldstrafe in vollem Umfang erledigenden Unterbleibensanordnung diese in vollem Umfang auf die Verfahrenskosten erstrecken oder die Kosten von der Erstreckung gänzlich ausschließen, aber auch die Erstreckung nur auf einen Teil der Kosten be-schränken[15]. **Auslagen,** deren Erstattung der Verurteilte einem Dritten schuldet (Ne-benkläger usw.), sind nicht Gegenstand einer Entscheidung nach Absatz 2 (§ 459 a, 10).

III. Weitere Rechtsfragen

12   Wegen der gerichtlichen Zuständigkeit s. Rdn. 7 und §§ 462, 462 a, wegen der Rechtsbehelfe § 459 h, 2 und wegen der Erstreckung auf Nebenfolgen Rdn. 1 und § 459 g, 16.

§ 459 e

(1) **Die Ersatzfreiheitsstrafe wird auf Anordnung der Vollstreckungsbehörde voll-streckt.**

(2) **Die Anordnung setzt voraus, daß die Geldstrafe nicht eingebracht werden kann oder die Vollstreckung nach § 459 c Abs. 2 unterbleibt.**

(3) **Wegen eines Teilbetrages, der keinem vollen Tag Freiheitsstrafe entspricht, darf die Vollstreckung der Ersatzfreiheitsstrafe nicht angeordnet werden.**

(4) [1]**Die Ersatzfreiheitsstrafe wird nicht vollstreckt, soweit die Geldstrafe entrichtet oder beigetrieben wird oder die Vollstreckung nach § 459 d unterbleibt.** [2]**Absatz 3 gilt entsprechend.**

Schrifttum

Allgemein. *Pohlmann* Rechtliches Gehör vor einer Anordnung nach § 459 e StPO? Rpfleger **1979** 249.

Tilgung durch freie Arbeit. *Baumann* Die Chance des Artikel 293 EGStB — Freie gemein-nützige Arbeit statt Ersatzfreiheitsstrafe, MSchrKrim. **1979** 290; *Best* Freie Arbeit statt Ersatzfrei-heitsstrafe bei *Steinhilper* Soziale Dienste in der Strafrechtspflege, Kriminologische Forschung **3** 209; *Groß* Zum Entwurf eines . . . Strafrechtsänderungsgesetzes (Mittelbare und Begleitmaßnah-men zur Vermeidung der Vollstreckung von Freiheitsstrafen), StrVert. **1985** 81; *Hasenpusch/Stein-hilper* Die Verbüßung von Ersatzfreiheitsstrafen in Niedersachsen bei *Steinhilper* Soziale Dienste in der Strafrechtspflege, Kriminologische Forschung **3** 209; *Kleiner* Das Projekt „Gemeinnützige Arbeit" — die nicht nur theoretische Chance des Art. 293 EGStGB, ZRP **1983** 112; *Krieg/Löhr/Lük-ke/Meißner/Rufert/Schumann* Weil Du arm bist, mußt Du sitzen, MSchrKrim. **1984** 25; *Pfohl* Ge-meinnützige Arbeit als strafrechtliche Sanktion (1983); *Reiß* Abwendung der Vollstreckung von Er-satzfreiheitsstrafen durch freie Arbeit, Rpfleger **1985** 134; *Rolinski* Ersatzfreiheitsstrafe oder ge-meinnützige Arbeit? MSchrKrim. **1981** 52; *Schädler* Das Projekt „Gemeinnützige Arbeit" — die nicht nur theoretische Chance des Art. 293 EGStGB, ZRP **1983** 5; *Schädler* Der „Weiße Fleck" im Sanktionensystem, ZRP **1985** 186; *Schall* Die Sanktionsalternative der gemeinnützigen Arbeit als Surrogat der Geldstrafe, NStZ **1985** 104; *Zimmermann* Tilgung uneinbringlicher Geldstrafen durch freie Arbeit, BewHi. **1982** 113.

---

[14] Begr. zu Art. 19 Nr. 120 Entw. EGStGB 1974 = BTDrucks. 7 550, S. 311 : zu § 459 d.

[15] BGHSt **31** 246; OLG Karlsruhe Justiz **1982** 275; KK-*Chlosta* 6; KMR-*Müller* 7; nicht so eindeutig *Kleinknecht/Meyer*[37] 6.

Entstehungsgeschichte. Eingefügt durch Art. 21 Nr. 130 EGStGB 1974.

Übersicht

1. Inhalt und Bedeutung

a) Allgemein. Nach der Begründung[1] „geht Absatz 1 davon aus, daß die Voll- **1** streckungsbehörde — und zwar nicht mehr der Staatsanwalt, sondern der Rechtspfleger[2] — die Vollstreckung der Ersatzfreiheitsstrafe anordnet; über Einwendungen entscheidet nach § 459 h das Gericht. Angesichts der Möglichkeit gerichtlicher Überprüfung auf Antrag dürfte diese Regelung aus verfassungsrechtlicher Sicht auch unter Berücksichtigung der Tatsache unbedenklich sein, daß künftig die Ersatzfreiheitsstrafe nicht mehr unmittelbar dem Richterspruch, sondern dem Gesetz (§ 43 StGB) zu entnehmen sein wird. Im übrigen enthält die Vorschrift früher in der Strafvollstreckungsordnung geregelte Einzelheiten über die Vollstreckung von Ersatzfreiheitsstrafen; Absatz 2 stellt jedoch klar, daß in den Fällen des § 459 c Abs. 2 die Vollstreckung der Ersatzfreiheitsstrafe angeordnet werden kann, während Absatz 4 die Vollstreckung auch in den Fällen des § 459 d Abs. 1 ausdrücklich ausschließt"[3]. Die Anordnung nach Absatz 1 schließt dagegen eine Anordnung nach § 459 d Abs. 1 nicht aus[4].

b) Anordnung der Vollstreckung (Absatz 1, 2). Nach § 43 StGB tritt an die Stelle **2** einer uneinbringlichen Geldstrafe, und zwar unabhängig von der Zahlungsfähigkeit des Verurteilten, Freiheitsstrafe, wobei einem Tagessatz ein Tag Freiheitsstrafe entspricht. Danach gebietet grundsätzlich die Vollstreckungspflicht (§ 449, 6) der Vollstreckungsbehörde, bei Uneinbringlichkeit der Geldstrafe die an ihre Stelle tretende Freiheitsstrafe zu vollstrecken, die implicite (§ 43 StGB) im Urteil zugleich mit der Festsetzung der Tagessätze verhängt ist. Wenn nun § 459 e Abs. 1 die Vollstreckung der Ersatzfreiheitsstrafe von einer förmlichen Vollstreckungsanordnung der Vollstreckungsbehörde[5] abhängig macht, so kann es naturgemäß nicht Sinn dieser Vorschrift sein, daß es im Ermessen der Vollstreckungsbehörde liege, ob sie die Vollstreckung anordnen will.

Das **Erfordernis** der Vollstreckungsanordnung soll vielmehr, wie sich aus Ab- **3** satz 2 ergibt, zunächst und in erster Linie die Vollstreckungsbehörde zur **Prüfung** anhal-

---

[1] Zu Art. 19 Nr. 120 Entw. EGStGB 1974 = BTDrucks. 7 550, S. 311: zu § 459 e.

[2] § 31 Abs. 2 RpflG in Verb. mit § 1 Abs. 1 BegrenzungsVO, abgedruckt zu § 451, 32.

[3] KMR-*Müller* 1; *Kleinknecht/Meyer*[37] 4.

[4] OLG Koblenz MDR **1978** 248; *Kleinknecht/Meyer*[37] 4.

[5] Nach den ursprünglichen Intentionen, die aber im Lauf der parlamentarischen Arbeiten

zugunsten der Gesetz gewordenen Regelung aufgegeben wurden, sollte die Ersatzfreiheitsstrafe nur auf besondere Anordnung *des* Gerichts vollstreckt werden, das diese Anordnung unter Auflagen auszusetzen hatte, wenn der Verurteilte ohne sein Verschulden die Geldstrafe nicht zahlen konnte (vgl. *Tröndle* ZStW **86** (1974) 565; s. auch § 459 f, 1).

ten, ob die gesetzlichen Voraussetzungen der Vollstreckung (Uneinbringlichkeit der Geldstrafe einschl. der Aussichtslosigkeit von Beitreibungsbemühungen, Absatz 2), vorliegen und nicht Hindernisse ihr entgegenstehen, wie Nichtablauf der Schonfrist (§ 459 b Abs. 1), noch laufende Zahlungserleichterungen (dazu § 459 a Abs. 3 Satz 1), Teilzahlungen und Anordnung, daß die Vollstreckung der Geldstrafe unterbleibt (§ 459 d, § 459 e Abs. 3, 4) oder unbillige Härte der Vollstreckung, die die Vollstreckungsbehörde veranlassen muß, die Entscheidung des Gerichts herbeizuführen (§ 459 f, 6).

4   Die Aktenvorlage zur Vollstreckungsanordnung wird regelmäßig auch Veranlassung zur Prüfung von Amts wegen geben, ob nicht durch erstmalige oder wiederholte **Gewährung von Zahlungserleichterungen** (§ 459 a) die Vollstreckung der Ersatzfreiheitsstrafe zunächst abzuwenden sei. Doch darf dabei der Gesichtspunkt nicht außer acht gelassen werden, daß erfahrungsgemäß in vielen Fällen erst der Druck der drohenden Ersatzfreiheitsstrafe zu jenen zumutbaren Anstrengungen veranlaßt, die um der Effektivität der Geldstrafe willen erwartet werden müssen (§ 459 f, 2 ff)[6].

5   **Die Gewährung rechtlichen Gehörs** vor Anordnung der Ersatzfreiheitsstrafe ist nicht erforderlich[7].

6   **c) Teilbeträge, die hinter einem Tagessatz zurückbleiben (Absatz 3 und 4).** Nach § 40 Abs. 1 StGB beträgt das gesetzliche Mindestmaß der Geldstrafe, auf die erkannt werden kann, fünf Tagessätze und damit (§ 43 Satz 2) bei Uneinbringlichkeit fünf Tage Ersatzfreiheitsstrafe. Wenn § 43 Satz 3 StGB bestimmt, daß das Mindestmaß der Ersatzfreiheitsstrafe **ein Tag** sei, so bedeutet dies, daß auch ein Tag Ersatzfreiheitsstrafe vollstreckt werden kann, wenn die erkannte Geldstrafe durch Teilzahlung, Teilvollstreckung oder Anrechnung von Untersuchungshaft soweit erledigt ist, daß der Restbetrag nur noch einem Tagessatz entspricht. § 459 e Abs. 3 ergänzt (oder verdeutlicht) diese Vorschrift dahin, daß wegen eines ausstehenden Restbetrags, der keinem vollen Tag Freiheitsstrafe entspricht, der also unter einem vollen Tagessatz bleibt, die Vollstreckungsbehörde die Vollstreckung der Ersatzfreiheitsstrafe nicht anordnen darf[8].

7   **d) Beispiele.** Zahlt der Verurteilte bei einer Geldstrafe von zehn Tagessätzes zu 50 DM, für die Ratenzahlung mit Verfallklausel bewilligt ist, auf die letzte Rate nur zehn DM, so darf von vornherein keine Anordnung nach Absatz 1 getroffen werden; zahlt er schon auf die erste fällige Rate nur 25 DM, so darf nur die Vollstreckung von neun Tagen Ersatzfreiheitsstrafe angeordnet werden. Der Fortbestand der geschuldeten Restgeldstrafe und die vermögensrechtliche Haftung des Verurteilten für sie wird durch das Verbot nicht berührt (§ 50 Abs. 2 StVollstrO)[9].

8   Ist die Vollstreckung einer Ersatzfreiheitsstrafe schon angeordnet oder ist sogar mit deren Vollzug bereits begonnen und leistet der Verurteilte nunmehr Teilzahlungen, die nicht zur Deckung der ganzen noch geschuldeten Reststrafe ausreichen, so gilt nach Absatz 4 Satz 2 der Absatz 3 entsprechend, d. h. es darf mit dem Vollzug der Ersatzfreiheitsstrafe nicht begonnen und ein begonnener Vollzug muß abgebrochen werden, sobald der ausstehende Restbetrag nicht einem vollen Tag Ersatzfreiheitsstrafe entspricht. Ergeben sich Überzahlungen, ist der die Geldstrafe nach Abzug des durch die Vollstrek-

---

[6] So auch KK-*Chlosta* 4.
[7] *Pohlmann* Rpfleger **1979** 249; KK-*Chlosta* 4; KMR-*Müller* 1; **a. A** OLG Celle NdsRpfl. **1977** 128.

[8] KK-*Chlosta* 5; KMR-*Müller* 3; *Kleinknecht/ Meyer*[37] 3.
[9] KK-*Chlosta* 5; KMR-*Müller* 3; *Kleinknecht/ Meyer*[37] 3.

kung der Ersatzfreiheitsstrafe verbüßten Betrags übersteigende Betrag zurückzuzahlen[10].

e) Wiederholung der Vollstreckung der Geldreststrafe. Die Vollstreckungsbehörde kann, wenn sie sich davon Erfolg verspricht, die Vollstreckung der Restgeldstrafe bis zum Ablauf der Vollstreckungsverjährung jederzeit wieder aufnehmen[11]. **9**

2. Vollstreckungsverfahren, Vollzug. Über Rechtsbehelfe des Verurteilten vgl. **10** § 459 h. Für die Vollstreckung von Ersatzfreiheitsstrafen gelten nach § 50 Abs. 1 StVollstrO — von gewissen, in § 51 StVollstrO bestimmten Abweichungen abgesehen — in vollem Umfang die Vorschriften über die Vollstreckung primärer Freiheitsstrafen (§§ 22 ff StVollstrO); bei nachträglicher Zahlung des rückständigen Betrags, der in dem Aufnahmeersuchen an die nach dem Vollstreckungsplan zuständige Vollzugsanstalt anzugeben ist, ist der Verurteilte sofort aus der Strafhaft zu entlassen (§ 51 Abs. 3 StVollstrO)[12]. Das Strafvollzugsgesetz enthält keine von den allgemeinen Vorschriften über den Vollzug primärer Freiheitsstrafen abweichende Vorschriften über den Vollzug von Ersatzfreiheitsstrafen.

3. Wegen der **Aussetzung eines Strafrests** (der Ersatzfreiheitsstrafe) vgl. § 462 a, 5 **11** sowie *Kleinknecht/Meyer*[37] 7.

4. Tilgung uneinbringlicher Geldstrafen durch freie Arbeit
a) Regelung des früheren § 28 b StGB. Der bis zum 31. 12. 1974 geltende § 28 b **12** StGB bestimmte: „(1) Die Vollstreckungsbehörde kann dem Verurteilten gestatten, eine uneinbringliche Geldstrafe durch freie Arbeit zu tilgen. (2) Das Nähere regelt die Bundesregierung mit Zustimmung des Bundesrates. Soweit dies nicht geschieht, sind die obersten Landesbehörden ermächtigt, das Nähere zu regeln." Eine reichs- oder bundesrechtliche Regelung ist während der mehr als fünfzigjährigen Geltungsdauer der Vorschrift wegen (behaupteter) kaum überwindbarer praktischer Schwierigkeiten bei Zuweisung und Überwachung der freien Arbeit nicht erfolgt; entsprechende Vorschriften einzelner älterer Landesfeld- und Forstdiebstahlsgesetze haben in neuerer Zeit keine praktische Bedeutung mehr.

b) Reformdiskussionen. Die Diskussion darüber, ob nicht doch erneut in das **13** Strafgesetzbuch eine dem § 28 b a. F. StGB entsprechende Vorschrift über die Tilgung uneinbringlicher Geldstrafen durch „gemeinnützige" Arbeit aufzunehmen sei[13], endete schließlich mit einem Kompromiß: Die Aufnahme einer Vorschrift in das Strafgesetzbuch unterblieb, weil die bisherigen Schwierigkeiten nach wie vor bestünden[14]. Um aber die Länder nicht an erneuten Versuchen zu hindern, bestimmt Art. 293 EGStGB 1974: „Die Landesregierung wird ermächtigt, durch Rechtsverordnung Regelungen zu treffen, wonach die Vollstreckungsbehörden dem Verurteilten gestatten können, eine uneinbringliche Geldstrafe durch freie Arbeit zu tilgen. Die Landesregierung kann die Ermächtigung durch Rechtsverordnung auf die Landesjustizverwaltung übertragen." Es

[10] *Wetterich/Hamann* 324 ff; KK-*Chlosta* 6; *Kleinknecht/Meyer*[37] 4.
[11] *Kleinknecht/Meyer*[37] 3.
[12] OLG Düsseldorf NJW **1980** 250; *Kleinknecht/Meyer*[37] 4.
[13] Zum Für und Wider dieser Diskussion vgl.
die ausführliche Erörterung in LK-*Tröndle*[9] § 28 b, 4 und – zu Art. 293 EGStGB – LK-*Tröndle* § 43, 9 ff.
[14] Begr. zu Art. 270 Entw. EGStGB 1974 = BTDrucks. 7 550, S. 455.

Günter Wendisch

handelt sich dabei um eine Art **Experimentierklausel,** zu der auch neuere Versuche, die z. Z. in England mit einem „Gemeinschaftsdienst" gemacht werden, Veranlassung gaben.

14   Eine **nochmalige Überprüfung** des Problems der Geldstrafentilgung war während der Arbeiten an der Strafrechtsreform im Zusammenhang mit der Schaffung des Strafvollzugsgesetzes in Aussicht gestellt worden, das Strafvollzugsgesetz 1976 enthält aber ebenfalls keine einschlägigen Vorschriften, da es sich nur mit Vollzugs-, nicht mit Vollstreckungsfragen beschäftigt (Vor § 449, 9).

15   c) **Heutige Praxis.** Inzwischen haben alle Bundesländer von der Ermächtigung des Art. 293 EGStGB Gebrauch gemacht, und zwar die Länder Baden-Württemberg[15], Berlin[16], Bremen[17], Hamburg[18], Hessen[19] und Nordrhein-Westfalen[20] durch Rechtsverordnung (Tilgungsverordnungen), die Länder Bayern[21], Niedersachsen[22], Rheinland-Pfalz[23], Saarland[24] und Schleswig-Holstein[25] durch Gnadenregelungen. Hatten die Länder die Anwendung der Rechtsverordnungen oder Gnadenregelungen zunächst — zumindest überwiegend[26] — auf einzelne Landgerichtsbezirke beschränkt, so ist nunmehr festzustellen, daß — bis auf wenige Ausnahmen[27] — inzwischen alle übrigen Länder für ihr Land eine umfassende flächendeckende Regelung getroffen haben. Unterschiede bestehen allerdings noch bezüglich des **Anrechnungsmaßstabs,** der teils sechs, teils acht Stunden je Tagessatz beträgt. Es wäre wünschenswert, wenn der Bundesgesetzgeber diese unterschiedliche Regelung sowohl unter dem Gesichtspunkt der Bestimmtheit der Strafe als auch dem Gleichheitsgrundsatz möglichst bald durch einen einheitlichen Anrechnungsmaßstab beseitigen würde[28]. Für die Anordnung zuständig ist der Rechtspfleger[29].

---

[15] Verordnung vom 29. 3. 1983 – GBl. 176 – in der Fassung der Änderungsverordnung vom 19. 3. 1985 – GBl. 97 –.

[16] Verordnung vom 25. 4. 1978 – GVBl. 1030 –.

[17] Verordnung vom 11. 1. 1982 – GBl. 9 –.

[18] Verordnung vom 18. 12. 1984 – GVBl. 263 –.

[19] Verordnung vom 20. 8. 1981 – GVBl. I 298 – in der Fassung vom 7. 8. 1982 – GVBl. 212 –, vom 21. 12. 1982 – GVBl. 1983 1 und vom 27. 4. 1983 – GVBl. 72 –.

[20] Verordnung vom 6. 7. 1984 – GVBl. 469 –.

[21] Schreiben des Staatsministeriums der Justiz vom 22. 12. 1982 – unveröffentlicht –.

[22] Erlaß des Ministers der Justiz vom 11. 3. 1983 – unveröffentlicht –.

[23] Verwaltungsvorschrift des Justizministeriums vom 16. 5. 1983 – JBl. 118 – in der Fassung vom 27. 10. 1983 – JBl. 211 –.

[24] Allgemeine Verfügung des Rechtspflegeministeriums vom 27. 4. 1983.

[25] Erlaß des Justizministeriums vom 22. 5. 1984 – nur für Landgerichtsbezirk Kiel.

[26] Vgl. dazu *Krieg* und Mitautoren MSchrKrim. **1984** 28 f sowie *Best* 309.

[27] Sie im einzelnen aufzuzählen, erscheint schon deshalb nicht geboten, weil davon ausgegangen werden kann, daß auch diese Länder die Beschränkung demnächst aufgeben werden.

[28] Wegen weiterer Änderungswünsche vgl. *Krieg* MSchrKrim. **1984** 29.

[29] *Jabel* Rpfleger **1983** 142; *Reiß* Rpfleger **1985** 135.

§ 459 f

Das Gericht ordnet an, daß die Vollstreckung der Ersatzfreiheitsstrafe unterbleibt, wenn die Vollstreckung für den Verurteilten eine unbillige Härte wäre.

Schrifttum. *Tröndle* Die Geldstrafe in der Praxis und Probleme ihrer Durchsetzung unter besonderer Berücksichtigung des Tagessatzsystems, ZStW **86** (1974) 545.

Entstehungsgeschichte. Eingefügt durch Art. 21 Nr. 130 EGStGB 1974.

1. Verhältnis des § 459 f zum früheren Recht. Der bis zum 31. 12. 1974 geltende **1** § 29 Abs. 4 StGB bestimmte: „Kann die Geldstrafe ohne Verschulden des Verurteilten nicht eingebracht werden, so kann das Gericht anordnen, daß die Vollstreckung der Ersatzfreiheitsstrafe unterbleibt." Dieser Vorschrift ist § 459 f mit zwei Abweichungen nachgebildet: Zunächst ist die bisherige Kannvorschrift zu einer Muß-Vorschrift („ordnet an") umgewandelt worden. Ferner wird „unbillige Härte" als Voraussetzung einer Unterbleibensanordnung gefordert. Bei dem letzteren Erfordernis handelt es sich aber[1] nur um eine Abweichung im Wortlaut des § 29 Abs. 4 a. F. StGB, nicht um eine solche von der bisherigen gerichtlichen Praxis. Nach wie vor kennt das Gesetz keine Aussetzung der Geldstrafe oder Ersatzfreiheitsstrafe zur Bewährung nach § 56 StGB, § 453 — sie bleibt dem Gnadenweg vorbehalten —, während die Vollstreckung auch einer Restersatzfreiheitsstrafe nach § 57 StGB, § 454 zur Bewährung ausgesetzt werden kann (§ 462 a, 5).

2. Der **Regierungsentwurf** des späteren 23. StRÄndG (BTDrucks. 10 2720) sah **2** vor, den Paragraphen um folgenden Satz zu erweitern: „Das Gericht kann die Anordnung davon abhängig machen, daß der Verurteilte innerhalb einer zu bestimmenden Frist einen Teilbetrag der Geldstrafe zahlt". Der Vorschlag wurde **nicht weiter verfolgt,** nachdem der Rechtsausschuß ihn einstimmig abgelehnt hatte, weil kein Bedürfnis dafür ersichtlich sei: Schon jetzt stelle das Gesetz sowohl im Erkenntnisverfahren (Bemessung der Tagessätze, Zahlungsfristen, Teilzahlung) als auch im Vollstreckungsverfahren ausreichend Mittel zur Vermeidung von Härten zur Verfügung, namentlich könne die Vollstreckungsbehörde Zahlungserleichterungen gewähren (§ 459 a)[2]. Dem ist zuzustimmen, zumal wenn man bedenkt, daß — zusätzlich — die Möglichkeit besteht, die Vollstreckung der Ersatzfreiheitsstrafe durch freie Arbeit (§ 459 e, 13) abzuwenden und die ursprünglich vorgesehene Erweiterung dazu führen würde, das Vollstreckungsverfahren nochmals zu verlängern und die Vollstreckung oder die Anordnung ihres Unterlassens dadurch weiter hinauszuschieben. Schließlich ist auch die Gefahr nicht von der Hand zu weisen, daß es zwischen Gericht und Verurteiltem zu einem unwürdigen Feilschen über die Höhe des zu leistenden Teilbetrags und die Angemessenheit der Zahlungsfrist kommen könnte.

3. Unbillige Härte
a) Bedeutung. Nach dem der Neuregelung der Geldstrafe nach dem Tagessatzsy- **3** stem zugrundeliegenden Gedanken kann das gesetzgeberische Ziel, die kurze (primäre)

---

[1] So die Begr. zu Art. 19 Nr. 120 Entw. EGStGB 1974 = BTDrucks. 7 550, S. 311: zu § 459 f.

[2] Vgl. BTDrucks. 10 4391: Beschlußfassung und Bericht des Rechtsausschusses (6. Ausschuß), Art. 3 Nr. 8, S. 11; Begr. S. 19. Wegen weiterer Einzelheiten s. Rdn. 4.

Günter Wendisch

Freiheitsstrafe nur noch in Ausnahmefällen zuzulassen (§ 47 Abs. 1 StGB), nur durch eine Erweiterung der Geldstrafe erreicht werden. Der individuellen Belastbarkeit und der Leistungsfähigkeit des Täters nach Maßgabe seiner persönlichen und wirtschaftlichen Verhältnisse hat der Richter bereits bei der Bemessung der Höhe des Tagessatzes Rechnung zu tragen (§ 40 Abs. 2 StGB) und ihm, wenn ihm die sofortige Zahlung nicht zuzumuten ist, Zahlungsfristen oder Teilzahlungen zu bewilligen (§ 42 StGB). Es liegt aber, soweit nicht die Vorschriften über die Lockerung des Verfolgungszwangs (§§ 153 ff) eine Verfahrenseinstellung zulassen, nicht in der Hand des Richters, wegen (verschuldeter oder unverschuldeter) Vermögenslosigkeit des Täters von der Belegung mit einer Geldstrafe überhaupt abzusehen, denn dies würde, da ja die drohende Uneinbringlichkeit der Geldstrafe grundsätzlich keinen Grund bildet, ausnahmsweise (§ 46 Abs. 1 StGB) eine kurze Freiheitsstrafe zu verhängen, bedeuten, daß die Straftat ohne Sanktion bliebe.

4   Der Gesetzgeber war sich des **Dilemmas** durchaus bewußt, daß es auf dem Weg über die Ersatzfreiheitsstrafe doch wieder zur Vollstreckung einer an sich unerwünschten kurzen Freiheitsstrafe kommen kann. Er mußte sich aber damit abfinden, denn eine Geldstrafe ohne den dahinter stehenden Zwang der Ersatzfreiheitsstrafe wäre in vielen Fällen ein Messer ohne Klinge: Die tägliche Erfahrung lehrt, daß viele Geldstrafen erst unter dem Druck der bevorstehenden Vollstreckung der Ersatzfreiheitsstrafe gezahlt werden, was in dem — trotz erheblicher Zunahme der Geldstrafen — an sich geringen Prozentsatz tatsächlich vollzogener Ersatzfreiheitsstrafen zum Ausdruck kommt[3]. Aber auch im Vollstreckungsstadium stellt das Gesetz Mittel zur Vermeidung von Härten auf Grund persönlicher und wirtschaftlicher Schwierigkeiten des Verurteilten zur Verfügung: Die Vollstreckungsbehörde kann Zahlungserleichterungen gewähren (§ 459 a), das Gericht kann unter den Voraussetzungen des § 459 d anordnen, daß die Vollstreckung der Gesamtstrafe ganz oder teilweise unterbleibt und schließlich kann das Gericht nach § 459 f auch anordnen, daß die Vollstreckung der Ersatzfreiheitsstrafe entfällt, dies aber nur, wenn die Vollstreckung für den Verurteilten eine unbillige Härte wäre.

5   **b) Begriff.** Der Begriff der unbilligen Härte ist der Gesetzessprache auch sonst geläufig (§ 73 c Abs. 1, § 74 f Abs. 3 StGB, § 319 Abs. 1, § 556 a Abs. 1 BGB, § 765 a Abs. 1 ZPO). Eine unbillige Härte i. S des § 459 f liegt nicht schon allein darin, daß der Verurteilte — wenn auch unverschuldet — keine oder nicht mehr Mittel besitzt, als zu seinem und seiner Familie gehörigen Unterhalt erforderlich sind[4]. Bestrebungen, schon darin eine unbillige Härte zu sehen, haben sich nicht durchsetzen können (§ 459 e, 2, Fußn. 5). Denn wiederum liefe dies darauf hinaus, daß die Tat ohne Sanktion bliebe, wenn zwar der Richter letztlich ohne Rücksicht auf die Frage ihrer Einbringlichkeit eine Geldstrafe verhängen muß, aber im Vollstreckungsstadium allein die Uneinbringlichkeit zur Abstandnahme von der Vollstreckung der Ersatzfreiheit führte. Zur **Vermögenslosigkeit**

---

[3] Als Anhalt dafür mag ein Auszug über die Belegungsfähigkeit sowie Bestand und Bewegung der Gefangenen aus der Reihe 4 des Statistischen Bundesamts (Strafvollzug 1983) dienen, der allerdings nicht das Verhältnis der tatsächlich vollzogenen zu den „erkannten" Ersatzfreiheitsstrafen ausweist. Danach wurden 1983 im gesamten Bundesgebiet (einschl. Berlin-West) 312 591 Freiheitsstrafen (Zu-

gänge) vollstreckt. Der Anteil der Ersatzfreiheitsstrafen an dieser Zahl betrug 33 715 oder 10,78 %. Er schwankte in den einzelnen Bundesländern zwischen 6,45 % (Hessen) und 24,31 % (Bremen).
[4] OLG Düsseldorf MDR **1983** 341; GA **1984** 514 = MDR **1985** 76; *Schönke/Schröder/ Stree*[22] § 43, 8; KK-*Chlosta* 3.

müssen vielmehr besondere Umstände hinzutreten, die eine Ersatzvollstreckung der Geldstrafe als mit den Anforderungen der Billigkeit (einer billigen Rücksichtnahme) unvereinbar, als geradezu „ungerecht" erscheinen lassen.

Es greift also auch hier der **Gedanke des § 456** durch, daß die Vollstreckung der **6** Ersatzfreiheitsstrafe eine außerhalb des Strafzwecks liegende zusätzliche Härte bedeuten muß[5]. „Die Härteklausel darf daher nur in den (verhältnismäßig seltenen) Fällen zum Zuge kommen, in denen es offensichtlich ist, daß äußerste Anstrengungen des Verurteilten (zusätzlicher Nebenverdienst, eiserne Sparsamkeit) es ihm nicht ermöglichen, ratenweise Mittel für die Geldstrafe aufzubringen, und eine günstige Prognose die Annahme rechtfertigt, daß schon die bloße Verhängung der Geldstrafe Strafwirkung erzielt hat" (*Tröndle* ZStW **86** [1974] 570). In Betracht kommen etwa Fälle, daß wegen längerer Krankheit der Ehefrau des Verurteilten die kleinen Kinder unversorgt bleiben müßten, wenn er die Ersatzfreiheitsstrafe anträte; daß die Mittellosigkeit die Folge unverschuldeter schwerer Schicksalsschläge ist; daß Verlust des Arbeitsplatzes mit anschließender langer Arbeitslosigkeit zu erwarten ist usw.

4. Anordnung des Unterbleibens

a) Zuständigkeit. Zuständig zur Anordnung des Unterbleibens der Vollstreckung, **7** die auch noch während der Verbüßung der Ersatzfreiheitsstrafe getroffen werden kann, ist das **Gericht** (§§ 462, 462 a). § 49 Abs. 2 StVollstrO weist die Vollstreckungsbehörde an, in Fällen, in denen die Vollstreckung der Ersatzfreiheitsstrafe eine unbillige Härte bedeuten kann, zu prüfen, ob bei dem Gericht eine Anordnung nach § 459 f anzuregen ist. Eine solche **Anregung kann auch der Rechtspfleger geben,** der sie zweckmäßigerweise dem sachbearbeitenden Staatsanwalt der nach § 462 Abs. 2 als Strafverfolgungsbehörde zu hörenden Staatsanwaltschaft zuleitet, damit dieser sich die Anregung zu eigen macht[6]. Ist der Staatsanwalt anderer Auffassung als der Rechtspfleger, so entscheidet der gemeinsame Vorgesetzte oder der von diesem durch die Geschäftsverteilung dafür bestimmte Staatsanwalt, ob und mit welcher Begründung die Anregung an das Gericht weitergeleitet werden soll[7]. Die Anregung kann auch schon vor der Anordnung nach § 459 e erfolgen.

b) Wirkung. Nach den zu § 29 Abs. 4 a. F. StGB, § 459 a. F. ausgebildeten Grund- **8** sätzen[8], die ihre Bedeutung behalten haben, da § 459 f insoweit keine Änderung der Rechtslage gebracht hat (Rdn. 1), besteht die Wirkung der Anordnung des Unterbleibens der Vollstreckung der Ersatzfreiheitsstrafe, auch nach ihrer Rechtskraft (§ 462 Abs. 3), lediglich in dem Aufschub der Vollstreckung der Ersatzfreiheitsstrafe[9]. Sie läßt aber, da sie nur eine Vollstreckungsmaßnahme und nicht etwa ein den Erlaß der Geldstrafe oder der Ersatzfreiheitsstrafe umfassender Gnadenakt ist, im übrigen den Fortbestand der Ersatzfreiheitsstrafe und den Fortbestand der ihr zugrundeliegenden Geldstrafe unberührt. Daraus folgt, daß das Gericht seine **Anordnung widerrufen** — und damit das der Vollstreckung der Ersatzfreiheitsstrafe entgegenstehende Hindernis beseitigen —

---

[5] BGHSt **27** 93 unter ausdrücklicher Verweisung auf *Tröndle* ZStW **86** (1974) 570; OLG Düsseldorf MDR **1983** 341; GA **1984** 514 = MDR **1985** 76; OLG München GA **1984** 187; LG Frankfurt StrVert. **1983** 292; LG Flensburg Rpfleger **1983** 326; KK-*Chlosta* 3; *Kleinknecht/Meyer*[37] 5; **a. A** KMR-*Müller* 2: es muß genügen, daß der Verurteilte ohne

jedes Verschulden nicht zahlen kann. Vgl. zu dem Gesamtproblem auch *Frank* MDR **1976** 628; NJW **1978** 143.
[6] *Pohlmann* Rpfleger **1970** 265; *Pohlmann/Jabel* § 49, 5; *Kleinknecht/Meyer*[37] 2.
[7] *Kleinknecht/Meyer*[37] 3.
[8] Vgl. dazu LR-*Schäfer*[22] § 459, 1.
[9] KK-*Chlosta* 2.

Günter Wendisch

kann, wenn infolge nachträglicher Veränderung der Verhältnisse die Vollstreckung der Ersatzfreiheitsstrafe keine unbillige Härte mehr darstellt, insbesondere wenn die Geldstrafe jetzt nur infolge Verschuldens des Verurteilten nicht beitreibbar ist[10].

9   **5. Erneuter Versuch der Beitreibung der Geldstrafe.** Die Vollstreckungsbehörde kann bis zum Ablauf der Verjährungsfrist erneut versuchen, und zwar ohne daß es eines Widerrufs der Anordnung nach § 459 f bedarf, die Geldstrafe doch noch beizutreiben, wenn nach Erlaß der Anordnung **neue Gesichtspunkte** hervortreten, die die Fortsetzung der Vollstreckung der Geldstrafe angezeigt erscheinen lassen, insbesondere wenn sich die wirtschaftlichen Verhältnisse bessern; darauf weist § 49 Abs. 2 Satz 2 StVollstrO ausdrücklich hin. Dies gilt nicht, wenn ein Gerichtsbeschluß nach § 459 d dem entgegensteht. Im allgemeinen wird die Vollstreckungsbehörde Anlaß zu erneuten Vollstreckungsmaßnahmen nur haben, wenn ihr deutliche Anzeichen einer Besserung der wirtschaftlichen Verhältnisse des Verurteilten bekannt werden. Dann allerdings gebietet ihr die Vollstreckungspflicht, bis zum Ablauf der Verjährungsfrist (dazu §§ 79, 79 a StGB) die erforderlichen Vollstreckungsmaßnahmen einzuleiten, auch wenn bis dahin ein längerer Zeitraum seit den letzten Vollstreckungsversuchen verstrichen ist[11].

10   **6.** Auch wenn das Gericht eine Anordnung nach § 459 f ablehnt, kann im Weg der **Gnade** die Ersatzfreiheitsstrafe unter Bestehenlassen der Geldstrafe erlassen oder zur Bewährung ausgesetzt werden.

§ 459 g

(1) [1]Ist der Verfall, die Einziehung oder die Unbrauchbarmachung einer Sache angeordnet worden, so wird die Anordnung dadurch vollstreckt, daß die Sache dem Verurteilten oder dem Verfalls- oder Einziehungsbeteiligten weggenommen wird. [2]Für die Vollstreckung gelten die Vorschriften der Justizbeitreibungsordnung.

(2) Für die Vollstreckung von Nebenfolgen, die zu einer Geldzahlung verpflichten, gelten die §§ 459, 459 a Abs. 1, 2 und § 459 d entsprechend.

Entstehungsgeschichte. Eingefügt durch Art. 21 Nr. 130 EGStGB 1974. Durch Art. 3 Nr. 3 Buchst. a des Gesetzes zur Änderung zwangsvollstreckungsrechtlicher Vorschriften vom 1. 2. 1979 (BGBl. I 127) sind die früheren Sätze 2 und 3 des Absatzes 1 durch einen neuen Satz 2 ersetzt worden.

---

[10] BGH vom 23. 2. 1966 – 2 StR 39/66 –; OLG Schleswig SchlHA **1976** 13; OLG Dresden JW **1932** 1764; LK-*Tröndle*[9] § 29, 26; KK-*Chlosta* 2; KMR-*Müller* 5; *Kleinknecht/ Meyer*[37] 7.

[11] A. A unter Auseinandersetzung mit den Gegenmeinungen LK-*Tröndle*[9] § 29, 26, wonach die Vollstreckungsbehörde Entschließungsfreiheit haben soll, ob unter Berücksichtigung der Besonderheiten des Einzelfalls eine Beitreibung nach längerer Zeit noch angebracht ist. Nach KMR-*Müller* 5 soll für eine erneute Beitreibung stets der Widerruf der Unterbleibensanordnung notwendig sein.

Übersicht

I. Vollstreckung bei Verfall, Einziehung und Unbrauchbarmachung (Absatz 1)

1. Früheres Recht. Der dem §90 Abs. 3 Satz 1 OWiG entsprechende §459 g **1** Abs. 1 Satz 1 ist an die Stelle des §463 a. F. getreten, soweit dort unter den „Vermögensstrafen", wegen deren Vollstreckung auf die Vorschriften der Zivilprozeßordnung verwiesen wurde, auch die Anordnung von Verfall, Einziehung und Unbrauchbarmachung einer Sache verstanden wurden.

2. Ergänzende Vorschriften. Ergänzt wird Absatz 1 durch die §§60 bis 62 **2** StVollstrO:

§ 60 StVollstrO

Rechtserwerb bei Verfall und Einziehung

¹Mit der Rechtskraft der Entscheidung geht das Eigentum an den verfallenen oder eingezogenen Sachen auf das Land (Justizfiskus) über, dessen Gericht im ersten Rechtszug entschieden hat. ²Dies gilt auch dann, wenn im ersten Rechtszug in Ausübung der Gerichtsbarkeit des Bundes entschieden worden ist. ³Hat das Gericht den Verfall oder die Einziehung zugunsten des Bundes angeordnet, so wird die Bundesrepublik Deutschland (Justizfiskus) Eigentümer. ⁴Rechte Dritter bleiben bestehen (§73 d Abs. 1 Satz 2, §74 e Abs. 2 Satz 1 StGB), sofern nicht das Gericht das Erlöschen angeordnet hat (§74 e Abs. 2 Satz 2 und 3 StGB). Sind Rechte verfallen oder eingezogen, so gelten die Sätze 1 bis 3 entsprechend.

§ 61 StVollstrO

Wegnahme von Gegenständen

(1) ¹Sachen, auf deren Verfall, Einziehung und Unbrauchbarmachung erkannt ist und die sich noch nicht in amtlichem Gewahrsam befinden, nimmt die Vollstreckungsbehörde alsbald nach Rechtskraft der Entscheidung in Besitz. ²Haben der Verurteilte, der Verfalls- oder Einziehungsbeteiligte (§431 Abs. 1 Satz 1 und §442 StPO), die nach der Entscheidung zur Herausgabe verpflichtet sind, die Sachen nicht herausgegeben, so beauftragt die Vollstreckungsbehörde den Vollstreckungsbeamten mit der Wegnahme (vgl. §459 g Abs. 1 StPO).

(2) ¹Der Auftrag wird schriftlich erteilt; er muß die Person des Verurteilten, des Verfalls- oder Einziehungsbeteiligten sowie die wegzunehmende Sache möglichst genau bezeichnen. ²Der Auftrag soll ferner angeben, ob die Sache verwahrt oder wem sie übergeben werden soll. ³Die Vollstreckungsbehörde kann den Vollziehungsbeamten ersuchen, ihr rechtzeitig den in Aussicht genommenen Zeitpunkt der Wegnahme nach Tag und Stunde mitzuteilen.

Günter Wendisch

(3) [1]Ist die Sache im Gewahrsam des Verfalls- oder Einziehungsbeteiligten und verweigert dieser die Herausgabe mit der Begründung, daß er an der Sache ein Recht zum Besitz habe, so kann gegen ihn auf Grund der Entscheidung nur vollstreckt werden, wenn in ihr das Erlöschen des Rechts angeordnet worden ist (§ 74 e Abs. 2 StGB). [2]Ob der Anspruch auf Herausgabe gegen den Verfalls- oder Einziehungsbeteiligten im Wege der Klage geltend gemacht werden soll, entscheidet die oberste Justizbehörde.

(4) [1]Ist die Sache nicht im Gewahrsam des Verurteilten, des Verfalls- oder Einziehungsbeteiligten, so wird der Gewahrsamsinhaber zur Herausgabe aufgefordert. [2]Verweigert er sie, so kann gegen ihn nicht schon auf Grund der Entscheidung vollstreckt werden. [3]Absatz 3 Satz 2 gilt entsprechend.

(5) [1]Sind Rechte verfallen oder eingezogen, so bedarf es einer Pfändung und Überweisung nicht (§ 73 d Abs. 1, § 74 e Abs. 1 StGB). [2]Absatz 4 gilt entsprechend.

§ 62 StVollstrO

Eidesstattliche Versicherung; Wertersatz

(1) [1]Wird die Sache beim Verurteilten oder beim Verfalls- oder Einziehungsbeteiligten nicht vorgefunden, so sollen diese Personen zur Abgabe einer eidesstattlichen Versicherung über den Verbleib angehalten werden (vgl. § 459 g Abs. 1 StPO). [2]Davon ist in der Regel abzusehen, sofern die eidesstattliche Versicherung wesentlichen Feststellungen der Entscheidung widersprechen würde.

(2) Ist die Anordnung des Verfalls oder der Einziehung eines Gegenstandes deshalb nicht ausführbar oder unzureichend, weil der Gegenstand nicht mehr vorhanden, verwertet oder mit dem Recht eines Dritten belastet ist oder weil nach der Anordnung sonst eine der in den §§ 73 a oder 74 c StGB bezeichneten Voraussetzungen eingetreten oder bekannt geworden ist, so veranlaßt die Vollstreckungsbehörde die Prüfung, ob der Verfall oder die Einziehung des Wertersatzes nachträglich angeordnet werden soll (§ 76 StGB).

3. Verfall und Einziehung

3 a) **Bewegliche oder unbewegliche Sache.** § 459 g Abs. 1 befaßt sich nur mit der Vollstreckung, wenn Verfall oder Einziehung einer (beweglichen oder unbeweglichen) Sache angeordnet ist[1]. Da hier mit der Rechtskraft der Entscheidung das Eigentum kraft Gesetzes auf den Justizfiskus übergeht (§ 73 d Abs. 1 Satz 1, § 74 e Abs. 1 StGB, § 60 Abs. 1 StVollstrO)[2], bedarf es besonderer Vollstreckungsmaßnahmen nur, wenn der Gegenstand sich bei Eintritt der Rechtskraft nicht bereits (z. B. infolge Beschlagnahme oder freiwilliger Herausgabe) in amtlichem Gewahrsam befindet.

4 Ist der Gegenstand im Besitz des Verurteilten oder des in der Entscheidung bezeichneten Verfalls- oder Einziehungsbeteiligten, der die Sache herauszugeben hat, und gibt dieser nicht auf Aufforderung freiwillig heraus, so erfolgt die Vollstreckung durch **Wegnahme** (i. S des § 883 Abs. 1 ZPO), bei Grundstücken sinngemäß durch Besitzentzug (vgl. § 885 ZPO). Die Wegnahme geschieht durch den von der Vollstreckungsbehörde mit schriftlichem Auftrag versehenen Vollzugsbeamten (§ 6 Abs. 1 Nr. 1, Abs. 3 Satz 2 in Verb. mit § 61 Abs. 1, 2 StVollstrO)[3]. Die Wegnahme unterbleibt, wenn der im Gewahrsam befindliche Verfalls- oder Einziehungsbeteiligte die Herausgabe unter Berufung auf ein Recht zum Besitz verweigert, dessen Erlöschen nicht in der Entscheidung angeordnet ist; es bleibt dann der Weg der Klage auf Herausgabe, über dessen Beschreitung die oberste Justizbehörde entscheidet (§ 61 Abs. 3 StVollstrO).

---

[1] Wegen des Verfalls oder der Einziehung von Rechten s. Rdn. 9.

[2] KK-*Chlosta* 2; KMR-*Müller* 1; *Kleinknecht/Meyer*[37] 1.

[3] *Pohlmann/Jabel* § 61, 6; KK-*Chlosta* 3. Wegen der Möglichkeit der Besitzentziehung durch polizeiliche Maßnahmen vgl. Rdn. 10 a. E.

b) Durchsuchungs- und Zwangsbefugnisse. Ist der Verfall, die Einziehung oder **5** die Unbrauchbarmachung einer beweglichen Sache angeordnet worden, die sich noch nicht in amtlichem Gewahrsam befindet, so wird die Anordnung nach Absatz 1 Satz 1 dadurch vollstreckt, daß die Sache dem von der Anordnung Betroffenen durch den von der Vollstreckungsbehörde beauftragten Vollziehungsbeamten weggenommen wird. Für den Fall, daß die Sache „bei diesen Personen nicht vorgefunden wird", bestimmte Absatz 1 Satz 2 a. F., daß sie auf Antrag der Vollstreckungsbehörde beim Amtsgericht eine eidesstattliche Versicherung über den Verbleib der Sache abzugeben hätten, und Satz 3 erklärte wegen des weiteren Verfahrens eine Reihe von Vorschriften der Zivilprozeßordnung für entsprechend anwendbar, die gelten, wenn die vom Vollstreckungsschuldner herauszugebende Sache bei diesem nicht vorgefunden wird. Diese Regelung war unklar; sie ließ offen, wann die Voraussetzung gegeben war, daß die wegzunehmende Sache „nicht vorgefunden wird". Denn da in § 459 g Abs. 1 Satz 3 a. F. der § 758 ZPO nicht für entsprechend anwendbar erklärt war, konnte fraglich sein, ob der Vollziehungsbeamte befugt war, die Wohnung und die Behältnisse des Verurteilten, Verfalls- oder Einziehungsbetroffenen nach der herauszugebenden Sache zu durchsuchen und erforderlichenfalls Gewalt anzuwenden, um den Widerstand gegen die Wegnahme zu brechen. Zur Beseitigung dieser „Unklarheit" war bereits im Jahre 1975 von der Bundesregierung in dem Entwurf eines Gesetzes zur Änderung zwangsvollstreckungsrechtlicher Vorschriften eine Änderung des § 459 g Abs. 1 des Inhalts vorgesehen, wie sie 1979 Gesetz geworden ist. Die Verweisung auf die Vorschriften der Justizbeitreibungsordnung hat die **Anwendbarkeit des § 6 Abs. 1 Nr. 1 JBeitrO** zur Folge, der neben anderen zwangsvollstreckungsrechtlichen Vorschriften auch § 758 ZPO für sinngemäß geltend erklärt[4].

c) Eidesstattliche Versicherung. Wird die herauszugebende Sache nicht vorgefun- **6** den, so können der Verurteilte sowie der Verfalls- oder Einziehungsbeteiligte durch Antrag der Vollstreckungsbehörde beim Amtsgericht zur Abgabe einer eidesstattlichen Versicherung **über den Verbleib** der Sache angehalten werden (§ 883 Abs. 2 ZPO); die Vollstreckungsbehörde soll aber in der Regel einen solchen Antrag nicht stellen, wenn zu erwarten ist, daß die eidesstattliche Versicherung wesentlichen Feststellungen der Entscheidung widersprechen würde (§ 62 Abs. 1 StVollstrO)[5]. Der Antrag ersetzt den vollstreckbaren Schuldtitel (§ 6 Abs. 1 Nr. 1, § 7 JBeitrO).

d) Besitzender Dritter. Befindet sich der Gegenstand in den Händen eines Drit- **7** ten, so besteht keine Möglichkeit, aus der den Verfall oder die Einziehung anordnenden Entscheidung unmittelbar gegen ihn mit Vollstreckungsmaßnahmen vorzugehen, denn eine Grundlage für Vollstreckungsmaßnahmen bildet die Entscheidung nur gegenüber demjenigen, der in ihr als Verurteilter oder herausgabepflichtiger Verfalls- oder Einziehungsbeteiligter bekannt ist. Wohl aber kann der Justizfiskus auf Grund des mit der Rechtskraft der Entscheidung erworbenen Eigentums gegen den Dritten mit einer **Klage auf Herausgabe** (§ 985 BGB) vorgehen; das soll aber wegen der in solchen Fällen oft bestehenden rechtlichen oder tatsächlichen Schwierigkeiten nur auf Weisung oder mit Zustimmung der obersten Justizbehörde geschehen (§ 61 Abs. 4 StVollstrO)[6].

---

[4] *G. Müller* NJW **1979** 909 l. Sp.; *Arnold* MDR **1979** 366, IV 2; ebenso KK-*Chlosta* 1; *Kleinknecht/Meyer*[37] 4. Wegen des Erfordernisses eines gerichtlichen Durchsuchungsbeschlusses vgl. BVerfGE **51** 97 = NJW **1979** 1539 mit Anm. *Wochner* NJW **1979** 2509; AG Braunschweig NJW **1980** 1968; *Kaiser* NJW

1980 875; KMR-*Müller* 2; *Kleinknecht/Meyer*[37] 3 und § 459, 5.

[5] KK-*Chlosta* 6; KMR-*Müller* 2; *Kleinknecht/Meyer*[37] 5.

[6] *Pohlmann* Rpfleger **1968** 270 f; KK-*Chlosta* 5.

8 **e) Unausführbarkeit.** Kann der Verfall oder die Einziehung des Gegenstands deshalb nicht angeordnet werden, weil dieser nicht mehr vorhanden, verwertet, mit dem Recht eines Dritten belastet ist oder weil nach der Anordnung sonst eine der in §§ 73 a oder 74 c StGB bezeichneten Voraussetzungen eingetreten ist, so übersendet die Vollstreckungsbehörde die Akten der als Strafverfolgungsbehörde zuständigen Staatsanwaltschaft, damit diese prüfen kann, ob sie bei dem nach §§ 462, 462 a zuständigen Gericht die Anordnung des Verfalls oder der Einziehung des **Wertersatzes** beantragen soll (§ 76 StGB, § 62 Abs. 2 StVollstrO).

9 **f) Kraftfahrzeugbrief.** Zur Frage der vollstreckungsrechtlichen Behandlung des Kraftfahrzeugbriefs, wenn auf Verfall oder Einziehung eines Kraftfahrzeugs erkannt ist, vgl. BGHZ **34** 122 134 = NJW **1961** 499; NJW **1964** 1413[7].

10 **g) Rechte.** Für **verfallen erklärte oder eingezogene** Rechte gehen kraft Gesetzes (§ 73 d Abs. 1, § 74 e Abs. 1 StGB) mit der Rechtskraft der Entscheidung auf den Justizfiskus über; hier bedarf es grundsätzlich keiner Vollstreckungsmaßnahmen[8]. Bestehen aber **Streitigkeiten** mit Dritten über die Inhaberschaft des Rechts, z. B. wenn ein Dritter geltend macht, das für verfallen erklärte Recht habe zur Zeit der Rechtskraft der Entscheidung nicht mehr dem Verfallsbeteiligten, sondern ihm zugestanden (§ 73 d Abs. 1 Satz 1 StGB: „. . . wenn es . . . zu dieser Zeit zusteht"), oder Streitigkeiten über Rechte am Recht, deren Erlöschen nicht angeordnet ist, oder über die Befugnis zur Ausübung des Rechts, so bedürfen sie einer Klärung im Weg der **Klage,** über deren Erhebung die oberste Justizbehörde entscheidet (§ 61 Abs. 5 StVollstrO). Ist das verfallene oder eingezogene Recht eine Geldforderung gegen einen Dritten, so kann der Justizfiskus als Gläubiger gegen den Schuldner, der nicht zahlt, nur nach den allgemein geltenden Vorschriften vorgehen. Ist mit dem Rechtserwerb der Eigentumsübergang an einer Schuldurkunde i. S von § 952 BGB verbunden, darf diese in entsprechender Anwendung von § 836 Abs. 3 ZPO den im Titel genannten Personen weggenommen werden[9]. Einer Pfändung oder Überweisung des Rechts bedarf es in keinem Fall (§ 61 Abs. 5 StVollstrO).

11 **4. Unbrauchbarmachung.** Die Anordnung der Unbrauchbarmachung (§ 74 d Abs. 1 Satz 2 StGB) und der ihr gleichstehenden (vereinzelt noch in Nebengesetzen vorgesehenen) **Vernichtung** verschafft — anders als Verfallserklärung und Einziehung — dem Fiskus kein Eigentum, sondern läßt die Eigentumsverhältnisse unberührt. Ein Gegenstand, dessen Unbrauchbarmachung angeordnet ist, wird daher nach Möglichkeit dem Berechtigten zurückgegeben, wenn er nach Maßgabe der Entscheidung seiner gefährdenden Form entkleidet oder unschädlich gemacht worden ist (§ 63 Abs. 3 StVollstrO). Befindet sich der Gegenstand, dessen Unbrauchbarmachung oder Vernichtung angeordnet ist, in den **Händen des Verurteilten** oder eines Nebenbeteiligten (§§ 431, 440 Abs. 3, § 442), so bedeutet diese Anordnung, daß der Verurteilte (Nebenbeteiligte) verpflichtet ist, sie zu dulden; er muß demgemäß auch die Wegnahme des Gegenstands zur Durchführung der Anordnung dulden, und diese Wegnahme wird in gleicher Weise wie bei verfallenen oder eingezogenen Gegenständen vollzogen.

12 Befindet sich der Gegenstand in den **Händen eines Dritten,** so kann aus der die Unbrauchbarmachung (Vernichtung) anordnenden Entscheidung gegen ihn nicht vollstreckt werden. Materiellrechtlich begründet zwar die **Anordnung** der Unbrauchbarma-

---

[7] Vgl. auch OLG Hamburg MDR **1957** 164; KK-*Chlosta* 7; *Kleinknecht/Meyer*[37] 1 und — umfassend – *Pohlmann/Jabel* § 61, 5.

[8] KK-*Chlosta* 7.

[9] *Pohlmann/Jabel* § 61, 7; KK-*Chlosta* 7.

chung (Vernichtung) auch für ihn die Pflicht, dem Staat den Besitz an dem Gegenstand zur Durchführung der Anordnung zu überlassen[10]; ist er aber nicht freiwillig zur Herausgabe und Duldung bereit, so besteht mangels eines Vollstreckungsmittels nur die Möglichkeit, daß der Staat im Weg des Zivilprozesses gegen ihn sein Recht auf Erlangung des Besitzes zwecks Durchführung der angeordneten Maßnahme verfolgt, oder daß mit polizeilichen Maßnahmen gegen ihn vorgegangen wird, um durch Entziehung des Gegenstands die Allgemeinheit vor Gefahren zu schützen, die von dem Gegenstand oder seiner mißbräuchlichen Verwendung drohen (§74f Abs. 2 Nr. 3 StGB)[11].

Wegen der **Ausführung** der Unbrauchbarmachung und Vernichtung, sobald der **13** Staat den Besitz des Gegenstands erlangt hat, vgl. §63 Abs. 3 bis 6 StVollstrO.

5. Tod des Verurteilten nach Rechtskraft des Urteils. Anders als bei Geldstrafen **14** (§459c Abs. 3) wird die Wirkung der auf Verfall, Einziehung oder Unbrauchbarmachung (Vernichtung) lautenden rechtskräftigen Entscheidung durch den nach Rechtskraft eingetretenen Tod des Verurteilten, des Verfalls-, Einziehungs- oder sonstigen **Nebenbeteiligten** nicht berührt[12]. Eine Änderung der Rechtslage tritt nur insofern ein, als es keine dem §727 ZPO vergleichbare Umschreibung des Strafurteils als Vollstreckungstitel gegen den Rechtsnachfolger des Verurteilten usw. gibt. Befindet sich also die für **verfallen erklärte oder eingezogene Sache** im Gewahrsam des Erben, so ist er zwar dem Fiskus als dem Eigentümer herausgabepflichtig, leistet er aber einer Aufforderung zur Herausgabe keine Folge, so gilt auch hier §61 Abs. 4 StVollstrO, d.h. es bedarf einer Klage auf Herausgabe, über deren Erhebung die oberste Justizbehörde entscheidet (Rdn. 7).

Eine **unbrauchbar zu machende** oder zu vernichtende Sache gehört zum **15** Nachlaß; die Verpflichtung, ihren Besitz dem Staat zur Durchführung von Unbrauchbarmachung (Vernichtung) zu überlassen, trifft auch den **Erben** des in der Entscheidung genannten Verurteilten (Nebenbeteiligten), aber auch er ist, da der Titel nicht auf ihn lautet, dritter Gewahrsamsinhaber i.S des §61 Abs. 4 StVollstrO; unberührt bleibt die Möglichkeit unmittelbaren polizeilichen Vorgehens gegen ihn zum Schutz der Allgemeinheit (Rdn. 11).

II. Vollstreckung von Nebenfolgen, die zu einer Geldzahlung verpflichten (Absatz 2)

Solche Nebenfolgen sind Verfall des Wertersatzes (§73a StGB), Einziehung des **16** Wertersatzes (§§74c, 75 StGB), auch bei nachträglicher oder selbständiger Anordnung (§§76, 76a) sowie Abführung des Mehrerlöses (§8 WiStG)[13]. **Nicht hierher gehören** die Geldbuße gegen eine juristische Person oder Personenvereinigung als Nebenfolge der Straftat ihres Organs oder Vertretungsberechtigten (§30 OWiG, §444 StPO und dazu §91 OWiG, §1 Abs. 1 Nr. 2 JBeitrO). Das gleiche gilt für die Geldauflage bei Strafaussetzung zur Bewährung oder bedingter Entlassung (§56b Abs. 2 Nr. 2, §57 Abs. 3 StGB) oder bei vorläufiger Einstellung des Verfahrens nach §153a StPO, denn sie ist nicht beitreibbar, und schuldhafte Nichterfüllung führt gegebenenfalls zum Widerruf der Aussetzung oder Entlassung oder zum Fortgang des Verfahrens. Auch die Geldauflage als Zuchtmittel nach §15 Abs. 2 JGG oder bei Aussetzung einer Jugendstrafe oder

---

[10] *Pohlmann/Jabel* §61, 19.
[11] Vgl. dazu auch LK-*Schäfer*[9] §41c, 7 und KK-*Chlosta* 5.

[12] KK-*Chlosta* 10; KMR-*Müller* 4; *Kleinknecht/Meyer*[37] 6.
[13] KK-*Chlosta* 12.

Günter Wendisch

Entlassung zur Bewährung (§§ 23, 88 Abs. 5, § 89 Abs. 3 JGG) ist nicht vollstreckbar; schuldhafte Nichterfüllung führt, wenn es sich um ein Zuchtmittel handelt, zur Verhängung von Jugendarrest (§ 15 Abs. 3) oder zum Widerruf der Aussetzung und Entlassung, wenn sie als Bewährungsauflage angeordnet ist (§ 26 Abs. 1 Nr. 3, § 88 Abs. 5, § 89 Abs. 3 JGG).

17   Die zur Geldzahlung verpflichtenden Nebenfolgen sind **keine Strafen** und demgemäß entfällt auch bei Uneinbringlichkeit eine Ersatzfreiheitsentziehung[14]. Im übrigen werden sie aber materiellrechtlich (§§ 73 c Abs. 2 StGB) und vollstreckungsrechtlich (§ 459 g Abs. 2, § 459 in Verb. mit § 1 Abs. 1 Nr. 1 JBeitrO, § 1 Abs. 1 Nr. 1 EBAO, § 57 StVollstrO) wie Geldstrafen behandelt. Nicht für sinngemäß anwendbar erklärt ist § 459 c Abs. 3; insoweit gelten für den Wertersatz die gleichen Grundsätze wie für Verfall und Einziehung einer Sache (Rdn. 14 f).

III. Verwertung

18   Verfallene oder eingezogene Gegenstände werden regelmäßig durch öffentliche Versteigerung verwertet (§ 63 Abs. 1 Satz 1 StVollstrO)[15].

IV. Zuständigkeiten

19   Wegen der Einzelheiten des Vollstreckungsverfahrens und der Zuständigkeit für die zu treffenden Entscheidungen vgl. die Erläuterungen zu §§ 459, 459 a, § 459 c Abs. 1, 2 und § 459 d. Die Zuständigkeit für Entscheidungen über Einwendungen gegen Maßnahmen der Vollstreckungsbehörden nach § 459 g regelt § 459 h.

§ 459 h

Über Einwendungen gegen die Entscheidungen der Vollstreckungsbehörde nach den §§ 459 a, 459 c, 459 e und 459 g entscheidet das Gericht.

Schrifttum. *Kölsch* Die veränderte Stellung des Richters und Rechtspflegers in der Strafvollstreckung, NJW **1976** 408.

Entstehungsgeschichte. Eingefügt durch Art. 21 Nr. 130 EGStGB 1974.

Übersicht

---

[14] KK-*Chlosta* 11.
[15] Wegen weiterer Einzelheiten vgl. §§ 63 ff

StVollstrO sowie die Erläuterungen bei *Pohlmann/Jabel* und *Wetterich/Hamann* 479.

I. Einwendungen im Vollstreckungsverfahren

1. Gegen Vollstreckung schlechthin. Die Einwendungen, die der Verurteilte, der **1**
Verfalls-, Einziehungs- oder sonstige Nebenbeteiligte oder der in anderer Weise von
einer Vollstreckungsmaßnahme Betroffene gegen Vollstreckungsmaßnahmen erhebt,
können verschiedener Art sein. Sie können sich einmal richten gegen die Vollstreckung
schlechthin, insbes. gegen den **Bestand des Vollstreckungsanspruchs,** so z. B., wenn der
Verurteilte geltend macht, die Geldstrafe, derentwegen die Vollstreckung betrieben
wird, sei durch Amnestie oder Einzelgnadenerweis erlassen, sie sei bereits gezahlt oder
beigetrieben, es sei Vollstreckungsverjährung eingetreten; wenn der in Anspruch Genommene
vorbringt, er sei nicht identisch mit dem, gegen den sich das Urteil richtet;
wenn er vorträgt, die Entscheidung sei nichtig, weil sie gegen eine nicht der deutschen
Gerichtsbarkeit unterliegende Person ergangen sei (Einl. Kap. 16).

2. Gegen Art und Weise der Vollstreckung. Einwendungen können sich weiterhin **2**
richten gegen die Art und Weise der Vollstreckung, so wenn der Verurteilte geltend
macht, es seien bei der Pfändung in das bewegliche Vermögen die Pfändungsbeschränkungen
(§ 6 Abs. 1 Nr. 1 BeitrO, § 811 ZPO) oder bei der Pfändung von Arbeitseinkommen
die Schutzvorschriften und **Pfändungsgrenzen** (§ 6 Abs. 1 Nr. 1 JBeitrO, §§ 850 ff
ZPO) unberücksichtigt geblieben oder wenn ein Dritter behauptet, ein bei der Vollstreckung
in das Vermögen des Verurteilten gepfändeter Gegenstand sei sein Eigentum (vgl.
§ 771 ZPO). § 459 h befaßt sich nur **mit einem Ausschnitt möglicher Einwendungen,** nämlich
mit Einwendungen gegen Entscheidungen der Vollstreckungsbehörde nach den in
§ 459 h im einzelnen genannten Vorschriften. Wegen der übrigen Fälle von Einwendungen vgl. unten Rdn. 12.

II. Einwendungen gegen Entscheidungen der Vollstreckungsbehörde

1. Bedeutung der Vorschrift. Die Bedeutung des § 459 h besteht darin, daß er für **3**
die Geldstrafenvollstreckung „die richterliche Zuständigkeit bei Einwendungen gegen
Entscheidungen der Vollstreckungsbehörde zusammenfassend" regelt[1]. Für diesen Bereich
ist er **lex specialis zu § 458**[2]. Soweit § 459 h anwendbar ist, entfällt also die Möglichkeit,
das Gericht über die Rechtmäßigkeit der von der Vollstreckungsbehörde getroffenen
Anordnungen nach Maßgabe der §§ 23 ff EGGVG anzurufen (§ 23 Abs. 3

---

[1] Begr. zu Art. 19 Nr. 120 Entw. EGStGB 1974 – BTDrucks. 7 550, S. 311: zu § 459 h. [2] KK-*Chlosta* 1.

Günter Wendisch

EGGVG)[3]. Die in § 459 h nicht erwähnten, weil von vornherein dem Gericht obliegenden Entscheidungen nach § 459 d, 459 f kann der Verurteilte durch unmittelbar bei dem Gericht gestellte Anträge (Anregungen), aber auch dadurch herbeiführen, daß er Anträge bei der Vollstreckungsbehörde stellt, die sie[4] an das Gericht weiterleitet.

4   **2. Begriff der Einwendung.** Der Begriff der Einwendungen ist hier der gleiche wie in § 458 (dort Rdn. 5). Sie können nur von dem durch die Vollstreckung Betroffenen und anderen ihm gleichstehenden Personen (§ 458, 22 ff) erhoben werden, nicht von der Vollstreckungsbehörde selbst zur Klärung eigener Zweifel und Bedenken. Die Vollstreckungsbehörde kann aber den Betroffenen auf die Möglichkeit von Einwendungen hinweisen (§ 458, 6 f).

5   **3. Entscheidungen der Vollstreckungsbehörde.** Die gerichtliche Entscheidung kann — wie nach § 458 Abs. 2 Satz 1 — beantragt werden gegen **Entscheidungen** der Vollstreckungsbehörde nach den in § 459 h genannten Vorschriften. Im engeren Sinn sind „Entscheidungen" Anordnungen, die im Rahmen einer gewissen durch die genannten Vorschriften eröffneten Beurteilungs- und Entschließungsfreiheit getroffen werden, die also nicht nur im Vollzug solcher Vorschriften bestehen, die keinerlei Spielraum lassen. Nach dem Zweck und Sinn des § 459 h sind aber Anordnungen dieser Art ebenfalls „Entscheidungen", wenn sie objektiv oder nach Auffassung des Verurteilten dem Gesetz nicht entsprechen[5].

4. Einzelfälle

6   **a) Zahlungserleichterungen (§ 459 a).** Entschließungen über Zahlungserleichterungen sind, wie sich schon aus dem Wortlaut des § 459 a ergibt, durchweg „Entscheidungen der Vollstreckungsbehörde", auch soweit sie sich auf die Kosten des Verfahrens oder allein auf diese beziehen (§ 459 a Abs. 4). Die Beschwer, die die Geltendmachung der Einwendungen voraussetzt, kann in der Ablehnung von Zahlungserleichterungen oder darin bestehen, daß gewährte Erleichterungen hinter den Anträgen oder den Vorstellungen des Zahlungspflichtigen zurückbleiben. Der Aktenvermerk über den Eintritt der Voraussetzungen einer Verfallklausel (§ 459 a Abs. 3 Satz 1) ist keine „Entscheidung" (§ 459 a, 7), wohl aber das Unterbleiben einer erneuten Zahlungserleichterung (§ 459 a Abs. 3 Satz 2: „kann").

7   **b) Verrechnung von Teilbeträgen (§ 459 b).** § 459 b ist in § 459 h nicht angeführt, offenbar davon ausgehend, daß hier, wo das Gesetz selbst die Anrechnungsreihenfolge festlegt, kein Raum für „Entscheidungen" der Vollstreckungsbehörde sei. Wenn aber eine vom Verurteilten selbst getroffene Anrechnungsbestimmung nach dessen Auffassung nicht richtig ausgeführt ist oder einer Willensäußerung des Verurteilten die rechtliche Bedeutung abgesprochen wird, weil sie nicht „bei" der Zahlung erfolgt sei oder nicht die Merkmale einer „Bestimmung" trage und zur Klärung solcher Meinungsverschiedenheiten nicht schon der Weg des § 458 Abs. 1 zur Verfügung steht, wird bei rechtlichem Interesse des Verurteilten an einer alsbaldigen Bereinigung der Anrechnungsfrage eine **sinngemäße Anwendung** des § 459 h in Betracht kommen[6].

---

[3] KK-*Chlosta* 1; KMR-*Müller* 3.
[4] Gegebenenfalls schon mit ihrer Stellungnahme; vgl. KK-*Chlosta* § 459 d, 7.
[5] Im Ergebnis ebenso KK-*Chlosta* 2.

[6] So wohl auch *Kleinknecht/Meyer*[37] 1; **a. A** KMR-*Müller* § 459 b, 3: Antrag nach § 23 EGGVG.

c) Beitreibung der Geldstrafe (§ 459 c). Im Fall des § 459 c können Einwendungen **8** gegen die Beitreibung vor Ablauf der Schonfrist (Absatz 1) erhoben werden. Wird eine Geldstrafe entgegen § 459 c Abs. 3 in den Nachlaß vollstreckt, so ist eine darauf gestützte Einwendung des Erben sowohl eine Einwendung gegen eine „Entscheidung" der Vollstreckungsbehörde (Rdn. 5) wie auch eine Einwendung gegen die Zulässigkeit der Strafvollstreckung i. S des § 458 Abs. 1 (§ 459 c, 13). Da § 459 h aber sich allgemein auf alle Fälle des § 459 c bezieht, stellt er sich insoweit als lex specialis gegenüber § 458 Abs. 1 dar (Rdn. 3). Nach § 459 h wird auch entschieden, ob eine zu Lebzeiten des Verurteilten begonnene Vollstreckung im Zeitpunkt des Todes bereits beendet war oder zu Unrecht fortgesetzt worden ist.

d) Vollstreckung der Ersatzfreiheitsstrafe (§ 459 e). Im Fall des § 459 e können **9** Einwendungen gegen die Anordnung der Ersatzfreiheitsstrafe (Absatz 1) oder der Frage der Entrichtung der Geldstrafe (Absatz 4) erhoben werden.

e) Vollstreckung von Nebenfolgen (§ 459 g). Einwendungen im Fall des § 459 g **10** kommen z. B. in Betracht, wenn die Wegnahme angeordnet wird gegen eine Person, die zwar Gewahrsam an der Sache besitzt, aber nicht im Urteil als Herausgabepflichtiger (Verurteilter, Verfalls- oder Einziehungsbeteiligter) bezeichnet ist, oder wenn der im Gewahrsam befindliche Verfalls- oder Einziehungsbeteiligte die Herausgabe unter Berufung auf ein bestehengebliebenes Recht an der Sache verweigert.

5. Einwendungen gegen Anordnungen des Rechtspflegers. Soweit der **Rechtspfle- 11 ger** zur Wahrnehmung der Aufgaben der Vollstreckungsbehörde zuständig ist — im wesentlichen nur bei Vollstreckung wegen verhängter Geldstrafen —, können gegen seine Entscheidungen „Einwendungen" erhoben werden, über die gemäß § 31 Abs. 6 RPflG zunächst der Staatsanwalt entscheidet. Erst wenn gegen dessen Anordnung erneut Einwendungen erhoben werden, entscheidet das Gericht, gegen dessen Entscheidung gemäß § 462 Abs. 3 sofortige Beschwerde gegeben ist (s. § 451, 30)[7].

III. Einwendungen gegen die Vollstreckung in anderen Fällen

1. Gegen Verwirklichung des staatlichen Vollstreckungsanspruchs
a) Einwendungen gegen die Zulässigkeit der Vollstreckung überhaupt. Bei Einwen- **12** dungen, die gegen die Zulässigkeit der Vollstreckung überhaupt erhoben werden, ist, soweit nicht § 459 h eingreift, § 458 anwendbar, z. B. wenn der Verurteilte einwendet, die Geldstrafe sei durch Amnestie erlassen.

b) Einwendungen gegen die Art und Weise. Einwendungen, die die **vermögens- 13 rechtliche (fiskalische) Seite** des zu vollstreckenden Anspruchs betreffen, dagegen sind gegen die **Art und Weise** der Ausführung der Vollstreckung gerichtet und daher gemäß § 459 nach den Vorschriften der **Justizbeitreibungsordnung** zu behandeln, die ihrerseits in § 6 Abs. 1 Nr. 1 auf die sinngemäß anwendbaren Vorschriften der Zivilprozeßordnung verweist. Die Vorschriften der Justizbeitreibungsordnung gelten indessen nach § 459 nur, soweit die Strafprozeßordnung („dieses Gesetz") nach Wortlaut oder Sinn (unter dem Gesichtspunkt der Durchsetzung des staatlichen Strafanspruchs) nichts anderes bestimmt. So kann der Verurteilte nicht Vollstreckungsschutz nach § 6 Abs. 1 Nr. 1 JBeitrO i. Verb. mit § 765 a ZPO[8] oder, wenn die Beitreibung im Weg der Immobiliar-

---

[7] KK-*Chlosta* § 459 a, 2.

[8] Ebenso ist § 813 a ZPO unanwendbar: LG Essen JurBüro **1975** 638.

Günter Wendisch

zwangsvollstreckung (Zwangsversteigerung, Zwangsverwaltung) erfolgen sollte — was nach § 8 Abs. 6 EBAO nur unter einschränkenden Voraussetzungen geschehen soll — nicht Vollstreckungsschutz nach § 30 a ZVG i. Verb. mit § 6 Abs. 1 Nr. 2 JBeitrO begehren[9]. Denn welche Erleichterungsmaßnahmen in Rücksichtnahme auf die wirtschaftlichen Verhältnisse getroffen werden können oder müssen, bestimmt sich nach den §§ 459 a ff; notfalls kann die Gnadenbehörde angerufen werden.

14   **c) Einwendungen gegen Vollstreckung in unpfändbares Vermögen.** Handelt es sich dagegen darum, ob bei einer Vollstreckung in das bewegliche Vermögen unpfändbare Gegenstände (§ 6 Abs. 1 Nr. 1 JBeitrO, § 811 ZPO) gepfändet sind, so steht die Art und Weise der Ausführung der Vollstreckung — die vermögensrechtliche Seite des Anspruchs — in Frage, und über die Erinnerung entscheidet das **Zivilvollstreckungsgericht** nach § 766 ZPO[10]. Wenn ein Dritter behauptet, daß der bei dem Verurteilten gepfändete Gegenstand ihm gehöre, so muß er einen solchen Streit durch Erhebung der Drittwiderspruchsklage gegen den vollstreckenden Fiskus geltend machen[11].

15   **d) Einwendungen eines Dritten wegen behaupteten Eigentums an der gepfändeten Sache.** Wer aber geltend macht, ein Gegenstand, der in der Annahme eingezogen wurde, daß er im Zeitpunkt der Entscheidung dem Verurteilten gehörte, habe in Wahrheit ihm in dem maßgeblichen Zeitpunkt gehört, muß die Wiederherstellung seines Eigentums im **Nachverfahren** nach § 439 betreiben[12].

2. Gegen Durchsetzung vermögensrechtlicher Ansprüche des Fiskus

16   **a) Aufrechnung durch Vollstreckungsbehörde.** Hat der Verurteilte gegen den Justizfiskus eine Geldforderung, z. B. auf Rückgabe beschlagnahmten, aber nicht eingezogenen Geldes, auf Entschädigung für unschuldig erlittene Strafverfolgungsmaßnahmen oder (bei Teilfreispruch) auf Erstattung von Auslagen eines Strafverfahrens, so kann die Vollstreckungsbehörde nach §§ 387 ff BGB dagegen mit dem Anspruch auf die Geldstrafe aufrechnen[13]. Jedoch wird die einseitige, gegen den Willen des Verurteilten erfolgende Aufrechnung gegen einen diesem zustehenden Anspruch auf Rückzahlung einer frei gewordenen Sicherheit zu verneinen sein[14]. Bei **Aufrechnung gegen den Auslagenerstattungsanspruch** ist § 96 a BRAGebO zu beachten; danach ist, wenn der Angeschuldigte den Anspruch gegen die Staatskasse auf Erstattung von Anwaltskosten als notwendige Auslagen (§§ 464 b, 464 a Abs. 2 Nr. 2) an den Rechtsanwalt als Verteidiger abtritt, eine von der Staatskasse gegenüber dem Angeschuldigten erklärte Aufrechnung insoweit unwirksam, als sie den Anspruch des Rechtsanwalts vereiteln oder beeinträchtigen würde[15].

17   **b) Aufrechnung durch Verurteilten.** Dagegen kann der Verurteilte **keine Aufrechnung** (ohne Einverständnis der Vollstreckungsbehörde) erklären, weil dies dem Zweck und Wesen der Geldstrafe widerspricht[16]. § 251 Entw. StrafvollzugsG 1927 wollte die

[9] KK-*Chlosta* 3.
[10] OLG Celle NdsRpfl. **1955** 89; KK-*Chlosta* 4.
[11] Vgl. RGZ **108** 261.
[12] KK-*Chlosta* 4.
[13] OLG Braunschweig NJW **1951** 246; LG Stuttgart MDR **1980** 500; AG Hannover NJW **1975** 178; *Mümmler* Rpfleger **1974** 94; *Wetterich/Hamann* 305 ff; *Pohlmann/Jabel* § 48, 39; KK-*Chlosta* 4; KMR-*Müller* 4.

[14] § 123, 11; LG Hamburg MDR **1948** 429; *Pohlmann/Jabel* § 48, 39.
[15] *Pohlmann/Jabel* § 48, 39; vgl. auch *Mümmler* JurBüro **1976** 712.
[16] OLG Braunschweig NJW **1951** 246; LG Münster NJW **1971** 2002; KMR-*Müller* 5; *Pohlmann/Jabel* § 48, 39.

Verrechnungsbefugnis der Vollstreckungsbehörde ausdrücklich aussprechen. In gleicher Weise kommt eine Vollstreckungsabwehrklage (§ 767 ZPO) des Verurteilten unter Berufung auf eine von ihm einseitig erklärte Aufrechnung nicht in Betracht[17]. Werden von dem Verurteilten oder einem Dritten (z. B. dem Zessionär der Forderung, gegen die die Staatskasse einseitig aufrechnete) Einwendungen erhoben, so handelt es sich jedenfalls nicht um solche nach § 458 oder § 459 h, da die Aufrechnung keine Form der Beitreibung der Geldstrafe, sondern die Anwendung zivilrechtlicher Vorschriften auf die fiskalischen Forderungen darstellt[18]. Wegen der Aufrechnung gegen Gerichtskosten vgl. § 8 Abs. 1 Satz 2 JBeitrO.

IV. Gerichtliche Zuständigkeit

Zuständig zur Entscheidung über Einwendungen gegen die Anordnung der Voll-   **18** streckungsbehörde ist grundsätzlich das Gericht des ersten Rechtszugs (§ 462 a Abs. 2). Hat aber der Vollzug der Ersatzfreiheitsstrafe bereits begonnen, so ist die Strafvollstreckungskammer zuständig[19]. Diese ist auch zuständig, wenn der in dieser oder einer anderen Sache Freiheitsstrafe verbüßende Verurteilte Einwendungen bez. der Vollstreckung der Ersatzfreiheitsstrafe erhebt (§ 462 a, 30). Im Fall des **§ 459 e Abs. 4 Satz 1** handelt es sich an sich um Einwendungen gegen die Zulässigkeit der Vollstreckung der Ersatzfreiheitsstrafe i. S des § 458 Abs. 1, die aber — wie im Fall des § 459 c Abs. 3 — durch § 459 h als lex specialis dem Bereich des § 458 Abs. 1 entzogen sind.

§ 460

Ist jemand durch verschiedene rechtskräftige Urteile zu Strafen verurteilt worden, und sind dabei die Vorschriften über die Zuerkennung einer Gesamtstrafe (§ 55 des Strafgesetzbuches) außer Betracht geblieben, so sind die erkannten Strafen durch eine nachträgliche gerichtliche Entscheidung auf eine Gesamtstrafe zurückzuführen.

Schrifttum. *Knetsch* und *Pohlmann* Rechtskraftbescheinigung bei Gesamtstrafen- und Widerrufsbeschlüssen? Rpfleger **1957** 75; *Köhler* Die Dauer der während einer Strafverbüßung eintretenden Gesamtstrafe, GerS **65** (1905) 33; *Küper* Zur Problematik der nachträglichen Gesamtstrafenbildung (§§ 79 a. F., 76 n. F. StGB), MDR **1970** 885; *Küster* Der Strafbeginn bei Vollstreckung von Gesamtstrafen, Rpfleger **1953** 219; *Kuhnt* Gnadenerweis und Gesamtstrafenbildung, MDR **1955** 194; *Maiwald* Nachträgliche Gesamtstrafenbildung und das Verbot der reformatio in peius, JR **1980** 353; *Oppe* Einige Fragen der Strafvollstreckungsverjährung, NJW **1959** 1358; *Oske* Die Möglichkeit der Schlechterstellung des Verurteilten bei der nachträglichen Gesamtstrafenbildung (§ 460 StPO), soweit die Nebenstrafen, Nebenfolgen und Maßregeln der Sicherung und Besserung in Frage stehen, MDR **1965** 13; *Remmele* Nachträgliche Gesamtstrafenbildung beim Strafbefehl, NJW **1974** 486 mit Erwiderung von *Sieg* NJW **1975** 331; *Remmele* Warnfunktion der früheren Verurteilung bei der nachträglichen Gesamtstrafenbildung, NJW **1974** 1855; *Roos* Bestimmung der Ta-

---

[17] OLG Nürnberg OLGSt § 463 StPO, 11.
[18] LG Krefeld MDR **1974** 951 mit Anm. *H. Schmidt* und Nachweisen über den Stand der Streitfrage, auf welchem Weg die Zulässigkeit einer Aufrechnung der Geldstrafenanordnung gegen Erstattungsansprüche an

die Staatskasse nachgeprüft werden kann; vgl. auch AG Hannover NJW **1975** 178.
[19] BGHSt **30** 223; OLG Hamburg NJW **1976** 257; OLG München GA **1984** 187; KK-*Chlosta* 6; wegen weiterer Einzelheiten s. § 462 a, 5.

Günter Wendisch

gessatzhöhe bei nachträglicher Bildung einer Gesamtstrafe, NJW **1976** 1483; *Schorn* Fragen zur Gesamtstrafe, JR **1964** 45; *Schrader* Bildung einer Gesamtstrafe nach vollstreckter Einzelstrafe (§ 76 StGB und § 460 StPO), MDR **1974** 718; *Schweling* Die Bemessung der Gesamtstrafe, GA **1955** 289; *Zeiler* Zur Frage der Gesamtstrafenbildung, ZStW **33** (1912) 669.

Entstehungsgeschichte. Die als § 492 Gesetz gewordene Vorschrift hat ihre jetzige Bezeichnung durch die Bekanntmachung 1924 erhalten.

Übersicht

I. Verhältnis zu § 55 StGB

1   **1. Grundsatz.** Nach § 53 StGB ist unter den in §§ 53, 54 bezeichneten Voraussetzungen eine Gesamtstrafe durch **Urteil** zu bilden, wenn mehrere sachlich zusammentreffende Straftaten gleichzeitig abgeurteilt werden. Nach § 55 StGB finden die §§ 53, 54 auch dann Anwendung, wenn, bevor eine erkannte Strafe vollstreckt, verjährt oder erlassen ist, die Verurteilung wegen einer anderen Straftat erfolgt, die vor der früheren Verurteilung begangen war. „Um dieser Vorschrift volle Wirksamkeit zu sichern, bedarf es noch einer prozessualen Regelung des Falls, wenn jemand durch verschiedene Urteile zu Strafen verurteilt worden ist, bei dem späteren Urteil aber die Vorschriften über die Zuerkennung einer Gesamtstrafe außer Betracht geblieben sind"[1]. Die Bedeutung des § 460 besteht danach darin, den Täter so zu stellen, wie wenn er bei gemeinsamer Aburteilung aller Taten in einem Verfahren zu einer Gesamtstrafe nach § 53 StGB verurteilt worden wäre[2].

Aus § 55 folgt, daß bei **Aburteilung** der Taten **in verschiedenen Verfahren** grund- **2** sätzlich schon in dem Urteil des später erkennenden Richters die Gesamtstrafe zu bilden, und daß dieser durch § 55 StGB ermächtigt und verpflichtet ist, anstelle der verschiedenen Einzelstrafen eine Gesamtstrafe festzusetzen, insoweit also auch das frühere Urteil, gleichviel ob es von ihm selbst oder von einem anderen Richter erlassen ist, abzuändern; er darf die Bildung der Gesamtstrafe nicht willkürlich dem Beschlußverfahren nach § 460 überlassen[3]. Das gilt auch dann, wenn vor dem Urteil des zuletzt erkennenden Richters bereits **mehrere** unter § 55 fallende **Strafen** in verschiedenen Urteilen verhängt worden sind und die Bildung einer Gesamtstrafe, die in dem letzten dieser Urteile hätte erfolgen müssen, unterblieben ist. Diese Grundsätze sind in der Rechtsprechung des Reichsgerichts[4] und — nach anfänglichem Schwanken — auch der des Bundesgerichtshofs[5] anerkannt.

2. Ausnahmen. Von der Einbeziehung in die Gesamtstrafe darf danach, wenn der **3** letzte Richter von den mehreren Verurteilungen Kenntnis hat, **nur in folgenden Fällen** abgesehen und die Gesamtstrafenbildung dem Verfahren nach § 460 überlassen werden: **a)** wenn ein früher ergangenes **Urteil noch nicht rechtskräftig** ist[6], oder wenn es zwar formell rechtskräftig, sein Bestand aber nicht gesichert ist, z. B. der Angeklagte mit Aussicht auf Erfolg um Wiedereinsetzung in den vorigen Stand gegen die Versäumung der Rechtsmittelfrist nachgesucht hat und daher zu erwarten ist, daß die Rechtskraft des früheren Urteils wieder beseitigt wird[7]; **b)** wenn das Gericht, ohne daß dies auf mangelnder Terminvorbereitung beruht, **keine sichere tatsächliche Grundlage** für die Anwendung des § 55 hat, weil die Vorstrafakten fehlen und ohne Vertagung nicht zu beschaffen sind[8]; **c)** wenn im einzelnen Fall auch **anderen Gesichtspunkten der Vorrang** vor dem Gebot des § 55 StGB zukommt; so darf zur Vermeidung einer Doppelbestrafung eine Einzelstrafe nicht mehr in eine Gesamtstrafe einbezogen werden, wenn sie bereits zur Bildung einer noch nicht rechtskräftigen Gesamtstrafe gedient hat[9]. Die Unterlassung der möglichen Gesamtstrafenbildung begründet die Revision[10].

3. Voraussetzungen der Gesamtstrafenbildung nach § 460. Das Verfahren nach **4** § 460 ist danach gegeben, wenn der später erkennende Richter die frühere Verurteilung

[1] *Hahn* Mat. 1 294: zu § 414.
[2] BGHSt **15** 66, 69; **17** 173 ff; BayObLG JR **1980** 378; OLG Saarbrücken NJW **1975** 1041; *Kleinknecht/Meyer*[37] 1.
[3] BGHSt **20** 293; **25** 383; KK-*Chlosta* 5.
[4] Z. B. RGSt **2** 198; **8** 62; **15** 29; **34** 267.
[5] BGHSt **12** 1 – GrSSt –.
[6] RGSt **5** 1; **15** 31; **37** 169; HRR **1938** Nr. 1317; BGHSt **20** 292, 294; KK-*Chlosta* 6; KMR-*Müller* 3.
[7] BGHSt **23** 98; *Küper* MDR **1970** 885; KK-*Chlosta* 6; KMR-*Müller* 3.
[8] RGSt **34** 267; **64** 413; BGHSt **12** 1, 10; **23** 98; OLG Karlsruhe MDR **1959** 413; OLG Köln MDR **1983** 423; KK-*Chlosta* 4; 6; KMR-*Müller* 4.
[9] BGHSt **9** 190; **20** 292; BayObLG NJW **1971** 1193; KK-*Chlosta* 6; KMR-*Müller* 4.
[10] RGSt **64** 413; BGHSt **3** 281; **12** 1; **20** 292; **23** 98; **25** 382; anders früher BGHSt **2** 388.

Günter Wendisch

nicht gekannt hat[11], aber auch dann, wenn der Richter die ihm bekannte Verurteilung zulässigerweise (Rdn. 3) oder versehentlich **außer acht gelassen** hat[12]. Dagegen ist die Anwendung des § 460 ausgeschlossen, wenn der Richter die Anwendbarkeit des § 55 StGB ausdrücklich geprüft und aus **Rechtsirrtum verneint** hat[13]. So schon die Motive: „Ist die Zuerkennung einer Gesamtstrafe vermöge einer unrichtigen Auffassung der strafrechtlichen Vorschriften unterblieben, so kann § 460 nicht Anwendung finden. Denn alsdann beruht das spätere Urteil auf einer Verletzung des Gesetzes, welcher durch Einlegung des Rechtsmittels der Revision abzuhelfen gewesen wäre..., und die Sache liegt alsdann hier nicht anders wie bei sonstigen, einem Urteil zugrunde liegenden Rechtsirrtümern des Richters. Die letzteren können die Anfechtung oder Abänderung eines rechtskräftig gewordenen Urteils nicht begründen"[14].

5   **4. Urteile.** Urteile i. S des § 460 sind, wie aus der Bezugnahme auf § 55 StGB erhellt, nur inländische Urteile. Zu diesen zählen aber auch Strafbefehle[15], wobei, wenn der Strafbefehl rechtskräftig wird, der früheren „Verurteilung" der für den Richter unabänderlich gewordene Erlaß des Strafbefehls, nicht dessen Zustellung gleichkommt[16]. Kein Urteil i. S von § 460 ist ein schon früher nach dieser Vorschrift ergangener Beschluß, da er nur an die rechtskräftigen tatsächlichen Feststellungen der einbezogenen Urteile anknüpft[17].

6   **5. Zeitpunkt der Verurteilung.** Über die Rückbeziehung der „Verurteilung" auf den Zeitpunkt der Verwarnung, wenn bei Verwarnung mit Strafvorbehalt (§ 59 StGB) später die Verurteilung zu der vorbehaltenen Strafe erfolgt, vgl. § 59 c Abs. 2 StGB.

7   **6. Nachträgliche Gesamtstrafenbildung im Zusammenhang mit Geldstrafen.** Die nachträgliche Zurückführung auf eine Gesamtstrafe setzt voraus, daß die Vorschriften über die Zuerkennung einer Gesamtstrafe nach § 55 StGB „außer Betracht geblieben sind". Da der erkennende Richter auch im Fall des § 55 beim Zusammentreffen von Freiheits- und Geldstrafe die Wahl zwischen der Bildung einer Gesamtstrafe oder gesonderter Verhängung der Geldstrafe hat (§ 53 Abs. 2 Satz 2), steht auch dem Beschlußrichter nach § 460 ein entsprechendes **Wahlrecht** zu; hat aber bereits der erste Richter auf Freiheits- und Geldstrafe gesondert erkannt, so darf dem Verurteilten, der ja durch das Verfahren nach § 460 keine Verschlechterung gegenüber dem vorher bestehenden Zustand erfahren darf, dieser Vorteil nicht durch Bildung einer Gesamtfreiheitsstrafe entzogen werden[18]. Das gilt auch für den Fall, daß dem Tatrichter die Verurteilung zu

[11] BayObLG JR **1980** 378; KK-*Chlosta* 7; *Kleinknecht/Meyer*[37] 1.

[12] *Maiwald* JR **1980** 355 f.

[13] RGSt **64** 413; BGHSt **3** 277; **12** 1; NJW **1953** 389; 1879; BayObLG MDR **1975** 161; OLG Oldenburg NJW **1953** 1724; OLG Hamm NJW **1953** 1816; OLG Düsseldorf JMBlNRW **1958** 140; OLG Koblenz MDR **1975** 73; OLGSt § 460 StPO, 15; KK-*Chlosta* 4; KMR-*Müller* 5; *Kleinknecht/Meyer*[37] 1.

[14] *Hahn* Mat. 1 294: zu § 414.

[15] BGH GA **1956** 50; KK-*Chlosta* 2; KMR-*Müller* 1.

[16] *Remmele* NJW **1974** 486; 1835; **a. A** *Sieg* NJW **1975** 531; vgl. auch die Erl. zu § 409.

[17] OLG Celle NJW **1973** 2214; OLG Karlsruhe Justiz **1974** 90; KK-*Chlosta* 3.

[18] BayObLGSt **1972** 80; **1974** 102 = MDR **1975** 161; **1979** 105 = JR **1980** 378; OLG Hamm MDR **1972** 162; KMR-*Müller* 20; *Kleinknecht/Meyer*[37] 5; *Dreher/Tröndle*[42] § 53, 3 a. E.; *Bender* NJW **1971** 791; **a. A** KG JR **1986** 119; *Gollmer* NJW **1971** 1247.

Geldstrafe nicht bekannt war[19]. Zur Gesamtstrafenbildung bei einer gemäß § 59 StGB vorbehaltenen Strafe vgl. § 59 c StGB; zu weiteren Fragen im Zusammenhang mit der Bildung einer Gesamtstrafe wird Bezug genommen auf die dazu ergangene Rechtsprechungund Lehre[20].

7. Registerrechtliche Behandlung. Zur registerrechtlichen Behandlung nachträg- **8** lich gebildeter Gesamtstrafen im Fall des § 65 BZRG in der Fass. der Neubek. vom 21. 9. 1984 (BGBl. I 1229) vgl. BGHSt **25** 104.

II. Einzubeziehende Einzelstrafen

1. Grundsatz. Im Verfahren nach § 460 ist die Gesamtstrafe so zu bilden, wie dies **9** der letzte Tatrichter nach § 55 StGB hätte tun müssen, wenn ihm die vorangegangenen Verurteilungen bekannt gewesen wären[21]. Das Gericht prüft also zunächst, ob die erste Voraussetzung des § 55 StGB gegeben ist, daß die spätere Verurteilung wegen einer Tat erfolgt ist, die vor der früheren Verurteilung (dazu § 55 Abs. 1 Satz 2 StGB) begangen, d. h. beendet ist[22].

2. Vollstreckte, verjährte oder erlassene Strafen
a) Auszuscheidende Strafen. Alsdann prüft das Gericht, ob nicht die früher er- **10** kannte Strafe für die Bildung einer Gesamtstrafe deshalb ausscheidet, weil sie bis zum Zeitpunkt der späteren Verurteilung vollstreckt, verjährt oder erlassen ist[23]. War die Strafe bis zu diesem Zeitpunkt schon erledigt, liegen die Voraussetzungen des § 55 StGB nicht mehr vor, so daß die Vorschrift auch nicht „außer Betracht geblieben" ist[24]. War die Strafe bis dahin nur **teilweise** erlassen oder vollstreckt, so hindert dies die Einbeziehung der ganzen Strafe nicht; der verbüßte oder erlassene Teil wird im Weg der der Vollstreckungsbehörde obliegenden Strafzeitberechnung (BGHSt **21** 186) auf die Gesamtstrafe „angerechnet"[25].

Ob ein — bei Gnadenerweisen und Amnestien in Betracht kommender — **beding-** **11** **ter Erlaß** der Einzelstrafe (nicht nur eine bedingte Aussetzung der Vollstreckung) einen Straferlaß i. S des § 55 StGB darstellt, hängt davon ab, ob die Bedingung eine aufschiebende oder eine auflösende ist. Bei auflösender Bedingung ist die Strafe i. S des § 55 StGB erlassen, nicht aber bei aufschiebender Bedingung[26]. Wenn die Fassung des Amnestiegesetzes oder des Einzelgnadenerweises es an der erforderlichen Klarstellung fehlen läßt, kann aber streitig sein, ob ein Erlaß unter der Bedingung, daß der Verurteilte wäh-

---

[19] *Maiwald* JR **1980** 354; *Kleinknecht/Meyer*[37] 5; a. A OLG Hamm MDR **1977** 861; Bay-ObLGSt **1979** 105 = JR **1980** 378.
[20] Zur Gesamtstrafe aus mehreren Geldstrafen mit Tagessätzen verschiedener Höhe vgl. z. B. BGHSt **27** 359; **28** 360; BayObLG JR **1977** 335 mit zust. Anm. *Horn*; *Roos* NJW **1976** 1483; KK-*Chlosta* 27; *Kleinknecht/Meyer*[37] 5; zur Einbeziehung einer selbständigen Geldstrafe in eine Gesamtgeldstrafe BGHSt **25** 380; NJW **1975** 126 mit Anm. *Küper* NJW **1975** 547; *Dreher/Tröndle*[42] § 53, 4.
[21] OLG Koblenz VRS **50** 190; KK-*Chlosta* 7.
[22] *Lackner*[16] § 55 Anm. 1 c; *Dreher/Tröndle*[42]

§ 55, 4; *Schönke/Schröder/Stree*[22] § 55, 10; KK-*Chlosta* 7; 8; KMR-*Müller* 6.
[23] KK-*Chlosta* 9; 15; KMR-*Müller* 7.
[24] BGHSt **2** 232; KK-*Chlosta* 9; a. A *Schrader* MDR **1974** 718: es muß genügen, daß die Möglichkeit einer Gesamtstrafenbildung überhaupt bestand.
[25] RGSt **8** 62; **46** 179; *Köhler* GerS **65** (1905) 33; *Kuhnt* MDR **1955** 194; s. auch § 41 Abs. 1 Satz 1 StVollstrO.
[26] RGSt **53** 116; **63** 178; BGHSt **7** 186; **17** 277; OLG Hamm JMBlNRW **1952** 35; *Kuhnt* MDR **1955** 196.

Günter Wendisch

rend eines bestimmten Zeitraums nicht erneut verurteilt wird, eine aufschiebende[27] oder eine auflösende Bedingung[28] enthält.

12   Ist die Bewährungszeit einer ausgesetzten Strafe abgelaufen und sind die Voraussetzungen des **Straferlasses** gegeben (§ 56 g Abs. 1 StGB), während gleichzeitig die Voraussetzungen für die Gesamtstrafenbildung nach § 460 vorliegen, so unterbleibt die Gesamtstrafenbildung, wenn dies für den Verurteilten günstiger ist[29]. Zur Frage, ob im erkennenden Verfahren das Berufungsgericht eine Einzelstrafe in eine Gesamtstrafe einbeziehen kann, die der erste Richter irrtümlich nicht einbezogen hat, wenn diese bis zur Berufungsverhandlung vollstreckt war, vgl. *Schrader* MDR **1974** 718.

13   **b) Einzubeziehende Strafen.** Ist eine Einzelstrafe **erst nach dem für die Bildung einer Gesamtstrafe nach § 55 StGB maßgebenden Zeitpunkt vollstreckt, verjährt oder erlassen,** so ist dies für die Bildung der Gesamtstrafe nach § 460 ohne Bedeutung. Soweit es sich um vollstreckte Einzelstrafen handelt, ist dies nicht streitig, und davon geht auch § 51 Abs. 2 StGB aus[30]. Das Gericht muß also auch eine Strafe in die Gesamtstrafe einbeziehen, die nach dem späteren Urteil, in dem die Gesamtstrafe nach § 55 StGB hätte gebildet werden können (wenn die frühere Verurteilung bekannt gewesen wäre usw.), vollstreckt wurde; denn der Zweck des § 460 geht ja dahin, nachträglich dem Verurteilten Rechtsvergünstigungen zu verschaffen, auf die er nach § 55 StGB Anspruch hatte[31].

14   **c) Bedeutung von Gnadenerweisen.** Das in Rdn. 13 Gesagte muß folgerichtig auch dann gelten, wenn eine Strafe nach dem gemäß § 55 StGB maßgeblichen Zeitpunkt nach § 56 g StGB durch einen Einzelgnadenerweis oder ein Straffreiheitsgesetz, das nicht, wie § 11 Abs. 3 StFG 1954, eine abweichende Regelung enthält, ganz oder teilweise erlassen (oder gar nur bedingt erlassen) wurde. Denn § 460 ordnet schlechthin die Zurückführung der „erkannten Strafen" auf eine Gesamtstrafe an[32]. Folgerichtig muß dann auch, wenn eine Strafe im Gnadenweg in eine mildere Strafart umgewandelt ist (z. B. eine Freiheits- in eine Geldstrafe), die Gesamtstrafe aus der erkannten Strafe gebildet werden, nicht etwa in der Weise, als sei von vornherein auf die in dem Gnadenerweis festgesetzte Strafe erkannt worden[33]. Eine andere Frage ist, welche Wirkung dem Gnadenerweis gegenüber der so gebildeten Gesamtstrafe zukommt.

15   Bei strenger Durchführung des Grundsatzes, daß eine in einer Gesamtstrafe aufgehende Einzelstrafe ihre rechtliche Bedeutung verliert, müßte gefolgert werden, daß der Gnadenerweis gegenstandslos geworden ist und es dem Inhaber des Gnadenrechts überlassen bleibt, durch Erneuerung des Gnadenerweises gegenüber der Gesamtstrafe diese Folge abzuwenden. Indessen entspricht eine solche Betrachtungsweise nicht dem Sinn und der rechtlichen Bedeutung des Gnadenerweises[34]. Vielmehr ist davon auszugehen, daß zwar zunächst die Gesamtstrafe ohne Berücksichtigung des Gnadenerweises zu bilden, dem **Gnadenerweis** aber **eine** sich sogleich **auf die Gesamtstrafe erstrek-**

---

[27] So RGSt **63** 178.
[28] So RGSt **53** 116; BGHSt **7** 186; **17** 227.
[29] KG JR **1976** 202; LG Saarbrücken JBlSaar **1965** 30; LG Osnabrück NdsRpfl. **1965** 211; *Pohlmann/Jabel* § 43, 10; KK-*Chlosta* 25.
[30] *Dreher/Tröndle*[42] § 51, 14 mit Beispielen.
[31] Ebenso BayObLGSt **9** (1910) 307; *Alsb.* E 3 387; NJW **1957** 1810; KG JR **1976** 202; OLG Bremen Rpfleger **1953** 531; *Zeiler* ZStW **33**

(1912) 670; *Pohlmann/Jabel* § 43, 10; KMR-*Müller*[6] Anm. 4 c (3); anders KMR-*Müller*[7] 9; vgl. auch BGHSt **4** 366.
[32] Ebenso OLG Hamburg HRR **1935** Nr. 827; *Pohlmann/Jabel* § 43, 10.
[33] Ebenso *K. Schäfer* JR **1933** 22; *Lichti* JZ **1951** 524; zweifelnd JZ **1951** 522.
[34] Vgl. dazu Vor § 12 GVG Abschn. IV (Gnadenerweis).

kende Wirkung beizumessen ist[35]. Das erfordert auch der allgemein gültige Gedanke des Verbots der reformatio in peius (Rdn. 24), denn die Gesamtstrafenbildung soll dem Verurteilten einen Vorteil (durch Verkürzung der Strafdauer oder Herabsetzung der Gesamtgeldstrafe gegenüber einer Summierung der Einzelstrafen) bringen, und es darf dieser Vorteil sich nicht in einen schweren Nachteil verkehren.

Das Gericht muß also z. B., wenn aus einer in eine Geldstrafe umgewandelten **16** Freiheitsstrafe mit einer anderen Freiheitsstrafe eine Gesamtfreiheitsstrafe gebildet worden war, aussprechen, daß ein dem Anteil der umgewandelten Freiheitsstrafe entsprechender **Teil der Gesamtstrafe durch die Umwandlung in eine Geldstrafe weggefallen,** und bei Bildung einer Gesamtstrafe mit einer im Gnadenweg erlassenen Strafe, daß die Gesamtstrafe um die anteilsmäßige Höhe der erlassenen Strafe gemindert sei[36]. (Wegen des Zusammentreffens von Umwandlung in eine andere Strafart und gleichzeitiger Herabsetzung der Höhe der Strafe vgl. *Lichti* JZ **1951** 524.)

d) Abweichende Auffassungen. Gegenüber den vorstehenden Ausführungen wird **17** eingewendet[37], für die Einbeziehung erlassener Strafen fehle es an einem inneren Grund, da der Grundgedanke der Gesamtstrafenbildung (Berücksichtigung der progressiv verstärkten Vollstreckungswirkung) hier entfalle und eine anteilmäßige Anrechnung der erlassenen Strafe sogar zu einer **ungerechtfertigten Besserstellung** des Verurteilten führen könne. Dem ist aber entgegenzuhalten, daß jedenfalls bei Straferlaß nach Ablauf einer Bewährungszeit die Strafaussetzung zur Bewährung mit freiheitsbeschränkenden Weisungen (§ 56 c StGB) eine Form der „ambulanten" Vollstreckung des Strafausspruchs ist[38] und darüber hinaus auch Auflagen gemäß § 56 b Abs. 2 Nr. 2, 3 StGB sanktionsähnliche Züge tragen und es deshalb schon berechtigt erscheint, die Erfüllung der Straferlaßvoraussetzungen der Vollstreckung der Strafe gleichzustellen. Daß die Bildung einer Gesamtstrafe entfällt, wenn bereits sämtliche Einzelstrafen erlassen sind (BayObLG DJZ **1919** 107), hat damit nichts zu tun; hier wäre eine nachträgliche Gesamtstrafenbildung gegenstands- und sinnlos.

e) Strafaussetzung zur Bewährung im Gnadenweg. Erst recht wird die Einbezie- **18** hung einer Einzelstrafe in die nach § 460 zu bildende Gesamtstrafe nicht ausgeschlossen, wenn nur die Vollstreckung der Einzelstrafe durch Einzelgnadenerweis oder Amnestie bedingt ausgesetzt worden war[39]. Die im Weg der Gnade für die Einzelstrafe angeordnete bedingte Aussetzung verliert dann — in gleicher Weise wie die gerichtliche Strafaussetzung zur Bewährung (Rdn. 31 ff) — mit der Einbeziehung der Einzelstrafe in die Gesamtstrafe ihre Bedeutung. Es bedarf also eines **erneuten Gnadenakts,** wenn die Gnadenbehörde der früher angeordneten bedingten Aussetzung Wirksamkeit auch gegenüber der neugebildeten Gesamtstrafe beilegen will[40]. Einzelne Landesgnadenordnungen[41] sehen deshalb eine erneute Prüfung der Gnadenfrage von Amts wegen vor, wenn eine Strafe, für die im Gnadenweg bedingte Strafaussetzung bewilligt war, in eine Gesamtstrafe einbezogen wurde.

[35] Ebenso *K. Schäfer* JR **1933** 22; *Lichti* JZ **1951** 524; im Ergebnis auch *Kuhnt* MDR **1955** 196 sowie *Oppe* NJW **1959** 1358 f; KK-*Chlosta* 13.
[36] OLG Hamburg HRR **1935** Nr. 827; BayObLG JZ **1951** 522; LG Kiel Rpfleger **1960** 305; *Kuhnt* MDR **1955** 194; KK-*Chlosta* 26.
[37] So KG JR **1976** 202; KK-*Chlosta* 14; KMR-*Müller* 9; *Kleinknecht/Meyer*[37] 7.
[38] LR-*K. Schäfer* Einl. 6 Abschn. IX 4.
[39] BGH NJW **1955** 1485; **1957** 32.
[40] KK-*Chlosta* 26.
[41] Z. B. § 5 Abs. 2 BerlGnO v. 29. 8. 1977 – ABl. 1279; § 32 GnONW vom 26. 11. 1975 – GVBl. NW **1976** 17.

Günter Wendisch

19   **f) Verjährte Einzelstrafen.** Schließlich muß auch eine Strafe, deren Vollstreckung nach dem gemäß § 55 maßgebenden Zeitpunkt und vor Bildung der Gesamtstrafe verjährt ist, in die Gesamtstrafe einbezogen werden; sie wird dann ebenso wie eine erlassene Strafe anteilsmäßig von der Gesamtstrafe abgesetzt[42].

20   **3. Im Zeitpunkt der Entscheidung nach § 55 StGB noch nicht rechtskräftige Einzelstrafen.** In den Beschluß nach § 460 kann eine Einzelstrafe auch einbezogen werden, die nach § 55 StGB nicht hätte berücksichtigt werden können, weil sie bei der letzten tatrichterlichen Aburteilung in dem späteren Verfahren noch nicht rechtskräftig war[43]. Daß das noch nicht rechtskräftige Urteil im Fall des § 55 StGB nicht einbezogen wird, rechtfertigt sich aus der Erwägung, daß es nicht sinnvoll ist, eine Strafe einzubeziehen, die auf Rechtsmittel hin wieder beseitigt oder geändert werden kann. Solche Bedenken stehen der nachträglichen Gesamtstrafenbildung durch Beschluß nicht entgegen; es liegt auf einer Ebene, ob der Richter nach § 55 StGB von der Einbeziehung abgesehen hat, weil er aus tatsächlichen Gründen über die Einbeziehungsvoraussetzungen keine sichere Kenntnis hatte oder ob ihn die **Ungewißheit über das rechtliche Schicksal** der noch nicht rechtskräftigen Strafe dazu veranlaßt hat. Die Anwendung des § 460 stünde außer Zweifel, wenn das Urteil nach § 55 StGB in der von RG Rspr. 4 102 gebildeten Weise verfahren wäre, auch die nicht rechtskräftige Strafe einzubeziehen, gleichzeitig aber in der Urteilsformel für den Fall ihres Wegfalls oder ihrer Änderung Bestimmung zu treffen. Daß ein Urteil nur hinsichtlich der Strafaussetzung zur Bewährung noch nicht rechtskräftig ist, hindert seine Einbeziehung in die Gesamtstrafe nicht (BGH JZ **1956** 696).

21   **4. Nachträglich vollstreckbar gewordene Einzelstrafen.** Ist eine **bedingt erlassene Strafe** nicht zur Bildung einer Gesamtstrafe verwendet worden (Rdn. 10), so ist sie nach § 460 zu berücksichtigen, wenn sie infolge Eintritts der auflösenden oder Nichteintritts der aufschiebenden Bedingung wieder vollstreckbar geworden ist (vgl. BGHSt **9** 5 = NJW **1956** 555).

22   **5. Einzelstrafen bei Auslieferung ohne Strafvollstreckungsbewilligung.** Wegen der Behandlung von Einzelstrafen bei **Ausgelieferten,** für die vom Auslieferungsstaat Strafvollstreckung nicht bewilligt ist, bei der Bildung von Gesamtstrafe vgl. *Grethlein* NJW **1963** 945 sowie KK-*Chlosta* 17 bis 19; *Kleinknecht/Meyer* 8.

III. Auflösung der früheren Gesamtstrafe

23   **1. Grundsatz.** Bei der Bildung der Gesamtstrafe wird grundsätzlich eine bereits für einzelne Strafen rechtskräftig gebildete frühere Gesamtstrafe aufgelöst und aus den ihr zugrundeliegenden Einzelstrafen die neue Gesamtstrafe gebildet. Fehlerhaft ist der Ausspruch, daß die Einzelstrafen der aufgelösten Gesamtstrafe in Wegfall kommen (BGHSt **12** 99). Ist die Auflösung im Gesamtstrafenbeschluß nicht ausdrücklich zum Ausdruck gekommen, so kann die tatsächlich erfolgte Auflösung u. U. aus der Höhe der neugebildeten Gesamtstrafe entnommen werden (OLG Saarbrücken JBl. Saar **1962** 149). Die **Auflösung** ist auch dann geboten, wenn nicht alle Einzelstrafen der früher ge-

---

[42] LG Kiel Rpfleger **1960** 305; KK-*Chlosta* 13; a. A KMR-*Müller* 9.

[43] OLG Frankfurt NJW **1956** 1609; OLG Stuttgart NJW **1957** 1813; OLG Düsseldorf JMBlNRW **1958** 139.

bildeten in die neue Gesamtstrafe einbezogen werden können[44]; gegebenenfalls sind mehrere Gesamtstrafen zu bilden[45].

2. Verbot der reformatio in peius. Der sinngemäß anwendbare allgemeine Grund- **24** satz des Verbots der reformatio in peius bewirkt aber, daß die früher gebildete Gesamtstrafe, auch wenn sie ihre rechtliche Bedeutung verloren hat, doch insofern weiter wirkt, als die neue Gesamtstrafe keinesfalls die **Summe der bisherigen Gesamtstrafe und der einzubeziehenden Einzelstrafe** überschreiten darf, selbst wenn eine Gesamtstrafe deswegen unter dem an sich gesetzlich vorgeschriebenen Mindestmaß bleiben muß[46]. In gleicher Weise wäre es, mag auch grundsätzlich Gesamtstrafenbildung zum Wegfall einer für die Einzelstrafen bewilligten Strafaussetzung führen (Rdn. 31 ff), eine unzulässige Verschlechterung, eine bei der ersten Gesamtstrafenbildung bewilligte Strafaussetzung bei der späteren Gesamtstrafe wegfallen zu lassen, in der nur ein Teil der früheren Einzelstrafen, aber keine neuen Strafen zusammengefaßt werden[47]. Die **unterste Grenze** für die neue Gesamtstrafe bildet die frühere Gesamtstrafe; eine andere Handhabung würde eine dem Vollstreckungsgericht nicht zustehende Korrektur der früheren Entscheidung bedeuten[48].

IV. Bemessung der Gesamtstrafe

Für die Bemessung der Gesamtstrafe gelten im übrigen die Grundsätze, die bei **25** Anwendung der §§ 54, 55 StGB zu beachten sind, mit den Einschränkungen, die sich ohne weiteres daraus ergeben, daß das Gericht nach § 460 die Gesamtstrafe lediglich aus Strafen zu bilden hat, die bereits rechtskräftig festgesetzt sind, und daß es nicht auf Grund einer Hauptverhandlung, sondern auf Grund der Akten im schriftlichen Verfahren entscheidet; demgemäß kommen etwa die von *Dreher* JZ **1957** 156 angestellten Erwägungen, die für den nach §§ 53 bis 55 erkennenden Richter beachtlich sind, hier nur in beschränktem Umfang in Betracht. Die allgemeinen Grundsätze für die Bemessung der Gesamtstrafe ausführlicher darzustellen, ist hier nicht der Raum[49]. Nur **folgendes sei hervorgehoben:** Die Rechtmäßigkeit der früheren Verurteilungen, die Gesetzmäßigkeit und Angemessenheit der erkannten Strafen hat das nach § 460 entscheidende Gericht grundsätzlich (s. aber Rdn. 26) nicht zu prüfen; es wäre eine unzulässige Korrek-

---

[44] Ebenso BGHSt **9** 5 = NJW **1956** 555; BayObLG NJW **1955** 1488; **a. A** OLG Breslau DRiZ **1935** 683.

[45] BGH GA **1955** 244; **1963** 374; LG Hamburg MDR **1965** 760.

[46] RGSt **46** 183; **48** 277; RG DR **1940** 1417; BGHSt **9** 370; **15** 164; BayObLG NJW **1971** 1193; OLG Hamm JMBlNRW **1955** 60; MDR **1975** 948; GA **1976** 59; OLG Oldenburg Rpfleger **1979** 428; *Oske* MDR **1965** 63; *Küper* MDR **1970** 888; *Maiwald* JR **1980** 353; LK-*Mösl*[9] § 76, 11; LK-*Vogler* § 55, 23 ff; 49 ff; KK-*Chlosta* 24; KMR-*Müller* 14; *Kleinknecht/Meyer*[37] 2; **a. A** *Dreher/Tröndle*[42] § 55, 5 mit weit. Nachw. Die gleichfalls abweichende Entscheidung OLG Dresden HRR **1937** Nr. 606, wonach nur die Summe der Einzelstrafen nicht erreicht werden darf,

erging in einer Zeit, als das Verbot der reformatio in peius nicht galt und führt gerade das als maßgebenden Gesichtspunkt an, hat also mit der Wiedereinführung dieses Verbots ihre Grundlage verloren.

[47] OLG Hamm GA **1976** 59; KK-*Chlosta* 24.

[48] RGSt **6** 283; **44** 302; BGHSt **7** 183; offengelassen in OLG Köln JMBlNRW **1964** 107 f; **a. A** BGHSt **15** 164.

[49] Insoweit wird auf die einschlägige Literatur, namentlich auf *Bruns* Strafzumessungsrecht (1974), Das Recht der Strafzumessung[2] (1985) und die Erläuterungsbücher zu §§ 54, 55 StGB, ferner auf BGHSt **12** 1, 7 f; NJW **1972** 454 mit Anm. *Jagusch*; KMR-*Müller* 11 ff; *Schweling* GA **1955** 289 ff und *Maiwald* JR **1980** 356 verwiesen; vgl. im übrigen auch Rdn. 39 f.

Günter Wendisch

tur der rechtskräftigen Urteile, wenn das nachträglich entscheidende Gericht seine Bedenken gegen diese bei der Bemessung der Gesamtstrafe in Anschlag bringen würde. Das gilt auch für eine früher gebildete Teilgesamtstrafe. Wesentliche Strafzumessungsgesichtspunkte, die in den rechtskräftigen Urteilen unberücksichtigt geblieben sind, kann auch das Gericht nach § 460 nicht berücksichtigen, soweit sie über die aus einer Gesamtschau der Straftaten (Rdn. 39) sich ergebenden neuen Gesichtspunkte hinausgehen (*Schweling* 302). Dem Grundgedanken des § 54 Abs. 2 StGB entspricht es dabei, daß in der Regel die neue Gesamtstrafe der Summe von aufgelöster Gesamtstrafe und Einzelstrafe „nicht zu nahe kommt", also nicht nur unwesentlich hinter ihr zurückbleibt, es sei denn, daß besondere (dann aber darzulegende) Gründe es rechtfertigen, den Raum bis zur Erreichung der Summe voll auszuschöpfen[50]. Eine nur geringfügige Erhöhung der Einsatzstrafe (der aufgelösten Gesamtstrafe) trotz weiterer erheblicher Strafen kann einen Ermessensmißbrauch darstellen, sofern dies nicht durch wohl erwogene, der Darlegung bedürftige Gründe gerechtfertigt ist (BGHSt **5** 57).

V. Berücksichtigung von Rechtsfehlern in früheren Urteilen

26   Die Rechtsprechung neigt dazu, in dem Bestreben, offensichtliche Fehler nicht zu verewigen, **Ausnahmen** von dem Grundsatz zuzulassen, daß dem Gericht des § 460 die Nachprüfung der rechtskräftigen Einzelurteile auf ihre Gesetzmäßigkeit verwehrt ist. So wird es als zulässig angesehen, offensichtliche Versehen in dem Umfang, wie es auch dem Rechtsmittelgericht unter Beachtung des Verbots der reformatio in peius zusteht, im Gesamtstrafenbeschluß zu berücksichtigen und z. B. dann, wenn in eine nach § 55 StGB gebildete Teilgesamtstrafe zu Unrecht eine bereits verbüßte Strafe einbezogen war, diesen Fehler durch Herauslassung der Einzelstrafe aus dem neuen Beschluß, im übrigen aber ohne Schlechterstellung des Verurteilten zu berichtigen (AG Göttingen NJW **1953** 1404).

27   Nach Ansicht des Reichsgerichts[51] ist eine **unzulässige Nebenstrafe** oder offensichtlich zu Unrecht angeordnete Sicherungsmaßregel nicht in den Gesamtstrafenbeschluß zu übernehmen (Rdn. 30). In der Lehre[52] wird sogar die Ansicht vertreten, daß eine Einzelstrafe, die wegen Verjährung oder eines anderen Verfahrenshindernisses nicht hätte ausgesprochen werden dürfen, nicht in die Gesamtstrafe einbezogen werden darf, weil darin eine Fortsetzung des (wegen des Verfahrenshindernisses) unzulässigen Verfahrens läge. Aber ein Verfahrenshindernis, das übersehen wurde, wird mit der Rechtskraft des Urteils bedeutungslos[53]. Dem nach § 460 tätig werdenden Gericht die Befugnis zuzusprechen, übersehene Verfahrenshindernisse auch nach rechtskräftigem Abschluß des früheren Verfahrens Bedeutung beizumessen und die fehlerhafte Entscheidung bei Bildung der Gesamtstrafe unberücksichtigt zu lassen, liefe auf eine unverhüllte und unzulässige Nachprüfung der früheren Entscheidungen hinaus[54].

VI. Nebenfolgen

28   **1. Früheres Recht.** Daraus, daß die Einzelstrafen in der Gesamtstrafe aufgehen und damit ihre rechtliche Selbständigkeit verlieren, wurde unter der Herrschaft des § 79

---

[50] OLG Hamm JMBlNRW **1955** 60; OLG Köln NJW **1953** 1684; vgl. auch *Wetterich/Hamann* 1130; KK-*Chlosta* 29.
[51] RG HRR **1940** Nr. 178; RGSt **75** 213.
[52] Vgl. *Jescheck* JZ **1956** 418.

[53] LR-*K. Schäfer* Einl. Kap. **11** Abschn. X; **16** Abschn. IV.
[54] Ebenso BGH JZ **1956** 417; GA **1982** 177; OLG Schleswig SchlHA **1976** 43; KK-*Chlosta* 30; KMR-*Müller* 10; **a. A** *Jescheck* JZ **1956** 418.

StGB a. F. gefolgert, daß auch die neben ihnen verhängten Nebenstrafen und Nebenfolgen und die daneben angeordneten Maßregeln der Besserung und Sicherung nur dadurch bei Bestand blieben, daß sie als **Nebenstrafen** usw. der neuen Gesamtstrafe im Gesamtstrafenbeschluß **neu festgesetzt** oder angeordnet wurden (RGSt 75 212); unterblieb dies, wenn auch nur versehentlich, und war der Beschluß rechtskräftig, so ließ er sich nicht nachträglich ergänzen oder berichtigen[55]. Dabei war das Gericht an die früheren Urteile nicht gebunden[56]. Es konnte zwar bei sinngemäßer Anwendung des Verbots der reformatio in peius Nebenstrafen und Nebenfolgen, die bisher neben keiner Einzelstrafe festgesetzt waren, nicht neu verhängen[57]. Wohl aber konnte es z. B. die Dauer des damaligen Ehrverlustes, dessen Höchstmaß sich nach der Gesamtstrafe bemaß, abweichend von dem einbezogenen Urteil (höher oder niedriger) festsetzen, es konnte bei nicht zwingend angeordneten Rechtsfolgen darüber entscheiden, inwieweit sie noch erforderlich seien (RGSt 75 213), und bereits vollzogene oder durch weitergehende Maßnahmen überflüssig gewordene Nebenstrafen und Nebenfolgen im Gesamtstrafenbeschluß weglassen, z. B. eine durch den Übergang des Eigentums an den Staat vollzogene Einziehung (OLG Köln NJW 1953 1564) oder die Amtsunfähigkeit neben dem Verlust der bürgerlichen Ehrenrechte (BGHSt 12 85).

Der Gedanke des Verbots der reformatio in peius hätte der Anordnung von Maß- **29** regeln der Besserung und Sicherung, die bisher neben keiner Einzelstrafe bestanden, nicht entgegengestanden; da diese aber nur durch Urteil angeordnet werden konnten, war für eine **erstmalige Anordnung im Gesamtstrafenbeschluß** kein Raum (RGSt 73 366). Dagegen konnte z. B. die Dauer des Berufsverbots, die neben einer Einzelstrafe ausgesprochen war, neben der Gesamtstrafe länger oder kürzer als bisher bemessen werden, und es konnte eine Maßregel weggelassen werden, wenn ihre Aufrechterhaltung neben einer anderen Maßregel zwecklos ist, wie z. B. die Zulässigkeit von Polizeiaufsicht neben Sicherungsverwahrung (RGSt 75 212).

2. Geltendes Recht. Nach § 55 Abs. 2 StGB sind die dort bezeichneten Rechtsfol- **30** gen, auf die in der früheren Entscheidung erkannt war, **aufrechtzuerhalten,** soweit sie nicht durch die neue Entscheidung gegenstandslos werden. Damit weicht das geltende Recht konstruktiv von der früheren Rechtshandhabung ab; durch die „Aufrechterhaltung" erscheinen die früher festgesetzten Nebenfolgen als fortgeltende Bestandteile der Einzelstrafen, nicht, wie bei einer „Neufestsetzung" als Bestandteil der einheitlichen Gesamtstrafe. Es hat auch an sich die Einschränkung in § 55 Abs. 2 StGB („soweit sie nicht... gegenstandslos werden") keine Bedeutung für den Beschlußrichter des § 460, da er, anders als der erkennende Richter im Fall des § 55 StGB, keine weitere Tat aburteilt, sondern nur aus den bereits vorliegenden Entscheidungen die Gesamtstrafe bildet. Da indessen die Gesamtstrafenbildung nach § 460 einen „behelfsmäßigen Ersatz" dafür bietet, den Verurteilten so zu stellen, wie er an sich gestanden hätte, wenn die Gesamtstrafenbildung nach § 55 StGB hätte durchgeführt werden können[58], und die Folgerungen aus der in § 54 Abs. 1 Satz 2 StGB angeordneten **Gesamtschau** zu ziehen sind, haben die unter der Herrschaft des § 79 a. F. entwickelten Grundsätze weitgehend ihre Bedeutung behalten. Insbesondere gilt auch jetzt, daß Rechtsfolgen i. S. des § 55 Abs. 2 StGB, die nicht ausdrücklich in der Beschlußformel aufrechterhalten werden, mit der Rechts-

---

[55] BGHSt 7 182; 14 381; OLG Koblenz JZ 1962 448 mit zust. Anm. *Eb. Schmidt*; OLG Celle JR 1965 188; KMR-*Müller* 21.

[56] RGSt 74 5; JW 1937 2380.

[57] *Oske* MDR 1965 13.

[58] BGHSt 12 5; 23 297; *Pohlmann/Jabel* § 39, 7.

Günter Wendisch

kraft des Beschlusses ihre Bedeutung verlieren. Bei der **Neufestsetzung einer Höchst-frist** der Nebenfolgen (z. B. bei §§ 44, 69 bis 70 a StGB) sind die bis dahin abgelaufenen Fristen anzurechnen[59]. Wegen der Einzelheiten ist auf die Erläuterungswerke zu § 55 Abs. 2 StGB zu verweisen. Wegen der Behandlung anzurechnender Untersuchungshaft s. Rdn. 47.

VII. Strafaussetzung zur Bewährung

1. Grundsatz

31   **a) Allgemein.** Wie sich eindeutig aus § 58 StGB ergibt, findet — entsprechend der früheren Betrachtungsweise — die in § 460 vorgeschriebene Gesamtstrafenbildung auch dann statt, wenn eine oder mehrere oder auch alle der in Gesamtstrafenzusammenhang stehenden Einzelstrafen gemäß § 56 StGB zur Bewährung ausgesetzt worden sind. Mit der Bildung der Gesamtstrafe verlieren die in die Gesamtstrafe einbezogenen Einzelstrafen ihre selbständige Bedeutung; damit wird die Strafaussetzung zur Bewährung gegenstandslos. Eines förmlichen **Widerrufs bedarf es nicht;** erfolgt er — was zur Verdeutlichung der Rechtslage empfehlenswert sein kann —, so hat er lediglich *deklaratorische* Bedeutung. Über die Aussetzung der Gesamtstrafe nach § 56 StGB, sofern die Höhe der Gesamtstrafe eine Aussetzung noch zuläßt (BayObLG NJW **1972** 2011), entscheidet nunmehr neu und ohne Bindung an die bezüglich der Einzelstrafen getroffene Entscheidung das die Gesamtstrafe bildende Gericht im Gesamtstrafenbeschluß[60].

32   **b) Beispiele.** Waren sämtliche Einzelstrafen zur Bewährung ausgesetzt, so wird auch das die Gesamtstrafe bildende Gericht zu einer Aussetzung der Gesamtstrafe kommen; es kann aber von Aussetzung absehen, wenn ihm aus seiner Gesamtschau neue, den Richtern der Einzelstrafen unbekannte Gesichtspunkte erwachsen[61]. War für alle Einzelstrafen die Aussetzung abgelehnt, so kommt sie auch für die Gesamtstrafe nicht in Betracht; eine andere Handhabung würde eine über die Aufgaben und Befugnisse des Gesamtstrafenrichters hinausgehende Korrektur der früheren Urteile bedeuten[62]. War die Strafaussetzung bei einem Teil der Einzelstrafen gewährt, bei den anderen abgelehnt, so prüft der Gesamtstrafenrichter aus der Gesamtschau, welche Entscheidung für die Gesamtstrafe geboten ist[63]. Er wird, wenn Einzelstrafen, die den weitaus größten Teil der Gesamtstrafe bilden, ausgesetzt waren, sich von ähnlichen Erwägungen leiten lassen wie bei einer Gesamtstrafe, deren sämtliche zugrundeliegenden Einzelstrafen ausgesetzt waren, und nicht lediglich deshalb, weil bei einer Einzelstrafe mit kleinem Anteil an der Gesamtstrafe die Aussetzung versagt war, die Aussetzung der Gesamtstrafe unterlassen, wie er auch im umgekehrten Fall eine korrekturmäßig wirkende Aussetzung der Gesamtstrafe vermeiden muß. Für Fälle, die in der Mitte liegen, gibt es **kein Schema;** jedenfalls kann nicht der quantitative Anteil von Aussetzungs- und Vollstreckungsstrafe an der Gesamtstrafe schematisch den Ausschlag geben. Bei Versagung der Aussetzung für die Gesamtstrafe wird dann — über § 58 Abs. 2 Satz 2 StGB hinaus —

[59] BGHSt **24** 205; OLG Celle MDR **1976** 160; OLGSt § 460 StPO, 1; OLG Düsseldorf JR **1984** 508; KK-*Chlosta* 21; *Kleinknecht/Meyer*[37] 4.
[60] BGHSt **7** 180; **8** 260; **9** 370, 385; NJW **1955** 1485; GA **1966** 208; BayObLG NJW **1956** 1210; OLG Stuttgart NJW **1968** 173; OLG Hamm MDR **1975** 948; OLG Karlsruhe Justiz **1976** 261 = MDR **1976** 862; OLG Hamburg MDR **1981** 246; OLG Düsseldorf JR **1984** 508; KK-*Chlosta* 25; KMR-*Müller* 16; *Kleinknecht/Meyer*[37] 7.
[61] OLG Hamm GA **1976** 59; KMR-*Müller* 17.
[62] Im Ergebnis zustimmend KMR-*Müller* 18.
[63] BayObLG JZ **1956** 663; LG Bayreuth NJW **1970** 2122; KMR-*Müller* 19.

bei entsprechenden Vollzugserfolgen eine weiterzige Gewährung der bedingten Entlassung nahe liegen. Wird die Gesamtstrafe zur Bewährung ausgesetzt, so muß auch die Bewährungsfrist **neu festgesetzt** werden; sie beginnt mit der Rechtskraft des Gesamtstrafenbeschlusses. Diese Bewährungsfrist beträgt wiederum mindestens zwei Jahre (§ 56 a Abs. 2 StGB); wegen der „Anrechnung" der für eine Einzelstrafe erteilten und in Lauf gesetzt gewesenen Bewährungszeit vgl. § 58 Abs. 2 Satz 1 StGB.

Der **Widerruf** (§ 56 f StGB) einer für die Einzelstrafe gewährten Strafaussetzung **33** zur Bewährung hindert an sich die Aussetzung der Gesamtstrafe, in die die Einzelstrafe einbezogen wird, nicht[64]; doch wird es dann regelmäßig an den Voraussetzungen des § 56 StGB für die Aussetzung der Gesamtstrafe fehlen. Die **Anfechtung** des Gesamtstrafenbeschlusses (§ 462 Abs. 3 Satz 1) kann auf die Entscheidung über die Aussetzung beschränkt werden. Für die nachträglichen Entscheidungen gilt § 453. Das Gericht, das die Gesamtstrafe gebildet und zur Bewährung ausgesetzt hat, ist auch dann für die Überwachung der Lebensführung (§ 453 b) und die die Gesamtstrafe betreffenden Folgeentscheidungen zuständig, wenn eine der Einzelstrafen nach Teilverbüßung von der Strafvollstreckungskammer zur Bewährung ausgesetzt war; § 462 a Abs. 1 Satz 2 steht nicht entgegen, weil mit dem Wegfall der Strafaussetzung durch Einbeziehung der Einzelstrafe in die Gesamtstrafe die Zuständigkeit der Strafvollstreckungskammer entfallen ist[65]. War mit dem Vollzug einer Einzelstrafe begonnen, so steht nicht mehr Strafaussetzung, sondern nur die Aussetzung des Strafrests nach § 454 in Frage (BayObLG NJW **1957** 1810).

2. Ausnahmen von dem Grundsatz, daß die früher bewilligte Strafaussetzung bei **34** Einbeziehung einer Gesamtstrafe hinfällig wird, können sich unter dem Gesichtspunkt einer unzulässigen Verschlechterung bei einer lediglich technisch begründeten Neugruppierung von Einzelstrafen aus einer in eine andere Gesamtstrafe ergeben, so wenn zunächst eine Gesamtstrafe unter Aussetzung zur Bewährung gebildet und demnächst eine neue Gesamtstrafe unter Eingliederung aus der früheren Gesamtstrafe entnommener Einzelstrafen, aber ohne Hinzutritt einer neuen Verurteilung gebildet wird (Rdn. 24).

VIII. Verfahrensfragen

1. Zuständigkeit. Wegen der Zuständigkeit zur Bildung der Gesamtstrafe vgl. **35** § 462 a Abs. 3 und wegen der Zuständigkeit des die Gesamtstrafe bildenden Gerichts zu deren Aussetzung zur Bewährung oben Rdn. 33 am Ende.

2. Verfahren. Das Verfahren nach § 460 ist unabhängig von etwaigen Anträgen **36** des Verurteilten oder der Staatsanwaltschaft **von Amts wegen** einzuleiten[66]. Die **Anhörung des Verurteilten** (§ 462 Abs. 2) muß ihm die Möglichkeit geben, zu erkennen, daß er seine eignen tatsächlichen und rechtlichen Gesichtspunkte zur Höhe der Gesamtstrafe geltend machen kann[67].

---

[64] *Dreher/Tröndle*[42] § 58, 3 mit zahlreichen Nachweisen.
[65] OLG Hamm NJW **1976** 1648; OLG Düsseldorf JMBlNRW **1978** 201; KK-*Chlosta* 32.

[66] RGSt **5** 1; OLG Hamm GA **1976** 58; KK-*Chlosta* 31; KMR-*Müller* 23.
[67] OLG Köln NJW **1953** 275; s. auch § 462, 4.

Günter Wendisch

3. Begründung der Gesamtstrafe

37   **a) Grundsatz.** Der Gesamtstrafenbeschluß muß, da er nach § 462 Abs. 3 Satz 1 mit der sofortigen Beschwerde anfechtbar ist, nach § 34 mit Gründen versehen sein. Für die Begründung der Strafzumessung durch Urteil bestimmt § 267 Abs. 3, daß die Urteilsgründe die Umstände anführen müssen, die für die Zumessung der Strafe bestimmend gewesen sind. Dies gilt grundsätzlich auch für die Bemessung der Gesamtstrafe. Hier ist indessen zu berücksichtigen, daß diese ihren Ausgang von den ausgeworfenen Einzelstrafen nimmt und daß deren Höhe bereits im Urteil begründet ist, ferner daß die Ermessensausübung bei der Erhöhung der Einzelstrafe sich trotz der Bemühungen um die Schaffung eines rational aufgebauten Strafzumessungsrechts weithin der rationalen Begründung entzieht.

38   **b) Umfang.** Für die Gesamtstrafenbildung **nach § 79 a. F.** hatte BGHSt 8 210 unter Auseinandersetzung mit OLG Bremen NJW **1952** 1069; OLG Köln NJW **1953** 275 ausgesprochen, daß ein besonderer Anlaß zur Begründung gerade der Gesamtstrafenbemessung im allgemeinen nur besteht, wenn die Gesamtstrafe, ohne daß Gründe dafür aus der Urteilsbegründung im übrigen zu entnehmen sind, in auffälliger Weise der oberen oder unteren Grenze des zur Verfügung stehenden Rahmens sehr nahe kommt (Rdn. 25).

39   Eine **Änderung der Rechtslage** ist demgegenüber insofern eingetreten, als nach § 54 Abs. 1 Satz 2 StGB bei der Bildung der Gesamtstrafe die Person des Täters und die einzelnen Straftaten zusammenfassend zu würdigen sind. Die Bestimmung der Gesamtstrafe ist danach ein gesonderter Strafzumessungsvorgang aus der Gesamtschau aller Einzeltaten[68]. Dadurch ist — in thesi — der **Begründungszwang** für die Gesamtstrafe **verschärft** worden[69], und bei einer gebotenen eingehenderen Begründung ist es unvermeidlich, daß sich eine völlige Trennung der für die Einzel- und die Gesamtstraffestsetzung maßgeblichen Gesichtspunkte nicht durchführen läßt, so daß sie einmal isoliert für die Einzeltat, zum anderen in ihrer Auswirkung auf die Gesamtheit der Taten, zusammenfassend berücksichtigt werden können (Fußn. 68). Doch brauchen im Urteil bei der Begründung der Gesamtstrafe nur die **bestimmenden Zumessungsgründe** in den Gründen dargelegt zu werden. „In einfach gelagerten Fällen wird es nur weniger Hinweise bedürfen, wobei auch die gesamten Ausführungen des Urteils von Bedeutung sein können. Soweit Gesichtspunkte wie die persönlichen und wirtschaftlichen Verhältnisse des Angeklagten schon bei der Bildung der Einzelstrafen erörtert worden sind, ist eine Bezugnahme hierauf zulässig. Eine erneute Darlegung würde sich in einer unnötigen Wiederholung erschöpfen. Eingehender hingegen wird die Höhe der Gesamtstrafe in der Regel dann begründet werden müssen, wenn die Einsatzstrafe nur geringfügig überschritten oder die Summe der Einzelstrafen nahezu erreicht wird[70].

40   **c) Beschlußbegründung.** Diese Grundsätze gelten auch für die Begründung der beschlußmäßigen Bildung der Gesamtstrafe, für die § 267 Abs. 3 Satz 1 nicht unmittelbar, sondern nur entsprechend anwendbar ist[71]. Hier kommt hinzu: Der Gesamtstrafenrichter schöpft hier die Gründe für seine Bemessung der Gesamtstrafe aus den Einzelurtei-

---

[68] BGHSt **24** 268 = NJW **1972** 454 mit Anm. *Jagusch*; OLG Saarbrücken NJW **1975** 1040; OLG Hamm NJW **1977** 2087; OLG Koblenz GA **1978** 188.

[69] LK-*Mösl*[9] § 75, 12; LK-*Vogler* § 54, 9; *Dreher/Tröndle*[42] § 54, 6.

[70] So schon die frühere Rechtsprechung; vgl.

BGHSt **8** 205, aber auch BGHSt **24** 268 = NJW **1972** 454 mit Anm. *Jagusch*; OLG Bremen NJW **1952** 1069; OLG Köln NJW **1953** 275; KK-*Chlosta* 29; KMR-*Müller* 25.

[71] OLG Koblenz OLGSt § 460 StPO, 11; *Schorn* JR **1964** 45.

len und deren Strafzumessungsgründen; diese Erwägungen im Gesamtstrafenbeschluß zu wiederholen wäre wenig sinnvoll. Nur wo sich aus der Gesamtschau der Taten noch **weitere wesentliche,** auf die Bemessung der Gesamtstrafe einwirkende **Gesichtspunkte** ergeben, müssen diese Erwägungen in der Begründung des Beschlusses Ausdruck finden[72]. Wo solche Erwägungen in dem Beschluß fehlen, obwohl sie nach Lage der Sache zu erwarten wären, insbesondere also bei einem „zu nahe herankommen" an die obere oder untere Grenze des Zulässigen, ist nicht erkennbar, ob die Zumessung auf wohlerwogenen Gründen oder auf einem Übersehen der maßgeblichen Zumessungsgesichtspunkte beruht; das Unterlassen einer näheren Begründung stellt dann einen Verfahrensverstoß dar[73].

4. Rechtsmittel. Gegen den Beschluß können die Staatsanwaltschaft und der Verurteilte sofortige Beschwerde einlegen (§ 462 Abs. 3 Satz 1). Legt der Verurteilte (oder die Staatsanwaltschaft zu seinen Gunsten) sie ein, so gilt für die Beschwerdeinstanz das Verbot der reformatio in peius, nicht anders, als wenn die Gesamtstrafe gemäß § 55 StGB durch Urteil gebildet wäre und der Angeklagte dagegen Berufung eingelegt hätte[74].   **41**

5. Wirkung der Rechtskraft. Der rechtskräftige Beschluß setzt die Gesamtstrafe in gleicher Weise unabänderlich fest wie ein Urteil nach §§ 53, 55 StGB[75]. Zu Unrecht meint LG Bochum (Rpfleger **1962** 441 mit abl. Anm. *Pohlmann*), wenn sich die tatsächlichen Grundlagen eines rechtskräftigen Gesamtstrafenbeschlusses nach § 460 als unrichtig erwiesen, könne das Gericht, das ihn erlassen hat, ihn wieder aufheben. Die Rechtskraft schließt aber nicht aus, daß erneut das Verfahren nach § 460 zu betreiben und unter Auflösung der so gebildeten Gesamtstrafe eine neue Gesamtstrafe festzusetzen ist, wenn sich ergibt, daß noch eine weitere der Einbeziehung fähige und bedürftige Einzelstrafe vorhanden ist.   **42**

6. Vollstreckbarkeitsbescheinigung. Nach Rechtskraft des Gesamtstrafenbeschlusses bildet dieser allein die **Vollstreckungsgrundlage**[76], und es bedarf auch für den Gesamtstrafenbeschluß einer Vollstreckbarkeitsbescheinigung (§ 451, 50)[77]. Bis zur Rechtskraft sind die Einzelurteile weiterhin die Vollstreckungsgrundlage, doch sind in § 41 Abs. 3 StVollstrO die Vollstreckungsbehörden angewiesen, unter den dort bezeichneten Voraussetzungen den noch nicht rechtskräftigen Beschluß der Strafzeitberechnung vorläufig zugrunde zu legen.   **43**

7. Widerruf der Strafaussetzung wegen einer Tat nach Erlaß, aber vor Rechtskraft des Gesamtstrafenbeschlusses. Straftaten, die der Verurteilte in der Zeit zwischen dem Erlaß und der Rechtskraft des auf Strafaussetzung zur Bewährung lautenden Urteils begeht, rechtfertigen (nach überwiegend vertretener Auffasung) nicht den Wider-   **44**

---

[72] So auch OLG Braunschweig NJW **1954** 569; OLG Hamm MDR **1968** 168.

[73] OLG Hamm JMBlNRW **1955** 60; OLGSt § 460 StPO, 7.

[74] LG Zweibrücken NJW **1954** 934; KMR-*Müller* 27.

[75] BayObLG HRR **1935** Nr. 1206; JZ **1951** 523; OLG Hamm GA **1961** 155; OLG Karlsruhe Justiz **1976** 261; OLG Düsseldorf MDR

1983 862; JR **1984** 508 mit zust. Anm. *Beulke;* KMR-*Müller* 22.

[76] *Wetterich/Hamann* 65; 1121; KK-*Chlosta* 21.

[77] LG Bochum NJW **1957** 194; *Eb. Schmidt* JZ **1962** 449; *Eb. Schmidt* 18; *Knetsch* und *Pohlmann* Rpfleger **1957** 75; *Pohlmann/Jabel* § 13, 36; *Wetterich/Hamann* 65; KK-*Chlosta* 33; KMR-*Müller* 28.

ruf der Strafaussetzung[78]. § 454 a läßt diese Rechtslage unberührt (§ 454 a, 5). Demgemäß ist auch wegen Straftaten, die nach Erlaß und vor Rechtskraft des Strafaussetzung bewilligenden Gesamtstrafenbeschlusses begangen wurden, weder ein Widerruf der Strafaussetzung noch eine Wiederaufnahme des Verfahrens gegen den Gesamtstrafenbeschluß möglich[79].

IX. Strafzeitberechnung

45   **1. Grundsatz.** Über die Berechnung der Strafzeit bei Gesamtstrafen vgl. § 41 StVollstrO, abgedr. § 451, 57. **Ergänzend ist zu bemerken:**

46   **2. Beginn.** Daß der Beginn der Vollstreckung der **Gesamtstrafe,** wenn zur Zeit ihrer rechtskräftigen Festsetzung eine der in sie einbezogenen Einzelstrafen bereits teilweise verbüßt war, vom Beginn der Vollstreckung dieser Einzelstrafe zu berechnen ist, ist in Rechtsprechung und Schrifttum seit langem anerkannt[80]. Maßgebend für den Beginn der Gesamtstrafe ist stets der Vollzugsbeginn bei der einbezogenen Einzelstrafe, mit deren Vollzug zuerst begonnen worden ist, ohne Rücksicht darauf, ob diese Einzelstrafe nur teilweise verbüßt ist und weitere einbezogene Freiheitsstrafen voll verbüßt oder im Vollzug begriffen sind[81]. Der **Vollzugsbeginn bei der ersten Einzelstrafe** bleibt auch maßgebend, wenn sie bei Rechtskraft der Gesamtstrafenfestsetzung bereits voll verbüßt war („oder beendet ist"); ist der Verurteilte nach Beendigung des Vollzugs dieser Einzelstrafe entlassen worden oder hat er anschließend eine nicht in die Gesamtstrafe einbezogene Freiheitsstrafe verbüßt, so rechnet die Zeit bis zu weiterer Verbüßung von in die Gesamtstrafe einbezogenen Strafen für die Gesamtstrafe als Strafunterbrechung.

47   **3. Anrechnung von Untersuchungshaft.** Eines Ausspruchs im Gesamtstrafenbeschluß über die Anrechnung von Untersuchungshaft, die bei den Einzelstrafen angerechnet wurde, auf die Gesamtstrafe bedarf es nicht[82], wie ja auch bei der Bildung der Gesamtstrafe nach § 55 StGB ein Ausspruch über die Anrechnung der Untersuchungshaft entfällt, diese Anrechnung als Teil der Strafzeitberechnung vielmehr **Aufgabe der Vollstreckungsbehörde** ist und aufkommende Zweifel auf dem Weg der §§ 458, 462 gerichtlich zu klären sind[83]. Es liegt hier anders als bei Nebenstrafen, Nebenfolgen und Maßnahmen (§ 11 Abs. 1 Nr. 8 StGB), die, damit sie bestehen bleiben, in dem Gesamtstrafenbeschluß aufrechtzuerhalten sind (Rdn. 30). Wenn allerdings in dem Gesamtstrafenbeschluß über die Anrechnung von Untersuchungshaft entschieden wurde und diese Entscheidung rechtskräftig geworden ist, so ist sie auch verbindlich[84].

48   Die gesetzliche Anrechnung der Untersuchungshaft nach § 51 StGB erfolgt auf die **Gesamtstrafe** und reicht, falls Untersuchungshaft nicht in allen vorangegangenen

---

[78] OLG Zweibrücken MDR **1976** 333; OLG Karlsruhe MDR **1976** 862; OLG Düsseldorf MDR **1983** 862; JR **1984** 509 mit zust. Anm. *Beulke*; SK-*Horn* § 56 f, 9; a. A LG Hannover NdsRpfl. **1978** 287.

[79] OLG Karlsruhe Justiz **1976** 261 = MDR **1976** 862.

[80] BGHSt **21** 187; BayObLGSt **19** (1920) 272; NJW **1957** 1810 – unter Aufgabe der früheren Rechtsprechung BayObLGSt **2** (1903) 186

und 9 (1910) 267, 273, wonach der verbüßte Teil der Einzelstrafe vom Ende der Gesamtstrafe abgerechnet werden sollte –; *Köhler* GerS **65** (1905) 32; *Küster* Rpfleger **1953** 221.

[81] *Pohlmann/Jabel* § 41, 2.

[82] BGHSt **9** 9; OLG Celle MDR **1966** 346.

[83] BGHSt **21** 186; KMR-*Müller* 24.

[84] OLG Hamm GA **1961** 155; offengelassen von BGHSt **21** 186, 188.

Verfahren vollzogen worden war, nur bis zur Höhe derjenigen Einzelstrafen, auf die in den Verfahren erkannt worden ist, in denen die Untersuchungshaft vollstreckt worden war[85]. Hat der Verurteilte jedoch in dem Verfahren, in dem die Gesamtstrafe gebildet worden ist, Untersuchungshaft, und zwar wegen einer Tat erlitten, die Gegenstand des Verfahrens war, dann ist sie selbst dann auf die in diesem Verfahren erkannte Strafe anzurechnen, wenn die Untersuchungshaft dessen Einzelstrafe überschreitet[86]. Ist bei einer der einbezogenen Einzelstrafen gemäß §51 Abs. 1 Satz 2 StGB das Unterbleiben der Untersuchungshaftanrechnung angeordnet worden, so entspricht es wohl dem Gedanken der Gesamtschau (§54 Abs. 1 Satz 2 StGB), daß der Gesamtstrafenrichter prüft, ob die Nichtanrechnung auch gegenüber dem neuen Strafausspruch aufrechtzuerhalten ist[87].

X. Jugendgerichtliches Verfahren

1. Einheit der Unrechtsfolgen. Im Verfahren gegen einen Jugendlichen (oder **49** einen Heranwachsenden bei Anwendung von Jugendstrafrecht), der mehrere Straftaten begangen hat, setzt der Jugendrichter bei gleichzeitiger Aburteilung nur **einheitlich** Erziehungsmaßregeln, Zuchtmittel oder Jugendstrafe fest (§31 Abs. 1 JGG).

2. Nachträgliche Entscheidung nach §66 JGG. Auch bei Aburteilung in verschie- **50** denen Verfahren erkennt — Parallele zu §55 StGB — der später erkennende Richter nach §31 Abs. 2 JGG unter Einbeziehung des früheren Urteils nur einheitlich auf Maßnahmen oder Jugendstrafe, und zwar ist die Unrechtsfolge festzusetzen, die der Richter für alle Straftaten als angemessen ansieht (BGHSt **16** 335). Ist bei Aburteilung der mehreren Taten in verschiedenen Verfahren die einheitliche Festsetzung nach §31 Abs. 2 JGG unterblieben, so wird — Parallele zu §460 — gemäß §66 JGG die einheitliche Festsetzung nachträglich vorgenommen; die Entscheidung kann auf Grund einer Hauptverhandlung durch Urteil oder ohne Hauptverhandlung durch Beschluß ergehen.

Die **Zuständigkeit** des Gerichts und die Durchführung des Beschlußverfahrens **51** richten sich gemäß §66 Abs. 2 Satz 3 JGG nach §§462, 462 a StPO. Soweit §462 a Abs. 3 die Zuständigkeit von der schwersten Strafart abhängig macht, muß diese Vorschrift sinngemäß in der Weise angewendet werden, daß die Schwere des jugendgerichtlichen Reaktionsmittels (in der Reihenfolge: Jugendstrafe, Fürsorgeerziehung, Dauerarrest usw.) den Ausschlag gibt (*Dallinger/Lackner* §66, 27). Ferner sind auch im Beschlußverfahren die nach Lage des Falles anwendbaren Sondervorschriften des Jugendgerichtsgesetzes über das Jugendstrafverfahren (insbes. über Heranziehung der Jugendgerichtshilfe und Rechtsmittelbeschränkung nach §55 Abs. 1 JGG) zu beachten (*Dallinger/Lackner* §66, 19). Ist eine Jugendstrafe teilweise verbüßt, so ist nach §66 Abs. 2 Satz 4 JGG für die Nachtragsentscheidung der Richter zuständig, dem die Aufgaben des Vollstreckungsleiters obliegen.

3. Mehrere Straftaten in verschiedenen Alters- und Reifestufen
a) Frühere Zweifelsfragen. Für den Fall, daß ein Täter mehrere Straftaten in ver- **52** schiedenen Alters- und Reifestufen begangen hat, bestimmt §32 JGG: „Für mehrere

---

[85] LK-*Tröndle*[9] §60, 27; LK-*Tröndle*[10] §51, 57; *Pohlmann/Jabel* §39, 7.
[86] BGHSt **23** 297 = JR **1971** 336 mit Anm. *Koffka*; OLG Hamm NJW **1972** 2192; *Schönke/Schröder/Stree*[22] §51, 15; *Pohl-mann/Jabel* §39, 7; *Kleinknecht/Meyer*[37] §260, 33; §450, 2; §460, 9.
[87] BGH vom 23. 8. 1974 – 2 StR 298/74 –; **a. A** KMR-*Müller* 31.

Günter Wendisch

Straftaten, die **gleichzeitig abgeurteilt werden** und auf die teils Jugendstrafrecht und teils allgemeines Strafrecht anzuwenden wäre, gilt einheitlich das Jugendstrafrecht, wenn das Schwergewicht bei den Straftaten liegt, die nach Jugendstrafrecht zu beurteilen wären. Ist dies nicht der Fall, so ist einheitlich das allgemeine Strafrecht anzuwenden." Da die Regelung des § 32 JGG nach der Entstehungsgeschichte der Vorschrift bewußt auf den Fall beschränkt ist, daß die mehreren Straftaten gleichzeitig abgeurteilt werden, ergaben sich Zweifel, was rechtens ist, wenn z. B. gegen einen Heranwachsenden in Anwendung von Erwachsenenstrafrecht auf eine Freiheitsstrafe erkannt ist und vor deren Verbüßung eine früher begangene Tat zur Aburteilung gelangt, die das jetzt erkennende Gericht auf Grund eingehenderer Persönlichkeitsforschung nur mit Jugendstrafe ahnden will.

53   Die gleiche Frage tauchte auf, wenn gegen den heranwachsenden Täter nach Vollendung des 21. Lebensjahres eine (noch nicht verbüßte) Jugendstrafe erkannt ist und danach eine Tat abzuurteilen ist, die er vor der Verurteilung, aber schon als Erwachsener begangen hatte. Der Bundesgerichtshof[88] erklärt die Bildung einer Gesamtstrafe des allgemeinen Strafrechts für ausgeschlossen, weil Jugend- und Erwachsenenstrafen ihrem Wesen nach völlig **verschiedene Strafübel** seien und das Gesetz keine Umwandlung für den Fall ihres Zusammentreffens zugelassen habe. Um die Benachteiligung für den Verurteilten zu vermeiden, die sich aus dem verkürzten Vollzug der Einzelstrafen ergibt, wurden im Schrifttum die in der 22. Auflage (§ 460, X 2) dargestellten Abhilfemöglichkeiten, u. a. die sinngemäße Anwendung des § 32 JGG vorgeschlagen.

54   **b) Geltendes Recht.** Die in der vorhergehenden Randnummer aufgezeigten Schwierigkeiten sind seit 1975 **weitgehend behoben** durch die Ergänzungen des § 105 JGG (Einfügung des neuen Absatz 2) und des § 109 Abs. 2 (Anfügung des neuen Satzes 2)[89]. § 105 Abs. 2 ermöglicht es, auch dann einheitliche Maßnahmen des Jugendgerichtsgesetzes oder Jugendstrafe gegenüber einem Heranwachsenden, bei dem Jugendstrafrecht angewendet wird, festzusetzen, wenn der Heranwachsende bereits vorher rechtskräftig nach allgemeinem Strafrecht verurteilt worden ist und die Strafe noch nicht vollständig erledigt ist. Das Gesetz[90] geht dabei davon aus, daß, wenn der Richter trotz vorangegangener Verurteilung nach allgemeinem Strafrecht nunmehr Jugendstrafrecht anwendet, dies das Ergebnis genauerer Persönlichkeitsforschung ist und es damit dem **Grundgedanken des § 32 JGG** entspreche, die frühere Verurteilung nach allgemeinem Strafrecht in das nach Jugendstrafrecht zu erlassende Urteil miteinzubeziehen und so das Nebeneinanderbestehen von Strafen und Maßnahmen aus den verschiedenen Strafrechtsordnungen als mit dem beherrschenden Erziehungsgedanken des Jugendgerichtsgesetzes unverträglich auszuschließen. Der neue § 109 Abs. 2 Satz 2 JGG sieht, indem er die **Anwendung des § 66 JGG** vorschreibt, eine entsprechende nachträgliche Entscheidung vor, wenn eine einheitliche Festsetzung von Maßnahmen oder Jugendstrafe unter Einbeziehung des nach allgemeinem Strafrecht ergangenen Urteils gemäß § 105 Abs. 2 JGG trotz Vorliegens der Voraussetzungen unterblieben ist. Offen geblieben ist die Frage, ob § 32 JGG über seinen Wortlaut hinaus in einer dem Täter günstigen Weise entsprechend angewendet werden kann, wenn bei Anwendung von Erwachsenenstrafrecht eine Gesamtstrafe nach § 55 StGB, § 460 StPO zu bilden wäre (dazu *Brunner* § 32, 3). S. auch § 462 a, 71.

---

[88] BGHSt **10** 100, 103; **14** 287; LM JGG § 32
    Nr. 4.
[89] Vgl. Art. 26 Nr. 48, 50 EGStGB 1974.

[90] Vgl. Begr. zu Art. 24 Nr. 42 RegE EGStGB
    1974, BTDrucks. 7 550, S. 332.

XI. Verfahrensgebühr

Eine Gebühr wird für das Verfahren nicht erhoben; die für die früheren Verfah- **55** ren angesetzten einzelnen Gebühren bleiben aber bestehen (§ 41 Abs. 2 GKG).

XII. Übergangsregelung

§ 460 regelt nur den Fall, daß jemand durch verschiedene rechtskräftige Urteile **56** zu mehreren Strafen verurteilt worden ist. Hat dagegen ein Gericht jemanden vor Inkrafttreten des 23. Strafrechtsänderungsgesetzes am 1. Mai 1986 in einem Urteil zu mehreren lebenslangen Freiheitsstrafen oder zu lebenslanger und zeitiger Freiheitsstrafe verurteilt, greift § 460 seinem Wortlaut nach nicht ein. Schon mit Rücksicht auf die Aussetzungsregelung des § 57 a StGB erscheint es geboten, die entsprechenden Strafen durch eine nachträgliche gerichtliche Entscheidung auf eine Gesamtstrafe zusammenzuführen, wenn nach neuem Recht gegen den Verurteilten auf eine Gesamtstrafe erkannt worden wäre[91]. Aus diesem Grund bestimmt Art. 316 Abs. 2 EGStGB 1974[92]: „Ist jemand vor dem 1. Mai 1986 zu mehreren lebenslangen Freiheitsstrafen oder zu lebenslanger und zeitiger Freiheitsstrafe verurteilt worden, so ist § 460 der Strafprozeßordnung sinngemäß anzuwenden, wenn nach neuem Recht auf eine lebenslange Freiheitsstrafe als Gesamtstrafe erkannt worden wäre".

§ 461

(1) Ist der Verurteile nach Beginn der Strafvollstreckung wegen Krankheit in eine von der Strafanstalt getrennte Krankenanstalt gebracht worden, so ist die Dauer des Aufenthalts in der Krankenanstalt in die Strafzeit einzurechnen, wenn nicht der Verurteilte mit der Absicht, die Strafvollstreckung zu unterbrechen, die Krankheit herbeigeführt hat.

(2) Die Staatsanwaltschaft hat im letzteren Falle eine Entscheidung des Gerichts herbeizuführen.

Schrifttum. *Hasse* Die Anrechnung des Aufenthalts in einer von der Strafanstalt getrennten Krankenanstalt auf die Strafzeit, GA **64** (1917) 540; *Klee* Unter welchen Voraussetzungen ist einem Strafgefangenen die Dauer seiner Geisteskrankheit auf die Strafzeit anzurechnen? ZStW **28** (1908) 788; *Mayer* Gerichtliche Entscheidung bei Strafunterbrechung, NJW **1962** 1429; *Rosenberg* Die Anrechnung des Aufenthalts in einer Irrenanstalt auf die Strafzeit, DStRZ **3** (1916) 10.

Entstehungsgeschichte. Die als § 493 Gesetz gewordene Vorschrift hat ihre jetzige Bezeichnung durch die Bekanntmachung 1924 erhalten.

---

[91] BTDrucks. **10** 2720; Begr. zu Art. 4 Nr. 2, S. 19.   [92] In der Fassung von Art. 4 Nr. 2 des 23. StRÄndG vom 13. 4. 1986 (BGBl. I 393).

Günter Wendisch

Übersicht

1   **1. Anwendungsbereich.** § 461 regelt die Berechnung der Strafzeit, wenn der Strafvollzug **tatsächlich** dadurch **unterbrochen** wird, daß der Verurteilte wegen Krankheit in eine von der Strafanstalt getrennte Krankenanstalt gebracht wird. **Gebracht** ist der Verurteilte, wenn er unabhängig von seinem Willen in Ausübung öffentlicher Gewalt in die Anstalt überführt ist[1]. Bei der **von der Strafanstalt getrennten Krankenanstalt** handelt es sich um eine Krankenanstalt, die nicht dem Vollzug (von Freiheitsstrafen oder freiheitsentziehenden Maßregeln der Besserung und Sicherung) dient, also um ein „Krankenhaus außerhalb des Vollzugs" i. S des § 65 Abs. 2 StVollzG 1976. Denn daß bei Verbringung des Erkrankten in ein „Anstaltskrankenhaus" der Justizverwaltung (§ 65 Abs. 1 StVollzG) die darin verbrachte Zeit auf die Strafzeit anzurechnen ist, ist selbstverständlich und bedurfte keiner Regelung: hier bleibt ja der Verurteilte in der Gewalt der Vollzugsverwaltung, und es wird — durch Aufrechterhaltung der Freiheitsentziehung — der Vollzug fortgesetzt, nur eben in einer den Umständen angepaßten Form. Wird der Verurteilte aber in ein nicht dem Vollzug dienendes Krankenhaus (in ein Krankenhaus „außerhalb des Vollzugs") verbracht, so **endet** in der Regel **faktisch** die den Kern des Vollzugs bildende **Freiheitsentziehung** kraft öffentlicher Gewalt. Denn diese könnte ja nur in der Form fortgesetzt werden, daß das Krankenhaus es übernimmt, ein Entweichen des Gefangenen gewaltsam zu verhindern — dazu ist es aber weder verpflichtet noch wird es ohne weiteres dazu bereit sein — oder daß Beamte der Vollzugsanstalt oder in ihrem Auftrag Polizeibeamte überwachen, daß der Gefangene nicht entweicht, und das wird in der Regel aus tatsächlichen Gründen, insbesondere wegen Personalmangels nicht möglich sein.

2   **2. Grundsatz.** Die Bedeutung der Vorschrift besteht also in der **Klarstellung,** daß trotz faktischer Beendigung oder mindestens weitgehender Lockerung der Freiheitsentziehung die in dem Krankenhaus verbrachte Zeit als **Strafzeit anzurechnen** ist[2]. An sich ist auch diese Bestimmung, wenn man zunächst von dem Fall der Verbringung eines Geisteskranken in ein psychiatrisches Krankenhaus (Rdn. 3) absieht, im Grunde zwangsläufig und insofern selbstverständlich[3]. Denn es bleibt ja *rechtlich* die Befugnis der Vollzugsanstalt, die Fortdauer der Freiheitsentziehung durch geeignete Maßnahmen sichtbar zu machen, bestehen[4]. Sie wird dies z. B. durch Abordnung von Vollzugsbeamten oder durch Inanspruchnahme der Amtshilfe der Polizei (Art. 35 GG) tun, wenn ein als Aus-

---

[1] OLG Düsseldorf GA **56** (1909) 112; KK-*Chlosta* 3.
[2] OLG Hamm NStZ **1983** 287; *Kleinknecht/Meyer*[37] 1.
[3] Die Entscheidung OLG Köln NJW **1955** 234, wonach grundsätzlich nur die in einer

Strafvollzugsanstalt verbrachte Zeit auf die Strafzeit angerechnet werden könne und ohne § 461 keine Möglichkeit zur Anrechnung des Krankenhausaufenthalts bestehe, ist inzwischen überholt.
[4] KK-*Chlosta* 1.

brecher bekannter Gefangener aus den in §65 Abs. 2 StVollzG bezeichneten Gründen in ein öffentliches Krankenhaus verbracht werden müßte, etwa zur Vornahme einer bestimmten Operation, für die die technischen Möglichkeiten in einem Anstaltskrankenhaus nicht gegeben sind. In anderen Fällen kann sie etwa das Krankenhaus bitten, den Kranken in einem Raum unterzubringen, der ein Entweichen möglichst ausschließt, oder alsbald die Polizei zu verständigen, wenn der Kranke Anstalten zur Flucht zu treffen scheint usw. Daß die Möglichkeiten, die rechtlich fortdauernde Freiheitsentziehung nach außen erkennbar zu machen, meist aus tatsächlichen Gründen beschränkt oder ausgeschlossen sind, steht auf einem anderen Blatt und kann dem Verurteilten nicht zum Nachteil gereichen[5].

3. Geisteskranke. §461 gilt auch, da er — ebenso wie §65 StVollzG — zwischen **3** körperlichen und geistigen Erkrankungen nicht unterscheidet, bei Verbringung eines geistig erkrankten Strafgefangenen in ein allgemeines psychiatrisches Krankenhaus[6]. Die **Unterbringung** eines für den Strafvollzug untauglichen Geisteskranken in einer (geschlossenen) Abteilung eines psychiatrischen Krankenhauses erfolgt, wenn es sich um einen gemeingefährlichen (d. h. anderen oder sich selbst gefährlichen) Geisteskranken handelt, durch gerichtliche Entscheidung auf der Grundlage der in den Ländern bestehenden **Unterbringungsgesetze** (vgl. Erl. zu §413) oder durch den Vormund mit vormundschaftsgerichtlicher Genehmigung[7]. Ist ein Geisteskranker nicht gemeingefährlich, sondern wegen seines Zustands nur pflegebedürftig, so erfolgt die Unterbringung durch die **Fürsorgebehörde.**

Diese Fälle trifft §461 nicht[8]. Er setzt vielmehr voraus, daß der Kranke in das **4** Krankenhaus „gebracht", also kraft öffentlicher Gewalt — und zwar der der Vollstreckungsbehörde in Vollstreckung des Strafurteils zustehenden Gewalt — in die Anstalt gebracht und diese Vollzugsgewalt während des Aufenthalts in der Anstalt rechtlich aufrechterhalten wird[9]. Soweit diese Anstalt bereit — und gegebenenfalls durch die Amtshilfepflicht nach Art. 35 GG gehalten — ist, bei der **Aufrechterhaltung der Freiheitsentziehung** mitzuwirken, leitet sie ihre Legitimation dazu aus dem Auftrag der Vollstreckungsbehörde ab, andernfalls kommen Maßnahmen der Vollzugsbehörde, die der Effektuierung der rechtlich aufrechterhaltenen Freiheitsentziehung dienen, nur in dem beschränkten Maß in Betracht wie bei der Verbringung in ein Krankenhaus „außerhalb des Vollzugs" wegen körperlicher Krankheit. Auch hier wird aber nach §461 die Dauer des Aufenthalts in dem psychiatrischen Krankenhaus ohne Rücksicht darauf auf die Strafzeit angerechnet, ob und inwieweit **tatsächlich** eine Freiheitsentziehung oder -beschränkung kraft Strafvollzugsgewalt stattfand. Der innere Grund für die Anrechnungspflicht ist also kein anderer als bei der Verbringung in ein Krankenhaus wegen körperlicher Krankheit. Für eine gesetzliche Klarstellung bestand aber hier bei Schaffung der Strafprozeßordnung ein besonderes Bedürfnis, weil in den einzelnen Bundesstaaten sehr verschiedene Grundsätze über die Anrechnung des Anstaltsaufenthalts auf die Strafzeit galten; es sollte einheitliches Recht geschaffen und die Anrechnung, die bis dahin nur einem Teil der geisteskranken Sträflinge zugebilligt wurde, allen zuteil werden, auch bei dauernder Unterbringung in einer Pflegeanstalt wegen unheilbarer Geisteskrankheit[10].

---

[5] OLG Hamm NStZ **1983** 287.
[6] Allgemeine Ansicht, schon *Hasse* GA **64** (1917) 540, aber auch KK-*Chlosta* 2.
[7] § 1800 Abs. 2 BGB, BVerfGE **10** 302 = NJW **1960** 811.

[8] Ebenso KK-*Chlosta* 6.
[9] OLG Celle MDR **1968** 782; KK-*Chlosta* 3.
[10] Vgl. *Hahn* Mat. **1** 1139 bis 1141; *Rosenberg* DStRZ **3** (1916) 10 ff.

Günter Wendisch

5   **4. Ausnahmen.** Selbst wenn die Vollzugsgewalt während des Krankenhausaufenthalts in deutlich sichtbarer und als Freiheitsentziehung für den Verurteilten fühlbarer Form aufrechterhalten wird, entfällt die Anrechnung auf die Strafzeit, wenn der Verurteilte die **Krankheit in der Absicht, „die Strafvollstreckung zu unterbrechen"**, herbeigeführt hat. Von einer Unterbrechung der Strafvollstreckung im technischen Sinn ist hier keine Rede; nicht einmal der Vollzug wird völlig aufgehoben, sondern gegebenenfalls, wie zu Rdn. 1, 4 dargelegt, in modifizierter Form fortgesetzt. Gemeint ist mit „Unterbrechung der Strafvollstreckung" lediglich die Unterbrechung des normalen Vollzugs in der Vollzugsanstalt. Die absichtliche Herbeiführung der Krankheit allein rechtfertigt die Nichtanrechnung nicht; die Krankheit muß vielmehr zu dem Zweck herbeigeführt sein, in die Krankenanstalt verbracht zu werden, wobei der Zweck (Schaffung einer Fluchtmöglichkeit, Vermeidung des Arbeitszwangs, bessere Verköstigung usw.) gleichgültig ist[11].

6   Bei dieser Ausnahme von der Anrechnungspflicht war nur an die Herbeiführung einer körperlichen Krankheit gedacht (*Hahn* Mat. 1 1141), weil die Herbeiführung einer Geisteskrankheit nicht denkbar erschien. Soweit dies aber möglich ist — wie etwa durch Genuß von Rauschgift, das in die Anstalt zu schmuggeln gelang —, gilt die Ausnahme auch hier. Nach dem Zweck der Vorschrift genügt aber auch die **Simulierung einer Geisteskrankheit,** die Veranlassung gibt, den Gefangenen in ein psychiatrisches Krankenhaus zu überweisen (OLG Dresden Sächs. OLG **26** 485), und das gleiche muß gelten, wenn durch Simulierung einer körperlichen Krankheit der Gefangene sein Ziel erreicht, daß der getäuschte Arzt der Vollzugsanstalt seine Überführung in ein Krankenhaus „außerhalb des Vollzugs" für erforderlich erklärt[12]. Die **Nichtanrechnung** erfolgt nur auf Grund gerichtlicher Entscheidung (Absatz 2); die Staatsanwaltschaft hat diese Entscheidung herbeizuführen, wenn sie die Voraussetzungen der Nichtanrechnung als nachgewiesen ansieht.

7   **5. Entweichen eines Gefangenen.** Eine — in der Strafprozeßordnung nicht geregelte — tatsächliche Unterbrechung des Vollzugs liegt vor, wenn der Verurteilte entweicht. Daß die Zeit der selbstverschafften Freiheit nicht auf die Strafzeit angerechnet wird, ist selbstverständlich; als Beginn der Fortsetzung des Vollzugs rechnet hier nach § 40 Abs. 2 StVollstrO (§ 451, 57) der Zeitpunkt, in dem sich der Verurteilte in irgendeiner Anstalt freiwillig gestellt hat, oder in dem er zwecks weiteren Strafvollzugs polizeilich festgenommen worden ist (dazu § 450, 18).

6. Unterbrechung der Strafvollstreckung

8   **a) Vollzugsuntauglichkeit.** Die Frage, ob und inwieweit die Vollstreckungsbehörde die Strafvollstreckung wegen einer körperlichen oder geistigen Erkrankung, die den Verurteilten zum Strafvollzug in der Vollzugsanstalt untauglich macht, mit der Wirkung **förmlich unterbrechen** kann, daß die nach der Unterbrechung liegende Zeit auf die Strafzeit nicht angerechnet wird, ist nunmehr in § 455 Abs. 4 geregelt (vgl. § 455, 1 f; 17 ff). Diese Frage war früher streitig, soweit es sich um Geisteskranke handelt, die in ein allgemeines psychiatrisches Krankenhaus verbracht wurden. Aus der Entstehungsgeschichte des § 461 (Rdn. 3) wurde gefolgert, daß hier eine Nichtanrechnung der Zeit des Anstaltsaufenthalts unzulässig sei[13]. Indessen hatte sich schon auf dem Boden

---

[11] KK-*Chlosta* 4.
[12] Ebenso KMR-*Müller* 3; *Kleinknecht/Meyer*[37] 1; *Dalcke/Fuhrmann/Schäfer* 3; **a. A** KK-*Chlosta* 2.

[13] *Klee* ZStW **28** (1908) 786.

des bisher geltenden Rechts seit langem die Auffassung durchgesetzt, daß die Vollstreckungsbehörde aus den Gründen, die sie nach § 455 zum Aufschub der Vollstreckung verpflichten, von Amts wegen auch die Vollstreckung unterbrechen kann, wenn diese Umstände nach begonnenem Vollzug hervortreten, weil es sich dann nicht um eine Maßnahme mit Rücksicht auf persönliche Belange des Verurteilten, sondern um eine solche aus vollzugstechnischen Gründen handelt, die sich auf § 451 stützt[14]. Davon geht auch § 65 Abs. 2 Satz 2 StVollzG aus, der im übrigen wegen der dort vorgesehenen Folgen (Eintritt der gesetzlichen Krankenversicherung) gemäß § 198 Abs. 2 der Inkraftsetzung durch besonderes Gesetz bedarf.

b) Nachteile. Zu berücksichtigen ist allerdings, daß die Unterbrechung des Vollzugs auch Nachteile für den Verurteilten mit sich bringen kann, indem sie das Ende der Gesamtvollstreckung hinausschiebt. Daraus ergibt sich die Folgerung, daß für die Unterbrechung **wichtige Gründe** vorliegen und daß lediglich fiskalische Erwägungen (Abwälzung der Vollzugskosten) außer Betracht bleiben müssen[15]. Dem trugen bisher schon die §§ 45, 46 StVollstrO[16] und tragen nunmehr § 455 Abs. 4 sowie Art. 6 EGWStG (in Verb. mit § 46 StVollstrO) in vollem Umfang Rechnung. § 455 Abs. 4[17] läßt die Unterbrechung wegen geistiger oder körperlicher Erkrankung nur zu, wenn (aufgrund eines ärztlichen Gutachtens) feststeht, daß die Krankheit eine erhebliche Zeit fortbestehen wird (§ 455, 19) oder, wenn zwar der Zeitpunkt der voraussichtlichen Genesung abzusehen ist, der Verurteilte aber ohne die Unterbrechung wegen der Anrechnungspflicht nach Absatz 1 einen unverhältnismäßig **großen Teil der Strafzeit** außerhalb der Vollzugsanstalt zubringen müßte. Ist ein Strafrest für sich allein genommen und im Verhältnis zum verbüßten Teil der Strafe unerheblich, so soll, auch wenn in absehbarer Zeit mit Wiederherstellung nicht zu rechnen ist, eine Unterbrechung nur angeordnet werden, wenn für den Strafrest ein Gnadenerweis in Aussicht genommen wird[18].

Eine Unterbrechung ist auch zulässig, um eine durch den Weitervollzug drohende **nahe Lebensgefahr** für den Verurteilten auszuschließen. Wie sich auch aus § 66 StVollzG ergibt, folgt daraus aber nicht, daß bei naher Lebensgefahr stets zu unterbrechen wäre, denn dadurch würde die Lebensgefahr nicht gebannt, sondern unter Umständen (bei Transportunfähigkeit, unzulänglicher ärztlicher Versorgung außerhalb des Vollzugs) erhöht. Die Unterbrechung ist nicht mehr auf zeitige Freiheitsstrafe beschränkt (vgl. § 455 Abs. 1). Auch zu lebenslanger Freiheitsstrafe Verurteilte haben unter bestimmten Voraussetzungen einen Anspruch auf Haftunterbrechung; § 45 StVollstrO steht dem nicht entgegen[19]. Das folgt aus der verfassungsrechtlichen Verpflichtung der Vollzugsanstalten, auch bei zu lebenslanger Freiheitsstrafe Verurteilten auf deren Resozialisierung hinzuwirken, sie lebenstüchtig zu erhalten und schädliche Auswirkungen des Freiheitsentzugs zu vermeiden sowie deformierenden Persönlichkeitsentwicklungen entgegenzuwirken[20].

9

10

---

[14] OLG Stuttgart bei *Katholnigg* NStZ **1981** 176; *Pohlmann/Jabel* § 45, 1 f; KK-*Chlosta* 5.

[15] *Pohlmann/Jabel* § 45, 15; KK-*Chlosta* 1; KMR-*Müller* 4; 5.

[16] Vgl. OLG Köln NJW **1955** 234; OLG Schleswig SchlHA **1957** 81; OLG Celle MDR **1968** 782; OLG Frankfurt NJW **1970** 1431; OLG München MDR **1981** 426; KK-*Chlosta* 6.

[17] Wegen der Besonderheiten in Art. 6 EGWStG vgl. § 455, 22.

[18] OLG Hamm NStZ **1983** 287; KMR-*Müller* 5.

[19] So schon zu § 45 StVollstrO OLG Hamm NJW **1973** 1090; OLG Hamburg NStZ **1982** 264.

[20] BVerfGE **45** 187, 238 = NJW **1977** 1525, 1528; OLG Hamburg NStZ **1982** 264.

Günter Wendisch

11   **c) Gnadenentscheidung.** Nicht anzurechnen ist auch die Zeit einer von der **Gnaden-behörde** bewilligten Strafunterbrechung, die erfolgt, um dem Verurteilten Gelegenheit zur Behandlung in einem Krankenhaus zu geben (BSG NJW **1975** 2270); in einem solchen Fall spielt es keine Rolle, ob Vollzugsuntauglichkeit vorgelegen hat[21]. Wegen der Kostentragungspflicht des Rentenversicherungsträgers in solchen Fällen, wenn der Verurteilte Rentner ist, vgl. BSG aaO.

7. Durchführung der Unterbrechung

12   **a) Zuständige Verwaltungsbehörde.** Die Unterbrechung geschieht bei **gemeinge-fährlich Geisteskranken** in der Weise, daß die Vollstreckungsbehörde der Verwaltungs-behörde, die nach den landesrechtlichen Unterbringungsgesetzen zuständig ist, den Antrag auf gerichtliche Anordnung der Unterbringung zu stellen (Rdn. 3), den Zeitpunkt der bevorstehenden Unterbringung mitteilt und es ihr überläßt, die zur Abwendung der Gemeingefährlichkeit erforderlichen Maßnahmen zu treffen[22]. Ist der Verurteilte **körperlich krank oder geistig krank, aber nicht gemeingefährlich,** so wird, falls er mit der Unterbrechung hilfsbedürftig wird, die Fürsorgebehörde verständigt und ihr die Übernahme der Obhut überlassen. Hat die Vollzugsbehörde aber bereits den Verurteilten vor der Unterbrechung in ein allgemeines Kranken- oder psychiatrisches Krankenhaus verbracht und sind dadurch zunächst die Voraussetzungen des § 461 gegeben, so wird die Unterbrechung gegenüber dem Verurteilten wirksam, sobald er aus der Verfügungs-gewalt der Vollzugsanstalt tatsächlich entlassen *und* ihm die Unterbrechungsanord-nung der Vollstreckungsbehörde nach § 46 Abs. 1 StVollstrO bekanntgegeben ist (außer wenn er zu deren Entgegennahme nicht in der Lage ist). Denn solange ihm die Unterbrechungsanordnung nicht bekanntgegeben ist, weiß er nicht sicher, daß er sich wieder in Freiheit befindet und hat deshalb ein Recht auf Anrechnung aus § 461[23].

13   Dem Krankenhaus gegenüber kann die **Mitteilung von der Unterbrechung** (§ 46 Abs. 3 StVollstrO), die die Befreiung des Justizfiskus von den Kosten der Unterbringung bewirken soll, nicht früher wirksam werden als die Anordnung der Unterbrechung ge-genüber dem Verurteilten, denn solange die Vollstreckung nicht ihm gegenüber unter-brochen ist, ist er Gefangener und trägt die Justizverwaltung die Kosten der Unterbrin-gung; erfolgt die Mitteilung von der Unterbrechung an das Krankenhaus erst, nachdem die Unterbrechung gegenüber dem Verurteilten wirksam geworden ist, so wird erst mit dem Zugang dieser Mitteilung die Justizverwaltung von der Pflicht zur Tragung der Un-terbringungs- und Behandlungskosten frei (§ 46 Abs. 3 Satz 2, 3 StVollstrO). Eine Un-terbrechung der Strafvollstreckung mit rückwirkender Kraft kann demnach nicht an-geordnet werden (OLG Schleswig SchlHA **1957** 81).

14   **b) Unwirksame Unterbrechung.** Da mit der Unterbrechung die Verfügungsgewalt der Vollstreckungsbehörde endet, darf weder sie noch die Vollzugsbehörde — darauf weist § 46 Abs. 5 StVollstrO hin — irgendwelche Maßnahmen treffen, die auf eine Auf-rechterhaltung der Verfügungsgewalt hinauslaufen; ein solches Verhalten würde die Wirksamkeit der Unterbrechung in Frage stellen (OLG Köln NJW **1955** 234). Eine wirksame Unterbrechung liegt daher nicht vor, wenn der Gefangene mit **Billigung der Vollzugsbehörde im „Festen Haus" eines Krankenhauses verbleibt** (OLG Schleswig

---

[21] OLG Celle MDR **1968** 782; KMR-*Müller* 4.
[22] OLG Nürnberg OLGSt § 429 a StPO, 1.
[23] Ebenso OLG Köln MDR **1955** 123; OLG Schleswig SchlHA **1957** 82; *Pohlmann/Jabel*

§ 46, 2; KK-*Chlosta* 6; zu den Einzelheiten der Unterbrechung vgl. auch *Wetterich/Ha-mann* 810 ff.

SchlHA **1957** 81). Ebenso verneint OLG Celle[24] eine wirksame Unterbrechung, wenn ein auf Freiheitsstrafe und Unterbringung in einem psychiatrischen Krankenhaus lautendes Urteil nur hinsichtlich der Freiheitsstrafe rechtskräftig ist und der Verurteilte aus dem Strafvollzug in die geschlossene Abteilung eines psychiatrischen Krankenhauses verbracht wird, um dort wegen des noch anhängigen Verfahrens betr. die Unterbringung gemäß § 81 StPO auf seinen Geisteszustand untersucht zu werden. Unzulässig wäre ferner nicht nur eine Bitte an das Krankenhaus, die Entfernung des Verurteilten mit Gewalt zu verhindern — da er in Freiheit ist, hat er ein Recht, sich zu entfernen —, sondern auch schon eine Bitte, von der Absicht einer Entfernung vor Abschluß der Behandlung Mitteilung zu machen, während andererseits einer Bitte, den voraussichtlichen Zeitpunkt einer Entlassung aus dem Krankenhaus oder eine stattgehabte Entfernung vor Behandlungsabschluß mitzuteilen, nichts entgegensteht und noch weniger einer bloßen Anfrage der Vollstreckungsbehörde bei dem Krankenhaus nach dem Verbleib des Verurteilten[25].

c) Ende der Unterbrechung. Die Wirksamkeit einer Unterbrechung der Strafvollstreckung endet, sobald und solange Maßnahmen ergriffen werden, die auf eine **Wiederherstellung** der zunächst aufgegebenen Verfügungsgewalt hinauslaufen[26]. Läßt die Vollstreckungsbehörde, weil sie mit einem Entweichen des Verurteilten aus dem Krankenhaus rechnet, von einem bestimmten Zeitpunkt an Polizeibeamte vor seinem Aufenthaltsraum postieren, die ihn an einem etwaigen Verlassen hindern sollen, so ist die Zeit der Bewachung als Strafzeit zu rechnen (OLG Celle MDR **1968** 782). Entweicht der Verurteilte aus dem Krankenhaus und wird er auf Grund eines Vollstreckungshaftbefehls von der Polizei ergriffen und dem Krankenhaus wieder zugeführt, so ist die Zeit von der Ergreifung bis zur Ablieferung in das Krankenhaus als Strafzeit anzurechnen (OLG Frankfurt NJW **1970** 1431). **15**

8. Rechtsbehelfe und Zuständigkeit. Wegen der Entscheidungszuständigkeit und der Zulässigkeit von Einwendungen vgl. § 455, 28; 30; § 458, 15. **16**

9. Freiheitsentziehende Maßregeln. § 461 gilt nach § 463 entsprechend bei freiheitsentziehenden Maßregeln der Besserung und Sicherung. Für die zeitlich unbeschränkte **wiederholt** angeordnete **Sicherungsverwahrung** und für die Unterbringung in einem **psychiatrischen Krankenhaus** (§ 67 d StGB) ist sie jedoch ohne Bedeutung. Bei letzterer kommt auch weder ein Strafaufschub noch eine Strafunterbrechung im Hinblick auf den Geisteszustand in Betracht (§ 463 Abs. 2). Dagegen kann eine erstmalig angeordnete Unterbringung in der Sicherungsverwahrung (Umkehrschluß aus § 67 d Abs. 1 StGB) unterbrochen werden, wenn und solange der Verwahrte wegen dieses Zustands für die Allgemeinheit nicht gefährlich ist (OLG Celle NdsRpfl. **1966** 201). **17**

[24] NJW **1961** 981 = NdsRpfl. **1961** 353 mit abl. Anm. *Pohlmann*.

[25] OLG Köln MDR **1955** 123.

[26] KK-*Chlosta* 7.

Günter Wendisch

§ 462

(1) [1]Die nach § 450 a Abs. 3 Satz 1, §§ 458 bis 461 notwendig werdenden gerichtlichen Entscheidungen trifft das Gericht ohne mündliche Verhandlung durch Beschluß. [2]Dies gilt auch für die Wiederverleihung verlorener Fähigkeiten und Rechte (§ 45 b des Strafgesetzbuches), die Aufhebung des Vorbehalts der Einziehung und die nachträgliche Anordnung der Einziehung eines Gegenstandes (§ 74 b Abs. 2 Satz 3 des Strafgesetzbuches), die nachträgliche Anordnung von Verfall oder Einziehung des Wertersatzes (§ 76 des Strafgesetzbuches) sowie für die Verlängerung der Verjährungsfrist (§ 79 b des Strafgesetzbuches).

(2) [1]Vor der Entscheidung sind die Staatsanwaltschaft und der Verurteilte zu hören. [2]Das Gericht kann von der Anhörung des Verurteilten in den Fällen einer Entscheidung nach § 79 b des Strafgesetzbuches absehen, wenn infolge bestimmter Tatsachen anzunehmen ist, daß die Anhörung nicht ausführbar ist.

(3) [1]Der Beschluß ist mit sofortiger Beschwerde anfechtbar. [2]Die sofortige Beschwerde der Staatsanwaltschaft gegen den Beschluß, der die Unterbrechung der Vollstreckung anordnet, hat aufschiebende Wirkung.

Schrifttum. *Krauß* Beschwerderecht des Vollzugsleiters nach § 462 Abs. 4, NJW **1958** 49.

Entstehungsgeschichte. Die als § 494 Gesetz gewordene Vorschrift erhielt ihre jetzige Bezeichnung durch die Bekanntmachung 1924. Sie wurde mehrfach geändert, so durch das VereinhG, das EGOWiG, das 1. StVRG, das StaatsschStrafsG. Bis zum 31. 12. 1974 hatte sie folgenden Wortlaut:

(1) [1]Die bei der Strafvollstreckung notwendig werdenden gerichtlichen Entscheidungen (§§ 458 bis 461) werden von dem Gericht des ersten Rechtszuges ohne mündliche Verhandlung erlassen. [2]Dies gilt auch für die nachträglichen Entscheidungen, die sich auf die Vollstreckung einer Geldstrafe beziehen (§ 28 Abs. 2, § 29 Abs. 4 des Strafgesetzbuches), für die Wiederverleihung verlorener Fähigkeiten und Rechte (§ 33 des Strafgesetzbuches), die Aufhebung des Vorbehalts der Einziehung und die nachträgliche Anordnung der Einziehung eines Gegenstandes oder des Wertersatzes (§ 40 b Abs. 2 Satz 3, § 40 c Abs. 4 des Strafgesetzbuches).

(2) Vor der Entscheidung ist der Staatsanwaltschaft und dem Verurteilten Gelegenheit zu geben, Anträge zu stellen und zu begründen.

(3) [1]Kommt es auf die Festsetzung einer Gesamtstrafe an (§ 460), und waren die verschiedenen hierdurch abzuändernden Urteile von verschiedenen Gerichten erlassen, so steht die Entscheidung dem Gericht zu, das auf die schwerste Straftat oder bei Strafen gleicher Art auf die höchste Strafe erkannt hat, falls hiernach aber mehrere Gerichte zuständig sein würden, dem, dessen Urteil zuletzt ergangen ist. [2]War das hiernach maßgebende Urteil von einem Gericht eines höheren Rechtszuges erlassen, so setzt das Gericht des ersten Rechtszuges die Gesamtstrafe fest; war eines der Strafurteile von einem Oberlandesgericht im ersten Rechtszug erlassen, so setzt dieses die Gesamtstrafe fest.

(4) Gegen diese Entscheidungen ist, sofern sie nicht von einem Oberlandesgericht erlassen sind, sofortige Beschwerde zulässig.

Die jetzige Fassung des § 462 beruht in ihrem Kern auf Art. 31 Nr. 132 EGStGB 1974. Durch Art. 1 Nr. 112 des 1. StVRG wurde die Paragraphenkette in Satz 1 um § 450 a Abs. 3 Satz 1 erweitert, durch Art. 2 Nr. 8 des 23. StRÄndG vom 13. 4. 1986 — BGBl. I 393 — Absatz 3 ein zweiter Satz angefügt.

1. Inhalt. In seiner früheren Fassung enthielt § 462 sowohl Zuständigkeitsregelun- **1** gen (Absatz 1: Zuständigkeit des Gerichts des ersten Rechtszugs, Absatz 3: Zuständigkeit zur nachträglichen Bildung der Gesamtstrafe), wie Verfahrensregelungen (Absatz 1: Beschlußverfahren, Absatz 2: rechtliches Gehör, Absatz 4: Rechtsmittel). Die Zuständigkeitsregelungen finden sich nunmehr in der allgemeinen Zuständigkeitsregelung des § 462 a. Bei den übriggebliebenen Verfahrensvorschriften ist der Katalog der nachträglich zu treffenden Entscheidungen erweitert auf die Fälle des § 450 a Abs. 3 Satz 1 und der §§ 76, 79 b StGB; die Vorschrift in Absatz 3 ist im Hinblick auf § 304 Abs. 4 vereinfacht.

2. Anwendungsbereich (Absatz 1). Der Anwendungsbereich des § 462 ergibt sich **2** aus den im einzelnen in Absatz 1 Satz 1, 2 angeführten Vorschriften. Ausgenommen sind die Nachtragsentscheidungen, die sich auf eine Strafaussetzung zur Bewährung oder eine Verwarnung mit Strafvorbehalt beziehen, da insoweit das Verfahren in §§ 453 bis 454 geregelt ist. Die **Aufzählung** in § 462 Abs. 1 ist indessen **nicht abschließend;** es steht nichts entgegen, § 462 auf rechtsähnliche Entscheidungen entsprechend anzuwenden, z. B. wenn streitig ist, ob es zur Vollziehung eines Vorführungs- oder Haftbefehls nach § 457 zulässig ist, ohne besondere richterliche Anordnung die Wohnung des Verurteilten oder dritter Personen zu durchsuchen[1], und ob der Vollstreckungsbeamte bei der Wegnahme eingezogener Gegenstände Gewalt anwenden darf (§ 459 g, 5), oder wenn es sich darum handelt, ob einem Verurteilten in schwierigen strafrechtlichen Vollstreckungsangelegenheiten ein Verteidiger bestellt werden kann (Vor § 449, 32). Die entsprechende Anwendung des § 462 findet aber ihre Grenzen in der Zuständigkeitsregelung der §§ 23 ff EGGVG (§ 458, 21)[2].

3. Beschlußverfahren. Insoweit kann auf § 453, 6 verwiesen werden. Das Gericht **3** kann vor seiner Entscheidung auch **Beweiserhebungen** durch einen beauftragten oder ersuchten Richter vornehmen oder auch durch die Staatsanwaltschaft oder die Polizei durchführen lassen sowie die Gerichtshilfe einschalten (§ 463 d)[3]; auch eidliche Vernehmungen sind nicht ausgeschlossen. Solche Beweiserhebungen können insbesondere erforderlich sein, wenn es sich um die Feststellung der Identität des Verurteilten handelt (§ 458, 8).

4. Rechtliches Gehör (Absatz 2)
a) Grundsatz (Satz 1). Die Staatsanwaltschaft — und zwar als Strafverfolgungs-, **4** nicht als Strafvollstreckungsbehörde[4] — und der Verurteilte (vgl. dazu Rdn. 8) sind vor

---

[1] OLG Frankfurt NJW **1964** 785; vgl. auch § 457, 15.
[2] *Katholnigg* NStZ **1982** 196.
[3] KK-*Chlosta* 2.

[4] § 459 d, 7; *Katholnigg* NStZ **1982** 195; KK-*Chlosta* 3; KMR-*Müller* 2; *Kleinknecht/Meyer*[37] 2.

der Entscheidung zu hören, d. h. es ist ihnen Gelegenheit zur Stellungnahme zu geben (dazu Einl. Kap. **13** Abschn. X und § 453, 7). Der Nebenkläger wird aus den in Rdn. 8 dargelegten Gründen nicht gehört. Anders als nach § 454 Abs. 1 Satz 3 ist eine **mündliche Anhörung** des Verurteilten nicht vorgeschrieben, aber auch nicht verboten und in gewissem Umfang, namentlich bei der Gesamtstrafenbildung zwecks ,,Würdigung der Person des Täters" (§ 54 Abs. 1 Satz 1, § 55 StGB, § 460) sogar empfehlenswert. Durch die Worte ,,ohne mündliche Verhandlung" soll ,,nicht ausgeschlossen werden, daß das Gericht — insbesondere die Strafvollstreckungskammer — nach eigenem pflichtgemäßen Ermessen den Verurteilten mündlich hört; doch haben die in § 462 erfaßten Fälle, abgesehen von der nachträglichen Bildung einer Gesamtstrafe, in der Regel nicht das Gewicht wie Entscheidungen nach § 454"[5]. Es entspricht dem auch außerhalb des § 462 geltenden Grundsatz, daß durch die Worte ,,ohne mündliche Verhandlung" eine zur Sachverhaltsaufklärung nach den Grundsätzen des Freibeweises zweckmäßige mündliche Anhörung Beteiligter nicht verhindert wird.

5   **b) Antragstellung.** Die Anhörungspflicht besteht insbesondere auch, wie dies § 462 Abs. 2 a. F. ausdrücklich aussprach, in der **Gewährung der Gelegenheit,** Anträge zu stellen und zu begründen, wobei Anträge der Staatsanwaltschaft auch auf Anregungen der Vollstreckungsbehörde beruhen können[6]. Die Gelegenheit zur Antragstellung usw. wird dem Verurteilten regelmäßig in der Art zu geben sein, daß er unter Bestimmung einer angemessenen Frist zur Abgabe einer Erklärung aufgefordert wird. Diese kann schriftlich oder zu Protokoll der Geschäftsstelle abgegeben werden. Der nicht auf freiem Fuß befindliche Verurteilte wird durch den Urkundsbeamten zu vernehmen sein. Bei seiner Anhörung auf einen Antrag der Staatsanwaltschaft, eine Gesamtstrafe zu bilden, muß diese so gestaltet werden, daß der Verurteilte, wenn er sich darum bemüht, mit seiner Äußerung einen ernsthaften Beitrag für eine gerechte Bemessung der Strafe leisten kann, die **Anhörung** darf **nicht** als praktisch **bedeutungslose Formalie** gehandhabt werden[7]. Aus diesem Grund erscheint der Beschluß des Kammergerichts (HRR **1935** Nr. 637) bedenklich, wonach es dem Erfordernis des Absatzes 2 schon genüge, wenn der Verurteilte sich beim Urkundsbeamten der Geschäftsstelle des Amtsgerichts bei dessen Anwesenheit in der Strafanstalt gemeldet und von sich aus beantragt habe, die gegen ihn erkannten Strafen nachträglich auf eine Gesamtstrafe zurückzuführen; denn er habe dann vor dem Erlaß des Gesamtstrafenbeschlusses Gelegenheit gehabt, Anträge zu stellen und zu begründen.

6   **Die Staatsanwaltschaft** hat einen schriftlichen Antrag zu stellen (§ 33, 27). Über die Folgen unterbliebener Anhörung s. § 453, 8.

7   **c) Ausnahme (Satz 2).** Nach § 79 b StGB kann das Gericht die **Vollstreckungsverjährungsfrist** vor ihrem Ablauf auf Antrag der Vollstreckungsbehörde einmal um die Hälfte der gesetzlichen Vollstreckungsverjährungsfrist verlängern, wenn der Verurteilte sich in einem Gebiet aufhält, aus dem seine Auslieferung oder Überstellung nicht erreicht werden kann. Da in diesen Fällen eine Anhörung des Verurteilten vor der Verlängerung der Entscheidung in aller Regel nicht durchführbar ist, kann nach § 462 Abs. 2 Satz 2 das Gericht von der Anhörung absehen, wenn infolge bestimmter Tatsachen (dazu § 459 c, 7) anzunehmen ist, daß die **Anhörung nicht ausführbar** ist. Der Beschluß wird durch öffentliche Zustellung, die die Rechtsmittelfrist (Absatz 3) eröffnet, wirksam. Bedenken

---

[5] Begr. zu Art. 19 Nr. 122 RegE EGStGB 1974, BTDrucks. **7** 550, S. 311.

[6] § 459 d, 7; KK-*Chlosta* 3; *Kleinknecht/Meyer*[37] 1.

[7] OLG Köln NJW **1952** 275; KK-*Chlosta* 3.

aus Art. 103 Abs. 1 GG bestehen gegen diese Beschränkung nicht, da auch hier die Erwägung durchgreift, daß sich der Beschuldigte durch seinen Aufenthalt in einem derartigen Gebiet vorsätzlich der Möglichkeit begeben hat, rechtliches Gehör zu erlangen[8]. Dem Verurteilten, der später ergriffen wird oder sich stellt, bleibt die Möglichkeit des § 33 a, ggf. auch die Wiedereinsetzung gegen die Versäumung der Beschwerdefrist[9].

5. Anfechtung (Absatz 3)

a) Sofortige Beschwerde (Satz 1). Über die sofortige Beschwerde vgl. § 311. **Be-** **8** **schwerdeberechtigt** sind die Staatsanwaltschaft und der Verurteilte, dem die unmittelbar von der Vollstreckung in ihren Rechten Betroffenen (§ 458, 8)[10] gleichstehen, nicht aber, da die Vollstreckung Justizverwaltungsangelegenheit ist, der Nebenkläger[11]. Die Vollstreckungsbehörde als solche ist, wie sich aus Absatz 2 ergibt, nicht beschwerdeberechtigt[12], ebensowenig der Jugendrichter als Vollstreckungsleiter (§§ 82 ff JGG), soweit er statt der Staatsanwaltschaft Vollstreckungsbehörde ist. Daß diese als Vollstreckungsbehörden im Fall des § 458 Abs. 1 die gerichtliche Entscheidung herbeizuführen haben und daß im Fall des § 458 Abs. 2 über ihre Anordnungen entschieden wird, begründet noch kein Beschwerderecht der Vollstreckungsbehörde als solcher, vielmehr werden, sobald die Anfechtung der gerichtlichen Entscheidung in Frage steht, die öffentlichen Belange in der gleichen Weise wie im Erkenntnisverfahren, so auch im nachfolgenden gerichtlichen Stadium des Vollstreckungsverfahrens wieder von der Staatsanwaltschaft wahrgenommen[13].

Die sofortige Beschwerde ist nur gegen Entscheidungen gegeben, die **in der** **9** **Sache selbst**, z. B. über die beantragte Gesamtstrafenbildung, materiell entscheiden, nicht aber, wenn die Festsetzung wegen Unzuständigkeit abgelehnt wird. Hier ist die einfache Beschwerde zulässig und daher auch § 19 nicht anwendbar[14].

Die **Beschränkung der Beschwerde** auf einen Beschwerdepunkt hindert nicht eine **10** anderweitige Richtigstellung zugunsten des Beschwerdeführers (BayObLG DRZ **1933** 418). Wegen des Verfahrens bei **Verletzung des rechtlichen Gehörs** in der Beschwerdeinstanz vgl. § 311 a. Wegen der **materiellen Rechtskraftwirkung** der rechtskräftigen Entscheidung vgl. § 459 a, 4; § 459 f, 7; beim Gesamtstrafenbeschluß § 460, 41; s. ferner § 458, 28. Wird irrigerweise eine in Beschlußform ohne mündliche Verhandlung zu treffende Entscheidung durch Urteil auf Grund mündlicher Verhandlung getroffen, so ist auch gegen das Urteil nur die sofortige Beschwerde gegeben (RG HRR **1935** Nr. 199).

b) Aufschiebende Wirkung (Satz 2). Nach Übernahme der Regelung über die **11** Strafunterbrechung aus Krankheitsgründen aus der Strafvollstreckungsordnung (§ 45 StVollstr) in § 455 Abs. 4 kann der Verurteilte nunmehr auch insoweit **Einwendungen nach § 458 Abs. 2** (§ 458, 15) gegen die Entscheidung der Vollstreckungsbehörde erheben, über die alsdann die Strafvollstreckungskammer nach § 462 a zu entscheiden hat; gegen die Entscheidung ist sofortige Beschwerde zulässig (Satz 1). Um zu verhindern, daß ein Verurteilter, für den das Gericht im Widerspruch zur Entscheidung der Vollstreckungsbehörde die Unterbrechung der Strafvollstreckung angeordnet hat, alsbald

---

[8] Begr. zu Art. 19 Nr. 122 RegE EGStGB 1974, BTDrucks. 7 550, S. 311 a. E.; vgl. auch § 453, 22.
[9] KK-*Chlosta* 3.
[10] KK-*Chlosta* 4; KMR-*Müller* 2.
[11] OLG Hamm JMBlNRW **1952** 125; KK-*Chlosta* 4; KMR-*Müller* 2.

[12] KK-*Chlosta* 4.
[13] A. A *Krauß* NJW **1958** 49.
[14] RGSt **32** 234; JW **1900** 122; BayObLGSt **1955** 148; OLG Düsseldorf NStZ **1981** 366; KK-*Chlosta* 4; KMR-*Müller* 5.

entlassen wird[15], nach einem erfolgreichen Rechtsmittel der Staatsanwaltschaft aber wieder inhaftiert werden müßte, bestimmt Satz 2, daß der sofortigen Beschwerde der Staatsanwaltschaft — wie im Fall des § 454 Abs. 2 Satz 2 (§ 454, 61) — aufschiebende Wirkung zukommt[16].

12   **c) Vorangegangene Entscheidung des Rechtspflegers.** Wegen der **Gestaltung des Rechtszugs** bei vorangegangener Entscheidung des Rechtspflegers als Vollstreckungsbehörde vgl. § 459 h, 11. Der Vollstreckungsrechtspfleger hat nicht das Recht zu Entscheidungen nach §§ 459 e, 461 Abs. 1 und zu Anträgen und Stellungnahmen in den Fällen der §§ 458, 459 d, 459 f, 460, 461 Abs. 2[17].

§ 462 a

(1) [1]Wird gegen den Verurteilten eine Freiheitsstrafe vollstreckt, so ist für die nach den §§ 453, 454, 454 a und 462 zu treffenden Entscheidungen die Strafvollstreckungskammer zuständig, in deren Bezirk die Strafanstalt liegt, in die der Verurteilte zu dem Zeitpunkt, in dem das Gericht mit der Sache befaßt wird, aufgenommen ist. [2]Diese Strafvollstreckungskammer bleibt auch zuständig für Entscheidungen, die zu treffen sind, nachdem die Vollstreckung einer Freiheitsstrafe unterbrochen oder die Vollstreckung des Restes der Freiheitsstrafe zur Bewährung ausgesetzt wurde. [3]Die Strafvollstreckungskammer kann einzelne Entscheidungen nach § 462 in Verbindung mit § 458 Abs. 1 an das Gericht des ersten Rechtszuges abgeben; die Abgabe ist bindend.

(2) [1]In anderen als den in Absatz 1 bezeichneten Fällen ist das Gericht des ersten Rechtszugs zuständig. [2]Das Gericht kann die nach § 453 zu treffenden Entscheidungen ganz oder zum Teil an das Amtsgericht abgeben, in dessen Bezirk der Verurteilte seinen Wohnsitz oder in Ermangelung eines Wohnsitzes seinen gewöhnlichen Aufenthaltsort hat; die Abgabe ist bindend.

(3) [1]In den Fällen des § 460 entscheidet das Gericht des ersten Rechtszuges. [2]Waren die verschiedenen Urteile von verschiedenen Gerichten erlassen, so steht die Entscheidung dem Gericht zu, das auf die schwerste Strafart oder bei Strafen gleicher Art auf die höchste Strafe erkannt hat, und falls hiernach mehrere Gerichte zuständig sein würden, dem Gericht, dessen Urteil zuletzt ergangen ist. [3]War das hiernach maßgebende Urteil von einem Gericht eines höheren Rechtszuges erlassen, so setzt das Gericht des ersten Rechtszuges die Gesamtstrafe fest; war eines der Urteile von einem Oberlandesge-

---

[15] Konsequenz aus § 307 Abs. 1, der grundsätzlich auch für die sofortige Beschwerde gilt. Danach hindert die Einlegung der Beschwerde den Vollzug der angefochtenen Entscheidung nicht.

[16] Vgl. BTDrucks. 10 2720, Begr. zu Art. 2 Nr. 9, S. 17. Zwar hatte der Bundestag entsprechend der Empfehlung seines Rechtsausschusses – BTDrucks. 10 4391; Art. 2 (zu § 462 Abs. 3), S. 19 – die Regelung wieder gestrichen; jedoch hatte der Vermittlungsausschuß empfohlen, die Entwurfsfassung wieder herzustellen – BTDrucks. 10 5000 –.

Bundestag und Bundesrat entsprachen dieser Empfehlung durch ausdrückliche Annahme bzw. durch Nichteinlegen eines Einspruchs – BRDrucks. 107/86. Entscheidend dafür dürfte auch gewesen sein, daß die Begründung des Rechtsausschusses, Satz 2 verschlechtere die Rechtslage des Verurteilten, einfach falsch war. Auch nach früherem Recht mußte der Verurteilte bis zur Entscheidung des nach § 23 EGGVG angerufenen Oberlandesgerichts in Haft bleiben.

[17] § 1 BegrenzungsVO in der Fassung vom 16. 2. 1982 – BGBl. I 188.

richt im ersten Rechtszug erlassen, so setzt das Oberlandesgericht die Gesamtstrafe fest. [4]Wäre ein Amtsgericht zur Bildung der Gesamtstrafe zuständig und reicht seine Strafgewalt nicht aus, so entscheidet die Strafkammer des ihm übergeordneten Landgerichts.

(4) [1]Haben verschiedene Gerichte den Verurteilten in anderen als den in § 460 bezeichneten Fällen rechtskräftig zu Strafe verurteilt oder unter Strafvorbehalt verwarnt, so ist nur eines von ihnen für die nach den §§ 453, 454, 454 a und 462 zu treffenden Entscheidungen zuständig. [2]Absatz 3 Satz 2 und 3 gilt entsprechend. [3]In den Fällen des Absatzes 1 entscheidet die Strafvollstreckungskammer; Absatz 1 Satz 3 bleibt unberührt.

(5) [1]An Stelle der Strafvollstreckungskammer entscheidet das Gericht des ersten Rechtszuges, wenn das Urteil von einem Oberlandesgericht im ersten Rechtszuge erlassen ist. [2]Das Oberlandesgericht kann die nach den Absätzen 1 und 3 zu treffenden Entscheidungen ganz oder zum Teil an die Strafvollstreckungskammer abgeben. [3]Die Abgabe ist bindend; sie kann jedoch vom Oberlandesgericht widerrufen werden.

(6) Gericht des ersten Rechtszugs ist in den Fällen des § 354 Abs. 2 und des § 355 das Gericht, an das die Sache zurückverwiesen worden ist, und in den Fällen, in denen im Wiederaufnahmeverfahren eine Entscheidung nach § 373 ergangen ist, das Gericht, das die Entscheidung getroffen hat.

Schrifttum. *Blau* Erste Erfahrungen mit der neuen Regelung, in *Schwind/Blau* Strafvollzug in der Praxis (1976), 363; *Doller* Organisation und Geschäftsgang der Strafvollstreckungskammern, DRiZ **1976** 169; *Doller* Die Kalamitäten des § 462 a StPO, MDR **1977** 272; *Herzog* Dauer der Zuständigkeit der Strafvollstreckungskammern, NJW **1976** 1077; *Jähnke* Die Rechtsprechung des Bundesgerichtshofs zur Zuständigkeit der Strafvollstreckungskammer und des Gerichts des ersten Rechtszuges nach § 462 a StPO, DRiZ **1977** 236; *Katholnigg* Aus der Rechtsprechung zum Strafvollstreckungsrecht, NStZ **1981** 174; **1982** 241, 280; **1983** 299; **1984** 304; **1985** 303; **1986** 299; *Peters* Der Auftrag des Gesetzgebers an die Strafvollstreckungskammer, GA **1977** 97; *Peters* Die Tätigkeit der Strafvollstreckungskammer unter besonderer Berücksichtigung von § 109 StVollzG, JR **1979** 397; *Raacke* Zurückverweisung in Strafsachen und Nachtragsentscheidungen, NJW **1966** 1697; *W. Schmidt* Die Strafvollstreckungskammern in der Praxis, NJW **1975** 1485; **1976** 224; *Stromberg* Die Strafvollstreckungskammern der Landgerichte, MDR **1979** 353; *Treptow* Das Verfahren der Strafvollstreckungskammern, NJW **1975** 1105; *Treptow* Die Strafvollstreckungskammern in der Praxis, NJW **1976** 222; *Treptow* Zur Tätigkeit der Strafvollstreckungskammer in Vollzugssachen, NJW **1977** 1037; *Valentin* Obergerichtliche Rechtsprechung zu Zuständigkeitsfragen bei § 462 a, NStZ **1981** 128.

Entstehungsgeschichte. Der durch die VO vom 13. 3. 1940 (RGBl. I 1489) eingefügte § 462 a beschränkte sich auf den Ausspruch, daß das Amtsgericht auch bei der ihm obliegenden nachträglichen Bildung einer Gesamtstrafe (§ 460) seine Strafgewalt (§ 24 Abs. 2 GVG) nicht überschreiten dürfe und daß, wenn diese Strafgewalt nicht ausreiche, die Strafkammer des übergeordneten Landgerichts entscheide. Durch Art. 21 Nr. 132 EGStGB 1974 erhielt § 462 a die jetzt geltende Fassung. Der Inhalt des § 462 a a. F. findet sich jetzt in § 462 a Abs. 3 Satz 4. Absatz 6 ist durch Art. 1 Nr. 34 StVÄG 1979 eingefügt worden. Durch Art. 2 Nr. 9 des 23. StRÄndG vom 13. 4. 1986 — BGBl. I 393 — ist die Paragraphenkette in den Absätzen 1 und 4 jeweils um § 454 a erweitert worden.

Übersicht

Günter Wendisch

Stand: 1. 9. 1986

I. Inhalt und Bedeutung der Vorschrift

1. Grundgedanke der Konzentration von Nachtragsentscheidungen[1]. §462a in **1** Verbindung mit §454 (dazu ergänzend §451 Abs. 3) bildet das **Kernstück der Reformen**, die das EGStGB 1974 im Abschnitt „Strafvollstreckung" durchgeführt hat. §78a Abs. 1 GVG sieht die Bildung von Strafvollstreckungskammern als Spezialspruchkörper solcher Landgerichte vor, in deren Bezirk **Anstalten** (für Erwachsene) unterhalten werden, in denen Freiheitsstrafen oder freiheitsentziehende Maßregeln der Besserung und Sicherung vollzogen werden oder andere Vollzugsbehörden ihren Sitz haben. Diese Strafvollstreckungskammern sind nach §78a Abs. 1 Satz 2 Nr. 1 GVG zuständig für die Entscheidungen nach §§462a, 463, „soweit sich nicht aus der Strafprozeßordnung etwas anderes ergibt". Der Strafprozeßordnung fällt also die Aufgabe zu, den durch die Verweisung auf die §§462a, 463 allgemein umschriebenen Aufgabenbereich der Strafvollstreckungskammer einschränkend näher zu bestimmen.

Die **Bildung der Strafvollstreckungskammern** beruht, soweit es sich um Freiheits- **2** strafen (und freiheitsentziehende Maßregeln der Besserung und Sicherung, §463) handelt, auf dem **Grundgedanken**, in solchen Fällen, in denen die Freiheitsstrafe (Maßregel) vollzogen wird oder zum Teil vollzogen war, die Vollstreckung aber noch nicht endgültig erledigt ist, die besonderen Erfahrungen und die **Entscheidungsnähe** der Strafvollstreckungskammern für die ihnen obliegenden Entscheidungen nutzbar zu machen[2]. Unter diesem Gesichtspunkt grenzt §462a einmal die **sachliche** (mitunter auch als „funktionelle" bezeichnete) **Zuständigkeit** der Strafvollstreckungskammer gegenüber der Zuständigkeit des Gerichts des ersten Rechtszugs ab, das nach rechtskräftigem Abschluß des Erkenntnisverfahrens für Nachtragsentscheidungen zuständig ist, soweit der Gesichtspunkt der besonderen Erfahrung und Entscheidungsnähe keine Rolle spielt (Absätze 2 bis 4) oder gegenüber anderen kriminalpolitischen Erwägungen zurücktritt (Absatz 5). Ferner regelt §462a die **örtliche Zuständigkeit** der Strafvollstreckungskammer. Das Haupttätigkeitsgebiet der Strafvollstreckungskammer sind die Entscheidungen über die Aussetzung des Strafrests (§57 StGB) und die Entlassung aus dem Maßregelvollzug (§§67d, 67e StGB). Daneben obliegt ihnen erstinstanzlich die Entscheidung bei Anträgen auf gerichtliche Entscheidung gegen Maßnahmen der Strafvollzugsbehörde, wenn der Antragsteller geltend macht, durch die Maßnahme oder ihre Ablehnung oder Unterlassung in seinen Rechten verletzt zu sein (§§109 ff StVollzG).

2. Zuständigkeitskonzentration bei einem Gericht. Neben dem Gesichtspunkt der **3** Übertragung von Nachtragsentscheidungen auf „entscheidungsnahe" Gerichte ist auch der Gedanke einer „zusammenfassenden Würdigung" von Tat und Täter (§54 Abs. 1 Satz 2 StGB), einer **Gesamtschau** bei den Nachtragsentscheidungen, die gegenüber einem **in verschiedenen Verfahren** abgeurteilten Täter erforderlich sind, ein wesentliches Reformanliegen. Er führt zu einer Zuständigkeitskonzentration bei **einem** Gericht. Soweit es sich um die nachträgliche Gesamtstrafenbildung (§460) handelt, war die Zuständigkeitskonzentration hergebracht (§462 Abs. 3 a. F., jetzt §462a Abs. 3). Auf dem Gesichtspunkt der zusammenfassenden Würdigung beruht nunmehr auch die Zuständigkeitskonzentration bei der Strafvollstreckungskammer durch Absatz 1 (Rdn. 23) und Absatz 4 Satz 3, vor allem aber auch die neu geschaffene Zuständigkeitskonzentration nach Absatz 4 Satz 1, 2, wo im Anschluß an die Zuständigkeitsregelung bei Gesamtstrafenbildung (Absatz 3) eine entsprechende Zuständigkeitskonzentration für Nachtrags-

---

[1] Zur Entstehungsgeschichte und den Vorbildern der Reform vgl. *Blau* 359 ff.

[2] *Burmann* – LV §453c – 54; *Peters* Der neue Strafprozeß (1975) 197; *Peters*[4] §77 III.

Günter Wendisch

entscheidungen gegenüber einem in verschiedenen Verfahren ohne Gesamtstrafenzusammenhang abgeurteilten Täter geschaffen ist.

4   3. Wegen der **Behandlung der** inzwischen bedeutungslosen „**Altfälle**" s. LR-*Schäfer*[23], 4 ff sowie *Herzog* NJW **1976** 1077.

II. Zuständigkeit der Strafvollstreckungskammer

1. Sachliche Zuständigkeit (Absatz 1 Satz 1)

5   a) **Freiheitsstrafe.** Absatz 1 Satz 1 setzt voraus, daß gegen den Verurteilten eine Freiheitsstrafe vollstreckt wird. Freiheitsstrafe ist hier nur die Erwachsenenfreiheitsstrafe, und zwar nicht nur die primäre Freiheitsstrafe (§ 38 StGB), sondern auch die **Ersatzfreiheitsstrafe,** denn sie tritt mit Beginn des Vollzugs als echte Freiheitsstrafe an die Stelle der Geldstrafe[3]. Nach — wennschon nicht unbestrittener Auffassung[4] — kann auch bei einer Ersatzfreiheitsstrafe ein Strafrest zur Bewährung ausgesetzt werden. Wegen der Zuständigkeit der Strafvollstreckungskammer bei Einwendungen nach den §§ 459 e, 459 h s. § 459 h, 18.

6   b) **Jugendstrafe.** Nicht hierher gehört die Jugendstrafe. Denn nach § 82 Abs. 1 Satz 2 JGG nimmt der nach § 85 Abs. 2 zuständige Jugendrichter als Vollstreckungsleiter die Aufgaben wahr, die die Strafprozeßordnung der Strafvollstreckungskammer zuweist[5]. Daran ändert sich auch nichts, wenn nach § 92 Abs. 2 Satz 1, 2 JGG Jugendstrafe nicht in der Jugendstrafanstalt, sondern „nach den Vorschriften des Vollzugs für Erwachsene", also in der Erwachsenenstrafanstalt vollzogen wird; die **Zuständigkeit des Jugendrichters als Vollstreckungsleiter** wird durch diese Herausnahme aus dem Jugendstrafvollzug nicht berührt[6]; die „Entscheidungsnähe" kann durch Abgabe der Vollstreckung an den Jugendrichter am Ort oder in der Nähe des Ortes der Erwachsenenvollzugsanstalt (§ 85 Abs. 3 JGG) herbeigeführt werden. BGHSt **26** 375 hat die Zuständig-

---

[3] BGHSt **20** 16; **30** 223; OLG Hamburg NJW **1976** 257; OLG München NStZ **1984** 238; KK-*Chlosta* 7; KMR-*Müller* 10; *Kleinknecht/Meyer*[37] 21. Vgl. auch die Ausführungen in der Begr. zu Art. 19 Nr. 122 (§ 462 a) – BTDrucks. 7 550 – S. 314, daß es – entgegen der Ansicht der Strafvollzugskommission (S. 312) nicht geboten sei, „Ersatzfreiheitsstrafen von der möglichst einheitlich auszugestaltenden Zuständigkeit der Strafvollstreckungskammer auszunehmen".

[4] **Bejahend:** OLG Zweibrücken NJW **1976** 155 = JR **1976** 466 mit zust. Anm. *Preisendanz*; OLG Hamm MDR **1976** 159; OLG Düsseldorf NJW **1977** 308; OLG Koblenz MDR **1977** 423; *Schönke/Schröder/Stree*[22] § 57, 4; *Lackner*[16] § 57, 1; *Weber* Gedächtnisschrift Schröder 180; *Doller* NJW **1977** 288; *Dölling* NStZ **1981** 86; *Blei* JA **1972** 306; *Zipf* JR **1977** 122; *Kleinknecht/Meyer*[37] § 459 e, 5; **verneinend:** OLG Celle MDR **1977** 65 = JR **1977** 121; OLG München NJW **1977** 309; OLG Hamm MDR **1977**

422; OLG Schleswig OLGSt § 57 StGB, 23; KG GA **1977** 237; OLG Stuttgart MDR **1978** 331; OLG Karlsruhe MDR **1978** 506; Justiz **1979** 232; OLG Düsseldorf NJW **1980** 250; LG Lüneburg Rpfleger **1973** 436; LK-*Ruß* § 57, 4; SK-*Horn* § 57, 3; *Frank* NJW **1978** 141; *Wetterich/Hamann* 331; *Pohlmann/Jabel* § 37, 35; KK-*Chlosta* § 459 e, 8.

[5] BGHSt **26** 162 = JR **1976** 343 mit Anm. *Brunner* = LM § 82 JGG Nr. 1 mit Anm. *Kohlhaas*; **27** 25 = JR **1977** 259 mit Anm. *Brunner*; OLG Hamburg NStZ **1986** 336 mit zust. Anm. *Jabel*; KK-*Chlosta* 6; *Kleinknecht/Meyer*[37] 17.

[6] BGHSt **24** 332; **27** 207 = LM § 462 a StPO Nr. 16 mit Anm. *Willms*; **27** 329 = JR **1979** 82 mit Anm. *Peters* = LM § 82 JGG Nr. 3 mit Anm. *Willms*; **28** 351 = LM § 462 a StPO Nr. 22 mit Anm. *Willms*; NJW **1977** 1973; NStZ **1985** 92; BGH bei *Böhm* NStZ **1981** 252 unter I 5; OLG Hamm JMBlNRW **1978** 35; KK-*Chlosta* 6; KMR-*Müller* 30; a. A LG Krefeld NJW **1979** 666.

keitsfrage offen gelassen (Rdn. 71). Von dieser Abgrenzung der Vollstreckungszuständigkeit ist die Frage zu unterscheiden, wer für einen Antrag auf gerichtliche Entscheidung gegen eine Vollzugsmaßnahme zuständig ist. Wird die Jugendstrafe nach §92 Abs. 2 JGG im Erwachsenenvollzug verbüßt, entscheidet die Strafvollstreckungskammer nach §§ 109 ff StVollzG[7].

c) Strafarrest gegen Soldaten der Bundeswehr ist eine Freiheitsstrafe im weiteren **7** Sinn, bei der nach §14 a WStG die Vorschriften des StGB über die Aussetzung eines Strafrests entsprechend gelten. Daher ist i. S von Absatz 1 Satz 1 auch der Strafarrest eine Freiheitsstrafe, gleichviel ob er in Justizvollzugsanstalten (§§ 167 ff StVollzG oder nach §§ 5, 7 EGWStG i. d. F. von § 183 StVollzG in Verbindung mit der Bundeswehrvollzugsordnung i. d. F. von § 184 StVollzG von Behörden der Bundeswehr vollzogen wird[8].

d) Erzwingungshaft bei Uneinbringlichkeit von Geldbußen nach §96 OWiG **8** sowie in Strafverfahren festgesetzte Haft als Ordnungs- und Zwangsmittel (Art. 6 EGStGB 1974) sind keine Freiheitsstrafen.

e) Vollstreckung. Vollstreckt i. S von Absatz 1 Satz 1 wird eine Freiheitsstrafe **9** nicht schon durch die auf Herbeiführung des Vollzugs gerichteten Maßnahmen der Vollstreckungsbehörde, also nicht schon mit der Ladung des auf freiem Fuß befindlichen Verurteilten zum Strafantritt (§27 StVollstrO) und dem Aufnahmeersuchen an die Vollzugsanstalt (§29 StVollstrO)[9] oder der Ergreifung von Zwangsmaßnahmen zur Gestellung, sondern erst mit dem **Vollzugsbeginn.** Solange in diesem Sinn die Vollstreckung der Freiheitsstrafe noch nicht begonnen hat, ist für die Nachtragsentscheidungen gemäß § 462 a Abs. 2 das Gericht des ersten Rechtszugs zuständig (BGHSt 26 189).

Demgemäß hat §462 a auch keine Änderung der Rechtslage in den Fällen ge- **10** bracht, in den **bei der** — noch nicht rechtskräftigen — **Aburteilung unter Anrechnung der Untersuchungshaft** bereits zwei Drittel der erkannten Strafe verbüßt sind (§ 454, 53) und der Verurteilte aus der Untersuchungshaft entlassen worden ist, bevor das Gericht darüber entschieden hat, ob die Vollstreckung des Strafrests zur Bewährung auszusetzen ist. Die Entscheidung ist dann dem erkennenden Gericht als dem entscheidungsnäheren zu überlassen und es ist nicht etwa die Strafvollstreckungskammer zuständig, in deren Bezirk die Untersuchungshaftanstalt gelegen ist[10]. Die Strafvollstreckungskammer wird erst dann sachlich zuständig, wenn Untersuchungshaft in Strafhaft übergeht. Das gilt auch dann, wenn bei Strafbeginn — Rechtskraft des Urteils[11] — bereits zwei Drittel der erkannten Strafe nach § 57 Abs. 4 StGB als verbüßt gelten[12].

---

[7] BGHSt **29** 33, 36; KK-*Chlosta* 6; KMR-*Müller* 30.

[8] Wegen der örtlichen Zuständigkeit der Strafvollstreckungskammer vgl. § 78 a GVG „oder soweit in ihrem Bezirk andere Vollzugsbehörden ihren Sitz haben". Wegen der Anwendung von Absatz 1 Satz 1 auch bei Verbüßung des Strafarrests in einer Kaserne vgl. BGHSt **26** 391 = LM § 462 a StPO Nr. 13 mit Anm. *Willms; Doller* MDR **1977** 273; KK-*Chlosta* 8; KMR-*Müller* 10; *Kleinknecht/Meyer*[37] 2.

[9] So auch *Kleinknecht/Meyer*[37] 2.

[10] OLG Hamm MDR **1978** 592; NJW **1980** 2090; *Burmann* – LV § 453 c – 55; *Peters* JR **1976** 32; KK-*Chlosta* 9; KMR-*Müller* 9; *Kleinknecht/Meyer*[37] 10; **a. A** OLG Düsseldorf JR **1976** 31.

[11] OLG Hamm OLGSt § 462 a StPO, 53; OLG Düsseldorf NStZ **1981** 366.

[12] BGHSt **27** 302 = NJW **1978** 1443 mit Anm. *Paeffgen;* LG Bonn NStZ **1982** 349; KK-*Chlosta* 9.

Günter Wendisch

2. Örtliche Zuständigkeit

11   **a) Grundgesetzmäßigkeit der Regelung.** Wird Freiheitsstrafe vollzogen, so bestimmt sich die örtliche Zuständigkeit der Strafvollstreckungskammer nach der Lage der Strafanstalt, in die der Verurteilte zu dem Zeitpunkt aufgenommen ist, in dem das Gericht mit der Sache befaßt wird. Bei Inkrafttreten des § 462 a am 1. 1. 1975 war gegen diese Zuständigkeitsregelung der Einwand denkbar, sie verletze den **Grundsatz des gesetzlichen Richters** (Art. 101 GG), weil sie die örtliche Zuständigkeit der Strafvollstreckungskammer von einem Handeln der Verwaltungsbehörde, der „Aufnahme" in eine bestimmte Vollzugsanstalt abhängig mache, die ihrerseits wieder durch Verwaltungshandeln — Verlegung des Gefangenen von einer in eine andere Anstalt — bestimmt werde[13]. Diese Bedenken erscheinen durch das StrafvollzugsG 1976 ausgeräumt. Denn die örtlich und sachlich zuständige Vollzugsanstalt wird durch die auf gesetzlicher Grundlage (§ 152 StVollzG) beruhenden Vollstreckungspläne der Länder bestimmt und auch wenn diese Regelungen nicht in der Form von Rechtsverordnungen, sondern allgemeiner Verwaltungsanordnungen getroffen werden sollten, haben sie durch Selbstbindung der Verwaltung anspruchsbegründende Außenwirkung. Auch die Voraussetzungen einer Verlegung von Gefangenen in eine andere Anstalt sind gesetzlich geregelt (§§ 8, 65, 153 StVollzG) und ihre Rechtmäßigkeit im Einzelfall der gerichtlichen Kontrolle durch die Strafvollstreckungskammer nach Maßgabe der §§ 109 ff StVollzG unterstellt. Damit erscheint im Rahmen des Möglichen das getan, was zur Gewährleistung des Grundsatzes des gesetzlichen Richters erforderlich ist. Darüber, daß die einmal begründete örtliche Zuständigkeit nicht durch Verlegungen vor der abschließenden Entscheidung berührt wird, vgl. Rdn. 21.

12   **b) Aufnahme.** Aufgenommen ist der Verurteilte in derjenigen nach dem Vollstreckungsplan (Rdn. 11) **zuständigen Anstalt,** in der die Strafe an ihm vollzogen wird[14]. Besteht die Anstalt aus einer Hauptanstalt und einer oder mehreren Außenstellen, ist die für die Hauptanstalt zuständige Strafvollstreckungskammer auch für die Außenstellen zuständig, da Hauptanstalt und Außenstellen eine organisatorische Einheit bilden und deshalb i. S. von Absatz 1 Satz 1 als eine Einheit anzusehen sind[15]. Das gilt auch dann, wenn die Außenstelle in einem anderen Landgerichtsbezirk liegt als die Hauptanstalt[16].

13   **Aufnahme** ist dabei sowohl die Erstaufnahme zum Vollzug als auch jede spätere Aufnahme infolge Verlegung im Strafvollzug (§§ 8, 65 StVollzG)[17]. Daraus, daß das Aufgenommensein begründet, wer der gesetzliche Richter ist, ergibt sich aber, daß es sich um eine **Aufnahme von einiger Dauer** handeln muß[18]. Daher berühren nur ganz vorübergehende Verlegungen in eine andere Vollzugsanstalt, etwa zur Wahrnehmung eines gerichtlichen Termins, die Zuständigkeit der Strafvollstreckungskammer nicht[19]. Das gilt auch z. B. bei Verlegung zu einer etwa drei Wochen dauernden Krankenhaus-

---

[13] Begr. zu Art. 19 Nr. 122 Entw. EGStGB, BTDrucks. 7 550, S. 313.

[14] BGH NStZ **1984** 380; *Kleinknecht/Meyer*[37] 2.

[15] BGH – 2 ARs 93/78 – vom 12. 4. 1978; OLG Hamm bei *Doller* MDR **1977** 274; OLG Celle MDR **1978** 594; vgl. auch OLG Karlsruhe Justiz **1978** 241.

[16] BGHSt **28** 135 = LM § 462 a StPO Nr. 4

mit Anm. *Willms*; KK-*Chlosta* 14; KMR-*Müller* 14; *Kleinknecht/Meyer*[37] 4.

[17] BGHSt **26** 165; vgl. auch Begr. zu Art. 19 Nr. 122 Entw. EGStGB, BTDrucks. 7 550, S. 313.

[18] OLG Düsseldorf NStZ **1985** 334; *Treptow* NJW **1975** 1107.

[19] Begr. zu Art. 19 Nr. 122 Entw. EGStGB, BTDrucks. 7 550, S. 313.

behandlung[20]. Solche kurzfristigen und meist zeitlich von vornherein einigermaßen genau abgrenzbaren Verlegungen beeinträchtigen die Zuständigkeit der für die „Stammanstalt" zuständigen Strafvollstreckungskammer nicht[21]. Die „Aufnahme" bleibt auch bei Lockerungen des Vollzugs (§ 11 StVollzG) und bei Beurlaubung als Vollzugsmaßnahme (§ 13 StVollzG usw.; § 451, 61) bestehen.

Bei **Vollzugsbeginn** geschieht die Aufnahme, wenn sich der Verurteilte in der **14** durch Strafantrittsladung und Aufnahmeersuchen bezeichneten Anstalt freiwillig stellt oder nach Ergreifung dorthin verbracht wird (BGH StrVert. **1984** 382). Eine **Aufnahme** i. S. des § 462 a **liegt noch nicht vor** — mag dies auch für die Strafzeitberechnung von Bedeutung sein —, wenn der mittellose Verurteilte zunächst in eine näher gelegene Anstalt geladen wird, um alsbald der zuständigen Anstalt zugeführt zu werden (§ 27 Abs. 5 StVollstrO)[22] oder wenn ein Verurteilter sich zum Strafantritt bei einer nichtzuständigen Anstalt meldet und dort „in amtliche Verwahrung" genommen wird bis zur Weiterleitung in die zuständige Anstalt (§ 451, 57). Sie ist auch dann zu verneinen, wenn ein noch in Untersuchungshaft befindlicher Verurteilter, der nach Rechtskraft zunächst noch in der Untersuchungshaftanstalt verbleibt, alsbald in die nach dem Vollstreckungsplan zuständige Vollzugsanstalt verlegt wird[23].

3. Mit der Sache befaßt werden
a) Zeitpunkt. Hierzu führt die **amtliche Begründung des Entw. EGStGB** (BT- **15** Drucks. 7 550 S. 313) aus: „Welcher Zeitpunkt dies jeweils bei den einzelnen, der Strafvollstreckungskammer zugewiesenen Entscheidungen ist, kann der Rechtsprechung überlassen werden. Auf jeden Fall ist das Gericht mit der Sache befaßt, wenn ein Antrag eines Verfahrensbeteiligten vorliegt oder das Gericht von sich aus im Hinblick auf eine bestimmte Entscheidung das Erforderliche veranlaßt".

b) Begriff. Bei der Auslegung ist zu unterscheiden, ob das Gericht von Amts **16** wegen eine Entscheidung zu treffen hat oder ob der Antrag eines Verfahrensbeteiligten die gerichtliche Tätigkeit veranlaßt. Das Gericht ist bereits mit der Sache befaßt, sobald unabhängig davon, ob ein Antrag gestellt ist oder das Gericht schon etwas veranlaßt hat, eine nachträgliche Entscheidung des Gerichts erforderlich wird, z. B. weil gesetzliche oder vom Gericht gesetzte Fristen ablaufen oder schon verstrichen sind (§§ 56 a, 67 e StGB) oder weil eine solche Entscheidung aus anderen Gründen gesetzlich vorgeschrieben ist (z. B. § 67 c StGB), d. h. das Gericht **von Amts wegen** tätig werden muß[24]. Denn die Zuständigkeit kann dann nicht davon abhängen, ob das Gericht rechtzeitig tätig wird oder nicht[25]. Sind bei einer Entscheidung nach § 57 Abs. 1 StGB zwei Drittel der Strafzeit wegen Anrechnung der Untersuchungshaft schon vor Eintritt der Rechtskraft

---

[20] BGH NJW **1976** 249; *Kleinknecht/Meyer*[37] 6; nicht aber für die Aufnahme des Verurteilten in eine Vollzugsanstalt zur Beurteilung durch die Einweisungskommission: OLG Stuttgart NJW **1977** 1074; KK-*Chlosta* 14; KMR-*Müller* 15.

[21] OLG Stuttgart NJW **1976** 258; **a. A** *W. Schmidt* NJW **1975** 1489; **1976** 224.

[22] Vgl. aber BGH bei *Holtz* MDR **1979** 990.

[23] OLG Düsseldorf NJW **1979** 1469; KK-*Chlosta* 14.

[24] BGHSt **26** 187 = LM § 462 a StPO Nr. 5 mit Anm. *Willms*; **27** 302; **30** 189; OLG Hamburg NStZ **1982** 48; OLG Düsseldorf NStZ **1984** 428; OLG Oldenburg NdsRpfl. **1985** 46 = NStZ **1985** 192; *Valentin* NStZ **1981** 128; KK-*Chlosta* 15 bis 18; *Kleinknecht/Meyer*[37] 4.

[25] BGHSt **26** 165; 188; 214; 278; OLG Hamburg MDR **1982** 251; *Doller* MDR **1977** 274; KK-*Chlosta* 18; KMR-*Müller* 11.

Günter Wendisch

verbüßt, so entscheidet das Datum der Rechtskraft über den Zeitpunkt des Befaßt-seins[26].

17   Muß **auf** einen **Antrag** hin **entschieden** werden, so liegt immer ein Befaßtwerden vor, das mit dem **Eingang** des Antrags **bei Gericht** beginnt, nicht etwa schon mit dem Eingang bei einer Staatsanwaltschaft oder einer sonst mit der Strafvollstreckung oder mit dem Strafvollzug befaßten Behörde[27]. Namentlich bei einer mehrfachen Verlegung und Rückverlegung des Gefangenen innerhalb kurzer Zeit (z. B. infolge Belegungsaus-gleichs) in Anstalten, für die jeweils örtlich verschiedene Strafvollstreckungskammern zuständig sind, erhebt sich die Frage, **bei welchem Gericht der Antrag eingegangen sein muß,** um den Zeitpunkt festzulegen, zu dem die nach § 462 a Abs. 1 funktionell zustän-dige Kammer die örtliche Zuständigkeit erlangt.

18   Nach OLG Hamm NJW **1975** 1527 (**3. Senat** vom 20. 5. 1975) konnte für das Befaßtwerden und die daran anknüpfende örtliche Zuständigkeit nicht nur der Zeit-punkt maßgebend sein, in dem der Antrag bei der nach § 462 a Abs. 1 zuständigen Straf-vollstreckungskammer selbst eingeht, vielmehr sei auf den Zeitpunkt abzustellen, zu dem der Antrag bei „einem" (d. h. bei irgendeinem) Gericht eingeht. Denn schon indem dieses seine Zuständigkeit prüfe und im Fall der Verneinung die Akten weiterleite, sei es mit der Sache befaßt; nur bei einer solchen Auslegung lasse sich der für die Bestimmung der zuständigen Strafvollstreckungskammer maßgebliche Zeitpunkt genau und allge-mein sicherstellen und es komme nicht auf den Zufall an, ob sich der Verurteilte bei Ein-gang des Antrags noch in der bestimmten Strafanstalt befinde oder zwischenzeitlich ver-legt sei. Umgekehrt wird nach OLG Hamm NJW **1976** 683 (**4. Senat** vom 12. 12. 1975) die örtliche Zuständigkeit einer Strafvollstreckungskammer erst begründet, wenn sie selbst mit der Sache zu einem Zeitpunkt befaßt wird, zu dem der Verurteilte (wenn auch in anderer Sache) in einer in ihrem Bezirk liegenden Vollzugsanstalt einsitzt. Danach ge-nüge zur Festlegung der örtlichen Zuständigkeit nicht der Eingang des Antrags bei einer anderen Strafvollstreckungskammer und erst recht nicht der Eingang bei einem funktionell unzuständigen Gericht, damit auch nicht der Eingang beim erkennenden, möglicherweise weit entfernten Gericht.

19   Zwischen diesen divergierenden Auffassungen hat sich BGHSt 26 214 mit Recht für eine **Mittellösung** entschieden, der sich OLG Hamm NJW **1976** 1111[28] angeschlos-sen hat und die auch jetzt in der Praxis allgemein anerkannt sein dürfte. Danach kann auf der einen Seite — insoweit abweichend von OLG Hamm NJW **1975** 1527 — unter „Gericht" nicht schon jedes, auch das von vornherein mit Sicherheit unzuständige Ge-richt verstanden werden, denn das würde wegen nötiger Rückfragen, Aktenversendun-gen usw. in zahlreichen Fällen zu einer dem Sinn des Gesetzes zuwiderlaufenden Verzö-gerung des Verfahrens führen. Auf der anderen Seite kann aber schon mit Rücksicht auf die oft unklaren, die Entscheidung eines übergeordneten Gerichts erforderlich ma-chenden Zuständigkeitsverhältnisse auch nicht ausschließlich darauf abgestellt werden, wann der Antrag bei dem letztlich nach § 462 a Abs. 1 zur Entscheidung berufenen Ge-richt eingegangen ist. „Befaßt wird vielmehr das Gericht mit der Sache stets dann, wenn der Antrag **bei** dem zuständigen Gericht oder doch **einem Gericht** eingeht, **das** für die

---

[26] BGHSt **27** 302 = LM § 462 a StPO Nr. 17 mit Anm. *Willms* = NJW **1978** 1443 mit Anm. *Paeffgen*; LG Bonn NStZ **1982** 349; KK-*Chlosta* 18; KMR-*Müller* 11.

[27] BGH NJW **1976** 336; OLG Koblenz MDR **1976** 72.

[28] Unter Aufgabe seiner Ansicht in NJW **1976** 683.

Entscheidung **zuständig sein kann**[29]. Das ist das Gericht des ersten Rechtszugs (§ 462 a Abs. 2 Satz 1) und sind die Strafvollstreckungskammern der Landgerichte, in deren Bezirk der Verurteilte einsitzt oder während einer zur Zeit der Antragstellung noch nicht abgeschlossenen Strafvollstreckung eingesessen hat." In der Tat wird diese einerseits einschränkende, andererseits nicht auf das zuständige Gericht beschränkte Auslegung sowohl dem Erfordernis der Verfahrensbeschleunigung wie auch den berechtigten Belangen des Antragstellers gerecht[30].

Bei **Zweifeln über** den **Zeitpunkt** des Eingangs ist, wenn ausnahmsweise der Zeit- **20** punkt des Eingangs bei einem der in Rdn. 19 bezeichneten Gerichte sich nicht aus einem Eingangsstempel ergibt, vom ersten sicher den Akten zu entnehmenden Zeitpunkt des Befaßtwerdens auszugehen, um jede Unklarheit über den zuständigen (den „gesetzlichen") Richter auszuschließen[31]. Aus diesem Grundsatz sowie den Erwägungen in Rdn. 19 folgt, daß für eine nachfolgende **Bewährungsüberwachung** und alle dabei zu treffenden Entscheidungen die für die Entscheidung über die Aussetzung des Strafrests örtlich unzuständige Strafvollstreckungskammer auch dann nicht zuständig wird, wenn diese Entscheidung rechtskräftig geworden ist; zuständig ist vielmehr die Strafvollstreckungskammer, die an sich über die Aussetzung hätte entscheiden müssen (OLG Düsseldorf NStZ **1985** 333; BGH NStZ **1985** 428).

4. Dauer der örtlichen Zuständigkeit

a) Abschließende Entscheidung. Ist die Strafvollstreckungskammer im Zeitpunkt **21** der Befassung (Rdn. 16 ff) örtlich zuständig geworden, so bleibt diese Zuständigkeit — und gegebenenfalls die des ihr übergeordneten Rechtsmittelgerichts — bestehen, bis **abschließend** sachlich — und zwar rechtskräftig — über die Frage entschieden ist (OLG Oldenburg NStZ **1985** 192), mit der die Strafvollstreckunngskammer befaßt wurde. Es tritt also nicht vorher ein Zuständigkeitswechsel deshalb ein, weil der Verurteilte in eine Anstalt im Bezirk einer anderen Strafvollstreckungskammer verlegt („aufgenommen") wird[32]. Das gilt auch für den Fall, daß der Verurteilte nach dem Zeitpunkt des Befaßtwerdens wegen einer neuen Straftat in einer anderen Strafanstalt aufgenommen wird, die zum Bezirk einer anderen Strafvollstreckungskammer gehört[33]. Das ergibt sich nicht nur aus allgemeinen, dem Grundsatz des gesetzlichen Richters entnommenen Erwägungen, sondern trägt auch praktischen Überlegungen Rechnung. Denn ein an eine (nicht nur ganz vorübergehende, Rdn. 12) Verlegung anknüpfender Zuständigkeitswechsel hätte, wie mit Recht geltend gemacht wird, eine erhebliche Verzögerung des

[29] Ebenso BGHSt **30** 191; bei *Holtz* MDR **1981** 982; OLG Koblenz NJW **1976** 158; OLG Düsseldorf NStZ **1985** 333; *Valentin* NStZ **1981** 129; KK-*Chlosta* 19; KMR-*Müller* 11.

[30] BGHSt **26** 214; a. A *W. Schmidt* NJW **1975** 1488; Bedenken auch bei *Doller* MDR **1977** 274.

[31] BGHSt **26** 214 = LM § 462 a Nr. 7 mit Anm. *Willms*; OLG Hamm NJW **1976** 1111; OLG Koblenz MDR **1976** 72; KK-*Chlosta* 19.

[32] BGHSt **26** 165 = LM § 462 a StPO Nr. 4 mit Anm. *Willms*; **26** 187 = LM § 462 a StPO Nr. 5 mit Anm. *Willms*; **26** 278 = LM § 462 a

StPO Nr. 8 mit Anm. *Willms*; BGH NStZ **1981** 404; OLG Stuttgart MDR **1975** 775; NJW **1976** 436; OLG Koblenz GA **1977** 246; OLG Zweibrücken MDR **1978** 954; OLG Hamm MDR **1979** 336; OLG Düsseldorf MDR **1980** 518; **1981** 426; NStZ **1981** 156; OLG Karlsruhe NStZ **1981** 454 unter Aufgabe von NStZ **1981** 404; KK-*Chlosta* 16; KMR-*Müller* 15; vgl. auch *Doller* MDR **1977** 275; a. A OLG Hamm JMBlNRW **1978** 265; OLG Schleswig MDR **1978** 594; *Kleinknecht/Meyer*[37] 21; *Herzog* NJW **1976** 1077.

[33] BGHSt **30** 189; OLG Karlsruhe NStZ **1981** 494; NStZ **1982** 396 mit krit. Anm. *Katholnigg*.

Verfahrens zur Folge; sie könnte, wenn über die Aussetzung eines Strafrests zu entscheiden ist, dazu führen, daß der Verurteilte die Strafe voll verbüßt hätte, bevor über seinen Antrag auf vorzeitige Entlassung entschieden ist.

22   Die **Aufrechterhaltung** der durch das Befaßtwerden bewirkten Bestimmung der örtlichen Zuständigkeit ist auch insofern sinnvoll, als die Strafvollstreckungskammer bei ihrer Entscheidung die Erkenntnisse über die Entwicklung des Verurteilten verwerten kann, die sie während dessen Aufenthalt in ihrem Bezirk gesammelt hat. Man wird diesen Erwägungen auch gegenüber den von *Herzog* NJW **1976** 1077 erhobenen Einwendungen zustimmen müssen. Die von *Herzog* besonders beklagte Folgerung aus der Rechtsprechung des Bundesgerichtshofs, nämlich „in größerem Umfang eine Art von Sternfahrten von Strafvollstreckungskammern zu den verschiedenen Vollzugsanstalten mit sehr hohem Zeit- und Reisekostenaufwand, der sachlich nicht gerechtfertigt ist, da er weder zu einer erheblichen Beschleunigung noch zu einem erheblichen Erkenntnisgewinn … führen kann", dürfte ihre Schärfe verloren haben, nachdem sich die Auffassung mehr und mehr durchgesetzt hat, daß die mündliche Anhörung des Verurteilten gemäß § 454 auch durch den beauftragten und den ersuchten Richter erfolgen kann (§ 454, 20 ff).

23   **b) Beendigung.** Sobald **abschließend** in der Sache, mit der allein die Strafvollstreckungskammer befaßt war, **entschieden** ist, endet — vorbehaltlich des Absatzes 1 Satz 2 — die örtliche Zuständigkeit. Hat also z. B. die Strafvollstreckungskammer in A einen Antrag auf Aussetzung des Strafrests rechtskräftig abgelehnt und wird der Verurteilte vor oder nach dieser Entscheidung in den Bezirk einer anderen Strafvollstreckungskammer verlegt, so ist, wenn weitere Nachtragsentscheidungen zu treffen sind, diese Kammer zuständig, sobald sie mit der Sache befaßt wird[34]. Das gleiche gilt bei **Antragsrücknahme,** aber auch wenn der Verurteilte mit der Aussetzung des Strafrests nicht einverstanden ist oder wenn er nach einem Hinweis des Gerichts, daß sein Antrag verfrüht sei, diesen zwar nicht formell zurücknimmt, sich aber mit einer Entscheidung „zu gegebener Zeit" einverstanden erklärt[35]. Hat die Strafvollstreckungskammer den Strafrest ausgesetzt und sitzt der Verurteilte wegen einer während der Bewährungszeit begangenen Straftat in einer Vollzugsanstalt im Bezirk einer anderen Strafvollstreckungskammer ein, so ist letztere zur Entscheidung über den Antrag auf **Widerruf der Aussetzung** zuständig[36]. Befindet sich der Verurteilte in dem Zeitpunkt, in dem die für Bewährungsüberwachung zuständige Strafvollstreckungskammer mit einem Widerrufsantrag der Staatsanwaltschaft befaßt wird, auf freiem Fuß, so tritt kein Zuständigkeitswechsel ein, vielmehr bleibt diese für die Entscheidung über den Widerrufsantrag auch zuständig, wenn der Verurteilte *danach* im Bezirk einer anderen Strafvollstreckungskammer in Strafhaft genommen wird[37]. Dieser Grundsatz gilt auch für den Fall einer Haftentweichung, wenn der Verurteilte nach seiner Wiederergreifung in eine Strafanstalt im Bezirk einer anderen Strafvollstreckungskammer eingeliefert wird[38].

---

[34] BGHSt **26** 278; OLG Karlsruhe Justiz **1976** 304; OLG Oldenburg NStZ **1985** 192; OLG Düsseldorf NStZ **1985** 334; KK-*Chlosta* 21; KMR-*Müller* 15.

[35] OLG Düsseldorf MDR **1983** 155; *Valentin* NStZ **1981** 130.

[36] OLG Stuttgart Justiz **1976** 443; vgl. dazu eingehend Rdn. 72.

[37] BGHSt **30** 189; OLG Hamm JMBlNRW

1978 265; MDR **1979** 336; OLG Zweibrücken MDR **1978** 954; OLG Schleswig MDR **1978** 594; OLG Düsseldorf NJW **1980** 1009; OLG Hamburg MDR **1980** 251; OLG Karlsruhe Justiz **1980** 90; KK-*Chlosta* 22; *Kleinknecht/Meyer*[37] 7.

[38] OLG Düsseldorf MDR **1983** 155; OLG Koblenz MDR **1985** 430; KK-*Chlosta* 23; *Kleinknecht/Meyer*[37] 4.

c) Einzelfälle. Den Charakter einer abschließenden Entscheidung verliert ein for- **24**
mell rechtskräftiger Beschluß, der die Aussetzung eines Strafrests im gegebenen Zeitpunkt **ablehnt,** nicht dadurch, daß in den Gründen ausdrücklich eine erneute Nachprüfung der Aussetzungsfrage nach Ablauf eines bestimmt bezeichneten Zeitraums für geboten erklärt wird. Vielmehr ist für diese erneute Nachprüfung bei einer Verlegung vor
oder nach der Entscheidung in eine Vollzugsanstalt in einem anderen Landgerichtsbezirk die Strafvollstreckungskammer dieses Bezirks zuständig. Dagegen wird bei einer
bloßen Aussetzung der abschließenden Entscheidung zwecks weiterer Klärung der Aussetzungsvoraussetzungen die bisherige Zuständigkeit durch Verlegungen nicht berührt[39]. Unzulässig ist es, wenn die Strafvollstreckungskammer im Zeitpunkt der Entscheidung die Aussetzungsvoraussetzungen verneint, gleichwohl aber die Aussetzung
des Strafrests zu einem um mehrere Monate hinausgeschobenen Entlassungszeitpunkt
in der Erwartung einer weiteren positiven Einwirkung des Vollzugs anordnet. Denn im
Ergebnis entspricht dies einer abschließenden negativen Entscheidung im Zeitpunkt des
Beschlusses (OLG Karlsruhe Justiz **1976** 304), so daß bei einer Verlegung vor dem hinausgeschobenen Entlassungszeitpunkt ggf. eine andere örtliche Strafvollstreckungskammer über die Entlassungsreife neu zu entscheiden hat.

Die Strafvollstreckungskammer bleibt auch bei einer nach ablehnender Entschei- **25**
dung erfolgten Verlegung nicht deshalb zuständig, weil sie mit dem negativen Beschluß
die Setzung einer **Frist gemäß §57 Abs. 5 StGB** verbunden hat, vor deren Ablauf ein erneuter Aussetzungsantrag unzulässig ist. Eine solche Fristsetzung erfolgt unter der
selbstverständlichen Voraussetzung, daß sich an der bisherigen Zuständigkeit nichts ändere; sie wird hinfällig, wenn der Verurteilte nach der Ablehnung seines Antrags in
einen anderen Landgerichtsbezirk verlegt wird und bindet die dort zuständige Strafvollstreckungskammer nicht, wenn der Verurteilte bei dieser seinen Aussetzungsantrag vor
Ablauf der in dem vorangegangenen Ablehnungsbeschluß gesetzten Frist wiederholt[40].
Zur Beendigung der Zuständigkeit der mit einem Aussetzungsantrag angegangenen
Strafvollstreckungskammer genügt es auch, wenn der Verurteilte im Anhörungstermin
den Antrag nach Erörterung der Sache zurücknimmt und danach in eine Anstalt im Bezirk einer anderen Strafvollstreckungskammer verlegt wird (BGHSt **26** 278).

III. Verbleibende Zuständigkeit des Gerichts des ersten Rechtszugs und des übergeordneten Beschwerdegerichts trotz Vollstreckungsbeginns

Das Gericht des ersten Rechtszugs ist für die Entscheidung nach §57 StGB zu- **26**
ständig, wenn der Verurteilte sich bisher nur in Untersuchungshaft befunden hat, diese
auf die Strafe angerechnet und die Untersuchungshaft vor Rechtskraft des Urteils durch
Entlassung des Verurteilten beendet worden ist[41]. Hat das Gericht des ersten Rechtszugs **vor Beginn der Vollstreckung** bereits eine nachträgliche Entscheidung getroffen —
anders, wenn es nur zur Vorbereitung einer solchen Entscheidung tätig geworden ist —
und hat der Verurteilte diese angefochten, so wird die Zuständigkeit des angerufenen
Gerichts nicht durch den Beginn der Vollstreckung berührt; sie geht nicht etwa auf die
Strafvollstreckungskammer über[42]. Diesen Grundsatz wendet OLG Koblenz MDR

[39] OLG Stuttgart NJW **1976** 436; *Valentin* NStZ **1981** 130; *Wetterich/Hamann* 921; KK-*Chlosta* 21; *Kleinknecht/Meyer*[37] 8.
[40] BGHSt **26** 278 unter Ablehnung von OLG Zweibrücken NJW **1976** 258.
[41] BGH JR **1975** 205 mit Anm. *Peters*; BGHSt

27 302 = NJW **1978** 1443 mit Anm. *Paeffgen*; OLG Hamm MDR **1978** 592; a. A OLG Düsseldorf JR **1976** 31 mit abl. Anm. *Peters.*
[42] BGHSt **26** 187; *Valentin* NStZ **1981** 130; KK-*Chlosta* 11.

Günter Wendisch

1976 598 auch auf den „Rechtsbehelf" des Antrags auf Durchführung nachträglicher Anhörung (§ 33 a) nach öffentlicher Zustellung des Widerrufs einer Strafaussetzung zur Bewährung (§ 453, 23) an, so daß das Gericht des ersten Rechtszugs entscheidet, auch wenn der Verurteilte sich inzwischen in Strafhaft befindet.

IV. Entscheidungen der Strafvollstreckungskammer (Absatz 1 Satz 1)

27 **1. Grundsatz.** Nach Absatz 1 Satz 1 obliegen der Strafvollstreckungskammer die nach den §§ 453, 454, 454 a und 462 zu treffenden Entscheidungen und damit (§ 462) die nachträglichen gerichtlichen Entscheidungen nach § 453 Abs. 3 Satz 1[43], §§ 458 bis 461 — mit Ausnahme der Gesamtstrafenbildung (Absatz 3) — und die in § 462 Abs. 1 Satz 2 aufgezählten Nachtragsentscheidungen. Grundgedanke dieser Regelung ist die Begründung einer **Zuständigkeitskonzentration,** der Entscheidungszuständigkeit der Strafvollstreckungskammer „für alle in demselben Strafverfahren zu treffenden nachträglichen Entscheidungen, also nicht nur für diejenigen, die sich unmittelbar auf die Vollstreckung der Freiheitsstrafe beziehen, um die Einheitlichkeit des auf die Resozialisierung des Täters gerichteten Handelns zu gewährleisten"[44].

2. Einzelheiten

28 **a) Zu §§ 453, 454, 454 a.** Für die im Fall des § 453 (bei Aussetzung der ganzen Strafe zur Bewährung nach § 56 StGB) zu treffenden Nachtragsentscheidungen ist grundsätzlich das **Gericht des ersten Rechtszugs** zuständig; daran hat Absatz 1 Satz 1, wie sich aus Absatz 2 ergibt, nichts geändert (OLG Koblenz MDR **1975** 686). Das Gericht des ersten Rechtszugs ist auch zuständig, wenn nach Rechtskraft des öffentlich zugestellten Widerrufsbeschlusses das Nachverfahren (§ 33 a) durchzuführen ist, auch wenn sich der Verurteilte inzwischen in Strafhaft befindet (OLG Koblenz MDR **1976** 598; Rdn. 26). Die **Strafvollstreckungskammer** ist — abgesehen von den insoweit unproblematischen Fällen der §§ 454 und 454 a — aber zuständig, wenn gegen einen Verurteilten eine Freiheitsstrafe vollstreckt wird und während dieser Zeit Nachtragsentscheidungen zu treffen sind, die sich auf eine dem Verurteilten in einem anderen Verfahren bewilligte Aussetzung der ganzen Strafe beziehen, z. B. wenn der Verurteilte, dem Strafaussetzung gemäß § 56 StGB gewährt wurde, während der Bewährungsfrist erneut straffällig wird, die ihm dafür auferlegte Freiheitsstrafe verbüßt und nunmehr über den Antrag auf Widerruf der in dem ersten Verfahren bewilligten Strafaussetzung zu entscheiden ist. Diese Entscheidung trifft nach dem Grundsatz der Entscheidungskonzentration (Absatz 4 Satz 1, 3) die Strafvollstreckungskammer[45], die aber gemäß Absatz 2 Satz 2 zur Abgabe der Sache berechtigt ist (s. Rdn. 35).

29 **b) Zu § 458.** Hier handelt es sich um eine **globale Verweisung,** die auf den ersten Blick nicht ganz einleuchtend ist (warum soll z. B. die Strafvollstreckungskammer zuständig sein, wenn über die Auslegung eines Strafurteils eines anderen Gerichts Zweifel

---

[43] Nicht auch nach § 453 c und damit auch nicht – abgesehen von der Unzulässigkeit eines solchen Antrags; vgl. dazu § 453 c, 17 – zur Entscheidung über einen Antrag auf Entschädigung für eine Sicherungshaft; LG Krefeld NJW **1977** 117 mit Anm. *Meding* NJW **1977** 914.

[44] Begr. zu Art. 19 Nr. 122 (§ 462 a) Entw.

EGStGB 1974, BTDrucks. 7 550, S. 312 r. Sp.; OLG Düsseldorf VRS **64** 432.

[45] BGHSt **26** 118; 276; 381; **28** 82; OLG Stuttgart MDR **1975** 686; *Treptow* NJW **1976** 223; *W. Schmidt* NJW **1976** 225 unter Aufgabe von NJW **1975** 1490; *Gössel* JR **1979** 393; *Kleinknecht/Meyer*[37] 21.

bestehen?), bei der das Gesetz aber die nötige Einschränkung dadurch zu erreichen sucht, daß es in den Fällen des § 458 Abs. 1 — nicht auch in denen des § 458 Abs. 2 — die Möglichkeit der Abgabe der Entscheidung an das Gericht des ersten Rechtszugs vorsieht (Absatz 1 Satz 3 zweiter Halbsatz; Rdn. 35). Die auf die Fälle des § 458 Abs. 1 beschränkte **Abgabemöglichkeit** wird damit begründet[46], es könne „ratsam sein, bei für die Resozialisierung des Täters weniger bedeutsamen Entscheidungen der unter Umständen größeren Sachkunde des Gerichts des ersten Rechtszugs den Vorzug zu geben. Solche Entscheidungen sind z. B. Einwendungen gegen die Zulässigkeit von im Zusammenhang mit einem Verfall oder einer Einziehung vorgenommenen Vollstreckungshandlungen der Staatsanwaltschaft. Auch die Auslegung eines Urteils dürfte in der Regel am besten durch das Gericht geschehen, das das Urteil erlassen hat. Um die Strafvollstreckungskammer von solchen, ihrer eigentlichen Aufgabe ferner liegenden Entscheidungen zu entlasten, ist eine durch Abgabe der Strafvollstreckungskammer begründete subsidiäre Zuständigkeit des Gerichts des ersten Rechtszugs vorgesehen."

c) Zu §§ 462, 459 h. Zur Verweisung auf diese Vorschriften vgl. die Erläuterungen **30** zu § 459 h, 18.

V. Zuständigkeit der Strafvollstreckungskammer für Nachtragsentscheidungen (Absatz 1 Satz 2)

1. Grundsatz. Nach Absatz 1 Satz 1 ist Voraussetzung für die **sachliche Zuständig- 31 keit** der Strafvollstreckungskammer, daß eine Freiheitsstrafe vollstreckt (vollzogen) wird. Ferner endet, wie zu Rdn. 21 bis 23 dargelegt, die durch Befaßtwerden mit der Sache begründete **örtliche Zuständigkeit** der Strafvollstreckungskammer mit der abschließenden sachlichen Entscheidung in der Sache, mit der die Kammer befaßt war[47]. Abweichend von diesen beiden Obersätzen bleibt aber nach Absatz 1 Satz 2 die sachliche und die einmal begründete örtliche Zuständigkeit der Strafvollstreckungskammer für Nachtragsentscheidungen in zwei Gruppen von Fällen bestehen, die einen **auf freiem Fuß** befindlichen Verurteilten betreffen, nämlich nach Unterbrechung der Vollstreckung einer Freiheitsstrafe und nach Aussetzung des Strafrests zur Bewährung[48].

2. Fortdauer der Zuständigkeit
a) Unterbrechung der Vollstreckung. Hiernach bleibt die Strafvollstreckungskam- **32** mer z. B. zuständig, wenn der Verurteilte einen Antrag auf Aussetzung des Strafrests gestellt hatte und danach die Strafvollstreckung nach § 455 a aus Gründen der Vollzugsorganisation oder wegen Vollzugsuntauglichkeit infolge Erkrankung (§ 461, 8) durch Anordnung der Vollstreckungsbehörde oder im Gnadenwege unterbrochen war, ferner wenn die Vollstreckungsbehörde von der weiteren Vollstreckung nach § 456 a abgesehen hat (BGH GA **1984** 513). Jedoch wird der Begriff der „Unterbrechung" nicht nur im technischen Sinn zu verstehen sein, sondern auch die Fälle einer faktischen Unterbrechung des Vollzugs umfassen, z. B. wenn der Gefangene entweicht oder aus einem ihm nach den Vorschriften des Strafvollzugsgesetzes gewährten Urlaub (§ 451, 61) nicht zurückkehrt, wenn man nicht annehmen will, daß sich hier die fortdauernde örtliche Zuständigkeit der Strafvollzugskammer bereits aus Absatz 1 Satz 1 ergibt.

---

[46] Begr. zu Art. 19 Nr. 122 (§ 462 a) Entw. EGStGB 1974, BTDrucks. 7 550, S. 312 r. Sp.

[47] OLG Hamm MDR **1979** 336; OLG Düssel-

dorf NJW **1980** 1009; OLG Hamburg NStZ **1982** 48.

[48] KK-*Chlosta* 12.

33   **b) Aussetzung des Strafrests.** Hier bleibt die Zuständigkeit der Strafvollstrekkungskammer, die die Vollstreckung des Strafrests einer Freiheitsstrafe (§§ 57, 57 a StGB) ausgesetzt hat, auch für die Nachtragsentscheidungen nach § 57 Abs. 3 StGB erhalten. Bei einer im Gnadenweg angeordneten bedingten Entlassung ist Absatz 1 Satz 2 unanwendbar; hier trifft die Gnadenbehörde auch die Nachtragsentscheidungen. Die Zuständigkeit der Strafvollstreckungskammer, die die Aussetzung des Strafrests angeordnet hat, entfällt aber, wenn später kraft Zuständigkeitskonzentration (Absatz 4 Satz 3) die Zuständigkeit einer anderen Strafvollstreckungskammer begründet ist (s. Rdn. 72).

34   **c) Ende der Zuständigkeit.** Die Zuständigkeit der Strafvollstreckungskammer endet, wenn die Vollstreckung der Freiheitsstrafe (Maßregel) — durch Verbüßung, Erlaß der Strafe, Vollstreckungsverjährung — **endgültig** erledigt ist, sofern nicht nach Verbüßung die Führungsaufsicht betreffende Entscheidungen in Betracht kommen (§ 463, 17). Für die übrigen jetzt noch zu treffenden Nachtragsentscheidungen, z. B. die Wiederverleihung verlorener Fähigkeiten und Rechte (§ 45 b StGB, § 462 Abs. 1 Satz 2) ist grundsätzlich (s. aber Absatz 4 und dazu Rdn. 67) das Gericht des ersten Rechtszugs zuständig (Absatz 2).

VI. Abgabe der Entscheidung an Gericht des ersten Rechtszugs (Absatz 1 Satz 3)

35   **1. Zulässigkeit.** Die Strafvollstreckungskammer kann **lediglich** einzelne **Entscheidungen,** die **nach § 462 in Verb. mit § 458 Abs. 1** zu treffen sind (Rdn. 29), an das Gericht des ersten Rechtszugs abgeben[49]. Die Abgabe auch anderer Entscheidungen ist nicht vorgesehen. Das gilt namentlich für die Abgabe der nach Aussetzung des Strafrests zu treffenden Nachtragsentscheidungen an das Amtsgericht des Wohnsitzes oder gewöhnlichen Aufenthaltsorts, wie sie nach Absatz 2 Satz 2 dem Gericht des ersten Rechtszugs und ggf. der Strafvollstreckungskammer (Rdn. 28) bei Aussetzung der ganzen Strafe zur Bewährung zusteht. Die Unzulässigkeit einer über Absatz 1 Satz 3 hinausgehenden Abgabemöglichkeit wird generell damit begründet, daß sie „nicht empfehlenswert zu sein erscheine"[50]. Das ist offenbar so zu verstehen, daß „der Gesetzgeber" bei einer Abwägung der Strafvollstreckungskammer die größere Entscheidungsnähe beimaß als dem Amtsgericht des Wohnsitzes (Aufenthaltsorts) und den Gesichtspunkt der Zuständigkeitskonzentration für vorrangig hielt[51].

36   **2. Bindung.** Daß die **Abgabe bindend** ist (Absatz 1 Satz 3 zweiter Halbsatz), hat die gleiche Bedeutung wie die entsprechende Vorschrift in Absatz 2 Satz 2 zweiter Halbsatz (Rdn. 56), d. h. sie ist nur für das Gericht, an das abgegeben wird, nicht auch für die

---

[49] In Betracht kommen: Zweifel über die Auslegung eines Strafrests oder über die Berechnung der erkannten Strafe; Einwendungen gegen die Zulässigkeit der Strafvollstreckung überhaupt oder gegen Vollstreckungshandlungen im Zusammenhang mit Verfall und Einziehung.

[50] Begr. zu Art. 19 Nr. 122 (§ 462 a) Entw. EGStGB 1974, BTDrucks. 7 550, S. 312 r. Sp.

[51] Nachdem die Entscheidung in diesem Sinn

getroffen ist, ist es nicht vertretbar, wenn LG Mainz MDR **1976** 339 im Anschluß an *W. Schmidt* NJW **1975** 1490 in entsprechender Anwendung von Absatz 2 Satz 2 die Strafvollstreckungskammer bei der Aussetzung des Strafrests für abgabebefugt erklärt, weil der Ausschluß der Abgabebefugnis nicht sachgerecht sei und das Amtsgericht des Wohnsitzes entscheidungsnäher sei; wie hier BGHSt **26** 353; KMR-*Müller* 18.

abgebende Strafvollstreckungskammer bindend; diese kann vielmehr aus gebotenem Anlaß die Abgabe widerrufen[52].

VII. Zuständigkeit des Gerichts des ersten Rechtszugs

1. Gesetzliche Umschreibung des Umfangs (Absatz 2 Satz 1). Die sachliche Zustän- **37** digkeit des Gerichts des ersten Rechtszugs für Nachtragsentscheidungen beschreibt — von der positiven Zuweisung in Absatz 3, 5 Satz 1 und der Abgabemöglichkeit nach Absatz 1 Satz 3; Absatz 4 Satz 3 zweiter Halbsatz abgesehen — Absatz 2 in Verb. mit Absatz 4 negativ: die Zuständigkeit des Gerichts des ersten Rechtszugs ist nur gegeben, wenn und soweit die Strafvollstreckungskammer nicht nach Absatz 1 oder 4 zuständig ist. Die Zuständigkeit der **Strafvollstreckungskammer verdrängt** die des Gerichts des ersten Rechtszugs. Von einer Einzelaufzählung der in Betracht kommenden Fälle einer Zuständigkeit des Gerichts des ersten Rechtszugs soll hier abgesehen werden. Grundsätzlich ist sie gegeben, wenn die Vollstreckung der Freiheitsstrafe — auch die aus einer anderen Sache (Rdn. 28) — noch nicht begonnen hat (Rdn. 26) oder sie bereits endgültig erledigt ist (Rdn. 32). Ein gleichzeitiges Nebeneinanderwirken funktional verschiedener Gerichte kann sich ergeben, wenn das Gericht des ersten Rechtszugs vor Vollstreckungsbeginn eine Nachtragsentscheidung gefällt hat, gegen diese Entscheidung ein Rechtsmittel eingelegt wird und inzwischen mit der Vollstreckung begonnen ist; dann bleibt die Zuständigkeit des Rechtsmittelgerichts unberührt (Rdn. 26), während die Strafvollstreckungskammer die in ihre Zuständigkeit fallenden Nachtragsentscheidungen zu treffen hat, die mit oder nach dem Beginn der Vollstreckung einer Freiheitsstrafe erforderlich werden (BGHSt **26** 187).

2. Befassung mit der Sache durch ein anderes Gericht (Absatz 6)
a) Frühere Ansicht. Bis zur Einfügung des Absatzes 6 wurde in Rechtsprechung **38** und Schrifttum **überwiegend die Ansicht** vertreten, das Gericht, das zum erstenmal erstinstanzlich entschieden hatte, bliebe auch dann für die nachträglichen Entscheidungen zuständig, wenn das Revisionsgericht die Sache zur erneuten Verhandlung und Entscheidung an ein anderes Gericht zurückverwiesen hatte[53]. Entscheidend dafür war die Auffassung, daß durch die Zurückverweisung an ein anderes Gericht nur ein von der allgemeinen Zuständigkeitsregelung abweichender Zuständigkeitsaustausch für das zu wiederholende Erkenntnisverfahren stattgefunden habe und daraus nicht hergeleitet werden könne, daß das erste Gericht nunmehr auch für die Nachtragsentscheidungen seine Zuständigkeit an das Gericht verloren habe, das nach der Zurückverweisung entschied. Die **Gegenmeinung**[54] bekämpfte diese Ansicht mit dem Hinweis auf die Änderung des § 354 Abs. 2 durch Art. 9 Nr. 4 StPÄG 1964. Wenn damals allgemein und zwingend die Zurückverweisung an einen anderen Spruchkörper oder an ein anderes Gericht vorgeschrieben worden sei, so sei damit Rücksicht genommen worden auf etwaige Befürchtungen eines Angeklagten, der Richter, dessen Urteil vom Revisionsgericht aufgehoben wurde, könne sich, wenn er sich selbst erneut mit der Sache befassen müßte, auch im Rahmen seiner Bindung an die revisionsgerichtliche Entscheidung doch — mög-

---

[52] BGHSt **26** 204; OLG Düsseldorf JZ **1986** (Entscheidung in Leitsätzen) 115; KK-*Chlosta* 28; KMR-*Müller* 20.
[53] BayObLG GA **1972** 278; OLG Celle Nds-Rpfl. **1955** 39; OLG Düsseldorf MDR **1958** 941; OLG Köln NJW **1972** 1291; OLG Karlsruhe OLGSt § 454 StPO, 1; OLG München MDR **1974** 332.
[54] OLG Frankfurt NJW **1972** 1065; *Raacke* NJW **1966** 1697.

Günter Wendisch

licherweise unbewußt — von seiner ursprünglichen Auffassung beeinflussen lassen. Unter diesem Aspekt bestehe aber für den Angeklagten kein wesentlicher Unterschied zwischen der Verurteilung selbst und den vom Gericht des ersten Rechtszugs zu treffenden Nachtragsentscheidungen, weil diese Entscheidungen in einem engen sachlichen Zusammenhang stünden. Deshalb sei es folgerichtig, als für die Nachtragsentscheidungen zuständiges Gericht des ersten Rechtszugs das andere Gericht anzusehen, an das die Sache zurückverwiesen worden sei[55].

39   Seit dem 1. 1. 1975 hatte dieser Zuständigkeitsstreit seine Bedeutung verloren, soweit es um die Aussetzung des Strafrests und dessen Widerruf ging, da diese Frage nunmehr durch § 462 a geregelt worden ist. Die Streitfrage beschränkte sich demgemäß auf Fälle, in denen **Nachtragsentscheidungen vom Gericht des ersten Rechtszugs** zu treffen sind, weil eine Zuständigkeit der Strafvollstreckungskammer nicht begründet ist, z. B. ob, wenn das andere Gericht auf Freiheitsstrafe unter Zubilligung von Bewährungsfrist erkannt hatte, zum Widerruf der Strafaussetzung das ursprünglich zuständige oder das andere Gericht berufen sei.

40   b) **Klarstellung.** Der Gesetzgeber hat sich 1979 der Ansicht der Gegenmeinung angeschlossen. In der Begründung für die Einfügung des Absatzes 6[56] heißt es: „Der neue Absatz 6 soll für bestimmte Zweifelsfälle klarstellen, welches Gericht als Gericht des ersten Rechtszugs gemeint ist, das nach Maßgabe der vorausgehenden Absätze unter bestimmten Voraussetzungen statt der Strafvollstreckungskammer zuständig ist. Es handelt sich um die **Fälle,** in denen **nach § 354 Abs. 2** (auch i. V. m. § 354 a) oder **nach § 355** die Sache vom Revisionsgericht an ein anderes Gericht und nicht nur an einen anderen Spruchkörper des ursprünglich zuständig gewesenen Gerichts zurückverwiesen worden ist, sowie um die Fälle, in denen eine verurteilende Entscheidung in Wiederaufnahmeverfahren gemäß § 140 a GVG von einem anderen Gericht als dem ursprünglich zuständig gewesenen ergangen ist. Die Regelung soll erreichen, daß dann, wenn das Gesetz das weitere Verfahren nicht nur einem anderen Spruchkörper, sondern sogar einem anderen Gericht anvertraut, dieses Gericht auch die im Vollstreckungsverfahren dem erstinstanzlichen Gericht zugewiesenen Entscheidungen erläßt und die im Vollstreckungsverfahren anzustrebende persönliche Beziehung zum Verurteilten nicht durch dessen Mißtrauen gegenüber dem ursprünglich zuständig gewesenen Gericht belastet wird. Sie gilt deshalb auch dann, wenn die Zurückverweisung an ein anderes Berufungsgericht erfolgt; dieses wird in solchen, voraussichtlich sehr seltenen Fällen ausnahmsweise im Rahmen des § 462 a wie ein erstinstanzliches Gericht tätig.“

41   Die Begründung trägt zwar die gesetzgeberische Lösung in den Fällen nicht, in denen ein Mißtrauen des Verurteilten nicht bestehen kann, weil nicht er, sondern die Staatsanwaltschaft die Revision einlegte und/oder an die Stelle eines milderen Urteils des ersten Gerichts ein strengeres des anderen Gerichts getreten ist. Indessen ist dem Gesetzgeber zugute zu halten, daß er aus Gründen der **Rechtsklarheit** und Rechtssicherheit nicht differenzieren konnte; er mußte eine Lösung wählen, die ausspricht, daß grundsätzlich mit der Zurückverweisung an ein anderes Gericht die Zuständigkeit des ursprünglich entscheidenden Gerichts als Gericht des ersten Rechtszugs in vollem Umfang erlischt.

---

[55] Wegen weiterer Einzelheiten s. LR-*K. Schäfer*[23] EB § 462 a, 2 f.

[56] Begr. zu Art. 1 Nr. 34 StVÄG 1979, BT-Drucks. 8 976, S. 61.

3. Fälle der Zurückverweisung (Absatz 6 erste Fallgruppe)

a) § 354 Abs. 2. Durch die Entscheidung des Gesetzgebers ist nunmehr klarge- **42**
stellt, daß bei Aufhebung und Zurückverweisung eines Urteils in vollem Umfang nur
noch das **andere Gericht** für die von dem Gericht des ersten Rechtszugs zu treffenden
Nachtragsentscheidungen zuständig ist, und zwar auch, wenn nur der Rechtsfolgenausspruch, dieser aber in vollem Umfang aufgehoben und insoweit zurückverwiesen wird.
Das gilt auch dann, wenn es als Berufungsgericht zu entscheiden hatte[57].

Zweifel über die Tragweite des Absatzes 6 können sich aber ergeben, wenn das **43**
tatrichterliche Urteil nur teilweise aufgehoben und „die Sache" nur insoweit zurückverwiesen wird, wenn z. B. das Rechtsmittel des Angeklagten nur wegen eines abtrennbaren Teils des Rechtsfolgenausspruchs Erfolg hat und die Sache nur insoweit zur
neuen Verhandlung und Entscheidung zurückverwiesen worden ist, oder wenn der
wegen mehrerer tatmehrheitlich zusammentreffender Handlungen zu Freiheitsstrafe
Verurteilte nur wegen *eines* Falls Revision einlegt und damit Erfolg hat oder mit seiner
in vollem Umfang erhobenen Anfechtung nur in einem Fall durchdringt. Ist z. B. bei Verurteilung wegen einer Tat zu Freiheitsstrafe unter Zubilligung von Strafaussetzung zur
Bewährung die Aufhebung und Zurückverweisung nur wegen der daneben ausgesprochenen Anordnung von Verfall oder Einziehung oder eines Fahrverbots ausgesprochen
worden, so entspricht es schwerlich dem Sinn des Absatzes 6, dem Gericht, dessen Strafausspruch im übrigen aufrechterhalten blieb, die Zuständigkeit zum Widerruf der Strafaussetzung abzusprechen, weil „die Sache" in einem **Nebenpunkt** an ein anderes Gericht zurückverwiesen worden ist[58].

Dringt der wegen **mehrerer** selbständiger Taten zu einer Gesamtfreiheitsstrafe **44**
unter Zubilligung von Strafaussetzung zur Bewährung Verurteilte mit der Revision **nur**
wegen einer der Taten durch, so ist allerdings nach Absatz 6 das andere Gericht, an das
zurückverwiesen wurde, selbst dann für die die Strafaussetzung betreffenden Nachtragsentscheidungen zuständig, wenn auf diese Tat die geringste der anderen rechtskräftig gewordenen Einzelstrafen entfällt, da dem anderen Gericht, an das zurückverwiesen
wurde, die Bildung der neuen Gesamtstrafe obliegt (OLG Frankfurt NJW **1972** 1066).

Wird nur wegen **eines von mehreren Angeklagten** die Sache an ein anderes Ge- **45**
richt zurückverwiesen, weil die anderen Angeklagten kein Rechtsmittel eingelegt hatten
oder dieses erfolglos blieb, so bleibt bezgl. dieser anderen Angeklagten die Zuständigkeit
des ersten Gerichts, dessen Urteil rechtskräftig wurde, für die diese Verurteilten betreffenden Nachtragsentscheidungen (z. B. zum Widerruf der ihnen gewährten Strafaussetzung zur Bewährung) unberührt (so auch OLG Frankfurt NJW **1972** 1066). Dagegen
hat die **Urteilserstreckung nach § 357** zur Folge, daß eine Zurückverweisung der Sache
an ein anderes Gericht sich auch auf die begünstigten Nichtrevidenten auswirkt.

Absatz 6 regelt zwar nicht, welche Folgen für die Zuständigkeit zu Nachtragsent- **46**
scheidungen sich ergeben, wenn das Revisionsgericht die Sache nicht an ein anderes Gericht, sondern an einen **anderen Spruchkörper des gleichen Gerichts** zurückverweist.
Nach der früher herrschenden Meinung blieb (folgerichtig) für die von dem Gericht des
ersten Rechtszugs zu treffenden Nachtragsentscheidungen der Spruchkörper zuständig, der das aufgehobene Urteil gefällt hatte[59]. Seiner ratio entsprechend ist aber jetzt
Absatz 6 auch in diesem Fall sinngemäß anwendbar.

---

[57] *Kleinknecht/Meyer*[37] 11.
[58] Vgl. dazu auch OLG Düsseldorf MDR
1983 154; a. A KMR-*Müller* 28.

[59] So zu B. OLG München MDR **1974** 332;
OLG Saarbrücken OLGSt § 467 StPO, 5.

Günter Wendisch

47   b) § 354 a. Absatz 6 ist auch anwendbar, wenn das Revisionsgericht in **Anwendung des § 354 a** ein Urteil aufhebt und die Sache nach § 354 Abs. 2 an ein anderes Gericht zurückverweist. Auch hier blieb nach früherer herrschender Meinung für die dem Gericht des ersten Rechtszugs obliegenden Nachtragsentscheidungen das Gericht zuständig, das das aufgehobene Urteil gefällt hatte, weil hier, wo nicht eine Gesetzesverletzung, sondern eine nach dem Urteil eingetretene Gesetzesänderung zur Aufhebung des Urteils und zur Zurückverweisung führt, der Gesichtspunkt der Rücksichtnahme auf eine vom Angeklagten etwa gehegte Befürchtung der Voreingenommenheit des Gerichts entfalle (so OLG München MDR **1974** 332, 333). Da es aber nach Absatz 6 nicht darauf ankommt, ob eine solche Befürchtung überhaupt bestehen kann (Rdn. 42), ergibt sich auch hier aus der **Tatsache der Zurückverweisung** an ein anderes Gericht dessen Zuständigkeit für die Nachtragsentscheidungen; die Gesetzesbegründung (Rdn. 40) spricht dies ausdrücklich aus.

48   c) § 355. Wenn im Fall der Zurückverweisung an ein anderes Gericht des ersten Rechtszugs nach § 354 Abs. 2, § 354 a dieses im Erkenntnisverfahren wiederum eine Entscheidung trifft, die Nachtragsentscheidungen erforderlich macht, welche dem Gericht des ersten Rechtszugs obliegen, so lagen nach früherer Betrachtungsweise „zwei Erkenntnisse im ersten Rechtszug" vor, und die Streitfrage war, welches Gericht für die Nachtragsentscheidungen zuständig sei; auch diese Streitfrage hat Absatz 6 zugunsten der Zuständigkeit des „anderen Gerichts" entschieden (Rdn. 42). **Anders** liegt es, wenn nach § 355 Aufhebung eines Urteils wegen örtlicher, sachlicher oder funktioneller Unzuständigkeit unter Verweisung an das zuständige Gericht erfolgt. Hier führt die Unzuständigkeit im Erkenntnisverfahren dazu, daß das Gericht, dessen Urteil aufgehoben wurde, auch nicht für Nachtragsentscheidungen zuständig sein kann; Gericht des ersten Rechtszugs im Sinne des § 462 a Abs. 2 ist nunmehr das Gericht, an das die Sache zurückverwiesen wurde (vgl. Rdn. 38); das spricht Absatz 6 deklaratorisch aus, der dann auch in den Fällen einer entsprechenden Anwendung des § 355 (vgl. OLG Karlsruhe, Justiz **1979** 212) gilt.

49   4. Fall der verurteilenden Entscheidung (§ 373) im Wiederaufnahmeverfahren (Absatz 6 zweiter Fall). Das Gericht, das nach Anordnung der Wiederaufnahme des Verfahrens und der Erneuerung der Hauptverhandlung (§ 370 Abs. 2) in der erneuten Hauptverhandlung erkennt, ist gemäß § 140 a GVG notwendigerweise ein anderes als das in dem früheren Verfahren aburteilende Gericht[60]. Wird die **Wiederaufnahme** gegen das frühere Urteil **in vollem Umfang** angeordnet, so verliert dieses, von der Beschränkungswirkung nach § 373 Abs. 2 abgesehen, auch in vollem Umfang seine rechtliche Wirkung (Erl. zu § 370). Daraus folgt ohne weiteres, daß, wenn in der erneuten Hauptverhandlung das frühere Urteil aufrechterhalten wird oder erneut eine Verurteilung, wenn auch mit anderem Rechtsfolgenausspruch, erfolgt, das neu erkennende Gericht auch für die Nachtragsentscheidungen zuständig ist, die nach § 462 a Abs. 2 dem Gericht des ersten Rechtszugs zufallen.

50   Wird die Wiederaufnahme unter **Beschränkung** auf die Verurteilung wegen einer von mehreren tatmehrheitlich zusammentreffenden Straftaten angeordnet, so wird auch die in dem früheren Urteil ausgesprochene Gesamtstrafe gegenstandslos, und das gleiche gilt für Maßregeln der Besserung und Sicherung, denen gedanklich und rechtlich

---

[60] Das gilt auch, wenn das Gericht als Berufungsgericht zu entscheiden hatte, *Kleinknecht/Meyer* 12.

auch die vorangegangene Verurteilung zugrunde liegt, derentwegen die Wiederaufnahme angeordnet wurde (Erl. zu § 373). Daraus ergibt sich, wie Absatz 6 förmlich ausspricht, die Zuständigkeit dieses Gerichts für die dem Gericht des ersten Rechtszugs obliegenden Nachtragsentscheidungen.

Sind **mehrere rechtskräftige Verurteilungen ohne Gesamtstrafenzusammenhang** in **51** getrennt geführten Verfahren durch verschiedene Gerichte oder dasselbe Gericht (§ 462 a, 57) ergangen und wird nur eine dieser Verurteilungen im Wiederaufnahmeverfahren durch ein neues verurteilendes Erkenntnis ersetzt, so ist das Gericht, das nach § 373 erkannt hatte, Gericht des ersten Rechtszugs für die von diesem bei Durchführung des Konzentrationsprinzips nach § 462 a Abs. 4 Satz 1, 2 zu treffenden Nachtragsentscheidungen.

VIII. Abgabe der Nachtragsentscheidungen (Absatz 2 Satz 2)

1. Zuständigkeit. Zuständig **für die Abgabe** ist nur das **Gericht des ersten Rechts-** **52** **zugs,** also das Gericht, das in der Strafsache im ersten Rechtszug erkannt hat, oder das Gericht, das nach § 460 die Gesamtstrafe gebildet hat. Das Berufungsgericht ist dazu auch dann nicht zuständig, wenn das erste Gericht die Strafaussetzung versagt und erst das Berufungsgericht sie gewährt hat (BGH NJW **1966** 2022). Auch das mit einer nach § 453 Abs. 2 zulässigen Beschwerde befaßte Beschwerdegericht kann eine Abgabe nach Absatz 2 Satz 2 nicht anordnen (OLG Hamm MDR **1972** 439). Hat das Beschwerdegericht — obwohl es in der Sache selbst hätte entscheiden können — keine eigene Sachentscheidung getroffen, so ist eine Abgabe ausgeschlossen, weil das wiederum mit der Sache befaßte Gericht bereits eine Entscheidung getroffen hatte und gegen diese ein Rechtsmittel eingelegt worden war. Das hat der Bundesgerichtshof im Verhältnis zwischen erkennendem Gericht und Strafvollstreckungskammer entschieden (BGHSt **27** 187, 190), gilt aber auch für das Verhältnis zwischen erkennendem Amtsgericht und Beschwerdegericht (BGHSt **33** 113).

Die Abgabe ist nur zulässig an das Amtsgericht, d. h. den Richter beim Amtsge- **53** richt, nicht an das Schöffengericht[61]. Die Abgabe ist ohne Rücksicht darauf zulässig, ob der Verurteilte schon bei dem Wirksamwerden der Aussetzung seinen Wohnsitz dort hatte oder ihn erst später dorthin verlegt hat. Damit soll, ebenso wie mit der entsprechenden Vorschrift in § 58 Abs. 2 JGG ermöglicht werden, daß ein „entscheidungsnäherer" Richter die erforderlichen Entscheidungen trifft[62]. Das abgebende Gericht muß das **Amtsgericht,** dem die Zuständigkeit übertragen werden soll, genau, d. h. regelmäßig **namentlich bezeichnen:** also nicht: „dem für den Wohnsitz des Verurteilten zuständigen Amtsgericht", wenn der Wohnsitz des Verurteilten im Zeitpunkt der Beschlußfassung noch gar nicht ermittelt ist (OLG München MDR **1958** 118). Wegen der systematischen Bedeutung der Zuständigkeitsübertragung vgl. Vor § 156 GVG).

2. Umfang. Die Entscheidung über die Strafaussetzung selbst ist nicht übertrag- **54** bar[63], wie sich aus der Verweisung auf § 453 ergibt. Soweit die Abgabe (bezüglich der Nachtragsentscheidungen) zulässig ist, kann das Gericht sie ganz oder auch nur teilweise übertragen. Es kann sich also z. B. das abgebende Gericht die Entscheidung über Widerruf oder Straferlaß vorbehalten. Aus der **Möglichkeit einer Teilabgabe** ergibt sich

---

[61] BGHSt **10** 290; NJW **1966** 2022.
[62] BGHSt **26** 204 = LM § 462 a StPO Nr. 6 mit Anm. *Willms.*

[63] Vgl. BGHSt **26** 352 = LM § 462 a StPO Nr. 11 mit Anm. *Willms; Doller* MDR **1977** 273; KMR-*Müller* 19; *Kleinknecht/Meyer*[37] 9.

ohne weiteres, daß die Übertragung auch noch möglich ist, nachdem das abgebende Gericht selbst schon Nachtragsentscheidungen erlassen hatte.

55   **3. Wirkung.** Die Abgabe bewirkt, daß das Amtsgericht im Umfang der Abgabe nicht nur für die förmlichen Nachtragsentscheidungen, sondern für alle Aufgaben zuständig wird, die dem Gericht im Aussetzungsstadium obliegen, also auch zur Überwachung nach § 453 b, zur Bestellung eines neuen Bewährungshelfers, für die Erteilung von Weisungen an diesen.

56   **4. Bindung.** Nach § 453 Abs. 2 a. F. konnte das Amtsgericht, dem die Zuständigkeit übertragen wurde, die Übernahme zwar nicht ablehnen, aber Bedenken gegen die Übernahme, insbesondere solche der Zweckmäßigkeit äußern, über deren Berechtigung das gemeinschaftliche obere Gericht entschied. Zur Vermeidung von Zuständigkeitsstreitigkeiten dieser Art schreibt § 462 a Abs. 2 Satz 2 zweiter Halbsatz jetzt vor, daß die Abgabe bindend sei. Gebunden durch die Abgabe wird aber nach Sinn und Zweck der Vorschrift nur **das Gericht, an das abgegeben** wird, nicht das abgebende Gericht[64]. Mit der Abgabe entfällt zwar im Umfang der Abgabe und für deren Dauer die Zuständigkeit des abgebenden Gerichts. Jedoch scheidet die Sache mit der Abgabe nicht endgültig aus seinem Verantwortungsbereich aus.

57   Die **Abgabe** ist nur ein **Mittel,** die **Bewährungsaufsicht** so zweckmäßig und wirkungsvoll wie möglich **zu gestalten.** Ergibt sich, daß mit der Abgabe dieses Ziel nicht erreicht werden kann — namentlich wenn die Abgabe an ein bestimmtes Amtsgericht in der irrtümlichen Annahme erfolgt, der Verurteilte habe in dessen Bezirk seinen Wohnort, während er bereits verzogen war, aber auch dann, wenn er bei der Abgabe im Bezirk des Amtsgerichts, an das abgegeben wurde, wohnt, später aber den Wohnsitz nach außerhalb verlegt —, so muß das abgebende Gericht, auch wenn dies — anders als in Absatz 5 Satz 3 — nicht ausdrücklich ausgesprochen ist, in der Lage sein, die Abgabe zu widerrufen und selbst die Bewährungsaufsicht zu übernehmen oder sie dem für den neuen Wohnort zuständigen Amtsgericht zu übertragen[65]. Einen solchen **Widerruf** der Abgabe kann das Gericht, an das abgegeben war, anregen, dagegen ist es[66] nicht selbst in der Lage, bei einem Wohnsitzwechsel seine Entscheidungsbefugnis einem dritten Gericht weiter zu übertragen.

58   **5. Anfechtbarkeit.** Gegen die Abgabeanordnung steht weder dem Verurteilten noch der Staatsanwaltschaft ein Beschwerderecht zu (OLG Hamm MDR **1972** 439).

IX. Gesamtstrafenbildung (Absatz 3)[67]

59   **1. Zuständigkeit (Satz 1).** Die Zuständigkeit zur nachträglichen Bildung einer Gesamtstrafe war bisher in § 462 Abs. 3, § 462 a a. F. geregelt. Der jetzige Absatz 3 entspricht sachlich der bisherigen Regelung. Das in ihm bezeichnete Gericht ist auch zuständig, wenn der Verurteilte sich in Strafhaft befindet; eine Zuständigkeit der Strafvollstreckungskammer ist nicht gegeben[68].

---

[64] KK-*Chlosta* 28; KMR-*Müller* 20.
[65] BGHSt **24** 26; **26** 204; *Kleinknecht/Meyer*[37] 15.
[66] Wie schon nach früherem Recht: BGHSt **11** 332, **24** 28.

[67] Siehe dazu auch die Erläuterungen zu § 460.
[68] BGH MDR **1976** 680; KG JR **1975** 429.

2. Reihenfolge (Sätze 2 und 3)
a) Allgemein. Die **Zuständigkeit** des Gerichts **zur Bildung der Gesamtstrafe** be- **60**
stimmt sich in erster Linie nach der Schwere der Strafart, in zweiter Linie nach der Höhe
der Strafe und in dritter Linie nach der Zeit der Urteilsfällung (BGHSt **27** 69). War jedoch eins der Strafurteile von einem Oberlandesgericht im ersten Rechtszug (§ 120
GVG) erlassen, so kommt es auf alle diese Merkmale nicht an: die Entscheidung steht
alsdann nur dem Oberlandesgericht zu. — Hat ein unzuständiges Gericht die Gesamtstrafe festgesetzt, so ist sein Beschluß wirksam, wenn er nicht rechtzeitig mit sofortiger
Beschwerde angefochten wird (RG Recht **1924** 2736)[69].

b) Einzelheiten. Wegen der Art und Höhe der Strafen kommt es nicht darauf an, **61**
ob das Gericht sie so, wie sie rechtskräftig geworden sind, im ersten oder in einem höheren Rechtszug erkannt hat; die **Entscheidung** trifft in jedem Fall **das Gericht erster Instanz.** Haben verschiedene Gerichte Gesamtstrafen verhängt, kommt es für die Zuständigkeit nicht auf die Höhe der Gesamtstrafen an; maßgebend ist vielmehr die jeweils erkannte **höchste Einzelstrafe,** und zwar unabhängig davon, ob die verschiedenen Gerichte auf eine oder mehrere Gesamtstrafen erkannt haben[70]. Bei Geldstrafen ist allein
auf die Anzahl der Tagessätze abzustellen, und zwar unabhängig von deren Höhe
(BGH NJW **1986** 1117).

Sind die erkannten Freiheitsstrafen gleich hoch, so ist das Gericht zuständig, des- **62**
sen Urteil **zuletzt ergangen** ist, auch wenn in einem früher ergangenen Urteil neben der
Freiheitsstrafe auf eine zusätzliche Hauptstrafe in Geld (§ 41 StGB) oder auf Nebenstrafen und Nebenfolgen erkannt oder Maßregeln der Besserung und Sicherung angeordnet sind, denn für die zu bildende Gesamtstrafe werden nur die Hauptstrafen herangezogen[71]. Wegen der Gesichtspunkte, die insoweit für die Zuständigkeit zum Erlaß
der Ergänzungsentscheidung nach § 66 Abs. 2 Satz 3 JGG in Betracht kommen, vgl.
§ 460, 49 ff. — Was die **Zeit der Urteilsfällung** betrifft („zuletzt ergangen ist"), so ist,
wenn das Berufungsgericht in der Sache selbst entschieden hat, der Zeitpunkt dieses Urteils maßgebend, auch wenn die Berufung verworfen worden, also die im ersten
Rechtszug erkannte Strafe bestehen geblieben ist. Der Zeitpunkt eines Revisionsurteils
kommt nur dann in Betracht, wenn es selbst gemäß § 354 Abs. 1 die betreffende Freiheitsstrafe festgesetzt hat[72].

3. Zuständigkeit bei Bildung einer Gesamtstrafe unter Auflösung einer früheren. **63**
In diesem Fall ist das die neue Gesamtstrafe bildende Gericht auch zuständig, aus den
Einzelstrafen, die nicht einbezogen werden können, die weitere Gesamtstrafe (§ 460,
23) zu bilden, denn es wäre ein unnützer Aufwand, noch ein zweites Gericht mit der
Gesamtstrafenbildung zu befassen, wenn bei isolierter Betrachtung für die Bildung der
weiteren Gesamtstrafe nach der Regel des Absatz 3 die Zuständigkeit eines anderen Gerichts gegeben ist[73].

---

[69] Wegen einer Ausnahme von der Regel des Absatzes 3, wenn die Vollstreckung eines an sich in die Gesamtstrafe einzubeziehenden DDR-Urteils ganz oder teilweise für unzulässig erklärt ist, s. § 12 RHG und die Erläuterungen daselbst.
[70] Vgl. zu § 462 Abs. 3 Satz 1 a. F. BGHSt **11** 293; zu § 462 a Abs. 3 Satz 2 n. F. BGH NJW **1976** 1512.
[71] BGHSt **11** 293; a. A RG Recht **1926** Nr. 947.
[72] LG Hamburg MDR **1980** 781 unter Aufgabe von JR **1979** 391; *Gössel* JR **1979** 393; KMR-*Müller* 22.
[73] So mit Recht BayObLGSt **1955** 152.

Günter Wendisch

4. Fehlende amtsgerichtliche Strafgewalt (Satz 4)

64   **a) Allgemein.** Im Erkenntnisverfahren ist nach **§ 24 Abs. 2 GVG** die Strafgewalt der Amtsgerichte auf Freiheitsstrafe von drei Jahren beschränkt[74] und umfaßt nicht die Anordnung der Unterbringung in einem psychiatrischen Krankenhaus oder in der Sicherungsverwahrung. Diese **Beschränkung** gilt auch, wenn das Amtsgericht nach §§ 54, 55 StGB eine Gesamtstrafe zu bilden hat. In entsprechender Weise begrenzt Absatz 3 Satz 4 folgerichtig die Strafgewalt des Amtsgerichts, wenn es nach Absatz 3 zur Bildung einer Gesamtstrafe zuständig ist. Die zu **§ 25 GVG** erörterte Streitfrage, ob die Strafgewalt des Richters beim Amtsgericht in den Fällen des § 25 Nr. 3 GVG auf Freiheitsstrafen von nicht mehr als einem Jahr beschränkt ist, **spielt** bei der nachträglichen Gesamtstrafenbildung nach § 460 **keine Rolle.** Denn bei dieser Streitfrage geht es darum, ob in der Hauptverhandlung Freiheitsstrafen über ein Jahr der Strafrichter (allein) verhängen kann oder ob hierfür ein Kollegium mit zwei Schöffen zuständig ist. Da aber außerhalb der Hauptverhandlung stets nur der Strafrichter (allein) entscheidet (§ 30 Abs. 2 GVG), hat er auch die volle Strafgewalt des Kollegiums, das er außerhalb der Hauptverhandlung vertritt[75].

65   **b) Einzelfragen.** Hatte bereits das **Schöffengericht auf drei Jahre Freiheitsstrafe** erkannt, so entfällt von vornherein die Zuständigkeit des Amtsgerichts zur Bildung der Gesamtstrafe, da sie zwangsläufig mehr als drei Jahre beträgt; das gleiche gilt, wenn neben einer Freiheitsstrafe Unterbringung in einem psychiatrischen Krankenhaus oder in der Sicherungsverwahrung angeordnet ist. In einem solchen Fall reicht der Richter beim Amtsgericht die Vorgänge lediglich an das Landgericht weiter. Dagegen bedarf es in entsprechender Anwendung des § 270 einer förmlichen **Verweisung an das Landgericht,** wenn die Frage Gegenstand einer Ermessensentscheidung ist, ob die amtsgerichtliche Strafgewalt ausreicht und der Richter beim Amtsgericht die Frage verneint, wenn er also z. B. bei Einzelstrafen von zwei Jahren sechs Monaten und einem Jahr eine Gesamtstrafe von drei Jahren nicht für ausreichend hält. Diese Verweisung muß, sofern sie nicht auf einem Rechtsirrtum beruht, der Natur der Sache nach bindend sein, denn das Landgericht kann, wenn es selbst eine in die Strafgewalt des Amtsgerichts fallende Gesamtstrafe für ausreichend hält, dieses nicht zwingen, gegen seine Überzeugung eine Strafe festzusetzen, die es nicht für ausreichend hält[76]. Gegen die Verweisung gibt es kein Rechtsmittel.

66   **c)** Wegen der **Rechtsfolgen der Überschreitung der Strafgewalt** vgl. die Erl. zu § 24 GVG.

X. Zuständigkeitskonzentration für Nachtragsentscheidungen bei mehreren Verurteilungen ohne Gesamtstrafenzusammenhang (Absatz 4)

67   **1. Grundsatz (Satz 1).** Während Absatz 1 die Zuständigkeit für alle (von der Gesamtstrafenbildung abgesehen) in **demselben Strafverfahren** zu treffenden nachträglichen Entscheidungen regelt, befaßt sich Absatz 4 mit der Konzentration der nachträglichen Entscheidungen, wenn die rechtskräftigen und noch nicht erledigten Verurteilun-

---

[74] Vgl. dazu im einzelnen die Erläuterungen zu § 24 GVG.

[75] Eindeutig herrsch. Ansicht; vgl. BayObLGSt **1950/51** 580; **a. A** – soweit ersichtlich – nur *Schwitzke* NJW **1953** 931, wonach auch

im Beschlußverfahren die Strafgewalt des (allein entscheidenden) Strafrichters auf ein Jahr beschränkt sein soll.

[76] Ebenso KMR-*Müller* 27.

gen zu Strafe oder Verwarnungen mit Strafvorbehalt in **mehreren bei verschiedenen Gerichten getrennt geführten Strafverfahren** gegen dieselbe Person ergangen sind. Absatz 4 trägt[77] einem Beschluß der zur Vorbereitung des Entwurfs eines Strafvollzugsgesetzes einberufenen Strafvollzugskommission Rechnung: „Ist die Zuständigkeit [der Strafvollstreckungskammer] in **einem** Verfahren begründet, so trifft sie auch in allen anderen noch nicht erledigten Strafverfahren gegen dieselbe Person alle notwendig werdenden nachträglichen Entscheidungen. . .". Absatz 4 ergänzt also die Absätze 1 und 2 für den Fall, daß von mehreren Gerichten mehrere rechtskräftige und noch nicht erledigte Verurteilungen gegen dieselbe Person ergangen sind, die Voraussetzungen einer nachträglichen Gesamtstrafenbildung (§ 55 StGB) aber nicht vorliegen. In diesen Fällen wären ohne die Vorschrift des Absatzes 4 für die Strafvollstreckung bzw. Überwachung des Verurteilten verschiedene Gerichte und Strafvollstreckungsbehörden zuständig. Diese **Entscheidungszersplitterung** könnte zu mangelnder Unterrichtung des einen Gerichts über die von dem anderen Gericht beabsichtigten Entscheidungen und darüber hinaus zu in ihrer Würdigung der Täterpersönlichkeit und ihrer kriminalpolitischen Zielrichtung geradezu entgegengesetzten Entscheidungen führen. Um dies zu vermeiden, sind in derartigen Fällen alle Verfahren stets bei **einem** Gericht zu **konzentrieren,** wobei die Zuständigkeit der Strafvollstreckungskammer stets die Zuständigkeit des Gerichts des ersten Rechtszugs verdrängt[78]. Wegen des Falls der mehrmaligen Verurteilung des Verurteilten durch dasselbe Gericht vgl. Rdn. 73.

Um das Ziel der Zuständigkeitskonzentration zu erreichen, ist es[79] erforderlich, **68** daß auch die **Geschäftsverteilung** innerhalb des zuständigen Gerichts und die Geschäftsverteilung bei der zuständigen Strafvollstreckungsbehörde dem von dem Gesetzgeber verfolgten Zweck Rechnung trägt.

2. Rechtskraft der Ausgangsentscheidungen. Die Zuständigkeitskonzentration für **69** die Nachtragsentscheidungen setzt die Rechtskraft der Ausgangsentscheidungen voraus; noch nicht rechtskräftig abgeschlossene Aburteilungen werden durch die Entscheidungskonzentration nicht berührt. Über die **Erwägungen für die Begrenzung** führt die Begründung aus: „Es hätte freilich erwogen werden können, eine solche Konzentration auch für Fälle vorzusehen, in denen in der Hauptverhandlung eine für den Widerruf einer in anderer Sache gewährten Strafaussetzung zur Bewährung bedeutsame Straftat abgeurteilt wird oder das erkennende Gericht in der Hauptverhandlung eine Entscheidung nach § 57 StGB trifft (wegen der Zulässigkeit vgl. BGH MDR **1959** 1022). Eine solche Regelung würde indessen eine Reihe von Verfahrensschwierigkeiten herbeiführen, die es ratsam erscheinen lassen, zumindest im Einführungsgesetz zum Strafgesetzbuch hiervon Abstand zu nehmen"[80].

3. Sachliche Zuständigkeit. Die Frage, **welches der verschiedenen Gerichte** für die **70** nach den §§ 453, 454, 454 a, 462 zu treffenden Entscheidungen **sachlich zuständig ist,** regelt **Absatz 4 Satz 2** durch Verweisung auf die Zuständigkeitsregelung bei nachträglicher Gesamtstrafenbildung (Absatz 3 Satz 2, 3). Zufolge der nur entsprechenden Anwendung des Absatzes 3 Satz 2, 3 ist der zu Rdn. 61 herausgestellte Gesichtspunkt (Ab-

---

[77] Vgl. Begr. zu Art. 19 Nr. 122 (§ 462 a) Entw. EGStGB 1974, BTDrucks. 7 550, S. 313 r. Sp.
[78] BGHSt **26** 118; 276; OLG Zweibrücken MDR **1978** 954; OLGSt n. F. § 462 a StPO, 5;

OLG Hamm NStZ **1984** 476; KK-*Chlosta* 11; vgl. auch LG Hamburg NJW **1976** 2359.
[79] Worauf auch die Begr. des RegE hinweist: s. BTDrucks. 7 550, S. 313 r. Sp.
[80] BTDrucks. 7 550, S. 313 r. Sp.

stellen auf die höchste Einzelstrafe) für die Entscheidung nach Absatz 4 Satz 2 ohne
jede sachliche Bedeutung. Denn hier geht es immer nur um die im Urteil ausgesprochene Strafe, die **Grundlage der Vollstreckung** ist. Das kann eine Einzelstrafe, eine Gesamtstrafe oder für den Fall, daß in einem Urteil zugleich mehrere Gesamtstrafen ausgesprochen sind, die Summe dieser Gesamtstrafen sein. Die in einer Gesamtstrafe unterge-
gangene Einzelstrafe scheidet als Gegenstand der Vollstreckung völlig aus. Deshalb
kommt es bei der Anwendung der Regeln des Absatzes 3 Satz 2 in den Fällen des Absatzes 4 Satz 2, wo es nicht um die Gesamtstrafenbildung, sondern um die Vollstreckung
geht, stets auf die **höchste Strafe** an, ohne daß es einen Unterschied macht, ob diese
Strafe wegen einer Einzeltat oder wegen mehrerer Taten als Gesamtstrafe zustande gekommen ist[81]. Wird gegen den Verurteilten eine Freiheitsstrafe vollstreckt, so ist gemäß
Absatz 4 Satz 3 sachlich die Strafvollstreckungskammer zuständig und ihre örtliche Zuständigkeit bestimmt sich nach Absatz 1 Satz 1. Die Strafvollstreckungskammer in A ist
danach zuständig, wenn das erkennende Gericht in B nach § 56 StGB für die ganze
Strafe Strafaussetzung zur Bewährung bewilligt hat, der Verurteilte wegen einer in der
Bewährungszeit begangenen Tat von einem anderen Gericht erneut zu Freiheitsstrafe
verurteilt ist, die er jetzt im Bezirk der Strafvollstreckungskammer A verbüßt und nunmehr über den Widerruf der Strafaussetzung zu entscheiden ist.

71   **4. Zusammentreffen von Jugendstrafe und Erwachsenenfreiheitsstrafe.** Auch nach
den in § 460, 52 bis 54 dargestellten Gesetzesänderungen verbleiben Fälle eines Neben-
einanderbestehens von Jugendstrafe und Erwachsenenfreiheitsstrafe, die die Frage der
Zuständigkeit für Nachtragsentscheidungen auslösen. Der Bundesgerichtshof hatte die
Frage zunächst zugunsten der Strafvollstreckungskammer beantwortet, weil der materiellrechtlich für das Verhältnis des Jugendstrafrechts zum allgemeinen Strafrecht bedeutsame Gesichtspunkt des Schwergewichts (§§ 32, 105 JGG) auch vollstreckungsrechtlich durchschlage, nachdem sich das Schwergewicht der Vollstreckung auf die der
Freiheitsstrafe verlagert habe und daraus die Folgerungen aus dem Konzentrationsgrundsatz abzuleiten seien[82]. Nach erneuter Prüfung dieser Frage hat er diesen Standpunkt mit Rücksicht auf die auch im Erwachsenenstrafvollzug bestehende Möglichkeit,
an der Erziehung eines nach Jugendstrafrecht verurteilten Gefangenen weiter zu arbeiten, wieder aufgegeben. Weil der Jugendrichter dem weiterhin zu berücksichtigenden
Erziehungsgedanken besser als die Staatsanwaltschaft oder die Strafvollstreckungskammer gerecht werden könne, sei es gerechtfertigt, die Zuständigkeit für nachträgliche
Entscheidungen auch dann beim Jugendrichter zu belassen, wenn die Jugendstrafe nach
§ 92 JGG im Erwachsenenstrafvollzug verbüßt wird (BGHSt 27 329, 333). Dabei hat er
die Frage offen gelassen, ob die Zuständigkeit des Jugendrichters wegfällt, wenn der
Verurteilte bereits eine Freiheitsstrafe verbüßt und ob er auch für die Vollstreckung
einer nach Erwachsenenstrafrecht ausgesprochenen Freiheitsstrafe zuständig sei, wenn
der zu einer Freiheitsstrafe Verurteilte eine Jugendstrafe verbüßt. Er hat sich nunmehr
dahin entschieden, daß, wenn Jugendstrafe und Freiheitsstrafe gegen einen Verurteilten
zu vollstrecken sind, für die **Vollstreckung der Jugendstrafe der Jugendrichter** als Vollstreckungsleiter und für die **Vollstreckung der Freiheitsstrafe die Staatsanwaltschaft**
und die Strafvollstreckungskammer zuständig sind (BGHSt 28 351; vgl. auch *Klein-
knecht/Meyer*[37] 17; 19). Diesen Erwägungen ist zuzustimmen.

[81] BGHSt **27** 70; **a. A** noch KK-*Chlosta* 31;   [82] BGHSt **26** 375; ebenso OLG Hamm MDR
KMR-*Müller* 26; *Kleinknecht/Meyer* 16.   **1979** 336; *Doller* MDR **1977** 273.

5. Örtliche Zuständigkeit bei mehreren in Betracht kommenden Strafvollstrek- 72 kungskammern. Die Verweisung in **Absatz 4 Satz 3** auf „die Fälle des Absatzes 1" läßt die Frage offen, welche von **mehreren in Betracht kommenden Strafvollstreckungs- kammern** örtlich zuständig ist. Hat z. B. die Strafvollstreckungskammer in A den Rest einer Freiheitsstrafe von drei Jahren ausgesetzt, nachdem der Verurteilte zwei Jahre verbüßt hat, und wird er wegen einer in der Bewährungszeit begangenen Straftat erneut zu Freiheitsstrafe verurteilt, die er in einer Anstalt im Bezirk der Strafvollstreckungs- kammer in B verbüßt, so fragt sich, ob für den Widerruf die Strafvollstreckungskammer in A oder die in B zuständig ist. Nach dem Wortlaut des Absatzes 1 Satz 2 ist die Straf- vollstreckungskammer in A zuständig, weil danach die Strafvollstreckungskammer für die weiter zu treffenden Entscheidungen zuständig bleibt, die gemäß § 454 die Vollstrek- kung des Strafrests ausgesetzt hat. Die Strafvollstreckungskammer in B ist aber zustän- dig, weil die Verweisung auf „die Fälle des Absatzes 1" dahin zu verstehen ist, daß die erste kraft Entscheidungskonzentration zu treffende Nachtragsentscheidung derjeni- gen Strafvollstreckungskammer obliegt, in deren Bezirk der Verurteilte bei Eingang des Widerrufsantrags einsitzt. Denn der Konzentrationsgrundsatz des Absatzes 4 verlangt, daß für alle den gleichen Verurteilten betreffenden Nachtragsentscheidungen nur **eine** Strafvollstreckungskammer zuständig ist. Also ist in dem Beispielsfall die Strafvollstrek- kungskammer in B für die Entscheidung über den Widerruf zuständig[83]. Das gilt auch dann, wenn der Widerrufsantrag bereits vor Beginn der neuen Strafhaft bei Gericht eingegangen, dieses aber noch keine erstinstanzliche Entscheidung getroffen hat[84]. Zu der in diesem Zusammenhang auftauchenden Frage, in welcher **Besetzung** (mit einem oder mit drei Richtern, § 78 b GVG) die Strafvollstreckungskammer zu entscheiden hat, s. Rdn. 80.

6. Mehrere selbständige Verurteilungen durch dasselbe Gericht. Der Grundge- 73 danke des Absatzes 4, in den Fällen, in denen eine Gesamtstrafenbildung nicht in Be- tracht kommt, einer „Entscheidungszersplitterung" dadurch vorzubeugen, daß für alle gegen einen Verurteilten erforderlich werdenden nachträglichen Entscheidungen nur **ein** Gericht oder **eine** Strafvollstreckungsbehörde zuständig sein soll, ist im Gesetz durch die Wendung: „Haben verschiedene Gerichte . . ." nur unvollkommen zum Ausdruck ge- langt. Denn das Bedürfnis, eine Entscheidungszersplitterung zu vermeiden, besteht auch, wenn der Verurteilte von demselben Gericht in mehreren Verfahren verurteilt oder unter Strafvorbehalt verwarnt worden ist und für die späteren Verfahren nach den Absätzen 1 und 2 sowohl das Gericht des ersten Rechtszugs wie auch eine oder mehrere Strafvollstreckungskammern zuständig sein oder werden könnten. In sinngemäßer Aus- legung (oder, wenn man will, in entsprechender Anwendung) des Absatzes 4 greift auch hier der **Gesichtspunkt der Zuständigkeitskonzentration** durch und es erstreckt sich die Zuständigkeit einer Strafvollstreckungskammer für erforderlich werdende nachträg- liche Entscheidungen aus dem Urteil eines Gerichts auch auf die nachträglichen Ent- scheidungen aus anderen von demselben Gericht gegen den Verurteilten ausgesproche- nen Verurteilungen ohne Gesamtstrafenzusammenhang[85]. Diese Grundsätze gelten

---

[83] BGH bei *Holtz* MDR **1977** 462; OLG Stutt- gart Justiz **1976** 443; OLG Hamburg NStZ **1982** 48; *Jähnke* DRiZ **1977** 236, 237; *Valen- tin* NStZ **1981** 128, 130; KMR-*Müller* 23; a. A *Treptow* NJW **1975** 1107; *Eb. Schmidt* NJW **1975** 1489.

[84] BGHSt **30** 189, 192; OLG Stuttgart Justiz **1976** 443; OLG Schleswig MDR **1978** 548;

OLG Hamm JMBlNRW **1978** 265; OLG Karlsruhe Justiz **1980** 90; NStZ **1985** 404; *Kleinknecht/Meyer*[37] 21.

[85] BGHSt **26** 276 = LM § 462 a StPO Nr. 9 mit Anm. *Willms*; OLG Hamburg MDR **1975** 952; KMR-*Müller* 24. Wegen der Überwa- chung der Lebensführung vgl. § 453 b, 5.

auch bei Verurteilungen zu freiheitsentziehenden Maßregeln der Besserung und Sicherung (BGHSt **26** 187).

7. Auswirkungen der Konzentration auf die Zuständigkeit der Staatsanwaltschaft als Vollstreckungsbehörde

74   **a) Grundsatz.** Die Konzentration der Entscheidungszuständigkeit bei *einem* Gericht berührt grundsätzlich nicht auch die örtliche Zuständigkeit der Staatsanwaltschaft als Vollstreckungsbehörde. Nach § 451 Abs. 3 Satz 1 bleibt auch in diesen Fällen die **Staatsanwaltschaft bei dem Gericht des ersten Rechtszugs** zuständig. Zwar heißt es in der Begründung zum Regierungsentwurf zu § 462 a[86] im Zusammenhang mit der Vermeidung von Entscheidungszersplitterungen: „Es wird deshalb vorgeschlagen, in derartigen Fällen alle Verfahren stets bei einem Gericht und einer Strafvollstreckungsbehörde zu konzentrieren"[87]. Jedoch hat diese Anregung keinen Niederschlag im Gesetzeswortlaut gefunden. § 451 Abs. 3 Satz 1 läßt es vielmehr grundsätzlich bei der Regelung, daß auch gegenüber der Vollstreckungskammer eines anderen Landgerichts die staatsanwaltschaftlichen Aufgaben von der Staatsanwaltschaft wahrgenommen werden, die nach den allgemeinen Vorschriften die zuständige Vollstreckungsbehörde ist. Allerdings kann sie ihre Aufgaben der für die Strafvollstreckungskammer zuständigen Staatsanwaltschaft übertragen, wenn dies im Interesse des Verurteilten geboten erscheint und die Staatsanwaltschaft am Ort der Strafvollstreckungskammer zustimmt[88].

75   **b) Wechsel in den Fällen des Absatzes 6.** In Übereinstimmung mit der früher herrschenden Meinung, daß bei Zurückverweisung einer Sache nach § 354 Abs. 2, § 354 a für Nachtragsentscheidungen das zuerst mit der Sache befaßt gewesene Gericht zuständig sei (Rdn. 38), sah § 7 Abs. 2 StVollstrO a. F. vor, daß sich auch die örtliche Zuständigkeit der Vollstreckungsbehörde nach diesem Gericht bestimme. Mit dem **Inkrafttreten des Absatzes 6** ergibt sich als Folge der Neubestimmung des Gerichts des ersten Rechtszugs ein entsprechender Wechsel der örtlich zuständigen Staatsanwaltschaft als Vollstreckungsbehörde. Darauf weist die Gesetzesbegründung hin[89]. § 7 Abs. 1 StVollstrO hat damit seine Bedeutung verloren, § 451 Abs. 3 betr. Wahrnehmung der staatsanwaltschaftlichen Aufgaben gegenüber der Strafvollstreckungskammer bei einem anderen Landgericht durch die Staatsanwaltschaft, die Vollstreckungsbehörde ist, wird, wie kaum der Hervorhebung bedarf, durch den neuen Absatz 6 nicht berührt.

76   Im **Wiederaufnahmeverfahren** entscheidet gemäß § 140 a Abs. 7 GVG ein „anderes Gericht" bereits über die Anträge zur Vorbereitung eines Wiederaufnahmeverfahrens; nach diesem Gericht richtet sich auch die örtliche Zuständigkeit der Staatsanwaltschaft bei ihrer Mitwirkung als Strafverfolgungsbehörde im Wiederaufnahmeverfahren, während bis zum Ergehen des Erneuerungsbeschlusses nach § 370 Abs. 2 StPO ihre bisherige Zuständigkeit als Vollstreckungsbehörde weiter bestehen bleibt (§ 140 a GVG)[90].

[86] BTDrucks. **7** 550, S. 313 r. Sp.
[87] Ebenso die mehr beiläufigen Bemerkungen in BGHSt **26** 120; 277.
[88] So auch KK-*Chlosta* 33; KMR-*Müller* 31, 32; **a. A** LG München NStZ **1981** 453; *Kleinknecht/Meyer*[37] 23.
[89] Begr. zu Art. 1 Nr. 34 StVÄG 1979, BT-Drucks. **8** 976, S. 61, 2. Absatz.
[90] Ebenso *Rieß* NJW **1978** 2272; *Kleinknecht/Meyer*[37] 12.

XI. Nachtragsentscheidungen bei erstinstanzlichen Urteilen des Oberlandesgerichts (Absatz 5)

1. Grundsatz (Satz 1). Bei den von einem Oberlandesgericht als Gericht des er- **77** sten Rechtszugs (§120 GVG) erlassenen Urteilen entfällt für Nachtragsentscheidungen eine sonst nach Absatz 1, Absatz 4 Satz 3 begründete Zuständigkeit der Strafvollstreckungskammer. An ihrer Stelle entscheidet das Gericht des ersten Rechtszugs (wegen der Anfechtbarkeit vgl. §304 Abs. 4 Satz 2 Nr. 5); **dessen Zuständigkeit verdrängt die der Strafvollstreckungskammer.** Diese Regelung beruht auf der Erwägung, daß die Oberlandesgerichte weitgehend mit Fällen landesverräterischer und geheimdienstlicher Agententätigkeit (§§98, 99 StGB) befaßt sind. „In diesen Fällen haben die Oberlandesgerichte eine besondere, schon aus der Zuständigkeitskonzentration herrührende Sachkunde, und zwar nicht nur für das Erkenntnisverfahren, sondern auch für die Beurteilung der Frage, wie groß die Gefahr eines einschlägigen Rückfalls bei einem bestimmten Verurteilten ist und ob bei ihm gegebenenfalls eine Aussetzung nach §57 StGB gerechtfertigt werden kann"[91].

2. Abgabe an die Strafvollstreckungskammer (Sätze 2 und 3). Die der Strafvoll- **78** streckungskammer durch Satz 1 entzogene Zuständigkeit kann das Oberlandesgericht durch Abgabe nach Satz 2 begründen; damit soll solchen Fällen Rechnung getragen werden, in denen die Nachtragsentscheidung auch unabhängig von der besonderen Sachkunde („von besonderen nachrichtendienstlichen Kenntnissen") getroffen werden kann (s. Fußn. 91). Wegen des Umfangs der Abgabe („ganz oder zum Teil") und der Bedeutung der Bindung der Abgabe (Satz 3) vgl. Rdn. 54 ff. Daß in Satz 3 Halbsatz 2 die **Widerruflichkeit** der Abgabe ausdrücklich vorgesehen ist, ist keine Besonderheit dieser Abgabe, vielmehr wird hier nur das Wesen der Bindung der Abgabe in einer Weise verdeutlicht, die ebenso auch bei einer Abgabe nach Absatz 1 Satz 3 zweiter Halbsatz, Absatz 2 Satz 2 zweiter Halbsatz zutrifft.

3. Mündliche Anhörung. Trifft das Oberlandesgericht selbst die Entscheidung **79** über die Aussetzung des Strafrests zur Bewährung (§454), so gelten, da es an die Stelle der Strafvollstreckungskammer tritt, auch die Vorschriften über die mündliche Anhörung des Verurteilten (§454 Abs. 1 Satz 3, 4); zu der Frage, ob diese Anhörung vor dem mit drei Mitgliedern besetzten Senat (§122 Abs. 1 GVG) durchzuführen ist oder ob die Anhörung durch ein beauftragtes Senatsmitglied genügt, vgl. §454, 20 ff; 29.

XII. Besetzung der Strafvollstreckungskammer

1. Allgemein. Nach den ersten beiden Halbsätzen des §78 b Abs. 1 Nr. 1 GVG ist **80** die Strafvollstreckungskammer bei den Entscheidungen nach den §§462 a, 463 besetzt mit **einem** Richter (kleine Strafvollstreckungskammer), wenn der zu treffenden Entscheidung eine Verurteilung zu einer Freiheitsstrafe bis zu zwei Jahren zugrunde liegt, und mit drei Richtern mit Einschluß des Vorsitzenden (große Strafvollstreckungskammer) in den übrigen Fällen. Wegen der Bedeutung dieser Vorschrift im einzelnen muß auf die Erläuterungen zu §§78 a und 78 b GVG verwiesen werden. An dieser Stelle sind

---

[91] Begr. zu Art. 19 Nr. 122 (§462 a) Entw.
EGStGB 1974, BTDrucks. 7 550, S. 314;
KK-*Chlosta* 27.

Günter Wendisch

wegen des Zusammenhangs nur (unter Hinweis auf die Erfahrungsberichte von *Doller* DRiZ **1976** 169 und *Blau* 363) *summarisch* folgende Zweifels- und Streitfragen zu behandeln:

81   **2. Zusammentreffen von Freiheitsstrafen und freiheitsentziehenden Maßregeln.** Es ist die Frage aufgeworfen worden, ob die Zuständigkeit der kleinen Strafvollstreckungskammer berührt wird, wenn im Urteil neben Verhängung einer Freiheitsstrafe bis zu zwei Jahren eine Maßregel der Besserung und Sicherung angeordnet ist[92]. Bei einer Betrachtungsweise, die auf den aus der **Entstehungsgeschichte** entnehmbaren „Willen des Gesetzgebers" abstellt, ist die Frage wohl unproblematisch. Nach dem im April 1972 erstmals eingebrachten Entw. EGStGB (BTDrucks. **VI** 3250) sollte § 78 b Abs. 1 lauten: „Die Strafvollstreckungskammern bestehen aus drei Richtern mit Einschluß des Vorsitzenden." Der Bundesrat schlug dagegen in seiner Stellungnahme (BTDrucks. **VI** 3250, S. 461) eine nach der Höhe der verhängten Freiheitsstrafe abgestufte Besetzung vor, die dem Gesetz gewordenen § 78 b entspricht[93]. Der Vorschlag wurde damit begründet, es erscheine „zweckmäßig, die Zuständigkeit der Strafvollstreckungskammern in der Besetzung mit drei Richtern auf die bedeutsamsten Fälle von Freiheitsstrafen (über ein Jahr) sowie auf **freiheitsentziehende Maßregeln** der Besserung und Sicherung zu beschränken". In ihrer Gegenäußerung stimmte die Bundesregierung dem Vorschlag zu (aaO S. 483).

82   Der nach Auflösung des sechsten Bundestags im Juni 1973 erneut eingebrachte Entw. EGStGB (BTDrucks. **7** 550) bringt demgemäß den § 78 b in der vom Bundesrat vorgeschlagenen Fassung; die Begründung bemerkt hierzu (aaO S. 321), der Entwurf habe sich für eine Besetzung der Strafvollstreckungskammer mit drei Berufsrichtern entschieden, „wenn Verurteilungen zu Freiheitsstrafen von mehr als einem Jahr oder **freiheitsentziehende** Maßregeln der Besserung und Sicherung zugrunde liegen", weil in diesen Fällen den Strafvollstreckungskammern in ihren Auswirkungen häufig schwerwiegende und schwierige Aufgaben übertragen seien, bei denen Prüfungspflicht und Verantwortung nicht auf *einem* Richter lasten sollten. In dieser Form ist der Entwurf — unter Erhöhung des Höchstmaßes der Freiheitsstrafe von einem auf zwei Jahre (Fußn. 93) — Gesetz geworden. Wenn es auch im Gesetzeswortlaut nicht zum Ausdruck gekommen ist, so ist doch der Sinn des von den Gesetzgebungsbeteiligten Gewollten eindeutig dahin erkennbar, daß ohne Rücksicht auf die Höhe der Freiheitsstrafe nur die große Strafkammer zuständig ist, wenn freiheitsentziehende Maßregeln angeordnet sind, während die kleine Strafkammer auch zuständig bleibt, wenn neben einer Freiheitsstrafe bis zu zwei Jahren auch Fahrerlaubnisentziehung oder Berufsverbot angeordnet sind[94].

83   **3. Zuständigkeit bei gleichzeitiger Entscheidung über die Aussetzung mehrerer Freiheitsstrafen (§ 454 b Abs. 3).** In Rechtsprechung und Lehre war bisher streitig, in welcher Besetzung die Strafvollstreckungskammer zu entscheiden hat, wenn es um die Aussetzung mehrerer Freiheitsstrafen ging, von denen die eine in die Zuständigkeit der

---

[92] Vgl. dazu *W. Schmidt* NJW **1975** 1490 mit differenziertem Lösungsvorschlag.

[93] Mit der späteren Abänderung durch den Bundestag, daß das vorgeschlagene Höchstmaß der in die Zuständigkeit der klei-

nen Strafvollstreckungskammer fallenden Freiheitsstrafe von einem Jahr auf zwei Jahre erhöht wurde.

[94] Im Ergebnis ebenso OLG Koblenz MDR **1975** 954 sowie *W. Schmidt* NJW **1975** 1490.

kleinen, die andere dagegen in die der großen Strafvollstreckungskammer fiel[95]. Der Gesetzgeber hat diese Frage nunmehr im 23. StRÄndG durch **Ergänzung der Nr. 1 des § 78 b Abs. 1 GVG**[96] dahin entschieden, daß die Strafvollstreckungskammer in der Besetzung von drei Richtern — also als große — entscheidet, wenn diese Besetzung für die Entscheidung über eine der mehreren zu vollstreckenden Freiheitsstrafen vorgeschrieben ist. In allen anderen Fällen — also auch, wenn die Summe der Freiheitsstrafen zwei Jahre übersteigt, die einzelnen Freiheitsstrafen jedoch darunter bleiben — bleibt dagegen die kleine Strafvollstreckungskammer zuständig.

§ 463

(1) Die Vorschriften über die Strafvollstreckung gelten für die Vollstreckung von Maßregeln der Besserung und Sicherung sinngemäß, soweit nichts anderes bestimmt ist.

(2) § 453 gilt auch für die nach den §§ 68 a bis 68 d des Strafgesetzbuches zu treffenden Entscheidungen.

(3) [1]§ 454 gilt auch für die nach § 67 c Abs. 1, § 67 d Abs. 2, § 67 e Abs. 3, den §§ 68 e, 68 f Abs. 2 und § 72 Abs. 3 des Strafgesetzbuches zu treffenden Entscheidungen. [2]In den Fällen des § 68 e des Strafgesetzbuches bedarf es einer mündlichen Anhörung des Verurteilten nicht.

(4) [1]§ 455 Abs. 1 ist nicht anzuwenden, wenn die Unterbringung in einem psychiatrischen Krankenhaus angeordnet ist. [2]Ist die Unterbringung in einer Entziehungsanstalt oder in der Sicherungsverwahrung angeordnet worden und verfällt der Verurteilte in Geisteskrankheit, so kann die Vollstreckung der Maßregel aufgeschoben werden. [3]§ 456 ist nicht anzuwenden, wenn die Unterbringung des Verurteilten in der Sicherungsverwahrung angeordnet ist.

(5) § 462 gilt auch für die nach § 67 Abs. 3, Abs. 5 Satz 2, den §§ 67 a, 67 c Abs. 2, § 67 d Abs. 5, den §§ 67 g, 69 a Abs. 7, den §§ 70 a und 70 b des Strafgesetzbuches zu treffenden Entscheidungen.

(6) Für die Anwendung des § 462 a Abs. 1 steht die Führungsaufsicht in den Fällen des § 67 c Abs. 1, des § 67 d Abs. 2, 4 und des § 68 f des Strafgesetzbuches der Aussetzung eines Strafrestes gleich.

Schrifttum. *Brandstätter* Vikariierendes System bei Strafe und Maßregeln aus verschiedenen Urteilen? MDR **1978** 453; *Müller-Dietz* Die Reihenfolge der Vollstreckung von Strafe und Maßregel aus verschiedenen Urteilen, NJW **1980** 2789; *W. Schmidt* Anhörung des Sicherungsverwahrten im Verfahren nach § 42 f StGB und Stellungnahme der Vollzugsanstalt, NJW **1965** 1318.

---

[95] Vgl. insoweit die ausführlichen Erläuterungen bei LR-*K. Schäfer*[23] sowie OLG Hamm GA **1978** 335; NStZ **1981** 452; OLG Karlsruhe MDR **1979** 1045; OLG Düsseldorf NStZ **1982** 301; **1984** 477; *Peters* GA **1977** 102 Fußn. 17; JR **1977** 401; *Treptow* NJW **1977** 1938; *Stromberg* MDR **1979** 355 Fußn. 6; LR-*K. Schäfer*[23] Vor § 78 a GVG, 7 ff; *Kissel* § 78 a, 3; KK-*Mayr* § 78 a GVG, 1; *Kleinknecht/Meyer*[37] § 78 b GVG, 1 unter Aufgabe der gegenteiligen Ansicht in der 36. Auflage; a. A die frühere Rechtsprechung: OLG Koblenz NJW **1975** 1795; OLG Bremen NJW **1976** 70; MDR **1980** 426; KG JR **1976** 426; neuerdings auch noch OLG Hamm – 3 StS – NStZ **1984** 476; *Schwind/Blau* Strafvollzug in der Praxis (1976) 363; *Doller* MDR **1977** 276; KMR-*Müller* 29; § 78 b GVG, 1.

[96] In der Fassung von Art. 3 Nr. 2 des 23. StRÄndG vom 13. 4. 1986 – BGBl. I 393.

Günter Wendisch

Entstehungsgeschichte. § 463 ist gemäß Art. 21 Nr. 133 EGStGB 1974 am 1. 1. 1975 an die Stelle des bisherigen durch Gesetz vom 24. 11. 1933 (RGBl. I 1000) eingefügten und in der Folgezeit mehrfach geänderten[1] § 463 a getreten. Die Abänderung dieser Vorschrift war wegen der Neufassung des Allgemeinen Teils des Strafgesetzbuches und der Einführung der Strafvollstreckungskammern erforderlich. Dabei blieb § 463 a Abs. 1 (jetzt § 463 Abs. 1) sachlich unverändert; die durch die Absätze 2 bis 6 des § 463 ersetzten Absätze 2, 3 des § 463 a a. F. lauteten:

> (2) Bei der Unterbringung in einer Heil- oder Pflegeanstalt ist der Aufschub der Vollstreckung auf Grund des § 455 Abs. 1, bei der Sicherungsverwahrung der Aufschub auf Grund des § 456 nicht zulässig.
>
> (3) § 462 gilt auch für die nach den §§ 42 f bis 42 h, § 42 l Abs. 4 und § 42 n Abs. 7 des Strafgesetzbuches zu treffenden Entscheidungen.

Nach Art. 326 Abs. 5 Nr. 2 Buchst. h EGStGB 1974 sollte Absatz 4 Satz 2 vom 1. 1. 1978 an folgende Fassung haben:

> Ist die Unterbringung in einer Entziehungsanstalt, einer sozialtherapeutischen Anstalt oder in der Sicherungsverwahrung angeordnet worden und verfällt der Verurteilte in Geisteskrankheit, so kann die Vollstreckung der Maßregel aufgeschoben werden.

Durch § 2 Nr. 2 Buchst. b InkrafttrG ist der Zeitpunkt des Inkrafttretens der Neuregelung erneut, und zwar auf den 1. 1. 1985 hinausgeschoben worden. Nachdem dieses Gesetz zufolge Art. 7 StVollzÄndG mit Wirkung vom 1. 1. 1985 außer Kraft getreten ist, gilt Absatz 4 Satz 2 nunmehr endgültig in der Fassung der Übergangsregelung gem. Art. 326 Abs. 5 Nr. 2 Buchst. h EGStGB 1974. Durch Art. 2 Nr. 10 des 23. StRÄndG vom 13. 4. 1986 (BGBl. I 393) ist die Paragraphenkette in Absatz 5 um § 67 d Abs. 5 ergänzt worden.

Übersicht

---

[1] Vgl. dazu im einzelnen LR-*K. Schäfer*[22] § 463 a Entstehungsgeschichte.

I. Sinngemäße Anwendung der Vorschriften über die Strafvollstreckung (Absatz 1)

1. Allgemeine Bedeutung (Absatz 1). Die §§ 453 c, 456 a, 456 c, 458 Abs. 2, 3 in **1** Verb. mit § 456 c Abs. 2 enthalten Vorschriften, die sich **unmittelbar** auf die Vollstreckung von Maßregeln der Besserung und Sicherung i. S. des § 61 StGB beziehen. Soweit solche unmittelbar geltenden Vorschriften nicht bestehen, sind nach § 463 Abs. 1 die für die Strafvollstreckung geltenden Vorschriften sinngemäß auch auf die Maßregelvollstreckung anwendbar, „soweit nichts anderes bestimmt ist". Die Absätze 2 bis 6 enthalten Vorschriften, die den Umfang der sinngemäßen Anwendung verdeutlichen oder Abweichungen davon vorschreiben. **Abweichende Bestimmungen** ergeben sich aber auch aus dem materiellen Recht. So kann das Gericht mit einer Ablehnung der Aussetzung des Strafrests die Festsetzung einer Frist verbinden, vor deren Ablauf ein Aussetzungsantrag des Verurteilten unzulässig ist; die Höchstdauer einer solchen Frist beträgt bei zeitlichen Freiheitsstrafen sechs Monate (§ 57 Abs. 5 StGB), bei lebenslangen Freiheitsstrafen zwei Jahre (§ 57 a Abs. 4 StGB); bei der Unterbringung schwanken die entsprechenden Sperrfristen zwischen sechs Monaten und zwei Jahren (§ 67 e Abs. 3 Satz 2 StGB); der Fristbeginn ist aber in allen Fällen der gleiche (§ 454, 64).

2. Beispiele. Die **sinngemäße Anwendung** der für die Strafvollstreckung geltenden **2** Vorschriften bedeutet z. B., daß eine strafgerichtliche Entscheidung, die Maßregeln der Besserung und Sicherung i. S. des § 61 StGB anordnet, nicht vor Eintritt der Rechtskraft vollstreckbar ist (§ 449); daß bei den freiheitsentziehenden Maßregeln, wenn die Dauer der Freiheitsentziehung der Zeit nach feststeht (§ 67 d StGB), die Untersuchungs- oder Auslieferungshaft (§§ 450, 450 a) auf die Zeit der Freiheitsentziehung angerechnet wird, wenn eine Anrechnung auf eine Freiheits*strafe* nicht in Betracht kommt; daß die Vollstreckung der nach § 4 StVollstrO zuständigen Vollstreckungsbehörde obliegt, und daß eine urkundliche Grundlage der Vollstreckung nach § 451 vorhanden sein muß; daß sich, wenn das Gericht die Aussetzung der Vollstreckung einer freiheitsentziehenden Maßregel (§ 67 d Abs. 2 Satz 1 StGB) mindestens drei Monate vor dem Entlassungszeitpunkt beschließt (§ 454 a), die Bewährungszeit um die Zeit von der Rechtskraft dieser Entscheidung bis zur Entlassung des Untergebrachten verlängert; daß bei den freiheitsentziehenden Maßregeln Aufschub und Unterbrechung nach § 455 stattfinden — jedoch ist § 455 Abs. 1 unanwendbar bei der Unterbringung in einem psychiatrischen Krankenhaus (§ 463 Abs. 4 Satz 1) —; daß bei allen Maßregeln Aufschub nach § 456 gewährt werden kann außer bei Sicherungsverwahrung (§ 463 Abs. 4 Satz 3) und beim Berufsverbot, für das die Sonderregelung in § 456 c Abs. 2 gilt; daß der Antritt einer freiheitsentziehenden Maßregel nach § 457 erzwungen werden kann; daß bei Zweifeln und Einwendungen nach § 458 entschieden wird; daß bei zeitlich begrenzten freiheitsentziehenden Maßregeln ein Krankenhausaufenthalt nach § 461 anzurechnen ist (§ 461, 17); daß die Unterbrechung der Vollstreckung wegen Krankheit in entsprechender Weise wie beim Vollzug einer Strafe möglich ist (§ 461, 18), und daß die Zuständigkeit der Strafvollstreckungskammer sich nach § 462 a bemißt (s. Absatz 6). Wegen der Anwendbarkeit des § 453 c vgl. dort Rdn. 2.

Zu den sinngemäß anwendbaren Vorschriften über die Strafvollstreckung gehö- **3** ren auch bei freiheitsentziehenden Maßregeln die Vorschriften über **Vollstreckungshilfe** (§ 451, 23). Parallel mit der gesetzlichen Vorschrift bestimmt § 42 StVollstrO (Rdn. 4), daß die für die Vollstreckung von Freiheitsstrafen geltenden Verwaltungsanweisungen auf die freiheitsentziehenden Maßregeln entsprechend anwendbar sind, und bezeichnet im einzelnen die anwendbaren Vorschriften. Die Reihenfolge beim Vollzug von Frei-

Günter Wendisch

heitsstrafen und freiheitsentziehenden Maßregeln richtet sich nach § 67 StGB (vikariierendes System außer bei der Sicherungsverwahrung).

4   **3. Ergänzende Regelungen in der Strafvollstreckungsordnung.** Vorschriften über die Vollstreckung freiheitsentziehender Maßregeln der Besserung und Sicherung enthalten die §§ 44, 44 a, 53 und 54 StVollstrO:

§ 44 StVollstrO

Zusammentreffen von Freiheitsstrafen und Sicherungsverwahrung

(1) [1]Sicherungsverwahrung wird erst vollstreckt, wenn die Freiheitsstrafe verbüßt oder erlassen oder ein Strafrest zur Bewährung ausgesetzt ist. [2]Vor dem Ende der Vollstreckung der Freiheitsstrafe veranlaßt die Vollstreckungsbehörde rechtzeitig die Prüfung, ob der Zweck der Sicherungsverwahrung die Unterbringung noch erfordert (§ 67 c Abs. 1 StGB).

(2) Absatz 1 gilt sinngemäß, wenn eine in einem anderen Verfahren erkannte Freiheitsstrafe mit Sicherungsverwahrung zusammentrifft.

(3) [1]Befindet sich der Verurteilte in anderer Sache in Sicherungsverwahrung, so kann die Vollstreckung von kurzzeitigen Freiheitsstrafen zurückgestellt werden, sofern sich ein solcher Aufschub mit den Interessen der Strafrechtspflege verträgt und die Unterbrechung der Sicherungsverwahrung deren Erfolg gefährden würde. [2]Eine Freiheitsstrafe bis zu drei Monaten, die ein Verurteilter in Unterbrechung der Sicherungsverwahrung oder im Anschluß daran zu verbüßen hat, kann nach den für sie geltenden Vollzugsbestimmungen in der Anstalt vollstreckt werden, in der die Sicherungsverwahrung vollzogen wird.

(4) [1]Sind bei der Vollstreckung von Freiheitsstrafen und bei der Sicherungsverwahrung mehrere Vollstreckungsbehörden beteiligt, so gilt § 43 Abs. 5 entsprechend. [2]Ist neben der Sicherungsverwahrung nur eine Freiheitsstrafe zu vollstrecken, so richtet sich die Zuständigkeit des Generalstaatsanwalts nach der für die Freiheitsstrafe zuständigen Vollstreckungsbehörde.

§ 44 a StVollstrO

Zusammentreffen von Freiheitsstrafen mit Unterbringung in einem psychiatrischen Krankenhaus oder in einer Entziehungsanstalt

(1) [1]Ist neben einer Freiheitsstrafe eine Unterbringung in einem psychiatrischen Krankenhaus oder in einer Entziehungsanstalt angeordnet, so wird die Maßregel vor der Freiheitsstrafe vollstreckt, sofern nicht das Gericht etwas anderes bestimmt (§ 67 Abs. 1 bis 3, 5 Satz 2 StGB). [2]Dies gilt auch, wenn eine in einem anderen Verfahren erkannte Freiheitsstrafe mit einer dieser Maßregeln zusammentrifft. [3]Wird die Maßregel vor der Freiheitsstrafe vollstreckt, so ist die Zeit des Vollzuges der Maßregel auf die in demselben Verfahren erkannte Freiheitsstrafe anzurechnen (§ 67 Abs. 4 StGB).

(2) Wird abweichend von Absatz 1 eine Freiheitsstrafe vor der zugleich angeordneten Unterbringung vollstreckt, so gilt § 44 Abs. 1 Satz 2 sinngemäß.

(3) [1]Sind in den Fällen des Absatzes 1 verschiedene Vollstreckungsbehörden beteiligt, so gilt § 43 Abs. 5 entsprechend. [2]Ist neben einer Unterbringung im Sinne des Absatzes 1 nur eine Freiheitsstrafe zu vollstrecken, so richtet sich die Zuständigkeit des Generalstaatsanwalts nach der für die Freiheitsstrafe zuständigen Vollstreckungsbehörde.

§ 53 StVollstrO

Vollstreckung freiheitsentziehender Maßregeln der Besserung und Sicherung

(1) Welche Vollzugsanstalt zur Vollstreckung einer freiheitsentziehenden Maßregel der Besserung und Sicherung örtlich und sachlich zuständig ist, ergibt der Vollstreckungsplan (§ 22).

(2) Für die Vollstreckung einer freiheitsentziehenden Maßregel der Besserung und Sicherung gelten sinngemäß:

a) § 24 (Örtliche Vollzugszuständigkeit),

die §§ 26 bis 31 (Abweichen vom Vollstreckungsplan, Ladung zum Strafantritt, Überführungsersuchen, Aufnahmeersuchen),

die §§ 33 bis 36 (Vorführungs- und Haftbefehl, Steckbrief, Anzeige vom Strafantritt und andere Mitteilungen an die Vollstreckungsbehörde, Überwachungspflicht der Vollstreckungsbehörde),

die §§ 45 und 46 (Unterbrechung der Strafvollstreckung bei Vollzugsuntauglichkeit — Voraussetzungen und Verfahren —),

§ 46 a (Aufschub und Unterbrechung der Strafvollstreckung aus Gründen der Vollzugsorganisation mit der Maßgabe, daß der Leiter eines psychiatrischen Krankenhauses oder einer Entziehungsanstalt [§§ 63, 64 StGB] bei vorläufiger Unterbrechung der Vollstreckung der Unterbringung [§ 46 a Abs. 2 Satz 1] lediglich die Vollstreckungsbehörde unterrichtet),

§ 47 Buchst. c (Mitteilung an die Vollstreckungsbehörde von der Beendigung des Strafvollzugs),

b) wenn die Dauer der Freiheitsentziehung der Zeit nach feststeht (§ 67 d Abs. 1 StGB), auch

§ 37 Abs. 1 bis 3 (Allgemeine Regelung über die Strafzeitberechnung),

§ 38 (Strafbeginn),

§ 40 (Berechnung des Strafrestes),

§ 41 (Berechnung der Strafzeit bei Gesamtstrafen und bei anderweitiger Verurteilung),

§ 42 (Gerichtliche Entscheidung über die Strafzeitberechnung)

(3) und (4) [betr. Pflicht der Vollstreckungsbehörde, rechtzeitig die Prüfung nach §§ 67 c Abs. 2, 67 e StGB zu veranlassen].

§ 54 StVollstrO

Vollstreckung mehrerer freiheitsentziehender Maßregeln der Besserung und Sicherung

(1) [1]Sind in einer Entscheidung mehrere freiheitsentziehende Maßregeln angeordnet, so bestimmt das Gericht die Reihenfolge der Vollstreckung (§ 72 Abs. 3 Satz 1 StGB). [2]Vor dem Ende des Vollzuges einer Maßregel veranlaßt die Vollstreckungsbehörde rechtzeitig die Prüfung, ob der Zweck der nächsten Maßregel deren Vollstreckung noch erfordert (§ 72 Abs. 3 Satz 2 StGB).

(2) [1]Sind in mehreren Entscheidungen freiheitsentziehende Maßregeln angeordnet und können sich vor dem Beginn ihrer Vollstreckung die beteiligten Vollstreckungsbehörden nicht über die Reihenfolge der zu vollstreckenden Maßregeln einigen, so ist § 43 Abs. 5 entsprechend anzuwenden. [2]Dabei gilt die Sicherungsverwahrung als die schwerste Maßregel; es folgen der Reihenfolge nach die Unterbringung in einem psychiatrischen Krankenhaus und die Unterbringung in einer Entziehungsanstalt. [3]Bei Maßregeln ungleicher Art bestimmt die Vollstreckungsbehörde die Reihenfolge nach pflichtgemäßem Ermessen. [4]Maßgebend ist, wie bei der Persönlichkeit des Verurteilten unter Berücksichtigung der Urteilsgründe der Zweck aller Maßnahmen am besten erreicht werden kann. [5]Wenn nicht überwiegende Gründe entgegenstehen, wird in diesen Fällen die Unterbringung in einer Entziehungsanstalt vor anderen Maßregeln und die Unterbringung in einem psychiatrischen Krankenhaus vor der Sicherungsverwahrung vollstreckt. [6]Die Vollstreckungsbehörde kann auch die Vollstreckung einer Maßregel zum Zwecke der Vollstreckung einer anderen Maßregel unterbrechen, wenn sie dies nach pflichtgemäßem Ermessen für angebracht hält.

(3) Bei mehrfach angeordneter Unterbringung in einer Entziehungsanstalt darf nur die zuletzt rechtskräftig gewordene Anordnung der Maßregel vollstreckt werden (§ 67 f StGB).

4. Zuständigkeit der Staatsanwaltschaft als Vollstreckungsbehörde. Über die **Rei- 5 henfolge der Vollstreckung** von Freiheitsstrafe und freiheitsentziehenden Maßregeln der

Besserung aus verschiedenen Strafurteilen entscheidet die Staatsanwaltschalt als Vollstreckungsbehörde (§ 451)². § 67 Abs. 1 bis 3 StGB, der ausnahmsweise eine gerichtliche Zuständigkeit für die Fälle begründet, in denen Freiheitsstrafe und freiheitsentziehende Maßregel aus *einem* Urteil zu vollstrecken sind, erlaubt nach seinem eindeutigen Wortlaut keine entsprechende Anwendung. Für das anschließende gerichtliche Verfahren gelten alsdann §§ 23 ff EGGVG.

6   5. Bei den nachträglichen Entscheidungen ist die **Mitwirkung eines Verteidigers** nicht notwendig; wegen entsprechender Anwendung des § 140 Abs. 2 s. Vor § 449, 32.

II. Nachtragsentscheidungen

7   **1. Bei Führungsaufsicht (Absatz 2).** Absatz 2 erklärt den § 453 betr. die Nachtragsentscheidungen nach Aussetzung der ganzen Strafe zur Bewährung (§ 56 StGB) für entsprechend anwendbar auf die nach §§ 68 a bis 68 d StGB zu treffenden nachträglichen Entscheidungen, wenn das Gericht Führungsaufsicht angeordnet hat oder diese kraft Gesetzes eingetreten ist (§ 68 StGB). Diese Verweisung auf die das Verfahren und die Anfechtbarkeit der Entscheidungen regelnden Vorschriften ist erfolgt, „da die Gründe, aus denen in § 453 das Rechtsmittelrecht eigenständig geregelt worden ist, auch hier gelten"³. Danach ist z. B. die Bestellung eines Bewährungshelfers (§ 68 a StGB) oder die Erteilung von Weisungen (§ 68 b StGB) mit der einfachen Beschwerde unter den in § 453 Abs. 2 Satz 2 bezeichneten einschränkenden Voraussetzungen statthaft. Wegen Anwendbarkeit des § 454 bei Entscheidungen betr. Führungsaufsicht s. Rdn. 8 f; über Aufgaben der Vollstreckungsbehörden im Zusammenhang mit der Führungsaufsicht vgl. § 54 a StVollstrO. Zur Frage der Anrechnung der „Bewährungszeit" bei bedingter Entlassung aus dem Maßregelvollzug vor dem 1. 1. 1975 auf die Dauer der kraft Gesetzes am 1. 1. 1975 eingetretenen Führungsaufsicht s. Rdn. 14.

2. Bei Entscheidungen, die einer Aussetzung entsprechen (Absatz 3)
8   a) **Anwendungsfälle.** Absatz 3 erkärt den § 454 betr. Entscheidungen, ob ein Strafrest zur Bewährung ausgesetzt werden soll, sowie betr. die Anordnung, daß nach Ablehnung der Aussetzung vor Ablauf einer bestimmten Frist ein Aussetzungsantrag des Verurteilten unzulässig ist, für sinngemäß anwendbar auf solche Maßregeln betreffende Entscheidungen, die der Aussetzung des Strafrests entsprechen. **Hierher gehören folgende Entscheidungen:** über Aussetzung der Unterbringung zur Bewährung, wenn bei gleichzeitiger Verurteilung zur Freiheitsstrafe und Anordnung einer freiheitsentziehenden Maßregel die Freiheitsstrafe vorweg vollzogen wurde (§ 67 c Abs. 1 StGB); über die Aussetzung der Unterbringung zur Bewährung bei Maßregeln ohne Höchstfrist und bei befristeten Maßregeln vor Ablauf der Höchstfrist (§ 67 d Abs. 2 StGB); über die bei der periodischen Prüfung, ob eine Unterbringung zur Bewährung auszusetzen ist, mit der negativen Entscheidung verbundenen Fristbestimmung, vor deren Ablauf ein Antrag auf Prüfung unzulässig ist (§ 67 e Abs. 3 StGB); über die Beendigung der Führungsaufsicht vor Ablauf der Höchstdauer (§ 68 e Abs. 1 StGB) und über die Fristbestimmung,

² OLG Hamm MDR **1979** 957; OLG Stuttgart MDR **1980** 778; OLG Celle NStZ **1983** 188; OLG Düsseldorf NStZ **1983** 383; *Brandstätter* MDR **1978** 453; *Müller-Dietz* NJW **1980** 2789; *Pohlmann/Jabel* § 44 a, 7;   KK-*Chlosta* 6; *Kleinknecht/Meyer*³⁷ 6; **a. A** OLG Köln MDR **1980** 511; OLG München MDR **1980** 686: zuständig ist das Gericht.
³ Begr. zu Art. 19 Nr. 123 Entw. EGStGB, BTDrucks. 7 550, S. 314.

vor deren Ablauf ein Antrag auf Aufhebung der Führungsaufsicht unzulässig ist (§ 68 e Abs. 2 StGB); über den Wegfall der Führungsaufsicht bei positiver Sozialprognose, die an sich kraft Gesetzes nach vollständiger Verbüßung einer längeren Freiheitsstrafe wegen vorsätzlicher Tat eintritt (§ 68 f Abs. 2 StGB); über die Reihenfolge der Vollstreckung, wenn mehrere freiheitsentziehende Maßregeln angeordnet sind und darüber, ob nach Vollzug einer Maßregel der Zweck der nächsten Unterbringung deren Vollzug noch erfordert (§ 72 Abs. 3 StGB). Für diese Entscheidungen gelten die Vorschriften des § 454 über das Verfahren, insbesondere die mündliche Anhörung des Verurteilten und über die Anfechtbarkeit der Entscheidung[3a].

b) Anhörung Beteiligter. Eine über § 454 Abs. 1 Satz 4 hinausgehende **weitere Ausnahme von der Pflicht zur mündlichen Anhörung** des Untergebrachten gilt nach § 463 Abs. 3 Satz 2 in den Fällen des § 68 e StGB (Entscheidung über die vorzeitige Aufhebung der Führungsaufsicht, Bestimmung von Fristen, innerhalb derer ein Aufhebungsantrag unzulässig ist), weil hier die mündliche Anhörung des auf freiem Fuß Befindlichen häufig einen übermäßig hohen Aufwand verlangen würde[4]. Die **Anhörung der Vollzugsanstalt,** aus der der Verurteilte schon seit Jahren entlassen sein kann (dazu Art. 314 Abs. 2 EGStGB), ist — anders als die der Staatsanwaltschaft (§ 454 Abs. 1 Satz 2) — entbehrlich; das „dürfte sich von selbst verstehen" (Fußn. 4). Bei Entscheidungen betr. Aufhebung der Führungsaufsicht ist eine **Anhörung der Aufsichtsstelle,** der der Verurteilte untersteht (§ 68 a StGB; Art. 295 EGStGB), nicht vorgeschrieben, „um nicht Unklarheiten über das Verhältnis der Strafvollstreckungskammer und der Aufsichtsstelle aufkommen zu lassen" (Fußn. 4); die Herbeiführung der Stellungnahme der Aufsichtsstelle und des Bewährungshelfers vor der gerichtlichen Entscheidung liegt aber „in der Natur der Sache"[5].

III. Anwendbarkeit

1. der §§ 455, 456 (Absatz 4). Wie nach früherem Recht (§ 463 a Abs. 2 erster Halbsatz a. F.) ist **nachträglicher Verfall in Geisteskrankheit** kein Grund, eine wegen erheblich verminderter Schuldfähigkeit (§ 21 StGB) angeordnete Unterbringung in einem psychiatrischen Krankenhaus aufzuschieben — Ausschluß des § 455 Abs. 1 —, wie denn ja auch gegen den bereits im Zeitpunkt der Tat Schuldunfähigen („Geisteskranken") die Unterbringung in einem psychiatrischen Krankenhaus vom erkennenden Gericht oder im Sicherungsverfahren angeordnet werden kann (§§ 63, 71 StGB, § 413). Soweit es sich um die Anordnung der Unterbringung in einer Entziehungsanstalt oder in der Sicherungsverwahrung handelt, ist nach § 463 Abs. 4 Satz 2 — insoweit abweichend von § 455 Abs. 1 — nachträglicher Verfall in Geisteskrankheit kein zwingender Aufschubgrund, vielmehr ist der Aufschub der Maßregel in das Ermessen der Vollstreckungsbehörde gestellt („kann"); damit soll erreicht werden, „daß auch außergewöhnlichen Einzelfällen Rechnung getragen werden kann"[6]. Daß bei der Sicherungsverwahrung ein Aufschub auf Grund des § 456 nicht zulässig ist — § 463 Abs. 4 Satz 3 — bestimmte schon das frühere Recht (§ 463 a Abs. 2 Halbsatz 2 a. F.).

9

10

[3a] So zur Frage der Anordnung der Führungsaufsicht bei Aussetzung zur Bewährung (§ 68 f StGB) OLG Hamm OLGSt. § 68 f StGB, 5; 6; OLG Koblenz NStZ **1984** 189; OLG Celle MDR **1986** 513; a. A OLG Saarbrücken MDR **1983** 598.
[4] Begr. zu Art. 19 Nr. 123 Entw. EGStGB,

BTDrucks. **7** 550, S. 314; KK-*Chlosta* 4; *Kleinknecht/Meyer*[37] 3; anders für den Fall des § 68 f Abs. 2 StGB: OLG Koblenz MDR **1984** 69.
[5] *Dreher/Tröndle*[42] § 68 e, 9; KK-*Chlosta* 4.
[6] Begr. zu Art. 19 Nr. 123 Entw. EGStGB, BTDrucks. **7** 550, S. 314.

Günter Wendisch

11   **2. des § 462 (Absatz 5).** Absatz 5, der wegen des Verfahrens und der Anfechtbarkeit auf § 462 verweist, enthält Regelungen für die nicht durch die Absätze 2 und 3 erfaßten Fälle von **Nachtragsentscheidungen.** Hierher gehören die Entscheidungen betreffend die nachträgliche Änderung der vom erkennenden Gericht gemäß § 67 Abs. 1, 2 StGB getroffenen Entscheidung über die Reihenfolge der Vollstreckung beim Zusammentreffen von Freiheitsstrafe und freiheitsentziehender Unterbringung — außer Sicherungsverwahrung — (§ 67 Abs. 3 StGB); die Anordnung des Vollzugs des Strafrests, wenn nach vorangegangenem Maßregelvollzug eine Aussetzung des Strafrests, der bei Vorwegvollzug der Maßregel durch Anrechnung der Dauer des Maßregelvollzugs auf die Strafe entstanden ist, abgelehnt wird (§ 67 Abs. 5 Satz 2 StGB); die Überweisung in den Vollzug einer anderen Maßregel (§ 67 a StGB), die Anordnung des Vollzugs der Unterbringung, wenn auch drei Jahre nach Rechtskraft der Entscheidung die Maßregel noch nicht einmal teilweise vollzogen worden ist, ohne daß ein Fall des § 67 c Abs. 1 oder des § 67 b StGB vorliegt (§ 67 c Abs. 2 Satz 1 bis 3 StGB); die Aussetzung des Vollzugs der Unterbringung zur Bewährung, wenn zwar der Zweck der Unterbringung noch nicht erreicht ist, aber besondere Umstände die Erwartung rechtfertigen, daß er auch durch die Aussetzung erreicht werden kann (§ 67 c Abs. 2 Satz 4 StGB), der Widerruf der Aussetzung einer Unterbringung zur Bewährung (§ 67 g StGB); die Anordnung, daß die Unterbringung in einer Entziehungsanstalt (§ 64 Abs. 1 StGB) nicht mehr zu vollziehen ist, weil ihr Zweck trotz einjährigen Vollzugs aus Gründen, die in der Person des Untergebrachten liegen, nicht mehr erreicht werden kann (§ 67 d Abs. 5 Satz 1 StGB). Hinzu treten bei Entziehung der Fahrerlaubnis die Entscheidungen betr. die vorzeitige Aufhebung der Sperre (§ 69 a Abs. 7 StGB) und beim Berufsverbot die Entscheidungen über seine Aussetzung zur Bewährung (§ 70 a StGB), den Widerruf der Aussetzung und die Erledigung des Verbots nach Ablauf der Bewährungsfrist (§ 70 b StGB)[7].

IV. Zuständigkeit bei Nachtragsentscheidungen nach Absatz 2 (Absatz 6)

12   **1. Allgemein.** Die allgemeine Verweisung in § 463 Abs. 1 auf die für die Strafvollstreckung geltenden Vorschriften umfaßt auch die Anwendbarkeit des § 462 a in den Fällen, in denen nachträgliche Entscheidungen bei **freiheitsentziehenden** Maßregeln der Besserung und Sicherung erforderlich sind. Dabei tritt bei Anwendung des § 462 a Abs. 1 Satz 1 an die Stelle der dort genannten „Strafanstalt" diejenige Justizvollzugsanstalt oder — was bei Unterbringung in einem psychiatrischen Krankenhaus oder in einer Entziehungsanstalt in Betracht kommen kann (vgl. § 138 StVollzG) — die sonstige Anstalt, in die der Verurteilte aufgenommen ist (vgl. § 78 a Abs. 1 GVG)[8]. Bei der Aussetzung des Strafrests einer Freiheitsstrafe zur Bewährung bleibt nach § 462 a Abs. 1 Satz 2 die Strafvollstreckungskammer, die die Aussetzung ausgesprochen hat, auch für die Bewährungsaufsicht und die weiter zu treffenden Entscheidungen zuständig; dies gilt auch kraft der Verweisung in § 463 Abs. 1, wenn die Strafvollstreckungskammer die weitere Vollstreckung einer begonnenen Unterbringung zur Bewährung ausgesetzt hat (§ 67 e StGB).

13   **2. Beispiele. Absatz 6** , wonach bei den in dieser Vorschrift genannten Fällen eine kraft Gesetzes eintretende Führungsaufsicht — also eine **nichtfreiheitsentziehende**

---

[7] Vgl. zur Anwendbarkeit des Absatzes 5 auch KK-*Chlosta* 6; KMR-*Müller* 4; 10; 11; *Kleinknecht/Meyer*[37] 5.

[8] *Wetterich/Hamann* 344 ff; KK-*Chlosta* 7.

Maßregel der Besserung und Sicherung (§ 61 Nr. 5 StGB) — in Anwendung des § 462 a Abs. 1 „der Aussetzung eines Strafrests gleichsteht", wirkt sich folgendermaßen aus:

a) Späterer Beginn der Unterbringung (§ 67 c Abs. 1 StGB). Nach § 67 c Abs. 1 **14** StGB prüft bei Vorwegnahme des Vollzugs einer Freiheitsstrafe die Strafvollstreckungskammer vor dem Ende des Strafvollzugs, ob der Zweck einer zugleich angeordneten Unterbringung deren Vollstreckung noch erfordert; verneint sie dies, so setzt sie die Vollstreckung der Unterbringung zur Bewährung aus; mit der Aussetzung tritt kraft Gesetzes **Führungsaufsicht** ein. In diesem Fall bleibt die Strafvollstreckungskammer nach § 463 Abs. 1 in Verb. mit § 462 a Abs. 1 Satz 2 für die die Aussetzung der Unterbringung betreffenden Entscheidungen (§ 67 g StGB) zuständig. Die Gleichsetzung der Führungsaufsicht mit der Aussetzung eines Strafrests in Absatz 6 hat aber zur Folge, daß sie in Anwendung des § 462 a Abs. 1 Satz 2 auch für die die Führungsaufsicht betreffenden Nachtragsentscheidungen (§§ 68 a ff StGB) zuständig bleibt. Wegen weiterer Einzelheiten s. Rdn. 18.

b) Dauer der Unterbringung (§ 67 d Abs. 2 StGB). Setzt die Strafvollstreckungs- **15** kammer gemäß § 67 d Abs. 2 StGB die Vollstreckung einer schon begonnenen Unterbringung zur Bewährung aus mit der Folge der kraft Gesetzes eintretenden Führungsaufsicht, so bleibt sie — wie im Fall Rdn. 14 — sowohl für die die Aussetzung der Unterbringung wie für die die Führungsaufsicht betreffenden Entscheidungen zuständig.

c) Entlassung aus der Sicherungsverwahrung (§ 67 d Abs. 4 StGB). Nach § 67 d **16** Abs. 4 StGB tritt Führungsaufsicht auch ein, wenn der Untergebrachte wegen Ablaufs der Höchstfrist für die erste Unterbringung in der Sicherungsverwahrung (§ 67 d Abs. 1) entlassen wird. Absatz 6 bedeutet hier, wo sowohl die Strafvollstreckung als auch die Maßregelvollstreckung an sich beendet ist, daß hinsichtlich der Zuständigkeit der Strafvollstreckungskammer (nur) für die die Führungsaufsicht betreffenden Nachtragsentscheidungen der Entlassene so behandelt werden soll, als sei er **vor Ablauf der Höchstfrist** mit Bewährungsfrist (§ 67 d Abs. 2) entlassen worden. Das ist berechtigt, weil einerseits die Zeit der Führungsaufsicht eine Art Bewährungszeit darstellt (vgl. § 68 a StGB) und andererseits die Strafvollstreckungskammer schon mit dem Verurteilten während des Vollzugs befaßt war, da ihr nach § 54 a Abs. 2 StVollstrO die Akten drei Monate vor der Entlassung vorgelegt werden, damit die Entscheidungen nach den §§ 68 a bis 68 c StGB bald getroffen werden können.

d) Abbruch der Unterbringung wegen Nichterreichens des Zwecks (§ 67 d Abs. 5 **17** **Satz 1 StGB).** Obwohl auch in diesem Fall Führungsaufsicht kraft Gesetzes eintritt (§ 67 d Abs. 5 Satz 2 StGB), führt Absatz 6 diese Bestimmung nicht auf. Zwar verweist Absatz 5 (insgesamt) auf § 67 d Abs. 5 StGB, jedoch umfaßt dieser nach seinem Zweck — wie die übrigen in Bezug genommenen Vorschriften bestätigen — nur die Anordnung des Gerichts nach § 67 d Abs. 5 Satz 1 StGB (Rdn. 11), nicht aber auch die in Absatz 6 getroffene Gesetzesentscheidung, daß eine kraft Gesetzes eintretende Führungsaufsicht in Anwendung des § 462 a Abs. 1 der Aussetzung des Strafrests gleichsteht. Da keine Gründe ersichtlich sind, den Fall des **§ 67 d Abs. 5 Satz 2 StGB** anders als die unter Rdn. 14 ff aufgeführten Fälle zu behandeln, muß davon ausgegangen werden, daß der Gesetzgeber auch diesen Fall erfassen wollte. Für diese Auffassung dürfte auch sprechen, daß der Gesetzgeber § 67 d Abs. 5 StGB — allerdings ohne zwischen den unterschiedlichen Fällen in Satz 1 und 2 zu differenzieren — in Absatz 5 eingefügt hat, obwohl Satz 2 von der Systematik her in Absatz 6 hätte aufgenommen werden müssen. Es bestehen daher nicht nur keine Bedenken, sondern es erscheint sogar notwendig, **Absatz 6** auch auf den Fall des § 67 d Abs. 5 Satz 2 StGB **zu erstrecken**.

     Günter Wendisch

18   **e) Führungsaufsicht bei Nichtaussetzung des Strafrests (§ 68 f StGB).** Nach § 68 f Abs. 1 Satz 1 StGB tritt nach vollständiger Vollstreckung einer Freiheitsstrafe von mindestens zwei Jahren wegen einer vorsätzlichen Straftat mit der Entlassung des Verurteilten aus dem Strafvollzug Führungsaufsicht ein, es sei denn, daß das Gericht wegen positiver Prognose den Wegfall der Führungsaufsicht anordnet (§ 68 f Abs. 2 StGB). Mit der Entscheidung, ob es bei dem Eintritt der Führungsaufsicht verbleiben oder diese wegfallen soll, wird auch hier die Strafvollstreckungskammer schon während des Vollzugs befaßt (§ 54 a Abs. 2 StVollstrO; § 463 Abs. 3 betr. Anwendung des § 454 bei den nach § 68 f Abs. 2 StGB zu treffenden Entscheidungen). Auch hier besteht, wenn der Entfall der Führungsaufsicht nicht angeordnet wird, nach Absatz 6 die Zuständigkeit der Strafvollstreckungskammer für die Nachtragsentscheidungen (§ 68 a ff StGB), weil zwar die Strafvollstreckung im engeren Sinn erledigt ist, gleichwohl aber noch Entscheidungen zu treffen sind, die dem **Bereich der Vollstreckung** im weiteren Sinn angehören und die nach dem Grundgedanken des § 462 a Abs. 1 Satz 2 zuständig gewesenen Strafvollstreckungskammer verbleiben sollen[9].

V. Folgerungen und Einzelfragen

19   **Absatz 5** erklärt den § 462 für anwendbar bei den nach **§ 67 Abs. 3** StGB zu treffenden Nachtragsentscheidungen; für diese ist die Strafvollstreckungskammer aber nach § 463 Abs. 1, § 462 a Abs. 1 erst zuständig, wenn mit der Vollstreckung der Unterbringung begonnen ist[10]. Aus der Nichterwähnung des **§ 67 Abs. 2** StGB ergibt sich als Auffassung des Gesetzes, daß eine Abweichung von dem Grundsatz des Vorwegvollzugs der Maßregel (§ 67 Abs. 1 StGB) grundsätzlich vom erkennenden Gericht bei Anordnung der Anstaltsunterbringung zu bestimmen ist, also einen Bestandteil des Urteils bildet[11]. Jedoch kann eine Anordnung nach § 67 Abs. 2 StGB auch als **Nachtragsentscheidung** in Betracht kommen[12]. Dann ist, soweit sich nicht aus § 462 a Abs. 1 Satz 3, § 463 Abs. 1 die Zuständigkeit der Strafvollstreckungskammer ergibt, in sinngemäßer Auslegung des Absatzes 5 im Verfahren nach § 462 das Gericht des ersten Rechtszugs zuständig, wenn mit der Vollstreckung der Unterbringung noch nicht begonnen ist (Fußn. 10). Auf die Höchstdauer der am 1. 1. 1975 eingetretenen Führungsaufsicht ist die Bewährungszeit anzurechnen, wenn die Unterbringung vor dem 1. 1. 1975 bedingt ausgesetzt war — Art. 314 Abs. 2 EGStGB —[13].

20   Hat die Strafvollstreckungskammer nach § 67 c Abs. 1 StGB, §§ 454, 463 Abs. 3 bei Vorwegnahme des Vollzugs der Freiheitsstrafe **rechtzeitig** vor dem Vollzugsende mit der Prüfung begonnen, ob der Zweck einer zugleich angeordneten Maßregel die Unterbringung noch erfordert und konnte bis Strafende die Prüfung nicht abgeschlossen werden, ohne daß vermeidbare Fehler und Verzögerungen vorliegen, so ist es nicht grundgesetzwidrig, wenn die Unterbringung vollstreckt wird; die rechtliche Grundlage des Freiheitsentzugs bildet dann die im Strafurteil angeordnete Unterbringung[14].

---

[9] Begr. zu Art. 19 Nr. 123 Entw. EGStGB, BTDrucks. 7 550, S. 314; KK-*Chlosta* 2; *Kleinknecht/Meyer*[37] 2; vgl. auch KMR-*Müller* 8; 9.

[10] LG Dortmund NJW **1975** 2251; KK-*Chlosta* 6.

[11] *Dreher/Tröndle*[42] § 67, 3.

[12] Wie das bei der Entscheidung des LG Dortmund NJW **1975** 2251 der Fall war; wegen der Fälle des Art. 314 Abs. 5 EGStGB vgl. OLG Karlsruhe NJW **1975** 1571.

[13] OLG Düsseldorf NJW **1976** 302; OLG Celle MDR **1976** 159; OLG Karlsruhe MDR **1976** 161; OLG Stuttgart Justiz **1976** 173; LG Mainz NJW **1977** 161; a. A OLG Koblenz MDR **1976** 685.

[14] BVerfGE **42** 1, 11 = NJW **1976** 1736; KK-*Chlosta* 4; *Kleinknecht/Meyer*[37] 6.

VI. Abgabemöglichkeiten

21   Das für die Nachtragsentscheidung nach § 463 zuständige Gericht kann die ihm obliegenden Entscheidungen und Belehrungen einem anderen Gericht nur insoweit übertragen, als es in den sinngemäß anwendbaren Vorschriften (§ 453 a Abs. 1 Satz 2, Abs. 3; § 454 Abs. 3; § 462 a Abs. 1 Satz 3, Abs. 2 Satz 2, Abs. 4 Satz 3 dritter Halbsatz, Abs. 5 Satz 2) vorgesehen ist; eine analoge Anwendung dieser Vorschriften in anderen Fällen ist nicht möglich[15].

VII. Bekanntgabe ungünstiger Stellungnahmen

22   Das Gebot des rechtlichen Gehörs (Art. 103 Abs. 1 GG) erfordert, daß dem Untergebrachten eine ungünstige Stellungnahme der Vollzugsanstalt bekanntgegeben und ihm Gelegenheit zur Stellungnahme gegeben wird. Die **Pflicht** zur Bekanntgabe umfaßt die in der Stellungnahme enthaltene Würdigung der Persönlichkeit des Untergebrachten und die Prognose über sein künftiges Verhalten, die auf tatsächlichen Feststellungen über das äußere Verhalten und die innere Einstellung des Beurteilten beruhen; Tatsachen und Werturteile sind dabei in der Regel so eng miteinander verknüpft, daß sie nicht getrennt werden können[16].

23   Unter der Herrschaft des vor dem 1. 1. 1975 geltenden Rechts sollte bei der Entscheidung, ob die **Sicherungsverwahrung** gemäß § 67 d Abs. 2 StGB zur Bewährung auszusetzen sei, von einer Bekanntgabe der **ungünstigen** Stellungnahme abgesehen werden können, wenn konkrete Anhaltspunkte dafür vorliegen, daß durch die Bekanntgabe des vollen Wortlauts der Stellungnahme oder ihres wesentlichen Inhalts der Zweck der Sicherungsverwahrung vereitelt oder eine Gefahr für Leib und Leben des Anstaltspersonals hervorgerufen würde (LR[22] § 463 a, 3; offen gelassen in BVerfGE **17** 139, 145). Ebenso sollte im Fall einer **Unterbringung im psychiatrischen Krankenhaus** im gesundheitlichen Interesse des Untergebrachten, jedoch nicht, wenn wegen seines geistigen Zustands oder aus anderen Gründen eine vernünftige und sachliche Stellungnahme nicht zu erwarten ist, eine Bekanntgabe der Stellungnahme der Anstalt unterbleiben können (OLG Hamm JMBlNRW **1962** 199 unter Auseinandersetzung mit *Schütz* NJW **1961** 582). Mit dem Grundsatz der mündlichen Anhörung erscheint eine solche Handhabung auch heute nicht unvereinbar.

VIII. Rechtskraft des Widerrufs

24   Die Rechtskraft des Widerrufs einer bedingten Aussetzung der Unterbringung in einem psychiatrischen Krankenhaus (§ 67 g StGB) steht einer **erneuten gerichtlichen Nachprüfung** der Widerrufsvoraussetzungen auf Grund neuer Tatsachen nicht entgegen (OLG Hamm NJW **1976** 93).

IX. Anträge dritter Personen

25   Wegen der Bescheidung von Anträgen, die dritte Personen (z. B. Angehörige) im eigenen Namen für den Verurteilten stellen, und wegen ihres Rechts zur Beschwerde gegen ablehnende Bescheide gilt das in § 453, 34 Ausgeführte. Es hat also z. B. die

---

[15] BGHSt **13** 393; **16** 78, 82; **30** 387 (nicht im Fall des § 69 a Abs. 7 StGB); NJW **1961** 2071; s. auch § 462 a, 35; *Kleinknecht/Meyer*[37] 1; **a. A** KMR-*Müller* 1; 10.

[16] BVerfGE **17** 139, 143 = NJW **1964** 293 = MDR **1964** 293 mit Anm. *Bertram*; **18** 419, 422; **19** 198, 201; OLG Hamburg NJW **1964** 2316; vgl. auch *Dahmann* JBlSaar **1965** 165; *W. Schmidt* NJW **1965** 1318.

Günter Wendisch

Mutter eines Volljährigen, der in einem psychiatrischen Krankenhaus untergebracht ist, kein eigenes Beschwerderecht gegen den die Entlassung ablehnenden Beschluß (OLG Schleswig SchlHA **1961** 201).

X. Vollzug der Unterbringung

26   Der Vollzug der Unterbringung in einem psychiatrischen Krankenhaus und in einer Entziehungsanstalt erfolgt in Ermangelung entsprechender Justizvollzugsanstalten in Anstalten der Sozialhilfeträger (§ 138 StVollzG; *Blau* GA **1959** 141, 145).

XI. Nachträgliche Anordnungen bei der Unterbringung von Jugendlichen

27   **1. Gesetzliche Regelung.** Nach dem bis 31. 12. 1974 geltenden Recht oblag die nach § 42 f a. F. StGB — jetzt: §§ 67 d Abs. 2, 67 e — in Verb. mit § 2 JGG zu treffende Entscheidung über die Entlassung des Untergebrachten oder die Fortdauer der Unterbringung gemäß §§ 462, 463 a Abs. 3 a. F. allein dem Gericht des ersten Rechtszugs (BGHSt **16** 78, 82). Diesem Gericht obliegen auch jetzt die Nachtragsentscheidungen (§ 67 g StGB; Art. 314 Abs. 2 EGStGB), wenn die Unterbringung vor dem 1. 1. 1975 bedingt ausgesetzt war. Befand sich jedoch der Täter am 1. 1. 1975 im psychiatrischen Krankenhaus (vgl. Art. 314 Abs. 1 EGStGB), oder wurde er später in einem solchen untergebracht, so hat über die Fortdauer der Unterbringung oder deren Aussetzung zur Bewährung mit den sich anschließenden Folgen der **Jugendrichter als Vollstreckungsleiter** zu entscheiden, der gemäß § 82 Abs. 1 JGG die Aufgaben der Strafvollstreckungskammer wahrnimmt[17], und zwar auch, wenn er diese Anordnung zusätzlich getroffen hat, weil nur so eine Zweiteilung der Zuständigkeit vermieden werden kann[18]. Das gleiche gilt, wenn bei einem nach Jugendstrafrecht Verurteilten Führungsaufsicht kraft Gesetzes eintritt[19]. Die Entscheidungen des Jugendrichters nach den §§ 462 a, 463 sind gemäß § 83 Abs. 1 JGG **jugendrichterliche** Entscheidungen. Örtlich zuständig ist der Jugendrichter des Amtsgerichts, dem die vormundschaftsrichterlichen Aufgaben obliegen (§ 84 Abs. 2, 3 JGG). An der Zuständigkeit des Jugendrichters ändert sich auch nichts, wenn der Untergebrachte inzwischen — vielleicht seit langer Zeit — erwachsen ist[20].

28   **2. Kritik und Folgerungen.** Nach **Auffassung des Oberlandesgerichts Celle** NJW **1975** 2253 bedeutet die Regelung in § 82 Abs. 1 Satz 2 JGG, soweit sie dem Jugendrichter die Folgeentscheidungen gegen den in einem psychiatrischen Krankenhaus untergebrachten Jugendlichen (oder Heranwachsenden) in Anwendung von Jugendrecht überträgt, einen Bruch sowohl mit dem in § 85 JGG ausgedrückten System des Jugendgerichtsgesetzes als auch mit dem gleichen, in §§ 462 a, 463 zum Ausdruck gekommenen neuen System des allgemeinen Rechts, für den sich aus der Entstehungsgeschichte keine Gründe entnehmen ließen; die Regelung sei nicht nur systemwidrig, sondern auch unsachgemäß und schwer praktikabel und dem Gesetzgeber eine Änderung anzuraten. Um die Mißlichkeiten der Regelung abzumildern, ist nach Ansicht des Oberlandesgerichts jedenfalls dann von der Zuständigkeit der Strafvollstreckungskammer auszugehen, wenn das Urteil bei Heranwachsenden nicht ausdrücklich besagt, daß Jugendrecht angewendet sei.

---

[17] BGHSt **26** 162; KK-*Chlosta* 8.

[18] BGHSt **27** 190; KK-*Chlosta* 8; *Kleinknecht/ Meyer*[37] 7.

[19] OLG Koblenz GA **1975** 285; KK-*Chlosta* 8; *Kleinknecht/Meyer*[37] 7.

[20] OLG Celle NJW **1975** 2253; OLG Karlsruhe Justiz **1978** 325; KK-*Chlosta* 8; *Kleinknecht/Meyer*[37] 7.

§ 463 a

(1) Die Aufsichtsstellen (§ 68 a des Strafgesetzbuches) können zur Überwachung des Verhaltens des Verurteilten und der Erfüllung von Weisungen von allen öffentlichen Behörden Auskunft verlangen und Ermittlungen jeder Art, mit Ausschluß eidlicher Vernehmungen, entweder selbst vornehmen oder durch andere Behörden im Rahmen ihrer Zuständigkeit vornehmen lassen.

(2) [1]Örtlich zuständig ist die Aufsichtsstelle, in deren Bereich der Verurteilte seinen Wohnsitz hat. [2]Hat der Verurteilte keinen Wohnsitz im Geltungsbereich dieses Gesetzes, so ist die Aufsichtsstelle örtlich zuständig, in deren Bezirk er seinen gewöhnlichen Aufenthaltsort hat und, wenn ein solcher nicht bekannt ist, seinen letzten Wohnsitz oder gewöhnlichen Aufenthaltsort hatte.

Entstehungsgeschichte. An die Stelle des früheren § 463 a ist seit dem 1. 1. 1975 mit verändertem Inhalt der jetzige § 463 getreten. Der jetzige § 463 a wurde durch Art. 21 Nr. 133 EGStGB 1974 eingefügt.

Übersicht

1. Aufgabe. Hat das Gericht Führungsaufsicht angeordnet (§ 68 Abs. 1 StGB) **1** oder ist Führungsaufsicht kraft Gesetzes eingetreten (§§ 67 b, 67 c, 67 d Abs. 2, 4, 5 Satz 2, § 68 f StGB), so untersteht der Verurteilte einer Aufsichtsstelle (§ 68 a StGB). Deren **Aufgabe** ist eine doppelte: einmal obliegt ihr, dem Verurteilten helfend und betreuend zur Seite zu stehen (§ 68 a Abs. 2 StGB); ferner hat sie im Einvernehmen mit dem Gericht und mit Unterstützung des für die Dauer der Führungsaufsicht bestellten **Bewährungshelfers** das Verhalten des Verurteilten und die Erfüllung der ihm nach § 68 b StGB erteilten Weisungen zu überwachen und bei Verstößen gegen Weisungen ggf. den Antrag auf Bestrafung nach § 145 a StGB zu stellen (§ 68 a Abs. 3 StGB).

2. Organisation und Besetzung. Die Organisation und Besetzung der Aufsichtsstellen **2** ist in Art. 295 EGStGB 1974 nur in den Grundzügen geregelt. Die Aufsichtsstellen gehören danach zum Geschäftsbereich der Landesjustizverwaltungen (Art. 295 Abs. 1), die die nötigen Vorschriften über die Organisation, Besetzung, Geschäftsbetrieb usw. zu treffen haben. Als Beispiel einer solchen Regelung sei die AV des NdsJustMin. vom 21.7. 1981 (NdsRpfl. 249) betr. Anordnungen über Organisation, Aufgaben und Dienstbetrieb der Führungsaufsichtsstellen und über die Führungsaufsicht genannt[1]. Danach werden **Führungsaufsichtsstellen bei den Landgerichten** eingerichtet und den Landgerichten angegliedert. Der Präsident des Landgerichts führt die Dienstaufsicht

---

[1] Wegen der Allgemeinen Verfügungen und Anordnungen in anderen Bundesländern vgl. *Schönfelder* (85) Fußn. zu § 68 a StGB; *Piller/Hermann* 2 g und *Wetterich/Hamann* 401.

Günter Wendisch

über die Aufsichtsstelle; er ernennt den Leiter der Aufsichtsstelle — er muß die Befähigung zum Richteramt besitzen oder Beamter des höheren Dienstes sein (Art. 295 Abs. 2 EGStGB) —, dessen Vertreter sowie die übrigen Beamten und Angestellten (§ 2 der AV). Die unmittelbare **Betreuung des Verurteilten** obliegt in erster Linie dem Bewährungshelfer. Ergänzend betreut die Aufsichtsstelle den Verurteilten und hilft ihm insbesondere durch Vermittlung diagnostischer oder therapeutischer Behandlungen, durch Beschaffung geeigneter Ausbildungs- und Arbeitsstellen und Vermittlung von Berufsförderungsmaßnahmen (Umschulung), auch in Zusammenarbeit mit dem Arbeitsamt, durch Vermittlung von Heimplätzen, durch Geltendmachung von Ansprüchen des Verurteilten auf Arbeitslosengeld, Arbeitslosenhilfe, Beschaffung von Versicherungsunterlagen usw. und durch Regelung seiner Verpflichtungen wie Unterhaltsverpflichtungen, Schulden, Wiedergutmachungsleistungen und anderen Zahlungsverpflichtungen in Zusammenarbeit mit Sozialbehörden, Gläubigern, Geschädigten und Arbeitgebern[2]. Zur **Überwachung des Verhaltens des Verurteilten** gehört insbesondere auch die Führung persönlicher Gespräche mit dem Verurteilten, die in der Regel alle sechs Monate stattfinden sollen; persönliche Unterrichtung über die Lebensumstände des Verurteilten durch die Aufsichtsstelle erfolgt, soweit dies im Einzelfall geboten ist. In jedem Fall überwacht die Aufsichtsstelle unmittelbar die Erfüllung der Weisungen nach § 68 b Abs. 1 Nr. 1, 7 und 8 StGB.

3   **3. Bedeutung (Absatz 1).** Sie besteht darin, daß er die Befugnisse regelt, die den Aufsichtsstellen zur Erfüllung ihrer zweiten Aufgabe, der Überwachung des Verhaltens des Verurteilten und der Erfüllung von Weisungen, zustehen, während Absatz 2 ihre örtliche Zuständigkeit gesetzlich festlegt (Rdn. 10). § 54 a StVollstrO regelt die zu treffenden Vorbereitungshandlungen sowie die Mitteilungspflichten, die der Vollstreckungsbehörde im Zusammenhang mit der Führungsaufsicht obliegen. Ihre gewissenhafte Erfüllung ist für eine sachgerechte Arbeit der Aufsichtsstelle unerläßlich.

4. Befugnisse
4   **a) Beschreibung.** Die Umschreibung der Befugnisse der Aufsichtsstelle in Absatz 1 ist **in engem Anschluß** an den Wortlaut des § 161 Satz 1 erfolgt, der die Ermittlungsbefugnisse der Staatsanwaltschaft im vorbereitenden Verfahren regelt. Er weicht im Wortlaut von § 161 Satz 1 nach zwei Richtungen ab: er erwähnt nicht die Vornahme der Ermittlungen durch Auftrag an die Behörden und Beamten des Polizeidienstes, sondern spricht allgemein davon, daß die Aufsichtsstelle die Ermittlungen, soweit sie sie nicht selbst vornimmt, durch andere Behörden im Rahmen ihrer Zuständigkeit vornehmen lassen könne. Ferner spricht er aus, daß eidliche Vernehmungen (von Zeugen) nicht zu den Ermittlungen gehören, die die Aufsichtsstelle selbst vornehmen oder durch andere Behörden vornehmen lassen kann.

5   **b) Behörden.** Zu den anderen Behörden, deren Amtshilfe die Aufsichtsstelle, und zwar ohne Einhaltung des Dienstwegs[3] in Anspruch nehmen kann, gehören an sich auch die Polizeibehörden, denn im weiteren Sinn ist die Überwachungstätigkeit der Aufsichtsstellen auf die Resozialisierung des Verurteilten i. S der Verhütung neuer rechtswidriger Taten gerichtet und berührt so die präventiv-polizeiliche Aufgabe der Polizei, rechtswidrige Taten zu verhindern. Ermittlungsersuchen der Aufsichtsstelle an die Polizeibehörden sind also durch Absatz 1 nicht ausgeschlossen. Jedoch verfolgt die Nichter-

---

[2] Ebenso *Lackner*[16] § 68 a, 4; KK-*Chlosta* 1;   [3] KK-*Chlosta* 3; *Kleinknecht/Meyer*[37] 2.
Kleinknecht/Meyer[37] 1.

wähnung der Polizeibehörden als Auftragsadressaten nach der amtl. Begr.[4] gerade den Zweck, die **Inanspruchnahme der Polizei möglichst zurückzudrängen,** denn es sollte nach Auffassung der Begründung „überhaupt der Eindruck vermieden werden, als handele es sich bei der Führungsaufsicht um eine Aufsicht mit in erster Linie polizeilichen Mitteln und zu in erster Linie polizeilichen Zwecken. Auch sollte die Polizeibehörde nur insoweit in Erscheinung treten, als das unumgänglich erforderlich ist, um nicht durch das regelmäßige Auftreten von Polizeibeamten die Resozialisierung der unter Führungsaufsicht Stehenden zu gefährden"[5].

Nach dieser Begründung ist bei Vornahme von Ermittlungen durch „andere Be- **6** hörden im Rahmen ihrer Zuständigkeit" in erster Linie an Ermittlungen der **Gesundheitsämter** im Rahmen der Führungsaufsicht bei bedingt ausgesetzter Unterbringung in einer psychiatrischen Krankenanstalt oder einer Entziehungsanstalt gedacht. Vor einem solchen Ersuchen ist der Bewährungshelfer zu hören (§ 8 Abs. 4 der AV vom 21. 7. 1981). Soweit die Aufsichtsstelle ein Ermittlungsersuchen an die **Gerichtshilfe** richten will, ist es nach § 9 Abs. 5, § 10 Abs. 1 der Nds. AV vom 24. 5. 1976 über Organisation, Aufgaben und Dienstbetrieb der Gerichtshilfe (§ 463 d, 2) der Gerichtshelfer, an den sich die Aufsichtsstelle mit Ermittlungsersuchen wenden kann. Die Anordnung vom 21. 7. 1981 bestimmt auch, in welchem Umfang die Aufsichtsbehörde selbst die Ermittlungen vornehmen soll[6].

c) Eidliche Vernehmungen, wie sie die Staatsanwaltschaft nach § 162 in Verb. mit **7** § 65 im vorbereitenden Verfahren herbeiführen kann, scheiden schlechthin als Form der Ermittlungen aus.

d) Amtshilfe. Wenn im übrigen § 463 a Abs. 1 den Aufsichtsstellen das Recht ein- **8** räumt, von allen öffentlichen Behörden Auskunft[7] zu verlangen und sie im Rahmen ihrer Zuständigkeit um Ermittlungen zu ersuchen, so liegt darin implicite — unabhängig von Art. 35 GG oder in dessen Konkretisierung — der Ausspruch, daß die angegangenen Stellen im Rahmen ihrer Zuständigkeit und ihrer Möglichkeit zur Gewährung der erbetenen Amtshilfe **verpflichtet** sind; bei Verweigerung der Amtshilfe kommt freilich im allgemeinen nur die Dienstaufsichtsbeschwerde in Betracht[8]. In der Regel wird es aber, wo sie auf Schwierigkeiten oder Ablehnung stößt, die Aufsichtsstelle dem neben ihr zur Überwachung berufenen Gericht (§ 68 a Abs. 3 StGB, § 463 Abs. 6) überlassen können, unterstützend einzugreifen und mit seinen Möglichkeiten die Ermittlungen zu betreiben.

e) Zwangsmittel. Nimmt die Aufsichtsbehörde selbst die Ermittlungen vor, so ste- **9** hen ihr **keine Zwangsbefugnisse** zur Verfügung. Sie kann zwar einen Zeugen zur Vernehmung über das Verhalten des Verurteilten laden, sein Erscheinen oder seine Aussage aber nicht erzwingen und muß dann die weitere Entscheidung dem Gericht (§ 68 a Abs. 3 StGB) überlassen. Ebenso stehen ihr keine Zwangsmittel gegen den der Führungsaufsicht Unterstellten zu. Sie kann den Verurteilten zwar zur Durchführung persönlicher Gespräche (Rdn. 5) laden, aber, wenn er nicht erscheint, ihn nicht (etwa durch die

---

[4] Zu Art. 19 Nr. 123, BTDrucks. 7 550, S. 314.

[5] So auch KK-*Chlosta* 4; *Kleinknecht/Meyer*[37] 3; enger KMR-*Müller*: meist ausgeschlossen.

[6] S. § 8 Abs. 2 Buchst. a: persönliche Gespräche mit dem Verurteilten.

[7] Das Auskunftsrecht umfaßt auch das Recht auf Akteneinsicht und zur Überlassung von Abschriften einzelner Schriftstücke; KK-*Chlosta* 3; *Kleinknecht/Meyer*[37] 2.

[8] KK-*Chlosta* 5; KMR-*Müller* 6; *Kleinknecht/Meyer*[37] 4. Wegen der Rechtsbehelfe wegen Verweigerung der Amtshilfe vgl. die Erl. Vor § 156 GVG.

Günter Wendisch

Polizei) vorführen lassen, sondern sie ist darauf beschränkt, eine etwa bisher noch nicht getroffene Weisung nach § 68 b Abs. 1 Nr. 7 StGB bei Gericht anzuregen (§ 68 d StGB; § 11 Abs. 3 der Nds. AV vom 21. 7. 1981 — Rdn. 2 —) und dann bei weiterer Weigerung einen Strafantrag nach § 145 a StGB zu stellen (§ 68 a Abs. 2 StGB)[9]. Das **Gericht** ist alsdann zur Vorbereitung seiner eigenen Entscheidung nach §§ 68 a bis 68 g StGB befugt, von den üblichen gerichtlichen Zwangsmitteln Gebrauch zu machen; es kann zu diesem Zweck auch die Staatsanwaltschaft, die vor der Entscheidung ohnehin zu hören ist (§ 463 Abs. 2 in Verb. mit § 453 Abs. 1 Satz 2; § 463 Abs. 3 in Verb. mit § 454 Abs. 1 Satz 2, § 454 Abs. 1 Satz 2), um Aufklärung des Sachverhalts ersuchen[10].

10   **5. Örtliche Zuständigkeit (Absatz 2).** Die örtliche Zuständigkeit der Aufsichtsstelle richtet sich grundsätzlich nach dem **Wohnsitz,** ausnahmsweise nach dem **gewöhnlichen Aufenthalt** des Verurteilten. Diese an sich sachgerechte Zuständigkeitsregelung kann dann zu Unklarheiten führen, wenn der Verurteilte nach seiner Entlassung einen anderen Wohnsitz nimmt als den während der Entlassungsvorbereitungen angegeben[11]. Um insoweit Schwierigkeiten zu vermeiden, eine von der Aufsichtsstelle koordinierte wirkungsvolle Zusammenarbeit zwischen Gericht, Vollstreckungs-, Vollzugs- und Strafverfolgungsbehörde, aber auch anderen Behörden sowie mit dem Bewährungshelfer zu gewährleisten, ist das Gericht deshalb berechtigt, den Verurteilten zu verpflichten, unmittelbar nach seiner Entlassung zu der Aufsichtsstelle Kontakt aufzunehmen, die für den von ihm angegebenen Wohnort zuständig ist[12].

11   **6. Gerichtliche Zuständigkeit.** Das Gericht, mit dem die Aufsichtsstelle nach § 68 a StGB zusammenzuwirken hat und das die während der Führungsaufsicht notwendigen Entscheidungen nach §§ 68 b bis 68 g StGB zu treffen hat, ist die **Strafvollstreckungskammer,** wenn Führungsaufsicht nach Entlassung aus dem Vollzug nach § 67 c Abs. 1 Satz 2, § 67 d Abs. 2 Satz 2, Abs. 4, Abs. 5 Satz 2 oder nach § 68 f Abs. 1 Satz 1 StGB kraft Gesetzes eintritt. Dagegen ist das **Gericht des ersten Rechtszugs** zuständig, wenn der Verurteilte sich vor dem Eintritt der Führungsaufsicht nicht im Vollzug befunden hat (s. § 67 b Abs. 2, § 67 c Abs. 2 Satz 4 letzter Halbs.)[13].

§ 463 b

(1) Ist ein Führerschein nach § 44 Abs. 3 Satz 2 des Strafgesetzbuches amtlich zu verwahren und wird er nicht freiwillig herausgegeben, so ist er zu beschlagnahmen.

(2) Ausländische Fahrausweise können zur Eintragung eines Vermerks über das Fahrverbot oder über die Entziehung der Fahrerlaubnis und die Sperre (§ 44 Abs. 3 Satz 3, § 69 b Abs. 2 des Strafgesetzbuches) beschlagnahmt werden.

(3) [1]Der Verurteilte hat, wenn der Führerschein oder der Fahrausweis bei ihm nicht vorgefunden wird, auf Antrag der Vollstreckungsbehörde bei dem Amtsgericht eine eidesstattliche Versicherung über den Verbleib abzugeben. [2]§ 883 Abs. 2 bis 4, die §§ 899, 900 Abs. 1, 3, 5, die §§ 901, 902, 904 bis 910 und 913 der Zivilprozeßordnung gelten entsprechend.

---

[9] KK-*Chlosta* 1; 5; KMR-*Müller* 4; wegen ihrer tatsächlich geringen Bedeutung als wirksame Sanktion vgl. *v. Glasenapp* ZRP 1979 32.

[10] *Wetterich/Hamann* 1068; KK-*Chlosta* 5; *Kleinknecht/Meyer*[37] 5.

[11] Vgl. dazu *Glasenapp* ZRP 1979 33.

[12] KK-*Chlosta* 7.

[13] Wegen weiterer Einzelheiten s. § 463, 12 ff; weitere Hinweise finden sich auch bei KK-*Chlosta* 7.

Entstehungsgeschichte. Eingefügt durch Art. 2 Nr. 11 des 2. StraßenVSichG. Durch Art. 21 Nr. 134 EGStGB 1974 sind die Paragraphennummern in Absatz 1 und 2 geändert; durch Art. 3 Nr. 3 Buchst. b des Gesetzes zur Änderung zwangsvollstreckungsrechtlicher Vorschriften vom 1. 2. 1979 (BGBl. I 127) ist Absatz 3 neu gefaßt worden.

1. Inländische Führerscheine

a) Fahrverbot (Absatz 1). Ist rechtskräftig ein Fahrverbot ausgesprochen, so wird **1** für die Dauer des Verbots ein von einer deutschen Behörde erteilter Führerschein amtlich verwahrt (§ 44 Abs. 3 Satz 2 StGB). Befindet sich der Führerschein noch nicht in behördlichem Gewahrsam, so ist der Verurteilte zunächst zur **freiwilligen Herausgabe** zu veranlassen („und wird er nicht freiwillig herausgegeben..."). Dies geschieht in der Weise, daß die Vollstreckungsbehörde, und zwar der Rechtspfleger (§ 31 Abs. 2 RpflG), ihn zur Herausgabe auffordert; mit dieser Aufforderung wird die Belehrung über den Beginn des Fahrverbots verbunden, wenn sich aus den Akten ergibt, daß die vorgeschriebene Belehrung (§§ 268 c, 409 Abs. 1) unterblieben ist (§ 59 a Abs. 4 Satz 1 StVollstrO). Unterbleibt die freiwillige Herausgabe, so hat die Vollstreckungsbehörde (§ 451) den Führerschein zu beschlagnahmen; sie kann sich zur Ausführung der Amtshilfe der Polizei bedienen. Die **Beschlagnahmeanordnung** umfaßt zugleich die Anordnung der Durchsuchung der Wohnung des Führerscheininhabers, soweit sie zur Ausführung der Beschlagnahme erforderlich ist[1]; es gelten insoweit die gleichen Grundsätze wie bei der Vollstreckung eines Vollstreckungs- oder Vorführungsbefehls nach § 457 (dort Rdn. 15). Der beschlagnahmte Führerschein wird für die Dauer des Fahrverbots bei den Strafakten oder, falls ein Vollstreckungsheft angelegt ist, bei diesem verwahrt (§ 59 a Abs. 1 Satz 1 StVollstrO). Wegen etwaiger Anrechnungszeiten der Dauer einer vorläufigen Entziehung der Fahrerlaubnis auf die Dauer des Fahrverbots vgl. § 51 Abs. 5 StGB, aber auch § 44 Abs. 4 Satz 2 StGB. Bei Anrechnungszweifeln kann der Verurteilte gerichtliche Entscheidung nach § 458 Abs. 1 herbeiführen[2].

b) Entziehung der Fahrerlaubnis. Bei Entziehung der Fahrerlaubnis wird nach **2** § 69 Abs. 3 Satz 2 StGB ein von einer deutschen Behörde erteilter Führerschein eingezogen. Die Vollstreckung richtet sich nach § 459 g Abs. 1. Wegen der Behandlung des eingezogenen Scheins vgl. § 56 Abs. 1 StVollstrO.

2. Ausländische Fahrausweise (Absatz 2),

die zum Fahren in der Bundesrepublik **3** berechtigen, ohne daß eine deutsche Behörde einen Führerschein ausgestellt hat, unterliegen einem **beschränkten Beschlagnahmeverbot**[3]. Ist gegen den Inhaber eines ausländischen Fahrausweises auf Fahrverbot erkannt (§ 44 Abs. 1, 2 StGB), so wird in dem Fahrausweis lediglich das Fahrverbot vermerkt (§ 44 Abs. 3 Satz 3 StGB)[4]. Ist gegen ihn auf Entziehung der Fahrerlaubnis erkannt (§§ 69, 69 b Abs. 1 Satz 1 StGB), so hat die Entziehung nur die Wirkung eines Verbots, während der Sperre im Inland Kraftfahrzeuge zu führen (§ 69 b Abs. 1 Satz 2); die Entziehung der Fahrerlaubnis und die Sperre werden im Fahrausweis nur vermerkt (§ 69 b Abs. 2). In beiden Fällen kann der Fahrausweis, wenn der Verurteilte die Vorlage zwecks Eintragung verweigert, vorübergehend beschlagnahmt werden[5]; für die Durchführung der Beschlagnahme gilt das in Rdn. 1 Aus-

---

[1] KK-*Chlosta* 3; KMR-*Müller* 4; *Kleinknecht/ Meyer*[37] 1.

[2] *Wetterich/Hamann* 203; KK-*Chlosta* 3.

[3] *Wetterich/Hamann* 422; *Kleinknecht/Meyer*[37] 2.

[4] KMR-*Müller* 3; *Kleinknecht/Meyer*[37] 3.

[5] KK-*Chlosta* 4; KMR-*Müller* 2; *Kleinknecht/ Meyer*[37] 3.

geführte (§ 56 Abs. 2, § 59 a Abs. 4 StVollstrO). Wegen der Beschlagnahme zwecks Vermerks der vorläufigen Fahrerlaubnis vgl. § 111 a Abs. 6.

4   **3. Abgabe einer eidesstattlichen Versicherung (Absatz 3).** Wird der Führerschein bei dem Verurteilten nicht vorgefunden, so kann dieser zur Abgabe einer eidesstattlichen Versicherung über den Verbleib angehalten werden. **Zuständig** für die Abnahme der Versicherung ist das **Amtsgericht am Wohnsitz** des Verurteilten. Das Gericht entscheidet auf Antrag der Vollstreckungsbehörde. Da der Antrag erst zulässig ist, wenn eine Durchsuchung nicht zum Erfolg geführt hat, muß die Vollstreckungsbehörde mit ihrem Antrag dem Gericht auch die Beschlagnahmeanordnung und die polizeiliche Mitteilung über die ergebnislose Durchsuchung vorlegen[6]. Eine wiederholte Durchsuchung — auch nach Abgabe einer eidesstattlichen Versicherung — ist zulässig[7].

§ 463 c

(1) Ist die öffentliche Bekanntmachung der Verurteilung angeordnet worden, so wird die Entscheidung dem Berechtigten zugestellt.

(2) Die Anordnung nach Absatz 1 wird nur vollzogen, wenn der Antragsteller oder ein an seiner Stelle Antragsberechtigter es innerhalb eines Monats nach Zustellung der rechtskräftigen Entscheidung verlangt.

(3) [1]Kommt der Verleger oder der verantwortliche Redakteur einer periodischen Druckschrift seiner Verpflichtung nicht nach, eine solche Bekanntmachung in das Druckwerk aufzunehmen, so hält ihn das Gericht auf Antrag der Vollstreckungsbehörde durch Festsetzung eines Zwangsgeldes bis zu fünfzigtausend Deutsche Mark oder von Zwangshaft bis zu sechs Wochen dazu an. [2]Zwangsgeld kann wiederholt festgesetzt werden. [3]§ 462 gilt entsprechend.

(4) Für die Bekanntmachung im Rundfunk gilt Absatz 3 entsprechend, wenn der für die Programmgestaltung Verantwortliche seiner Verpflichtung nicht nachkommt.

Entstehungsgeschichte. Eingefügt durch Art. 21 Nr. 135 EGStGB 1974.

Übersicht

---

[6] KMR-*Müller* 6; *Kleinknecht/Meyer*[37] 5.   [7] KMR-*Müller* 6; *Kleinknecht/Meyer*[37] 6.

I. Früheres Recht

Das vor dem 1. 1. 1975 geltende materielle Recht unterschied zwei Formen der **1** Urteilsbekanntmachung, die der Genugtuung des Verletzten dienen sollten, nämlich die Anordnung der öffentlichen Bekanntmachung der Verurteilung, die im Urteil auszusprechen war, und die im Urteil dem Verletzten zuzusprechende Befugnis, die Entscheidung öffentlich bekanntzumachen. Daraus ergaben sich verschiedene Formen der Vollstreckung.

1. Lautete das Urteil auf **öffentliche Bekanntmachung der Verurteilung** (§ 200 **2** Abs. 2 a. F. StGB), so war es Sache der Vollstreckungsbehörde, die Bekanntmachung in der im Urteil vorgesehenen Weise herbeizuführen (§ 59 Abs. 2 a. F. StVollstrO). Im allgemeinen konnte aber die Vollstreckungsbehörde die Veröffentlichung des verfügenden Teils des Urteils in einer Zeitung oder Zeitschrift nicht erzwingen, wenn der Verleger oder Redakteur die Veröffentlichung ablehnte, da weder die Strafprozeßordnung noch die landesrechtlichen Pressegesetze — mit Ausnahme des § 22 Abs. 1 Nr. 5 Nds. Presseges. vom 22. 5. 1965 (GVBl. S. 9) — für einen solchen Fall Sanktionen vorsahen[1]. Es blieben praktisch dann nur mittelbare Einwirkungsmöglichkeiten der Vollstreckungsbehörde in Form der Anrufung des Deutschen Presserats, zu dessen Aufgaben auch die Beseitigung von Mißständen im Pressewesen gehört[2].

2. **Befugnis zur Bekanntmachung.** Wurde im Urteil nur dem Verletzten die Befug- **3** nis zugesprochen, die Entscheidung öffentlich bekanntzumachen[3], so beschränkte sich die Aufgabe der Vollstreckungsbehörde darauf, den im Urteil bezeichneten Berechtigten eine Ausfertigung der rechtskräftigen Entscheidung auf Kosten des Verurteilten zuzustellen. Die **Herbeiführung** der Bekanntmachung blieb dem Berechtigten überlassen. Weigerte sich aber die Presse, der Bitte des Berechtigten um Veröffentlichung des Urteils (selbstverständlich gegen Erstattung der üblichen Einrückungsgebühren, die unter § 464 a Abs. 2 fielen) zu entsprechen, so wurde es als Sache der Vollstreckungsbehörde angesehen, den Verletzten zu unterstützen, indem sie die Zeitung usw. um Veröffentlichung ersuchte. Verblieb aber die Presse bei ihrer Ablehnung, so konnte auch hier die Vollstreckungsbehörde in der Regel nichts anderes tun, als den **Deutschen Presserat** anzurufen. Eine wirksamere Wahrung der Belange des Verletzten erschien in geeigneten Fällen in gewisser Weise dadurch möglich, daß das Gericht als Art der öffentlichen Bekanntmachung den Aushang der Entscheidung an der Gemeindetafel anordnete, weil dann die Gemeinde, wenn sie den Aushang auf Ersuchen der Vollstreckungsbehörde ablehnte, im Weg der Kommunalaufsicht gezwungen werden konnte, dem Amtshilfeersuchen der Vollstreckungsbehörde nachzukommen[4].

II. Geltendes Recht

1. **Sachlichrechtlich.** Um gegenüber der vorstehend dargestellten unbefriedigen- **4** den Rechtslage Abhilfe zu schaffen, nahm das EGStGB 1974 Änderungen des materiellen wie des Verfahrensrechts vor. Sachlichrechtlich wurde die Figur der Zuerkennung des Veröffentlichungsbefugnisses beseitigt und statt dessen unter Neufassung der ent-

---

[1] Anders früher §§ 10, 19 RPrG und dazu KG JW **1933** 482.
[2] *Pohlmann* StVollstrO[5], § 59 Anm. II 1 a.
[3] Z. B. gem. den früheren Fassungen der

§§ 165, 200 Abs. 1 StGB, § 23 Abs. 1 UWG, § 30 Abs. 2 WZG, § 49 Abs. 3 PatentG.
[4] OVG Lüneburg Rpfleger **1966** 257; *Pohlmann* StVollstrO[5], § 59 Anm. II 1 c.

Günter Wendisch

sprechenden Vorschriften allgemein sowohl im Strafgesetzbuch (§ 103 Abs. 2, §§ 165, 200) wie im Nebenrecht (§ 23 Abs. 1 UWG, § 30 Abs. 2 WZG, § 111 UrhG, § 49 Abs. 3 PatentG) durch die **Anordnung der öffentlichen Bekanntmachung** der Verurteilung im Urteil oder im Strafbefehl (§ 407 Abs. 2 Nr. 1) ersetzt. Dies geschah, „da es den Grundsätzen des materiellen Strafrechts und des Strafverfahrensrechts widerspricht, dem Verletzten nur eine Befugnis einzuräumen und ihn dadurch zu zwingen, sich sein Recht gewissermaßen selbst zu holen. Es ist vielmehr Aufgabe des Vollstreckungsverfahrens, dafür zu sorgen, daß dem Verletzten die Genugtuung zuteil wird, die er nach dem Gesetz beanspruchen kann... mit der Folge, daß die Entscheidung auf Antrag des Verletzten wie jede andere gerichtliche Maßnahme durch die Vollstreckungsbehörde vollstreckt wird...“[5].

5   **2. Vollstreckungsrechtlich** wurde § 463 c neu eingefügt. Beim Beschreiten dieser „neuen Wege" wurden[6] „die Vorarbeiten an einem Bundespresserechtsrahmengesetz berücksichtigt. Bei diesen Arbeiten wird davon ausgegangen, daß der Verleger und die verantwortlichen Redakteure verpflichtet sind, derartige Bekanntmachungen zu veröffentlichen. Auf diesem Grundsatz aufbauend soll eine Vorschrift in die Strafprozeßordnung eingefügt werden, wonach Verleger und Redakteure zu einer Verpflichtung notfalls unter Androhung von Zwangsgeldern angehalten werden können. Bei den **Vorarbeiten zu einem Bundespresserechtsrahmengesetz** ist in Aussicht genommen, diese Verpflichtung des Verlegers und Redakteurs künftig auf solche Fälle zu beschränken, in denen in der Zeitung oder Zeitschrift auch sonst Anzeigen aufgenommen werden."

6   **3. Regelung in der Strafvollstreckungsordnung.** Ergänzend bestimmt

§ 59 StVollstrO

(1) [1]Ist die öffentliche Bekanntmachung der Entscheidung angeordnet (vgl. § 165 Abs. 1, § 200 Abs. 1 StGB, § 23 Abs. 1 UWG, § 30 Abs. 2 WZG), so stellt die Vollstreckungsbehörde dem Berechtigten eine Ausfertigung des erkennenden Teils der Entscheidung auf Kosten des Verurteilten zu (§§ 463 c, 464 a StPO). [2]Namen von Verurteilten, auf die sich die Veröffentlichungsbefugnis nicht bezieht, werden in der Ausfertigung ausgelassen.
(2) [1]Verlangt der Berechtigte (§ 165 Abs. 1, § 200 Abs. 1 StGB, § 23 Abs. 1 UWG, § 30 Abs. 2 WZG) die Bekanntmachung (vgl. § 463 c Abs. 2 StPO), so vollzieht die Vollstreckungsbehörde die Anordnung der Bekanntmachung in der durch die Entscheidung bestimmten Art. [2]Die Kosten der Bekanntmachung sind Verfahrenskosten (§ 464 a StPO). [3]Wer sie trägt, bestimmt die Entscheidung.

III. Zustellung der Entscheidung (Absatz 1)

7   Ist eine auf öffentliche Bekanntmachung der Verurteilung lautende Entscheidung (Urteil oder Strafbefehl) rechtskräftig geworden, so stellt die **Vollstreckungsbehörde** die Entscheidung dem Berechtigten förmlich zu (KK-*Chlosta* 6), um die in Absatz 2 bestimmte Frist in Lauf zu setzen (*Kleinknecht/Meyer*[37] 1). Nach materiellem Recht wird auf öffentliche Bekanntmachung grundsätzlich nicht von Amts wegen, sondern nur auf Verlangen oder Antrag erkannt, und zwar bei Offizialdelikten auf Verlangen („Antrag") des Verletzten[7], bei Antragsdelikten auf Antrag des Verletzten oder eines „sonst

---

[5] Begr. zum Entw. des EGStGB 1974, BT-Drucks. 7 550, S. 193.
[6] Begr. zu Art. 19 Nr. 125 EGStGB, BT-Drucks. 7 550, S. 315.

[7] Vgl. dazu ergänzend § 165 Abs. 1 Satz 2, 3 StGB: Erweiterung des Kreises der zum Verlangen Berechtigten.

zum Strafantrag Berechtigten" (so § 200 Abs. 1 StGB, der damit auf § 77 Abs. 2 bis 4, §§ 77 a, 194 StGB verweist)[8]. „Berechtigter", an den nach Absatz 1 zuzustellen ist, ist danach grundsätzlich derjenige, auf dessen Verlangen oder Antrag die öffentliche Bekanntmachung angeordnet wurde[9]. „Berechtigter" kann aber auch, wie sich aus Absatz 2 („ein an seiner Stelle Antragsberechtigter") ergibt, ein anderer sein, z. B. der inzwischen volljährig gewordene Verletzte, wenn für den zur Zeit des Strafverfahrens noch Minderjährigen der Sorgeberechtigte den Antrag auf Anordnung der Urteilsbekanntmachung gestellt hatte (vgl. § 77 Abs. 3 StGB; KMR-*Müller* 1). Hierher gehört auch der Fall, daß der Verletzte, der die Anordnung der Veröffentlichung beantragt hatte, nach Rechtskraft des Urteils verstorben ist; soweit nach § 77 Abs. 2 StGB das Antragsrecht eines verstorbenen Verletzten auf seine Angehörigen übergeht, sind diese auch nach dem Sinn der Vorschrift die „Berechtigten" nach § 463 c Abs. 1.

IV. Vollzugsverlangen

Absatz 2, wonach die rechtskräftige Anordnung der öffentlichen Bekanntmachung nur vollzogen wird, wenn der Berechtigte (Rdn. 7) es binnen Monatsfrist (§ 43) verlangt, ist nach dem Vorbild des § 181 Abs. 3 StGB E 1962 betr. Urteilsbekanntgabe bei Beleidigung geschaffen. Er beruht auf der **Erwägung,** daß der Berechtigte erst dann abschließend beurteilen kann, ob die öffentliche Bekanntmachung in jeder Hinsicht seinen Interessen entspricht, wenn er den Wortlaut der rechtskräftigen Entscheidung kennt und ihre Folgen übersehen kann. Er soll noch nach rechtskräftiger Anordnung der Veröffentlichung die Möglichkeit haben, durch Unterlassung des Vollzugsverlangens die Bekanntmachung zu verhindern; die Bekanntmachung soll nicht gegen seinen Willen und damit möglicherweise zu seinem Nachteil erfolgen. Unterbleibt das Vollzugsverlangen, oder wird es verspätet gestellt, so entfällt die Vollstreckung der Bekanntmachung. Bei unverschuldeter Nichteinhaltung der Frist — sie beginnt mit der Zustellung der Entscheidung — kann Wiedereinsetzung in den vorigen Stand begehrt werden (§ 44)[10]. **8**

V. Vollstreckung („Vollzug") der Bekanntmachung (Absatz 3)

1. Vollzug im Regelfall. In allen Vorschriften, die eine öffentliche Bekanntmachung der Entscheidung vorsehen, ist jetzt bestimmt, daß die Art der Bekanntmachung im Urteil (genau) zu bestimmen ist. Schon auf Grund dieser Vorschriften (Rdn. 4) kann ggf. die Bekanntmachung in einer Zeitung oder Zeitschrift angeordnet werden. Darüber hinaus bestimmt § 200 Abs. 2 StGB, daß, wenn eine **Beleidigung** durch Veröffentlichung in einer Zeitung oder Zeitschrift begangen ist, auch die Bekanntmachung in eine Zeitung oder Zeitschrift aufzunehmen ist, und zwar, wenn möglich, in dieselbe, in der die Beleidigung enthalten war, und daß dies entsprechend gelte, wenn die Beleidigung durch Veröffentlichung im Rundfunk begangen ist. Diese Vorschrift erklärt § 103 Abs. 2 und § 165 StGB für entsprechend anwendbar. **9**

2. Periodische Druckschrift. Ist bereits auf Grund der allgemein geltenden Vorschrift, wonach die Art der Bekanntmachung im Urteil zu bestimmen ist, oder ist auf **10**

---

[8] Wegen weiterer Einzelheiten zur Antragsberechtigung vgl. z. B. *Dreher/Tröndle*[42] § 200, 4.

[9] KK-*Chlosta* 2; *Kleinknecht/Meyer*[37] 2.
[10] KK-*Chlosta* 3; *Kleinknecht/Meyer*[37] 2.

Günter Wendisch

Grund der besonderen Vorschriften in § 200 Abs. 2, §§ 103, 165 StGB die Veröffentlichung in einer bestimmten Zeitung oder Zeitschrift angeordnet, so handelt es sich um die Veröffentlichung in einer periodischen Druckschrift i. S. des Absatzes 3 (Rdn. 16). Die Vollstreckungsbehörde übersendet alsdann den zur Veröffentlichung bestimmten Teil der Entscheidung der Zeitung (Zeitschrift) mit dem **Ersuchen um Veröffentlichung** in der in der Entscheidung näher bestimmten Art und Weise[11]. Die Kosten der Veröffentlichung trägt als Vollstreckungskosten (§ 464 a) der Zeitung (Zeitschrift) gegenüber zunächst die Staatskasse; im Innenverhältnis trägt sie der Verurteilte (§ 465). Erfolgt die Veröffentlichung gemäß dem Ersuchen, so ist damit die Vollstreckung beendet.

3. Ablehnung der Veröffentlichung

11 **a) Grundlage für die Veröffentlichungspflicht.** Kommt der für die Gestaltung der Zeitung oder Zeitschrift (der „periodischen Druckschrift") Verantwortliche dem Veröffentlichungsersuchen nicht nach, sei es, daß er die Veröffentlichung ablehnt oder sich untätig verhält, so sieht Absatz 3 **Erzwingungsmaßnahmen** vor. Jedoch bereitet diese Vorschrift dem Verständnis Schwierigkeiten, indem sie vorschreibt, daß Zwangsmittel vom Gericht gegen den Verleger oder verantwortlichen Redakteur angewendet werden sollen, der „*seiner Verpflichtung*" nicht nachkommt, eine solche Bekanntmachung in das Druckwerk aufzunehmen. Es fragt sich, worauf diese Verpflichtung beruht.

12 Hierbei kann nicht etwa an den Fall gedacht werden, daß ein verantwortlicher Redakteur wegen eines beleidigenden Artikels in seiner Zeitung als Täter oder Teilnehmer verurteilt und die Bekanntmachung der Verurteilung in seiner Zeitung angeordnet wird, in welchem Fall dann an eine Veröffentlichungspflicht unter dem Gesichtspunkt der Erfüllung eines zivilrechtlichen Schadensersatzanspruchs zu denken wäre. Diese Betrachtungsweise scheidet schon deshalb aus, weil es nicht Sache der Strafvollstreckung ist, die Erfüllung zivilrechtlicher Pflichten zu erzwingen. Vielmehr ist, wie sich aus der amtlichen Begründung (Rdn. 5) ergibt, allgemein an den Fall gedacht, daß **Verleger** oder **Redakteur** es **unterlassen,** eine **Bekanntmachung** in ihre Zeitung oder Zeitschrift **aufzunehmen,** in der sie nach dem Urteil veröffentlicht werden soll. Eine allgemeine ausdrückliche Vorschrift, die eine solche Verpflichtung ausspricht, besteht aber nicht.

13 Das frühere **Reichspressegesetz 1874** sah in §§ 10, 19 Strafvorschriften gegen Verleger oder verantwortlichen Redakteur vor, wenn die Veröffentlichung amtlicher Bekanntmachungen — als solche galten nach der Rechtsprechung auch Urteile, deren Veröffentlichung angeordnet war — abgelehnt wurde (Rdn. 2); damit war zugleich eine Verpflichtung zur Veröffentlichung ausgesprochen. Aber diese Vorschriften gelten nach Aufhebung des Reichspressegesetzes durch die neuen Landespressegesetze nicht mehr. Abgesehen von dem Landespressegesetz Niedersachsens, dessen § 22 Abs. 1 Nr. 5 es als Ordnungswidrigkeit bedroht, wenn der Verleger oder verantwortliche Redakteur es unterläßt, ein Urteil zu veröffentlichen, dessen Bekanntmachung das Gericht nach § 200 Abs. 2 StGB angeordnet hat, enthält kein anderes Landespressegesetz entsprechende Vorschriften[12]. Die Begründung des Entwurfs des EGStGB 1974 zu § 463 c bezieht sich auf die Vorarbeiten an einem **Bundespresserechtsrahmengesetz** und die dabei erarbeiteten Grundsätze (Rdn. 5). Die baldige **Verabschiedung des Entwurfs** eines solchen Gesetzes durch das Bundeskabinett wurde zwar zur Zeit der Einbringung des Entwurfs EGStGB erwartet (s. u. a. ArchPR **1974** 542). Dieses Gesetzesvorhaben ist aber — abgesehen von der Teilregelung durch das „Pressefusionskontrollgesetz" vom 28. 5.

---

[11] KK-*Chlosta* 6; *Kleinknecht/Meyer*[37] 4.
[12] *Erbs/Kohlhaas* Strafrechtliche Nebenge-   setze P 190 (Pressegesetze der Länder) § 23 Anm. 7 c; RegBd. P 23.

1976, BGBl. I 1697 — bis heute nicht zustande gekommen und der gedachte Grundsatz hat bisher keinen gesetzlichen Niederschlag gefunden. Im Presserecht gilt nach wie vor der Grundsatz der Vertragsfreiheit[13]; ausgenommen davon ist die hier nicht interessierende Pflicht zur Aufnahme von Gegendarstellungen; auf Fragen wie die, ob sich aus einer regionalen Monopolstellung ein Kontrahierungszwang ergeben kann (dazu BVerfG NJW **1976** 1627), ist hier nicht einzugehen.

Aus dem **Urteil** selbst, das auf Aufnahme der Bekanntmachung in eine Zeitung **14** oder Zeitschrift lautet (§ 200 Abs. 2 StGB), kann schon aus systematischen Gründen **keine Rechtspflicht** der Presse zur Veröffentlichung hergeleitet werden. Denn das Urteil spricht zwar die „Anordnung" der öffentlichen Bekanntmachung in einer bestimmten Zeitung (Zeitschrift) aus, aber diese Anordnung richtet sich wie jede andere Festsetzung von Rechtsfolgen der Tat in einem Urteil gegen den Verurteilten, der die öffentliche Bekanntmachung zu erdulden und die dadurch entstandenen Kosten zu tragen hat, begründet aber für die am Verfahren nicht beteiligte Presse keine Pflicht zur Mitwirkung bei der Vollziehung der dem Verurteilten auferlegten Nebenfolge. Auch als eine Art Gewohnheitsrecht läßt sich eine bei den Vorarbeiten am Bundespresserechtsrahmengesetz hervorgehobene übereinstimmende Auffassung der Beteiligten, daß von einer solchen Rechtspflicht auszugehen sei — sie sollte ja erst fixiert werden — nach herkömmlichen Maßstäben nicht ansehen.

b) Eigenständige Verpflichtung. Auf der anderen Seite ist aber unverkennbar, daß **15** den Gesetzgebungsorganen nicht nur die Schaffung von Zwangsmitteln für die Fälle vorschwebte, in denen schon (wie in Niedersachsen) eine sanktionsgesicherte Rechtspflicht zur Aufnahme der angeordneten Bekanntmachung besteht oder künftig (in einem Bundespresserahmengesetz) geschaffen wird, sondern daß sie von einer aktuellen allgemeinen und erzwingbaren Veröffentlichungspflicht ausgingen. Dies wird deutlich durch den Ersten Bericht des Sonderausschusses für die Strafrechtsreform (BTDrucks. 7 1261), in dem (S. 32) ausgeführt wird: „Der neue § 463 c ergänzt in verfahrensrechtlicher Hinsicht § 200 StGB. Bedeutsam ist vor allem, daß die angeordnete Bekanntgabe der Verurteilung in einer periodischen Druckschrift künftig mit geeigneten Zwangsmitteln durchgesetzt werden kann." Nach dem so aus der Entstehungsgeschichte erkennbaren **Willen des Gesetzgebers,** dem die Auslegung auch Rechnung tragen muß, wenn er unvollkommen zum Ausdruck gelangt ist, ist die Vorschrift danach so zu verstehen[14], daß Absatz 3 selbst die Veröffentlichungspflicht für Verleger und verantwortlichen Redakteur derjenigen Zeitung begründet, in der nach dem Inhalt der rechtskräftigen Entscheidung die Veröffentlichung erfolgen soll. Das gilt dann aber nicht nur, mag es sich dabei auch um den Hauptanwendungsfall des Absatzes 3 handeln, für die Fälle, in denen gemäß § 200 Abs. 2 StGB (und gemäß den auf diese Vorschrift verweisenden §§ 103, 165 StGB) auf Antrag die Bekanntmachung in einer periodischen Druckschrift angeordnet werden muß. Nach § 200 Abs. 2 StGB soll zwar, wenn möglich, die Bekanntmachung in dieselbe Zeitung (Zeitschrift) aufgenommen werden, in der die Beleidigung enthalten war. Es kann aber auch die Veröffentlichung in jeder anderen Zeitung (Zeitschrift) angeordnet werden, die mit der Pressebeleidigung nichts zu tun hat. Demgemäß muß Absatz 3 auch gelten, wenn in anderen Fällen als denen des § 200 Abs. 2 StGB das Gericht die Bekanntmachung in einer periodischen Druckschrift angeordnet hat.

---

[13] *Löffler* I 85, 37; *Löffler/Ricker* Handbuch des Presserechts (1978), 38, 16.

[14] So im Ergebnis das Schrifttum, vgl. *Dreher/Tröndle*[42] § 200, 8 sowie KK-*Chlosta* 1.

Günter Wendisch

16 **4. Zwangsmittel und Festsetzungsverfahren.** Zwangsmittel (Zwangsgeld und Zwangshaft, dazu Art. 6 ff EGStGB) können angewendet werden gegen den Verleger oder verantwortlichen Redakteur einer periodischen Druckschrift. Periodische Druckschriften sind im allgemeinen Zeitungen, Zeitschriften und andere in ständiger, wenn auch unregelmäßiger Folge und im Abstand von nicht mehr als sechs Monaten erscheinende Druckwerke[15]. **Verleger** ist der Unternehmer, der das Erscheinen und Verbreiten der Druckschrift bewirkt[16]. **Verantwortlicher Redakteur** ist — nach der von der herrschenden Meinung vertretenen sogenannten Stellungstheorie —, wer mit Willen des Unternehmers diese Stellung tatsächlich bekleidet und kraft dieser Stellung darüber verfügen kann, ob ein Beitrag (hier: die Bekanntmachung) veröffentlicht wird[17]. Verleger und Redakteur — und deren Wirkungsbereich — werden durch das sogenannte Impressum ausgewiesen. Mit Zwangsmitteln in Anspruch genommen wird derjenige, auf dessen Willen die Nichtveröffentlichung zurückzuführen ist; das können auch Verleger und Redakteur nebeneinander sein[18]. Bei wiederholter Festsetzung der Zwangsgelder unterliegt der Gesamtbetrag nicht der gesetzlich vorgesehenen **Höchstgrenze** von 50.000 DM. Diese gilt nur für den Einzelfall[19]. Da § 462 entsprechend anzuwenden ist, obliegt die Festsetzung auf Antrag der Vollstreckungsbehörde dem Gericht des ersten Rechtszugs (§ 462 a Abs. 2; KMR-*Müller* 5).

VI. Rundfunk (Absatz 4)

17 Wegen des Begriffs des Rundfunks vgl. in diesem Kommentar § 53, 40. Der Begriff des „für die Programmgestaltung Verantwortlichen" ist gewählt, da es im Rundfunkbereich einen „verantwortlichen Redakteur" noch nicht allgemein gibt[20].

§ 463 d

Zur Vorbereitung der nach den §§ 453 bis 461 zu treffenden Entscheidungen kann sich das Gericht oder die Vollstreckungsbehörde der Gerichtshilfe bedienen; dies kommt insbesondere vor einer Entscheidung über den Widerruf der Strafaussetzung oder der Aussetzung des Strafrestes in Betracht, sofern nicht ein Bewährungshelfer bestellt ist.

Schrifttum. *Beese* Die prozessuale Stellung der Gerichtshilfe für Erwachsene und ihre Bedeutung für die Entwicklung dieses Instituts der modernen Strafrechtspflege, BewHi. **1977** 66; *Beese* Die Gerichtshilfe für Erwachsene, Aufgabenstellung, Arbeitsmethodik und rechtliche Fragen, gesehen aus der Praxis von Strafrichtern und Staatsanwälten, BewHi. **1980** 142; *Bottke* Bemerkungen zur Gerichtshilfe für Erwachsene, MSchrKrim. **64** (1981) 62; *Dose* Die weitere prozessuale Verankerung der Gerichtshilfe, BewHi. **1982** 73; *Lange* Die Gerichtshilfe und ihr Einbau in das Erkenntnisverfahren des überkommenen Strafprozesses, Diss. Freiburg 1981; *Momberg* Der Einfluß der Jugendgerichtshilfe auf die Entscheidung des Jugendrichters, MSchrKrim. **65** (1982) 65; *Rahn* Die Si-

---

[15] Wegen Einzelheiten vgl. § 53, 39; § 111 n, 6 f sowie *Löffler* II § 7 PrG, 19 ff; 63 ff.

[16] Vgl. auch hier *Löffler* II § 8 PrG, 59 ff.

[17] Näheres dazu s. bei *Löffler* II § 9 PrG, 27 ff.

[18] KMR-*Müller* 4; *Kleinknecht/Meyer*[37] 6.

[19] Erster Bericht des Sonderausschusses für die Strafrechtsreform – BTDrucks. 7 1261, S. 32; KK-*Chlosta* 7.

[20] Erster Bericht des Sonderausschusses für die Strafrechtsreform – BTDrucks. 7 1261, S. 32; *Kleinknecht/Meyer*[37] 7.

tuation der Gerichtshilfe und Bewährungshilfe, NJW **1976** 828; *Rahn* Aufgaben und Praxis der Gerichtshilfe, Vorschläge zu ihrer weiteren gesetzlichen Ausgestaltung, BewHi. **1976** 134; *Schöch* Die Gerichtshilfe aus kriminologischer und verfahrensrechtlicher Sicht, FS Leferenz 127; *Schüler-Springorum* Perspektive einer Gerichtshilfe für Erwachsene, BewHi. **1977** 224; *Sontag* Die prozessuale Stellung des Gerichtshelfers, NJW **1976** 1436.

Entstehungsgeschichte. Eingefügt durch Art. 21 Nr. 135 EGStGB 1974. Durch Art. 2 Nr. 11 des 23. StRÄndG vom 13. 4. 1986 — BGBl. I 393 — ist die Vorschrift um den letzten Halbsatz erweitert worden.

1. Grundgedanke. Nach § 160 Abs. 3 kann sich die Staatsanwaltschaft im vorbereitenden Verfahren bei ihren Ermittlungen über die Umstände, die für die Bestimmung der Rechtsfolgen der Tat von Bedeutung sind, der Gerichtshilfe bedienen (vgl. die Erl. zu dieser Vorschrift). Der im Reg. Entwurf des EGStGB 1974 noch nicht enthaltene und erst vom Sonderausschuß für die Strafrechtsreform eingefügte § 463 d[1] schafft die gesetzliche Grundlage für die Inanspruchnahme der Gerichtshilfe auch zur Vorbereitung von Entscheidungen im Stadium der Strafvollstreckung. Zur Bedeutung des § 160 Abs. 3 — und entsprechendes gilt für § 463 d — führt die Begründung zu § 160 Abs. 3[2] aus, die Vorschrift diene dem Zweck, bisher schon an vielen Stellen eingerichtete Stellen der Gerichtshilfe für Erwachsene auf eine **gesetzliche Grundlage** zu stellen und diese Einrichtung allgemein einzuführen. Es sei aber — anders als bei der Jugendgerichtshilfe, deren prozessuale Stellung und Verfahrensbeteiligung in § 38 JGG eingehend geregelt ist — von einer Regelung der Stellung der Gerichtshilfe im Verfahren Abstand genommen worden, weil im Hinblick darauf, daß die Gerichtshilfe für Erwachsene an mehreren Orten auch ohne gesetzliche Regelung, und ohne daß es dadurch zu Anständen gekommen sei, bereits jahrelang tätig gewesen sei, für eine Übergangszeit bis zur umfassenden Reform der Verzicht auf eine gesetzliche Regelung zu rechtfertigen sei.

2. Organisation und Aufgabenbereich. Art. 294 EGStGB 1974 beschränkt sich demgemäß auf die Vorschrift, daß die Gerichtshilfe zum Geschäftsbereich der Landesjustizverwaltungen gehöre, sofern die Landesregierung nicht durch Rechtsverordnung eine andere Behörde aus dem Bereich der Sozialverwaltung bestimme; dies ist bisher nur in Berlin geschehen[3]. Die Regelung der Organisation und des Aufgabenbereichs der Gerichtshilfe erfolgt danach zur Zeit grundsätzlich durch die Landesjustizverwaltungen. Diese haben Anordnungen über Organisation, Aufgaben und Dienstbetrieb der Gerichtshilfe erlassen. Danach werden zur Wahrnehmung der Aufgaben nach § 160 Abs. 3 Satz 2, § 463 d **Gerichtshilfestellen** eingerichtet und — jedenfalls **überwiegend** — **den Staatsanwaltschaften** bei den Landgerichten **zugeordnet**[4]; der Leiter der Staatsanwaltschaft führt die Dienstaufsicht über den Gerichtshelfer[5]. Dessen Aufgabe besteht,

[1] Erster Bericht des Sonderausschusses für die Strafrechtsreform zu Art. 19 Nr. 125 EGStGB, BTDrucks. 7 1261, S. 33.
[2] Begr. zu Art. 19 Nr. 50 EGStGB, BT-Drucks. 7 550, S. 300.
[3] VO vom 18. 12. 1974 – GVBl. 2930.
[4] Vgl. z. B. Niedersachsen: § 1 der AV vom 24. 5. 1976 – NdsRpfl. 127; Nordrhein-Westfalen: Abschnitt I B Nr. 2 der AV vom 8. 3. 1979 – JMBlNRW 85; Schleswig-Holstein:

Abschnitt I der AV vom 17. 7. 1980 – SchlHA 155 – in Verbindung mit der VO über die Einrichtung der Gerichtshilfestellen vom 12. 7. 1979 – GVOBl. 422. In Bremen ist die Gerichtshilfe beim Landgericht – AV SenRuStVollz vom 13. 12. 1974, Abschnitt I –, in Hamburg beim Justizamt – AV vom 23. 12. 1974 – JVBl. 175 – eingerichtet.
[5] Vgl. § 6 Nds. AV; Abschnitt I B Nr. 4 der AV NRW; Abschnitt III der AV SH.

Günter Wendisch

soweit es sich um den Bereich des § 463 d handelt, in der Erforschung der Persönlichkeit und Umwelt des Verurteilten zur objektiven Vorbereitung einer sachgerechten Entscheidung, insbesondere im Hinblick auf die Aussichten, Ansatzpunkte, Einwirkungsmöglichkeiten und Wege für eine künftige geordnete Lebensführung.

3 Die **Heranziehung** zur Vorbereitung durch Erteilung eines Ermittlungsauftrags kann erfolgen **bei Nachtragsentscheidungen,** die betreffen die Strafaussetzung zur Bewährung (§§ 56 a bis 56 g StGB, §§ 453 ff), die Verwarnung mit Strafvorbehalt (§ 59 Abs. 2, § 59 b StGB, §§ 453 ff), die Aussetzung eines Strafrests zur Bewährung (§ 57 StGB, § 454), den Strafaufschub (§ 455 Abs. 1 bis 3, § 456), die Strafunterbrechung (§ 455 Abs. 4), Zahlungserleichterungen und Absehen von der Vollstreckung der Geldstrafe (§ 42 StGB, §§ 459 a, 459 c, 459 d), das Absehen von der Vollstreckung und den Aufschub der Vollstreckung einer Nebenfolge (§ 459 g), das Absehen von der Vollstreckung einer Ersatzfreiheitsstrafe bei Verurteilung zu Geldstrafe (§ 459 f), Maßregeln der Besserung und Sicherung (§§ 67 c, 67 d Abs. 2, §§ 67 e, 67 g, 68 b, 68 d bis 68 f, 70 a, 70 b StGB, § 463), das Gnadenverfahren und Vergünstigungen nach §§ 23, 37, 47, 58 BZRG. Auch im Rahmen der Überwachung des Verurteilten durch die Führungsaufsichtsstelle (§ 68 a Abs. 3 StGB, § 463 a) kann der Gerichtshelfer mit Ermittlungen beauftragt werden.

4 **Ermittlungsaufträge** können Staatsanwaltschaften, Gerichte, Stellen, die mit Gnadensachen oder Vergünstigungen nach dem Bundeszentralregistergesetz befaßt sind, sowie die Führungsaufsichtsstellen erteilen. Die Erledigung des Auftrags soll „auf der Grundlage methoden-orientierter Sozialarbeit" durch Ausschöpfung aller erreichbaren Erkenntnisquellen erfolgen, durch Erkundigungen bei dritten Personen jedoch im allgemeinen nur mit Einverständnis des Betroffenen. Das Ergebnis seiner Ermittlungen legt der Gerichtshelfer in seinem **schriftlichen Bericht** nieder, der, soweit dies erforderlich ist, eine psycho-soziale Anamnese, Diagnose und Prognose enthalten soll und alle Quellen für die mitgeteilten Tatsachen angeben muß. Der Inhalt des Berichts, der, soweit ihn das Gericht einfordert, Aktenbestandteil wird, muß für eine Erörterung bei der Entscheidung des Gerichts geeignet sein; deshalb sind Wertungen ohne Tatsachengrundlage zu vermeiden. Eine Verwertung des Berichts bei der Entscheidung setzt voraus, daß dem Betroffenen zuvor nach Maßgabe des § 33 Abs. 3 rechtliches Gehör gewährt wird.

5 Der **letzte Halbsatz** enthält einen **besonderen Hinweis** an die Strafvollstreckungsbehörde und das Gericht, sich namentlich vor einer Entscheidung über den Widerruf der Strafaussetzung oder der Aussetzung eines Strafrests der Gerichtshilfe zu bedienen, wenn dies nur irgend möglich ist und nach Lage der Dinge dadurch zusätzliche Erkenntnisse gewonnen werden, die es erlauben, von dem Widerruf oder der Versagung der Strafaussetzung abzusehen[6].

---

[6] Vgl. BTDrucks. **10** 2720; Begr. zu Art. 2 Nr. 12, S. 17.

ZWEITER ABSCHNITT

Kosten des Verfahrens

Vorbemerkungen

Schrifttum. *Beste* Die Kostenlast im Strafprozeß (1988); *Foellmer* Soll der Verurteilte die Kosten des Strafverfahrens tragen? Diss. Göttingen 1981; *Friedenreich* Die Lehre von den Kosten im Strafprozeß, Strafrechtl. Abhandl. Heft 35 (1901); *Göller* Reform der Kostenregelung im Straf- und Ordnungswidrigkeitenrecht? ZRP **1981** 56; *Hassemer* Dogmatische, kriminalpolitische und verfassungsrechtliche Bedenken gegen die Kostentragungspflicht des verurteilten Angeklagten, ZStW **85** (1973) 651; *Klingemann* Anwendung und Konsequenzen der Kosten-Nutzen-Analyse in der Kriminalpolitik, MSchrKrim. **1978** 238; *D. Meyer* Bedarf die Kosten- und Auslagenbelastung des verurteilten Angeklagten einer grundlegenden Neuregelung? JurBüro **1981** 1621; *Michaelowa* Die Notwendigkeit von Kostenentscheidungen in sogenannten Zwischen- oder Nebenverfahren, ZStW **94** (1982) 969; *Reinisch* Die Rechtsnatur des Auslagenerstattungsanspruchs im Strafprozeß, MDR **1966** 105; *Rieß* Thesen zur Reform des strafprozessualen Kostenrechts, in Strafprozeß und Reform (1979) 150; *Schmid* Zur Kostenbelastung des verurteilten Angeklagten, ZRP **1981** 209; *Tiedemann* Aufopferungsansprüche im Strafverfahren, MDR **1964** 971; *Voßhans/Paul* Soll der Verurteilte die Kosten des Strafverfahrens tragen? BewHi. **1979** 252; *Wangemann* Das Risiko der Staatskasse im Strafverfahren (1971).

Entstehungsgeschichte. Das Kostenrecht war ursprünglich in den §§ 496 bis 506 (7. Buch; 2. Abschnitt) geregelt. Die Einordnung in die §§ 464 ff erfolgte durch die Bekanntmachung vom 22. 3. 1924 (RGBl. I S. 299 ff). Inhaltlich wurden die Vorschriften nach 1877 in zahlreichen Gesetzen — erstmals durch das Ges. zur Entlastung der Gerichte vom 11. 3. 1921 (RGBl. I S. 229) — mit unterschiedlichen Tendenzen und Zielen — überwiegend jedoch nur punktuell — geändert. Solche Änderungen finden sich insbesondere im Ges. vom 24. 11. 1933 (RGBl. I S. 1000), VereinhG, 3. StRÄndG, StPÄG 1964, EGOWiG, EGStGB 1974, 1. StVRG 1974, StVÄG 1987, OpferschutzG. Wegen der Einzelheiten wird auf die Entstehungsgeschichte bei den jeweiligen Vorschriften sowie auf die Einl. Kap. 2, Kap. 3, dort insbesondere Rdn. 75, 81 und Kap. 5 150 ff verwiesen.

Nicht nur von punktueller, sondern übergeordneter Bedeutung waren die nachfolgend genannten kostenrechtlichen Änderungen. Durch das StPÄG 1964 wurde die (kostenrechtliche) Beseitigung des sog. „Freispruchs zweiter Klasse" eingeleitet und schließlich durch das EGOWiG verwirklicht. Die Neuregelung, daß auch im Falle des „Freispruchs mangels Beweises" grundsätzlich die notwendigen Auslagen der Staatskasse zu überbürden sind, war eine Folgerung aus der Unschuldsvermutung des Art. 6 Abs. 2 MRK (vgl. die Erl. zu § 467). Durch das StVÄG 1987 wurde u. a. der jahrzehntelange Streit um die Zulässigkeit der Anfechtung der Kostenentscheidung bei Unanfechtbarkeit der Hauptentscheidung dahingehend beigelegt, daß die Anfechtbarkeit der Kostenentscheidung grundsätzlich von der Statthaftigkeit der Anfechtung der Hauptent-

Hans Hilger

scheidung abhängt (vgl. die Erl. zu § 464). Durch das OpferschutzG wurde die bis dahin bestehende Lücke des Kostenrechts für den Fall der Nebenklage geschlossen und außerdem das Kostenrecht um auslagenrechtliche Vorschriften zugunsten des nebenklagebefugten Verletzten ergänzt (vgl. die Erl. zu §§ 472, 473).

Durch die genannten Reformen wurden jedoch die wesentliche Struktur sowie die Regelungsdichte und -tiefe des Kostenrechts nicht grundlegend verändert. Die Vorschriften behielten weitgehend ihren (z. T. nur programmatischen) Rahmengesetz-Charakter, wenn auch — insbesondere durch das EGOWiG und das EGStGB 1974 — manche Starrheiten und Unbilligkeiten des ursprünglichen Kostenrechts ausgeräumt wurden.

Übersicht

1   **1. Gegenstand der Regelung des Zweiten Abschnitts.** Der vorliegende Abschnitt behandelt hauptsächlich die Frage, wer die Kosten der Staatskasse, die aus Anlaß eines Strafverfahrens entstehen, das heißt die Gebühren und Auslagen der Strafverfolgungsbehörden und Gerichte (Rdn. 4) zu tragen hat. Ferner bestimmt das Gesetz, wem die notwendigen außergerichtlichen Auslagen zur Last fallen, die aus Anlaß der Verteidigung oder der Beteiligung an einem Strafverfahren dem Beschuldigten (§§ 467, 467 a, 469, 472, 471, 473), dem Privatkläger (§ 471 bis 473), dem Nebenkläger und dem Nebenklagebefugten (§§ 472, 473), dem Verletzten im Adhäsionsprozeß (§ 472 a) und einem Nebenbeteiligten (§§ 467 a, 469, 470, 472 b) erwachsen sind.

2   **2. Begriff und Bedeutung der Kosten.** Die Vorschriften des Zweiten Abschnitts beziehen sich nur auf solche Kosten (Gebühren und Auslagen), die in einer einzelnen Strafsache erwachsen. Zu diesen Kosten gehören nicht die **Generalunkosten**[1], die dem Staat durch die Unterhaltung des Strafrechtspflegeapparates im allgemeinen entstehen, also zum Beispiel nicht die Entschädigung, die den Schöffen gezahlt wird (§ 55 GVG).

---

[1] Vgl. dazu *Peters*[4] § 80 I.

Der Sinn der Gebühren, die einem anderen als der Staatskasse auferlegt werden, ist es, in pauschalierter Form zu den Generalunkosten des Verfahrens beizutragen, das er durch sein Verhalten veranlaßt hat (Rdn. 15). Erhebung von Kosten und Erstattung von Auslagen kommt grundsätzlich nur in Betracht, wenn es zu einem gerichtlichen Verfahren gekommen ist; davon gibt es jedoch Ausnahmen (§§ 467 a, 469, 470).

3. Verfahrens- und materiellrechtliche Kostenvorschriften. Die §§ 464 bis 464 b re- **3** geln die verfahrensrechtliche Behandlung des Kosten- und Auslagenpunktes. Dagegen enthalten die §§ 465 ff materielles Recht, indem sie die Pflicht zur Tragung und Erstattung der durch ein Strafverfahren verursachten Kosten regeln[2]. Diese Vorschriften gehören daher nicht zu den „Rechtsnormen über das Verfahren" im Sinne der §§ 344 Abs. 2, 352. Sie enthalten aber, was kaum der Hervorhebung bedarf, nicht etwa sachliches Strafrecht; bei einer Änderung dieser Vorschriften ist, wenn es an einer Überleitungsvorschrift fehlt, nicht § 2 StGB anwendbar, sondern die Wirksamkeit der neuen Vorschriften erstreckt sich auf das weitere, auf ihr Inkrafttreten folgende Verfahren[3]. Auch findet das Verschlechterungsverbot (§§ 331, 358) auf die Kostenentscheidung keine Anwendung. Die Verpflichteten, um die es sich in diesem Abschnitt handelt, sind außer der Staatskasse der Beschuldigte (§§ 465 ff), der, der durch Anzeige oder einen Antrag die Einleitung eines Verfahrens veranlaßt hat (§§ 469, 470, 472 a), der Privatkläger (§ 471), der Nebenbeteiligte (§ 472 b), endlich alle, die ein Rechtsmittel eingelegt haben (§ 473). Wann die Kosten einzelner Teile des Verfahrens **dritten** Personen zur Last fallen können, ist nicht in dem vorliegenden Abschnitt geregelt: hierüber s. zum Beispiel §§ 51, 70, 81 c Abs. 6, 145 Abs. 4, 161 a Abs. 2.

4. Die Bestimmungen über die Höhe und den Ansatz der Kosten (Gebühren und **4** Auslagen), die ein Beteiligter der Staatskasse gegenüber zu tragen hat, finden sich im Gerichtskostengesetz (GKG). Die §§ 40 bis 47 GKG regeln für die **Gerichtsgebühren** die Grundlage der Gebührenbemessung, die Anlage 1 zu §§ 11 GKG — „Kostenverzeichnis" (KostVerz) — regelt unter „F. Strafsachen" in Nr. 1600 ff die auf die einzelnen Gebührentatbestände entfallenden Gebührenbeträge oder Gebührensätze. Der Umfang der der Staatskasse geschuldeten **Auslagen** ergibt sich aus den Positionen des Kostenverzeichnisses unter „H. Auslagen" in Nr. 1900 ff. Den Maßstab für die Höhe der Gerichtsgebühren aller Rechtszüge bildet grundsätzlich die Art und Höhe der rechtskräftig erkannten Strafe (§ 40 Abs. 1 GKG). Die Festsetzung der Gebühren und Auslagen im einzelnen erfolgt im **Kostenansatzverfahren** (§§ 4, 5 GKG), einem eigenständig gestalteten Verfahren[4]. Der sog. Kostenansatz, also die Einstellung der von dem in die Kosten Verurteilten der Staatskasse geschuldeten Gebühren und Auslagen in die Kostenrechnung, ist ein Justizverwaltungsakt und obliegt dem zuständigen Kostenbeamten; Einzelheiten regelt § 4 GKG in Verbindung mit den ergänzenden Vorschriften der bundeseinheitlich vereinbarten Kostenverfügung (KostVfg) vom 1. 3. 1976[5]. Zur Erinnerung gegen den Kostenansatz vgl. § 5 GKG. Solange eine gerichtliche Entscheidung nicht ergangen ist, kann der Verurteilte auch im Weg der Dienstaufsichtsbeschwerde eine Änderung des Kostenansatzes beantragen (§ 4 Abs. 3 GKG), und es können bis zu diesem Zeitpunkt auch im Justizverwaltungsweg dem Kostenbeamten Weisungen wegen Berichtigung des Kostenansatzes erteilt werden (§ 43 KostVfg).

---

[2] Vgl. RGSt **24** 384; **59** 126; RG JW **1937** 761; BayObLG MDR **1955** 123; *Seier* NStZ **1982** 270.

[3] BayObLG MDR **1955** 123.

[4] Vgl. BGH NJW **1976** 1219; OLG Karlsruhe Justiz **1976** 266; s. auch *Seier* NStZ **1982** 270.

[5] S. *Piller/Hermann* unter 10.

Hans Hilger

5   5. Die **Beitreibung der Kosten** erfolgt nach den Vorschriften der Einforderungs- und Beitreibungsanordnung (EBAO) vom 20. 11. 1974 i. d. F. vom 10. 7. 1979[6] in Vbdg. mit den Bestimmungen der Justizbeitreibungsordnung (JBeitrO); wegen der Einzelheiten wird auf deren Regelungen verwiesen. Zur Vermeidung nutzloser Vollstreckungshandlungen darf schon der Kostenbeamte (Rdn. 4) vom Kostenansatz absehen, aber nur dann, wenn das dauernde Unvermögen des Kostenschuldners offenkundig oder ihm bekannt ist oder der Kostenschuldner sich dauernd an einem Ort aufhält, an dem eine Beitreibung keinen Erfolg verspricht (§ 10 KostVfg).

6   6. Über **Anordnung des dinglichen Arrests zur Sicherung der voraussichtlich entstehenden Kosten** des Strafverfahrens vgl. §§ 111 d, 111 e (s. auch §§ 127 a Abs. 1 Nr. 2, 132 Abs. 1 Satz 1 Nr. 1, 176).

7   7. Die **Festsetzung der notwendigen Auslagen,** die ein Beteiligter einem anderen Beteiligten auf Grund einer die Erstattungspflicht feststellenden gerichtlichen Entscheidung zu erstatten hat, erfolgt im Verfahren nach § 464 b.

8   8. **Sonderregelungen im jugendgerichtlichen Verfahren.** Die §§ 464 ff und die Vorschriften des GKG gelten gemäß § 2 JGG auch im jugendgerichtlichen Verfahren, jedoch mit der wichtigen Einschränkung, daß gemäß §§ 74, 109 Abs. 2 JGG im Verfahren gegen einen Jugendlichen oder gegen einen Heranwachsenden bei Anwendung von Jugendstrafrecht das Gericht davon absehen kann, dem Angeklagten Kosten und Auslagen aufzuerlegen, weil die Kostenbelastung vielfach den Zielen des Jugendstrafrechts widersprechen würde (vgl. § 465, 8). Der Begriff **Kosten** umfaßt auch hier die Gebühren und Auslagen der Staatskasse (§ 464 a Abs. 1). Unter **Auslagen** sind die außergerichtlichen Auslagen zu verstehen, da die gerichtlichen Auslagen bereits unter den Begriff „Kosten" fallen. § 74 JGG hat in erster Linie den im Sinne des § 465 verurteilten Angeklagten im Auge, doch kann § 74 JGG auch bei einem im Sinne des § 467 Nichtverurteilten in Betracht kommen (vgl. § 465, 8). Die Befugnis des Gerichts erstreckt sich darauf, von der Auferlegung sowohl der Kosten wie auch der Auslagen abzusehen oder sich auf die Befreiung nur von den Kosten oder nur von den Auslagen zu beschränken oder auch nur bestimmte Auslagen oder von den Kosten oder den Auslagen nur einen bruchteilsmäßig oder prozentual bestimmten Teil aufzuerlegen. Hierzu und zur Ermessensausübung vgl. § 465, 8; 9. Zum Begriff der Verurteilung siehe § 465, 2, zu den gerichtlichen Auslagen und Vollstreckungskosten § 465, 10; 11; zur Frage, wie der Begriff „Auslagen" in § 74 JGG zu verstehen ist, vgl. § 465, 11, zu den Auslagen des Nebenklagebefugten § 472, 7 und zur Privatklage § 471, 38.

9   9. In **Verfahren wegen Steuerstraftaten** finden die §§ 464 ff ohne Einschränkung Anwendung. Daher gehören Auslagen, die einer Finanzbehörde bei der Untersuchung und bei der Teilnahme an einem gerichtlichen Verfahren entstanden sind (vgl. §§ 385, 386, 399, 406, 408 AO), in gleichem Umfang wie entsprechende der Staatsanwaltschaft entstandene Auslagen zu den Kosten des gerichtlichen Verfahrens und werden ebenso wie die Kosten festgesetzt, eingefordert und beigetrieben; sie werden also nicht etwa nach § 464 b als zu erstattende Auslagen festgesetzt.

---

[6] S. *Piller/Hermann* unter 10 Anlage I; vgl.
auch § 459, 4; 5.

10. Für das **Bußgeldverfahren** nach dem OWiG gelten grundsätzlich die Kosten- **10** vorschriften der StPO sinngemäß (vgl. §§ 46 Abs. 1, 105 OWiG); nicht anzuwenden sind die Bestimmungen, die nach ihrem Regelungsinhalt nicht zum Bußgeldverfahren passen (zum Beispiel §§ 468, 471 bis 472 a, 473 Abs. 1 Satz 2, 3 und Abs. 5). Besonderheiten finden sich — neben dem eigenständigen Kostenfestsetzungsverfahren nach § 106 OWiG und der neuen Zuständigkeitsregelung des § 108 a OWiG — insbesondere in § 109 a OWiG und in § 25 a StVG. Durch die letztgenannten Bestimmungen soll im wesentlichen der mißbräuchlichen Ausnutzung der früheren Rechtslage begegnet werden[7].

11. Desweiteren finden die §§ 464 ff gemäß **§ 121 Abs. 4 StVollzG** Anwendung.[8]. **11**

12. Schließlich ist das Kostenrecht der StPO — jedenfalls grundsätzlich — in **12** Folge der uneingeschränkten Verweisung des **§ 77 IRG** im Auslieferungsverfahren anwendbar[9].

13. Niederschlagung, Erlaß, Ermäßigung. Gebühren und Auslagen können niederge- **13** schlagen, erlassen oder ermäßigt werden:

a) nach **§ 8 GKG,** wenn sie durch unrichtige Sachbehandlung und ähnliche Umstände entstanden sind (dazu § 465, 13),

b) **im Wege der Gnade** nach §§ 3 Abs. 2, 16 Abs. 1 der GnO 1935 und den entsprechenden Bestimmungen der an ihre Stelle getretenen Landesgnadenordnungen [10], jedoch sehen die Gnadenordnungen vor, daß Gnadenmaßnahmen für die Kosten nicht isoliert, sondern nur in Verbindung mit einem Gnadenverfahren, das eine Strafe, Maßregel oder Nebenfolge betrifft, getroffen werden sollen,

c) aus **Billigkeitsgründen** nach Maßgabe kassenrechtlicher Vorschriften: zum Beispiel die landesrechtlichen Vorschriften über Erlaß von Gerichtskosten und anderen Justizverwaltungsabgaben, auf die § 40 KostVfg. verweist[11].

14. Prinzipien der Pflicht zur Tragung der Kosten. Wenn die staatlichen Strafju- **14** stizorgane in Erfüllung der Justizgewährungspflicht zur Aufklärung und Verfolgung von Straftaten tätig werden, so trägt grundsätzlich die Staatskasse die dadurch verursachten finanziellen Aufwendungen, sofern sie nicht nach den geltenden gesetzlichen Vorschriften in Form der Gerichtskosten (Gebühren und Auslagen) einem anderen am Strafverfahren Beteiligten — zu denken ist in erster Linie an den im Sinn des § 465 Abs. 1 Verurteilten — auferlegt werden können. Es gibt immer wieder Bemühungen, einheitliche Prinzipien zu ermitteln, die den Vorschriften zugrunde liegen, welche eine solche Belastung eines Beteiligten zulassen oder vorschreiben. Indessen ist die Suche nach einheitlichen Prinzipien (oder gar nach **einem** Grundprinzip) vergeblich, weil verschiedenartige Überlegungen die Gestaltung der Belastungs- und Entlastungsvorschriften beeinflußt haben[12].

---

[7] Zu Einzelheiten vgl. BTDrucks. **10** 2652; **10** 5083; **10** 5492; BRDrucks. 371/82; 154/86; *Göhler*[8] Vor § 105; *Göhler* DAR **1987** 65; *Janiszewski* DAR **1986** 256; *Mümmler* JurBüro **1987** 806.

[8] Vgl. auch OLG Celle NStZ **1982** 439 mit Anm. *Plähn*; wegen der Einzelheiten vgl. die Erläuterungswerke zum StVollzG.

[9] Vgl. BGHSt **30** 153 ff; **32** 221 ff; einschränkend OLG Koblenz MDR **1983** 691; OLG

Hamm NStZ **1984** 366; OLG Düsseldorf MDR **1987** 1049; wegen der Einzelheiten vgl. die Erläuterungswerke zum IRG.

[10] Vgl. *Piller/Hermann* unter 2 j.

[11] Vgl. *Piller/Hermann* unter 10 und dort Anlage IV.

[12] Vgl. dazu *Göhler* ZRP **1981** 57; *Michaelowa* ZStW **94** (1982) 969 ff und die Nachweise in den folg. Fußn.

Hans Hilger

15   a) Während früher die Auffassung vertreten wurde, das Gesetz folge als Leitprinzip dem Verschuldensprinzip[13], ist heute h. M[14], daß die meisten der die Kostenbelastung eines Dritten vorsehenden Bestimmungen auf dem **Veranlassungsprinzip** beruhen. Der Begriff der Veranlassung ist dabei nicht nur eine Fiktion[15] — insbesondere nicht im Sinne eines auf die Durchführung eines Verfahrens gerichteten finalen Verhaltens oder wenigstens des Vorhandenseins objektiv hemmender Einflußmöglichkeiten zu verstehen. Im Regelfall wird zum Beispiel der Täter alles daran setzen, daß es nicht zu einem Verfahren gegen ihn kommt, und der wegen Schuldunfähigkeit zur Zeit der Tat nur mit einer Maßregel der Besserung und Sicherung belegte Täter wird oft nicht einmal bedacht haben oder nicht in der Lage gewesen sein, zu erkennen, daß es zu einem Verfahren gegen ihn und zu dem in § 465 Abs. 1 bezeichneten Ergebnis kommen könne. Aber er hat durch sein mindestens objektiv rechtswidrig einen Straftatbestand erfüllendes Verhalten die Ursache dafür gesetzt, daß von Gesetzes wegen (§§ 152, 414) die Tat verfolgt werden mußte und in diesem Sinn die durch das Verfahren entstandenen Kosten „veranlaßt"[16]. Demgegenüber verkennt die Auffassung[17], eigentlicher Veranlasser des Strafverfahrens sei der Staat, daß dieser nur sekundär auf die Veranlassung einer Person reagiert[18]. Auch § 473 Abs. 1 geht, soweit es sich um die Kosten der Rechtsmittelinstanz handelt, vom Veranlassungsprinzip aus; wer durch unbegründete oder unzulässige Einlegung von Rechtsmitteln Kosten verursacht, trägt die Kosten des erfolglosen Rechtsmittels. Jedoch ist der Gedanke eines allgemeinen (vom Verschulden unabhängigen) Veranlassungsprinzips in dem Sinne, daß die Kosten des Verfahrens zu tragen habe, wer durch eine (festgestelltermaßen) rechtswidrige Tatbestandsverwirklichung Veranlassung zur Durchführung eines Verfahrens gegeben habe, dem Gesetz fremd; denn die §§ 465, 467 knüpfen die Kostentragungspflicht an den Ausgang des Verfahrens, und trotz rechtswidriger Tatbestandsverwirklichung bleibt der Angeklagte frei von Kosten, wenn er wegen eines Irrtums nach § 17 StGB freigesprochen wird. Entsprechende Überlegungen gelten für die Kostenhaftung nach § 470, die nicht unbedingt von einem „rechtswidrigen" Verhalten abhängt. Die Überlegung[19], die Kostenhaftung (nach § 465 Abs. 1) aus der besonderen Qualität eines Verhaltens abzuleiten, ist mit dem Vorstehenden nicht vereinbar, soweit sie die Haftung — in erster Linie — auf das Verschulden des Täters gründet (vgl. Rdn. 16), wohl aber — in ihren wesentlichen Grundzügen, soweit sie — in zweiter Linie — auf das objektiv rechtswidrige, mit strafprozessualen Folgen behaftete Verhalten des Täters („Störerhaftung") abstellt.

16   b) Das **Verschuldensprinzip** ist nicht Leitprinzip[20]; die Kostentragungspflicht ist nicht konsequent an eine schuldhafte Verwirklichung eines Straftatbestandes gebunden[21]. Einzelregelungen (vgl. § 467 Abs. 2, 3, § 469) sind jedoch vom Gedanken des „Verschuldens" geprägt.

---

[13] Vgl. dazu *Voßhans/Paul* BewHi. **1979** 253.

[14] Vgl. BVerfGE **18** 302; **31** 137; BGHSt **25** 109 ff; OLG Hamm NStZ **1983** 571; OLG München NJW **1983** 1688; DAR **1983** 397; *Kleinknecht/Meyer*[38] Vor § 464, 3; *Schmid* ZRP **1981** 210; *Foellmer* S. 49 ff; a. A BGHSt **14** 391; *Eb. Schmidt* Nachtr. II 9; vgl. auch *Hassemer* ZStW **85** (1973) 651 ff; *Michaelowa* ZStW **94** (1982) 969 ff.

[15] Vgl. *Hassemer* ZStW **85** (1973) 651 ff; *Eb. Schmidt* Nachtr. II 9.

[16] BVerfGE **18** 302; **31** 137; BGHSt **25** 118.

[17] Vgl. *Hassemer* ZStW **85** (1973) 651 ff; *Schmid* ZRP **1981** 210.

[18] Vgl. dazu auch *Schmidt* ZRP **1982** 56; *Foellmer* S. 56, 114.

[19] Vgl. dazu *Michaelowa* ZStW **94** (1982) 969 ff.

[20] H. M; vgl. *Schmid* ZRP **1981** 210 mit weit. Nachw.; a. A *Michaelowa* ZStW **94** (1982) 969 ff.

[21] Vgl. die Beispiele bei LR-*K. Schäfer*[23] 18; *Schmid* ZRP **1981** 210; s. dazu auch *Michaelowa* ZStW **94** (1982) 969 ff.

c) Auch **Billigkeitserwägungen** (vgl. §§ 465 Abs. 2, 470, 472 a Abs. 2, 473 Abs. 4, 6) **17** und Gesichtspunkte resozialisierungshemmender Auswirkungen (§§ 459 a Abs. 4, 459 d Abs. 2) können von Einfluß auf die Kostentragungspflicht sein; doch gibt es keine Vorschrift, die allgemein das Gericht dazu ermächtigt, über Kosten (und Auslagen der Beteiligten) nach Billigkeit zu entscheiden, wenn es zur Vermeidung unbilliger Härten erforderlich erscheint[22].

d) Privat- und Nebenklage. Andere Grundsätze gelten für das Privatklageverfah- **18** ren (§ 471). Die Kostentragungspflicht ist zivilprozessualen Grundsätzen angenähert, wonach das „Obsiegen" oder „Unterliegen" die Kostentragungspflicht bestimmt. Die Kostenregelung zur Nebenklage (§ 473 Abs. 1 Satz 3) folgt dagegen im wesentlichen dem Veranlassungsprinzip.

15. Prinzipien der Auslagenerstattung. Auch die Vorschriften, die die Erstattung **19** notwendiger Auslagen des Angeklagten oder anderer Verfahrensbeteiligter aus der Staatskasse oder zu Lasten Dritter vorsehen, lassen sich nicht auf einen einheitlichen Grundgedanken zurückführen.

a) Aufopferungsanspruch. Soweit es sich um den Anspruch des unverurteilt aus **20** dem Verfahren hervorgehenden Angeschuldigten (§ 467 Abs. 1) handelt, liegt es nahe, ihn als Aufopferungsanspruch zu kennzeichnen, als Ausgleich für das Sonderopfer eines Schadens, den der Beschuldigte durch die Verteidigung gegen den im öffentlichen Interesse (im Interesse der Allgemeinheit an der Aufklärung von Sachverhalten, die den Verdacht einer strafbaren Handlung begründen) erfolgten, aber objektiv ungerechtfertigten oder — was dem gleichgeachtet wird — ergebnislosen Angriff des Staates erlitten hat[23]. Die Charakterisierung des Auslagenerstattungsanspruchs als Aufopferungsanspruch ist die Folgerung aus der Unschuldsvermutung des Art. 6 Abs. 2 MRK: wenn diese nicht durch eine Verurteilung widerlegt ist, stellt es ein Sonderopfer dar, wenn der Angeschuldigte Aufwendungen erbringen mußte, um sich gegen den Schuldvorwurf zu wehren. Sonderregelungen, die die StPO ergänzen, enthält das StrEG (Rdn. 21; 29).

b) Grenzen des Aufopferungsanspruchs. Jedoch ist Auslagenerstattung zugunsten **21** des unverurteilt aus dem Verfahren entlassenen Beschuldigten kein allgemein geltendes Prinzip der Strafprozeßordnung; der Erstattungsanspruch besteht nur innerhalb der positivrechtlich gesetzten Grenzen, die im Lauf der Entwicklung beträchtlich zugunsten des Beschuldigten erweitert (insbesondere durch Beseitigung des sog. „Freispruch zweiter Klasse"), in gewissem Umfang aber auch wieder eingeengt worden sind (dazu § 467 a, 21 ff). Grundsätzlich wird der Erstattungsanspruch nur einem Angeschuldigten (im Sinne des § 157) zugebilligt, wenn das Verfahren in der in § 467 Abs. 1 beschriebenen Form beendet worden ist, und auch ihm gegenüber bestehen teils zwingende, teil fakultative Einschränkungen (§ 467 Abs. 2 bis 4) unter den Gesichtspunkten des Mitverschuldens (§ 467 Abs. 2, Abs. 3 Satz 1, 2 Nr. 1) oder der Vermeidung einer unbilligen Belastung der Staatskasse (§ 467 Abs. 3 Satz 2 Nr.2, Abs. 4), und der Angeschuldigte, dessen Verfahren nach vorangegangener vorläufiger Einstellung (§ 153 a) endgültig eingestellt wird, wird nach § 467 Abs. 5 auslagenerstattungsrechtlich wie ein Verurteilter behandelt[24]. Ist es dagegen nicht zur Erhebung der öffentlichen Klage gekommen, und wird

---

[22] Vgl. auch *Schmid* ZRP **1981** 210; *Hassemer* ZStW **85** (1973) 651 ff.
[23] Vgl. OLG Stuttgart NJW **1969** 1447; OLG Celle NJW **1975** 400; *Kleinknecht/Meyer*[38] 4;

Reinisch MDR **1966** 105; s. auch *Kühl* NStZ **1987** 339 mit weit. Nachw.
[24] Vgl. § 467, 72.

Hans Hilger

das Ermittlungsverfahren eingestellt, so steht — von dem Ausnahmefall des § 467 a Abs. 1 abgesehen, wo immerhin bereits die öffentliche Klage erhoben war — dem Beschuldigten ein Auslagenerstattungsanspruch nicht zu. Und zwar geschieht dies nicht etwa deshalb, weil nach Auffassung des Gesetzgebers für den Beschuldigten, solange die öffentliche Klage nicht erhoben ist, kein Anlaß bestünde, die Hilfe eines Verteidigers in Anspruch zu nehmen[25], sondern weil bei der großen Zahl eingestellter Ermittlungsverfahren eine allgemeine Auslagenerstattungspflicht — namentlich in Zeiten verschlechterter Haushaltslage — zu einer untragbaren Belastung der Staatskasse, aber auch zu einer Lähmung der Initiative der Strafverfolgungsorgane führen müßte, nachdem auch gesetzgeberische Bemühungen, Fälle von einem gewissen Gewicht erstattungsrechtlich in § 467 a Abs. 2 a. F zu privilegieren, sich als unfruchtbar erwiesen hatten (dazu § 467 a, 21 ff). Insoweit sieht also das Gesetz (wenn man will: notgedrungen) die Verstrickung in ein mit Auslagen verbundenes Ermittlungsverfahren als ein Ereignis an, das im sozialen Leben in den eignen Risikobereich des Betroffenen fällt[26]. Hat aber der Beschuldigte im Verlauf des später eingestellten Ermittlungsverfahren durch bestimmte Strafverfolgungsmaßnahmen einen über die Verstrickung hinausgehenden Schaden erlitten, so kommt — wiederum unter dem Gesichtspunkt eines Aufopferungsanspruchs — eine Entschädigung nach Maßgabe der Bestimmungen des StrEG in Betracht (vgl. auch § 467 a, 27).

22   c) **Erstattung nach §§ 469, 470.** Dagegen liegt dem Erstattungsanspruch des Beschuldigten im Fall des § 469 der Gedanke eines Schadensersatzanspruchs zugrunde, und im Fall des § 470 greift der Veranlassungsgedanke durch.

23   d) Die Auslagenerstattung im **Privatklageverfahren** richtet sich in noch stärkerem Maß wie die Pflicht zur Tragung der Gerichtkosten nach Grundsätzen, die den zivilprozessualen Auslagenerstattungsregeln angenähert sind. Die Auslagenerstattung im Rahmen der **Nebenklage** folgt zum Teil dem Veranlassungsprinzip (§ 473 Abs. 1 Satz 2, 3), zum Teil (§ 472) kann sie aus zivilprozessualen Erstattungsregeln in Verbindung mit dem Veranlassungsprinzip abgeleitet werden; im übrigen spielt der „Billigkeitsgedanke" in § 472 eine erhebliche Rolle.

24   16. **Reformproblematik.** Im Schrifttum werden schon seit langem[27] **grundsätzliche Bedenken** gegen das geltende Kostenrecht erhoben und mehr oder weniger **radikale Lösungsansätze** zur Diskussion gestellt. Sie betreffen — neben der Kritik an Einzelregelungen — im wesentlichen die Kostentragungspflicht nach § 465 Abs. 1 und gipfeln in dem Vorschlag, grundsätzlich oder wenigstens in modifizierter Form auf die Erhebung von Gerichtskosten zu verzichten (sog. „Nulltarif")[28]. Hinter diesen Vorschlägen stehen im wesentlichen verfassungsrechtliche, dogmatische und fiskalische Erwägungen sowie der Resozialisierungsgedanke. **Gemäßigtere Vorschläge**[29] zielen unter Beibehaltung bestimmter Prinzipien und der grundsätzlichen Kostentragungspflicht des Beschuldigten im Kern auf eine stärkere Harmonisierung zwischen dem Kostenrecht und dem materiellen Strafrecht und dessen Resozialisierungszielen sowie auf pragmatische Lösungen

---

[25] Vgl. dagegen *Roxin*[20] § 57 C VI.
[26] *Tiedemann* MDR **1964** 971.
[27] Vgl. u. a. *v. Hippel* 688 ff; *Eb. Schmidt* Nachtr. II 10; *Sarstedt* JR **1961** 266; *Franz* MDR **1962** 949; *Baumgärtel* JZ **1975** 427; s. auch LR-*K. Schäfer*[23] 26, 27 mit weit. Nachw.
[28] Vgl. u. a. *Hassemer* ZStW **85** (1973) 651 ff;

Göller ZRP **1981** 56 ff; *Schmid* ZRP **1981** 209 ff.
[29] Vgl. u. a. *Peters*[4] § 80 I; *Rieß* ZRP **1977** 77 sowie Strafprozeß und Reform, S. 150 ff; *Voßhans/Paul* BewHi. **1979** 252 ff; *Foellmer* S. 113 ff; 123 ff; 132 ff; 139 ff.

der zahlreichen Einzelprobleme. Es muß vorerst dahingestellt bleiben, in wieweit die radikale Kritik berechtigt ist und die von ihr geforderten Lösungen sachgerecht sind. Denn — abgesehen davon, daß die verfassungsrechtlichen Bedenken vom BVerfG[30] nicht aufgegriffen worden sind — erfordern sowohl eine genauere Analyse zur Berechtigung dieser Kritik als auch die Erarbeitung brauchbarer Leitlinien für eine Kostenreform umfassende **rechtstatsächliche Untersuchungen,** insbesondere zur tatsächlichen Handhabung des geltenden Kostenrechts bei unbestimmten Rechtsbegriffen und Ermessensspielräumen, über die fiskalischen Auswirkungen des geltenden Rechts für die Staatskasse und die sozialen Folgen für den Beschuldigten[31].

Eine umfassende, **tiefgreifende Reform** des Kostenrechts ist jedoch unumgänglich. Die bestehenden Vorschriften bilden keine in sich abgeschlossene Regelung aus einem Guß. Zu viele grundsätzliche Fragen und Detailprobleme sind heftig umstritten; eine Lösung durch Literatur und Rechtsprechung ist nicht zu erwarten[32]. Die kostenrechtlichen Neuregelungen durch das StVÄG 1987, das OpferschutzG und das neue OWiG haben nur wenige Einzelprobleme zu bereinigen versucht. Die Lösung einzelner Probleme über korrigierende Auslegungen und Analogien[33] ist zwar zulässig; sie führt jedoch nicht zur dauerhaften Erledigung, sondern im Hinblick auf Fülle und Schwierigkeiten der Probleme nur zu neuen Streitigkeiten. **25**

Diese **Reform** wird sich nicht nur mit der Prüfung der oben (Rdn. 24) genannten grundsätzlichen Fragen („Nulltarif"; Erarbeitung klarer Prinzipien; Anpassung an Strafzwecke; fiskalische Auswirkungen) befassen müssen, sondern zum Beispiel auch mit folgenden eng damit verbundenen **Problemfeldern** und **Forderungen**[34]: **26**
— Gestaltung sanktionsneutraler und praktikabler Kostenregelungen, die das Kostenrisiko für den Beschuldigten bestimmbar, berechenbar und tragbar machen, u. a. durch stärkeren Ausbau der in § 465 Abs. 2 und § 74 JGG enthaltenen Rechtsgedanken;
— Ergänzung des Instituts der Pflichtverteidigung durch eine „Prozeßkostenhilfe" für die Inanspruchnahme eines Verteidigers;
— Entlastung des Angeklagten von den „Kosten der Selbstkorrektur der Justiz";
— Erstattung notwendiger Auslagen im Falle des § 170 Abs. 2 jedenfalls dann, wenn sie zur Abwehr besonderer Strafverfolgungsmaßnahmen oder außergewöhnlich schwerwiegender Vorwürfe notwendig waren;
— stärkere Sicherung der Unschuldsvermutung bei Kostenentscheidungen;
— Klärung der Kostenprobleme bei „selbständigen" Zwischenverfahren und im Nachtragsverfahren;

---

[30] BVerfGE **18** 302; **31** 137; vgl. auch *Foellmer* S. 62 ff.
[31] Vgl. auch *Rieß* Strafprozeß und Reform S. 150 ff; zu ersten Ansätzen solcher Untersuchungen s. *Voßhans/Paul* BewHi. **1979** 255 ff; *Foellmer* S. 121 ff; s. auch *Klingemann* MSchrKrim. **1978** 238; *Beste* 12 ff, 61 ff, 76.
[32] Vgl. LR-*K. Schäfer*[23] 28; *Peters*[4] 80 I; *Rieß* oben Fußn. 31; *Seier* NStZ **1982** 270 ff.
[33] Vgl. BGHSt **16** 168; **17** 376; s. auch BGHSt **25** 109; BGH NJW **1975** 2341; OLG Celle NJW **1975** 400.
[34] Zu Einzelheiten vgl. auch *Beste* 18 ff; *Foellmer* 29; *Göller* ZRP **1981** 56 ff; *Rieß* oben

Fußn. 29; *Schmid* ZRP **1981** 209 ff; *Seier* NStZ **1982** 270 ff; *Voßhans/Paul* BewHi. **1979** 252 ff; sowie *Bandisch* AnwBl. **1986** 69; *Chemnitz* AnwBl. **1987** 135; *Händel* NJW **1980** 982; *Klingemann* MSchrKrim. **1978** 238; *Krekeler* Schriftenreihe AG Strafrecht DAV **1985** S. 56; *Seebode* ZRP **1983** 175; Vor § 464, 27 ff; § 464, 8; 11 ff; 22 ff; 30; 60; § 464 a, 8 ff; 25 ff; 31 ff; 45 bis 48; § 464 b, 10; § 465, 1; 11; 14; 44; § 466, 4; 8; § 467, 18; 48; § 467 a, 8 bis 25; 27; § 469, 3; 4; § 470, 8; § 471, 1; 7; 10; 16 ff; § 472 b, 5; 6; § 473, 1; 13 ff; 22 ff; 28, 38 ff; 100.

Hans Hilger

— eindeutige Regelung zur Erstattung „notwendiger" Verteidigungsauslagen (§ 464 a);
— Überprüfung des Kosten-Rechtsmittelsystems;
— weitere Eindämmung der Kostenbeschwerden;
— klare Ausgestaltung des Kostenfestsetzungsverfahrens;
— Klarstellung des Verhältnisses zwischen strafprozessualem Kostenrecht und zivilrechtlichem Schadensersatz.

17. Erstattungsansprüche aufgrund anderer Vorschriften

27   **a) Ansprüche des Freigesprochenen.** Dieser kann nicht seine verfahrensbedingten Auslagen — neben der Haftung der Staatskasse insoweit — als Schadensersatz (§ 823 BGB) gegen einen „Schädiger" geltend machen; es fehlt die adäquate Kausalität[35].

28   **b) Nebenklage.** Der Nebenkläger, der im Falle des Freispruchs seine notwendigen Auslagen selbst zu tragen hat, kann diese Auslagen nicht als Schadensersatz gegen den Beschuldigten geltend machen[36]. Das strafprozessuale Erstattungsrecht ist lex specialis[37]. Dies muß nach der Einführung des § 472 konsequenterweise auch für den Fall gelten, daß das Verfahren aufgrund einer Ermessensvorschrift eingestellt wird (§ 472 Abs. 2)[38].

29   **c)** Zur strafprozessualen Auslagenerstattung im Zusammenhang mit dem **StrEG** vgl. § 467 a, 27.

§464

(1) **Jedes Urteil, jeder Strafbefehl und jede eine Untersuchung einstellende Entscheidung muß darüber Bestimmung treffen, von wem die Kosten des Verfahrens zu tragen sind.**

(2) **Die Entscheidung darüber, wer die notwendigen Auslagen trägt, trifft das Gericht in dem Urteil oder in dem Beschluß, der das Verfahren abschließt.**

(3) [1]**Gegen die Entscheidung über die Kosten und die notwendigen Auslagen ist die sofortige Beschwerde zulässig; sie ist unzulässig, wenn eine Anfechtung der in Absatz 1 genannten Hauptentscheidung durch den Beschwerdeführer nicht statthaft ist.** [2]**Das Beschwerdegericht ist an die tatsächlichen Feststellungen, auf denen die Entscheidung beruht, gebunden.** [3]**Wird gegen das Urteil, soweit es die Entscheidung über die Kosten und die notwendigen Auslagen betrifft, sofortige Beschwerde und im übrigen Berufung oder Revision eingelegt, so ist das Berufungs- oder Revisionsgericht, solange es mit der Berufung oder Revision befaßt ist, auch für die Entscheidung über die sofortige Beschwerde zuständig.**

---

[35] Vgl. Staudinger-*K. Schäfer* Vor § 823, 93; s. auch BVerfG NStZ **1987** 333 (Schadensersatz bei Strafanzeige).

[36] H. M; vgl. BGHSt **24** 263; a. A *Leonhard* NJW **1976** 2152.

[37] Vgl. Staudinger-*K. Schäfer* Vor § 823, 94.

[38] Zur früheren Rechtslage vgl. LG Hannover JurBüro **1986** 72; LR.-*K. Schäfer*[23] 30 mit weit. Nachw.; *Freundorfer* NJW **1977** 2153; *D. Meyer* JurBüro **1985** 1456 (auch zur Privatklage) mit weit. Nachw.; *Mümmler* JurBüro **1978** 37; *Schmid* JR **1980** 404.

Schrifttum. *Böttcher* Das neue Opferschutzgesetz, JR **1987** 133; *Göhler* Zur Auslegung der neuen Kostenvorschriften der StPO, NJW **1970** 454; *Göhler* Zur Anfechtung der Kostenentscheidung nach § 464 Abs. 3 Satz 1 StPO, MDR **1971** 621; *Huber* Zur Kosten- und Auslagenentscheidung bei Beschwerden des Beschuldigten oder der Staatsanwaltschaft in Zwischenverfahren des Strafprozesses, NStZ **1985** 18; *Koch* Die Anfechtbarkeit der Auslagenentscheidung bei Einstellung des Strafverfahrens, JR **1976** 230; *Krämer* Die notwendigen Auslagen des freigesprochenen Angeklagten, SchlHA **1971** 29; *Lemke* Kosten- und Auslagenentscheidung im Strafurteil auch bei nach § 154 a Abs. 2 StPO ausgeschiedenen unwesentlichen Gesetzesverletzungen? NJW **1971** 1248; *Metten* Die Kostenentscheidung bei der vorläufigen Einstellung des Verfahrens gemäß § 154 Abs. 2 StPO, NJW **1969** 687; *Meyer* Zur Anfechtung der Kosten- und Auslagenentscheidung nach § 464 Abs. 3 Satz 1 StPO, JR **1971** 96; *D. Meyer* Die Unzulässigkeit einer isolierten Anfechtung der Kostenentscheidung bei nicht statthafter Anfechtung der Hauptentscheidung, JurBüro **1981** 1762; *Meyer-Goßner* Das Strafverfahrensänderungsgesetz 1987, NJW **1987** 1161; *Mümmler* Erstattungsfähigkeit von Rechtsanwaltskosten in Strafsachen, JurBüro **1984** 1281; *Rieß/Hilger* Das neue Strafverfahrensrecht, NStZ **1987** 145, 204; *Schmidt* Anfechtbarkeit der Kostenentscheidung bei Einstellung des Verfahrens nach § 153 StPO? MDR **1973** 753; *H. Schmidt* Streitfragen im Recht der „Kosten des Verfahrens" §§ 464 ff StPO, FS Schäfer 231; *Seier* Das Rechtsmittel der sofortigen Beschwerde gegen strafprozessuale Nebenentscheidungen (1980); *Seier* Bilanz und Analyse der neueren Rechtsprechung zum strafprozessualen formellen Kostenrecht, NStZ **1982** 270; *Seier* Der Abhängigkeitsgrad strafprozessualer Nebenentscheidungen über Kosten, Auslagen und Entschädigungen, GA **1980** 405; *Weigend* Das Opferschutzgesetz — kleine Schritte zu welchem Ziel? NJW **1987** 1170; *Wittschier* Das Verbot der reformatio in peius im strafprozessualen Beschlußverfahren (1984).

Entstehungsgeschichte. Der frühere Absatz 2 wurde durch Art. 2 Nr. 20 EGOWiG mit unverändertem Wortlaut als § 464 b übernommen; durch das gleiche Gesetz wurden die Absätze 2, 3 eingefügt. Durch Art. 21 Nr. 176 EGStGB 1974 wurde in Absatz 1 die Erwähnung der Strafverfügung beseitigt. Absatz 3 Satz 1, 2. Halbsatz wurde durch Art. 1 Nr. 35 StVÄG 1987 eingefügt. Bezeichnung bis 1924: § 496.

Übersicht

Hans Hilger

I. Entscheidung über die Kosten (Absatz 1)

1   **1. Allgemeines, insbes. die Bedeutung der Vorschrift.** Nach § 464 Abs. 1 muß jede Entscheidung, die ein gerichtlich anhängiges Verfahren abschließt, gleichzeitig darüber Bestimmung treffen, wer die Kosten des Verfahrens im Sinne des § 464 a Abs. 1 zu tragen hat. Eine Kostenentscheidung kann aber auch erforderlich sein, wenn kein gerichtliches Verfahren anhängig geworden ist (§§ 469, 470) oder wenn sich das gerichtliche Verfahren ohne Hauptentscheidung erledigt (§§ 467 a, 473 Abs. 1); vgl. Rdn. 30. An dem Erfordernis einer gerichtlichen Entscheidung im Sinne des Absatzes 1 fehlt es, wenn die Staatsanwaltschaft, wenn auch mit Zustimmung des Gerichts, das Verfahren einstellt (§§ 153 Abs. 1, 153 a Abs. 1, 153 b Abs. 1); zu §§ 153 c, 153 d vgl. 153 c, 27. Es handelt sich, wie in den §§ 308, 91 ff ZPO nur um eine Entscheidung über die Kostentragungspflicht **dem Grunde nach;** ohne daß ihm die Kosten auferlegt sind, kann niemand zur Kostentragung herangezogen werden, soweit nicht § 54 Nr. 2, 3 GKG Platz greift. In welcher **Höhe** der danach Kostenpflichtige Kosten zu tragen hat, wird im Kostenansatzverfahren (§ 4 GKG; Vor § 464, 4) entschieden. Eine ausdrückliche Kostenentscheidung ist auch erforderlich, wenn sich die Kostenfolge einer Maßnahme unmittelbar und zwingend aus dem Gesetz ergibt; denn der gerichtliche Kostenausspruch wird als Grundlage für das weitere Verfahren benötigt.

§ 464 Abs. 1 geht davon aus, daß immer ein Kostentragungspflichtiger vorhanden **2**
ist und in der das Verfahren abschließenden Entscheidung genannt werden muß. § 464
ist also **keine materielle Vorschrift über die Kostentragungspflicht**. Vielmehr bestimmt
sich materiell die Kostentragungspflicht nur nach §§ 465 ff. Bei der Entscheidung über die
Pflicht zur Kostentragung kommt es auf die Zahlungsfähigkeit des Kostenpflichtigen
nicht an; die Verurteilung des Verpflichteten in die Kosten wird durch seine Zahlungsunfähigkeit nicht entbehrlich. Die Frage der Zahlungsfähigkeit spielt erst beim Kostenansatz eine Rolle (Vor § 464, 4), in gewissem Umfang auch bei der Vollstreckung der
Geldstrafe (§§ 459 a Abs. 4, 459 d Abs. 2). Sieht das materielle Kostenrecht keine Möglichkeit der Kosten- (und Auslagen-)überbürdung vor, so hat die Kosten (und Auslagen) derjenige zu tragen, dem sie entstanden sind. Ist also kein anderer vorhanden, dem
nach den §§ 465 ff die Pflicht zur Kostentragung auferlegt werden kann, so fallen sie
ohne Rücksicht darauf, wer die Entstehung der Kosten veranlaßt hat, und ob dies dem
Veranlasser zum Verschulden gereicht oder nicht, der Staatskasse zur Last[1]; dies ist in
der Entscheidung auszusprechen. Die Unterlassung eines solchen Kostenausspruchs hat
aber keine praktische Auswirkung, denn er bedeutet nur, daß die Staatskasse für die betreffenden Verfahrenskosten keinen Ersatz erhält[2].

Die Kostenentscheidung ist eine Nebenfolge des Verfahrens. Dem Betroffenen **3**
wird grundsätzlich **rechtliches Gehör** durch die Anhörung zur Sache gewährt. Vor
Kostenentscheidungen, die von besonderen Umständen abhängig sind (etwa § 467
Abs. 2), ist zu diesen rechtliches Gehör zu gewähren (§ 33 Abs. 1). Im übrigen wird auf
§ 467 a, 15; § 469, 18; § 470, 15 verwiesen. Die Pflicht zur **Begründung** der Entscheidung
richtet sich nach § 34. Eine Begründung ist also erforderlich, wenn die Kostenentscheidung anfechtbar ist (Rdn. 49) oder wenn sie zwar unanfechtbar ist, aber ausnahmsweise
nicht von Amts wegen (§ 34, 4) ergeht und ein Antrag abgelehnt wird (vgl. § 467 a, 19;
§ 469, 20). Zu § 8 GKG vgl. § 465, 13.

2. Kostenausspruch im Urteil. Nach § 464 Abs. 1 muß jedes Urteil bestimmen, wer **4**
die Kosten zu tragen hat. Gemeint ist dabei aber nur ein Urteil, das, falls es rechtskräftig
wird, das Verfahren abschließt. Ein Berufungs- oder Revisionsurteil, das das angefochtene Urteil aufhebt und die Sache zur erneuten Verhandlung und Entscheidung zurückverweist (§§ 328 Abs. 2, 354 Abs. 2), kann über die Kostentragungspflicht nicht entscheiden, auch nicht, soweit es sich um die Kosten des Rechtsmittelverfahrens handelt, sondern muß es dem neuen Urteil überlassen, über die Kostentragung zu entscheiden; danach bemißt sich, wer die Kosten des Rechtsmittelverfahrens zu tragen hat (§ 473, 27).
Wird jedoch auf Revision des Nebenklägers das Urteil zu Gunsten des Angeklagten geändert (§ 301), so entscheidet das Revisionsgericht über die Kosten des erfolglosen Rechtsmittels[2a].

3. Auch beim Strafbefehl gehört zum Inhalt der Entscheidung nur die Bestim- **5**
mung über die Kostentragungspflicht dem Grunde nach. Soweit hier schon im Strafbefehl die Höhe der Gebühren und Auslagen festgesetzt ist, handelt es sich um einen nur
äußerlich mit der Grundentscheidung verbundenen Kostenansatz; läßt also der Beschuldigte den Strafbefehl rechtskräftig werden, so hindert dies ihn nicht, gegen den Kostenansatz nach § 5 GKG Erinnerung einzulegen. S. auch Rdn. 46; 53. Im übrigen wird auf
die Erl. zu den §§ 408, 409 sowie auf § 472, 14 und § 473, 3; 81 verwiesen.

---

[1] RGSt **12** 200; BGHSt **14** 391; OLG Hamm   [2] BayObLG NJW **1959** 1236; **1963** 601; OLG
JMBlNW **1955** 81.   Celle AnwBl. **1985** 320.
                                              [2a] BGH Urt. vom 10. 2. 1987 – 1 StR 731/86.

6   4. Dem Urteil und dem Strafbefehl steht **jede eine Untersuchung einstellende Entscheidung** gleich. Gemeint sind Entscheidungen, die ein gerichtlich anhängig gewordenes Verfahren abschließen (zum Beispiel nach § 204 oder § 177). Daß „einstellen" hier nichts anderes als „abschließen" bedeutet, ergibt sich aus Absatz 2. Doch bedeutet dies nicht, daß es sich um eine abschließende Entscheidung in dem Sinn handeln müsse, daß der Beschuldigte endgültig dem staatlichen Strafanspruch entzogen wird. Eine Einstellung im Sinne des Absatzes 1 liegt vielmehr zum Beispiel vor, wenn das Verfahren durch Beschluß gemäß § 206 a wegen örtlicher Unzuständigkeit eingestellt und damit der Weg für eine weitere Verfolgung vor dem örtlich zuständigen Gericht freigemacht wird[3].

7   a) Unter § 464 Abs. 1 fallen zunächst die **Beschlüsse, die an die Stelle eines Urteils treten,** wie der Beschluß im selbständigen Einziehungsverfahren nach § 441 Abs. 2 oder der die Revision als unbegründet verwerfende Beschluß nach § 349 Abs. 2. Ferner gehören hierher alle Beschlüsse, die über einen Rechtsbehelf (zum Beispiel bei Verwerfung des Wiederaufnahmeantrags) oder ein Rechtsmittel entscheiden und das Verfahren im ganzen abschließen (zum Beispiel §§ 319, 322, 346, 349 Abs. 1)[4].

8   b) **Entscheidungen in besonderen Zwischen-, Neben- und Nachtragsverfahren.** Umstritten und noch wenig ausgelotet[5] ist die Frage, ob auch Beschlüsse, durch die derartige Verfahren beendet werden, als eine die Untersuchung einstellende (= das Verfahren abschließende) Entscheidung im Sinne der Absätze 1 und 2 anzusehen und daher mit einer Kosten- und Auslagenentscheidung zu versehen sind. Die Frage kann sich nicht nur in Beschwerdeverfahren (§ 473, 13 ff), sondern auch in den der Beschwerde vorausgegangenen „erstinstanzlichen" Verfahren dieser Art stellen, zum Beispiel: Wenn ein Haftbefehl im Hinblick auf das Vorbringen des Festgenommenen, der nur insoweit einen Verteidiger beauftragt, nicht aufrechterhalten (vgl. § 115 Abs. 4), oder wenn gegen eine Durchsuchungsanordnung der Staatsanwaltschaft mit Erfolg das Gericht angerufen (vgl. § 105, 48) wird. Sie kann sich desweiteren stellen, wenn der mit einem Ordnungsmittel belegte Zeuge — mit Hilfe eines Anwalts — nachweist, daß ihn kein Verschulden trifft (§ 51 Abs. 2 Satz 1)[6], oder im Zwischenverfahren nach § 138 a bzw. § 146 a[7], im Falle einer — im Hinblick auf § 309 Abs. 2 seltenen — Rückverweisung aus der Beschwerdeinstanz[8] oder im Nachtragsverfahren (zum Beispiel: Antrag auf Widerruf der Strafaussetzung; vorzeitige Beendigung einer Maßregel; vgl. § 473, 16)[9]. Sie stellt sich nicht, soweit eine gesetzliche Regelung besteht (§§ 161 a Abs. 3 Satz 3, 177, 473 Abs. 7). Hält man im Beschwerdeverfahren grundsätzlich eine Kosten- und Auslagenentscheidung für zulässig (§ 473, 14 ff) so müßte man konsequenterweise[10] auch in derartigen erstinstanzlichen Verfahren die §§ 464 ff jedenfalls, soweit das materielle Recht eine Auslagenerstattung vorschreibt, also im wesentlichen § 467,

---

[3] OLG Hamm JMBlNW **1962** 166; a. A LG Nürnberg-Fürth NJW **1971** 1281 mit Anm. *Schmidt*; vgl. auch § 206 a, 38.

[4] Vgl. OLG Celle MDR **1963** 700 (§§ 359 ff); s. auch OLG Zweibrücken JurBüro **1981** 1852 (§ 346 Abs. 2) und § 346, 30.

[5] Vgl. *Huber* NStZ **1985** 18; *Michaelowa* ZStW **94** (1982) 969; *Seier* NStZ **1982** 271.

[6] Vgl. § 467, 3.

[7] Vgl. dazu *Rieß* NStZ **1981** 332; *Seier* NStZ **1982** 271; § 473, 14 sowie die Erl. zu §§ 138 a, 146 a.

[8] Vgl. KK-*Schikora/Schimansky*[2] 3; *Huber* NStZ **1985** 18.

[9] Vgl. hierzu OLG Karlsruhe JurBüro **1981** 241; OLG Hamm NStZ **1984** 288; OLG Schleswig SchlHA **1986** 114; OLG Celle NdsRpfl. **1988** 13; KK-*Schikora/Schimansky*[2] 3; *Kleinknecht/Meyer*[38] 6, 11; a. A KMR-*Müller*[7]; s. auch OLG Hamm NStZ **1984** 332.

[10] Insoweit ebenso *Michaelowa* ZStW **94** (1982) 984; vgl. auch LG Rottweil Justiz **1987** 163 (Abhilfeentscheidung); a. A grundsätzlich wohl *Kleinknecht/Meyer*[38] 6; 11.

analog anwenden[11]. Nicht zu übersehen ist jedoch, daß diese Lösung die Gefahr der Aufsplitterung der Kostenentscheidung eines Verfahrens in sich birgt[12]. Außerdem ist die Lösung problematisch, soweit sie „erstinstanzliche Zwischenverfahren" bzgl. des Beschuldigten — zum Beispiel die oben genannten Fälle der Haft oder Durchsuchung — betrifft, wenn das Ermittlungsverfahren schließlich nach § 170 Abs. 2, also grundsätzlich ohne Entscheidung zur Auslagenerstattung (§ 467 a, 21 ff) eingestellt wird[13].

c) **Einstellungsbeschlüsse**. Schließlich kommen hier alle in Beschlußform ergehenden Entscheidungen in Betracht, die auf eine endgültige Einstellung des Verfahrens lauten, so die Beschlüsse nach § 153 Abs. 2[14] oder nach §§ 153 a Abs. 2 (nach Erfüllung der Auflagen oder Weisungen)[15], 153 b Abs. 2[16], 153 e Abs. 2[17], 206 a[18], 206 b, 383 Abs. 2, 390 Abs. 5. Eine eine Untersuchung einstellende Entscheidung liegt auch vor, wenn die Eröffnung des Hauptverfahrens abgelehnt wird (§ 467 Abs. 1), ferner wenn ein Straffreiheitsgesetz die Einstellung anhängiger Verfahren anordnet und die Einstellung durch gerichtliche Entscheidung ausgesprochen wird, sei es nach durchgeführter Hauptverhandlung durch Urteil (§ 260 Abs. 3), sei es außerhalb der Hauptverhandlung durch Beschluß, nämlich unter Ablehnung der Eröffnung des Hauptverfahrens oder gemäß § 206 a nach Eröffnung des Hauptverfahrens oder indem nach den neueren Amnestiegesetzen (vgl. zuletzt § 7 Abs. 1 Satz 2 StrFG 1970) ein Vorbereitungsverfahren zwecks Entscheidung über die Einstellungsvoraussetzungen gerichtlich anhängig gemacht wird. In diesen Fällen nahm die ältere Rechtsprechung an, daß keine echte Einstellung durch gerichtliche Entscheidung im Sinne der §§ 464 Abs. 1, 471 Abs. 2, sondern lediglich eine in Beschlußform ergehende aktenmäßige Konstatierung der kraft Gesetzes eingetretenen Verfahrensbeendigung vorliege[19]. Durch die neuere Amnestiegesetzgebung ist aber dieser Auffassung der Boden entzogen (vgl. Vor § 12 GVG); der mit beschränkter materieller Rechtskraft ausgestattete Einstellungsbeschluß ist eine die Untersuchung einstellende Entscheidung im Sinne des § 464 Abs. 1[20]. Zur Privatklage vgl. § 471, 13, zur Nebenklage § 472, 5.

5. „Vorläufige" Einstellung oder Beschränkung des Verfahrens
a) **Allgemeines**. Die Strafprozeßordnung kennt einige Fälle, in denen ein gerichtlich anhängiges Verfahren durch Beschluß ganz oder zum Teil nur vorläufig „eingestellt" wird (§ 153 a Abs. 2, 154 Abs. 2, 154 b Abs. 4, 205); auch die Beschränkung nach § 154 a Abs. 2 ist angesichts des § 154 a Abs. 3 der Sache nach eine vorläufige Maßnahme; gleiches gilt bzgl. § 430 Abs. 1. Unstreitig fallen der Beschluß nach § 205 und auch die erst vorläufige Einstellung nach § 153 a Abs. 2 (§ 153 a, 95) nicht unter § 464 Abs. 1, 2, weil sie das Verfahren noch nicht abschließen; letzteres geschieht im Falle des § 153 a Abs. 2 durch besonderen Beschluß (§ 153 a, 98; oben Rdn. 9). Streitig ist jedoch, inwieweit in den Fällen der §§ 154 Abs. 2, 154 a Abs. 2, 154 b Abs. 4 eine Kosten- und Auslagenentscheidung in Betracht kommt.

---

[11] A. A OLG Schleswig SchlHA **1986** 114 zu § 467 a; OLG Celle NdsRpfl. **1988** 13.
[12] Vgl. OLG Frankfurt MDR **1982** 954; *Michaelowa* ZStW **94** (1982) 985 ff, der § 465 Abs. 2 analog anwendet.
[13] Vgl. dazu auch *Michaelowa* ZStW **94** (1982) 998.

[14] Vgl. OLG Hamburg MDR **1985** 604; § 153, 76.
[15] Vgl. § 153 a, 99; BTDrucks. 10 1313, S. 24.
[16] Vgl. § 153 b, 14.
[17] Vgl. § 153 e, 19.
[18] Zum Tod des Angekl. vgl. § 467, 10 ff.
[19] KG DJZ **1919** 185.
[20] OLG Bremen Rpfleger **1955** 14.

Hans Hilger

11   **b) Problematik zu § 154 Abs. 2.** Nach einer heute wohl nicht mehr herrschenden Auffassung[21] sind Beschlüsse nach § 154 Abs. 2 weder bei Erlaß mit einer Kosten- und Auslagenentscheidung zu versehen, noch später — nach Eintritt des Wiederaufnahmeverbots nach Absatz 4 — durch eine solche zu ergänzen. Die Kennzeichnung der Einstellung als „vorläufig" schließt nach dieser Meinung eine Anwendung des § 464 Abs. 1, 2 aus, so daß als Folge der fehlenden Entscheidung insoweit die Kosten der Staatskasse zur Last fallen und der Angeschuldigte seine Auslagen selbst zu tragen hat. Zur Begründung[22] dieser Lösung wird im wesentlichen geltend gemacht: Der Gesetzgeber habe in Kenntnis der Streitfrage durch Art. 21 Nr. 48 EGStGB 1974 § 154 redaktionell geändert, aber gerade den Wortlaut des § 154 Abs. 2 nicht. Der Sinn des bewußt gewählten und bewußt aufrechterhaltenen Begriffs „vorläufig" in § 154 Abs. 2 ergebe sich bei einer Berücksichtigung des Zieles und Zweckes des § 154. Diese Vorschrift, die ggf. selbst die Abstandnahme von der Verfolgung gewichtiger Taten zulasse, diene ausschließlich der Entlastung der Strafverfolgungsorgane; dieser Zweck werde aber verfehlt, wenn der Nebenpunkt der Kosten und Auslagen doch wieder zu einer Befassung mit der ausgeschiedenen Tat führe. So bedinge, wenn das Verfahren im Hinblick auf die wegen einer anderen Tat zu erwartende Strafe eingestellt sei (§ 154 Abs. 4) und seit der Einstellung bis zur rechtskräftigen Beendigung des anhängig gebliebenen Verfahrens geraume Zeit verstrichen sei, schon die Notwendigkeit der Gewährung rechtlichen Gehörs für den früheren Angeschuldigten einen unter Umständen beträchtlichen Aufwand an Zeit und Kosten, der „den Vereinfachungszweck der vorläufigen Einstellung geradezu pervertieren würde". Diese Erwägungen entfielen zwar bei einer Einstellung im Hinblick auf die wegen einer anderen Tat rechtskräftig erkannte Strafe oder Maßregel. Eine differenzierte Behandlung sei aber ungerecht und verstoße gegen das Gleichheitsgebot, denn sie liefe darauf hinaus, daß der zufällige zeitliche Unterschied im Stand der Verfahren wegen der anderen Tat zu einer verschiedenen Behandlung der im materiellen Gehalt gleichwertigen Fallgestaltungen führe. Die Wahl des Wortes „vorläufig" in § 154 Abs. 2 (und in anderen entsprechenden Vorschriften) habe danach den Sinn, diese Einstellung eindeutig abzugrenzen von anderen „abschließenden" Einstellungen im Sinne des § 464 Abs. 1, 2 und zum Ausdruck zu bringen, daß erstere nicht mit einer Kosten- und Auslagenentscheidung zu versehen seien.

12   Die nunmehr wohl **überwiegende Auffassung**[23] bejaht die Notwendigkeit einer Kosten- und Auslagenentscheidung. Teilweise hält sie nur bei einer Einstellung im Hinblick auf eine bereits rechtskräftig verhängte Sanktion eine solche Entscheidung für notwendig, wobei jedoch — nach einem Teil der Rechtsprechung — im Falle einer Einstellung wegen einer zu erwartenden Sanktion die Kosten- und Auslagenentscheidung nachträglich — nach Ablauf der in § 154 Abs. 4 gesetzten Frist — isoliert erfolgen soll[24]. Diese Lösungen werden im wesentlichen damit begründet, der Beschluß gemäß § 154 Abs. 2 habe praktisch die Bedeutung einer rechtskräftigen Entscheidung. Soweit eine nachträgliche isolierte (antragsbedingte)[25] Entscheidung für erforderlich gehalten

[21] Vgl. BayObLG NJW **1969** 1448; OLG Hamm JMBlNW **1970** 213; OLG Oldenburg NdsRpfl. **1971** 142; OLG München NJW **1975** 68; NStZ **1981** 234 mit Anm. *Meyer-Goßner* = JR **1981** 259 mit Anm. *K. Meyer*; s. auch LR-*K. Schäfer*[23] 8 ff; *Kleinknecht/Meyer*[38] 7; § 154, 42 Fußn. 89, 90, 92; OLG Oldenburg MDR **1976** 166.

[22] Vgl. dazu OLG München NJW **1975** 68;

NStZ **1981** 234; LR-*K. Schäfer*[23] 13 ff; *K. Meyer* JR **1976** 76.

[23] Vgl. § 154, 42 Fußn. 90, 91, 92; s. auch OLG Schleswig SchlHA **1986** 113; OLG Düsseldorf MDR **1988** 164; LG Bochum MDR **1986** 958; *Maatz* MDR **1986** 884.

[24] Vgl. § 154, 42 Fußn. 91; KK-*Schikora/Schimansky*[2] 2.

[25] OLG Karlsruhe NJW **1975** 1425; Justiz **1980** 209.

wird, wird dies im wesentlichen damit begründet, daß vor rechtskräftigem Abschluß des Verfahren wegen der anderen Tat noch eine reale Möglichkeit der Wiederaufnahme des vorläufig eingestellten Verfahrens bestehe. Wenn aber die vorläufige Einstellung im Sinne des § 154 Abs. 4 durch ungenützten Ablauf der Dreimonatsfrist zu einer endgültigen geworden sei, könne dem Angeschuldigten eine nachträgliche Entscheidung über seine Auslagen nicht versagt werden; denn es wäre ungerecht, eine solche Entscheidung von dem Zufall abhängig zu machen, ob im Zeitpunkt der „vorläufigen" Einstellung das Verfahren wegen der anderen Tat schon rechtskräftig abgeschlossen oder noch anhängig ist.

Nach der **hier vertretenen Auffassung** ist bereits die das Verfahren nach § 154 **13** Abs. 2 einstellende Entscheidung in jedem Fall mit einer Kosten- und Auslagenentscheidung zu versehen; vgl. die zutreffenden Ausführungen unter § 154, 43. Auch die Einstellung der Untersuchung nach § 154 Abs. 2 wegen einer zu erwartenden Sanktion ist — von vornherein — als endgültige gemeint; es wäre daher inkonsequent, die Kosten- und Auslagenentscheidung hier — anders als im Fall der Einstellung wegen einer bereits erfolgten Sanktion — nachträglich zu treffen und an einen Antrag zu binden. Inhaltlich richtet sich die Entscheidung nach § 467 (vgl. § 467, 8; 63; § 154, 44). Zur Nebenklage vgl. § 472 Abs. 2 (§ 472, 18).

c) Zu § 154 a Abs. 2. Die Beschränkung der Untersuchung nach § 154 a Abs. 2 ist **14** dagegen eine vorläufige, regelmäßig das Verfahren nicht beendende Entscheidung und erhält daher keine Kosten- und Auslagenentscheidung; gleiches gilt bzgl. § 430 Abs. 1. Diese ist in der das Verfahren abschließenden Entscheidung zu treffen; dabei kann zu Gunsten des Verurteilten § 465 Abs. 2 Satz 1, 2 Anwendung finden (vgl. § 465, 27). Ausnahmsweise ist eine Kosten- und Auslagenentscheidung notwendig, wenn, etwa nach Teilrechtskraft bezüglich der übrigen Tatteile, durch einen Beschluß nach § 154 a Abs. 2 das Verfahren insgesamt abgeschlossen wird (§§ 154 a, 27).

d) Zu § 154 b Abs. 4. Insoweit gelten im wesentlichen die Ausführungen zu § 154 **15** Abs. 2 (Rdn. 13; § 154 b, 11; § 467, 63).

6. Kein Abhängigmachen der Einstellung von Kostenübernahme. Da bei einer ge- **16** richtlichen Einstellung des Verfahrens nach §§ 153 Abs. 2, 153 b Abs. 2 keine Verurteilung (§ 465) vorliegt, können dem Angeschuldigten oder Angeklagten Verfahrenskosten nicht auferlegt werden. Es geht aber auch nicht an, dieser Folgerung dadurch zu entgehen, daß ihm angesonnen wird, durch eine Erklärung nach § 54 Nr. 2 GKG die Auslagen des Verfahrens zu übernehmen und die Einstellung von einer solchen Erklärung abhängig zu machen[26] (s. auch § 153 a, 46). Nr. 83 Abs. 4 a. F RiStBV verbot ausdrücklich der Staatsanwaltschaft, so zu verfahren, wenn die Entscheidung über die Einstellung wegen Geringfügigkeit ihr zusteht.

7. Fehlende Kostenentscheidung. Enthält ein Urteil entgegen der Vorschrift des **17** § 464 Abs. 1 versehentlich keine Kostenentscheidung, so ist eine Nachholung — auch durch „Berichtigung" — nicht mehr zulässig, sobald die Verkündung beendet und die Verhandlung geschlossen ist.[27]. Abhilfe ist nur durch Einlegung des zulässigen Rechtsmittels (Absatz 3 Satz 1) möglich; nach Rechtskraft der Entscheidung entfällt jede Er-

---

[26] K. *Schäfer* Rpfleger **1951** 297; *Kern* DRiZ **1953** 169; a. A *Unger* Rpfleger **1951** 111.

[27] Vgl. OLG Frankfurt NJW **1970** 1432; OLG Hamm NJW **1974** 71; *K. Meyer* JR **1978** 256; *Seier* NStZ **1982** 272.

Hans Hilger

gänzungsmöglichkeit[28]. Unterbleibt also bei Verurteilung des Angeklagten versehentlich in der Urteilsformel der Ausspruch, daß er die Kosten des Verfahrens trage (§ 465 Abs. 1), und wird das Urteil in dieser Form rechtskräftig, trägt die Staatskasse die Verfahrenskosten[29], auch wenn in den Urteilsgründen ausgeführt ist, die Kostenentscheidung beruhe auf § 465[30]. Auch ein Strafbefehl kann, sobald er erlassen ist (§ 409), nicht mehr nachträglich durch Nachholung der unterbliebenen Kostenentscheidung ergänzt werden. Das gilt auch bei verfahrensbeendigenden Beschlüssen (unten Rdn. 28). Eine **Ausnahme** von dem Grundsatz, daß eine „Nachholung" der Kostenentscheidung nach Verkündung der Entscheidung nicht mehr zulässig ist, müßte allerdings anerkannt werden, wenn es richtig wäre, daß bei vorläufiger Einstellung wegen eines noch anhängigen anderen Verfahrens, die Kostenentscheidung erst dann — auf Antrag — „nachgeholt" wird, wenn das Verfahren wegen der anderen Tat abgeschlossen ist (vgl. Rdn. 12; 28). Außerdem dürfte es unbedenklich sein, analog § 319 ZPO „offenbare Unrichtigkeiten" (zum Beispiel: eindeutige Formulierungsfehler, deren Beseitigung keinen neuen Denkvorgang erfordert) zu korrigieren[31].

II. Entscheidung über die notwendigen Auslagen (Absatz 2)

18   **1. Bedeutung des Absatzes 2.** In einer Reihe gesetzlicher Vorschriften ist bestimmt, daß die Staatskasse einem Verfahrensbeteiligten oder ein Verfahrensbeteiligter einem anderen Verfahrensbeteiligten seine notwendigen Auslagen (§ 464 a Abs. 2) zu erstatten habe, oder daß diese Auslagen einem Erstattungspflichtigen „auferlegt" werden müssen oder können (vgl. § 465 Abs. 2 Satz 3, § 467 Abs. 1, 3, 4, § 467 a, § 469, § 470, § 471, § 472, § 472 a, § 472 b, § 473 und dazu unten Rdn. 22). Absatz 2, der im RegE des EGOWiG noch nicht enthalten war und erst vom BTRAussch. eingefügt wurde, bestimmt, daß die Entscheidung, wer nach diesen „materiellrechtlichen" Vorschriften die notwendigen Auslagen trage, vom Gericht im Urteil oder in dem das Verfahren abschließenden Beschluß getroffen werde. Die Gründe, die zur Einfügung des Absatzes 2 führten, ergeben sich aus der Änderung des § 467 a. F. Während ursprünglich die Entscheidung über die Erstattung der notwendigen Auslagen, die dem Freigesprochenen oder außer Verfolgung Gesetzten entstanden waren, einen Bestandteil des freisprechenden Urteils bildete, war seit der Änderung des § 467 durch das StPÄG 1964 bestimmt, daß über die Auslagenerstattung nicht mehr im Urteil, sondern durch besonderen, nur durch Zustellung bekanntzumachenden und erst nach Rechtskraft der Sachentscheidung zuzustellenden Beschluß entschieden werde, um nicht im Urteil durch die Auslagenentscheidung hervortreten zu lassen, ob es sich um Freispruch „erster Klasse" oder nur um einen solchen „zweiter Klasse" handele (vgl. Entstehungsgeschichte zu § 467). Da das EGOWiG den auslagenrechtlichen Unterschied zwischen dem Freispruch „erster und zweiter Klasse" beseitigte und grundsätzlich jeder Freispruch usw. zur Belastung der Staatskasse mit den notwendigen Auslagen des unverurteilt aus dem Verfahren hervorgehenden Angeschuldigten führt (§ 467 Abs. 1), entfiel der Grund dafür, die

---

[28] Vgl. OLG Celle GA **1960** 217; OLG Hamm NJW **1974** 71; s. auch OLG München JurBüro **1980** 403; JR **1981** 126 mit Anm. *Gössel*; zu Dolmetscherkosten s. OLG Düsseldorf JurBüro **1980** 569; OLG Frankfurt StrVert. **1986** 24.

[29] OLG Karlsruhe MDR **1976** 513; *Seier* NStZ **1982** 272.

[30] LG Dortmund AnwBl. **1975** 367.

[31] Vgl. OLG Hamm JMBlNW **1976** 105; OLG Düsseldorf MDR **1986** 76; LG Dortmund AnwBl. **1975** 367; *Kleinknecht/Meyer*[38] 8; KK-*Schikora/Schimansky*[2] 4; s. auch § 268, 42 ff.

Entscheidung über die Auslagen von der Sachentscheidung zu trennen. „Der neu eingefügte Absatz 2 bestimmt deshalb in Ergänzung des Absatzes 1, daß das Gericht die Entscheidung darüber, wer die notwendigen Auslagen trägt, in dem Urteil oder in dem Beschluß trifft, der das Verfahren abschließt. Diese Regelung gilt nicht nur für die Kostenentscheidung im Falle des Freispruchs nach §467, sondern auch für die nach dem neuen §465 Abs. 2, sowie die Kostenentscheidung für das Rechtsmittelverfahren nach §473" (Bericht des Rechtsausschusses BTDrucks. zu V 2600, 2601 S. 20). Die Einfügung des Absatzes 2 beruhte danach in erster Linie auf dem Bestreben, die Rückkehr zu dem vor dem StPÄG 1964 bestehenden Rechtszustand durch die förmliche Bestimmung deutlich zu machen, daß die Entscheidung über die notwendigen Auslagen einen Bestandteil des Urteils oder der das Verfahren abschließenden Entscheidung bildet.

Daraus erklärt sich die **Abweichung im Wortlaut des §464 Abs. 2 von dem des Ab-** **19** **satzes 1.** §464 Abs. 2 bestimmt nicht, daß jedes Urteil und jeder das Verfahren abschließende Beschluß darüber Bestimmung treffen müsse, von wem die einem Beteiligten entstandenen notwendigen Auslagen zu tragen sind. Wenn §464 Abs. 2 so lautete, so müßte zum Beispiel ein verurteilendes Erkenntnis im Sinne des §465 Abs. 1 neben dem Ausspruch über die gerichtlichen Kosten des Verfahrens auch aussprechen, daß der Verurteilte die ihm entstandenen notwendigen Auslagen selbst zu tragen habe; ebenso müßte ausgesprochen werden, daß bei Freispruch des Angeklagten der Nebenkläger seine notwendigen Auslagen selbst trägt (§472, 4). Das ist aber überflüssig, denn wenn es sich zum Beispiel um die notwendigen Auslagen des Verurteilten handelt, ergibt sich schon aus der Regel des §465 Abs. 1, daß der Angeklagte als Folge seiner Verurteilung seine notwendigen Auslagen selbst zu tragen hat und es eines Ausspruchs nur bedarf, wenn ausnahmsweise gemäß §465 Abs. 2 Satz 3 bestimmte notwendige Auslagen der Staatskasse aufzuerlegen sind. Während also nach §464 Abs. 1 eine Entscheidung über die Gerichtskosten stets getroffen werden muß, muß sich nach Absatz 2 die Formel der Sachentscheidung über die Erstattung notwendiger Auslagen nur aussprechen, wenn eine solche Erstattung (rechtlich, wenn auch nicht notwendigerweise praktisch) in Frage steht[32], sei es, daß eine Überbürdung zwingend vorgeschrieben ist oder von einer Ermessensentscheidung des Gerichts abhängt, oder sei es, daß eine im Regelfall vorgeschriebene Überbürdung im Einzelfall entfällt, weil eine Überbürdung versagt werden muß oder kann. Das schließt nicht aus, daß im Einzelfall die Entscheidung zur Klarstellung förmlich, aber nur die Rechtslage verdeutlichend, ausspricht, daß Auslagen von demjenigen zu tragen sind, dem sie entstanden sind, weil ein Überbürdungsfall nicht gegeben ist; ein Zwang zu solcher Klarstellung besteht aber nicht[33].

2. Form der Entscheidung. Die Entscheidung ist im **Urteil** oder in dem **das Ver-** **20** **fahren abschließenden Beschluß** zu treffen (Rdn. 4 ff). Auch hier genügt ein Beschluß, der nicht das Verfahren im ganzen, sondern nur einen umgrenzten Verfahrensabschnitt beendet, wie zum Beispiel der auf Haftbeschwerde den Haftbefehl aufhebende Beschluß des Beschwerdegerichts, der das die Untersuchungshaft betreffende Verfahren auf der Grundlage der bisherigen Ermittlungen endgültig beendet, auch wenn dies die Möglichkeit eines erneuten Haftbefehls auf Grund neuer Umstände offen läßt[34]. Zur „vorläufi-

[32] KG JR **1976** 297; OLG Karlsruhe AnwBl. **1985** 158; vgl. auch *K. Meyer* JR **1976** 76.
[33] A. A OLG Koblenz OLGSt §473, 96 betr. Auslagen des Nebenklägers bei Freispruch.
[34] OLG Celle MDR **1970** 349; vgl. im übrigen Rdn. 8; §473, 13 ff; **a. A** grundsätzlich wohl

Kleinknecht/Meyer[38] 6; 11, der Kostenentscheidungen in bestimmten verfahrensbeendigenden Zwischenverfahren zuläßt, nicht aber im gleichen Umfang Auslagenentscheidungen.

Hans Hilger

gen" Einstellung vgl. Rdn. 10 ff. Absatz 2 erfaßt — entgegen seinem Wortlaut — auch den Strafbefehl; dies ist für § 465 Abs. 2 und § 472 von Bedeutung.

21   **3. Entscheidung nur dem Grunde nach.** Wie die Entscheidung über die gerichtlichen Auslagen nach § 464 Abs. 1 (Rdn. 1 ff), ist auch die gerichtliche Entscheidung über die Tragung außergerichtlicher notwendiger Auslagen nur eine Entscheidung „dem Grunde nach"[35]. Die weitere Entscheidung, welche einzelnen Auslagen zu den „notwendigen Auslagen" des Beteiligten gehören (§ 464 a Abs. 2), und in welcher Höhe sie zu erstatten sind, gehört in das Kostenfestsetzungsverfahren nach § 464 b.

III. Folgen der Unterlassung eines Auslagenerstattungsausspruchs in der Sachentscheidung

22   **1. Die materiellrechtlichen Vorschriften über die Auslagenerstattung** (Rdn. 18) treten in verschiedener Gestalt auf. In einer Reihe gesetzlicher Vorschriften ist grundsätzlich an eine Sachentscheidung bestimmten Inhalts die Pflicht der Staatskasse oder eines Verfahrensbeteiligten zur Erstattung der einem anderen erwachsenen notwendigen Auslagen geknüpft. Das Gesetz bringt dies in wechselnder Form zum Ausdruck. So „fallen" nach § 467 Abs. 1 die Auslagen des unverurteilt aus dem Verfahren hervorgehenden Angeschuldigten „der Staatskasse zur Last", wenn nicht ausnahmsweise einzelne (§ 467 Abs. 2 Satz 2) oder alle Auslagen (§ 467 Abs. 3 Satz 1) der „Staatskasse nicht auferlegt werden" oder das Gericht nach Ermessen („kann") davon „absieht", die Auslagen der Staatskasse aufzuerlegen. Der Verurteilte hat nach § 471 Abs. 1 im Privatklageverfahren dem Privatkläger dessen notwendige Auslagen „zu erstatten", während nach § 471 Abs. 2 dem Privatkläger die Auslagen des unverurteilt aus dem Verfahren hervorgehenden Beschuldigten „zur Last fallen". Im Adhäsionsverfahren hat der Angeklagte, soweit dem Antrag auf Zuerkennung eines aus der Straftat erwachsenen Anspruchs stattgegeben wird, die dem Verletzten entstandenen notwendigen Auslagen „zu tragen" (§ 472 a Abs. 1). In anderen Fällen bezeichnet das Gesetz die Überbürdung meist als „Auferlegung an die Staatskasse" oder einen Beteiligten (§§ 465 Abs. 2 Satz 3, 467 a, 469, 470 Satz 2, 472, 472 b, 473 Abs. 1 bis 4), spricht aber auch davon, daß jemand die Auslagen eines Beteiligten „zu tragen" habe (§ 470 Satz 1).

23   **2. Frühere Betrachtungsweise.** Vor Schaffung des § 464 Abs. 2 im Jahre 1968 wurde angenommen, daß es bei einer Reihe von Fällen eines Überbürdungsausspruchs in der Entscheidungsformel nicht bedürfe, weil sich die Überbürdung ohne weiteres (automatisch) aus dem Gesetz ergebe, so zum Beispiel bezüglich der Auslagen des auf Kosten der Staatskasse freigesprochenen Angeklagten (§ 467 Abs. 1), der Auslagen des Privat- oder Nebenklägers, wenn der Angeklagte verurteilt wird, und der Auslagen des Verletzten, wenn im Adhäsionsverfahren seinem Antrag auf Zuerkennung eines aus der Straftat entstandenen Anspruchs stattgegeben wird. Es konnte daher zum Beispiel der Nebenkläger gegen den Verurteilten im Verfahren nach (jetzt) § 464 b die Festsetzung seiner Auslagen betreiben, auch wenn die Urteilsformel keinen Überbürdungsausspruch enthielt.

24   **3. Notwendigkeit eines ausdrücklichen Ausspruchs.** Mit dieser Begründung läßt sich aber die frühere Praxis, die während einer gewissen, inzwischen abgelaufenen

---

[35] BayObLG DAR **1975** 208.

Übergangzeit hingenommen werden konnte, gegenüber dem jetzigen Absatz 2 nicht aufrechterhalten. Sachlich besteht kein Unterschied, ob die Überbürdung in materiell-rechtlichen Wendungen („fallen zur Last", „hat zu erstatten", „hat zu tragen") oder in der verfahrensrechtlichen Form eines Gebots an den Richter („hat aufzuerlegen") angeordnet wird. Um die gebotene oder zulässige Abwälzung der einem Beteiligten entstandenen Auslagen zu effektuieren (§ 464 b), bedarf es nach § 464 Abs. 2 des ausdrücklichen Ausspruchs in der Sachentscheidung, wer die Auslagen zu tragen hat, denn es ist gerade der Sinn des § 464 Abs. 2, daß die Entscheidung über die Auslagen für den Angeklagten und sonstige Beteiligte, aber auch für den Kostenbeamten, in sich klar und verständlich ist. Fehlt es an einem solchen Ausspruch, so bleibt derjenige mit den Auslagen belastet, dem sie entstanden sind; die Entscheidung bedeutet praktisch die Ablehnung einer Überbürdung[36]. Abhilfe ist nur durch Anfechtung (§ 464 Abs. 3 Satz 1) des — versehentlich oder bewußt — unvollständigen Spruchs möglich, nicht aber dadurch, daß das Gericht seine Entscheidung nachträglich „ergänzt", denn das wäre in Wirklichkeit eine nicht mehr mögliche Abänderung des Urteils[37]. Daher kann einer Auffassung, auch unter der Herrschaft des § 464 Abs. 2 bedürfe es bei Freispruch des Angeklagten, bei Obsiegen des Privat- und Nebenklägers oder zum Beispiel des Verletzten im Adhäsionsprozeß keiner Überbürdungsanordnung[38], nicht zugestimmt werden[39]. Darin liegt auch keine Unbilligkeit, denn die Pflicht zur Rechtsmittelbelehrung (§ 35 a) erstreckt sich auch auf die Besonderheiten der Anfechtung der die Auslagen betreffenden Entscheidung, und § 44 Satz 2 findet Anwendung, wenn diese Belehrung unterblieben ist[40] (vgl. auch Rdn. 44). Lautet also ein freisprechendes Urteil der Berufungsinstanz nur dahin, die Kosten des Verfahrens trage die Staatskasse, so ist dem Freigesprochenen gegen die Versäumnis der Frist zur Einlegung der sofortigen Beschwerde wegen des fehlenden Auslagenerstattungsausspruchs gemäß § 44 Wiedereinsetzung zu gewähren, wenn das Gericht es verabsäumt hat, ihn über die Anfechtbarkeit der Kosten- und **Auslagenentscheidung** zu belehren; dies soll auch dann gelten[41], wenn einem Wiedereinsetzungsantrag nicht die Behauptung entnommen werden kann, der Antragsteller habe die Rechtsmittelfrist wegen der unterlassenen Belehrung nicht gekannt und sie infolgedessen versäumt (s. auch Rdn. 44).

4. Keine Umdeutung der Kostenentscheidung in eine Kosten- und Auslagenentscheidung. In der ersten Zeit nach Inkrafttreten der durch das EGOWiG eingeführten **25**

---

[36] OLG Saarbrücken NJW **1973** 1944.

[37] Vgl. OLG Koblenz Rpfleger **1973** 101; OLG Hamm JMBlNW **1976** 105; OLG Düsseldorf MDR **1986** 76; LG Düsseldorf AnwBl. **1977** 118; LG Bonn AnwBl. **1978** 319; LG Flensburg JurBüro **1983** 881; LG Regensburg JurBüro **1984** 1205 mit Anm. *D. Meyer*; LG Bayreuth JurBüro **1987** 1379; vgl. auch LG Dortmund AnwBl. **1975** 367; OLG Bamberg JurBüro **1981** 1224 mit Anm. *Mümmler*; OLG Hamm MDR **1986** 1048; *Mümmler* JurBüro **1986** 1537.

[38] OLG Stuttgart Rpfleger **1970** 439; OLG Bamberg JurBüro **1975** 39 (Nebenklage); *Eb. Schmidt* Nachtr. II § 465, 16; § 471, 18; § 472 a, 2; *Krämer* SchlHA **1971** 29; vgl. auch *Weber* AnwBl. **1986** 40;

[39] OLG Saarbrücken NJW **1973** 1944; OLG Hamm NJW **1974** 71; JMBlNW **1977** 119; OLG Karlsruhe NJW **1976** 1548; OLG Schleswig SchlHA **1976** 280; LG Dortmund AnwBl. **1975** 367; LG Würzburg JurBüro **1976** 1706; LG Bayreuth JurBüro **1981** 1856.

[40] OLG Hamm MDR **1970** 439; OLG Celle NdsRpfl. **1972** 70; OLG Köln MDR **1973** 516; vgl. auch § 35 a, 13 ff; § 44, 64 ff.

[41] OLG Schleswig SchlHA **1976** 280; vgl. dagegen § 44, 65; s. zur Wiedereinsetzung auch LG Hannover NJW **1980** 2265; LG Bayreuth JurBüro **1981** 1856; LG Oldenburg AnwBl. **1982** 261; LG Regensburg JurBüro **1984** 1205 mit Anm. *D. Meyer*; *Mümmler* JurBüro **1984** 1283.

Hans Hilger

Änderungen des Kosten- und Auslagenrechts kam es häufig vor, daß die Gerichte in Erinnerung an die frühere Lehre von der automatisch mit dem Kostenausspruch verknüpften Auslagenerstattungspflicht (Rdn. 23) den Angeklagten „auf Kosten der Staatskasse" freisprachen, also von einer förmlichen Auslagenüberbürdungsentscheidung absahen und der Freigesprochene dies hinnahm, ohne sofortige Beschwerde mit dem Ziel einer Ergänzung der Kostenentscheidung einzulegen. Um Schwierigkeiten aus dem Fehlen eines Auslagenerstattungstitels im Beschwerdeverfahren (§ 464 b) zu vermeiden, griff man zur Umdeutung, das heißt zu einer erweiternden Auslegung des Kostenausspruchs. Ein Freispruch „auf Kosten der Staatskasse" sollte danach dahin verstanden werden, daß der Richter, die Regel des § 467 Abs. 1 befolgend, mit einer solchen Entscheidung „stillschweigend" die notwendigen Auslagen des Angeschuldigten der Staatskasse auferlegt habe[42]. Für eine **Übergangszeit**, in der noch keine Übereinstimmung über die Bedeutung des § 464 Abs. 2 bestand und noch die Auslegung des früheren Rechts nachwirkte, war es wohl auch vertretbar, Schwierigkeiten aus dem Fehlen einer förmlichen Auslagenentscheidung durch Umdeutung des auf die „Kosten" beschränkten Ausspruchs in eine die Auslagenregelung mitumfassende Entscheidung zu vermeiden.

26   **Im Ergebnis** kommt aber die Lehre von der Umdeutung auf die Lehre von der automatischen Verknüpfung des Kostentragungsausspruchs mit der Auslagenerstattungspflicht hinaus und ist in gleicher Weise **mit dem Sinn des § 464 Abs. 2 unvereinbar.** Die bei Inkrafttreten des EGOWiG bestehenden Schwierigkeiten der Anfangs- und Übergangszeit mit der Nachwirkung hergebrachter Gepflogenheiten sind längst überwunden, und es bedeutet eine Verkennung der auf Klarheit und Verdeutlichung der Rechtslage gerichteten Absichten des Gesetzgebers, auf denen die Schaffung des § 464 Abs. 2 beruht[43], wenn auch in neuerer Zeit noch die Auffassung[44] vertreten wird, ein Freispruch, in dem nur von der Auferlegung der Kosten an die Staatskasse die Rede ist, könne im Kostenfestsetzungsverfahren dahin ausgelegt werden, daß auch die notwendigen Auslagen des Angeklagten gemeint seien, insbesondere wenn es sich zweifelsfrei um einen obligatorischen Überbürdungsfall (§ 467 Abs. 1) handele und keine Anhaltspunkte für Ausnahmetatbestände vorlägen. Daß sich aus der strengeren Handhabung in der Regel keine Unbilligkeiten ergeben, ist oben (Rdn. 24) dargelegt. Dies alles gilt auch, wenn **bei Verurteilung des Angeklagten versäumt wird, ihm die notwendigen Auslagen des Privat- oder Nebenklägers** oder des Verletzten (§§ 472, 472 a) aufzuerlegen[45] (vgl. auch Rdn. 44). Zu § 74 JGG vgl. § 465, 11.

---

[42] OLG Stuttgart Justiz **1970** 424; OLG Zweibrücken MDR **1971** 68 (Teilfreispruch); LG Kiel SchlHA **1969** 202; vgl. auch *Krämer* SchlHA **1971** 29.

[43] Vgl. OLG München JurBüro **1986** 1537 mit Anm. *Mümmler*; LG Hannover NJW **1980** 2265; LG Oldenburg AnwBl. **1982** 261; LG Regensburg JurBüro **1984** 1205 mit Anm. *D. Meyer*; *Kleinknecht/Meyer*[38] § 467, 20; *Mümmler* JurBüro **1981** 1225; **1984** 1281; *Seier* NStZ **1982** 272.

[44] OLG Karlsruhe AnwBl. **1985** 158 (Freispruch „auf Kosten der Staatskasse"); OLG Köln JurBüro **1985** 1206; LG Aachen JurBüro **1974** 347 mit Anm. *Mümmler*; JurBüro **1978** 266 mit Anm. *Mümmler*; LG Düsseldorf AnwBl. **1974** 358; LG Krefeld JurBüro **1975**

915 mit Anm. *Mümmler*; NJW **1976** 1548 mit weit. Nachw.; LG Bremen Rpfleger **1976** 217; LG Koblenz AnwBl. **1977** 172; LG Osnabrück JurBüro **1977** 1583 mit Anm. *Mümmler*; LG Limburg JurBüro **1985** 1510; KK- *Schikora/Schimansky*² 6; vgl. auch OLG Düsseldorf MDR **1986** 76; LG Flensburg JurBüro **1983** 1220; *D. Meyer* JurBüro **1983** 980; **1984** 501.

[45] Vgl. zur Nebenklage auch OLG Frankfurt Rpfleger **1984** 331; OLG Celle AnwBl. **1985** 320 mit abl. Anm. *Weber* AnwBl. **1986** 40 (mit Nachw. zur bisherigen Gegenmeinung vor Einfügung des § 472 durch das OpferschutzG); LG Bamberg JurBüro **1983** 1847; *Mümmler* JurBüro **1987** 824; *Seier* NStZ **1982** 272; s. auch § 472, 8.

5. Auch für **Entscheidungen des Rechtsmittelgerichts,** die sich nur auf einen Aus- **27** spruch über die „Kosten" beschränken, gilt, daß sie nicht in eine die außergerichtlichen Auslagen umfassende Entscheidung „umgedeutet" werden können. Wird also das von der Staatsanwaltschaft zuungunsten des Beschuldigten eingelegte Rechtsmittel verworfen, so ist gemäß § 473 Abs. 2 Satz 1 förmlich auszusprechen, daß die dem Beschuldigten erwachsenen notwendigen Auslagen der Staatskasse auferlegt werden; eine Verwerfung „auf Kosten der Staatskasse" kann nicht mehr, wie in der Anfangszeit[46], als eine die Überbürdung der notwendigen Auslagen des Beschuldigten auf die Staatskasse aussprechende Entscheidung verstanden werden. Ebenso muß, wenn der Angeklagte mit seiner unbeschränkt eingelegten Berufung nur einen Teilerfolg erreicht, etwa statt des Freispruchs nur eine Herabsetzung der Strafe, über seine notwendigen Auslagen förmlich befunden werden (§ 473 Abs. 4 Satz 2); es genügt also, wenn das Gericht keinen Grund sieht, diese Auslagen ganz oder teilweise der Staatskasse aufzuerlegen, nicht der allgemeine Anspruch, daß die Berufung im übrigen „auf seine Kosten" verworfen werde.

6. **Keine Ergänzung der Entscheidung durch Nachtragsbeschluß.** Enthält ein ver- **28** fahrensbeendigender Beschluß keine Entscheidung über die notwendigen Auslagen eines Beteiligten, so wurde früher — jedenfalls dann, wenn die Entscheidung offenbar versehentlich unterblieben war — angenommen, daß die Nachholung durch Nachtragsbeschluß möglich sei, der hinsichtlich der Anfechtbarkeit so zu behandeln sei, als wäre er in dem verfahrensbeendigenden Beschluß enthalten[47]. Gegen diese Auffassung bestehen aber jetzt durchgreifende Bedenken. Denn auch ein Beschluß, der — wenn auch versehentlich — eine nach § 464 Abs. 1, 2 erforderliche Kosten- und Auslagenentscheidung nicht enthält, stellt in negativer Form eine „Entscheidung über Kosten und Auslagen" im Sinne des Absatzes 3 Satz 1 dar. Soweit er mit sofortiger Beschwerde anfechtbar ist, ist eine „Ergänzung", die in Wirklichkeit eine Abänderung darstellt, nach § 311 Abs. 3 Satz 1 nicht zulässig[48]. Soweit er unanfechtbar ist, wäre eine nachträgliche Ergänzung unvereinbar mit der Sperrwirkung der formellen Rechtskraft der Entscheidung. Das gilt auch für den Fall der Unanfechtbarkeit nach § 464 Abs. 3 Satz 1, 2. Halbsatz[49]; der Gesetzgeber hat diese Regelung in Kenntnis der Problematik getroffen, ohne eine Ausnahmeregelung vorzusehen. Ergeht aber ein unzulässiger Nachtragsbeschluß, so ist er ggf. nach § 464 Abs. 3 Satz 1 selbst anfechtbar; ist er unanfechtbar, oder wird er rechtskräftig, so ist der Mangel seiner Zulässigkeit geheilt[50]. Eine nachträgliche Korrektur einer Auslagenentscheidung im Verfahren nach § 33 a dürfte grundsätzlich unbedenklich sein[51].

[46] OLG Stuttgart Justiz **1970** 424.
[47] OLG Düsseldorf NJW **1969** 2059; KG GA **1971** 247.
[48] Vgl. OLG Hamm NJW **1971** 456; **1973** 1515; **1974** 71; OLG Düsseldorf MDR **1986** 76; OLG München JurBüro **1986** 1537 mit Anm. *Mümmler;* LG Flensburg JurBüro **1983** 881; 1220; *Meyer* JR **1978** 256; *Mümmler* JurBüro **1984** 1282; *Seier* NStZ **1982** 272 mit weit. Nachw.; *Seier* GA **1980** 409; *Seier* 23 ff; vgl. auch LG Rottweil Justiz **1987** 162; § 268, 51.

[49] Vgl. OLG Düsseldorf MDR **1988** 164; *Kleinknecht/Meyer*[38] 12; *Meyer* JR **1978** 256; **a. A** zur bisherigen Rechtslage: OLG Bamberg JurBüro **1981** 1224 (in Gegenvorstellung) mit Anm. *Mümmler;* OLG Hamburg MDR **1985** 604 (zu § 154 b) mit krit. Anm. *Weber* MDR **1986** 74; LR-*Rieß* § 153, 76; vgl. auch Rdn. 49 und die Erl. Vor § 304.
[50] LG Flensburg SchlHA **1962** 78; s. auch OLG Düsseldorf MDR **1988** 164.
[51] Vgl. LG Flensburg JurBüro **1986** 408; *Weber* MDR **1986** 74.

IV. Keine Korrektur der Auslagenentscheidung im Kostenfestsetzungsverfahren

29   Das Festsetzungsverfahren nach § 464 b hat allein die Aufgabe, ziffernmäßig die Höhe der notwendigen Auslagen festzusetzen, bezüglich deren eine rechtskräftige gerichtliche Grundentscheidung vorliegt. Deshalb ist es ausgeschlossen, **unvollständige Grundentscheidungen** des erkennenden Gerichts in diesem Verfahren zu korrigieren. Gleiches gilt für **Fehler** in der gerichtlichen Grundentscheidung[52]. Deshalb ist es zum Beispiel nicht zulässig, bei uneingeschränkter Auslagenüberbürdung auf die Staatskasse die Erstattung — dennoch — mit der Begründung abzulehnen, das erkennende Gericht habe Umstände im Sinne des § 467 Abs. 2 oder Abs. 3 Satz 1, 2 oder die in § 464 Abs. 2 bis 4 eingeräumten Entscheidungsmöglichkeiten übersehen oder verkannt[53]. Gleiches gilt für fehlerhafte Auslagenentscheidungen im Falle der Nebenklage[54].

V. Selbständige Kosten- und Auslagenentscheidung

30   **1. Voraussetzungen.** Neben den mit einer Sachentscheidung verbundenen Kosten- und Auslagenentscheidungen, auf die sich die Absätze 1, 2 nach ihrem Wortlaut beziehen, gibt es auch selbständige Kosten- und Auslagenentscheidungen (§§ 467 a, 469, 470, 473 Abs. 1). Außer den im Gesetz vorgesehenen Fällen sind selbstständige Kosten- und Auslagenentscheidungen in Form eines Beschlusses zulässig und geboten, wenn sich ein Verfahren ohne Sachentscheidung erledigt, und zwar selbständige Auslagenbeschlüsse, wenn ohne eine gerichtliche Auslagenerstattungsentscheidung dem Grunde nach das Betreiben der Auslagenfestsetzung nach § 464 b nicht möglich ist, so insbesondere nach Zurücknahme eines Rechtsmittels (§ 473, 4; vgl. außerdem § 153, 76; § 177, 4 sowie § 154, 30; § 467 a, 9)[55].

31   **2. Rechtsmittel.** Zum Teil ist das Rechtsmittel der sofortigen Beschwerde gegen isolierte Beschlüsse ausdrücklich ausgeschlossen (§§ 467 a Abs. 3, 469 Abs. 3). Wo es an einer solchen Vorschrift fehlt, unterliegt die selbständige Kosten- und Auslagenentscheidung der Regelung des Absatzes 3 Satz 1 (Rdn. 56). Diese ist unmittelbar anwendbar, denn es ist kein innerer Grund ersichtlich, ihre Anwendbarkeit auf den in § 464

---

[52] H. M; vgl. OLG Bremen AnwBl. **1977** 74; LG Würzburg JurBüro **1980** 733; JurBüro **1981** 851; a. A LG Flensburg JurBüro **1983** 881 (Tod des Angekl.); LG Bad Kreuznach Rpfleger **1987** 384; zu § 74 JGG vgl. LG Augsburg AnwBl. **1984** 263 mit Anm. *Schmidt*; LG Hof JurBüro **1985** 908; s. auch *D. Meyer* JurBüro **1979** 963; JurBüro **1981** 162.

[53] Vgl. OLG Zweibrücken JurBüro **1979** 1861; LG Krefeld JurBüro **1975** 915; LG Hannover NdsRpfl. **1978** 200; LG Zweibrücken Rpfleger **1980** 398; LG Flensburg JurBüro **1983** 1219; LG Wuppertal JurBüro **1984** 1059 mit krit. Anm. *Mümmler*; *Pasker* MDR **1986** 197; a. A LG Trier Rpfleger **1977** 107; LG Wuppertal JurBüro **1979** 1184; LG Flensburg JurBüro **1985** 1049 mit Anm. *D.*

Meyer (für einen Fall, in dem die Entscheidung – auf § 467 gestützt – gegen eine zwingende Auslagenregelung – § 467 Abs. 2 – verstieß); vgl. auch LG Siegen Rpfleger **1973** 177; LG Würzburg JurBüro **1974** 889; LG Frankenthal MDR **1979** 165; LG Krefeld JurBüro **1986** 1539; *Schmid* JZ **1982** 186.

[54] OLG München AnwBl. **1979** 198; LG Dortmund JurBüro **1981** 881 mit krit. Anm. *Mümmler*; LG Köln AnwBl. **1983** 468; LG Essen Rpfleger **1984** 368 mit krit. Anm. *Mümmler*; a. A LG Aschaffenburg JurBüro **1985** 1046 mit zust. Anm. *Mümmler*; AG Kappeln JurBüro **1980** 1204 mit Anm. *D. Meyer*; vgl. auch AG Saarlouis AnwBl. **1982** 262 (Privatklage).

[55] Vgl. auch LG Rottweil Justiz **1987** 162 (zum Abhilfebeschluß); *K. Meyer* JR **1978** 256.

Abs. 1, 2 bezeichneten Fall der Verbindung der Kosten- mit der Sachentscheidung zu beschränken.

3. Fehlende Auslagenentscheidung. Enthält ein isolierter Beschluß nur eine Entscheidung über die „Kosten", ohne ausdrücklich über die Erstattung der notwendigen Auslagen eines Beteiligten Bestimmung zu treffen, so muß auch hier — wie bei den mit einer Sachentscheidung verbundenen Beschlüssen (Rdn. 28) — gelten, daß eine Nachholung der förmlichen Auslagenentscheidung nur durch Anfechtung der Entscheidung, soweit zulässig, nach § 464 Abs. 3 Satz 1 möglich ist. **32**

VI. Zur Anfechtung der Kosten- und Auslagenentscheidung im allgemeinen (Absatz 3 Satz 1)

1. Bedeutung und Zweck des Absatzes 3 Satz 1. Wie oben (Rdn. 18) ausgeführt, bildete nach früherem Recht die Kostenentscheidung und der Ausspruch der Überbürdung der notwendigen Auslagen des nicht verurteilten Angeschuldigten auf die Staatskasse einen Bestandteil der Entscheidung zur Hauptsache mit der Folge, daß die Anfechtung der Entscheidung zur Hauptsache sich auch auf die Kosten- und Auslagenentscheidung erstreckte, und daß, wenn die Anfechtung zulässigerweise auf den Kostenpunkt beschränkt wurde, die Anfechtung mit dem gleichen Rechtsmittel erfolgte, das gegen die Entscheidung zur Hauptsache gegeben war, also zum Beispiel mit der Berufung, wenn die Kosten- und Auslagenentscheidung des amtsgerichtlichen Urteils angegriffen wurde. Von dieser Regelung ging § 467 Abs. 4, 5 i. d. F des StPÄG 1964 insofern ab, als der Ausspruch über die Erstattung der notwendigen Auslagen des Angeschuldigten aus der Staatskasse nicht mehr einen Bestandteil der Sachentscheidung bildete, sondern zwar zeitlich zusammen mit der Sachentscheidung, aber durch einen besonderen Beschluß erfolgte, der nach Rechtskraft der Sachentscheidung zugestellt wurde und mit der sofortigen Beschwerde anfechtbar war. Demgegenüber bestimmt § 464 Abs. 2, daß die Entscheidung, wer die notwendigen Auslagen des Angeschuldigten trägt, wieder in der das Verfahren abschließenden Entscheidung getroffen wird, also in gleicher Weise wie die Entscheidung über die gerichtlichen Kosten (Abs. 1) einen Bestandteil der zur Hauptsache ergangenen Entscheidung bildet. Nach § 464 Abs. 3 Satz 1 ist aber gegen die Entscheidung über die gerichtlichen Kosten und die notwendigen Auslagen — „aus Gründen der Vereinfachung des Verfahrens" (Bericht des RAussch. BTDrucks. zu V 2600, 2601 S. 20) — nicht mehr das gegen die Sachentscheidung zulässige Rechtsmittel, sondern die sofortige Beschwerde gegeben (dazu Rdn. 41 ff). Die Anfechtbarkeit der Kosten- und Auslagenentscheidung mit der sofortigen Beschwerde gilt aber grundsätzlich nicht nur, wenn diese Entscheidung in einem Urteil enthalten ist, sondern für alle Kosten- und Auslagenentscheidungen, und zwar bei Beschlüssen ohne Rücksicht darauf, ob es sich um verfahrensbeendigende Beschlüsse oder um isolierte Kostenbeschlüsse (Rdn. 28; 30) handelt. Sie gilt desweiteren für unterlassene Nebenentscheidungen (Rdn. 17; 24; 32; 39). **33**

Absatz 3 Satz 1 **zweiter Halbsatz** begrenzt diese durch den ersten Halbsatz grundsätzlich eingeräumte Anfechtbarkeit. Er verbindet die sofortige Beschwerde mit dem Rechtsmittel zur Sachentscheidung, sofern eine solche vorliegt, indem er die Statthaftigkeit der sofortigen Beschwerde abhängig macht von der Statthaftigkeit der Anfechtung derjenigen Sachentscheidung („Hauptentscheidung"), zu der die Nebenentscheidung über die Kosten und notwendigen Auslagen gehört (vgl. Rdn. 49). **34**

35   **2. Absatz 3 Satz 1 ist weitgehend ohne Bedeutung,** wenn der Beschluß , der die Kosten- und Auslagenentscheidung enthält, ohnehin mit der sofortigen Beschwerde anfechtbar ist, wie zum Beispiel der die Eröffnung des Hauptverfahrens ablehnende Beschluß (§ 210 Abs. 2) oder der Einstellungsbeschluß nach § 206 a; in solchen Fällen umfaßt die Beschwerde gegen die Entscheidung zur Hauptsache aber auch nur dann den Kostenpunkt, wenn dies deutlich gemacht wird[56] (Rdn. 43). Bei Anfechtung einer durch Urteil getroffenen Kosten- und Auslagenentscheidung gilt, wenn gleichzeitig die Sachentscheidung angefochten wird, die besondere Vorschrift des Abs. 3 Satz 3 (dazu Rdn. 64).

36   **3. Beschränkungen der sofortigen Beschwerde** ergeben sich aus § 304 Abs. 3 (Wertgrenze)[57] und Abs. 4, 5 (betr. Beschlüsse des BGH und der OLG sowie deren Ermittlungsrichter; Rdn. 51). Aus **§ 304 Abs. 4 Satz 2** ergibt sich: wird ein erstinstanzliches Urteil des Oberlandesgerichts (§ 120 GVG) auf Revison hin in der Hauptsache aufgehoben oder abgeändert, so ist die Aufhebung oder Abänderung der Entscheidung über Kosten und Auslagen durch das Revisiongericht auch ohne eine gegen diese Entscheidung eingelegte sofortige Beschwerde geboten (Rdn. 41). Ist die Revision aber erfolglos, so entfällt, wie sich aus dem Katalog des § 304 Abs. 4 Satz 2 ergibt, eine selbständige Anfechtung der Kosten- und Auslagenentscheidung. Das entspricht sowohl dem Rang, der einer Entscheidung des Oberlandesgerichts zukommt, wie dem gesetzgeberischen Bestreben, den Bundesgerichtshof nicht mit Nebenentscheidungen von verhältnismäßig untergeordneter Bedeutung zu überlasten, um ihm die Wahrnehmung seiner wesentlichen Rechtsprechungsaufgaben nicht zu erschweren[58]. Unanfechtbar ist auch die bereits rechtskräftig gewordene Teilkostenentscheidung des ersten Urteils, die ohne sachliche Änderung aus Gründen der Übersichtlichkeit vom Berufungsgericht in eine Neufassung des gesammten Kostenausspruchs einbezogen wurde[59].

37   **4. Ein Rechtsmittelverzicht** kann auf die Hauptentscheidung beschränkt werden, so daß die Kosten- und Auslagenentscheidung anfechtbar bleibt. Jedoch erstreckt sich ein ohne Einschränkungen vom Angeklagten und seinem Verteidiger nach der Urteilsverkündung ausgesprochener Rechtsmittelverzicht auch auf die sofortige Beschwerde gegen die Kostenentscheidung; ein nicht zum Ausdruck gebrachter entgegenstehender Wille ist im Hinblick auf die Eindeutigkeit der Erklärung unbeachtlich[60].

38   **5. Eine weitere Beschwerde** gegen die Entscheidung des Beschwerdegerichts über Kosten und Auslagen ist nach § 310 Abs. 2 ausgeschlossen[61]. Auch unterliegt die Kosten- und Auslagenentscheidung einer auf Beschwerde gegen die Sachentscheidung ergangenen Beschwerdeentscheidung keiner (weiteren) Beschwerde[62]. Wird das amtsgerichtliche Urteil sowohl zur Hauptsache wie im Kostenpunkt angegriffen, und entscheidet die Strafkammer in dem die Berufung verwerfenden Urteil auch über die angefochtene

---

[56] Vgl. *Gössel* JR **1981** 129 sowie Fußn. 75; s. auch § 206 a, 70; § 210, 15 ff; **a. A** BayObLG GA **1971** 247.

[57] Vgl. auch OLG Düsseldorf JurBüro **1983** 729; AnwBl. **1986** 157; OLG Karlsruhe Justiz **1986** 100; *Seier* 118; § 304, 45 ff.

[58] Vgl. BGHSt **26** 250; **27** 96; § 304, 67 ff.

[59] OLG Celle NdsRpfl. **1972** 48.

[60] OLG Hamm MDR **1971** 776; OLG Köln MDR **1973** 516; LG Mönchengladbach MDR **1971** 1031; *Seier* 127.

[61] OLG Müchen Rpfleger **1974** 201; OLG Oldenburg NdsRpfl. **1984** 196.

[62] BayObLG GA **1971** 247; OLG Hamm NJW **1970** 2127; OLG Celle NdsRpfl. **1972** 48; OLG Oldenburg MDR **1982** 1042; s. auch § 310, 24.

Kostenentscheidung, so handelt es sich bei diesem Teil des Urteils materiell um einen Beschluß, gegen den weitere Beschwerde ausgeschlossen ist[63].

6. Beschwerdeberechtigt ist, wer durch den Inhalt einer Kosten- oder Auslagenentscheidung oder dadurch beschwert ist, daß eine Kosten- oder Auslagenentscheidung nicht getroffen worden ist[64], also auch der Nebenklagebefugte (§ 472 Abs. 3), außerdem ggf. der gesetzliche Vertreter oder der Erziehungsberechtigte (§ 67 JGG). Vgl. auch Rdn. 40. Ist die Staatskasse beschwert, so ist beschwerdeberechtigt die Staatsanwaltschaft, nicht der Bezirksrevisor[65]. Kein Fall des Absatz 3 Satz 1 liegt vor, wenn das Ziel, eine Auslagenerstattung in vollem Umfang unter Ausschaltung einer Ermessensentscheidung zu erreichen, nur auf dem Weg einer Änderung der Hauptentscheidung zu erreichen ist. Lautet zum Beispiel das Urteil auf Einstellung des Verfahrens wegen eines Verfahrenshindernisses unter Versagung einer Auslagenüberbürdung (§ 467 Abs. 3 Satz 2 Nr. 2), so kann der Angeklagte sein Ziel einer Auslagenüberbürdung in vollem Umfang dadurch erreichen, daß er das Urteil zur Hauptsache anficht und Freispruch statt Einstellung begehrt[66].   **39**

7. Zum **Tod des Beschuldigten** gelten die Ausführungen in § 467, 10 ff entsprechend[67]. Der Auffassung[68], daß die Erben des verstorbenen Angeschuldigten nicht anfechtungsberechtigt seien, kann nach der hier vertretenen Lösung nicht gefolgt werden. Wenn die notwendigen Auslagen nicht der Staatskasse überbürdet werden, sind die Erben hiervon unmittelbar betroffen.   **40**

VII. Verhältnis der Anfechtung der Sachentscheidung zur Anfechtung der Kosten(Auslagen)entscheidung

1. Erfolgreiches Rechtsmittel gegen die Entscheidung zur Hauptsache. Der Beschwerdeführer kann die Anfechtung einer Entscheidung auf die Kosten- und Auslagenentscheidung(-beschwerde) beschränken[69], aber auch daneben oder nur die Hauptentscheidung angreifen. Nach seinem Wortlaut enthält Absatz 3 Satz 1 (s. auch Absatz 3 Satz 3) eine Rechtsmittelbeschränkung bezüglich der Kostenentscheidung in dem Sinn, daß ein zur Hauptsache gegen ein Urteil eingelegtes Rechtsmittel (Berufung oder Revision) sich nicht auf den Kosten- und Auslagenanspruch erstreckt, dieser vielmehr vom Rechtsmittelgericht nur nachgeprüft wird, wenn er selbständig mit der sofortigen Beschwerde angegriffen wird. Auf die Spitze getrieben würde das dazu führen, daß, wenn auf das Rechtsmittel hin die Entscheidung zur Hauptsache geändert wird, die Kosten- und Auslagenentscheidung bestehen bleibt, wenn sie nicht selbständig mit der sofortigen Beschwerde angefochten ist. Es besteht jedoch allgemeines Einverständnis, daß, wenn eine Revision (Berufung, Beschwerde) in irgendeinem Punkt zu einer Änderung der angefochtenen Entscheidung führt, auch ohne Einlegung einer Kosten(Auslagen)-   **41**

[63] OLG München JurBüro **1984** 770; OLG Celle MDR **1977** 74.

[64] OLG Karlsruhe Justiz **1976** 213; *Seier* 116; vgl. auch Rdn. 24.

[65] OLG Köln MDR **1970** 348; vgl. auch OLG Düsseldorf JMBlNW **1979** 67.

[66] OLG Celle MDR **1970** 164; s. auch § 260, 130 und § 206 a, 68; 70.

[67] A. A zum Beispiel OLG München MDR

1973 695; LR-*K. Schäfer* [23] 42; s. auch § 464 b, 5.

[68] BGH NStZ **1987** 336 mit krit. Anm. *Kühl*; KG JR **1973** 508; *Kleinknecht/Meyer*[38] 22; LR-*Gollwitzer* § 296, 3; § 304, 56; vgl. auch BGH NJW **1983** 463.

[69] Vgl. OLG Koblenz GA **1986** 461; s. auch OLG München JR **1981** 126 mit Anm. *Gössel*; *Seier* NStZ **1982** 274.

beschwerde die aus der Änderung sich ergebenden kostenrechtlichen Folgerungen zu ziehen sind. Es umfaßt also (Grundsatz der unlösbaren Verknüpfung der Sach- mit der Kostenentscheidung) das in vollem Umfang eingelegte Rechtsmittel zugleich die Kosten- und Auslagenentscheidung, soweit eine Änderung der Sachentscheidung notwendigerweise zur Änderung der Kostenentscheidung führen muß, weil mit der Änderung der Hauptsachenentscheidung die Voraussetzungen der Kostenentscheidung entfallen, so namentlich wenn auf Rechtsmittel hin der zunächst Verurteilte freigesprochen, der zunächst Freigesprochene verurteilt wird, oder wenn der Angeklagte wegen einzelner Tatteile oder Gesetzesverletzungen (§ 465 Abs. 2 Satz 2, 3) zunächst nicht, sondern erst auf Rechtsmittel hin verurteilt wird[70].

42   **2. Erfolgloses Rechtsmittel gegen die Entscheidung zur Hauptsache.** Dagegen wurde früher die Auffassung vertreten, auch eine in vollem Umfang, aber erfolglos eingelegte Berufung oder Revision erstrecke sich ohne weiteres auch auf die Kosten und Auslagenentscheidung des angefochtenen Urteils, und § 464 Abs. 3 Satz 1 habe für diesen Fall keine Bedeutung[71]. Diese Auffassung ist überholt. In der neueren Rspr.[72] wird zutreffend auf den wesentlichen, dem Beschwerdeführer günstigen Unterschied in den Nachprüfungsmöglichkeiten hingewiesen, den § 464 Abs. 3 Satz 1 mit der Anfechtung der Kosten- und Auslagenentscheidung durch sofortige Beschwerde bringt. Eine Nachprüfung im Revisionsverfahren auf Sachrüge hin müßte sich mit der Durchsicht des Urteils begnügen. Die durch das EGOWiG geänderten Kostenvorschriften weisen jedoch in großem Umfang den Richter an, bei der Kostenentscheidung Verfahrensvorgänge zu berücksichtigen, die sich nicht aus dem Urteil ergeben, wie etwa bei den Kosten von Untersuchungshandlungen, die zugunsten des Angeklagten ausgegangen sind (§ 465 Abs. 2), oder die sich ausschließlich gegen einen Mitangeklagten richten (§ 466). In Betracht kommt ferner, daß das prozessuale Verhalten des nichtverurteilten Angeklagten die Auslagenentscheidung beeinflussen kann (§ 467 Abs. 3). Solche Zusammenhänge könnten mit der Revision nicht nachgeprüft werden, weil die allein in Frage kommende Sachrüge versagen würde. Demgegenüber läßt die sofortige Beschwerde im Rahmen des Freibeweises auch die Feststellung solcher Umstände zu, die nicht im Urteil behandelt sind, und läßt dem Beschwerdegericht Raum für Ermessensentscheidungen.

VIII. Frist und Form bei Einlegung der sofortigen Beschwerde

43   **1. Frist:** Die Beschwerdefrist ist in § 311 Abs. 2 geregelt. Überholt ist die Streitfrage, ob es erforderlich ist, daß derjenige, der ein Rechtsmittel gegen die Hauptsache einlegt, mit Einlegung dieses Rechtsmittel oder jedenfalls innerhalb der Frist des § 311 Abs. 2 zusätzlich klar zum Ausdruck bringt, daß er sich auch gegen die Kostenentscheidung wende, oder ob es ausreicht, wenn die in einer nachfolgenden, rechtzeitigen Rechtsmittelbegründungsschrift abgegebenen Erklärungen den Willen zur „hilfsweisen" Anfechtung der Kostenentscheidung erkennen lassen[73]. Die obergerichtliche

---

[70] Vgl. BGHSt **25** 79; **26** 250; OLG Celle NdsRpfl. **1978** 91 (bedeutungslose Strafmilderung); OLG Düsseldorf JurBüro **1985** 898; vgl. auch OLG Düsseldorf JurBüro **1983** 729 mit Anm. *Mümmler; Seier* 43 ff.

[71] Vgl. KG NJW **1969** 1683; JR **1971** 122; s. auch *K. Meyer* JR **1971** 99; *K. Meyer* JR **1974** 386; eingehend dazu LR-*K. Schäfer*[23] 44.

[72] Vgl. BGHSt **25** 77; s. auch OLG München Fußn. 69 mit Anm. *Gössel; Kleinknecht/Meyer*[38] 20; *Seier* NStZ **1982** 275; *Seier* 43 ff, 52 ff krit. unter Hinweis auf die Problematik der Teilrechtskraft; vgl. dazu auch *K. Meyer* Fußn. 71 und *Gössel* Fußn. 69.

[73] Eingehend dazu LR-*Schäfer*[23] 45; 46.

Rechtsprechung[74] hat die Streitfrage im Sinne der erstgenannten engeren Lösung entschieden; diese gilt auch dann, wenn der Anfechtende das eingelegte Rechtsmittel nicht genauer, sondern nur als „Rechtsmittel" bezeichnet[75]. Wird nach Einlegung der Rechtsmittel nur das Rechtsmittel gegen die Hauptsache begründet, so liegt darin keine Rücknahme der sofortigen Beschwerde gegen die Nebenentscheidung[76].

2. Wiedereinsetzung. Wird die Beschwerdefrist (§ 311 Abs. 2), deren Lauf sich **44** nach den §§ 35, 43 bestimmt, versäumt, so kann Wiedereinsetzung in den vorigen Stand (§ 44) gewährt werden. Abweichend von der Regel, daß der Angeklagte im Strafverfahren für das Verschulden eines Verteidigers bei der Wahrung von Fristen nicht einzustehen hat, kommt nach ständiger Rechtsprechung die Wiedereinsetzung gegen die Versäumung der Beschwerdefrist des § 464 Abs. 3 Satz 1 nicht in Betracht, wenn der mit der Einlegung der sofortigen Beschwerde beauftragte Verteidiger seinem Auftrag nicht nachgekommen ist. Diese Ausnahme bei Fristversäumnis anläßlich der Anfechtung von Kosten- und Auslagenentscheidungen ist gerechtfertigt, weil das Schutzbedürfnis des Angeklagten geringer ist als bei der Anfechtung des Schuld- und Rechtsfolgenausspruchs, denn die Entscheidung über Kosten und Auslagen ist ihrem Wesen nach den Schuldtiteln über Geldforderungen vergleichbar, und es ist deshalb gerechtfertigt, den allgemeinen Rechtsgedanken des § 85 Abs. 2 ZPO anzuwenden[77].

Im Hinblick auf die grundsätzlich bestehende Beschwerdeberechtigung (Rdn. 53) ist **44a** eine Auslagenentscheidung ggf. auch dem **Nebenklagebefugten** (§ 472 Abs. 3) **bekanntzumachen** (§ 35), notfalls also auch — mit Rechtsmittelbelehrung (§ 35 a) — zuzustellen (§ 35 Abs. 2 Satz 1). § 406 d steht dem nicht entgegen. Denn die Vorschrift betrifft jeden Verletzten, nicht nur den Nebenklagebefugten, und verfolgt nicht den Zweck, Bekanntmachung und Rechtsmittelverfahren bzgl. des Verletzten zu modifizieren, sondern will nur allgemein die Informationsmöglichkeiten der Verletzten über den Ausgang des Verfahrens verbessern (vgl. die Erl. zu § 406 d). Macht der Nebenklagebefugte nach Ablauf der ihn betreffenden Beschwerdefrist geltend, ihm seien gemäß § 472 Abs. 3 zu erstattende Auslagen entstanden, die Nebenentscheidung hierzu sei jedoch falsch oder versäumt worden, so kann grundsätzlich Wiedereinsetzung gewährt werden, wenn die Rechtsmittelbelehrung (§ 35 a) unterblieben ist (§ 44)[77a]. Ist dagegen die Auslagenentscheidung dem Nebenklagebefugten nicht ordnungsgemäß (§ 35) bekanntgemacht worden, etwa weil er bei der Urteilsverkündung nicht anwesend war und sie ihm auch nicht zugestellt wurde, so bedarf es keiner Wiedereinsetzung, weil die Beschwerdefrist nicht in Lauf gesetzt worden ist (§ 311 Abs. 2).

3. Form. Die sofortige Kostenbeschwerde muß, wie sich aus § 300 ergibt, nicht **45** als solche bezeichnet werden; es genügt jede innerhalb der Frist zur Einlegung der sofortigen Beschwerde abgegebene Äußerung, aus der sich deutlich das Verlangen nach

---

[74] Vgl. BGHSt **25** 77; **26** 126; BayObLG NJW **1974** 200; OLG Karlsruhe Justiz **1981** 368; OLG München JR **1981** 126 mit Anm. *Gössel.*

[75] OLG Karlsruhe Fußn. 74; OLG München Fußn. 74 mit Anm. *Gössel* auch für den Fall der sofortigen Beschwerde gegen Haupt- und Nebenentscheidung.

[76] OLG Oldenburg NdsRpfl. **1984** 15; 196.

[77] BGHSt **26** 126; BGH NJW **1976** 1219; OLG Karlsruhe Justiz **1981** 368; *Seier* NStZ **1982** 275; vgl. auch *D. Meyer* JurBüro **1984** 1206 (Rechtsirrtum); s. aber LG Bayreuth JurBüro **1983** 1344 („schuldloses" Fehlverhalten des Verteidigers).

[77a] Vgl. auch LG Bayreuth JurBüro **1987** 1379.

Nachprüfung der Kosten- und Auslagenentscheidung ergibt. Es genügt also auch, wenn sich ein solches Verlangen aus der Berufungs- oder Revisionseinlegungsschrift entnehmen läßt[78].

46   **4. Anfechtbarkeit der Kostenentscheidung des Strafbefehls.** Hier ergeben sich Zweifelsfragen, wenn der Beschuldigte nicht die Festsetzung der Rechtsfolgen (§§ 407 Abs. 2, 409 Abs. 1 Nr. 6), sondern lediglich die dem Grunde nach ergangene Kostenentscheidung (oben Rdn. 5) anfechten will, zum Beispiel wegen Nichtanwendung des § 465 Abs. 2. Hat der Angeklagte Einspruch gegen den Strafbefehl eingelegt und nimmt er diesen zulässigerweise (§ 411 Abs. 3) zurück, aber mit der Maßgabe, daß er Änderung der Kostenentscheidung begehrt, so soll der Einspruch zugleich (hilfsweise für den Fall der Zurücknahme des Einspruchs) eine sofortige Beschwerde gegen die Kostenentscheidung enthalten[79]; der Grundsatz, daß das erfolglos gegen den Rechtsfolgenausspruch eingelegte Rechtsmittel die sofortige Beschwerde nicht ersetzt (Rdn. 42), gelte hier nicht, weil der Einspruch kein Rechtsmittel, sondern ein Rechtsbehelf sei. Gegen diese Betrachtungsweise bestehen — nicht nur wegen der Unterschiedlichkeit der Fristen — Bedenken. Wenn nämlich der Beschuldigte sich von vornherein mit der Rechtsfolgenfestsetzung abfinden und nur eine Änderung des Kostenausspruchs begehren will, so kann er dies nicht mit einem auf den Kostenausspruch beschränkten Einspruch, sondern gemäß § 464 Abs. 3 Satz 1 nur mit der sofortigen Beschwerde gegen den Kostenausspruch erreichen, und der Strafbefehl muß demgemäß neben der Rechtsbehelfserklärung des § 409 Abs. 1 Nr. 7 auch eine den Kostenausspruch betreffende Rechtsmittelbelehrung nach § 35 a enthalten. Von diesem Standpunkt aus kann folgerichtig auch bei Zurücknahme des Einspruchs der Kostenausspruch selbständig nur nachgeprüft werden, wenn in der **Beschwerdefrist** ein entsprechendes Verlangen deutlich gemacht ist. Geschah dies nicht, und enthielt der Strafbefehl keine entsprechende Rechtsmittelbelehrung, so könnte der Angeklagte Wiedereinsetzung gegen die Versäumung der Frist zur Einlegung der sofortigen Kostenbeschwerde beantragen.

IX. Zur Anfechtbarkeit der Auslagenentscheidung, wenn die Hauptentscheidung unanfechtbar ist

47   **1. Geschichtliche Entwicklung des Problems.** Die Frage, welche Bedeutung der Ausschluß einer Anfechtbarkeit der Hauptentscheidung auf die Anfechtbarkeit der Kosten- und Auslagenentscheidung hat, nämlich ob die sofortige Beschwerde auch dann zulässig ist, wenn die Hauptentscheidung einer Anfechtung entzogen ist, war bisher Gegenstand einer zähen Kontroverse. Ursprünglich war die Entscheidung über die Erstattung der notwendigen Auslagen Bestandteil der Entscheidung zur Hauptsache (Rdn. 18) und mit den gleichen Rechtmitteln wie die Hauptentscheidung anfechtbar; war die Hauptentscheidung unanfechtbar, so war es auch die Nebenentscheidung[80]. Der Streit um die Anfechtbarkeit der Nebenentscheidung trotz Unanfechtbarkeit der Hauptentscheidung begann, als § 467 Abs. 4, 5 in der Fassung des StPÄG 1964 vorschrieb, daß über die Auslagenentscheidung gleichzeitig mit der Hauptentscheidung durch besonde-

---

[78] Vgl. OLG Düsseldorf GA **1976** 183; OLG Karlsruhe Justiz **1981** 368; OLG München JR **1981** 126 mit Anm. *Gössel*; BayObLG DAR **1986** 249 (Umdeutung einer „Rechtsbeschwerde"); s. auch LG Würzburg JurBüro **1976** 1706 mit Anm. *Mümmler*.

[79] LG Bamberg NJW **1973** 114; KMR-*Müller* 18.
[80] OLG Hamburg NJW **1956** 1891.

ren Beschluß zu entscheiden sei, und dessen Anfechtung mit sofortiger Beschwerde vorsah[81]. Auch durch das EGOWiG, das — entsprechend dem vor dem StPÄG 1964 geltenden Recht — die Nebenentscheidung wieder als Bestandteil der Hauptentscheidung regelte, allerdings „aus Gründen der Vereinfachung des Verfahrens" mit der sofortigen
Beschwerde anfechtbar, wurde der Streit nicht beigelegt. Der Bundesrat regte im Zusammenhang mit dem EGStGB 1974 an, die Streitfrage gesetzgeberisch zu beenden.
Der Sonderausschuß für die Strafrechtsreform beschloß jedoch, das Problem erst im
Rahmen einer allgemeinen Reform des strafprozessualen Kostenrechts zu prüfen[82].

2. Streitstand vor dem StVÄG 1987. In neuerer Zeit neigte wohl die Mehrheit in **48**
Schrifttum und Rechtsprechung zu der Lösung, daß aus der grundsätzlichen Unanfechtbarkeit der Hauptentscheidung auch die Unanfechtbarkeit der Kosten- und Auslagenentscheidung folge. Dies wurde im wesentlichen aus Gründen der Rechtslogik und
der Prozeßökonomie abgeleitet. Die Gegenmeinung folgerte die Zulässigkeit der Anfechtung trotz Unanfechtbarkeit der Hauptentscheidung u. a. aus der Notwendigkeit
der Gewährung besserer Einzelfallgerechtigkeit[83]. Neben diesem Kernproblem[84] standen die weitgehend unstreitigen Fallgruppen der Unanfechtbarkeit der Hauptentscheidung wegen des Endes des Rechtsmittelwegs und wegen Fehlens einer Beschwer[85]. Die
Bedeutung des Kernstreites und damit die Notwendigkeit einer gesetzgeberischen Lösung wird durch die Tatsache verdeutlicht, daß 1985 mehr als 240 000 Verfahren nach
den §§ 153 Abs. 2, 153 a Abs. 2, 153 b Abs. 2, 154 Abs. 2 sowie nach § 47 Abs. 2 OWiG eingestellt wurden[86] und bisher 15% bis 25% aller Beschwerden in Strafsachen Kostenbeschwerden waren[87].

3. Lösung der Problematik durch das StVÄG 1987
a) Allgemeines. Im wesentlichen wegen der erheblichen Rechtsunsicherheit infolge **49**
des auch aufwendigen Meinungsstreites in der Rechtsprechung und weil nicht zu erwarten sei, daß sich in absehbarer Zeit eine einhellige Auffassung der Obergerichte bilden werde, entschloß sich der Gesetzgeber zu einer gesetzlichen Lösung des Kern-
streits. Er entschied sich im wesentlichen aus dogmatischen, rechtspolitischen und justizökonomischen Gründen[88] für eine Lösung, die an den von der überwiegenden Auffas-

---

[81] Zu den Einzelheiten vgl. LR-*K. Schäfer*[23] 52.
[82] Vgl. BTDrucks. 7 1261, S. 33; LR-*K. Schäfer*[23] 53.
[83] Vgl. LR-*K. Schäfer*[23] 57 ff; *Kühl* NJW **1980**
1834; *Seier* NStZ **1982** 273.
[84] Zum Streitstand vgl.: zu § 46 Abs. 2: OLG
Koblenz Rpfleger **1986** 193; zu § 153 Abs. 2:
OLG Oldenburg NdsRpfl. **1985** 285; zu
§ 153 a Abs. 2: OLG Zweibrücken MDR **1986**
165; zu § 154 Abs. 2: OLG München NStZ
1981 234 mit Anm. *Meyer-Goßner* und *Meyer*
in JR **1981** 258; OLG Hamm MDR **1986**
1048; zu § 154 a Abs. 2: OLG Frankfurt
MDR **1982** 1042; zu § 310 Abs. 2: OLG
Hamm VRS **69** (1985) 291; zu § 346 Abs. 1:
OLG Koblenz Rpfleger **1986** 106; zu § 390
Abs. 5: OLG Zweibrücken JurBüro **1983**
1209; OLG München NStZ **1987** 380; LG
Flensburg JurBüro **1986** 408; zu § 47 Abs. 2

OWiG: LG Flensburg JurBüro **1985** 1050; zu
§ 80 OWiG: OLG Stuttgart NStZ **1985** 417;
OLG Düsseldorf JurBüro **1987** 557; zu § 55
Abs. 2 JGG: OLG Düsseldorf NStZ **1985** 522
mit Anm. *Eisenberg/v. Wedel*; OLG Schleswig
bei *Ernesti/Lorenzen* SchlHA **1986** 113; zu
§§ 109 ff StVollzG: OLG Düsseldorf JurBüro
1985 1045; OLG Hamburg MDR **1985** 256;
sowie *Kleinknecht/Meyer*[37] 16; KK- *Schikora*[1]
8; LR-*Rieß* § 153, 81 ff; *D. Meyer* JurBüro
1981 1762; *Maatz* MDR **1986** 886; *Seier*
NStZ **1982** 273; *Seier* GA **1980** 405; *Seier* 46
ff.
[85] Vgl. dazu *Seier* NStZ **1982** 273; *Seier* 58 ff.
[86] Vgl. Veröffentlichungen des Stat. Bundes-
amtes Fachserie 10, Reihe 2, Strafgerichte
1985, Tab. 4, 5, 6.
[87] BTDrucks. **10** 1313, S. 14.
[88] BTDrucks. **10** 1313, S. 39, 40.

Hans Hilger

sung vertretenen Grundsatz angelehnt ist, daß die Nebenentscheidung nicht weiter angefochten werden könne als die Hauptentscheidung. § 464 Abs. 3 Satz 1 2. Halbsatz bestimmt demgemäß, daß die sofortige Beschwerde gegen die Kosten- und die Auslagenentscheidung — grundsätzlich zulässig nach Satz 1 1. Halbsatz — dann unzulässig ist,
wenn die Anfechtung der Hauptentscheidung (§ 464 Abs. 1) durch den Beschwerdeführ-
rer nicht „statthaft" ist. Die gewählte Lösung hat mittelbar Bedeutung auch für andere
Problembereiche, insbesondere klarstellende Funktion für die oben genannten weitgehend unstreitigen Fallgruppen sowie für die Frage der Anfechtung isolierter Kosten- und
Auslagenentscheidungen (vgl. Rdn. 50; 55; 56). In § 8 Abs. 3 Satz 1 StrEG ist klargestellt, daß die Entscheidung über die Entschädigung für erlittene Strafverfolgungsmaßnahmen auch dann der sofortigen Beschwerde unterliegt, wenn die Anfechtung der
Hauptentscheidung unstatthaft ist.

50   **b) Der Begriff: „statthaft"** knüpft an die „Statthaftigkeit" nach § 511 ZPO an.
Er ist im Zivilprozeßrecht nicht unumstritten[89]. Dessen ungeachtet hat der Gesetzgeber
diesen Begriff verwendet. Für das Strafverfahren soll es darauf ankommen, ob die Anfechtung der vorliegenden Hauptentscheidung im Sinne des § 464 Abs. 1 **generell nicht
„statthaft"** ist, das heißt: schon nach der Art der Entscheidung schlechthin nicht zulässig
ist, oder weil die betroffene Person grundsätzlich — unabhängig von der Frage der Beschwer im Einzelfall — nicht zur Einlegung des Rechtsmittels befugt ist[90]. Die Anfechtung ist also statthaft, wenn sie nicht schon nach der Art der Entscheidung oder der Person des Anfechtenden — unabhängig von der Frage der Beschwer — schlechthin ausgeschlossen, sondern grundsätzlich erlaubt ist. Sie ist mit der Folge, daß auch die Kosten-
und Auslagenentscheidung nicht anfechtbar ist, nicht statthaft, wenn die Hauptentscheidung ausdrücklich für unanfechtbar erklärt ist oder wenn sich die Unanfechtbarkeit der
Hauptentscheidung aus dem systematischen Gesamtzusammenhang ergibt[91].

51   **c) Betroffene Vorschriften.** Demgemäß kann sich die Unanfechtbarkeit der Ko-
sten- und Auslagenentscheidung bei Hauptentscheidungen (Urteile oder Beschlüsse) er-
geben, wenn der Rechtsmittelweg ausgeschöpft oder kraft Gesetzes eingeschränkt ist.
Regelungen der Unanfechtbarkeit finden sich zum Beispiel in: §§ 46 Abs. 2, 153 Abs. 2
Satz 4, 153 a Abs. 2 Satz 4, 161 a Abs. 3 Satz 4, 163 a Abs. 3 Satz 3, 304 Abs. 4 und 5, 310
Abs. 2, 390 Abs. 5 Satz 2, 400 Abs. 2 Satz 2 in Verbindung mit § 472 Abs. 2 und 3,
§§ 406 a Abs. 1, 406 e Abs. 4 Satz 2, §§ 47 Abs. 2 Satz 2, 72, 79, 80 OWiG, §§ 47 Abs. 2
Satz 3, 55 Abs. 2 JGG, § 37 Abs. 2 BtMG, § 116 StVollzG[92]. Aus dem systematischen Gesamtzusammenhang folgt die Unanfechtbarkeit bei Entscheidungen nach den §§ 153 b
Abs. 2, 154 Abs. 2, 154 b Abs. 4[93]. Die Unanfechtbarkeit der Entscheidung nach § 177
folgt aus § 304 Abs. 4 Satz 2. Wird eine Revision nach § 346 Abs. 1 rechtskräftig verworfen, so soll die mit der Revision gleichzeitig eingelegte Beschwerde gegen die Kostenentscheidung nicht mehr zulässig sein[94]. Dies erscheint verfehlt, weil die Revision grundsätzlich statthaft und nur wegen eines Einzelumstandes unzulässig war. Auch ist nicht
einzusehen, warum dieser Fall anders behandelt werden soll als der des teilweisen
Rechtsmittelverzichts (Rdn. 54).

[89] Vgl. *Kusch* NStZ **1987** 426 mit weit.
Nachw.
[90] BTDrucks. 10 1313, S. 40.
[91] *Rieß/Hilger* NStZ **1987** 206.
[92] Vgl. auch *Göhler*[8] § 80, 47; Vor § 79, 5; Vor
§ 105, 22; die Erläuterungswerke zum JGG,
BtMG, StVollzG sowie *Seier* 58 ff.

[93] Vgl. dazu LR-*Rieß* § 153 b, 16; § 154, 45 ff;
§ 154 b, 11; zur Anfechtbarkeit anderer Einstellungen nach den §§ 153 ff vgl. § 153 e, 20
und § 154 a, 27; 28.
[94] OLG Koblenz Rpfleger **1986** 106, aufgegeben in GA **1986** 461.

d) Einzelheiten. Ist die Hauptentscheidung ausnahmsweise anfechtbar, weil in ge-**52** setzwidriger Weise ergangen[95], so ist auch die Anfechtung der Nebenentscheidung zulässig. Unzulässig ist eine Anfechtung der Kosten- und Auslagenentscheidung in den genannten Fällen auch dann, wenn sie in der Hauptentscheidung „stillschweigend" enthalten ist[96] oder in einem gesonderten Beschluß nachgeholt[97] bzw. wenn die Nachholung abgelehnt wird. Unzulässig ist die Anfechtung auch, wenn die Nebenentscheidung gesetzwidrig ergangen oder grob fehlerhaft ist[98]; denn der Gesetzgeber hat in Kenntnis dieses Problems keine Ausnahmeregelung zu dessen Lösung vorgesehen.

Die Fassung des 2. Halbsatzes stellt klar, daß die Unzulässigkeit der sofortigen **53** Beschwerde davon abhängig ist, ob eine Anfechtung der Hauptentscheidung im Sinne des § 464 Abs. 1 gerade durch den **betroffenen Beschwerdeführer** statthaft wäre[99]. Dies ist zum Beispiel in den Fällen des § 400 Abs. 2 Satz 2 sowie des § 55 Abs. 2 JGG zu beachten. Aus § 410 Abs. 1 ergibt sich, daß die Anfechtung eines Strafbefehls (§ 408 a) durch den **Nebenkläger**, obwohl er durch dessen Entscheidung beschwert sein kann, nicht statthaft ist. Bei der Beantwortung der Frage, ob auch der **Nebenklagebefugte** (§ 406 g) ein Beschwerderecht gegen eine ihm nachteilige Auslagenentscheidung haben kann, ist davon auszugehen, daß er nicht berechtigt ist, die vor der Auslagenentscheidung stehende Hauptentscheidung anzufechten. Dennoch wäre es verfehlt, daraus unter Hinweis auf § 464 Abs. 3 Satz 1 2. Halbsatz abzuleiten, daß der Nebenklagebefugte grundsätzlich nicht anfechtungsberechtigt sei. Ihm ist vielmehr schon im Hinblick auf seine Stellung als selbständiger Prozeßbeteiligter (BTDrucks. 10 5305, S. 16) das Recht zur Beschwerde gegen eine ihn belastende Auslagenentscheidung (§ 472 Abs. 3) grundsätzlich, im gleichen Umfang wie dem Nebenkläger, zuzubilligen; dies folgt auch daraus, daß der Nebenklagebefugte andernfalls — nur um beschwerdeberechtigt zu sein — seinen Anschluß als Nebenkläger erklären müßte. Die Lösung entspricht dem Willen des Gesetzgebers, den Nebenklagebefugten dem Nebenkläger kostenmäßig gleichzustellen (BTDrucks. 10 5305, S. 22).

e) Rücknahme, Verzicht. Es ist zulässig, einen Rechtsmittelverzicht zu beschrän-**54** ken (Rdn. 37)[100]. Wird auf das Rechtsmittel gegen die Hauptentscheidung verzichtet oder dieses Rechtsmittel zurückgenommen (§ 302), so führt das nicht zur Unanfechtbarkeit der Kosten- und Auslagenentscheidung nach § 464 Abs. 3 Satz 1 2. Halbsatz. Denn die ursprüngliche Statthaftigkeit des Rechtsmittels gegen die Hauptentscheidung wird dadurch nicht aufgehoben[101].

f) Fehlende Beschwer. Aus der Fassung des Absatzes 3 Satz 1 2. Halbsatz ergibt **55** sich desweiteren, daß die Kosten- und Auslagenentscheidung grundsätzlich auch dann anfechtbar ist, wenn die Anfechtung der Hauptentscheidung nur mangels Beschwer des

---

[95] Vgl. § 153, 79; 89; *Meyer* JR **1981** 260.
[96] Vgl. OLG Hamm VRS **69** (1985) 291; MDR **1986** 1048; *Seier* GA **1980** 409.
[97] Vgl. OLG Düsseldorf MDR **1988** 164; OLG Hamm VRS **69** (1985) 291; *Meyer* JR **1978** 256; a. A OLG Hamburg JR **1978** 255.
[98] Vgl. *Kleinknecht/Meyer*[38] 18; LR-*Rieß* § 153, 81; *Meyer* JR **1981** 260; s. auch OLG Zweibrücken MDR **1986** 165; LG Mönchengladbach MDR **1987** 517; a. A OLG Düsseldorf MDR **1987** 785; LG Göttingen NdsRpfl. **1987** 261.

[99] BTDrucks. **10** 1313, S. 40; zur Rücknahme der Privatklage vgl. OLG Zweibrücken JurBüro **1980** 1212.
[100] Vgl. OLG Koblenz GA **1986** 461; OLG Schleswig JurBüro **1987** 556; s. dagegen OLG Düsseldorf NStZ **1983** 192; JurBüro **1985** 1045.
[101] Vgl. OLG Schleswig JurBüro **1987** 556; a. A wohl OLG Düsseldorf JurBüro **1985** 1045 zum StVollzG.

Anfechtenden ausgeschlossen ist. In diesen Fällen ist nämlich die Anfechtung der Hauptentscheidung grundsätzlich statthaft und nur wegen des besonderen Umstandes unzulässig, daß die Hauptentscheidung den Beschwerdeführer nicht benachteiligt und ihm folglich für die Anfechtung das Rechtsschutzinteresse fehlt. Das muß bei der mit der Hauptentscheidung verbundenen Kostenentscheidung nicht der Fall sein; diese kann für den Betroffenen eine selbständige Beschwer enthalten. Nach Auffassung des Gesetzgebers wäre es unbillig, dem Betroffenen für diesen Fall die Anfechtungsmöglichkeit vorzuenthalten. Eine Einbeziehung dieser Fälle in die Unanfechtbarkeit wäre auch unter dogmatischen Gesichtspunkten nicht angebracht gewesen. Ein Grundsatz, daß auch die Unanfechtbarkeit der Hauptentscheidung mangels Beschwer die Unanfechtbarkeit der Nebenentscheidung zur Folge habe, ist der StPO nicht bekannt. In Betracht kommen — neben dem Freispruch — im wesentlichen dem Beschuldigten günstige Hauptentscheidungen nach den §§ 204, 206 a, 206 b, 260 Abs. 3, 383 Abs. 2, 405 (vgl. 472 a, 4)[102]. Abweichende Auffassungen[103] in der Rechtsprechung vor Inkrafttreten des StVÄG 1987 sind überholt. Auch § 400 Abs. 1 regelt Fälle fehlender Beschwer.

56   **g) Isolierte Kostenentscheidungen.** Neben den sogen. unselbständigen Nebenentscheidungen, die unmittelbar mit einer Hauptentscheidung verbunden sind, gibt es isolierte Beschlüsse über die Kosten- und Auslagenverteilung (Rdn. 30; 31). Es handelt sich im wesentlichen um die Fälle der §§ 467 a, 469, 472 a Abs. 2 (bei Antragsrücknahme), um Teilkostenbeschlüsse nach den § 51, 70 Abs. 1, 77 Abs. 1, 145 Abs. 4 sowie § 56 Abs. 1 GVG, Kosten- und Auslagenbeschlüsse nach Rücknahme eines Rechtsmittels (§ 473), nach Rücknahme eines Strafantrags vor Anklageerhebung (§ 470), oder ggf. nach dem Tod des Nebenklägers (§ 402; vgl. § 473, 85)[104]. Soweit eine Anfechtung dieser Beschlüsse ausdrücklich ausgeschlossen ist (§§ 467 a, 469; vgl. auch § 470, 16), liegt kein Fall des Absatz 3 Satz 1 2. Halbsatz vor. Gleiches gilt, wenn überhaupt — auch mittelbar — eine Verbindung zu einer Sachentscheidung im Sinne des Absatzes 1 fehlt (zum Beispiel: §§ 51, 70, 77, 145 sowie § 56 Abs. 1 GVG). Im Falle der Rücknahme eines Rechtsmittels (§§ 302, 473) ist die dann ergehende isolierte Kosten- und Auslagenentscheidung nach Satz 1 2. Halbsatz unanfechtbar, wenn gegen die Hauptentscheidung, die ohne die Rücknahme hätte ergehen müssen, kein Rechtsmittel statthaft wäre; dies sind namentlich die Fälle des § 310 Abs. 2 und des § 55 Abs. 2 JGG[105]. Im Falle der Antragsrücknahme nach § 404 Abs. 4 kann der Antragsteller die Nebenentscheidung (§ 472 a Abs. 2) im Hinblick auf § 406 a Abs. 1 nicht anfechten (vgl. § 472 a, 4).

57   **h) Sonstiges.** Eine demgemäß unanfechtbare Kosten- und Auslagenentscheidung muß grundsätzlich nicht begründet werden (§ 34; Rdn. 3). Ihre Bekanntmachung richtet sich nach § 35 Abs. 1, 2 Satz 2. Durch die Regelung des Absatzes 3 Satz 1 2. Halbsatz wird eine Überprüfung der Nebenentscheidung nach § 33 a nicht ausgeschlossen[106].

---

[102] BTDrucks. 10 1313, S. 40; vgl. auch OLG Stuttgart Justiz **1984** 191; OLG Düsseldorf MDR **1986** 1049; OLG Zweibrücken NStZ **1987** 425 mit Anm. *Kusch*; *Seier* NStZ **1982** 273.

[103] Zum Beispiel OLG Düsseldorf JurBüro **1987** 1195; s. auch *Kusch* NStZ **1987** 426 mit weit. Nachw.

[104] Vgl. *Meyer* JR **1978** 256; *Seier* 17.

[105] Vgl. OLG Düsseldorf JurBüro **1984** 246; NStZ **1985** 522 mit krit. Anm. *Eisenberg/v. Wedel*; OLG Schleswig bei *Ernesti/Lorenzen* SchlHA **1986** 113; *Rieß/Hilger* NStZ **1987** 206.

[106] Vgl. § 153, 80; *D. Meyer* JurBüro **1981** 1766.

X. Bindung des Beschwerdegerichts an die tatsächlichen Feststellungen des erkennenden Gerichts (Absatz 3 Satz 2)

1. Zweck der Vorschrift. Wenn eine Entscheidung mit der Beschwerde anfechtbar **58** ist, ist das Beschwerdegericht grundsätzlich zur umfassenden Prüfung dieser Entscheidung unter tatsächlichen und rechtlichen Gesichtspunkten verpflichtet (vgl. die Erl. zu § 309). Von diesem Grundsatz enthält § 464 Abs. 3 Satz 2, der auch im Verfahren nach dem StrEG gilt (vgl. § 8 Abs. 3 StrEG), eine Ausnahme. Das Beschwerdegericht soll im Interesse der Verfahrensbeschleunigung an die tatsächlichen Feststellungen der angefochtenen Entscheidung, auf denen diese beruht, gebunden sein; sie sollen nicht allein wegen der Beschwerde gegen die Kosten- und Auslagenentscheidung erneut in Frage gestellt werden. Bindend sind auch die nur für die Kosten- und Auslagenentscheidung erheblichen Feststellungen[107]. Dies gilt grundsätzlich auch, wenn neben einer Berufung sofortige Beschwerde gegen die Kosten- und Auslagenentscheidung eingelegt ist und die Berufung erfolglos bleibt[108]. Fraglich ist, ob der Grundsatz auch bei sonstigen Kosten- und Auslagenentscheidungen, insbesondere bei isolierten Kostenbeschlüssen gilt (vgl. Rdn. 55, 56). Dafür könnte eine vom Wortlaut der Vorschrift ausgehende sowie eine auf Einheitlichkeit dieses besonderen Beschwerderechtsmittels zielende Auslegung sprechen[109]; außerdem besteht auch in diesen Fällen ein Interesse an einer Verfahrensbeschleunigung, das gegen eine erneute Überprüfung der tatsächlichen Grundlagen der Entscheidung sprechen könnte (vgl. aber Rdn. 60).

2. Tatsächliche Feststellungen im Sinne der Vorschrift sind nicht bloße Vermutungen, Wahrscheinlichkeitsurteile[110], Rechtsauffassungen des Vorderrichters (Rdn. 60) **59** oder dessen Ermessensentscheidungen (Rdn. 61). In Fällen, in denen eine bloße „Wahrscheinlichkeit" als tatsächliche Grundlage für die Entscheidung ausreicht, wie etwa bei der Einstellung nach § 153 Abs. 2, sind tatsächliche Feststellungen auch die nur als wahrscheinlich zugrunde gelegten Tatsachen[111].

3. Bedeutung von Rechtsfehlern der Vorentscheidung. An die der Kosten- und **60** Auslagenentscheidung zugrunde liegende Rechtsauffassung des Vorderrichters ist das Beschwerdegericht nicht gebunden[112]. Das bedeutet aber nicht, daß es rechtliche Bedenken gegen die Nebenentscheidung auch aus rechtlichen Bedenken gegen die der Hauptentscheidung zugrunde liegende Rechtsauffassung herleiten könnte. Denn das Beschwerdegericht, das im Anhangsverfahren nur mit der Nachprüfung der Kosten- und Auslagenentscheidung befaßt ist, muß die Hauptentscheidung ungeprüft hinnehmen[113]. Wenn also zum Beispiel das erkennende Gericht den Angeklagten freigesprochen hat, so kann das Beschwerdegericht eine Auslagenerstattung nicht mit der Begründung verneinen, bei richtiger rechtlicher Würdigung hätte nicht Freispruch, sondern Verurteilung erfolgen müssen. Ist das Verfahren wegen eines Verfahrenshindernisses eingestellt worden, so steht dem Beschwerdegericht nur eine Nachprüfung der auf dieser Grund-

---

[107] BGHSt **26** 29, 31 (für eine revisionsfähige Entscheidung); *Seier* 130; s. auch BGH NStZ **1983** 44; OLG Frankfurt NJW **1978** 1392; OLG Stuttgart NStZ **1981** 484; OLG Oldenburg NdsRpfl. **1984** 196; OLG Zweibrücken VRS **69** (1985) 287; OLG München NStZ **1987** 380; vgl. aber OLG Karlsruhe MDR **1974** 690; KMR-*Müller* 23.

[108] Vgl. dazu aber BGHSt **26** 33.
[109] S. auch BGHSt **26** 33; *Seier* 129; a. A *Kleinknecht/Meyer*[38] 24.
[110] OLG Düsseldorf JurBüro **1986** 249.
[111] Vgl. OLG Karlsruhe MDR **1974** 690.
[112] OLG Stuttgart Justiz **1987** 160 und 319.
[113] OLG Karlsruhe VRS **50** (1976) 273.

lage getroffenen Ermessensentscheidung zu (§ 467 Abs. 3 Satz 2 Nr. 2). Es kann aber nicht eine Erstattung mit der Begründung ablehnen, daß bei richtiger rechtlicher Würdigung ein Verfahrenshindernis überhaupt nicht vorgelegen habe und die vom erkennenden Gericht getroffenen tatsächlichen Feststellungen zu einer Verurteilung hätten führen müssen. Ebenso kann nicht nachgeprüft werden, ob die Hauptentscheidung wegen eines Verfahrenshindernisses nicht hätte ergehen dürfen[114]. Auch das Fehlen der örtlichen Zuständigkeit kann nicht berücksichtigt werden[115]; eine erneute Prüfung der Zuständigkeit würde dem Zweck der Regelung (Rdn. 58) zuwider laufen. Dagegen ist im übrigen das Beschwerdegericht frei von der rechtlichen Würdigung der Umstände, auf die das erkennende Gericht seine Kosten- und Auslagenentscheidung gestützt hat. Sind zum Beispiel in der Sachentscheidung gemäß § 467 Abs. 2 dem Freigesprochenen bestimmte Verfahrenskosten auferlegt und bestimmte notwendige Auslagen von der Überbürdung auf die Staatskasse wegen Verursachung durch schuldhafte Versäumnis ausgenommen worden, so ist das Beschwerdegericht zwar an die in der Kostenentscheidung insoweit getroffenen tatsächlichen Feststellungen, aber nicht an die Rechtsauffassung des erkennenden Gerichts, es liege eine schuldhafte Versäumnis vor, gebunden.

61   **4. Wirkung der Bindung.** Die Bindung des Beschwerdegerichts an die die Entscheidung tragenden tatsächlichen Feststellungen bedeutet, daß das Beschwerdegericht nicht seine eigenen tatsächlichen Feststellungen an die Stelle derjenigen der angefochtenen Entscheidung setzen darf. Fehlen tatsächliche Feststellungen, oder sind sie unvollständig, oder beschränkt sich die Begründung auf formelhafte Wendungen, so ist es im allgemeinen geboten, die Kostenentscheidung aufzuheben und die Sache zu neuer Entscheidung zurückzuverweisen, weil sonst die Bindungswirkung gegenstandslos würde. Davon kann aber in einfach liegenden Fällen abgesehen werden, wenn sich die maßgeblichen Tatsachen aus dem sonstigen Akteninhalt zweifelsfrei ergeben[116]. Im übrigen enthebt die Bindungswirkung das Beschwerdegericht nicht der Verpflichtung zu einer selbständigen und umfassenden Prüfung. Sie erstreckt sich auch auf die Ermessensausübung (zum Beispiel gemäß § 467 Abs. 3 Satz 2) oder die Beurteilung bei unbestimmten Rechtsbegriffen (zum Beispiel „unbillig" im Sinne des § 465 Abs. 2); das Beschwerdegericht kann dabei die Vorentscheidung durch seine eigene Wertung ersetzen[117].

62   **5. Verfahren bei nicht anfechtbarer Hauptentscheidung.** Die vorgenannten Grundsätze (Rdn. 61) gelten auch, wenn bei mangels Beschwer nicht anfechtbarer (Rdn. 55) Hauptentscheidung die Kostenentscheidung mit der sofortigen Beschwerde angegriffen wird. Die Begründung kann dann zwar knapp sein, muß aber doch für den Betroffenen wie für das Beschwerdegericht die leitenden tatsächlichen Erwägungen erkennbar machen, sofern sie sich nicht bei einfach liegendem Sachverhalt eindeutig aus dem übrigen Sachverhalt ergeben. Fehlt die erforderliche Begründung, so ist der sonst geltende Grundsatz, wonach das Beschwerdegericht, wenn es zu eigener Ermessensentscheidung berufen ist (hier zum Beispiel im Fall des § 467 Abs. 3 Satz 2 Nr. 2), die tatsächlichen Grundlagen seiner Entscheidung im wesentlichen unbeschränkt aus den Sachakten oder durch Freibeweis zusammenzutragen hat, angesichts des § 464 Abs. 3 Satz 2

[114] Vgl. OLG Stuttgart MDR **1984** 512; OLG Koblenz GA **1986** 461; **a. A** wohl OLG Hamm NJW **1978** 654.
[115] LG Stuttgart NStZ **1987** 244.
[116] H. M; vgl. BGHSt **26** 33; OLG Schleswig NJW **1976** 1467; OLG Frankfurt MDR **1978**

599; NJW **1981** 2481; OLG Düsseldorf JurBüro **1986** 249; OLG Koblenz GA **1986** 461; LG Flensburg JurBüro **1983** 883; s. auch KG GA **1987** 405 (StrEG).
[117] Vgl. BGHSt **26** 33; OLG Schleswig SchlHA **1976** 468.

ebensowenig anwendbar wie der sonst maßgebliche Grundsatz, daß Ermessensentscheidungen nur einer beschränkten[118] Begründung bedürfen[119]. Daher ist die Auslagenentscheidung bei Fehlen der erforderlichen Begründung aufzuheben und die Sache zurückzuverweisen[120]. Auch formelhafte Wendungen genügen nicht[121].

6. Das Verschlechterungsverbot (§§ 331, 358 Abs. 2, 373 Abs. 2) gilt im Falle der **63** Anfechtung der Kostenentscheidung nicht[122].

XI. Das Rechtsmittelgericht als Beschwerdegericht (Absatz 3 Satz 3)

1. Grundgedanke. Diese Vorschrift, die § 8 Abs. 3 StrEG für entsprechend an- **64** wendbar erklärt, trifft eine Sonderregelung über die Zuständigkeit zur Entscheidung über die Beschwerde für den Fall, daß gleichzeitig die Kosten- und Auslagenentscheidung eines Urteils mit der sofortigen Beschwerde und die Entscheidung zur Hauptsache mit der Berufung oder Revision angefochten wird. Dieser Regelung liegt der Gedanke zugrunde, daß die selbständige Kostenbeschwerde sich bei erfolgreicher Anfechtung der Hauptentscheidung von selbst erledigt (Rdn. 41) und es bei Nichterfolg von Revision oder Berufung nicht verfahrenswirtschaftlich wäre, wenn die Sache allein wegen des Kostenangriffs an ein anderes Gericht weitergeleitet werden müßte[123].

2. Einzelheiten. Die besondere Zuständigkeit des Revisions- oder Berufungsge- **65** richts besteht aber nur, **solange es mit dem Rechtsmittel der Hauptsache befaßt ist.** Die Bedeutung des einschränkenden Merkmals „solange" ergibt sich, soweit das Revisionsgericht in Betracht kommt, aus folgender Überlegung: dem Rechtsmittelgericht — abweichend von der allgemeinen geltenden Zuständigkeitsregelung — aus Gründen der Prozeßökonomie, also um die Befassung verschiedener Gerichte auszuschließen, auch die Aufgabe eines Beschwerdegerichts (dazu Rdn. 58) zu übertragen, erscheint nur sinnvoll, wenn es eine in der Sache selbst ergehende Entscheidung zur Hauptsache trifft, zumal die darauf verwandte Mühewaltung vielfach auch für die Entscheidung über die sofortige Beschwerde gegen die Kosten- und Auslagenentscheidung des angefochtenen Urteils nutzbar gemacht werden kann. Unterläßt es bei der Entscheidung zur Hauptsache versehentlich die Bescheidung der sofortigen Beschwerde, so bleibt es zu deren Nachholung zuständig[124], nicht jedoch, wenn noch Tatfragen zu klären sind[125]. Das Revisionsgericht ist auch dann mit einer Revision befaßt, wenn der Verteidiger, nur um eine Bescheidung seiner Kostenbeschwerde durch das Revisionsgericht zu erreichen, Revision einlegt, von der er weiß, daß sie offensichtlich unbegründet ist und als offensichtlich unbegründet durch Beschluß verworfen werden wird, denn auch das ist ein Ergebnis der sachlichen Prüfung des Rechtsmittels[126]. Legt ein Beschwerdeführer Revision ein, ein anderer Kostenbeschwerde ein, so entscheidet über letztere das Beschwer-

---

[118] Vgl. BGHSt 1 177.
[119] H. M; vgl. OLG Frankfurt NJW 1972 458.
[120] H. M; vgl. OLG München AnwBl. 1976 248; a. A KMR-*Müller* 23.
[121] Vgl. OLG Hamburg NJW 1970 2027.
[122] BGHSt 5 52; OLG Düsseldorf JurBüro 1983 728; *Kleinknecht/Meyer*[38] 26; *Seier* 133, 134; vgl. auch § 464 b, 11; a. A *Wittschier* 62 ff, 70, 111.

[123] Vgl. BayObLG VRS 50 (1976) 443.
[124] KG JR 1973 427; *Kleinknecht/Meyer*[38] 25; a. A BGH bei *Holtz* MDR 1978 282; vgl. aber BGH GA 1987 27.
[125] BGHSt 29 169; zu Kompetenzfragen vgl. BGH NStZ 1983 44; zur Besetzung BGHSt 26 29.
[126] OLG Celle VRS 49 (1975) 204.

Hans Hilger

degericht, wenn die Rechtsmittel verschiedene Angeklagte betreffen[127]. Gleiches gilt, wenn ein Beschwerdeführer Revision, ein anderer Kostenbeschwerde einlegt und beide Rechtsmittel denselben Angeklagten betreffen[128]. Das Revisionsgericht ist auch unzuständig, wenn die Revision aus formellen Gründen als unzulässig verworfen wird, auch wenn dies in der Form der Bestätigung des Verwerfungsbeschlusses des iudex a quo geschieht[129]. Ebenso endet die Befassung des Revisionsgerichts mit der Revision bei deren Zurücknahme; das Revisionsgericht hat dann zwar eine isolierte Kostenentscheidung (§ 473 Abs. 1) zu erlassen, aber es hat dabei nicht mehr über die Revision, sondern nur über die Kosten der Rechtsmittelinstanz zu befinden[130]. Zur Problematik in den Fällen der §§ 79, 80 OWiG wird auf die Erläuterungswerke zum OWiG verwiesen[131]. Ist das Revisionsverfahren abgeschlossen, so endet auch die Zuständigkeit des Revisionsgerichts zur Entscheidung über einen Wiedereinsetzungsantrag gegen die Versäumung der Beschwerdefrist[132]. Ist der Angeklagte verstorben, bevor die Akten dem Revisionsgericht zugegangen sind, so soll über den Antrag, der Staatskasse Kosten und notwendige Auslagen aufzuerlegen, das Gericht beschließen, dessen Entscheidung angefochten ist[133].

§ 464 a

(1) [1]Kosten des Verfahrens sind die Gebühren und Auslagen der Staatskasse. [2]Zu den Kosten gehören auch die durch die Vorbereitung der öffentlichen Klage entstandenen sowie die Kosten der Vollstreckung einer Rechtsfolge der Tat. [3]Zu den Kosten eines Antrags auf Wiederaufnahme des durch ein rechtskräftiges Urteil abgeschlossenen Verfahrens gehören auch die zur Vorbereitung eines Wiederaufnahmeverfahrens (§§ 364 a und 364 b) entstandenen Kosten, soweit sie durch einen Antrag des Verurteilten entstanden sind.

(2) Zu den notwendigen Auslagen eines Beteiligten gehören auch

1. die Entschädigung für eine notwendige Zeitversäumnis nach den Vorschriften, die für die Entschädigung von Zeugen gelten, und

2. die Gebühren und Auslagen eines Rechtsanwalts, soweit sie nach § 91 Abs. 2 der Zivilprozeßordnung zu erstatten sind.

Schrifttum. *Chemnitz* Anwaltsgebühren in Verkehrssachen, AnwBl. **1987** 514; *Eggert* Kostenerstattungsprobleme bei kumulativer Wahl- und Pflichtverteidigung, MDR **1984** 110; *von Eicken* Erstattungsfähige Kosten, Systematische Übersicht über die Rechtsprechung zur Kostenerstattung (1973); *Heinbuch* Die Erstattung von Wahlverteidigerkosten aus der Staatskasse bei gleichzeitiger Bestellung eines Pflichtverteidigers, AnwBl. **1983** 489; *Heldmann* Ausländer und Strafjustiz, StrVert. **1981** 253: *Holly* Zur Erstattbarkeit der vereinbarten Verteidigervergütung, AnwBl.

---

[127] BGH bei *Holtz* MDR **1977** 640; zur Revision nur des Nebenklägers vgl. BGH bei *Holtz* MDR **1980** 988.

[128] Vgl. BGH bei *Holtz* MDR **1980** 988; GA **1984** 330; bei *Pfeiffer/Miebach* NStZ **1985** 496; krit. dazu *Seier* NStZ **1982** 275.

[129] BayObLG VRS **50** (1976) 443; OLG Düsseldorf MDR **1985** 785; vgl. auch *Seier* 133.

[130] BayObLG VRS **51** (1976) 50; OLG Schleswig SchlHA **1978** 202; s. auch *Seier* 131; § 473, 7.

[131] Vgl. *Göhler*[8] § 80, 47; Vor § 105, 26.

[132] OLG Koblenz NStZ **1987** 137.

[133] BayObLG bei *Rüth* DAR **1986** 249.

1972 72; *Korte* Dolmetscherkosten für Privatbesuch bei einem ausländischen Untersuchungsgefangenen, StrVert. **1983** 43; *Madert* Gebühren des Strafverteidigers (1987); *Matzen* Erstattung von Reisekosten auswärtiger Verteidiger, AnwBl. **1972** 74; *D. Meyer* Verteidigerhonorar als notwendige Auslage des Angeklagten bei „vorsorglicher" Einlegung eines Rechtsmittels durch die Staatsanwaltschaft, JurBüro **1975** 1537; *D. Meyer* Zum Ansatz von Dolmetscherkosten bei dem kostenpflichtig verurteilten sprachunkundigen Ausländer in Straf- und Bußgeldverfahren, JurBüro **1980** 322; *J. Meyer* „Die Gerichtssprache ist deutsch" — auch für Ausländer? ZStW 93 (1981) 507; *Mümmler* Zum Begriff der „gesetzlichen" Gebühr i. S. des § 464 a Abs. 2 Nr. 2 StPO, Rpfleger **1971** 169; *Mümmler* Zweifelsfragen zum Kostenrechtsänderungsgesetz 1975, JurBüro **1976** 705; *Mümmler* Zweifelsfragen zur Entstehung und Erstattung von Wahlverteidigerkosten, JurBüro **1987** 1632; *Römer* Pflichtverteidiger neben Wahlverteidiger? ZRP **1977** 92; *Römer* Anspruch auf Urteilsübersetzung im Strafverfahren, NStZ **1981** 474; *Rückel* Die Notwendigkeit eigener Ermittlungen des Strafverteidigers, FS II Peters 265; *M. J. Schmid* Zum Auslagenerstattungsanspruch des freigesprochenen Angeklagten bei unnötiger Verteidigertätigkeit, JZ **1982** 186; *Sieg* Urteilsübersetzung für sprachunkundige Ausländer, MDR **1981** 281; *Sieg* Anspruch auf Übersetzung eines angefochtenen Urteils im Strafverfahren — zugleich eine Erwiderung, MDR **1983** 636; *Strate* Die Dolmetscherkosten im Strafverfahren, AnwBl. **1980** 15; *Vogler* Das Recht auf unentgeltliche Beiziehung eines Dolmetschers (Art. 6 Abs. 3 Buchst. e EMRK), EuGRZ **1979** 640; weiteres Schrifttum s. bei § 464.

Entstehungsgeschichte. § 464 a ist durch Art. 2 Nr. 21 EGOWiG eingefügt. Die dem Satz 2 entsprechende Vorschrift fand sich früher in § 465 Abs. 1 Satz 2 a. F. Durch Art. 21 Nr. 137 EGStGB 1974 wurden in Absatz 1 Satz 2 die bisherigen Worte „Strafe, Nebenstrafe oder Nebenfolge oder einer vom Gericht angeordneten Maßregel der Sicherung und Besserung" durch „Rechtsfolge der Tat" ersetzt. Absatz 1 Satz 3 wurde eingefügt durch Art. 1 Nr. 113 des 1. StVRG.

Übersicht

Hans Hilger

I. Kosten des Verfahrens (Absatz 1)

1   **1. Allgemeines.** Absatz 1 Satz 1 entspricht inhaltlich § 1 GKG. Danach sind unter Kosten des Verfahrens die **Gebühren** (§§ 40 ff GKG; Nr. 1600 ff KostVerz.) und die **Auslagen** (Nr. 1900 ff KostVerz.; vgl. auch § 220, 33) zu verstehen. Die Vorschrift gilt auch für das Sicherungsverfahren (§§ 413 ff) und das selbständige Verfahren (§§ 440 ff). Teils klarstellend, teils erweiternd, bestimmen § 464 a Abs. 1 Satz 2 und 3, daß zu den Verfahrenskosten auch die Kosten des Ermittlungsverfahrens, die Vollstreckungskosten und die in § 464 a Abs. 1 Satz 3 näher bezeichneten Kosten eines Wiederaufnahmeantrags gehören (vgl. auch § 473, 96; § 370, 28). Zur Sicherung der voraussichtlich entstehenden Verfahrenskosten durch dinglichen Arrest vgl. § 111 d, 10 ff; 29 ff. Zum Klageerzwingungsverfahren vgl. § 175, 6; § 177, 6 ff; §§ 472, 6; zu § 145 Abs. 4 bei § 145. Zum erweiterten Begriff der „Kosten" s. § 77, 13; § 177, 7.

2   **2. Vergütung des Pflichtverteidigers.** Zu den Auslagen der Staatskasse gehören insbesondere die Gebühren und Auslagen des gerichtlich zum Verteidiger bestellten Rechtsanwalts (Nr. 1906 KostVerz.). Das gilt auch, wenn einem Beschuldigten mehrere Pflichtverteidiger bestellt worden sind[1].

3   **Art. 6 Abs. 3 Buchst. c MRK** bestimmt, daß jeder Angeklagte, der nicht über Mittel zur Bezahlung eines Verteidigers verfügt, das Recht hat, unentgeltlich den Beistand eines Pflichtverteidigers zu erhalten, wenn dies im Interesse der Rechtspflege erforderlich ist. Daraus kann nach h. M[1a] jedoch nicht abgeleitet werden, daß die Staatskasse ihre Auslagen insoweit, insbesondere die an den Pflichtverteidiger gezahlten Gebühren nicht gegen den Verurteilten geltend machen darf. Die Vorschrift gewährt dem Angeklagten kein uneingeschränktes Recht auf endgültig unentgeltliche Beiordnung eines Pflichtverteidigers. Ihr Ziel ist nur die Sicherstellung eines ordnungsgemäßen, fairen Verfahrens, so daß kein überzeugender Grund besteht, den Anspruch der Staatskasse nach Abschluß des Verfahrens nicht geltend zu machen und auch durchzusetzen, wenn

---

[1] S. aber *Mümmler* JurBüro **1988** 27 (Pflicht- neben Wahlverteidiger bei Verurteilung).

[1a] EuKomMR EuGRZ **1983** 422, 423; OLG München NJW **1981** 534; OLG Oldenburg JurBüro **1982** 742; OLG Düsseldorf NStZ **1984** 283; OLG Köln OLGSt N. F Art. 6 Nr. 2; OLG Stuttgart OLGSt N. F Art. 6 Nr. 4; OLG Koblenz MDR **1986** 779; OLG Bamberg JurBüro **1986** 1057; **1987** 254; LG Stuttgart StrVert. **1981** 227 mit krit. Anm. *Fi-* *scher*; LG Mainz Rpfleger **1984** 35; KK- *Schikora/Schimansky*[2] 4; *Kleinknecht/Meyer*[38] Art. 6, 21 MRK; vgl. auch EuGMR NStZ **1983** 373 (ohne Aussage zur Endgültigkeit) mit Anm. *Stöcker*; **a. A** OLG Düsseldorf NStZ **1984** 339; NStZ **1985** 370 mit krit. Anm. *Schikora*; AG Dortmund StrVert. **1985** 100; *Schmidt* NJW **1974** 90; *Lappe* NJW **1984** 1216.

der Verurteilte (später) über Mittel zur Bezahlung verfügt[2]. Die Regelung ist nicht vergleichbar mit Art. 6 Abs. 3 Buchst. e MRK (unentgeltlicher Dolmetscher)[3]. Denn diese Vorschrift will über die „Unentgeltlichkeit" eine Ungleichbehandlung des mit der Gerichtssprache nicht vertrauten Angeklagten gegenüber einem dieser Sprache Kundigen vermeiden; dieses Ziel würde verfehlt, wenn der sprachunkundige Verurteilte nach Verfahrensabschluß den Dolmetscher zahlen müßte.

Nach § 97 BRAGebO erhält der gerichtlich bestellte Verteidiger die dort vorgese- **4** henen **Gebühren,** sowie Ersatz der zur sachgemäßen Wahrnehmung der Verteidigung des Beschuldigten erforderlichen Auslagen unmittelbar aus der Staatskasse. Wegen der Einzelheiten wird auf die Erläuterungswerke zur BRAGebO verwiesen. Hervorzuheben ist jedoch: Neben dem Anspruch gegen die Staatskasse hat der gerichtlich bestellte Rechtsanwalt gemäß § 100 BRAGebO gegen den Beschuldigten den Anspruch auf Zahlung der Gebühren eines gewählten Verteidigers (also unter Bemessung innerhalb des gesetzlichen Gebührenrahmens), der jedoch insoweit entfällt, als der Rechtsanwalt Gebühren aus der Staatskasse erhalten hat, und der ferner nur insoweit geltend gemacht werden kann, als das Gericht des ersten Rechtszuges auf Antrag des Rechtsanwalts nach Anhörung des Beschuldigten feststellt, daß dieser ohne Beeinträchtigung des für ihn und seine Familie notwendigen Unterhalts zur Zahlung in der Lage ist, oder insoweit, als dem Beschuldigten ein Erstattungsanspruch gegen die Staatskasse zusteht[4]. In besonders umfangreichen oder schwierigen Strafsachen ist dem bestellten Verteidiger auf seinen Antrag eine über die Gebühren des § 97 hinausgehende Gebühr durch das Oberlandesgericht zu bewilligen (§ 99 BRAGebO)[5]. Zur Gebührenfestsetzung vgl. § 98 BRAGebO. Zum Verstoß gegen § 146 s. Rdn. 33.

Zu den **Auslagen**[6], die dem Pflichtverteidiger aus der Staatskasse zu erstatten **5** sind, gehören in der Regel nicht die Beträge, die er zur Beschaffung von Beweismaterial für das Verfahren verauslagt hat. Solche Beträge sind Auslagen des Beschuldigten, deren Erstattung sich nach § 467 richtet[7]. Zu den Kosten eines hinzugezogenen Dolmetschers vgl. Rdn. 8 ff. Reisekosten eines Pflichtverteidigers können erstattungsfähige Auslagen

---

[2] Vgl. OLG Bamberg JurBüro **1987** 254; *Schikora* NStZ **1985** 372; s. auch *Peukert* EuGRZ **1980** 276; **a. A** insbesondere OLG Düsseldorf NStZ **1985** 371; vgl. auch Vor § 464, 13.

[3] Vgl. Rdn. 8 ff.

[4] Zum Streitstand insoweit vor Inkrafttreten des neuen § 100 Abs. 2 Satz 1 BRAGebO vgl. BTDrucks. 10 5113, S. 56; s. desw. LG Berlin StrVert. **1987** 451; vgl. auch BGH Rpfleger **1979** 412 (Honorarvereinbarung des Pflichtverteidigers); OLG Düsseldorf JurBüro **1979** 1535; StrVert. **1987** 162 (Inhalt des Antrages); OLG Stuttgart MDR **1985** 959; LG Verden AnwBl. **1984** 266 mit krit. Anm. *Schmidt* (Honorarvereinbarung des Pflichtverteidigers); *Madert* 131 ff.

[5] Vgl. OLG Koblenz wistra **1986** 84; s. auch BayObLG AnwBl. **1987** 619; OLG Bamberg JurBüro **1987** 1789; OLG Düsseldorf StrVert. **1987** 451; OLG Hamburg JurBüro **1987** 722; OLG Hamm JurBüro **1987** 720;

OLG Karlsruhe Justiz **1987** 158; OLG Nürnberg JurBüro **1987** 245; BVerfG AnwBl. **1987** 194; *Thomas* Schriftenreihe AG Strafrecht des DAV **1985**, 65 ff; *Herrmann* NStZ **1987** 446.

[6] Vgl. OLG Düsseldorf MDR **1986** 519 (vor der Bestellung entstandene Auslagen); zu Kopierkosten (§ 27 BRAGebO) vgl. OLG Hamm StrVert. **1985** 203; OLG Celle NdsRpfl. **1986** 18; OLG Saarbrücken StrVert. **1986** 492; OLG Bamberg StrVert. **1987** 450; OLG Köln Rpfleger **1987** 519; LG Bamberg JurBüro **1987** 719; LG Frankfurt StrVert. **1987** 450; AG Fulda AnwBl. **1980** 170; AG Berlin-Tiergarten StrVert. **1987** 163; AG Bochum StrVert. **1987** 450; AG Wuppertal StrVert. **1987** 163; *Krekeler* Schriftenreihe AG Strafrecht des DAV **1985** 52 ff.

[7] OLG Karlsruhe Justiz **1976** 266; s. aber AG Bremen StrVert. **1987** 451.

Hans Hilger

sein (vgl. 126 BRAGebO)[8]. Umstritten ist in diesem Zusammenhang, ob eine Beiordnung des Pflichtverteidigers „nur zu den Bedingungen eines ortsansässigen Rechtsanwalts" zulässig ist[9].

6   Zur Verteidigung durch einen **Referendar** (§ 142 Abs. 2) vgl. Nr. 107 Abs. 2 RiStBV.

7   **3. Prozeßkostenhilfe.** Zweifelhaft ist, ob auch die Beträge, die von der Staatskasse dem im Wege der Prozeßkostenhilfe oder als Beistand beigeordneten Rechtsanwalt gezahlt worden sind (§§ 172, 379, 397 a, 404, 406 g) Auslagen des § 464 a sind. Der Staatskasse könnte ein Anspruch auf Erstattung dieser Beträge auch aus abgeleitetem Recht (§ 126 Abs. 1 ZPO; § 130 BRAGebO) zustehen[10].

8   **4. Auslagen für Dometscher und Übersetzungen.** Die einem **Dolmetscher** zu zahlende **Vergütung** (§ 17 ZuSEntschG) für dessen Tätigkeit in der Verhandlung (§§ 185, 186 GVG) und im sonstigen Zusammenhang mit dem Verfahren, zum Beispiel zur Verständigung zwischen dem Beschuldigten und seinem Verteidiger zur Vorbereitung der Verhandlung oder zur Erörterung und Regelung von Haftproblemen, kann zu den Auslagen der Staatskasse oder des Beschuldigten bzw. seines Verteidigers gehören. Der in diesem Zusammenhang geführte Streit um die Auslegung von **Art. 6 Abs. 3 Buchst. e MRK**[11] (Recht des Angeklagten, die „unentgeltliche" Beiziehung eines Dolmetschers zu verlangen, wenn er zum Beispiel die Verhandlungssprache des Gerichts nicht versteht) ist mit der Änderung von **Nr. 1904 KostVerz.** durch Artikel 2 des Gesetzes vom 18. 8. 1980 (BGBl. I S. 1503) weitgehend erledigt worden[12]; danach gehören zu den u. U zu erstattenden Auslagen der Staatskasse nicht solche Beträge für Dolmetscher und Übersetzer, die im Strafverfahren herangezogen werden, um für einen der deutschen Sprache nicht mächtigen, tauben oder stummen Beschuldigten verteidigungsbedeutsame Erklärungen oder Schriftstücke zu übersetzen. Die Regelung ist eine Anpassung des Kostenrechts an die Entscheidung des EuGHMR[13], jedoch erscheinen nicht alle Probleme zufriedenstellend gelöst. Grundsätzlich gilt, daß die Freistellung von Dolmetscherkosten, ein Element der Gewährleistung des Rechts auf ein faires Verfahren (Art. 6 MRK), den gesamten Verfahrensbereich, auch das Ermittlungsverfahren und Gespräche zwischen dem Beschuldigten und seinem Verteidiger, erfaßt[14], soweit die Dolmetscher-

---

[8] Vgl. OLG Bamberg JurBüro **1979** 859; OLG Oldenburg JurBüro **1984** 248; AG Freiburg AnwBl. **1985** 321; vgl. auch OLG Celle NdsRpfl. **1986** 18, 19; OLG Karlsruhe JurBüro **1986** 390 (Übernachtungskosten); *Herrmann* NStZ **1987** 446.

[9] Vgl. OLG Celle StrVert. **1981** 227; OLG Hamm AnwBl. **1980** 39; AnwBl. **1982** 214; NJW **1983** 1507; OLG Düsseldorf AnwBl. **1985** 152; OLG Karlsruhe JurBüro **1986** 71; LG Frankfurt StrVert. **1987** 158 mit Anm. *Krehl* (mit weit. Nachw.).

[10] Vgl. OLG Hamburg AnwBl. **1975** 404; siehe auch *Rieß/Hilger* NStZ **1987** 154 ff; BTDrucks. 10 5305 S. 14, 19; § 172, 160; § 175, 6; § 177, 6; § 379, 22; zu den Reisekosten des beigeordneten Nebenkläger-Vertreters vgl. OLG Hamm AnwBl. **1985** 320.

[11] Zur Frage, ob Art. 6 eine endgültige oder eine nur vorläufige Kostenbefreiung regelt;

vgl. zum Beisp. EuKomMR NJW **1978** 477; EuGHMR NJW **1979** 1091; OLG Bamberg JurBüro **1976** 644; OLG Düsseldorf MDR **1981** 74; LG Wuppertal JurBüro **1978** 1053 mit Anm. *Mümmler*; LG Aschaffenburg JurBüro **1979** 1040; LR-*K. Schäfer* [23] § 465, 9 und 10; *Bussmann* NJW **1976** 458; *D. Meyer* JurBüro **1980** 321; *Mümmler* JurBüro **1976** 645; *Schmidt* NJW **1974** 90; *Setsewitz* MDR **1976** 458; *Vogler* EuGRZ **1979** 640.

[12] KK-*Schikora/Schimansky*[2] 4.

[13] NJW **1979** 1091; vgl. auch *Vogler* EuGRZ **1979** 640; *Strate* AnwBl. **1980** 15.

[14] EuGHMR NJW **1979** 1092; OLG Düsseldorf MDR **1981** 74; OLG München StrVert. **1982** 364; LG Berlin AnwBl. **1980** 30; LG Düsseldorf StrVert. **1984** 112; AG Bremen StrVert. **1984** 113; vgl. auch KK-*Schikora/Schimansky*[2] 4; *Strate* AnwBl. **1980** 15.

tätigkeit in Zusammenhang mit der Verteidigung des Beschuldigten erforderlich ist. Sie erstreckt sich u. U auch auf Dolmetscherkosten, die dadurch entstehen, daß Zeugen in der Muttersprache des Angeklagten vernommen werden, wenn auch eine Übersetzung für den Angeklagten notwendig ist[15]. Sie soll aber — mangels Verteidigungsbezug — nicht Dolmetscherkosten für die Kontrolle von Privatpost des Untersuchungshäftlings erfassen[16], während nach der über die Entscheidung des EuGHMR hinausgehenden Auffassung des OLG Frankfurt[17] gemäß Art. 6 MRK (analog) im Hinblick auf Art. 3 Abs. 3 und Art. 2 Abs. 1 GG selbst die Kosten der gerichtlich angeordneten Besuchsüberwachung durch einen Dolmetscher von der Staatskasse getragen werden sollen.

Wird der Angeklagte freigesprochen, die Eröffnung des Hauptverfahrens abgelehnt oder das Verfahren eingestellt ($ 467 Abs. 1), so fallen die Auslagen für einen gerichtlich beigezogenen Dometscher grundsätzlich der Staatskasse zur Last. War der Dolmetscher vom Beschuldigten oder seinem Verteidiger hinzugezogen, so kann es sich um notwendige Auslagen des Beschuldigten ($ 464 a Abs. 2) handeln oder — falls der Verteidiger bestellt war — um dessen Auslagen im Sinne von $ 97 Abs. 2 BRAGebO[18]. Wird der Angeklagte verurteilt ($ 465 Abs. 1), so haftet er grundsätzlich nicht für die Auslagen der Staatskasse ($ 464 a Abs. 1) infolge der **gerichtlichen Beiziehung eines Dolmetschers**[19] (Nr. 1904 KostVerz.); das gilt auch für die dem **Pflichtverteidiger** gemäß $ 97 Abs. 2 BRAGebO insoweit zu erstattenden Auslagen, falls nicht das Gericht, sondern dieser mit Genehmigung des Gerichts den Dolmetscher beigezogen hat[20]. Dagegen soll im Falle der Verurteilung keine Erstattungspflicht der Staatskasse für die Kosten eines Dolmetschers bestehen, den der **Wahlverteidiger** für Besprechungen mit dem Beschuldigten hinzugezogen hat[21], u. a. weil Art. 6 MRK nur die Unentgeltlichkeit der gerichtlichen Beiziehung eines Dolmetschers regele und es Sache des Gerichts sei, über Erforderlichkeit, Umfang und Organisation der Beiziehung zu entscheiden. In solchen Fällen soll jedoch im Hinblick auf $ 97 Abs. 2 BRAGebO die **(zusätzliche) Bestellung eines Pflichtverteidigers** möglich sein[22], wenn der Beschuldigte einen außerhalb der Verhandlung notwendigen Dolmetscher nicht selbst bezahlen kann. Diese Lösung erscheint jedoch schon deshalb bedenklich, weil der Wahlverteidiger nicht verpflichtet ist, sein Mandat niederzulegen, um seine Beiordnung als Pflichtverteidiger zu ermöglichen, und der zusätzliche Pflichtverteidiger das Vertrauensverhältnis zwischen dem Beschuldigten und dem Wahlverteidiger und die Realisierung des Vertei-

9

---

[15] OLG Stuttgart Justiz **1984** 191.

[16] OLG Stuttgart Justiz **1984** 192.

[17] StrVert. **1986** 24; vgl. auch *Korte* StrVert. **1983** 43; AV des JM. BW vom 2. 12. 1986 in Justiz **1987** 3.

[18] Vgl. KG GA **1977** 278; OLG Zweibrücken JurBüro **1980** 1214; OLG Düsseldorf JurBüro **1980** 569; GA **1986** 179; OLG Frankfurt NJW **1981** 533; KK-*Schikora/Schimansky*[2] 4; *Herget* KostRspr. Anm. zu $ 464 a Nr. 18; zum Auslagenvorschuß vgl. OLG Frankfurt StrVert. **1984** 427; LG Heilbronn StrVert. **1986** 492.

[19] KK-*Schikora/Schimansky*[2] 4; vgl. auch *Jessnitzer* Rpfleger **1982** 369.

[20] OLG München StrVert. **1982** 363; LG München I AnwBl. **1982** 495; vgl. auch OLG Zweibrücken JurBüro **1980** 1214; OLG Düs-

seldorf MDR **1986** 873; OLG Frankfurt StrVert. **1986** 25; vgl. auch OLG Karlsruhe JurBüro **1987** 391 (zu $ 99 BRAGebO); OLG Celle NStZ **1987** 521; OLG Karlsruhe NStZ **1987** 522; LG Hannover StrVert. **1987** 382 (Pflichtverteidiger für sprachunkundigen Ausländer).

[21] Vgl. OLG Düsseldorf GA **1986** 179; JurBüro **1980** 569; OLG Frankfurt NJW **1981** 533; OLG Zweibrücken JurBüro **1980** 1214; krit. dazu *J. Meyer* ZStW **93** (1981) 515; s. auch *Kühne* FS H. Schmidt 38; *Vogler* EuGRZ **1979** 643.

[22] LG Berlin StrVert. **1984** 237; *Kleinknecht/Meyer*[38] $ 140, 30; 32; Art. 6, 25 MRK; $ 185, 5 GVG; vgl. auch KG StrVert. **1985** 184; **1986** 239; dagegen LG Koblenz MDR **1987** 431.

Hans Hilger

digungskonzeptes des Wahlverteidigers stören könnte. Da andererseits eine entsprechende Anwendung des § 97 Abs. 2 BRAGebO im Falle der Wahlverteidigung nicht
möglich ist, bleibt nur die Lösung, daß der **Wahlverteidiger,** wenn er eine Verurteilung
des mittellosen Beschuldigten nicht ausschließen kann, für Besprechungen mit diesem
die gerichtliche Beiordnung eines Dolmetschers auf Staatskosten beantragt[23].

10   Verursacht der geladene **Dolmetscher** durch sein **Ausbleiben** eine Aussetzung des
Verfahrens, so sollen die hierdurch entstandenen Kosten von der Staatskasse, nicht vom
Verurteilten zu tragen sein, um eine Benachteiligung des Verurteilten infolge seiner un-
zureichenden Sprachkenntnisse zu vermeiden[24]. Problematisch ist die Behandlung des
Falles zusätzlicher Dometscherkosten infolge schuldhafter **Säumnis des Angeklagten.**
Nr. 1904 KostVerz. enthält keine ausdrückliche Ausnahmeregelung, die insoweit eine
Erhebung eines Teils der Vergütung des gerichtlich bestellten Dolmetschers als Auslagen der Staatskasse beim Verurteilten oder Freigesprochen erlaubt. Es dürfte jedoch
sachgerecht sein und nicht dem Zweck des Art. 6 Abs. 3 MRK (Sicherstellung eines fairen Verfahrens) widersprechen, Nr. 1904 KostVerz. unter Heranziehung des Gedankens des § 467 Abs. 2 einschränkend zu interpretieren und die infolge schuldhafter
Säumnis des Angeklagten zusätzlich entstandenen Dolmetscherauslagen der Staatskasse beim Freigesprochenen gemäß § 467 Abs. 2 und beim Verurteilten gemäß § 465 zu
erheben.

11   Art. 6 Abs. 3 Buchst. e MRK und Nr. 1904 KostVerz. gelten auch im **Privatklageverfahren;** die Belastung des Privatklägers mit den Dolmetscherkosten ist verfassungsrechtlich (Art. 3 Abs. 3 GG) unbedenklich[25]. Die Vorschriften sollen auch im **Bußgeldverfahren** zu beachten sein[26], jedoch nicht im **Abschiebungshaftverfahren**[27].
Schließlich regelt Art. VII Abs. IX Buchst. f **Nato-Truppenstatut** ein Recht auf Beiziehung eines Dolmetschers in Strafverfahren gegen Mitglieder der Truppe und ihnen insoweit gleichgestellte Personen.

12   Aus Art. 6 Abs. 3 Buchst. e MRK, Nr. 1904 KostVerz. kann sich bei konsequenter
Anwendung nicht nur ein Recht auf kostenlose Übersetzung verteidigungsbedeutsamer
Schriftstücke[28] während des Ermittlungs- und Hauptverfahrens ergeben, sondern — im
Rahmen der oben dargestellten Erwägungen und Grenzen — auch ein Anspruch auf ko-
stenlose **Übersetzung des schriftlichen Urteils** (etwa eines längeren oder komplizierten
Urteils nach schwierigem Verfahren oder/und bei unverteidigten Angeklagten), wenn
dies zur Verteidigung, zum Beispiel zur Durchführung des Rechtsmittelverfahrens oder
nach Zurückverweisung einer Sache, erforderlich ist[29]; dabei dürfte der Umstand, daß

---

[23] OLG Stuttgart StrVert. **1986** 491; LG Düsseldorf StrVert. **1984** 112; LG Bremen
StrVert. **1987** 193; AG Bremen StrVert. **1984**
113; vgl. auch OLG Düsseldorf JurBüro **1980**
569; **a. A** wohl OLG Frankfurt NJW **1981**
533.

[24] LG Hamburg StrVert. **1985** 500.

[25] BVerfG NStZ **1981** 230.

[26] EuGHMR NJW **1985** 1273; LG Heilbronn
StrVert. **1987** 192 (Übersetzung des Bußgeldbescheides); **a. A** LG Osnabrück JurBüro
1986 1124 mit Anm. *Knoppik*; LG Frankenthal Rpfleger **1987** 214; vgl. zur Problematik
im übrigen BVerfG (Vorprüfungsausschuß)
EuGRZ **1986** 439 sowie *Göhler*[8] Vor § 59, 56;
§ 46, 10a und NStZ **1985** 64.

[27] OLG Düsseldorf JMBlNW **1986** 59.

[28] Hierzu unter Hinweis auf Art. 6 Abs. 3
Buchst. a MRK einschränkend OLG Düssel-
dorf JZ **1986** 508; s. auch OLG Stuttgart Ju-
stiz **1986** 307 (Haftentscheidungen); LG
Aachen NStZ **1984** 283 zu Strafbefehl und
Entwurf; LG Heilbronn StrVert. **1987** 192.

[29] Sehr umstr.; ähnlich zum Teil weitergehend
KK-Schikora[1] 4; *Strate* AnwBl. **1980** 15; *Sieg*
MDR **1981** 281; MDR **1983** 636; *Heldmann*
StrVert. **1981** 253; auf den Einzelfall abstel-
lend *Römer* NStZ **1981** 474; **a. A** (enger, zum
Teil nur verteid. Angekl. betr.) BVerfG JZ
1983 659 mit Anm. *Rüping*; BGH GA **1981**
262; OLG Hamburg NJW **1978** 2462; OLG
Stuttgart NJW **1980** 1238; NStZ **1981** 225;

die mündliche Urteilsbegründung dem Angeklagten durch einen Dolmetscher übersetzt worden ist, ungeachtet der Qualität mancher mündlicher Urteilsbegründungen, schon im Hinblick auf den psychischen Zustand des Angeklagten in diesem Zeitpunkt häufig ohne Bedeutung sein.

5. Kosten der Vorbereitung der öffentlichen Klage

a) Im allgemeinen. Hierher gehören die Kosten, die vor Erhebung der öffentli- 13 chen Klage zur Aufklärung einer Straftat und zur Ermittlung und Ergreifung des Täters aufgewendet worden sind (Nr. 1913 des KostVerz.). Zu den Vorbereitungskosten, die der verurteilte Angeklagte nach § 465 Abs. 1 zu tragen hat, gehören auch solche, die entstanden sind, während das Verfahren noch nicht gegen diesen Angeklagten, sondern gegen eine andere verdächtig gewesene Person gerichtet war, oder soweit der zunächst angenommene schwerere rechtliche Gesichtspunkt fallengelassen ist[30], denn diese Kosten dienen der Ermittlung des wirklichen (und demnächst verurteilten) Täters und seiner Schuld (vgl. aber § 465 Abs. 2). Anders liegt es, wenn sich das Ermittlungsverfahren zunächst gegen mehrere Mitbeschuldigte richtet und die übrigen bis auf den demnächst angeklagten und verurteilten Beschuldigten durch Einstellung aus dem Ermittlungsverfahren entlassen wurden. Dann trägt der Verurteilte solche Auslagen nicht, die ausscheidbar nur durch das Verfahren gegen die Mitbeschuldigten veranlaßt wurden (zum Beispiel die Kosten der Alkoholuntersuchung eines anderen Unfallbeteiligten[31]), denn eine Haftung auch für solche Auslagen tritt nach § 466 nicht einmal ein, wenn die an der Tat Beteiligten verurteilt worden sind. Waren Gegenstand des Ermittlungsverfahrens mehrere selbständige Taten, und ist Anklage nur wegen einer Tat erhoben, so gehören die durch die Aufklärung der anderen Taten entstandenen Kosten auch dann nicht zu den von dem verurteilten Angeklagten nach § 465 Abs. 1 zu tragenden Kosten, wenn das Ergebnis dieser Ermittlungen in der Hauptverhandlung verwertet wird, zum Beispiel die Verwertung einer Blutentnahme und -untersuchung, die wegen des Verdachts eines nicht angeklagten Delikts erfolgte, bei der Strafzumessung wegen des angeklagten Delikts[32].

b) Auslagen von Behörden außerhalb der Justiz. Allgemein gehören zu den Kosten 14 des Ermittlungsverfahrens, außer den Aufwendungen der Strafverfolgungsbehörde, auch gemäß Nr. 1911, 1913 KostVerz. die anderer Behörden, die auf Ersuchen der Strafverfolgungsbehörde oder aus eigener Initiative mitgewirkt haben, insbesondere die der Polizei, auch wenn aus Gründen der Gegenseitigkeit, der Verwaltungsvereinfachung usw. an diese keine Zahlungen zu leisten sind. Hierher gehören zum Beispiel auch die Auslagen, die den zuständigen Verwaltungsbehörden in Verfahren wegen Zuwiderhandlungen gegen die Vorschriften auf dem Gebiet des Lebensmittelrechts und auf verwandten Gebieten für Probeentnahmen (Nr. 262 ff RiStBV) erwachsen sind, und in Steuerstrafverfahren die Auslagen, die einer Finanzbehörde bei der Untersuchung (und bei der Teilnahme am gerichtlichen Verfahren) entstanden sind (§ 5 Abs. 4, 5 KostVfg; §§ 404, 405 AO). Erforderlich ist jedoch, daß die Auslagen sich den Nr. 1900 ff Kost-

Justiz 1983 25; OLG Frankfurt NJW 1980 1238; OLG Düsseldorf JZ 1985 200; KK-*Schikora/Schimansky*[2] 4; KK-*Maul*[2] § 35, 22; KK-*Mayr*[2] § 184, 3 GVG; *Kleinknecht/ Meyer*[38] Art. 6, 26 MRK; KMR-*Paulus* § 35, 12; *Roxin*[20] § 22 B II 3 a; *Vogler* EuGRZ 1979 644; krit. dazu *J. Meyer* ZStW 93 (1981) 525;

vgl. auch § 35, 26; § 35 a, 21 sowie Nr. 181 Abs. 2 RiStBV; dazu auch OLG Köln VRS 63 (1982) 457; OLG Stuttgart Justiz 1986 307.
[30] LG Mannheim Rpfleger 1963 196.
[31] AG Tettnang Rpfleger 1958 384 mit Anm. *Vogel.*
[32] LG Braunschweig DAR 1971 51.

Hans Hilger

Verz. zuordnen lassen[33]. Auslagen der Staatskasse für eine Telefonüberwachung (§ 100 a) können nicht vom Verurteilten erhoben werden[34].

15   **c) Entschädigung und Belohnung Dritter.** Aufwendungen, die der Verletzte zur Aufklärung der Straftat gemacht hat, gehören nicht zu den Kosten des Ermittlungsverfahrens. Gewährt die Strafverfolgungsbehörde dem Verletzten, wenn sie sich das Ergebnis seiner Bemühungen zu eigen gemacht hat, eine Entschädigung, dann rechnet auch diese nicht zu den Kosten des Ermittlungsverfahrens[35]. Denn Auslagen des Ermittlungsverfahrens können nur, soweit die Nr. 1900 ff KostVerz. dies vorsehen, in Ansatz gebracht werden. Damit ist kein Raum für die Überbürdung der an Privatpersonen für die Mitwirkung bei der Aufklärung von Straftaten gewährten Entschädigungen und Belohnungen auf den Verurteilten, soweit es sich nicht um Gebühren für Zeugen oder für Sachverständige handelt (Nr. 1904 KostVerz.); die Kosten der Bekanntmachung einer Auslobung können unter Nr. 1903 KostVerz. fallen[36].

16   **d)** Zu den Kosten der **Untersuchungshaft** vgl. Nr. 1910 KostVerz., § 12 Satz 2 KostVfg, § 10 JVKostO (§ 465, 10; § 111 d, 10)[36a].

6. Kosten der Vollstreckung einer Rechtsfolge der Tat

17   **a) Rechtsfolgen der Tat** sind die in einer Strafvorschrift (hauptsächlich im Dritten Abschnitt des Allgemeinen Teils des Strafgesetzbuches, §§ 38 ff) normierten staatlichen Reaktionen auf eine Straftat oder eine rechtswidrige Tat im Sinne des § 11 Abs. 1 Nr. 5 StGB, wie Freiheits- und Geldstrafe, Nebenstrafe des Fahrverbots, Nebenfolgen gemäß § 45 StGB, Verwarnung mit Strafvorbehalt, Maßregeln der Besserung und Sicherung, Verfall und Einziehung, Bekanntgabe der Verurteilung.

18   **b) Umfang der Vollstreckungskosten.** Auf die Kosten (Auslagen) der Vollstreckung finden die Vorschriften des Gerichtskostengesetzes keine Anwendung, weil die Vollstreckung Justizverwaltungsangelegenheit ist (§ 1 GKG). Vorschriften über den Umfang der Vollstreckungskosten, die der in die Kosten des Verfahrens Verurteilte zu tragen hat, finden sich hauptsächlich in der JVKostO sowie in den sie ergänzenden Justizverwaltungsvorschriften. Die Erhebung von Kosten der Vollstreckung von Freiheitsstrafen und freiheitsentziehenden Maßregeln der Besserung und Sicherung richtet sich nach § 12 KostVfg, § 10 JVKostO (vgl. auch §§ 50, 189, 198, 199 StVollzG)[37]. Danach werden Kosten der Vollstreckung grundsätzlich nur bei schuldhafter Verweigerung einer Arbeitspflicht des Gefangenen (Verwahrten) erhoben. Im übrigen darf dem einer Arbeit (§ 39 StVollzG) nachkommenden Gefangenen oder Verwahrten von den ihm zu-

---

[33] Vgl. OLG Celle NdsRpfl. **1984** 263 (zu Verwaltungskostengesetz und Gebührensatzungen); s. auch OLG Düsseldorf JMBlNW **1987** 179 („Privatgutachten" eines Angehörigen der StA); OLG Hamburg Rpfleger **1987** 340 (Amtshilfe der Bundespost); OLG Schleswig SchlHA **1987** 127 (Behördengutachten); OLG Stuttgart JurBüro **1987** 1203 mit krit. Anm. *Otto* (Mitarbeiter der Polizei als Sachverständiger); Justiz **1987** 465 (Entschädigung für das Gutachten nach dem ZuSEntschG); zu Aufwendungen von Kreditinstituten (z. B. Kopierkosten) vgl. BGH NStZ **1982** 118; OLG Düsseldorf wistra **1985** 123;

LG Stuttgart wistra **1987** 38; *Sannwald* NJW **1984** 2495; § 95, 15 ff.
[34] OLG München MDR **1985** 782; LG Koblenz Rpfleger **1986** 450; vgl. § 100 b, 10.
[35] A. A BayObLGSt **26** 147.
[36] Zur Auslobung vgl. die AV des RJM vom 25. 11. 1939 (DJ **1939** 1800) und die neueren Erlasse der Länder, zum Beispiel BW AV vom 1. 3. 1984 (Justiz **1984** 153); vgl. auch § 161, 37.
[36a] Vgl. auch AV des JM. BW vom 23. 12. 1986 in Justiz **1987** 10; AG Diez StrVert. **1986** 260 (Hungerstreik).
[37] Vgl. auch *Oestreich* Rpfleger **1982** 462.

stehenden Bezügen der in §50 StVollzG (in der Übergangsfassung des §199 Abs. 3 StVollzG) bezeichnete und von den Vollstreckungskosten zu unterscheidende Haftkostenbeitrag einbehalten werden[38]. Zu den Kosten der Vollstreckung im übrigen vgl. §459, §11 JBeitrO, §47 GKG, §9 Nr. 1 JVKostO[39].

7. Kosten der Vorbereitung eines Antrags auf Wiederaufnahme des Verfahrens **19** **(Absatz 1 Satz 3).** Durch diese auf dem 1. StVRG beruhende Erweiterung des Kostenbegriffs soll dem Verurteilten, dem gemäß §364 b für die Vorbereitung eines Wiederaufnahmeverfahrens ein Verteidiger bestellt worden ist, ein Anreiz geboten werden, von der Stellung eines Wiederaufnahmeantrags abzusehen, wenn die Vorprüfung der Erfolgsaussichten negativ ausfällt; er vermeidet damit eine mit der erweiterten Kostenbelastung verbundene Verwerfung des Wiederaufnahmeantrags, die den Verurteilten trifft, der den Antrag trotz Aussichtslosigkeit stellt (§473 Abs. 1, Abs. 5 Nr. 1; vgl. Rdn. 1). Der Satzteil: „soweit sie durch einen Antrag des Verurteilten verursacht sind" hat keine praktische Bedeutung; er bezog sich auf einen im RegE vorgesehenen §364 c (dazu Einleitung Kap. 5 61), der nicht Gesetz geworden ist[40].

8. Die Festsetzung der gerichtlichen Gebühren und Auslagen erfolgt nicht im Fest- **20** setzungsverfahren nach §464 b, sondern im Kostenansatzverfahren nach §4 Abs. 2, 3 GKG. Gegen den Ansatz des Kostenbeamten — auch des Kostenbeamten der Staatsanwaltschaft, soweit dieser nach §4 Abs. 2 Satz 1 GKG zum Kostenansatz zuständig ist — steht dem Kostenschuldner und der Staatskasse die nicht fristgebundene Erinnerung zu, über die das in §5 Abs. 1 GKG bezeichnete Gericht entscheidet. Auch soweit es sich um Auslageforderungen justizfremder am Ermittlungsverfahren beteiligter Behörden handelt (Rdn. 14), hat sie das Gericht umfassend und ohne Bindung an die Auffassung des Kostenbeamten und der beteiligten Behörden nachzuprüfen[41]. Gegen die Entscheidung des Gerichts steht dem Kostenschuldner und der Staatskasse die einfache Beschwerde nach den §§304 bis 310 zu (§5 Abs. 2 GKG). Kosten (einschließlich außergerichtlicher Auslagen des erfolgreichen Kostenschuldners) werden nicht erstattet (§5 Abs. 4 GKG); dieser Ausschluß ist nicht verfassungswidrig[42].

II. Notwendige Auslagen eines Beteiligten (Absatz 2) im allgemeinen

1. Begriff der notwendigen Auslagen. §464 a Abs. 2 enthält **keine erschöpfende** **21** **Aufzählung** der notwendigen Auslagen, sondern beschränkt sich auf die Bestimmung, daß bestimmte Aufwendungen **auch** zu den notwendigen Auslagen gehören, schließt also die Erstattungsfähigkeit anderer notwendiger Auslagen nicht aus[43]. Unter notwendigen Auslagen sind die einem Beteiligten erwachsenen, in Geld meßbaren Aufwendungen zu verstehen, soweit sie zur zweckentsprechenden Rechtsverfolgung oder Rechtsverteidigung, zur Geltendmachung seiner prozessualen Rechte in der gebotenen Form notwendig waren[44]. Das entspricht der Begriffsbestimmung in §91 Abs. 1 Satz 1 ZPO;

---

[38] Vgl. auch *Roxin*[20] §57 C I 2; vgl. auch AV des JM. BW vom 23. 12. 1986 in Justiz **1987** 10.

[39] Vgl. OLG Schleswig SchlHA **1986** 114 (Vollstreckung betr. Nachtragsverfahren).

[40] *Krägeloh* NJW **1975** 139.

[41] BVerfG MDR **1970** 485; vgl. auch OLG Koblenz wistra **1986** 121 und LG Lüneburg VersR **1985** 1200 zu §8 GKG.

[42] OLG München JurBüro **1977** 538.

[43] OLG Hamburg OLGSt §467, 122; s. auch Rdn. 49.

[44] OLG Düsseldorf Rpfleger **1975** 256; AnwBl. **1986** 158; vgl. auch OLG Karlsruhe Rpfleger **1971** 72 (Sicherheitsleistung nach §116); OLG Bamberg JurBüro **1988** 104.

Hans Hilger

eine entsprechende ausdrückliche Begriffsbestimmung in § 464 a Abs. 2 ist (wie schon in § 471 Abs. 5 a. F) offenbar deshalb unterblieben, weil sie der Gesetzgeber für selbstverständlich und aus dem Begriff der notwendigen Auslagen ohne weiteres herleitbar hielt[45]. So sind zum Beispiel die Reisekosten der Ehefrau zum Besuch des in Untersuchungshaft befindlichen Angeschuldigten schon deshalb keine ihm erwachsenen notwendigen Auslagen, weil sie nicht seiner Verteidigung dienten, das heißt nicht zum Ziel hatten, seine Rechte im Strafverfahren in rechter Weise zur Geltung zu bringen[46]. Ob eine Aufwendung notwendig war, ist nicht ex post — etwa nach dem erreichten Ergebnis — , sondern danach zu beurteilen, wie sich ein vernünftiger Mensch in dieser Lage verhalten hätte[47]. Zum Klageerzwingungsverfahren vgl. § 177, 7.

22   **2. Begriff des Beteiligten.** Absatz 2 bezieht sich nicht auf Auslagen, die Verfahrensbeteiligte der Staatskasse schulden; bei diesen handelt es sich um Verfahrenskosten im Sinne des Absatzes 1, die nicht im Verfahren nach § 464 b, sondern im Kostenansatzverfahren nach § 4 GKG der Höhe nach festgesetzt werden. Vielmehr bezieht sich Absatz 2 auf die Fälle, in denen a) die Staatskasse Schuldnerin gegenüber einem Beteiligten ist, zum Beispiel gegenüber dem Beschuldigten gemäß §§ 467 Abs. 1, 467 a, 470 Satz 2, 473 Abs. 2 bis 6 oder b) andere Beteiligte als die Staatskasse einander erstattungspflichtig sind, zum Beispiel der Verurteilte gegenüber dem Privat- oder Nebenkläger nach den §§ 471 bis 473, der Privatkläger gegenüber dem Beschuldigten nach § 471 Abs. 2, der Anzeigenerstatter und der Antragsteller gegenüber dem Beschuldigten nach §§ 469 Abs. 1, 470, der Angeklagte gegenüber dem Verletzten nach den §§ 472, 472 a, 473.

23   **3. Auslagen Dritter.** Notwendige Auslagen sind nur solche, die dem Erstattungsberechtigten selbst entstanden sind. Daher sind Auslagen eines Dritten nicht erstattungsfähig, auch wenn der Erstattungsberechtigte eigene Auslagen erspart hat, die erstattungsfähig wären, wenn er sie selbst erbracht hätte[48]. Die Aufwendungen des Dritten sind aber eigne Auslagen des Erstattungsberechtigten, wenn er dem Dritten rechtlich erstattungspflichtig ist[49], etwa aus Geschäftsführung ohne Auftrag. Die Aufwendungen eines gesetzlichen Vertreters, zum Beispiel die Kosten des von den Eltern für den minderjährigen Beschuldigten bestellten Verteidigers, stehen eigenen Aufwendungen des Erstattungsberechtigten gleich[50].

24   **4. Rechtsschutzversicherung.** Nach h. M[51] wird die Erstattung notwendiger Auslagen nicht dadurch beeinflußt, daß eine Versicherungsgesellschaft aufgrund des mit dem Erstattungsberechtigten abgeschlossenen Vertrages verpflichtet ist, ihm „Rechtsschutz" zu gewähren, insbesondere die Kosten eines Verteidigers zu tragen. Dem Erstattungspflichtigen kann nicht zugute kommen, daß der Erstattungsberechtigte durch eigene Aufwendungen vorgesorgt hat. In gleicher Weise wird der Erstattungsanspruch gegen die Staatskasse nicht dadurch berührt, daß der freigesprochene Angeklagte Mitglied eines Verbandes (Berufsverbandes, Gewerkschaft) ist, der seinen Mitgliedern „Rechtsschutz" gewährt[52]. Die für die Rechtsschutzversicherung laufend gezahlten Beiträge sind aber keine erstattungsfähigen Auslagen.

[45] LG Hannover NJW **1976** 1111.
[46] OLG Düsseldorf Rpfleger **1975** 256.
[47] Vgl. LG Verden VersR **1970** 558; KK-*Schikora/Schimansky*[2] 6; *Beulke* NJW **1976** 1112.
[48] OLG Hamm NJW **1953** 1445.
[49] LG Flensburg SchlHA **1962** 203.
[50] LG Bückeburg NJW **1960** 1629; vgl. auch OLG Celle JurBüro **1964** 291; § 467, 20.

[51] Vgl. OLG Frankfurt NJW **1970** 1695; OLG Hamm JMBlNW **1971** 237; a. A LG Hamburg MDR **1962** 757; siehe auch LR-*K. Schäfer*[23] 17 mit weit. Nachw.
[52] OLG Frankfurt MDR **1966** 258; OLG Celle NJW **1968** 1735.

III. Entschädigung für notwendige Zeitversäumnis (Absatz 2 Nr. 1)

Die Auslegung dieser Vorschrift ist streitig.

1. Die engere Auslegung. Für das Privatklageverfahren bestimmte früher §471 **25** Abs. 5 a. F, daß zu den zu erstattenden Auslagen auch die Entschädigung für die durch notwendige Reisen oder durch die notwendige Wahrnehmung von Terminen entstandene Zeitversäumnis gehöre. Ob dies auch außerhalb des Privatklageverfahrens gelte, war streitig; die Frage wurde früher überwiegend verneint, in jüngerer Zeit aber zunehmend bejaht[53]. Nunmehr trifft §464 a Abs. 2 Nr. 1 eine für alle Strafverfahren geltende Regelung über die Entschädigung für notwendige Zeitversäumnis, das heißt für den Verdienstausfall. Die Kürzung der Fassung (früher in §471 Abs. 5: „Die zu erstattenden Auslagen umfassen auch die Entschädigung für die durch notwendige Reisen oder durch die notwendige Wahrnehmung von Terminen entstandene Zeitversäumnis; die für die Entschädigung von Zeugen geltenden Vorschriften sind entsprechend anzuwenden") und die Verweisung auf die „Vorschriften, die für die Entschädigung von Zeugen gelten", wird zum Teil dahin verstanden, daß damit auch auf §1 ZuSEntschG verwiesen werde, dem zufolge Zeugen nach dem ZuSEntschG nur entschädigt werden, wenn sie von dem Gericht oder dem Staatsanwalt zu Beweiszwecken herangezogen werden. Von diesem Standpunkt aus erhält der freigesprochene Angeklagte eine Entschädigung für Zeitversäumnisse nur, wenn er von dem Gericht oder dem Staatsanwalt zu Beweiszwecken herangezogen wurde; es entfällt eine Entschädigung für Zeitversäumnis (Verdienstausfall), die dem freigesprochenen Angeklagten durch Besprechung mit seinem Verteidiger und durch Reisen zu ihm (dazu Rdn. 46, 49) entstanden ist[54]. Nach dieser Auffassung[55] erhält der freigesprochene Angeklagte für Zeitversäumnis aus Anlaß polizeilicher Vernehmungen auch dann keine Entschädigung, wenn die Vernehmung durch das Gericht oder die Staatsanwaltschaft veranlaßt worden ist, und zwar auch dann nicht, wenn nach Landesrecht Zeugen für den Verdienstausfall durch polizeiliche Vernehmung entschädigt werden.

2. Die weitere Auslegung. Der vorstehend (Rdn. 25) dargestellten Auslegung **26** kann nicht zugestimmt werden. Die Verweisung auf das ZuSEntschG bezieht sich vielmehr nur auf diejenigen Vorschriften, die den Umfang und die Höhe der Entschädigung regeln; insoweit kommen insbesondere §§2, 4 in Betracht. Es handelt sich also nicht um eine Rechtsgrund-, sondern um eine Rechtsfolgenverweisung[56]. Für die An-

---

[53] Vgl. OLG Koblenz NJW **1965** 1289; LG Göttingen NJW **1968** 2258.

[54] OLG Stuttgart Justiz **1971** 271; OLG Hamm NJW **1973** 259; OLG Frankfurt Jur-Büro **1983** 886 mit krit. Anm. *Mümmler*; LG Aachen Rpfleger **1970** 436 mit abl. Anm. *Schmidt*; LG Mainz JVBl. **1972** 22; LG Wuppertal JurBüro **1974** 212; LG Flensburg Jur-Büro **1977** 87; LG Bonn MDR **1980** 601 mit abl. Anm. *Schmidt*; LG Passau JurBüro **1986** 1676; *Kleinknecht/Meyer*[38] 6; *Eb. Schmidt* Nachtr. II 7; *Göhler*[8] Vor § 105, 26; *Kleinknecht* MDR **1972** 969.

[55] Vgl. OLG Hamm NJW **1973** 259; **a. A** insoweit OLG Braunschweig NdsRpfl. **1981** 280;

LG Dortmund Rpfleger **1984** 247; LG Marburg Rpfleger **1985** 211; *Göhler*[8] Vor § 105, 36.

[56] OLG Hamburg Rpfleger **1972** 414; OLG Braunschweig NdsRpfl. **1981** 280 (unter Hinweis auf Art. 6 Abs. 2 MRK); OLG Düsseldorf JurBüro **1981** 1043; OLG Bamberg JurBüro **1985** 1047; OLG Karlsruhe Rpfleger **1986** 316 (unter Hinweis auf das Recht effektiver Verteidigung; auch zu den §§ 9, 10 ZuSEntschG); LG Lüneburg NJW **1971** 1575; LG Weiden MDR **1971** 598; LG Krefeld Rpfleger **1972** 145; LG Heidelberg Justiz **1976** 524; LG Göttingen NdsRpfl. **1977** 90; LG Lübeck JurBüro **1978** 1693 (auch zu § 15

nahme, daß es sich bei der von § 471 Abs. 5 a. F abweichenden Fassung um eine sachliche Einschränkung und nicht nur um eine stilistische Verkürzung des Wortlauts handelt, ergeben sich weder aus der Entstehungsgeschichte noch aus dem Wortlaut oder aus dem Sinn der Vorschrift Anhaltspunkte. Wenn in dem Bericht des BTRechtsausschusses zu V 2600, 2601 S. 20 ausgeführt wird: „Die durch eine Zeitversäumnis entstandenen Auslagen sollen nach der Nr. 1 dem Angeklagten in gleicher Weise erstattet werden wie einem Zeugen. Eine unterschiedliche Regelung erscheint nicht angemessen", so ist hieraus nichts gegen die hier vertretene Auffassung zu entnehmen, denn diese Ausführungen lassen sich ohne Schwierigkeiten dahin verstehen, der Angeklagte soll für seinen Verdienstausfall durch notwendigen Zeitaufwand für seine Verteidigung in gleicher Höhe entschädigt werden wie ein Zeuge bei seiner Heranziehung zu Beweiszwecken. Eine einschränkende Auslegung widerspricht jedenfalls der die Neuregelung der Auslagenerstattung beherrschenden Tendenz des Gesetzgebers, den unverurteilt aus dem Verfahren hervorgehenden Angeschuldigten von den Aufwendungen freizustellen, die er für seine Rechtsverteidigung erbracht hat. Es erscheint auch geradezu ungereimt[57], wenn sich der Angeschuldigte eines Verteidigers bedienen darf, dessen Kosten erstattungsfähig sind, und ihm gleichzeitig — durch die Befürchtung einer Versagung der Auslagenerstattung für Verdienstausfall — verwehrt oder erschwert wird, diesen aufzusuchen und zu unterrichten.

27   Die **erforderliche Einschränkung der Auslagenerstattung** ergibt sich dann daraus, daß die Informationsreisen **notwendig** sein müssen. Wenn auch dann noch erhebliche Mehrbelastungen der Staatskasse zu erwarten sind, so ist dies eine Folge der weitgehenden Auslagenerstattungsregelung durch den Gesetzgeber, und es ist nicht Sache des Richters, durch einschränkende Auslegung die fiskalischen Belange wahrzunehmen. Im übrigen würde, wenn sich die Verweisung auf das ZuSEntschG auch auf dessen § 1 Abs. 1 bezöge, unklar bleiben, was unter einer „Heranziehung zu Beweiszwecken" zu verstehen ist. So wird bei der kommissarischen Vernehmung eines Zeugen (§ 223) nach § 224 der Angeklagte vom Termin nur benachrichtigt; seiner Anwesenheit bei der Vernehmung bedarf es nicht. Der Angeklagte wird also nicht vom Gericht „herangezogen". Es würde ihm daher bei einer auswärtigen kommissarischen Zeugenvernehmung, wenn er den Verdienstausfall bei eigner Wahrnehmung des Termins nicht riskieren will, zu empfehlen sein, sich durch einen auswärtigen Anwalt vertreten zu lassen, dessen Kosten erstattungsfähig sind[58]. Zur Nebenklage vgl. § 472, 13.

28   **3. Jugendliche Angeschuldigte.** Von dem hier (Rdn. 26) vertretenen Standpunkt aus ist bei einem jugendlichen Angeschuldigten auch die Zeitversäumnis erstattungsfähig, die seinem gesetzlichen Vertreter durch die Information des Verteidigers entstanden ist[59].

29   **4. Einzelheiten.** Nach dem Vorstehenden (Rdn. 27) ist davon ausgehen, daß Verdienstausfall dann zu erstatten ist, wenn bei vernünftiger Einschätzung der Lage der Zeitaufwand (Verdienstausfall) notwendig erscheint, um eine sachgerechte Verteidigung gegen den speziellen Vorwurf der Ermittlungsbehörden oder der Anklage vorzubereiten[60]. Dieser Zeitaufwand kann nicht nur durch Besprechungen mit dem Verteidi-

---

ZuSEntschG); LG Dortmund Rpfleger **1984** 247; LG Marburg Rpfleger **1985** 210 (auf die Notwendigkeit zur Verteidigung abstellend); KK-*Schikora/Schimansky*² 8; KMR-*Müller* 10; *Schmidt* MDR **1971** 598.
[57] LG Lüneburg NJW **1971** 1575.

[58] Vgl. LG München NJW **1971** 2083 mit Anm. *Schmidt*; siehe auch Fußn. 110.
[59] LG Weiden MDR **1971** 598; oben Rdn. 23.
[60] LG Marburg Rpfleger **1985** 211; vgl. auch LG Bayreuth JurBüro **1987** 1355 (Hauptverhandlung).

ger, Vernehmungen durch die Strafverfolgungsbehörden oder Teilnahme an Durchsuchungen oder Beweisaufnahmeterminen entstehen, sondern auch zum Beispiel durch die Teilnahme an einer Revisionsverhandlung, wenn dazu ein berechtigtes Interesse des Angeklagten besteht[61]. Dagegen ist der Zeitaufwand (Verdienstausfall) infolge eigener Ermittlungstätigkeit und ähnliches nur ausnahmsweise erstattbar, wenn solche eigenen Ermittlungen des Angeklagten notwendig erscheinen, weil die Ermittlungsbehörden seinen Anregungen insoweit nicht folgen und die Ermittlungen nicht bis zur Hauptverhandlung (Beweisantrag) aufgeschoben werden können[62] (s. auch Rdn. 49). Die Höhe des Verdienstausfalls ergibt sich aus den §§ 2, 4 ZuSEntschG[63]; § 15 Abs. 2 ZuSEntschG ist nicht anwendbar[64]. Ist der Zeitaufwand während des bezahlten Urlaubs eingetreten, so gilt § 2 Abs. 3 ZuSEntschG[65].

IV. Rechtsanwaltsgebühren (Absatz 2 Nr. 2)

1. Grundsatz. Zu den erstattungsfähigen notwendigen Auslagen gehören auch die **30** Gebühren und Auslagen eines mit der Verteidigung oder (durch den Privatkläger, Nebenkläger, Verletzten — § 406 g, Nebenbeteiligten — §§ 434, 444)[66] mit der Vertretung beauftragten Rechtsanwalts, soweit sie nach § 91 Abs. 2 ZPO zu erstatten sind. Ergänzend regelt § 408 AO die Erstattbarkeit der Gebühren und Auslagen zum Beispiel eines Steuerberaters im Steuerstrafverfahren. Im **Bußgeldverfahren** ist § 109 a Abs. 1 OWiG zu beachten; wird gegen den Betroffenen nur eine Geldbuße bis zu 20,— DM festgesetzt, so gehören die Gebühren und Auslagen eines Rechtsanwalts nur dann zu den notwendigen Auslagen, wenn wegen der schwierigen Sach- oder Rechtslage oder der Bedeutung der Sache für den Betroffenen die Inanspruchnahme eines Rechtsanwalts geboten war[67].

2. Zuziehung eines Wahlverteidigers in jeder Lage des Verfahrens. Nach dem **31** Grundsatz des § 91 Abs. 2 ZPO, § 467 StPO sind die Kosten des Anwalts als Wahlverteidiger zu erstatten, gleichviel, welches Gericht sachlich zuständig ist, ob es sich um einen Fall „notwendiger Verteidigung" handelt, und in welchem Stadium des Verfahrens der Anwalt tätig wurde. Erstattungsfähig sind also auch die Kosten des im Vorverfahren und des in der Hauptverhandlung vor dem Revisionsgericht tätig gewordenen Anwalts. Eine Prüfung, ob die Zuziehung zweckmäßig war, oder ob der Beschuldigte sich selbst hätte verteidigen können, ist ausgeschlossen. Die durch die Inanspruchnahme des Anwalts erwachsenen Gebühren und Auslagen sind immer dann notwendige, wenn die Mit-

---

[61] OLG Hamm NJW **1973** 259; weitergehend OLG Koblenz NJW **1965** 1289 mit Anm. *Dahs*; vgl. auch KMR-*Müller* 20; a. A *Kleinknecht/Meyer*[38] 15 (bzgl. Revisionsverhandlung).

[62] LG Marburg Rpfleger **1985** 211; eingehend hierzu *Peters*[4] § 80 II 4; vgl. auch *G. Schäfer*[4] § 15 I 2; s. auch Rdn. 49.

[63] LG Flensburg JurBüro **1978** 90.

[64] LG Lübeck JurBüro **1978** 1693.

[65] OLG München MDR **1981** 163; vgl. auch OLG Bamberg JurBüro **1988** 104; LG Hechingen JurBüro **1977** 826 (fiktiver Verdienstausfall); LG Marburg Rpfleger **1985**

211 (§ 2 Abs. 2 ZuSEntschG); OLG Karlsruhe Justiz **1987** 156 (§ 2 Abs. 1 ZuSEntschG) mit weit. Nachw; a. A *Kleinknecht/Meyer*[38] 6 (keine Erstattung); vgl. auch LG Heidelberg Justiz **1978** 178 (Zeitversäumnis eines Beamten).

[66] Zum Klageerzwingungsverfahren vgl. § 175, 6; § 177, 7; 8; § 472, 6; zu den Gebühren des Anwalt, der einen Nebenklagebefugten vertritt, vgl. §§ 95, 84 BRAGebO sowie *Rieß/Hilger* NStZ **1987** 206; § 472, 8; 13.

[67] Vgl. *Göhler*[8] § 109 a, 6; *Kupsch* NJW **1987** 357; *Mümmler* JurBüro **1987** 806; Vor § 464, 10.

Hans Hilger

wirkung eines Anwalts nach dem Gesetz zulässig ist[68]. Die Erstattbarkeit der Auslagen eines Anwalts, der sich im Ausschließungsverfahren (§ 138 a) durch einen anderen Rechtsanwalt vertreten läßt, ist umstritten[69].

32   **3. Hinzuziehung mehrerer Wahlverteidiger.** Die frühere Streitfrage, ob in besonders gelagerten Einzelfällen, insbesondere in schwierigen Verfahren, die gesamten Kosten mehrerer (gleichzeitig) in Anspruch genommener Wahlverteidiger erstattungsfähig seien[70], ist dadurch erledigt, daß § 464 a Abs. 2 Nr. 2 auf § 91 Abs. 2 ZPO, also auch auf dessen Satz 3 verweist. Durch diese unmißverständliche Verweisung sind die Grenzen der Erstattbarkeit von Wahlverteidigerkosten eindeutig abgesteckt. Die Kosten mehrerer Wahlverteidiger sind also nur insoweit erstattbar, als sie die Kosten eines Verteidigers nicht übersteigen oder als in der Person des Verteidigers ein Wechsel eintreten mußte. Dies gilt auch für umfangreiche und schwierige Prozesse[71]. Unerheblich ist demgegenüber[72], daß die Bestellung mehrerer Pflichtverteidiger gleichzeitig erlaubt ist und daß die Staatsanwaltschaft in der Hauptverhandlung durch mehrere Staatsanwälte gleichzeitig vertreten sein kann. Die Frage ist nur, ob die Entscheidung des Gesetzgebers sachgemäß ist; dabei dürfen fiskalische Gesichtspunkte nicht übersehen werden. Bei Auslieferungshaft im Ausland kann allerdings die Mitwirkung eines im Haftland befindlichen Verteidigers neben dem inländischen Verteidiger notwendig und erstattbar sein[73].

33   **4. Unzulässige Verteidigung.** Ist die Verteidigung gemäß § 146 oder § 137 Abs. 1 Satz 2 unzulässig und der Verteidiger daher nach § 146 a zurückzuweisen, so stellt sich

[68] Vgl. OLG Bremen AnwBl. **1977** 73; OLG Oldenburg AnwBl. **1981** 119 (Revision); OLG Celle NStZ **1982** 439 (StVollz); OLG Düsseldorf Rpfleger **1982** 390 (StBerG); LG Coburg MDR **1976** 779 (kommissarische Vernehmung); LG Hannover AnwBl. **1980** 202 (Unwirksamkeit des Anwaltsvertrages); LG Krefeld JurBüro **1983** 250 (Wahlverteidiger eines Rechtsanwalts); LG Frankenthal JurBüro **1986** 1675 (Ordnungsgeldverfahren); vgl. dagegen LG Hannover JurBüro **1986** 1675; LG Würzburg JurBüro **1980** 1540; § 467, 3; s. auch § 471, 7; 23; 37 (Sühneversuch); LG Düsseldorf JurBüro **1980** 405 mit Anm. *Mümmler*; LG Krefeld JurBüro **1986** 1539 (keine Notwendigkeit bei Säumnis; vgl. Fußn. 87); BVerwG NJW **1985** 1041 (Verpflichtung des Dienstherrn eines Beamten, Verteidigerauslagen zu ersetzen); einschränkend *Mümmler* JurBüro **1984** 1283 (unter dem Gesichtspunkt der Notwendigkeit).
[69] **Verneinend** KG AnwBl. **1981** 116 mit abl. Anm. *H. Schmidt; Kleinknecht/Meyer*[38] 10; **bejahend** OLG Koblenz MDR **1980** 78; vgl. auch bei § 138 d; § 464, 8; zu § 145 Abs. 4 vgl. OLG Stuttgart NStZ **1981** 130 und bei § 145.
[70] Vgl. BayObLG NJW **1953** 194; OLG Hamm NJW **1959** 327.
[71] Vgl. OLG Düsseldorf Rpfleger **1975** 256; MDR **1986** 167; KG JR **1975** 476 mit krit. Anm. *Eckl* = KostRspr. § 464 a Nr. 75 mit abl. Anm. *Schmidt*; OLG Koblenz OLGSt § 467 S. 150; OLG Hamburg JurBüro **1983** 1846 mit Anm. *Mümmler*; OLG Hamm NStZ **1983** 284; OLG Oldenburg JurBüro **1983** 733; *Mümmler* JurBüro **1978** 1597; **1984** 1286; a. A OLG Stuttgart Rpfleger **1974** 403; OLG Koblenz Rpfleger **1975** 368; OLG Karlsruhe MDR **1975** 954; *H. Schmidt* FS Schäfer S. 235; siehe auch *Heinbuch* AnwBl. **1983** 489; KMR-*Müller* 17; zum Steuerberater neben dem Wahlverteidiger vgl. KG NStZ **1982** 207; *Pannicke* StB **1982** 132; zum auswärtigen Beweisanwalt vgl. Fußn. 110; s. auch LG Passau JurBüro **1987** 1840 (Verteidiger am Gerichts- und am Wohnort); zur Kostenbeschwerde OLG München AnwBl. **1980** 299; zur Interessenkollision LG Bamberg JurBüro **1978** 1028.
[72] Vgl. dagegen *Eckl* und *Schmidt* Fußn. 71.
[73] OLG Hamburg NStZ **1983** 284; *Kleinknecht/Meyer*[38] 13.

die Frage, ob Gebühren und Auslagen des Verteidigers erstattbar sind. Die herrschende Meinung[74] verneint dies zu § 146 — wohl zutreffend — mit der Begründung, der Mandatsvertrag sei gemäß § 134 BGB nichtig und dem Verteidiger stehe auch nicht aus einer anderen zivilrechtlichen Rechtsgrundlage ein Anspruch gegen seinen Mandanten zu. Entscheidend ist, daß das Verbot der Mehrfachverteidigung im Zivilrecht seine Folgen haben muß, weil es sonst nicht hinreichend durchsetzbar ist. Dies gilt unabhängig davon, ob eine förmliche Zurückweisung nach § 146 a erfolgt ist. Die Erstattung kann also im Kostenfestsetzungsverfahren unter Hinweis auf § 146 durch den Rechtspfleger auch dann versagt werden, wenn der Verstoß gegen § 146 im Verfahren unbemerkt geblieben ist[75]. Die Entscheidung nach § 146 a soll in erster Linie im Interesse des Beschuldigten klare Verhältnisse im Verfahren schaffen[76]. Es besteht jedoch kein Anlaß für den Schluß, wenn eine Zurückweisung nach § 146 a fehle, sei das Mandatsverhältnis kostenrechtlich einwandfrei. Diese Lösung verhindert Mandatsübernahmen in der Hoffnung, der Verstoß gegen § 146 werde durch das Gericht nicht bemerkt werden und dient damit den Interessen des Mandanten, ohne ihm Nachteile zuzufügen[77]. Problematisch ist die Lösung über § 134 BGB allerdings, wenn der Verstoß gegen § 146 dem Verteidiger bei Mandatsübernahme nicht erkennbar war, insbesondere wenn der Verstoß erst im Verlauf des Verfahrens eintritt, etwa dadurch, daß zwei Verfahren miteinander verbunden werden; es erscheint zweifelhaft, daß der zivilrechtliche Mandatsvertrag durch die strafprozessuale Prozeßhandlung (Verbindung) **rückwirkend** nichtig werden kann. Wird ein Pflichtverteidiger unter Verstoß gegen § 146 bestellt, so fehlt ein Mandatsvertrag, der nichtig sein könnte, so daß der Verteidiger in der Regel seine Gebühr nach § 97 BRAGebO erhalten müßte. Dies darf jedoch nicht zu finanziellen Nachteilen für den Beschuldigten führen (§ 8 GKG). Im Falle des Verstoßes gegen § 137 Abs. 1 Satz 2, Abs. 2 Satz 2 gelten die Überlegungen zu § 146 a und § 134 BGB entsprechend[78].

5. Verteidigerhonorar bei „vorsorglicher" Einlegung eines Rechtsmittels durch die Staatsanwaltschaft

a) Meinungsstand. Streitig ist, ob die Gebühr des Verteidigers, der nach formularmäßiger Einlegung eines Rechtsmittels durch die Staatsanwaltschaft zu Ungunsten des Angeklagten und vor der Begründung dieses Rechtsmittels einen Verwerfungsantrag stellt oder in sonstiger Weise eine Rechtsmittelgebühr auslösend tätig wird, zu den „notwendigen" Auslagen des Angeklagten zählt, wenn danach die Staatsanwaltschaft ihr Rechtsmittel noch vor dessen Begründung zurücknimmt. Dies wird nach einer Auffassung[79] im wesentlichen mit der Begründung verneint, die vorsorgliche Tätigkeit, ins- **34**

---

[74] Vgl. OLG München NJW **1983** 1688; LG Osnabrück JurBüro **1978** 1041; LG Hof JurBüro **1979** 1174; LG Nürnberg-Fürth JurBüro **1979** 234; JurBüro **1983** 731 mit Anm. *Mümmler*; LG Krefeld JurBüro **1980** 103; LG Marburg JurBüro **1980** 1698; LG Flensburg JurBüro **1981** 78; LG Freiburg NStZ **1985** 330; *Mümmler* JurBüro **1984** 1289; vgl. auch OLG Oldenburg JurBüro **1983** 733 (Interessenwiderstreit, wenn der Verteidiger auch einen Zeugen vertritt); **a. A** LG Frankenthal JurBüro **1982** 736 mit abl. Anm. *Mümmler*; LG Köln NStZ **1982** 347; KMR-*Müller* 11; vgl. auch LG Essen JurBüro **1981** 400 (Gebühren

und Auslagen bis zur Zurückweisung); zu § 464 b vgl. dort Rdn. 5.
[75] Vgl. LG Osnabrück JurBüro **1978** 1041; LG Marburg JurBüro **1980** 1698; LG Nürnberg-Fürth JurBüro **1983** 731 mit Anm. *Mümmler*; LG Freiburg NStZ **1985** 330.
[76] Vgl. BTDrucks. 10 1313, S. 23, 24; bei § 146.
[77] Vgl. *Mümmler* JurBüro **1983** 732.
[78] Vgl. auch bei § 137.
[79] OLG Hamm NJW **1961** 135; **1968** 562; JMBlNW **1970** 46; MDR **1972** 970; MDR **1978** 596; OLG Celle NdsRpfl. **1962** 263; Rpfleger **1969** 100; OLG Köln JMBlNW

Hans Hilger

besondere der formularmäßige Verwerfungsantrag des Verteidigers sei eine nicht ver-
fahrensfördernde und darum überflüssige Maßnahme; dem Angeklagten sei zumutbar,
abzuwarten, ob die Staatsanwaltschaft ihr zunächst vorsorglich eingelegtes Rechtsmittel durchführen wolle. Sein rechtsstaatlich anzuerkennendes Bedürfnis nach Gegenwehr werde nicht berührt, solange noch völlig offen sein, ob wirklich und insbesondere
mit welcher Begründung und in welchen Punkten die Staatsanwaltschaft das erste
Urteil angreifen wolle. Auch dürfe die Staatsanwaltschaft nicht durch die Sorge, die
Staatskasse mit Auslagen zu belasten, daran gehindert werden, vorsorglich ein Rechtsmittel einzulegen, um die Frist für eine endgültige Entschließung nach Kenntnis der Urteilsgründe zu wahren.

35   Nach der **Gegenmeinung**[80] ist die Vergütung des Anwalts erstattungsfähig, weil
der Angeklagte mit der Verteidigungsmaßnahme nicht bis zur Rechtsmittelbegründung
zu warten brauche, denn der Rechtsmittelgegner dürfe und müsse grundsätzlich davon
ausgehen, daß der, der ein Rechtsmittel einlegt, es auch durchführt, und der Grundsatz
der Waffengleichheit verlange, daß er in jeder Lage des Verfahrens sich eines Verteidigers bedienen dürfe.

36   Nach einer **vermittelnden Auffassung**[81] ist zu unterscheiden zwischen der vorsorglichen Einlegung der Revision und der vorsorglichen Berufung der Staatsanwaltschaft und ob in letzterem Fall die Tätigkeit des Verteidigers sich auf einen formularmäßigen Verwerfungsantrag beschränkt oder der Anwalt seinem Mandanten Auskunft über die Aussichten der Berufung erteilt und mit ihm gemeinsam über die weiteren
Berufungsschritte berät. Denn während die Revision stets der Begründung bedarf
(§ 344), sei der Berufung einlegenden Staatsanwaltschaft eine Pflicht zur Begründung

1966 57; OLGSt N. F § 86 BRAGebO Nr. 2;
OLG Frankfurt MDR 1967 149; OLG München JurBüro 1977 490; OLG Zweibrücken
JurBüro 1978 256 mit Anm. *Mümmler*; OLG
Düsseldorf JurBüro 1979 231 mit Anm.
Mümmler; 1980 1688; 1981 229; OLG Karls-
ruhe NStZ 1981 404; OLG Koblenz MDR
1985 344; LG Hannover JMBlNW 1968 31;
NJW 1976 1111; LG Wuppertal JurBüro
1971 366; 1978 541; 1980 1208; LG Braunschweig NJW 1971 1282 mit abl. Anm.
Schmidt; LG Mainz NJW 1972 168; LG Duisburg JurBüro 1973 422; LG Heidelberg
AnwBl. 1974 167; LG Bayreuth NJW 1975
1046 mit krit. Anm. *H. Schmidt*; 1985 735;
LG Osnabrück JurBüro 1976 66; LG Aachen
JurBüro 1977 1249; LG Würzburg JurBüro
1979 1177 mit Anm. *Mümmler*; LG Ansbach
JurBüro 1980 402; LG Schweinfurt JurBüro
1980 1857; LG Hanau AnwBl. 1981 459 mit
krit. Anm. *H. Schmidt*; LG Bonn AnwBl..
1982 163 mit abl. Anm. *Mahlberg*; LG Flensburg JurBüro 1982 1363; LG Frankfurt Jur-
Büro 1982 1855; LG Krefeld JurBüro 1985
567 mit Anm. *Mümmler*; LG Kleve JurBüro
1987 78 (Berufung) mit Anm. *Timmer*;
LR-*K. Schäfer*[23] § 473, 17 ff; *Kleinknecht/
Meyer*[38] 10; *Mümmler* JurBüro 1984 1283;

vgl. auch KG JR 1981 391; *Schmidt* JZ 1982
186 (auch zu § 464b).
[80] Vgl. OLG Karlsruhe JurBüro 1977 1743 mit
krit. Anm. *Mümmler*; *Justiz* 1978 178; OLG
Celle NStZ 1983 129; LG Essen AnwBl. 1969
174; LG Duisburg AnwBl. 1970 110; LG
Heilbronn AnwBl. 1970 60; LG Düsseldorf
NJW 1972 1681; AnwBl. 1983 461; LG Bonn
AnwBl. 1973 317; 1977 121; LG Aachen
AnwBl. 1975 250; LG Krefeld MDR 1976
972; NJW 1976 2226; AnwBl. 1979 394; LG
Hannover NJW 1976 2031; LG Verden
AnwBl. 1977 321; LG Ellwangen NJW 1978
118; LG Duisburg AnwBl. 1978 37; LG
Hamburg AnwBl. 1978 321; LG Karlsruhe
AnwBl. 1978 38; LG Braunschweig JurBüro
1980 1041 mit krit. Anm. *Mümmler*; LG Kassel
AnwBl. 1980 202; LG Zweibrücken AnwBl.
1980 35; LG Darmstadt StrVert. 1984 294;
LG Bayreuth JurBüro 1986 737; AG Offen-
bach AnwBl. 1982 37; vgl. auch LG Lüneburg
AnwBl. 1974 56; KK-*Schikora/Schimansky*[2]
10; *Meyer* JurBüro 1975 1537; *Beulke* NJW
1976 1113; *Schmidt* NJW 1981 667.
[81] Vgl. LG Hannover NJW 1976 2031; LG
Bonn AnwBl. 1982 163; siehe auch OLG Düsseldorf JurBüro 1979 231; LG Bayreuth Jur-
Büro 1986 737.

nur durch Verwaltungsanweisung auferlegt (Nr. 156 RiStBV) und durch Nr. 148 RiStBV sei sie angewiesen, nur in besonderen Ausnahmefällen lediglich zur Fristwahrung vorsorglich Rechtsmittel einzulegen, so daß im allgemeinen Angeklagter und Verteidiger von der Durchführung der Berufung ausgehen könnten.

b) Stellungnahme. Die Auffassung (Rdn. 35), die die Erstattbarkeit der anwaltlichen Gebühren und Auslagen bejaht, soweit sie durch vorsorgliche Inanspruchnahme des Verteidigers in der Rechtsmittelinstanz erwachsen und nicht durch die Gebühren der Vorinstanz abgegolten sind[82], verdient den Vorzug[83]. Der aus dem Rechtsstaatsprinzip (Art. 20 GG) ableitbare Anspruch des Beschuldigten, seine Verteidigung optimal vorbereiten und durchführen zu können, ist nur dann wirklich gewährleistet, wenn der Beschuldigte grundsätzlich eigenverantwortlich und ungehindert entscheiden kann, ob und wann er die Hilfe seines Verteidigers in Anspruch nimmt, nicht aber, wenn sein Entscheidungsspielraum eingeschränkt wird durch die Sorge, die Staatskasse könne die Inanspruchnahme als verfrüht und daher überflüssig ansehen. Die Gegenmeinung verkennt nicht nur die psychische Situation vieler Beschuldigter, wenn sie von der Rechtsmitteleinlegung erfahren, sondern ist auch schwerlich vereinbar mit dem Prinzip der „Chancengleichheit"[84] im Strafverfahren. Es muß dem Rechtsmittelgegner, wenn der Rechtsmittelführer ein Rechtsmittel vorsorglich einlegt, unbenommen sein, ebenso vorsorglich vorbereitende Maßnahmen zur Verteidigung gegen dieses Rechtsmittel zu treffen[85] (Sammlung von weiteren Beweisen; vorsorgliche Zusammenstellung der wesentlichen Argumente gegen die zu erwartenden Revisionsrügen), zumal der Rechtsmittelgegner mit der Möglichkeit der Durchführung des Rechtsmittels rechnen muß (vgl. Nr. 147, 148 RiStBV). Die Gegenmeinung berücksichtigt auch nicht hinreichend die taktische Bedeutung des (vorsorglichen) Verwerfungsantrages, der in der Praxis der Strafverteidigung häufig das Gespräch zwischen Verteidiger und Staatsanwaltschaft einleitet, das Rechtsmittel zurückzunehmen oder wenigstens zu beschränken. Ein vermittelnder Lösungsweg, dem Rechtsmittelgegner dann die Gebühren des Verteidigers zu erstatten, wenn über einen formularmäßigen Verwerfungsantrag hinausgehend dessen Tätigkeit „verteidigungsfördernde" Bedeutung hatte[86], löst die vorstehend dargestellten Probleme nur zum Teil, befreit den Rechtsmittelgegner insbesondere nicht von der seine Verteidigungsbemühungen hemmenden Sorge, im späteren Kostenfestsetzungsverfahren könne zu seinem Nachteil entschieden werden, und könnte letztlich zu Umgehungsverhalten führen.

6. „Sachwidriges" Verhalten. Abzulehnen sind die Versuche der Rechtsprechung[87], die Erstattung von Gebühren und Auslagen als „nicht notwendige" zu ver-

37

38

[82] Vgl. dazu OLG Zweibrücken JurBüro **1978** 257; OLG Düsseldorf Rpfleger **1980** 445; LG Krefeld AnwBl. **1979** 394; LG Kassel AnwBl. **1980** 202; LG Zweibrücken AnwBl. **1980** 35; LG Darmstadt StrVert. **1984** 294; LG Bayreuth JurBüro **1985** 735; **1986** 737; sowie die Erläuterungswerke zur BRAGebO.

[83] Eingehend begründet durch LG Krefeld AnwBl. **1979** 394; vgl. auch LG Bayreuth JurBüro **1987** 1522.

[84] Vgl. LG Krefeld AnwBl. **1979** 394; *Mahlberg* AnwBl. **1982** 164; s. auch *H. Schmidt* AnwBl. **1981** 459.

[85] Eingehend dazu LG Krefeld AnwBl. **1981** 394; vgl. auch KK-*Schikora/Schimansky*[2] 10; *H. Schmidt* Fußn. 84.

[86] So LR-*K. Schäfer*[23] § 473, 20.

[87] Vgl. § 467, 41 ff; 45 und dort insbesondere Fußnote 92, 94, 98; siehe auch AG Gießen JurBüro **1980** 99 mit Anm. *Mümmler*; LG Krefeld JurBüro **1986** 1539 (Schuldhafte Abwesenheit des Angekl. in der Hauptverhandlung.) – oben Fußn. 68 – ein Fall des § 467 Abs. 2; § 467 Fußn. 44 a sowie § 464, 29.

Hans Hilger

weigern, wenn der Beschuldigte (Betroffene) sich — zunächst — nicht zur Sache äußert und dabei entlastende Umstände verschweigt, insbesondere um den Schuldigen zu dekken. Sie laufen auf eine unzulässige analoge Anwendung des § 467 Abs. 3 Satz 2 Nr. 1 hinaus (§ 467, 45 ff). Auf der Grundlinie dieser Rechtsprechung liegt auch der bedenkliche Versuch[88], im Rahmen der Gebührenfestsetzung (§ 12 BRAGebO) zu berücksichtigen, der Verteidiger habe durch eine Vielzahl offensichtlich überflüssiger oder unzulässiger Anträge den Fortgang der Hauptverhandlung gehemmt. Diese Rechtsprechung ist unter verfahrensrechtlichen Gesichtspunkten problematisch[89]; sie wirft nämlich nicht nur kostenrechtliche Probleme (zum Beispiel hinsichtlich der Frage der Grenzziehung) auf, sondern greift auch in die Strategie der Verteidigung ein, indem sie deren Konzeptionsmöglichkeiten behindert oder einschränkt.

39   **7. Gesetzliche Gebühren und Auslagen des Wahlverteidigers.** Auf die bei Anwendung des § 464 a Abs. 2 Nr. 2 hervorgetretenen Zweifels- und Streitfragen gebührenrechtlicher Art kann an dieser Stelle im einzelnen nicht eingegangen werden; insoweit muß auf die Erläuterungswerke zur Bundesrechtsanwaltsgebührenordnung (BRAGebO) verwiesen werden. Hier ist nur das zur Auslegung des § 464 a Abs. 2 Nr. 2 Wesentliche zu erörtern. Wegen der Auslagen des Verteidigers wird auf §§ 25 ff BRAGebO verwiesen.

40   **a) Begriff der gesetzlichen Gebühren; Honorarvereinbarungen.** Erstattungsfähig sind nach § 91 Abs. 2 ZPO nur die gesetzlichen Gebühren und Auslagen des Rechtsanwalts. Gesetzliche Gebühren sind die Rahmengebühren nach § 83 ff BRAGebO, die im Einzelfall den Richtlinien des § 12 BRAGebO entsprechen. Vereinbarte Honorare (§ 3 BRAGebO) sind nur insoweit erstattungsfähig, als sie diese gesetzliche Gebühr nicht übersteigen[90]. Es ist auch verfassungsrechtlich unbedenklich, daß in umfangreichen oder schwierigen Verfahren der Erstattungsanspruch des von einem Wahlverteidiger verteidigten Beschuldigten nicht, wie die Vergütung des Pflichtverteidigers nach § 99 BRAGebO, erhöht werden kann[91]. Reformwünsche, den § 464 a Abs. 2 Nr. 2 dahin zu erweitern, daß in Fällen von außergewöhnlichem Umfang oder außergewöhnlichen rechtlichen oder tatsächlichen Schwierigkeiten eine die Rahmenhöchstgebühr überschreitende (auch eine mit dem Auftraggeber vereinbarte) Gebühr für erstattungsfähig erklärt werde, haben bisher keine Verwirklichung gefunden[92].

41   **b) Bestimmung der gesetzlichen Gebühr.** Die §§ 83 ff BRAGebO setzen für die Gebühren des Wahlverteidigers nur einen Rahmen (Mindest- und Höchstgebühr) fest. Im Einzelfall kann er innerhalb dieses Rahmens die Gebühr unter Berücksichtigung aller Umstände nach billigem Ermessen bestimmen, wobei insbesondere die Bedeutung der Angelegenheit, der Umfang und die Schwierigkeit der anwaltlichen Tätigkeit sowie die Vermögens- und Einkommensverhältnisse des Auftraggebers zu berücksichtigen sind (§§ 12, 88 BRAGebO)[93]. Eine Festsetzung der Rahmengebühr des Rechtsanwalts ge-

---

[88] KG JR **1981** 391; vgl. auch *Schmid* JZ **1982** 186.

[89] Eingehend dazu *Schmid* JZ **1982** 186 (auch bzgl. § 464 b).

[90] H. M; vgl. OLG Frankfurt JurBüro **1978** 259; OLG Koblenz Rpfleger **1984** 286; MDR **1985** 868; OLG Düsseldorf JurBüro **1979** 398 mit Anm. *Mümmler*; MDR **1986** 167; LG Frankenthal JurBüro **1984** 723; *Mümmler* JurBüro **1975** 1321; JurBüro **1984** 1284 mit

weit. Nachw.; Jur Büro **1987** 1632 ff; siehe auch § 408 Satz 2 AO.

[91] BVerfG NJW **1985** 727.

[92] Vgl. BVerfG NJW **1985** 727; *Mümmler* JurBüro **1976** 1023.

[93] Zu Einzelheiten: *Mümmler* JurBüro **1984** 1282 ff; siehe auch OLG München AnwBl. **1977** 171 sowie Rpfleger **1984** 434 (zu § 88 BRAGebO); BGH MDR **1977** 563 (zu § 7 StrEG); Fußn. 97.

genüber seinem Auftraggeber im Verfahren nach §464 b ist in der Bundesrechtsanwaltsgebührenordnung (vgl. §19 Abs. 7) nicht vorgesehen. Die im Verfahren nach §464 b erfolgte Festsetzung der Vergütung des Verteidigers, die die Staatskasse dem freigesprochenen Angeklagten nach §467 Abs. 1 zu erstatten hat, ist also nicht verbindlich, wenn der Verteidiger von seinem Auftraggeber eine höhere Vergütung beansprucht[94]. Die Angemessenheit der verlangten Gebühr muß notfalls im Wege des Zivilprozesses geklärt werden (vgl. auch §315 Abs. 3 BGB, §12 Abs. 1 Satz 2 BRAGebO zur Frage der Verbindlichkeit).

c) **Nachprüfung der anwaltlichen Bestimmung im Verfahren nach §464 b; Unbil- 42 ligkeit.** Rechtspfleger und Gericht sind im Kostenfestsetzungsverfahren auf die Prüfung beschränkt, ob die geltend gemachte, vom Verteidiger bestimmte Gebühr sich innerhalb des Gebührenrahmens hält, und ob sie im Einzelfall unter Berücksichtigung aller Umstände unbillig ist. Denn nach §12 Abs. 1 BRAGebO bestimmt der Rechtsanwalt die Gebühr im Einzelfall unter Berücksichtigung aller Umstände, insbesondere der Bedeutung der Angelegenheit, des Umfangs und der Schwierigkeit der anwaltlichen Tätigkeit, sowie der Vermögens- und Einkommensverhältnisse des Auftraggebers nach billigem Ermessen. Und wenn die Gebühr von einem Dritten zu ersetzen ist, ist die von dem Rechtsanwalt getroffene Bestimmung nur dann nicht verbindlich, wenn sie unbillig ist. Dritter im Sinne dieser Vorschrift ist auch die Staatskasse, soweit sie dem Beschuldigten seine notwendigen Auslagen zu erstatten hat. Wann eine Unbilligkeit der vom Rechtsanwalt getroffenen Bestimmung vorliegt, kann nicht generell umschrieben werden; maßgebend sind die Umstände des Einzelfalles. Einerseits darf das grundsätzliche Gebührenbestimmungsrecht des Anwalts nicht dadurch faktisch ausgehöhlt werden, daß eine Gebührenbemessung schon dann als unbillig korrigiert wird, wenn sie lediglich „gut bemessen" ist oder nicht mehr ganz angemessen erscheint. Auf der anderen Seite spricht §12 BRAGebO nicht von „grober Unbilligkeit". Daraus ergibt sich, daß der Gesetzgeber mit dem Begriff der Unbilligkeit nicht nur ganz schwere Fehlgriffe im Gebührenansatz erfassen wollte. Demgemäß ist eine Bestimmung nicht nur dann unbillig, wenn sie ermessensmißbräuchlich ist, sondern auch, wenn sie eine gewisse Toleranzgrenze deutlich überschreitet, sich von einer nach objektiven Maßstäben als billig anzusehenden Ermessensausübung nicht unwesentlich entfernt. Dies ist der Fall, wenn sich bei genauerer Überprüfung anläßlich der Festsetzung ergibt, daß eine Bewertung des Sachverhalts anhand der Kriterien des §12 Abs. 1 BRAGebO unter Berücksichtigung der notwendigen Gleichbehandlung gleichartiger Fälle und der gebotenen Verhältnismäßigkeit zu einer Gebühr führt, die gegenüber der vom anwaltlichen Verteidiger bestimmten Gebühr so sehr abweicht, daß eine Abweichung im Interesse der Gebührengerechtigkeit nicht mehr akzeptiert werden kann[95].

d) **Der „Mittelwert".** Um die Toleranzgrenze zu erkennen, bei deren Überschrei- 43 tung die Bemessung durch den Rechtsanwalt unbillig ist[96], bedarf es eines Maßstabs, an dem die Billigkeit der Bestimmung zu messen ist. Dabei ist zu berücksichtigen, daß schon hier ein nicht unbeträchtlicher Ermessensspielraum verbleibt, weil die einzelnen

[94] Vgl. auch AG Köln JurBüro **1980** 83 (zur Deckung der zu erstattenden Verteidigerkosten mit dem Anspruch gegen die Rechtsschutzversicherung).
[95] Vgl. OLG Düsseldorf AnwBl. **1982** 262; JurBüro **1983** 875; LG Mönchengladbach AnwBl. **1980** 201; LG Aschaffenburg AnwBl.

1981 34; LG Düsseldorf AnwBl. **1983** 41; LG Flensburg JurBüro **1985** 552; LG Wuppertal AnwBl. **1985** 160; *Mümmler* JurBüro **1976** 773; **1984** 1281 ff.
[96] OLG Düsseldorf AnwBl. **1982** 262 (20%); vgl. *Mümmler* JurBüro **1984** 1296.

Bemessungsfaktoren des § 12 Abs. 1 Satz 1 BRAGebO verhältnismäßig unbestimmt sind. Um einigermaßen feste Anhaltspunkte zu gewinnen, hat die Rechtsprechung die Figur des Mittelwerts entwickelt. Danach wird bei der Ausfüllung des Gebührenrahmens in Anwendung des § 12 Abs. 1 Satz 1 BRAGebO in „Normalfällen", also bei Strafsachen, in denen sämtliche, insbesondere die nach § 12 Abs. 1 Satz 1 BRAGebO zu berücksichtigenden Umstände[97] durchschnittlichen Maßstäben entsprechen — bei Sachen mittleren Umfangs und ohne besondere Schwierigkeiten und bei wirtschaftlichen Verhältnissen, die denen des Durchschnitts der Bevölkerung entsprechen — eine in der Mitte des Rahmens sich haltende Gebühr („Mittelwert", also das arithmetische Mittel zwischen Mindest- und Höchstgebühr) im allgemeinen als billig angesehen[98].

44   **8. Andere Verteidiger als Rechtsanwälte.** Auch die Vergütung der als Wahlverteidiger oder Vertreter (§§ 434, 442) hinzugezogenen Rechtslehrer an deutschen Hochschulen (§ 138 Abs. 1) und mit Genehmigung des Gerichts gewählter anderer Personen nach § 138 Abs. 2 ist erstattungsfähig. § 464 a Abs. 2 Nr. 2 besagt nur, daß stets *auch* die Kosten eines Rechtsanwalts erstattungsfähig sind, aber nicht daß *nur* die Kosten eines Rechtsanwalts zu erstatten seien[99]. In solchen Fällen gilt hinsichtlich der erstattungsfähigen Vergütung § 408 Satz 2 AO entsprechend. Streitig ist, ob dies auch bei Hinzuziehung eines Rechtsbeistandes oder Prozeßagenten (§ 157 ZPO) gilt; im allgemeinen dürfte eine Vergütung in Höhe von 2/3 einem Rechtsanwalt unter gleichen Voraussetzungen zustehenden Honorars angemessen sein[100]. Soweit die Erstattungsfähigkeit bei als Verteidigern hinzugezogenen Nichtrechtsanwälten davon abhängig sein soll, ob ihre Beauftragung notwendig war[101], wird dies im allgemeinen zu bejahen sein.

9. Auswärtiger Rechtsanwalt

45   **a) Grundsatz.** Nach § 91 Abs. 2 Satz 1 ZOP sind Reisekosten (im Sinne des § 28 BRAGebO, also einschließlich Tage- und Abwesenheitsgeld und Übernachtungskosten) eines Rechtsanwalts, der nicht bei dem Prozeßgericht zugelassen ist und am Ort des

---

[97] Vgl. auch OLG München AnwBl. **1977** 171 (unterschiedliches Gewicht der Kriterien); Rpfleger **1984** 434 (zu § 88 BRAGeBO); OLG Celle NdsRpfl. **1980** 204 (Höchstgebühren); LG Würzburg JurBüro **1974** 891 (Geldentwertung); LG Flensburg JurBüro **1979** 1008 (Demonstrationsstraftat); JurBüro **1979** 1180 (Steuerstraftat); LG Flensburg JurBüro **1984** 1537; LG Hamburg StrVert. **1984** 294 (kurze Hauptverhandlung); zur Honorarvereinbarung als Indiz für die Bedeutung der Sache vgl. OLG München JurBüro **1975** 339 mit Anm. *Mümmler* JurBüro **1975** 336; *Madert* 99 mit weit. Nachweisen.

[98] H. M; vgl. OLG München MDR **1979** 252; LG Würzburg Rpfleger **1972** 69 (abgestufte Mittelwerte); *Mümmler* JurBüro **1984** 1281 ff; *Madert* 40; zum Bußgeldverfahren siehe *Göhler*[8] Vor § 105, 40.

[99] Vgl. OLG Hamm NJW **1970** 1059; LG Mönchengladbach Rpfleger **1963** 91; KK-*Schikora/Schimansky*[2] 9, 11; *Kleinknecht/Meyer*[38] 7; *Ort* JVBl. **1972** 101; a. A *Schmidt* NJW **1969**

917; zum Steuerberater vgl. auch Fußn. 71; zur Verteidigervergütung von Rechtslehrern an deutschen Hochschulen vgl. LG Gießen AnwBl. **1987** 499 mit Anm. *Herrmann*.

[100] Vgl. LG Krefeld JurBüro **1974** 339; LG Kempten MDR **1977** 601; *Mümmler* JurBüro **1976** 864; a. A LG Köln JurBüro **1978** 252 mit Anm. *Mümmler*; LG München AnwBl. **1979** 482 (kein Abzug); zur Vergütung von Assessoren vgl. zum Beispiel: OLG Hamm JurBüro **1979** 520; OLG Oldenburg JurBüro **1979** 68; OLG Zweibrücken AnwBl. **1985** 161; LG Heidelberg Justiz **1978** 443; LG Osnabrück JurBüro **1978** 215; LG Düsseldorf AnwBl. **1979** 194; LG Kassel AnwBl. **1980** 203; AG Mettmann AnwBl. **1977** 321; zu Referendaren: KG NJW **1972** 1872; LG Aschaffenburg JurBüro **1977** 1254; LG Heidelberg Justiz **1978** 443; LG Düsseldorf JurBüro **1981** 1341 mit Anm. *Mümmler*; LG Braunschweig MDR **1986** 76 (Nebenklage).

[101] Vgl. LG Frankfurt MDR **1974** 64.

Prozeßgerichts auch nicht wohnt, nur insoweit zu erstatten, als die Zuziehung zur zweckentsprechenden Rechtsverfolgung oder Rechtsverteidigung notwendig war. Da für den Rechtsanwalt als Verteidiger die Frage, bei welchem Gericht er zugelassen ist, keine Rolle spielt (jeder deutsche Anwalt ist in dieser Eigenschaft bei jedem Strafgericht der Bundesrepublik Deutschland „zugelassen"), bedeutet die Verweisung in §464a Abs. 2 Nr. 2 auf §91 Abs. 2 Satz 1 ZPO, daß, wenn der unverurteilt aus dem Verfahren hervorgehende Angeschuldigte sich eines nicht am Sitz des Gerichts, bei dem das Strafverfahren anhängig ist (des erkennenden Gerichts) wohnhaften Anwalts bedient, dessen Reisekosten zum Gericht nur insoweit erstattet werden, als seine Zuziehung zur zweckentsprechenden Rechtsverteidigung **notwendig** war.

b) **Wann eine solche Notwendigkeit gegeben** ist, ist streitig. Einigkeit besteht insoweit, als bei schwierigen oder abgelegenen Rechtsmaterien die Zuziehung eines auswärtigen Anwalts mit besonderen Fachkenntnissen auf dem Spezialgebiet als zur Verteidigung notwendig angesehen wird, wenn ein solcher am Gerichtssitz nicht vorhanden ist[102]. Im übrigen wird zum Teil die Auffassung vertreten, aus der Fassung des §91 Abs. 2 („jedoch nur insoweit, als ...") ergebe sich, daß die Erstattung der Reisekosten des auswärtigen Anwalts die Ausnahme darstelle, und daß demgemäß an die Notwendigkeit seiner Zuziehung strenge Anforderungen zu stellen seien. Eine Erstattung der Reisekosten des auswärtigen Anwalts kommt danach nur dann in Betracht, wenn die Rechtsverteidigung so entscheidende Schwierigkeiten in sich birgt, daß die Rechte des Angeklagten nur dann als hinreichend gewahrt angesehen werden können, falls er durch einen mit der Materie besonders vertrauten Rechtsanwalt verteidigt wird. Dagegen reicht es nicht aus, daß der auswärtige Anwalt für den Angeklagten der Anwalt „seines Vertrauens" ist, oder daß er den Ruf genießt, *allgemein* über besonders gute Rechtskenntnisse zu verfügen[103]. Jedoch soll[104] dem Angeklagten, der einen am Tatort ansässigen Anwalt mit seiner Verteidigung beauftragt und mit ihm wegen dieser Sache bereits Rücksprachen gehabt hat, ein Verteidigerwechsel nicht zumutbar sein, wenn er später erfährt, daß das Verfahren an einem anderen Ort als dem Tatort durchgeführt wird. Auch soll es genügen[105], wenn der Angeklagte sich an den auswärtigen Anwalt wendet, weil er in der Bevölkerung den Ruf eines Spezialisten auf dem in Betracht kommenden Rechtsgebiet genießt. Nach anderer Auffassung ist die Inanspruchnahme eines auswärti-

46

---

[102] Vgl. OLG Düsseldorf NJW **1971** 1146; NStZ **1981** 451; MDR **1985** 695; JurBüro **1986** 577; MDR **1987** 79; OLG Karlsruhe Rpfleger **1972** 456 (Schifffahrtssachen); Justiz **1979** 342; OLG Schleswig JurBüro **1979** 1332; OLG Celle JurBüro **1980** 1860 mit Anm. *Mümmler*; OLG München JurBüro **1981** 1370; OLG Oldenburg JurBüro **1984** 248; OLG Bamberg JurBüro **1987** 558; LG Freiburg MDR **1970** 1033; LG Memmingen JurBüro **1974** 1132 (Waffenrecht); LG Würzburg JurBüro **1976** 771; LG Flensburg JurBüro **1979** 1008, 1028 (Nebenkläger–Vertreter); **1979** 1179, 1181 (modifiziert in JurBüro **1984** 1537); LG Bayreuth JurBüro **1985** 1207; LG München AnwBl. **1985** 533 mit krit. Anm. *H. Schmidt*; *Mümmler* JurBüro **1984** 1296 ff.

[103] OLG Düsseldorf NJW **1971** 1146; AnwBl.

1972 200; JurBüro **1981** 1043; AnwBl. **1985** 592; MDR **1987** 79; OLG Nürnberg JurBüro **1984** 1256; OLG Karlsruhe JurBüro **1975** 206; **1979** 868; OLG Celle JurBüro **1980** 1860 mit Anm. *Mümmler*; OLG München JurBüro **1981** 1370; OLG Bamberg JurBüro **1987** 558; LG Bamberg JurBüro **1969** 149; LG Memmingen JurBüro **1974** 1133; LG Wuppertal JurBüro **1974** 212; JurBüro **1982** 1048; LG Bayreuth JurBüro **1975** 1350; **1985** 1207; AG Berlin-Tiergarten AnwBl. **1987** 289 mit Anm. *Madert*; *Mümmler* JurBüro **1984** 1296, 1540 mit weit. Nachw.

[104] Vgl. OLG Düsseldorf AnwBl. **1971** 325; OLG Celle StrVert. **1986** 208; vgl. auch OLG Karlsruhe JurBüro **1975** 207 (Verlegung des Verhafteten).

[105] LG Ulm AnwBl. **1970** 324.

Hans Hilger

gen Anwalts im Sinne des § 91 Abs. 2 ZPO in der Regel schon zur zweckentsprechenden Rechtsverteidigung erforderlich, wenn der Angeklagte dies aus seiner Sicht für notwendig hält. Denn wegen des besonderen Schutzbedürfnisses eines jeden Angeklagten könne dieser, wenn er nicht am Gerichtsort wohnt, nicht schlechthin auf einen ihm unbekannten Anwalt am Gerichtssitz verwiesen werden, sondern müsse ohne Hemmungen durch finanzielle Überlegungen im Hinblick auf eine spätere Auslagenerstattung in der Lage sein, sich an einen Verteidiger „seines Vertrauens" (oder „seines besonderen Vertrauens") an seinem Wohnort oder in dessen Nähe zu wenden[106]. Ob dem in dieser Allgemeinheit zuzustimmen ist, mag zweifelhaft erscheinen; jedenfalls aber muß die Staatskasse die Bestellung eines auswärtigen Anwalts „des Vertrauens" dann gegen sich gelten lassen, wenn es sich um Strafsachen von einigem Gewicht handelt, wie namentlich bei Schwurgerichtssachen [107]. Zu der Auffassung, daß unter diesen Voraussetzungen der fernab vom Gerichtssitz wohnhafte Angeklagte in erstattungsfähiger Weise einen am Wohnort oder in dessen Nähe wohnhaften Anwalt in Anspruch nehmen darf, zwingt auch die Überlegung, daß dem Angeklagten grundsätzlich ein regelmäßiger mündlicher Verkehr mit dem Verteidiger möglich sein muß[108]. Liegt dagegen kein solcher Fall vor, in dem entsprechend den obigen Erwägungen die Auslagen des auswärtigen Rechtsanwalts ausnahmsweise zu erstatten sind, so sind die Reisekosten des Rechtsanwalts dennoch bis zur Höhe der — fiktiven — Reisekosten des Angeklagten zur Information eines am Gerichtsort residierenden Rechtsanwalts erstattbar[109]. Erstattungsfähig sind auch die Auslagen, die einem am Gerichtsort wohnenden Rechtsanwalt für die Wahrnehmung auswärtiger Verfahrenstermine entstanden sind[110].

47   **10. Zusammentreffen von Wahl- und Pflichtverteidigung.** § 91 Abs. 2 Satz 3 ZPO, wonach die Kosten mehrerer Anwälte nur insoweit zu erstatten sind, als sie die Kosten eines Anwalts nicht übersteigen oder als in der Person des Anwalts ein Wechsel eintreten mußte, gilt grundsätzlich auch im Verhältnis von Wahlverteidiger zu Pflichtverteidiger[111]. Daraus folgt, wenn in einem Verfahren der Beschuldigte durch einen Wahl- und

---

[106] Vgl. OLG Nürnberg JurBüro 1970 955; OLG Koblenz NJW 1971 1147; LG Mainz AnwBl. 1969 77; LG Ellwangen JurBüro 1972 613; LG Heilbronn AnwBl. 1978 29; LG Augsburg AnwBl. 1979 162; LG Flensburg JurBüro 1984 1537 mit krit. Anm. *Mümmler* sowie Anm. *D. Meyer*; AG Bonn AnwBl. 1969 66; AG Erlangen AnwBl. 1970 28.

[107] OLG Zweibrücken Rpfleger 1972 71; OLG Frankfurt OLGSt § 467 S. 45 ff; OLG Schleswig JurBüro 1979 1332; OLG Koblenz StrVert. 1982 481 (Strafkammeranklage; gewachsenes Vertrauensverhältnis); OLG Düsseldorf MDR 1986 958; MDR 1987 79; *Heinbuch* AnwBl. 1983 489; a. A wohl OLG Celle JurBüro 1980 1860.

[108] *Eb. Schmidt* Nachtr. II 13; vgl. auch LG Augsburg AnwBl. 1979 162; LG Flensburg JurBüro 1984 1539; *Madert* AnwBl. 1987 289.

[109] OLG Düsseldorf AnwBl. 1972 200; LG Göttingen NdsRpfl. 1977 90; LG Wuppertal JurBüro 1979 1184; LG Mönchengladbach JurBüro 1980 1830; *Mümmler* JurBüro 1984 1298; weitergehend LG Flensburg Fußn. 106; vgl. auch *Madert* 100; AnwBl. 1987 289; OLG Stuttgart JurBüro 1987 1376; LG Passau JurBüro 1987 1840 (Verteidiger am Gerichts- und am Wohnort).

[110] LG Ansbach AnwBl. 1970 140; LG Coburg MDR 1976 779; LG Flensburg JurBüro 1976 1650; vgl. auch LG Regensburg JurBüro 1976 1226; LG Krefeld JurBüro 1977 1238; LG Hanau AnwBl. 1979 195; LG Bayreuth JurBüro 1983 1841; AG Kulmbach JurBüro 1979 1536 (auswärtiger Beweisanwalt); KMR-*Müller* 16; *Madert* 94.

[111] OLG Frankfurt AnwBl. 1973 406; JurBüro 1980 731; OLG Stuttgart Justiz 1974 429; OLG Karlsruhe MDR 1975 954; OLG Hamburg JurBüro 1980 1209 mit Anm. *Mümmler*; MDR 1983 428; Rpfleger 1986 276; KG JR 1980 430; OLG Düsseldorf JurBüro 1983 1212 mit Anm. *Mümmler*; AnwBl. 1983 40; JurBüro 1984 725 mit Anm. *Mümmler*; JurBüro 1986 1678; OLG Hamm JurBüro 1983 1213 mit Anm. *Mümmler*, 1216; OLG Zwei-

außerdem durch einen Pflichtverteidiger verteidigt wird, daß Kosten der Wahlverteidigung nur in Höhe der Differenz zu den Pflichtverteidigerkosten zu erstatten sind, wenn und soweit diese — über § 97 BRAGebO — niedriger sind als die Wahlverteidigerkosten[112]; eine Erstattung der Wahlverteidigerkosten scheidet also aus, wenn der Pflichtverteidiger eine Pauschvergütung nach § 99 BRAGebO erhält, die die Höchstsätze des Wahlverteidigers erreicht oder übersteigt[113]. Von diesen Grundsätzen macht die Rechtsprechung Ausnahmen. Nutzt der Beschuldigte, dem ein Pflichtverteidiger beigeordnet worden ist, sein Recht, einen Verteidiger zu wählen (§§ 137, 143), so dürften grundsätzlich nur die Kosten *eines* Verteidigers zu erstatten sein, wenn — zum Beispiel — dem Beschuldigten der von ihm bezeichnete Pflichtverteidiger seines Vertrauens (§ 142 Abs. 1 Satz 3) beigeordnet worden war. Jedoch kann eine Erstattung der (gesamten) Kosten des Wahlverteidigers in Betracht kommen, wenn das Gericht die Bestellung des Pflichtverteidigers entgegen § 143 nicht zurücknimmt, sondern rein vorsorglich — ohne Veranlassung des Beschuldigten oder seines Wahlverteidigers — aufrechterhält; die (weiteren) Kosten der Pflichtverteidigung sind dann nicht vom Beschuldigten zu verantworten, sondern von der Justiz — würde man im übrigen die volle Erstattung der Wahlverteidigerkosten nur dann zulassen, wenn der Beschuldigte Anlaß hatte, dem Pflichtverteidiger nicht zu vertrauen, so könnte dies zu einer Aushöhlung des Rechts gemäß § 137 Abs. 1 Satz 1 führen[114]. Im Falle notwendiger Verteidigung kann dem Beschuldigten nicht zugemutet werden, zu warten, bis ihm ein Pflichtverteidiger beigeordnet wird, so daß die Kosten des gewählten Verteidigers notwendige Auslagen darstellen, wenn dieser später wegen der Bestellung eines Pflichtverteidigers seine Verteidigung niedergelegt hat[115]. Im übrigen kommt es, wenn dem durch einen Wahlverteidiger verteidigten Beschuldigten zusätzlich ein Pflichtverteidiger beigeordnet wird, für die Frage der Kostenerstattung auch darauf an, ob die zusätzliche Bestellung durch das Verhalten des Beschuldigten oder seines Wahlverteidigers verursacht ist oder nicht. Im erstgenannten Fall sind nur die Kosten *eines* Verteidigers zu erstatten[116]. Dagegen sind

brücken StrVert. **1983** 119; OLG Bamberg JurBüro **1984** 247 mit Anm. *Mümmler*; OLG Koblenz JurBüro **1985** 1669; *Heinbuch* AnwBl. **1983** 489; krit.: *H. Schmidt* FS Schäfer 231 ff; vgl. auch OLG Bremen StrVert. **1986** 209; StrVert. **1987** 162 (Beiordnung des Wahlverteidigers); OLG Düsseldorf MDR **1985** 518 (Teilfreispruch); *Mümmler* JurBüro **1988** 38.

[112] Vgl. OLG Frankfurt AnwBl. **1973** 406; JurBüro **1979** 731; AnwBl. **1983** 41; KG JR **1975** 476; OLG Karlsruhe Justiz **1976** 306; JurBüro **1981** 1226 mit Anm. *Mümmler*; OLG Hamburg MDR **1980** 519; MDR **1983** 428; OLG Hamm JurBüro **1983** 1216; OLG Düsseldorf JurBüro **1986** 1678; *Heinbuch* AnwBl. **1983** 491; *Mümmler* JurBüro **1984** 1287.

[113] OLG Karlsruhe AnwBl. **1975** 450; *Heinbuch* Fußn. 112; *Mümmler* Fußn. 112; krit.: *H. Schmidt* FS Schäfer 234.

[114] Vgl. dazu OLG Karlsruhe JurBüro **1981** 1226; OLG Düsseldorf JurBüro **1983** 1211 (Aufrechterhaltung der Pflichtverteidigung wegen Unzuverlässigkeit des Wahlverteidigers); AnwBl. **1983** 40 mit Anm. *Chemnitz*;

OLG Frankfurt AnwBl. **1983** 41; OLG Köln StrVert. **1983** 27; OLG Hamburg Rpfleger **1986** 276; LG Marburg StrVert. **1984** 345; *Heinbuch* AnwBl. **1983** 489; *Senge* NStZ **1984** 562; *Madert* 92; enger: OLG Frankfurt JurBüro **1980** 731; OLG Hamburg JurBüro **1980** 1209; MDR **1983** 428; OLG Nürnberg MDR **1983** 780 mit krit. Anm. *Eggert* in MDR **1984** 110; OLG Hamm JurBüro **1983** 1216; OLG Zweibrücken StrVert. **1983** 119; OLG Düsseldorf JurBüro **1986** 1678 (= **1987** 557); s. auch OLG Düsseldorf Rpfleger **1975** 256 (2 Wahlverteidiger); OLG Karlsruhe Justiz **1976** 306; BayObLG NJW **1953** 194 (Referendar als Pflichtverteidiger).

[115] OLG Hamm MDR **1959** 327; OLG Karlsruhe JurBüro **1975** 207; *Heinbuch* Fußn. 112.

[116] Vgl. OLG Koblenz Rpfleger **1975** 368 (erhebliche Verzögerung des Verfahrens durch Verhalten des Wahlverteidigers); JurBüro **1985** 1669; OLG Düsseldorf JurBüro **1984** 725 mit Anm. *Mümmler*; OLG Hamburg MDR **1983** 428; OLG Hamm JurBüro **1983** 1213, 1216; siehe auch OLG Düsseldorf

Hans Hilger

die Wahlverteidigerkosten —neben denen der Pflichtverteidigung — aus der Staatskasse zu erstatten, wenn die Bestellung des Pflichtverteidigers nur rein vorsorglich, etwa aus Gründen der Fürsorge oder zur Sicherstellung eines reibungslosen Verfahrensablaufs erfolgt[117].

48   **11. Der Rechtsanwalt als Verteidiger oder Vertreter in eigener Sache.** Umstritten ist die Frage, ob dem freigesprochenen Rechtsanwalt, der keinen **Verteidiger** beauftragt hatte, die **Gebühren** und Auslagen zu erstatten sind, deren **Erstattung** er verlangen könnte, wenn er einen Verteidiger hinzugezogen hätte. Entscheidend ist, ob über Absatz 2 Nr. 2 auch § 91 Abs. 2 Satz 4 ZPO anwendbar ist. Die Meinung[118], die dies verneint, verweist im wesentlichen darauf, die Stellung des Verteidigers als eines unabhängigen Organs der Rechtspflege sei unvereinbar mit der des Beschuldigten; der beschuldigte Rechtsanwalt könne sich nicht selbst verteidigen[119], habe nicht alle Rechte eines Verteidigers[120], und könne daher auch keine entsprechenden Gebühren verlangen, weil § 91 Abs. 2 Satz 4 ZPO die Zulässigkeit einer Eigenvertretung voraussetze. Die Gegenmeinung[121] erklärt im wesentlichen, die gebührenrechtliche Verweisung sei eindeutig; auf den Status im Verfahren komme es nicht an. Beide Auffassungen lassen sich vertreten. Für die letztgenannte könnte auch geltend gemacht werden, es sei unter finanziellen Gesichtspunkten nicht einzusehen, warum die „Sparsamkeit" des beschuldigten Rechtsanwalts der Staatskasse zugute kommen solle. Andererseits wird darauf verwiesen, es sei nicht ersichtlich, warum ein sich verteidigender Rechtsanwalt besser gestellt sein solle als ein sich verteidigender Hochschullehrer (§ 138 Abs. 1) oder ein Rechtsreferendar (§ 139)[122]. Letztlich dürfte im Interesse der Einheitlichkeit der Rechtsanwendung der erstgenannten, überwiegenden Meinung zu folgen sein. Wird der Rechtsanwalt **in anderer Weise in eigener Sache tätig,** zum Beispiel als Privat- oder Nebenkläger,

---

AnwBl. **1978** 358; AnwBl. **1983** 462 (§ 8 GKG); LG Flensburg JurBüro **1985** 560 (Pflichtverteidiger auf Wunsch des Angekl.); OLG Oldenburg JurBüro **1983** 733.

[117] Vgl. BVerfG NStZ **1984** 561 mit Anm. *Senge;* dazu auch *Berkemann* JR **1984** 455; KG JR **1980** 436; OLG München MDR **1981** 517 mit Anm. *Bringewat* JZ **1981** 451; OLG Frankfurt AnwBl. **1983** 41; OLG Hamm JurBüro **1983** 1213, 1216; OLG Bamberg JurBüro **1984** 247; OLG Düsseldorf JurBüro **1985** 900 mit Anm. *Mümmler;* AnwBl. **1985** 592; OLG Koblenz JurBüro **1985** 1669; MDR **1985** 868; OLG Hamburg MDR **1986** 518; *Heinbuch* AnwBl. **1983** 489; vgl. auch OLG Köln StrVert. **1983** 27; OLG Düsseldorf JurBüro **1985** 733 mit Anm. *Mümmler* (Lösung über § 465 Abs. 2 Satz 2); a. A wohl OLG Hamburg MDR **1980** 519; OLG Nürnberg MDR **1983** 780 (unklar).

[118] LG München JurBüro **1976** 1340; LG Memmingen JurBüro **1977** 828; LG Würzburg JurBüro **1977** 517; LG Bonn MDR **1978** 511; LG Marburg JurBüro **1978** 1046; LG Osnabrück JurBüro **1978** 1168; LG Darmstadt

AnwBl. **1979** 82; LG Heidelberg Justiz **1979** 308; LG Kiel JurBüro **1979** 401; LG Flensburg JurBüro **1983** 249; LG Zweibrücken Rpfleger **1983** 330; LG Mainz Rpfleger **1985** 323; LG Wuppertal JurBüro **1986** 410; EGH Stuttgart AnwBl. **1983** 331 mit abl. Anm. *Schmidt;* KK-*Schikora/Schimansky*[2] 14; *Kleinknecht/Meyer*[38] 14; *Kurzka* MDR **1974** 817; **1975** 548; *Mümmler* JurBüro **1984** 1290; JurBüro **1987** 1632, 1640; JurBüro **1988** 35; unklar KMR-*Müller* 18; offen gelassen von BVerfG AnwBl. **1980** 303 mit krit. Anm. *Schmidt* und zust. Anm. *Mümmler* in JurBüro **1980** 692; vgl. auch BVerfG NJW **1986** 422 (Hochschullehrer in eig. Sache vor dem BVerfG); *Göhler*[8] Vor § 105, 45.

[119] Vgl. bei § 140.

[120] Vgl. bei § 147; § 239, 6; Vor § 137.

[121] OLG Frankfurt NJW **1973** 1991; LG Hamburg AnwBl. **1976** 25; LG Dortmund AnwBl. **1979** 244; LG Itzehoe AnwBl. **1980** 471; LR-*K. Schäfer*[23] 41; *Schmidt* NJW **1977** 2244, 2247 und FS Schäfer 239; *Madert* 98; vgl. auch EGH Koblenz AnwBl. **1981** 415.

[122] LG Marburg JurBüro **1978** 1046.

so soll § 91 Abs. 2 Satz 4 ZPO anwendbar sein[123]. Dies wird aus der in solchen Fällen anders gearteten, stärkeren, mit den vertretenen Interessen enger verbundenen Stellung des Anwalts im Verfahren abgeleitet.

V. Sonstige notwendige Auslagen

1. **Einzelfragen.** Zum Grundsätzlichen und zu weiteren Einzelheiten vgl. Rdn. **49** 21 ff. Als notwendige Auslagen kommen im übrigen zum Beispiel in Betracht: Die vom Beschuldigten aufgewandten Reisekosten zur Information des Verteidigers[124] oder zu einem Termin bei Gericht oder Staatsanwaltschaft[125]; die Aufwendungen für eine Teilnahme des Angeklagten an der Revisionshauptverhandlung auch neben dem Verteidiger[126]; die von ihm erbrachte Entschädigung der unmittelbar (§ 220) geladenen Zeugen[127]; Auslagen infolge des Antrags, einen Pflichtverteidiger zu bestellen[128]. Die Kosten einer Sicherheitsleistung zwecks Haftentlassung rechnen nicht zu den notwendigen Auslagen, weil sie nicht einen Akt der Verteidigung gegen den berechtigten Erlaß des Haftbefehls darstellen[129]. Die Aufwendungen für eigene Ermittlungen oder Beweiserhebungen des Beschuldigten sollen im allgemeinen nicht notwendig sein, weil das Gesetz dem Beschuldigten die Möglichkeit gebe, bei den von Amts wegen zur Sachaufklärung verpflichteten Strafverfolgungsorganen entsprechende Beweiserhebungen anzuregen oder zu beantragen[130]. Gleiches soll für die Kosten der Einholung eines privaten Gutachtens gelten[131]. Die Auslagen müssen jedoch erstattbar sein, wenn die eigenen Ermittlungen des Beschuldigten notwendig erscheinen, weil die Ermittlungsbehörden seinen Anregungen nicht folgen und die Ermittlungen nicht bis zur Hauptverhandlung aufgeschoben werden können[132]. Gleiches kann gelten, wenn es sich um komplizierte technische Fragen oder um ein sehr abgelegenes Rechtsgebiet handelt[133]. Die Ko-

[123] Vgl. LG Memmingen JurBüro **1977** 828; LG Marburg JurBüro **1978** 1046; LG Heidelberg AnwBl. **1981** 78; KK-*Schikora/Schimansky*[2] 14; *Kleinknecht/Meyer*[38] 14; *Kurzka* MDR **1974** 817; *Madert* 98; vgl. auch BVerfG AnwBl. **1980** 303; nach BVerfG NJW **1984** 911 ist für den Fall der Nebenklage die Gegenmeinung nicht verfassungswidrig.

[124] OLG Hamburg Rpfleger **1972** 414; *Eb. Schmidt* Nachtr. II 14.

[125] Vgl. OLG Celle Rpfleger **1969** 305; OLG Karlsruhe MDR **1986** 694; LG Mannheim NJW **1969** 1684; LG Augsburg AnwBl. **1979** 162; LG Flensburg JurBüro **1983** 1345; *Eb. Schmidt* Nachtr. II 8 (Übernachtungskosten, Verpflegung); s. auch LG Hof JurBüro **1973** 307 (Reisekosten bzgl. auswärtiger Zeugenvernehmungen) und Fußn. 110 (auswärtiger Beweisanwalt); vgl. auch Rdn. 25 ff (Zeitversäumnis).

[126] Vgl. Rdn. 29, Fußn. 61.

[127] RG Rspr. **6** 57; RGSt **16** 212; BayObLG *Alsb.* E **2** 79; OLG München JurBüro **1981** 1851; *D. Meyer* JurBüro **1984** 655; a. A OLG Düsseldorf JurBüro **1986** 408.

[128] LG Aachen AnwBl. **1983** 233.

[129] OLG Karlsruhe Rpfleger **1971** 72.

[130] Vgl. OLG Hamm NJW **1968** 1537; DAR **1973** 170; OLG Hamburg MDR **1975** 74; NStZ **1983** 284; OLG Schleswig SchlHA **1986** 114; LG Göttingen JurBüro **1987** 250; **krit.**: *Rückel* FS II Peters 265.

[131] OLG Hamm JMBlNW **1973** 95; KG JurBüro **1976** 205 mit Anm. *Mümmler*; OLG Karlsruhe Justiz **1976** 266; OLG Koblenz Rpfleger **1978** 148; OLG Düsseldorf JurBüro **1986** 408; LG Würzburg JurBüro **1977** 1107; LG Flensburg JurBüro **1978** 90; LG Düsseldorf JurBüro **1986** 1538 mit Anm. *Mümmler*; LG Bayreuth JurBüro **1987** 1838 mit Anm. *Mümmler*; LG Göttingen JurBüro **1987** 250.

[132] Vgl. Rdn. 29 Fußn. 62; OLG Koblenz Rpfleger **1978** 148; OLGSt N. F § 464 b, 1; OLG Hamburg NStZ **1983** 284; OLG Düsseldorf JurBüro **1986** 408; LG Flensburg JurBüro **1978** 90; LG Göttingen JurBüro **1987** 251; *Mümmler* JurBüro **1986** 1538; **1987** 1840.

[133] OLG Frankfurt VRS **42** (1972) 430; OLG Düsseldorf JurBüro **1986** 408; LG Heidelberg Justiz **1976** 524; siehe dagegen LG Bayreuth JurBüro **1986** 891 (Kosten eines Finanzdienstes in Steuerstrafsachen); vgl. auch OLG Frankfurt Rpfleger **1987** 172.

Hans Hilger

sten der Inanspruchnahme eines Detektivs zur Beschaffung von Entlastungsmaterial sind in der Regel nicht erstattbar[134].

50   **2. Verteidigt sich der Beschuldigte selbst,** so sollen[135] die Kosten für die Beschaffung eines Gesetzestextes auch dann keine notwendigen Auslagen darstellen, wenn sie weit unter den Kosten liegen, die bei der Verteidigung durch einen Rechtsanwalt entstanden wären. Das läßt sich in dieser Allgemeinheit bezweifeln; es kommt wohl auf die Umstände des Einzelfalles an. Keine notwendigen Auslagen des Strafverfahrens sind Auslagen durch eine Verfassungsbeschwerde, die während des Strafverfahrens im Zusammenhang mit ihm eingelegt wurde[136].

VI. Aufrechnung

51   Zur Frage der **Aufrechnung** vgl. § 96 a BRAGebO[137].

§ 464 b

[1]**Die Höhe der Kosten und Auslagen, die ein Beteiligter einem anderen Beteiligten zu erstatten hat, wird auf Antrag eines Beteiligten durch den Urkundsbeamten der Geschäftsstelle festgesetzt.** [2]**Auf Antrag ist auszusprechen, daß die festgesetzten Kosten und Auslagen von der Anbringung des Festsetzungsantrags an mit vier vom Hundert zu verzinsen sind.** [3]**Auf das Verfahren und auf die Vollstreckung der Entscheidung sind die Vorschriften der Zivilprozeßordnung entsprechend anzuwenden.**

Entstehungsgeschichte. Durch Art. 2 Nr. 22 EGOWiG wurde § 464 Abs. 2 a. F zu § 464 b und durch Art. 1 Nr. 114 des 1. StVRG 1974 wurde Satz 2 eingefügt. Bezeichnung bis 1924: § 496 Abs. 2.

1   **1. Zweck der Regelung.** Da die gerichtliche Kosten- und Auslagenentscheidung immer nur dem Grunde nach ergeht, ist ein besonderes Verfahren erforderlich, in dem zahlenmäßig die Höhe der Auslagen festgesetzt wird, die ein Beteiligter einem anderen zu erstatten hat. Eine solche Festsetzung ist insbesondere notwendig, wenn über die

---

[134] OLG Bamberg JurBüro **1974** 999; LG Nürnberg-Fürth JurBüro **1983** 1346.
[135] LG Aachen Rpfleger **1970** 436 mit Anm. *Schmidt.*

[136] OLG Hamm NJW **1966** 2073.
[137] Vgl. auch LG Flensburg JurBüro **1979** 67; *Madert* 103.

Höhe des zu erstattenden Betrages Streit besteht oder der Erstattungsberechtigte einen Vollstreckungstitel benötigt, um gegen den Erstattungspflichtigen die Vollstreckung betreiben zu können; denn die gerichtliche Auslagenerstattungsentscheidung ist mangels Angabe der Höhe des geschuldeten Betrages kein zur Vollstreckung geeigneter Titel. Das Festsetzungsverfahren dient also dazu, durch zahlenmäßige Vervollständigung der gerichtlichen Auslagenentscheidung einen Vollstreckungstitel (§ 794 Abs. 1 Nr. 2 ZPO) zu schaffen. Es erfordert demgemäß das Vorliegen einer rechtskräftigen gerichtlichen Auslagenentscheidung, die die Erstattungspflicht dem Grunde nach[1] und ausdrücklich anordnet. Die Notwendigkeit eines solchen Titels entfällt auch nicht aufgrund der Regelung des Art. 6 Abs. 3 Buchst. e MRK („kostenlose" Beiziehung eines Dolmetschers)[2].

2. Anwendungsbereich. Gegenstand des Verfahrens sind in erster Linie die notwendigen Auslagen eines Beteiligten im Sinne des § 464 a Abs. 2, auch soweit die Staatskasse haftet (vgl. §§ 467, 467 a). Hierher gehören aber auch die Fälle, daß Zeugen, Sachverständige, Verteidiger, Schöffen und andere Personen nach den §§ 51, 70, 77, 81 c Abs. 6, 138 c Abs. 6, 145 Abs. 4, 161 a Abs. 2, 177, 469, 470, 472 a, 472 b, § 56 GVG durch Beschluß zur Erstattung von Auslagen verurteilt sind, die sie durch Säumnis, Weigerung, Verschulden oder sonstiges Verhalten verursacht haben. In Betracht kommen auch Auslagen des Angeklagten[3] oder des Privat- und Nebenklägers (zum Beispiel Auslagen für Zeugen nach § 220 Abs. 2, Reisekosten des Privatklägers); auch diese hat der in die Auslagenzahlung Verurteilte den Beteiligten zu erstatten, und über ihre Höhe wird nach § 464 b entschieden. Dagegen werden die der Staatskasse geschuldeten (Gebühren und) Auslagen im Kostenansatzverfahren nach § 4 Abs. 2 GKG festgesetzt (dazu §§ 4 ff KostVfg.). Für die Gebühren und Auslagen des Pflichtverteidigers gilt § 98 BRAGebO. Der Wahlverteidiger kann seine Gebühren und Auslagen gegen seinen Mandanten im Strafverfahren nicht festsetzen lassen[4]; er muß ggf. Gebührenklage vor dem Zivilgericht erheben. Zu § 8 GKG vgl. § 465, 13.

3. Auslagenerstattungsausspruch als Grundlage des Verfahrens gemäß § 464 b kann ein Teil der rechtskräftigen Sachentscheidung des Gerichts (§ 464 Abs. 2), eine isolierte oder eine Dritte belastende Kosten- und Auslagenentscheidung (Rdn. 2) sein, nicht jedoch ein im Privatklageverfahren abgeschlossener gerichtlicher Vergleich über die Erstattung von Auslagen[5]. Die in einem Beschluß zur vorläufigen Verfahrenseinstellung (§ 153 a Abs. 2) enthaltene Auflage, die Auslagen des Nebenklägers zu erstatten, ist unabhängig von der Frage der Zulässigkeit einer solchen Auflage[6] keine zur Kostenfestsetzung geeignete rechtskräftige Grundentscheidung. Die Auslagengrundentscheidung ist für das Festsetzungsverfahren, auch wenn sie grob fehler- oder lückenhaft ist[7], bin-

---

[1] KK-*Schikora/Schimansky*[2] 2; *Kleinknecht/Meyer*[38] 1; KMR-*Müller* 3; *Mümmler* JurBüro **1984** 1281; vgl. auch *Madert* 104 ff.

[2] OLG Frankfurt NJW **1981** 533; Einzelheiten zu den Auslagen für die Beiziehung eines Dolmetschers bei § 464 a, 8 ff; § 464, 17 Fußn. 28.

[3] LG Kassel JW **1931** 2394 Nr. 7; OLG Düsseldorf Rpfleger **1985** 324; vgl. auch § 77, 12 ff; *Schmidt* JZ **1982** 186 (nicht notwendige Tätigkeit des Verteidigers).

[4] *G. Schäfer*[4] § 15 V 3.

[5] Eingehend bei § 471, 16 ff; vgl. auch § 391, 13; 14 ff; 19.

[6] Vgl. § 153 a, 44; KK-*Schikora/Schimansky*[2] 2.

[7] Einzelheiten bei § 464, 29; vgl. aber BVerfG NJW **1983** 809; **a. A** LG Flensburg JurBüro **1983** 881 (bzgl. Auslagenentscheidung bei Tod des Angekl.); LG Bad Kreuznach Rpfleger **1987** 384.

Hans Hilger

dend und damit jeder Änderung oder Ergänzung entzogen; sie ist jedoch auslegungsfähig[8]. Fragen, die den Grund selbst betreffen, werden im Hinblick auf den Zweck der Regelung (Rdn. 1) grundsätzlich nicht im Festsetzungsverfahren entschieden. Nicht Gegenstand des Verfahrens nach § 464 b — weil den Grund betreffend — ist demgemäß zum Beispiel die Frage, ob das erkennende Gericht mit Recht die Nebenklage zugelassen hat[9] oder ob mit Recht ein Rechtsbeistand statt eines Rechtsanwaltes als Vertreter des Nebenklägers zugelassen wurde[10] (vgl. auch § 472, 26). Zur Kostenfestsetzung bei teilweiser Nichtverurteilung („fiktiver" Teilfreispruch) vgl. § 465, 17 ff; zum Teilfreispruch, insbesondere zur Bedeutung eines Kostenausspruchs, soweit Freisprechung erfolgt sei, fielen die Kosten des Verfahrens und die ausscheidbaren notwendigen Auslagen des Angeklagten der Staatskasse zur Last, vgl. § 465, 37 ff; 43.

4. Antragserfordernis

4   **a) Antragsberechtigter.** Das Festsetzungsverfahren erfordert einen Antrag eines Beteiligten. In der Regel ist der Erstattungsberechtigte Antragssteller, doch wird man auch dem Erstattungspflichtigen, der an der Klärung der Höhe seiner Erstattungspflicht ein Interesse hat, das Antragsrecht nicht absprechen können[11]. Der Antragsteller muß prozeßfähig sein[12].

5   **b) Vertretung Zession.** Der dem Grunde nach zuerkannte Auslagenerstattungsanspruch kann abgetreten und vererbt werden[13]. Soweit er dem Beschuldigten zusteht, ist dieser als Erstattungsberechtigter Antragsteller, nicht der Wahlverteidiger, der ihn im Verfahren nach § 464 b vertritt[14], so daß die Staatskasse auch nicht dem Beschuldigten gegenüber Ansprüche geltend machen kann, die ihr gegen den Verteidiger zustehen[15]. Ob die **Vollmacht des Verteidigers** nur für die Vertretung im Strafverfahren oder auch für das Festsetzungsverfahren gilt, ist durch Auslegung zu ermitteln[16]; im Zweifel dürfte die Verteidigervollmacht das Festsetzungsverfahren nicht erfassen, denn es gehört nicht mehr zum Strafverfahren[17]. Nach Mandatsbeendigung ist der Verteidiger nicht mehr befugt, Anträge im Kostenfestsetzungsverfahren zu stellen; der Berechtigte soll aber eine gleichwohl entfaltete Tätigkeit genehmigen können[18]. Auch der gemäß § 146 StPO zurückgewiesene Wahlverteidiger soll den Beschuldigten nicht mehr im Festsetzungsverfahren vertreten können[19]. Zum Fortbestand der Vollmacht für das Festsetzungsverfahren nach dem Tod des Beschuldigten vgl. bei § 138. Nach einer **Abtretung** ist der Zessionar selbst antragsberechtigt[20]. Zur Beschränkung der Staatskasse bei der Aufrechnung mit ihren Forderungen gegenüber dem Beschuldigten, wenn dieser

---

[8] Vgl. KK-*Schikora/Schimansky*[2] 2; *Kleinknecht/Meyer*[38] 1; KMR-*Müller* 3; s. auch § 464, 26; 29.

[9] LG Bochum MDR **1956** 438; LG Traunstein MDR **1963** 73; **a. A** LG Essen NJW **1956** 74; *Eb. Schmidt* Nachtr. II § 465, 7.

[10] LG Traunstein MDR **1963** 73.

[11] KK-*Schikora/Schimansky*[2] 3; *Kleinknecht/Meyer*[38] 2; KMR-*Müller* 4.

[12] KMR-*Müller* 4.

[13] OLG Koblenz Rpfleger **1974** 403; OLG Hamm AnwBl. **1979** 237; LG Heidelberg Justiz **1963** 38; LG Krefeld KostRspr. § 464 b Nr. 2 – Anm. *Herget*; KK-*Schikora/Schimansky*[2] 3.

[14] OLG Köln JMBlNW **1970** 23.

[15] KG NJW **1971** 2000.

[16] OLG München Rpfleger **1968** 32; LG Krefeld KostRspr. § 464 b Nr. 2 – Anm. *Herget*; KK-*Schikora/Schimansky*[2] 3.

[17] Vgl. LG Krefeld MDR **1980** 248; *Kleinknecht/Meyer*[38] 2.

[18] LG Flensburg JurBüro **1985** 1049.

[19] LG Nürnberg-Fürth JurBüro **1984** 243; **a. A** zur Vertretungsfrage LG Krefeld MDR **1980** 248; vgl. auch § 464 a, 33.

[20] OLG Koblenz Rpfleger **1974** 403.

seinen die Verteidigergebühren betreffenden Auslagenerstattungsanspruch gegen die Staatskasse dem Verteidiger abgetreten hat, vgl. §96 a BRAGebO; die Unwirksamkeit der Aufrechnung gemäß §96 a BRAGebO soll auch dann eintreten, wenn die Abtretung nach der Aufrechnungserklärung erfolgte[21].

c) Der **Antrag**, der nicht fristgebunden[22] ist, muß insbesondere zur Kostenbe- **6** rechnung möglichst konkret begründet werden, und die einzelnen Ansätze sind glaubhaft zu machen (§§103, 104 ZPO)[23]. Bei mehreren Erstattungspflichtigen, zum Beispiel wenn neben der Staatskasse auch Dritte für Auslagen haften (Rdn. 2), hat der Antragsteller zu bestimmen, gegen wen er den Festsetzungsantrag richtet; er ist nicht verpflichtet, sich vorrangig an einen bestimmten Schuldner zu halten[24].

d) Verzinsung. Der durch das 1. StVRG 1974 eingefügte Satz 2 entspricht dem **7** §104 Abs. 1 Satz 2 ZPO. Er bezweckt die Klärung einer früher bestehenden Zweifelsfrage; vor Einfügung des Satzes 2 hatte die überwiegend vertretene Auffassung die Geltung des §104 Abs. 1 Satz 2 ZPO aus dem damaligen Satz 2 (heute Satz 3) des §464 b hergeleitet, während nach anderer Auffassung der Verzinsungsanspruch nicht auf diese Vorschrift gestützt werden konnte, weil §104 Abs. 1 Satz 2 ZPO keine das Verfahren betreffende Vorschrift sei. Der früheste Zeitpunkt des Verzinsungsbeginns ist der der Rechtskraft oder Teilrechtskraft der Auslagenerstattungsentscheidung, so daß eine Verzinsung erst mit diesem Zeitpunkt beginnt, wenn der Festsetzungsantrag schon vor Eintritt der Rechtskraft angebracht wird[25]; dies widerspricht weder dem Wortlaut noch dem Zweck des Satzes 2. Der Zweck der Vorschrift ist nämlich, unabhängig von der Frage des Verschuldens (Verzug) wenigstens einen teilweisen, billigen Ausgleich für den Zinsverlust des Kostenerstattungsberechtigten (z. B. des Freigesprochenen oder des Nebenklägers) während des Kostenfestsetzungsverfahrens zu schaffen, auf dessen Dauer der Anspruchsberechtigte keinen Einfluß hat. §464 b Satz 2 gilt nicht für die dem Pflichtverteidiger aus der Staatskasse zu gewährende Vergütung, weil §98 BRAGebO, der nur auf §104 Abs. 2 ZPO verweist, eine dem §464 b Satz 2 entsprechende Vorschrift nicht enthält[26]. Zahlt ein Beteiligter für die Aufbringung seiner notwendigen Auslagen einem Dritten Kreditzinsen, so gehören diese zu seinen notwendigen Auslagen[27].

5. Verfahren
a) Zuständigkeit. Verfahrensgrundsätze. Entscheidung. Zuständig ist der **Rechts-** **8** **pfleger**[28] des Gerichts des ersten Rechtszuges (§103 ZPO, §21 Abs. 1 Nr. 1 RpflG), nach Zurückverweisung einer Sache an ein anderes Gericht (§354 Abs. 2 Satz 1) der

---

[21] Zum Streitstand vgl. OLG Karlsruhe Rpfleger **1985** 124 mit Anm. *Sutter* und KG JurBüro **1978** 543 mit Anm. *Mümmler*.

[22] LG Flensburg SchlHA **1972** 172; LG Nürnberg-Fürth AnwBl. **1973** 28; KK-*Schikora/Schimansky*² 3.

[23] LG Bamberg Rpfleger **1972** 111; KK-*Schikora/Schimansky*² 3; *D. Meyer* JurBüro **1980** 661; vgl. auch LG Flensburg JurBüro **1981** 1039; LG Aachen Rpfleger **1986** 150 (Kopierkosten).

[24] H. M; vgl. LG Mainz Rpfleger **1974** 402; LG Münster NJW **1974** 1342; AnwBl. **1975** 101; LG Freiburg AnwBl. **1974** 192; KK-*Schikora/Schimansky*² 3.

[25] LG Frankenthal JurBüro **1984** 723; KK-*Schikora/Schimansky*² 3; *Kleinknecht/Meyer*³⁸ 2; *Rieß* NJW **1975** 91; *Mümmler* JurBüro **1976** 56; **a. A** LG Bamberg JurBüro **1976** 55.

[26] OLG Frankfurt NJW **1974** 960; OLG Stuttgart Rpfleger **1974** 34.

[27] OLG Celle NdsRpfl. **1969** 239.

[28] OLG Düsseldorf JurBüro **1985** 895; vgl. auch KG JR **1981** 525; zum Bußgeldverfahren vgl. §§ 106, 108, 108 a Abs. 3 OWiG.

Hans Hilger

Rechtspfleger des Gerichts, das zuerst entschieden hatte[29]; § 462 a Abs. 6 gilt nicht für § 464 b. Das Verfahren richtet sich nach §§ 103, 104 ZPO[29a]. Der Rechtspfleger hat (vgl. § 9 RpflG) dem Gegner des Antragstellers ausreichendes **rechtliches Gehör** zu gewähren[30]. Ist die Staatskasse Antragsgegner, so erfolgt die Gewährung des rechtlichen Gehörs dadurch, daß dem Bezirksrevisor Gelegenheit zur Stellungnahme gegeben wird (Nr. 145 Abs. 1 RiStBV); diese Form der Anhörung darf nicht in der Weise erfolgen, daß der Rechtspfleger die von ihm beabsichtigte Festsetzung mit der Anfrage verbindet, ob der Bezirksrevisor einverstanden sei[31]. Der Rechtspfleger prüft die Angaben des Festsetzungsantrages und die Notwendigkeit der Auslagen (§ 464 a Abs. 2), darf jedoch **kein Amtsermittlungsverfahren** durchführen[32]. Die Höhe angesetzter Wahlverteidigergebühren (§ 12 BRAGebO) soll nur beanstandet werden können, wenn sie unbillig ist[33]. Die Gebührenbestimmung darf auch nicht erhöht werden[34], ebensowenig der geforderte Gesamtbetrag (308 Abs. 1 ZPO); das Gericht ist an den gestellten Antrag gebunden[34a]. Jedoch soll eine Ausgleichung einzelner Rechnungsposten des Festsetzungsantrags in Einzelfällen nicht ausgeschlossen sein[35]. Erkennt der Rechtspfleger nur eine niedrigere Gebühr als beantragt als erstattungsfähig an, so beeinträchtigt dies nicht den Gebührenanspruch des Rechtsanwaltes gegen seinen Mandanten[36]. Eine **Auslagenverteilung** hat sich an den Bestimmungen der Kostengrundentscheidung zu orientieren; eine Quotelung ist zulässig[37]. Der Rechtspfleger entscheidet durch **Beschluß**; dieser bedarf immer der **Begründung** (§ 34), die insbesondere dann eingehend sein muß, wenn es sich um zweifelhafte Posten oder schwierige Fragen handelt[38]. Eine entsprechende Anwendung des § 105 Abs. 2 ZPO dürfte jedenfalls in Privatklagesachen möglich sein. Sind die Auslagen nach Bruchteilen geteilt, so ist § 106 ZPO entsprechend anzuwenden. Der Festsetzungsbeschluß ist dem Gegner des Antragstellers förmlich zuzustellen, dem Antragsteller nur, wenn der Antrag ganz oder teilweise zurückgewiesen wird (§ 104 Abs. 1 ZPO). Eine Rechtsbehelfsbelehrung ist in entsprechender Anwendung des § 35 a geboten[39].

9   **b) Rechtsbehelfe und Rechtsmittel.** Gegen den Beschluß des Rechtspflegers kann binnen einer Notfrist, die auch in Strafsachen zwei Wochen[40] beträgt und mit der Zu-

---

[29] OLG Hamm Rpfleger **1956** 339; *Kleinknecht/Meyer*[38] 3; unklar KMR-*Müller* 5; **a. A** OLG München JurBüro **1987** 1196.

[29a] Vgl. auch OLG Bamberg JurBüro **1987** 1412 (Verwirkung).

[30] OLG München Rpfleger **1971** 64; OLG Stuttgart Rpfleger **1971** 308; KK-*Schikora/Schimansky*[2] 3; *Kleinknecht/Meyer*[38] 3; *Eickmann* Rpfleger **1982** 449, 457; einschränkend LG Berlin JurBüro **1987** 717.

[31] LG Bamberg Rpfleger **1972** 111.

[32] Einzelheiten bei *Hägele* AnwBl. **1977** 138; vgl. auch LG Flensburg JurBüro **1981** 1039; LG Nürnberg JurBüro **1985** 869 (Gutachten).

[33] OLG Düsseldorf AnwBl. **1982** 262; vgl. § 464 a, 42.

[34] LG Würzburg JurBüro **1980** 1334.

[34a] OLG Köln OLGSt N. F § 86 BRAGebO Nr. 2.

[35] OLG Oldenburg JurBüro **1978** 1811; LG Flensburg JurBüro **1977** 677; **a. A** wohl KK-*Schikora/Schimansky*[2] 3; vgl. auch LG

Detmold NJW **1974** 511 mit Anm. *Schmidt*; OLG Frankfurt KostRspr. § 464 b Nr. 52.

[36] BGH MDR **1973** 308.

[37] Vgl. § 465, 33; 44; zum Willkürverbot vgl. BVerfG NJW **1983** 809.

[38] Vgl. OLG München Rpfleger **1971** 64; Rpfleger **1981** 157; OLG Düsseldorf Rpfleger **1971** 175; Rpfleger **1981** 408; OLG Stuttgart Rpfleger **1971** 308; OLG Frankfurt JurBüro **1985** 1102; LG Krefeld NJW **1970** 2035; MDR **1981** 606.

[39] OLG Saarbrücken Rpfleger **1960** 343; OLG München Rpfleger **1981** 157; KK-*Schikora/Schimansky*[2] 3; *Kleinknecht/Meyer*[38] 3; KMR-*Müller* 7; *Jung* NJW **1973** 985.

[40] H. M; vgl. OLG Düsseldorf JurBüro **1979** 398; JurBüro **1983** 733; JurBüro **1986** 76; LG Würzburg Rpfleger **1972** 222; LG Regensburg JurBüro **1974** 211; KK-*Schikora/Schimansky*[2] 4; *Kleinknecht/Meyer*[38] 5; KMR-*Müller* 7; **a. A** LG Nürnberg-Fürth JurBüro **1973** 1077.

stellung des Beschlusses beginnt, **Erinnerung** eingelegt werden (§ 104 Abs. 3 Satz 1, 2 ZPO, § 21 Abs. 2 Satz 1 RpflG); diese Frist gilt auch, wenn der Rechtsbehelf mangels Abhilfe als sofortige Beschwerde (§ 11 Abs. 2 Satz 5 RpflG) anzusehen ist[41]. Die Erinnerung kann schriftlich oder zu Protokoll der Geschäftsstelle eingelegt werden[42]; zur telefonischen Einlegung vgl. Vor § 42, 8 ff, zur telegrafischen und fernschriftlichen Vor § 42, 26 bis 29. Der Rechtspfleger „kann" der Erinnerung abhelfen (§ 21 Abs. 2 Satz 2 RpflG), das heißt, er muß die Erinnerung prüfen und muß ihr abhelfen, wenn er sie für begründet hält[43]. Hilft er nach Prüfung nicht ab, so entscheidet das Gericht des ersten Rechtszuges (das „Erinnerungsgericht"), wenn es die Erinnerung für zulässig und (wenigstens teilweise) begründet erachtet oder wenn gegen die Entscheidung, falls sie das Gericht erlassen hätte, ein Rechtsmittel nicht gegeben wäre (§ 21 Abs. 2 Satz 3 RpflG). Das Erinnerungsgericht hat auch dann selbst zu entscheiden, wenn der Beschwerdewert (§ 567 Abs. 2 ZPO, § 304 Abs. 3 StPO) nicht erreicht ist[44]. Verneint das Erinnerungsgericht die Voraussetzungen seiner Entscheidungszuständigkeit, so legt es die Erinnerung dem für Beschwerden gegen Entscheidungen des Erinnerungsgerichts zuständigen Rechtsmittelgericht vor; die Erinnerung — sog. **Durchgriffserinnerung** — gilt dann als sofortige Beschwerde gegen die Entscheidung des Rechtspflegers (§ 104 Abs. 3 Satz 5 ZPO, § 21 Abs. 2 Satz 4 RpflG). Das Erinnerungsgericht muß, wenn es eine Erinnerung teilweise für begründet hält, hinsichtlich des begründeten Teils selbst entscheiden und darf die Erinnerung nur hinsichtlich des nach seiner Auffassung nicht begründeten Teils dem Rechtsmittelgericht vorlegen[45]. Das Beschwerdegericht kann auch entscheiden, wenn das Erinnerungsgericht einer Erinnerung nicht abhilft, ohne daß zuvor der Rechtspfleger eine Nichtabhilfeerklärung abgegeben hat[46]. Entscheidet das Erinnerungsgericht unzulässigerweise selbst durch Beschluß über die Erinnerung, so kann diese mit der sofortigen Beschwerde anfechtbare Entscheidung (Rdn. 10) nicht in eine Nichtabhilfe- und Vorlageentscheidung umgedeutet werden[47]. Wird verspätet Erinnerung eingelegt und zugleich **Wiedereinsetzung** (§ 44) beantragt, so entscheidet darüber der Erinnerungsrichter, wenn er den Wiedereinsetzungsantrag für gerechtfertigt und die Erinnerung sachlich für begründet hält, andernfalls das Rechtsmittelgericht[48]. Ein Verschulden des Verteidigers an der Fristversäumung soll dem Angeklagten zuzurechnen sein[49]. Jeder Vorlegungsbeschluß des Erinnerungsrichters ist zu begründen und die Beteiligten sind hiervon zu unterrichten[50].

Die **sofortige Beschwerde** ist zulässig gegen den Beschluß des Erinnerungsgerichts, durch den dieses — nicht vorlegend (Rdn. 9) — selbst entscheidet (§ 104 Abs. 3 **10**

---

[41] H. M; vgl. OLG Düsseldorf JurBüro **1979** 398.

[42] *Kleinknecht/Meyer*[38] 5.

[43] H. M; vgl. OLG Köln Rpfleger **1975** 140; OLG Düsseldorf Rpfleger **1986** 404 mit Anm. *Lappe/Meyer-Stolte* zur Teilabhilfe.

[44] OLG Hamm JurBüro **1977** 96 mit Anm. *Mümmler.*

[45] OLG Hamm Rpfleger **1971** 14.

[46] OLG Hamm JMBlNW **1976** 45.

[47] OLG Hamm JMBlNW **1975** 190; OLG Schleswig SchlHA **1976** 16; OLG Düsseldorf JurBüro **1985** 904; KK-*Schikora/Schimansky*[2] 4.

[48] OLG Hamburg Rpfleger **1971** 215; OLG Karlsruhe Justiz **1974** 469; OLG München

JurBüro **1976** 1114; OLG Düsseldorf JurBüro **1983** 733 mit Anm. *Meyer-Stolte* in Rpfleger **1983** 29; KK-*Schikora/Schimansky*[2] 4; *Kleinknecht/Meyer*[38] 5; vgl. auch OLG Koblenz Rpfleger **1976** 11; **a. A** *Bergerfurth* Rpfleger **1971** 395 (Entscheidung durch Rechtspfleger).

[49] OLG Düsseldorf JurBüro **1983** 733; vgl. *Kleinknecht/Meyer*[38] 7; krit. *Seier* NStZ **1982** 275; s. auch § 44, 61; § 464, 44.

[50] H. M; OLG Karlsruhe Justiz **1980** 449; OLG München AnwBl. **1980** 122; JurBüro **1981** 242; OLG Celle StrVert. **1985** 364; OLG Frankfurt JurBüro **1985** 1102; OLG Düsseldorf JurBüro **1986** 76.

Hans Hilger

Satz 5 StPO, § 21 Abs. 2 Satz 4 RpflG). Ebensowenig wie bei der Erinnerung besteht —
entgegen § 78 ZPO — Anwaltszwang[51], weil das Strafverfahren diesen grundsätzlich
nicht kennt. Jedoch gelten § 567 Abs. 2 ZPO, § 304 Abs. 3 StPO[52]. Umstritten ist die **Beschwerdefrist**. Die Annahme der einwöchigen Frist[53] des § 311 Abs. 2 Satz 1 StPO wird
im wesentlichen damit begründet, die ZPO finde gemäß § 464 b nur entsprechende Anwendung, also nur soweit, wie die StPO eine Lücke aufweise. Für das Beschwerdeverfahren liege jedoch keine Lücke vor. Auch setze die entsprechende Anwendung der
ZPO-Regeln voraus, daß diese mit den Grundgedanken der StPO vereinbar seien. Für
diese Lösung spreche schließlich, daß auch im Kostenansatzverfahren (§ 5 Abs. 2 Satz 6
GKG) auf §§ 304 ff StPO verwiesen werde. Die Gegenmeinung[54] macht für die Anwendung der Zwei-Wochenfrist des § 577 Abs. 2 Satz 1 ZPO im wesentlichen geltend, das
Beschwerdeverfahren sei Teil des gesamten Kostenfestsetzungsverfahrens, so daß die
Verweisung auf die ZPO-Regeln in § 464 b dieses grundsätzlich mit umfasse. Der Gesetzgeber habe mit der Verweisung eine einheitliche Behandlung der gleichen Materie
(Kostenfestsetzung) im Zivil- und Strafprozeß bezweckt[55]. Dieser Lösung dürfte zuzustimmen sein. Für eine vereinfachende, im Interesse der Rechtssicherheit zu erstrebende
Vereinheitlichung des Kostenfestsetzungsverfahrens insoweit spricht zudem, daß auch
die Erinnerungsfrist nach h. M zwei Wochen beträgt (Rdn. 9); dies zeigt desweiteren,
daß eine solche Frist nicht den Grundprinzipien des Strafverfahrens widerspricht; eine
solche Lösung würde auch nicht zur Anwendung anderer ZPO-Regelungen (zum Beispiel § 78 ZPO) zwingen, die mit der StPO nicht vereinbar sind[56]. Schließlich entspricht
diese Lösung der Tendenz des Gesetzgebers zur Verlängerung kurzer Fristen[57]. Dem
Beschwerdeführer dürften im Hinblick auf die Erforderlichkeit einer Rechtsmittelbelehrung (§ 35) in dem auf die Erinnerung ergehenden Beschluß keine Nachteile aus dem
Meinungsstreit entstehen[58]. Eine nach Ablauf der Beschwerdefrist eingelegte unselbständige „Anschlußbeschwerde", zum Beispiel des Bezirksrevisors namens der Staatskasse, wenn der Antragsteller sofortige Beschwerde eingelegt hat, ist zulässig[59]. Wird
gegen die Versäumung der Beschwerdefrist **Wiedereinsetzung** beantragt, so soll es für

---

[51] H. M; BayObLG NJW **1954** 569; OLG
Hamm Rpfleger **1955** 167; *Kleinknecht/Mey-
er*[38] 7; KMR-*Müller* 9; vgl. auch OLG München AnwBl. **1987** 288 (Erinnerung).

[52] OLG München AnwBl. **1986** 107.

[53] BayObLG JZ **1954** 56; KG NJW **1955** 35;
MDR **1982** 251; OLG Celle HRR **1928** Nr.
99; OLG Hamburg JZ **1951** 792; OLG Ol-
denburg NJW **1955** 1202; OLG München
MDR **1957** 375; OLG Saarbrücken Rpfleger
1960 342; LG Trier AnwBl. **1954** 219; LG
Aachen Rpfleger **1970** 436; LR-*K. Schäfer*[23]
11; *Kleinknecht/Meyer*[38] 7; KMR-*Müller* 8;
Fontes GA **1955** 45; *Jung* NJW **1973** 986;
Molsberger NJW **1956** 1347.

[54] OLG Stuttgart JZ **1949** 574; OLG München
AnwBl. **1986** 107 mit Nachweisen; LG Düsseldorf MDR **1954** 58; KK-*Schikora/Schi-
mansky*[2] 4; *H. Schmidt* MDR **1982** 252 und FS
Schäfer 232; *Rüth* NJW **1954** 568; *Eb.
Schmidt* Nachtr. II 10; *Wittschier* 124 mit
weit. Nachw.

[55] Eingehend OLG München AnwBl. **1986**
107.

[56] OLG München AnwBl. **1986** 107 und *H.
Schmidt* FS Schäfer 232 mit weit. Arg.; zu
einer ähnlichen Problematik im Privatklageverfahren vgl. § 379, 20 ff.

[57] Vgl. §§ 67, 100, 108, 108 a OWiG (BT-
Drucks. **10** 2652 S. 15, 30, 31 zu Art. 1 Nr. 7,
21, 23, 24 OWiÄndG) sowie zu § 409 Abs. 1
Satz 1 Nr. 7 StPO Art. 2a Nr. 2 OWiÄndG
(BTDrucks. **10** 5083) und Art. 1 Nr. 33
StVÄG 1984 (BTDrucks. **10** 1313).

[58] OLG Saarbrücken Rpfleger **1960** 342; *Molsberger* NJW **1956** 1347; vgl. jedoch OLG
Koblenz OLGSt § 464, S. 7 und *Seier* NStZ
1982 271.

[59] OLG Hamm JurBüro **1983** 1216; OLG Koblenz MDR **1984** 777; KK-*Schikora/Schi-
mansky*[2] 4; **a. A** OLG Düsseldorf JMBlNW
1971 59; LG Nürnberg-Fürth JurBüro **1983**
1347; *Kleinknecht/Meyer*[38] 7.

den Beginn der Wiedereinsetzungsfrist — abweichend von strafprozessualen Grundsätzen — auf die Kenntnis des Verteidigers von der Fristversäumung ankommen[60]. Eine weitere Beschwerde ist unzulässig (§ 568 Abs. 3 ZPO, § 310 StPO)[61].

Im **Verfahren über die (vorgelegte) Erinnerung und die Beschwerde** können Forderungen, die in erster Instanz nicht geltend gemacht wurden, nicht nachgeschoben werden[62] (vgl. Rdn. 12). Gegenstand des Verfahrens sind nur die vom Beschwerdeführer angefochtenen Auslagen[63]. Der Beschwerdegegner ist (§ 308 StPO) zu hören[64]. Das Beschwerdegericht kann in der Sache selbst entscheiden, oder nach Aufhebung des angefochtenen Beschlusses unter Zurückverweisung den Rechtspfleger anweisen, neu zu entscheiden[65]. Umstritten ist, ob das **Verschlechterungsverbot** zu beachten ist[66]; für seine Geltung — wie im Zivilprozeß — über die Verweisung des § 464 b auf die ZPO spricht — konsequenterweise — auch hier das Bestreben nach einer einheitlichen Verfahrensweise in der Kostenfestsetzung, die nicht daran scheitern muß, daß im eigentlichen Beschwerdeverfahren der StPO das Verschlechterungsverbot nicht gilt[67]. Ein Austausch einzelner Rechnungsposten soll zulässig sein[68]. Das Beschwerdegericht hat auch über die Kosten und notwendigen Auslagen des Rechtsmittels (§ 473) zu befinden[69]. Eine Ergänzung einer unvollständigen Kostenentscheidung soll gemäß § 321 ZPO möglich sein[70]. War die Beschwerde allein deshalb erforderlich, weil der Rechtspfleger notwendige Auslagen des Nebenklägers zu gering festgesetzt hatte, so können die Kosten und notwendigen Auslagen des Beschwerdeverfahrens nicht der Staatskasse auferlegt werden[71].

11

---

[60] OLG Hamm NJW **1961** 1319; vgl. *Seier* NStZ **1982** 275; § 464, 44; § 44, 61.

[61] OLG Stuttgart Rpfleger **1975** 65; OLG Karlsruhe Justiz **1980** 289; KK-*Schikora/ Schimansky*[2] 4; *Kleinknecht/Meyer*[38] 7.

[62] OLG Hamm NJW **1966** 2075; OLG München JurBüro **1982** 1699; vgl. auch LG Düsseldorf JurBüro **1983** 887; KK-*Schikora/ Schimansky*[2] 4; *Kleinknecht/Meyer*[38] 9; KMR-*Müller* 7.

[63] KK-*Schikora/Schimansky*[2] 4; *Mümmler* JurBüro **1981** 1042; vgl. RiStBV Nr. 145 Abs. 4 Satz 3; gegen eine Beschränkungsmöglichkeit LG Hannover JurBüro **1977** 1383; vgl. auch OLG Düsseldorf AnwBl. **1980** 463; OLG Köln OLGSt N. F § 86 BRAGebO Nr. 2; eingehend zur Problematik *Wittschier* 113 ff.

[64] LG Krefeld Rpfleger **1970** 429; KK-*Schikora/Schimansky*[2] 4; *Kleinknecht/Meyer*[38] 7; KMR-*Müller* 10.

[65] KMR-*Müller* 11.

[66] **Bejahend:** OLG Hamm Rpfleger **1972** 266; OLG Köln JurBüro **1976** 107; OLG Oldenburg JurBüro **1978** 1811; OLG München AnwBl. **1979** 198; OLG Düsseldorf AnwBl. **1980** 463; JurBüro **1984** 724; LG Detmold NJW **1974** 511; LG Frankfurt JurBüro **1981** 1041; LG Düsseldorf JurBüro **1983** 887; LR-*Schäfer*[23] 12; KK-*Schikora/Schimansky*[2] 4; *Roxin*[20] § 57 E; *H. Schmidt* NJW **1980** 682;

FS *Schäfer* 232; *Wittschier* 118 f, 125; **verneinend** KG AnwBl. **1981** 118 und MDR **1982** 251 mit Anm. *H. Schmidt*; OLG Karlsruhe Rpfleger **1986** 317; LG Bremen KostRspr. 464 b Nr. 57 mit Anm. *Schmidt*; LG Hannover JurBüro **1977** 1383; LG Mainz NJW **1979** 1897; LG Würzburg JurBüro **1979** 1034; LG Flensburg JurBüro **1982** 882; **1985** 96; *Kleinknecht/Meyer*[38] 8; KMR-*Müller* 12; *D. Meyer* JurBüro **1982** 1451.

[67] Vgl. § 309, 19; § 464, 63; *Kleinknecht/Meyer*[38] 8 (Arg. aus §§ 331, 358 Abs. 2) und KG JR **1981** 392.

[68] LG Detmold NJW **1974** 511 und LG Frankfurt JurBüro **1981** 1041 mit abl. Anm. *H. Schmidt*; vgl. auch OLG Frankfurt KostRspr. § 464 Nr. 52 sowie Rdn. 8.

[69] KK-*Schikora/Schimansky*[2] 4; *Kleinknecht/ Meyer*[38] 10; vgl. §§ 11 Abs. 6, 21 Abs. 2 Satz 4 RpflG und Nr. 1672 KostVerz., § 96 Abs. 1 Nr. 1 BRAGebO.

[70] OLG München Rpfleger **1987** 262; LG Bielefeld AnwBl. **1965** 322; LG Zweibrücken NJW **1965** 165 mit Anm. *Tschischgale*; vgl. *Seier* NStZ **1982** 272 und § 464, 17; 28.

[71] *Kleinknecht/Meyer*[38] 10; vgl. auch LG Hamburg AnwBl. **1973** 28; a. A LG Hanau JurBüro **1983** 735 mit abl. Anm. *Mümmler*; vgl. auch LG Krefeld JurBüro **1979** 240 mit Anm. *Mümmler* zu weit. kostenrechtl. Fragen.

       Hans Hilger

12   **c) Sonstiges.** Der Kostenfestsetzungsbeschluß erwächst grundsätzlich in formelle und materielle Rechtskraft[72]. Er ist Vollstreckungstitel (§ 794 Abs. 1 Nr. 2 ZPO) und die Vollstreckung richtet sich nach den Bestimmungen der ZPO (§ 464 b Satz 3, § 795 ZPO). Ebenso erwachsen die Entscheidungen auf Erinnerung oder sofortige Beschwerde hin in Rechtskraft[73]. Gegenvorstellungen sollen nicht statthaft[74] sein, jedenfalls nicht nach Ablauf längerer Zeit[75]. Wird im Verfahren nach § 464 b rechtskräftig eine Auslagenfestsetzung abgelehnt, weil eine rechtskräftige Auslagenerstattungsentscheidung dem Grunde nach fehle, so kann der Erstattungsberechtigte das Festsetzungsverfahren unter Beibringung der bisher fehlenden Grundentscheidung erneut betreiben[76]. Auch eine Nachliquidation von Auslagen, die in einem früheren Festsetzungsverfahren nicht geltend gemacht wurden, ist grundsätzlich möglich[77].

§465

(1) [1]Die Kosten des Verfahrens hat der Angeklagte insoweit zu tragen, als sie durch das Verfahren wegen einer Tat entstanden sind, wegen derer er verurteilt oder eine Maßregel der Besserung und Sicherung gegen ihn angeordnet wird. [2]Eine Verurteilung im Sinne dieser Vorschrift liegt auch dann vor, wenn der Angeklagte mit Strafvorbehalt verwarnt wird oder das Gericht von Strafe absieht.

(2) [1]Sind durch Untersuchungen zur Aufklärung bestimmter belastender oder entlastender Umstände besondere Auslagen entstanden und sind diese Untersuchungen zugunsten des Angeklagten ausgegangen, so hat das Gericht die entstandenen Auslagen teilweise oder auch ganz der Staatskasse aufzuerlegen, wenn es unbillig wäre, den Angeklagten damit zu belasten. [2]Dies gilt namentlich dann, wenn der Angeklagte wegen einzelner abtrennbarer Teile einer Tat oder wegen einzelner von mehreren Gesetzesverletzungen nicht verurteilt wird. [3]Die Sätze 1 und 2 gelten entsprechend für die notwendigen Auslagen des Angeklagten.

(3) Stirbt ein Verurteilter vor eingetretener Rechtskraft des Urteils, so haftet sein Nachlaß nicht für die Kosten.

Schrifttum. *Chemnitz* Differenztheorie und Quotelungstheorie nach Teilfreispruch, AnwBl. **1987** 135; *Krell* Die Kostenfolge beim Teilfreispruch, NJW **1971** 1298; *D. Meyer* Die Entscheidung über die Kosten (§ 464 a I StPO) und die notwendigen Auslagen (§464 a II StPO) — Gedanken zur Auslegung des §465 StPO, MDR **1971** 357; *D. Meyer* Kostenquotelung bei Teilfreispruch auch noch durch den Kostenfestsetzungsbeamten? NJW **1972** 12; *Mümmler* Teilung der notwendigen Auslagen des Angeklagten beim echten Teilfreispruch, JurBüro **1975** 1541; *Mümmler* Bestimmung der anwaltlichen Verteidigergebühr beim echten Teilfreispruch, JurBüro **1987** 1297; *Reinisch* Der Teilfreispruch unter dem Gesichtspunkt des Kostenrechts, JR **1967** 329; *Wangemann* Das Risiko der Staatskasse im Strafverfahren (1971); weiteres Schrifttum s. bei § 464.

---

[72] OLG München AnwBl. **1982** 532; Rpfleger **1987** 262; KK-*Schikora/Schimansky*[2] 3.

[73] KK-*Schikora/Schimansky*[2] 4.

[74] LG Ellwangen JurBüro **1972** 613; vgl. Vor § 296, 8.

[75] OLG Koblenz MDR **1985** 344; vgl. auch OLG München AnwBl. **1982** 532: Gegenvorstellung bei Versagung rechtlichen Gehörs.

[76] OLG Hamburg NJW **1971** 2185.

[77] OLG München Rpfleger **1987** 262; LG Dortmund NJW **1967** 897; KK-*Schikora/Schimansky*[2] 4.

Entstehungsgeschichte. Absatz 1 lautete ursprünglich: „Die Kosten mit Einschluß der durch die Vorbereitung der öffentlichen Klage und die Strafvollstreckung entstandenen hat der Angeklagte zu tragen, wenn er zu Strafe verurteilt wird." Nach Ergänzungen durch Art. 2 Nr. 42 des Ges. vom 24. 11. 1933 (RGBl. I S. 1000), der die bisher in § 466 Abs. 1 a. F enthaltene Regelung in § 465 Abs. 1 einarbeitete, § 8 Ziff. 5 des Ges. über Reichsverweisungen vom 23. 3. 1934 (RGBl. I S. 213) und Art. 15 des Kostenmaßnahmeges. vom 7. 8. 1952 (BGBl. I S. 401) entstand der Wortlaut, der im wesentlichen den jetzigen Sätzen 1 und 2 des Absatzes 1 entspricht. Satz 3 des Absatzes 1 betraf die durch die Vollstreckung entstandenen Kosten. Durch Art. 2 Nr. 23 a EGOWiG wurde dieser Satz 3 wörtlich nach § 464 a als Satz 2 des Abs. 1 übernommen, durch Nr. 23 b, c der neue Absatz 2 eingefügt, und der bisherige Absatz 2 wurde Absatz 3. Durch Art. 21 Nr. 138 EGStGB 1974 wurden in Absatz 1 Satz 1 die Worte „[Maßregel] der Sicherung und Besserung" durch „der Besserung und Sicherung" ersetzt und in Absatz 1 Satz 2 hinter „wenn" die Worte „der Angeklagte mit Strafvorbehalt verwarnt wird oder" eingefügt. Bezeichnung bis 1924: § 497.

Übersicht

Hans Hilger

I. Grundsatz der Kostentragungspflicht (Absatz 1)

1   **§ 465 Abs. 1 bestimmt, unter welchen Voraussetzungen der Angeklagte grundsätzlich die Verfahrenskosten (§ 464 a Abs. 1) zu tragen hat.** Die Vorschrift, die verfassungsrechtlich unbedenklich ist[1], soll nach überwiegender Auffassung auf dem Veranlassungsprinzip beruhen; wegen der Einzelheiten hierzu, der Kritik gegen die Vorschrift und der Reformforderungen wird auf die Erläuterungen Vor § 464, 14; 24 verwiesen. Daß der Angeklagte in den Fällen des Absatzes 1 auch die ihm durch das Verfahren entstandenen notwendigen Auslagen zu tragen hat, bedarf keiner besonderen Regelung. Diese Folge ergibt sich dadurch, daß Auslagen grundsätzlich derjenige zu tragen hat, dem sie entstanden sind, sofern sie nicht ausdrücklich einem Erstattungspflichtigen überbürdet werden[2]; ein solcher kommt jedoch in den Fällen des Absatzes 1 grundsätzlich (Ausnahme in Absatz 2 Satz 3) nicht in Betracht.

II. Voraussetzungen der Kostentragungspflicht

1. Verurteilung wegen einer Tat

2   **a) Begriff der Verurteilung.** Ursprünglich erforderte § 465 eine Verurteilung zur Strafe; erst seit der Änderung durch das Gesetz vom 24. November 1933 (Entstehungsgeschichte) genügt auch eine Verurteilung anderer Art. Eine Verurteilung im Sinne von Absatz 1 liegt vor, wenn das Urteil einen Schuldspruch trifft und deswegen gesetzlich vorgesehene Unrechtsfolgen (§§ 38 ff StGB) festsetzt[3]. Eine Verurteilung ist daher auch gegeben, wenn nach dem JGG[4] auf Erziehungsmaßregeln (§§ 9 ff JGG) oder Zuchtmittel (§§ 13 ff JGG) erkannt[5] oder im Fall des § 27 JGG die Schuld festgestellt und die Entscheidung über die Verhängung einer Jugendstrafe ausgesetzt wird[6]; im letztgenannten Fall besteht die Verurteilung darin, daß die Schuld festgestellt wird und als Unrechtsfolge die Bewährungszeit und -aufsicht (§ 29 JGG) nach sich zieht.

3   **b) Absehen von Strafe.** Eine Verurteilung im Sinne der Vorschrift liegt nach der Legaldefinition des Absatzes 1 Satz 2 auch vor, wenn mit einem Schuldspruch (§ 260 Abs. 4 Satz 4) von Strafe abgesehen wird. In dem Ausspruch, es werde von Strafe abgesehen, liegt ein Akt der Strafzumessung[7], nämlich die Reduzierung der möglichen Strafe auf den zulässigen „Nullpunkt"[8]. Wegen der Vorschriften, die ein „Absehen von Strafe" erlauben, wird auf § 153 b, 3 verwiesen. Für die Fälle der §§ 199, 233 StGB gilt die Sonderregelung des § 468[9]. Die Sperrwirkung des § 373 Abs. 2 (vgl. auch §§ 331, 358 Abs. 2) kann dem „Absehen von Strafe" gleichstehen[10].

4   **c) Verwarnung mit Strafvorbehalt.** Auch die Gleichsetzung der Verwarnung (§ 59 StGB) mit einer Verurteilung ist dadurch begründet, daß die Verwarnung mit einem Schuldspruch und der Bestimmung einer Strafe sowie der Auferlegung einer Bewährungszeit (§ 59 a StGB) verbunden ist.

---

[1] BVerfGE **18** 304; **31** 139; BVerfG EuGRZ **1986** 439; Vor § 464, 24; krit. *Hassemer* ZStW **85** (1973) 667 ff; vgl. auch *Baumgärtel* JZ **1975** 425.

[2] Vgl. § 464, 24.

[3] BGHSt **14** 393.

[4] Vgl. auch Rdn. 8 ff.

[5] KG JR **1962** 271.

[6] *Kleinknecht/Meyer*[38] 2. Vgl. *Brunner*[8] § 74, 5; *Eisenberg*[2] § 74, 5.

[7] BGHSt **16** 401.

[8] Vgl. *v. Weber* MDR **1956** 705; *Maiwald* ZStW **83** (1971) 663 ff; *Wagner* GA **1972** 33, 36.

[9] Vgl. § 468, 1.

[10] BGH KostRspr. Nr. 78 mit Anm. *Herget*.

2. Anordnung einer Maßregel der Besserung und Sicherung. Schließlich gilt **5** § 465, wenn eine Maßregel der Besserung und Sicherung nach den §§ 61 bis 72 StGB angeordnet wird[11]. Unerheblich ist, ob die Anordnung im subjektiven Verfahren neben einem Freispruch (vgl. §§ 63, 64, 69, 70 StGB)[12] erfolgt oder im Sicherungsverfahren (§§ 413, 414 Abs. 1). Andere als die in den §§ 61 ff StGB genannten Maßnahmen, wie der Verfall (§ 73 StGB) oder die Einziehung als besondere Sicherungsmaßnahmen fallen nicht unter § 465 Abs. 1 Satz 1; wird eine solche Maßnahme oder eine entsprechende Rechtsfolge im subjektiven Verfahren in einer im übrigen freisprechenden oder einstellenden Entscheidung oder im objektiven Verfahren (§§ 440, 442) angeordnet, so ist § 465 nicht anwendbar[13]. Entsprechendes gilt folgerichtig in den Fällen des § 41 BJG (Entziehung des Jagdscheins) und des § 20 TierSchG (Verbot, Tiere zu halten).

3. Folgerungen. Die Zahlungspflicht gemäß Absatz 1 entsteht zunächst nur be- **6** dingt und wird erst mit der Rechtskraft der Kostengrundentscheidung endgültig (§ 63 Abs. 2 GKG); der bedingte Anspruch kann nach § 111 d (dort Rdn. 10) zu Gunsten der Staatskasse gesichert werden. Die Kostenschuld erstreckt sich auf die Kosten des gesamten Verfahrens wegen derjenigen Tat, wegen der verurteilt oder eine Maßregel angeordnet wurde. Der Tatbegriff ist der nach § 264[14]. Die Kostenpflicht mindert sich nicht deshalb, weil das Gericht bei Verurteilung dem Antrag auf Anordnung einer Maßregel nicht entsprochen hat[15] oder weil es ohne Verurteilung nur (selbständig) eine Maßregel angeordnet hat. Das Verfahren ist grundsätzlich als Einheit anzusehen[16]; der Angeklagte trägt kostenrechtlich das Risiko der Mehrbelastung durch unzutreffende Entscheidungen des Gerichts[17]. Der Angeklagte hat also die Kosten einer Vorinstanz zu tragen, wenn er dort freigesprochen und erst in einer späteren Instanz verurteilt wird[18]. Ebenso hat er grundsätzlich alle Kosten zu tragen, wenn in erster oder zweiter Instanz mehrere Hauptverhandlungen zur endgültigen Verurteilung notwendig waren, etwa infolge Aufhebung und Zurückverweisung (§§ 354 Abs. 2, 357). War der Angeklagte verurteilt worden, wird auf sein Rechtsmittel hin die Entscheidung aufgehoben und die Sache zurückverwiesen und wird er in der Vorinstanz erneut verurteilt, so hat er alle in der Vorinstanz entstandenen Kosten zu tragen[19]; auch für die Kosten der Rechtsmittelinstanz ist letztlich die das Verfahren abschließende Sachentscheidung maßgebend, denn die Aufhebung des Urteils nebst Zurückverweisung der Sache in die Vorinstanz ist noch kein Erfolg des Rechtsmittels (vgl. § 473, 27). Zum Klageerzwingungsverfahren vgl. § 175, 6.

Wird über **Strafe und Maßregel getrennt** in zwei Hauptverhandlungen entschie- **7** den, also zum Beispiel der Angeklagte zu Strafe verurteilt, die Anordnung einer Maßregel jedoch abgelehnt und auf Rechtsmittel der Staatsanwaltschaft gegen die Ablehnung die Sache zurückverwiesen, so müßte der Angeklagte im Hinblick auf den Grundsatz der kostenrechtlichen Einheit der Verhandlung und seine Verurteilung auch dann die weiteren Kosten der erneuten Verhandlung tragen, wenn in dieser wiederum die Anord-

[11] BGHSt 14 393.
[12] Vgl. OLG Hamm JMBlNW 1964 224; OLG Oldenburg NJW 1964 2439.
[13] BGHSt 14 391; 21 370; vgl. auch § 472 b, 3 und § 40 Abs. 6 GKG.
[14] OLG Hamm JMBlNW 1964 45; OLG Zweibrücken MDR 1966 351; *Kleinknecht/Meyer*[38] 3.
[15] RG HRR 1940 Nr. 50.

[16] BGHSt 18 231; GA 1979 27; NStZ 1982 80; NStZ 1987 86.
[17] Vgl. BGHSt 13 311; BayObLG NJW 1960 2065; OLG Hamm VRS 41 (1971) 381; unklar BGHSt 13 162.
[18] OLG Stuttgart Justiz 1987 160; KK-*Schikora/Schimansky*[2] 3.
[19] Vgl. BGH NStZ 1982 80.

Hans Hilger

nung abgelehnt wird[20]. In dem Urteil sind außerdem die Gerichtskosten der Rechtsmittelinstanz und die dem Angeklagten in dieser erwachsenen notwendigen Auslagen der Staatskasse aufzuerlegen (§ 473 Abs. 1, Abs. 2 Satz 1). Es ist jedoch zu beachten, daß eine Maßregel nur angeordnet werden kann, wenn von dem Verurteilten auch in Zukunft eine erhebliche Gefahr ausgehen wird (vgl. § 62 StGB). Falls nun für die Entscheidung zu dieser negativen Gefährlichkeitsprognose eine weitere Beweisaufnahme, etwa die Einholung eines Gutachtens, erforderlich war und deren Ergebnis der Grund für die erneute Ablehnung der Anordnung durch das Gericht, so dürfte die von der Staatsanwaltschaft zunächst bejahte „Gefährlichkeit" einem „bestimmten belastenden Umstand" im Sinne des § 465 Abs. 2 (vgl. Rdn. 22 ff) gleichzustellen sein, dessen Aufklärung zugunsten des Angeklagten ausgegangen ist; dann könnten die Auslagen, die der Staatskasse und dem Angeklagten durch die erneute Verhandlung entstanden sind, der Staatskasse auferlegt werden, sofern es unbillig wäre, den Angeklagten damit zu belasten.

8   **4. Sonderregelungen im JGG.** Auch im Verfahren nach dem JGG gelten grundsätzlich die §§ 464 ff und die Vorschriften des GKG (§ 2 JGG), jedoch mit der Einschränkung, daß die Ausnahmeregel des § 74 JGG zu beachten ist. In Verfahren gegen Jugendliche und Heranwachsende kann das Gericht bei Anwendung von Jugendstrafrecht nach den §§ 74, 109 Abs. 2 JGG davon absehen, dem Angeklagten Kosten und Auslagen aufzuerlegen, weil eine solche Kostenbelastung vielfach den Zielen des Jugendstrafrechts widersprechen würde[21]; nach den Richtlinien zu § 74 JGG soll daher eine solche Belastung des Angeklagten die Ausnahme sein und nur dann erfolgen, wenn die Kosten oder Auslagen aus Mitteln bezahlt werden können, über die der Jugendliche (Heranwachsende) selbständig verfügen kann und wenn ihre Auferlegung aus erzieherischen Gründen angebracht erscheint. Die **Kosten** sind die Gebühren und Auslagen der Staatskasse (§ 464 a Abs. 1) und mit **Auslagen** sind die außergerichtlichen (Rdn. 11) gemeint. § 74 gilt in erster Linie zu § 465 (zur „Verurteilung" vgl. Rdn. 2 ff), ist aber auch bei anderen Vorschriften anwendbar, die eine Kostenbelastung des Angeklagten vorsehen (zum Beispiel § 467 Abs. 2)[22]; in den Fällen fakultativer Regelungen (zum Beispiel § 467 Abs. 3, 4; vgl. auch Rdn. 11) kann der Grundgedanke des § 74 bei der Entscheidung Berücksichtigung finden[23].

9   Die Entscheidung zu § 74 JGG liegt im **Ermessen** („kann") des Gerichts. Es kann von einer Auferlegung der Kosten und Auslagen absehen, die Befreiung nur auf die Kosten oder die Auslagen beschränken oder in anderer angemessener Weise, nach bestimmten Positionen oder Bruchteilen, festlegen[24]. Im Rahmen der Ermessensabwägung, die davon auszugehen hat, daß der Angeklagte nur ausnahmsweise mit Kosten und Auslagen belastet werden soll (Rdn. 8), können neben finanziellen Erwägungen (wirtschaftliche Verhältnisse des Jugendlichen) zum Beispiel die Art der Tat und das Verhalten des Jugendlichen danach, auch im Verfahren, dessen Unrechtseinsicht und Besserungswille sowie sonstige zukunfts- und erziehungsorientierte Überlegungen eine Rolle spielen[25]. Wird die Belastung des Angeklagten ohne Erwähnung des § 74 JGG lediglich mit dem Hinweis auf § 465 begründet, so kann dies darauf deuten, daß das Gericht § 74 JGG übersehen hat; das gilt jedenfalls dann, wenn mehrere Jugendliche verurteilt und unter-

---

[20] BGHSt **18** 231; vgl. auch BGH NStZ **1987** 86 (Wegfall einer Anordnung nach § 63 StGB).

[21] Vgl. *Brunner*[8] § 74, 1; *Eisenberg*[2] § 74, 8.

[22] Vgl. *Brunner*[8] § 74, 2; *Eisenberg*[2] § 74, 3.

[23] Vgl. *Brunner*[8] § 74, 2 und 4; *Eisenberg*[2] § 74,

3 – auch für entspr. Anwendung bei den §§ 469, 470 – **a. A** bzgl. § 469 OLG Stuttgart MDR **1982** 518.

[24] OLG Hamm NJW **1963** 1168.

[25] Vgl. *Brunner*[8] § 74, 4; *Eisenberg*[2] § 74, 8.

schiedslos mit den Kosten belastet werden, deren Einkommens- und Vermögensverhältnisse erheblich voneinander abweichen[26]. Im Falle der Nebenklage, die bei Verfahren gegen Heranwachsende möglich ist (§ 472, 7), ist bei den Erwägungen zu § 74 auch auf § 472 einzugehen[27].

Zu den **Kosten** des Verfahrens können nicht nur die möglicherweise anfallenden **10** Gebühren (vgl. §§ 40, 41 GKG) gehören, sondern unabhängig davon[28] auch Auslagen der Staatskasse, etwa infolge von Maßnahmen nach den §§ 71 Abs. 2, 72, 73 JGG. Zu den Kosten der Vollstreckung und des Vollzugs von Jugendstrafe vgl. § 12 KostVfg., § 10 JVKostO (§ 464 a, 16 ff); Haftkosten in Jugendarrestanstalten werden nicht in Rechnung gestellt[29].

Zu den **außergerichtlichen Auslagen**, die von der Vorschrift erfaßt werden, gehö- **11** ren unstreitig die Auslagen, die der Angeklagte einem anderen Verfahrensbeteiligten zu erstatten hätte[30]. Wegen der Auslagen des Nebenklägers vgl. § 472, 7; 13. Kosten, die einem Jugendlichen dadurch entstehen, daß er einer ihm auferlegten Weisung oder besonderen Pflicht (§§ 10, 15, 23 JGG) nachkommt, sind, weil die Befolgung der Weisung oder Auflage nicht erzwingbar ist, keine Kosten der Vollstreckung nach § 464 a Abs. 1 Satz 2 und fallen damit nicht unter § 74 JGG[31]. Heftig umstritten ist nach wie vor die Frage, ob die **notwendigen Auslagen des Angeklagten** unter § 74 JGG fallen[32]. Der Wortlaut des § 74 könnte einer solchen Auslegung entgegenstehen und der Zweck der Norm spricht nicht zwingend dafür[33]. Ein klarstellendes Wort des Gesetzgebers erscheint dringend geboten. Folgt man der Auffassung, daß die notwendigen Auslagen des Angeklagten unter § 74 fallen, so genügt es zur Überbürdung nicht, im Tenor der Entscheidung den Wortlaut des § 74 JGG zu wiederholen; erforderlich für eine Belastung der Staatskasse mit diesen Auslagen ist ein ausdrücklicher Ausspruch (§ 464 Abs. 2) insoweit[34], der die Grundlage für das Verfahren nach § 464 b bildet.

---

[26] BGHSt **16** 261.

[27] Vgl. auch OLG Hamm NJW **1963** 1168; *Brunner*[8] § 74, 8; *Eisenberg*[2] § 109, 30a.

[28] KG JR **1962** 271.

[29] Vgl. *Brunner*[8] § 74, 9 f; *Eisenberg*[2] § 74, 12 ff.

[30] OLG Hamm NJW **1963** 1168.

[31] Vgl. Nr. 5 der „Richtlinien" zu § 74.

[32] **Bejahend** OLG Frankfurt NStZ **1984** 138 unter Aufgabe von Rpfleger **1978** 148 und JurBüro **1981** 1857; OLG Oldenburg bei *Böhm* NStZ **1984** 447; LG Nürnberg-Fürth AnwBl. **1977** 263 mit Anm. *Kropf*; LG Regensburg JurBüro **1978** 86 mit abl. Anm. *Mümmler*; LG Darmstadt MDR **1982** 603; AnwBl. **1983** 464; LG Frankfurt StrVert. **1983** 69; LG Münster NStZ **1983** 138; *Brunner*[8] § 74, 7; *Eisenberg*[2] § 74, 15; *G. Schäfer*[4] § 15 III 4; *Herde* DAR **1984** 309; *Mellinghoff* NStZ **1982** 405; vgl. auch LG Heidelberg AnwBl. **1985** 594 und *Eisenberg* NJW **1984** 2919; **verneinend** KG JR **1983** 37; OLG München NStZ **1984** 138 mit Anm. *Waldschmidt* und Anm. *Mümmler* in JurBüro **1983** 1853; LG Frankfurt Rpfleger **1977** 64; LG Augsburg AnwBl. **1984** 263 mit Anm. *H. Schmidt*; LG Düsseldorf AnwBl. **1985** 151;

LR-*K. Schäfer*[23] Vor § 464, 13; *Kleinknecht/ Meyer*[38] 1; KK-*Schikora/Schimansky*[2] 4; *Mümmler* JurBüro **1975** 312; **1983** 737; zur Anwendung des § 74 beim Rechtsmittel des gesetzlichen Vertreters vgl. OLG Düsseldorf MDR **1985** 77; s. auch LG Frankfurt NStZ **1985** 42 (Jugendgerichtshilfe).

[33] Vgl. *Waldschmidt* NStZ **1984** 139; *Mümmler* JurBüro **1985** 909; a. A *Brunner*[8] § 74, 7; *Eisenberg*[2] § 74, 15; *Mellinghoff* NStZ **1982** 407.

[34] Vgl. OLG Frankfurt Rpfleger **1978** 148; OLG Zweibrücken JurBüro **1979** 242 mit Anm. *Mümmler*; OLG Stuttgart JurBüro **1983** 736 mit Anm. *Mümmler*; LG Würzburg JurBüro **1984** 1042 mit Anm. *Mümmler*; LG Bonn JurBüro **1984** 1053; LG Düsseldorf JurBüro **1985** 910 mit Anm. *Mümmler*; LG Hof JurBüro **1985** 908 mit Anm. *Mümmler*; *Brunner*[8] § 74, 7a; vgl. *Eisenberg*[2] § 74, 21; *Mellinghoff* NStZ **1982** 409; s. auch § 464, 24; a. A LG Nürnberg-Fürth AnwBl. **1977** 263; LG Regensburg JurBüro **1978** 86 mit abl. Anm. *Mümmler*; LG Darmstadt AnwBl. **1983** 464; LG Frankfurt StrVert. **1983** 69; wohl auch *H. Schmidt* AnwBl. **1984** 2630.

Hans Hilger

12   **5. Kostentragungspflicht eines Dritten.** Ist ein Teil der Verfahrenskosten einem Dritten aufzuerlegen oder auferlegt (vgl. §§ 51, 70; § 77, 12; § 464 b, 2), so ist die entsprechende Einschränkung der Kostentragungspflicht des Verurteilten, dem diese Kosten nicht auferlegt werden dürfen, in der Urteilsformel auszusprechen[35]. Nach einer weitergehenden Auffassung soll ein Hinweis in den Gründen des Urteils genügen; die Beschränkung des Haftungsumfangs ergebe sich auch aus dem selbständigen Kostenbeschluß und brauche deshalb in der Kostengrundentscheidung nicht zum Ausdruck zu kommen[36]. Diese Auffassung ist bedenklich, weil die Gefahr besteht, daß aus der Kostenentscheidung zu weitgehend gegen den Verurteilten vollstreckt wird. Er haftet weder als Gesamtschuldner (§ 58 GKG) noch subsidiär, etwa wenn der Dritte zahlungsunfähig ist[37]. Bei der Formulierung der Einschränkung der Kostentragungspflicht des Verurteilten im Urteilstenor ist zu beachten, daß nach Rechtskraft dieser Entscheidung die den Dritten belastende Kostenentscheidung aufgehoben werden könnte (zum Beispiel nach § 51 Abs. 2 Satz 3 oder weil eine Beschwerde des Dritten Erfolg hat); für diesen Fall muß die Urteilsformel so abgefaßt sein, daß keine Entscheidungslücke zu Lasten der Staatskasse entsteht, das heißt so, daß dann eine eindeutige Kostengrundentscheidung zu Lasten des Verurteilten auch hinsichtlich der weiteren, zunächst dem Dritten auferlegten Kosten besteht[38]. Dies kann durch die Formulierung erreicht werden, der Verurteilte habe die Kosten des Verfahrens zu tragen, „soweit sie nicht ... [dem Dritten] auferlegt worden sind"; eine solche Formel („soweit") wird ausgefüllt durch eine endgültig bestandskräftige Kostenbelastung des Dritten; entfällt diese, so fehlt die Bedingung der Kosteneinschränkung zugunsten des Verurteilten. Wird eine Kostenbelastung des Dritten versehentlich vergessen, so soll § 8 GKG helfen (vgl. § 51, 16).

13   **6. Nichterhebung von Kosten.** Sie kann sich neben den in Rdn. 12 genannten Fällen aus § 8 GKG ergeben:

§ 8

Nichterhebung von Kosten wegen unrichtiger Sachbehandlung

(1) [1]Kosten, die bei richtiger Behandlung der Sache nicht entstanden wären, werden nicht erhoben. [2]Das gleiche gilt für Auslagen, die durch eine von Amts wegen veranlaßte Verlegung eines Termins oder Vertagung einer Verhandlung entstanden sind. [3]Für abweisende Bescheide sowie bei Zurücknahme eines Antrags kann von der Erhebung von Kosten abgesehen werden, wenn der Antrag auf unverschuldeter Unkenntnis der tatsächlichen oder rechtlichen Verhältnisse beruht.

(2) [1]Die Entscheidung trifft das Gericht. [2]Solange nicht das Gericht entschieden hat, können Anordnungen nach Absatz 1 im Verwaltungsweg erlassen werden. [3]Eine im Verwaltungsweg getroffene Anordnung kann nur im Verwaltungsweg geändert werden.

Eine „unrichtige Behandlung" im Sinne des Absatzes 1 Satz 1 ist nach h. M anzunehmen, wenn das Gericht offen erkennbar gegen eindeutige Vorschriften verstoßen hat oder wenn ihm offensichtlich ein Versehen unterlaufen ist; danach rechtfertigt nicht jede irr-

---

[35] BGHSt 10 127;

[36] Vgl. OLG Hamm NJW **1956** 1935; eingehend LG Göttingen NJW **1967** 2171; KK-*Schikora/Schimansky*[2] 3; *Kleinknecht/ Meyer*[38] 4.

[37] Vgl. LG Göttingen NJW **1967** 2171;

[38] Vgl. *Kleinknecht/Meyer*[38] 4: „Wiederaufleben" der vollen Kostentragungspflicht des Verurteilten.

tümlich unrichtige Behandlung die Anwendung der Norm[39]. Wegen der Einzelheiten muß auf die Erläuterungswerke zum Gerichtskostengesetz verwiesen werden.

Sind dem Verurteilten **durch** die **unrichtige Sachbehandlung Mehrauslagen** ent- **14** standen, so können sie nicht nach § 8 GKG (analog) der Staatskasse auferlegt werden[40]. Die Vorschrift ist eindeutig und abschließend. Offensichtlich ist jedoch, daß die engherzige Entscheidung des Gesetzgebers in Härtefällen zu grob unbilligen Ergebnissen führen kann.

In anderen als den in Rdn. **12, 13 genannten Fällen** ist das Gericht nicht befugt, **15** bei der Verurteilung des Angeklagten in die Kosten solche Beträge auszunehmen, die durch Verschulden einer dritten Person oder durch unrichtige Behandlung der Sache erwachsen sind[41]. Es bleibt dem Angeklagten überlassen, im Wege des Zivilprozesses Schadensersatzansprüche wegen Amtspflichtverletzung (Art. 34 GG, § 839 BGB) geltend zu machen[42].

7. Sonstiges. Die **Verjährung** der Kostenschuld des rechtskräftig Verurteilten rich- **16** tet sich nach § 10 GKG; ist nur die Kostenentscheidung angefochten (§ 464 Abs. 3 Satz 1), so ist der rechtskräftige Abschluß dieses Verfahrens für die Dauer der Verjährungsfrist (§ 10 Abs. 1 GKG) maßgebend. Zur Kostenentscheidung bei **Verfall und Einziehung** sowie im Einziehungsverfahren nach § 440 vgl. § 472 b, zur Frage der **unentgeltlichen Gestellung eines Verteidigers** (Art. 6 Abs. 3 Buchst. c MRK) und eines **Dolmetschers** (Art. 6 Abs. 3 Buchst. e MRK) § 464 a, 3, 8 ff, zur Bewilligung von **Zahlungserleichterungen** § 459 a Abs. 4, zum **Absehen von Vollstreckung** § 459 d Abs. 2, zur **Niederschlagung von Gebühren und Auslagen** nach sonstigen Vorschriften (außer § 8 GKG — Rdn. 13) Vor § 464, 13.

III. Zur Teilnichtverurteilung (Absatz 2) im allgemeinen

1. Bedeutung der Vorschrift. Der durch das EGOWiG 1968 eingefügte Absatz 2 **17** sieht in den Sätzen 1 und 2 aus Gründen der Billigkeit bei Untersuchungen, die zugunsten des Angeklagten ausgegangen sind, und bei dem sog. fiktiven Teilfreispruch **Ausnahmen von dem Grundsatz des Absatzes 1** vor, wonach der Verurteilte alle Auslagen der Staatskasse zu tragen hat, die durch Verfahren wegen der den Gegenstand der Verurteilung bildenden Tat entstanden sind. Unter den gleichen Voraussetzungen, nach denen diese Auslagen der Staatskasse zur Last fallen, werden auch nach Satz 3 über den Grundsatz des § 467 Abs. 1 hinaus die eigenen notwendigen Auslagen des Verurteilten der Staatskasse auferlegt. Die Tragweite dieser Neuerung wird durch einen Vergleich mit dem vorher geltenden Recht verdeutlicht.

[39] Vgl. BGH GA **1979** 27; OLG Düsseldorf MDR **1978** 339; OLG Köln NJW **1979** 1834; OLG Hamm JurBüro **1980** 575; OLG Celle NdsRpfl. **1981** 239; OLG Hamburg Rpfleger **1983** 175 (mit weit. Nachw.); OLG Koblenz Rpfleger **1987** 435; LG Frankfurt JurBüro **1986** 1679; *Kleinknecht/Meyer*[38] 11; vgl. auch LG Berlin StrVert. **1986** 494 (Vertagung); zur Kompetenzfrage s. OLG München Jur-Büro **1987** 561.

[40] BGH GA **1982** 324; OLG Düsseldorf MDR

1978 339; OLG Hamburg Rpfleger **1983** 175; LG Flensburg JurBüro **1981** 1858; KK-*Schikora/Schimansky*[2] 3; *Kleinknecht/Meyer*[38] 11; a. A LG Verden AnwBl. **1973** 147; LG Schweinfurt JurBüro **1980** 573; vgl. auch BayObLG DAR **1986** 249; Rdn. 36.

[41] Vgl. BGHSt 13 311; a. A OLG Darmstadt GA 40 (1892) 190; unklar BGHSt 13 162; vgl. auch RG HRR **1930** Nr. 300 (Revision zur Korrektur einer Kostenentscheidung).

[42] RGSt 1 338; LG Itzehoe AnwBl. **1974** 91.

Hans Hilger

18   **2. Die Rechtslage vor Einfügung des Absatzes 2.** Bestünde Absatz 2 nicht, so ergäben sich aus Absatz 1 folgende Folgerungen: Die Kostentragungspflicht umfaßt nach Absatz 1 die Kosten, soweit sie durch das Verfahren wegen der Tat (vgl. Rdn. 6) entstanden sind, wegen derer die Verurteilung, die Verwarnung mit Strafvorbehalt, die Schuldigsprechung unter Absehen von Strafe oder die Maßregelanordnung erfolgte. Wird bei Anklage wegen **Tatmehrheit** nur wegen einer oder mehrerer Taten verurteilt, im übrigen aber auf Freisprechung, Ablehnung der Eröffnung des Hauptverfahrens oder Einstellung des Verfahrens erkannt, so fallen die wegen der letzteren Taten entstandenen gerichtlichen Kosten und notwendigen Auslagen des Angeschuldigten der Staatskasse zur Last (§ 467 Abs. 1). Aus dem Grundsatz des § 465 Abs. 1 folgt dagegen, daß der Verurteilte die gesamten gerichtlichen Auslagen nicht nur trägt, wenn bestimmte Untersuchungen zu seinen Gunsten ausgegangen sind, sondern auch dann, wenn im Eröffnungsbeschluß (§ 207) **Tateinheit** (§ 52 StGB) angenommen war, er aber nur unter einem oder nur einem Teil der angeführten Gesichtspunkte verurteilt wird, denn neben der Verurteilung ist dann eine teilweise Freisprechung wegen der übrigen Gesetzesverletzungen, die nicht als verwirklicht angesehen wurden, grundsätzlich unzulässig (wegen der Einzelheiten s. die Erläuterungen zu § 260); man spricht deshalb hier, soweit eine Verurteilung nicht erfolgt, von einem „fiktiven Teilfreispruch"[43]. Das gleiche gilt, wenn von mehreren im Eröffnungsbeschluß als **fortgesetzte Handlung** aufgefaßten Einzeltaten ein Teil als nicht bewiesen ausgeschieden wird, im übrigen aber Verurteilung wegen einer fortgesetzten Handlung erfolgt[44]. Es gilt ferner, wenn das Urteil die Tat **minder schwer wertet** als der Eröffnungsbeschluß, zum Beispiel statt Körperverletzung mit Todesfolge (§ 226) nur fahrlässige Tötung, statt eines Vergehens nach § 315 c StGB nur eine Verkehrsordnungswidrigkeit annimmt und geringere Auslagen entstanden sein würden, wenn schon bei Beginn des Verfahrens von der dem Urteil zugrundeliegenden Auffassung ausgegangen worden wäre (vgl. auch Rdn. 27). Es hätte dann zum Beispiel, wenn der Angeklagte gegen die Annahme einer fahrlässigen Tötung nichts einwendete, sondern nur die Vorsätzlichkeit der Körperverletzung bestritt, im ersten Beispielsfall keines notwendigen Verteidigers (§ 140 Abs. 1 Nr. 2) bedurft, es wären die Gebühren der zur Hauptverhandlung zur Frage der Vorsätzlichkeit geladenen Zeugen erspart worden usw. Vor Schaffung des § 465 Abs. 2 sah die Rechtsprechung die Belastung des Verurteilten mit den gesamten so entstandenen gerichtlichen Auslagen als die zwangsläufige und unausweichliche Folgerung aus dem Grundsatz des § 465 Abs. 1 an[45].

19   **3. Frühere Reformbestrebungen.** Die Unbilligkeit, die für den Verurteilten in den in Rdn. 18 dargestellten Folgerungen aus Absatz 1 liegen kann, wollten bereits frühere StPO-Entwürfe ausschließen. So wollten § 485 der Entw. von 1908 und 1909 und § 470 des Entw. 1920 dem Gericht die Befugnis zusprechen, der Staatskasse einen Teil der gerichtlichen Auslagen aufzuerlegen, wenn es zur Vermeidung besonderer Härten angemessen erscheine; nach § 454 Entw. 1939 sollten Auslagen, die durch Amtshandlungen entstanden, die für die Verurteilung nicht in Betracht kommen, der Staatskasse auferlegt werden können. Das Bestreben, unbillige Härten zu vermeiden, die sich als Folgerungen aus Absatz 1 ergeben, führte schließlich zur Einfügung des Absatzes 2 durch das EGOWiG.

---

[43] Vgl. auch RGSt **52** 190.
[44] Vgl. RGSt **57** 304.

[45] Vgl. BGH VRS **31** (1966) 265.

4. Entstehungsgeschichte des Absatzes 2. In der **Begründung zu Art. 2 Nr. 13 des** 20 RegE des EGOWiG (BTDrucks. V 1319, S. 84) ist über die Gründe und die Tragweite der zunächst als Kann-Vorschrift vorgeschlagenen Neuerung ausgeführt:

Nach § 465 Abs. 1 hat der Angeklagte die Kosten insoweit zu tragen, als sie durch das Verfahren wegen einer Tat entstanden sind, wegen deren er verurteilt oder eine Maßregel der Sicherung und Besserung gegen ihn angeordnet wird. Zu den Kosten des Verfahrens gehören auch sämtliche Auslagen, die durch die Untersuchung der Tat veranlaßt worden sind, selbst wenn das Ergebnis der Untersuchungshandlungen nicht zum Nachteil des Angeklagten, sondern zu seinen Gunsten ausschlägt. Wird der Angeklagte, dem ein Verbrechen (z. B. ein Mord) zur Last gelegt wird, nur wegen eines Vergehens (z. B. verbotenen Waffenbesitzes) verurteilt, so hat er auch die — unter Umständen recht beträchtlichen — Auslagen zu tragen, die durch die Untersuchung der Tat im Hinblick auf das angebliche Verbrechen entstanden sind, selbst wenn er das Vergehen von Anfang an eingestanden hat und insoweit keine Auslagen entstanden sind. Dies gilt sogar dann, wenn die Untersuchung ergeben hat, daß der Angeklagte das Verbrechen nicht begangen hat oder daß insoweit zumindest kein begründeter Tatverdacht vorliegt.

Diese starre Kostenregelung wird schon seit langem als unbillig, ja als ungerecht empfunden. Bei dem im OWiG-Entwurf vorgesehenen neuen Verfahrensrecht würde diese Unbilligkeit in noch krasserer Weise zu Tage treten: Nach § 71 Abs. 1 des OWiG-Entwurfs (= § 82 Abs. 1 OWiG 1968) beurteilt das Gericht im Strafverfahren die Tat auch unter dem rechtlichen Gesichtspunkt einer Ordnungswidrigkeit. Es ist danach zulässig, im Strafverfahren gegen den Angeklagten nur eine Geldbuße festzusetzen, wenn die Untersuchung ergibt, daß er lediglich eine Ordnungswidrigkeit begangen hat. Nach § 37 Abs. 1 des OWiG-Entwurfs (= § 46 Abs. 1 OWiG) i. V. m. § 465 StPO müßte er in einem solchen Fall auch die Auslagen tragen, die wegen der Untersuchung der Straftat entstanden sind. Der Entwurf nimmt dies zum Anlaß, die starre Kostenregelung des § 465 StPO aufzulockern.

Die Regelung (des § 465 Abs. 2 Satz 1) soll dem Gericht die Möglichkeit geben, die Auslagen des Verfahrens aus Billigkeitsgründen teilweise oder auch ganz der Staatskasse aufzuerlegen, wenn durch Untersuchungen zur Aufklärung bestimmter belastender oder entlastender Umstände besondere Auslagen entstanden und diese Untersuchungen zugunsten des Angeklagten ausgegangen sind. Zur näheren Abgrenzung, wann diese Voraussetzungen vorliegen, nennt der weiter angefügte Satz [2] zwei Hauptfälle. Der eine Fall ist der, daß der Angeklagte wegen einzelner abtrennbarer Teile einer Tat nicht verurteilt wird, also z. B. nicht wegen einzelner Teilakte einer fortgesetzten Handlung. Der andere Fall ist der, daß der Angeklagte wegen einzelner von mehreren Gesetzesverletzungen nicht verurteilt wird, also z. B. nicht wegen der ihm unter anderem zur Last gelegten Trunkenheit am Steuer (§ 315 c Abs. 1 Nr. 1 Buchstabe a StGB), sondern nur wegen fahrlässiger Körperverletzung. In diesen Fällen ist es besonders augenscheinlich, daß bestimmte, abgrenzbare Untersuchungen (z. B. die Entnahme der Blutprobe und deren Untersuchung) zugunsten des Angeklagten ausgegangen sind und daß es deshalb unbillig sein kann, den Angeklagten mit den insoweit entstandenen besonderen Auslagen zu belasten. Das kann aber auch in weiteren Fällen zutreffen, etwa bei Untersuchungen zur Aufklärung bestimmter mildernder Umstände. Es kann z. B. ebenso unangemessen oder sogar ungerecht sein, den Angeklagten, der wegen fahrlässiger Tötung mit Rücksicht auf ein erhebliches Mitverschulden des Getöteten nur zu einer geringen Strafe verurteilt wird, mit solchen Auslagen zu belasten, die gerade durch die Aufklärung der Mitschuld des Getöteten entstanden sind. Der Entwurf wählt deshalb in § 465 Abs. 2 Satz 1 eine allgemeine Vorschrift, die dem Richter einen größeren Ermessensspielraum einräumt und es weitgehend ermöglicht, kostenmäßig unbillige Ergebnisse zu vermeiden.

Es würde allerdings zu weit führen, wenn das Gericht bei der Kostenentscheidung rückwirkend jede einzelne Untersuchungshandlung daraufhin prüfen müßte, ob sie zum Nachteil oder zugunsten des Angeklagten ausgegangen ist. In einer umfangreichen Strafsache, die mehrere Wochen oder Monate gedauert hat, wäre das Gericht hierzu kaum in der Lage. Eine kostenmäßige Aufgliederung nach einzelnen Untersuchungshandlungen wäre auch nicht berechtigt, weil für die Kostenentscheidung nicht der Ausgang einzelner Beweiserhebungen, sondern nur das Gesamtergebnis maßgebend sein kann. Der (§ 465 Abs. 2 Satz 1) stellt deshalb nicht auf das Ergebnis einzelner Untersuchungshandlungen, sondern auf das Ergebnis der Untersuchungen ins-

Hans Hilger

gesamt ab, die zur Aufklärung bestimmter belastender oder entlastender Umstände durchgeführt worden sind. Die Vorschrift wird danach nicht anzuwenden sein, wenn einzelne Untersuchungshandlungen (z. B. die Aussagen einiger Zeugen) Zweifel daran aufkommen lassen könnten, ob ein belastender Umstand (z. B. ein erschwerender rechtlicher Gesichtspunkt) festgestellt werden kann, also zugunsten des Angeklagten ausgehen, das Gericht aber nach dem Gesamtergebnis der Beweisaufnahme diesen Umstand gleichwohl für festgestellt erachtet. In diesem Fall besteht kein Grund, den Angeklagten von den Kosten für die einzelnen Untersuchungshandlungen, die — für sich betrachtet — zu seinen Gunsten ausgegangen sind, freizustellen. Umgekehrt kann der Angeklagte aber auch von sämtlichen Kosten, die durch die Untersuchung eines bestimmten Umstandes entstanden sind, freigestellt werden, wenn die Untersuchung insgesamt zu seinen Gunsten ausgegangen ist, aber einzelne Untersuchungshandlungen belastende Anhaltspunkte ergeben haben.

Vorausgesetzt wird allgemein, daß durch die Untersuchung besondere Auslagen entstanden sind. Das ist z. B. nicht der Fall, wenn das Gutachten eines Verkehrssachverständigen ergibt, daß der Angeklagte einen Unfall mit tödlichem Ausgang zwar verschuldet hat, aber ein Mitverschulden des Getöteten wahrscheinlich ist, und durch die Prüfung dieses Umstandes keine besonderen Auslagen entstanden sind.

Unter den Voraussetzungen des neuen § 465 Abs. [2 Satz 1] können die Auslagen des Verfahrens teilweise oder auch ganz der Staatskasse auferlegt werden. Das Gericht kann danach die durch bestimmte Untersuchungen entstandenen Auslagen, sofern sie ausscheidbar sind, der Staatskasse auferlegen. Es kann aber auch die Auslagen nach Bruchteilen verteilen. Eine solche Kostenentscheidung wird namentlich zu wählen sein, wenn die Auslagen für bestimmte Untersuchungen nicht ausgeschieden werden können. Das Gericht kann ausnahmsweise die Auslagen auch insgesamt der Staatskasse auferlegen. Das wird in Betracht kommen, wenn die Auslagen wegen der übrigen Untersuchungen, deren Ergebnisse zum Nachteil des Angeklagten verwendet werden, so geringfügig sind, daß sich eine Aufteilung nicht lohnt.

Die neue Kostenregelung könnte dahin mißverstanden werden, daß unter den beschriebenen Voraussetzungen die Auslagen grundsätzlich der Staatskasse auferlegt werden sollen. Das könnte die praktische Handhabung der Vorschrift, die eine große Bedeutung erlangen kann, in Grenzfällen erschweren und dazu beitragen, in größerem Umfange Rechtsmittel einzulegen. Der Entwurf will dem vorbeugen. Er hebt deshalb ausdrücklich hervor, daß die Auslagen ausnahmsweise dann der Staatskasse auferlegt werden können, wenn es unbillig wäre, den Angeklagten damit zu belasten. Die entsprechende Ermessensentscheidung des Richters soll daher im Rechtsmittelverfahren nur daraufhin überprüft werden, ob ein Mißbrauch des Ermessens gegeben ist.

21 **Der BTRechtsausschuß änderte den vorgeschlagenen Absatz 2** durch Umgestaltung der Kann- **in eine Mußvorschrift.** „Wenn es unbillig wäre, den Angeklagten mit den Kosten zu belasten, so darf das Gericht nicht nur die Möglichkeit haben, den Angeklagten von diesen Kosten zu befreien. Es muß vielmehr eine solche Entscheidung treffen, um die Unbilligkeit nicht eintreten zu lassen" (BTDrucks. zu V 2600 und 2601, S. 20). Ferner ergänzte er den Absatz 2 durch den jetzigen Satz 3. „Diese Ergänzung ergibt sich zwangsläufig aus (der grundlegenden Vorschrift des § 467 Abs. 1), wonach die notwendigen Auslagen des Angeklagten der Staatskasse aufzuerlegen sind, soweit die gegen ihn gerichtete Untersuchung zu seinen Gunsten ausfällt" (BTDrucks. aaO).

IV. Überblick über die Voraussetzungen des Absatzes 2

22 **1. Begriff der Untersuchungen zur Aufklärung bestimmter Umstände.** § 465 Abs. 2 setzt voraus, daß durch Untersuchungen zur Aufklärung bestimmter belastender oder entlastender Umstände besondere Auslagen entstanden sind. **Untersuchungen** sind alle Aufklärungsmaßnahmen, zum Beispiel Blutprobenentnahmen, Einholung von Sachverständigengutachten, Zeugenvernehmungen usw. **Bestimmte belastende oder entlastende Umstände** (vgl. auch den entsprechenden Begriff in § 467 Abs. 3 Satz 2 Nr. 1) sind zum Beispiel gesetzliche Qualifizierungs- und Privilegierungsmerkmale oder bestimmte Tatsachen, auf die sich der Verdacht der Täterschaft gründet, wie etwa Anwesenheit am Tatort; entlastende Umstände sind aber auch sonstige das Strafmaß bestimmende Umstände, und zwar nicht nur, soweit nach gesetzlicher Vorschrift minder schwere Fälle vorgesehen sind, sondern ganz allgemein (vgl. auch Rdn. 7), zum Beispiel ob bei einer fahrlässigen Tötung die Schwere der Schuld durch mitwirkendes Verschulden des Getöteten gemindert wird. Hauptanwendungsfälle des Absatzes 2 Satz 1 sind die in Absatz 2 Satz 2 bezeichneten Fälle, daß das Gericht bei dem Anklagevorwurf einer fortgesetzten Handlung wegen einzelner Teilhandlungen oder beim Vorwurf tateinheitlicher Verwirklichung mehrerer Gesetzesverletzungen wegen einzelner Gesetzesverletzungen nicht verurteilt (Rdn. 18; 27).

2. Besondere Auslagen (vgl. Rdn. 28 ff) sind solche Auslagen der Staatskasse **23** (§ 464 a Abs. 1) — Gerichtsgebühren spielen hier keine Rolle, da sie sich gemäß §§ 40 ff GKG nach Art und Höhe allein nach der rechtskräftigen Verurteilung richten —, die durch diese Untersuchungen verursacht sind und sonst nicht entstanden wären. Besondere Auslagen liegen zum Beispiel nicht vor, wenn das Gutachten eines Verkehrssachverständigen ergibt, daß der Angeklagte einen Verkehrsunfall mit tödlichem Ausgang zwar verschuldet hat, aber ein Mitverschulden des Getöteten vorliegt und durch die Prüfung dieses Umstandes keine besonderen Auslagen entstanden sind (vgl. das Beispiel der amtl. Begründung Rdn. 20)[46]. Umgekehrt können im Einzelfall die gesamten Verfahrensauslagen besondere Auslagen sein, etwa wenn der wegen eines Vergehens Angeklagte, der nur wegen einer Ordnungswidrigkeit verurteilt wird, einen Bußgeldbescheid widerspruchslos hingenommen hätte[47]. Entsprechendes kann gelten, wenn zum Beispiel ein beim Landgericht Angeklagter wegen einer Tat verurteilt wird, für die das Amtsgericht zuständig gewesen wäre, und bei sachgemäßer Bearbeitung die Anklage gleich dort hätte erhoben werden müssen[48].

3. Die Untersuchungen müssen **zugunsten des Angeklagten** ausgegangen sein. Es **24** kommt also (vgl. die Ausführungen der amtl. Begr. Rdn. 20) nicht auf das Ergebnis einzelner Untersuchungshandlungen, sondern auf das Gesamtergebnis der zur Aufklärung bestimmter belastender oder entlastender Umstände durchgeführten Maßnahmen an. Zum Beispiel ist die Untersuchung, ob ein Mitverschulden des fahrlässig Getöteten vorliegt, nicht zugunsten des Angeklagten ausgegangen, wenn von den zu diesem Punkt vernommenen Zeugen zwar ein Teil zugunsten des Angeklagten aussagt, das Gericht aber nach dem Gesamtergebnis der Beweisaufnahme eine Mitschuld verneint; umgekehrt ist die Untersuchung zugunsten des Angeklagten ausgegangen, wenn das Gericht trotz belastender Aussagen eines Teils der Zeugen die Mitschuld des Getöteten fest-

---

[46] Vgl. auch OLG Koblenz Rpfleger **1981** 367 (Prüfung von Schuldunfähigkeit und Notwendigkeit der Unterbringung in einem Gutachten); *Bode* NJW **1969** 213.

[47] Vgl. BGHSt **25** 118; OLG Celle MDR **1975** 165; JurBüro **1983** 402 mit Anm. *Mümmler*; OLG Düsseldorf DAR **1977** 246; OLG Karlsruhe MDR **1981** 781; OLG Stuttgart Justiz **1987** 160; LG Düsseldorf AnwBl. **1971** 91; LG Limburg AnwBl. **1973** 367; LG Bre-

men MDR **1974** 422; LG Kempten DAR **1974** 26; LG Dortmund JurBüro **1980** 1695 mit Anm. *Mümmler*; AnwBl. **1981** 291; LG Flensburg JurBüro **1981** 882; LG Münster AnwBl. **1981** 203; LG Würzburg MDR **1981** 958; AG Mannheim AnwBl. **1985** 164; KK-*Schikora/Schimansky*[2] 5; *H. Schmidt* DAR **1983** 318.

[48] Vgl. auch BGHSt **26** 35; *Kleinknecht/Meyer*[38] 7.

Hans Hilger

stellt. Bei den in Absatz 2 Satz 2 bezeichneten Fällen ist die Untersuchung zugunsten des Angeklagten ausgegangen, wenn die Verurteilung hinter dem von der Anklage erhobenen, dem Eröffnungsbeschluß zugrundeliegenden Vorwurf zurückbleibt.

25 4. Es muß **unbillig** sein, den Angeklagten mit den Auslagen der zu seinen Gunsten ausgegangenen Untersuchung zu belasten. So kann es etwa unbillig sein, den Angeklagten, der wegen fahrlässiger Tötung verurteilt wird, mit Auslagen zu belasten, die durch die Aufklärung der Mitschuld des Getöteten entstanden sind, wenn das Gericht ein erhebliches Mitverschulden feststellt und mit Rücksicht darauf nur eine geringe Strafe verhängt. Umgekehrt kann Unbilligkeit zu verneinen sein, wenn zwar die Untersuchung zur Aufklärung eines entlastenden Umstandes zugunsten des Angeklagten ausgeht, die besonderen hierdurch entstandenen Auslagen absolut und im Verhältnis zu den übrigen dem Angeklagten als Folge seiner Verurteilung zur Last fallenden Auslagen sehr gering sind, oder wenn der entlastende Umstand nur geringe Bedeutung für die Höhe der erkannten Strafe hat[49]. „Unbilligkeit" ist ein sog. unbestimmter Rechtsbegriff, der dem Gericht einen Beurteilungsspielraum läßt[50]. Sind die Auslagen rechnerisch leicht und eindeutig ausscheidbar, so dürfte es jedenfalls in der Regel — wenn nicht besondere Umstände vorliegen — angebracht sein, den Verurteilten insoweit nicht zu belasten.

26 5. **Mußvorschrift.** Liegen die Voraussetzungen des Absatzes 2 vor, so **hat** das Gericht die entstandenen besonderen Auslagen teilweise (Rdn. 28 ff) oder auch ganz der Staatskasse aufzuerlegen, je nachdem es zur Vermeidung von Unbilligkeiten für den Angeklagten erforderlich ist. Das gleiche gilt nach Absatz 2 Satz 3 bezüglich des Teils der notwendigen Auslagen des Angeklagten (§ 464 a Abs. 2), die die zu seinen Gunsten ausgegangenen Untersuchungen betreffen. Unterläßt das Gericht aber die gebotene Teilüberbürdung und wird die Entscheidung, weil nicht gemäß § 464 Abs. 3 Satz 1 angefochten, rechtskräftig, so ist eine nachträgliche Korrektur ausgeschlossen. Lautet also der rechtskräftige Spruch dahin, der verurteilte Angeklagte habe die Kosten des Verfahrens zu tragen, so kann ein Verstoß gegen § 465 Abs. 2 Satz 1, 2 nicht mehr im Kostenansatzverfahren geltend gemacht werden[51].

27 6. **Absatz 2 Satz 2.** Diese Regelung (Satz 1) gilt namentlich dann, wenn der Angeklagte wegen trennbarer Teilakte einer Tat oder wegen einzelner von mehreren Gesetzesverletzungen (vgl. Rdn. 18; 20; 22 mit Beispielen) nicht verurteilt wird (sog. „fiktiver Teilfreispruch"; vgl. § 464, 14). Die Voraussetzungen sind dagegen nicht erfüllt, wenn der Angeklagte wegen eines anderen als des angeklagten Vergehens[52] bzw. wegen eines weniger schwerwiegenden Vorwurfes[53] verurteilt wird, ohne daß besondere Mehrauslagen entstanden sind (vgl. auch Rdn. 18; 22; 35).

[49] Vgl. auch LG Flensburg JurBüro **1978** 258 (Auslagenbelastung, weil Gutachten unerläßlich war).

[50] Vgl. auch BGH NStZ **1987** 86 (Wegfall einer Anordnung nach § 63 StGB); OLG München MDR **1978** 162 (Anforderungen an die „ermessensausfüllenden" Erwägungen); LG Osnabrück AnwBl. **1980** 122.

[51] OLG Celle NJW **1971** 1905; LG Wuppertal KostRspr. § 465 Nr. 33; s. auch § 464, 17.

[52] LG Flensburg JurBüro **1978** 94 (§ 316 statt § 315; auch zur Ausscheidbarkeit von Auslagen und zur Frage der Unbilligkeit).

[53] BGH NStZ **1982** 80; bei *Pfeiffer/Miebach* NStZ **1986** 210; vgl. auch OLG Karlsruhe MDR **1981** 781.

V. Der Begriff der besonderen Auslagen im Sinne des Absatzes 2 im einzelnen

1. Allgemeines

a) Der frühere Meinungsstreit[54], der im wesentlichen darum ging, ob nur aus- **28** scheidbare Auslagen „besondere" seien und ob bei Unausscheidbarkeit eine teilweise Überbürdung von Auslagen auf die Staatskasse „nach Bruchteilen" zulässig sei, ist durch den BGH[55] im wesentlichen bereinigt worden.

b) Die Auffassung des BGH[56], die dieser bestätigt hat[57], hat sich in der Praxis **29** weitgehend durchgesetzt. Ihr ist im Interesse der Einheitlichkeit der Rechtsprechung zu folgen. Die Entscheidung besagt im wesentlichen:

Auslagen der Staatskasse (Absatz 2 Satz 1). Der Tendenz des § 465 Abs. 2, den **30** Verurteilten nicht — wider die Billigkeit — mit sämtlichen Verfahrensauslagen (und seinen eigenen vollen Auslagen) zu belasten, wenn ein Teil der Auslagen durch die Aufklärung solcher Vorwürfe bedingt ist, die sich nach dem Ergebnis der Untersuchung nicht aufrechterhalten lassen, entspricht es, unter den besonderen Auslagen nicht nur die ausscheidbaren Auslagen zu verstehen. „Die Vorschrift will nicht nur ermöglichen, der Staatskasse die im Sinn strenger rechnerischer Trennbarkeit genau feststellbaren, ‚ausscheidbaren' Mehrkosten aufzuerlegen. Sie will vielmehr die Möglichkeit schaffen, daß der Angeklagte, unabhängig von der ‚Ausscheidbarkeit', von allen Mehrkosten befreit wird. Das ergibt sich aus der Begründung des Regierungsentwurfs zum EGOWiG ..., wonach eine Auslagenentscheidung nach Bruchteilen gerade auch für den Fall der Nichtausscheidbarkeit solcher Auslagen ermöglicht werden sollte". Allerdings müssen durch bestimmte Untersuchungen tatsächlich „besondere" Auslagen entstanden sein; wo keine solchen Mehrauslagen entstanden sind, entfällt jede Überbürdung und auch über die tatsächlich entstandenen Mehrauslagen hinaus ist eine Überbürdung nicht möglich.

Auslagen bei Teilnichtverurteilung (Absatz 2 Satz 2). Der Gesichtspunkt, daß nur **31** tatsächlich entstandene Mehrauslagen Gegenstand einer Überbürdung sein können, ist auch für die Auslegung des Satzes 2 maßgebend. „Eine andere Auslegung würde zu verschiedenartigen und in ihren Folgen willkürlichen Ergebnissen führen. Es kann nicht angenommen werden, daß der Gesetzgeber diese gewollt hat. Daß und warum — im Gegensatz zu den Fällen des Satzes 1 — in denen des „fiktiven Teilfreispruchs" von einzelnen Teilakten einer fortgesetzten Tat oder von einzelnen Gesetzesverletzungen (Satz 2) eine andere Regelung geschaffen werden sollte, ist nicht ersichtlich. Das bei unterschiedlicher Auslegung entstandene Mißverhältnis in den Voraussetzungen und die daraus wiederum folgenden unterschiedlichen Ergebnisse sprechen dafür, daß der an den Vordersatz anknüpfende Satz 2 ebenfalls davon ausgeht, daß „besondere Auslagen" entstanden sind und daß er eine Überbürdung dieser Auslagen über diesen Mehrbetrag hinaus nicht zuläßt.

c) Billigkeit. Diese Auslegung widerspricht nicht dem Prinzip der Billigkeit. „Die **32** Billigkeit verlangt es nicht, die durch einen begründeten Vorwurf gegen den Angeklagten in dem Verfahren erwachsenen Kosten allein deswegen teilweise dem Staat und damit der Allgemeinheit der Steuerzahler aufzuerlegen, weil die ursprüngliche Annahme, der Angeklagte habe weitere Teilakte einer fortgesetzten Tat begangen oder seine Tat sei rechtlich anders zu qualifizieren, sich auf Grund von Untersuchungen, die zu kei-

[54] Vgl. LR-*K. Schäfer*[23] § 465, 28 ff.
[55] BGHSt **25** 109; krit. Anm. *Meyer* in JR **1974** 30.
[56] BGHSt **25** 109.
[57] BGHSt **26** 34.

nen Mehrkosten geführt haben, nicht bestätigt hat. In diesen Fällen hat der Angeklagte durch die Tat, wie sie sich nach dem Ergebnis der Untersuchung darstellt, die gesamten Auslagen veranlaßt. Eine teilweise Auferlegung dieser Kosten auf die Staatskasse würde sich daher als eine Unbilligkeit gegenüber der Allgemeinheit darstellen, da die Tat von Gesetzes wegen verfolgt werden muß und da die damit befaßten Staatsorgane keine Veranlassung zu Mehrkosten gegeben haben. Sind dagegen durch Untersuchungen, die zugunsten des Angeklagten ausgegangen sind, ‚besondere Auslagen’, also irgendwelche Mehrkosten entstanden, dann gebieten, auch wenn diese rechnerisch nicht genau abgrenzbar sind, sowohl Satz 1 wie auch Satz 2 des § 465 Abs. 2 die ganze oder teilweise Auferlegung dieser **Mehrkosten** auf die Staatskasse, wenn es unbillig wäre, den Angeklagten allein damit zu belasten"[58].

33   **d) Die Überbürdungsentscheidung.** Wendet das Gericht § 465 Abs. 2 an, so muß die Entscheidung einen förmlichen Überbürdungsausspruch dazu enthalten (§ 464 Abs. 2). Dessen Gestaltung ist nicht gesetzlich geregelt. Aus justizökonomischen Erwägungen folgt, daß das Gericht nicht zu einer Auslagenentscheidung gezwungen ist, die eine eingehende eigene Untersuchung der Auslagenfrage voraussetzt. Es kann sich darauf beschränken, nur grundsätzlich anzugeben, nach welchen Maßstäben die Auslagen zu verteilen sind, zum Beispiel dem Angeklagten die Kosten des Verfahrens auferlegen mit der Ausnahme, daß die Staatskasse „die besonderen Auslagen des Verfahrens und die besonderen notwendigen Auslagen des Angeklagten, die wegen des Verdachts der — oder auch: die durch die Verteidigung gegen den Vorwurf der — (Bezeichnung der Tat) entstanden sind", zu tragen hat. Die Feststellung dieser besonderen Auslagen im einzelnen kann es dem Kostenansatz- und dem Kostenfestsetzungsverfahren nach § 464 b überlassen[59]; bei Auslagenmassen, die sich nicht oder nur schwer trennen lassen, kann diese Konkretisierung dann im Wege einer sachgemäßen Schätzung erfolgen und zu einer Festsetzung der Auslagen nach Bruchteilen führen[60]. Das Gericht ist jedoch nicht gehindert, unabhängig von der genauen „Ausscheidbarkeit" (Rdn. 30 ff), die Höhe der Mehrauslagen (der „besonderen Auslagen") selbst zu errechnen und auf dieser Basis schon in der Auslagengrundentscheidung eine Bruchteilsentscheidung zu treffen, also eine **Quotelung der Auslagen** vorzunehmen. Eine solche Handhabung wird aber im allgemeinen nur in Betracht kommen, wenn das erkennende Gericht auf Grund seiner Kenntnis des gesamten Prozeßstoffs ohne weiteres und am besten in der Lage ist, eine klare Auslagenentscheidung durch Quotelung zu treffen. Nicht angebracht ist eine Bruchteilsentscheidung durch das Gericht jedenfalls dann, wenn einer Quotelung „höchst komplizierte Einzeluntersuchungen über die Höhe von Verfahrensauslagen, die einzelnen Anlässe ihrer Entstehung sowie darüber zugrundeliegen können, der Aufklärung welcher Umstände sie ganz oder teilweise zuzurechnen sind"[61]. Denn wenn in einem solchen Fall das Rechtsmittelgericht, zum Beispiel im Zusammenhang mit einer Revision, als Beschwerdegericht zuständig ist (§ 464 Abs. 3 Satz 3), würde ihm eine Überprüfung zugemutet, die es von seiner spezifischen Aufgabe als Revisionsgericht abzieht und auch das erstinstanzliche, noch dazu mit aktenunkundigen Schöffen besetzte Gericht würde durch eine eingehende Prüfung der Auslagenfrage von seiner Hauptaufgabe, über die Schuld- und Straffrage zu befinden, in vermeidbarer Weise abgelenkt werden, während andererseits „gerade in der neueren Gesetzgebung, mit der zunehmend richterliche Aufgaben auf den Rechtspfleger übertragen worden sind, das Bestre-

---

[58] BGHSt **25** 118; s. auch OLG Düsseldorf MDR **1985** 518; AnwBl. **1987** 151.

[59] BGHSt **25** 115.

[60] BGHSt **25** 115; krit. dazu KK-*Schikora/Schimansky*[2] 5.

[61] BGHSt **25** 112 ff.

ben erkennbar ist, keine Aufgaben einem im Gerichtsaufbau höherrangigen Justizorgan anzuvertrauen, wenn sie auch auf einer Stufe darunter sachgemäß erledigt werden können"[62].

2. Erledigte Reformvorschläge. Der Deutsche Anwaltverein hatte aus Anlaß des **34** Streits um die Quotelungsbefugnis bei dem Bundestagsrechtsausschuß eine gesetzliche Klarstellung vorgeschlagen. In dem Bericht des Rechtsausschusses zu dem von der Bundesregierung eingebrachten Entwurf des 1. StVRG 1974 ist dazu (BTDrucks. 7 2600) ausgeführt: „Der Rechtsausschuß hält das Anliegen des Deutschen Anwaltsvereins für berechtigt, klarstellend zu regeln, daß bei teilweiser Nichtverurteilung eine Verteilung der notwendigen Auslagen des Angeklagten nach Bruchteilen (Quotelung) möglich ist. Aus der Besorgnis heraus, die Rechtsunsicherheit im strafprozessualen Kostenrecht noch zu vergrößern, hat der Rechtsausschuß davon abgesehen, eine Änderung des § 465 Abs. 2 im Sinne der Forderung des DAV vorzunehmen . . .".

3. Einzelfälle. Die zu § 465 Abs. 2 ergangenen Entscheidungen befassen sich meist **35** mit der Frage, inwieweit notwendige Auslagen, insbesondere die Verteidigervergütung, der Staatskasse aufzuerlegen sind, wenn der Anklagevorwurf eines Straßenverkehrsvergehens nicht nachweisbar ist und nur wegen einer Ordnungswidrigkeit eine Geldbuße verhängt wird. Es ist von dem Grundsatz auszugehen, daß solche Auslagen, die auch entstanden wären, wenn der Vorwurf von vornherein zutreffend eingeschränkt erhoben worden wäre, vom Angeklagten zu tragen sind. In den genannten Fällen kann es dem billigen Ermessen entsprechen, einen erheblichen Bruchteil der notwendigen Auslagen des Angeklagten der Staatskasse aufzuerlegen[63], weil der nicht nachweisbare Vorwurf wesentlich schwerer wiegt als die Ordnungswidrigkeit. Ist nach den besonderen Umständen des Falles anzunehmen, daß der Angeklagte einen Bußgeldbescheid hingenommen hätte, einen Verteidiger also nur zur Verteidigung gegen den schwerwiegenderen Vergehensvorwurf hinzugezogen hat, so können seine gesamten notwendigen Auslagen der Staatskasse auferlegt werden[64]; je nach Fallgestaltung kann jedoch selbst dann, wenn die Verteidigung ganz auf die Abwehr des Vergehensvorwurfs konzentriert wird, auch nur eine Teilüberbürdung in Frage kommen[65]. Die vom Angeklagten behauptete Tatsache, er hätte sich mit einem Bußgeldbescheid abgefunden, der Verteidiger sei also nur wegen des weitergehenden Vorwurfs eingeschaltet worden, muß nachgewiesen sein[66].

Auslagen, die durch eine der weiteren Aufklärung dienende **Aussetzung der 36 Hauptverhandlung** entstanden sind, sollen nur ausnahmsweise der Staatskasse auferlegt

---

[62] BGHSt **25** 114; vgl. auch KK- *Schikora/Schimansky*² 5.

[63] Vgl. OLG Celle MDR **1975** 165; OLG Düsseldorf JurBüro **1985** 898; LG Darmstadt AnwBl. **1985** 322; s. dagegen OLG Düsseldorf AnwBl. **1987** 151.

[64] Vgl. Fußn. 47; s. auch LG München AnwBl. **1975** 451; zum „beschränkten", erfolgreichen Einspruch gegen einen Strafbefehl vgl. LG Hechingen AnwBl. **1985** 159; zum Verhältnis zu § 467 Abs. 3 Satz 2 Nr. 2 vgl. Rdn. 45 und § 467, 60.

[65] Vgl. OLG Schleswig AnwBl. **1976** 23. Wei-

tere Fälle zu Absatz 2: OLG Karlsruhe NJW **1973** 1989; OLG Stuttgart Justiz **1974** 136; OLG Bamberg JurBüro **1976** 643; LG Osnabrück DAR **1976** 194; AnwBl. **1980** 122; LG Flensburg JurBüro **1980** 890; LG Kiel AnwBl. **1981** 33; *Mümmler* JurBüro **1988** 37.

[66] OLG Celle JurBüro **1983** 402 mit Anm. *Mümmler*; LG Flensburg JurBüro **1978** 700 mit Anm. *Mümmler*; LG Dortmund JurBüro **1980** 1695 (hohe Wahrscheinlichkeit); KK- *Schikora/Schimansky*² 5; vgl. auch OLG Stuttgart Justiz **1987** 160; **a. A** wohl AG Mannheim AnwBl. **1985** 164.

    Hans Hilger

werden können[67]. Es erscheint jedoch zu eng, die Billigkeitsentscheidung nach Absatz 2 Satz 1 nur dann zugunsten des Angeklagten zu treffen, wenn ein unsachgemäßes Handeln der Strafverfolgungsbehörden[68] zur Aussetzung geführt hat.

VI. Teilfreispruch

37   **1. Zur Frage der Auswirkungen des § 465 Abs. 2 auf den Teilfreispruch.** § 465 Absatz 2 betrifft nicht den (echten) Teilfreispruch, also den Fall, daß dem Angeklagten mehrere selbständige Taten zur Last gelegt werden und er nur wegen einer oder mehrerer dieser Taten im Sinne des Absatzes 1 verurteilt, im übrigen aber freigesprochen wird. In diesem Fall richtet sich die Kostengrundentscheidung nach § 467 und § 465; gleiches gilt grundsätzlich für den Fall der Teileinstellung und den der teilweisen Ablehnung der Eröffnung. Die Schaffung des § 465 Abs. 2 führte aber zu der Frage, ob diese Vorschrift nicht auch Auswirkungen auf die auslagenrechtliche Behandlung des Teilfreispruchs habe. Dies lag nahe, denn Teilnichtverurteilung und Teilfreispruch gleichen sich darin, daß der zunächst erhobene Vorwurf hinter dem Straferkenntnis zurückbleibt, und in beiden Fällen taucht die Frage auf, wie die Auslagen zu behandeln sind, die für die Staatskasse durch dieUntersuchung des weitergehenden Schuldvorwurfs und für den Angeklagten durch die Verteidigung gegen diesen entstanden sind. Im einzelnen handelt es sich darum, ob, wie bei den „besonderen Auslagen" des § 465 Abs. 2 Satz 1, auf das Erfordernis der „Ausscheidbarkeit" der auf den Freispruch entfallenden Auslagen zu verzichten, und ob auch eine Bruchteilsentscheidung („Quotelung") zulässig sei. Die Meinungen gingen zunächst auseinander.

2. Streitfragen

38   **a) Aufrechterhaltung des Erfordernisses der Ausscheidbarkeit; Verneinung der Quotelungsbefugnis.** Vor dem Inkrafttreten des EGOWiG ging die Rechtsprechung bei gerichtlichen Auslagen und den notwendigen Auslagen des Angeklagten einhellig vom Trennungsprinzip aus, ließ eine Erstattung nur der ausscheidbaren Auslagen zu, die sich allein auf den freisprechenden Teil beziehen, und lehnte bei nicht klar ausscheidbaren Auslagen eine bruchteilmäßige Verteilung nach Gewicht und Bedeutung der erhobenen Vorwürfe, gemessen am Gesamtergebnis des Strafverfahrens, als unzulässig ab. Diese Rechtsprechung wurde zum Teil auch nach dem Inkrafttreten des EGOWiG beibehalten. Der Trennungsgrundsatz führte zum Beispiel bzgl. der Auslagen von Zeugen dazu, daß zu den ausscheidbaren, der Staatskasse zur Last fallenden Auslagen nur die Gebühren solcher Zeugen gehörten, die ausschließlich zu den durch Freispruch usw. erledigten Fällen vernommen wurden. Wurden sie auch zu den übrigen Fällen vernommen, so fielen die Gebühren dem teilverurteilten Angeklagten in vollem Umfang zur Last; das gleiche galt für Verfahrensauslagen für andere Beweismittel, die sich auf alle Tatkomplexe des Verfahrens bezogen (Auslagen für Sachverständigengutachten zum Persönlichkeitsbild des Angeklagten, zur strafrechtlichen Verantwortlichkeit oder zur Sozialprognose). Nach dem Trennungsgrundsatz wurde selbst der Angeklagte, der ganz überwiegend freigesprochen und nur in geringem Umfang verurteilt würde, mit den gesamten hieraus entstandenen Auslagen belastet, wenn eine Ausscheidung nicht möglich war[69]. Von einer **Quotelung** der Auslagen konnte bei dieser Betrachtungsweise keine Rede sein.

---

[67] LG Flensburg JurBüro **1978** 258; JurBüro **1981** 1858.

[68] LG Flensburg JurBüro **1978** 258.

[69] Vgl. OLG Nürnberg NJW **1972** 67.

b) Verzicht auf Erfordernis der Ausscheidbarkeit; Bejahung der Quotelungsbefug- **39** **nis.** Dagegen sah der wohl überwiegende Teil der Rechtsprechung mit Zustimmung des Schrifttums die bisherige Rechtsprechung als durch § 465 Abs. 2 überholt an und verzichtete nicht nur auf das Erfordernis der Ausscheidbarkeit, sondern ließ auch in **entsprechender** Anwendung des § 465 Abs. 2 eine Verteilung der Auslagen nach Bruchteilen zu. Gegenüber der Forderung der Gegenmeinung, die Auslagen müßten ausscheidbar sein, wurde geltend gemacht, daß die Behandlung der nicht oder nur schwer zu trennenden oder zu übersehenden Auslagenmassen nicht gut verschieden sein könne, je nachdem (nur) eine Teilnichtverurteilung oder ein wirklicher Teilfreispruch vorliege; eine verschiedene Behandlung entbehre einer inneren Berechtigung[70].

c) Vorbereitet war dieser Verzicht auf die Ausscheidbarkeit durch die sog. **Diffe-** **40** **renztheorie.** Bei den **Verteidigergebühren** war der Trennungsgrundsatz nur mit Einschränkungen anerkannt worden. Die Verteidigergebühren haben Pauschalcharakter; sie gelten regelmäßig die gesamte Tätigkeit des Rechtsanwalts ab, die sich auf alle gegen den Angeklagten erhobenen Vorwürfe bezieht. Strenggenommen war also ein ausscheidbarer Teil der Verteidigergebühren für die Tätigkeit, die sich auf die Tat bezieht, bez. deren Freispruch usw. erfolgte, meist nicht feststellbar; bei konsequenter Durchführung des Trennungsgrundsatzes hätte der teilweise Freigesprochene als Folge seiner Teilverurteilung in der Regel das gesamte Verteidigerhonorar tragen müssen. Diese Folgerungen aus dem Trennungsgrundsatz zog indessen die neuere Rechtsprechung nicht. Sie sah (und sieht) bei dem Honorar des gewählten Verteidigers als ausscheidbar und damit erstattungsfähig den rechnerischen Teil der einheitlichen Verteidigergebühr (§ 12 BRAGebO) an, der das „fiktive" Honorar übersteigt, das der Angeklagte an seinen Verteidiger zu zahlen hätte, wenn er nur wegen der Straftat angeklagt worden wäre, derentwegen er verurteilt worden ist[71]. Bei Anwendung der Differenztheorie wurde über die Höhe des fiktiven Honorars, soweit es sich um die notwendigen Auslagen im Sinne des § 467 handelt, im Verfahren nach § 464 b entschieden[72].

3. Die **Stellungnahme des Bundesgerichtshofs.** Auch in diesen Meinungsstreit griff **41** der BGH[73] in einer die Praxis bestimmenden Weise ein. Nach dieser — wiederum im Interesse einheitlicher Rechtshandhabung begrüßenswerten — Entscheidung, die im Streit der Meinungen einen mittleren Weg einschlägt, gilt:

a) Die **Zulässigkeit einer Bruchteilsentscheidung (Quotelung) im Urteil** wird ver- **42** **neint**: sie sei im Gesetz nicht vorgesehen, wie überhaupt das Problem der Kostenentscheidung bei Teilfreispruch bei den Erörterungen des EGOWiG ausgeklammert worden sei[74]. Gegen eine analoge Anwendung des § 465 Abs. 2 bez. der Bruchteilsentscheidung sprächen — da schon im unmittelbaren Anwendungsbereich des § 465 Abs. 2

---

[70] Vgl. die Erl. zu § 465 in der 22. Auflage.

[71] Vgl. OLG Köln JVBl. **1970** 184 mit weit. Nachw.; OLG Düsseldorf NJW **1971** 394; LG Itzehoe JurBüro **1975** 1475.

[72] Vgl. KG NJW **1970** 1808; OLG Braunschweig NJW **1970** 1809; OLG Köln JVBl. **1970** 184; siehe auch OLG Hamm JMBlNW **1972** 75 (Pflichtverteidigung).

[73] BGHSt **25** 109; vgl. auch *Mümmler* Jur Büro **1982** 579; JurBüro **1987** 1297; krit. *Chemnitz* AnwBl. **1987** 135 mit Nachw. älterer Rspr.

[74] Anläßlich der parl. Behandlung des RegE des EGStGB 1974 hatte der DAV angeregt, für den Fall des Teilfreispruchs in § 465 eine ausdrückliche Regelung zu treffen. Der Sonderausschuß für die Strafrechtsreform beschloß aber, diesen Vorschlag erst bei der allgemeinen Reform der Kostenvorschriften zu prüfen; vgl. BTDrucks. 7 1261, S. 33; vgl. auch Rdn. 34.

große Zurückhaltung geboten sei (oben 33) — schwerwiegende Gründe der Wirtschaftlichkeit des Verfahrens und einer sachgemäßen Aufgabenverteilung zwischen den ver-
schiedenstufigen Rechtspflegeorganen; namentlich würde bei der Häufigkeit eines Teilfreispruchs eine entsprechende Anwendung des § 465 Abs. 2 mit der Folge, daß das Revisionsgericht als Beschwerdegericht (§ 464 Abs. 3 Satz 3) in eine Einzeluntersuchung der
tatsächlichen Grundlagen für die Auslagenentscheidung eintreten müßte, dem mutmaß-
lichen Willen des Gesetzgebers widersprechen[75].

43   **b) Verzicht auf das Erfordernis der Ausscheidbarkeit.** Gebilligt wurde dagegen in
Übereinstimmung mit der schon überwiegend vertretenen Auffassung (Rdn. 39) eine
entsprechende Anwendung des § 465 Abs. 2, soweit sie zum Verzicht auf das Erfordernis
der Ausscheidbarkeit im Sinne einer strengen rechnerischen Trennbarkeit der auf den
Freispruch entfallenden Auslagen führt. Denn wenn schon durch § 465 Abs. 2 der Verurteilte bei Teilnichtverurteilung in größerem Umfang von Verfahrensauslagen und
eigenen notwendigen Auslagen freigestellt werde, als es nach der vorangegangenen
Rechtsprechung möglich war, so erforderten zwingende Gründe der Gerechtigkeit eine
Gesetzesauslegung, die für den teilweise Freigesprochenen zu sachlich gleich günstigen, billigen Ergebnissen führt[76]. Soweit es sich um die Verteidigergebühren handelt,
ist danach die **Differenztheorie** maßgebend. Im Licht dieser Auslegung ist dann eine Entscheidung, die sich auch jetzt noch der früher üblichen Tenorierung bedient: „Soweit
der Angeklagte freigesprochen wurde, fallen die ausscheidbaren Kosten und die ausscheidbaren notwendigen Auslagen der Staatskasse zur Last" dahin zu verstehen, daß
mit ihr die Mehrkosten und die erhöhten notwendigen Auslagen, die sich auf den Gegenstand des Freispruchs beziehen, der Staatskasse zur Last fallen[77].

44   **4.** Im **Verfahren nach § 464 b** ist im Fall des Teilfreispruchs über die Differenzbe-
rechnung zwischen den tatsächlich entstandenen Verteidigergebühren und den Gebühren, die nicht entstanden wären, wenn sich der Anklagevorwurf auf den Gegenstand der
Verurteilung beschränkt hätte, hinausgehend bei **anderen Auslagenmassen**, die sich
nicht oder nur schwer trennen lassen, eine auf sachgemäßer Schätzung beruhende Aufteilung der auf die Staatskasse und den Angeklagten entfallenden Auslagen nach Bruchteilen zulässig. Denn die auf praktischem Gebiet liegenden Gründe, aus denen der BGH
eine Verteilung der Auslagen nach Bruchteilen durch das Gericht für unzulässig erklärt,
haben für das Verfahren nach § 464 b keine Bedeutung[78]. Eine Gegenmeinung[79] verneint die Zulässigkeit einer Quotelung im wesentlichen mit der Begründung, die Quotelung laufe auf eine Aufgabe des das Kostenrecht beherrschenden Verursachungsprin-
zips hinaus.

[75] BGHSt **25** 112, 115.
[76] BGHSt **25** 116.
[77] BGHSt **25** 120; vgl. auch Fußn. 80; für Quotelung: LG Düsseldorf JurBüro **1978** 264 mit
krit. Anm. *Mümmler*; LG Kleve JurBüro **1979**
80 mit krit. Anm. *Mümmler*; eingehend zu
diesem Fragenkreis *Mümmler* JurBüro **1978**
1844; JurBüro **1985** 1609; *D. Meyer* JurBüro
1985 1612; vgl. auch LG Düsseldorf AnwBl.
1981 119; AnwBl. **1984** 264.
[78] Vgl. OLG Karlsruhe NJW **1974** 468; OLG
Schleswig OLGSt § 465 17; LG Krefeld Jur-
Büro **1978** 1538 mit krit. Anm. *Mümmler* Sp.

1844 (Quotelung nur im Kostenansatzverfahren erlaubt bei nicht oder schwer trennba-
ren gerichtl. Auslagen); KMR-*Müller* 6; s.
auch LG Düsseldorf JurBüro **1982** 577 mit
krit. Anm. *Mümmler*; AnwBl. **1984** 264; OLG
Karlsruhe Justiz **1987** 111 (Schätzung im
Kostenansatzverfahren); *Mümmler* JurBüro
1978 252.
[79] OLG Bamberg JurBüro **1977** 698; LG Münster AnwBl. **1974** 191; LG Itzehoe JurBüro
1975 1475; LG Flensburg JurBüro **1976** 634;
1076; **1978** 250 mit Anm. *Mümmler*; vgl. auch
Mümmler JurBüro **1978** 1846; **1987** 1297.

5. Einzelfälle zum Teilfreispruch. Die Rechtsprechung[80] folgt überwiegend der **45** Entscheidung des BGH. Vereinzelt im Schrifttum erhobene Einwendungen haben sich nicht durchgesetzt[81]. Die meisten veröffentlichten Entscheidungen betreffen die Mehrkosten der Verteidigung. Bei der Bemessung des auf den Freispruch entfallenden fiktiven Honorars sind alle Umstände des Einzelfalles, insbesondere die Art der Schwere der einzelnen Schuldvorwürfe, auch in ihrer Bedeutung für den Angeklagten, zu berücksichtigen. Es kann dabei dazu kommen, daß die Staatskasse uneingeschränkt die Verteidigerauslagen zu erstatten hat, aber auch, daß Erstattungsansprüche entfallen. So ermäßigen sich bei einem Serientäter die Verteidigergebühren nicht durch den Wegfall einzelner der angeklagten Einzelfälle, wenn die Differenz zahlenmäßig und nach dem Grad der Schwierigkeiten kaum ins Gewicht fällt[82]. Auch bei einem wegen zahlreicher verschiedener Vermögensdelikte (Betrug, Untreue) Verurteilten entfallen auf den Freispruch in einzelnen Anklagepunkten keine besonderen Auslagen, wenn er in der Überzahl der Fälle verurteilt wurde und er Anlaß gab, sein Verhalten, auch soweit Freispruch erfolgte, umfassend aufzuklären, weil nur so seine wirtschaftliche Lage zuverlässig beurteilt werden konnte[83]. Insgesamt fallen erstattungsfähige besondere Auslagen überhaupt nicht an, wenn die Tätigkeit des Verteidigers hinsichtlich des unbegründeten Tatvorwurfs nur unbedeutend und die Freisprechung bez. der gesamten Anwaltstätigkeit ohne besonderen Belang war[84]. Wenn wegen unerlaubten Entfernens vom Unfallort (§ 142 StGB) in Tatmehrheit mit einer Verkehrsordnungswidrigkeit eröffnet wurde, wegen des Vergehens aber Freispruch erfolgt, so läßt sich nicht ohne weiteres sagen, der Angeklagte hätte, wäre ihm nur eine Ordnungswidrigkeit zur Last gelegt worden, sich bei einem Bußgeldbescheid beruhigt und von der Inanspruchnahme eines Verteidigers abgesehen; er kann vielmehr auch an seiner Verteidigung gegen den Vorwurf der Ordnungswidrigkeit ein, wenn auch an Gewicht zurücktretendes, Interesse gehabt haben, das es rechtfertigt, den Angeklagten (Betroffenen) mit einem Bruchteil des Verteidigerhonorars zu belasten[85]. Eine Überbürdung der gesamten Verteidigerkosten kann in Betracht kommen, wenn der Angeklagte nachweislich wegen der Tat, die zur Verurtei-

---

[80] Vgl. OLG Celle NdsRpfl. **1974** 90; NdsRpfl. **1987** 260; OLG Karlsruhe NJW **1974** 469; Justiz **1987** 111 (Pflichtverteidiger); OLG Stuttgart OLGSt § 465, S. 19; OLG Schleswig JurBüro **1978** 267; OLG Düsseldorf JurBüro **1975** 786; **1984** 724 mit Anm. *Mümmler*; MDR **1985** 518; OLG Bamberg JurBüro **1977** 698, 1584 mit Anm. *Mümmler*; OLG München JurBüro **1985** 1516 mit Anm. *Mümmler*; LG Bremen MDR **1974** 422; LG Dortmund JurBüro **1977** 972 mit Anm. *Mümmler*; LG Flensburg JurBüro **1977** 1586; **1978** 250 mit Anm. *Mümmler*; **1984** 1056; **1985** 568; LG Coburg JurBüro **1978** 398 mit Anm. *Mümmler*; LG Köln JurBüro **1979** 392; LG München AnwBl. **1979** 482; LG Passau JurBüro **1979** 1035; JurBüro **1987** 726 mit krit. Anm. *Mümmler*; LG Nürnberg-Fürth AnwBl. **1980** 204; LG Würzburg JurBüro **1980** 1334; LG Augsburg AnwBl. **1982** 263; JurBüro **1984** 1207; LG Frankfurt StrVert. **1984** 69; LG Bayreuth JurBüro **1986** 736 mit

Anm. *Mümmler*; LG Duisburg JurBüro **1986** 738; LG Koblenz AnwBl. **1986** 110; *Mümmler* JurBüro **1978** 1844; **1979** 81; **1987** 1297; vgl. auch Fußn. 77 ff; krit. zur Rspr. *Chemnitz* AnwBl. **1987** 135.

[81] Vgl. dazu *Mümmler* JurBüro **1974** 155; **1987** 1297; *Chemnitz* AnwBl. **1987** 135.

[82] OLG Stuttgart Rpfleger **1974** 403.

[83] OLG Stuttgart OLGSt § 465, S. 19.

[84] OLG Düsseldorf **1975** 786; LG Passau JurBüro **1987** 726 mit krit. Anm. *Mümmler*; vgl. auch OLG Bamberg JurBüro **1977** 1584; LG Flensburg **1978** 250; **1984** 1057; **1985** 96, 568; LG Kleve AnwBl. **1987** 150 mit abl. Anm. *Chemnitz*; *D. Meyer* JurBüro **1985** 1612; a. A wohl *Mümmler* JurBüro **1985** 1609, **1987** 727.

[85] Vgl. OLG Nürnberg NJW **1972** 70; OLG Karlsruhe JurBüro **1975** 789; LG Flensburg JurBüro **1980** 1373; s. auch LG Bremen MDR **1974** 422; LG Nürnberg-Fürth AnwBl. **1980** 204.

lung geführt hat, keinen Verteidiger beauftragt hätte, insbesondere wenn (er zum Beispiel bzgl. der Verurteilung geständig war und) die Aufgabe des Verteidigers sich von
vornherein auf die den Schwerpunkt des Verfahrens bildende Freispruchstat beschränkt[86], oder wenn bei Freispruch von dem Vergehen der Straßenverkehrsgefährdung und Nichtverurteilung hinsichtlich der verbleibenden Verkehrsordnungswidrigkeit wegen Verjährung aus den Umständen klar erkennbar ist, daß der Angeklagte
einen Bußgeldbescheid hingenommen hätte und nur wegen des schwereren Vorwurfs
einen Verteidiger hinzugezogen hat[87]. Schließlich kann für die Höhe der notwendigen
Auslagen von Bedeutung sein, ob das Hauptverfahren vor einem Gericht niedrigerer
Ordnung hätte eröffnet werden können[87a].

VII. Tod des Verurteilten vor Rechtskraft (Absatz 3)

46   Die Kosten- und Auslagenentscheidung des Strafurteils wird erst mit Eintritt der
Rechtskraft insoweit unbedingt wirksam (Rdn. 6; vgl. § 63 Abs. 2 GKG). Durch den **Tod
des Verurteilten vor Rechtskraft** entsteht nach der hier vertretenen, umstrittenen Auffassung ein Verfahrenshindernis (§§ 206 a, 260 Abs. 3); das Verfahren ist grundsätzlich
einzustellen (§ 206 a, 10 ff; 53 ff). Die Kosten- und Auslagenentscheidung ergeht dann
nach § 467 Abs. 1, Abs. 3 Satz 2 Nr. 2 (§ 467, 10 ff). Dies gilt auch, wenn zum Beispiel
der Schuldspruch im Zeitpunkt des Todes bereits rechtskräftig, das Verfahren jedoch
wegen eines Nebenpunktes[88] noch anhängig war. Absatz 3, der allein die Frage der
Nachlaßhaftung bzgl. der Kosten regelt, findet dementsprechend Anwendung, wenn
der Tod nach einer Verurteilung zur Kostentragung eintritt und die Kostenentscheidung — nicht revidiert — in Rechtskraft erwächst (vgl. § 206 a, 10 ff) oder wenn der
Verstorbene abweichend von § 467 Abs. 1 mit den Kosten belastet wird. Stirbt der Verurteilte nach Rechtskraft der Entscheidung, so haftet der Nachlaß. Ein etwaiger Erstattungsanspruch geht auf die Erben über.

---

[86] Vgl. LG Fulda AnwBl. **1972** 196; LG Bre-
men MDR **1974** 422; LG München AnwBl.
1975 451; LG Flensburg JurBüro **1976** 635;
LG Dortmund JurBüro **1977** 972 mit Anm.
Mümmler; LG Coburg JurBüro **1978** 398 mit
Anm. *Mümmler*; LG München AnwBl. **1979**
482; LG Passau JurBüro **1979** 1035; LG
Kempten AnwBl. **1980** 123; LG Augsburg
AnwBl. **1982** 263 mit krit. Anm. *Schmidt*; Jur-
Büro **1984** 1207; LG Frankfurt StrVert. **1984**
69; LG Duisburg JurBüro **1986** 738 mit krit.
Anm. *Mümmler*; vgl. auch OLG Stuttgart Ju-
stiz **1987** 160 (zum Nachweis).

[87] OLG Celle MDR **1975** 165; vgl. auch OLG
Karlsruhe JurBüro **1974** 1298; LG Bremen
MDR **1974** 191, 422; LG Itzehoe JurBüro
1975 1475; LG Hanau AnwBl. **1979** 69 (§ 47
Abs. 2 OWiG); § 467, 60.
[87a] OLG Celle NdsRpfl. **1987** 260.
[88] Vgl. hierzu auch BayObLG NJW **1957** 1448
(Einziehung) und OLG Köln JMBlNW **1960**
248 (Strafaussetzung zur Bewährung);
§ 206 a, 16.

§466

[1]Mitangeklagte, gegen die in bezug auf dieselbe Tat auf Strafe erkannt oder eine Maßregel der Besserung und Sicherung angeordnet wird, haften für die Auslagen als Gesamtschuldner. [2]Dies gilt nicht für die durch die Tätigkeit eines bestellten Verteidigers oder eines Dolmetschers und die durch die Vollstreckung, die einstweilige Unterbringung oder die Untersuchungshaft entstandenen Kosten sowie für Auslagen, die durch Untersuchungshandlungen, die ausschließlich gegen einen Mitangeklagten gerichtet waren, entstanden sind.

Entstehungsgeschichte. Der ursprüngliche Absatz 1 des §466: „Wenn ein Angeklagter in einer Untersuchung, welche mehrere strafbare Handlungen umfaßt, nur in Ansehung eines Teiles derselben verurteilt wird, durch die Verhandlung der übrigen Straffälle aber besondere Kosten entstanden sind, so ist er von deren Tragung zu entbinden", wurde durch Art. 2 Nr. 43 des Ges. vom 24. 11. 1933 (RGBl. I S. 1000) gestrichen, weil er inhaltlich durch den neugefaßten §465 Abs. 1 Satz 1 überflüssig wurde. Durch das gleiche Gesetz wurden in dem bisherigen Absatz 2 im Satz 1 die Worte „oder eine Maßregel der Sicherung und Besserung angeordnet oder zugelassen", im Satz 2 die Worte „oder die einstweilige Unterbringung" eingefügt. Durch §8 Ziff. 6 des Ges. über Reichsverweisungen vom 23. 3. 1934 (RGBl. S. 213) wurden in Satz 1 die Worte „oder zugelassen" wieder gestrichen. Durch Art. 2 Nr. 24 EGOWiG wurde ein neuer Absatz 2 eingefügt: „Sind Auslagen durch Untersuchungshandlungen entstanden, die ausschließlich gegen einen Mitangeklagten gerichtet werden, so hat das Gericht den anderen Mitangeklagten von der Mithaftung für diese Auslagen zu befreien." Durch Art. 21 Nr. 139 EGStGB 1974 wurden in dem bisherigen Absatz 1 Satz 1 die Worte „der Sicherung und Besserung" durch „der Besserung und Sicherung" ersetzt. Der bisherige Absatz 1 Satz 2 („Dies gilt nicht für die durch die Vollstreckung, die Untersuchungshaft oder die einstweilige Unterbringung entstandenen Kosten") wurde durch den jetzigen Satz 2 ersetzt; der bisherige Absatz 2 wurde gestrichen. Bezeichnung bis 1924: §498 Abs. 2.

Übersicht

1. Bedeutung und Anwendungsbereich. Die Vorschrift legt in Satz 1 den Grundsatz der Gesamthaftung mehrerer Mitangeklagter, verurteilt wegen derselben Tat, für die Auslagen der Staatskasse fest und regelt in Satz 2 Ausnahmen hiervon. Der gesetzgeberische Grund für die in Satz 1 angeordnete Gesamthaftung mehrerer verurteilter Mitangeklagter liegt darin, daß es in der Regel, nämlich in den meisten Verfahren hinsichtlich der meisten Auslagen im Sinne von §464 a Abs. 1 — die in Satz 2 genannten ausgenommen —, praktisch unmöglich ist, festzustellen, inwieweit die Auslagen speziell durch die Untersuchung gegen den einen oder gerade gegen den anderen Verurteilten entstanden sind. Da die Gerichtsgebühr gemäß §40 GKG, Nr. 1600 KostVerz. von **1**

jedem Verurteilten gesondert je nach Art und Höhe der erkannten Strafe oder wegen der angeordneten Maßregel erhoben wird, kommt hinsichtlich der Gerichtsgebühren eine gesamtschuldnerische Haftung nicht in Betracht[1]. Satz 1 betrifft demgemäß nur die Auslagen der Staatskasse (§ 60 GKG, Nr. 1900 ff KostVerz.). Notwendige Auslagen, die ein Mitangeklagter einem Beteiligten, zum Beispiel einem Nebenkläger zu erstatten hat, fallen ebenfalls nicht unter § 466[2]. Auch die notwendigen Auslagen eines freigesprochenen Mitangeklagten (§ 467 Abs. 1) können nicht dem verurteilten Mitangeklagten auferlegt werden[3]. Für die in Satz 2 als Ausnahmen genannten Auslagen besteht keine gesamtschuldnerische Haftung, weil diese in der Regel leicht ausscheidbar und erkennbar mit einem bestimmten Angeklagten verbunden sind, also ihm problemlos zugeordnet werden können[4]. Die Vorschrift, die auch in Privatklagesachen gilt[5], betrifft nur die Auslagen erster Instanz[6]. Für die Auslagen in der Rechtsmittelinstanz ist § 473 maßgebend.

2. Voraussetzungen der Gesamthaftung (Satz 1)

2   a) Zunächst muß eine **Verurteilung im Sinne von § 465 Abs. 1** vorliegen. Bei der Einfügung und Änderung des Satzes 2 in § 465 Abs. 1 ist es unterblieben, auch den § 466 Satz 1 dem § 465 redaktionell anzupassen. Es ist jedoch nicht zweifelhaft, daß die dort gegebene authentische Interpretation des Begriffs „Verurteilung" (§ 465 Abs. 1 Satz 2) auch für § 466 gilt[7]; Art. 70 Nr. 245 EGStGB-Entw. 1930 und § 454 Abs. 3 StPO-Entw. 1939 wollten dies ausdrücklich aussprechen.

3   Nur **zwischen verurteilten oder mit Maßregeln belegten Mitangeklagten** läßt das Gesetz die Gesamthaftung eintreten. Daher können einem Verurteilten nicht solche Auslagen auferlegt werden, die der Staatskasse ausschließlich durch die Untersuchung gegen einen freigesprochenen Mitangeklagten erwachsen sind, wie zum Beispiel die Kosten seiner Verteidigung. Das gleiche gilt, wenn ein verurteilter Mitangeklagter vor Eintritt der Rechtskraft der Urteils verstirbt[8].

4   Die Gesamthaftung erfordert **nicht**, daß die Verurteilung usw. mehrerer Mitangeklagter **in demselben Urteil** erfolgt. Es genügt, daß gegen sie — wenigstens zeitweise — ein gemeinschaftliches gerichtliches Verfahren nach Eröffnung der Hauptverhandlung („Mitangeklagte" — vgl. § 157) geführt wurde; die Gesamthaftung tritt dann auch ein, wenn die Urteile gegen die verschiedenen Mitangeklagten in verschiedenen Hauptverhandlungen gefällt werden[9]. Auch eine Aburteilung in verschiedenen Rechtszügen (Verurteilung des einen, Freispruch des anderen Mitangeklagten in der ersten Instanz, in der Berufungsinstanz Verurteilung auch des in der ersten Instanz Freigesprochenen) begründet die Gesamthaftung bzgl. der Auslagen der ersten Instanz (Rdn. 1), denn auch in diesem Fall trifft die dem § 466 zugrundeliegende gesetzgeberische Erwägung zu[10]. An-

[1] RGSt **21** 61; RG JW **1933** 1957; BayObLG ZStW **47** (1927) Beil. 219; OLG Karlsruhe HRR **1925** Nr. 649; *Kleinknecht/Meyer*[38] 2; KMR-*Müller* 1.

[2] KK-*Schikora/Schimansky*[2] 3; KMR-*Müller* 8; vgl. dazu §§ 471 ff.

[3] RG JW **1933** 1957.

[4] KMR-*Müller* 6.

[5] BayObLG HRR **1926** Nr. 999.

[6] RG I 877/26 vom 22. 2. 1927; BayObLGSt **1** 124; **6** 330; OLG Dresden LZ **1933** 199; BVerwG NJW **1973** 71; *Kleinknecht/Meyer*[38] 2; *Eb. Schmidt* Nachtr. II 11.

[7] KG JR **1962** 271; KK-*Schikora/Schimansky*[2] 2; *Kleinknecht/Meyer*[38] 1.

[8] LG Bremen KostRspr. § 466 Nr. 5.

[9] KK-*Schikora/Schimansky*[2] 2; *Kleinknecht/Meyer*[38] 1; KMR-*Müller* 3; *Eb. Schmidt* Nachtr. II 9; *Bennecke/Beling* 459; **a. A** zum Teil das ältere Schrifttum, zum Beispiel *v. Kries* 773; *Gerland* 481.

[10] LG Amberg NJW **1952** 398; *Kleinknecht/Meyer*[38] 1.

ders ist die Sachlage, wenn die mehreren Angeklagten in spätestens mit der Eröffnung getrennten gerichtlichen Verfahren abgeurteilt werden, weil die Angeklagten dann nicht „Mitangeklagte" sind und jedenfalls die Auslagen des gerichtlichen Verfahrens in der Regel trennbar sind, während dies allerdings hinsichtlich der Auslagen eines bis dahin gemeinsamen Ermittlungsverfahrens (§ 464 a Abs. 1 Satz 2 1. Alt.) problematisch ist. Es besteht auch keine Mithaftung eines rechtskräftig Abgeurteilten für Auslagen, die gegen andere (früher) Mitangeklagte neu entstanden sind, nachdem das Verfahren gegen ihn rechtskräftig abgeschlossen war[11], denn auch hier entfällt — ab dem Zeitpunkt der Rechtskraft — der Gesichtspunkt der schwierigen Ausscheidbarkeit (Rdn. 1).

b) Die Gesamthaftung der Mitangeklagten für die Auslagen tritt nur insoweit ein, **5** als gegen sie **„in bezug auf dieselbe Tat"** auf Strafe erkannt oder eine Maßregel angeordnet wird. Das bedeutet nicht, daß die Mitangeklagten zueinander im Verhältnis von Mittätern oder Teilnehmern stehen müssen. Das Entscheidende ist vielmehr, daß die Verurteilung **dieselbe Tat im Sinne von** § 264 betrifft, also dieselbe prozessuale Tat[12], den gesamten der Anklage zugrundeliegenden einheitlichen historischen Lebensvorgang[13]. Eine Auffassung, in § 466 gelte eine Erweiterung des prozessualen Tatbegriffes[14], ist abzulehnen, weil sie mit dem eindeutigen Wortlaut der Vorschrift nicht vereinbar ist und zu Rechtsunsicherheit führen würde. Innerhalb des einheitlichen Lebensvorganges im Sinne der prozessualen Tat müssen die Mitangeklagten in der gleichen Richtung gewirkt haben. Die Gesamthaftung findet ihre innere Rechtfertigung darin, daß der Verurteilte für die Tat des anderen durch seine Mitwirkung mitverantwortlich ist[15]. Wegen der Einzelheiten zur Erläuterung des „Mitwirkens in der gleichen Richtung" wird auf die Ausführungen zu § 60 Nr. 2[16] verwiesen, die hier grundsätzlich entsprechend gelten.

Nach der nicht immer ausreichend klar und stringent begründeten Rechtsprechung soll die **Vorschrift anwendbar** sein **bei**: Hehlerei und Begünstigung[17] in bezug auf die Haupttat, während bei Strafvereitelung[18] Ausnahmen gelten sollen, wenn zum Beispiel Haupttat und Vereitelungshandlung zeitlich weit auseinanderliegen; Vorteilsannahme und Bestechlichkeit sowie Vorteilsgewährung und Bestechung[19]; Wählerbestechung durch Kauf und Verkauf einer Wahlstimme oder bei homosexuellen Handlungen gemäß § 175 StGB[20].   **6**

Die **Voraussetzungen des Satzes 1 sollen nicht erfüllt sein**: bei wechselseitiger Körperverletzung[21], weil eine Mitwirkung in der gleichen Richtung — anders als u. U bei einer Schlägerei — fehlt; wenn ein bestimmtes Ereignis, an dem die Mitangeklagten Be-   **7**

---

[11] KK-*Schikora/Schimansky*[2]   3;   KMR-*Müller* 3.

[12] Vgl. die Erl. zu § 264.

[13] RGSt **12** 226; **21** 164; BGH NJW **1951** 325; BayObLG *Alsb.* E 3 336 a; KG JR **1967** 431; OLG Hamm Rpfleger **1952** 436; NJW **1961** 1833; NJW **1962** 2120; OLG Celle NJW **1960** 2305; GA **1970** 373; OLG Stuttgart Justiz **1972** 19; KK-*Schikora/Schimansky*[2] 2; *Kleinknecht/Meyer*[38] 1; *Eb. Schmidt* Nachtr. II 2; **a. A** *Beling* 459, 10.

[14] So wohl KMR-*Müller* 4.

[15] OLG Hamm NJW **1961** 1833; KK-*Schikora/Schimansky*[2] 2.

[16] Rdn. 16 bis 25

[17] RGSt **12** 226; BayObLG *Alsb.* E 3 336 a und 336 b; OLG Rostock *Alsb.* E 3 287; OLG Hamm Rpfleger **1952** 436; NJW **1961** 1833; OLG Celle NJW **1960** 2305 (mit weit. Beispielen); OLG Stuttgart Justiz **1972** 19; LG Mönchengladbach NJW **1969** 1729.

[18] OLG Celle NJW **1960** 2305; KK-*Schikora/Schimansky*[2] 2.

[19] Vgl. RGSt **17** 116; **12** 226; OLG Celle NJW **1960** 2305; *Kleinknecht/Meyer*[38] 1; **a. A** *Eb. Schmidt* Nachtr. II 4.

[20] OLG Celle NJW **1960** 2305.

[21] RGSt **21** 164; *Kleinknecht/Meyer*[38] 1; KMR-*Müller* 4.

Hans Hilger

teiligte waren, nur den tatsächlichen Ausgangspunkt bildet, aus dem sich für beide getrennte, miteinander nicht mehr in Zusammenhang stehende strafbare Handlungen ent-
wickeln, zum Beispiel wenn nach wechselseitigen homosexuellen Handlungen die wahrheitswidrige Schilderung des Vorgangs in einem gerichtlichen Verfahren bei dem einen
zur Verurteilung wegen Prozeßbetruges, bei dem anderen zur Verurteilung wegen
Meineids führt[22]; bei einem Erfolgsdelikt und paralleler unterlassener Hilfeleistung[23].

8   Umstritten ist die Behandlung von Fällen der **Nebentäterschaft**. Stellt man darauf
ab, daß die „Mitwirkung" (Rdn. 5) ein kollusives Zusammenwirken sein muß, so wäre
eine solche Voraussetzung zum Beispiel nicht erfüllt, wenn mehrere Personen als Ne-
bentäter, unter Umständen entgegengesetzt wirkend, fahrlässig zum Erfolg beigetragen haben[24]. Läßt man ein einfaches „Mitwirken" genügen, so kann die „Mitwirkung
in derselben Richtung" im fahrlässigen Beitrag zum Eintritt des Erfolges liegen[25]. Die
letztgenannte Auffassung (einfache Mitwirkung ausreichend) dürfte vorzuziehen sein,
weil auch in diesem Fall unterhalb der Schwelle des kollusiven Zusammenwirkens eine
verhaltensbedingte Verantwortlichkeit des Verurteilten für die Tat (Erfolg) des anderen zu finden ist.

9   Die wegen **Beteiligung an einer fortgesetzten Handlung** Mitangeklagten haften
ohne Rücksicht darauf, ob der eine oder andere in größerem oder geringerem Umfang
an den Einzelakten beteiligt war, gesamtschuldnerisch. Ist aber der eine Mittäter nur
wegen Mitwirkung an einem Teilakt der fortgesetzten Straftat des anderen Angeklagten
— also wegen einer für ihn selbständigen Handlung — verurteilt, so beschränkt sich
seine Mithaftung auf die Auslagen, die durch seine Tatbeteiligung mitverursacht worden
sind[26].

10   Ist ein Mitangeklagter auch noch **wegen anderer selbständiger Taten** verurteilt
worden, an denen der andere Mitangeklagte unbeteiligt ist, so erstreckt sich zwar dessen
Mithaftung nicht auf die Auslagen, die durch die Untersuchung der weiteren Taten entstanden sind, jedoch gilt dies nur, soweit sich diese Auslagen tatsächlich oder rechtlich
ausscheiden lassen[27].

11   3. Die **Mithaftung** tritt, wenn ihre Voraussetzungen vorliegen, **kraft Gesetzes** ein,
weil sie einschließlich ihres Umfanges an die Verurteilung in die Kosten anknüpft (§ 465
Abs. 1 StPO, § 60 GKG). Im Entscheidungstenor ist weder ein (zulässiger)[28] Ausspruch
erforderlich, daß Gesamthaftung bestehe[29], denn das Gesetz kennt eine Haftung nach
Kopfteilen nicht, noch ist (abweichend von § 466 Abs. 2 a. F) ein Hinweis notwendig,
daß der Verurteilte gemäß Satz 2 in einem Teilbereich von der Gesamthaftung befreit
sei. Die Feststellung der einzelnen Auslagen und die Entscheidung darüber, ob und in

---

[22] OLG Celle GA **1970** 344; *Kleinknecht/Mey-
er*[38] 1; KMR-*Müller* 4.

[23] OLG Hamm NJW **1961** 1833; KK-*Schiko-
ra/Schimansky*[2] 2; *Kleinknecht/Meyer*[38] 1;
KMR-*Müller* 4.

[24] KK-*Schikora/Schimansky*[2] 2.

[25] Vgl. BayObLG Rpfleger **1960** 306; OLG
Saarbrücken JBlSaar **1959** 115; OLG Celle
NJW **1960** 2305; *Kleinknecht/Meyer*[38] 1;
KMR-*Müller* 4.

[26] OLG Hamm NJW **1962** 2120; KK-*Schiko-
ra/Schimansky*[2] 3; *Kleinknecht/Meyer*[38] 1; a. A
KMR-*Müller* 4 unter Hinweis auf Satz 2; *Eb.*

Schmidt Nachtr. II 2 stellt auf das Fehlen des
Gesamtvorsatzes ab.

[27] BayObLGSt **1954** 68; KG JR **1962** 271;
OLG Bremen KostRspr. § 466 Nr. 4; vgl.
auch KK-*Schikora/Schimansky*[2] 3; KMR-
Müller 5.

[28] BayObLG Rpfleger **1960** 306; *Kleinknecht/
Meyer*[38] 2.

[29] Vgl. RGSt 1 93; **51** 83; HRR **1940** Nr. 209;
BayObLG JZ **1953** 47; KK-*Schikora/Schi-
mansky*[2] 3; *Kleinknecht/Meyer*[38] 2; KMR-
Müller 2.

welchem Umfang Mithaftung besteht, erfolgt im Kostenansatzverfahren (§ 4 Abs. 2, § 5 GKG)[30]. Ein Angeklagter kann die gegen einen Mitangeklagten ergangene Kostenentscheidung nicht wegen seiner gesamtschuldnerischen Haftung für die Auslagen anfechten.

4. Wirkung der Gesamthaftung. Jeder Mitangeklagte haftet grundsätzlich für die **12** gesamten, insgesamt nur einmal zu zahlenden Auslagen; es steht im pflichtgemäßen Ermessen[31] des Kostenbeamten, ob und in welchem Umfang er die Auslagen von den einen oder anderen Mitangeklagten einfordert (§§ 421 ff BGB). Richtlinien für die Ermessensausübung ergeben sich aus der Kostenverfügung[32]. Ein Streit um die Ausgleichspflicht zwischen den Mitangeklagten (§ 426) muß im Zivilprozeß ausgetragen werden[33].

5. Satz 2 regelt sechs **Ausnahmen** vom Grundsatz der gesamtschuldnerischen Haftung.

a) Vergütung des bestellten Verteidigers. Die Gesamthaftung erstreckt sich nach **13** Satz 2 nicht auf die aus der Staatskasse zu zahlenden Beträge (KostVerz. Nr. 1906; §§ 97 ff BRAGebO) des Verteidigers (oder mehrerer Verteidiger), der einem Mitangeklagten bestellt wird (§ 140). Vor der Klarstellung durch Art. 21 Nr. 139 EGStGB 1974 war die Frage der Mithaftung streitig[34]. Der gesetzgeberische Grund für den jetzigen Ausschluß der Mithaftung (vgl. Art. 20 Nr. 129 RegE BTDrucks. 7 550 S. 316) ist, daß nach der früher überwiegend vertretenen Meinung (Fall der Gesamthaftung) ein Mitverurteilter selbst dann für die Kosten des Pflichtverteidigers eines früheren Mitangeklagten haftete, wenn dieser Pflichtverteidiger den Betroffenen im Verfahren erheblich belastet hatte, und die Mithaftung eines Verurteilten für die Kosten mehrerer Pflichtverteidiger anderer Angeklagter zu einer Gefährdung der Resozialisierung führen kann. Die geltende Regelung kann aber auch damit begründet werden, daß es sich um Auslagen handelt, die durch ein erhöhtes Verteidigungsbedürfnis in der Person des einzelnen anderen Mitangeklagten entstanden sind, so daß eine Mithaftung eines anderen Verurteilten unbillig wäre.

b) Wegen der Haftung eines Verurteilten für die durch die **Inanspruchnahme 14 eines Dolmetschers** entstandenen Kosten wird grundsätzlich auf die Erläuterungen zu § 464 a (Rdn. 8 ff) verwiesen. Soweit danach ein Verurteilter die Vergütung des Übersetzers — trotz Nr. 1904 KostVerz — als Auslagen der Staatskasse zu erstatten hat, gilt grundsätzlich die Einzelhaftung gemäß Satz 2. Eine Gesamthaftung dürfte jedoch, wenn mehrere Verurteilte ausnahmsweise der Staatskasse für die Dolmetscherkosten haften, anzunehmen sein, wenn der Dolmetscher zur Verständigung mit diesen mehreren Verurteilten bestellt worden war[35].

c) Die Mithaftung erstreckt sich ferner nicht auf **Auslagen, die durch die Voll- 15 streckung, die Untersuchungshaft oder einstweilige Unterbringung** (§ 126 a, §§ 71 Abs. 2, 72 Abs. 3 JGG) gegenüber dem einzelnen Mitangeklagten entstanden sind. Hier entfällt nicht nur die ratio des § 466 Satz 1, die Schwierigkeit der Ausscheidung, sondern es wäre auch unbillig, den Mitangeklagten, der der Durchführung des Verfahrens keine Hin-

---

[30] BGH NStZ **1986** 210; KK- *Schikora/Schimansky*[2] 3; *Kleinknecht/Meyer*[38] 3.

[31] Vgl. KG JR **1967** 431.

[32] S. *Piller/Herrmann* Nr. 10.

[33] KK- *Schikora/Schimansky*[2] 3.

[34] Vgl. OLG Stuttgart Justiz **1972** 19.

[35] *Mümmler* JurBüro **1976** 643.

Hans Hilger

dernisse bereitet, für Auslagen haften zu lassen, die dadurch entstehen, daß gegen einen anderen Mitangeklagten die Freiheitsentziehung angeordnet werden muß. Hinsichtlich der Kosten der Untersuchungshaft oder einstweiligen Unterbringung ist Satz 2 außerdem praktisch gegenstandslos (§ 464 a, 16; 18).

16   **d)** Die Mithaftung erstreckt sich schließlich nicht auf Auslagen durch solche **Untersuchungshandlungen**, die **ausschließlich gegen einen Mitangeklagten** gerichtet waren. Diese Auflockerung des Grundsatzes des Satzes 1 ist das Gegenstück zur Auflockerung des Grundsatzes des § 465 Abs. 1 durch § 465 Abs. 2 (Begr. zum RegE EGOWiG BTDrucks. V 1319 S. 85). Auch entfällt die ratio der Mithaftung, denn Auslagen durch Untersuchungshandlungen, die ausschließlich gegen den Mitangeklagten gerichtet waren, sind ausscheidbar. Im Gegensatz zu § 465 Abs. 2 Satz 1 spricht § 466 Satz 2 nicht von Auslagen durch Untersuchungen, sondern von Auslagen durch Untersuchungshandlungen. Die Entscheidung über die Auslagen nach § 466 Satz 2 ist „nicht von dem Ergebnis bestimmter Untersuchungen abhängig, sondern allein davon, ob die Untersuchungshandlungen, also unter Umständen auch einzelne Handlungen, die zur Aufklärung eines bestimmten Umstandes vorgenommen worden sind, ausschließlich gegen einen Mitangeklagten gerichtet waren" (Begr. zum RegE EGOWiG S. 85).

17   **Untersuchungshandlungen** im allgemeinen sind Handlungen der Strafverfolgungsorgane, die der Aufklärung des Sachverhalts, der Auffindung von Beweismitteln oder der Sicherung des Fortgangs des Verfahrens dienen (§§ 20, 162, 168 b). Sie sind **ausschließlich gegen einen Mitangeklagten** gerichtet, wenn sie gerade im Hinblick auf besondere Umstände in seiner Person oder Besonderheiten seiner Einlassung vorgenommen wurden. Als solche kommen zum Beispiel (vgl. die in der Begr. des RegE EGOWiG S. 85 angeführten Beispiele) in Betracht: Auslagen durch einzelne Beweiserhebungen (§ 201), durch eine umfangreiche Beweisaufnahme, die nur wegen der Einlassung des anderen Mitangeklagten erforderlich war[36], Beweiserhebungen zu einem Teilakt einer fortgesetzten Handlung, an der nur ein Mitangeklagter beteiligt war[37], oder Auslagen durch Maßnahmen gemäß §§ 81, 81 a, 81 b sowie § 73 JGG gegen andere Mitangeklagte[38]. Sind Täter und Hehler Mitangeklagte und wird die Vortat von keinem zugestanden, so gilt für die insoweit erforderliche Beweisaufnahme Satz 1[39], weil sie auch für die Schuldfeststellungen gegen den Hehler notwendig ist.

§ 467

(1) Wird der Angeschuldigte freigesprochen oder die Eröffnung des Hauptverfahrens gegen ihn abgelehnt oder das Verfahren gegen ihn eingestellt, so fallen die Kosten des Verfahrens und die notwendigen Auslagen des Angeschuldigten der Staatskasse zur Last.

(2) [1]Die Kosten des Verfahrens, die der Angeschuldigte durch eine schuldhafte Säumnis verursacht hat, werden ihm auferlegt. [2]Die ihm insoweit entstandenen Auslagen werden der Staatskasse nicht auferlegt.

(3) [1]Die notwendigen Auslagen des Angeschuldigten werden der Staatskasse nicht auferlegt, wenn der Angeschuldigte die Erhebung der öffentlichen Klage dadurch ver-

---

[36] *Kleinknecht/Meyer*[38] 3; *Bode* NJW **1969** 214.
[37] KMR-*Müller* 7.
[38] Vgl. OLG Nürnberg OLGSt S. 1; *Kleinknecht/Meyer*[38] 3; KMR-*Müller*[38] 7; *Bode* NJW **1969** 214.
[39] **A. A** KMR-*Müller* 7.

anlaßt hat, daß er in einer Selbstanzeige vorgetäuscht hat, die ihm zur Last gelegte Tat begangen zu haben. ²Das Gericht kann davon absehen, die notwendigen Auslagen des Angeschuldigten der Staatskasse aufzuerlegen, wenn er

1. die Erhebung der öffentlichen Klage dadurch veranlaßt hat, daß er sich selbst in wesentlichen Punkten wahrheitswidrig oder im Widerspruch zu seinen späteren Erklärungen belastet oder wesentliche entlastende Umstände verschwiegen hat, obwohl er sich zur Beschuldigung geäußert hat, oder
2. wegen einer Straftat nur deshalb nicht verurteilt wird, weil ein Verfahrenshindernis besteht.

(4) Stellt das Gericht das Verfahren nach einer Vorschrift ein, die dies nach seinem Ermessen zuläßt, so kann es davon absehen, die notwendigen Auslagen des Angeschuldigten der Staatskasse aufzuerlegen.

(5) Die notwendigen Auslagen des Angeschuldigten werden der Staatskasse nicht auferlegt, wenn das Verfahren nach vorangegangener vorläufiger Einstellung (§ 153 a) endgültig eingestellt wird.

Schrifttum. *Göhler* Zu den Änderungen des Bußgeldverfahrens wegen Verkehrsordnungswidrigkeiten, DAR **1987** 65; *Haberstroh* Unschuldsvermutung und Rechtsfolgenausspruch, NStZ **1984** 291; *Janiszewski* Zur Kosten-Halterhaftung nach sogen. Kennzeichenanzeigen und anderen verkehrsstrafrechtlich bedeutsamen Neuregelungen, DAR **1986** 256; *Kühl* Zur Beurteilung der Unschuldsvermutung bei Einstellungen und Kostenentscheidungen, JR **1978** 94; *Kühl* Der Tod des Beschuldigten oder Angeklagten während des Strafverfahrens, NJW **1978** 977; *Kühl* Unschuldsvermutung und Einstellung des Strafverfahrens, NJW **1984** 1264; *Lampe* Auslagenerstattung beim Tod des Angeklagten, NJW **1974** 1856; *Liemersdorf/Miebach* Strafprozessuale Kostenentscheidungen im Widerspruch zur Unschuldsvermutung, NJW **1980** 371; *Martin* Der Schutz der Menschenrechte im Strafverfahren, ZStW **91** (1979) 364; *D. Meyer* Zum Problem der Nichterstattung notwendiger Auslagen des freigesprochenen Angeklagten — § 467 III 2 Nr. 1 StPO —, MDR **1973** 468; *D. Meyer* Zur Frage der Nichterstattung notwendiger Auslagen eines zunächst schweigenden Angeklagten (Betroffenen), DAR **1982** 277; *D. Meyer* Zur Anwendung des § 467 Abs. 4 StPO in der Praxis, JurBüro **1982** 481; *D. Meyer* Die Regel des § 6 I Nr. 1 StrEG: Versagen der Entschädigung für Strafverfolgungsmaßnahmen bei Verschweigen eines wesentlichen entlastenden Umstandes trotz Zumutbarkeit der Offenbarung, DAR **1978** 238; *D. Meyer* Ausschluß und Versagen der Entschädigung nach dem StrEG wegen Aussageverhaltens eines Beschuldigten, MDR **1981** 109; *Mürbe* Praktische und verfassungsrechtliche Bedenken gegen § 25 a StVG, DAR **1987** 71; *Naucke* Aufteilung der notwendigen Auslagen des Angeschuldigten gemäß § 467 StPO, NJW **1970** 84; *Oske* Die Verpflichtung der Staatskasse zur Tragung der notwendigen Auslagen des Beschuldigten (§§ 467, 467 a StPO), MDR **1969** 712; *Pflüger* Auswirkungen des Todes des Angeklagten auf die Kostenentscheidung, NJW **1983** 1894; *Rüping* Der Schutz der Menschenrechte im Strafverfahren, ZStW **91** (1979) 351; *J. Schmid* Zur Auslegung des § 467 Abs. 4 StPO, JR **1979** 222; weiteres Schrifttum s. bei § 464.

Entstehungsgeschichte. § 467 (Bezeichnung bis 1924: § 499) lautete ursprünglich:

(1) Einem freigesprochenen oder außer Verfolgung gesetzten Angeschuldigten sind nur solche Kosten aufzuerlegen, die er durch eine schuldhafte Versäumnis verursacht hat.

(2) Die dem Angeschuldigten erwachsenen notwendigen Auslagen können der Staatskasse auferlegt werden.

Die Reichstagskomission hatte zunächst beschlossen, daß die dem freigesprochenen oder außer Verfolgung gesetzten Angeschuldigten entstandenen notwendigen Auslagen stets der Staatskasse aufzuerlegen seien. Bei den sog. Kompromißverhandlungen im Reichstag (Einleitung Kap. 2) wurde aber auf Verlangen der Regierung die Muß- durch eine Kann-Vorschrift ersetzt (StenB S. 568, 992, 993). Durch Art. 2 Nr. 44 des Ges. vom 24. 11. 1933 (RGBl. I S. 1000) wurde als Absatz 3 eingefügt:

(3) Diese Vorschriften gelten nicht, wenn gegen den Angeschuldigten die Unterbringung in einer Heil- oder Pflegeanstalt angeordnet wird.

Art. 4 Nr. 50 des 3 StRÄndG führte durch Einfügung des Absatzes 2 Satz 2 einen beschränkten Überbürdungszwang für die notwendigen Auslagen ein:

> Sie sind aufzuerlegen, wenn das Verfahren die Unschuld des Angeschuldigten ergeben oder dargetan hat, daß gegen ihn ein begründeter Verdacht nicht vorliegt; § 2 des Gesetzes betr. die Entschädigung für unschuldig erlittene Untersuchungshaft vom 14. 7. 1904 i. d. F. des Gesetzes vom 24. 11. 1933 (RGBl. I S. 1000) gilt entsprechend.

Man unterschied jetzt zwischen dem „Freispruch zweiter Klasse" („mangels Beweises") und dem „erster Klasse" („wegen erwiesener Unschuld oder Fehlens eines begründeten Verdachts"). Durch Art. 10 Nr. 12 des StPÄG 1964 wurde Absatz 1 neu gefaßt:

> Wird der Angeschuldigte freigesprochen oder außer Verfolgung gesetzt, oder wird das Verfahren gegen ihn eingestellt, so fallen die Kosten des Verfahrens der Staatskasse zur Last; dem Angeschuldigten werden nur solche Kosten auferlegt, die er durch eine schuldhafte Versäumnis verursacht hat.

Diese Neufassung diente — ohne sachliche Änderungen — nur der Klarstellung, daß auch die Verfahrenseinstellung einem Freispruch gleichstehe. Ferner wurden — im Zuge der Bestrebungen auf Beseitigung des sog. Freispruchs zweiter Klasse (dazu § 467, 3 b der 21. Aufl.) — die neuen Absätze 4 und 5 eingestellt:

> (4) [1]Über die Verpflichtung der Staatskasse nach Absatz 2 entscheidet das Gericht durch besonderen Beschluß gleichzeitig mit der Entscheidung nach Absatz 1. [2]Wird eine solche Entscheidung auf ein Rechtsmittel von neuem getroffen, so wird auch über die Verpflichtung der Staatskasse nach Absatz 2 von neuem Beschluß gefaßt.
>
> (5) Der Beschluß nach Absatz 4 wird nur durch Zustellung bekannt gemacht. Er wird erst zugestellt, wenn die Entscheidung nach Absatz 1 rechtskräftig geworden ist. Er kann mit der sofortigen Beschwerde angefochten werden. Das Beschwerdegericht ist an die tatsächlichen Feststellungen in der Entscheidung nach Absatz 1 gebunden.

Durch diese Regelung sollte erreicht werden, daß nicht mehr durch die Auslagenerstattungsentscheidung *im Urteil* zum Ausdruck komme, ob ein „Freispruch erster Klasse" oder nur ein „Freispruch zweiter Klasse" vorliege.

In seiner jetzigen Fassung beruht § 467 Abs. 1 bis 4 im wesentlichen auf Art. 2 Nr. 25 EGOWiG. Sie ist das Ergebnis eines Kompromisses. Eine entsprechende Vorschrift war im Regierungsentwurf noch nicht enthalten; sie wurde erst bei der Beratung des Entwurfs vom BTRechtsausschuß beschlossen. Die Vorschläge des Rechtsausschusses gingen weiter als das jetzt geltende Recht. Ihr Grundgedanke war die völlige auslagenrechtliche Beseitigung des „Freispruchs zweiter Klasse". „Es widerspricht" — so der Bericht des Rechtsausschusses zu Drucks. V 2600 und 2601 S. 19 — „den allgemeinen Regeln des Prozeßrechts, daß derjenige, gegen den ein Verfahren anhängig gemacht worden ist, mit der Begründung, er sei einer Straftat hinreichend verdächtig, die ihm in diesem Verfahren notwendigerweise erwachsenen Auslagen in der Regel selbst tragen soll, obwohl er freigesprochen worden ist… Der Umstand, daß der erhobene Verdacht nicht ausgeräumt ist, darf nicht zu Lasten des Angeklagten gehen. Denn in dem Strafverfahren ist es nicht Sache des Angeklagten, seine Unschuld zu beweisen oder die Verdachtsgründe auszuräumen, sondern umgekehrt die Aufgabe der Strafverfolgungsorgane, zu prüfen, ob ein Beweis für die Schuld des Angeklagten geführt werden kann, wenn ein hinreichender Verdacht besteht. Dies folgt insbesondere aus Art. 6 Abs. 2 der Konvention zum Schutze der Menschenrechte und Grundfreiheiten, wonach bis zum gesetzlichen Nachweis der Schuld vermutet wird, daß der wegen einer Straftat Angeschuldigte unschuldig ist. Gelingt es dem gerichtlichen Verfahren nicht, diese Unschuldsvermutung zu widerlegen, so besteht sie fort. Es ist dann nur folgerichtig, den Freigesprochenen auch hinsichtlich der Erstattung seiner Auslagen als Unschuldigen anzusehen. Das erscheint im übrigen deswegen recht und billig, weil es von dem Willen des Angeklagten und den ihm zur Verfügung stehenden Mitteln oft völlig unabhängig ist, ob es ihm gelingt, die gegen ihn vorliegenden Verdachtsgründe auszuräumen oder nicht".

Die vom Rechtsausschuß vorgeschlagene Fassung wurde zunächst vom Bundestag in 2. und 3. Lesung übernommen. Sie **unterscheidet sich von der Gesetz gewordenen Fassung** dadurch, daß Absatz 3 Satz 2 eine dem jetzigen Absatz 3 Satz 2 Nr. 2 entsprechende Vorschrift nicht enthielt. Der Rechtsausschuß hatte dazu in seinem oben erwähnten Bericht (S. 21) ausgeführt, eine Einschränkung der Auslagenüberbürdungspflicht in den Fällen, in denen die Tat wegen eines Verfahrenshindernisses nicht verfolgt werden kann, „wäre nicht folgerichtig und würde dem Grundgedanken, auf dem die neue Regel beruht, widersprechen: wenn es allein darauf ankommt, ob der Strafprozeß, der dem Angeklagten gemacht worden ist, mit Erfolg im Sinne der Durchsetzung des staatlichen Strafanspruchs durchgeführt worden ist oder nicht, so darf keine Rolle spielen, aus welchen Gründen der staatliche Strafausspruch nicht durchgesetzt werden konnte". Diese Auffassung fand aber nicht die Zustimmung des Bundesrates, vom Vermittlungsausschuß wurde der jetzige Absatz 3 Satz 2 eingefügt (dazu Bericht und Text des Antrags des Vermittlungsausschusses BTDrucks. V 2889; Verhandl. der V. Wahlperiode 173. Sitzung Prot. S. 2949 f).

Durch Art. 21 Nr. 140 EGStGB 1974 wurden schließlich in Absatz 3 Satz 2 Nr. 2 die bisherigen Worte „strafbare Handlung" durch „Straftat" ersetzt sowie Absatz 5 eingefügt und durch Art. 1 Nr. 115 des 1. StVRG 1974 in Absatz 1 die bisherigen Worte „außer Verfolgung gesetzt" durch die Worte „die Eröffnung des Hauptverfahrens gegen ihn abgelehnt" ersetzt.

Übersicht

Hans Hilger

I. Bedeutung und Reichweite der Vorschrift

1   **1. Bedeutung.** Die verfassungsrechtlich unbedenkliche[1] Vorschrift, die — wie die Entstehungsgeschichte zeigt — eine kostenrechtliche Konsequenz der Unschuldsvermutung (Art. 6 Abs. 2 MRK) ist, beruht auf folgenden Grundsätzen: Der Freigesprochene und ihm gleichzustellende nicht verurteilte Angeschuldigte sollen unbeschadet eines fortbestehenden Verdachts und der Frage, ob ihr Verhalten aus sonstigen Gründen zu mißbilligen ist, nicht die Verfahrenskosten tragen und Ersatz ihrer notwendigen Auslagen erhalten. Nur prozessuales Fehlverhalten und sonstige prozessuale Besonderheiten (Verfahrenshindernis; Ermessenseinstellung) lassen Ausnahmen hiervon zu. Das Schweigerecht soll unangetastet bleiben; das Verschweigen entlastender Umstände läßt jedoch Ausnahmen zu, wenn der Angeschuldigte sich im übrigen zur Beschuldigung geäußert hat[2]. Die Ausnahmen sind teils obligatorisch (Absatz 2, 3 Satz 1, Absatz 5), teils fakultativ (Absatz 3 Satz 2, Absatz 4).

2   **2. Reichweite.** § 467 gilt auch im **Rechtsmittelverfahren** (vgl. § 473,1) und die Absätze 2 bis 5 sind gemäß § 467 a Abs. 1 Satz 2 bei Rücknahme der öffentlichen Klage im Sinne von § 467 a Abs. 1 Satz 1 anwendbar. Außerdem gilt die Vorschrift über § 46 Abs. 1 OWiG auch im **gerichtlichen Bußgeldverfahren,** jedoch mit zwei wesentlichen Ein-

---

[1] BVerfGE **25** 327; BayObLG NJW **1970** 875.

[2] Vgl. OLG München NStZ **1984** 185 mit Anm. *Schikora* (dazu aber Rdn. 48); *Eb. Schmidt* Nachtr. II 4.

schränkungen: Im Bußgeldverfahren wegen eines Halt- oder Parkverstoßes haben gemäß § 25 a StVG grundsätzlich der Halter oder sein Beauftragter Verfahrenskosten und Auslagen zu tragen, wenn der verantwortliche Fahrer nicht vor Eintritt der Verfolgungsverjährung ermittelt werden kann oder die Ermittlung unangemessenen Aufwand erfordern würde[3]. Diese Regelung ist — trotz gewisser Reibungen — mit dem System des Kostenrechts vereinbar; sie beruht auf dem Veranlassungsprinzip, ist kein Verstoß gegen das Verschuldensprinzip und tastet letztlich auch nicht den Grundsatz an, daß ein Beschuldigter an seiner Überführung nicht mitzuwirken braucht und schweigen kann, denn dieses Recht bleibt dem Betroffenen unbenommen, soweit es um die Feststellung der Ordnungswidrigkeit geht[4]. Desweiteren wird die Erstattung der Auslagen des Betroffenen über § 109 a OWiG eingeschränkt[5]. Zur Geltung von § 467 (§ 467 a) im **Auslieferungsverfahren** (§ 77 IRG) vgl. Vor § 464, 12. Zur Geltung im Verfahren nach dem JGG vgl. Vor § 464, 8 ff, § 465,8.

Einzelne Regelungen der Vorschrift finden **entsprechende Anwendung** in soge- **3** nannten **Zwischen- und Nachtragsverfahren** (vgl. auch § 464, 8 und § 473, 13 ff), insbesondere im Verfahren über den Widerruf der Strafaussetzung[6], bei Entscheidungen über die vorzeitige Erledigung einer Maßregel[7], in Vollzugssachen[8], und bei Ordnungsgeldbeschlüssen[9], nicht jedoch bei Säumnis der Jugendgerichtshilfe in der Hauptverhandlung[10].

II. Grundsatz der Auslagenerstattung (Absatz 1)

1. Grundsatz. Absatz 1 enthält die Grundregel der Vorschrift, daß bei Freispruch **4** des Angeschuldigten, Ablehnung der Eröffnung des Hauptverfahrens oder gerichtliche Einstellung des Verfahrens gegen ihn die Gerichtskosten (§ 464 a Abs. 1) und seine notwendigen Auslagen (§ 464 a Abs. 2) der Staatskasse zur Last fallen. Das ist gemäß § 464 Abs. 1, 2 in der das Verfahren abschließenden Entscheidung ausdrücklich auszusprechen[11]. Der Begriff des Angeschuldigten ergibt sich aus § 157[12]; das Verfahren muß also bei Gericht durch Erhebung der öffentlichen Klage anhängig geworden sein.

2. Die Voraussetzungen: Freispruch, Ablehnung der Eröffnung, Verfahrenseinstel- **5** lung, erfassen alle Fälle einer Verfahrensbeendigung durch gerichtliche Entscheidung, in denen der Angeschuldigte nicht im Sinne des § 465 Abs. 1 (s. § 465, 2 bis 5) verurteilt wird.

a) Freispruch. Ein Freispruch (§ 267 Abs. 5) ist auch die Ablehnung einer Maßre- **6** gel der Besserung und Sicherung im Sicherungsverfahren gemäß § 414 Abs. 2 Satz 3, 4[13].

[3] Vgl. *Janizewski* DAR 1986 256; *Kempf* StrVert. 1986 364; *Göhler* DAR 1987 65; *Kupsch* NJW 1987 356.

[4] Vgl. Vor § 464, 10; s. auch Rdn. 45 ff sowie *Janizewski* DAR 1986 256; a. A *Mürbe* DAR 1987 71.

[5] Vgl. Vor § 464, 10; s. auch § 464 a, 30 und Rdn. 26, 45 ff; *Kempf* StrVert. 1986 364; *Kupsch* NJW 1987 357.

[6] OLG Koblenz Rpfleger 1973 406; LG Saarbrücken NJW 1979 1974; OLG Karlsruhe JurBüro 1981 241; zu § 467 a vgl. OLG Schleswig SchlHA 1986 114.

[7] OLG Hamm NStZ 1984 288.

[8] OLG Frankfurt NStZ 1983 309.

[9] OLG Hamm JurBüro 1980 621; LG Mainz Rpfleger 1974 74; LR-*K. Schäfer*[23] § 473, 14; a. A LG Würzburg JurBüro 1980 1540; siehe auch LG Hannover JurBüro 1986 1675; LG Gießen MDR 1981 959; § 51, 26; 32; § 473, 13 ff; § 464 a, 31, Fußn. 68.

[10] LG Frankfurt NStZ 1985 42 mit Anm. *Eisenberg*.

[11] Vgl. § 464, 24.

[12] OLG Saarbrücken JR 1970 231.

[13] BGH NJW 1970 1242; KK-*Schikora/Schimansky*[2] 2; *Kleinknecht/Meyer*[38] 1.

Hans Hilger

Unanwendbar ist § 467 Abs. 1 bei Freispruch wegen Schuldunfähigkeit zur Tatzeit unter gleichzeitiger Anordnung einer Maßregel der Besserung und Sicherung, zum Beispiel der Unterbringung in einem psychiatrischen Krankenhaus, weil dann eine Verurteilung im Sinne des § 465 Abs. 1 vorliegt. Das gleiche gilt, wenn wegen erwiesener oder nicht-auszuschließender Schuldunfähigkeit Freisprechung erfolgt, gleichzeitig aber gemäß § 69 StGB Entziehung der Fahrerlaubnis ausgesprochen wird[14]. In der Rechtsmittelinstanz entspricht es dem Freispruch, wenn der verurteilte Angeklagte ein auf bestimmte Beschwerdepunkte beschränktes Rechtsmittel einlegt und damit vollen Erfolg hat (§ 473 Abs. 3).

7   b) Bei der **Ablehnung der Eröffnung** des Hauptverfahrens (§ 204), zu der auch die Nichteröffnung des Sicherungsverfahrens gehört[15], kommt es nicht darauf an, aus welchen Gründen sie erfolgt; es genügt also auch die Ablehnung wegen einer nicht durch Verweisung behebbaren Unzuständigkeit (s. § 464, 6; § 204, 4 bis 7; § 206 a, 38 ff).

8   c) Unter **Einstellung** ist nur eine dem Freispruch oder der Ablehnung der Verfahrenseröffnung gleichkommende **endgültig** gemeinte Einstellung des gerichtlich anhängig gewordenen Verfahrens durch gerichtliche Entscheidung zu verstehen, zum Beispiel nach den §§ 153 Abs. 2, 153 b Abs. 2, 153 e Abs. 2, 154 Abs. 2 (§ 154, 43)[15a], § 154 b Abs. 4 (§ 154 b, 11), 206 a, 206 b, 260 Abs. 3 (zu § 153 a Abs. 2 s. Abs. 5; zu § 154 a dort Rdn. 27). Es genügt also nicht eine vorläufige Einstellung (§ 205); zu der Frage, wieweit im übrigen der Begriff der „vorläufigen" Einstellung reicht, vgl. § 464, 10 ff und die Erl. zu § 205. Auf den Grund der Einstellung, ob nach § 206 b (dazu Rdn. 62), wegen eines Verfahrenshindernisses oder nach § 153 Abs. 2 und anderen die Einstellung in Durchbrechung des Verfolgungsgrundsatzes zulassenden Vorschriften kommt es grundsätzlich — also vorbehaltlich des § 467 Abs. 3 Satz 2 Nr. 2, Abs. 4, 5 — nicht an. Endgültig gemeint ist auch eine noch anfechtbare Entscheidung oder eine solche, die nach Behebung eines Verfahrenshindernisses eine erneute Verfolgung nicht ausschließt[16].

III. Zusammentreffen mehrerer Erstattungsansprüche des Angeschuldigten

9   Der Grundsatz des Absatzes 1 ist bzgl. der Kosten in Absatz 2, bzgl. der notwendigen Auslagen in den Absätzen 2, 3, 4 und 5 durchbrochen. Soweit diese Ausnahmen nicht eingreifen, hat der unverurteilt aus dem Verfahren hervorgehende Angeschuldigte nach § 467 Abs. 1 Anspruch auf **uneingeschränkte Erstattung**[17] seiner notwendigen Auslagen aus der Staatskasse. Daraus folgt, daß, wenn ihm auch ein Dritter[18] ganz oder teilweise die Auslagen zu erstatten hat, wie zum Beispiel der säumige Zeuge, der gemäß § 51 Abs. 1 in die durch sein Ausbleiben verursachten Kosten verurteilt worden ist (dazu die Erläuterungen zu § 51; § 464 b, 2; § 465, 12), oder der Anzeigende im Fall des § 469 (dort Rdn. 16), diese Auslagen nicht von der Überbürdungsentscheidung nach § 467 Abs. 1 ausgenommen werden dürfen[19] und daß der Erstattungsberechtigte im Verfah-

---

[14] OLG Karlsruhe OLGSt § 465, 7.; OLG Oldenburg OLGSt § 465, 3; KK-*Schikora/Schimansky*[2] 2; *Cordier* NJW **1962** 650; *Schmidt* SchlHA **1963** 3.

[15] KK-*Schikora/Schimansky*[2] 2.

[15a] Vgl. auch LG Bochum MDR **1986** 958; *Maatz* MDR **1986** 886.

[16] OLG Hamm JMBlNW **1962** 166; KK-*Schikora/Schimansky*[2] 2; *Kleinknecht/Meyer*[38] 1.

[17] Vgl. aber § 109 a OWiG; Vor § 464, 10; 20; oben Rdn. 2; unten Rdn. 26.

[18] Vgl. §§ 51 Abs. 1 Satz 1, 70 Abs. 1 Satz 1, 77 Abs. 1 Satz 1, 81 c Abs. 6 Satz 1, 138 c Abs. 6, 145 Abs. 4, 161 a Abs. 2 Satz 1, 469 Abs. 1 Satz 1, 470 Satz 1, § 56 GVG.

[19] KK-*Schikora/Schimansky*[2] 3; *Kleinknecht/Meyer*[38] 2; *Foth* NJW **1973** 887; vgl. auch § 470, 17; § 467 a, 17; § 77, 12 ff.

ren nach §464 b gegen die Staatskasse nicht darauf verwiesen werden kann, er müsse sich zunächst an den Dritten halten, denn es besteht keine nur subsidiäre Haftung der Staatskasse bei Vorhandensein weiterer Kostenschuldner[20]. Das gleiche gilt, wenn der Freigesprochene als Nebenkläger gegen den verurteilten Mitangeklagten (§ 472, 16) einen Auslagenerstattungsanspruch hat[21]. Erlangt der Freigesprochene im Verfahren nach §464 b auch gegen den Dritten einen Vollstreckungstitel, so haften ihm gemäß § 421 BGB die Staatskasse und der Dritte als Gesamtschuldner[22].

IV. Tod des Angeschuldigten

1. Problematik. Der Tod des Angeschuldigten beendet das auf eine Sachentschei- **10** dung zielende Verfahren. Heftig umstritten sind jedoch in Literatur und Rechtssprechung die prozessualen Folgerungen und die Möglichkeiten ihrer Begründung. Dies gilt insbesondere für die eng miteinander verknüpften Fragen, ob der Tod ein Verfahrenshindernis (§ 206 a) ist, ob § 467 direkt, analog, mit Einschränkungen oder garnicht anzuwenden ist und ob die Vorschriften des StrEG anwendbar sind. Aus kostenrechtlicher Sicht lautet die Frage — undogmatisch und erheblich vereinfacht gestellt: ob beim Tod des Angeschuldigten vor rechtskräftiger Beendigung des Verfahrens zugunsten des Erben des Verstorbenen die zu dessen Lebzeiten entstandenen notwendigen Auslagen der Staatskasse aufzuerlegen sind oder auferlegt werden können, oder vom Standpunkt der Billigkeit aus gesehen, ob nicht einem tatsächlich erfolgten Freispruch ein nach dem Stand des Verfahrens wahrscheinlicher, aber durch den Tod unmöglich gewordener Freispruch gleichzuachten ist. Die Problematik wird deutlich, wenn bereits im Zeitpunkt des Todes ein freisprechendes Urteil ergangen war und der Erbe geltend macht, daß auch das noch anhängige Rechtsmittelverfahren zugunsten des Angeklagten ausgegangen wäre. Indessen könnte die Frage, ob eine selbständige Auslagenerstattungsentscheidung nach dem Tod des Angeschuldigten zulässig ist, nicht auf diese Fälle beschränkt werden. Denn die Lage des Erben wäre nicht wesentlich anders, wenn der Angeklagte bereits im ersten Rechtszug vor Ergehen einer Sachentscheidung verstirbt, aber sein Freispruch nach dem Stand des Verfahrens wahrscheinlich war. Bejaht man aber auch dann die Zulässigkeit einer von der Billigkeit geforderten Auslagenerstattungsentscheidung, so müßte dies folgerichtig auch gelten, wenn der Angeklagte nach vorgängiger Verurteilung in der Rechtsmittelinstanz verstirbt; der Erbe müßte folgerichtig auch geltend machen können, daß, solange eine rechtskräftige Verurteilung nicht vorliegt, die Unschuldsvermutung des Art. 6 Abs. 2 MRK Platz greife, und daß bei Fortleben des Angeklagten mit einem Ausgang des Verfahrens zu seinen Gunsten zu rechnen gewesen sei. Eine andere Betrachtungsweise wäre, nicht auf den voraussichtlichen Freispruch abzustellen, sondern zu fragen, ob nicht die Billigkeit erfordert, schlechthin dem Eintritt eines Verfahrenshindernisses, das zur Verfahrenseinstellung zwingt, den Tod des Beschuldigten auslagenrechtlich (vgl. § 467 Abs. 3 Satz 2 Nr. 2) gleichzuachten, wenn man nicht überhaupt den Tod als Verfahrenshindernis gemäß § 206 a ansieht, so daß eine Anwendung des § 467 zwingend geboten wäre.

---

[20] LG Aachen NJW **1971** 576; LG Hamburg AnwBl. **1972** 200; LG Dortmund JVBl. **1972** 191; LG Münster NJW **1974** 1342; LG Mainz JurBüro **1974** 1401; LG Frankfurt StrVert. **1982** 516; vgl. auch § 464 b, 2; § 469, 16; **a. A** LG Dortmund JVBl. **1970** 119.

[21] LG Freiburg AnwBl. **1974** 192.

[22] LG Aachen NJW **1971** 576; LG Frankfurt StrVert. **1982** 516; vgl. auch § 464 b, 2; § 469, 16.

Hans Hilger

2. Meinungsstand

11   **a)** Die **herrschende Meinung** vertritt die Auffassung, durch den Tod ende das Verfahren von selbst, ohne daß es einer förmlichen Einstellung bedürfe, und lehnt dementsprechend eine direkte Anwendung des § 467 ab[23]. Diese Lösung soll verfassungsrechtlich unbedenklich sein[24]; in dem die Annahme einer Verfassungsbeschwerde ablehnenden Beschluß des BVerfG heißt es: „Bei der Nichtverurteilung nur wegen eines Verfahrenshindernisses, das im Laufe eines Verfahrens eingetreten ist, kann von der Auslagenerstattung abgesehen werden (§ 467 Abs. 3 Nr. 2 StPO), und zwar nach Maßstäben, die wiederum vorzugsweise an der Schuld (am Verdacht) orientiert sind, zu denen sich der Beschuldigte aber noch äußern kann. Die Verfahrensbeendigung durch den Tod des Beschuldigten sagt demgegenüber für sich nichts über die vor dem Tod vorhandene Chance aus, den staatlichen Strafausspruch gegen den Beschuldigten durchzusetzen. Soll aber, wie es der Systematik des § 467 StPO entspricht, die Frage der Auslagenerstattung nicht völlig losgelöst von der Schuldfrage entschieden werden, so wäre es nötig, über die Schuld des Toden doch noch in gewissem Umfang nachträglich zu richten. Das stünde im Widerspruch zu dem Grundgedanken der Verfahrensbeendigung durch Tod. Über die Schuld des Toten soll nicht mehr gerichtet werden, nicht nur, weil er nicht mehr bestraft werden kann, sondern auch, weil er selbst sich nicht mehr rechtfertigen kann."

12   **b)** Eine **Mindermeinung** lehnt zwar — wie die herrschende Meinung — die Annahme eines Verfahrenshindernisses (§ 206 a) ab, wendet jedoch zur Vermeidung unbilliger Ergebnisse § 467 **analog** an[25].

13   **c)** Schließlich wendet eine **weitere Mindermeinung** § 467 **direkt** an, weil sie den Tod als Verfahrenshindernis gemäß § 206 a ansieht, das zur Einstellung des Verfahrens zwingt[26]. Diese Auffassung hat jedoch zu prüfen, ob bei der Anwendung einzelner Vorschriften, insbesondere § 467 Abs. 3 Satz 2 Nr. 2, auf die Besonderheiten dieses Verfahrenshindernisses zu achten ist[27].

3. Wesentliche Argumente

14   **a) Die herrschende Meinung** stützt ihre dogmatische Begründung im wesentlichen darauf, daß das konkrete Strafverfahren in der Regel von der Existenz eines Angeschuldigten abhängig sei und mit dessen Tod ein das Verfahren bedingendes Prozeßsubjekt entfalle, das Verfahren also wegen der höchstpersönlichen Natur des Streitgegenstandes von selbst erledigt sei; da eine Sachentscheidung demgemäß nicht mehr möglich sei, entfalle auch eine Kosten- und Auslagenentscheidung[28]. Eine analoge Anwendung des § 467 lehnt sie ab, weil es — wie die neuere Gesetzgebungsgeschichte zeige — an einer vom Gesetzgeber nicht erkannten Gesetzeslücke fehle[29]. Schließlich verweist sie

[23] BGHSt **34** 184; vgl. § 206 a, 53 ff (auch zur Todeserklärung), Fußn. 145, 146, 147; OLG Karlsruhe Justiz **1983** 132; OLG Stuttgart Justiz **1985** 176; LG Bad Kreuznach Rpfleger **1987** 384; LR-*K. Schäfer* Einl. Kap. **12** 105; BGH – NJW **1983** 463 – hat die Kostenfrage offen gelassen; nur zur Zuständigkeit BayObLG bei *Rüth* DAR **1986** 249; s. auch Fußn. 32a sowie *Göhler*[8] Vor § 67, 21 und Vor § 105, 20.

[24] BVerfG Beschluß vom 23. 10. 1975 – 2 BvR 722/75 – bei OLG München JurBüro **1976** 790.

[25] Vgl. § 206 a, 54 Fußn. 149.

[26] Vgl. § 206 a, 53; 54 Fußn. 148, 150; *Peters*[4] § 76 V; *Laubenthal/Mitsch* NStZ **1988** 108.

[27] Vgl. § 206 a, 54 Fußn. 150.

[28] BGHSt **34** 184; OLG Stuttgart Justiz **1985** 176; s. auch Fußn. 32a.

[29] BGHSt **34** 184; vgl. OLG Stuttgart Justiz **1985** 176 und OLG Karlsruhe Justiz **1983** 132 mit weit. Nachw.; eingehend dazu LR-*K. Schäfer*[23] § 467, 18 und 19; LR-*K. Schäfer* Einl. Kap. **12** 105 ff; s. auch Fußn. 32a.

auf prozessuale Schwierigkeiten, die einer Auslagenentscheidung entgegenstünden: Die Verteidigervollmacht erlösche mit dem Tod des Angeschuldigten. Das Gesetz regele nicht, wer das Verfahren weiter zu betreiben habe. Eine Beteiligungsbefugnis der Erben werde abgelehnt. Die Erben würden ggf. auch Beteiligte eines Anhangsverfahrens zur Auslagenentscheidung, bei dem der mutmaßliche Ausgang des vorausgegangenen Verfahrens möglicherweise entscheidungserheblich sei — dies könne den Interessen der Erben widersprechen. Es sei unklar, auf welcher Grundlage und nach welchen Gesichtspunkten das Gericht sein Ermessen (§ 467 Abs. 3 Satz 2 Nr. 2) auszuüben habe, insbesondere ob nach Aktenlage unter Berücksichtigung des wahrscheinlichen Ausgangs des Verfahrens zu entscheiden oder ob im Freibeweisverfahren weiter zu ermitteln sei. Auch sei dem Angeschuldigten in der Regel kein ausreichendes Gehör zu den entscheidungserheblichen Umständen gewährt worden[30].

b) Die analoge Anwendung des § 467 wird im wesentlichen damit begründet, es **15** liege eine vom Gesetzgeber nicht beabsichtigte Lücke vor, die zu unbilligen Ergebnissen führen könne. § 467 Abs. 1 sei der gesetzgeberische Grundgedanke zu entnehmen, daß die Auslagen nichtverurteilter Angeschuldigter der Staatskasse zur Last fallen. Das entspreche der Unschuldsvermutung (Art. 6 Abs. 2 MRK). Auch sei es nicht gerechtfertigt, den Erben mit Auslagen zu belasten, wenn der Angeschuldigte freigesprochen worden wäre; andererseits könne das Gericht eine Übernahme der Auslagen des Angeschuldigten auf die Staatskasse ablehnen, wenn er verurteilt worden wäre[31].

c) Die direkte Anwendung des § 467 in Verbindung mit § 206 a kann darauf ge- **16** stützt werden, daß diese Lösung dogmatisch besser begründbar ist, insbesondere den Prinzipien der Rechtsklarheit und Rechtssicherheit entspricht, und zu praktikablen Ergebnissen führt (vgl. § 206 a, 55)[32].

4. Eigener Standpunkt. Die direkte Anwendung des § 467 ist die zwingende Folge **17** der Auffassung, die den Tod des Angeschuldigten als echtes Verfahrenshindernis gemäß § 206 a ansieht. Dieser Meinung wird aus den bei § 206 a, 55 genannten, im wesentlichen überzeugenden (ausgenommen das Argument zu § 393) Gründen gefolgt. Der BGH hat nun in einer neuen, eingehend begründeten Entscheidung[32a] seine Auffassung bekräftigt, der Tod des Angeschuldigten sei kein Verfahrenshindernis und § 467 auch nicht entsprechend anzuwenden. Der Beschluß wird aber — jedenfalls soweit er eine Anwendung des § 206 a ablehnt — in dogmatischer Hinsicht nicht alle Verfechter der Gegenmeinung überzeugen. Richtig ist, daß mit dem Tod des Angeschuldigten eine unerläßliche Voraussetzung für die Durchführung des Verfahrens entfällt. Dies ist aber gerade — im Gegensatz zum objektiven Verfahren — das Verfahrenshindernis (Fehlen eines den konkreten Prozeß konstituierenden Elementes), das die Erreichung des Ziels des subjektiven Strafverfahrens, die Entscheidung über die Bestrafung oder Nichtbestra-

---

[30] Vgl. LR-*K. Schäfer*[23] § 467, 21 bis 23; s. auch BGHSt **34** 184 mit weit. Argumenten.

[31] Vgl. zum Beispiel OLG Hamburg NJW **1971** 2183; OLG Hamm NJW **1978** 178; ähnlich OLG Stuttgart AnwBl. **1972** 330 („Sonderopfer" der Erben); *Kühl* NJW **1978** 979 und NStZ **1982** 482 (aber gegen analoge Anwendung von § 467 Abs. 3 Satz 2 Nr. 2); *Seier* NStZ **1982** 272 (Analogie bei groben offensichtlichen Unbilligkeiten); vgl. auch

LR-*K. Schäfer*[23] § 467, 17 und 20 mit weit. Nachw.

[32] OLG Frankfurt NStZ **1982** 480.

[32a] BGHSt **34** 184 = JR **1987** 346 mit zust. Anm. *Bloy* sowie *Geppert* in Jura **1987** Kartei § 464 II/1; mit abl. Anm. *Kühl* NStZ **1987** 338; abl. *Laubenthal/Mitsch* NStZ **1988** 108; zust. auch LR-*K. Schäfer* Einl. Kap **12** 105 ff; s. desweiteren *Kühl* GA **1987** 92.

Hans Hilger

fung endgültig verhindert. Auch hat nicht der Tod — ebensowenig wie zum Beispiel die Verjährung — konstitutiv beendigende Wirkung, sondern ist Voraussetzung für die konstitutiv wirkende Entscheidung des Gerichts, die in Zweifelsfällen den Eintritt des Verfahrenshindernisses bekräftigt und Klarheit sowie Rechtssicherheit schafft (schaffen muß)[32b]. Hier liegt auch der vom BGH vermißte weitergehende Sinn einer konstitutiven Entscheidung. Ist zum Beispiel unklar, ob der Angeschuldigte bei einem Flugzeugabsturz getötet wurde oder nur (möglicherweise noch auffindbar) „verschollen" ist, so ist — wenn das Gericht vom Tod überzeugt ist — nicht nur die Aktenbearbeitung einzustellen, sondern Rechtsklarheit und Rechtsfrieden durch eine konstitutive Entscheidung herbeizuführen, während andernfalls die „gegenteilige Entschließung"[32c] die vorläufige, eine Fortsetzung erlaubende Einstellung nach § 205 wäre. Die Lösung des BGH verwischt gerade in den Zweifelsfällen den Unterschied zur Einstellung nach § 205 und stellt die beschlußlose Beendigung des Verfahrens — neben der Frage der Anfechtbarkeit[32d] — hinsichtlich der Bestandskraft der Entscheidung (vgl. § 206 a, 75) der vorläufigen Einstellung nach § 205 gleich.[32e] Die hier vertretene Lösung entspricht auch der Tatsache, daß § 467 eine kostenrechtliche Konsequenz der Unschuldsvermutung ist (Rdn. 1), und vermeidet unbillige oder unverständliche Ergebnisse; letzteres wird an dem Fall deutlich, daß bei endgültiger Verhandlungsunfähigkeit des Angeschuldigten wegen tödlich verlaufender Erkrankung das Verfahren gemäß § 206 a einzustellen ist[33] — ist die dogmatische Ausgangslage grundlegend anders und sollen die Erben schlechter gestellt sein, wenn der Angeschuldigte im Verfahren plötzlich stirbt?

18   Mit dieser Lösung verbundene **prozessuale Schwierigkeiten** sind demgegenüber nachrangig und im übrigen nicht unlösbar. Das Verfahren ist von Amts wegen einzustellen[34]. Zur Frage des Fortwirkens der Verteidigervollmacht vgl. bei § 138[35]. Die Erben, die dem Verteidiger Vollmacht erteilen können, werden nur dann in das Verfahren „hineingezogen"[36], wenn sie einen Auslagenerstattungsanspruch gegen die Staatskasse geltend machen wollen. § 467 Abs. 3 Satz 2 Nr. 2 ist anwendbar[37], aber unter Berücksichtigung des Grundgedankens der Vorschrift (Rdn. 1) sowie der Unschuldsvermutung sehr restriktiv. Bei der eigentlichen Auslagenentscheidung darf der vermutliche Ausgang des Verfahrens nicht nachteilig berücksichtigt werden; anderenfalls läge ein Verstoß gegen die Unschuldsvermutung vor[38]. Da nach dem Willen des Gesetzgebers

---

[32b] Vgl. *H. Schmidt* FS Schäfer 239; *Kühl* NStZ **1987** 340; *Laubenthal/Mitsch* NStZ **1988** 108.

[32c] Vgl. hierzu *Bloy* JR **1987** 348.

[32d] Vgl. § 206 a, 54; s. auch *Kühl* NStZ **1987** 338 mit weit. Argumenten.

[32e] S. auch *Laubenthal/Mitsch* NStZ **1988** 108.

[33] § 206 a, 33; vgl. im übrigen *Lampe* NJW **1974** 1856; zur Unschuldsvermutung s. *Kühl* NStZ **1987** 339.

[34] Einzelheiten bei § 206 a, 9 ff; 28 ff; 59 ff; vgl. auch KMR-*Müller* § 465, 18; § 465, 46.

[35] Vgl. auch OLG Hamburg NJW **1983** 464; OLG Karlsruhe Justiz **1983** 132; LR-*K. Schäfer*[23] § 467, 22; *Kühl* NJW **1978** 980; NStZ **1987** 339; *H. Schmidt* FS Schäfer 241; *Seier* NJW **1982** 272; § 464 b, 5; s. auch § 464, 40; § 304, 56 sowie *Kleinknecht/Meyer*[38] § 464, 22 zur Anfechtungsberechtigung.

[36] Vgl. LR-*K. Schäfer*[23] § 467, 22; *H. Schmidt*

FS Schäfer 241; s. auch BGH NStZ **1987** 336 mit Anm. *Kühl*.

[37] *Laubenthal/Mitsch* NStZ **1988** 108; **a. A** OLG Frankfurt NStZ **1982** 480.

[38] Vgl. *Kühl* NStZ **1982** 482 und NJW **1984** 1264 f mit weit. Nachw.; *Liemersdorf/Miebach* NJW **1980** 373 ff; insbesondere im Hinblick auf EuGHMR EuGRZ **1983** 475 (Minelli) und EuKomMR StrVert. **1986** 281; s. aber EuGHMR EuGRZ **1987** 410; vgl. auch Rdn. 54; 55; 57; 67, Fußn. 179; Schreiben des BMJ vom 22. 5. 1978 (9470/2.4E (225).53919/78) an die LJVen zur Problematik des Gesichtspunktes der Verurteilungswahrscheinlichkeit in der Begründung von Kostenbeschlüssen – Fußn. 170, 178; **a. A** wohl OLG Hamm MDR **1978** 164; NJW **1986** 735 (differenzierend – für Entscheidung nach Hauptverhandlung); vgl. auch OLG Hamburg NJW **1983** 465; OLG Stuttgart Justiz **1985** 177.

eine Ausnahme von Absatz 1 nur bei besonderen prozessualen Umständen zulässig sein soll (Rdn. 1), dürfte es richtig sein, das Absehen von der Auslagenerstattung auf solche Fälle zu beschränken, also auf ein prozessuales Fehlverhalten des verstorbenen Angeschuldigten und vergleichbare Fallgestaltungen[39]; erfaßt würde zum Beispiel — abgesehen von der Kombination mehrerer Verfahrenshindernisse — nicht nur der „makabre" Fall des Selbstmordes, sondern jeder Fall des verantwortlichen (auch leicht fahrlässigen) Beitrages des Angeschuldigten zu seinem Tod bzw. zur Beendigung des Verfahrens durch dieses Verfahrenshindernis. Eine solche Lösung wäre im Hinblick auf Art. 6 Abs. 2 MRK unbedenklich. Sie würde auch einen erheblichen Teil der mit einem „Nachverfahren zur Schuldfeststellung" (das hier entfällt — Rdn. 54) verbundenen Verfahrensprobleme[40] vermeiden. Zur **Nebenklage** vgl. § 472, 4 und § 473, 89.

V. Teilfreispruch

Über die kosten- und auslagenrechtliche Auswirkung von **Teilfreispruch** und **Teilnichtverurteilung** vgl. § 465, 37 ff; 17 ff. **19**

VI. Auslagen Dritter

Die Auslagenerstattungspflicht nach § 467 Abs. 1 ist nicht auf Auslagen des Angeschuldigten selbst beschränkt, sondern erstreckt sich auch auf die notwendigen Aufwendungen solcher Personen, die kraft eigenen Rechts der Verurteilung entgegenzutreten befugt sind (§§ 298, 361 Abs. 2, § 67 JGG)[41]. **20**

VII. Nebenbeteiligte

Auf die **Nebenbeteiligten** (vgl. § 467 a Abs. 2) bei der erfolgreichen Wahrnehmung ihrer Interessen entstehenden notwendigen Auslagen findet Absatz 1 keine Anwendung; insoweit gelten die §§ 469, 470, 472 b Abs. 2. **21**

VIII. Zeitlicher Bereich der Erstattungsentscheidung

Die Entscheidung, die die Auslagen des Angeschuldigten der Staatskasse auferlegt, bezieht sich nur auf die bis dahin entstandenen Auslagen. Legt zum Beispiel die Staatsanwaltschaft gegen ein freisprechendes und auf Auslagenüberbürdung lautendes Urteil ein erfolgloses Rechtsmittel ein, so ergibt sich die Verpflichtung der Staatskasse zur Erstattung der notwendigen Auslagen des Angeschuldigten in der Rechtsmittelinstanz nicht aus dem ersten Urteil, sondern aus der Entscheidung des Rechtsmittelgerichts, die gemäß § 473 Abs. 2 diese Auslagen der Staatskasse auferlegt. **22**

IX. Erstattungspflichtige Staatskasse

Die Pflicht zur Auslagenerstattung trifft stets die Staatskasse, d. h. die Kasse des Landes, dem das erkennende Gericht des ersten Rechtszuges angehört. Dies gilt auch, **23**

---

[39] Ähnlich *Liemersdorf/Miebach* NJW **1980** 371 ff; vgl. auch *G. Schäfer*[4] § 15 III 2; enger: *Lampe* NJW **1974** 1857; *Kühl* NStZ **1982** 482; *Eb. Schmidt* Nachtr. II 20 (leerlaufende Vorschrift); vgl. auch Rdn. 57; 59 Fußn. 146.

[40] Vgl. LR-*K. Schäfer*[23] § 467, 23 und dagegen *H. Schmidt* Fußn. 36; Rdn. 54 ff sowie BGH NStZ **1987** 336 mit Anm. *Kühl*.

[41] RGSt **28** 146; JW **1896** 510; BayObLGSt **8** 368; § 464 a, 23.

Hans Hilger

wenn das Oberlandesgericht gemäß § 120 Abs. 6 GVG, Art. 96 Abs. 5 GG Gerichtsbarkeit des Bundes ausübt (zur Erstattung s. die Erl. zu § 120 GVG). Die jeweilige Landeskasse muß in der Entscheidung nicht näher bezeichnet werden[42].

X. Schuldhafte Säumnis (Absatz 2)

24 **1. Belastung des Freigesprochenen mit Auslagen der Staatskasse (Absatz 2 Satz 1).** Nach § 465 hat die Gerichtskosten (d. h. Gerichtsgebühren und der Staatskasse entstandene Auslagen) nur ein Verurteilter oder mit einer Maßregel der Besserung und Sicherung belegter Angeklagter zu tragen. § 467 Abs. 2 Satz 1 durchbricht diesen Grundsatz, indem er bestimmt, daß dem unverurteilt Gebliebenen diejenigen der Staatskasse erwachsenen Auslagen — Gerichtsgebühren entstehen nicht (§ 40 GKG) — aufzuerlegen sind, die er durch schuldhafte Versäumnis verursacht hat. Solche Auslagen können auch einem Angeschuldigten (§ 157) bei Nichteröffnung des Hauptverfahrens (§ 204 Abs. 1) — nicht nur einem Angeklagten — auferlegt werden, während ein Angeschuldigter nach § 465 zu den Kosten des Verfahrens nicht herangezogen werden kann. Der Begriff der schuldhaften Säumnis ist eng auszulegen (vgl. auch Rdn. 45 ff). Er umfaßt in erster Linie die vorwerfbare Versäumung eines Termins oder einer Frist, nicht aber ein sonstiges schuldhaftes Verhalten des Angeschuldigten, wie die Stellung aussichtsloser Beweisanträge, schuldhaft verspätete Beibringung der in seinen Händen befindlichen entlastenden Beweismittel (vgl. aber Rdn. 26) oder sonstige Prozeßverschleppung[42a] (vgl. auch Rdn. 45 ff). § 467 Abs. 2 ist also vorzugsweise anwendbar, wenn der Angeklagte durch sein Ausbleiben in der Hauptverhandlung deren Aussetzung und eine abermalige Ladung der Zeugen usw. veranlaßt hat[43]. Der vorwerfbaren Versäumung eines Termins steht es gleich, wenn der Angeklagte zwar triftige Gründe für sein Nichterscheinen hat (etwa infolge Krankheit verhindert ist), es aber vorwerfbar unterläßt, dem Gericht so rechtzeitig von der Verhinderung Kenntnis zu geben, daß es noch in der Lage ist, den Termin aufzuheben und die übrigen Geladenen abzubestellen[44] (s. auch § 51 Abs. 2 Satz 2). Wenn die Hauptverhandlung ohne Anwesenheit des Angeschuldigten stattfinden kann (§§ 232 ff), liegt in seinem Ausbleiben eine schuldhafte Versäumnis nur dann, wenn das Gericht sein persönliches Erscheinen angeordnet hatte. Wegen der Kosten einer Wiedereinsetzung vgl. § 473, 100. Über das Verhältnis zu § 74 JGG vgl. § 465, 8 ff.

25 **2. Außergerichtliche Auslagen (Absatz 2 Satz 2).** Nach § 467 Abs. 2 Satz 2 werden — in Durchbrechung des § 467 Abs. 1 — unter den Voraussetzungen des Absatzes 2 Satz 1 die dem Angeschuldigten insoweit entstandenen notwendigen Auslagen der Staatskasse nicht auferlegt, etwa die Gebühren von Zeugen, die der Angeklagte gemäß § 220 unmittelbar zu einem Termin geladen hatte, den er schuldhaft versäumte[44a].

26 **3. Bußgeldverfahren.** § 109 a Abs. 2 OWiG regelt außerdem den Fall, daß der Betroffene einzelne entlastende Umstände nicht rechtzeitig vorgebracht hat und ihm da-

---

[42] BGH NJW **1960** 2110; zur Verjährung vgl. LG Wiesbaden AnwBl. **1983** 469 mit Anm. *Chemnitz.*

[42a] Vgl. OLG Stuttgart Justiz **1987** 116.

[43] RGSt **49** 59; BayObLG DRiZ **1932** 297; OLG Karlsruhe NJW **1961** 1128; OLG Stuttgart NJW **1974** 512; Justiz **1987** 116;

KK-*Schikora/Schimansky*[2] 4; *Kleinknecht/ Meyer*[38] 4; KMR-*Müller* 3, 4; *Koch* GA **1964** 175.

[44] OLG Stuttgart NJW **1974** 512.

[44a] Vgl. auch LG Krefeld JurBüro **1986** 1539 (Auslagen für Verteidiger bei Säumnis des Angekl.); § 464,29.

durch — vermeidbare — Auslagen erwachsen sind. Das Gericht kann durch Ermessensentscheidung davon absehen, die Staatskasse mit diesen Auslagen des Betroffenen zu belasten, die ihm als Folge der Säumnis rechtzeitigen Vorbringens entstanden sind[45]
(Rdn. 45).

4. Form der Auferlegung. Absatz 2 enthält eine zwingende Vorschrift. Die Ko- **27**
sten können dem Angeschuldigten aber nur in der Entscheidung nach §464 Abs. 1 auferlegt, seine eigenen Auslagen nur in der Entscheidung nach §464 Abs. 2 von der Erstattung ausgenommen werden. Ist dies unterblieben, so ist eine Korrektur nur im Rahmen
einer Anfechtung möglich, wenn diese zulässig ist (§464 Abs. 3); eine nachträgliche Auferlegung von Kosten und eine nachträgliche Einschränkung der Überbürdungsentscheidung im Kostenansatz- oder Festsetzungsverfahren ist nicht statthaft. Wird also in der
Kosten- und Auslagenentscheidung nach den §§467, 464 Abs. 1, 2 eine einschränkende
Bestimmung gemäß §467 Abs. 2 nicht getroffen und dies nicht angefochten, so ist damit
zugleich ausgesprochen, daß durch Säumnis entstandene Kosten oder Auslagen nicht
dem Angeschuldigten zur Last fallen[46]. Über die Höhe der auferlegten Kosten wird
nach §4 GKG, über die Höhe der von der Erstattung ausgenommenen Auslagen nach
§464 b entschieden[47]. Zum rechtlichen Gehör vgl. §464, 3.

XI. Ausschluß der Auslagenerstattung bei täuschender Selbstanzeige (Absatz 3 Satz 1)

1. Grundsatz. Nach der zwingenden Vorschrift des §467 Abs. 3 Satz 1 darf das **28**
Gericht eine Auslagenüberbürdung nicht aussprechen, wenn der unverurteilt aus einem
Verfahren herausgegangene Angeschuldigte die Erhebung der öffentlichen Klage durch
eine Selbstanzeige veranlaßt hat, in der er durch falsche Tatsachenangaben vortäuschte,
die ihm zur Last gelegte Tat begangen zu haben. Es fallen zwar auch in diesem Fall die
Gerichtskosten nach §467 Abs. 1 der Staatskasse zur Last; es wäre aber nicht zu rechtfertigen, die Staatskasse auch noch mit den notwendigen Auslagen des Freigesprochenen zu belasten, die er selbst durch sein täuschendes Verhalten verursacht hat.

2. Begriff der Selbstanzeige. Nach dem Zweck der Vorschrift ist dazu eine förm- **29**
liche Anzeige im Sinne des §158 nicht erforderlich; es genügt auch, wenn von dritter
Seite Anzeige erstattet ist, daß der (spätere) Angeschuldigte bei einer Vernehmung als
Zeuge sich täuschend als Täter oder Teilnehmer der Tat bezeichnet. Richtet sich das
Verfahren bereits gegen den Beschuldigten, so gilt Absatz 3 Satz 2 Nr. 1[48]; die Einordnung dieses Falles auch unter Satz 1 würde die Grenze dieser Vorschrift zu Satz 2 Nr. 1
auflösen (vgl. auch Rdn. 34). Keine Selbstanzeige liegt vor, wenn der später Freigesprochene sich lediglich anderen gegenüber (etwa aus Angeberei) als Täter bezeichnet hat

---

[45] Vgl. *Göhler*[8] §109 a, 7; *Kempf* StrVert.
1986 366; BTDrucks. 10 2652 S. 32.

[46] OLG Zweibrücken Rpfleger **1979** 344; LG
Krefeld Rpfleger **1975** 320; LG Hannover
NdsRpfl. **1978** 200; KK-*Schikora/Schimansky*[2] 4;
Kleinknecht/Meyer[38] 20; KMR-*Müller* 7; a. A
LG Trier Rpfleger **1977** 106; LG Wuppertal
JurBüro **1979** 1184; LG Flensburg JurBüro
1985 1050 mit Anm. *D. Meyer*; vgl. auch §464,
24 ff.

[47] Zur schuldhaften Säumnis anderer vgl.
§§51, 70, 81 c, 161 a (Zeugen), §§77, 161 a
(Sachverständige), §145 (Verteidiger), §56
GVG (Schöffen).

[48] KK-*Schikora/Schimansky*[2] 5; KMR-*Müller*
11; vgl. auch OLG Oldenburg NdsRpfl. **1984**
197; a. A wohl *Kleinknecht/Meyer*[38] 5, 10; *Eb.
Schmidt* Nachtr. II 15; vgl. auch *von Gerlach*
NJW **1969** 776; Rdn. 38.

Hans Hilger

und diese Selbstbezichtigung zur Erstattung einer Strafanzeige durch Dritte und danach zur Anklageerhebung geführt hat. Eine „Selbstanzeige" entfällt auch, wenn die Selbstbezichtigung durch eine im Sinne des § 136 a verbotene Vernehmung zustande gekommen ist[49]; es fehlt dann schon an einer „Vortäuschung".

30   **3. Vortäuschung der Täterschaft.** Der später Angeschuldigte muß ferner in der Selbstanzeige seine **Täterschaft vorgetäuscht,** also in der Absicht gehandelt haben, daß die Strafverfolgungsorgane in ihm den Täter der Tat sähen, deren er sich fälschlich bezichtigte. Auf die Gründe seines Verhaltens (Verschaffung eines Alibis für eine wirklich von ihm begangene Tat, Schutz des wirklichen Täters, herostratische Berühmung) kommt es nicht an. Ob das Verhalten die Merkmale des § 145 d StGB erfüllt, ist ohne Bedeutung[50]. Nach ihrem Zweck gilt die Vorschrift auch für das Vortäuschen einer Teilnahme (Anstiftung; Beihilfe).

31   **4. Veranlassung der Anklageerhebung.** Die täuschende Selbstanzeige muß schließlich **die Anklageerhebung veranlaßt,** also den tragenden Grund für die Anklageerhebung gebildet haben, derart, daß ohne die Selbstanzeige die öffentliche Klage nicht erhoben worden wäre. Dazu ist nicht erforderlich, daß der Angeschuldigte die Anklageerhebung erstrebte oder sie wenigstens billigend in Kauf nahm[51]. Eine Veranlassung liegt vielmehr auch vor, wenn die Erhebung der Anklage nicht den Vorstellungen des Täters entspricht, er zum Beispiel mit einer Einstellung des Ermittlungsverfahrens nach § 153 rechnete; ebenso, wenn er sich bemühte, durch Widerruf der Selbstanzeige die Erhebung der Anklage zu verhindern, die Staatsanwaltschaft aber der Selbstanzeige Glauben schenkt[52].

32   **5. Umfang und Grenzen der Auslagenversagung.** Die täuschende Selbstanzeige führt trotz Freispruchs usw. **zur Versagung aller Auslagen** des Angeschuldigten. Dies gilt aber nur für das Verfahren bis zum Freispruch, zur Ablehnung der Eröffnung des Hauptverfahrens oder zur Verfahrenseinstellung **im ersten Rechtszug.** § 467 Abs. 3 Satz 1 ist bez. der Auslagen des Angeklagten in der Rechtsmittelinstanz unanwendbar, wenn die Staatsanwaltschaft gegen den Freispruch usw. erfolglos ein Rechtsmittel einlegt, um doch noch eine Verurteilung zu erreichen (§ 473, 18).

33   **6. Form der Versagung.** Die Versagung der Auslagenerstattung bedarf des **förmlichen Ausspruchs** in der Sachentscheidung (§ 464 Abs. 2). Ist dies, wenn auch versehentlich, unterblieben und der Kostenausspruch zum Beispiel durch Unterlassung einer Anfechtung (§ 464 Abs. 3 Satz 1) rechtskräftig geworden, so bleibt es bei dem Grundsatz des § 467 Abs. 1; es ist weder eine nachträgliche Einschränkung der Auslagenerstattungsentscheidung noch eine Korrektur im Verfahren nach § 464 b möglich (§ 464, 25 ff).

XII. Absehen von Auslagenüberbürdung (Absatz 3 Satz 2 Nr. 1)

34   **1. Allgemeines.** Während die Veranlassung der Anklageerhebung durch Vortäuschung der Täterschaft in einer Selbstanzeige stets zwingend zum vollständigen Ausschluß der Auslagenüberbürdung führt, überläßt es Absatz 3 Satz 2 Nr. 1, dem § 6 Abs. 1 Nr. 1 StrEG (Versagung der Entschädigung) nachgebildet ist, dem Ermessen des

---

[49] *Eb. Schmidt* Nachtr. II 15.
[50] KK-*Schikora/Schimansky*[2]   5;   *Kleinknecht/ Meyer*[38] 5.
[51] KK-*Schikora/Schimansky*[2]   5;   *Kleinknecht/ Meyer*[38] 5; **a. A** wohl KMR-*Müller* 11.
[52] KMR-*Müller* 13.

Gerichts, von einer Auslagenüberbürdung abzusehen, wenn der Angeschuldigte durch bestimmte Formen anderen prozessualen Verhaltens die Erhebung der öffentlichen Klage veranlaßt hat. Die Verhaltensweisen sind in Absatz 3 Satz 2 Nr. 1 abschließend beschrieben. Da es sich hier um Ausnahmen von dem Grundsatz des §467 Abs. 1 handelt, kommt eine Ausdehnung des Anwendungsbereichs des fakultativen Absehens von der Auslagenüberbürdung durch entsprechende Anwendung des Absatzes 3 Satz 2 Nr. 1 auf andere Verhaltensweisen des Angeschuldigten nicht in Betracht (vgl. auch Rdn. 37; 41 ff)[53]. Sind die Voraussetzungen des Absatz 3 Satz 1 erfüllt (Selbstanzeige eines noch nicht Beschuldigten), so geht diese Bestimmung vor[53a].

2. Schuldhaftes prozessuales Fehlverhalten. Die Erstattung der notwendigen Ausla- **35** gen des Angeschuldigten kann versagt werden, wenn er durch ein bestimmtes prozessuales Fehlverhalten (wahrheitswidrige oder widersprüchliche Selbstbelastung, Verschweigen entlastender Umstände trotz Äußerung zur Sache) die Erhebung der öffentlichen Klage veranlaßt hat. Dies muß vorwerfbar (schuldhaft) geschehen sein. Das ist allgemeine Auffassung; umstritten ist jedoch der Grad des Verschuldens[54]. Im Zusammenhang mit dem Begriff des „Verschweigens" heißt es im Bericht des BTRechtsausschusses[55]: „Aus dem Begriff ‚Verschweigen' folgt, daß sich der Angeklagte der entlastenden Umstände bewußt gewesen sein muß und die Angabe dieser Umstände in Kenntnis dessen, daß sie ihn wesentlich entlasten würden oder zumindest könnten, absichtlich oder wenigstens billigend in Kauf nehmend unterlassen hat, obwohl er sich zur Beschuldigung geäußert hat." Richtig dürfte es sein, schon leichte Fahrlässigkeit (fahrlässiges Verkennen der Bedeutung und Wirkung des Verhaltens) genügen zu lassen. Dies ergibt sich daraus, daß in dem §467 Abs. 3 Satz 2 Nr. 1 entsprechenden Fall des §6 Abs. 1 Nr. 1 StrEG leichte Fahrlässigkeit zur Versagung der Entschädigung führen kann, wie sich aus §5 Abs. 2 StrEG ergibt[56], und es nicht gerechtfertigt erscheint, die Fälle des §467 Abs. 3 Satz 2 Nr. 1, also die auslagenrechtliche Seite eines prozessualen Fehlverhaltens des Angeschuldigten anders zu behandeln als die Frage der Entschädigungszahlung.

Ein solches **Verschulden kann fehlen,** wenn der Beschuldigte sich unter dem nicht aus- **36** zuschließenden Einfluß von sein Bewußtsein oder sein Erinnerungsvermögen störenden Faktoren (Trunkenheit, Übermüdung) bei einer Vernehmung belastet, aber sofort nach Abklingen dieser Einwirkungen widerruft und entlastende Beweismittel benennt[57]. Es kann auch fehlen, wenn er die Belastungseignung seiner Erklärungen nicht erkennt, etwa glaubt, damit im Gegenteil eine Entlastung zu erreichen (übertriebene Angaben zum Nachtrunk)[58].

3. Ursächlichkeit. Das Verhalten des Angeschuldigten muß wenigstens mitursäch- **37** lich[59] für die Erhebung der öffentlichen Klage gewesen sein. An einer solchen Veran-

---

[53] OLG Nürnberg MDR **1970** 69; OLG Frankfurt JurBüro **1981** 886; OLG Koblenz MDR **1982** 252; OLG Düsseldorf StrVert. **1984** 108.

[53a] Vgl. auch KG GA **1987** 405 zum Verhältnis zwischen §5 Abs. 2 und §6 StrEG.

[54] Vgl. *Kleinknecht/Meyer*[38] 8 (Fahrlässigkeit); OLG Braunschweig NJW **1973** 158; OLG Hamm MDR **1981** 423; OLG Stuttgart MDR **1984** 427; LG Heilbronn Justiz **1983** 396; KK-*Schikora/Schimansky*[2] 7; 8 (dolus eventualis); KMR *Müller* 18, 20 (wissentliche Irreführung).

[55] Zu BTDrucks. V 2600, 2601 S. 21.

[56] *Kleinknecht/Meyer*[38] 8; vgl. auch KG GA **1987** 405.

[57] Vgl. OLG Nürnberg MDR **1970** 69.

[58] Vgl. OLG Braunschweig NJW **1973** 158; KMR-*Müller* 18.

[59] OLG Nürnberg MDR **1970** 69; OLG Braunschweig NJW **1973** 158; OLG Celle NdsRpfl. **1978** 203; *Kleinknecht/Meyer*[38] 8; vgl. auch KG GA **1987** 405.

Hans Hilger

lassung fehlt es, wenn die Anklageerhebung offensichtlich unrichtig war, etwa wenn der Beschuldigte noch im Ermittlungsverfahren seine Selbstbelastung widerrufen und den Täter benannt hatte und dieser bereits rechtskräftig abgeurteilt war[60]. Sie fehlt auch, wenn ein verschwiegener entlastender Umstand auf andere Weise vor Klageerhebung zur Kenntnis der Staatsanwaltschaft gelangt[61]. Eine analoge Anwendung der Vorschrift für den Fall, daß der Angeklagte, der im Ermittlungsverfahren geschwiegen hat, sich in der Hauptverhandlung erster Instanz wahrheitswidrig selbst belastet[62], ist nicht zulässig[63].

38   **4. Wahrheitswidrige Selbstbelastung in wesentlichen Punkten.** Anders als bei der Selbstanzeige (Absatz 3 Satz 1) muß sich das Ermittlungsverfahren bereits gegen den Beschuldigten richten[64], wenn er sich schuldhaft durch sein Verhalten selbst belastet. Nicht erforderlich ist, daß die Selbstbelastung in einer förmlichen Vernehmung (§§ 163 a, 136 Abs. 1) erfolgt — auch eine unaufgefordert abgegebene schriftliche Äußerung oder eine informatorische Befragung durch eine Strafverfolgungsbehörde genügt[65]; nach dem Zweck der Vorschrift muß es ausreichen, wenn die Ermittlungen durch eine (wenn auch nur) spontane Selbstbezichtigung gegenüber einer Strafverfolgungsbehörde[66] in die falsche Richtung gelenkt werden.

39   Die Selbstbelastung ist **wahrheitswidrig**, wenn sie objektiv der Wahrheit widerspricht. Die Unrichtigkeit muß sich auf wesentliche Punkte beziehen, also Umstände, die für die Entschließung der Staatsanwaltschaft, Anklage zu erheben, von entscheidender Bedeutung waren. Diese Punkte können ein Geständnis (Teilgeständnis), einzelne Tatbestandsmerkmale, Indizien oder einzelne falsche Tatsachen sein, ohne die die Anklage nicht erhoben worden wäre[67]. Anders als bei der Selbstanzeige ist keine Täuschungsabsicht erforderlich[68]. Keine ,,Selbstbelastung" ist grundsätzlich das vorwerfbare Unterlassen der Mitteilung entlastender Umstände; dieses Verschweigen kann nur unter engen Voraussetzungen zur Anwendung von Satz 2 Nr. 1 führen (Rdn. 41 ff).

40   **5. Widersprüchliche Erklärungen.** Die Erstattung der notwendigen Auslagen kann außerdem versagt werden, wenn der Angeschuldigte die Erhebung der öffentlichen Klage dadurch veranlaßt hat, daß er sich zunächst in wesentlichen Punkten — hier nicht unbedingt wahrheitswidrig[69] — schuldhaft selbst belastet, die belastenden Erklärungen aber später widerrufen oder in sonstiger Weise so geändert hat, daß sie den früheren widersprechen, also mit ihnen unvereinbar sind. Diese Änderung kann nach Erhebung der Klage erfolgen, aber auch vorher — noch im Ermittlungsverfahren, falls die Staatsanwaltschaft dennoch Anklage erhebt und den hinreichenden Tatverdacht aus den ursprünglichen belastenden Erklärungen ableitet, weil er durch die späteren, widersprechenden nicht genügend entkräftet erscheint[70]. Die Möglichkeit, den Angeschuldigten

[60] OLG Koblenz VRS **45** (1973) 374; *Kleinknecht/Meyer*[38] 12.
[61] LG Duisburg AnwBl. **1974** 228.
[62] OLG Koblenz JurBüro **1979** 1538.
[63] OLG Koblenz MDR **1982** 252; *Kleinknecht/ Meyer*[38] 11; KMR-*Müller* 16.
[64] OLG Oldenburg NdsRpfl. **1984** 197; vgl. auch OLG Celle NdsRpfl. **1978** 203; LG Heilbronn Justiz **1983** 396; KK-*Schikora/ Schimansky*[2] 7; *Kleinknecht/Meyer*[38] 10.

[65] *Kleinknecht/Meyer*[38] 8.
[66] KMR-*Müller* 19.
[67] KMR-*Müller* 18. Zu den Schwierigkeiten beim Freispruch unter Fortbestand eines Tatverdachts vgl. LG Kiel AnwBl. **1975** 402.
[68] *Kleinknecht/Meyer*[38] 10; *Eb. Schmidt* Nachtr. II 18.
[69] *Kleinknecht/Meyer*[38] 12.
[70] Vgl. auch KK-*Schikora/Schimansky*[2] 7; *Kleinknecht/Meyer*[38] 12.

in diesem Fall seine Auslagen selbst tragen zu lassen, findet ihre Rechtfertigung darin, daß der schließlich nicht Verurteilte durch sein widerspruchsvolles Gesamtverhalten die Anklageerhebung mitveranlaßt hat.

6. Verschweigen wesentlicher entlastender Umstände. Schließlich kann die Erstat- **41** tung notwendiger Auslagen versagt werden, wenn der Angeschuldigte die Klageerhebung durch Verschweigen wesentlicher Entlastungsumstände trotz Äußerung zur Beschuldigung veranlaßt hat. Unverzichtbar ist zunächst, daß er sich überhaupt zur Beschuldigung geäußert hat. Der BTRechtsausschuß[71] hat dazu ausgeführt: „Hat sich der Angeklagte dagegen überhaupt nicht zur Sache eingelassen, so sollen ihm daraus auch in kostenrechtlicher Hinsicht keine Nachteile erwachsen, weil allein aus dem Umstand, daß der Angeklagte sich nicht zur Sache geäußert hat, keine Schlüsse für die Würdigung des Sachverhalts gezogen werden dürfen". Nach dem Willen des Gesetzgebers sollte es keine „kostenrechtlichen" Nachteile haben, wenn der Angeschuldigte von einem ihm gesetzlich eingeräumten prozessualen Recht (§§ 136 Abs. 1 Satz 2, 163 a Abs. 3 Satz 2, Abs. 4 Satz 2, 243 Abs. 4 Satz 1) Gebrauch macht. Erforderlich ist danach, daß der Angeschuldigte vor Erhebung der öffentlichen Klage Erklärungen zur Sache abgibt und bei dieser Einlassung Entlastendes verschweigt. Dies ist nicht gegeben, wenn er zunächst völlig schweigt, um sich erst in einem späteren Stadium des Verfahrens — dann auch Entlastendes vorbringend — zur Beschuldigung einzulassen[72] (vgl. Rdn. 45 ff). Die Vorschrift ist also nicht anwendbar, wenn sich der Beschuldigte im Ermittlungsverfahren bei der Vernehmung durch Polizei oder Staatsanwaltschaft weigert, zur Sache auszusagen (oder Vorladungen zur Vernehmung unbeachtet läßt), den Einspruch gegen den ergangenen Strafbefehl nicht begründet und erst in der Hauptverhandlung die entlastenden Umstände vorträgt[73], oder wenn er auch in der Hauptverhandlung des ersten Rechtszuges schweigt, verurteilt wird und nach Einlegung der Berufung erst in der Berufungshauptverhandlung die entlastenden Umstände vorbringt, die zum Freispruch führen[74]. Er macht dann nur von seinen prozessualen Rechten Gebrauch, wobei es auf das Motiv nicht ankommt; die verspätete Offenbarung der entlastenden Umstände stellt auch keine schuldhafte Säumnis im Sinne des § 467 Abs. 2 dar, die bei einem Freispruch zur Einschränkung der Auslagenüberbürdung nach § 467 Abs. 1 führt (oben Rdn. 24). Das gilt auch, wenn der Beschuldigte in der Absicht schweigt, den wirklichen Täter nicht preiszugeben und unter Aufgabe seines Schweigens den entlastenden Umstand, daß nicht er, sondern ein Dritter der Täter ist, erst vorbringt, wenn die Verfolgung der Tat des wirklichen Täters verjährt ist[75]. Solches Verhalten ist auch keine Strafvereitelung (§ 258 StGB), weil der Beschuldigte mit seinem Schweigen nur von seinem gesetzlichen Recht, nicht zur Sache auszusagen, Gebrauch macht.

Die Äußerung zur Beschuldigung muß — anders als im Fall der wahrheitswidri- **42** gen oder widersprüchlichen Selbstbelastung — grundsätzlich in einer **förmlichen Vernehmung** (§§ 136, 163 a Abs. 1 Satz 1 und 2) erfolgt sein. Dies ergibt sich schon aus dem unterschiedlichen Wortlaut der Alternativen und ist erforderlich, um sicherzustellen, daß der Beschuldigte mit Hilfe der Eröffnung, welche Tat ihm angelastet wird, die Bedeutung seines Teilschweigens beurteilen kann. Äußert er sich also nur während seiner

---

[71] Vgl. den Bericht zu Drucks. V 2600, 2601, S. 21.

[72] Vgl. auch OLG Celle NdsRpfl. **1978** 203; OLG Stuttgart Justiz **1987** 116; *D. Meyer* MDR **1973** 468; DAR **1982** 277; DAR **1978** 238; MDR **1981** 109.

[73] OLG Frankfurt JurBüro **1981** 886.

[74] Vgl. auch OLG Koblenz MDR **1982** 252.

[75] LG Hannover DAR **1969** 248; AG Bad Hersfeld AnwBl. **1978** 320.

Hans Hilger

informatorischen Befragung, so kann dies einem völligen Schweigen gleichstehen, weil in einer solchen Situation in der Regel vom Befragten nicht verlangt werden kann, zur Vermeidung von Kostennachteilen sogleich alle wesentlichen entlastenden Umstände vorzutragen, wenn er die konkrete Beschuldigung gegen sich noch nicht kennt[76].

43   Im **Bußgeldverfahren** liegt keine Äußerung zur Sache im Sinne von Satz 2 Nr. 1 vor, wenn der Betroffene lediglich Einspruch einlegt und sich bis zur Hauptverhandlung nicht äußert[77], den Anhörungsbogen nicht ausfüllt und sich nach Erlaß des Bußgeldbescheides entlastet[78], oder auf dem Anhörungsbogen bei der Frage, ob er den Verstoß zugebe, die Rubrik „nein" ankreuzt (vgl. auch Rdn. 45 ff)[79].

44   Das Verschweigen, das festgestellt sein muß (ggf. Freibeweisverfahren), kann **wesentliche entlastende Umstände jeder Art** betreffen (vgl. auch Rdn. 39), etwa: der Beschuldigte bestreitet, die Tat begangen zu haben, verschweigt aber sein Alibi, das dem Verdacht die Grundlage entzogen hätte, oder er verschweigt den entlastenden Nachtrunk[80], oder er gibt den Sachverhalt zu, verschweigt aber Rechtfertigungsgründe, zum Beispiel gegenüber dem Vorwurf vorsätzlicher Körperverletzung, daß er in Notwehr gehandelt habe, oder der des Betrugs Beschuldigte verschweigt, daß er den angeblich Betrogenen über seine schlechten Vermögensverhältnisse aufgeklärt hat[81]. Ein Verschweigen eines entlastenden Umstandes kann auch vorliegen, wenn der Beschuldigte bei einer Vernehmung die Tat substantiiert bestreitet, aber seine Kenntnis des wirklichen Täters verschweigt[82]. Der verschwiegene Umstand braucht nicht Gegenstand einer dahingehenden Frage gewesen zu sein. Die Auslagenüberbürdung ist in das Ermessen des Gerichts gestellt, weil — je nach den Umständen des Einzelfalles — dem Beschuldigten kein Vorwurf daraus gemacht werden kann, daß er nicht durch rechtzeitige Kundgabe des entlastenden Umstandes die Erhebung der Anklage und damit die Entstehung oder Vermehrung von Auslagen verhindert hat. Absatz 3 Satz 2 Nr. 1 ist unanwendbar, wenn der als Halter eines Pkw eines Verkehrsdelikts Beschuldigte bei seiner Anhörung im Ermittlungsverfahren erklärt, er könne sich wegen Zeitablaufs nicht erinnern, ob er zur Tatzeit an dem angegebenen Tatort gewesen sei und in der Hauptverhandlung schweigt. Die Nichterwähnung der Möglichkeit, daß außer ihm ein anderer den Pkw zur Tatzeit benutzt haben könnte, ist kein verschwiegener Umstand[83]. Muß der Angeschuldigte sich wegen mehrerer Taten verantworten, so ist bezüglich jeder Tat gesondert zu prüfen, ob ein „Teilverschweigen" vorliegt[84].

45   7. **Unzulässige Analogie.** Es erscheint fraglich, ob dem Gesetzgeber die Regelung des Absatzes 3 Satz 2 Nr. 1, insbesondere die letzte Alternative, gelungen ist. Die enge Regelung, die zahlreiche Fälle der Nichtverurteilung nach bewußt verzögerter Preisgabe entlastender Umstände ausklammert, ist jedenfalls erheblicher, durch gegensätzliche

---

[76] Vgl. OLG Celle NdsRpfl. **1978** 203; LG Heilbronn Justiz **1983** 396.

[77] LG Nürnberg-Fürth AnwBl. **1977** 262; LG Göttingen AnwBl. **1982** 37; LG Aschaffenburg AnwBl. **1982** 494;

[78] LG Krefeld JurBüro **1985** 570.

[79] LG Krefeld JurBüro **1980** 1210 mit Anm. *Mümmler* mit weit. Nachweisen; AG Bad Hersfeld AnwBl. **1978** 320; a. A LG Frankfurt StrVert. **1985** 498 mit krit. Anm. *Dencker.*

[80] Vgl. KG VRS **44** (1973) 122; OLG Frankfurt NJW **1978** 1017; *Kleinknecht/Meyer*[38] 14.

[81] OLG Saarbrücken NJW **1975** 791.

[82] Vgl. *Götz* MDR **1977** 1042, OLG Schleswig bei *Ernesti/Lorenzen* SchlHA **1982** 105 und LG Flensburg VerkMitt. **1985** 39 zum Fall des Hinweises auf die Täterschaft eines anderen ohne Preisgabe des Namens: vgl. auch *D. Meyer* DAR **1978** 238.

[83] LG Dortmund AnwBl. **1972** 94; *Kleinknecht/Meyer*[38] 14.

[84] KMR-*Müller* 20.

Interessen und Standpunkte geprägter Kritik ausgesetzt. Einerseits wird Verteidigern an-
geraten, sich in einfachen Strafsachen nicht umgehend bei der Staatsanwaltschaft um
eine Verfahrenseinstellung zu bemühen, sondern den Beschuldigten zum völligen
Schweigen zu veranlassen, bis öffentliche Klage erhoben ist[85]. Andererseits versucht die
Rechtsprechung immer wieder, (insbesondere) in Fällen des Freispruchs nach schuldhaft verzögerter Darlegung entlastender Umstände über Absatz 3 Satz 2 Nr. 1, obwohl
die gesetzlichen Voraussetzungen nicht vorliegen, zu erreichen, daß die notwendigen
Auslagen des Angeschuldigten nicht der Staatskasse auferlegt werden. Dies gilt insbesondere in **Bußgeldverfahren;** die hier liegenden Probleme und Lösungsansätze lassen
sich grundsätzlich auf das Strafverfahren übertragen. Ein Teil der Problematik wird
nunmehr über die neuen Regelungen des § 109 a OWiG und des § 25 a StVG (Kostentragungspflicht des Kfz-Halters) gelöst werden können. Dies gilt aber nur, und eingeschränkt, für das Bußgeldverfahren; § 25 a StVG gilt nur für bestimmte Verstöße im ru-
henden Verkehr. Zu beachten ist insbesondere, daß § 109 a Abs. 2 OWiG (Rdn. 26) insofern eine wesentliche Abweichung von dem Grundsatz des § 467 Abs. 3 Satz 2 Nr. 1
letzte Alternative beinhaltet (vgl. Rdn. 41), als der Betroffene sich im Bußgeldverfahren
nicht mehr darauf verlassen kann, daß ihm ein zunächst völliges Schweigen keine kostenrechtlichen Nachteile bringen kann[86].

Für folgende **Einzelfälle des Strafverfahrens** finden sich Analogieversuche: Entlastende Einlassung des bis dahin zur Sache völlig schweigenden Angeklagten erst in der
Hauptverhandlung[87]; Freispruch des Angeklagten in zweiter Instanz, nachdem er sich
dort entlastet, in erster Instanz jedoch wahrheitswidrig selbst belastet und im Ermittlungsverfahren geschwiegen hatte[88]; Verzögerung oder Verlängerung des Verfahrens
nach Anklageerhebung durch zunächst unvollständige oder unrichtige Einlassung[89];
Beibringung der Beweismittel zur Glaubhaftmachung eines Wiedereinsetzungsgesuches
erst in der Beschwerdeinstanz[90]. **46**

Einzelfälle im Bußgeldverfahren[91] sind zum Beispiel: der Betroffene schweigt **47**
während der Ermittlungen, legt ohne Begründung Einspruch ein und trägt in der Verhandlung vor, ein Angehöriger habe das Fahrzeug gefahren — die Einlegung des Einspruchs soll Äußerung zur Sache sein[92]; der Betroffene schweigt, obwohl ihm bekannt

[85] *Hinze* AnwBl. **1976** 82.
[86] Vgl. *Göhler*[8] § 109 a, 7; *Janiszewski* DAR **1986** 262; *Kempf* StrVert. **1986** 364.
[87] LG Flensburg JurBüro **1983** 1218; **a. A** OLG Frankfurt JurBüro **1981** 886; LG Würzburg MDR **1981** 958; vgl. auch OLG Düsseldorf StrVert. **1984** 108 (Angekl. be-müht sich um entlastende Beweise); OLG Stuttgart Justiz **1987** 116; Rdn. 41.
[88] OLG Koblenz JurBüro **1979** 1537; LG Koblenz MDR **1979** 781; **a. A** OLG Koblenz MDR **1982** 252; *Kleinknecht/Meyer*[38] 13; vgl. auch OLG Koblenz VRS **65** (1983) 49 (Entlastungszeuge wird erst in 2. Instanz benannt).
[89] OLG München NStZ **1984** 185 mit Anm. *Schikora*; vgl. auch OLG Stuttgart Justiz **1987** 116 (pauschales Bestreiten im Ermittlungsverfahren, Teileinlassung in erster Instanz, Entlastungsvorbringen in der Berufung).
[90] OLG Hamm MDR **1981** 423.
[91] Grundsätzlich krit. OLG Karlsruhe Justiz **1976** 263; LG Aschaffenburg AnwBl. **1982** 495; vgl. auch LG Würzburg MDR **1981** 958; *Mümmler* JurBüro **1980** 100, 1211 mit weit. Nachw.; *Dencker* StrVert. **1985** 498 zu LG Frankfurt Fußn. 79; vgl. auch Rdn. 43.
[92] LG Heidelberg Justiz **1976** 267 zu a); vgl. auch LG Münster MDR **1972** 261; vgl. dagegen Rdn. 43; zu Versuchen, in solchen oder vergleichbaren Fällen die Auslagen für einen Verteidiger als „nicht notwendig" einzustufen, vgl. LG Siegen Rpfleger **1973** 177 mit abl. Anm. *Schmidt*; LG Würzburg JurBüro **1974** 889 mit abl. Anm. *Mümmler*; LG Bremen KostRspr. § 467 (B) Nr. 63, 64 mit abl. Anm. *Schmidt*; Nr. 84; § 464 a Nr. 88; JurBüro **1976** 1529; LG Limburg NJW **1977** 1210; LG Frankenthal MDR **1979** 165; LG Mainz KostRspr. § 467 (B) Nr. 80; LG Bad Kreuznach KostRspr. § 464 a Nr. 115; dagegen: OLG Bremen AnwBl. **1977** 73 mit krit. Anm.

Hans Hilger

und aus den Akten erkennbar ist, daß nicht er, sondern ein anderer Verkehrsteilnehmer für einen Verstoß verantwortlich ist, legt ohne Begründung Einspruch ein und klärt erst in der Verhandlung den Irrtum auf — trotz Freispruchs soll er seine Verteidigerauslagen zu tragen haben, weil das Schweigen unlauter sei und wie eine Gebührenerschleichung wirke[93].

48   **8. Eigene Stellungnahme.** Die genannten und entsprechende Analogieversuche mögen verfassungsrechtlich unbedenklich sein[94]. Auch mögen unter rein „justizökonomischen" Erwägungen die Versuche der Praxis, über eine weitgehende Anwendung des § 467 Abs. 3 Satz 2 Nr. 1 Verfahrensverzögerungen und zusätzlichen Belastungen der Justiz entgegenzuwirken, nicht ganz unverständlich sein[95]. Aber für eine analoge Anwendung der Vorschrift in der dargestellten Weise ist kein Raum. Eine nur „ausdehnende" Auslegung liegt nicht vor, weil der Wortsinn der Norm überschritten wird. Eine Analogie ist nicht möglich, weil es im Hinblick auf die Eindeutigkeit der Regelung an einer vom Gesetzgeber nicht erkannten „Lücke" fehlen dürfte[96]. Die in den kritisierten Entscheidungen dargestellten, in der Praxis häufig zu beobachtenden verzögernden Einlassungstaktiken durch „Schweigen" des Betroffenen bzw. Beschuldigten sind durch das geltende Recht gedeckt; sie waren es bisher auch uneingeschränkt dahingehend, daß sie keine auslagenrechtlichen Nachteile zur Folge hatten[97]. Unzulässig waren und sind Versuche, im Kostenfestsetzungsverfahren zu korrigieren[98]. Der Gesetzgeber hat jedoch über § 109 a OWiG, § 25 a StVG eingegriffen. Es wird abzuwarten sein, wie diese Vorschriften in der Praxis wirken. Erst wenn ausreichende Erfahrungen vorliegen, kann in seriöser Weise geprüft werden, ob weitere Gesetzesänderungen, möglicherweise auch für das Strafverfahren, erforderlich sind.

49   **9. Ermessensausübung.** Bei der Ausübung des Ermessens muß, entsprechend dem Charakter des Absatzes 3 Satz 2 Nr. 1 als Ausnahme von der Regel des Absatzes 1, als Richtlinie gelten, daß die Überbürdung der notwendigen Auslagen des nichtverurteilten Angeklagten grundsätzlich nur dann unterbleibt, wenn er mißbräuchlich oder sonst in unlauterer Weise, also ohne vernünftigen oder billigenswerten Grund[99] die Erhebung der öffentlichen Klage veranlaßt hat. Freilich wird meist ein mißbräuchliches oder sonst unlauteres Verhalten anzunehmen sein, so daß als Faustregel gelten kann, die Belastung der Staatskasse sei nur dann gerechtfertigt, wenn besondere Umstände

---

Mümmler JurBüro **1977** 697; LG Hamburg AnwBl. **1974** 89; LG Münster AnwBl. **1974** 227; LG Braunschweig AnwBl. **1979** 41; LG Krefeld JurBüro **1980** 1210; LG Aschaffenburg AnwBl. **1982** 495; LG Regensburg AnwBl. **1984** 274; vgl. auch § 464, 22 ff sowie die Erl. zu den §§ 464 a, 464 b.

[93] LG Heidelberg Justiz **1976** 267 zu b; vgl. auch LG Bremen KostRspr. § 467 Nr. 63; LG Freiburg AnwBl. **1983** 140; Rdn. 43.

[94] Vgl. auch BVerfG NJW **1982** 275; *D. Meyer* DAR **1982** 277 ff.

[94] Vgl. dazu *Mümmler* JurBüro **1980** 1211; *Dencker* StrVert. **1985** 498; *Herge* DAR **1984** 307; s. auch AG Gießen JurBüro **1980** 99 mit Anm. *Mümmler.*

[96] Vgl. OLG Frankfurt JurBüro **1981** 886;

OLG Koblenz MDR **1982** 252; LG Würzburg MDR **1981** 958; LG Regensburg AnwBl. **1984** 274; AG Lübeck JurBüro **1978** 1688; *Dencker* StrVert. **1985** 498; **a.** **A** OLG Koblenz JurBüro **1979** 1538; OLG München NStZ **1984** 185; OLG Stuttgart Justiz **1987** 116.

[97] Vgl. LG Aschaffenburg AnwBl. **1982** 495; *Dencker* StrVert. **1985** 498.

[98] Vgl. Rdn. 47 Fußn. 92.

[99] OLG Nürnberg MDR **1970** 69; OLG Hamm MDR **1977** 1042; OLG Düsseldorf JurBüro **1983** 1849; StrVert. **1984** 108; LG Aachen JurBüro **1978** 266; AnwBl. **1980** 122; *Kleinknecht/Meyer*[38] 9; krit. hierzu KK-*Schikora/Schimansky*[2] 8; vgl. auch KMR-*Müller* 25 bis 28.

das Verhalten des Beschuldigten entschuldigen oder wenigstens als von geringem Gewicht erscheinen lassen[100]; die sachgerechte Ausübung des Ermessens ist dabei ein Korrektiv dazu, daß ein schuldhaftes Fehlverhalten schon bei Fahrlässigkeit vorliegt (Rdn. 35). In den Fällen der Selbstbelastung sind solche Umstände kaum denkbar[101]. Dagegen wird, zum Beispiel bei Verschweigen des „entlastenden Umstandes", daß nicht der Beschuldigte, sondern ein Dritter der Täter war, im Sinne der § 258 Abs. 6 StGB, § 52 Abs. 1 StPO eine Auslagenversagung im allgemeinen dann nicht angebracht sein, wenn der Angeschuldigte durch sein Verhalten die Strafverfolgung seiner Ehefrau oder eines anderen Angehörigen als des wirklichen Täter verhindern wollte[102]. Jedoch erscheint eine weitergehende Einbeziehung dritter Personen über den Kreis der Angehörigen hinaus, zum Beispiel von Angestellten des Angeschuldigten, nicht angängig[103]. Wohl aber wird dem Geisteskranken, der seine der Umwelt bisher unbekannte Geisteskrankheit zunächst verschweigt, damit sie nicht weiteren Kreisen zu seinem Nachteil bekannt wird, die Auslagenerstattung nicht zu versagen sein[104].

10. Auslagenverteilung. Die Ermessensentscheidung kann auch lauten, daß der **50** Staatskasse die notwendigen Auslagen des Angeschuldigten nur zum Teil (in ausscheidbaren Posten, Bruchteilen oder nach Verfahrensabschnitten) auferlegt werden. Denn die Befugnis, völlig von der Auslagenüberbürdung abzusehen, schließt die Ermächtigung zur Aufteilung der Auslagen ein[105]. So kann es im Einzelfall der Billigkeit entsprechen, den Angeschuldigten, der bei seiner Anhörung im Ermittlungsverfahren entlastende Umstände verschwieg, und der dadurch den Erlaß eines Strafbefehls gegen sich veranlaßte, nur insoweit von den notwendigen Auslagen zu entlasten, als sie nicht durch die Hauptverhandlung entstanden sind, die er bei der Begründung des Einspruchs durch Offenbarung des wirklichen Sachverhalts hätte vermeiden können[106]. Legt die Staatsanwaltschaft gegen ein freisprechendes Urteil erfolglos Rechtsmittel ein, so sind die notwendigen Auslagen des Angeklagten im Rechtsmittelverfahren auch dann zu erstatten, wenn er die Anklageerhebung veranlaßt hatte[107].

XIII. Absehen von Auslagenüberbürdung bei Nichtverurteilung wegen eines Verfahrenshindernisses (Absatz 3 Satz 2 Nr. 2)

1. Grundgedanke. Die Nummer 2 des Absatz 3 Satz 2 ist erst auf Betreiben des **51** Bundesrats nach Einigung im Vermittlungsausschuß eingefügt worden (Entstehungsgeschichte). Es war dabei „insbesondere an NS-Gewaltverbrechen gedacht. Wenn wegen der langen Zeit, wie es häufig vorkommt, Zeugen, auf deren Aussagen im Ermittlungsverfahren die Staatsanwaltschaft ihre Mordanklage gründen konnte, sich in

---

[100] OLG Frankfurt NJW **1972** 784.

[101] LG Flensburg JurBüro **1976** 482.

[102] LG Münster MDR **1972** 261 mit Anm. *D. Meyer* MDR **1973** 468; AnwBl. **1974** 227; LG Aachen JurBüro **1978** 266; AnwBl. **1980** 122; a. A LG Heidelberg Justiz **1976** 267; AG Bamberg JurBüro **1979** 1861; vgl. auch LG Würzburg JurBüro **1974** 889 mit Anm. *Mümmler* (Schutz des Angehörigen durch Verschweigen, obwohl Tat erkennbar verjährt); JurBüro **1977** 1381 mit Anm. *Mümmler*.

[103] Vgl. LG Münster MDR **1972** 261; a. A OLG Düsseldorf JurBüro **1983** 1849 (Freund); vgl. auch OLG Hamm MDR **1977** 1042 mit Anm. *Götz*; OLG Schleswig SchlHA **1982** 105; OLG Stuttgart Justiz **1987** 116 (langjähriger Freund und sonstige günstige Umstände).

[104] *Kleinknecht/Meyer*[38] 15.

[105] H. M; vgl. OLG Stuttgart Justiz **1987** 116; KK-*Schikora/Schimansky*[2] 9; *Kleinknecht/Meyer*[38] 21; eingehend LR-*K. Schäfer*[23] 52.

[106] Vgl. LG Münster MDR **1972** 261.

[107] KK-*Schikora/Schimansky*[2] 8.

Hans Hilger

der Hauptverhandlung nicht mehr an Einzelheiten erinnern und deshalb der Mordvorwurf nicht zu beweisen ist, der Totschlag, der erwiesen ist, aber verjährt ist, muß ein Freispruch erfolgen, obwohl die Schuld des Täters feststeht". „Vor allem in derartigen Fällen" sollte die Versagung der Auslagenüberbürdung trotz der Nichtverurteilung möglich sein, weil die Öffentlichkeit es nicht verstehen würde, wenn der Staat einem Verbrecher, der nur aus „rein formellen Gründen" nicht verurteilt werden könne, auch noch die Anwaltskosten bezahlen müsse[108].

52   **2. Verhältnis zum früheren Recht und dessen Auslegung.** Indem Absatz 3 Satz 2 Nr. 2 die Möglichkeit vorsieht, von einer Auslagenüberbürdung auf die Staatskasse abzusehen, wo es **unbillig** erscheint, die Staatskasse mit Auslagen eines Angeschuldigten zu belasten, der praktisch überführt erscheint, seiner Verurteilung aber nur durch das Eingreifen eines Verfahrenshindernisses entgeht, wird in etwa der Rechtszustand wiederhergestellt, wie er unter der Herrschaft des § 467 a. F mit seiner Unterscheidung zwischen obligatorischer Auslagenüberbürdung bei Freispruch wegen erwiesener Unschuld oder nicht begründeten Verdachts und fakultativer Auslagenüberbürdung bei Freispruch mangels Beweisen bestand. Damals wurde (exemplifiziert am Verfahrenshindernis der Verjährung) unterschieden: war vor Eröffnung der Hauptverfahrens die Tat unter jedem rechtlichen Gesichtspunkt verjährt, so stand die Einstellung einem Freispruch wegen erwiesener Unschuld mit (grundsätzlich) obligatorischer Auslagenüberbürdung gleich[109]. Trat die Verjährung erst im Laufe des Verfahrens ein, so beschränkte sich die (obligatorische) Auslagenüberbürdung auf diejenigen Auslagen, die ausscheidbar erst durch die Weiterführung des Verfahrens erwachsen sind, nachdem das Hindernis eingetreten war und die Einstellung, ggf. nach § 206 a, hätte erfolgen können und müssen[110]. Wurde hinsichtlich der von Anklage und Eröffnungsbeschluß angenommenen schweren Straftat die Unschuld als erwiesen angesehen oder ein begründeter Verdacht verneint, während eine noch verbleibende geringere Straftat verjährt war, so war die Auslagenüberbürdung obligatorisch[111]. Wurde aber der Vorwurf der schwereren Straftat nur mangels Beweises verneint und hätte wegen einer verbleibenden geringeren Straftat Verurteilung erfolgen müssen, wenn sie nicht verjährt gewesen wäre, so kam nur fakultative Auslagenüberbürdung in Betracht, weil das Einstellungsurteil auf der Verneinung der schwereren Straftat mangels Beweisen mitberuhe[112], denn die „Ausschaltung jeder Würdigung des Beweisergebnisses, die mit der unterschiedslosen Gleichstellung des Einstellungsurteils mit dem Freispruch wegen erwiesener Unschuld verbunden wäre, müßte zu ungerechten Ergebnissen führen, weil sie ohne Grund den Angeklagten begünstigt, gegen den immerhin — mag auch die Strafverfolgung verjährt sein — ein Schuldvorwurf bestehen geblieben" ist[113].

3. Voraussetzungen der Ermessensfreiheit
53   **a) Verfahrenshindernis.** Die Ermessensfreiheit gemäß Absatz 3 Satz 2 Nr. 2 besteht nur dann, wenn wegen einer Straftat **allein** deshalb nicht verurteilt wird, weil ein Verfahrenshindernis besteht. Solche Verfahrenshindernisse müssen endgültig sein; es

---

[108] Vgl. die Ausführungen des Berichterstatters des Vermittlungsausschusses in der 173. Sitzung der 5. Wahlperiode des Bundestages, Prot. 9249 f).
[109] BGHSt **20** 225.
[110] Vgl. BayObLG NJW **1959** 735; OLG Saar-

brücken NJW **1962** 216; OLG Celle NJW **1963** 2285.
[111] BGHSt **20** 225; NJW **1959** 1449.
[112] Vgl. BGHSt **20** 225; OLG Köln NJW **1962** 505.
[113] Vgl. BGHSt **20** 225.

handelt sich im wesentlichen um[114]: Verjährung[115], fehlenden oder weggefallenen Strafantrag, Verneinung[116] des öffentlichen Strafverfolgungsinteresses, welches die Staatsanwaltschaft bei einem Antragsdelikt und fehlendem Strafantrag zunächst bejaht hatte[117], Rechtskraft[118] und Strafklageverbrauch, anderweitige Rechtshängigkeit[119], dauernde Verhandlungsunfähigkeit[120], Amnestie[121], nicht durch Verweisung behebbare Unzuständigkeit[122]. Zeitablauf rechtfertigt auch dann nicht die Anwendung der Vorschrift, wenn er in der Rechtsmittelinstanz dazu führt, daß eine in der Vorinstanz angeordnete Maßregel nicht mehr als notwendig angesehen wird[123].

b) **Alleiniges Verurteilungshindernis.** Aus der Formulierung „nur deshalb nicht **54** verurteilt" ergibt sich, daß das festgestellte oder — bei unaufklärbaren tatsächlichen Zweifeln — anzunehmende (§ 206 a, 30) Verfahrenshindernis der einzige Grund sein muß, der der Verurteilung entgegensteht. Nummer 2 ist also nur anwendbar, wenn es bei Hinwegdenken des Verfahrenshindernisses nach der Überzeugung des Gerichts zu einer Verurteilung gekommen wäre[124]. Die Vorschrift ist nicht anwendbar, wenn unabhängig vom Bestehen des Verfahrenshindernisses wegen anderer, tatsächlicher oder rechtlicher Umstände eine Verurteilung zweifelhaft gewesen wäre[125]; dann bleibt es bei der Grundregel des Absatzes 1, weil der Angeschuldigte, bezüglich dessen das Verfahrens ohne Schuldspruch durch Einstellung wegen eines Verfahrenshindernisses beendet wird, grundsätzlich nicht anders gestellt werden darf als der Angeschuldigte, der trotz erheblichen Verdachts nicht verurteilt wird, also selbst nicht anders, als für den Fall, daß kein Verfahrenshindernis bestehen würde. Die Entscheidung über den voraussichtlichen Verfahrensausgang ist, wenn das Verfahrenshindernis feststeht oder anzunehmen ist (s. o.), auf der Grundlage des bisherigen Beweisergebnisses zu treffen, notfalls auch nach Aktenlage[126]. § 467 kann nicht entnommen werden, daß trotz Einstellungsreife zur Klärung der Anwendbarkeit von Nummer 2 weitere Feststellungen (Beweiserhebungen) zum theoretischen Verfahrensausgang ohne Verfahrenshindernis, insbesondere zur Schuldfrage zu treffen sind[127]. Da in der Regel eine gesicherte Schuld-

---

[114] Vgl. auch die Erl. zu den §§ 206 a, 260 Abs. 3.

[115] Zur Einstellung gemäß § 154 Abs. 1 Nr. 2 bei drohender Verjährung vgl. LG Kaiserslautern NStZ **1984** 426 mit Anm. *Rieß*.

[116] Vgl. auch OLG Düsseldorf DAR **1971** 160 (bei Einstellungsanregung – § 153 Abs. 2 – ist Abs. 4 anwendbar).

[117] Umstr. – vgl. § 206 a, 46.

[118] Vgl. dazu OLG Hamm NJW **1961** 791.

[119] Vgl. § 206 a, 42; vgl. auch OLG München JurBüro **1985** 1509 zum Verhältnis: Rechtshängigkeit – Strafklageverbrauch.

[120] Vgl. OLG Frankfurt NJW **1983** 2399 zur Verhandlungsunfähigkeit im Wiederaufnahmeverfahren.

[121] Vgl. § 206 a, 48; 49.

[122] Vgl. § 206 a, 38.

[123] OLG Stuttgart MDR **1976** 73; vgl. auch § 473, 53.

[124] Vgl. (mit unterschiedlichen Angaben zur notwendigen „Sicherheit" der Verurteilung) BayObLG NJW **1970** 875; OLG Hamburg NJW **1969** 945; NJW **1971** 2183; MDR **1972**

344; **1974** 160; OLG Karlsruhe VRS **49** (1975) 123; AnwBl. **1976** 305; OLG Hamm JMBlNW **1984** 71; NJW **1986** 735; OLG Zweibrücken NStZ **1987** 425 mit krit. Anm. *Kusch* (Verstoß gegen Art. 6 Abs. 2 MRK); LG Krefeld MDR **1970** 697; LG Braunschweig AnwBl. **1973** 367; LG Bonn AnwBl. **1979** 203; LG Flensburg JurBüro **1983** 883; LG Ellwangen MDR **1986** 341; vgl. auch LG Bochum AnwBl. **1983** 330 (Verjährung vor Erlaß des Bußgeldbescheides); LG Wuppertal JurBüro **1987** 727 (Rücknahme des Bußgeldbescheides wegen drohender Verjährung); KK-*Schikora/Schimansky*[2] 10; *Kleinknecht/ Meyer*[38] 16; KMR-*Müller* 21; s. auch BGHSt **29** 168.

[125] Vgl. BayObLG NJW **1970** 875; OLG Zweibrücken NStZ **1987** 425; KK-*Schikora/Schimansky*[2] 10; *Kleinknecht/Meyer*[38] 16; s. auch BGHSt **29** 168.

[126] KK-*Schikora/Schimansky*[2] 10.

[127] OLG Hamburg NJW **1969** 945; KK-*Schikora/Schimansky*[2] 10; KMR-*Müller* 21.

feststellung nur möglich sein dürfte, wenn die Hauptverhandlung wenigstens begonnen hat und selbst dann meist erst, wenn sie bis zur Schuldspruchreife durchgeführt ist[127a], dürfte für die Anwendbarkeit der Vorschrift auf Einstellungen außerhalb der Hauptverhandlung allein nach Aktenlage (§ 206 a) wenig Raum bleiben[128]. Tritt das Verfahrenshindernis ein, nachdem der Verurteilte ein zulässiges Rechtsmittel eingelegt hat (vgl. § 206 a, 11 ff), so ist entsprechend dem Vorgesagten zu entscheiden; es muß festgestellt werden, daß allein das Verfahrenshindernis den Angeklagten vor der Verurteilung bewahrt, das Rechtsmittel also unbegründet gewesen oder der Angeklagte nach Zurückverweisung der Sache in einer erneuten Verhandlung der Vorinstanz verurteilt worden wäre[129].

55   **c)** Die Vorschrift verstößt nicht gegen den Grundsatz der **Unschuldsvermutung (Art. 6 Abs. 2 MRK)**[130]. Denn die Prognose der zu erwartenden Verurteilung ist nur eine der Voraussetzungen für die Anwendung von Abs. 3 Satz 2 Nr. 2, hat jedoch für sich gesehen noch keine dem Angeschuldigten nachteiligen Folgen und behandelt ihn auch nicht als „Schuldigen", ist keine strafähnlich wirkende Schuldfeststellung[131] (vgl. auch Rdn. 57).

56   **4. Überschießender Anklagevorwurf.** § 467 Abs. 3 Satz 2 Nr. 2 ist auch anwendbar, wenn die angeklagte schwerere Tat nach dem Ergebnis der Hauptverhandlung nicht erwiesen ist und ein minder schweres Delikt verbleibt, das zwar als festgestellt anzusehen, dessen Verfolgung aber durch ein Verfahrenshindernis ausgeschlossen ist. Entsprechendes gilt beim Zusammentreffen von Straftat und Ordnungswidrigkeit[132]. Beispiele: Anklage wegen Mordes; das Gericht sieht die Merkmale des § 211 StGB nicht als erwiesen an, wohl aber die des Totschlags, dessen Verfolgung indessen verjährt ist. Oder: Anklage wegen fortgesetzten Diebstahls mit zahlreichen Einzelakten; erwiesen ist nur eine einzige Diebstahlshandlung, die nach § 248 a StGB zu werten ist, und zu deren Bestrafung es am Strafantrag fehlt. In solchen Fällen kann das Urteil nicht gleichzeitig auf Freisprechung (wegen des schwereren Vorwurfs) und Einstellung (wegen der nicht [mehr] verfolgbaren minder schweren Tat), sondern nur entweder auf Freisprechung oder Einstellung lauten; grundsätzlich bestimmt das Wertverhältnis zwischen der nachgewiesenen, aber nicht verfolgbaren und der verfolgbaren, aber nicht nachweisbaren Rechtsverletzung den Inhalt des Urteils; die schwerere Rechtsverletzung gibt insoweit den Ausschlag (vgl. § 260, 103). Für die Frage, ob § 467 Abs. 3 Satz 2 Nr. 2 anwendbar ist, ist es nicht entscheidend, ob das Urteil in einem solchen Fall auf Freispruch oder auf Einstellung lautet. Denn die genannte Nr. 2 beschränkt die Ermessensfreiheit des

---

[127a] Vgl. auch BVerfG NStZ **1987** 421; wesentlich engerer Anwendungsbereich nach *Kusch* NStZ **1987** 426.

[128] Vgl. dazu OLG Karlsruhe JR **1981** 38 (ausreichend: hohe Wahrscheinlichkeit der Verurteilung); enger: *Kleinknecht/Meyer*[38] 16 (nur wenn glaubhaftes Geständnis in den Akten oder Verurteilung sonst nicht zweifelhaft); vgl. auch OLG Hamburg NJW **1969** 945; OLG Hamm NJW **1986** 735; OLG Zweibrücken NStZ **1987** 425 (Schwierigkeiten der Schuldfeststellung durch Zeitablauf und Wechsel der Besetzung); LG Ellwangen MDR **1986** 341; wesentlich enger *Kusch*

NStZ **1987** 426: anwendbar nur nach rechtskräftigem Schuldspruch.

[129] Vgl. BayObLG NJW **1970** 875; OLG Hamburg MDR **1972** 344; OLG Frankfurt GA **1976** 81; *Kleinknecht/Meyer*[38] 16.

[130] OLG Celle NJW **1971** 2182; OLG Hamm NJW **1986** 735; *Kleinknecht/Meyer*[38] 16; KK-*Schikora/Schimansky*[2] 10; *Kühl* NJW **1978** 980; NJW **1984** 1267; *Liemersdorf/Miebach* NJW **1980** 371.

[131] Vgl. *Kühl* NJW **1984** 1268; s. auch BVerfG NStZ **1987** 421.

[132] OLG Karlsruhe VRS **49** (1975) 123; vgl. § 33 Abs. 3 Satz 3 OWiG.

Gerichts nicht auf den Fall, daß wegen des Verfahrenshindernisses **eingestellt** wird, sondern räumt ihm Ermessensfreiheit ein, wenn es nur an dem Eingreifen eines Verfahrenshindernisses liegt, daß der Angeklagte wegen der angeklagten Tat (§ 264) überhaupt **nicht verurteilt** wird[133]. Die abweichende Auffassung[134], der Freispruch in einem solchen Fall zwinge zur Anwendung von § 467 Abs. 1, berücksichtigt nicht, daß in dem Freispruch zugleich eine „Einstellung" enthalten ist und bei weitergehender Aufklärung im Ermittlungsverfahren möglichweise nur das minderschwere Delikt angeklagt worden wäre[135].

5. **Ermessensrichtlinien.** Nach der Vorstellung des Vermittlungsausschusses, auf **57** dessen Vorschlag hin Absatz 3 Satz 2 Nr. 2 eingefügt wurde, sollte die Vorschrift nur in ganz besonders liegenden Ausnahmefällen Anwendung finden. Im Gesetz selbst hat diese Vorstellung keinen Ausdruck gefunden[136]; die Auslegung ist nicht an diese Vorstellung, sondern nur daran gebunden, daß sich Nr. 2 als Ausnahme von dem Grundsatz des § 467 Abs. 1 darstellt. Wird das beachtet, so kommt es im übrigen auf die Umstände des Einzelfalles an. Allgemein gilt: Steht zur Überzeugung des Gerichts fest, daß beim Wegdenken des Verfahrenshindernisses die Verurteilung zu erwarten wäre, so ist damit erst die *Voraussetzung* der Ermessensfreiheit gegeben; die Voraussetzung aber reicht nicht aus, sie als *Grund* dafür anzusehen, im Regelfall den Angeschuldigten mit seinen Auslagen zu belasten. Es müssen vielmehr — entsprechend dem Verhältnis der Nr. 2 als Ausnahme von der Regel des § 467 Abs. 1 — Gründe („besondere Umstände")[137] hinzutreten, die es als recht und billig erscheinen lassen, daß der Angeschuldigte seine notwendigen Auslagen ganz oder zum Teil (Rdn. 50) selbst trägt oder — anders ausgedrückt —, die es als ungerecht (grob unbillig) erscheinen lassen, die Staatskasse damit zu belasten[138]. Es wäre auch im Hinblick auf Art. 6 Abs. 2 MRK unzulässig, in die Ermessensabwägung selbst die zu erwartende Verurteilung einzubeziehen[139].

Es kann von dem **Leitgedanken** ausgegangen werden, daß der Gesetzgeber den **58** Angeschuldigten durch § 467 auslagenrechtlich begünstigen, ihn also jedenfalls nicht schlechter stellen wollte, als er sich unter der Herrschaft des § 467 a. F gestanden hätte[140]. Wenn damals angenommen wurde, daß im allgemeinen die Einstellung wegen eines Verfahrenshindernisses, das bereits im Zeitpunkt der Anklageerhebung bestand, der Freisprechung wegen erwiesener Unschuld oder mangels begründeten Verdachts mit obligatorischer Auslagenüberbürdung auf die Staatskasse gleichstehe (Rdn. 52), so sollte dies auch als Anhaltspunkt für die Ermessensausübung nach § 467 Abs. 3 Satz 2

---

[133] OLG Köln MDR **1970** 610; OLG Hamm JMBlNW **1971** 118; OLG Celle VRS **48** (1975) 115; OLG Karlsruhe VRS **49** (1975) 123; OLG Oldenburg OLGSt § 467, 99; OLG Düsseldorf DAR **1977** 246; KK-*Schikora/Schimansky*[2] 10.

[134] LG Frankfurt NJW **1971** 952; *Naucke* NJW **1970** 84, 85.

[135] Vgl. aber OLG Karlsruhe NStZ **1981** 228 mit Anm. *Schätzler* sowie Rdn. 58, 60.

[136] OLG Hamburg MDR **1972** 344.

[137] LG Frankfurt NJW **1971** 952; LG Darmstadt AnwBl. **1982** 495.

[138] BayObLG NJW **1970** 875; OLG Düsseldorf OLGSt N. F Nr. 4; OLG Koblenz OLGSt N. F Nr. 3 (proz. Fehlverhalten auch des

Verteidigers); LG Krefeld MDR **1970** 697; LG Kiel AnwBl. **1974** 168; LG Darmstadt AnwBl. **1982** 495; LG Frankfurt StrVert. **1982** 516; unklar insoweit OLG Frankfurt NJW **1983** 2399; vgl. auch KMR-*Müller* 25 bis 28; *Lampe* NJW **1974** 1856.

[139] Vgl. *Kühl* NJW **1984** 1268; *Liemersdorf/Miebach* NJW **1980** 373; **a. A** wohl OLG Hamm NJW **1986** 735; s. auch BVerfG NStZ **1987** 421 zum Privatklageverfahren sowie *Kusch* Fußn. 128 und EuGHMR EuGRZ **1983** 479; EuKomMR StrVert. **1986** 281; einschr. EuGHMR Fußn. 179.

[140] OLG Hamm NJW **1969** 707; OLG Köln MDR **1970** 610; offen gelassen von BayObLG NJW **1970** 875.

Nr. 2 gelten[141]. Es kann dabei aber eine Rolle spielen, ob das Verfahrenshindernis von vornherein klar erkennbar war, also übersehen wurde, oder ob es als Ergebnis einer vielleicht langwierigen Aufklärung des Sachverhalts zutage trat. Im letzteren Fall — dies gilt namentlich bei überschießendem Anklagevorwurf — liegt es noch im Bereich zulässiger Ermessensausübung, von der Auslagenüberbürdung für die Zeit abzusehen, als die Strafverfolgungsorgane nach gewissenhafter Prüfung mit gutem Grund das Fehlen eines Verfahrenshindernisses annehmen durften, dessen Vorhandensein sich erst in der Hauptverhandlung ergibt, in der das Gericht die Überzeugung von dem Umfang des vorwerfbaren Verhaltens erlangt[142]; das nachträgliche Erkennbarwerden des Verfahrenshindernisses kann dann ebenso bewertet werden wie der nachträgliche Eintritt (Rdn. 59).

59   **Tritt das Verfahrenshindernis** — was bei der Verjährung nur ausnahmsweise in Betracht kommen dürfte[143] — **erst im Lauf des Verfahrens ein,** so kann es, obwohl das Gesetz zwischen von vornherein bestehenden und erst nachträglich eintretenden Verfahrenshindernissen nicht unterscheidet und in beiden Fallgestaltungen die Auslagenerstattung in das Ermessen des Gerichts stellt[144], doch naheliegen, in Ausübung des Ermessens und — im Ergebnis — entsprechend der Handhabung unter der Herrschaft des § 467 a. F die Überbürdung auf diejenigen Auslagen zu beschränkten, die durch die Weiterführung des Verfahrens erwachsen sind, nachdem das Hindernis eingetreten oder — oben Rdn. 58 — hervorgetreten war und die Einstellung durch Urteil (§ 260 Abs. 3) oder Beschluß (§ 206 a) hätte erfolgen müssen[145]. In vielen Fällen dürfte es — unter Berücksichtigung der Besonderheiten des Einzelfalles — billig sein, den Angeschuldigten, dessen Verurteilung bei Hinwegdenken des Verfahrenshindernisses sicher erscheint, diejenigen seiner Auslagen tragen zu lassen, die entstanden sind, solange ein verfolgbarer Strafanspruch bestand oder mit gutem Grund zu bestehen schien, er also mit Recht dem Verfahren ausgesetzt war. Von einer Überbürdung der Auslagen, auch nur der nachträglich entstandenen, kann außerdem mit der Begründung abgesehen werden, der Angeschuldigte habe den Eintritt des Hindernisses oder das verspätete Erkennen verschuldet, falls dadurch nicht schon die Voraussetzungen des Absatzes 3 Satz 2

---

[141] Vgl. BGH wistra **1984** 63; OLG Hamm NJW **1969** 707; JMBlNW **1984** 71; OLG Köln MDR **1970** 610; OLG Frankfurt NJW **1971** 818; OLG Karlsruhe VRS **49** (1975) 122; OLG München MDR **1987** 606 (Mangel des Eröffnungsbeschlusses); LG Kiel AnwBl. **1974** 168; LG Hof KostRspr. § 467 (A) Nr. 98; LG Freiburg StrVert. **1983** 195 (vor Eröffnungsbeschluß); vgl. auch OLG Karlsruhe NStZ **1981** 228; LG Bochum AnwBl. **1983** 330 (Verjährung vor Erlaß des Bußgeldbescheides); LG Koblenz NStZ **1983** 235; KK-*Schikora/Schimansky*² 10; *Kleinknecht/Meyer*³⁸ 18; KMR-*Müller* 22; *Maatz* MDR **1986** 886.

[142] OLG Frankfurt NJW **1971** 818; OLG Hamburg MDR **1975** 65; KK-*Schikora/Schimansky*² 10; a. A LG Bochum AnwBl. **1983** 330; *Kleinknecht/Meyer*³⁸ 18.

[143] Vgl. die §§ 78 ff StGB, § 33 Abs. 3 Satz 3 OWiG.

[144] BayObLG NJW **1970** 875; OLG Oldenburg OLGSt § 467, 99; vgl. auch OLG Frankfurt NJW **1971** 818.

[145] BayObLG KostRspr. § 467 (A) Nr. 80; OLG Saarbrücken MDR **1972** 442; OLG Celle NJW **1973** 1987; OLG Koblenz NJW **1973** 2118; OLG Hamburg MDR **1975** 165; vgl. auch LG Flensburg JurBüro **1983** 883; KK-*Schikora/Schimansky*² 10; *Kleinknecht/Meyer*³⁸ 18; KMR-*Müller* 22; a. A *Naucke* NJW **1970** 85 Fußn. 19 (§ 467 Abs. 1 anzuwenden); vgl. außerdem OLG München JurBüro **1985** 1509 zur Frage des Zeitpunktes, wenn Rechtshängigkeit und später Strafklageverbrauch zusammentreffen.

Nr. 1 erfüllt werden[146]. Tritt das Hindernis erst nach Erlaß eines mit zulässiger Revision angefochtenen Urteils ein, das auf Verurteilung lautet, und ergibt die allgemeine Überprüfung durch das Revisionsgericht, daß die gegen das Urteil geführten Angriffe offensichtlich unbegründet sind, so besteht kein Anlaß, die Auslagen des Beschwerdeführers ganz oder auch nur teilweise der Staatskasse zu überbürden; bei anderer Handhabung würde „das Prinzip überspannt, das der allgemeinen Auslagenregelung in §467 Abs. 1 zugrunde liegt"[147].

In den Fällen des **überschießenden Anklagevorwurfs** (Rdn. 56) werden für die Frage, ob von einer Überbürdung in vollem Umfang abzusehen, eine Überbürdung in vollem Umfang auszusprechen oder eine bruchteilsmäßige Verteilung vorzunehmen ist, die zu §465 Abs. 2 entwickelten Grundsätze[148] heranzuziehen sein[149]. Auch kann das Wertverhältnis zwischen dem schwereren Anklagevorwurf und dem verbliebenen Rest, der bei Hinwegdenken des Verfahrenshindernisses eine Verurteilung begründet hätte, von entscheidender Bedeutung sein. So würde zum Beispiel, wenn von dem Vorwurf des Mordes ein verjährter Totschlag übrig bleibt, entsprechend den Intentionen, die zur Einstellung des Absatzes 3 Satz 2 Nr. 2 geführt hatten, eine völlige oder überwiegende Auslagenentlastung des Angeklagten nicht in Betracht kommen[150]; entsprechend dem Grundgedanken des §465 Abs. 2 Satz 3 würde aber der Angeklagte wenigstens von „besonderen" Auslagen zu entbinden sein, die durch die zugunsten des Angeklagten ausgegangene Aufklärung der Mordmerkmale entstanden sind. Stellt sich erst bei der Beweisaufnahme heraus, daß der Diebstahl nicht den von der Anklage und dem Eröffnungsbeschluß angenommenen Umfang hatte, sondern nur ein Fall des §248 a StGB vorliegt und der erforderliche Strafantrag fehlt, so wird in der Regel kein Anlaß zur Auslagenüberbürdung bestehen. Ist der Vorwurf einer Straßenverkehrsgefährdung (§315 c StGB) nicht nachweisbar und eine Verurteilung wegen der verbleibenden Verkehrsordnungswidrigkeit wegen inzwischen eingetretener Verjährung nicht möglich, so erscheint es nicht gerechtfertigt, den Angeklagten auch nur mit einem Teil seiner notwendigen Auslagen zu belasten, wenn davon auszugehen ist, daß er einen Bußgeldbescheid hingenommen, also einen Verteidiger nicht hinzugezogen hätte[151]. **60**

6. Tod des Angeschuldigten. Zur Frage der Anwendung des Absatzes 3 Satz 2 Nr. 2, wenn der Angeschuldigte vor rechtskräftigem Abschluß des Verfahrens stirbt, vgl. Rdn. 10 ff. **61**

7. Einstellung nach §206 b. Absatz 3 Satz 2 Nr. 2 ist nicht (auch nicht entsprechend) anwendbar bei einer Einstellung des Verfahrens nach §206 b. Denn diese Form der Erledigung des Verfahrens hat mit der Einstellung wegen eines Verfahrenshindernisses nichts zu tun, sondern ist materiell ein Freispruch, auf den förmlich durch Urteil zu erkennen wäre, wenn die Entscheidung in der Hauptverhandlung zu treffen wäre. **62**

---

[146] OLG Düsseldorf JurBüro **1986** 1535 (kein Hinweis auf schon erfolgte Verurteilung); LG Frankfurt NJW **1971** 952; StrVert. **1982** 516; LG Darmstadt AnwBl. **1982** 495; LG Koblenz NStZ **1983** 235; s. auch OLG Koblenz Fußn. 138; KK-*Schikora/Schimansky*[2] 10; *Kleinknecht/Meyer*[38] 18; *Lampe* NJW **1974** 1856; *Liemersdorf/Miebach* NJW **1980** 375; *Naucke* NJW **1970** 85.

[147] OLG Hamburg MDR **1972** 344.
[148] Vgl. BGHSt **25** 109, 116, 118; §465, 17 ff.
[149] OLG Karlsruhe VRS **49** (1975) 123; KK-*Schikora/Schimansky*[2] 10; vgl. auch KMR-*Müller* 27; a. A OLG Karlsruhe NStZ **1981** 228 (Verjährung vor Anklageerhebung) mit Anm. *Schätzler*.
[150] A. A OLG Köln MDR **1970** 610.
[151] OLG Celle MDR **1975** 165; vgl. §465, 45.

Hans Hilger

Deshalb fallen nach dem Grundsatz des § 467 Abs. 1 die notwendigen Auslagen des Angeklagten der Staatskasse zur Last[152].

XIV. Einstellung des Verfahrens nach gerichtlichem Ermessen (Absatz 4)

63   **1. Anwendungsbereich.** In den Fällen, in denen das Gericht ein Verfahren nach seinem Ermessen einstellt, hat es die Befugnis, von dem Grundsatz des § 467 Abs. 1 abzuweichen, weil „die Umstände des Einzelfalles so verschieden sein können, daß sich eine starre Kostenregelung nicht empfiehlt" (Bericht des BTRechtsausschusses zu V 2600 S. 21). Es muß sich auch hier um eine endgültige Einstellung[153] handeln. Anwendungsfälle sind zum Beispiel die §§ 153 Abs. 2, 153 b Abs. 2, 153 e Abs. 2, 154 Abs. 2[154], 154 b Abs. 4[155] und § 47 OWiG. Die Einstellung nach § 153 b Abs. 2 gehört auch dann hierher, wenn sie in Anwendung des § 60 StGB erfolgt; zwar eröffnet die Feststellung der Voraussetzungen des § 60 StGB keinen Ermessens-, sondern einen Beurteilungsspielraum und materiellrechtlich besteht eine Pflicht zum Absehen von Strafe, aber verfahrensrechtlich liegt es im Ermessen des Gerichts, ob es außerhalb der Hauptverhandlung § 60 StGB anwendet. Nicht unter Absatz 4 fallen grundsätzlich das Ausscheiden nach § 154 a Abs. 2[156] und die Einstellungen nach den §§ 383 Abs. 2, 390 Abs. 5[157]. Liegt ein Fall des Absatzes 4 vor, so kann das Gericht die Auslagen verteilen[158], und zwar auch nach Instanzen[159] (Rdn. 69). Absatz 4 betrifft nicht die Auslagen des Nebenklägers[160].

2. Ermessenshandhabung

64   **a) Allgemeines.** Nach dem eindeutigen Wortlaut des Absatzes 4 sind die notwendigen Auslagen des Beschuldigten grundsätzlich der Staatskasse aufzuerlegen; die Nichtübernahme der Auslagen durch die Staatskasse ist die Ausnahme. Das entspricht dem aktuellen Willen des Gesetzgebers. Dies ergibt sich daraus, daß er den Vorschlag des StVÄG 1984[161], das Regel-Ausnahme-Verhältnis umzudrehen, abgelehnt hat[162]. Demgemäß ist die Auffassung, die Nichtbelastung der Staatskasse mit den notwendigen Auslagen des Beschuldigten sei praktisch doch die Regel[163], schwerlich vertretbar; die Begründung, durch die Ermessenseinstellung werde dem Beschuldigten das Risiko einer Verurteilung genommen[164], ist keine Regel zur Ausübung des Ermessens, sondern stellt die Entscheidung des Gesetzgebers grundsätzlich in Frage. Eine umgekehrte Auffassung[165], die die Möglichkeit der Nichtübernahme nach Absatz 4 zu eng einschränken würde, wäre gleichfalls mit dem Willen des Gesetzgebers nicht vereinbar.

---

[152] OLG München NJW **1974** 873; OLG Hamburg MDR **1975** 511; LG Stuttgart AnwBl. **1975** 99; vgl. § 206 b, 15.

[153] KK-*Schikora/Schimansky*[2] 11.

[154] Vgl. § 154, 44; Fußn. 15a.

[155] Vgl. § 154 b, 11.

[156] Vgl. § 154 a, 27.

[157] Vgl. dazu § 471 Abs. 3 Nr. 2; siehe auch § 472 Abs. 2, 3.

[158] OLG Hamm NJW **1970** 2128; VRS **42** (1972) 307; OLG Hamburg NJW **1971** 292; KK-*Schikora/Schimansky*[2] 11; *Naucke* NJW **1970** 84; *Schmid* JR **1979** 224.

[159] KK-*Schikora/Schimansky*[2] 11.

[160] Vgl. § 472 Abs. 2, 3.

[161] BTDrucks. **10** 1313 Art. 1 Nr. 36, Begr. S. 41.

[162] Vgl. Bericht des BTRAussch. BTDrucks. **10** 6592; S. 24; s. auch *Rieß/Hilger* NStZ **1987** 206.

[163] Vgl. OLG Stuttgart NJW **1969** 1448; OLG Hamburg MDR **1970** 524; LG Passau JurBüro **1986** 575; *Kleinknecht/Meyer*[38] 19; *Oske* MDR **1969** 712; a. A OLG Hamburg NJW **1969** 1450; KK-*Schikora/Schimansky*[2] 11; *Schmid* JR **1979** 223.

[164] *Kleinknecht/Meyer*[38] 19.

[165] Vgl. OLG Celle NStZ **1983** 330; LG Bochum MDR **1986** 958.

Die Einräumung des Ermessens stellt die Praxis häufig vor schwierige **Begrün-** **65** **dungsprobleme,** weil erhebliche Unsicherheit besteht, auf welche **Ermessenskriterien** abzustellen ist. Ein großer Teil der Rechtsprechung[166] macht die Ermessensentscheidung — wohl unzulässigerweise (Rdn. 67) — von der Stärke des Tatverdachts, dem Wahrscheinlichkeitsgrad der Verurteilung oder dem Gewicht des Verschuldens, das eine Schuldwahrscheinlichkeit voraussetzt[167], abhängig. Richtig dürfte es sein, als Differenzierungsmerkmale für die Anwendung des Absatzes 4 nur von Schuldwahrscheinlichkeit und -intensität unabhängige besondere Umstände des Einzelfalles, zum Beispiel das Prozeßverhalten[168] des Beschuldigten, zu wählen, die eine Billigkeitsentscheidung[169] erlauben. Insbesondere kommen die Kriterien in Betracht, die nach den §§ 5, 6 StrEG zu einem Ausschluß oder einer Versagung der Entschädigung führen können[170], aber auch zum Beispiel schuldhafte Verzögerung der Einstellung[171] oder offensichtlich überzogener Verteidigungsaufwand bei geringfügigem Vorwurf[172]. Liegen Umstände vor, die ein wenigstens teilweise Belastung des Beschuldigten angebracht erscheinen lassen, so sind auch die Umstände zu beachten, die demgegenüber in besonderer Weise für eine Beibehaltung der Belastung der Staatskasse sprechen. Das können zum Beispiel Auslagen infolge eines Verfahrensfehlers[173] sein, oder die Tatsache, daß nicht mehr mit einer Verurteilung wegen der angeklagten Tat zu rechnen ist, sondern allenfalls wegen eines wesentlich leichter wiegenden Vorwurfs[174], oder daß die Einstellung unangemessen spät erfolgt[175].

Erklärt sich der **Angeschuldigte bereit,** seine **Auslagen selbst zu tragen,** so dürften **66** in der Regel keine Bedenken bestehen, entsprechend zu entscheiden[176].

b) Unschuldsvermutung. Die Vorschrift ist mit der Unschuldsvermutung grund- **67** sätzlich vereinbar[177]. Abzulehnen ist jedoch die in der bisherigen Praxis zu beobachtende Neigung, die Ermessensentscheidung an die Schuldfrage (Stärke des Tatverdachts, Wahrscheinlichkeit oder Sicherheit der Verurteilung, Gewicht des Verschuldens) zu knüpfen[178]. Dies dürfte als Verstoß gegen Art. 6 Abs. 2 MRK zu werten

[166] Vgl. OLG Hamm NJW **1969** 1448; OLG Celle MDR **1970** 439; OLG Hamburg MDR **1970** 695; OLG Frankfurt NJW **1980** 2031 mit krit. Anm. *Kühl* NStZ **1981** 115; LG Mannheim NJW **1971** 2319; LG Karlsruhe AnwBl. **1972** 328; LG Regensburg AnwBl. **1984** 272; LG Flensburg GA **1985** 329; dagegen: LG Hanau MDR **1978** 1047; s. auch *Kleinknecht/Meyer*[38] 19; *Göhler*[8] § 47, 46; Fußn. 178, 179.

[167] Vgl. § 153, 77.

[168] *Haberstroh* NStZ **1984** 294; *Liemersdorf/Miebach* NJW **1980** 374; vgl. auch *Schmid* JR **1979** 224 (Einst. gem. § 153 nach vorl. Einst. gem. § 153 a).

[169] Vgl. dazu auch OLG Nürnberg OLGSt § 467 S. 107; AG Heidelberg JurBüro **1983** 252.

[170] LG Hanau MDR **1978** 1047; *Göhler*[8] § 47, 50; *G. Schäfer*[4] § 15 III 2 mit Hinweis auf das Rundschreiben des BMJ vom 22. 5. 1978 – Fußn. 38; *Liemersdorf/Miebach* NJW **1980** 374 (mit weiteren, zum Teil bedenklich weit

gehenden Beispielen); krit. *Schmid* JR **1979** 224, 225 (auch mit weit. Beispielen).

[171] Vgl. *Göhler*[8] § 47, 48; 50; *Schmid* JR **1979**.

[172] Vgl. AG Heidelberg JurBüro **1983** 251.

[173] Vgl. OLG Hamburg MDR **1970** 524; OLG Hamm MDR **1976** 424.

[174] Vgl. OLG Frankfurt **1980** 2032; *Kleinknecht/Meyer*[38] 19.

[175] Vgl. LG Passau JurBüro **1986** 575; *Schmid* JR **1979** 224.

[176] Vgl. OLG Frankfurt Rpfleger **1973** 143; OLG Köln Rpfleger **1976** 218; § 153; 77; a. A *Schmid* JR **1979** 223; vgl. auch § 153, 77 Fußn. 179.

[177] Vgl. *Schmid* JR **1979** 222; *Kühl* NJW **1984** 1264; s. auch BVerfG NStZ **1987** 421.

[178] Vgl. dazu OLG Hamm NJW **1969** 1448; OLG Celle MDR **1970** 439; OLG Hamburg MDR **1970** 695; OLG Frankfurt NJW **1980** 2031; LG Kassel AnwBl. **1970** 63; LG Mannheim NJW **1971** 2319; LG Karlsruhe AnwBl. **1972** 328; LG Köln AnwBl. **1973** 27; LG Frankfurt AnwBl. **1980** 203; LG Regensburg AnwBl.

Hans Hilger

sein[179], wenn die Schuld nicht abschließend gerichtlich festgestellt und das Verfahren nicht wenigstens bis zur Schuldspruchreife gediehen ist[180].

68　　c) **Überzeugungsbildung.** Sie erfolgt aufgrund der Beweisaufnahme, soweit durchgeführt, im übrigen nach Aktenlage[181]. Eine weitere Beweisaufnahme zur Ermittlung von Ermessenskriterien findet nicht statt.

69　　d) **Rechtsmittelinstanz.** Wird das Verfahren erst **in der Rechtsmittelinstanz einge-stellt,** so sind im Rahmen der Ermessensausübung nach § 467 Abs. 4 hinsichtlich der notwendigen Auslagen des Angeklagten in der Rechtsmittelinstanz die Grundsätze des § 473 mitzuberücksichtigen[182]. Legt zum Beispiel der Angeklagte auf das Strafmaß beschränkte Berufung ein, und wird das Verfahren in der Berufungsinstanz gemäß § 153 Abs. 2 eingestellt, so hat der Angeklagte mehr erreicht, als wenn auf sein Rechtsmittel hin die Strafe wesentlich ermäßigt worden wäre, sein Rechtsmittel also vollen Erfolg im Sinne des § 473 Abs. 3 gehabt hätte. Im letzteren Fall wären seine notwendigen Auslagen in der Berufungsinstanz der Staatskasse aufzuerlegen gewesen. Damit er sich nicht durch die Einstellung des Verfahrens schlechter steht als durch die bloße Herabsetzung der Strafe, entspricht es der Billigkeit, seine ihm in der Berufungsinstanz erwachsenen notwendigen Auslagen der Staatskasse zu überbürden[183]. Wird erst in der Berufungsinstanz eingestellt, so ist damit das erstinstanzliche Urteil mit seiner Kostenentscheidung hinfällig geworden; die neue Kostenentscheidung muß sich daher auch auf die Auslagen des ersten Rechtszuges erstrecken; dabei ist auch eine Aufteilung der Auslagen nach Instanzen möglich[184].

70　　3. **Sonstiges.** Zur **Anfechtbarkeit** der Auslagenentscheidung und zu den Anforderungen an die **Begründung** vgl. § 464,33 ff; 51; 57.

XV. Endgültige Einstellung nach § 153 a (Absatz 5)

71　　1. **Gerichtskosten des Verfahrens.** Der Beschluß, der die vorläufige Einstellung anordnet, enthält keine Kosten- und Auslagenentscheidung (§ 464,10), wohl aber derjenige, der die endgültige Einstellung ausspricht (§ 464 Abs. 1, 2; § 467 Abs. 5). Denn mit fristgemäßer Erfüllung der Auflagen und Weisungen entsteht ein zwar beschränktes, aber endgültiges Verfahrenshindernis (§ 153 a, 61; 66). Demgemäß enthält der Beschluß, der die endgültige Einstellung ausspricht, — unabhängig von seiner dogmati-

1984 274; LG Flensburg GA **1985** 329; LR-*K. Schäfer*[23] 67; KK-*Schikora/Schimansky*[2] 11; vgl. zum auf die Unschuldsvermutung hinweisenden Schreiben des BMJ vom 22. Mai 1978 an die LJVen Fußn. 38, *G. Schäfer*[4] § 15 III 2 und OLG Zweibrücken NStZ **1987** 425; siehe auch BTDrucks. **10** 1313, S. 41 und BTDrucks. **10** 6592, S. 24 sowie § 153,77.

[179] Vgl. EuGHMR EuGRZ **1983** 475; EuKomMR StrVert. **1986** 281; dageg. EuGRZ EuGRZ **1987** 399, 405, 410; s. auch LG Hanau MDR **1978** 1047; LG Göttingen NdsRpfl. **1987** 261; *Göhler*[8] § 47, 46; *Kleinknecht/Meyer*[38] 19; *Haberstroh* NStZ **1984** 294 (bei Einstell. ohne Zust. des Angeschuld.; **a. A** bzgl. §§ 153, 153 b); *Kühl* JR **1978** 99; NJW **1980** 806; NStZ **1981** 114; NJW **1984** 1267;

Liemersdorf/Miebach NJW **1980** 374; § 153, 77; *Rieß/Hilger* NStZ **1987** 206; *Westerdiek* EuGRZ **1987** 393; **a. A** BGHZ **64** 353; OLG Celle **1971** 2183; OLG Frankfurt NJW **1980** 2031.

[180] Vgl. auch *Schmid* JR **1979** 222 zu weiteren Bedenken gegen eine Anknüpfung an das Maß der Schuld; *Kusch* NStZ **1987** 426; § 153, 77; s. auch *Vogler* NStZ **1987** 129; BVerfG NStZ **1987** 421 (Privatklageverfahren); § 471, 31.

[181] KK-*Schikora/Schimansky*[2] 11.

[182] OLG Hamburg NJW **1969** 1450; OLG Hamm JMBlNW **1971** 276.

[183] OLG Hamm JMBlNW **1971** 276.

[184] OLG Schleswig SchlHA **1969** 83.

schen Einordnung[185] — eine endgültige Einstellung im Sinne von § 467 Abs. 1, so daß die Staatskasse die Kosten des Verfahrens zu tragen hat[186], soweit nicht § 467 Abs. 2 anzuwenden ist. Die Vorschrift ist — entgegen dem Wortlaut — auch dann anwendbar, wenn der endgültigen Einstellung keine vorläufige Einstellung vorausgegangen ist (§ 153 a, 6 ff).

2. Außergerichtliche Auslagen. Die Bestimmung, daß der **Angeschuldigte** seine **72** Auslagen immer selbst zu tragen hat (Absatz 5), ist eine Ausnahme von der Regel des Absatzes 1 und der des Absatzes 4. Der im RegE des EGStGB 1974 noch nicht enthaltene Absatz 5 wurde auf Anregung des Bundesrats mit folgender Begründung eingefügt[187]: „Die Einstellung nach dem neuen § 153 a StPO setzt voraus, daß der Beschuldigte sich freiwillig bestimmten Auslagen oder Weisungen unterwirft und dadurch das öffentliche Interesse an der Strafverfolgung beseitigt. Dem Sinn dieser Regelung liefe es zuwider, wenn der Beschuldigte auf der anderen Seite die Erstattung seiner notwendigen Auslagen verlangen könnte". Absatz 5 trägt also der Besonderheit der Einstellung nach § 153 a Rechnung, die darin besteht, daß der Angeschuldigte sich freiwillig Sanktionen besonderer Art[188] unterwirft, um die Weiterführung des Verfahrens zu vermeiden[189].

Der Angeschuldigte akzeptiert die gesetzliche Regelung, daß er seine notwendigen Auslagen selbst zu tragen habe, im konkreten Fall auf der Basis einer **kooperativen** **73** **Verfahrensbeendigung.** Nicht richtig wäre dagegen die Auffassung, der Angeschuldigte habe seine Auslagen zu tragen, weil er durch seine Zustimmung zur Einstellung eine drohende (wahrscheinliche) Verurteilung abgewendet habe, so daß er wenigstens hinsichtlich seiner Auslagen einem Verurteilten gleichzustellen sei[190]. Die Schuldfrage bleibt nämlich offen; die Vorschrift verstößt deshalb auch nicht gegen Art. 6 Abs. 2 MRK. Die Auslagen des Nebenklägers werden von Absatz 5 nicht erfaßt[191].

3. Zur **Anfechtbarkeit** wird auf § 464, 47 ff verwiesen. Der **Beschluß** muß **nicht 74 näher begründet werden;** der Hinweis auf Absatz 5 genügt.[192]

§ 467 a

(1) [1]Nimmt die Staatsanwaltschaft die öffentliche Klage zurück und stellt sie das Verfahren ein, so hat das Gericht, bei dem die öffentliche Klage erhoben war, auf Antrag der Staatsanwaltschaft oder des Angeschuldigten die diesem erwachsenen notwendigen Auslagen der Staatskasse aufzuerlegen. [2]§ 467 Abs. 2 bis 5 gilt sinngemäß.

(2) Die einem Nebenbeteiligten (§ 431 Abs. 1 Satz 1, §§ 442, 444 Abs. 1 Satz 1) erwachsenen notwendigen Auslagen kann das Gericht in den Fällen des Absatzes 1 Satz 1 auf Antrag der Staatsanwaltschaft oder des Nebenbeteiligten der Staatskasse oder einem anderen Beteiligten auferlegen.

(3) Die Entscheidung nach den Absätzen 1 und 2 ist unanfechtbar.

---

[185] Vgl. § 153 a, 105; BTDrucks. 10 1313 S. 24.
[186] Vgl. § 153 a, 99.
[187] Vgl. Bericht des Sonderausschusses für die Strafrechtsreform BTDrucks. 7 1261 zu Art. 19 Nr. 130.
[188] Vgl. § 153 a, 9.
[189] Vgl. § 153 a, 9; 10.
[190] Vgl. LR-*K. Schäfer*[23] 72.
[191] Vgl. § 472 Abs. 2, 3.
[192] *Kleinknecht/Meyer*[38] 20; vgl. auch § 464, 57.

Hans Hilger

Entstehungsgeschichte. § 467 a wurde durch Art. 10 Nr. 13 des StPÄG 1964 in folgender Fassung eingefügt:

Nimmt die Staatsanwaltschaft die öffentliche Klage zurück und stellt sie das Verfahren ein (§ 170 Abs. 2 Satz 1), so kann das Gericht, bei dem die öffentliche Klage erhoben war, auf Antrag der Staatsanwaltschaft oder des Angeschuldigten die diesem erwachsenen notwendigen Auslagen ganz oder teilweise der Staatskasse auferlegen. Gegen die Entscheidung findet die sofortige Beschwerde statt.

Die jetzige Fassung des § 467 a beruht grundsätzlich auf Art. 2 Nr. 26 EGOWiG; er enthielt zunächst vier Absätze. Durch Art. 21 Nr. 141 EGStGB 1974 wurde in Absatz 1 Satz 2 „Absatz 2 bis 4" durch „Absatz 2 bis 5" ersetzt. Durch Art. 1 Nr. 116 des 1. StVRG 1974 wurden — als Folge der Aufhebung des bisherigen § 169 Abs. 2 durch Art. 1 Nr. 52 des genannten Gesetzes — der bisherige Absatz 2 [„Absatz 1 gilt entsprechend, wenn die Staatsanwaltschaft das Verfahren einstellt, nachdem sie den Beschuldigten oder seinem Verteidiger den Abschluß der Ermittlungen mitgeteilt hat (§ 169 a Absatz 2")] und im bisherigen Absatz 3 die hinter „... in den Fällen des Absatzes 1 Satz 1" stehenden Worte „und des Absatzes 2" gestrichen. Die bisherigen Absätze 3, 4 erhielten die Bezifferung 2, 3; dem wurde die Verweisung in dem jetzigen Absatz 3 (bisher „den Absätzen 1 bis 3") angepaßt. Schließlich wurde Absatz 3, der die Zulässigkeit der sofortigen Beschwerde regelte, durch Art. 1 Nr. 36 StVÄG 1987 geändert.

Übersicht

1. Bedeutung und Anwendungsbereich

1   **a) Bedeutung.** Anlaß für die Regelung des § 467 a Abs. 1 durch das StPÄG 1964 war der Fall, daß der Beschuldigte gegen einen Strafbefehl Einspruch einlegte, die Staatsanwaltschaft unter dem Eindruck des vorgebrachten Entlastungsmaterials die Anklage — entsprechend dem damals geltenden Recht (§ 411 Abs. 1 a. F.) — einseitig bis zum Beginn der Hauptverhandlung zurücknahm und schließlich das Verfahren einstellte. Vor Schaffung des § 467 a Abs. 1 war streitig, ob in rechtsanaloger Anwendung des

Grundgedankens der §§ 467 Abs. 1, 473 Abs. 2 Satz 1 die notwendigen Auslagen des Beschuldigten auf die Staatskasse überbürdbar seien, wenn die Staatsanwaltschaft durch Zurücknahme der öffentlichen Klage und anschließende Einstellung des Verfahrens dem Beschuldigten die Möglichkeit entzog, ein freisprechendes Urteil und damit Erstattung seiner notwendigen Auslagen aus der Staatskasse zu erlangen. Die Frage wurde von einer im Vordringen befindlichen Auffassung in Rechtsprechung und Schrifttum bejaht (§ 411, 3 c der 21. Auflage). § 467 a in der Fassung des StPÄG 1964 klärte die Streitfrage in verallgemeinerter Form im Sinne dieser Auffassung. § 467 a Abs. 1 in der Fassung des EGOWiG hielt den § 467 a Abs. 1 aufrecht, aber — von weiteren Änderungen abgesehen — unter grundsätzlicher Umwandlung der Kann- in eine Mußvorschrift in Angleichung an die Auslagenerstattungsregelung des § 467. Inzwischen hat sich die Ausgangslage gegenüber derjenigen bei Schaffung des § 467 a und nach seiner Umgestaltung durch das EGOWiG insofern geändert, als nach dem seit dem 1. 1. 1975 geltenden Recht die Klage nach Einspruch gegen den Strafbefehl bis zur Verkündung des Urteils im ersten Rechtszug zurückgenommen werden kann, allerdings nach Beginn der Hauptverhandlung nur mit Zustimmung des Angeklagten (§ 411 Abs. 3). Durch die Verweigerung der Zustimmung kann der Angeklagte die Durchführung der begonnenen Hauptverhandlung erzwingen; Grund der Auslagenerstattung ist also nicht mehr die durch einseitige Klagezurücknahme entzogene Chance eines freisprechenden Urteils, sondern die durch die Zurücknahme der Klage und Einstellung des Verfahrens nahegelegte Wahrscheinlichkeit, daß es bei Aufrechterhaltung der Klage nicht zu einer Verurteilung gekommen wäre.

b) Anwendungsbereich. Während die Auslagenerstattung nach § 467 Abs. 1 voraus- **2** setzt, daß der Angeschuldigte durch gerichtliche Entscheidung unbestraft (ohne Schuldfeststellung) oder ohne Verhängung einer Maßregel aus dem Verfahren entlassen wird, sieht § 467 a Abs. 1 eine Auslagenüberbürdung bei Einstellung des Ermittlungsverfahrens durch die Staatsanwaltschaft vor, wenn folgende Voraussetzungen gegeben sind: (1) es muß öffentliche Klage erhoben worden sein; (2) die Staatsanwaltschaft muß diese (zulässigerweise) zurückgenommen haben; (3) sie muß das wieder in das Stadium des Ermittlungsverfahrens zurückversetzte Verfahren eingestellt haben. Die Vorschrift gilt auch im Bußgeldverfahren (Rdn. 8). Im Privatklageverfahren ist § 467 a Abs. 1 nicht anwendbar, denn die Zurücknahme der Privatklage führt zur gerichtlichen Einstellung des Verfahrens, so daß § 471 Abs. 2 anzuwenden ist; § 467 a Abs. 2 gilt dagegen im Privatklageverfahren entsprechend (Rdn. 30). Die Regelung ist insoweit abschließend, als eine entsprechende Anwendung bei staatsanwaltschaftlichen Verfahrenseinstellungen, insbesondere im Falle der Einstellung nach § 170 Abs. 2, ohne vorherige gerichtliche Anhängigkeit des Verfahrens unzulässig ist[1] (Rdn. 21 ff). Besondere Erstattungsvorschriften, zum Beispiel nach dem StrEG, bleiben unberührt (Rdn. 27).

2. Verfahren nach Absatz 1

a) Erhebung und Zurücknahme der öffentlichen Klage. Hier kommen folgende **3** Fälle in Betracht:

Erhebung der öffentlichen Klage und deren Rücknahme vor Eröffnung des Hauptverfahrens (§ 156);

Erhebung der öffentlichen Klage durch Antrag der Staatsanwaltschaft auf Erlaß **4** eines **Strafbefehls** und Zurücknahme des Antrags vor Erlaß des Strafbefehls oder vor An-

---

[1] H. M; vgl. BGHSt **30** 157; BGHZ **65** 176; s. auch OLG Schleswig SchlHA **1986** 114 (keine analoge Anwendung bei Rücknahme eines Widerrufsantrages der StA).

beraumung der Hauptverhandlung gemäß § 408 Abs. 2 oder Zurücknahme der Klage nach Erlaß des Strafbefehls und Einspruch des Beschuldigten unter den Voraussetzungen des § 411 Abs. 3;

5   Erhebung der öffentlichen Klage durch Antrag des **Finanzamts** auf Erlaß eines Strafbefehls wegen eines Steuervergehens und Zurücknahme des Antrags vor Erlaß des Strafbefehls oder vor Anberaumung der Hauptverhandlung gemäß § 408 Abs. 2 (§§ 399, 406 AO), sowie — nach Erlaß des vom Finanzamt beantragten Strafbefehls — Zurücknahme der Klage durch die Staatsanwaltschaft nach Einspruch des Beschuldigten bis zur Verkündung des Urteils im ersten Rechtszug, wozu es nach Beginn der Hauptverhandlung der Zustimmung des Angeklagten bedarf (§§ 400, 406 AO, § 411 Abs. 3);

6   Zurücknahme der Klage **in jeder Lage des Verfahrens** nach §§ 153 c Abs. 3, 153 d Abs. 2;

7   im **beschleunigten Verfahren** (§ 212 a) Zurücknahme der Klage oder des Antrags nach § 212[2] bis zum Beginn der Vernehmung des Angeklagten zur Sache. Der Zurücknahme der Klage steht es gleich, wenn die Staatsanwaltschaft den Antrag nach § 212 a stellt, das Gericht aber gemäß § 212 b Abs. 1 die Aburteilung im beschleunigten Verfahren ablehnt, weil diese Ablehnung, wie sich aus § 212 b Abs. 3 ergibt, das Verfahren ebenso wie eine Zurücknahme der öffentlichen Klage in den Stand des Ermittlungsverfahrens zurückbringt[3].

8   Im **Bußgeldverfahren** findet § 467 a über § 105 OWiG Anwendung, wenn die Verwaltungsbehörde den Bußgeldbescheid nach Einspruch zurücknimmt und das Verfahren einstellt, und über § 46 OWiG, wenn die Einstellung durch die Staatsanwaltschaft nach Einspruch und Abgabe der Akten an diese erfolgt (§ 69 OWiG)[4]. Die in den letzten Jahren aufgeflammte Streitfrage, wer im zweiten Fall für die Auslagenentscheidung zuständig ist[5], dürfte jetzt durch § 108 a OWiG gelöst sein. § 467 a soll (analog) anwendbar sein, wenn die Verwaltungsbehörde durch ein Mahnschreiben den Anschein erweckt hat, einen Bußgeldbescheid erlassen zu haben, und der Betroffene einen Verteidiger hinzuzieht[6].

9   **b) Einstellung des Verfahrens durch die Staatsanwaltschaft.** Die Vorschrift erfaßt **alle Fälle** der **endgültigen** staatsanwaltschaftlichen **Einstellung** des in das Vorverfahren zurückgelangten Verfahrens, die das Gesetz, ggf. mit Zustimmung des Gerichts, vorsieht. Im wesentlichen kommen in Betracht: §§ 170 Abs. 2, 153 Abs. 1[7] — auch falls der Gesetzgeber bei der Neufassung des § 467 a durch das EGOWiG daran „nicht gedacht" haben sollte[8], §§ 153 c Abs. 3, 153 d Abs. 2, 154 Abs. 1[9]; erfaßt wird auch der Fall des nachträglich eingetretenen Verfahrenshindernisses.

10   Eine **endgültige Einstellung fehlt,** wenn die Einstellung nicht praktisch das Ende des Verfahrens bedeutet. Sie liegt also nicht vor, wenn die Staatsanwaltschaft wegen zeitweiliger Hindernisse (Abwesenheit oder Krankheit des Beschuldigten oder wichtiger Zeugen) das Verfahren nur vorübergehend einstellt, eine Fassung der Einstellungsverfügung wählt, die erkennen läßt, daß der Fortgang der Ermittlungen nur vorläufig

---

[2] AG Wetzlar AnwBl. **1983** 464.
[3] LG Aachen JMBlNW **1970** 47; KMR-*Müller* 3; *Geisler* NJW **1972** 753; § 212 b, 16.
[4] Vgl. *Göhler*[8] Vor § 105, 93 ff; 99 ff; zur Einschränkung der Auslagenüberbürdung durch § 109 a Abs. 2 OWiG vgl. § 467 Rdn. 26.
[5] *Seier* NStZ **1982** 272; *Pasker* MDR **1986** 196.

[6] LG Frankfurt AnwBl. **1979** 401; vgl. Rdn. 23, 24.
[7] Vgl. § 153, 53.
[8] OLG Celle GA **1970** 344.
[9] § 154, 30 und 43; vgl. auch KK-*Schikora/ Schimansky*[2] § 464, 2; KMR-*Müller* 5; **a. A** LR-*K. Schäfer*[23] 10; *Kleinknecht/Meyer*[38] 4.

stoppt, oder nach § 153 a Abs. 1 vorläufig einstellt. Zur endgültigen Einstellung nach § 153 a Abs. 1 vgl. dort Rdn. 83 (§ 467 a Abs. 1 Satz 2, § 467 a Abs. 5). Nicht erfaßt werden desweiteren die Fälle der §§ 154 a Abs. 1 (§ 154 a, 21), 154 b Abs. 1, 3 (§ 154 b, 9). Auch die Einstellung nach § 154 d Satz 2 ist nur eine vorläufige Aussetzung der Verfolgung (vgl. auch § 262 Abs. 2), das technische Mittel, um zur Entlastung der Staatsanwaltschaft den Anzeiger zu veranlassen, einen Beitrag zum Ermittlungsverfahren zu leisten; das Verfahren wird wieder aufgenommen, wenn die Vorfrage später geklärt ist und das Ergebnis den Fortgang rechtfertigt. Die Vorschrift ist nicht anwendbar, wenn die Staatsanwaltschaft die beim unzuständigen Gericht erhobene Anklage zurücknimmt, um sie vor dem zuständigen Gericht zu erheben oder die Verfolgung der örtlich zuständigen Staatsanwaltschaft zu überlassen[10]; ebenso wenn sie (allein oder auch) wegen des gleichen Sachverhalts von neuem Anklage erhebt und, mit ihrer Zustimmung, das Gericht das Verfahren einstellt (zum Beispiel nach § 153 Abs. 2), denn dann wird über die Auslagen nach § 467 entschieden. Schließlich ist die Ansicht[11], § 467 a sei entsprechend anwendbar, wenn der Beschuldigte einer Einstellung nach § 153 a Abs. 1 nicht zustimme und die Staatsanwaltschaft dann nach § 170 das Verfahren einstelle, aus den Gründen der Gegenmeinung[12] abzulehnen; entscheidend ist, daß die Einholung der richterlichen Stellungnahme zu § 153 a nicht der öffentlichen Klage (§ 467 a) gleichzusetzen ist.

Verzögert die Staatsanwaltschaft nach Zurücknahme der Klage ohne zureichende **11** Gründe den Fortgang der Ermittlungen und **den Abschluß des Ermittlungsverfahrens**, so kann sich der Beschuldigte dagegen mit der Aufsichtsbeschwerde wenden[13]. Eine entsprechende Anwendung des § 467 a Abs. 1, wenn die Staatsanwaltschaft die nach Auffassung des Gerichts gebotene Einstellung des Verfahrens unterläßt[14], erscheint bedenklich, weil sie auf eine vom Gesetzgeber hier nicht vorgesehene gerichtliche Kontrolle der staatsanwaltschaftlichen Ermittlungstätigkeit hinauslaufen würde.

c) Bedeutung von Maßnahmen, die auf Aufhebung der Einstellungsverfügung ge- **12** **richtet sind.** Während im Fall des § 467 Abs. 1 eine gerichtliche Sachentscheidung die feste Grundlage der Auslagenentscheidung bildet, baut sich die Auslagenentscheidung im Fall des § 467 a Abs. 1 insofern auf schwankender Grundlage auf, als die Staatsanwaltschaft innerhalb der Verjährungsfrist jederzeit von Amts wegen auf Gegenvorstellungen des Anzeigenden, auf Weisung ihrer Vorgesetzten die Ermittlungen wieder aufnehmen und schließlich auch im Klageerzwingungsverfahren (§ 172) zur Erhebung der Anklage gezwungen werden kann. Der Gesetzgeber hat dies in Kauf genommen. Es stellt sich aber die Frage, ob nicht, um von einer „Einstellung" sprechen zu können, eine gewisse Verfestigung der Einstellungslage zu fordern ist, etwa, daß von einer Einstellung als Voraussetzung der Überbürdungsentscheidung so lange nicht gesprochen werden kann, wie erhobene **Gegenvorstellungen** oder **Dienstaufsichtsbeschwerden** gegen die Einstellung nicht ablehnend beschieden sind oder ein **Klageerzwingungsverfahren** nicht zugunsten des Beschuldigten beendet ist. Es liegt nahe, zur Beantwortung dieser Frage die Regelung des § 9 Abs. 3 StrEG heranzuziehen. Dort ist von den Maßnahmen, die auf eine Aufhebung der Einstellung und Verfahrensfortgang zielen, für das Verfahren über die Entschädigungspflicht in § 9 Abs. 3 nur dem Klageerzwingungsverfahren Bedeutung beigelegt.

---

[10] LG Nürnberg-Fürth NJW **1971** 1281 mit Anm. *H. Schmidt*; OLG Düsseldorf JMBlNW **1982** 185.

[11] LG Landshut AnwBl. **1981** 205; vgl. auch Rdn. 8.

[12] LG München AnwBl. **1982** 36.

[13] *Eb. Schmidt* Nachtr. II 4; vgl. § 170, 10 und 44.

[14] *Kohlhaas* NJW **1966** 1112.

Hans Hilger

13   Von dem Verfahren nach § 9 StrEG hebt sich das nach § 467 a Abs. 1 entscheidend dadurch ab, daß zwar die gerichtliche Entscheidung über die Auslagenüberbürdung ebenfalls einen Antrag voraussetzt, dieser Antrag aber nicht fristgebunden ist. Ferner werden, wenn Auslagenüberbürdung in Betracht kommt, in der Regel die Voraussetzungen vorliegen, unter denen nach § 170 Abs. 2 Satz 2 dem Beschuldigten von der Einstellung des Verfahrens Kenntnis zu geben ist; aber eine Zustellung dieser Mitteilung ist in § 170 Abs. 2 — anders als bei der Benachrichtigung des Antragstellers, der zugleich der Verletzte ist, § 171 und Nr. 91 Abs. 2 RiStBV — nicht vorgeschrieben und auch nicht üblich; die Bekanntgabe erfolgt grundsätzlich formlos durch einfachen Brief (Nr. 91 Abs. 1 Satz 1 RiStBV). Immerhin ergibt sich aus der Regelung des § 9 StrEG, daß der Gesetzgeber in der gewissen Unbeständigkeit einer Einstellung keinen Anlaß sieht, die Stellung des Antrags und die Einleitung des gerichtlichen Feststellungsverfahrens davon abhängig zu machen, daß die Einstellung durch die Bereinigung der gegen sie erhobenen Einwendungen eine gewisse Beständigkeit („Endgültigkeit") erlangt hat. Das muß auch für § 467 a gelten. Der Antrag auf Auslagenüberbürdung kann danach gestellt werden, sobald die Einstellung verfügt ist und den internen Geschäftsbereich der Staatsanwaltschaft verlassen hat. Für das gerichtliche Verfahren ist **§ 9 Abs. 3 StrEG entsprechend** dahin **anwendbar,** daß über die Auferlegung der Auslagen an die Staatskasse nicht entschieden werden darf, solange durch einen Antrag auf gerichtliche Entscheidung die Erhebung der öffentlichen Klage herbeigeführt werden kann. Gegenvorstellungen und Dienstaufsichtsbeschwerden gegen die Einstellung werden der Staatsanwaltschaft Veranlassung zu dem Antrag geben, bis zu deren Erledigung mit der Entscheidung innezuhalten (das Verfahren auszusetzen), wenn sie nicht offensichtlich unbegründet sind[15].

14   Eine **Wiederaufnahme der Ermittlungen,** zum Beispiel wegen neu bekannt gewordener Tatsachen, bedeutet rechtlich eine Aufhebung der Einstellungsverfügung und führt auch gegebenenfalls zu einer erneuten Einstellung. Jedoch beendet die Wiederaufnahme der Ermittlungen allein nicht das auf zulässigen Antrag eingeleitete gerichtliche Verfahren, die vorangegangene Einstellung verliert nicht ihre rechtliche Bedeutung. Der gestellte Antrag bleibt vielmehr wirksam und muß nicht bei erneuter Einstellung von neuem gestellt werden. Die einmal verfügte Einstellung wird erst dann bedeutungslos, wenn die wiederaufgenommenen Ermittlungen zur Erhebung der Anklage und zur Eröffnung des Hauptverfahrens führen (Rdn. 20).

15   d) **Antrag auf gerichtliche Entscheidung.** Die Erstattungsentscheidung wird nur auf Antrag der Staatsanwaltschaft (zugunsten des Angeschuldigten) oder des Angeschuldigten getroffen. Antragsberechtigt ist auch der gesetzliche Vertreter[16] des Angeschuldigten und der Erziehungsberechtigte (§ 67 Abs. 1 JGG). Der Antrag ist an keine Frist oder Form gebunden, er kann auch bis zum Ergehen der Auslagenentscheidung zurückgenommen werden. Die Amtspflicht gebietet — wie im Fall des § 469 Abs. 2 — der Staatsanwaltschaft, von Amts wegen den Antrag zu stellen, wenn sie die Voraussetzungen einer Auslagenerstattung (vgl. Abs. 1 Satz 2) als gegeben ansieht. Die Anhörung des Antragsgegners richtet sich nach § 33 Abs. 2, 3.

16   e) **Gerichtliches Verfahren. Zuständig** für die Entscheidung ist das Gericht, bei dem die öffentliche Anklage erhoben war, auch wenn es für das Hauptverfahren nicht

---

[15] KK-*Schikora/Schimansky*[2] 2; *Kleinknecht/Meyer*[38] 14; teilweise **a. A** KMR-*Müller* 13: keine analoge Anwendung von § 9 Abs. 3 StrEG.

[16] KK-*Schikora/Schimansky*[2] 2; *Kleinknecht/Meyer*[38] 11; **a. A** KMR-*Müller* 9: nur im Falle des § 67 Abs. 1 JGG.

zuständig gewesen wäre[17]; es sollte nicht dem antragstellenden Beschuldigten zugemutet werden, die Zuständigkeitsfrage klären zu müssen.

Die Auslagenerstattung ist grundsätzlich **zwingend** vorgeschrieben; Ausnahmen ergeben sich aus den nach Absatz 1 Satz 2 sinngemäß anwendbaren Absätzen 2 bis 5 des § 467 (§ 467, 24 ff). Neben einer Entscheidung nach § 467 a kann eine solche gemäß § 469[18] oder § 470 ergehen. **17**

Die **Besonderheit des Anhangsverfahrens** nach § 467 a Abs. 1 besteht darin, daß nicht, wie im Fall des § 467, ein Gericht sowohl über die Hauptsache wie über den Nebenpunkt der Auslagenerstattung entscheidet, sondern die Staatsanwaltschaft in Form der Zurücknahme der Klage und Einstellung des Ermittlungsverfahrens die „Hauptentscheidung" trifft, während das Gericht nur über den Nebenpunkt entscheidet. Daraus folgt, daß das Gericht, vergleichbar dem nur mit der Auslagenentscheidung befaßten Beschwerdegericht (§ 464 Abs. 3 Satz 2) die „Hauptentscheidung" hinnehmen, von ihr bei der Entscheidung über die Auslagenerstattung ausgehen muß. Es hat also nicht zu prüfen, ob die Staatsanwaltschaft zu Recht das Verfahren eingestellt hat, ob die Begründung der Einstellungsverfügung (vgl. Nr. 89 Abs. 2 RiStBV) zutrifft, und es darf insbesondere keine Beweise über die Tatsachen erheben, welche die Staatsanwaltschaft als maßgeblich für die Einstellung angesehen hat; die tragenden Gründe der Einstellungsverfügung sind bindend. Die gerichtliche Prüfung (im Freibeweisverfahren) erstreckt sich vielmehr nur auf zusätzlich notwendige besondere Feststellungen, nämlich die Voraussetzungen, die nach § 467 Abs. 2 bis 5 in Vbdg. mit § 467 a Abs. 1 Satz 2 zu einer Beschränkung oder Versagung der Auslagenerstattung führen oder führen können, zum Beispiel ob dem Angeschuldigten Auslagen durch schuldhafte Säumnis entstanden sind (§ 467 Abs. 2), oder ob er die Erhebung der später zurückgenommenen Klage durch täuschende Selbstanzeige veranlaßt hat (§ 467 Abs. 3 Satz 1)[19]; ergeben sich dabei Umstände, die der Einstellungsentscheidung die Grundlage entziehen könnten, so kann die Staatsanwaltschaft Aussetzung des Verfahrens beantragen, während sie erneut ermittelt[20]. Wegen der Bedeutung der Wiederaufnahme der Ermittlungen im Vorverfahren für das gerichtliche Anhangsverfahren s. auch Rdn. 14. **18**

Die Pflicht zur **Begründung** der Auslagenentscheidung regelt sich nach § 34, 2. Alternative; wird dem Antrag stattgegeben, so braucht die Entscheidung, weil unanfechtbar (Abs. 3), nicht begründet zu werden (§ 34)[20a]. **19**

3. Außerkrafttreten der Erstattungsentscheidung. Mit der unanfechtbaren Erstattungsentscheidung steht der Erstattungsanspruch des Angeschuldigten dem Grunde nach fest; über die Höhe wird im Verfahren nach § 464 b entschieden. Nicht geregelt ist die Frage, welche Folgerungen sich ergeben, wenn nachträglich der Entscheidung ihre Grundlage, die Einstellung des Ermittlungsverfahrens, entzogen wird. Die Lücke ist durch entsprechende Anwendung des § 14 Abs. 1 StrEG auszufüllen. Nach dieser Vorschrift tritt die Entscheidung über die Entschädigungspflicht der Staatskasse außer Kraft, wenn gegen den Berechtigten, gegen den das Verfahren eingestellt war, nachträglich wegen derselben Tat das Hauptverfahren eröffnet wird; eine bereits geleistete Ent- **20**

---

[17] KK-*Schikora/Schimansky*[2] 2; **a. A.** LR-*K. Schäfer*[23] 16; *Kleinknecht/Meyer*[38] 12; KMR-*Müller* 10.

[18] AG Moers AnwBl. **1970** 240; *Kleinknecht/Meyer*[38] 5; vgl. § 469, 16 und § 470, 17; § 467, 9.

[19] KK-*Schikora/Schimansky*[2] 2; *Kleinknecht/*

Meyer[38] 15; KMR-*Müller* 11; *Eb. Schmidt* Nachtr. II 15.

[20] § 14 Abs. 2 StrEG analog; vgl. Rdn. 20; KK-*Schikora/Schimansky*[2] 2; *Kleinknecht/Meyer*[38] 15; *Eb. Schmidt* Nachtr. II 15.

[20a] *Rieß/Hilger* NStZ **1987** 206; § 464, 3.

Hans Hilger

schädigung kann zurückgefordert werden. Da der Auslagenerstattungspflicht in gleicher Weise wie der Entschädigungspflicht nach dem StrEG der Gedanke des Aufopferungsanspruchs zugrunde liegt, ist die entsprechende Anwendung des § 14 Abs. 1 StrEG gerechtfertigt. Entsprechend anwendbar ist auch § 14 Abs. 2 StrEG, wonach die Zahlung der festgesetzten Entschädigung ausgesetzt werden kann, wenn die Ermittlungen wieder aufgenommen worden sind[21]. Die entsprechende Anwendung dieser Vorschrift bedeutet, daß die Zahlung des nach § 464 b festgesetzten Betrages ausgesetzt werden kann, wenn vor dessen Auszahlung die Ermittlungen wieder aufgenommen werden.

4. Keine entsprechende Anwendung bei Einstellung des Ermittlungsverfahrens ohne vorherige Erhebung und Rücknahme der Anklage

21   a) Die Regelung in § 467 a Abs. 2 a. F durch das EGOWiG 1968. Während der parlamentarischen Erörterung über eine partielle Neuregelung des Kosten- und Auslagenerstattungsrechts im EGOWiG wurde gefordert, bei einer Einstellung des Ermittlungsverfahrens dem Beschuldigten in weiterem Umfang, als dies § 467 a Abs. 1 vorsieht, die notwendigen Auslagen zu erstatten, die er zu seiner Verteidigung aufgewandt hatte. Namentlich der Strafrechtsausschuß der Bundesrechtsanwaltskammer meinte, grundsätzlich müßten die Auslagen des Beschuldigten im Ermittlungsverfahren erstattungsfähig sein, wenn dieses mit Einstellung ende (vgl. auch § 467, 46). Dem lag die Überlegung zugrunde, daß es keinem Beschuldigten, der zu einer Vernehmung im Ermittlungsverfahren geladen wird, zugemutet werden kann, wegen des Kostenrisikos zunächst keinen Verteidiger zu beauftragen und erst abzuwarten, ob eine Anklage erhoben wird, weil vielfach schon im Ermittlungsverfahren entscheidend durch die Einlassung des Beschuldigten die Weichen für eine Einstellung oder Anklageerhebung gestellt werden und es schwieriger ist, nach der vorläufigen Festlegung der Staatsanwaltschaft durch die Anklageerhebung den Anklagevorwurf wieder zu beseitigen[22]. Eine so weitgehende Auslagenerstattungspflicht wurde jedoch als unerreichbar abgelehnt, weil bei der Vielzahl eingestellter Ermittlungsverfahren (angeblich 80% — heute: vgl. § 170, 4) so hohe Erstattungssummen in Frage standen, daß wegen des Widerstandes der Länder gegen eine derartige Regelung das Schicksal der in Gang befindlichen Kostenrechtsreform in Frage gestellt gewesen wäre. Um den Wünschen nach Erweiterung der Auslagenerstattung über § 467 a Abs. 1 hinaus in vertretbarem Umfang entgegenzukommen, kam es zu einem Kompromiß, indem ein Absatz 2 des § 467 a eingefügt wurde (vgl. die „Entstehungsgeschichte"). Dieser knüpfte an die durch das StPÄG 1964 geschaffenen §§ 169 a Abs. 2, 169 b, 169 c an, die durch das Recht auf Schlußgehör die Möglichkeiten des Beschuldigten erweitern sollten, in Fällen von Bedeutung die Erhebung einer Anklage abzuwenden. § 467 a Abs. 2 a. F sah eine Auslagenerstattung vor, wenn die Staatsanwaltschaft das Ermittlungsverfahren einstellte, nachdem sie dem Beschuldigten die Mitteilung vom Abschluß der Ermittlungen gemäß § 169 a Abs. 2 a. F gemacht hatte, die das Recht zum Antrag auf Schlußanhörung und Schlußgehör begründete. Der tragende Grund für diese Regelung, die auf die Einstellung nach Mitteilung vom Ermittlungsabschluß und nicht auf das Ergebnis von Schlußgehör und Schlußanhörung abstellte, war, auszuschließen, daß der Beschuldigte von der Möglichkeit des Schlußgehörs auch bei Vorliegen entlastender Umstände keinen Gebrauch mache, sondern diese Umstände erst nach erhobener öffentlicher Klage vorbringe in der Erwartung, durch eine Entschei-

---

[21] KK-*Schikora/Schimansky*[2] 2; *Kleinknecht/ Meyer*[38] 14; **a. A** KMR-*Müller* 8: Heranziehung des Gedankens des § 14 nicht erforderlich.

[22] So auch AG Bremen JurBüro **1976** 1402.

dung nach den §§ 204, 206 a, 467 Abs. 1 auslagenrechtlich günstiger abzuschneiden. Man ging dabei davon aus, daß die Beschränkung der Auslagenerstattung auf die in § 467 a Abs. 1 und die in Absatz 2 a. F genannten Fälle auch im Hinblick auf das in Vorbereitung befindliche StrEG 1971 verantwortet werden könne[23].

b) Versuche, aus § 467 a Abs. 2 a. F. den Grundsatz allgemeiner Auslagenerstat- 22 **tung nach Einstellung des Ermittlungsverfahrens herzuleiten.** Trotz der aus der Entstehungsgeschichte eindeutig erkennbaren gesetzgeberischen Absicht, die Auslagenerstattung auf die ausdrücklich im Gesetz geregelten Fälle einer Einstellung des Ermittlungsverfahrens zu beschränken, setzten nach dem Inkrafttreten des EGOWiG Versuche einzelner Gerichte und Autoren ein, auch in den Fällen zu einer Auslagenerstattung zu gelangen, in denen das Ermittlungsverfahren gemäß § 170 Abs. 2 eingestellt wurde, ohne daß es zuvor zu einer Mitteilung vom Abschluß der Ermittlungen gemäß dem damaligen § 169 a Abs. 2 gekommen war[24]. Begründet wurde dies, von Billigkeitserwägungen abgesehen, mit einer **entsprechenden Anwendung** des damaligen § 467 a Abs. 2 oder auch des § 467 Abs. 1. Sie sei geboten, weil der der Entwicklung nachhinkende Gesetzgeber auf halbem Wege stehen geblieben sei. Hinweise auf die einschränkenden Merkmale des § 467 a Abs. 2 a. F wurden als „weitgehend formale Einwendungen" zurückgewiesen: die Rechtsprechung müsse der Gesetzgebung vorauseilen, um ihr den Weg zu bahnen; das Gesetz enthalte die allgemeine Tendenz, grundsätzlich einem straffrei Gebliebenen die notwendigen Auslagen zu erstatten[25]; oder: eine analoge Anwendung des § 467 a Abs. 2 sei geboten, weil eine Beschränkung der Auslagenerstattung auf den dort geregelten Fall „zu dem untragbaren Ergebnis führen würde, daß der stärker Beschuldigte, bei dem das Verfahren das Stadium des § 169 a erreicht, kostenrechtlich besser gestellt sein würde als der Angeschuldigte, dessen Belastung nicht einen so hohen Grad erreicht, daß die Staatsanwaltschaft die Erhebung der Anklage erwägt"[26].

c) Herrschende Meinung ist, § 467 a Abs. 2 a. F sei eine abschließende, einer Er- 23 weiterung durch „entsprechende" Anwendung nicht zugängliche Regelung, und die „entsprechende Anwendung" in Wahrheit eine den Gerichten nicht zustehende und grundgesetzwidrige Anmaßung gesetzgeberischer Befugnisse[27]. Diese Auffassung ist richtig: Der Richter muß es respektieren, wenn der Gesetzgeber im Widerstreit zwischen Billigkeit und beschränkter Leistungsfähigkeit der Staatskasse die Grenzen für Aufopferungsansprüche zieht, auch wenn seine Sympathien einer anderen Lösung gelten[28]. Eine Analogie über eine Ausnahmeregel zur Ausfüllung einer vom Gesetzgeber absichtlich gelassenen „Gesetzeslücke", zur Veränderung einer bewußt abschließenden Regelung, ist nicht zulässig.

Mit der **Aufhebung des § 467 a Abs. 2 a. F** durch das 1. StVRG 1974 ist auch der 24 formale Anknüpfungspunkt, aus § 467 a einen allgemeinen Auslagenerstattungsanspruch

---

[23] Wegen weiterer Einzelheiten wird auf LR-*K. Schäfer*[23] 22 verwiesen.

[24] LG Lübeck NJW **1969** 521; LG Münster MDR **1970** 349; LG Oldenburg AnwBl. **1972** 93; LG Mannheim AnwBl. **1973** 319; *Ganske* NJW **1969** 1099; *Finzel* MDR **1970** 281 mit weit. Nachw.

[25] LG Lübeck NJW **1969** 521.

[26] LG Münster MDR **1970** 349.

[27] BGHZ **65** 176; OLG Frankfurt NJW **1969** 1821; OLG München NJW **1969** 1449; OLG

Saarbrücken NJW **1969** 1451; LG Wuppertal MDR **1969** 414; LG Kiel SchlHA **1969** 143; JurBüro **1974** 1301; LG Hamburg MDR **1970** 947; NJW **1973** 719; **1974** 469; LG Bayreuth JurBüro **1972** 338; LG Krefeld JurBüro **1972** 173; LG Ansbach MDR **1973** 1041; LG Bamberg JurBüro **1974** 895; *Wuttke* NJW **1969** 521; *Göhler* MDR **1970** 283; *Schopp* NJW **1971** 395; *Geisler* NJW **1972** 753.

[28] Vgl. AG Bremen JurBüro **1976** 1402 mit Anm. *Mümmler*.

    Hans Hilger

nach Einstellung des Ermittlungsverfahrens herzuleiten, weggefallen. § 467 a Abs. 1 stellt sich noch deutlicher als eine Ausnahmeregelung dar, die einer Ausweitung durch Analogie nicht zugänglich ist; das ist jetzt in Rechtsprechung und Schrifttum nicht mehr streitig[29]. Außerdem ist die Rechtslage dadurch klargestellt, daß bei der Beratung des EGStGB 1974 der Sonderausschuß für die Strafrechtsreform einen Vorschlag des Deutschen Anwaltvereins, bei Einstellung des Ermittlungsverfahrens durch die Staatsanwaltschaft die Auslagenerstattung ohne die Beschränkungen des § 467 a Abs. 1 und des (damals noch bestehenden) Absatzes 2 vorzusehen, abgelehnt hat, weil dieses Problem erst im Zusammenhang mit der späteren Reform des Kostenrechts gelöst werden könnte[30]. Mit dem geltenden Recht unvereinbar, weil auf unzulässiger Analogie beruhend, sind demgemäß mit Billigkeitserwägungen begründete Entscheidungen[31], wonach die notwendigen Auslagen des Betroffenen der Staatskasse auferlegt werden können, wenn die Verwaltungsbehörde das Bußgeldverfahren vor Erlaß eines Bußgeldbescheides einstellt. Bedenklich, aber nicht ausgeschlossen dürfte eine analoge Anwendung in besonders gelagerten Ausnahmefällen sein, etwa wenn der Beschuldigte eine Mitteilung der Staatsanwaltschaft als Aufforderung zur Hinzuziehung eines Verteidigers verstehen kann[32]. S. auch Rdn. 7.

25   **d) Kritik.** Die verfassungsrechtlich tragbare[33] Entscheidung des Gesetzgebers ist nicht zufriedenstellend; sie kann zu „ungereimten" und unbilligen[34] Ergebnissen führen. Dabei soll hier nicht die grundsätzliche Entscheidung des Gesetzgebers in Frage gestellt werden, daß der Staat nicht generell bei Einstellung eines Ermittlungsverfahrens die notwendigen Auslagen des Beschuldigten übernehmen muß[35]; solche Auslagen mögen in der Regel kein Sonderopfer sein, sondern zum Lebensrisiko gehören. Nicht überzeugend ist allerdings die oft hiermit verknüpfte Begründung[36], vor Anklageerhebung bestehe noch keine ernsthafte Notwendigkeit für den Beschuldigten, sich zur Wehr zu setzen, also für Verteidigungsaufwendungen, insbesondere die Einschaltung eines Verteidigers, denn sie verkennt, daß gerade im Ermittlungsverfahren entscheidende Weichen für den Verlauf des weiteren Verfahrens gestellt werden[37]. Zu kritisieren ist die **nicht ausreichend differenzierte Grenzziehung** des Gesetzgebers, die zu unvertretbaren Ergebnissen führen kann. Sie macht die für viele Beschuldigte wichtige Frage, ob die Staatskasse für die notwendigen Auslagen haftet, die ihnen im Ermittlungsverfahren erwachsen sind, zum Beispiel von Zufälligkeiten abhängig, etwa von der Qualität der staatsanwaltschaftlichen Ermittlungen. Erhebt die Staatsanwaltschaft nach unzureichenden Ermittlungen Anklage, ergänzt das Gericht diese nach § 202 und führt dies zur Anklagerücknahme und Einstellung, so gilt § 467 a, nicht aber, wenn die Staatsanwaltschaft von vornherein sorgfältig ermittelt und gar nicht erst anklagt. Entsprechendes

[29] Zum Beispiel: BGHSt **30** 157; BGHZ **65** 176; BGH NJW **1977** 957; OLG Schleswig SchlHA **1986** 114; LG Flensburg JurBüro **1977** 230; JurBüro **1984** 1371; LG Duisburg JurBüro **1984** 244; AG Bremen JurBüro **1976** 1402; KK-*Schikora/Schimansky*[2] 1; *Kleinknecht/Meyer*[38] 2; KMR-*Müller* 1; *D. Meyer* JurBüro **1984** 1627; für das Bußgeldverfahren vgl. AG Bayreuth JurBüro **1979** 1539; LG Schweinfurt JurBüro **1984** 250; LG Flensburg JurBüro **1985** 569.

[30] BTDrucks. **7** 1261, S. 33; vgl. auch § 467, 45 ff.

[31] Vgl. LG Verden AnwBl. **1976** 406; AG Osterholz-Scharmbeck AnwBl. **1976** 406; Rdn. 8.

[32] LG Nürnberg-Fürth NJW **1973** 2074.

[33] BVerfG EuGRZ **1979** 638.

[34] AG Bremen JurBüro **1976** 1402 mit Anm. *Mümmler; Finzel* MDR **1970** 281.

[35] Vgl. dazu auch *Göhler* MDR **1970** 283; *Geisler* NJW **1972** 753.

[36] Vgl. LG Duisburg JurBüro **1984** 244.

[37] AG Bremen JurBüro **1976** 1402; vgl. auch Vor § 158, 7; KMR-*Müller* 1; *Roxin*[20] § 57 C VI.

gilt, wenn der verteidigte Beschuldigte während des Ermittlungsverfahrens nicht schweigt, sondern über den von ihm beauftragten Verteidiger frühzeitig ausreichende Entlastungsbeweise beibringt[38]. Beauftragt im Fall notwendiger Verteidigung (§ 140) der Beschuldigte einen Verteidiger, so werden die Auslagen hierfür nur über § 467 a erstattet; läßt der Beschuldigte sich einen Pflichtverteidiger beiordnen, so trägt er dessen Vergütung grundsätzlich auch dann nicht, wenn das Verfahren ohne Klageerhebung und Rücknahme eingestellt wird. Schon diese Beispiele zeigen, daß ein „geschickter" Beschuldigter oder Verteidiger bei bestimmten Fallkonstellationen zu „Umgehungstaktiken" greifen muß, wenn er sich unnötige Kosten ersparen will. Eine Korrektur des Gesetzgebers zur Vermeidung solcher Ergebnisse für die Zukunft erfordert keine große Kostenreform[39].

5. Sonderfälle der Auslagenerstattung

a) Gerichtliche Zwischenverfahren. Zur Frage der Auslagenerstattung, wenn der **26** Beschuldigte mit seiner Beschwerde gegen eine im Ermittlungsverfahren getroffene Verfolgungsmaßnahme, zum Beispiel mit einer Haftbeschwerde Erfolgt hat, vgl. § 473, 14.

b) Auslagenerstattung als Teil der Entschädigung für Strafverfolgungsmaßnah- 27 men. Wird das Ermittlungsverfahren von der Staatsanwaltschaft eingestellt, so hat der Beschuldigte wegen des Vermögensschadens, den er durch den Vollzug der in § 2 StrEG bezeichneten Strafverfolgungsmaßnahmen erlitten hat, einen Anspruch auf Entschädigung aus der Staatskasse (§ 9 StrEG). Die Streitfrage, ob der Entschädigungsanspruch auch die notwendigen Auslagen erfaßt, die der Beschuldigte zur Abwehr der Strafverfolgungsmaßnahme aufgewendet hat, insbesondere die Kosten für die Inanspruchnahme eines Rechtsanwalts, wenn ihm insoweit ein Auslagenerstattungsanspruch nach § 467 a Abs. 1 nicht zusteht[40], hat der BGH[41] dahingehend entschieden, daß der Anspruch auf Entschädigung für Strafverfolgungsmaßnahmen jeden adäquat verursachten Vermögensschaden umfaßt; die Inanspruchnahme eines Rechtsanwalts zur Aufhebung (Abwendung) der Strafverfolgungsmaßnahme sei eine typische Folge des Vollzugs einer Strafverfolgungsmaßnahme und soweit die Kostenvorschriften der Strafprozeßordnung die Möglichkeit einer prozessualen Kostenerstattung nicht vorsähen, unterliege der Entschädigungsanspruch keinen Beschränkungen.

6. Notwendige Auslagen Nebenbeteiligter (Absatz 2)

a) Verhältnis zu § 472 b. Nach § 472 b Abs. 2 können, wenn in einem gerichtlichen **28** Verfahren von der Einziehung eines Gegenstandes und einer ähnlichen Maßnahme im Sinne des § 442 oder von der Festsetzung einer Geldbuße gegen eine juristische Person oder Personenvereinigung abgesehen wurde, die einem Nebenbeteiligten erwachsenen notwendigen Auslagen der Staatskasse oder einem anderen Beteiligten auferlegt werden. § 467 a Abs. 2 enthält eine entsprechende Vorschrift für den Fall, daß es wegen Einstel-

---

[38] Vgl. auch *Finzel* MDR 1970 281; *Hinze* AnwBl. 1976 84.
[39] Vgl. dazu BT Drucks. 7 1261, S. 33.
[40] **Verneinend:** OLG München MDR 1976 56; GStA Nürnberg MDR 1973 160; LG Mainz Rpfleger 1975 369; *Händel* VOR 1973 259; **bejahend:** OLG Nürnberg NJW 1975 352; LG Braunschweig NJW 1973 1661; LG Köln

MDR 1973 607; LG Duisburg JurBüro 1984 244; *Schmidt* NJW 1973 1167; *Schulte* AnwBl. 1974 135; *Meyer* JurBüro 1978 625.
[41] BGHZ 65 170 mit Anm. *Stoll* in JZ 1976 278; BGH NJW 1977 957; BGHSt 30 152; vgl. auch LG Flensburg JurBüro 1981 1227; LG Karlsruhe AnwBl. 1985 158; KK-*Schikora/Schimansky*[2] 1; *Kleinknecht/Meyer*[38] 2.

lung des Ermittlungsverfahrens unter den in § 467 a Abs. 1 beschriebenen Voraussetzungen nicht zu Einziehung usw. oder zur Festsetzung einer Geldbuße gekommen ist.

29 **b) Voraussetzungen der Erstattung.** Die Voraussetzungen des Absatzes 1 Satz 1, auf die Absatz 2 verweist, sind auch gegeben, wenn die Staatsanwaltschaft den Antrag auf selbständige Anordnung der Einziehung (§ 440) und gleichstehender Rechtsfolgen (§ 442) zurücknimmt und das Verfahren „einstellt", indem sie von weiteren auf die Einziehung usw. gerichteten Maßnahmen Abstand nimmt[42].

30 Der in Absatz 2 in bezug genommene § 467 a Abs. 1 Satz 1 spricht zwar nur von der Zurücknahme der öffentlichen Klage durch die Staatsanwaltschaft und einer Einstellung des Verfahrens durch diese. Absatz 2 muß aber sinngemäß auch Anwendung finden, wenn der **Privatkläger** den Antrag auf selbständige Einziehung (§ 440 Abs. 1) zurücknimmt, denn es ist kein innerer Grund einzusehen, warum hier ein Nebenbeteiligter nach Erledigung des Verfahrens hinsichtlich der Erstattung seiner notwendigen Auslagen schlechter gestellt sein sollte als ein Nebenbeteiligter bei Stellung des Antrags durch die Staatsanwaltschaft[43]. In diesem Fall kommt allerdings ein Antrag der Staatsanwaltschaft und eine Belastung der Staatskasse mit den notwendigen Auslagen nicht in Betracht.

31 **c) Den Begriff des Nebenbeteiligten** erläutert Absatz 2 durch einen Klammerzusatz. Dabei ist die Bezugnahme auf § 431 Abs. 1 Satz 1 insofern unvollständig, als der Fall der erweiterten Verfahrensbeteiligung nach § 431 Abs. 3 nicht erwähnt ist (dazu (§ 472 b, 2). Davon abgesehen kommen andere Personen und Personenvereinigungen als die durch den Klammerzusatz gekennzeichneten als Nebenbeteiligte nicht in Betracht. Die Verweisung auf § 431 Abs. 1 Satz 1 und auf § 444 Abs. 1 Satz 1 bedeutet indessen nicht, daß im Fall des Absatzes 1 Satz 1 erstattungsberechtigter Nebenbeteiligter nur sein könne, wer in dem durch Zurücknahme der Klage erledigten gerichtlichen Verfahren durch Anordnungsbeschluß des Gerichts die Eigenschaft eines Einziehungsbeteiligten oder Verfahrensbeteiligten (§ 444 Abs. 1) erlangt hatte. Vielmehr ist „Nebenbeteiligter" hier nicht im technischen Sinn des Verfahrensbeteiligten (§ 444 Abs. 1) zu verstehen, dessen Rechtsstellung erst durch den gerichtlichen Beteiligungsbeschluß begründet wird, sondern umfaßt auch den Verfalls- und Einziehungsinteressenten (§ 432 Abs. 2). Der Klammerzusatz bedeutet nur den Hinweis auf die in § 431 Abs. 1 Satz 1 (und § 431 Abs. 2), sowie in § 444 Abs. 1 Satz 1 beschriebenen Voraussetzungen, unter denen das Gericht im Fall der Erhebung einer Anklage die Verfahrensbeteiligung anzuordnen hat. Das ergibt sich auch aus folgender Überlegung: Die gerichtliche Anordnung der Verfahrensbeteiligung kann bereits unmittelbar nach Erhebung der öffentlichen Klage erfolgen. Es hängt dabei vom Zufall ab, ob in dem Zeitraum von der Erhebung bis zur Zurücknahme der Klage das Gericht in der Lage war, einen Beteiligungsanordnungsbeschluß zu erlassen. Auf diese Zufälligkeit kann es aber nicht ankommen; es würde jeder inneren Berechtigung entbehren, dem Einziehungsinteressenten (§ 432), dem bereits im Ermittlungsverfahren Aufwendungen zur Verteidigung seiner Rechte erwuchsen, hinsichtlich der Erstattungsfähigkeit seiner notwendigen Auslagen schlechter zu stellen, als den, der zufällig das Glück hatte, daß das Gericht noch vor Zurücknahme der öffentlichen Klage seine Verfahrensbeteiligung anordnete. Nebenbeteiligte im Sinne des Absatzes 2 sind also auch der Verfalls- und Einziehungsinteressent (§ 432) und der Beteiligungsinteressent im Sinne des § 444 Abs. 2 Satz 2, die im Ermittlungsver-

---

[42] KK-*Schikora/Schimansky*[2] 3.
[43] Vgl. KK-*Schikora/Schimansky*[2] 3; **a. A** *Klein-knecht/Meyer*[38] 7; KMR-*Müller* 18: § 471 Abs. 2.

fahren zur Verteidigung ihrer Rechte tätig wurden und die Voraussetzungen erfüllen, von denen im Fall der Erhebung der Klage die gerichtliche Anordnung der Verfahrensbeteiligung abhängt[44]. Unterstützend kann darauf hingewiesen werden, daß das Gesetz auch sonst den Begriff des Einziehungsbeteiligten in einem den Einziehungsinteressenten umfassenden Sinn verwendet (vgl. zu § 434).

d) Anders als nach Absatz 1 ist in Absatz 2 die Überbürdung nur nach **Ermessen** **32** des Gerichts („kann") vorgesehen; eine obligatorische Überbürdung wurde als unangebracht angesehen, weil die Umstände des Einzelfalls ganz verschieden sein können[45]. Die gerichtliche Entscheidung setzt einen Antrag des Nebenbeteiligten oder der Staatsanwaltschaft voraus. Das Gericht ist an die die Einstellungsverfügung tragenden Gründe gebunden (oben Rdn. 18), dagegen frei in der Beurteilung, ob eine Nebenbeteiligung vorliegt, sofern eine Beteiligung nicht bereits in dem durch Zurücknahme der Klage erledigten Verfahren angeordnet war. Die Überbürdung kann auf die Staatskasse oder einen anderen Beteiligten erfolgen (§ 472 b, 8 und oben Rdn. 28) und auch verteilt werden[46]. Die §§ 469, 470 können neben § 467 a Abs. 2 Anwendung finden[47].

7. Die **Unanfechtbarkeitsregelung**[48] des **Absatzes 3** ist eine Folge der Neufassung **33** des § 464 Abs. 3 Satz 1 durch das StVÄG 1987 (§ 464, 49). Sie ist unter systematischen Gesichtspunkten konsequent und insbesondere erforderlich, um Friktionen innerhalb der Anfechtbarkeitsregelungen zu vermeiden. Stellt nämlich in den Fällen des § 153 Abs. 2 und des § 153 b Abs. 2 das Gericht das Verfahren ein, so ist die Kostenentscheidung gemäß § 464 Abs. 3 Satz 1 nicht anfechtbar. Dementsprechend muß sie auch unanfechtbar sein, wenn in diesen Fällen die Staatsanwaltschaft die Anklage zurücknimmt und das Verfahren einstellt. Ebenso ist die Unanfechtbarkeit der Kostenentscheidung in den Fällen, in denen nur eine Einstellung durch die Staatsanwaltschaft möglich ist (§§ 170 Abs. 2, 153 c Abs. 3, 153 d Abs. 2), im Hinblick auf § 464 Abs. 3 Satz 1 konsequent. Denn in diesen Fällen besteht kein sachlicher Grund, den Angeschuldigten durch die Gewährung eines Anfechtungsrechts besser zu stellen als in den Fällen, in denen eine Einstellung durch das Gericht oder die Staatsanwaltschaft möglich ist (vgl. BTDrucks. 10 1313 S. 41). Im wesentlichen die gleichen Überlegungen gelten auch für die Unanfechtbarkeit der Entscheidung des Gerichts bezüglich der notwendigen Auslagen eines Nebenbeteiligten (§ 467 a Abs. 2).

§ 468

Bei wechselseitigen Beleidigungen oder Körperverletzungen wird die Verurteilung eines oder beider Teile in die Kosten dadurch nicht ausgeschlossen, daß einer oder beide für straffrei erklärt werden.

Bezeichnung bis 1924: § 500.

1. **Anwendungsbereich und Bedeutung.** § 468 betrifft die in §§ 199, 233 StGB gere- **1** gelten Fälle. § 233 StGB spricht zwar vom „Absehen" von Strafe; die Straffreierklärung

---

[44] Vgl. KK-*Schikora/Schimansky*² 3; *Kleinknecht/Meyer*³⁸ 7, 11; KMR-*Müller* 15; *Eb. Schmidt* Nachtr. II 13.

[45] Vgl. BTDrucks. V 2600, 2601, S. 22.

[46] KK-*Schikora/Schimansky*² 3; *Kleinknecht/Meyer*³⁸ 8.

[47] Vgl. KK-*Schikora/Schimansky*² 3.

[48] Inzwischen wohl gegenstandslose Überleitungsschrift in Art. 12 Abs. 4 StVÄG 1987.

Hans Hilger

im Sinne von § 468 ist aber sachlich ein solcher Fall des Absehens[1]; sie setzt eine rechtswidrige und schuldhafte Tatbestandsverwirklichung voraus[2] und bedeutet, daß unter Schuldspruch die Verhängung einer Strafe unterbleibt. Die Vorschrift besagt nach Schaffung[3] des § 465 Abs. 1 Satz 2 auf den ersten Blick insofern etwas Selbstverständliches, als sie ausspricht, daß die Verurteilung des für straffrei Erklärten in die Kosten „nicht ausgeschlossen" sei. Nach dem Vorgesagten wäre nämlich § 465 Abs. 1 Satz 2 unmittelbar anwendbar, wonach eine die Kostentragungspflicht auslösende Verurteilung im Sinne des § 465 Abs. 1 Satz 1 auch vorliegt, wenn das Gericht von Strafe absieht. Die Bedeutung des § 468 besteht aber darin: Er bringt umständlich gefaßt über einen Rückschluß den Willen des Gesetzgebers zum Ausdruck, daß in diesen Fällen eine von § 465 Abs. 1 abweichende Kostenentscheidung möglich ist. Das Gesetz will es — im Gegensatz zu Art. 70 Nr. 247 Entw. EGStGB 1930, der § 468 als entbehrlich streichen wollte — dem Ermessen des Gerichts überlassen, ob es den für straffrei Erklärten mit Kosten belasten will oder nicht. Die Straffreierklärung in den Fällen der §§ 199, 233 StGB löst also — anders als das Absehen von Strafe im allgemeinen (gesetzestechnischen Sinne) — eine Kostentragungspflicht nicht schon als regelmäßige, zu entscheidende Folge der Verurteilung (§ 465 Abs. 1) aus, sondern erst kraft besonderer Erwägungen und darauf gestützter Verurteilung des (der) Beschuldigten in die Kosten[4]. Schon im Hinblick auf § 464 Abs. 1 und im Interesse der Rechtssicherheit ist eine **ausdrückliche Kostenentscheidung** angebracht. Fehlt eine solche, so liegt eine Entscheidungslücke vor, die sich zu Lasten der Staatskasse auswirkt; die Staatskasse kann sich mangels einer den Beschuldigten belastenden Kostengrundentscheidung nicht von den von ihr erbrachten Auslagen entlasten[5]. Die früher zum Teil aus dem Wortlaut („nicht ausgeschlossen") und aus dem Verhältnis des § 468 zu § 465 a. F als der Ausnahme von der Regel hergeleitete Handhabungsrichtlinie, daß in der Regel dem für straffrei Erklärten Kosten nicht auferlegt werden sollten[6], erscheint im Hinblick auf die allgemeinen Prinzipien der Kostenhaftung[7] sowie mangels hinreichender Anhaltspunkte für die Berechtigung einer solchen grundsätzlichen Abweichung hiervon bedenklich. Ist der Beschuldigte in erster Instanz verurteilt worden und wird er in zweiter Instanz für straffrei erklärt, so hat das Berufungsgericht auch über die Kosten der ersten Instanz zu erkennen, und zwar so, als sei der Angeklagte schon in erster Instanz für straffrei erklärt worden[8].

2   **2. Kosten im Sinne des § 468.** Wird der Beschuldigte unter Straffreierklärung (§ 199 StGB) oder Absehen von Strafe (§ 233 StGB) zur Kostentragung verurteilt, so bedeutete dies nach früherem Recht, daß er außer den Auslagen der Staatskasse (§ 464 a Abs. 1, Nr. 1900 KostVerz.) auch die Gerichtsgebühr zu tragen hatte[9], die gemäß § 70 Abs. 2 a. F GVG 5,— DM betrug. § 40 GKG n. F in Verbindung mit Nr. 1600 KostVerz. sieht dagegen im Offizialverfahren eine Gerichtsgebühr nur vor, wenn der Beschuldigte

---

[1] *v. Weber* MDR **1956** 706; zu anderen Fällen des Absehens von Strafe vgl. zum Beispiel §§ 23, 60, 83 a, 84 StGB; vgl. auch § 153 b, 3 mit weit. Nachw.

[2] RG JW **1930** 919; OLG Bremen NJW **1955** 1645.

[3] Vgl. § 465 Entstehungsgeschichte.

[4] OLG Hamm NJW **1959** 1289; OLG Saarbrücken OLGSt § 465,1; *Eb. Schmidt* Nachtr. II 2.

[5] Vgl. auch § 464,17; KMR-*Müller* 3.

[6] Vgl. RG LZ **1928** 134; BayObLG DRiZ **1928** Nr. 314.

[7] Vgl. Vor § 464,14.

[8] RG LZ **1928** 134; BayObLG DRiZ **1928** Nr. 314.

[9] BayObLG DRiZ **1926** Nr. 533.

zu einer Strafe verurteilt, auf Verwarnung durch Strafvorbehalt erkannt oder eine Maß-regel der Besserung und Sicherung angeordnet worden ist; eine dem § 70 Abs. 2 a. F GKG entsprechende Gebühr ist nicht mehr vorgesehen. Infolgedessen bedeutet eine Verurteilung zur Kostentragung unter Straffreierklärung nur noch die Belastung mit den Auslagen im Sinne von § 464 a Abs. 1. § 468 betrifft nicht die notwendigen Auslagen der Beschuldigten, für die wegen der Verurteilung § 465 gilt.

3. Kostenteilung. Die Entscheidung liegt im Ermessen des Gerichts[10]. Der Rich- **3** ter kann die Kosten der Staatskasse oder dem für straffrei Erklärten jeweils ganz aufer-legen oder beiden zum Teil[11]. Das Gesetz schreibt nicht vor, daß der straffrei Erklärte entweder alle oder gar keine Kosten (Auslagen) zu tragen habe. Die Kosten können auch zwischen mehreren für straffrei Erklärten oder zwischen diesen und der Staats-kasse verteilt werden[12]. Die Teilung kann nach Bruchteilen[13] oder ausscheidbaren Teil-massen[14] oder nach Beträgen erfolgen. Kosten, von denen der für straffrei Erklärte ent-bunden wird, trägt im Offizialverfahren die Staatskasse (Rdn. 1). Macht das Gericht von seinem Ermessen keinen Gebrauch, belastet es vielmehr den Beschuldigten ohne solche Überlegungen zu § 468 mit den Kosten, so ist die Entscheidung rechtsfehler-haft[15].

4. Nur einem Angeklagten könnten Kosten auferlegt werden, mehreren Personen **4** also nur, wenn und soweit sie angeklagt sind. Ausgeschlossen ist die Kostenverurteilung gegenüber einem an der Tat Beteiligten, der aber nicht angeklagt, sondern im Verfahren nur als Zeuge aufgetreten ist[16]. Wird er zu Unrecht mit Kosten belastet, so steht ihm, weil er dadurch in die Rolle eines Angeklagten gedrängt ist, das gleiche Rechtsmittel wie einem Angeklagten, also die sofortige Beschwerde des § 464 Abs. 3 Satz 1, zur Verfü-gung[17].

5. § 468 gilt auch, § 471 ergänzend, für den Fall der **Privatklage**[18]; dabei ist die **5** Verteilungsmöglichkeit unabhängig davon, ob der Beschuldigte seinerseits Strafantrag gestellt[19] oder Widerklage erhoben[20] hat. Werden dem für straffrei Erklärten die Ver-fahrenskosten nicht oder nur zum Teil auferlegt, so sind sie (im übrigen) dem Privatklä-ger aufzuerlegen[21]. Dies ergibt sich auch aus § 471 Abs. 3 Nr. 1, weil mit der Straffreier-klärung dem auf Verurteilung gerichteten Antrag des Privatklägers nur zum Teil ent-sprochen wird[22]. Für die notwendigen Auslagen gilt nur § 471. Wird der für straffrei er-klärte Beschuldigte gemäß § 468 ganz oder teilweise von den Kosten entbunden, eine Kostenentscheidung zu Lasten des Privatklägers aber versäumt, so wirkt sich diese Ent-scheidungslücke zu Lasten der Staatskasse aus; mangels einer ausdrücklichen Kosten-grundentscheidung zu Lasten des Klägers kann sie sich nicht von erbrachten Auslagen entlasten[23]; vom Privatkläger gezahlte Vorschüsse (§§ 67, 68 GKG) sind an diesen zu-rückzuzahlen.

---

[10] OLG Hamm NJW **1959** 1289.

[11] Vgl. OLG Saarbrücken OLGSt § 465, 1; OLG Hamm NJW **1959** 1289.

[12] KMR-*Müller* 3.

[13] OLG Nürnberg NJW **1972** 69.

[14] Vgl. auch BayObLG DRiZ **1926** Nr. 237.

[15] OLG Saarbrücken OLGSt § 465, 1.

[16] RGSt 13 421.

[17] *Kleinknecht/Meyer*[38] 3; KMR-*Müller* 6; **a. A** *Eb. Schmidt* Nachtr. II 8: einfache Beschwer-de.

[18] RG LZ **1928** 134; BayObLG DRiZ **1926** Nr. 533; **1928** Nr. 314; vgl. auch § 471, 6; 24.

[19] KMR-*Müller* 4.

[20] RG LZ **1928** 134.

[21] BayObLGSt **1931** 187; zur Gebühr vgl. Nr. 1650 KostVerz.

[22] Vgl. RGSt 44 334.

[23] Vgl. auch § 464, 17.

    Hans Hilger

6   6. Im Falle der **Nebenklage** ist gemäß § 472 darüber zu entscheiden, wer die notwendigen Auslagen des Nebenklägers zu tragen hat. Denn die Straffreierklärung ist Verurteilung im Sinne des § 465 Abs. 1 Satz 2, nur mit der Besonderheit, daß die Kostentragungspflicht nicht kraft Gesetzes bestimmt ist (Rdn. 1). § 468 erfaßt nicht die notwendigen Auslagen des Nebenklägers, da er nur von „Kosten" spricht[24]. Eine Teilungsbefugnis des Gerichts ergibt sich allenfalls aus § 472 Abs. 1 Satz 2 unter dem Gesichtspunkt, daß bei Straffreierklärung einem Antrag des Nebenklägers, falls er auf Bestrafung lautete, nur zum Teil entsprochen wurde[25]. Zum Fall einer Entscheidungslücke insoweit vgl. § 464, 24.

§ 469

(1) [1]Ist ein, wenn auch nur außergerichtliches Verfahren durch eine vorsätzlich oder leichtfertig erstattete unwahre Anzeige veranlaßt worden, so hat das Gericht dem Anzeigenden, nachdem er gehört worden ist, die Kosten des Verfahrens und die dem Beschuldigten erwachsenen notwendigen Auslagen aufzuerlegen. [2]Die einem Nebenbeteiligten (§ 431 Abs. 1 Satz 1, §§ 442, 444 Abs. 1 Satz 1) erwachsenen notwendigen Auslagen kann das Gericht dem Anzeigenden auferlegen.

(2) War noch kein Gericht mit der Sache befaßt, so ergeht die Entscheidung auf Antrag der Staatsanwaltschaft durch das Gericht, das für die Eröffnung des Hauptverfahrens zuständig gewesen wäre.

(3) Die Entscheidung nach den Absätzen 1 und 2 ist unanfechtbar.

Entstehungsgeschichte. Durch das VereinhG wurden in Absatz 1 Satz 1 die Worte: „...durch eine wider besseres Wissen gemachte oder auf grober Fahrlässigkeit beruhende (Anzeige)..." durch die Worte „vorsätzlich oder leichtfertig erstattete unwahre" ersetzt. Durch Art. 2 Nr. 27 EGOWiG wurde die „Kann"-Vorschrift des Abs. 1 Satz 1 in eine Mußvorschrift („hat") umgestaltet, ferner wurde klargestellt, daß unter den dem Beschuldigten „erwachsenen Kosten" nur dessen notwendige Auslagen zu verstehen sind, schließlich ist dem Absatz 1 der Satz 2 angefügt worden. Absatz 3, der die Zulässigkeit der sofortigen Beschwerde regelte, wurde durch Art. 1 Nr. 37 StVÄG 1987 geändert. Bezeichnung bis 1924: § 501.

Übersicht

---

[24] Vgl. auch KMR-*Müller* 5; **a. A** LR-*K. Schaefer*[23] 5; unklar OLG Hamm NJW **1959** 1289, BayObLG DRiZ **1926** Nr. 533.

[25] Vgl. KMR-*Müller* 5.

1. Funktion und Bezugsrahmen der Vorschrift. Sie bestimmt, unter welchen Voraussetzungen demjenigen, der eine unwahre Anzeige erstattet hat, Verfahrenskosten und notwendige Auslagen des Beschuldigten und Nebenbeteiligter auferlegt werden müssen oder können. Regelungsansatz ist die Erwägung, daß im Falle der vorwerfbaren Erstattung einer falschen Anzeige Strafverfolgungsorgane mißbräuchlich zu einer Untersuchung veranlaßt wurden und daher die Möglichkeit des Ersatzes der nutzlosen Aufwendungen sachgerecht erscheint. Weitere Fälle der Erstattung notwendiger Auslagen eines Nebenbeteiligten finden sich in §§ 467 a Abs. 2, 470, 472 b, 473 Abs. 2, 5; über das Verhältnis zu §§ 467 Abs. 1, § 467 a Abs. 1 s. Rdn. 16, über das zu § 177 dort Rdn. 1. **1**

§ 469 knüpft an § 164 StGB an, der die falsche Anschuldigung mit Strafe bedroht. Nach der bis zum Ges. vom 26. 5. 1933 (RGBl. I S. 295) geltenden Fassung des § 164 war strafbar, „wer bei einer Behörde eine Anzeige macht, durch welche er jemand wider besseres Wissen der Begehung einer strafbaren Handlung beschuldigt". Durch das Ges. vom 26. 5. 1933 wurde § 164 u. a. dahin erweitert, daß strafbar schon war, wer einen anderen bei einer Behörde oder einem zur Entgegennahme von Anzeigen zuständigen Beamten oder öffentlich wider besseres Wissen oder vorsätzlich oder leichtfertig einer strafbaren Handlung in der Absicht verdächtigte, ein behördliches Verfahren gegen ihn herbeizuführen oder fortdauern zulassen. Das VereinhG zog aus dieser materiellrechtlichen Änderung die Folgerung, daß es in Absatz 1 (jetzt Absatz 1 Satz 1) die Worte „. . . durch eine wider besseres Wissen gemachte oder auf grober Fahrlässigkeit beruhende (Anzeige). . ." durch „vorsätzlich oder leichtfertig erstattete unwahre" ersetzte, § 469 also in der Fassung dem § 164 StGB anglich. Inzwischen ist durch das 1. StRG 1969 der frühere, vor dem Gesetz vom 26. 5.1933 bestehende Rechtszustand insofern wieder hergestellt worden, als nach § 164 n. F StGB wieder ein Handeln wider besseres Wissen gefordert wird, eine nur bedingt vorsätzlich oder leichtfertig begangene falsche Anschuldigung also nicht mehr nach § 164 strafbar ist. An § 469 ist dadurch nichts geändert worden, denn er ließ auch vor der Änderung durch das Gesetz vom 26. 5. 1933, als nach § 164 nur die Anschuldigung wider besseres Wissen strafbar war, die Belastung des Anzeigenden mit den gerichtlichen Kosten des Verfahrens und den dem Beschuldigten erwachsenen notwendigen Auslagen zu, wenn der Anzeigende durch eine nur grob fahrlässig („leichtfertig") erstattete unwahre Anzeige das Verfahren veranlaßt hatte; wenn aber schon eine grob fahrlässig erstattete Anzeige genügte, so ergab sich daraus ohne weiteres, daß eine bedingt vorsätzlich erstattete unwahre Anzeige erst recht ausreichte. **2**

Weiterhin wurde zum Schutz der Strafrechtspflege durch VO vom 29. 5. 1943 **3** (RGBl. I S. 339) § 145 d in das StGB eingefügt. Nach dessen jetzt geltender Fassung wird bestraft, wer einer Behörde oder einer zur Entgegennahme von Anzeigen zuständigen Stelle wider besseres Wissen die Begehung einer rechtswidrigen Tat vortäuscht oder sie über die Person eines an einer rechtswidrigen Tat Beteiligten zu täuschen sucht. Während nach § 164 nur strafbar ist, wer einen *bestimmten* anderen Menschen fälschlich verdächtigt, trifft § 145 d auch die Fälle, in denen jemand eine nicht begangene rechtswidrige Tat ohne Hinweis auf einen bestimmten Täter vortäuscht sowie die, in denen zwar eine rechtswidrige Tat begangen ist, jemand sich aber fälschlich selbst bezichtigt oder eine nicht vorhandene Person verdächtigt. Aus der Einfügung des § 145 d StGB hat der Gesetzgeber keine Folgerungen im Sinne einer förmlichen Erweiterung des § 469 gezogen, während der dem § 469 entsprechende Absatz 2 des § 456 Entw. 1939 eine Berücksichtigung des § 145 d in folgender Form vorschlug: „Ergibt sich, daß jemand einer Dienststelle des Staates die Begehung einer Straftat vorgetäuscht oder die Dienststelle über die Person eines an der Straftat Beteiligten getäuscht und dadurch die Einleitung oder Fortsetzung des Verfahrens veranlaßt hat, so werden ihm die Kosten auferlegt." In-

Hans Hilger

dessen bleibt das geltende Recht bei richtiger Auslegung hinter dieser Vorschrift nicht zurück (Rdn. 8).

2. Haftungsvoraussetzungen nach Absatz 1

4   a) **Veranlassung eines Verfahrens.** Die Auferlegung der gerichtlichen Kosten und der notwendigen Auslagen nach § 469 setzt voraus, daß durch eine unwahre „Anzeige" mindestens ein außergerichtliches Verfahren veranlaßt ist. Ein außergerichtliches Verfahren ist das vorbereitende Verfahren der Staatsanwaltschaft (§§ 160 ff) einschließlich etwaiger gerichtlicher Beweiserhebungen (§§ 162, 165, 166)[1] und das Ermittlungsverfahren der Finanzbehörde bei Steuervergehen (§§ 386 ff AO). Bei Veranlassung eines **Bußgeldverfahrens** der Verwaltungsbehörde gilt nach § 105 OWiG § 469 StPO entsprechend; die Kostenauferlegung erfolgt hier durch selbständigen Kostenbescheid[2]. **Veranlaßt** ist ein Verfahren nicht nur, wenn es auf Grund einer Anzeige eingeleitet worden ist, sondern auch, wenn ein zunächst aus anderen Gründen eingeleitetes Verfahren nur auf Grund einer falschen Anzeige fortgesetzt wird[3]. Das folgt daraus, daß nach § 164 StGB auch die falsche Anschuldigung mit dem Ziel, ein behördliches Verfahren fortdauern zu lassen, strafbar ist. § 456 Entwurf 1939 (Rdn. 3) wollte dies ausdrücklich klarstellen („... Einleitung oder Fortsetzung des Verfahrens ... veranlaßt hat"). In diesem Fall können aber dem Anzeiger Kosten nur insoweit auferlegt werden, als sie durch die Fortdauer des Verfahrens entstanden sind (Rdn. 12).

5   b) **Zumindest leichtfertig unwahre Anzeige.** Nicht nur die **Anzeige** gemäß § 158 StPO fällt unter die Vorschrift, sondern auch die öffentliche, zum Beispiel in der Presse aufgestellte Behauptung einer Straftat, die, wie der Behauptende weiß und zumindest billigend in Kauf nimmt, die Staatsanwaltschaft zur Einleitung eines Ermittlungsverfahrens veranlaßt[4]. Auch ist — wie bei § 164 StGB — nicht eine Behauptung erforderlich, die auf eigener Initiative des Anzeigenden beruht; es genügt, wenn der Mitteilende durch eine Vernehmung zu einer Erklärung veranlaßt wird, von der er weiß und billigend in Kauf nimmt, daß sie Anlaß für die Einleitung oder Fortsetzung eines Verfahrens ist[5]. Keine Anzeigen sind die Privatklage und die vorsätzlich oder leichtfertig falsche Information eines Gewährsmanns an den Privatkläger[6]. Im Privatklageverfahren gilt nur § 471 Abs. 2[7].

6   Die Anzeige muß **unwahr** sein, also in ihrem wesentlichen Inhalt unrichtige Tatsachen der Art enthalten, daß es bei Kenntnis des wahren Sachverhalts nicht zur Einleitung oder Fortsetzung des Verfahrens gekommen wäre. Ist nur ein Teil der Angaben unwahr und wäre bei Beschränkung der Anzeige auf die wahren Angaben nur ein weniger kostenaufwendiges Verfahren wegen eines anderen Vorwurfs veranlaßt worden, so ist § 469 anwendbar. Entsprechendes gilt, wenn die Behauptungen verschiedene Straftaten betreffen[8]. Bei Freispruch unter Fortbestand eines gewissen Tatverdachts ist die An-

---

[1] OLG Kassel GA **37** (1889) 126.
[2] *Göhler*[8] Vor § 105, 111 ff.
[3] OLG Hamm NJW **1973** 1850; KK-*Schikora/Schimansky*[2] 2; *Kleinknecht/Meyer*[38] 5; *Eb. Schmidt* Nachtr. II 3; zweifelnd KMR-*Müller* 5.
[4] Vgl. OLG Hamm NJW **1973** 1850; KK-*Schikora/Schimansky*[2] 2; *Kleinknecht/Meyer*[38]

2; *Eb. Schmidt* Nachtr. II 3; a. A KMR-*Müller* 5 hinsichtlich öffentlicher Behauptungen.
[5] RGSt **69** 173; OLG Stuttgart NJW **1969** 1446; *Kleinknecht/Meyer*[38] 2.
[6] Vgl. KK-*Schikora/Schimansky*[2] 2; *Eb. Schmidt* Nachtr. II 7.
[7] *Kleinknecht/Meyer*[38] 1.
[8] Vgl. KMR-*Müller* 3.

zeige nicht feststellbar „unwahr" gewesen[9] (Rdn. 11). Eine Strafanzeige, in der aus richtig angegebenen Tatsachen der rechtlich falsche Schluß gezogen wird, der Angezeigte habe eine Straftat begangen, fällt nicht unter § 469[10].

Der direkte und der Eventual-**Vorsatz** sowie die **Leichtfertigkeit** (grobe Fahrläs- **7** sigkeit) müssen sich auf die Unrichtigkeit der behaupteten Tatsachen beziehen. Leichtfertigkeit kann zu verneinen sein, wenn der Anzeiger vorsorglich auf gewisse Zweifel oder Ungewißheiten hinsichtlich der Richtigkeit seiner Angaben hinweist[11].

Unter § 469 fällt auch die falsche **Selbstbezichtigung,** zum Beispiel um sich ein **8** Alibi zu verschaffen[12], und die **Vortäuschung einer Straftat.** § 469 Abs. 1 Satz 1 spricht zwar von der Auferlegung der dem Beschuldigten erwachsenen notwendigen Auslagen. Das zwingt aber nicht zu der Auffassung, daß die unwahre Anzeige sich stets gegen einen von dem Anzeigenden verschiedenen bestimmten und existierenden Beschuldigten richten müsse. Das ergibt sich aus dem Zweck des § 469 (Rdn. 1), nicht nur dem zu Unrecht Beschuldigten Ersatz seiner Auslagen zu verschaffen, sondern auch der Staatskasse für die infolge der unwahren Angaben nutzlos aufgewendeten Auslagen[13]; solche können auch bei Selbstbezichtigung und Vortäuschung einer Straftat entstehen. Kommt es bei Selbstbezichtigung zum gerichtlichen Verfahren, so gilt § 467 Abs. 1, 3 Satz 1.

Dienstliche Anzeigen, die Polizeibehörden und -beamte (§§ 158, 163) und andere **9** zur Mitwirkung bei der Strafverfolgung — sei es auch nur durch Erstattung von Anzeigen — berufene Behörden und Beamte in Erfüllung ihrer Amtspflicht erstatten, fallen grundsätzlich nicht unter § 469[14]; es würde die Erfüllung der Dienstpflichten erheblich beeinträchtigen, wenn die Beamten den Vorwurf der Leichtfertigkeit und die Gefahr der Belastung mit Kosten befürchten müßten. Dies gilt selbst bei Zweifeln an der Richtigkeit der Anzeige, denn es ist ihre Pflicht, gegebenenfalls auch ungeprüfte Verdachtsmomente mitzuteilen und der Staatsanwaltschaft die weiteren Ermittlungen zu überlassen[15]. Wenn sie aber wissentlich unwahre Anzeigen erstatten, sind sie nach § 344 StGB strafbar[16] und fallen dann auch unter § 469. Entsprechendes gilt, wenn „Leichtfertigkeit" im Sinne einer disziplinarisch ahndbaren Pflichtwidrigkeit vorliegt[17].

§ 469 findet auch auf **Rechtsanwälte** Anwendung, die für eine Partei eine Strafan- **10** zeige erstatten, wenn der Anzeigende von vornherein weiß oder infolge grober Fahrlässigkeit nicht beachtet, daß die Anzeige nur zum Schein erstattet war, und daß die Hilfe der Staatsanwaltschaft mißbräuchlich in Anspruch genommen werden soll zu Zwecken, die den Aufgaben dieser Behörde fernliegen[18].

---

[9] OLG Hamm NJW **1973** 1850; OLG Neustadt NJW **1952** 718; KK-*Schikora/Schimansky*[2] 2; *Kleinknecht/Meyer*[38] 3; KMR-*Müller* 2; s. auch BGH NJW **1988** 81 (Vorbringen falscher Beweismittel); BayObLG NJW **1988** 83 (§ 145 d StGB; Übertreibungen).

[10] BayObLGSt **14** 281; *Kleinknecht/Meyer*[38] 3.

[11] KMR-*Müller* 4.

[12] OLG Düsseldorf GA **77** (1933) 67; KK-*Schikora/Schimansky*[2] 2; *Kleinknecht/Meyer*[38] 2; KMR-*Müller* 5; *Eb. Schmidt* Nachtr. II 5.

[13] KK-*Schikora/Schimansky*[2] 2; vgl. Nr. 1900 f KostVerz.

[14] Vgl. *Kleinknecht/Meyer*[38] 1; **a. A** wohl KK-*Schikora/Schimansky*[2] 2; KMR-*Müller* 5;

LG Kiel JurBüro **1983** 1850, das bei einer unzureichend bearbeiteten Anzeige die Leichtfertigkeit verneint; zu §§ 164, 344 StGB insoweit vgl. OLG München NStZ **1985** 549 und *Herzberg* JR **1986** 6.

[15] BGH MDR **1956** 536; vgl. auch BGHSt **14** 240 f; KMR-*Müller* 5.

[16] BGHSt **1** 255.

[17] *Kleinknecht/Meyer*[38] 1; *Eb. Schmidt* Nachtr. II 4.

[18] Vgl. OLG Stuttgart *Alsb.* E **3** Nr. 308; KK-*Schikora/Schimansky*[2] 2; *Kleinknecht/Meyer*[38] 1; KMR-*Müller* 5; *Müller* ZStW **40** (1919) 207.

     Hans Hilger

3. Auferlegung der Kosten und Auslagen

11   **a) Gerichtskosten**[19]. Das Gericht muß die Kosten dem Anzeigenden auferlegen, wenn es die Überzeugung gewonnen hat, daß die Anzeige unwahr ist und den Anzeigenden der Vorwurf vorsätzlichen oder leichtfertigen Handelns hinsichtlich der in der Anzeige behaupteten Taten trifft. Zum Freispruch bei weiterbestehendem Tatverdacht vgl. Rdn. 6.

12   **b) Notwendige Auslagen des Beschuldigten.** Ein Beschluß, der dem Anzeigenden die der Staatskasse erwachsenen Kosten auferlegt, muß ihm notwendig auch die dem Beschuldigten — sofern ein solcher vorhanden ist (Rdn. 8) — erwachsenen notwendigen Auslagen (§ 464 a Abs. 2) auferlegen und umgekehrt. Es ist grundsätzlich nicht zulässig, die Kosten und notwendigen Auslagen nur zum Teil aufzuerlegen[20]. In dem Fall, daß durch eine falsche Anzeige die Fortsetzung eines Verfahrens veranlaßt ist (Rdn. 4), beschränkt sich zwar die Kostenpflicht auf die durch die Fortsetzung des Verfahrens entstandenen Kosten und notwendigen Auslagen; diese müssen aber in vollem Umfang auferlegt werden. Ist die Anzeige nur hinsichtlich eines Teils von mehreren angezeigten Straftaten falsch (Rdn. 6), so gilt § 469 nur bezüglich der Kosten und notwendigen Auslagen der zu Unrecht angezeigten Taten[21]. § 74 JGG ist nicht auf den minderjährigen Anzeigenden (entsprechend) anwendbar[22]. Aufgrund des Beschlusses kann der Beschuldigte gemäß § 464 b seine notwendigen Auslagen gegen den Anzeigenden festsetzen lassen und aus dem Festsetzungsbeschluß die Vollstreckung betreiben. Sind die Voraussetzungen des § 164 StGB gegeben, so bleibt es dem Beschuldigten unbenommen, vom Anzeigenden im Wege des Zivilprozesses Ersatz seiner notwendigen Auslagen als Folgeschäden aus Verletzung eines Schutzgesetzes (§ 823 Abs. 2 BGB) zu verlangen[23].

13   **c) Notwendige Auslagen Nebenbeteiligter (Abs. 1 Satz 2).** Während die Auferlegung der Gerichtskosten und der dem Beschuldigten erwachsenen notwendigen Auslagen nach Absatz 1 Satz 1 obligatorisch ist, ist die Auferlegung der einem Nebenbeteiligten erwachsenen notwendigen Auslagen in das **Ermessen** des Gerichts gestellt („kann"). Damit soll ermöglicht werden, den Umständen des Einzelfalles Rechnung zu tragen. So besteht zum Beispiel kein Anlaß, die Auslagen eines Einziehungsbeteiligten dem Anzeigenden aufzuerlegen, wenn sich nachträglich herausstellt, daß er gar nicht Inhaber des behaupteten Rechts war, über dessen Einziehung zu entscheiden war[24]. Das gleiche gilt, wenn der Nebenbeteiligte seine Beteiligung durch Täuschung oder durch andere unlautere Mittel bewirkt hat.

14   **Auslagenteilung.** Wie in allen Fällen, in denen es dem Ermessen des Gerichts überlassen ist, die notwendigen Auslagen eines Beteiligten einem anderen Verfahrensbeteiligten zu überbürden (§ 467, 50), kann auch gemäß § 469 Abs. 1 Satz 2 das Gericht sein Ermessen in der Weise ausüben, daß es die Auslagen des Nebenbeteiligten nur zum Teil dem Anzeigenden überbürdet.

15   Der **Begriff des Nebenbeteiligten** ist hier, wie in § 467 a Abs. 2, durch die Verweisung auf §§ 431 Abs. 1 Satz 1, 442, 444 Abs. 1 Satz 1 erläutert. Die Erläuterung ist nicht dahin zu verstehen, daß im Falle des § 431 Abs. 3 und bei Einziehungs- und Beteiligungs*interessenten* (vgl. §§ 432 Abs. 1; 444 Abs. 2 Satz 2) eine Überbürdung ausgeschlossen sei[25].

---

[19] Vgl. Nr. 1638, 1900 ff KostVerz.
[20] KMR-*Müller* 11.
[21] KMR-*Müller* 11.
[22] OLG Stuttgart Justiz **1982** 60.

[23] LG Bremen AnwBl. **1975** 101; vgl. auch BVerfG NStZ **1987** 333.
[24] Vgl. Bericht des BTRAussch. zu BTDrucks. V 2600 und 2601, S. 22.
[25] Vgl. § 467 a, 31; § 470, 4; § 472 b, 2.

4. Verfahrensrechtliches

a) Verhältnis zu den §§ 467 Abs. 1, 467 a Abs. 1. Die Belastung des Anzeigenden **16** mit den Auslagen des Beschuldigten macht eine Überbürdung nach § 467 Abs. 1, soweit dies möglich ist (§ 467 a, 22 ff), nicht entbehrlich, denn der Beschuldigte darf nicht der Gefahr einer etwaigen Zahlungsunfähigkeit des Anzeigenden ausgesetzt werden[26]. Staatskasse und Anzeigender haften wie Gesamtschuldner; die Haftung der Staatskasse erlischt, wenn der Anzeigende dem Beschuldigten die notwendigen Auslagen erstattet. Erstattet sie ihm die Staatskasse, so kann diese gemäß § 426 BGB Erstattung von dem nach § 469 mit den Kosten belasteten Anzeigenden verlangen[27]. Entsprechendes gilt für den Fall des Zusammentreffens von Fällen des § 469 und des § 467 a Abs. 1[28].

b) Verfahren; Entscheidung. Im Falle des Absatzes 1, also wenn ein Gericht mit **17** der Sache befaßt war, entscheidet dieses von Amts wegen, was nicht ausschließt, daß die Staatsanwaltschaft oder der Beschuldigte einen entsprechenden Antrag stellt. Im Falle des Absatzes 2 ist ein Antrag der Staatsanwaltschaft unverzichtbare Entscheidungsvoraussetzung[29]. Über den **Begriff des Befaßtseins** besteht Streit. Nach der einen Auffassung ist das Gericht erst befaßt, wenn seine Zuständigkeit zur Prüfung und Entscheidung einer Strafsache endgültig geworden (Rechtshängigkeit eingetreten) ist, weil die Klage nicht mehr zurückgenommen werden kann (§ 156), also wenn das Hauptverfahren eröffnet ist; demgemäß kann das Gericht nicht von Amts wegen, sondern nur auf Antrag der Staatsanwaltschaft die Kosten dem Anzeiger auferlegen, wenn es die Eröffnung des Hauptverfahrens ablehnt[30]. Nach anderer Auffassung ist das Gericht schon von der Erhebung der Anklage ab mit der Sache befaßt[31]. Dem ist zuzustimmen. Weder Wortlaut noch Sinn der Vorschrift nötigen zu einer einschränkenden Auffassung; auch ist es nur sachgemäß, wenn das Gericht, das über die Anklage zu befinden hat, diese Sachkenntnis zur Entscheidung über die Anzeige benutzt. Der Anklage steht der Antrag auf Erlaß eines Strafbefehls gleich[32]. Absatz 1 gilt auch, wenn die Staatsanwaltschaft die Anklage zurücknimmt und das Verfahren einstellt[33]. Die Staatsanwaltschaft ist verpflichtet, den Antrag zu stellen, wenn sie die Voraussetzungen des § 469 Abs. 1 als gegeben ansieht[34]. Notfalls ist Dienstaufsichtsbeschwerde zu erheben.

Vor der Entscheidung ist **rechtliches Gehör** zu gewähren (Absatz 1 Satz 1; § 33). **18** Dem Erfordernis der Anhörung des Anzeigenden ist genügt, wenn ihm Gelegenheit gegeben wurde, sich zu erklären und sich gegen den Vorwurf zu verteidigen, daß er die Anzeige vorsätzlich oder leichtfertig angebracht habe. Ob der Anzeigende eine Erklärung abgibt oder nicht, ist gleichgültig. Die Staatsanwaltschaft ist gemäß § 33 zu hören, wenn das Gericht nach Klageerhebung von Amts wegen entscheiden will.

Da die Entscheidung gemäß § 469 Vermögensinteressen des Anzeigenden be- **19** rührt, soll — wie in den Fällen der §§ 374, 395, 172, 403 — seine **Prozeßfähigkeit** Verfahrensvoraussetzung sein[35].

Die gerichtliche **Entscheidung,** die dem Anzeigenden die Kosten auferlegt, ist **20** auch dann, wenn sie in Verbindung mit dem Urteil erlassen wird, eine selbständige und

[26] BayObLG NJW **1958** 1933; AG Moers AnwBl. **1970** 240; LG Frankfurt StrVert. **1982** 516; KK-*Schikora/Schimansky*² 3; *Kleinknecht/Meyer*³⁸ 7; KMR-*Müller* 9; vgl. auch § 467, 9.

[27] KK-*Schikora/Schimansky*² 3; *Kleinknecht/ Meyer*³⁸ 7; vgl. auch § 464 b, 2.

[28] Vgl. KMR-*Müller* § 470, 5.

[29] Vgl. Nr. 92 RiStBV.

[30] OLG Bremen JZ **1953** 471 mit zust. Anm. *Niethammer.*

[31] KK-*Schikora/Schimansky*² 3; *Kleinknecht/ Meyer*³⁸ 9; KMR-*Müller* 8; *Eb. Schmidt* Nachtr. II 8.

[32] *Schrömbs* NJW **1963** 333.

[33] *Kleinknecht/Meyer*³⁸ 9.

[34] OLG Bremen JZ **1953** 471.

[35] OLG Stuttgart Justiz **1982** 60.

Hans Hilger

ergeht **durch** besonderen **Beschluß,** der nicht begründet werden muß, weil er nicht anfechtbar ist (§ 34)[35a]. Daß in dem Urteil die Kosten schon der Staatskasse auferlegt
sind, schließt eine nachträgliche Entscheidung nach § 469 nicht aus. Auch braucht in
dem Urteil eine spätere Entscheidung nach § 469, etwa weil der Anzeigende noch nicht
gehört werden konnte, nicht vorbehalten zu werden; ein solcher Vorbehalt versteht sich
von selbst[36]. Die Entscheidung trifft grundsätzlich das Gericht erster Instanz; das Berufungsgericht kann sie treffen, wenn sich in zweiter Instanz die Voraussetzungen der
Auferlegung ergeben und solange das Verfahren bei ihm anhängig ist[37].

21   c) Die **Unanfechtbarkeitsregelung**[38] des **Absatzes** 3 ist eine Folge der Neufassung
des § 467 a Abs. 3 durch das StVÄG 1987 (§ 467 a, 33). § 467 a Abs. 3 regelt nämlich die
Unanfechtbarkeit der gerichtlichen Kostenentscheidung bezüglich der notwendigen
Auslagen des Beschuldigten eines Nebenbeteiligten in den Fällen, in denen die Staatsanwaltschaft — nach Rücknahme der Anklage — das Verfahren einstellt (zum Beispiel
gemäß § 170 Abs. 2 in Verbindung mit den §§ 156, 376, 411 Abs. 3, 153 c Abs. 3, 153 d
Abs. 2). Nach Auffassung des Gesetzgebers (vgl. BTDrucks. 10 1313 S. 41) ist kein sachlicher Grund ersichtlich, in den Fällen der staatsanwaltschaftlichen Einstellung des Verfahrens gemäß § 469 Abs. 2, die ebenfalls gemäß § 170 Abs. 2 erfolgt, anders als im vergleichbaren Fall des § 467 a eine sofortige Beschwerde gegen die gerichtliche Kostenentscheidung zuzulassen. Insbesondere besteht kein sachlicher Grund, dem durch § 469 betroffenen Anzeigeerstatter ein weitergehendes Anfechtungsrecht zu gewähren als dem
gemäß § 467 a betroffenen Angeschuldigten. Wird demgemäß — konsequenterweise —
die gerichtliche Kostenentscheidung im Falle des § 469 Abs. 2 für unanfechtbar erklärt,
so ist es weiterhin konsequent, auch die Kostenentscheidung gemäß Abs. 1 für unanfechtbar zu erklären.

§ 470

[1]Wird das Verfahren wegen Zurücknahme des Antrags, durch den es bedingt war, eingestellt, so hat der Antragsteller die Kosten sowie die dem Beschuldigten und einem Nebenbeteiligten (§ 431 Abs. 1 Satz 1, §§ 442, 444 Abs. 1 Satz 1) erwachsenen notwendigen
Auslagen zu tragen. [2]Sie können dem Angeklagten oder einem Nebenbeteiligten auferlegt werden, soweit er sich zur Übernahme bereit erklärt, der Staatskasse, soweit es unbillig wäre, die Beteiligten damit zu belasten.

Entstehungsgeschichte. § 470 lautete ursprünglich: „Erfolgt eine Einstellung des
Verfahrens wegen Zurücknahme des Antrags, durch welchen es bedingt war, so hat der
Antragsteller die Kosten zu tragen." Durch das VereinhG wurden die Worte „sowie die
dem Beschuldigten erwachsenen notwendigen Auslagen" eingefügt. Durch das 3. StRÄG
1953 wurde Satz 2 mit folgendem Wortlaut: „Sie können dem Angeklagten auferlegt

[35a] *Rieß/Hilger* NStZ **1987** 206; vgl. auch § 467 a, 19; § 464, 3
[36] Vgl. BayObLG NJW **1958** 1933; KK-*Schikora/Schimansky*[2] 3; *Kleinknecht/Meyer*[38] 11; KMR-*Müller* 9; *Eb. Schmidt* Nachtr. II 14.
[37] Vgl. OLG Darmstadt *Alsb.* E 3 307 b; OLG Celle *Alsb.* E 3 307 a; KK-*Schikora/Schimansky*[2] 3; *Kleinknecht/Meyer*[38] 10; KMR-*Müller* 10; zum Klageerzwingungsverfahren OLG Frankfurt NJW **1972** 1724.
[38] Inzwischen wohl gegenstandslose Überleitungsvorschrift in Art. 12 Abs. 4 StVÄG 1987.

werden..." angefügt. Durch Art. 2 Nr. 28 EGOWiG wurden in Satz 1 hinter „Beschuldigtem" die Worte „und einem Nebenbeteiligten" mit dem Klammerzusatz und in Satz 2 hinter „Angeklagten" die Worte „oder einem Nebenbeteiligten" eingefügt. Bezeichnung bis 1924: § 502.

Übersicht

1. Funktion der Vorschrift. Sie regelt die kostenrechtlichen Folgen nach Zurücknahme eines Strafantrags. Vorausgesetzt wird, daß die Tat, die Gegenstand des Verfahrens ist, nur auf Antrag verfolgbar war. Dabei ist unter **Antrag im Sinne des Satzes 1** nur der Strafantrag im technischen Sinn des § 77 StGB zu verstehen, der nach § 77 d StGB zurücknehmbar ist. Der Antrag muß wirksam, insbesondere gegenüber der zuständigen Stelle[1] zurückgenommen sein. § 470 ist unanwendbar, wenn die Tat nur mit Ermächtigung oder auf Verlangen verfolgbar ist (§ 77 e StGB), wie nach §§ 90 Abs. 4, 90 b Abs. 2, 97 Abs. 3, 104 a, 194 Abs. 4, 353 a Abs. 2, 353 b Abs. 4 StGB. Ermächtigung und Strafverlangen sind zwar dem Strafantrag verwandte Institute, ihr Vorliegen ist Prozeßvoraussetzung, ihr Fehlen ein Prozeßhindernis, auch sind Ermächtigung und Strafverlangen in gleicher Weise wie der Strafantrag zurücknehmbar (Verweisung in § 77 e StGB auf § 77 d). Ein wesentlicher Unterschied gegenüber dem Strafantrag besteht aber darin, daß es sich bei dem Erfordernis von Ermächtigung und Strafverlangen um eine Beschränkung des Legalitätsprinzips im öffentlichen Interesse wegen Besonderheiten des Delikts handelt, während beim Antragserfordernis die Rücksichtnahme auf private Belange und die Beschränkung des Offizialprinzips bei Bagatelldelikten im Vordergrund steht[2]. Hier ist es gerechtfertigt, dem Antragsteller die Kosten aufzuerlegen, wenn er nach Veranlassung des Verfahrens oder seiner Weiterführung schließlich durch Rücknahme des Antrags gleichsam zu erkennen gibt, daß das Verfahren jedenfalls im Ergebnis nicht angebracht war. Diese Beschränkung des Begriffs „Antrag" in § 470 Satz 1 entspricht auch der bisherigen Auslegung der Vorschrift, an der sich durch die Reform des Strafantragsrechts im EGStGB 1974 nichts geändert hat[3].

2. § 470 ist unanwendbar, wenn bei Einleitung des Verfahrens Tateinheit eines Antragsdelikts mit einem Offizialdelikt angenommen war, in dem Urteil aber das Vorliegen

---

[1] Dazu BGHSt **16** 105; vgl. auch § 158, 35.
[2] Zu Begriff, Dogmatik und kriminalpolitischer Funktion des Strafantrags vgl. LK-*Jähnke* Vor § 77; *Rieß* Die Rechtsstellung des Verletzten im Strafverfahren, Gutachten zum 55. DJT (1984), Verh. des 55. DJT, Bd. 1 Teil C, 14 bis 20; s. auch die Erl. zu § 158.
[3] *Kleinknecht/Meyer*[38] 2; KMR-*Müller* 1.

Hans Hilger

des Offizialdelikts verneint wird; in diesem Fall war die Einleitung des Verfahrens nicht durch den Antrag bedingt[4]. Das gleiche gilt, wenn zwar bei einem Antragsdelikt der gestellte Antrag zurückgenommen wird, die Staatsanwaltschaft aber, wo dies vorgesehen ist (§§ 183, 232, 248 a, 257 Abs. 4 Satz 2, 259 Abs. 2, 263 Abs. 4, 265 a Abs. 3, 266 Abs. 3 StGB), wegen Vorliegens eines besonderen öffentlichen Interesses das Verfahren weiterbetreibt und dieses Verfahren später eingestellt wird. Gleiches gilt grundsätzlich auch, wenn das Gericht die Tat als Ordnungswidrigkeit ansieht[5]. Schließlich ist § 470 unanwendbar, wenn der Antrag von vornherein unwirksam war und deshalb das Verfahren eingestellt wird (h. M); in diesem Fall gelten §§ 467, 472 b Abs. 2.

3   3. Dagegen ist § 470 **anwendbar**, wenn das Ermittlungsverfahren zunächst als Amtsverfahren betrieben, dann aber nur ein Antragsdelikt als vorliegend angesehen, das Verfahren auf der Grundlage des Strafantrags fortgesetzt und dieser schließlich zurückgenommen wird; dann gilt aber § 470 nur bezüglich der Kosten und Auslagen, die entstanden sind, nachdem nur noch der Strafantrag die Grundlage der Weiterführung des Verfahrens bildete[6]. § 470 Satz 1 ist, wie sich aus dem Gesetzeswortlaut (,,Beschuldigter") ergibt, auch anwendbar, wenn schon das Ermittlungsverfahren wegen Zurücknahme des Strafantrags eingestellt wird (§ 170 Abs. 2); diese Verfügung enthält keine Kosten- und Auslagenentscheidung nach § 464. Die Rechts- und Interessenlage ist hier die gleiche wie bei der Einstellung des Ermittlungsverfahrens, wenn sich herausstellt, daß es durch eine vorsätzlich oder leichtfertig erstattete unwahre Anzeige veranlaßt war (§ 469). Demgemäß ist die entsprechende Anwendung des § 469 Abs. 2 geboten, d. h. die Staatsanwaltschaft ist verpflichtet, den Antrag auf Erlaß eines selbständigen gerichtlichen Kostenbeschlusses zu stellen, während ein unmittelbar bei Gericht gestellter Antrag des Beschuldigten wirkungslos und unzulässig ist[7]. Waren auch Offizialdelikte Gegenstand des Ermittlungsverfahrens, so ist § 470 nur anwendbar, wenn diese durch eine Teileinstellung vorab erledigt wurden, und gilt nur für den der Teileinstellung nachfolgenden Verfahrensabschnitt[8]. § 470 gilt auch für den Fall der Privatklage; wird diese zurückgenommen, so liegt darin in der Regel auch die Rücknahme eines Strafantrages, so daß § 470 neben § 471 anwendbar ist.

4   **4. Die dem Antragsteller aufzuerlegenden Kosten** umfassen:
     a) die Gerichtsgebühren. Solche werden nach § 44 GKG in Vbdg. mit Nr. 1638 Kost-Verz. nur erhoben, wenn das Verfahren nach Eröffnung des Hauptverfahrens infolge Antragszurücknahme eingestellt wird (also nicht bei Einstellung des Ermittlungsverfahrens und Ablehnung der Eröffnung des Hauptverfahrens); das Gericht kann die Gebühr ermäßigen und sogar von ihrer Erhebung absehen;
     b) die Auslagen der Staatskasse; sie werden auch bei Ermäßigung oder Absehen von einer Gebühr voll erhoben;
     c) die notwendigen Auslagen des Beschuldigten (§ 464 a Abs. 2);
     d) die notwendigen Auslagen eines Nebenbeteiligten (dazu § 467 a, 31).

---

[4] RG Rspr. **5** 623; JW **1891** 55; **1895** 468; OLG Oldenburg GA **1964** 250; *Eb. Schmidt* Nachtr. II 7.
[5] KMR-*Müller* 2. Im Bußgeldverfahren sind §§ 46, 105, 131 Abs. 2 OWiG zu beachten.
[6] OLG Darmstadt *Alsb.* E **3** 315; OLG Olden-

burg GA **1964** 250; *Kleinknecht/Meyer*[38] 1; zweifelnd *Eb. Schmidt* Nachtr. II 7.
[7] OLG Bremen JZ **1953** 471; *Kleinknecht/Meyer*[38] 3; KMR-*Müller* 3; *Eb. Schmidt* Nachtr. II 8.
[8] KMR-*Müller* 3.

5. Der Erstattungspflichtige. Die Gerichtskosten sowie die notwendigen Auslagen **5** des Beschuldigten und eines Nebenbeteiligten werden dem Anstragsteller auferlegt. Haben mehrere Personen Strafantrag gestellt und ihn zurückgenommen, so haften sie entsprechend §§ 466, 471 Abs. 4 als Gesamtschuldner[9]. Hat jemand nicht für seine Person, sondern als vertretungsberechtigtes Organ einer juristischen Person Strafantrag gestellt, so werden bei Zurücknahme des Antrags nicht ihm, sondern der juristischen Person die Kosten auferlegt. Unter diesem Gesichtspunkt treffen, wenn im Fall der §§ 77 a, 194 Abs. 3 StGB der Dienstvorgesetzte des beleidigten Beamten usw. einen Strafantrag zurücknimmt, die Kosten nicht ihn persönlich, sondern die von ihm vertretene öffentlich-rechtliche Körperschaft, gegebenenfalls den Fiskus, selbst wenn der Kostenbeschluß dahin lautet, daß der Antragsteller die Verfahrenskosten zu tragen habe[10]. Für den Fall, daß ein nichtrechtsfähiger Verein den Antrag durch de nach seiner Satzung zur Vertretung Berechtigten gestellt hat, wollte Art. 70 Nr. 249 Entw. EGStGB 1930 bestimmen, daß für die Kosten, um ihre Beitreibung zu erleichtern, der zur Vertretung Berechtigte neben dem Verein persönlich und als Gesamtschuldner haftet[11].

6. Grundgedanke des Satzes 2. Nach früherem Recht war die Kostenauferlegung **6** an den Antragsteller die **zwingende** Folge der Antragszurücknahme; das Gericht war nach fast einhelliger Auffassung nicht befugt, wegen besonderer Umstände des Einzelfalles von der Kostenbelastung des Antragstellers abzusehen[12]. Diese starre Regelung erwies sich als Mißstand. Einigte sich der Beschuldigte mit dem Verletzten dahin, daß dieser seinen Strafantrag zurücknehmen, der Beschuldigte aber die entstandenen Kosten tragen solle, so hatte eine solche Kostenvereinbarung zwar im Innenverhältnis Bedeutung, entband aber das Gericht, wenn der Verletzte den Antrag zurücknahm, nicht von der Verpflichtung, ihm die Kosten aufzuerlegen, so daß er der Staatskasse gegenüber nach § 54 Nr. 1 GKG auch dann Kostenschuldner blieb, wenn der Beschuldigte durch eine vor Gericht abgegebene oder dem Gericht mitgeteilte Erklärung die Kosten übernommen hatte und damit neben dem Antragsteller gemäß § 54 Nr. 2 GKG Kostenschuldner geworden war. Das hinderte häufig zum Nachteil einer baldigen Wiederherstellung des Rechtsfriedens die gütliche Beilegung der durch Strafantrag herbeigeführten Strafverfahren durch einen Kosten- und Auslagenvergleich. Um hier Abhilfe zu schaffen, sahen schon die früheren Entwürfe (§ 489 von 1908 u. 1909; § 474 von 1920) vor, daß die Kosten dem Angeklagten auferlegt werden könnten, soweit er sich zur Übernahme bereit erkläre. Noch weitergehend schlug Art. 70 Nr. 249 Entw. EGStGB 1930 vor, in § 470 zu bestimmen: „Erfolgt die Einstellung (wegen Antragszurücknahme) auf Grund einer in das Protokoll über die Hauptverhandlung aufgenommenen Einigung, so ist für die Verpflichtung zur Tragung der Kosten und Auslagen der Inhalt der Einigung maßgebend; soweit sie eine Regelung enthält, unterbleibt eine Entscheidung über die Kosten und Auslagen."

Das **3. StRÄndG** ist bei Einfügung des Satzes 2 den von dem Entw. 1930 vorge- **7** schlagenen Weg nicht gegangen, sondern hat sich an die Vorschläge der früheren Entwürfe gehalten, diese aber dahin ergänzt, daß das Gericht die Kosten nicht nur dem zur Übernahme bereiten Angeklagten oder einem übernahmebereiten Nebenbeteiligten,

---

[9] OLG Hamm *Alsb.* E 3 317; *Kleinknecht/Meyer*[38] 4.
[10] RG HRR **1931** Nr. 1899; BayObLGSt **2** 388; KG *Alsb.* E 3 316 a; OLG München *Alsb.* E 3 316 b; OLG Hamm GA **60** (1913) 154; *Kleinknecht/Meyer*[38] 4; KMR-*Müller* 15; **a. A**

Friedenreich 37; *Keller* Strafprozeßordnung[2] (1882) 638; *Eb. Schmidt* Nachtr. II 11: keine Anwendbarkeit des § 470 auf diesen Fall.
[11] Vorbild: § 54 Satz 2 BGB.
[12] RGSt **23** 197; DJZ **1925** 1436; LZ **1929** 898.

Hans Hilger

sondern ausnahmsweise die gerichtlichen Kosten und die dem Angeklagten (Nebenbeteiligten) entstandenen notwendigen Auslagen der Staatskasse auferlegen kann.

8   **7. Anwendungsbereich.** Die Befugnis des Gerichts zu einer von Satz 1 abweichenden Entscheidung ist nur gegeben, wenn das Hauptverfahren eröffnet worden ist („dem Angeklagten", § 157, im Gegensatz zu „dem Beschuldigten" in Satz 1)[13]. Die Auffassung[14], es entspreche einem Bedürfnis, auch bei Zurücknahme des Strafantrags **im Ermittlungsverfahren** die der Staatskasse erwachsenen Auslagen dieser auferlegen zu können, wenn es unbillig wäre, den Antragsteller damit zu belasten, überzeugt nicht. Der dieser Entscheidung zugrunde liegende Fall — Strafantrag wegen Beleidigung durch anonyme Schreiben; der von der Staatsanwaltschaft hinzugezogene Sachverständige erklärt sichere Feststellungen über die Urheberidentität nur für möglich, wenn der Beschuldigte eine Schriftprobe nach Weisung abgebe; der Beschuldigte verweigert deren Abgabe; die Staatsanwaltschaft besteht gleichwohl auf der Erstattung des Gutachtens, das, wie vorauszusehen, nur von einer „gewissen Wahrscheinlichkeit" der Urheberidentität sprach, so daß, da dies zur Anklageerhebung nicht ausreichte, der Antragsteller den Strafantrag zurücknahm — erlaubt nicht, sich über den eindeutigen Wortlaut des § 470 Satz 2 hinwegzusetzen, zumal bei der gegebenen Sachlage ein Erlaß der von dem Antragsteller nach § 470 Satz 1 geschuldeten Auslagen der Staatskasse aus Billigkeitsgründen nach den einschlägigen Verwaltungsvorschriften (Ausführungsvorschriften zu § 40 KostVfg.; s. Vor § 464, 13) in Betracht gekommen wäre und Unbilligkeiten behoben hätte. Es könnte aber im Rahmen einer Kostenreform darüber nachgedacht werden, ob es nicht im Hinblick auf den Zweck der Vorschrift (Rdn. 6) angebracht ist, den Wortlaut des Satzes 2 („Beschuldigten" statt „Angeklagten") zu ändern.

9   **8. Umfang der durch Übernahmebereitschaft gedeckten Überbürdung.** Die Belastung des Angeklagten oder des Nebenbeteiligten ist nur zulässig, wenn und soweit er sich zur Übernahme der Gerichtskosten und zur Tragung seiner Auslagen bereit erklärt. Aus dem Wort „soweit" ergibt sich, daß das Gericht die Kosten und Auslagen verteilen kann[15]; der Angeklagte kann sich zum Beispiel nur zur Tragung seiner eigenen Auslagen oder nur zur Tragung eines Bruchteils bereit erklären. Die notwendigen Auslagen des Antragstellers (zum Beispiel durch Zuziehung eines Rechtsanwalts) können nicht Gegenstand einer Kostenentscheidung nach § 470 Satz 2 sein, wenn man das „Sie" des Satzes 2 auf die in Satz 1 bezeichneten Gerichtskosten und die dem Beschuldigten (Nebenbeteiligten) erwachsenen notwendigen Auslagen bezieht. Aus dem Zweck des Satzes 2, die gütliche Beilegung der durch Strafantrag herbeigeführten Verfahren zu begünstigen, ergibt sich aber, daß das „Sie" in einem weiteren, alle durch das Verfahren den Beteiligten entstandenen Kosten und notwendigen Auslagen unfassenden Sinn verstanden werden muß; daher können dem zur Übernahme bereiten Angeklagten (Nebenbeteiligten) auch die notwendigen Auslagen des antragstellenden Privat- oder Nebenklägers auferlegt werden[16].

[13] *Kleinknecht/Meyer*[38] 5; KMR-*Müller* 5; *D. Meyer* JurBüro **1984** 1627.
[14] AG Schwetzingen NJW **1975** 946; KK-*Schikora/Schimansky*[2] 3.
[15] OLG Nürnberg NJW **1972** 67, 69; *Kleinknecht/Meyer*[38] 5; KMR-*Müller* 11.
[16] BayObLG DAR **1974** 184; KK-*Schikora/Schimansky*[2] 3; *Kleinknecht/Meyer*[38] 5; KMR-*Müller* 12; vgl. auch § 391, 19; § 471, 16 ff sowie *D. Meyer* JurBüro **1984** 1124.

9. Wirkung der Übernahmebereiterklärung. Die Erklärung des Angeklagten, zur **10** Kostenübernahme bereit zu sein, gibt dem Gericht die Befugnis, die Kosten dem Angeklagten aufzuerlegen, verpflichtet das Gericht aber nicht dazu; sonst könnte es dahin kommen, daß der zahlungsunfähige Angeklagte sich lediglich zur Übernahme der Gerichtskosten bereit erklärt und diese (insbesondere die gerichtlichen Auslagen) der Staatskasse zur Last fallen, weil der Antragsteller frei würde, bei dem zahlungsunfähigen Angeklagten aber nichts zu holen wäre. Das Gericht kann auch davon absehen, den Rahmen der Übernahmebereiterklärung auszuschöpfen. In der Regel sollte aber, wenn kein besonderer Grund zur Abweichung besteht, die Kostenentscheidung den Willen des Beteiligten respektieren[17]. Die Übernahmebereiterklärung, die zu protokollieren[18] ist und das Verfahren nicht beendet, behält, wenn das Gericht ganz oder teilweise von ihr keinen Gebrauch macht, ihre zivilrechtlich verpflichtende Bedeutung gegenüber dem Antragsteller, wenn der Angeklagte sich dem Antragsteller gegenüber zur Kostenübernahme verpflichtet hat (§471, 16); sie kann auch gemäß §54 Nr. 2 GKG den Angeklagten der Gerichtskasse gegenüber zum Kostenschuldner neben dem Antragsteller, dem die Kosten auferlegt wurden, machen (Rdn. 14). Im Schweigen eines Angeklagten auf die gerichtliche Mitteilung, falls er nicht innerhalb einer bestimmten Frist widerspreche, werde angenommen, daß er seine Auslagen selber tragen wolle, dürfte nur in Ausnahmefällen eine Erklärung im Sinne von Satz 2 liegen und nur, wenn der Angeklagte sich der Tragweite seines Schweigens bewußt war[19].

10. Sind **mehrere Angeklagte** vorhanden, so berechtigt die Erklärung eines einzel- **11** nen Angeklagten, die Kosten übernehmen zu wollen, das Gericht nicht dazu, ihm die gesamten Kosten einschließlich der notwendigen Auslagen aller Mitangeklagten aufzuerlegen; auch ohne ausdrückliche Beschränkung bezieht sich die Erklärung des Angeklagten nur auf die ihn betreffenden Kosten[20]. Dagegen bestehen keine rechtlichen Bedenken, daß sich der einzelne Angeklagte ausdrücklich zur Übernahme aller Kosten bereit erklärt und daß das Gericht sie ihm auferlegt[21], zum Beispiel wenn sich dieser Angeklagte als Anstifter für das Tun der mitangeklagten Angestifteten verantwortlich fühlt. Das Gericht wird sich aber in solchen Fällen zu vergewissern haben, ob nicht Manipulationen zum Nachteil der Staatskasse vorliegen, indem die zahlungsfähigen Mitangeklagten mit einem Zahlungsunfähigen ausmachen, dieser solle sich zur Übernahme aller Kosten bereit erklären, so daß, wenn das Gericht dementsprechend entscheidet, der Antragsteller und die Mitangeklagten von Kostenschuld frei sind, und die Kosten der Staatskasse zur Last fallen, weil von dem zahlungsunfähigen Alleinschuldner nichts zu erlangen ist. Unberührt bleibt auch hier, wenn das Gericht nicht auf die Übernahmebereiterklärung eingeht, die zivilrechtliche Wirksamkeit einer Vereinbarung zwischen Antragsteller und den Mitangeklagten. — Da die Übernahmebereiterklärung nur eine Kostenentscheidung in dem anhängigen Verfahren ermöglichen soll, ist es nicht angängig, dem Angeklagten auf Grund einer entsprechenden Übernahmeerklärung die Kosten anderer Angeklagten aufzuerlegen, die in getrennten Verfahren verfolgt werden, auch wenn die Erledigung jener Verfahren als Folge der Erledigung des anhängigen Verfahrens zu erwarten ist[22].

---

[17] BayObLG DAR **1974** 184; KK-*Schikora/Schimansky*[2] 3; vgl. auch KMR-*Müller* 7, 14.
[18] KMR-*Müller* 8.
[19] Vgl. LG Berlin StrVert. **1985** 500.

[20] BGHSt **9** 154.
[21] KK-*Schikora/Schimansky*[2] 3; KMR-*Müller* 7; *Henkel* JZ **1956** 768; a. A BGHSt **9** 154.
[22] BGHSt **9** 154.

Hans Hilger

12   **11. Bedingte Zurücknahme des Strafantrags.** Der Zweck des Satzes 2, im Interesse des Rechtsfriedens Abmachungen zwischen dem Angeklagten (Nebenbeteiligten) und dem Antragsteller zu erleichtern, die eine Rücknahme des Strafantrags und damit die Erledigung des Strafverfahrens zur Folge haben, fordert, solche Bedingungen zuzulassen, die die Kostentragungspflicht betreffen. Es muß daher zulässig sein, den Antrag unter der Bedingung zurückzunehmen, daß der Angeklagte (Nebenbeteiligte) die Kosten übernehme, aber auch unter der Bedingung, daß der Antragsteller frei von Kosten bleibe[23]. Denn andernfalls wäre es möglich, daß mit der Übernahmebereiterklärung des Angeklagten die Bedingung als eingetreten anzusehen wäre, das Gericht aber von dieser Erklärung keinen Gebrauch macht (Rdn. 10) und dem Antragsteller die Kosten auferlegt würden, was er gerade nicht will.

13   **12. Belastung der Staatskasse.** Das Interesse an der Herstellung des Rechtsfriedens durch Beilegung des Verfahrens kann im Einzelfall so groß sein, daß es hingenommen werden kann, dem Angeklagten auf Grund seiner Bereiterklärung die Kosten aufzuerlegen, obwohl erkennbar ist, daß er vermögenslos ist und die Kosten der Staatskasse zur Last fallen[24]; das kann insbesondere der Fall sein, wenn sich bei einem Offizialverfahren ergibt, daß es vom Standpunkt der Allgemeinheit aus gesehen wenig bedeutungsvoll ist, bei weiterer Fortsetzung aber der Staatskasse ungleich höhere uneinbringliche Auslagen zu erwachsen drohen, als sie bereits entstanden sind. Darüber hinaus ermöglicht es § 470 Satz 2, die Kosten ganz oder teilweise der Staatskasse aufzuerlegen, wenn es unbillig wäre, die Beteiligten damit zu belasten, etwa, wenn der Antragsteller durch leichtfertige Zeugendarstellungen, die er unverschuldet für zuverlässig hielt, zur Antragstellung veranlaßt wurde[25]. Doch kann die Belastung der Staatskasse nur ausnahmsweise in Betracht kommen[26]. Im Hinblick auf das Vorgesagte ist nicht Voraussetzung, daß sich ein Beteiligter vorher grundsätzlich zur Übernahme bereit erklärt[27].

14   **13. Bedeutung der Bereiterklärung.** Die Erklärung des Angeklagten (Nebenbeteiligten), er sei zur Übernahme der Kosten bereit, ist nicht ohne weiteres gleichbedeutend mit einer Übernahmeerklärung, die ihn zum Kostenschuldner nach § 54 Nr. 2 GKG macht[27a]. Denn die Bereiterklärung kann — ebenso wie die Zurücknahme des Strafantrags (Rdn. 12) — unter der Bedingung abgegeben werden, daß der Antragsteller den Strafantrag zurücknehme und wird dann zur Übernahmeerklärung im Sinne des § 54 Nr. 2 GKG erst, wenn der Strafantrag wirksam zurückgenommen ist. Mehrere Schuldner gemäß § 54 GKG haften als Gesamtschuldner (§ 58 GKG); im Innenverhältnis ist der Übernahmeschuldner den übrigen verpflichtet, sie freizustellen[28].

15   **14. Verfahren und Entscheidung.** Eine Anhörung des Antragstellers vor der Entscheidung ist zwar in § 470 — anders als in § 469 Abs. 1 — nicht ausdrücklich vorgeschrieben. Die Verpflichtung hierzu ergibt sich aber aus § 33[29] und Art. 103 Abs. 1 GG.

---

[23] Vgl. BGH **9** 154; **16** 105, 107; KK-*Schikora/Schimansky*² 1; *Kleinknecht/Meyer*³⁸ 5; KMR-*Müller* 14; *Henkel* JZ **1956** 764.

[24] BGHSt **9** 154; KK-*Schikora/Schimansky*² 3.

[25] KMR-*Müller* 10.

[26] *Dallinger* JZ **1953** 442; OLG Oldenburg GA **1964** 252; KK-*Schikora/Schimansky*² 3; *Kleinknecht/Meyer*³⁸ 6.

[27] **A. A** D. *Meyer* JurBüro **1984** 1630; unklar BGHSt **9** 155.

[27a] Vgl. auch LG Zweibrücken Rpfleger **1983** 369; AG Bayreuth JurBüro **1981** 591.

[28] KMR-*Müller* 8.

[29] KK-*Schikora/Schimansky*² 2; *Kleinknecht/Meyer*³⁸ 7.

Die Anhörung anderer Beteiligter, die durch die Kostenentscheidung belastet werden sollen, ergibt sich im Zusammenhang mit deren Bereitschaftserklärung[30]. Die Staatsanwaltschaft ist ebenfalls zu hören (§ 33 Abs. 1, 2), insbesondere im Hinblick auf Satz 2. Die Kosten- und Auslagenentscheidung ergeht von Amts wegen mit einem Urteil nach § 260 Abs. 3, einem Beschluß nach § 206 a oder § 204 sowie nach Einstellung im Ermittlungsverfahren (§ 170 Abs. 2) auf Antrag der Staatsanwaltschaft durch selbständigen Kostenbeschluß[31]. Für Begründung, Bekanntmachung und Rechtsmittelbelehrung gelten §§ 34, 35, 35 a (vgl. § 464, 3). Zuständig für die Entscheidung ist das mit der Hauptsache befaßte Gericht oder das gem. § 469 Abs. 2[32].

15. Anfechtbarkeit. Sie bestimmt sich nach § 464 Abs. 3[33] in Verbindung mit **16** §§ 311, 304 Abs. 3. Beschwerdeberechtigt sind grundsätzlich der Antragsteller, der Beschuldigte oder der Nebenbeteiligte, soweit sie mit Kosten und Auslagen belastet werden, die Staatsanwaltschaft, auch zugunsten der Genannten, sowie Beschuldigte und Nebenbeteiligte, soweit ihre Auslagen nicht überbürdet wurden[34]. Im Falle der Einstellung im Ermittlungsverfahren (§ 170 Abs. 2) gilt jedoch — wegen der Vergleichbarkeit der Sachlage — § 469 Abs. 3 analog.

16. Wegen des **Zusammentreffens** einer Entscheidung nach §§ 467 Abs. 1, 467 a **17** Abs. 1 mit einer Entscheidung nach § 470 Satz 1 vgl. § 469, 16.

§471

(1) In einem Verfahren auf erhobene Privatklage hat der Verurteilte auch die dem Privatkläger erwachsenen notwendigen Auslagen zu erstatten.

(2) Wird die Klage gegen den Beschuldigten zurückgewiesen oder wird dieser freigesprochen oder wird das Verfahren eingestellt, so fallen dem Privatkläger die Kosten des Verfahrens sowie die dem Beschuldigten erwachsenen notwendigen Auslagen zur Last.

(3) Das Gericht kann die Kosten des Verfahrens und die notwendigen Auslagen der Beteiligten angemessen verteilen oder nach pflichtgemäßem Ermessen einem der Beteiligten auferlegen, wenn
1. es den Anträgen des Privatklägers nur zum Teil entsprochen hat;
2. es das Verfahren nach § 383 Abs. 2 (§ 390 Abs. 5) wegen Geringfügigkeit eingestellt hat;
3. Widerklage erhoben worden ist.

(4) [1]Mehrere Privatkläger haften als Gesamtschuldner. [2]Das gleiche gilt hinsichtlich der Haftung mehrerer Beschuldigter für die dem Privatkläger erwachsenen notwendigen Auslagen.

Schrifttum. *Behn* Prozeßkostenhilfebewilligung im Privatklageverfahren für Beschuldigte, NStZ **1984** 103; *Koewius* Die Rechtswirklichkeit der Privatklage (1974); *D. Meyer* Über die Möglichkeiten eines zivilrechtlichen Vergleichs in der strafrechtlichen Hauptverhandlung, JurBüro **1984** 1121; weiteres Schrifttum s. bei § 464.

---

[30] KMR-*Müller* 16.
[31] Vgl. KK-*Schikora/Schimansky*[2] 2; *Kleinknecht/Meyer*[38] 7; KMR-*Müller* 17.
[32] KK-*Schikora/Schimansky*[2] 2.

[33] Vgl. § 464, 49; RegE StVÄG 1987, BTDrucks. **10** 1313 S. 40.
[34] Vgl. KK-*Schikora/Schimansky*[2] 4; *D. Meyer* JurBüro **1984** 1628.

Hans Hilger

Entstehungsgeschichte. Absatz 2 in der F. von Art. III Nr. 1 des Ges. vom 21. 12. 1922 (RGBl. 1923 I S. 1) — jetzt Abs. 3 Nr. 1 — sah eine Kostenverteilung nur vor, wenn den Anträgen des Privatklägers nur zum Teil entsprochen war. § 7, 6. Teil Kap. I der 2. AusnVO brachte die Möglichkeit, ein Privatklageverfahren wegen Geringfügigkeit einzustellen und ermächtigte das Gericht, bei Einstellung die im Verfahren entstandenen Auslagen sowie die dem Privatkläger und dem Beschuldigten erwachsenen notwendigen Auslagen angemessen zu verteilen oder dem Beschuldigten ganz aufzuerlegen. Art. 9 § 10 Ziff. 2 der 2. VereinfVO fügte dem § 471 einen Absatz 6 an, wonach bei Widerklage das Gericht nach pflichtgemäßem Ermessen darüber entschied, wer die auf die Privatklage und die Widerklage entstandenen Kosten des Verfahrens und notwendigen Auslagen der Beteiligten zu tragen habe und wonach die angemessene Verteilung der Kosten und Auslagen zugelassen wurde. Das VereinhG faßte die bisherigen Absätze 2 und 6 unter Einarbeitung der Kostenregelung der 2. AusnVO bei Einstellung wegen Geringfügigkeit zu dem jetzigen Absatz 3 zusammen. Durch Art. 2 Nr. 29 EGOWiG wurde der den Umfang der zu erstattenden Auslagen regelnde Absatz 5 gestrichen im Hinblick auf die Einfügung des § 464 a, dessen Absatz 2 allgemein den Umfang der notwendigen Auslagen bestimmt, die einem Beteiligten zu erstatten sind. Durch Art. 1 Nr. 117 des 1. StVRG wurden in Absatz 2 die bisherigen Worte: „(Wird) der Beschuldigte außer Verfolgung gesetzt oder" durch die Worte „die Klage gegen den Beschuldigten zurückgewiesen, oder wird dieser" ersetzt. Bezeichnung bis 1924: § 503.

Übersicht

I. Allgemeines

Soweit nicht § 471[1] Abweichendes vorschreibt, sind auch im Privatklageverfahren **1** die §§ 464 ff anzuwenden. Beim **Tod des Beschuldigten** gilt entsprechend den Überlegungen zu § 467 Abs. 1 (dort Rdn. 10 ff) der an dessen Stelle stehende § 471 Abs. 2[2], beim Tod des Verurteilten § 465 Abs. 3 (vgl. § 465, 46)[3]; das Recht jeder Partei, einen etwaigen bürgerlich-rechtlichen Anspruch auf Erstattung der Kosten gegen den anderen Teil im Wege der Zivilklage geltend zu machen, soll unberührt bleiben[3a] (vgl. aber Rdn. 10 a. E). Der Verurteilte hat auch dann die Kosten erster Instanz zu tragen, wenn er in dieser freigesprochen und erst in zweiter Instanz verurteilt wird[4]. § 467 Abs. 2[5] und § 468 (Rdn. 6, 24) sind entsprechend anwendbar, nicht jedoch § 469, denn die Privatklage ist keine „Anzeige". Übernimmt die Staatsanwaltschaft die Verfolgung (§ 377 Abs. 2), so gilt § 472 Abs. 3 Satz 2 (vgl. Rdn. 11 und § 472, 24). Wegen der Kosten eines **Rechtsmittels** vgl. § 473, 63 ff.

Handelt der Privatkläger als **gesetzlicher Vertreter** eines Minderjährigen, so haf- **2** tet er nur mit dessen Vermögen für die Kosten[6].

Zur Sicherheitsleistung des Privatklägers und zur **Prozeßkostenhilfe**[7] vgl. § 379, **3** **zum Gebührenvorschuß** § 379 a.

Die Vorschriften in § 471 über die Pflicht zur Erstattung der **dem Gegner erwach-** **4** **senen Auslagen** gelten für alle Instanzen; in jeder Instanz trifft die Erstattungspflicht denjenigen, der in die Kosten der Instanz verurteilt ist[8]. Wegen der Anwendbarkeit des § 471 Abs. 3 in der Rechtsmittelinstanz vgl. § 473, 64 ff. Die Festsetzung der Auslagen erfolgt nach § 464 b.

II. Entscheidung über Kosten und Auslagen bei Verurteilung (Absatz 1)

1. Notwendigkeit eines förmlichen Auslagenerstattungsausspruchs. Die Verurtei- **5** lung des Angeklagten in die Kosten des Verfahrens hat zwar kraft Gesetzes die Verpflichtung zur Erstattung der dem Privatkläger erwachsenen notwendigen Auslagen zur Folge. Dies ist aber gemäß § 464 Abs. 2 grundsätzlich auszusprechen. Die frühere Rechtsprechung, daß ein ausdrücklicher Ausspruch nicht nötig, wenn auch zweckmäßig sei[9], an der auch heute noch zum Teil festgehalten wird[10], ist durch § 464 Abs. 2 überholt; eine Verurteilung nur in die „Kosten" kann nicht in eine die Verpflichtung zur Auslagenerstattung mitumfassende Entscheidung umgedeutet werden[11]. Notwendig ist eine förmliche Entscheidung auf jeden Fall in den Fällen des Absatzes 3, oder wenn von mehreren Privatklägern nur einer oder einzelne eine Verurteilung erzielen[12]. Wegen der selbständigen Kostenentscheidung bei Zurücknahme eines Rechtsmittels vgl. § 473, 5.

2. Straffreiheit. Grundsätzlich findet auch hier § 468 Anwendung: auch im Pri- **6** vatklageverfahren trägt der für straffrei Erklärte die Kosten nur, wenn sie ihm auferlegt werden. Angemessen wird dies indes nur ausnahmsweise sein. Wird nämlich im Privat-

---

[1] Zu Reformvorschlägen vgl. *Koewius* 155; *Herrmann* ZStW **89** (1977) 207.

[2] **A. A.** (keine Entscheidung über Kosten und Auslagen) die h. M, zum Beispiel BayObLG JR **1962** 226; KK-*Schikora/Schimansky*[2] 3; KMR-*Müller* 29.

[3] Vgl. auch KG HRR **1930** Nr. 859.

[3a] LR-*K. Schäfer*[23] 1.

[4] BayObLG *Alsb.* E 3 282.

[5] OLG Stuttgart NJW **1974** 512.

[6] RGSt **46** 138; **53** 345.

[7] Vgl. auch *Behn* NStZ **1984** 103.

[8] BayObLGSt **1953** 257; OLG Hamburg NJW **1970** 1468.

[9] Vgl. OLG Hamm GA **1960** 186.

[10] *Kleinknecht/Meyer*[38] 2.

[11] OLG Hamm VRS **46** (1974) 458; § 464, 25.

[12] Vgl. BayObLG JW **1931** 1377.

Hans Hilger

klageverfahren der Angeklagte für straffrei erklärt, so ist damit ausgesprochen, daß der Verletzte mit Rücksicht auf die von ihm selbst begangene Handlung keinen Grund hatte, eine Klage zu erheben; dies mußte der Verletzte, da er (anders als bei öffentlicher Klage die Staatsanwaltschaft) den Sachverhalt genau kannte, selbst erkennen, und wenn er gleichwohl die Privatklage erhob, so hat er die Kosten unnötigerweise verursacht[13]. Der für straffrei Erklärte kann auch in einen Teil der Kosten verurteilt, auch kann ausgesprochen werden, daß keine Partei der andern Auslagen zu erstatten habe[14].

7   **3. Vorprozessuale Auslagen.** Der Verurteilte hat auch die dem Privatkläger vor Erhebung der Privatklage aufgewendeten notwendigen Auslagen zu erstatten[15]. Umstritten ist, ob (analog § 471 Abs. 2) die im Sühneverfahren entstandenen Anwaltskosten zu erstatten sind, wenn trotz Scheiterns keine Privatklage erhoben wird[16].

III. Kosten und Auslagen bei Nichtverurteilung (Absatz 2)

8   **1. Grundsatz.** Kommt es nicht zu einer Verurteilung — bei Freispruch, Zurückweisung der Klage (§ 383 Abs. 1) und Einstellung —, so trägt nach Absatz 2 grundsätzlich der Privatkläger die Kosten des Verfahrens und — selbstverständlich — seine eigenen Auslagen[17], und er hat dem Gegner dessen notwendige Auslagen zu erstatten.

9   a) Daß dem Privatkläger auch bei **Einstellung des Verfahrens** die Verfahrenskosten und die notwendigen Auslagen des Beschuldigten zur Last fallen, gilt, da das Gesetz lediglich für den in § 471 Abs. 3 Nr. 2 geregelten Fall eine Ausnahme vorsieht, für alle übrigen Fälle, in denen nach gesetzlicher Vorschrift Einstellung des Verfahrens erfolgt. Die Ausnahmeregelung, die für das Offizialverfahren § 467 Abs. 3 Satz 2 bei Einstellung des Verfahrens wegen eines Verfahrenshindernisses vorsieht, kommt im Privatklageverfahren nicht in Betracht.

10   b) Auch beim **Tod des Privatklägers** (§ 393 Abs. 1) greift Absatz 2 ein, sofern das Verfahren nicht von den in § 393 Abs. 2 bezeichneten Privatklageberechtigten fortgesetzt wird. Wo also eine Fortsetzung nicht erfolgt oder nicht möglich ist, fallen die Kosten des Verfahrens einschließlich der dem Beschuldigten erwachsenen notwendigen Auslagen dem Nachlaß des Privatklägers zur Last[18]. Es ist nicht zu verkennen, daß die an den Tod des Privatklägers geknüpfte Belastung seines Nachlasses mit den Gerichtskosten und Auslagen des Beschuldigten zu Unbilligkeiten führen kann, wenn nach aller Wahrscheinlichkeit mit einer Verurteilung des Beschuldigten zu rechnen war und es wird die Auffassung vertreten, daß diese Unbilligkeiten zu einer entsprechenden Anwendung des § 471 Abs. 3 (Kostenverteilung nach gerichtlichem Ermessen) führen müßten[19]. Dem kann jedoch nicht gefolgt werden. Es ist freilich richtig, wie die Entstehungs-

---

[13] OLG München E 5 37.

[14] RGSt 44 334.

[15] KG *Alsb.* E 3 347; zu Gebühren nach §§ 94, 84 BRAGebO s. LG Bochum AnwBl. **1982** 211; LG Regensburg AnwBl. **1982** 390; LG Augsburg AnwBl. **1985** 162; *Mümmler* JurBüro **1987** 1632 ff; vgl. auch LG Mönchengladbach AnwBl. **1978** 360 (zu § 94 Abs. 5 BRAGebO).

[16] Bejahend AG Wesel AnwBl. **1979** 403; AG Weilburg AnwBl. **1980** 215; AG Hanau

AnwBl. **1982** 268; verneinend LG Bad Kreuznach AnwBl. **1985** 322; AG Stade NdsRpfl. **1979** 76; AG Hamburg AnwBl. **1980** 312; AG Cham AnwBl. **1982** 217.

[17] OLG Zweibrücken NJW **1970** 2307; vgl. auch § 464, 24; 26.

[18] RGSt **16** 421; OLG Celle NJW **1953** 1726; **1971** 2182; zum Tod eines von mehreren Privatklägern vgl. BayObLG NJW **1960** 2065.

[19] Vgl. OLG Oldenburg NdsRpfl. **1954** 95; *Traub* NJW **1960** 710.

geschichte des § 471 Abs. 3 und des § 472 zeigen, daß die gesetzgeberische Entwicklung in der Richtung verläuft, den Anwendungsbereich des richterlichen Ermessens bei der Kostenverteilung zu erweitern. Aber das entscheidende Wort gebührt dem Gesetzgeber. Solange das Gesetz daran festhält, daß die automatische Kostenverteilung (§ 471 Abs. 1, 2) die Regel, die Verteilung nach Ermessensgrundsätzen (Absatz 3) die Ausnahme ist, kann es nicht Aufgabe der Rechtsprechung sein, alle Unbilligkeiten, die bei einer automatischen Regelung unvermeidlich sind, durch entsprechende Anwendung des Absatzes 3, also durch dessen Erweiterung, die nur dem Gesetzgeber zusteht, beseitigen zu wollen. Die Regelung des § 471 Abs. 3 ist abschließend[20] und es geht deshalb nicht an, etwa bei einem Freispruch des Beschuldigten wegen (für den Privatkläger unerkennbarer) Schuldunfähigkeit und gar erst in der Berufungsinstanz nach vorgängiger Verurteilung in erster Instanz der Kostenbelastung des Privatklägers aus § 471 Abs. 2 durch entsprechende Anwendung des § 471 Abs. 3 zu entgehen. Es mag auch dem Privatkläger, der wegen objektiv ehrenkränkender Behauptungen den Weg der Privatklage beschreitet, unbillig erscheinen, wenn der Angeklagte nicht nur wegen Wahrung berechtigter Interessen freigesprochen wird, sondern dem Privatkläger auch die gesamten Kosten einschließlich der Auslagen des Beschuldigten zur Last fallen; aber auch hier gibt es keine Möglichkeit einer Kostenverteilung[21]. Alle solche Fälle befriedigend zu regeln, wäre nur möglich, wenn, wie dies § 44 des Entwurfs einer FriedensrichterO 1939 vorschlug, allgemein in Privatklageverfahren die Kostenentscheidung nach richterlichem Ermessen erfolgte; das ist aber nicht der Standpunkt des geltenden Rechts. Auch beim Tod des Privatklägers soll es — nicht anders als beim Tod des Beschuldigten (Rdn. 1) — den Erben erlaubt sein, im Weg des bürgerlichen Rechtsstreits den Beschuldigten auch wegen der durch das Privatklageverfahren entstandenen Kosten als weiterer Folge der unerlaubten Handlung in Anspruch zu nehmen[21a]. Dies gilt jedoch nur, wenn man nicht die Auffassung vertritt, daß auch § 471 lex specialis gegenüber dem zivilrechtlichen Schadensersatzrecht ist (vgl. Vor § 464, 28).

2. Übernahme der Verfolgung nach § 377 Abs. 2. Das Verfahren ist nicht einzustellen, sondern wird als Offizialverfahren fortgesetzt (§ 377, 19). Der bisherige Privatkläger wird nur dann Nebenkläger, wenn er sich dem Verfahren als solcher anschließt[22]. Über die notwendigen Auslagen des bisherigen Privatklägers ist nach § 472 Abs. 3 Satz 2 zu entscheiden. Diese Entscheidung ergeht nicht durch isolierten Beschluß, sondern zusammen mit der weiteren Kosten- und Auslagenentscheidung; sie richtet sich nach § 472 Abs. 1 und 2 (vgl. § 472, 24). **11**

3. Einstellung nach § 389. Auch in diesem Fall sollen den Privatkläger die Kosten und Auslagen treffen[23]. Das kann im Einzelfall unbillig sein. Art. 70 Nr. 250 Entw. EGStGB 1930 schlug für diesen Fall vor, daß, wenn anschließend die Staatsanwaltschaft die öffentliche Klage erhebt, in der hierauf ergehenden Entscheidung über die Kosten des Privatklageverfahrens unter Aufhebung der dort getroffenen Kostenentscheidung anderweitig befunden werden könne; es ist erwägenswert, ob nicht dieser Vorschlag schon auf dem Boden des geltenden Rechts durch sinngemäße Erweiterung des § 465 verwirklicht werden kann. Eine Parallele bieten die Regelungen der Straffreiheitsgesetze **12**

[20] BayObLG NJW **1956** 602; **1959** 2274.
[21] OLG Bamberg NJW **1951** 535.
[21a] LR-*K. Schäfer*[23] 10.
[22] *Rieß/Hilger* NStZ **1987** 153.

[23] H. M; vgl. BayObLGSt **1** 10; NJW **1959** 2274; a. A *Traub* NJW **1960** 710 (Abs. 3 Nr. 2 analog).

Hans Hilger

für den Fall der Fortsetzung des Verfahrens auf Antrag des Beschuldigten; vgl. § 19 Abs. 3 des StraffreiheitsG vom 17. 7. 1954 (BGBl. I S. 203) und § 11 Abs. 4 des StraffreiheitsG vom 20. 5. 1970 (BGBl. I S. 509). Erwägenswert ist auch eine analoge Anwendung von § 472 Abs. 3 Satz 2, wenn die Staatsanwaltschaft ohne zureichenden Grund eine Übernahme nach § 377 Abs. 2 ablehnt (vgl. § 377, 14 ff; § 389, 5 ff), weil nicht einzusehen ist, warum der Privatkläger in diesem Fall schlechter gestellt sein soll, als dann, wenn die Staatsanwaltschaft das Verfahren übernimmt. Für den Fall, daß der Privatklagerichter, statt nach § 389 zu verfahren, die Sache nach § 270 an das zuständige Gericht verweist und dieses (prozeßordnungswidrig) die Einstellung nach § 389 ausspricht, darf es den Privatkläger nur mit den Kosten des Privatklageverfahrens vor dem Privatklagerichter belasten[24].

13   4. Eine **Einstellung** im Sinne des § 471 Abs. 2 erfolgt auch, wenn die in einem **Straffreiheitsgesetz** angeordnete Einstellung anhängiger Verfahren der Durchführung des Privatklageverfahrens entgegensteht (§ 464, 9). Die Amnestiegesetze seit 1932 haben aber die aus der Einstellung nach § 471 Abs. 2 sich ergebende Folgerung, daß der Privatkläger die Kosten des Verfahrens und die notwendigen Auslagen des Beschuldigten zu tragen hätte, durch Sondervorschriften ausgeschlossen und zwar im allgemeinen in der Weise, daß sie die Niederschlagung der gerichtlichen Kosten anordnen und dem Gericht die Befugnis übertragen, die dem Privat- oder Nebenkläger und dem Beschuldigten erwachsenen Auslagen angemessen zu verteilen oder nach pflichtgemäßem Ermessen einem der Beteiligten ganz aufzuerlegen oder zur Vermeidung von Unbilligkeiten sie auf die Staatskasse zu überbürden (so zuletzt § 9 StrFG 1970).

14   5. Bei **vorläufiger Einstellung** des Verfahrens bedarf es keiner Entscheidung über den Kostenpunkt[25]; eine nur vorläufige Einstellung liegt auch vor, wenn der Privatkläger stirbt, falls die Angehörigen nach § 393 Abs. 2 das Verfahren demnächst fortsetzen.

15   6. Die Einstellung des Verfahrens ist auch auszusprechen, wenn die **Privatklage vor Eröffnung des Hauptverfahrens zurückgenommen** wird. Mit diesem Beschluß ist nach § 464 die Kostenentscheidung zu verbinden, in der dem Privatkläger die durch das bisherige Verfahren (zum Beispiel durch Zuziehung eines Anwalts für die Erklärung nach § 382) entstandenen Auslagen des Beschuldigten aufzuerlegen sind. Verneint man die Notwendigkeit eines Einstellungsbeschlusses, so ist — wie bei der Rechtsmittelzurücknahme (§ 473, 5) — ein selbständiger Kostenbeschluß zulässig und zur Festsetzung nach § 464 b geboten[26]. Wegen der Ansprüche auf Erstattung der **im Sühneverfahren vor dem Schiedsmann** entstandenen Anwaltskosten, wenn jemand einen anderen zum Sühneversuch laden läßt, nach dessen Scheitern aber von der Erhebung der Privatklage absieht, vgl. Rdn. 7.

IV. Vergleich.

16   Die Parteien können ein Privatklageverfahren durch **Vergleich** beenden. Ein solcher Vergleich ist zwar, auch soweit er kostenrechtliche Vereinbarungen enthält, **Vollstreckungstitel** im Sinne des § 794 Abs. 1 Nr. 1 ZPO, **aber kein zur Kostenfestsetzung nach § 464 b StPO geeigneter Titel**, denn als solcher kommt nur der die Kostenentschei-

---

[24] RGSt 46 167.
[25] OLG Dresden *Alsb.* E **3** 270.

[26] LG Hagen NJW **1955** 1646; s. auch § 391, 10.

dung enthaltende Einstellungsbeschluß nach § 471 Abs. 2 in Betracht[27] (§ 464 b, 3). Das wird vielfach verkannt, indem aus der Eignung des Privatklagevergleichs als Vollstreckungstitel im Sinne des § 794 Abs. 1 Nr. 1 ZPO gefolgert wird, es sei auch ein zur Kostenfestsetzung nach § 464 b StPO geeigneter Titel[28]. Die Parteien haben es aber weitgehend in der Hand, durch ihre die Kosten betreffenden Vergleichsabreden auf den Inhalt der gerichtlichen Kostenentscheidung einzuwirken. Dabei ist zu unterscheiden, ob die Verfahrensbeendigung technisch durch Zurücknahme des Strafantrags oder durch Zurücknahme der Privatklage eintritt.

1. Beendigung des Privatklageverfahrens durch **Zurücknahme des Strafantrags** ist **17** nur möglich, wenn das Privatklagedelikt ein Antragsdelikt ist. Einigen sich die Parteien, daß der Strafantrag zurückgenommen werde, so können sie eine dem — auch im Privatklageverfahren anwendbaren — § 470 Satz 2 entsprechende Kostenvereinbarung treffen. Trägt das Gericht dieser bei dem Kostenanspruch in seinem nach § 471 Abs. 2 erforderlichen Einstellungsbeschluß in vollem Umfang Rechnung — und es wird in aller Regel keinen Anlaß haben, davon abzuweichen —, so ist auf diese Weise ein Kostentitel geschaffen; es findet dann das Kostenfestsetzungsverfahren nach § 464 b statt und aus dem Kostenfestsetzungsbeschluß kann nach § 794 Abs. 1 Nr. 2 ZPO vollstreckt werden.

Die Parteien können **Kostenvereinbarungen** auch treffen, **ohne daß es einer Ko-** **18** **stenfestsetzung nach § 464 b StPO bedarf,** indem sie die Zahlung bestimmter Summen vereinbaren; solche Vereinbarungen können zu Protokoll erklärt werden (§ 127 a BGB) und bilden dann einen Vollstreckungstitel nach § 794 Abs. 1 Nr. 1 ZPO[29]. Denn nach dieser Vorschrift kann aus allen Vergleichen vollstreckt werden, die zwischen den Parteien zur Beilegung des Rechtsstreits vor einem deutschen Gericht abgeschlossen werden; aus Wortlaut und Sinn dieser Vorschrift kann weder entnommen werden, daß es sich um einen bürgerlich-rechtlichen Rechtsstreit handeln müsse, noch daß er nicht vor einem Strafgericht abgeschlossen werden könne[30].

Form des Vergleichs. Um einen Vollstreckungstitel nach § 794 Abs. 1 Nr. 1 ZPO **19** zu bilden, müssen die Erfordernisse der §§ 160, 162 ZPO (Beurkundung im Protokoll, Vorlesung, Genehmigung) erfüllt sein[31]. Daß ein gerichtlicher Vergleich nur bei gleichzeitiger Anwesenheit beider Parteien vor dem Gericht geschlossen werden könne, kann weder aus § 794 Nr. 1 noch aus dem Erfordernis der Protokollierung, Vorlesung und Genehmigung zwingend entnommen werden; ausreichend dürfte auch sein, wenn jede Partei ihre Erklärung (Angebot und Annahme oder beiderseitige Annahme eines gerichtlichen Vergleichsvorschlags) zu verschiedener Zeit und auch an verschiedenen Orten, aber jeweils zu gerichtlichem Protokoll des ersuchten Richters abgibt, während allerdings kein gerichtlicher Vergleich vorliegen kann, wenn der eine Teil den gerichtlichen Vergleichsvorschlag zu Protokoll des ersuchten Richters, der andere Teil nur durch einen beim Privatklagerichter eingereichten Schriftsatz annimmt. Auf diese Weise ist in einem großen Teil der Fälle eine vergleichsweise Erledigung der Kostenfrage möglich.

[27] Vgl. LG Marburg JurBüro **1981** 239 mit zust. Anm. *Mümmler*; zur willkürlichen Kostenfestsetzung nach Vergleich und Kostenentscheidung vgl. BVerfG NStZ **1983** 84.

[28] So LG Wuppertal MDR **1957** 502; LG Hildesheim NdsRpfl. **1966** 18; AG Neunkirchen AnwBl. **1976** 183; KK-*Schikora/Schimansky*[2] 6; vgl. auch *H. Schmidt* AnwBl. **1977** 501.

[29] OLG Hamburg MDR **1958** 434.

[30] Vgl. dazu OLG Köln Rpfleger **1976** 218; *D. Meyer* JurBüro **1984** 1121 ff (auch zu weiteren Einzelheiten).

[31] KK-*Schikora/Schimansky*[2] 6; vgl. auch *D. Meyer* JurBüro **1984** 1123; *Zöller/Stöber* § 794, 7; 9; a. A LR-*Wendisch* § 391, 20.

20   **2. Zurücknahme der Privatklage.** Der in Rdn. 17 bezeichnete Weg versagt, wenn eine Antragsrücknahme nicht in Betracht kommt, weil es keines Strafantrags bedurfte, wie auch dann, wenn das Gericht ausnahmsweise nicht bereit ist, die Kosten dem zur Übernahme bereiten Angeklagten aufzuerlegen (§ 470, 10). Im ersteren Fall steht es im Belieben der Parteien, vergleichsweise die Rücknahme der Privatklage, die auch noch in der Berufungs- und Revisionsinstanz möglich ist (§ 391), zu vereinbaren. Für diesen Fall (in dem also nicht die Zurücknahme der Privatklage gleichzeitig eine Zurücknahme des Strafantrags darstellt) fehlt es an einer ausdrücklichen dem § 470 Satz 2 entsprechenden Vorschrift. Bei der Zurücknahme der Privatklage bedarf es — nicht anders als bei der Zurücknahme des Strafantrags (§ 470) — eines Einstellungsbeschlusses (§ 391 Abs. 2 a. E). Denn die im Gesetz nicht ausdrücklich ausgesprochene, aber selbstverständliche Folge, daß den zurücknehmenden Privatkläger die Kosten (KostVerz. Nr. 1651) und die Auslagen des Beschuldigten treffen, läßt sich nur verwirklichen, wenn ein Kostentragungstitel vorhanden ist, auf Grund dessen das Kostenfestsetzungsverfahren nach § 464 b durchgeführt werden kann (§ 464 b, 3); es liegt hier nicht anders als etwa bei der Zurücknahme eines Rechtsmittels (§ 473, 4). Es bestehen dann aber keine Bedenken, den Satz 2 des § 470 *entsprechend* anzuwenden[32]. Die prozessuale Situation und die Interessenlage ist in beiden Fällen die gleiche, und das Bedürfnis, im Interesse der Herbeiführung des Rechtsfriedens den Entschluß zur Zurücknahme der Privatklage zu erleichtern, nicht geringer, als wenn die Zurücknahme des Strafantrags in Frage steht. Das bedeutet, daß das Gericht an den Vergleich, das heißt die Übernahmebereitschaftserklärung des Angeklagten nicht schlechthin gebunden ist (§ 470, 10) und kommt insoweit — aber auch nur insoweit — auf den Standpunkt der früheren Rechtsprechung hinaus, wonach der Vergleich nichts an der Kostentragungspflicht nach § 471 Abs. 2 und an der Pflicht des Richters, diese in seinem Einstellungsbeschluß auszusprechen, änderte[33]. Den Richter nicht schlechthin an die Parteivereinbarung zu binden, hat hinsichtlich der gerichtlichen Kosten auch hier seinen guten Sinn, denn es geht nicht an, daß durch eine Übernahmebereiterklärung des vermögenslosen Angeklagten der Privatkläger der Staatskasse gegenüber frei werden könnte. Soweit es sich aber um die notwendigen Auslagen des Beschuldigten handelt, besteht für das Gericht kein Grund, in dem Kostenbeschluß seiner Übernahmebereitschaft nicht zu entsprechen, so daß sie *praktisch* für die gerichtliche Kostenentscheidung bindend ist[34]. Das läuft im Ergebnis auf die Mittelmeinung[35] hinaus, daß der Vergleich für das Gericht zwar hinsichtlich der Parteikosten, aber nicht hinsichtlich der Gerichtskosten bindend sei. Von dieser Auffassung unterscheidet sich die hier vertretene Auffassung dadurch, daß nach letzterer das Gericht zwar nicht verpflichtet, aber befugt ist, auch hinsichtlich der Gerichtskosten eine der Parteivereinbarung entsprechende Kostenentscheidung zu erlassen. Auch die entsprechende Anwendung des § 470 Satz 2 nach der Richtung, daß (ausnahmsweise) der Staatskasse die Kosten auferlegt werden können, soweit es unbillig wäre, die Beteiligten damit zu belasten, ist sinnvoll, namentlich wenn es sich darum handelt, ein Privatklageverfahren zu beenden, das der Privatkläger mit Prozeßkostenhilfe (§ 379 Abs. 3) führt.

21   **3.** Trifft das Gericht im Einstellungsbeschluß **eine vom Vergleich abweichende Kostenentscheidung,** weil es sich trotz der Übernahmeerklärung des Angeklagten nicht

---

[32] KK-*Schikora/Schimansky*[2] 6;   KMR-*Müller* 19.

[33] Vgl. RGSt **23** 198.

[34] OLG Köln Rpfleger **1976** 218.

[35] OLG Düsseldorf Rpfleger **1960** 221.

entschließen kann, ihm die Gerichtskosten aufzuerlegen, so wird in der Regel der Angeklagte gemäß §54 Nr. 2 GKG neben dem Privatkläger, dem die Kosten auferlegt werden (§54 Nr. 1 GKG), Kostenschuldner mit der Folge des §58 Abs. 1 GKG. Im Innenverhältnis bleibt es bei der im Vergleich getroffenen Kostenregelung[36] und gegen eine dem Vergleich widersprechende Vollstreckung des Angeklagten aus einem Kostenfestsetzungsbeschluß nach §464 b könnte der Privatkläger aus dem Vergleich nach §767 ZPO Einwendungen erheben[37]. Der Vergleich büßt auch hier nichts an seiner Eigenschaft als Vollstreckungstitel nach §794 Abs. 1 Nr. 1 ZPO ein.

4. Keine Bindung des Gerichts an die Kostenvereinbarung. Die früher vielfach[38] **22** vertretene Auffassung, daß die gerichtlich protokollierte Vereinbarung über die Kosten für das Gericht bindend, also zwingend der Kostenentscheidung zugrundezulegen sei — zur Begründung wird auf §54 Nr. 2 GKG und auf die Natur des weitgehend der Parteidisposition unterliegenden Privatklageverfahrens, gleichzeitig aber auch auf §58 Abs. 2 GKG verwiesen —, entspricht nicht der durch die Einfügung des §470 Satz 2 geklärten Rechtslage. Sie kann auch nicht mit dem Hinweis auf Art. 70 Nr. 2 Entw. EGStGB 1930 begründet werden. Dort war allerdings vorgeschlagen, daß beim Vergleich im Privatklageverfahren die für den Fall der Antragszurücknahme vorgesehene Regelung (§470, 6) gelten, die Einigung also maßgebend sein und eine gerichtliche Kostenentscheidung ausschließen solle. Aber gerade diese Regelung hat das 3. StrÄG 1953 bei Schaffung des §470 Satz 2 nicht übernommen.

5. Kommt ein **Vergleich im Sühnetermin** — ohne Kostenvereinbarung — zustan- **23** de, so soll über einen Kostenerstattungsanspruch analog §471 Abs. 2 oder Abs. 3 zu entscheiden sein[39].

V. Kosten- und Auslagenentscheidung nach Ermessen (Absatz 3)

1. Begriff der Kosten des Verfahrens. In der ursprünglichen Fassung des Absat- **24** zes 3 (§503 Abs. 3 a. F.) war die Rede von der Verteilung der Kosten des Verfahrens und der notwendigen Auslagen. In der späteren, auf dem Ges. vom 21. 12. 1922 (RGBl. 1923 I S. 1) beruhenden Fassung des damaligen Absatzes 2 dagegen wurde von der Verteilung „der im Verfahren entstandenen Auslagen" und der den Parteien erwachsenen notwendigen Auslagen gesprochen. Daraus wurde gefolgert, daß die Vorschrift nur eine Verteilung der Auslagen, nicht mehr der Gerichtsgebühren zulasse[40]. Die auf dem VereinhG beruhende Fassung verwendet wieder den Ausdruck „Kosten des Verfahrens", läßt also auch eine Verteilung der Gerichtsgebühr (Nr. 1650, 1651 KostVerz.) zu[41]. Im Fall des Absatzes 3 Nr. 2 wird nach KostVerz. 2 vor Nr. 1650 keine Gebühr erhoben. Eine Verteilung der Gebühren kann zum Beipiel in Betracht kommen, wenn die Privatklage mehrere selbständige Handlungen zum Gegenstand hat und der Angeklagte teils freigesprochen, teils verurteilt wird. Nach §45 GKG trägt er dann die Verfahrensgebühr nach Maßgabe der gegen ihn erkannten Strafe. Bei einer **Straffreierklärung** (§468, 5) sind, wenn der für straffrei Erklärte nicht in die Kosten verurteilt wird, dem Privatkläger die Kosten einschließlich der Gebühr der Nr. 1650 KostVerz. aufzuerlegen. §471 Abs. 3

---

[36] OLG Köln Rpfleger **1976** 218.
[37] OLG Jena GA **71** (1927) 119.
[38] Vgl. LG Kassel NJW **1951** 373; LG Wuppertal MDR **1957** 502; *Müller* DRiZ **1954** 51.

[39] AG Weilburg AnwBl. **1980** 215 (Abs. 2); AG Charlottenburg JurBüro **1983** 887 (Abs. 3).
[40] Vgl. OLG Dresden LZ **1932** 193.
[41] BayObLG Rpfleger **1958** 182.

Hans Hilger

Nr. 1 ermöglicht eine Verteilung, weil mit der Straffreierklärung den auf Verurteilung zu Strafe gerichteten Anträgen des Privatklägers nur zum Teil entsprochen ist.

25   Wegen der Anwendbarkeit des § 471 Abs. 3 **in der Rechtsmittelinstanz** vgl. § 473, 64 ff.

2. Teilerfolg des Privatklägers (Absatz 3 Nr. 1)

26   a) Bei der Frage, wann den „**Anträgen des Privatklägers nur zum Teil entsprochen ist**", kommt es auf einen Vergleich zwischen Eröffnungsbeschluß und Urteil an[42]. Absatz 3 Nr. 1 findet keine Anwendung, wenn das Gericht auf eine mildere Strafart oder ein geringeres Strafmaß erkennt, als der Privatkläger beantragte[43]. Hat der Eröffnungsbeschluß mehrere selbständige Handlungen zum Gegenstand, und ist der Angeklagte nur wegen eines Teils verurteilt, im übrigen freigesprochen oder das Verfahren eingestellt, so bemißt sich die Frage, ob der Privatkläger mit seinen Anträgen vollen oder nur teilweisen Erfolg hat, nach dem **Gesamtgegenstand** der Privatklage, nicht etwa — wie im Fall des § 465 Abs. 1 — danach, ob er mit seinen Anträgen hinsichtlich der einzelnen Straftat voll durchdringt oder nicht[44]. Das Bedürfnis für eine Kostenverteilung ergibt sich hier aus der Erwägung, daß zwar der Verurteilte nach der Regel des § 465 Abs. 1 die Kosten (und demgemäß auch nach § 471 Abs. 1 die Auslagen des Privatklägers) nur insoweit trägt, als er verurteilt ist. Aber es können erhebliche Auslagen entstanden sein, die sich sowohl auf die Fälle der Verurteilung, wie auf die der Freisprechung beziehen, und die oft schwierige Frage, welche Auslagen auf die eine oder andere Tat entfallen, erledigt § 471 Abs. 3 Nr. 1 — den besonderen Bedürfnissen des Privatklageverfahrens Rechnung tragend — dadurch, daß er hier eine Verteilung nach Ermessensgrundsätzen zuläßt. Ein Teilerfolg der Anträge liegt auch vor, wenn der Privatkläger im Lauf des Verfahrens die Klage auf einzelne der erhobenen Vorwürfe beschränkt und sie damit im übrigen zurücknimmt oder wenn statt Verurteilung Straffreierklärung erfolgt (vgl. oben 6).

27   b) **Weitere Fälle überschießenden Anklagevorwurfs.** Die Rechtsprechung[45] wendet Absatz 3 Nr. 1 auch auf die Fälle der Tateinheit, der Gesetzeskonkurrenz und der fortgesetzten Handlung an. Danach ist eine Ermessensentscheidung möglich, wenn das Gericht bei tateinheitlichem Zusammentreffen mehrerer Strafgesetze einen rechtlichen Gesichtspunkt ablehnt oder bei einer fortgesetzten Handlung, die in der Klage angenommen war, einige unselbständige Einzelhandlungen als unbewiesen ausscheidet, wobei aber eine Fortsetzungstat übrigbleibt, oder wenn es sonst hinter dem Schuldvorwurf der Privatklage zurückbleibt, zum Beispiel bei Privatklage wegen übler Nachrede (§ 186 StGB) nur wegen Beleidigung verurteilt[46] oder einen Teilvorgang aus der im Eröffnungsbeschluß angenommenen natürlichen Handlungseinheit ausscheidet[47]. Das war — vor der Einfügung des § 465 Abs. 2 — eine Abweichung von dem Grundsatz des § 465 Abs. 1, die damals rechtsgeschichtlich erklärt wurde[48]: Vor Schaffung der Rechtsstrafprozeßordnung wurde in einigen Ländern, insbesondere in Preußen das Privatkla-

---

[42] OLG Schleswig SchlHA **1957** 164; KK-*Schikora/Schimansky*[2] 4; **a. A** BayObLGSt **1962** 139; *Kleinknecht/Meyer*[38] 5; KMR-*Müller* 22 (Vergleich zwischen Klage und Urteil).

[43] OLG Stuttgart *Alsb.* E 3 325; OLG Düsseldorf JurBüro **1985** 896.

[44] OLG Braunschweig HRR **1935** Nr. 229; BayObLGSt **1952** 77; **1958** 76.

[45] Vgl. OLG Celle GA **69** (1925) 476; OLG

Darmstadt *Alsb.* E 3 326; OLG Naumburg HRR **1926** Nr. 1000; OLG Rostock HRR **1928** Nr. 195; BayObLGSt **1932** 30; OLG Braunschweig NdsRpfl. **1955** 218.

[46] OLG Braunschweig NdsRpfl. **1955** 218.

[47] BayObLGSt **1962** 139; **a. A** *Kleinknecht/Meyer*[38] 5.

[48] OLG Braunschweig NdsRpfl. **1955** 218.

geverfahren wegen Beleidigung nicht nach straf-, sondern nach zivilprozessualen Regeln durchgeführt, so daß Raum blieb für eine Kostenverteilung nach Maßgabe der zivilprozessualen Vorschriften, wie sie heute § 92 ZPO vorsieht, und diese Entwicklung wirkte in § 471 Abs. 3 Nr. 1 nach. Seit Schaffung des § 465 Abs. 2 (vgl. dessen Satz 2) besteht aber zwischen dem Privatklage- und dem Offizialverfahren insoweit kein grundsätzlicher, sondern nur noch ein technischer Unterschied; damit sind abweichende Auffassungen über die Bedeutung der Nr. 1[49] überholt.

c) Schließlich ist § 471 Abs. 3 Nr. 1, da sein Wortlaut und Sinn nicht entgegensteht, auch anwendbar, wenn **von mehreren Angeklagten ein Teil verurteilt, ein anderer freigesprochen wird**[50]; doch ist die Verteilungsbefugnis hier dadurch eingeschränkt, daß dem in vollem Umfang Freigesprochenen keine Kosten auferlegt und der Verurteilte nicht zur Tragung von Kosten herangezogen werden darf, die ausschließlich durch das Verfahren gegen den Freigesprochenen erwachsen sind[51]. **28**

d) Mehrere Privatkläger. Unanwendbar ist dagegen § 471 Abs. 3 Nr. 1, wenn der Angeklagte mehreren durch dieselbe Tat verletzten Privatklägern gegenübersteht und nur ein Teil der Privatkläger obsiegt, während der andere unterliegt[52] oder wenn von mehreren Privatklägern einer stirbt und insoweit das Verfahren eingestellt wird[53]; hier fallen dem unterlegenen Privatkläger die Mehrausgaben zur Last, die dem Angeklagten durch seine Beteiligung entstanden sind. Notfalls — bei mangelnder Ausscheidbarkeit — müßten allerdings die Mehrauslagen bruchteilmäßig bestimmt werden. **29**

e) Ermessensrichtlinien. Bei der **Verteilung nach pflichtmäßigem Ermessen** gibt im allgemeinen das Verhältnis des erstrebten zu dem erreichten Erfolg den Ausschlag. Eine Auferlegung der Kosten in vollem Umfang auf den einen oder anderen wird in Betracht kommen, wenn das Ergebnis der Entscheidung in der Sache nahezu einem vollen Obsiegen oder nahezu einem vollen Ausbleiben des erstrebten Erfolgs entspricht. Im übrigen kann die Verteilung je nach Sachlage nach den drei Kostenmassen (Gerichtskosten, Auslagen des Privatklägers, Auslagen des Angeklagten) oder nach Bruchteilen der zusammengerechneten Massen erfolgen[54]. Im ersteren Fall können zum Beispiel die Gerichtskosten jeder Partei zur Hälfte, und jeder Partei die Tragung ihrer eigenen Auslagen auferlegt werden, oder es kann der Angeklagte zur Tragung der Gerichtskosten, seiner eigenen Auslagen und der Hälfte der Auslagen des Privatklägers verurteilt werden. Die Kostenverteilung kann auch einzelne bestimmte Auslagen zum Gegenstand haben, etwa daß der Angeklagte von den Auslagen des Privatklägers nur die durch die Zuziehung eines Anwalts entstandenen Kosten zu tragen hat; statt Auferlegung eines quotenmäßigen Bruchteils der Auslagen des Gegners kann wohl auch zur Ersparung weiterer Streitigkeiten im Kostenfestsetzungsverfahren (§ 464 b) die Leistung eines zahlenmäßig bestimmten Beitrags zu den Auslagen des anderen Teils auferlegt werden. Bei einer Verteilung nach Bruchteilen („Von den Gerichtskosten und den notwendigen Auslagen der Parteien trägt der Angeklagte 2/3, der Privatkläger 1/3") wird die Entscheidung über Umfang und Höhe der ausgleichsfähigen Parteiauslagen in das Verfahren nach § 464 b verlagert; eine solche Entscheidung empfiehlt sich daher nicht, wenn schon vor Erlaß der Kostenentscheidung voraussehbar ist, daß im Kostenfestsetzungsverfahren Streit entstehen wird, der durch eine anderweitige Kostenentscheidung ausgeschlossen werden kann. Ausgeschlossen von der Kostenverteilung sind die Kosten der Vollstrek- **30**

---

[49] Vgl. *Eb. Schmidt* Nachtr. II 24.
[50] BayObLGSt **1957** 190.
[51] BayObLGSt **1957** 190.
[52] BayObLG JW **1931** 1877.
[53] BayObLGSt **1960** 141.
[54] OLG Braunschweig NdsRpfl. **1955** 218.

Hans Hilger

kung, darunter auch die der angeordneten Urteilsbekanntmachung oder einer im Urteil ausgesprochenen Einziehung oder Vernichtung; diese trägt der Angeklagte.

3. Einstellung wegen Geringfügigkeit (Absatz 3 Nr. 2)

31   **a) Bedeutung der Vorschrift.** Die Vorschrift enthält eine **Ausnahme von § 471 Abs. 2.** Dem entspricht im Offizialverfahren die Durchbrechung des Grundsatzes des § 467 Abs. 1 durch § 467 Abs. 4. Daher wird grundsätzlich auf § 467, 65 ff verwiesen. Dies gilt insbesondere hinsichtlich der anzuwendenden Ermessensgrundsätze, die hier entsprechend gelten. Im Hinblick auf Art. 6 Abs. 2 MRK ist es unzulässig, die Entscheidung über die Kosten und notwendigen Auslagen auf die Annahme zu gründen, der Beschuldigte sei einer strafbaren Handlung schuldig, wenn die Hauptverhandlung nicht bis zur Schuldspruchreife durchgeführt worden ist[55]. Denn jedenfalls im Privatklageverfahren hätte eine solche Kostenüberbürdung in ihrer Verbindung mit der verfrühten, daher unzulässigen Schuldzuweisung in den Gründen der Entscheidung sanktionsähnlichen Charakter. Die Annahme, daß die Voraussetzungen einer Einstellung nach § 383 Abs. 2 Satz 1 („geringe Schuld") erfüllt sind (§ 383, 22; 23) ist noch kein Verstoß gegen Art. 6 MRK, sondern nur eine hypothetische Beurteilung. Die danach hinsichtlich der Kosten und notwendigen Auslagen zu ziehenden Folgerungen dürfen jedoch nicht auf diese Schuldunterstellung gestützt, sondern müssen auf andere Ermessenskriterien gegründet werden. Infrage kommt zum Beispiel, inwieweit der Beschuldigte nachvollziehbaren Anlaß zur Erhebung der Privatklage gegeben hat (vgl. auch § 467, 65 ff); dabei darf das Gericht aber nur schon endgültig geklärte Umstände berücksichtigen[56]. Ist die Hauptverhandlung bis zur Schuldspruchreife (nach dem letzten Wort des Angeklagten) durchgeführt worden, so kann das Gericht seine Ermessensentscheidung über die Kosten- und Auslagenbelastung auch auf die verfahrensbezogenen Schuldfeststellungen stützen. Eine Belastung des Privatklägers mit den Kosten und notwendigen Auslagen kann insbesondere dann in Betracht kommen, wenn der Beschuldigte zur Tat gereizt worden ist.

32   **b) Zur Anfechtbarkeit der Kostenentscheidung** vgl. § 464, 49.

4. Widerklage (Absatz 3 Nr. 3)

33   **a) Verteilungsvoraussetzungen.** Nach Nr. 3 ist das Gericht zu angemessener Verteilung schon befugt, sobald Widerklage (§ 388) erhoben worden ist; ob auf die Widerklage der Privatkläger verurteilt oder freigesprochen worden ist, ist ohne Bedeutung[57]. Gerichtsgebühren werden bei Widerklage nach Maßgabe des § 45 GKG erhoben, im übrigen entstehen durch die Erhebung der Widerklage und das weitere durch sie veranlaßte Verfahren keine besonderen Gerichtsgebühren; die Belastung mit den Gerichtskosten richtet sich nach § 465 Abs. 1. Durch die Widerklage erhöhen sich auch weder die Gebühren des vom Privatkläger zur Wahrnehmung seiner Rechte bestellten Anwalts noch die des vom Angeklagten bestellten Verteidigers (§ 94 Abs. 2 BRAGebO). Hinsichtlich der Auslagen des Gerichts und sonstiger notwendiger Auslagen der Parteien ist in weitem Umfang eine Ausscheidung der durch die Privatklage verursachten Auslagen von den durch die Widerklage verursachten nicht möglich, da die Zeugen usw. oft von

---

[55] BVerfG NStZ **1987** 421; vgl. auch OLG München NStZ **1987** 380 mit Anm. *v. Stakkelberg* (u. a. Anfechtbarkeit, Ermessensgrundsätze); EuGHMR EuGRZ **1983** 479; s. aber § 467 Fußn. 179.

[56] BVerfG NStZ **1987** 421; vgl. auch § 467, 54; 55.

[57] BayObLG OLGSt § 471, 20; OLG Celle OLGSt § 471, 13; vgl. auch BVerfG NStZ **1987** 421 und Rdn. 31 zur Entscheidung vor Schuldspruchreife.

beiden Parteien benannt sind; die Kosten bilden dann gewissermaßen eine Einheit[58]. Daraus ergibt sich das Bedürfnis für eine angemessene Verteilung. Wird nur der eine Teil verurteilt und der andere freigesprochen (zum Beispiel auf die Privatklage der Angeklagte verurteilt, auf seine Widerklage der Privatkläger freigesprochen), so entfällt das Bedürfnis und der innere Grund für eine Verteilung; der Angeklagte trägt dann alle Kosten und Auslagen. Auch hat im Hinblick auf § 94 Abs. 2 BRAGebO der Privatkläger keinen Anspruch gegen den Widerkläger auf Erstattung der Verteidigervergütung, wenn der Angeklagte freigesprochen wird und die Widerklage in der Hauptverhandlung zurückgenommen ist[59]. Die Verteilungsbefugnis bleibt aber auch bestehen, wenn die Widerklage rechtskräftig erledigt ist, zum Beispiel wenn der verurteilte Angeklagte nur gegen die Verurteilung, nicht gegen den Freispruch des Privatklägers auf die Widerklage hin Berufung eingelegt hat; wird er dann in der Berufungsinstanz freigesprochen, so können die Kosten verteilt werden, nicht anders, als wenn bereits im ersten Rechtszug auf beide Klagen hin Freispruch erfolgt wäre[60]. Wegen der Anwendbarkeit des § 471 Abs. 3 in der **Rechtsmittelinstanz** vgl. im übrigen § 473, 64.

b) **Maßgeblicher Umstand** für die **angemessene Verteilung** kann u. a. auch sein, **34** ob durch die Klage oder die Widerklage besondes hohe Kosten für eine Beweisaufnahme entstanden sind; das kann durch Ausscheidung des Postens, aber auch durch entsprechende Erhöhung oder Verminderung der Quoten bei bruchteilsmäßiger Verteilung berücksichtigt werden. Auch im Fall der Widerklage können einer Partei, die zwar für schuldig befunden, aber für straffrei erklärt wird, Kosten auferlegt werden; das oben (Rdn. 6) Bemerkte gilt hier entsprechend.

VI. Gesamtschuldnerische Haftung (Absatz 4)

1. **Mehrere Privatkläger.** Mehrere Privatkläger haften als Gesamtschuldner, und **35** zwar sowohl für die Gerichtskosten, soweit sie von ihnen zu tragen sind, als auch für die ihnen zur Last fallenden notwendigen Auslagen des Beschuldigten. Eine gesamtschuldnerische Haftung für die eigenen Auslagen der Privatkläger ist in § 471 Abs. 4 nicht ausgesprochen. Sie kann sich aber aus anderen Vorschriften ergeben.

2. **Mehrere Beschuldigte.** Für die Gerichtsgebühren haftet jeder für seine eigene **36** Person nach Maßgabe der gegen ihn erkannten Strafe (§ 45 GKG). Für die gerichtlichen Auslagen haften sie gesamtschuldnerisch nach § 466. § 471 Abs. 4 Satz 2 erweitert diese gesamtschuldnerische Haftung auf die dem Privatkläger entstandenen notwendigen Auslagen. Da § 471 Abs. 4 Satz 2 lediglich die folgerichtige Weiterführung des dem § 466 zugrunde liegenden Gedankens (§ 466, 1) bedeutet, kommt auch hier die gesamtschuldnerische Haftung nur in Betracht, wenn sie „in bezug auf dieselbe Tat" verurteilt sind; eine Haftung aus dem zufälligen Umstand, daß der Angeklagte mit anderen, wegen anderer Taten Angeklagten zusammen abgeurteilt wird, würde jeder Berechtigung entbehren[61]. Auch hier bedarf es keines ausdrücklichen Ausspruchs über die gesamtschuldnerische Haftung und auch hier gilt — wie im Fall des § 466 (dort 4, 11) —, daß es nicht darauf ankommt, ob die Verurteilung in die Kosten in der gleichen Hauptverhandlung und in demselben Urteil erfolgt. § 471 Abs. 4 Satz 2 gilt vielmehr zum Beispiel auch, wenn das erstinstanzliche Urteil gegen den einen Angeklagten rechtskräftig wird, wäh-

---

[58] BayObLG OLGSt § 471, 20.
[59] LG Heidelberg KostRspr. § 471 (A) Nr. 1.
[60] OLG Hamm MDR **1953** 411.

[61] H. M; vgl. BayObLG HRR **1926** Nr. 999; LG Amberg NJW **1952** 398.

rend das verurteilende Erkenntnis gegen den zweiten Angeklagten auf dessen Berufung hin vom Berufungsgericht in Einstellung wegen Geringfügigkeit unter Auferlegung sämtlicher Kosten und Auslagen umgewandelt wurde[62]; die Haftung beschränkt sich dann naturgemäß auf die notwendigen Auslagen des Privatklägers in erster Instanz. Legen beide verurteilten Angeklagten erfolglos Rechtsmittel ein, so erscheint die gesamtschuldnerische Haftung auch für die notwendigen Auslagen des Privatklägers in der Berufungsinstanz begründet.

VII. Umfang der erstattungsfähigen notwendigen Auslagen

37   Wegen des **Umfangs der erstattungsfähigen notwendigen Auslagen** vgl. die Erl. zu § 464 a Abs. 2. Zu ihnen gehören auch die Kosten des Sühneversuchs (§ 380); s. auch Rdn. 7.

VIII. Jugendliche als Privatkläger und Widerklage

38   Nach § 80 Abs. 2 JGG kann auch ein Jugendlicher Privatkläger sein, und es ist gegen einen jugendlichen Privatkläger Widerklage zulässig. Dann kann sowohl bei einer Kostenverteilung nach § 471 Abs. 3 Nr. 3 wie auch bei einem Freispruch des Angeklagten und Verurteilung des Jugendlichen gemäß § 74 JGG (Vor § 464, 8; § 465, 8 ff) davon abgesehen werden, dem Jugendlichen Kosten und notwendige Auslagen des Gegners aufzuerlegen[63]. Eine andere Frage ist, ob es angebracht ist, den Jugendlichen von notwendigen Auslagen des Gegners zu entbinden, wenn er sehenden Auges die Widerklage durch vorgängige Erhebung der Privatklage hervorgerufen hat. Da § 74 JGG nur im Verfahren gegen einen Jugendlichen Anwendung findet, verbleibt es bei der Vorschrift des § 471, wenn der Jugendliche Privatklage erhebt, ohne daß Widerklage erhoben wird; unter den Voraussetzungen des § 471 Abs. 2 ist er dann sowohl mit den Kosten des Verfahrens wie mit den notwendigen Auslagen des Beschuldigten zu belasten.

§ 472

(1) [1]Die dem Nebenkläger erwachsenen notwendigen Auslagen sind dem Angeklagten aufzuerlegen, wenn er wegen einer Tat verurteilt wird, die den Nebenkläger betrifft. [2]Hiervon kann ganz oder teilweise abgesehen werden, soweit es unbillig wäre, den Angeklagten damit zu belasten.

(2) [1]Stellt das Gericht das Verfahren nach einer Vorschrift, die dies nach seinem Ermessen zuläßt, ein, so kann es die in Absatz 1 genannten notwendigen Auslagen ganz oder teilweise dem Angeschuldigten auferlegen, soweit dies aus besonderen Gründen der Billigkeit entspricht. [2]Stellt das Gericht das Verfahren nach vorangegangener vorläufiger Einstellung (§ 153 a) endgültig ein, gilt Absatz 1 entsprechend.

(3) [1]Die Absätze 1 und 2 gelten entsprechend für die notwendigen Auslagen, die einem zum Anschluß als Nebenkläger Berechtigten in Wahrnehmung seiner Befugnisse nach § 406 g erwachsen sind. [2]Gleiches gilt für die notwendigen Auslagen eines Privatklägers, wenn die Staatsanwaltschaft nach § 377 Abs. 2 die Verfolgung übernommen hat.

(4) § 471 Abs. 4 Satz 2 gilt entsprechend.

---

[62] LG Amberg NJW **1952** 398.   [63] Vgl. auch *Eisenberg*[2] § 74, 3.

Schrifttum. *Mümmler* Tätigkeit des Rechtsanwalts als Zeugenbeistand in Strafsachen, JurBüro **1985** 1627; *Opitz* Wer hat die Kosten zu tragen, die dadurch entstehen, daß ein Zeuge in einem Strafverfahren zu seiner Vernehmung einen Rechtsbeistand mitbringt? StrVert. **1984** 311.

Entstehungsgeschichte. § 472 regelte früher die Kostentragungspflicht des Antragstellers, wenn nach erzwungener Anklage (§ 175) das Verfahren nicht zu einer Verurteilung führte, und wurde durch Art. 21 Nr. 142 EGStGB 1974 aufgehoben[1]. Die geltende Regelung beruht auf Art. 1 Nr. 17 OpferschutzG.

Übersicht

I. Allgemeines

1. Ziel der Vorschrift. Eine erhebliche, der Praxis große Schwierigkeiten bereitende Lücke des Kostenrechts war bisher, daß eine eigenständige Regelung der kostenrechtlichen Auswirkungen der Nebenklage fehlte. Die Praxis versuchte, diese Lücke über die §§ 397, 471 zu schließen[1a]. Ziel der neuen Vorschrift[2] ist, den Streit um die Möglichkeit und Reichweite dieser analogen Anwendung des Privatklagekostenrechts auf die Nebenklage zu beenden; außerdem ergänzt die Vorschrift über Absatz 3 Satz 1 die neue Regelung des besonderen Verletztenbeistandes (§ 406 g) und über Absatz 3 Satz 2 die Lösung der Privatklage von der Nebenklage, die bewirkt, daß der Privatkläger nicht mehr automatisch Nebenkläger wird, wenn die Staatsanwaltschaft eine anhängige Privatklage übernimmt (§ 377 Abs. 2; vgl. die Erl. im Nachtr. zu §§ 377, 396). **1**

2. Reichweite
a) Die Vorschrift ist nach dem Willen des Gesetzgebers als **abschließende Sonderregelung** für die genannten Fälle (Rdn. 3) gedacht. Unklarheiten und Streitfragen zu **2**

---

[1] Der Hinweis in § 60 GKG auf § 472 meint § 472 a. F.
[1a] Zum Streitstand vgl. *Kleinknecht/Meyer*[37] §§ 471, 9 ff; 473, 29 ff; siehe auch *Rüth* JR **1982** 268 und *Weigend* NJW **1987** 1175.

[2] Vgl. BTDrucks. **10** 5305, S. 9, 21; *Rieß/Hilger* NStZ **1987** 153, 206, 207; *Böttcher* JR **1987** 135.

Hans Hilger

§ 472 sind daher seit dem Inkrafttreten des OpferschutzG nicht mehr über eine analoge Heranziehung des § 471 zu lösen, sondern über eine teleologische Interpretation der Vorschrift selbst unter Berücksichtigung des dahinter stehenden grundsätzlichen Willens des Gesetzgebers, dem Recht der Nebenklage und der Nebenklagebefugten eine von der Privatklage abgelöste, auf die besondere Interessenlage der Nebenklage abgestimmte Gestalt zu verleihen[3].

3   b) § 472 Abs. 1 geht von dem **Grundsatz** aus, daß der Verurteilte die notwendigen Auslagen des Nebenklägers (Nebenklagebefugten nach § 406 g; Privatklägers im Falle § 377 Abs. 2) zu tragen hat (Rdn. 10) und läßt unter Gesichtspunkten der Unbilligkeit[4] Ausnahmen zu (Rdn. 15). Absatz 2 regelt Fälle der **Ermessenseinstellung**; auch hier können Gesichtspunkte der „Billigkeit" bei der Kostenentscheidung eine Rolle spielen (Rdn. 17 ff).

4   c) Im Falle des **Freispruchs**, der **Nichteröffnung** des Verfahrens oder einer **Einstellung**, die nicht unter § 472 Abs. 2 fällt, zum Beispiel im Falle eines Verfahrenshindernisses (vgl. auch die Erl. zu §§ 467 Abs. 1, 467 a Abs. 1; 170 Abs. 2, insbes. § 467, 7; 8; 63), hat der zur Nebenklage Befugte seine Auslagen selbst zu tragen; sie können allerdings im Ergebnis die Staatskasse treffen, soweit Prozeßkostenhilfe (§§ 397 a, 406 g Abs. 3) gewährt oder ein Beistand (§ 406 g Abs. 4) bestellt wurde. Auch im Falle des § 467 Abs. 2 hat der Nebenkläger durch eine Säumnis des Angeklagten bedingte Auslagen selbst zu tragen[5]. Ebenso entfallen beim **Tod des Angeklagten** vor rechtskräftiger Beendigung des Verfahrens (vgl. § 467, 10) Erstattungsansprüche des Nebenklägers[6]. Die notwendigen Auslagen des Beschuldigten sind im Falle des Freispruchs nicht dem Nebenkläger aufzuerlegen, weil er — anders als der Privatkläger — das Verfahren nicht selbständig betrieben, sondern sich nur einem von Amts wegen betriebenen Verfahren unterstützend angeschlossen hat. Dies gilt auch dann, wenn der Nebenkläger, etwa durch erfolglose Beweisanträge, Auslagen des Angeklagten verursacht[7] oder wenn er durch Einlegung einer Beschwerde die Eröffnung des Hauptverfahrens[8] veranlaßt hat. Die durch Anträge des Nebenklägers der Staatskasse entstandenen Auslagen sind gerichtliche Auslagen und fallen, wenn der Angeklagte nicht verurteilt wird, grundsätzlich der Staatskasse zur Last. Der Nebenkläger kann allerdings auf Grund von Sonderbestimmungen, wie § 469, 470, 472 a zum Auslagenersatz herangezogen werden[9].

5   Auch bei Einstellung des Verfahrens durch ein **Straffreiheitsgesetz** (vgl. § 464, 9) trägt, wenn dieses insoweit nichts besonderes regelt, der Nebenkläger seine Auslagen selbst. § 19 des StrFG 1954 und § 9 Abs. 3 des StrFG 1970 ermächtigten zum Beispiel das Gericht, die Auslagen des Nebenklägers angemessen zu verteilen.

6   d) Auslagen des Nebenklagebefugten im **Klageerzwingungsverfahren** gehören in den in § 472 Abs. 1 und 2 genannten Fällen zu den ggf. zu erstattenden Auslagen des Nebenklägers, falls der Antragsteller sich dem Verfahren anschließt (§ 395 Abs. 1 Nr. 3; vgl. § 175, 6). Sie gehören, falls kein Anschluß erfolgt, zu den ggf. zu erstattenden Auslagen des Nebenklagebefugten im Sinne des § 472 Abs. 3 Satz 1, soweit sie in Wahrnehmung der Befugnisse nach § 406 g entstanden sind.

---

[3] Vgl. BTDrucks. **10** 5305, S. 8, 10, 11, 21; *Rieß/Hilger* NStZ **1987** 154.
[4] Krit. dazu *Weigend* NJW **1987** 1175 (Unkalkulierbarkeit des Kostenrisikos für den Verletzten).

[5] *Kleinknecht/Meyer*[38] 2; **a. A** wohl OLG Stuttgart Justiz **1987** 117.
[6] Vgl. auch OLG Celle NJW **1971** 2182.
[7] Vgl. BGHSt **11** 189; **15** 60.
[8] LG Wuppertal AnwBl. **1971** 183.
[9] RGSt **46** 411; **49** 434.

e) Aus dem **Verbot der Nebenklage im Verfahren gegen Jugendliche** (§ 80 Abs. 3 **7** JGG) folgt, daß auch die im Zusammenhang mit der Nebenklage stehenden, insbesondere ihrer Vorbereitung dienenden und damit zusammenhängenden Vorschriften (§§ 406 g, 472) nicht anwendbar sind[10]. Soweit gegen Heranwachsende eine Nebenklage zulässig ist (vgl. § 109 Abs. 1, 2 JGG), sind § 472 (§ 109 Abs. 1) und § 74 JGG (§ 109 Abs. 2) anwendbar. Bei der Entscheidung nach § 74 JGG kann aus erzieherischen Gründen (ganz oder teilweise) davon abgesehen werden, den Heranwachsenden mit Auslagen des Nebenklägers zu belasten. Es kann aber auch eine Belastung gerade aus erzieherischen Gründen notwendig erscheinen; bei der Entscheidung können auch Erwägungen zu § 472 eine Rolle spielen, etwa ob die Nebenklage mutwillig war oder ob durch sie unnötig hohe Kosten entstanden sind (§ 472 Abs. 1 Satz 2)[11]. Werden die Auslagen des Nebenklägers nicht dem Heranwachsenden auferlegt, so hat der Nebenkläger sie selbst zu tragen; eine Belastung der Staatskasse kommt nicht in Betracht[12]. Soweit nach dem JGG **Privatklage** zulässig ist (vgl. § 80 Abs. 2 JGG) gilt § 472 Abs. 3 Satz 2 (siehe auch § 471, 38).

3. Sonstiges. Im Hinblick auf den Wortlaut des Gesetzestextes („sind aufzuerle- **8** gen") und § 464 b sowie — zur Klarstellung — wegen Absatz 1 Satz 2 ist grundsätzlich eine **ausdrückliche Auslagenentscheidung** erforderlich (§ 464, 24; vgl. auch § 473, 74). Zur Problematik der **Bekanntmachung** der Entscheidung (§ 35) vgl. § 464, 44 a, zur Anfechtbarkeit § 464, 51; 53; 55. Wegen der **Gebühren** vgl. §§ 83 ff, 95, 97, 102 BRAGebO[13]. Nach § 95 BRAGebO erhält der Rechtsanwalt für seine Tätigkeit als Beistand oder Vertreter des Verletzten eine Gebühr nur nach der Hälfte des Gebührenrahmens[14]. Das gilt auch für die Vorverfahrensgebühr nach § 84 BRAGebO, die dem Anwalt des Nebenklägers ggf. zusteht, weil er insoweit als Beistand nach § 406 g tätig wird[15]. Zu der Frage, ob im Wege des Zivilprozesses Ersatz der Auslagen im Strafverfahren verlangt werden kann, vgl. Vor § 464, 28.

§ 472 gilt nicht im **Bußgeldverfahren** (vgl. § 46 Abs. 3 Satz 4 OWiG). **9**

II. Auslagen des Nebenklägers bei Verurteilung (Absatz 1)

1. Regelfall (Satz 1)

a) Die Auslagenerstattungspflicht nach Absatz 1 Satz 1 knüpft an die **Verurtei-** **10** **lung** des Angeklagten, und zwar wegen einer Tat, die den Nebenkläger betrifft (Rdn. 12). Der Begriff der Verurteilung ist der gleiche wie in § 465 Abs. 1 (§ 465, 2 bis 5); Absatz 1 ist also auch anzuwenden, wenn nur eine Maßregel (§§ 61 ff StGB) angeordnet wird, denn es ist nicht erkennbar[15a], daß der Gesetzgeber eine von der bisherigen Rspr.[15b] abweichende Regelung treffen wollte. Satz 1 gilt grundsätzlich auch, wenn das Urteil hinter den Anträgen des Nebenklägers zurückbleibt; in diesem Fall kann in Ein-

---

[10] *Rieß/Hilger* NStZ **1987** 153; *Schaal/Eisenberg* NStZ **1988** 49.

[11] Vgl. auch *Brunner*[8] § 74, 2; 8; *Eisenberg*[2] § 109, 30 a; *Böhm* NStZ **1983** 451.

[12] Vgl. dazu *Eisenberg*[2] § 109, 30 a; *Böhm* NStZ **1983** 451; **a. A** LG Darmstadt NStZ **1983** 235.

[13] Zum Gebührenanspruch eines Anwalts, der selbst der Nebenkläger ist, vgl. BVerfG NJW **1984** 911; LG Heidelberg AnwBl. **1981** 78;

§ 464 a, 49; zur Vergütung eines Nicht-Stationsreferendars vgl. LG Braunschweig MDR **1986** 76.

[14] Vgl. BTDrucks. 10 5305, S. 25, 31, 34.

[15] *Rieß/Hilger* NStZ **1987** 206, 207; vgl. auch OLG Bamberg AnwBl. **1983** 46; OLG Schleswig SchlHA **1986** 16.

[15a] Vgl. BTDrucks. 10 5305, S. 21.

[15b] BayObLG NJW **1954** 1090; LG Stuttgart AnwBl. **1973** 176.

Hans Hilger

zelfällen jedoch auch eine Billigkeitsentscheidung nach Satz 2 in Frage kommen (Rdn. 15). Entsprechendes gilt für den Fall, daß von mehreren Mitangeklagten nicht alle verurteilt werden[15c].

11   **b) Den Nebenkläger betreffende Tat.** Nach bisheriger, herrschender Auffassung setzte die Erstattungspflicht des Verurteilten nicht voraus, daß die Verurteilung wegen eines die Zulässigkeit der Nebenklage begründenden Delikts erfolgte; genügend, aber auch erforderlich war vielmehr, daß die Verurteilung wegen der Tat (§ 264) auf einer Norm beruhte, die ein dem Nebenkläger (im Falle des § 395 Abs. 2 Nr. 1: dem Getöteten) persönlich zustehendes Rechtsgut unmittelbar schützt, ohne Rücksicht darauf, ob der rechtliche Gesichtspunkt, aus dem die Verurteilung erfolgte, zu den nach § 395 nebenklagefähigen gehörte oder nicht, sofern die Verletzung dieser Norm ursächlich war für die Verletzung des dem Nebenkläger persönlich zustehenden Rechtsgutes[16].

12   Diese Auffassung bedarf nach der Reform der Nebenklage durch das OpferschutzG einer **präzisierenden Korrektur**. Erforderlich ist unverändert, daß die Verurteilung wegen der prozessualen Tat erfolgen muß, durch die der Nebenkläger (der Getötete — § 395 Abs. 2 Nr. 1) „verletzt" worden ist; aus Satz 1 ergibt sich auch, daß — entsprechend der bisherigen Auffassung — auf die **verurteilte Tat** (§ 264) abzustellen ist, dasjenige Delikt also, wegen dessen (lt. Tenor) verurteilt wird, nicht unbedingt ein Katalogdelikt sein muß. Aber aus der enumerativ katalogisierenden Neuordnung[17] der nebenklagefähigen Delikte (§ 395) durch den Gesetzgeber dürfte abzuleiten sein, daß in den Fällen, in denen die Verurteilung nicht speziell wegen eines Katalogdelikts nach § 395, sondern (nur) wegen eines nicht nebenklagefähigen Delikts erfolgt, durch die (verurteilte) prozessuale Tat wenigstens die Voraussetzungen eines Katalogdelikts soweit erfüllt sind, daß grundsätzlich eine Verurteilung (§ 465 Abs. 1) wegen des Katalogdelikts möglich wäre — dann „betrifft" die (verurteilte) Tat auch den Nebenkläger, nämlich seine mit einer Nebenklagebefugnis verbundenen, besonders schutzbedürftigen Rechtsgüter (vgl. auch § 400 Abs. 2). Dies ist nicht nur dann gegeben, wenn die Verurteilung tateinheitlich ein Katalogdelikt erfaßt, sondern auch dann, wenn das Katalogdelikt in Gesetzeskonkurrenz zurückgetreten ist[18]. Gleiches gilt, wenn bei einer Verurteilung wegen eines Nicht-Katalogdelikts (versehentlich) versäumt wird, die Verurteilung wegen des durch dieselbe prozessuale Tat verwirklichten Katalogdelikts auszusprechen. Erfüllt sind die genannten Voraussetzungen demnach zum Beispiel, wenn der gem. § 315 c StGB Verurteilte durch die Tat den Nebenkläger verletzt hatte, der Urteilstenor jedoch keine Verurteilung wegen Körperverletzung enthält[19], obwohl nach den Gründen des Urteils die Körperverletzung erwiesen ist. Sie sind auch erfüllt, wenn bei einer Verurteilung nach § 323 a StGB die im Rausch begangene Tat ein Nebenklagedelikt ist[20]. Nicht

---

[15c] Vgl. auch OLG Karlsruhe Rpfleger **1982** 238.

[16] Vgl. wegen der Einzelheiten: BGHSt **11** 195; **15** 60; **16** 168; **20** 284; BGH NJW **1960** 1311; GA **1968** 184; OLG Hamm NJW **1962** 359; AnwBl. **1982** 168; BayObLGSt **1968** 36; BayObLG Rpfleger **1971** 110; BayObLGSt **1982** 146; MDR **1986** 606; OLG Celle AnwBl. **1971** 21; OLG Nürnberg AnwBl. **1971** 183; KG VRS **44** (1973) 119; OLG Düsseldorf MDR **1981** 958; OLG Frankfurt AnwBl. **1981** 512; LR-*K. Schäfer*[23] § 471, 43; 44 mit weit. Nachw.; KK-*Schikora*[1] § 471, 9; *Klein-*

knecht/Meyer[38] § 472, 6; 7; *Böttcher* JR **1987** 135 ff.

[17] Vgl. BTDrucks. **10** 5305, S. 11; *Rieß/Hilger* NStZ **1987** 154; *Böttcher* Fußn. 16.

[18] *Rieß/Hilger* NStZ **1987** 207.

[19] Vgl. OLG Hamm AnwBl. **1982** 168; zu weiteren Einzelfällen siehe BayObLGSt **1982** 146 (Verstoß gegen ein Pressegesetz und Verletzung der Ehre) und die Nachweise in Fußn. 16.

[20] Vgl. BGHSt **20** 284; OLG Karlsruhe Justiz **1976** 213; BayObLG MDR **1986** 606.

erfüllt sind die genannten Voraussetzungen, wenn der Angeklagte wegen Unfallflucht verurteilt, vom Vorwurf der vorausgegangenen fahrlässigen Körperverletzung aber freigesprochen wird[21], oder wenn nur eine Verurteilung wegen einer Ordnungswidrigkeit erfolgt[22].

c) Einzelfragen. Selbstverständliche Voraussetzung der Erstattungspflicht ist eine **13** wirksame Zulassung des Nebenklägers (§ 396 Abs. 2; vgl. die Erl. im Nachtr. zu §§ 395, 396). Bei Widerruf der Anschlußerklärung (§ 402) trifft den später verurteilten Angeklagten keine Pflicht, dem Nebenkläger die bis zum Widerruf erbrachten Auslagen zu erstatten; eine dennoch im Urteil ausgesprochene Verpflichtung zur Auslagenerstattung muß ggf. in der Rechtsmittelinstanz beseitigt werden[23]. Der Tod des Nebenklägers (§ 402) berührt weder den Fortgang des Verfahrens erster Instanz noch das Rechtsmittelverfahren, soweit nicht er das Rechtsmittel eingelegt hat; der Verurteilte hat grundsätzlich die Auslagen des Nebenklägers (dem Nachlaß) zu erstatten[24]. Der Verurteilte ist auch verpflichtet, die dem Nebenkläger vor dessen Anschluß erwachsenen Auslagen zu ersetzen. Der Umfang der erstattungsfähigen Auslagen, die speziell durch die Nebenklage veranlaßt sein müssen, richtet sich nach § 464 a; vgl. auch Rdn. 8. Im Hinblick auf § 397 bedenklich ist die Auffassung[25], in Einzelfällen könne die Erstattung persönlicher Auslagen des durch einen Anwalt vertretenen Nebenklägers für die Teilnahme des Nebenklägers an der Hauptverhandlung als „nicht notwendig" abgelehnt werden (vgl. auch Rdn. 15). Für einen Kostenvergleich gilt § 470[26]. Zum Rechtsmittelverfahren s. § 473, 71 ff.

Die Kosten- und Auslagenentscheidung des **Strafbefehls** soll (nach bisheriger **14** Rspr.) incidenter auch die notwendigen Auslagen des Nebenklägers (§ 472 Abs. 1 Satz 1) erfassen, wenn der Einspruch nach Terminsbestimmung (§ 396 Abs. 1 Satz 3) zurückgenommen wird[27]. In der Regel dürfte jedoch — zur Vermeidung von Zweifeln und Schwierigkeiten im Verfahren nach § 464 b — eine klarstellende isolierte Auslagenentscheidung[28] unumgänglich sein, soweit der Strafbefehl keine entsprechende Auslagenentscheidung enthält. Die isolierte Auslagenentscheidung ist auch notwendig, wenn eine Entscheidung nach § 472 Abs. 1 Satz 2 getroffen werden soll. Ist vor Erlaß des Strafbefehls die Befugnis nach § 406 g in Anspruch genommen worden[29], so ist bereits in den Strafbefehl eine Entscheidung nach § 472 aufzunehmen; sie ist vorsorglich zu treffen, wenn Anhaltspunkte dafür bestehen, daß Auslagen eines anschlußberechtigten Verletzten nach § 406 g entstanden sein könnten. Wird eine Entscheidung über die notwendi-

---

[21] Vgl. BGH VRS **17** (1959) 424; OLG Hamm DAR **1961** 344; **a. A** zur früheren Rechtslage OLG Düsseldorf JMBlNW **1981** 212; unklar insoweit *Böttcher* JR **1987** 136; s. auch OLG Nürnberg AnwBl. **1971** 183 (§ 323c).

[22] **A. A** *Kleinknecht/Meyer*[38] 6 (bzgl. OWi mit Schutzcharakter gegenüber dem Nebenkläger); KK-*Schikora/Schimansky*[2] 3; zur Rspr. vor dem OpferschutzG. vgl. BGHSt **11** 195; OLG Celle NJW **1956** 1611; OLG Hamm JMBlNW **1958** 236; DAR **1959** 21; BayObLGSt **1970** 227; LG Limburg VRS **49** (1975) 118.

[23] BayObLGSt **1953** 165; vgl. auch OLG Nürnberg NJW **1959** 1052 mit Anm. *Schmitt* NJW **1959** 1742 und *Pohlmann* NJW **1959** 1455.

[24] OLG Stuttgart NJW **1960** 115; OLG Celle

JR **1966** 111; OLG Karlsruhe MDR **1984** 250; LG Heidelberg Justiz **1963** 38; vgl. § 402, 12; **a. A** KK-*Schikora/Schimansky*[2] 2.

[25] OLG Bamberg JurBüro **1985** 1047 mit Anm. *Mümmler*.

[26] Vgl. auch *D. Meyer* JurBüro **1984** 1124.

[27] Bisher h. M; vgl. zum Beispiel LG Regensburg AnwBl. **1979** 78; LG Stuttgart AnwBl. **1979** 242; KK-*Schikora*[1] § 471, 8; s. aber LG Flensburg JurBüro **1983** 400.

[28] S. auch KMR-*Müller* § 471, 11; **a. A** KK-*Schikora/Schimansky*[2] 2; § 473, 2.

[29] Vgl. – zur früheren Rechtslage – LG Bamberg JurBüro **1978** 379; LG Hechingen AnwBl. **1985** 159; *Chemnitz* AnwBl. **1985** 124.

Hans Hilger

gen Auslagen des Nebenklagebefugten versäumt, so kann dieser die insoweit lücken-
hafte Entscheidung im Hinblick auf §§ 410 Abs. 1, 464 Abs. 3 Satz 1 2. Halbsatz nicht anfechten; s. auch § 464, 51; 53; 55. Wird das Verfahren nach § 408 a in das Strafbefehlsverfahren übergeleitet, so ist im Strafbefehl ausdrücklich über die notwendigen Auslagen des Nebenklägers (Nebenklagebefugten) zu entscheiden. Entsprechende Überlegungen gelten grundsätzlich auch für die Beschlüsse nach § 411 Abs. 1 Satz 1 und § 412.

2. Billigkeitsklausel (Satz 2)

15   **a) Allgemeines.** Von dem Grundsatz nach Absatz 1 Satz 1 kann ganz oder teilweise (zum Beispiel in Bruchteilen) abgewichen werden, soweit dies erforderlich ist, um
unbillige Ergebnisse zu Lasten des Angeklagten zu vermeiden. In die Billigkeitsentscheidung können grundsätzlich alle Umstände des Einzelfalles einfließen, etwa, ob der Beschuldigte überhaupt einen vernünftigen Anlaß für einen Anschluß gegeben hat, oder
ob und inwieweit den Verletzten ein Mitverschulden trifft[30]. Es dürfen auch berücksichtigt werden: Die finanzielle Lage der Beteiligten oder ein auslagenerhöhendes schuldhaftes prozessuales Fehlverhalten. Jedoch darf die berechtigte Wahrnehmung prozessualer Befugnisse (etwa Beweisantragsrecht) nicht nachteilig bewertet werden[31]. Eine
Kostenquotelung kann — je nach Lage des Einzelfalles — auch angebracht sein, wenn
das Urteil im Schuldspruch oder in der Strafzumessung erheblich hinter den Anträgen
des Nebenklägers zurückbleibt oder wenn der Nebenkläger nicht die erstrebte Verurteilung aller Mitangeklagter erreicht. Zu § 468 vgl. dort Rdn. 6. Zu den Gefahren einer
Quotelung im Hinblick auf § 464 b vgl. § 471, 30.

16   **b) Der Nebenkläger als Mitangeklagter.** Satz 2 ermöglicht grundsätzlich auch —
zumindest in analoger Anwendung — eine sachgerechte Entscheidung zur Auslagenerstattung in dem — bei Körperverletzungen nicht selten vorkommenden — Fall, daß
einer der verurteilten Mitangeklagten zugleich als Nebenkläger gegenüber einem anderen Mitangeklagten zugelassen ist und seinen Verteidiger auch mit der Nebenklagevertretung beauftragt hat[32]. Eine entsprechende Anwendung von § 471 Abs. 3 Nr. 1, 3[33] ist
nicht mehr erforderlich. Erledigt ist auch der Streit[34], ob eine Berücksichtigung eines
Mitverschuldens des Nebenklägers zulässig ist[35]. Nicht gelöst ist das Problem, auf welchem Wege das **billige** Ergebnis, der Umfang des Erstattungsanspruchs im Einzelfall —
abgesehen von der Frage eines Mitverschuldens des Nebenklägers — zu ermitteln ist.
Im wesentlichen standen sich bisher drei Berechnungsmethoden gegenüber. Die erste
nahm an, daß diejenigen Auslagen zu erstatten seien, die angefallen wären, wenn der
Rechtsanwalt nur mit der Nebenklagevertretung beauftragt worden wäre[36]. Die zweite
Auffassung ließ nur die Erstattung des Differenzbetrages zu, um den sich die Gebühr

---

[30] BTDrucks. 10 5305, S. 21, 22.
[31] *Rieß/Hilger* NStZ **1987** 207.
[32] Eingehend hierzu LR-*K. Schäfer*[23] § 471, 56
mit weit. Nachw.
[33] Vgl. *Francke* NJW **1955** 215; *Lechleitner*
NJW **1959** 895; s. auch OLG Stuttgart NJW
1957 435.
[34] Vgl. dazu LR-*K. Schäfer*[23] § 471, 56 mit
weit. Nachw.
[35] Vgl. BTDrucks. 10 5305, S. 21, 22.
[36] LG Bayreuth JurBüro **1971** 426; LG Krefeld

JurBüro **1978** 1500; LG Köln JurBüro **1981**
731 mit krit. Anm. *Mümmler*; *H. Schmidt*
DAR **1979** 159; vgl. auch LG Kempten
AnwBl. **1979** 241; LG Tübingen AnwBl. **1979**
81 (vermittelnd abstellend auf das Verhältnis
des Interesses des Mitverurteilten an seiner
Verteidigung zu dem an seiner Nebenklage);
LG Freiburg AnwBl. **1982** 390 (Quotelung
nach dem Verhältnis der Bedeutung der Tätigkeiten).

des Verteidigers durch die zusätzliche Nebenklagevertretung[37] erhöht[38]. Die dritte Lösung stellte auf das Verhältnis ab, das zwischen den einzelnen Gebühren besteht, die entstehen würden, wenn der Nebenkläger mit seiner Verteidigung und seiner Vertretung als Nebenkläger zwei Anwälte beauftragt hätte[39]. Den Vorzug verdient — im Hinblick auf das Veranlassungsprinzip — die zweite Auffassung[40]. Alle genannten Berechnungsmethoden können über Satz 2 Berücksichtigung finden; sie können zu einer Quotelung führen oder zu einer Kostengrundentscheidung dahingehend, daß bestimmte (nicht näher zu beziffernde) Mehrkosten zu erstatten (bzw. nicht zu erstatten) seien.

III. Ermesseneinstellung (Absatz 2)

1. Allgemeines. Die Vorschrift soll insbesondere den bisherigen Streit beseitigen, **17** ob § 471 Abs. 3 im Falle der Ermesseneinstellung analog anwendbar ist[41]. Die systematische Vereinbarkeit der Regelung mit anderen Bestimmungen des Kostenrechts ergibt ein Vergleich mit § 467 Abs. 4, 5. In der Praxis wird sich erweisen müssen, ob die Entscheidung des Gesetzgebers rechtspolitisch richtig war, insbesondere die, den Fall der endgültigen Einstellung nach § 153 a (Satz 2) anders als die Fälle anderer Ermessenseinstellungen zu regeln, nämlich wie den Fall der Verurteilung (Absatz 1). Die möglichen nachteiligen Konsequenzen (zum Beispiel: Gefahr einstellungshemmender Wirkung oder Umgehungsversuche im Hinblick auf § 472 Abs. 2 Satz 2) sind unübersehbar. Die Regelung (vgl. auch Rdn. 3) verstößt nicht gegen die Unschuldsvermutung (Art. 6 Abs. 2 MRK). Jedoch können Einzelentscheidungen auf der Grundlage des Absatzes 2 gegen die Unschuldsvermutung verstoßen, wenn die Begründung der Entscheidung (vgl. Rdn. 22) die Schwere der Schuld des Beschuldigten oder entsprechende Kriterien (vgl. Rdn. 19) berücksichtigt[42].

2. Ermessenseinstellungen außerhalb des § 153 a (Satz 1)
a) Regelfall. Die Regelung beruht auf der Erwägung, daß grundsätzlich keine **18** Veranlassung bestehe, die dem Nebenkläger erwachsenen notwendigen Auslagen dem nicht verurteilten Angeschuldigten aufzuerlegen[43]. Sie erfaßt (außer § 153 a Abs. 2) alle Fälle einer endgültigen Ermesseneinstellung (vgl. § 467, 63) hinsichtlich einer den Nebenkläger betreffenden Tat. Sie gilt auch im Rechtsmittelverfahren (§ 473, 71 ff) und nach Zurückverweisung.

b) Besondere Gründe der Billigkeit. Ausnahmsweise ist eine Belastung des Ange- **19** schuldigten mit notwendigen Auslagen des Nebenklägers zulässig. Sie richtet sich — zur Erzielung einer besseren Einzelfallgerechtigkeit — nach Billigkeitsgesichtspunkten, erfordert jedoch — enger als Absatz 1 Satz 2 — „besondere Gründe". Solche können im Ablauf des Verfahrens oder in der Person der Beteiligten liegen, insbesondere in kraß unterschiedlichen finanziellen Verhältnissen, oder darin, daß der Angeschuldigte einer entsprechenden Kostenentscheidung zugestimmt hat (vgl. auch § 467, 65). Unzulässig wäre eine Berücksichtigung der „Schwere der Schuld" oder des Grades des verbleiben-

---

[37] Zur Gebührenberechnung vgl. *Mümmler* JurBüro **1985** 1514.

[38] LG Bonn MDR **1971** 776 mit abl. Anm. *Schmidt*; LG Tübingen AnwBl. **1972** 101; LG Verden JurBüro **1979** 1504 mit Anm. *Mümmler*; *Mümmler* JurBüro **1985** 1514.

[39] LG Arnsberg JurBüro **1985** 1511 mit krit. Anm. *Mümmler*.

[40] Vgl. *Kleinknecht/Meyer*[38] 8; *Mümmler* JurBüro **1979** 1505; **1985** 1514.

[41] Vgl. zum Streitstand OLG Frankfurt VRS **71** (1986) 204; ferner (mit ausführlichen Nachw.) § 153 a, 100.

[42] Vgl. BTDrucks. **10** 5305, S. 22; **10** 6124, S. 16; § 467, 67, Fußn. 179.

[43] Vgl. BTDrucks. **10** 5305, S. 22.

Hans Hilger

den Tatverdachts[44]; entsprechendes gilt für die berechtigte Wahrnehmung prozessualer Befugnisse. Liegen „besondere Gründe" im Sinne des Satzes 1 vor, so kann das Gericht auch nur einen Teil der nebenklagebedingten notwendigen Auslagen (in Bruchteilen oder nur bestimmte Auslagen) überbürden.

20   **3. Der Fall des § 153 a (Satz 2).** Die Besonderheit der Einstellung nach § 153 a Abs. 2 besteht darin, daß der Angeschuldigte freiwillig eine „Sanktion" der Tat durch Erfüllung von Auflagen oder Weisungen auf sich genommen und dadurch eine sonst drohende Verurteilung abgewandt hat; § 467 Abs. 5 zieht daraus die Folgerung, den Angeschuldigten hinsichtlich seiner Auslagen wie einen Verurteilten zu behandeln (§ 467, 72). Der Gesetzgeber hat es für sachgerecht gehalten, die Regelung hinsichtlich der notwendigen Auslagen des Nebenklägers (Satz 2) grundsätzlich entsprechend zu gestalten, allerdings gemildert durch die Billigkeitsklausel des Absatzes 1 Satz 2 — weil der Angeschuldigte der Einstellung in jedem Fall zustimmen müsse, könne er auch diese, ihn treffende Kostenlast mit in seine Überlegungen einbeziehen, außerdem könne das Gericht die Auslagenregelung bei der Bemessung der Auflagen nach § 153 a berücksichtigen[45].

21   Zur **Billigkeitsentscheidung** nach Absatz 2 Satz 2 in Verbindung mit Absatz 1 Satz 2 wird auf Rdn. 15 verwiesen. Es wird in der Regel kein Anlaß bestehen, von Absatz 1 Satz 2 Gebrauch zu machen, wenn der Angeschuldigte rechtsschutzversichert ist[46].

22   **4. Zur Begründung und Anfechtbarkeit der Entscheidung.** Die Anfechtbarkeit der Auslagenentscheidung richtet sich nach § 464 Abs. 3 Satz 1. In den Fällen der §§ 153, 153 a zum Beispiel ist sie also unanfechtbar[47]. Unanfechtbarkeit ist auch dann anzunehmen, wenn die Auslagenentscheidung (versehentlich) unterbleibt oder offensichtlich falsch ist. Eine Begründung der Entscheidung ist im Hinblick auf ihre Unanfechtbarkeit nicht erforderlich (§ 34); vgl. § 464, 3; 51; 53; 55.

IV. Auslagen des Nebenklageberechtigten und des Privatklägers (Absatz 3)

23   **1. Nebenklageberechtigter (Satz 1).** Absatz 3 Satz 1 stellt klar, daß derjenige Verletzte einer Straftat, der nach dem neuen Katalog des § 395 zur Nebenklage befugt ist, hinsichtlich seiner notwendigen Auslagen, die ihm in Wahrnehmung seiner Rechte nach § 406 g (vgl. dazu die Erl. zu § 406 g) entstanden sind, dem Nebenkläger gleichgestellt ist. Es ist also nicht mehr erforderlich, daß der Nebenklagebefugte sich (nur deshalb) dem Verfahren anschließt, um eine Erstattung seiner notwendigen Auslagen für die Zuziehung eines Rechtsanwalts im Ermittlungsverfahren zu erreichen[48]. Das Gericht hat, ehe es eine Auslagenentscheidung zugunsten des Nebenklageberechtigten trifft, zu prüfen, ob alle Voraussetzungen einer Nebenklageberechtigung (vgl. §§ 395, 396) erfüllt wären (vgl. auch § 473, 74). Es hat die Auslagenentscheidung — vorsorglich — schon dann zu treffen, wenn Anhaltspunkte dafür bestehen, daß Befugnisse nach § 406 g ausgeübt worden sein könnten. Erklärt der Nebenklageberechtigte seinen Anschluß, so ergibt sich die spätere Auslagenentscheidung aus § 472 Abs. 1 oder 2 in Verbindung mit Ab-

---

[44] BTDrucks. 10 5305, S. 22; 10 6124; S. 16; vgl. auch *Rieß/Hilger* NStZ **1987** 207; s. auch BVerfG StrVert. **1988** 31; § 467 Fußn. 179.
[45] BTDrucks. 10 6124, S. 16.
[46] Vgl. zur Problematik auch BGH NJW **1985**

1466; *Baumgärtel* VersR **1980** 985; *Weiß* VersR **1983** 315; *Meyer* JurBüro **1984** 5; *Mümmler* JurBüro **1984** 1601.
[47] BTDrucks. 10 5305, S. 22.
[48] *Böttcher* JR **1987** 137.

satz 3 Satz 1. Im übrigen wird auf die Ausführungen in den Rdn. 6, 10 ff, 17 ff verwiesen. Zum Strafbefehlsverfahren vgl. Rdn. 14; zur Anfechtbarkeit s. auch § 464, 44 a; 51; 53; 55. Wegen der Gebühren s. Rdn. 8.

2. Auslagen des Privatklägers (Satz 2). Zweck des Satzes 2 ist, sicherzustellen, **24** daß der Privatkläger keine finanziellen Nachteile dadurch erleidet, daß die Staatsanwaltschaft das Verfahren nach § 377 Abs. 2 übernimmt und der Privatkläger in diesem Fall nicht mehr automatisch Nebenkläger wird[49]. Die Ausführungen in Rdn. 23 gelten entsprechend. Satz 2 kann auch Anwendung finden, wenn ein Jugendlicher oder Heranwachsender am Privatklageverfahren beteiligt ist (vgl. Rdn. 7 und § 377, 23). Da die Entscheidung mit dem Ausgang des Strafverfahrens verknüpft ist, kann sie nicht schon mit Übernahme des Verfahrens durch die Staatsanwaltschaft ergehen, sondern erst zusammen mit der Kosten- und Auslagenentscheidung bei endgültiger Beendigung des Verfahrens.

V. Gesamtschuldnerschaft (Absatz 4)

Hierzu wird auf § 471, 36 verwiesen. **25**

VI. Auslagenfestsetzung

Nach rechtskräftigem Abschluß des Strafverfahrens ist im **Auslagenfestsetzungs- 26 verfahren** (§ 464 b) der Rechtspfleger nicht befugt, die Berechtigung der Zulassung als Nebenkläger nachzuprüfen. Der Verurteilte kann also nicht dem Erstattungsanspruch des Nebenklägers gegenüber einwenden, die Zulassung sei zu Unrecht erfolgt[50]; dem Rechtspfleger ist die Nachprüfung von Einwendungen, die sich gegen den Grund des Erstattungsanspruchs richten, versagt; nur der Umfang der Erstattungspflicht unterliegt seiner Entscheidung (§ 464 b, 3). Der Erstattungsanspruch des Nebenklägers mindert sich auch nicht dadurch, daß er in seiner Eigenschaft als Zeuge wegen unentschuldigten Ausbleibens in die Kosten des vertagten Termins verurteilt wurde. Dann kann zwar der Angeklagte gegen den Zeugen die Festsetzung der ihm durch die Vertagung entstandenen notwendigen Auslagen beantragen, dies berührt aber nicht den Erstattungsanspruch des Nebenklägers; eine Aufrechnung findet im Festsetzungsverfahren nicht statt[51].

§ 472 a

(1) Soweit dem Antrag auf Anerkennung eines aus der Straftat erwachsenen Anspruchs stattgegeben wird, hat der Angeklagte auch die dadurch entstandenen besonderen Kosten und die notwendigen Auslagen des Verletzten zu tragen.

(2) [1]Sieht das Gericht von der Entscheidung über den Antrag ab, wird ein Teil des Anspruchs dem Verletzten nicht zuerkannt oder nimmt der Verletzte den Antrag zurück, so entscheidet das Gericht nach pflichtgemäßem Ermessen, wer die insoweit entstandenen gerichtlichen Auslagen und die insoweit den Beteiligten erwachsenen notwendigen Auslagen trägt. [2]Die gerichtlichen Auslagen können der Staatskasse auferlegt werden, soweit es unbillig wäre, die Beteiligten damit zu belasten.

---

[49] Vgl. BTDrucks. 10 5305, S. 22; *Rieß/Hilger* NStZ **1987** 153; OLG Stuttgart MDR **1978** 866.

[50] LG Bochum MDR **1956** 438.
[51] LG Bonn MDR **1971** 775.

Hans Hilger

Entstehungsgeschichte. § 472 a wurde (als § 472) im Zusammenhang mit der Einführung des Adhäsionsverfahrens (§§ 403 ff) durch Art. 5 der 3. VereinfVO in die StPO eingefügt. Durch Art. 21 Nr. 143 EGStGB 1974 wurden — als Folge der Streichung des § 406 d betr. die „Buße" als Gegenstand des Adhäsionsverfahrens — die Worte in Absatz 1 „oder einer Buße" und in Absatz 2 Satz 1 „wird die Zuerkennung einer Buße abgelehnt" gestrichen.

1   **1. Zweck der Vorschrift** ist, die kostenrechtlichen Folgen der Entscheidung des Strafgerichts über den vermögensrechtlichen Anspruch zu regeln, der aus der verhandelten Straftat erwachsen sein soll und vom Verletzten oder seinem Erben im Adhäsionsverfahren (§§ 403 bis 406 c) erhoben wurde. Die Vorschrift erfaßt sowohl die positive Voll- oder Teilentscheidung (Abs. 1; § 406), als auch die Ablehnung (§ 405) einer solchen begehrten Entscheidung über den vermögensrechtlichen Anspruch und die Rücknahme (§ 404) des Antrags (Absatz 2).

2   **2. Kostentragung nach Absatz 1.** Obwohl das Verfahren auf Zuerkennung eines aus der Straftat erwachsenen Anspruchs (§ 403) eine in das anhängige Strafverfahren verlagerte Prüfung oder Erledigung eines zivilrechtlichen Anspruchs ist[1], werden die dadurch entstandenen besonderen Gerichtskosten und die notwendigen Auslagen[2] nicht nach zivilprozessualen Grundsätzen, sondern als ein Bestandteil der Gesamtkosten des Strafverfahrens behandelt. Die Kostentragungspflicht des Absatzes 1 tritt ein, wenn und nur soweit dem Antrag stattgegeben wird und erfaßt nur die durch den zuerkannten Teil des Anspruchs entstandenen Mehrkosten und notwendigen Auslagen. Absatz 1 regelt demgemäß auch die kostenrechtlichen Folgen eines Grund- und Teilurteils (§ 406 Abs. 1 Satz 2).

3   **3. Entscheidung gemäß Absatz 2.** Wird dem Antrag zum Teil oder insgesamt nicht stattgegeben, sei es, daß das Gericht von einer Entscheidung absieht (§ 405), nur ein Grundurteil oder zur Höhe nur einen Teil zuerkennt (§ 406 Abs. 1 Satz 2), oder der Verletzte den Antrag zurücknimmt (§ 404 Abs. 4), so wird über die gerichtlichen und die notwendigen Auslagen der Beteiligten (des Verletzten und des Beschuldigten), die hinsichtlich dieses erfolglosen Begehrens entstanden sind, nach pflichtgemäßem Ermessen[3] entschieden. Das Gericht kann die Auslagen verteilen[4]. Die gerichtlichen Auslagen — aber, abweichend von § 470 Satz 2, nicht auch die notwendigen Auslagen der Beteiligten — können (ganz oder teilweise) der Staatskasse auferlegt werden, wenn es unbillig wäre, die Beteiligten damit zu belasten; zu denken ist vor allem an den Fall, daß das Gericht von einer Entscheidung absieht, weil sich der Antrag zur Erledigung im Strafverfahren nicht eignet (§ 405 Satz 2), insbesondere dann, wenn schon eine Beweisauf-

[1] Vgl. Vor § 403, 7; *Rieß* (Gutachten), 41 f; *Hambüchen* AnwBl. **1978** 82 (rechtsvergleich. mit franz. Prozeß); zur Möglichkeit des Vergleichs *D. Meyer* JurBüro **1984** 1121.

[2] Vgl. Nr. 1680 KostVerz.; §§ 89, 96 Abs. 1 Nr. 2, 97 Abs. 1 Satz 3 BRAGebO; *D. Meyer* JurBüro **1985** 11; gebührenrechtlich ist das Adhäsionsverfahren nicht nur für den Verteidiger günstig (§ 89 Abs. 1, 2 BRAGebO), sondern auch für den Anwalt des Adhäsionsklä-

gers, der ein Grund- oder Teilurteil erzielt und dann das Zivilgericht anruft (§ 89 Abs. 2, 3 BRAGebO); zu weiteren gebührenrechtlichen Fragen siehe *Rieß/Hilger* NStZ **1987** 156.

[3] H. M; vgl. BGH MDR **1966** 560; *Granderath* NStZ **1984** 400; krit. zur Regelung *Eb. Schmidt* Nachtr. II 3; vgl. auch *Fey* AnwBl. **1986** 491.

[4] OLG Nürnberg NJW **1972** 69.

nahme stattgefunden hat[5]. Die Ermessensentscheidung erstreckt sich nicht auf die Gerichtsgebühr, denn eine solche wird nur erhoben (Nr. 1680 KostVerz.), wenn und soweit der Anspruch zuerkannt ist, und insoweit erfolgt auch keine Auslagenverteilung, weil — wie ausgeführt (Rdn. 2) — bzgl. dieses Anspruchsteils der Verurteilte die Gerichtskosten und die notwendigen Auslagen des Antragstellers trägt.

4. Form und Anfechtbarkeit der Kostenentscheidung. Erforderlich ist in jedem **4** Fall eine **ausdrückliche Entscheidung**[6] des Gerichts über die Kosten und notwendigen Auslagen (§ 464 Abs. 2) im Urteil oder durch Beschluß[7], die u. U für das Kostenfestsetzungsverfahren (§ 464 b) benötigt wird; bei Rücknahme des Antrags (§ 404 Abs. 4) ergeht ein selbständiger Kostenbeschluß. Die Anfechtbarkeit der Kostenentscheidung richtet sich nach § 464 Abs. 3 Satz 1 (§ 464, 49). Im Falle des Absatzes 1 steht dem Angeklagten im Hinblick auf § 406 a Abs. 2 die sofortige Beschwerde zu, dem Antragsteller im Hinblick auf § 406 a Abs. 1 grundsätzlich nicht. Im Falle des Absatzes 2 in Verbindung mit § 405 steht dem Antragsteller im Hinblick auf § 406 a Abs. 1 ebenfalls grundsätzlich kein Rechtsmittel[8] zu, wenn und soweit ihm Auslagen auferlegt werden; er kann die ihm auferlegten Auslagen auch nicht im Zivilprozeß gegen den Angeklagten als Schaden (§ 249 BGB) geltend machen, soweit man die Kostenvorschriften der StPO als lex specialis ansieht (vgl. Vor § 464, 28). Falls das Gericht die Auslagen in den Fällen des § 405 StPO dem Angeklagten auferlegt, gilt: Bezüglich der insoweit ergehenden Hauptentscheidung des Adhäsionsverfahrens ist der Angeklagte nicht beschwert — nur deshalb ist insoweit ein Rechtsmittel nicht zulässig. § 406 a StPO enthält keine Regelung über eine Nicht-Statthaftigkeit eines Rechtsmittels des Angeklagten. Daher kann der Angeklagte, soweit er durch die Auslagenentscheidung beschwert ist, auch nach der Neufassung des § 464 Abs. 3 Satz 1 eine Kostenbeschwerde erheben (§ 464, 55). Entsprechendes gilt für den Fall der Rücknahme des Antrags (§ 404 Abs. 4). Die Beschwerdefrist (§ 311) beginnt bei Anwesenheit des Angeklagten gemäß § 35 mit der Verkündung der Kostenentscheidung im Hauptverhandlungstermin[9].

§ 472 b

(1) [1]Wird der Verfall, die Einziehung, der Vorbehalt der Einziehung, die Vernichtung, Unbrauchbarmachung oder Beseitigung eines gesetzwidrigen Zustandes angeordnet oder eine Geldbuße gegen eine juristische Person oder eine Personenvereinigung festgesetzt, so können dem Nebenbeteiligten die durch seine Beteiligung erwachsenen besonderen Kosten auferlegt werden. [2]Die dem Nebenbeteiligten erwachsenen notwendigen Auslagen können, soweit es der Billigkeit entspricht, dem Angeklagten, im selbständigen Verfahren auch einem anderen Nebenbeteiligten auferlegt werden.

(2) Wird von der Anordnung oder Festsetzung einer der in Absatz 1 Satz 1 bezeichneten Nebenfolgen abgesehen, so können die dem Nebenbeteiligten erwachsenen notwendigen Auslagen der Staatskasse oder einem anderen Beteiligten auferlegt werden.

---

[5] Vgl. *Kleinknecht/Meyer*[38] 2; KMR-*Müller* 2.

[6] KK-*Schikora/Schimansky*[2] 2; KMR-*Müller* 1; a. A *Kleinknecht/Meyer*[38] 1; *Eb. Schmidt* Nachtr. II 2.

[7] Vgl. § 406, 2; § 405, 12 bis 15.

[8] Vgl. aber § 405, 16.

[9] LG Detmold JurBüro **1975** 1221.

Hans Hilger

Entstehungsgeschichte. Die Vorschrift wurde durch Art. 2 Nr. 31 EGOWiG eingefügt. Durch Art. 21 Nr. 144 EGStGB 1974 wurde Absatz 1 Satz 1 stilistisch geändert.

Übersicht

1 **1. Bedeutung der Vorschrift.** § 472 b regelt den Fall, daß in einem gerichtlichen Verfahren über den Verfall, die Einziehung von Gegenständen oder ähnliche Maßnahmen (§ 442) oder über die Festsetzung einer Geldbuße gegen eine juristische Person oder eine Personenvereinigung (§ 444) zu entscheiden war, und betrifft die gerichtlichen Kosten (Abs. 1 Satz 1) und die notwendigen Auslagen eines Nebenbeteiligten (Abs. 1 Satz 2, Abs. 2), die dadurch entstanden sind, daß Dritte (Nebenbeteiligte) auf Anordnung des Gerichts in einem subjektiven oder objektiven (§§ 440, 441, 442, 444 Abs. 3) Verfahren beteiligt waren. Dabei unterscheidet das Gesetz zwischen dem Fall, daß das Gericht den Verfall, die Einziehung usw. angeordnet oder eine Geldbuße festgesetzt hat (Abs. 1), und dem Fall, daß von einer Anordnung (Festsetzung) „abgesehen" wurde (Abs. 2), d. h. eine Anordnung (Festsetzung) nicht erfolgt ist (§ 467 a, 28). § 472 b wird ergänzt durch § 465 Abs. 2 Satz 1[1] sowie durch § 467 a Abs. 2, der die Behandlung der notwendigen Auslagen der Nebenbeteiligten regelt, wenn das Ermittlungsverfahren unter den dort bestimmten Voraussetzungen eingestellt wird. Über **weitere Fälle** der Erstattung notwendiger Anlagen eines Nebenbeteiligten vgl. §§ 469 Abs. 1, 470, 473 Abs. 2; zum Nachverfahren (§ 439) s. § 473 Abs. 6 Nr. 2.

2 **2. Begriff der Nebenbeteiligten und Nebenfolgen. Nebenbeteiligte** im Sinne des § 472 b sind die Verfalls-, Einziehungs- oder sonstigen Verfahrensbeteiligten gemäß §§ 431 Abs. 1 Satz 1, 442, 444 Abs. 1 Satz 1 (vgl. die Begriffsbestimmungen in § 467 a Abs. 2). Bei den für § 472 b in **in Betracht kommenden Nebenfolgen** handelt es sich um den Verfall (§§ 73 ff StGB), die Einziehung (§§ 74 ff StGB), den Einziehungsvorbehalt (§ 74 b Abs. 2, § 74 d Abs. 5 StGB), sowie die in §§ 442, 444 bezeichneten Maßnahmen. Nicht ausdrücklich geregelt ist in § 472 b der Fall, daß gemäß § 74 c StGB die Einziehung eines Geldbetrags als Wertersatz angeordnet wird, und daß diese Maßnahme kraft des § 75 StGB eine juristische Person oder eine Personenvereinigung trifft, deren Beteiligung am Verfahren gemäß § 431 Abs. 3 angeordnet wurde. Die Klammerdefinition des Begriffs „Nebenbeteiligter" in § 467 a Abs. 2 erwähnt diesen Fall nicht (vgl. ... „§ 431 Abs. 1 Satz 1"). Hierbei handelt es sich aber nur um ein Redaktionsversehen, das durch die nachträgliche Einfügung des § 431 Abs. 3, der im RegE nicht vorgesehen war, entstanden ist. Es besteht kein Grund, die juristische Person oder Personenvereinigung, die

---

[1] KMR-*Müller* 12.

wegen der ihr drohenden Wertersatzeinziehung am Verfahren beteiligt wurde, anders zu behandeln[2] als die juristische Person oder Personenvereinigung im Fall des §444.

3. Auferlegung besonderer Kosten (Absatz 1 Satz 1). Durch die Beteiligung der **3** Nebenbeteiligten am Verfahren können der Staatskasse besondere Kosten in Form von Auslagen (§464a Abs. 1) erwachsen, zum Beispiel durch eine Beweisaufnahme, die notwendig wird, um über Einwendungen des Nebenbeteiligten gegen die Anordnung (Festsetzung) der in §472b Abs. 1 Satz 1 bezeichneten Nebenfolgen entscheiden zu können. Kommt es zur Verurteilung des Angeklagten wegen der Tat, die die Einziehung oder andere Nebenfolgen begründen kann, so hätte er nach dem Grundsatz des §465 Abs. 1 stets auch diese besonderen Kosten zu tragen, gleichviel, ob die Nebenfolgen angeordnet werden oder nicht. Diese Regelung durchbricht §472b Abs. 1 Satz 1 indem er, falls es zu einer Anordnung oder Festsetzung der Nebenfolgen kommt, es dem Ermessen des Gerichts überläßt (,,können''), einem Nebenbeteiligten die durch seine Beteiligung erwachsenen ,,besonderen'' Kosten nach Massen, also nicht nach Bruchteilen[3], aufzuerlegen, das heißt die ausscheidbaren Auslagen der Staatskasse, da eine Gebühr für die Anordnung oder Festsetzung der Nebenfolgen nach §40 Abs. 6 GKG nicht entsteht. Eine solche Auferlegung kommt insbesondere in Betracht, wenn die Auslagen durch unbegründete Einwendungen des Nebenbeteiligten entstanden sind. Im objektiven Verfahren gemäß §444 Abs. 3 dürften, wenn eine Buße festgesetzt wird, die Kosten in der Regel der juristischen Person aufzuerlegen sein, weil sie nur durch ihre Teilnahme entstanden sind[4]. Unterbleibt eine Belastung des Nebenbeteiligten, so bleibt es im subjektiven Verfahren bei dem Grundsatz des §465 Abs. 1; im objektiven Verfahren verbleibt es in diesem Fall bei der Belastung der Staatskasse, da wegen des Fehlens eines Angeklagten §465 nicht anwendbar ist[5].

4. Notwendige Auslagen des Nebenbeteiligten bei Anordnung einer Nebenfolge
a) Subjektives Strafverfahren. Seine eigenen notwendigen Auslagen muß der Ne- **4** benbeteiligte, wenn es zur Anordnung oder Festsetzung der Nebenfolge kommt, grundsätzlich selbst tragen, da es an einer allgemeinen, die Abwälzung auf einen anderen Beteiligten ermöglichenden Vorschrift fehlt. Das kann im Einzelfall unbillig sein, etwa (Beispiele nach der Begr. zum Entw. EGOWiG BTDrucks. V 1319 S. 86), wenn der Angeklagte an den Einziehungsbeteiligten einen gestohlenen (also nach §935 BGB einen abhanden gekommenen) Gegenstand veräußert hat, und der Einziehungsbeteiligte, weil er von dem Diebstahl nichts wußte, aus seinem vermeintlichen Recht die Einziehung bekämpft hat, oder wenn das Verfahren gegen eine juristische Person oder eine Personenvereinigung gemäß §444 auf Grund der Angaben des Angeklagten hin betrieben wird, er habe die Tat nur zu deren Vorteil begangen und diese Angaben in der Hauptverhandlung widerlegt werden. §472b Abs. 1 Satz 2 läßt deshalb eine Überbürdung der dem Nebenbeteiligten erwachsenen notwendigen Auslagen in vollem Umfang oder zu einem Bruchteil[6] auf den Angeklagten zu, wenn dies der Billigkeit entspricht. Fehlt eine ausdrückliche Auslagenüberbürdung, so trägt der Nebenbeteiligte seine Auslagen, ohne daß es einer besonderen Entscheidung insoweit bedarf[7].

---

[2] Im Ergebnis ebenso KK-*Schikora/Schimansky*[2] 1.

[3] KMR-*Müller* 6.

[4] KMR-*Müller* 10.

[5] RGSt **74** 334; BGHSt **13** 41; **16** 57; KK-*Schikora/Schimansky*[2] 2; Kleinknecht/Meyer[38] 4; KMR-*Müller* 8.

[6] OLG Nürnberg NJW **1972** 69; *Kleinknecht/Meyer*[38] 3; KMR-*Müller* 7.

[7] KK-*Schikora/Schimansky*[2] 2; vgl. §464, 24.

Hans Hilger

5   **b) Im objektiven Verfahren** trägt der Nebenbeteiligte seine notwendigen Auslagen grundsätzlich wie im subjektiven Verfahren selbst, doch läßt auch hier Abs. 1 Satz 2 eine Überwälzung zu, zwar nicht auf den Angeklagten (der fehlt), auch nicht auf die Staatskasse, wohl aber auf einen etwa vorhandenen weiteren Nebenbeteiligten, wenn dies der Billigkeit entspricht. Wohl nicht auf Abs. 1 Satz 2 gestützt werden kann eine Überbürdung auf einen Privatkläger[8], weil Satz 2 vom Nebenbeteiligten und nicht, wie Abs. 2, vom Beteiligten spricht.

5. Notwendige Auslagen des Nebenbeteiligten bei Nichtanordnung einer Nebenfolge (Absatz 2)

6   **a) Absehen von der Anordnung.** Die Worte „Wird ... abgesehen" verweisen nicht etwa auf eine Ermessensentscheidung des Gerichts, sondern bringen lediglich den Gegensatz zu Absatz 1 („Wird ... angeordnet oder ... festgesetzt") zum Ausdruck. Ein „Absehen" liegt stets vor, wenn eine Anordnung oder Festsetzung, gleichviel aus welchem Grunde, nicht erfolgt. § 472 b Abs. 2 ist also anwendbar, wenn es (im subjektiven oder im objektiven Verfahren) nicht zu einer Anordnung oder Festsetzung der Nebenfolgen kommt, sei es, daß die gesetzlichen Voraussetzungen für eine Anordnung (Festsetzung) fehlen, sei es, daß das Gericht im Rahmen einer Ermessensvorschrift von der Anordnung absieht. Ein „Absehen" von der Einziehung liegt auch vor, wenn eine Einziehung im Privatklageverfahren infolge Zurücknahme der Privatklage entfällt; die Entscheidung über die Erstattung der dem Nebenbeteiligten entstandenen notwendigen Auslagen erfolgt dann in dem Einstellungsbeschluß des Gerichts (§ 467 a, 2; 28; 30), jedoch kommt hier eine Belastung der Staatskasse nicht in Betracht. Absatz 2 überläßt es grundsätzlich dem Ermessen des Gerichts, die notwendigen Auslagen eines Nebenbeteiligten ganz oder teilweise der Staatskasse oder einem anderen „Beteiligten" aufzuerlegen. Es ist bewußt davon abgesehen worden, sie — etwa dem § 467 Abs. 1 entsprechend — (im Offizialverfahren) stets der Staatskasse aufzuerlegen. *Eb. Schmidt* Nachtr. II, 7 hält diese Regelung für inkonsequent: die Nichtanordnung der Nebenfolge bedeute, „daß der in der Rolle des Angeklagten (§ 433 Abs. 1) befindliche Nebenbeteiligte ... gewissermaßen freigesprochen wird", und will daraus die Folgerung gezogen wissen, daß nach Absatz 2 das Gericht nur in solchen Fällen von der Belastung der Staatskasse absehen dürfe, wo prozessuale Verhaltensweisen des Nebenbeteiligten vorliegen, die in § 467 Abs. 3 ihre Analogie finden. Aber abgesehen von dem mehr formalen Gesichtspunkt, daß der Nebenbeteiligte nach § 433 Abs. 1 nicht die Rechtsstellung, sondern nur die Befugnisse eines Angeklagten hat (§ 433, 3), erscheinen die Erwägungen durchgreifend, die nach der Begr. zum Entw. EGOWiG (Rdn. 4) für eine „Kann"-Vorschrift angeführt werden: die Tatsache, daß sich gegenüber dem Nebenbeteiligten kein die Einziehung rechtfertigender Grund ergeben habe, sage noch nichts darüber aus, ob es angemessen wäre, seine Auslagen der Staatskasse zu überbürden. So bestehe zum Beispiel bei Freispruch des Angeklagten kein Grund, dem Einziehungsbeteiligten seine Auslagen zu erstatten, der durch die Vortäuschung, er sei Eigentümer, die Anordnung seiner Verfahrensbeteiligung herbeigeführt habe, um die dem Angeklagten drohende Einziehung abzuwenden. Auch habe es im Gegensatz zum Angeklagten der Einziehungsbeteiligte grundsätzlich in der Hand, ob er sich durch Beteiligung am Verfahren Auslagen zuziehe oder nicht. Eine nähere Regelung, die alle denkbaren Fallgestaltungen berücksichtige, würde schwer zu handhaben und nicht genügend beweglich sein. Dieser Auffassung ist beizupflichten. Angesichts der jetzt schon bestehenden Komplizierungen des

---

[8] So aber *Kleinknecht/Meyer*[38] 4.

materiellen und prozessualen Einziehungsrechts dürfte es sich empfehlen, Erfahrungen zu sammeln, bevor weitere komplizierte Vorschriften geschaffen werden, die die Voraussetzungen regeln, unter denen von einer Überbürdung der Auslagen der Nebenbeteiligten auf die Staatskasse abgesehen wird. Tatsächlich kommt § 472 b in der Praxis keine erhebliche Bedeutung zu und ein Bedürfnis für eine Reform ist nicht erkennbar geworden.

b) Im Fall des § 444 wird **beim Freispruch des Angeklagten,** der nach § 467 Abs. 1 **7** Auslagenersatz erhält, vielfach in Anwendung des Absatzes 2 auch eine Überbürdung der notwendigen Auslagen der juristischen Person oder Personenvereinigung auf die Staatskasse in Betracht kommen.

c) Zu den — neben der Staatskasse — genannten **anderen Beteiligten** gehören **8** der Privat- und Nebenkläger, der Angeklagte und ein anderer Nebenbeteiligter, dem die notwendigen Auslagen nicht selbst entstanden sind. Eine Überbürdung auf den Angeklagten kommt zum Beispiel in Betracht, wenn er durch sein Verhalten veranlaßt hat, daß andere Personen an dem Verfahren beteiligt werden, so etwa, wenn sich der Angeklagte als Eigentümer des von ihm gestohlenen Einziehungsgegenstandes ausgibt und dadurch den wahren Eigentümer zur Verfahrensbeteiligung zwingt, um eine nach § 74 Abs. 1 StGB drohende Einziehung zu bekämpfen. Die Überbürdung auf einen anderen Nebenbeteiligten kann in Betracht kommen, wenn er in ähnlicher Weise dem ersteren Veranlassung zur Verfahrensbeteiligung mit dem Ziel gegeben hat, die Einziehung kraft seines Rechts zu verhindern[9].

6. Über Kosten und notwendige Auslagen im **Rechtsmittelverfahren** vgl. § 473, 2; **9** 8; 12; 17 ff; 32 ff und zum **Nachverfahren** (§ 439) vgl. § 473, 99.

§ 473

(1)[1] Die Kosten eines zurückgenommenen oder erfolglos eingelegten Rechtsmittels treffen den, der es eingelegt hat. [2]Hat der Beschuldigte das Rechtsmittel erfolglos eingelegt oder zurückgenommen, so sind ihm die dadurch dem Nebenkläger oder dem zum Anschluß als Nebenkläger Berechtigten in Wahrnehmung seiner Befugnisse nach § 406 g erwachsenen notwendigen Auslagen aufzuerlegen. [3]Hat im Falle des Satzes 1 allein der Nebenkläger ein Rechtsmittel eingelegt oder durchgeführt, so sind ihm die dadurch erwachsenen notwendigen Auslagen des Beschuldigten aufzuerlegen.

(2)[1] Hatte im Falle des Absatzes 1 die Staatsanwaltschaft das Rechtsmittel zuungunsten des Beschuldigten oder eines Nebenbeteiligten (§ 431 Abs. 1 Satz 1, §§ 442, 444 Abs. 1 Satz 1) eingelegt, so sind die ihm erwachsenen notwendigen Auslagen der Staatskasse aufzuerlegen. [2]Dasselbe gilt, wenn das von der Staatsanwaltschaft zugunsten des Beschuldigten oder eines Nebenbeteiligten eingelegte Rechtsmittel Erfolg hat.

(3) Hat der Beschuldigte oder ein anderer Beteiligter das Rechtsmittel auf bestimmte Beschwerdepunkte beschränkt und hat ein solches Rechtsmittel Erfolg, so sind die notwendigen Auslagen des Beteiligten der Staatskasse aufzuerlegen.

(4) [1]Hat das Rechtsmittel teilweise Erfolg, so hat das Gericht die Gebühr zu ermäßigen und die entstandenen Auslagen teilweise oder auch ganz der Staatskasse aufzuerle-

---

[9] KMR-*Müller* 13.

Hans Hilger

gen, soweit es unbillig wäre, die Beteiligten damit zu belasten. [2]Dies gilt entsprechend für die notwendigen Auslagen der Beteiligten.

(5) Ein Rechtsmittel gilt als erfolglos, soweit eine Anordnung nach den §§ 69 Abs. 1 oder 69 b Abs. 1 des Strafgesetzbuches nur deshalb nicht aufrechterhalten wird, weil ihre Voraussetzungen wegen der Dauer einer vorläufigen Entziehung der Fahrerlaubnis (§ 111 a Abs. 1) oder einer Verwahrung. Sicherstellung oder Beschlagnahme des Führerscheins (§ 69 a Abs. 6 des Strafgesetzbuches) nicht mehr vorliegen.

(6) Die Absätze 1 bis 4 gelten entsprechend für die Kosten und die notwendigen Auslagen, die durch einen Antrag

1. auf Wiederaufnahme des durch ein rechtskräftiges Urteil abgeschlossenen Verfahrens oder

2. auf ein Nachverfahren (§ 439)

verursacht worden sind.

(7) Die Kosten der Wiedereinsetzung in den vorigen Stand fallen dem Antragsteller zur Last, soweit sie nicht durch einen unbegründeten Widerspruch des Gegners entstanden sind.

Schrifttum. *Foth* Zur Anwendbarkeit von § 473 Abs. 3 StPO, NJW **1972** 1224; *Hentschel* Die Kosten- und Auslagenentscheidung bei erfolgreichem Rechtsmittel des Verurteilten gegen die Maßregel nach §§ 69, 69 a StGB, MDR **1976** 369; *Oberstebrink-Bockholt* Kostenfragen zur nachträglichen, erfolgreichen Beschränkung eines Rechtsmittels im Strafverfahren (§ 473 StPO), MDR **1973** 274; *Oske* Die notwendigen Auslagen des Angeklagten in der Rechtsmittelinstanz, MDR **1970** 629; *Perels* Zum Verhältnis von Wiederaufnahmeantrag und Urteilsberichtigung und seinen kostenrechtlichen Folgen, NStZ **1985** 538; weiteres Schrifttum bei § 464.

Entstehungsgeschichte. Die Fassung beruht auf Art. 2 Nr. 32 EGOWiG. Vor der Neufassung des § 473 lauteten dessen Absätze 1 und 2:

(1) [1]Die Kosten eines zurückgenommenen oder erfolglos eingelegten Rechtsmittels treffen den, der es eingelegt hat. [2]War das Rechtsmittel von der Staatsanwaltschaft eingelegt, so können die dem Beschuldigten erwachsenen notwendigen Auslagen der Staatskasse auferlegt werden. [3]Hat das Rechtsmittel teilweise Erfolg, so kann das Gericht die Gebühr ermäßigen und die entstandenen Auslagen angemessen verteilen.

(2) Dasselbe gilt von den Kosten, die durch einen Antrag auf Wiederaufnahme des durch rechtskräftiges Urteil abgeschlossenen Verfahrens verursacht worden sind.

An die Stelle von Absatz 1 Satz 2, 3 und Absatz 2 traten die Absätze 2 bis 5 (Abs. 5 heute Abs. 6). Der frühere Absatz 3 wurde Absatz 6 (heute Abs. 7). Zur **Begründung** der **Änderungen des früheren § 473** durch das EGOWiG ist in dem schriftlichen Bericht des Rechtsausschusses vom 4. 3. 1968 (zu BTDrucks. V 2600, 2601) ausgeführt:

Die Neufassung ... ergibt sich weitgehend aus dem Grundsatzbeschluß, die Kostenregelung im Strafverfahren und im Bußgeldverfahren den allgemeinen Regeln des Prozeßrechts anzugleichen und deshalb auch im Rechtsmittelverfahren die Pflicht zur Erstattung der notwendigen Auslagen des Betroffenen allein davon abhängig zu machen, ob das Rechtsmittel Erfolg gehabt hat, nicht aber davon, ob die erstrebte Freistellung von dem Teilausspruch des angefochtenen Urteils einem Freispruch wegen erwiesener Unschuld oder fehlenden begründeten Verdachts oder nur einem Freispruch mangels Beweises vergleichbar ist. Die Einzelausgestaltung der Vorschrift beseitigt eine Reihe von Zweifelsfragen, die sich bei der Auslegung des bisherigen § 473 ergeben haben.

Durch Art. 1 Nr. 18 OpferschutzG wurden in Absatz 1 die Sätze 2 und 3 eingefügt und durch Art. 1 Nr. 38 StVÄG 1987 Absatz 5; die bisherigen Absätze 5 und 6 wurden Absätze 6 und 7. Bezeichnung bis 1924: § 505.

Übersicht

Hans Hilger

I. Allgemeines

1   § 473 ist eine **umfassende, jedoch nicht vollständige Regelung** des materiellen Kostenrechts **zur Frage, wer** nach einem Rechtsmittel oder **nach einem** anderen **der Korrektur einer Entscheidung dienenden Verfahren** (Wiederaufnahme nach den §§ 359 ff, Nachverfahren gemäß § 439, Wiedereinsetzung nach § 44) **die Kosten und notwendigen Auslagen zu tragen hat.** Die Vorschrift ändert nicht die davor stehenden Regelungen (§§ 464 bis 472), sondern wird durch diese, soweit erforderlich, ergänzt. Dies gilt namentlich für die Fälle, in denen das Rechtsmittel nicht zu einer abschließenden Sachentscheidung im Rechtsmittelzug führt, sondern zu einer Zurückverweisung, oder für Fälle erfolgreicher Rechtsmittel, soweit sie nicht durch § 473 Abs. 2 bis 4 erfaßt werden (vgl. Rdn. 17 ff; 32 ff; 47 ff). Die Vorschrift wirft deshalb, weil der Gesetzgeber glaubte, sich im Regelungsbereich der Vorschrift auf einige sehr allgemein gehaltene Grundsätze beschränken zu können, die Reichweite nicht klar abgesteckt (zum Beispiel Geltung in Zwischen- und Nebenverfahren oder bei allen Rechtsbehelfen? vgl. Rdn. 13 ff), und außerdem einige nicht näher präzisierte, schwierig auszulegende Begriffe (Erfolg, Teilerfolg, Zurücknahme; vgl. Rdn. 22 ff) verwendet hat, zahlreiche Probleme auf. Hinzu kommt schließlich, daß die Gesamtregelung in Einzelfällen unter dem Gesichtspunkt der Billigkeit zu fragwürdigen Ergebnissen führen kann, zum Beispiel wenn der auf Grund eines Rechtsfehlers verurteilte Angeklagte letztlich erfolglos Berufung einlegt, weil die Verurteilung nach Korrektur des Fehlers aufrechtzuerhalten ist, wenn der wegen eines Rechtsfehlers oder mangels ausreichender Aufklärung freigesprochene Angeklagte erst auf Rechtsmittel der Staatsanwaltschaft hin verurteilt wird oder wenn die Staatsanwaltschaft mit Erfolg ein Rechtsmittel einlegt, um eine Verurteilung wegen einer anderen Vorschrift zu erreichen (Selbstkorrektur der Rechtspflege unter finanzieller Belastung des Angeklagten; vgl. auch Rdn. 28[1]). Entsprechendes gilt hinsichtlich der starren Regelung des Absatzes 7 (Rdn. 100). Die Vorschrift ist demgemäß auch nach der Ergänzung des Absatzes 1 durch die Sätze 2 und 3 und der Einfügung des Absatzes 5 (vgl. die Entstehungsgeschichte) umfassend reformbedürftig.

II. Gerichtskosten bei Zurücknahme oder Erfolglosigkeit eines Rechtsmittels im Offizialverfahren (Absatz 1 Satz 1)

1. Geltungsbereich. Absatz 1 gilt für alle Rechtsmittel (Berufung, Revision, Be- **2** schwerde), gleichgültig, von wem eingelegt. Gemäß §161 a Abs. 3 Satz 3 steht der Antrag auf gerichtliche Entscheidung nach den §§111 l Abs. 6 Satz 1, 161 a Abs. 3 Satz 1, 163 a Abs. 3 Satz 3 oder §406 e Abs. 4 Satz 2 hinsichtlich der Kosten einer Beschwerde gleich. Zur Rechtsbeschwerde nach dem StVollzG vgl. dort §116 Abs. 4.

Der **Einspruch gegen den Strafbefehl** ist kein Rechtsmittel im Sinne dieser Vor- **3** schrift, sondern ein Rechtsbehelf. §473 ist daher nicht anwendbar[2]. Wird die Hauptverhandlung nach zulässigem Einspruch durchgeführt, so gelten für die Kostenentscheidung des Urteils die §§465 ff[3]. Dies gilt auch dann, wenn der beschränkte Einspruch Erfolg hat[3a]; insbesondere ist nicht §473 Abs. 3, 4 (analog) anwendbar. Wird der Einspruch zurückgenommen (§411 Abs. 3), so werden die nach Erlaß des Strafbefehls bis zur Rücknahme entstandenen Auslagen von der Kostenentscheidung des Strafbefehls mit umfaßt; dieser ist auch insoweit Grundlage der Auslagenfestsetzung[4]. Wird der Einspruch durch Beschluß als unzulässig verworfen (§411 Abs. 1), so gilt das gleiche[5]. Im Beschwerdeverfahren nach §411 Abs. 1 Satz 1 ist §473 jedoch anwendbar. Zum Fall, daß die Unzulässigkeit des Einspruchs erst in der Hauptverhandlung bemerkt wird, zu dem, daß trotz Unzulässigkeit des Einspruchs ein Sachurteil erlassen wird, und zu dem, daß nach Rücknahme des Einspruchs ein Verwerfungsurteil nach §412 ergeht vgl. die Erläuterungen bei §411 (vgl. auch Rdn. 24).

2. Begriff des zurückgenommenen oder erfolglosen Rechtsmittels. Nach Absatz 1 **4** treffen die Kosten (§464 a Abs. 1) eines zurückgenommenen (§302)[6] oder erfolglosen Rechtsmittels den, der es eingelegt hat. Da Absatz 3 den Fall des Teilerfolgs regelt, hat Absatz 1 die volle Erfolglosigkeit des Rechtsmittels zum Gegenstand. Demgemäß ist auch unter Zurücknahme nur eine vollständige Zurücknahme zu verstehen. Eine Zurücknahme im Sinne des Absatzes 1 liegt nicht vor, wenn der Angeklagte sein Rechtsmittel gegen das Urteil „zurücknimmt", weil der Beschwerdepunkt durch nachträgliche Be-

[1] Vgl. auch OLG Düsseldorf MDR **1986** 428 (Aufhebung des amtsgerichtlichen Urteils und Verwerfung des verspäteten Einspruchs gegen den Strafbefehl); *Peters*[4] §80 I 2 (Hinweise auf Verstöße gegen die §§22, 275 Abs. 1, 244 Abs. 3 u. a.); *Roxin*[20] §57 C III (Verurteilung trotz erfolgreicher Besetzungsrüge); *Warburg* NJW **1973** 23; *Seier* NStZ **1982** 271; Zur Aussetzung wegen Erkrankung eines Richters vgl. OLG Hamm MDR **1977** 865; §465 Rdn. 13 bis 15; s. aber BGHSt **18** 268 zur Revision der Staatsanwaltschaft wegen einer verfassungswidrigen Strafnorm (Rdn. 26).

[2] BayObLG HRR **1929** Nr. 782; KG GA **71** (1927) 109; KK-*Schikora/Schimansky*[2] 2; *Kleinknecht/Meyer*[38] 1; s. auch Rdn. 81.

[3] Vgl. die Erl. zu §411.

[3a] Vgl. BTDrucks. **10** 1313, S. 38; AG Braunschweig MDR **1987** 1049.

[4] H. M; vgl. LG Bochum MDR **1959** 780; KK-*Schikora/Schimansky*[2] 2; **a. A** LG Flensburg JurBüro **1983** 400; vgl. auch §109 OWiG.

[5] Eine nur klarstellende Auslagenentscheidung wäre nicht unzulässig. Zur Notwendigkeit einer Entscheidung vgl. §472, 14.

[6] Zum Fall, daß die Rücknahme zweifelhaft ist, vgl. OLG Stuttgart MDR **1984** 512.

richtigung des Urteils ausgeräumt und damit das Rechtsmittel gegenstandslos geworden ist. Bei einer solchen „Erledigung der Hauptsache" muß der Rechtsmittelführer so behandelt werden, als habe er vollen Erfolg gehabt (Rdn. 12); die Kosten und Auslagen fallen der Staatskasse zur Last, die sie bei Durchführung des Rechtsmittels hätte tragen müssen (§ 467 Abs. 1 analog)[7] (s. Rdn. 24). Nicht ausdrücklich ist hier der Fall geregelt, daß das zunächst unbeschränkt eingelegte Rechtsmittel teilweise, nämlich durch nachträgliche Beschränkung, auf bestimmte Beschwerdepunkte zurückgenommen wird; wegen dieses Falles vgl. Rdn. 37 ff.

3. Selbständiger Kostenbeschluß

5   a) **Voraussetzungen.** Bei wirksamer Zurücknahme des Rechtsmittels vor oder in der Hauptverhandlung wird die Rechtsmittelinstanz beendet, ohne daß eine das Verfahren förmlich abschließende Entscheidung ergeht. Eine Sachentscheidung, mit der gemäß § 464 Abs. 1 der Ausspruch der Kostenfolge verbunden werden könnte, kommt hier also nicht in Betracht, wohl aber ein selbständiger Kostenbeschluß (§ 464, 30). Er muß im Falle des § 473 Abs. 2 Satz 1 von Amts wegen erlassen werden und im übrigen, wenn ein Beteiligter es beantragt[8]. In beiden Fällen muß eine solche Entscheidung dem Grunde nach ohne Rücksicht darauf ergehen, ob Kosten oder erstattungsfähige Auslagen entstanden sind oder nicht; diese Fragen müssen im Verfahren nach § 4 GKG, § 464 b geprüft werden[9]. Ein Auslagenerstattungsberechtigter hat stets Anspruch auf gerichtliche Überbürdungsentscheidung, auch wenn sich die Erstattungspflicht ablesbar aus dem Gesetz ergibt (§ 464, 22 ff), um nicht im Verfahren nach § 464 b dem Einwand ausgesetzt zu sein, es fehle an einem Kostentragungstitel und damit an der Voraussetzung des Verfahrens (§ 464 b Satz 2 in Verbindung mit § 103 Abs. 1 ZPO). Auch bedarf es zur Realisierung der der Gerichtskasse geschuldeten Gebühren bei Rechtsmittelzurücknahme (Nr. 1603, 1605 KostVerz.) eines Kostenbeschlusses, denn Kostenschuldner ist in Strafsachen nur, wem die Verfahrenskosten durch gerichtliche Entscheidung auferlegt sind (§ 54 Nr. 1 GKG). Schließlich ergibt sich aus § 464 Abs. 1, 2, daß der Gesetzgeber davon ausging, es müsse nach Beendigung eines Strafverfahrens grundsätzlich im Interesse der Rechtsklarheit eine die Kostentragungs- und Auslagenerstattungspflicht aussprechende Entscheidung ergehen.

6   b) **Ausnahmsweise in Urteilsform** kann die Entscheidung über die durch die Rechtsmittelzurücknahme sich ergebenden Kostenfolgen ergehen, wenn das Verfahren auch nach der Zurücknahme wegen eines anderen, nicht zurückgenommenen Rechtsmittels anhängig bleibt; in diesem Fall ist das Rechtsmittelgericht nicht gezwungen, aber auch nicht gehindert, in dem das Verfahren abschließenden Urteil umfassend über die Kostenauswirkungen der Rechtsmittelinstanz zu entscheiden[10].

7   c) **Zuständigkeit.** Die isolierte Kostenentscheidung nach Rechtsmittelzurücknahme ist Sache des Rechtsmittelgerichts, wenn ihm bereits die Akten zur Sachentscheidung vorliegen, und Sache des iudex a quo, wenn das bei ihm eingelegte Rechtsmittel zurückgenommen wird, bevor die Akten dem Rechtsmittelgericht auf dem vorgeschriebenen Weg zur Entscheidung über das Rechtsmittel vorgelegt sind. Die Zuständigkeit des

---

[7] OLG Saarbrücken VRS **49** (1975) 436; KK-*Schikora/Schimansky*[2] 2; *Kleinknecht/ Meyer*[38] 5; vgl. auch BGHSt **18** 268; *Eb. Schmidt* JZ **1968** 354, 362.

[8] OLG Hamm NJW **1973** 772; *Kleinknecht/ Meyer*[38] 5; vgl. *Meyer* JR **1978** 256.

[9] H. M; vgl. OLG Nürnberg MDR **1958** 942; OLG Hamm JMBlNW **1970** 46.

[10] BayObLGSt **1955** 54.

iudex a quo, wenn ihm noch die Akten vorliegen, ist heute nicht mehr streitig[11]. Es entspricht der Sachlogik, daß das Gericht den isolierten Beschluß erläßt, dem die Akten vorliegen; es ist dann das „mit der Sache befaßte Gericht". Daraus folgt, daß, wenn das Revisionsgericht das Berufungsurteil aufgehoben und die Sache an das Berufungsgericht zurückverwiesen hat und nunmehr die Berufung zurückgenommen wird, das Berufungsgericht gleichzeitig über die Kosten der Berufung und die der Revision zu entscheiden hat[12]. Dagegen entscheidet auch das Revisionsgericht, dem zu Unrecht die Akten vorgelegt wurden, weil es sich bei der angeblichen Revision in Wahrheit um eine Berufung handelt, über die Kosten der Zurücknahme, wenn diese erfolgt, solange es sich noch nicht für unzuständig erklärt hat[13].

4. Der Kostentragungspflichtige

a) Grundsatz. Kostenpflichtig ist grundsätzlich derjenige, der das Rechtsmittel **8** eingelegt hat (zum Beispiel: Beschuldigter; Staatsanwaltschaft; Privat- oder Nebenkläger; Verletzter; Nebenbeteiligter im Sinne der §§ 431, 440, 442, 444; Zeugen, Sachverständige, sonstige Betroffene — § 304 Abs. 2; Staatskasse oder Erstattungsberechtigter im Falle des § 464 b). Wird der Angeklagte verurteilt und Einziehung angeordnet, so richtet sich zwar das Urteil gegen den Angeklagten, während der Einziehungsbeteiligte (§ 431) die Einziehung hinnehmen muß; aus § 473 Abs. 1 in Verbindung mit Nr. 1620 ff, 1670 ff, 1740 KostVerz. folgt aber, daß der Einziehungsbeteiligte, wenn er ohne Erfolg gegen die Einziehung ein Rechtsmittel eingelegt hat, Schuldner der Gebühr ist[14].

b) Beschwerdeführer ohne Vertretungsmacht. Zu denjenigen, die die Kosten des **9** Rechtsmittels treffen, gehört auch, wer ohne Vollmacht oder Vertretungsmacht zu besitzen, als Bevollmächtigter oder Vertreter ein Rechtsmittel eingelegt hat[15], also auch der Verteidiger, der ein Rechtsmittel nach dem Tode des Verurteilten einlegt[16]. Da ein anderer Kostenpflichtiger nicht vorhanden ist, treffen die Kosten den Verteidiger persönlich[17]. Das gleiche gilt, wenn eine nicht legitimierte Person ein Rechtsmittel eingelegt hat, etwa ein Generalbevollmächtigter oder ein Pfleger außerhalb seines Geschäftsbereichs, oder ein Rechtsanwalt, der nicht als Verteidiger tätig war und den Nachweis seiner Bevollmächtigung nicht erbringen kann[18]. Hierher gehört auch der Fall der Rechtsmitteleinlegung durch einen Verteidiger, der unzulässigerweise (§ 146) mehrere Beschuldigte gemeinsam verteidigt[19].

c) Hat der gesetzliche Vertreter des Beschuldigten oder der Erziehungsberech- **10** tigte (§ 67 Abs. 3 JGG) ein Rechtsmittel eingelegt, so macht er zwar formell ein eigenes Recht geltend (§ 298); materiell aber handelt er als Vertreter fremder Interessen. Daher werden ihm zwar bei Erfolglosigkeit seines Rechtsmittels die Kosten auferlegt; er haftet

---

[11] BGHSt **12** 217; OLG Hamm JMBlNW **1970** 46; NJW **1973** 772.

[12] OLG Hamm NJW **1973** 772.

[13] BayObLG VRS **48** (1975) 440.

[14] BGHSt **19** 196.

[15] KG Rpfleger **1971** 193; OLG Karlsruhe Justiz **1976** 84; LG Lüneburg NdsRpfl. **1966** 274; vgl. auch *Renner* MDR **1974** 354; *Schneider* Rpfleger **1976** 229.

[16] RG Rspr. **7** 163; vgl. auch bei § 138.

[17] BayObLG DRiZ **1927** Nr. 972; OLG Karlsruhe Justiz **1976** 84.

[18] RG Recht **1906** Nr. 3187; **1921** Nr. 2935.

[19] Nichtigkeit des Mandatsvertrages nach § 134 BGB; h. M: vgl. OLG München NJW **1983** 1688; LG Krefeld JurBüro **1980** 103; LG Marburg JurBüro **1980** 1697; LG Nürnberg JurBüro **1983** 731 mit Anm. *Mümmler*; LG Freiburg NStZ **1985** 330; a. A LG Köln NStZ **1982** 347; s. auch § 464 a, 33; § 146 a Abs. 2 hat nur für den Strafprozeß Bedeutung.

Hans Hilger

dafür aber nicht mit seinem eigenen Vermögen, sondern nur mit dem Vermögen des von ihm Vertretenen[20].

11   **d) Der rechtmäßig Vertretene.** Das von dem Verteidiger eingelegte Rechtsmittel (§ 297) ist auch in Ansehung der Kosten als ein Rechtsmittel des Beschuldigten selbst zu behandeln; dies soll auch gelten, falls der Verteidiger zurückgewiesen (§§ 137, 146 a) wurde[21] (s. aber Rdn. 9 und § 464 a, 33). Dasselbe gilt von den Rechtsmitteln der in § 286 Abs. 1 genannten Personen. Ist auf die Revision **eines anderen** ein Urteil **gemäß § 357** von Amts wegen aufgehoben worden und wird der Angeklagte von neuem verurteilt, so kann er mit den Kosten der ohne seine Veranlassung eingelegten Revision nicht belastet werden[22].

III. Kostenrechtliche Wirkung des vollen Erfolgs

12   **1. Grundsätze.** In § 473 Abs. 1 ist nicht geregelt, welche kosten- und auslagenrechtlichen Wirkungen sich an den vollen Erfolg (Rdn. 24) eines Rechtsmittels anschließen; § 473 Abs. 2 Satz 2 enthält nur eine Teilregelung. Insoweit verbleibt es bei den Grundsätzen der §§ 465 ff[23]. Hat zum Beispiel die gegen den Freispruch von der Staatsanwaltschaft eingelegte Berufung den Erfolg, daß der Angeklagte im Sinne des § 465 Abs. 1 verurteilt wird, so trägt der Verurteilte nach § 465 die Gerichtskosten und seine notwendigen Auslagen beider Instanzen, und zwar die Kosten des ersten Rechtszuges auch dann, wenn sich der Freispruch nach der damaligen Sach- und Rechtslage als unrichtig erweist. Denn es gibt keinen Grundsatz, der eine Minderung der Kostenbelastung vorsieht, wenn das richtige Recht erst in der Rechtsmittelinstanz gefunden wird (Rdn. 28; s. auch § 465, 6; 13 ff). Nur von Gerichtskosten, die durch eine offensichtlich fehlerhafte Behandlung der Sache entstanden sind, kann der Angeklagte nach § 8 GKG freigestellt werden[24]; bezüglich der notwendigen Auslagen des Angeklagten fehlt es an einer entsprechenden Vorschrift. Erreicht der im ersten Rechtszug verurteilte Angeklagte mit seiner Berufung Freispruch, so fallen nach § 467 Abs. 1 die Gerichtskosten beider Instanzen der Staatskasse zur Last, und der Angeklagte erhält Auslagenersatz nach Maßgabe des § 467[25]; wenn das noch einer weiteren Begründung bedürfte, so ergäbe es sich ohne weiteres aus § 473 Abs. 3 als Argument a minore ad maius. Allerdings ist ein voller Erfolg bezüglich der Sachentscheidung bedeutungslos, wenn er keine auslagenrechtliche Veränderung der Sachlage bewirkt. Ist zum Beispiel der Angeklagte unter Versagung der Auslagenerstattung gemäß § 467 Abs. 3 Satz 1 im Falle der Tateinheit von der Anklage der schwereren Gesetzesverletzung freigesprochen worden, während hinsichtlich der leichteren Gesetzesverletzung wegen eines Verfahrenshindernisses auf Einstellung erkannt wurde, und erreicht er mit dem Rechtsmittel gegen die Einstellung (vgl. § 260, 103 ff; 130) auch insoweit Freisprechung, so hatte er zwar mit seinem unbeschränkten Rechtsmittel in der Sache vollen Erfolg, eine Auslagenerstattung kommt aber nicht in Betracht, weil sich an dem Versagungsgrund des § 467 Abs. 3 Satz 1 nichts

[20] RGSt **46** 138; BGH NJW **1956** 520; BGHSt **19** 199; OLG Celle HRR **1927** 1874; OLG Schleswig SchlHA **1959** 200; zu § 74 JGG bei erfolgloser Berufung des gesetzlichen Vertreters vgl. auch OLG Hamburg MDR **1969** 73; OLG Düsseldorf MDR **1985** 77 und die Kommentare zum JGG.

[21] KG NJW **1977** 913 (zu § 137).

[22] OLG Oldenburg NdsRpfl. **1949** 184; vgl. auch § 357, 23.

[23] BGHSt **19** 226, 230; KG JR **1970** 471; OLG Düsseldorf MDR **1982** 518; vgl. Rdn. 1.

[24] BGHSt **19** 226, 228; vgl. § 465, 13 ff; § 357, 23 sowie BGHSt **18** 268 Fußn. 1.

[25] OLG Karlsruhe NJW **1974** 469; OLG Koblenz VRS **65** (1983) 49; Oske MDR **1970** 629.

geändert hat[26] (vgl. auch zu § 467 Abs. 3 Satz 1 § 467, 32; zu § 467 Abs. 3 Satz 2 Nr. 1 die Erl. zu § 467, 41; 46; 48; 50; zu § 467 Abs. 3 Satz 2 Nr. 2 § 467, 54 ff). Hat das Rechtsmittel des Nebenbeteiligten (zum Beispiel im Verfahren nach § 440) vollen Erfolg, so dürften Absatz 2 Satz 2, Absatz 3 entsprechend anwendbar sein[26a].

2. Erfolg der Beschwerde in Zwischenverfahren. Streitig ist, ob Beschwerdeent- **13** scheidungen in sogen. „Zwischenverfahren" oder „Nebenverfahren" mit einer Kosten- und Auslagenentscheidung zu versehen sind. Im wesentlichen handelt es sich um Beschwerden gegen Entscheidungen zur Untersuchungshaft bzw. zu deren Vollzug, über die Entziehung der Fahrerlaubnis, zu Durchsuchungs- und Beschlagnahmebeschlüssen, über die Richterablehnung (§ 28 Abs. 2), über die Verwerfung eines Wiedereinsetzungsantrages, in Ordnungsverfahren gegen Zeugen (§ 51) oder in Verfahren über den Verteidigerausschluß (§ 138 a). Die Frage kann Gebühren (Nr. 1673 KostVerz.), Auslagen des Gerichts und notwendige Auslagen des Beschuldigten oder Dritten betreffen. Die Notwendigkeit einer Entscheidung über die Kosten wird in solchen Fällen von der h. M bejaht[27]. Im wesentlichen wird darüber gestritten, ob auch eine Entscheidung über die notwendigen Auslagen zu treffen und insbesondere, ob bei erfolgreicher Beschwerde § 467 anzuwenden ist[28]. Teils wird die Notwendigkeit einer solchen Entscheidung generell bejaht, im wesentlichen mit dem Hinweis, das Beschwerdeverfahren sei ein vom Ausgang des Hauptverfahrens unabhängiger Verfahrensabschnitt[29]. Teils wird die Entscheidung über die notwendigen Auslagen unter Hinweis auf § 464 Abs. 2 als unzulässig abgelehnt, weil das Verfahren nicht gänzlich abgeschlossen werde[30]. Schließlich läßt eine vermittelnde Meinung eine Entscheidung über die notwendigen Auslagen zu, wenn das Zwischenverfahren „selbständig" sei[31]. Der Streit mag wenig praktische Bedeutung haben, wenn der im Zwischenverfahren erfolgreiche Beschwerdeführer später nicht verurteilt wird; er wird im allgemeinen über § 464 a Abs. 2 oder über das StrEG Ersatz für seine Aufwendungen im Zwischenverfahren erlangen können. Der Streit mag auch geringe Bedeutung haben für den Ausnahmefall, daß in der Beschwerdeinstanz der angefochtene Beschluß aufgehoben und die Sache insoweit — ohne Kosten- und Auslagenentscheidung — zurückverwiesen wird[32]. Die praktische Bedeutung des Streites zeigt sich jedoch zum Beispiel, wenn der im Beschwerdeverfahren erfolgreiche Beschuldigte spä-

[26] BGH GA **1959** 17.

[26a] Im Ergebnis ebenso *Kleinknecht/Meyer*[38] 36; KMR-*Müller* § 472 b, 15.

[27] KG StrVert. **1985** 449; KK-*Schikora/Schimansky*[2] 1; § 464, 3; *Kleinknecht/Meyer*[38] § 464, 6; *Huber* NStZ **1985** 19; a. A OLG Frankfurt MDR **1982** 954; *Michaelowa* ZStW 94 (1982) 969 bzgl. Zwischenverfahren gegen den Beschuldigten, jedoch für eine analoge Anwendung des § 465 Abs. 2 im Rahmen der mit der Hauptentscheidung verbundenen Kostenentscheidung mit dem Ziel einer Entlastung des Verurteilten von den „Kosten" des Zwischenverfahrens.

[28] *Huber* NStZ **1985** 19; vgl. auch LR-*K. Schäfer*[23] 11 mit Nachw. zur älteren Rspr.

[29] OLG Hamm NJW **1975** 2112; OLG Stuttgart JurBüro **1980** 97 (Haft); LG Flensburg JurBüro **1977** 229 (§ 111 a); LG Mönchen-

gladbach JurBüro **1978** 1356 (§ 111 a) mit Anm. *Mümmler;* ähnlich LG Rottweil Justiz **1987** 163 (Abhilfeentscheidung); KK-*Schikora/Schimansky*[2] 1; § 464, 3; *Huber* NStZ **1985** 18 ff (für den Fall, daß das materielle Recht eine Auslagenerstattung vorschreibt) mit weit. Nachw; vgl. auch § 464, 20.

[30] Vgl. KG JR **1976** 297 (Haft); StrVert. **1985** 449; OLG Düsseldorf Rpfleger **1987** 518 (Haft); OLG Frankfurt MDR **1982** 954 (§ 111 a); vgl. auch LG Osnabrück JurBüro **1978** 1351 (§ 111 a); *Meyer* JR **1974** 343.

[31] Vgl. OLG München AnwBl. **1973** 215; wohl auch OLG Hamm MDR **1981** 423; *Kleinknecht/Meyer*[38] § 464, 11; KMR-*Müller* § 467, 29; § 464, 6; *Seier* NStZ **1982** 271 (Haft, § 138 a).

[32] Dazu KK-*Schikora/Schimansky*[2] § 464, 3; *Huber* NStZ **1985** 18; vgl. § 464, 8.

Hans Hilger

ter verurteilt (§ 465 Abs. 1) wird, in sonstiger Weise eine Auslagenentscheidung zu seinen Lasten erfolgt (§ 467 Abs. 4, 5), wenn das Ermittlungsverfahren ohne Auslagenentscheidung eingestellt wird (§ 467 a, 21 ff), wenn der im Beschwerdeverfahren Erfolglose später freigesprochen wird[32a], wenn der Zeuge im Ordnungsstrafverfahren mit der Beschwerde Erfolg hat, oder wenn der Verteidiger im Verfahren nach den §§ 138 a, 138 d Abs. 6 erfolgreich ist.

14　　Der Auffassung, daß in der Regel eine **Entscheidung über die notwendigen Auslagen erforderlich**[33] ist, dürfte zu folgen sein. Gegen die vermittelnde Meinung, eine solche Entscheidung sei nur dann zulässig, wenn das Zwischenverfahren „selbständigen Charakter" habe, spricht, daß dieses Abgrenzungskriterium zu unbestimmt ist und daher zu neuem Streit führt, wann dies anzunehmen ist[34]. Die Auffassung, die eine Entscheidung über die notwendigen Auslagen generell für unzulässig hält, ist dogmatisch nicht zwingend[35] — insbesondere lassen die Regelungen in § 161 a Abs. 3 Satz 2, § 177 und § 473 Abs. 7 keinen Umkehrschluß zu; sie kann jedoch zu unbilligen Ergebnissen führen[36]. Für die hier vertretene Auffassung spricht: Bleibt zum Beispiel der Verurteilte im Zwischenverfahren erfolglos, so trifft ihn — außer den Auslagen (§ 465 Abs. 1) — nach § 473 Abs. 1 in Verbindung mit Nr. 1673 KostVerz. die Gerichtsgebühr, ohne daß unterschieden wird, ob es sich um einen mehr oder weniger „selbständigen" Verfahrensabschnitt handelt, der durch die die Beschwerde zurückweisende Beschwerdeentscheidung beendet wird. Dem entspricht es dann aber, dem erfolgreichen Beschwerdeführer — ohne qualitative Unterscheidungen nach der Art des Zwischen- oder Nebenverfahrens und der Bedeutung der Beschwerdeentscheidung für den Ausgang des Strafverfahrens — in entsprechender Anwendung des § 467 Abs. 1 Auslagenerstattung (zur sinngemäßen Anwendung der Beschränkungen, die sich aus § 467 Abs. 3 ergeben, vgl. Rdn. 15) zuzubilligen[36a]. Dafür spricht auch § 473 Abs. 3, denn wenn der volle Erfolg eines auf bestimmte Beschwerdepunkte beschränkten Rechtsmittels zur Auslagenerstattung führt, so sollte das auch gelten bei vollem Erfolg eines einen bestimmten Verfahrensausschnitt betreffenden Rechtsmittels[37]. Im Beschwerdeverfahren nach § 138 d Abs. 6 ist nach h. M[38] eine Auslagenentscheidung schon deshalb erforderlich, weil es als verselbständigtes Verfahren anzusehen sei. Gleiches hat für das Beschwerdeverfahren im Falle des § 146 a zu gelten[39]. Zur „Beschwerde" eines Zeugen gegen einen Ordnungsbeschluß vgl. § 467, 3. Die hier vertretene Auffassung bedeutet verfahrensrechtlich auch, daß die Entscheidung nicht vom späteren Verfahrensausgang abhängig (bedingt), sondern endgültig ist, und im Falle der vollen Abhilfe durch den judex a quo dieser über die Kosten und notwendigen Auslagen des Rechtsmittels zu entscheiden hat[40].

[32a] Hierzu OLG Düsseldorf Rpfleger **1987** 518.

[33] Vgl. hierzu *Huber* NStZ **1985** 20; § 464, 8 zur besonderen Problematik bei erstinstanzlichen Zwischenverfahren; s. auch BGH NStZ **1986** 210; LG Rottweil Justiz **1987** 163.

[34] Vgl. auch OLG München AnwBl. **1973** 215 (Wiedereinsetzungsverfahren); OLG Hamm MDR **1981** 423; *Kleinknecht/Meyer*[38] § 464, 11; LR-*K. Schäfer*[23] 11; *Huber* NStZ **1985** 20; *Michaelowa* ZStW **94** (1982) 971.

[35] Vgl. dazu OLG Stuttgart Justiz **1979** 237; *Huber* NStZ **1985** 19.

[36] Vgl. *Huber* NStZ **1985** 20; siehe auch *Rosteck* NJW **1975** 195 (erfolgreiche Richterablehnung).

[36a] Dagegen OLG Düsseldorf Rpfleger **1987** 518.

[37] Vgl. auch OLG Stuttgart Justiz **1979** 236; **abl.** *Michaelowa* ZStW **94** (1982) 969, dessen Lösungs – s. o. Fußn. 27 – ebenfalls zu billigen Ergebnissen führen kann.

[38] Vgl. BGH NJW **1984** 935; OLG Koblenz JR **1980** 477 mit Anm. *Rieß*; OLG Bremen JR **1981** 474; *Rieß* NStZ **1981** 332 mit weit. Nachw.; *Seier* NStZ **1982** 271.

[39] Vgl. auch OLG München NJW **1983** 1688.

[40] Vgl. LG Mönchengladbach JurBüro **1978** 1357; KK-*Schikora/Schimansky*[2] § 464, 3.

3. Erfolg der Beschwerde bei Nachtragsentscheidungen. In gleicher Weise ist eine **15** Kosten- und Auslagenentscheidung bei Beschwerden gegen Nachtragsentscheidungen zu treffen, also auch, wenn ein Verurteilter nach Abschluß des Hauptverfahrens mit seiner Beschwerde in einem Nachtragsverfahren (Aussetzung der zu verbüßenden Reststrafe zur Bewährung; Widerruf der Strafaussetzung; vorzeitige Aufhebung der Sperre zur Erteilung einer Fahrerlaubnis) Erfolg hat[41]. Nach überwiegender Meinung sollen aber nicht nur § 467 Abs. 1, sondern auch Absatz 2 bis 5 entsprechend anwendbar sein[42]. Insbesondere soll der Beschwerdeführer, der schuldhaft erst mit der Beschwerde die zum Erfolg führenden Umstände vorträgt, entsprechend § 467 Abs. 3 Satz 2 Nr. 1 seine notwendigen Auslagen selbst tragen[43]. Dies erscheint im Hinblick darauf, daß eine analoge Anwendung dieser Vorschrift für den Fall der Berufung — wohl zu recht — abgelehnt wird, bedenklich (§ 467, 41; 46; 48). Die Auffassung[44], bei Erfolg der gegen die Versagung der Aussetzung der Reststrafe zur Bewährung gerichteten Beschwerde sei die Erstattung der notwendigen Auslagen des Beschwerdeführers in entsprechender Anwendung des § 467 Abs. 4 in der Regel zu versagen, weil es sich um eine Ermessenentscheidung handele, ist abzulehnen. Denn wenn das Beschwerdegericht in der Sache selbst entscheidet, weil es die Beschwerde für begründet erachtet (§ 309 Abs. 2), so ist es ohne Bedeutung, ob dies auf der Grundlage einer anderen Rechtsauffassung, anderer tatsächlicher Feststellungen oder anderer Ermessenausübung geschieht[45].

4. Auslagenerstattung in anderen Fällen von Nachtragsentscheidungen. Auch **16** wenn nicht eine erfolgreiche Beschwerde in Frage steht, kann es zu Nachtragsentscheidungen kommen, die zugunsten des Verurteilten ausfallen und bei denen eine Auslagenüberbürdung auf die Staatskasse in entsprechender Anwendung des § 467 Abs. 1 in Betracht kommt. Beantragt zum Beispiel die Staatsanwaltschaft den Widerruf einer Straf- oder Reststrafenaussetzung zur Bewährung und wird der Antrag als unbegründet zurückgewiesen, so ist auch in einem solchen Beschluß über die notwendigen Auslagen des Verurteilten, der sich eines Verteidigers bedient hat, zu entscheiden[46]. Denn der Antrag läuft darauf hinaus, einen Titel zu schaffen, auf Grund dessen die Vollstreckung der Strafe betrieben werden kann (§ 453, 21). Ein solcher Antrag steht nach seiner Bedeutung einer Anklage gleich und ebenso wie die Ablehnung der Eröffnung des Hauptverfahrens mit einer Auslagenüberbürdung zu verbinden ist, muß dies auch für die den Widerrufsantrag ablehnende Entscheidung gelten.

---

[41] H. M; OLG Hamm MDR **1970** 689; NJW **1975** 2112; OLG Frankfurt NJW **1972** 784; OLG Karlsruhe Justiz **1980** 450; KK-*Schikora/Schimansky*[2] 3; *Kleinknecht/Meyer*[38] § 464, 11; KMR-*Müller* § 467, 29; *Meyer* JR **1974** 343; *Huber* NStZ **1985** 18; **a. A** wohl *Michaelowa* ZStW **94** (1982) 998.

[42] Vgl. OLG Frankfurt NJW **1972** 784; OLG Hamm NStZ **1981** 112; LR-*K. Schäfer*[23] 12; KK-*Schikora/Schimansky*[2] 5; *Kleinknecht/Meyer*[38] 2; *Meyer* JR **1974** 342; **a. A** OLG Hamm NJW **1975** 2113 (§ 473 Abs. 3 analog).

[43] Vgl. auch OLG Frankfurt NJW **1972** 784; OLG Hamm NStZ **1981** 112; LG Mainz

MDR **1981** 781; LG Duisburg JurBüro **1984** 250; 1204; *Kleinknecht/Meyer*[38] 2; *Meyer* JR **1974** 342.

[44] OLG Hamburg JR **1974** 342; vgl. auch OLG Hamm MDR **1974** 689.

[45] *Kleinknecht/Meyer*[38] 2; *Meyer* JR **1974** 343.

[46] OLG Koblenz Rpfleger **1973** 406; vgl. dagegen OLG Schleswig SchlHA **1986** 114; OLG Celle NdsRpfl. **1988** 13 (keine Auslagenentscheidung bei Rücknahme des Widerrufsantrages); zur Entscheidung über die vorzeitige Erledigung einer Maßregel vgl. OLG Hamm NStZ **1984** 288; s. auch § 467, 3; § 464, 8.

Hans Hilger

IV. Auslagenerstattung bei Zurücknahme oder Erfolglosigkeit des Rechtsmittels der Staatsanwaltschaft (Absatz 2)

17   **1. Bedeutung des Absatzes 2.** Während Absatz 1 generell regelt, wen die Gerichtskosten bei Zurücknahme oder Erfolglosigkeit des von ihm eingelegten Rechtsmittels treffen, hat Absatz 2 die Erstattung der notwendigen Auslagen zum Gegenstand, die dem Rechtsmittelgegner in der Rechtsmittelinstanz durch die Einlegung des erfolglos gebliebenen oder zurückgenommenen Rechtsmittels entstanden sind. Insoweit enthält Absatz 2 aber keine generelle Regelung, sondern beschränkt sich in Satz 1 auf die Regelung des Falles, daß die Staatsanwaltschaft das Rechtsmittel zuungunsten des Beschuldigten oder eines Nebenbeteiligten eingelegt hat. Satz 2 stellt der Erfolglosigkeit oder Zurücknahme des von der Staatsanwaltschaft in vollem Umfang eingelegten Rechtsmittels den Fall gleich, daß ein von der Staatsanwaltschaft zugunsten des Beschuldigten oder eines Nebenteiligten eingelegtes Rechtsmittel Erfolg hat.

18   **2. Umfang der Auslagenerstattung.** Satz 1 regelt den Fall, daß die Staatsanwaltschaft in vollem Umfang zuungunsten des Beschuldigten ein Rechtsmittel einlegt und dieses in vollem Umfang erfolglos bleibt oder daß ein eingelegtes Rechtsmittel in vollem Umfang zurückgenommen wird („im Fall des Absatzes 1"). Wenn zum Beispiel die Staatsanwaltschaft gegen den Freispruch Berufung einlegt und diese verworfen wird, dann trägt nach Absatz 1 die Staatskasse die Gerichtskosten des Rechtsmittelverfahrens. Da das Urteil bestehen bleibt, bewendet es bezüglich der erstinstanzlichen Auslagen des Angeklagten bei der in diesem Urteil getroffenen Entscheidung. Da der Angeklagte in der Berufungsinstanz gewissermaßen erneut freigesprochen wird, fallen der Staatskasse auch seine durch das Rechtsmittelverfahren entstandenen notwendigen Auslagen zur Last; dies spricht Absatz 2 Satz 1 ausdrücklich aus. Das Rechtsmittelgericht ist nicht befugt, in ausdehnender Auslegung oder entsprechender Anwendung des § 467 Abs. 3 von einer Überbürdung dieser Auslagen auf die Staatskasse abzusehen. Denn § 467 Abs. 3, der Ausnahmen von dem Grundsatz der Auslagenerstattungspflicht (§ 467 Abs. 1) vorsieht (Abs. 3 Satz 1) oder zuläßt (Abs. 3 Satz 2), dient der Vermeidung unbilliger Ergebnisse, wenn der freigesprochene Beschuldigte durch falsche Selbstanzeige oder die Art seiner Einlassung die Einleitung des Strafverfahrens selbst verschuldet hat. Die Vermeidung solcher unbilligen Ergebnisse steht aber nicht mehr in Frage, sobald der Angeklagte freigesprochen ist, die Staatsanwaltschaft sich aber damit nicht zufriedengibt und durch Rechtsmitteleinlegung doch noch seine Verurteilung — erfolglos — zu erreichen sucht; dies gilt um so mehr, als nach § 473 Abs. 3 selbst ein verurteilter Angeklagter Anspruch auf Ersatz seiner Auslagen im Rechtsmittelverfahren hat, wenn die Staatsanwaltschaft erfolglos Rechtsmittel mit dem Ziel einer Erhöhung der Strafe einlegt[47] (vgl. auch § 467 Rdn. 41 ff). Ebenso ist § 467 Abs. 4 nicht entsprechend anwendbar. Auf die Gründe für die Erfolglosigkeit kommt es nicht an[48]. Ob dem Angeklagten notwendige Auslagen (§ 464 a Abs. 2) entstanden sind, wird im Verfahren nach § 464 b geprüft[49]. Zum Verteidigerhonorar bei vorsorglicher Einlegung eines Rechtsmittels vgl. § 464 a, 34 ff.

19   **3. Erfolglose Rechtsmittel zuungunsten Nebenbeteiligter.** Die Staatskasse ist auch auslagenerstattungspflichtig, wenn die Staatsanwaltschaft zuungunsten eines Nebenbe-

---

[47] BayObLG Rpfleger **1971** 111; OLG Karlsruhe VSR 50 (1976) 272; *Kleinknecht/Meyer*[38] 15.

[48] OLG Oldenburg NdsRpfl. **1985** 45 (Zeitablauf).

[49] BayObLG MDR **1983** 156.

teiligten ein Rechtsmittel eingelegt hat und dieses erfolglos bleibt oder zurückgenommen wird. Wird im ersten Rechtszug von der Anordnung oder Festsetzung einer der in § 472 b Abs. 1 Satz 1 bezeichneten Nebenfolgen abgesehen, so regelt sich die Auslagenerstattung nach § 472 b Abs. 2. Legt die Staatsanwaltschaft gegen die Abstandnahme von der Anordnung oder Festsetzung dieser Nebenfolgen ein Rechtsmittel ein, so ist, wenn Nebenbeteiligte vorhanden sind, die von der Anordnung oder Festsetzung betroffen würden, Rechtsmittelgegner nicht der Angeklagte des subjektiven Verfahrens, der sich nicht gegen das Urteil wehrt, sondern der betroffene Nebenbeteiligte; seine notwendigen Auslagen sind der Staatskasse aufzuerlegen.

4. Rechtsmittel der Staatsanwaltschaft mit Wirkung zugunsten des Beschuldigten (Absatz 2 Satz 2)

a) Rechtsmittel zugunsten des Beschuldigten. Legt die Staatsanwaltschaft mit Erfolg ein Rechtsmittel zugunsten des Beschuldigten (§ 296 Abs. 2) ein, so war schon früher anerkannt, daß die kosten- und auslagenerstattungsrechtliche Wirkung die gleiche ist, als wenn der Beschuldigte selbst ein entsprechendes Rechtsmittel mit Erfolg eingelegt hätte[50]. Das spricht jetzt bezüglich der notwendigen Auslagen Absatz 2 Satz 2 ausdrücklich aus; daß der Beschuldigte auch von den Gerichtskosten freigestellt ist (oben Rdn. 12), bedurfte keines ausdrücklichen Ausspruchs mehr. Entsprechendes gilt für den Erfolg eines von der Staatsanwaltschaft zugunsten eines Nebenbeteiligten eingelegten Rechtsmittels. Bleibt das von der Staatsanwaltschaft zugunsten des Beschuldigten eingelegte Rechtsmittel erfolglos oder wird es zurückgenommen, so trägt die Staatskasse die Kosten, nicht aber die dem Beschuldigten im Rechtsmittelverfahren entstandenen notwendigen Auslagen[51]. **20**

b) Zuungunsten des Beschuldigten. Legt die Staatsanwaltschaft zuungunsten des Beschuldigten (oder eines Nebenbeteiligten) ein Rechtsmittel ein, wird aber die angefochtene Entscheidung gemäß § 301 zu dessen Gunsten abgeändert, so ist kosten- und auslagenrechtlich im Sinne des Absatzes 1, Absatz 2 Satz 1 das Rechtsmittel erfolglos, soweit es nicht das erstrebte Ziel erreicht; soweit es aber zugunsten des Beschuldigten wirkt, muß dieser bezüglich der Kosten und Auslagen so behandelt werden, wie wenn er selbst oder die Staatsanwaltschaft zu seinen Gunsten ein auf dieses Ergebnis gerichtetes Rechtsmittel erfolgreich eingelegt hätte[52]. **21**

V. Begriff des Erfolgs

1. Allgemeines. Der Begriff des Erfolgs ist für die Entscheidung über Kosten und notwendige Auslagen des Rechtsmittelverfahrens von zentraler Bedeutung, weil diese Entscheidung wesentlich an das Maß des Vorliegens eines Erfolges anknüpft. Das Gesetz unterscheidet zwischen (vollem) Erfolg (Absatz 2 Satz 2, Absatz 3), Teilerfolg (Absatz 4 Satz 1) und Erfolglosigkeit (Absatz 1). „Erfolg" ist grundsätzlich eine erstrebte und erreichte (günstige) Änderung der mit dem Rechtsmittel angegriffenen Entscheidung. Maßstab ist das erklärte oder erkennbare Ziel des Rechtsmittels (vgl. auch § 296, 32). Der Erfolg wird grundsätzlich ermittelt durch einen Vergleich der angefochtenen Entscheidung und des Anfechtungsziels einerseits und den mit Hilfe des Rechtsmittels **22**

---

[50] Vgl. RGSt **31** 21; BGHSt **19** 228.
[51] *Kleinknecht/Meyer*[38] 16; KMR-*Müller* 21.
[52] Vgl. RGSt **60** 16; s. auch BGHSt **16** 372;

OLG Braunschweig MDR **1986** 167 mit krit. Anm. *D. Meyer* JurBüro **1986** 1769.

schließlich erreichten Ergebnissen andererseits (vgl. auch Rdn. 34 ff)[53]. Wird die Sache aus der Rechtsmittelinstanz zurückverwiesen, so kommt es auf die abschließende Sachentscheidung an (Rdn. 27).

23   **2. Grund des Erfolges.** Für die Frage, ob ein Erfolg (Teilerfolg) vorliegt, ist grundsätzlich unerheblich, worauf das Ergebnis der Entscheidung beruht; entscheidend ist das Ergebnis selbst. Würde man den Erfolg eines Rechtsmittels nicht abstrakt daran messen, ob der Rechtsmittelführer objektiv das mit dem Rechtsmittel erstrebte Ziel erreicht hat, sondern den Grund des Ergebnisses in die Bewertung einbeziehen, so würde dies auf eine in ihren Konsequenzen nicht überschaubare Einschränkung des Erfolgsbegriffes hinauslaufen. Anhand dieses Grundsatzes ist auch die nach wie vor streitige Frage zu beantworten, ob ein Rechtsmittel Erfolg hat, wenn die Änderung nicht auf einer Korrektur eines Fehlers der angefochtenen Entscheidung, sondern auf Zeitablauf oder auf durch den Zeitablauf (mit) bedingten Veränderungen beruht[54]. Dagegen läßt sich aus dem neuen Absatz 5 (vgl. Entstehungsgeschichte) kein Argument zur Lösung der Problematik ableiten. Mit dieser Vorschrift, wonach ein Rechtsmittel als „erfolglos gilt", soweit der Entzug der Fahrerlaubnis nur deshalb nicht aufrechterhalten wird, weil die Voraussetzungen hierfür wegen der Dauer (Zeitablauf) einer vorläufigen Maßnahme nicht mehr vorliegen, wird das Ziel verfolgt, diese in der Rechtsprechung bislang erheblich umstrittene Streitfrage zu lösen und die Zahl der Rechtsmittel zu verringern, die in solchen Fällen mit dem Ziel eingelegt werden, mit Hilfe des rechtsmittelbedingten Zeitablaufs die im Urteil der Vorinstanz angeordnete endgültige Entziehung der Fahrerlaubnis (§ 69 StGB) in Wegfall zu bringen. Der Gesetzgeber hat jedoch eine gesetzliche Definition der Begriffe „Erfolg", „Teilerfolg", „Erfolglosigkeit" vermieden. Deshalb und wegen des besonderen Charakters der Norm läßt Absatz 5 keine Rückschlüsse für die Lösung anderer (verwandter) Streitfragen in § 473 zu (BTDrucks. 10 1313, S. 15, 41 ff; vgl. Rdn. 53 ff)[55]. Dies bedeutet, daß eine Berufung grundsätzlich auch dann erfolgreich ist, wenn die angegriffene Entscheidung zwar zur Zeit ihres Erlasses nach Auffassung des Rechtsmittelgerichts „richtig" war, aber eine Verschlechterung der wirtschaftlichen Lage des Angeklagten[56] oder ein durch Zeitablauf eingetretenes Verwertungsverbot (§ 51 BZRG)[57] zu einer günstigeren Strafzumessung führt. Eine andere Lösung wäre auch nicht vereinbar mit dem Wesen der Berufungsverhandlung als einer neuen Tatsacheninstanz; sie müßte im übrigen konsequenterweise dazu führen, daß eine Berufung der Staatsanwaltschaft, die zu einer Änderung des Urteils führt, weil inzwischen neue Tatsachen eingetreten sind (zum Beispiel nach Erlaß des erstinstanzlichen Urteils wegen fahrlässiger Körperverletzung stirbt der Verletzte), ebenfalls als „erfolglos" anzusehen wäre. Ein (Teil)Erfolg ist auch anzunehmen, wenn eine nachträgliche Gesetzesänderung zu einer Strafminderung führt[58].

---

[53] Vgl. auch BGHSt **19** 226 ff; OLG Frankfurt NJW **1979** 1515; OLG Hamm AnwBl. **1980** 309; OLG Karlsruhe Justiz **1982** 59; OLG Düsseldorf JurBüro **1985** 1051; OLG Stuttgart Justiz **1987** 319; KK-*Schikora/Schimansky*[2] 4, 6; 7; KMR-*Müller* 8 ff.

[54] Vgl. auch OLG Oldenburg NdsRpfl. **1985** 45; KMR-*Müller* 17; **a. A** *Kleinknecht/Meyer*[38] 21, 31.

[55] Vgl. *Rieß/Hilger* NStZ **1987** 207.

[56] Vgl. OLG Karlsruhe JurBüro **1985** 252;

Kleinknecht/Meyer[38] 21; *Kadel* GA **1979** 465; **a. A** OLG Hamburg MDR **1977** 72; *Schröter* NJW **1978** 1302; vgl. auch BayObLG DAR **1982** 256 (Abs. 4).

[57] Vgl. BayObLG MDR **1983** 155; **a. A** *Kleinknecht/Meyer*[38] 31; OLG Düsseldorf NStZ **1985** 380; JurBüro **1985** 1352; zur Erfolglosigkeit einer Berufung der StA wegen Zeitablaufs vgl. OLG Oldenburg NdsRpfl. **1985** 45.

[58] OLG München MDR **1977** 249.

3. Erfolg, Erfolglosigkeit. Ein Rechtsmittel hat vollen Erfolg, wenn es das erstreb- **24**
te, wenn auch beschränkte (Absatz 3) Ziel im wesentlichen erreicht (vgl. auch Rdn. 34 ff;
37 ff). Ein Rechtsmittel ist erfolglos, wenn es als unzulässig oder als unbegründet verworfen wird oder zwar zur Aufhebung und Zurückverweisung führt, die erneute Verhandlung in der Vorinstanz aber kein dem Rechtsmittelführer günstigeres Ergebnis hat
(Rdn. 27). Erfolglos ist daher ein Rechtsmittel, das eine andere rechtliche Qualifikation
der abgeurteilten Tat und auf dieser Grundlage eine schwerere Bestrafung bezweckt,
wenn das Rechtsmittelgericht zwar im Sinne des Rechtsmittelführers die Tat rechtlich
anders bewertet, die Strafe aber im Endergebnis unverändert bleibt[59]. Hat das Gericht
im Urteil keine Feststellungen zur Schuldfrage getroffen, so ist die auf die Berufung des
Angeklagten erfolgende Ergänzung, daß der Angeklagte wegen eines fahrlässig begangenen Vergehens verurteilt sei, kein Rechtsmittelerfolg[60]. Hat das amtsgerichtliche
Urteil übersehen, daß ein Strafbefehl wegen Verspätung des Einspruchs schon rechtskräftig war, und auf die gleiche oder eine mildere Strafe als im Strafbefehl erkannt, so
ist ein Rechtsmittel des Angeklagten erfolglos, wenn es zwar wegen des Verfahrenshindernisses der bereits eingetretenen Rechtskraft zur Aufhebung des angefochtenen Urteils führt, der Einspruch aber als unzulässig verworfen wird, und es daher bei der im
Strafbefehl festgesetzen Strafe (gegebenenfalls mit der Milderung durch ein späteres Urteil) verbleibt[61]. Auch eine Revision, die zur Aufhebung des Berufungsurteils und zur
Verwerfung der zu spät eingelegten Berufung führt, ist erfolglos[62]. Wie eine erfolglose
ist die „erfolgreiche" Revision der Staatsanwaltschaft zu behandeln, die allein das Ziel
verfolgt, das Urteil mit dem Gesetz (Verfassung) in Einklang zu bringen[63]. Erfolglos ist
desweiteren das „überholte" Rechtsmittel; falls die prozessuale Überholung nach Einlegung des Rechtsmittels eingetreten ist, ist es gegenstandlos und eine Kostenentscheidung ergeht nicht[63a] (vgl. auch Rdn. 4).

4. Teilerfolg hat ein Rechtsmittel, wenn es nicht in vollem Umfang verworfen **25**
wird, vielmehr nur zu einem nicht ganz unerheblichen Teil erfolglos bleibt (§ 473
Abs. 4), also ein nicht unerheblicher Teil des erstrebten Erfolges (zum Beispiel Wegfall
oder deutliche Milderung von Rechtsfolgen der Tat) erreicht wird (vgl. Rdn. 49)[64].

5. Unwesentlicher Teilerfolg. Einem erfolglosen Rechtsmittel (§ 473 Abs. 1) steht **26**
das gleich, das — gemessen am erstrebten Erfolg — im Gegensatz zum Teilerfolg (Rdn.
25) nur einen unwesentlichen Teilerfolg hat. Dies ist zum Beispiel dann anzunehmen,
wenn auf eine Berufung des Angeklagten das Berufungsurteil unter veränderter rechtli-

---

[59] Vgl. RGSt **45** 268; BGH JR **1956** 69; Bay-
ObLGSt **8** 54; **12** 325; **15** 108; zum JGG vgl.
OLG Düsseldorf JurBüro **1983** 738 (unzu-
lässiger Erfolg); vgl. Fußn. 66.

[60] OLG Düsseldorf JMBlNW **1982** 256.

[61] BGHSt **13** 310; OLG Düsseldorf MDR
1986 428; s. aber OLG Karlsruhe DAR **1960**
237; OLG Hamm VRS **43** (1972) 112; vgl. die
Erl. zu § 411; zum Rechtsmittel bei rechtskräftigem Bußgeldbescheid vgl. OLG Stuttgart Justiz **1978** 284.

[62] OLG Düsseldorf GA **1983** 220.

[63] Vgl. BGHSt **18** 268; OLG Oldenburg NJW
1962 2120; OLG Stuttgart Justiz **1987** 319;

KMR-*Müller* 17; ähnlich *Kleinknecht/Mey-
er*[38] 17 (Rechtsmittel weder zugunsten noch
zuungunsten des Angeklagten); vgl. auch
OLG Hamm NJW **1962** 2073.

[63a] Vgl. OLG Frankfurt NJW **1957** 839; OLG
Bremen MDR **1963** 335; *Kleinknecht/Meyer*[38]
Vor § 296, 17; *Eb. Schmidt* JZ **1968** 363; *Peters*
JR **1973** 343; § 81 b, 21; § 81 c, 57; § 304, 36.

[64] Vgl. BGH StrVert. **1987** 449; OLG Düsseldorf JurBüro **1985** 1051; VRS **69** (1985) 226;
zum JGG vgl. OLG Karlsruhe Justiz **1982** 59
(Erfolg durch Änderung der Ahndungsmaßnahmen).

Hans Hilger

cher Bewertung der Tat die Strafe nur geringfügig mildert[65], wenn auf Berufung der Staatsanwaltschaft zwar der Schuldspruch verschärft wird, die Strafe aber gleich bleibt[66], oder wenn die Berufung gegen den Freispruch vom Vorwurf fahrlässiger Tötung nur zur Verurteilung wegen einer Ordnungswidrigkeit führt[67].

6. Aufhebung des Urteils und Zurückverweisung in die Vorinstanz

27   **a) Maßgeblichkeit des neuen Urteils.** Wird auf Revision das Urteil aufgehoben und die Sache in die Vorinstanz zur anderweiten Entscheidung zurückverwiesen, so ist dies noch kein Erfolg; es kommt vielmehr darauf an, ob und inwieweit die neue Entscheidung zugunsten oder zuungunsten des Beschwerdeführers ausfällt[68]. Daher trifft das Revisionsgericht keine Entscheidung über die Kosten des Rechtsmittels; vielmehr wird über diese Kosten in dem neuen Urteil der Vorinstanz mit entschieden. Dabei bildet das Verfahren der Vorinstanz vor und nach dem Revisionsrechtszug kostenrechtlich eine Einheit[69]. Ist also der Angeklagte im ersten Rechtszug verurteilt und legt die Staatsanwaltschaft Revision ein, die zur Zurückverweisung führt, und endet die erneute Hauptverhandlung im ersten Rechtszug rechtskräftig wieder mit der Verurteilung im früheren Umfang, so treffen zwar den Angeklagten gemäß § 465 die Kosten und die ihm entstandenen eigenen Auslagen der weiteren Hauptverhandlung. Dagegen erweist sich die Revision der Staatsanwaltschaft im Endergebnis als unbegründet, und die in der Revisionsinstanz dem Angeklagten erwachsenen notwendigen Auslagen sind gemäß § 473 Abs. 2 Satz 1 der Staatskasse aufzuerlegen[70]. Legt der Angeklagte gegen eine verurteilende Entscheidung unbeschränkt Revision ein, und wird er nach Aufhebung und Zurückverweisung, wenn auch mit anderer rechtlicher Begründung, wieder zu derselben Strafe verurteilt, so war sein Rechtsmittel erfolglos[71].

28   **b) Kritik und Stellungnahme.** Diese (Rdn. 27) Ergebnisse sind in der Literatur insbesondere für die Fälle, in denen eine mit Fehlern des Gerichts begründete Revision (zum Beispiel Besetzungsrüge) des Angeklagten zur Aufhebung des Urteils und Zurückverweisung führt und es dann erneut zu einer gleichwertigen Verurteilung des Angeklagten kommt, als unbillig kritisiert worden; der Angeklagte dürfe nicht mit Kosten und notwendigen Auslagen belastet werden, die infolge der „Selbstkorrektur" der Justiz entstanden seien[72]. In der Rechtsprechung ist eine solche Auffassung nur selten vertreten worden[73]. Die herrschende Meinung steht auf dem Standpunkt, nach geltendem

---

[65] OLG Köln Rpfleger **1971** 29; zur Nebenklage vgl. OLG Düsseldorf JurBüro **1987** 1520.

[66] Vgl. BGH JR **1956** 69; anders, wenn die Veränderung des Schuldspruchs von besonderer Bedeutung für den Angeklagten ist: OLG München NJW **1973** 864; OLG Celle MDR **1976** 1042; s. auch OLG Braunschweig MDR **1986** 167 (statt Geldstrafe Freiheitsstrafe, deren Vollstreckung ausgesetzt wird).

[67] Vgl. BayObLGSt **1953** 257; s. auch NJW **1960** 255 (unwesentliche Straferhöhung).

[68] BGH GA **1979** 27; BayObLGSt **1966** 106, 108; GA **1971** 247; OLG München AnwBl. **1973** 366; **1977** 75; s. auch KK-*Schikora/Schimansky*[2] 7.

[69] RGSt **30** 128; **53** 303; BGHSt **18** 231.

[70] BGHSt **18** 231; krit. hierzu KMR-*Müller* 21.

[71] BGH JR **1956** 69.

[72] Vgl. *Luetgebrune* in Anm. zu LG Regensburg KostRspr. § 465 Nr. 26 (analoge Anwendung von § 465 Abs. 2); *Warburg* NJW **1973** 23 (Neuinterpretation des Erfolgsbegriffs über § 8 Abs. 1 GKG); ähnlich *Roxin*[20] § 57 C III; Forderungen de lege ferenda bei *Rieß* Thesen S. 156; vgl. zur Problematik auch *Peters*[4] § 80 I 2; *D. Meyer* DAR **1973** 231; *Rieß* ZRP **1977** 77; *Schmid* ZRP **1981** 209; *Schmidt* ZRP **1982** 56; *Seier* NStZ **1982** 271; *Hassemer* ZStW **85** (1973) 651; s. auch Rdn. 1.

[73] Vgl. OLG Dresden JW **1929** 2773; DRiZ **1932** Nr. 620.

Recht bestehe, abgesehen von §8 GKG (§465, 13), keine Möglichkeit, Mehrauslagen des Verurteilten, die aus „Fehlern" der Justiz oder aus einer vom Vorderrichter abweichenden Beurteilung der Sach- oder Rechtslage durch das Rechtsmittelgericht entstehen, der Staatskasse zu überbürden. Aus dem das Kostenrecht beherrschenden Veranlassungsprinzip (Vor §464, 15) folge, daß der verurteilte Angeklagte grundsätzlich das finanzielle Risiko dafür trage, daß nicht alsbald, schon im ersten Rechtszug die „richtige", gemeint endgültige Entscheidung getroffen werde[74]. Die Auffassung der herrschenden Meinung ist im Ergebnis wohl richtig, wenn auch die Ableitung aus dem Veranlasserprinzip nicht unbedingt zwingend erscheint. Jedenfalls kann der gegenwärtige Zustand zu äußerst unbilligen Ergebnissen führen und ist deshalb unbefriedigend und reformbedürftig; dabei wäre es nicht unbedingt erforderlich, das Veranlassungsprinzip aufzugeben — es würde genügen, es unter Berücksichtigung anderer Prinzipien (Billigkeit, Verschulden) „verfeinernd" zu modifizieren[75].

7. Aufhebung eines Formalurteils. Der in Rdn. 27 genannte Grundsatz, daß die **29** Aufhebung des Urteils unter Zurückverweisung der Sache noch keinen Erfolg darstellt, sondern nur dann, wenn die erneute Entscheidung zu einem für den Beschwerdeführer günstigeren Erfolg geführt hat, gilt nicht nur, wenn die angefochtene Entscheidung eine Sachentscheidung darstellt und nach Zurückverweisung wiederum eine Sachentscheidung ergeht, sondern auch dann, wenn die angefochtene Entscheidung ein Rechtsmittel oder einen Rechtsbehelf des Beschwerdeführers ohne sachliche Prüfung verworfen hat, etwa wegen Verspätung des Rechtsmittels oder wegen Ausbleibens des Angeklagten in den Fällen der §§329, 412. Erfolglos ist also auch die Revision des Angeklagten, dessen Berufung nach §329 ohne Sachprüfung verworfen wurde, wenn nach Aufhebung des Urteils und Zurückverweisung zwar eine erneute Verwerfung aus §329 entfällt, aber die Berufung nunmehr aus sachlichen Gründen verworfen wird, denn das mit der Revision erstrebte Ziel des Angeklagten war nicht nur die Erreichung einer sachlichen Prüfung seiner Berufung, sondern die Erreichung einer Besserstellung bei der sachlichen Prüfung[76]. Anders liegt es, wenn das Revisionsgericht entsprechend dem von der Revision verfolgten Ziel ein Urteil des Berufungsgerichts deshalb aufhebt, weil das Rechtsmittel gegen das amtsgerichtliche Urteil, über das das Berufungsgericht entschieden hatte, in Wahrheit eine Revision war. Dann sind ohne Rücksicht auf den Ausgang des weiteren Verfahrens die Kosten der gegen das Berufungsurteil eingelegten Revision, einschließlich der notwendigen Auslagen des Angeklagten der Staatskasse aufzuerlegen, während die Kosten des Verfahrens vor dem Berufungsgericht zu den Kosten der gegen das amtsgerichtliche Urteil eingelegten Revision gehören[77].

8. Wird ein Verfahren erst in der Rechtsmittelinstanz wegen eines Verfahrenshin- 30 dernisses eingestellt, so treffen die Kosten des Verfahrens die Staatskasse, gleichviel welche Partei das Rechtsmittel eingelegt hat (§467 Abs. 1)[78]. §467 gilt auch bezüglich der Auslagen des Angeschuldigten[79].

---

[74] Vgl. BGH MDR **1963** 69; OLG Stuttgart Justiz **1970** 95; OLG München AnwBl. **1973** 366; *Kleinknecht/Meyer*[38] 7; s. auch BVerfGE **31** 137.

[75] Zu Einzelheiten vgl. *Rieß* Thesen S. 154; s. auch die Erl. vor §464.

[76] BayObLG GA **1971** 247; **a. A** LG Bonn

MDR **1974** 863 (analoge Anwendung von §465 Abs. 2); s. o. Rdn. 28.

[77] BayObLG JR **1967** 29.

[78] Vgl. auch KG GA **63** (1917) 338.

[79] Vgl. OLG Celle NJW **1975** 400; OLG Hamm NJW **1978** 178; §467, 17; 54 und §465, 46.

Hans Hilger

31   **9. Abgabe wegen Unzuständigkeit.** Gibt das Rechtsmittelgericht eine Sache wegen Veränderung seiner Zuständigkeit an das zuständige Gericht zur Entscheidung ab, so bedarf es, da keine Sachentscheidung ergeht, keines Ausspruchs über die Kosten des Rechtsmittels[80].

VI. Auf bestimmte Beschwerdepunkte beschränktes Rechtsmittel (Absatz 3)

32   **1. Allgemeines.** Absatz 3 regelt den Fall, daß der Beschuldigte oder ein anderer Beteiligter ein zulässigerweise auf bestimmte Beschwerdepunkte beschränktes Rechtsmittel eingelegt und damit Erfolg hat. „**Anderer Beteiligter**" — der Begriff ist nicht identisch mit dem des Nebenbeteiligten im Sinne des § 473 Abs. 2 — ist im Offizialverfahren jeder Anfechtungsberechtigte außer der Staatsanwaltschaft und dem Nebenkläger (Rdn. 71 ff), insbesondere der Nebenbeteiligte, der gesetzliche Vertreter, der Erziehungsberechtigte. **Bestimmte Beschwerdepunkte** sind „abtrennbare Teile" einer umfassenden Entscheidung im Sinne der §§ 318, 344, zum Beispiel die Höhe des Tagessatzes einer Geldstrafe, die Entziehung der Fahrerlaubnis usw.[81]. Eine Beschränkung auf bestimmte Beschwerdepunkte liegt aber nur vor, wenn sich das Rechtsmittel auf abtrennbare Teile des Spruchs wegen einer Tat (§ 264) bezieht. Absatz 3 ist also unanwendbar, wenn der wegen mehrerer Taten verurteilte Angeklagte nur wegen einer Tat das Rechtsmittel einlegt. Ficht er ein solches Urteil zunächst in vollem Umfang an, um das Rechtsmittel demnächst auf die Verurteilung wegen einer Tat zu beschränken, so liegt bezüglich der übrigen Taten eine vollständige Zurücknahme des Rechtsmittels im Sinne des § 473 Abs. 1 vor[82]. Erfolg hat das beschränkte Rechtsmittel, wenn er das erstrebte Ziel in vollem Umfang erreicht (Rdn. 24; 34); bei bloßem Teilerfolg findet Absatz 4 Anwendung. Die Vorschrift gilt **nicht für** den **beschränkten Einspruch** gegen den Strafbefehl (s. Rdn. 3).

33   **2. Gerichtskosten.** Nicht ausdrücklich geregelt ist, wen bei Erfolg des beschränkten Rechtsmittels die Gerichtskosten (§ 464 a Abs. 1) treffen. Insoweit verbleibt es bei den Grundsätzen der §§ 465 Abs. 1, 467 Abs. 1, 2: wird der Beschuldigte von dem ihn belastenden Teil der Entscheidung, die den Gegenstand des Rechtsmittels bildet, freigestellt, so wird er insoweit — auch wenn er im übrigen verurteilt ist und bleibt — „freigesprochen" und die Gerichtskosten fallen — in gleicher Weise wie seine Auslagen — der Staatskasse zur Last. Ist der Beschuldigte Anfechtungsgegner, und dringt der Beschwerdeführer mit seinem Rechtsmittel durch, zum Beispiel die Staatsanwaltschaft mit ihrer auf das Strafmaß beschränkten und auf Erhöhung der Strafe gerichteten Berufung, so ist der Beschuldigte insoweit verurteilt im Sinne des § 465 und trägt die Verfahrenskosten und seine eigenen Auslagen der Rechtsmittelinstanz[83]. Daß das EGOWiG an dem Grundsatz, den obsiegenden Beschwerdeführer bei vollem Erfolg seines beschränkten Rechtsmittels von Gerichtskosten freizustellen, nichts ändern wollte, ergibt sich auch aus § 473 Abs. 4, der bei Teilerfolg des beschränkten Rechtsmittels eine Ermäßigung der Gerichtskosten und eine Verteilung der gerichtlichen Auslagen vorsieht[84].

---

[80] OLG Oldenburg OLGSt § 473, 76.
[81] Vgl. BGHSt **16** 168; **19** 229; OLG Oldenburg DAR **1976** 216.
[82] Vgl. BayObLG JZ **1953** 47.

[83] BGHSt **19** 230.
[84] Vgl. KG NJW **1970** 2130; OLG Oldenburg DAR **1976** 216; KK-*Schikora/Schimansky*[2] 6.

3. Anfängliche Beschränkung des Rechtsmittels

a) Grundsätze, Vergleichsmaßstab. Absatz 3 erfaßt zunächst den Fall, daß der Be- **34** schwerdeführer sein Rechtsmittel von vornherein, spätestens innerhalb der Begründungsfrist (§§ 317, 345) zulässig auf bestimmte Beschwerdepunkte beschränkt (Rdn. 32) und damit vollen Erfolg hat, also — im Gegensatz zum Teilerfolg des § 473 Abs. 4 — im wesentlichen das erstrebte Ziel erreicht[85]. Umstritten ist der Vergleichsmaßstab (vgl. auch Rdn. 22 ff). Maßgebend dafür, ob ein (voller) Erfolg vorliegt, ist in der Regel der Vergleich zwischen der angefochtenen Entscheidung der Vorinstanz (zum Beispiel der dort verhängten Strafe) und dem in der Rechtsmittelinstanz unter Berücksichtigung der Beschränkung erreichten Ergebnis (also der Milderung), nicht dagegen der Vergleich zwischen dem in den Schlußanträgen genannten Ziel und dem (nur) erreichten Ergebnis[86]. Es kann nämlich keinen Unterschied machen, ob der Verteidiger sich bei den Schlußanträgen auf allgemeine Ausführungen beschränkt oder darüber hinausgehend mehr oder weniger bestimmte Anträge stellt. Es kann ihm nicht zugemutet werden, bei den Schlußanträgen im Hinblick auf die zu erwartende Kostenentscheidung vorsichtshalber zurückhaltend zu sein[87].

b) Einzelfälle. Bei einer Beschränkung der Berufung auf das Strafmaß liegt da- **35** nach ein voller Erfolg vor, wenn der Angeklagte statt der verhängten Freiheitsstrafe, mag sie auch zur Bewährung ausgesetzt sein, eine Geldstrafe erstrebt und erreicht[88], aber auch dann, wenn er die erstrebte Milderung nicht konkretisiert, jedoch eine wesentliche Ermäßigung der erkannten Strafe als erstrebtes Ziel anzunehmen ist[89], etwa wenn er den Umfang der Milderung in das Ermessen des Gerichts stellt, oder eine „erhebliche Milderung", eine „niedrigere Strafe" oder eine „mildere Beurteilung, kein Berufsverbot" erbittet und eine deutliche (fühlbare) Ermäßigung erreicht[90]. In solchen Fällen kann ein voller Erfolg in der Reduzierung der Strafe um die Hälfte[91], um ein Drittel[92] oder auch noch um ein Viertel[93] gesehen werden. Gleiches kann gelten, wenn eine Strafaussetzung zur Bewährung erstrebt und erreicht wird[94]. Ein voller Erfolg liegt auch vor, wenn bei Verurteilung zu Geldstrafe und Entzug der Fahrerlaubnis in der Berufung die Geldstrafe um 30% gemildert und nur ein Fahrverbot angeordnet wird[95]. Nur ein Teilerfolg (Absatz 4) liegt vor, wenn bei einer Fahrerlaubnissperre von

[85] H. M; vgl. RG HRR **1931** Nr. 177; OLG Celle MDR **1971** 322; *Kleinknecht/Meyer*[38] 20, 21; KK-*Schikora/Schimansky*[2] 4, 6; **a. A** *Foth* NJW **1972** 1224 (voller „Erfolg" sei nicht der erstrebte, sondern der rechtlich erreichbare Erfolg, bei Strafmaßberufung also die gesetzliche Mindeststrafe).

[86] Vgl. OLG Hamburg GA **1970** 244; OLG Stuttgart OLGSt § 473, 79; OLG Frankfurt NJW **1979** 1515; OLG Hamm AnwBl. **1980** 309; OLG Karlsruhe Justiz **1982** 59; OLG Nürnberg OLGSt N. F Nr. 1; **a. A** wohl *Kleinknecht/Meyer*[38] 21; vgl. auch OLG Düsseldorf JurBüro **1985** 1051 (Vergleich zwischen dem in der Rechtsmittelschrift genannten Ziel und dem Ergebnis oder, falls kein Ziel genannt, Heranziehung aller Umstände, ggfl. auch des Schlußvortrages); OLG Braunschweig AnwBl. **1980** 309 (über die Beschränkung hinausgehender Schlußantrag).

[87] OLG Frankfurt NJW **1979** 1515.

[88] Vgl. OLG Köln JMBlNW **1953** 262; OLG Hamburg NJW **1970** 1467; BayObLG DAR **1974** 184.

[89] OLG Oldenburg NJW **1970** 2130.

[90] RGSt **63** 311; BayObLGSt **12** 7; **20** 379; OLG Hamm JMBlNW **1970** 222; OLG Stuttgart OLGSt § 473, 79; OLG Frankfurt NJW **1979** 1515; zum JGG vgl. OLG Karlsruhe Justiz **1982** 59.

[91] KG NJW **1953** 1405; OLG Braunschweig AnwBl. **1980** 309; vgl. auch OLG Hamm AnwBl. **1980** 309 (35 Tagessätze statt 2 Monate Freiheitsstrafe).

[92] RG JW **1932** 3628; OLG Hamm JMBlNW **1970** 222; OLG Hamburg GA **1970** 244.

[93] RGSt **63** 311.

[94] Vgl. OLG Celle AnwBl. **1980** 36; OLG Schleswig OLGSt N. F Nr. 2.

[95] OLG Oldenburg DAR **1976** 216.

Hans Hilger

14 Monaten eine Herabsetzung auf das gesetzliche Mindestmaß (§ 69 a Abs. 1 StGB) angestrebt, aber nur eine Milderung um wenige Monate erreicht wird[96]. Wird die Reduzierung einer verhängten Geldstrafe angestrebt, so ist die Frage des vollen oder teilweisen Erfolges nicht am Endergebnis zu messen, etwa mit der Folge, daß die Herabsetzung der Anzahl der verwirkten Tagessätze bei gleichzeitiger Erhöhung des einzelnen Tagessatzes (wegen veränderten oder falsch beurteilten Einkommens) kein (Teil)-Erfolg wäre, wenn insgesamt der gleiche Endbetrag verbleibt. Vielmehr ist schon im Hinblick auf die Ersatzfreiheitsstrafe ein Vergleich der einzelnen Veränderungen mit der ursprünglich verhängten Strafe erforderlich[97], so daß in der erheblichen Minderung der Tagessatzanzahl — unabhängig vom Endprodukt aus Tagessatzanzahl und -höhe — ein Erfolg liegen kann. Bei einer die Auslagenentscheidung im Fall des § 465 Abs. 2 Satz 3 betreffenden Beschwerde (§ 464 Abs. 3 Satz 1) ist es ein voller Erfolg, wenn der Angeklagte, der nach dem Urteil seine notwendigen Auslagen in vollem Umfang selbst zu tragen hat, die Überbürdung eines „ganz wesentlichen Teils" seiner Auslagen auf die Staatskasse begehrt und die Überbürdung der Hälfte seiner Auslagen auf die Staatskasse erreicht[98].

36   **4. Beschränkungssurrogat bei verfahrensrechtlich nicht möglicher Beschränkung der Anfechtung.** Ist eine wirksame Beschränkung der Anfechtung auf einen bestimmten Beschwerdepunkt verfahrensrechtlich nicht möglich (zum Beispiel nicht auf Wegfall der Verurteilung wegen einer tateinheitlich als verwirklicht angenommenen Gesetzesverletzung)[99], so liegt ein voller Erfolg des Rechtsmittels vor, wenn der Beschwerdeführer erklärt, daß er mit seiner (notgedrungen) weitergehenden Anfechtung nur das beschränkte Ziel erstrebe und dieses im Ergebnis auch erreicht[100]. Absatz 3 ist daher anwendbar, wenn der aus § 316 StGB zu Freiheitsstrafe und Fahrerlaubnisentziehung Verurteilte mit der Berufung die Verurteilung wegen fahrlässigen Vergehens nach § 323 a StGB zu einer Geldstrafe sowie Abkürzung der Sperrfrist erstrebt und erreicht[101]. Der gleiche Grundsatz gilt, wenn das auf den Strafausspruch beschränkte Rechtsmittel nur deshalb als unbeschränkt eingelegt behandelt werden muß, weil das angefochtene Urteil unzureichende Feststellungen zum Schuldausspruch enthält[102].

VII. Erfolg des nachträglich beschränkten Rechtsmittels

37   **1. Allgemeines.** Eine „nachträgliche" Beschränkung des Rechtsmittels liegt vor, wenn die Beschränkung (vgl. Rdn. 32) nicht innerhalb der Rechtsmittelbegründungsfrist (§§ 317, 344) erfolgt (vgl. Rdn. 34; 45), sondern danach, spätestens in den Schlußanträgen. Vergleichsmaßstab für die Frage des Erfolges (Teilerfolges usw.) ist in der Regel nicht der Schlußantrag[103]; es gelten auch hier grundsätzlich die Überlegungen in Rdn. 34. Allerdings kann im Schlußantrag eine (erneute) nachträgliche Beschränkung liegen,

---

[96] OLG Oldenburg NJW **1970** 2130.
[97] Einzelheiten bei *Kadel* GA **1979** 465; vgl. auch OLG Düsseldorf JurBüro **1986** 412 (Minderung der Tagessatzhöhe); OLG Koblenz Rpfleger **1985** 503; s. auch OLG Nürnberg OLGSt N. F Nr. 1; Fußn. 56.
[98] OLG Schleswig AnwBl. **1976** 23; vgl. auch OLG Düsseldorf JurBüro **1985** 1051.
[99] Vgl. BGHSt 19 229 und die Erl. zu § 318.
[100] H. M; vgl. BGHSt 19 229; OLG Stuttgart

MDR **1976** 73; KK-*Schikora/Schimansky*[2] 4, 6; *Kleinknecht/Meyer*[38] 22; KMR-*Müller* 10; *Hentschel* MDR **1976** 369; a. A *Foth* NJW **1972** 1224 (Abs. 4).
[101] OLG Düsseldorf JMBlNW **1970** 280.
[102] OLG Hamburg Rpfleger **1970** 177.
[103] Vgl. Fußn. 86, 53; a. A OLG Oldenburg NJW **1970** 2130; *Kleinknecht/Meyer*[38] 21; unklar OLG Celle AnwBl. **1980** 36; s. auch OLG Düsseldorf NStZ **1985** 380.

wenn der Antrag wesentlich von einer bereits erklärten Beschränkung abweicht (erheblich hinter ihr zurückbleibt); in diesem Fall sowie in dem, daß eine Beschränkung erstmals im Schlußantrag erklärt wird, dürfte es richtig sein, bei der Prüfung, ob ein (voller) Erfolg vorliegt, auf die Erklärung im Schlußantrag abzustellen und sie in den Vergleich einzubeziehen (vgl. Rdn. 34). Im übrigen gelten die Ausführungen in Rdn. 32 entsprechend.

2. Die kostenrechtliche Behandlung der nachträglichen Beschränkung, die von Absatz 3 nicht unmittelbar erfaßt zu sein scheint, ist streitig. **38**

a) Überholte Lösung. Nach einer im wesentlichen unter § 473 a. F vertretenen **39** Auffassung kam es für die Frage, ob das Rechtsmittel Erfolg hatte, nur auf die Schlußanträge an. Die Nachträglichkeit der Beschränkung wurde als kostenrechtlich unbeachtlich angesehen[104]. Diese Lösung führte zu unbilligen Ergebnissen, weil sie nicht berücksichtigte, daß vor der Beschränkung des Rechtsmittels des Angeklagten erhebliche, oft letztlich unnötige Auslagen (Rdn. 42) entstanden sein konnten und es einer inneren Rechtfertigung entbehrte, den mit seinem nachträglich beschränkten Rechtsmittel erfolgreichen Angeklagten völlig davon freizustellen, sie zu tragen. Die Lösung wird heute — soweit ersichtlich — nicht mehr vertreten.

b) Mindermeinung. Nach einer späteren Auffassung betrifft § 473 Abs. 3 nur das **40** von vornherein beschränkte Rechtsmittel und ein Erfolg des nachträglich beschränkten Rechtsmittels sei nur ein Teilerfolg im Sinne von Absatz 4[105].

c) Herrschende Meinung. Nach h. M[106] ist bei vollem Erfolg des nachträglich beschränkten Rechtsmittels Absatz 3, nicht Absatz 4 des § 473 anwendbar, jedoch dahin eingeschränkt, daß der unmittelbar nur für die vollständige Zurücknahme des Rechtsmittels geltende § 473 Abs. 1 auf die in der nachträglichen Beschränkung liegende Teilzurücknahme (§§ 302, 303) sinngemäß anzuwenden ist. Danach werden bei vollem Erfolg des erst nachträglich beschränkten Rechtsmittels die Kosten des Rechtsmittels und die dem Angeklagten im Rechtsmittelzug erwachsenen notwendigen Auslagen der Staatskasse auferlegt mit Ausnahme derjenigen gerichtlichen und außergerichtlichen Auslagen, die bei einer von vornherein (vgl. Rdn. 34; 37; 45) beschränkten Rechtsmitteleinlegung vermeidbar gewesen wären; letztere hat der Angeklagte zu tragen. **41**

d) Stellungnahme: Der h. M ist zuzustimmen. Wenn der Angelagte seine Berufung erst kurz vor Eintritt in die Berufungsverhandlung zum Beispiel auf die Straffrage beschränkt, können schon durch die Ladung und das Erscheinen von Zeugen und Sachverständigen, die sich lediglich zur Schuldfrage äußern sollen, erhebliche Kosten ent- **42**

---

[104] Vgl. RGSt **63** 313; OLG Hamm NJW **1957** 76; OLG Celle NJW **1959** 163; weitere Nachweise und Einzelheiten bei LR-*K. Schäfer*[23] 44.

[105] OLG Hamm JMBlNW **1970** 22; **1974** 81; OLG Stuttgart Rpfleger **1970** 439; OLG Düsseldorf JMBlNW **1972** 86; BayObLG JR **1976** 380 mit abl. Anm. *Meyer*; OLG München DAR **1977** 78; JurBüro **1985** 906; OLG Koblenz VRS **59** (1980) 354; OLG Bamberg MDR **1984** 605; KMR-*Müller* 12; *Kleinknecht* MDR **1971** 156; *Oberstebrink-Bockholt* MDR **1973** 274.

[106] KG NJW **1970** 2129; OLG Düsseldorf JMBlNW **1970** 280; MDR **1972** 888; OLG Celle MDR **1971** 322; NJW **1975** 400; AnwBl. **1980** 36; OLG Nürnberg AnwBl. **1971** 181; OLG Karlsruhe Justiz **1972** 395; **1976** 213; OLG Frankfurt NJW **1974** 1670; **1979** 1515; OLG Koblenz JR **1974** 77 mit Anm. *Meyer*; OLG Stuttgart MDR **1976** 73; OLG Zweibrücken JurBüro **1978** 1690; OLG Hamm MDR **1982** 778; KK-*Schikora/Schimansky*[2] 6; *Kleinknecht/Meyer*[38] 20; *Meyer* JR **1976** 380.

Hans Hilger

standen sein, die sich infolge der Beschränkung der Berufung als zwecklos erweisen. Sie können noch höher sein, wenn sich der Angeklagte erst am Schluß einer mehrtägigen Beweisaufnahme zur Beschränkung seines Rechtsmittels auf die Straffrage veranlaßt sieht, weil er angesichts des Ergebnisses der Beweisaufnahme mit einem Erfolg seines Rechtsmittels zur Schuldfrage nicht mehr rechnen kann. Die Staatskasse mit den so entstandenen gerichtlichen Auslagen und den entsprechenden notwendigen Auslagen des Angeklagten zu belasten, wäre sachlich unberechtigt. Ein solches Ergebnis wäre insbesondere mit dem Grundgedanken des § 467 Abs. 2 unvereinbar. Wenn der nicht verurteilte Angeklagte die Kosten und notwendigen Auslagen trägt, die er durch schuldhafte Säumnis verursacht hat, dann hat auch derjenige Angeklagte die gerichtlichen und seine notwendigen eigenen Auslagen zu tragen, die er dadurch veranlaßt hat, daß er infolge Säumnis oder in Verschätzung der Erfolgschancen seines Rechtsmittels nicht rechtzeitig beschränkte. Die Staatsanwaltschaft könnte zwar, wenn die Beschränkung erst in der Hauptverhandlung erfolgt, eine Belastung der Staatskasse dadurch vermeiden, daß sie die zur Wirksamkeit der Beschränkung als einer Teilzurücknahme erforderliche Zustimmung (§ 303) nicht erteilt; dann wäre das Berufungsgericht zu einer Entscheidung über die Berufung im ursprünglich eingelegten Umfang gezwungen, und wenn es dann nur dem mit der (unwirksamen) Beschränkung erstrebten Ziel des Angeklagten entspricht, läge ein die Anwendbarkeit des § 473 Abs. 4 begründender Teilerfolg seines Rechtsmittels vor[107]. Mit Recht ist aber darauf hingewiesen worden, daß ein solcher faktischer Zwang für die Staatsanwaltschaft lediglich aus Kostengründen die Zustimmung zur Rechtsmittelbeschränkung zu versagen, zu einer prozeßökonomisch nicht vertretbaren Belastung des Rechtsmittelgerichts führt[108].

43   Für die **Mindermeinung**, die solche Ergebnisse ebenso wie die herrschende Meinung vermeiden will, wird nun im wesentlichen geltend gemacht[109], die herrschende Meinung führe zwar bei einfach gelagerten Fällen nicht zu Schwierigkeiten, wohl aber in komplizierten Fällen, etwa wenn durch Teilzurücknahme nur noch in einem Nebenpunkt zu entscheiden sei oder wenn bei einer Mehrzahl von Straftaten das Rechtsmittel nachträglich in unterschiedlicher Weise beschränkt werde. Wenn nämlich bei weitgehender Beschränkung des ursprünglichen Rechtsmittels nur noch ein geringer Erfolg verbleibe, so gebe die Entscheidung, wonach grundsätzlich die Staatskasse die Kosten und die notwendigen Auslagen des Angeklagten trage, die tatsächliche Lage „verzerrt" wieder, weil in Wahrheit das Schwergewicht der Entscheidung in der Belastung des Angeklagten mit den vor der Beschränkung entstandenen Kosten und Auslagen beruhe. Ferner entfalle zum Nachteil des Beschwerdeführers die Möglichkeit einer ihn günstiger stellenden Ermessensentscheidung nach § 473 Abs. 4. Sodann bringe eine Entscheidung, der Angeklagte habe die gerichtlichen und außergerichtlichen Auslagen zu tragen, die bei einer von vornherein beschränkten Rechtsmitteleinlegung **vermeidbar** gewesen wären, nicht die erstrebenswerte klare Bestimmung der Kostenlage. Bei Anwendung des § 473 Abs. 4 könne das Rechtsmittelgericht infolge seiner Sachkenntnis die Kostenverteilung nicht nur am besten, sondern im Hinblick auf seinen großen Ermessensspielraum auch wesentlich besser angepaßt an die tatsächliche Lage vornehmen. Die herrschende Meinung verlagere dagegen die oft sehr schwierigen Fragen, ob und in welchem Umfang gerichtliche und außergerichtliche Auslagen durch rechtzeitige Rechtsmittelbeschränkung vermeidbar gewesen wären, in das Kostenansatz- und -festset-

---

[107] OLG Hamm MDR **1982** 778; vgl. dagegen OLG Celle AnwBl. **1980** 36.
[108] OLG Hamm MDR **1982** 778.

[109] Vgl. BayObLG JR **1976** 380; OLG Bamberg MDR **1984** 605; KMR-*Müller* 12.

zungsverfahren und damit eine Ebene, wo der Ermessensspielraum eingeengt sei und keine Möglichkeit bestehe, auftretenden Unbilligkeiten Rechnung zu tragen. Endlich könnte die Wirkung einer Rechtsmittelbeschränkung, das Rechtsmittelgericht zu entlasten, wesentlich beschnitten werden, wenn die Verfahrensbeteiligten ihr Entschließung über eine Teilzurücknahme und die ggf. erforderliche Zustimmungserklärung davon abhängig machen müßten, ob die Kostenentscheidung nach §473 Abs. 1 und 3 oder die nach §473 Abs. 4 ein günstigeres Ergebnis für sie erwarten läßt.

Gegen diese Lösung und für die **herrschende Meinung** spricht jedoch[110]: Der **44** Wortlaut des Absatzes 3 gibt keine Handhabe, seinen Anwendungsbereich in dieser Weise zu begrenzen, weil sowohl das von vornherein wie das zulässigerweise nachträglich beschränkte Rechtsmittel ein „auf bestimmte Beschwerdepunkte beschränktes Rechtsmittel" ist. Auch kann, wenn der Beschwerdeführer mit seinem zulässigerweise nachträglich beschränkten Rechtsmittel voll durchdringt, von einem bloßen Teilerfolg im Sinne des Absatzes 4 nicht gesprochen werden, weil bei zulässiger Teilzurücknahme insoweit ein Rechtsmittel überhaupt nicht mehr vorliegt, eine Prüfung und Bescheidung durch gerichtliche Entscheidung in diesem Umfang ausgeschlossen ist und demgemäß eine Nichterreichung dessen, was gar nicht mehr begehrt wird, schon begrifflich nicht als Teilmißerfolg bewertet werden kann. Die durch entsprechende Anwendung des §473 Abs. 1 auf den Fall nachträglicher Beschränkung ermöglichte Belastung des Beschwerdeführers mit den zusätzlichen gerichtlichen und seinen eigenen Auslagen sowie zusätzlicher Auslagen erstattungsberechtigter Dritter (Nebenkläger), die bei rechtzeitiger Rechtsmittelbeschränkung nicht entstanden wären, führt zu angemessenen Ergebnissen und verdient auch rechtspolitisch, weil sie den Umfang der Belastung nach einem festen Maßstab bestimmt, den Vorzug vor einer Ermessensentscheidung auf Grund unmittelbarer oder entsprechender Anwendung des Absatzes 4. Insbesondere besteht ihr Vorzug vor der Gegenmeinung darin, daß in den Fällen, wo in der Zeit bis zur Rechtsmittelbeschränkung noch keine oder keine durch den zurückgenommenen Teil verursachten Auslagen entstanden sind, gar kein Anlaß zu einer Ermessensentscheidung nach Absatz 4 besteht und auch nicht nach Wegen gesucht zu werden braucht, die Ermessensausübung so zu gestalten, daß der Rechtsmittelführer kostenrechtlich so gestellt wird, als habe er sein Rechtsmittel von vornherein beschränkt. Damit wird auch eine Entlastung des erkennenden Gerichts erzielt, denn die Feststellung, welche zusätzlichen Auslagen (des Gerichts, des Rechtmittelführers, erstattungsberechtigter Dritter) entstanden sind, die dem Bescherdeführer zur Last fallen, weil sie bei rechtzeitiger Rechtsmittelbeschränkung vermieden worden wären, erfolgt im Verfahren nach §4 GKG, §464 b[111]. Die Lösung der herrschenden Meinung entspricht der Erwägung des BGH[112], daß es nicht angebracht sei, das Gericht mit der Prüfung von Auslagenfragen zu befassen, wenn diese auch auf einer anderen Ebene sachgerecht[113] erfolgen könne.

3. Maßgeblicher Zeitpunkt für Vermeidbarkeit zusätzlicher Auslagen. Bei der Fra- **45** ge, von welchem Zeitpunkt ab später entstandene Auslagen als zusätzlich, weil durch rechtzeitige Beschränkung vermeidbar, anzusehen sind (Rdn. 41), ist zu erwägen: Auf den Zeitpunkt der Einlegung des Rechtsmittels kann es nicht ankommen, weil Berufung und Revision regelmäßig vor der Zustellung des Urteils eingelegt werden müssen, aber

---

[110] Vgl. auch *Meyer* JR **1976** 382.
[111] OLG Hamm MDR **1982** 778; *Kleinknecht/Meyer*[38] 20; vgl. auch OLG Schleswig OLGSt N. F Nr. 2 (Erfolg des nachträglich beschränkten Rechtsmittels).
[112] BGHSt **25** 114.
[113] Insoweit **a. A** OLG Bamberg MDR **1984** 605.

Hans Hilger

(frühestens) die Kenntnis der Urteilsgründe es dem Rechtsmittelführer ermöglicht, die Erfolgsaussichten und die Zweckmäßigkeit einer Rechtsmittelbeschränkung richtig zu beurteilen; „es wäre unbillig, den Angeklagten zu zwingen, aus Kostengründen die Entscheidung über die Beschränkung seines Rechtsmittels vor diesem Zeitpunkt zu treffen"[114].

46   **4. Rechtsmittel der Staatsanwaltschaft.** Hat die Staatsanwaltschaft das von ihr eingelegte Rechtsmittel auf bestimmte Beschwerdepunkte beschränkt und vollen Erfolg, so ist nicht Absatz 3 anzuwenden; vielmehr gilt der Angeklagte als „verurteilt" im Sinne von § 465 StPO, hat also die Kosten des Rechtsmittelverfahrens und insoweit seine Auslagen zu tragen (Rdn. 12). Das gilt auch im Falle nachträglicher Rechtsmittelbeschränkung durch die Staatsanwaltschaft, jedoch mit der Einschränkung, daß der Angeklagte von denjenigen Kosten und Auslagen freizustellen ist, die bei einer von vornherein beschränkten Rechtsmitteleinlegung nicht entstanden wären[115].

VIII. Teilerfolg eines Rechtsmittels (Absatz 4)

47   **1. Allgemeines.** Absatz 4 findet Anwendung, wenn ein unbeschränkt eingelegtes oder ein auf bestimmte Beschwerdepunkte beschränktes Rechtsmittel (Absatz 3) nur einen Teilerfolg hat. Zu der Frage, ob Absatz 4 auch eingreift, wenn ein nachträglich auf bestimmte Beschwerdepunkte beschränktes Rechtsmittel vollen Erfolg hat, vgl. Rdn. 37 ff. Bei Teilerfolg des Rechtsmittels hat das Gericht die **Gerichtsgebühr,** die sich aus § 40 GKG in Verbindung mit KostVerz. Nr. 1602 ff ergibt, zu ermäßigen (bis zum Mindestbetrag — § 11 Abs. 3 GKG —)[116] und die entstandenen **gerichtlichen Auslagen** ganz oder teilweise (also regelmäßig in der Form der Quotelung[117]) der Staatskasse aufzuerlegen, beides aber nur, **soweit es unbillig wäre,** die Beteiligten damit zu belasten[118]. Entsprechendes gilt für die notwendigen Auslagen der Beteiligten. Aus der Sonderregelung des Absatzes 4 für den Fall einer Unbilligkeit ergibt sich, daß **bei Verneinung der Unbilligkeit** das nur teilerfolgreiche, also teilerfolglose Rechtsmittel wie ein in vollem Umfang erfolgloses Rechtsmittel (Absatz 1) behandelt wird. Es trägt dann also zum Beispiel der Angeklagte, der gegen die Verurteilung unbeschränkt Berufung eingelegt, aber nur eine Herabsetzung der Strafe erreicht hat, die Gerichtskosten — die Gerichtsgebühr richtet sich gemäß § 40 GKG in Verbindung mit Nr. 1600 ff KostVerz. nach der letztlich erkannten Strafe[119] — und die ihm entstandenen notwendigen Auslagen[120].

---

[114] Vgl. KG NJW **1970** 2129; OLG Stuttgart Rpfleger **1970** 439; *Kleinknecht* MDR **1971** 157; ähnlich OLG Celle MDR **1971** 322; AnwBl. **1980** 36.

[115] OLG Düsseldorf MDR **1982** 518; vgl. Rdn. 32, 12.

[116] OLG Düsseldorf JurBüro **1985** 898; KMR-*Müller* 26; das Gesetz spricht von „ermäßigen", nicht von „absehen"; für die Möglichkeit des völligen Gebührenerlasses jedoch: KG GA **1973** 85; OLG Hamm MDR **1981** 427; KK-*Schikora/Schimansky*[2] 7; *Kleinknecht/Meyer*[38] 27.

[117] OLG Karlsruhe NJW **1974** 469; OLG Schleswig OLGSt N. F Nr. 2; eine Aufteilung nach Massen oder Einzelposten ist nicht unzulässig – vgl. KK-*Schikora/Schimansky*[2] 7; *Kleinknecht/Meyer*[38] 28.

[118] Vgl. BGH StrVert. **1987** 449; KG GA **1973** 85; OLG Hamm MDR **1981** 427; OLG Karlsruhe MDR **1985** 252; OLG Schleswig Fußn. 117; 117; KK-*Schikora/Schimansky*[2] 7; *Kleinknecht/Meyer*[38] 27; **a. A** OLG Karlsruhe MDR **1972** 970; OLG Hamm MDR **1973** 1041 (Billigkeitsentscheidung nur bzgl. der Auslagen).

[119] OLG Hamm MDR **1973** 1041; vgl. auch OLG Düsseldorf JurBüro **1986** 412.

[120] BGHSt **10** 15; **17** 380; BayObLGSt **1953** 257; VRS **18** (1960) 451; OLG Celle NdsRpfl. **1956** 209; OLG Düsseldorf JurBüro **1986** 412.

Erreicht die Staatsanwaltschaft mit ihrer auf das Strafmaß beschränkten Berufung nur einen Teilerfolg (Rdn. 49), so trägt grundsätzlich die Staatskasse die Gerichtskosten des Rechtsmittels und die notwendigen Auslagen des Angeklagten in der Berufungsinstanz. Wäre es aber unbillig, die Staatskasse bei einem bloßen Teilerfolg des Rechtsmittels der Staatsanwaltschaft in vollem Umfang mit den gerichtlichen Auslagen und den notwendigen Auslagen des Angeklagten in der Rechtsmittelinstanz zu belasten, so hat — so muß Absatz 4 trotz seines insoweit undeutlichen Wortlauts verstanden werden — das Gericht die gerichtlichen Auslagen und die des Angeklagten angemessen zu verteilen[121]. Die Maßnahme nach Billigkeit muß gemäß § 464 Abs. 1, 2 in der Kostenentscheidung zum Ausdruck kommen. Wegen der Auslagen des Nebenklägers bei Teilerfolg eines Rechtsmittels s. Rdn. 71 ff.

2. Geltungsbereich. Absatz 4 gilt, da das Gesetz keine Einschränkungen macht, so- **48** wohl für Rechtsmittel der Staatsanwaltschaft wie auch für solche des Beschuldigten, seines gesetzlichen Vertreters oder des Erziehungsberechtigten oder eines Nebenbeteiligten. Wegen des **Privat- und Nebenklägers** vgl. unten Rdn. 64, 66 und 71. Außerdem betrifft die Vorschrift nur die **Kosten des Rechtsmittels;** die Kosten der ersten Instanz bleiben unberührt[122].

3. Begriff des Teilerfolgs. Ein Teilerfolg ist gegeben, wenn dem Rechtsmittel nur **49** teilweise entsprochen wird und der erreichte Erfolg, gemessen an dem erstrebten Erfolg, nicht nur unwesentliche Bedeutung hat (oben Rdn. 25; 26). So liegt ein Teilerfolg der auf das Strafmaß beschränkten Berufung des Angeklagten zum Beispiel vor, wenn statt des erstrebten Wegfalls der Fahrerlaubnisentziehung (§ 69 StGB) nur eine Herabsetzung der Sperrfrist von fünf auf drei Jahre erreicht wird[123]. Ein Teilerfolg der unbeschränkten Berufung liegt in der Verhängung einer milderen Strafart (Geld- statt Freiheitsstrafe), in der Herabsetzung der Strafe[124], in der Bewilligung von Strafaussetzung zur Bewährung, oder wenn von der Verurteilung wegen eines Verkehrsvergehens zum Beispiel aus § 316 StGB nur die Verurteilung wegen einer Verkehrsordnungswidrigkeit übrig bleibt[125]. Ebenso kann im Wegfall einer Anordnung nach § 63 StGB ein Teilerfolg liegen[125a]. Die Verfolgungsbeschränkung nach § 154a Abs. 2 ist kein Teilerfolg[126]. Das unter Beschränkung auf das Strafmaß eingelegte Rechtsmittel der Staatsanwaltschaft hat Teilerfolg, wenn statt der erstrebten Heraufsetzung der Freiheitsstrafe von sechs Monaten auf ein Jahr nur eine solche von neun Monaten[127] oder statt erstrebter Erhöhung von neun Monaten auf vierzehn Monate nur elf Monate erreicht wer-

---

[121] BayObLG VRS **18** (1960) 451; vgl. auch OLG Düsseldorf JurBüro **1985** 1051.
[122] H. M; OLG Nürnberg NJW **1972** 70; OLG Karlsruhe NJW **1974** 469; zur Unanwendbarkeit des Absatzes 4 im Verfahren nach dem StVollzG vgl. OLG Frankfurt NStZ **1983** 309.
[123] BayObLG NJW **1963** 601.
[124] BGH StrVert. **1987** 449; BayObLGSt **1953** 99; OLG Schleswig SchlHA **1957** 211; OLG Hamm MDR **1973** 1041; zur Veränderung der Tagessatzzahl und der -höhe vgl. Rdn. 23 Fußn. 56; Rdn. 25; 26; 35 Fußn. 97; OLG

Nürnberg OLGSt N. F Nr. 1; OLG Karlsruhe Justiz **1984** 432; zur Änderung der Ahndungsmaßnahmen nach dem JGG: OLG Karlsruhe Justiz **1982** 59.
[125] OLG München JurBüro **1983** 403.
[125a] BGH NStZ **1987** 86.
[126] *Kleinknecht/Meyer*[38] 25; a. A OLG Hamm 5 Ws 195/79 vom 6. 11. 1979.
[127] BayObLG VRS **18** (1960) 451; OLG Düsseldorf JurBüro **1985** 1051 (Heraufsetzung von 1 Jahr auf 18 Monate Freiheitsstrafe, erstrebt 2 Jahre).

Hans Hilger

den[128]. Kein Teilerfolg, sondern voller Erfolg liegt vor, wenn die Berufung der Staatsanwaltschaft gegen das freisprechende Urteil zur Verurteilung wegen der in der Anklage bezeichneten Straftat führt, mag auch die erkannte Strafe hinter der beantragten zurückbleiben[129]. Als Teilerfolg ist es dagegen anzusehen, wenn die Verurteilung wesentlich hinter dem Anklagevorwurf zurückbleibt, zum Beispiel der Angeklagte im ersten Rechtszug von der Anklage eines Vergehens nach § 316 StGB freigesprochen wird und die von der Staatsanwaltschaft mit Ziel einer Verurteilung aus § 316 StGB eingelegte Berufung nur zu einer Geldbuße wegen einer Verkehrsordnungswidrigkeit führt[130].

50   **4. Änderung des Schuldspruchs als Teilerfolg.** Ein Teilerfolg der auf Freispruch gerichteten Berufung kann auch darin bestehen, daß zwar eine Verurteilung bestehen und die im ersten Rechtszug erkannte Strafe unverändert bleibt, der Schuldspruch des ersten Urteils aber in einer Weise geändert wird, die für den Angeklagten von erheblich günstiger Bedeutung ist[131]. So kann es zum Beispiel einen Teilerfolg darstellen, wenn von der erstinstanzlichen Verurteilung wegen zweier in Tateinheit stehender Straftaten im Berufungsurteil die Verurteilung wegen des belastenderen Delikts wegfällt[132], oder wenn der wegen vorsätzlicher Trunkenheit im Straßenverkehr zu einer Geldstrafe Verurteilte mit seiner Berufung zwar nicht den erstrebten Freispruch, aber — bei unverändertem Rechtsfolgenausspruch — eine Verurteilung nur wegen fahrlässiger Tat erreicht, weil dann eine vom Angeklagten erstrebte Einstellung in den öffentlichen Dienst erheblich weniger erschwert erscheint als bei Verurteilung wegen vorsätzlicher Trunkenheit[133].

51   **5. Beurteilungsmaßstab für die Billigkeitsentscheidung.** Bei der Frage, ob und inwieweit es unbillig ist, einen Rechtsmittelführer mit den gerichtlichen Auslagen des Verfahrens und seinen eigenen notwendigen Auslagen zu belasten, kommt es wesentlich auf das Maß (Gewicht; Umfang) des erreichten Teilerfolgs und darauf an, ob er die angefochtene Entscheidung hingenommen hätte, wenn sie schon entsprechend der Entscheidung des Rechtsmittelgerichts gelautet hätte[134]. Hätte also der Angeklagte, der gegen die Verurteilung unbeschränkt Berufung mit dem Ziel des Freispruchs einlegte,

---

[128] BayObLG NJW **1960** 255; **1963** 601; s. auch OLG Braunschweig MDR **1986** 167 (erfolgloses Rechtsmittel der StA, wenn statt auf Geldstrafe auf Freiheitsstrafe erkannt und deren Vollstreckung ausgesetzt wird).

[129] OLG München Entsch. **6** 92; *Oske* MDR **1970** 629, 631.

[130] OLG Celle NdsRpfl. **1972** 67; vgl. auch Rdn. 26.

[131] OLG München NJW **1973** 864; OLG Celle MDR **1976** 1042; OLG Düsseldorf JMBlNW **1982** 256; vgl. auch Fußn. 59; 65; 66.

[132] OLG München NJW **1973** 864.

[133] OLG Celle MDR **1976** 1042; vgl. auch OLG Düsseldorf VRS **69** (1985) 226.

[134] Vgl. BGH GA **1978** 241; GA **1986** 418; NStZ **1987** 86 (Wegfall einer Anordnung nach § 63 StGB); OLG Hamm JMBlNW **1972** 119; MDR **1976** 865; MDR **1977** 865;

OLG Oldenburg OLGSt § 473, 73; OLG Düsseldorf JurBüro **1985** 1051; OLG Schleswig OLGSt N. F Nr. 2; KK-*Schikora/Schimansky*[2] 7; *Kleinknecht/Meyer*[38] 26; KMR-*Müller* 25; *Oske* MDR **1970** 630; *Meyer* JR **1975** 251; vgl. auch OLG Oldenburg OLGSt § 473, 67 (Ermäßigung einer Gesamtstrafe); OLG Köln OLGSt § 473, 66 (Besserstellung in der „Makelwirkung" des Tenors); OLG Oldenburg OLGSt § 473, 43 (Herabsetzung der Sperrfrist nach § 69 a StGB); OLG Nürnberg OLGSt N. F Nr. 1; BayObLG MDR **1983** 156 (Erfolg infolge Zeitablaufs); OLG Düsseldorf VRS **69** (1985) 227 (Änderung des Schuldspruchs); JurBüro **1986** 412 (Herabsetzung der Tagessatzhöhe); zum Teilerfolg bei einer Kostenbeschwerde vgl. OLG Hamm JMBlNW **1981** 237.

aber nur eine Strafermäßigung erreichte, die Berufung auch eingelegt, wenn er schon im ersten Rechtszug nur zu der vom Berufungsgericht ausgesprochenen Strafe verurteilt worden wäre, so ist es im Regelfall nicht unbillig, wenn er die Kosten der Berufung und seine notwendigen Auslagen trägt, während die Anwendung des Absatzes 4 in Betracht kommt, wenn er von der Berufung abgesehen hätte, falls schon das erste Urteil nur auf die geringere Strafe erkannt hätte. Weiterer Gesichtspunkt kann sein, in welchem Maße der erfolglose Teil des Rechtsmittels besondere Auslagen veranlaßt hat, bzw. ob bei einer sachgerechten Beschränkung gleich hohe Auslagen entstanden wären[135]. Außerdem soll im Rahmen der Billigkeitsentscheidung eine Korrektur einer Lücke in der Kostenentscheidung der Vorinstanz erlaubt sein[136]. Dagegen kann bei der Billigkeitsentscheidung nicht zum Nachteil des teilweise erfolgreichen Angeklagten berücksichtigt werden, daß er im ersten Rechtszug von seinem Recht, die Einlassung zur Sache zu verweigern, Gebrauch gemacht und die entlastenden Umstände erst in der Berufungsinstanz vorgebracht hat[137]. Auch nicht zu berücksichtigen ist, ob es unbillig wäre, den Beschwerdeführer mit den Auslagen zu belasten, die durch die (möglicherweise verfehlte) Sachbehandlung des Gerichts entstanden sind; insoweit kann nur § 8 GKG helfen[138]. Entsprechendes gilt beim Teilerfolg des auf bestimmte Beschwerdepunkte beschränkten Rechtsmittels.

6. Teilfreispruch. Absatz 4 regelt nicht den Fall, daß bei Verurteilung oder Freispruch wegen **mehrerer Straftaten** das Rechtsmittel nur hinsichtlich einer Straftat Erfolg hat; er gilt nur für den Teilerfolg des Rechtsmittels hinsichtlich **ein und derselben Straftat**. Ist zum Beispiel der Angeklagte wegen zweier selbständiger Taten verurteilt, und hat sein unbeschränkt eingelegtes Rechtsmittel den Erfolg, daß er wegen der einen Tat freigesprochen, im übrigen aber das Rechtsmittel verworfen wird, so fallen, soweit Freispruch erfolgt ist, nach §§ 465, 467 Abs. 1 die Gerichtskosten und seine notwendigen Auslagen der Staatskasse zur Last. Die Höhe der Gerichtsgebühr richtet sich dann nach § 40 Abs. 1 GKG, und für eine Ermessensentscheidung („soweit es unbillig wäre") hinsichtlich der gerichtlichen Auslagen und der notwendigen Auslagen des Angeklagten, soweit sie sich auf die Tat beziehen, derentwegen er unverurteilt bleibt, ist kein Raum. Das war vor der Neufassung des § 473 durch das EGOWiG allgemein anerkannt[139] und gilt auch jetzt noch[140]. Eine Änderung der Rechtslage ist nur insofern eingetreten, als auch hier sinngemäß gilt, daß — wie beim echten Teilfreispruch im ersten Rechtszug (§ 465, 43) — eine entsprechende Anwendung des § 465 Abs. 2 zulässig und geboten ist, wenn es sich um nicht oder schwer zu trennende oder überschaubare Auslagenmassen handelt und eine nach dem Ausscheidbarkeitsprinzip getroffene Auslagenentscheidung zu erheblichen Unbilligkeiten für den Angeklagten führen würde. So kann eine weitgehende Belastung der Staatskasse mit den gerichtlichen Auslagen und den notwendigen Auslagen des Angeklagten geboten sein, wenn die Tat, derentwegen Freispruch erfolgt, eindeutig das Übergewicht gegenüber dem aufrechterhaltenen Teil des angegriffenen Urteils hat, zum Beispiel das erste Urteil wegen unerlaubten Entfernens vom Unfallort in

52

---

[135] Vgl. *Kleinknecht/Meyer*[38] 26; KMR-*Müller* 25.

[136] OLG München JurBüro **1983** 404 mit krit. Anm. *Mümmler*.

[137] KG JR **1971** 299; OLG Schleswig OLGSt N. F Nr. 2.

[138] Vgl. OLG Oldenburg OLGSt § 473, 74; s. auch OLG Hamm MDR **1977** 865.

[139] Vgl. RG DRiZ **1926** Nr. 525; JW **1931** 1612; JW **1933** 2776; BGHSt **5** 52.

[140] Vgl. OLG Düsseldorf NJW **1971** 394; OLG Nürnberg NJW **1972** 70; OLG Frankfurt NJW **1973** 338; OLG Schleswig JurBüro **1978** 267; KK-*Schikora/Schimansky*[2] 7; *Kleinknecht/Meyer*[38] 25.

Hans Hilger

Tatmehrheit mit einer Verkehrsordnungswidrigkeit erging und nur die Verkehrsordnungswidrigkeit bestehen bleibt[141].

IX. Entzug der Fahrerlaubnis und Zeitablauf (Absatz 5)

53   **1. Ziel der Regelung.** Bisher kam es nicht selten vor, daß Gerichte auf Rechtsmittel von Angeklagten, deren Fahrerlaubnis vorläufig entzogen (§ 111 a Abs. 1) oder sichergestellt (§ 94) war, den im Urteil angeordneten endgültigen Entzug der Fahrerlaubnis (§ 69 Abs. 1 StGB) aufhoben, weil wegen der zwischenzeitlich verstrichenen Zeit die Ungeeignetheit zum Führen von Kraftfahrzeugen nicht mehr feststellbar war; dies geschah besonders dann, wenn die Zeit, die nach Anordnung der endgültigen Entziehung verstrichen war, etwa der Dauer der angeordneten Sperrfrist (§ 69 a Abs. 1 StGB) entsprach oder sie überschritt. Insbesondere die kostenrechtliche Behandlung dieser Fälle war streitig; entweder wurde die Aufhebung der Entzugsanordnung nicht als Erfolg im Sinne von Absatz 3 bzw. nicht als Teilerfolg nach Absatz 4 angesehen, das Rechtsmittel vielmehr insoweit als erfolglos behandelt, oder § 467 Abs. 3 Satz 2 entsprechend angewendet[142]. Ziel der Neuregelung (vgl. Entstehungsgeschichte) ist dementsprechend, zum Zwecke der Entlastung der Strafjustiz diese Streitfrage klarzustellen, die Rechtsprechung zu vereinheitlichen und die Zahl der Berufungen und Revisionen zu verringern, die — wenn eine vorläufige Maßnahme nach den §§ 111 a Abs. 1, 94 StPO getroffen ist — in der Absicht oder Hoffnung eingelegt werden, mit Hilfe des rechtsmittelbedingten Zeitablaufs die im Urteil der Vorinstanz angeordnete endgültige Entziehung der Fahrerlaubnis (§ 69 Abs. 1, 69 b Abs. 1 StGB) in Wegfall zu bringen[143]. Der Gesetzgeber hat es jedoch bewußt vermieden, das Problem über eine gesetzliche Definition der schwierigen Begriffe des „Erfolges", des „Teilerfolges" und der „Erfolglosigkeit" eines Rechtsmittels zu lösen; er fingiert („gilt als erfolglos") die „Erfolglosigkeit" eines solchen Rechtsmittels für den Fall, daß die Aufhebung der Anordnung (§§ 69 Abs. 1, 69 b Abs. 1 StGB) allein wegen des Zeitablaufs erreicht wird. Deshalb und wegen des besonderen Charakters der Vorschrift, die — dogmatische Fragen außer acht lassend — in erster Linie auf eine Entlastung der Praxis abzielt, läßt Absatz 5 keine Rückschlüsse für die Lösung anderer Fälle, in denen die Frage des „Erfolges" streitig ist, zu (vgl. Rdn. 22 ff). Die Regelung widerspricht auch nicht dem Gebot der **Billigkeit**. Es ist nicht einzusehen, daß der Angeklagte, der bloß „auf Zeit" spekuliert, die Chance haben soll, die Fahrerlaubnis auch noch unter „Kostenbelastung" der Staatskasse nach § 473 Abs. 3 oder 4 zu behalten. Dieser Angeklagte erstrebt und erhält nicht die Korrektur eines fehlerhaften Urteils, sondern versucht nur, die Schwerfälligkeit der Justiz auszunutzen. Die Vorschrift soll zur Bereinigung eines Zustandes beitragen, der bisher — insbesondere bei einem Vergleich zu dem Angeklagten, der das den endgültigen Entzug der Fahrerlaubnis anordnende Urteil akzeptiert — überwiegend als unbillig empfunden wurde[144].

---

[141] OLG Nürnberg NJW **1972** 67; vgl. auch OLG Karlsruhe MDR **1974** 63.

[142] Zum Streitstand vgl. OLG Karlsruhe Jur-Büro **1978** 95; OLG Frankfurt AnwBl. **1983** 133; OLG Düsseldorf NStZ **1985** 380; LR-K. Schäfer[23] 40 mit weit. Nachw.; Janiszewski NStZ **1982** 240; **1985** 544; Dreher/Tröndle[43]

§ 69, 17 ff; § 69 a, 13; 15 ff; Geppert ZRP **1981** 91.

[143] BTDrucks. **10** 1313 S. 15, 41; Rieß/Hilger NStZ **1987** 207.

[144] Vgl. BTDrucks. **10** 1313, S. 42; LR-K. Schäfer[23] 41; Hentschel MDR **1976** 369; s. auch § 5 Abs. 1 Nr. 3 StrEG.

2. Einzelfragen. Voraussetzung für die Anwendung des Absatzes 5 ist, daß die **54** Fahrerlaubnis gemäß § 111 a Abs. 1 StGB vorläufig entzogen oder eine dem gleichstehende (§ 69 a Abs. 6 StGB) Verwahrung, Sicherstellung oder Beschlagnahme des Führerscheins (§ 94) angeordnet ist, ein Gericht — gleichzeitig oder danach — die Fahrerlaubnis endgültig entzieht (§ 69 Abs. 1, 69 b Abs. 1 StGB) und auf ein Rechtsmittel hin diese Anordnung allein deshalb nicht aufrechterhalten wird, weil ihre Voraussetzungen (Feststellung der Ungeeignetheit zum Führen eines Kfz) wegen der Dauer der vorläufigen Maßnahme nicht mehr vorliegen. Es kommt danach weder auf das Ziel des Rechtsmittels an, noch darauf, von wem es eingelegt wurde; die Vorschrift gilt also auch, wenn die Staatsanwaltschaft das Rechtsmittel zu Gunsten des Angeklagten eingelegt hatte. Sie gilt sowohl für den Fall, daß auf eine Berufung hin die Anordnung nicht aufrechterhalten wird, als auch für den, daß dies nach einer Revision und Zurückverweisung (§ 354 Abs. 2) geschieht; daß im Falle der Revision nach § 69 a Abs. 5 Satz 2 StGB in die Sperrfrist die nach dem letzten tatrichterlichen Urteil verstrichene Dauer einer vorläufigen Entziehung einzurechnen ist[145], ist unerheblich. Sind die genannten Voraussetzungen erfüllt, so richtet sich — wenn das Rechtsmittel auf diesen Punkt beschränkt oder im übrigen erfolglos war — die Kostenentscheidung nach Absatz 1 und der Angeklagte hat seine notwendigen Auslagen selbst zu tragen; war das Rechtsmittel in einem anderen Punkt erfolgreich, so liegt ein Teilerfolg im Sinne des Absatzes 4 vor.

Entscheidend ist, daß die Anordnung des endgültigen Entzugs der Fahrerlaubnis **55 nur deshalb nicht aufrechterhalten wird,** weil die Voraussetzungen wegen der Dauer der vorläufigen Maßnahme nicht mehr vorliegen. Problematisch[146] ist dies, wenn das Gericht die Anordnung mit der Begründung nicht aufrechterhält, bei dem Angeklagten sei eine erhebliche charakterliche Nachreife erkennbar. Falls diese auf besonderen Ereignissen (Tod eines Familienangehörigen; späteres, eindringliches Erlebnis eines vom Angeklagten nicht verschuldeten schweren Unfalls und seiner Folgen) beruht, so ist der Zeitablauf nicht der alleinige Grund, Absatz 5 also nicht anwendbar. Ist die charakterliche Nachreife allein durch den Zeitablauf bedingt, so dürfte in der Regel Absatz 5 anwendbar sein. Denn eine gewisse charakterliche Nachreife innerhalb einer bestimmten Zeit (der Sperrfrist) wird häufig ohnehin von Seiten des Gerichts erwartet und ihr Vorliegen dürfte in der Regel selbstverständliche Voraussetzung der Feststellung des Rechtsmittelgerichts sein, daß wegen des zwischenzeitlichen Zeitablaufs eine Ungeeignetheit zum Führen von Kfz nicht mehr feststellbar sei[147]; der Entzug der Fahrerlaubnis wäre in der Regel trotz des Zeitablaufs zu bestätigen, wenn es an der notwendigen charakterlichen Reife des Angeklagten (noch) fehlen würde. Schließlich dürfte Absatz 5 nach seiner Zielrichtung auf den Fall der bloßen **Abkürzung der Sperrfrist** entsprechend anwendbar sein[148].

3. Nicht erfaßte Fälle. Die Vorschrift erfaßt nach Wortlaut und Ziel nicht den **56** Fall, daß das Berufungsgericht wegen des Zeitablaufs bis zur Verhandlung den endgültigen Entzug der Fahrerlaubnis aufhebt, jedoch eine vorläufige Maßnahme nach den §§ 111 a, 94 fehlt. Denn dann wird der Angeklagte zumeist — über den bloßen Zeitablauf hinaus — durch sein Verhalten (zum Beispiel: beanstandungsfreies Fahren eines Kfz über längere Zeit nach der Tat) gezeigt haben, daß er nicht ungeeignet im Sinne von §§ 69 Abs. 1 StGB ist. Nicht erfaßt wird desweiteren der Fall, daß die Entscheidung

---

[145] Vgl. *Dreher/Tröndle*[43] § 69 a, 13.
[146] Vgl. auch OLG Hamm VRS **50** (1976) 375; LG Flensburg JurBüro **1981** 1860.
[147] BTDrucks. 10 1313, S. 42.
[148] *Janiszewski* NStZ **1985** 544.

Hans Hilger

des Gerichts nicht (nur) auf der Dauer der vorläufigen Maßnahme beruht, sondern (auch) auf anderen Gründen (zum Beispiel der Berücksichtigung einer „Nachschulung" des Angeklagten)[149]; insoweit gilt § 473 Abs. 1, Abs. 2 Satz 2, Abs. 3 oder Abs. 4. Zum Fall der charakterlichen Nachreife vgl. Rdn. 55. Schließlich ist Absatz 5 nicht entsprechend anwendbar auf das Fahrverbot (§ 44 StGB) und sonstige Fälle des Rechtsmittelerfolges infolge Zeitablaufs (vgl. Rdn. 23).

57   **4. Berufung der Staatsanwaltschaft.** Aus Absatz 5 ergeben sich **keine Folgerungen** für den ganz anders liegenden Fall, daß die Staatsanwaltschaft zuungunsten des Angeklagten Berufung mit dem Ziel einer Entziehung der Fahrerlaubnis einlegt und das Berufungsgericht mit der Begründung, die Nichtanordnung der Entziehung im angegriffenen Urteil sei zwar unrichtig gewesen, das Urteil könne aber (allein) wegen der inzwischen verstrichenen Zeit nicht geändert werden, die Berufung verwirft. Auch kann nicht in entsprechender Anwendung des § 467 Abs. 3 Satz 2 bestimmt werden, der Angeklagte habe seine ihm in der Berufungsinstanz erwachsenen Auslagen selbst zu tragen, denn es geht nicht zu Lasten des Angeklagten, daß es zu dem Rechtsmittelverfahren kam, in dem er sich verteidigen mußte[150] (Rdn. 18).

X. Zusammentreffen von Rechtsmitteln

58   **1. Erfolgreiche Rechtsmittel von Staatsanwaltschaft und Angeklagtem.** Legen Staatsanwaltschaft und Angeklagter Rechtsmittel ein (zum Beispiel die Staatsanwaltschaft mit dem Ziel einer Erhöhung der Strafe, der Angeklagte mit dem Ziel, eine angeordnete Einziehung in Wegfall zu bringen) und haben beide Rechtsmittel Erfolg, so ändert der Erfolg des Rechtsmittels der einen Seite kosten- und auslagenrechtlich nichts an dem Erfolg der anderen Seite. Es liegt also nicht etwa für jeden Rechtsmittelführer nur eine Art „Teilerfolg" vor, vielmehr sind beide Rechtsmittel hinsichtlich des Erfolgs getrennt zu betrachten[151].

59   **2. Erfolglose Rechtsmittel von Staatsanwaltschaft und Angeklagtem.** Der Grundsatz der getrennten Kosten- und Auslagenbehandlung gilt auch, wenn die von Staatsanwaltschaft und Angeklagtem zugleich eingelegten Rechtsmittel (zum Beispiel das der Staatsanwaltschaft mit dem Ziel höherer Bestrafung, das des Angeklagten mit dem Ziel des Freispruchs) erfolglos bleiben oder zurückgenommen werden; es trägt also der Angeklagte die Kosten und die notwendigen Auslagen seines erfolglosen Rechtsmittels, die Staatskasse die Kosten und die Auslagen des Angeklagten, die durch das erfolglose Rechtsmittel der Staatsanwaltschaft veranlaßt sind[152]; dies gilt auch, wenn die Rechtsmittel sich gegen verschiedene Urteile richten und die Verfahren miteinander verbunden wurden[153]. Billigkeitserwägungen wie etwa die, daß der Angeklagte seine Berufung nur im Hinblick auf die zuvor eingelegte Berufung der Staatsanwaltschaft eingelegt habe, oder daß er die zuerst von ihm eingelegte Berufung nur wegen der demnächst

---

[149] Vgl. OLG Köln VRS **62** (1982) 201; *Dreher/Tröndle*[43] § 69 a, 15 b.

[150] OLG Karlsruhe VRS **50** (1976) 272; OLG Oldenburg NdsRpfl **1985** 45; vgl. aber auch OLG Köln KostRspr. § 473, 33.

[151] BGHSt **19** 226; vgl. auch OLG Hamm JMBlNW **1981** 236.

[152] RG HRR **1925** Nr. 650; BayObLG NJW **1963** 601; OLG Zweibrücken NJW **1974** 659; OLG Hamm JMBlNW **1981** 236 (keine Verteilung der Kosten und notwendigen Auslagen nach Bruchteilen).

[153] OLG Zweibrücken JurBüro **1979** 400.

[154] OLG Bamberg JurBüro **1987** 1840 mit Anm. *Mümmler*; **a. A** LG Hof JurBüro **1974** 1302 mit krit. Anm. *Mümmler*.

von der Staatsanwaltschaft eingelegten Berufung aufrechterhalten habe, spielen keine Rolle[154]. Abzulehnen ist die Auffassung[155], es könnten, wenn von vornherein feststehe, daß durch die Berufung der Staatsanwaltschaft keine ausscheidbaren Auslagen (Rdn. 60) entstanden seien, die Kosten des Rechtsmittelverfahrens uneingeschränkt dem Angeklagten auferlegt werden, weil hier ein Festhalten an dem Grundsatz, daß jedem Rechtsmittelführer die Kosten seines erfolglosen Rechtsmittels aufzuerlegen sind, den Anschein einer in Wahrheit gar nicht in Betracht kommenden Aufteilung der Verfahrenskosten schüfe; denn rechnerische Überlegungen über einen etwaigen Mehraufwand anzustellen, ist grundsätzlich nicht Aufgabe des erkennenden Gerichts (dazu § 465, 33)[156].

3. Entscheidung über die gerichtlichen und außergerichtlichen Auslagen. Inwie- **60** weit die gerichtlichen Auslagen der Berufungsinstanz durch das Rechtsmittel des Angeklagten, und inwieweit sie durch das der Staatsanwaltschaft verursacht sind, ist im Kostenansatzverfahren nach § 4 GKG zu entscheiden. Die Staatskasse trägt danach nur die ausscheidbar durch das erfolglose Rechtsmittel der Staatsanwaltschaft verursachten Auslagen[157]. Die durch sein erfolgloses Rechtsmittel verursachten gerichtlichen Auslagen trägt der in die Kosten verurteilte Angeklagte dagegen auch dann in vollem Umfang, wenn sie unausscheidbar zugleich ganz oder zum Teil der Durchführung der Berufung der Staatsanwaltschaft gedient haben; der Angeklagte kann nicht etwa Teilung der Auslagen der Staatskasse zwischen ihm und der Staatskasse verlangen, weil durch die Berufung der Staatsanwaltschaft die gleichen Auslagen wie durch die eigene Berufung entstanden sind. Der Anspruch des Angeklagten gegen die Staatskasse aus § 473 Abs. 2 Satz 1, über den im Verfahren nach § 464 b zu entscheiden ist, beschränkt sich danach auf den **Mehraufwand** an notwendigen Auslagen, die ihm durch die Verteidigung gegen das Rechtsmittel der Staatsanwaltschaft erwachsen sind, die also nicht entstanden wären, wenn nur der Angeklagte sein erfolgloses Rechtsmittel eingelegt hätte[158]. Jedoch sind solche Mehrkosten nicht nur die im Sinn strenger rechnerischer Trennbarkeit genau feststellbaren (streng rechnerisch ausscheidbaren), sondern alle, ggf. durch Schätzung zu ermittelnden, Mehrauslagen[159]. Dies gilt insbesondere für den Unterschied zwischen der Vergütung des Verteidigers, die ihm zusteht, gegenüber der Gebühr, die ihm im Rahmen des § 12 BRAGebO zustände, wenn allein über die Berufung des Angeklagten verhandelt worden wäre[160]. Auch bei anderen Auslagenmassen, die sich nicht oder nur schwer trennen lassen, kommt Schätzung, notfalls Quotelung in Betracht[161]. Aus diesen Grundsätzen folgt zum Beispiel: War der Angeklagte verteidigt, so ist zuerst festzustellen, ob der Verteidiger nur im Hinblick auf die Berufung der Staatsanwaltschaft beauftragt worden ist; in diesem Fall hätte nämlich die Staatskasse die gesamten Verteidigerkosten des Angeklagten zu erstatten, soweit nicht durch die Berufung des Angeklagten eine Erhöhung der Gebühr eingetreten wäre. Im Falle der Pflichtverteidigung kommt es darauf an, welches Rechtsmittel Anlaß zu der gerichtlichen Bestellung des Pflichtverteidigers gegeben hat. Sofern nicht festgestellt werden kann, daß der Ver-

---

[155] BayObLG NJW **1963** 601; KG VRS **38** (1970) 359; *Kleinknecht/Meyer*[38] 18.
[156] OLG Hamm JMBlNW **1981** 237.
[157] BayObLG NJW **1963** 601.
[158] OLG Düsseldorf NJW **1961** 618; OLG Schleswig SchlHA **1974** 140; OLG Zweibrücken NJW **1974** 659; OLG Hamburg NJW **1975** 130; OLG Bamberg JurBüro **1987**

1840 mit Anm. *Mümmler*; vgl. auch OLG Hamm JMBlNW **1981** 237.
[159] OLG Zweibrücken NJW **1974** 659; a. A OLG Hamburg NJW **1975** 130; *Kleinknecht/ Meyer*[38] 18.
[160] OLG Zweibrücken NJW **1974** 659; vgl. auch § 465, 38; 44.
[161] OLG Schleswig OLGSt § 473, 91.

Hans Hilger

teidiger ausschließlich im Hinblick auf das Rechtsmittel der Staatsanwaltschaft beauftragt worden ist, trägt der Angeklagte die Kosten, die dem Verteidiger erwachsen wären, wenn er den Angeklagten nur in der von ihm eingelegten Berufung verteidigt hätte. Eine durch das Rechtsmittel der Staatsanwaltschaft verursachte Erhöhung der Verteidigergebühr geht zu Lasten der Staatskasse[162].

4. Mehrere Mitangeklagte

61   **a) Erfolglose Rechtsmittel mehrerer Mitangeklagter.** Haben mehrere Mitangeklagte erfolglos Rechtsmittel eingelegt, so sind sie nicht als Gesamtschuldner in die Kosten der Instanz zu verurteilen, vielmehr hat jeder von ihnen die Kosten seines Rechtsmittels zu tragen[163]. Eine Gesamthaftung für die Auslagen, die grundsätzlich nur für die erste Instanz in Betracht kommen (§ 466, 1), kann allenfalls in Frage kommen, wenn mehrere im ersten Rechtszug Freigesprochene auf Berufung der Staatsanwaltschaft hin wegen derselben Tat zu Strafe verurteilt werden[164].

62   **b) Verschiedene Rechtsmittel bei mehreren Mitangeklagten.** Wenn von zwei Mitangeklagten der eine freigesprochen, der andere verurteilt worden ist, der Verurteilte mit dem Ziel des Freispruchs, die Staatsanwaltschaft gegen den Freispruch mit dem Ziel der Verurteilung Berufung eingelegt und beide Rechtsmittel erfolglos bleiben, so gelten die Grundsätze in Rdn. 59[165].

XI. Rechtsmittel im Privatklageverfahren

63   **1. Allgemeines.** § 473 gilt grundsätzlich auch für das Privatklageverfahren[166] (vgl. aber Rdn. 64). § 471 ist ergänzend anzuwenden. Der „Freisprechung" im Sinne des § 471 Abs. 2 entspricht in der Rechtsmittelinstanz die Verwerfung, der „Einstellung" die Rücknahme des vom Privatkläger eingelegten Rechtsmittels, so daß der Privatkläger bei Erfolglosigkeit oder Zurücknahme seines Rechtsmittels außer den gerichtlichen Kosten (§ 473 Abs. 1) stets die dem Angeklagten durch die Rechtsmitteleinlegung erwachsenen notwendigen Auslagen zu erstatten hat. Umgekehrt entspricht der Verurteilung im Sinne des § 471 Abs. 1 die Erfolglosigkeit oder Zurücknahme des vom Angeklagten eingelegten Rechtsmittels, so daß der Privatkläger Anspruch auf Erstattung seiner notwendigen Auslagen der Rechtsmittelinstanz hat. Hat das unbeschränkte Rechtsmittel des Angeklagten vollen Erfolg (Nichtverurteilung), so gilt § 471 Abs. 2. Beim Tod des Privatklägers ist das Verfahren einzustellen (§ 393 Abs. 1), falls es nicht fortgesetzt (§ 393 Abs. 2; § 377 Abs. 2) wird; die Kostenentscheidung folgt auch hier aus § 471 Abs. 2 (vgl. § 393, 1; § 471, 10).

64   **2. Beschränktes Rechtsmittel; Teilerfolg.** In diesen Fällen finden die Absätze 3 und 4 des § 473 keine Anwendung; vielmehr gilt § 471 Abs. 3 Nr. 1 entsprechend[167]. § 473 Abs. 3 und 4, die eine Belastung der Staatskasse mit gerichtlichen Auslagen und notwendigen Auslagen der Beteiligten vorsehen, sind auf das Amtsverfahren zugeschnitten und entsprechen nicht den Besonderheiten des Privatklageverfahrens gegenüber

---

[162] OLG Zweibrücken JurBüro **1979** 400.
[163] H. M: vgl. OLG Dresden JZ **1928** 510.
[164] Vgl. auch KK-*Schikora/Schimansky*² 3 (Gesamthaftung unter den Voraussetzungen des § 466 S. 1 für die jeweils gemeinsam verursachten Auslagen der Staatskasse).

[165] Vgl. OLG Celle NdsRpfl. **1955** 220.
[166] BayObLG *Alsb.* E 3 369.
[167] OLG Karlsruhe AnwBl. **1975** 100; vgl. OLG Koblenz JurBüro **1980** 891; OLG Hamm MDR **1981** 427.

dem Amtsverfahren. Da § 471 Abs. 3 durch das EGOWiG unberührt geblieben ist, haben auch jetzt die unter der Herrschaft des § 473 a. F in Rechtsprechung und Schrifttum entwickelten Grundsätze insoweit ihre Bedeutung behalten[168]. Danach gilt:

Hat der Angeklagte mit seinem **auf das Strafmaß beschränkten Rechtsmittel Erfolg,** so ist § 473 Abs. 3 weder unmittelbar noch in dem Sinn entsprechend anwendbar, daß dem Privatkläger stets die notwendigen Auslagen des Angeklagten aufzuerlegen sind. Denn der Privatkläger ist im Regelfall nur daran interessiert, daß der Beschuldigte überhaupt bestraft wird, nicht, wie hoch er bestraft wird; dem trägt die entsprechend anwendbare elastische Regelung des § 471 Abs. 3 Nr. 1 eher Rechnung als die starre Regelung des § 473 Abs. 3, wenn sie, entsprechend angewendet, stets zur Belastung des Privatklägers mit den Auslagen des Angeklagten führt[169]. **65**

Hat der Privatkläger mit seinem Rechtsmittel nur **teilweise Erfolg,** so sind seine in der Berufungshauptverhandlung gestellten Anträge die Anträge im Sinne des entsprechend anwendbaren § 471 Abs. 3 Nr. 1, denen nur zum Teil entsprochen wird; hat umgekehrt der Angeklagte das Rechtsmittel eingelegt, und beantragt der Privatkläger dessen Verwerfung, so ist wiederum den Anträgen des Privatklägers nur zum Teil entsprochen, wenn der Angeklagte mit seinem Rechtsmittel teilweise durchdringt. Die in das Ermessen des Gerichts gestellte („kann") Regel des § 471 Abs. 3 Nr. 1 über die Verteilung der gerichtlichen Auslagen und der notwendigen Auslagen der Beteiligten ermöglicht eine Kostenentscheidung, die den Umständen des Einzelfalles Rechnung trägt, während für die Ermäßigung der Gerichtsgebühr (§ 473 Abs. 4) im allgemeinen kein genügender Anlaß besteht[170]. Diese Grundsätze gelten auch bei Teilerfolg einer aus einem Privatklageverfahren erwachsenen Beschwerde im Kostenfestsetzungsverfahren (§ 464 b); eine Belastung der Staatskasse in Anwendung des § 473 Abs. 4 scheidet aus[171]. **66**

Beispiele. Hat der Angeklagte gegen die Verurteilung unbeschränkt Berufung mit dem Ziel des Freispruchs eingelegt und erzielt er nur eine Strafermäßigung, so trägt er schon im Amtsverfahren im Regelfall nach § 473 Abs. 4 die Kosten der Berufung und seine notwendigen Auslagen, wenn er die Berufung auch eingelegt hätte, falls das erste Urteil auf die im Berufungsurteil erkannte Strafe gelautet hätte (Rdn. 51); unter diesen Umständen besteht aber auch im Privatklageverfahren kein Anlaß, in Anwendung des § 471 Abs. 3 den Privatkläger mit einem Teil der Auslagen zu belasten[172]. Tritt aber der Privatkläger nicht nur dem begehrten Freispruch entgegen, sondern wendet er sich mit seinen Anträgen auch gegen eine Herabsetzung der Strafe, statt sie in das Ermessen des Gerichts zu stellen (weil im Regelfall nicht an der Höhe der Strafe interessiert ist, Rdn. 65), so kann eine Beteiligung des Privatklägers an den Kosten des Rechtsmittels und den notwendigen Auslagen in Betracht kommen[173]. Mit einer pflichtgemäßen Ermessensausübung ist es nicht vereinbar, wenn das Berufungsgericht sämtliche in der Berufungsinstanz erwachsenen Kosten und Auslagen dem Angeklagten auferlegt, obwohl der Privatkläger mit seinem Rechtsmittel in der Hauptsache unterlegen ist[174]. **67**

---

[168] OLG Hamburg NJW **1970** 1469.

[169] BGHSt **17** 376; vgl. OLG Hamm MDR **1981** 427; OLG Düsseldorf AnwBl. **1983** 329; JurBüro **1985** 896.

[170] BGHSt **17** 380; vgl. auch OLG Hamm MDR **1981** 427; OLG Düsseldorf AnwBl. **1983** 329.

[171] A. A LG Bayreuth JurBüro **1975** 357 mit

abl. Anm. *Mümmler; KK- Schikora/Schimansky*[2] 8; vgl. auch § 464 b, 11.

[172] Vgl. OLG Karlsruhe JR **1975** 250 mit krit. Anm. *Meyer;* OLG Düsseldorf AnwBl. **1983** 329; JurBüro **1985** 896.

[173] *Meyer* JR **1975** 251.

[174] BayObLGSt **1955** 238.

Hans Hilger

68   3. Daß § 471 **Abs. 3 Nr. 2** auch in der Berufungsinstanz gilt, ergibt sich bereits aus dem Wortlaut der Vorschrift (Hinweis auf § 390 Abs. 5).

69   4. **Geltung des § 471 Abs. 3 Nr. 3.** Auch diese Vorschrift gilt in der Rechtsmittelinstanz, und zwar nicht nur dann, wenn über die Privatklage und die Widerklage in der Berufungsinstanz entschieden wird — zum Beispiel wenn der Angeklagte auf seine Berufung freigesprochen, seine Berufung gegen den auf Widerklage erfolgten Freispruch aber ohne Erfolg ist[175] —, sondern auch, wenn nur eine der Parteien nicht ohne Erfolg Berufung einlegt und in erster Instanz über die Kosten von Klage und Widerklage nicht getrennt entschieden ist, zum Beispiel wenn der in erster Instanz verurteilte Angeklagte nur gegen seine Verurteilung mit dem Erfolg des Freispruchs Berufung eingelegt, die Freisprechung des Privatklägers auf Widerklage in erster Instanz aber unangefochten gelassen hat[176].

70   5. Haben der **Privatkläger und der Angeklagte erfolglos** Rechtsmittel eingelegt, so hätte an sich jeder von beiden die Kosten seines eigenen Rechtsmittels sowie die in der Berufungsinstanz erwachsenen notwendigen Auslagen der Gegenpartei zu tragen[177]. Da aber das Gericht, indem es dem Antrag des Privatklägers auf Verwerfung des gegnerischen Rechtsmittels stattgibt, dagegen das Rechtsmittel des Privatklägers verwirft, den Anträgen des Privatklägers nur zum Teil entsprochen hat, findet § 471 Abs. 3 Nr. 1 Anwendung[178].

XII. Rechtsmittel bei Nebenklage und Nebenklagebefugnis (Absatz 1 Satz 2, 3)

71   1. **Allgemeines.** Bisher wurden die Fragen, wer die notwendigen Auslagen des Nebenklägers bei erfolglosem Rechtsmittel des Beschuldigten und umgekehrt des Beschuldigten bei erfolglosem Rechtsmittel des Nebenklägers zu tragen hat, mangels ausdrücklicher gesetzlicher Regelung über eine entsprechende Anwendung des § 471 gelöst. Das Fehlen kostenrechtlicher Bestimmungen für den Fall der Nebenklage führte jedoch auch bei den Kostenentscheidungen der Rechtsmittelinstanz zu erheblichen Schwierigkeiten[179]. Ziel der neuen Sätze 2 und 3 des Absatzes 1, die in engem Zusammenhang mit dem neuen § 472 stehen[180], ist es, die insoweit in der Praxis aufgetretenen Probleme im Interesse des Nebenklageberechtigten, des Beschuldigten, zur Entlastung der Strafjustiz und nicht zuletzt im Interesse der Rechtssicherheit und -klarheit zu lösen.

72   Dazu regeln die Sätze 2 und 3 im Kern **zwei Fallvarianten:** Satz 2 die Erfolglosigkeit (Rücknahme) des Rechtsmittels des Beschuldigten, dem die rechtsmittelbedingten notwendigen Auslagen des Nebenklägers oder die des Nebenklagebefugten nach § 406 g (Auslagen infolge Beistand oder Vertretung durch einen Rechtsanwalt) aufzuerlegen sind; Satz 3 die Erfolglosigkeit (Rücknahme) des allein vom Nebenkläger eingelegten oder durchgeführten Rechtsmittels. Die Vorschriften folgen dem allgemein für die Rechtsmittelkosten geltenden Grundsatz, daß der Rechtsmittelführer bei Erfolglosigkeit des Rechtsmittels dem Gegner dessen Auslagen erstatten muß.

73   Die Regelung ist **unvollständig.** Es fehlen insbesondere Vorschriften für die Fälle des Erfolges (Teilerfolges) des Rechtsmittels, der Einstellung in der Rechtsmittelinstanz,

---

[175] BayObLG *Alsb* E 3 359.
[176] OLG Hamm MDR **1953** 441.
[177] So BayObLG *Alsb* E 3 366.
[178] BayObLG Rpfleger **1961** 81.

[179] Zu Einzelheiten vgl.: BGHSt **11** 189; **15** 60; OLG Koblenz VRS **54** (1978) 201; BayObLG NStZ **1981** 312; LR-*K. Schäfer*[23] 79 ff.
[180] BTDrucks. **10** 5305 S. 22.

der Rückverweisung und des Zusammentreffens mehrerer (paralleler oder konträrer) Rechtsmittel. § 473 Abs. 1 ist insoweit ergänzungsbedürftig. Diese Ergänzung zum Zwecke der Lösung nicht ausdrücklich geregelter Fallvarianten und Probleme hat durch eine Heranziehung der §§ 465 ff, insbesondere über § 472 zu erfolgen, während für eine entsprechende Anwendung des § 471 neben § 472 sowie im Hinblick auf den Willen des Gesetzgebers, die Kostenregelung der Nebenklage von der nicht passenden Regelung der Privatklage zu lösen[181], wenig Raum bleiben dürfte[181a]. Desweiteren gelten im wesentlichen die oben dargestellten Grundsätze (zum Beispiel Rdn. 2; 5; 7; 12; 27 ff) und Definitionen (zum Beispiel Rdn. 4; 22 ff) entsprechend; insbesondere richtet sich die Entscheidung über die Kosten grundsätzlich nach § 473 Abs. 1 Satz 1 und im Falle der Rückverweisung ist dies noch kein Erfolg (Rdn. 27). § 473 Abs. 3 und 4 sind nicht anwendbar, soweit sie zu einer Belastung der Staatskasse mit Auslagen des Nebenklägers führen würden; ein solches Ergebnis wäre mit der Struktur der Nebenklage prinzipiell nicht vereinbar.

Die Auslagenentscheidung hat — im Hinblick auf den Wortlaut des Gesetzestextes („sind aufzuerlegen") sowie § 464 b und weil nicht ohne weiteres erkennbar sein könnte, wer nebenklagebefugt (§§ 395, 406 g) war oder ob die Voraussetzungen des Satzes 3 erfüllt sind — ausdrücklich und im Tenor zu erfolgen[182]. Vor der Entscheidung prüft das Rechtsmittelgericht, ob der Nebenkläger in der Vorinstanz zu Recht zugelassen wurde, soweit es zu dieser Prüfung befugt ist[183]; einem zu Unrecht Zugelassenen werden die durch ein erfolgloses Rechtsmittel des Angeklagten erwachsenen Auslagen nicht erstattet, auch wenn der Angeklagte Zulassung und Auftreten des Nebenklägers nicht beanstandet hatte. Entsprechend prüft das Rechtsmittelgericht die Anschlußberechtigung eines zur Nebenklage Befugten (§§ 395, 406 g); diese Prüfung hat sich auch darauf zu erstrecken, ob die Voraussetzungen der „Schwereklausel" nach § 395 Abs. 3 erfüllt wären (vgl. die Erl. in Nachtr. zu § 396). Da im Falle des § 406 g eine Anschlußerklärung fehlt, hat das Gericht vor einer Kosten- und Auslagenentscheidung von amts wegen anhand der ihm vorliegenden Akten und sonstigen Unterlagen nachzuprüfen, ob Rechte nach § 406 g ausgeübt worden sind. Erklärt ein Nebenklagebefugter nach Anfechtung der Entscheidung durch den Beschuldigten, er schließe sich dem Verfahren an, und nimmt dann der Beschuldigte das Rechtsmittel zurück, so entscheidet das Gericht zunächst über die Berechtigung zum Anschluß (§ 396 Abs. 2) und danach über die Auslagen auch des Nebenklägers[184].

74

2. Rechtsmittel des Beschuldigten (Satz 2)

a) **Grundsätze.** Nach Satz 2 sind dem Beschuldigten, der erfolglos das Rechtsmittel eingelegt oder es zurückgenommen hat, alle notwendigen Auslagen aufzuerlegen, die dem Nebenkläger im Zusammenhang mit diesem Rechtsmittel entstanden sind. Die Vorschrift läßt eine Ausnahme nicht zu, auch nicht mit der Begründung, der Nebenkläger habe kein beachtliches Interesse gehabt, dem Rechtsmittel entgegenzutreten[185]. Ob

75

---

[181] BTDrucks. 10 5305 S. 9, 21.

[181a] Vgl. *Kleinknecht/Meyer*[38] 29; weniger eng *Böttcher* JR **1987** 137; a. A möglicherweise OLG Düsseldorf JurBüro **1987** 1520, das jedoch nicht auf die Änderungen des Kostenrechts durch das OpferschutzG eingeht.

[182] Vgl. auch LG Bamberg JurBüro **1983** 1847; a. A OLG Koblenz Rpfleger **1987** 473 (ohne auf die Änderung des § 473 durch das OpferschutzG einzugehen).

[183] Vgl. BayObLGSt **1971** 56; OLG Düsseldorf NJW **1983** 1337; vgl. auch § 401, 5; § 396, 22 ff; *Kleinknecht/Meyer*[38] 11; § 336, 3; 6; § 396, 8 ff; zu § 395 Abs. 3 s. die Erl. im Nachtr. zu den § § 395, 396.

[184] KMR-*Müller* 52.

[185] **A. A** nach altem Recht OLG Celle NJW **1975** 68; vgl. auch OLG Frankfurt AnwBl. **1981** 512 (Interesse des Nebenklägers bei unwirksamer Beschränkung der Berufung).

und in welchem Umfang das Rechtsmittel Erfolg hat oder erfolglos ist, ist im Hinblick auf das Nebenklagedelikt zu beurteilen[186]. Entsprechendes gilt für die notwendigen Auslagen, die einem Anschlußbefugten (§§ 395, 406 g), auch wenn er sich nicht dem Verfahren als Nebenkläger anschließt, in Wahrnehmung seiner Befugnisse nach § 406 g, nämlich durch die Inanspruchnahme eines Rechtsanwalts als Beistand oder Vertreter im Rechtsmittelverfahren erwachsen sind; dies können zum Beispiel Auslagen für einen Rechtsanwalt sein, der den Nebenklagebefugten in der Rechtsmittelverhandlung vertreten hat (§ 406 g Abs. 2)[187]. Wer zum Anschluß als Nebenkläger berechtigt ist, ergibt sich aus § 395 (vgl. Rdn. 74). Satz 2 gilt auch, wenn der Anschluß (§ 396 Abs. 1) oder die Inanspruchnahme eines Rechtsanwalts nach § 406 g erstmals in der Rechtsmittelinstanz erfolgen.

76　　Hat der Beschuldigte mit seinem unbeschränkten oder von vornherein auf bestimmte Beschwerdepunkt beschränkten Rechtsmittel (vgl. Rdn. 34 ff) **vollen Erfolg,** so hat der Nebenkläger (Anschlußberechtigte) seine rechtsmittelbedingten notwendigen Auslagen selbst zu tragen. Der Beschuldigte ist soweit, wie er Erfolg hat, nicht verurteilt, so daß kein Grund besteht, ihn mit rechtsmittelbedingten Auslagen des Nebenklägers zu belasten. Dies gilt nach der Neufassung des § 473 Abs. 1 grundsätzlich auch bei vollem Erfolg des von vornherein beschränkten Rechtsmittels[188]; eine Belastung des Beschuldigten mit Auslagen des Nebenklägers würde auch im inneren Widerspruch dazu stehen, daß er seine eigenen Auslagen nicht zu tragen hat (§ 473 Abs. 3). Der Nebenkläger haftet aber nicht für die notwendigen Auslagen des Beschuldigten[189]. Führt das Rechtsmittel zur Einstellung des Verfahrens, so hat es grundsätzlich Erfolg (zumindest Teilerfolg). Aus Gründen der **Billigkeit** kann jedoch auch dann, wenn ein voller Erfolg anzunehmen wäre, eine entsprechende Anwendung von § 472 Abs. 2 zu erwägen sein[190] (vgl. auch Rdn. 79; 80). Hat im Beschwerdeverfahren nach § 464 b der Beschuldigte zum Nachteil des Nebenklägers vollen Erfolg, so hat dieser, nicht die Staatskasse, die notwendigen Auslagen des Beschuldigten zu tragen[191].

77　　**b) Voller Erfolg des nachträglich beschränkten Rechtsmittels.** Die nachträgliche Beschränkung des Rechtsmittels, zum Beispiel auf den Strafausspruch, ist eine Teilrücknahme (vgl. Rdn. 37 ff); insoweit findet Satz 2 Anwendung. Soweit das Rechtsmittel im Rahmen seiner Beschränkung vollen Erfolg hat, steht der Beschuldigte einem Nichtverurteilten gleich. Dies bedeutet, daß dem Beschuldigten nur diejenigen rechtsmittelbedingten notwendigen Auslagen des Nebenklägers (Anschlußberechtigten) aufzuerlegen sind, die diesem durch das zunächst unbeschränkte Rechtsmittel im Hinblick auf das Nebenklagedelikt entstanden sind und bei einer von vornherein beschränkten Rechtsmitteleinlegung vermeidbar gewesen wären (vgl. Rdn. 41 ff)[191a].

---

[186] Vgl. OLG Frankfurt AnwBl. **1981** 512; OLG Düsseldorf JurBüro **1987** 1520; s. auch *Rieß/Hilger* NStZ **1987** 207 und § 472, 11 ff.

[187] Gebühren: §§ 95, 85 ff BRAGebO; vgl. auch *Rieß/Hilger* NStZ **1987** 206.

[188] Die frühere Rechtsprechung, daß bei vollem Erfolg des beschränkten Rechtsmittels § 471 Abs. 3 Nr. 1 anzuwenden sei (vgl. OLG Hamm AnwBl. **1979** 240), ist im Hinblick darauf, daß der Gesetzgeber das Kostenrecht der Nebenklage von dem der Privatklage lösen wollte (BTDrucks. 10 5305 S. 9, 21)

überholt; a. A wohl OLG Düsseldorf JurBüro **1987** 1520, das jedoch nicht auf die Änderungen des Kostenrechts durch das OpferschutzG eingeht.

[189] Vgl. auch OLG Hamm NJW **1962** 2023.

[190] Vgl. auch LG Braunschweig AnwBl. **1986** 207.

[191] LG Hamburg AnwBl. **1973** 28; vgl. § 464 b, 11.

[191a] Vgl. dagegen OLG Düsseldorf JurBüro **1987** 1520 (§ 471 Abs. 3 Nr. 1 analog).

Beantragt der Verletzte seine Zulassung als Nebenkläger, nachdem der Ange- **78** klagte unbeschränkt Berufung eingelegt hat, und **wiederruft er seine Anschlußerklärung,** nachdem der Angeklagte zulässigerweise die Berufung auf einen für den Verletzten bedeutungslosen Nebenpunkt beschränkte, so sind danach dem Angeklagten trotz Erfolges seines beschränkten Rechtsmittels die dem Verletzten erwachsenen notwendigen Auslagen aufzuerlegen, die er zur Bekämpfung des unbeschränkt eingelegten Rechtsmittels erbracht hat; der Widerruf der Anschlußerklärung kann wie eine Abstandnahme von der weiteren Beteiligung am Verfahren behandelt werden.

c) Teilerfolg. Erzielt der Beschuldigte mit seinem Rechtsmittel nur einen Teil- **79** erfolg, etwa eine fühlbare Strafmilderung wegen erheblichen Mitverschuldens des Nebenklägers, so kann u. U. Satz 2 keine Anwendung finden, weil das Rechtsmittel nicht „erfolglos" war. Andererseits könnte es im Einzelfall unbillig sein, wenn der Nebenkläger (Anschlußberechtigte) seine rechtsmittelbedingten Auslagen in vollem Umfang selbst tragen müßte. Es ist auch denkbar, daß der Nebenkläger (Anschlußberechtigte) ein gestaffeltes Interesse haben könnte, am Rechtsmittelverfahren teilzunehmen, zum Beispiel in erster Linie zur Abwehr eines Freispruchs, in zweiter Linie, um sich gegen die Annahme eines das Strafmaß beeinflussenden Mitverschuldens zu wenden und eine zu milde Bestrafung zu verhindern, und daß er unter Einsatz von Auslagen einen „Teilerfolg" erzielt. Eine billige Lösung der Fälle des „Teilerfolges" (gleichzeitig „Teilerfolglosigkeit") ist nur möglich, wenn dem Gericht gestattet wird, die notwendigen Auslagen des Nebenklägers je nach Lage des Einzelfalles wenigstens zum Teil dem Beschuldigten aufzuerlegen. Es liegt nahe, zu diesem Zweck § 472 Abs. 1, 2 und § 473 Abs. 4 dahingehend entsprechend anzuwenden, daß die notwendigen Auslagen des Nebenklägers (Anschlußbefugten) nach Billigkeitsgesichtspunkten zwischen diesem und dem Beschuldigten verteilt werden können. Zu gleichen Ergebnissen könnte eine analoge Anwendung des § 471 Abs. 3 Nr. 1 führen[192]. Die Verteilung kann durch Quotelung erfolgen oder sich auf bestimmte Auslagen beziehen.

Maßgebend für die **Billigkeitsentscheidung** sind nicht nur das Interesse des Neben- **80** klägers, sich am Rechtsmittelverfahren zu beteiligen[193] und der Umfang des Teilerfolges, sondern auch seine jeweilige spezielle Bedeutung für die Beteiligten und in ihrem Verhältnis zueinander, insbesondere die Auswirkungen des Teilerfolgs auf ihre Interessen und Rechte. Eine Belastung des Angeklagten mit den gesamten Auslagen des Nebenklägers käme zum Beispiel in Betracht, wenn der Angeklagte mit seinem uneingeschränkt eingelegten Rechtsmittel zwar einen gewissen Teilerfolg erzielt, dieser aber das vom Nebenkläger „angestrebte" Ziel nicht wesentlich in Frage stellt[194], zum Beispiel, wenn der Nebenkläger Verurteilung wegen vorsätzlicher Körperverletzung erstrebte und der im ersten Rechtszug aus § 223 a StGB verurteilte Angeklagte mit seinem auf Freispruch gerichteten Rechtsmittel nur den Wegfall der Qualifikation des § 223 a

---

[192] Vgl. auch OLG Karlsruhe JurBüro **1976** 794; OLG Düsseldorf JurBüro **1983** 727; JurBüro **1987** 1520; OLG Koblenz Rpfleger **1985** 503; KK-*Schikora/Schimansky²* 10 (Abs. 4 und § 472 analog); *Kleinknecht/Meyer*³⁸ 29 (Abs. 4 Satz 2 analog); *Böttcher* JR **1987** 137 (§ 471 Abs. 3 Nr. 1 analog).

[193] Vgl. OLG Koblenz JurBüro **1980** 892; OLG Düsseldorf VRS **69** (1985) 226; OLG München JurBüro **1985** 906.

[194] Vgl. OLG Celle NJW **1975** 68; OLG Karls-

ruhe JurBüro **1976** 794; OLG Koblenz JurBüro **1980** 892; Rpfleger **1985** 503; OLG Düsseldorf AnwBl. **1983** 329; JurBüro **1987** 1520 (das zutreffend für bestimmte Fallgestaltungen „Erfolglosigkeit" annimmt, jedoch nicht § 473 Abs. 1 Satz 2 anwendet; auch zur Notwendigkeit der Entscheidung des Berufungsgerichts über die erstinstanzlichen Auslagen); *Schmidt* NJW **1975** 68; s. auch KK-*Schikora/Schimansky²* 10 (Berücksichtigung des Gedankens des § 400 Abs. 1).

Hans Hilger

StGB mit der Folge einer Strafmilderung erreicht, während es bei der vom Nebenkläger erstrebten Verurteilung wegen vorsätzlicher Körperverletzung ohne Beeinträchtigung seiner Interessenlage verbleibt.

81   **d) Strafbefehl.** Nimmt der Beschuldigte den Einspruch gegen den Strafbefehl zurück, so soll der rechtskräftig gewordene Strafbefehl auch Grundlage für die Festsetzung der Auslagen des Nebenklägers sein (Rdn. 3)[195]. § 473 findet keine Anwendung (vgl. im übrigen § 472, 14).

3. Rechtsmittel des Nebenklägers (Satz 3)

82   **a) Grundsätze.** Satz 3 betrifft die Fälle, daß der Nebenkläger **allein** ein Rechtsmittel **eingelegt** oder aber nach Einlegung von Rechtsmitteln auch durch andere (Beschuldigte, Staatsanwaltschaft) schließlich **allein** (nach Rücknahme der anderen Rechtsmittel) sein Rechtsmittel **durchgeführt** hat. Satz 3 gilt auch, wenn mehrere Nebenkläger Rechtsmittel eingelegt bzw. durchgeführt haben (Rdn. 91). Zum ‚gleichzeitigen‘ Rechtsmittel des Beschuldigten oder der Staatsanwaltschaft vgl. Rdn. 92 ff. Ist das allein vom Nebenkläger eingelegte oder durchgeführte Rechtsmittel erfolglos oder wird es zurückgenommen, so hat der Nebenkläger alle rechtsmittelbedingten notwendigen Auslagen des Beschuldigten zu tragen, auch solche, die durch Verschulden Dritter (Ladungsfehler, Säumnis von Zeugen) entstanden sind[196]. Satz 3 gilt auch, wenn der Nebenkläger seine mit dem Antrag auf Zulassung eingelegte Berufung noch vor der Entscheidung über den Zulassungsantrag zurücknimmt. Eine Rücknahme des Rechtsmittels liegt vor, wenn die Anschlußerklärung widerrufen wird (§ 402, 11). Eine nachträgliche Beschränkung des Rechtsmittels ist eine „Teilrücknahme“, die insoweit von Satz 3 erfaßt wird. Die Erstattungspflicht bedarf des förmlichen Ausspruchs (Rdn. 74). Der Nebenkläger ist desweiteren Schuldner der Kosten des Rechtsmittels (§ 473 Abs. 1)[197].

83   Aus Satz 3, der Absatz 2 Satz 1 entspricht, ergibt sich, daß der Gesetzgeber nicht die Absicht hatte, die Möglichkeit zu eröffnen, **die notwendigen Auslagen des Beschuldigten nicht** nur dem Nebenkläger, sondern auch (gesamtschuldnerisch) **der Staatskasse aufzuerlegen.** Dies kann dazu führen, daß der freigesprochene Beschuldigte im Falle der Vermögenslosigkeit des Nebenklägers die ihm durch ein erfolgloses Rechtsmittel eines Nebenklägers erwachsenen notwendigen Auslagen selbst tragen muß. Diese Entscheidung des Gesetzgebers erscheint insbesondere im Hinblick auf die Bedeutung des Freispruchs nicht unproblematisch[198] (vgl. aber Rdn. 84).

84   **b) Rechtsmittel mit Wirkung zugunsten des Angeklagten.** Hat der Nebenkläger allein Berufung eingelegt und lautet das Urteil der Berufungsinstanz, weil die Berufung auch zugunsten des Angeklagten wirkt (§ 301), auf Freispruch, so treffen die notwendigen Auslagen des Beschuldigten in der Berufungsinstanz, weil das Rechtsmittel letztlich aus der Sicht des Nebenklägers erfolglos war, den Nebenkläger. Über eine entsprechende Anwendung des § 473 Abs. 2 Satz 2 könnte jedoch eine gesamtschuldnerische Haftung der Staatskasse erreicht werden[199] (vgl. auch Rdn. 21). Für die erstinstanzlichen Kosten und Auslagen gilt § 467.

85   **c) Beim Tod des Nebenklägers** ist dessen Rechtsmittel im Hinblick auf § 402 hinfällig und erfolglos[200]. Die Kosten treffen den Nachlaß. Diese Folge kann wie bei der

---

[195] Bisher h. M; **a. A** *Francke* NJW **1956** 10; vgl. aber § 472, 14.

[196] Vgl. LG Mainz JurBüro **1974** 1401.

[197] Vgl. BayObLG NStZ **1981** 312.

[198] Vgl. auch *Dünnebier* NStZ **1981** 313 ff.

[199] Im Ergebnis früher so schon BayObLG NJW **1959** 1236; vgl. auch BayObLGSt **1959** 248; NStZ **1981** 312 mit Anm. *Dünnebier*; *Kleinknecht/Meyer*[38] 13.

[200] OLG Celle MDR **1953** 570.

Zurücknahme eines Rechtsmittels durch selbständigen Kostenbeschluß ausgesprochen werden (vgl. auch § 472, 13; § 464, 56).

d) Erfolgreiche Revision des Angeklagten nach erfolgreicher Berufung des Neben- **86** **klägers.** Legt nach Freispruch des Angeklagten der Nebenkläger allein erfolgreich Berufung ein, und wird auf die Revision des verurteilten Angeklagten das Berufungsurteil aufgehoben und schließlich die Berufung des Nebenklägers verworfen, so trägt der Nebenkläger die Gerichtskosten der Berufung und hat dem Angeklagten die notwendigen Auslagen der Berufungshauptverhandlungen zu erstatten. Der Nebenkläger trägt aber weder die Gerichtskosten noch die notwendigen Auslagen des Angeklagten in der Revisionsinstanz, weil in dieser Rechtsmittelgegner des Angeklagten die Staatsanwaltschaft ist und der Nebenkläger — wie im ersten Rechtszug — wieder in die Rolle eines die Staatsanwaltschaft Unterstützenden tritt[201]. Die Kosten der Revisionsinstanz und die notwendigen Auslagen des Angeklagten in der Revision fallen gemäß § 467 Abs. 1 der Staatskasse zur Last. Daß der Nebenkläger in dem von der Staatsanwaltschaft erfolglos betriebenen Amtsverfahren keinen Erstattungsanspruch wegen seiner Auslagen gegen die Staatskasse hat, versteht sich von selbst; der Nebenkläger trägt das Risiko, daß sich seine mitwirkende Tätigkeit als nutzlos erweist und er umsonst Auslagen erbracht hat[202].

e) Erfolg. Hat der Nebenkläger mit seinem Rechtsmittel Erfolg (vgl. § 400), so **87** trägt der Angeklagte die Kosten des Verfahrens nach § 465 Abs. 1. Für die notwendigen Auslagen des Nebenklägers gilt § 472. Erreicht der Nebenkläger mit seiner Revision gegen den Freispruch die Aufhebung und Zurückverweisung, und wird wiederum auf Freispruch erkannt, so war zwar die Revision letztlich erfolglos, der Nebenkläger aber trägt nicht die Kosten der zweiten Hauptverhandlung in der Tatsacheninstanz, weil Gegner wieder die Staatsanwaltschaft ist[203]. Legt bei einer Mehrheit von Nebenklägern nur einer von ihnen gegen die die Nebenkläger beschwerende Auslagenentscheidung sofortige Beschwerde ein, und hat er damit Erfolg, so wirkt diese Entscheidung nicht auch zugleich zugunsten der anderen Nebenkläger, die die Entscheidung unangefochten ließen; aus dem Rechtsgedanken des § 357 läßt sich eine solche Wirkung nicht herleiten[204].

f) Teilerfolg. Erzielt der Nebenkläger mit seinem Rechtsmittel einen Teilerfolg, **88** so sind § 472 Abs. 1, 2 und § 473 Abs. 4 entsprechend anzuwenden (vgl. Rdn. 79). Es können also im Verhältnis des Angeklagten zur Staatskasse die Gebühr ermäßigt und die gerichtlichen und die notwendigen Auslagen des Angeklagten verteilt, darüber hinaus im Verhältnis des Angeklagten zum Nebenkläger die beiderseitigen Auslagen angemessen verteilt oder einem von ihnen auferlegt werden. Soweit danach der Angeklagte sowohl gegenüber der Staatskasse wie dem Nebenkläger erstattungsberechtigt ist, tritt gesamtschuldnerische Haftung ein. In keinem Fall kommt eine Belastung der Staatskasse mit Auslagen des Nebenklägers in Betracht. Ein Teilerfolg soll zum Beispiel vorliegen, wenn in einem Strafverfahren aus Anlaß eines Verkehrsunfalls der Angeklagte im ersten Rechtszug freigesprochen war und auf die Berufung des Nebenklägers wegen Verkehrsordnungswidrigkeit, nicht aber, wie das der Nebenkläger erstrebt,

---

[201] Vgl. OLG Frankfurt NJW **1957** 474; OLG Hamm NJW **1962** 2023; BayObLG NStZ **1981** 312 mit Anm. *Dünnebier.*
[202] Vgl. auch OLG Hamburg NJW **1970** 1468.

[203] Vgl. OLG Düsseldorf DAR **1967** 203.
[204] Vgl. OLG Hamm MDR **1973** 1041; **a. A** OLG Düsseldorf JMBlNW **1972** 86.

Hans Hilger

wegen Körperverletzung verurteilt wird[205], vorausgesetzt, daß die Verkehrordnungs-
widrigkeit für die Körperverletzung ursächlich war.

89   Wird das Verfahren nach Freispruch in erster Instanz auf die Berufung des Nebenklägers in zweiter Instanz nach den §§ 153, 153 a eingestellt, so ist das Rechtsmittel
nicht (völlig) erfolglos im Sinne des Satzes 1; vielmehr gilt § 472 Abs. 2 entsprechend[205a]. Wird das Verfahren wegen eines **Verfahrenshindernisses** eingestellt (zum
Beispiel Tod des Beschuldigten), so war das Rechtsmittel erfolglos[205b].

90   **4. Beteiligung des Nebenklägers.** Hat sich der Nebenkläger, ohne selbst Rechtsmittel einzulegen, an dem durch ein Rechtsmittel der Staatsanwaltschaft veranlaßten
Rechtsmittelverfahren beteiligt, so ist bei vollem Erfolg des Rechtsmittels zu Ungunsten
des Angeklagten § 472 anwendbar. Bleibt das Rechtsmittel der Staatsanwaltschaft erfolglos oder hat es zu Gunsten des Angeklagten Erfolg, so muß er seine eigenen Auslagen
tragen, hat aber nicht für die Auslagen des Angeklagten einzustehen, und zwar auch
dann nicht, wenn das Urteil zum Nachteil des Nebenklägers abgeändert wurde, oder
wenn der Nebenkläger durch seine Anträge Auslagen verursacht hat, die der Staatskasse
zur Last fallen[206]. Im Falle des Teilerfolgs gelten §§ 472, 473 Abs. 4 entsprechend (vgl.
Rdn. 79, 80).

5. Zusammentreffen von Rechtsmitteln im Hinblick auf das Nebenklagedelikt

91   **a) Mehrere Nebenkläger.** Legen mehrere Nebenkläger Rechtsmittel ein, so ist
grundsätzlich kostenrechtlich jedes Rechtsmittel gesondert zu behandeln; dies gilt insbesondere für die Frage des Erfolges (Teilerfolges) und Billigkeitserwägungen. Satz 3
ist anwendbar; außerdem gilt § 473 Abs. 1 Satz 1. Haften mehrere Nebenkläger für die
rechtsmittelbedingten notwendigen Auslagen des Beschuldigten, so haften sie, soweit
ihre Haftung gleich weit geht, als Gesamtschuldner (§ 421 BGB).

92   **b) Erfolglose Rechtsmittel des Beschuldigten und zugleich der Staatsanwaltschaft.**
In diesem Fall, wenn sich also der Nebenkläger auf die Abwehr des Rechtsmittels des
Beschuldigten beschränkt, gilt Satz 2[207]. Die Staatskasse haftet nicht für die notwendi-
gen Auslagen des Nebenklägers, wenn ihr Rechtsmittel erfolglos bleibt.

93   **c) Rechtsmittel des Beschuldigten und des Nebenklägers.** In diesem Falle gilt Absatz 1 Satz 3 nicht, soweit der Nebenkläger das Rechtsmittel nicht „allein" durchführt.
Nimmt der Beschuldigte sein Rechtsmittel bezüglich des Nebenklagedeliktes zurück, so
gilt für Auslagen des Nebenklägers, die bis dahin durch das zurückgenommene Rechtsmittel des Beschuldigten entstanden sind, Absatz 1 Satz 2. Von diesem Zeitpunkt an gilt
Satz 3, wenn das Rechtsmittel des Nebenklägers erfolglos bleibt. Werden beide Rechtsmittel im Hinblick auf das Nebenklagedelikt durchgeführt, das des Beschuldigten mit
Erfolg, das des Nebenklägers erfolglos, so wird der Nebenkläger nicht mit notwendigen Auslagen des Beschuldigten belastet und trägt seine eigenen selbst; außerdem gilt
§ 473 Abs. 1 Satz 1. Die notwendigen Auslagen des Beschuldigten trägt nach Maßgabe
des Erfolges die Staatskasse (§§ 467, 473 Abs. 3, 4). Bleibt auch das Rechtsmittel des Beschuldigten erfolglos, so gilt Absatz 1 Satz 2, jedoch nur für diejenigen rechtsmittelbe-

---

[205] Vgl. BayObLGSt **1953** 257; s. jedoch die
weiteren Einschränkungen § 472, 12.

[205a] S. auch OLG Celle MDR **1983** 511 (§ 154
Abs 2); KK-*Schikora/Schimansky*[2] 12.

[205b] Vgl. aber BGH NStZ **1987** 336 mit Anm.
Kühl.

[206] Vgl. OLG Celle NdsRpfl. **1958** 195; OLG
Hamburg MDR **1983** 689 (Rücknahme des
Rechtsmittels der Staatsanwaltschaft).

[207] Vgl. OLG Hamburg MDR **1970** 1029;
OLG Schleswig SchlHA **1987** 43; *Rieß/Hilger*
NStZ **1987** 207.

dingten notwendigen Auslagen des Nebenklägers, die diesem speziell durch das Rechtsmittel des Beschuldigten erwachsen sind. Bleibt das Rechtsmittel des Beschuldigten erfolglos und hat das des Nebenklägers Erfolg, so gelten § 473 Abs. 1 Satz 2 und § 472 (Rdn. 87).

d) Rechtsmittel des Nebenklägers und der Staatsanwaltschaft. Auch in diesem **94** Falle gilt Absatz 1 Satz 3 nicht, soweit der Nebenkläger das Rechtsmittel nicht „allein" durchführt. Nimmt die Staatsanwaltschaft ihr Rechtsmittel im Hinblick auf das Nebenklagedelikt zurück, so gilt bei Erfolglosigkeit des Rechtsmittels des Nebenklägers Satz 3 bezüglich der danach entstandenen Auslagen des Beschuldigten[208]; für die vorher entstandenen Auslagen gilt § 473 Abs. 2 Satz 1. Werden beide Rechtsmittel im Hinblick auf das Nebenklagedelikt zuungunsten des Beschuldigten mit Erfolg durchgeführt, so gilt bezüglich der rechtsmittelbedingten notwendigen Auslagen des Nebenklägers § 472. Bleiben beide Rechtsmittel erfolglos, so trägt der Nebenkläger seine notwendigen Auslagen selbst. Die notwendigen Auslagen des Beschuldigten hat er nicht zu übernehmen; sie sind der Staatskasse nach § 473 Abs. 2 Satz 1 aufzuerlegen[209].

Waren beide Rechtsmittel erfolglos, so trifft den Nebenkläger nach **§ 473 Abs. 1 95 Satz 1** nicht nur die Gebühr nach Nr. 1660 KostVerz.; die gerichtlichen Auslagen sind hälftig von der Staatskasse und dem Nebenkläger zu tragen[210]. Diese Behandlung der gerichtlichen Auslagen rechtfertigt sich aus der Erwägung, daß für diese sowohl die Staatskasse als auch der Nebenkläger kostentragungspflichtig sind und es, weil beide Rechtsmittel das gleiche Ziel verfolgen, angebracht erscheint, die Grundsätze über die Ausgleichung von Gesamtschuldnern entsprechend anzuwenden.

XIII. Antrag auf Wiederaufnahme des Verfahrens (Absatz 6 Nr. 1)

1. Wiederaufnahmeantrag gegen Urteil. Der Antrag auf Wiederaufnahme des **96** Verfahrens, der kein Rechtsmittel, sondern ein Rechtsbehelf ist, wird in Erweiterung des § 365 hinsichtlich der Kosten- und Auslagenfrage vom Gesetz wie ein Rechtsmittel behandelt. Dabei gehören nach § 464 a Abs. 1 Satz 2 zu den Kosten des Antrags auch die zur Vorbereitung eines Wiederaufnahmeverfahrens (§§ 364 a, 364 b) entstandenen Kosten, soweit sie durch einen Antrag des Verurteilten verursacht sind. Der Antragsteller trägt also die Kosten, wenn sein Wiederaufnahmeantrag verworfen wird (dazu Nr. 1610, 1624 KostVerz.). Dagegen liegt noch kein Erfolg vor, wenn der Antrag zu einem Beschluß nach § 370 Abs. 2 führt[211]. Vielmehr ist, wenn es zu einer neuen Hauptverhandlung kommt, in dem neuen Urteil über die Kosten des gesamten vorangegangenen Verfahrens nach Maßgabe der §§ 465 bis 467 zu entscheiden. Mit der Aufhebung des früheren Urteils verliert auch das ihm früher folgende Verfahren seine Bedeutung (s. § 43 GKG). Die dem Angeklagten früher auferlegten Kosten der Revisionsinstanz hat er daher im Fall seiner späteren Freisprechung gleichfalls nicht mehr zu tragen, denn auch hier gilt § 467 Abs. 2, wonach dem Angeklagten nur durch schuldhafte Versäumnis verursachte Kosten aufzuerlegen sind; es kann ihm aber nicht zum Vorwurf gemacht werden, daß er die Verurteilung zunächst (erfolglos) mit der Revision angegrif-

---

[208] Vgl. auch OLG Karlsruhe Justiz **1974** 270.

[209] Vgl. auch OLG Karlsruhe Rpfleger **1985** 123.

[210] H. M: vgl. OLG Stuttgart NJW **1963** 2286; **a. A** OLG Celle NJW **1959** 1742 (der Nebenkläger trägt die gerichtlichen Auslagen, so-

weit diese zugleich der Durchführung des Rechtsmittels der Staatsanwaltschaft gedient haben).

[211] H. M; RGSt **20** 115; **a. A** *Eb. Schmidt* Nachtr. II 28.

fen hat[212]. Wird der Angeklagte erneut verurteilt, so ist zu unterscheiden: a) erstrebte er lediglich in Anwendung eines milderen Gesetzes eine mildere Strafe und erreicht er dies Ziel, so hat er mit seinem Antrag vollen Erfolg gehabt; die durch die Behandlung des Wiederaufnahmeantrags (§§ 367 bis 369) entstandenen Kosten trägt die Staatskasse; b) erstrebte er Freispruch und wird er nur in Anwendung des gleichen oder eines milderen Gesetzes zu einer geringeren Strafe als der früher ausgesprochenen verurteilt, so hat er mit seinem Antrag einen Teilerfolg gehabt; die durch die Behandlung des Wiederaufnahmeantrags entstandenen Kosten sind nach § 473 Abs. 4 zu behandeln[213]. Im übrigen aber ist über die Kosten nach § 465 zu entscheiden. Und zwar ist § 465 Abs. 1 anzuwenden, wenn der Angeklagte einer Straftat schuldig gesprochen ist und nur deshalb nicht zur Strafe verurteilt worden ist, weil die Sperrwirkung des § 373 Abs. 2 dem entgegensteht; eine solche Entscheidung ist kostenrechtlich wie ein Absehen von Strafe (§ 465 Abs. 1 Satz 2) zu behandeln, während hinsichtlich der gerichtlichen Auslagen und außergerichtlichen Auslagen des Angeklagten, die durch den Wiederaufnahmeantrag verursacht sind, nach § 473 Abs. 4, 6 zu entscheiden ist[214]. Die Kosten eines Wiederaufnahmeverfahrens, das durch eine Urteilsberichtigung überholt ist, hat die Staatskasse analog § 467 Abs. 1 zu tragen, wenn das Wiederaufnahmeverfahren begründet gewesen wäre[215].

97   **2. Wiederaufnahmeantrag gegen Strafbefehl.** Absatz 6 spricht von dem durch rechtskräftiges Urteil abgeschlossenen Verfahren. Da die Wiederaufnahme auch gegen Strafbefehle (§ 373 a) möglich ist und § 473 Abs. 3 auch diese Fälle umfaßt, ist der Wortlaut der Vorschrift ungenau geworden. § 43 Satz 2 GKG in Verbindung mit Nr. 1610, 1611 KostVerz. trägt aber der jetzigen Rechtslage Rechnung.

98   **3. Wiederaufnahme nach Nichtigkeitserklärung einer Norm.** Nach §§ 79, 95 Abs. 3 BVerfGG ist die Wiederaufnahme des Verfahrens nach den Vorschriften der Strafprozeßordnung zulässig, wenn das rechtskräftige Strafurteil auf einer vom Bundesverfassungsgericht für nichtig erklärten Norm des materiellen Rechts beruht. Gegenstand der Nachprüfung im Wiederaufnahmeverfahren ist dann nur, welche Folgerungen sich aus dem Wegfall des für nichtig erklärten Gesetzes für den Schuld- und Strafausspruch ergeben. Die kostenrechtliche Behandlung richtet sich bei solchen Wiederaufnahmeverfahren grundsätzlich nach dem in Rdn. 96 Ausgeführten[216].

XIV. Antrag auf Nachverfahren (Absatz 6 Nr. 2)

99   Auch der Antrag auf ein **Nachverfahren** stellt einen dem Wiederaufnahmeantrag vergleichbaren Rechtsbehelf dar; Nummer 2 behandelt ihn daher ebenfalls wie ein Rechtsmittel.

XV. Kosten der Wiedereinsetzung (Absatz 7)

100   **1. Grundsatz.** Absatz 7 trifft eine besondere „Kostenregelung" für den Fall der Gewährung der Wiedereinsetzung in den vorigen Stand (§ 44). Danach fallen die Kosten der Wiedereinsetzung dem Antragsteller zur Last, obwohl er mit seinem Antrag Erfolg

---

[212] RGSt **27** 382; BGH NJW **1956** 70; a. A RGSt **27** 286.
[213] RGSt **20** 115.
[214] BGH KostRspr. § 465, 11.

[215] *Perels* NStZ **1985** 538.
[216] Zu inzwischen gegenstandslosen kostenrechtlichen Zweifelsfragen vgl. BGHSt **18** 268.

hat. Diese Regelung beruht auf dem Gedanken, daß der Antragsteller als Veranlasser des Verfahrens infolge seiner Säumnis die insoweit von ihm verursachten, wenn auch nicht verschuldeten Kosten tragen müsse. Sie ist jedoch problematisch, wenn die Säumnis auf einen Fehler der Justiz (zum Beispiel eine fehlerhafte Belehrung) zurückzuführen ist[217], und versagt, wenn ein „Antragsteller" fehlt, weil von Amts wegen Wiedereinsetzung gewährt wird (§ 45 Abs. 2 Satz 3)[218]. Da eine Gerichtsgebühr nicht erhoben wird (vgl. §§ 1, 40 ff GKG), hat die Kostenentscheidung nur für die Auslagen der Staatskasse Bedeutung. Über diese ist im Wiedereinsetzungsbeschluß oder in der das nachfolgende Verfahren abschließenden Entscheidung zu befinden. Der Ausgang des auf die Wiedereinsetzung folgenden Verfahrens ist unerheblich, so daß der Antragsteller auch im Falle des Freispruchs kostenpflichtig bleibt[219]. Seine notwendigen Auslagen (vgl. § 91 BRAGO) hat der Antragsteller schon deshalb zu tragen, weil eine Überbürdung auf die Staatskasse nicht möglich ist[220]. Absatz 7 trifft keine Regelung für die Verwerfung des Antrages. Auch in diesem Fall hat der Antragsteller die Kosten zu tragen; sie gehören zu den Kosten des Verfahrens im Sinne von § 465, mit denen der Antragsteller schon durch die vorausgegangene Entscheidung belastet ist[221]. Die durch unbegründeten Widerspruch des Gegeners verursachten Auslagen hat der Antragsteller nicht zu tragen; daß sie den zu Unrecht Widersprechenden treffen sollen, folgt aus dem Sinn der Regelung[222]. Die Festsetzung erfolgt im Verfahren nach § 464 b. Die Kostenentscheidung nach Absatz 7 ist nicht anfechtbar (§§ 46 Abs. 2, 464 Abs. 3 Satz 1). Zur Kostenentscheidung, wenn gegen die den Wiedereinsetzungsantrag verwerfende Entscheidung Beschwerde eingelegt worden ist (§ 46 Abs. 3), vgl. Rdn. 13 ff. Die Auffassung[223], daß die notwendigen Auslagen analog § 467 Abs. 3 Satz 2 Nr. 1 dem Beschwerdeführer (Antragsteller) auferlegt werden können, wenn er sein Vorbringen erst in der Beschwerdeinstanz glaubhaft macht und dadurch seine Beschwerde Erfolg hat, erscheint bedenklich (vgl. Rdn. 14, 15).

2. Reformvorschläge. § 458 Abs. 3 Entwurf 1939 wollte den Wiedereinsetzungsantrag nach den allgemeinen für Rechtsmittel und Rechtsbehelfe geltenden Vorschriften behandeln, bei begründetem Antrag den Antragsteller also nicht mit Kosten belasten. In der Tat erscheint Absatz 7 in diesem Sinn reformbedürftig[224]. Anläßlich der Beratung des Entwurfs des EGStGB 1974 im Bundestag schlug der Deutsche Anwaltverein vor, die Kosten der Wiedereinsetzung sollten dem Antragsteller nicht zur Last fallen, wenn er entgegen §§ 35 a, 319 Abs. 2 Satz 3 oder § 346 Abs. 2 Satz 3 nicht belehrt worden ist. Der Vorschlag ist bis zur allgemeinen Reform der Kostenvorschriften zurückgestellt worden (1. Bericht des Sonderausschusses für die Strafrechtsreform BTDrucks. 7 1261 S. 34).

101

---

[217] Vgl. auch § 44, 38; OLG Hamm NStZ **1982** 522 mit Anm. *Meyer*; OLG Frankfurt JR **1986** 213 mit Anm. *Hilger*.

[218] A. A KK-*Schikora/Schimansky*[2] 16; KMR-*Müller* 20.

[219] LG Krefeld JurBüro **1979** 238.

[220] Vgl. LG Krefeld JurBüro **1979** 238.

[221] BayObLG VRS **40** (1971) 30; OLG Bremen MDR **1961** 621; KG JR **1983** 214; OLG Düsseldorf JurBüro **1984** 251; vgl. auch *Müller* NJW **1962** 238.

[222] *Kleinknecht/Meyer*[38] 38; *Müller* NJW **1962** 238.

[223] OLG Hamm MDR **1981** 423; LG Duisburg JurBüro **1984** 250; KK-*Schikora/Schimansky*[2] 16; im Ergebnis ebenso LG Mainz MDR **1981** 781 (Absatz 7 analog).

[224] DAV AnwBl. **1970** 15.

Hans Hilger

§ 474

betraf die Kosten des ersten Urteils, wenn in dem Urteil gegen einen Abwesenden die Hauptverhandlung erneuert worden war (§ 282 c a. F). Anläßlich der Beseitigung des Abwesenheitsverfahrens wurde die Vorschrift **aufgehoben** durch Art. 21 Nr. 145 EGStGB 1974.

Nachtrag
zur Strafprozeßordnung
(Stand: 1. Juli 1988)

Inhaltsübersicht

ALLGEMEINES

Vorbemerkungen

Übersicht über die seit dem 1.4.1984 geänderten Vorschriften

Schrifttum

ERLÄUTERUNGEN

ERSTES BUCH
Allgemeine Vorschriften

ZWEITES BUCH

Verfahren im ersten Rechtszug

VIERTES BUCH

Wiederaufnahme eines durch rechtskräftiges Urteil abgeschlossenen Verfahrens

FÜNFTES BUCH

Beteiligung des Verletzten am Verfahren

SIEBENTES BUCH

Strafvollstreckung und Kosten des Verfahrens

ALLGEMEINES

Vorbemerkungen

Die erste Lieferung der 24. Auflage des LÖWE-ROSENBERG legte den Gesetzesstand vom 1. April 1984 zugrunde. Gegenwärtig werden die letzten Lieferungen der Kommentierung der Strafprozeßordnung, die damit in Kürze abgeschlossen vorliegen wird, zur Herausgabe vorbereitet. Seit dem Erscheinen der ersten Lieferung ist in den Text der Strafprozeßordnung durch 10 Gesetze eingegriffen worden; insgesamt wurden 72 Vorschriften eingefügt oder, teilweise mehrfach, geändert. Mit dem Nachtrag wird die Kommentierung der Strafprozeßordnung auf den derzeit aktuellen Gesetzgebungsstand gebracht.

Die Gesetzesänderungen nach dem 1. April 1984 waren zunächst nur redaktioneller Natur. Erst gegen Ende der 10. Legislaturperiode traten durch mehrere Gesetze auch größere sachliche Änderungen ein. Den Anfang machte das 23. StrÄndG vom 13. 4. 1986 (BGBl. I 393), mit dem im Zusammenhang mit der Erweiterung der Strafaussetzung zur Bewährung vor allem das Strafvollstreckungsrecht (§§ 449 bis 464 a StPO) Änderungen erfuhr. Sie konnten noch voll in der 15. Lieferung, deren Erscheinen aus diesem Grunde hinausgeschoben wurde, berücksichtigt werden. Ebenfalls noch im Hauptwerk berücksichtigt werden konnten die Einführung des neuen § 163 d StPO (Kontrollfahndung) durch das Paßgesetz und Gesetz zur Änderung der Strafprozeßordnung vom 19. 4. 1986 (BGBl. I 721) sowie die Änderungen der §§ 306 und 311 StPO durch das OWiÄndG vom 7. 7. 1986 (BGBl. I 977).

Umfangreiche und teilweise tiefgreifende Änderungen ergaben sich kurz vor Ablauf der 10. Legislaturperiode durch das Erste Gesetz zur Verbesserung der Stellung des Verletzten im Strafverfahren (OpferschutzG) vom 18. 12. 1986 (BGBl. I 2494) und das Strafverfahrensänderungsgesetz 1987 (StVÄG 1987) vom 27. 1. 1987 (BGBl. I 475), die beide am 1. 4. 1987 in Kraft getreten sind. Entstehungsgeschichte und Inhalt beider Gesetze sind im Hauptwerk, Einl. Kap. 5 119 ff ausführlich dargestellt; hierauf wird verwiesen. Diese Änderungen konnten von der 17. Lieferung an noch im Hauptwerk erläutert werden, namentlich die umfangreichen Veränderungen im Recht der Verteidigung, im Strafbefehlsverfahren, im Kostenrecht sowie der neu eingefügte Vierte Abschnitt des 5. Buches, der die sonstigen Befugnisse des Verletzten regelt.

Die nach dem Rechtszustand vom 1. 4. 1987 in einer Neufassung bekanntgemachte Strafprozeßordnung in der Fassung vom 7. 4. 1987 (BGBl. I 1074, 1319) ist seither zweimal geringfügig geändert worden, nämlich durch das HalbleiterschutzG vom 22. 10. 1987 (BGBl. I 2294) und das Gesetz zur Änderung der Strafprozeßordnung vom 17. 5. 1988 (BGBl. I 606), durch das eine erst durch das StVÄG 1987 vorgenommene Erweiterung der notwendigen Verteidigung auf blinde Beschuldigte korrigiert worden ist (s. Hauptwerk § 140, 2 ff).

Im Nachtrag werden nur die seit dem 1. 4. 1984 eingetretenen Änderungen der StPO erläutert, die im Hauptwerk nicht berücksichtigt werden konnten. Dabei wird auf das Hauptwerk mit HW, innerhalb des Nachtrags mit Nachtr., sonst in der üblichen Weise verwiesen. Um dem Benutzer einen Überblick über alle seit dem Beginn des Erscheinens der 24. Auflage eingetretenen Gesetzesänderungen der StPO zu ermöglichen, weist die

Peter Rieß

vorangestellte tabellarische Übersicht alle Änderungsgesetze nach und gibt zu jeder geänderten Vorschrift der StPO an, durch welches Gesetz sie betroffen ist und ob sich die Erläuterungen hierzu im Hauptwerk oder im Nachtrag finden. Die Gesetzesmaterialien sind bei den einzelnen Gesetzen angegeben, soweit sie für die Auslegung der die StPO betreffenden Vorschriften ergiebig sein können. Das den Erläuterungen vorangestellte Schrifttumsverzeichnis weist auch das Schrifttum zu denjenigen Gesetzesänderungen nach, die im Hauptwerk erläutert sind; es soll damit einen umfassenden Überblick über die im Zusammenhang mit den Neuregelungen bisher erschienenen literarischen Äußerungen vermitteln.

Der Nachtrag betrifft nur die StPO. Die bisherigen Änderungen des GVG und des EGGVG sind im Schrifttumsverzeichnis mit berücksichtigt; sie werden vollen Umfangs im Hauptwerk erläutert.

Übersicht über die seit dem 1. 4. 1984 geänderten Vorschriften

I. Verzeichnis der Änderungsgesetze

Nr.	Gesetz	geänderte oder eingefügte Vorschriften der StPO
1	Zweites Gesetz zur Änderung des Bundeszentralregistergesetzes (2. BZRÄndG) vom 17. Juli 1984 (BGBl. I 990) — Art. 3	§ 260
2	23. Strafrechtsänderungsgesetz (23. StrÄndG) vom 13. April 1986 (BGBl. I 1986) — Art. 2	§§ 260, 453, 454, 454 a, 454 b, 455, 456 a, 458, 462, 462 a, 463 d, 464
	Materialien. BTDrucks. 10 1116 (Gesetzentw. der SPD-Fraktion); BTDrucks. 10 2720 (RegEntw.); 1. Lesung BT, 120. Sitzung vom 7. 2. 1985, Plenarprot. **10** 120, S. 8922 ff; BTDrucks. **10** 4391 (Beschlußempfehlung und schriftl. Bericht BTRAussch.); 2./3. Lesung BT, 181. Sitzung vom 5. 12. 1985, Plenarprot. **10** 181, S. 13750 ff; BRDrucks. 5/86; 560. Sitzung BR v. 31. 1. 1986, Plenarprot. S. 6 ff; BTDrucks. **10** 5000 (Anrufung des Vermittlungsausschusses); BTDrucks. **10** 5061 (Beschlußempfehlung des Vermittlungsausschusses).	
3	Paßgesetz und Gesetz zur Änderung der Strafprozeßordnung (StPÄG 1986) vom 19. April 1986 (BGBl. I 537) — Art. 2	§ 163 d
	Materialien. BTDrucks. **10** 3307 (RegEntw. PaßG); BTDrucks. **10** 5059; **10** 5128 (Beschlußempfehlung und schriftl. Bericht BTInnenaussch.; 2./3. Lesung BT, 202. Sitzung vom 28. 2. 1986, Plenarprot. **10** 202, S. 15509 ff; BRDrucks. 98/86; 562. Sitzung BR vom 14. 3. 1986, Plenarprot. S. 157 ff.	
4	Zweites Gesetz zur Bekämpfung der Wirtschaftskriminalität (2. WiKG) vom 15. Mai 1986 (BGBl. I 721) — Art. 8 Nr. 1	§§ 374, 444
5	Gesetz zur Änderung des Gesetzes über Ordnungswidrigkeiten, des Straßenverkehrsgesetzes und anderer Gesetze (OWiGÄndG) vom 7. Juli 1986 (BGBl. I 977) — Art. 4	§§ 306, 311
	Materialien. BTDrucks. **10** 5083 (Beschlußempfehlung und schriftl. Bericht BTRAussch.)	
6	Gesetz zur Änderung des Gebrauchsmustergesetzes (GebrMÄndG) vom 15. August 1986 (BGBl. I 1446) — Art. 3 Abs. 2	§ 374

Peter Rieß

7 Erstes Gesetz zur Verbesserung der Stellung des Ver- §§ 68 a, 140, 247,
letzten im Strafverfahren (OpferschutzG) vom 18. De- 374, 377, 379 a,
zember 1986 (BGBl. I 2496) — Art. 1 395, 396, 397,

Materialien. BTDrucks. 10 3636 (Gesetzentw. der SPD-
Fraktion); 1. Lesung BT, 172. Sitzung v. 8. 11. 1985, Plenarprot. 10 172, S. 12921 ff; BTDrucks. 10 5305 (RegEntw.);
1. Lesung BT, 213. Sitzung v. 24. 4. 1986, Plenarprot. 10
213, S. 16434 ff; BTDrucks. 10 6124 (Beschlußempfehlung
und schriftl. Bericht BTRAussch.); 2./3. Lesung BT, 244.
Sitzung v. 7. 11. 1986, Plenarprot. 10 244, S. 18907 ff;
BTDrucks. 10 6334; 10 6346 (Änderungsanträge der SPD-
Fraktion und der Fraktion der GRÜNEN); BRDrucks.
508/86; 571. Sitzung BR vom 28. 11. 1986, Plenarprot.
S. 647 ff.

397 a, 400, 403,
404, 406, 406 d,
406 e, 406 f, 406 g,
406 h, 459 a, 471,
473

8 Strafverfahrensänderungsgesetz 1987 (StVÄG 1987) §§ 25, 35, 35 a, 40,
vom 27. Januar 1987 (BGBl. I 475) — Art. 1 87, 139, 140, 142,

Materialien. BTDrucks. 10 1313 (RegEntw.); BTDrucks. 10
6592 (Beschlußempfehlung und schriftl. Bericht
BTRAussch.); 2./3. Lesung BT, 253. Sitzung vom 4. 12.
1986, Plenarprot. 10 253, S. 19754 ff; BRDrucks. 592/86;
572. Sitzung BR vom 19. 12. 1986, Plenarprot. S. 709, 761 ff.

145 a, 146, 146 a,
153 a, 229, 232,
234 a, 249, 251,
257, 265, 267, 268,
273, 304, 325, 328,
364 b, 373 a, 380,
407, 408, 408 a,
409, 410, 411, 464,
467 a, 469, 473

9 Gesetz über den Schutz der Topographien von mi- § 374
kroelektronischen Halbleitererzeugnissen (HalbleiterschutzG) vom 22. Oktober 1986 (BGBl. I 2294) — § 22

10 Gesetz zur Änderung der Strafprozeßordnung (StPÄG — 140, 142
1988) vom 17. Mai 1988 (BGBl. I 606) — Art. 1

Materialien. BTDrucks. 11 624 (Antrag der Fraktion der
GRÜNEN); BTDrucks. 11 816 (Gesetzentwurf der SPD-
Fraktion); 1. Lesung BT, 36. Sitzung v. 5. 11. 1987, Plenar-
prot. 11 36, S. 2460 ff; BTDrucks. 11 1933 (Beschlußemp-
fehlung und schriftl. Bericht BTRAussch.); 2./3. Lesung
BT, 68. Sitzung v. 10. 3. 1988, Plenarprot. 11 68, S. 4662 ff;
BRDrucks. 152/88; 588. Sitzung BR v. 29. 4. 1988, Plenar-
prot. S. 125.

II. Verzeichnis der geänderten Vorschriften

Vorschriften (StPO)	Änderungsgesetz	Erläuterung im
§ 25 Abs. 1 Satz 1	StVÄG 1987	Nachtr.
§ 35 Abs. 2 Satz 2	StVÄG 1987	Nachtr.
§ 35 a Satz 2	StVÄG 1987	Nachtr.
§ 40 Abs. 3	StVÄG 1987	Nachtr.
§ 68 a Abs. 2	OpferschutzG	Nachtr.

Stand: 1. 7. 1988

Übersicht über die seit dem 1. 4. 1984 geänderten Vorschriften

§ 87 Abs. 2	StVÄG 1987	HW
§ 139	StVÄG 1987	HW
§ 140 Abs. 1 Nr. 4	StVÄG 1987/StPÄG 1988	HW
Abs. 2 Satz 1	OpferschutzG	
Abs. 2 Satz 2	StPÄG 1988	
§ 142 Abs. 1 Satz 2, 3	StVÄG 1987	HW
Abs. 2	StPÄG 1988	
§ 145 a	StVÄG 1987	HW
§ 146	StVÄG 1987	HW
§ 146 a	StVÄG 1987	HW
§ 153 a Abs. 2 Satz 5	StVÄG 1987	Nachtr.
§ 163 d	StPÄG 1986	HW
§ 229 Abs. 2 bis 4	StVÄG 1987	Nachtr.
§ 232 Abs. 4	StVÄG 1987	Nachtr.
§ 234 a	StVÄG 1987	Nachtr.
§ 247 Satz 2	OpferschutzG	Nachtr.
§ 249 Abs. 2	StVÄG 1987	Nachtr.
§ 251 Abs. 2	StVÄG 1987	Nachtr.
§ 257 Abs. 1	StVÄG 1987	Nachtr.
§ 260 Abs. 4	23. StRÄndG	HW
Abs. 5 Satz 2	2. BZRÄndG	HW
Abs. 5 Satz 2	23. StRÄndG	HW
§ 265 Abs. 5	StVÄG 1987	Nachtr.
§ 267 Abs. 4 Satz 1	StVÄG 1987	Nachtr.
§ 268 Abs. 3 Satz 3	StVÄG 1987	Nachtr.
§ 273 Abs. 2	StVÄG 1987	Nachtr.
§ 306 Abs. 1 Satz 2	OWiGÄndG	HW
§ 311 Abs. 2 Satz 2	OWiGÄndG	HW
§ 325 Abs. 2	StVÄG 1987	HW
§ 328 Abs. 2, 3	StVÄG 1987	HW
§ 364 b Abs. 2	StVÄG 1987	Nachtr.
§ 373 a	StVÄG 1987	Nachtr.
§ 374 Abs. 1 Nr. 7	2. WiKG	Nachtr.
Abs. 1 Nr. 8	GebrMÄndG	
Abs. 1 Nr. 8	OpferschutzG	
Abs. 1 Nr. 8	HalbleiterschutzG	
§ 377 Abs. 3	OpferschutzG	Nachtr.
§ 379 a Abs. 1 Satz 1	OpferschutzG	Nachtr.
§ 380 Abs. 1 Satz 1	StVÄG 1987	Nachtr.
§ 395	OpferschutzG	Nachtr.
§ 396	OpferschutzG	Nachtr.
§ 397	OpferschutzG	Nachtr.
§ 397 a	OpferschutzG	Nachtr.
§ 400	OpferschutzG	Nachtr.
§ 403 Abs. 1	OpferschutzG	Nachtr.
§ 404 Abs. 5	OpferschutzG	Nachtr.
§ 406 Abs. 1, 3	OpferschutzG	Nachtr.
§ 406 d	OpferschutzG	HW
§ 406 e	OpferschutzG	HW
§ 406 f	OpferschutzG	HW

Peter Rieß

§ 406 g	OpferschutzG	HW
§ 406 h	OpferschutzG	HW
§ 407 Abs. 1, 3	StVÄG 1987	HW
§ 408	StVÄG 1987	HW
§ 408 a	StVÄG 1987	HW
§ 410	StVÄG 1987	HW
§ 411	StVÄG 1987	HW
§ 444 Abs. 1 Satz 1	2. WiKG	HW
§ 453 Abs. 1 Satz 3, 4	23. StRÄndG	HW
§ 454 Abs. 1 Satz 4	23. StRÄndG	HW
§ 454 a	23. StRÄndG	HW
§ 454 b	23. StRÄndG	HW
§ 455 Abs. 4	23. StRÄndG	HW
§ 456 a Abs. 1, 2	23. StRÄndG	HW
§ 458 Abs. 3 Satz 2	23. StRÄndG	HW
§ 459 a Abs. 1 Satz 2	OpferschutzG	Nachtr.
§ 462 Abs. 3 Satz 2	23. StRÄndG	HW
§ 462 a Abs. 1, 4	23. StRÄndG	HW
§ 463 Abs. 5	23. StRÄndG	HW
§ 463 d	23. StRÄndG	HW
§ 464 Abs. 3 Satz 1	StVÄG 1987	HW
§ 467 a Abs. 3	StVÄG 1987	HW
§ 469 Abs. 3	StVÄG 1987	HW
§ 472	OpferschutzG	HW
§ 473 Abs. 1 Satz 2, 3	OpferschutzG	HW
Abs. 5, 6, 7	StVÄG 1987	

Schrifttum

Achenbach Das Terrorismusgesetz 1986, Kriminalistik **1987** 296; *Baumann* Einige Gedanken zu § 163 d StPO und seinem Umfeld, StrVert. **1986** 404; *Beulke* Die Neuregelung der Nebenklage, DAR **1988** 114; *Berz* Zur Reform des Strafverfahrens, FS Blau (1985) 51; *Beste* Probleme der Schadenswiedergutmachung im Zuge viktimisierender Kriminalpolitik, MSchrKrim. **1987** 336; *Beulke* Verbot der gemeinschaftlichen Verteidigung nur bei konkreter Interessenkollision? NStZ **1985** 289; *Bode* Vorschläge zur Vereinfachung des Strafverfahrens, DRiZ **1982** 454; *Böttcher* Knappe Ressourcen im Strafrecht — Sicherung der Rechtsschutzgewährung durch den Strafrichter, DRiZ **1983** 127; *Böttcher* Das neue Opferschutzgesetz, JR **1987** 133; *Brause* Für einen Adhäsionsprozeß neuer Art, ZRP **1985** 103; *Burmann* Reform des Strafverfahrens — Opferschutz, Schriftenreihe der Deutschen Anwaltsakademie, Bd. 6 (1987); *Dencker* Das Gesetz zur Bekämpfung des Terrorismus, StrVert. **1987** 117; *Dencker* Kronzeuge, terroristische Vereinigung und rechtsstaatliche Strafgesetzgebung, KJ **1987** 36; *Dölling* Das 23. Strafrechtsänderungsgesetz — Strafaussetzung zur Bewährung, NJW **1987** 1041; *Dünnebier* Über Änderungen im Recht der Verteidigung, FS Pfeiffer (1988) 265; *Engel* „Neues" Verletztenschutzgesetz? STREIT **1987** 27; *Foth* Revisionsinstanz und Mehrfachverteidigung, NStZ **1987** 441; *Frohn* Strafverteidigung und rechtliches Gehör — verfassungsrechtliche Anmerkungen zur Strafverfahrensreform, GA **1984** 554; *Greger* Das 23. Strafrechtsänderungsgesetz, JR **1986** 353; *Günter* Die deformierte Reform, DRiZ **1987** 66; *Hamm* Notwendige Verteidigung bei behinderten Beschuldigten, NJW **1988** 1820; *H. Schäfer* Die Einsicht in Strafakten durch den Verletzten — Der Konkursverwalter als Verletzter, wistra **1988** 216; *Jung* Das Opferschutzgesetz, JuS **1987** 157; *Jung* Strafverfahrensänderungsgesetz 1987, JuS **1987** 247; *Jung* Das Anti-Terrorgesetz, JuS **1987** 249; *Kempf* Opferschutzgesetz und Strafverfahrensänderungsgesetz 1987 — Gegenreform durch Teilgesetze, StrVert. **1987** 215; *Kirch* Das Strafbefehlsverfahren nach dem Strafverfahrensänderungsgesetz 1987, Diss. Köln 1987; *Krekeler* Wehret auch den „kleinen" Anfängen, AnwBl. **1984** 417; *Kühl* Neue Gesetze gegen terroristische Straftaten, NJW **1987** 737; *Lang* Verbesserung der Rechtsstellung des Verletzten im Strafverfahren, ZRP **1985** 32; *Lücke* Begründungszwang und Verfassung (1987); *Lüderssen* Das Recht des Verletzten auf Einsicht in beschlagnahmte Akten, NStZ **1987** 249; *Meyer-Goßner* Das Strafverfahrensänderungsgesetz 1987, NJW **1987** 1161; *Meyer-Goßner* Die Entwicklung der Rechtsprechung zum Begriff der „Vernehmung" in § 247 StPO, FS Pfeiffer (1988) 311; *E. Müller* Schutz des Beschuldigten/Schutz des Opfers, DRiZ **1987** 469; *Nestler-Tremel* Die durch das StVÄG 1987 gebotene Neuorientierung beim Verbot der Mehrfachverteidigung gemäß §§ 146, 146 a StPO, NStZ **1988** 103; *Odersky* Die Öffentlichkeit der Hauptverhandlung nach dem Opferschutzgesetz, FS Pfeiffer (1988) 325; *Pagenkopf* Erläuterungen zum Ersten Gesetz zur Verbesserung der Stellung des Verletzten im Strafverfahren (Opferschutzgesetz), Das Deutsche Bundesrecht II B 75 (1987); *Pagenkopf* Einführung zum Strafverfahrensänderungsgesetz 1987, Das Deutsche Bundesrecht II B 6 (1987); *Rebmann* Strafprozessuale Bewältigung von Großverfahren, NStZ **1984** 241; *Riegel* Einführung der Schleppnetzfahndung — behutsame Fortentwicklung des Rechts? CuR **1986** 138; *Rieß* Die Rechtsstellung des Verletzten im Strafverfahren, Gutachten C zum 55. DT (1984); *Rieß* Zeugenschutz durch Änderung des § 338 Nr. 6 StPO? FS Wassermann (1985) 969; *Rieß* Der Strafprozeß und der Verletzte — eine Zwischenbilanz, Jura **1987** 281; *Rieß* Nebenkläger und Wiederaufnahme nach neuem Recht, NStZ **1988** 15; *Rieß* Zweifelsfragen zum neuen Strafbefehlsverfahren, JR **1988** 133; *Rieß/Hilger* Das neue Strafverfahrensrecht — Opferschutzgesetz und Strafverfahrensänderungsgesetz 1987, NStZ **1987** 145, 204; *Rogall* Frontalangriff auf die Bürgerrechte oder notwendige Strafverfolgungsmaßnahme? — Zur Regelung der sog. Schleppnetzfahndung in § 163 d StPO, NStZ **1986** 385; *Roxin* Die Stellung des Opfers im Strafsystem, RuP **1988** 69; *Schaal/Eisenberg* Rechte und Befugnisse von Verletzten im Strafverfahren gegen Jugendliche, NStZ **1988** 49; *Schirmer* Das Adhäsionsverfahren nach neuem Recht — die Stellung der Unfallbeteiligten und deren Versicherer, DAR **1988** 121; *Schlothauer* Das Akteneinsichtsrecht des Verletzten nach dem Opferschutzgesetz vom 18. 12. 1986 und die Rechte des Beschuldigten, StrVert. **1987**

Peter Rieß

356; *Schmanns* Das Adhäsionsverfahren in der Reformdiskussion (1987); *Schnarr* Irritationen um § 120 II S. 1 Nr. 2 GVG, MDR **1988** 89; *Schroth* Das Adhäsionsverfahren des österreichischen Strafprozeßrechts im Lichte der Reformüberlegungen in der Bundesrepublik Deutschland, GA **1987** 49; *Schünemann* Zur Stellung des Opfers im System der Strafrechtspflege, NStZ **1986** 193, 439; *Schulte* Die Auswirkungen des Strafverfahrensänderungsgesetzes 1987 auf die Tätigkeit des Schiedsmanns, Schiedsmannsztg. **1987** 58; *Stock* Opferschutz im Strafverfahren gegen Jugendliche, MSchrKrim. **1987** 352; *Tenter/Schleifenbaum* Opferschutz-Fortschritt in kleinen Schritten? NJW **1988** 1766; *Thomas* Der Diskussionsentwurf zur Verbesserung der Rechte des Verletzten im Strafverfahren — ein Stück Teilreform? StrVert. **1985** 411; *Ulsenheimer* Einschränkungen des Beweisrechts in Gegenwart und Zukunft, AnwBl. **1983** 373; *Waller* Empfiehlt es sich, § 153 a StPO zu erweitern? DRiZ **1986** 47; *Weider* Pflichtverteidigerbestellung im Ermittlungsverfahren und Opferschutzgesetz, StrVert. **1987** 317; *Weigend* Das Opferschutzgesetz — kleine Schritte zu welchem Ziel? NJW **1987** 1170; *Weinberger* Das neue Opferschutzgesetz, DNP **1987** 67; *Werle* „Sparsamer" Strafprozeß? ZRP **1983** 197; *Werle* „Auflockerung" des Verfahrensrechts im Strafverfahren? Zum geplanten Strafverfahrensänderungsgesetz 1984, ZRP **1984** 1; *Werner* Neuregelung der notwendigen Verteidigung für taube, stumme und blinde Beschuldigte, NStZ **1988** 346; *Werny* Die Berufung gegen Urteile nach § 412 StPO und die Änderung des § 328 StPO, NJW **1988** 187; *Wetekamp* Das „Erste Gesetz zur Verbesserung der Stellung des Verletzten im Strafverfahren" (Opferschutz-Gesetz), DAR **1987** 210; *Wezel* Die Abwicklung eines Verkehrsunfalls im Strafverfahren — Erfahrungen aus dem Ausland, VersR **1988** 218; *v. Winterfeld* Entwicklungslinien des Strafrechts und des Strafprozeßrechts in den Jahren 1947 bis 1987, NJW **1987** 2631, 2635; *Wolters* Zur Anwendung von § 68 a Abs. 1 StPO in der Hauptverhandlung des Vergewaltigungsprozesses, Diss. Osnabrück 1987.

Erläuterungen

DRITTER ABSCHNITT

Ausschließung und Ablehnung der Gerichtspersonen

§ 25

(1) [1]Die Ablehnung eines erkennenden Richters wegen Besorgnis der Befangenheit ist bis zum Beginn der Vernehmung des ersten Angeklagten über seine persönlichen Verhältnisse, in der Hauptverhandlung über die Berufung oder die Revision bis zum Beginn des Vortrags des Berichterstatters, zulässig. [2]...

(2) ...

Änderung. Durch Art. 1 Nr. 1 StVÄG 1987 ist Absatz 1 Satz 1 neu gefaßt worden.

I. Bedeutung

Die **Neufassung** des Absatzes 1 Satz 1 dient dem Ziel, die Strafjustiz auch da- **1** durch zu entlasten, daß sie den Endzeitpunkt für die Ablehnung eines erkennenden Richters wegen Besorgnis der Befangenheit vorverlegt. Sie stellt einen Kompromiß dar zwischen dem bisherigen Recht und der weitergehenden Fassung des **Regierungsent-wurfs**[1]. Danach sollte der Ablehnungsberechtigte, wenn ein Ablehnungsgrund schon vor

---

[1] Sie lautete: „Die Ablehnung eines erkennenden Richters wegen Besorgnis der Befangenheit ist nach Mitteilung der Besetzung des Gerichts, falls eine solche nicht stattgefunden hat, nach Beginn der Hauptverhandlung unverzüglich geltend zu machen, sobald die Umstände, auf welche die Ablehnung gestützt wird, dem zur Ablehnung Berechtigten bekannt sind". Diese Fassung war namentlich von der Anwaltschaft heftig kritisiert worden; vgl. z. B. StrVert. **1982** 393; **1983** 215, 261; AnwBl. **1983** 22.

Günter Wendisch

Beginn der Hauptverhandlung vorlag, die Ablehnung des erkennenden Richters stets unverzüglich geltend machen, sobald ihm die Besetzung des Gerichts durch die Besetzungsmitteilung (§ 222 a Abs. 1 Satz 1) oder zu Beginn der Hauptverhandlung (§ 222 a Abs. 1 Satz 3) bekanntgemacht worden ist[2]. Zwar teilte der **Rechtsausschuß** die Auffassung der Bundesregierung, daß die Frage der Befangenheit des mit der Sache befaßten erkennenden Richters möglichst früh geklärt werden sollte; gleichwohl lehnte er das „auch gesetzestechnisch nicht unkomplizierte System des Regierungsentwurfs" ab, stimmte vielmehr der Vorverlegung für die Geltendmachung bereits bei Eintritt in die Hauptverhandlung bekannter Ablehnungsgründe nur bis zum Beginn der Vernehmung des ersten Angeklagten über seine persönlichen Verhältnisse zu. Entscheidend für die Änderung durch den Rechtsausschuß war auch, daß dieser es im Interesse aller Beteiligter für erforderlich hielt, die Frage der Befangenheit grundsätzlich auch in einer Hauptverhandlung zu erörtern, wenn der zur Ablehnung Berechtigte hierauf Wert legt[3].

II. Einzelheiten der Änderung (Satz 1)

2   **1. Erkennender Richter.** Durch die Einfügung des Wortes „erkennender" in Satz 1 bestätigt der Gesetzgeber nunmehr ausdrücklich, daß sich die Bestimmung in all ihren Teilen nur auf die Ablehnung in der Hauptverhandlung bezieht[4]. Außerhalb der Hauptverhandlung bleibt die Ablehnung auch jetzt jederzeit statthaft[5]. Wegen des **Begriffs** erkennender Richter s. HW § 28, 11 ff.

3   **2. Beginn und Erlöschen der Ablehnung.** Die **allgemeinen Grundsätze** über Beginn und Erlöschen der Ablehnung werden durch die Neufassung nicht berührt. Insoweit kann daher auf die Ausführungen in HW § 25, 6 bis 8 verwiesen werden.

3. Präklusionszeitpunkt

4   **a) Erster Rechtszug.** Für den Ablehnungsberechtigten (Staatsanwalt, Privatkläger und Beschuldigter, § 24 Abs. 3 Satz 1) erlischt das unbedingte Ablehnungsrecht in der ersten Instanz nunmehr schon, nachdem das Gericht mit der **Vernehmung des ersten Angeklagten — und zwar auch bei abwesendem Ablehnungsberechtigten[6] — über seine persönlichen Verhältnisse** i. S. von § 243 Abs. 2 Satz 2 (vgl. dazu HW § 243, 33 ff) begonnen hat. Bis zu diesem Zeitpunkt kann jeder Ablehnungsberechtigte allerdings auch jetzt selbst dann noch warten, wenn er von dem Ablehnungsgrund schon vorher Kenntnis erhalten hat[7], sofern er nur dadurch nicht das Konzentrationsgebot (Absatz 1 Satz 2; Rdn. 8) verletzt. Wegen weiterer Einzelheiten s. HW § 25, 9.

5   Sind **mehrere Personen** angeklagt, so tritt der Zeitpunkt des Satzes 1 — anders als nach bisherigem Recht — nicht mehr für jeden Angeklagten für sich, sondern schon mit der Vernehmung des **ersten** Angeklagten über seine persönlichen Verhältnisse — bisher zur Sache — ein. Besonders für umfangreiche Mehrtäter-Verfahren, bei denen

---

[2] Vgl. BTDrucks. 10 1313 – Allg. Begr. B II S. 12.

[3] Vgl. Beschlußempfehlung und Bericht des Rechtsausschusses (6. Ausschuß) BTDrucks. 10 6592 – Begr. zu Art. 1 Nr. 1, 2 (§§ 25, 26 StPO), S. 22.

[4] Begr. BTDrucks. **IV** 178 S. 34; OLG Saarbrücken NJW **1975** 399; OLG Koblenz GA **1982** 471; *Rieß/Hilger* NStZ **1987** 148 l. Sp. unten; KK-*Pfeiffer*² 1; *Kleinknecht/Meyer*³⁸ 2.

[5] OLG Schleswig SchlHA **1982** 32; KK-*Pfeiffer*² 1; *Kleinknecht/Meyer*³⁸ 10.

[6] *Rieß/Hilger* NStZ **1987** 148 l. Sp. unten; vgl. für die vergleichbare Lage bei § 222 b *Gollwitzer* HW § 222 b, 8 sowie *Meyer-Goßner* NJW **1987** 1168 r. Sp. u.

[7] BVerfGE **2** 297 = NJW **1953** 1097; BGHSt **4** 270.

nicht selten bis zur Vernehmung des letzten Angeklagten zur Sache ein längerer Zeitraum verstreicht, bedeutet daher die Vorverlegung des Präklusionszeitpunkts eine wesentliche **Konzentration** und damit auch **Beschleunigung** des Verfahrens. Schließlich wird durch das Abstellen auf den Beginn der Vernehmung des ersten Angeklagten für alle Ablehnungsberechtigten auch erreicht, daß die Prüfung bekannter Ablehnungsgründe und die Entscheidung über sie einheitlich vorgenommen werden kann[8].

Eine **Ausnahme** gilt für das Ablehnungsrecht eines Angeklagten, dessen Verfah- **6** ren erst nach Beginn der Vernehmung des ersten Angeklagten über seine persönlichen Verhältnisse mit diesem Verfahren verbunden wird, weil diesem Angeklagten anderenfalls die Möglichkeit zur Stellung eines Ablehnungsantrags in der Hauptverhandlung zwar nicht gänzlich[9], aber hinsichtlich solcher Ablehnungsgründe entzogen würde, von denen er schon vorher Kenntnis hatte, sie aber, da sein Verfahren noch nicht begonnen hatte, deshalb noch nicht anzubringen brauchte. Gleiches muß für den **Nebenkläger** gelten, wenn sich dessen Anschlußbefugnis ausschließlich aus dem verbundenen Verfahren ergibt, nicht aber, wenn er sich erst nach dem Präklusionszeitpunkt dem Verfahren anschließt, obwohl die Anschlußbefugnis von Anfang an bestand[10].

b) Berufungs- und Revisionsinstanz. Für das Berufungs- bzw. das Revisionsverfah- **7** ren tritt der Präklusionszeitpunkt nach der Änderung des Absatzes 1 Satz 1 nicht mehr mit der Vernehmung (§ 324 Abs. 2) bzw. der Anhörung (§ 351 Abs. 2 Satz 1) des Angeklagten zur Sache, sondern bereits mit dem **Vortrag des Berichterstatters** (§ 324 Abs. 1 Satz 1, § 351 Abs. 1) ein. Im übrigen gelten die Ausführungen zu Rdn. 4 f entsprechend.

4. Konzentrationsgebot (Satz 2). Da der Gesetzgeber nur Absatz 1 Satz 1 geändert **8** hat, verbleibt es weiterhin bei dem Konzentrationsgebot in Satz 2. Es gilt also weiterhin der **Grundsatz**, daß der Ablehnungsberechtigte selbst dann, wenn er unbeschadet des Rechts nach Satz 1 einen Ablehnungsgrund schon früher geltend macht, er auch alle ihm zu diesem Zeitpunkt bekannten Ablehnungsgründe gleichzeitig vorbringen muß (HW § 25, 16 f).

III. Überleitungsvorschrift

Nach **Art. 9 Abs. 2 StVÄG 1987** ist auf Hauptverhandlungen, die bei Inkrafttre- **9** ten dieses Gesetzes am 1. April 1987 bereits begonnen hatten, § 25 weiterhin in der bisher geltenden Fassung anzuwenden. Wegen des Zeitablaufs hat die Vorschrift nur noch für äußerst seltene Ausnahmefälle, nämlich für Großverfahren, die vor dem 1. April 1987 begonnen hatten und weder in erster Instanz abgeschlossen noch ausgesetzt worden sind, Bedeutung.

---

[8] Vgl. Begr. BTDrucks. **10** 6592 – zu Art. 1 Nr. 1, 2 (§§ 25, 26 StPO), S. 22 r. Sp.
[9] So aber *Rieß/Hilger* NStZ **1987** 148, r. Sp. oben.

[10] *Rieß/Hilger* NStZ **1987** 148, r. Sp. oben; *Kleinknecht/Meyer*[38] 2.

Günter Wendisch

VIERTER ABSCHNITT

Gerichtliche Entscheidungen und ihre Bekanntmachung

§ 35

(1) ...

(2) [1]Andere Entscheidungen werden durch Zustellung bekanntgemacht. [2]Wird durch die Bekanntmachung der Entscheidung keine Frist in Lauf gesetzt, so genügt formlose Mitteilung.

(3) ...

Änderung. Durch Art. 1 Nr. 2 StVÄG 1987 ist die Ausnahmeregelung in Absatz 2 Satz 2 letzter Satzteil beseitigt worden, wonach die formlose Mitteilung von Urteilen stets ausgeschlossen war; Urteile waren immer zuzustellen, also auch dann, wenn durch ihre Bekanntmachung — wie das bei Revisionsurteilen der Fall ist — keine Frist in Lauf gesetzt wurde.

1 **Bedeutung der Änderung.** Mit dem Fortfall der Ausnahmeregelung werden nunmehr alle nicht weiter anfechtbaren Urteile, namentlich die Revisionsurteile, den sonstigen Gerichtsentscheidungen gleichgestellt, für die die formlose Mitteilung genügt. Es reicht nunmehr also regelmäßig aus, wenn Revisionsurteile und andere Urteile, durch deren Bekanntmachung ausnahmsweise keine Frist in Lauf gesetzt wird, den Betroffenen durch einfachen Brief mitgeteilt werden (vgl. HW § 35, 19). Die Neuregelung dürfte kaum zu Unzuträglichkeiten führen, zumal da die schon nach geltendem Recht zulässige formlose Mitteilung von Beschlußentscheidungen nach § 349 keine Schwierigkeiten offenbart hat. Im übrigen schließt sie auch künftig nicht aus, in besonderen Fällen gleichwohl die Zustellung eines unanfechtbaren Urteils anzuordnen. Jedoch wird das regelmäßig nur zu erwägen sein, wenn ausnahmsweise einmal der Zeitpunkt der Kenntnisnahme deshalb von besonderer Bedeutung ist, weil an die Rechtskraft des Urteils sanktionsbewehrte Pflichten anknüpfen (etwa nach §§ 145 a, 145 c StGB)[1].

2 Der Neuregelung steht auch nicht entgegen, daß gegen Revisionsurteile **Verfassungsbeschwerde** zulässig sein kann. Zwar ist eine solche binnen einem Monat nach Zustellung oder formloser Mitteilung der Entscheidung einzulegen (§ 93 Abs. 1 BVerfGG); jedoch handelt es sich bei dieser Frist nicht um eine Frist i. S. von § 35 Abs. 2 Satz 2. Die dortige Formulierung „keine Frist in Lauf gesetzt" bezieht sich nur auf strafprozessuale Fristbestimmungen[2].

---

[1] So auch *Rieß/Hilger* NStZ **1987** 153 Nr. 4.   [2] So ausdrücklich die Begr. zu Art. 1 Nr. 3 – BTDrucks. 10 1313, S. 17.

§ 35 a

[1]... [2]Ist gegen ein Urteil Berufung zulässig, so ist der Angeklagte auch über die Rechtsfolgen des § 40 Abs. 3 und der §§ 329, 330 zu belehren.

Änderung. Die Ergänzung des Paragraphen durch Satz 2 beruht auf Art. 1 Nr. 3 StVÄG 1987.

1. Bedeutung. Die Ergänzung der Vorschrift durch Satz 2 steht im engen **Zusam- 1 menhang mit** dem neuen § 40 Abs. 3, durch den in Verfahren über eine Berufung des Angeklagten die Zulässigkeit einer öffentlichen Zustellung über die bisherigen Fälle des § 40 Abs. 1 und 2 (HW § 40, 6 ff) hinaus erweitert wird (Nachtr. § 40, 3 ff). Mit dieser erweiterten Zustellungsmöglichkeit will der Gesetzgeber den Angeklagten dazu anhalten, in einer von ihm selbst eingelegten Berufung darum besorgt zu sein (**Mitwirkungsobliegenheit**), daß ihm Ladungen zur Berufungshauptverhandlung oder andere Entscheidungen unter einer bestimmten Anschrift zugestellt werden können, wenn er nicht eine öffentliche Zustellung nach § 40 Abs. 3 in Kauf nehmen will. Um den Angeklagten nicht mit einer solchen für ihn nachteiligen Möglichkeit zu überraschen, ist es aus rechtsstaatlichen Gründen erforderlich, ihn darüber zu belehren[1].

2. Umfang der Belehrung. Satz 2 soll sicherstellen, daß § 40 Abs. 3 nur nach ent- 2 sprechender Belehrung anwendbar ist. Das Gesetz verzichtet darauf, ausdrücklich festzustellen, daß die öffentliche Zustellung erst angeordnet werden darf, wenn der Angeklagte belehrt worden ist. Das ist deshalb unschädlich, weil sich aus dem Gesamtzusammenhang der §§ 35 a und 40 Abs. 3 eindeutig ergibt, daß die (stattgefundene) Belehrung **Zulässigkeitsvoraussetzung** einer Maßnahme nach § 40 Abs. 3 ist[2]. Aufgrund der umfassenden Belehrung über diese sowie über die Rechtsfolgen der §§ 329, 330 kann der Angeklagte sein Verhalten auf diese Folgen einstellen. Um sicherzustellen, daß sich der Angeklagte über diese **Rechtsfolgen** im klaren ist, erscheint es auch sachgerecht, ihn auch auf die Folgen der §§ 329, 330 schon im Rahmen der allgemeinen Rechtsmittelbelehrung und nicht erst in der öffentlichen Zustellung hinzuweisen[3].

Trotz der Erweiterung der allgemeinen Belehrungspflicht sind dadurch **keine Ver- 3 fahrensverzögerungen** zu befürchten, weil dem Angeklagten bei Belehrungen nach § 35 a regelmäßig ein Merkblatt ausgehändigt wird, auf das wegen der Einzelheiten verwiesen werden kann (Nr. 142 Abs. 1 RiStBV). Die **Belehrungspflicht nach § 323 Abs. 1 Satz 2** (Hinweis auf die Folgen des Ausbleibens in der Berufungshauptverhandlung) bleibt durch die Neufassung unberührt.

3. Wiedereinsetzung. Führen **Fehler beim Zustellungsversuch** — etwa im postali- 4 schen Zustellungsverfahren — dazu, daß das Gericht irrtümlich angenommen hat, die Voraussetzungen des § 40 Abs. 3 lägen vor, ist dem Angeklagten Wiedereinsetzung in den vorigen Stand zu gewähren (§§ 44, 329 Abs. 3), wenn nicht die öffentliche Zustellung mangels Vorliegens ihrer Voraussetzungen ohnehin unwirksam ist[4]. Wegen weiterer Wiedereinsetzungsgründe vgl. HW § 35 a, 24 ff.

---

[1] BTDrucks. 10 1313 – Begr. zu Art. 1 Nr. 4 und 5 (§§ 35 a, 40 StPO), S. 18 r. Sp., 2. Absatz; LR-*K. Schäfer* Einl. Kap. 5 141; *Kleinknecht/Meyer*[38] 16; § 40, 5.

[2] Wegen weiterer Einzelheiten dazu s. *Wendisch* NStZ **1988** 376.

[3] BTDrucks. 10 1313, S. 18 r. Sp., letzter Absatz.

[4] BTDrucks. 10 1313, S. 18 r. Sp., 2. Absatz a. E. Vgl. auch OLG Frankfurt NStZ **1988** 376 mit Anm. *Wendisch*; OLG Stuttgart Justiz **1988** 215 (Wiedereinsetzung bei Verfahrensfortsetzung nach vorläufiger Einstellung gemäß § 153 a Abs. 2).

Günter Wendisch

§ 40

(1) ...

(2) ...

(3) Die öffentliche Zustellung ist im Verfahren über eine vom Angeklagten eingelegte Berufung bereits zulässig, wenn eine Zustellung nicht unter einer Anschrift möglich ist, unter der letztmals zugestellt wurde oder die der Angeklagte zuletzt angegeben hat.

Änderung. Absatz 3 ist durch Art. 1 Nr. 4 StVÄG 1987 eingefügt worden.

Übersicht

1   **1. Einführung.** Nach **bisherigem Recht** war die öffentliche[1] Zustellung gerichtlicher Entscheidungen nur zulässig, wenn eine Zustellung nach § 37 nicht in der dort vorgeschriebenen Weise im Inland bewirkt werden kann und im Ausland entweder unausführbar erscheint oder voraussichtlich keinen Erfolg verspricht (Absatz 1). Absatz 2 schränkt diese Regel dadurch ein, daß in Fällen, wo dem Angeklagten schon zuvor eine Ladung zur Hauptverhandlung in der vorgeschriebenen Weise im Inland zugestellt worden ist, das letztere Erfordernis — Unmöglichkeit der Auslandszustellung — entfällt. Zur Begründung der unterschiedlichen Regelung sowie weiterer Unterscheidungen bei der Form der öffentlichen Zustellung s. HW § 40, 6 ff.

2   **Weitere Voraussetzung** für die Zulässigkeit der öffentlichen Zustellung nach Absatz 1 oder 2 ist darüber hinaus, daß sich das Gericht zuvor aller Mittel, die ihm zu Gebote stehen und zumutbar sind, bedient hat, um den Aufenthalt des Angeklagten zu erforschen (HW § 40, 9). Insbesondere dieses — wegen der stets mit Gefahren verbundenen öffentlichen Zustellung aus rechtsstaatlichen Gründen unbedingt zu begrüßende — Erfordernis führte in der Praxis häufig zu erheblichen **Verfahrensverzögerungen.** Namentlich in Verfahren über die (alleinige) Berufung des Angeklagten konnte dieser die sofortige Verwerfung seiner Berufung nach § 329 Abs. 1 zunächst dadurch verhindern, daß er nach Einlegung der Berufung seinen bisherigen Wohnsitz aufgab, an einen dem Gericht unbekannten Ort verzog und damit eine ordnungsgemäße Ladung nach § 37 verhinderte. Zwar kann das Gericht auch in diesen Fällen die Ladung nach § 40 Abs. 1 oder 2 zustellen, aber erst nachdem es seiner eingangs dieser Randnummer genannten Erkundungspflicht genügt hat. „In entsprechender Weise kann das Verhalten des Angeklagten den weiteren Ablauf des Berufungsverfahrens behindern und den Eintritt der Rechtskraft der Berufungsentscheidung verzögern, soweit nämlich nach der Ladung erforderlich werdende Zustellungen, namentlich die des Berufungsurteils, erschwert werden"[2].

---

[1] Der Begriff „öffentliche Zustellung" wurde zwar auch bisher schon als Überschrift in den meisten Textausgaben der StPO, nicht aber in ihrem amtlichen Text verwendet; so auch *Rieß/Hilger* NStZ **1987** 152, l. Sp. unten.

[2] So auch BTDrucks. **10** 1313; Begr. zu Art. 1 Nr. 4 und 5 (§§ 35 a, 40 StPO), S. 18 l. Sp.

2. Inhalt der Änderung

a) Grundsatz. Ziel der Ergänzung des §40 durch Absatz 3 ist es allein, die in **3** Rdn. 2 aufgezeigten mißbräuchlichen Verfahrensverzögerungen zu verhindern und damit die Verfahrenserledigung zu beschleunigen. Seine Anwendung erstreckt sich daher ausnahmslos auf Zustellungen — allerdings nicht nur von Ladungen des Angeklagten zur Berufungshauptverhandlung, sondern auch sonstiger Entscheidungen (Rdn. 2 a. E) — in Verfahren über eine **Berufung**[3] des Angeklagten. Zugleich wird die öffentliche Zustellung insofern erleichtert, als sie auch ohne Vorliegen der Voraussetzungen der Absätze 1 und 2 (Rdn. 5) schon zulässig ist, wenn eine der vorstehend genannten gerichtlichen Anordnungen nicht unter einer Anschrift zugestellt werden kann, unter der letztmals zugestellt wurde oder die der Angeklagte zuletzt angegeben hatte.

b) Voraussetzung. Von der Möglichkeit der öffentlichen Zustellung nach Absatz 3 **4** darf das Berufungsgericht nur Gebrauch machen, wenn die ordentliche Zustellung nach §37 unter der von dem Angeklagten angegebenen Anschrift nicht möglich war[4]. Dem Angeklagten wird nunmehr eine **Mitwirkungspflicht** auferlegt, gegen die auch unter rechtsstaatlichen Gesichtspunkten keine Bedenken bestehen, zumal da eine solche — wenn auch in geringerem Umfang — schon in der Fassung des §40 Abs. 2 enthalten ist. Schon danach wird von dem Angeklagten, dem die Ladung zur Hauptverhandlung in der vorgeschriebenen Weise im Inland zugestellt worden ist, verlangt, daß er sich um den Fortgang des Verfahrens kümmert und die gesetzlich vorgeschriebenen Zustellungen im Inland für weitere gerichtliche Mitteilungen ermöglicht[5]. Es ist daher durchaus vertretbar, wenn der Gesetzgeber von einem Angeklagten, der durch die Einlegung der Berufung sein Interesse an einer Überprüfung des Urteils erster Instanz durch das Berufungsgericht bekundet, zumindest die gleiche Mitwirkung verlangt[6].

c) Umfang. Soweit es um die allgemeinen Anforderungen an die Zulässigkeit der **5** öffentlichen Zustellung geht, besteht zwischen den Absätzen 2 und 3 kein Unterschied. Für die Anwendung des Absatzes 3 kommt es mithin ebenfalls weder darauf an, ob eine Zustellung im Ausland unausführbar erscheint oder keinen Erfolg verspricht, noch ist erforderlich, den Inhalt des zuzustellenden Schriftstücks durch ein deutsches oder ausländisches Blatt bekanntzumachen. Die — allerdings wesentliche — **Erleichterung** gegenüber Absatz 2 (und damit auch gegenüber Absatz 1) besteht allein darin, daß das Berufungsgericht von der unter Rdn. 2 angeführten Pflicht befreit ist, vor Anordnung der öffentlichen Zustellung besondere Maßnahmen zu ergreifen, um den Aufenthalt des Angeklagten zu erforschen und damit doch noch eine Zustellung nach §37 zu ermöglichen[7].

---

[3] Nicht auch im Revisionsverfahren. Zwar ist auch hier eine öffentliche Zustellung nicht völlig ausgeschlossen (vgl. RGSt **56** 419; BayObLGSt **1952** 126 = JZ **1953** 92; **1962** 84 = JR **1962** 309; LR-*Hanack* § 350, 4; KK-*Pikart*[2] § 350, 4; *Eb. Schmidt* NJW **1967** 857); jedoch bedarf es einer öffentlichen Zustellung nach §40 Abs. 3 deshalb nicht, weil eine Verfahrensverzögerung regelmäßig schon durch § 350 Abs. 1 Satz 2 ausgeschlossen werden kann; vgl. dazu auch *Rieß/Hilger* NStZ **1987** 152, l. Sp. unten.

[4] BTDrucks. **10** 1313; Begr. zu Art. 1 Nr. 4

und 5 (§§ 35 a, 40 StPO), S. 19 l. Sp.; *Rieß/ Hilger* NStZ **1987** 152, l. Sp. unten; *Kleinknecht/Meyer*[38] 5.

[5] Vgl. *Hahn* Mat. **1** 97; *Krause* JR **1978** 392; HW § 40, 8; *Kleinknecht/Meyer*[38] 5.

[6] Ähnlich BTDrucks. **10** 1313; Begr. zu Art. 1 Nr. 4 und 5 (§§ 35 a, 40 StPO), S. 18 r. Sp.; vgl. aber OLG Stuttgart Justiz **1988** 215 (Wiedereinsetzung für den Fall der Verfahrensfortsetzung nach § 153 a Abs. 2)[r].

[7] *Rieß/Hilger* NStZ **1987** 152, l. Sp. unten. Vgl. auch LR-*Gollwitzer* § 329, 13 und § 330, 2 ff.

Günter Wendisch

6   **3. Belehrungspflicht.** Wegen der Belehrungspflicht s. Nachtr. § 35 a.

7   **4. Zustellungen an Verteidiger.** Die öffentliche Zustellung ist nicht zulässig, wenn eine Zustellung an den Verteidiger nach § 145 a Abs. 1 möglich ist. Sie ist auch ausgeschlossen, wenn das Schriftstück an einen nach § 116 a Abs. 3 oder nach § 132 Abs. 1 Satz 2 bestellten Zustellungsbevollmächtigten zugestellt werden kann[8].

---

[8] So auch *Rieß/Hilger* NStZ **1987** 152, r. Sp.
oben. Wegen des Verfahrens vgl. HW
§ 116 a, 12 ff; § 132, 6.

SECHSTER ABSCHNITT

Zeugen

§ 68 a

(1) Fragen nach Tatsachen, die dem Zeugen oder einer Person, die im Sinne des § 52 Abs. 1 sein Angehöriger ist, zur Unehre gereichen können oder deren persönlichen Lebensbereich betreffen, sollen nur gestellt werden, wenn es unerläßlich ist.
(2) ...

Änderung. Art. 1 Nr. 1 OpferschutzG hat in Absatz 1 die Worte „oder deren persönlichen Lebensbereich betreffen" eingefügt.

1. Allgemeines. Die Unzulänglichkeiten des Persönlichkeitsschutzes von Zeugen **1** sind in der Justizpraxis in den vergangenen Jahren immer stärker hervorgetreten, vor allem in Prozessen über Straftaten mit sexuellem Hintergrund[1]. Der persönliche Bereich, insbesondere das Intimleben von Zeugen, vor allem des Zeugen, der zugleich „Verletzter" oder „Opfer" der Straftat ist, wurde ohne Zurückhaltung ausgeforscht und die Grenzen der Sachbezogenheit von Fragen immer mehr ausgedehnt. Die durch das **OpferschutzG**[2] eingeführte Neuregelung des § 68 a verfolgt das Ziel, den Persönlichkeitsschutz des Zeugen besser zu gewährleisten. Es handelt sich dabei um die Umsetzung der verfassungsrechtlichen Maxime, daß die Grundrechte nicht nur das materielle Recht, sondern auch das gesamte Verfahrensrecht beeinflussen[3]. Dementsprechend gilt § 68 a für alle Zeugen und nicht nur für „Verbrechensopfer", auch wenn diese den typischen Anwendungsfall der Neuregelung bilden werden[4].

2. Gegenstand der Neuregelung. Einschränkung von Fragen nach Umständen aus 2 dem persönlichen Lebensbereich. Gem. § 68 a a. F sollten Fragen, die einem Zeugen oder einem seiner Angehörigen „zur Unehre gereichen", nur dann gestellt werden, wenn sie zur Wahrheitsfindung unerläßlich sind. Die gesetzliche Neuregelung[5] erweitert diese Einschränkung auf alle Umstände, die den „persönlichen Lebensbereich betreffen". Der Begriff des „persönlichen Lebensbereichs" fand sich schon in § 172 Nr. 2 GVG a. F, dem heutigen § 171 b GVG. Die Begründung zum Opferschutzgesetz weist darauf hin, daß

---

[1] *Böttcher* DRiZ **1984** 17; *Dahs* NJW **1984** 1921 ff; *Wolters* 32 f.
[2] Zu diesem Punkt vor allem *Wolters* 42 ff.
[3] BVerfG NJW **1980** 759 (763); erstmals ausführlich *Redeker* NJW **1980** 1593 ff; speziell zum Persönlichkeitsschutz des Zeugen vgl. *Dahs* NJW **1984** 1921 ff; *Dähn* JR **1979** 138;

vgl. auch *Büschgens* Stenogr. Protokoll über die 85. Sitzung des Rechtsausschusses am 15. 5. 1986 (abgek.: Protokoll) S. 228 f.
[4] *Rieß/Hilger* NStZ **1987** 150; *Weigend* NJW **1987** 1171.
[5] Zur Gesetzgebungsgeschichte insoweit vor allem *Wolters* 10 ff.

Hans Dahs

die Übereinstimmung beabsichtigt ist[6], so daß die für § 172 Nr. 2/§ 171 b GVG einschlägige Rechtsprechung und Literatur zur Auslegung herangezogen werden kann[7]. Was Inhalt des „persönlichen Lebensbereichs" ist, wird vielfach individuell verschieden sein, so daß die Literatur teilweise auf dem Standpunkt steht, eine abschließende Beschreibung sei nicht möglich[8]. Teilweise wird eine subjektive Festlegung des Normbereichs vorgeschlagen, nach der unter den Begriff „persönlicher Lebensbereich" alles fällt, „was die betreffende Person subjektiv dazurechnet und geschützt wissen will"[9]. Nach der von *Rieß/Hilger* unternommenen normativen Eingrenzung erfaßt § 68 a solche Tatsachen, „nach denen üblicherweise im Sozialleben nicht gefragt zu werden pflegt und die in der Regel nicht spontan und unbefangen mitgeteilt werden"[10]. Ohne Schwierigkeit kann vom Wortsinn her der „persönliche Lebensbereich" vom Berufs- und Erwerbsleben abgegrenzt werden, das öffentlichkeitsbezogen ist und nicht dem Schutz des § 68 a unterfällt[11]. Für die engere Eingrenzung muß aber auf die ratio des § 68 a zurückgegriffen werden, wonach das grundlose Eindringen in die Intimsphäre zu verhindern ist[12]. Danach sind jedenfalls die Sexualsphäre, private Interessen und Neigungen des Zeugen, sein Gesundheitszustand, seine politische und religiöse Einstellung und sein Familienleben zum persönlichen Lebensbereich zu zählen[13].

3   Bei der **Auslegung** des Begriffes „persönlicher Lebensbereich" ist zu beachten, daß es sich um eine Konkretisierung der Grundrechte als Verfahrensgarantie handelt. Die abstrakte Festlegung des Normbereichs hat daher unter Berücksichtigung der verfassungsgerichtlichen Rechtsprechung zum grundrechtlich geschützten allgemeinen Persönlichkeitsrecht zu erfolgen. Das Bundesverfassungsgericht unterscheidet verschiedene Sphären der Persönlichkeitsentfaltung mit unterschiedlichem Schutzbedürfnis[14]. Die innerste Sphäre bildet die Intimsphäre[15]. Dieser Kern wird umgeben von der Privat- oder Geheimsphäre. Die äußerste Sphäre stellt die Sozialsphäre, d. h. die Sphäre öffentlicher Betätigung dar[16]. Daß sich die einzelnen Sphären nicht exakt voneinander abgrenzen lassen, wird als Haupteinwand gegen die Sphärentheorie[17] und gegen die Auslegung des Begriffs „persönlicher Lebensbereich" in Anlehnung an das allgemeine Persönlichkeitsrecht des Art. 2 Abs. 1 GG vorgebracht[18]. Das Bundesverfassungsgericht verknüpft mit den verschiedenen Schutzbereichen eine unterschiedliche Eingriffsresistenz[19]; je intensiver der Eingriff ist, desto strenger sind die Zulässigkeitsvoraussetzun-

---

[6] BTDrucks. 10 5305, S. 23.

[7] Vgl. HW[23] § 172 GVG, 15 ff; KK-*Mayr*[2] § 172 GVG, 8; *Kleinknecht/Meyer*[38] § 172 GVG, 10; *Böttcher* JR **1987** 139; *Rieß/Hilger* NStZ **1987** 150; Erl. zu § 171 b GVG.

[8] *Böttcher* JR **1987** 139.

[9] KK-*Mayr*[2] § 172 GVG, 8; krit. dazu *Kempf* StrVert **1987** 219; *Schimansky* Protokoll S. 29.

[10] *Rieß/Hilger* NStZ **1987** 150.

[11] *Kleinknecht/Meyer*[38] § 68 a, 4.

[12] So ausdr. die Begründung zum Regierungsentwurf vom 29. 1. 1986, BTDrucks. 10 5305, S. 11; KK-*Pelchen*[2] § 68, 1 a; *Rieß/Hilger* NStZ **1987** 150.

[13] *Kleinknecht/Meyer*[38] § 68 a, 4; *Böttcher* JR **1987** 139; weitere Beispiele bei *Dähn* JR **1979** 139; *Büschgens* Protokoll S. 228; vgl. auch *Odersky* FS Pfeiffer 325, 331 (Fußn. 27), der im Wege der Auslegung ergänzend den ein-

schränkenden Zusatz über die „Verletzung schutzwürdiger Interessen" entsprechend § 171 b GVG verlangt.

[14] BVerfGE **6** 32, 41; **34** 238, 245; Übersicht bei AK-*Podlech* Art. 2, 35 ff.

[15] BVerfGE **6** 32, 41; **27** 344, 351; **38** 312, 320; vgl. auch *Wolters* 86 ff.

[16] *v. Mangoldt/Klein/Starck* GG Art. 2 Abs. 1, Rdn. 64 ff; *Wolters* 78 f.

[17] Vgl. AK-*Podlech* Art. 2 Abs. 1 GG, 38; zur Geltung der Sphärentheorie nach dem Volkszählungs-Urteil BVerfGE **65** 1 ff; d. h. außerhalb von „Informationseingriffen", vgl. *Pieroth/Schlink* Grundrechte, Staatsrecht II, 435.

[18] *Thomas* StrVert **1985** 435; ähnlich *Hammerstein* Protokoll S. 21.

[19] Vgl. BVerfGE **6** 32, 41; **34** 238, 245; **38** 312, 320.

gen. Insofern kann man auch von einer „Stufentheorie" mit jeweils engem Bezug zum Verhältnismäßigkeitsgrundsatz sprechen.

Der **Verhältnismäßigkeitsgrundsatz** soll für die Auslegung des §68a bestimmend **4** sein und die widerstreitenden Verfahrensziele — vollständige Sachverhaltsklärung und Zeugen-Persönlichkeitsschutz — in der Balance halten[20]. Dieses Postulat kommt in der Vorschrift im Begriff der „Unerläßlichkeit" der zu stellenden Frage zum Ausdruck. Beide Begriffe, „persönlicher Lebensbereich" und „Unerläßlichkeit", sind verfassungsrechtlich im Sinne einer Wechselwirkung miteinander verknüpft: Der „persönliche Lebensbereich" als Beschreibung des Schutzbereichs des Persönlichkeitsrechts im Sinne des Grundgesetzes, die „Unerläßlichkeit" als Konkretisierung der Ausgewogenheit zwischen Verhältnismäßigkeitsgrundsatz und Aufklärungspflicht[21]. Daraus folgt z. B., daß Fragen zum Intimleben nur im Ausnahmefall zulässig sind. Auch nach der Neuregelung kann aber durchaus das Verfahrensziel der Wahrheitsermittlung im Strafprozeß Vorrang haben[22]. Die gelegentlich geäußerten Bedenken[23], §68a führe in der neuen Fassung zu einer Beschneidung von Verteidigungsrechten, haben zwar Gewicht[24], jedoch sollte zunächst die Entwicklung in der Verfahrenspraxis abgewartet werden. Die Aufnahme des „persönlichen Lebensbereichs" als Abgrenzungskriterium in §68a hat weiterhin zur Folge, daß insoweit auch alle sonstigen verfahrensrechtlichen Regelungen gelten (HW §68a, 7), vor allem für die Beanstandung und Zurückweisung von Fragen und Vorhalten, für den Begriff der Unerläßlichkeit (HW §68a, 3), für die eigene Beistandsbefugnis des Zeugen (HW §68a, 7) und für die Revisibilität (HW §68a, 9).

---

[20] Zum Verhältnismäßigkeitsgrundsatz allgemein vgl. *Wendt* AÖR **104** (1979), 414 ff; *Schlink* Abwägung im Verfassungsrecht S. 15 f, 48 ff, 143 ff; BVerfGE **3** 383 (395); **7** 377 (402 f, 431 ff), **30** 292 (316); zum Verhältnismäßigkeitsgrundsatz speziell bei §68a *Wolters* 100 ff.

[21] Krit. zur Auslegung des Begriffs Unerläßlichkeit in diesem Zusammenhang durch den BGH *Weigend* NJW **1987** 1171.

[22] *Böttcher* JR **1987** 139; *Rieß/Hilger* NStZ **1987** 150; *Weigend* NJW **1987** 1171; *ders.* Protokoll S. 181.

[23] *Hammerstein* Protokoll S. 7, 8, 21 ff; *Schimansky* Protokoll S. 208; *Voget* Protokoll S. 22; dagegen mit Recht *Odersky* Protokoll S. 25.

[24] *Weigend* NJW **1987** 1171 Fußn. 25 hält sie für unbegründet.

Hans Dahs

ZWEITES BUCH

Verfahren im ersten Rechtszug

ERSTER ABSCHNITT

Öffentliche Klage

§ 153 a

(1) ...

(2) ¹Ist die Klage bereits erhoben, so kann das Gericht mit Zustimmung der Staatsanwaltschaft und des Angeschuldigten das Verfahren bis zum Ende der Hauptverhandlung, in der die tatsächlichen Feststellungen letztmals geprüft werden können, vorläufig einstellen und zugleich dem Angeschuldigten die in Absatz 1 Satz 1 bezeichneten Auflagen und Weisungen erteilen. ²Absatz 1 Satz 2 bis 5 gilt entsprechend. ³Die Entscheidung nach Satz 1 ergeht durch Beschluß. ⁴Der Beschluß ist nicht anfechtbar. ⁵Satz 4 gilt auch für eine Feststellung, daß gemäß Satz 1 erteilte Auflagen und Weisungen erfüllt worden sind.

(3) ...

Änderung. In Absatz 2 wurde der Satz 5 durch Art. 1 Nr. 12 StVÄG 1987 angefügt. Im übrigen ist die Vorschrift unverändert geblieben. Eine vergleichbare Änderung in § 37 Abs. 2 BtMG durch Anfügung eines Satzes 4 wurde durch Art. 8 des StVÄG 1987 vorgenommen (näher Rdn. 10).

Übersicht

1 **1. Bedeutung der Änderung.** Die Änderung steht in engem Zusammenhang mit der durch das gleiche Gesetz vorgenommenen Änderung des § 464 Abs. 3 Satz 1, nach der die Anfechtbarkeit der Kostenentscheidung dann ausgeschlossen ist, wenn gegen die Hauptentscheidung kein Rechtsmittel statthaft ist (vgl. HW § 464, 49 ff). Der Gesetzgeber hat den neuen Satz 5 in Absatz 2 für erforderlich gehalten, weil über die Rechtsnatur der endgültigen Einstellung nach der Erfüllung der Auflagen und Weisungen keine Einigkeit besteht; er hat diese Auseinandersetzung nicht entscheiden, sondern ihrer praktischen Bedeutung entkleiden wollen[1]. Im Ergebnis führt die Änderung dazu, daß die mit der endgültigen Verfahrenseinstellung nach § 153 a Abs. 2 zu verbindende **Kostenentscheidung** (HW § 464, 9; 10) **nicht angefochten** werden kann[2]. Infolge der bewußten Beschränkung des Gesetzgebers kann darüber hinausgehend eine bestimmte Auslegung zur Rechtsnatur der Einstellung nicht auf die Gesetzesänderung gestützt werden.

2. Unanfechtbarkeit der endgültigen Einstellung. Erfüllt der Beschuldigte (in den **2** Fällen des Absatzes 1) oder Angeschuldigte (in den Fällen des Absatzes 2) die ihm mit seiner Zustimmung auferlegten Auflagen und Weisungen, so kann die Tat nicht mehr als Vergehen verfolgt werden; diese Sperrwirkung tritt kraft Gesetzes ein (HW § 153 a, 66; 95). Dennoch muß, was auch aus § 467 Abs. 5 folgt, das Verfahren formell abgeschlossen werden (HW § 153 a, 71); das geschieht im gerichtlichen Verfahren durch Beschluß (HW § 153 a, 98). Die Rechtsnatur und Rechtsgrundlage dieses endgültigen formellen Verfahrensabschlusses ist umstritten. Nach h. M findet er seine Rechtsgrundlage unmittelbar in § 153 a; nach der Gegenmeinung zieht er die Konsequenz aus dem durch die Auflagenerfüllung eingetretenen Verfahrenshindernis und beruht im Ermittlungsverfahren auf § 170 Abs. 2, im gerichtlichen Verfahren auf § 206 a (HW § 153 a, 71). Aus der zweiten Auffassung ergab sich bis zur Einführung des neuen Satz 5, daß der gerichtliche Beschluß[3] nach § 206 a an sich mit der sofortigen Beschwerde anfechtbar war; für den Angeschuldigten allerdings deshalb nicht, weil er durch die Einstellung nicht beschwert ist (HW § 153 a, 105). Diese Auffassung hätte zur Folge gehabt, daß entgegen der vom Gesetzgeber mit der Neufassung des § 464 Abs. 3 Satz 1 verfolgten Intention in diesem Fall die Kostenentscheidung anfechtbar wäre[4].

Der etwas umständlich gefaßte **neue Satz 5** sagt seinem Wortlaut nach, daß eine **3** Feststellung des Gerichts, daß die Auflagen und Weisungen erfüllt worden seien, unanfechtbar ist. In der Praxis erfolgt eine solche Feststellung regelmäßig nicht ausdrücklich; sie ist vielmehr die stillschweigende Grundlage für den im Beschluß enthaltenen Ausspruch, daß das Verfahren (endgültig) eingestellt werde. Der neue Satz 5 besagt demnach, daß der **Beschluß über die endgültige Einstellung unanfechtbar** ist, wenn er darauf beruht, daß die Auflagen und Weisungen erfüllt sind. Diese Frage der (fristgerechten und vollständigen) Erfüllung der Auflagen und Weisungen kann im laufenden Verfahren nicht mit einem Rechtsmittel überprüft werden.

3. Weitere Verfolgung der Tat. Der neue Satz 5 enthält keine Aussage dahinge- **4** hend, daß der unzutreffende Einstellungsbeschluß jeder weiteren Verfolgung der Tat entgegensteht. Schon nach der früheren Rechtslage wurde angenommen, daß eine weitere Verfolgung möglich ist, wenn die Einstellung gesetzwidrig war, weil sich die Tat als Verbrechen darstellt oder weil die Auflagen und Weisungen tatsächlich nicht erfüllt wurden (HW § 153 a, 105). Denn das die Einstellung rechtfertigende Verfahrenshindernis (§ 153 a Abs. 1 Satz 4) entsteht durch die tatsächliche Erfüllung der Auflagen und

---

[1] RegEntw. StVÄG 1987, BTDrucks. **10** 1313, S. 24.
[2] KK-*Schoreit*[2] 65; *Kleinknecht/Meyer*[38] 58; *Rieß/Hilger* NStZ **1987** 206 Fußn. 300; *Meyer-Goßner* NJW **1987** 1168.
[3] Zur umstrittenen, durch die Änderung nicht

unmittelbar berührten Frage, ob gegen die endgültige Einstellung durch die Staatsanwaltschaft das Klageerzwingungsverfahren möglich ist, s. HW § 153 a, 87 f.
[4] Vgl. BTDrucks. **10** 1313, S. 24; LR-*Hilger* HW § 464, 55.

Peter Rieß

Weisungen; es liegt nicht vor, wenn sie nicht erfüllt worden sind und es steht eine Verfolgung als Verbrechen nicht entgegen. Nach der in diesem Kommentar schon bisher vertretenen Meinung (HW § 153 a, 105) bedarf es allerdings zur weiteren Verfolgung stets einer **neuen Klage**, weil der unanfechtbare Einstellungsbeschluß die Rechtshängigkeit des Verfahrens beendet[5]. Daran hat sich durch den neuen Satz 5 nichts geändert.

5   Ob die endgültige Einstellungsentscheidung in **Ausnahmefällen angefochten** werden kann[6], erscheint zweifelhaft. Die Unanfechtbarkeit der Feststellung, daß die Auflagen und Weisungen erfüllt worden sind, schließt nicht nur aus, mit der Beschwerde geltend zu machen, daß sie nicht vollständig oder nicht fristgerecht erfüllt wurden, sondern deckt auch den Fall ab, daß sie überhaupt nicht erfüllt wurden. In Betracht kommt aber beispielsweise der in der Praxis wohl nur schwer vorstellbare Fall[7], daß das Gericht infolge einer Personenverwechslung das Verfahren gegen einen Angeschuldigten einstellt, dem überhaupt keine Auflagen und Weisungen erteilt worden sind, oder daß ohne vorherige vorläufige Einstellung das Verfahren ohne staatsanwaltschaftliche Zustimmung oder bei einem Verbrechen endgültig eingestellt wird. Selbst wenn man in diesen Fällen die Zulässigkeit der (einfachen) Beschwerde für die Staatsanwaltschaft bejaht, steht sie dem **Nebenkläger** infolge der Neuregelung durch § 400 Abs. 2 Satz 2 (vgl. Nachtr. § 400, 15) nicht zu.

6   **4. Kostenentscheidung.** Der Beschluß, der das Verfahren endgültig einstellt oder, in der Terminologie des neuen Satz 5, die Erfüllung der Auflagen und Weisungen feststellt, ist wie nach bisherigem Recht mit einer Kostenentscheidung zu versehen (HW § 153 a, 99; § 467, 71), für deren Inhalt § 467 Abs. 1, 5 gilt[8]. Die bisher umstrittene Frage, ob dem Angeschuldigten die **Auslagen des Nebenklägers** auferlegt werden dürfen (HW § 153 a, 100), richtet sich nunmehr nach der neuen gesetzlichen Vorschrift in § 472 Abs. 2 Satz 2 (s. HW § 472, 20 f).

7   Die **Kostenentscheidung ist unanfechtbar.** Das folgt nunmehr aus § 464 Abs. 3 Satz 1 in Vbdg. mit dem neuen Satz 5, weil sich aus diesem ergibt, daß gegen die Hauptentscheidung, nämlich die endgültige Einstellung nach der Erfüllung der Auflagen und Weisungen, kein Rechtsmittel statthaft ist[9]. Diese Frage war bisher umstritten (HW § 153 a, 106).

8   **5. Entschädigung für Strafverfolgungsmaßnahmen.** Soweit eine Entschädigung nach dem StrEG in Betracht kommt (HW § 153 a, 99), ist diese Entscheidung aufgrund der ausdrücklichen Sondervorschrift des § 8 Abs. 3 StrEG[10] mit der sofortigen Beschwerde anfechtbar[11]. Die frühere Kontroverse, ob die für die Kostenentscheidung verbreitet vertretene Unanfechtbarkeit bei unanfechtbarer Hauptentscheidung auch für die Entschädigungsentscheidung nach dem StrEG gilt (HW § 153, 82) ist durch die ausdrückliche gesetzliche Regelung entschieden.

---

[5] A. A (einfache Beschwerde mit dem Ziel der Verfahrensfortsetzung möglich) weiterhin KK-*Schoreit*[2] 64; *Kleinknecht/Meyer*[38] 57.

[6] Zu den Ausnahmen von Unanfechtbarkeit bei der vorläufigen Einstellung s. HW § 153 a, 104.

[7] Vgl. aber den Sachverhalt, der Anlaß zu der Entscheidung des AG Grevenbroich JR **1984** 302 gegeben hat, näher HW § 153 a, 66.

[8] Näher HW § 153 a, 99; § 467, 71.

[9] KK-*Schoreit*[2] 65; *Kleinknecht/Meyer*[38] 58.

[10] Gemäß Art. 9 StVÄG 1987; zur Begründung s. BTDrucks. **10** 1313, S. 40; BTDrucks. **10** 6592, S. 25. Die ausdrückliche Klarstellung, die im Regierungsentwurf noch nicht enthalten war, ist erst im parlamentarischen Gesetzgebungsverfahren vorgenommen worden; vgl. auch HW § 153, 82 Fußn. 194.

[11] A. A weiterhin KK-*Schoreit*[2] 65 (anders aber § 153, 60).

6. Verfahrensfragen. Der endgültige Einstellungsbeschluß im Sinne des Absatz 2 **9** Satz 5 bedarf, da er auch im Kostenpunkt keiner Anfechtung unterliegt, keiner Begründung und muß, wenn er schriftlich ergeht, den Beteiligten nicht zugestellt werden (vgl. zur bisherigen Rechtslage HW §153a, 98). Etwas anderes gilt wegen der fortbestehenden Beschwerdemöglichkeit, wenn zugleich über eine Entschädigung nach dem StrEG zu entscheiden ist.

7. Absehen von der Verfolgung nach §37 BtMG. Art. 8 des StVÄG 1987 hat §37 **10** Abs. 2 BtMG (s. HW §153a, 111) um folgenden Satz 4 ergänzt:

Unanfechtbar ist auch eine Feststellung, daß das Verfahren nicht fortgesetzt wird.

Die vorläufige Einstellung nach §37 Abs. 1 BtMG bewirkt ein Verfahrenshindernis, wenn das Verfahren nicht innerhalb von 4 Jahren fortgesetzt wird (HW §153a, 122 ff). Die Konsequenz hieraus ist durch einen ausdrücklichen Einstellungsbeschluß zu ziehen, dessen Rechtsnatur und Anfechtbarkeit ebenso umstritten war, wie die des endgültigen Einstellungsbeschlusses nach §153a Abs. 2 (HW §153a, 127). Nach dem neuen §37 Abs. 4 Satz 2 BtMG sind diese Fragen nunmehr ebenso zu beantworten wie in den Fällen des §153a[12].

8. Weitere Änderungen des §153a hatte der Bundesrat in seiner Stellungnahme **11** zum RegEntw. des StVÄG 1987 zu prüfen vorgeschlagen[13]. Die Anregung, zu prüfen, ob der Anwendungsbereich des §153a behutsam erweitert werden könne, hat der Gesetzgeber nicht aufgegriffen[14]. Die erbetene Klarstellung, wer bei Einstellung durch das Gericht die dem Nebenkläger erwachsenen notwendigen Auslagen zu tragen habe, ist durch das OpferschutzG mit dem neuen §472 Abs. 2 Satz 2 (s. HW §472, 20 f) vorgenommen worden.

---

[12] Vgl. BTDrucks. 10 1313, S. 46.
[13] S. HW §153a unter geplante Änderungen; vgl. auch BTDrucks. 10 1313, S. 49, 59.
[14] Vgl. dazu krit. *Waller* DRiZ 1986 47 mit Hinweisen auf die Erörterungen zwischen dem BMJ und den Landesjustizverwaltungen aufgrund der Prüfungsempfehlung des BR. In den parlamentarischen Beratungen des BT ist der Punkt nicht erörtert worden.

Peter Rieß

SECHSTER ABSCHNITT

Hauptverhandlung

§ 229

(1) ...

(2) [1]Hat die Hauptverhandlung bereits an mindestens zehn Tagen stattgefunden, so darf sie unbeschadet der Vorschrift des Absatzes 1 einmal auch bis zu dreißig Tagen unterbrochen werden. [2]Ist die Hauptverhandlung sodann an mindestens zehn Tagen fortgesetzt worden, so darf sie ein zweites Mal nach Satz 1 unterbrochen werden. [3]Zusätzlich zu den Unterbrechungen nach Absatz 1 und Absatz 2 Satz 1 und 2 kann eine Hauptverhandlung nach Ablauf von zwölf Monaten seit ihrem Beginn jeweils einmal innerhalb eines Zeitraumes von zwölf Monaten bis zu dreißig Tagen unterbrochen werden, wenn sie davor an mindestens zehn Tagen stattgefunden hat.

(3) [1]Kann ein Angeklagter zu einer Hauptverhandlung, die bereits an mindestens zehn Tagen stattgefunden hat, wegen Krankheit nicht erscheinen, so ist der Lauf der in den Absätzen 1 und 2 genannten Fristen während der Dauer der Verhinderung, längstens jedoch für sechs Wochen, gehemmt; diese Fristen enden frühestens zehn Tage nach Ablauf der Hemmung. [2]Beginn und Ende der Hemmung stellt das Gericht durch unanfechtbaren Beschluß fest.

(4) [1]Wird die Hauptverhandlung nicht spätestens am Tage nach Ablauf der in den vorstehenden Absätzen bezeichneten Frist fortgesetzt, so ist mit ihr von neuem zu beginnen. [2]Ist der Tag nach Ablauf der Frist ein Sonntag, ein allgemeiner Feiertag oder ein Sonnabend, so kann die Hauptverhandlung am nächsten Werktag fortgesetzt werden.

Änderung. Art. 1 Nr. 13 StVÄG 1987 hat bei Absatz 2 einen weiteren Satz angefügt, der es erlaubt, eine Hauptverhandlung, die länger als ein Jahr andauert, jeweils innerhalb weiterer 12 Monaten für weitere 30 Tage zu unterbrechen („Jahresurlaub"). Der neu eingefügte Absatz 3 gestattet, die Unterbrechung bei Erkrankung eines Angeklagten um längstens sechs Wochen zu verlängern. Der bisherige Absatz 3 wurde sachlich unverändert zu Absatz 4; sein Wortlaut wurde lediglich insoweit angepaßt, daß er nunmehr für die vorangehenden 3 Absätze gelten soll. Angepaßt wurde auch § 268 Abs. 3 Satz 3 (Art. 1 Nr. 21 StVÄG 1987).

1. Zweck der Regelung. Die der Konzentrationsmaxime an sich gegenläufigen **Er-** **1** **weiterungen** der Unterbrechungsmöglichkeiten sollen Bedürfnissen der Praxis Rechnung tragen, die vor allem bei Großverfahren aufgetreten sind. Die erheblichen Belastungen, die allen Verfahrensbeteiligten durch eine mehrjährige Hauptverhandlung erwachsen[1], sollen dadurch gemildert werden, daß ab dem zweiten Jahr **zusätzlich** eine **verhandlungsfreie Zeit von 30 Tagen** eingeschaltet werden kann, die auch für einen Erholungsurlaub nutzbar ist. Gleichzeitig kann dadurch besser der Gefahr begegnet werden, daß unvorhergesehene Behinderungen eine rechtzeitige Fortsetzung der Hauptverhandlung unmöglich machen und den Neubeginn einer mit großem Aufwand durchgeführten Verhandlung erzwingen, weil die anderen Unterbrechungsmöglichkeiten nicht ausreichen oder bereits erschöpft sind. Der unwirtschaftlichen, den Prozeßabschluß verzögernden und für alle Beteiligte belastenden Aussetzung der Hauptverhandlung soll auch der neue Absatz 3 entgegenwirken. Durch die **Hemmung der Unterbrechungsfristen** wird verhindert, daß eine Erkrankung des Angeklagten die Aussetzung einer bereits weitgehend durchgeführten Hauptverhandlung erzwingt. Diese Möglichkeit liegt auch im wohlverstandenen Interesse des Angeklagten, der seine Erkrankung auskurieren kann ohne Gefahr zu laufen, durch einen Neubeginn der Hauptverhandlung zusätzlich psychisch, physisch und finanziell belastet zu werden. Umgekehrt beugt diese Möglichkeit auch Versuchen vor, durch eine Flucht in die Krankheit den Abschluß des Verfahrens hinauszuzögern.

Die weitere **Aufweichung der Konzentrationsmaxime**, die die Neuregelungen mit **2** sich bringen, erscheint im Hinblick auf die Bedeutung der damit geförderten anderen Verfahrensziele vertretbar. Die Neuregelungen betreffen nur größere Verfahren bzw. ausgesprochene Großverfahren von mehrjähriger Dauer, bei denen eine Wiederholung der umfangreichen Beweisaufnahme nach einem Neubeginn des Verfahrens nur mit erheblichen Schwierigkeiten und nicht ohne Einbußen für die Wahrheitsermittlung möglich wäre. Unter diesem Blickwinkel haben die Erfordernisse einer wirksamen Strafrechtspflege und die Notwendigkeit einer prozeßwirtschaftlichen Abwicklung derartiger Verfahren größeres Gewicht. Das auf Normalverfahren von wenigen Tagen Dauer abstellende Leitbild einer konzentrierten, durch keine längeren Pausen unterbrochenen Hauptverhandlung paßt für diese Verfahren ohnehin nicht[2]. Die Gefahr, daß die Berufs- und Laienrichter den Verhandlungsstoff wegen der kürzeren oder längeren Unterbrechungen nicht mehr gegenwärtig haben, hielt der Gesetzgeber nicht für gegeben, da

---

[1] Vgl. Begr. RegEntw. BTDrucks. **10** 1313, S. 25.

[2] Eine einmalige längere Unterbrechung gefährdet das Erinnerungsvermögen der Richter weit weniger als eine sich mit kurzfristigen Unterbrechungen hinschleppende Verhandlung, vgl. HW § 229, 2 ff. Grundsätzliche Bedenken gegen die Neuregelung äußert *Kempf* StrVert. **1987** 221 (dem Beschleunigungsgebot kontraindiziert).

sich nach Ablauf der jeweiligen Verhandlungszeiten der Verhandlungstoff in der Erinnerung der Beteiligten genügend stark verdichtet habe; bei derartigen Großverfahren könnten die Beteiligten ihr Erinnerungsbild durch Rückgriff auf das Ergebnis von Zwischenberatungen auffrischen. Außerdem würden dadurch die Zeit und die erheblichen Kosten eingespart, die andernfalls durch Einschiebung von pro-forma-Verhandlungstagen zwischen mehreren Unterbrechungen gemäß § 229 Abs. 1 entstünden[3].

2. Zusätzliche Unterbrechung nach Absatz 2 Satz 3

3   a) Bei einer **Verhandlungsdauer von mehr als 12 Monaten**, also nur bei Großverfahren, deren Dauer bereits ein Jahr überschritten hat, ist eine zusätzliche Unterbrechung bis zu 30 Tagen möglich. Die Unterbrechung ist während des ganzen folgenden Jahres möglich, ohne Rücksicht darauf, ob eine längere Unterbrechung bis zu 30 Tagen nach den Sätzen 1 und 2 in Anspruch genommen wurde. Dauert die Hauptverhandlung auch bei Beginn des dritten Jahres noch an, kann die Unterbrechungsmöglichkeit erneut in Anspruch genommen werden, ebenso in jedem der darauf folgenden Jahre[4]. Zwischen den einzelnen Unterbrechungen nach Satz 3 muß kein Zwischenraum von zwölf Monaten liegen. Die Unterbrechung kann zwar in jedem Verhandlungsjahr nur einmal in Anspruch genommen werden, eine nicht ausgenützte Unterbrechung ist auch nicht auf das nächste Verhandlungsjahr übertragbar, aber im übrigen steht es dem Gericht frei, wann es innerhalb des jeweiligen Verhandlungsjahres die Unterbrechung anordnen will.

4   b) Eine **Verhandlung von mindestens zehn Tagen** muß der Unterbrechung vorausgegangen sein. Damit kann nicht die Gesamtzahl aller Verhandlungstage gemeint sein, denn bei einer Hauptverhandlung, die bereits zwölf Monate angedauert hat, ist diese Gesamtzahl immer beträchtlich höher. Es kann aber auch nicht gemeint sein, daß an zehn aufeinanderfolgenden Tagen ohne Unterbrechung durch einen verhandlungsfreien Tag verhandelt worden sein muß, denn zehn Verhandlungstage werden notwendig durch ein verhandlungsfreies Wochenende unterbrochen. Es dürfte dem Sinn der Regelung[5] wohl am besten entsprechen, wenn die vom Vorsitzenden angeordneten kleineren Unterbrechungen (§ 228 Abs. 1 Satz 2; § 229 Abs. 1) außer Betracht bleiben[6] und darauf abgestellt wird, daß seit der letzten größeren Unterbrechung durch das Gericht nach § 229 Abs. 2, Satz 1, 2, Abs. 3 oder nach einer anderen Vorschrift[7] mindestens an zehn Tagen verhandelt worden ist.

5   c) **Keine bestimmten Unterbrechungsgründe.** Besondere Unterbrechungsgründe hat Absatz 2 Satz 3 nicht festgelegt. Der Gesetzgeber wollte eine elastische Regelung[8], die es dem Gericht erlaubt, in den nicht an normalen Maßstäben zu messenden Großverfahren flexibel den Besonderheiten des Verfahrens und den Belangen der Verfahrensbeteiligten Rechnung zu tragen. Gedacht war allerdings auch an die Möglichkeit, den durch die lange Verfahrensdauer überstrapazierten Verfahrensbeteiligten einen längeren, ununterbrochenen Erholungsurlaub zu ermöglichen[9].

---

[3] Begr. RegEntw. BTDrucks. 10 1313, S. 25.

[4] *Rieß/Hilger* NStZ **1987** 148.

[5] Hierauf ist abzustellen, da der sich an den Sätzen 1 und 2 orientierende Wortlaut ebensowenig weiterhilft wie die Begr. BTDrucks. 10 1313, S. 25.

[6] Strittig, wie hier KK-*Treier*[2] 4; *Rieß/Hilger* NStZ **1987** 149 Fußn. 90; vgl. aber auch *Kleinknecht/Meyer*[38] 4 („ohne Unterbrechung").

[7] Vgl. etwa § 138 c Abs. 4; § 231 a Abs. 3; § 34 Abs. 3 Nr. 6 EGGVG.

[8] RegEntw. BTDrucks. 10 1313, S. 25; KK-*Treier*[2] 4; *Kleinknecht/Meyer*[38] 4.

[9] *Rieß/Hilger* NStZ **1987** 148. Zu den früheren Schwierigkeiten vgl. RegEntw. BTDrucks. 10 1313, S. 25.

d) Verfahren. Verfahrensrechtliche Besonderheiten bestehen im übrigen bei die- **6** ser zusätzlichen Unterbrechungsmöglichkeit nicht. Sie muß wegen ihrer Tragweite[10] vom **Gericht**, nicht vom Vorsitzenden, durch Beschluß angeordnet werden, der keiner Begründung bedarf und der zunächst wohl nicht einmal festlegen muß, auf welchen Satz des Absatzes 2 sich die Unterbrechung gründet. Geschieht dies aber, so ist für die Frage der Zulässigkeit einer weiteren größeren Unterbrechung diese Bezeichnung nicht endgültig maßgebend, denn letztlich kommt es nur darauf an, daß im Ergebnis die zulässige Zahl der längeren Unterbrechungen nicht überschritten wurde, das Verfahren also dem §229 entsprach.

3. Hemmung der Unterbrechungsfrist durch Krankheit (Absatz 3)

a) Nur wenn die **Hauptverhandlung an mindestens zehn Tagen** stattgefunden hat, **7** ist Absatz 3 anwendbar. Es muß also an mindestens zehn Tagen verhandelt worden sein. Es zählen alle Verhandlungstage, wobei es unerheblich ist, wenn die Verhandlung unterbrochen war. Wurde an weniger als zehn Tagen verhandelt, hemmt die Erkrankung des Angeklagten den Lauf einer Unterbrechungsfrist nicht. Es gelten dann die allgemeinen Grundsätze. Der Vorsitzende kann dann wegen der Erkrankung nur nach Absatz 1 (Absatz 2 scheidet aus) unterbrechen. Kann die Hauptverhandlung nach Ablauf von dessen Frist nicht fortgesetzt werden, muß sie ausgesetzt und später neu begonnen werden. Nur wenn sie bereits zehn Tage angedauert hat, rechtfertigt der bis dahin angefallene Verfahrensaufwand, durch eine Hemmung der Unterbrechungsfrist dem Gericht die Möglichkeit einer Fortsetzung der Hauptverhandlung offen zu halten[11].

b) Verhinderung eines Angeklagten durch Krankheit. Die Hemmung der Frist **8** der Unterbrechung tritt ein, wenn ein Angeklagter durch eine Erkrankung verhindert ist, in der Hauptverhandlung zu erscheinen. Dem Angeklagten muß in Würdigung der Art seiner Erkrankung und seiner individuellen Konstitution aus medizinischer Sicht nicht zugemutet werden können, zur Hauptverhandlung an der Gerichtstelle zu erscheinen und an ihr teilzunehmen[12]. **Verhandlungsunfähig** braucht er nicht zu sein[13]; es ist auch unerheblich, ob das Gericht in der Lage wäre, die Verhandlung am Krankenbett weiterzuführen[14]. Für die Fristhemmung genügt es, daß er nicht an der für die Hauptverhandlung vorgesehene Gerichtstelle weiter an ihr teilnehmen kann. Erlaubt allerdings sein Gesundheitszustand täglich eine **zeitlich begrenzte Teilnahme**, die es ermöglicht, die Hauptverhandlung, wenn auch mit einigen Einschränkungen, fortzusetzen[15], dann sind die Voraussetzungen des Absatzes 3 nicht gegeben.

Bei **ein- und demselben Angeklagten** kann die krankheitsbedingte Teilnahme- **9** unfähigkeit während einer längeren Hauptverhandlung **wiederholt** zu einer Hemmung der Unterbrechungsfrist führen[16], wobei es nur auf die Tatsache des erneuten Eintritts der Teilnahmeunfähigkeit ankommt und nicht darauf, ob Ursache die gleiche oder aber eine neue Erkrankung ist. Die **Höchstdauer von 6 Wochen** begrenzt nur den Zeitraum der Hemmung während der jeweiligen Unterbrechungsperiode. Wird danach

---

[10] Vgl. BGHSt **33** 219.
[11] Begr. RegEntw. BTDrucks. **10** 1313, S. 25.
[12] Begr. RegEntw. BTDrucks. **10** 1313, S. 26; KK-*Treier*[2] 11; *Kleinknecht/Meyer*[38] 6.
[13] Begr. RegEntw. BTDrucks. **10** 1313, S. 26 (keine Anknüpfung an diesen Begriff, weil er zu eng und um Verfahrensrügen wegen der schwierigen Auslegung zu vermeiden).

[14] KK-*Treier*[2] 11; *Kleinknecht/Meyer*[38] 6; *Rieß/ Hilger* NStZ **1987** 149; ausgeschlossen wird die Möglichkeit einer Verhandlung am Krankenbett aber nicht.
[15] Vgl. dazu HW §231a, 3.
[16] *Rieß/Hilger* NStZ **1987** 149.

Walter Gollwitzer

zur Sache verhandelt, dann kann später auch beim gleichen Angeklagten wegen der gleichen Erkrankung erneut der Ablauf einer Unterbrechungsfrist bis zu 6 Wochen gehemmt sein.

10 Bei **mehreren Angeklagten** genügt es, wenn die Voraussetzungen für die Hemmung der Unterbrechungsfrist bei einem von ihnen vorliegen („ein Angeklagter")[17]. Sie endet allerdings für den gesunden Angeklagten, wenn das Verfahren gegen ihn **abgetrennt** und fortgesetzt wird, mit dem Trennungsbeschluß; denn von diesem Zeitpunkt an verhindert die Erkrankung des früheren Mitangeklagten die Weiterführung des abgetrennten Verfahrens nicht mehr. Die Zweckmäßigkeit der Verfahrenstrennung hängt von der Verfahrenslage, nicht zuletzt auch vom Umfang der noch offenen gemeinsamen Beweisaufnahme ab[18]. Sie wird sich vor allem dann empfehlen, wenn das Verfahren gegen die gesunden Angeklagten alsbald abgeschlossen werden kann.

11 Die Erkrankung **anderer Verfahrensbeteiligter** bewirkt keine Hemmung der Unterbrechungsfristen. Dies gilt auch bei Nebenbeteiligten, die mit Angeklagtenbefugnisse an der Hauptverhandlung teilnehmen[19], denn der Fortgang der Hauptverhandlung wird dadurch rechtlich nicht behindert. Bei Erkrankung eines **Berufs- oder Laienrichters** ist Absatz 3 ebenfalls nicht anwendbar[20].

12 c) **Hemmung der Unterbrechungsfristen.** Mit der Erkrankung eines Angeklagten wird die Unterbrechungsfrist **kraft Gesetzes** gehemmt[21]. Dies gilt gleichermaßen für die Fristen des Absatzes 1 und des Absatzes 2, wie Absatz 3 ausdrücklich herausstellt. Für die Unterbrechungsfristen nach anderen Bestimmungen, wie etwa § 138 c Abs. 4, ist deshalb Absatz 3 nicht unmittelbar anwendbar. Trifft die Unterbrechung nach dieser Vorschrift mit einer Erkrankung des Angeklagten zusammen, so ist das Gericht nicht gehindert, bei Ablauf der 30-Tage-Frist des § 138 c Abs. 4 das Verfahren nach § 229 Abs. 1 wegen einer fortdauernden Erkrankung des Angeklagten zu unterbrechen, mit der Wirkung, daß dann die Hemmung nach Absatz 3 sich auswirken kann. Gleiches gilt im Falle des § 34 Abs. 3 Nr. 6 EGGVG und bei § 231 a Abs. 3, wo sich aber die Frage kaum stellen dürfte[22].

13 Im übrigen sind zwei Fallgruppen zu unterscheiden: Erkrankt der Angeklagte **während der laufenden Hauptverhandlung**, so ist in der Regel die Hauptverhandlung nach Absatz 1 zu unterbrechen[23]. Das Gericht kann gleich auch eine längere Unterbrechung nach Absatz 2 beschließen, zweckmäßig ist es aber nicht, die 30-Tages-Frist bereits von vornherein zu verbrauchen. Nach Ablauf der Hemmung kann die Zehntagefrist immer noch in die längere Frist von 30 Tagen umgewandelt werden, wenn dies notwendig sein sollte, um die Genesung des Angeklagten abzuwarten[24]. Gleichzeitig mit der Unterbrechung tritt die Hemmung des Ablaufes der Unterbrechungsfrist ein, die bis zur Wiederherstellung der Teilnahmefähigkeit oder dem Ende der Sechswochenfrist an-

---

[17] RegEntw. BTDrucks. **10** 1313, S. 26; KK-*Treier*[2] 11; *Kleinknecht/Meyer*[38] 6; *Meyer-Goßner* NJW **1987** 1163; *Rieß/Hilger* NStZ **1987** 149.

[18] Vgl. KK-*Treier*[2] 11 (bei Großverfahren nur in Ausnahmefällen).

[19] Vgl. etwa § 433.

[20] Vgl. BGH NStZ **1986** 518 (§ 229 gebietet Eintritt des Ergänzungsrichters).

[21] KK-*Treier*[2] 12; *Kleinknecht/Meyer*[38] 7; *Rieß/ Hilger* NStZ **1987** 149.

[22] Obwohl § 231 a auf die Verhandlungsunfähigkeit abstellt, also enger ist als Absatz 3, dürfte sich die Frage der Hemmung einer Unterbrechungsfrist nach Ablauf der Frist des § 231 a Abs. 3 in der Praxis kaum stellen.

[23] KK-*Treier*[2] 12; *Kleinknecht/Meyer*[38] 7; *Rieß/ Hilger* NStZ **1987** 149.

[24] Vgl. KK-*Treier*[2] 12;. *Rieß/Hilger* NStZ **1987** 149 Fußn. 97; ferner BGHSt **34** 154 = JR **1988** 36 mit Anm. *Böttcher*; HW § 228, 7.

dauert. Daran schließt sich dann eine Unterbrechungsfrist von mindestens 10 Tagen bzw. eine noch laufende längere Unterbrechungsfrist an.

Wird der Angeklagte **während einer bereits angeordneten** Unterbrechung krank **14** und kann er deshalb zum vorgesehenen Fotsetzungstermin nicht erscheinen, wird die Unterbrechungsfrist mit dem Beginn der Erkrankung automatisch gehemmt. Sie läuft erst mit der Gesundung oder nach Ablauf der sechs Wochen weiter. Sie endet jedoch — ohne Rücksicht auf ein sich durch die Zählung ergebendes früheres Fristende — frühestens zehn Tage nach Ablauf der Hemmung. Dies gilt aber nur, wenn der Angeklagte gehindert ist, zu dem ursprünglich angeordneten Fortsetzungstermin zu erscheinen. Ist er fähig, an diesem Termin teilzunehmen, führt seine in die Unterbrechungsfrist fallende Erkrankung überhaupt nicht zu einer Hemmung der Unterbrechungsfrist, da sie ihn nicht am Erscheinen gehindert hat[25].

d) Beginn und Ende der Hemmung. Liegen die Voraussetzungen des Absatzes 3 **15** vor, beginnt die Hemmung **kaft Gesetzes** mit Beginn des Tages, in dessen Verlauf die Erkrankung manifest wird[26]. Der Begriff der Hemmung ist im gleichen Sinne zu verstehen wie im BGB, so daß der Tag, an dem der Hemmungsgrund eintritt ebenso mitzählt wie der Tag, an dem er entfällt[27]. War die Hauptverhandlung zu Beginn der Erkrankung noch nicht unterbrochen, beginnt die Hemmung erst mit dem Tag der Anordnung der Unterbrechung. Die Unterbrechungsfrist beginnt dann insgesamt erst mit Wegfall der Hemmung zu laufen[28], also mit dem Tag, der dem Tag folgt, an dem die Teilnahmefähigkeit des Angeklagten wieder hergestellt ist, bzw. mit dem Tag, der dem Ablauf der Sechswochenfrist folgt. In Richtung gegen **Mitangeklagte** endet die Hemmung ferner mit dem Tag, an dem die Teilnahmeunfähigkeit eines von ihnen der Fortsetzung der Hauptverhandlung gegen die anderen nicht mehr im Wege steht, etwa, weil das Verfahren abgetrennt wird, aber auch, wenn der teilnahmeunfähige Angeklagte verstirbt.

Die **Zehntagefrist** des Absatzes 3 Satz 1 letzter Halbsatz beginnt am Tage nach **16** Ablauf der Hemmung. Im Interesse einer geordneten Vorbereitung der Fortsetzung der Hauptverhandlung durch das Gericht und die Verfahrensbeteiligten schiebt sie den Ablauf der Unterbrechungsfristen immer um diese Zeitspanne hinaus, ganz gleich, wie lange sie vor Eintritt der Hemmung schon gedauert haben. Da die gleiche Frist wie bei Absatz 1 nochmals gewährt wird, hat die Einrechnung des vor der Hemmung verstrichenen Teils einer Unterbrechungsfrist nur bei den längeren Unterbrechungsfristen des Absatzes 2 Bedeutung.

4. Beschluß des Gerichts zur Feststellung der Hemmung
a) Rechtsnatur des Beschlusses. Obwohl der Gesetzgeber davon ausgeht, daß die **17** Hemmung der Unterbrechungsfristen kraft Gesetzes eintritt und endet[29], schreibt er im Interesse der Verfahrensklarheit eine ausdrückliche Entscheidung des Gerichtes darüber vor. Dies erscheint auch notwendig. Die Frage, ab wann der erkrankte Angeklagte nicht mehr in der Lage war, vor Gericht zu erscheinen und ab wann seine Teilnahmefähigkeit wieder hergestellt ist, erfordert wegen der hier hereinspielenden medizini-

---

[25] RegEntw BTDrucks. **10** 1313, S. 26; KK-*Treier*[2] 12; *Kleinknecht/Meyer*[38] 7; *Rieß/ Hilger* NStZ **1987** 149.
[26] Man wird darauf abstellen müssen, ab wann erkennbar wird, daß die Erkrankung ein Erscheinen unmöglich macht und nicht darauf, ab wann das Krankheitsgeschehen begann;

dies schließt die hier zulässige retrospektive Beurteilung des Krankheitsgeschehens nicht aus.
[27] KK-*Treier*[2] 12.
[28] *Kleinknecht/Meyer*[38] 7; *Rieß/Hilger* NStZ **1987** 149.
[29] Vgl. Rdn. 12.

Walter Gollwitzer

schen Wertungen[30] und der fließenden Übergänge eine den Gesetzesbefehl konkretisierende richterliche Entscheidung, auf der das weitere Verfahren aufbauen kann. Der Beschluß stellt nur nachträglich fest, ab wann die gesetzlich angeordnete Hemmung eingetreten ist. Er ist also für den Beginn der Hemmung insoweit **deklaratorisch**, als ihr Eintritt nicht von einer vorgängigen Beschlußfassung abhängt; er enthält aber gleichzeitig eine unanfechtbare und damit endgültig für das Verfahren **verbindliche Feststellung** darüber, daß und ab wann die Unterbrechungsfrist gehemmt war. Für diese Auslegung spricht der Sinn der Regelung. Die Begründung des Entwurfs[31], die den Beschluß als „lediglich deklaratorisch" bezeichnet, will wohl auch nichts anderes sagen. Vor allem soll damit wohl kaum in Frage gestellt werden, daß das Gericht eine für das weitere Verfahren verbindliche Entscheidung trifft.

18   Die gleichen Überlegungen gelten für den Beschluß, der das **Ende der Hemmung** deklaratorisch ex post feststellt, der aber gleichzeitig auch dezisiv für das weitere Verfahren festlegt, von welchem Zeitpunkt an die Unterbrechungsfristen laufen. Bei dieser Auslegung verliert der Streit, ob die Entscheidung im übrigen deklaratorischen oder konstitutiven Charakter habe[32], an Bedeutung.

19   **b) Prüfungspflicht des Gerichts.** Dieses muß — unabhängig von Anträgen — **von Amts wegen** prüfen, ob bei einer ihm zur Kenntnis gekommenen Erkrankung eines Angeklagten die Fähigkeit zur Teilnahme an der Verhandlung entfallen und dadurch die Frist einer möglicherweise aus einem anderen Anlaß angeordnete Unterbrechung gehemmt ist. Nicht selten wird diese Prüfung allerdings mit der Prüfung zusammenfallen, ob das Ausbleiben des Angeklagten zu einem Fortsetzungstermin genügend entschuldigt ist oder ob seine Teilnahme durch Zwangsmaßnahmen sicherzustellen oder aber die Hauptverhandlung ohne ihn nach § 231 Abs. 2 fortzusetzen ist[33]. Die Prüfung geht zwar in die gleiche Richtung, die Voraussetzungen der einzelnen Vorschriften decken sich aber nicht. So kann eine kurzfristige Erkrankung des Angeklagten sein Ausbleiben genügend entschuldigen[34], ohne daß dadurch seine Teilnahmefähigkeit an dem deswegen hinausgeschobenen Fortsetzungstermin in Frage gestellt ist. Andererseits ist es für die Anwendbarkeit des Absatzes 3 unerheblich, ob der Angeklagte die tatsächlich bestehende Teilnahmeunfähigkeit verschuldet hat und ob ihre Herbeiführung ihm als eigenmächtiges Ausbleiben anzulasten ist[35].

20   Die Verfahrensbeteiligten sind nach Maßgabe des § 33 vor der Entscheidung **zu hören**.

21   Ob und ab wann die Teilnahmefähigkeit entfallen ist, hat das Gericht im **Freibeweisverfahren**[36] festzustellen. Es kann dazu alle verfügbaren Erkenntnisquellen nutzen, vom Inhalt der Akten über telefonische und schriftliche Auskünfte bis zur Begutachtung durch einen Sachverständigen. Welche Nachweise ausreichen, hängt vom Einzelfall ab. Die Teilnahmeunfähigkeit kann offen zu Tage liegen, wie etwa bei einer Krankenhauseinweisung zur Vornahme einer unaufschiebbaren Operation oder einem die Gehfähigkeit aufhebenden Beinbruch; zum Nachweis kann ein Attest des Hausarztes ausreichen,

---

[30] Vgl. Rdn. 8; 21.

[31] Begr. RegEntw. BTDrucks. 10 1313, S. 26.

[32] KK-*Treier*² 13 (konstitutiven Charakter); anders *Kleinknecht/Meyer*³⁸ 8 (deklaratorisch); *Meyer-Goßner* NJW **1987** 1163; vgl. auch *Rieß/Hilger* NStZ **1987** 149.

[33] Vgl. HW § 231, 15.

[34] Vgl. HW § 231, 17 ff.

[35] Auch die zur Verfahrenssabotage bewußt

herbeigeführte Erkrankung führt, wenn das Gericht nicht nach § 231 Abs. 2 weiterverhandelt sondern unterbricht, weil es die Anwesenheit des Angeklagten für erforderlich hält, die Hemmung herbei.

[36] KK-*Treier*² 13; *Kleinknecht/Meyer*³⁸ 8; zum Freibeweisverfahren vgl. HW § 244, 3 ff; § 251, 65 ff.

es können aber auch eine amtsärztliche Untersuchung oder die Begutachtung durch einen Sachverständigen notwendig sein[37].

Um die **Dauer der Hemmung** feststellen zu können, muß das Gericht auch nach **22** deren Eintritt die weitere Entwicklung des Krankheitszustandes des Angeklagten **überwachen.** Es hat die nach Lage des Falles angezeigten Vorkehrungen zu treffen, um rechtzeitig den Zeitpunkt zu erkennen, von dem an dem Angeklagten die Teilnahme an der Verhandlung wieder möglich ist[38]. Auch wenn deren Dauer mitunter wegen der Art der Erkrankung abschätzbar ist, muß sich das Gericht zumindest am Ende dieses Zeitraums durch **Rückfragen** bei Verteidiger und Angeklagten und — mit Zustimmung des letzteren — auch unmittelbar beim behandelnden Arzt darüber vergewissern. Ist dies nicht möglich oder reichen die hierdurch erlangten Informationen nicht aus, ist eine amtsärztliche Untersuchung angezeigt, die mitunter wiederholt angeordnet werden muß. Bei einem in Haft befindlichen Angeklagten kann auch der Vollzugsanstalt aufgegeben werden, das Gericht von der Wiederherstellung der Teilnahmefähigkeit zu unterrichten.

c) Durch **Beschluß des Gerichts,** nicht etwa durch eine Anordnung des Vorsitzen **23** den, werden Beginn und Ende der Hemmung festgestellt (Absatz 3 Satz 2). Ergeht der Beschluß außerhalb der Hauptverhandlung, wirken die Schöffen daran nicht mit[39].

Die beschlußmäßige Feststellung, daß die **Hemmung nicht eintritt,** braucht von **24** Amts wegen nicht getroffen zu werden; dies ergibt sich meist aus dem weiteren Verfahrensverlauf. Hat allerdings ein Verfahrensbeteiligter ausdrücklich beantragt, festzustellen, daß eine laufende Unterbrechungsfrist gehemmt ist, kann auch ein die Hemmung verneinender Beschluß geboten sein.

Im **Tenor des Beschlusses,** der die Hemmung feststellt, ist Beginn und Ende **25** genau, am besten unter Angabe des Datums, festzulegen. Anzugeben ist ferner bei mehreren Angeklagten, wessen Erkrankung die Hemmung ausgelöst hat („wegen Erkrankung des Angeklagten A seit . . . gehemmt"). Einer Begründung des nicht anfechtbaren Beschlusses bedarf es nicht (§ 34).

Das Gericht kann die Entscheidung über Beginn und Ende der Hemmung **in 26 einem Beschluß** zusammenfassen, etwa, wenn bei einer kurzfristigen Erkrankung die Hemmung bereits bei Beschlußfassung beendet ist und feststeht, daß die Hauptverhandlung fortgesetzt werden kann. Die Aufteilung auf **zwei Beschlüsse** ist zulässig[40]. Sie ist vor allem dann angezeigt, wenn die Dauer der Erkrankung und damit das Ende der Hemmung zunächst nicht vorhersehbar ist. Für die Verfahrensbeteiligten, auch für den erkrankten Angeklagten, muß alsbald Klarheit darüber geschaffen werden, ob das Gericht eine Hemmung der Unterbrechungsfrist annimmt, da das weitere Schicksal der Hauptverhandlung davon abhängt und sie sich mit ihren Dispositionen darauf einstellen müssen.

Eine **nachträgliche Änderung** der Beschlüsse ist grundsätzlich ausgeschlossen. Da **27** der Beschluß des Gerichts die kraft Gesetzes eingetretene Rechtslage **bindend** feststellt und damit eine Lage schafft, von der die Verfahrensbeteiligten ausgehen können und müssen, kann das Gericht bei nachträglichem Bekanntwerden neuer Tatsachen eine bereits festgestellt Hemmung nicht mehr rückwirkend zum Wegfall bringen. Für die Zukunft wird es jedoch durch die Annahmen früherer Beschlüsse an einer neuen, inhaltlich

---

[37] Vgl. RegEntw. BTDrucks. **10** 1313, S. 26.
[38] Zur ähnlichen Lage bei § 231 a vgl. HW § 231 a, 29 ff.
[39] *Kleinknecht/Meyer*[38] 8; *Rieß/Hilger* NStZ **1987** 149.

[40] RegEntw. BTDrucks. **10** 1313, S. 26; KK-*Treier*[2] 13; *Kleinknecht/Meyer*[38] 8; *Meyer-Goßner* NJW **1987** 1163.

Walter Gollwitzer

abweichenden Feststellung nicht gehindert. So kann es aufgrund neuer Erkenntnisse in einem weiteren Beschluß feststellen, daß das Ende der Hemmung entgegen der Feststellung eines früheren Beschlusses nicht eingetreten ist, weil die Erkrankung entgegen der früheren Annahme noch andauert. Die Sechswochenfrist setzt allerdings auch hier der krankheitsbedingten Hemmung eine Obergrenze[41].

28   **d) Bekanntgabe des Beschlusses.** Wird der Beschluß nicht in der Hauptverhandlung verkündet, was wohl nur ausnahmsweise in Betracht kommt, wenn dem Gericht bereits vor der Unterbrechung bekannt ist, daß es wegen einer bevorstehenden krankheitsbedingten Verhinderung des Angeklagten für längere Zeit unterbrechen muß, ist er den Verfahrensbeteiligten mitzuteilen. Formlose Mitteilung genügt (§ 35 Abs. 2). Wird allerdings zugleich mit der Mitteilung des Endes der Hemmung der Termin zur Fortsetzung der Hauptverhandlung bestimmt, so sind die für die Mitteilung des Fortsetzungstermins allgemein geltenden Grundsätze maßgebend; die förmliche Zustellung kann dann angezeigt sein[42].

29   **5. Bedeutung der Hemmung.** § 229 Abs. 3 betrifft nur den Ablauf der gesetzlich für den Fall einer Unterbrechung der Verhandlung festgelegten Höchstfristen. Er gewährt keinem Verfahrensbeteiligten einen Anspruch auf volle Ausschöpfung dieser Fristen. Setzt das Gericht das Verfahren gegen den erkrankten Angeklagten ohne dessen Anwesenheit befugt fort, ist es unbehelflich, ob es alle Unterbrechungsmöglichkeiten ausgeschöpft hat und ob die Unterbrechungsfristen gehemmt wären.

30   **6. Anwendbarkeit auf die Frist für die Urteilsverkündung.** Die Regelung über die Fristhemmung in Absatz 3 ist auch bei der Frist des § 268 Abs. 3 Satz 2 anwendbar, wie die Neufassung des § 268 Abs. 3 Satz 3 ausdrücklich klarstellt. Durch eine Erkrankung des Angeklagten zwischen Abschluß der mündlichen Verhandlung und der Urteilsverkündung soll der Abschluß des Verfahrens nicht gefährdet werden[43]. Wird ein Angeklagter innerhalb der dem § 229 Abs. 1 angeglichenen Frist des § 268 Abs. 3 Satz 2 durch eine Krankheit unfähig zur Teilnahme an der Urteilsverkündung, so ist der Ablauf der Höchstfrist, die zwischen Verhandlungsschluß und Urteilsverkündung liegen darf, nach Absatz 3 kraft Gesetzes gehemmt. Das Gericht muß Beginn und Ende der Hemmung durch einen Beschluß feststellen. Auch im übrigen gelten keine Besonderheiten für die Anwendung des Absatzes 3. Dies ist auch deshalb wichtig, weil dann, wenn das Gericht vor der Urteilsverkündung nochmals in die mündliche Verhandlung eintritt, Absatz 3 unmittelbar und nicht über die Verweisung in § 268 Abs. 3 Satz 3 gilt[44].

31   **7. Sitzungsniederschrift.** Anordnungen des Vorsitzenden und Beschlüsse des Gerichts, die nach § 229 Abs. 1, 2 die Hauptverhandlung unterbrechen, sind, wenn sie **in der Hauptverhandlung** ergehen, nach § 273 Abs. 1 im Sitzungsprotokoll zu beurkunden. Dies gilt auch für einen Beschluß, der Eintritt oder Ende der Hemmung der Unterbrechung nach Absatz 3 feststellt, sowie einen in der Hauptverhandlung dazu gestellten Antrag eines Verfahrensbeteiligten. Vielfach wird das Protokoll allerdings zu beidem schweigen, da sich die Anwendung des Absatzes 3 meist außerhalb der Hauptverhandlung vollzieht. Das Schweigen des Protokolls beweist dann nur, daß in der Hauptverhandlung kein Antrag gestellt, kein Beschluß nach Absatz 3 verkündet wurde.

---

[41] Vgl. Rdn. 9; 15.
[42] Vgl. HW § 228, 6.

[43] Vgl. die Erl. zu § 268 Abs. 3 im Nachtr.
[44] Vgl. HW § 229, 21.

8. Rechtsbehelfe

a) Für die Anfechtbarkeit von Verstößen gegen die Regelungen im ergänzten **Ab-** **32**
satz 2 Satz 3 gelten keine Besonderheiten, so daß insoweit auf das Hauptwerk, §228,
27 ff; §229, 20 verwiesen werden kann.

b) Die Neuregelung über die Hemmung der Unterbrechungsfristen in **Absatz 3** **33**
legt ausdrücklich fest, daß der Beschluß, der Beginn und Ende der Hemmung feststellt,
unanfechtbar ist[45]. Nach dem Willen des Gesetzgebers soll also diese Entscheidung des
erkennenden Gerichts jeder Nachprüfung im Instanzenzug entzogen sein. Für das **Be-**
schwerdeverfahren würde dies ohnehin bereits aus §305 folgen. Für das **Revisionsverfah-**
ren aber bewirkt diese Regelung, daß die Entscheidung des Gerichts über die Hemmung
der Nachprüfung durch das Revisionsgericht entzogen ist (§336 Satz 2). Nach dem
Zweck dieser Bestimmung gilt für das **Berufungsgericht** gleiches, auch wenn insoweit
eine ausdrückliche Regelung fehlt. Wegen des Wegfalls der Zurückverweisungsmöglichkeit bei Verfahrensfehlern[46] müßte das Berufungsgericht im übrigen auch dann selbst
in der Sache entscheiden, wenn es der Ansicht wäre, der Erstrichter habe §229 Abs. 3
irrig angewendet.

Fraglich könnte allerdings sein, wieweit der **Ausschluß der Anfechtung** reicht. **34**
Nimmt man unter Berufung auf die Begründung des Regierungsentwurfes an, daß sich
die Wirkung des Beschlusses darin erschöpft, die kraft Gesetzes eingetretene Hemmung
und ihr Ende deklaratorisch festzustellen[47], würde seine formelle Unanfechtbarkeit
nicht ausschließen, die Revision nach §337 darauf zu stützen, das Gericht habe in falscher Anwendung des Absatzes 3 die höchstzulässigen Unterbrechungsfristen überschritten und deshalb entgegen §229 Abs. 4 Satz 1 das Verfahren nicht ausgesetzt, sondern zu Unrecht zur Sache entschieden[48]. Eine solche Auslegung würde den Zweck der
Unanfechtbarkeit des Beschlusses weitgehend zunichte machen. Abgesehen von der al-
lenfallsigen Zuerkennung eines nur beschränkt überprüfbaren Beurteilungsspiel-
raums[49] würde sie den Eintritt der Hemmung und ihr Beginn und Ende der vollen revisionsrichterlichen Nachprüfung unterstellen. Dies kann nicht Sinn der Regelung sein.
Daß der Beschluß ausdrücklich für unanfechtbar erklärt wurde, zeigt, daß er nicht nur
den Verfahrensbeteiligten die Auffassung des Gerichts zur Kenntnis bringen sollte. Der
Sinn kann nur sein, daß das erkennende Gericht diese mitunter schwierige, von tatrichterlichen Wertungen und Beurteilungen abhängende Frage **endgültig entscheiden** sollte,
um eine sichere Grundlage für das weitere Verfahren zu schaffen. Dies spricht dafür,
der Entscheidung des Gerichts nach Absatz 3 Satz 2 eine konstitutive Komponente zuzuerkennen, die es ausschließt, die rechtsfehlerfreie Feststellung von Beginn und Ende der
Hemmung über den oben aufgezeigten Weg der revisionsrichterlichen Nachprüfung zu
unterstellen[50].

Nur wenn **kein Beschluß** ergangen ist, kann das Revisionsgericht bei einer mit **35**
einem entsprechenden Tatsachenvortrag untermauerten Verfahrensrüge selbst darüber
entscheiden, ob bei Berücksichtigung der kraft Gesetzes eingetretenen Hemmung die
Unterbrechungsfristen gewahrt worden sind, wobei es dann die erforderlichen Tatsachen im Freibeweisverfahren selbst feststellen muß[51]. Gleiches gilt, wenn das Gericht

---

[45] Vgl. dazu KK-*Treier*[2] 15; *Kleinknecht/Mey-
er*[38] 13; *Kempf* StrVert. **1987** 221; *Rieß/Hilger*
NStZ **1987** 149.

[46] §328 Abs. 2 **a. F**; vgl. HW §328, 1.

[47] Vgl. Rdn. 16.

[48] *Kleinknecht/Meyer*[38] 13; vgl. auch die
Nachw. Fußn. 45.

[49] Vgl. HW §337, 40; *Rieß/Hilger* NStZ **1987**
149.

[50] So auch KK-*Treier*[2] 15; vgl. Rdn. 16.

[51] A. A anscheinend *Kempf* StrVert. **1987** 221
(unter Hinweis auf BGHSt **33** 217).

Walter Gollwitzer

versehentlich unterlassen haben sollte, das Ende einer Hemmung zu bestimmen, deren Eintritt es festgestellt hatte.

§ 232

(1) ...

(2) ...

(3) ...

(4) Das in Abwesenheit des Angeklagten ergehende Urteil muß ihm mit den Urteilsgründen durch Übergabe zugestellt werden, wenn es nicht nach § 145 a Abs. 1 dem Verteidiger zugestellt wird.

Änderung. Art. 1 Nr. 14 StVÄG 1987 hat bei § 232 Abs. 4 den letzten Halbsatz angefügt. Diese Änderung, die mit der gleichzeitigen Aufhebung des § 145 a Abs. 2 durch Art. 1 Nr. 9 Buchst. b StVÄG 1987 zusammenhängt, läßt jetzt auch bei den Abwesenheitsurteilen nach § 232 die Zustellung an den Verteidiger zu.

1   **1. Zweck der Änderung** ist die Verfahrensvereinfachung und Beschleunigung. Bisher war auch bei den Angeklagten, die einen Verteidiger hatten, die **Zustellung durch Übergabe** an den Angeklagten vorgeschrieben. Die gesetzliche Zustellungsvollmacht des Verteidigers nach § 145 a Abs. 1 galt nicht für die Abwesenheitsurteile nach § 232, wie der frühere § 145 a Abs. 2 ausdrücklich festlegte. Diese Regelung bereitete der Praxis mitunter erhebliche Schwierigkeiten[1]. Wenn der Angeklagte seinen Wohnsitz ohne Mitteilung der neuen Anschrift wechselte, verzögerte die Ermittlung der neuen ladungsfähigen Anschrift die Urteilszustellung und damit Rechtskraft oder Beginn der Anfechtungsfrist erheblich; blieb der Aufenthalt unbekannt, blieb auch die Rechtskraft und damit die Vollstreckbarkeit in der Schwebe. Diese Schwierigkeiten entfallen jetzt bei den Angeklagten, die einen Verteidiger haben. Insoweit gelten für die Zustellung der in Abwesenheit des Angeklagten ergangenen Urteile keine Besonderheiten gegenüber der Zustellung anderer Abwesenheitsurteile mehr.

2   **2. Die Zustellung an den Verteidiger** läßt Absatz 4 jetzt auch bei den in Abwesenheit des Angeklagten ergehenden Urteilen nach § 232 zu. Sowohl der gewählte als auch ein bestellter Verteidiger sind durch § 145 a Abs. 1 ermächtigt, die Zustellung für den Angeklagten entgegenzunehmen. Diese Vollmacht besteht während der Dauer der Verteidigerbestellung. Beim gewählten Verteidiger endet sie erst, wenn der Widerruf seiner Bestellung dem Gericht mitgeteilt worden ist. Wegen der Einzelheiten wird auf die Erläuterungen zu § 145 a im HW verwiesen.

3   **3.** Für die **Zustellung an den Angeklagten**, die daneben weiterhin möglich ist, bleibt es bei dem Erfordernis der **Übergabe**. Die Zustellung durch Niederlegung zur Post oder die öffentliche Zustellung sind ausgeschlossen (vgl. HW § 232, 35). Zulässig bleibt auch die Zustellung an einen nach § 116 a Abs. 3 benannten **Zustellungsbevollmächtigten** (HW § 232, 35).

---

[1] Vgl. *Meyer-Goßner* NJW **1987** 1162.

§ 234 a

Findet die Hauptverhandlung ohne Anwesenheit des Angeklagten statt, so genügt es, wenn die nach § 265 Abs. 1 und 2 erforderlichen Hinweise dem Verteidiger gegeben werden; der Verzicht des Angeklagten nach § 61 Nr. 5 sowie sein Einverständnis nach § 245 Abs. 1 Satz 2 und nach § 251 Abs. 1 Nr. 4, Abs. 2 sind nicht erforderlich, wenn ein Verteidiger an der Hauptverhandlung teilnimmt.

Änderung. Die Vorschrift wurde durch Art. 1 Nr. 15 StVÄG 1987 neu eingefügt. Gleichzeitig wurde durch Art. 1 Nr. 19 StVÄG 1987 der § 265 Abs. 5 gestrichen, der es — wenn auch im begrenzteren Umfang — bisher schon gestattete, die Hinweise nach § 265 Abs. 1, 2 in bestimmten Fällen dem Verteidiger zu geben, auch wenn dieser keine Vertretungsmacht nach § 234 hatte.

Übersicht

1. Zweck der Neuregelung ist es, das Verfahren zu vereinfachen[1]. Bei den keinesfalls seltenen[2] Verhandlungen ohne Anwesenheit des Angeklagten soll der Abschluß der meist kleineren Verfahren nicht daran scheitern, daß ein nach § 265 Abs. 1, 2 notwendiger Hinweis dem Angeklagten nicht persönlich gegeben werden kann und der anwesende Verteidiger keine Vertretungsvollmacht nach § 234 hat. Diese Zufälligkeit soll auch nicht mehr dafür ausschlaggebend sein, ob Vereinfachungen der Hauptverhandlung, die an die Zustimmung des Angeklagten gebunden sind, bei dessen Ausbleiben möglich sind[3]. § 234 a läßt deshalb zu, daß die Hinweise nach § 265 Abs. 1, 2 allein dem Verteidiger gegeben werden können. Soweit das Gesetz für Verfahrensvereinfachungen die Zustimmung des Angeklagten fordert, genügt bei dessen Ausbleiben jetzt die Zustimmung des Verteidigers[4], so daß sachlich mögliche und sinnvolle Gestaltungsmöglichkeiten nicht allein wegen des Fernbleibens des Angeklagten aus formalen Gründen unterbleiben müssen.

Die Sicherung der **Effizienz der Hauptverhandlung** und die Gewährleistung der **2** **Praktikabilität** und **Wirtschaftlichkeit** ihrer Durchführung hielt der Gesetzgeber für wichtiger als die ungeschmälerte Aufrechterhaltung von Verfahrensbefugnissen bei einem Angeklagten, der durch sein Fernbleiben in der Regel zu erkennen gibt, daß er nicht beabsichtigt, diese Befugnisse selbst in der Hauptverhandlung auszuüben. Es ist

---

[1] Begr. BTDrucks. 10 1313, S. 26; KK-*Treier*[2] 1; *Kleinknecht/Meyer*[38] 1.

[2] Vgl. Begr. BTDrucks. 10 1313, S. 27 (1980 etwa 50 000 Verfahren).

[3] Vgl. Begr. BTDrucks. 10 1313, S. 27; KK-*Treier*[2] 1; *Rieß/Hilger* NStZ **1987** 51.

[4] RAussch. Bericht BTDrucks. 10 6592, S. 20.

nicht unbillig, wenn er dann die Verschlechterung der Verteidigungsposition hinnehmen muß, die mitunter darin liegt, daß der Angeklagte aufgrund seiner eigenen Tatsachenkenntnis an sich am besten wissen müßte, ob und wie seine Verteidigung an eine veränderte Rechtslage anzupassen ist und ob ihm angesonnene Zustimmung zu einer Verfahrensvereinfachung damit vereinbar ist. In der Praxis wird allerdings ein rechtskundiger **Verteidiger** sehr oft besser und nüchterner als der vom Druck des Verfahrens belastete Angeklagte beurteilen können, welche Reaktion die Verfahrenslage in den hier in Betracht kommenden Fällen erfordert. Der Gesetzgeber lies deshalb bei Ausbleiben des Angeklagten die Vereinfachungen des Verfahrens in allen Fällen zu, in denen die Teilnahme eines Verteidigers an der Hauptverhandlung sichert, daß die Verteidigungsinteressen des Angeklagten sachgerecht wahrgenommen werden können. Dieser kann die Auswirkungen der jeweiligen Maßnahme übersehen und er kann notfalls, wenn dafür seine Informationen nicht ausreichen, auch auf eine Unterbrechung oder Aussetzung der Hauptverhandlung hinwirken[5].

3   Das **Recht** des Angeklagten **auf Gehör** (Art. 103 Abs. 1 GG) wird durch § 234 a schon deshalb nicht verletzt, weil es dem Angeklagten ohnehin unbenommen ist, sich durch Teilnahme an der Hauptverhandlung die Kenntnis von den Verfahrensvorgängen unmittelbar zu verschaffen und weil außerdem sein Verteidiger seine Informationsrechte wahrnehmen kann[6].

2. Anwendungsbereich

4   a) Die **Hauptverhandlung ohne Anwesenheit des Angeklagten** muß rechtlich zulässig sein und auch tatsächlich durch- oder weitergeführt werden[7]. Wird sie wegen des Ausbleibens des Angeklagten unterbrochen oder ausgesetzt, so muß ein etwaiger Hinweis nach § 265 Abs. 1, 2 dem Angeklagten selbst zur Kenntnis gebracht werden, etwa in Verbindung mit der Ladung zum neuen Termin. Im übrigen ist § 234 a in allen Fällen anwendbar, in denen das Gesetz gestattet, ganz oder zeitweilig gegen einen nicht anwesenden Angeklagten zu verhandeln, also in den Fällen von § 231 Abs. 2, §§ 231 a, 231 b, 232, 233, 329 Abs. 2, § 330 Abs. 2, § 387 Abs. 1, § 411 Abs. 2, § 415 Abs. 3. Vergleichbare Regelungen finden sich für das Verfahren wegen Ordnungswidrigkeiten in § 74 Abs. 4, § 77 OWiG[8].

5   Für § 231 c hat die Vorschrift keine Bedeutung, da während seines befugten Fernbleibens gegen den nach dieser Vorschrift beurlaubten Angeklagten nicht verhandelt werden darf[9], während für die Gestaltung der ihn nicht betreffenden Verfahrensteile sein Verzicht oder Einverständnis ohnehin entbehrlich ist[10].

6   Für die **Abwesenheitsverhandlung nach § 233** ist § 234 a dem Wortlaut nach uneingeschränkt anwendbar. Im Schrifttum ist dies für die Hinweise nach § 265 Abs. 1, 2 strittig[11]. Die Entstehungsgeschichte ist insoweit wenig ergiebig. Sie zeigt nur, daß § 234 a

[5] Begr. BTDrucks. **10** 1313, S. 27; kritisch dazu *Kempf* StrVert. **1987** 220 (Verteidiger kann und darf nicht Vormund des Angeklagten sein).
[6] Vgl. Rdn. 5.
[7] KK-*Treier*² 3; *Kleinknecht/Meyer*³⁸ 1; *Meyer-Goßner* NJW **1987** 1163; *Rieß/Hilger* NStZ **1987** 51.
[8] Für die Hinweise nach § 265 Abs. 1, 2 enthält § 74 Abs. 4 OWiG eine gleichartige Sonderregelung, für die Verlesung von Urkunden § 77 a OWiG. §§ 61, 245 sind im Bußgeldverfahren nicht anwendbar, vgl. *Göhler*⁸ Vor § 67, 11; § 71, 38; § 77, 27.
[9] Begr. BTDrucks. **10** 1313, S. 27; KK-*Treier*² 3; *Kleinknecht/Meyer*³⁸ 1.
[10] Vgl. HW § 231 c, 5; 19.
[11] *Kleinknecht/Meyer*³⁸ 1; *Meyer-Goßner* NJW **1987** 1164; *Rieß/Hilger* NStZ **1987** 151 bejahen die Anwendbarkeit; a. A KK-*Treier*² 5. Zur Problematik der Fortgeltung des bisherigen Rechts vgl. auch den umgekehrten Fall Rdn. 20.

auch für die Fälle des §233 gelten sollte[12] und daß im Gesetzgebungsverfahren die Frage von Ausnahmen nicht erörtert und solche wohl auch nicht in Erwägung gezogen worden waren. Bei §233 vertrat bislang die herrschende Meinung[13] die Ansicht, daß selbst bei Teilnahme eines vertretungsberechtigten Verteidigers (§234) die Hinweise nach §265 Abs. 1, 2 dem nicht anwesenden Angeklagten persönlich erteilt werden müßten, da er nach §233 Abs. 2 zur Anklage in ihrer jeweils maßgebenden Fassung zu vernehmen ist. Wer davon ausgeht, daß der Gesetzgeber hieran nichts ändern und vor allem dem Verteidiger keine Befugnis einräumen wollte, die er auch bei Vertretungsvollmacht nicht gehabt hätte, der müßte im Falle des §233 den Hinweis an den Verteidiger trotz §234a für unzulässig halten[14]. Im Hinblick auf die Zielsetzung der Regelung liegt es aber näher, umgekehrt in §234a eine den §233 Abs. 2 modifizierende Spezialregelung zu sehen, die bei Veränderung des rechtlichen Gesichtspunkts den Hinweis an den Verteidiger genügen läßt. Die nochmalige Anhörung des bereits kommissarisch zur Tat (i. S. des §264) vernommenen Angeklagten ist dann nicht mehr automatisch allein wegen des Hinweises nötig, sondern nur noch, wenn sachliche Gründe, vor allem das Gebot einer genügenden Sachaufklärung, dies erfordern. Die Ermächtigung des Verteidigers zur Entgegennahme des Hinweises ist jetzt nicht mehr auf die eigentlichen Ungehorsamsfälle beschränkt. Insoweit ist die Verteidigungslage des Angeklagten jetzt bei §233 nicht wesentlich anders als in den übrigen Fällen einer Verhandlung gegen einen befugt fernbleibenden Angeklagten nach der StPO oder im Bußgeldverfahren nach §74 Abs. 4 OWiG[15]. Ist wegen der Veränderung der Rechtslage die nochmalige Anhörung des Angeklagten aus einem sachlichen Grunde angezeigt, kann dies der Verteidiger durch einen Antrag nach §265 Abs. 3 erreichen[16].

Bei der **zeitweiligen Entfernung** des Angeklagten aus der Hauptverhandlung nach **7** §247 gilt §234a nicht[17], da hier keine Verhandlung ohne anwesenden Angeklagten stattfindet, sondern dieser nur während eng begrenzter Teile der Beweisaufnahme, nicht aber bei der Verhandlung darüber oder über die Gestaltungsmöglichkeiten des Verfahrens aus dem Sitzungssaal entfernt werden darf[18].

b) Teilnahme eines Verteidigers. §234a greift nur ein, wenn ein Verteidiger für **8** den Angeklagten in der Verhandlung auftritt. Dies kann ein vom Angeklagten bevollmächtigter Wahlverteidiger oder ein vom Gericht bestellter Pflichtverteidiger sein. §234a ermächtigt jetzt jeden Verteidiger, die Hinweise nach §265 Abs. 1, 2 für den von ihm verteidigten Angeklagten entgegenzunehmen. Bei den im zweiten Halbsatz von §234a genannten Zustimmungserklärungen reicht die Zustimmung des Verteidigers aus, auch wenn er sie kraft eigenen Rechts und nicht in Vertretung des Angeklagten abgibt. Unerheblich ist deshalb, ob eine schriftliche Vertretungsvollmacht nach §234 erteilt worden ist. Die gesetzliche Ermächtigung gilt aber nur für den Verteidiger des jeweiligen Angeklagten, nicht für die Verteidiger von Mitangeklagten und auch nicht für Personen, die als Beistände (§149) an der Hauptverhandlung teilnehmen und deren Anwälte. §234a geht zwar vom Regelfall aus, daß ein rechtskundiger Anwalt die Verteidigung führt, er ist aber auch anwendbar, wenn eine andere Person (§138 Abs. 2) als Verteidiger auftritt.

[12] Begr. BTDrucks. 10 1313, S. 26.
[13] Vgl. HW §233, 34; 265, 71 mit Nachw.
[14] So KK-*Treier*[2] 5.
[15] Vgl. *Göhler*[8] §73, 41; §74, 18; ferner die Gleichbehandlung des Verfahrens nach §233

mit den anderen Abwesenheitsverfahren in §153 Abs. 2.
[16] Vgl. Rdn. 17.
[17] KK-*Treier*[2] 3; *Kleinknecht/Meyer*[38] 1.
[18] Vgl. HW §247, 32; 34; Nachtr. §247, 17.

Walter Gollwitzer

9   **3. Hinweise auf Veränderungen des rechtlichen Gesichtspunktes.** Die von § 265 Abs. 1, 2 geforderten Hinweise können jetzt in allen Fällen[19] einem anwesenden Verteidiger gegeben werden, wenn die Hauptverhandlung zulässigerweise ohne den Angeklagten stattfindet[20]. Gleiches gilt aber auch für die nicht unter die förmliche Hinweispflicht nach diesen Vorschriften fallende Unterrichtung über **Veränderungen der Sachlage**[21]. Auch hier dürfte es nach dem Sinn der Regelung genügen, wenn das Gericht den Verteidiger darauf aufmerksam macht, sofern ihm die Bedeutung neu hervorgetretener Tatsachen nicht ohnehin aus dem Verhandlungsverlauf ersichtlich ist. Es kann — sofern nicht die Aufklärungspflicht entgegensteht — dem Verteidiger überlassen, ob er die Aussetzung oder Unterbrechung der Hauptverhandlung beantragen will, um dem Angeklagten die Möglichkeit einer Äußerung hierzu offen zu halten. Mehr dürfte auch das Recht auf Gehör nicht erfordern, zumal der Angeklagte durch das auf seiner eigenen Willensentscheidung beruhende Fernbleiben selbst zu vertreten hat, wenn er sich zu den in der Hauptverhandlung hervortretenden Umständen nicht oder nur mit Schwierigkeiten äußern kann[22].

4. Zustimmungs- und Verzichtserklärungen

10   **a) Anwendungsfälle des § 234 a.** Die Befugnis zur Einwirkung auf die Verfahrensgestaltung, die die StPO dem Angeklagten meist neben dem Verteidiger einräumt, konnte dieser auch schon bisher durch einen mit schriftlicher Vertretungsvollmacht nach § 234 versehenen Verteidiger ausüben[23]. Die Zustimmung des nicht vertretungsberechtigten Verteidigers allein konnte dagegen die erforderliche eigene Zustimmung des Angeklagten nicht ersetzen[24], § 234 a läßt nunmehr bei bestimmten, an die Einwilligung der Verfahrensbeteiligten gebundenen Maßnahmen zur Vereinfachung der Beweisaufnahme die Zustimmung des anwesenden Verteidigers allein genügen, wenn der Angeklagte der Hauptverhandlung fernbleibt. Dies gilt aber nur in den dort ausdrücklich aufgeführten Fällen des Verzichts auf die Vereidigung eines Zeugen nach § 61 Nr. 5, der Einwilligung, daß von der Verwendung eines präsenten Beweismittels abgesehen wird nach § 245 Abs. 1 Satz 2, sowie die Einwilligung in das Verlesen einer Vernehmungsniederschrift oder Urkunde nach § 251 Abs. 1 Nr. 4; Abs. 2 Satz 1.

11   Im **Berufungsverfahren** ist § 234 a ebenfalls anwendbar (§ 332)[25]. Soweit das Berufungsgericht die § 61 Nr. 5, § 245 Abs. 1 Satz 2, § 251 anwendet, ist dies unproblematisch. Gleiches gilt aber auch bei dem in § 234 a nicht erwähnten § 325. Der Gesetzgeber hielt die besondere Erwähnung dieser Vorschrift für entbehrlich. Soweit der Angeklagte danach der Verlesung der Protokolle der Hauptverhandlung des ersten Rechtszugs zustimmen muß, ist auch ein Fall des § 251 Abs. 1 Nr. 4 gegeben, bei dem die Zustimmung des Verteidigers genügt[26]. Bei dem ebenfalls nicht erwähnten § 324 ist § 234 a nicht anwendbar. Da es sich hier jedoch nicht um eine Modifikation der Beweisaufnahme handelt, die potentiell das Hauptverhandlungsergebnis beeinflussen kann, sondern nur um eine die Information der anwesenden Verfahrensbeteiligten betreffende Verfahrensge-

---

[19] Zur früheren Beschränkung auf die Fälle der § 231 Abs. 2; § 231 a Abs. 1 im aufgehobenen § 265 Abs. 5 vgl. HW § 265, 68; § 234, 14, 15.

[20] Vgl. Rdn. 4.

[21] Vgl. HW § 265, 83 ff.

[22] Für die Erfordernisse des Art. 103 Abs. 1 GG genügt es, daß dem Angeklagten die

Möglichkeit zur eigenen Kenntnisnahme eröffnet ist.

[23] Vgl. HW § 234, 12.

[24] Zum Erfordernis der Zustimmung des fernbleibenden Angeklagten vgl. Rdn. 20.

[25] Vgl. Rdn. 4; HW § 332, 7.

[26] Begr. BTDrucks. 10 1313, S. 27 („neben § 251 Abs. 1 Nr. 4 keine selbständige Bedeutung"); KK-*Treier*[2] 6; vgl. auch HW § 325, 7.

staltung, dürfte den Verzicht des nicht anwesenden Angeklagten entbehrlich sein. Es genügt, wenn die Anwesenden auf die Verlesung der Urteilsgründe verzichten. Dies gilt unabhängig davon, ob für den ausgebliebenen Angeklagten ein Verteidiger anwesend ist. Wer diese Auffassung nicht teilt, müßte die analoge Anwendung des § 234 a in Erwägung ziehen.

b) Unanwendbarkeit. Die Zulässigkeit des **Selbstleseverfahrens nach § 249 Abs. 2** **12** hängt nicht mehr von der Zustimmung der Verfahrensbeteiligten ab. Für das jetzt dort vorgesehene Widerspruchsverfahren bedarf es der Regelung des § 234 a nicht[27].

Auf **andere Prozeßerklärungen** des Angeklagten als die im letzten Halbsatz ge- **13** nannten Erklärungen zur Vereinfachung der Beweisaufnahme ist § 234 a grundsätzlich nicht anwendbar. Auch die analoge Heranziehung verbietet sich, da eine restriktive Auslegung Platz greifen muß, wenn Verfahrensbefugnisse des Angeklagten beschränkt würden. § 234 a ist vor allem nicht auf Erklärungen anzuwenden, mit denen der Angeklagte über den Verfahrensgegenstand als solchen verfügen kann.

Für die Zustimmung des Angeklagten zur Einbeziehung weiterer Straftaten in **14** das Verfahren aufgrund einer **Nachtragsanklage** nach § 266 Abs. 1 gilt § 234 a nicht. Diese Erklärung, durch die der Gegenstand des Verfahrens (§ 264) auf eine neue Tat ausgedehnt wird, ist dem Angeklagten selbst vorbehalten[28]. Der Gesetzgeber hielt im Interesse der Gewährung vollständigen rechtlichen Gehörs die Beteiligung des Angeklagten für unerläßlich[29].

Die Zustimmung zur Verfahrenseinstellung nach § 153 Abs. 2, § 153 a Abs. 2 ist **15** ebenfalls allein Sache des Angeklagten[30]. Wird die Hauptverhandlung ohne ihn durchgeführt, ist seine Zustimmung zur Einstellung nach § 153 nur bei einer Verhandlung nach § 231 Abs. 2; 232, 233 entbehrlich (§ 153 Abs. 2 Satz 2)[31]. In diesen Fällen ist auch unerheblich, ob für den Angeklagten ein Verteidiger teilnimmt. Im übrigen bedarf es der ausdrücklichen Zustimmung des abwesenden Angeklagten, die auch durch einen nach § 234 zur Vertretung ermächtigten Verteidiger erklärt werden kann[32]. § 234 a ist insoweit auch nicht entsprechend anwendbar.

Erklärungen, die die **Einlegung, Rücknahme oder Beschränkung von Rechtsmit-** **16** **teln** betreffen, werden ebenfalls nicht von § 234 a erfaßt. Wieweit hier der Verteidiger mit Wirkung für den Angeklagten Erklärungen abgeben kann, ist in den §§ 297, 302 Abs. 2 ausdrücklich geregelt[33]. Die **Zustimmung zur Rücknahme** des Rechtsmittels des Verfahrensgegners (§ 303 Satz 1) ist weiterhin dem Angeklagten vorbehalten; die Zustimmung des Verteidigers allein reicht in diesem vom zweiten Halbsatz des § 234 a nicht erfaßten Fall nicht aus[34]. Nur wenn er durch eine schriftliche Vollmacht nach § 234 dazu ausdrücklich ermächtigt ist, kann der Verteidiger den ferngebliebenen Angeklagten bei dieser Erklärung vertreten[35]. Ist die Rechtsmittelrücknahme ohne dessen Zustimmung zulässig, wie bei § 329 Abs. 2, bedarf es auch keines Einverständnisses des Verteidigers.

5. Sonstige Verfahrensfragen
a) § 234 a verlagert die **Verantwortung** auf den **Verteidiger**, wenn er es genügen **17** läßt, daß dieser anstelle des ferngebliebenen Angeklagten auf die Veränderungen des

---

27 Begr. BTDrucks. 10 1313, S. 27; vgl. Nachtr. § 249, 18; 19.
28 KK-*Treier*[2] 5; *Kleinknecht/Meyer*[38] 3; *Rieß/ Hilger* NStZ **1987** 151; vgl. HW § 234, 12; § 266, 16.
29 Begr. BTDrucks. 10 1313, S. 27; vgl. auch Art. 6 Abs. 3 Buchst. a MRK.

30 Vgl. HW § 153, 66 ff; § 153 a, 33 ff.
31 Vgl. HW § 153, 70.
32 Vgl. HW § 153, 71.
33 Vgl. HW § 297, 2 ff; § 302, 57 ff.
34 Vgl. HW § 303, 11.
35 Vgl. HW § 234, 12; § 303, 11 mit Nachw.

Walter Gollwitzer

rechtlichen Gesichtspunktes nach § 265 Abs. 1, 2 hingewiesen wird und daß er allein den angeführten Vereinfachungen der Beweiserhebung zustimmt. Der Verteidiger muß aufgrund der ihm von Angeklagten erteilten Informationen, seiner Aktenkenntnis und der Geschehnisse der Hauptverhandlung entscheiden, ob er die Zustimmung erteilen oder verweigern muß. Falls sein Informationstand zur sicheren Beurteilung dieser Frage nicht ausreicht, kann er sich bei einem für ihn erreichbaren Angeklagten gegebenenfalls auch fernmündlich die erforderlichen Informationen beschaffen. Ist dies nicht in einer Sitzungspause möglich, kann er auch eine kurzfristige Unterbrechung der Hauptverhandlung beantragen. Dies wird bei den Zustimmungsbefugnissen vielfach nicht nötig sein, da der Verteidiger deren Zweckmäßigkeit und Unschädlichkeit für die Verteidigung meist aufgrund seiner Kenntnis der Akten und des Prozeßverlaufes besser beurteilen kann als der Angeklagte. Außerdem hat der Verteidiger hier immer die Möglichkeit, in Zweifelsfällen durch Verweigerung seiner Einwilligung dem Regelverfahren seinen Lauf zu lassen. Eine Rückfrage beim Angeklagten kann dagegen vor allem dann in Betracht kommen, wenn auf eine Veränderung des rechtlichen Gesichtspunktes nach § 265 Abs. 1, 2 hingewiesen wird und es sich dabei nicht nur um mehr rechtstechnische Hinweise handelt, die zwar für die rechtliche Subsumtion, nicht aber für die Führung der Verteidigung von Bedeutung sind. Wirkt sich die Änderung in der rechtlichen Beurteilung auf die Tatsachengrundlage des Schuldvorwurfs aus oder verschiebt sie die Beweislage, bedarf der Verteidiger mitunter weiterer Informationen. Es kann dann notwendig sein, daß er wegen der neu hervorgetretenen Umstände oder wegen der veränderten Sachlage nach § 265 Abs. 3, 4 eine längere Unterbrechung oder sogar die Aussetzung der Verhandlung beantragen muß[36].

18   **b) Keine Bindung an den Willen des Angeklagten.** Damit der Fortgang des Verfahrens nicht aufgehalten wird, ermächtigt § 234 a den Verteidiger, die Hinweise nach § 265 Abs. 1, 2 für den Angeklagten entgegenzunehmen. Diese kraft Gesetzes bestehende Vertretungsmacht steht, wie aus dem Regelungszweck folgt, **nicht zur Disposition des Angeklagten.** Er kann, anders als bei der gewillkürten Vertretungsmacht nach § 234, dem Verteidiger diese Befugnis nicht entziehen. Er kann sie nur dadurch zum Wegfall bringen, daß er selbst an der Hauptverhandlung teilnimmt. Gleiches gilt für den Wegfall des Erfordernisses der Zustimmung des Angeklagten in den im zweiten Halbsatz von § 234 a genannten Vorschriften. Da diese vorsehen, daß neben dem Angeklagten auch der Verteidiger mit der beabsichtigten Verfahrensgestaltung einverstanden sein muß, kann insoweit allerdings nur in einem unspezifisch weiten Sinn von einer Ermächtigung zur Vertretung des Angeklagten gesprochen werden. Dieser Konstruktion bedarf es an sich nicht. Bei Ausübung seiner eigenen Befugnis ist der Verteidiger ohnehin nicht an den Willen des Angeklagten gebunden. Verfahrensrechtlich genügt es jetzt, wenn er sein Einverständnis erklärt, auch wenn der ferngebliebene Angeklagte ersichtlich nicht damit einverstanden ist, etwa, wenn er in einem Schreiben an das Gericht oder bei einer kommissarischen Einvernahme die Vereidigung eines Zeugen nach § 61 Nr. 5 oder seine Einvernahme nach § 245 Abs. 1 gefordert oder wenn er der Verlesung einer Urkunde nach § 251 Abs. 1 Nr. 4; Abs. 2 Satz 1 vorsorglich widersprochen hat. Auch wenn die Einwilligung des Verteidigers prozessual ausreicht, wird das Gericht allerdings zu prüfen haben, ob sich aus den Ausführungen des Angeklagten sachliche Gesichtspunkte ergeben, die gegen die beabsichtigte Verfahrensgestaltung sprechen; vor allem unter dem Blickwinkel der Aufklärungspflicht kann dies von Bedeutung sein.

---

[36] Vgl. Begr. BTDrucks. 10 1313, S. 27.

c) Hinweise an den Angeklagten persönlich. Wird das Verfahren ausgesetzt, kann **19** es zweckmäßig sein, trotz des §234a dem Angeklagten zugleich mit der Ladung zur neuen Hauptverhandlung einen Hinweis nach §265 Abs. 1, 2 nochmals schriftlich zu erteilen, damit in der neuen Hauptverhandlung auf seiner Grundlage verhandelt werden kann, wenn ihr sowohl der Angeklagte als auch der (nicht notwendige) Verteidiger fernbleiben sollten. Das Gericht wird auch sonst nicht gehindert, den Angeklagten den Hinweis nach §265 Abs. 1, 2 selbst schriftlich oder durch einen ersuchten oder beauftragten Richter zu erteilen. Dies kann sachdienlich sein, wenn es glaubt, daß die Sachaufklärung seine nochmalige Einvernahme erfordert. Fehlen solche Verfahrensgründe, folgt aus der Pflicht zu einer wirtschaftlichen und zügigen Abwicklung des Verfahrens, daß es von der Möglichkeit des §234a auch Gebrauch macht.

d) Zustimmung des ferngebliebenen Angeklagten bei Verhandlung ohne Verteidi- 20 ger. Im Schrifttum wurde bisher die Auffassung vertreten, daß die Zustimmung des ferngebliebenen Angeklagten zu Verfahrensvereinfachungen bei der Beweisaufnahme dann nicht erforderlich ist, wenn er, wie in den Fällen von §231 Abs. 2, §§231a, 232 unter Verletzung seiner Anwesenheitspflicht aufgrund eines ihm vorwerfbaren eigenmächtigen Verhaltens an der Hauptverhandlung nicht teilnimmt[37]. Diese Ansicht stützte sich vor allem darauf, daß der Angeklagte durch sein Fernbleiben die Befugnis verwirkt hat, an den Modalitäten der Hauptverhandlung gestaltend mitzuwirken. Für die Fälle des befugten Fernbleibens galt dies nicht[38]. Es fragt sich nun, ob der Gesetzgeber, der in §234a alle Zustimmungs- und Informationsbefugnisse ungeachtet ihrer unterschiedlichen Verfahrensbedeutung gleich behandelte, damit die Grenze anders gezogen hat, so daß also, wie in der Begründung[39] anklingt, bei Abwesenheit eines Verteidigers auch in den Fällen des eigenmächtigen Fernbleibens des Angeklagten jetzt seine Zustimmung eingeholt werden muß. Der Wortlaut könnte dies aufgrund eines Umkehrschlusses nahelegen. Dagegen läßt sich allerdings einwenden, daß der Gesetzgeber mit §234a die Durchführung des Abwesenheitsverfahrens erleichtern und nicht ein Zustimmungserfordernis in den Fällen begründen wollte, in denen dies auch bisher schon entbehrlich war. Geht man davon aus, daß der Verlust der Einwirkungs- und Gestaltungsbefugnisse hinsichtlich des Gangs der Hauptverhandlung nur die Konsequenz der Entscheidung des Gesetzgebers ist, daß der Angeklagte durch sein eigenmächtiges Fernbleiben den Gang der Hauptverhandlung nicht aufhalten darf, dann spricht viel für die Auffassung, daß §234a die bisherige Entbehrlichkeit einer Zustimmung des eigenmächtig fernbleibenden Angeklagten nicht beseitigen wollte[40].

6. Rechtsbehelfe

a) Die **Anrufung** des Gerichts nach §238 Abs. 2 ist möglich, wenn der Vorsit- **21** zende bei einer verfahrensleitenden Anordnung zu Unrecht annimmt, daß die Zustimmung des Angeklagten nach §234a nicht erforderlich sei.

b) Die **Beschwerde** gegen Anordnungen und Beschlüsse, die in der Hauptverhand- **22** lung in Zusammenhang mit der Anwendung oder Nichtanwendung des §234a ergehen, scheitert grundsätzlich an §305 Satz 1. Dies gilt auch, wenn das Gericht die Hauptverhandlung aussetzt, weil es glaubt, daß ein Hinweis nach §265 Abs. 1, 2 an den anwesenden Verteidiger nicht genügt, da der Angeklagte selbst im Interesse einer besseren Sachaufklärung dazu gehört werden sollte. Dagegen könnte wohl mit der Beschwerde ge-

---

[37] Vgl. HW §231, 29; §231a, 28; §232, 23; §251, 45 mit weit. Nachw.
[38] Vgl. etwa HW §233, 35.
[39] BTDrucks. **10** 1313, S. 27.
[40] So auch KK-*Treier*[2] 7 *Kleinknecht/Meyer*[38] §61, 23; §245, 10; §251, 12.

Walter Gollwitzer

rügt werden, wenn das Gericht aufgrund eines Rechtsirrtums § 234 a für unanwendbar hält und das Verfahren unter Verletzung seiner Pflicht zur Verfahrensbeschleunigung auf unbestimmte Zeit aussetzt, weil es glaubt, den Hinweis nach § 265 Abs. 1, 2 nur den Angeklagten persönlich und nicht auch dem anwesenden Verteidiger geben zu können.

23   **c) Revision.** Die unrichtige Anwendung des § 234 a kann mit der Revision gerügt werden, die Erfolg hat, wenn das Urteil darauf beruhen kann. Wird ein Hinweis nach § 265 Abs. 1, 2 zu Unrecht nur dem Verteidiger erteilt, obwohl die Voraussetzungen des § 234 a nicht vorlagen, so ist neben dieser Vorschrift auch § 265 verletzt. Umgekehrt kann die Revision nicht mit Erfolg darauf gestützt werden, wenn der Hinweis auch dem Angeklagten erteilt wurde, obwohl es genügt hätte, den Verteidiger in der Hauptverhandlung darauf hinzuweisen. Hält das Gericht rechtsirrig die Zustimmung des ferngebliebenen Angeklagten neben der des Verteidigers bei einer bestimmten Verfahrensgestaltung für nicht notwendig, so ist neben § 234 a auch die Vorschrift verletzt, die die Verfahrensgestaltung an die Einwilligung von Verteidiger und Angeklagten bindet. Nimmt es dagegen irrtümlich an, es benötige neben der Zustimmung des Verteidigers auch die eines nicht anwesenden Angeklagten und unterläßt es deshalb die Verwendung eines Beweismittels, etwa einer Urkunde nach § 251, so kann darin unter Umständen auch ein Verstoß gegen die Aufklärungspflicht liegen.

§ 247

[1]Das Gericht kann anordnen, daß sich der Angeklagte während einer Vernehmung aus dem Sitzungszimmer entfernt, wenn zu befürchten ist, ein Mitangeklagter oder ein Zeuge werde bei seiner Vernehmung in Gegenwart des Angeklagten die Wahrheit nicht sagen. [2]Das gleiche gilt, wenn bei der Vernehmung einer Person unter sechzehn Jahren als Zeuge in Gegenwart des Angeklagten ein erheblicher Nachteil für das Wohl des Zeugen zu befürchten ist oder wenn bei einer Vernehmung einer anderen Person als Zeuge in Gegenwart des Angeklagten die dringende Gefahr eines schwerwiegenden Nachteils für ihre Gesundheit besteht. [3]... [4]...

Änderung. Art. 1 Nr. 3 OpferschutzG hat Satz 2 neu gefaßt[1]. Der Inhalt des bisherigen Satzes 2 wurde — sachlich unverändert — mit gestrafftem Wortlaut übernommen; ferner wurde der Satz dahin ergänzt, daß der Angeklagte auch zum Schutze der Gesundheit eines erwachsenen Zeugen aus dem Gerichtssaal entfernt werden darf.

1   **1. Zweck** der Erweiterung des Satzes 2 ist, auch den erwachsenen Zeugen davor zu bewahren, daß er durch eine Einvernahme in Gegenwart des Angeklagten einen schweren Nachteil für seine Gesundheit erleidet. Die bisher schon bei einem jugendlichen Zeugen geltende Regelung wurde durch eine allerdings sachlich engerere (vgl. Rdn. 4) Ausschlußmöglichkeit zum Schutze erwachsener Zeugen ergänzt. Der einheitliche Zweck des Satzes 2 ist der **Schutz der Gesundheit** des jugendlichen oder erwachsenen Zeugen. Es kommt nicht darauf an, ob die Entfernung des Angeklagten in diesen Fällen auch im Interesse der Wahrheitsfindung geboten ist, weil wegen des Gesundheits-

---

[1] Der Bundestag ist insoweit dem Vorschlag des Bundesrats (BTDrucks. **10** 5305, S. 27) gefolgt, vgl. Bericht des BTRAussch.   BTDrucks. **10** 6124, S. 13. Kritisch zur Neuregelung *Müller* DRiZ **1987** 469; *Weigend* NJW **1987** 1172.

zustands des Zeugen keine sachdienliche Aussage in Gegenwart des Angeklagten zu erwarten wäre. Mit diesem unter Satz 1 fallenden Ausschlußgrund hatte die Rechtsprechung schon bisher auch erwachsene Zeugen vor unvertretbaren gesundheitlichen Belastungen zu schützen gesucht[2]. Beide Gründe für die Entfernung des Angeklagten können künftig nebeneinander gegeben sein. Das Gericht darf sich jetzt jedoch auch beim
erwachsenen Zeugen mit der Feststellung des schweren gesundheitlichen Nachteils begnügen; es braucht nicht mehr zusätzlich prüfen, ob der zu befürchtende Nachteil die
Aussagefähigkeit des Zeugen in der Hauptverhandlung gefährden würde, wie dies bei
Satz 1 vorausgesetzt wird[3].

Dieser Gesetzeszweck trägt der verfassungsrechtlich (Art. 1, Art. 2 Abs. 1 GG) be- **2**
gründeten **Schutzpflicht des Staates** gegenüber dem Zeugen Rechnung. Die Verhütung
einer schwerwiegenden Gesundheitsschädigung rechtfertigt — eine **enge Auslegung**
vorausgesetzt[4] — die Einschränkungen der Verteidigungsrechte, die der Angeklagte bei
seiner Entfernung hinnehmen muß. Dies gilt für seine Befugnis zur unmittelbaren
Wahrnehmung des Beweisvorganges, dies gilt aber auch insoweit, als er sein Recht den
Zeugen zu befragen (§ 240 Abs. 2; Art. 6 Abs. 3 Buchst. d MRK; Art. 14 Abs. 3 Buchst. e
IPBR) nicht mehr unmittelbar, sondern nur noch unter Einschaltung des Vorsitzenden
ausüben kann, sofern nicht sein Verteidiger die Fragen stellt[5].

2. Schutz des Zeugen vor gesundheitlichen Schäden

a) Die Voraussetzungen, unter denen der Angeklagte im Interesse des Wohles **3**
eines **jugendlichen Zeugen** aus dem Sitzungssaal entfernt werden kann, sind trotz des
neugefaßten Wortlauts des ersten Halbsatzes des Satzes 2 unverändert geblieben; es ist
insoweit auf die Erläuterungen des Hauptwerkes zu verweisen[6].

b) Zur Verhütung eines **schwerwiegenden gesundheitlichen Nachteils** kann der An- **4**
geklagte jetzt auch bei Einvernahme eines **erwachsenen Zeugen** aus dem Sitzungssaal
entfernt werden. Schwerwiegender gesundheitlicher Nachteil ist enger als der beim jugendlichen Zeugen ausreichende „erhebliche Nachteil für sein Wohl"; letzterer
schließt zwar auch die gesundheitliche Beeinträchtigung mit ein, erfaßt aber darüber
hinaus auch andere Gefahren, nicht zuletzt die Gefährdung des sittlichen Wohls des Jugendlichen[7]. Beim erwachsenen Zeugen rechtfertigt nur ein schwerwiegender Nachteil
für seine Gesundheit den Ausschluß des Angeklagten. Es muß — gleich aus welchem
Grund — zu befürchten sein, daß seine Einvernahme in Gegenwart des Angeklagten
eine erhebliche psychische oder physische Gesundheitsschädigung herbeiführen könnte. Es muß eine Gesundheitsbeeinträchtigung zu erwarten sein, die wegen ihrer Auswirkungen und/oder ihrer Dauer erhebliches Gewicht hat[8]. Sie muß so schwerwiegend
sein, daß es bei Würdigung aller Umstände dem Zeugen nicht zugemutet werden kann,
die wahrscheinlichen Folgen zu ertragen. Nicht notwendig ist, daß eine akute Lebensgefahr besteht, es muß auch kein bleibender Schaden zu erwarten sein[9]. Bloße **Unannehm-
lichkeiten**, die ihm aus der Einvernahme erwachsen, muß der Zeuge hinnehmen. So
reicht eine bloße Beeinträchtigung seines Wohlbefindens nicht aus, auch nicht, daß ihm

---

[2] Vgl. HW § 247, 17; *Weigend* NJW **1987**
1172.
[3] Vgl. HW § 247, 14 ff.
[4] Vgl. KK-*Mayr*² 2; 11; *Kleinknecht/Meyer*³⁸
1; HW § 247, 4.
[5] Kritisch zur Verkürzung des Fragerechts
Müller DRiZ **1987** 469; *Weigend* NJW **1987**
1172.

[6] Vgl. HW § 247, 23 ff; ferner auch BGH
NStZ **1987** 85.
[7] KK-*Mayr*² 10; *Kleinknecht/Meyer*³⁸ 11; HW
§ 247, 24.
[8] KK-*Mayr*² 11; nur dann fällt die Abwägung
zugunsten des Schutzzweckes (Rdn. 1) aus.
[9] KK-*Mayr*² 11; *Kleinknecht/Meyer*³⁸ 12.

Walter Gollwitzer

das Zusammentreffen mit dem Angeklagten und eine Aussage in seiner Gegenwart unangenehm ist oder daß es ihn nervös macht oder seelisch belastet[10] oder daß er vor dem Angeklagten Angst hat. Ob ein schwerwiegender Nachteil zu befürchten ist, kann immer nur unter Berücksichtigung des Gesundheitszustandes des jeweiligen Zeugen, seiner Persönlichkeitsstruktur und der sonstigen Umstände des Einzelfalls einschließlich seines Verhältnisses zum Angeklagten beurteilt werden. Hier kann ins Gewicht fallen, daß der Zeuge selbst Opfer der Straftat war; eine allgemeine Voraussetzung für die Anwendbarkeit des Satzes 2 ist dies jedoch nicht[11]. Im übrigen kommen alle Arten gesundheitlicher Nachteile in Betracht, von der Verschlimmerung eines bestehenden organischen Leidens, der Gefahr eines Herzinfarktes, eines Schlaganfalls oder eines Nervenzusammenbruchs[12] bis hin zu Angstzuständen mit Krankheitswert.

5   Ein schwerer gesundheitlicher Nachteil im Sinne des Satzes 2 kann auch Zeugen drohen, die zu befürchten haben, daß sie in **Leibes- oder Lebensgefahr** geraten, wenn der Angeklagte von ihrem Aussehen Kenntnis erhält, so etwa bei der Einnahme von V-Leuten, die dem Angeklagten vom Aussehen her unbekannt sind[13]. Voraussetzung ist aber, daß die Gefährdung des Zeugen durch die Entfernung des Angeklagten verringert werden kann.

6   Nur die **dringende Gefahr** eines schwerwiegenden gesundheitlichen Nachteils rechtfertigt die Entfernung des Angeklagten aus dem Sitzungssaal[14]. Es muß eine auf konkrete Tatsachen gestützte **hohe Wahrscheinlichkeit** für den Eintritt einer solchen Schädigung bestehen[15]; daß sie nach den Umständen möglich oder nicht auszuschließen ist, genügt nicht. Maßgebend für die Zulässigkeit des Ausschlusses ist aber auch hier die **Beurteilung ex ante**[15a].

7   c) Einen **Antrag** des Zeugen setzt auch Satz 2 nicht voraus. Ob die Entfernung des Angeklagten zum Schutze der Gesundheit eines Zeugen geboten ist, hat das Gericht unter Würdigung aller ihm bekannten Umstände **von Amts wegen** zu entscheiden. Hält allerdings der Zeuge selbst dies für nicht erforderlich und bekundet er seine Bereitschaft, in Gegenwart des Angeklagten auszusagen, so besteht in der Regel bei einem erwachsenen Zeugen kein Anlaß für das Gericht, von sich aus die Entfernung des Angeklagten nach Satz 2 anzuordnen[16]. Ausnahmefälle können anders zu beurteilen sein, so, wenn dem Gericht sichere Anzeichen dafür vorliegen, daß dem Zeugen entgegen seiner eigenen Einschätzung die Gefahr einer erheblichen Schädigung seiner Gesundheit droht, die vermieden oder vermindert werden kann, wenn er in Abwesenheit des Angeklagten vernommen wird.

8   3. **Verfahrensfragen.** Die Änderung des Satzes 2 läßt das Verfahren bei Ausschluß des Angeklagten unberührt. Insoweit ist auf die unverändert fortgeltenden Erläuterungen des Hauptwerks (HW § 247, 28 ff) zu verweisen. Die zwischenzeitlich ergangenen Entscheidungen haben die Tendenz verfestigt, in enger Auslegung den Ausschluß des Angeklagten von der Hauptverhandlung streng auf die eigentliche Vernehmung des je-

---

[10] KK-*Mayr*[2] 11; *Rieß/Hilger* NStZ **1987** 150.

[11] BTRAussch. Bericht BTDrucks. **10** 6124, S. 14; KK-*Mayr*[2] 11.

[12] *Böttcher* JR **1987** 139; *Kleinknecht/Meyer*[38] 12.

[13] *Kleinknecht/Meyer*[38] 13; *Rieß/Hilger* NStZ **1987** 150; *Roxin*[20] § 42 F II 2 d (Königsweg zur Einführung getarnter Zeugen). Dies wurde auch bei der früheren Fassung des

§ 247 für zulässig erachtet, vgl. BGHSt **32** 125; BGH NJW **1985** 1478; HW § 247, 16.

[14] Vgl. Rdn. 4.

[15] BTRAussch. Bericht BTDrucks. **10** 6124, S. 14; *Böttcher* JR **1987** 140; KK-*Mayr*[2] 11.

[15a] *Roxin*[20] § 42 F II 2 d; HW § 247, 36.

[16] Vgl. Begr. BTDrucks. **10** 6124, S. 14; *Böttcher* JR **1987** 139; KK-*Mayr*[2] 11; *Rieß/Hilger* NStZ **1987** 150.

weiligen Zeugen zu beschränken. Die Anordnung, die einen begründeten Beschluß erfordert[17], darf den Angeklagten nur für die Dauer der Vernehmung des Zeugen und dann wieder bei einer ergänzenden Befragung[18], in Ausnahmefällen auch bei der Vereidigung des Zeugen[19], aus dem Sitzungssaal entfernen. Dagegen ist er zu allen Erörterungen von Verfahrensfragen, wie etwa der Notwendigkeit der Begutachtung eines Zeugen[20] oder der Vereidigung des Zeugen oder der Bekräftigung einer ergänzenden Aussage durch Berufung auf den früheren Eid[21] oder der Entscheidung über die Entlassung eines Zeugen nach § 248[22] wieder zuzuziehen. Sein uneingeschränktes Anwesenheitsrecht umfaßt ferner alle Anträge und Erörterungen, die die weitere Beweisaufnahme betreffen[23] sowie alle Akte der Beweiserhebung, wie die Einnahme eines Augenscheins[24] oder die ergänzende Befragung eines anderen Zeugen[25]. Damit er seine Verfahrensbefugnisse auch ohne jedes Informationsdefizit wahrnehmen und gegebenenfalls alle ihm sachgerecht erscheinenden Fragen und Anträge stellen kann, muß er jedesmal unmittelbar nach seiner Rückkehr in den Sitzungssaal über den wesentlichen Inhalt des in seiner Abwesenheit Verhandelten unterrichtet werden. Erst dann darf das Verfahren seinen Fortgang nehmen[26].

4. Rechtsbehelfe. Die Erweiterung der Ausschlußgründe durch die Änderung des **9** Satzes 2 läßt die Gesichtspunkte, unter denen Verstöße gegen § 247 mit der Revision gerügt werden können, unberührt. Insoweit kann auf die Erläuterungen im Hauptwerk § 247 Rdn. 46 ff verwiesen werden.

§ 249

(1) ...

(2) **Von der Verlesung kann, außer in den Fällen der §§ 251, 253, 254 und 256, abgesehen werden, wenn die Richter und Schöffen vom Wortlaut der Urkunde oder des Schriftstücks Kenntnis genommen haben und die übrigen Beteiligten hierzu Gelegenheit hatten. Widerspricht der Staatsanwalt, Angeklagte oder Verteidiger unverzüglich der Anordnung des Vorsitzenden, nach Satz 1 zu verfahren, so entscheidet das Gericht. Die Anordnung des Vorsitzenden, die Feststellungen über die Kenntnisnahme und die Gelegenheit hierzu und der Widerspruch sind in das Protokoll aufzunehmen.**

---

[17] BGH NStZ **1987** 85 (aber kein absoluter Revisionsgrund nach § 338 Nr. 5, wenn mit Sicherheit festgestellt werden kann, daß die sachlichen Voraussetzungen des § 247 vorlagen); vgl. HW § 247, 28; 46.

[18] BGH NStZ **1987** 519.

[19] BGH NJW **1985** 1478; dazu *Hassemer* JuS **1986** 25; vgl. aber auch BGH StrVert. **1986** 46 (absoluter Revisionsgrund, wenn Ausnahme nicht gegeben); BGH bei *Pfeiffer/Miebach* NStZ **1988** 19; ferner HW § 247, 20.

[20] BGH StrVert. **1987** 377.

[21] BGH NStZ **1986** 133; **1987** 335; 519; bei *Pfeiffer/Miebach* NStZ **1985** 493; **1986** 209; **1987** 17; **1988** 19; vgl. HW § 247, 20; ferner *Meyer-Goßner* FS Pfeiffer 312 ff.

[22] BGH NJW **1986** 267; NStZ **1987** 335; bei *Pfeiffer/Miebach* NStZ **1987** 17; vgl. HW § 248, 6.

[23] OLG Frankfurt StrVert. **1987** 9 (Rücknahme eines Beweisantrags durch Verteidiger).

[24] BGH NStZ **1986** 564; **1987** 471; 861; StrVert. **1986** 418; BGH bei *Pfeiffer/Miebach* NStZ **1985** 496; vgl. HW § 247, 19; 32, 34.

[25] OLG Schleswig bei *Lorenzen* SchlHA **1987** 120.

[26] BGH NJW **1986** 267; NStZ **1987** 471; *Meyer-Goßner* FS Pfeiffer 317; vgl. HW § 247 38 ff.

Änderung. Der erst durch Art. 1 Nr. 21 StVÄG 1979 eingefügte Absatz 2 wurde durch Art. 1 Nr. 16 StVÄG 1987 erheblich umgestaltet. Um die Akzeptanz des Selbstleseverfahrens durch die Praxis zu fördern, wurde es vereinfacht; seine Bindung an das Einverständnis der Verfahrensbeteiligten ist entfallen. Als Folgeänderung konnte auch der entbehrlich gewordene § 325 Abs. 2 durch Art. 1 Nr. 24 StVÄG wieder gestrichen werden.

Übersicht

1   **1. Zweck des Selbstleseverfahrens** nach Absatz 2 ist es, die Hauptverhandlung zu straffen und zu entlasten[1]. Das zeitraubende, ermüdende und die Aufnahmefähigkeit mitunter überfordernde Verlesen größerer Druckwerke, langer Korrespondenzen oder von Listen, Aufstellungen und dergleichen kann entfallen, wenn die Richter die Schriften jeder für sich selbst lesen und die Verfahrensbeteiligten zumindest die Möglichkeit dazu haben. Diese auf **Prozeßwirtschaftlichkeit** und auf **Verfahrensbeschleunigung** ausgerichtete Zielrichtung des Absatzes 2 muß Leitschnur für seine Anwendung sein. Er erfüllt seinen Zweck, wenn dadurch eine große, mehrtägige Hauptverhandlung vom stundenlangen Vorlesen von Urkunden entlastet oder wenn vermieden wird, daß ein allseits bekannter, unstrittiger längerer Text verlesen werden muß, nur um der für den Strengbeweis vorgeschriebenen Form zu genügen. Das Selbstleseverfahren ist fehl am Platz, wenn eine kürzere Schrift in das Verfahren eingeführt werden soll, das in einem Zuge ohne Unterbrechung zu Ende geführt werden kann. Hier ist die Verlesung nach Absatz 1 der schnellere, prozeßwirtschaftlich sinnvollere Weg, der zugleich die Transparenz der Hauptverhandlung wahrt. Diese Gesichtspunkte fallen gerade bei kleineren, für die Zuhörer voll überschaubaren Verfahren ins Gewicht. Sie können dagegen vernachlässigt werden, wenn — wie etwa in Großverfahren — Serien von Einzelurkunden zum Nachweis eines einzelnen Tatbestandsmerkmals verwendet werden sollen, wie etwa in Wirtschaftsstrafsachen. In solchen Fällen würde das monotone Verlesen in öffentlicher Hauptverhandlung das Verfahren nur aufhalten, ohne den Verfahrensbeteiligten oder dem Publikum den Überblick über das Verfahren und das Erfassen der wesentlichen Verfahrensvorgänge zu erleichtern[2].

---

[1] Zur unverändert fortgeltenden prozeßökonomischen Zielsetzung der Vorschrift vgl. HW § 249, 53; damit sich dieser Regelungszweck voll auswirken kann, soll die Neufassung die Anwendung erleichtern, vgl. Begr.

RegEntw. BTDrucks. **10** 1313, S. 28; *Meyer-Goßner* NJW **1987** 1164.

[2] Nach der Begr. RegEntw. BTDrucks. **10** 1313, S. 28 ist wegen des erheblichen prozeßökonomischen Vorteils der Verlust an

Das Selbstleseverfahren kann aber auch dann den Vorzug verdienen, wenn der **2** Inhalt von Schriften nachzuweisen ist, bei deren Verlesung die **Öffentlichkeit ausgeschlossen** werden müßte (§ 171 b ff GVG). Hier kann das Verfahren nach Absatz 2 die für die zu schützenden Interessen schonendere Form der Beweisaufnahme sein.

2. Vereinbarkeit mit anderen Verfahrensgrundsätzen. Die **Mündlichkeit des Ver- 3 fahrens** wird nur noch insoweit gewahrt, als in der mündlichen Hauptverhandlung die Aufnahme des Urkundenbeweises in der Form des § 249 Abs. 2 dort ausdrücklich angeordnet und seine Durchführung dann ausdrücklich nach § 249 Abs. 2 Satz 3 zu Protokoll festgestellt werden muß[3] und als allenfalls im Anschluß daran nach § 257 zum Beweisergebnis und eventuell auch zum Inhalt des Beweises Stellung genommen wird. Geschieht letzteres allerdings nicht, kommt der zu Beweiszwecken dienende Inhalt der Schrift in der öffentlichen Hauptverhandlung auch nicht einmal mehr andeutungsweise zur Sprache; denn die Bekanntgabe des wesentlichen Inhalts der Schrift ist — anders als bei der früheren Fassung — nicht mehr vorgeschrieben. Der eigentliche Vorgang der Beweisaufnahme — die Kenntnisnahme der Richter vom Inhalt der Schrift — vollzieht sich jetzt in der Regel außerhalb der Hauptverhandlung. Er wird nur noch **formell zum Inbegriff der Hauptverhandlung** gemacht, kann aber von jedem Verfahrensbeteiligten, der dies wünscht, auch dem Inhalt nach im Rahmen der Äußerungsrechte nach den §§ 257, 258 zur Erörterung gestellt werden.

Das **Recht auf Gehör** wird durch dieses Verfahren nicht verletzt. Jeder Beteiligte, **4** vor allem aber der Angeklagte, hat das Recht und muß auch die Möglichkeit haben, vom Inhalt der jeweiligen Urkunden Kenntnis zu nehmen. Er kann sich dann in der Hauptverhandlung dazu äußern[4] und die für erforderlich gehaltenen Anträge stellen.

Mit dem **Grundsatz der Unmittelbarkeit** ist dieses Verfahren vereinbar; denn es **5** gibt kein unmittelbareres Erfassen des Inhalts einer Schrift als das Selbstlesen.

Auch der **Grundsatz der Öffentlichkeit** ist gewahrt, da er nur verlangt, daß die **6** Zuhörer die Hauptverhandlung so miterleben können, wie sie nach der Verfahrensordnung abläuft. Der Grundsatz fordert nicht, daß ihnen alle Wahrnehmungen vom Richter vermittelt werden[5].

3. Anwendungsbereich
a) Dem Urkundenbeweis in der Form des Absatzes 2 sind **grundsätzlich alle 7 Schriftstücke** zugänglich, sofern sie nicht als Beweismittel aufgrund der §§ 251, 253, 254, 256 verwendet werden. Wie Absatz 2 Satz 1 ausdrücklich festlegt, darf der in diesen Bestimmungen in Durchbrechung des Unmittelbarkeitsgrundsatzes des § 250 zugelassene Urkundenbeweis nur in der Form des Absatzes 1 durch Verlesen, nicht aber in der Form des Absatzes 2 geführt werden[6].

Transparenz der Hauptverhandlung für die Öffentlichkeit hinzunehmen.
[3] Zum Grundsatz der Mündlichkeit vgl. HW Einl. Kap. 13 61a. Die Begründung BT-Drucks. 10 1313, S. 28 geht davon aus, daß das Mündlichkeitsprinzip im Kern nicht berührt ist, da sich alle Beteiligte zum Inhalt der Urkunden erklären können. KK-*Mayr*[2] 33 nimmt eine Durchbrechung dieses Grundsatzes an; ebenso *Kempf* StrVert. **1987** 221 (Konturen des Inbegriffs der Hauptverhandlung verschwimmen).

[4] *Kempf* StrVert. **1987** 221 sieht eine Verletzung des Rechts auf Gehör darin, daß für den Angeklagten unklar wird, wogegen er sich verteidigen muß (Zielansprache des Verteidigers vernebelt).
[5] Begr. RegEntw. BTDrucks. **10** 1313, S. 28 unter Hinweis auf die Besichtigung von Augenscheinsobjekten. Wegen der Einbuße an Transparenz vgl. Fußn. 2.
[6] Vgl. HW § 249, 78; KK-*Mayr*[2] 34; *Kleinknecht/Meyer*[38] 19.

Walter Gollwitzer

8   Ist die **äußere Form** oder die **Beschaffenheit** eines Schriftstücks Beweisgegenstand, so ist das Verfahren nach Absatz 2 nicht anwendbar. Der hier gebotene Beweis durch Augenschein kann nicht dadurch ersetzt werden, daß allen Verfahrensbeteiligten das Original des Schriftstücks zur persönlichen Betrachtung ausgehändigt wird[7].

9   **b)** § 249 gilt nach § 332 auch im **Berufungsverfahren**[8]. Durch die Vereinfachung des Absatzes 2 konnte die Sonderregelung für das Berufungsverfahren in § 325 Abs. 2 a. F wieder entfallen, da die zeitliche Grenze für die Kenntnisnahme der Schöffen aufgehoben ist.

10   **c)** Im **Verfahren wegen Ordnungswidrigkeiten** (gerichtliches Bußgeldverfahren; gemischtes Strafverfahren nach § 83 Abs. 1 OWiG) läßt § 78 Abs. 1 OWiG uneingeschränkt bei allen Urkunden eine **vereinfachte Form des Urkundenbeweises** zu. Sofern es nicht auf den Wortlaut ankommt, genügt es, wenn der wesentliche Inhalt der Schrift in der Hauptverhandlung bekannt gegeben wird oder wenn zu Protokoll festgestellt wird, daß der Angeklagte, sein Verteidiger und — sofern anwesend — auch der Vertreter der Staatsanwaltschaft Gelegenheit zur Kenntnisnahme erhalten hatten[9]. Diese Form des Urkundenbeweises genügt dem § 249 Abs. 2 nicht. Wenn bei einem Übergang in das Strafverfahren die zunächst als Ordnungswidrigkeit angeklagte Tat als Straftat gewürdigt werden soll, ist es notwendig, einen nach § 78 Abs. 1 OWiG erhobenen Urkundenbeweis in einer dem § 249 genügenden Form zu wiederholen[10], wobei — sofern die Verfahrensbeteiligten die Urkunden bereits lesen konnten — die Anordnung nach § 249 Abs. 2 und die erforderlichen Feststellungen zu Protokoll genügen können. Wenn die Verfahrensbeteiligten nicht wegen der geänderten Verfahrenslage oder aus sonstigen Gründen Wert auf eine nochmaliges Überlassen der Schriften legen, kann sich dann die erneute Zugänglichmachung erübrigen.

4. Anordnung des Vorsitzenden

11   **a)** Der Vorsitzende entscheidet im Rahmen seiner **Sachleitungsbefugnis** (§ 238 Abs. 1) nach **pflichtgemäßem Ermessen**, ob ein als Beweismittel zu verwendendes Schriftstück nach § 249 Abs. 1 verlesen oder im Selbstleseverfahren nach Absatz 2 zum Gegenstand der Verhandlung zu machen ist[11]. In der Anordnung ist jedes Schriftstück, über das in der Form des Absatzes 2 Beweis erhoben werden soll, so genau zu bezeichnen, daß bei den Verfahrensbeteiligten über Gegenstand und Umfang der Beweisverwendung kein Zweifel entstehen kann. Dies ist vor allem auch dann von Bedeutung, wenn nur Teile eines umfangreichen Schriftwerks zu Beweiszwecken verwendet werden sollen.

12   Bei **Ausübung des Ermessens** hat der Vorsitzende neben den Erfordernissen einer sinnvollen und prozeßwirtschaftlichen Gestaltung der jeweiligen Hauptverhandlung auch die Auswirkung auf die Transparenz der Strafrechtspflege in einem öffentlichen Verfahren und die Bedeutung der Urkunde mit zu berücksichtigen. Steht der Wortlaut einer einzelnen, wenn auch umfangreichen Schrift im Mittelpunkt des Schuldvorwurfes, dann ist es in der Regel angebracht, die betreffende Schrift entweder ganz oder doch in ihren wichtigsten Teilen in der Hauptverhandlung zu verlesen, wobei wegen des übrigen Inhalts zusätzlich nach Absatz 2 verfahren werden kann. Handelt es sich dagegen

---

[7] HW § 249, 77.

[8] HW § 325, 6; vgl. *Meyer-Goßner* NJW **1987** 1164.

[9] Vgl. HW § 249, 54; *Göhler*[8] § 78, 1 a; 1 d; KK-*Mayr*[2] 40.

[10] KK-*Mayr*[2] 40. Zu den einzelnen Fallgruppen vgl. *Göhler*[8] § 83, 2 ff.

[11] KK-*Mayr*[2] 35; *Kleinknecht/Meyer*[38] 20.

um eine Vielzahl von Schriftstücken, von denen jedes für sich allein nur eine gewisse indizielle Bedeutung hat oder die Nebenpunkte betreffen, dann verdient bei einer länger dauernden Hauptverhandlung das Verfahren nach Absatz 2 meist den Vorzug. Wegen des Verlustes an Transparenz der Hauptverhandlung wird im Schrifttum die Ansicht vertreten, daß Absatz 2 nur **zurückhaltend** anzuwenden ist[12].

Die **Aufklärungspflicht** fällt bei der zu treffenden Anordnung in der Regel kaum **13** ins Gewicht. Beide Formen des Urkundenbeweises erschließen den Inhalt der Schrift in vollem Umfang der Kognition des Gerichts[13]. Wenn allerdings der Urkundenwortlaut gleichzeitig als Vernehmungsbehelf zur Aufklärung von Widersprüchen verwendet werden soll, wird die Verlesung zweckmäßiger sein.

Eine **Kombination** des Selbstleseverfahrens nach Absatz 2 mit der Verlesung be- **14** sonders entscheidungserheblicher Teile nach Absatz 1 ist auch bei ein und demselben Schriftstück zulässig. Ein solches Verfahren kann angezeigt sein, wenn eine umfangreiche Schrift insgesamt zu Beweiszwecken verwendet werden soll, das Gericht aber den genauen Wortlaut einzelner Stellen in der Hauptverhandlung ausdrücklich zur Sprache bringen will, um den Angeklagten oder einen Zeugen dazu zu befragen oder um die Bedeutung zu erörtern. Obwohl bereits das Verfahren nach Absatz 2 den vollen Wortlaut der Schrift zu Beweiszwecken verwendbar macht, eine zusätzliche Anordnung nach Absatz 1 zur Verlesung bestimmter Stellen dadurch also entbehrlich wird, erscheint es zulässig, wenn der Vorsitzende trotzdem auch ausdrücklich nach Absatz 1 die Verlesung der betreffenden Stellen anordnet, um auch im Protokoll das gewählte Verfahren kenntlich zu machen.

b) Einen **bestimmten Zeitpunkt** für die Anordnung des Vorsitzenden schreibt das **15** Gesetz nicht vor. Da es sich um einen Akt der Beweisaufnahme handelt, muß das Selbstleseverfahren vor deren Abschluß beendet sein. Eine Kenntnisnahme erst während der Schlußvorträge oder der Urteilsberatung reicht nicht aus[14]. Die den Abschluß des Urkundenbeweises nach Absatz 2 dokumentierende Feststellung des Vorsitzenden nach Absatz 2 Satz 3 muß deshalb **vor Beginn der Schlußvorträge** nach § 258 zu Protokoll erklärt worden sein. Die frühere Einschränkung, daß die **Schöffen** die Urkunden nicht vor Verlesen des Anklagesatzes ausgehändigt erhalten dürfen, ist entfallen[15]. In der Regel dürfte es aber nicht zweckmäßig sein, den Schöffen die Urkunden vorher zu überlassen, da sie deren Beweisbedeutung erst nach Kenntnis der mit der Anklage erhobenen Vorwürfe voll würdigen und sinnvoll einordnen können. Der Gesetzgeber hat weder einen bestimmten Zeitpunkt noch eine bestimmte Verfahrensweise zwingend vorgeschrieben. Er überläßt es der insoweit freien **Entscheidung des Vorsitzenden** bzw. des Gerichts, welche Verfahrensweise und welchen Zeitpunkt sie im Hinblick auf die Besonderheiten des jeweiligen Falles für zweckmäßig halten. Im allgemeinen sollte allerdings das Selbstleseverfahren wegen des damit verbundenen Widerspruchsverfahrens erst nach Vernehmung des Angeklagten zur Sache angeordnet werden, zumal dann die für die Wahl des Beweisverfahrens mit maßgebende Bedeutung der betreffenden Beweisurkunden besser beurteilt werden kann.

Dies schließt nicht aus, daß der Vorsitzende seine Absicht, nach § 249 Abs. 2 zu **16** verfahren im Interesse einer rationelleren Verfahrensgestaltung schon **vorher ankündigt,**

---

[12] KK-*Mayr*[2] 33; *Kleinknecht/Meyer*[38] 19.
[13] Vgl. HW § 249, 70.
[14] Vgl. BGHSt **30** 10; KK-*Mayr*[2] 36.
[15] Um dem Vorsitzenden freie Hand zu lassen, wann er den Schöffen die Kenntnisnahme ermöglichen will, wurde bewußt auf

die frühere starre Regelung verzichtet. Deren Streichung sollte klarstellen, daß es rechtlich nicht unzulässig ist, den Schöffen schon vor Verlesen des Anklagesatzes die Urkunden zur Lektüre zu überlassen (RegEntw. BT-Drucks. **10** 1313, S. 29).

Walter Gollwitzer

um den Zeitaufwand, den das Lesen der Schriftstücke außerhalb der Hauptverhandlung erfordert, mit dem Verfahrensablauf zu koordinieren. Deshalb wird es als zulässig zu erachten sein, im Rahmen einer bei größeren Verfahren angezeigten **Erörterung der Verfahrensgestaltung** vor Verlesen des Anklagesatzes[16] auch die Frage anzusprechen, ob und bei welchen Urkunden das Selbstleseverfahren in Betracht kommt. Gegebenenfalls kann schon dann die Art und Weise der Einsichtnahme in diese Schriftstücke abgesprochen werden. Wichtig ist vor allem die frühzeitige Festlegung der Reihenfolge der Einsichtnahme, wenn den Verfahrensbeteiligten keine Ablichtungen überlassen werden und die Originale bei den Gerichtsakten eingesehen werden müssen.

5. Widerspruch

17   **a) Kein Einverständnis der Verfahrensbeteiligten.** Die Beweiserhebung in der Form des Selbstleseverfahrens steht nicht mehr im Belieben der Verfahrensbeteiligten. Die Anordnung hängt im Gegensatz zum früheren Recht nicht davon ab, daß Staatsanwalt, Angeklagter und Verteidiger damit einverstanden sind. Die genannten Personen haben nur noch das Recht, der Anordnung dieses Verfahrens durch den Vorsitzenden zu widersprechen und dadurch eine Entscheidung des Gerichts darüber herbeizuführen, in welcher Form der Urkundenbeweis durchzuführen ist. Die Neuregelung begründet damit für die Verfahrensbeteiligten die Befugnis und zugleich auch die Obliegenheit, unverzüglich sachliche Bedenken gegen die vom Vorsitzenden angeordnete Verfahrensart dem Gericht vorzutragen und zu dessen Entscheidung zu stellen.

18   **b) Form.** Der Widerspruch ist nach Bekanntgabe der Anordnung des Vorsitzenden in der Hauptverhandlung ausdrücklich zu erklären. Dies schließt nicht aus, daß er bei Erörterung der Verfahrensgestaltung (vgl. Rdn. 16) schon vorher angekündigt wird. Eine solche Ankündigung ist aber nicht bindend, sie löst auch keine Entscheidungspflicht des Gerichtes aus. Eine solche entsteht erst, wenn nach der Anordnung des Vorsitzenden dem Selbstleseverfahren widersprochen wird, was auch durch Bekräftigung der früheren Ausführungen geschehen kann. Ist unklar, ob ein Verfahrensbeteiligter einen in Aussicht gestellten Widerspruch aufrecht erhält, ist er in der Regel zu befragen.

19   Einer **Begründung** des Widerspruchs bedarf es nicht[17]. Es ist aber in der Regel zweckmäßig, wenn der Widersprechende darlegt, warum er Wert auf Verlesung der Urkunde in der Hauptverhandlung legt, vor allem, wenn dies wegen der von ihm beabsichtigten Verfahrensführung, etwa wegen an den Wortlaut anknüpfenden Fragen und Vorhalte, angezeigt ist.

20   **c) Zum Widerspruch berechtigt** sind die in Absatz 2 Satz 2 ausdrücklich genannten Personen, Staatsanwalt, Verteidiger, Angeklagter, ferner auch andere Verfahrensbeteiligte, wenn und soweit sie in der Hauptverhandlung die Befugnis des Angeklagten haben. Im Umfang ihrer Beteiligung können deshalb auch **Einziehungs-** und **Verfallsbeteiligte**[18] oder der Vertreter einer juristischen Person oder einer Personenvereinigung nach § 444 sowie der **Beistand** im Jugendstrafverfahren[19] nach § 67 Abs. 1 JGG Widerspruch einlegen. Nicht zum Widerspruch berechtigt sind dagegen im Rahmen des Offizialverfahrens **der ehem. Privatkläger sowie der Nebenkläger**[20] (§ 385 Abs. 1; § 397 Abs. 1) oder der **gesetzliche Vertreter** und der **Erziehungsberechtigte** nach § 67 Abs. 1 JGG, auch nicht der Vertreter der Finanzbehörde im Steuerstrafverfahren nach § 407

---

[16] Vgl. HW § 243, 12.

[17] KK-*Mayr*[2] 35.

[18] KK-*Mayr*[2] 35; *Kleinknecht/Meyer*[38] 21.

[19] KK-*Mayr*[2] 35.

[20] *Rieß/Hilger* NStZ **1987** 151; vgl. Nachtr. § 371, 1; § 395, 3; § 397, 5; 10. Im Privatklageverfahren hat der Privatkläger dieses Recht.

AO[21]. Auch die nicht widerspruchsberechtigten Personen sind zum Widerspruch zu hören. Kein förmliches Widerspruchsrecht haben die am Verfahren mitwirkenden Berufs- und Laienrichter. Sie müssen ihre Bedenken gegen das Verfahren nach Absatz 2 informell mit dem Vorsitzenden erörtern.

d) Der Widerspruch muß im Interesse der Verfahrensklarheit und Verfahrensbe- **21** schleunigung nach Absatz 2 Satz 2 **unverzüglich**, also ohne vorwerfbares Zögern — in der Regel sofort — erhoben werden[22]. Das Gericht soll entscheiden können, noch bevor das eine gewisse Zeit erfordernde Selbstleseverfahren vom Vorsitzenden in die Wege geleitet worden ist, um eine Vermischung der Beweisverfahren zu vermeiden. Eine alsbaldige Erklärung zu der Anordnung des Vorsitzenden ist vor allem dann **zumutbar**, wenn Staatsanwalt und Verteidiger die betreffenden Urkunden aufgrund ihrer Vorbereitung auf das Verfahren durch die Akteneinsicht bekannt sind oder zumindest hätten bekannt sein müssen. Dies gilt erst recht, wenn sie eine Kopie der Schrift in ihren Handakten haben, so daß sie ohne längere Nachprüfung beurteilen können, ob sie sich für das Verfahren nach Absatz 2 eignet. Wird dagegen überraschend eine Schrift als Beweismittel in der Hauptverhandlung vorgelegt, muß es für zulässig erachtet werden, daß ein dadurch überraschter Verfahrensbeteiligter sich vor der Erklärung über den Inhalt unterrichtet. Dies gilt selbst dann, wenn es sich — wie vor allem beim Angeklagten denkbar — um ein selbstverfaßtes früheres Schreiben handelt, denn auch der genaue Inhalt einen eigenen Schreibens kann mittlerweile in Vergessenheit geraten sein.

e) Über den Widerspruch **entscheidet** das Gericht durch **Beschluß**. Anders als bei **22** der Entscheidung nach §238 Abs. 2 ist es dabei nicht auf die Prüfung der rechtlichen Zulässigkeit der Anordnung des Vorsitzenden beschränkt. Es kann nach eigenem Ermessen darüber befinden, ob es die Verlesung nach Absatz 1 dem Verfahren nach Absatz 2 vorzieht[23]. Das Gericht ordnet in dem Beschluß entweder die Verlesung nach Absatz 1 oder das Verfahren nach Absatz 2 an. Ist der Widerspruch nicht unverzüglich erhoben, wird er als unbeachtlich und verspätet zurückgewiesen. Eine Entscheidung des Gerichts erübrigt sich, wenn der Vorsitzende selbst aufgrund des Widerspruchs die Verlesung nach §249 Abs. 1 anordnet.

Als eine im freien Ermessen stehende Entscheidung über die Art der Beweisauf- **23** nahme bedarf der Beschluß, der an die Stelle der verfahrensleitenden Verfügung des Vorsitzenden tritt, **keiner Begründung**. Bei einer Zurückweisung als verspätet sollte aber die Zumutbarkeit eines früheren Widerspruch kurz dargelegt werden.

6. Die **Durchführung des Selbstleseverfahrens** nach Absatz 2 vollzieht sich in der **24** Regel **außerhalb der Hauptverhandlung**. Absatz 2 schließt zwar nicht aus, daß einzelne Verfahrensbeteiligte die Urkunde während der laufenden Hauptverhandlung lesen. §261 setzt einer solchen Verfahrensweise bei den Richtern aber enge Grenzen. Die Beachtung der Vorgänge in der Hauptverhandlung erfordert die volle und ungeteilte Aufmerksamkeit aller Richter; damit ist für die ebenfalls die volle Konzentration auf den Inhalt erfordernde Lektüre während der Hauptverhandlung allenfalls in eng begrenzten Ausnahmefällen Raum[24].

In der Regel ist für das Selbstleseverfahren die **verhandlungsfreie Zeit** zu nützen. **25** Dem **Vorsitzenden** und dem **Berichterstatter** wird der Inhalt eines in den Akten befindlichen Schriftstücks vielfach zwar schon von der Vorbereitung der Hauptverhandlung

[21] KK-*Mayr*[2] 35; *Kleinknecht/Meyer*[38] 21.
[22] KK-*Mayr*[2] 35; *Kleinknecht/Meyer*[38] 21 („ohne vermeidbare Verzögerung").

[23] KK-*Mayr*[2] 35.
[24] Vgl. HW § 261, 33.

Walter Gollwitzer

her bekannt sein, die **anderen Richter**, vor allem auch die Schöffen, sind dagegen meist darauf angewiesen, daß sie außerhalb der Hauptverhandlung durch eine angemessene Sitzungspause oder während eines sitzungsfreien Tages eine dem Umfang und Inhalt des Schreibens angemessene Zeit für dessen Lektüre eingeräumt erhalten. Gleiches gilt für **Staatsanwalt und Verteidiger**, sofern diese nicht erklären, daß sie den Inhalt des Schriftstücks auch ihrerseits bereits aufgrund der Verfahrensvorbereitung kennen und es nicht erneut lesen wollen. Wünschen sie die nochmalige Lektüre, etwa, weil sie bei der Verfahrensvorbereitung mit der Urkundenverlesung nach Absatz 1 rechneten, muß ihnen die Gelegenheit dazu eingeräumt werden[25]. Der **Angeklagte** hat das Recht, unabhängig von seinem Verteidiger alle Schriftstücke selbst zu lesen. Befindet er sich in Haft, muß der Vorsitzende dafür sorgen, daß er dies auch ungehindert und ungestört kann, eventuell durch eine entsprechende Mitteilung an den Leiter der Vollzugsanstalt. Sind umfangreiche Urkunden im Original einzusehen, kann es angezeigt sein, einen in Haft befindlichen Angeklagten zu diesem Zweck bei der Geschäftsstelle vorführen zu lassen[26].

26   Ein **Verzicht auf Kenntnisnahme** von der Urkunde ist bei den Verfahrensbeteiligten, anders als bei den Berufs- und Laienrichtern, zulässig. Sie haben — entsprechend ihrem Anspruch auf rechtliches Gehör — zwar ein Recht, nicht aber eine Pflicht zur Kenntnisnahme vom Inhalt einer als Beweismittel verwendeten Schrift.

27   Die **Einzelheiten**, vor allem, wann und wie die Kenntnisnahme zu ermöglichen ist, regelt der Gesetzgeber nicht. Er überläßt es den Verfahrensbeteiligten, besonders aber der Verhandlungsleitung des Vorsitzenden, hier eine den jeweiligen Verfahrenserfordernissen angemessene Lösung zu finden. Bei umfangreicheren Schriftstücken werden bereits bei der Verhandlungsplanung **ausreichende Zeiträume** für die Urkundenlektüre nach Absatz 2 vorzusehen sein. Dabei ist auch der erhebliche Zeitaufwand zu berücksichtigen, der entsteht, wenn dieselben Urkunden im Original von mehreren Personen nacheinander gelesen werden sollen. Im Interesse der Verfahrensbeschleunigung und auch zur Sicherung des Beweismittels vor Verlust ist allerdings anzustreben, daß die Urkunden nicht im Original, sondern in mehreren **Ablichtungen** den Verfahrensbeteiligten überlassen werden[27], wobei sich unter Umständen auch mehrere Personen in eine teilen können. Werden Kopien hinausgegeben, ist dafür Sorge zu tragen, daß sie vollständig und leserlich abgelichtet worden sind. Eine Beglaubigung der Ablichtungen ist jedoch nicht vorgeschrieben, zumal auch bei Aushändigung von Ablichtungen den Verfahrensbeteiligten die Einsichtnahme in die bei den Akten bleibenden Originale nicht verwehrt werden darf. Dies gilt auch, wenn sie im übrigen kein Recht auf Akteneinsicht haben[28].

28   Zur Beweiserhebung über den Inhalt eines Schriftstücks in der Form des Absatzes 2 ist notwendig, daß **alle Richter** — die Berufsrichter ebenso wie die Laienrichter — die Schrift selbst lesen und daß die **anderen Verfahrensbeteiligten** dazu ausreichend Gelegenheit erhalten. Das angeordnete Beweisverfahren kann daher schon dann scheitern, wenn auch nur einem dazu berechtigter Verfahrensbeteiligter dies vor Abschluß der Beweisaufnahme nicht ermöglicht werden konnte, etwa, weil die in Umlauf gegebene Originalurkunde während des Verfahrens verloren ging oder vernichtet wurde. Hat dagegen jeder Richter die Urkunde gelesen und hatte jeder andere Verfahrensbeteiligte ausreichend Gelegenheit dazu, dann ist es für die Wirksamkeit der Beweiserhebung un-

---

[25] *Kleinknecht/Meyer*[38] 23; *Alsberg/Nüse/Meyer* 322.
[26] KK-*Mayr*[2] 37.

[27] *Alsberg/Nüse/Meyer* 323; *Kleinknecht/Meyer*[38] 22; vgl. HW § 249, 67.
[28] Vgl. HW § 249, 66.

schädlich, wenn die auf diese Weise in die Hauptverhandlung eingeführte Urkunde später nicht mehr in den Akten auffindbar sein sollte.

Die **Feststellung**, daß die Richter die Schrift gelesen haben und daß die anderen **29** Verfahrensbeteiligten dazu Gelegenheit hatten, muß der Vorsitzende **in der Hauptverhandlung** ausdrücklich treffen. Dies folgt zum einen schon daraus, daß andernfalls der Protokollführer, der neben dem Vorsitzenden dafür verantwortlich ist, daß der Gang der Hauptverhandlung richtig in der Sitzungsniederschrift festgehalten wird, mangels eigener Wahrnehmung gar nicht in der Lage wäre, diese von § 249 Abs. 2 Satz 3 geforderte Feststellung zu beurkunden. Die Notwendigkeit einer ausdrücklichen Feststellung in der Hauptverhandlung liegt aber auch in der Sachlogik des Selbstleseverfahrens. Wenn die eigentliche Kenntnisnahme außerhalb der mündlichen Verhandlung und bei den einzelnen Verfahrensbeteiligten zu unterschiedlichen Zeitpunkten stattfindet, so fordert die für den Verfahrensfortgang nötige Verfahrensklarheit, daß der Abschluß dieses Verfahrens — und damit die Feststellung, daß der Urkundenbeweis in der Form des Absatzes 2 nunmehr erhoben ist — ausdrücklich in der Hauptverhandlung zur Sprache kommt[29]. Dies setzt die Verfahrensbeteiligten in die Lage, der Feststellung zu widersprechen, wenn sie aus irgendeinen für den Vorsitzenden nicht ersichtlichen Grund an der beabsichtigten Kenntnisnahme gehindert waren. Bevor der Vorsitzende zu Protokoll erklärt, daß er und die anderen Richter die Urkunden gelesen haben, muß er sich — wenn auch nicht notwendig in der Hauptverhandlung — durch eine Rückfrage von den anderen Richtern, vor allem den Schöffen[30], bestätigen lassen, daß dies tatsächlich geschehen ist. Überwachen braucht er sie aber nicht. Hinsichtlich der anderen Verfahrensbeteiligten genügt die Feststellung, daß sie Gelegenheit zur Kenntnisnahme hatten. Ob sie diese Möglichkeit auch genützt haben, ist unerheblich[31]. Dies muß der Vorsitzende auch nicht erforschen.

Durch diese förmliche **Erklärung zu Protokoll** wird außerdem der Zeitpunkt fest- **30** gelegt, zu dem der Angeklagte nach § 257 Abs. 1 zu befragen und den anderen Verfahrensbeteiligten Gelegenheit zu geben ist, sich nach § 257 Abs. 2 zum Beweisergebnis zu erklären[32].

7. Bindung für das weitere Verfahren. Durch die Anordnung des Verfahrens nach **31** Absatz 2 sind **weder Vorsitzender noch Gericht gebunden.** Vor allem, wenn sich Schwierigkeiten ergeben, das Selbstleseverfahren fristgerecht (vgl. Rdn. 15; 25) durchzuführen oder wenn ein Schöffe erkennbar nicht bereit ist, die Urkunden selbst zu lesen, kann der Vorsitzende in das Beweisverfahren nach Absatz 1 übergehen und die Verlesung der Urkunden in der Hauptverhandlung anordnen. Daß die Verfahrensbeteiligten die Frist für den Widerspruch versäumt haben, schließt nicht aus, die Form des Urkundenbeweises von Amts wegen noch nachträglich zu ändern. Die Befristung des Widerspruchs soll im Interesse der Verfahrensbeschleunigung nur die Verfahrensbeteiligten veranlassen, ihre Einwände gegen das Selbstleseverfahren nach Absatz 2 unverzüglich geltend zu machen. Ihr Zweck ist aber nicht, das Gericht auf das einmal gewählte Verfahren festzulegen, wenn es sich nachträglich bei einer Änderung der Verfahrenslage als zu zeitraubend oder sonst unzweckmäßig oder gar als undurchführbar oder unzulässig erweist.

---

[29] Dies folgt auch aus dem insoweit geltenden Mündlichkeitsgrundsatz, vgl. Rdn. 3 Fußn. 3.
[30] KK-*Mayr*[2] 39. *Kleinknecht/Meyer*[38] 24 ist der Ansicht, die Feststellung, daß die Schöffen die Schrift gelesen haben, sei nicht in das Protokoll aufzunehmen.
[31] KK-*Mayr*[2] 37; *Kleinknecht/Meyer*[38] 23.
[32] Vgl. § 257, 1.

Walter Gollwitzer

32   Der **Beweiserhebungsanspruch** eines Verfahrensbeteiligten wird durch das Verlesen der Urkunde nach Absatz 1 in gleicher Weise erfüllt wie durch das Selbstleseverfahren nach Absatz 2. Der Antrag, über den Inhalt einer Urkunde in der anderen Form des § 249 nochmals Beweis zu erheben, ist **kein neuer Beweisantrag**. Als Antrag auf Wiederholung der Beweisaufnahme ist er nach den dafür geltenden Grundsätzen[33] zu bescheiden.

33   Will das Gericht während des noch im Gange befindlichen Selbstverleseverfahrens von der **Erhebung des Urkundenbeweises absehen**, bedarf es, wie auch sonst beim Absehen von einer bereits beschlossenen, aber noch nicht durchgeführten Beweisaufnahme, eines in der Hauptverhandlung zu verkündenden Beschlusses[34]. Da möglicherweise ein Teil der Laienrichter die Urkunden in diesem Zeitpunkt bereits gelesen hat, kann sich in diesen Fällen empfehlen, ausdrücklich darauf hinzuweisen, daß die Urkunden nunmehr nicht als Beweismittel verwendet werden und daß ihr Inhalt deshalb auch bei der Urteilsfindung außer Betracht zu bleiben hat.

34   **8. Sitzungsniederschrift.** Absatz 2 Satz 3 schreibt ausdrücklich vor, daß die Anordnung des Selbstleseverfahrens durch den Vorsitzenden, seine Feststellung, daß die Richter einschließlich der Schöffen[35] von den betreffenden Schriftstücken Kenntnis genommen haben und daß die anderen Verfahrensbeteiligten die Möglichkeit dazu hatten[36], sowie der etwaige Widerspruch eines Verfahrensbeteiligten[37] in das Protokoll aufzunehmen sind. Soweit es sich dabei um **wesentliche Förmlichkeiten** des Verfahrens handelt, würde sich dies auch aus § 273 Abs. 1 ergeben. Dieser legt im übrigen ausdrücklich fest, daß die Schriftstücke, von deren Verlesung nach Absatz 2 abgesehen wurde, im Protokoll so eindeutig zu bezeichnen sind, daß ohne Verwechslungsgefahr feststellbar ist, welches Schriftstück in dieser Form zum Gegenstand des Urkundenbeweises gemacht worden ist[38]. Zu protokollieren nach § 273 Abs. 1 ist auch die in § 249 Abs. 2 Satz 3 nicht erwähnte **Entscheidung des Gerichts** bei Widerspruch[39].

35   Soweit es sich um die Beachtung der vorgeschriebenen Förmlichkeiten handelt, erfaßt die **Beweiskraft des Sitzungsprotokolls** (§ 274) die Angaben nach Absatz 2 Satz 3. Dies gilt auch für die Erklärung des Vorsitzenden, daß die Richter — einschließlich der Laienrichter — die Urkunde gelesen haben. Auch insoweit handelt es sich um eine für das Beweisverfahren der Hauptverhandlung vorgeschriebene Förmlichkeit. Das Lesen als solches, das außerhalb der Hauptverhandlung geschieht, wird von der Beweiskraft des nur die Tatsache der Feststellung des Vorsitzenden bezeugenden Protokollvermerks nicht umfaßt[40].

9. Rechtsbehelfe

36   **a)** Die **Entscheidung des Gerichts** darüber, ob der Urkundenbeweis in der Form des § 249 Abs. 2 zu erheben ist, kann jeder dazu befugte Verfahrensbeteiligte (Rdn. 20) durch den **Widerspruch** nach § 249 Abs. 2 Satz 2 herbeiführen. Die Spezialregelung gewährt wegen der umfassenden Entscheidungskompetenz des Gerichts (Rdn. 22) eine weitergehende Überprüfung als die Anrufung des Gerichts nach § 238 Abs. 2, mit der

---

[33] Vgl. HW § 244, 132; § 249, 71.
[34] Vgl. HW § 244, 133.
[35] KK-*Mayr*[2] 37; a. A *Kleinknecht/Meyer*[38]; vgl. Rdn. 24 ff.
[36] KK-*Mayr*[2] 39; *Kleinknecht/Meyer*[38] 24; HW § 249, 81.
[37] KK-*Mayr*[2] 50; *Kleinknecht/Meyer*[38] 24.

[38] Vgl. HW § 273, 16; § 249, 81; KK-*Mayr*[2] 39; 50; *Kleinknecht/Meyer*[38] 24.
[39] KK-*Mayr*[2] 50; *Kleinknecht/Meyer*[38] 24; *Meyer-Goßner* NJW **1987** 1164; HW § 273, 26.
[40] KK-*Mayr*[2] 39.

nur die rechtliche Unzulässigkeit der Anordnung des Vorsitzenden geltend gemacht werden kann. Letzterer Rechtsbehelf ist jedoch gegeben, wenn eine Anordnung des Vorsitzenden bei Durchführung des Selbstleseverfahrens als rechtlich unzulässig beanstandet werden soll[41], etwa, wenn er die Zeit für die Eigenlektüre völlig unzureichend bemißt oder wenn er durch die Feststellungen über die Kenntnisnahme und die Gelegenheit dazu (Absatz 2 Satz 3) das Beweisverfahren nach Absatz 2 für abgeschlossen erklärt, obwohl einem Verfahrensbeteiligten diese Gelegenheit noch nicht eröffnet war.

b) Beschwerde. Die Anordnung des Vorsitzenden, ein Schriftstück im Wege des **37** § 249 Abs. 2 zu Beweiszwecken zu verwenden, sowie der Beschluß des Gerichts, der dies oder die Verlesung nach Absatz 1 anordnet, ist durch § 305 der Beschwerde entzogen[42]. Nicht der Beschwerde zugänglich sind auch die einzelnen verfahrensleitenden Anordnungen des Vorsitzenden, mit denen er die Einzelheiten der Durchführung des Selbstleseverfahrens regelt, sowie ein hierüber herbeigeführter Beschluß des Gerichts nach § 238 Abs. 2.

c) Revision. Ist eine Urkunde Entscheidungsgrundlage geworden, obwohl sie **38** weder nach § 249 Abs. 1 verlesen worden ist noch alle Voraussetzungen des § 249 Abs. 2 vorlagen, so ist neben § 249 auch § 261 verletzt[43]. Dies gilt auch, wenn — unbeschadet des Beratungsgeheimnisses (§§ 43, 45 DRiG) — im Revisionsverfahren feststellbar ist, daß ein Richter eine nach Absatz 2 als Beweismittel verwendete Urkunde nicht gelesen hat[44]. Mit der Revision kann dagegen nicht beanstandet werden, wenn eine Urkunde in der Form des Absatzes 2 statt der des Absatzes 1 in das Verfahren eingeführt wurde. Da beide Formen dem § 261 genügen, ist dieser durch die Entscheidung für die Form des Absatzes 2 nicht verletzt[45]. Haben die Verfahrensbeteiligten der Anordnung des Vorsitzenden nicht **unverzüglich widersprochen**, dürften nachträgliche Beanstandungen im Rahmen der Verfahrensrüge auch schon wegen des verspäteten Vortrags scheitern[46]. Aber auch bei einer durch den Widerspruch herbeigeführten Entscheidung des Gerichts wird in der Regel ausgeschlossen werden können, daß dadurch die Verteidigung in einem wesentlichen Punkt unzulässig beschränkt wurde (§ 338 Nr. 8). Ist ein Widerspruch gegen das Verfahren nach Absatzes 2 versehentlich nicht vom Gericht beschieden worden, so wird in der Regel auszuschließen sein, daß das Urteil darauf beruht; ob es Ausnahmefälle gibt, bei denen mit Erfolg dargetan werden könnte, daß durch das Unterlassen der Beschlußfassung[47] die Verteidigung in einem wesentlichen Punkt beschränkt wurde (§ 338 Nr. 8), erscheint fraglich. Wegen der weiteren Rügemöglichkeiten vgl. HW § 249, 94 ff.

§ 251

(1) ...

(2) Hat der Angeklagte einen Verteidiger, so kann die Vernehmung eines Zeugen, Sachverständigen oder Mitbeschuldigten durch die Verlesung einer Niederschrift über eine andere Vernehmung oder einer Urkunde, die eine von ihm stammende schriftliche Erklärung enthält, ersetzt werden, wenn der Staatsanwalt, der Verteidiger und der An-

---

[41] Vgl. dazu auch HW § 249, 92.
[42] *Kleinknecht/Meyer*[38] 21; HW § 249, 93.
[43] KK-*Mayr*[2] 53; *Kleinknecht/Meyer*[38] 30.
[44] KK-*Mayr*[2] 39; 53; *Kleinknecht/Meyer*[38] 30.

[45] Vgl. HW § 249, 95.
[46] Vgl. *Kindhäuser* NStZ **1987** 531; ferner Rdn. 17; 21.
[47] Vgl. § 338, 130.

Walter Gollwitzer

geklagte damit einverstanden sind. Im übrigen ist die Verlesung nur zulässig, wenn der Zeuge, Sachverständige oder Mitbeschuldigte verstorben ist oder aus einem anderen Grunde in absehbarer Zeit gerichtlich nicht vernommen werden kann.

(3) ...

(4) ...

Änderung. Art. 1 Nr. 17 StVÄG 1987 hat den ganzen Absatz 2 neu gefaßt. Eine Neuregelung bringt jedoch nur der Satz 1, der im Interesse der Verfahrensvereinfachung gestattet, bei einem verteidigten Angeklagten mit Einverständnis der Verfahrensbeteiligten die Einvernahme eines Zeugen, Sachverständigen oder Mitbeschuldigten durch Verlesung der Vernehmungsniederschriften oder sonstiger von ihm stammender Schriften zu ersetzen. Der nur redaktionell umgestaltete Satz 2 übernimmt dagegen die auch schon bisher in Absatz 2 enthaltene Regelung.

Übersicht

1. Zweck und Grenzen des Absatzes 2 Satz 1

1   **a) Zweck der Neuregelung** in Absatz 2 Satz 1 ist die Vereinfachung und Beschleunigung der Hauptverhandlung[1]. In Erweiterung des nur für richterliche Vernehmungsniederschriften geltenden Absatz 1 Nr. 4 dürfen bei einem verteidigten Angeklagten auch sonstige Vernehmungsniederschriften und von ihm stammende schriftliche Äußerungen verlesen werden. Damit setzt sich die Tendenz[2] fort, zur Entlastung der Hauptverhandlung die Fälle zu erweitern, in denen in Durchbrechung des Grundsatzes des § 250 an Stelle des mitunter nur um den Preis erhebliche Verfahrensverzögerungen durchführbaren Personalbeweises der Urkundenbeweis mittels der meist schon in den Akten befindlichen Schriftstücke treten darf. Die gleiche Zielsetzung hat auch der inhaltlich weitergehende § 77 a Abs. 1 OWiG, der es bei Zustimmung der anwesenden Verfahrensbeteiligten gestattet, die Vernehmung eines Zeugen, Sachverständigen oder Mitbetroffenen durch die Verlesung einer Niederschrift oder einer Urkunde zu ersetzen, die eine von ihm stammende Äußerung enthält.

2   **b)** Absatz 2 Satz 1 schränkt den **Grundsatz** der (materiellen) **Unmittelbarkeit der Beweiserhebung** (und nicht etwa das formal zu verstehende Prinzip der Mündlichkeit

---

[1] BTRAussch. BTDrucks. 10 6592, S. 23; KK-*Mayr*[2] 21; *Meyer-Goßner* NJW **1987** 1163.

[2] Ursprünglich war die Verlesung nur in den jetzt in § 251 Abs. 1 Nrn. 1 bis 3 geregelten Fällen zulässig. Absatz 1 Nr. 4; Absatz 2 sind erst 1943 eingefügt worden. Zur Entwicklung vgl. *Grünwald* FS Dünnebier 347.

der Hauptverhandlung)[3] ein, wenn er gestattet, anstelle des unmittelbaren Beweismittels ein — was den Zeugenbeweis anlangt — mitunter weniger gut zu beurteilendes Beweissurrogat zu verwenden. Der Gesetzgeber glaubte dies hinnehmen zu können, weil die formellen Voraussetzungen dieser Vorschrift sicherstellen, daß sie nur mit Einverständnis der Verfahrensbeteiligten und nur bei einem verteidigten Angeklagten angewendet werden kann[4] und weil unabhängig davon die **Aufklärungspflicht des Gerichts** ihrer Anwendung auch unverrückbare sachliche Grenzen setzt. Als übergeordnetes Prinzip steht der Amtsaufklärungsgrundsatz nicht zur Disposition der Verfahrensbeteiligten. Mit dem Erfordernis ihres Einverständnisses haben diese nur eine zusätzliche Einwirkungsbefugnis auf das Verfahren erhalten, mit der sie verhindern können, daß ihnen ein für ihre Verfahrensführung wichtiges Beweismittel aus der Hand genommen wird. Soweit der Unmittelbarkeitsgrundsatz neben der Sachaufklärung auch diese Befugnis mit sichert, erscheint es vertretbar, seine Einschränkung insoweit an die Zustimmung der Verfahrensbeteiligten zu binden. Diese können auch sonst frei entscheiden, ob und wie sie ein Beweismittel für ihre Prozeßführung nutzen wollen[5].

c) Die **Aufklärungspflicht** des Gerichts (§ 244 Abs. 2) wird durch die Regelung in **3** Absatz 2 Satz 1 nicht eingeschränkt[6]. Die Verwendung einer Urkunde oder einer Vernehmungsniederschrift als Ersatzbeweismittel kann mitunter schon daran scheitern, daß ihr Beweiswert wegen unaufklärbarer Ungenauigkeiten ihres Inhalts oder wegen der Umstände ihres Zustandekommens zweifelhaft erscheint. Sie ist dann als Ersatz für eine mögliche persönliche Einvernahme ungeeignet. Bei verfahrensentscheidenden Beweisaufnahmen, bei denen es auf den persönlichen Eindruck von einer verfügbaren Beweisperson ankommt, wird es sich in der Regel ebenfalls verbieten, daß sich das Gericht mit der Verlesung einer nicht-richterlichen Vernehmungsniederschrift oder einer sonstigen schriftlich fixierten Bekundung einer Wahrnehmung begnügt[7]. Der Anwendungsbereich des Absatzes 2 Satz 1 wird deshalb vor allem bei Beweisaufnahmen liegen, die das Randgeschehen betreffen[8] oder bei denen sonst keine Zweifel hinsichtlich der Zuverlässigkeit und Glaubwürdigkeit des schriftlich Bekundeten bestehen, etwa, weil sie eine bereits weitgehend geklärte Beweisaufnahme bestätigen oder die Glaubwürdigkeit eines Geständnisses eines Angeklagten untermauern.

2. Die Voraussetzungen des Absatzes 2 Satz 1
a) Teilnahme eines Verteidigers. Anders als bei § 251 Abs. 1 Nr. 4 oder Absatz 2 Satz 2 **4** erfordert Satz 1, daß dem Angeklagten in der Hauptverhandlung ein Verteidiger zur Seite steht. Der Gesetzgeber ging davon aus, daß der unverteidigte Angeklagte selbst vielfach nicht in der Lage sein wird, die Tragweite seiner Einverständniserklärung sicher

---

[3] Vgl. HW Einl. Kap. **13** 59 ff; 65 ff; § 250, 1.
[4] Kritisch zur Effektivität dieser Kontrolle *Kempf* StrVert. **1987** 222.
[5] Das Argument, daß das Unmittelbarkeitsprinzip nicht zur Disposition der Verfahrensbeteiligten stehe (Minderheit RAussch. BTDrucks. **10** 6592), trifft in dieser Allgemeinheit nicht zu. Dieses ohnehin nicht durchwegs verwirklichte Prinzip ist nur insoweit nicht disponibel, als die Wahrheitserforschung dies erfordert.

[6] BTRAussch. BTDrucks. **10** 6592, S. 23; *Kleinknecht/Meyer*[38] 25; *Rieß/Hilger* NStZ **1987** 151. Vgl. auch die Rechtspr. zu § 251 Abs. 1 Nr. 4; etwa BGH NStZ **1988** 37; 283; HW § 251, 44 mit weit. Nachw.
[7] *Meyer-Goßner* NJW **1987** 1164; *Rieß/Hilger* NStZ **1987** 151; vgl. HW § 251, 2; § 244, 60, 69.
[8] *Rieß/Hilger* NStZ **1987** 151.

Walter Gollwitzer

genug abzuschätzen[9]. Da er selbst kein Akteneinsichtsrecht hat, ist er darauf angewiesen, daß der Verteidiger aufgrund seiner Aktenkenntnis beurteilt, ob durch die Verlesung seine Verteidigungsinteressen gefährdet werden, unter Umständen auch, daß er bei einer Verlesung darauf dringen muß, daß auch noch andere in den Akten befindliche Äußerungen derselben Beweisperson zu verlesen sind, um der Entstehung eines falschen Eindrucks entgegenzuwirken. Unerheblich ist, ob der Verteidiger ein Wahl- oder Pflichtverteidiger ist und ob die Verteidigung eine notwendige ist.

5   Im **Zeitpunkt der Abgabe der Einverständniserklärung** muß der Verteidiger, wie aus dem Zweck der Regelung gefolgert wird, in der Hauptverhandlung anwesend sein[10]. Sein Einverständnis ist nicht durch das des Angeklagten ersetzbar. Dagegen dürfte es unschädlich sein, wenn ein nicht notwendiger Verteidiger sich vor der Verlesung entfernt hat. Satz 1 geht zwar ersichtlich vom Regelfall des in der Hauptverhandlung anwesenden Verteidigers aus. Eine über den Zweck der Sicherung der Entscheidungsprärogative hinausreichende Anwesenheitspflicht für den Verteidiger dürfte er jedoch nicht begründen. Ob es allerdings ausreicht, wenn der fernbleibende Verteidiger schon vor der Hauptverhandlung sein Einverständnis schriftlich gegenüber dem Gericht erklärt hat, erscheint fraglich, denn der Gesetzgeber dürfte davon ausgegangen sein, daß in Gegenwart des Verteidigers in der Hauptverhandlung die Vereinbarkeit der Verlesung mit der Beweislage erörtert werden kann.

6   Bei **mehreren Angeklagten** muß jedem ein Verteidiger zur Seite stehen. Gleiches gilt für die Nebenbeteiligten, die mit Angeklagtenbefugnisse an der Hauptverhandlung teilnehmen. Nur bei den Angeklagten oder Nebenbeteiligten, deren Zustimmung entbehrlich ist[11], weil sie durch die betreffende Verlesung in ihren Verfahrensinteressen in keiner Weise berührt werden können, ist es für die Anwendbarkeit des Satzes 1 unschädlich, wenn sie keinen Verteidiger haben.

7   **b) Einverständnis der Verfahrensbeteiligten.** Die Verlesung der Vernehmungsprotokolle und schriftlichen Äußerungen nach Absatz 2 Satz 1 setzt das Einverständnis der Verfahrensbeteiligten voraus. Zustimmen müssen der **Staatsanwalt**, der **Privatkläger**[12], nicht aber der **Nebenkläger**[13]; ferner der **Verteidiger**, wobei bei mehreren Verteidigern schon der Widerspruch eines von ihnen die Verlesung verhindern kann[14]. Im Jugendstrafverfahren muß der **Beistand** einverstanden sein (vgl. § 69 Abs. 3 JGG), nicht aber gesetzliche Vertreter oder Erziehungsberechtigte[15].

8   Der **Angeklagte** selbst muß ebenfalls sein Einverständnis erklären, wobei die Zustimmung des Verteidigers die des Angeklagten nicht ersetzen kann und umgekehrt. Nimmt allerdings der Angeklagte an der Hauptverhandlung nicht teil, genügt nach

---

[9] BTRAussch. BTDrucks. **10** 6592, S. 23. Zur Tendenz, bei der Verfahrensgestaltung zwischen dem verteidigten und den unverteidigten Angeklagten zu differenzieren vgl. *Kindhäuser* NStZ **1987** 535.

[10] BTRAussch. BTDrucks. **10** 6592, S. 24; *Kleinknecht/Meyer*[38] 24; *Rieß/Hilger* NStZ **1987** 151 Fußn. 137.

[11] Vgl. Rdn. 8.

[12] Solange der Staatsanwalt das Verfahren nicht als Offizialverfahren weiterbetreibt, hat der Privatkläger die aus der Parteistellung des Staatsanwalts folgenden Verfahrensbefug-

nisse; danach hat er, sofern er sich nicht als Nebenkläger anschließt, nur die Befugnisse des Verletzten. Es ist also zu differenzieren: Betreibt er statt des Staatsanwalts das Verfahren muß er zustimmen (so *Kleinknecht/Meyer*[38] 24), andernfalls ist er nur dazu zu hören (so KK-*Mayr*[2] 10).

[13] BTRAussch. BTDrucks. **10** 6592, S. 24. Zur Änderung der Rechtslage durch das OpferschutzG vgl. Nachtr. § 395, 3; § 397, 1; 10.

[14] *Kleinknecht/Meyer*[38] 24.

[15] *Kleinknecht/Meyer*[38] 24; ferner die Kommentare zu § 69 JGG.

§ 234 a die Zustimmung seines Verteidigers[16]. Dies gilt in allen Fällen, in denen die Hauptverhandlung gegen einen nicht anwesenden Angeklagten durchgeführt oder fortgesetzt werden darf; nicht aber bei dem nicht von § 234 a erfaßten zeitweiligen Ausschluß des Angeklagten nach § 247[17]. Soweit **Nebenbeteiligte** mit Angeklagtenbefugnisse an der Hauptverhandlung teilnehmen, bedarf es auch ihres Einverständnisses, soweit sie in ihren Verfahrensinteressen berührt sein können[18]. Bei **mehreren Mitangeklagten** muß jeder mit der Verlesung einverstanden sein. Nur wenn einer von ihnen in seinen Verteidigungsinteressen nicht berührt werden kann, weil die Beweiserhebung ihn in keiner Weise betrifft, ist seine Einwilligung entbehrlich[19].

Das Einverständnis, über das das Gericht im Interesse der Verfahrensklarheit **9** stets eine **ausdrückliche Erklärung** aller Verfahrensbeteiligten herbeiführen sollte, kann — ebenso wie bei § 251 Abs. 1 Nr. 4 — auch in einem **konkludenten Verhalten** zum Ausdruck kommen. Insoweit gelten die allgemeinen Grundsätze wie auch bei § 251 Abs. 1 Nr. 4[20]. Sollen nur **Teile** einer Schrift zu Beweiszwecken verlesen werden, muß sich das Einverständnis auch hierauf erstrecken[20a].

Das Einverständnis muß im **Zeitpunkt der Anordnung** der Verlesung durch das **10** Gericht vorliegen. Wird es schon vorher erklärt, etwa um schon vor Beginn der Hauptverhandlung Klarheit über die zur Hauptverhandlung zu ladenden Beweispersonen zu schaffen[21], so ist der Erklärende hierdurch noch nicht gebunden[22], da solche vorzeitigen Erklärungen nur den Charakter einer Ankündigung des späteren Prozeßverhaltens haben. Ob aufgrund der Beweislage die Verlesung tatsächlich ausreicht, können Gericht und Verfahrensbeteiligte immer erst nach der Verfahrenslage im Zeitpunkt der Anordnung der Verlesung endgültig beurteilen und entscheiden. Mit Anordnung der Verlesung wird die Einwilligung unwiderruflich[23]. Diese Bindung gilt aber nur für die **laufende Hauptverhandlung**. Wird sie nach einer Aussetzung neu begonnen, so bedarf es einer erneuten Einverständniserklärung, ein ausdrücklicher Widerruf kann allerdings angezeigt sein, um den Anschein auszuschließen, das Einverständnis bestehe auch in der erneuerten Hauptverhandlung[24].

Ist eine erforderliche Zustimmung versehentlich nicht eingeholt worden, so kann **11** der darin liegende Verstoß dadurch **geheilt** werden, daß der oder die betroffenen Verfahrensbeteiligten das Verfahren nachträglich genehmigen[25].

3. Verlesbare Erklärungen
a) Vernehmungsniederschriften, die eine Bekundung der in Satz 1 genannten Personen enthalten, können verlesen werden, vor allem die Niederschriften über eine polizeiliche Vernehmung. Eine Ausnahme gilt nur bei Niederschriften über richterliche Ver- **12**

---

[16] *Kleinknecht/Meyer*[38] 24; vgl. § 234 a, 8.
[17] *Kleinknecht/Meyer*[38] 24; § 234 a, 7. Da die Verlesbarkeit von der Teilnahme eines Verteidigers abhängt, stellt sich die Streitfrage nicht, ob ein Angeklagter ohne Verteidiger bei unbefugtem Fernbleiben sein Sperrrecht verwirkt; vgl. Nachtr. § 234 a, 20.
[18] *Kleinknecht/Meyer*[38] 24; vgl. HW Vor § 226, 33; § 251, 45.
[19] *Kleinknecht/Meyer*[38] 24; vgl. HW Vor § 226, 33.
[20] Vgl. HW § 251, 46 mit Nachw.; ferner etwa OLG Köln NStZ **1988** 31.
[20a] BGH NStZ **1988** 283.
[21] Im Interesse einer wirtschaftlichen Verfahrensgestaltung kann es zweckmäßig sein, wenn das Gericht schon frühzeitig zu klären versucht, ob die Ladung von Zeugen oder Sachverständigen entbehrlich ist; vgl. *Meyer-Goßner* NJW **1988** 1164 (Anfrage bei Ladung).
[22] Vgl. *Kleinknecht/Meyer*[38] 11; HW § 251, 47.
[23] KK-*Mayr*[2] 10; *Kleinknecht/Meyer*[38] 14; HW § 251, 47.
[24] Vgl. KMR-*Paulus* 34; HW § 251, 47.
[25] Vgl. HW § 251, 48.

Walter Gollwitzer

nehmungen sowie der ihnen gleichgestellten Protokolle[26]. Diese sind bei Einverständnis der Verfahrensbeteiligten nach § 251 Abs. 1 Nr. 4 verlesbar, also auch dann, wenn der Angeklagte keinen Verteidiger hat.

13   Verlesbar nach Absatz 2 Satz 1 sind auch **mit Fehlern behaftete Niederschriften**. Ob der Fehler die Beweistauglichkeit beeinträchtigt, hat das Gericht unter Berücksichtigung seiner Aufklärungspflicht zu beurteilen. Unabhängig davon hat es jeder Verfahrensbeteiligte in der Hand, bei Bedenken gegen die Zuverlässigkeit und Richtigkeit der Niederschrift durch Verweigerung seiner Zustimmung die Verlesung zu verhindern.

14   **b) Urkunden mit einer schriftlichen Äußerung** des Zeugen, Sachverständigen oder Mitbeschuldigten[27] (vgl. dazu HW § 251, 55; 57 ff), sind mit Einverständnis der Verfahrensbeteiligten auch dann verlesbar, wenn im übrigen die Voraussetzungen des Absatzes 2 Satz 2 nicht vorliegen. Hierzu rechnen auch schriftliche Erklärungen zur Sache, die der Zeuge oder Mitbeschuldigte dem Gericht in der anhängigen Sache von sich aus oder auf Anforderung eingereicht hat. Verlesbar sind auch schriftliche Sachverständigengutachten, unabhängig davon, ob die Voraussetzungen des Satzes 2 oder des § 256 vorliegen[27a].

15   Von Satz 1 erfaßt werden aber nur solche schriftliche Äußerungen, die unter das **Verbot des § 250** fallen, die also Wahrnehmungen der betreffenden Auskunftsperson wiedergeben[28]. Soweit § 250 den Urkundenbeweis nicht ausschließt, ist er uneingeschränkt zulässig. Es kommt dann nicht darauf an, ob eine der von § 251 zugelassenen Ausnahmen von § 250 vorliegt[29]. Dies gilt vor allem, wenn eine Schrift zusätzlich zur persönlichen Einvernahme verlesen wird, diese also nicht ersetzt, sondern nur ergänzt werden soll[30].

16   **c)** Soweit ein **Beweisverbot** der Verlesung einer Niederschrift oder der Verwertung einer schriftlichen Äußerung entgegensteht, werden diese grundsätzlich auch nicht dadurch verwertbar, daß die Verfahrensbeteiligten damit einverstanden sind[31]. Denn die Pflicht des Gerichts, derartige Verbote zu beachten, steht nicht zur Disposition der Verfahrensbeteiligten. Wegen der Einzelheiten vgl. HW § 251, 61.

4. Verfahren

17   **a) Anregung des Gerichts.** In geeigneten Fällen, in denen sich eine oder mehrere nach Satz 2 verwertbare Niederschriften oder Urkunden mit Äußerungen der betreffenden Auskunftsperson bei den Akten befinden und nach Ansicht des Gerichts eine bessere Sachaufklärung durch eine persönliche Einvernahme weder nötig noch auch zu erwarten ist, kann der Vorsitzende die Verfahrensbeteiligten befragen, ob sie mit der Verlesung einverstanden sind. Dies kann auch schon vor Beginn der Hauptverhandlung im Rahmen der Vorbereitung der Zeugenladungen geschehen[32]. Den Verfahrensbeteiligten ist dann die Möglichkeit eröffnet, auch ihrerseits sich damit einverstanden zu erklären oder aber dem Gericht die Gründe aufzuzeigen, warum aus ihrer Sicht die persön-

---

[26] Vgl. HW § 251, 22 ff.

[27] Vgl. HW § 251, 15.

[27a] BGH NStZ **1988** 283. Zur Frage, ob der schriftliche Bericht der Gerichtshilfe (für Erwachsene) nach § 251 Abs. 2 Satz 1 verlesen werden kann, s. LR-*Rieß* HW § 160, 101 mit Nachw.

[28] Zur strittigen Reichweite vgl. HW § 250, 6 ff; ferner BGH NJW **1987** 1093.

[29] *Alsberg/Nüse/Meyer* 271; *Kleinknecht/Meyer*[38] 32.

[30] Vgl. BGH NStZ **1982** 342; **1988** 36 (dazu *Dölling* NStZ **1988** 6); KK-*Mayr*[2] 10; vgl. HW § 251, 49.

[31] Vgl. *Kleinknecht/Meyer*[38] 10.

[32] *Meyer-Goßner* NJW **1987** 1164; vgl. § 251, 47.

liche Einvernahme geboten ist. Sollte das Gericht trotzdem von einer Ladung absehen, können sie dann auch von ihrem eigenen Ladungsrecht Gebrauch machen. Das Gericht muß außerdem damit rechnen, daß sie einer Verlesung nicht zustimmen werden.

Ob statt der Vernehmung der Beweisperson die Verlesung einer von ihr stammen- **18** den schriftlichen Äußerung ausreicht, ist aber auch zu prüfen und gegebenenfalls in der Hauptverhandlung zu erörtern, wenn ein geladener **Zeuge ausgeblieben** ist oder wenn die Vernehmung eines Zeugen oder Sachverständigen aufgrund eines neuen Beweisantrags die Aussetzung der Verhandlung erfordern würde.

b) Anregung der Verfahrensbeteiligten. Den Verfahrensbeteiligten ist es unbenom- **19** men, von sich aus darauf hinzuwirken, daß statt der Vernehmung der Auskunftsperson eine von ihr stammende Aussage oder schriftliche Äußerung verlesen wird. Ein solcher Antrag kann die Voraussetzungen eines Beweisantrags erfüllen und muß dann als solcher behandelt und durch Beschluß beschieden werden; es kann sich aber, wenn kein neues Beweisbegehren damit verbunden ist, auch nur um eine Anregung zur Vereinfachung der Verfahrensgestaltung handeln, die sich ohne förmlichen Gerichtsbeschluß erledigt, wenn die Zustimmung von einem anderen Verfahrensbeteiligten verweigert wird.

c) Entscheidung des Gerichts. Das Gericht — nicht der Vorsitzende — hat die **20** Verlesung nach Absatz 2 Satz 1 anzuordnen. In Würdigung der Beweisqualität der in Betracht kommenden Schriftstücke, der bisherigen Beweisergebnisse und der sonstigen Verfahrenslage sowie der Bedeutung der zu erwartenden Aussage muß es prüfen, ob es mit der Aufklärungspflicht vereinbar ist, auf die persönliche Einvernahme der Beweisperson in der Hauptverhandlung — eventuell auch durch einen ersuchten Richter — zu verzichten und sich mit der Verlesung der vorliegenden schriftlichen Äußerungen zu begnügen. Daß die Verfahrensbeteiligten durch ihr Einverständnis zu erkennen gegeben haben, daß sie die persönliche Einvernahme zur Sachaufklärung nicht für erforderlich halten, mag zwar eine gewisse Indizwirkung haben. Es entbindet das Gericht aber nicht von seiner Pflicht, unabhängig von Anträgen und Erklärungen der Verfahrensbeteiligten die Beweisaufnahme so zu gestalten, daß die Wahrheitserforschung nicht beeinträchtigt wird[33].

Die Anordnung der Verlesung erfordert einen **Beschluß des Gerichts**, der in der **21** Hauptverhandlung zu verkünden und zu begründen ist (§ 251 Abs. 4, Satz 1, 2). Er muß eindeutig das Schriftstück — gegebenenfalls auch dessen Teile — bezeichnen[34]. Im übrigen genügt als Begründung der Hinweis, daß das Einverständnis der Verfahrensbeteiligten vorliegt. Wegen der weiteren Einzelheiten wird auf die Erläuterungen im Hauptwerk (§ 251, 72 ff) verwiesen.

d) Sitzungsniederschrift. Als wesentliche Förmlichkeit (§ 273 Abs. 1) ist die Erklä- **22** rung des Einverständnisses durch die Verfahrensbeteiligten oder aber die Verweigerung der Zustimmung in der Sitzungsniederschrift festzuhalten[35], ferner der Beschluß, der die Verlesung anordnet und die Tatsache der Verlesung selbst, wobei das verlesene Schriftstück genau zu bezeichnen ist[36]. Wird das Einverständnis stillschweigend oder durch konkludentes Verhalten erklärt, ist es durch die Sitzungsniederschrift weder nachweisbar noch gilt insoweit deren negative Beweiskraft (§ 274). Ob es vorliegt, ist im Freibeweisverfahren zu klären.

---

[33] Vgl. Rdn. 3; HW § 244, 48.
[34] BGH NStZ **1988** 283.

[35] Vgl. HW § 273, 13.
[36] Vgl. HW § 273, 14.

Walter Gollwitzer

23   **5. Revision.** Wird eine Vernehmungsniederschrift oder eine Urkunde mit einer schriftlichen Äußerung nach § 251 Abs. 2 Satz 1 verlesen, so ist neben dieser Vorschrift auch § 250 verletzt, wenn die Voraussetzungen dieser Vorschrift fehlerhaft bejaht wurden[37]. Aber auch wenn Absatz 2 Satz 1 richtig angewendet worden ist, kann unter dem Blickwinkel der Verletzung der **Aufklärungspflicht** (§ 244 Abs. 2) gerügt werden, daß das Gericht sich mit der Verlesung begnügte, owohl näher darzulegende Umstände eine persönliche Einvernahme in der Hauptverhandlung geboten hätten[38].

§ 257

(1) Nach der Vernehmung eines jeden Mitangeklagten und nach jeder einzelnen Beweiserhebung soll der Angeklagte befragt werden, ob er dazu etwas zu erklären habe.
(2) ...

Änderung. Art. 1 Nr. 18 StVÄG 1987 hat den Absatz 1 neu gefaßt, um auch vom Wortlaut her klarzustellen, daß der Angeklagte nach jeder Beweiserhebung befragt werden soll und nicht nur nach den Beweiserhebungsvorgängen, die in der insoweit unvollständigen früheren Fassung ausdrücklich aufgeführt waren[1].

1   **1. Nach jeder Art von Beweiserhebung** soll der Angeklagte nach Absatz 1 befragt werden. Dazu rechnen die in der früheren Fassung ausdrücklich erwähnte Einvernahme von Zeugen und Sachverständigen sowie das Verlesen von Urkunden; dazu rechnen aber auch die Einführung von Urkunden im Wege des Selbstleseverfahrens nach § 249 Abs. 2 oder die Einnahme eines Augenscheins durch das Gericht[2]. Dies wurde im Wege der Auslegung (Zweck der Regelung, Rückschluß aus dem Wortlaut des Absatzes 2) auch schon bei der früheren Fassung angenommen (vgl. HW § 257, 6).

2   **2.** Im übrigen ist auch sonst **keine Veränderung der Rechtslage** eingetreten. Es kann daher auf die Erläuterungen des Hauptwerks verwiesen werden.

§ 265

Absatz 5 ist entfallen (Art. 1 Nr. 19 StVÄG 1987). Die Regelung ist durch den neuen § 234 a ersetzt worden.

§ 267

(1) ...
(2) ...
(3) ...
(4) [1]**Verzichten alle zur Anfechtung Berechtigten auf Rechtsmittel oder wird innerhalb der Frist kein Rechtsmittel eingelegt, so müssen die erwiesenen Tatsachen, in denen die gesetzlichen Merkmale der Straftat gefunden werden, und das angewendete Strafgesetz angegeben werden; bei Urteilen, die nur auf Geldstrafe lauten oder neben einer**

---

[37] Vgl. HW § 251, 88; 89.
[38] Vgl. Rdn. 3, 4; HW § 251, 94; § 244, 339 ff.

[1] Vgl. Begr. RegEntw. BTDrucks. 10 1313, S. 29.
[2] *Kleinknecht/Meyer*[38] 1; *Meyer-Goßner* NJW **1987** 1164.

Geldstrafe ein Fahrverbot oder die Entziehung der Fahrerlaubnis und damit zusammen die Einziehung des Führerscheins anordnen, kann hierbei auf den zugelassenen Anklagesatz, auf die Anklage gemäß § 212 a Abs. 2 Satz 2 oder den Strafbefehl sowie den Strafbefehlsantrag verwiesen werden. [2]Den weiteren Inhalt der Urteilsgründe bestimmt das Gericht unter Berücksichtigung der Umstände des Einzelfalls nach seinem Ermessen. [3]Die Urteilsgründe können innerhalb der in § 275 Abs. 1 Satz 2 vorgesehenen Frist ergänzt werden, wenn gegen die Versäumung der Frist zur Einlegung des Rechtsmittels Wiedereinsetzung in den vorigen Stand gewährt wird.

(5) ...

Änderung. Durch Art. 1 Nr. 20 StVÄG 1987 wurden in Absatz 4 Satz 1 die Worte „des Strafrichters und des Schöffengerichts" gestrichen.

1. Zweck der Änderung. Zur Entlastung vom Schreibwerk wird **allen Gerichten** **1**
— und nicht wie bisher nur dem Strafrichter und dem Schöffengericht — ermöglicht, in der Urteilsbegründung auf den Anklagesatz zu verweisen, wenn ein Urteil in abgekürzter Fassung abgesetzt werden darf[1].

2. Anwendungsbereich. Wenn die übrigen Voraussetzungen des Absatz 4 Satz 1 **2**
gegeben sind, können alle Gerichte, in den Urteilsgründen hinsichtlich der Tatsachen, in denen die sie die Merkmale der Straftat gefunden haben, auf den zugelassenen Anklagesatz oder die ihn ersetzenden Schriften Bezug nehmen. Dies gilt auch für die große Strafkammer oder ein als Gericht der ersten Instanz entscheidendes Oberlandesgericht, wenn es — was in Ausnahmefällen immerhin möglich ist — nur auf Geldstrafe, Fahrverbot oder Entziehung der Fahrerlaubnis erkannt hat[2].

Dem Wortlaut nach ist die Bezugnahme auf den Anklagesatz jetzt sogar in **Beru-** **3**
fungsurteilen zulässig (§ 332)[3]. Praktisch wird sie bei diesen kaum in Frage kommen, da das Berufungsgericht das Ergebnis der eigenen Verhandlung und die Gründe für Erfolg und Mißerfolg des Rechtsmittels in einem Mindestumfang selbst aufzeigen sollte[4]. Zumindest bei einer erfolglosen Berufung verdient die Bezugnahme auf die Ausführungen des Ersturteils[5] den Vorzug. Der ohnehin geringe Vereinfachungseffekt der Bezugnahme auf den Anklagesatz wird hier durch den Verlust an Verständlichkeit nicht mehr aufgewogen.

3. Die sonstigen Voraussetzungen, von denen die Zulässigkeit einer Bezugnahme **4**
im Rahmen der abgekürzten Begründung abhängt, sind **unverändert** geblieben. Das Urteil muß also rechtskräftig sein (HW § 267, 122 ff) und es darf nur auf Geldstrafe und die in § 267 Abs. 4 Satz 1 angeführten Nebenfolgen lauten (HW § 267, 134). Durch die Bezugnahme übernommen werden darf der Anklagesatz in der zugelassenen Anklage, im Strafbefehl oder Strafbefehlsantrag oder in der Sitzungsniederschrift, in der die nach § 212 a mündlich erhobene Anklage festgehalten ist (HW § 267, 136 ff). Die Bezugnahme muß zweifelsfrei erkennen lassen, was durch sie Teil der Urteilsgründe wird.

---

[1] Begr. RegEntw. BTDrucks. **10** 1313, S. 29 (Entlastung der Schreibkanzleien). Zu den Bedenken gegen diese Regelung, da das Urteil nicht mehr aus sich heraus verständlich ist, vgl. *Meyer-Goßner* NJW **1987** 1164.

[2] *Kleinknecht/Meyer*[38] 26.
[3] *Meyer-Goßner* NJW **1987** 1164.
[4] Vgl. *Kroschel/Meyer-Goßner* 213.
[5] Vgl. dazu HW § 267, 30.

5   **4. Wirkung.** Durch die Bezugnahme werden die in Bezug genommenen Angaben Teil der eigenen Urteilsbegründung des Gerichts. Dieses bestätigt mit ihr, daß es aufgrund der eigenen Würdigung des Ergebnisses der Hauptverhandlung diese Tatsachen für erwiesen erachtet. Verfassungsrechtliche Bedenken bestehen gegen diese Erleichterung der Darstellung ebensowenig wie gegen die abgekürzte Urteilsbegründung überhaupt[6].

§ 268

(1) ...

(2) ...

(3) [1]Das Urteil soll am Schluß der Verhandlung verkündet werden. [2]Es muß spätestens am elften Tage danach verkündet werden, andernfalls mit der Hauptverhandlung von neuem zu beginnen ist. [3]§ 229 Abs. 3 und Abs. 4 Satz 2 gilt entsprechend.

(4) ...

Änderung. Art. 1 Nr. 21 StVÄG 1987 hat § 268 Abs. 3 Satz 3 neu gefaßt, um diese Vorschrift an den durch Art. 1 Nr. 15 StVÄG 1987 geänderten § 229 Abs. 3 anzugleichen.

1   **1. Zweck der Regelung.** Die Übereinstimmung der Höchstfrist, die nach § 268 Abs. 3 Satz 2 zwischen dem Schluß der Verhandlung und der Urteilsverkündung liegen darf, mit der Höchstfrist, bis zu der die Hauptverhandlung im Normalfall nach § 229 Abs. 1 unterbrochen werden kann, soll gewahrt bleiben. Welche Frist maßgebend ist, läßt sich nicht sicher vorhersehen. Dies hängt davon ab, ob das Gericht vor der Urteilsverkündung nochmals in die mündliche Verhandlung eintritt[1]. Im übrigen aber trifft das Anliegen des Gesetzgebers, zu verhindern, daß wegen einer Erkrankung des Angeklagten eine bereits längere Zeit mit erheblichem Verfahrensaufwand durchgeführte Hauptverhandlung hinfällig wird, erst recht auf den Fall zu, daß der Angeklagte erst nach Schluß der Verhandlung erkrankt und nur die Unmöglichkeit einer fristgerechten Urteilsverkündung die Wiederholung der ganzen Hauptverhandlung nach § 268 Abs. 3 Satz 1 erfordern würde. Der Verlust der bisherigen umfangreichen Verhandlung und ihrer Ergebnisse wegen einer Erkrankung des Angeklagten vor der Urteilsverkündung soll vermieden werden[2].

2   **2. Hemmung der Frist des § 268 Abs. 3 Satz 2.** Nach dem entsprechend anwendbaren § 229 Abs. 3 ist jetzt auch der Ablauf der nicht nach § 229 Abs. 2 verlängerbaren Höchstfrist[3] für die Urteilsverkündung gehemmt, wenn ein Angeklagter während ihres Laufes so schwer erkrankt, daß er am vorgesehenen Verkündungstermin nicht teilnehmen kann, so daß dieser abgesetzt werden muß, weil kein Fall vorliegt, in dem das Gesetz die Verkündung des Urteils in Abwesenheit des Angeklagten gestattet[4].

---

[6] Dazu im einzelnen *Lücke* 178 ff.
[1] Vgl. Nachtr. § 229, 29; HW § 268, 10.
[2] Begr. RegEntw. BTDrucks. **10** 1313, S. 29; vgl. § 229, 1 ff.
[3] BGH VRS **62** 53; KK-*Engelhardt*[2] 9; *Kleinknecht/Meyer*[38] 7.

[4] Ist dies, wie etwa unter den Voraussetzungen des § 231 Abs. 2 zulässig, so besteht vom Regelungszweck her kein Anlaß, die Urteilsverkündung hinauszuschieben. Ob die Frist an sich gehemmt wäre, ist dann unerheblich; vgl. § 229, 29.

Stand: 1. 7. 1988

Die Voraussetzungen des §229 Abs.3 müssen auch sonst gegeben sein. Dieser ist **3** nicht bei jeder Hauptverhandlung anwendbar, sondern nur bei umfangreicheren Verhandlungen, wenn das Gericht an mindestens zehn Tagen verhandelt hat[5]. Überträgt man dieses Erfordernis auf §268 Abs.3 Satz 2, dann muß die Hauptverhandlung bis zu ihrem Abschluß mindestens **zehn Verhandlungstage** umfaßt haben. Bei kürzeren Verhandlungen führt die Erkrankung des Angeklagten zwischen Verhandlungsschluß und Urteilsverkündung zu keiner Hemmung der Verkündungsfrist.

3. Beginn und Ende der Hemmung. Die **Hemmung** tritt wie bei §229 Abs.3 mit **4** dem **Beginn des Tages** ein, an dem der Angeklagte durch seine Erkrankung unfähig wird, am Verkündungstermin teilzunehmen[6]. Es kommt aber immer nur auf diese Wirkung und nicht auf Art oder Ursache der Erkrankung an[7]. Ist die Erkrankung allerdings von so kurzer Dauer, daß der Angeklagte an dem vorgesehenen Verkündungstermin wieder teilnehmen kann, hat die zwischenzeitliche Erkrankung keine Fristhemmung zur Folge[8]. Ist der Angeklagte dagegen am ursprünglich vorgesehenen Verkündungstermin noch teilnahmeunfähig, so dauert die Hemmung der Verkündungsfrist bis zu dem Tage an, an dem seine Teilnahmefähigkeit wiederhergestellt ist, längstens allerdings sechs Wochen.

Mit dem Ende der Hemmung beginnt dann die **Zehntagesfrist** des §229 Abs.3 **5** Satz 1 zweiter Halbsatz zu laufen, so daß das Urteil spätestens an dem auf ihren Ablauf folgenden Tag, bzw., wenn dies ein Samstag oder ein Sonn- oder Feiertag ist, an dem darauf folgenden Werktag verkündet werden muß, denn diese jetzt in §229 Abs.4 Satz 2 enthaltene Regelung bleibt weiterhin anwendbar[9].

4. Feststellung der Hemmung von Amts wegen. Ob und wie lange der Lauf der **6** Höchstfrist für die Verkündung des Urteils durch die Erkrankung eines Angeklagten gehemmt wird, hat das Gericht unabhängig von Anträgen der Verfahrensbeteiligten von Amts wegen zu erforschen. Es gilt das **Freibeweisverfahren**. Die Einzelheiten sind bei Nachtr. §229 Rdn.19ff erläutert.

5. Gerichtsbeschluß. Beginn und Ende der Hemmung hat das Gericht durch **7** einen unanfechtbaren Beschluß festzustellen. Wegen der Rechtsnatur dieses Beschlusses sowie wegen der sonstigen Einzelheiten ist auf die Erläuterungen zu §229 Abs.3 (Rdn. 12ff) zu verweisen. Der Beschluß, der die kraft Gesetzes eingetretene Hemmung nachträglich verbindlich feststellt, kann auch erst nach dem ursprünglich anberaumten Verkündungstermin ergehen. Dies ist vor allem dann von Bedeutung, wenn das Gericht erst beim Verkündungstermin Kenntnis von der Erkrankung eines Angeklagten erhält. Ist zunächst zweifelhaft, ob der Angeklagte bis zum anberaumten Verkündungstermin wieder teilnahmefähig wird, die Hemmung also möglicherweise gar nicht eintritt (vgl. Rdn. 4), kann das Gericht mit der Feststellung des Beginns der Hemmung zuwarten.

Ob das Gericht **Beginn und Ende der Hemmung** in einem einzigen oder aber in **8** zwei getrennten Beschlüssen feststellt, ist seinem Ermessen überlassen[10]. Dieses hat sich an den Erfordernissen der jeweiligen Verfahrenslage sowie daran zu orientieren, daß die Verfahrensbeteiligten möglichst bald Klarheit darüber erlangen sollten, ob der ursprünglich vorgesehene Verkündungstermin wegen der Hemmung entfällt.

---

[5] Vgl. Nachtr. §229, 7.
[6] Vgl. Nachtr. §229, 15.
[7] Vgl. Nachtr. §229, 8.

[8] Vgl. Nachtr. §229, 14.
[9] Vgl. HW §268, 11.
[10] Vgl. Nachtr. §229, 26.

Walter Gollwitzer

9   6. **Für die Hemmung reicht die Erkrankung eines von mehreren Mitangeklagten** aus[11]. Das Gericht wird allerdings zu prüfen haben, ob das Gebot der Verfahrensbeschleunigung nicht erfordert, das Verfahren gegen den erkrankten Angeklagten abzutrennen, damit das Urteil gegen die übrigen Angeklagten alsbald verkündet werden kann. Geschieht dies, endet die Hemmung der Verkündungsfrist für die übrigen Angeklagten mit der Abtrennung. Die Verkündung ist dann spätestens nach Ablauf der dadurch in Lauf gesetzten Zehntagefrist durchzuführen[12].

10   7. **Anfechtbarkeit.** Der oder die Beschlüsse, die Eintritt und Ende der Hemmung für das weitere Verfahren bindend feststellen, sind weder isoliert mit Beschwerde noch mit den Rechtsmitteln gegen das Urteil — vor allem auch nicht mit der Revision — anfechtbar. Wegen der strittigen Einzelheiten wird auf die Erläuterungen zu § 229 Rdn. 17, 32 ff im Nachtr. verwiesen.

§ 273

(1) ...

(2) Aus der Hauptverhandlung vor dem Strafrichter und dem Schöffengericht sind außerdem die wesentlichen Ergebnisse der Vernehmungen in das Protokoll aufzunehmen; dies gilt nicht, wenn alle zur Anfechtung Berechtigten auf Rechtsmittel verzichten oder innerhalb der Frist kein Rechtsmittel eingelegt wird.

(3) ...

(4) ...

Änderung. Art. 1 Nr. 22 hat bei Absatz 2 den letzten Halbsatz angefügt. Die im Regierungsentwurf vorgeschlagene Änderung, die Anrufung des Gerichts gegen die Entscheidung des Vorsitzenden nach § 273 Abs. 3 Satz 2 zu beseitigen[1], hat der Gesetzgeber nicht übernommen.

1   1. **Zweck der Änderung** ist die Entlastung der Amtsgerichte. Wird das Urteil des Strafrichters oder des Schöffengerichts rechtskräftig, bedeutet es eine überflüssige Schreibarbeit, wenn der Protokollführer trotzdem das wesentliche Ergebnis der Vernehmungen in die Reinschrift der Sitzungsniederschrift aufnehmen mußte. Davon soll er befreit werden. Dies entlastet zugleich den Vorsitzenden, der bei der Mitunterzeichnung des Sitzungsprotokolls insoweit nicht mehr prüfen muß, ob es die von § 273 Abs. 2 Satz 1 geforderten Angaben richtig und vollständig wiedergibt[2].

2   2. **Anwendungsbereich.** Die Aufnahme des wesentlichen Ergebnisses der Vernehmungen in die Sitzungsniederschrift darf nur bei den Urteilen des Amtsrichters und des Schöffengerichts unterbleiben, die **im vollen Umfang** rechtskräftig geworden sind. Ob die Rechtskraft durch Fristablauf, Verzicht oder durch Rücknahme eines bereits eingelegten Rechtsmittels eintritt, ist unerheblich.

---

[11] Vgl. Nachtr. § 229, 10.

[12] Vgl. Nachtr. § 229, 10.

[1] RegEntw. BTDrucks. **10** 1313, S. 29; vgl. dazu BTRAussch. BTDrucks. **10** 6592, S. 24 (kein Bedürfnis für eine die Befugnisse der Verfahrensbeteiligten beschneidende Regelung).

[2] Vorschlag des Bundesrats BTDrucks. **10** 1313, S. 51; vgl. *Meyer-Goßner* NJW **1987** 1164.

Wird das Urteil nur **zum Teil**, etwa nur im Strafausspruch, oder nur von einem **3** von mehreren Mitangeklagten **angefochten**, greift die Ausnahmeregel ihrem Wortlaut nach nicht ein. Bei der Freistellung von der Aufnahme in das Protokoll handelt es sich um eine Entlastungsmaßnahme für die Verfahren, bei denen feststeht, daß die nächste Instanz nicht mehr damit befaßt wird. Ihre Zulässigkeit kann nicht davon abhängen, ob bei einer begrenzten Anfechtung das wesentliche Vernehmungsergebnis nach Ansicht des Protokollführers für das Berufungsverfahren ohne Bedeutung ist. Er ist weder rechtlich befugt noch sachlich in der Lage im Voraus sicher zu beurteilen, ob das Berufungsgericht oder ein Verfahrensbeteiligter nicht doch im Berufungsverfahren auf die Vernehmung zurückgreifen will. Auch bei Aussagen, die dem Anschein nach für den verbliebenen Verfahrensgegenstand im Berufungsverfahren ohne Belang sind, kann sich ein Rückgriff auf die protokollierte Aussage für die Entscheidung einer Nebenfrage oder im Zusammenhang mit einer verfahrensrechtlichen Entscheidung, etwa bei Ablehnung eines Beweisantrags, als notwendig erweisen. Außerdem besteht ja auch die Möglichkeit, daß das Berufungsgericht die Beschränkung aus irgendeinem Grund[3] als unwirksam ansieht.

Die Freistellung greift im übrigen auch nicht ein, wenn das Urteil nicht mit der **4** Berufung, sondern mit der **Sprungrevision** angefochten wird.

Die Erleichterung gilt nur für die nach § 273 Abs. 2 zu protokollierenden Verneh- **5** mungen. Für Aussagen, deren Wortlaut aufgrund einer **Anordnung nach § 273 Abs. 3** in das Protokoll aufzunehmen ist, gilt sie nicht. Diese müssen auch bei Rechtskraft des Urteils in die Reinschrift aufgenommen werden.

3. In der Hauptverhandlung bleibt der Urkundsbeamte weiterhin verpflichtet, zu- **6** nächst das wesentliche Ergebnis aller Vernehmungen aufzuzeichnen[4]. Nur seine Verpflichtung, sie in die Reinschrift des Protokolls zu übertragen, entfällt nachträglich, wenn das Urteil rechtskräftig wird. Im Regelfall wird er mit der Übertragung seiner meist in Kurzschrift abgefaßten Notizen in die Reinschrift — und damit auch mit der Anfertigung des Protokolls — zuwarten dürfen, bis nach Ablauf der Frist für die Rechtsmitteleinlegung feststeht, ob das Urteil unangefochten bleibt. Mitunter kann aber das Gebot der Verfahrensbeschleunigung angezeigt erscheinen lassen, das Protokoll schon vorher mit Übertragung des Vernehmungsergebnisses fertigzustellen. Dies ist unerläßlich, wenn die Anfechtungsfrist erst durch die Zustellung des vollständigen Urteils in Lauf gesetzt wird und die Sitzungsniederschrift nach § 273 Abs. 4 vorher fertiggestellt sein muß[5].

Eine **Pflicht**, von der Vereinfachung Gebrauch zu machen besteht aber auch **7** sonst **nicht**. Vor allem schließt die Ergänzung des Absatzes 2 nicht aus, das Sitzungsprotokoll in der Sitzung selbst handschriftlich zu erstellen, wie dies in einfach gelagerten Fällen auch heute noch zweckmäßig sein kann.

4. Wird nachträglich **Wiedereinsetzung** in den vorigen Stand gegen die Versäu- **8** mung der Rechtsmitteleinlegungsfrist bewilligt, entfällt nachträglich auch die Voraussetzung für den Wegfall der Protokollierungspflicht. Ist in diesen Fällen die Sitzungsniederschrift bereits ohne Aufnahme der wesentlichen Vernehmungsergebnisse fertiggestellt[6], ist ihre **Ergänzung** zulässig. Die Notizen über den Inhalt der Vernehmungen sind daher aufzubewahren[7]. Das um das wesentliche Ergebnis der Vernehmungen er-

---

[3] Vgl. HW § 318, 34 ff.
[4] *Rieß/Hilger* NStZ **1987** 151.
[5] Vgl. § 273 Abs. 4; § 314 Abs. 2.

[6] Zur Fertigstellung vgl. HW § 273, 56.
[7] *Kroschel/Meyer-Goßner* 365.

Walter Gollwitzer

gänzte Protokoll ersetzt das frühere, nachträglich unvollständig gewordene. Unter Umständen ist deshalb nach seiner Fertigstellung das Urteil nach § 273 Abs. 4 erneut zuzustellen.

9   Die Ergänzung des Protokolls ist in diesen Fällen, ebenso aber auch bei einer irrigen Annahme der Rechtskraft des Urteils, **von Amts wegen** von den für die gesetzmäßige Beurkundung gleichermaßen verantwortlichen Vorsitzenden und Urkundsbeamten vorzunehmen. Auch die Verfahrensbeteiligten sind berechtigt, einen solchen Antrag zu stellen. Sie können ja auch sonst die Berichtigung eines unrichtigen Protokolls beantragen[8].

5. Rechtsmittel

10   **a) Berufung.** Sind die von Absatz 2 geforderten Angaben fälschlich nicht in die Sitzungsniederschrift aufgenommen worden, entfällt für das Berufungsgericht die Möglichkeit, einer Verlesung nach § 325. Ein Zeuge, dessen Aussage im Berufungsverfahren benötigt wird, muß dann in der Berufungsverhandlung vernommen werden, sofern sein Wissen nicht durch Verlesen einer anderen Niederschrift über eine frühere Vernehmung eingeführt werden darf, etwa nach den neugefaßten § 251 Abs. 2[9]. Weitere Folgen hat der Verfahrensverstoß in der Regel nicht. Die persönliche Einvernahme des Zeugen durch das Berufungsgericht, aber auch die Verlesung einer anderen, vom Zeugen inhaltlich gebilligten Vernehmungsniederschrift, sind ohnehin die besseren und zuverlässigeren Beweismittel als die in § 273 Abs. 2 vorgesehene, wenig aussagekräftige Zusammenfassung des wesentlichen Inhalts der Aussage durch den Protokollführer[10].

11   **b)** Mit der **Revision** gegen das **amtsgerichtliche Urteil** kann ein Verstoß gegen § 273 Abs. 2 schon deshalb nicht geltend gemacht werden, weil das bereits vorher ergangene Urteil darauf nicht beruhen kann, wenn nachträglich die Übertragung des wesentlichen Inhalts einer Aussage in das Protokoll zu Unrecht unterlassen wurde. In bloßen Protokollrügen darf sich die Revision nicht erschöpfen[11].

12   Die unterlassene Protokollierung nach § 273 Abs. 2 ist in aller Regel auch nicht geeignet, das **Berufungsurteil** zu beeinflussen. Auch unter dem Blickwinkel einer Verletzung der **Aufklärungspflicht** kann nicht gerügt werden, daß das Berufungsgericht wegen der fehlenden Protokollierung des wesentlichen Inhalts einer Aussage nach § 273 Abs. 2 den Zeugen nochmals vernommen oder eine frühere Aussage verlesen hat. Mit der Aufklärungsrüge kann im übrigen immer nur die Nichtverwendung vorhandener Beweismittel beanstandet werden und nicht, daß ein Beweismittel rechtsirrig nicht geschaffen wurde.

---

[8] Vgl. HW § 271, 46 ff.
[9] *Meyer-Goßner* NJW **1987** 1165.
[10] Zum geringen Beweiswert des Inhaltsproto-

kolls vgl. *Meyer-Goßner* NJW **1987** 1165; HW § 325, 2.
[11] Vgl. HW § 273, 59.

VIERTES BUCH

Wiederaufnahme eines durch rechtskräftiges Urteil abgeschlossenen Verfahrens

§ 364 b

(1) ...

(2) Für das Verfahren zur Feststellung der Voraussetzungen des Absatzes 1 Satz 1 Nr. 3 gelten § 117 Abs. 2 bis 4 und § 118 Abs. 2 Satz 1, 2 und 4 der Zivilprozeßordnung entsprechend.

Änderung. Durch Art. 1 Nr. 26 des StVÄG 1987 wurde Abs. 2 neu gefaßt.

1. Bedeutung und Zielsetzung. Mit der nunmehr geltenden Fassung soll „die Ent- **1** scheidungsgrundlage des Gerichts zur Frage der wirtschaftlichen Leistungsfähigkeit des Verurteilten" verbessert und zudem den Änderungen der Vorschriften zur Prozeßkostenhilfe in Zivilsachen durch das Gesetz über die Prozeßkostenhilfe vom 13. 6. 1980 (BGBl. I S. 677) Rechnung getragen werden[1].

2. Nachweis der Mittellosigkeit des Verurteilten. Die Vorschriften über die Mittel- **2** losigkeit als **materielle** Voraussetzung der Beiordnung eines Verteidigers nach Abs. 1 Satz 1 Nr. 3 ist unverändert geblieben (s. dazu HW § 364 b, 11). Das **Verfahren** zum Nachweis der Mittellosigkeit im Sinne des § 364 b Abs. 1 Satz 1 Nr. 3 richtet sich nach den aufgrund des ProzeßkostenhG neugefaßten Vorschriften des § 117 Abs. 2 bis 4 und des § 118 Abs. 2 Satz 1, 2 und 4 ZPO. Der Verurteilte muß seinem Antrag auf Bestellung eines Verteidigers eine Erklärung über seine persönlichen und wirtschaftlichen Verhältnisse (Familienverhältnisse, Beruf, Vermögen, Einkommen und Lasten) auf einem Vordruck abgeben, der vom BMJ gem. VO vom 24. 11. 1980 (BGBl. I S. 2163) eingeführt wurde; der Verurteilte muß sich dieses Vordrucks bedienen und entsprechende Belege beifügen (§ 117 Abs. 2 bis 4 ZPO). Seine tatsächlichen Angaben in der Erklärung hat der Verurteilte nach § 118 Abs. 2 Satz 1 ZPO in einer für die Zwecke des Strafverfahrens geeigneten Form glaubhaft zu machen (s. dazu HW § 45, 16 ff), *nicht* etwa *nur* in der Form des *§ 294 ZPO*. Das Gericht kann zur Klärung der Voraussetzungen der Mittellosigkeit eigene Erhebungen im Freibeweisverfahren anordnen, also z. B. Auskünfte einholen, die Vorlegung von Urkunden anordnen (so ausdrücklich § 118 Abs. 2 Satz 2 ZPO), aber auch Zeugen und Sachverständige sogar eidlich vernehmen (auf die dies grundsätzlich ausschließende Vorschrift des § 118 Abs. 2 Satz 3 ZPO ist in § 364 b Abs. 2 nicht verwiesen), obwohl dies nur selten notwendig sein dürfte. Das Gericht kann dem Verurteilten zudem eine Frist zur Glaubhaftmachung seiner Angaben zu seinen persönlichen und wirtschaftlichen Verhältnissen stellen und ebenso zur Beantwortung bestimmter Fragen; versäumt der Verurteilte die Glaubhaftmachung innerhalb der gestellten Frist oder

---

[1] BTDrucks. 10 1313, S. 32.

Karl Heinz Gössel

beantwortet er die ihm gestellten Fragen nicht fristgemäß oder nur ungenügend, so ist der Antrag auf Verteidigerbestellung abzulehnen (§ 118 Abs. 2 Satz 4 ZPO). Auf das nach § 118 Abs. 2 a. F ZPO früher notwendige behördliche Zeugnis über die Mittellosigkeit (vgl. HW § 364 b, 12) ist mit der Neufassung des Prozeßkostenhilferechts (Rdn. 1) verzichtet worden.

§ 373 a

(1) Die Wiederaufnahme eines durch rechtskräftigen Strafbefehl abgeschlossenen Verfahrens zuungunsten des Verurteilten ist auch zulässig, wenn neue Tatsachen oder Beweismittel beigebracht sind, die allein oder in Verbindung mit den früheren Beweisen geeignet sind, die Verurteilung wegen eines Verbrechens zu begründen.

(2) Im übrigen gelten für die Wiederaufnahme eines durch rechtskräftigen Strafbefehl abgeschlossenen Verfahrens die §§ 359 bis 373 entsprechend.

Änderung. Die Vorschrift wurde durch Art. 1 Nr. 27 des StVÄG 1987 neu gefaßt.

Übersicht

I. Rechtskraft des Strafbefehls und Wiederaufnahme

1 　**1. Die Problematik.** Der Streit um den Umfang der (beschränkten) **Rechtskraft des Strafbefehls** (§ 410 Abs. 3; s. HW § 410, 20) ist insoweit für die Wiederaufnahme des Verfahrens bedeutsam, als dieser Rechtsbehelf nur gegen **materiell** rechtskräftige Entscheidungen statthaft ist (HW Vor § 359, 30 ff, 36). Eine *formell* rechtskräftige Entscheidung kann demnach nur insoweit mit der Wiederaufnahme angefochten werden, als sie *auch* in *materielle* Rechtskraft erwachsen ist: soweit dies nicht der Fall ist, bleibt die jeweilige Sachentscheidung inhaltlich abänderbar und folglich eine in einem formell rechtskräftigen Strafbefehl getroffene Sachentscheidung insoweit, als sie keinen Verbrauch der Strafklage beinhaltet. Nach allgemeiner Auffassung vor allem der Rspr. konnte bei Auftreten eines neuen, eine erhöhte Strafbarkeit begründenden rechtlichen Gesichtspunktes, der in dem rechtskräftigen Strafbefehl nicht berücksichtigt worden war, der Betroffene erneut im Wege einer neuen Anklage verfolgt werden. Dies hat dazu geführt, § 373 a a. F, der dem nunmehrigen Abs. 2 des § 373 a entspricht, nur für die Wiederaufnahme zugunsten des Verurteilten für anwendbar zu erklären, die Fortführung des Verfahrens zuungunsten des Verurteilten indessen unabhängig von den engen Voraussetzungen der §§ 362 bis 364 durch eine neue Anklage nach Maßgabe der materiellen Rechtskraft des Strafbefehls zuzulassen[1]. Weil der Umfang dieser Rechtskraft

---

[1] Vgl. dazu BTDrucks. 10 1313, S. 32.

nicht nur umstritten war (z. B. hinsichtlich des Zeitpunkts des Auftretens des neuen Gesichtspunkts[2]), sondern beim Strafbefehl nach der in der Rspr. vorherrschenden erwähnten Auffassung zudem sehr viel enger bestimmt wurde als z. B. bei der verfahrensbeen-
denden Entscheidung im summarischen Verfahren nach § 153 a (Fortführung des Verfahrens nur unter den Voraussetzungen des § 153 a Abs. 1 Satz 4), erwies sich das Bedürfnis nach einer gesetzlichen Regelung der Voraussetzungen für eine Fortführung
eines durch einen formell rechtskräftigen Strafbefehl abgeschlossenen Verfahrens als
unabweisbar[3].

2. Bedeutung des § 373 a. Diesem Bedürfnis hat der Gesetzgeber nunmehr in ein- **2**
deutiger Weise entsprochen. Die Regelung des § 373 a Abs. 1, die einen gegenüber § 362
zusätzlichen Grund für die Wiederaufnahme zuungunsten des durch einen rechtskräftigen Strafbefehl Verurteilten („ist auch zulässig") normiert, stellt nunmehr in Verbindung mit dem Wortlaut des Absatzes 2, der „im übrigen ... für die Wiederaufnahme
eines durch rechtskräftigen Strafbefehl abgeschlossenen Verfahrens die §§ 359 bis 373"
für entsprechend anwendbar erklärt, eindeutig klar, daß Verfahren, welche durch einen
formell rechtskräftigen Strafbefehl abgeschlossen werden, **nur** noch im Wege des **förmlichen Wiederaufnahmeverfahrens** nach §§ 359 ff fortgeführt werden dürfen. Das bedeutet zugleich die strikte Bindung der Wiederaufnahme an die gesetzlichen Wiederaufnahmegründe, einschließlich des nunmehr in § 373 a Abs. 1 zusätzlich zu § 362 genannten
Grundes für die Wiederaufnahme zuungunsten des Verurteilten.

Die in § 373 a getroffene Regelung erschöpft sich indessen nicht in dieser verfah- **3**
rensmäßigen Wirkung der formellen Rechtskraft; in Verbindung mit § 410 Abs. 3 hat der
Gesetzgeber damit zugleich den **Umfang der materiellen Rechtskraft** des Strafbefehls
geregelt. Die bisherige Rspr. zur bloß beschränkten (materiellen) Rechtskraftwirkung
hat ihren sachlichen Grund zwar in dem bloß summarischen Charakter des Strafbefehlsverfahrens, war formal aber nur deshalb vertretbar, weil dem rechtskräftigen Strafbefehl in § 410 a. F bloß die *Wirkungen* eines rechtskräftigen Urteils zuerkannt wurden,
womit der Rechtsprechung ein Spielraum zur näheren Bestimmung dieser Wirkungen
u. a. unter Berücksichtigung des summarischen Verfahrenscharakters verblieb. Wenn
auch das BVerfG diesen Spielraum im Hinblick auf die Regelung der Rechtskraft ver-
fahrensabschließender Entscheidungen in anderen summarischen Verfahren (z. B.
§ 153 a Abs. 1 Satz 4) erheblich einengte[4], so hat dieses Gericht es doch verfassungsrechtlich für zulässig erachtet, die Rechtskraft und also den Verbrauch der Strafklage i. S.
des Art. 103 Abs. 3 GG beim Strafbefehl enger zu bestimmen als beim Verfahrensabschluß durch Urteil[5], sofern diese engere Bestimmung auf der durch den summarischen
Verfahrenscharakter begründeten Verschiedenheit des Strafbefehlsverfahrens gegenüber dem Urteilsverfahren beruhte: das BVerfG hat ausdrücklich erklärt, dieser Verschiedenheit wegen könne „der Strafbefehl nicht einem im ordentlichen Strafverfahren
ergangenen Urteil gleichgestellt werden", was sich zudem aus der Existenz des § 373 a
ergebe, dessen Einfügung unnötig gewesen wäre, weil die §§ 359 ff „bereits die Wiederaufnahme eines durch rechtskräftiges Urteil abgeschlossenen Verfahrens zulassen"[6].
Zur Beseitigung der mit dieser Rechtslage verbundenen und in Rdn. 1 erwähnten Un-
sicherheiten hat sich der Gesetzgeber nunmehr unter Anerkennung der im summari-

---

[2] Vgl. *Bruns* JZ 1960 585.
[3] Vgl. z. B. *Gössel* § 33 E IV; *Achenbach* ZRP
1977 86; *Bruns* JZ 1960 585; *Neumann* NJW
1984 779; *Schnarr* NStZ 1984 327; s. ferner
HW § 410, 20.

[4] BVerfGE 65 377.
[5] BVerfGE 3 248, 251; 65 377, 382 f.
[6] BVerfGE 3 248, 254 f.

Karl Heinz Gössel

schen Verfahrenscharakter begründeten Verschiedenheit des Strafbefehlsverfahren vom Urteilsverfahren für eine neuartige Lösung entschieden: mit der durch § 410 Abs. 3 ausdrücklich verfügten *„Gleichstellung"* mit einem rechtskräftigen Urteil ist die formelle wie die materielle Rechtskraft des Strafbefehls nicht mehr verschieden von der eines Urteils, so daß die Lehre von der beschränkten Rechtskraft des Strafbefehls nicht mehr aufrechterhalten werden kann[7]; damit ist zugleich der innere Grund für die Weiterführung des Verfahrens durch eine neue Anklageerhebung außerhalb des Wiederaufnahmeverfahrens entfallen.

4 Mit dem zugleich in § 373 a Abs. 1 normierten **zusätzlichen Grund der Wiederaufnahme** des Verfahrens gegen einen rechtskräftigen Strafbefehl zuungunsten des Verurteilten berücksichtigt der Gesetzgeber in angemessener Weise den besonderen summarischen Charakter des Strafbefehlsverfahrens: bleiben wegen dieses Charakters Tatsachen oder Beweismittel unberücksichtigt, welche die im Strafbefehlsverfahren verfolgte Tat als Verbrechen kennzeichnen und damit als einen für dieses Verfahren untauglichen Gegenstand[8], so erscheint es kriminalpolitisch geboten, die nach § 410 Abs. 3 auch insoweit eingetretene formelle wie materielle Rechtskraft zu durchbrechen und die Wiederaufnahme zusätzlich zu den in § 362 vorgesehenen Gründen für statthaft zu erklären.

II. Die Gründe der Wiederaufnahme eines durch Strafbefehl abgeschlossenen Verfahrens

5 Der Rechtsbehelf der Wiederaufnahme gegen einen rechtskräftigen Strafbefehl kann nach **§ 373 a Abs. 2** zugunsten des Verurteilten nur auf die in § 359 und zuungunsten des Verurteilten auf die in § 362 genannten Gründe nach Maßgabe der §§ 363, 364 gestützt werden; darüber hinaus normiert **§ 373 a Abs. 1** einen zusätzlichen Grund für die Wiederaufnahme zuungunsten des Verurteilten. Die Fortführung des durch rechtskräftigen Strafbefehl abgeschlossenen Verfahrens wegen anderer Gründe oder außerhalb des förmlichen Wiederaufnahmeverfahrens der §§ 359 ff etwa durch Erhebung einer neuen Anklage oder der — vom Schrifttum vorgeschlagenen — sog. Ergänzungsklage[9] ist nicht möglich[10].

6 **1. Die Wiederaufnahmegründe des Absatzes 2.** Hinsichtlich der in dieser Vorschrift in Bezug genommenen **allgemeinen** Wiederaufnahmegründe der §§ 359, 362 bis 364 werden die entsprechenden Erläuterungen im HW in Bezug genommen.

7 **2. Der spezielle Wiederaufnahmegrund des Absatzes 1 zuungunsten des Verurteilten**
a) Bedeutung und Voraussetzungen. Die nach der bisherigen Rspr. aufgrund der Lehre von der beschränkten Rechtskraft des Strafbefehls mögliche Fortführung des Verfahrens bei fehlender Berücksichtigung straferhöhender *rechtlicher* Gesichtspunkte läßt sich mit dem dafür vorgebrachten Grunde des summarischen Charakters des Strafbefehlsverfahrens nicht recht vereinbaren: unterscheidet sich doch das Strafbefehlsver-

---

[7] KK-*Meyer-Goßner*[2] § 410, 16; *Kleinknecht/ Meyer*[38] § 410, 12; *Jung* JuS **1987** 248; *Rieß/ Hilger* NStZ **1987** 205; vgl. auch die amtl. Begründung BTDrucks. **10** 1313, S. 38; *Meyer-Goßner* NJW **1987** 1167 und *Groth* MDR **1985** 716, 718; kritisch dazu *Schnarr* NStZ **1984** 327; vgl. ferner § 410, 21 f.

[8] Darauf weist treffend KK-*Meyer-Goßner*[2] 4 hin.
[9] Vgl. dazu *Roxin*[20] § 50 B II 4 b; *Achenbach* ZStW **87** (1975) 85 ff; *Schnarr* NStZ **1984** 327.
[10] Rdn. 2; KK-*Meyer-Goßner*[2] 1; *Rieß/Hilger* NStZ **1987** 205 f.

Stand: 1. 7. 1988

fahren vom Urteilsverfahren regelmäßig durch die geringere Zuverlässigkeit der Erkenntnisgrundlagen im *tatsächlichen* Bereich[11], die erst dazu berechtigt, einen dem § 359 Nr. 5 entsprechenden Wiederaufnahmegrund für die Wiederaufnahme gegen rechtskräftige Strafbefehle einzuführen, der in § 362 für das Urteilsverfahren mit Recht nicht vorgesehen ist. Auch diesem Mangel hat die neue Regelung abgeholfen: die Wiederaufnahme zuungunsten des Verurteilten ist nur möglich, sind **neue Tatsachen oder Beweismittel** beigebracht. Diese Voraussetzungen sind mit denen des § 359 Nr. 5 identisch[12]. Zum Begriff der *Tatsachen* und *Beweismittel* wird auf die Ausführungen HW § 359, 58 ff und 74 ff verwiesen; hinsichtlich deren *Neuheit*, die sich nach der Ersichtlichkeit der neuen Tatsachen und Beweismittel im Zeitpunkt des Entscheidungserlasses aus dem Akteninhalt bemißt[13] und nicht etwa nach dem Zeitpunkt ihrer Existenz vor oder nach dem rechtskräftigen Abschluß des Strafbefehlsverfahrens, auf die Darlegungen HW § 359, 80 ff. Ob die neuen Tatsachen oder Beweismittel *beigebracht sind*, ist nach den gleichen Regeln zu beurteilen, die HW § 359, 160 ff dargestellt sind.

b) Wiederaufnahmeziel. Wie schon § 359 Nr. 5, dem § 373 a Abs. 1 nachgebildet **8** ist, die Wiederaufnahme wegen neuer Tatsachen und Beweismittel nur zur Erreichung bestimmter Wiederaufnahmeziele zuläßt[14], so ist auch die Wiederaufnahme zuungunsten des Verurteilten wegen neuer Tatsachen und Beweismittel nur dann zulässig, wenn diese nova geeignet sind, die Verurteilung **wegen eines Verbrechens** zu begründen. Diese Regelung ist deshalb sinnvoll und geboten, weil sie damit den Regeln über die Wiederaufnahme eines rechtskräftig abgeschlossenen Bußgeldverfahrens (§ 85 Abs. 3 Satz 2 OWiG) und eines nach § 153 a Abs. 1 Satz 4 oder Abs. 2 Satz 2 nach Erfüllung der jeweils ausgesprochenen Auflagen oder Weisungen eingestellten Verfahrens entspricht: daß die Rechtskraft eines Strafbefehls mindestens nicht leichter durch die Wiederaufnahme durchbrochen werden können darf als die eines Bußgeldbescheides oder eines Einstellungsbeschlusses u. U. nur der Staatsanwaltschaft, hat schon das BVerfG aus dem Willkürverbot des Art. 3 Abs. 1 GG hergeleitet[15].

Ob das Wiederaufnahmeziel der Bestrafung wegen eines Verbrechens erreicht **9** werden kann, ist hinsichtlich des **Verbrechensbegriffs** nach der von § 12 StGB vorgesehenen abstrakten Betrachtungsweise zu bestimmen, hinsichtlich der **Geeignetheit** zur Erreichung dieses Ziels im übrigen nach den Regeln, die HW § 359, 113 ff näher dargelegt sind. Die Geeignetheit *fehlt*, wenn eine Verurteilung wegen *Verjährung* auch des Verbrechens nicht mehr möglich[16] oder das Verbrechen sonst aus *prozessualen Gründen* (z. B. Prozeßhindernisse) nicht mehr verfolgbar ist. Demnach liegt der Wiederaufnahmegrund des § 373 a Abs. 1 z. B. dann vor, wenn sich das Verhalten, das im rechtskräftigen Strafbefehl als fahrlässige oder vorsätzliche Körperverletzung gewürdigt worden war, durch neue Tatsachen oder Beweismittel als Totschlag oder Körperverletzung mit Todesfolge darstellt oder die im Strafbefehl angenommene Nötigung als Vergewaltigung, ferner dann, wenn nachträglich eingetretene Tatsachen (z. B. Tod des Verletzten) das zunächst angenommene Vergehen (§ 223 StGB) zu einem Verbrechen (z. B. § 226 a StGB) werden lassen[17].

---

[11] Zutr. die amtl. Begründung BTDrucks. 10 1313, S. 33.

[12] BTDrucks. 10 1313, S. 33, *Rieß/Hilger* NStZ **1987** 206.

[13] HW § 359, 80; *Rieß/Hilger* NStZ **1987** 206.

[14] HW § 359, 11.

[15] BVerfGE **65** 377, 384 ff; s. dazu ferner

KK-*Meyer-Goßner*² 3; *Kleinknecht/Meyer*³⁸ 3; BTDrucks. 10 1313, S. 33.

[16] Zutr. KK-*Meyer-Goßner*² 6; die Gründe, die für die zu § 362 vertretene gegenteilige Auffassung (**dagegen** KK-*Meyer-Goßner*² § 362, 7) führten, gelten hier nicht.

[17] Zutr. KK-*Meyer-Goßner*² 5.

     Karl Heinz Gössel

FÜNFTES BUCH

Beteiligung des Verletzten am Verfahren

ERSTER ABSCHNITT
Privatklage

§ 374

(1) Im Wege der Privatklage können vom Verletzten verfolgt werden, ohne daß es einer vorgängigen Anrufung der Staatsanwaltschaft bedarf,

1. ...

2. ...

3. ...

4. ...

5. ...

6. ...

7. eine Straftat nach den §§ 4, 6 c, 12, 15, 17, 18 und 20 des Gesetzes gegen den unlauteren Wettbewerb,

8. eine Straftat nach § 142 des Patentgesetzes, § 39 des Sortenschutzgesetzes, § 25 des Gebrauchsmustergesetzes, § 10 des Halbleiterschutzgesetzes, § 24 Abs. 3, § 25 Abs. 3 und § 26 des Warenzeichengesetzes, § 14 des Geschmacksmustergesetzes, den §§ 106 bis 108 des Urheberrechtsgesetzes und § 33 des Gesetzes betreffend das Urheberrecht an Werken der bildenden Künste und der Photographie.

(2) ...

(3) ...

Änderungen. § 6 c des Gesetzes gegen den unlauteren Wettbewerb wurde durch Art. 8 Nr. 1a 2. WiKG vom 15. 5. 1986 (BGBl. I S. 721) in Absatz 1 Nr. 7 eingefügt. Die Richtigstellung von „§ 49" des Patentgesetzes in „§ 142" (HW § 374, Fußn. 1) in Absatz 1 Nr. 8 erfolgte in der Bekanntmachung der Neufassung der Strafprozeßordnung vom 7. 4. 1987 (BGBl. I S. 1074) in Vbdg. mit Art. 3 Abs. 2 des Gesetzes zur Änderung des Gebrauchsmustergesetzes vom 15. 8. 1986 (BGBl. I S. 1446). § 25 des Gebrauchsmustergesetzes ist nach der Bekanntmachung der Neufassung des Gebrauchsmustergesetzes vom 28. 8. 1986 (BGBl. I S. 1455) die neue Bezeichnung des früheren, zuletzt durch Gesetz vom 15. 8. 1986 (BGBl. I S. 1446) geänderten § 16. Im übrigen wurde Absatz 1 Nr. 8 durch Art. 1 Nr. 4 OpferschutzG und § 22 des Halbleiterschutzgesetzes vom 22. 10. 1987 (BGBl. I S. 2294) neu gefaßt.

1 **1. Allgemeine Bedeutung der Änderungen im Recht der Privatklage.** Durch das OpferschutzG ist die Nebenklage von der Privatklage gelöst worden (vgl. die Erl. im

Nachtr. §377 und Nachtr. §395, 1). Jedoch sind die Regelungen des Privatklageverfahrens selbst weder durch das OpferschutzG noch durch das StVÄG 1987 wesentlich geändert worden[1]. Neben rein redaktionellen Korrekturen (vgl. Rdn. 2; Nachtr. §379 a) finden sich einzelne, auf mehreren Gesetzen beruhende Neuregelungen in §374 Abs. 1 Nr. 7 und 8 (Rdn. 3), §377 und §380 Abs. 1 S. 1. Eine gründliche, kritische Überprüfung des Privatklagerechts ist ein Desiderat der Zukunft[2].

2. Die Änderungen in Absatz 1 Nr. 7 und 8. Die Korrektur von „§49" des Sorten- **2** schutzgesetzes in „§39" durch das OpferschutzG ist eine reine Verweisungsumstellung auf die Bezeichnungsänderungen des neuen Sortenschutzgesetzes vom 11. 12. 1985 (BGBl. I S. 2170)[3]. Entsprechendes gilt für §25 des Gebrauchsmustergesetzes (s. Änderungen).

§6 c UWG, in Absatz 1 Nr. 7 durch das 2. WiKG eingefügt, dient dem Schutz **3** gegen progressive Kundenwerbung („Schneeballsystem") im Geschäftsverkehr. Verletzte sind nach §6 c Nichtkaufleute und die ihnen gleichgestellten Minderkaufleute. Schließlich ist durch **§22 des Halbleiterschutzgesetzes** der Katalog der Privatklagedelikte um die neu geschaffenen Straftatbestände nach §10 dieses Gesetzes zum Schutz der Topographien von mikroelektronischen Halbleitererzeugnissen (Antragsdelikte) erweitert worden. Der Verletzte ergibt sich aus §2 dieses Gesetzes; es ist grundsätzlich derjenige, der die Topographie geschaffen hat (§2 Abs. 1), ggf. auch z. B. der Arbeitgeber oder Auftraggeber (§2 Abs. 2), derjenige, der die Topographie aufgrund eines ausschließlichen Rechts zur geschäftlichen Verwertung in der europäischen Wirtschaftsgemeinschaft erstmals in einem Mitgliedsstaat nicht nur vertraulich geschäftlich verwertet (§2 Abs. 4), oder der jeweilige Rechtsnachfolger (§2 Abs. 5). Zur Nebenklage vgl. Nachtr. §395, 7.

§377

(1) [1]Im Privatklageverfahren ist der Staatsanwalt zu einer Mitwirkung nicht verpflichtet. [2]Das Gericht legt ihm die Akten vor, wenn es die Übernahme der Verfolgung durch ihn für geboten hält.

(2) [1]Auch kann die Staatsanwaltschaft in jeder Lage der Sache bis zum Eintritt der Rechtskraft des Urteils durch eine ausdrückliche Erklärung die Verfolgung übernehmen. [2]In der Einlegung eines Rechtsmittels ist die Übernahme der Verfolgung enthalten.

Änderung. Durch Art. 1 Nr. 5 OpferschutzG ist der bisherige Absatz 3 („Übernimmt die Staatsanwaltschaft die Verfolgung, so erhält der Privatkläger die Stellung eines Nebenklägers") aufgehoben worden.

Überleitungsvorschrift. Nach Art. 11 Abs. 2 OpferschutzG gilt §377 Abs. 3 in der bisherigen Fassung, wenn die Staatsanwaltschaft am 1. 4. 1987 bereits die Verfolgung nach §377 Abs. 2 übernommen hatte.

---

[1] *Rieß/Hilger* NStZ **1987** 153, auch zur Entstehungsgeschichte des OpferschutzG; s. auch HW Vor §406 d.

[2] Vgl. *Böttcher* JR **1987** 133; *Geerds* JZ **1984** 786; *Kube* DRiZ **1986** 121; *Rieß* Gutachten, 21 ff, 102 ff und Jura **1987** 289; *Schöch* NStZ **1984** 385; *Thomas* StrVert. **1985** 411; *Weigend* ZStW **96** (1984) 761.

[3] BTDrucks. **10** 5305, S. 10.

1   **1. Bedeutung der Änderung.** Die Aufhebung des Absatzes 3 ist eine konsequente Folge der Lösung der Nebenklage von der Privatklage. Übernimmt die Staatsanwaltschaft eine anhängige Privatklage, so wird infolge der Aufhebung des Absatzes 3 der bisherige Privatkläger nicht mehr automatisch Nebenkläger. Er muß sich vielmehr — wenn er die Stellung eines Nebenklägers erhalten will — gemäß § 396 dem weiterlaufenden Verfahren (HW § 377, 21) anschließen und kann dies nur dann, wenn er zu den nach § 395 zum Anschluß Berechtigten gehört. Ist ein Anschluß nicht möglich, wird er nicht zugelassen (Rdn. 3) oder wird er nicht erklärt, so scheidet der Privatkläger — unbeschadet der Verletztenbefugnisse (§§ 406 d bis 406 h) — aus dem Verfahren aus. Damit wird der Kreis der Nebenkläger auf diejenigen beschränkt, die auch dann am Verfahren hätten teilnehmen können, wenn die Staatsanwaltschaft von vornherein das Offizialverfahren betrieben hätte. Außerdem wird vermieden, daß dem Privatkläger — wie bisher — die Stellung des Nebenklägers aufgedrängt wird[1].

2   **2. Einzelheiten.** Die Staatsanwaltschaft hat dem Privatkläger die Übernahme des Verfahrens mitzuteilen und auf eine etwa bestehende Nebenklagebefugnis hinzuweisen (Nr. 172 Abs. 2 S. 1 RiStBV in der ab 1. 10. 1988 geltenden Neufassung). Für die **Anschlußerklärung** gilt dann § 396. Sie ist grundsätzlich nicht an eine Frist gebunden; vielmehr ist der Anschluß in jeder späteren Lage des Verfahrens, auch zur Einlegung von Rechtsmitteln, zulässig (§ 395 Abs. 4 Satz 2). Nach erfolgtem Anschluß gelten die §§ 397 ff.

3   Das **Gericht entscheidet** über die Anschlußerklärung des Privatklägers **nach § 396 Abs. 2.** Im Falle des § 230 StGB muß auch geprüft werden, ob die besonderen materiellen Anschlußvoraussetzungen gemäß § 395 Abs. 3 vorliegen. Fehlen die „formale" Anschlußbefugnis, über die nach § 396 Abs. 2 S. 1 zu entscheiden ist (HW § 396, 7)[2], oder die materielle Anschlußberechtigung nach § 395 Abs. 3, über die nach § 396 Abs. 2 S. 2 zu befinden ist, so ist die Zulassung des Privatklägers als Nebenkläger abzulehnen. Der Privatkläger scheidet — jedenfalls zunächst — aus dem Verfahren aus; zur Bestandskraft dieser Entscheidung vgl. aber Nachtr. § 396, 5 ff.

4   Mit der Übernahme des Verfahrens durch die Staatsanwaltschaft wird eine nach § 379 geleistete **Sicherheit** frei. Gleiches muß für den **Gebührenvorschuß** (§ 379 a; § 67 Abs. 1 GKG) gelten. Die Notwendigkeit eines **Sühneversuches** (§ 380) entfällt. Zur **Widerklage** vgl. HW § 377, 23.

5   **Gibt die Staatsanwaltschaft** nach Übernahme des Verfahrens **die Verfolgung auf,** etwa weil sie einen hinreichenden Tatverdacht verneint (HW § 377, 19; 24; Nr. 172 Abs. 2 S. 2, 3 RiStBV), so lebt das Privatklageverfahren wieder auf; der Privatkläger erhält wieder seine Stellung als solcher, auch wenn seine Zulassung als Nebenkläger abgelehnt worden war. Die Staatsanwaltschaft kann auch dann, wenn der Privatkläger nicht als Nebenkläger zugelassen worden ist, die Privatklage nicht zurücknehmen (HW § 377, 20)[3]; dazu ist sie insbesondere wegen der Möglichkeit des Wiederauflebens des Privatklageverfahrens nicht befugt. Erklärt der Privatkläger nach Übernahme des Verfahrens durch die Staatsanwaltschaft, nicht mehr interessiert zu sein, so kann dies als Rücknahme der Privatklage (§ 391) und auch als Rücknahme eines Strafantrages (HW § 377, 22) zu werten sein.

6   Zur Pflicht des Angeschuldigten, dem Privatkläger dessen **Auslagen** nach § 472 Abs. 3 zu erstatten, vgl. HW § 472, 24.

---

[1] BTDrucks. 10 5305, S. 10.
[2] Vgl. BTDrucks. 10 5305, S. 10, 13.
[3] *Kleinknecht/Meyer*[38] 7; unklar KK-*Pelchen*[2]

11 (Rücknahme der „Übernahme" vor Eröffnung zulässig, solange kein Anschluß des Privatklägers).

§ 379a

(1) **Zur Zahlung des Gebührenvorschusses nach § 67 Abs. 1 des Gerichtskostengesetzes soll, sofern nicht dem Privatkläger die Prozeßkostenhilfe bewilligt ist oder Gebührenfreiheit zusteht, vom Gericht eine Frist bestimmt werden; hierbei soll auf die nach Absatz 3 eintretenden Folgen hingewiesen werden.**

(2) ...

(3) ...

Änderung. Die Richtigstellung der Verweisung „§ 113 Abs. 1" in „§ 67 Abs. 1" durch Art. 1 Nr. 6 OpferschutzG ist eine reine Verweisungsanpassung an die Neufassung des GKG durch die Bekanntmachung vom 15. 12. 1975 (BGBl. I S. 3047)[1].

§ 380

(1) [1]**Wegen Hausfriedensbruchs, Beleidigung, Verletzung des Briefgeheimnisses, Körperverletzung (§§ 223, 223 a, 230 des Strafgesetzbuches), Bedrohung und Sachbeschädigung ist die Erhebung der Klage erst zulässig, nachdem von einer durch die Landesjustizverwaltung zu bezeichnenden Vergleichsbehörde die Sühne erfolglos versucht worden ist.** [2]**Der Kläger hat die Bescheinigung hierüber mit der Klage einzureichen.**

(2) ...

(3) ...

(4) ...

Änderung. Durch Art. 1 Nr. 28 StVÄG 1987 ist der Tatbestand des § 223 a StGB in den Kreis der sühnepflichtigen Delikte einbezogen worden[1].

Einzelheiten. Die gefährliche Körperverletzung ist jetzt sühnepflichtig[2], jedoch **1** nach wie vor nicht Antragsdelikt (vgl. HW § 374, 1). **Ziel der Änderung** ist es, die Vergleichsmöglichkeiten durch verstärkten Einsatz der von den Ländern eingerichteten Sühnestellen zu verbessern und damit den Rechtsfrieden alsbald und ohne erheblichen Aufwand wieder herzustellen sowie die Strafjustiz zu entlasten, wenn der Verletzte eine Straftat nach § 223 a StGB im Wege der Privatklage verfolgt, weil die Staatsanwaltschaft ihn auf den Weg der Privatklage verwiesen hat oder weil er sogleich im Wege der Privatklage vorgehen will. In schweren Fällen des § 223 a StGB, in denen dem Verletzten ein Einigungsversuch nicht zuzumuten ist, wird die Strafverfolgung ohnehin von der Staatsanwaltschaft betrieben werden müssen, weil eine Verweisung auf den Weg der Privatklage dann nicht in Betracht kommt[3].

§ 380 Abs. 1 und 2 (Sühnepflicht, Kostenvorschuß) **gelten nach Absatz 3** u. a. **2 nicht** bei einfacher Körperverletzung (§ 223 StGB) gegenüber einem Amtsträger (HW § 380, 52), weil in diesem Fall der amtliche Vorgesetzte zum Strafantrag befugt ist (§ 232

---

[1] Vgl. BTDucks. 10 5305, S. 10.

[1] Die Prüfungsanregung des BR, § 223 a in ein Offizialdelikt umzuwandeln, führte nicht zu einer entspr. gesetzlichen Regelung, vgl. BTDrucks. 10 5305, S. 27 Nr. 4, S. 32.

[2] Krit. dazu *Jung* JuS **1987** 248.

[3] BTDrucks. 10 1313, S. 34.

Abs. 2 StGB). Gleiches muß bei gefährlicher Körperverletzung (§ 223 a StGB) gegen einen Amtsträger gelten, auch wenn hier keine „Strafantragsbefugnis" besteht.

3   Die **Vergleichsbehörde** ist durch die Landesjustizverwaltung zu bezeichnen. In **Bayern** (HW § 380, 11) ist dies laut Art. 49 BayAGGVG vom 1. 8. 1981 (BayGVBl. 1981, 194) die Gemeinde.

4   Den in Rdn. 1 genannten Zielen dient auch der neue **§ 77 b Abs. 5 StGB**[4]; danach ruht die Strafantragsfrist vom Eingang eines Sühneantrages bei der Vergleichsbehörde bis zur Ausstellung der Erfolglosigkeitsbescheinigung (§ 380 Abs. 1 Satz 2). Dadurch soll vermieden werden, daß der Verletzte aus Sorge, die Strafantragsfrist zu versäumen, einen Strafantrag stellen muß, der sich später bei einem Vergleich als überflüssig herausstellt, zwischenzeitlich aber die Justiz unnötig belastet hat[5]. Da die Erfolglosigkeitsbescheinigung nicht erteilt wird, wenn der Sühneversuch erfolgreich verlaufen ist (HW § 380, 47), ruht die Strafantragsfrist auch während einer etwaigen Erfüllungsfrist eines im Sühneverfahren geschlossenen Vergleichs.

---

[4] Art. 4 StVÄG 1987.
[5] BTDrucks. 10 1313, S. 44; zur Problematik des Strafantrags vgl. auch *Barnstorf* NStZ 1985 67.

ZWEITER ABSCHNITT

Nebenklage

§ 395

(1) Der erhobenen öffentlichen Klage kann sich als Nebenkläger anschließen, wer
1. durch eine rechtswidrige Tat
    a) nach den §§ 174, 174 a, 174 b, 176, 177, 178, 179, 180 und 181 des Strafgesetzbuches,
    b) nach den §§ 185, 186, 187, 187 a und 189 des Strafgesetzbuches,
    c) nach den §§ 221, 223, 223 a, 223 b, 224, 225, 229 und 340 des Strafgesetzbuches,
    d) nach den §§ 234, 234 a, 237, 239 Abs. 2, §§ 239 a und 239 b des Strafgesetzbuches,
2. durch eine versuchte rechtswidrige Tat nach den §§ 211 und 212 des Strafgesetzbuches
verletzt ist oder
3. durch einen Antrag auf gerichtliche Entscheidung (§ 172) die Erhebung der öffentlichen Klage herbeigeführt hat.

(2) Die gleiche Befugnis steht zu
1. den Eltern, Kindern, Geschwistern und dem Ehegatten eines durch eine rechtswidrige Tat Getöteten,
2. im Falle des § 90 des Strafgesetzbuches dem Bundespräsidenten und im Falle des § 90 b des Strafgesetzbuches der betroffenen Person sowie
3. demjenigen, der nach Maßgabe des § 374 in den in § 374 Abs. 1 Nr. 7 und 8 genannten Fällen als Privatkläger aufzutreten berechtigt ist, und dem durch eine rechtswidrige Tat nach § 108 a des Urheberrechtsgesetzes Verletzten.

(3) Wer durch eine rechtswidrige Tat nach § 230 des Strafgesetzbuches verletzt ist, kann sich der erhobenen öffentlichen Klage als Nebenkläger anschließen, wenn dies aus besonderen Gründen, namentlich wegen der schweren Folgen der Tat, zur Wahrnehmung seiner Interessen geboten erscheint.

(4) [1]Der Anschluß ist in jeder Lage des Verfahrens zulässig. [2]Er kann nach ergangenem Urteil auch zur Einlegung von Rechtsmitteln geschehen.

Änderungen. Die Vorschrift ist durch Art. 1 Nr. 7 OpferschutzG neu gefaßt worden. Absatz 1 Nr. 3 war vorher § 395 Abs. 2 Nr. 2, Absatz 2 Nr. 1 vorher § 395 Abs. 2 Nr. 1, Absatz 2 Nr. 2 vorher § 395 Abs. 3; Absatz 4 Satz 1 war in § 395 Abs. 1 Satz 1 enthalten und Absatz 4 Satz 2 war vorher § 395 Abs. 1 Satz 2. Zur Entstehungsgeschichte des OpferschutzG s. HW Vor § 406 d.

Überleitungsvorschrift. Nach Art. 11 Abs. 3 OpferschutzG bleibt die Befugnis, sich nach § 395 Abs. 1 in der bis zum 31. März 1987 geltenden Fassung der erhobenen öffent-

Hans Hilger

lichen Klage als Nebenkläger anzuschließen, auch nach dem 1. April 1987 erhalten, wenn die öffentliche Klage bereits vor dem 1. April 1987 erhoben war.

Übersicht

1. Allgemeine Bedeutung der Änderungen im Recht der Nebenklage

1 **a) Allgemeines.** Obwohl die Nebenklage — in ihrer grundsätzlichen Berechtigung, wegen des willkürlichen Zuschnitts des Kreises der Nebenklagebefugten und der Ausgestaltung der Nebenklägerrechte — heftig umstritten war und sogar ihre — zumindest weitgehende — Abschaffung gefordert wurde[1], hat der Gesetzgeber sich für ihre Beibehaltung entschieden und durch das OpferschutzG das Recht der Nebenklage grundlegend reformiert. Die Nebenklage ist jetzt aus der bisherigen Verbindung zum Recht des Privatklageverfahrens (vgl. § 377 Abs. 3, §§ 395, 397 Abs. 1 a. F)[2] gelöst. Insbesondere der Kreis der zur Nebenklage Befugten ist in einem selbständigen Katalog neu bestimmt (Rdn. 2, 6 ff) und die prozessualen Rechte und Pflichten (§ 473 Abs. 1 Satz 3) des Nebenklägers sind — orientiert an seiner speziellen Interessenlage — eigenständig neu geregelt (Rdn. 3, 4). **Das Wesen der Nebenklage** (HW Vor § 395, 2) besteht darin, daß sie — jedenfalls im Grundsatz — eine unter kriminalpolitischen und viktimologischen Gesichtspunkten ausgewählte, besonders schutzwürdige Gruppe von Verletzten als Prozeßsubjekte, deren Interessen sich nicht völlig mit denen der Staatsanwaltschaft decken, anerkennt, und diesen Verletzten eine eigenständige Beteiligung am Verfahren durch Zubilligung spezifischer Befugnisse einräumt[3]. Der Nebenkläger ist nicht Gehilfe oder Kontrolleur der StA[3a].

2 **b)** Die **Neubestimmung des Kreises der Nebenklagebefugten** steht nach dem Willen des Gesetzgebers im breiteren Zusammenhang der grundlegenden Reform der formellen Beteiligung des Verletzten im Strafverfahren[4]. In der Reformdiskussion stand nicht nur das Modell einer einheitlichen Verfahrensbeteiligung aller Verletzten[5], sondern auch — im Grundsatz — das bisherige System der Bevorzugung eines Teils der

---

[1] Vgl. dazu HW Vor § 394, 4 ff; insbes. *Rieß* Gutachten, 120, 123 ff, 208 mit weit. Nachw.; *Weigend* ZStW **96** (1984) 761 ff; *Schöch* NStZ **1984** 385 ff; *Meyer-Goßner* ZRP **1984** 228 ff; zur neueren Kritik s.: *Engel* STREIT **1987** 27; *Jung* JuS **1987** 157 ff; *Kempf* StrVert. **1987** 215 ff; *Liepe* VersR **1987** 344; *Thomas* StrVert. **1985** 431 ff; *Weigend* NJW **1987** 1170 ff; *Wetekamp* DAR **1987** 210 ff; *v. Winterfeld* NJW **1987** 2631 ff; s. auch *Jung* JR **1984** 309 ff; *Schünemann* NStZ **1986** 193 ff.

[2] Näher dazu HW § 377, 22; HW § 395, 1 bis

[—] 7; HW § 397, 1 bis 22; s. auch *Beulke* DAR **1988** 114; *Böttcher* JR **1987** 136; *Jung* JuS **1987** 158; *Weigend* NJW **1987** 1174.

[3] Vgl. BTDrucks. **10** 5305, S. 10 ff.

[3a] Vgl. *Kleinknecht/Meyer*[38] Vor § 395, 2; s. auch Fußn. 8 und HW Vor § 395, 2; **a. A** KK-*Pelchen*[2] Vor § 395, 1.

[4] Vgl. BTDrucks. **10** 5305, S. 10 ff; *Rieß* Jura **1987** 281 ff; s. auch *Jung* JuS **1987** 158.

[5] Vgl. *Rieß* Gutachten, 171 ff; *Meyer-Goßner* ZRP **1984** 231; *Schöch* NStZ **1984** 388; *Weigend* ZStW **96** (1984) 782 ff.

Verletzten durch Nebenklagebefugnis vor der Masse der (in dieser Eigenschaft) befugnislosen Verletzten[6]. Der Gesetzgeber wählte einen Mittelweg, nämlich die Kombination einer abgestuften Verletztenbeteiligung: Die Regelung eines Grundbestandes von Befugnissen (§§ 406 d bis 406 f, § 406 h) für alle Verletzten (ohne den Begriff des Verletzten zu definieren)[7] und für einen bestimmten Kreis von Verletzten die Gewährung der Nebenklagebefugnis, einschließlich besonderer Rechte schon im Ermittlungsverfahren (§ 406 e Abs. 1 Satz 2, § 406 g). Die Auswahl dieses Kreises der Nebenklagebefugten orientiert sich jedenfalls nicht primär an einem deliktspezifischen „Genugtuungsbedürfnis" des Verletzten. Maßgebend ist vielmehr das besondere Schutzbedürfnis bestimmter Verletztengruppen; daher erfaßt der neue Kreis der Nebenklagebefugten in erster Linie die Opfer überwiegend schwerwiegender Straftaten gegen höchstpersönliche Rechtsgüter[8]. Dieser Kreis ist teilweise weiter als der frühere Rahmen der Anschlußberechtigung nach dem Katalog der Privatklage (§ 374), teilweise enger, weil Bagatelldelikte ausgespart sind (z. B. § 303 StGB). Die Orientierung an der besonderen Schutzbedürftigkeit zeigt sich namentlich bei der Anschlußbefugnis nach einer fahrlässigen Körperverletzung (§ 230 StGB), die ausdrücklich auf die Schwere der Tatfolge abstellt (§ 395 Abs. 3). Zum Kreis der besonders Schutzbedürftigen können auch noch die Angehörigen eines Getöteten (§ 395 Abs. 2 Nr. 1) und diejenigen Verletzten gezählt werden, die ein Klageerzwingungsverfahren betreiben mußten (§ 395 Abs. 1 Nr. 3), um eine Anklageerhebung zu erreichen. Diese Linie ist jedoch nicht konsequent durchgehalten. Der Kreis enthält auch Relikte der früheren Nebenklagebefugnis, deren Aufgabe der Gesetzgeber wohl gescheut hat (§ 395 Abs. 2 Nr. 2)[9] oder die er — soweit die Nebenklagebefugnis bei Straftaten gegen den gewerblichen Rechtsschutz und das Urheberrecht aufrecht erhalten und erweitert wird — in Erwartung einer Reform des Strafrechtsschutzes in diesem Bereich jedenfalls derzeit nicht aufgeben wollte (§ 395 Abs. 2 Nr. 3)[10]; es ist unverkennbar, daß über die Nebenklagebefugnis nach § 395 Abs. 2 Nr. 3 im wesentlichen wirtschaftliche Interessen besonders berücksichtigt (geschützt) werden sollen.

c) Die **Neuordnung der prozessualen Rechte** des Nebenklägers gibt die bisherige **3** Globalverweisung auf die Rechte des Privatklägers (§ 397 Abs. 1 a. F.) auf; sie definiert die Rechte neu — orientiert an den speziellen Bedürfnissen des Nebenklägers — in einem Enumerativkatalog (§§ 397, 400)[11]. Dieser ist nicht vollständig (Nachtr. § 397, 3 ff) oder läßt zumindest Fragen offen (Nachtr. § 400, 7; 10; 15; 16). Im Hinblick auf den Willen des Gesetzgebers, dem Nebenkläger speziell auf seine Interessen zugeschnittene Befugnisse zu gewähren, dürfte jedoch wenig Raum bleiben für einen Rückgriff (Analogie) auf die gesetzliche Regelung der Befugnisse des Privatklägers; eventuelle Verfahrensprobleme, die sich aus Unklarheiten und Lücken ergeben, müssen ggf. —

---

[6] Vgl. *Hammerstein* Verh. des 55. DJT L 1 ff; *Odersky* Verh. des 55. DJT L 37 ff; ähnlich *Geerds* JZ **1984** 794.

[7] Vgl. auch HW § 172, 48 ff; HW Vor § 406 d, 6; *Rieß* Jura **1987** 281 ff; *Thomas* StrVert. **1985** 433; *Weigend* NJW **1987** 1173.

[8] BTDrucks. 10 5305, S. 11; eingehend dazu *Rieß* Jura **1987** 287; *Böttcher* JR **1987** 135; *Jung* JuS **1987** 158; *Weigend* NJW **1987** 1170 ff; *Kempf* StrVert. **1987** 218; *Beulke* DAR **1988** 114; s. auch *Meyer-Goßner* ZRP **1984** 231; zum Genugtuungsinteresse und

weiteren Funktionen der Nebenklage vgl. auch *Rieß* Gutachten, 31 ff, 120 ff; *Schünemann* NStZ **1986** 196 ff; BGHSt **28** 272; HW Vor § 395, 2.

[9] Vgl. auch HW Vor § 395, 8; *Böttcher* JR **1987** 135; *Meyer-Goßner* ZRP **1984** 231.

[10] BTDrucks. 10 5305, S. 12; s. *Rieß* Jura **1987** 287 Fußn. 52: *Böttcher* JR **1987** 135; *Kempf* StrVert. **1987** 218.

[11] *Rieß* Jura **1987** 287; *Beulke* DAR **1988** 117; *Böttcher* JR **1987** 136; *Jung* JuS **1987** 158; *Weigend* NJW **1987** 1170 ff.

Hans Hilger

orientiert an diesem Konzept des Gesetzgebers — so gelöst werden, daß diese Lösung der besonderen Stellung des Nebenklägers entspricht.

Ein **Vergleich der neuen Befugnisse des Nebenklägers** (Nachtr. § 397, 4 ff) **mit seinen früheren** ergibt, daß die prozessualen Befugnisse einerseits reduziert worden sind. Andererseits wird schon im Ermittlungsverfahren dem späteren Nebenklageberechtigten eine besondere Stellung eingeräumt (§ 406 e Abs. 1 Satz 2, § 406 g). Insgesamt gesehen verändert jedoch die im wesentlichen ausgewogene Gestaltung der Befugnisse des Nebenklägers nicht die sog. „Waffengleichheit" zwischen dem Nebenkläger und dem Beschuldigten, richtiger: nicht die Verteidigungsmöglichkeiten des Beschuldigten zu dessen Nachteil[12].

5   **d) Vorrang des JGG.** Nach § 2 JGG gilt die StPO im Jugendstrafverfahren, soweit im JGG nichts anderes bestimmt ist bzw. soweit die Vorschriften der StPO nicht den Grundsätzen des JGG widersprechen. Dies bedeutet, daß das Recht der Nebenklage im Verfahren gegen Jugendliche nicht gilt, weil nach § 80 Abs. 3 JGG eine Nebenklage gegen Jugendliche nicht zulässig ist. Dementsprechend gelten im Verfahren gegen Jugendliche auch nicht § 406 e Abs. 1 Satz 2 und § 406 g (insoweit auch nicht § 406 h), weil die hier geregelten Befugnisse in engem Zusammenhang mit der Nebenklage stehen und deren Vorbereitung dienen sollen[13]. Dagegen sind die Vorschriften in Verfahren gegen Heranwachsende anwendbar (§ 109 JGG).

2. Einzelheiten zu den Änderungen in § 395

6   **a) Der Katalog des Absatzes 1.** Durch § 395 Abs. 1 werden in den früher an § 374 angebundenen, nunmehr selbständigen (Rdn. 1, 2) Katalog der Nebenklagebefugten die Verletzten folgender Straftaten neu aufgenommen: Schwerwiegende Sexualdelikte (§§ 174, 174 a, 174 b, 176, 177, 178, 179, 180, 181 StGB), Aussetzung (§ 221 StGB), erhebliche Körperverletzungen sowie Vergiftung (§§ 223 b, 224, 225, 229, 340 StGB), Straftaten gegen die persönliche Freiheit (§§ 234, 234 a, 237, 239 Abs. 2, §§ 239 a, 239 b StGB) und versuchte Tötungsdelikte (§§ 22, 211, 212 StGB). Es sind insbesondere Verletzte, die durch die Tat besonders betroffen sind und im Verfahren einer gesicherten Stellung bedürfen, weil sie sich typischerweise gegen Verantwortungs- und Schuldzuweisungen sowie Kränkungen verteidigen müssen[14]. Ein Teil der genannten Delikte war bisher — je nach Fallgestaltung — nur mittelbar nebenklagefähig, z. B. über § 223 StGB (vgl. HW § 395, 5; 10)[15]. Die Nebenklagebefugnis im Falle der „Beleidigungsdelikte" (§§ 185 bis 189 StGB), die im Gesetzgebungsverfahren umstritten war, wurde beibehalten, weil die öffentliche Klage ohnehin nur in schwerwiegenden Fällen erhoben wird und der Verletzte wegen der Möglichkeit des Wahrheitsbeweises und wegen § 193 StGB besonders schutzbedürftig erscheint[16]. Die Nebenklagebefugnis bei Straftaten nach den §§ 123, 202, 241, 303 StGB ist entfallen. Bei versuchten Tötungsdelikten (§ 395 Abs. 1 Nr. 2) besteht keine Nebenklagebefugnis der Angehörigen.

7   **b) Absatz 2.** Zu Absatz 2 Nr. 1 und Nr. 2 vgl. Rdn. 2. Absatz 2 Nr. 3 räumt durch die Verweisung auf § 374 Abs. 1 Nr. 7 und 8 den dort genannten Privatklageberechtigten

---

[12] Zu Einzelheiten vgl. § 397, 1 ff und die Erl. zu den §§ 406 e, 406 g; **a. A** wohl *Kempf* StrVert. **1987** 215 ff; *v. Winterfeld* NJW **1987** 2635; s. dazu auch *Thomas* StrVert. **1985** 434; *Geerds* JZ **1984** 794; *Lang* ZRP **1985** 32; *Schünemann* NStZ **1986** 197, 443.

[13] *Rieß/Hilger* NStZ **1987** 153; *Schaal/Eisenberg* NStZ **1988** 50 ff.

[14] Vgl. *Böttcher* JR **1987** 135; *Rieß* Jura **1987** 287.

[15] Vgl. dazu *Böttcher* JR **1987** 135.

[16] BTDrucks. 10 6124, S. 12, 14; s. auch *Rieß* Jura **1987** 287; *Weigend* NJW **1987** 1174.

(s. auch Nachtr. § 374, 3) die Nebenklagebefugnis ein; hinzu kommt der Verletzte einer rechtswidrigen Tat nach § 108 a UrhG, der nicht privatklageberechtigt ist.

c) Fahrlässige Körperverletzung (Absatz 3). Die Nebenklagebefugnis ist bei fahr- **8** lässiger Körperverletzung — abgesehen von den „formellen" Voraussetzungen nach § 396 (Nachtr. § 396, 2) — an das Vorliegen des materiellen Anschlußgrundes geknüpft, daß der Anschluß „aus besonderen Gründen, namentlich wegen der schweren Folgen der Tat, zur Wahrnehmung" der Interessen des Verletzten geboten erscheint. Der Begriff: „besondere Gründe" ist ein unbestimmter Rechtsbegriff[17], der beispielhaft erläutert wird und den Willen des Gesetzgebers verdeutlicht, durch diese Regelung die durchschnittlichen Fälle der fahrlässigen Körperverletzung, oft Körperverletzungen im Straßenverkehr, aus der Nebenklage auszuschließen[18]. Ob die Voraussetzungen des § 395 Abs. 3 erfüllt sind, richtet sich nach dem konkreten Einzelfall. Es müssen zwei Kriterien erfüllt sein: „Besondere Gründe" müssen vorliegen und die Interessenwahrnehmung wegen dieser Gründe muß nicht — unbedingt — geboten sein, sondern es genügt, wenn sie geboten (angemessen) „erscheint" — diese Formulierung erlaubt eine „mildere" Wertentscheidung und gibt dem Gericht einen weiteren Entscheidungsspielraum, der sachgerechte Differenzierungen ermöglicht.

Die **Voraussetzungen** des Absatzes 3 können **im Einzelfall** — unter Beachtung der **9** neu bestimmten Funktion und Aufgabe der Nebenklage — erfüllt sein, wenn die Körperverletzung zu schweren Tatfolgen[18a] geführt hat (z. B. nach ärztlichen Kunstfehlern) oder wenn die Schwere der Pflichtwidrigkeit (des Verkehrsverstoßes) und die Frage des Mitverschuldens des Verletzten nicht nur zivilrechtlich, sondern auch strafrechtlich eine zentrale Rolle spielen[19] und es im Interesse des Verletzten wünschenswert erscheint, daß er wegen dieser Umstände eine gesicherte strafprozessuale Rechtsposition erhält. Die Tatsache, daß die zivilrechtliche Schadensregulierung mit Rücksicht auf die mitverschuldensbedingte Haftungsquote noch nicht abgeschlossen ist, kann dann ein besonderer Grund sein, wenn die Frage des Mitverschuldens auch im Strafverfahren eine **zentrale Rolle** (Möglichkeit des erheblichen Einflusses auf die Strafzumessung) spielt[20]. Ein besonderer Grund kann schließlich auch eine Förderung der Aussöhnung im besonderen Interesse des Verletzten sein[21].

Besteht die Wahrscheinlichkeit, daß die **Körperverletzung** (nur grob) **fahrlässig** **10** begangen wurde, ist jedoch auch möglich (HW § 395, 3), daß sie **vorsätzlich** verwirklicht wurde, so liegt ein Fall des Absatzes 1 Nr. 1 Buchst. c vor. Im Falle der Realisierung eines Tatbestandes nach Absatz 1 und einer fahrlässigen Körperverletzung **durch mehrere Taten** richtet sich die Anschlußbefugnis für die Körperverletzung nach Absatz 3. Im Falle einer **tateinheitlichen Verwirklichung** eines Tatbestandes nach Absatz 1 und einer fahrlässigen Körperverletzung, was selten der Fall sein dürfte, richtet sich die Anschlußbefugnis auch für die fahrlässige Körperverletzung nach Absatz 1.

d) Sonstiges. Für die **Berechtigung zum Anschluß** genügt, wie bisher, daß die Ver- **11** urteilung wegen eines Katalogdelikts nach der Sachlage rechtlich möglich erscheint (HW § 395, 3). Außerdem genügt in allen Fällen für die Anschlußbefugnis, wie bisher,

---

[17] Vgl. BTDrucks. 10 5305, S. 12; *Beulke* DAR **1988** 115; *Böttcher* JR **1987** 135.

[18] Vgl. BTDrucks. 10 5305, S. 12.

[18a] Vgl. *Beulke* DAR **1988** 116, der entscheidend auf den Grad der im Straßenverkehr erlittenen Verletzung abstellt.

[19] BTDrucks. 10 5305, S. 12; eingehend und krit. dazu *Beulke* DAR **1988** 115 mit Beispielen und einem schematisierten Lösungsvorschlag bei Körperverletzungen im Straßenverkehr; s. auch *Liepe* VersR **1987** 344.

[20] Vgl. AG Homburg-Saar DAR **1987** 297; *Beulke* DAR **1988** 115; *Liepe* VersR **1987** 344.

[21] *Rieß/Hilger* NStZ **1987** 154; krit. *Beulke* DAR **1988** 115.

der Verdacht einer (nur) **ideal- oder gesetzeskonkurrierenden Verwirklichung** eines Anschlußtatbestandes; der mit einer Körperverletzung verbundene Raub z. B. ist dadurch „nebenklagefähig"[22]. Der Übergang ins **Strafbefehlsverfahren** nach § 408 a führt nicht zur Unwirksamkeit der Nebenklage (HW § 472, 14). Die Neuordnung des Kreises der Nebenklagebefugten (Nebenklagedelikte) ändert nichts daran, daß bei Antragsdelikten grundsätzlich die Prozeßvoraussetzung des wirksamen **Strafantrages** erfüllt sein muß. Bejaht die StA jedoch in den Fällen, die dies erlauben (vgl. z. B. § 232 Abs. 1 Satz 1 StGB) das Vorliegen eines „besonderen öffentlichen Interesses", so kann der Nebenklagebefugte sich trotz des Fehlens eines Strafantrages dem Verfahren anschließen (HW § 395, 18)[23]. Gleiches dürfte gelten, wenn der Strafantrag von anderer Seite wirksam gestellt worden ist[24]. Denn das neukonzipierte Recht der Nebenklage regelt nicht, daß die Anschlußbefugnis des Nebenklägers speziell davon abhängig ist, daß die Prozeßvoraussetzung des wirksamen Strafantrages gerade durch einen eigenen Strafantrag des Nebenklägers erfüllt wird. Entscheidend ist, daß der Nebenkläger die Möglichkeit hat, sich am Verfahren zu beteiligen und gegen Schuldzuweisungen u. a. zur Wehr zu setzen, wenn es — ohne daß er einen Strafantrag gestellt hat — zur Durchführung des Verfahrens kommt.

12　　Schließlich dürfte die Streitfrage, ob die Angehörigen **des Nebenklägers** nach dessen **Tod** zur Fortsetzung des Verfahrens berechtigt sind (HW § 402, 3 ff), nach der abschließenden Neuordnung des Kreises der Nebenklageberechtigten dahin zu beantworten sein, daß ein „Fortführungsrecht" nur dann besteht, wenn die Angehörigen selbst nebenklagebefugt wären, also selbst Verletzte im Sinne des § 395 sind, insbesondere der Fall des § 395 Abs. 2 Nr. 1 gegeben ist; es ist nicht einzusehen, weshalb die Angehörigen nicht berechtigt sein sollten, die Nebenklage nach dem Tod des Nebenklägers weiterzuführen, wenn sie aus eigenem Recht befugt wären, sich dem Verfahren anzuschließen[25]. Ein weitergehender Rückgriff auf § 393 Abs. 2 (HW § 402, 8; 9) ist nach der Aufhebung der Verbindung zwischen der Nebenklage und dem Recht der Privatklage nicht mehr möglich. Zum **Kostenrecht** s. HW § 464, 4; 5; 24; 26; 29; 44; 53; HW Erl. zu § 472; HW § 473, 71 ff.

13　　e) **Anschlußzeitpunkt (Absatz 4).** Der Anschluß ist — wie bisher — in jeder Lage des Verfahrens, auch zur Einlegung von Rechtsmitteln, zulässig. Er ist unzulässig, soweit § 400 keine Rechtsmittelbefugnis gewährt, kann also nicht mit der Erklärung erfolgen, das Urteil werde nur zum Rechtsfolgenausspruch angefochten; in diesem Fall ist das Rechtsmittel unter Ablehnung der Zulassung des Nebenklägers (§ 396 Abs. 2 Satz 1) als unzulässig zu verwerfen (s. auch Nachtr. § 396, 2; 5; Nachtr. § 400, 8). Der Verletzte ist auf seine Anschlußbefugnis hinzuweisen (§ 406 h). Einem Nebenkläger, der seinen Anschluß erst nach Ablauf der Rechtsmitteleinlegungsfrist der Staatsanwaltschaft (§ 399 Abs. 2) erklärt, kann grundsätzlich keine Wiedereinsetzung gegen die Versäumung der Rechtsmittelfrist gewährt werden[26] (s. auch HW § 399, 4; HW § 406 h, 3). Zur nachträglichen (deklaratorischen) Zulassung des Nebenklägers, wenn das Gericht bereits eine rechtskräftige Auslagenentscheidung zu seinen Gunsten getroffen hat, vgl.

---

[22] BTDrucks. 10 5305, S. 12; s. aber *Weigend* NJW **1987** 1174.

[23] Vgl. LG Tübingen Justiz **1988** 171; *Engel* Streit **1987** 27; a. A LG Bremen StrVert. **1988** 293; KK-*Pelchen*² 5; *Kleinknecht/Meyer*³⁸ 5; s. auch *Böttcher* JR **1987** 135.

[24] A. A LG Bremen StrVert. **1988** 293; KK-*Pelchen*² 5; *Kleinknecht/Meyer*³⁸ 5.

[25] A. A KK-*Pelchen*² § 402, 5; *Kleinknecht/Meyer*³⁸ § 402, 4 (kein Fortführungsrecht); s. auch *Gerauer* NJW **1986** 3126; OLG Düsseldorf JurBüro **1987** 555.

[26] BGH bei *Miebach* NStZ **1988** 214.

Nachtr. §396, 4, zur (nachträglichen) Überprüfung der Berechtigung des Anschlusses durch das Rechtsmittelgericht Nachtr. §396, 5.

Eine **Nebenklage** ist **unzulässig**, wenn das Verfahren rechtskräftig abgeschlossen **14** ist. Es genügt auch das **Vorliegen eines rechtskräftigen Schuldspruches**; dies ergibt sich daraus, daß dem Nebenkläger nach §400 Abs. 1 kein Rechtsmittel gegen den Rechtsfolgenausspruch zusteht[27]. Der Nebenkläger hat nicht das Recht, die **Wiederaufnahme des Verfahrens** zuungunsten des Angeklagten (§362) zu beantragen; dies folgt schon daraus, daß §397 nicht mehr auf §390 Abs. 1 Satz 2 verweist[28]. Eine Schließung dieser Lücke durch analoge Anwendung des §390 Abs. 1 Satz 2 scheitert daran, daß die Vergleichbarkeit der Interessenlage, die einen Analogieschluß rechtfertigen würde, wohl zu verneinen ist. Die Rolle des Nebenklägers ist mit der des Privatklägers nicht vergleichbar. Außerdem ist der Wiederaufnahmeantrag zuungunsten des Angeklagten mit der Anklageerhebung durch die Staatsanwaltschaft im Normalverfahren funktionell vergleichbar und es ist nicht einzusehen, daß der Nebenkläger einerseits die Befugnis haben sollte, durch einen Wiederaufnahmeantrag selbständig ein rechtskräftig abgeschlossenes gerichtliches Verfahren wieder in Gang zu setzen, während er andererseits nicht zur Anklageerhebung berechtigt ist. Schließlich läßt sich auch aus §400 keine Analogie rechtfertigen. Zwar soll dem Nebenkläger nach dieser Vorschrift immer dann ein Rechtsmittel zustehen, wenn der Angeklagte nicht wegen der Tat verurteilt wird, aus der sich die Anschlußbefugnis ergibt; jedoch ist der Antrag auf Wiederaufnahme dogmatisch kein Rechtsmittel, und §400 läßt den Willen des Gesetzgebers erkennen, die Möglichkeiten des Nebenklägers, gegen eine ihn beschwerende Entscheidung vorzugehen, erheblich zu begrenzen. Der Nebenkläger kann sich jedoch einem Wiederaufnahmeverfahren (nicht dem Antrag) anschließen, das von anderer Seite eingeleitet wurde[29]. Seine Anschlußbefugnis besteht auch schon vor der Entscheidung über die Begründetheit der Wiederaufnahme[30]. Ein im Ursprungsverfahren erklärter Anschluß lebt wieder auf. Dies läßt sich daraus ableiten, daß der Gesetzgeber — wie sich aus §395 Abs. 1, 4 und §401 Abs. 1 ergibt, dem Nebenkläger Einwirkungsmöglichkeiten auf das gesamte gerichtliche Verfahren geben wollte, solange solche für ihn sinnvoll möglich sind. Zu weiteren Einzelheiten, insbesondere zu den Befugnissen des Nebenklägers im Wiederaufnahmeverfahren vgl. Nachtr. §397, 7.

§396

(1) [1]Die **Anschlußerklärung ist bei dem Gericht schriftlich einzureichen.** [2]Eine vor Erhebung der öffentlichen Klage bei der Staatsanwaltschaft oder dem Gericht eingegangene Anschlußerklärung wird mit der Erhebung der öffentlichen Klage wirksam. [3]Im Verfahren bei Strafbefehlen wird der Anschluß wirksam, wenn Termin zur Hauptverhandlung anberaumt (§408 Abs. 3 Satz 2, §411 Abs. 1) oder der Antrag auf Erlaß eines Strafbefehls abgelehnt worden ist.

(2) [1]Das Gericht entscheidet über die Berechtigung zum Anschluß als Nebenkläger nach Anhörung der Staatsanwaltschaft. [2]In den Fällen des §395 Abs. 3 entscheidet es nach Anhörung auch des Angeschuldigten darüber, ob der Anschluß aus den dort genannten Gründen geboten ist; diese Entscheidung ist unanfechtbar.

[27] *Kleinknecht/Meyer*[38] §395, 12.
[28] Vgl. OLG Stuttgart NStZ **1988** 42; *Kleinknecht/Meyer*[38] §365, 8; eingehend dazu *Rieß* NStZ **1988** 15; vgl. auch *Rieß/Hilger* NStZ **1987** 155.
[29] OLG Stuttgart NStZ **1988** 42; eingehend dazu *Rieß* NStZ **1988** 15; s. auch *Kleinknecht/Meyer*[38] §365, 8.
[30] Vgl. OLG Stuttgart NStZ **1988** 42 (Anschluß u. U. schon im Additionsverfahren); s. auch *Rieß* NStZ **1988** 15 Fußn. 11.

Hans Hilger

(3) Erwägt das Gericht, das Verfahren nach § 153 Abs. 2, § 153 a Abs. 2, § 153 b Abs. 2 oder § 154 Abs. 2 einzustellen, so entscheidet es zunächst über die Berechtigung zum Anschluß.

Änderung. § 396 ist durch Art. 1 Nr. 8 OpferschutzG neu gefaßt worden. Die Vorschrift ist bereits vor ihrem Inkrafttreten durch Art. 11 des StVÄG 1987 rein redaktionell dadurch geändert worden, daß in Absatz 1 Satz 2 die Klammerverweisung auf § 408 den Änderungen dieser Vorschrift durch das StVÄG 1987 angepaßt wurde.

1   **1. Allgemeines.** Die wesentliche Bedeutung der Vorschrift liegt in der neuen, mit § 395 Abs. 3 (Nachtr. § 395, 8) zusammenhängenden Verfahrensregelung des Absatzes 2 Satz 2. Im übrigen sind die Änderungen des § 396 überwiegend redaktioneller Natur. Absatz 1 Satz 1 und 2 entspricht § 396 Abs. 1 a. F und Satz 3 dem früheren § 395 Abs. 1 Satz 1 2. und 3. Alternative. Absatz 2 Satz 1 entspricht § 396 Abs. 2 Satz 1 a. F, Absatz 3 (Rdn. 9) im wesentlichen § 396 Abs. 2 Satz 2 a. F. § 396 Abs. 3 a. F („Zu einer Sicherheitsleistung ist der Nebenkläger nicht verpflichtet") ist im Hinblick auf die Trennung der Nebenklage von der Privatklage (vgl. Nachtr. § 395, 1; § 379) entfallen[1].

2. Bedeutung des Absatzes 2 Satz 2

2   **a) Die Entscheidung nach Satz 2.** Während die Entscheidung des Gerichts (s. HW § 396, 4; 6) nach Absatz 2 Satz 1 über die Berechtigung des Anschlusses in den Fällen des § 395 Abs. 1 und 2 lediglich deklar, sischen Charakter hat (HW § 396, 11; 13)[2], kommt der Entscheidung nach Satz 2 weitergehende Bedeutung zu. Zunächst beinhaltet sie, soweit nicht eine gesonderte Entscheidung nach Absatz 2 Satz 1 über die allgemeinen (formellen) Voraussetzungen der Nebenklagebefugnis ergeht (z. B. Prozeßfähigkeit, Verdacht einer Körperverletzung des den Anschluß Erklärenden; vgl. HW § 396, 6 bis 9; Nachtr. § 395, 10; 11), diese Entscheidung, der insoweit gleichfalls nur deklaratorische Bedeutung zukommt. Außerdem enthält sie die wertende Entscheidung des Gerichts speziell zur Frage der Erfüllung der besonderen materiellen Voraussetzungen des § 395 Abs. 3, also das Ergebnis der Erwägungen des Gerichts, ob (warum) ein Anschluß ausnahmsweise aus besonderen Gründen geboten erscheint (Nachtr. § 395, 8; 9)[3]. Die dogmatische Einordnung dieser Entscheidung ist zweifelhaft; der Gesetzgeber hat offengelassen, ob ihr konstitutive Bedeutung zukommt[4].

3   Diese wertende **Entscheidung** (Nachtr. § 395, 8 ff) richtet sich grundsätzlich nach den in den Akten befindlichen Erkenntnissen, falls der Anschluß während der Hauptverhandlung erklärt wird, nach deren Stand, in Verbindung mit dem Vorbringen des den Anschluß Erklärenden. Außerdem ist der Angeklagte zu hören, seine Argumente sind also in die Entscheidung einzubeziehen. Genügen diese Erkenntnisse dem Gericht

---

[1] BTDrucks. 10 5305, S. 13.
[2] Vgl. LG Hanau JurBüro **1987** 393.
[3] Vgl. BTDrucks. 10 5305, S. 13; *Kleinknecht/*

Meyer[38] 10; KK-*Pelchen*[2] 6; *Beulke* DAR **1988** 117; *Böttcher* JR **1987** 135.
[4] BTDrucks. 10 5305, S. 13.

nicht, so kann es unter Umständen notwendig sein, — außerhalb der Hauptverhandlung — weitere entscheidungserhebliche Umstände im **Freibeweisverfahren** zu klären, soweit dies erforderlich und möglich erscheint[5]. Fraglich ist, ob die ausdrückliche Regelung zur Notwendigkeit der Anhörung des Angeschuldigten den Umkehrschluß erlaubt, daß dieser in den Fällen des Absatzes 2 Satz 1 nicht gehört werden muß (s. auch HW § 396, 8).

Die **Entscheidung** des Gerichts nach Absatz 2 kann stillschweigend (s. auch HW **4** § 396, 9), jedenfalls die nach Absatz 2 Satz 2 sollte jedoch im Interesse der Rechtsklarheit und -sicherheit ausdrücklich ergehen. Sie kann auch noch **nach** (rechtskräftigem) **Abschluß des Verfahrens** getroffen werden, wenn die Anschlußerklärung vorher bei Gericht eingegangen war und ein berechtigtes Interesse des Verletzten an einer solchen nachträglichen Entscheidung besteht. Dies war bisher schon für die Entscheidung nach Absatz 2 Satz 1 anerkannt[6], zumal in den Fällen des § 395 Absatz 1 und 2 die Anschlußerklärung konstitutiv wirkt und der Entscheidung nach Absatz 2 Satz 1 nur deklaratorische Bedeutung zukommt[7]. Für die Entscheidung nach Absatz 2 Satz 2 darf nichts anderes gelten; es sollte nicht zu Lasten des den Anschluß Erklärenden gehen, wenn das Gericht nicht — wie es seine Pflicht wäre — unverzüglich nach Eingang der Anschlußerklärung entscheidet. Allerdings wird die Notwendigkeit einer nachträglichen Entscheidung zur Berechtigung eines Anschlusses nach Absatz 2 Satz 1 und 2 selten sein, weil in vielen Fällen die Kosten- und Auslagenentscheidung nach den §§ 472, 473 Absatz 1 klarstellen wird, ob das Gericht den Anschluß als berechtigt anerkannt hat.

b) Die **Unanfechtbarkeitsregelung** des Absatzes 2 Satz 2 2. Halbsatz bezieht sich **5** nur auf die Entscheidung nach Satz 2. Soweit in dieser eine Entscheidung nach Absatz 2 Satz 1 enthalten ist (Rdn. 2), bleibt diese anfechtbar[8]. Die Entscheidung nach Satz 2 erwächst in formelle Rechtskraft (s. dazu HW Vor § 296, 26 ff; Vor § 304, 25 ff), nicht jedoch in Bestandskraft (s. dazu HW Vor § 296, 29 ff; Vor § 304, 26 ff). Nach dem Willen des Gesetzgebers[9] soll durch die Unanfechtbarkeitsregelung die besondere Entscheidung über das Vorliegen der materiellen Anschlußvoraussetzungen des § 395 Abs. 3 der Prüfung durch das Revisionsgericht (s. § 336 Satz 2) entzogen sein; die wertende Entscheidung des mit der Sache befaßten Gerichts, ob es aus besonderen Gründen eine Beteiligung des Verletzten als Nebenkläger für geboten hält, soll nicht nachträglich und rückwirkend durch das „Rechtsmittelgericht korrigiert" werden können. Unberührt bleiben soll jedoch die Befugnis des durch eine fahrlässige Körperverletzung Verletzten, nach ergangenem Urteil **erneut seinen Anschluß** als Nebenkläger, auch **verbunden mit der Einlegung eines Rechtsmittels** (§ 395 Abs. 4 Satz 2), zu erklären[10]. Das Revisionsgericht kann also die Nebenklagebefugnis des Rechtsmittelführers nach § 395 in Vbdg. mit § 396 Abs. 2 Satz 1 und 2 als Prozeßvoraussetzung auch der Revision (s.

---

[5] Vgl. *Beulke* DAR **1988** 177 (ggf. Glaubhaftmachung der besonderen Gründe des § 395 Abs. 3 durch den Verletzten – analog § 26 Abs. 2 Satz 1, § 45 Abs. 2 Satz 1); s. auch RGSt **25** 186 (Entscheidung vor weiterer Veränderung der Prozeßlage erforderlich).

[6] Vgl. RGSt **66** 393; LG Krefeld Rpfleger **1972** 177 mit krit. Anm. *Reiß*; LG Hanau JurBüro **1987** 393 (Interesse im Hinblick auf die Kostenfestsetzung); *Kleinknecht/Meyer*[38] 14; *D. Meyer* JurBüro **1983** 165; **a. A** LG Düsseldorf JurBüro **1983** 252.

[7] Vgl. LG Hanau JurBüro **1987** 393; HW § 396, 13.

[8] Vgl. KK-*Pelchen*[2] 6; *Beulke* DAR **1988** 117; *Böttcher* JR **1987** 135; *Rieß/Hilger* NStZ **1987** 154; zur Anfechtbarkeit s. auch LG Hanau JurBüro **1987** 393 (§ 304); HW § 396, 17; *Pagenkopf* Das Deutsche Bundesrecht II B 75, S. 12.

[9] Vgl. BTDrucks. **10** 5305, S. 13.

[10] BTDrucks. **10** 5305, S. 13.

Hans Hilger

hierzu HW § 395, 41; § 396, 6; § 401, 5) überprüfen; es kann jedoch nicht eine wertende Entscheidung des Tatrichters nach § 396 Abs. 2 Satz 2 als fehlerhaft beanstanden und darauf seine Revisionsentscheidung stützen (§ 337; s. Rdn. 7). Weil eine § 336 Satz 2 entsprechende Vorschrift für das Berufungsverfahren fehlt, dürfte allerdings eine „Korrektur" einer wertenden Entscheidung nach § 395 Abs. 3, § 396 Abs. 2 Satz 2 durch das Berufungsgericht nicht ausgeschlossen sein; da das Berufungsgericht jedoch nicht (mehr) befugt ist, wegen eines Verfahrensfehlers zurückzuverweisen, sondern in der Sache selbst zu erkennen hat (§ 328 Abs. 1), wird dem weniger Bedeutung zukommen als im Revisionsverfahren.

6　　Aus der Regelung kann desweiteren abgeleitet werden: Wenn der Anschluß wegen fahrlässiger Körperverletzung (§ 395 Abs. 3) unanfechtbar (§ 396 Abs. 2 Satz 2 2. Halbsatz) abgelehnt worden ist, ist es dem Verletzten unbenommen, im Wege der „Gegenvorstellung" neue, eventuell einen Anschluß rechtfertigende Umstände vorzutragen, und das Gericht kann seine ablehnende Entscheidung revidieren. Eine **Gegenvorstellung** mit dem Ziel der Überprüfung der Entscheidung auf wesentlich neuer Tatsachengrundlage dürfte im Hinlick auf das Fehlen einer materiellen Bestandskraft der Entscheidung grundsätzlich unbedenklich sein[11]. Im übrigen wäre es reiner Formalismus, wenn der Verletzte neue Tatsachen, die eine Revidierung der ablehnenden Entscheidung zu § 395 Abs. 3 rechtfertigen, zurückhalten müßte und sie erst nach Abschluß der Instanz mit Einlegung eines Rechtsmittels geltend machen dürfte. Schließlich kann das Gericht mangels materieller Bestandskraft seiner Entscheidung zu § 395 Abs. 3 diese grundsätzlich auch **von Amts wegen ändern**, z. B. wenn sich herausstellt, daß die ursprüngliche Grundlage der Entscheidung von vornherein unrichtig war[12]. Unzulässig dürfte allerdings eine dem Nebenkläger nachteilige Änderung der Entscheidung — innerhalb derselben Instanz — sein, die allein auf neuen Erkenntnissen infolge der Hauptverhandlung oder auf einer anderen Interpretation des unbestimmten Rechtsbegriffes (Nachtr. § 395, 8 ff) beruht; dem Nebenkläger dürfte insoweit ein Vertrauensschutz zuzubilligen sein[12a].

7　　c) Zum **Revisionsgrund** der unberechtigten Nichtzulassung[13] sowie zu dem der unberechtigten Zulassung[14] vgl. HW § 396, 24. Auf eine fehlerhafte Entscheidung nach § 396 Abs. 2 Satz 2 kann die Revision im Hinblick auf Satz 2 2. Halbsatz in Vbdg. mit § 336 Satz 2 nicht gestützt werden (Rdn. 5); es kann also z. B. weder geltend gemacht werden, der Nebenkläger sei durch seine Nichtzulassung gehindert gewesen, entscheidungserhebliche Tatsachen vorzutragen und Beweismittel zu benennen und darauf beruhe das Urteil, noch, die fehlerhafte Zulassung sei ein Verfahrensfehler, auf dem das Urteil beruhe.

8　　d) **Sonstiges.** Zur Anschlußbefugnis bei Antragsdelikten s. § 395, 11. War bei Inkrafttreten des OpferschutzG (1. 4. 1987) die öffentliche Klage bereits erhoben, so ist im Falle einer fahrlässigen Körperverletzung (§ 230 StGB) Absatz 2 Satz 2 nicht anwendbar; die „Anschlußbefugnis" richtet sich uneingeschränkt allein nach § 395 Abs. 1 a. F (Art. 11 Abs. 3 OpferschutzG).

---

[11] S. dazu HW Vor § 296, 8 ff; HW Vor § 304, 23 ff; 38 ff; *Beulke* DAR **1988** 118.

[12] Vgl. KK-*Pelchen*[2] 8; *Kleinknecht/Meyer*[38] 16; 17; *Pagenkopf* Das Deutsche Bundesrecht II B 75, S. 12; s. auch HW § 396, 14; 15.

[12a] Vgl. *Beulke* DAR **1988** 117; HW § 396, 14; 15.

[13] S. auch BGH StrVert. **1981** 535.

[14] S. auch BayObLG NJW **1953** 1116; DAR **1980** 270; OLG Frankfurt NJW **1966** 1669.

3. Absatz 3 ist um die Ermessenseinstellungen nach § 153 b Abs. 2, § 154 Abs. 2 er- **9** gänzt worden. Dies ist lediglich eine Klarstellung, die den Wortlaut der Vorschrift der Auslegung im Schrifttum anpaßt[15].

§ 397

(1) [1]Der Nebenkläger ist nach erfolgtem Anschluß, auch wenn er als Zeuge vernommen werden soll, zur Anwesenheit in der Hauptverhandlung berechtigt. [2]Im übrigen gelten die §§ 378 und 385 Abs. 1 bis 3 entsprechend. [3]Die Befugnis zur Ablehnung eines Richters (§§ 24, 31) oder Sachverständigen (§ 74), das Fragerecht (§ 240 Abs. 2), das Recht zur Beanstandung von Anordnungen des Vorsitzenden (§ 238 Abs. 2) und von Fragen (§ 242), das Beweisantragsrecht (§ 244 Abs. 3 bis 6) sowie das Recht zur Abgabe von Erklärungen (§§ 257, 258) steht auch dem Nebenkläger zu.

(2) [1]Wird die Verfolgung nach § 154 a beschränkt, so berührt dies nicht das Recht, sich der erhobenen öffentlichen Klage als Nebenkläger anzuschließen. [2]Wird der Nebenkläger zum Verfahren zugelassen, so entfällt eine Beschränkung nach § 154 a Abs. 1 oder 2, soweit sie die Nebenklage betrifft.

Änderung. Die Vorschrift ist durch Art. 1 Nr. 9 OpferschutzG neu gefaßt worden. Absatz 2 war vorher Absatz 3.

1. Allgemeine Bedeutung der Änderungen. Während § 397 Abs. 1 a. F pauschal re- **1** gelte, nach erfolgtem Anschluß habe der Nebenkläger die Rechte des Privatklägers und damit insbesondere auf § 385 verwies, bestimmt nunmehr Absatz 1 die Befugnisse des Nebenklägers im einzelnen (Rdn. 3 ff). Die enumerativen Verweisungen auf die §§ 378, 385 Abs. 1 bis 3 dienen nur der gesetzestechnischen Vereinfachung. Aus der Verweisung auf § 385 Abs. 1 kann also nicht mehr eine Gleichstellung des Nebenklägers mit der Staatsanwaltschaft abgeleitet werden[1]. Der Nebenkläger ist vielmehr ein neben der Staatsanwaltschaft auftretender Zusatzbeteiligter, der seine speziell auf die Nebenklagefunktion neu zugeschnittenen Befugnisse (Nachtr. § 395, 1; 3; 4) unabhängig von anderen Nebenklägern und der Staatsanwaltschaft[2] ausübt; er hat (wie bisher) das seinem Beitritt vorausgegangene Verfahren gemäß den §§ 398, 399 zu akzeptieren. Die Auffassung (BGHSt 28 272), die den Nebenkläger mit dem Privatkläger und der Staatsanwaltschaft im wesentlichen gleichstellte und daraus weitgehend die gleichen Befugnisse wie die der Staatsanwaltschaft ableitete, ist mit der Änderung des § 397 überholt.

Der **bisherige Absatz 2**, der die Unanfechtbarkeit von Einstellungen nach § 153 **2** Abs. 2, § 153 a Abs. 2, § 153 b Abs. 2 (für den Nebenkläger) regelte, ist im Hinblick auf § 400 Abs. 2 Satz 2 entbehrlich geworden.

2. Einzelheiten
a) Befugnisse des Nebenklägers. Ziel des Gesetzgebers war es, in Absatz 1 zusam- **3** menfassend und grundsätzlich abschließend[3] (unbeschadet § 400) die Befugnisse aufzuzählen, die dem Nebenkläger im Hinblick auf seine spezielle Situation und seine Stel-

---

[15] BTDrucks. 10 5305, S. 13; *Böttcher* JR **1987** 136.

[1] BTDrucks. 10 5305, S. 13; s. auch *Jung* JuS **1987** 158; krit. zur Reform u. a.: *Kempf*

StrVert. **1987** 219; *Schünemann* NStZ **1986** 197 ff; *Weigend* NJW **1987** 1175.

[2] Vgl. BGHSt 28 272.

[3] BTDrucks. 10 5305, S. 13.

Hans Hilger

lung im Verfahren, insbesondere seine besondere Schutzbedürftigkeit (Nachtr. § 395, 1 ff) zustehen sollen. Dies ist nicht gelungen. Der **Katalog des Absatzes 1** ist nicht vollständig und läßt Fragen offen (Rdn. 4 ff).

4   Der **Nebenkläger** ist nach Absatz 1 Satz 1 **berechtigt**, aber — als Nebenkläger — nicht verpflichtet, **an der Hauptverhandlung teilzunehmen**; die Teilnahmebefugnis besteht auch bei **nichtöffentlicher** Hauptverhandlung (§§ 171a ff GVG), weil er Prozeßbeteiligter ist. Er kann sich des Beistands eines Rechtsanwaltes bedienen oder durch einen schriftlich bevollmächtigten Rechtsanwalt in der Hauptverhandlung vertreten lassen (Satz 2; § 378); mehrere Nebenkläger können im Beistand eines gemeinschaftlichen Rechtsanwalts erscheinen oder sich durch einen gemeinschaftlichen Rechtsanwalt vertreten lassen[4]. Andere Personen als Rechtsanwälte kommen als Beistand oder Vertreter nicht in Betracht; jedoch bleibt § 406 f Abs. 3 unberührt. Der Nebenkläger ist zur Hauptverhandlung zu laden (§§ 397, 398, 385). Ist der Nebenkläger durch einen schriftlich bevollmächtigten Rechtsanwalt vertreten, so kann nach § 378 Satz 2 die Ladung des Nebenklägers auch mit rechtlicher Wirkung an den Rechtsanwalt erfolgen; allerdings müssen auch die Voraussetzungen des § 145 a Abs. 2 Satz 1 erfüllt sein, der analog gilt[5] (s. auch § 406 d Abs. 2 Satz 2). Die **Ladungsfrist** (§ 385 Abs. 2) beträgt eine Woche und ist eine Zwischenfrist. Haben sich ein Rechtsbeistand des Nebenklägers oder ein ihn vertretender Rechtsanwalt zu den Akten legitimiert, so müssen auch diese geladen werden. In allen Fällen gilt § 398 Abs. 2; die Ladungsfrist muß also nicht eingehalten werden, wenn dies ohne Verschiebung eines bereits anberaumten Termins nicht möglich wäre. Die Anwesenheitsbefugnis des Nebenklägers gilt auch für besondere Teile der Hauptverhandlung, wie kommissarische **Vernehmungen** nach § 223 und **Augenscheinseinnahmen** nach § 225. Er ist vom Termin zu benachrichtigen (§ 224). Zum Wegfall der Benachrichtigungspflicht s. § 224 Abs. 1 Satz 2. Ein Absehen von der Terminsnachricht wegen Gefahr im Verzug (HW § 224, 20) wäre unbedenklich, ein solches wegen Gefährdung der Wahrheitsfindung (HW § 224, 19) aber im Hinblick auf das uneingeschränkte Anwesenheitsrecht problematisch. Der Nebenkläger ist auch dann zur Anwesenheit in der Hauptverhandlung berechtigt, wenn beabsichtigt ist, ihn später als Zeugen zu vernehmen. Das Recht des Nebenklägers, nicht an der Hauptverhandlung teilzunehmen, läßt seine Pflicht, einer Zeugenladung Folge zu leisten (s. §§ 48, 51) unberührt. Ein Nebenkläger, der weder in der Hauptverhandlung anwesend noch durch einen Rechtsanwalt vertreten ist, kann grundsätzlich nicht unmittelbar auf den Ablauf der Verhandlung durch Anträge einwirken. Schriftliche Anregungen und Anträge kann das Gericht beachten, muß es aber — unbeschadet § 244 Abs. 2 — nicht, es sei denn, der Antrag kann außerhalb der Hauptverhandlung gestellt werden (vgl. §§ 26, 222 b; Rdn. 5; 11). Auch eine Anhörung (§ 33 Abs. 1) des in der Hauptverhandlung nicht anwesenden und nicht durch einen Rechtsanwalt vertretenen Nebenklägers kommt nicht in Betracht. § 401 Abs. 3 Satz 1 bleibt unberührt (s. HW § 401, 23 ff).

5   Der Nebenkläger ist desweiteren zur **Ablehnung** eines Richters (§§ 24, 31) oder Sachverständigen (§ 74) befugt. Ihm steht das Recht zu, Angeklagten, Zeugen und Sachverständigen **Fragen** zu stellen (§ 240 Abs. 2); ist der Nebenkläger Mitangeklagter, so ist § 240 Abs. 2 Satz 2 (Verbot der unmittelbaren Befragung des Mitangeklagten) zu beachten. Der Nebenkläger ist berechtigt, **Anordnungen** des Vorsitzenden und **Fragen** zu **beanstanden** (§§ 238 Abs. 2, 242). Ihm steht insbesondere ein **Beweisantragsrecht** nach § 244 Abs. 3 bis 6 zu; diese im Gesetzgebungsverfahren umstrittene[6] Befugnis soll — trotz § 244 Abs. 2 und des Beweisantragsrechts der Staatsanwaltschaft — deshalb be-

---

[4] *Kleinknecht/Meyer*[38] 5.
[5] Vgl. *Kleinknecht/Meyer*[38] 5.

[6] Vgl. BTDrucks. 10 5305, S. 14, 29, 33.

rechtigt sein, weil sie in besonderen Fällen für eine sachgerechte Wahrnehmung der Interessen des Nebenklägers unerläßlich sein könne[7]. Das Beweisantragsrecht ist jedoch begrenzt auf den Bereich des zum Anschluß nach § 395 berechtigenden Nebenklagedelikts und der dahinterstehenden prozessualen Tat[8]. Ein Beweisantrag des Nebenklägers kann nur unter den in § 244 Abs. 3 bis 5 genannten Voraussetzungen und nur durch Gerichtsbeschluß (§ 244 Abs. 6) abgelehnt werden. Der Nebenkläger ist — wie der Privatkläger — hinzuzuziehen und **zu hören** (§ 33 Abs. 1 und 2; § 385 Abs. 1 Satz 1; s. HW § 385, 3); er ist auch vor einer Einstellung des Verfahrens nach den §§ 153 ff zu hören, auch wenn die Einstellung nicht von seiner Zustimmung abhängig ist. Sein **Akteneinsichtsrecht** richtet sich nach § 385 Abs. 3 (s. HW § 385, 9; HW § 406 e, 2)[8a]. Zweifelhaft ist, ob der Nebenkläger Akteneinsicht, die er grundsätzlich nur durch einen Rechtsanwalt ausüben kann, dann selbst erhält, wenn er Rechtsanwalt ist. Dies dürfte — wie beim Privatkläger (HW § 385, 9) — zu verneinen sein. Entsprechendes gilt dann für die Akteneinsicht des Verletzten nach § 406 e Abs. 1 (HW § 406 e, 4)[8b]. Der Nebenkläger hat das Recht zur Abgabe von **Erklärungen** (§§ 257, 258), insbesondere zum Schlußvortrag — diesen hält er grundsätzlich nach dem Staatsanwalt, vor dem Angeklagten. Zum Recht auf Erwiderung s. § 258, 11; 13; 25. Darüber hinausgehend hat der Nebenkläger das jedem Prozeßsubjekt zustehende Recht, Anträge zu stellen, um auf einen sachgemäßen Verfahrensablauf, namentlich eine sachgerechte Ausübung der dem Gericht von Amts wegen obliegenden Aufklärungspflicht, hinzuwirken. Verstöße hiergegen, die ihn beschweren (§ 400, 10 ff), kann er im Rechtsmittelverfahren geltend machen[9].

Entscheidungen sind dem Nebenkläger wie dem Privatkläger **bekannt zu machen** **6** (§ 385 Abs. 1 Satz 2; HW § 385, 5). Für die Zustellung von Entscheidungen gelten § 35 Abs. 2, § 378 Satz 2 (s. auch § 401 Abs. 1, 2). Dem Nebenkläger ist eine Rechtsmittelbelehrung zu erteilen (§ 35 a), wenn er die Entscheidung durch ein befristetes Rechtsmittel anfechten kann (vgl. §§ 400, 401). § 399 bleibt unberührt.

b) Wiederaufnahmeverfahren. Zur Berechtigung des Nebenklägers, sich an einem **7** Wiederaufnahmeverfahren zu beteiligen, nicht jedoch, es zu beantragen, s. Nachtr. § 395, 14. Welche **Befugnisse** dem Nebenkläger in einem vom Angeklagten oder einem Dritten initiierten Wiederaufnahmeverfahren zustehen, wenn er sich anschließt, ist mangels ausdrücklicher Regelungen aus der Funktion der Nebenklage und den hieran ausgerichteten Normen abzuleiten. Maßgeblich ist insbesondere, daß nach § 395 Abs. 1 und 4 der Anschluß nach Klageerhebung in jeder Lage des Verfahrens gestattet ist, § 406 g und § 397 Abs. 1 zeigen, daß der Gesetzgeber dem Nebenkläger weitgehende Einflußmöglichkeiten sichern wollte, und aus § 400 die gesetzgeberische Wertentscheidung abzuleiten ist, daß der Nebenkläger befugt sein soll, Freispruch und Nichteröffnung anzufechten, soweit er hiervon betroffen ist[10]. Daraus dürften sich für ein Wiederaufnahmeverfahren zugunsten des Verurteilten folgende Befugnisse des Nebenklägers ableiten lassen[11]: (1) Analog §§ 395, 400 die Befugnis zur Anfechtung des Beschlusses, der die Wiederaufnahme für zulässig erklärt (§ 368 Abs. 2), soweit er sich auf ein zum Anschluß berechtigendes Delikt (§ 395 Abs. 1 bis 3) bezieht, auch wenn der Verletzte

---

[7] Vgl. BTDrucks. **10** 5305, S. 33; *Pagenkopf* Das Deutsche Bundesrecht II B 75, S. 13; s. auch *Geerds* JZ **1984** 794; krit.: *Kempf* StrVert. **1987** 219; *Rieß* Jura **1987** 287; *Thomas* StrVert. **1985** 434; *Weigend* NJW **1987** 1175.

[8] Ähnlich *Kleinknecht/Meyer*[38] 10; *Beulke* DAR **1988** 118.

[8a] Vgl. BTDrucks. **10** 5305, S. 13; a. A (möglicherweise) *Schäfer* wistra **1988** 218 (§ 406 e).

[8b] S. auch *Hilger* NStZ **1988** H. 10.

[9] Vgl. BTDrucks. **10** 5305, S. 14.

[10] Vgl. *Rieß* NStZ **1988** 15.

[11] S. *Rieß* NStZ **1988** 15 mit weit. Einzelheiten; vgl. auch OLG Stuttgart NStZ **1988** 42.

Hans Hilger

sich im Hauptverfahren (noch) nicht als Nebenkläger beteiligt hatte (vgl. § 395 Abs. 4 Satz 2) — in diesem Falle ist, da eine frühere Nebenklage, die wiederaufleben würde (Nachtr. § 395, 14), fehlt, zunächst nach § 396 zu entscheiden. (2) Anfechtung von Freisprüchen nach § 371 Abs. 1 und 2, unabhängig von der Auffassung der Staatsanwaltschaft (s. § 401 Abs. 1 Satz 1). (3) Anwesenheit bei der Beweisaufnahme (§ 369) im Probationsverfahren (§ 397 Abs. 1 Satz 2, § 385); für den Nebenklagebefugten gilt § 406 g Abs. 2 Satz 2. (4) Alle Befugnisse nach den §§ 397 ff, wenn die Hauptverhandlung erneuert wird (§ 373).

8   Der **Beschluß**, der die **Wiederaufnahme** für **begründet** erklärt (§ 370 Abs. 2), ist für den Nebenkläger **unanfechtbar** (§ 372 Satz 2 analog). Gleiches gilt — mangels Beschwer — für den Beschluß, der den zugunsten des Verurteilten gestellten Wiederaufnahmeantrag als unzulässig **(§ 368 Abs. 1)** oder unbegründet **(§ 370 Abs. 1)** verwirft. Auch Entscheidungen nach den §§ **364 a, 364 b, 360 Abs. 2** sind unanfechtbar, weil sie die Rechtsstellung des Nebenklägers nicht berühren[12].

9   Für eine von dritter Seite **zuungunsten** des Angeklagten eingeleitete Wiederaufnahme (§ 362) gelten die obigen Grundsätze (Rdn. 7; 8) entsprechend. Mangels Beschwer kann der Nebenkläger die Beschlüsse nach § **368 Abs. 2**, § **370 Abs. 2** nicht anfechten. Dagegen sind — unabhängig von der Staatsanwaltschaft (§ 401 Abs. 1 Satz 1) — die Beschlüsse nach § **368 Abs. 1**, § **370 Abs. 1** anfechtbar, soweit sie ein Delikt betreffen, das den Nebenkläger zum Anschluß berechtigt[13].

10   c) **Negativkatalog.** Folgende „Befugnisse" stehen dem Nebenkläger nicht (mehr) zu: Es bedarf nicht seines Verzichts zum Absehen von der Vereidigung (§ 61 Nr. 5)[14] und er kann nicht mit bindender Wirkung die Vereidigung des Sachverständigen (§ 79 Abs. 1 Satz 2) beantragen. Er hat kein unmittelbares Ladungsrecht[15] (§ 220, § 245 Abs. 2, § 386 Abs. 2). Es bedarf nicht seines Verzichts auf die Verwendung präsenter Beweismittel (§ 245 Abs. 1 Satz 2). Er hat kein Widerspruchsrecht gegen das Absehen von Verlesung nach § 249 Abs. 2 Satz 2 und es bedarf nicht seiner Zustimmung zur Protokollverlesung (§ 251 Abs. 1 Nr. 4, Abs. 2 Satz 1). Er kann nicht Protokollierung nach § 255 und auch nicht Aussetzung nach § 265 Abs. 4 beantragen. Desweiteren bedarf es nicht des Verzichts des Nebenklägers auf die Verlesung der Urteilsgründe nach § 324 Abs. 1 Satz 2. Dem Nebenkläger ist jedoch in diesen Fällen rechtliches Gehör zu gewähren, wenn er an der Hauptverhandlung teilnimmt (§ 33 Abs. 1). Der Nebenkläger ist nicht berechtigt, an richterlichen Untersuchungshandlungen (Vernehmungen, Augenscheinseinnahmen) teilzunehmen, die nicht Teil der Hauptverhandlung sind, etwa wenn sie im Zwischenverfahren (§ 202) stattfinden; er kann jedoch, falls seine Teilnahme den Untersuchungszweck nicht beeinträchtigen würde sowie nach Abwägung der Interessen aller Beteiligten durch Ermessensentscheidung des Richters zugelassen werden[15a]. Siehe schließlich Rdn. 11 am Ende.

11   d) **Zweifelsfragen.** Dagegen dürfte dem Nebenkläger der Besetzungseinwand (§ 222 b) zustehen, obwohl er in Absatz 1 nicht erwähnt ist. Dies kann aus § 222 a Abs. 3 Satz 2 und insbesondere § 222 b Abs. 1 Satz 4 abgeleitet werden, wonach sich der Nebenkläger hierfür u. U. eines Rechtsanwalts zu bedienen hat (§ 390 Abs. 2); der Nebenkläger unterliegt also auch der Rügepräklusion. Auch der Aussetzungsantrag nach

---

[12] *Rieß* NStZ **1988** 15.
[13] *Rieß* NStZ **1988** 15.
[14] BGHSt **28** 272 ist überholt.
[15] **A. A** *Kleinknecht/Meyer*[38] 10.

[15a] Vgl. HW § 202, 13; HW § 168 c, 23; 25; 28; HW § 168 d, 19; HW § 406 g, 11; s. auch *Hilger* NStZ **1988** H 10.

§ 246 Abs. 2 dürfte dem Nebenkläger zustehen[16], wenn ihm z. B. ein auf Antrag des Angeklagten zu vernehmender Zeuge zu spät benannt wird oder eine Beweistatsache des Angeklagten zu spät vorgebracht wird, denn die Verfahrensrolle des Nebenklägers ist die eines Gegners des Angeklagten. Auch der Antrag auf Protokollierung und Verlesung nach § 273 Abs. 3 dürfte dem Nebenkläger zuzubilligen sein[17], weil er eine an der Verhandlung beteiligte Person ist. Schließlich bedarf es grundsätzlich keiner Zustimmung des Nebenklägers zur Verlesung nach § 325; auch ein Antrag auf Vorladung nach § 325 steht ihm grundsätzlich nicht zu. Zweifelhaft ist dies jedoch, wenn es sich um Aussagen von Zeugen handelt, die auf einen Beweisantrag des Nebenklägers hin in der Hauptverhandlung erster Instanz vernommen worden waren, zumal der Nebenkläger in zweiter Instanz u. U. erneut einen Beweisantrag stellen und dadurch die Vernehmung erwirken könnte (s. auch HW § 325, 17).

§ 397 a

(1) [1]**Dem Nebenkläger ist für die Hinzuziehung eines Rechtsanwalts auf Antrag Prozeßkostenhilfe nach denselben Vorschriften wie in bürgerlichen Rechtsstreitigkeiten zu bewilligen, wenn die Sach- und Rechtslage schwierig ist, der Verletzte seine Interessen selbst nicht ausreichend wahrnehmen kann oder ihm dies nicht zuzumuten ist.** [2]**Der Antrag kann schon vor der Erklärung des Anschlusses gestellt werden.** [3]**§ 114 Satz 1 zweiter Halbsatz und § 121 Abs. 1 bis 3 der Zivilprozeßordnung sind nicht anzuwenden.** [4]**Für die Beiordnung des Rechtsanwalts gilt § 142 Abs. 1 entsprechend.**

(2) [1]**Über die Bewilligung der Prozeßkostenhilfe entscheidet das mit der Sache befaßte Gericht.** [2] **Die Entscheidung ist unanfechtbar.**

Änderung. § 397 a ist durch Art. 1 Nr. 10 OpferschutzG eingefügt worden.

Übersicht

1. Bedeutung der Vorschrift. Das Recht des Nebenklägers auf Gewährung von **1** Prozeßkostenhilfe ergab sich vor dem OpferschutzG aus der Globalverweisung auf die Rechte des Privatklägers (§ 397 Abs. 1 a. F in Vbdg. mit § 379 Abs. 3). Das OpferschutzG hat diese Globalverweisung aufgehoben und die Rechte des Nebenklägers neu festgelegt (Nachtr. § 395, 1; 3); dementsprechend wurde auch die Prozeßkostenhilfe ausdrücklich geregelt. § 397 a erweitert nicht den Anspruch des Nebenklägers auf Gewährung von

---

[16] **A. A** *Kleinknecht/Meyer*[38] 11; *Beulke* DAR **1988** 118.   [17] **A. A** *Kleinknecht/Meyer*[38] 11; *Beulke* DAR **1988** 118.

Hans Hilger

Prozeßkostenhilfe gegenüber dem vorher geltenden Recht. Die Vorschrift paßt vielmehr das Recht der Prozeßkostenhilfe strafprozessualen Besonderheiten an (Rdn. 2), beseitigt Unklarheiten, löst bisherige Streitfragen insbesondere zum Bewilligungsverfahren (Rdn. 7 ff; s. HW § 397, 9; HW § 379, 13; 20 ff) und begrenzt den Umfang der Bewilligung auf die Kosten des beigeordneten Rechtsanwalts (Rdn. 9)[1]. § 114 Satz 1 2. Halbsatz und § 121 Abs. 1 bis 3 ZPO sind demgemäß nicht anwendbar (Absatz 1 Satz 3; s. Rdn. 2; 5).

2. Sachliche Voraussetzungen

2   **a) Allgemeines.** Die Bewilligung der Prozeßkostenhilfe richtet sich zwar grundsätzlich nach denselben Vorschriften wie in bürgerlichen Rechtsstreitigkeiten (§§ 114 ff ZPO), setzt also „Mittellosigkeit" des Nebenklägers voraus (Rdn. 6), knüpft jedoch nicht an die weiteren sachlichen Voraussetzungen nach § 114 ZPO an, nämlich die „hinreichende Erfolgsaussicht der beabsichtigten Rechtsverfolgung" und daß diese nicht „mutwillig" erscheinen darf. Diese Voraussetzungen sind zivilprozessual geprägt und passen nicht zur Stellung des Nebenklägers als einem Zusatzbeteiligten im Offizialverfahren. Insbesondere im Hinblick auf den Gedanken des Verletztenschutzes, der der Nebenklagebefugnis zugrunde liegt (§ 395, 1; 2), läßt sich die Frage der „Erfolgsaussicht" der Nebenklage kaum sinnvoll stellen; entsprechendes gilt für die „Mutwilligkeit" einer Nebenklage[2]. Daher ist § 114 Satz 1 2. Halbsatz ZPO nicht anwendbar (Absatz 1 Satz 3). Statt dessen knüpft § 397 a Abs. 1 Satz 1 — in Anlehnung an § 140 Abs. 2 — alternativ an die typisch strafprozessualen Bewilligungsvoraussetzungen der „Schwierigkeit der Sach- oder Rechtslage" (Rdn. 3), der „Unfähigkeit" (Rdn. 4) oder der „Unzumutbarkeit" (Rdn. 5) der eigenen Interessenwahrnehmung an. Ob eine dieser Voraussetzungen erfüllt ist, ist nicht aus der Sicht des Gerichts, sondern aus der des Nebenklägers zu entscheiden; dabei ist jedoch nicht auf dessen rein subjektive Bewertung abzustellen, sondern — begrenzend — auf eine „vernünftige Betrachtungsweise" (vgl. HW § 24, 6).

3   **b)** Die Voraussetzung der **Schwierigkeit der Sach- oder Rechtslage** wird in der Regel erfüllt sein, wenn — aus der Sicht des Nebenklägers — der Sachverhalt umfangreich, verwickelt oder schwierig zu klären ist, eine Begutachtung durch Sachverständige notwendig erscheint, die Bewertung des Sachverhalts Spezialkenntnisse erfordert, Beweisanträge durch den Nebenkläger gestellt werden müssen oder komplizierte bzw. umstrittene Rechtsfragen zu entscheiden sind. Die Fassung des Gesetzestextes („Sach- **und** Rechtslage") bedeutet keine Abweichung von der entsprechenden Formulierung in § 140 Abs. 2 („Sach- **oder** ..."), sondern ist ein offensichtlicher Redaktionsfehler[3]. Wegen weiterer Einzelheiten kann daher grundsätzlich auf die entsprechenden Erl. zu § 140 Abs. 2 verwiesen werden.

4   **c)** Die **Unfähigkeit** des Nebenklägers, **seine Interessen selbst ausreichend wahrzunehmen**, ist gegeben, wenn er unabhängig von der Schwierigkeit der Sach- oder Rechtslage aus persönlichen Gründen nicht fähig ist, seine Interessen ausreichend zu verfolgen. Gründe hierfür können körperliche oder geistige Gebrechen oder Einschränkun-

---

[1] Vgl. BTDrucks. 10 5305, S. 14; BTDrucks. 10 6124, S. 14; *Böttcher* JR 1987 137; *Jung* JuS 1987 158; *Weigend* NJW 1987 1175; *Weinberger* DNP 1987 67; *Wetekamp* DAR 1987 211 (krit.); zur Rechtslage vor dem OpferschutzG vgl. HW § 397, 9; *Schwab* MDR

1983 810; *Behn* MDR 1984 106 und NStZ 1984 103.
[2] Vgl. BTDrucks. 10 5305, S. 14; *Jung* JuS 1987 158.
[3] *Pagenkopf* Das Deutsche Bundesrecht II B 75, S. 14; *Rieß/Hilger* NStZ 1987 154.

gen, psychisch bedingte Hinderungen, sprachliche Schwierigkeiten[4] oder sonstige persönliche Hilflosigkeit sein. Die Voraussetzung entspricht im wesentlichen der „Verteidigungsunfähigkeit" in § 140 Abs. 2, sodaß grundsätzlich auf die Erl. hierzu verwiesen werden kann.

d) Die **Unzumutbarkeit** der **eigenen Interessenwahrnehmung** stellt im wesentli- **5** chen auf die psychische Betroffenheit des Nebenklägers durch die Tat ab[5]. Sie kann auch dann gegeben sein, wenn der Nebenkläger zwar zur eigenen Interessenwahrnehmung in der Lage wäre (Rdn. 4), ihn dies jedoch — aus seiner Sicht — unvertretbar belasten würde. Diese Voraussetzung kann namentlich bei Opfern von Straftaten gegen die sexuelle Selbstbestimmung eine erhebliche Rolle spielen[6]. Da nach Absatz 1 Satz 3 § 121 Abs. 1 bis 3 ZPO unanwendbar ist, ist der Umstand, daß der Beschuldigte einen Verteidiger hat (vgl. § 121 Abs. 2 Satz 1 2. Alt. ZPO), kein zwingender Grund für die Bewilligung von Prozeßkostenhilfe[7]; jedoch kann infolge dieses Umstandes je nach Lage des Einzelfalles die Voraussetzung der Unfähigkeit oder Unzumutbarkeit der eigenen Interessenwahrnehmung erfüllt sein.

e) Mittellosigkeit. Weitere, unverzichtbare Voraussetzung ist, daß der Nebenklä- **6** ger nach seinen persönlichen und wirtschaftlichen Verhältnissen **nicht in der Lage ist, die Kosten** eines Rechtsanwalts **aufzubringen** (§§ 114, 115 ZPO)[8]; diese Gebühren ergeben sich aus den §§ 83 bis 93, 95 BRAGebO (s. auch § 472, 8)[9]. Mittellosigkeit im Sinne der §§ 114, 115 ZPO ist anzunehmen, wenn der Nebenkläger im Zeitpunkt der Entscheidung über den Antrag persönlich, wenn auch vielleicht nur teilweise oder vorübergehend, unvermögend ist, diese Kosten zu zahlen; es genügen also eine wenigstens wahrscheinliche Unfähigkeit und der finanzielle Engpaß, die Kosten nur zum Teil oder nur in Raten aufbringen zu können. Die Belastungsgrenze dazu ergibt sich aus der Tabelle zu § 114 Satz 2 ZPO.

3. Verfahrensrechtliche Fragen

a) Verfahren. Die Bewilligung von Prozeßkostenhilfe setzt einen Antrag voraus. **7** Dieser kann schon vor Erklärung des Anschlusses (§ 396 Abs. 1 Satz 1) gestellt werden. Eine Bewilligung der Prozeßkostenhilfe soll nämlich nicht erst nach erfolgtem Anschluß als Nebenkläger möglich sein, sondern auch schon vorher. Denn der Verletzte kann — je nach Sachlage — ein berechtigtes Interesse haben, daß über die Bewilligung von Prozeßkostenhilfe für die Hinzuziehung eines Rechtsanwalts entschieden wird, bevor er sich als Nebenkläger anschließt[10]. Der Antrag ist bei dem für die Entscheidung zur Sache zuständigen Gericht (Absatz 2 Satz 1) zu stellen oder wird, falls er schon im Ermittlungsverfahren gestellt wird, **diesem** von der Staatsanwaltschaft vorgelegt. Eine Entscheidung über den Antrag kann jedoch, wie sich aus Absatz 2 Satz 1 ableiten läßt („befaßte" Gericht), erst erfolgen, wenn die öffentliche Klage erhoben ist, oder — im Verfahren bei Strafbefehlen —, wenn Termin zur Hauptverhandlung anberaumt oder der Antrag auf Erlaß eines Strafbefehls abgelehnt worden ist (§ 396 Abs. 1 Satz 2, 3)[11]. Das Bewilligungsverfahren richtet sich über die Verweisung des § 397 a Abs. 1 Satz 1 im

---

[4] Vgl. LG Bochum StrVert. **1987** 450.
[5] *Böttcher* JR **1987** 137.
[6] Vgl. BTDrucks. 10 6124, S. 14.
[7] S. auch OLG Celle Rpfleger **1987** 473; OLG Düsseldorf MDR **1987** 79.
[8] Vgl. dazu HW § 397, 9; HW § 379, 14.

[9] S. auch BTDrucks. 10 5305, S. 25 (Gebühren des Verletztenbeistandes).
[10] BTDrucks. 10 5305, S. 29, 33; BTDrucks. 10 6124, S. 14; s. *Rieß/Hilger* NStZ **1987** 154.
[11] Ähnlich *Kleinknecht/Meyer*[38] 6.

Hans Hilger

wesentlichen nach den Bestimmungen der §§ 117 ff ZPO[12] (s. Rdn. 9; 10). Dem Antrag sind — unter Verwendung amtlicher Vordrucke — eine Erklärung über die persönlichen und wirtschaftlichen Verhältnisse sowie die notwendigen Belege beizufügen (§ 117 Abs. 2, 4 ZPO). Ergibt sich die Nebenklagebefugnis nicht eindeutig aus den Akten, so muß der Antragsteller darlegen, daß deren Voraussetzungen (§ 395) erfüllt sind (§ 117 Abs. 1 Satz 2 ZPO). Das Gericht kann die Glaubhaftmachung der Angaben verlangen und Erhebungen anstellen (§ 118 Abs. 2 ZPO). Fraglich[13] ist, ob eidesstattliche Versicherungen des Nebenklägers oder von Zeugen zulässig sind. Einer eidesstattlichen Versicherung des Nebenklägers dürfte jedenfalls in der Regel wenig Wert zukommen. Eidesstattliche Versicherungen von Zeugen dürften mit besonderer Sorgfalt zu prüfen und zurückhaltend zu bewerten sein. Macht der Antragsteller innerhalb einer von dem Gericht gesetzten Frist Angaben über seine persönlichen und wirtschaftlichen Verhältnisse nicht glaubhaft oder beantwortet er bestimmte Fragen nicht oder ungenügend, so lehnt das Gericht die Bewilligung der Prozeßkostenhilfe insoweit ab (§ 118 Abs. 2 Satz 4 ZPO). Zweifelhaft ist, ob dem Beschuldigten vor der Bewilligung der Prozeßkostenhilfe Gelegenheit zur Stellungnahme zu geben ist (§ 118 Abs. 1 Satz 1 ZPO)[14]; dies dürfte jedenfalls in den Fällen des § 395 Abs. 3 unerläßlich sein, wenn der Nebenkläger noch nicht zugelassen ist. Die Staatsanwaltschaft ist zu hören (§ 33 Abs. 2 StPO).

8   **b) Zuständigkeit.** Zuständig für die **Entscheidung** ist nach Absatz 2 Satz 1 immer das mit der Hauptsache befaßte Gericht (s. auch HW § 396, 6). Zur Mitwirkung des Rechtspflegers vgl. § 20 Nr. 4, 5 RpflG. Mit der Bewilligung der Prozeßkostenhilfe entscheidet das Gericht auch über die Frage, ob und welche „Ausgleichszahlungen" der Nebenkläger an die Landeskasse zu leisten hat (§ 120 ZPO), und ordnet ihm einen Rechtsanwalt bei. Die Beiordnung richtet sich nach der spezifisch strafverfahrensrechtlichen Bestimmung des **§ 142 Abs. 1 StPO**. Dies bedeutet, daß das Gericht[14a] den zu bestellenden Rechtsanwalt möglichst aus der Zahl der bei einem Gericht des Gerichtsbezirks zugelassenen Rechtsanwälte auswählt und der Nebenklagebefugte Gelegenheit erhalten soll, innerhalb einer zu bestimmenden Frist einen Rechtsanwalt zu bezeichnen. Dieser Rechtsanwalt wird bestellt, wenn nicht wichtige Gründe entgegenstehen[15]. Die Entscheidung über den Prozeßkostenhilfeantrag ist aus Gründen der Verfahrensökonomie und im Interesse einer schnellen Klärung der Rechtslage[16] — auch für den Angeklagten[17] — unanfechtbar (Absatz 2 Satz 2). Die Unanfechtbarkeit erstreckt sich auch auf die Auswahl des Rechtsanwaltes nach § 142 Abs. 1 StPO. Denn diese ist mittelbar Teil der Gewährung der Prozeßkostenhilfe und daher gleichfalls — auch bei Verstoß gegen die Auswahlgrundsätze — unanfechtbar[18]. Das entspricht der Intention des Gesetzgebers, die der Unanfechtbarkeitsregelung zugrunde liegt. Da sich das Verfahren im übrigen nach den Bestimmungen der Zivilprozeßordnung richtet, ist es — neben der Beiordnung als solcher — erforderlich, daß zwischen dem Rechtsanwalt und dem Nebenkläger ein Mandatsvertrag geschlossen wird und der Nebenkläger eine prozessuale Vollmacht erteilt[18a].

---

[12] S. BTDrucks. 10 5305, S. 14; unklar OLG Celle Rpfleger **1987** 473.

[13] Vgl. HW § 379, 25.

[14] Verneinend: *Kleinknecht/Meyer*[38] § 397 a, 8; vgl. aber auch LR-*Rieß* § 172, 165.

[14a] A. A *Beulke* DAR **1988** 120 (Entscheidung des Vorsitzenden).

[15] Vgl. *Böttcher* JR **1987** 137; *Rieß/Hilger* NStZ **1987** 154.

[16] BTDrucks. 10 5305, S. 14.

[17] *Kleinknecht/Meyer*[38] 13; unklar: OLG Celle Rpfleger **1987** 473; zur Rechtslage vor dem OpferschutzG vgl. OLG Düsseldorf MDR **1987** 79; OLG Stuttgart MDR **1986** 75; HW § 379, 30 ff.

[18] *Rieß/Hilger* NStZ **1987** 154.

[18a] OLG Hamburg NStZ **1988** 193.

4. Sonstiges

a) Die Prozeßkostenhilfe wird **nur** für die **Beiordnung eines Rechtsanwalts** ge- **9** währt, nicht für sonstige Kosten des Nebenklägers[19]. Die Gewährung hat zur Folge, daß der beigeordnete Rechtsanwalt seinen Gebührenanspruch gegen die Staatskasse geltend machen kann (s. §§ 95, 97, 102 BRAGebO). Der Nebenkläger hat diese Kosten ggf. — je nach Inhalt des Bewilligungsbeschlusses (§ 120 ZPO; Rdn. 8)[19a] — der Staatskasse zu erstatten. Ob sie endgültig von der Staatskasse oder — infolge einer Ratenzahlung — vom Nebenkläger zu tragen sind, hängt vom Ausgang des Strafverfahrens und der damit verbundenen Kosten- und Auslagenentscheidung ab (§§ 465, 472)[20]. Der beigeordnete Rechtsanwalt kann seine Gebühren aber auch nach § 126 ZPO direkt gegen den Verurteilten geltend machen[21]. Wegen der Auswirkungen der Bewilligung von Prozeßkostenhilfe im Recht der Pflichtverteidigung vgl. die Erl. zu § 140 Abs. 2[22]. Stirbt der Nebenkläger, so ist für die Bewilligung der vor seinem Tod von ihm beantragten Prozeßkostenhilfe kein Raum mehr[23]; wollen die Angehörigen die Nebenklage unter Inanspruchnahme von Prozeßkostenhilfe weiterführen (Nachtr. § 395, 12), so haben sie einen neuen Prozeßkostenhilfeantrag zu stellen. Das Gericht kann die Bewilligung der Prozeßkostenhilfe nur dann aufheben, wenn die Voraussetzungen des § 124 ZPO erfüllt sind[24], nicht jedoch mit der Begründung, eine erneute Prüfung habe ergeben, daß die Beiordnung des Rechtsanwalts nicht erforderlich erscheine. Schließt sich der Nebenklagebefugte, dem nach § 406 g Abs. 3 Prozeßkostenhilfe bewilligt worden ist, dem Verfahren als Nebenkläger an, so dürfte schon im Hinblick auf die §§ 122, 95 2. Halbsatz BRAGebO — wenigstens klarstellend — ein neuer Bewilligungsbeschluß erforderlich sein.

b) Die **Bewilligung** der Prozeßkostenhilfe gilt nur **für den jeweiligen Rechtszug 10** (§ 119 Abs. 1 ZPO). Ist ein **Rechtsmittel** eingelegt, so entscheidet das Rechtsmittelgericht über die Bewilligung der Prozeßkostenhilfe für die Rechtsmittelinstanz (Absatz 2 Satz 1), wenn ihm die Akten vorliegen. In jeder Instanz ist erneut zu prüfen, ob alle Voraussetzungen für die Gewährung der Prozeßkostenhilfe erfüllt sind. Dies gilt auch, wenn der Angeklagte das Rechtsmittel eingelegt hat[25]; § 119 Satz 2 ZPO, wonach in einem höheren Rechtszug nicht zu prüfen ist, ob die Rechtsverfolgung oder Rechtsverteidigung hinreichende Aussicht auf Erfolg bietet oder mutwillig erscheint, wenn der „Gegner" das Rechtsmittel eingelegt hat, findet keine Anwendung, weil es auf diese Kriterien nach § 397 a nicht (mehr) ankommt. Auf in der Vorinstanz vorgelegte Belege über die wirtschaftlichen Verhältnisse kann Bezug genommen werden, wenn sich diese Verhältnisse nicht geändert haben[26]. Die Bewilligung der Prozeßkostenhilfe wirkt grundsätzlich nur — vom Zeitpunkt der Mitteilung (§ 35 Abs. 2 Satz 2) der Bewilligung an den Nebenkläger — für die Zukunft. Ausnahmsweise kann — je nach Lage des Einzelfalles — die Anordnung einer Rückwirkung auf den Zeitpunkt zulässig sein, zu dem das Gericht bei ordnungsgemäßer Sachbehandlung hätte entscheiden können, wenn ein vollständiger, entscheidungsreifer Antrag nicht rechtzeitig beschieden worden ist und die Anordnung der Rückwirkung zur Vermeidung grober Unbilligkeiten erforderlich

---

[19] BTDrucks. 10 5305, S. 14.
[19a] Zur Veränderung der Nachzahlungspflicht (§ 120 Abs. 1 Satz 2, Abs. 4 ZPO) s. auch *Mümmler* JurBüro **1988** 563.
[20] S. auch HW § 464 a, 7.
[21] OLG Hamburg AnwBl. **1975** 404.
[22] S. auch *Weider* StrVert. **1987** 317.

[23] OLG Düsseldorf JurBüro **1987** 555.
[24] OLG Frankfurt NStZ **1986** 43 mit Anm. v. *Stackelberg*; *Kleinknecht/Meyer*[38] 11.
[25] *Kleinknecht/Meyer*[38] 12.
[26] BGH VRS **72** (1987) 375; s. auch BGH NJW **1983** 2145.

Hans Hilger

ist[27]. Einem Antrag auf Gewährung von Prozeßkostenhilfe, der erst nach Abschluß des Revisionsverfahrens gestellt wird, kann also nicht stattgegeben werden[28]. Wohl aber ist eine rückwirkende Bewilligung für die Revisionsinstanz möglich, wenn bereits vor deren Abschluß ein entscheidungsreifer Antrag vorlag, den das Revisionsgericht vor Abschluß des Revisionsverfahrens hätte bescheiden können[29]. Wird der Antrag, Prozeßkostenhilfe zu bewilligen, erst nach Ablauf der Revisionsbegründungsfrist gestellt und ist die Revision des Nebenklägers aus formellen Gründen unzulässig, so werden die Voraussetzungen für die Bewilligung der Prozeßkostenhilfe in der Regel nicht erfüllt sein[30].

11   **c) Revisibilität.** Eine **Revisionsrüge**, die auf die Fehlerhaftigkeit einer Entscheidung nach § 397 a gestützt wird, ist im Hinblick auf Absatz 2 Satz 2 in Vbdg. mit § 336 Satz 2 unzulässig.

§ 400

(1) **Der Nebenkläger kann das Urteil nicht mit dem Ziel anfechten, daß eine andere Rechtsfolge der Tat verhängt wird oder daß der Angeklagte wegen einer Gesetzesverletzung verurteilt wird, die nicht zum Anschluß des Nebenklägers berechtigt.**
(2) [1]**Dem Nebenkläger steht die sofortige Beschwerde gegen den Beschluß zu, durch den die Eröffnung des Hauptverfahrens abgelehnt oder das Verfahren nach den §§ 206 a und 206 b eingestellt wird, soweit er die Tat betrifft, auf Grund deren der Nebenkläger zum Anschluß befugt ist.** [2]**Im übrigen ist der Beschluß, durch den das Verfahren eingestellt wird, für den Nebenkläger unanfechtbar.**

Änderung. Die Vorschrift ist durch Art. 1 Nr. 11 OpferschutzG eingefügt worden.

Überleitungsvorschrift. Nach Art. 11 Abs. 4 richtet sich die Befugnis des Nebenklägers zur Einlegung von Rechtsmitteln nach dem bisher geltenden Recht (vgl. dazu HW § 401, 1; HW 397, 13), wenn die Entscheidung, gegen die das Rechtsmittel sich richtet, vor dem 1. 4. 1987 ergangen ist.

Übersicht

---

[27] Vgl. BGH NJW **1982** 446; **1985** 921; VRS **72** (1987) 375; OLG München Rpfleger **1986** 108; *Kleinknecht/Meyer*[38] 10; s. auch OLG Karlsruhe NStZ **1983** 42 und *Mümmler* Jur-Büro **1988** 299 mit weit. Einzelheiten und Nachw.

[28] BGH bei *Pfeiffer/Miebach* NStZ **1987** 221.

[29] OLG Hamm JurBüro **1986** 1730; *Kleinknecht/Meyer*[38] 10.

[30] Vgl. auch OLG Hamburg NStZ **1988** 193.

1. Bedeutung der Vorschrift. Daß der Nebenkläger zur Einlegung von Rechtsmit- **1** teln befugt ist, wird in §395 Abs. 4 Satz 2 und §401 Abs. 1 Satz 1 nicht grundsätzlich geregelt, sondern vorausgesetzt. Die Rechtsmittelbefugnis selbst ergab sich vor Inkrafttreten des OpferschutzG aus §397 Abs. 1 Satz 1 a. F in Vbdg. mit §390 Abs. 1 Satz 1, ergänzt durch §397 Abs. 1 Satz 2 a. F, durch die dem Nebenkläger über die Verweisung — wie dem Privatkläger — weitgehend die Rechtsmittelbefugnis der Staatsanwaltschaft eingeräumt wurde. Dieses Regelungsgeflecht ist durch die Trennung von Privat- und Nebenklage beseitigt worden (s. Nachtr. §395, 1; 3; Nachtr. §397, 2). Der neue §400 regelt nun, von einer grundsätzlichen Anfechtungsbefugnis ausgehend, einen Teilbereich dieser Befugnis, die Anfechtung von Urteilen und bestimmten Beschlüssen (Rdn. 2); jedoch hat der Gesetzgeber — in der Erwägung, daß die bisherige weit gespannte selbständige Rechtsmittelbefugnis des Nebenklägers als eines bloßen Zusatzbeteiligten im Offizialverfahren von der Sache her nicht erforderlich sei, diese Rechtsmittelbefugnis in §400 — im Vergleich zum früheren Recht — eingeschränkt und der Verfahrensstellung und Interessenlage des Nebenklägers (s. Nachtr. §395, 2) angepaßt (Rdn. 3)[1]. Die Vorschrift betrifft nur die selbständige Rechtsmittelbefugnis des Nebenklägers. Von der Neuregelung unberührt bleibt daher seine Befugnis, sich am Verfahren auch in der Rechtsmittelinstanz zu beteiligen, wenn die Staatsanwaltschaft oder der Angeklagte Rechtsmittel eingelegt haben. Unangetastet bleibt außerdem seine Berechtigung, gegen sonstige Entscheidungen, die ihn betreffen (vgl. z. B. Nachtr. §396, 5 und Rdn. 2), die zulässigen Rechtsmittel einzulegen[2]. Unberührt bleiben schließlich die §§399, 401[3] und die Rechtsmitteleinschränkung nach §55 Abs. 2 JGG (im Verfahren gegen Heranwachsende — §§80, 109 JGG).

§400 betrifft nur die **Anfechtung eines Urteils (Absatz 1)** und die **Anfechtung von** **2** **Beschlüssen, durch die** die **Eröffnung** des Hauptverfahrens abgelehnt oder das **Verfahren eingestellt** wird **(Absatz 2).** Sonstige Beschlüsse kann der Nebenkläger anfechten, soweit ihre Anfechtung durch einen Verfahrensbeteiligten grundsätzlich zulässig, nicht (speziell) für den Nebenkläger ausgeschlossen und soweit er durch den Beschluß beschwert ist (s. §304 Abs. 2). In Betracht kommen z. B. die sofortige Beschwerde nach §28 Abs. 2, soweit sie nicht einen erkennenden Richter betrifft, die Beschwerde bei Ablehnung eines Sachverständigen (§74) oder die Beschwerde gegen die Verweigerung der Akteneinsicht (§§397, 385 Abs. 3). Durch §400 Abs. 2 in Vbdg. mit §210 Abs. 2 Alt. 2 ausgeschlossen ist die Anfechtung der Eröffnung vor einem Gericht niedrigerer Ordnung (§209 Abs. 1)[4]; der Nebenkläger wäre insoweit wohl auch nicht beschwert. Mangels Beschwer unanfechtbar sind z. B. Haftentscheidungen (HW §401, 4). Wird eine vom Nebenkläger beantragte Durchsuchung, die nach seiner Ansicht zur Auffindung von für das Nebenklagedelikt bedeutsamen Beweismitteln führen kann, abgelehnt, so dürfte er dagegen — schon im Hinblick auf sein Beweisantragsrecht (§397 Abs. 1) — beschwerdebefugt sein[5], soweit nicht §305 eingreift. Zu kostenrechtlichen Fragen s. HW §464, 39; 53; 56; §472, 11; 14; 16; 22; 26; §473, 71 ff, zu Rechtsbehelfen Rdn. 16.

Die Beschränkung der Rechtsmittelbefugnis in Absatz 1 und 2 orientiert sich am **3** Gedanken der **Beschwer** des Nebenklägers **entsprechend seiner speziellen Interessenlage.** Der Nebenkläger ist neben der Staatsanwaltschaft nur ein zusätzlich am Verfahren Beteiligter. Seine Hauptinteressen gehen dahin, entsprechend seiner besonderen Schutzbedürftigkeit im erstinstanzlichen Verfahren handeln zu können (s. Nachtr. §395, 1 bis 4; §397, 1); sein Interesse am Verfahrensergebnis bzw. an der Möglichkeit einer Korrek-

---

[1] Vgl. BTDrucks. **10** 5305, S. 15.

[2] BTDrucks. **10** 5305, S. 15.

[3] *Rieß/Hilger* NStZ **1987** 154.

[4] *Rieß/Hilger* NStZ **1987** 154.

[5] S. auch *Kleinknecht/Meyer*[38] 1; *Pagenkopf* Das Deutsche Bundesrecht II B 75, S. 15.

tur dieses Ergebnisses bezieht sich im wesentlichen darauf, daß das Verfahren wegen der prozessualen Tat eröffnet wird, aus der sich seine Anschlußbefugnis ergibt, und daß schließlich der Angeklagte wegen einer Gesetzesverletzung verurteilt wird, die nach § 395 zum Anschluß berechtigt (Einzelheiten in Rdn. 4 ff), nicht aber auf die Rechtsfolgen der Tat und auch nicht auf die Verurteilung wegen Gesetzesverletzungen, die nicht zum Anschluß des Nebenklägers berechtigt hätten. Hinter der Regelung des § 400 stehen also der Gedanke und die Entscheidung des Gesetzgebers, daß ablehnende Entscheidungen über solche Taten und solche Gesetzesverletzungen, die nicht nach dem Enumerativkatalog des § 395 zum Nebenklageanschluß berechtigen, und die Entscheidung zur Rechtsfolge den Nebenkläger in seinen wirklich berechtigten („legitimen") Interessen nicht beeinträchtigen, also nicht — für eine Anfechtung ausreichend — beschweren und daher nicht zu prüfender Gegenstand seines Rechtsmittels sein sollen[6].

2. Anfechtbarkeit von Urteilen (Absatz 1)

4   **a) Allgemeines.** Absatz 1 erfaßt die Anfechtung von Urteilen jeder Art. Anfechtbar ist daher auch die Einstellung durch Urteil wegen eines Verfahrenshindernisses (§ 260 Abs. 3), falls der Nebenkläger nicht die Verurteilung wegen einer Tat bzw. einer Gesetzesverletzung verlangt, die ihn nicht zum Anschluß nach § 395 berechtigt. Unberührt von der Anfechtungsbeschränkung nach Absatz 1 bleibt § 301, der auch für das Rechtsmittel des Nebenklägers gilt[7] (s. auch § 401 Abs. 3 Satz 1); eine zulässige Anfechtung kann also zu einer dem Angeklagten günstigen Veränderung der Entscheidung führen.

5   **b) Einzelheiten.** Unzulässig ist zunächst die Anfechtung des Urteils mit dem Ziel, daß gegen den Angeklagten eine **andere**, insbesondere härtere **Rechtsfolge** verhängt wird; dies gilt auch für eine Anfechtung zu Gunsten des Angeklagten (§ 296 Abs. 2). Desweiteren läßt sich aus Absatz 1 ableiten, daß der Nebenkläger das Urteil nicht mit dem Ziel anfechten kann, über eine Abänderung der Rechtsfolgenentscheidung auch eine Änderung des Beschlusses nach § 268 a zu erreichen, und daß auch der Beschluß nach § 268 a selbst nicht vom Nebenkläger mit der Beschwerde (§ 305 a) angefochten werden kann[8].

6   **Unzulässig** ist desweiteren die Anfechtung des Urteils wegen einer prozessualen **Tat** und **Gesetzesverletzung, die** den Nebenkläger **nicht zum Anschluß** nach § 395 **berechtigt**, also z. B. wegen eines Sexualdelikts, das der Angeklagte nicht zum Nachteil des Nebenklägers, sondern an einem Dritten begangen hat, oder wegen Betruges. **Zulässig** ist **dagegen** die Anfechtung, wenn geltend gemacht wird, eine Rechtsvorschrift über ein den anfechtenden Nebenkläger betreffendes Nebenklagedelikt sei verletzt und der Angeklagte insoweit z. B. zu Unrecht freigesprochen worden oder das Nebenklagedelikt sei zu Unrecht nicht in den Schuldspruch der Entscheidung aufgenommen worden, etwa ein tateinheitlicher Verstoß gegen ein Nebenklagedelikt sei im Schuldspruch fälschlich nicht genannt, oder, der Angeklagte sei fälschlich nicht wegen einer (weiteren) von mehreren Begehungsarten des Nebenklagedelikts verurteilt worden[9]. Die Anfechtung mit der Begründung, der Schuldumfang der den Nebenkläger betreffenden, abgeurteilten Tat übersteige den im Schuldspruch genannten Umfang, ist selbst dann zulässig, wenn sich die angestrebte Änderung des Schuldspruchs nur (mittelbar) auf den

---

[6] Vgl. BTDrucks. 10 5305, S. 15; *Kleinknecht/ Meyer*[38] 4.

[7] HW § 401, 9.

[8] *Kleinknecht/Meyer*[38] 3.

[9] S. auch BGHSt **13** 143; zur Rspr. vor dem OpferschutzG vgl. BGHSt **29** 218; **33** 115; BGH NStZ **1987** 221 bei *Pfeiffer/Miebach*.

Rechtsfolgenausspruch auswirken könnte. Wird im Falle einer Tötung nicht wegen Mordes, sondern wegen Totschlags unter Anwendung von §213 StGB verurteilt, so kann der Nebenkläger (§395 Abs. 2 Nr. 1) das Urteil nicht allein mit dem Hinweis der fälschlichen Anwendung von §213 anfechten, wohl aber mit dem Hinweis, fälschlich sei statt Verurteilung wegen Mordes nur Verurteilung wegen Totschlags erfolgt. Unzulässig ist schließlich das Rechtsmittel, wenn es mit einer Anschlußerklärung verbunden ist (§395 Abs. 4 Satz 2) und das Rechtsmittelgericht, das unverzüglich nach §396 Abs. 2 über die Berechtigung des Anschlusses zu entscheiden hat, diese verneint (Nachtr. §396, 5; HW §395, 41; §396, 6; §401, 5).

Zweifelhaft ist die Zulässigkeit des Rechtsmittels, wenn der Nebenkläger nur das **7** Fehlen einer in Gesetzeskonkurrenz stehenden Nebenklagevorschrift rügt. Nach dem Wortlaut des §400 Abs. 1 wäre die Anfechtung wohl nicht unzulässig; sehr fraglich erscheint jedoch, ob der Nebenkläger in seiner Funktion als solcher überhaupt beschwert ist. Der Fall der Gesetzeskonkurrenz ist nämlich, anders als der der Tateinheit, nicht in den Schuldspruch aufzunehmen[10] und allein wegen etwaiger Nebenfolgen aus der verdrängten Vorschrift wäre das Rechtsmittel nach Absatz 1 unzulässig.

c) Ermittlung des Anfechtungsziels. Welches Ziel der Nebenkläger mit der An- **8** fechtung verfolgt und ob diese demgemäß zulässig ist, ist durch einen Vergleich der angefochtenen Entscheidung mit dem der Anfechtung zugrunde liegenden erklärten oder nach der Sachlage erkennbaren Willen des Nebenklägers festzustellen. Ist der Angeklagte wegen eines allein in Betracht kommenden Nebenklagedelikts freigesprochen worden, so ist die Anfechtung des Urteils durch den Nebenkläger erkennbar der Sache nach zulässig. Ergibt sich aus einer Rechtsmittelbegründung, daß das in vollem Umfang eingelegte Rechtsmittel ausschließlich auf eine Änderung des Rechtsfolgenausspruchs gerichtet ist, so ist das Rechtsmittel unzulässig. In Zweifelsfällen, wenn eine Rechtsmittelbegründung fehlt oder nicht eindeutig ist, kann und muß ggf. das Gericht auf sonstige Erkenntnismöglichkeiten zur Ermittlung des Ziels der Anfechtung zurückgreifen, etwa auf den Schlußantrag des Nebenklägers in der Vorinstanz[11]. Läßt sich auch so das Ziel der Anfechtung nicht eindeutig klären, so ist das Rechtsmittel im Zweifel unzulässig. Folge der Unzulässigkeit ist die Verwerfung des Rechtsmittels (§§322, 349).

d) Berufung. Die Berufung bedarf grundsätzlich keiner Begründung (§317). Des- **9** halb dürfte in der Regel davon auszugehen sein, daß sich die Berufung eines Nebenklägers (nur) auf das Nebenklagedelikt beziehen soll, soweit sich nicht aus der Sachlage oder aus weiteren Erklärungen des Nebenklägers anderes ergibt (HW §401, 13). Im Hinblick auf die Überlegungen in Rdn. 8 dürfte es zweckmäßig sein, in solchen Fällen, in denen sich das Ziel der Anfechtung nicht eindeutig aus der Sache ergibt, die Berufung wenigstens kurz unter Darlegung des Ziels des Rechtsmittels zu begründen. Das Rechtsmittel ist unzulässig, wenn der Angeklagte in erster Instanz wegen des Nebenklagedelikts verurteilt worden ist und sich im Zusammenhang mit der vom Nebenkläger eingelegten Berufung keine Anhaltspunkte für eine unrichtige Rechtsanwendung ergeben[12].

e) Revision. Eines **ausdrücklichen** Revisionsantrages des Nebenklägers (§344 **10** Abs. 1) bedarf es in der Regel nicht, wenn sich der Umfang der Anfechtung aus der Begründung der Revision klar ersehen läßt[13]. Der Nebenkläger kann den Revisionsantrag nur mittels einer von einem Rechtsanwalt unterzeichneten Schrift stellen. Zwar verwei-

---

[10] HW §260, 63; s. auch HW §396, 15; HW §333, 22.
[11] Vgl. BGH JZ **1988** 367.

[12] Vgl. *Kleinknecht/Meyer*[38] 5.
[13] BGH JZ **1988** 367; s. auch HW §344, 3.

Hans Hilger

sen die §§ 397, 400 nicht auf § 390 Abs. 2. Dies ist jedoch ein offensichtliches Versehen des Gesetzgebers bei der Auflösung der früheren Globalverweisung in § 397. Die Annahme, der Nebenkläger könne die Revision selbst begründen, wäre mit den Formerfordernissen in § 345 Abs. 2 und § 390 Abs. 2 nicht vereinbar; für eine solche Priviligierung des Nebenklägers gibt es keinen sachlichen Grund. **§ 390 Abs. 2 gilt** daher für den Nebenkläger **entsprechend**[14]. Ist der Nebenkläger selbst Rechtsanwalt, so genügt seine eigene Unterschrift (HW § 345, 18).

11   Da auch bei der Revision im Hinblick auf § 400 Abs. 1 das **Anfechtungsziel** erkennbar sein muß, kann es im Einzelfall unzureichend sein, wenn der Nebenkläger nur die allgemeine **Sachrüge** erhebt, ohne das Ziel des Rechtsmittels zu verdeutlichen, etwa, wenn die allgemein erhobene Sachrüge nicht erkennen läßt, ob der Nebenkläger nur den Strafausspruch wegen versuchten Totschlags anficht oder ob er mit seiner Revision die Umstellung des Schuldspruchs auf versuchten Mord erstrebt[15].

12   Der Nebenkläger kann die **Sachrüge** nur auf die Behauptung stützen, das angefochtene Urteil sei gerade hinsichtlich der Anwendung desjenigen Strafgesetzes fehlerhaft, auf das sich seine **Anschlußbefugnis** stützt (HW § 401, 14). Unschädlich ist es, wenn er außerdem Rechtsfehler rügt, die sich auf Straftaten beziehen, die ihn nicht zum Anschluß berechtigen[16]. Die **Verfahrensrüge** muß sich entsprechend auf solche Verfahrensfehler beziehen, die das Verfahren hinsichtlich der Aburteilung der zum Anschluß berechtigenden Tat betreffen.

13   Zum **Umfang der Nachprüfung** des angefochtenen Urteils s. HW § 401, 19 ff.

14   3. **Anfechtung von Beschlüssen (Absatz 2).** Satz 1 regelt die Zulässigkeit der sofortigen Beschwerde gegen **Beschlüsse** nach § 204 Abs. 1 und Einstellungen nach den §§ 206 a und 206 b. Die Beschwerdebefugnis ist jedoch beschränkt; sie gilt nur, soweit die Ablehnung der Eröffnung und die Einstellung die Tat betreffen, auf der die Anschlußbefugnis des Nebenklägers beruht. Gemeint ist damit die „prozessuale Tat", nicht ihre rechtliche Bewertung. Der Beschluß, durch den das Hauptverfahren eröffnet wird, aber nicht unter dem für den Nebenkläger bedeutsamen rechtlichen Gesichtspunkt, ist daher für den Nebenkläger unanfechtbar. Der Nebenkläger kann auch die Ablehnung des Erlasses eines Strafbefehls anfechten, weil diese einem Beschluß nach § 204 gleichsteht (§ 408 Abs. 2 Satz 2)[17]. Zum Einspruch gegen den Erlaß eines Strafbefehls vgl. Rdn. 16.

15   Nach **Satz 2** sind verfahrenseinstellende Beschlüsse im übrigen für den Nebenkläger **unanfechtbar.** Dies gilt zunächst für den Beschluß oder den Teil eines Einstellungsbeschlusses, der eine prozessuale Tat betrifft, die unter keinem rechtlichen Gesichtspunkt nach § 395 zum Nebenklageanschluß berechtigt. Schließlich sind sonstige Beschlüsse, durch die das Verfahren eingestellt wird (§§ 153 ff, § 205), für den Nebenkläger unanfechtbar; dies entspricht im wesentlichen § 397 Abs. 2 a. F. Die Einstellung nach den §§ 153, 153 a ist auch dann unanfechtbar, wenn der Staatsanwaltschaft die Möglichkeit der Anfechtung zugebilligt wird, etwa wenn eine Voraussetzung für die Einstellung fehlt (HW § 153, 79; HW § 153 a, 104; 105)[18]. Absatz 2 befaßt sich nicht mit der Anfechtbarkeit sonstiger Beschlüsse. Aus der Vorschrift kann auch nicht — z. B. im Um-

---

[14] *Kleinknecht/Meyer*[38] § 401, 2; *Rieß* Jura **1987** 287; *Rieß/Hilger* NStZ **1987** 154.

[15] BGH JZ **1988** 367.

[16] *Kleinknecht/Meyer*[38] 6.

[17] *Kleinknecht/Meyer*[38] 8; *Beulke* DAR **1988**

118; *Pagenkopf* Das Deutsche Bundesrecht II B 75, S. 15.

[18] S. auch LG Mönchengladbach StrVert. **1987** 335.

kehrschluß aus Satz 1 — die Unanfechtbarkeit anderer Beschlüsse abgeleitet werden (s. o. Rdn. 2).

4. Rechtsbehelfe. § 400 befaßt sich nicht mit der Befugnis des Nebenklägers, **16** Rechtsbehelfe (s. HW Vor § 296, 7) einzulegen. Zur Frage der **Wiederaufnahmebefugnis** (§ 362) wird auf den Nachtr. § 395, 14 verwiesen, zur **Wiedereinsetzung** in den vorigen Stand auf HW § 401, 34; 35 und HW § 399, 4, zum **Einspruch** gegen den Strafbefehl auf die Erl. zu HW 410 und auf HW § 472, 14. Im übrigen dürften dem Nebenkläger diejenigen Rechtsbehelfe zustehen, die seiner Interessenlage entsprechen und erforderlich sind, um einer Beschwer des Nebenklägers abzuhelfen; dies können insbesondere die Rechtsbehelfe nach § 319 Abs. 2 Satz 1, § 346 Abs. 2 Satz 1 sein. Außerdem steht dem Nebenkläger — als Zeugen — der Rechtsbehelf des § 161 a Abs. 3 Satz 1 und — vor Anklageerhebung — der Rechtsbehelf des § 172 zu.

Hans Hilger

DRITTER ABSCHNITT

Entschädigung des Verletzten

§ 403

(1) **Der Verletzte oder sein Erbe kann gegen den Beschuldigten einen aus der Straftat erwachsenen vermögensrechtlichen Anspruch, der zur Zuständigkeit der ordentlichen Gerichte gehört und noch nicht anderweit gerichtlich anhängig gemacht ist, im Strafverfahren geltend machen, im Verfahren vor dem Amtsgericht ohne Rücksicht auf den Wert des Streitgegenstandes.**

(2) ...

Änderung. Absatz 1 ist durch Art. 1 Nr. 12 OpferschutzG neu gefaßt worden. Art. 8 OpferschutzG enthält eine Folgeänderung für § 110 Satz 1 UrhRG. Zur Entstehungsgeschichte des OpferschutzG s. HW Vor § 406 d.

1. Ziel und Bedeutung der Änderungen im Adhäsionsverfahren[1]. **Ziel** der Änderungen der §§ 403, 404, 406 ist es, offensichtliche prozessuale Anwendungshindernisse im Adhäsionsverfahren, das 1943 in die StPO eingefügt wurde, in der Rechtspraxis aber nur geringe Bedeutung erlangte (HW Vor § 403, 8), zu beseitigen. Die Frage, ob und ggf. wie das Adhäsionsverfahren aktiviert werden kann und soll, war und ist im Schrifttum umstritten[1a]. Der Gesetzgeber hat sich für wenige behutsame Verbesserungen entschieden, die auf die unterschiedlichen Strukturen des Strafprozesses einerseits und der zivilprozessualen Klärung zivilrechtlicher Ansprüche andererseits[2] Rücksicht nehmen und mit diesen vereinbar sind oder wenigstens Friktionen vermeiden; es sind die Erweiterung der Zuständigkeit im amtsgerichtlichen Verfahren durch Beseitigung der zivilprozessualen Streitwertgrenze, die Möglichkeit der Prozeßkostenhilfe und die Zulassung

---

[1] Gem. § 403 Abs. 2 in Vbdg. mit Nr. 173 RiStBV soll die StA Verletzte auf das Adhäsionsverfahren hinweisen und zu Einzelheiten belehren.

[1a] Vgl. *Böttcher* JR **1987** 138; *Lang* ZRP **1985** 32; *Rieß* Jura **1987** 289; *Weinberger* DNP **1987** 67; *Wezel* VersR **1988** 218; krit. zum Adhäsionsverfahren bzw. seiner Reform, zum Teil mit Alternativvorschlägen: BRAK BRAK-Mitt. **1986** 136; *Brause* ZRP **1985** 103; *Fey* AnwBl. **1986** 491; *Kempf* StrVert. **1987** 218; *Schirmer* DAR **1988** 121; *Schöch* NStZ **1984** 385; *Schünemann* NStZ **1986** 193; *Tenter/Schleifenbaum* NJW **1988** 1766; *Thomas* StrVert. **1985** 431; *Weigend* ZStW **96** (1984)

761 und NJW **1987** 1176; *Wetekamp* DAR **1987** 212; *Schmanns* S. 70 ff, 168 ff; s. desweiteren HW Vor § 403, 10 ff; vgl. zu Möglichkeiten des „Täter-Opfer-Ausgleichs" auch (mit weit. Literaturnachweisen) *Beste* KrimJournal **1986** 161; MSchrKrim. **1987** 336; *Jung* ZStW **99** (1987) 497; *Kube* DRiZ **1986** 122; *Müller-Dietz* in Gedächtnisschrift für D. Schultz (1987) S. 253; *Rieß/Hilger* NStZ **1987** 153.

[2] Vgl. dazu *Schöch* NStZ **1984** 390; *Thomas* StrVert. **1985** 435; *Weigend* ZStW **96** (1984) 792; *Schmanns* S. 12 ff; BRAK BRAK-Mitt. **1986** 136; HW Vor § 403, 9.

des Grund- und Teilurteils. Weitergehende Vorschläge[3], insbesondere zur Einführung eines „Zwangsadhäsionsverfahrens", sind deshalb vom Gesetzgeber nicht realisiert worden.

Besonderes **Bedeutung** hat der Gesetzgeber der Zuständigkeitserweiterung und **2** der Zulassung von Grund- und Teilurteil beigemessen. Der Anwendungsbereich des Adhäsionsverfahrens war durch die nach § 403 Abs. 1 a. F zu beachtende Streitwertgrenze (§ 23 Nr. 1 GVG) erheblich eingeschränkt[4], weil 99% aller erstinstanzlichen Strafverfahren vor dem Amtsgericht stattfinden. Namentlich von der Zulassung des Grund- und Teilurteils erwartet der Gesetzgeber, daß die Praxis ihre bisherige Zurückhaltung gegenüber dem Adhäsionsverfahren aufgibt. Denn diese Änderung erlaubt es, den mit Mitteln des Strafprozesses eher aufklärbaren Haftungsgrund im Strafverfahren zu entscheiden und die Klärung der Schadenshöhe, die das Strafverfahren verzögern könnte, ggf. einem späteren Zivilprozeß zu überlassen; dadurch wird auch eine mehrfache Beweisaufnahme über den Anspruchsgrund erspart und vielfach die Basis für einen Vergleich zur Anspruchshöhe geschaffen werden können[5].

2. Die Änderung des § 403 Abs. 1. In Strafverfahren vor dem Amtsgericht kann **3** der vermögensrechtliche Anspruch, der dem Verletzten[5a] oder seinem Erben aus der Straftat erwachsen ist, auch geltend gemacht werden, wenn und soweit er die zivilprozessuale Streitwertgrenze des § 23 Nr. 1 GVG (derzeit 5000,— DM) übersteigt („ohne Rücksicht auf den Wert des Streitgegenstandes"). Unverändert muß der Anspruch jedoch der Zuständigkeit der ordentlichen Gerichtsbarkeit (HW § 403, 13) unterfallen. Eine Zustimmung des Beschuldigten[6] ist nicht erforderlich.

Dies bedeutet u. a., daß **kein Anwaltszwang** (§ 78 ZPO) für die Geltendmachung **4** solcher Ansprüche besteht, die im Zivilprozeß nur mit Hilfe eines Rechtsanwalts geltend gemacht werden könnten. Findet jedoch das Verfahren über den Betrag vor dem Zivilgericht statt (§ 406 Abs. 3 S. 3), so gelten wieder die Vorschriften der ZPO, ggf. also auch der Anwaltszwang.

Ansprüche, die zur **ausschließlichen Zuständigkeit** z. B. **des Landgerichts** (§ 71 **5** Abs. 2 GVG) gehören, können nicht im Strafverfahren vor dem Amtsgericht geltend gemacht werden. Dies folgt im Umkehrschluß aus dem Wortlaut der Änderung: „Wert des Streitgegenstandes"[7].

§ 405 Satz 2 erlaubt dem Amtsgericht eine **Korrektur der Zuständigkeitsauswei- 6 tung** im Einzelfall, etwa wenn außergewöhnlich hohe Ansprüche geltend gemacht werden, der Beschuldigte wichtige Gründe gegen die Streitwertüberschreitung vorbringt[8] oder ersichtlich ist, daß der Beschuldigte sich in seinen „Verteidigungsmöglichkeiten"

---

[3] Vgl. die zum Teil weitergehenden Vorschläge in Art. 2 Nr. 8 bis 11 des Gesetzentwurfs der SPD-Fraktion BTDrucks. 10 3636 sowie im Gesetzentwurf des Landes Berlin BRDrucks. 347/85; s. auch *Brause* ZRP **1985** 103; *Schmanns* S. 166 (der nur geringe Änderungen empfiehlt).

[4] *Rieß* Jura **1987** 289; *Weinberger* DNP **1987** 67; **a. A** *Kempf* StrVert. **1987** 218; s. auch *Schmanns* S. 97 ff.

[5] BTDrucks. 10 5305, S. 15; krit. hierzu insbes. *Schöch* NStZ **1984** 390; *Wetekamp* DAR **1987** 212; *Schmanns* S. 118 ff, 135 ff.

[5a] Zum Begriff des Verletzten (Konkursverwalter) s. OLG Koblenz wistra **1988** 203; HW § 403, 4.

[6] Vgl. BTDrucks. 10 6124, S. 13, 15; anders unter Hinweis auf die besondere Situation des Beschuldigten der RegE BTDrucks. 10 5305, S. 15; s. auch *Schmanns* S. 102.

[7] *Rieß/Hilger* NStZ **1987** 156.

[8] Vgl. BTDrucks. 10 6124, S. 15; s. auch *Schirmer* DAR **1988** 125; **a. A** *Böttcher* JR **1987** 138 bzgl. der Höhe des Anspruchs.

    Hans Hilger

eingeschränkt fühlt[9], etwa wenn er fürchtet, eine „Verteidigung" gegen den Adhäsionsantrag könne sich nachteilig auf das Ergebnis des Strafverfahrens (Strafzumessung) auswirken.

§ 404

(1) ...
(2) ...
(3) ...
(4) ...
(5) [1]Dem Antragsteller und dem Angeschuldigten ist auf Antrag Prozeßkostenhilfe
nach denselben Vorschriften wie in bürgerlichen Rechtsstreitigkeiten zu bewilligen, sobald die Klage erhoben ist. [2]§ 121 Abs. 2 Satz 1 der Zivilprozeßordnung gilt mit der Maßgabe, daß dem Angeschuldigten, der einen Verteidiger hat, dieser beigeordnet werden
soll; dem Antragsteller, der sich im Hauptverfahren des Beistandes eines Rechtsanwalts
bedient, soll dieser beigeordnet werden. [3]Zuständig für die Entscheidung ist das mit der
Sache befaßte Gericht; die Entscheidung ist nicht anfechtbar.

Änderung. Absatz 5 ist durch Art. 1 Nr. 13 OpferschutzG eingefügt worden.

1   1. **Allgemeines.** Die Prozeßkostenhilfe im Adhäsionsverfahren war bisher nicht gesetzlich geregelt. Außerdem war umstritten, ob sie nur dem Angeklagten (analog
§§ 114 ff ZPO), oder auch dem Antragsteller des Adhäsionsantrages (analog § 172 Abs. 3
S. 2 oder §§ 114 ff ZPO) gewährt werden kann (HW § 404, 15). § 404 Abs. 5 stellt nun
klar, daß grundsätzlich dem Antragsteller des Adhäsionsantrages und dem Angeschuldigten Prozeßkostenhilfe bewilligt werden kann, sowie unter welchen Voraussetzungen und in welchem Verfahren dies zu geschehen hat. Die Rechtslage wird weitgehend
den zivilprozessualen Regelungen angeglichen.

2   2. **Einzelheiten.** Für die Prozeßkostenhilfe gelten also grundsätzlich die §§ 114 ff
ZPO. Der Antragsteller des Prozeßkostenhilfeantrages (Antragsteller des Adhäsionsantrages oder Angeschuldigter) muß „mittellos" im Sinne des § 114 ZPO sein und die beabsichtigte Rechtsverfolgung oder Rechtsverteidigung (gegen den Adhäsionsantrag) hat
hinreichende Erfolgsaussicht zu bieten und darf nicht mutwillig erscheinen. Es gilt auch
die in den §§ 114, 115 ZPO genannte Tabelle.

3   Desweiteren ist grundsätzlich das in den §§ 117 ff ZPO vorgesehene **Verfahren**
zu beachten. Dem Prozeßkostenhilfeantrag ist z. B. unter Benutzung von amtlichen
Vordrucken (§ 117 Abs. 3 ZPO) die in § 117 Abs. 2 ZPO genannte Erklärung nebst Belegen beizufügen. Auf Verlangen des Gerichts sind tatsächliche Angaben glaubhaft zu
machen (§ 118 Abs. 2 S. 1 ZPO). Erhebungen im Sinne des § 118 Abs. 2 S. 2, 3 ZPO werden selten in Betracht kommen. Aus Absatz 5 Satz 1 folgt, daß über den Antrag erst entschieden wird, wenn die Anklage erhoben (§ 170 Abs. 1, § 381) ist. Bei der Prüfung der
Erfolgsaussicht sind also die Ausführungen der Anklage und die sie stützenden Ermittlungsergebnisse heranzuziehen[1]. Die Darstellung des Streitverhältnisses unter Angabe

---

[9] Vgl. dazu Art. 1 Nr. 10 RegE BTDrucks. **10**
5305, der deshalb eine Zustimmung des Beschuldigten zur Streitwertüberschreitung
vorsah – s. Begr. S. 15, sowie *Rieß* Gutachten,
153.

[1] Vgl. BTDrucks. **10** 5305, S. 16; *Kempf*
StrVert. **1987** 218; *Schmanns* S. 161 ff.

der Beweismittel nach § 117 Abs. 1 S. 2 ZPO wird in der Regel im Hinblick auf Anklage und Akteninhalt entbehrlich sein, soweit es nur um den Grund des Anspruchs geht. Im Strafbefehlsverfahren ist über den Prozeßkostenhilfeantrag nach Anberaumung der Hauptverhandlung (§ 411 Abs. 1) zu entscheiden. Die Bewilligung der Prozeßkostenhilfe erfolgt für jeden Rechtszug besonders (§ 119 S. 1 ZPO).

Die **Beiordnung eines Rechtsanwalts** zur Vertretung im Adhäsionsverfahren rich- **4** tet sich grundsätzlich nach § 121 Abs. 2 Satz 1 ZPO (Absatz 5 Satz 2). Voraussetzung ist also, daß ein entsprechender Antrag gestellt ist und die Vertretung durch einen Rechtsanwalt erforderlich erscheint oder der Gegner im Adhäsionsverfahren durch einen Rechtsanwalt vertreten ist; letzteres kann der Verteidiger des Angeschuldigten sein, wenn er auch zur Abwehr des Adhäsionsantrages tätig wird. Die anwaltliche Vertretung erscheint insbesondere dann erforderlich, wenn der Sachverhalt, der dem Adhäsionsverfahren zugrunde liegt, tatsächlich oder rechtlich schwierig gelagert ist oder wenn bei einem einfachen Sachverhalt oder angesichts einfacher Rechtslage sich ergibt, daß die Partei hilflos zu sein scheint. Hat der Angeschuldigte bereits einen Verteidiger für das Strafverfahren, so soll ihm dieser und nicht zusätzlich ein weiterer Rechtsanwalt seiner Wahl unter den genannten Voraussetzungen zur Abwehr des Adhäsionsantrages beigeordnet werden. Dem Antragsteller des Adhäsionsantrages, der sich im Hauptverfahren des Beistandes eines Rechtsanwalts bedient (§ 406 f Abs. 1), soll dieser beigeordnet werden (Satz 2 Halbsatz 2)[2].

Nach Absatz 5 Satz 3 ist für die **Entscheidung** über den Prozeßkostenhilfeantrag **5** das mit der Sache befaßte **Gericht** zuständig. Nach Einlegung einer Berufung ist dies das Berufungsgericht, sobald ihm die Akten nach § 321 Satz 2 vorgelegt worden sind (vgl. HW § 125, 12; HW § 473, 7). Für die Mitwirkung des Rechtspflegers gilt § 20 Nr. 4, 5 RpflG. Die Entscheidung über den Prozeßkostenhilfeantrag ist **nicht anfechtbar**; das Strafverfahren soll nicht durch ein Beschwerdeverfahren über die Prozeßkostenhilfe belastet und verzögert werden.

Zu den **Gebühren** des beigeordneten Rechtsanwalts vgl. §§ 102, 97 Abs. 1 Satz 3, **6** 89, 23 BRAGebO (HW § 472 a, 2).

§ 406

(1) [1]Soweit der Antrag nach dem Ergebnis der Hauptverhandlung begründet ist, gibt ihm das Gericht im Urteil statt. [2]Die Entscheidung kann sich auf den Grund oder einen Teil des geltend gemachten Anspruchs beschränken; § 318 der Zivilprozeßordnung gilt entsprechend.

(2) [1]Das Gericht kann die Entscheidung für vorläufig vollstreckbar erklären. [2]Es kann die vorläufige Vollstreckung von einer Sicherheitsleistung abhängig machen; es kann auch dem Angeklagten gestatten, sie durch Sicherheitsleistung abzuwenden. [3]Diese Anordnungen können durch unanfechtbaren Beschluß auch nachträglich getroffen, geändert oder aufgehoben werden.

(3) [1]Die Entscheidung über den Antrag steht einem im bürgerlichen Rechtsstreit ergangenen Urteil gleich. [2]Soweit der Anspruch nicht zuerkannt ist, kann er anderweit geltend gemacht werden. [3]Ist über den Grund des Anspruchs rechtskräftig entschieden, so findet die Verhandlung über den Betrag nach § 304 Abs. 2 der Zivilprozeßordnung vor dem zuständigen Zivilgericht statt.

---

[2] Vgl. BTDrucks. 10 5305, S. 16, 29 Nr. 11, 33.

Hans Hilger

(4) Der Antragsteller erhält eine Abschrift des Urteils mit Gründen oder einen Auszug daraus.

Änderungen. Durch Art. 1 Nr. 14 OpferschutzG sind Absatz 1 Satz 2, Absatz 3 Satz 1 neu gefaßt und Absatz 3 Satz 3 eingefügt worden.

1   **1. Allgemeines.** Durch die Änderung werden das bisher gesetzlich ausgeschlossene Grundurteil und das positiv über den Anspruch entscheidende Teilurteil (Rdn. 2), dessen Zulässigkeit bisher umstritten war (HW § 406, 4), im Adhäsionsverfahren erlaubt. Zur Bedeutung, die der Gesetzgeber der Änderung beigemessen hat, vgl. Nachtr. § 403, 2.

2   **2.** Durch ein **Grundurteil** (Zwischenurteil) wird der geltend gemachte Anspruch dem Grunde nach — also ohne Entscheidung zur Höhe des Anspruchs im einzelnen — für gerechtfertigt erklärt (§ 304 ZPO)[1]. In einem **Teilurteil** (Endurteil) wird über einen selbständigen Teilbetrag eines geltend gemachten Anspruchs oder, wenn mehrere Ansprüche geltend gemacht werden, über einen Teil derselben endgültig entschieden (§ 301 ZPO)[2]. Diese Definitionen gelten auch im Adhäsionsverfahren, aber mit folgenden Einschränkungen: (1) Aus § 405 folgt, daß ein „anspruchsabweisendes" Teilurteil nicht zulässig ist; ein Teilurteil kann also nur einen Teilbetrag eines Anspruchs oder einen Teil mehrerer Ansprüche der Höhe nach zuerkennen. (2) Außerdem ergehen ein Teil- oder ein Grundurteil nicht isoliert, sondern sind mit einer Absehensentscheidung nach § 405 verbunden[3]. Neben einem Grundurteil kann ein Absehen von der Entscheidung zur Höhe eines Teilbetrages des Anspruchs und ein Absehen von der Entscheidung zur Höhe im übrigen stehen. Denkbar ist auch ein Grundurteil bzgl. eines Anspruchs nebst Absehen von der Entscheidung zur Höhe dieses Anspruchs und ein völliges Absehen bzgl. eines weiteren Anspruchs. Möglich ist desweiteren z. B. ein Grundurteil, daß der Anspruch nur zu X% (z. B. wegen eines Mitverschuldens des Verletzten; vgl. dazu Rdn. 6) dem Grunde nach gerechtfertigt ist, ein Teilurteil zur Höhe eines Teils dieses dem Grunde nach gerechtfertigten Anspruchsteils und ein Teilurteil bzgl. eines anderen Anspruchs sowie ein Absehen (§ 405) im übrigen[4]. Die Ersetzung des Wortes „Endurteil" in Absatz 3 Satz 1 durch „Urteil" ist eine redaktionelle Anpassung an die Zulassung des Grundurteils.

3   **3. Absehen von der Entscheidung.** Soweit geltend gemachte Ansprüche nicht durch Grund- bzw. Teilurteil zugesprochen werden, also von einer Entscheidung abgesehen wird, können sie nach **§ 406 Abs. 3 S. 2** vom Verletzten anderweit, also vor einem anderen Gericht (Berufungskammer im Strafverfahren oder Zivilgericht) erneut geltend gemacht werden. Das gilt auch, soweit nur zur Höhe von einer Entscheidung abgesehen wurde; legt z. B. der Angeklagte Berufung ein, so kann in diesem Fall der Anspruch zur Höhe in der Berufungsinstanz weiterverfolgt werden.

4   **4. Verhandlung über den Betrag.** Wird die Entscheidung des Strafgerichts über den Grund des Anspruchs rechtskräftig, so findet gemäß **§ 406 Abs. 3 S. 3** die Verhand-

---

[1] Vgl. *Baumbach/Lauterbach/Hartmann*[46] § 304, 1 und 4 B; *Thomas/Putzo*[13] § 304, 1 und 3 a.

[2] Vgl. *Baumbach/Lauterbach/Hartmann*[46] § 301, 1 und 2 B, C; *Thomas/Putzo*[13] § 301, 1.

[3] Vgl. auch BTDrucks. 10 5305, S. 16.

[4] *Rieß/Hilger* NStZ **1987** 156.

lung zur Höhe des Anspruchs nach § 304 Abs. 2 ZPO, also auf Antrag, vor dem örtlich und sachlich zuständigen Zivilgericht (§§ 12 ff ZPO, § 21 ff GVG) statt. Dies bedeutet, daß das Berufungsgericht nicht über die Höhe des Anspruchs verhandeln und entscheiden kann, wenn der Angeklagte nicht das Grundurteil, sondern nur den strafrechtlichen Teil des Urteils angefochten hat (HW § 406 a, 7). Da § 406 a auch im Falle eines Grund- oder Teilurteils gilt, sind diese — trotz Rechtskraft — aufzuheben, wenn nach Anfechtung nur des strafrechtlichen Teils des Urteils der Angeklagte nicht schuldig gesprochen und auch keine Maßregel gegen ihn angeordnet wird (§ 406 a Abs. 3).

5. Bindungswirkung. Durch § 406 Abs. 1 S. 2 Halbsatz 2 in Verbindung mit § 318 **5** ZPO wird klargestellt, daß die Entscheidung des Strafgerichts, soweit sie dem Antrag durch Grund- oder Teilurteil stattgibt, in einem nachfolgenden Verfahren über die Adhäsionsansprüche (§ 403 Abs. 1), insbesondere für das Nachverfahren des Zivilgerichts (§ 304 Abs. 2) — wie ein eigenes Urteil — bindend ist. Schon aus dem Standort der Regelung, nämlich in § 406 Abs. 1, der sich mit der dem Antrag stattgebenden Entscheidung befaßt, ergibt sich, daß sich die entsprechende Geltung des § 318 ZPO nicht auf die in den §§ 405, 406 Abs. 3 S. 2 geregelte Absehensentscheidung bezieht; dies steht im Kontext zu § 406 a Abs. 1. Entscheidet also das Strafgericht, der Schadensersatzanspruch des Verletzten sei wegen dessen Mitverschuldens (Rdn. 6) nur zu 50% dem Grunde nach gerechtfertigt, so kann der Verletzte im Hinblick auf die genannten Vorschriften den nicht zuerkannten Teil des Grundurteils und die gesamte Höhe des Anspruchs vor dem Zivilgericht geltend machen und dieses ist nur daran gebunden, daß jedenfalls 50% bereits dem Grunde nach zuerkannt sind. Letztlich stellen sich keine anderen Probleme als bei Erlaß eines Grund- oder Teilurteils im Zivilprozeß[5]. So bindet z. B. auch die Rechtsauffassung in einem Teilurteil nicht[6].

6. Sonstiges. Das „mitwirkende Verschulden" des Verletzten gehört zur Entschei- **6** dung über den Grund des Anspruchs. Es kann ausnahmsweise dem Betragsverfahren vorbehalten bleiben, sofern klar ist, daß dem Verletzten jedenfalls ein Anspruch verbleibt; notwendig ist jedoch ein Vorbehalt im Grundurteil[7]. Auch eine **Aufrechnung** muß ggf. im Grundurteil berücksichtigt werden[8]. Für den Fall, daß der Angeschuldigte ein **Geständnis**[9] ablegt, das für den Adhäsionsanspruch von Bedeutung ist, könnte die Annahme einer Bindungswirkung nach § 288 ZPO erwägenswert sein, soweit die Möglichkeiten des Angeschuldigten, sich zu verteidigen, dadurch nicht beeinträchtigt werden; außerdem bleibt § 406 a Abs. 3 zu beachten. Über § 273 Abs. 2, 3 wäre eine Protokollierung des Geständnisses möglich (vgl. auch § 254 Abs. 1). Nach der gesetzlichen Zulassung des Grundurteils dürften auch keine Bedenken mehr bestehen gegen einen Feststellungsadhäsionsantrag[10] dahingehend: Festzustellen, daß der Angeschuldigte grundsätzlich verpflichtet ist, den aus der Straftat dem Verletzten erwachsenen Schaden zu ersetzen. Ein solcher Antrag käme in Frage, wenn der Verletzte die Schadenshöhe noch nicht beziffern kann, aber ein beachtliches rechtliches Interesse an einer baldigen Ent-

---

[5] *Rieß/Hilger* NStZ **1987** 156; s. dagegen *Schmanns* S. 134, 137, der die Entscheidung des Gesetzgebers unter Hinweis auf dogmatische und praktische Probleme ablehnt.

[6] *Baumbach/Lauterbach/Hartmann* § 318, 2 C; *Thomas/Putzo* § 301, 3.

[7] *Baumbach/Lauterbach/Hartmann* § 304, 2 C; *Thomas/Putzo* § 304, 2 c.

[8] Vgl. auch HW § 403, 26; zu Einzelheiten s. die zivilprozessualen Erläuterungswerke, z. B. *Thomas/Putzo* § 304, 2 c und § 302, 1 b.

[9] Vgl. aber HW § 403, 28 zum Anerkenntnis und HW § 403, 25 zum Vergleich; s. dazu *Schirmer* DAR **1988** 123.

[10] Vgl. *Schirmer* DAR **1988** 122; s. dagegen HW § 406, 5.

scheidung zum Anspruchsgrund hat, und wäre dann unbedenklich, weil eine stattgebende Entscheidung einem Grundurteil gleichkäme.

7   Zur **Kostenentscheidung** vgl. § 472 a. Die **Gebühr** nach § 89 BRAGO fällt auch an, wenn nur ein Grund- oder Teilurteil erlassen oder von der Entscheidung völlig abgesehen wird. Die Gebühr entsteht in voller Höhe, denn die Gebührenhalbierung in § 95 BRAGO gilt nicht für den „Adhäsionsvertreter", sondern nur für die Fälle der §§ 406 f, 406 g[11]. Für die **Vollstreckbarkeitsentscheidung** gilt § 406 Abs. 2; es ist jedoch zu beachten, daß im Zivilprozeß ein Grundurteil keine Vollstreckbarkeitentscheidung enthält[12].

8   Hat das Strafurteil, nicht aber die Anhangsentscheidung im **Revisionsverfahren** Bestand[13], etwa weil das Revisionsgericht der Ansicht ist, dem Vorderrichter sei bei Erlaß des Grund- oder Teilurteils ein Fehler unterlaufen, so kommt eine Zurückverweisung des Anhangsverfahrens nicht in Betracht. Das Revisionsgericht hebt die Anhangsentscheidung auf und sieht von einer Entscheidung ab[14].

---

[11] Vgl. BTDrucks., 10 5305, S. 25, 31, 34.
[12] Vgl. *Thomas/Putzo* § 304, 3 a; *Schirmer* DAR **1988** 124.

[13] Vgl. HW § 406, 15; HW § 406 a, 6.
[14] Vgl. BGH NStZ **1988** 237, 238.

VIERTER ABSCHNITT

Sonstige Befugnisse des Verletzten

Der durch Art. 1 Nr. 15 des OpferschutzG eingefügte neue Vierte Abschnitt mit den neuen §§ 406 d bis 406 h ist bereits im Hauptwerk (Lieferung 22) erläutert.

Hans Hilger

SIEBENTES BUCH

Strafvollstreckung und Kosten des Verfahrens

ERSTER ABSCHNITT

Strafvollstreckung

§ 459 a

(1) [1]... [2]Sie kann Zahlungserleichterungen auch gewähren, wenn ohne die Bewilligung die Wiedergutmachung des durch die Straftat verursachten Schadens durch den Verurteilten erheblich gefährdet wäre; dabei kann dem Verurteilten der Nachweis der Wiedergutmachung auferlegt werden.

(2) ...

(3) ...

(4) ...

Änderung. Absatz 1 Satz 2 ist durch Art. 1 Nr. 16 des Ersten Gesetzes zur Verbesserung der Stellung des Verletzten im Strafverfahren (OpferschutzG) eingefügt worden.

Übersicht

1   **1. Bisheriges Recht (Absatz 1 Satz 1).** Nach der bisher geltenden Fassung des Absatzes 1 **hat** die Vollstreckungsbehörde dem Verurteilten bei Geldstrafen Zahlungserleichterungen **zu bewilligen**, wenn sich nach Rechtskraft des Urteils ergibt, daß diesem nach seinen persönlichen oder wirtschaftlichen Verhältnissen nicht zuzumuten ist, die Geldstrafe (§ 42 StGB) sofort zu zahlen (HW § 459 a, 2 f). Nach Absatz 4 Satz 1 erstreckt sich diese Entscheidung auch auf die Kosten (HW § 459 a, 10 f).

2. Erweiterung (Absatz 1 Satz 2)

2   **a) Allgemein.** Absatz 1 Satz 2 erweitert diese Befugnis nunmehr, indem er die Vollstreckungsbehörde zusätzlich **ermächtigt**, solche Zahlungserleichterungen auch zu gewähren, wenn anderenfalls die Schadenswiedergutmachung durch den Verurteilten erheblich gefährdet wäre. Satz 2 verfolgt mithin — wie weitere Änderungen der Strafprozeßordnung[1] — das durch das Erste Gesetz zur Verbesserung der Stellung des Verletzten im Strafverfahren auch erstrebte **Ziel** des auf Resozialisierung und Ausgleich bedachten materiellen Strafrechts einer besseren Durchsetzbarkeit der dem Opfer aus der Tat des Verurteilten entstandenen zivilrechtlichen Schadensersatzansprüche[2].

b) Schon vorhandene Regelungen. Diesem Zweck dienen bisher schon §46 Abs. 2 **3** StGB, wonach das Bemühen des Täters, den Schaden auszugleichen, strafmildernd zu berücksichtigen ist, sowie §56b Abs. 2 StGB und §153a, indem sie die Möglichkeit eröffnen, die Strafaussetzung zur Bewährung bzw. die Einstellung des Verfahrens davon **abhängig** zu machen, daß der Täter den durch die Tat verursachten Schaden wiedergutmacht[3].

c) Bisherige Mängel. Leider schlossen das Strafgesetzbuch und die Strafprozeß- **4** ordnung bisher jede Möglichkeit aus, die Schadenswiedergutmachung auch nach Abschluß des Verfahrens durch Urteilsspruch zu berücksichtigen. Hatte das Gericht den Angeklagten zu einer Freiheits- oder zu einer Geldstrafe verurteilt, so verschlechterte sich namentlich im letzteren Fall die Situation des Verurteilten sogar dadurch, daß ihm bei Nichtzahlung der Geldstrafe die **Vollstreckung der Ersatzfreiheitsstrafe** drohte. Es ist daher nur verständlich, daß er in solchen Fällen eher geneigt war, — auch zu Lasten einer Schadenswiedergutmachung — zunächst die Geldstrafe zu zahlen.

d) Ziel der Änderung. Die neue Regelung kehrt dieses Verhältnis nun zwar nicht **5** um (vgl. dazu Rdn. 7); sie mildert aber die bisherige Anspruchskonkurrenz zwischen Geldstrafe und Kosten sowie einem Schadensersatzanspruch des Verletzten zu dessen Gunsten[4].

3. Voraussetzung

a) Erhebliche Gefährdung. Die Vollstreckungsbehörde kann Zahlungserleichte- **6** rungen nur gewähren, wenn anderenfalls die Schadenswiedergutmachung durch den Verurteilten erheblich gefährdet wäre. Eine allgemeine Verschlechterung — etwa durch eine notwendigerweise eintretende gewisse zeitliche **Verzögerung** — reicht nicht aus; sie muß **schwerwiegenderer Natur** sein. Das wird regelmäßig anzunehmen sein, wenn der Verurteilte auf keinen Fall beide Verpflichtungen, Zahlung der Geldstrafe und Schadenswiedergutmachung, gleichzeitig befriedigen kann und zufolge des Vorrangs der Geldstrafe die Realisierung des fälligen Ersatzanspruchs erheblich verzögert würde; ein endgültiger Ausfall der Forderung muß dagegen nicht drohen.

b) Anwendungsgrundsätze. Die in Rdn. 6 dargelegten Erwägungen berücksichti- **7** gen die Bedeutung der derzeit wichtigsten strafrechtlichen Sanktion unseres Strafensystems, nämlich der **Geldstrafe**. Diese **darf** in dieser Funktion **nicht ausgehöhlt** werden, was aber der Fall wäre, wenn der Schadenswiedergutmachung stets der Vorrang geböte. Um das zu verhindern, ist Satz 2 im Gegensatz zu Satz 1 nicht als zwingende, sondern als **Kann-Vorschrift** ausgestaltet. Die Vollstreckungsbehörde hat unter Abwägung aller Umstände des Einzelfalls nach pflichtgemäßem Ermessen über die Gewährung von Zahlungserleichterungen nach Satz 2 zu entscheiden mit der Folge, daß bei ihrer Bewilli-

---

[1] Z. B. § 403 Abs. 1, § 404 Abs. 5 und § 406.
[2] Wegen weiterer Einzelheiten dazu s. Begr. zu BTDrucks. **10** 5305 Art. 1 Nr. 14, S. 20 r. Sp.; vgl. auch *Weigend* NJW **1987** 1176.

[3] Vgl. dazu die Kommentierungen zu §56b Abs. 2 Nr. 1 StGB sowie HW §153a, 38 ff.
[4] BTDrucks. **10** 5305; Begr. zu Art. 1 Nr. 14 S. 20 r. Sp. a. E; *Böttcher* JR **1987** 139 l. Sp. o; KK-*Chlosta*[2] 4; *Kleinknecht/Meyer*[38] 5.

Günter Wendisch

gung die Geldstrafe gegenüber den Schadensersatzansprüchen zwar zeitlich zurücktritt, aber bestehen bleibt.

8   **4. Zuständigkeit.** Für die Entscheidung zuständig ist der **Rechtspfleger** (HW § 459 a, 3). Gegen seine Entscheidung kann der Verurteilte Einwendungen nach § 459 h erheben (HW § 459 a, 15; § 459 h, 6). Wegen der **gerichtlichen Zuständigkeit** zur Entscheidung über die Einwendungen s. HW § 459 h, 18.

9   **5. Einbeziehung der Kosten.** Wegen der **Erstreckung** der Bewilligung von Zahlungserleichterungen nach Satz 2 auch auf die Kosten gilt das HW § 459 a, 10 f Gesagte; insoweit hat sich durch die Erweiterung der Befugnisse der Strafvollstreckungsbehörde nichts geändert.

Einführungsgesetz
zur Strafprozeßordnung

Vom 1. Februar 1877 (RGBl. S. 346)
in der Fassung des Gesetzes zur Wiederherstellung der Rechtseinheit
vom 12. September 1950 (BGBl. S. 455, 629), geändert durch das Einführungsgesetz zur
Abgabenordnung vom 14. Dezember 1976 (BGBl. I S. 3341).

Vorbemerkung

Das Verfahrensrecht ist **bei einer Änderung seiner Vorschriften** in der Zeit nach **1**
der Tatbegehung grundsätzlich so anzuwenden, wie es zur Zeit der jeweiligen Verfah-
renshandlung gilt. Änderungen verfahrensrechtlicher Vorschriften ergreifen also, soweit nichts anderes bestimmt ist, auch solche Verfahren, die schon eingeleitet sind[1]. Das
soll auch für die sachliche Zuständigkeit gelten[2]. Der Gerichtsstand wird durch Gesetzesänderung jedenfalls dann nicht mehr betroffen, wenn die zeitlichen Prüfungsgrenzen
des § 16 überschritten sind[3]. Für die Praxis sollten die letztgenannten Probleme durch
Überleitungsvorschriften vermieden werden. *

Im Verfahren gegen **Jugendliche** und **Heranwachsende** gelten die Sondervorschrif- **2**
ten der §§ 43 ff, 102 ff, 109 ff JGG; sie gehen dem allgemeinen Strafverfahrensrecht vor
(§ 2 JGG)[4].

§ 1

**Die Strafprozeßordnung tritt im ganzen Umfange des Reichs gleichzeitig mit dem Ge-
richtsverfassungsgesetz in Kraft.**

1. Zeit des Inkrafttretens. Beide Gesetze sind am 1. Oktober 1879 in Kraft getre- **1**
ten[1].

2. Geltungsraum der Strafprozeßordnung. Die Strafprozeßordnung erlangte mit **2**
dem Inkrafttreten Geltung im ganzen damaligen Reichsgebiet. Als das Reich erweitert
wurde, dehnten jeweils besondere Gesetze und Verordnungen den Geltungsraum aus.

---

[1] H. M; zum Beispiel BVerfGE **24** 55;
BGHSt **26** 289; **26** 231; RGSt **76** 161; **77** 325;
OLG Hamm NJW **1961** 2030; MDR **1977**
338; zweifelnd *Schönke/Schröder/Eser* § 2, 6
(für bestimmte Verfahrensvoraussetzungen)
mit weit. Nachw.

[2] OLG Hamm MDR **1977** 338.

[3] Zur Dauer des Gerichtsstandes vgl. im übrigen LR-*Wendisch* Vor § 7, 30 bis 32.

[4] Vgl. im einzelnen *Brunner*[8] § 2, 1 bis 5; *Peters*[4] § 69.

[1] Zu den Quellen des Verfahrensrechts und
zur Entstehungsgeschichte vgl. LR-*K. Schaefer* Einl. Kap. **1** und **2**, zu den Reformen Einl.
Kap. **3** bis **5**.

Hans Hilger

Gemäß VO vom 22. 3. 1891 (RGBl. S. 21) traten Strafprozeßordnung und Gerichtsverfassungsgesetz mit ihren Einführungsgesetzen am 1. 4. 1891 auf der Insel Helgoland in Kraft. Die Vorschriften, die im Zusammenhang mit den Gebietserweiterungen nach dem 31. 12.1937 den räumlichen Geltungsbereich der Strafprozeßordnung erstreckten, sind in der 20. Auflage (S. 71 ff) dargestellt. Das Zuständigkeitsergänzungsgesetz vom 7. 8.1952 (BGBl. I S. 407) regelt Fragen, die sich daraus ergeben, daß deutsche Strafgerichte früher in Gebieten tätig wurden, in denen jetzt deutsche Gerichtsbarkeit nicht mehr ausgeübt wird.

3   Nach der Entstehung der **Deutschen Demokratischen Republik** (DDR) ist **ihr Verhältnis zur Bundesrepublik Deutschland** durch die der Präambel und den Art. 16, 23, 116, 146 GG zugrunde liegende Auffassung gekennzeichnet, daß das Deutsche Reich den Zusammenbruch 1945 überdauert hat, daß es fortbesteht und nach wie vor Rechtsfähigkeit besitzt, allerdings als Gesamtstaat mangels Organisation, besonders mangels institutionalisierter Organe selbst nicht handlungsfähig ist[2]. Aus dem Fortbestand kann man folgern, daß die DDR gegenüber der Bundesrepublik nicht Ausland, sondern „ein anderer Teil Deutschlands" ist, daß die Gerichte der DDR daher „deutsche Gerichte" sind[3]. Die Bundesrepublik behandelt jeden Bürger der DDR, der in den Schutzbereich der Bundesrepublik und ihrer Verfassung kommt, gemäß Art. 116 Abs. 1 und 16 GG wie jeden Bürger der Bundesrepublik und läßt ihn den vollen Schutz der Gerichte der Bundesrepublik genießen[4]. Jedoch beschränkt die Bundesrepublik, wie dies auch in Art. 6 des mit der DDR abgeschlossenen „Grundvertrages" (Gesetz vom 6.6.1973, BGBl. II S. 421), zum Ausdruck kommt, ihre Hoheitsgewalt auf den „Geltungsbereich des Grundgesetzes"[5]. Demgemäß erstrecken auch Strafprozeßordnung (vgl. §§ 7, 8, 10, 13 a: „im Geltungsbereich dieses Bundesgesetzes") und Gerichtsverfassungsgesetz ihren Geltungsbereich nur auf das Gebiet der Bundesrepublik Deutschland. Die DDR ist strafrechtlich wie Ausland zu behandeln[6]. Folgerungen, die sich auf strafrechtlichem Gebiet aus dem Nebeneinanderbestehen von Gerichtsbarkeit der Bundesrepublik und Gerichtsbarkeit der DDR ergeben, regelt das Gesetz über die innerdeutsche Rechts- und Amtshilfe in Strafsachen vom 2. 5. 1953 (BGBl. I S. 161, mit späteren Änderungen), dessen Geltung weder durch die zunehmende Verschiedenheit der beiderseitigen Rechtsordnungen noch durch den Abschluß des Grundvertrages berührt worden ist[7]. Begeht ein Bewohner der DDR als Besucher in der Bundesrepublik eine Straftat und übersendet später — weil eine Strafverfolgung in der Bundesrepublik faktisch nicht möglich ist — die zuständige Staatsanwaltschaft (§ 7 StPO; § 143 GVG) die Akten mit der Bitte um „Übernahme des Verfahrens" an die für den Wohnsitz des Täters zuständige Staatsanwaltschaft der DDR, so fällt dieses Ersuchen weder unter das RHG noch unter § 156 GVG, sondern dürfte als Strafanzeige zu werten sein. Wegen der staatsrechtlichen Sonderstellung des Landes Berlin gelten die vom Bundestag beschlossenen Gesetze dort nur, soweit sie durch Landesgesetz übernommen werden (vgl. die übliche Berlin-Klausel in Bundesgesetzen: „Dieses Gesetz gilt nach Maßgabe des § 13 Abs. 1 des 3. Überleitungsgesetzes vom 4. 1. 1952, BGBl. I S. 1, auch im Lande Berlin"). Vgl. auch das Berliner Rechtsvereinheitlichungsgesetz vom 9. 1. 1951 (VOBl. I S. 99).

---

[2] BVerfGE **36** 1, 16.
[3] BVerfGE **37** 57, 64.
[4] BVerfGE **36** 30 ff; vgl. auch **40** 162, 171 ff.
[5] BVerfGE **36** 16.

[6] Vgl. auch § 153 c, 9; 13 und 14 sowie § 154 b, 3; zum StGB vgl. BGHSt **30** 1.
[7] BVerfGE **37** 57.

§ 2

(gegenstandslose Überleitungsvorschrift).

§ 3

(1) Die Strafprozeßordnung findet auf alle Strafsachen Anwendung, welche vor die ordentlichen Gerichte gehören.

(2) Insoweit die Gerichtsbarkeit in Strafsachen, für welche besondere Gerichte zugelassen sind, durch die Landesgesetzgebung den ordentlichen Gerichten übertragen wird, kann diese ein abweichendes Verfahrens gestatten.

(3) Die Landesgesetze können anordnen, daß Forst- und Feldrügesachen durch die Amtsgerichte in einem besonderen Verfahren, sowie ohne Zuziehung von Schöffen verhandelt und entschieden werden.

1. Inhalt der Vorschrift. § 3 legt das sachliche Geltungsgebiet der Strafprozeßordnung fest. Er berührt sich mit § 2 EGGVG. **1**

2. Der **Begriff der Strafsache** ergibt sich aus dem sachlichen Strafrecht. Strafsache ist ein Verfahren, das die Entscheidung über die Anwendung einer strafrechtlichen Norm zum Zwecke hat[1], in dem es sich somit um die Verhängung einer **Kriminalstrafe** oder um die Festsetzung anderer Rechtsfolgen einschließlich selbständig anzuordnender Maßregeln der Besserung und Sicherung handelt, die das sachliche Strafrecht an eine rechtswidrige (nicht notwendig schuldhafte) Verwirklichung eines Straftatbestandes knüpft (vgl. §§ 38 ff, 61 ff, 73 ff StGB, §§ 413 ff, 430 ff StPO). Soweit hiernach die Strafprozeßordnung anwendbar ist, können ihre Vorschriften nicht durch die Länder unter Berufung auf ihre Gesetzgebungszuständigkeit für andere Materien abgeändert werden[2]. Leisten ausländische Gerichte für ein vor einem ordentlichen Gericht laufendes Strafverfahren Rechtshilfe, so gelten für das Verfahren vor dem ausländischen Gericht grundsätzlich die dortigen Verfahrensregeln und sind ebenso grundsätzlich von den deutschen Gerichten zu akzeptieren[3]. **2**

3. Sachen, in denen über nichtkriminelle Reaktionen gegen Gesetzesverstöße zu entscheiden ist, sind keine Strafsachen im Sinn des § 3 EGStPO, auch wenn für das Verfahren die Vorschriften der Strafprozeßordnung in bestimmtem Umfang sinngemäß anwendbar sind. Hierher gehören: **3**

a) Disziplinar-, ehren- und berufsgerichtliche Verfahren wegen der Verletzung der Berufs- und Standespflichten[4]. **4**

---

[1] Mot. S. 233.
[2] BVerfGE **36** 210 zur Frage, ob die Länderkompetenz für das Presserecht Erweiterungen des damals geltenden Zeugnisverweigerungsrechts für Presseangehörige zuläßt.

[3] Näher § 223, 38 ff.
[4] Vgl. § 25 BDO, § 85 WDO, § 116 BRAO; s. auch Art. 61 Abs. 2, 98 Abs. 2 GG.

Hans Hilger

5   **b) Festsetzung von Ordnungsgeld und Ordnungshaft (Art. 5 ff EGStGB)** als Reaktion gegen gesetzwidriges Verhalten (zum Beispiel § 178 GVG) oder als Mittel, den Gehorsam gegen ein von der zuständigen Stelle erlassenes Gebot oder Verbot zu erzwingen.

6   **c)** Verfahren betr. die Festsetzung einer Geldbuße und anderer Rechtsfolgen einer **Ordnungswidrigkeit nach dem OWiG**[5].

7   **d)** In einigen Fällen ist durch Gesetz den Strafgerichten die **Nachprüfung von Verwaltungsakten übertragen** oder die Vornahme eines Verwaltungsakts davon abhängig gemacht, daß ein Strafgericht ihn für zulässig erklärt. So entscheiden die Strafgerichte, wenn der Betroffene eine gerichtliche Entscheidung über die Rechtmäßigkeit der von einer Justiz- oder Vollzugsbehörde erlassenen Anordnungen oder Maßnahmen auf dem Gebiet der Strafrechtspflege oder des Vollzugs von Freiheitsentziehungen begehrt (§§ 23 ff EGGVG; §§ 109 ff StVollzG.). Die Auslieferung eines Beschuldigten an die ausländischen Justizbehörden gegen dessen Willen setzt voraus, daß das inländische Strafgericht die Auslieferung durch die inländische Regierung für zulässig erklärt hat (§ 1' IRG). Das gerichtliche Verfahren in diesen Fällen erfolgt zwar, soweit nicht Sondervor schriften erlassen sind, in sinngemäßer Anwendung der Vorschriften der Strafprozeß ordnung (§ 77 IRG; § 29 EGGVG; § 120 StVollzG.). Um Strafsachen im technische Sinn handelt es sich aber nicht. Zur zwischenstaatlichen Rechtshilfe vgl. im übrige §§ 43 ff (Durchlieferung), §§ 48 ff (Vollstreckung), §§ 59 ff IRG (Sonstige Rechtshi fe)[6].

8   **4. Begriff der ordentlichen Gerichte.** Insoweit wird auf §§ 12 bis 14 GVG und d Erläuterungen dazu verwiesen. Unerheblich ist, ob die ordentlichen Gerichte in d Bundesrepublik oder außerhalb dieses Gebietes, etwa auf staatenlosem Gebiet oder i Ausland mit Genehmigung des fremden Staates, tätig werden. Im übrigen sind wege der Anwendbarkeit der Strafprozeßordnung folgende Strafsachen zu unterscheiden:
a) Strafsachen, die schlechthin vor die ordentlichen Gerichte gehören. Für sie ist di Strafprozeßordnung maßgebend, für die Forst- und Feldrügesachen gilt aber § 3 Abs. EGStPO;
b) Strafsachen, für die ein auf Grund bundesrechtlicher Vorschrift bestelltes oder besonders zugelassenes Gericht zuständig ist. Auf sie findet die Strafprozeßordnung nur Anwendung, wenn und soweit die für das besondere Gericht gültigen Sondervorschriften die Strafprozeßordnung für anwendbar erklären oder auf die Vorschriften des allgemeinen Strafverfahrens verweisen[7],
c) Strafsachen, für die zwar besondere Gerichte zugelassen sind, in denen aber die Gerichtsbarkeit durch Landesgesetze den ordentlichen Gerichten übertragen ist. In ihnen wird nach der Strafprozeßordnung verfahren, wenn und soweit nicht ein abweichendes Verfahren gemäß § 3 Abs. 2 EGStPO landesgesetzlich vorgeschrieben ist.

9   **5. Abweichendes Verfahren (Absatz 2).** Diese Vorschrift bezieht sich auf § 3 Abs. 1 EGGVG und ergänzt diese Vorschrift. Das Landesgesetz kann auch von den im

---

[5] Vgl. §§ 46 Abs. 1, 82 Abs. 2 OWiG; zum Übergang des Bußgeldverfahrens in das Strafverfahren vgl. § 81 OWiG. Zum Verfahren gemäß § 83 OWiG, das Strafsachen betrifft und dem Vorrang des Strafverfahrens unterliegt, vgl. *Göhler*[8] § 83, 1.

[6] Näher *Wilkitzki* GA **1981** 361 ff und JR **1983** 227 ff.
[7] Mot. S. 223; vgl. auch § 13 GVG und BVerfGE **22** 49.

Gerichtsverfassungsgesetz enthaltenen verfahrensrechtlichen Vorschriften abweichen und sowohl das ganze Verfahren wie auch einzelne Teile anders gestalten, als dies in der Strafprozeßordnung geschehen ist. Wird von Absatz 2 Gebrauch gemacht, so verlieren die ordentlichen Gerichte diese Eigenschaft nicht.

6. Forst- und Feldrügesachen (Absatz 3)

a) Begriff. Forst- und Feldrügesachen sind Strafsachen betr. Zuwiderhandlungen **10** gegen Vorschriften zum Schutz von Feld und Forst, die nach Art. 4 Abs. 4, 5 EGStGB 1974 Gegenstand landesrechtlicher Regelung sind.

b) Die aus Art. 4 Abs. 4, 5 EGStGB sich ergebende Befugnis des Landesrechts zu **11** materiellrechtlicher Regelung umfaßt auch das Recht, die entsprechenden Tatbestandsverwirklichungen durch **Umgestaltung zu Ordnungswidrigkeiten** aus dem Bereich des Kriminalstrafrechts herauszunehmen (dazu auch Art. 4 Abs. 5 Nr. 1 EGStGB). Geschieht dies, so ist § 3 Abs. 3 EGStPO, der eine abweichende Gestaltung des Strafverfahrens zuläßt, unanwendbar, und das Verfahren richtet sich gemäß § 2 OWiG grundsätzlich nach dessen Vorschriften[8].

c) Verfahren der Amtsgerichte. Die Anordnungen, die Absatz 3 zuläßt, können **12** sich auf das Verfahren nicht nur im ersten Rechtszug vor dem Amtsgericht, sondern auch im zweiten Rechtszug vor der Strafkammer erstrecken und weiterhin die Zulässigkeit der Revision und das Verfahren des Revisionsgerichts betreffen. Wird von Absatz 3 Gebrauch gemacht, so erlangen die Amtsgerichte nicht die Eigenschaft von Sondergerichten. Vielmehr gehören sie auch als Gerichte für Forst- und Feldrügesachen zu den ordentlichen Gerichten; ein Urteil in Feld- und Forstrügesachen hat daher in gleichem Umfang strafklageverbrauchende Wirkung wie ein solches im gewöhnlichen Strafverfahren[9]. § 269 StPO findet grundsätzlich auch auf diese Strafsachen Anwendung[10]. Forst- und Feldrügesachen können gemäß §§ 2 bis 5 StPO mit anderen Strafsachen verbunden und vor ein Gericht höherer Ordnung gebracht werden[11].

d) Inhalt des besonderen Verfahrens. Wie im Fall des Absatzes 2 (Rdn. 9) können **13** die landesrechtlichen Vorschriften in jeder Beziehung von denen der Strafprozeßordnung abweichen[12], zum Beispiel hinsichtlich der Vereidigung von Zeugen, der Befugnis zur Anordnung einer Beschlagnahme[13] und der Zulässigkeit von Rechtsmitteln. Sie können sogar — innerhalb der Grenzen des § 14 IPBR — Rechtsmittel gegen erstinstanzliche Urteile gänzlich ausschließen; das widerspricht nicht rechtsstaatlichen Grundsätzen, da die Gewährung eines Rechtsmittelzuges kein rechtsstaatliches Erfordernis ist[14].

§ 4

(überholt).

---

[8] Dazu *Göhler*[8] § 2, 5.
[9] BGH NJW **1953** 393.
[10] RGSt **13** 383.
[11] RGSt **3** 157.
[12] Vgl. zum Beispiel Art. 45 Bay WaldG vom 25. 8. 1982 (GVBl. S. 824).

[13] RGSt **11** 321; **13** 270.
[14] BVerfG **11** 233; **28** 36; BVerfG NJW **1976** 141; BGHSt **4** 138; NJW **1960** 55; DRiZ **1963** 232 mit weit. Nachw.; s. auch Einl. Kap. 1 6.

Hans Hilger

§ 5

Die prozessualen Vorschriften der Reichsgesetze werden durch die Strafprozeßordnung nicht berührt.

Entstehungsgeschichte. Der frühere Absatz 2 des § 5 betraf die früher nach § 122 Seemannsordnung vom 2. 6. 1902 (RGBl. S. 175) zulässigen Strafbescheide der Seemannsämter und das Verfahren bei Antrag auf gerichtliche Entscheidung nach vorangegangener polizeilicher Strafverfügung. Mit der Beseitigung der polizeilichen Strafverfügung (§ 6) wurde Absatz 2 gegenstandslos und durch Art. 3 Nr. 205 des VereinheitlichungsG vom 12. 9. 1950 aufgehoben.

Bedeutung des § 5. Die Vorschrift regelt das Verhältnis der Strafprozeßordnung zu den Verfahrensvorschriften in den bis zu ihrem Inkrafttreten ergangenen Reichsgesetzen (im Gegensatz zu den in § 6 EGStPO angeführten Landesgesetzen). Von der Einführung der Strafprozeßordnung unberührt blieben zum Beispiel Verfahrensvorschriften in Staatsverträgen des Reichs[1], also etwa in Auslieferungsverträgen[2]. Spätere Gesetze des Reichs und der Bundesrepublik mit Abweichungen von der Strafprozeßordnung gehen nach dem Grundsatz lex posterior derogat legi priori der Strafprozeßordnung vor, soweit sie mit den für das Strafverfahren geltenden Regeln des Grundgesetzes vereinbar sind[3].

§ 6

(1) [1]Die prozeßrechtlichen Vorschriften der Landesgesetze treten für alle Strafsachen, über die gemäß § 3 nach den Vorschriften der Strafprozeßordnung zu entscheiden ist, außer Kraft, soweit nicht in der Strafprozeßordnung auf sie verwiesen ist. [2]Außer Kraft treten insbesondere die Vorschriften über die Befugnis zum Erlaß polizeilicher Strafverfügungen.
(2) Unberührt bleiben landesgesetzliche Vorschriften:
1. über die Voraussetzungen, unter den gegen Mitglieder eines Organs der Gesetzgebung eine Strafverfolgung eingeleitet oder fortgesetzt werden kann;
2. über das Verfahren bei Zuwiderhandlungen gegen die Vorschriften über die Erhebung öffentlicher Abgaben und Gefälle, soweit sie auf die Abgabenordnung verweisen.

Schrifttum. *Jaeschke* Durchsuchung besetzter Häuser nach der Strafprozeßordnung, NJW **1983** 434; *Rogall* Moderne Fahndungsmethoden im Lichte gewandelten Grundrechtsverständnisses, GA **1985** 1; *Seebode* Strafverfolgung nach Polizeirecht? MDR **1976** 540; *Sydow* Verbrechensbekämpfung nach neuem Recht, ZRP **1977** 119.

Entstehungsgeschichte. In der ursprünglichen Fassung entsprach Absatz 1 dem jetzigen Absatz 1 Satz 1. Absatz 2 bezeichnete folgende landesgesetzliche Bestimmungen als fortbestehend:

---

[1] Dazu Art. 123 Abs. 2 GG.
[2] RGSt **45** 281; **12** 384; *Werneburg* Arch-Krim. **73** (1921) 40.

[3] Zur Verfassungsmäßigkeit zum Beispiel von § 394 AO vgl. *Franzen/Samson/Gast – Joecks* Steuerstrafrecht[3] § 394, 3 mit weit. Nachw.

a) über die Voraussetzungen der Strafverfolgung von Mitgliedern einer gesetzgebenden Versammlung während der Dauer einer Sitzungsperiode; b) über das Verfahren bei Zuwiderhandlungen gegen die Gesetze über das Vereins- und Versammlungsrecht; c) über das Verfahren im Verwaltungsweg bei Übertretungen, wegen deren die Polizeibehörden zum Erlaß einer Strafverfügung berechtigt waren; d) über das Verfahren bei Zuwiderhandlungen gegen die Vorschriften über die Erhebung öffentlicher Abgaben und Gefälle, vorbehaltlich des Vorrangs der §§ 419 bis 423 StPO a. F.

Von diesen Bestimmungen fielen die zu b) angeführten durch § 23 VereinsG weg. Das VereinheitG 1950 fügte in Absatz 1 den Satz 2 ein und gab dem Absatz 2 die jetzige Fassung, in der in Nr. 2 das Wort „Reichsabgabenordnung" durch Art. 94 EGAO 1977 i. d. F. vom 14. 12. 1976 (BGBl. I S. 3341) durch „Abgabenordnung" ersetzt wurde.

1. Verdrängung der Landesrechte durch das Bundesrecht. Absatz 1 Satz 1 bezieht **1** sich nur auf die im § 3 Abs. 1 angeführten Strafsachen. Er schließt auch den Erlaß neuer landesgesetzlicher Verfahrensvorschriften auf dem durch die Strafprozeßordnung (vgl. Art. 72 Abs. 1, 74 Nr. 1 GG) geregelten Gebiet aus[1]. Zu den beseitigten prozeßrechtlichen Vorschriften der Landesgesetze gehören insbesondere alle landesrechtlichen Beweisvermutungen[2]. Der Polizei stehen grundsätzlich, soweit sie zur Mitwirkung bei der Verfolgung von Straftaten und Ordnungswidrigkeiten berufen ist, nur diejenigen Befugnisse zu, die sich aus der Strafprozeßordnung und dem Ordnungswidrigkeitengesetz ergeben[3]. Fehlt bei repressiv strafverfolgender Tätigkeit der Polizei eine strafprozessuale Ermächtigung für eine bestimmte polizeiliche Maßnahme, so kann diese nicht hilfsweise auf eine polizeiliche Ermächtigung gestützt werden. Die Polizei darf deshalb zum Beispiel, abgesehen von den Befugnissen gemäß §§ 111, 127, 163 b, 163 c StPO, nicht einen Beschuldigten zwangsweise zur Vernehmung vorführen[4]. Dagegen kann auf Polizeirecht als Ermächtigungsgrundlage für solche Maßnahmen zurückgegriffen werden, die außerhalb der eigentlichen Strafverfolgung notwendig sind, wie präventive Identitätsfeststellungen oder Maßnahmen zur Eigensicherung von Polizeibeamten[5].

2. Verweisungen des Bundesrechts auf verfahrensrechtliche Vorschriften der Lan- 2 desgesetze finden sich in § 3 Abs. 2, 3; § 6 Abs. 2 EGStPO, § 11 Abs. 2 EGGVG[6]. Soweit § 6 Abs. 1 Satz 1 und Abs. 2 EGStPO verfahrensrechtliche Vorschriften der Landesgesetze bestehen ließ, können solche Vorschriften auch in Zukunft erlassen werden.

3. Strafverfolgung von Abgeordneten (Absatz 2 Nr. 1). Praktische Bedeutung hat **3** die Vorschrift nur für die Mitglieder der Gesetzgebungsorgane der Länder. Denn der Umfang der Immunität der Abgeordneten des Bundestags ist abschließend durch Art. 46 GG geregelt. Den Umfang der Immunität der Mitglieder der Landesgesetzgebungsorgane zu bestimmen, überläßt § 6 Abs. 2 Nr. 1 dem Landesrecht; die auf dieser Grundlage ergangenen Landesvorschriften sind nach § 152 a StPO auch für die anderen Länder der Bundesrepublik und den Bund wirksam[7].

---

[1] Vgl. *Schenke* JR **1970** 48; teilweise **a. A** *Sigrist* JR **1976** 399.

[2] RGSt **20** 321; *Schweizer* DJZ **1904** 451.

[3] Vgl. *Seebode* MDR **1976** 240.

[4] H. M; eingehend dazu und mit weit. Nachw. zum Streitstand LR-*Rieß*[23] EB § 163 b, 2 und LR-*Hanack* § 133, 1; vgl. auch *Götz* NVwZ **1984** 212; *Rogall* GA **1985** 6;

a. A. *Peters*[4] § 24 II; teilweise LR-*K. Schaefer*[23] 1; vgl. zur Durchsuchungsermächtigung *Jaeschke* NJW **1983** 434.

[5] LR-*Rieß*[23] EB § 163 b, 14; vgl. auch *Oehm* MDR **1986** 99 ff.

[6] Vgl. auch § 380 StPO, jedoch ist das Sühneverfahren kein Strafverfahren.

[7] Einzelheiten bei § 152 a, 3 und 4.

Hans Hilger

4   **4. Abgabenzuwiderhandlungen (Absatz 2 Nr. 2).** Die ursprüngliche Fassung (ç mals Absatz 2 Nr. 3) ließ landesgesetzliche Vorschriften, die von der Strafprozeßor nung abweichen, zu „über das Verfahren im Verwaltungswege ... bei Zuwiderhandlu gen gegen die Vorschriften über die Erhebung öffentlicher Abgaben und Gefälle, ins weit nicht die §§ ... 419 bis 423 StPO abändernde Bestimmungen treffen". Diese E mächtigung betraf nicht nur das eigentliche Verwaltungsstrafverfahren, also die Befu nis der Verwaltungsbehörden zum Erlaß und zur Vollstreckung von Strafbescheide Sie erstreckte sich vielmehr auch auf Straffälle, in denen die Verhängung der Strafe ni dem Gericht zustand. Denn auch für diese Fälle wurden jene Behörden für befugt eracl tet, den ersten Angriff vorzunehmen und gewisse Untersuchungsmaßregeln anzuorc nen[8]. § 6 Abs. 2 Nr. 3 a. F verlor in weitem Umfang seine Bedeutung, als die §§ 420 440 ff a. F RAbgO das Verwaltungsverfahren vor den Finanz- und Zollämtern und di Anfechtung der von ihnen erlassenen Strafbescheide neu regelten, darüber hinaus abe auch den Finanzämtern eine Beteiligung am Verfahren in den Fällen zuwiesen, in dene die Entscheidung dem Gericht zustand, weil die Strafbescheidsbefugnis der Finanzbe hörde überschritten wäre oder sie von ihrer Befugnis keinen Gebrauch machen wollte In der Folgezeit wurde die Befugnis der Finanzbehörden zum Erlaß von Strafbeschei den beseitigt und ihre Befugnis zur Mitwirkung an Steuerstrafverfahren neu geregelt[9] An dem Wortlaut des § 6 Abs. 2 wurde aber — abgesehen von der Ersetzung der Verwei sung auf die Reichsabgabenordnung durch die Verweisung auf die Abgabenordnung 1977 — nichts geändert. Die Regelungsbefugnis des Landesgesetzgebers, die § 6 Abs. 2 Nr. 2 aufrechterhielt, hat danach Bedeutung nur für die „Abgaben und Gefälle", die nach § 1 AO 1977 und denjenigen Vorschriften des EGAO 1977, die für andere bundes rechtlich geregelte öffentlich-rechtliche Abgaben, Prämien und Zulagen die Geltung der AO 1977 bestimmen, nicht der Regelung durch die AO 1977 unterliegen.[10]. Auch soweit hiernach dem Landesrecht ein Regelungsrecht verblieben ist, kann es sachlich nur durch Verweisung auf die entsprechenden Vorschriften der AO 1977 (§§ 385 ff) aus geübt werden.

§ 7

Gesetz im Sinne der Strafprozeßordnung und dieses Gesetzes ist jede Rechtsnorm.

Der **Begriff der Rechtsnorm** entspricht dem in § 337 Abs. 2 StPO[1]. Er schließt nicht nur die ausdrücklichen Vorschriften der Gesetze, sondern auch alle Grundsätze, die sich aus dem Sinn und Zusammenhang der gesetzlichen Vorschriften ergeben, ein[2]. Auch das Gewohnheitsrecht gehört dazu[3]. Ob eine Rechtsnorm dem Strafverfahrensrecht oder einem anderen Zweig des Rechts angehört, ist unerheblich. Auch eine Norm des ausländischen Rechts[4] und eine allgemeine Regel des Völkerrechts (Art. 25 GG) gehört hierher[5].

---

[8] Mot. S. 234; RGSt **21** 47.
[9] Einl. Kap. **3** 102 ff.
[10] Vgl. hierzu *Kühn/Kutter/Hofmann* § 1, 3.
[1] *Bohnert* NStZ **1982** 8; vgl. auch Art. 20 Abs. 3 GG, § 25 DRiG, Art. 2 EGBGB, § 2 EGKO, § 12 EGZPO.

[2] RGSt **6** 238; **46** 44.
[3] RGSt **9** 300; OLG Köln MDR **1954** 119; vgl. auch *Dünnebier* JZ **1961** 312.
[4] RGSt **10** 285; **57** 48.
[5] Vgl. im einzelnen § 337, 7 bis 24.

§§ 8 bis 10

enthalten Übergangsvorschriften, die **überholt** sind.

§ 11

(1) Die Verfolgung von Beleidigungen und Körperverletzungen findet nur nach den Vorschriften der Strafprozeßordnung statt.

(2) Insoweit diese Verfolgung nach der Gesetzgebung eines Bundesstaates im Wege des Zivilprozesses stattfand, richtet sich die Erledigung eines anhängigen Verfahrens nach den Vorschriften des Einführungsgesetzes zur Zivilprozeßordnung.

Die Vorschrift hat keine aktuelle Bedeutung. Im übrigen wird auf LR- *Wendisch* Vor 374, 9 verwiesen.

§ 12

(gegenstandslose Übergangsvorschrift).

Hans Hilger